中国金融改革开放大事记

主编　吴晓灵

中国金融出版社

责任编辑：张　驰　吕冠华　高　露
责任校对：孙　蕊
责任印制：裴　刚

图书在版编目（CIP）数据

中国金融改革开放大事记（Zhongguo Jinrong Gaige Kaifang Dashiji）/吴晓灵主编.
—北京：中国金融出版社，2008.8
ISBN 978-7-5049-4660-7

Ⅰ.中…　Ⅱ.吴…　Ⅲ.金融事业—大事记—中国—1978~2005　Ⅳ.F832.97

中国版本图书馆CIP数据核字（2008）第047177号

出版
发行　中国金融出版社
社址　北京市广安门外小红庙南里3号
市场开发部　(010)63272190，66070804（传真）
网上书店　http://www.chinafph.com
(010)63286832，63365686（传真）
读者服务部　(010)66070833，82672183
邮编　100055
经销　新华书店
印刷　北京佳信达艺术印刷有限公司
尺寸　210毫米×285毫米
印张　63.75
字数　1780千
版次　2008年8月第1版
印次　2008年8月第1次印刷
印数　1—5090
定价　220.00元
ISBN 978-7-5049-4660-7/F.4220

《中国金融改革开放大事记》编委会

编纂说明

一、本书简介

《中国金融改革开放大事记》（以下简称“大事记”）是中国人民银行金融研究所2004年启动的一项历史研究课题。“大事记”以金融制度变迁和重要金融改革措施出台为主线，采用编年体，按时间顺序记述中国改革开放28年间（1978~2005年）金融领域的重要政策演进、重要机构变动和重要事件概要，共收录4 000多个条目，总计约180万字。

本书以金融业改革开放为主线，以金融体制转轨和制度变迁，以及相应的政策措施为条目取舍标准，客观展现经济金融史实，深入挖掘文献资料，精确阐述政策内容，为社会公众、金融从业人员、教学科研人员提供一个查考中国金融改革开放历史的渐进路线图。

“大事记”题材涉及宏观经济、金融调控政策、金融监管措施、金融市场发展、金融机构演变以及对外开放与交流，涵盖银行、证券、保险、外汇等主要金融业务领域的制度安排、政策措施和业务创新等内容。这些题材体现在条目上，可以大致归为十种类型：

1. 重要金融改革开放会议。如中央经济工作会议、中央农村经济工作会议、全国金融工作会议、国家宏观调控和监管部门的重要专业会议等。

2. 重要经济金融法规、文献。如中共中央、国务院和相关部委、金融调控监管部门及大型金融机构的公告、发文和业务档案。

3. 宏观经济金融调控政策。包括货币政策、监管政策、财政税收政策、产业政策等。

4. 金融市场与金融工具创新。如货币市场、资本市场、保险市场、外汇市场的制度变迁，金融业务领域的改革开放以及主要的、有代表性的金融创新工具的推出等。

5. 金融机构的设立与发展。如调控监管机构的改革，各类金融机构，包括商业银行、保险公司、证券公司以及金融中介服务机构的准入、并购与撤销等。

6. 中央银行的金融服务。如支付结算、调查统计、货币金银、财务会计、征信管理、金融信息化等。

7. 对外开放与交流。如中国加入多边金融机构、项目合作、参与国际经济金融政策协调、参与外国金融当局的合作、对港澳台金融合作与交流等。对于常规的、礼节性的金融外交活动，“大事记”不予录入。

8. 经济金融热点焦点问题。如银广夏陷阱、基金黑幕等。

9. 具有重要社会影响的典型事件或案例。如“327”国债期货风波、广东国际信托投资公司破产案、中国农业银行衡水中心支行备用信用证诈骗案、王雪冰受贿案。

10. 首次披露信息。“大事记”中首次披露的信息大多取自中国人民银行档案，包括办公会议、对台政策等。

二、编写方法

“大事记”注意根据档案文件和其他原始资料核对史实，并对条目进行认真筛选，在编写方法上有以下特点：

1. 为使内容更加丰富，“大事记”条目编写的基本方法是概括主要内容，提炼核心要素。例如：重要会议的条目采取“点面结合”的方法，即先概括会议主旨和大政方针，再重点记述会议出台的有关金融改革、货币政策、监管政策和金融行业发展的主要政策措施；法规文献条目收录时间为其公布时间，提炼出法规文献的政策措施要点和主要业务内容，并酌情介绍出台背景；典型事件条目则根据有关文件和相关新闻报道，综合介绍该事件的背景、内容、影响和结果。

2. 为体现事件的系统性和完整性，对于同属一件事或紧密相关的几件事，“大事记”根据其内容分量或叙述繁简，将不足以单独成条的内容相对集中在一个主条目之内编写。具体方法是选取相对重大的事件发生日作为记录日，分别采取“前挂”和“后挂”的方式，即对以前发生的相关事情采取倒叙的方式在本条目中“追记”，对以后引申出来的相关事件以时间顺序“补记”。

3. 为增加全书的知识性和信息量，“大事记”对于条目中出现的特定历史条件下的政策提法和专业术语，以及对外开放过程中涉及的国际机构，在条目之后插入“小贴士”对其专门介绍。如“侨汇证”、“急刹车”、“绿条子”、“投机倒把”、“国际银行间金融电讯协会（SWIFT）”等。其中对专业术语，解释其含义、主要业务流程；对政策提法，介绍其产生的背景和影响；对国际机构阐述其成立背景和宗旨。全书编辑“小贴士”近200条，10万余字。

4. 为使行文简便，“大事记”对于条目中频繁出现而又过长的机构名称使用统一简称。如“中华人民共和国财政部”简称“财政部”，“中国证券监督管理委员会”简称“中国证监会”；法规、通知的名称，在条目中第一次出现用全称，以后出现均用简称。如《中华人民共和国外资金融机构管理条例》在条目中再次出现，则简称“该管理条例”，《国务院关于严格控制物价、整顿议价的通知》再次出现，则简称“该通知”。此外，凡“发布之日起施行”文件的不再复述施行日期，发布日与施行日不同的则予写明施行日期。

5. “大事记”中的各种计数除习惯的使用汉字外，均用阿拉伯数字。在表示金额以亿或万为单位时，保留小数点后两位；在表示倍数和百分数，只保留小数点后一位。对含金量、外汇牌价等数字表述，按惯例保留小数点后的位数。

6. “大事记”资料来源较为广泛，为避免繁缛，一般不注明出处。

编　者

2008年6月

引　　言

——改革开放前的新中国金融发展史

1949年10月1日，中华人民共和国成立。中华人民共和国的成立标志着中国半殖民地半封建社会的结束。中国人民在中国共产党的领导下，终于推翻了帝国主义、封建主义和官僚资本主义的统治，中国人民从此站起来了，中国的金融事业也揭开了新的一页。而新中国金融事业的历史渊源，却可以追溯到与中国新民主主义革命风雨历程相伴的新民主主义金融事业。从20世纪20年代第一次国内革命战争时期起，在中国共产党领导中国革命的历程中，新民主主义金融事业始终伴随其中，经历了风霜雨雪，最终走向胜利，为新中国金融事业的建立奠定了基础。

从1926年起至中华人民共和国成立前夕，二十多年来，各革命根据地、解放区建立的银行，在中国共产党的领导下，在长期的革命斗争中，发挥了它们的职能作用，不仅对巩固革命根据地、解放区和支援革命战争作出了很大贡献，而且为全国解放后迅速开展各项金融工作创造了条件，为在全国范围内建立统一的社会主义国家银行奠定了基础。在中国大陆全部解放前夕，毛泽东指出，我们熟悉的东西有些快要闲起来了，我们不熟悉的东西正在强迫我们去做。如何把在战争年代主要是农村环境中积累起来的银行工作经验运用到和平建设时期全国城乡的新环境中去，这将是一场新的、更加复杂的考验。

1947年秋，中国的解放战争转入战略进攻阶段，晋绥、晋察冀、晋冀鲁豫和山东解放区逐渐连成一片。为了适应解放战争发展的需要，在中共中央的领导下，筹划组建中央银行，发行统一的货币的工作已提到议事日程上来。1947年11月，根据中共中央的指示精神，华北人民政府成立了“人民银行筹备处”。随后，经华北人民政府与陕甘宁边区政府、晋绥边区政府和山东省政府协商，决定在华北银行、北海银行及西北农民银行的基础上，成立中国人民银行。1948年12月1日，在解放战争即将取得全国胜利的前夕，中国人民银行在石家庄正式宣告成立，并发行了人民币。这标志着新中国金融事业的奠基与起步，在党中央的领导下，中国人民银行开始了建立新中国金融事业的艰难工作。

一、国民经济恢复时期的金融

（一）以人民币统一全国市场

人民币的发行开始了统一全国货币制度的艰难历程。当时，国内货币制度混乱，通货膨胀严重，新解放区受通货膨胀之苦，民间盛行实物交易，银元、黄金和外币成为金融投机的主要对象。为了保证人民币的顺利发行和流通，保证人民币本位制度的顺利建立，各级人民政府采取了一系列措施，迅速建立人民币本位制度，以人民币取代一切货币，成为唯一的法定货币。

1. 彻底肃清国民党政府发行的货币。国民党政府1935年实行法币制度以后，不到两年就出现通货膨胀，法币连连贬值、民不聊生。国民党政府崩溃之前发行金圆券，残酷掠夺、搜括民财，人民政权对此进行坚决的抵制，实行迅速、彻底肃清的方针。每解放一地，人民政府明令禁止法币和金圆券流通；为了照顾工人、农民、职员、学生的利益，对法币和金圆券采取排挤为主、收兑为辅的方针；将收兑的法币和金圆券迅速输送敌占区换回物资；同时，为了保护广大群众不受损失，规定了人民币与金圆券的限期兑换的方法。随着金圆券的急剧贬值，人民政府在新解放区将兑换比价不断调低，规定的收兑期限愈来愈短。1949年2月2日，北平市人民币与金圆券的兑换比价为1∶10，收兑期限为20天；南京解放时是1∶2 500，限期10天；到5月上海解放时，兑换比价已调整为1∶100 000，收兑期限仅7天。1949年7月，国民党政府又在广州、重庆发行所谓银元券。中国人民解放军宣告，在新解放区，一律禁止银元券流通，并号召人民群众在解放之前就坚决拒用银元券。这样银元券随着国民党政府的溃败，出笼不到3个月就灭亡了。到1949年冬，国民党政府发行的货币在解放区内已被基本肃清。

2. 禁止金银计价流通和私相买卖。由于国民党政府货币急剧贬值，失去了人民的信任，于是银元重新加入流通，在广大农村还使用铜钱和实物进行交易，黄金也在城市大宗交易中计价使用，市场上普遍存在金银买卖和金银投机，严重阻碍着商品贸易的正常发展，扰乱了金融物价的稳定。各地解放后，人民政府当即颁布法规，取缔金银市场，禁止金银计价流通，不许私相买卖金银、外汇；整顿金银饰品行业，限定其业务范围，组织他们转业或停业；允许个人持有金银，采取适当收兑和"低价冻结"金银价格的措施；对持有小量金银的劳动人民，只要开具一定的证明，中国人民银行可按优惠价格给予兑换；国家对金银生产和销售，实行严格的计划管理；由中国人民银行统一经营金银的收售和兑换，所有国营经济单位保存的金银，一律要售予或存入中国人民银行。这些政策措施的实施，割断了长期以来形成的金银与物价的联系，基本肃清了金银计价流通的现象；把分散的金银集中到国家手中，增加了国家的储备，保证了生产建设对金银的需要；迫使金银退出流通领域，为人民币的统一流通创造了条件。

3. 禁止外国货币流通，统一管理和经营外汇。从清末到国民党政府垮台前，除外国货币自然流入中国外，外国银行在中国大量发行纸币，中国成为货币主权受到列强侵犯的典型国家。到1949年大陆解放前夕，外国货币在中国的流通量超过17亿元，流通最多的美元约12亿元，主要流通于各大城市；流通的港元约相当于抗日战争前中国银元的5.87亿元，主要流通于华南。禁止外国货币在市场上流通，防止外国货币控制中国的货币市场，是我国实行统一的、独立自主的货币制度，维护国家货币主权，肃清帝国主义金融势力控制中国经济的一项重要措施。各地解放后，政府颁布了外汇管理办法，对外国货币实行坚决限制流通的方针，采取合理比价、限期兑换的措施。主要措施有：禁止一切外国货币在中国市场上流通、买卖和计价结算；规定无论中国公民或外国侨民，凡持有外国货币者，必须在规定时间内，到中国人民银行或其指定的机构按牌价兑换成人民币，或作为外国货币存款换取外汇存单；因公务或旅行进入中国境内者，所持有的外国货币，必须在入境时兑成人民币或作为外国货币存款，离境时可以兑回外国货币；中国人民银行为外汇管理机构，统一外汇管理。由于措施得力，收兑外国货币工作进展顺利。后来，中国人民银行修改了外国货币存款暂行办法，鼓励人民群众将外国货币存到银行。至1950年上半年，全国基本上制止了外国货币流通，为实行统一的货币制度、实行人民币的统一流通又扫除了一大障碍。

4. 逐步收回各解放区发行的货币。各解放区发行的货币都是人民自己的货币，在用人民币统一币制的过程中，为了使人民群众不受损失，人民政府对早在土地革命时期、抗日战争时期和解放战争时期各革命根据地、各解放区发行的货币，采取了"固定比价、混合流通、逐步收回、负责到底"的方针，宣布按规定比价收兑各解放区的货币，直到最后一张为止。截至1950年4月，已收回的旧币合人民币239.5亿元，占发行总额的82.95%，收兑工作基本结束。

人民币是随着解放战争的节节胜利而走向全国的。到1950年，人民币已成为全国大部分地区的本位货币。东北地区解放较早，工业基础较好，物价比较稳定，解放前夕为使其不受关内战争和物价的影响，当时中央决定暂时保持东北地区原来的货币制度。1951年3月20日，政务院发布命令，责成中国人民银行限期以人民币收回东北银行和内蒙古人民银行发行的地方流通券。自1951年4月1日起，东北地区和内蒙古地区一切计价、记账、契约等均统一改用人民币。

5. 收兑新疆、西藏流通的地方货币。新疆于1949年9月和平解放，当时中央决定暂时保留新疆的银元票币制，且特意把银元票兑换人民币的比率提高为1:500，之后几经调整，1951年9月定为1:350。1951年10月1日，政务院发布命令，责成中国人民银行自1951年10月1日起限期以带维吾尔文的人民币，收回新疆省银行发行的银元票；收兑期为3个月；新疆省内一切计价、记账、契约等均统一改用人民币。

西藏和平解放时，按协议规定民主改革前可以保留藏币，但由于1959年3月西藏反动分子叛乱，同年8月10日，西藏自治区筹备委员会发布《宣告“藏币”作废的布告》，宣布藏币为非法货币，自当日起作废，禁止使用，由各级地方政府和军事管制委员会以人民币限期收兑。截至1959年10月底，基本收兑完毕，从此人民币成为西藏地区流通的本位货币。

人民币制度的确立结束了近百年来中国货币制度混乱的历史，真正实现了货币主权的完整和货币制度的统一；告别了国民党政府遗留的恶性通货膨胀的时代，开创了货币稳定、经济振兴的新时期。

（二）接收和改造旧金融业，完善中国人民银行体制

1949年2月，中国人民银行由石家庄迁入北平。1949年10月，中央人民政府任命南汉宸为中国人民银行行长。当时，中国人民银行的首要任务是，根据“边接管、边建行”的方针，接管官僚资本银行，迅速建立中国人民银行的各级分支机构。同时，按照人民政府对新解放区原有各类金融机构采取区别对待的方针，取消外商银行在华特权，整顿和改造私营金融业。

1. 接管官僚资本金融业。以“四行二局一库”为主体的国民党官僚资本银行形成了一个垄断体系，从资金上掌握了旧中国的经济命脉。根据中国人民政治协商会议第一届全体会议通过的《共同纲领》中关于没收官僚资本归人民的国家所有的规定，人民政府对官僚资本银行和保险公司进行了接管。

为了做好接管工作，中国人民银行作了充分准备。在天津、北平解放之前就组织力量，分别在天津郊区胜芳和北平郊外的良乡进行集训，学习有关方针、政策，拟定具体接管步骤，同时研究了对银钱业以及金银、外汇等的管理办法。由于国民党官僚资本主要银行的总行均设在上海，所以在上海的接管工作的好坏影响较大。为此，在进入上海前，有关领导机关又抽调一批干部，在江苏丹阳进行集训，以提高接管工作人员的政策水平，熟悉接管对象的情况，并拟订接管工作的实施方案。

接管官僚资本银行的队伍随同解放军进入城市，在各地军事管制委员会（以下简称军管会）的统一领导下开展工作。天津、北平、上海、汉口、广州、重庆等大城市的接管工作人员，在取得当地中国共产党组织的协助下，发动和团结原在官僚资本银行工作的进步职工和爱国的高级职员，为搞好接管工作作出了努力。

在接管官僚资本银行的工作中，各地均采取不打乱原有机构、整体接管的方法，在方针政策上主要掌握以下几点：（1）对各官僚资本银行的资产按照资本性质分别处理。对国民党政府的中央银行和省、市、县银行等，依法接管，并没收其官僚资本；对官商合办银行，没收其官股部分，派军事特派员监督审查其商股股权及资产负债情况。（2）对官僚资本金融机构，除中国银行和交通银行仍予保留外，其他均停业清理。（3）对官僚资本银行的人员经过接管清理，除对个别人进行处理外，实行“量才录用，原职原薪”的政策。凡是熟悉银行业务，愿意继续服务的人员，分别予以留用、调用或安排参加学习；对高级职员中学有专长、精通业务的，派任适当职务。

根据上述方针政策，对国民党政府设在各地方的中央银行以及一些省、市、县银行，虽然均停业清理，但并不立即解散，而是把接管工作与建立中国人民银行的分支机构结合起来，利用其原有的营业地点和人员办理业务，成为中国人民银行的业务部门。

接管中国银行以后，没收其官股，保留私股权益，改组董事会，南汉宸任董事长，龚饮冰任总经理，已在海外的原中国银行董事张公权、宋汉章等仍继续担任私股董事。职工全部留用，原职原薪，机构暂时不变，中国银行成为中国人民银行领导下经营外汇业务的专业银行。对交通银行也采取与中国银行同样的办法进行接管，以后成为中国人民银行领导下经营工矿交通事业长期信用业务的专业银行。改组后的中国银行和交通银行，于1950年1月7日，分别以其总管理处的名义向海外分支机构通电，号召员工安心工作，保护行产。1950年1月9日，中央人民政府政务院总理周恩来对驻在香港的原属国民党政府的机构和员工发布命令，要他们"务须各守岗位，保护国家财产档案，听候接收"，并且指出："原有员工均可量才录用。其保护国家财产有功者，将予以奖励，其有偷窃、破坏、转移、隐匿等情者，必予究办。"上述命令，即由中国人民银行转达原国民党政府所属驻香港各金融机构。中国银行香港分行经理、著名银行家郑铁如首先响应号召，当日立即复电中国银行总管理处，表明"所有各项行产均经保存，已嘱员工安心工作，维持现状"。福建省银行香港分行早在福州解放时，就造具资产清册请求接管，这个爱国行动得到福建省人民政府主席张鼎丞的嘉奖；1月9日周恩来总理命令发布后，1月10日这个分行大门前就挂起了五星红旗。交通银行香港分行、中国农民银行香港分行、中央信托局香港分局、邮政储金汇业局香港分局、广东省银行香港分行、广西银行香港分行也于1月17日分别发表电文，表示保护财产，听候接收。中国银行伦敦分行也团结进步员工，护产护行，接受在北京的中国银行总管理处的领导。自中国银行、交通银行的总管理处发出通电后，在一个月左右的时间里，除上述香港分行、伦敦分行之外，设在新加坡、巴基斯坦、印度、印度尼西亚、马来西亚和缅甸的中国银行分支行处和仰光的交通银行分行，也先后接受在北京的各该行总管理处领导。这些驻海外银行机构领导人和进步员工的爱国行动，对新中国迅速恢复对外贸易、沟通侨汇和开展国际经济往来，具有重要的意义。

对新华信托储蓄银行、中国实业银行、国明商业储蓄银行、中国通商银行等官商合办的银行，接管后没收其官股，实行公私合营，派出公股董事与私股推出的代表一起组成新董事会，继续进行营业。这些公私合营银行，在中国人民银行的政策指导下，认真执行人民政府的法令，在国民经济恢复时期成为公营、私营金融业之间的桥梁和中国人民银行在业务上的助手。

另外，还对北平、天津等地的国民党官僚资本保险公司进行了接管。旧中国各种资本的保险公司绝大多数集中于上海。上海解放后，市军管会接管了官僚资本保险公司21家，监理2家，中国保险公司经军管会批准恢复了业务。

在天津、北京、上海三大城市，中国人民银行共接管官僚金融资本机构128家，接收工作人员9 530名。

2. 对私营金融业的整顿和改造。中国的私营金融业对促进民族资本工商业发展曾起积极作用，但在国民党政府统治时期，由于长年战争和恶性通货膨胀的影响，存款、放款、汇兑业务难以正常经营，大多数私营行庄转向投机买卖。据天津、北平和沈阳的调查，在当地解放时，私营行庄的资金用于投机的占90%以上。投机活动造成了私营行庄的畸形发展，到新中国建立时全国私营行庄包括分支机构共有1 032家。在这些私营行庄中，许多大行庄已将资金抽逃到海外，较小的行庄则大多设立暗账，隐藏资产。

1949年4月27日，华北人民政府颁布了《华北区私营银钱业管理暂行办法》，明确规定私营银钱业的业务范围、资本额标准、缴存存款准备金和付现准备金的比例，以及违反管理办法的处理等。接着，华东、华中、华南各地人民政府也先后颁布了私营银钱业管理办法，对私营行庄进行整顿和加强管理。各地人民政府还通过银行同业公会和钱业公会，宣传政府对私营银钱业的方针、政策，允许私营银钱业在遵守人民政府法令的条件下继续经营，鼓励它们开展正当业务。同时，要求私营行庄呈报组织状况和业务报表，办理登记，增加资本。凡是资本额低于银钱业管理办法规定标准的私营行庄，要由股东认股，限期补足，并由中国人民银行验收后批准登记营业；未经批准登记的私营行庄，一律停业进行清理。经过一系列的政策教育，一些私营行庄负责人主动将一部分资金由海外调回，进行增资；有的主动交出暗账，积极经营。经过增资，各地淘汰了一批资力小、信用差、投机性较大的私营行庄。例如，天津因无力增资而停业的有29家，占全市私营行庄的10%；北平因无力增资而停业的有15家，占全市私营行庄的23%。通过增资和整顿，大多数私营行庄的信用有所恢复，正当业务活动有所开展，对恢复发展生产、活跃城乡物资交流发挥了一定的作用。

在整顿私营银钱业的基础上，人民政府又公布了一系列私营银钱业管理办法，进一步规定了私营行庄的业务经营范围。如只许私营银钱业经营与私营工商业有关的存款、放款、汇兑业务和个人存款，禁止买卖金银、外国货币、吸收公款和兼营商业或代客买卖股票等。各地中国人民银行通过执行这些规定，加上对私营行庄报表的审查、对违法活动的检查处理并依靠金融工会广大职工的日常监督，不仅加强了对私营行庄的管理，而且对促进金融市场的稳定起了积极作用。经过初步整顿，到1949年年底，全国的私营行庄由1 032家减为833家，淘汰了近20%。

在此期间，有一部分民族资本保险公司经过整顿后，也陆续恢复了营业。

中国人民政治协商会议制定的《共同纲领》指出，国家资本与私人资本合作的经济为国家资本主义性质的经济，在必要和可能的条件下，应鼓励私人资本向国家资本方向过渡。新中国建立以后，根据资金融通对经济运转所具有重要作用，确定私营金融业的改造要比其他私营工商业先走一步。1949年下半年，中国人民银行在对私营金融业整顿监督、恢复业务的基础上，对私营行庄的资金加强了管理，引导它们用于支持工商业的贷款需要，限制私营行庄不正当的经营。1950年在全国调整公私关系的统一安排下，为了解决社会上高利率逐渐消失后私营行庄机构臃肿、人浮于事的问题，中国人民银行通过公私合营银行的典型示范，鼓励私营行庄走国家资本主义的道路，推动大行庄从合营走向联管，组织较小的行庄实行联营。

1950年3月全国统一财政经济工作后，金融物价趋于稳定，利率也大幅度下降，市场交易一度呈现不景气。有些私营行庄由于放款成为呆账，存款不敢贷放而坐赔利息，再加上管理不善和开支庞大等因素，发生了资金周转不灵和经营亏损，一些规模较小的行庄因此而成批倒闭。1950年5月、6月，全国私营行庄由原来的833家减为431家，从业人员由3万人减为1.8万人。在这种情况下，中国人民银行倡导私营行庄组成联营集团，与国家银行签订业务联系合同，私营行庄也希望通过联营方式争取社会信用。最早试办联营的是天津市，当地私营行庄先后成立了4个信用联合会；上海市也先后成立了4个联营集团，参加的私营行庄共42家，基本上将较小的私营行庄都纳入了联营。全国其他地区也相继出现类似的组织。这时，中国人民银行对私营行庄的政策，从单纯的行政管理转为行政管理与业务竞争相结合，通过迅速开展私人业务使中国人民银行的私营工商业存款与个人储蓄存款剧增。新华、中国实业、四明、中国通商4家公私合营银行，因为有国家银行信用的支持，所以声誉提高，业务大量开展，接替了很大一部分私营行庄原有的业务阵地。到1950年5月，全国私人存款总额为1 400余万元，其中，国家银行所占比重为44.6%，公私合营银行所占比重为23.8%；私营行庄所占比重由原来的71.1%降为31.6%，国家银行在金融市场上已确保了领导权。

中国人民银行于1950年8月1日召开全国金融业联席会议，根据中共中央关于调整工商业的总方针，研究调整金融业中的公私关系、金融业与工商业的关系以及金融业中的劳资关系，以达到团结合营和私营行庄力量、扶持生产的目的。会议确定对私营行庄实行“团结、领导、运用、改造”的方针，批评一部分私营行庄负责人存在的“分疆而治”的错误认识，指出私营行庄只有进行整顿改造、精简节约、服务于工商业，才能得以生存和发展，并倡导与鼓励私营行庄联营合并，以求共同扶助生产。会上，中国人民银行决定给私营行庄以转抵押、委托业务、调拨资金、汇兑折扣等业务支持。通过这次联席会议，许多私营行庄负责人感到政府调整了公私关系，指明了道路，受到了很大鼓舞。金融界的知名人士周作民先生毅然从香港返回大陆，代表金城银行要求国家银行加强领导。除金城银行以外，中南、大陆、联合、浙江兴业、国华、和成、聚兴诚等银行也再三要求国家银行接收其官股，指派公股董事，实行公私合营。

这次会议以后，私营中小行庄积极联营合并，大行庄则向国家银行靠拢，纷纷改组为公私合营银行，并联合经营。中国人民银行加强了对这些联营集团、合营银行的领导，与它们签订了业务合同，同时帮助它们清理呆账，扭转亏损，组织它们扩大联合放款。另外，国家对合营银行的私股实行赎买政策，照顾其合法利益，按时发给股息；对原有经理人员适当安排职务，解除了股东和经理人员的顾虑。在国家政策的引导下，在中国人民银行的帮助和领导下，私营行庄中存在的某些企图摆脱国家银行、谋求自由发展的倾向得到纠正，走上了服务于生产的正当经营道路，业务有了一定的发展。

1951年5月，中国人民银行召开区行行长会议，分析了前一时期对私营行庄加强管理的情况和上海等7个城市公私合营银行在同业中所起到的示范作用，认为进一步加强对公私合营银行的领导，组织联合管理总处的时机已经成熟。在中国人民银行的领导下，1951年5月27日，新华、中国实业、四明、中国通商、建业5家银行组成公私合营银行联合总管理处，为私营行庄联合经营树立了榜样。接着，聚兴诚、浙江兴业、浙江第一、国华、和成、源源长6家银行，加入了新华等5家银行原已成立的联合总管理处；盐业、金城、中南、大陆、联合等银行增加公股后，另组"北五行"联合总管理处；上海商业储蓄银行在北京与久安信托公司成立联合管理委员会，正式宣告为公私合营。另外，上海市中小行庄归并为两个联营集团，汉口15家钱庄改组成1个商业银行，其他地方性行庄也纷纷酝酿联营与合并。从此，私营金融业进入了联合经营时期，并基本上纳入了国家资本主义轨道。

1952年5月，中国人民银行鉴于"五反"运动后私营、合营金融业存款业务下降，银行资本家怕长期赔累，迫切要求实行大联营、由国家直接领导的新情况，召开区行行长会议进行研究，提出了为了迎接1953年国家即将开展的大规模经济建设，解决私营、合营银行中存在的问题，必须加强国家金融体系，成立统一的公私合营银行。

1952年下半年开始，中国人民银行根据中财委关于整顿行庄的指示，对全国金融业进行了全面的改造。在实际工作中，适当照顾了对整个资产阶级的影响，以及对在国外的公私银行的影响，淘汰了在17个城市中尚存的50家钱庄。根据不同的情况，对私营银行分别予以合并或淘汰。资产能抵负债的可并入合营银行，取消原名号；资产不能抵负债的予以淘汰；自愿停业的也可准许。对华侨商业银行、东亚银行、中兴银行3家侨资银行，仍然保留和继续营业。已经实行公私合营的银行，在其劳资双方酝酿成熟后，对原已合并的5个系统、60家行庄，首先进行人员整编，然后实行机构合并，于1952年12月1日在北京成立了统一的公私合营银行总管理处，组成新的联合董事会、设计委员会和研究室；这些银行在各省会所在地的机构，除裁撤者外，一律合并为公私合营银行的分行；其余的机构，除按当地需要适当保留者外，一律予以撤销；各行在海外的机构，仍然各自保留。合并或撤销后的多余职工约2万人，由中国人民银行进行整编，除留用、调用者外，其余视具体情况予以训练、转业或退休养老。国家对私营金融业进行全行业社会主义改造的政策，得到了金融业的广大职工的拥护。

由于中国金融业的发展在地区上极不平衡，机构分布集中在沿海城市，因而广大内地特别是西北地区十分缺乏金融人才。在成立公私合营银行的过程中，国家动员上海、天津等地金融业中年富力强、有业务才能的职工支援西北、东北建设。上海私营行庄数以千计的职工，在共产党员的带头下，踊跃报名，举家内迁，扎根西北，为建设西北洒下了汗水。他们的高尚情操和献身精神，受到了政府和人民的赞扬，赢得了广大金融职工的敬意。

私营金融业实行全行业公私合营后，对金融资本家除定期发给股息外，参加合营的行庄和系统的代表人员，均在联合董事会及其下设的财务、设计委员会和研究室给予一定的地位。如周作民、项叔翔、王志莘为联合董事会副董事长，陈朵如、资耀华、黄钦书、沈日新为公私合营银行总管理处副主任，留在海外的陈光甫、李铭、钱新之仍保留董事职位。中国人民银行派陈穆担任公私合营银行总管理处主任（后来由谢寿天接任），王伟才为公私合营银行总管理处副主任。

在中共中央和政务院的领导下，比较顺利地改造了私营金融业，成立了统一的公私合营银行。它总共拥有300多个机构，1万余人员，1亿元存款，5 000万元放款，1.6亿元投资。经过公平合理地清估财产，实事求是地核定资本，按规定发给年息5厘的固定股息；对少数资不抵债的单位，由行业包下来，仍然给予股额，付给定息。至此，公私合营银行成为中国人民银行领导下的、对私营工商业办理存放款业务的专业银行，实现了国家对金融业的统一管理。

由于金融事业与国民经济的关系十分密切，中国的私营金融业改造工作走在其他行业之前。中国人民银行对这项重大任务抱着既积极又十分慎重的态度，认真进行调查研究，不断总结经验教训。在对私营金融业进行社会主义改造的各个环节里，特别是在准备实行重大措施或作出重大决定时，都事先邀集金融资本家或其代理人员举行座谈，一面征求意见，一面宣传政策。1950年8月全国金融业联席会议以后，中国人民银行把公私合营银行几个系统的负责人组织起来，每两周举行一次座谈会，加强宣传教育，使他们更能认清形势，自觉接受改造，从而有助于各阶段工作的顺利进行。金融资本家中的进步人士，在私营金融业的社会主义改造过程中，做了许多在公私之间的联系、推动和筹备工作，起到了桥梁的作用。在人民政府的领导下，私营金融业的社会主义改造工作每到关键时刻，他们都能够作出积极的贡献。

1952年12月，中国的私营金融业比其他私营工商业提前四年实现了全行业的社会主义改造。在短短的三年时间里，基本完成了对私营金融业的社会主义改造，使社会信贷资金全部掌握在国家银行手中，切断了资本主义工商业与私营金融业的联系。这对于促进私营工商业的社会主义改造，对于有计划地进行社会主义建设，都有着十分重要的意义。公私合营银行的清产核资、固定股息和人事安排等工作，对全国的资本主义工商业进行全行业社会主义改造提供了宝贵的经验。在改造私营金融业工作中，也存在着不足之处，主要是有的措施急了一些，对私营金融业在经营上有利于发展商品经济的一些业务做法和制度，没有很好地加以利用，对有些专业人员的使用也有不够适当的地方。

3. 建立中国人民银行的机构网络。根据"边接管、边建行"的方针，中国人民银行在接管官僚资本银行的同时，迅速建立了中国人民银行各地的分支机构。按照行政区划，中国人民银行先后建立起总行、区行、分行、支行四级机构。在大行政区设区行，省、自治区、直辖市设分行，县设支行。在城市中，按城市规模和业务需要设立分行或支行，下设办事处、分理处；在农村的集镇设立营业所，办理各种具体业务。

中国银行和交通银行经过改组后，均采取总管理处、分行、支行三级制，总管理处下属的行处受本行总管理处和当地中国人民银行的双重领导。1949年12月，中国银行总管理处也由上海迁到北京。

1949年10月20日，中国人民保险公司正式成立，并陆续在全国各地设立分支机构。中国人民银行副行长胡景沄兼任中国人民保险公司总经理。

截至1949年12月，中国人民银行建立了华东、中南、西北、西南4个区行，40个省、市分行，1 200多个县（市）分行及办事处。加上中国银行、交通银行和中国人民保险公司，在全国共设有金融机构1 380个，职工8万余人。1951年4月1日，东北银行改组为中国人民银行东北区行，内蒙古人民银行改组为中国人民银行内蒙古自治区分行。11月，新疆省银行改组为中国人民银行新疆自治区分行。至此，除了西藏自治区和台湾省以外，全国都已建立了中国人民银行的机构。1951年8月，为了加强农村金融工作，经政务院批准，成立了农业合作银行，但在各地没有设立分支机构。

1952年全国金融机构的情况发生了一些变化：中国银行与中国人民银行的国外业务局合署办公，交通银行划归财政部领导，中国人民保险公司也改由财政部领导，精简撤销了农业合作银行，成立了全行业的公私合营银行总管理处。这样，到1952年国民经济恢复时期终结时，一个由中国人民银行统一领导的银行管理体制初步建立，在社会主义建设中发挥了重要作用。

二、"一五"计划时期的金融

1952年年底，中国胜利完成了恢复国民经济的艰巨任务，实现了国家财政经济状况的根本好转，为有计划地进行大规模经济建设和社会主义改造创造了条件。同时国家制定了1953～

1957 年发展国民经济的第一个五年计划。“一五”计划时期，中国在进行大规模经济建设中，建立了集中统一的计划经济管理体制，与此相适应，形成了集中统一的中国人民银行体制。中国人民银行的工作围绕着实施“一五”计划规定的基本任务而展开，通过各项业务活动，广泛聚集社会资金，大力支持全民所有制经济发展，促进国家的社会主义工业化，促进对农业、手工业和资本主义工商业的社会主义改造，加强货币信贷管理，有计划地调节货币流通，稳定市场物价，为国民经济的发展创造良好的经济环境。

（一）高度集中的银行体制的形成

1952 年年底，随着全行业公私合营银行的建立和对私营金融业社会主义改造的完成，中国开始确立了高度集中的银行体制的雏形。进入“一五”计划时期，由于所有制结构趋向单一，银行体制的集中统一进一步加强。

首先，撤销了大区分行，进一步加强了中国人民银行总行对全国金融活动的统一领导和管理。1954 年 6 月，中央人民政府决定撤销大区一级行政机构，中国人民银行在各大区的区行也随之撤销。这样，中国人民银行总行对全国金融活动的统一领导和集中管理得到了加强，形成了银行部门垂直管理的体制。

其次，在完成对旧金融业的社会主义改造以后，将公私合营银行纳入中国人民银行体系。公私合营银行成立之初主要是经营对私营工商业的金融业务，由于私营工商业逐步走上国家资本主义道路，加强了与中国人民银行的业务联系，公私合营银行就转为代理中国人民银行办理储蓄业务。1955 年 2 月 1 日，全国 14 个城市的公私合营银行与当地中国人民银行储蓄部合署办公；1956 年 7 月，公私合营银行总管理处与中国人民银行总行私人业务管理局合署办公，这样就将合营银行纳入了中国人民银行体系。

最后，中国农业银行的建立和撤销。“一五”计划开始实施后，中国的城乡经济发展很快，对资金的需求十分旺盛，银行筹集资金、调节货币流通的任务日益加重。为了更好地支援农业生产，促进农业的社会主义改造，同时也为了便于中国人民银行集中力量搞好工商信贷、城镇储蓄和其他金融业务，1954 年 8 月，中国人民银行向政务院提议建立中国农业银行。1955 年 3 月，国务院批准建立中国农业银行，并确定其主要任务是办理农村的短期贷款，贷款对象是农业生产合作组织和个体农民，贷款用途限于农业生产，除此以外的农村金融业务仍由中国人民银行办理。经过一段时期的实践，由于农村商品经济的水平很低，金融业务量不大，客观上缺乏建立专业银行的经济基础；加上中国农业银行办理的农村短期贷款，与农副产品的收购、农业生产资料的供应，以及城乡之间的非现金结算等关系十分密切，而这方面的业务仍由中国人民银行办理，这就增加了资金周转环节，引起工作上的诸多不便。因此，国务院于 1957 年 4 月 12 日决定撤销中国农业银行，农村信贷工作由中国人民银行统一负责办理。1957 年 8 月 1 日中国农业银行撤销后，在中国人民银行设立了农村金融管理局，管理全国的农村金融业务。

中国的银行体制，经过“一五”计划时期的强化和集中，中国人民银行成了既是国家金融管理和货币发行的机构，又是统一经营全国金融业务的经济组织。

（二）建立纵向型的信贷资金管理体制

在形成高度集中的银行体制的同时，中国人民银行建立了纵向型的信贷资金管理体制，即全国银行的信贷资金都由中国人民银行总行统一掌握，实行“统存统贷”的管理办法。

1952 年 9 月，中国人民银行召开各大区行行长会议和银行计划工作会议，强调在有计划的经济建设时期，要建立和加强银行系统的计划管理体制；明确各级管辖行的基本任务是了解情况，掌握计划，贯彻政策，一切营业部门的业务活动都要有计划地进行。这次会议通过的《中国人民银行综合信贷计划编制办法（草案）》，第一次比较全面地提出了信贷计划管理的一整套做法，包括信贷计划编制的依据、内容、管理体系、权限划分、审批程序和检查制度等。

根据这个办法，全国各级银行从 1953 年起开始编制信贷计划，并普遍建立了信贷计划管理机构和执行信贷计划管理制度。各级银行负责编制各自的年度（分季度）和季度（分月）信贷计划，并逐级上报审批，最后由中国人民银行总行统一平衡全国的信贷收支指标，下达各地贯彻执行。在这种纵向型信贷资金管理体制下，实行的是“统存统贷”的管理办法，即不能自行安排，各级银行发放各项贷款，由总行分别核定计划指标，逐级下达，各级银行只能在指标范围内掌握贷款发放。这样，从“一五”计划时期起，便确立了高度集中的信贷计划管理体制。

（三）取消商业信用，集中信用于国家银行

“一五”计划时期，国家开始进行大规模经济建设，要求对资金实行高度集中管理的计划分配，而1953年、1954年两年中，国营企业之间的商业信用一般仍占企业流动资金的10%～20%。当时认为，商业信用扩大了企业流动资金的占用，不利于国家对流动资金的集中管理和资金分配计划的贯彻执行，不利于银行对生产和商品流转计划执行情况的监督，因此有必要取消商业信用，集中信用于国家银行。

1954年3月，中国人民银行和商业部共同清理了国营商业系统内部的商业信用，规定国营商业企业的商品购销货款和资金往来，一律通过中国人民银行办理结算。1955年3月，根据国务院指示，中国人民银行和财政部通过与有关部门共同研究，一致同意统一步调，取消商业信用。1955年5月6日，国务院批转中国人民银行的报告，同意取消国营工业间以及国营工业和其他企业间的商业信用，代之以银行结算，认为这对于节约国家资金使用和巩固经济核算有很大的好处。

为了加强信用管理和便于工商企业转账结算，中国人民银行进一步健全了银行结算制度。1952年年底，中国人民银行在苏联专家的帮助下，制定了八种结算方式，并从1953年3月开始，在国营商业系统试行后，逐步推广。到1955年年底，国营商业系统内部的大部分商品调拨和国营工业中的一部分购销收付，都已通过银行办理托收承付结算。

1955年上半年，中国人民银行在总结八种结算方式试行经验的基础上，对这些结算方式作了进一步修改，并制定了《国营企业、供销合作社、国家机关、部队、团体间非现金结算暂行办法》，于1955年的9月在全国实行。随着商业信用的取消和八种结算方式的推行，到“一五”计划后期，基本实现了一切信用集中于国家银行，从而进一步加强了中国人民银行对资金管理的集中统一。

（四）建立现金出纳计划制度，加强对货币发行的管理

随着国家对私营经济社会主义改造的逐步深入和大规模经济建设的开始，反映在市场货币流通上不仅流通规模扩大，而且在流通渠道、地点分布，以及货币投放与回笼的季节性等方面，都发生了一些变化。为了适应这种新的情况，中国人民银行于1952年10月召开全国货币管理会议，强调加强货币流通计划管理工作的重要性，拟定了《现金出纳计划编制办法（草案）》，上报中财委。1953年9月13日，中财委发布《关于加强现金出纳计划工作的指示》，要求各大区和各省、市、自治区财委“把现金出纳计划工作建立与掌握起来，组织有关部门结合市场情况，对收购的投放和物资供应、税收等的回笼进行适当安排”。根据中财委的指示精神，中国人民银行向各级银行颁发了《现金出纳计划编制办法（草案）》，规定国营企业、供销合作社、国家机关及团体等货币管理单位，应编制本单位的现金出纳计划；省级主要财经主管部门，应编制包括所属机构的系统的现金出纳计划或提供有关计划材料。中国人民银行总行和各省、市、自治区分行、各县（市）支行，应分别编制全国的，全省、市、自治区的，全县（市）的综合现金出纳计划。到1953年年底，中国人民银行各级机构均已开始编制现金出纳计划，按计划组织现金的投放和回笼。

在实行现金出纳计划编制办法之前，各级银行在现金调拨上，是按照汇兑业务的差额来出库或入库的，即汇出款项大于汇入款项，就入库；反之，汇入款项大于汇出款项，就出库。当时把这种做法叫做“汇差出入库制”。实行这个制度，各级银行可以主动按汇差出库或入库。1953年，在苏联专家的建议和具体帮助下，中国人民银行制定了《银行现金调拨暂行办法》（以下简称《办法》）。这个《办法》的基本精神是贯彻货币发行统一政策，使现金调拨与现金出纳计划密切结合，各级银行只能在中国人民银行总行批准的现金出纳计划发行数字内动支发行库款。这个办法先在几个地区试行和总结经验，1954 年 7 月全面推行。至此，汇差出入库制即为现金计划调拨制所取代。

（五）发行新的人民币，完善人民币体制

1950 年 3 月，中央人民政府统一全国财政经济工作后，随即实现了金融物价的稳定，结束了旧中国长期通货膨胀的历史。但是，市场流通的人民币还保留有过去通货膨胀的痕迹，主要是人民币票券的面额很大，而单位价值很低。它名义上以“元”为单位，实际上当时市场上没有标价人民币 1 元的商品，在日常的生产和商品流转中，动辄要以亿、几十亿，乃至百亿元计价和核算，给经济生活带来许多不便。同时，旧的人民币的纸质不佳，市面上流通的券钞磨损残破甚多；货币的票面种类也过于复杂，广大人民群众不易识别；加之除少数几种人民币票面印有蒙文、维吾尔文外，绝大部分只印有汉文一种文字，不便在少数民族地区流通。

为了彻底清除过去通货膨胀留在人民币上的痕迹，进一步健全和巩固新中国的货币制度，必须发行新的人民币。早在 1950 年的 3 月中国人民银行就开始了发行新的人民币的准备工作，到 1955 年，各方面条件都已具备。1955 年的 2 月 21 日，国务院发布了《关于发行新的人民币和收回现行的人民币的命令》，责成中国人民银行自 1955 年 3 月 1 日起发行新的人民币，以新的人民币 1 元等于旧的人民币 10 000 元的折合比率收回旧的人民币。新发行的人民币面额，主币分为 1 元、2 元、3 元、5 元、10 元五种，辅币为 1 分、2 分、5 分、1 角、2 角、5 角六种。每种券别版面均印有汉、藏、蒙、维吾尔四种文字。

为了使发行新的人民币、收兑旧的人民币的工作在风平浪静的情况下进行，国务院决定提前公布发行新的人民币的时间，并作了周密的部署。从 1955 年 2 月 21 日起，全国各地的宣传机构运用各种宣传工具，对发行新的人民币展开了广泛的宣传。主要是针对旧中国通货膨胀给广大人民留下的恶劣影响，针对部分群众“怕露富”、怕人民政府摸自己财产底细等顾虑，采取对比的方法用事实进行宣传，使广大人民群众很快了解了发行新的人民币的意义和政策，从而从心底拥护国家的这一重大措施。

1955 年 3 月 1 日，中国人民银行在全国各地发行新的人民币，市场商品流通、文化娱乐服务行业以及各种经济往来全都按新的人民币标价、记账和办理收付。同时，中国人民银行挂出了按新的人民币计算的外汇牌价，对外清算一律按新牌价计算。各地中国人民银行按照1:10 000的比价，把银行所有存款、储蓄、贷款等账册的旧的人民币数目折成了新的人民币，并向各公私企业、国家机关、团体或城市内使用支票的存款户开出了对账单。从 1955 年 3 月 1 日起，新的人民币成为中国社会上一切货币收付、债权债务、交易计算、契约合同、单据凭证、账簿记载以及国际清算等经济往来的唯一计算和标价单位。

为了做好新的人民币发行和旧的人民币收兑工作，中国人民银行除在银行机构设立兑换专柜外，还在城乡增设了兑换站及流动兑换小组，并委托国营企业、供销社、信用社等单位兑换，全国共设立了各种兑换机构 7.3 万多个。对工厂、机关、学校、团体等单位，采取有组织的集中预约办法，由各单位把旧的人民币汇集起来，按预约时间到银行集中兑换。在农村，很多地方采取分片、定点、定时通知兑换；照顾农民春耕生产，由银行组织流动组登门兑换；有的地区由政府、银行和贸易部门联合组织流动小组下乡，把宣传、售货与收兑工作结合进行。兑换办法规定：全国各地不分阶层，凡持有旧的人民币者，自新的人民币发行之日起，均可到中国人民银行或代理兑换机构按法定比率兑换新的人民币。在兑换期间，旧的人民币仍可按法定比率折合新的人民币流通，1 万元、5 万元面额的大面额钞票可流通到当年 3 月 31 日，在 4 月 30 日以前兑换；5 000 元面额以下的钞票，流通时间还可以稍长一些。

新的人民币发行以后，群众反映新的人民币好看、好算、好使用、好记账，国内各阶层普遍欢迎。不同金额的新的人民币，票面的图案、颜色和大小都互有区别，不识字的人也能比较容易地识别出来。兑换比率规定，新的人民币 1 元等于旧的人民币 1 万元，便利了计算，节约了许多人力和财力。国务院发行新的人民币的命令公布后，银行在城镇、农村的储蓄存款普遍上升，其中城镇储蓄增加更加突出。1955 年 3 月上旬，全国城镇储蓄增加 4 700 万元，3 月中旬增加 1 060 万元，而 1954 年全国平均每旬仅增加 555 万元。这次城镇储蓄存款增加的特点是：金额大、存期长，新开户人数多，说明人民群众对人民币币值的稳定具有信心。

新的人民币自 1955 年 3 月 1 日开始发行，到6 月 10 日在市场上已全部取代旧的人民币流通。在此期间，中国人民银行收兑的旧的人民币数额占 2 月底新的人民币发行前夕市场货币流通量的 98.1%，说明发行新的人民币的工作已告胜利结束。在一个有几亿人口的国家，新政权刚刚建立几年，仅用一百天时间便在全国范围内顺利地完成了发行新币、收兑旧币的工作，这是一件非常了不起的事情。

这次发行新的人民币工作进行这么顺利，基本原因在于：第一，新的人民币的发行是在国民经济增长、商品流通日益扩大、市场繁荣、物价稳定的情况下进行的，社会经济环境较好。第二，这次发行新的人民币，不是货币制度的根本改革，也不是为了收缩通货、制止通货膨胀，更不是借此增发货币，搞变相的通货膨胀。它只是在人民币制度基础上改变价格标度，调整货币的面额，提高人民币单位“元”的价值量，使新的货币单位符合社会经济生活的实际，更好地发挥人民币在计价、流通和支付中的作用。这是人民币制度的自我完善。第三，这次以新的人民币兑换旧的人民币，不分阶层、不分现金或存款，也不论兑换数量多少，一律按照统一规定的比率，实现无区别的新旧货币兑换政策。这与第二次世界大战后，有些国家为了解决通货膨胀问题，在以新币取代旧币流通时所采取的按阶层、按现金或存款、按兑换数量的不同而实行不同的兑换比率，以此来收缩通货和进行国民收入再分配的做法，是根本不同的。

人民政府决定按统一规定的比率，实行无区别的新旧币兑换政策，完全是从中国实际情况出发的。这主要是由于：货币流通正常，币值稳定，不存在通货过多的问题，没有必要实行差别兑换政策来减少流通中的货币量；流通中的货币，绝大部分掌握在职工和农民手中（据若干地区的典型调查估算，1954 年年底市场货币流通量分布状况是：农民占有 65.4%，职工占有 16.5%，国家机关和国营企业占有 13.9%，私营工商业占有 4.2%），如果压低旧币的币值，提高新币的兑换比率，将会使基本群众吃亏，这是人民政府绝不能办的事情。另外，民族资产阶级是人民的一部分，不能通过差别兑换率来再分配资本家的手持货币。

三、“大跃进”时期银行工作的挫折与调整

1958～1960 年的“大跃进”时期，银行的各级领导和广大职工同全国其他行业领导和职工一样，政治热情高涨，对金融工作的政策进行了多方面的探索，积极支持国民经济“大跃进”。1958 年 3 月至 11 月，中国人民银行先后召开三次会议，强调要紧跟“大跃进”的形势，对企业扩大生产和流通所需的流动资金，要大胆支持，充分供应，不要怕贷款多了；强调要有利于生产“大跃进”的前提下谈节约流动资金，否则就是非政治化倾向，就是单纯业务观点。由于这种错误指导思想，金融工作中脱离实际的“瞎指挥”、“浮夸风”等大大膨胀，放松了金融管理，造成了信贷失控和大量增发货币，使国民经济比例失调问题更加突出。

为了纠正“大跃进”时期发生的错误，克服国家财政经济上存在的严重困难，中共中央作出重大决策，对国民经济实行“调整、巩固、充实、提高”的方针。1962 年 3 月 10 日，中共中央、国务院作出了《关于切实加强银行工作的集中统一，严格控制货币发行的决定》（即“银行六条”）。中共中央、国务院在这个文件中强调“国家银行是国民经济各部门资金活动的中心和枢纽。抓紧银行这一环节，就可以有力地推动和监督各部门经济的调整和企业经营管理的改善”，要求中国人民银行在调整经济中发挥重要作用。

“银行六条”的主要内容：

第一，收回下放的权力，实行彻底的垂直领导。即中国人民银行各分支机构的各项业务受总行垂直领导，经总行批准的信贷计划、现金计

划、信贷结算办法、重要规章制度，必须坚决保证执行。非经总行同意，不得变更。

第二，加强信贷管理，严格执行计划。任何地方、部门和企业单位、事业单位，非经中国人民银行批准，不得突破计划指标，增加计划外贷款；各级党政机关不得强令银行增加贷款。遇有特殊情况，确实需要增加指标的，必须按程序上报总行批准，不得“先斩后奏”。

第三，严格划清信贷资金和财政资金界限。不准用银行贷款作财政性支出。不准将银行贷款用于基本建设、弥补企业亏损、发放工资、缴纳利润、职工福利等开支。

第四，加强现金管理、结算管理和工资基金管理。一切机关、团体、企业、事业、学校、部队都必须严格执行现金管理制度。一定数量以上的交易往来、货币收付都必须通过中国人民银行进行转账。实行工资基金管理，银行根据批准的工资计划监督支付，不得超过。

第五，各级党委和各地政府要加强银行工作的领导，定期听取银行汇报，并对银行提出的情况和问题，采取具体措施予以处理。各级中国人民银行必须加强机构、充实人员、改进工作，加强监督，保证计划的执行，并同一切违反制度、违反国家计划的行为作斗争。银行人员不坚持制度，以失职论处。

第六，财政、银行都要按计划办事，谁的支出谁安排，谁的漏洞谁堵塞。真正做好财政预算和信贷收支的平衡。

1962～1965 年，银行贯彻实施上述“银行六条”中，主要抓了以下各项工作：

第一，加强和改进信贷计划管理。在信贷计划管理上，收回“大跃进”中下放的一切权力，实行高度集中统一的计划管理制度。以后，随着国民经济情况的逐步好转，于 1965 年 4 月，对信贷计划管理办法作了一些改进，适当扩大了地方的权力，有利于信贷收支的平衡。

同时，加强现金管理，重新核定各受管单位的库存限额，压缩库存现金限额，控制大额现金支付；加强工资基金管理，各有关单位必须在银行开立工资基金专户，按批准工资基金计划监督支付。

第二，统一管理和安排农业资金，并加强对农村信用社的领导。强调农业生产资金必须贯彻“社队自力更生为主，国家支援为辅”的原则；财政拨付的投资和专项贷款同银行的短期农业贷款，必须贯彻“分口管理，分别使用”的原则；农业资金的安排，必须贯彻“分口管理，分别使用”的原则；农业资金的安排，必须同农业生产资料供应紧密结合的原则；贷款要坚持谁借谁还、到期归还的原则，要求把有限的资金用于农业最需要的地方。

同时，根据国务院财贸办公室、农林办公室批转的《中国人民银行清理历年农业贷款的办法》，对农业贷款进行了清理。明确人民公社所欠的贷款，哪一级欠就由哪一级还。清理旧贷中，做到该收的收，该缓的缓，该免的免。并且根据历年来发放农贷的经验教训和造成大量农贷豁免的原因，拟定了《关于加强农业贷款工作的几项规定》，对农业贷款的原则，农业资金的分配与安排，以及加强贷款检查等作了具体规定。

按照中共中央、国务院批发的《中国人民银行关于农村信用社若干问题的规定（试行草案）的报告》，对农村信用社加强了领导。明确农村信用社是集体所有制的、农民的资金互助组织，是国家银行的助手，资金独立，自负盈亏；明确规定信用社的业务统一归银行领导，信用社的资金和存款任何部门和个人都无权抽调和挪用，并通过整顿，更好发挥农村信用社在组织农村资金、调剂余缺，帮助农民解决生产和生活上临时资金困难和打击高利贷活动等方面的作用。

第三，严格贷款管理、积极参与和推动清仓核资工作。对国营工商企业的信贷，抓住按计划放款和到期收回两环节，贯彻从严管理，区别对待，紧中有活、活而不乱，过去从宽、今后从严，坚持按原则、计划、制度办事。同时，根据中共中央、国务院颁发的《关于彻底清仓核资，充分发挥物资潜力的指示》，银行同财政部门和有关部门密切配合，推动企业清查物资，对超过合理储备物资，由国家统一调剂，用于生产和生活所需，变死为活。并在清仓基础上，核定企业流动资金定额，节约流动资金总额的占用。还帮助企业清理相互拖欠的贷款，解决一些长期未能解决的经济纠纷，促进经济秩序恢复正常。

第四，健全银行内部规章制度。为了彻底纠正“大跃进”中账务错乱严重的现象，恢复和健全了会计制度，并要求各级行加强对会计出纳工作的领导，帮助干部提高工作水平，更好发挥国家守计划、把口子的监督作用。

此外，还明确了会计人员和信贷员的职责、权限，以更好地发挥会计和信贷的监督作用，并同一切违反国家方针、政策和财经纪律的行为作斗争。

在贯彻执行“银行六条”过程中，有些同志曾产生过顾虑：银行信贷管理这样紧，是否有悖于生产发展？应该掌握什么“火候”才不致犯错误？过分严格了，会不会被人指责银行站在错误立场上，不为人民服务？针对这个问题，国务院有关领导指出：从当时的形势看，真正的生产观点就是制止通货膨胀，保证正常的生产、正常的商品流通、正常的货币流通，并要求银行干部不要“一手拿着上方宝剑，一手捂着乌纱帽”，要坚持按原则、计划、制度办事。从而提高了大家的思想认识，使“银行六条”能够顺利地得到贯彻。

在中共中央、国务院的领导下，经过各地区、各部门和全国人民的共同努力，国民经济调整取得成功，财政经济情况根本好转，银行工作恢复正常，这表现在：

第一，货币流通恢复正常。从 1962 年起，连续 3 年实现货币收支“当年平衡，略有回笼”的目标。1964 年年末的市场货币流通量比 1961 年减少了 36%，货币发行过多的现象基本消除。市场货币流通状况趋于正常。

第二，信贷资金使用效益提高。通过加强信贷的计划和管理，信贷资金的使用情况有了明显好转。出现了工业生产增长、商业购销扩大而银行贷款下降的好现象，企业流动资金占用水平随之下降。

第三，城乡储蓄存款回升。由于市场物价趋于稳定，社会经济生活恢复正常，全国城市储蓄存款在 1961 年和 1962 年连续下降后，从 1963 年起回升，1963 ~ 1965 年共增加储蓄存款 166.4 亿元。

第四，外汇收入增加。从 1963 年开始，我国对外贸易复苏，银行积极支持外贸扩大进出口业务所需资金。由于外贸业务发展，银行外汇收入迅速增加，超额完成创汇计划。

可见，由于“银行六条”的颁布实施，使银行端正了工作方向，完善了规章制度，也提高了银行职工队伍的素质，使被削弱了的银行作用又得到了增强，对国民经济的调整发挥了重要作用。

四、“文革”时期对金融工作的冲击与整顿

1966 年开始的“文化大革命”是一场全局性的、时间长达十年的内乱。它给党和国家以及全国人民带来了严重灾难。在这一时期，金融工作也受到猛烈冲击，遭到严重破坏。

“文化大革命”开始以后，党的各级组织和政府的各级机构受到冲击，陷于瘫痪、半瘫痪状态。银行的指挥体系大大削弱，中国人民银行总行的各职能司局被撤并，只保留政工和业务两个大组，艰难地维持工作。1969 年国务院所属各部委精简合并，中国人民银行总行与财政部于 7 月合署办公，大批干部下放劳动，留在机关搞金融业务工作的只有 87 人，整个金融工作处于被动应付状态。中国人民银行各级分支机构的精简合并，则是由各省、市、自治区自行决定，各地各搞一套，使银行的工作系统、银行的指挥体系大大削弱，金融工作的政策和制度难以贯彻到底，这使许多地方随意挪用银行信贷资金的错误做法变得合法化、公开化，使货币发行权集中于中央的原则不能得到切实的保证。

在这个过程中，由于银行部门大多数领导和职工，对极“左”思潮对金融工作的干扰和破坏进行了不同程度的抵制和斗争，如坚持对不符合国家规定的支出一律拒绝支付；在支持生产发展的前提下，帮助企业合理安排使用资金，强调按计划贷款，按期归还贷款；严禁挪用流动资金搞计划外基本建设，加强工资基金监督支付，制止各单位之间相互拖欠资金；教育银行工作人员坚守工作岗位，坚持按政策和制度办事，反对浪费国家资财和违反财政纪律等，因而在一定程度上减轻了受“文化大革命”的干扰和破坏的程度，对稳定经济形势，平衡财政信贷收支，减少

货币投放，节约资金使用，起了重要的作用。

1971年9月林彪反革命集团被粉碎和1975年10月邓小平复出工作后，银行工作曾两度出现转机，但由于“四人帮”的破坏，使金融工作两度受挫。

1976年10月，粉碎“四人帮”反革命集团的胜利，结束了十年的动乱局面，处于严重困境中的国民经济开始恢复生机。1977年11月28日，国务院发布《关于整顿和加强银行工作的几项规定》（以下简称《规定》）。中国人民银行根据这一文件的精神，对银行工作进行全面整顿。

（一）整顿银行机构，充实骨干力量

国务院决定，中国人民银行作为国务院部委一级的单位，与财政部门分设，省、市、自治区以下的银行机构也比照办理。中国人民银行的工作实行总行与当地政府双重领导，以总行领导为主。在业务工作上恢复自上而下垂直领导，做到统一政策、统一计划、统一制度、统一资金调度、统一货币发行，以建立起指挥如意的、政策和制度能够贯彻到底的银行工作系统。

为了切实加强银行工作，在分设各级银行机构的同时，调整和充实了领导力量，配备了一批懂政策、懂业务，并有管理经验的领导干部，并把在“文化大革命”中被下放劳动或调离银行的一些业务骨干，陆续调回银行，充实了业务力量。

（二）整顿各项规章制度，加强各项金融工作

根据国务院《规定》中提出的打击贪污盗窃、投机倒把，纠正不正之风，同违反财经纪律行为作斗争，加快国民经济建设速度的要求，中国人民银行对原有各种制度作了修改和补充，其中主要的有：

1. 加强信贷管理。针对“文化大革命”中放松信贷管理所产生的问题，重新修订《国营工业贷款办法》，对贷款的政策界限、管理原则，以及贷款的审定等，作了明确规定；再次强调贷款要按计划发放、要有物资保证和按期归还的三原则；并明确贷款必须逐笔贷放，定期检查；对国营商业贷款也规定了具体条款。

2. 加强结算工作。1977年10月，中国人民银行下达了《中国人民银行结算办法》，决定从1978年1月1日起实行。其中重要的一点是取消凭提货收据（即实物收据）办托收的结算办法。因为这个办法流弊很大，助长采购人员到处抢购物资，甚至贪污浪费，而企业财务部门和开户银行却无法进行监督，取消凭提货收据办理托收后，改为用汇兑或信用证办理结算，这样就解决了多年来存在的问题。

同时，对滥开账户，出租、出借账户问题，也于1977年10月通过颁发《账户管理办法》，对各单位的账户设置、账户管理和账户使用等作了具体规定，并对以前开设的账户进行了清理和整顿，对严重违反财经纪律的，进行了严肃处理，使账户工作得到了加强。

3. 加强现金管理。根据国务院1977年11月重新颁发的《关于实行现金管理实施办法（试行草案）》，各地银行都组织力量广泛进行了宣传、分批检查执行情况，并重新核定各单位的现金库存限额。

4. 全面整顿和加强内部管理。1977年10月，发出《关于进一步加强发行出纳工作的意见》，要求加强安全保卫工作和提高出纳工作质量，并强调恢复钱账分管、双人管库等基本制度。

同时制定了《中国人民银行金银管理办法（试行）》，对金银的持有、携带、出入国境、生产和出售，以及配售等，都作了具体规定，并重申金银由中国人民银行统一管理和经营。

1977年1月，中国人民银行制定了《银行统计制度》，明确了银行统计工作的基本任务，规定了统计人员的职责和配备，以及统计报表和统计数字的管理。

开展了资金、账务等的清理工作。针对账务混乱，债权、债务和损益不实，违反财经纪律情况普遍，以及贪污盗窃、投机倒把严重等问题，决定在银行系统开展清资金、清账务、清财务（简称“三清”）工作，以切实纠正错账、财务不清等问题。

经过1977年和1978年的整顿，银行的各项工作都得到了提高，内部管理也逐渐加强，从而提高了银行在国民经济中的地位和作用，经济效益也明显提高。1978年相比1976年，工农业总产值增长 24.3%，社会商品零售总额增长 16.4%，而 1978 年年末的货币流通量比 1976 年年末仅增 3.9%。

1978 年 12 月，中国共产党召开了十一届三中全会，作出了把全党工作重点转移到经济建设上来的具有划时代意义的战略决策，揭开了经济体制改革的序幕。1979 年 10 月 4 日，邓小平同志在中共省、自治区、直辖市第一书记座谈会上提出：“银行应该抓经济，现在只是算账、当会计，没有真正起到银行的作用。银行要成为发展经济革新技术的杠杆，要把银行真正办成银行。”在这一思想的指导下，拉开了金融改革的大幕，进入了有计划、有步骤地进行金融体制改革的新时期。

目　　录

1978 年

1 月

2 月

3 月

4 月

5 月

2 月

3 月

4 月

5 月

6 月

7 月

2月

3月

4月

5月

6月

7月

8月

9月

10月

11月

12月

1981 年

7 月

8 月

9 月

10 月

11 月

12 月

1982 年

1 月

2 月

3 月

1983 年

1 月

2 月

4 月

5 月

6 月

7 月

8 月

9 月

11 月

12 月

1984 年

1 月

2 月

3 月

4 月

5 月

6 月

7 月

8 月

9 月

10 月

11 月

12 月

1985 年

1 月

2 月

3 月

4 月

5 月

6 月

7 月

8 月

9 月

10 月

5月

6月

7月

8月

9月

10 月

11 月

12 月

1987 年

1 月

1988 年

1 月

2 月

3 月

4 月

11 月

12 月

1989 年

1 月

2 月

3 月

7月

8月

9月

10月

11月

12月

1991 年

1 月

2 月

3 月

7 月

8 月

9 月

10 月

11 月

12 月

1992 年

1 月

2 月

3 月

4 月

5月

6月

7月

8月

9月

10月

11 月

12 月

1993 年

1 月

2 月

3 月

4月

5月

6月

2月

3月

4月

5月

6月

7月

8月

9月

10 月

11 月

12 月

1995 年

1 月

2月

3月

4月

5月

6月

11月

12月

1996年

1月

2 月

3 月

4 月

5月

6月

7月

8 月

9 月

10 月

11 月

12 月

1997 年

1 月

2 月

3月

4月

5月

6月

7月

8月

9 月

10 月

11 月

12 月

1998 年

1 月

2 月

6 月

7 月

8 月

9 月

10 月

11 月

12 月

1999 年

1 月

2 月

3 月

4月

5月

6月

7月

11 月

12 月

2000 年

4 月

5 月

6 月

7月

8月

9月

10月

2月

3月

4月

5月

6月

7月

8 月

9 月

10 月

2002 年

1 月

2 月

3月

4月

5月

6月

7月

8 月

9 月

10 月

11月

12月

2003 年

1 月

5 月

6 月

7 月

8 月

9 月

10 月

11 月

12 月

2004年

1月

2 月

3 月

4月

5月

6月

7月

10 月

11 月

12 月

2005年

1月

6月

7月

8月

9月

10 月

11 月

12月

1978 年

1 月

1 日 财政部、中国人民银行正式分开办公。此前，两个机构是在 1969 年 7 月根据中央精简合并机构的精神，开始合署办公的。1977 年 11 月 28 日，国务院发布了《关于整顿和加强银行工作的几项规定》，明确提出，中国人民银行作为国务院部委一级单位，与财政部分设，省、自治区、直辖市以下的银行机构亦照此办理；中国人民银行的工作，实行总行与省、自治区、直辖市革命委员会的双重领导，以总行领导为主，做到统一政策、统一计划、统一制度、统一资金调度、统一货币发行。1977 年 12 月 31 日，根据国务院的规定，财政部、中国人民银行发出《关于人民银行总行与财政部分设的通知》，决定自 1978 年 1 月 1 日起，财政部与中国人民银行正式分开办公，同时要求省、自治区、直辖市以下的银行机构，也在 1978 年以内全部完成与财政部门的分设工作。1978 年 1 月 15 日，中共中央任命李葆华为中国人民银行党组书记、行长，陈希愈为中国人民银行党组副书记、副行长。

△ 国家计划委员会、财政部、商业部、供销合作总社发布的《社会集团购买力管理办法》正式实施。该办法于 1977 年 12 月 8 日对外发布，其中规定，对社会集团购买力进行严格控制和管理的办法是：计划管理，限额控制，凭证购买，定点供应，使用专用支票和对某些商品实行专项审批；各级计划、财政、商业、供销社、物资、银行、统计等有关部门，要明确分工、密切协作、依靠群众、严守纪律，共同做好控制社会集团购买力工作。

△ 《中国人民银行财务管理制度》正式实行。该管理制度于 1977 年 10 月 24 日由中国人民银行发布，其中规定：中国人民银行对财务管理实行统一领导、分级管理、收支相抵、损益集中的制度。

4 日 中国人民银行、商业部、供销合作总社、农林部联合发布《关于严禁非经营单位到农村采购农副产品的结算管理问题的通知》。该《通知》规定：所有机关、团体、部队、企业、事业单位，一律不准到农村采购农副产品，如违反规定，银行拒绝办理结算，款项就地冻结；严禁各单位坐支现金或变更款项用途向银行支付大额现金，农村社队向银行、信用社上缴大额现金的，要查明原因，如系向单位出售农副产品，款项暂时冻结，由收购单位作出书面检查后解冻，逾期（五日内）不作检查，开户银行停止其在账户内一切现金支付，或停止账户使用；如发现有的单位用工业产品换购或议价采购农副产品的结算款项，银行应予冻结，物资由工商行政管理部门处理。

10 日 中国人民银行决定在香港和澳门地区发行人民币旅行支票。旅行支票是一种由银行或金融机构发行的，由旅行人员购买商品使用的定额票据。

12 日 全国企业扭亏增盈工作会议在北京召开。会议强调指出，企业扭亏增盈主要应抓好以下工作：整顿企业，加强经营管理；厉行增产节约，反对铺张浪费；实行严格的经济核算制度；加强综合平衡，为企业扭亏增盈创造条件；办好“五小”工业；对亏损补贴实行严格的审批和管理制度，对企业的超计划亏损，金库不得办理退库，银行不得贷款。

28日 中国人民银行颁布《银行统计制度》。该统计制度是为贯彻1977年国家计委召开的全国统计工作座谈会的精神，加强对银行统计工作的领导而制定的。《银行统计制度》规定，银行统计工作的基本任务是：根据党的方针政策和国家计划管理的要求，准确、及时、全面地进行银行业务统计；系统地整理、积累银行统计资料和有关的国民经济资料；在调查研究的基础上，搞好统计分析，为更好地开展银行各项业务服务。

30日 国务院批转国家计委、财政部《关于改进固定资产更新改造资金管理的报告》。该报告建议，将国营企业的基本折旧基金，由国家财政适当集中一部分，统一安排，调剂使用。具体办法是：除县办工业、农牧企业和按产量提取更新改造资金的采掘采伐企业以外，所有国营企业提取的基本折旧基金，50%留给企业，用于固定资产的更新改造；50%作为“上缴基本折旧基金”由企业随同企业利润一并交入国库，由国家统一安排使用。地、市以上所投产的企业，在建成投产后三年内提取的基本折旧基金全部上缴财政。企业上缴国家财政50%基本折旧基金，其中30%由国家计委、财政部门和有关部门掌握，用于重点地区和重点企业的设备更新、技术改造和发展新技术，其余20%分配给各省、自治区、直辖市，由地方掌握安排。更新改造资金必须坚持专款专用，不得挪用。

2月

6日 中国人民银行发布《关于停止凭实物收据办理结算后有关问题的说明》。针对1977年10月22日国务院决定在全国范围内取消实物收据，实行购销双方办理托收后实际工作中存在的问题，中国人民银行规定：1. 商业、供销、农机、外贸部门在系统内自备运输工具发送或自提的商品市场调拨，以及部门之间有固定关系的商品调拨，凭付款单位确已收到商品的证明办理托收。水产、农机等其他商业部门在系统内的商品调拨，亦可凭付款单位确已收到的商品的证明办理托收。2. 军队使用军列整车装运物资可凭车辆号码、发运日期的单据办理托收。军用仓库对军内发货，总后勤部可凭签发的提货单副本办理托收。3. 易燃、易爆、剧毒、腐蚀性强的商品必须使用专用运输工具运送或自提的，以及某些使用仪表计量的商品，凭汇款单位确已收到商品的证明办理托收。4. 对于直接收入收款单位账户的汇款，有些单位由于某种原因暂时不能提供合同的，可以根据实际情况灵活处理。对于采购资金的汇款，当地指定有审批部门的，应该按当地的规定办理；尚未确定审批部门的，可暂由银行审查办理。汇入银行对上述汇款均不要随便退汇。

△ 中国人民银行发布《关于1978年银行工作的初步意见的通知》。其中要求：1. 各级人民银行要大力组织货币回笼，加强城乡现金管理工作，控制不合理的现金投放。尽力开展城乡储蓄，增加信用回笼，收回到期贷款。2. 挖掘资金潜力和物资潜力，把现有的信贷资金搞活用好，降低流动资金占用水平。进一步搞好国际结算，对国家外汇资金的安排和调度，做到安全、及时收汇。3. 做好对外保险和检验工作。做好对外贸出口物资远洋船舶和国际航线飞机等保险业务的承保和理赔，对进口成套设备和其他进口物资的防损加强检验工作。4. 加强调查研究工作，对银行工作进行科学技术研究，认真搞好综合反映，充分发挥银行作为国民经济“寒暑表”的作用。

20日 公安部、商业部、中国人民银行发布《关于坚决制止收买伪币活动的通报》。针对国内不断发生收买伪币活动的情况，其中强调：1. 要发动群众自觉抵制收买伪币活动。2. 深入进行调查研究，弄清收买伪币的活动情况，发现煽动收买伪币的谣言，要认真追究，对利用收买伪币进行反革命串联的反革命集团以及其他犯罪分子，要彻底查清罪行，据情处理。3. 加强领导，互相配合，协同作战。收买伪币涉及面广的地区，应在党委的领导下，由银行、工商管理和公安等有关部门组成专门班子，积极追查。凡没收的伪币，集中由当地人民银行列表上交省（自治区、直辖市）分行统一处理，以防散失。

对参与收买伪币活动的人，要严格区分和正确处理两类不同性质的矛盾，具体分析，区别对待。

23日 中国人民银行发布《关于1978年城镇储蓄工作几点意见的通知》，要求各级银行加强储蓄工作的领导，普及网点，扩大服务面；要逐步恢复和建立储蓄专业机构，积极举办小额零存整取的储蓄；坚持存款自愿，取款自由，为储户保密的原则；加强制度建设，提高核算质量。

25日 国务院批转外交部、中国人民银行《关于积极争取侨汇的意见》，要求各级党委坚决贯彻执行侨汇政策。主要内容是：1. 除省、自治区、直辖市革命委员会经中央批准，决定并书面通知银行没收或冻结侨汇外，任何部门都无权作出这样的决定，也不得擅自向银行查阅侨汇凭证或要求银行提供侨汇户名单。人民法院和公安部门因公需要查阅侨汇凭证时，应凭地、市以上人民法院或公安机关党委批准的证件，才能到银行查阅。严禁向归侨、侨眷强行摊款、借款和冒领、克扣、侵吞侨汇，违者应予严肃处理。2. 重新制定切实可行的侨汇留成办法报国务院审批执行。3. 积极做好国内私人存款在国外资产的调回工作，争取早日调回。4. 举办外币、人民币特种定期存款。凡居住在海外的华侨、中国血统的外籍人、港澳同胞、外国人持有可自由兑换的外汇，均可在我国境内中国银行办理存款，本息可自由调出。

侨汇、侨汇证 侨汇是指由海外华侨、港澳台同胞汇入大陆境内的汇款。早在明、清时代，侨汇就已经出现。新中国成立之后，由于全世界范围内华人、港澳台同胞数目众多，侨汇曾成为国家取得外汇资源的一个重要渠道，对国家经济发展发挥了重要作用；同时，为了保护侨眷的合法利益，政府陆续颁布了众多有关侨汇的政策文件。目前，侨汇已构成我国非外贸外汇收入的重要组成部分，侨汇的用途也从最初的帮助侨眷养家糊口，发展到支持地方文化、公益事业的发展以及繁荣地方经济，在经济中继续发挥着重要作用。

侨汇证即侨汇物资供应证，又称侨汇券或侨汇商品供应券，是诞生于计划经济时代的一种与人民币等值的有价票证。在计划经济年代里，国家实施侨汇物资供应办法，即侨眷将侨汇卖给国家获得人民币后，可向政府领取相应金额的侨汇物资供应证，侨汇证面额与其购物票券可购等同价值的商品。侨汇证一般分为两个部分，即主券部分和实票部分，主券部分由发行机关名称、侨汇证称谓、面额、有效期限、编号和以风光名胜为主的背景图案组成；实票部分由各种票券组成，面额越大，票券种类就越多，通常包括粮票、油票、布票等十几种票券，凭上述票券可以购买相应的日常生活必需品及当时的紧俏物品。侨汇证的发行机关为省、自治区、直辖市的粮食部门和商业部门，面额均以人民币元标示，面额通常有1元、5元、10元、50元、100元、200元六种。侨汇证自1959年开始发行，到1994年全部退出流通领域，历时35年。

△ 国务院批准国家计委《关于恢复华侨外汇留成办法的请示报告》。根据广东省委的建议，该报告提出了解决侨汇留成问题的具体意见：1. 恢复侨汇留成办法。属于赡家汇款部分，留给地方6%的外汇，用于解决侨眷、归侨的商品供应问题；属于修建房屋的汇款，留给地方15%的外汇，用于解决侨眷、归侨修建房屋所需的钢材、水泥、木材等建筑材料。修建房屋的汇款，以华侨、中国血统的外籍人和港澳同胞汇款时注明的数字为准。但计算留成时，建筑侨汇以不超过侨汇总额的20%为限。2. 为安排好侨眷、归侨的生活，除了侨汇留成以外，仍由商业部按赡家汇款（折算成人民币）20%的比例，拨给商品，供应侨眷和归侨。3. 赡家侨汇留成和建筑侨汇留成，要确实使用在解决侨眷、归侨所需商品（包括粮食、油、糖等生活必需品）和建房需要的材料方面，恢复华侨商店，凭侨汇证供应。上述办法自1978年1月1日开始执行，也适用于福建和其他有侨汇收入的省、自治区、直辖市。

△ 对外贸易部、中国人民银行发出《关于收购出口商品严格执行国家计划，切实加强流动资金管理的通知》。该通知对出口商品按计划

收购，银行按计划供应资金作出规定，指出：1. 凡超计划或计划外收购、调拨商品，地方商品超计划幅度在3%以下的，由省报外贸局审批；超计划幅度在3%以上的，由分公司征得外贸局同意后报总公司审批；中央部管商品，报外贸部审批。未经批准银行有权监督并拒绝付款。2. 各级企业要建立和健全进货验收制度。质量不合格的商品银行拒绝付款。3. 已经收进的不合格商品和长期积压的不适销商品，进行加工改制出口或转内销处理。4. 外贸部门和银行要互相协作，加强流动资金的管理，严格按计划收购商品。

2月26日至3月5日　五届全国人大一次会议在北京召开。会议提出，在20世纪内把我国建设成为农业、工业、国防和科学技术现代化的伟大社会主义强国。华国锋代表国务院作《政府工作报告》。会议讨论通过了《中华人民共和国宪法》，同意国务院提出的《1976年到1985年发展国民经济10年规划纲要（草案）》。《纲要》提出，建设120个大项目，其中有十大钢铁基地、九大有色金属基地、十大油气田等指标；工农业生产10年平均增长速度为8.7%，其中，工业增长速度为10%。这次大会选举叶剑英为人大常委会委员长，继续任命华国锋为国务院总理。

3月

20日　对外贸易部、中国人民银行发布《关于“以出顶进”若干问题的通知》，规定各用货单位经主管部门批准提出从国外进口的商品，凡是有外汇的，我外贸公司又有货源的，为了节约费用，改善经营管理，避免把我出口商品从国外市场买回来，对外造成不良政治影响，有关外贸公司应当采用“以出顶进”办法，用出口商品顶替这部分进口商品。

“以出顶进”　我国对外贸易方式的一种，是指出口企业将原本用于出口的原辅料或产品销售给需要进口同种原辅料或产品的国内企业、单位，以替代进口，并用外汇进行计价结算，其中交易的买方主要是生产出口产品的加工企业。在这种体制下，国家将“以出顶进”业务视为进出口业务，对贸易双方给予“免、抵、退”税等一系列的税收优惠政策，以鼓励国内企业购买国产原辅料或产品。

25日　商业部、中国人民银行、国务院侨务办公室召开侨汇物资供应工作会议。会议确定，每100元人民币侨汇供应商品30元，其中由地方供应粮油、副食品10元，由商业部专项拨给适销工业品20元；由银行在解付侨汇时发给等值的侨汇物资供应证，商业部门凭证供应商品。

4月

5日　国务院发布《关于处理1976年冻结存款的通知》。主要内容是：1. 冻结存款总额96.11亿元，其中在1977年内经批准已经解冻和处理了14亿元，现有82.11亿元，具体处理方案：国家集中60.11亿元，留给省、自治区、直辖市10亿元，留给军队系统10亿元，留给中央和国务院各部门2亿元。2. 对各省、自治区、直辖市和军队系统，采取差额部分上缴国库的办法。3. 留给各地区、各部门的资金，除集体所有制单位的留用外，其余部分统筹安排，不得用于搞基本建设。

10日　对外贸易部、中国人民银行上报国务院《关于“短期外汇贷款试行办法”补充意见的请示》，对1973年经国务院批准、国家计委下达的“短期外汇贷款试行办法”作出补充，主要内容是：扩大使用范围，将贷款使用范围由原来的工业品扩大到农副土特产、畜产品和水海产品；下放审批权限、简化贷款手续，拟在对外贸易部和人民银行安排的各省、自治区、直辖市年度外汇贷款计划范围内，属于进口关键设备，以及扶持农副土特产品需要的紧缺物资的贷款项目，每笔金额在5万美元以下的（包括5万美元），由各地分行和外贸局审批，每笔金额在5万美元以上的仍按原规定报人民银行和对外贸易部审批；属于进口原材料加工成品出口的贷款和外贸自属企业的贷款，不论金额大小，一律按原规定上报审批。

19日 中共中央原则同意国家计委、国务院财贸小组、对外贸易部、财政部、人民银行《关于今后八年发展对外贸易，增加外汇收入的规划要点（草案）》。《规划要点》的主要内容是：大力增加出口货源；办好出口商品生产基地；大力改进出口商品包装；解决出口货源的政策问题；增加非贸易收入，做好旅游、侨汇、港口服务工作。

24日 对外贸易部、中国人民银行发布《关于收购出口商品严格执行国家计划，切实加强流动资金管理的通知》，要求外贸部门和银行要互相协作，密切配合，加强流动资金的管理。要在当地党委统一领导下，充分发动群众，开展科组核算，实行群众理财，不断总结经验，加强按计划收购和资金管理工作。

26日 中国人民银行发布《关于抓紧抓好整顿和清查账户工作的通知》，要求各单位主要清查各种存贷款往来账，暂收款项、暂付款项，各项业务收支，各项费用，各种财产；对账户进行清查，重新登记开立的账户要符合总行账户管理办法的要求，正确使用总行统一的会计科目；银行与单位的账户要核对清楚；建立健全账户管理档案。此前，1977年10月28日，中国人民银行发出了《关于开展清资金、清账务、清财务工作的意见》，此次整顿和清查账户工作是清资金、清账务、清财务工作的一部分。

27日 中国人民银行发布《关于加强金库工作的意见》，要求各省、自治区、直辖市分行加强对金库工作的领导，要经常检查金库工作中存在的问题，应保持金库工作人员的相对稳定，加强金库业务学习，提高金库业务管理水平。

5月

11日 《光明日报》刊登特约评论员文章《实践是检验真理的唯一标准》。当天，新华社转发了这篇文章，12日，《人民日报》和《解放军报》同时转载。文章论述了马克思主义实践第一的观点，指出任何理论都要接受实践的考验，马克思主义的理论宝库并不是一堆僵死不变的教条，它要在实践中不断增加新的内容。文章指出，当前依然存在着“圣经上载了的才是对的”的错误倾向，这是“四人帮”强加在人们身上的精神枷锁，必须坚决打碎。这篇文章引发了关于实践是检验真理的唯一标准问题的全国性大讨论。从6月到11月，中央党政军各部门、全国绝大多数省、自治区、直辖市和大军区的主要负责同志都发表文章或讲话，一致认为，坚持实践是检验真理的唯一标准这一马克思主义的原则，具有重大的现实意义。这场大讨论使人们从“两个凡是”的思想束缚中解放出来，为党的十一届三中全会的召开作了思想上和理论上的准备。

12日 中国人民银行印发《关于农村金融机构的几点意见》。其中规定，农村金融机构的设置，原则上按人民公社设信用合作社（以下简称信用社）或营业所与信用社合一的机构。在一个公社已有银行营业所又有信用社的，所、社合为一个机构，实行统一领导，挂两块牌子，使用两个印章，办理银行和信用社的业务。只有信用社没有营业所的，只挂信用社牌子，使用信用社印章，由信用社承办银行和信用社的各项业务。以上两种机构形式，同样都是国家银行在农村的基层机构，实行人民银行县支行和公社党委双重领导，业务工作以人民银行县支行领导为主，执行统一的金融政策，统一的计划管理，统一的规章制度。信用社实行独立核算，信用社无论盈余、亏损，社员的股金一律从1978年开始按规定期限的存款利率付给股息。

29日 国务院同意并批转财政部《关于加强基本建设拨款管理工作的报告》。财政部在该报告中针对基本建设拨款管理工作中存在的主要问题，在征求了国家计委、国家建委等有关部门的意见后，提出了三项解决办法：1. 今后不论国家用于基本建设和预算拨款，还是各地方、各部门、各单位用于基本建设的各项自筹资金，一律在建设银行专项存储，由建设银行监督拨付。2. 健全建设银行机构，充实干部力量。各地、市、县根据建设任务的大小，应分别设立建设银行分支机构。大中型项目所在地至今尚未设立建设银行办事机构的，要迅速建立或恢复起来。3. 建设银行仍实行总行和地方双重领导，在业务上恢复过去以总行领导为主的做法。各地建设银行的党的工作和政治工作，以地方领导为主。

6月

14日 中国人民银行发布《关于利息计算技术性差错问题处理的规定》。主要内容是：1. 利息计算差错属于当年的，不论金额大小，对公对私，均应办理利息多退少补的手续。2. 利息计算差错属于以前年度的，鉴于银行和全民所有制单位已作年度决算，不再补办多退少补的手续。对于集体所有制单位的存贷款利息和个人储蓄存款利息，发现差错，原则上应多退少补。3. 以上利息计算技术性差错的多退少补的收支，均列入当年损益。

6月20日至7月9日 中共中央在北京召开全国财贸学大庆学大寨会议。会议强调指出，财贸工作要尊重客观经济规律，特别是自觉运用价值规律。会议对银行工作提出如下要求：要发挥银行对经济活动的促进和监督作用，有计划地用于发展生产和扩大商品流通，把被挤占、被挪用的资金收回来，把不合理的占用减下来。银行和信用社要广泛吸收农村存款，管好用好农业贷款。要有计划地组织和运用外汇资金，做好侨汇工作，办好国际结算和保险业务，促进对外贸易，开展银行对外业务活动，调节市场货币流通，保证货币稳定，银行必须健全各项规章制度，建立集中统一的、指挥如意的工作系统。

20日 中国人民银行发布《关于回收金银有关问题的意见》。为促进金银回收工作的顺利开展，做到既保证《金银管理办法（试行）》的实施，又能调动回收金银的积极性，中国人民银行规定，凡回收金银单位回收的金银，应全部交售当地人民银行，不得自行处理或交企业单位带回金银实物；使用金银的企业单位自行回收的金银或委托回收部门（包括外地）回收的金银，可根据生产需要，在交售的金银数额内酌情增加金银配售指标；加工金银材的企业单位从本单位的“三废”中回收的金银，原则上要交售银行。如企业要求将这部分金银用做加工产品的原料，须经当地银行审查同意，并相应冲抵金银配售指标。

7月

3日 中国人民银行发布《关于对过去未计息储户处理问题的复函》，决定今后不再办理无利息的存款。过去的无息存款储户提出付利息的，可按规定付给利息，已经清户的不再补付利息，如果储户要求补付利息，经查实后可以补付利息；过去已开给利息清单，当时储户未领取利息，现在储户又持利息清单来领取利息的，可凭条付给利息。

△ 中国人民银行发布《关于发放侨汇物资供应票办法的通知》。其中规定：侨汇物资供应票的面额分为5元、10元、50元、100元四种；每笔大额侨汇，在人民币3 000元以下的按实际发供应票，超过3 000元部分可采取分期分批办法，每年发给3 000元供应票，逐年发完为止；对调回私人存放在国外资产的外汇，也按侨汇的办法发放供应票；凡有国外和港澳地区赡家侨汇收入的侨眷、归侨、有外籍亲属的中国公民、港澳同胞家属、回国华侨学生等，均可在其领取侨汇时领到供应票。上述规定自1978年4月1日起执行。

4日 经国务院批准，中国人民银行发布《关于减收粮食商业企业贷款利息的通知》，决定从1978年7月1日起，对粮食企业（不包括粮食工业企业）的贷款利息减半计收，即把现行月息4.2‰降为2.1‰。

6日 国务院召开务虚会，研究加快我国四个现代化建设的速度问题。1977年8月12日至18日，中共中央在北京召开第十一届全国代表大会，会议宣告“文化大革命”结束，强调在本世纪内要把中国建设成为社会主义现代化强国的根本任务。此次国务院召开的务虚会，提出要比原设想更快的速度在本世纪末实现更高程度的现代化。会议强调要放手利用国外资金，大量引进国外先进技术设备。会议讨论了经济体制改革问题，提出在经济领导和管理工作中，要摆脱墨守行政方式的老框框，发挥经济手段和经济组织作用；要改变手工业式、小农经济或甚至封建衙门式的管理方法，坚决实行专业化，发展合同制，贯彻按劳分配的原则；要保障企业的必要的独立地位，适当扩大企业经济自主权。会议要求相关部门尽快提出改革工资制度、奖励制度、劳保福利制度的具体意见，制定推进合同制、成立专业公司的办法，制订改进更新改造资金、流动资金和固定资产管理办法等方案。

15日 中国人民银行发布《当前银行工作的意见》。《意见》分析了上半年银行工作的形势，要求：继续把揭批“四人帮”的斗争进行到底；深入开展学大庆学大寨运动；认真贯彻执行全国财贸大会精神，有重点地抓好银行、信贷的促进和监督工作，加速资金周转，挖掘资金潜力；认真贯彻“以粮为纲，全面发展”的方针，把支援农业放在第一位；抓好货币回笼工作；积极组织和运用外汇资金，搞好保险业务，促进国民经济高速发展；继续加强金融管理，修订会计出纳制度，搞好银行的基础工作；进一步发挥银行的综合反映作用。

17日 中国人民银行向国务院提交《关于增设和恢复司局机构的报告》，提出增设科学技术教育局、恢复金融研究所和《中国金融》杂志社三个司局一级的单位，增设和恢复的三个局级单位编制为180人（局50人、所100人、社30人）。同日，中国人民银行发布《关于总行金融研究所恢复工作的通知》，明确金融研究所即日起正式恢复工作，并要求人民银行各省、自治区、直辖市分行，相应地配备研究人员，制定研究规划，逐步开展研究工作。同年12月27日，中国人民银行发布《关于各省、市、自治区分行相应设立金融研究机构的通知》，要求人民银行各省、自治区、直辖市分行要设立金融研究机构，明确金融研究机构为事业单位，其经费分别向总行或分行的会计部门编报预决算。总行原设有金融研究所，在“文化大革命”中，由于机构精简、人员下放而被撤销。

18日 中国人民银行发布《现金管理实施办法（试行草案）》，其中规定，人民银行是现金管理执行机关，对执行本办法的单位有权进行检查监督。在中国银行和信用社开户的单位，分别由中国银行和信用社监督其现金管理。建设银行受人民银行的委托，监督在建设银行开户的基建单位执行本办法。对没有在银行单独开户的附属单位也要实行现金管理，必须保留的现金也应该定一个限额，包括在开户单位的库存现金额内。各单位的库存现金限额，一般每年调整一次。各单位必须建立现金账目，逐笔记载现金收付。不准用“白条”顶替库存现金；不准私人借支公款；不准单位之间相互借用现金；不准用转账凭证套换现金；不准利用银行账户代其他单位或个人存入或支取现金；不准将单位收入的现金以个人名义存入储蓄；不准保留账外公款；禁止发行变相货币，不准以任何票券代替人民币在市场流通。

22日 财政部公布《关于更新改造拨款管理的几项规定》，其中规定：国家拨给企业的更新改造资金，一律实行限额管理；企业留用的更新改造资金，同财政预算拨款合并用于更新改造项目时，将资金存入当地建设银行，开立专户存储，先提后用，企业不得透支，银行不得垫支；建设银行要严格审查各项支出，按照批准的计划、设备订货和工程合同、工程进度以及有关规定监督拨款；企业要严格执行批准的更新改造项目计划，不得任意改变项目，改变规模。企业更新改造资金同基本建设投资以及其他资金要分别管理，分别核算，保证专款专用。

23日 中国人民银行发布《关于下达“外汇贷款进口设备人民币资金专户贷款办法（试行草案）”的通知》。该通知规定：停止办理“地方短期外汇贷款进口设备人民币贷款”；已批准尚未使用的进口设备人民币贷款，一律按专户贷款办法办理；各地核定进口设备专项贷款指标，在分配指标内审批；认真编报项目电报，以便总行把发放的专项贷款及时存入进口设备专户，确保银行收支平衡。

8月

8日 中国人民银行发布《关于银行系统企业编制单位试行奖励制度的通知》，其中规定：凡“文化大革命”前实行过综合奖，“文化大革命”中改为附加工资的企业编制单位，都属于实行奖励制度的范围。实行奖励单位的奖金总额，不得超过实行奖励制度的职工标准工资总额的10%。奖金一律从工资基金项下开支。试行奖励制度的单位，自试行之日起，取消附加工资，使新老职工实行统一的奖励制度。不试行奖励制度的企业编制单位，可以结合劳动竞赛，对职工试行一次性的年终奖。奖金总额按本单位固定职工人数平均每人10元提取，合理使用。

23日 中国人民银行印发《农村人民公社农业机构专项无息贷款办法（试行草案）》。根据国务院第三次全国农业机械化会议精神，为促进农村人民公社在1980年基本上实行农业机械化，该办法规定：贷款的对象只限于农村人民公社所属的购买农业机械资金有困难的基本核算单位和独立核算单位，在贷款使用上应优先照顾贫困社队。无息贷款的使用只限于购买国家计划供应的耕作机械、农田基本建设机械、排灌机械、植保机械、农用运输机械、收获机械、农副产品加工机械、林业机械、牧业机械、渔业机械和半机械化农具。农机专项无息贷款资金，自1978年至1980年，按年分配，不准突破贷款指标；贷款期限为1～15年，实行专款专用，专户管理。

25日 中国人民银行发布《关于全面开展农贷资金检查清理工作的通知》。为了贯彻1977年11月28日国务院《关于整顿和加强银行工作的几项规定》和中共中央关于对各项工作都进行检查、整顿的指示要求，中国人民银行决定在全国范围内，对农贷资金的使用情况进行一次普遍的检查清理。检查清理的范围包括，农村人民公社生产队、生产大队、社队企业、社员个人和国营农业企业向银行、信用社承借的1978年年底以前尚未归还的农业贷款；区、县以上国家机关、企业事业单位和社队干部、群众、国家职工直接或间接挪用、挤占的至今尚未归还的农贷资金。

9月

12日 国务院颁布《会计人员职权条例》。该条例共分7章20条，分为总则、工作职责、工作权限、总会计师、技术职称、任免奖励和附则。其中规定：国营企业、事业、机关、团体，都必须单独设置财务会计机构，配备必要的会计人员。会计人员必须按照国家财务制度的规定，认真编制并严格执行财务计划、财务预算，遵守各项收入制度、费用开支范围和开支标准，合理使用资金，遵守、宣传、维护国家财政制度和财经纪律。该条例是在1963年1月国务院颁布的《会计人员职权条例》试行多年基础上补充修改后，重新颁布的。中国人民银行为此向各省、自治区、直辖市分行发出通知，要求研究制定银行工商信贷、农村金融、会计出纳、计划统计、外汇等各个专业技术职称的规定，上报总行。

10月

6日 《人民日报》发表《按照经济规律办事，加快实现四个现代化》的署名文章。其中，就加强银行作用时指出：银行是全国的结算中心、信贷中心和出纳中心。在全国都有它的分支机构，国家的很多经济管理工作都可以通过银行来做，而且可以比用行政办法做得更灵活，更有效。为提高经济管理水平，克服很多工商企业和基本建设单位的混乱状态，应当积极恢复和加强银行的作用。

13日 财政部修订《短期外汇贷款办法》。主要内容是：1. 下放部分审批权。2. 明确人民币资金供应渠道。外汇贷款项目的国内配套设备和土建工程等所需资金，应尽量先用企业的更新改造资金、技措费支付，不足部分可以由建设银行发放人民币贷款。贷款基金由财政部拨给。3. 适当解决土建问题。外汇贷款项目要尽量利用原有厂房，一般不搞土建。4. 贷款直接对企业发放。实行谁借谁还谁付利息的原则。5. 延长贷款的归还期限。由原来的一年半改为两年，最长不超过3年。

27日 中国人民银行发出《关于"中国金融"复刊的通知》，规定《中国金融》是全国性金融刊物，是总行的机关报。刊物以宣传经济金融工作的方针、政策，交流工作经验为主，以研究有关金融、货币政策的理论为基本内容。

30日 国务院清仓查库领导小组、财政部、中国人民银行发出《关于抓紧扫仓库和核定库存周转定额的通知》，其中规定：对不按要求期限核定库存周转定额，划出超储积压物资的各级供应机构，银行停止发放新的贷款。

11月

11月10日至12月15日，中共中央召开工作会议。会议就中央政治局根据邓小平建议提出的全党工作重点转移问题，进行了认真的讨论。陈云发言，提出要解决"文化大革命"中遗留的一大批重大问题和一些重要领导人的功过是非问题，以发展安定团结的政治局面，保证党的工作重点顺利转移。到会的许多老一辈革命家和党的领导骨干就这些问题，以及华国锋提出和坚持的"两个凡是"错误方针、两年来领导工作中的失误问题和恢复党的优良传统问题等，提出了中肯的批评和建议。中共中央副主席邓小平在13日的闭幕会上发表了题为《解放思想，实事求是，团结一致向前看》的重要讲话。讲话的主要内容是：解放思想是当前的一个重大的政治问题；民主是解放思想的重要条件；处理遗留问题为的是向前看；要研究新情况，解决新问题，尤其要注意研究和解决管理方法、管理制度、经济政策这三个方面的问题。其中，在经济政策上，要允许一部分地区、一部分企业、一部分工人农民，由于辛勤努力成绩大而收入先多一些，生活先好起来。一部分人生活先好起来，就必然产生极大的示范力量，影响左邻右舍，带动其他地区、其他单位的人向他们学习。这样，就会使整个国民经济不断地波浪式地向前发展。这是一个大政策，一个能够影响和带动整个国民经济的政策。

10日 中国人民银行发布《关于改变外贸部门出口金银制品供应办法的通知》，该通知规定：凡是以金银为主要原材料的出口制品，从1980年起银行不再供应所需金银，全部改由外贸部组织进口，采取加工出口或来料加工的办法，解决所需金银材料的来源问题。如需使用中国银行从国外购入的黄金，可按国内市场价格用外汇买进。1979年10月5日，对外贸易部、中国人民银行发出《关于出口金银制品所需金银供应办法的通知》，其中规定：从1980年1月起，外贸经营出口以金银为主要原材料的金银首饰等所需要的黄金、白银由各地人民银行按当时的国际市场价格供应，并收取外汇；不以金银为主要原材料的其他出口制品，由各地生产部门直接向当地人民银行申请解决，凡卖价不高、不合算的出口制品，当地人民银行可以减少或停止供应金银。

11日 国务院同意对外贸易部、中国人民银行《关于外贸进出口货物保险问题的请示》。主要内容是：在资本主义国家进出口货物运输保险的具体掌握上由"进口货物一般由我方保险，出口货物一般由对方保险"，调整为：按照平等互利，方便贸易的原则，由买方自愿选择。对出口货物对外报价是否要带保险，可根据不同商品、不同地区和不同对象，由我方灵活掌握。

25日 中国人民银行发布《关于执行对集体经济单位银行不扣款问题的通知》。为贯彻执行国务院关于对农村人民公社、生产大队、生产队和它们办的企业"中国人民银行要保证谁的钱进谁的账，由谁支配，不得自动扣收贷款，也不代任何单位扣款"的规定，中国人民银行规定：为了防止少数社队企业借此规定任意拖欠税款，对社队企业不及时缴纳税款的，税务部门要及时催收，对逾期不交经多次催交无效的，经市、县税务局批准并签发扣款通知书通知扣款单位及其开户的银行或信用社，银行、信用社可以据此从它们的存款中扣交。商业部门、供销部门按照规定代国家接收生产队缴纳的农业税征收的实物，如粮食、棉、烟、麻及其他农产品，仍应由银行、信用社从商业部门、供销部门账户划出，及时转入国库，这是一种实物征收的结算办法，不属于扣款。

30日 中国人民银行决定，自1979年1月1日起实行《中国银行系统三级核算实施方案》。主要内容是：1. 中国银行是国家指定的外汇专业银行，在人民银行的领导下，统一经营和集中管理全国的外汇业务，中国银行系统一律按企业进行管理。2. 中国银行的总处、分行、支行三级机构均为实行外汇分账的会计核算单位。3. 中国银行银行总处对内是人民银行总行的国外业务局，负责领导和办理全国外汇业务工作；分行对内是人民银行省、自治区、直辖市分行的国外业务处（部），负责领导和办理省、自治区、直辖市的外汇业务工作；支行对内是人民银行中心支行或县（市）支行的国外业务科（股、组），负责领导和办理分行指定地区的外汇业务工作。在外汇业务量比较大的口岸，中国银行可与当地人民银行平行。4. 中国人民银行办理国外业务，对外使用中国银行名义的通汇点、结汇点、兑换点，均不属中国银行三级核算单位。

12月

1日 中国人民银行、商业部发出《关于扩大人民币旅行支票的使用范围和增设外汇兑换点的通知》。该通知规定：自1978年12月1日起，凡旅游者、外宾、各国驻华机构及在华外籍人员（不包括外国使者），在指定的友谊商店、广州出口商品交易会小卖部、外轮供应公司、工艺美术公司服务部、文物商店、专供外宾购买商品的门市部或专柜，以及旅馆、饭店、国际机场、国际车站等处购买商品、客票、支付食宿费等，都可以用人民币旅行支票直接付款，用人民币找零。各地人民银行要同有关部门共同研究，根据当地旅游事业发展规划，增加外汇兑换点和外汇收兑人员。

4日 国务院批转中国银行《关于接受海外华侨、外籍人、港澳同胞捐赠外汇或物资的有关规定》。主要内容是：1. 任何单位都不得向海外华侨、外籍人和港澳同胞进行劝募；严禁借捐赠之名，套取外汇。凡违反政策进行变相强迫捐献、派人到国外和港澳地区劝募，以及滥用、挪用、贪污海外华侨、外籍人和港澳同胞捐赠的款项和物资者，视情节轻重，分别给予批评、处分直至法律制裁。2. 海外华侨、外籍人和港澳同胞自愿捐赠的外汇，原则上调回国内，所需物资和设备尽量由国内组织供应。海外华侨、外籍人和港澳同胞捐赠的外汇或科学仪器、图书资料、先进设备指定单位用于发展当地工农业生产或有利于科技、文教、卫生或福利事业发展的，应按捐赠人的愿望，归接受捐赠单位使用。3. 凡捐赠外汇，以接受单位名义在当地中国银行开立专户保管，专款专用，不计利息。需要进口物资或设备，向当地外贸局办理进口手续，银行予以开证支付。对违背捐赠人意愿的，侨务部门有权监督，银行有权拒支。

18～22日 中共中央十一届三中全会在北京召开。全会批判了“两个凡是”的错误方针，确立了解放思想、实事求是、团结一致向前看的思想路线；否定了“两个凡是”的错误方针，果断地停止了使用“以阶级斗争为纲”这个不适用于社会主义的口号，作出了从1979年起把全党工作重点转移到社会主义现代化建设上来的战略决策。全会指出，实现现代化是一场广泛、深刻的革命，要求大幅度提高生产力，多方面改变同生产力发展不相适应的生产关系和上层建筑，改变一切不适应的管理方式、活动方式和思想方式。全会在总结新中国成立以来农业发展的经验教训的基础上，深入讨论并原则同意关于农业问题的两个文件：《中共中央关于加快农业发展若干问题的决定（草案）》和《农村人民公社工作条例（试行草案）》；制定了加强农业的措施；决定改进国民经济中一些重大比例失调的状况；同时提出对我国权力过于集中的经济管理体制和经营管理方法进行改革，并且在自力更生的基础上积极发展同世界各国平等互利的经济合作，努力采用世界先进技术和设备，大力加强实现现代化所必需的科学和教育工作。这次全会是新中国成立以来中国共产党历史上具有深远意义的伟大转折，从根本上冲破了长期“左”倾错误的严重束缚，开始了系统的拨乱反正，结束了1976年10月以来党的工作在徘徊中前进的局面，端正了全党的指导思想，重新确立了马克思主义的思想路线、政治路线和组织路线，成为新的历史时期的开端。经过这次全会，就体现党的正确指导思想和决定现代化建设的重大方针政策来说，邓小平实际上已成为中央领导集体的核心。全党和全国人民在以邓小平为核心的中央领导集体的领导下，实行改革开放，集中力量进行社会主义现代化建设，开始走上了建设有中国特色社会主义的新道路。

1979 年

1 月

1 日 中美两国正式建交。1 月 29 日至 2 月 5 日，邓小平副总理应邀对美国进行正式访问。这是新中国成立以来国家领导人第一次访问美国。访问期间，两国领导人就双方共同关心的问题和国际形势进行讨论，签署了中美科技合作协定和文化协定以及两国在教育、农业方面合作的谅解换文，在高能物理方面合作的协议，建立领事关系的协议等。同年 5 月 11 日，中国政府与美国政府在北京签订了《中华人民共和国政府和美利坚合众国政府关于解决资产要求的协议》。《协议》规定，中国大陆公民和公有单位被美国政府冻结的资产，将由美国政府于 1979 年 10 月 1 日宣布全部解冻。

△ 《人民日报》发表社论《把主要精力集中到生产建设上来》。社论指出：把全党的工作重点转移到社会主义现代化建设上来，这是一个伟大的战略转变。全体干部、全体党员和全国人民要动员起来，跟上客观形势的发展；为了加快现代化的步伐，就要大力采用先进技术，不管哪个国家的好经验，我们都要把它学过来；要从小生产式的甚至是封建衙门式的落后管理方法，转到符合现代化大生产要求的科学管理轨道上来；要把企业经营的好坏同工人、技术员、干部的切身利益联系起来，使劳动者从物质利益上关心个人和集体的劳动成果。

△ 中国退出布拉格协定。我国同苏联和东欧各国的非贸易支付清算由协定账户清算陆续改为按现汇结算。此前，中国人民银行、外交部、对外贸易部于 1978 年 6 月 17 日向国务院提交《关于我国退出 1963 年 2 月 8 日布拉格协定的请示》，拟通过外交途径向协定各参加国声明退出该协定。理由是：社会主义阵营已不存在，社会主义各国间非贸易支付清算协定及其议定书已不适应当前政治形势；一些国家的国内消费品零售价格不断上涨，原订的非贸易比价已不合理；中国与这些国家间的贸易支付已摆脱了卢布清算体系，由原来按固定价格以卢布计价结算，改为按国际市场价格以瑞士法郎计价结算，而现行的贸易支付仍是以卢布为中心进行结算，与当时贸易结算不相适应；经互会各国间早已自 1975 年起未经布拉格协定参加国共同商讨，单独相互修订了各自货币的非贸易比价和支付清算办法，违反了布拉格协定。

11 日 冶金工业部、农林部、中国人民银行联合发出《关于大力发展大队、生产队和积极组织社员个人副业淘金采金的通知》。该通知规定，为继续贯彻周恩来总理生前关于“积极地组织群众淘（采）金生产”的指示，使黄金生产的步子再大一些，在不影响集体采金和社员完成基本出勤日或基本劳动日的原则下，允许社员个人在业余时间从事淘（采）金，由生产队出具证明，收购价格与集体价格相同；严禁社员个人到国营金矿和社队集体采金的矿点采金，有违犯者要视情节轻重给予经济处理和法律制裁。

17 日 中国人民银行首次铸造金质纪念章——北京风光 1 500 套，在香港发行。北京风光是新中国发行的第一套金质纪念章，由中国造币公司铸造、共 4 枚。其正面图案为天安门华表和“中国北京 1979”字样，背面图案分别为长城、北海白塔、天坛祈年殿和颐和园。直径 27 毫米，每枚含纯金 0.5 盎司，成色为 91.66%，为贵金属收藏品。1979 年春节前，中国北京风景金质纪念章由香港宝生银行经销发行，每枚售价1 100港元，每套4 400港元。

19日 中国人民银行发布《关于规定发还巨额查抄存款利息计付办法的通知》。该办法规定，发还被查抄存款的利息均从存款日计算到发还日为止，过去如已发还部分查抄存款或退还生活费的，未付的利息应补付到发还日止；查抄存款已上缴国库，现在退库发还的，由财政部门按银行规定的利率计付利息，财政部门计付的利息款，原交哪一级财政由哪一级财政支付；凡查抄的金银折价及现金在银行专户保管的不计利息，少数机关企业单位对查抄存款专户存储的，由银行支付这期间的利息；凡查抄的外地存款，均由原开户行核实存单、存折，将其存款本金划给发还地银行，由发还地银行补发利息。

2月

5~28日 中国人民银行在北京召开全国分行行长会议。会议的主题是贯彻中共中央十一届三中全会精神，把银行工作的重点转移到社会主义现代化建设的轨道上来。会议提出以下意见和措施：1. 银行要加强对各项经济活动的促进和监督，及时反映经济活动中出现的情况和问题，揭露矛盾，促进解决。2. 进一步加强城乡的现金管理，适当提高储蓄存款利率，增加储蓄种类，增设储蓄机构。增设在国外的银行机构，扩大同各国银行的业务往来，有计划地组织外汇资金，增加侨汇收入和其他非贸易外汇收入。3. 农业银行要把国家的各种支农资金统一管理起来，合理安排，检查效果。农村信用社的资金必须纳入国家信贷计划。4. 国营企业的流动资金改由人民银行统一管理。银行对企业的贷款，实行区别对待，择优扶植。5. 银行要参与使用外汇贷款计划的安排，参加引进项目的对外谈判。吸收外国银行贷款，向外国银行借款，用银行名义对外担保等，统一由中国银行总行归口办理。在国家银行的直接管理下，允许在华外商银行和侨商银行在当地举办短期外汇贷款业务。6. 凡需赔偿外汇的保险业务，其保险费改收外币。保险公司所得的利润，不再上缴财政，留作国家发展保险事业的基金。通过试点，逐步恢复国内保险。7. 稳定货币，确保货币发行权集中于中央。要维护银行管理贷款的自主权，坚持统一的金融政策，坚持财政资金和信贷资金分口管理的原则，严格现金管理，加强工资基金监督。8. 从1980年起，信贷计划管理体制改为在坚持银行业务集中统一的前提下，实行“统一计划，分级管理，存贷挂钩，差额控制”的办法；人民银行省、自治区、直辖市分行以下各级银行和专业银行、专业公司，实行企业化管理。同年4月9日，国务院批转了中国人民银行报送的《会议纪要》，提出：要把银行工作的重点迅速转移到社会主义现代化建设上来；人民银行既是国家的金融管理机关，又是办理信用业务的经济组织，它是全国资金活动的枢纽，连接国民经济的纽带，随着经济的发展和生产的专业化，银行的作用会愈来愈显著；全党必须十分重视提高银行的作用，努力学会运用银行的经济手段，促进国民经济的高速度发展。这是“文化大革命”结束后，中国人民银行召开的第一次全国银行工作会议。

8日 中国人民银行、国家统计局联合发出《关于工业企业、物资部门和供应机构向银行报送统计报表的通知》。该通知规定，为使银行及时了解企业生产经营、资金使用情况，发挥银行信贷对经济活动的促进和监督作用，自1979年1月起，全民所有制及集体所有制民用工业企业和物资部门、供应机构，要按照统计报表制度的规定，向当地有信贷关系的人民银行报送有关报表。

19日 国务院批转中国人民银行《关于农贷豁免权应属中央的请示报告》，要求各地贯彻执行。该报告提出了三条意见：1. 农贷豁免权属于中央，对目前确实无力偿还的贷款可以缓收。2. 贯彻执行“有借有还，到期归还”的原则。有偿还能力的社队（社员），要主动归还到期贷款。3. 对已经分配下达的农贷指标要统筹安排，合理使用，讲求实效。

24日 国务院批准中国人民银行、冶金部

《关于使用银行专项贷款支持发展黄金、白银生产建设的报告》。主要意见是：国营或集体金矿，凡需使用黄金生产设备贷款的，可向当地银行提出申请，经批准后，银行在上级下达的贷款指标额度内核实贷放。黄金生产设备贷款是一次性的专项贷款，不能周转使用，已归还的贷款指标定期逐级上交；未用过的指标，可结转下年度使用。黄金生产设备贷款月利率1.8‰。此前，1977年10月28日，中国人民银行发出《金银管理试行办法》，对金银管理作出具体规定，主要内容是：1. 由中国人民银行统一管理和经营金银进出口。2. 国家允许个人持有金银，卖出时只能出售给中国人民银行，不得私自买卖。单位持有的金银，除生产所需外全部交售中国人民银行。厂矿企业和生产队生产的金银和副产金银，不得销售、交换和留用，应全部交售中国人民银行。3. 旅客携带金银及其制品出入国境，应按海关规定办理。4. 出土的金银，除具有历史文物价值的金银器物交文物部门外，归国家所有，交售中国人民银行。5. 银行对金银配售需用单位必须编报计划；专项使用，结余交回。6. 企业单位经营金银制品加工业务，必须经人民银行省级分行同意，办理金银指标转移手续。7. 委托寄售商店不得接受金银器皿、器材和饰品业务，珠宝商店可以收购金银镶嵌珠宝饰品。

3月

1日 第五届全国人大常委会第九次会议通过《关于设立国务院财政经济委员会的决定》。该委员会作为国务院加强对财政经济工作的统一领导，研究制定财经工作的方针、政策和决定财经工作中大事的决策机关。国务院副总理陈云任主任，国务院副总理李先念任副主任，国务院副总理姚依林任秘书长。6月，财政经济委员会决定成立经济体制改革研究小组，由张劲夫任组长。

10日 国务院同意并批转中国人民银行《关于调整银行储蓄存款利率的请示报告》。主要内容是：自1971年以来，受“四人帮”极“左”路线的干扰破坏，不适当地大幅度降低了储蓄存款的利率，既影响了城乡居民和华侨参加储蓄存款的积极性，又不利于集聚闲散资金和增加外汇收入。为此，人民银行决定对现行储蓄存款利率进行调整：1. 提高储蓄存款利率，恢复到“文化大革命”前的利率水平。2. 增加半年定期、5年长期的储蓄种类和利率的档次。3. 由于利率的调整，信用社多付的利息由人民银行弥补。具体调整方案：半年、1年、3年、5年期定期储蓄存款利率分别为月息3.0‰、3.3‰、3.75‰、4.2‰；华侨人民币存款半年、1年、3年、5年期定期储蓄存款利率分别为月息3.0‰、3.9‰、4.2‰、4.5‰。银行储蓄存款利率的调整方案从1979年4月1日起执行。

13日 国务院批转中国人民银行《关于改革中国银行体制的请示报告》。主要内容是：为更好地发挥中国银行在新时期的职能作用，适当扩大中国银行的权限，并在体制上进行改革：1. 为统一管理外汇，做好外汇收支的计划平衡和检查监督，成立国家外汇管理总局，行使管理全国外汇的职能。将中国银行从中国人民银行分设出来，仍称中国银行。中国银行、国家外汇管理总局直属国务院领导，由中国人民银行代管，对外两块牌子，内部一个机构。2. 中国银行总管理处改为中国银行总行。工作量大的国内重要省、自治区、直辖市口岸设外汇管理分局、中国银行分行。3. 国家外汇管理分局、中国银行分支行的工作，实行总局、总行和省、自治区、直辖市革委会双重领导。业务工作以总局、总行领导为主；党的工作和政治工作以地方领导为主。国家外汇管理总局、分局（中国银行总行、分支行）干部的任免、调动，按照中国人民银行的办法办理。4. 中国银行总行保留董事会和监察机构，人数可适当增加，聘请一些国内外有影响的人士担任，并由政府指定董事长和副董事长若干人。5. 国家外汇管理总局、分局（中国银行总行、分行）授权管理国家外汇，具有国家机关性质，绝大部分业务属于企业性质，实行独立核算。所有驻海外银行每年的盈利，留存总行作为营运资金。

△ 中共中央副主席陈云和李先念就财经工作致信党中央，对财经工作提出以下几点意见：1. 前进的步子要稳。不要再折腾，必须避免反复和出现大的马鞍形；从长期来看，国民经济能做到按比例发展就是最快的速度；比例失调的情况相当严重；要有两三年的调整，才能把各方面的比例失调情况大体上调整过来。2. 钢的发展速度，要照顾到各行各业发展的比例关系。由于钢的基建周期长，不仅要制订 5 至 7 年的计划，而且要制订直到 2000 年的计划。3. 借外债必须充分考虑还本付息的支付能力，考虑国内投资能力。

△ 中国农业银行恢复成立，作为从事农村金融工作的专业银行，开始正式办公。中国农业银行成立于 1954 年，1957 年合并到中国人民银行。国务院 1979 年 2 月 23 日《关于恢复中国农业银行的通知》规定：为了加强支农资金的管理，更好地为高速发展农业生产和实现四个现代化服务，党中央决定恢复中国农业银行。中国农业银行作为国务院一个直属机构，由中国人民银行代管（1983 年 9 月中国人民银行行使中央银行职能后，不再代管）。其主要任务是：统一管理支农资金，集中办理农村信贷，领导农村信用社，发展农村金融事业。中国农业银行的资金来源主要是：国家财政拨给的农贷资金；人民银行拨给的自有资金；农业银行的各项存款；农业银行的盈余和积累；经国家批准用于发展农业的外汇贷款。中国农业银行自上而下建立各级机构，实行总行和省、自治区、直辖市革委会双重领导。在业务上以总行领导为主；在党的工作和思想政治工作方面，以地方领导为主。中国农业银行的各级机构，要创造条件实行经济核算。同年 6 月 16 日，中共中央、国务院任命方皋为中国农业银行行长。

18 日 《人民日报》发表题为《全党要十分重视提高银行的作用》社论。主要观点是：1. 在实现全党工作着重点的转移中，充分发挥银行的职能作用，对于调整和发展国民经济具有十分重要的意义。2. 我国的人民银行是国家管理金融的行政机关，又是办理信用业务的经济组织。它是国民经济的一个综合部门，是党和国家管理经济的重要杠杆之一。随着全党工作重点的转移，必须按照国家计划，充分发挥银行对各项经济活动的促进和监督作用。3. 各级党委都要支持银行的工作，充分尊重银行工作的自主权。4. 银行管理体制的改革，应当有利于银行对各项经济活动实行有效的促进和监督，有利于银行本身的经济核算，有利于银行干部的稳定。银行干部职工要解放思想，有效地保证国家的经济建设按照客观经济规律顺利进行。

27 日 中国银行发出通知，决定自 1979 年 4 月 10 日起，暂定在北京、上海、广州、杭州、福州、深圳、汕头、海口、湛江、厦门、泉州、珠海等地中国银行开始办理收兑 10 元新台币以上的现钞，比价为 100 元新台币合 3.63 元人民币，收兑对象不限。当时这项工作仅限内部掌握。

4 月

4 日 国务院批转国务院扭亏增盈领导小组《关于加强扭亏增盈和开展清产核资工作的报告》。针对全国还有近 1 万个工业企业亏损，商业、农业的亏损面也比较大，扭亏增盈的任务仍很艰巨的情况，国务院要求各地区、各部门要把扭亏增盈工作作为一件大事，继续抓紧抓好，坚决消灭经营性亏损，提高企业的利润水平。同时决定：利用 1979 年和 1980 年的两年时间在全国开展清产核资工作，通过对企业全面清查财产物资，逐步过渡到对企业的固定资产和流动资金实行有偿占用制度；改进目前企业流动资金的供应和管理办法，将流动资金全部交由人民银行统一管理、统一供应，对定额内贷款和超定额贷款规定不同的利率；将国务院扭亏增盈领导小组和清仓查库领导小组合并，成立国务院清产核资、扭亏增盈领导小组。

5～28 日 中共中央召开中央经济工作会议。会议正式提出对整个国民经济实行“调整、改革、整顿、提高”的八字方针，从 1979 年起，为期 3 年调整各方面严重失调的比例关系，整顿现有企业，改革工业管理体制和经济管理体制，把提高经济效益作为核心问题来解决。会议期间，邓小平指出："搞建设，也要适合中国情况，走出一条中国式的现代化道路"。在听取广东省主要负责人的汇报之后，邓小平指出，"可以划出一块地方，叫做特区，陕甘宁就是特区嘛。中央没有钱，要你们自己搞，杀出一条血路来"。

9日 中国人民银行发布《关于银行系统企业单位进一步开展奖励制度试点工作的通知》。《通知》指出，实行奖励制度要贯彻"各尽所能，按劳分配"的原则，把工作质量、工作数量、贡献大小、服务态度作为奖励的主要条件；奖金提取不超过本单位职工标准工资总额的30%；奖励范围以银行系统企业编制的职工为限，包括基层企业领导在内。

12日 中国银行发布《关于单程旅客携带金银饰物出境限量问题的规定》。其中规定：每一成年人出境时可带出珠宝钻石饰物总值人民币500元、白金饰物3市钱、黄金饰物1市两、银质饰物10市两、银质器皿20市两，不满16岁的儿童和短期旅客不能享受同样待遇。出境旅客所带金银饰物超出上述数量的，须经中国银行批准，并签发"携带金银出国许可证"海关方可放行。入境旅客用外币（外汇）兑换的人民币在友谊商店、工艺美术服务部等商店购买的金银饰物，凭有关商店发票和外汇兑换证明核放。金银硬币一律不准携带出境。

23日 中国人民银行颁布《关于贯彻执行国务院批转中国人民银行关于改革中国银行体制的请示报告的通知》。《通知》规定，中国银行是国家指定的外汇专业银行，其主要工作项目是：根据国家授权，加强外汇管理工作；制定外汇管理条例；制定和公布人民币对外国货币的汇价；对一切贸易和非贸易外汇收支实行检查、监督，统一掌握与调度国家外汇资金，并做好国际收支平衡工作。管理侨资银行、外资银行和合资银行，并审查这类银行的业务、账务。受政府委托，参加有关国际金融组织和其他经济、贸易和金融的对外活动及谈判，并签署有关文件。统一经营一切贸易和非贸易的国际结算业务。办理与国际银行间的存、贷款业务。办理外币存款、华侨存款、国际汇兑和华侨汇款。办理外汇信贷和外贸信贷（未设中国银行的地方委托中国人民银行或中国农业银行办理）。开展对外金融活动，研究国外金融动态。海外分行可经营当地法令许可的一切银行业务。代办中国人民银行的委托业务。中国银行的体制是企业性质，实行总行、分行、支行三级核算，经营业务所需要的人民币资金和外汇资金，由中国银行总行统一掌管，各地中国银行办理外贸信贷所需要的资金由中国银行总行核定拨给。6月6日，中共中央、国务院任命卜明为中国银行行长。7月23日，中国银行新的董事会成立，乔培新任名誉董事长，卜明任董事长。

1982年8月，根据全国人民代表大会常务委员会决议和国务院决定，政企分开，国家外汇管理总局和中国银行分开，成为中国人民银行的局级机构，改称国家外汇管理局。1988年6月国务院决定国家外汇管理局为国务院直属总局级机构，由中国人民银行代管。1989年12月，经国务院办公会议通过，人大常委会批准，国家外汇管理局升格为副部级单位，仍由中国人民银行归口管理。

25日 中国人民银行发布《关于恢复国内保险业务和加强保险机构的通知》。《通知》要求，凡是机构、人员和各项条件具备的省、自治区、直辖市可选择几个主要城市进行试点。可先办理国营企业和集体企业的财产保险、货物运输保险、运输工具保险以及个人财产保险和人身保险。《通知》规定，恢复的国内保险业务以地方经营为主，由省、自治区、直辖市为单位统一经营，独立核算。经营利润留存保险公司，作为准备基金，其中25%～35%上交保险总公司，作为全国性的积累。保险公司的机构设置以重要口岸和人民银行各省、自治区、直辖市分行所在地为主，各地保险公司接受当地人民银行和保险总公司双重领导，业务上以总公司领导为主。

29日 中国人民银行发出《关于银行内部

实行经济核算的通知》。该通知规定，从1979年开始，人民银行省、自治区、直辖市分行以下各级行，试行企业化管理，进行经济核算。具体内容是：1. 核定信贷基金。根据各行1978年有关科目的贷款总额，按总行现有中央信贷基金数和全国1978年各项贷款总额的比例，核定各行自有信贷基金，这部分资金不计利息。中央财政金库收支款项、部队存款、商业一级站存贷款、外贸存贷款、粮食存贷款、建设银行中央基建资金往来、代理中央基建存款等，由总行管理，其余各项存贷款由分行管理。各行的资金余缺，可以向总行借用或上存。在各行管理范围的各项存款加上核定的自有信贷基金，与所管理范围的各项贷款相抵，资金来源大于资金运用的即是上存总行资金，反之即是向总行借用资金。这部分资金要计利息，利率为月息2.7‰，每年计息一次。各行向总行借用资金的额度，只能掌握在批准信贷计划指标之内。2. 考核经营成果。对资金运用、费用开支、利润、工作质量、工作效率五项年度计划指标进行考核。3. 提取企业基金。在考核经营成果的基础上，凡全面完成五项年度计划指标（其中前三项必须完成）的核算单位，可以提取一定比例的企业基金。

5月

4日 中国人民银行发布《关于在工业调整整顿中做好关、停企业贷款清理工作的通知》。该通知规定：凡是决定关、停、并、转的企业，银行停止发放新贷款，并协助企业积极处理资财，收回贷款。对停产整顿和合并、转产的企业，在调整整顿期间仍应计算存款、贷款利息。合并企业由接受企业负责归还贷款，并更换贷款借据。关闭的国营和集体企业清理资产，首先用于清偿拖欠货款；其次用于归还银行贷款；如果发生资不抵债，所欠的贷款，由申请贷款的企业上级主管部门负责归还，贷款不能报损。对关闭的国营和集体企业，从文件批准之日起，银行停止计算存款、贷款利息。

14日 国务院发布《关于下达1979年国民经济计划的通知》，对原订的1979年国民经济计划进行调整。经调整后下达的国民经济计划主要指标是：农业生产增长速度由原定的5%～6%调整为4%；工业生产增长速度由原定的10%～12%调整为8%，其中轻工业增长8.3%，重工业增长7.6%；粮食产量由原定的6 395亿斤调整为6 250亿斤；棉花由原定的4 834万担调减为4 800万担；煤炭由原定的65 800万吨调整为62 000万吨；钢由原定的3 400万吨调整为3 200万吨；财政收入由原定的1 260亿元调整为1 120亿元；基建总规模为400亿元。

22日 中国人民银行发布《关于改革中国银行体制的补充通知》。该通知要求：北京、上海、天津、广州、青岛、大连、福州、南宁、南京、杭州、汉口、石家庄12个中国银行分行尚未分设的，6月底以前从人民银行分设出来，成为省、自治区、直辖市厅、局级机构，正式挂出外汇管理分局、中国银行分行两块牌子。

6月

6日 中国银行、公私合营银行总管理处、交通银行总管理处分别发出《关于补发股息的通知》。该通知规定，补发股息一律自各股东未领股息期算起，到1966年9月底止。同年7月12日，三家银行又发出《关于补发股息问题的联合补充通知》，确定发放股息暂不定截止日期，并明确规定国外股东委托国内人代理、股东死亡由配偶或子女继承、挂失申请者寻找单位证明有困难等有关问题的具体解决办法。

16日 中国人民银行发布《关于收集、整理历史货币的通知》。该通知规定，收集、整理历史货币的范围、品类是：各种古币、古钱；各种机制金属硬币及制造硬币的模具等；各种近代纸币；各种革命运动组织发行的货币。属于国民党反动政府和日本侵华期间伪政府银行发行的各种纸币和硬币，除具有一定特殊重要意义和历史价值的稀有罕见者外，一般不予收集、整理。该通知要求各级银行指定专人负责办理这一工作，不得委托任何单位或个人办理。

18日 国务院批复同意中国人民银行《关于重建各级银行监察机构的报告》。主要内容是：1. 总行设立监察局，各省、自治区、直辖市分行设监察处，中心支行、县支行设监察员。2. 各级银行监察机构是同级银行机构的一个职能部门，受同级银行和上级银行监察机构双重领导，以同级银行领导为主。3. 各级银行监察机构的任务是：监督检查机关、团体、部队、企业、事业单位贯彻执行国家金融法律、法令、政策、规章制度和财经纪律的情况；监督检查各级银行及其工作人员履行职责情况；受理检查有关检举破坏金融法律、法令、政策、规章制度，违反财经纪律的案件和因坚持国家金融法规而遭受打击迫害的案件；检查各级银行处理人民来信来访工作的情况；根据监督检查中发现的问题，提出改进金融管理工作的意见和建议。

6月18日至7月1日 五届全国人大二次会议在北京召开。会议通过了全国工作重点转移和对国民经济实行“调整、改革、整顿、提高”八字方针的重大决策。会议提出，在社会主义制度下，我们的根本任务已经由解放生产力变为在新的生产关系下面保护和发展生产力；把我国目前很低的生产力水平迅速提高到现代化水平，为此而改革我国目前生产关系和上层建筑中那些妨碍实现四个现代化的部分，扫除一切不利于实现四个现代化的旧习惯势力，这就是我国现阶段所要解决的主要矛盾。会议提出，用三年时间，认真搞好国民经济的调整、改革、整顿、提高。国务院总理华国锋作政府工作报告。

28日 中国人民银行、中国农业银行发布《关于县办小水电设备贷款问题的通知》。该通知规定，今后有关社队办小水电和县办小水电的设备贷款，统一由农业银行办理；发放贷款时水电主管部门负有担保按期归还的责任，如到期不归还，银行可从担保部门的水利经费中扣还。同年12月4日，两行又发出了补充通知，规定从1980年1月1日起，县办小水电设备贷款改由中国人民银行办理，1979年年底以前中国农业银行放出的县办小水电设备贷款，仍由中国农业银行负责收回，并入社队小水电设备贷款指标。

7月

1日 五届全国人大二次会议通过《中华人民共和国中外合资经营企业法》（以下简称《企业法》）于7月8日公布。其中规定，允许外国公司、企业和其他经济组织或个人，按照平等互利的原则，经中国政府的批准，同中国的公司、企业或其他经济组织共同举办合资企业；在合资企业的注册资本中，外国合营者的投资比例一般低于25%，合营各方按注册资本比例分享利润和分担风险及亏损；合营企业各方可以现金、实物、工业产权等进行投资；合营企业应在中国银行或经中国银行同意的银行开户，有关外汇事宜应遵照《中华人民共和国外汇管理条例》办理；外国合营者在履行法律和协议、合同规定的义务后分得的净利润，在合营企业期满或者中止时新分得的资金以及其他资金和合营企业外籍职工的工资收入和其他正当收入，按《中华人民共和国税法》缴纳个人所得税后，可按合营企业合同规定的货币，通过中国银行按外汇管理有关规定汇往国外；合营企业合同期限可按不同行业、不同情况，由合营各方商定。

△ 五届全国人大二次会议通过《中华人民共和国刑法》（以下简称《刑法》）。《刑法》分则第三章“破坏社会主义经济秩序罪”中规定：违反金融、外汇、金银、工商管理法规，投机倒把，情节严重的，处3年以下有期徒刑或者拘役，可以并处、单处罚金或者没收财产；伪造国家货币或者贩运伪造国家货币的，处3年以上、7年以下有期徒刑，可以并处罚金或者没收财产。首要分子或者情节特别严重的，处7年以上有期徒刑或者无期徒刑，可以并处没收财产。伪造支票、股票或者其他有价证券的，处7年以下有期徒刑，可以并处罚金。1982年8月21日，中国人民银行发出通知：经全国人大常委会法制委员会同意，对变造国家货币构成刑事犯罪的，应依照《刑法》第一百二十二条伪造国家货币罪处理。

3日 国务院颁布《关于发展社队企业若干

问题的规定（试行草案）》。其中提出，为鼓励社队企业的发展，今后新办的小铁矿、小煤窑、小电站、小水泥厂从开办起免税3年，其他新办企业在开办初期纳税有困难的，经省、自治区、直辖市确定，可免征工商税和所得税2至3年；对边境和少数民族地区的县（旗）、社、队企业，从1979年起免征所得税5年，灾区社队从事自救性的生产，经省、自治区、直辖市批准，可在一定期限内减征或免征工商税和所得税。《规定》要求，中国农业银行每年要从农业贷款中，拨出一定数量的低息贷款，扶助社队企业。

11日　中国人民银行下达《信贷差额控制试行办法》。该办法是将现行的“统收统支”信贷计划管理体制，改为在坚持银行业务集中统一的前提下，对部分贷款实行“统一计划、分级管理、存贷挂钩、差额控制”的体制。具体办法是：除国家下达年度信贷计划外，总行对试点分行下达属于“差额控制”范围的资金来源与运用有关项目的收支差额。试点分行在保证不突破差额的前提下，工商信贷指标可以留用，多吸收存款可以增加工商企业的短期流动资金贷款。总行每年给试点分行下达年末差额控制计划和年中临时差额控制计划。年末差额控制计划是国家信贷计划的重要组成部分，资金来源大于运用的差额（存差）计划必须完成，资金运用大于来源的差额（借差）计划不得突破。年中临时差额控制的最低存差计划也必须实现，最高借差计划不得突破。试点行每年实现的利润，总行在下年度按规定比例下拨给各行，作为增拨的信贷基金。此办法自1979年7月1日起，在上海市、江苏省、福建省、湖北省、天津市、陕西省分行试行。

13日　国务院发布《关于按照五个改革管理体制文件组织试点的通知》。该通知要求各省、自治区、直辖市和中央有关部门在工业、交通系统选择少数企业进行试点，取得经验后，再积极、稳步地推行。这五个文件是：《关于扩大国营工业企业经营管理自主权的若干规定》、《关于国营企业实行利润留成的规定》、《关于提高国营工业企业固定资产折旧率和改进折旧费用使用办法的暂行规定》、《关于开征国营工业企业固定资产税的暂行规定》、《关于国营工业企业实行流动资金全额信贷的暂行规定》，其主要内容是“放权让利”，即允许企业实行利润留成；提高固定资产折旧率；在保证完成国家计划的前提下，企业可制订补充计划，自行销售产品；有权设置内部机构，任免中层以下干部等。目的是改革现行管理体制，调动企业和职工的积极性，搞活生产。上述办法试行后，截至年底，据统计，四川、北京、上海等22个省、自治区、直辖市2 963个试点企业全年完成的工业总产值比上年增长12.2%，实现利润增长20%，上缴利润增长13.4%，超过了试点前的水平。但也有一些企业由于国家计划部分所占比例过重，上缴基数不合理等原因，未能取得明显效果。

《关于国营工业企业实行流动资金全额信贷的暂行规定》的主要内容是：凡经主管部门和工商管理部门批准开设，实行独立经济核算，在人民银行开立账户的全民所有制工交企业，都可直接向当地人民银行申请流动资金贷款（包括定额贷款、超定额贷款、超储积压贷款、结算贷款、大修理贷款）。企业流动资金贷款，只能用于进行生产流通过程中的周转，不得挪用于搞基建等其他开支。银行要积极支持和帮助企业搞好生产流通，并通过信贷加强对企业经营活动的检查和监督。

14日　中国人民银行、中国农业银行下达《关于做好供销社等单位信贷业务交接工作的联合通知》，决定将供销合作社、农机化服务公司、社队企业供销经理部和种子、饲料公司等单位的信贷业务，农副产品预购订金（商业、粮食、外贸、轻工、供销社系统等），以及新建中国水产养殖公司的信贷业务，由中国农业银行办理。社队办的金矿，从1980年起，由中国农业银行按社队企业贷款办法办理，原由中国人民银行经办的黄金设备专项贷款，仍由中国人民银行办理。

20日　中国人民银行颁布《中国人民银行会计基本制度（试行）》。为了更快地提高人民银行管理水平和核算质量，发挥银行对经济活动的促进和监督作用，中国人民银行对现行的会计基本制度重新作了修订。修订的会计基本制度对银行会计工作的任务、会计人员的职责、基本规定、会计核算、会计报表和年度决算、财务管理、会计辅导、会计档案的保管和销毁、会计人员的职权、技术职称和任免奖惩等，作出了具体规定，要求自文到之日起试行。

22 日 国务院发布《关于提高侨汇留成和改变侨汇物资供应体制的通知》。该通知规定：自 1979 年 7 月 1 日起，对赡家侨汇留成由原定的 6% 提高为 30%；建筑侨汇留成，由原定的 15% 提高为 40%。侨汇留成的使用原则是：谁供应物资，谁就使用留成外汇。取消原由中央有关部门专门调拨物资的办法，改为一切侨汇物资均由地方自行组织货源、安排供应。

26 日 中国人民银行颁布修订后的《中国人民银行出纳制度（试行）》。制度对银行出纳工作的主要任务、必须坚持的原则、出纳工作的领导、现金收付与整点、库房管理与现金运送、损伤票币的兑换与销毁、票样管理与反假票斗争、错款处理、金银的收购配售和管理、出纳机具设备的管理以及现金、白银、外币、有价单证的转移和出入库等作出了具体规定。

8 月

1 日 中国人民银行、国家计委、国家建设委员会（以下简称国家建委）、财政部、外贸部、国家外汇管理总局联合发布《关于办理引进成套设备、补偿贸易等财产保险的联合通知》。该通知规定：1. 从国外引进成套设备或委托国外厂商在我国承建的工程，均应由建设单位向工程所在地的中国人民保险公司投保安装工程险或建筑工程险。工程建成投产后，在还款或补偿完毕前，还应投保财产险。2. 国内单位运用中国银行外汇贷款进口的设备或建设项目，在归还贷款前，也应向当地中国人民保险公司分别投保建筑或安装工程险和财产保险。3. 对国外来料加工和提供机器设备的加工业务，在加工期间的原材料、物料和国外提供机器设备应投保财产险，并争取在协议中规定连同加工后从中国出口的货物运输保险由我国内承保。4. 我国与外国合资经营的企业的各项保险，向中国人民保险公司投保。以上各项保险费一律收取外币，赔款也一律以外币支付。通知要求，要争取卖方或国外责任方在我国投保，或由中国人民保险公司和对方指定的外国保险公司共保。

8 日 国家经委、中国人民银行、国家工商行政管理总局发布《关于管理经济合同若干问题的联合通知》。该通知强调，有关单位在签订合同时，必须根据国家的政策、法令和计划安排，本着按需生产、保证供应、促进国民经济发展的原则，以平等的地位，实事求是地进行充分协商。合同签订后，即具有法律效力，双方必须恪守信用，严格执行。人民银行要通过信贷管理和结算管理监督企业经济合同的执行情况，按照结算制度的有关规定，处理承付、拒付以及扣收退付货款和延付赔偿金。

13 日 国务院发布《关于大力发展对外贸易增加外汇收入若干问题的规定》。其中要求，实行出口商品分级管理，扩大地方经营范围和生产企业外贸权限；大力组织商品对外销售，认真完成国家收汇计划；加强设备和技术的引进工作；成立专业贸易公司和工贸结合的贸易公司；增加外贸口岸，调整口岸分工；广开出口门路，逐步实现出口优惠税率；扩大生产企业办外贸的权限，简化审批手续；实行贸易和非贸易外汇留成；改变出口贸易收汇结算办法和兑换牌价，制订一个贸易外汇结算价，在内部实行，银行外汇牌价，研究修改降低，随时进行调整，用于非贸易外汇结算；广开出口门路；出国开办企业；试办出口特区，深圳、珠海两地可以先行试办。国务院同时下发了《出口商品外汇留成试行办法》，对出口商品外汇留成的范围和留成比例、留成外汇的计算与分配、留成外汇的结算和拨汇以及留成外汇的使用作出具体规定。对出口商品实行外汇留成的政策给地方、部门一定的使用留成外汇的自主权，调动了各方面的积极性，增加了外汇收入，对于搞活经济起了一定的作用。

15日 国务院同意中国人民银行《关于向国外发售现行流通的人民币纸币的请示报告》。此前，中国人民银行在香港试销了北京名胜纪念金章，后又在国内外发售联合国儿童纪念金币，引起国外经销商的关注，纷纷要求购买中国现行流通的人民币纸币。为此，中国人民银行就向国外发售现行流通的人民币纸币问题向国务院请示：按我国规定，现行人民币不准出境，为了适应世界藏币者的需要，为我国积累外汇资金，中国人民银行拟采取精工包装（每套包括一角、二角、五角，一元、二元、五元、十元纸币七种），按照国际惯例出售。

18日 国务院颁布《基本建设贷款试行办法》。为充分调动各地区、各部门、各企业单位的主动性和积极性，加强基本建设管理，改变当时基本建设"长、散、乱"的状况，国务院决定对基本建设投资实行由建设银行试行贷款的办法。该试行办法规定：基本建设投资贷款的对象，只能是实行独立核算，有还款能力的工业、交通运输、农垦、畜牧、水产、商业和旅游等各类企业。对于行政和无盈利的事业单位，以及国家计划指定的项目，仍实行财政拨款的办法。贷款单位必须在规定的期限内还本付息。贷款期限，重工业最长不超过15年；其他企业最长不超过10年。贷款基金由国家财政从当年基本建设预算拨款中拨给；地方财政用机动财力安排的基本建设贷款基金，由省、自治区、直辖市在自筹资金中解决。

28日 经国务院批准，中国人民建设银行从财政部独立出来。中国人民建设银行总行改为国务院直属单位，由国家建委、财政部代管，以财政部为主。建设银行的省、自治区、直辖市分行属厅（局）级单位，归总行和省、自治区、直辖市政府双重领导，以总行为主。国务院任命武博山为行长。

30日 中国人民银行发行中华人民共和国成立三十周年纪念金币。纪念金币一套4枚，正面均为中华人民共和国国徽，背面分别为天安门、人民英雄纪念碑、人民大会堂、毛泽东主席纪念堂；每枚面值人民币400元。规格为27毫米，重量1/2盎司；成色为91.6%，发行量各7万枚，由上海造币厂和沈阳造币厂制造。这是新中国发行的第一套纪念金币。

9月

9日 国务院发布命令，授权中国银行负责办理被美国政府冻结的中国各项资产的收回或提取事项。10日，国务院授权中国银行发布公告，规定：被美冻结的资产收回、提取后，属于国营企业、事业单位以及原属私营工商企业的，由中国银行同有关单位进行结算；属于中国公民的个人资产全部归持有人所有；持有人可按有关规定申请保留或使用最高不超过10%的外汇，其余外汇由中国银行按现行牌价折付人民币，并可享受侨汇办法的优待；有关资产的登记期限由即日起至1979年12月31日止。

28日 中共中央发布《关于加快农业发展若干问题的决定》。该决定以调动广大农民群众的积极性为首要出发点，制定了包括建立生产责任制在内的发展农业的25条政策措施，主要有：今后3～5年内，国家对农业的投资在整个基本建设投资中所占的比重，逐步提高到18%左右；农业事业费和支援社队的支出在国家总支出中所占的比重，逐步提高到8%左右。对农业的贷款，从现在起到1985年，要比过去增加一倍以上。有计划地发放专项长期低息或微息贷款，贷款期限分10年期、15年期或者到20世纪末。《决定》强调要关心农民的物质利益，保证农民的民主权利，保护人民公社、生产大队和生产队的所有权和自主权，不允许无偿调用和占有生产队的劳动力、资金、产品和物资。

9月29日至10月17日 中国农业银行全国分行行长会议在北京召开。会议的议题是研究落实在实现农业现代化中中国农业银行应担负的任务。会议提出，农业银行、信用社的基本任务是：发展农村信贷事业，积极筹集资金，管好用好资金，促进农业迅速发展，实现农业现代化。为了实现这个任务，会议提出了中国农业银行的政策措施，主要的有：逐步增加农业信贷资金；农业贷款要重点用于支持商品经济的发展；用经济方法管理农业贷款，发挥信贷的促进和监督作用；逐步改革信贷管理体制；统一管理支农资金，充分发挥现有资金的作用；中国农业银行要实行企业化管理，加强经济核算；抓紧把各级农业银行建立健全起来。这是中国农业银行恢复后的第一次全国分行行长会议。

10月

4日 中共中央各省、自治区、直辖市委员会第一书记座谈会在北京召开。邓小平在会上指出，经济工作是当前最大的政治，经济问题是压倒一切的政治问题。不只是当前，恐怕今后长期的工作重点都应放在经济工作上面。所谓政治，就是四个现代化。这是各级党委的中心工作。政治问题要落实到经济上面，政治问题要从经济的角度来解决。要用经济的办法解决政治问题、社会问题。经济工作要按经济规律办事，不能弄虚作假，不能空喊口号，要有一套科学的办法。要培养一批能按经济规律办事的人。对有关银行改革问题，邓小平提出：银行应该抓经济，现在只是算账、当会计，没有真正起到银行的作用。银行要成为发展经济、革新技术的杠杆，要把银行真正办成银行。过去我们的制度是采取拨款的方式，而不是银行贷款的方式。这个制度必须改革。任何单位，要取得物资，就要从银行贷款，要付利息。对投资少、见效快的企业，要采取不用财政拨款，而用银行贷款的办法。很多厂，只需要几千元或几万元、十几万元的钱，就能解决问题。凡是下面稍微支持一下就能见效的事情，我们的银行就应该放款，这样就活起来了。建设银行也应该起到杠杆的作用。既然叫建设银行，就不光是坐在那里算账、打算盘，也要广开门路，会做经济工作，会做生意。邓小平还指出，利用外资是一个很大的政策，我认为应该坚持。外资有两种，一种叫自由外汇，一种叫设备贷款。不管哪一种，我们都要利用，因为这个机会太难得了，这个条件不用太可惜了。问题是怎样善于使用，怎样使每个项目都能比较快地见效，包括解决好偿付能力问题。邓小平还指出，财政体制，总的来说，我们是比较集中的。有些需要下放的，需要给地方上一些，使地方财权多一点，活动余地大一点，总的方针应该是这样。扩大企业自主权，这一条无论如何要坚持，这有利于发展生产。

9日 中国国际信托投资公司（集团）在北京成立。公司注册资本为人民币12亿元，是经国务院批准的全国第一家直属部级单位。公司经营的主要业务有：吸收外国资金，以发行公司债券，代理发行股票等方式筹集资金；在国内办理信托投资业务，举办中外合资、合营企业；引进国外技术、设备和经营管理方法；办理租赁业务；提供咨询服务。荣毅仁任董事长兼总经理。随后，各省、自治区、直辖市相继设立地方性国际信托投资公司，开始经营外汇业务。

11日 中国人民银行转发经国务院批准的《“在外售券、国内取货”管理办法》。为了便利海外侨胞、港澳同胞探亲往来，便于携带商品，该办法变通了侨汇券的使用方法，规定对海外侨胞和港澳同胞需带入国内的缝纫机、自行车、探亲礼品箱等大件物品可采取在国外购券、国内取货的办法。

22日 国务院同意并批转中国人民银行《关于加强我国对外发售金、银币（章）管理的请示报告》。为了加强货币管理和金银管理，维护我国对外发售纪念币（章）的信誉，人民银行对发售金、银币（章）进行严格管理。主要内容是：1. 金、银质纪念币，统一由中国人民银行负责设计、制造、发行。2. 向国外销售纪念金、银币（章）统一由中国银行及其在国外的分支机构负责经销。3. 金、银质纪念章由中国人民银行所属的中国造币公司统一制造。

31日 中国人民银行发布《关于不准将处理积压物资收回的资金用于挖、革、改贷款的通知》。该通知规定，企业积压物资占用的资金都是银行的贷款，企业处理积压物资压缩下来的流动资金，应归还贷款，不得留做挖潜、革新、改造贷款。企业进行挖潜、革新、改造所需资金，应当按照现行资金渠道，纳入国家计划，经过综合平衡，统筹安排解决。

11 月

2 日 《红旗》杂志第 11 期发表题为《充分发挥银行的经济杠杆作用》的署名文章。主要观点是：发挥银行信贷的促进与监督作用，促进国民经济调整工作的顺利进行；积极组织国内外资金，大力支持四个现代化建设；有计划地调剂货币流通，保持金融物价的基本稳定；正确地运用银行信贷这个经济杠杆，处理好银行同国民经济各部门、各企业的关系；改变“供给制”和“吃大锅饭”的状况，用经济的方法管理银行。

△ 中国农业银行颁布《国营农业企业贷款试行办法》。该试行办法对国营农业企业贷款的对象、种类、期限和贷款偿还等作了明确的规定；该试行办法强调，发放国营农业企业贷款，要重点支持商品粮、经济作物、外贸出口产品及其他农副产品基地生产的发展，支持农工商联合企业生产的发展。

10 日 中国农业银行、财政部发布《农业拨款监督拨付试行办法》。该试行办法规定，凡是列入国家预算的农业、农垦、农机、林业、畜牧、水利、气象、侨办、知青办、劳改系统的国营企事业单位和国家支援农村人民公社的各项农业拨款，均由中国农业银行监督拨付。各级地方财政的预算外资金和农业部门的自筹资金，经批准用于农业的各项支出，由农业银行监督拨付。农业银行要根据国家规定的方针、政策、计划、制度对各项农业拨款使用情况深入到用款单位和工程现场进行检查。《试行办法》自 1980 年 1 月 1 日起试行。

△ 中国农业银行发布《农村社队企业贷款试行办法》。该试行办法规定，要坚持执行贷款的自主权，任何单位和个人都不得强令银行发放贷款，也不得限制银行收回到期贷款；凡重复建厂与大工业争夺原料，经营亏损短期内不能扭转，还款没有保证的社队，不能贷款；联合企业申请设备贷款，必须提供参加联办单位所签订的具有明确权利义务、合理担保、合理分配受益的协议书，企业无力归还贷款时，由参加联办的单位承担经济责任。

19～27 日 中国人民银行全国保险工作会议在北京召开。会议总结了 1958 年停办国内保险业务的教训，就国务院批准恢复国内保险业务作了具体部署，提出：1980 年是恢复国内保险第一年，要筹建机构，培训干部，搞好试点，取得经验，为保险工作逐步恢复和发展打下基础。会议确定：要进一步开展国外保险业务；把注意力放到已经开放和将要开放的新险业务上来；要建立一支专业化的和代理化的展业队伍，开辟各种展业途径；要按照经济规律办事，加快赔案处理工作，把处理赔案的快和准，同树立保险信誉、发展保险业务联系起来。

22 日 中国人民银行、中国农业银行、中国银行发布《关于统计工作的若干规定》。该规定明确：1. 中国农业银行和中国银行要建立自己独立的统计工作系统，管理和汇编本系统的统计报表。各行信贷、现金统计项目的设置和汇编要有利于集中货币发行、有计划地调节货币流通，有利于信贷、现金计划的编制和检查，有利于综合反映国民经济各部门的活动，发挥银行的作用。2. 人民银行与各专业银行的统计数字要相互衔接、口径一致，必须重视代理业务，本着先人后己的精神，认真把代理业务办好。银行的统计数字要准确、完整、及时。3. 中国农业银行、中国银行要逐步建立自己的统计制度，在尚未建立前，仍执行人民银行的统计制度。4. 调整人民银行、农业银行、中国银行的信贷、现金项目电报的编报程序，信贷项目电报由人民银行、农业银行、中国银行按照业务分工分别进行统计，逐级汇总上报总行。此《规定》于 1980 年 1 月 1 日起执行。

26 日 中国农业银行印发《农村社队信贷“存贷挂钩，差额包干”试行办法》。该办法规定：1. 银行和信用社办理的农村人民公社各级经济组织和社员个人的存款和贷款，属于包干范围；总行对省、自治区、直辖市实行差额包干，只包银行存贷款部分。2. 存贷差额，按年末余额计算。差额核定后，各地在保证上交数不减少、补助数不突破的条件下，吸收存款多和收回贷款多时可以多发放贷款，吸收存款少、收回贷款少时更要少贷。3. 根据农业生产季节性的特点，总行按年度中间存款可用数同现行社队农贷包干指标比较，再核给各地一个存贷差额，存款小于社队农贷包干指标的，核定农贷周转金，由总行支持，在不突破农贷周转金的条件下，多存可以多贷；存款大于社队农贷包干指标的，核定上交数，超过部分留给地方使用。该《办法》自1980年1月1日起执行。

26日 邓小平提出要搞市场经济。邓小平同志会见了美国大不列颠百科全书出版公司编委会副主席吉布尼和加拿大麦吉尔大学东亚研究所林达光等外国朋友。在会见时，邓小平指出：我们有些经济制度，特别是企业的管理、企业的组织这些方面，受苏联影响比较大。这些方面资本主义国家先进的经营方法、管理方法、发展科学的方法，我们社会主义应该继承。说市场经济只存在于资本主义社会，只有资本主义的市场经济，这肯定是不正确的。社会主义为什么不可以搞市场经济，这个不能说是资本主义。我们是计划经济为主，也结合市场经济，但这是社会主义的市场经济。这是中国领导人第一次提出搞市场经济。

27日 中国人民银行发出《关于增加储蓄种类的通知》。决定自1980年1月1日起，增办3年期、5年期零存整取、积零成整、存本取息的定期储蓄。3年期、5年期零存整取定期利率分别为月息3.3‰，3.75‰，其他几项储蓄的利率和档次与零存整取相同。

30日 中国人民银行、中国农业银行发布《关于人民银行、农业银行业务范围划分的通知》。该通知规定：1. 各种农业存贷款；国营农、牧、渔场，企、事业存贷款；国营农场办的工业、商业、供销企业贷款；农工商联合企业存贷款；信用合作社存贷款；各种农业专项贷款等，划为农业银行业务。国家对全民所有制农业、企事业单位和人民公社集体经济的各项财政拨款的监督支付，划为农业银行业务。2. 全部产品预购定金贷款，供销合作社系统的存贷款，农机化服务公司、种子、饲料公司、社办企业供销经理部、水产养殖公司等系统的存贷款，划为农业银行业务。3. 营业所办理的国营工商业存贷款，作为人民银行业务。营业所办理的机关、团体、部队存款，集体所有制工商业存贷款划为农业银行业务。4. 县城的储蓄存款，归人民银行办理，县城的城关信用社仍照旧办理储蓄存款，作为农业银行业务。县以下集镇的职工、居民和国营农、牧、渔场职工的个人存款，一律划归农村储蓄，由农业银行办理。县（市）以下大型工矿企业、林区和部队驻地，由人民银行机构收储作为城镇储蓄。划分的时间一律为1980年1月1日。

12月

12日 国务院批转中国人民银行《关于改变银行系统人员编制、劳动工资计划管理体制的报告》。该报告的主要内容是：自1980年起，人民银行系统的人员编制、劳动工资计划管理体制和业务工作以总行领导为主的体制一致起来，把中国人民银行系统（包括中国农业银行、中国银行）的职工人数、工资总额和编制，从各省、自治区、直辖市的基数中划出来，分别由中国人民银行、中国农业银行、中国银行统一管理。中国人民银行系统的增人计划由中国人民银行总行直接报国家计委、国家劳动局批准下达给各省、自治区、直辖市人民银行和劳动局。中国农业银行和中国银行均为企业编制，其劳动工资计划也由中国农业银行总行和中国银行总行统一管理。

17日 中国人民银行发布《关于对城镇集体工业企业办理结算贷款的通知》。由于有不少集体工业生产企业的生产已纳入国家计划，供销业务订有经济合同，信用良好，银行已允许它们采用托收承付结算方式，这些企业要求银行对其发放贷款。为支持这些企业的生产发展，该通知规定，自1980年1月1日起，按照《国营工业贷款办法》中有关结算贷款的管理规定对其发放结算贷款，各级银行对发放的贷款要加强管理，切实做到合理管理、及时收回。

21日 国务院同意并批转国家计委、国家建委、进出口管理委员会、外贸部、财政部、中国人民银行、中国银行《关于使用国外贷款引进技术和进口设备的基本建设项目在外汇、财政、基建计划上的处理办法》。该办法规定：1. 使用国外贷款，必须有组织地进行。使用国外贷款引进技术和进口设备的大中型基本建设项目，必须纳入长期和年度国民经济计划。使用国外贷款的基建项目，除经过批准由国家“统借统还”的以外，一般均应“自借自还”。贷款由中国人民银行根据国家长期和年度的外汇收支计划统一筹措。2. 使用国外贷款引进技术和进口设备，分别由主管部门提出申请，经进出口管理委员会、国家计委审核同意后，对外进行技术考察、技术谈判和非正式询价等。各主管部门提出可行性研究报告，并附国内各种协作、配合条件的落实情况及签订的协议，报进出口管理委员会和国家计委审批。在审查引进项目时，由进出口管理委员会会同国家计委、国家建委主持，中国银行、中国人民建设银行等部委局参加。审查结果报国务院批准后，下达审查批准计划任务书。3. 经国务院批准的基建项目，要分别纳入年度和长期外汇、财政和基本建设计划。外汇计划，在收入中要分别列出国家统一借款和部门、地区自行借款的外汇收入；在支出中，要分别列出国家统一借款偿还本息和部门、地区自行借款偿还本息的外汇支出。4. 使用国外贷款，包括国家统借统还和部门、地区“自借自还”的引进项目，其国内作价，按现行作价办法办理，以后按国务院批准的贸易外汇结算价格计算。5. 国家负责“统借统还”的引进项目投产后，其纳税和利润、折旧的解缴办法，按国内投资企业现行办法执行。部门或地区负责“自借自还”的引进项目，在偿还贷款本息期间，引进项目实现的利润和提取折旧费，都可用于偿还贷款。6. 使用国外贷款引进技术和进口设备的项目，在建设和还款过程中，要严格按照批准的引进计划、基建拨款程序以及同国外签订的合同办事。使用贷款单位，要定期向财政部门、中国银行和中国人民建设银行报告资金使用和偿还情况。此规定从1980年1月1日开始执行。

24日 中国人民银行发布《关于提取企业基金的通知》。该通知规定，人民银行各经济核算单位提取企业基金的办法是：1. 在考核经营成果的基础上，凡全面完成分行批准的资金运用、利润、费用开支、工作质量、工作效率五项年度计划指标的核算单位，可按职工工资总额的5%提取企业基金；完成资金运用、费用开支、利润等三项指标的，按工资总额3%提取企业基金。在完成资金运用、费用开支、利润三项指标的前提下，其他指标每完成一项，按工资总额增提1%的企业基金。2. 县、市支行（城市办事处）、中心支行为提取企业基金的单位，按其所属的基层核算单位考核指标的完成情况汇总计算，按本单位的职工工资总额提取企业基金，具体计算方法由省、自治区、直辖市分行确定。3. 企业基金的用途，根据国务院批转财政部《关于国营企业试行基金的规定》精神，结合各地情况，由分行具体确定。

1980 年

1 月

5 日　国务院同意并批转中国人民银行《关于维护人民币统一市场　禁止外币在国内市场流通的报告》。该报告指出，维护人民币的统一市场，禁止一切外币在国内市场计价流通，维护社会主义的金融秩序，这是关系到国家主权和实现四个现代化的重大问题。各省、自治区、直辖市如市场上有流通外币的，要进行一次清理整顿。极少数单位有必要直接收取外币的，应由各省、自治区、直辖市人民政府进行审查，并提出意见报国务院批准。要把收取外币的单位压缩到最小限度。本年内中国银行发行外汇兑换券后，应立即停止直接收取外币。未经批准擅自用外币标价和在交易中直接收取外币的，应以扰乱金融论处。

7 日　国务院决定对轻纺工业实行六个优先的政策以确保轻工业、纺织工业、手工业加快发展步伐。这六个优先是：原材料、燃料、电力供应优先；挖潜、革新、改造的措施优先；基本建设优先；银行贷款优先；外汇和引进新技术优先；交通运输优先。

△　中国人民银行、财政部发布《关于苏边区公债与折实公债计息办法的补充规定》。该规定明确，中国人民银行和财政部 1958 年规定各苏区、解放区发行的公债“计息时间算至实际发还日期，如超过还本日期的，其计算时间以公债票面规定的还本截止日期为止”。鉴于在战争年代，老解放区人民冒着生命的危险，省吃俭用，支援革命战争，对革命是有贡献的。为了照顾群众的利益，苏边区公债与折实公债已超过还本付息日期的利息，可算到提取日为止。

8 日　中国银行在北京召开机构体制改革后的第一次全国分行经理会议。会议确定今后一个时期中国银行的主要任务是：继续做好筹集外汇资金工作；改革外贸信贷和外汇信贷管理体制；加强国际结算工作；加强外汇管理，增加侨汇和其他非贸易外汇收入，减少支出；改善经营管理，加强经济核算，提高经济效果；广泛开展国际交往，深入国际资金市场，加强国际金融调查研究。随后，国务院批转此次会议的会议纪要。国务院指出，利用外资是我国在今后一个较长时期内的重要决策。中国银行作为国家的外汇专业银行，要做好各项外汇工作，为国家组织和积累更多的外汇资金，在管好用好外汇上多下工夫。各级政府必须加强对中国银行的领导，检查和支持中国银行的工作，真正发挥它在生产和流通领域中的促进、调节和监督作用，以加快社会主义四个现代化的建设。

14 日　国务院发布《关于批转国家经委、中国人民银行等单位〈关于请批准轻工、纺织工业中短期专项贷款试行办法的报告〉的通知》。该通知指出，轻工、纺织工业中短期专项贷款，主要用于老厂的挖潜、革新、改造和与之有关的小量改建、扩建工程，不能用于新建、续建企业的基本建设投资。对贷款的使用，一定要按照择优扶持的原则，优先贷给那些花钱少、见效快、创汇多的项目。各地轻工、二轻、纺织工业部门，要认真搞好用款规划，有计划、有目的地解决几个生产上的重大问题，把贷款管好、用好。贷款需要的物资，由国家物资总局按基建定额补助一半，其余由地方解决。有些工期短的项目，还可利用少量的短期自由外汇，进口一些材料和先进的单机、部分生产线，以保证措施项目竣工投产。各地人民银行和中国银行，要切实加强对贷款的发放和监督工作，积极支持轻纺工业的发展。国家经委、轻工业部、纺织工业部和中国人民银行，要加强对贷款使用情况的检查，采取有力措施，尽快发挥经济效益。

国家经委、中国人民银行等单位的《关于请批准轻工、纺织工业中短期专项贷款试行办法的报告》中提出，从1980年起，在国家安排的基本建设投资和技术措施费以外，由中国人民银行、中国银行发放20亿元轻工、纺织工业中短期专项贷款和3亿美元的买方外汇贷款，每年保持这个余额周转使用。同时中国人民银行制定了《轻工、纺织工业中短期专项贷款试行办法》上报国务院。

15日 中国农业银行加入国际农业发展基金会。国际农业发展基金会成立于1977年，其宗旨是为发展中国家的农业发展项目，首先是为粮食生产提供资金。成员国分为三类：第一类是发达国家；第二类是石油输出国；第三类是发展中国家。中国属于第三类成员国。

1月19日至2月10日 中国人民银行全国分行行长会议召开。会议确定1980年人民银行的中心任务是：继续贯彻国民经济调整、改革、整顿、提高的方针，继续坚持稳定物价、稳定金融的政策，贯彻落实中央领导同志关于银行要抓经济，把银行作为发展经济、革新技术的杠杆的指示，坚持按经济规律办事，继续进行银行工作的转变和改革，进一步把银行的工作做活，促进国民经济调整，促进生产建设发展，促进安定团结。为了实现这项中心工作任务，人民银行将采取以下措施：1. 增加货币回笼，控制货币投放，加强金融市场管理，努力实现信贷平衡。2. 继续把组织和筹集资金摆在银行业务工作的首位，壮大支持生产建设的信贷资金力量。3. 继续改革和加强信贷工作，发挥信贷的杠杆作用，更有力地支持企业挖掘生产潜力，增加商品供应，促进经济调整。4. 全面开展银行内部管理制度改革工作，提高经营管理水平，节约和合理地使用信贷资金。5. 改进结算工作，以适应经济发展的需要。6. 加强干部队伍建设，抓紧干部的培养教育工作。7. 要加强金融理论的研究和宣传，加强调查研究和综合反映工作。

22日 国务院下发《国营工业企业利润留成试行办法》。该试行办法对1979年7月国务院颁发的《关于国营企业实行利润留成的规定》进行了修订，主要修订内容是：1. 将原定的全额利润留成改为基数利润留成加增长利润留成。企业当年利润高于上年利润的，其中，相当于上年利润的部分，按核定比例提取基数利润留成资金；比上年增长的部分利润，另按国家规定比例提取增长利润留成资金。基数利润留成比例核定后原则上3年不变。2. 企业增长利润留成的比例，按照不同行业，分别规定为：石油、电力、石油化工和国外引进成套设备等盈利水平较高的企业为10%；冶金、机械、电子、化工、轻工、纺织、建材、森工、铁路、交通运输和其他企业为20%；煤炭、邮电、民航、农机企业为30%。3. 工业企业必须完成产量、质量、利润和供货合同四项计划指标，才能按照核定和规定的留成比例提取全部利润留成资金。在四项计划指标中，每少完成一项，扣减其应提利润留成资金的10%。4. 企业从基数利润中提取的利润留成资金，按照核定的生产发展基金、职工福利基金和职工奖励基金的留成比例分别提取、分别管理和使用。企业从增长利润额中提取的利润留成资金，用于发展生产的部分不得少于60%，用于职工福利设施和职工奖金的部分不得超过40%，发给职工的奖金，除国家规定的节约奖外，都在职工奖励基金中开支。

2月

6日 中共中央同意并批转外国投资管理委员会党组《关于中外合资企业几个问题的请示报告》。其中关于外汇管理问题，该报告指出：合营企业一切外汇支出，包括将来汇出外资股金、利润等，都应由其自有外汇解决；有关部门应注意监督企业保证外汇收大于支。除经国家批准并列入国家外汇支出计划者外，银行不卖给外汇。

△ 中国人民银行发布《关于增拨各省、市、自治区1980年商办工业中短期设备贷款指标的通知》，为了增加商办工业的生产，增加人

民生活必需品，解决供需矛盾，人民银行决定从1980年起，在全国安排2亿元资金，试办商办工业中短期设备贷款。贷款主要用于商办工业设备的挖潜、更新、改造。当年指标节余可转到次年周转使用。商办工业中短期设备贷款的发放和管理由开户行对企业直接办理。

△ 中国人民银行、轻工业部发布《关于旅游金银制品所需金银供应办法的通知》，决定改变旅游金银制品所需金银一直由人民银行按国内配售价供应的办法。该通知规定：1. 以金银为主要原材料的旅游金银制品，其所需黄金、白银继续由各地人民银行供应。但改收外汇，并按届时国际市场价格另加1%的手续费供应。2. 不以金银为主要原材料的其他旅游纪念品，所需黄金、白银，由各省、自治区、直辖市生产部门直接向当地人民银行申请，按国内配售价供应。3. 对卖价不高、创汇率低、不合算的旅游产品，建议生产部门少安排或不安排生产，银行减少或停止供应黄金、白银。

28日 中国人民银行发布《关于下达信贷差额控制办法（试行草案）的通知》，决定在省级分行试行信贷差额控制办法，将“统收统支”的信贷计划管理体制，改为“统一计划、分级管理、存贷挂钩、差额控制”的体制。信贷差额控制办法采取两种方案，一种是全部差额控制；另一种是大部分差额控制，各行可根据具体情况和条件，自行选择一种方案。实行信贷差额控制的分行，要编报年度信贷计划和信贷差额计划。人民银行总行下达年度差额控制计划和年中临时差额控制计划。各行在保证不突破控制差额的前提下，工业贷款指标和商业贷款指标可以互相调剂；多吸收的存款和节约的信贷资金，可用于增加工商企业的短期流动资金贷款，也可适当发放一部分中短期设备贷款。试点分行在每年实现的利润中提留一定比例作为各分行的信贷基金。

“统收统支” 信贷资金管理体制的一种，是我国计划经济管理体制下的产物，是将信贷资金统一集中并进行计划分配的一种资金管理体制。具体来说，“统收”是指我国的银行体系中各级分支行没有其所吸收的存款资金的运用权，而必须将所有资金全部上交到银行总行，由总行集中进行运用；“统支”是指银行总行根据国家的总体经济计划、具体目标要求，制定统一的信贷计划指标，然后将指标进行层层分解、落实到各分支行，分支行严格按照总行下达的指标进行信贷资金投放，不得突破核定的计划指标。“统收统支”信贷资金管理体制起始于1949年新中国成立，1979年被取消。

3月

6日 中国银行向海外行寄发经国务院批准的《关于开展对台银行业务往来的请示的通知》。该通知规定，外国银行同台湾发生的商业性往来，包括贷款、投资、合资经营企业及在台湾设立分支机构，只要不涉及“两个中国”、“一中一台”问题，拟不予置理。今后为与台湾当地银行建立直接业务往来创造条件，目前对台湾的各项银行业务，暂时通过代理行间接办理；在适当时机，由我驻香港银行及国内有关分支行处有选择地同外国银行在台湾的分支机构建立业务代理关系；一旦条件成熟，再由我有关分支行处同台湾当地银行进行直接业务往来。部分海外华人银行（包括香港、新加坡等地华资或外籍华人资本银行）与台湾地区有着密切往来关系的，我国内外分支行处对他们不再采取抵制措施，并逐步地扩大双方业务关系与人员往来，有选择地建立业务代理关系。

10日 中国人民银行下达《关于改进结算工作的意见的通知》。为了适应国民经济调整和经济管理体制改革的需要，针对结算工作中存在的问题，中国人民银行决定，在本行内开始试行限额结算、托收、邮政汇款等办法：1. 采用不同的结算方式，凡是持有建设银行和财政部的签证，销售大中型成套设备的单位可采用托收承付方式办理结算。对多次向购货单位收不回货款的销货单位，开户银行根据情况，确定其向有关的购货单位停止使用托收承付结算方式，改用其他结算方式。对付款单位发生的延期付款，银行为收款单位计收万分之三的延付赔偿金；对于逾期两个月的每日加收万分之二的罚金。2. 增加新的结算方式，增加“异地委托收款”的结算方式、扩大推行限额结算办法、改变汇兑结算和开立临时账户管理规定，办理汇出汇款和解付汇款不再要求由有关部门审批。集体所有制单位也可采用托收承付的结算办法。3. 实行业务收费，汇兑异地委托收款结算每笔收费2角；信用证、异地托收承付结算，每笔收费4角；邮费单程每笔收费2角。4. 结算监督的范围，除国务院授权和总行规定的监督项目以外，对于其他部门委托的行政性限制一律不予受理。5. 整顿结算纪律，凡违反结算纪律的单位，予以经济制裁。银行因工作差错而影响企业单位资金运用的，要按照存贷款利率计算赔偿损失。6. 做好综合反映工作。

14日 中国人民银行、中国农业银行、财政部发布《关于办理中央级农业拨款有关问题的通知》。该通知规定：中央级农业拨款的监督拨付工作应由农业银行办理。由于中央农业各部门及所属事业单位多分布在城市，而目前农业银行在城市建立业务机构的很少，因此，确定中央级农业事业费限额拨款工作仍暂由人民银行办理；中央级农业拨款的使用情况，由农业银行负责监督检查。

18日 中国人民银行转发国务院批准的《关于调整储蓄存款利率和逾期贷款加收利息的报告》。其中的调整储蓄存款利率和逾期贷款加收利息的方案是：城乡居民活期储蓄存款，由现行的月息1.8‰调整为2.4‰，零存整取存款和半年期定期存款由现行的月息3.0‰调整为3.6‰；1年期定期存款，由现行的月息3.3‰调整为4.5‰；3年期定期存款，由现行的月息3.75‰调整为5.1‰；5年期定期存款，由现行的月息4.5‰调整为6.0‰。逾期贷款加收利息的规定是：逾期贷款加收利息20%；超过核定的流动资金总额的贷款（包括核定的自有流动资金和正常超定额贷款）和未核定资金企业划出的积压物资占用贷款，均加收利息30%；企业因搞基本建设或更新改造超支而挤占挪用的贷款，加收利息50%。此调整方案自1980年4月1日起实行（活期储蓄存款利率调整从7月1日起开始实行）。

19日 国家外汇管理总局发布《关于中国银行发行“外汇兑换券”的通知》。并随文下发《中国银行外汇兑换券暂行管理办法》。其中规定：凡持有可自由兑换的外币现钞，能立即付款的外币票据、外币支付凭证和汇入款等，均可向当地中国银行或其指定的外币代兑点，兑换成外汇兑换券（以下简称外汇券）。外汇券与人民币等值，只限于短期来华的外国人，短期回来的华侨、港澳同胞，驻华外交、民间机构及其常驻人员等，在中国境内指定的范围内使用，不准挂失。外汇券兑换凭本人的“兑换证明”，在6个月内可以将持有的外汇券向中国银行办理转存人民币特种存款、外币存款，或兑回外币，或携出、汇出境外。外汇券不得私自买卖，严禁投机倒把和伪造，违者按《中华人民共和国刑法》第三章所列明的破坏社会主义经济秩序罪论处。4月1日，国务院授权中国银行在国内发行外汇兑换券。

外汇兑换券 外汇兑换券（Foreign Exchange Certificate，FEC）简称“外汇券”，它并非是真正的货币，是我国改革开放初期，为加强外汇管理，禁止外币在我国的流通，同时又能方便国际入境者在中国境内的各种支付活动，国务院授权中国银行发行的一种替代外币在中国境内流通的人民币代用券。

其面值与同面额的人民币等值，短期来华的外国旅客、华侨、港澳同胞、驻华外交、民间机构及其常驻人员等可用外汇向银行兑换外汇券，用于在旅馆、饭店、指定商店等规定范围内购物和支付劳务费用。中国银行自1980年4月1日起开始发行外汇券，1994年1月1日起停止发行，从1995年1月1日起，外汇券停止在市场上流通。在外汇券的整个历史存续期间，中国银行先后发行了1979年和1988年版的两种外汇券，共印制了七种面额，九个版别。

22日 中国银行发布《关于私人出境批汇

的几点通知》，对私人出境旅杂费的审批作出补充规定。主要内容是：凡持有我出境证件的我国公民和外国侨民，必须办妥前往国家的有效入境签证，才可批给旅杂费外汇。对于去香港办理入境国签证的我国公民，必须取得英国驻华使馆发给的过境签证，才可按照出境证件上所填写的前往目的地批给旅杂费。对须转道第三国前往与我未建交国家的我国公民，必须持有该第三国的驻华使领馆的过境签证，才可批给前往转道国的旅杂费外汇。没有办妥前往国的入境签证，仅持“往来港澳通行证”的我国公民，只能批给赴港澳的旅杂费外汇。

25日　中国农业银行发布《关于对供销社系统的商办工业和集镇集体工商业发放中短期设备贷款的通知》。该通知规定：此项贷款主要用于老企业为提高生产能力和产品质量，进行挖潜、革新、改造和综合利用，填平补齐的必要设备，不准用于非生产性建设和用于土建工程铺新摊子。贷款对象符合花钱少、见效快、收益多、经济效益显著、投产后用增加的利润能按期偿还贷款的项目。贷款期限一般为1年、2年，最长不超过3年，按月息4.2‰计息。

3月　中国人民银行发行国际儿童年金银纪念币。这套金银纪念币共4枚，其中金币2枚、银币2枚。纪念银币是中华人民共和国成立以来发行的第一枚银币。纪念币图案：该套金银纪念币共用同一正背面图案，正面图案为国徽，背面图案为中国两名儿童共同浇灌花朵的劳动场面及国际儿童年标志。该图案寓意儿童为祖国的花朵，需要精心培育和爱护。盎司金币含黄金1盎司，成色为90%，面额450元，发行量为500枚。1/2盎司金币（薄）含黄金1/2盎司，成色90%，面额450元，发行量13 000枚。1盎司银币含白银1盎司，成色80%，面额35元，发行量2 000枚。1/2盎司银币（薄）含白银1/2盎司，成色80%，形状为圆形，直径为36毫米，面额35元，发行量2 000枚。

4月

2日　中国人民银行、中国银行发出《关于外贸信贷业务由人民银行划归中国银行的通知》。该通知规定：凡有中国银行的地区，外贸信贷业务划归中国银行办理，没有中国银行的地区由人民银行代办。

4日　中国人民银行发布《关于1980年工商信贷工作要求的通知》。该通知要求：继续贯彻“区别对待，择优扶植”的信贷原则，把按行业择优扶植、按企业择优扶植、按产品择优扶植三者结合起来，推行按经济合同发放贷款，促进国民经济计划的落实和产、供、销的衔接。切实办好中短期专项贷款和中短期设备贷款，对申请贷款的企业，要重点审查其兴办项目的条件、建成后的经济效果和偿还贷款的资金来源等几个主要环节，贷款后要与有关部门密切协作，促进早日投产，发挥增产增收的经济效果。大力协助企业开展增产节约运动，充分挖掘资金潜力和物资潜力，节约资金使用。

7日　中国人民银行发布《关于几种贷款加收利息的补充规定的通知》。该补充规定明确：对超过原贷款借据规定的期限的，对超过转期贷款期限的，对结算贷款在调整日不能收回的，对规定有分期还款期限的贷款未按分期期限归还的，均加收利息20%；超过核定的流动资金贷款总额的加收30%的利息；对积压物资和有问题商品占用贷款的加收30%的利息；对挤占挪用银行贷款的加收50%的利息。逾期贷款加息范围包括：工业超定额贷款，物资供销贷款，商品流转贷款，国营农业贷款，集体工商业贷款，大修理贷款，中短期设备贷款，中短期专项贷款，结算贷款。

10日　国家经委、财政部、中国人民银行发布《关于暂不进行全额信贷试点的通知》。该通知指出，由于目前国家财政暂时有困难，预算内安排的流动资金偏少，试行企业流动资金全额信贷办法还不具备条件。因此，暂不进行全额信贷的试点，对企业先实行自有流动资金有偿占用的办法，即企业自有流动资金，根据其隶属关系，每月按2.1‰，向各级财政部门交付流动资金占用费。国营工交企业、物资供销企业在清产核资后，企业定额内流动资金不足部分，仍按原来商定的办法，由银行从超定额贷款中划转，作为代财政增拨给企业的流动资金。这笔资金，企业不再向银行支付利息，由各级财政部门统一付给银行。

13日 中国人民银行发布《关于发行四种金属人民币的通知》。决定自1980年4月5日起，陆续发行面额为一角、二角、五角、一元四种金属人民币，四种金属人民币与市场上流通的同面额的纸币价值相等，在市场上混合流通。该通告强调，严禁伪造或熔化金属币行为，违者依法论处。

14日 国家农业委员会（以下简称国家农委）转发中国农业银行《关于当前社队信贷管理几个问题的报告》。该报告针对当时向农业银行、信用社申请贷款要求开户的单位和社员越来越多的问题，提出如下具体处理的意见：1. 生产队规模调整和核算单位变动要经县批准，同时要落实信贷债务。已经自行分队，事实上已成为独立核算单位的，可以申请贷款、开设账户，但要限期落实信贷债务，补办报批手续。2. 要维护生产队统一经营、统一核算的原则。生产队的专业队、作业组从事生产活动所需要的生产资金，由生产队统筹安排解决，银行、信用社对作业组、专业队不直接贷款；在不影响生产队统一核算和分配的前提下，经生产队同意，专业队、作业组可以在银行、信用社开立存折账户。对社员个人在政策允许的范围内实行包产到户的，信用社可以酌情、适当发放生产贷款，这种贷款只能用于生产所需的种子、化肥、农药、小农具等，贷款要有担保，还款来源要落实。3. 维护银行、信用社贷款有借有还、到期归还的原则。对只借不还、等待豁免和因体制变动贷款债务未落实的，在其没有提出承还保证、落实贷款债务之前，银行、信用社不再发放新贷款。

17日 国际货币基金组织执行董事会通过决议恢复中华人民共和国在基金组织的席位。此前，1972年10月，联合国大会通过决议，恢复中华人民共和国的合法席位，为我国恢复在联合国下属各专门机构的席位创造了条件。1978年，党的十一届三中全会关于改革开放的决议为我国加入国际金融组织创造了有利的内部环境。1979年1月，中美建交，加入国际金融组织的外部条件最终趋于成熟。

29日 中国银行发布《关于办理与地方外汇贷款配套人民币专项贷款的通知》和《中国银行发放与地方外汇贷款配套人民币专项贷款试行办法（征求意见稿）》。主要内容是：配套人民币专项贷款对象是经银行批准使用外汇贷款的企业。贷款主要用于：支付在国内购置与用外汇贷款进口设备配套的设备、材料；用外汇贷款进口材料自制设备的加工费用；用外汇贷款进口设备、材料的运输、安装费用；与外汇贷款进口设备配套的少量扩建、改建工程费用。配套人民币专项贷款的条件从属于外汇贷款条件。贷款的期限一般不超过3年。贷款年利率为5.04%，每季末计收一次利息。

5月

4日 商业部、财政部、中国人民银行联合发布《关于商业部直属企业财务管理若干规定》，对1977年12月下达的《关于一级站、医药储备库财务管理若干问题的规定》作了修改，其中规定：企业根据商业部、人民银行总行正式批准的年度银行借款计划，编制季度银行借款计划，送经开户行同意后执行，不再办理报批手续。

9日 中国人民银行、中国银行发布《关于中外合资经营企业谈判中有关银行的几个问题的通知》。该通知规定：1. 中外合资经营企业应在中国银行开立外币存款账户，在银行监督下进行外汇收付。保证外汇收大于支。除经国家批准者外，银行不卖给外汇。2. 中外合资经营企业在国外或港澳地区的银行开立存款账户须经国家外汇管理总局或分局批准。3. 中外合资经营企业的财务核算，可以使用人民币。发生人民币和外汇的折算或结算，应按国家外汇管理总局公布的外汇牌价和有关内部规定办理。4. 中外合资经营企业在我国境内同我国企业或个人买卖商品和支付劳务费用应使用人民币结算，属于我国准备出口或用外汇进口的短缺物资按对外贸易部对外合同价格收取外汇者除外。5. 中外合资经营企业在中国银行开设人民币账户，办理人民币存款和流动资金贷款。6. 中外合资经营企业所属外币流动资金或国外银行借款要求中国银行担保，应逐笔提出申请，中国银行按条件贷款或给予担保。7. 国家已公布了《中外合资经营企业法》，外国投资者要求中国银行担保合同的履行和保证投资资本的汇出，不予办理。

14 日　中国人民银行发布《关于银行监督支付计件工资的通知》。该通知规定：实行计件工资的企业，每次支付计件工资时，银行根据企业主管部门批准的计划额度或批准的实际执行额度监督支付；未经主管部门批准或超过批准额度的，银行有权拒绝支付；实行部分计时、部分计件工资的企业，将这两部分工资分别列入工资总额，由银行监督支付。

15 日　世界银行通过决议，恢复中华人民共和国在世界银行的席位。

16 日　中共中央、国务院批转《广东、福建两省会议纪要》，决定在广东省的深圳市、珠海市、汕头市和福建省的厦门市，各划出一定范围的区域，试办经济特区。该纪要提出，中央决定对广东、福建两省在对外经济活动中实行特殊政策和灵活措施，这是改革经济体制的一种试验。其特点：一是财政和外汇收入实行定额包干；二是物资、商业在国家计划指导下适当利用市场的调节；三是在计划、物价、劳动工资、企业管理和对外经济活动等方面，扩大地方权限；四是试办经济特区，积极吸收侨资、外资，引进国外先进技术和管理经验。试办经济特区，必须采取既积极又慎重的方针，逐步实施。经济特区的管理，在坚持四项基本原则和不损害主权的条件下，可以采取与内地不同的体制和政策。特区主要是实行市场调节。国务院的批示指出，一年来的实践证明，中央决定广东、福建两省在对外经济活动中实行特殊政策和灵活措施是正确的，成绩是显著的。同年 8 月 26 日，第五届全国人大常委会第十五次会议决定：批准国务院提出的在广东省深圳市、珠海市、汕头市和福建省厦门市设置经济特区。

26 日　中国银行发布《关于调回私人外汇留存办法》。该办法规定，凡私人调回的外汇（包括解冻的美元资产）不论金额大小，一律按 30% 留存。留存的外汇必须在银行开立外币存款账户。

27 日　中国农业银行发布《关于行社往来和信用社内部核算中几项规定的通知》。该通知规定：1. 银行和信用社往来的利率，自 6 月 21 日起，均为月息 2.7‰。2. 信用社吸收的定期储蓄存款，其利率高于月息 2.7‰部分，按实际支付利息数计算，由银行分别按档次给予补贴；定期储蓄存款大于放款的信用社，于每年 11 月底按定期存款和放款月平均余额轧差后，其超过部分银行再付给千分之一的工本费。3. 信用社发放各项贷款的利率，低于工商贷款利率部分，于每年 11 月底按当年已实际收回的利息数计算，由银行补贴到月息 4.2‰。4. 信用社（包括所、社合一的信用社）办理的业务，农业银行要按业务量的大小合理负担费用。代理中国银行等其他部门的业务，一律按有关规定收取手续费。5. 信用社的政策性亏损，现在由银行给予补贴，但从 1981 年起，银行对信用社不再给予亏损补贴。在核定今年亏损补贴时，对今年上半年因未实现本规定而亏损的信用社，仍按原规定给予必要的补贴。

28 日　中国人民银行颁布修改后的《中国人民银行储蓄存款章程》，自 1980 年第三季度开始执行。新的章程主要强调：国家宪法规定保护公民储蓄的所有权，个人在银行的储蓄存款永远归个人所有，不得侵犯；银行实行存款自愿、取款自由、存款有息和为储户保密的原则；储蓄存款种类有活期储蓄、定期储蓄、华侨（人民币）定期储蓄；为保障储户利益，各种储蓄均应记名；储户因工作调动或户口迁移时，可凭存款凭证和迁移证明或足以证明本人户口迁移的其他证件，通过迁入银行办理整存整取和活期两种存款转移手续，在迁入地区支取或继续储存。

31日 邓小平谈农村政策。邓小平同中央负责工作人员谈农村政策问题时，肯定了安徽省肥西县和凤阳县的包产到户做法。他说：农村政策放宽以后，一些适宜搞包产到户的地方搞了包产到户，效果很好，变化很快。有的同志担心，这样搞会不会影响集体经济。我看这种担心是不必要的。关键是发展生产力。现在农村工作中的主要问题还是思想不够解放。除表现在集体化的组织形式这方面外，还有因地制宜发展生产的问题。所谓因地制宜，就是说那里适宜发展什么就发展什么，不适宜发展就不要去硬搞。

6月

9日 中国人民银行发布《关于制止收兑伪币活动的几个问题》。自中美建交、解冻美国资产、收集整理历史货币等消息发布以后，一些人制造谣言，欺骗群众，非法收兑蒋伪币投机牟利，扰乱了货币金融秩序，为此，中国人民银行规定：蒋伪币早已作废，没有兑换价值，也不属于收集、整理历史货币的范围，蒋美钞票与解冻美国资产无关；国民党时期发行的注有外国钞票公司字样的钞票，仅仅是表明这些钞票是某某外国公司代为印制的，并不是它们发行的，既不是外币，也不是美钞，与解冻美国资产无关。文件要求各级人民银行与公安部门、工商行政管理部门密切配合，教育群众抵制投机分子的造谣破坏并揭露他们的罪行，迅速制止收兑伪币的活动。

7月

1日 国务院颁布《关于推动经济联合的暂行规定》。该暂行规定的主要内容是：组织联合要坚持自愿互利的原则，逐步发展，不受行业、地区和所有制、隶属关系的限制，但不能随意改变联合各方的所有制、隶属关系和财务关系；要推进原料产地与加工地区的联合；各种经济联合体都必须保证国家税收和利润上交任务的完成；联合企业应由有关各方的代表组成联合委员会，作为权力机构。《暂行规定》指出：走联合之路，组织各种形式的经济联合体，是调整好国民经济和进一步改革经济体制的需要，是我国国民经济发展的必然趋势。为促进经济联合的巩固和发展，银行要运用信贷、利率等经济手段，实行区别对待，择优扶持，并根据各种形式的经济联合体的特点，组织结算工作，试办各种信托业务。据统计，1980年28个省、自治区（西藏自治区除外）、直辖市共组织各种经济联合体3 400多个。

5日 财政部、外交部、中国银行、国家工商行政管理总局、国务院侨办联合发布《关于中美资产一些问题的处理办法》。该办法规定：中国血统美籍华人拥有已被我方管制或处理过的前美商在华企业的股票、债权，我方不负责偿还；已被我方银行解冻的存款也不予支付，应向美方索取；在华资产及银行存款、保管品等，未被我方管制或冻结，可办理提取手续；拥有我方国内的股票及其他债务凭证，可按对国内工商业者的政策处理。

7日 国务院清产核资扭亏增盈领导小组、国家经委、财政部、中国人民银行联合发布《关于国营工交企业清产核资划转定额贷款和国拨流动资金实行有偿占用的通知》。为了促进国营工业交通企业改善经营管理，加速流动资金周转，节约使用国家资金，根据国务院有关指示，决定对国营工交企业核定流动资金定额后，由银行从超定额贷款中划转一部分作为银行对企业定额流动资金贷款，并对企业的国拨流动资金实行有偿占用的办法。通知规定：企业自有资金不足的部分，财政部和人民银行联合下达划转贷款指标，层层下达到基层企业和开户银行，银行从企业原有的超定额贷款中划转给企业作为定额贷款，按月利率2.1‰计收利息。

8月

5日 国家经委、财政部、中国人民银行发布《关于轻纺工业中短期专项贷款改进办法的通知》。该通知对各地区、各部门在执行1980年

1月14日，国务院批准的贷款试行办法中提出的问题，作了如下改进：1. 集体所有制企业使用轻纺工业中短期专项贷款进行挖潜、革新、改造，其还贷办法由税后积累和固定资产基本折旧基金归还贷款本息，改为在还贷期间用贷款项目投产后新增加的利润和固定资产基本折旧基金先归还贷款本息，再缴纳所得税。如果用上述资金仍不足以还贷时，可以再向税务部门申请减免本项目增产的产品应纳的工商税来归还贷款。在还贷期间，主管部门和地方政府都不得提取提成和收缴附加费用。2. 不论是全民所有制企业还是集体所有制企业，归还贷款本息需要减免税收的，都应在企业归还贷款本息期间，从贷款项目投产后开始执行。3. 关于贷款项目新增利润提取职工福利、奖励金问题，实行利润留成制度的贷款企业，在还贷期间内对贷款项目新增加的利润，可以按照国家核定的基数留成比例，先提取职工福利基金和奖励基金，然后再归还贷款，但不得提取生产发展基金和增长利润留成资金。

21日　中国人民银行转发财政部《关于企业使用各种专项生产措施贷款还款问题的规定》。具体内容是：1. 全民所有制企业，在归还贷款本息期间，可以用贷款项目投产后增加的利润和固定资产折旧基金、固定资产占用费归还。实行利润留成制度的企业，在用贷款项目增加的利润等归还贷款本息时，为了照顾职工的福利，可以按照国家核定的比例，先提取职工福利基金和奖励基金，然后再归还贷款，但不得再提取生产发展基金和增长利润留成资金。2. 城镇集体所有制企业，在归还贷款本息期间，可以用贷款项目投产后所增加的全部利润和固定资产折旧基金归还；企业的主管部门不得向所属企业提取利润和各项基金。还清贷款本息后的利润，应当按税法的规定交纳工商所得税。3. 全民所有制企业和城镇集体所有制企业，用上述规定的各项资金归还贷款本息有困难的，报经税务机关审查同意，还可以用贷款项目新增加的产品交纳的工商税归还。4. 对贷款项目的经济效果，应按国家财政制度的规定单独进行核算。归还贷款本息，只能用贷款项目投产后增加的利润，不能用企业原来应当上交国家的收入归还。严禁以归还贷款为名，截留应上交国家的收入。

22日　中国人民银行发布《限额结算试行办法》。为适应在国家计划指导下搞好市场调节的需要，疏通结算渠道，加速资金周转，人民银行决定在上海、江苏、浙江、安徽等省市之间试行限额结算办法。该办法规定：1. 限额结算办法适用于自提自运商品交易、零星采购以及劳务供应等资金结算。2. 签发限额结算证的起点为100元，实际结算金额可低于30元。3. 凭证结算有效期为20天。4. 购货单位申请办理限额结算，按预计的用款金额填制支款凭证，经银行审查后向指定的销货单位在凭证有效期内办理结算。5. 限额结算凭证是各单位之间结算资金的凭证，不能代替购货证明。6. 购货单位因故要求注销结算凭证时，可向签发银行申请，由银行收回全部凭证，办理退款手续。

23日　中国人民银行发出《异地委托收款结算方式试行规定》。主要内容是：1. 异地委托收款是由收款单位向银行提供收款依据，委托银行向异地付款单位收取款项的结算方式。办理委托收款结算，银行不承担审查拒付理由和代收款单位分次扣收款项的责任，不办理结算贷款。2. 国营和集体所有制的企、事业以及机关、团体、部队、学校等单位之间的商品交易、劳务供应和其他应收款项，均可使用委托收款方式办理结算。3. 使用委托收款方式办理结算，不受金额起点的限制。委托收款的款项划回，分邮寄划回和电报划回两种。收款单位委托银行代收款项，应出具委托收款凭证。付款单位开户银行接到收款单位开户银行的委托收款凭证，及时通知付款单位于三天内及时付款。本规定从1980年10月1日起在全国范围内试行。

30日　中国人民银行发出《关于扩大存款计息范围及个体贷款利率的通知》。该通知规定：对企业的专户存款、企业主管部门存款恢复计息，按月息1.5‰计付利息。对持有营业执照、经营正当、有还款能力的个体经济户，银行给予适量贷款，其利率按月息4.2‰计收。

△ 国务院批转中国银行《关于要求批准短期外汇贷款办法的请示报告》。国务院指出：利用银行吸收的外汇资金办理外汇贷款，对引进技术和设备，促进出口商品生产，发展对外贸易和远洋运输，具有重要作用。当前，外汇贷款的重点是扶持贷款少、见效快、创汇多、盈利大的轻纺项目，支持老企业的挖潜、革新、改造，发展出口商品生产。该请示报告对1978年国务院批转的《短期外汇贷款办法》进行了修改，其中规定：1. 银行可以用自营业务吸收的外汇资金作为发放外汇贷款的资金来源，在统一政策、统一计划下，由银行自主运用。2. 扩大各地分行发放贷款的权限，试行外汇信贷资金统一计划、分级管理、批用衔接、放收挂钩、余额控制、周转使用的办法。3. 贷款的对象和使用范围，扩大到能给国家直接或间接创造外汇收入、有偿还能力并且具有贷款条件的单位，同时，补充规定了使用外国银行买方信贷的办法。4. 修订贷款利率，中国银行可根据组织资金的成本加银行管理费计算利息。5. 用经济方法择优发放贷款，强调讲究经济效果，明确经济责任，采取经济制裁等方法管理贷款。

8月30日至9月10日 五届全国人大三次会议在北京举行。国务院副总理姚依林作《关于1980年、1981年国民经济计划安排的报告》。姚依林在报告中指出：国民经济在“调整、改革、整顿、提高”中取得了新的进展。实行国家计划指导下市场调节，国家计划要搞好综合平衡，有一部分指标是指令性的，这类指标将逐步减少；有一部分指标是指导性的和预测性的，国家通过经济政策、经济法令和经济杠杆的作用，对企业的生产和发展方向进行引导，以发挥企业的主动性，这类指标将逐步增加。大会讨论了制定发展国民经济长远规划和继续推进经济体制改革等问题；检查了1977年、1978年两年经济工作中的“新冒进”带来的不良后果。

9月

2日 国务院批转国家经委《关于扩大企业自主权试点工作情况和今后意见的报告》，批准从下年起把扩大企业自主权的工作，在国营工业企业中全面推开。该报告指出：一年来，全国已有6 600多个企业实行了扩大自主权的试点，约占全国预算内工业企业的16%，其产值和利润分别占60%和70%，对搞活经济，促进生产发展起了明显作用，但是，也出现了一些问题，主要是：有些产品的分配调拨计划完成得不好；有的企业为扩大自销压低生产指标；盲目建设、以小挤大、以落后挤先进的现象有所发展等。该报告还提出，要改进现行的利润留成办法；积极进行企业独立核算、国家征税、自负盈亏的试点；使企业在人财物、产供销方面拥有更大的自主权。

9日 中国人民银行发出《关于积极开办信托业务的通知》。随着国民经济管理体制的初步改革，企业扩大自主权，实行利润留成，财政分级管理，企业、企业主管部门和地方财政、留存归己支配和使用的各种资金越来越多。而有些亟须发展、联合的企业却没有充足的资金来源。《通知》指出，要利用银行机构普遍、联系面广的有利条件，积极开办信托业务，进一步把银行工作搞活，把国民经济搞活。办理信托业务，必须是为发展当地经济，为地方多办好事，使人民银行的工作更好地发挥地方银行的作用，目前要把委托放款、委托投资两项业务先办起来。总行对信托业务不作统一规定，由各行按照由小到大、由简到繁、因地制宜、稳定发展的原则，在实践中摸索，在总结经验的基础上逐步完善。信托业务先在大、中城市试办。信托机构实行经济核算，逐步做到独立经营、自负盈亏。

15日 中国人民银行发出《关于放宽农村现金管理的通知》。该通知规定：1. 农村社队向国家交售农副产品时，可以采取转账结算或用现金结算的办法。2. 企事业单位从农村、城乡集贸市场直接购买农副产品，所需现金银行可予支付，如属汇入汇款需支取现金银行也应允许支取。3. 在城乡举办物资交流、商品展销会，参加交流的购销单位，所需现金，银行允许支取。同时，银行要积极做好组织现金回行工作。

19日 中国人民银行发出《关于积极支持个体工商业适当发展的通知》。该通知规定：银行对持有工商管理部门发给的营业执照的个体工商业者，在自筹资金购置简单设备、工具或生产经营用的原料、小商品有困难时，可给予适量贷款支持。对贷户信用无把握者，可取得有关单位"人格担保"。银行对贷款要逐笔核贷，贷款期限不得超过一年，利率为月息4.2‰，逾期加息20%。城镇个体工商业户可在银行开立存款账户上结算营业收支。存款利率为月息1.5‰。

22日 国务院批准《中国银行章程》。该章程规定：1. 中国银行的任务是：组织、运用、积累和管理外汇资金，经营一切外汇业务，从事国际金融活动；2. 中国银行的资本为人民币10亿元；3. 中国银行经营和受托办理的业务是对外贸易和非贸易的国际结算；国际银行间的存款和贷款；华侨汇款和其他国际汇兑；外币存贷款以及与外汇业务有关的经中国人民银行准许的人民币存贷款；外汇的买卖、国际黄金买卖；组织或参加国际银团贷款；在外国和港澳等地区投资或合资经营银行或其他企业；根据国家授权，发行外币债券和其他有价证券；信托和咨询；国家许可和委托办理的其他银行业务。

10月

9日 国家外汇管理总局、中国银行发布《关于试办外汇调剂工作的通知》。该通知指出，为调剂计划外外汇资金的余缺，加速外汇资金周转，中国银行暂在北京、上海、天津、广州、青岛、大连、福州、南宁、南京、杭州、汉口、石家庄等城市设立外汇交易服务所或外汇信托部试办国营单位外汇调剂工作，调剂外汇的货币暂以美元、英镑、港元三种可兑换货币为主。外汇调剂的办法是一项内部规定。

11日 中国银行印发《中国银行短期外汇贷款实施细则（草案）》、《关于外贸企业几种贷款加收利息的暂行规定》、《机械设备出口中长期贷款试行办法》、《出口商品生产中短期专项贷款试行办法》。《中国银行短期外汇贷款实施细则（草案）》中规定：1. 贷款的对象是生产出口商品和能直接或间接地创造外汇收入，并具备贷款条件的单位。2. 贷款的使用范围为引进先进技术进口国内紧缺的设备、材料；支持交通运输事业；办理对外加工装配、补偿贸易的企业；直接或间接地创造外汇收入项目所需短期周转资金。3. 贷款的条件为，使用贷款的单位经济效益良好；由可靠的外汇来源，还款有保证；有基建任务的项目、进口原料加工出口商品的项目。4. 贷款的期限，现汇贷款一般为1年，最长不超过3年；使用买方信贷的贷款项目一般不超过5年。5. 贷款的偿还，使用外汇贷款的项目，在归还贷款本息期间，国营企业可以用贷款项目所增加的产品利润、固定资产折旧基金和固定资产占用费归还。实行利润流成的企业按照国家核定的基数留成比例，先提取职工福利基金和奖励基金，然后再归还贷款。

《关于外贸企业几种贷款加收利息的暂行规定》中规定加收利息的范围是：凡属逐笔审核贷款到期不能归还的贷款，加收利息20%。积压物资和有问题商品占用的贷款，加收利息30%。挤占挪用银行贷款加收利息50%。实行工业贷款办法的外贸直属加工企业，按人民银行工业贷款加息规定办理。

《机械设备出口中长期贷款试行办法》中规定：1. 贷款的对象是经营成套或单项机械设备和船舶，采用卖方信贷方式出口的国营外贸企业。2. 申请贷款的条件，借款单位申请贷款的出口项目必须是经国家或省、自治区、直辖市进出口管理委员会和主管部门批准；经中央或地方财政部门同意贴补出口亏损；对外订妥外销合同，并取得进口国银行开出保证履行合同支付条款的保函或远期信用证，以及取得国外一定的定金；国内工贸双方签订产、供合同，保证能按期、按质、按量生产、出运。3. 贷款的期限和利率，贷款期限1年以上到5年为中短期贷款；5年以上为长期贷款。利息暂按月利率4.2‰计收。

《出口商品生产中短期专项贷款试行办法》

中规定：凡属生产出口产品的外贸部门直属加工生产企业、全民和集体所有制的工业企业和农、副、土特产品的生产单位，用于老厂在原生产条件基础上挖潜、革新、改造和为发展出口农、副、土特产品生产所需的设备、种畜、种子等均可使用此贷款。使用贷款项目必须具备以下条件：1. 花钱少、见效快、积累多、换汇率高。2. 设备、材料、种畜、种子和投产后所需的原材料、动力、劳动力、饲料及产品销售都能落实；3. 工艺成熟、技术过关；4. 经济效果显著，能按期归还贷款。贷款期限一年到两年，最长不超过三年。利率按人民银行短期贷款利率执行。使用贷款的企业，可用贷款项目实现的收入或其他落实的资金来源归还贷款本息。

30 日　国务院颁布《关于管理外国企业常驻代表机构的暂行规定》。该规定明确：金融业、保险业申请设立常驻代表机构，须提交由该企业董事长或者总经理签署的申请书，由该企业所在国或者所在地区的有关当局出具的开业合法证书，该企业委任常驻代表机构人员的授权书，常驻代表机构人员的简历，该总公司的资产负债表和损益年报、组织章程、董事会董事名单，报请中国人民银行批准。常驻代表机构须在中国银行或中国银行指定的银行开立账户，并向当地税务机关办理纳税登记手续，照章纳税。

11 月

13 日　国家经委、财政部、中国人民建设银行联合印发《工业交通企业挖潜、革新、改造资金试行贷款的暂行规定》。该暂行规定明确：从1981 年起，除压缩烧油、劳动保护、“三废”治理、提高产品质量、矿山保产以及一些没有偿还能力的挖潜、革新、改造项目继续由建设银行拨款，其他项目改为建设银行贷款；对继续实行国家拨款的挖潜、革新、改造项目，为明确经济责任，按项目提前完成或延期情况分别给予企业奖励或经济制裁；对建设银行拨款的挖潜、革新、改造资金，实行下拨资金的办法，通过建设银行总行汇拨，由企业存入当地建设银行的“挖潜改造存款户”，按规定用途使用；贷款企业对贷款项目的经济效果要单独进行核算，用规定的资金来源归还贷款本息；建设银行有权监督企业按规定用途使用挖潜、革新、改造拨款和贷款；贷款期限一般不得超过 4 年，最长不得超过 6 年，贷款利率月息 2. 7‰；节约能源和节约木材措施项目为月息 2. 1‰，逾期未还的贷款，加倍计息。

14 日　中国人民银行、中国人民建设银行发出《关于改革人民银行与建设银行之间基建资金供应和清算办法的联合通知》。该通知规定：中国人民银行与中国人民建设银行之间的基建资金供应和清算不再实行“上存下支”，改由建设银行根据基建资金用款需要，逐级调拨资金。具体办法是：1. 各级建设银行经办的各项基建资金各项存贷款、自有资金等在当地人民银行开立一个建设银行存款账户进行收付；2. 建设银行按照人民银行规定，编制信贷收支计划，纳入国家信贷计划；3. 各级建设银行在人民银行的存款，由人民银行按月息 1. 5‰计付利息，每季结算一次；4. 人民银行代建设银行办理的异地结算业务，需向建设银行收取邮电费；5. 自1980 年 9 月 1 日起，建设银行扩大存款计息范围，1980 年 9 月和第四季度建设银行应向人民银行计收的存款利息由人民银行总行统一向建设银行总行结算。本办法自 1981 年 1 月 1 日起施行。

17 日　国务院财贸小组、国家计委、国家经委、财政部、中国人民银行、商业部颁布《社会集团购买力管理办法》。该办法对 1977 年制定的《社会集团购买力管理办法》进行了修订。新办法规定：社会集团购买力是指社会集团用公款在市场上购买非生产性商品的资金。对社会集团购买力，采取计划管理、指标控制、专项审批、定额供应的办法，并对各种办法作出了明确规定。

18 日　国务院批转国家计委、国家建委、财政部、中国人民建设银行《关于实行基本建设拨款改贷款的报告》，决定从 1981 年起，凡是实行独立核算、有还款能力的企业，进行基本建设所需的投资，除尽量利用自有资金外，一律改为银行贷款。为了更好地推行贷款办法，国务院同意采取以下几项措施：1. 对财政拨款的项目严格控制，凡是实行独立核算、有还款能力的企业，进行基本建设所需要的投资，一律改为银行贷款。2. 贷款项目所需要的投资，按照计划管理权限，分别由国务院各部委和省、自治区、直辖市负责安排。3. 贷款单位有权调整建设内容，安排施工顺序，选择设计单位、选择施工企业，选购设备材料。4. 贷款单位要与设计、施工、物资供应等单位建立明确的经济责任制，全面实行经济合同制，实现奖罚办法。5. 合理确定贷款利率，基本建设贷款一般为年息3%；煤矿、建材、邮电行业年息2.4%；机械、轻工、纺织、原油加工、石油化工年息3.6%。6. 按照国家要求的投资方向，发放基本建设贷款和挖潜、革新、改造贷款。银行要加强对建设项目的审查，检查资金使用情况和及时收回贷款。要大力吸收存款。建设银行把固定资产再生产领域里的闲散资金集中起来，纳入国家综合财政信贷计划，建设银行可自主地组织利用。变无偿使用为有偿使用，任何部门、任何单位不得强令建设银行发放不符合条件的贷款。

21日　中国人民银行和专业银行业务交叉。中国人民银行、中国农业银行、中国银行联合发出通知，决定从1981年起，人民银行和专业银行的业务，在目前基本分工的基础上，可以交叉，谁办的业务就归谁，即各行应把各自办理的“代理业务”，纳入本身的业务之内。1981年2月9日，三家银行又联合发出通知，确定停止执行上述规定，各行办理的“代理业务”仍按过去的规定执行。

22日　中国人民银行、最高人民法院、最高人民检察院、公安部、司法部发出《关于查询、停止支付和没收个人在银行的存款以及存款人死亡后的存款过户或支付手续的联合通知》。为了加强社会主义法制，依法保护公民储蓄，该通知规定：法院、检察院、公安部门向银行查询、停止支付和没收个人存款必须向银行提出县级和县级以上法院、检察院或公安机关正式查询公函和县级或县级以上人民法院、人民检察院或公安机关的正式通知，停止支付的期限最长不超过6个月。人民法院判决没收罪犯储蓄存款时，银行依据人民法院判决书办理。存款人死亡后的存款提取、过户手续问题涉及的内容比较复杂，应慎重处理，《通知》中对各种情况作了规定。

30日　国务院发布《关于紧缩基本建设支出的紧急通知》。《通知》规定：从12月1日起，1980年基建计划不再追加。各地区、各部门待分配的基本建设投资包括国家预算拨款，地方、部门、企业自筹资金，各个银行基建贷款，用于基本建设更新、改造的资金全部停止分配；1980年计划内尚未开工的项目一律暂不开工；所有办公大楼、机关礼堂、招待所、宾馆、旅游饭店等，一律停建，重新审查，各级银行不再拨款；1980年所有基建项目，投资用不完的，不得调剂其他项目；已经确定停建缓建的基建项目，各级银行不予拨款；对所有建设单位各级银行不再拨款。

12月

7日　国务院发布《关于严格控制物价、整顿议价的通知》。为制止一段时期以来，市场上比较严重的随意提价、变相涨价、哄抬议价的现象，以稳定经济，安定人民生活，保证社会主义建设的顺利进行，《通知》规定：凡是国家规定牌价的工农业商品，在全国各地的零售价格，一律不得提高；各种议价商品一律按1980年12月7日的价格出售，只能降低，不许提高；一、二类农副产品在完成国家收购任务以前不许议价成交；各级人民银行要加强信贷管理和现金管理，控制货币投放，监督购销活动。

16～25日　中共中央工作会议召开。邓小平作“贯彻调整方针，保证安定团结”的讲话。邓小平指出：利用外资和引进新技术是我们当前的一项重要政策措施。不过头脑要清醒，要十分谨慎地利用。调整意味着某些方面的后退，而且要退够，不要害怕这个清醒的健康的调整。调整不是耽误，不调整才会造成更大的耽误。为保证这次调整的顺利进行，必须坚定不移地继续执行十一届三中全会以来的一切行之有效的方针、政策、措施，继续把经济搞活，执行对外开放政策；改善党的领导，其中最主要的，就是加强思想政治工作；要有步骤地和稳妥地实行干部离休、退休制度，废除实际上存在的干部领导职务终身制，要在坚持社会主义道路的前提下，使我们的干部队伍年轻化、知识化、专业化，当然首先是要革命化。安定团结的政治局面是继续巩固还是遭到破坏，是这次调整成败的关键。陈云作了《经济形势与经验教训》的讲话，就利用外资引进新技术、经济形势、经济体制改革、按经济规律办事和必要的国家干预、商品价格、中央财政与地方财政等一系列问题发表了14点意见，肯定了成绩，指出了存在的或需要注意的问题。他强调：我们要改革，但是步子要稳；好事要做，又要量力而行；对实现四个现代化，绝不要再作不切实际的预言；开国以来经济建设方面的主要错误是“左”的错误；目前的调整意味着某些方面的后退，而且要退够，不要害怕这个清醒的健康的调整。陈云还强调，干部队伍的革命化、年轻化、知识化、专业化、制度化，仍然是我们在干部政策上的大方针。我们老干部必须担负起挑选德才兼备的青年干部的责任。

18日 国务院发布《中华人民共和国外汇管理暂行条例》。《条例》规定：1. 国家外汇实行集中管理、统一经营的方针。国家外汇管理总局和分局行使管理国家外汇的职能，中国银行具体经营国家外汇。2. 一切中外机构或者个人的外汇收入，必须卖给中国银行。3. 国家单位和集体组织的外汇收入和外汇支出实行计划管理。4. 由国外汇入个人的外汇除国家允许留存的部分外，必须卖给中国银行。5. 居住在国内的居民如需购买外汇需经国家外汇管理分局批准从中国银行买入。6. 外国驻华机构及其人员持有的外汇可以自行保存，或卖或存中国银行。7. 侨资、外资、中外合资企业的一切外汇收入必须存入中国银行，一切外汇支出从其外汇存款账户中支付。8. 携带外汇、贵金属及制品入境必须向海关申报。9. 国内居民持有的人民币支票、汇票、存折、存单等人民币有价凭证，不得携带、托带或者邮寄出境。该条例自1981年3月1日起施行。

29日 《人民日报》发表社论《加强外汇管理，促进四化建设》。社论强调，必须严格管理好国家的外汇，坚持不懈地继续执行外汇由国家集中管理、统一经营的方针。任何个人无权越过外汇主管部门，超计划动用外汇资金；更不得私用外汇肥己或肥小集体。社论还提出，要支持一切用汇的事业，保护地方、部门、企业的正当权益。在规定的方针和范围内，给各地方、部门、单位、个人以一定的用汇权利。

△ 中国人民银行发布《关于调整社队办工商企业贷款利率问题的通知》，决定从1981年1月1日起，对社队办工商企业和其他企业的贷款利率，以及社员个人贷款中属于工商业性质和属于生活方面的贷款利率，均调整为月息4.2‰。

1981年

1月

1日 经国务院批准，国家外汇管理总局决定对进出口贸易和非贸易外汇结算实行两种不同的汇价，即公开的对外牌价和贸易外汇内部结算价。公开的对外牌价用于非贸易外汇结算；内部结算价是根据全国出口商品的平均换汇成本加适当的利润制定出来的，定为1美元折合人民币2.8元，此价格不对外公布，只用于进出口贸易外汇收支的内部结算。在实行贸易外汇内部结算以前规定的各种贸易外汇补贴价格一律停止使用，凡属非贸易的外汇收支，均按对外公布的外汇牌价结算。试行人民币贸易外汇内部结算价是对人民币汇价的重大改革。

7日 国务院发布《关于加强市场管理，打击投机倒把和走私活动的指示》。其中指出：由于经济立法和管理工作跟不上，有些地区市场比较混乱，投机倒把和走私活动很严重，直接危害安定团结，破坏经济的调整和稳定。该指示规定了国营企业、农村社队集体和个人从事销售、贩运的范围，并规定了属于投机倒把活动的行为，其中包括倒卖银行有价证券、金银、外币和替企业、事业单位提供银行账户、支票、现金，从中牟取非法收入等。对从事投机倒把活动的任何单位和个人，除按政府规定罚款或没收其财务外，情节严重的交由司法机关依法惩处。

投机倒把 根据1979年《中华人民共和国刑法》的规定，投机倒把罪是指违反金融、外汇、金银、物资、工商管理法规，非法从事金融和工商活动，破坏国家金融和市场管理，扰乱经济秩序，情节严重的行为。《中华人民共和国刑法》第一百一十七条规定，投机倒把罪的罪状需依据有关的金融、外汇、金银、工商管理法规来补充完全。

1987年9月17日国务院发布的《投机倒把行政处罚暂行条例》规定：以牟取非法利润为目的，违反国家法规和政策，扰乱社会主义经济秩序的下列行为，属于投机倒把行为。包括：倒卖国家禁止或者限制自由买卖的物资、物品的；从零售商店或者其他渠道套购紧俏商品，就地加价倒卖的；倒卖国家计划供应物资票证，倒卖发票、批件、许可证、执照、提货凭证、有价证券的；倒卖文物、金银（包括金银制品）、外汇的；倒卖经济合同，利用经济合同或者其他手段骗买骗卖的；制造、推销冒牌商品、假商品、劣质商品，坑害消费者，或者掺杂使假、偷工减料情节严重的；印制、销售、传播非法出版物（包括录音录像制品），获得非法利润的；为投机倒把活动提供货源、支票、现金、银行账户以及其他方便条件，或者代出证明、发票，代订合同的；利用报销凭证弄虚作假，进行不正当经营的；垄断货源、欺行霸市、哄抬物价、扰乱市场的；其他扰乱社会主义经济秩序的投机倒把行为。投机倒把行为由工商行政管理机关依照本条例规定予以处罚；情节严重，构成犯罪的，移送司法机关依法追究刑事责任。行政处罚对象是投机倒把行为人，如个人从事投机倒把的，处罚个人。两人或者两人以上共同从事投机倒把的，区别情节，分别处罚。单位从事投机倒把的，处罚单位并追究主管人员和直接责任人员的责任。国家工作人员利用职务之便从事投机倒把的，从重处罚。

1997年，对《中华人民共和国刑法》进行了修订，取消了“投机倒把”罪名，“投机倒把”这个披着浓重计划经济色彩的字眼淡出历史。

在新的《中华人民共和国刑法》中，非法经营罪是由修订前《中华人民共和国刑法》的投机倒把罪分解而来的一个新罪名。依照《中华人民共和国刑法》第二百二十五条和1999年12月25日通过的《中华人民共和国刑法修正案》第八条的规定，非法经营罪是指违反国家规定，未经许可经营法律、行政法规规定的专营专卖物品，或者买卖进出口许可证、进出口原产地证明以及其他法律、行政法规规定的经营许可证或批准文件，或者未经国家有关主管部门批准，非法经营证券、期货或者保险业务，或者进行其他非法经营行为，扰乱市场秩序，情节严重的行为。

8日 中国人民银行全国分行行长会议召开。针对当时货币投放过多，物价上涨过猛的势头，会议提出，要加强货币信贷管理。会议确定人民银行1981年的中心任务是：认真贯彻狠抓调整、稳定经济的方针，切实加强信贷管理，严格控制货币发行，稳定市场物价，保证国民经济调整的顺利进行。会议要求各级人民银行要善于运用信贷、结算、现金管理、利率、储蓄等手段，大力组织各项存款，特别是要保证1981年上半年货币回笼任务的完成。要严格执行国家的信贷计划，不得突破规定的贷款指标。会议强调要加强流动资金的管理，督促企业压缩不合理的物资库存和商品库存，减少流动资金的占用。

△ 国务院发布《关于控制各单位上年节余存款的紧急通知》。该通知规定，除各企业的流动资金以外，一切机关、团体、部队、企业、事业单位1980年年底在银行的存款（包括预算外资金），一律按银行账面数字先予以控制，非经批准，不得动用。

16日 中国农业银行全国分行行长会议召开。会议确定1981年农村金融工作的主要任务是：贯彻调整方针，加强信贷管理，积极组织资金，管好用好资金，支持农林牧副渔，支持农工商，发展商品生产，提高经济效益，夺取农业全面丰收。会议要求，积极发挥农业银行统一管理支农资金的作用，帮助各部门和社队用好资金；搞好银行企业化管理，加强经济核算；继续抓好农村金融体制改革；充分发挥信用社的作用等。

19日 中国农业银行发布《关于调整社队办工商企业贷款利率的通知》。该通知规定，从1981年1月1日起，将社队办工商企业和其他企业贷款利率，以及社员个人贷款中属于工商业性质和属于生活（口粮和疾病贷款除外）的贷款利率均调整为月息4.2‰。

21日 国务院颁布《技术引进和设备进口工作暂行条例》。关于资金安排，《条例》规定：1. 凡需要国家外汇支付的、利用外资贷款的，必须在签订合同以后，由合同主签单位会同项目主办单位作出分用途、分年份用汇计划报国家进出口委员会核定，分别列入技术和设备进口年度计划，按计划掌握使用。凡由各部门或地方分成外汇、自筹外汇支付的，由中央主管部门或省、自治区、直辖市人民政府安排掌握，报国家进出口委员会备案。2. 技术引进和设备进口项目利用外资贷款，应充分利用政府贷款、国际金融组织的贷款和外国银行的出口信贷（包括近期付款）等，不得借用高利贷自由外汇贷款。除政府贷款和国际金融组织贷款项目由国家统一偿还外，一般均由部门、企业自借自还。3. 技术引进和设备进口项目的国内资金，属于基本建设投资部分，由国家计委在基本建设计划中安排；不属于基本建设的技术引进部分，事业单位在事业费拨款中开支，企业单位在更新改造资金、利润留成或企业基金中开支，也可向人民银行、建设银行申请贷款解决，并以引进项目新增加的利润归还贷款本息。4. 为鼓励对单项技术引进项目，可以在外汇折算率与减免税收形式方面给予优惠，也可向人民银行或建设银行申请低利率贷款。

24日 中国人民银行发出《关于严格制止单位发行“购货券”的通知》。该通知指出，某些地方的企业单位以发“劳保用品”、“纪念品”等名义，发行变相货币——“购货券”，直接到商店购买商品，是违反国家货币管理规定的。各级银行要加强管理，如发现有类似事件，应查明情况和原因，报当地政府，及时予以制止；如属违反规定变相滥发奖金的，还应建议有关部门给予处分。

“购货券”　“购货券”是计划经济时期的一种具有多项购物功能的票证，凭此券可以购买日用百货和工业制品，通常由省（市）商业局发放。改革开放前，在特殊时期，所有日用百货几乎都很紧缺，无法让人们自由选购，于是就有了购货券和购货本，紧缺物资需几张或几十张购货券，这需要集中若干人的购货券集中使用。购货本是以家庭为单位，一户一本，上面的物品分月供应或按季供应，并有过期作废字样。“购货券”发放标准是每名职工按月工资收入，每20元发给购货券一张。由于购买日用品按照商品的单价每0.4元至0.5元收购货券一张，因此，大件商品成了人们可望而不可及的宝贝。随着改革开放后的经济发展，供不应求的情况早已不存在，购货券和购货本均已退出了历史的舞台。

26日　国务院作出《关于平衡财政收支、严格财政管理的决定》。其中指出：最近一个时期，国家财政连续发生赤字，银行增发了不少票子，市场物价上涨。这个问题不解决，势必牵动全局，影响安定团结。为了确保1981年财政收支平衡，消灭赤字，国务院认为，必须对财力的分配和使用采取集中统一的原则，严格财政管理和财经纪律。为此，国务院决定：1. 努力增加收入，坚决压缩支出，保证中央和地方两级财政的收支平衡；2. 坚决维护国家税收制度，不许随意改变税种、税率和减免税收；3. 努力提高企业的盈利水平，保证企业利润及时、足额地上交国家；4. 严格基本建设拨款的管理和监督，坚决缩短基建战线，一切基建资金必须纳入国家统一计划，所有大中型基建项目都必须经过批准；5. 认真压缩超储积压物资，节约流动资金，改变流通领域占压物资和资金过多的不合理状况；6. 大力节减事业费和行政经费，严格控制人员编制，严禁用公款请客送礼游山玩水；7. 严格执行国家预算管理制度，不得越过财政部门由领导人批条子花钱；8. 严肃财经纪律，对于违反财经纪律的单位和人员，严肃处理。

28日　国务院公布《中华人民共和国国库券条例》。该条例规定，从1981年开始，发行中华人民共和国国库券。国库券主要向国营企业、集体所有制企业、企业主管部门和地方政府分配发行。机关、团体、部队、事业单位和农村富裕的社队，可以适当认购。个人也可自愿认购。国库券每年发行的数额由国务院确定，并从当年1月1日起开始发行，6月30日交款结束，7月1日起计息。国库券年利率定为4%。国库券票面分为10元、50元、100元、1 000元、10万元和100万元八种，自发行后第6年起，按发行额分5年（5次）偿还，每次偿还总额的20%。国库券的还本付息事宜由中国人民银行及其所属机构办理。国库券筹集的资金，由国务院根据国民经济发展和综合平衡的需要，统一安排使用。国库券不得当做货币流通，不得自由买卖。伪造国库券或破坏国库券信用者，依法惩处。该条例的解释由国务院授权财政部办理。

29日　国务院作出《关于切实加强信贷管理，严格控制货币发行的决定》。其中要求：1. 严格信贷管理，坚持信贷收支平衡，切实保证货币发行权集中于中央。国家批准的信贷计划和货币发行计划必须严格执行，不得突破。各级政府都有把实现信贷平衡，控制货币投放，作为经济调整中的一件大事来抓。任何人不得强令银行贷款，不得限制银行、信用社收回到期贷款，不得擅自宣布豁免贷款，不得挪用或挤占信用社资金。全国的货币发行计划和信贷计划需要追加时，须报国务院批准。2. 重申财政资金和信贷资金分口管理的原则，严格禁止把银行信贷资金移作财政性支出。任何单位和个人，不得挪用流动资金搞基本建设；不得用银行贷款资金弥补企业亏损；不得把银行贷款用于发放工资和奖金，用于交纳利润，用于职工福利开支；不得拿银行贷款给社队用于分配和弥补超支。新开办的企业，应由财政拨给流动资金。原有企业因生产经营扩大需要增加的流动资金，应主要通过加速资金周转、挖掘资金潜力的途径来解决。3. 管好用好贷款，促进企业调整。凡是国家决定停建缓建的建设项目，银行要停止有关贷款。对那些产品消耗高、质量差、长期亏损的企业和那些同先进厂争原料、燃料动力而消耗大、质量差的企业，银行要管紧贷款。4. 压缩物资库存和商品库存，减少流动资金占用。要切实贯彻以销定产、以产定购的原则。企业生产和收购没有销路的产品和物资，银行不予贷款。物资部门和商业部门库存中超储积压的物资和商品，要限期清理，其所占用的贷款要按规定加收利息。5. 重申信用集中于银行的原则。任何地方和单位不许自办金融机构，不许办理存贷款业务，不许自行贷款搞基本建设。人民银行要认真履行中央银行职责。人民银行总行要认真审核各专业银行的信贷计划。各级专业银行和其他金融机构，都要按月向人民银行报送信贷计划执行情况和现金收支情况。各级人民银行对本地区的信贷计划和现金收支计划，要进行综合平衡，研究执行中出现的问题，及时向当地政府汇报，以利于采取必要的措施，保证货币回笼任务的实现。6. 实行利率统一管理、区别对待的政策。重申利率由中国人民银行统一管理，其他部门和单位不得自行规定存款利率和贷款利率。7. 加强现金管理，严格结算纪律。一切单位必须认真贯彻执行现金管理的各项规定，超过库存限额的现金要及时存入银行。各企业、各单位相互之间的经济往来，要通过银行实行转账结算，严禁超过规定携带现金外出采购。要采取措施，防止用各种手段套取现金。8. 努力增加生产，搞活流通，切实抓好货币回笼。农业、轻工业部门要千方百计增加生产，增加商品货源。商业部门要大力组织收购，扩大商品的货币回笼。文化、艺术、服务、旅游等部门，要广开服务门路，增加商品货币回笼。银行要加强储蓄工作，增加网点，方便存取，增加信用回笼。

31日 国务院发出《关于限期调回未经批准存放在境外外汇的通知》。该通知指出，目前有不少单位未经批准将外汇存放在国外和港澳地区，这是违反国家外汇管理规定的，要求在1981年2月底以前调回国内，根据不同情况结算或存入中国银行，否则将追究有关人员的责任。

2月

4日 中国人民银行发布《关于贯彻国务院切实加强信贷管理，严格控制货币发行的决定的若干规定》。该规定要求：1. 加强信贷计划管理，严格控制货币投放。国家批准的信贷计划，各级人民银行和各专业银行必须严格执行。各专业银行要严格按照人民银行总行核定的信贷计划，安排和控制所属各级行的信贷活动，不得突破。人民银行总行对各省、自治区、直辖市分行实行“统一计划、分级管理、存贷挂钩、差额包干”的办法，各分行要在总行核定的信贷计划包干差额范围内，包干使用，不得突破。要加强发行库的管理，逐步发挥发行库控制货币投放的“闸门”作用。2. 从严掌握中短期设备贷款。凡属基本建设性质的挖潜、革新、改造项目，必须纳入各级基建计划，严格按照基建程序办事，没有计划部门的批准文件，没有经过综合平衡，没有按基建程序办理手续的，银行不予贷款。3. 大力组织货币回笼。除了大力支持轻纺工业增产短线产品和出口产品，支持其他工业部门生产市场需要的民用消费品，支持商业部门多收购农副产品和适销对路的工业品，以增加商品供应、增加货币回笼外，对于社会有需要、群众欢迎、有经济收入和有还款能力的文化、服务、旅游、公用事业等，也要贷款予以支持，以利于发展社会服务事业，增加非商品的货币回笼。文件还要求各地保险公司积极稳妥地在大中型城市开展国内保险业务。

“统一计划、分级管理、存贷挂钩、差额包干”的办法 1981年人民银行开始在全国正式实行“差额包干”的信贷资金管理体制，即“统一计划，分级管理，存贷挂钩，差额包干”。统一计划是指全国各级银行由下到上按照总行统一的规定编制信贷差额计划，由人民银行总行统一平衡，包干的差额由人民银行总行统一核定，然后分配下达执行。分级管理是指在国家统一计划下，明确各家银行的分支机构在信贷差额包干范围内管理信贷资金的责任和权限。存贷挂钩是指各家银行吸收的存款与发放的贷款挂钩，即在确定的包干项目范围内，当地的信贷资金来源大于信贷资金运用的差额为“存差”，存差额应上缴总行；信贷资金运用大于信贷资金来源的差额为“借差”，借差额由总行拨补。差额包干是指对核定的信贷差额实行包干使用，“存差”必须完成，“借差”不得突破。“差额包干”体制在强调集中的同时，适当分散了一部分资金计划管理权限，既有利于国家进行综合平衡，又调动了地方积极性；由于实行多存多贷，各级银行普遍加强了存款组织工作，开始转变重贷轻存的思想；由于在差额包干范围内，地方所需资金要自求平衡，这就促使地方领导进一步关心和支持银行工作。同时，这一体制也暴露了其自身的局限性：由于对存贷款采取差额控制，多存可以多贷，没有考虑存款的派生作用，虽然差额没有突破，但规模却扩大了，造成了金融宏观控制的盲目性；这一办法缺乏可靠的理论根据，调控机制不健全，如没有建立存款准备金制度来控制信贷规模的扩张；由于各行之间的内部资金往来是大联行系统，存在着随意占有资金的可能性。

12日 中国农业银行发布《关于〈农村信贷“存贷挂钩，差额包干”管理办法（试行草案）〉的通知》，决定从1981年起，改革农村的信贷管理体制，在“存贷挂钩，差额包干”的基础上，实行“统一计划，分级管理，存贷挂钩，差额包干”（大包干）的办法。

14日 中国人民银行发布《中国人民银行信贷差额包干办法》。该办法规定：为把各级银行的责、权、利结合起来，调动各级银行筹集、运用信贷资金的积极性，破除“大锅饭”式的资金供给体制，中国人民银行进一步对传统的“统收统支”、“统存统贷”的信贷管理体制进行改革，实行“统一计划，分级管理，存贷挂钩，差额包干”的办法，把宏观管理和微观搞活结合起来。主要内容是：人民银行根据国家批准的综合信贷计划，统一给各省分行和各专业银行确定包干差额；明确包干信贷资金来源和资金运用的责任及权限，实行多（少）存多（少）贷；对核定的借差计划不得突破，“存差计划”必须完成，各行对年末存差计划和年中最低存款计划必须完成；对年末借差计划和年中最高借差计划不得突破，一般中短期贷款计划也不得突破；各分行在总行核定的信贷差额包干计划内，多余的资金可以在省际银行之间拆借。

21日 中国人民保险公司全国保险工作会议在北京召开。会议对1981年的工作做了全面部署，要求各级保险公司根据需要和可能继续发展国内保险业务，态度要积极，步子要稳妥，要和经济调整的步伐协调起来；国外保险业务，应当适应对外经济调整的需要，采取灵活措施，提高服务质量，继续大力发展。

24日 国务院作出《关于在国民经济调整时期加强环境保护工作的决定》。该决定指出：我国环境的污染和自然资源、生态平衡的破坏已相当严重，影响了人民生活，妨碍了生产建设，成为国民经济发展中的一个突出问题。必须充分认识到，保护环境是全国人民的根本利益所在，要认真贯彻执行《中华人民共和国环境保护法（试行）》，以积极的态度，千方百计把这项工作抓紧抓好。

25日 国际货币基金组织同意中国政府提出的第一档信用贷款的备用安排，允许中国在以后的12个月内可以换取4.5亿特别提款单位，以支持中国政府的1981年经济调整计划。中国在国际货币基金组织的基金股份额为18亿特别提款单位。这是中国第一次提出动用特别提款单位。

3月

3日 国务院发布《关于加强基本建设计划管理，控制基本建设规模的若干规定》。国务院指出：当前国民经济中的一个突出问题是基本建设规模过大，项目过多，重复建设、盲目建设的情况比较严重，建设资金的使用浪费很大，效果很差。规定要求：凡属基本建设，不论其资金来源如何，都要按照隶属关系和计划安排权限，由各级计委综合平衡后，在核定的基本建设规模之内，纳入各级基本建设计划，并要严格遵守有关基本建设的规定，同时接受国家和各级政府的财政和统计监督。在调整期间，要严格控制新项目，少铺或不铺新摊子，要切实安排好老企业的技术改造和改建、扩建。基本建设投资首先要安排好能源、交通等国民经济薄弱环节和直接关系人民生活的住宅及城市公用设施的建设。银行发放基本建设贷款，必须在信贷平衡的基础上进行。严禁用增加通货或挤占必需的生产流通资金的办法来发放基建贷款。各级银行发放各种基建贷款（包括向企业发放的贷款）；必须经同级计委审核平衡并统一纳入基本建设计划。为了控制各类基本建设贷款和引导其使用方向，应根据国家的需要和各行业的具体情况确定不同的贷款利率和偿还年限，具体办法由人民银行总行会同国家计委、国家建委和财政部提出，报国务院批准。利用外国政府贷款、国际金融组织信贷、出口信贷以及通过补偿贸易和合资经营等进行的基本建设，无论是国家统借统还或地方、部门自借自还，都由进出口管理委员会和外资管理委员会归口，按审批权限分级管理，经国家计委或省、自治区、直辖市计委分别按各自的权限批准后，统一纳入计划。凡属国家统借统还的项目，必须事先经过建设银行总行审查签证。

13日 国务院批转《中国银行关于呈请批准〈中国银行办理中外合资经营企业贷款暂行办法〉的报告》。报告提出，对中外合资企业发放贷款事关对外经济政策，涉及面广，在办理贷款时除了根据《中国银行办理中外合资经营企业贷款暂行办法》的规定外，以下三个问题作为内部掌握：1. 为了鼓励外商在我国合资经营企业，贷款利率目前暂与国内企业持平，执行一个时期后再总结经验研究改进。2. 目前对每一个合营企业的贷款最高限额不能超过其注册资本总额的200%，以物品作为还款保证的贷款，最高不能超过质押物品现值的70%。3. 中方的投资应由参加单位自行筹集，银行一般不贷款，但在经济上对我国确实有利、还款确有保证的项目，中方投资单位筹集资金确有困难的，经银行审查可适当贷款。《中国银行办理中外合资经营贷款暂行办法》规定：对合营企业办理本外币流动资金贷款、结算贷款和固定资产贷款；人民币贷款利率按照中国人民银行规定的利率执行。外币贷款利率由中国银行拟订报中国人民银行核定和执行；贷款期限根据项目的具体内容由借贷双方核定；逾期贷款要加收罚息。

30日 国务院批转中国农业银行《关于处理农贷积欠 加强农贷管理的报告》。国务院指出，处理农贷积欠，是涉及维护国家金融政策，坚持信贷资金有借有还原则的大问题，一定要慎重对待。该报告决定对1978年年末以前积欠的农业贷款，按以下办法进行全面清理整顿：有条件归还的抓紧清理收回；对部分逾期贷款采取延期还本并免收利息；对纯属瞎指挥造成社队农田水利工程报废所欠农业贷款，由瞎指挥部门负责归还贷款本金；核销处理悬案多年的积欠农业贷款；1983年年末清理结束。

4月

2日 国家外汇管理总局发出《关于对获准出境探亲的个人加批零用费外汇的通知》。该通知规定：对批准去境外探亲的，除批给前往目的地所需旅杂费外汇外，对去港澳地区的，可批给不超过人民币30元的零用外汇；去港澳地区以外的，批给不超过人民币50元的零用外汇。

10日 国务院批转中国人民银行《关于增设网点 进一步发展储蓄事业的报告》。国务院的批示指出，办好人民储蓄事业，鼓励人民节约储蓄历来是国家的一项重要经济政策。各地人民政府应加强对储蓄工作的领导，积极协助人民银行解决增设网点和增加人员中的问题。为解决储蓄网点不足、人员少的问题、人民银行在该报告中提出：各地对银行储蓄网点建设，视同商业、粮食、服务性行业网点建设一样，纳入各地城市建设总体规划之内，统一布局。储蓄所的建设纳入银行零星基建项目之内，不列入国家基建计划，所需费用由银行列入成本实报实销。拟用招考办法，择优录取社会待业青年，经过短期专业培训，充实到业务第一线。在有条件的机关、企业、学校、部队等，进一步发展储蓄代办所，以弥补银行储蓄网点的不足。

中国人民银行于同年5月6日又发出通知，要求各省、自治区、直辖市分行在近两三年内解决好储蓄网点不足的问题，同时提出，增设储蓄网点以大、中城市为重点，适当兼顾县城。

11日 国家计委、国家经委、中国人民银行联合发布《关于使用中国人民银行节能中短期专项贷款有关事项的通知》。该通知规定：1. 此项贷款主要用于对全民所有制和集体所有制工交企业耗能大的设备、工艺进行设备更新和技术改造，不准搞新建项目，也不得用于非节能用途。申请此项贷款必须具备花钱少，见效快，工期短，节能经济效果好，工艺成熟，技术先进，设计、材料、设备和施工力量落实，有还款资金来源，能按期还清贷款。2. 贷款期限一般为1~3年，最长不超过5年，贷款利率按现行节能优惠利率月息2.1‰执行。3. 贷款单位还本付息的资金来源，用贷款项目投产后新增加的利润归还。如因其他原因影响利润增减时，则按贷款项目实际节约的费用和因节能增加的收益计算归还贷款的数额。贷款新增加的固定资产基本折旧金、占用费，以及企业按规定提留的更新改造资金、生产发展基金等都可以作为还本付息的资金来源。节能项目中途停建，银行应立即收回贷款，如企业归还贷款有困难时，应由企业主管部门负责归还。4. 节能贷款审批权限和贷款具体掌握办法，由各省、自治区、直辖市分行会同计委、经委根据本通知精神，结合本地实际情况制定。但一个单项节能项目贷款在200万元以上者，要报国家计委、国家经委、国家能委和中国人民银行备案。5. 银行发放贷款，必须在国家统一计划指导下进行。地方企业节能项目未经计委、经委审查批准的，银行不予贷款；未经银行同意，计委、经委不予列入计划。节能贷款项目所需三材，按照挖潜、革新、改造措施项目供应办法的相关规定办理。

13日 中国人民银行发出《关于保险公司管理体制的通知》。该通知规定：1. 保险公司是在各级人民银行领导之下办理保险业务的专业公司，应视同各级商业、外贸系统的专业公司，目前属于银行内部的行政建制的状况应予以改变。2. 各级保险公司受同级人民银行和总公司的双重领导，业务上由总公司领导为主，并实行独立核算，按规定比例留存各级保险基金。3. 省以下各级保险公司的经理，可以配备相当于同级人民银行副行长级的干部担任，也可以由银行副行长兼任或主管。对保险公司干部的任免，各地人民银行要多征求保险公司的意见。4. 今后保险公司增加人员指标，由银行逐级戴帽下达，自行招考或招聘，择优录用，报当地人民银行备案。

5月

8日 国务院下发批转中国农业银行《关于农村借贷问题的报告》的通知。农业银行在本报告中对农村借贷问题提出了政策意见，主要内容是：1. 在国家银行和信用社的信用占主导地位的条件下，允许集体与社员、社员与社员之间的正当借贷存在，作为银行、信用社的补充，对于发展农业生产是有好处的。但是，应当积极引导，加强管理，趋利避害，把农村资金引向有利于发展商品生产，壮大集体经济，促进社队和社员逐步富裕起来的正确途径。2. 对社队集体向社员借贷，要加强管理。对社队的合理资金需要，应当尽量帮助解决。如果确需向社员借贷，应当经过社员民主讨论，利率不能超过当地信用社放款的最高利率。3. 对于个人之间的正常借贷利息偏高的，不能视为高利贷者，银行、信用社要用经济办法引导农村信贷利率逐步下降。对那些一贯从事高利盘剥，并成为其主要经济来源，严重危害社会主义和人民生活，破坏金融市场的高利贷者，要按情节轻重和国家法令、规定严肃处理。国务院对此报告的批示是：农村借贷问题，涉及面广，各地除加强宣传教育外，可参照报告中提出的借贷政策，结合当地实际情况，慎重处理。

20日 国家计委、国家经委、国务院体改办、财政部、商业部、外贸部、国家物资总局、国家劳动总局、国家物价总局、中国人民银行联合发布《贯彻落实国务院有关扩权文件，巩固提高扩权工作的具体实施暂行办法》。该办法规定：1. 国家下达的生产计划和调拨计划企业必须保证完成。企业计划应根据国家计划、市场需要和企业的生产能力编制。2. 国务院有关利润留成的办法要继续执行，要适当调整过高的企业留利，扩权企业要实行固定资金、流动资金有偿占用。3. 在保证设备更新和大修理的前提下，企业可以把生产发展基金同折旧基金、大修理基金和中短期设备贷款等结合使用。4. 工业企业完成国家计划后，可以按规定的自销范围自销部分产品。5. 新产品试制费属于国家计划安排的重大试制项目的，由下达任务的部门拨款。属于企业自行安排的，由利润留成开支。试制新产品经批准可享受减免税的待遇。6. 扩权企业有权申请出口自己的产品。有出口任务的扩权企业，有权按国家规定取得外汇留成。7. 企业利用中短期设备贷款建设的项目，投产后的新增利润应按比例提取福利基金和奖励基金。8. 扩权企业可根据国家下达的劳动计划择优录用员工，有权奖惩、开除职工。

关于银行贷款问题，该办法明确规定：1. 银行要运用信贷结算等经济手段，支持并监督扩权企业发展生产，合理使用资金。2. 企业贷款要订立合同，确定期限，按期归还。逾期贷款、积压物资和财政性开支占用贷款要加付利息。3. 企业利用中短期设备贷款建设的项目，一定要用本项目投产后新增加的利润归还贷款本息，不得挤占原应上交的利润。4. 在征得银行同意后对长期积压的机电产品，企业确实需要而资金又一时无来源的，在一两年内能够付清贷款的，可以用赊销或分期付款的办法处理；生产周期长的大型机电设备和专用设备，允许企业预收定金或按生产进度分期收款。实行“以税代利、独立核算、自负盈亏”试点的企业，要积极参加财产保险。

5 月 27 日至 6 月 14 日　国务院在北京召开广东、福建两省和经济特区工作会议。会议讨论了两省对外经济活动实行特殊政策、灵活措施和设置经济特区的有关问题，研究提出了进一步落实的措施。会议提出，特区的货币目前为人民币为主，外币限制在指定的范围内使用。人民银行要抓紧研究是否要在深圳发行特区货币的问题。

29 日　中国人民银行发布《关于处理超储积压钢材和机电产品降价损失冲销银行贷款的规定》。主要内容是：1. 企业处理超储积压钢材、机电产品降价损失要求冲销银行贷款时，必须提出申请，说明原因，经银行审查报上级银行批准后进行冲销。2. 冲销贷款的范围，只限于国营生产企业、供销企业和物资部门的超储积压钢材和机电产品，不包括生产企业的生产成品，不包括集体所有制企业。3. 降价损失，首先冲销企业自有流动资金，冲完还不足的，再冲销银行贷款。冲销银行贷款的顺序是，先冲销定额贷款，不足时再冲销超定额贷款。冲销的定额贷款，银行不再增补。冲销以前的贷款照计利息。4. 冲销银行贷款部分，要相应地减少国营生产企业、供销企业和物资部门的贷款指标。

30 日　国务院下发批转《中国人民银行关于中短期设备贷款工作经验交流天津现场会的情况的报告的通知》。国务院指出，发放这项贷款有利于发展人民急需的日用消费品生产和增加货币回笼，有利于增加财政收入和出口换汇，有利于安排就业，是一举多得的好事情。人民银行应在国家确定的贷款计划范围内，与有关部门协作，把这项贷款办好。有关部门要给予积极支持，使贷款项目尽快见效，在国民经济调整中发挥更大作用。

中国人民银行向国务院提交的《关于中短期设备贷款工作经验交流天津现场会的情况的报告》指出：人民银行自 1979 年开始办理中短期设备贷款。报告认为，今后要办好中短期设备贷款，必须坚持贷款条件，真正发挥拾遗补缺、填平补齐的作用。必须按照国家确定的贷款总额，控制发放贷款，非经批准不得突破。根据项目一般需要跨年度建设的特点，中短期设备贷款未用完部分，应准予结转下年继续使用，以保证项目建设的连续性。

6月

3 日　国务院批转国家进出口委员会《关于当前对外经济贸易如何为国民经济调整服务的报告》。国务院的批示指出，在国民经济调整时期，要在政策上扶持对外经济贸易的发展。我国现行的价格、税收、信贷办法，凡不利于奖出限入的要逐步加以改革。该报告提出：要稳妥地利用外资，利用外资主要是利用国外贷款，其中商业贷款利率高，还款期短，应尽量少用或不用；出口信贷属于中等水平的利率贷款，只能用于购买贷款国技术设备；政府间、国际货币组织和世界银行的中长期贷款，利率低，是属于援助性的，应作为利用的重点。

12日 《中华人民共和国和国际农业发展基金会之间的贷款协定（北方草原和畜牧发展项目）》正式签署。根据该协议，基金会同意从其资金中以各种货币贷给借方相当于28 700 000特别提款单位的一笔款项。中国（借方）应按1%的年率向基金会交纳从贷款账户借支并未清偿款额的服务费，并应按0.5%的年率向基金会交付该特殊义务未清偿的本金的手续费。借方应分80次偿还从贷款账户提取的贷款本金，从1991年5月15日起至2030年11月15日止。借方应依照本协定各条款的规定把贷款的款额用于支付项目的各项开支。

国际农业发展基金会于1977年12月成立，并从1978年1月1日起开始其业务活动，现已发展成为联合国粮食与农业的三大机构之一。国际农业发展基金会的宗旨是“筹集资金，以优惠条件提供给发展中的成员国，用于发展粮食生产，改善人民的食物营养，逐步消除农村贫困现象”。国际农业发展基金会是为发展中国家的扶贫和农业开发提供资金服务的一个国际金融机构。中国于1980年正式加入国际农业发展基金会，并承诺认捐。

△ 国务院同意并批转国家计委、国家进出口委员会、中国人民银行、国家外汇管理总局等部门《关于加强外汇兑换券管理工作的报告》。该报告认为，从外汇兑换券发行一年来的情况看，有利有弊。要加强管理，堵塞漏洞，克服那些显然是由于工作跟不上而产生的问题，尽可能把外汇兑换券流通中的一些不利因素限制在最小范围。该报告还提出：1. 建议各省、自治区、直辖市人民政府对发行外汇兑换券工作进行一次认真的检查，建立定期的检查制度。2. 从价格上保证外汇兑换券与人民币等值，不得为了多得外汇擅自降价销售。3. 各地人民银行、农业银行应协助中国银行办理好外汇兑换券回笼业务。一切有外汇券收入的单位，应同人民币现金一样，一律在当天送交银行回笼或存储，不许自行留用、坐支。4. 供货部门向对外供应部门供应商品，除经营外贸的部门专供出口商品可以收取外汇兑换券外，其他内销商品一律不得用外汇券计价、结算。各单位、各部门之间也不得互相用外汇券买卖、交换或支付货款。5. 外汇券只许入境的外宾、华侨、港澳台同胞和持有银行证明的国内居民（包括远洋船员）使用。对某些紧缺商品，要规定限购数量。6. 建议各级工商行政管理部门，会同公安、物价、海关和外汇管理分局等有关单位，通力合作，定期检查商店的供应价格，检查外汇券的使用情况，坚决取缔外汇券黑市倒卖，打击投机倒把。上述措施建议从1981年7月15日起实行。

7月

2日 中国农业银行发布《关于修改对信用社储蓄存款利差补贴办法的通知》。该办法规定：1. 信用社吸收的定期存款，其利率高于2.7‰的部分，仍恢复按实际利率支付利息计算，由银行分别按利率档次给予补贴。2. 对定期储蓄存款大于放款的信用社，仍恢复于每年11月底，将超过部分按1‰付给信用社工本费。该办法自1981年起执行，同时废止原有的按1.8‰补贴的办法。

3日 中国人民银行发布公告，根据社会主义现代化建设和对外经济交流的需要，经国务院批准，中国人民银行决定，自1981年开始定期发布全国金融统计数字。金融统计数字的发表，将为广大人民群众和各方面了解经济情况，监督经济工作，研究经济理论提供重要资料，有助于增进国际上对我国的了解，促进对外经济交流与合作的发展。当日，中国人民银行通过《中国金融》（1981年第7期）发布了1980年全国金融统计数字。

11日 国家外汇管理总局、外国投资管理委员会制发《中华人民共和国境内机构接受侨资、外资贷款和发行外币债券暂行管理办法》。该办法规定：境内机构在国内外发行具有外汇价值的有价证券，必须报经国家外汇管理总局和外国投资管理委员会核报国务院批准；境内各单位接受侨资、外资的贷款，必须分别由国务院主管部门或省、自治区、直辖市人民政府汇总编制年度计划，于年度前两个月报经国家外汇管理总局和外国投资管理委员会核报国务院批准。境内各单位，只能在批准的计划内对外进行贷款谈判。凡借用现汇搞新建或扩建工程项目的，在对外谈判前必须逐项报批，未经批准不得对外谈判。凡接受侨资、外资银行或企业贷款的单位，必须在中国银行或指定的银行开立外币账户，办理收付，并接受监督检查和按期还款。

16日　中国人民银行在浙江省嘉兴市召开13省、自治区、直辖市信托工作座谈会，讨论研究今后信托工作的发展方向和任务。会议认为，银行要多积聚资金，按照为生产建设服务，支持日用消费品生产的发展，支持能源的节约和开发的要求开展业务，并注意防止在工作中发生偏差。开展信托业务的重点，要放在大中城市地区，经济发达、客观上需要、有条件的县城也可以办理，但要坚持积极稳妥的方针，循序前进，防止一哄而起。

28日　国务院煤代油办公室和国家计委发布《关于设立以煤代油专用资金的暂行办法》。主要内容是：1. 通过以煤代油办法压缩国内用油部分用于出口，由国务院批准，作为年度石油出口专项任务，纳入国家计划。2. 煤代油专项石油出口业务由外贸部化工进出口总公司代理外汇收入汇入中国银行总行指定的账户，人民币净利润汇入建设银行总行指定的账户。3. 石油出口的外汇收入作为国家统借统还的专项外汇资金。

煤代油专用资金　煤代油专用资金是指以燃煤代替燃油，压缩国内燃油部分用于出口，所得净收益作为发展能源、交通的专用资金。煤代油专用资金主要用于为完成压油任务而进行的能源、交通开发建设及有关费用的支出。煤代油专用资金的拨款委托中国建设银行办理。此项资金坚持先存后用，用款不能超过存款，建设银行也不能垫款。有关项目财务拨款的审查、季度安排等，应视同预算内基建项目一样，由建设银行负责办理。所需资金相应由煤代油专用资金账户转给建设银行。

煤代油拨款项目的用款实行资金管理，按其项目隶属关系由国务院各部门和各地主管部门，向煤代油办提出拨款计划，以汇拨资金方式拨给各部门下达给建设单位，存入当地建设银行开立的“煤代油专用资金存款”专户监督拨付。

通过以煤代油的办法压缩国内用油，每年用于出口的部分，由国务院以煤代油专用资金办公室提出，并经国务院批准作为年度石油出口专项任务，纳入国家计划。按计划执行的石油出口的顺序是：首先保证国家外贸计划的出口；其次是保证煤代油计划出口；最后是石油部超额完成计划的出口。

使用煤代油专项资金进口部分材料和设备时，需要单列专项并纳入国家年度进口计划。此项工作国务院煤代油办公室委托国家物资总局办理，由外贸部专项代理进口，并由订货部门自负盈亏。进口所需外汇额度从国务院煤代油办公室存储的外汇额度中支付。

8月

4日　经国家进出口管理委员会审查同意，国家外汇管理总局、中国银行发布《关于外汇额度调剂工作暂行办法》。该暂行办法规定：留成外汇额度的调剂，均通过中国银行办理，任何其他单位不得私自转让、买卖外汇。参加外汇调剂，以国营及集体企事业单位为限，其他单位需要经外汇管理总（分）局批准方可参加外汇调剂。各单位持有的合法外汇需要兑换人民币的，可以根据其外汇额度所有权，向中国银行登记出售；经主管部门批准，确有正当用途，必须使用外汇进口，而本单位又没有留成外汇或留成外汇不足时，可持批准证件向中国银行购买外汇。外汇调剂的价格，目前应以美元兑人民币的贸易内部价格为基础，并在国家规定的浮动幅度内，由买卖双方议定，经中国银行认可。外汇调剂成交后，一般双方应于当天交割，最长不得超过3个工作日。逾期不办理交割的交易应予作废，并应由责任方负责赔偿经济损失。中国银行按外汇成交额以一定的比例向买卖双方收取人民币手续费。额度贷款调剂，由中国银行承担外汇风险或经济责任，收费可在1%～2%掌握。各省市的外汇调剂，原则上应在本省市内进行，非经批准，不得跨省市进行外汇调剂。

30日 中国人民银行在河北省承德市召开全国分行行长座谈会。会议的内容是，学习贯彻中共十一届六中全会的精神，研究当时货币流通情况和应当采取的方针。会议指出：目前市场上票子偏多，但情况与60年代困难时期有很大的不同，所以解决问题的办法不可能是完全一样的。目前市场上货币流通量与社会商品零售总额的比例虽然低于正常情况，银行还是要在国家确定的信贷计划和货币发行计划的范围内，多拿出一些钱来支持生产建设，为保证调整时期经济发展有一定的增长速度创造必要的条件。我们的目标是：坚持稳定货币的方针，通过积极支持生产建设，特别是积极支持日用消费品的生产和能源建设，经过几年的努力，争取在"八五"期间解决市场上票子偏多的问题，使货币流通情况真正恢复正常。

会议就贯彻中共中央、国务院领导同志关于更多地集聚社会资金，支持生产建设的指示问题，提出了以下意见：1. 要适应人民群众关于建立社会奖励基金、准备子女教育费、准备建房、准备购买耐用消费品等需要，多方采取措施，根据实际情况继续大力发展城乡储蓄，特别是长期性的储蓄存款。2. 办理债券业务，集聚长期资金，用于必要的建设。3. 开办企业、机关定期存款，银行付给高于活期存款的利息。4. 除了继续办理企业财产保险以外，应当根据社会需要和实际可能，积极研究扩大保险的种类。5. 积极开展信托业务，以大中城市为重点，经济发达、客观上需要而且有条件的县城也可以办理。6. 在多方面筹集资金的同时，要十分重视加强信贷管理，正确处理"紧"和"活"的关系，挖掘资金潜力，加速资金周转。7. 按照国家宏观决策，注意讲求经济效果，把资金用好搞活。继续办好中短期设备贷款；筹集的长期资金，可用于轻纺工业的基建项目和开发能源专项贷款；采取变通的办法搞好物资和资金，对于既有需要又有积压的机电产品，银行可以一面对需要单位发放挖潜、革新、改造贷款，一面收回积压物资占用的流动资金贷款，对某些积压机电产品也可以同意企业部门采用分期付款的办法进行推销。8. 要发挥利率的经济杠杆的作用，人民银行和专业银行必须执行统一的标准利率，准备适当提高储蓄利率，扩大存款计息范围，贷款利率也要相应提高。

9月

5日 国务院同意并批转外国投资管理委员会报送的《国际信托投资工作座谈会纪要》。主要内容是：明确国际信托公司是以吸收外资从事信托投资为主的国际金融业务机构，是社会主义国营企业。公司的主要任务是：根据国内经济建设的需要与可能，按照《中外合资经营企业法》和其他有关法令、条例，在党的方针政策和国家计划指导下，引导、组织和运用外国资金，投放于国内建设，扩大对外贸易，引进外国先进技术，发展经济合作，以加速我国社会主义现代化建设。其业务范围是：吸收国外和港澳地区的信托存款和信托投资；向国外和港澳地区借入短期和中长期的自由外汇；在国外和港澳地区发行公司债券、股票，募集资金；组织中外合资经营企业、补偿贸易和来料加工装配、合作生产等；经营租赁业务和房地产业务；经国家外汇管理总局批准，可向中国银行或外国银行开立账户，并办理信托投资范围内的外汇业务；利用自筹资金投放于国内企业或举办新的国内合营企业；承办国内外企业、机关的咨询服务业务等。

9日 中国人民银行发布《关于城镇集体、个体社会服务行业贷款暂行规定》。该规定明确：贷款的对象限于经当地工商行政管理部门批准开业的零售商业、饮食、服务、修理、交通运输以及文化、艺术、旅游、卫生等行业的集体单位和个体经营户；贷款的条件是有一定的自有资金，实行独立核算，自负盈亏，遵守国家政策法令，经营正当，并有经营收入，有偿还能力的集体单位和有经济担保的个体经营户；贷款的种类按不同用途分为流动资金贷款和中短期设备贷款两种，逐笔申请逐笔核贷；贷款期限，流动资金贷款最长不超过1年，中短期设备贷款最长不超过3年，逾期加息。对安排待业青年就业开设的集体单位，在利率上给予优待。

14日 中国人民银行发出《代理保管国库券业务办法》。该办法规定：为了解决单位和个人购买国库券的保管困难，防止丢失、偷盗事件的发生，中国人民银行开办代理保管国库券业务。凡需要委托银行代理保管国库券的单位（或个人），可持介绍信（个人凭身份证明），向已开办代理保管国库券业务的人民银行申请办理。代理保管国库券业务，分租用保管箱和封袋保管两种，由委托保管单位和个人选择。

10月

12日 中国人民银行发出《关于规定人身保险业务保险费存款利率的通知》，规定自1982年1月起各级保险公司办理人身和人寿保险业务的保险费收入，可在当地人民银行单独开立账户，专户储存，银行按储蓄存款最高利率付给利息。

17日 中共中央、国务院作出《关于广开门路，搞活经济，解决城镇就业问题的若干决定》。其中强调：1. 城镇青年就业是国民经济中的一个重大问题，应有计划、有步骤地加以解决。2. 结合调整产业结构和所有制结构，在发展经济和各项建设事业的基础上广开就业门路。在调整产业结构的同时，必须着重开辟在集体经济和个体经济中的就业渠道。3. 引导、鼓励、促进、扶持集体经济和个体经济。4. 个人集资可以按照或稍高于银行定期存款利率付给利息；如果集资者承担亏损责任，也可以在交纳所得税后的利润中提取一定的比例用于股金分红。5. 对于劳动服务公司以及社会各方面所组织的以扩大就业为主要目的的集体经济事业，有关部门要从供产销渠道、银行贷款、财政税收政策、开办经费等方面给予必要的支持和帮助。6. 严格控制农村劳动力流入城镇。对农村多余劳动力，要通过发展多种经营和兴办社队企业，就地适当安排，不使其涌入城镇。

11月

16日 国务院批转外交部、财政部、中国银行《关于解决中国旧政府外债和外国在华资产问题的意见》。该意见提出，对中国旧政府的外债，应区别不同情况，逐步加以解决。对中国历届旧政府为维护其反动统治、损害国家主权所借的外债，我国政府和人民概不承认，不承担偿还义务。前外国租界公产和在旧政府任职的外国人利用特权取得的财产，已经通过“没收”、“接管”等方式处理的，不予补偿。外国教会及其附属事业财产，大部为教徒捐献而来，有的已转归中国教会所有，附属事业已接办，不考虑偿还问题。土地为中华人民共和国所有，不存在偿还问题。外国私人财产、外资企业、前使领馆房产，被我依法征用、代管、接管的，可给予适当补偿。外国侵华战争对我国造成的损失，我国原则上不索赔，但如对方向我国索赔时可向对方提出他们侵华和压迫、剥削中国人民所造成的损失亦应予以赔偿。

该意见还提出，旧外债和外国在华资产年限较久，问题复杂，政策性强，涉及许多部门，在调查核实和制订处理方案时，由外交部抓总，同各部门共同研究。财政部负责审查应补偿的和应追索的资产，报国务院批准后，列入财政预算，并在执行中办理审查拨款。

24日 国务院批准中国国际信托投资公司在日本发行日元私募债券100亿日元。20世纪80年代初，国内22项重点工程中的大项目——江苏仪征化纤工程投资不足，国家已经投入3亿元资金购买了设备，更何况当时中国急需化纤产品。此次是我国首次在国外发行债券，很快在日本销售一空。几年之后，江苏仪征化纤工程顺利完工。

30日 五届全国人大四次会议在北京召开。国务院总理赵紫阳作题为《当前的经济形势和今后经济建设方针》的政府工作报告。该报告强调：今后我们考虑一切经济问题，必须把根本出发点放在提高经济效益上，使我国经济更好地持续发展。围绕着提高经济效益，走出一条经济建设的新路子，必须认真贯彻执行十条方针：其中提到：讲究生财、聚财、用财之道，增加和节省建设资金。要千方百计地增产增收，增加社会财富。要通过银行的信贷业务，有计划地运用地方、企业以及个人的存款作为建设资金。积极推广基建项目由财政拨款改为银行贷款办法的实行范围。还可以通过发行债券，开展保险、信托等业务来筹集资金。筹款、集资要防止失去控制，防止信用膨胀。必须加强和发挥银行积聚、调动及统一管理信贷资金的作用。

12 月

13 日 五届全国人大四次会议通过《中华人民共和国经济合同法》。《中华人民共和国经济合同法》共有 7 章 57 条，其内容包括：对经济合同的订立和履行、经济合同的变更和解除、违反经济合同的责任、经济合同纠纷的调解和仲裁、经济合同的管理等。

在“对经济合同的订立和履行”一章中规定：“借款合同根据国家批准的信贷计划和有关规定签订。合同中，应明确规定贷款的数额、用途、期限、利率、结算办法和违约责任等条款。贷款利率由国家规定，中国人民银行统一管理。”“财产保险合同，采用保险单或保险凭证的形式签订。保险合同中，应明确规定保险标的、坐落地点（或运输工具及航程）、保险金额、保险责任、除外责任、赔偿办法、保险费缴付办法以及保险起讫期限等条款。投保方应当维护被保险财产的安全。保险方可以对被保险财产的安全情况进行检查，如发现不安全因素，应及时通知投保方加以消除。被保险财产的损失，应由第三人负责赔偿的，如果投保方向保险方提出要求，保险方可以按照合同规定先予赔偿，但投保方必须将追偿权转让给保险方，并协助保险方向第三者追偿”。

在“违反经济合同的责任”一章中规定：“人民银行、专业银行、信用合作社，未按合同规定及时贷款，应偿付违约金。”“借款方不按合同规定使用贷款，应按有关规定加付利息；贷款方有权提前收回一部分或全部贷款。”对“违反财产保险合同的责任”规定：保险方“对于保险事故造成的损失和费用，在保险金额的范围内承担赔偿责任。被保险方为了避免减少保险责任范围内的损失而进行的施救、保护、整理、诉讼所支出的合理费用，根据合同规定偿付。如果不及时偿付，应承担违约责任。投保方如隐瞒被保险财产的真实情况，保险方有权解除合同或不负赔偿责任。投保方对被保险的财产发现有危险情况，不采取措施消除，由此发生事故造成的损失由自己负责，保险方不负赔偿责任。”该法自 1982 年 7 月 1 日起实施。

22 日 中共中央召开省、自治区、直辖市党委第一书记座谈会。陈云在会上作题为《对经济工作的几点意见》的讲话，主要包括四个方面：1. 农业经济是全国经济重要的一部分。农业经济也必须以计划经济为主，市场调节为辅。2. 我们经济工作的另一个大方针是要使 10 亿人民有饭吃，要进行社会主义建设。必须在保证有饭吃后，国家才有余力进行建设。3. 广东、福建两省的深圳、珠海、汕头、厦门四个城市在部分地区试办经济特区，现在只能有这几个，不能增多特区。既要看到特区的有利方面，也要充分估计到特区带来的副作用。现在第一位的任务是认真总结经验。4. 国家建设必须是全国一盘棋，必须按计划办事。全国建设的进度，必须有先有后，有重有轻，按全国计划办事。陈云说：“报纸上登全国有 40 亿美元的顺差，所有权是属于中国银行的，使用权是属于地方各部门的，各地各部的都可以使用，但是必须经过中央批准。我希望 1985 年能达到有 120 亿美元的周转外汇，增加两倍。在我们这个国家，有 120 亿外汇作为周转资金，很有必要。”

23 日 国务院批转中国人民银行《关于调整银行存款、贷款利率的报告》。该报告提出：银行存款、贷款利率应当大体上恢复到“文化大革命”前的水平。具体的调整意见是：1. 扩大存款计息范围，设立对公单位的定期存款。利率比活期存款利率要高一些，以利于扩大和稳定信贷资金来源。2. 提高定期储蓄存款、华侨人民币储蓄存款的利率，增设八年的长期储蓄存款。3. 贷款利率恢复到“文化大革命”前月息6‰的水平。对流动资金贷款和中短期设备贷款实行不同的利率。4. 增加逾期贷款和被挤占挪用贷款的利率档次。在调整后利率的基础上，仍按国务院的规定分别加息和罚息 20% 和 50%。5. 农业贷款利率要适当提高，同时仍实行低于工商企业贷款利率的原则。6. 对中外合资企业的人民币贷款利率，原则上应高于国内的人民币资金贷款利率。7. 农村信用合作社的存款、贷款，按调整后的存款、贷款利率，可以高于银行存款、贷款利率。8. 对知青集体企业贷款、民族用品生产和贸易贷款、节能贷款、地方建筑材料生产贷款、集镇小电影院建设贷款，仍按原规定实行优惠利率；对已经实行优惠利率的粮油贷款，以及 1980 年和 1981 年中国人民银行划转给企业作为定额减半即月息 3‰的优惠。9. 按国务院规定，利率由中国人民银行集中统一管理。非金融部门一律不得自定利率。中国人民银行可以在国务院批准的利率幅度内，制订不同的利率档次。上述调整意见拟于 1982 年第一季度开始实行（储蓄存款利率调整于 1982 年 4 月 1 日执行）。

△　中国投资银行在北京成立。中国投资银行（英文名称：China Investment Bank，简称：CIB）总行设在北京，是中国人民建设银行全额出资的附属金融企业，注册资本为 40 亿元人民币。在业务上接受中国人民银行的领导、管理、监督、协调和稽核。中国投资银行为有限责任公司，中国人民建设银行以出资额为限对中国投资银行承担责任，中国投资银行以其全部资产对其债务承担责任。董事会是中国投资银行的决策机构，由中国人民建设银行委派的 9 名董事组成，董事长由中国人民建设银行行长担任。中国投资银行经营和办理下列业务：吸收人民币大额定期存款；发放人民币中期和长期贷款；通过借款和境外发债筹集资金，包括转贷国际金融机构和外国政府贷款；办理票据承兑、贴现和存单转让；办理国内外结算、汇兑，代理收付款项；提供信用证服务及担保；代理发行、兑付政府债券、公司债券；办理经国家外汇管理局批准的外汇业务；经营投资、办理融资租赁，提供咨询服务；办理政府、中国人民银行、政策性银行及企业委托和代理业务。中国投资银行实行总分行制，根据业务发展需要在境内外设立分行和办事机构，未设分支机构的地区，可委托中国人民建设银行代理其业务。

1998 年 12 月 11 日，中国投资银行并入国家开发银行，其全部债权债务由国家开发银行承担。

1982 年

1 月

1 日 中共中央批转《全国农村会议纪要》（即关于农业问题的第一个“一号文件”）。文件指出：目前，全国农村已有 90% 以上的生产队建立了不同形式的农业生产责任制，包括小段包工定额计酬，专业承包联产计酬，联产到劳，包产到户、到组，包干到户、到组，等等，都是社会主义集体经济的生产责任制，反映了亿万农民要求按照中国农村的实际状况来发展社会主义农业的强烈愿望。不论采取什么形式，只要群众不要求改变，就不要变动。各级党的领导应向干部和群众说明，我国农业必须坚持社会主义集体化的道路，土地等基本生产资料公有制是长期不变的，集体经济要建立生产责任制也是长期不变的。

中央一号文件 中共中央每年新年开始发出的第一份文件，即中发〔××××〕1 号。通常所说的一号文件是指改革开放以来中央关于农业问题的一号文件。农业是国民经济的基础，“三农”（农村、农业和农民）问题始终是中央关心的最重要的问题。改革开放以来，中央一号文件的发布和贯彻执行得到了农民的衷心拥护。截至 2005 年 12 月，中共中央共发出七个这样的“一号文件”，它们分别是：《中共中央批转〈全国农村工作会议纪要〉》（中发〔1982〕1 号）、《当前农村经济政策的若干问题》（中发〔1983〕1 号）、《关于一九八四年农村工作的通知》（中发〔1984〕1 号）、《关于进一步活跃农村经济的十项政策》（中发〔1985〕1 号）、《关于一九八六年农村工作的部署》（中发〔1986〕1 号）、《中共中央、国务院关于促进农民增加收入若干政策的意见》（中发〔2004〕1 号）、《中共中央、国务院关于进一步加强农村工作提高农业综合生产能力若干政策的意见》（中发〔2005〕1 号）。

8 日 国务院发出《关于坚决稳定市场物价的通知》。该通知规定：一切全民的、集体的销售单位以及经销国家商品的个体户，对国家规定零售牌价的工农业商品，一律执行国家规定价格，不得擅自提高。议价商品的零售价格，只能降低，不许提高。一、二类日用工业品不准搞议价，三类工业品实行工商企业协商定价的品种范围，要严格控制。农产品收购中的一、二类农副产品，非经国务院批准，任何地区和部门都不准自行提价或变相提价，在完成国家收购任务之前，不许议价成交或上集市出售。到三类农副产品集中产区进行采购的单位，要向当地工商行政管理部门登记，服从统一管理，统一分配货源，不准相互哄抬价格。各级人民银行要加强信贷管理，控制货币投放，对购销活动要进行监督，发现违反规定的，要在信贷、结算支付上加以限制。

14 日 胡耀邦总书记在中共中央书记处会议上作题为《关于对外经济关系问题》的发言，讲述有关对外经济关系十个方面的问题。报告对如何吸引国外资金、正确引进国外先进科学技术、大力开展国际劳务合作、更大规模地促进国内产品进入国际市场、正确地支援第三世界，以及正确认识政治和经济的关系问题，作了重要阐述。

在讲到应该如何吸引国外资金时，胡耀邦指出：“今天我们利用外资的方式大体有三种：第一种，吸引直接外资，包括合资经营、合作经营、合作开发、补偿贸易，以及加工装配等；第二种，争取外国政府和国际金融组织提供的中长期、中低利贷款，以及各种名目的开发基金、救济金等等；第三种，一般商业贷款。就最近看，吸引直接投资应当成为最重要方式，至于一般商业贷款，我赞成陈云同志的意见，一定要谨慎些。”

30日 海关总署、中国人民银行、中国农业银行、中国银行联合发布《关于由银行协助海关追缴或冻结有关参与走私的单位存款的通知》。其中规定：凡海关发现有关单位在银行的存款是走私资金，或非法所得的暴利，以及有重大走私嫌疑的单位，可由县级以上（包括县级）海关出具正式公函通知银行，银行可暂予冻结，冻结存款的期限最长不超过六个月，逾期自动撤销。海关依法追缴走私物品价款、罚款或应交纳的税款，在县以上海关出具公函后，银行可从该单位账户存款内如数扣缴并转入海关账户。

2月

1日 国家计委、国家经委、财政部发出《1982年更新改造措施计划安排意见》。其中提出，从1982年起，把更新改造措施纳入国家计划。“六五”期间，将继续实行由中央财政集中企业30%折旧基金的办法。对企业掌握的折旧基金和生产发展基金，也要采取鼓励政策、行政干预和银行监督等措施，使这些资金主要用于技术改造和设备更新。

9日 国务院批转国家经委、国家计委《关于抓好小商品、中小农具生产和供应的意见》。该意见提出，对生产小商品为主的企业，产值小、利润低的，需要设备更新的，技术改造资金、储备原材料资金以及工商季节性销售的合理库存资金，可酌情享受银行低利贷款。

11日 国务院批转中国人民银行《关于国内保险业务恢复情况和今后发展意见的报告》。该报告指出，从1979年国务院批准恢复国内保险业务以来，截至1981年10月，除西藏外，已在28个省、自治区、直辖市的大中城市和少数县建立保险专业机构477个，银行代理处803个，现有保险专业人员5 700余人。恢复和办理了企业财产保险、家庭财产保险和汽车保险等业务，共承保企业近10万个、家庭90余万户、汽车13万辆，获得经济保障的财产总值达2 000亿元，其中国营企业财产为1 935亿元。

报告还提出国内保险的方针是：积极开展业务，积聚保险基金，组织经济补偿，防止灾害损失，增进社会福利，为我国社会主义现代化建设服务。要在巩固和发展国营企业财产保险的同时，积极开展货物运输保险、汽车保险、船舶保险、渔船保险等业务。积极办理集体经济、个体经济的财产保险和面向广大群众的家庭财产保险，在条件具备的城市和矿区，有计划地重点办理简易人身保险和团体人身保险等业务。对属于保险性质的职工福利保险、养老年金保险等业务，要根据需要与可能，通过试点，总结经验，稳步推广。为了适应农村经济发展的新形势，逐步试办农村财产保险、牲畜保险等业务。

国务院批示：积极开展保险业务，逐步建立我国的经济补偿制度，对于保障企业正常生产和经营、安定人民生活、减少社会财富损失都是有利的。同时，也是积聚建设资金的一个重要渠道。这是一件利国利民的好事，是国民经济活动中不可缺少的一环。各地区、各有关部门都要重视和加强这项工作，并给予大力支持，帮助解决业务开展中的一些实际困难。

3月

5日 国务院批转国家进出口委员会等单位《关于修订〈出口商品外汇留成试行办法〉的报告》。主要内容是：1. 继续贯彻执行国务院决定的出口商品外汇留成政策。国务院1979年颁发了《关于大力发展对外贸易增加外汇收入若干问题的规定》（即“15条”），实行出口商品外汇留成，并制定了《出口商品外汇留成试行办法》。两年来的执行结果是：1979年全国出口留成8.54亿美元，占当年出口收汇的6.5%；1980年全国出口留成15.79亿美元，占当年出口收汇的9%。两年出口商品留成外汇共24亿美元，加上中央每年拨给省、自治区、直辖市的5亿美元外汇和各种非贸易留成外汇等，共

46.25 亿美元，其中，地方分得 36.66 亿美元，中央有关部门分得 9.59 亿美元。2. 此次修订的主要内容是留成比例、范围和计算方法。把“15 条”规定的以上年收购为基数，增长部分按比例计算留成，改为以出口收汇全额计算留成，即出口才能分成，只收购不出口不给留成。除国务院另有特殊规定外，粮食、钢材、煤炭、石油、成品油、水泥、原木、生铁、锌和食用油十种统配商品出口仍不留成。除广东、福建、新疆继续实行外汇包干留成办法，对军口、机械产品出口、对外承包工程、以进养出、科教口进行区别对待、适当照顾以外，一般出口商品的留成比例，原则上应使按出口收汇全额留成占出口收汇的比重大体与按收购增长留成占出口收汇的比重相同。3. 出口商品外汇留成审批应从严掌握，加强管理。国务院先后批准科教口、外经口、军口各部委出口外汇收入全部自留使用。使用留成外汇进口，由地方财政自负盈亏的原则照旧执行。

6 日　中国人民银行、商业部、财政部发出《关于贯彻执行商业部系统工、交、化批发企业削价报废损失处理办法的补充通知》。该补充通知规定：削价报废所发生的损失，用冲减自有流动资金和银行贷款的办法，是在财政有困难的情况下，国家采取的一种特殊措施，各级商业、财政、银行一定要认真对待，切实按照规定范围办理，不能任意扩大。对上报报废的生产资料商品和原材料，都要预留残值，报废损失改为按原进价减去预留残值一次性冲减。1982 年以前经批准报废的商品和原材料残值的实际处理时间，可延长到 1983 年 6 月底，到期仍未处理的，其所占的“报废商品残值贷款”，银行应如期转回商品流转贷款户，不再免息。凡已列作削价、报废处理的生产资料商品，不能边处理边收购，事先发现的，银行不贷款，事后发现的限期处理。

8 日　五届全国人大常委会第二十二次会议通过《关于严惩严重破坏经济的罪犯的决定》。该决定指出：鉴于当前走私、套汇、投机倒把牟取暴利、盗窃公共财物、盗卖珍贵文物和索贿受贿等经济犯罪活动猖獗，对国家社会主义建设事业和人民利益危害严重，为了坚决打击这些犯罪活动，严厉惩处这些犯罪分子和参与、包庇或者纵容这些犯罪活动的国家工作人员，该决定对《中华人民共和国刑法》的一些相关条款作了相应的补充和修改。其中对《中华人民共和国刑法》中规定的走私、套汇、投机倒把牟取暴利罪等，其处刑分别补充或者修改为：情节特别严重的，处 10 年以上有期徒刑、无期徒刑或者死刑，可以并处没收财产。

15 日　国务院发出《关于做好侨汇工作扭转侨汇下降的通知》。针对自 1979 年下半年以来，侨汇出现下降的趋势，该通知要求：切实体现“便利侨汇、服务侨胞”的政策，首先要改善对侨汇的物资供应。华侨商店和广州外贸中心（商场）、各地友谊商店、外轮供应公司以及其他获准收取外汇券的单位，均应按各自的业务性质划分经营范围，从 1982 年 4 月 1 日起，自行车、摩托车、缝纫机、电视机、收录机、洗衣机、电冰箱、电风扇、计算机、家具 10 种商品，归口由华侨商店经营，其他单位不再经营。华侨商店经营的上海自行车、缝纫机和名烟、名酒等市场紧缺商品，由中央有关部门专项下达。对华侨商店的商品销售价格，可掌握一定的机动幅度，对市场敞开供应的国内商品和利润较高的进口商品，允许以低于市场价格 20% 的折扣销售。对侨眷需要的副食品可以议价购进平价销售，或高于平价销售。华侨住宅建议纳入省、自治区、直辖市的城建规划，所需地皮、建筑材料要保证供应。对侨眷需要而国内无法提供或供货不足的商品，华侨商店可组织进口或委托外贸部门进口。

16 日　国务院颁发《关于全国性专业公司管理体制的暂行规定》。该暂行规定强调：全国性专业公司是企业的一种组织形式，是生产和经营的经济实体，不同于行政管理机构。所有全国性专业公司，均不列入国务院行政机构的序列，应分别由有关部门领导：各部所管业务范围内的专业公司，一律由各部领导；跨部门的专业公司，由一个部门领导，在业务上接受其他有关部门的指导；少数在国民经济中占有重要地位、工农商贸结合的专业公司，由国务院领导，有些公司由国务院委托有关部委领导。公司在经营管理上有自主权；国务院和各部委对全国性专业公司，应着重在方针政策和计划上进行领导，并根据中共中央、国务院规定，负责公司的干部任免、传达文件和政治思想等工作。金融性专业银行和公司，由中国人民银行审核后，报国务院批准。

29日 国务院发出《关于库存机电产品报废处理的决定》。该决定明确：报废产品时，首先冲销本单位的自有流动资金，不够时再冲销人民银行定额贷款，定额贷款不够时再冲销超定额贷款。基本建设单位报废产品时，先冲销基本建设预算内拨款，冲销完还不够时再冲销建设银行贷款。挖潜、革新、改造等项目，冲销专项资金。事业单位冲销拨入经费或者周转金。报废单位对已经报废的库存产品，尽快收回残值，用于归还原来冲销的资金，其中冲销了银行贷款的，应首先归还银行贷款，不得他用，绝对禁止从中提取奖金或留成。需要冲销银行贷款的，应邀请银行参加审批工作。为贯彻国务院的上述决定，中国人民银行于4月30日发出通知，对执行中的有关具体问题作了说明。

4月

4日 中国人民银行全国分行行长会议在北京结束。会议认为，当时银行信贷资金的效益不高是一个突出问题。工商企业流动资金占用多，周转慢。1981年，国营工业和商业流动资金贷款分别比上年年末增长9.1%和14%，而工业总产值和商品零售额只分别增长2.2%和4.2%。少数中短期设备贷款项目的经济效益没有达到预期的要求。会议要求，各级银行需要加强信贷工作的调查研究和监督管理，积极促进企业搞好产销计划的衔接，努力做到产品适销对路。要采取切实可行的措施，把1982年流动资金占用水平降低2%～3%的要求落实到基层。要坚持以销定产、以销定购、以销定贷的原则：对工业企业和商业部门，都要按照国家计划和销售情况掌握贷款；对虽已纳入国家计划，但产大于销的产品，银行要认真掌握贷款；对不按国家计划和供货合同，不按规定超产而无销路的产品，坚决不予贷款。

10日 国务院发出《关于整顿国内信托投资业务和加强更新改造资金管理的通知》。该通知规定：除国务院批准和国务院授权单位批准的信托公司以外，各地区、各部门都不得办理信托投资业务；已经办理的，由各省、自治区、直辖市人民政府限期清理。所吸收的资金，从哪里转来的，仍转回哪里。今后，信托投资业务（除财政拨付的少量技措贷款基金外），一律由人民银行或人民银行指定的专业银行办理。

该通知对有关企业更新改造资金管理问题，作了一些补充规定：国营工业、交通、商业企业的更新改造资金，只能用于技术改造和设备更新，不能用于新建项目和其他支出。各级财政部门、主管部门以及建筑施工企业的更新改造资金，应全部存入建设银行，由建设银行管理。国营工业、交通、商业企业的更改资金，已确定用于更新改造的，应按提取进度存入建设银行，先存后用；未确定用于更新改造部分，仍应在人民银行专户存储。企业的更改资金，同人民银行贷款合用的，由人民银行管理；同财政拨款、建设银行贷款合用的，由建设银行管理；同人民银行、建设银行两家贷款合用的，现在是谁家管的仍由谁管理。为了贯彻国务院上述通知的要求，中国人民银行于同年5月2日发出了《关于加强更新改造资金管理设立存款专户的通知》。

13日 中共中央、国务院发出《关于打击经济领域中严重犯罪活动的决定》。就有关外汇管理问题，该决定指出：必须加强对外经济活动的统一领导，严格外汇管理，严格遵守国家统一规定的外汇牌价，严禁任何单位和个人之间或他们与国外人员之间不按国家牌价互相私自倒买倒卖外汇。要坚决纠正有的地方听任外汇黑市猖獗的危险现象。

1983年7月25日，中共中央纪律检查委员会向第六届全国人大常委会提交了《关于打击经济领域中严重犯罪活动工作的报告》。该报告指出：从1982年1月至1983年4月底，全国已揭露并依据党纪国法立案审查的各类经济犯罪案件共约19.2万多件，案件中涉及党员7.1万多人；现已结案13.1万多件，依法判刑近3万人，在案件所涉及的党员中被开除党籍的达8 500多人；全国投案自首、坦白交代各种经济违法犯罪问题的共有2.44万人；追缴赃款赃物4.1亿多元。

△ 中国人民银行发出《关于试行卖方信贷的若干规定》。该规定指出：这种信贷方式实质上是用流动资金贷款支持制造先进设备的卖方，并用赊销方式支持使用设备的买方，用技术先进的产品更新老旧设备，因此必须根据国家对设备更新和技术改造的政策，结合中短期设备贷款通盘考虑安排，有计划、有重点、有条件地逐步推行。当前只对某些技术先进的机电产品，在购货方用于设备更新、技术改造而缺少资金的条件下试行。文件规定：卖方信贷，贷款单位必须将产品纳入国家计划，其产品要性能好、技术先进，并符合技术改造、设备更新的要求；购货单位购买的设备，必须是当年设备更新和技术改造计划之内需要的。贷款期限一般1～2年，最长不超过3年。办理卖方信贷的买方企业，必须保证按期偿还贷款，否则银行不办理此项贷款。销货单位收到的货款，应按规定及时归还银行贷款，利息按工商企业发放流动资金贷款的利率按季计收。购货方对所购入的设备要及时投入使用，并落实还款的资金来源，保证按合同规定及时付款。遇有企业不按合同规定偿还货款时，银行有权从购货单位有关存款账户扣收货款，按规定代销货单位收取赔偿金，并代为划给销货单位。

16日 中共中央办公厅、国务院办公厅转发中央统战部、财政部、中国银行《关于原私营企业在国外或港澳的资产收回后的处理问题的报告》。为了体现党和国家对资本主义工商业实行赎买政策的一贯性，并鼓励原资产所有人调回原私营企业在国外或港澳的资产的积极性，该报告提出：1. 原私营企业在国外或港澳的资产，在公私合营时列为待处理资产或账外资产的，收回后应视同公私合营企业的投资，参照发放定息办法（年息5%，为期十年），一次发给调回资产50%的人民币，其余上缴国库。2. 企业公私合营时，虽未列为待处理资产或账外资产，但确属原私营企业在国外或港澳的资产，收回后原则上亦按上述办法处理，其中属于抽逃资产并已作过经济处理的，资产调回后，全部归原资产所有人所有。3. 原私营企业在国外或港澳的资产收回后，对国家的负债、欠税处理应根据1956年1月《中央关于私营企业实行公私合营的时候对于资产清理估价中若干具体问题的处理原则的指示》和同年3月30日《国务院关于私营企业实行公私合营的时候对债务等问题的处理原则的指示》精神，采取从宽的方针，即公私合营时已经了结的，不再追究；未了结的，能偿还就偿还，不能偿还的酌情减免。4. 在公私合营前已经歇业的原私营企业，其在国外或港澳的资产收回后，当所有人在提供向工商行政管理部门的歇业报告和有关凭证，经核对国家没有负债、欠税后，调回外汇所得人民币，全部发给原资产所有人。5. 上列国外或港澳资产收回后，应区别情况，按现行规定给予侨汇优待和外汇留存。6. 调回属于官僚资本的存外资产应上缴国库，但对调汇人可由当地财政部门酌情发给3%～20%的人民币奖励。

5月

1日 国家计委、国家建委、财政部、中国人民建设银行发出《关于进一步实行基本建设拨款改贷款的通知》。该通知规定：1. 从1982年起，凡实行独立核算有偿还能力的企事业单位，进行基本建设所需投资，除尽量利用自有资金外，一律改为银行贷款。“拨改贷”项目的当年投资，由财政部门按国家计划拨给同级建设银行，作为贷款基金。2. 加强贷款和还款的预算计划管理。3. 凡设计文件不全或有重大修改变动和实际支付已超过概算的，应补报补批。4. 从1982年起，提前还清贷款本息的新增利润，有借款企业与财政实行各50%分成。5. 新投产企业的固定资产基本折旧基金，原规定全部用于归还贷款，改为在建成投产后的3年内，基本折旧基金20%留给企业，80%归还贷款。从国外引进的大型建设项目，在建成后的3年内基本折旧基金的10%留给企业，90%用于还款。3年后所有贷款企业提取的折旧基金，50%留给企业，50%归还贷款。

6日 国务院发出《关于抓紧做好货币回笼工作和严格控制货币投放的通知》。该通知规定：根据城乡购买力增长和人民群众对消费品需求的变化情况，多增加一些符合社会需要的日用消费品和农业生产资料，要克服惜售思想，要压缩或停止出口一些高亏而国内又紧缺的商品，以增加国内市场供应，增加货币回笼。各级银行要根据国家确定的信贷计划，有控制地发放各项流动资金贷款和中短期设备贷款。要加强对收购农副产品的信贷、结算监督，对于不按国家规定，随意扩大农副产品议价范围，或自行降低农副产品统购基数、减少派购任务而加价收购的，银行可不予贷款。要进一步办好城乡储蓄，努力完成和超额完成全年的储蓄存款任务。切实加强奖金管理，1982年各地发放的奖金总额要稳定在1981年的水平上，超过核定数额的，银行可以拒绝支付。

22日 财政部、中国人民银行、中国人民建设银行发出《关于企业更新改造资金管理的通知》。该通知规定：1. 更新改造项目必须经过可行性研究和技术经济论证后，落实各项建设条件，按照规定的程序办事，严格防止盲目投资，重复建设。2. 各部门批准下达的更新改造资金计划等文件，应抄送企业所在地经办相关资金业务的建设银行和人民银行，据以供应资金，实施监督。3. 各级财政部门和主管部门拨给企业的更新改造资金，均应通过建设银行汇往企业所在地建设银行，分别存入“挖潜改造存款户”和“更新改造资金存款户”，按照计划使用。当年未用完的资金，可以结转下年继续使用。项目竣工后，多余资金继续留给企业继续用于更新改造项目。4. 企业的更新改造资金和生产流动资金统一备料、统一开支的，更新改造资金应参加一定比例的铺底储备资金后，再转存建设银行。如果提取资金与使用资金的时间不一致，企业暂时资金不足，建设银行、人民银行均可给予临时性的周转贷款，时间最长不超过1年。

6月

11日 国务院发出《关于健全各部委责任制一些问题的通知》。该通知强调国务院各部门必须严格遵守请示报告制度，对于超出本部门职权范围的问题，应当区别情况，按照本文件规定的程序办理。其中有关金融方面的问题规定是：有关信贷资金、存贷款利率、外汇和金银管理、金融规章制度，以及建立金融机构等方面的问题，要同中国人民银行研究办理。

30日 中国人民银行发出《关于抓好中短期设备贷款经济效益的通知》。该通知规定：根据国务院关于对现有企业有重点有步骤地进行技术改造的有关要求，从1982年起，实行按半年和按年考核中短期设备贷款的经济效果，考核的指标有：项目投产率，即报告期内全部建成投产项目个数占同期施工贷款项目个数的比例；贷款收回率，即当年累计收回贷款数，占上年年末贷款余额的比例。该通知还要求各级银行对已投产和在建贷款项目的经济效益进行全面检查和整顿，检查1980年轻纺专项贷款项目截至1982年6月底的经济效益情况，重点检查自行车、缝纫机、手表的整车、整机厂贷款项目的经济效益，对贷款前后的各项经济效益指标进行对比分析。

7月

17日 中共中央、国务院作出《关于严格制止外汇方面违法乱纪行为的决定》。该决定指出：逃汇、套汇、截留和挪用国家外汇，滥用留成外汇，甚至从事倒卖外汇的活动，扰乱了市场。中共中央、国务院决定：1. 在我国境内，严禁外币流通、使用，严禁以任何方式私自买卖和高价倒卖外汇。有的单位留成外汇有余，需要调剂给其他单位时，一律通过中国银行按有关规定办理。2. 任何地方和部门，都不能以任何方式逃汇、套汇，或截留国家的外汇；不得违反规定将外汇存放在国外或港澳地区，已经私自存放的要立即上报和调回，交售给中国银行。3. 在国内买卖商品，除个别特殊情况由国家另作规定者外，一律用人民币计价结算。4. 近两年来买卖外汇超过国家规定作价的非法收入，一律没收上缴国库；对从事违法活动的直接责任者，情节严重的应通报批评，情节恶劣的应给予纪律处分；对贪污受贿者必须追究法律责任。凡在本决定发布以后仍从事违法活动的，一律加重处分。

为了贯彻中共中央、国务院决定，8 月 31 日，财政部、中国人民银行发出通知，要求各地区对 1980 年 7 月 1 日以来的外汇收支活动进行检查清理。检查清理的对象是：凡有外汇和外汇兑换券收支的机关、部队、团体、学校、国营企业、事业单位、城乡集体经济组织以及我国派驻在境外的各种机构。检查的范围是：贸易、非贸易外汇，国家拨给的各种外汇留成外汇、外汇借款，以及外汇券等一切外汇的收支。检查的重点是：1. 各单位、企业少报、漏报或隐瞒不报的违法买卖外汇额的；2. 未经外汇管理部门批准的非外贸单位在国内买卖商品的，违反外汇管理规定，擅自以外汇或外汇券计价结算的；3. 私自保存外汇、外汇券，或私自将外汇存放境外，或私自将外汇、外汇券进行借贷、质押、转让或调换的；4. 以提供外汇为手段，通过“合作”、“联营”、“合资”等形式，以固定比例或固定金额坐分“利润”，或要求以物资无偿作为报酬的；5. 未经外汇管理部门批准，以出口收入的外汇抵付进口支出，或以其他外汇收入抵付外汇支出的；6. 未经批准，在国内直接以人民币向外商偿付进口货款的；7. 外贸公司经营自营业务超出规定范围挪用国家外汇的，以及套取国家外汇、截留国家出口外汇、截留侨汇或境外其他外汇购买物资后逃税的，等等。

8 月

9 日　中国人民银行发出《关于在国内恢复销售黄金制品的通知》。该通知对出售黄金制品和具体品种作了规定。鉴于在国内经营金银制品业务已经中断了二十余年，现在要立即全面铺开，还有一定困难，因此，先在较有基础的北京、上海、天津、武汉、广州、成都、苏州等城市组织定点生产和销售，其他省会城市，具备条件的也可以定点销售，试行一段时间，取得经验后再逐步推广。

14 日　中国人民银行、外贸部发出《关于开展对外经济合作项目保险业务的联合通知》。该通知要求，各外贸部门在对外洽谈各种经济合同及贸易项目时，注意争取在国内保险，并在合同条款中订明，以保护我国权益，为国家争取外汇收入。为了便于工作中的配合，各级进出口委员会（外经委）有关吸收外资、开展对外经济合作方面的重要文件、规定、办法、批复以及动态报道等，应抄送当地保险公司。各级进出口委员会（外经委）召开的有关吸收外资、开展对外经济合作方面的会议，可吸收当地保险公司参加。各级保险公司要加强对当地进出口委员会（外经委）的请示汇报。各级进出口委员会（外经委）要支持当地保险公司根据国家的法令、政策，积极开展各种对外经济合作项目的保险业务，能争取在国内承保的，尽量争取在国内承保。

21 日　财政部、国家外汇管理总局、国务院侨务办公室发出《关于捐赠的外汇结汇价格和留成比例的通知》。该通知规定：一切捐赠外汇，应按规定调回国内，按照国务院规定可以全部保留原币，在中国银行开立专户，专款专用。接受捐赠单位经批准可以用捐赠外汇委托外贸部门代理进口本身需要的设备和物资。如购买外贸部门提供的出口商品，可以按出口价格用外汇结算。捐赠外汇属于非贸易外汇收入，在国内购买设备、物资和支付劳务所需的人民币，应按公布牌价结汇。对于已结汇的捐赠外汇，可按 40% 比例给予留成，留成部分可按规定办法参加调剂使用。

30 日　中国人民银行发出《关于中国人民银行总行司局级机构设置情况的通知》。经国务院批准，中国人民银行总行下设办公厅、综合计划司、货币发行司、会计稽核司、金融行政管理司、对外业务管理司、外汇管理局、劳动人事司、科学技术教育司、基本建设司、监察司、老干部管理局、参事室 13 个司局级行政机构；设工商信贷部、储蓄部、金融研究所、中国金融出版社、金融干部进修学院5个司局级事业单位；中国人民保险总公司、中国人民银行印制总公司仍作为企业单位，实行企业管理。

31日 国务院发出《关于中国银行地位问题的通知》。该通知指出，中国银行是社会主义国营企业，是中华人民共和国的国家外汇专业银行。它的任务是：组织、运用、积累和管理外汇资金，经营一切外汇业务，从事国际金融活动，为社会主义现代化建设服务。中国银行除经营本身业务外，还可以根据国家的授权和委托，代表国家办理信贷业务。机构改革后，中国银行承担的各项任务并无改变，仍然根据国家的授权和委托，代表国家办理信贷业务。过去代表国家对外签订的一切贷款协议，仍由国家负责，不受机构改革的影响。

9月

15日 中国人民银行开始陆续在国外和香港等地区发行中国熊猫纪念金币。熊猫纪念金币正面图案为北京著名古建筑天坛祈年殿，背面图案为中国珍稀动物熊猫与青竹，成色为99.9%。熊猫纪念金币发行1组4枚，规格分别为1盎司、1/2盎司、1/4盎司、1/10盎司。世界各国钱币收藏界都视其为“正宗国家货币”。

10月

14日 国家计委、国家经委、财政部、中国人民银行、中国人民建设银行联合发出《关于国内合资建设的暂行办法》。该暂行办法对以下方面作了明确规定：合资建设的目的，合资建设项目的重点，合资建设不受部门、地区和所有制限制，合资建设的形式，合资建设的资金构成和入股方式，合资建设项目要同工业改组、专业化协作、老企业技术改造和城市改造结合进行，合资企业的收益分配和债务分担，合资建设必须由合资各方共同制订合同条款，合资联营企业的建设和生产，合资建设不得搞与现有生产企业争原料、争燃料的动力项目，所有合资建设项目都必须纳入有关各部和地方的固定资产投资计划等。

对合资建设的资金构成和入股方式，文件规定，下列各项不得用做合资建设投资：1. 应上交的税收、利润、折旧基金和资金占用费；2. 国家拨给的有指定用途的专款；3. 流动资金、银行贷款（不包括国家计划安排的国家财政预算内拨款改贷款）或以其他名义借贷的款项；4. 工农联营建设占用的农田不得作为直接投资；5. 一般性的生产技术不得作为投资，但某些先进技术经合资各方同意，可以采取适当方式分享利益。

26日 中国人民银行、国家计委、财政部、外贸部颁发《关于加强留成外汇额度管理的暂行办法》。该暂行办法规定：1. 外汇留成办法由国家计委会同有关主管部门制订，报国务院批准。除批准享有留成外汇的单位外，其他机关、团体、部队和企事业单位收入的外汇，不享受外汇留成。未经国务院批准，任何单位不得改变或扩大留成外汇的分配范围和比例。实行包干的省代理内地省区出口时，应及时将收入的外汇全部划给原委托省区，按照国务院批转的《出口商品外汇留成试行办法》的规定办理出口商品外汇留成。2. 国家计委、中国人民银行、财政部、外贸部按国家有关规定分工负责审批和管理各种留成外汇，应根据国务院批准的外汇留成办法核批外汇留成额度。中央单位的留成外汇年度收支计划，由中央各有关主管部门编制，送国家外汇主管部门审核汇编，并列入适量的机动指标。地方单位的各种留成外汇年度收支计划，由省、自治区、直辖市各有关主管部门编制，送当地外汇管理部门汇编并列入适量的机动指标后，经当地计委平衡，省、自治区、直辖市人民政府批准，报国家外汇管理部门。国家外汇管理部门负责汇总全国留成外汇收支计划，报国家计委。3. 中国银行根据批准的年度支付计划及规定的用途办理支付。各部门和单位闲置多余的留成外汇额度，可按规定通过中国银行办理额度调剂或额度借贷，用汇单位所得外币主要用于发展经济建设的有关支出。4. 实行外汇留成单位需要的营运资金或备付进口货款，经外汇管理部门批准后，可将外汇额度购成现汇存放境内，中国银行根据规定用途监督使用。留成外汇应主要用于境外支付，不允许利用留成外汇作为国内计价结算的手段和购买国内物资的交换条件。

27日 国务院颁布《关于解决企业社会负担过重问题的若干规定》。该暂行规定明确：1. 对国家或中央主管部门有明文规定的收费，如财产保险、排污收费、公路养路费、人防工程费、教育经费等的收费，要根据减轻企业社会负担的精神，研究改进原有规定，有的要制订统一办法。人民银行从1981年起办理结算业务收取手续费，为了减轻企业负担，可适当降低结算贷款利率。2. 对城市维护和建设方面的开支，国家已安排了专项基金，不准挪作他用。城市住宅建设的区内配套项目，由国家计委、城乡建设环境保护部进一步规定合理的统一规定执行，不得任意加价或索取财物。3. 向企业收取的回扣及其他不合理摊派，应予以取消。

11月

2日 中国银行颁布《中国银行外币存款章程》和《中国银行人民币特种存款章程》。外币存款分甲、乙两种，分别是针对企事业单位和个人的存款账户，包括定期存款和活期存款，外币种类包括美元、英镑、港元、西德马克和日元五种。特种人民币存款是指外汇、外币兑换成人民币形成的存款，为记名式活期存款，分为往来户和存折户两种，本存款按照中国人民银行公布的活期存款利率计息，该种存款可随时兑换成外汇汇往境外。

人民币特种存款 人民币特种存款是一种以外币兑换成人民币存款的特殊储蓄业务，以满足居民和非居民在中国境内的支付需要，由中国银行自1983年1月1日起开办。人民币特种存款对象为：各国驻华外交代表机构、领事机构、商务机构；驻华的国际组织和民间机构；外国或港澳地区的企业、团体；在中国境内的侨资、外资、中外合资经营企业；居住在中国境内的外国人、海外华侨和港澳同胞等。可存入特种人民币存款账户的外汇为：由境外汇入的可自由兑换的外汇；由境外携入或寄入的外汇；经存款银行同意存入的外汇。人民币特种存款可以将本息按支取日的外汇牌价兑换成外汇汇往境外；可以转存为人民币存款户或支取人民币现钞，并可享受侨汇待遇；还可转入中国银行开立的其他人民币特种存款账户。人民币特种存款为记名式活期存款，分为往来户和存折户两种，存款按照中国人民银行公布的活期存款利率计息；在中国境内的存款单位或个人因特殊需要，要求使用支票的，需经存款银行同意，使用支票的往来户不计息。人民币特种存款起存金额：机关、团体、企业存款，不低于人民币1 000元；个人存款，不低于人民币20元。

甲种、乙种、丙种外币存款 外币存款是指以外国货币单位表示的存款，通常是以外国货币表示的各种支付凭证，如汇票、本票、支票存入银行的存款，或以外钞存入的存款；存入的外币是可自由兑换货币，如美元、英镑、港元、西德马克、瑞士法郎等，存款种类可分为活期、定期两大类，按中国人民银行规定的相应利率进行计息。外币存款按照存款对象可划分为甲种、乙种、丙种三种存款，甲种外币存款为单位外币存款，乙种、丙种外币存款为个人存款；居住在中国境内的外国人、港澳台同胞、华侨可开立乙种外币存款，国内居民可开立丙种外币存款。

30日 国务院总理赵紫阳向五届全国人大五次会议作题为《关于第六个五年计划的报告》，其中提出了全面实现“六五”计划的主要措施：1. 严格控制固定资产投资总规模，切实保证重点建设和企业技术改造计划完成。固定资产投资规模，包括国家预算内的拨款、自筹资金和银行贷款，都必须由国家计委和省、自治区、直辖市计委进行综合平衡，统一纳入国家计划。所有建设项目必须严格按照基本建设程序办事，一律实行定建设规模、定投资总额、定建设工期、定投资效果、定外部协作条件，并且实行严格的责任制度。用于基本建设的投资，由建设银行统一管起来，按计划监督使用。2. 坚决调整和全面整顿现有企业，努力提高企业的经营管理水平。从现在起立即按照产品分工由归口部门协同地方组成强有力的领导小组，制定行业规划，提出企业调整方案。各地区和各部门都要制订为期两年的企业关停并转计划，提出关停企业的名单和实施步骤。目前在税收、价格、信贷等方面存在的许多妨碍先进、保护落后的制度和办法，必须逐步予以修订。结合企业的调整和整顿，要认真加强财务管理、税收管理和信贷管理，严格财经纪律。坚持信贷管理的集中统一，各级银行不得违反国家计划和政策规定滥发贷款，也不允许任何人强制银行贷款。3. 积极推进技术进步，充分发挥科学技术对经济建设的促进作用。今后应该根据国家财力的可能，采取积极的态度，逐步提高折旧率。在引进先进技术方面，国家要在外汇和国内配套资金上给予支持。4. 积极稳妥地加快经济体制改革的进程。根据多年来的经验，要保证国民经济稳定地协调发展，必须正确贯彻执行计划经济为主、市场调节为辅的原则，把大的方面用计划管住、小的方面放开，主要通过工商行政管理和运用经济杠杆加以制约。无论实行指令性计划和指导性计划，都要自觉地利用价值规律。

12 月

11 日　中国人民银行批准中国银行驻香港总稽核室改为中国银行驻香港管理处。

14 日　中国人民银行、外贸部、中国银行发出《关于重新规定“以出顶进”范围和审批权限的通知》。该通知规定：1. “以出顶进”业务，除国家另有规定外，只限授予直接经营对外贸易的公司才能办理。2. 用于“以出顶进”的出口商品，必须是计划内或者经过批准的计划外的再加工用的原料性商品，并应按外贸部出口商品分类管理的规定，经主管部门审批后，才能按“以出顶进”方式办理。3. “以出顶进”的出口商品，允许以外汇计价。4. 中国银行办理“以出顶进”结算时，进口一方银行应审查允许按“以出顶进”方式办理的批件及有关合同，符合规定时，方能办理外汇调拨手续；出口一方银行支付“以出顶进”货款后，方能办理结汇。文件还对“以出顶进”业务项下的统计和出口收汇分成等，作了具体规定。

15 日　国务院转发国家经委、国家计委、财政部、中国人民银行《关于加强企业流动资金管理的报告》。该报告提出：1. 加强生产的计划管理，搞好产销平衡。对指令性计划产品和定点生产的计划产品，要安排好销售计划，做到产销衔接。对指导性计划产品和市场调节产品，要坚持以销定产、以销定购，防止盲目生产、盲目采购。2. 严格禁止计划外布点和重复建设，减少流动资金的占用。对物资消耗高、产品质量差、生产供过于求、产品大量积压，与先进企业争能源、争原料、争运输能力、争市场的落后企业，特别是那些盲目发展起来的以劣挤优的企业，要首先实行关停并转。3. 减少流通环节，疏通流通渠道。各级商业部门要会同银行区别不同情况，逐步核定正常合理的周转库存限额。超过限额而又不合理的，银行要加收利息。4. 限期处理积压物资。1981 年 1 月 1 日以后发生的积压物资和商品，需要报废、削价、改制而发生的损失，一律不准冲减国家资金和银行贷款。5. 加强流动资金管理，建立流动资金的考核制度。从 1983 年起，每年由财政部、中国人民银行提出流动资金周转指标，作为指令性指标，纳入国民经济计划，由国家计委下达给各地区、各部门，层层落实到企业，据以执行和考核。6. 在资金的供应上，根据不同情况，采取区别对待的措施。对有利于发展生产，搞活经济，扩大产品销售，能够提高经济效益的；对增产短线产品和改产耗能少、原材料消耗低的产品，以及采用新技术、新工艺、新设备、新材料，生产新产品，引进先进技术的，银行要在流动资金和设备贷款上，积极给予支持。7. 结合企业整顿，加强企业的资金管理。要因地制宜地推广首钢的经验，实行责、权、利相结合的经济责任制。银行通过试行浮动利率，奖优惩劣，促进企业加速资金周转。8. 加强流动资金管理工作的组织领导。从 1983 年起，由国家经委主持，各有关部门参加，每季召开一次流动资金分析会议，汇报检查流动资金计划的完成情况，并由国家经委、财政部、中国人民银行汇总向国务院汇报。中国人民银行要建立健全驻厂信贷员制度，加强基层银行的信贷管理工作，协助和监督企业管好用好资金。

24日 国务院发出《关于严格控制固定资产投资规模的补充规定》。该规定指出，在五届全国人大五次会议上提出严格控制固定资产投资规模的五项措施：1. 固定资产投资总规模，包括国家预算拨款、自筹资金和银行贷款，都必须由国家计委和省、自治区、直辖市计委进行综合平衡，统一纳入国家计划。2. 大中型基本建设项目一律由国家计委审批，小型基本建设项目一律有省、自治区、直辖市计委和国务院有关部门审批。不经过国家计委和省、自治区、直辖市计委综合平衡，任何单位和个人都无权确定基本建设项目。技术改造项目，除国家规定企业有权自行安排的以外，由各级计委会同经委按照规定权限审批。3. 所有建设项目必须严格按照基本建设程序办事。4. 所有确定的建设项目，一律实行“五定”，即定建设规模、定投资总额、定工期、定投资效果、定外部协作条件，并且实行严格的责任制度。5. 用于基本建设的投资，由建设银行统一管起来，按计划监督使用。

为贯彻执行上述规定，国务院又作出以下具体补充规定：1. 坚持计划的严肃性，严格按照计划控制固定资产投资规模。2. 各地区、各部门自筹投资的来源必须正当，超过批准自筹投资指标的要加收能源交通重点建设基金。3. 银行必须严格按照国家下达的固定资产投资计划及其相应的财政拨款计划和信贷计划，进行拨款和发放各种投资贷款。4. 基本建设要保证重点，技术改造要注意搞活。5. 加工工业和耗能高的产品的建设及措施项目，要经省、自治区、直辖市和归口部门联合审批。6. 加强财政、银行对固定资产投资与贷款的审查监督。

△ 国务院发布公告，授权中国银行办理被美国冻结资产的收回。公告指出：1979年9月9日，国务院发布命令，授权中国银行，根据1979年5月11日签订的《中华人民共和国政府和美利坚合众国政府关于解冻资产要求的协议》，负责办理被美国政府冻结的各项资产的收回事宜。责成中国银行以国务院公告作为清偿工作的基本法规依据，进行审核、清偿。国家机关、国营企业、事业单位，包括团体、学校等，直接从美国、港澳地区或者第三国银行收回的解冻美元资产，由中国银行结付人民币，就地上交中央金库。原私营企业存在国外或者港澳地区的美元资产，由公私合营时的原行业主管单位负责，一次发给原股东50%的人民币，并给予侨汇优待，其余50%就地上交中央金库。原私营企业存在国外或者港澳地区的美元资产，解冻收回，资产全部归原所有人，30%给予外汇留存，70%结付人民币，并给予侨汇优待。私人存在原私营银行或者解放后存在中国银行被间接冻结的美元资产，解冻收回，统一结付人民币，并给予侨汇优待。但是，委托中国银行或者原私营银行直接存在国外的股票、债券，解冻收回，按照实收金额，30%给予外汇留存，70%结付人民币，并给予侨汇优待。按照本公告清偿的解冻美元资产，中国银行一律依据中国人民银行公布的买入外汇牌价结付，并按年息5%计付利息。

27日 国务院原则同意中国人民银行《关于成立中国人民保险公司董事会的报告》，并批准《中国人民保险公司章程》。中国人民保险公司主要任务是：贯彻执行国家保险事业的方针政策，领导和监督保险公司的经营管理工作。董事会、监事会的组成，除中国人民银行、中国农业银行，中国银行和中国人民保险公司的有关人员外，聘请国家经委、国家计委、财政部、外经贸部、铁道部、交通部、商业部、国际贸易促进委员会的一位负责同志参加。董事长、副董事长人选另行报批，董事、监事人选由中国人民银行与上述有关部门商量。

《中国人民保险公司章程》共有5章13条，包括中国人民保险公司的性质、机构设置、业务范围、资本和董事会与监事会的组织、职权、财务审理等。

1983年7月28日中国人民保险公司董事会、监事会在北京成立。尚明为董事长，童赠银为首席监事，宋国华为总经理。

31 日 财政部、中国人民银行、中国银行发出《关于国家非贸易外汇归财政部支配问题的暂行办法》。为贯彻国务院 6 月 15 日主持召开的非贸易外汇问题讨论会关于“非贸易外汇归国家财政支配，在中国银行单独立户其盈余分次预交，年终结算”的决定，该暂行办法规定，从 1983 年 1 月 1 日起，中国银行内部设置“920 非贸易外汇买卖”科目，“920 非贸易外汇买卖”科目归财政部支配，中国银行买入一切外汇均应记入本科目。“920 非贸易外汇买卖”科目的外汇贷方余额，不计利息；该科目所占用的人民币资金以及垫付的非贸易外汇顺差差价所需人民币资金，暂由中国人民银行无息供应。中国银行对有关“920 非贸易外汇买卖”科目的定期划拨汇总以及与财政部办理结算办法，另行商定。

1983 年

1 月

2 日 中共中央发布《关于当前农村经济政策的若干问题》（即关于农业问题的第二个“一号文件”）。文件从十四个方面阐述了当前农村工作的方针、政策和任务要求。文件在论及关于“加快农村建设，必须广辟资金来源”的问题时指出：随着国家财政状况的好转，要逐步增加对农业的投资，但有限的国家投资只能用于群众力所不及的重大项目。解决资金问题，首先要把农村搞活。同时要教育农民懂得一要吃饭、二要建设的道理，各种合作经济组织均应建立固定资产折旧、公共提留和必要的劳动积累三项制度。农村有些基础设施，如仓库、公路、小水电等，可鼓励农民个人或合股集资兴办，并实行有偿使用制度，谁兴办谁受益，使资金能够回收和周转。农业银行和信用社应改善服务态度，在聚集资金、办理信贷、监督资金使用方面发挥应有的作用。信用社应坚持合作金融组织的性质。

4 日 中国人民银行发出《关于降低结算贷款利率的通知》，决定从 1983 年第一季度开始，结算贷款利率由现行的月息 6‰恢复到 3‰。

5 日 国务院在听取关于召开全国工交会议和财政工作的汇报后提出 1983 年的改革要点：1. 工业、商业要加快改革步伐。方针是，第一要坚决改；第二要经过试点，有领导、有步骤地改。国营工业企业，除极少数具备条件的大型企业实行利润递增包干的办法外，1983 年普遍推行利改税。税后利润节余很多的，再采取各式各样的承包办法。2. 要拿出全面改革工资制度的方案。3. 必须控制财政赤字，实现财政收支的基本平衡。4. 流动资金由人民银行统一供应和管理。人民银行的权力不能分散，必须在国家统一计划和领导下，指导生产，引导建设。

7 日 中国人民银行印发《中国人民银行关于侨资、外资金融机构在中国设立常驻代表机构的管理办法》。主要内容是：侨资外资金融机构经批准可以在北京和其他指定城市设立派出机构；中国人民银行是上述派出机构的审批和监管机构；获准设立的派出机构要到工商管理部门办理登记手续并在中国银行开立账户；派出机构的有效期为 3 年，如要延长需经批准；派出机构的工作范围包括工作洽谈、联络、咨询、服务等非直接营利的工作；派出机构要遵守中华人民共和国的法律，接受中国人民银行的监管，等等。

8 日 中国农业银行发布《关于试办开发性贷款的意见》。该意见提出：这项贷款只限于开发荒山、荒地、荒水、草原、滩涂，发展新的、生产建设周转期 5 年以上的林业、牧业、渔业生产项目，可以用于各种生产开支和必要的劳务开支。贷款必须在各县农业区划和农业发展规划的基础上办理。在试办阶段，只能在县农业发展规划中选择力所能及的项目试办。贷款前，要做好对项目考察评估工作，务必做到看准一项、支持一项，支持一项、办成一项，不得一哄而起、全面铺开、平均分配贷款。贷款对象只限于实行联产承包的专业队、专业组、专业户和新的经济联合体。贷款期限一般为 5 ~ 10 年。贷款利率为月息 3.6‰，专款专用，不得自行改变贷款用途和转移物资、资金。开发性贷款包括在各分行信贷差额包干计划内统一安排，实行专项指标管理。

11 日 中国人民银行在北京召开全国分行行长会议，着重讨论 1983 年银行在改革管理制度方面的问题。会议确定：1. 对集体经济、个体经济和承包经营企业放宽政策，在开户、信贷、结算等方面给予支持，同时加强管理和监督；开办保险业务，促进它们健康发展。2. 建立以银行为主体的多种信用方式，适当开放商业信用，有重点地办理卖方信贷，试办票据贴现等业务，引导各种信用方式纳入国家计划轨道。3. 开办高档次耐用消费品储蓄，把发展储蓄业务同引导消费、促进生产结合起来。4. 正确发挥利率的杠杆作用，对不同行业、不同区域、不同产品的贷款，实行差别利率和不同的还款期限，以鼓励能源、交通建设和技术进步，发展短线产品生产，限制长线产品生产和重复建设。

△　国家计委、中国人民银行、中国人民建设银行发布《关于使用银行节能基建贷款的补充规定》。主要内容是：1. 凡节能项目，投资在500万元以上的应有可行性计划，投资在500万元（不含）以下、100万元以上的应有省、自治区、直辖市计委批准的建设方案，在进行审查可行性研究或建设方案时，所在地人民银行、建设银行应对其经济效果、偿还能力等进行审查，提出意见，作为各级计委审批设计任务书和项目列入计划的依据之一。2. 国家下达的节能贷款计划，建设单位与当地经办银行在收到计划两个月内，由于种种原因未能及时签订贷款合同的，属于建设单位的原因，建设单位应按隶属关系及时报告省、自治区、直辖市计委或主管部门，抄送国家计委，申述情况，提出解决意见，否则以自动放弃贷款指标处理。属于银行方面的原因，由银行及时报告总行，抄送国家计委，陈述不能贷款的理由。3. 节能贷款项目，应按审查批准的概算控制贷款金额，贷款总额不得超过贷款合同的总金额。年度基建计划安排的贷款指标，当年未用完的部分，可以结转到下一年度使用。4. 节能项目的贷款期限最长为10年，利率优惠一律按照年利率2.4%计息。

14日　国务院办公厅发出《关于中国人民建设银行、中国农业银行组织机构的通知》。该通知指出，中国人民建设银行、中国农业银行是相当于国务院直属局级的金融经济组织。中国人民建设银行受财政部和中国人民银行的双重领导，以财政部领导为主。在办理金融业务方面受中国人民银行领导，在办理财政业务方面受财政部领导。中国农业银行在金融政策、货币流通、信贷计划、机构设置、外汇管理五个方面受中国人民银行领导。

△　中国农业银行发布《关于当前农村贷款工作中几个政策问题的意见》。该意见对支持专业户（重点户）贷款问题，支持发展各种合作经济贷款问题，支持农村个体商业贷款问题，对有雇工经营的合作经济组织与个体农工商户贷款问题，承包户（或联户）、个体工商户购买大中型生产资料问题，支持农村小集镇建设贷款问题，支持农民改善生活（包括某些生产）条件的贷款问题，承包地区原集体积欠贷款债务落实问题等作出了明确规定，要求各行根据本地区的实际情况，制订具体实施方案。

20日　中国人民银行、外贸部联合发布《关于争取对外承包工程和劳务合作在国内保险的通知》。该通知对对外承包公司、有关驻外使馆经商参处，提出为了增加外汇收入，为四化建设积累资金，对外承包工程和劳务合作应争取在国内保险，对一些重大承包项目，保险公司可派人参加有关保险问题的谈判，必要时也可作为保险顾问参加我方承包公司派往国外的工作组或代表团协助工作。该函对应争取的保险项目也作了明确规定。

31日　国务院批转国家计委、国家经委、外贸部《关于对外经济贸易工作中分工的意见》。其中与金融部门有关的内容是：1. 国际收支计划执行中的调整和重大外汇调度，国家计委要同中国人民银行、中国银行等部门商量后决定，更大的调整要报请国务院批准。有关外汇管理制度办法的制定修改等，由中国人民银行商同国家计委、国家经委、财政部、外贸部提出解决意见，报国务院批准。2. 签订政府间贷款协定和协议的问题，按国务院授权办理。各部和省、自治区、直辖市利用外资计划报国家计委、国家经委、外贸部，同时抄送财政部、中国人民银行并中国银行，由外贸部汇总，国家计委会同有关部门综合平衡、统一审定后，分别纳入各级国民经济计划和各级财政预算。利用国外贷款或采取中外合资经济、合作经营、合作开发、补偿贸易方式进行限额以上项目，其项目建议书、可行性研究报告，均由国家计委会同国家经委、外贸部、财政部、中国银行以及有关部委审批。3. 关于引进技术和进口成套设备计划的制订，由各部门和省、自治区、直辖市提出，报国家计委、国家经委、外贸部，同时抄送财政部、中国人民银行并中国银行；使用国家外汇、出口信贷和留成外汇的限额以上项目，其项目建议书及可行性研究报告，以国家计委为主，会同国家经委、国家科委、外贸部、财政部，组织有关部门进行审批。

2月

6日 国务院批转国家经委《关于技术改造工作座谈会情况的报告》。1982年10月23日，国家经委、外贸部、中国人民银行召开全国技术改造工作座谈会，初步确定1983年技术改造计划的资金规划，择优安排第一批技术改造和技术引进项目，并讨论研究了鼓励企业技术进步的一些政策措施。其中在讨论有关适当调整贷款政策的问题时提出：要保证贷款优先用于内涵为主的技术改造项目，除对节能、交通、买船等专项贷款实行优惠利率外，其他中短期设备贷款实行浮动利率。对社会综合经济效益高而缺乏还款能力的技术改造项目和用于新技术开发的项目，应给予优惠，按现行利率向下浮动。还款期限一般不超过五年，社会综合经济效益高而还款能力差的贷款项目，经过批准可适当延长。

11日 国务院批转国家体改委、商业部《关于改革农村商品流通体制若干问题的试行规定》。该试行规定提出：现行的农村商品流通体制已经越来越不适应新形势的要求，农民“卖难”、“买难”已成为当前农村经济生活中一个十分突出的问题。为了尽快改变这种状况，须实行多种经济形式、多种经营方式、多种流通渠道，改变统得过多、独家经营、渠道单一的做法；合理设置批发机构，搞好农副产品收购和工业品下乡，解决农民“卖难”、“买难”的问题；加快供销合作社体制改革的步伐；建立商业企业经营承包责任制，提高经济效益；逐步调整部分商品的价格政策，调整税收、财政、信贷政策，包括国营商业企业和县联社要实行“利改税”，银行对农副产品和生产资料经营的季节性贷款，给予优惠利率等。

19日 中国农业银行印发《关于改革信用社管理体制的试点意见》。该试点意见指出：1. 要明确信用社是集体所有制的金融组织，逐步恢复和加强信用社组织上的群众性，管理上的民主性，业务经营上的灵活性。2. 信用社要独立经营、独立核算，逐步做到自负盈亏；任何单位和个人不准抽调信用社资金，侵占信用社财产。3. 调整和健全公社及公社以下的信用合作组织。4. 信用社的贷款要贯彻以支援农业生产为主，支持双包户、专业户（重点户）为主和支持流动资金周转为主的原则；在“三个为主”的原则下，充分发挥信用社资金力量，允许与银行有某些业务交叉。5. 信用社的利率可以比银行高，可以根据市场情况和择优扶持的需要实行浮动利率。6. 全国信用社现有脱产职工的政治、经济待遇和口粮同银行职工一致不变。今后信用社和分社新增加职工，除补助自然减员外，原是农村户口的均不转城镇户口，不吃商品粮，不拿固定工资，按业务量付酬。7. 在县一级要建立信用社的联合经济组织——信用合作联合社，各个信用社之间在经济上实行既独立又联合的办法。中国农业银行要求各分行都要认真抓好一两个县的试点。

24日 外贸部、财政部、中国人民银行联合颁布《关于中外合资经营企业向国家交纳税款，同国内各企业或个人之间结算使用货币的规定》。该规定明确：合营企业向国家缴纳税款和法定的各项费用一律使用人民币，不得向合营企业收取外币或外汇兑换券。合营企业同国内各企业或个人之间的结算都应使用人民币，不得向合营企业收取外汇或外汇兑换券。合营企业同银行、保险公司和外贸公司之间的结算，可视不同情况，分别使用人民币或外币。国内基建单位承建合营企业的建筑工程，除利用外资建造旅游饭店可按外币结算承包外，其他合营企业的基建工程均应以人民币结算。

4月

2日 国务院发布《关于对外借款有关问题的通知》。该通知规定：除政府间贷款和向世界银行、国际货币基金组织等国际金融机构借款以及国家另有规定者外，国内各单位向国外或港澳地区借款和以发行债券方式募集资金，均应按照国务院规定的权限和程序报批，批件抄告同级中国银行并受其监督。国内单位向国外银行借款，中国银行如认为条件合适，借款单位可向中国银行申请担保。国内单位借入的外汇资金必须存入中国银行，借款单位必须在中国银行开户。为了便于掌握对外负债的全面情况，所有对外单位应按国家规定，及时报送统计报表（包括债务报告），并同时抄报同级中国银行，中国银行应加强审查和监督。

△ 财政部发布《中国投资银行投资贷款办法》。该办法规定，中国投资银行发放投资贷款的范围主要是：全民所有制和县以上集体所有制企业进行更新改造的中小型项目以及中外合资企业项目。中国投资银行的贷款分为外汇投资贷款和人民币投资贷款两种。外汇投资贷款主要用于向国外引进技术和进口设备以及有关费用所需要的外汇资金，人民币贷款主要用于国内配套设备和工程所需的人民币资金。

6日 国务院批转国家计委、财政部、中国人民银行、国家统计局《关于编制综合财政信贷计划的报告》。该报告提出：必须把预算外资金纳入综合财政信贷计划，并且把编制综合财政信贷计划作为一项制度固定下来，作为加强宏观经济预测和计划指导的一个重要手段和措施。财政部既要管好预算内资金，也要管好预算外资金。综合财政信贷计划包括国家预算收支计划、国家信贷收支计划和预算外资金收支计划。当前信贷计划中的问题，就全国来说，主要是不能全面反映信贷资金的来源与运用。要做到全面反映国家或地区的信贷资金状况，就要编制综合信贷计划，做好信贷资金来源与运用的平衡。编制综合财政信贷计划，由计委牵头，计划、财政、银行和统计四个部门分工协作，各负其责。

20日 国务院批转财政部《关于建设银行机构改革问题的报告》。主要内容包括：中国人民建设银行为独立经营、独立核算的全国性金融经济组织，是管理基本建设等投资的国家的专业银行。它的任务是：贯彻执行中共中央、国务院有关经济建设的方针政策，按照国家的计划管理基本建设、地质勘探的支出预算，办理基本建设、更新改造的拨款、信贷和结算，管理建筑安装企业的财务，并对这些单位实施财政和信贷监督。中国人民建设银行各省、自治区、直辖市分行改为金融组织后，其职能、任务和级别待遇不变，属于地方基本建设的支出预算和财务管理工作，仍接受财政厅（局）的指导。省以下各级建设银行，由上级行和当地人民政府双重领导，以上级行领导为主。

24日 国务院批转《财政部关于全国利改税工作会议的报告》和《关于国营企业利改税试行办法》。主要内容包括：凡有盈利的国营大中型企业，均按照实现利润和55%的税率缴纳所得税。税后利润，一部分以递增包干上缴、固定比例上缴、缴纳调节税、定额包干上缴等办法上缴国家；一部分按照国家核定的留利水平留给企业。

1983年4月29日，财政部发布了《关于对国营企业征收所得税的暂行规定》。自当年6月1日起，国营企业开始普遍推行“利改税”制度。截至1983年12月底，实行利改税第一步改革的工业企业累计达到28 110户，占全国盈利工业企业总户数的88.6%。实行利改税的企业的留利水平，1983年比1982年增长25.8%，高于1982年全国国营工业企业生产增长额9.6%，实现利润增长14.1%和上缴税利增长8%。

25日 中国银行转发财政部的《我国利用外资的现行若干减免税规定摘编》。其中，在“预提所得税”中与银行有关的规定是：1. 外商在1983～1985年期间，同我国公司、企业签订信贷合同或贸易合同，以及租赁贸易合同所取得的利息和扣除设备价款后的净租赁费，在合同有效期内可以减按10%的税率缴纳所得税。2. 国际金融组织贷款给我国政府和我国国家银行所取得的利息，免征所得税。3. 外国银行按国际银行间同业拆放利率，贷款给我国国家银行和经国务院或国务院授权单位批准对外经营外汇业务的信托投资公司所取得的利息，免征所得税。4. 外国银行按不高于国际银行间同业拆放利率，贷款给中国海洋石油总公司的利息所得，免征所得税。5. 我国公司、企业、事业单位购进技术、设备和商品，由对方国家提供卖方信贷，我方按不高于其买方信贷利率延期付款所付给卖方转收的利息，免征所得税。6. 外国银行和个人在我国国家银行存款，存款利率低于存款银行或存款人所在国存款利率的利息，免征所得税。7. 外商向我国公司、企业提供设备和技术，由我方用产品返销或交付产品等供货方式偿还价款的本息或者用来料加工、装配工缴费抵付价款的本息，免征所得税。该摘编中还规定：对中国远洋运输总公司，用中国银行外汇贷款购买的船舶，1985年前免征进口环节的工商税；华侨在国内投资公司的投资，不分红利，其股息不高于国家银行、信用社储蓄存款利率的，以及华侨从海外汇入我国境内赡养其家属的侨汇、继承国外遗产从海外汇入的外汇，取回解冻在美资金汇入的外汇，免征个人所得税。

29日 财政部发出《关于银行实行利润留成的函》。自1983年起，对中国人民银行（包括中国银行、中国农业银行）实行全额利润留成办法，利润留成比例核定为7%。在提取的利润留成额中，用于职工福利方面的开支应控制在11%以内；用于职工奖励方面的开支不得超过9%；用于业务发展方面的开支不应低于80%。提取的利润留成，年终由中国人民银行按照核定的比例向财政部统一结算。核定的留成比例三年不变。

5月

23日 《中国农业银行经营责任制试行办法》和《中国农业银行利润留成暂行办法》发布。该试行办法规定：把利润留成的70%作为留成基数，其余30%以五项经济指标考核结果来提取。全面完成五项经济指标计划的，可按核定的利润留成比例全部提取。没有完成指标计划的，提取70%留成基数外，其余30%按照资金来源指标和资金运用指标各占7%，质量指标和费用指标各占6%，利润指标占4%，依率扣减。

25日 中国农业银行印发《关于调整行社往来利率等有关问题的通知》。该通知规定：从1983年起，农业银行与信用社的往来利率由原来的月息2.7‰调整为3.6‰，同时相应取消农业银行对信用社存贷款的利差补贴。存款较多的信用社，允许将长期不用的资金向农业银行存单位定期存款，农业银行按照规定付给利息。信用社代理银行贷款业务的手续费，自1983年起实行按收回贷款利息分成，一般按收回贷款利息10%～15%计付手续费。对收入利息特大或特小的地区的计费率，也可低于或高于这个比例。对所、社合署办公、人员统一使用实行费用分摊办法的，也应根据上述精神，合理调整其费用分摊的比例。信用社管理体制改革后，对业务量小暂时不能扭亏为盈的少数亏损信用社，农业银行可根据实际亏损情况给予亏损补贴。亏损计划核定后，由亏损社包干使用，节余留用，超亏不补。

6月

6日 国务院总理赵紫阳向六届全国人大一次会议作《政府工作报告》。该报告提出，今后五年政府的主要任务是：动员全国各族人民全面完成和超额完成第六个五年计划，制订和执行第七个五年计划，把以经济建设为中心的各项建设事业继续向前推进，实现中国共产党第十二次全国代表大会提出的争取国家财政经济状况和社会风气的根本好转，在全面开创社会主义现代化建设新局面的斗争中取得重大的胜利。该报告强调：今后五年，首先要保证农业、轻工业和重工业相互协调地向前发展。在促进农业生产持续发展的同时，必须引导重工业更好地为农业、轻工业和技术改造服务，坚持在能源和原材料供应、运输条件、投资和贷款分配、外汇使用等方面优先保证轻工业需要的方针。

该报告指出，当时面临最突出的问题是国家财力不足，资金严重分散。解决这一问题要从三个方面入手：1. 大力提高经济效益，积极扩大财源；2. 合理分配国民收入，提高财政收入在国民收入中的比重；3. 正确确定基本建设总规模，努力保证重点建设的需要。关于经济体制改革，第一要改革计划体制，加强国家对国民经济的有效管理和指导；第二要按照社会化大生产的要求组织生产和流通，发展统一的社会主义市场；第三要改革财政体制和工资制度、劳动制度，进一步完善利改税制度。

10日 中国农业银行发布《关于改进农副产品预购定金贷款管理办法的通知》。该通知规定：预购定金可以发放给有农副产品预购任务的生产队（组），也可以直接发放给有交售农副产品任务、需要使用预购定金的承包户、专业户（重点户），用于解决当年生产资金的需要。今后各省、自治区、直辖市分行，对总行分配的预购定金贷款指标，在保证主管厅（局）系统预购品种需要的前提下，根据实际需要，可以在系统与系统之间调剂使用。对有关部门需要增加新的预购品种，可以用一般贷款支持，不占用预购定金贷款指标。

农副产品预购定金贷款 农副产品预购定金贷款是指银行针对农副产品预购环节发放的专项贷款，主要用于商品粮集中产区的粮食企业向农户支付预购定金。预购定金贷款规模由中国人民银行在安排专业银行农副产品收购贷款规模中解决，资金由专业银行组织落实，预购定金由粮食部门负责发放，粮食企业向银行报送贷款计划，并于春耕之前发放到农民手中。预购定金贷款利息由中央财政按原标准给予补贴。财政部按国务院下达的粮食定购任务包干数和规定的贷款利率及贴息时间预拨给中央粮食主管部门，由中央粮食主管部门再按各省、自治区、直辖市的粮食订购、包干数量，包干给各地粮食部门管理使用，由各级工商银行、农业银行监督拨付到位。

15日 国务院发布《中华人民共和国金银管理条例》。该条例共有7章35条，对金银的收购、配售和对经营单位、个体银匠及金银进出国境的统一管理都作了具体规定。其中规定：国家对金银实行统一管理、统购统配的政策；中华人民共和国境内的机关、部队、团体、学校，国营企业、事业单位，城乡集体经济组织的一切金银的收入和支出，都纳入国家金银收支计划；境内机构所持的金银，除经中国人民银行许可留用的原材料、设备、器皿、纪念品外，必须全部交售给中国人民银行，不得自行处理、占有；在中华人民共和国境内，一切单位和个人不得计价使用金银，禁止私相买卖和借贷抵押金银。根据这个条例，中国人民银行于同年12月28日颁发《中华人民共和国金银管理条例施行细则》。

1950年4月，中国人民银行制订下发《金银管理办法（草案）》，冻结民间金银买卖，明确规定国内的金银买卖统一由中国人民银行经营管理。

24日 中国农业银行印发《关于加强小水电信贷工作的几点意见》。为支持小水电事业的发展，该意见提出：发展小水电，要坚持自建、自管、自用的方针，在资金上以自力更生为主、财政和银行支援为辅。凡是单机在6 000千瓦、总装机12 000千瓦以下的小水电站，只要在农业银行开立结算账户，实行独立核算的，都可以受理贷款事宜。贷款主要是支持在批准的施工期内，用于购置装机设备和必要的建筑材料的资金需要。贷款的归还首先以电站提留的折旧金、新建电站的利润，改建、扩建电站和电站通过挖革改及多种经营增加的利润归还贷款；在未还清贷款前，不得用于上缴利润、股金分红、增加社员分配和其他支出。文件还对贷款期限和利率、建立健全贷款的管理制度和信贷制裁等作了具体规定。

25日 国务院同意并批转中国人民银行《关于国营企业流动资金改由人民银行统一管理的报告》。国务院强调指出，流动资金由中国人民银行统一管理，是资金管理体制的一项重大改革。中国人民银行有权制定流动资金管理制度，管理企业的国拨流动资金，核定企业的流动资金定额和计划，考核企业使用流动资金的效益。

中国人民银行在该报告中提出的银行统一管理流动资金的办法是：1. 企业的国拨流动资金仍然留给企业，由银行进行管理；对企业的国拨流动资金，应实行有偿占用，收取一定的占用费。2. 工业企业的流动资金定额改为一般按平均先进的销售收入资金率（或销售成本资金率）进行核定，每年按销售计划调整一次，生产和销售增长了，流动资金定额可相应增加。3. 对超定额（或超计划）贷款实行加息或“浮动利率”，取消定额内低息贷款，实行统一利率。4. 对不同的行业、企业和产品实行差别利率。5. 建立企业补充自有流动资金制度。根据目前企业的利润分配办法，对企业补充流动资金采取不同办法。

该报告还着重提出：在由中国人民银行一家管理流动资金后，更要注意财政信贷的综合平衡，使扩大再生产中固定资产投资和流动资金安排保持合理的比例。目前信贷渠道的资金增加较多，生产发展和流通扩大所需的流动资金，银行可以多承担一些；如果国民经济出现新的情况，信贷平衡发生困难，财政则要支持银行。改革的步骤是：有条件的省、自治区、直辖市在1983年下半年选择一两个城市或纺织行业，进行流动资金统一管理的改革试点，以取得经验；从当年7月1日起，国营企业的流动资金全部改由银行贷款供应，国家财政不再增拨流动资金；自1984年起，按照先工业、后商业，先大中城市、后小城市的原则，结合各地实际情况，分期分批，争取一到两年内逐步做到银行统一管理流动资金。

7月

3日 中共中央办公厅、国务院办公厅转发中央书记处农村政策研究室、商业部、农牧渔业部、中国农业银行《关于坚决纠正在征购粮食结算中借机扣款的报告》。该报告提出：粮食部门收购粮食应当及时结算，坚持户交户结，队（组）交队（组）结，谁售粮谁得款，做到粮款两清，除代收农业税和按合同规定收回预购定金以外，不得为其他部门和单位代扣款项。农民应承担的社会负担和集体提留，应按政府有关规定并经群众民主评议的项目和集体经济内部签订合同执行。

7日 中国人民建设银行发布《关于严格控制贷款的紧急通知》。该通知指出，为了贯彻党中央、国务院关于严格控制基本建设规模、集中资金保证重点建设的指示，建设银行决定，各地建设银行发放的固定资产投资贷款，一定要严格控制在国家计划之内，贷款突破国家计划的，要追查有关行长的责任。为此采取三项措施：1. 凡是由建设银行发放的贷款，不论资金来源如何，都要逐项清查。对不符合规定的，一律停止贷款，进行清理。2. 各级建设银行1983年安排的供企业更新改造用的贷款，凡是超过批准贷款指标的，一律不得发放。3. 各级建设银行经办的信托投资公司立即停办，将资金并入银行，按正常信贷业务办理，以便加强对信贷资金的集中统一管理。

8日 深圳市宝安县联合投资公司向社会公开发行股票。7月25日，宝安县联合投资公司在《深圳特区报》上刊登招股启事：“欢迎省内外国营集体单位、农村社队和个人（包括华侨、港澳同胞）投资入股，每股人民币10元。实行入股自愿，退股自由，保本付息，盈利分红。”1991年，该公司更名为宝安企业（集团）股份有限公司，6月25日，宝安股票公开在深交所挂牌上市。总股本2.64亿元，是当时全国最大的上市公司。深圳市宝安县联合投资公司成为首家通过报刊公开招股的公司。

9日 国务院发布《关于严格控制基本建设规模，清理在建项目的紧急通知》。为了坚决刹住基本建设投资增长过猛的趋势，保证国民经济稳定发展，集中财力、物力加强重点建设，该通知规定：抓紧检查、清理基本建设投资规模，迅速把超过国家下达的基建规模的部分压缩下来。认真清理在建项目，计划外的项目，要一律停下来，并切实做好善后工作。计划内的项目，也应视工艺、能耗、产品销路等情况确定是否继续建设。严格控制新开工项目。认真清理向建设单位乱摊派、敲竹杠、吃大户的问题。更新改造投资规模也要严格控制，不得突破国家下达的指标。

18日　中国人民银行发布《关于严格控制基本建设贷款的通知》。该通知规定：1. 凡未列入国家计划和省、自治区、直辖市计划的基建贷款的在建项目，一律停止贷款；2. 计划内基建贷款和中短期设备贷款的在建项目，凡因建设条件不具备、工艺落后和重复建设等原因，主管部门决定停建的，一律停止贷款；3. 经国务院有关部门批准纳入国家更新改造计划，用中短期设备贷款安排的属于基建性质的在建项目，应当停建的项目，一律停止贷款；4. 未纳入国家更新改造计划的基建性质的在建项目，一律停止贷款；5. 地方用人民银行贷款搞的自筹基建项目，一律停止贷款，并从建设单位的自有资金中收回已发放的贷款；6. 各级人民银行办理的信托投资公司（部），要按照国务院的规定，立即停止发放固定资产投资贷款，并进行清理；7. 国家支援少数民族地区发展经济的专项贷款，如需用于基建，要按规定经过批准，纳入国家基建计划。中国人民银行要求各级人民银行立即采取有力措施，将1983年基建贷款和中短期设备贷款严格控制在国家计划以内，不得超过。如控制不力，哪一个分支行超过了，由哪一个分支行的行长承担责任。

8月

5日　国务院批转外贸部《关于大力扩大机电产品出口问题的报告》。该报告提出：为了支持大型机电产品和成套设备的出口，由国家拨款在中国银行设立一笔专项人民币信贷基金，供作周转使用。贷款年限，从目前的十年改为十五年，年息从目前的7.2%改为3.6%~5.5%。贷款手续要简化，有对外合同证明，进出口公司担保经银行审核同意，即可贷款，不需要逐个逐笔报批。

12日　财政部、中国人民银行发布《关于企业申请和归还各种技措贷款有关财务税收问题的规定》。该规定明确：企业申请技措贷款，不论国营企业还是集体企业，一般要有10%~30%的自有专项资金用于贷款项目，不足部分才能使用贷款。企业归还贷款，国营企业应首先使用企业自己的各种专项资金（包括更新改造资金和生产发展基金等）归还，不足部分，没有实行利改税的企业，用贷款项目投产后新增加的利润归还；实行利改税的企业，在交纳所得税之前，用贷款项目投产后新增加的利润归还。个别税率高、利润低、需要鼓励发展的产品，用上述资金仍不足归还贷款的，经财政部批准，可用贷款项目增加的工商税还款。城镇集体企业应当用交纳所得税后的利润归还，用税后利润归还有困难的，经省、自治区、直辖市税务局批准，可以在交纳所得税之前，用贷款项目投产后新增加的利润归还一半，其余部分用税后利润归还。

11月5日，财政部、中国人民银行对上述规定作了补充，确定在近几年内，对城镇集体企业新借用的各种技措贷款的归还办法改为：在缴纳工商所得税之前，用贷款投产后新增加的利润归还贷款本息的60%，其余40%用税后利润归还。少数企业按上述规定归还贷款还有较大困难的，经当地税务机关审查属实后，报省、自治区、直辖市税务局批准，可再酌情放宽税前还款的比例。在用贷款项目新增利润归还贷款本息期间，企业主管部门不得向企业提取利润和各项基金。国营企业在本补充规定下发前借用的各种技措贷款，在规定的归还贷款本息期间，原规定允许用工商税归还的，仍可按财政部原来的有关规定继续用工商税归还；新借用的各种技措贷款，除了上述《关于企业申请和归还各种技措贷款有关财务税收问题的规定》中的规定外，一律不得用工商税归还。

26日　中国人民银行、国家经委、财政部联合发出《关于国营企业流动资金改由人民银行统一管理的有关问题的通知》。该通知规定：1. 从1983年7月1日起，国营企业（包括预算内外，下同）流动资金改由人民银行统一管理，所需流动资金由银行按照信贷政策供应，国家财政不再增拨流动资金。过去各地财政部门已经拨给企业主管部门的企业流动资金，仍然留给企业，不得收回。财政拨给企业主管部门的流动资金，尚未下拨的，必须在下半年拨给企业，不得挪作他用。2. 国营企业和企业主管部门的国拨流动资金，以6月30日企业账面数为准。自7月1日起，未经银行同意，国拨流动资金不得抽调或减少。3. 1980年以前入库的钢材、机电产品的削价报废损失及其他遗留问题的资金损失，短期内难以查清楚的，在办理交接后抓紧清查核实。4. 鉴于当年财政、银行、企业的收支、利润留成计划已经确定，1983年下半年银行各项贷款计息办法，仍按现行规定执行，不作变动。从1984年1月1日起，取消银行定额内低息贷款。

27日 国务院发出《关于严格控制货币投放、积极组织货币回笼的通知》。该通知指出，1983年以来货币回笼情况比往年差，主要是基本建设规模过大，消费基金增长过快，农业贷款增长过猛。如果这种趋势不迅速扭转，全年货币发行计划将会大大突破，市场物价基本稳定的局面将难以保持，生产建设和人民生活就要受到影响。国务院要求各级人民政府和国务院各有关部门在努力发展生产的基础上，采取有力措施，紧缩银根，严格控制货币投放，力争1983年年末货币发行量控制在计划以内。

该通知规定：1. 超过国家基建计划的，必须下项目，真正把基建规模压缩下来。中国人民银行、中国农业银行、中国银行和中国人民建设银行要认真清理固定资产贷款，不仅要把基建贷款和中短期设备贷款严格控制在国家计划以内，并且还要压缩一部分。地方用银行贷款搞的自筹基建项目，除报经国家计委和各银行总行批准的外，一律停止贷款。各地区、各部门的信托投资公司，除了国家批准的以外，要按照规定立即停办和清理，不执行规定的，责成人民银行冻结其存款。2. 凡是超过国家规定标准的，有经营亏损或利润没有增长而奖金增加的，奖金增长超过盈利增长的，都要降下来。对弄虚作假、巧立名目乱发奖金、发补贴的，要追究有关领导人的责任。各级银行要严格城乡现金管理，防止套取现金和任意坐支现金。3. 农业贷款的发放，要同农业生产资料的供应相适应，防止由于钱多物少而使价格上涨。对与大工业争能源、争原材料和盲目建设、重复建设、产品没有销路的社队企业，应当停止发放贷款。新增加存款至少要以30%交中国农业银行作为存款准备金。各地要抓紧收回到期、逾期贷款，贷款到期不还的要加收利息。4. 银行对生产和收购超过限产计划的长线产品、没有销路的产品和已列入淘汰的产品，对已确定关停并转的企业和发生亏损长期占用银行贷款的企业，都不予贷款。对外贸企业超期、超额亏损的，银行一般不贷款，已经占用的贷款要限期收回，并加收利息。5. 应当由财政承担的开支，不能挤占信贷资金，以免增加财政性的货币发行。要加强对集体、个体经济户的税收管理，以增加财政收入和货币回笼。要认真审查和严格控制社会集团购买力，以节省非生产性开支，减少现金支出。6. 继续贯彻在能源和原材料供应、运输条件、投资和贷款分配、外汇使用等方面优先保证轻工业需要的方针，千方百计地增加适销对路的商品的生产，特别是增加农业生产资料和农村建筑材料的生产和供应。轻纺工业要不断提高产品质量，增加花色品种，开拓新的生产门类。7. 积极吸收城乡储蓄存款，增加信用回笼。

9月

1日 国务院颁布《中华人民共和国财产保险合同条例》。该条例共有5章23条，对该条例所指的财产保险范围，保险合同的订立、变更和转让，投保方的义务和保险方的赔偿责任等，作了明确规定。该条例规定：投保方提出投保要求，填具保单，经与保险方商定交付保险费办法，并经保险方签章承保后，保险合同即告成立；在保险有效期内，投保方和保险方可以协议改变保险合同的内容；保险合同一经成立，保险方不得在保险有效期内终止合同；投保方应当按照约定交付保险费；保险方应当按照保险合同的规定履行赔偿责任；赔偿金应在十日内偿付，否则应承担违约责任并支付违约金。该条例还规定：公民个人同保险方签订的保险合同、涉外财产保险合同参照本条例执行。海上保险合同，除法律另有规定外，适用本条例的规定。

3 日　中共中央、国务院发布《关于加强利用外资工作的指示》。该指示提出：利用外资、引进先进技术，对加快我国社会主义现代化建设具有重要的战略意义。同时强调：当前应尽可能利用外国政府和国际金融组织的中低利、中长期贷款；加快一些重点项目和基础设施的建设；也要尽可能多吸收一些直接投资，以加快现有企业的技术改造。应在平等互利的原则下，做好以下工作：放宽税收政策。对中外合资经营企业实行适当的减免税，同时要抓紧同有关国家谈判签订避免双重征税协定，以利于外商向我国投资和提供技术。提供一部分国内市场，采取灵活措施，对可以带进我国缺乏的技术，以及生产我国还需要进口的短线产品的中外合资经营企业，可以扩大其产品内销比例。放宽对设备、材料进口和产品出口的限制。继续发挥中国银行在组织和利用外资方面的积极作用。实行合理的价格政策。对在经济特区试办的全部由外商投资的企业抓紧总结经验，制订管理办法。对华侨和港澳台同胞在国内投资给予特殊的优惠。根据需要和可能，我国可到国外开办中外合资经营企业，其重点是合作开发我国迫切需要的资源。中外合资经营企业的外汇收支一般应保持平衡。制定和完善有关法规。

△　为了使国际社会正确地了解我国的外汇储备实际情况，中国人民银行决定从 1983 年第三季度起，除公布我国外汇储备的总金额（包括国家外汇库存、中国银行的外汇结存和国家对外借款的未用部分）外，拟将其中的国家外汇库存和中国银行外汇结存分别列明，同时单独公布国家借款数字。

17 日　国务院作出《关于中国人民银行专门行使中央银行职能的决定》。国务院指出，为了充分发挥银行的经济杠杆作用，集中社会资金，支持经济建设，改变目前资金管理多头、使用分散的状况，必须强化中央银行的职能。

该决定的主要内容是：1. 中国人民银行是国务院领导和管理全国金融事业的国家机关，不对企业和个人办理信贷业务，集中力量研究和做好全国金融的宏观决策，加强信贷资金管理，保持货币稳定。其主要职责是：研究和拟定金融工作的方针、政策、法令、基本制度，经批准后组织执行；掌管货币发行，调节市场货币流通；统一管理人民币存贷款利率和汇价；编制国家信贷计划，集中管理信贷资金；管理国家外汇、金银和国家外汇储备、黄金储备；代理国家财政金库；审批金融机构的设置和撤并；协调和稽核各金融机构的业务工作；管理金融市场；代表我国政府从事有关的国际金融活动。2. 中国人民银行成立有权威的理事会，作为决策机构。中国人民银行的分支机构原则上按经济区划设置，其主要任务是：在人民银行总行的领导下，根据国家的金融方针政策和国家信贷计划，在本辖区调节信贷资金和货币流通，协调、指导、监督、检查专业银行和其他金融机构的业务活动，承办上级人民银行交办的其他事项。人民银行总行对其分支机构，在银行业务和干部管理上实行垂直领导、统一管理。国家外汇管理局及其分局，在人民银行的领导下统一管理国家外汇，中国银行统一经营国家外汇的职责不变。成立中国工商银行，承担原来人民银行办理的工商信贷和储蓄业务。3. 人民银行对专业银行和其他金融机构（包括保险公司）主要采取经济办法进行管理。各专业银行和其他金融机构，对人民银行或人民银行理事会作出的决定必须执行，否则人民银行有权给予行政或经济制裁。国际信托投资公司的业务活动也要接受人民银行的管理和监督。中国人民建设银行在财政业务方面仍受财政部领导，有关信贷方针、政策、计划，要服从中国人民银行或中国人民银行理事会的决定。中国工商银行、中国农业银行、中国银行、中国人民建设银行、中国人民保险公司作为国务院直属局级的经济实体，在国家规定的业务范围内，依照国家法律、法令、政策、计划，独立行使职权，充分发挥各自的作用。4. 为了加强信贷资金的集中管理，中国人民银行必须掌握 40% ~50% 的信贷资金，用于调节平衡国家信贷收支。财政金库存款和机关、团体等财政性存款，划为人民银行的信贷资金。专业银行吸收的存款，也要按一定比例存入中国人民银行，归中国人民银行支配使用。专业银行的信贷收支，必须全部纳入国家信贷计划，按照人民银行总行核定的信贷计划执行。

20日 国务院发布《中华人民共和国中外合资经营企业法实施条例》。该条例规定：允许设立合营企业的主要行业是能源开发、建筑材料工业、化学工业、冶金工业；机构制造工业、仪器仪表工业、海上石油开采设备的制造业；电子工业、计算机工业、通信设备的制造业；轻工业、纺织工业、食品工业、医药和医疗器械工业、包装工业；农业、牧业、养殖业；旅游和服务业。在中国境内设立合营企业，必须经外贸部审查批准。合营企业为有限责任公司。合营者可以用货币出资，也可以用建筑物、厂房、机构设备或其他物料、工业产权、专有技术、场地使用权等作价出资。外国合营者出资的外币，按缴款当日中华人民共和国国家外汇管理局公布的外汇牌价折算成人民币或套算成约定的外币。合营企业的一切外汇事宜，按《中华人民共和国外汇管理暂行条例》和有关管理办法的规定办理。

27日 中国银行在上海签订第一笔出口买方信贷。这笔贷款是由中国银行上海分行贷给香港快船船务公司的。金额为564万美元。中国银行为了支持我国机电产品和船舶扩大出口，决定在上海等地分行试办出口买方信贷业务，为购买我国产品的外国和港澳地区进口商人提供优惠贷款。同时，中国人民保险公司试办我国第一笔中长期保险业务。中国人民保险公司上海分公司与中国银行上海分行达成协议，对其出口船舶买方信贷提供中长期出口信用保险。

11月

8日 劳动人事部、国家计委、财政部、中国人民银行发布《关于实行工资基金管理试行办法》。该试行办法规定：1. 凡全民所有制企业、事业、机关等单位支付职工个人的属于工资总额组成的计时工资、计件工资、加班加点工资、附加工资、奖金、津贴等，均包括在工资基金管理范围之内。工资总额组成，按国家统计局的规定执行。2. 工资总额组成的支出，不论现金或转账，都必须全部通过开户银行监督支付，不准从各项业务收入中坐支，不准从银行、信用社套取现金支付，也不准采用其他形式变相支付。任何单位一律不准在国家规定的工资、奖金、津贴之外，动用自有的现金向职工发放实物和变相奖金。3. 经国务院批准下达的各省、自治区、直辖市和国务院有关部门的年度工资总额计划，应按隶属关系逐级下达到基层，同时抄送同级人民银行。凡在中国工商银行、中国农业银行、中国人民建设银行、中国银行开户的单位，均应将工资总额计划、工资基金支付情况，抄送同级开户银行，银行根据核定的工资基金使用计划监督支付。4. 对于违反国家政策，违反工资基金管理，滥发奖金、计件超额工资、加班工资、浮动工资、各种津贴，擅自在计划之外增加职工和工资基金的，银行发现后应一律拒付，经检查发现滥发的工资、奖金、津贴和实物的应报告当地政府，由当地政府对主要责任者视情节轻重处理。情节严重的，除对有关领导人员予以必要的处分外，并由政府通知银行追回滥发的工资、奖金等，上缴国库。该规定从1984年第一季度起执行。

12月

2日 中国人民银行发布《关于取消国营工交企业定额内低息贷款的通知》。该通知决定：自1984年1月1日起，国营工交企业定额内贷款一律改按月息6‰计收利息。

23日 中国人民银行发布通知，从1984年1月1日开始，中国人民保险公司的分支机构改由中国人民保险总公司垂直领导，在基建、物资、劳动工资、财务、人事、外事等方面实行系统管理。

27日 中国人民银行发布《关于修改〈异地托收承付结算办法〉的通知》。该通知主要对适用范围和金额起点作了修订，异地托收承付结算办法，除了经营管理较好、经银行同意的集体工业企业可以使用外，其余的集体工业、集体商业和农村社队等合作经营组织都不能使用，结算金额的起点由30元改为1 000元。根据加强法制和维护《中华人民共和国经济合同法》的严肃性的要求，修改的结算办法进一步强调了使用条件，并且明确规定了银行代收扣款的最长期限。对多次不按合同发货或者多次拖欠货款的单位，银行要根据规定停止其使用这种结算；对单位逾期不能付款的，银行可以协助代办扣款；对逾期未付款的，扣款规定最长期限不超过六个月，超过期限的，银行即将托收单证退转销货单位，由双方联系解决。单位逾期付款要加收赔偿金，不能自行变更扣款顺序或借口不扣罚金。银行和单位工作差错或违反规定，延误资金结算的，都要承担一定的经济责任。该规定自1984年3月1日起实行。

28日 最高人民法院、中国人民银行发出《关于查询、冻结和扣划企业事业单位、机关、团体的银行存款的联合通知》。该通知规定：1. 人民法院因审理经济纠纷案件或经济犯罪案件，需要向银行查询企事业单位、机关、团体的银行存款，或者查阅与案件有关的会计凭证、账册、报表等档案资料时，应当向银行出具正式公函，由银行行长（主任）指定具体的业务部门，负责提供有关的情况和资料并派专人接待；对银行提供的资料人民法院应当保守秘密。2. 银行在接到人民法院依法裁定冻结企事业单位、机关、团体一定数额的银行存款的协助执行通知书后，应当立即凭此通知书冻结单位的银行账户上的同额存款（只能就地冻结，不能转户）。冻结单位存款的期限最长不超过6个月，逾期不办理继续冻结手续的，视为自动撤销冻结。3. 人民法院需要银行协助扣划单位存款时，应向银行发出协助执行通知书。只要被告单位的银行账户上当日有款可付，银行应主动通知人民法院，并根据被告单位资金周转情况，尽快予以扣划。

1984 年

1月

1日 中共中央发出《关于1984年农村工作的通知》（即关于农业问题的第三个“一号文件”）。该通知从十个方面论述了党在农村工作中的任务和要求，强调1984年农村工作的重点是：在稳定和完善生产责任制的基础上，提高生产力水平，疏理流通渠道，发展商品生产。在提到“加强社会服务，促进农村商品生产的发展”时指出：信用社要进行改革，真正办成群众性的合作金融组织，在遵守国家金融政策和接受农业银行领导、监督下，独立自主开展存款业务。农村存款要优先用于农村，多存可以多贷。在保证农业贷款需要的前提下，可以经营农村工商信贷业务。贷款利率可以浮动。中国农业银行要努力改善经营，切实做好农村信贷服务工作。

△ 中国工商银行成立。中国工商银行成立大会于1983年12月30日在中国科学院礼堂举行，国务委员、国家经委主任张劲夫，人大常委会副委员长、中国国际信托投资公司董事长荣毅仁等领导出席大会。中国工商银行是国务院直属的经济实体，基本任务是：在国务院规定的业务范围内，依照国家法令、政策，在人民银行宏观金融决策的指导下，在同意的信贷计划内，大力筹集社会资金，加强信贷资金管理，支持工业生产发展，支持商品流通扩大，推进技术进步，充分发挥银行在经济建设中的作用。原由中国人民银行办理的储蓄、信贷等商业银行业务划归中国工商银行办理。国务院任命朱田顺为董事长，陈立为行长。2005年10月28日，中国工商银行股份有限公司在北京成立。

16日 财政部发出《关于中央银行成立后各专业银行、保险公司单独立户问题的通知》。中国工商银行、中国农业银行、中国银行、中国人民保险公司从1984年起在财政部单独立户。各专业银行缴纳所得税后的利润，由中国人民银行在财政部核定的总比例范围内，分别核定各专业银行上缴财政的比例和利润留成比例。

18日 中国人民银行理事会在北京举行第一次会议。会议要点：人民银行与专业银行在业务上是领导与被领导的关系，在行政上不是隶属关系。人民银行对专业银行的业务领导，主要通过经济办法来实现，并加上必要的行政手段。这些经济办法和必要的行政手段体现在：依照政策、法令管理，计划管理，资金管理，建立人民银行理事会作为决策机构。人民银行作为中央银行，要根据国家的方针、政策，把信贷资金管住，这不仅包括人民币，也包括外汇。人民银行必须掌握专业银行的活动范围和方向。在资金问题上，专业银行必须依靠人民银行的支持，绝不能倒过来，人民银行向专业银行“讨饭吃”。人民银行要按经济区划设置机构，但实现这个目标要有一个过程。各专业银行和保险公司分支机构都是经济实体，不列入当地政府的序列；这些机构的级别，主要应根据业务量大小来确定；不搞“一刀切”，从实际出发，同地方协商。

2月

1日 中国人民银行、海关总署发布《对金银进出国境的管理办法》。该管理办法规定，入境旅客带进金银及其制品，数量不受限制，但必须向入境海关申报。居住在中华人民共和国境内的中国公民、外国侨民和其他出境旅客，因出访、探亲、旅游以及前往国外或者港澳地区工作和学习的，每人可携带黄金饰品5市钱（15.625

克），白银饰品5市两（156.25克）。回程时，必须将原物带回。迁居国外或港澳地区的，每人可携带黄金饰品1市两（31.26克）、白银饰品10市两（312.50克）。对中华人民共和国国内的外贸公司、工贸公司、侨资企业、外资企业、中外合资经营企业加工销售的产品，不论用进口金银或者用中国人民银行供应的金银做原料，不论含金银量高低，出厂前应由所在地中国人民银行检查产品所含金银重量，并核对合同，逐次登记，制发“金银产品出口许可证”。未取得中国人民银行制发的证明或者超过核准数量的，不准出口。该管理办法自1984年2月15日起实施。

6日　中国人民银行颁发《关于中国人民银行专门行使中央银行职能的若干具体问题的暂行规定》。该暂行规定明确：1. 计划管理问题。各专业银行的信贷收支必须全部纳入国家信贷计划。专业银行要按年编制年度信贷计划，由人民银行综合平衡，汇编国家综合信贷计划，经国家批准后，人民银行据以核定专业银行的信贷计划，交由专业银行进行分配和组织执行。2. 统计问题。从1984年起，现金收支统计由工商银行、农业银行负责，按系统逐级汇总上报。各专业银行的信贷、现金统计项目在上报上级行的同时，报送当地人民银行，人民银行分行汇编的综合信贷和现金收支情况上报人民银行总行。3. 集中管理信贷资金问题。1984年专业银行交存的存款比例为：企业存款20%，储蓄存款40%，农村存款25%。专业银行交存存款每10日调整一次。4. 对专业银行的存款、贷款利率问题。1984年暂时实行过渡性办法，按当时实行的联行存款、贷款月息3.6‰计息。5. 联行制度问题。人民银行和各专业银行要各自建立独立的联行核算系统，分别核算各行的联行资金往来。6. 发行库管理问题。发行库是各级人民银行的重要组成部分，不设人民银行的地方不设发行库。7. 现金管理问题。人民银行授权专业银行按照国家的有关规定执行现金管理任务，处罚和制裁违规人员，并定期向人民银行报告执行情况。8. 财务问题。各专业银行和保险公司都向财政部单独立户。9. 关于人民银行与中国工商银行的账务划分问题。人民银行各分行、分支机构，要按照人民银行和中国工商银行的账务划分规定，编制“两行科目结转对照表”，进行账务划转。

该暂行规定同时明确：从1984年1月1日起，先在中国工商银行试行信贷计划管理、缴存存款办法、联行汇差资金控制办法等，中国农业银行、中国银行从1984年4月1日起实行。中国人民建设银行何时实行，办法另定，在未实行本规定前仍维持原有办法。

10日　国务院召开全国经济工作会议。会议决定，经济工作要以提高经济效益为中心，强调经济战线要把提高质量、增加品种、降低消耗、节约资金、增加税收和利润作为奋斗目标，号召经济工作战线的广大干部、工人要进一步行动起来，为开创提高经济效益的新局面而努力奋斗。会议期间，还就以提高经济效益为中心，加强企业的思想政治工作，疏通流通渠道，增加优质名牌产品，以及搞好财政金融、企业整顿、技术进步工作等若干专题，分别展开了讨论。

18日　国家外汇管理局和中国银行发出《关于中国银行分行与外汇管理分局外汇职责分工的意见》。该意见确定：凡属外汇管理工作，划归外汇管理分局；凡属外汇经营工作，划归中国银行分行。

△　中国农业银行颁布《信用合作发展基金筹集使用暂行办法》。主要内容是：1. 基金来源，从1983年决算后开始，原则上在信用社当年纯益中提取15%～20%集中到中国农业银行作为合作发展基金。其中上缴中国农业银行总行的比例1984年暂定为10%。2. 使用范围，根据信用合作事业发展的需要，主要用于智力投资，也要解决较大的集体福利事项。3. 管理办法，坚持做到保证专款专用，搞好账务核算，严格审批制度，实行民主管理等。

27日　国务院发布《关于农民个人或联户购买机动车船和拖拉机经营运输业务的若干规定》。该若干规定明确：农民个人或联户经营运输的机动车船和拖拉机，必须在中国人民保险公司办理第三者责任保险和船舶保险（包括碰撞责任保险）；从事货运的，要积极办理承运货物运输保险；从事客运的，还必须办理旅客意外伤害保险。

5月5日，中国农业银行印发《关于农民个人或联户购置机动车船和大中型拖拉机贷款的通知》。该通知规定：发放该种贷款，借款者的自有资金比例必须占其购置价款总额的50%以上；要有经济担保；该项贷款期限一般为一年，最长不超过两年。经营运输业的机动车船和大中型拖拉机，必须在中国人民保险公司办理保险。

△ 中国人民银行印发《关于加强现金管理的几项暂行规定》。该暂行规定明确：实行现金管理的单位，由银行核定其合理的库存限额，各单位业务（销货）收入的现金要及时送存银行，不经银行批准不得任意坐支，各单位支取职工的工资、奖金、津贴以及其他费用所需的现金，应事先向开户银行报送，经劳动部门或上级主管部门批准后开户银行才能支付现金。文件同时规定，农村社队或社员交售农副产品支付的价款，采取转账结算还是付给现金，听由交售者自愿。但对队交队结、户交队结的，原则上应办理转账。对单位到异地采购或其他大额收付，原则上均应办理转账结算。对农村承包户、专业户发放的贷款能转账的要争取转账，需要付给现金时要加强管理，防止挪用款项和破坏国家计划，影响市场管理。

3月

5日 国务院发布《国营企业成本管理条例》。该管理条例在规定工业企业、交通运输企业、施工企业、农业企业、商业和物资供销企业的成本开支范围和商品流通费用开支范围中，明确规定：专项贷款的利息以及赔偿金、违约金、滞纳金和罚款等，一律不得列入成本开支。对违反该管理条例的规定，擅自提高开支标准、随意提高成本费用、弄虚作假、造成严重损失浪费以及损公肥私等行为的企业，由审计机关、财政税收机关进行监督检查，构成犯罪的移交司法机关追究其刑事责任。

21日 中国工商银行印发《关于国营工商企业流动资金管理暂行办法》。对流动资金管理的原则、流动资金的计划管理、国拨流动资金的管理、企业自有流动资金的来源和补充、流动资金损失的处理、银行流动资金贷款、流动资金的检查和考核等作了明确规定。文件同时规定，该暂行办法适用于工业、交通、铁道、邮电、民航、物资、商业、文教卫生等部门所属国营工商企业（核工业部和航天工业部所属企业的流动资金由财政部管理）。

4月

16日 国务院发布《关于国营企业发放奖金有关问题的通知》。该通知规定，企业发放奖金要同企业的经济效益挂起钩来。企业在全面完成国家计划、税利比上年增加的，发放奖金可以不“封顶”；未完成国家计划、税利比上年减少的，奖金要适当减发或停发。为了控制消费基金的过快增长，在取消奖金“封顶”后实行奖金征税办法：企业全年发放奖金在两个半月以上、四个月以内的，按30%征税；四个月以上、六个月以内的，按100%征税；超过六个月的部分按300%征税。企业在奖金的使用上有自主权，企业内部可以采取记分发奖、浮动工资、计件超额工资等；也可以少发奖金，而用少发的奖金给一部分职工浮动升级或搞自费工资改革等。

△ 财政部发布《关于中国人民建设银行实行利润留成办法的通知》。该通知要求，中国人民建设银行从1984年起实行全额利润留成办法。利润留成比例核定为16%，暂定两年不变。中国人民建设银行应按实现利润交纳55%的所得税，提取16%的利润留成，其余29%转作信贷基金。在核定利润留成比例中，用于业务发展方面的为11.81%，用于职工福利的为1.5%，用于奖励的为1.14%，机动为1.51%。

20日 国务院办公厅发布《关于加强中国投资银行工作的通知》。该通知指出：按照世界银行的习惯做法，对大型项目的贷款由世界银行直接管理；对一般中小型项目的贷款，采取将贷款交由中间金融机构，转贷给国内中小型项目。为了承担世界银行中小型项目贷款的转贷业务，经与有关部门反复研究，中国投资银行作为世界银行中小型项目贷款的中间金融机构。

5 月

5 日 中国金融学会第二次全国代表会议在安徽省合肥市召开。在此次会议上，由中国人民银行总行研究生部几名同志首先提出：金融改革的突破口就是改组制度和开放金融市场。金融市场问题开始引起经济界广泛关注。

7 日 国务院批准广东省人民政府转报的深圳市人民政府《关于改革深圳市银行体制的试点意见》。该试点意见提出，为了支持深圳特区经济的发展，深圳市银行信贷资金实行：各银行现有信贷资金，上级行不调走；今后各家银行吸收的存款，全部留给深圳市银行使用；中国人民保险公司的收入，除赔款、对外分保费、提留赔款准备金、代办费和其他费用开支外，全部留给中国人民保险公司深圳分公司作保险基金；各家银行的上级行，根据深圳经济特区发展的需要，适当给深圳市各级银行增加一些借差额度；允许深圳市银行向国内外银行拆借资金。该试点意见还提出，凡适合深圳特区发展需要的金融业务种类、经营方式，由中国人民银行深圳市分行提出改革方案，报中国人民银行总行备案，都可以试行。深圳市可以实行与内地不同的利率。

14 日 中国农业银行发布《关于几个农村信贷政策问题的通知》。该通知规定：为了鼓励农村剩余劳动力从事社会急需的行业，发展农村小集镇，活跃农村经济，满足农民生产、生活的需要，对经营手工业、修理业、服务业、饮食业、旅店业等社会急需行业的合作经营组织和个体工商户，要给予大力支持。各地农业银行要给予积极支持和引导，帮助乡镇企业改善经营管理，使其健康发展，符合贷款条件的，其流动资金需要应给予积极支持。同时可根据具体情况，允许他们在银行或信用社开立账户，办理结算。对专业户、个体户和社队企业、乡镇企业及其他合作经营经济组织的贷款，必须强调有一定比例的自有资金，这是一条重要的信贷原则，必须坚持。上述各项信贷政策，原则上适用于信用社。

△ 中国农业银行发布《关于改革信用社管理体制需要相应改进农业银行工作的通知》。该通知指出，信用社改革后，农业银行和信用社是两个所有制性质不同的金融组织。农业银行与信用社的关系，终将成为依法管理和加强指导的关系，即农业银行按照国家的金融政策、法令、规定，对信用社进行管理，农业银行不能像对基层机构那样去领导信用社的业务活动。所有农业银行的营业所，不能变成单纯的管理机构，特别要注意恢复和加强银行组织存款的工作，改变不少地方的银行营业所不办理储蓄存款、单纯依赖信用社转存款完成任务的状况。农业银行和信用社，都要大力组织存款，壮大自身的信贷资金力量。要逐渐消除过去银行长期地抽调信用社干部做银行工作，无偿地占用信用社房屋和其他固定资产，行社之间不讲经济核算等做法。

15 日 六届全国人大二次会议在北京举行。国务院总理赵紫阳作《政府工作报告》。该报告强调：今后在经济工作中，要着重抓好体制改革和对外开放两件大事。农村改革，要进一步稳定和完善各种形式的家庭联产承包责任制，积极发展专业户和各种形式的经济联合体，继续改善农业结构，支持农民积极扩大商品生产。城市改革的步子要加快，要从解决国家与企业、企业与职工的关系入手，把适合当前情况的各项改革措施初步配合起来，同步进行。

该报告着重讲了五个问题：1. 有步骤地认真改革经济中普遍存在的吃“大锅饭”的弊端，更好地调动企业和职工的积极性。国务院决定，从 1984 年第四季度开始，进行利改税的第二步改革，从税利并存逐步过渡到完全的以税代利。2. 改革建筑业和基本建设的管理体制，大力提高投资效益。今后，凡是有条件的建设项目，都要签订投资包干协议，由建设单位对国家全面负责。凡是有偿还能力的项目，都要按照资金有偿使用的原则，改财政拨款为银行贷款。3. 改革流通体制，疏通流通渠道，做到货畅其流。为了改变长期以来商办工业设备简陋、技术落后的状况，要在税收、投资、贷款等方面给予优惠支持，在政策上进一步放宽，帮助企业搞好技术改造，提高产品质量。4. 积极办好经济特区和进一步开放沿海城市，打开对外经济技术交流的新局面。5. 更加重视知识和知识分子的作用，加快智力开发，不断提高职工队伍的素质。

17日 国务院批准国家计委等单位《关于进一步开放的沿海港口城市外汇使用额度的请示报告》。该报告指出，为了充分发挥这些城市的优势，开创利用外资、引进先进技术的新局面，拟在三年内，从国家拨出一笔外汇，增强这些城市对外经济贸易活动的活力。外汇额度由国家直接拨给各城市，从1984年开始，连续三年可结转使用。购买外汇时相应的人民币资金，由地方自筹，实在解决不了或不足的，可向中国人民银行贷款，贷款利率按月息2.1‰计息。

18日 国家经委、财政部、中国人民银行、中国工商银行联合发布《技术改造贴息贷款暂行管理办法》。该暂行管理办法规定：贴息贷款用于促进联合，发展优质名牌产品；沿海城市和重点城市引进的先进技术和设备，改造现有企业的项目；12大类节能机电产品制造和推广，以及技术改造后产品性能提高、社会效益大、企业不受益或受益少的项目。贴息贷款发放额度由国家确定，中国工商银行负责办理发放工作。贴息贷款的利息分半补贴和全补贴两类，从国家经委掌握的技术改造费中补贴。贴息贷款期限为3~5年，最长不得超过7年。

30日 国务院批转中国人民银行《关于各专业银行发放固定资产贷款分工问题的报告》。

中国人民银行在该报告中提出了各专业银行发放固定资产贷款的具体分工：国家预算、信贷计划安排的基本建设项目贷款，由中国人民建设银行负责办理。技术改造项目贷款，不论工业、交通、商业、粮食企业的，均由中国工商银行办理；农业企业、农机公司、种子公司、供销社的，由中国农业银行办理；外贸企业的由中国银行办理；建筑施工企业的，由中国人民建设银行办理。各种工贸、农工、农商等经济联合体的技术改造贷款，原则上按企业归口主管部门划分，即主管部门的存款归哪个专业银行的，贷款就由哪个专业银行办理。固定资产投资使用外汇贷款的和中外合资企业的固定资产贷款，由中国银行办理。过去由财政拨付资金交由中国人民建设银行办理的小型技措贷款、出口工业品专项贷款、地方建筑材料贷款和为中国投资银行利用外资的配套贷款等，暂由中国人民建设银行继续办理。各单位的基本建设资金，存入中国人民建设银行，由中国人民建设银行进行监督、管理。各单位的更新改造资金，按以上各条分工原则分别存入各专业银行，由吸收存款的专业银行进行监督、管理。

6月

13日 中国农业银行印发《关于支持供销社体制改革进一步改进供销社贷款工作的意见》。该意见提出：要清除“左”的思想影响，支持供销社扩大经营范围和服务领域；支持商办工业的发展；支持商品流转基础设施建设；进一步办好中短期设备贷款和商业小型设备贷款；支持开展多种形式的农商联营；对供销社收购农副产品贷款和购进工业品贷款，经过试点后逐步实行分户管理；对供销社基层核算单位划小，要在开户、结算上给予支持；积极帮助供销社加强资金管理和财务管理；对供销社调剂流动资金应允许。

19日 中国银行颁布《中国银行外币存款章程》。该章程规定，凡中国境内居民，包括归侨、侨眷和港澳台同胞的亲属，都可以以本人名义或与境外亲属联名开立外币存款账户。外币存款为定期存款，存款分半年、一年、两年，存款的货币种类为美元、英镑、西德马克、日元、港元。以其他外币存入的，按存入日的外汇牌价折算成上述货币入账，存款开户金额不低于人民币150元的等值货币。存款利息按中国银行总行公布的个人定期外币存款利率计付。存款未到期，遇利率调整，按存入时原定利率计息；到期续存，按续存日的利率计息。

27 日 中国银行发布《中国银行管理国营企业流动资金暂行办法（草案）》。该文件共有 8 章 35 条，对流动资金管理的原则和范围、流动资金的计划管理、企业流动资金的来源和补充、流动资金损失的处理、流动资金贷款管理、流动资金的检查和考核、各部门各企业使用流动资金必须遵守的事项等，作出了明确规定。主要内容有：企业流动资金实行计划管理，只能用于生产和流通的需要，不得挪作他用；企业要向银行报送流动资金计划，银行将流动资金计划上报总行，形成全国流动资金计划，经批准纳入国家计划后层层下达；企业原有国拨流动资金仍留企业使用，需要增加的，企业应从自己的积累中提取一定的比例，企业每年应至少拿出 10% 的生产发展基金用于补充自有流动资金；银行对企业流动资金贷款实行计划管理，根据国家政策和中国人民银行的统一规定实行差别利率；企业要定期向银行报送相关报表，各级银行要定期对企业流动资金计划的执行情况进行检查。

7 月

13 日 财政部、中国农业银行联合发布《关于国营农业企业和劳改企业流动资金改由中国农业银行统一管理的几个问题的通知》。该通知规定：企业已在工商银行开户的仍暂由工商银行管理。对国营农业企业和企业主管部门的国拨流动资金，凡是没有办理交接的企业，一律改为按财政部门审查批准的 1983 年 12 月 31 日企业决算数办理交接；已按 1983 年 6 月 30 日企业账面数交接的，原则上不再变动。企业历年基建超支和亏账等不合理占用的流动资金，应从企业财务包干结余和其他专用资金中解决。国拨流动资金交由农业银行统一管理后，暂不收取占用费。该通知还对新疆生产建设兵团和广东省农垦局所属企业的国拨流动资金，其他中央各农业部门直属企业和地方企业的国拨流动资金，以及各级主管部门的国拨流动资金，如何办理交由农业银行统一管理的手续作了具体规定。

22 日 中国人民银行、中国工商银行联合召开的银行改革座谈会结束。会议的内容是：中国人民银行、中国工商银行机构分设的步子要加快，省、自治区、直辖市和省辖市、地区级人民银行和工商银行的机构分设，要在 1984 年年底以前基本完成。省辖市、地区所在地在同一城市的，原则上人民银行只设一套机构。县级人民银行机构，除极少数经济和金融业发达的县外，不再单设，保留人民银行的牌子，业务可委托工商银行或采取其他办法办理。从 1985 年开始，实行“统一计划，划分资金，自主经营，相互融通”的资金管理体制。实行这样的资金管理体制后，各专业银行要各自建立本系统清算资金的联行往来制度，相互之间可以订立协议，进行资金清算，有步骤地搞好业务改革。目前可以试办的有：增加信用流通工具，改革结算制度，适当放宽信用证结算条件方面的业务，有条件的地方可以改异地结算为同城结算。对农民出售大量农副产品，在坚持自愿原则的前提下，可以继续试行一些减少使用现金、方便群众的结算方法。试办的卖方信贷、票据贴现、抵押贷款和投资、租赁、咨询等信托业务，可以继续办理，并要总结经验，拟订管理办法后再逐步推广。继续有条件、有控制地开放商业信用，试行商业票据由购货方承兑。开展储蓄引导消费业务，已经试办的耐用消费品和住房贷款业务，要总结经验，逐步推广。经济特区银行的资金不再调回，吸收的存款全部留用，利率由特区银行自己确定，银行可以多业经营。

25 日 中国人民银行、中国工商银行发出《关于中国人民银行、中国工商银行省以下机构分设和财产、财务划分的意见》。其中关于财务问题，确定从 1985 年起，人民银行和工商银行的财务要分开，工商银行向财政部单独立户，单独编制财务收支计划。人民银行省分行及以下机构与工商银行分设后，继续实行企业管理，职工仍享受企业待遇。

26 日 天桥百货股份有限公司成立。该公司于 1983 年开始实行股份制改造，并以每股 100 元人民币，由工商银行代理分期发行，共计 1 000 万元。一期发行股票 300 万元，1988 年二期又发行 700 万元，是全国第一家正式注册的商业股份制企业，也是国内第一家实行股份制的商业企业。1993 年 5 月 24 日，作为北京首批上市公司之一，天桥百货股票在上海证券交易所挂牌交易。

29 日 上海市人民政府批准中国人民银行上海市分行《关于发行股票的暂行管理办法》。该暂行管理办法规定：凡符合经济建设发展方向，经政府批准或呈请工商行政部门核发营业执照的新办集体所有制企业，需向社会筹集资金（包括向单位和个人），应向归口开户银行提交招股章程，写明原由、企业名称、批准登记日期、拟发股票总额、每股金额、发行期限等内容，经专业银行分行审查签注意见，报中国人民银行上海市分行金融行政管理处批准后，可以发行股票。企业发行股票的具体工作可委托专业银行信托部办理。股票分集体股和个人股两种：集体股，在本市的全民所有制、集体所有制、乡镇企业和农业生产队发行，应以企业自有留存资金购买。个人股，凡城镇职工、居民、农村社员及侨眷等均可认购。该暂行管理办法对股息与红利、股票的转让和过户、发行期限、股票持有者的经济责任等作了具体规定。这是新中国有关证券方面的第一个地方政府规章。

8 月

1 日 中国工商银行发布《城镇个体经济贷款办法》。主要内容：凡遵守国家政策法令，在城镇经营各种行业的个体经营户或专业户，只要有利于搞活经济，搞活流通，增加商品生产，符合社会需要，方便和丰富人民生活的个体经营户，资金有困难的，均可向当地工商银行申请贷款。贷款原则：1. 坚持自筹资金为主、银行贷款为辅的原则，坚持区别对待，择优扶持、按期归还的原则；2. 贷款主要用于生产、经营所需的流动资金，也可用于购置必要的设备和经营设施。3. 利用当地资源优势，生产传统名特产品、群众急需的小商品和服务项目的，应给予优先支持；4. 凡信誉状况不好，生产经营发生亏损，生产经营无销路商品的，以及违反有关政策转借挪用的，不予贷款。贷款期限一般为 6 个月以内，最长不得超过 12 个月。

3 日 国务院批转国家经委、商业部、财政部《关于大力发展商办工业的报告》。三个部委在该报告中提出建议：为了推进商办工业的技术进步，加速技术改造，由中国工商银行、中国农业银行在计划内安排一些贷款，用于发展商办工业的新技术、新设备、新工艺。对于产品利润低、偿还贷款有困难的项目，可由有关部门给予贴息贷款，并由国家计委、国家经委安排一些外汇指标，引进一些先进技术和设备，进口一部分紧缺原材料。

6 日 国务院批转中国农业银行《关于改革信用合作社管理体制的报告》。国务院强调：各级人民政府要加强对这项改革的领导，注意研究解决改革中出现的问题，把信用社真正办成群众性的合作金融组织。信用合作社经营的是货币信贷业务，货币流通需要全国统一调节，信贷收支需要全国统一平衡。农业银行要加强对信用社的领导，不宜改变信用社的隶属关系。任何单位和个人都不得平调信用社的资金、财产，不得强令其发放贷款和投资，以维护信用社的经营自主权。该报告针对改革信用合作社的管理体制提出：恢复信用社合作金融的性质，恢复和加强组织上的群众性、管理上的民主性，变“官办”为“民办”。信用社的领导干部，由任命制改为选举制，机构体制、业务计划、分配制度、人事制度、利率浮动等重大问题，都要经过理事会或社员代表大会民主讨论决定。加强信用合作社经营上的灵活性，充分发挥民间借贷作用。信用社存款除按规定比例向农业银行交提存款准备金外，信用社有权对其余资金按照国家信贷政策充分运用。信用社实行浮动利率，实行独立经营、独立核算、自负盈亏。建立信用合作社的县联社。建立县联社后，各个基层社仍然是独立经营、独立核算、自负盈亏的经济实体。

27 日 经国务院授权，国家外汇管理局、中国银行发出《关于侨资、外资银行清偿在华未了负债的公告》。公告规定，在华侨资、外资银行在解放前或解放初期自营业务的各项外币负债的清偿事宜，一律按照国务院于1982年12月《关于责成中国银行清偿收回的美国解冻的美元资产》的有关规定办理，由中国银行上海分行代理对客户的审核和清偿，登记清偿期自1984年9月1日起至1985年8月31日止。逾期未向中国银行上海分行提供有关债权凭证办妥登记手续或领取款项的，一律不再予以清偿。如有关银行尚未将应偿付的债款拨存中国银行上海分行的，待该分行收妥后，再通知办妥登记手续的客户领取，自通知日起逾期6个月未办理领取款项的，其款项统一由中国银行上海分行上缴中央金库。

30日　中国工商银行印发《关于科技开发和新产品试制开发贷款的暂行规定》。该暂行规定明确：1. 经工商行政管理部门批准，实行独立核算，拥有一定的自有流动资金的科研单位、企业和科研生产联合体（以下简称科研、企业单位），在研究、仿制、消化新技术，研制开发新产品，推广应用新技术成果方面资金不足，均可分别根据不同情况向当地银行申请流动资金贷款、技术改造贷款和信托贷款。2. 对经批准实行按销售收入的一定比例提取技术开发费用，或实行提成新产品试制基金的科研、企业单位，由于先用后提而发生资金周转困难时，银行可发放专用基金贷款，贷款期限最长不超过两年。3. 销售单位在新产品试销期间，根据合同规定，需要赊销、延期收款或分期收款的，其所需的周转资金可办理卖方信贷，或由信托办理金融租赁。4. 对科研单位在以科研经费作为保证金的前提下，银行可以办理委托贷款、科研经费周转垫支贷款和金融租赁等信托业务。

9月

18日　国务院批转财政部《关于在国营企业推行利改税第二步改革的报告》和《关于国营企业第二步利改税试行办法》。该报告的主要内容是：暂缓开征城市维护建设税、房产税、土地使用税和车船使用税等四种地方税，保留税种，以后开征；对于已经实行利润递增包干等办法的企业，要区别情况进行处理等。

该试行办法的主要内容是：将现行的工商税按照纳税对象划分为产品税、增值税、盐税和营业税；将利改税第一步改革设置的所得税和调节税加以改进；增加资源税、城市维护建设税、房产税、土地使用税和车船使用税。

29日　方兴钱庄开业。方兴钱庄位于温州市苍南钱库镇，由当地政府批准，是新中国成立后大陆第一家由私人挂牌营业的金融机构。钱庄采取投股集资的方式，每股金额1 000元，总股为100股，计10万元，个人入股不限。由股东选出董事会和董事长，由董事长委任经理主持日常工作。年终结算，由董事会研究作出合理分红。钱庄还采取财产法人承保制，凡将现金存入钱庄，借贷双方都要有法人资格，严格借贷手续，到期不能偿还者，按政府有关条例处理。方兴钱庄采取比银行更为优惠也更为灵活的存贷款利率。

10月

4日　国务院批转国家计委《关于改进计划体制的若干暂行规定》。该暂行规定提出了十二个方面的改革措施。从1985年起，凡是由国家预算内拨款安排的建设项目，都改为银行贷款。

8日　中国人民银行制发《关于信贷资金管理试行办法》。该试行办法规定：1. 中国人民银行、各专业银行（包括中国国际信托投资公司）的人民币信贷资金，实行“统一计划、划分资金、实贷实存、相互融通”的原则。统一计划就是各专业银行的人民币信贷资金必须纳入国家综合信贷计划，由人民银行总行综合平衡，并核定各专业银行信贷计划和向人民银行的借款计划。划分资金就是各专业银行的自有资金和其他各种信贷资金，经人民银行总行核定给专业银行总行后作为各行的营运资金，自主经营独立核算。实贷实存就是人民银行对专业银行的资金往来改变计划指标层层下批的管理办法，实行上贷下存的实贷实存办法。相互融通就是允许资金的横向调剂，地区的资金融通主要是依靠该地区各银行之间的相互拆借。为了贯彻上述信贷资金管理原则，各专业银行必须建立本系统的联行制度。2. 各专业银行总行要按照人民银行总行规定的内容，编制本行的信贷资金收支计划，报送人民银行总行综合平衡后报国务院审批。3. 人民银行总行根据国务院批准的国家综合信贷计划，核定各专业银行的年度信贷资金收支计划，包括分项信贷资金收支计划和向人民银行的借款计划。4. 各专业银行在人民银行核定的借款计划总额度内，提出所属省、自治区、直辖市分行的分配借款计划，报送人民银行。对年度借款计划和基本建设贷款计划，未经批准，不得突破。5. 各项存款要力争超额完成；各项流动资金贷款（包括农业贷款）在不超过向人民银行借款计划和保证存户提取存款的前提下，多存可以多贷。6. 对技术改造贷款，各专业银行总行可以以计划指标控制，也可以将专业银行每年增加的存款，按人民银行总行规定的比例，用于增加技术改造贷款等。该试行办法自 1985 年 1 月 1 日起执行。外汇资金管理办法另行制定。

△ 中国人民银行制发《关于改革全国银行联行制度的实施办法》。该实施办法规定：自 1985 年 4 月 1 日起，全国银行联行制度改为“自成联行系统，跨行直接通汇，相互发报移卡，及时清算资金”的办法。人民银行和专业银行各自建立独立的联行核算系统后，人民银行的联行往来，只办理本系统内的资金划拨和人民银行与专业银行之间的汇划款项。专业银行向人民银行办理系统内的下拨或上缴资金，均按照汇兑结算的有关规定办理：先通过两行往来科目的存款账户划转，然后由人民银行纳入本系统内的联行往来账处理。专业银行之间的跨系统的汇划款项，采取相互代为签发跨系统行的联行报单，印、押通用，直接寄发，当天或次日营业开始（可由双方约定）分别向有关专业银行移转联行报单留底卡片的办法，进行资金清算。各专业银行对本系统内汇划款项的划转，仍按全国联行往来制度的统一规定办理。

△ 中国人民银行发布《关于委托专业银行代办金银收售业务的管理办法》。该管理办法规定：1. 不设人民银行机构或没有收售条件的地方，可委托专业银行基层业务机构（以下简称代办行），代理金银收购和出售业务，收售价格应严格按照人民银行总行的规定办理。2. 代办行收购的金银，必须将原物按原收购价格及时交给人民银行，不得擅自动用。对企业交售的较大数量的矿金，如果当时难以确定成色，可与企业签订收购合同，按商定的成色先行结算，待人民银行冶炼厂验收确定成色后，再与企业办理价款的多退少补手续。3. 人民银行按收购金银价款付给专业银行代办费 10‰的手续费；出售的金银，付给 5‰的手续费。不论收购或出售金银，所占用专业银行的资金，人民银行不再计付利息。4. 代办行在办理金银出售业务中，由于价格原因发生的收益或亏损，可逐步或定期集中划给委托的人民银行，代办行办理金银收售业务所需器皿、包装等费用和因升色、降色、升秤、降秤和误收假金银以及丢失、被盗等所产生的损益，一律由代办行自行处理。该管理办法自 1985 年 1 月 1 日起执行。

9 日 中国银行发出通知，印发修改后的《中国银行出口卖方信贷暂行办法》。该通知指出，出口企业申请卖方信贷，不超过 3 000 万元的贷款项目，授权管辖分行审批，批准后报总行备案；3 000 万元以上的项目，报总行审批。文件规定，本办法实施后，1980 年颁布的《机械设备出口中长期贷款试行办法》即行作废。

该暂行办法规定：贷款的对象是经国家批准，有权经营机电产品、成套设备、船舶等资本商品出口的国营企业。凡是出口成套设备和船舶，采用 3 年以上延期收汇方式的，或须向生产企业预付出口商品工程进度款的，均可申请使用本贷款。贷款期限一般不超过十年，最长不超过十五年。自第一笔用款日算起，至还清贷款本息止。贷款利率：五年以下（包括五年）月息 4.8‰；五至十年（包括十年）月息 5.4‰；十至十五年月息 6‰。贷款利息每半年计收一次。借款单位不能按期归还贷款本息时，有担保单位的由担保单位负责偿还，逾期不能还款时，银行对逾期的贷款在原利率的基础上，加收利息 20%。借款单位应向贷款银行编报年度借款计划，由贷款银行初审后报管辖分行审核汇总上报总行，经综合平衡，审查同意后列入年度信贷计划。贷款银行对每项贷款要按本办法规定，认真进行贷前调查、贷时审查和贷后检查。贷款必须专款专用。

16日 中国人民银行转发国家外汇管理局《进一步放宽十四个沿海港口城市外汇管理政策的若干意见》。该意见提出：1. 为解决侨资企业、外资企业、中外合资企业（以下简称“三资”企业）的外汇收支平衡问题，规定：适当扩大“三资”企业外币计价结算的范围：生产属于国内紧缺、计划内需要大量进口的产品，经国家有关主管部门批准，可采取“以产顶进”的方式，参照国际市场价格，按质论价，以外币计价结算；确实提供了先进工艺、技术、设备而生产的产品，按照项目批准权限规定，经批准，卖给国内商业部门或收购单位，在国家规定的期限和比例范围内，可参照国际市场价格，按质论价，以外币计价结算；产品卖给经济特区，以及“三资”企业之间的买卖，参照国际市场价格，以外币计价结算。2. 为解决“三资”企业的人民币利润汇出问题，规定：允许“三资”企业外方将其所得人民币利润转为本企业或本地区其他企业的增资或新投资，可享受以外汇投资相同的待遇；经经贸部门批准，允许“三资”企业使用人民币利润在市场上收购国家收购以外的商品出口；“三资”企业卖给银行的外汇，其外汇额度由当地外汇管理分局名义开立专户保留，专款专用，作为“三资”企业外商汇出人民币利润的批汇额度。3. 关于中外合营企业、合作经营企业的中方外汇留成问题。为了鼓励国内企业举办合资经营企业的积极性，五年内中方分得的外汇利润，除归还贷款外，全部留给中方投资者支配。4. 关于经济技术开发区的外汇收入留成问题。比照中央关于“经济技术开放区新增加的财政收入，从批准兴办时起，五年内免除上缴任务”的规定，对经济技术开发区新增加的外汇收入，也从批准兴办时起五年内归地方。5. 为了有利于利用外资，搞活经济，促进企业的技术改造，扩大出口，增加外汇收入，对国内借用外汇，允许在市局公司范围内或行业范围内，用自有外汇进行综合补偿。关于偿还租赁项下费用的问题，经当地外汇管理部门批准，也可以实行综合补偿。

17日 中国人民银行颁发《关于金融机构设置或撤并管理的暂行规定》。该暂行规定强调：中国人民银行是我国金融机构管理的主管机关。任何部门、任何单位开办金融业务（包括货币信贷、信用委托、各种保险，以及国内外汇兑往来等业务），其机构设置或撤并，都必须经中国人民银行或其授权单位批准；非经批准，中国人民银行或其授权单位有权采取必要的经济和行政措施，责令其停办金融业务。

该暂行规定明确金融机构的设置必须符合以下条件：确属经济发展需要，并具有相当业务量的；符合各金融部门专业分工要求的；符合经济核算原则，能够取得较好的经营效益的。金融部门及其分支机构设置或撤并的审批权限：全国性的专业银行和其他金融机构，由中国人民银行总行审核，报国务院批准；省、自治区、直辖市和地、市的金融机构，由中国人民银行省、自治区、直辖市分行审核，报中国人民银行总行批准；省辖市、地辖市所属区和区以下、县和县以下的金融机构，由中国人民银行地、市分行审核，报中国人民银行省、自治区分行批准；直辖市所属区和区以下、县和县以下的金融机构，由中国人民银行直辖市分行审核批准；各专业银行和其他金融机构在各地设立或撤并分支营业机构，由该营业机构的上级管理部门报同级中国人民银行审批；对中国人民建设银行的营业机构的设置和撤并，要考虑其随基建项目开工、完工而发生变动的特点；农村集体信用合作社由中国人民银行授权中国农业银行负责审批。设置金融机构必须按该暂行规定向审批单位申请。撤并金融机构必须向原批准单位提出申请。

20日 中共十二届三中全会通过《中共中央关于经济体制改革的决定》。全会一致认为，必须按照把马克思主义基本原理同中国实际结合起来，建设有中国特色的社会主义的总要求，进一步贯彻执行对内搞活经济、对外实行开放的方针，加快以城市为重点的整个经济改革的步伐，以利于更好地开创社会主义现代化建设的新局面。改革中心环节是增强企业活力。根据马克思的理论和社会主义的实践，所有权同经营权是可以分开的，为使各个企业的经济活动符合国民经济发展的总体要求，社会主义的国家机构必须通过计划和经济的、行政的、法律的手段对企业进行必要的管理、检查、指导和调节。同时要扩大企业自主经营权，使企业成为相对独立的经济实体，成为自主经营、自负盈亏的社会主义商品生产者和经营者。

要建立自觉运用价值规律的计划体制，发展社会主义商品经济。社会主义的计划体制，应该是统一性同灵活性相结合的体制。根据历史经验，第一，就总体说，我国实行的是计划经济，即有计划的商品经济，而不是完全由市场调节的市场经济；第二，完全由市场调节的生产和交换，主要是部分农副产品、日用小商品和服务修理行业的劳务活动；第三，实行计划经济不等于指令性计划为主，指令性计划和指导性计划都是计划经济的具体形式；第四，指导性计划主要是依靠运用经济杠杆的作用来实现，指令性计划则是必须执行的，但必须运用价值规律。按照以上要点改革计划体制，就要有步骤地适当缩小指令性计划的范围，适当扩大指导性计划的范围。

关于建立合理的价格体系，要充分重视经济杠杆的作用，在改革价格体系的同时，要进一步完善税收制度，改革财政体制和金融体制。

要发展多种经济形式，进而实行政企职责分开，正确发挥政府机构管理经济的职能。

要建立多种形式的经济责任制，认真贯彻按劳分配原则。进一步扩大对外的和国内的经济技术交流，努力办好经济特区，进一步开放沿海港口城市。改革的步骤要积极而稳妥，看准了的坚决改，看准一条改一条，看不准的先试点，不企图毕其功于一役。

要起用一代新人，造就一支社会主义经济管理干部的宏大队伍。

22日 国务院办公厅转发中国人民银行、公安部《关于禁止用复印机复印人民币的报告》。为严格禁止用复印机伪造人民币和其他有价证券，中国人民银行在该报告中提出：凡有复印机的单位，要对复印机的管理情况进行一次全面检查，要建立健全严格的管理制度。严禁复印货币、外汇兑换券和有价证券、有价票证。对用复印机复印人民币的行为，应分别情况严肃处理。对有意伪造人民币的不法分子，应按《中华人民共和国刑法》第一百二十二条以伪造国家货币罪惩处。

23日 财政部致函中国银行，同意从1984年10月1日起，对中国银行办理的“国家统借统还贷款”、“短期优惠利率贷款”、“贴息外汇贷款”免征营业税，但经营上述几项贷款取得的手续费收入，应照章征收营业税。

国家统借统还贷款 是我国利用外资的一种方式。为了引进国外先进技术或先进设备，促进国内经济发展，对于符合一定标准及范围内的国家或地方经济项目，对其引进国外技术和设备所需外汇资金，由国务院有关部门、地方政府或项目主管部门向国务院计划部门等部门报送项目计划等资料，在经过严格审核并得到批准之后，由财政部统一代表中央政府向世界银行等国际金融组织、外国政府或国外金融机构申请贷款，贷款资金再由财政部按照有关规定、计划转划给项目使用方，在贷款本息的偿还上，对外由财政部统一偿还，对内基本实行“谁用谁还”的原则。

国家统借统还贷款由国家信用担保，通常具有期限长、利率较低的特点，贷款资金的使用通常纳入当年国家外汇计划、基本建设计划和国家预算，对贷款本息的偿还纳入国家年度预算，以切实保证外债的偿付。申请国家统借统还贷款的标准较为严格，进口的技术和设备必须符合一定标准，项目必须经过严格的可行性研究，必须保证有相应的国内人民币配套资金，对于财政部下划的贷款资金，各级财政部门按一般预算管理方式进行管理。

国家统借统还贷款始于新中国成立，对于国家经济的发展起到了非常重要的作用，从1981年6月起，国家统借统还贷款只限于外国政府贷款和国际金融组织的贷款，不包括国外商业性金融机构的贷款。

贴息外汇贷款 是政府给予借款者政策性利息补贴的一种外汇贷款。在具体操作中，银行发放外汇贷款时，执行国家规定的正常利率，贷款期间由中央财政或地方财政给予借款者一定比例的利息补贴，从而减轻借款者实际所承担的利息额，以达到一定的政策目的；通常而言，贴息的计算时间与银行收取贷款利息的计算时间相一致，财政给予借款者利息补贴的币种为人民币，贷款本息的偿还使用贷款的具体币种。由于贴息外汇贷款的政策性优惠，其发放标准较为严格，申请者须符合一定的政策规定和要求。按照政策支持目的，贴息外汇贷款可划分为许多种类，例如，支持国内企业引进国外先进技术进行技术改造的贴息外汇贷款、老少边穷地区贴息外汇贷款、境外加工贸易企业周转贴息外汇贷款等。

24 日 外贸部、财政部发布《国际经济合作基金管理暂行办法》。该暂行办法规定：基金的管理由经贸部负责，具体业务按外汇和人民币分别委托中国银行和中国人民建设银行办理，财务管理受财政、银行指导和监督。借用基金的费率暂定为：借人民币，年费率为3.0%；借外汇资金，年费率为4.0%，两种费率均包括银行手续费0.2%在内。借款逾期，如经贸部门认为理由不充分不予延期时，从逾期之日起在原费率的基础上加收50%～100%的管理费，必要时，银行可按协议规定直接从借款单位的存款账户中扣还借款，或由经贸部门通知担保单位负责还本付费。该暂行办法自1985年1月1日起实行。

11 月

2 日 中国农业银行发布《农业贷款呆账损失处理试行办法》，对农业贷款呆账处理的范围、原则、程序等作出了具体规定。主要内容有：1. 可作为呆账损失的贷款：借款者经营的产业倒闭，又无担保单位或担保人承担偿还所欠债务，原由财产或抵押物资处理不足归还所欠贷款，确认无法收回的；借款者死户，又无第三者承担债务，其财产处理不足归还所欠贷款的；借款者触犯刑律，受到依法制裁，处理的财产不足归还所欠贷款，又无第三者承担债务的；借款者迁移、逃亡，已经多年无下落，又无第三者承担债务，处理的财产不足归还所欠贷款的；其他原因造成的收不回来的贷款。2. 贷款呆账损失处理原则：贷款呆账损失由贷款行在当年的损益中处理；国家特准的农业贷款损失，由有关行查明情况，报总行审查处理；实事求是，及时解决问题，严格按照贷款政策规定办理。

3 日 国务院批转中国人民保险公司《关于加快发展我国保险事业的报告》。该报告就加快发展保险问题提出：1. 大力发展农村保险业务，适应农民富裕起来以后对安全保障的需要，支持农民科学种田，促进农村商品生产；2. 实施城镇集体企业职工的法定养老保险，使城镇集体企业职工的退休养老工作社会化；3. 实施机动车辆（包括拖拉机）第三者责任和船舶的法定保险，以保障交通事故中受害人的经济利益，同时也有助于解决车船肇事后的赔偿纠纷；4. 广泛开展水、陆、空货物运输保险业务；5. 进一步办好国营企业的财产保险；6. 适应对外开放的需要，扩大国外保险业务。特别是在加快经济特区的建设和进一步开放14个沿海城市以后，国外保险工作需要进一步加强。

13 日 国务院发出《关于严格控制财政支出和大力组织货币回笼的紧急通知》。针对1984年财政赤字有扩大的危险和全年货币投放量要大大突破计划数的问题，该通知要求：1. 要努力增产适销对路的产品，增加市场供应，扩大货币回笼。2. 要积极组织财政收入，把该收的钱收上来。3. 要加强信贷管理，控制信贷投放，大力组织信用回笼。4. 严格控制财政支出，防止年终突击花钱。中国人民建设银行要严格按照国家计划、国家预算控制基建拨款，监督合理使用建设基金，不得突破预算。要继续控制社会集团购买力，各级财政、银行和控制社会集团购买力办公室，要密切配合，严格把关。5. 要进一步严肃财政纪律，坚决制止以各种名义用公款游山玩水、大吃大喝等耗费国家资财和机关团体巧立名目滥发实物、私分产品的行为。

20 日 国家外汇管理局、中国人民银行、国家计委、财政部、对外经济贸易部、商业部、中国银行、中国工商银行、中国农业银行发布《关于加强外汇兑换券管理工作的联合通知》。其主要内容是：1. 严格控制外汇券的使用范围。各省、自治区、直辖市人民政府对现行外汇券的使用范围要进行一次认真检查，凡超过《外汇券暂行管理办法》（1980 年 4 月 1 日发布）规定范围的，必须立即制止。今后，除为外国人、华侨、港澳台同胞、海员等供应的商品或提供的劳务，以及其他经外汇管理部门批准的商品或费用，可以收取外汇券外，其他场所和内销商品不得强收外汇券。2. 严格控制外汇券的使用对象。外汇券只限入境的外国人，中国血统外籍人，外国驻华使馆和常驻机构及其人员，外国专家、留学生、实习生，外轮和远洋轮海员，华侨，港澳台同胞使用。未经省、自治区、直辖市外汇管理部门批准的其他国内机关、部队、团体、学校、国营企业、事业单位、城乡集体经济组织，都不得使用外汇券。3. 调整、缩小差价商品的范围和差价。现在广东、福建两省有些对外供应的商品价格差幅较大、品种过多，两省要立即组织力量重新审查，调整、缩小商品的差价和范围，今后必须严格控制，加强管理。4. 清理和整顿现有收券网点。收券单位应具备的条件是：专门从事对外供应商品和提供服务的单位；设有专柜、专用楼层对外供应商品的单位；或经外汇管理部门特别批准的单位；所有这些单位或专柜都应有一套管理外汇券的制度。对于不符合条件或设置不合理和未经批准的收券网点，应令其撤销。5. 必须认真执行外汇券回笼制度。凡有外汇券收入的单位，都要建立健全外汇券财务管理制度，及时交银行回笼；防止私分和私换外汇券。各收券单位必须按月向当地外汇管理局分局报送上月外汇券收支月报。6. 必须认真执行外汇券结汇制度。各指定收券单位营业收入的外汇券，必须按当地国家外汇管理局分局规定的时间和核定的比例向银行结汇，记入成绩和计算留成。单位之间未经外汇管理部门批准，不得用外汇券现钞直接结算。7. 加强市场管理，坚决取缔外汇券黑市买卖，打击投机倒把活动，以维护金融秩序。对擅自留用、挪用和套取外汇券的违法行为，一经查明，按违反国家外汇管理论处。

12 月

3 日　中共中央、国务院发布《关于严禁党政机关和党政干部经商、办企业的决定》。主要内容：1. 党政机关不得使用公款、贷款以及在职干部自筹资金，自办企业或与群众合办企业，不得在经济利益上与群众兴办的企业挂在一起。2. 乡（含乡）以上党政机关在职干部（包括退居二线的干部），一律不得以独资或合股、兼职取酬、搭干股分红等方式经商、办企业；也不允许利用职权为其家属、亲友所办的企业谋取利益。3. 党政机关干部的工资标准只能由国家统一规定，他们的工资改革只能按国家的统一部署进行，任何单位和个人不得自行其是。4. 绝不允许离休、退休干部利用老战友、老部下的关系和曾经担任过领导职务的影响，套购或倒卖国家的紧缺物资，严禁走私贩私、偷税漏税和买空卖空，牟取高利，以及从事“皮包公司”性质的经营体，也不得为自己的亲友提供从事这类活动的条件。5. 各级党政机关和党政干部在该决定下达以前已办的企业中，对有发展前途，能促进商品生产，于国于民有利的企业，可以转交给符合办企业规定的单位或个人去办，并应积极扶持其继续办好，但要在经济上与有关机关和干部脱钩，企业实行独立经营，自负盈亏。企业资金遇有困难的可采取银行贷款的办法，将有关党政机关和在职干部投入的资金替换出来，也可以在自愿原则下，将这些资金转给银行，由银行分别对有关机关、干部和企业办理储蓄和贷款手续。机关干部在企业中任职的，或辞去企业职务，或辞去行政职务，二者不得兼任。辞去行政职务的，应转为企业编制。

4 日　中国人民银行发布《关于下发商业汇票承兑、贴现暂行办法的通知》。该通知强调，实行全国统一的商业承兑汇票承兑贴现办法，各地银行都要遵照执行，跨行业的业务不得拒绝办理。《商业汇票承兑、贴现暂行办法》规定：商业汇票是指单位之间根据购销合同进行延期付款的商品交易时开具的反映债权债务关系的票据，分为商业承兑汇票和银行承兑汇票两种。商业承兑汇票，是指由收款人开出，经付款人承兑，或由付款人开出并承兑的汇票。银行承兑汇票是指由收款人或承兑申请人开出，并由承兑申请人向其开户银行申请，经银行审查同意承兑的汇票。收款人需要资金时，可持承兑汇票向开户行申请贴现，贴现期限为贴现日至汇票到期日。贴现率按略低于流动资金贷款利率计收。汇票除向银行贴现外，不准流通转让。该通知于1985年4月1日起实行。

8日 国家计委、中国人民银行、中国人民建设银行发布《关于试行加强基本建设自筹资金管理的暂行规定》。其主要内容：1. 各部门和各地区的企事业单位用于基本建设的自筹资金，包括地方机动财力、城市维护的建设资金用于基本建设部分和交纳的建筑税金额，必须专户存入建设银行，并坚持先存后批、先批后用的原则。从1985年开始，当年上半年使用的自筹资金，须在上年年底存入建设银行；下半年使用的自筹资金，必须在当年6月底以前存入建设银行。2. 为了便于工商银行、农业银行、中国银行有计划地运用信贷资金，及时向建设银行划转企事业单位用于基本建设的自筹资金和地方机动财力安排的基本建设投资，各省、自治区、直辖市计委和各部门对下年度需要安排的自筹基建项目，要主动采用各种办法提前通知开户银行。3. 凡有自筹基本建设任务的各部门、各地区的企事业单位，在不影响归还贷款前提下，应提前向开户银行提出申请，将其自有资金中按规定可用于基本建设方面的资金，转存到建设银行。4. 每年9月底以前，建设银行按基建自筹投资管理范围，向国家计委提供（同时抄送中国人民银行）各部门和各省、自治区、直辖市在建设银行的自筹资金存款情况。国家计委根据各部委和各省、自治区、直辖市计委报来的自筹基建投资和设备、材料的平衡情况，参照银行提供的自筹资金存款情况，再分别核定各地区、各部门的自筹基建投资计划规模。

10日 中国人民银行发出《关于对赊销纯棉布、絮棉无息贷款给予利差补贴的通知》。该通知决定，人民银行对各专业银行为贫困地区严重困难户发放的赊销棉布（絮棉）无息贷款，均按月息6‰进行补贴。

△ 中国人民银行、国家计委、国家经委、财政部、经贸部、国家物价局、中国银行、国家外汇管理局发出《关于停止试行贸易外汇内部结算价格的通知》。该通知决定自1985年1月1日起停止试行贸易外汇内部结算价，同时废止《关于贸易外汇内部结算价格的结算办法》中有关贸易外汇内部结算价的规定，重新实行单一的外汇对外公开牌价。对各类外汇买卖，不论计划用汇、国家拨汇还是各类留成外汇，也不论单位、企业或个人收付的外汇，从1985年1月1日起，一律按公布的人民币外汇买卖价结汇。对调剂外汇价格，从1985年1月1日起，按公布的人民币对美元的中间价计算，可在上下10%的幅度内浮动。

14日 国家计委、财政部、中国人民建设银行发布《关于国家预算内基本建设投资全部由拨款改为贷款的暂行规定》。文件规定：从1985年起，国家预算内基本建设投资全部由财政拨款改为贷款。"拨改贷"的基建投资，由各级计划部门根据国家批准的计划进行安排，建设银行依据国家基建计划实行指标管理；"拨改贷"实行差别利率，根据不同行业，分别订为年利率3%、4.2%、3.6%和12%不等。贷款单位偿还贷款本息，要先用企业自有资金，再按国家规定用缴纳所得税以前的利润。国防科研项目，各级各类学校、医院、科学研究、行政机关和物资储备项目，防洪、排涝工程、市政工程和国防边防公路、边境以下邮电通信项目以及其他非经济部门所属非营业性的、无偿还能力的项目，不计利息，免还全部本金。

18日 中国人民建设银行发布《更新改造措施贷款办法》。为了支持大型技术改造项目、专项措施项目以及建筑安装企业、地质勘探单位更新改造的资金需要，该办法规定：凡是列入国家计划的上述项目，均可向建设银行申请更新改造措施贷款。出口工业品生产专项贷款，可由经贸部提出计划，由建设银行同外贸部门共同审查项目，择优发放。借款项目要符合国家的投资政策和投资方向，具备以下条件：经过批准的项目建议书和设计文件；自有资金已经落实，并能按期存入贷款银行；所需设备、材料、施工力量已有安排；生产工艺成熟，技术过关，所需原材料、燃料、动力有可靠来源。

26日 国务院办公厅转发中国工商银行《关于国营工业企业流动资金损失处理意见的报告》。该报告认为，1980年年底以前入库的物资产品有一部分已经失去了使用价值，全国约计55亿元，需要作废处理。这部分损失本来应由企业按有关财务制度规定自行消化解决，不应再由国家负担，但考虑到有的财政部门已经批准，当时由于指标有限没有处理。有的主机已经报废，毛坯件、半成品已无法利用；有的机电产品、钢材以外的其他物资损失，国务院已规定"1980年以前其他遗留问题的资金损失，经清查核实并报经批准后，在国拨自有流动资金中核销"，因此，这部分损失可在企业国拨流动资金中核销处理。这是国家负担资金损失的最后一次，今后企业发生的物资、资金损失必须按照财务制度的规定由企业自己解决，不准长期挂账，不再冲销国家资金。

29日 中国农业银行发布《农村个体工商业贷款试行办法》。主要内容是：1. 贷款原则：根据国家政策，本着"正确引导，热情帮助，积极扶持，加强管理"的精神，发挥拾遗补缺的作用，为生产和群众生活服务；坚持自筹资金为主、银行贷款为辅的原则，有借有还、到期归还的原则；坚持区别对待、择优扶持的原则，讲究贷款使用的经济效益。2. 贷款对象包括个人、个体户、合作经营组织、同国营集体企业联合经营的个体工商户等。3. 贷款用于生产经营所需流动资金的不足部分，期限为1～6个月，最长不超过一年。4. 贷款利率实行浮动利率，在月息7.2‰～9.0‰之间浮动。该办法同时适用于信用社，各地分行可根据该办法制定实施细则。

30日 中国银行发布《关于试办外贸企业联营股本贷款的通知》。为了适应外贸体制改革的新形势，支持外贸企业参加各种形式的联合企业，促进我国对外经济贸易事业的发展，该通知决定，试办外贸企业联营股本贷款所需的资金使用中短期贷款指标。联营股本贷款的审批工作，授权各管辖分行审批；各管辖分行可酌情下放一定的权限，由辖内分支行审批。联营股本贷款的利率为月息4.8‰～6‰，原则上商业企业要高于生产企业；期限长的贷款要高于期限短的贷款；对有利于引进先进技术的企业可给予照顾。随文附发的《中国银行办理联营股本贷款暂行规定》明确：联营股本贷款的对象是经贸部及其授权单位批准经营进出口业务的企业。贷款单位可以用物业、有价证券抵押，也可以由资信好的企业担保。贷款期限一般为三年以内，最长不超过五年。贷款利率为月息4.8‰～6‰，每年计收两次利息，结息日为6月20日、12月20日。

1985 年

1 月

1 日 中共中央、国务院发布《关于进一步活跃农村经济的 10 项政策》（即关于农业问题的第四个“一号文件”）。国务院决定：粮食、棉花取消统购，改为合同定购。由商业部门在播种季节前与农民协商，签订定购合同。定购的粮食，国家确定按“倒三七”比例计价（即三成按原统购价，七成按原超购价）。定购以外的粮食可以自由上市。如果市场粮价低于原统购价，国家仍按原统购价敞开收购，保护农民的利益。这是真正意义上的中国第一次粮食流通体制改革。这一文件的发布，是中国农产品购销体制由统购统销走向“双轨制”的转折点。至此，中国实行了 31 年的农产品统购派购制度被打破。

14 日 中国工商银行印发《关于禁止将公款转入储蓄存款的通知》。该通知指出：以个人名义将公款转入储蓄存款，不利于银行进行现金管理，也影响储蓄存款的真实性；重申“储蓄存款是指个人存款和互助储金会存款”，国营集体企业单位都不得以个人名义将公款转入储蓄，套取现金和利息。

21 日 六届全国人大常委会第九次会议通过《中华人民共和国会计法》。该法律规定：国务院和地方各级人民政府的财政部门，分别管理全国的和本地区的会计工作。会计年度自公历 1 月 1 日起至 12 月 31 日止。单位的会计科目和会计账簿要按会计制度的规定设置，会计机构根据经过审核的原始凭证和记账凭证，按照记账规则记账。各单位应建立财产清查制度，保证账簿记录与实物、款项相符。各单位的会计机构、会计人员，对本单位实行会计监督，对违反国家统一的财政制度、财务制度规定的收支，不予办理。各单位必须接受审计机关、财政机关和税务机关依照法律和国家有关规定进行的监督，如实提供会计凭证、账簿报表和其他会计资料以及有关情况，不得拒绝、隐匿、谎报。该法律还规定：大中型企事业单位和业务主管部门可以设置总会计师；会计机构内部应建立稽核制度；出纳人员不得兼管稽核、会计档案保管和收入、费用、债权债务账目的登记工作。会计机构、会计人员的主要职责是：进行会计核算；实行会计监督；拟订本单位办理会计事务的具体办法；参与拟订经济计划、业务计划，考核、分析预算、财务计划的执行情况。另外，对违反该法的法律责任也作了规定。

2 月

1 日 中共中央办公厅、国务院办公厅发布《关于严格控制发放奖金、补贴的紧急通知》。该紧急通知决定：各地区、各部门要立即对所属地区和单位 1984 年发放奖金、补贴和实物的情况，认真进行一次检查整顿，发现问题，及时处理。该紧急通知强调：严格控制奖金、补贴的发放，在行政、事业单位工资制度改革之前，有关浮动升级、晋级调资、提高工资区类别和各种形式的津贴、补贴等，一律暂停办理；1985 年行政、事业单位发放的奖金，要严格按照国家的规定办理，党政机关事业单位全年可发放不超过一个月标准工资的经费包干节支奖，其中有业务收入的事业单位全年可以放宽到不超过一个半月的标准工资，中央和国家机关各部委、各直属机构，全年 60 元。各级银行部门加强现金管理，严格把关，各级财政、审计、劳动人事部门要加强监督检查，发现问题，及时报告，严肃处理。

5～14日 国务院在天津召开全国经济工作会议。会议的主要议题是根据党的十二届三中全会精神，研究制定增强企业活力，特别是增强全民所有制大中型企业活力的政策措施。会议讨论了《关于进一步增强大中型国营企业活力若干问题的暂行规定》，讨论了《中华人民共和国国营工业企业法（草案）》以及有关国营小型企业的改革问题，并部署了1985年的经济工作。会议提出1985年要采取的10项政策措施：1. 要加快推行厂长负责制，建立勇于开拓的领导班子。2. 要增强企业的技术开发能力，把经营领域从市场预测、资金筹集、产品研制扩展到产品的售后服务。3. 企业有权实行跨行业、跨地区的多种经营，包括发展第三产业。4. 要根据企业的不同情况，把降低消耗指标层层分解，责任落实到人，节约有奖，超耗有罚，奖金计入成本。5. 对那些指令性任务重、贡献大、调节税率高、人均留利过低的先进大型企业，要逐步把调节税降下来。6. 开辟生产资料市场，建立物资贸易中心。企业在确保完成指令性计划任务、保有合理储备的前提下，超过计划生产的产品，以及长期积压和超储的长线产品，可以随行就市，把平价转为议价，产销直接见面，搞活物资流通。7. 给部分有条件的大中型骨干企业直接对外经营自主权。8. 实行指令性计划的产品，要使企业有产可超，即使是市场紧缺的短线产品，也要给企业让出一块，允许超产自销。9. 要根据国务院统一部署，在经过整顿验收合格的大中型企业中实行工资总额随同经济效益浮动的工资制度。10. 整顿现有公司，改革大企业内部的管理体制。

7日 中国农业银行全国分行行长会议召开。会议确定1985年农村金融工作的任务是：贯彻执行《中共中央关于经济体制改革的决定》和《中共中央、国务院关于进一步活跃农村经济的十项政策》，积极支持以城市为重点的全面经济体制改革和农村产业结构改革，促进农村商品经济的发展，加速农村经济专业化、商品化、现代化的进程。为此，必须进行农业银行管理体制和工作的改革，坚决把农业银行办成真正的经济实体；必须继续进行和基本完成信用社管理体制的改革，把信用社办成独立经营、独立核算、自负盈亏、能起民间借贷作用的合作金融组织。同时，要加强信贷管理，控制货币投放，协同有关部门保持市场物价的基本稳定，为改革创造一个有利的环境。

8日 国务院批转国家经委、财政部、中国人民银行《关于推进国营企业技术进步若干政策的暂行规定》。该暂行规定明确：企业的技术开放费用来源包括：按规定摊入生产成本；使用企业自有资金；国家酌情拨款；银行发放技术开发低息或贴息贷款。从1985年起，原由国家集中的企业30%的折旧基金，不再上缴中央财政，由主管部门、地区集中调剂使用。对企业的产品创优、技术开发、技术改造、技术引进放宽条件，银行在贷款条件上给予优惠。

12日 中国人民银行发出《关于对外发行债券由中国人民银行归口管理的通知》。该通知规定：1. 对外发行外币债券要根据我国的需要和国际债券市场的条件，有领导、有计划地进行。目前中国银行、中国国际信托投资公司是主要的发行渠道。其他单位需要向外发行债券筹资，一般可委托这两个金融机构办理，如要直接对外发行债券，应由这两个金融机构或其他国外承认的金融机构担保，但需事先征得担保机构同意，不得先对外谈判后找金融机构担保。2. 凡申请对外发行债券的单位，应向中国人民银行总行报送申请书并抄送担保金融机构。申请书内容包括：可行性研究报告；用款计划和偿还计划；用于基建部分纳入国家计划的证明文件；国内人民币配套资金和物资落实情况，发行债券单位的基本状况和财务状况。中国人民银行在征求担保金融机构和其他有关部门的意见后，提出审查意见，金额在5 000万美元以上的，报请国务院审批。

27日 中国人民银行印发《关于制止有些基层银行争抢信贷业务，随便增设分支机构的通知》。该通知指出：为纠正有些基层银行片面强调业务交叉和相互竞争，自行增设机构，以不正当手段争抢信贷业务的状况，中国人民银行理事会讨论了专业银行的业务分工问题，决定：1. 1985年1月1日起，各专业银行目前相互代理的业务，改为按照自营业务处理，任何专业银行都不得自行决定收回委托其他专业银行代理的业务。2. 各专业银行如有超越国务院1984年规定的分工范围发放固定资产贷款的，要立即停止，并要将已发放贷款划转给有关专业银行办理。3. 凡未按照规定自行扩大流动资金贷款范围的，都要改过来。4. 在1984年中国人民银行关于增设金融机构问题的有关文件下达后，由各专业银行自行批准增设的机构应当撤销，由于特殊需要非增设不可的，要按照规定程序报中国人民银行审批。5. 各专业银行分支机构在业务分工机构设置方面的纠纷和争议，由中国人民银行省、自治区、直辖市分行裁决，各专业银行都要依照执行。对拒不执行的，中国人民银行有关分行可采取冻结存款、停发现金、停止借款、限令歇业等措施予以制裁。

28日 国务院发布《借款合同条例》。该条例的主要内容是：1. 适用于实行独立经济核算的全民所有制和集体所有制企事业等单位（以下简称借款方）同银行、信用合作社（以下简称贷款方）之间签订的借款合同。城乡个人同银行、信用合作社之间签订的借款合同（契约），亦参照本条例执行。2. 借款方必须提出申请，贷款方审查同意后，方可签订借款合同。借款合同必须由当事人双方的法定代表或者凭法定代表授权证明的经办人签字，并加盖单位公章，方能有效。3. 借款方应有一定比例的自有资金和有适销适用的物资和财产作贷款的保证。借款方无力偿还贷款时，贷款方有权依照法律程序处理借款方作为贷款保证的物资和财产。4. 借款方保证人必须具有足够代偿借款的财产。借款方不履行合同时，由保证人连带承担偿还本息的责任。5. 借款合同签订后，具有法律约束力，当事人双方必须严格遵守合同条款，履行合同规定的义务。借款方必须按照借款合同规定的用途使用借款，不得挪作他用。贷款方有权检查、监督贷款的使用情况，发现违约现象，贷款方有权收回贷款。对违约使用的部分按规定的利率加收罚息，情节严重的由司法机关追究刑事责任。6. 遇有国家计划变更、借款方单位关停并转等原因，无法履行借款合同者，允许变更或解除借款合同，由变更后的当事人承担履行借款合同的义务和享受应有的权利。7. 银行、信用社的工作人员，由于失职行为造成贷款损失浪费，或利用借款合同进行违法活动的，要追究其行政责任和经济责任。情节严重的，由司法机关追究刑事责任。该条例共有5章24条，分别为总则、借款合同的订立和履行、借款合同的变更和解除、违约责任和违法处理、罚则，自1985年4月1日起施行。

3月

3日 国务院发布《保险企业管理暂行条例》。该暂行条例分别为总则、保险企业的设立、中国人民保险公司、偿付能力和保险准备金、再保险和附则共有6章24条。主要规定有：国家保险管理机关是中国人民银行。国家保险管理机关的职责是：拟定保险事业的方针、政策，批准保险企业的设立，指导、监督保险企业的业务活动，审定基本保险条款和保险费率，检查保险企业的会计账册和报表单据，并对保险企业在经营业务中违反国家法律、法规、政策，或者损害被保险方的合法利益的行为，给予经济制裁，直至责令其停业。经营人身保险业务的保险企业，其实收现金资本不得少于人民币2 000万元；经营人身保险业务以外的各种保险业务的保险企业，其实收现金资本不得少于人民币3 000万元；同时经营上述两项保险业务的企业，其实收现金资本不得少于人民币5 000万元；保险企业应当将其现金资本的20%交存保证金。中国人民保险公司是在全国经营保险、再保险业务的国营企业。中国人民保险公司从事下列业务活动：经营各类保险与再保险业务；向其他保险企业提供咨询服务；根据国家授权，代表国家参加有关保险业务的国际活动；国家授权经营的其他业务。除法律、法规另有规定或经国务院批准外，下列业务只能由中国人民保险公司经营：法定保险；各种外币保险业务；国营、外资、中外合资、中外合作企业的各种保险业务；但地方国营保险企业可以经营该地区的地方国营企业的各种保险业务；国际再保险业务。保险企业必须至少将其经营的全部保险业务的30%向中国人民保险公司办理再保险。该暂行条例不适用于社会保险，自1985年4月1日起施行。

4日 中国农业银行印发《抵押贷款试行办法》。该试行办法规定：借款者申请抵押贷款，必须提供易于保存、变卖的物资，或有价证券、贵重物品、不动产等作担保，生活必需品不能作为贷款抵押品。抵押品原则上按现值计价，贷款额度最多不得超过抵押品总值的70%。新建、扩建和开发性项目作为抵押品的抵押贷款，要按照项目贷款的要求审查评估，坚持按30%～50%自有资金比例的规定办理。银行对抵押品的数量、质量和安全情况应经常检查，对保管不善的要限期解决，逾期不解决的，银行有权提前处理抵押品清偿贷款。抵押贷款的期限与利率，可比照同一贷款种类的规定办理。

8日 国务院发布《关于上海市进一步对外开放有关问题的批复》。国务院在该批复中提出要逐步把上海建设成为对国外客商具有巨大吸引力，对先进技术具有强大消化力，对国际市场具有敏捷应变能力的对外经济联系枢纽，成为发展出口、增加创汇的基地。

9日 中国人民银行、国家计委、国家经委联合发布《关于购买国家批准的外汇额度及其人民币贷款的有关问题的通知》。该通知规定：1. 购买外汇所需人民币资金，先用地方和企业自筹资金解决，确实不足的可向中国人民银行贷款。2. 使用国家批准的外汇额度，必须与引进先进技术、设备等的进度密切结合，在进口实际对外支付用汇时，才能购买国家外汇。3. 不得预先用人民币购买成现汇存到专业银行，严禁将这笔外汇汇到境外银行生息或进行倒卖。4. 购买外汇人民币贷款的利率，1984年以前批准的额度规定月息2.1‰的可继续执行，1985年1月1日起新批准的外汇额度和1984年购买外汇文中未明确规定的人民币贷款利率，一律按照贷款的用途和性质确定，即用于技术改造贷款的利率，一年以下（包括一年）月息4.2‰，一年以上至三年月息4.8‰，三年以上至五年月息5.4‰；用于购买原材料贷款的月息6‰。5. 贷款的归还期限，一般从贷款之日起三年内还清，个别经中国人民银行省、自治区、直辖市分行批准的可适当延长，最长不超过五年。国家专案批准由中国人民银行给上海、天津两市的外汇额度，从1985年2月1日开始，也改按该规定执行。

13日 国务院发布《关于加强外汇管理的决定》。国务院指出：近几个月来，国家外汇结存急剧下降。由于外汇管理松弛，一些地方、部门大量超计划使用留成外汇；有些单位将留成外汇额度买成现汇转存银行，随时提用；有些单位和地方非法倒卖外币、外汇券，严重扰乱金融秩序，损害人民币的信誉。这些情况不仅影响国家对外汇的管理和经济体制改革的进行，而且对党风、社会风气起了严重的破坏作用。针对当前外汇管理中存在的主要问题，国务院决定：1. 各地区、各部门留成外汇的使用，由国家下达用汇控制指标，严格执行，不得突破。2. 各种外汇额度未经国家外汇管理部门批准，不得调拨，不得买成现汇。3. 不允许把应调回的外汇存放在境外，对国家控制进口的商品，凡未经国务院主管部门批准发给许可证的，外汇管理部门和银行不得拨给外汇和办理结算。4. 拨给的外汇额度购买外汇需要人民币资金，原则上要用自己的资金，确有困难的申请一定比例的贷款。凡不符合规定用途的，银行拒绝贷款。5. 严禁非法倒卖外汇活动。违反者，外汇管理部门要没收其全部非法收入，上缴国库，并科以罚款，使用银行贷款的要停止贷款，并收回已发放的贷款。金融机构参与这种非法活动的，要从严惩处。6. 严禁外币在市场流通，经国家批准的需要收取外币的地区和宾馆、商店除外。对于社会上从事倒卖外币的单位和团伙，工商行政管理部门、公安部门要按破坏金融秩序论处，坚决给予打击。7. 国务院责成中国人民银行及其所属的国家外汇管理局认真行使管理外汇的职权，严格查处违反外汇管理的行为。对违法的外汇资金和拒不交纳罚款的单位，外汇管理部门有权通知开户银行冻结其外汇资金和强制扣款。

14日 国务院批转中国人民银行《关于调整部分存款、贷款利率的报告》。该报告提出：1. 适当提高定期储蓄利率。一年期的由年息5.76%调整为6.84%，三年期的调整为年息7.92%，五年期的调整为年息8.28%，八年期的仍为年息9%，活期储蓄利率不动。2. 提高企事业单位定期存款利率。一年期的由年息3.6%调整为4.32%，两年期的调整为年息5.04%，三年期的调整为年息5.76%。3. 流动资金贷款利率由年息7.2%调整为7.92%，个体工商户贷款由年息8.64%调整为9.36%~11.52%。农村各项贷款利率，由中国农业银行根据调整后的流动资金贷款利率、个体户贷款利率为基准进行拟订，报中国人民银行批准执行。4. 提高基本建设贷款利率。属于“拨改贷”的贷款利率1985年不变动，以后改按统一的基建贷款利率执行。属于用银行信贷资金发放的国家基本建设贷款，原则上比照技术改造贷款利率执行；对基建贷款中的能源交通等国家重点建设项目的贷款，利率上可给予优惠照顾。5. 加强低息优惠利率的管理。对现行优惠贷款项目要进行清理，因情况变化已不符合条件的要停止优惠。今后，单位要享受优惠利率的，除由财政贴息的以外，必须事先经中国人民银行同意，并要逐步实行“先收后退”的办法。6. 为了灵活运用利率杠杆进行宏观调节，今后中国人民银行可根据国民经济发展的需要和社会银根松紧情况，随时调整对各专业银行的存款、贷款利率，各专业银行必须执行中国人民银行制定的统一利率政策和利率标准。

21日 国家主席李先念根据六届全国人大常委会第十二次会议的决定，任命国务委员陈慕华兼任中国人民银行行长。

27日 六届全国人大三次会议在京召开。国务院总理赵紫阳作题为《当前的经济形势和经济体制改革》的政府工作报告。该报告指出：今后的价格改革，是在1984年货币发行偏多、部分商品价格上涨的情况下进行的，为此必须坚决控制货币发行量。国务院决定：1. 严格控制消费基金的盲目增长，严禁任何单位和个人在财务上乱开口子，乱提工资，乱发奖金、津贴和实物。从1985年起，恢复工资基金管理制度，各企事业单位和机关团体的工资基金，都要在银行开立专户，先存后用，由银行按规定监督支付。2. 统一制定信贷计划和金融政策，加强中国人民银行对宏观经济的控制和调节职能，严格控制信贷总规模和现金投放。适当提高银行存款利率，增加信贷资金来源。中央银行对所属各省、自治区、直辖市分行和各专业银行，要统一规定货币发行控制数字。各专业银行和各地分行必须按计划执行，不得突破。3. 从严控制固定资产投资，特别是预算外投资的规模，对超过限度的投资要征重税。4. 坚决压缩行政费开支，压缩社会集团购买力，严格执行机关团体购置高档耐用消费品的审批制度。5. 在坚决控制货币投放量的同时，进一步抓好消费品工业的生产，积极增产适销对路的产品和名牌优质产品，增加市场供应，大力发展第三产业，加速货币回笼。

《政府工作报告》强调，为了保证各项改革健康、顺利地向前发展，推动现代化建设稳步前进，既要搞活经济，又要加强管理。我们的原则仍然是：小的方面放开搞活，大的方向管住管好。强调管理，指的是要针对新的情况、新的问题，建立一套同改革开放相适应的管理制度和管理方法。各个经济管理部门，特别是经济综合部门和监督检查部门，要加强对宏观经济情况和经济调节手段的研究，做好必要的协调平衡和调节工作，严防重大经济活动失控。财政、银行、审计、税务、海关、物价、统计、工商行政管理等部门，都要认真履行自己的职责。要从实际出发，继续制定好各项必需的经济法规和规章制度，并且严肃认真地贯彻执行。

29日 经贸部、国家计委、国家外汇管理局发布经修订后的《出口商品外汇留成办法》。该办法规定，从1985年起，国家实行按出口商品收汇全额比例留成，即除军品、增产原油、增产成品油等出口商品外汇留成仍按原办法外，对一般商品出口收汇留成按25%提取留给地方、部门、企业。

3月 中国银行珠海分行发行“中银卡”。这是中国发卡史上的第一张信用卡。该卡发行之初是在中国银行珠海分行内部员工中试用，正式对外公开发行是在1985年6月。1986年10月，中国银行在系统内统一使用“长城卡”。这是中国第一个全国性品牌银行卡。

4月

2日 国务院发布《中华人民共和国经济特区外资银行、中外合资银行管理条例》。主要内容：1. 外资银行、中外合资银行必须遵守中华人民共和国的法律、法规，其正当业务活动和合法权益受中华人民共和国的法律保护。2. 在经济特区设立外资银行、中外合资银行必须向中国人民银行提出申请，中国人民银行根据经济特区发展的需要和平等互利的原则审查批准其经营业务项目。3. 中国人民银行经济特区分行对特区的外资银行、中外合资银行进行管理和监督；国家外汇管理局对外资银行、中外合资银行颁发经营外汇业务许可证。4. 设立在经济特区的外资银行总行、中外合资银行，其注册资本不得少于8 000万元人民币的等值外汇，实收资本不得低于注册资本的50%。5. 设在经济特区的外资银行、中外合资银行，对经济特区一个企业的放款；不得多于该行实收资本加储备基金总数的30%；对经济特区的投资总额，不得多于该行实收资本加储备基金总数的30%。6. 在经济特区设立的外资银行分行，必须持有其总行拨给的不少于4 000 万元人民币等值外汇的营运资金。7. 外资银行、中外合资银行纳税后的利润，应当按照规定提取储备基金、职工奖励基金和福利基金、企业发展基金，国外投资者所得部分可以汇出；外资银行分行依法纳税后的利润可以汇出。8. 外资银行、中外合资银行终止业务活动，必须在终止前30天以书面形式向中国人民银行提出申请报告，由中国人民银行批准。

4日 国务院批转中国人民银行《关于控制1985年贷款规模的若干规定》。国务院指出，控制贷款规模和货币发行是保证1985年物价、工资改革顺利出台的一个重要条件，也是稳定经济和巩固发展大好形势的一项重要措施。该若干规定的主要内容包括：1. 严格控制贷款总规模。各专业银行总行和人民银行各分行要严格执行人民银行总行核定的计划，不得突破。2. 实行“统一计划，划分资金，实贷实存、相互融通”的信贷资金管理办法，解决信贷资金使用“吃大锅饭”的问题。3. 改变敞口供应流动资金贷款的办法。集体企业，按集体企业办法管理的国营企业和实行利润包干的企业等，一般要有30% ~50%的自有资金，银行在信贷资金可能的范围内，择优发放一定比例的贷款，不能全包下来。4. 认真执行农村信贷政策。中国农业银行的农村存款和农村贷款的增加额要在全国范围内做到当年平衡。信用社在农业银行的存款比例，不得低于30%。5. 加强固定资产贷款管理。各专业银行的基建贷款，按项目进行控制，不得突破国家计划；技术改造贷款由人民银行总行按计划进行控制。6. 加强金融工作的统一管理。中国人民建设银行信贷收支要纳入国家信贷计划统一管理。各专业银行的业务分工，要执行国务院和中国人民银行的有关规定，不得各行其是。

8日 国务院发布《关于控制固定资产投资规模的通知》。该通知指出，1984年投资规模偏大，为了保证1985年固定资产投资计划完成，严格控制计划外投资，决定：各部门、各地区对1985年固定资产投资规模必须严格控制，以保证计划的完成；用银行贷款安排的基本建设和技术改造项目，要严格按照国家计划执行，未经国务院批准，不准发放计划外的贷款，不准用银行贷款以自筹资金名义擅自扩大投资规模；利用外资项目要按规定的审批权限和程序，经过批准才能对外谈判。自筹资金要严格控制在计划规模（包括浮动10%）以内，超过浮动范围的要加收10%的建筑税；银行对乡镇、集体和个人贷款，重点放在能源、节能、交通、出口、农副产品加工和第三产业。控制固定资产投资规模实行首长负责制，每季度检查一次。

11日 国务委员兼中国人民银行行长陈慕华在中国人民银行全国金融研究所所长会议上的讲话中指出，要重视研究以下几个金融理论问题：1. 市场上合理的货币流通量究竟应该是多少？2. 如何确定我们的信贷规模？3. 如何在宏观上管住，在微观上搞活？

17 日 中国银行悉尼分行营业执照颁发仪式在澳大利亚首都堪培拉举行，中共中央总书记胡耀邦和澳大利亚总理霍克参加了仪式。中国银行悉尼分行于 1985 年 12 月 16 日正式开业。

27 日 中国工商银行、中国人民银行、财政部发布《关于处理国营工业企业流动资金损失问题的若干规定》。其中规定：这次核销资金损失的企业，仅限于中国工商银行管理流动资金范围内的国营工业生产、物资供销、交通运输等企业。核销的流动资金损失，应严格按照国务院规定的范围掌握，即：1. 1978 年清产核资时经财政部批准，列入 1980 年度会计决算“待核销流动资金损失”科目，至今尚未处理的；2. 1980 年年底以前入库的机电半成品、毛坯件、锻件、钢锭模、工模夹具等，已经无法改制利用的；3. 1980 年年底以前入库的机电产品、钢材以外的已经失去原有使用价值的其他物资，如有色金属、化工产品、包装物料、橡胶件等。以上均不包括各种特准储备、专项储备物资报废的损失，以及盘亏、呆账等资金损失。文件还对核销办法、监督与制裁作了规定。文件强调，这次由国家负担资金损失是最后一次，今后发生的资金物资损失，必须按照财务制度的规定，由企业自己解决，不准长期挂账，不准冲销国家资金。

5 月

8 日 非洲开发银行和非洲开发基金理事会通过决议，接纳中华人民共和国为非洲开发基金和非洲开发银行成员。

28 日 中国人民银行、中国工商银行、中国银行、中国农业银行、中国人民建设银行发出《关于控制计划外固定资产投资贷款的若干规定的通知》。该通知强调要在控制固定资产规模的工作中，实行行长负责制，按月进行检查。该通知规定：1. 必须严格执行分配给各部门、各地区的固定资产贷款计划，未经国务院批准，不得自行扩大。2. 对原有企事业和行政单位零星的购置单项设备和建造单项工程，金额在 5 万元以下的，不列入固定资产投资规模的项目，其资金来源按规定资金渠道自行解决，银行不予贷款。3. 对中小学建设，县以下医院、保健站、文化馆、体育馆、图书馆、博物馆的建设，新建、扩建的城市道路，新增公共交通车辆购置和职工宿舍等五个方面不纳入固定资产投资规模的自筹建设，银行不予贷款，但应按国家规定提前半年专户存入建设银行监督拨付。4. 银行对城镇集体的企业发放设备贷款，要纳入各银行固定资产贷款规模。5. 银行对个体工商业不发放固定资产贷款。6. 加强金融信托投资机构贷款的管理。今后各专业银行办理信托业务，只能办理委托贷款和投资，凡用于基本建设和技术改造的贷款，必须纳入国家固定资产投资规模范围内。对地方财政和部门委托银行办理的固定资产贷款，要有国家批准的固定资产投资规模，要有足够的资金来源，一律不准用银行信贷资金垫付。7. 严禁地方、部门和企业用任何形式向银行摊派投资贷款，严禁挪用银行流动资金作为自筹投资来源。

6 月

6 日 农牧渔业部、财政部、中国人民银行、中国农业银行下达《关于扶持粮棉集中产区搞好转化转产贴息贷款管理办法》。国家决定：自 1985 年起至 1990 年止，每年用 1 亿元贴息贷款，扶持粮棉集中产区搞好转化、转产工作，贷款实行优惠利率，人民银行负责安排贷款，农业银行负责经营，中央财政负担利息。该管理办法规定：贴息贷款主要用于发展粮棉加工、副产品综合利用、饲料加工、食品加工、农村鲜活产品的储藏、保鲜和畜牧、水产的养殖等。贷款项目必须符合行业规划，有利于粮食转化、棉花转产，要优先安排周期短、投资少、效益好的项目。贷款的主要对象是专业户、联户、农村合作经济组织、经济联合体、乡镇企业，也可以用于他们与国营单位联合经营的项目。借款者须有 30% ~50% 的自有资金。每一个专业户贷款一般为 2 000 ~3 000 元，最高不得超过 1 万元。对每个贴息贷款项目的贷款期限一般为一至三年，最长不能超过五年。借款单位逾期不还，加收利息 20%。逾期贷款利息及加收利息全部由借款单位负担，财政不予补贴。贴息贷款实行优惠利率，月息 5.4‰，借款者负担 1.2‰，中央财政负担 4.2‰。对擅自改变计划、挪用贷款的借款单位，农业银行有权停止发放贷款，追回挪用的贷款和取消优惠利率，并按基准利率加收罚息 50%，本息全部由借款者归还。

10 日　国家计委、中国人民银行、中国人民建设银行联合发布《关于基本建设自筹资金必须存入建设银行监督管理的紧急通知》。该紧急通知要求：为了有效地控制自筹基建规模，国家历来规定所有自筹基建资金都必须专户存入建设银行，由建设银行严格按计划拨付并监督使用。各地建设银行要加强基建自筹资金的管理。

25 日　中国人民银行、中国工商银行、中国农业银行、中国人民保险公司、中国银行发出《关于贯彻部分省（市）长会议精神，进一步管好银行信贷资金的通知》。该通知强调根据既要控制又要搞活，要区别对待，不搞“一刀切”的原则，加强固定资产贷款的控制和管理，加强外汇贷款的控制和管理，积极支持收购农副产品资金的需要。

关于加强固定资产贷款的控制和管理，文件主要规定：建立行长责任制，严格按计划控制固定资产贷款，超过计划控制数的由行长负责收回。银行对固定资产贷款项目，必须从经济效益和还款能力两方面认真进行可行性审查。加强自筹基本建设投资的管理。加强信托贷款和投资业务的管理，专业银行暂不办理新的信托贷款和投资业务，已办理的要进行清理；对外已签约生效和已开出信用证的中外合资引进项目，可以在年内投产发挥效益的，其投资规模应纳入国家下达的固定资产投资总规模内；不准把银行的存款转到其他金融机构，扩大固定资产的投资和贷款。各地非银行的金融机构，必须按中国人民银行批准的范围经营金融业务，接受当地中国人民银行分支机构管理，各地信托投资公司和其他金融机构发行债券、股票，必须报经中国人民银行批准。严格按计划控制乡镇企业贷款，并只限于由中国农业银行发放。对新上项目，1985 年原则上不予贷款，建设项目年内能竣工投产、经济效益好的，在批准的贷款规模内择优贷放。

关于加强外汇贷款的控制和管理，该通知强调，中国银行和其他专业银行未经国家批准，不准超计划开证、用汇；各地银行未经批准，不得自行借外债；办理的甲类、乙类特种外汇贷款，应力争做到两类之间外汇和人民币的平衡，不准空投；对外担保要严格按照有关规定和审批权限办理；严格控制进口开证，加快出口收汇；加强购买外汇额度人民币贷款的管理。

关于积极支持收购农副产品资金的需要，文件强调，专业银行要加强系统内的资金调度，人民银行要加强临时贷款资金的调剂，并对改进银行服务工作提出了要求。

27 日　国务院办公厅发出《关于加强银行金融信贷管理工作的通知》。主要内容：1. 各级人民银行要加强对专业银行和其他金融机构的业务领导。各专业银行的信贷规模，要统一纳入人民银行的国家信贷计划；各专业银行的固定资产投资贷款，要按项目严格控制，不得突破国家下达的计划。2. 在信贷工作中，要坚决执行国家的政策法令和金融信贷制度，凡是从银行贷款的，必须有一定的自有资金；发放固定资产投资贷款和高息贷款的单位必须要有盈利的企业单位担保。3. 各级银行和从事经济信贷工作的同志，要模范地遵守有关的法规制度，自觉地抵制各种不正之风。4. 各级政府要加强领导，监督、检查和支持银行的工作。对坚持原则、奉公守法、努力工作的，要予以表扬；对严重渎职、违法乱纪、营私舞弊的，要及时查处。5. 一切违背中共中央、国务院有关金融信贷规定的错误做法，银行有权拒绝执行；银行部门由于坚持国家金融信贷制度，而被当地领导刁难、“穿小鞋”以至受到错误处理的，必须追究有关领导人的责任。

29 日　中国银行信托咨询公司同美国西方石油公司、平朔第一煤炭有限公司在北京正式签署安太堡露天煤矿合作企业合同，成为中国与国外合作开发的第一个，也是最大的一个煤炭项目，总投资额6.4亿美元（美方占52.49%，中方占47.5%），设计年产原煤1 533万吨。国务院副总理李鹏等出席了签字仪式。山西平朔安太堡煤矿于1987年9月10日胜利建成投产，是当时国内生产规模最大、现代化程度最高的露天煤矿。

7月

5日 中国人民银行印发《稽核工作暂行规定》。主要内容：对金融机构进行稽核检查是中国人民银行履行中央银行职能的职责之一，各级人民银行对各级工商银行、农业银行、中国银行、建设银行、保险公司、国际信托投资公司和其他金融机构的业务活动，定期或不定期地进行全面稽核或专项稽核。稽核的内容：执行国家经济方针、政策和金融方针、政策的情况；执行国家法律、法令、条例和中央银行各项规定的情况；执行信贷计划、现金计划、外汇计划和财务计划的情况；资金运营及经济效益的情况和人民银行认为需要进行稽核的其他事项。文件对稽核人员的职权以及稽核工作的程序和要求等，也作了具体规定。

△ 中国人民银行发出《关于对外借款由中国人民银行归口管理的通知》。该通知规定：境内机构向外国或港澳地区银行、企业贷款（包括透支），统一由中国人民银行归口管理。可接受外国或港澳地区银行、企业贷款的机构，仅限于中国银行、中国国际信托投资公司和经国家外汇管理局批准经营境外外币借款业务的金融机构，以及经中国人民银行批准的公司、企业。金融机构自借自还的对外借款，要根据经中国人民银行批准的信贷、投资计划进行；公司、企业对外借款，必须报经中央主管部门或省、自治区、直辖市人民政府核报中国人民银行批准始能进行。对外借款必须和创汇挂钩，对创汇少或缺乏创汇能力的地方、企业，各主管部门和各级人民政府应从严控制所有自借自还的对外借款，在借款前应向国家外汇管理局提出申请，说明贷款银行（或企业）、贷款金额、贷款期限、贷款利率以及偿还安排等情况，由国家外汇管理局核报中国人民银行审批。对外借款如需要担保的，只能由中国银行、中国国际信托投资公司和经国家外汇管理局批准的金融机构或企业担保。

22日 国务院同意并批转中国人民银行《关于调整储蓄存款利率和固定资产贷款利率的报告》。该报告提出的调整方案是：1. 提高定期储蓄存款利率，半年期利率由现行年息5.4%调高到6.12%；一年期利率由现行年息6.84%调高到7.20%；三年期利率由现行年息7.92%调高到8.28%；五年期利率由现行年息8.28%调高到9.36%；八年期利率由现行年息9.00%调高到10.44%。活期储蓄利率不调整。2. 提高固定资产贷款利率，将技术改造和基本建设两种贷款利率合并为固定资产贷款利率，根据贷款期限的不同实行差别利率（包括对乡镇企业发放的固定资产贷款），一年期利率由现行年息5.04%调整为7.92%；三年期利率由现行年息5.76%调整为8.64%；五年期利率由现行年息6.48%调整为9.36%；十年期利率由现行年息7.20%调整为10.08%；十年以上的利率由现行年息7.92%调整为10.08%。对乡镇企业生产设备贷款利率，要比照固定资产贷款利率增长幅度相应提高。对“拨改贷”贷款利率，1985年暂按国家计委、财政部、建设银行《关于国家预算内基本建设投资全部由拨款改为贷款的暂行规定》（1984年12月14日发布）执行，以后改按统一的固定资产贷款利率执行。3. 对中央、地方必须办而利润不高的能源、建筑材料、交通运输等国家重点建设项目和某些技术改造项目，必要时可以采取贴息办法，谁办的谁贴息。对经济效益差、还贷款无保障的建设项目，银行有权停止贷款。对国家计划统一安排的基建项目，银行认为不符合贷款条件的，要及时提出意见，由各部门进行调整。4. 信用社转存银行储蓄存款的利差，由银行给予适当补贴。

△ 中国人民银行、中国工商银行、中国农业银行联合发出《1985年发行金融债券、开办特种贷款办法》。该办法规定：1. 金融债券由中国农业银行、中国工商银行分别按各自的业务范围向城乡个人发行，筹集的资金用来向乡镇企业

和城市集体企业发放特种贷款（用于企业产品为社会所急需、经济效益好、再投入少量资金就能竣工投产的技术改造和基本建设项目，以及项目建成后急需的流动资金）。2. 各省、自治区、直辖市、计划单列城市和经济特区的农业银行、工商银行发行金融债券，要按量出为入的原则，根据贷款的实际需要量，在批准的额度内发行；特种贷款的资金来源，完全以发行金融债券解决。3. 金融债券面额分为20元、50元和100元三种。期限为1年，只限于个人自愿购买，利率为年息9%，到期还本付息，不能提前兑付，不能流通、转让和抵押。4. 特种贷款利率最低年息12%，最高14%，在这个幅度内划分不同档次，根据不同地区情况不同对待。5. 在发行金融债券、发放特种贷款过程中造成资金闲置所发生的利息损失，由发行债券的银行在金融债券和特种贷款的利差收入中解决。

27日 国务院发布《中华人民共和国国家金库条例》。该条例共有6章23条，包括总则、国库的组织机构、国库的职责权限、库款的收纳与退付、库款的支拨和附则。主要规定有：国家金库（以下简称国库）负责办理国家预算资金的收入和支出，中国人民银行具体经理国库；各级国库库款的支配权，按照国家财政体制的规定，分别属于同级财政机关；国库机构的设置按照国家财政体制设置，原则上一级财政设立一级国库；国库业务工作实行垂直领导，各级国库的主任由各该级人民银行行长兼任。该条例对国库的职责权限、库款的收纳与退付、库款的支拨等，作了具体的规定。1950年3月3日中央人民政府政务院公布的《中央金库条例》同时废止。

8月

2日 中国农业银行与国家科委发布《关于办理农村技术开发项目贷款的联合通知》，决定由中国农业银行办理农村技术开发项目贷款。该通知的主要内容有：贷款项目必须是各级科委和有关部门推荐，经国家科委审定，经过可行性论证，能在近期内推广和利用，取得实用价值，为社会创造物质财富，提高经济效益。贷款应本着谁借谁还的原则，贷给直接从事技术开发活动的一个单位或几个单位。借款单位必须具有项目投资总额30%以上的自有资金，保证按期还款。贷款主要用于购买开发项目所必需的仪器设备、原材料、技术引进和技术服务费开支，土建费用由自筹资金解决。开发性贷款指标实行项目管理，执行规定的开发性贷款利率的档次，贷款期限一般为1~3年，最长不超过4年。贷款可以采用抵押贷款或担保贷款方式，无抵押品的要由具有代偿能力的经济实体或部门担保。借款单位须持国家科委和中国农业银行共同下达贷款项目的文件向当地农业银行提出书面申请，受理行审查同意后上报领导行。各级科委和农业银行要密切配合，科委要加强对开发项目的领导和督促检查。

20日 国务院发布《进一步清理整顿公司的通知》。针对有些公司政企不分和从事违法经营活动等问题，该通知规定：1. 对于党政机关和党政机关干部办的公司，要实行政企分开，并使公司在经济上与党政机关脱钩；党政干部担任公司职务的，要辞去一头。2. 开办的公司一般要有固定的生产经营场所和生产经营规模相适应的资金、设施和从业人员，有健全的财务制度、组织管理机构和公司章程。3. 成立公司必须经过批准，并办理登记注册手续。4. 公司必须按照规定的经营范围依法经营。

28日 国务院发布《关于不再扩大1985年基本建设投资规模的通知》。国务院规定：1985年基本建设规模必须控制在国家下达的计划之内，国家不再追加计划指标；银行要严格按国家基本建设投资计划放款，计划外贷款要立即停止发放；对自筹资金，要严格执行国家有关规定，凡6月末以后存入中国人民建设银行的存款当年不得动用。

8月29日至9月2日 中国人民银行、中国人民建设银行（以下简称建设银行）在郑州联合召开改革建设银行信贷资金管理体制会议。会议提出：建设银行的资金来源、资金运用和联行制度与其他专业银行有差别，在管理上有不同之处。建设银行的信贷资金管理主要内容：1. 建设银行的资金，原来采取信贷收支轧差方式，实行新的信贷资金管理办法后，对财政基建“拨改贷”基金、财政预算拨款资金仍采取轧差反映，即财政拨款大于基建贷款的结余列为财政存款，对信贷资金则按信贷资金来源和信贷资金运用两方，全额分别反映。对财政拨款发放贷款资金的管理，坚持先拨后用、存大于支的原则，不得挤占信贷资金。人民银行总行核定给建设银行总行的年度存差计划，或借差计划和贷款规模，均为指令性计划。建设银行总行要负责组织执行，存差必须完成。借差和贷款规模，未经批准，不得突破。2. 建设银行吸收的一般存款，1985 年按 30% 的比例缴存人民银行；吸收的财政性存款，全部划缴人民银行。3. 各级建设银行，要在人民银行开立账户，并将原来在中国工商银行、中国农业银行开立的存款户结清。同时，要与其他专业银行建立同业往来关系，相互融通资金，使各级建设银行成为经营单位。4. 实行同其他专业银行一样的存贷款利率。5. 实行与其他专业银行不同的联行制度。由于建设银行现行的联行制度与其他专业银行的做法不同，因而不能采取相互发报移卡的做法。建设银行上下级之间的资金调拨，应通过人民银行的联行办理。为开户单位办理异地汇划款项，如果汇出汇入单位都在建设银行开户，可通过自己的联行直接办理；如果汇入单位在其他专业银行开户，当地设有建设银行机构，可通过自己的联行“先直后横”；如果汇入单位所在地未设建设银行机构，要委托其他专业银行转汇，即“先横后直”。6. 建立灵活调度资金的制度。人民银行除了一次性核给建设银行一部分业务周转金之外，对因季节性存款下降或贷款上升，以及资金调拨未达而出现的一时资金短缺，还可以发放临时贷款。各级人民银行要主动帮助建设银行统筹安排和调剂资金。7. 建设银行应当逐步建立本系统的现金业务库，自办现金收付业务。目前不能自办的，可继续委托其他专业银行代办。8. 自办现金收付业务的行处，要建立现金收支项目电报统计制度。这次会议是继 1984 年全国银行信贷资金管理体制改革会议之后，又一次银行信贷资金管理体制改革的会议。

29 日 中国工商银行印发《关于整顿信托业务的意见》。该意见强调，信托业务要本着宏观控制、微观搞活的原则进行整顿，在现有的基础上稳步、健康地向前发展。文件提出：工商银行各省、自治区、直辖市分行可根据经济发展的需要，在大中城市和经济发达地区的工商银行内部设立信托处（部）、科，办理信托业务；县一级行处一般不设信托机构，信托业务由信贷部门兼办。

9 月

1 日 我国首次公布国际收支统计平衡表（参见下表）。

1982 ~ 1984 年中国国际收支平衡表

单位：百万美元

项目	1982 年	1983 年	1984 年
一、经常项目	5 674	4 240	2 030
1. 贸易	4 249	1 990	14
出口 FOB	21 125	20 707	23 905
进口 FOB	− 16 876	− 18 717	− 23 891
2. 劳务	939	1 739	1 674
收入	3 604	4 028	4 919
支出	2 665	2 289	3 245
3. 无偿转让	486	511	442
私人	530	436	305
官方	− 44	75	137
二、资本项目	338	− 226	− 1 003
1. 长期资本项目	389	49	− 113
流入	3 312	2 702	4 128
流出	− 2 923	− 2 653	− 4 241
2. 短期资本	− 51	− 275	− 890
流入	244	59	223
流出	− 295	− 334	− 1 113
三、错误与遗漏	279	− 366	− 932
四、储备资产增减额	− 6 291	− 3 648	− 95

注：储备资产增加记“ − ”号。

资料来源：中国人民银行调查统计司。

17日 中国人民银行发布《关于立即停止发放信托贷款和信托投资的通知》。该通知重申：各专业银行所属信托投资公司、信托部、城市信用服务部（社）或信贷部门都必须立即停止办理信托贷款、信托投资等信托业务。在接到国务院加急电报后继续发放的信托贷款、信托投资和在这之前发放的计划外基建项目的信托贷款、信托投资，都要清理收回。其他部门、企业办的信托投资公司，占用人民银行的资金，要清理划归人民银行；已经用于国家计划外基建项目的资金，要限期清理收回，尚未拨付的，要停止拨付。

18～23日 中国共产党全国代表会议在北京召开，会议通过了《关于制定国民经济和社会发展第七个五年计划的建议》。其中指出：改革金融体制，充分发挥银行系统筹集融通资金、引导资金流向、提高资金运用效率和调节社会总需求的作用。中国人民银行作为中央银行是最重要的宏观调节机构之一，要加强它的地位和独立性。"七五"期间要抓好三个方面的改革：一是增强企业活力；二是发展社会主义商品经济，完善市场体系；三是国家对企业的管理逐步由直接控制改为间接控制为主，主要运用经济手段和法律手段和必要的行政手段来控制和调节经济运行。

24日 国务院发布新的《工资基金暂行管理办法》，为适应社会主义商品经济的发展，该管理办法着重规定：1. 各基层单位在不超过国家下达的年度工资总额计划的前提下，可将本月或本季度节余的工资基金移到本年度的下个月或下季度使用，但不得将下个月或下季度的工资基金提前使用；超过工资基金使用计划指标的，银行不予支付；单位需要增加工资指标的，应按照劳动工资计划的审批程序办理。2. 企业的奖励基金，应按国家规定提取，企业发放的奖金和从奖励基金中支付的浮动工资、津贴、补贴、自费改革工资等各项工资性支出，应从提取的奖励基金中开支，先提后用。3. 经国家批准实行工资总额同经济效益挂钩的国营企业，有关省、自治区、直辖市或国务院主管部门应按其隶属关系，将国家核定的上缴税利、工资总额基数、挂钩比例和按挂钩比例计算的增加工资额，逐级下达到企业并抄送其开户银行，同时报劳动人事部、国家计委、财政部、中国人民银行备案。4. 实行百元产值工资含量包干的建设企业和实行吨煤工资含量包干的煤炭企业。有关地区和部门应按其隶属关系，将国家核定的百元产值工资含量包干系数、吨煤工资单价和增加的工资额，逐级下达到企业，按照相关数据计算出工资总额，分别按其隶属关系报有关部门核增核减后，送开户银行监督执行。5. 现有的计划外用工，其工资应控制在国家规定的工资总额范围内，不得突破，并应按国家规定进行清退，相应核减工资总额。6. 各专业银行应履行国家赋予的职责，监督检查各单位工资基金的使用情况。劳动人事、计划、财政、银行、统计、审计等有关部门在各级人民政府的统一领导下，密切协作，及时研究处理执行中存在的问题。7. 对违反本办法规定的问题，要按干部管理权限，由当地人民政府主管部门视情节轻重，给主要负责人和当事人以处分，并责令限期退回违反本办法多发的现金和实物。1983年劳动人事部、国家计委、财政部、中国人民银行联合发布的《工资基金管理试行办法》同时停止执行。

10月

7日 中国人民银行、国务院科技领导小组办公室发出《关于积极开展科技信贷的联合通知》。该通知要求各专业银行和其他金融机构在核定的信贷计划总量范围内调剂一部分贷款，积极支持科技事业的发展；科技贷款的对象包括企业和有偿还能力的科研单位、生产联合体；科技贷款的利息可由地方、部门贴补；对于国务院有关部门推荐的科技项目可优先贷款；对于科技贷款中的好的做法和好的经验要积极组织推广。

12日 国务院同意并批转中国人民银行《关于全面开展信贷检查的报告》。为了进一步落实中共中央、国务院关于严格控制信贷规模和货币供应量的各项措施，纠正信贷工作中的不正之风，该报告提出，在全国开展一次信贷检查。检查重点是经济效益不好的贷款，银行用贷款支持或贷款被挪用搞计划外固定资产投资的情况，用银行贷款或流动资金搞地方、企业自筹基建的情况，用流动资金贷款购买汽车和倒买倒卖紧俏物资的情况；组织货币回笼中存款减少和到期贷款不能收回的原因，储蓄与现金管理中的问题，贯彻国务院关于暂停信托贷款和信托投资业务决定的情况，违反贷款原则滥放贷款以及以贷谋私、索贿受贿、敲诈勒索、贪污盗窃等违法乱纪的行为。该报告对这次信贷检查的范围、组织领导以及检查结束的标准等，提出了具体意见。

15日 中国人民银行印发《全国货币发行工作座谈会纪要》。该纪要提出：对今冬明春的发行基金调拨，由过去“适当集中，合理摆布，灵活调拨”的原则，改为“适当集中，合理摆布，总额控制，分批下拨”。总行对各省、自治区、直辖市分行的发行基金供应量，要控制在总行核定的指标之内。建立行长责任制，未经上级行批准，擅自突破发行基金供应总额的，要追究行长的责任。由人民银行牵头，成立各家银行旺季现金联合调拨小组。该纪要还就加强现金管理、改进结算工作、加强对专业银行代理发行业务的检查、硬分币投放、加强发行干部队伍建设等提出了具体意见。

11月

1日 深圳经济特区证券公司成立。经中国人民银行批准，试办深圳经济特区证券公司。1987年9月改组为中国银行、中国工商银行、中国人寿保险等10家中央金融单位出资合办的股份制企业，注册资本为550万元人民币。这是改革开放后我国第一家证券公司，具有独立的法人资格，主要从事特区内股票等有价证券的发行和交易业务。

15日 中国银行印发新的《中国银行外币存款章程（丙种）》。新章程的基本内容包括：1. 凡中国境内居民均可开立外币存款账户（分外汇账户与外钞账户）。凡从境外汇入、携入和境内居民持有的可自由兑换的外汇均可存入外汇账户；不能立即付款的外币票据需经银行办理托收后方可存入。凡从境外携入或境内居民持有的可自由兑换的外币现钞均可存入外钞账户。2. 定期存款分为三个月、六个月、一年、二年四个档次。存款的货币限美元、英镑、西德马克、日元、港元五种，其他可自由兑换的外币，由存款人自由选择上述货币的一种，按存入日的外汇牌价折算入账。开户起存金额，不低于人民币150元的等值外币。3. 存款按中国银行公布的个人外币定期存款利率计付利息。外汇账户，本息可以汇往境外，汇往境外须按金额大小经中国银行或外汇管理部门批准。外钞账户，本息可以支取外钞，并可凭携带外钞出境证明出境。4. 存款银行对存款人的存款负责保密。1984年5月26日公布的《中国银行外币存款章程（丙种）》同时废止。

27日 中国人民银行、中国工商银行发出《关于保留中国人民银行县支行机构有关问题的通知》。该通知规定：保留多少县级机构，由人民银行省、自治区、直辖市分行根据加强人民银行工作的需要，报经省、自治区、直辖市人民政府确定。这次人民银行和工商银行的县支行机构分设后，如有的县需要设人民银行机构时，另行组建。人民银行县支行的职工，和人民银行一、二级分行职工一样，享受企业待遇。该通知还就人民银行、工商银行县支行分设后的办公用房使用、发行库及枪支管理、职工宿舍和办公用具等问题，作了明确规定。该通知要求两行县支行机构分设工作，争取在1986年3月底以前基本完成，最迟在1986年6月底以前完成。

28日 厦门国际银行开业。这是全国首家中外合资银行，由中国银行福建省分行、福建投资企业公司、厦门经济特区建设发展公司和香港上市公司闽信集团有限公司采用“股权式”的股份制模式共同筹资创办，注册资本为8亿港元。主要开办外汇投资银行和商业银行的对外业务。

30日 国务院办公厅转发中国人民保险公

司《关于发展涉外保险业务增加外汇收入的报告》。该报告对如何进一步发展涉外保险业务提出了应当采取的几项措施：积极开展宣传工作，完善涉外经济法规中有关保险的条文。各级政府的外事和对外经贸部门要指导并协助开展国外保险工作；向保险公司通报有关的重要会议和同外商谈判重大项目的情况；在审批涉外项目可行性研究报告及合同草案时，应将是否列入保险条文作为一项内容。允许保险公司运用经济手段，推动业务发展，鼓励有关部门的职工积极协助保险公司开展涉外保险业务。暂不允许外国保险公司来华开业。加强保险公司自身的建设，提高服务质量，增加保险类别，增强我国保险的竞争能力。

12 月

14 日 国家计委、财政部、中国人民建设银行发布《关于调整国家预算内基本建设投资拨款改贷款范围等问题的若干规定》。由于从1985 年起，凡是由国家预算安排的基本建设投资全部由财政部拨款改为银行贷款。对科学研究、学校、行政单位等没有还款能力的建设项目，作了豁免本息的规定。根据一年来的实践，从 1986 年起，原来规定的凡由国家预算安排的科研、学校、行政单位等没有还款能力的建设项目，不再采用“拨改贷”的办法，仍然恢复拨款办法，并对恢复拨款方式的范围、管理办法作出了具体规定。

23 日 中国人民银行发出《关于加强金融机构的资金管理的通知》。为了加强和改善金融宏观控制，该通知规定：从 1986 年起，凡经国务院和中国人民银行批准成立的信托投资公司和保险公司设立的投资公司，其资金来源、运用必须全额纳入国家综合信贷计划，按原批准的业务范围自主经营，人民银行不借给资金。未经中国人民银行重新批准的专业银行设立的信托投资公司或信托部（处、科）经营信托业务的资金来源与运用，要纳入专业银行的信贷计划，其固定资产投资贷款部分，要纳入人民银行批准的固定资产贷款规模内。

1986 年

1 月

1 日 中共中央、国务院下发《关于 1986 年农村工作的部署》（即关于农业问题的第五个“一号文件”）。文件指出：我国农村已开始走上有计划发展商品经济的轨道。农业和农村工业必须协调发展，把“无工不富”与“无农不稳”有机地结合起来。1986 年农村工作总的要求是：落实政策，深入改革，改善农业生产条件，组织产前产后服务，推动农村经济持续、稳定、协调发展。为达到这一总要求，必须进一步摆正农业在国民经济中的地位，坚定不移地把以农业为基础作为一个长期的战略方针；依靠科学，增加投入，保持农业稳定增长；深入进行农村经济改革；切实帮助贫困地区逐步改变面貌；加强和改进对农村工作的领导。

6～10 日 国家体改委和中国人民银行在广州召开第一次金融体制改革试点座谈会。会议确定金融体制改革的试点城市是：广州、重庆、武汉、沈阳、常州。这五个城市金融体制改革的主要内容是：在信贷资金管理体制方面，实行条块结合、分层次管理，专业银行的信贷计划仍由各总行下达和调整；开展金融机构之间的同业资金拆借，拆借期限和利率由信贷双方协商议定；试点城市专业银行和保险公司要办成内有动力、外有压力、充满活力，责、权、利相结合的相对独立的金融企业；在专业银行内部试行各种形式的承包责任制；对个体工商户和个人推行支票结算；开办保付支票；试办旅行支票；扩大票汇通汇面；保证现金汇票付现，允许转汇；充分利用金融机构的有利条件，开展各种金融服务，并创造相应的信用工具；对现有信托投资机构和城市信用社进行整顿。

7 日 国务院发布《中华人民共和国银行管理暂行条例》。该暂行条例明确规定，中国人民银行是国务院领导和管理全国金融事业的国家机关，是国家的中央银行。中国人民银行作为中央银行，应当全面履行下列职责：1. 研究拟订全国金融工作的方针、政策，报经批准后组织实施；2. 研究拟订金融法规草案；3. 制定金融业务基本规章；4. 掌管货币发行，调节货币流通，保持货币稳定；5. 管理存款、贷款利率，制定人民币对外国货币的比价；6. 编制国家信贷计划，集中管理信贷资金，统一管理国营企业流动资金；7. 管理外汇、金银和国家外汇储备、黄金储备；8. 审批专业银行和其他金融机构的设置或撤并；9. 领导、管理、协调、监督、稽核专业银行和其他金融机构的业务工作；10. 经理国库，代理发行政府债券；11. 管理企业股票、债券等有价证券，管理金融市场；12. 代表政府从事有关的国际金融活动。同时，中国人民银行按照国家法律和行政法规的规定，管理全国的保险企业。中国人民银行设理事会，为总行决策机构。

该暂行条例规定：各专业银行都是独立核算的经济实体，按照国家法律、行政法规的规定，独立行使职权，进行业务活动。设立专业银行总行由中国人民银行总行审核，报国务院批准；省级分行由专业银行总行提出申请，报中国人民银行总行批准；地、市级中心支行和县级支行，由专业银行省级分行提出申请，报中国人民银行省级分行批准；县级支行以下的业务单位，由专业银行地、市级中心支行提出申请，报中国人民银行地、市级分行批准。设立信托投资公司、农村信用合作社、城市信用合作社也须经人民银行审核、批准，并须具有中国人民银行规定的最低限额的资本金和组织章程。

该暂行条例还规定：货币发行必须集中统一

管理，财政部门不得向中国人民银行透支。专业银行的信贷收支必须按照规定纳入国家信贷计划。国家信贷计划由中国人民银行总行编制，报经国务院批准后，由中国人民银行总行下达执行。各种存款的最高利率和各种贷款的最低利率，由中国人民银行总行拟订，报经国务院批准后，由中国人民银行总行根据国家经济政策，分别制定差别利率，并根据情况变化进行调整。各专业银行总行具有一定的利率浮动权。利率浮动幅度由中国人民银行总行规定。信用合作社的存款、贷款利率，根据中国人民银行的规定和授权，可以上下浮动。

该暂行条例是新中国成立以来颁布的第一部综合的、系统的金融管理条例，包括总则、中央银行、专业银行、其他金融机构、货币发行管理、信贷资金管理、利率管理、存款贷款与结算管理、违法处理、附则，共10章63条。

9～20日　中国人民保险公司在北京召开全国保险工作会议。会议讨论通过了“七五”期间我国保险事业的发展规划。按照规划，“七五”期间要建立起法定保险与自愿保险相结合的经济补偿制度。保险总收入要从1985年的34.6亿元增加到124.4亿元。其中国内财产保险业务保费收入要达到54亿元；各种人身保险业务保费收入要达到52.4亿元；涉外保险保费收入要增加到4.6亿元。

1月11日至2月3日　全国经济工作会议和计划会议在北京召开。针对在控制货币投放上存在“一刀切”的问题，会议指出：在货币投放上，既要紧缩，控制货币发行量，又要合理供应，满足生产和流通的需要。要采取多种方式，增加储蓄，开辟资金来源。增加的储蓄、筹集的资金首先要用于工业和商业的流动资金上，加速流通，扶植生产，大力增产适销对路的商品和出口商品，满足市场需要。金融体制的改革，要围绕着增加储蓄、改进服务、合理使用资金等三个问题去进行。

11日　中国新技术创业投资公司在北京成立。该公司是为配合“火炬计划”的实施，专营风险投资的全国性金融机构，实收资本金为人民币10 286万元，美元1 830万元，其中作为发起股东的国家科委持股40%、财政部持股23%，金融业务由中国人民银行领导。主要投资对象是进行技术改造和开发应用新技术的中小企业，投资领域着重于开发信息、生物、电子、新材料和其他新技术产品及应用。1998年6月22日，中创公司因严重违规经营被中国人民银行关闭。

14日　中国人民银行发出《关于统一定活两便储蓄利率的通知》。为便于专业银行更好地试办定活两便储蓄业务，积聚资金，该通知规定：存期不满一个月的不计息；存期一个月以上不满半年的按活期计息；存期半年（含半年）以上不满一年的按储蓄存款半年利率打九折计息；存期在一年（含一年）以上的按储蓄存款定期一年利率打9折计息；计算方法是对年、对月、对日计息。所定利率从1986年3月1日起执行，在此之前的按当地银行原规定利率分段计息。

定活两便储蓄　储蓄存款的一种，它的存期不确定，存款者随时可以支取，利率随存期的长短而变动，通常采取储蓄存单的形式，存单不记名，不挂失，也不可以在市场上流通。对存款者而言，定活两便储蓄具有活期储蓄随时可以支取的灵活性，在存期达到银行规定的定期储蓄的期限时，还可以取得比活期储蓄更高的利息，具有手续简单、方便灵活，但收益率低于定期存款的特点。

我国银行自1982年开始办理定活两便储蓄。目前，我国商业银行规定，定活两便储蓄的起存金额最低为50元，多存不限；利息按实际存期同档次定期利率打六折计算，超过存期无论多长，一律按1年期定期利率打六折计息。

15日　国务院发布《关于中外合资经营企业外汇收支平衡问题的规定》。该规定明确：中外合资经营企业应做到外汇收支平衡。其外汇收支需要调剂的，应按照审批权限，分级管理解决。经国家主管机关批准兴办的中外合资经营企业，由国家主管机关负责在全国范围内的中外合资经营企业的外汇收入中调剂解决，也可由国家主管机关同地方人民政府按商定的比例调剂解决。经由国务院授权的或国家主管机关委托的地方人民政府，或国务院有关部门批准兴办的中外合资经营企业，由各该地方人民政府或部门负责在所批准兴办的中外合资经营企业的外汇收入中调剂解决。外国合营者提供先进技术，关键技术生产的尖端产品，或在国际上有竞争能力的产品，经过批准，可以内销，在内销比例和期限上给予优惠。合资企业生产国内需长期进口或急需进口的产品，经过批准实行进口替代。经过批准，合资企业可利用外国合营者的销售关系，推销国内产品出口实行综合补偿。经过批准，合资企业售给经济特区和沿海开放城市的经济技术开放区以外地区有外汇支付能力的企业的产品，允许以外币计价结算。同一外国合营者在中国境内兴办两个以上的合资企业，经过批准，企业之间可以调剂外汇余缺。经过批准，外国合营者可将其所得合法的人民币利润再投资于能够创汇的企业，从该企业中取得外汇利润。该规定自1986年2月1日起施行。

27日 中国人民银行、中国工商银行、中国农业银行联合发出《关于推行个体经济户和试行个人使用支票结算的通知》。该通知规定从1986年起在北京、上海、江苏、浙江、河南、大连、哈尔滨等7个省市开办个体经济户支票结算业务，在北京、上海、天津、重庆、武汉、广州、沈阳等7个城市有条件的储蓄所试办个人活期储蓄支票结算业务。随通知下发的还有《关于个体经济户和个人使用支票结算基本规定》和《同城保付支票结算试行办法》。《同城保付支票结算试行办法》规定，保付支票可用于支付货款、劳务费用以及其他各种款项，也可以购买债券、股票。保付支票一律记名，不得流通转让。保付支票的金额起点，由各地根据情况确定，保付支票的有效期是自签发之日起10天之内。

△ 经国务院批准，北京、上海、天津、郑州、沈阳、石家庄、成都、西安、南京、广州、福州、长沙等12个城市开始开办邮政储蓄业务。1月27日中国人民银行与邮电部联合发出《关于邮政储蓄业务的联合通知》，决定自1986年2月1日起，在北京、上海等12个城市开办23个邮政储蓄网点，办理个人邮政活期、定期储蓄业务。邮政储蓄业务由邮电部统一管理，交存的邮政储蓄款由中国人民银行统一支配。邮政储蓄的利息按国家统一规定的利率，由邮政局支付给储户，支付的实际额度及人民银行应付给邮局的手续费（2.2‰），均由开户邮局与银行结算。3月10日，邮电部、中国人民银行又联合印发《开办邮政储蓄协议》，决定自1986年4月1日起，在全国各省、自治区、直辖市开办邮政储蓄业务，城乡邮政机构均可办理。

31日 中国人民银行颁发《关于专业银行办理国库经收业务的管理办法》。该管理办法指出，经理国库业务是国家赋予中国人民银行的职责之一。由于银行体制改革，人民银行专门行使中央银行职能，国库的经收业务需要专业银行办理。国库业务按国库系统实行垂直领导。专业银行经收的待报解国库款，不能作为自己的资金来源使用，应按规定的地点和报解时间向当地人民银行办理划缴，保证库款及时入库。

2月

1日 中国农业银行全国分行行长会议召开。会议决定：把农村信用社存款准备金比例总水平降低到25%。在此之前，这个比例为30%。这个决定是农村金融工作改善宏观控制的一项措施。1986年农村金融工作改善宏观控制的措施有：1. 减少指令性计划，扩大指导性计划，各项指导性贷款计划指标可根据当地实际情况在各项目间进行调剂。2. 多存可以多贷。3. 在信贷项目之间实行区别对待，严格控制固定资产投资规模，适当松动对流动资金的供应。4. 适当照顾贫困地区发展商品经济，调整区域性信贷政策。

4日 中共中央、国务院发布《关于进一步制止党政机关和党政干部经商、办企业的规定》。该规定指出：各级党委机关和国家权力机关、行政机关、审判机关、检察机关以及隶属这些机关编制序列的事业单位，一律不准经商、办企业；凡上述机关的干部、职工，包括退居二线的干部，除中央书记处、国务院特殊批准的以外，一律不准在各类企业中担任职务。

6日 国务院批转中国人民银行《关于办理留成外汇调剂的几项规定》。该规定指出：外汇调剂限在机关、部队、团体、学校、国营和集体企事业之间办理。凡按规定核拨给创汇单位的贸易和非贸易留成外汇额度（或现汇）均可参加调剂。外汇额度调剂价格定为1美元额度合1元人民币。美元现汇的调剂最高限价为4.2元人民币。外汇调剂业务由中国银行办理移交给国家外汇管理局审批和办理。额度调剂的交割和过户，通过外汇管理部门办理。现汇调剂的交割和过户，通过中国银行或其他金融机构办理。3月26日，国家外汇管理局转发了该规定，并制订、发布了《关于外汇调剂实施办法》。

8~10日 中国人民银行理事会全体会议召开。会议确定了我国金融体制改革的四个基本目标：建立强有力的、灵活自如的、分层次的金融宏观控制和调节体系；建立以银行信用为主体，多种渠道、多种方式、多种信用工具聚集和融通资金的信用体系（包括逐步建立比较完善的社会主义保险的经济补偿制度）；建立以中央银行为领导、国家银行为主体、多种金融机构并存和分工协作的社会主义金融组织体系；建立金融机构的现代化管理体系。

17日 亚洲开发银行理事会通过决议，接纳中国为亚洲开发银行成员国。3月10日，中国完成办理缴纳股本等有关手续，作为亚洲开发银行第三大认股国，认股额为16亿美元，拥有6.096%的投票权，正式成为亚洲开发银行成员。台湾以“中国台北”名义继续保留席位。在1987年4月举行的理事会第20届年会董事会改选中，中国当选为董事国并获得在董事会中单独的董事席位。

20~28日 中国人民银行全国分行行长会议在北京召开。会议确定1986年货币信贷方针是：既要加强金融宏观控制，又要注意改善金融宏观控制，真正做到区别对待，避免“一刀切”；既要把膨胀了的需求继续加以控制，又要改善供给，合理发放贷款，支持把经济进一步搞活；既要促进把不适当的速度降下来，又要在讲求经济效益的基础上，支持适当的增长速度；努力实现信贷收支平衡、外汇收支平衡，保持货币稳定，促进经济的协调发展和经济结构的合理化。

具体政策措施是：1. 扩大存款，增加储蓄。各专业银行在吸收居民储蓄方面可实行业务交叉；各专业银行可以发行金融债券，办理商品房储蓄。2. 挖掘流动资金潜力，继续贯彻区别对待政策，支持生产和流通的需要。要优先支持能源、交通和原材料的发展，以及适销对路的日用消费品和出口创汇企业的生产和收购；农业贷款要重点支持发展粮食等种植业和饲养业，保证计划内农副产品收购。3. 严格控制固定资产贷款，控制消费基金的膨胀。继续加强对消费基金的控制；对经济特区和沿海开放城市要严格控制开发性贷款。4. 实行分层次控制办法，调动各专业银行和各地区中央银行的积极性，搞好宏观控制，灵活调节金融。5. 加强和改善外汇管理，保持外汇收支平衡。要实行鼓励出口、加速收汇，有区别地用汇的政策；要实行新的外汇调剂办法，把现汇用活。6. 改进服务，搞活流通，促进资金横向融通，推动横向经济联系。要全面推广同城票据交换和清算，建立区域性票据清算中心，开办商业票据承兑和贴现、再贴现业务。7. 强化中央银行职能，加强金融管理。8. 加快金融立法工作，加强金融法制宣传。9. 加强经济调查和金融理论研究工作，及时掌握国内外重要的经济动态。

3月

7日 水利电力部、财政部、中国人民银行、中国农业银行联合发出《关于调整小水电贷款利率及进行贴息的通知》。该通知规定：中国农业银行发放小水电的贷款指标，从中国人民银行分配给中国农业银行的农业贷款计划总额度中解决；对新办小水电增加固定资产贷款利率，由现行的3.6‰调整为6.6‰；贷款利率提高后，“七五”期间对困难地区，由各省、自治区、直辖市财政部门和主办单位对贷款单位贴补一些利息。调整后的利率自1986年1月1日起执行。

17日 财政部、对外经济贸易部、中国人民银行发布《关于合营企业和外国企业不得以其人民币收入代替外币收入缴纳税款问题的通知》。该通知明确：中外合资经营企业和外国企业生产经营所得的收入及所得为外国货币的，应按照税务机关填开纳税凭证，按当日的外汇牌价通过中国银行兑换成人民币缴纳税款，不得以其人民币收入代替外币收入缴纳税款。

19日 温州市乐清县政府取缔非法“抬会”。“抬”即哄抬，指会款利息不受限制，“抬会”的“会”即相聚的意思。抬会的经营方式，或先由会员向会主交纳大额会款，然后由会主分期返还会员；或由会主先行付给会员大额会款，再由会员分期返还会主。乐清“抬会”于1985年9月由温州市民郑乐芬、蔡胜南组建，郑乐芬为会主。该会拥有会主427人，会员来自温州、江苏、新疆等地。该会共收入会款6 200余万元，支付会员会款6 010万元，收支差额达120万元。抬会的取缔在乐清县引起骚乱，会员急于向会主索回会款，甚至采用绑架人质、非法拘禁等手段，造成3人死亡，53人被绑架和非法拘禁。1989年11月23日，浙江省温州市中级人民法院以“投机倒把罪”判处被告人郑乐芬夫妇死刑。

22日 中国投资咨询公司（China Investment Consulting Corporation，CICC）在北京成立。该公司由国务院经济技术社会发展研究中心和中国人民建设银行共同组建，注册资本金为人民币5 000万元，主要业务是为中外投资和国内外经济技术合作提供投资咨询服务。

23日 国务院发布《关于进一步推动横向经济联合若干问题的规定》。在发展资金的横向融通方面，该规定明确：各专业银行及其他金融机构，可以采取多种信用方式支持经济联合；在国家控制的固定资产投资规模和贷款额度内，允许各专业银行跨地区、跨专业向经济联合组织发放固定资产投资贷款，也可以跨地区、跨专业组织银团贷款；流动资金贷款可以由经济联合组织上贷下拨，统贷统还，也可以由参加联合的企业分别贷款，横向划拨，谁贷谁还，但不准用于固定资产投资，不准参与分配；经济联合组织按照中国人民银行的有关规定，经过批准，可以通过银行和其他金融机构向内部职工以及社会发行债券。

同年3月29日，中国人民银行制定《关于搞好资金融通支持横向经济联合的暂行办法》。该办法规定：1. 金融机构之间的同业拆借可以在同城之间，也可以在异地之间进行。2. 大力推广商业票据的承兑贴现。3. 专业银行及其他金融机构可以采取卖方信贷、金融租赁、委托放款、代收代付等形式，支持企业单位的横向经济联合。4. 人民银行要积极协助专业银行进行横向资金调剂。5. 经济联合组织经人民银行批准可以向社会发行债券；债券可以通过金融机构转让，也可以向专业银行抵押借款。

3月25日至4月12日 第六届全国人民代表大会第四次会议在北京举行。大会原则批准国务院制订的“七五”计划草案，其中对信贷收支和外汇收支的要求是：5年内，信贷资金来源增加4 745亿元，信贷资金运用增加5 745亿元，主要用于增加工商企业流动资金贷款以及增加农业贷款和增加固定资产投资贷款；1990年进出口贸易总额830亿美元，比1985年增长40%，在努力增加出口收汇的同时，增加非贸易外汇收入，节约使用各种外汇。草案提出：计划工作的重点，要逐步地从直接控制为主转到运用经济政策和经济手段进行间接控制为主、更全面的宏观管理的轨道上来。中国人民银行要通过综合信贷计划、金融政策、外汇管理和信贷、利率、汇率、准备金等各种调节手段，有效地控制货币供应量和贷款总规模；要加强对各专业银行和其他金融机构的业务指导、监督和稽核。各专业银行应当坚持企业化的改革方向，逐步办成独立核算的经济实体，但实行企业化的步子要稳妥。

26日　国务委员兼国家计划委员会主任宋平在第六届全国人民代表大会第四次会议上作《关于1986年国民经济和社会发展计划草案的报告》。该报告指出：1986年要加强和改善金融的宏观控制，对各种贷款实行区别对待，避免“一刀切”；贷款的方向和规模要服从国家的宏观决策，执行国家的信贷计划和固定资产投资计划；严格按照国家下达的控制指标使用外汇，不得随意突破；要相应改革进口物资的用汇体制，缩小中央外汇使用的范围，由地方、部门更多地分担本地区、本部门进口原材料、农用物资等的用汇；对外债也要加强集中管理，借用国外商业贷款，主要由中国银行根据国家批准的计划统一办理。

4月

1日　中国人民银行上海市分行自即日起开办银行本票业务，成为全国第一个使用银行本票的城市。银行本票是由银行签发的一种信用工具，可以用于转账或兑付现金。上海分行开办的银行本票分为记名和不记名两种，本票的签发起点为人民币100元，有效期为20天。凡单位或个人均可将款额交付银行申请签发使用。本票兑付时银行见票即付，不办挂失，不计利息。银行不发定额本票。

3日　中国银行在日本发行日元、美元双重货币公募债券。这次发行的日元、美元双重货币债券额共200亿日元，票面利率为7.2%，期限为十年。中国银行、日兴证券公司和日本兴业银行等13家机构当日签署了公募债券委托、办理支付本息和登记等有关事宜的3个合同。

4日　中国工商银行信托投资公司在北京成立。该公司为工商银行的全资附属企业，注册资本为人民币10亿元，经营各种金融信托业务和国家外汇管理局批准的外汇业务。公司实行董事会领导下的总经理负责制。

12日　第六届全国人民代表大会第四次会议通过并公布《中华人民共和国外资企业法》。该法所称外资企业是指在中国境内设立的全部资本由外国投资者投资的企业，不包括外国的企业和其他经济组织在中国境内的分支机构。该法律规定：设立外资企业的申请，由国务院对外经济贸易主管部门或者国务院授权的机关审查批准。外资企业依照国家有关税收的规定纳税可以享受减税、免税的优惠待遇。外资企业应当在中国银行或者国家外汇管理机关指定的银行开户，其外汇事宜依照国家外汇管理规定办理。外资企业应当自行解决外汇收支平衡。外资企业的经营期限由外国投资者申报，由审查批准机关批准。外资企业终止，应当及时公告，按照法定程序进行清算。

△　第六届全国人民代表大会第四次会议通过《中华人民共和国民法通则》（以下简称《民法通则》）。《民法通则》规定：民事活动应当遵循自愿、公平、等价有偿、诚实信用的原则。公民、法人的合法的民事权益受法律保护，任何组织和个人不得侵犯。公民、法人可以通过代理人实施民事法律行为。代理人在代理权限内，以被代理人的名义实施民事法律行为；被代理人对代理人的代理行为，承担民事责任。其中，委托代理人按照被代理人的委托行使代理权；在委托代理人为被代理人的利益需要转托他人代理的，应当事先取得被代理人的同意。《民法通则》规定：财产所有权是指所有人依法对自己的财产享有占有、使用、收益和分配的权利。公民的合法财产受法律保护，禁止任何组织或者个人侵占、哄抢、破坏或者非法查封、扣押、冻结、没收。《民法通则》共有9章156条，分别为基本原则、公民（自然人）、法人、民事法律行为和代理、民事权利、民事责任、诉讼时效、涉外民事关系的法律适用、附则，自1987年1月1日起施行。

△　经中国人民银行批准，中国银行的国内分支机构开办城镇居民人民币储蓄存款业务。其存款种类、存款期限和存款利率，均执行人民银行的统一规定。此前，中国银行作为国家指定的

外汇专业银行，已开办华侨人民币储蓄和企业人民币、外币存款，个人外币存款业务。

13日 国务院发布《关于加强预算外资金管理的通知》。预算外资金主要包括：地方财政部门按国家规定管理的各项附加收入；事业、行政单位自收自支的不纳入国家预算的资金；国营企业及其主管部门管理的各种专项资金；地方和中央主管部门所属的预算外企业收入；其他按照国家规定不纳入预算的各种收入。该通知指出：一段时间以来，由于管理制度不健全，财经纪律松弛，国家预算外资金管理和使用方面出现了一些问题，如有些单位巧立名目乱收费，化预算内收入为预算外收入，有的甚至将这笔资金变成单位的“小钱柜”；有些地方、部门和单位用预算外资金乱上计划外项目，盲目扩大固定资产投资规模；有些专项资金没有完全用于规定用途，如挪用生产发展基金发放奖金、实物和搞福利等，这些问题成为导致固定资产投资规模和消费基金膨胀的一个重要原因。

为了切实加强对预算外资金的管理，搞好社会财力的综合平衡，该通知规定：各种预算外资金的收费标准、提留比例、开支范围和标准，都必须按照国务院及财政部规定的制度执行；国家有规定用途的专项资金，要保证按规定使用，不得挪作他用；除国务院或财政部另有规定者外，各地区、各部门、各单位有权按照国家有关规定，自行安排使用预算外资金，任何地区和部门都不得平调；凡用于基本建设的预算外资金，各级财政部门要认真审查其来源是否符合国家规定，并纳入国家下达给地方和部门的基本建设计划；资金要在建设银行存足半年后使用，并由建设银行按规定监督拨款；基本折旧基金应用于企业固定资产更新改造，专款专用，不得挪用于基本建设；职工福利基金、奖励基金和工资增长基金，必须坚持先提后用，并按规定缴纳奖金税和工资调节税；不得用发展生产和发展事业的预算外资金发放奖金、实物和补贴；各级预算外资金收支计划都要纳入综合财政信贷计划，各级财政部门和银行要经常掌握预算外资金收支计划的执行情况。

16日 中国人民银行、中国工商银行发出《关于实行商业汇票承兑、贴现办法清理拖欠货款的通知》。该通知指出，企业相互之间拖欠货款、占用资金的情况严重，已经产生连锁反应，影响了社会资金的周转和企业生产经营的正常进行。为此，中国人民银行、中国工商银行决定，在北京、上海、天津、广州、重庆、武汉、沈阳、哈尔滨、南京、常州10个城市实行商业汇票承兑、贴现办法清理拖欠货款，待取得经验后，逐步推广。随该通知下发的还有《商业汇票承兑贴现暂行办法》、《再贴现试行办法》。

《商业汇票承兑贴现暂行办法》规定：商业汇票是指单位之间根据购销合同进行延期付款的商品交易时，开具的反映债权债务关系的票据。根据承兑人不同，分为商业承兑汇票和银行承兑汇票。两种承兑汇票在同城和异地均可使用。使用汇票的单位必须是在银行开立账户的法人。签发汇票必须以合法的商品交易为基础，禁止签发无商品交易的汇票。汇票经承兑后，承兑人即付款人负有到期无条件交付票款的责任。汇票除向银行贴现外，不准流通转让。汇票承兑期限，由交易双方商定，一般在3～6个月，最长不得超过9个月，特殊情况可适当延长。如属分期付款，应一次签发若干不同期限的汇票。汇票到期，一律通过银行转账结算。收款人需要资金时，可持承兑汇票向其开户银行申请贴现，银行按信贷政策进行审查，对符合条件的，可按票面金额扣除从贴现日至汇票到期日的利息后，予以贴现。贴现期限一律从贴现之日起至汇票到期日止。贴现率中国工商银行、中国农业银行、中国银行按略低于国营工商企业流动资金贷款利率计收，中国人民建设银行可按略低于建筑企业流动资金贷款利率计收。已贴现的商业承兑汇票，到期日付款人的银行账户不足支付时，其开户银行立即将汇票退给贴现银行，贴现银行对已贴现的金额视同逾期贷款处理。

《再贴现试行办法》规定，再贴现是专业银行以未到期的贴现票据向人民银行的贴现。再贴现暂用于专业银行对承兑商业汇票贴现的资金需要。在人民银行开立账户的专业银行业务机构为再贴现的对象。专业银行向人民银行申请再贴现，必须以已办理贴现尚未到期的商业承兑汇票和银行承兑汇票，填制再贴现凭证，并在汇票上背书，一并送交人民银行。人民银行审查后予以贴现。再贴现的金额，按贴现汇票的票面金额扣除再贴现利息计算。再贴现的期限，从再贴现之日起至汇票到期日止。再贴现率暂定为3.75‰，略低于对专业银行的一般贷款利率。该办法先在北京、上海、天津、广州、重庆、武汉、沈阳、哈尔滨、南京、常州10个城市试行。

21日　中国国际信托投资公司收购嘉华银行。中国国际信托投资公司出资3.5亿港元收购香港本地上市银行——嘉华银行92.5%的股权。嘉华银行原系新加坡华侨所经营，放款多数在新加坡、马来西亚，因受新加坡、马来西亚两国经济衰退的影响，周转发生困难，陷入财务危机，港英政府建议中国国际信托投资公司投资参股。中国国际信托投资公司注资嘉华银行后，改组董事会，中国国际信托投资公司副董事长金德琴任嘉华银行董事长，香港银行家曾允祥任董事总经理。嘉华银行成为“中信系”的第一家香港上市公司。

26日　中国人民银行发布《金融信托投资机构管理暂行规定》。该暂行规定明确：金融信托投资机构只在大中城市设立。设立金融信托投资机构分为全国性、省市级和地区级三类，县及县以下地区不得设立金融信托投资机构。禁止个人经营信托投资业务。三类金融信托投资机构实收人民币自有资本金最低限额分别为5 000万元、1 000万元和500万元，同时必须分别拥有500万美元、200万美元和100万美元现汇的最低限额实收外汇自有资本金。金融信托投资机构的注册资本最高可以为实收货币资本金的3倍。金融信托投资机构在业务上受中国人民银行的领导、管理、协调、监督与稽核，并一律在当地中国人民银行开立人民币存款账户。其所吸收的乙类信托存款应按规定比例缴存存款准备金。经营外汇业务的，同时在当地中国银行开立外汇账户，并按规定向当地外汇管理局缴存外汇存款准备金。专业银行不设立独立的信托投资公司而经营信托业务的，必须按专业银行业务分工范围开展业务活动，其信托业务的资金来源与运用必须全额纳入专业银行信贷计划；用于固定资产的贷款、租赁等，必须在批准的专业银行固定资产贷款额度内发放。信托业务的收益由专业银行统一核算。除中国人民银行特殊批准者外，不得办理投资业务，对外不得挂牌，不得单独开立账户。

该暂行规定包括总则、机构管理、经营范围、业务管理、附则，共5章33条。中国人民银行在发布这一规定的通知中要求各级人民银行分行、各专业银行和有关单位要对现有的信托投资机构，包括财税部门设立的机构，进行认真清理整顿。8月23日，人民银行又发出通知，规定财务公司、证券公司、租赁公司等机构的审批、设置条件也按该暂行规定执行；信托机构乙类存款及自有资金用于固定资产投资贷款的比例要控制在30%之内，全国都要严格执行。

5月

3日　中国人民银行发布《关于加强储蓄存款利率管理的通知》。该通知规定：各银行开办有奖储蓄以及委托企业代办储蓄，均需按规定执行，不得以任何方式变相提高储蓄存款利率。只有设在农村的信用社可以试行浮动利率。

10日　中国工商银行印发《关于科技开发贷款的若干规定》。该若干规定要求：贷款使用范围主要是用于开发新产品、新技术、新材料的研究、试制和推广应用；科技成果转移过程中的中间试验；引进技术消化、吸收或配套产品的应用。贷款项目要有10%～30%的自筹资金和有经济实力的单位的经济担保。科技开发贷款不能用于搞土建和与科技无关的技术改造或购买设备的项目。对从事基础性研究的项目，银行不予发放科技开发贷款。

19日　中国人民银行发布《关于五城市实行技术改造贷款与城镇储蓄存款挂钩的通知》。该通知规定：重庆、武汉、沈阳、广州、常州5个城市1986年的城镇储蓄存款在完成全国城镇储蓄存款计划增长35%的基础上多增加的部分，按5%的比例用于技术改造贷款；如果不能完成35%的增长幅度，对少增加的部分也按5%的比例相应减少技术改造贷款。

20日 国务院机电产品出口办公室、国家经委、国家计委、中国人民银行联合印发《机电产品出口专项贴息贷款的补充规定》。其中规定：专项贴息贷款统一纳入国家信贷计划，主要用于出口基地企业和扩大外贸自主权企业的技术改造、技术引进和产品研究开发自筹资金不足的补充。贷款期限一般为三至五年，人民币贷款利率，使用贷款企业负担年息4%，其余部分由国家财政补贴。对少数为出口服务的科研机构可以减免利息。

26～29日 环渤海经济区成立。被称为我国北方"金项链"的丹东、大连、营口、盘锦、锦州、秦皇岛、唐山、天津、沧州、惠民、东营、潍坊、烟台、青岛和滨州共15个环渤海湾的市（地区），在天津市举行市长联席会，确定建立环渤海经济区，开展多方面、多层次、多种形式的经济联合，促进经济发展繁荣。会议认为，环渤海的城市（地区）地理位置优越，交通运输发达，有辽阔的内陆腹地，丰富的资源条件，雄厚的科技实力和比较强大的工业基础，打破行政区划的界限、发展联合，成立一个以沿海城市为主体，以辽宁、河北、山东、北京、天津等省市为依托，以东北、西北、华北为腹地，以5个经济技术开发区为"窗口"的环渤海经济区，必将开创这个地区经济发展的新局面。

△ 中国农业银行提出《完善收购农副产品贷款专项管理的意见》。主要内容是：1. 收购农副产品专项贷款的对象包括粮食系统、供销社系统和烟草、食品、种子等国营商业。今后对使用农副产品专项贷款采购品种的范围可在原粮、油、棉、烟草等11个品种的基础上，扩大到各省大宗的农副产品。2. 收购农副产品贷款要严格按照资金供应政策区别对待，不能"敞口供应"。收购农副产品的资金不能由银行全包下来，银行、财政和主管部门要各自承担、共同解决。3. 收购农副产品专项贷款不能随意转移用途，但暂时闲置的专项收购资金可作临时性调剂。4. 充分利用好空间差、时间差，做好资金调度。5. 不得用信贷资金长期垫付财政性支出。

1987年4月28日，鉴于粮食种子已由种子公司经营，其价格也已放开，中国人民银行决定，不再对粮食种子贷款实行贴息。凡是将种子粮贷款放在平价粮贷款账户内核算的银行，要立即将该项贷款单设账户核算，人民银行停止贴息。

6月

1日 中国银行北京分行试办外汇旅游和购货卡。中国银行总行将其正式命名为"长城卡"，并作为中国银行系统统一的信用卡名称。

2日 中国人民银行发布《关于国家合同定购粮和委托代购粮贷款利率的通知》。该通知决定对平价粮贷款继续执行优惠利率政策，国家委托代购粮视同平价粮，贷款利率均为3.3‰。对用各种手段套取银行优惠利率的，按挤占挪用银行贷款处理，加收罚息。

23日 中国人民银行、中国工商银行、中国农业银行、中国人民建设银行、中国银行联合发布《关于进口开证保证金问题的有关规定》。该规定明确：凡各单位、企业进口需向银行申请开出信用证的，应提交外汇额度，并同时提交人民币开户银行出具的不可撤销的信用担保函。人民币开户银行出具的信用担保，限于省、自治区、直辖市一级的专业银行，如是分支机构出具的，必须经省、自治区、直辖市一级的专业银行签章确认。向银行申请进口开证的单位和企业，除应符合有关开证条件外，必须首先落实外汇额度和人民币的来源。凡提不出人民币开户行信用担保者，应向进口开证银行提交外汇额度和足够的人民币保证金。

30日 国家外汇管理局发布《关于金融机构经营外汇业务审批权限和程序的规定》。该规定指出，各省、市专业银行分行和信托投资公司、财务公司及其分支机构（含经济特区金融机构），需办理或增加办理外汇业务的，向当地外汇管理分局申请，当地外汇管理分局审查同意并签署意见后，报外汇管理局总局批准，由总局通过分局颁发或换发“经营外汇业务许可证”。经中国人民银行省、自治区、直辖市分行批准办理国内金融业务的地、市级信托投资公司，原则上不能办理外汇业务。确有需要办理外汇业务的，按上述规定办理报批。

7月

5日 中国人民银行调整人民币对各国货币的汇价。即日起，人民币对各国货币汇价下调15.8%，人民币对美元汇价从1美元折合3.20元人民币调整到1美元折合3.7036元人民币。这次汇价调整是为适应物价改革和平衡外汇收支而采取的一项措施。

9日 国务院发布《关于控制固定资产投资规模的若干规定》。该若干规定明确：1. 银行基本建设贷款指标是指令性计划，既要列入国家信贷计划，又要列入国家基本建设计划。除国务院批准可办理基本建设贷款的专业银行和信托投资公司外，任何单位、任何公司均不得办理基本建设贷款，对违反者要追究领导责任。在国家计划外发放的基本建设贷款，一律按年利率30%计征利息。银行对不同行业的贷款实行差别利率，具体办法由中国人民银行、国家计委提出，报国务院批准。银行贷款不得作为自筹基本建设的资金来源。2. 用于更新改造的银行贷款，其发放总额作为指令性指标。银行贷款的重点和项目安排要纳入国家、部门和省、自治区、直辖市以及计划单列省辖市的更新改造计划，不准在计划外自行发放贷款，安排项目。3. 对集体所有制单位固定资产投资的银行贷款，全国按1985年实际完成总数的80%，作为“七五”期间分年的贷款指标。每年分省、自治区、直辖市和计划单列省辖市贷款数，由中国人民银行会同有关专业银行提出。对技术落后、消耗能源和原材料多的项目，银行不予贷款。对于产品已能满足社会需要的重复建设项目和国家限制发展的项目，要从严控制。发现这类建设项目，要征收高额建筑税。具体办法由财政部、国家税务总局商国家计委提出，报国务院批准。4. 银行对个体不办理兴办企业、购买机动运输工具和进行非生产性建设的投资贷款。

12日 中国人民银行发布《城市信用合作社管理暂行规定》。该暂行规定明确，城市集体金融组织统一定名为城市信用合作社。城市信用合作社只能在大、中城市设立，县及县以下不得设立。城市信用合作社是在中国人民银行领导下的群众性合作金融组织，面向城市集体企业、个体工商户和城市居民招收股金，它是自主经营、独立核算、自负盈亏、民主管理的经济实体，不是银行或其他任何部门的附属机构。城市信用合作社的设置最少应有10万元人民币的自有资金。经营范围是：办理城市集体企业和个体工商户的存款、贷款、结算；代理保险及其他代收代付业务；代理发行中国人民银行批准的证券；办理人民银行批准的其他业务。城市信用合作社的存款利率按国家统一规定的利率执行，贷款利率可参照中国人民银行的贷款利率上下浮动。浮动幅度由当地中国人民银行审核，报中国人民银行省、自治区、直辖市分行批准。城市信用合作社实行民主管理。由股东代表大会选举理事会和监事会。城市信用合作社的主任由股东代表大会民主选举产生。城市信用合作社税后利润的分配：公积金不低于50%，风险基金不低于10%，余下的作为福利基金、奖励基金和股金分红。公积金应主要用于充实信贷基金。股金分红不得超过股金的15%。

中国人民银行在下发该暂行规定的通知中指出，该暂行规定公布之前的城市信用合作社等集体金融组织要进行整顿、验收，此后组建的城市信用合作社，一律由人民银行领导和管理。

14日 国家计委、财政部、中国人民银行、中国人民建设银行发出《关于对部分行业基本建设银行贷款实行差别利率的规定》。该规定明确：实行差别利率的范围是列入国家基本建设计划的煤炭、电力、原油开采、节能措施、铁道、交通、邮电、民航、钢铁、有色、化工、建材、森工的基建银行贷款项目。实行差别利率项目的贷款利率按贷款期限分为五年以下、五至十年和十年以上三档，分别调整为5.76%、6.48%和

7.2%，超过现行基本建设“拨改贷”项目利率的部分，给予贴息。超过规定贷款期限而需多支付的利息部分，一律不予贴息。贴息的资金来源由基本建设“拨改贷”项目收回的本金和利息解决。

△ 经中国人民银行批准，新疆生产建设兵团农牧业保险公司成立。该公司是根据中央关于“农场要积极试行农牧业保险制度，动员小农场参加保险”的精神，按照《保险企业管理暂行条例》的规定而批准设立的，是新中国保险史上第二家具有独立法人资格的国有商业性保险公司，标志着保险市场竞争的出现。该公司成立初期，专营新疆生产建设兵团内部种、养两业保险。

1992年2月，经中国人民银行批准，该保险公司开始经营新疆生产建设兵团范围内除法定保险和外币保险外的所有保险业务。1993年更名为“新疆兵团保险公司”。2000年7月，经国务院和中国保监会批准，该公司业务经营区域扩大到全自治区，同时，更名为“新疆兵团财产保险公司”，在全自治区范围内开办各种财产保险、机动车辆险、货运险、责任险、农业保险、健康险、医疗险及短期人身保险业务。

21日 中国人民建设银行发布《城市土地开发和商品房贷款暂行办法》。该暂行办法规定：凡经有权机关批准，经营城市土地开发和商品房建设的开发企业，均可向建设银行申请土地开发和商品房贷款。建设银行须按照“择优发放”的原则发放贷款。贷款额度一般不超过年度开发工作量的30%。商品房贷款期限一般为一年；土地开发贷款期限一般为二年。贷款期限一年（含一年）以内的，月息为6.6‰；贷款期限一至三年（含三年）的，月息为7.2‰；逾期贷款加计利息的20%，挪用贷款，加罚利息的50%。

30日 中国人民银行印发《上海市信贷资金差额包干管理实施办法》。该实施办法规定：自1986年9月1日起，上海市人民银行和各专业银行的人民币信贷资金，实行以“块块”为主的信贷资金差额包干管理办法。差额包干，以1983年年底上海市各家银行吸收的各项存款和各项贷款的差额总数，即借差9.8亿元为包干基数。以后当年增加的各项存款，除中央国库款和向人民银行总行缴纳的存款准备金外，全部留给上海市银行统筹安排使用。信贷、现金计划按“块块”下达，在差额计划内对流动资金实行多存多贷，少存必须少贷。实行以“块块”为主的信贷资金管理办法后，各专业银行上海市分行同其总行在信贷资金计划和信贷资金分配上完全脱钩。

△ 中国人民银行印发《深圳经济特区信贷资金管理实施办法》。该实施办法规定：自1986年9月1日起，对深圳特区人民银行和各专业银行的人民币信贷资金，实行以“块块”为主的管理体制，改变现行专业银行的“条条”管理体制，现有的信贷资金和今后吸收的存款，除中央国库款和向人民银行总行缴纳的存款准备金外，全部留给深圳特区，由人民银行深圳特区分行负责统一安排使用。实行以“块块”为主的信贷资金管理办法后，各专业银行市分行要在信贷计划和信贷资金分配上，同其总行和广东省分行脱钩，在人民银行总行批准的差额计划内实行实贷实存办法，对流动资金允许多存多贷，但少存必须少贷。

8月

5日 经中国人民银行沈阳市分行批准，沈阳市信托投资公司开办债券交易业务。沈阳市信托投资公司办理的债券交易业务主要有债券买卖、委托代理、债券鉴证和债券抵押四种形式。债券交易价格是根据中国人民银行国库券贴现率，结合市场行情和距离债券到期日的时间长短制定，根据行情变化随时进行调整。到1986年年底，沈阳市信托投资公司买卖债券成交总额达144.8万元；办理债券鉴证187张；办理抵押贴现2 787张，金额10.9万元。

7日 中国人民银行调整对专业银行存贷款利率。中国人民银行于8月9日发布《关于调整中国人民银行对专业银行存贷款利率的通知》规定：自8月1日起，专业银行存入人民银行存款的利率由现行的月息3.6‰调整为月息4.8‰，略高于专业银行吸收存款的利率；人民银行对专业银行的贷款利率略高于专业银行吸收存款的成本，同时同专业银行的贷款利率利差不能过大，计划内贷款利率从现行的月息3.9‰调整为月息5.4‰，计划外临时贷款利率由4.2‰改为按不同贷款期限实行差别利率，再贴现利率按同档次贷款利率降低月息0.3‰执行。调整后的专业银行存入人民银行存款利率和中国人民银行对专业银行临时贷款利率，自1986年8月1日起执行，计划内贷款的新利率自1987年1月1日起执行。10月11日，人民银行又将借给专业银行铺底资金利率由月息3.6‰调整为月息4.8‰。

16日 国务院批转国家计委《关于利用国外贷款工作分工的意见》。该意见提出，对利用国外贷款实行分工负责、归口管理的体制。具体分工是：政府贷款的对外窗口是对外经济贸易部；世界银行贷款的对外窗口是财政部；国际货币基金组织、亚洲开发银行和非洲发展银行等贷款的对外窗口是中国人民银行；国际农业发展基金组织贷款的对外窗口是农牧渔业部；日本输出入银行能源贷款的对外窗口是中国银行。

借用国际商业贷款和发行外币债券，国务院已确定由中国银行、交通银行、中国国际信托投资公司、中国投资银行和广东、福建、上海、天津、大连5个省市经过中国人民银行核准的1~2个金融机构对外办理；其他经过中国人民银行批准可在境外筹款的金融机构，如需向外借款，必须逐笔向中国人民银行申报批准。签订国际金融机构贷款及政府间贷款协定和协议，按国务院授权办理。各部门和地方自借国外贷款，谁借谁还；国家统借的国外贷款除经国家计委、财政部审查确认并经国务院批准由国家统还者外，均由主管部门或地方或项目本身偿还。

该意见明确：根据国务院决定，由国家外汇管理局统一管理全国外债，全面掌握全国外汇、外债的信息和数额，负责建立全国的外债统计监测系统，统一公布我国外债数字。

18日 中国人民银行、国家体改委在北京联合召开第二次金融体制改革试点城市座谈会。会议提出，要在加强中央银行宏观调节控制作用和发展资金横向融通的前提下，以开拓资金市场和实行基层银行企业化经营为中心环节，逐步向前推进。会议确定大连、南京、丹东、苏州、无锡、宁波、温州、宝鸡为第二批金融体制改革试点城市。试点城市已由5个增加到13个。

26日 上海爱建金融信托投资公司开业。该公司由上海爱建股份有限公司投资组建，是我国第一家民间金融企业，公司注册资本金10亿元。公司服务对象主要是工商企业，主要业务有人民币和外币的信托存款、信托贷款和信托投资；在境外发行和代理发行外币有价证券，在国内代理发行人民币债券，以及租赁、担保、咨询等。

9月

23日 广东大亚湾核电站信贷协议和商务合同签字仪式在北京举行。中国银行与法国巴黎银行牵头的7家法国银行，就核电站从法国进口的核岛设备签署了法国卖方信贷协议，贷款总金额为131亿法郎，期限22年，年利率7.4%。同时，中国银行与米兰银行为首的10家英国银行，就从英国进口常规岛设备签署了英国卖方信贷协议，贷款总金额4.2亿英镑，期限21.5年，年利率7.4%。该协议于10月7日正式生效。

25日 国务院发布《中华人民共和国个人收入调节税暂行条例》。该暂行条例规定：工资、薪金，承包、转包，劳务报酬，财产租赁，利息、股息、红利等8项收入应当缴纳个人收入调节税。其中工资、薪金，承包、转包，劳务报酬，财产租赁四项合并为综合收入，按照地区计税基数核算，按月计征。纳税人月综合收入额超过地区计税基数的，就其超基数的3倍以上的部分，按照超倍累进税率征收个人收入调节税。地区计税基数，可以根据实际情况进行调整。利息、股息、红利收入，就每次收入额按比例税率20%征税。对国库券利息，国家发行的金融债券利息，在国家银行、信用合作社、邮政储蓄存款利息，保险赔款等免征个人收入调节税。该暂行条例自1987年1月1日起施行。

12月10日，财政部又发布了《中华人民共和国个人收入调节税暂行条例施行细则》，其中规定：个人收入是指取得现金收入和实物、有价证券的收入；利息、股息、红利收入是指存款、贷款及各种债券的利息收入以及投资的股息、红利收入；免征个人收入调节税的国家发行的金融债券是指国家或经国务院特案批准发行的金融债券；在信用合作社存款利息是指在农村信用合作社或其他合作金融组织取得的不高于国家银行的存款利息。

26日 国家计委、财政部、中国人民建设银行颁布《关于国家预算内基本建设"拨改贷"投资豁免本息有关问题的通知》。该通知规定：所有按规定实行"拨改贷"投资的建设项目，一律先办借款手续，否则经办建设银行不得贷款。从1986年起，除经批准撤销的前期工程项目和某些经国家专项批准的项目以外，其他项目不予豁免贷款本息。1987年起新开工的建设项目，安排了"拨改贷"投资，同时又安排银行贷款的，除个别经国务院批准者外，对"拨改贷"投资的本息一律不予豁免。对安排给集体企业的"拨改贷"投资，其本息一律不予豁免。

基本建设"拨改贷" 我国曾经实行的一种财政预算投资及管理体制。在计划经济体制时代，最初国家预算安排的基本建设投资全部由国家财政直接进行拨款，实行"拨改贷"体制后，国家预算安排的基本建设投资由财政拨款改为银行贷款，以加强对预算投资的经济核算。"拨改贷"基本建设投资由各级计划部门根据国家批准的计划进行安排，贷款的发放、本息的回收由中国人民建设银行依据国家基本建设计划具体负责，在管理体制上，按隶属关系实行分级管理，"拨改贷"投资总额和分部门、分地区投资额由国家确定；借款单位对贷款资金的使用实行指标管理，中国人民建设银行根据国家确定的年度基本建设计划和有关文件核定借款单位的年度贷款指标。"拨改贷"的主要对象为国有企业单位，贷款按照行业的不同实行差别利率，具体利率的确定以及利率的种类不执行金融机构的统一规定，而是遵从国家出台的有关政策文件的具体规定；贷款期限根据建设项目的实际情况确定；收回的贷款，其中属于中央预算安排的，上交中央财政；属于地方预算安排的，原则上交地方财政部门。

"拨改贷"始于1979年，从1985年1月1日起在全国范围内全面开展；1995年，国家对"拨改贷"体制进行了改革，开始了将部分企业"拨改贷"资金本息余额转为国家资本金的试点工作；1996年年底，财政部等有关部门出台政策规定，将从1979年起中央财政安排的国家预算内基本建设投资中"拨改贷"部分（扣除已经偿还、豁免和核转部分的本息），从使用贷款之日起至1996年12月20日止的本息余额，全部转为国家资本金，作为中央对企业的投资；并原则上要求地方政府相应地将地方级"拨改贷"资金本息余额也转为国家资本金，作为地方对企业的投资。随着我国市场经济体制和国有企业改革的发展，目前，"拨改贷"体制已经基本上成为历史。

△ 中国工商银行上海信托投资公司静安证券业务部开办股票柜台买卖业务。该公司以挂牌方式，公开委托买卖经上海市市长江泽民批准的"飞乐音响"和"延中实业"两只股票。股票实行现金交易，并按成交金额，收取3‰的代理手续费。当日9点股票柜台买卖正式开盘，"飞乐音响"、"延中实业"两只股票开盘价分别为55.6元和54元，全天成交8万元。当时上海已有749家企业以内部集资形式发行了股票，静安证券业务部选择经营情况良好、经济效益稳定的延中实业公司和飞乐音响公司的股票先行代理上市。

27日 经国务院批准，国家计委、财政部、中国人民银行发布《关于交通部门船舶和飞机购置贷款实行差别利率和贴息的函》。具体办法是："七五"期间购置船舶、飞机贷款110亿元，利率3.6%。超过部分的贷款按原定利率执行。

10月

1日 中国工商银行在北京、天津、上海、武汉、广州、西安、重庆、沈阳、大连、哈尔滨、长春、南京、成都13个城市开办直达电汇、定额汇票、旅行支票、活期储蓄异地通存通兑和个人汇款5项新业务。

3日 中国人民银行发布《关于答复对外担保问题口径的通知》。该通知规定：能够对外提供担保的应当是经过批准的经营外汇业务的金融机构。非金融机构未经国家外汇管理局批准，不得对外提供担保。国家外汇管理局批准金融机构对外提供担保，只是行使其管理职能，对因提供担保而发生的债务不承担偿付责任。因提供担保而产生的债务只能由对外提供担保的机构负责偿付。未经国家外汇管理局批准，擅自对外出具担保，是违反国家外汇管理规定的，也是无效的。一经发现，将受到必要的处理。

4日 中国人民银行发出《关于推进金融机构同业拆借有关问题的通知》。为进一步推进金融机构之间的同业拆借，逐步形成全国范围的资金拆借市场，该通知强调：各金融机构都有资金头寸拆出拆入的权利。一个城市、一个地区的资金既可拆出也可拆入，既可进行同城间拆借也可进行异地间拆借，既可在一个银行系统内拆借也可以跨系统拆借。上级行或地方政府不得以任何方式加以干涉。资金拆借要贯彻自愿互利的原则。拆借的期限和利率由双方协商议定，各金融机构要信守协议，坚持按期归还。人民银行要积极支持金融机构之间的同业拆借。

11日 国务院颁布《关于鼓励外商投资的规定》。该规定强调给产品出口企业和先进技术企业以特别优惠：一是降低劳务费用；二是降低场地使用费；三是减免税收；四是企业生产和流通中需要的资金，经中国银行批准后优先贷款；五是保障外商投资企业的自主权，按照国际上先进的科学方法管理企业。该规定允许外商投资企业的产品可以自行出口，也可以委托国内外贸企业代理出口，其需要进口的机械设备、配套件、原材料、燃料、车辆等免领进口许可证，允许外商投资企业之间相互调剂外汇余缺。

14日 国家外汇管理局正式公布人民币对欧洲货币单位（ECU）的外汇买卖价。国内单位和企业在对外往来中，只要价格条件合适，都可使用ECU计价结算。收入的ECU可以按公布的买入价结售给银行，已经批准可以保存现汇的单位，可向银行套换成其他可以存储的外币。使用ECU和使用其他外汇一样，凭额度向银行按公布的卖出价买汇。

15日 深圳市人民政府发布《深圳经济特区国营企业股份化试点暂行规定》。国营企业股份化是指将国营企业的净资产折股作为国有股权，向其他企业和个人出让一部分国有股权或吸收国家、其他企业和个人加入新股，把原企业改造成国家、其他企业和个人参股的股份有限公司。该暂行规定明确：企业正式改为股份有限公司后，脱离原来的行政隶属系统成为独立的企业法人；国家、国内外企业和个人均可成为股份有限公司的股东，股东可以现金、实物和工业产权入股；股份有限公司设立至少要有5名股东，注册资本在5万元以上；公司股份分为普通股和优先股，优先股实行约定股息，但只有企业盈利时方可支付，优先股分配股息和公司剩余资产的顺序先于普通股；股东会议是公司的最高权力机构；中国人民银行深圳经济特区分行是股票发行和买卖的管理机构。该暂行规定自1986年11月1日起施行。

22日 中国人民银行、中国工商银行、中国农业银行、中国银行、中国人民建设银行联合发布《关于改进跨系统全国联行往来办法的通知》。自1985年实行“自成联行系统、跨行直接通汇，相互发报移卡，及时清算资金”的办法以来，一些行处在相互代签报单时，由于不能正确、及时移卡清算，造成银行之间相互占用汇差资金，甚至在年终利用联行资金突击发放贷款。为了堵塞这个漏洞，该通知规定，自1987年4月1日起停止实行“跨行直接通汇，相互发报移卡”的办法，改为实行“跨行汇划款项，相互转汇”的办法。人民银行和各专业银行仍建立各自独立的全国联行核算系统，本系统内的汇划款项，按现行做法不变。工商银行、农业银行和中国银行之间跨系统的汇划款项，不再使用相互代签报单的做法。专业银行之间跨系统的汇划款项（包括建设银行），视机构设置情况，分别采取不同转汇方式。

23日 中国人民银行制定并公布《金融统计暂行规定》和《其他金融机构统计管理暂行办法》。其中规定：金融统计包括中央银行、专业银行、保险公司和其他金融机构经办的金融业务统计。中国人民银行总行依照国家规定，定期公布金融系统全国性统计资料；专业银行总行对外公布本系统全面的金融统计资料，须报经中国人民银行总行审批；保险公司和其他金融机构公布金融业务统计资料，由其自主决定，报同级中国人民银行备案。金融统计工作的基本任务是：制定金融系统统计制度和规定；领导、管理、协调、监督、检查专业银行、保险公司和其他金融机构的金融统计工作；汇总、编制金融系统统计报表；科学、系统地收集、整理、积累金融统计资料和有关国民经济分析资料；组织各家银行、保险公司和其他金融机构开展统计调查、统计分析和统计预测；按照规定向有关部门提供金融统计资料，在金融系统内实行信息共享；管理金融系统全国性统计报表，对外公布综合性金融统计资料，协调、审核各金融机构对外公布的统计数字；组织和促进金融系统统计工作采用现代化手段，规定统一的编码和接口，建立统一的金融信息网络；组织统计质量检查，培训统计人员；代表金融系统参加国内、国际金融统计活动。《金融统计暂行规定》于1995年12月作了修改。

10月 交通银行上海分行推出大额可转让定期存单。发行者限于各商业银行，发行对象为城乡居民和企业事业单位。对个人发放的面额为1万元、2万元、5万元；对单位发行的面额为50万元、100万元、500万元。期限为3个月、6个月、12个月，利率由总行制定。采用记名方式发行，以背书方式转让，转让次数不限。

11月

1日 鹿城城市信用社在温州开业。该信用社由商人杨嘉兴等8人集资31.8万元共同创办，是全国最早的股份制信用社。6天后（11月7日），温州市东风家具厂的青年厂长苏方中创办的第一家由他个人独资的城市信用社——东风信用社正式开业。两家信用社的存贷款利率按市场需求变化浮动，原则上高于国家专业银行利率。主要经营企业存贷、票据贴现、汇票承兑、代理保险、经济咨询、个人储蓄等业务。

3日 财政部发布《国营金融、保险企业成本管理实施细则》。该实施细则所称成本是指金融、保险企业在业务经营过程中支付的各项利息、保险赔款和费用。适用范围是：中国工商银行，中国农业银行，中国银行，中国人民建设银行，交通银行，中国人民银行省、自治区、直辖市以下分支行（含省级行），中国人民保险公司以及其他实行独立核算的国营金融、保险企业。该实施细则对成本开支范围、成本核算、成本计划和管理、监督和制裁等内容作了具体规定，共有39条，自1987年1月1日起试行。

7日 中国人民银行、中国农业银行颁发《扶持贫困地区专项贴息贷款管理暂行办法》。根据国务院从1986年起连续五年，每年发放10亿元专项贴息贷款的决定，该暂行办法规定：专项贴息贷款所需信贷资金由中国人民银行每年专项安排资金，中国农业银行负责发放并进行专项管理，中央财政补贴大部分利息。贷款必须优先支持发展养畜养禽、水产、采集、农产品加工、小矿产、小运输、建筑建材，劳务输出，增产粮食效果显著的新技术推广和经济林木等，以及直接为开发项目服务的商品生产基础设施。在贷款上，要优先安排生产周转贷款，对加工、服务生产设备贷款要从严掌握。专项贴息贷款，由中国农业银行总行下达给有关省、自治区、直辖市分行。分行下达给有关贫困县，作为选择项目的依据。贷款的期限由中国农业银行根据不同贷款用途的生产经营周期和借款户综合收入分别确定。贷款期限一般为一至三年，利率为6.1‰，对借款户收取2.1‰，中央财政补贴4‰。

9日 国务院机电产品出口办公室、财政部、中国人民银行发出《关于机电产品出口卖方信贷执行优惠贷款利率的通知》。具体规定是：五年以下（包括五年）月息4.5‰，五至十年月息5.1‰，十至十五年月息5.7‰。

14日 中共中央顾问委员会主任邓小平会见纽约证券交易所代表团，并向纽约证券交易所执行主席约翰·范尔霖赠送了中国第一股——飞乐音响股票。当时，这只股票上的名字是中国人民银行上海市分行副行长"周芝石"，号码为05743。11月24日下午，范尔霖在新中国首家证券交易部——中国工商银行上海信托投资公司静安证券营业部办理了股票的过户手续。为表示友好，营业部免收了1元过户费。

飞乐音响股票由印钞厂印制，每张面值50元，共1万张。当时，为了防止被伪造，飞乐音响董事长的印章是逐张盖上去的。目前，该股票陈列在纽约证券交易所的橱窗内。

20日 经中国人民银行批准，中国人民建设银行上海分行接受上海石化总厂和吴泾工程指挥部委托，为上海30万吨乙烯一期工程代理发行企业债券5.14亿元，分为单位债券、产品配额债券和个人债券3种，年限均为三年，利率分别为8%、4.2%、12%。这是我国首次发行企业债券。

26日 中国人民银行发布《外汇抵押人民币贷款暂行办法》。该暂行办法规定：中外合资经营企业、中外合作经营企业和外商投资企业均可以其自有外汇（包括从境外借入外汇）作抵押，申请办理人民币贷款。抵押贷款可以用于流动资金和固定资产投资；抵押贷款期限分为三个月、六个月、一年，中长期抵押贷款为一年以上，最长不超过五年；用于抵押的外汇必须是现汇，限于美元、日元、港元、西德马克和英镑5种。外汇抵押人民币贷款由中国人民银行开办，委托中国银行和其他金融机构办理。申请抵押单位须先到国家外汇管理局或其分局申报外汇、资金来源和数额，经核准后到中国人民银行指定的受托行办理贷款申请手续。银行对抵押单位发放的人民币贷款，最高不得超过抵押品按抵押日国家外汇管理局公布的人民币汇价（买入价）所计算的数额。抵押贷款的人民币资金归人民银行总行统一管理；人民币贷款与用做抵押的外汇，互不计息。

此前，外汇抵押人民币贷款业务在深圳经济特区试办，1986年7月26日，中国人民银行发布《关于开办外汇抵押人民币贷款的通知》，决定在全国推广该项业务。1987年2月14日，中国人民银行发布通知强调：除经济特区外，专业银行和其他金融机构不得自行开办外汇抵押人民币贷款业务。经济特区人民银行开办此项贷款的人民币资金，由人民银行总行提供，抵押的外汇由国家外汇管理局统一管理。除经国家外汇管理局批准者外，不许将抵押外汇及利息收入转存境外银行。经济特区的专业银行和其他金融机构，经批准开办外汇抵押贷款业务所需的人民币资金，必须自己解决。当地外汇管理分局要加强对抵押的外汇的管理。

△ 中国人民银行发布《关于人民银行海南分行计划单列有关问题的通知》。该通知规定，从1987年计划年度起，对海南分行实行计划单列，授予人民银行海南分行以省分行一级信贷计划管理权限、资金管理权限、金融机构管理权限和财务管理权限。资金管理采取条块结合办法，负责海南的计划综合平衡。专业银行海南分行除执行本系统上级下达的信贷计划外，接受人民银行海南分行指导、监督、检查。外汇管理权限与国家计委规定口径一致。

12月

2日 第六届全国人民代表大会常务委员会第十八次会议通过《中华人民共和国企业破产法（试行）》。该法律适用于全民所有制企业。该法律规定，企业因经营管理不善造成严重亏损，不能清偿到期债务的，依照该法律规定宣告破产。人民法院应当自宣告企业破产之日起15日内成立清算组，接管破产企业。清算组负责破产财产的保管、清理、估价、处理和分配，可以依法进行必要的民事活动。清算组成员由人民法院从企业上级主管部门、政府财政部门等有关部门和专业人员中指定，也可以聘任必要的工作人员。该法律包括总则、破产申请的提出和受理、债权人会议、和解和整顿、破产宣告和破产清算、附则共6章33条，自《中华人民共和国全民所有制工业企业法》实施满3个月之日起试行。

15日 中国人民银行金融体制改革第三次试点城市工作会议在湖北武汉市召开。会议总结了一年来试点工作的经验，检查了改革措施的落实情况，研究部署了下一步深化金融体制改革措施。会议确定1987年金融体制改革试点工作的重点是：进一步明确指导思想，加快专业银行企业化的步伐，继续开拓和发展金融市场，改善中央银行的宏观管理。同时确定从1987年第二季度开始，增加14个城市作为金融体制改革试点城市，试点城市由原来的13个扩大到27个，并确定广东省作为金融体制改革的试点省。新增加的14个城市是：上海、北京、天津、哈尔滨、西安、青岛、石家庄、兰州、成都、杭州、长春、福州、潍坊、沙市。会议提出：试点城市的银行和保险公司作为国营大中型企业要逐步实行行长、经理负责制，拥有经营自主权；信贷资金调配权或保险条款制定权；利率、保险费率浮动权，可按现行利率、费率上下浮动20%；中层干部任免、职工招聘和奖惩权；企业内部机构设置权；留成利润支配和工资、奖励、福利基金内部分配权。并在内部实行各种形式的经济责任制、承包制等。

22日 中国人民银行发布《生产资料价格调查制度》。主要内容是：1. 生产资料价格调查的目的和任务是全面、及时地掌握生产资料价格总水平和变动趋势，为确定信贷规模和资金投向提供信息，为制定货币政策和确定适度的货币供应量提供依据。2. 调查的内容和范围是与信贷资金和货币供应量紧密相关的生产资料消费者价格。3. 采用计划选样的方法，按照经济区域、地区分布合理以及通讯条件较好的原则，在全国选定31个城市、选定调查企业、选择代表性产品（规格品）进行重点调查。人民银行聘请调查企业一名财务人员为兼职调查员，按月登记、填报规定的报表上报调查行。4. 生产资料消费者价格指数，由人民银行总行根据各地上报价格统一编制。编制生产资料消费者价格指数，采用加权算术平均方法，即将各种产品的价格指数乘以各自的权数，计算加权算术平均数。该制度自1986年12月开始实施。

△ 中国工商银行印发《普通高等学校学生贷款试行办法》。为适应教育体制改革工作，实施“普通学校学生现行的人民助学金制度改革者为奖学金制度和学生贷款制度”。普通高校学生贷款由中国工商银行负责办理。该试行办法规定，普通高等学校学生每人每年最高贷款额不超过300元，年息3%，期限不超过五年。

23日 中国人民银行发布《关于开办住房存贷款业务以及发行“有价房券”问题的通知》。该通知指出：1. 住房改革试点城市可以指定一家专业银行发行有价房券。有价房券只能用于交房租和购买、修缮房屋，不准在市场上流通。发行有价房券银行不予垫款，但可以贷款。贷款期限最长不超过20天，利息按流动资金贷款利率计收。2. 各单位建设住宅的存贷款业务，仍由建设银行办理，其他专业银行有能力的也可办理。对于单位和个人购买住房的存贷款业务，各专业银行如有能力均可办理。商品房贷款数量，由各专业银行酌情确定。住房储蓄及住房贷款的利率暂由专业银行自行决定。3. 人民银行对专业银行住房贷款一律不予贴息。

24日 中国人民银行颁发《关于完善信贷资金管理办法的规定》。该规定的主要内容：1987年国家综合信贷计划分三个层次管理，即国家综合信贷计划、人民银行信贷计划和专业银行信贷计划。金融宏观控制最终要过渡到控制货币供应量。鉴于我国的市场机制和金融控制手段还不健全，目前仍以控制贷款总规模为主，同时着手研究如何控制货币供应量。1987年人民银行总行开始试测货币供应量。考察双项控制目标，既要用绝对数，又要用相对数（增长幅度），以便在实践中计算、考核和控制，并随经济的变化而灵活调整。专业银行贷款规模，除固定资产贷款是指令性计划外，其他贷款均为指导性计划。继续实行多存多贷的政策，多吸收存款，可以多发放流动资金贷款。

从1987年起，人民银行对专业银行的贷款进行改革。具体内容是：1. 人民银行总行通过编制人民银行系统本身的信贷计划，确定对专业银行的贷款计划，并根据专业银行和各地区历史的和当年的主要经济数据、金融数据，分别核定各地人民银行对专业银行贷款额度，通过增减贷款，控制全国贷款总规模。2. 人民银行各省、自治区、直辖市分行，根据经济发展和银根松紧情况，在总行核批的贷款额度内，对专业银行按月、按季度灵活掌握发放，未经批准不得突破。3. 实行“合理供给，确定期限，有借有还，周转使用”的贷款原则，进一步理顺人民银行与专业银行的资金关系。4. 坚持贷款结构的平衡。5. 实行“条块结合”的贷款分配方法。6. 将贷款的实贷权下放到二级分行，增强城市人民银行调控资金的能力。

坚持实行计划与资金分开管理的原则，实行“实贷实存”的信贷资金管理办法后，由于各项存款和银行信贷基金大部分划归专业银行，专业银行已成为相对独立的经济实体，应具有自行筹集信贷资金的能力。人民银行核定各专业银行的年度信贷计划，只是给专业银行组织运用信贷资金确定一个“笼子”和目标。专业银行实现贷款规模所需的资金，主要面向资金市场，通过吸收存款、发放金融债券、同业拆借等形式筹措。人民银行不再包资金供应。专业银行发生临时资金周转不灵，通过开展同业短期资金拆借解决。1987年，专业银行和其他金融机构对企业的贷款利率，一是实行分档次管理，二是实行期限差别利率和行业差别利率，三是严格罚息制度。

人民银行在下发该规定的通知中指出：进一步完善信贷资金管理体制，是加快金融体制改革的中心环节。为此，人民银行总行制定了《中国人民银行关于完善信贷资金管理办法的规定》、《中国人民银行对专业银行贷款管理暂行办法》、《中国人民银行金融信托投资机构资金管理暂行办法》、《中国人民银行专项贷款管理暂行办法》（以上办法均于同日发布）和《中国人民银行外汇抵押人民币贷款暂行办法》（1986年11月26日发布）五个信贷资金管理办法。并制定了配套的会计科目、会计报表及账务处理的规定。在这五个办法中，《关于完善信贷资金管理办法的规定》是主体，属于母办法，其他四个办法是《关于完善信贷资金管理办法的规定》的补充和具体化。这五个办法是继1984年石家庄会议通过的“实贷实存”信贷资金管理办法和1985年郑州会议把建设银行信贷资金纳入国家综合信贷计划之后，在信贷资金管理体制上的又一重大改革。其基本精神是，进一步建立与完善金融宏观调节控制体系，推动短期资金市场的形成，推动金融机构的企业化经营。

△ 中国人民银行发布《专项贷款管理暂行办法》。该暂行办法规定：专项贷款包括老、少、边、穷地区发展经济贷款，地方经济开发贷款，购买外汇额度人民币贷款和14个沿海港口城市及经济特区开发性贷款。专项贷款的期限一般为一至三年，少数的是四至五年，最长不得超过七年。老、少、边、穷地区发展经济贷款，实行优惠利率；14个沿海港口城市及经济特区开发贷款、地方经济开发贷款，按固定资产贷款利率计收利息；购买外汇额度人民币贷款，用于技术改造的，按固定资产贷款利率计息，用于流动资金的，按流动资金贷款利率计息。

△ 中国人民银行发布《对专业银行贷款管理暂行办法》。该暂行办法规定，人民银行贷款实行“统一调度，分级管理”，坚持“合理供给，确定期限，有借有还，周转使用”的原则。人民银行不包专业银行的资金供应，要在人民银行信贷资金来源允许的范围内发放贷款，贷款按期限分为四种：年度性贷款、季节性贷款、日拆性贷款和再贴现，期限分别为1年、两个月、10天和6个月。人民银行贷款实行期限利率，即对不同种类、不同期限的贷款，按

不同的利率档次计收利息。逾期贷款按每天0.3‰计收罚息。该暂行办法自1987年1月1日起执行。

△ 中国人民银行发布《金融信托投资机构资金管理暂行办法》。该暂行办法规定：信托机构的投资或贷款分为委托和信托两类，信托机构可以在规定范围内吸收1年期以上的信托存款，委托存款与信托存款必须严格划分，如实反映；委托存款减去委托投资或贷款后的结余额，可暂不缴存存款准备金，信托存款应按实际余额缴存存款准备金；人民银行对信托机构的信托计划与信托资金实行分开管理；信托机构当年发放的固定资产投资、固定资产贷款和租赁总额，最高不得超过当年增加的信托存款、发行债券与实收资本金之和的60%。

1987 年

1 月

1 日 国务院下达《关于发行国家重点建设债券和重点企业债券的通知》。为了更好地集中资金，保证国家重点建设需要，进一步压缩固定资产投资规模，调整投资结构，增强国民经济发展后劲，国务院决定通过银行代理发行 1987 年国家重点建设债券 55 亿元，重点企业债券 45 亿元。该通知规定：1. 由银行代理国家财政向各地区、各部门和各企事业单位发行国家重点建设债券 50 亿元，期限为 3 年，利息为年息 6%；由中国人民建设银行代理财政向个人发行国家重点建设债券 5 亿元，期限为 3 年，利息为年息 10.5%。国家重点建设债券不计复利，到期由财政部还本付息。重点建设债券要用于有偿还能力的项目。发行国家重点建设债券所集中的资金，由代理发行的银行统一交存人民银行，拨给中国人民建设银行作为“拨改贷”专项资金。2. 由中国人民建设银行代理电力、冶金、有色金属、石油化工等部门所属企业（公司）向企事业单位发行的重点企业债券 45 亿元，用于国家计划内重点建设。债券到期由企业还本付息。3. 对债券利率高于现行银行基本建设贷款利率的部分，由国家财政给予贴息。这些建设项目建成投产后，可以用所得税前利润归还债券本息。

该通知要求中国人民银行要会同国家计委、财政部等有关部门，加强对整个社会集资的管理，对各地区、各部门下达年度发行债券的总规模，未经批准不得突破。在国库券、国家重点建设债券和重点企业债券认购任务完成之前，不得先行发行其他各类企业债券和地方债券。

△ 中国人民银行对专业银行贷款实行期限利率。中国人民银行于 1 月 14 日发布《关于执行中国人民银行对专业银行贷款利率有关事项的通知》，其中规定：中国人民银行 1985 年 1 月 1 日以后对专业银行发放的贷款，从 1987 年 1 月 1 日起实行期限利率，期限 1～2 年（原计划内贷款）的年度贷款按月息 5.4‰计息；期限为 4 个月内的季节性贷款，按 5.7‰计息；期限为 20 天内的日拆性贷款按 5.4‰计息。

5 日 中国人民银行上海市分行印发《证券柜台交易暂行规定》。该暂行规定明确：柜台交易又叫店头交易或直接交易，是指在证券交易所以外的场所进行证券的转让买卖活动。凡章程规定可转让的政府债券、金融债券、公司债券、公司股票和大面额可转让的存款证（亦称大面额存款证），均可在批准经营证券转让买卖业务的金融机构办理柜台交易，目前一律以现货为限。专业银行未独立的信托投资机构只能经营证券的代理转让业务。交通银行独立核算的信托投资公司除办理证券的代理转让业务外，还可在规定的投资限额范围内经营证券的买卖业务。各行（公司）应将办理证券柜台交易的地点事先报中国人民银行上海市分行核准。经营证券柜台交易的金融机构对证券转让的买卖双方，在成交时可各收取 3‰的手续费。企业不得在金融机构购买本企业的股票；禁止了解企业内幕情况的人从事该企业的股票买卖活动；禁止诈骗行为，如发现有公布的经营情况和盈利水平不实，中国人民银上海市分行金融行政管理处即停止其股票的转让买卖，并处以罚款。该暂行规定自 1987 年 1 月 15 日起试行，是新中国有关柜台交易业务方面的第一个业务规章。

6 日 经国务院批准，中国人民银行设立资金管理司、国库司。同时将计划司改为综合计划司、调查研究室改为调查统计司、监察稽核司改为稽核司。

9日 中国人民银行、国家计委、财政部、国务院特区办公室联合印发《关于对经济特区、经济技术开发区开发性贷款实行差别利率和贴息的规定》。该规定指出：从1986年12月21日起，对征用土地、平整场地、通路、通水、排污、通电、通讯等公用设施的开发性贷款（总额不超过20亿元人民币）实行差别利率和贴息，5年以下的贷款由年息9.36%调为5.88%，银行对借款单位按年息2.88%计收；5年以上的贷款由原来的年息10.8%改为7.32%，银行对借款单位按年息4.32%计收。中央财政按年息3%的利率统一对人民银行进行贴息，人民银行按季度与中央财政结算利差补贴。

14日 国务院发布《关于加强物价管理保持市场物价基本稳定的通知》。该通知指出：物价问题是关系国民经济和社会安定的重大问题，关系到广大人民群众的切身利益。本年度物价工作的基本要求是坚持改革、稳步前进、保持基本稳定，要把零售物价水平控制在计划之内。

△ 国务院贫困地区经济开发领导小组、财政部、中国人民银行、中国农业银行联合制定《全国贫困地区经济开发项目管理试行办法》。该试行办法对项目的选择确定、项目的论证评估、项目的执行和监督、项目的总结验收、项目的组织领导等作了具体规定。主要内容是：对贫困地区经济开发的各项资金，实行按开发项目进行投资管理。项目投资的主要方向是：投资少，见效快，有市场，家家户户都能干、都有利，有助于贫困户劳动力就业，能尽快解决群众温饱的“短、平、快”项目。项目的基本形式是：以千家万户家庭生产为基础，辅之以为家庭生产提供良种、技术、收购、加工、储藏、运输等系列化综合服务的服务中心，形成配套成龙的商品生产项目。适合专业户、联户开发的小项目，也可以单独立项。所有申报的项目按投资的不同额度分别由各级经济开发领导部门和银行、财政等投资部门共同审查立项，作为备选项目，其投资额可高于贷款额。批准的项目由申报部门持批准书到经办银行、财政等投资部门申请资金。

20日 经中国人民银行上海市分行批准，上海金山石油化工总厂为建设30万吨乙烯工程项目发行长期企业债券1.38亿元，期限为3年，债券仅用了12天就售完。该债券的发行开创了重点工程项目发行债券自筹资金的先例。同日，经中国人民银行上海市分行批准，上海工商银行贴水债券、锦江联营公司债券、金山石化总厂债券等债券正式在上海各证券交易柜台挂牌交易，在上海首开债券交易业务。

22日 中共中央发布《把农村改革引向深入》的通知。该通知指出：农村改革正处于新旧体制交替时期，必须坚持下去，并做好充实、巩固、配套、提高工作，争取再以5年或稍长一点的时间，使新体制充实和完善起来。按照党中央、国务院的部署，到1987年9月中旬，我国已在10个省、自治区建立起14个规模不等、项目不同的农村改革试验区，开始进行把已有改革成果制度化和探索改革新路子的实践。

《把农村改革引向深入》一文指出：必须进行农村金融体制改革，搞活金融企业，逐步开放利率，开拓资金市场，为有效地聚财、用财创造条件。针对近几年农村出现的民间自由借贷；集资入股和试办发行股票、债券；一部分乡村合作经济组织或企业群体建立了合作基金会；有的地方建立了信托投资公司等情况，该文件指出：这些信用活动适应发展商品生产的不同要求，有利于集中社会闲散资金，缓和农业银行、信用社资金供应不足的矛盾，原则上应当予以肯定和支持。该文件要求：1. 信用合作社须实行民主管理、独立经营、自负盈亏，国家银行及各级政府均不得干预其资金营运的自主权。信用社交纳准备金比例应降到与专业银行一致；存贷款利率可以比照国家的基准利率，按市场资金供求状况适当浮动；业务范围可以与其他基层金融组织适当交叉。县联社的体制改革，应在保证基层信用社合作性质的前提下，进行多样化试点。2. 农业银行和其他专业银行应在平等互利的基础上，为信用社提供服务和相互代办委托业务。农业银行每年农副产品收购超过上年的部分，凡属商业库存的，由人民银行安排资金；凡实际上转为国家储备的，应经过批准，逐步改为由财政安排资金或者由财政实行贴息。3. 农业基本建设投资中，可以划出一部分用于贷款贴息，以便使资金投向符合国家的政策目标，并用于贫困地区。试办政府专项基金组织，对投资实行项目管理，经过效益评估，以贷款形式周转使用资金。4. 发展农村社会保障事业，有条件的可试办合作保险。

22～25日 全国经济工作会议在北京召开。会议提出1987年全国经济工作的中心任务是：深化企业改革，努力增产节约，增收节支，全面提高经济效益，确保国民经济持续、稳定、协调地向前发展。经济战线当前的重要任务是深化企业改革，把企业搞活。在经济建设方面，特别要注意“压缩空气”，把过去膨胀的预算外投资规模和过高的非生产性开支压下来，进一步缓解社会总需求超过社会总供给的矛盾，为深化改革创造一个比较平稳的经济环境。

2月

5日 中国人民银行颁发《关于境内机构提供外汇担保的暂行管理办法》。该暂行管理办法规定：外汇担保的管理机关为国家外汇管理局及其分局；只有法定经营外汇担保业务的金融机构和有外汇收入来源的非金融性质的企业法人，才可以作为外汇担保的机构；金融机构提供的外汇担保总额和其对外债务总额累计，不得超过自有外汇资金的20倍，非金融机构提供的外汇担保总额不得超过其自有外汇资金；担保的范围是中国境内的企业，但不得对企业注册资本金担保，不得为中国驻外企业、外国机构或外资企业提供外汇担保。担保人有权要求债务人提供相应的抵押物，对债务人的资金和财务情况进行监督。

△ 中国人民银行颁发《关于审批金融机构若干问题的通知》。该通知规定：设立分支机构的全国性银行，其最低实收货币资本金为20亿元；不设立分支机构的全国性银行，其最低实收货币资本金为10亿元；区域性银行的最低实收货币资本金为8亿元；合作银行的最低实收货币资本金为5亿元；上述银行设立独立核算的分支机构，其最低实收货币资本金为各该分支机构上级行的30%或50%；经营外汇业务最低实收货币资本金中的30%应由等值的外汇现汇构成。

对于设立信托投资公司，该通知修改了1986年的规定：1. 全国性信托投资公司的最低实收货币资本金由5 000万元改为1亿元；2. 省级信托投资公司的最低实收货币资本金由1 000万元改为5 000万元；3. 地、市（包括县）级信托投资公司的资本金由500万元改为2 000万元；4. 上述公司如经营外汇业务，同时拥有的最低外汇现汇资本金分别由500万美元、200万美元和100万美元改为1 000万美元、500万美元和200万美元；5. 保险投资公司和风险投资公司的最低实收货币资本金限额按信托投资公司标准执行；6. 融资租赁公司的最低实收货币资本金为3 000万元，经营外汇业务的，同时应有500万美元现汇的最低外汇资本金；7. 部门以大企业集团设立的财务公司，最低实收货币资本金为5 000万元，经营外汇业务的，同时应有500万美元现汇的最低外汇资本金。机构审批权限归人民银行。

6～10日 经国务院批准，经济特区工作会议在深圳召开。会议总结了1986年特区工作的成绩：四个经济特区的工农业总产值达76亿元，其中工业总产值达68亿多元，出口创汇近10亿美元，都比上年增长20%以上。会议提出，本年度特区工作的中心任务是：继续坚持抓生产、上水平、求效益的方针，深化改革，加强管理，提高对外资的吸引力和产品外销的竞争力。

4月11日，国务院批转了《1987年经济特区工作会议纪要》。该会议纪要指出，根据特区发展外向型经济的需要，中国人民银行和各专业银行要适当增加一些信贷指标，分别戴帽下达给四个特区；厦门、珠海、汕头三市各银行的存款准备金，直接交给当地人民银行，不再上交，分别留在三市使用。适当增加对外借款指标和外汇指标。

9～13日 中国人民银行全国分行行长会议在广西南宁召开。会议提出：结合1987年全国在经济上要控制膨胀的要求，金融系统也要控制资金需求膨胀，以支持经济持续、稳定发展。首先要开展增产节约、增收节支运动。要千方百计地增加存款，特别是增加城乡储蓄存款和邮政储蓄存款。要把代理财政和企业发行国家重点建设债券作为1987年银行的一项重要工作来抓。注意资金投向合理，防止铺大摊子，“撒胡椒面”。会议强调，金融体制改革必须从中国的实际出发，符合中国国情，1987年的中心问题是要完善宏观调控手段，开拓和发展资金市场，同时要在银行企业化方面有所前进。人民银行要积极支持和引导短期资金拆借市场。要按照经济发展的需要设立金融机构，不能一哄而起。不能建立地方银行和产业银行，不能急于办合作银行。

会后，国务委员兼中国人民银行行长陈慕华在接受《金融时报》记者采访时谈到，1987年货币信贷政策概括起来就是“紧中有活”。就是既要在宏观上控制住，又要在微观上搞活，既能控制膨胀的需求，又能支持经济发展的合理资金需要；既要从信贷收入上开源，又要从信贷支出中节流。“紧”是前提，但不是“一刀切”。在实际工作中具体贯彻这一政策，可以概括为“四先四后”：一是先存后贷并坚持多存多贷、少存少贷流动资金贷款的原则。二是先流动资金贷款，后固定资产贷款。三是在固定资产贷款中，支持重点，压非重点；支持计划内的，压计划外的；支持生产性的，压非生产性的项目。四是先挖掘企业内部潜力，后考虑银行贷款。

17日 中国人民银行发布《关于人民银行统一管理金银专项贷款的通知》。为贯彻国务院关于加快发展黄金生产的指示精神，该通知规定，从1987年1月1日起金银专项贷款归口由人民银行管理。贷款指标由人民银行总行下达到人民银行各省、自治区、直辖市、计划单列城市分行。贷款指标的分配、使用、管理，总行由货币发行司负责，分行由货币发行处负责。当年指标未用完可以结转下年使用。金银专项贷款主要用于发展黄金、白银生产的基本建设和技术改造项目；贷款的对象是中央直属国营矿山和地方国营矿山、集体矿山；贷款期限为1~3年，最长不超过5年，利率分别为4.2‰、4.8‰、5.4‰。

△ 中国人民银行发布《关于发行企业短期融资券有关问题的通知》。该通知指出，在紧缩信贷的形势下，为缓解企业流动资金短缺的矛盾，各地可以采取发行企业短期融资券的办法加以解决。各地区企业短期融资券的发行额度由总行年初一次性下达。各地人民银行分行必须在总行批准的额度内，根据国家的产业政策和调整经济结构的要求掌握发行，按余额控制，周转使用。企业发行短期融资券，必须经人民银行审批。企业发行短期融资券所筹集的资金只能用于解决企业临时性、季节性流动资金不足，不得用于企业资金的长期周转和固定资产投资。企业短期融资券由企业、事业单位和个人自愿认购。融资券的期限分为3个月、6个月和9个月三个档次。最长不得超过9个月。企业短期融资券的利率上限为，在套算的同期居民储蓄利率基础上上浮10%。企业可以委托金融机构代理发行短期融资券。企业短期融资券发行后，可以上市转让。各地人民银行对企业发行短期融资券所筹资金的使用要加强监督管理，对违反上述各项规定者，必须予以查处。

24日 经国务院同意，中国银行在全国开办境内居民外币存款业务。定期存款起存金额从人民币150元等值外币调低为人民币50元等值外币；活期存款起存金额调整为人民币20元等值外币。居民外币存款分为活期存款和定期存款两种，有条件的地方可以开办定活两便存款，存入时不订明利率，实存期限超过定期存款最低档次的，够哪一档次就按该档次利率计息。居民外币存款分为外汇账户和外币现钞账户，外汇存款账户，由规定只能提取适量外钞，改为视银行现钞库存多少，可以支付全部或部分外钞。中国银行外币存款，除规定美元、英镑、日元、西德马克和港元5种货币外，再增加法国法郎。

3月

4日 中国人民保险公司印发《简易人身保

险条款》。该条款对投保条件，保险期限和保险责任，除外责任，保险金额和保险费，保险手续，失效、复效、借款、退保，保险金的给付等方面的内容作了具体规定。主要内容：凡16周岁以上65周岁以下，身体健康，能正常劳动和正常工作的人，均可由其配偶、直系亲属和有抚养关系的人，作为投保人向保险公司（即保险人）投保简易人身保险；机关、企业、事业单位和社会团体也可以作为投保人，为其成员向保险人投保本保险。保险期限规定为5年、10年、15年、20年和30年5种，选择的保险期限要以保险单期满时被保险人的年龄不超过70岁为限。保险责任包括疾病和因意外伤害事件所致的死亡、意外伤害事件造成身体残废、一次或连续发生意外伤害事件等。保险金额和保险费按份数计算。每份保险费不分年龄和期限，每月都是人民币1元。每份保险金额，按投保时被保险人的不同年龄和投保的期限分别规定。该条款自1987年7月1日起施行。

17日　根据党中央国务院对海南的优惠政策，中国人民银行决定，自1986年12月21日起，对海南岛专项开发贷款利率适当下调。海南行政区分行可以根据实际情况和贷款期限长短，在月息3.6‰～8.4‰的幅度内自行确定贷款利率，其平均利率应掌握在月息4.2‰。海南行政区分行借用总行资金的利率为月息5.1‰，实行优惠利率后形成的利率倒挂，总行按月息1.2‰对区分行给予补贴，由行政区分行按该项贷款余额，按季度附补贴利息积数表向总行划付。自1983年以来，人民银行每年安排5 000万元低息贷款用于海南岛的开发建设。

20～31日　中国银行加入万事达国际银行卡联合组织，成为万事达国际组织的会员银行。

21日　中国银行印发《外汇贷款项目审批和管理的暂行规定》。主要内容是：1. 中国银行选择外汇贷款项目的基本条件是：产品适销对路，为发展国民经济所急需；能出口创汇，在国际市场上有竞争能力；技术上、财务上、经济上可行；企业管理好，投资少，见效快，有偿还外汇及人民币贷款的能力。固定资产贷款的发放必须是纳入国家和地方技术改造或基本建设计划的项目。要有完备的批准手续。其中基本建设贷款项目要列入国家基建计划和银行信贷计划。使用银行贷款的项目，企业自筹资金一般要占总投资的30%以上。2. 具备条件的外汇贷款项目按照既定的批准权限进行审批。权限以下的贷款项目由管辖分行和计划单列分行审批；权限以上的贷款项目要逐项报总行审批。各级银行不得化整为零超权限批准贷款。管辖分行和计划单列分行所属分支行的审批权限，可根据情况由管辖分行和计划单列分行适当授权，但授权的额度最高不超过管辖分行和计划单列分行本身批准权限的50%；条件不具备的分支行不要授权。有权批准贷款的各级银行，都要经过集体讨论由主管行长或行长进行审批。3. 外汇贷款项目的管理是在批准贷款后对项目贷款的执行期、贷款的回收期和贷款的总结期三个阶段各个环节进行管理，实行岗位责任制。

3月25日至4月11日　第六届全国人民代表大会第五次会议在北京召开。国务院总理赵紫阳作《政府工作报告》。该报告指出：我国人民面临的基本任务，即集中力量抓两件大事：1. 在经济领域，坚持正确的建设方针，广泛开展增产节约、增收节支运动，深入体制改革和扩大对外开放，努力保证整个国民经济的持续、稳定发展；2. 在政治思想领域，深入进行坚持四项基本原则的宣传教育，坚决反对资产阶级自由化，加强社会主义精神文明建设，进一步巩固和发展安定团结的政治局面。

该报告确定1987年经济体制改革的主要任务是：以增强企业特别是全民所有制大中型企业活力为中心，着重改革企业经营机制和企业内部的领导体制，继续发展横向经济联合，适当加快金融改革步伐，进一步扩大生产资料市场，逐步改革和完善企业劳动工资制度和固定资产投资管理办法，并积极为下一步各方面的配套改革作好必要的准备。

1987年金融体制改革的重点是：进一步强化和改进中央银行的宏观控制职能，积极发展多种金融组织和有效利用多种融资工具，开辟多种信贷业务，大力发展城乡保险业务，在各种金融组织之间适当开展竞争；有条件地实行省以下专业银行、保险公司等金融机构的企业化，逐步做到独立经营，自负盈亏；改革银行利率体系，逐步理顺存贷款利率，实行期限差额利率和浮动利率；改善企业流动资金管理办法，改变银行包企业资金供应的做法；逐步实行外汇、外债的集中统一管理，搞活外汇资金；充分发挥中心城市的金融中心作用，有领导、有步骤地发展以大中城市为依托的不同层次、不同规模的资金融通市场。

27日　国务院发布《企业债券管理暂行条例》。该暂行条例包括总则、企业债券、企业债券的管理、法律责任、附则，共5章30条。主要规定：凡中国境内具有法人资格的全民所有制企业在境内发行企业债券必须经中国人民银行批准。中国人民银行会同国家计划、财政等部门拟定全国企业债券发行的年控制额度，下达各省、自治区、直辖市和计划单列省辖市执行。中国人民银行对企业发行债券实行集中管理、分级审批制度。企业发行债券的总面额不得大于该企业的自有资产净值，其投资项目必须经有关部门审查批准，纳入国家控制的固定资产投资规模，债券的票面利率不得高于银行相同期限居民定期储蓄存款利率的40%。经中国人民银行批准，各专业银行和其他金融机构可以经办企业债券的转让业务。

1984~1986年，部分企业自发开展了向社会或企业内部集资等类似企业债券方式的融资活动，据深圳证券交易所网站文章统计，截至1986年年底，全国已发行企业债券约100亿元人民币。

28日　国务院发布《关于加强股票、债券管理的通知》。该通知规定：1. 发行股票应当在严格的监督和控制下，主要限于在少数经过批准的集体所有制企业中试行。2. 全民所有制企业不得向社会发行股票。3. 以互相投资、合股、参股方式新建的企业，合作各方可以试行采用股票形式，但不得向社会发行股票。未经中国人民银行批准，其股票不得上市。4. 全民所有制企业可以发行债券。机关团体、事业单位、集体所有制企业以及公民个人不得发行债券，也不得委托其他部门代理发行债券。金融机构发行债券，由中国人民银行统一下达计划，严格遵照执行。

4月

1日　中国人民银行、国家计委、财政部、中国人民建设银行制定《关于发行国家重点建设债券的规定》。该规定明确：1987年对单位发行国家重点建设债券50亿元，对个人发行5亿元；债券期限为3年；单位购买的年息为6%，个人购买的年息为10.5%，债券一律不计复利，免征个人所得税；债券对单位发行采取分配任务的办法，对个人采取自愿认购的办法。债券发行和还本付息事宜由中国人民银行统一组织，由中国人民建设银行、中国工商银行、中国农业银行、中国银行及其所属机构办理。财政部根据发行数额按2‰的比例拨付给银行推销经费，由人民建设银行对个人发行部分根据发行数额按4‰的比例拨付推销经费。债券到期由财政部还本付息。

△　经国务院批准，交通银行开业。交通银行总管理处设在上海，注册资本金为人民币20亿元，李祥瑞被任命为交通银行董事长。

1986年7月24日国务院发布《关于重新组建交通银行的通知》，为了支持交通银行迅速组建，增强开拓业务的能力，国家财政从历年核给银行的国家信贷基金中拨出一部分作为国家股资金，并规定交通银行自开业起3年内免缴所得税。

1987年3月18日，交通银行在上海召开第一届董事会议，通过了《交通银行章程》。该章程规定：交通银行是以公有制为主的股份制全国性社会主义金融企业。交通银行的资本金为人民币20亿元，分为2 000万股，每股人民币100元。由中国人民银行代表国家控股10亿元外，其余由地方政府、部门、企事业单位以及个人认购入股。个人认购股份的，每人不得超过100股。个人股份在资本金总额中的比例不超过10%。交通银行是全国性综合银行，经营下列各项业务：吸收各种人民币存款和个人储蓄，吸收外币存款和华侨存款；办理各种人民币流动资金贷款、贴现和固定资产贷款，办理各种外币贷款、透支和贴现；办理国内外结算和汇兑；发行人民币债券和外币债券以及其他有价证券；办理国际和国内银行间的存款、贷款、拆款和贴现；办理外汇（包括外币）的买卖和外币股票、证券的买卖；在外国和港澳地区投资或合资经营银行、财务公司或其他企业；组织、参加国际的联合贷款和银团贷款；承办国际国内各项信托、保险、投资、租赁咨询、担保、保管、代理等业务；设立各类金融性或非金融性的子公司；经营房产业务；经理发行各类股票债券，办理有价证券的转让与买卖；中国人民银行委托、交办和批准的其他业务；经批准，参加其他国际金融活动。交通银行设董事会和监事会。

交通银行始建于1908年（光绪三十四年），是中国早期的四大银行之一，也是中国早期的发钞行之一。1958年，除香港分行仍继续营业外，交通银行国内业务分别并入当地中国人民银行和在交通银行基础上组建起来的中国人民建设银行。

8日 经中国人民银行批准，招商银行开业。招商银行在蛇口财务公司基础上组建，注册资本金为1亿元人民币，可自主经营人民币和外汇业务。此后，1989年至1998年，招商银行经过三次扩股增资，股本金达14亿元，股东单位增至108家。2002年3月发行15亿元普通股，并于4月9日在上海证券交易所挂牌上市。

11日 中国人民银行颁发《全国银行统一会计基本制度（试行本）》。该文件规定：中国人民银行总行管理全国银行会计工作；银行的会计规章制度实行“统一领导、分级管理”的原则；全国银行统一会计基本制度的管理权集中在中国人民银行总行和省、自治区、直辖市分行（以下简称分行）两级，属于全国银行的会计基本制度、办法，由中国人民银行总行统一制定，中国人民银行分行对总行统一制定的制度、办法，可作必要的补充规定，但不得与总行的规定相抵触，并报总行核备；属于系统内的制度、办法，由各总行根据该制度制定，专业银行总行制定的制度、办法，要报中国人民银行总行核备；中国人民银行和专业银行分行对各自总行制定的制度、办法，可作必要的补充规定，专业银行分行在报送各自总行核备的同时，抄报同级人民银行；下级行对上级行制定的各项制度、办法，必须严肃认真地贯彻执行，不得任意修改或废除。6月3日，中国人民银行据此制定了《中国人民银行会计制度（试行本）》。

22日 财政部、中国人民银行、中国人民建设银行发布《关于建设银行办理特种拨改贷的若干规定》。主要内容有：特种“拨改贷”（国家基建计划称“特别贷款”）的计划安排和项目管理，贷款利率的确定，贷款合同的签订，贷款的支付，贷款本息的偿还，奖励与惩罚，贷款指标的管理和记账、报账、年终决算，以及项目竣工交付使用等，原则上比照国家预算内“拨改贷”投资的有关规定办理。建设银行经办行应与建设单位单独签订特种拨款改贷款合同，明确还款资金来源和落实还款计划，合同副本单独上报总行。建设单位要按期归还本息，贷款本息到期不能偿还的建设单位，由其主管部门负责，用当年本部门国家预算内直接安排的投资偿还。贷款本息不得豁免，不得核销。使用特种“拨改贷”资金的建设单位，要单独核算，单独列报支出。特种“拨改贷”的资金供应，由建设银行经办行纳入业务资金调拨计划，向上级行申请，由建设银行总行调拨。贷款收回的本息，按年由建设银行总行按55亿元和15亿元的比例分别划交财政部和中国人民银行。

25日 国务院发布《关于发行新版人民币的命令》。国务院责成中国人民银行自1987年4月27日起，采取“一次公布，分次发行”的办法，陆续发行第四套人民币。1987年4月27日首先发行50元、5角面额的人民币，以后陆续发行其他面额的人民币，届时公告。新版人民币面额主币有1元、2元、5元、10元、50元和100元6种；辅币有1角、2角、5角3种，现行1分、2分、5分3种纸辅币、硬辅币继续流通。新版人民币与现行人民币的比率为1:1。

△ 中国人民银行发出《关于储蓄存款利率规定的通知》。该通知指出：1986年《关于加强储蓄存款利率的管理的通知》下达后，有些专业银行基层单位、农村信用社、邮政储蓄部门不注意经济效益，为了争存款仍然随意提高储蓄存款利率或滥发实物，扰乱了金融市场，造成了人力、物力、财力很大的浪费。为此，该通知规定：各专业银行和金融机构均必须执行人民银行总行于1986年拟定的统一利率政策，不得擅自提高存款利率。农村信用社的储蓄利率浮动幅度在20%以内的，报当地农业银行批准；超过20%以上的，报人民银行的当地省分行批准。各金融部门开办有奖储蓄、邮政部门开办储蓄不得在现有储蓄利息额度之外再增加奖息和实物。

30日 中国人民银行发布《关于一九八七年信贷资金管理的几项规定》。主要内容是：1. 加速资金周转2% ~3%的指标，按省、自治区、直辖市和专业银行系统统一考核。2. 1987年继续实行流动资金"多存多贷，少存少贷"的政策。3. 对专业银行和其他金融机构暂时闲置的资金，人民银行分行可以根据本地区旺季收购和储备资金的需要量，向这些金融机构发行人民银行债券和开办金融机构定期存款，期限分别为1~3个月、4~6个月、7~9个月。4. 为了加强货币信贷总量的控制，人民银行发放的短期贷款要坚持短期周转，到期归还，逾期加息的原则，不能用于填补专业银行的信贷资金缺口。5. 完成国家重点建设债券的发行工作。6. 人民银行要大力支持和组织金融机构之间的资金横向拆借，研究和试办一些新的业务种类和新的流通工具，积极推广票据再贴现，实行再贴现优惠利率。7. 信托投资机构发放固定资产和租赁业务的资金，不得超过当年增加的信托存款、发行债券和实收资金本的60%。8. 外汇抵押贷款业务可以委托中国银行和其他金融机构办理。9. 从1987年农村信用社新增加的存款，按10%的比例上缴准备金，1986年年底以前信用社在农业银行的准备金仍维持原比例不动，以后逐步实现10%的要求。10. 专业银行的联行汇差资金与信贷资金必须分别管理。

5月

1日 《金融时报》创刊号向社会公开发行。邓小平同志题写报头。该报是由中国人民银行、中国工商银行、中国农业银行、中国银行、中国人民建设银行、中国人民保险（集团）公司、交通银行和中信实业银行联合创办的第一张全国性、综合性金融类报纸。

14日 中国人民银行发出《关于调整企业单位定期存款利率的通知》。该通知规定：1~3年期的企业单位定期存款利率分别由月息3.6‰、4.2‰、4.8‰调整为4.2‰、4.8‰、5.4‰；同时增设半年期档次，利率为月息3.6‰，自1986年6月2日起执行。该通知规定，严禁将银行贷款、财政拨款和预算内资金作为定期存款存入银行。定期存款不能提前支取、不办转期。

△ 中国人民银行发出《关于调整对农业银行扶持贫困地区专项贴息贷款利率的通知》。中国人民银行从1986年起5年内，每年安排10亿元的信贷资金给中国农业银行发放"扶贫"专项贴息贷款，其利率由月息5.4‰调整为3.9‰，自1987年6月21日起执行，对1987年6月20日以前已经计收的利息不予退补。

1988年11月12日，中国农业银行、财政部发布《关于扶贫专项贴息贷款贴息问题的通知》，其中规定：提高扶贫贴息专项贷款利率后，增加的利息部分仍按照中央财政和承贷者原贴补比例负担，即中央财政承担65.57%，承贷者负担34.43%。按此原则，承贷者负担部分利率由2.1‰调整为2.4‰，中央财政承担部分贴补率由4‰调整为4.6‰。

△ 中国人民银行制定《关于外汇存、贷款利率管理的规定》。主要规定：在经营外汇业务金融机构集中的地区，由人民银行牵头，成立经营外汇业务金融机构的同业公会，制定并协调该地区各金融机构的外汇存贷款利率；金融机构之间的资金拆借利率可由双方协商制定，公会对

此可不加限制；对企事业单位和个人的外汇存贷款利率，公会可根据国际资金市场利率（伦敦同业拆放利率、香港同业拆放利率）的水平和金融机构筹措外汇资金的成本及费用，制定出外汇存款利率的最高限和贷款利率的最低限；各金融机构可在规定的范围内，自行制定外汇存贷款利率。对于经营外汇业务金融机构不集中的地区，其外汇存贷款利率仍参照中国银行的现行利率执行。

16日 经国务院批准，中国人民银行增设条法司。其主要职责是：1. 对国务院、人大常委会要求银行制定的金融条法，负责组织有关单位起草，研究协调，征求意见和上报前的审核、把关。2. 对人民银行各业务司局、各专业银行和保险总公司等全国性金融机构起草的金融条法，负责审核、修改。3. 对其他法律、法规中涉及金融方面的问题进行协调，就国务院、人大常委会提出的有关法律草案，组织讨论，提出修改意见。4. 对已经制定并公布执行的金融条法，按照授权范围作出解释，接受咨询，进行金融法制宣传。5. 负责金融条法的清理工作，整理汇编已制定的有关经济、金融的法律、法规、规章，按程序废除不适用的金融法规，组织对不适用的条款进行修订。6. 研究了解国外银行，金融机构的立法情况，开展有关金融条法方面的对外交流。7. 参与对外金融法律事务的咨询、签约工作。8. 调查研究银行金融法规的贯彻、执行情况及存在的问题，提出改进意见。9. 接受公检法等单位有关金融条法的咨询，维护参加金融活动各方的合法权益。10. 配合有关部门组织、落实金融条法专业人员的培训工作。

19日 中国工商银行印发《储蓄所实行承包管理的情况和意见》。其中规定：在广州、重庆、武汉、沈阳、常州五个金融体制改革试点城市进行储蓄承包试点；新储蓄所可以实行委托代办的形式，老储蓄所可采取集体承包的形式，在取得成熟经验的基础上逐渐推广；集体承包要承担风险，实行多劳多得，奖优罚劣，要享有一定的自主权，推广所主任负责制。

23日 上海市政府颁布《上海市企业债券管理暂行办法》和《上海市股票管理暂行办法》。两个暂行办法规定：上海市企业债券、股票管理的主管机关是中国人民银行上海市分行。人民银行上海市分行对发行债券实行集中管理、分级审批的制度。公开发行的债券、股票由人民银行上海市分行金融行政管理处审批；内部发行的债券、股票由人民银行上海市分行授权的金融机构审批，情况特殊、发行额较大的债券、股票，由人民银行上海市分行金融行政管理处审批。金融机构经营债券、股票交易业务应经人民银行上海市分行批准。非金融机构不得经营债券交易业务。上市交易应经人民银行上海市分行批准，内部发行的债券、股票不得上市交易。交易价格可由交易双方自行商定。两个暂行办法自1987年7月1日起施行。

6月

4日 中国人民银行、国家计委、中国石化总公司、中国人民建设银行发布《石油化工企业建设债券发行办法》。该发行办法规定：自1987年第三季度开始面向全国发行石油化工企业建设债券，发行单位是中国石化总公司所属的洛阳炼油厂、广州石化总厂、北京燕山石化公司、大庆石化总厂、上海石化总厂五个单位。本债券发行时实行石油产品配额，按照购券先后顺序供油。发行对象为全民和集体所有制企业、联营企业、中国境内的中外合营企业、国家机关、团体、事业单位等，不对个人发行。债券期限为3年，年利率为5.4%，到期本息一次付清。债券可以转让、抵押，但不得当做货币流通，不许用债券从事投机倒把活动。该债券委托中国人民建设银行总行代理发行，中国人民建设银行从其发售的债券资金中提取3‰的手续费。

9日 国家计委、财政部、中国人民银行、中国人民建设银行、冶金工业部联合颁布《关于发行重点钢铁企业债券的暂行规定》。该暂行规定指出，重点钢铁企业建设资金实行谁发、谁用、谁还的原则。债券的发行单位为宝山钢铁总厂、攀枝花钢铁公司、武汉钢铁公司、唐山钢铁公司、本溪钢铁公司、包头钢铁公司、首都钢铁公司。由发行单位所在地的中国人民建设银行代理发行、管理及其他有关事项，并按有关规定收取手续费。从购买债券的第六年即1992年开始，平均分5年偿还本息，年息为7.48%，超出现行贷款利率1%的部分由国家财政贴息。钢铁债券所筹集的资金在建设银行建立专户，由发行单位按照国家计划使用，不得挪作他用。该暂行规定自1987年6月15日起实行。

17日 中国人民银行发出《关于经济特区外资银行、中外合资银行业务管理的若干暂行规定》。该暂行规定包括营运资金和注册资本、存款、存款准备金、贷款、投资、担保、流动资产比率、汇款、贸易结算、手续费、移存、财务报表、检查、处罚等内容。主要规定有：外资银行分行须具有4 000万元人民币等值的外汇营运资金；外资银行和中外合资银行须将不低于注册资本50%的实收资本交存人民银行经济特区分行，这部分资本金不经批准不得调出境外；在未缴足注册资本总额之前，每年应从其纳税后的净利润中提取不少于20%的资金作为储备金。外资银行、外资银行分行、中外合资银行可办理本外币存贷款业务，并向当地中国人民银行经济特区分行缴纳存款准备金。外资银行或中外合资银行购买中国境内和境外企业发行的外币债券和股票的总金额不得超过该行实收资本加储备基金总数的30%，购买中国金融机构发行的外币债券，不受此比例限制；提供外汇担保总额和其外汇债务总额累计不得超过自有外汇资金的20倍。外资银行或中外合资银行的流动资产，应保持在其存款总额的25%以上。

△ 中国人民保险公司黑龙江省分公司对大兴安岭森林火灾区受灾保险财产赔款兑现大会在漠河召开。此次赔款金额为1.18亿元，是中国保险业此前最大的保险赔付案。

20日 中国人民银行、中国工商银行、中国银行、中国人民建设银行联合发布《华东三省一市票汇结算试行办法》。该试行办法规定：票汇结算是汇款人将款项交给当地银行，由银行签发汇票交给汇款人持往异地办理转账或支取现金的结算方式；国营和集体企事业单位、机关、团体、部队、个体经济户及个人需要汇拨各种款项，均可以办理票汇结算；汇票的签发由指定的银行办理；汇票一律记名，不准流通、涂改和伪造，汇票的汇款金额起点为500元，有效期限为1个月。该试行办法自1987年8月1日起在江苏、浙江、安徽、上海三省一市范围内试行，1980年在该地区试行的限额结算办法同时废止。

26日 中国人民银行函复最高人民法院经济审判庭，针对各种模糊认识，对《银行管理暂行条例》的有关规定进行如下说明：《银行管理暂行条例》第十三条规定："专业银行都是独立核算的经济实体，按照国家法律、行政法规的规定，独立行使职权，进行业务活动。"根据此条规定，各类专业银行及其分支机构也应是相对独立的经济实体。虽然在目前新旧体制交替的时期，各专业银行的资金尚未划分给分支机构，实行独立核算，但根据该条例，中国人民银行向各专业银行的分支机构颁发了"经营金融业务许可证"，各专业银行分支机构按照《工商行政管理条例》的有关规定，办理了登记手续，领取了营业执照，并在核准经营的业务范围内开展各种金融业务，这就确定了各专业银行分支机构的法律地位和经营业务的合法性。因此，各专业银行分支机构虽还不是独立法人，但具有行为能力、能够实施民事法律行为，当然可以作为诉讼主体。

29日 财政部、中国人民银行发布《关于坚决制止用非法倒买的国库券抵还、抵押贷款的通知》。一段时间以来，一些地方的个别单位和个人私下低价收购国库券，并用收购来的国库券抵还贷款和办理抵押贷款；个别基层银行和信用社，不严格执行国家金融政策和有关制度，不遵循银行信贷资金的使用原则，大量办理国库券抵还、抵押贷款业务，助长了一些人的非法倒卖活动。为了严肃国家金融政策，维护国库券信誉，防止类似的情况继续发生，该通知规定：除倒闭企业外，单位购买的国库券一律不得用于抵还贷款和欠款，倒闭企业用于抵还贷款的国库券必须经过严格审查；农户和个体工商业户所欠贷款原则上不能用国库券抵还；银行不得垫付资金支持个人或个体工商业户四处收购国库券，用以抵贷；用国库券在银行办理抵押贷款要由中国人民银行制定具体办法。

7 月

2 日 中国人民银行发出《关于再次重申追回银行被抢、被盗、被骗、贪污、丢失库款和金银处理的规定的通知》。该通知指出：1961 年财政部、人民银行联合通知，1972 年财政部发文，1981 年人民银行商得财政部、最高人民法院、最高人民检察院和公安部同意发布的规定及 1986 年财政部的规定，都作出了追回属于银行被抢、被盗、被骗、贪污、丢失等的赃款，应全部归还银行，不作财政收入的规定。但有的地方把银行被抢、被盗、被骗及贪污、丢失的库款和金银作为赃款没收，上缴财政，造成这部分国家信贷资金当做财政收入被使用，迫使银行多发票子，这对国民经济的发展极其不利。鉴于银行被抢、被盗、被骗及贪污、丢失的库款和金银，有的是国家未发行的货币和金银储备，有的是银行吸收的单位和居民存款，都是国家运用的信贷资金，是与财政资金性质有别的两类资金，因此，该通知再次重申不能将其作为财政收入。

5～9 日 中国人民银行全国分行行长会议在北京举行。会议的主要内容是：贯彻国务院关于大兴安岭火灾事故的处理决定的精神；检查金融系统存在的官僚主义问题；检查分析上半年信贷资金计划的执行情况，预测下半年经济趋势。

9 日 中国人民银行作出决定：撤销哈尔滨金库被盗事件负有责任的人民银行哈尔滨市分行的主要领导党内外一切职务。6 月 3 日，中国人民银行哈尔滨市分行金库被盗，丢失黄金 6 219.004 克，其中金砖 4 块，金条 30 条，金元宝 14 个，金戒指 202 个，金耳环、金币、金手镯等各类金饰品共 800 余件，银元 352 枚，按账面计算，共损失人民币 178 740.90 元。案发当时，该行工作人员正在库房对面整点室打麻将赌博，犯罪分子关掉电闸之后，这些人员又用电池灯继续赌博，全然不知国家的财产正在被盗。此前，公安部门曾通知该行安装库房报警器，而该行一直拖延了 20 个月，直至被盗以后才装上。为了彻底纠正金融系统的官僚主义，中国人民银行决定在金融系统中进行反对官僚主义的大检查。

17 日 财政部、国家工商行政管理局发布《关于对倒卖国库券的单位和个人进行惩处的规定》。针对一些地方不断出现倒卖国库券和将国库券作为货币流通的不法行为，该规定明确：对倒卖国库券者，一经查获，应没收其倒卖的全部国库券和倒卖国库券的全额收入，并按没收的国库券的面值处以 50% 的罚款。对在商业或金融活动中用收购的国库券抵还贷款、欠款的单位或个人，应没收其收购的全部国库券，并按国库券的面值处以 20% 的罚款；对其中贬值收进国库券的，另加一倍罚款。对违反《国库券条例》及本规定的行为，由各级工商行政管理机关和财政机关予以处罚；触犯刑法的，提交司法机关依法处理。

20 日 经中国人民银行批准，东风汽车工业财务公司开业。这是我国第一家企业集团内部的金融机构，由联营企业投资入股，独立核算，自负盈亏，具有法人地位。公司实行董事会领导下的经理负责制，董事会为最高权力机关。公司内部设有信托投资、财务会计、综合管理三个主要业务部门，负责日常业务。主要业务范围是办理企业集团内部存贷款、投资等金融业务。

28 日 中国银行印发《中国银行单位大额定期存款章程》。该章程规定：凡企业、事业、团体、集体企业、外商投资企业自有的资金均可参加定期存款，起存金额为 10 万元，存期分 1 年、2 年、3 年三种。定期存款实行优惠利率，按存入当日同期限的单位定期存款利率上浮 10%。定期存单采取记名方式，可以办理挂失，可以转让。中国银行同时印发了《中国银行大额定期储蓄存款章程》。其中规定：大额定期储蓄存单的面额为 500 元、1 000 元两种，存期分半年、1 年、3 年、5 年四种。大额定期存单实行优惠利率，按存入当日同期限的定期城乡个人储蓄存款利率上浮 10%。大额定期储蓄存单不记名，不办理挂失。14 日，中国人民银行发布《关于开办大额定期存单业务有关问题的紧急通知》。该通知要求中国银行和其他专业银行以及金融机构开办此项业务，须报人民银行审查、批准。对金融改革试点城市开办此项业务的，要认真检查利率执行情况。利率最高不得超过同类同期存款利率的 10%。

8 月

8 日 中国人民银行发出《关于成立中国金币总公司的通知》。该通知规定：该公司是中国人民银行直属的独立经营、独立核算、自负盈亏的副局级企业单位，履行中国人民银行贵金属货币发行和国家贵金属储备同时实现国家贵金属储备保值、增值的职能。

14 日 交通部、中国人民银行、中国人民建设银行印发《“七五”期间交通运输船舶购置贷款实行差别利率和贴息管理办法》。其中规定：交通部直属船舶购置贷款 50 亿元，地方 15 亿元，可享受差别利率优惠，地方船舶购置贷款是否贴息，由各省、自治区、直辖市、计划单列市人民政府确定。超过该范围的贷款不执行该管理办法。以企业承担的预算内拨款改贷款的年利率 3.6% 为基数，分不同的贷款期限，按国家规定的三档差别利率（即 5 年以下 5.76%、5～10 年 6.48%、10 年以上 7.2%）与“拨改贷”利率 3.6% 之间的差额确定贴息率。贴息资金未拨给企业前，先由企业用自有资金垫支。企业贴息资金申报数额由交通部审核，再由中国人民银行建设银行审核，并抄送国家计委、财政部。中国人民建设银行审核确定后拨给交通部，由交通部直接分配给有关贷款企业。从 1987 年 4 月 1 日起，中国工商银行根据中央财经领导小组意见，调整了中国船舶工业公司卖方信贷利率，由原月息 6.6‰调整为月息 6.0‰，在此前发放的贷款采取分段计息办法。

20 日 中国人民银行、中国农业银行制定《关于农村信用社信贷资金管理的暂行规定》。暂行规定明确：农村信用社实行自主经营、独立核算、自负盈亏、自担风险的经营方针，坚持信贷资金以存定贷、多存多贷、自求平衡和比例管理的原则。信用社信贷资金投向，要坚持以承包户、专业户（重点户）为主，以农业生产为主和以流动资金为主的方针，在保证农业贷款合理需要的前提下，资金有余，可以经营农村工商信贷业务，可以购买中央银行发行的金融债券或参加银行开办的定期存款。从 1987 年起，信用社当年新增加的存款，按 10% 的比例缴存准备金。1986 年年底以前缴存的准备金，从 1988 年起，分 3 年逐步降到 10% 的比例。信用社每年应在税前提留呆账准备金，提留比例暂定为年末各项贷款余额的 5‰。信用社各项贷款余额（剔除银行支持款）占各项存款余额加自有资金之和的比例，一般要控制在 75% 以内；乡镇企业设备贷款增加额占乡镇企业贷款增加额的比例一般要控制在 30% 以内。信用社可以进行社社之间、行社之间的短期资金拆借，利率由拆借双方商定。信用社（城镇、城关、大工矿区除外）的存款利率，可在国家规定利率的基础上，上下浮动 20%；超过这个比例的，要报人民银行省、自治区、直辖市分行批准。贷款利率浮动由县联社根据农业银行省、自治区、直辖市分行确定的差别利率（即 6.6‰～9.6‰）和浮动范围，结合当地资金供求情况，上下浮动 20%；超过这个比例的，要报人民银行省、自治区、直辖市分行批准。自 1988 年 1 月 1 日起，农业银行对信用社转存款按人民银行对专业银行存款利率执行，人民银行对信用社的利差补贴要直接补给信用社。该暂行规定自 1987 年 10 月 1 日开始实行。

据人民银行统计，截至 1987 年 4 月底，全国独立核算的农村信用社共有 5.9 万个，不独立核算的信用网点共有 33.4 万个，正式职工为 40.2 万人，业务代办员为 30 万人。农村信用社各项存款余额达 1 047 亿元，自有资金 80 亿元；各项贷款余额达 804 亿元，其中乡镇企业贷款 346 亿元。

27日 经国务院批准，国家外汇管理局发布《外债统计监测暂行规定》，我国对外债实行登记管理制度。国家外汇管理局负责建立和健全全国外债统计监测系统，对外公布外债数字。借用外债的单位应当向所在地外汇管理局办理登记手续，领取“外债登记证”。外债是指中国境内的借款单位对中国境外的国际金融组织、外国政府、金融机构、企业或者其他机构用外国货币承担的具有契约性偿还义务的全部债务，借款单位向在中国境内注册的外资银行和中外合资银行借入的外汇资金视同外债。在中国境内注册的外资银行和中外合资银行向外借入的外汇资金不视为外债。

28日 中国工商银行发布《中国工商银行外币储蓄存款暂行办法》。该暂行办法规定：外币储蓄存款分为定期和活期两种。定期存款分为3个月、6个月、1年、2年四个存期档次，开户金额为港元200元、美元50元，多存不限；活期存款开户起存金额为港元50元、美元20元，多存不限。外币储蓄存款利率由银行挂牌公布。1989年7月5日，中国工商银行发布了《外币储蓄存款章程》，将储蓄存款分为外汇账户和外钞账户。存款的币种分为美元、港元、日元、英镑、西德马克、法国法郎和加拿大元七种。定期存款起存金额不低于人民币50元的等值外汇，活期存款起存金额不低于人民币20元的等值外汇。

9月

1日 亚洲开发银行与中国人民银行签署关于亚洲开发银行向中国提供1亿美元贷款的备忘录。这是中国自1986年3月10日加入亚洲开发银行后，该组织首次向中国提供贷款。根据亚洲开发银行对华业务战略，亚洲开发银行贷款和援助资金主要用于农业发展、基础设施、能源和扶贫、环境保护和提高经济效益的技改项目。

5日 中国人民银行、国家民委、财政部、中国工商银行、中国农业银行联合发出《关于对少数民族贸易和民族用品生产贷款继续实行优惠利率的通知》。该通知规定：民族地区“三项照顾”的范围不能自行扩大；贷款利率确定为月息4.2‰；与现行流动资金贷款利率6.6‰之间利差的70%，用于补充企业自有流动资金。

16日 中信实业银行开业。中信实业银行为中国国际信托公司所属的国营综合性银行，1987年4月14日经国务院批准成立，注册资本为8亿元人民币，实收3亿元人民币。中信实业银行实行董事会领导的行长负责制，董事会是最高决策机构。主要经营业务有：外币和人民币存贷款业务；办理出口信贷，组织参加银团贷款；办理国内和国际银行间存贷款、拆借和贴现，与各专业银行、其他金融机构建立同业往来业务关系等。中信实业银行实行自主经营、独立核算、自负盈亏，在业务上接受中国人民银行的领导和管理。前国家副主席荣毅仁任名誉董事长。

18日 商业部、国务院侨办、国家计委、国家经委、财政部、国家外汇管理局、对外经济贸易部、中国银行、海关总署、中国烟草总公司联合发布《关于改善赡家侨汇物资供应几项规定的通知》。该通知规定：侨汇留成必须保证全部用于组织侨汇物资供应，不准挪作他用，华侨商店按优惠价供应。赡家侨汇留成比例，广东、福建两省维持50%不变，其他各省、自治区、直辖市均由30%提高到50%，此规定从1987年10月1日起实行。

20日 中国金融学院举行首届开学典礼。邓小平为学院题写了院名，陈云为学院的成立写了贺词：“办好中国金融学院，培养新一代银行家。”中国金融学院于1986年8月2日经国家教育委员会批准，由中国人民银行、中国工商银行、中国农业银行、中国银行、中国人民建设银行、中国人民保险公司、交通银行、中信实业银行、光大金融公司9家金融机构联合组建。学院实行董事会领导下的院长负责制，院长由中国人民银行副行长刘鸿儒兼任。

21日 中国人民银行发布《关于开办农村信用社特种存款的办法》。为了引导信贷资金投向，保证外贸出口商品和农副产品收购的资金需要，经国务院同意，人民银行决定从1987年10月1日起到11月底向农村信用社开办特种存款，金额为50亿元，期限为1年，利率为月息6.6‰。特种存款任务的分配和具体办理，由中国人民银行统一组织，总行将指标分配到各省、自治区、直辖市、计划单列城市人民银行分行，人民银行分行根据总行下达的指标具体组织实施。

△ 中国人民银行批复同意人民银行温州市分行制定的《温州市利率改革试行方案》，确定温州市作为全国利率改革试点城市。温州市利率改革的要点是：1. 专业银行的存贷款利率实行以“区别对待、期限管理、适当上浮”的利率政策。2. 农村信用社存贷款利率实行浮动。3. 城市信用社存贷款利率在比照专业银行实行的存贷款利率水平上，最高分别上浮20%和1倍。4. 信托投资机构存贷款利率可在基准利率上浮20%的范围内浮动，或按专业银行的存贷款利率执行。5. 人民银行存贷款利率可根据实际情况上浮20%；再贴现利率最低可按季节性贷款下浮10%，最高和季节性贷款持平。

温州市的利率改革始于1980年10月，苍南县金乡镇信用社率先试行部分存贷款利率浮动，将个人大额（起点500元）1年期储蓄存款利率上浮为月息1%，对个体工商户和经济效益好的乡镇企业及联合体贷款利率上浮为1.5%。1986年5月始，温州市农业银行开始推广利率改革试点。1986年6月，温州市人民银行制定《温州市利率改革试点方案》，自1987年9月中旬起在全市全面实施。1990年8月21日，中国人民银行决定全部停止试用浮动利率。

22～29日 全国计划会议和全国经济体制改革工作会议在北京召开。会议的中心议题是，安排1988年国民经济和社会发展计划，讨论经济体制改革方案。会议提出的宏观调控目标和准备采取的主要措施是：大力增加农副产品和轻纺产品的生产和供应，保持国内市场和人民生活的稳定；保证必要的重点建设，压缩一般性建设，停建一批无效益的项目和楼堂馆所；从紧安排各项财政支出；从紧安排各项银行贷款，严格控制货币发行；进一步转变计划观念，推进计划体制的改革。会议确定1988年我国经济体制改革的主要任务是：按照发展社会主义商品经济的总目标，把经济体制改革同经济发展、同政治体制改革紧密结合起来，以企业经营机制、投资体制、物资体制和外贸体制改革为重点，同时进一步发展和完善各种市场，加强和改善宏观管理。既要推动微观经济机制的转换，又要促进宏观调控能力的增强，以利于增加供给，抑制需求，调整结构，提高效益，稳定物价，改善经济环境，促进国民经济持续、稳定增长。

28日 中国人民银行制定《关于中国境内机构在境外发行债券的管理规定》。该管理规定明确：1. 中国人民银行总行为境内机构在境外发行债券的审批机关；国家外汇管理局及其分局为境内机构在境外发行债券的管理机关，负责审查、协调和监督债券的发行及所筹资金的使用和偿还的管理。2. 对发行机构本身业务经营需要发行债券的，所筹资金必须按批准的用途使用，债券本息的偿还自行负责；对受地方政府委托发行债券的，所筹资金应用于地方政府安排的项目，债券本息的偿还纳入地方外汇支出计划，由地方政府负责偿还；对受国家委托发行债券的，所筹资金由国家安排使用，债券本息的偿还纳入国家外汇支出计划，由国家负责偿还。3. 债券发行后，要在债券发行地以外的金融市场上市，须事先报外汇管理部门备案。凡违反规定的，外汇管理部门将视其情节轻重，给予警告、罚款和取消其发行债券资格的处罚。

10月

1日 中国人民银行公布《非银行金融机构外汇管理办法》。该管理办法规定：非银行金融机构是指经国家外汇管理局批准经营外汇信托存款、放款、投资、融资、租赁、担保等业务的信托投资公司、信托咨询公司、财务公司、金融公司、融资性租赁公司等。国家外汇管理局及其分局是非银行金融机构经营外汇业务的管理机关，负责对其外汇业务进行管理、监督、指导和检查。申请经营外汇业务的全国性非银行金融机构须具有不少于1 000万美元等值的外汇；省、自治区、直辖市、计划单列城市、经济特区的非银行金融机构须具有不少于500万美元等值的外汇；省、自治区管辖的地区、市的非银行金融机构须具有不少于200万美元等值的外汇。非银行金融机构经营外汇业务，应向外汇管理部门提交规定的证件、资料，向外汇管理部门提出申请。该管理办法对申请外汇业务的范围、业务管理和财务会计报表的要求作了具体规定。

18日 经中国人民银行批准，中国工商银行在全国范围内首次发行可转让的累进利息金融债券和贴水金融债券共10亿元。发行对象为全国城乡个人和个体工商户；累进利息金融债券采取浮动期限固定利率的方式，浮动期限最短为1年、最长为5年，计息采取累进制；贴水金融债券采取固定期限浮动利率的方式，固定期限为3年零3个月，根据各地利率水平，通过调整发行价格来确定债券利率。

22日 国务院发布《关于坚决制止抬价抢购农副产品的通知》。随着改革开放的不断深入，在一些地方出现了抬价抢购，扭曲市场信号，造成生产大起大落等情况。该通知规定：对粮、棉、油等商品，凡是由国家指定收购部门组织收购的，其他部门和单位不得直接插手收购。

为贯彻该通知的精神，12月23日商业部、国家工商行政管理局、国家物价局、中国人民银行联合发布《关于加强粮食市场管理的通知》，其中规定：1. 有合同定购任务的生产单位和农户应先完成合同定购任务，然后再议价出售余粮。各地要在保证完成国家定购任务和“议转平”计划的前提下，开展多渠道经营。2. 从事粮食经营的单位和专业运销户，必须具有相应的资金和条件，并向当地工商行政管理机关申请登记，经核准发给营业执照，方可经营。3. 在市场粮价暴涨暴跌时，可规定议购粮的最高限价和最低保护价。4. 国营粮食商业要积极参与市场调节，在多渠道经营中发挥主导作用。

10月25日至11月1日 中国共产党第十三次全国代表大会在北京召开。会议主题是加快和深化改革。国务院总理赵紫阳作《沿着有中国特色的社会主义道路前进》的报告。报告阐述了社会主义初级阶段理论，提出了党在社会主义初级阶段的“一个中心、两个基本点”的基本路线，制定了到下世纪中叶分三步走、实现现代化的发展战略，并提出了政治体制改革的任务。该报告指出：改革中所采取的一些措施，例如，发展生产资料市场、金融市场、技术市场和劳务市场，发行债券、股票，都是伴随社会大生产和商品经济的发展必然出现的，并不是资本主义所特有的。社会主义可以而且应当利用它们为自己服务，并在实践中限制其消极作用。今后要继续深化金融体制改革，加强银行在宏观经济调节体系中的地位和作用，按照货币流通规律适当控制信贷规模和货币供应量；以中央银行为领导，国家银行为主体，发展多种金融机构，运用多种方式和多种金融工具，聚集和融通资金，以推动经济的协调增长和经济结构的调整。

26日 中国人民银行颁发《关于提高存款准备金比例和中央银行贷款利率的通知》。该通知规定：从1987年第四季度起，对各专业银行和各金融机构的存款准备金比例，一律在现有的基础上上调2%；农村信用社对新增加的存款余额上调2%。从9月21日起，人民银行对各专业银行、各金融机构的年度性贷款和短期贷款利率，一律由现行的月息3.9‰、5.4‰和5.7‰提高到6‰，再贴现利率按上调6‰后的贷款利率降低5%～10%计收利息。

27日 中国人民银行印发《中国人民银行关于厦门、珠海、汕头经济特区实行信贷计划戴帽下达暂行办法》。该暂行办法规定：自1987年1月1日起，厦门、珠海、汕头三个经济特区的综合信贷计划和人民银行管理的财政性存款计划、开发性贷款和地方经济开发贷款计划，由人民银行总行分别戴帽下达给人民银行福建省分行、广东省分行，由两省分行分配、管理和考核。三特区吸收的存款（除中央国库款）、机关团体存款、部队存款、专业银行和其他金融机构缴存的一般存款，自1987年起，每年增加的部分，全部留给特区，由人民银行统筹安排使用。戴帽下达的开发性贷款和地方经济开发贷款计划，未经人民银行批准不得突破。三特区人民银行实现专项贷款的资金来源，主要从留给三特区的存款中解决。如资金不足，总行给予适当增加。三特区可实行与其他地区不同的利率，由特区人民银行统一制定和调整，报人民银行总行，经批准后实行。

30日 中国人民银行发布《企业股票、债券以及其他金融市场业务管理问题的通知》。该通知规定：股票不能还本，债券不能参加分红，股票、债券持有人应根据两种证券的不同性质享有不同的权益，承担各自的风险；企业的所有有偿社会集资，均应采取股票、债券形式，企业发行股票、债券，票面格式要经人民银行批准并提供样张备案；国营企业原则上不能发行股票，集体企业不能发行债券；人民银行对企业发行股票、债券实行统一管理，分级审批；经营企业股票、债券等有价证券转让业务的机构，仅限于独立核算的信托投资公司和其他非银行金融机构；同业拆借市场仅限于各家银行和非银行金融机构参加，每月日平均拆进余额不得超过其自有资本金总额的一倍，拆进资金只能用于解决短期资金不足的问题，拆借期限最长不得超过4个月。

△ 中国人民银行正式加入“东南亚新澳”中央银行组织。“东南亚新澳”中央银行组织是由东南亚地区国家和新西兰、澳大利亚的中央银行组织的地区性国际金融机构，全称为“东南亚新澳”中央银行理事会。

11月

12日 国家计委、中国人民银行、财政部、中国工商银行联合发出《关于降低公路专业运输企业更新汽车贷款利率及实行贴息的通知》。该通知规定：对国营公路专业运输企业的更新汽车贷款实行优惠扶持政策；还款期限由3年延长至5年，最长不超过10年；从1987年12月21日起，对尚未归还及今后新增的贷款，不分期限长短，均按年利率7.92%计收利息；地方财政是否给予企业贴息视财力自主决定。

13日 中国人民银行发出《关于加强有奖储蓄管理工作的通知》。该通知规定：有奖储蓄必须坚持存款自愿，严禁强行摊派；有奖储蓄须实行奖息结合，不得以奖代息，不得以任何借口变相提高利率；有奖储蓄中奖面一般掌握在30%左右，最低不得少于20%，头奖金额以一般不超过5 000元为宜。

16日 中国人民银行、中国工商银行、中国农业银行、中国银行、中国人民建设银行联合发出《关于对国库券进一步加强管理的通知》。针对一段时间以来，不法分子利用银行办理国库券提前兑付和贴现等业务之机，从黑市大量低价套购国库券，转手到银行办理兑付或贴现，从中获取暴利，以及银行、信用社工作人员与之勾结，参与国库券的倒卖活动，从中私分牟利的现象，该通知要求要加强国库券管理、兑付工作：1. 各级银行要严密出入库手续，禁止任何人擅自动用库存的国库券。2. 办理国库券提前兑付或贴现业务须严格检验、严格把关。3. 银行和信用社的干部、职工，一律不准假借各种名义为不法分子套购、倒卖国库券提供资金或办理兑付，更不准参与牟利。对违反上述规定者，各行必须严肃查办，其中情节严重触犯刑律者，应依法惩处。

30日 中国人民银行上海市分行发布《企业短期融资券管理暂行办法》。该暂行办法规定：1. 凡经工商行政管理局登记并领有营业执照、独立核算、具有较好的社会效益和经济效益的本市全民或集体所有制企业，确因短期流动资金的需要，可以向代理发行的金融机构申请，并报中国人民银行上海市分行金融行政管理处批准后发行企业短期融资券。2. 企业每次发行融资券的金额限制在100万~3 000万元（不含3 000万元），发行债券及融资券的余额一般不得超过企业自有资产净值。融资券期限分3个月、6个月、9个月三种，其利率一般低于1年期定期储蓄存款的利率。利率一经确定，中途不得调整，逾期不另计息。3. 融资券分记名和不记名两种。单位购买可以记名，个人购买一律不记名。单位购买融资券，只能使用国家规定该单位有权自行支配的资金。个人利息收入免缴个人收入调节税。凡向社会公开发行的融资券，可以在证券柜台交易点转让买卖，但不得作为货币流通。4. 企业向社会公开发行数额较大的融资券，应采取一家金融机构为主，多家金融机构联合发行的形式。集体企业以向企业内部职工发行为主。代理发行的金融机构，可以向发行企业按发行融资券总额的1‰收取手续费（含还本付息）。5. 中国人民银行上海市分行有权对发行融资券的企业和购买融资券的企事业单位的资金运用和来源进行监督与检查，对违反该暂行办法的行为进行查处。

《企业短期融资券管理暂行办法》是全国第一个短期融资券管理办法。1989 年 3 月 29 日，中国人民银行上海市分行对其作了修改，将企业短期融资券的发行对象从原来的国营和集体企业改变为大中型国营企业；发行金额起点从原来的100 万元提高到500 万元；发行方式从原来的公开和内部两种改变为一律公开发行。

企业短期融资券 企业短期融资券是指企业依照规定的条件和程序在银行间债券市场发行和交易并约定在一定期限内还本付息的有价证券。融资券采用实名记账方式在中央国债登记结算有限责任公司进行登记托管。中央结算公司负责提供二级市场交易结算、代理兑付及相关信息发布的服务。企业短期融资券主要是企业为解决临时性、季节性资金需要而发行的。

1989 年，国家为抑制通货膨胀采取紧缩银根政策，一些企业出现流动资金短缺的现象，为支持效益好的企业在紧缩信贷的情况下正常发展，中国人民银行在总结企业短期债券发行试点工作的基础上，发出正式通知，允许企业经人民银行批准后可以发行企业短期融资券。短期融资券的发行范围仅限银行间债券市场，期限分为3 个月、6 个月和9 个月三个档次，利率可在银行同期储蓄存款利率基础上上浮一定幅度。

中国人民银行在20 世纪90 年代初发行过企业短期融资券，但在20 世纪90 年代中期因为很多企业出现了偿付问题而停止发行。2005 年 5 月 24 日，中国人民银行分别发布了《短期融资券管理办法》以及《短期融资券承销规程》、《短期融资券信息披露规程》两个配套文件，允许符合条件的企业在银行间债券市场向合格的机构投资者发行短期融资券，标志着我国企业短期融资债券市场的启动。2005 年 5 月 26 日，中国五矿集团等 5 家企业发行第一批短期融资券。截至2005 年年底，近 60 家企业在银行间市场共发行了 74 批次、总额 1 491 亿元的短期融资券。

11 月 经中国人民银行批准，5 家金融租赁公司先后成立。这 5 家公司分别是：中国对外贸易租赁公司、浙江省租赁有限公司、中国电子租赁有限公司，广东省国际租赁公司、中国租赁有限公司，其主要业务是办理固定资产租赁和转租赁。

12 月

1 日 烟台住房储蓄银行开业。该行成立于1987 年 10 月 29 日，注册资本金为 4 000 万元，实收资本为 2 000 万元，共有 6 家股东单位投资，包括烟台市财政局、中国人民建设银行、中国工商银行、中国农业银行、中国银行和中国人寿保险公司，是一家专门经营房地产信贷、结算业务的区域性、股份制的金融企业，也是我国第一家住房储蓄银行。

13 日 国务院批准《金融机构代客办理即期和远期外汇买卖管理规定》，由国家外汇管理局发布施行。主要规定：该管理规定所称外汇买卖系指各种可兑换货币之间的买卖。中国银行可以接受中国境内的客户委托，代理买卖即期和远期外汇，其他金融机构经营此项业务须经国家外汇管理局批准。外汇买卖业务限于进口项下的即期和远期外汇买卖，客户应当按照规定向当地外汇管理部门提交申请书和贸易合同或经济协议的副本。国务院批复指出：目前外汇买卖业务限于进口项下的即期和远期外汇买卖，暂时只由中国银行办理。

30日 成都市华茂典当服务商行开业。按照《成都市华茂典当服务商行试行方案》的规定：一般物品的典当期限为1个月；贵重物品或高值难赎物品为2~4个月；典当月利率为6%，并视当物体积等情况收取保管费；当物可销价格须在100元以上，折当率为50%。

开业10天，华茂共做成13笔典当生意。截至1988年2月25日，华茂开业近两个月来，总共成交近百笔典当生意，发放当金9万多元，综合费用进项8 000元。成都华茂典当行的成立标志着我国典当行在新中国成立后的首次业务性恢复。仅1988年，就有温州、沈阳、山西、广东、上海、福建、海南、吉林、贵州等省、市相继兴办了典当行业。

1988 年

1 月

3 日 国务院颁布《关于按自筹投资一定比例购买重点企业债券的通知》。该通知决定：1. 重点企业债券由专业银行代理国家专业投资公司发行，期限为 5 年，年利率为 6%，不计复利。安排自筹投资的建设单位在各自的开户银行办理购买手续，银行计收 3% 的手续费。2. 各专业银行代理发行的重点企业债券，要按月划转国家专业投资公司在中国人民建设银行的账户，全部用于国家计划内重点建设项目。3. 重点企业债券筹集的资金，要用于当年投产或将要投产、有偿还能力的项目。由于发行债券的“时间差”发生临时资金周转困难，由中国人民银行安排资金，专业银行发放短期贷款解决。

8 日 中国银行印发《对外劳务承包企业贷款暂行办法》。该暂行办法规定：为对外劳务承包企业所需资金提供贷款，优先支持经济效益好的企业和以现汇支付工程款的带动设备出口的承包工程、劳务输出项目。贷款种类包括项目贷款、短期周转金贷款、保函抵押金贷款、人民币贷款。贷款货币分为外币和本币两类。外币是美元、英镑、日元、港元、西德马克、法国法郎。贷款期限一般不超过 5 年。短期周转金贷款期限不超过 12 个月。外汇贷款利率按中国银行总行制定的利率计算，也可由借贷双方根据情况协商确定。人民币贷款利率按中国人民银行规定的国营企业贷款利率执行。使用国外买方信贷或银团贷款或其他信贷的利率，以其国外提供贷款的协议利率为基础加一定利差确定利率。企业逾期未还的贷款，中国银行从逾期之日起在原合同利率基础上，加收 20% 的罚息。

9 日 中国银行印发《关于停止向国内单位开无条件付款保函的通知》。该通知规定，今后中国银行原则上不出具以国内单位为受益人的无条件付款保函，坚持要求出具此类保函的申请人，要向中国银行提供 100% 的保证金和相应的外汇额度及书面保证。一旦保函项下发生索赔，中国银行有权主动从保证金中扣款支付。

18 日 中国人民银行发布《关于 1988 年发行金融债券、发放特种贷款的规定》。该规定明确：全国发行金融债券的总额由中国人民银行总行根据国家综合信贷计划统一确定。申请发行金融债券的各银行总行和全国性非银行金融机构，应当在中国人民银行批准的额度内发行金融债券，不得突破。债券期限为 3 年、4 年、5 年，利率分别为 10%、10.65%、11.3%，发行后可以按规定进入市场转让或抵押。发行金融债券筹集的资金必须全部用于发放特种贷款。1988 年特种贷款只能在金融债券发行额度内发放，主要用途是：新建、扩建企业需要投产，目前不能备足 30% 自有流动资金并要求贷款的，可在其原材料有来源、产品有销路的情况下，在这 30% 以内发放特种贷款；产品为社会所急需、经济效益好，再投入少量资金就可竣工投产的计划内技术改造项目，以及项目建成后急需的流动资金；经济效益好，有还款能力并纳入国家固定资产投资计划的能源、交通、原材料等基本建设项目，以及项目建成后急需的流动资金。特种贷款利率最低为 10.8%，最高为 14.4%，在此幅度内，根据不同地区、用款期限长短，划分档次，实行差别利率。

特种贷款 特种贷款是一个随着经济的发展所代表的意义不断地进行变迁的贷款种类，最早出现于 1985 年，当时，为了在加强宏观金融控制的同时贯彻区别对待的政策，调整资金结构，中国人民银行批准中国农业银行、中国工商银行于1985年面向社会发行15亿元的金融债券，所募集的债券资金用于开办特种贷款，贷款对象为满足人民银行所规定的标准和条件的城乡企业，用于其生产为社会所急需的产品，经济效益好、再投入少量资金就能竣工投产的技术改造和基本建设项目，以及项目建成后急需的流动资金；特种贷款在批准的各地金融债券发行额度之内进行发放；利率在金融债券利率的基础上调高一定幅度，根据不同地区情况、用款期限长短，划分不同档次，实行差别利率；期限不长于金融债券的期限。从1985年起，中国人民银行基本上每年都会批准各专业银行（不限于最初的农业银行和中国银行）发行金融债券以开办特种贷款业务，对贷款对象所必须达到的标准和要求，人民银行会根据实际经济情况进行一些具体调整。从1993年起，国家对金融秩序进行整顿，金融债券的发行量逐渐萎缩，原特种贷款的具体含义开始逐渐发生变化，目前，各商业银行发放的具有特定用途的贷款也开始被称为特种贷款，其标准和含义根据银行的不同区别很大，人民银行发放的特种贷款则特指根据国务院决定的由中国人民银行向金融机构发放的用于特定目的的贷款。

19～24日 中国人民银行全国分行行长会议在北京召开。根据国务院对货币发行进行大幅度压缩，信贷规模要相应紧缩的要求，会议明确提出了“控制总量，调整结构”的货币信贷方针及以下措施：1. 人民银行分配给各地专项贷款指标，各分行均不得突破。2. 流动资金贷款继续实行“多存多贷、少存少贷”的政策，以省、自治区、直辖市为单位进行控制和考核。3. 对农副产品收购资金，各级专业银行必须从年初开始就统筹安排，防止把上半年季节性下降收回的贷款移作他用而留下农副产品收购旺季资金的硬缺口。4. 为筹集农副产品收购旺季的资金，上半年人民银行要收回对专业银行的到期贷款300亿元。5. 从1988年起，把信托投资公司等非银行金融机构的计划从国家综合信贷计划中单列出来，作为一个单独层次由各地人民银行负责进行监控。信托投资公司的委托存款大于委托贷款的部分，从1988年起，要按规定的比例交纳存款准备金。拆入资金不得用于扩大贷款规模，更不得用于固定资产投资。6. 各地人民银行组织专业银行对拆借资金进行一次清理，对超过承受能力大量拆入的资金，要做出分期归还计划，并相应压缩当年贷款。为进一步加强对资金市场的管理和引导，人民银行要设立证券公司、融资公司和咨询公司。7. 1988年向专业银行和其他金融机构发行90亿元债券。8. 1988年安排吸收农村信用社特种存款仍为50亿元，期限为1年。

21日 全国人民代表大会常务委员会颁布《关于惩治贪污罪贿赂罪的补充规定》。该补充规定明确：1. 贪污罪。国家工作人员、集体经济组织工作人员或者其他经手、管理公共财物的人员，利用职务上的便利，侵吞、盗窃、骗取或者以其他手段非法占有公共财物的，是贪污罪；与国家工作人员、集体经济组织工作人员或者其他经手、管理公共财物的人员勾结，伙同贪污的，以共犯论处；国家工作人员在对外交往中接受礼物，依照国家规定应当交公而不交公，数额较大的，以贪污罪论处。2. 挪用公款罪。国家工作人员、集体经济组织工作人员或者其他经手、管理公共财物的人员，利用职务上的便利，挪用公款归个人使用，进行非法活动的，或者挪用公款数额较大、进行营利活动的，或者挪用公款数额较大、超过三个月未还的，是挪用公款罪；挪用公款数额较大不退还的，以贪污罪论处。3. 受贿罪。国家工作人员、集体经济组织工作人员或者其他从事公务的人员，利用职务上的便利，索取他人财物的，或者非法收受他人财物为他人谋取利益的，是受贿罪；与国家工作人员、集体经济组织工作人员或者其他从事公务的人员勾结，伙同受贿的，以共犯论处；国家工作人员、集体经济组织工作人员或者其他从事公务的人员，在经济往来中，违反国家规定收受各种名义的回扣、手续费，归个人所有的，以受贿罪论处。4. 行贿罪。为谋取不正当利益，给予国家工作人员、集体经济组织工作人员或者其他从事公务的人员以财物的，是行贿罪；在经济往来中，违反国家规定，给予国家工作人员、集体经济组织工作人员或者其他从事公务的人员以财物，数额较大的，或者违反国家规定，给予国家工作人员、集体经济组织工作人员或者其他从事公务的人员以回扣、手续费的，以行贿罪论处；因被勒索给予国家工作人员、集体经济组织工作人员或者其他从事公务的人员以财物，没有获得不正当利益的，不是行贿。该补充规定同时明确了各种犯罪行为的处罚标准。

25日 中国工商银行印发《关于加快推行储蓄所经营承包制责任的意见》。该意见指出，各地可根据实际情况，实行国家所有，集体经营，并对新所、老所的承包工作及承包应遵循的原则和方法步骤等提出了要求。承包费的计算和提取，大体按新增存款提取的承包费占全部费用的2/3，按老存款提取的承包费占1/3，承包费用一年一定。

27日 中国人民银行发布《关于专业银行分支机构不得任意更改行名或升格的通知》。针对金融行业中出现的不合理垄断和不正当竞争的现象，该通知规定：各专业银行分支机构除由于行政区划调整并报经人民银行批准相应变更银行分支机构名称或升格外，一律不得任意更改行名或升格。

2月

1日 中国人民银行发出《关于调整中国人民银行对专业银行存、贷款利率的通知》。该通知规定：将专业银行和其他金融机构的存款准备金利率由月息3.6‰提高到月息4.2‰；人民银行对专业银行的贷款利率按期实行差别利率。季节性贷款期限一般为2个月，最长不超过4个月，贷款利率月息为5.7‰；日拆性贷款期限一般为10天，最长不超过20天，贷款利率由月息6.0‰降低到月息5.4‰。再贴现利率按同档次利率降低5%～10%。该通知的规定自1987年12月21日起执行。

△ 中国人民银行发布《关于改变对农村信用社存款利差补贴办法的通知》。该通知规定：人民银行继续向农村信用社开办特种存款，并按照期限长短确定利率水平，半年期、1年期的存款分别为月息6.3‰和月息6.6‰。人民银行对农村信用社1986年以前多交存的存款准备金，按照逐年消化的原则，1988年按100亿元给予月息0.9‰的补贴。利差由人民银行总行统一补贴以后，人民银行各分支行即取消原对农村信用社存款的补贴。该办法自1987年12月21日起执行。

23日 经国家外汇管理局批准，中国人民建设银行开办外汇业务。包括外汇存款、境外外汇借款、外汇贷款、转贷外国政府和国际金融组织的贷款和办理出口信贷业务、外汇汇款、外汇担保和见证业务、征信调查和咨询服务。

24日 国务院发布《关于严格控制社会集团购买力压缩开支的紧急通知》。针对1987年实现的社会集团购买力，大大超过同期生产增长幅度的供求矛盾，该通知决定：各级党政机关、人民团体、部队、全民和集体企事业单位以及基本建设单位1988年的社会集团购买力指标，一律在1987年实际支出的基础上压缩20%；重新逐户核定社会集团购买力控制指标；在1988年内，停止购买小汽车、大轿车、摩托车、沙发、地毯、沙发床、空气调节器、录音机和多用机、录像机、照相机和放大机、大型或高级乐器、家具、呢绒毛料及其制品、纯毛毯、彩色电视机、电冰箱、洗衣机、各种电取暖及电煮水设备和复印机19种国家规定的专控商品；经过社会集团购买力管理机关审查批准购买的专项控制商品，必须在定点商店购买；严格整顿小汽车和大轿车的价格和配车标准；对各类房屋，包括办公室、会议室、接待室、住房和其他场所，一律不准改建、扩建、购置安装空调和其他装饰；严禁以发放劳动保护用品的名义发放各种“福利”物资；严禁用公款购买实物和购货券发给职工，商业部门也不得向单位发行购货券；压缩会议，清仓查库。

25日 国务院印发《关于在全国城镇分期分批推行住房制度改革的实施方案》。该实施方案提出，从1988年起用3~5年的时间，把住房制度改革在全国城镇分期分批推开。住房制度改革，要广泛而有效地筹集和融通资金，建立一套科学的结算办法，金融体制必须进行相应的配套改革。住房储蓄银行要切实办好，取得经验。其他城市可由当地政府委托银行设立房地产信贷部，专门办理有关住房生产、消费资金的筹集、融通和信贷结算等业务。人民银行要根据住房制度改革和住房商品化的实际进程，从1988年开始逐年在计划上安排一块商品住房信贷指标，逐步把信贷结构调整过来。

△　国务院办公厅转发国务院住房制度改革领导小组《关于鼓励职工购买公有旧住房的意见》。该意见提出：旧房售价适当优惠，首次付款不得低于售价的30%，其余部分可向银行申请住房低息抵押贷款。单位自管房卖给本单位职工，也可委托银行贷款，或由本单位采取分期付款办法。首次付款超过上述比例，可给予相当于超过部分存款利息的优惠折扣。低息贷款以户为对象，一户只能享受一次优惠。职工购买旧住房贷款期限一般最长不超过10年，利率要根据贷款期限长短分开档次。在职工购买旧房一定时期后（暂定为5年），应允许进入市场出售，原出售单位有优先购买权。住房的增值部分，个人只应得所付的优惠价占综合造价比例的部分。公房（含单位自管房和房管部门直管房）出售价款必须全数存入由当地政府指定的银行，分别进入住房基金专户，所有权不变，但只能定向使用于新建、改建、扩建住房和发放住房券，专款专用，监督使用。

27日　国务院批准国家体改委《关于1988年深化经济体制改革的总体方案》。该总体方案提出：1988年的经济工作总的方针是：经济要进一步稳定，改革要进一步深入。经济体制改革要从这一全局出发，立足于解决当前经济运行中亟须解决的矛盾和问题，把经济体制改革同经济发展和政治体制改革紧密结合起来。主要任务是：按照发展社会主义商品经济的总目标，以落实和完善企业承包经营责任制，深化企业经营机制改革为重点；同时，改革计划、投资、物资、外贸、金融、财税体制和住房制度，加强对固定资产投资、消费基金和物价的管理，更好地促进国民经济持续、稳定增长。

在金融改革方面，该总体方案指出：1. 在适当收紧信贷、控制货币发行量、搞好社会资金综合平衡和有效宏观调控的前提下，进一步发展和完善金融市场，搞好资金融通，加速资金周转，调节资金结构，提高资金使用的效益。2. 积极发展同业融资业务。3. 对同业资金的融通实行分类管理，按不同期限，把资金拆借与弥补年度资金缺口的资金借贷分开，年度资金缺口，可通过发行同业债券、金融债券和扩大吸收存款来弥补。同时，大力推广商业票据，健全商业票据贴现和再贴现制度。4. 允许企业发行中长期债券，向社会筹集资金。5. 积极发展有价证券的流通市场，增加企业直接融资的比重。6. 逐步建立以中央银行贷款利率为基准的浮动利率体系，发挥利率杠杆对资金供求的调节作用。7. 积极推进专业银行企业化的改革，有计划地加强交通银行的力量，逐步改变专业银行对内吃“大锅饭”和对外垄断的局面。8. 进一步强化中央银行的宏观管理职能。主要是：严格控制货币发行量和信贷总规模。财政赤字的弥补逐步改为通过向社会包括各专业银行和其他金融机构，发行国债解决。完善存款准备金制度。减少人民银行对专业银行的信用放款，增加中央银行再贴现、抵押贷款和通过票据、债券融通资金的比重。加强中央银行对专业银行、集体金融组织和其他非银行金融机构的监督检查和资产与负债的管理，并促使其建立呆账准备金，保证金融机构的清偿能力。9. 加强银行对企业的监督。10. 加强对外债、外汇的统一管理。进一步健全出口收汇的核销制度。

3月

9日　中国人民银行转发国家外汇管理局颁布的《关于外汇调剂的规定》。该规定提出要在各省、自治区、直辖市逐步设立外汇调剂中心，办理本地区外汇额度的现汇的调剂业务；在北京设立全国外汇调剂中心，办理中央部门之间和各地之间外汇额度和现汇的调剂业务。外汇调剂中心不得进行外汇交易。除外汇调剂中心外，其他任何单位和金融机构不得办理外汇调剂业务。各项留成外汇和外商投资企业的外汇都可以卖出；引进先进设备和先进技术的用汇、为发展生产购买的原材料和零配件的用汇，以及外商投资企业经营业务范围内所需的外汇等均可以买入。外汇调剂的价格根据外汇的供求状况实行浮动，中国人民银行在价格不正常波动时可以运用经济手段干预外汇调剂市场。该规定自1988年3月10起实行。

中国人民银行在转发该规定的通知中指出：各省、自治区、直辖市以及大连、青岛、重庆、宁波四个计划单列市都可设立一个外汇调剂中心，由国家外汇管理局审批；省、自治区以下的外汇管理分支局可以作为交易员代理委托单位通过省、自治区的外汇调剂中心买卖外汇。鉴于目前供大于求的矛盾，除经济特区和海南外，各地应将其价格控制在1美元不超过5.7元人民币的范围内。4月11日，国家外汇管理局发布《关于外汇调剂价格的通知》，根据实际情况，经请示人民银行决定，取消1美元不超过5.7元人民币的限价，开放外汇调剂价格，实行浮动，由买卖双方协议。

18日　国务院决定扩大沿海经济开放区范围。扩大的范围包括天津市、河北省、辽宁省、江苏省、浙江省、福建省、山东省、广西壮族自治区的153个市县。1985年《中共中央、国务院关于批准〈长江、珠江三角洲和闽南厦漳泉三角地区座谈会纪要〉的通知》中规定的各项政策，适用于这些地区。

21日　中国人民银行、国家计委发布《关于发行1988年基本建设债券的通知》。该通知规定：1988年基本建设债券由国家专业投资公司和石油部、铁道部发行并到期还本付息。发行对象是中国工商银行、中国农业银行、中国银行和中国人民建设银行。1988年发行5年期基本建设债券80亿元，利率为7.5%，计单利。基本建设债券认购任务由中国人民银行、国家计委向各专业银行下达，上海市和深圳市各专业银行的认购任务切块下达。各专业银行的认购任务由专业银行总行负责在本系统内分配落实；上海市和深圳市各专业银行的认购任务，由人民银行上海市和深圳市分行负责分配落实。

23日　国务院发布《关于沿海地区发展外向型经济的若干补充规定》。该补充规定明确：沿海地区发展出口所需增加的外汇周转资金主要从地方和企业的留成外汇中筹措，中国银行和其他经营外汇业务的金融机构应适当增加沿海地区的外汇贷款指标。沿海省、自治区、直辖市为发展出口所需的外汇周转资金确有不足又有偿还能力的，可报请中国人民银行，在国家下达的对外借款指标外，核定一个短期借款（1年内的商业借款）的额度。在此额度内借款，不再逐笔报中国人民银行审批，并可在偿还后根据需要再借，实行余额外债管理。利用国内外汇贷款开发的项目，新增加的出口收汇或替代进口收汇，可以先还贷，后分成。沿海地区可以在开放的省辖市设立外汇调剂中心。各类留成外汇、外商投资企业的外汇以及国家外汇管理局准许调剂的其他外汇，都可以通过外汇调剂中心相互调剂。省、自治区、直辖市之间可以互相协商调剂外汇，也可以通过全国外汇调剂中心调剂。调剂价格可以根据外汇的供求状况浮动，必要时由国家外汇管理局规定最高限价。沿海省、自治区、直辖市有条件的地方，可以组织出口企业试办出口风险基金，对由于国际市场变化而造成经营困难的企业进行帮助。基金可按企业的出口收购额或出口收益的一定比例在一定年限内提取，周转使用。具体提取办法由省、自治区、直辖市人民政府规定，报经贸部、财政部备案。

△　中国农业银行印发《县（市）支行行长负责制暂行规定（试行）》、《县（市）支行党组织工作若干规定（试行）》和《县（市）支行职工代表大会若干规定（试行）》。主要内容是：在金融体制改革试点城市的部分县农行试行县（市）支行行长负责制，赋予行长经营决策权、人事管理权、财务分配权，行长全面负责，并承担经济责任。在实行行长全面负责的同时，撤销党组，建立机关党委；加强职代会民主管理和监督作用。行长向党委通报工作，接受监

督，定期向职代会报告工作，听取意见。县支行设管理委员会作为决策议事机构，协助行长决策。当行长与职代会或管理委员会意见不一致时，行长有权作最后决策。

25日 中国人民银行印发《一九八八年深化信贷资金管理体制改革的意见》。该意见规定：1. 1988年金融宏观控制的目标仍以控制信贷规模为主，由专业银行和人民银行按省、自治区、直辖市，分上半年和全年两个指标进行考核和监控。对固定资产贷款实行指令性计划，从严控制，未经批准不得突破。对流动资金贷款继续实行“多存多贷、少存少贷”的政策。2. 从1988年起，全国的信贷计划由国家综合信贷计划、人民银行信贷计划、专业银行信贷计划和非银行金融机构的信贷计划四大计划组成。包括全民所有制非银行金融机构和城乡信用社的信贷收支，从1988年起不纳入国家综合信贷计划，而作为一个单独层次监控。3. 进一步实行中央银行不包专业银行的资金，专业银行不包企业的资金的原则，促使专业银行和企业多渠道、多形式地筹措资金；专业银行和其他金融机构要逐步建立资产、负债管理制度；自我约束贷款行为，优化资金投向。4. 管紧和用活人民银行贷款和贴现。强化间接调控手段，包括改进人民银行年度性贷款限额分配办法，对贷款实行限额控制和期限管理，搞活人民银行老贷款，减少信用放款和扩大再贴现、抵押贷款，优化人民银行贷款投向，对日拆性贷款实行控制等。5. 从1988年起，全民所有制非银行金融机构的资金收支计划由人民银行总行下达给分行组织执行。五种存款范围不得扩大，利率不再向上浮动。6. 拆借资金只能用于短期资金调剂，有借有还，不得用于填补信贷计划的缺口，不得用于发放固定资产贷款和扩大信贷规模。

26日 中国人民银行发布《关于依法加强人民银行行使国家保险管理机关职责的通知》。针对一些单位干涉经中国人民银行依法审定的基本保险条款和保险费率的实施，不同程度地影响了一些地方保险业务开展的问题，该通知重申：国家保险管理机关是中国人民银行。中国人民银行总行负责全国性基本保险条款和保险费率的审定；中国人民银行各级分行负责在本地区实行的地方性基本保险条款和保险费率的审定。各保险企业不经人民银行审定，不得擅自颁布基本保险条款和制定、更改保险费率。对未经人民银行审定，就擅自颁布基本保险条款和更改保险费率的保险企业，人民银行各级分行应根据不同情况给予警告、限期改正、罚款，直至令其停业的处罚。

28日 中国人民银行会同财政部发布《关于开放国库券转让市场试点的通知》。该通知决定从1988年4月21日起，在沈阳、哈尔滨、武汉、上海、重庆、广州、深圳7个城市同时开办国库券转让业务。试点期间，人民银行和财政部共同对国库券转让价格实行保护，保护价格原则上不低于国库券的票面值。人民银行建立平准基金，在当地人民银行建立平准基金账户，当国库券转让价格低于保护价格时，由当地人民银行用平准基金委托或直接向国库券交易中介机构买进国库券；待国库券转让价格回升到保护价格以上时，再委托或直接向国库券交易中介机构按市场价格卖出国库券，收回资金。各试点城市人民银行应会同财政局及有关部门，采取有效的措施，取缔一切国库券黑市交易。对未经人民银行批准而擅自开办国库券转让业务的机构，要责令其停止国库券交易，并按有关规定进行处理。首批允许上市的国库券限于1985年、1986年向个人发行的国库券。国库券持有人自由出售上述国库券，出售数额不限。允许个人、保险公司、其他非银行金融机构以及各种经批准成立的基金会组织购买上述国库券，购买数额均不限，但个人购买应予以优先。

6月2日，中国人民银行、财政部又发布了《关于第二批开放国库券转让市场试点实施方案》，确定第二批54个试点城市6月上旬陆续开放国库券转让市场。该方案规定：允许经营国库券转让交易的金融机构暂限于经人民银行批准成立的独立核算，具有法人地位、资本金充实，具有一定技术力量的信托投资公司、证券公司和综合性银行。此类机构开办国库券转让业务须由试点城市人民银行批准。办理国库券转让业务，可以采取自营买卖和代理买卖两种形式。国库券自营买入价格不得低于面值；购买二手国库券年单利收益率，1985年国库券不高于14%；1986年国库券不高于15%，各试点市国库券转让价格的制定与管理，符合以上两条原则的，可随行就市。转让中介机构办理自营买卖应同时挂出上市国库券的买入价格和卖出价格，不得只买不卖。买入和卖出价格之差最高不得超过所交易国库券总面额的1.5%。转让中介机构办理代理买卖，价格由委托买卖人指定，成交后代理机构向买卖双方各收取面额3‰的手续费，最低起点各为1元。

30日　中国人民银行重新制定了《中国人民银行货币发行管理制度（试行）》和《全国银行出纳基本制度（试行）》。随着金融体制改革的深化，中国人民银行1972年制定的《发行库制度》和1979年制定的《出纳制度》，已经不能适应银行业务发展的需要，其规定或办法在一定程度上存在缺乏统一性、系统性等问题，因此，《货币发行管理制度（试行）》明确：货币发行管理是人民银行的一个重要职责。其基本任务是：根据国民经济发展的需要提出货币发行计划；研究货币发行与社会经济发展的关系，为调节货币流通和制定货币发行政策提供科学依据；编制货币需要量计划；组织办理新版人民币的发行和旧版人民币的回收工作；根据市场货币流通状况，编制、执行、调整发行基金调拨计划和损伤货币销毁计划，调节市场流通货币的面额结构，组织专业银行办理货币兑换和挑剔业务；制定货币发行业务有关的规章规定；宣传国家货币发行政策，组织反假人民币工作；办理人民币发行基金的保管、调运、销毁及核算业务；办理专业银行存取现金业务；监督、检查、协调专业银行的现金出纳业务。该管理制度分别对发行基金的管理、货币发行与回笼的管理、发行库的管理、账务处理原则等作了具体规定，共有7章38条，自1988年7月1日起施行。

《全国银行出纳基本制度》规定：中国人民银行总行负责制定全国银行出纳基本制度。人民银行各省、自治区、直辖市分行根据该制度负责管理本地区银行必须统一的出纳工作，制定本地区人民银行出纳制度或实施细则并报总行核备。各专业银行总行根据该制度制定本系统出纳制度并报人民银行总行核备。该制度包括总则、出纳工作的主要任务和基本原则、现金的收付与整点、库房管理与现金运送、人民币的兑换与挑剔、反假人民币和票样管理、错款处理、金银的收售封装与损溢、出纳机具的管理、奖励与惩罚和附则共11章53条，自1988年7月1日起实行。

△　中国人民银行、中国工商银行、中国农业银行、中国银行、中国人民建设银行、交通银行、中信实业银行联合发出《关于统一信贷计划执行情况监测口径的规定》。主要内容是：统一银行存贷款统计数字的归并口径；上海、深圳实行资金切块管理；各家银行分行对1987年12月、1988年1月、2月、3月的计划执行情况分析表按新口径作一次调整；交通银行信贷计划单独考核。

4月

6日　中国农业银行颁发《农村信用合作社乡镇企业贷款管理暂行办法》。该暂行办法规定，凡申请流动资金贷款的企业一般应具有30%～50%的自有流动资金；凡申请固定资产贷款的企业，一般应具有50%以上的自有固定资金。流动资金贷款额度为企业定额资产乘以60%减去自有流动资金；贷款期限原则上不能超过规定企业应补足自有定额流动资金的期限。固定资产贷款额度视新建企业的投资总额和自有资金及信用社本身的资金状况而定；贷款期限视用途1～5年不等。信用社乡镇企业贷款实行差别利率和浮动利率。

7日　深圳发展银行普通股（股票简称：深发展；股票代码：000001）在深圳经济特区证券公司挂牌上市。深圳发展银行股份有限公司是在对深圳经济特区内原6家农村信用社进行股份制改造的基础上设立的股份制商业银行。1987年5月10日以自由认购的形式首次向社会公开发售人民币普通股79.5万股。每股面值20元，实际发行39.65万股。1987年12月22日深圳发展银行正式成立。“深发展A”于1991年4月3日在深圳证券交易所上市交易，成为我国第一家上市银行。

8日 国家外汇管理局颁布《国家外汇统计制度》。该制度规定：国家外汇统计所指的是各类国家外汇的统计。其主要内容包括：国家现汇外汇、国家记账外汇的统计；国家对外借款的统计；国家各种专项拨款及用汇的统计；国家各种留成外汇额度的统计以及经国务院或有关部门批准，授权国家外汇管理局统计的各类统计项目。国家外汇管理局负责制订和下达外汇管理局业务范围内的各项外汇计划；制定和编报有关国家外汇方面的综合统计报表；修订统计制度；制定统计办法及指标解释；领导和协调本系统的统计工作；管理和指导经营国家外汇业务的金融机构的有关统计工作；组织完成各项统计任务；管理统计资料，定期提供统计数据。

11日 中国工商银行颁发《中国工商银行外汇贷款暂行办法》。该暂行办法主要规定：外汇贷款对象须是具有法人资格，能直接或间接创汇，并具备贷款条件和按期偿还外汇能力的国营、集体、外商投资企业和其他经济实体。外汇贷款种类包括技术改造贷款、出口押汇、打包放款、信用担保贷款、抵押担保贷款、临时贷款、活存透支贷款等。贷款利率按1个月、3个月、6个月及1年期4个档次进行上下浮动。经借贷双方协商同意，也可采用固定利率。

12日 李贵鲜任国务委员兼中国人民银行行长，同时接替陈慕华担任亚洲开发银行、非洲开发银行、非洲开发基金、国际货币基金组织4个组织的中国理事。

13日 第七届全国人民代表大会第一次会议通过《中华人民共和国中外合作经营企业法》。该法律规定：合作企业应当凭营业执照在国家外汇管理机关允许经营外汇业务的银行或者其他金融机构开立外汇账户。其外汇事宜依照国家有关外汇管理的规定办理。合作企业可以向中国境内的金融机构借款，也可以在中国境外借款。合作企业可以享受减税、免税的优惠待遇。

20日 中国人民银行下发《关于发行1988年财政债券的通知》。1988年财政债券发行总额为80亿元。财政债券由财政部发行，债券到期由财政部还本付息。财政债券的发行对象是：各专业银行、综合性银行以及其他金融机构。80亿元财政债券，其中原定的10亿元，期限为5年，利率为年息7.5%；另外70亿元期限为2年，利率为年息8%，均计单利。财政债券认购任务由中国人民银行向各银行和其他金融机构下达。该债券不允许公开上市交易，但可以在银行和其他金融机构之间抵押。

财政债券 我国历史上由财政部发行的一种具体国家债券，从1988年起共发行了五期（1988、1990~1993），发行额共为360亿元人民币，用来筹集国家建设资金。财政债券发行对象主要为当年的四大专业银行、交通银行、中信实业银行、中国人民保险公司及城市信用社，由国家按计划分配给各发行对象，各发行对象认购所分配的任务；财政债券采取一次发行分次交款的办法，认购对象在规定的时间内缴清所有款项；债券利率根据每年实际情况有所区别，具体范围从年息7.5%到年息14%；在期限方面，其中的290亿元为五年期债券，另有70亿元为两年期债券；财政债券发行和还本付息事宜由中国人民银行代为办理，到期由财政部列入当年预算，以确保还本付息。

25日 中国人民银行、财政部联合下发《关于发行1988年国家建设债券的通知》。1988年国家建设债券由财政部发行，总额为80亿元，由财政部还本付息。该债券期限为2年，利率为9.5%。该债券不记名、不挂失，但可转让、抵押，发售结束可以上市交易。该债券由城乡居民、基金会组织以及金融机构认购，对个人和单位实行统一利率，城乡居民购买该债券获得的利息收入免征个人收入调节税。由财政部委托中国人民银行组织各金融机构代理发行并代理还本付息。

28日 国家外汇管理局发出《关于制止外商投资企业在境外的保险公司投保的通知》。该通知重申：外商投资企业只能向中国境内的保险公司投保；外商投资企业的外汇开户银行要履行监督职能，严格把关，不予汇出保险费。

30日 中国人民建设银行印发《办理房改金融业务的暂行规定》。该暂行规定要求，凡地方政府委托建设银行办理房改金融业务的地区，建设银行应在内部相应设立房地产信贷部。房地产信贷部的业务范围是：办理房租结算业务；管理住房基金，监督住房基金的使用；办理住宅贷款业务，提供房产购销信息；办理其他有关房改的金融业务；提供有关房改金融方面的咨询服务。房地产信贷部的信贷收支计划在各行的信贷计划之外单独编制、考核，资金自求平衡。该暂行规定自1988年5月1日起开始试行。

5月

4日 中国人民银行、中国工商银行、中国农业银行、中国银行、中国人民建设银行联合发布《关于加强贷款规模管理的通知》。主要内容是：1. 对贷款规模实行“双层控制”的办法。人民银行负责下达专业银行和地区的贷款规模，专业银行负责系统内的贷款规模。2. 建立贷款规模定期核对制度。3. 统一贷款规模统计口径。4. 1987年各专业银行结合的固定资产贷款规模可以继续使用。

11日 中国人民建设银行印发《对外承包工程企业贷款暂行办法》。该暂行办法规定对外承包工程企业贷款的范围和用途是：企业为承包国外工程、出口劳务、开展技术服务、开办合营企业需要派出人员的费用以及在国内备料支用的人民币；承包国外工程带动设备出口，在国内所支付的设备预付款；使用财政部门核借的外汇额度所需的配套人民币；在与国外业主进行结算过程中所发生的临时性垫款。承包工程、出口劳务与技术以及带动设备出口需要的周转金贷款，贷款期限原则上自项目移交对方后半年内全部还清，但一般最长不超过5年；外汇配套人民币贷款，贷款期限依照批准的外汇额度期限，即在偿还外汇额度的同时，还清人民币配套贷款；其他临时需要的贷款可视具体情况商定，但贷款期限最长不得超过半年。贷款利息原则上根据合同中所规定的贷款期限长短分档计息。对外承包工程企业对外签订项目合同额超过一定额度（中央级企业2 000万美元，地方级企业1 000万美元）而需要向建设银行申请借款的，建设银行除对所提供项目的可行性资料进行评估外，必要时将会同有关部门或承包企业进行实地考察，以提高贷款的安全性。各级对外承包工程企业的借款申请，由同级建设银行进行审批，建设银行开户行负责与借款单位签订合同，办理贷款手续，监督支用，计收利息，按期收回本金。

13日 中国人民银行颁发《中国人民银行财务管理制度》。该管理制度规定：财务管理工作实行“统一领导，分级管理，成本核算，利润留成”的管理体制，其基本任务是：管理国家信贷基金，监督信贷资金的合理使用；正确进行成本核算，合理分配各项财务资金，增收节支，提高经济效益。对于资金管理，该管理制度规定，信贷基金是各级行办理信贷业务的营运资金，除由国家财政拨给外，每年从利润中按规定比例提取，以不断补充信贷基金，扩大营运资金力量；信贷基金的提取、拨付、调整按有关规定办理。各项贷款要按照国务院和总行规定的利率计收利息，不准擅自变动利率，减少或增加利息收入。低息和贴息贷款的利差，除国务院批准的外，实行谁批准，谁补贴的办法。

27日 经中国人民银行批准，深圳平安保险公司开业。该公司成立于1988年3月21日，注册地在北京，总部设在深圳，是中国首家区域性股份制保险公司。创立之初只开办财产保险业务。1992年6月4日，经国务院批准，更名为“中国平安保险公司”。1997年1月16日，经国家工商行政管理总局核准，更名为“中国平安保险股份有限公司”。

6月

6日 国家外汇管理局向黑龙江分局、中国银行哈尔滨分行发布《对“关于恢复卢布同人民币直接计价清算的报告”的复函》。其中指出：目前不同意地方同苏联商谈人民币同卢布的汇价。在与苏联开展地方贸易、非贸易活动中，应以以货易货、进出收支平衡为原则，按两国政府间协定使用瑞士法郎计价、记账、结算。边境的小额零星贸易可收取卢布，但银行不收兑，由地方自行消化，也不给外汇留成。

11日 中国人民银行发出《关于进一步落实“控制总量，调整结构”金融工作方针的几项规定》。该规定要求贯彻以下措施：1. 各地实现信贷规模所需的资金，主要依靠增加存款、挖掘资金潜力去筹措。信贷规模按上半年数和全年数两个指标进行考核，各省、自治区、直辖市、计划单列城市分行要按月、按季度分析、监测。2. 除中国人民建设银行外，对流动资金贷款进一步落实“多存多贷、少存少贷”的政策，但必须先完成分配的各种债券任务；贷款的投向必须首先用于支持农副产品、外贸出口商品和适销对路工业品的生产与收购。3. 各地要努力完成收回中央银行贷款的任务，实行“多收多贷、少收少贷”。对收回的年度性贷款和短期贷款，全部留在当地使用。上半年收回的贷款，主要用于下半年旺季资金的调剂。凡归还短期贷款不力，旺季收购发生资金周转困难的，一律由专业银行自行解决，人民银行总行也不增加该地区贷款限额。4. 为了鼓励各地多组织邮政储蓄和扭转财政性存款的下降情况，规定邮政储蓄超计划部分全部留给地方使用；财政性存款超计划部分的50%留给地方使用。5. 对专业银行购买债券后发生的临时资金周转困难，应引导进入市场通过相互拆借解决。人民银行不为发行债券垫款，也不发放贷款给专业银行和其他金融机构购买债券。

13日 上海市首次在国内办理抵押贷款和土地使用权有偿转让中的房地产抵押业务，并将逐步减少信用贷款。上海的企事业单位和在沪的外国投资者可以依据上海市发布抵押贷款的有关规定，用房地产、机器设备、运输工具、产成品、原材料、股票、债券和土地使用权等，向上海金融机构申请抵押贷款，并允许在沪的侨资、外资银行开办土地使用权抵押外汇贷款；可以允许境外金融机构以土地使用权抵押外汇贷款。上海金融界采取的这项配套措施满足了外国投资者的需求，并以法律形式保障土地使用权抵押当事人的合法权益，也是上海市为促进土地使用权有偿转让，扩大利用外资，促进资金融通，提高资金使用效益而采取的重要措施。

23日 中国农业银行颁发《中国农业银行合作农业贷款管理办法》。该管理办法规定贷款对象是农村各种合作经济组织、农村承包户、专业户和农民个体工商业户、农业开发公司、服务中心、乡镇场站等。贷款种类分为生产费用贷款、生产设备贷款、农业开发性贷款和农业专项贷款，贷款期限1~7年不等。合作农业贷款利率按用途性质分别执行农业银行相应的各类各档次利率，并可根据不同行业贷款项目的利润大小、期限长短，在规定的幅度内执行浮动利率。

7月

4日 中国农业银行制定《中国农业银行承包经营责任制试行办法》。该试行办法规定：中国农业银行在向财政部实行财政包干的基础上，按照企业化改革和“统一领导，分级经营”管理体制的要求，试行内部承包经营责任制，按照包死基数、确保上交、超额归己、欠交自补的原则，确定发包行与承包行的分配关系。农业银行系统各级行实行连环承包制。总行向国家实行系统承包后，系统内要逐级进行分包。在各级行实行综合承包的基础上，还可根据情况，实行多种形式的专业承包或单项承包，如储蓄承包等。农业银行内部承包经营责任制实行三包一挂，即：包上缴利润，包国家宏观金融调控任务，包资金效益指标完成，实行综合考核与利润留成挂钩。一般以上年上缴的利润数加递增数为基数。对因客观因素影响利润变化较大的，可以以承包前三年上交利润的平均数加递增数为基数。效益指标包括各项存款增长率、各项贷款收回率、信贷资金运用率、资金损失率、综合费用率、人均利润增长率。承包经营的宏观调控和资金效益指标要与50%的利润留成挂钩。按各项指标各占一定比例进行考核。未完成指标时，按比例依率扣减留成资金。该试行办法自1988年6月20日起试行。

承包经营责任制 国有企业改革所采取的一种经营责任制形式，是在坚持社会主义公有制的基础上，按照所有权和经营权适当分离的原则，以承包合同的形式，确定国家与企业之间的责、权、利关系，使企业实行自主经营、自负盈亏的经营管理制度。

承包经营责任制起始于20世纪80年代初，1987年，国务院决定在国有大中型企业全面推行承包经营制。从1987年到1992年，国有企业改革的主要内容为全面推行承包经营责任制，当时承包经营责任制的主要内容是：包上交国家利润，包完成技术改造任务，实行工资总额与经济效益挂钩；在上述主要内容的基础上，不同企业可以根据实际情况确定其他承包内容；1992年后，国有企业改革的方向发生了重大变化，转换企业经营机制和建立现代企业制度成为国有企业改革的主要内容，承包经营责任制不再成为改革的主流，其承包主要内容也依具体情况而定，不再有统一标准。承包经营责任制从产生以来，在我国的经济改革中发挥了重大作用，直至当前仍是部分国有小型企业改革的一种可选方式。

8日 财政部发布《关于国家专业银行建立贷款呆账准备金的暂行规定》。该暂行规定明确可列为呆账的有：借款人和担保人经依法宣告破产，进行清偿后未能还清的贷款；借款人死亡，或者依照有关规定，宣告失踪或宣告死亡，以其财产或遗产清偿后，未能还清的贷款；借款人遭受重大自然灾害或意外事故，损失巨大且不能获得保险补偿，确实无力偿还的部分或全部贷款，或者保险赔偿清偿后未能还清的贷款；经国务院专案批准核销的逾期贷款。借款人或者借款担保人有经济偿还能力，但因种种原因，不能按期偿还的贷款，不得列作呆账；因银行工作人员渎职或其他违法行为造成贷款无法收回的，不得列作呆账。呆账准备金按各类贷款年初贷款余额的一定比例在年初分别按人民币计算提取：工业、商业、建筑企业的流动资金贷款为1‰；农业贷款、乡镇企业贷款、私营企业贷款和个体户贷款为2‰；进出贸易贷款为1.5‰；外汇贷款、固定资产贷款和技术改造贷款为2‰。国家预算内安排的“拨改贷”、地方人民政府和企业主管部门委托的专项贷款、以各种财产作抵押的贷款、金融机构之间的互相拆借贷款，不提取呆账准备金。该暂行规定自1988年1月1日起试行。

13日 国家外汇管理局下发《南方片外汇调剂工作座谈会纪要》。关于个人外汇调剂，该纪要明确：沿海省市可选一两个地区办理个人外汇调剂试点，并规定了该项业务的做法和具体手续。11月29日，国家外汇管理局发布《关于加强个人外汇调剂管理工作的通知》，重申内地省、自治区尚未报总局批准试点的，暂停办理；对个人外汇参加调剂的范围不得擅自扩大，只有国内居民才能参加个人调汇，外国人、华侨、中国血统外籍人和港澳同胞的外汇不得参加个人调汇，个人调入外汇只限用于“托福”考试报名费用一项，其他方面用途，未经总局同意，不得批准。

15日 中国人民银行发出《关于设立证券公司或类似金融机构须经中国人民银行审批的通知》。针对有些地方政府或部门在未经当地人民银行审核、未报中国人民银行总行批准的情况下，擅自批准成立属于金融机构性质的证券公司或类似机构的问题，该通知规定：凡设立证券公司或类似的金融机构，必须由当地人民银行分行审核，报经中国人民银行总行批准。此类公司要与组建单位脱钩；行政上挂靠当地人民银行，银行对其实行归口领导和管理。中国人民银行是领导和管理全国金融事业的国家机关，依法管理全国的金融机构和金融市场。地方政府及其他部门无权批准成立证券公司或类似金融机构。地方政府及其他部门有关批准成立证券公司或类似金融机构的公文一律无效。凡未经中国人民银行审批，已由地方政府批准设立的证券公司或类似金融机构，从该通知下达之日起，一律停止办理业务。停业期限授权人民银行各省、自治区、直辖市分行、计划单列城市分行规定并监督执行。停业的证券公司或类似金融机构如确有必要设立，可以向当地人民银行提出申请，报中国人民银行总行审核批准；未经人民银行批准的，停业期满一律予以撤销。

19日 国家外汇管理局决定：将各专业银行经营外汇业务的审批权下放，由分局审批，同时报总局备案。专业银行经营外汇业务的范围是：外汇存款、贷款、汇款；进出口贸易结算和押汇业务；非贸易结算；代理外币及外币票据兑换；代客户办理即期与远期外汇买卖；外币票据贴现；外汇担保和见证业务；征信调查和咨询服务。中国农业银行、中国人民建设银行、中国投资银行和中国工商银行自有外汇资本金达1亿美元等值外汇后，即可对各地分行开办外汇业务作出统一安排和承诺。

21日 中国人民银行在北戴河召开会议，研究金融形势。会议制定下发了《关于进一步加强宏观调控，严格信贷资金管理的通知》。该通知决定：1. 从9月1日起，各专业银行和其他金融机构缴存准备金的比例由12%提高到13%。2. 进一步落实清仓挖潜任务，实行先扣后调的办法。3. 坚决完成国家债券认购任务。4. 从8月1日起，人民银行决定对各级信托投资机构开办两种1年期的特种存款：一种由所有金融信托投资机构按6月末在人民银行存款余额的30%缴存，利率为月息7.5‰；另一种按超过人民银行下达的信托贷款计划多放贷款部分的50%缴存，利率为月息4.2‰。5. 在9月底以前，各地人民银行全部收回上半年对非银行金融机构的短期贷款。

28日 全国清仓挖潜电话会议在北京召开。会议宣布了关于落实清仓挖潜任务的几项规定，提出了百元销售额占用全部流动资金降低2元、全国节约资金占用200亿元的挖潜目标。会议提出，1988年全国清仓挖潜工作实行“先扣后调”的办法，即由各专业银行扣回对企业的贷款，把这部分资金由各地、各行集中起来，调剂使用。银行要对企业提出处理积压物资和压缩不合理资金占用计划和要求，对企业超储积压物资，一律按规定加收罚息，对限期内完成挖潜任务的企业，可以退还罚息。

8月

11日 国务院批转中国人民银行《关于控制货币、稳定金融几项措施的报告》。国务院在批转通知中指出：上半年出现的货币投放过多、贷款增加较猛的情况，必须引起各地区、各部门高度重视。为了促进国民经济健康发展，防止出现恶性通货膨胀，要进一步加强货币、信贷的集中管理，调整信贷结构。国务院重申，任何单位、个人都不得强迫银行发放贷款或阻挠银行收回到期、逾期贷款；未经中国人民银行总行批准，任何部门都不得以任何名义成立或变相成立金融机构，办理存款、贷款等业务。对各地已经成立的各种信托投资机构，责成中国人民银行会同有关部门进行清理整顿。1988年的信贷计划和货币发行计划，各省、自治区、直辖市要严格掌握，不准突破，并实行行政首长负责制，省长、自治区主席、市长要组织当地银行和有关部门共同研究落实。

中国人民银行在该报告提出的控制货币、稳定金融的措施包括：1. 进一步调整信贷结构；2. 进一步加强信贷管理，控制货币、信贷总规模；3. 增加货币回笼，扩大资金来源；4. 努力挖掘资金潜力；5. 督促企业补充自有流动资金；6. 各地银行对自筹固定资产投资项目一律不准发放贷款，已经贷款的要坚决清理，逐步收回。同时，严禁变相用银行贷款搞自筹计划外项目；7. 1988年国家确定发行的基本建设债券、财政债券和国家建设债券，各地区、各金融机构必须按照规定的期限如数完成；8. 正确引导资金市场，搞活短期资金融通。同时，要引导企业发行股票、债券，进一步开辟和扩大股票、债券流通市场，搞好有价证券的转让。

16日 中国人民银行颁布《城市信用合作社管理规定》。该管理规定明确，设立城市信用社最少具有50万元人民币的实收货币资本金，由当地人民银行审核，报中国人民银行省、自治区、直辖市、计划单列城市分行批准。城市信用社实行民主管理，由股东代表大会选举理事会和监事会。城市信用社实行理事会领导下的主任负责制，主任由理事会聘任。业务范围包括办理城市集体企业和个体工商户及实行承包租赁的小型国营企业的存款、贷款、结算业务；办理城市个人储蓄存款业务；代理经中国人民银行批准的证券业务；代办保险及其他代收代付业务。城市信用社实行资产负债比例管理制度：自有资本金加积累之和不得少于资产总额的5%；贷款总额占其存款总额加自有资本金之和的80%；固定资产贷款总额不得超过贷款总额的30%；对集体企业和实行承包租赁的小型国营企业一笔大额贷款的最高额度不得超过自有资本金的50%；对个体户的一笔贷款的最高额度不得超过自有资本金的10%；固定资产总额不得超过自有资本金加积累之和的20%。城市信用社在资金周转发生临时困难时，可以进行同业拆借，或向当地人民银行申请短期贷款，但不得用于发放固定资产贷款。城市信用社存款利率按中国人民银行规定的统一利率执行，贷款利率可上浮。金融机构之间相互拆借的利率，由拆借双方协商议定。申请成立城市信用合作社联社必须具有100万元人民币的实收资本金，主要任务是为城市信用社做好服务工作，并兼营城市信用社的业务。

人民银行在公布该暂行规定的通知中指出：城市信用合作社限在大中城市设立，但在有条件、经济发达的县亦可设立少数机构进行试点。具体要求由省、自治区、直辖市分行确定；各省、自治区、直辖市可选择1~2个有条件的市进行试办城市信用合作社市联社，由省、自治区、直辖市分行审核，报总行批准；鉴于目前信用社尚属初建阶段，已建城市信用合作社可将股金与积累连同计算，仍达不到要求的，请各地分行根据实际情况，限期补足；该暂行规定发布前工商银行组建的城市信用合作社，和该暂行规定发布后组建的，一律由人民银行领导和管理。

22日　国务院办公厅转发《中国人民银行关于改革银行结算的报告》。该报告指出：银行结算要按照方便、通用、迅速、安全的要求进行改革。改革银行结算的内容包括：1. 放宽开户条件，有营业执照的个体户、城镇承包单位和农村承包户、专业户持有承包协议或有关单位出具证明，均可在银行或信用社开户。2. 发展信用支付工具，大力推广使用票据。包括改进银行汇票、推广商业汇票、试办银行本票、扩大支票使用范围、试办信用卡等。3. 保留改进汇兑和委托收款两种结算方式，取消托收承付、国内信用证、付款委托书、托收无承付、保付支票、省内限额结算六种结算方式。4. 建立清算中心。改革方案于1989年的适当时候执行。

12月19日，中国人民银行发布《银行结算办法》。该办法规定，银行、单位和个人办理结算都必须遵守“恪守信用，履约付款；谁的钱进谁的账，由谁支配；银行不垫款”的结算原则。银行结算实行集中统一和分级管理相结合的管理体制。结算种类包括：银行汇票、商业汇票、银行本票、支票、汇兑、委托收款。该办法对结算纪律和责任也作了明确规定。该办法自1989年4月1日起施行。

26日　经中国人民银行批准，福建兴业银行开业。福建兴业银行是在福建省福兴财务公司的基础上成立的，是区域性股份制银行，注册资本为15亿元，首期实收资本金5亿元，全额面向社会募股筹资。福建兴业银行实行董事会领导下的总经理负责制。主要业务包括办理人民币和外币储蓄、存款、贷款、票据承兑、贴现、国内外汇兑和结算等。

30日　国务院明电向全国发布《关于做好当前物价工作和稳定市场的紧急通知》。8月19日，中央人民广播电台广播一条重要新闻：8月15~17日，中共中央政治局在北戴河召开第10次全体会议，讨论并原则通过《关于价格、工资改革的初步方案》。广播当天，全国各地出现抢购商品的现象，进而各地出现大量挤提存款的情况。针对这些问题，该紧急通知作出相应决定：1. 经中央政治局第十次会议原则通过的价格工资改革初步方案中所讲的“少数重要商品和劳务价格由国家管理，绝大多数商品价格放开，由市场调节”，指的是五年或更长一段时间的长远目标，目前改革方案还在进一步修订完善之中。国务院将采取有力措施，确保1989年社会商品零售价格上涨幅度明显低于1988年。2. 国务院有关部门管理的商品价格和收费标准，各地一律不得擅自提高。地方管理的商品价格和收费标准，也不得任意提高。企业也不得违反规定乱涨价。违者要严肃追究主要负责人的责任。国务院办公厅9月12日又发明传电报对此规定作了补充说明：有些单位理解为只要经过一定的批准手续，仍可提价，并据此仍拟继续出台新的涨价措施。这是不正确的理解。在执行国务院的通知中，地方管理的商品价格和收费标准，也不得提高。3. 为了稳定金融和保护人民群众的利益，由人民银行开办保值储蓄业务，使3年以上的长期存款利息不低于或稍高于物价上涨幅度。4. 必须采取有力的措施，坚决压缩固定资产投资规模，停建、缓建一批楼堂馆所项目，严格控制社会集团购买力，抓紧清理整顿公司，清理整顿非银行的金融机构。要把1988年的信贷和货币发行控制在国家要求的数额之内。银行及非银行金融机构对非生产性建设项目，要按照国务院的规定停止贷款；对生产性建设项目的贷款，也要从严掌握。5. 要切实做好农副产品的收购工作。6. 各级人民政府要组织好市场供应，严格市场管理。

31日 中国人民银行发出《关于进一步控制一九八八年货币投放、信贷规模的具体规定》。主要内容：1. 加强信贷管理，严格控制贷款规模，坚持以存定贷。未经批准，任何银行、任何地方不得突破，谁突破谁负责，并追究该行行长责任。对贷款规模采取“双线管理，按月考核”。2. 加强现金管理，严格控制货币投放。3. 调整信贷结构，扶优限劣，保重点，压一般。4. 积极吸收存款，增加资金供应能力。5. 努力完成挖潜任务。6. 加强对准备金缴存的管理。从1988年9月1日起，存款准备金由12%调整为13%。7. 加强信托投资机构、信托贷款规模的控制。8. 严格控制人民银行资金。1988年各地人民银行短期贷款总量可调剂使用的资金，一是1987年年末各地占用的短期贷款；二是1988年邮政储蓄超计划部分和财政性存款超计划部分的50%、提高1%准备金率多缴存的准备金、信托机构的特种存款；三是人民银行总行核批新增的贷款额度。这三项由各地人民银行控制使用，未经总行批准不得突破。各地人民银行在发放短期贷款时，必须做到“三挂钩”，即同控制专业银行贷款规模挂钩、同专业银行贷款投向挂钩、同挖潜任务完成情况挂钩。

9月

1日 中国人民银行全面调整银行存贷款利率。人民银行于8月9日发布的《关于调整银行存贷款利率的通知》规定：1. 城乡居民个人1年期存款利率由现行年息7.2%调整为8.64%；企事业单位的存款利率同个人存款利率拉平，企业活期存款利率由现行年息1.8%调整为2.88%，1年期存款利率由5.04%调整为8.64%。2. 1年期流动资金贷款和固定资产贷款利率均由现行年息7.92%调整为9%；1年期以上各档次贷款利率均相应提高。3. 对平价粮油贷款按年息9%计收利息，同时从9月1日起取消人民银行对农业银行平价粮油贷款利差补贴；对能源、交通、通信和一部分原材料工业等13个待业基本建设银行贷款利率在现行利率基础上增加2.16个百分点，不得向上浮动；商业贷款优惠利率一律调整为年息9%，其他现行流动资金贷款优惠利率均在现行年利率的基础上相应提高1.08个百分点。4. 专业银行在人民银行的备付金存款由年利率5.76%调整为6.48%；再贴现利率按同档次利率上下浮动5%～10%。

8月30日，人民银行又发布了《关于调整银行存贷款利率的具体规定的通知》。具体明确了各项优惠贷款利率、原优惠贷款利差补贴、信托投资机构存贷款利率、各种存款利率、债券利率、农村信用社存贷款利率、同业拆借利率以及住房贷款利率等问题。

3日 中国人民银行发布《关于开办人民币长期保值储蓄存款的公告》。决定从1988年9月10日起开办人民币长期保值储蓄存款。凡城乡居民存入的3年期、5年期、8年期存款，在期满后除按银行规定的利率计付利息外，还要按存款期间物价上涨率与利率之差计算补贴率，贴补给储户，以保证储户利益不因物价上涨而受到损失。长期储蓄存款的保值贴补率跟随物价浮动，如果物价指数低于银行3年期、5年期、8年期定期存款利率时，仍按原规定的储蓄利率计息。

9月6日，人民银行又发布了《关于开办人民币长期保值储蓄存款有关问题规定的通知》。该通知强调：对企业、事业、机关、部队、学校等单位的长期定期存款不实行保值办法，并严禁将国家资金或集体资金以个人名义存入保值储蓄账户。储户的保值储蓄收益率为规定的储蓄利率加上人民银行总行参照国家统计局的零售物价指数按季度平均计算的保值贴补率。城乡居民个人3年期、5年期、8年期定期储蓄存款的现行利率和利差不变，保值贴补率由人民银行总行在执行季度前15天公布下达全国各地统一执行。保值储蓄贴补率跟随物价浮动，如果出现物价指数下降到银行规定的3年期、5年期、8年期定期存款利率以下时，仍按同档次的储蓄存款利率计息。

人民币长期保值储蓄存款 这是为保障储户利益而开办的一种储蓄存款，最早出现于1988年，当时国内通货膨胀现象较为严重，在扣除通货膨胀因素后，居民的实际存款利率为负值，因而出现了全国范围内挤兑存款抢购商品的现象，为了保护存款人的利益、稳定市场物价、维护金融秩序，中国人民银行根据国务院常务会议的决定，从1988年9月10日起，开始开办人民币长期保值储蓄存款，对城乡居民个人3年期以上的定期储蓄存款（主要是3年期、5年期、8年期定期存款），在原存款利率的基础上按保值储蓄贴补率予以贴补，在储蓄期满时，银行按原定利息和保值贴补率计算并支付利息。保值储蓄贴补率由中国人民银行参照国家统计局公布的零售物价指数具体确定，保值储蓄贴补率跟随物价浮动，如果出现物价指数下降到银行规定的3年期、5年期、8年期定期存款利率以下时，仍按同档次的储蓄存款利率计息。实行保值措施后，如储户提前支取，仍按实存期限利率计息，不予保值补贴。人民币长期保值储蓄存款开办后，在保护广大居民利益、稳定金融秩序方面发挥了重要作用。1996年，根据国内经济形势的变化情况，国家正式取消了人民币长期保值储蓄存款。

12日 国务院颁发《现金管理暂行条例》。该暂行条例规定：1. 现金管理单位保存的现金，要核定一个库存现金限额，超过限额的现金必须送存银行；2. 各单位经济往来，除在一定额度内可以使用现金外，其余的必须通过银行进行转账结算，如有特殊需要，需经银行审查批准；3. 各单位使用现金的范围主要限于对城乡个人的现金支付、单位间的零星开支和按照国家规定向个人收购农副产品和其他产品的价款；4. 各单位到外地采购，除特殊情况，经银行审查同意允许携带一定数额的现金外，都要通过银行办理转账结算；5. 开户单位购买国家控购商品一律采取转账方式，由银行监督检查，违者严肃处理，这是为抑制通货膨胀而采取的措施。该暂行条例包括总则、现金管理和监督、法律责任和附则共4章25条，自1988年10月1日起施行，1977年11月28日发布的《实行现金管理的决定》同时废止。

9月23日，中国人民银行发布了《现金管理暂行条例实施细则》。其中规定，一个单位在几家银行开户的，只能在一家银行开设现金结算户，支取现金，并由该家银行负责核定现金库存限额和进行现金管理检查；各开户单位的库存现金都要核定限额，原则上以3~5天的日常零星开支所需核定库存现金限额；开户单位之间的经济往来，必须通过银行进行转账结算，结算起点为1 000元。该实施细则自1988年10月1日起施行，过去发布的各项规定同时废止。

△ 经中国人民银行批准，广东发展银行开业。广东发展银行是一家股份制区域性综合商业银行，注册资本为35亿元人民币，首期实收资本金为5亿元人民币，采取向社会公开招股方式募集，全面经营本外币业务。总部设于中国广州市。

14日 中国人民银行发布《关于加强对信托投资机构委托存贷款业务管理的通知》。该通知规定：委托存贷款业务必须有委托方、受托方和借款单位三方，并有三方协议。委托贷款利率的选择、委托贷款的对象、期限、用途、金额必须是委托方指定。信托投资机构必须以服务和收取手续费为目的，委托贷款的利息收入全部归委托方。委托存款大于委托贷款的部分，信托投资公司可比照活期存款向委托方付息。委托贷款的风险由委托方承担。各地人民银行对信托投资机构的委托存贷款进行清查，不符合要求的要立即清退。

24 日 国务院发布《关于清理固定资产投资在建项目、压缩投资规模、调整投资结构的通知》。该通知指出：近几年来，全社会固定资产投资增长很快，超过了社会财力、物力供应的可能，这是造成通货膨胀的重要原因之一。投资结构也不合理，在全社会固定资产投资中，用于能源、交通和重要原材料开发建设的比重还不到 20%，而这部分投资主要是用于全民所有制企业的基本建设。为大幅度压缩投资规模，进一步调整投资结构，国务院决定开展一次全社会固定资产投资的清理工作。清理对象包括全社会固定资产投资项目，其中国家计划下达的固定资产投资规模或信贷规模以外的项目均须停建。该通知要求：停建项目已经使用的银行贷款，由建设单位变卖停建项目的固定资产和库存材料、设备归还。尚不足的，按下列原则处理：由银行自主提供贷款的，由银行承担；由于各地政府要求银行给予贷款，并经银行同意的，各承担一半，地方承担的部分，由地方财政负担；属于基本建设计划内中央投资的大中型项目，由中央基本建设基金承担；由各部门商银行安排的项目（包括计划外项目），由银行和部门各承担一半，各部门承担的部分由自有资金负担；由国家专业投资公司以外各类公司安排的项目，由各类公司承担。国务院由李鹏总理亲自领导清理工作，由国务院办公厅、国家计委、中国人民银行、财政部、审计署、监察部、国家统计局的有关负责同志组成国务院清理固定资产投资项目领导小组，办公室设在国家计委，负责具体工作，11 月底清理结束。

26～30 日 中共十三届三中全会在北京举行。全会批准了中央政治局提出的治理经济环境、整顿经济秩序、全面深化改革的指导方针和政策、措施。全会确定：1989 年和 1990 年要把改革和建设的重点放到治理经济环境、整顿经济秩序上来。治理经济环境，主要是压缩社会总需求，抑制通货膨胀。主要措施是：1. 压缩全社会固定资产投资，对重点企业采取倾斜政策。对涉外项目采取保护政策，合理调整投资结构。2. 控制消费基金的过快增长，特别要坚决压缩社会集团购买力。3. 采取一系列措施稳定金融，严格控制货币发行、开辟多种渠道吸收社会游资，引导购买力分流。4. 克服经济过热现象，降低工业增长速度。整顿经济秩序，就是要整顿在新旧体制转换中出现的各种混乱现象。

27 日 国务院颁发《关于进一步控制货币稳定金融的决定》。针对货币投放仍然过多，贷款增加较猛，储蓄滑坡的情况，该决定明确：1. 银行货币、信贷必须控制在核定的指标之内。2. 从 1988 年 10 月 1 日起，凡受现金管理的单位提取工资、奖金、补贴等消费基金，一律维持在 8 月份的水平上，超过的部分银行不支付现金。3. 各地区 1988 年的贷款规模，要由各省、自治区、直辖市人民政府负责，组织银行和有关部门加以落实，不得突破。4. 各地银行和其他金融机构必须立即停止对国家计划外项目、非生产性建设项目自筹固定资产投资项目的贷款；对小纱厂、小烟厂、小酒厂、小毛纺厂和小炼油厂等企业一律停止贷款；专业银行之间拆借资金最长不得超过 3 个月，严禁用拆借资金搞固定资产投资。5. 严格控制流动资金贷款，对经营性亏损企业、产品滞销积压的企业和倒卖、抢购、囤积物资的企业、公司等，必须立即停止贷款，已经贷款的要限期收回；严禁以任何形式挪用银行流动资金贷款搞固定资产投资；6. 稳定和增加储蓄存款。7. 从 1988 年 10 月 1 日起，全国各级各类信托机构一律停止发放信托贷款或投资，一律停止拆出资金。8. 抓紧清理整顿信托投资公司。清理整顿期间，一律不再成立信托投资公司和其他非银行金融机构。9. 从 10 月份开始在全国组织开展信贷、现金大检查。

△ 国务院颁布《基金会管理办法》。基金会是指对国内外社会团体和其他组织以及个人自愿捐赠资金进行管理的民间非营利性组织，是社会团体法人。该管理办法规定：建立基金会须有人民币10万元（或者有与10万元人民币等值的外汇）以上的注册基金。基金会的基金用于资助符合其宗旨的活动和事业，不得挪作他用。基金会不得经营管理企业。基金可以将资金存入金融机构收取利息，也可以购买债券、股票等有价证券，但购买某个企业的股票不得超过该企业股票总额的20%。建立基金会由其归口管理的部门报经人民银行审查批准，民政部门登记注册发给许可证。

△ 上海首先开办公开外汇调剂市场。外汇调剂市场实行会员制和公开竞价成交、集中清算，进一步体现了公开化、市场化的原则，提高了外汇交易的透明度。继上海之后，到1993年，全国有18个城市开办了公开外汇调剂市场。

10月

1日 中国人民银行发布通知，决定从10月1日起，规定全国金融信托投资机构一律实行“三停”：停止发放信托贷款，停止拆出拆入资金，停止投资。立即进行清理整顿，并按照国务院关于开展信贷大检查通知的要求进行自查。为了避免“一刀切”，同时规定，金融信托投资公司已发放的贷款中，如确属支持能源、交通、原材料和中外合资的项目，经人民银行审查批准后，可继续发放信托贷款。

3日 为贯彻中共十三届三中全会精神，中共中央、国务院作出《关于清理整顿公司的决定》。该决定指出：近几年来，全国成立了一大批新的公司，在生产、流通领域中起了一定的作用，但其中有相当一部分公司政企不分，官商不分，转手倒卖，牟取暴利。为了治理经济环境，整顿经济秩序，加强对商品流通的管理，保障改革的顺利进行，必须对各类公司进行清理整顿。1. 清理整顿的重点是1986年下半年以来成立的公司，特别是综合性、金融性和流通领域的公司。在此之前成立的公司，凡问题严重的，也要进行清理整顿。2. 除国务院直接授权极少数公司承担某些行政管理工作外，其他所有的公司都不得兼有政府的物资和投资分配、基本建设和技术改造立项审批、进出口商品和外汇计划审批、行业管理以及其他行政管理职能。3. 各级机关均不得用行政费、事业费、专项拨款、预算外奖金和银行贷款投资开办公司。已经开办的公司，必须限期在财务和物资上与机关彻底脱钩。已向公司投入的奖金，一律作为国有资产，由各级财政部门统一管理。各级机关不得以任何名义向公司收取资金和实物，用于本机关的财务开支和职工福利、奖励、补贴等开支。4. 严格执行党中央、国务院关于党和国家机关干部不得经商办企业的规定。5. 各类公司必须按照核定的经营范围依法经营，严禁转手倒卖重要生产资料和紧俏耐用消费品，赚取非法利润。6. 一律取消对公司特批的减免税优惠待遇和银行贷款优惠利率。7. 严格公司审批手续。全国清理整顿公司的工作在1988年年底前基本结束。

10月4日，中国人民银行成立了清理整顿各类金融公司领导小组，刘鸿儒、陈元、尚明、金建栋同志为领导小组成员。组织5个检查组对中央级15家信托投资公司进行检查。

4日 全国外汇调剂中心在北京营业。全国外汇调剂中心是经国家外汇管理局批准，办理中央各部门及其所属单位之间和各省、自治区、直辖市、经济特区之间的外汇额度或现汇调剂业务的法定外汇交易机构。全国外汇调剂中心是全民所有制金融事业单位，以服务为宗旨，实行独立核算，自负盈亏。外汇调剂中心本身不进行外汇交易。调剂范围为：中央各部门及其所属单位的留成外汇和中央部门所辖的外商投资企业的外汇，可委托全国外汇调剂中心卖出；中央各部门及其所属单位自身引进先进设备及其零部件和先进技术，购买设备、仪器等用汇，以及中央单位所属外商投资企业生产经营范围内所需的外汇，偿还贷款本息、汇出利润的用汇，均可委托全国外汇调剂中心买入。外汇调剂的货币种类：额度调剂的货币为美元；现汇调剂的货币暂为美元、港元、日元、西德马克、法国法郎、英镑六种。

买方和卖方可参照指导价格，提出买入价或卖出价，买卖双方也可自由议价。全国外汇调剂中心由国家外汇管理局领导、监督和管理。中国人民银行可运用经济手段干预外汇市场，调节外汇供求，稳定外汇调剂价格。

5日 中国人民银行印发《关于加强利率管理工作的暂行规定》。该暂行规定明确，人民银行是国家管理利率的唯一机关，其他单位均不得制定与国家利率政策和有关规定相抵触的利率政策或具体办法，不得以任何借口或方式强迫金融机构提高或降低存贷款和债券利率。专业银行和其他金融机构不得超过人民银行总行给予的权限随意上下浮动利率，也不得以任何形式变相越权浮动利率。擅自提高或降低存贷款和债券利率的金融机构，当地人民银行应视情节轻重，给予处罚。该暂行规定自1988年10月10日起执行。

6日 国务院作出《关于从严控制社会集团购买力的决定》。该决定明确：1. 对1988年和1989年两年的社会集团购买力，在上年实际支出的基础上，按实际可比口径计算每年压缩20%。2. 实行直接控制和间接控制两种管理办法。对于县以上的党政机关、人民团体、全民和集体企事业、基本建设单位以及职工在200人以上的乡镇企业、城市街道企业的社会集团购买力，由上级机关分配指标，按计划管理，实行直接控制；对于县以下的单位，包括职工在200人以下的乡镇企业和城市街道企业，由上级机关提出压缩要求，自行安排落实，实行间接控制。3. 将现在的19种专项控制商品扩大到29种。不论实行直接控制还是间接控制，凡购买上述专项控制商品的，都必须报经社会集团购买力管理机关审批，到指定的商店购买；未经批准的，一律不得购买。4. 一切会议都不准住高级旅游宾馆，不准举行宴会，不准用烟酒招待，不准发放纪念品和土特产品。要严格控制招待、交际费开支。各级人民政府要按规定清理各单位的小汽车和大轿车，对超编车辆和违纪购买车辆，一律没收。5. 对直接控制的社会集团购买力单位，各级财政部门和主管机关要根据集团购买力压缩指标，相应核减单位预算和企业管理费计划。6. 实行首长负责制，各机关、团体、企事业单位要确定一位负责人抓这项工作。7. 各有关部门要各司其职，密切配合，共同做好控购工作。银行等部门对单位购置的非生产性用品，要认真审查，严格把关。8. 对突破控购指标的，应根据情节轻重，处以超指标数额50%以下的罚款。

△ 国家外汇管理局下发《中国公民私人对苏汇款暂行办法》。该暂行办法规定：中国公民私人向苏联的汇款包括未成年子女的扶养及对丧失劳动能力父母的赡养、亲属资助、赔偿、遗产。在中国境内发生的中国公民私人对苏汇款统一由中国银行办理。中国银行和苏联外经银行通过瑞士法郎辅助账户进行结算。中国银行收到苏联汇入的瑞士法郎汇款时，按结汇当日国家外汇管理局公布的瑞士法郎对人民币买入价解付人民币，收款人不享受任何侨汇待遇。该暂行办法自1988年11月1日起执行。

11日 中国人民银行发布《关于加强调剂外汇管理工作的紧急通知》。针对国内市场上使用调剂外汇抢购紧俏商品，加剧外汇供求矛盾的现象，该紧急通知规定：各分局应严格控制调剂外汇的投向，严禁使用调剂外汇在国内市场上套购家电、金银首饰等紧俏商品，进口整装家电等在国内销售赚取人民币；贯彻“谁用汇，谁申请调剂外汇”的原则，加强对购买调剂外汇单位的资格审查；各专业银行不得发放用于购买调剂外汇的人民币贷款，各经营外汇业务的专业银行不得发放以换取人民币资金为目的的外汇贷款；外汇管理局各分局不得批准国内企业用外汇贷款进行外汇调剂。

△ 中国工商银行下发《关于发展住房专项储蓄存贷款业务的几点意见》。明确规定：住房专项储蓄贷款的对象主要是城镇居民个人；住房储蓄作为专项资金，实行存贷挂钩；存贷款的利差保持在1.5‰~2‰。

14日 中国人民银行发出《关于贯彻国务院进一步控制货币稳定金融决定的通知》。该通知提出了九条措施：1. 严格控制信贷规模，未经批准，不得突破。2. 严格控制货币投放，各金融机构要对单位的现金库存进行一项普查。3. 进一步明确信贷政策。总的要求是，控制总量，调整结构，压缩一般，保证重点。银行和其他金融机构对下列十个方面不予贷款（“十不贷”）：国家计划外项目；非生产性建设项目；自筹固定资产投资项目（包括“拼盘”项目的自筹资金）；小纱厂、小烟厂、小酒厂、小毛纺厂和小炼油厂等企业；经营性亏损企业；产品滞销积压的企业；倒买倒卖、抢购囤积物资的企业和公司；非国家指定收购粮食、棉花的部门、单位的收购资金；抬价收购和跨地区抢购农副产品的资金；企业通过预付货款扩大固定资产投资的。已经贷出的，必须清理收回。4. 进一步稳定和增加储蓄，进一步办好储蓄奖售业务和保值储蓄业务。5. 坚决清理整顿信托投资机构。信托投资机构必须按规定交存特种存款。6. 管住用好人民银行短期贷款。1988 年对短期贷款实行“总量控制，分层管理”的办法。短期贷款的发放实行“三挂钩，五不准”。“三挂钩”即与农副产品收购挂钩；与贷款规模挂钩；与清仓挖潜收回银行贷款挂钩。“五不准”即不准突破短期贷款限额发放贷款；不准对超规模的专业银行发放贷款；不准对其他金融机构发放贷款；不准垫付专业银行同城票据交换汇差资金和异地应付未付的联行汇差资金；不准用于专业银行归还拆借资金。7. 认真抓好清仓挖潜、收回银行贷款的工作。各地要按照规定，在 1988 年 11 月底以前完成挖潜任务的 80% 以上。年底以前必须全部完成清仓挖潜加速资金周转和收回银行贷款两项指标。8. 认真开展信贷、现金大检查。9. 加强调查研究和信息反馈工作。

24 日 国务院发布《关于加强物价管理严格控制物价上涨的决定》。该决定明确：城市居民定量供应的粮食、食用油的价格一律不动。同群众日常生活密切相关的棉纱、涤棉纱、棉布、涤棉布、食盐、食糖、民用煤、洗衣粉、肥皂、卫生纸、火柴等工业品不能断档脱销。坚决制止农用生产资料乱涨价。严格执行计划外重要生产资料的最高限价。大中城市应选择一批比较重要的品种，最迟在 11 月 15 日前，实行工商企业提价申报制度。整顿流通领域的价格，取缔中间盘剥，重点是整顿经营批发业务的各类公司。同群众生活关系密切的公用事业和服务行业收费不得提高。国家统一安排的调价项目，必须严格按照国务院规定的调价范围、幅度和时间执行。

26 日 国家外汇管理局转发《国务院关于调整经济特区和三个试点行业留成比例的复函》。国务院决定：从 1989 年 1 月 1 日起，所有经济特区（包括深圳、珠海、汕头、厦门、海南）和经济技术开发区的外贸出口收汇，除外商投资企业的产品、机电产品和军品仍实行自负盈亏、全额留成外，其他一律实行自负盈亏、“倒二八”分成（即留成 80%，上缴中央 20%）。原 5 年特区上缴中央外汇基数的办法停止实行。从 1989 年 1 月 1 日起，外贸轻工、工艺、服装三个试点行业的出口收汇，实行自负盈亏、“倒二八”分成，其中属于机电产品的出口收汇仍实行全额留成。

11 月

11 日 国家机构编制委员会原则批准《中国人民银行“三定”方案》。“三定”（即定职能、定机构、定编制）方案明确了中国人民银行的职责，人员编制为 1 250 人，共设 21 个司局，除保留原有司局以外，还增设政策研究室、金融体制改革司、国际金融组织司、金银管理司、保险企业管理司、金融市场管理司，原基建办公室改名为基本建设司。此外，按国务院统一规定设置机关党委、机关纪委、参事室、老干部局和监察机构等。

12 月

1 日 国家外汇管理局发布《关于对防范汇率风险方面几个问题的处理意见的通知》。该通知指出：目前我国出口收汇率只占整个出口额的 60% ~70%，不能履约的比重大，经批准办理即期和远期外汇买卖业务的金融机构须垫付资金。因此，决定先在中国银行上海、北京、天津、广州四家分行选择一些有充裕留成外汇、货源充足、装船期稳定、成交金额大、又一向安全收汇的大公司试做出口项下的远期外汇买卖业务。除获准经营外汇业务的专业银行、金融机构和外商投资企业外，对其他客户，凡使用其现汇营运资金委托中国银行或指定的金融机构买卖即期远期外汇，今后不需要再报当地外汇管理部门审批，由中国银行或指定的金融机构自行审批；但对其使用外汇额度委托中国银行或指定的金融机构买卖即期和远期外汇，仍须经国家外汇管理局或其分局审批，中国银行或指定的金融机构凭批准件办理。该通知并对审批代客买卖即期和远期外汇的原则，对外汇损益的处理和结算等问题提出了意见。

10日 国家外汇管理局、中国银行发布《关于对内地公民赴台探病、奔丧申请批汇问题的规定》。该规定明确：已批准出境探病、奔丧的台属持有关证明到当地外汇管理局申请批汇；外汇管理局各地分局可批给申请人400美元，在中国银行可从对私批汇的外汇额度中批给400美元的外汇。台属已从境外汇入为探病、奔丧的外汇，允许其复带出境。

14日 《中国银行外币存款章程（丙种）》发布实施。该章程规定：1. 凡持有外币的中国境内居民均可开立外币存款账户。2. 外币存款分为外汇账户与外币现钞账户：凡从境外汇入，携入和境内居民持有的可自由兑换的外汇，均可存入外汇账户。不能立即付款的外币票据，须经银行办理托收，收妥后方可存入；凡从境外携入或个人持有的可自由兑换的外币现钞，均可存入外币现钞账户。3. 外币存款分为活期存款和定期存款两种。活期存款开户起存金额为人民币20元的等值外币；定期存款开户起存金额为人民币50元的等值外币。

1989 年

1 月

4 日 国务院决定，从 1989 年起，国家统计局、国家计委、财政部和中国人民银行联合按月按季度公布分地区的 8 项重要经济指标资料。8 项经济指标是：固定资产投资额，银行贷款余额及增加额，职工工资总额，工业全员劳动生产率，工业销售利税率，工业资金利税率，工业可比产品成本降低率，工业能源消耗综合降低率。建立这项统计发布制度是加强国家宏观调控监管体系的一项重要措施，有利于强化计划、财政、银行部门的宏观调控职能的充分发挥，增强经济生活的透明度，加强人民对国家重大经济活动的监督。

5 日 国家外汇管理局、公安部、国家工商行政管理局联合发布《关于严厉打击倒汇套汇不法活动的通知》。该通知指出：近两年来，境内外一些不法分子倒汇、套汇等非法活动十分突出，虽屡经打击，但未能有效制止。近来一些国营企事业单位也参与倒汇活动。目前，在国内黑市倒买倒卖美元、港元、外汇券的价格比国家人民币外汇牌价已高出 1 ~ 2 倍。这种违法犯罪活动，严重扰乱了国内金融市场秩序和社会治安秩序，甚至诱发犯罪，损坏了国家声誉，造成极坏的政治影响。为此，要对社会上从事倒买倒卖外币的单位和个人，特别是重大倒汇团伙，认真调查处理，对已构成犯罪的，应根据犯罪情节和危害程度，依法惩办。请各地在当地人民政府的统一领导下，组织有关部门抽调一定的力量，在 1989 年 1 月底以前进行一次取缔和打击倒汇违法犯罪活动的专项斗争和专项治理。大城市和倒汇活动猖獗的沿海城市，要把取缔外汇黑市和打击这类违法犯罪活动作为一项经常性的工作，及时发现，从严惩治。

6 日 国家外汇管理局发布《关于彩电、冰箱在国内销售以人民币计价加收外汇额度需报总局审批的通知》。针对各地办理彩电、冰箱等家用电器以人民币计价加收外汇额度业务时，其批准加收的外汇额度掌握不一的问题，该通知规定：自 1989 年 1 月 15 日起，所有彩电、冰箱在国内销售以人民币计价加收外汇额度业务均需由各外汇局分局报外汇局总局审批，各地外汇局分局不再自行审批此项业务。

7 日 国家外汇管理局发布《关于外商投资企业在境外开立账户的管理规定》、《关于外商投资企业在境内以外币计价结算的管理规定》、《关于中外合资合作经营企业中方投资者外汇管理规定》。三个规定的主要内容是：外商投资企业经国家外汇管理部门批准可在境外银行开立外汇账户，外汇管理部门审定企业境外账户的收支范围、账户最高限额和使用期限等。凡外商投资企业生产的产品，属于国内生产企业需要用外汇进口的原材料或零配件，经所在地外汇管理部门批准，可在境内以外币计价结算。外汇管理部门对企业每年度以外币计价结算销售其产品的金额、数量、品名、期限作出规定。合营企业自获利年度起，5 年之内，中方投资者的外汇收入享受全额外汇留成。5 年之后，按 50% 的比例留成。上述规定均自 1989 年 3 月 1 日起实行。

9 ~ 11 日 全国保险工作会议在北京举行。国务委员兼中国人民银行行长李贵鲜在会上指出，近年来保险事业迅速发展的同时出现了一些问题，如一些单位和部门利用行政权力，强迫企事业单位和居民参加保险；有的保险机构把保险费用于生产周转和基本建设；有的采取压低保险费率等手段乱拉保险业务；更有甚者把税前列支的保险费自留自提等等。这些问题严重影响了国家保险的信誉，扰乱了保险市场的秩序，对此必须清理、整顿，对于违法经营保险业务的公司或单位，要进行清查处理；对违反保险管理条例规定经营保险业务，人民银行必须立即制止。李贵鲜强调，必须整顿保险市场秩序，任何部门今后都不得随意兴办保险机构。

9日 国家外汇管理局批复辽宁分局《关于对台胞要求把在大陆埋藏金银兑换成外汇的请示》。外汇局明确：台胞向当地人民银行交售金银所得到的人民币，可在当地中国银行办理“人民币境外户”存款，以供今后台胞个人回大陆旅游的费用支出；台胞可将金银制品转让给大陆亲友或委托大陆亲友代为保管，或将金银存在当地开办“保险柜”业务的银行。

12日 国务院发布《关于加强借用国际商业贷款管理的通知》。该通知规定由中国人民银行负责对各地、各部门借用国际商业贷款和发行外币债券进行审批，凡未列入国家利用外资计划，未经中国人民银行总行批准，任何部门和单位不得自行对外借用国际商业贷款，不得向我国境外机构和银行借款；未经外汇管理部门批准，不得将借款存放在境外，如擅自签约借款，其合同不能生效；对借用短期国际商业贷款实行余额管理，未经国家批准，不得超过核准的余额。短期贷款只能用于流动资金周转，不得用于固定资产投资。在国外发行债券，必须在国家利用外资计划内，由中国人民银行批准发行债券的金融机构办理。除国家已确定的中国银行、交通银行、中国国际信托投资公司、中国投资银行，以及广东国际信托投资公司、福建投资企业公司、海南国际信托投资公司、上海市投资信托公司、天津市国际信托投资公司、大连国际信托投资公司等10个窗口以外，今后不再批准对外借用外债的窗口。这些规定不适用于外商投资企业，外商投资企业对外借款不受国家利用外资计划的限制，不需要报经批准。

12~18日 中国人民银行全国分行行长会议在北京召开。会议按照中共中央、国务院关于治理经济环境、整顿经济秩序、全面深化改革的要求，总结1988年的金融工作，确定1989年货币、信贷工作的方针：必须坚决执行“控制总量，调整结构，保证重点，压缩一般，适时调节”的方针，使1989年的货币发行规模明显低于1988年。1989年金融工作要采取的政策措施是：1. 严格控制货币信贷总量，加强计划管理，编制全社会信用规划，把各金融机构的信用活动和各种形式的债券、股票、集资等全部纳入规划，进行监督管理。2. 强化信贷结构调节，提高资金使用效益。3. 强化中央银行的宏观调控职能。4. 适当提高利率，增加存款，扩大银行资金来源。5. 继续整顿信托投资机构，对各地成立的保险机构、城市信用社、农村合作基金组织也要清理、整顿。6. 总结中国农业银行清查贷款的经验，各专业银行和其他金融机构要进行一次全面的贷款清理工作，建立健全银行内部管理制度。7. 加强外汇、外债管理。发展外汇调剂市场，完善国家调控外汇调剂市场的手段。8. 改进联行清算制度。要加强对汇差资金管理，不准用联行资金发放贷款。9. 加强金融法制建设和稽核检查工作。10. 加强对经济金融的调查研究，提高预测预报水平。

△ 中国人民银行全国分行行长会议决定，对主要农副产品收购资金实行专项管理。农副产品收购资金主要由八个部分组成：1. 收购企业销售货款及其他收入形成的企业存款；2. 收购企业从当年留利中按规定补充的自有流动资金；3. 财政及企业主管部门按收购进度下拨的加价款、政策性亏损补贴等各种应拨的款项；4. 国家或省、市、县各级政府筹集的专项用于农副产品储备的收购资金；5. 上半年农副产品收购贷款季节性下降后到期归位的资金（包括人民银行收回的短期贷款和专业银行收回的资金）；6. 专业银行从当年新增存款中按比例预留的资金；7. 人民银行对城乡信用社办理的特种存款；8. 人民银行当年新增的贷款。对上述收购资金，从1989年第一季度开始，各省、自治区、直辖市根据国家下达的主要农副产品购、销、存计划，在当地政府主持下，由粮食、商业、计划、

财政，银行等部门，按照年末主要农副产品库存增加总值和旺季收购高峰的需要，从各种渠道筹措资金，分别落实责任，按时聚集到位，定期检查考核，并按企业自筹、财政拨补、专业银行贷款和人民银行专项支持的顺序提供使用。凡收购资金没有按时到位，造成不良后果的，要追查有关部门的责任。

12日 国家外汇管理局批复云南分局《关于对加强边境缅币侨汇管理工作报告》。针对云南边境炒买缅币，套购市场紧俏物资等黑市活动，外汇局明确：自1989年3月1日起，对缅币侨汇收款人只解付人民币，不再发给侨汇商品供应券；取消收款地区缅币侨汇外汇留成待遇。

13日 国务院批转《沿海地区对外开放工作会议纪要》。1988年12月1～3日，国务院在北京召开沿海地区对外开放工作会议，着重讨论了在治理经济环境、整顿经济秩序中实施沿海地区经济发展战略的问题。会议指出，必须千方百计争取1989年外贸出口持续稳定增长，努力提高“两头在外”产品在出口贸易中的比重。会议指出：对外短期借款实行余额管理的规定，有助于解决进料加工出口周转用汇，建议中国人民银行按照各地的承受能力，适当扩大短期借款余额控制指标，进一步支持进料加工出口的发展。地方和企业在完成外贸承包基数的前提下，另行自筹外汇资金安排专项进料加工出口收得的外汇，按扣除进料用汇（包括偿还外汇贷款本息）后的净创汇额，实行“倒二分”分成（缴二留八）。对进口棉花、羊毛、石油等大宗原材料加工出口的业务，对经营彩电等“以出带进、以进养出”的业务，由经贸部和有关部门作出专项安排，择优定点，加强管理。国家计委和中国人民银行要每年继续安排一块人民币贷款指标，用以支持技术水平较高、效益显著的外商投资项目。1987年、1988年在地方自有外汇额度中分别安排5亿美元和10亿美元作为地方自有外汇以进养出周转金，用于进口原料加工后扩大出口。1984～1987年，平均每年实际吸收外商直接投资17.75亿美元。

2月

1日 中国人民银行调整银行存贷款利率。中国人民银行于同年1月18日发布《关于调整银行存、贷款利率的通知》规定：1. 提高城乡居民和企事业单位定期存款利率。半年、1年、2年、3年、5年、8年期定期存款利率由现行年利率6.48%、8.64%、9.18%、9.72%、10.8%、12.42%分别调到9%、11.34%、12.24%、13.14%、14.94%、17.64%。对城乡个人3年期以上的储蓄存款继续实行保值。2. 1年期流动资金贷款利率由现行9%调到11.34%。1年以下、1年以上至3年、3年以上至5年、5年以上至10年的固定资产贷款利率由现行年利率9%、9.9%、10.8%、13.32%分别调到11.34%、12.78%、14.4%、19.26%；10年以上固定资产贷款利率根据1年期的贷款利率的复利确定。城乡信用社贷款利率可在上述规定的基础上上浮50%。各级行和其他金融机构（不包括城乡信用社）贷款利率仍可上浮30%。3. 各金融机构上交人民银行的存款准备金率由现行的5.04%调到7.2%；备付金利率由现行的6.48%调到8.64%。4. 对部分行业的基本建设银行贷款项目继续实行差别利率。2月22日，中国人民银行发布《关于调整银行存贷款利率的具体规定的通知》，对各种存贷款利率问题作出了明确规定。

4月11日，国家计委、中国人民银行又发布了《关于调整部分行业基本建设银行贷款差别利率的有关规定》。《规定》明确：在2月1日调整后的正常固定资产贷款利率水平上，根据国家产业政策的要求，对列入国家基本建设计划的农业、煤炭、电力、原油开采、节能措施、铁道、交通、邮电、民航、钢铁、有色、化工、建材、森工、盐业和劳动改教等基建银行贷款项目，其贷款利率实行向下浮动10%～30%。对这些行业的老贷款项目，仍按原利率差（参见1986年7月14日《关于对部分行业基本建设银行贷款实行差别利率的规定》）给予贴息，调整执行新的差别利率后，超出原利差的部分由贷款项目自身消化承担，原则上不再给予贴息。

16日 国务院办公厅发布《关于加强保险事业管理的通知》。《通知》规定：中国人民保险公司是在全国经营各种保险、再保险业务的国家保险公司，是国家指定的办理法定保险、外币保险、国营和“三资”企业保险以及国际再保险的机构。在中国人民保险公司力量确实达不到的地区，可根据需要建立少数保险企业作为补充，但须经中国人民银行批准。向中国人民保险公司办理再保险，至少要占经营的全部保险业务的30%。涉外保险和国际再保险只能由中国人民保险公司经营，其他部门一律不得办理。未经批准，任何部门和单位不得擅自开办农村合作保险业务或成立农村救灾合作保险机构。中国人民保险公司国内保险业务营业税收入归地方财政，所得税、调节税由中央财政和地方财政“五五”分成的办法不变。中国人民银行是我国保险事业的主管机关。

19日 国家体改委、国家计委、财政部、国家国有资产管理局发布《关于企业兼并的暂行办法》。该办法规定：全民所有制企业被兼并，由各级国有资产管理部门负责审核批准。尚未建立国有资产管理部门的地方，由财政部门会同企业主管部门报同级政府作出决定。当前被兼并的对象，重点应是以下几类企业：自己提出被兼并的企业；资不抵债和接近破产的企业；长期经营性亏损或微利的企业；产品滞销、转产没条件，也没有发展前途的企业。凡属被兼并的对象，国家不再给予减税让利、补贴或优惠贷款等特殊照顾。企业兼并的形式包括承担债务式、购买式、吸收股份式和控股式。企业兼并的资金来源有企业留用利润；企业节余的折旧基金；计划内用于投资的银行贷款；企业经过有关部门批准发行债券、股票等筹集到的资金。兼并后企业产权原则上谁出资归谁所有。

20日 国务院办公厅转发《国务院贫困地区经济开发领导小组1989年2月1日召开的第七次会议纪要》。《会议纪要》提出，对越过温饱线的贫困县，允许调整专项贴息贷款的投向和使用范围。由中国农业银行发放的扶贫专项贴息贷款、发展贫困地区经济贷款，由中国人民银行发放的老少边穷地区开发贷款、贫困县县办企业贷款，由中国工商银行发放的贫困县县办企业贷款，财政部下达的支援不发达地区发展基金，以及其他来源的扶贫开发资金，都要按照“统一规划、统筹安排、渠道不乱、性质不变、相对集中、配套使用、确保效益、各记其功”的原则使用。从1989年开始，各银行把用于引导联合的大部分县办企业贷款分配到有关省、区。分配的依据是：70%的资金按贫困地区人口分配，30%的资金按县分配。

△ 国务院发布《国内航空运输旅客身体损害赔偿暂行规定》。其中规定：承运人按照本规定应当承担赔偿责任的，对每名旅客的最高赔偿金金额为人民币7万元。旅客可以自行决定向保险公司投保航空运输人身意外伤害险，此项保险金额的给付，不得免除或减少承运人应当承担的赔偿金额。该暂行规定自1989年5月1日起施行，1951年4月24日政务院财政经济委员会发布的《飞机旅客意外伤害强制保险条例》同时废止。

21日 国务院办公厅发布《关于制止预收、预付货款的紧急通知》。该通知指出：一些企业违反国家规定，在经济活动中预收、预付货款，造成物资和资金流动关系的脱节和混乱，加剧了资金紧张状况，严重影响正常生产秩序和金融秩序。该通知要求所有国营企事业单位，除国务院批准的原有协议外，不得以任何理由擅自预收、预付货款，已实行预收、预付货款的试点都应立即停止。所有企事业单位要积极配合银行，做好结算制度改革的准备工作。在物资购销中，应主要采用商业汇票和委托收款的结算办法。今后，企业如有特殊原因确需预收、预付货款的，必须由主管部门提出，经财政部和中国人民银行审查批准。

27日 中国人民银行发布《关于发行企业短期融资券有关问题的通知》。《通知》规定：各地区企业短期融资券的发行额度由人民银行年初一次性下达。各地人民银行分行必须在人民银行总行批准的额度内，根据国家的产业政策和调整经济结构的要求掌握发行，按余额控制，周转使用。企业发行短期融资券，必须经人民银行审批。企业发行短期融资券所筹集的资金只能用于解决企业临时性、季节性流动资金不足，不得用于企业资金的长期周转和固定资产投资。发行对象为企、事业单位和个人。债券期限分为3个月、6个月和9个月三个档次。利率可在同期银行储蓄利率的基础上上浮10%。企业可以委托金融机构代理发行短期融资券。债券发行后，可以上市转让。4月4日，人民银行又将该通知的规定作了修改：企业短期融资债券利率可在同期银行储蓄利率的基础上上浮40%，并在全国推开。

3月

1～15日 湖北省襄樊市发生“储蓄利率大战”。为了缓解资金紧张局面，襄樊市政府决定，在3月份在全市开展一次“爱国储蓄月”活动。设在万山工业区的4个储蓄所为了招徕储户，各自大幅度提高存款利率。从3月1日至14日，其存款年利率水平均超过30%，最高达到42%。1月15日，利率大战蔓延到襄樊整个市区，利率档次达10余种，取款、存款人数骤增。3月1日到15日，襄樊市区各行共办理高息存款1.46万笔，金额达2 461万元，以国家规定的利率为基准，到期将多付利息329万元。15日晚，襄樊市政府组织市财办、几家银行等有关部门召开紧急会议，责令停止高息存款，并要求储蓄机构不得停业。会后，立即向社会发出通告，要求各储蓄机构严格执行利率政策，并抽调22名干部到储蓄现场制止哄抬利率的行为。25日，储蓄利率大战基本平息。4月6日，中国人民银行湖北省分行召开了各专业银行行长参加的第一次金融联席会。会上通报了襄樊市哄抬利率的情况。5月上旬，中国人民银行行长李贵鲜同志批示：“坚决制止这种混乱现象。”

2日 国务院决定：1989年发行3年期国库券55亿元，利率为年息14%。国库券发行实行分配认购的办法，按公民个人和个体工商户收入的一定比例分配认购任务。国库券可以转让，可以在银行抵押贷款，但不得作为货币流通。发行国库券筹集的资金，由国务院统一安排使用。国务院同时决定：1989年发行5年期特种国债，数额为50亿元，利率为年息15%。特种国债的发行对象是：经济条件较好的全民所有制企业、集体所有制企业、私营企业、金融机构、企业主管部门、事业单位和社会团体；全民所有制企业职工退休养老基金管理机构、待业保险基金管理机构、交通部车辆购置附加费管理机构。中央单位、部队和各省、自治区、直辖市及计划单列市的认购任务，由财政部分配；地方单位的认购任务，由各省、自治区、直辖市及计划单列市人民政府分配。特种国债收款单可以记名、挂失，不得作为货币流通；除向全民所有制企业职工退休养老基金管理机构、待业保险基金管理机构和交通部车辆购置附加费管理机构发行的以外，可以向银行抵押贷款。

△ 中国人民银行发布《关于1989年发行金融债券、发放特种贷款的规定》。《规定》指出，全国发行金融债券的总额，由中国人民银行根据国家综合信贷计划统一确定。发行金融债券筹集的资金必须全部用于发放特种贷款。1989年金融债券的发行对象为城乡个人，购买金融债券的利息收入，免征个人所得税。1989年发行1年、2年、3年期限的金融债券。1年期、2年期的，年利率比同期存款利率上浮两个百分点；3年期的，年利率在保值的基础上再上浮1个百分点。1989年金融债券发行后即可进入市场转让和抵押。1989年发行金融债券筹集的资金，只能用于归还已到期金融债券和发放特种贷款。特种贷款要严格控制在批准的额度内发放，只能用于以下两个方面：新建、扩建企业需要投产，目前不能备足30%的自有流动资金并要求贷款的，可在其原材料有来源、产品有销路的情况下，在30%以内发放特种贷款；经济效益好的企业、产品为社会所急需的、计划内技术改造项目建成后所急需的流动资金；经济效益好、有还款能力并纳入国家固定资产投资计划的能源、交通、原材料等基本建设项目建成后所急需的流动资金。特种贷款利率最低为年息15.34%，最高可比3年期金融债券的利率高3个百分点；在此幅度内，

根据不同地区、用款期限长短，划分档次，实行差别利率。

4日 国务院批转国家体改委《关于1989年经济体制改革要点》。《要点》提出1989年改革的主要内容是：进一步完善和发展企业承包经营责任制，着重强化企业的竞争机制、风险机制和自我约束机制；积极探索体制转换时期宏观调控的新方式、新手段，在实行总量控制的同时，突出结构调整；建立市场规则，加强监督管理，促进市场发育；认真做好改革的各项基础性工作。

该要点提出：加强中央银行独立执行货币政策和信贷政策的职能，尽快建立商业性贷款与政策性贷款分别管理的制度。中央银行实行垂直领导。将目前中央银行所承担的专项贷款逐步转给专业银行。适当提高中央银行的再贷款利率和专业银行的贷款利率。改进存款准备金制度，按不同存款来源规定不同的准备金率，并选择适当时机提高存款准备金率。在提高准备金率以前，可用提高存款备付金率的办法进行调控。同时，增加非银行机构在中央银行的特种存款，并将其贷款纳入信贷平衡计划。建立清算中心，承担金融机构之间的清算业务。专业银行逐步实行企业化经营。1989年，农业银行要在总结经验的基础上，继续完善承包制。其他专业银行要建立和完善各种经营责任制，做好企业化经营的各项基础工作。该要点还提到：1989年主要试行由企业内部职工购买股票和企业之间相互参股的股份制。提高储蓄存款利率，增加货币回笼。为此，需要增设一种新的物价指数，即从1988年12月开始，按月环比，作为调整利率和储蓄保值的依据。鼓励居民购买债券、股票。

5日 国务院发布《关于加强企业内部债券管理的通知》。《通知》指出：为了认真贯彻中央关于治理经济环境，整顿经济秩序、全面深化改革的方针，防止盲目扩大投资和增加消费基金，必须对企业发行内部债券加强管理。1. 机关、团体、事业单位和非生产性企业一律不准发行内部债券。未完成购买国家债券任务的生产性企业，也不得发行内部债券。2. 企业发行内部债券，由中国人民银行统一管理、分级审批。3. 发行内部债券所筹集的资金，一般只能用做补充流动资金。4. 债券期限最长不得超过1年，利率最高不得超过银行同期限居民定期储蓄利率的40%。5. 职工个人所得的债券利息收入，必须依法纳税。6. 企业实行股份制，目前只能在小范围内进行试点。全民所有制企业不准以试行股份制为名，擅自将国有资产折股分给经营者、职工个人和集体。集体所有制企业（包括乡镇企业），不得擅自把集体积累的财产折股分给经营者和职工个人。已经私分国家、集体财产的，必须立即将私分部分全部退回。

6月9日，中国人民银行发出《关于加强企业内部集资管理的通知》。《通知》指出，企业内部集资系指企业向内部职工筹集资金的行为。企业内部集资一般应采取发行企业内部债券的方式，企业内部债券可以在企业内部转让，但不得公开上市转让。中国人民银行对企业内部集资实行统一管理，分级审批。企业内部集资金额最高不得超过企业正常生产所需的流动资金总额。

△ 财政部、经贸部、中国银行发布《境外贸易、金融、保险企业财务管理暂行办法》。《暂行办法》规定：境外企业应遵照驻在国（或地区，下同）的法律规定开展经营活动、缴纳税款和进行会计核算及财务管理；其财务活动要接受国内投资单位和主管部门及财政部门与国有资产管理部门的指导与管理，按期报送会计报表，及时向国家上缴外汇利润。该暂行办法对国家资金的管理、工资的核算与管理、利润分配的管理、财务管理制度及会计报表作了具体规定，适用于经贸部及其所属外贸公司；国务院各工业主管部门所属工贸公司；中国银行、中国国际信托投资公司和其他金融机构及其国内分支机构；中国人民保险总公司及其国内分公司；各省、自治区、直辖市和计划单列市人民政府经贸主管部门及其所属外贸公司和各工业主管部门所属工贸公司。该暂行办法自1989年1月1日起实行。

6日 中国人民银行发布《关于信托投资公司开办资金拆借业务的通知》。该通知规定各信托投资公司从文到之日起可以办理正常的资金拆借业务，期限不得超过1个月。

△ 中国人民银行下发《关于撤销融资公司的通知》。该通知决定撤销人民银行系统的融资公司，并于1989年3月底之前将债权债务全部清理完毕。由人民银行总行拨给人民银行各分行的信贷基金，用于各地融资公司作为资本金的，于1989年4月底之前如数交回人民银行总行。融资公司撤销后，各省、市分行可根据需要建立资金拆借的管理部门，切实搞好资金拆借和融通。

△ 国家外汇管理局发布《境外投资外汇管理办法》。境外投资是指在中国境内登记注册的公司、企业或者其他经济组织（不包括外商投资企业）在境外设立各类企业或者购股、参股，从事生产、经营的活动。境外投资者在向国家主管部门办理境外投资审批事项前，应当向外汇管理部门提交投资国管理情况和投资资金来源证明，由外汇管理部门审查投资外汇风险和资金来源，国家主管部门批准后，应当向外汇管理部门办理登记和投资外汇资金汇出手续。在办理登记时，应当按汇出外汇资金数额的5%缴存汇回利润保证金，境内投资者来源于境外投资的利润或者其他外汇收益，须限期调回境内，办理结汇或者留存现汇。未经外汇管理部门批准，不得擅自挪作他用或者存放境外。境外投资企业分得的利润或者其他外汇收益，5年内全额留成，5年后按规定计算留成。1990年6月26日，国家外汇管理局发布《境外投资外汇管理办法实施细则》。

8日 国务院发出《关于调整省、自治区、直辖市金融、税务部门和部分海关领导干部管理体制的通知》。《通知》规定：中国人民银行各省、自治区、直辖市分行正副行长，由中国人民银行考察，提出任免名单，送人事部审核并提出任免建议，报国务院审批。地方各级专业银行正副行长的任免，要征得当地同级人民银行的同意，再报上一级专业银行批准。

9日 中国人民银行发布《关于落实1989年货币信贷方针的几项规定》。主要内容有：1. 从1989年开始试编全社会信用规划，分三个层次对全社会的信用活动进行管理。一是全社会信用规则，包括银行、城乡信用合作社（以下简称“城乡信用社”）、各种信托投资机构的信用活动和各种形式的债券、股票、集资等，由人民银行总行负责编制和管理。二是国家信贷计划，包括人民银行、专业银行、交通银行和中信实业银行的信贷计划，由人民银行总行负责编制，对贷款限额实行“双线”控制。三是非银行金融机构的信贷计划，包括城乡信用社、信托投资公司和其他金融机构的信贷计划。2. 对贷款实行“限额管理、以存定贷”的办法。1989年人民银行总行对各家银行和非银行金融机构只核批贷款最高限额，不再核批存款计划，存款计划由专业银行、交通银行总行自行下达，报人民银行备案。全年贷款最高限额为控制信贷的总“笼子”，不得突破。3. 对各家银行和非银行金融机构的贷款最高限额实行“全年亮底、按季监控、按月考核、适时调节”的办法。4. 1989年对现金计划实行“以块为主、条块结合”的管理办法。5. 积极组织存款，扩大信贷资金来源。6. 强化信贷结构的调节，保证重点，压缩一般。各金融机构要继续贯彻执行“十不贷”政策，即国家计划外项目；非生产性建设项目；自筹固定资产投资项目（包括“拼盘”项目的自筹资金）；小纱厂、小烟厂、小酒厂、小毛纺厂和小炼油厂等企业；经营性亏损企业；产品滞销积压的企业；倒买倒卖、抢购囤积物资的企业和公司；非国家指定收购粮食、棉花的部门和单位的收购资金；抬价收购和跨地区抢购农副产品的资金；企业通过预付货款扩大固定资产投资的。7. 对主要农副产品收购资金实行专项管理。8. 管好中央银行资金，强化中央银行的宏观调控职能。从1989年起，人民银行的贷款，总行对各省、自治区、直辖市进行管理和考核，按季核批贷款限额，未经批准不得突破。1988年下放给省、自治区、直辖市人民银行的一些资金机动权都要收回，包括1988年调增1%的准备金，财政性存款超计划50%，邮政储蓄超计划100%的部分不再留给当地使用，由人民银行统筹安排。各银行必须留足存款备付金。9. 继续深入开展清仓挖潜。10. 整顿信托投资业务。11. 改进联行清算制度。

15日 国务院发布《关于当前产业政策若干要点的决定》。该决定指出：我国社会的总需求大于社会的总供给，在产业结构上也存在着比较严重的问题。当前和今后一个时期制定产业政策、调整产业结构的基本方向和任务是：集中力量发展农业、能源、交通和原材料等基础产业，加强能够增加有效供给的产业，增强经济发展的后劲；同时控制一般加工工业的发展，使它们同基础产业的发展相协调。该决定明确了制定当前产业政策的原则、产业发展序列、保障政策和组织实施等内容。其中要求：银行要根据产业发展序列的要求，制定相应的信贷政策，并对企业分类排队，区别对待，限劣扶优。要从限制的产业中抽回资金，投入到支持的产业中去，促进社会资金的良性循环。国家计委要会同财政部、银行，根据产业发展序列要求，制订固定资产投资贷款优先顺序，逐步提出重点产业投资贷款比例，并建立相应的投资贷款贴息基金；要着手研究主要产业投资占全社会投资的比例，并进一步完善固定资产投资贷款差别利率的有关规定。

为了贯彻国务院决定，中国人民银行于5月15日发出通知指出：该决定中提出的当前产业序列是金融部门制定信贷政策，调整信贷结构和贷款项目评审决策的基本依据。各级银行要运用计划、资金、利率等手段，调整贷款结构，采取“先收后调、优化增量”的方法，限劣扶优。根据国家产业政策，对企业分类排队、区别对待，促进社会资金良性循环。固定资产贷款要严格按照调整投资结构的精神，认真审查，从严掌握。各专业银行和其他经批准可以发放流动资金贷款的金融机构，要按照国家产业政策要求，调整流动资金贷款结构，同时注意努力搞活老贷款。加强外汇贷款投向管理和稽核、检查工作。

△ 中国人民银行发出《关于农村信用社存、贷款利率等问题的通知》。该通知规定：1989年人民银行对农村信用社超比例（13%）缴存的准备金，仍按100亿元限额予以补贴，年补贴利差为1.8%。此项补贴由人民银行总行给农业银行总行，再由其通过开立补贴信用社利差专户，拨给各农村信用社。县以下各金融机构吸收的（不含县城、城关）农村存款（包括企业单位、个人的定、活期存款），其利率经省级或二级人民银行批准，可在现行存款利率基础上上浮10%～30%。

5月9日，中国人民银行又发出《关于农村信用社存贷款利率浮动的通知》。《通知》规定：从1998年6月1日起，农村信用社的存贷款实行浮动利率。浮动的原则是“高进高出，保本微利”。农村信用社的存贷款利率可以分别最高上浮70%与100%。

△ 证券交易所研究设计联合办公室（以下简称联办）成立。联办的前身为证券交易所研究设计小组。由9家全国性非银行金融机构出资组成：中国化工进出口总公司、中国对外经济贸易信托投资公司、中国光大集团有限公司、中国经济开发信托投资公司、中国农村发展信托投资公司、中国国际信托投资公司、中国信息信托投资公司、中国康华发展总公司、中国新技术创业投资公司。每家出资50万元。

联办是中国证券市场的发起者，参与设计了上海、深圳两个证券交易所；直接设计、创建并管理了全国证券交易自动报价系统（STAQ系统）；提出并以“总协调”身份直接组织了三次国债承销试点；并于1992年下半年参与设计国务院监管证券市场的职能机构——中国证券监督管理委员会；先后创建、管理了多只基金，其中包括：淄博乡镇企业基金、S&E基金、CFI基金、S&C基金、帕洛玛中国投资基金和国泰财富基金。1991年12月更名为“中国证券市场研究设计中心”。

20日至4月4日 七届全国人大二次会议在北京举行。国务院总理李鹏作题为《坚决贯彻治理整顿和深化改革的方针》的政府工作报告。《报告》指出：当前面临的最突出的问题是出现了明显的通货膨胀，物价上涨幅度过大，超过了群众、企业和国家的承受能力，相当一部分城市居民的实际生活水平有所下降。

该报告提出：治理整顿的重点仍然是压缩社

会需求。同压缩社会总需求相适应，金融和财政都必须实行紧缩的方针政策，继续抽紧银根，严格控制货币发行。要千方百计稳定金融，切实加强对银行各种贷款的计划管理，控制全社会的信用总规模，尤其要加强对非银行金融机构和各种集资活动的管理和监督。在紧缩资金供应总量的前提下，合理调整信贷结构，该保的保，该压的压，做到紧中有活。加强和改善宏观经济管理，要特别重视发挥银行的调控作用。根据国家的产业政策和进出口政策，充分运用利率、再贷款、准备金率和备付金等经济手段，控制货币发行，调节信贷规模和结构，引导经济健康运行。中国人民银行承担着中央银行的职能，必须加强统一管理，强化垂直领导。各专业银行也承担着宏观调控的责任，绝不能因为实行企业化管理而影响和削弱这方面的职责。各级政府要支持银行的工作，不要干预银行的具体业务，更不能强制银行发放贷款。要清理、整顿各类非银行金融机构，明确业务范围和资金使用方向。继续有领导、有秩序地发展短期资金市场，组织好资金拆借和其他多种形式的资金融通，为生产和流通服务。银行要加强现金管理制度，发展票据结算等现代化结算手段，并通过提高利率，改善服务等措施，进一步稳定和增加城乡居民储蓄，增加货币回笼。

23日　国家外汇管理局下发《调剂外汇投向指导序列》的通知。为了缓解调剂外汇供求矛盾十分紧张的情况，外汇管理局规定了优先供应的用汇项目：支持农业生产用汇、人民生活必须保障的用汇、轻纺行业生产必需原材料用汇、出口创汇项目和中小型企业技术改造项目用汇、外商投资企业合理的用汇。严禁用汇的项目有：一般消费品、高档消费品、国内能够生产供应的机械设备、电子产品、仪器仪表及各种原辅材料、对公单位偿还国内外外汇贷款、租赁费用及租金用汇、用于国内外投资的资本金。

30日　国务院发布《关于进一步加强工资基金管理的通知》。该通知指出：为贯彻中央关于治理经济环境、整顿经济秩序和全面深化改革的方针，压缩社会总需求，控制消费基金过快增长，国务院重申各地区、各部门必须认真贯彻执行1985年国务院发布的《工资基金暂行管理办法》。各基层单位要根据国家核定的年度工资总额，编制工资基金使用计划，开户银行据此监督支付工资。超过计划规定数额的，银行一律拒付。各企业、事业、机关、团体等单位，只能在本单位进行现金结算的开户银行设立一个工资基金专户。所有工资支出都必须通过开户银行，从工资基金专用账户中列支。任何单位都不得坐支、套取现金发放工资、奖金、津贴、补贴等。各级银行要认真负责，严格监督。对违反国家现金管理条例的，当地政府和各级银行要认真查处。

31日　中国人民银行、中国工商银行、中国农业银行、中国银行、中国人民建设银行联合发布《关于下达1989年清仓挖潜任务的通知》。该通知指出：1988年全国挖潜搞活资金398亿元，完成计划167%，有效地缓解了资金供求矛盾。1989年清仓挖潜任务是，全部流动资金比上年加速周转4%，全国挖掘资金潜力247亿元。

4月

4日　七届全国人大二次会议通过《中华人民共和国行政诉讼法》(以下简称《行政诉讼法》)。《行政诉讼法》共有11章74条，分别对受案范围、管辖、诉讼参加人、证据、起诉和受理、审理和判决、执行、侵权赔偿责任、涉外行政诉讼等内容作了具体规定，自1990年10月1日起施行。

24日　中国人民银行、监察部颁布《关于信贷、现金大检查中处理违反金融法规问题的办法》。该办法对1988年信贷、现金大检查中违反金融法规问题的处理作出规定：对于超规模发放贷款、用流动资金贷款或拆借资金搞固定资产贷款、擅自提高或降低存贷款利率，以各种名义收取回扣、好处费，占用人民银行财政性存款，欠缴、迟缴存款准备金，储蓄吸收公款等违规行为分别给予行政警告或记（大）过、撤职、没收非法收入、通报批评、等额罚款、开除等处罚。

5 月

3 日 中国人民银行发布《关于上海试行外汇移存与提取的暂行规定》。该暂行规定明确：外汇移存与提取范围是，金融机构按规定应卖给国家或向国家购买的贸易外汇和非贸易外汇，外资银行按规定应缴存的外汇和原缴存外汇的支取，币别包括美元、日元、英镑、西德马克、港元、瑞士法郎、法国法郎、澳大利亚元、加拿大元等 9 种外币。外汇移存与提取，是指除中国银行上海分行以外的经国家外汇管理局批准经营外汇业务的金融机构就上述范围规定的外汇向国家外汇管理局上海分局结汇或缴存、买汇或支取。外汇移存时，上海分局按国家外汇管理局公布的外汇牌价中间价向金融机构支付买汇人民币资金；外汇提取时，金融机构按中间价加 1.25‰（手续费）向上海分局支付买汇人民币资金；原币缴存与支取不计利息和手续费。外汇移存所需人民币资金由总行供应。该暂行规定还就外汇移存与提取的时间、账户的开立与使用、外汇移存与提取的统计等作出规范。中国人民银行授权国家外汇管理局统一管理外汇移存与提取工作，并负责本规定的实施。

△ 中国人民银行发布《关于对粮、棉、油贷款实行补贴的通知》。该通知规定自 1989 年 2 月 1 日起对粮、棉、油贷款实行利差补贴。具体办法是：专业银行对该项贷款须单列账户，该项贷款按正常流动资金年利率 11.34% 计收利息，各级人民银行按照专业银行的专户贷款计息积数给专业银行补贴 1.26%（年率）。专业银行按实收年利率 11.34% 和 10.08% 之间的差额 1.26% 返还给企业。

4 ~ 6 日 亚洲开发银行理事会第 22 届年会在北京举办。该次会议是亚行理事会年会历史上与会人数最多、也是中国加入亚洲开发银行的第 4 年首次主办的最大规模的国际性会议。

亚洲开发银行（The Asian Development Bank，ADB，以下简称“亚行”）是一个非营利性的政府间发展金融机构，成立于 1966 年 12 月，成员国包括亚太地区成员和亚太地区之外的发达国家成员，总部设在菲律宾首都马尼拉，其任务是为亚太地区的发展中成员提供资金和技术援助，促进投资和推动经济增长。由于历史原因，中国台湾当局在亚行组建时以所谓“中华民国”的名义加入了亚行。20 世纪 80 年代初，我国要求加入亚行，经与亚行当局谈判，最终达成谅解，亚行承认中华人民共和国政府是中国唯一合法的政府，中国台湾当局改称中国台北继续留在亚行。中国占亚洲开发银行的总股份比例为 6.516%，持有 228 000 股。

5 日 中国人民银行、监察部发布《金融稽核检查处罚规定》。该规定适用于中国人民银行及其分支机构对各类银行、保险公司、其他金融机构以及从事金融业务的部门违反金融法律、法规及政策的行为实行处罚。其中规定，对于违反金融法律、法规及政策的金融机构，除责令其限期纠正外，可根据其行为性质及情节轻重分别给予以下行政处罚：通报批评；罚息；罚款；没收非法所得；冻结存款；提前收回贷款；责令限期纠正或停止部分业务；停业整顿；吊销《经营金融业务许可证》。以上处罚可以并处。对于违反金融法规的单位负责人和直接责任人，可根据情节轻重给予行政处罚或建议给予行政处罚。该规定明确了统一的处罚程序和处罚标准。

7 月 22 日中国人民银行下发《关于对〈金融稽核检查处罚规定〉中有关问题说明的通知》，规定对处理违反金融法规问题中的罚息收入，包括占用或欠缴的准备金、超业务范围吸收存款或发放贷款的加息罚息（不含逾期贷款罚息），按银行营业外收入处理；没收的回扣、好处费、奖金上缴财政。

10 日 中国人民银行发出《关于 3 个月存款档次利率问题的通知》。根据 1989 年 4 月 10 日国务院总理办公会议决定，从 1989 年 1 月 1 日起，增设 3 个月档次的居民储蓄存款，利率最高限为月息 6.3‰。

△ 中国人民银行发布《关于开展清理企业拖欠货款工作的通知》。该通知指出，该项工作总的原则是：把清理企业拖欠货款同调整产业、产品结构紧密结合起来。清理的方法要先易后难，先系统内、后系统外，先本地区内、后本地区外，有组织、有领导、有步骤地进行。充分利用这次清理拖欠的机会，配合结算改革，大力推行商业票据，逐步把企业之间的商业信用关系票据化。

22日 中国人民银行发出《大额可转让定期存单管理办法》。该办法规定：大额可转让定期存单的发行单位限于各类银行。非银行金融机构不得发行大额可转让定期存单。大额可转让定期存单的发行对象为城乡个人和企业、事业单位。大额可转让定期存单对个人发行部分，其面额不得低于500元；对单位发行部分，其面额不得低于50 000元，期限为1个月、3个月、6个月、9个月和12个月，各月利率最高限分别为5.85‰、6.93‰、8.25‰、9.33‰和10.5‰；在此范围内，利率可以下浮，下浮的幅度由各发行单位自行确定。各类银行发行大额可转让定期存单，要事先制定发行办法或章则，报经中国人民银行省级分行审查批准。人民银行及其分支机构有权对违反规定的金融机构、非金融机构给予处罚。

25日 国家外汇管理局发布《关于国内单位出国举办或参加展览会（博览会）外汇收支的管理规定》。该规定明确：国内单位出国举办或参加展览会（博览会）应以留成外汇或专项外汇支付国外有关费用，不得以出售展品收入抵付展览费用；参展单位应以外汇额度配人民币汇给组团单位；国内参展单位中的“三资”企业和经批准允许保留并使用现汇的单位可用现汇支付有关费用并设临时现汇账户；组团单位对国内参展单位提供服务，只能收取人民币手续费或服务费；出国举办或参加展览会，在展览会期间出售展品所得的外汇收入，一律调回国内并到银行结汇，按规定办理留成。

30日 国务院发布《关于发行1989年基本建设债券的规定》。国务院决定：1989年发行3年期基本建设债券55亿元，由国家计委和人民银行共同组织工商银行（30亿元）、人民建设银行（10亿元）、农业银行（10亿元）、中国银行（5亿元）和其他金融机构代理国家能源投资公司、国家原材料投资公司、国家机电轻纺投资公司、中国石油天然气总公司和铁道部统一发行。债券本息由上述公司和铁道部偿还，共同负责。债券利息按始终高于3年期定期存款利率1个百分点加保值贴补率计算，不计复利。可以转让，但不作为货币进入市场。

31日 中国人民银行发布《关于加强储蓄管理的通知》。该通知指出：从1988年第四季度兴起的摸奖储蓄形式已搞了几个月，一些地方的“摸奖热”对缓解银行信贷资金的矛盾曾起了一定的作用。但摸奖弊病较多，群众反应强烈，对银行信誉造成了不好的影响，司法部门也提出意见，今后不再给予公证。贴水储蓄存款的形式也存在一些问题，有些地方的银行、金融机构用这种不规范的形式搞“储蓄大战”，为此，人民银行决定停止各种形式的“摸奖储蓄”；取消现行各种贴水储蓄存款形式；禁止举办3年期以上的保值有奖储蓄；禁止举办银行给息、企业给奖的联办有奖储蓄。6月10日，中国人民银行又发出通知，停办“存期累进储蓄存款”，并且指出，这项业务混淆了定期存款与活期存款之间的界限，实际上是擅自提高利率水平。

6月

1日 国务院发布《关于发行1989年保值公债的通知》。1989年保值公债发行总额为120亿元。债券偿还期限为3年，年利率随人民银行规定的3年期定期储蓄存款利率浮动，加保值贴补率，外加1个百分点。保值公债的发行任务分配到各省、自治区、直辖市以及计划单列市人民政府，各级政府要完成分配的推销任务。推销后剩余部分，由各级政府用地方财政预算外资金认购。保值公债由财政部负责还本付息，各经办单位办理兑付。

保值公债 这是指带有保值贴补的国债。20世纪80年代后期，我国面临较严重的通货膨胀，为了吸引资金，稳定通货，增加财政资金，财政部于1989年发行了这种带有保值补贴的国债。保值公债的发行对象是城乡职工、居民、个体工商户、各种基金会、保险公司以及有条件的某些公司，期限为3年，利率随人民银行规定的3年期定期储蓄存款利率浮动，加保值贴补率，外加一个百分点。票面为实物券形式，有面额，不记名，不挂失，可以向银行抵押，可以在国家规定的场所转让，计划发行额为120亿元，1989年未发行完的部分，后转为1990年继续发行，实际共发行约125亿元。

5日 中国银行香港分行发生挤提事件。据《中国银行史》记载，当日仅香港一地就有300多家分支机构挤提存款79.9亿港元。1989年6月6日，国务委员、中国人民银行行长李贵鲜听取中国银行关于港澳中银集团受挤提及保证对外支付的汇报时强调，维护中国银行的信誉，也就是维护国家的信誉。6月10日，中国银行行长王德衍发表电视讲话，重申中国银行一贯恪守信用，对内对外支付实力雄厚。从5月底至7月上旬，中国银行部分国内分行、港澳分行、海外分行相继发生挤提事件，截至7月11日，累计提取存款283亿港元。国内局势稳定之后，挤提风波逐渐平息。

20日 中国人民银行发布《关于城乡个体工商户贷款利率问题的通知》。该通知规定：人民银行规定的流动资金贷款和固定资产贷款的利率是城乡个体工商户贷款基准利率，在此基础上可按1988年8月人民银行规定的幅度进行浮动，但在同一个省、自治区、直辖市范围内，人民银行分行应予以协调，统一浮动幅度。

30日 中国人民银行发布《关于外贸企业贷款利率问题的通知》。为了支持外贸出口创汇产品的收购，该通知规定：从1989年6月21日起，外贸出口产品收购贷款，利率仍维持年利率9%，但对外贸进口贷款、加工企业贷款及其他贷款，则按年利率11.34%计收利息。中国银行对外贸贷款的发放要严格审查，分户管理，促使外贸企业加强经济核算，加速资金周转，减少资金占用。

7月

8日 中国人民银行联合中国工商银行、中国农业银行、中国银行及中国人民建设银行在山东省召开了有四省、市五家银行参加的“清理拖欠汇报会”。为解决企业因市场疲软，产成品积压形成的债务拖欠，搞活资金，人民银行决定从第二季度开始，区别不同地区不同情况，协助企业清理拖欠，拿出适当资金解开债务锁链。对行业内部拖欠，采取选准源头，启动一点，解决一串的“一条龙”跟踪清理；对跨地区的拖欠，由银行代理企业交换票据，约期集中统一清理；对一些重点行业的重点项目进行清理，如外贸进口的国内欠款清理。

11日 国家外汇管理局公布《关于对华侨、港澳台同胞捐赠外汇参加外汇调剂的暂行规定》。从1989年7月1日起，扩大调剂外汇范围，允许华侨、港澳台同胞向国内单位捐赠外汇参加外汇调剂。受赠单位调剂外汇所得人民币款项，必须按捐赠人的捐赠意愿书规定的用途使用，不得挪作他用。

8月

5~9日 中国人民银行全国分行行长会议在北京召开。会议决定，1988年下半年金融工作总的任务仍然是紧缩银根，稳定金融，整顿金融秩序，深化金融改革，促进国民经济持续、稳定、协调发展。在货币信贷上要继续贯彻落实“控制总量，调整结构，保证重点，压缩一般，适时调节”的方针，重点是继续坚持从紧控制，狠抓资金存量调节，优化新增贷款结构，力争把1989年的货币发行和信贷规模控制在国家确定的计划之内。主要措施是：1. 严格控制货币、信贷的总量。2. 狠抓信贷结构调整。3. 抓紧清理企业拖欠。4. 切实安排好旺季农副产品收购资金。5. 加强中央银行的资金管理。6. 积极协助有关部门发行和推销各种国家债券。7. 坚决清理整顿金融性公司。8. 进一步整顿金融秩序。9. 全面开展银行贷款的清理工作。10. 大力加强外汇外债管理。11. 进一步强化稽核检查和金融法制建设工作。

15 日 中国人民银行发出《关于缓解大中型骨干企业流动资金困难的通知》。该通知指出，截至 1989 年 5 月底，待销售的产成品库存有 1 141 亿元，比 1988 年同期增加 326 亿元。人民银行总行决定安排一部分启动资金，专门用于支持大中型骨干企业的生产。9 月 12 日，人民银行又发布《关于进一步缓解大中型骨干企业流动资金困难的通知》。该通知要求，对于大中型企业的资金不足，首先要求企业挖潜，压缩不合理资金占用。专业银行资金确有困难时，再使用人民银行资金。专业银行须安排一部分资金与人民银行启动资金结合在一起使用。

17 日 自 1988 年 10 月中共中央、国务院作出关于清理整顿公司的决定以来，中共中央、国务院再次发布《关于进一步清理整顿公司的决定》。该决定指出：由于近几年来贯彻中央关于党政机关不准经商办企业的决定不坚决，盲目提倡机关和事业单位"创收"，在流通领域中不顾条件不适当地成立了一大批公司，再加上法规不完善，管理和监督不力，导致了公司的发展过多、过滥。一些公司经营混乱和实行脱离我国国情的高工资、高福利，少数人利用职权贪污、盗窃、投机倒把、行贿受贿，严重干扰了为政清廉和建立健全社会主义的经济秩序，加剧了社会分配不公的矛盾，影响了社会安定。

国务院提出进一步清理整顿的基本要求，一是通过清理整顿，坚决撤并一批不符合社会需要、重复设置、不具备开办条件、严重违法乱纪的公司，以及长期经营不善、严重亏损、已经资不抵债的公司，重点是砍掉各级党政机关开办的公司，流通领域中过多、过滥的从事商业批发、对外贸易、物资供应的公司和金融性公司。二是通过清理整顿，认真查处违法违纪案件，特别是查处社会影响大的有县级以上领导干部参与的大案要案。三是通过清理整顿，逐步建立健全公司的各项管理法规和制度，特别是财会、税收和审计制度，以保证公司的健康发展。各级党的机关、国家权力机关、行政机关、审判机关、检察机关和群众组织、社会团体，一律不得用行政经费、事业费、专项拨款、预算外资金、银行贷款、自有资金和以任何方式集资开办公司，也不得向公司投资入股。现在已经开办的这类公司，包括清理整顿中已与机关、团体办理了财务脱钩手续的公司，绝大部分应予撤销。少数符合社会需要，确实办得好的，可以保留，但必须与原机关、团体完全脱离关系，一律由相应的主管部门实行行业归口管理。凡仍在公司兼职的党和国家机关干部，应严格按照中央有关规定办完辞去一头职务的手续，不得以任何理由拖延，凡借故拖延者要按违犯党纪政纪论处。

26 日 中国农业银行下发《关于农村信用合作社不办理担保的通知》。该通知规定，农村信用社不得以任何形式为任何企事业单位或个人的经营活动进行担保。以前的担保要立即清理，予以解除。

9 月

2 日 中国人民银行发布《关于特种存款处理问题的通知》。该通知规定，对已确定撤销的金融信托投资公司的特种存款，根据该公司清理债权债务关系的需要，由当地人民银行逐步予以退还。对城市信用社和确定保留的金融信托投资公司，其特种存款暂不退还，采取借新还旧的方式重新办理存款手续。

14 日 国家外汇管理局发出《关于对外商投资企业外汇调剂管理的通知》。该通知规定：对外商投资企业的外汇调剂应采取扶持与管理相结合的政策，并同对外商投资企业的外汇管理结合起来，对外商投资企业卖出或买入调剂外汇的申请经审核同意，方可以进入调剂市场。外商投资企业一切正当的外汇收入均可申请卖出。在审核外商投资企业买入调剂外汇时，应根据调剂外汇市场外汇供求情况，尽可能地保障外商投资企业的生产用汇，并予以支持。

19日 中国人民银行下发《关于撤销人民银行设立的证券公司、信誉评级公司的通知》。该通知要求人民银行设立的证券公司和信誉评级公司一律撤销，信誉评级业务交由信誉评级委员会办理。

△ 中国人民银行发布《关于加强对城市信用社资金管理的通知》。该通知指出，城市信用合作社（以下简称城市信用社）的各项贷款增加很快，到6月末已达年初下达贷款最高限额的86.4%，有的地方已经突破了限额。为此规定：城市信用社贷款规模不得超过全年最高限额，凡已超过的除由当地人民银行给予处罚外，要令其限期收回贷款；总行对各地不再追加城市信用社贷款最高限额，已达到贷款最高限额的城市信用社只能收旧贷新，若资金有余，可向本地工商银行、农业银行、中国银行拆出，拆借期限放宽到4个月；人民银行分行可以调剂本地区城市信用社贷款最高限额，以腾出部分资金，用于支持国营大中型企业流动资金；严格限制城市信用社从专业银行借入资金，并对其借入资金和存款准备金缴存情况进行一次全面清理和检查。

20日 中国人民银行、中国工商银行、中国农业银行、中国银行、中国人民建设银行、交通银行联合发布通知，从1989年11月1日起，正式实行《华东三省一市银行汇票办法》。该办法规定：银行汇票是汇款人将款项交存当地银行，由银行签发给汇款人持往异地办理转账结算或支取现金的票据。单位、个体经济户和个人需要支付各种款项，均可使用银行汇票。银行汇票的签发，由具有银行汇票、结算章和压数机的银行办理。银行汇票的兑付，所有银行均可办理。银行汇票一律记名。银行汇票的汇款金额起点为500元，付款期为1个月。汇款人持银行汇票可以向填明的收款单位或个体经济户办理结算。收款人为个人的也可以持转账的银行汇票经背书向兑付地的单位或个体经济户办理结算。

22日 国务院发出《关于进一步清理整顿金融性公司的通知》。该通知明确了以下几条原则：1. 各级党、政、群部门不得办信托投资公司、投资公司和其他金融机构。已办的，绝大部分应予撤销。少数符合社会需要，确实办得好的，经中国人民银行审核报国务院批准后方可保留，归口人民银行领导。2. 对信托业和银行业实行分业管理。信托投资公司的业务范围主要限于信托、投资、咨询和其他代理业务，少数经批准可兼营租赁、证券业务。专业银行一律不得办理信托业务。3. 加强计划管理，把信托投资公司和其他金融机构的信用活动纳入整个社会的信用规划。4. 建立风险安全管理制度，规定信托投资公司的资产负债比例，暂定信托投资公司的资本金不得少于总资产的8%；对一个企业的年末投资余额不得超过该企业固定资产的30%；单项固定资产贷款的最高额度不得超过公司资本金的20%；公司自有固定资产与其资本金的比例不得超过15%。5. 对金融业和工商业实行分业管理。金融性公司不得开办非金融性公司或企业，非金融性企事业单位及政府部门也不得直接或变相经办金融业务，有偿使用的资金应委托金融机构代办。6. 金融性公司必须严格执行国家的财经法规，按人民银行规定的经营范围开展业务活动。7. 所有金融性公司归口人民银行统一领导、管理、协调、监督、稽核，任何地方政府和部门无权批准设立各种金融性公司。未经人民银行批准设立的金融性公司或私人办的金融机构一律撤销。8. 对债权债务的清理应本着谁办谁承担责任的原则进行。

10月

6日 国家外汇管理局根据《外债统计监测暂行规定》确定的外债范围，公布我国1985~1988年年末全国外债余额。1985年年末全国外债余额为158亿美元，其中，中长期债务余额94亿美元，短期债务余额64亿美元；1986年年末外债余额为215亿美元，其中，中长期167亿美元，短期48亿美元；1987年年末外债余额为302亿美元，其中，中长期245亿美元，短期57亿美元；1988年年末外债余额为400亿美元，其中，中长期327亿美元，短期73亿美元。这是中国首次公布的外债数字。

9日 国家外汇管理局发布《外商投资企业境内外汇账户管理办法》。该办法规定：国家外汇管理局及其分、支局是外商投资企业境内外汇账户的管理机关。除经外汇管理部门批准，企业的一切收入必须存入境内外汇账户，一切外汇支出必须从境内外汇账户中支出。企业外方投资者外汇资本的转移和依法清理结束后分得的外汇资金的汇出，以及经批准设立的境外的分支机构或办事机构所需经费或营运资金的汇出须经外汇管理部门批准后方可办理。

10日 国家计委、中国人民银行、财政部和审计署联合发布《关于进一步加强自筹基建资金管理的补充规定》。该补充规定指出：有一些部门、单位和银行不按规定办事，有的采取对策，逃避监督；有的打着技改自筹的名义上基建项目；有的将自筹基建资金存入其他银行，搞计划外基建；有的以各种借口，拒绝或限制向人民建设银行转（交）存自筹资金；也有银行服务不周，管理不严的问题。这些问题的存在，一方面，影响了自筹基建资金全部交存人民建设银行管理规定的落实；另一方面，严重影响了国家关于清理在建项目，压缩投资规模，调整投资结构工作的顺利开展。

该补充规定要求：1. 各级专业银行、金融机构除本系统所属单位的自筹基建资金、楼堂馆所资金要按规定交存建设银行外，对其他部门、企业、事业单位根据国家规定应当向人民建设银行转存的自筹基建资金、楼堂馆所资金（包括"拼盘"项目中有其他银行贷款投资的自筹基建资金部分），也应该及时办理转存人民建设银行手续。不得假借各种理由拖延转存。如发现故意违反者，除由当地人民银行协调强制划款外，还应按计划转出额处以每日万分之五的罚款。2. 除人民建设银行以外的其他专业银行、金融机构都不得办理自筹基建的存款、拨（贷）款业务。目前，已经开办了这类业务的其他专业银行、金融机构，要清理移交当地人民建设银行，有关的专业银行总行要负责督促、检查，并通知所属单位限期纠正。3. 各级主管部门、企业、事业单位、机关、团体等，凡需用自筹资金安排基本建设的，必须经财政部门严格审查其来源是否符合国家规定（具体审查办法由当地财政部门与人民建设银行商定），并由审计部门对其进行审计监督。在自筹基建计划审批前，必须将自筹基建资金交存人民建设银行，纳入在人民建设银行开立的自筹基建资金专户管理。严禁将自筹基建资金分散在其他专业银行多头开户或待自筹基建计划审批后将自筹资金移转他行开户。各部门、单位、企业存入其他银行的自筹资金，都不准用于基本建设，如有搞基本建设的，开户银行应拒绝付款。否则，要追究开户银行的责任。4. 各级人民建设银行必须恪尽职守，严格执行国务院和有关部门的规定，加强对全民所有制、集体所有制单位的自筹基建资金、楼堂馆所资金的全面管理，有渎职或其他违纪行为的，一经发现，要追查有关领导和经办人员的责任，严肃处理。

11日 国家外汇管理局发布《"购物支付证"管理规定》。外汇局规定：为了保证受聘外宾和留学生等在华的基本生活需要，自1990年1月1日起，正式使用"购物支付证"，"免收外汇兑换券优待证"同时作废。购物支付证系指由国家外汇管理局或其分局向应聘来华工作人员和留学生等发放的以人民币在指定部门或场所购买基本生活用品和支付食宿交通等劳务费用的凭证。购物支付证用于支付在国家经营或集体经营的宾馆、饭店、餐厅、友谊商店、外贸中心、工艺美术服务部、文物商店等场所就餐、住宿、购买一般生活用品所需费用以及购买国内航线的飞机、火车、船舶票款，支付行李运费，支付出租汽车费等。该规定对购物支付证的发放对象、发证与受证等作了规定。

同日，外汇局还公布了《购物支付证管理规定施行细则》，对发证手续和购物支付证的管理作了具体规定。10月23日，外汇管理局又补充规定：持"境外户购物支付证"的旅客，可凭其用人民币支付住宿、餐饮、交通等旅游费用，但不能凭其用人民币购物和支付出境交通费用。持"境外户购物支付证"的旅客及所带亲友，可参加各地中旅组织的旅游团，结算时用人民币支付。

17～20 日　国家外汇管理局在北京召开国际收支工作会议。会议制定了建立地方国际收支统计体系的初步方案。国际收支统计管理体系的内容为统计、分析、预测、调整四个方面。建立地方国际收支统计体系的具体步骤是：首先由总局制定国际收支统计管理办法，在部分沿海省份进行试点；取得一定经验后，逐步推广到各省、市、区分局和二级分局、支局。

18 日　国家外汇管理局发布《境内机构的贸易和非贸易等外汇收支结汇的规定》。该规定明确，严禁任何单位提前买汇，推迟卖汇和未经省、自治区、直辖市、计划单列城市、经济特区的外汇管理部门批准擅自将外汇额度买成现汇存放国内外银行。凡违反本规定者，按如下处理：1. 提前买汇、推迟卖汇者，外汇管理部门根据提前或推迟结汇的实际天数，按 3 个月期伦敦同业拆借利率（LIBOR）向违法企业收取利息，折合人民币收取；2. 对用汇单位未按上述规定而提前买汇者，一经发现，经办银行应立即冲账，并按规定的付款到期日公布的汇率结汇；3. 经办银行未按本规定执行为单位提前付汇、推迟结汇者，一经查出，将按提前付汇或推迟结汇的金额处以 10% 的人民币罚金。以上各项处罚，企业、银行不得列入经营成本。本规定不适用于外商投资企业。

24 日　国家外汇管理局、中国银行发布《关于台胞、台属因私赴台申请批汇问题的规定》。经批准赴中国台湾地区定居、探亲、探病、奔丧以及赴国外或港、澳地区会亲的台胞、台属可凭公安机关出入境管理部门签发的去中国台湾的有效证件和当地台办出具的赴中国台湾换汇证明到中国银行当地分行申请兑换外汇。赴中国台湾定居人员每人 200 美元旅途外汇；对没有离休费、退休费、退职生活费的台胞、台属，可批给每人 700 元人民币的等值外汇。未满 14 周岁的儿童持有的外汇额度每人减半。赴中国台湾探亲人员，可批给 200 美元旅途外汇。赴中国台湾探病、奔丧人员可批给 400 美元的外汇。台胞、台属在出境前已收到境外亲属为其汇入作出境旅游的外汇，允许其复带出境。

30 日　国家外汇管理局发出《关于外币兑换若干问题的规定》：各国驻华机构从其在银行开立的外币存款账户或人民币特种存款账户中提取外汇兑换券后，其未使用的外汇兑换券不得兑回外币，只能在中国境内继续使用。常驻人员离境时，如要求将未用完的外汇券兑成外汇汇出或携出境外，银行凭本人出境证明或飞机票和有效期内的兑换水单方予兑给不超过原兑换数的 50% 的外汇，不出境者不能兑回外币。对短期来华的外国旅游者、华侨、港澳同胞将未用完的外汇券要求兑换外币时，准予一次兑换外币（最多不超过原兑换数的 50%）。

11 月

6～9 日　中共十三届五中全会在北京举行。全会审议并通过《中共中央关于进一步治理整顿和深化改革的决定》。五中全会决定：包括 1989 年在内，用 3 年或者更长一点的时间基本完成治理整顿任务。治理整顿的主要目标是：逐步降低通货膨胀率，要求全国零售物价上涨幅度逐步下降到 10% 以下；扭转货币超经济发行的状况，逐步做到当年货币发行量与经济增长的合理需要相适应；努力实现财政收支平衡，逐步消灭财政赤字；在着力提高经济效益、经济素质和科技水平的基础上，保持适度的经济增长率，争取国民生产总值平均每年增长 5% ～6%；改善产业结构不合理状况，力争主要农产品生产逐步增长，能源、原材料供应紧张和运力不足的矛盾逐步缓解；进一步深化和完善各项改革措施，逐步建立符合计划经济与市场调节相结合原则的，经济、行政、法律手段综合运用的宏观调控体系。

该决定提出：中央银行必须管住票子，控制住信贷总规模。1990 年的新增贷款总额和货币发行量，大体维持 1989 年的水平。新发放的银行贷款，严格按照国家的产业政策，优先保证重点产业、重点产品、重点项目和骨干企业的资金需要。进一步清仓利库，减少不合理的资金占用。企业要按规定比例增补自有流动资金。加强现金管理，积极清理各种拖欠款项，扭转资金“体外循环”现象。金融体制的改革必须有利于加强集中统一管理。进一步强化中央银行宏观调控职能，严格控制货币发行和信贷总规模。中央银行要对专业银行实行归口领导和管理。进一步整顿金融秩序，纠正各金融机构间不合理的业务交叉。坚决按照国家产业政策和信贷计划的要求发放贷款，不能片面强调企业化经营。坚决整顿和裁并非银行的金融机构，以及银行的信托投资公司，取缔私人银行和钱庄。金融体制的改革要同调整信贷结构和清理已经发放的贷款结合起来。

6 日 中国人民建设银行发布《中央级基本建设储备贷款管理暂行办法》。该办法规定，基本建设储备贷款的发放对象是国家用中央财政预算内资金安排的中央级基本建设项目。凡具备条件的中央级建设单位，为下年度储备设备和主要材料，均可向中国人民建设银行申请基本建设储备贷款。基本建设储备贷款指标由总行按行业分次下达到分行，分行再将储备贷款指标分解下达到经办行。贷款期限一般为 1 年，最长不得超过 2 年。贷款利率按有关设备储备贷款利率的规定执行。该办法自 1990 年 1 月 1 日起实行。

10 日 国家外汇管理局公布《外汇（转）贷款登记管理办法》。外汇（转）贷款是指境内单位使用的以外币承担的具有契约性偿还义务的下列外汇贷款：国际金融组织和外国政府转贷款、国内金融机构的外汇贷款、国际金融转租赁和国内外汇租赁等。该办法规定，国家对转贷款实行全面的登记管理制度。外汇管理部门负责转贷款的登记、管理和还本付息的审批工作。使用转贷款的单位应到所在地外汇管理部门办理转贷款登记，领取贷款登记证。该办法自 1989 年 11 月 15 日起实施。

△ 国家外汇管理局发布《外债登记实施细则》。该细则规定：外债登记分为逐笔登记和定期登记。定期登记的外债是指：国内银行和非银行金融机构借入的外债；财政部、经贸部、中国人民银行、农业部、中国银行分别负责的外国政府贷款和国际金融组织贷款。逐笔登记的外债是指：除定期登记以外的国内其他部门、企业（包括外商投资企业）借用的外债。企事业单位委托金融机构的对外借款，由合同规定的债务人进行登记。该细则对登记手续、办理开户行业务的条件、开户行应履行的职责以及各种罚则等也作了明确规定。

13 日 中国人民银行、邮电部联合印发《关于进一步办好邮政储蓄的通知》。该通知对改进邮政储蓄办法规定：1. 邮政储蓄吸收的资金转存人民银行，列入信贷计划，安排当地人民银行调剂使用。2. 凡具备 2 人以上、有一定业务素质的工作人员和开业条件的邮政机构，均可开办邮政储蓄业务。3. 邮政储蓄业务由邮电部统一管理，贯彻国家的金融方针、政策，执行国家统一规定的利率标准，在业务上接受人民银行的指导。4. 邮政储蓄的业务种类，可比照银行现行的储蓄种类办理，如需增加新的储蓄种类，须由省、自治区、直辖市邮电管理局与当地人民银行分行商定。5. 将邮电部门办理邮政储蓄向人民银行缴存存款的业务关系改变为转存款关系，即邮政储蓄由邮电部门自办，邮电部门吸收的储蓄存款（含保值定期储蓄存款）转存人民银行，人民银行对邮电部门支付转存款的利息和进行保值储蓄贴息，停止支付邮政储蓄手续费和提供备用金。储户的存款利息由邮电部门支付，邮电部门获得的利差即为经营收入。随该通知下发的还有《邮政储蓄存款转存办法》。该通知自 1990 年 1 月 1 日起执行。

14 日 国务院发布《关于清理检查“小金库”的通知》。该通知指出：近几年来，不少机关、团体、企业和事业单位违反国家财经制度，私设各种形式的“小金库”，屡禁不止。这是造成国家财政收入流失、消费基金增长过猛的重要原因之一，不仅助长了奢侈浪费，而且腐蚀干部，败坏党风和社会风气。为此，国务院决定，结合开展 1989 年税收、财务、物价大检查，对私设的“小金库”进行一次全面彻底的清理和检查。国务院和地方各级政府的大检查办公室，要在同级银行开立“清查小金库资金”专户。各机关、团体、企业和事业单位应交的各项“小金库”资金，均由单位财务会计部门集中，并按其隶属关系（中央、省区市、地市、县区）直接汇交同级大检查办公室在银行开立的“清查小金库资金”专户。

△ 国家外汇管理局、中国银行发布《关于恢复地方煤出口继续实行原币划转的通知》。1989年5月，凡委托中国煤炭总公司代理出口的地方煤，不再实行原币划转，一律在煤炭总公司直属分公司所在地的中国银行办理出口结汇。在出口地结汇的办法不利于地方的资金周转，严重挫伤了地方创汇的积极性，为此，该通知规定：对地方煤出口仍恢复原币划转的办法，将结汇收入全部上划中国煤炭总公司统一办理上缴和留成。

24日 中国人民银行发布《关于大额可转让定期存单转让问题的通知》。主要规定：1. 中国人民银行是大额可转让定期存单转让业务的主管机关。2. 经营大额可转让定期存单转让业务的机构，必须是经人民银行批准许可经营证券交易业务的金融机构。非金融机构和公民个人不得经办存单的转让业务，也不得在人民银行批准的中介机构之外私自进行存单的买卖。3. 大额可转让定期存单的转让采取自营买卖和代理买卖两种柜台交易形式。自营买卖的价格不得低于存单面额，代理买卖的价格根据委托人的要求公开挂牌。4. 自营买卖的价差最高不超过存单面额的1.5%。代理买卖向双方收取的手续费之和，最高不超过存单面额的6‰，对每张存单所收的手续费之和的上限为3 000元。5. 凡发行大额可转让定期存单的银行只能办理代理买卖业务，不得办理自营买卖业务。

12月

4日 中国人民银行发布《关于进一步清理整顿城市信用社的通知》。该通知要求：在清理整顿期间，一律停止审批新的机构。对资本金严重不足、资不抵债、违法乱纪、银行及政府或个人出资开办、在年底不能与专业银行等部门脱钩以及城市信用社设立的分支机构限期予以撤并。对超范围吸收存款和超规模贷款、违规拆借等活动必须限期清退和收回。变相擅自提高利率的要予以处罚。

5～11日 国务院召开全国计划工作会议和全国财政工作会议。会议分析了我国目前的经济形势，认为1989年全国治理整顿和深化改革取得了比较明显的进展，突出表现在：连续几年的经济过热已经降温；前些年持续过高的工业增长速度，就全国和全年来看，已经降到比较合理的水平；农业生产获得较好的收成；投资需求和消费需求膨胀的势头有所减缓；银行贷款规模和货币投放得到有效控制，城乡居民储蓄有了较大增长；零售物价上涨幅度逐月降低，群众对涨价的紧张心理已基本消除。会议认为，1990年我国治理整顿进入了攻坚阶段，要求各地区、各部门、各行各业在1990年做好以下几项工作：1. 切实加强农业，力争粮棉等主要农产品有一个好收成。2. 从各个方面采取积极措施，努力保持工业生产的适度增长。3. 积极开拓生产、多种经营和服务门路，努力安排待业人员。4. 严格加强市场物价管理，控制物价上涨幅度，稳定市场，安排好人民生活。5. 坚持紧缩方针，继续压缩固定资产投资规模，调整投资结构，继续严格控制信贷规模和货币发行，合理调整信贷结构，大力增收节支，反对浪费，厉行节约。6. 努力增加出口，压缩进口，保持外汇收支平衡。7. 重视科学和教育事业的发展，严格控制人口增长。会议重申，农村实行家庭联产承包责任制不变，企业承包责任制不变，厂长责任制不变，在坚持公有制为主体的前提下，发展多种经济成分的政策不变，中央对地方实行财政包干的体制不变，继续引进先进技术、利用外资和吸引外资来华投资等对外开放政策不变。

14日 国家外汇管理局、国家旅游局印发《旅游外汇管理暂行办法》。该办法适用于经营涉外旅游业务的旅行社、宾馆、饭店、车船公司、餐馆、旅游商品商店、娱乐游览场所等企业。旅行社经营外国人、华侨、港澳台同胞来华旅游业务，必须向国外旅行社收取外汇和向旅游者收取外汇券，不得收取人民币。旅行社接待来华旅游团组，必须坚持先收费后接待的原则，不得拖欠款；不得将旅游外汇截留存放境外。中央和地方一、二类旅行社外汇收入的结汇不得低于实现的外汇毛利额。除旅行社以外的其他旅游企业须在银行建立“外汇券收入户”和“外汇券支出户”。“外汇券收入户”的剩余外汇按月或季结汇并办理留成。该办法自1990年1月1日起开始执行。

16日 人民币汇率下调。经中国人民银行授权，国家外汇管理局公布，人民币汇率从即日起下调21.2%，由原1美元兑人民币3.70元调至1美元兑4.70元。

△ 中国人民银行发出《关于进一步清理整顿基金会的通知》。该通知强调：基金会是对国内外社会团体和其他组织及个人自愿捐赠的资金进行管理的民间非营利性组织，是独立的社团法人，不得将基金会办成任何部门或单位的附属机构。该通知要求，对基金会进行清理整顿，暂停审批新的基金会。严禁基金会向企事业单位平调、摊派基金。基金会不得直接开办公司、企业，不得办理存款、贷款、拆借资金等金融业务。

18日 中国人民银行发布《关于做好撤并金融性公司债权债务清理工作的意见》。该意见指出：凡撤并公司停业前所签订的合同，包括涉外合同继续有效；原所吸收的各种存款、发行的各种债券以及其他负债，一律按原订期限归还；撤并公司所发放的各种贷款、投资和其他债权归出资单位或接受债权的单位，并由这些单位负责催收，或委托其他金融机构代为催收；撤销公司不得以任何方式抽回资本金；凡属确定撤销的公司，须经中国人民银行批准，按有关规定办理公司注销手续。

31日 财政部、中国人民银行、国家国有资产管理局联合下发《关于做好撤销、合并全民所有制公司资产和债权债务清理工作的通知》。该通知规定：确定撤销和合并的公司，根据清理资产和债权债务的需要，由主管部门（含挂靠单位）组织有关单位和有关人员成立清算组织，负责对公司的资产和债权债务进行全面清理。确定撤销的公司，其资产经过评估，由清算组织征得债权人同意后，报公司主管部门会同财政部门和国有资产管理部门批准，进行变卖或者拍卖。凡应撤并的金融公司，其主管部门应立即组织清理小组。撤销的金融性公司和非金融性公司，属银行、保险公司用信贷基金、保险基金开办的，由银行和保险公司负责收回仍作为信贷基金和保险基金使用。属信贷和其他资金投入的，按国家有关的财务和信贷规定办理。撤销的公司经过清理发生亏损的，各级财政一概不予弥补，主管部门也不得用国家的财政拨款和银行贷款抵偿债务。撤销公司按下列程序清偿债务：1. 支付合理的工资、生活费；2. 依法缴纳各项税款；3. 偿还国家银行、信用合作社和其他金融机构的贷款；4. 偿还其他债务。撤销和合并金融性公司的债权债务清理，按《中国人民银行关于做好撤并金融性公司债权债务清理工作的意见》办理。

1990 年

1 月

1 日 国家外汇管理局宣布，从即日起对在华外国人士实行“购物支付证”制度。持证者可在指定场合以人民币结算，废止以前发放的“免收外汇兑换券优待证”。

购物支付证、免收外汇兑换券优待证 购物支付证是指由国家外汇管理局或其分局向应聘来华工作人员和留学生等发放的以人民币在指定部门或场所购买基本生活用品和支付食宿、交通等劳务费用的凭证。

免收外汇兑换券优待证诞生于我国 20 世纪 80 年代初期，是计划经济时代的产物，当时我国的各种商品都实行计划配给制，但对于入境的华侨、外国游客等境外人士，在各种商品的供给上与国内居民存在较大区别，国家在供给品种、数量等方面都给予了特殊优惠政策，以方便境外人士在国内的生活。从 1980 年起，国家推行外汇兑换券制度，境外人士可用外汇购买外汇兑换券，用于在国内指定场所和范围内进行消费支付。对于当时我国有些部门、单位聘请的短期来华定居的国外专家，由于国内通常以人民币发放薪酬，为了方便这些来华专家在国内的生活，国家特别设立了“免收外汇兑换券优待证”，来华定居专家持“免收外汇兑换券优待证”，可以同外汇兑换券一样，在国内指定场所和范围内用人民币进行消费支付。在“免收外汇兑换券优待证”的发放上，邀请单位先向当地外汇管理局申请，经批准后，就近到中国银行代领，再发放给来华专家。1989 年 10 月，国家出台规定，自 1990 年 1 月 1 日起，原国家发行的“免收外汇兑换券优待证”改为“购物支付证”并正式使用，“免收外汇兑换券优待证”同时废止。

5 日 中国人民银行发出《关于保险公司保险金存款问题的通知》。该通知规定：任何种类的保险金转存各专业银行时，均列入“保险公司存款”科目，不得列入“储蓄存款”科目核算，不准转存入各储蓄所。除四家国有银行外，其他银行、非金融机构和邮政储蓄机构不得吸收各种保险金转存款。各专业银行在吸收保险金存款时，不得另付任何形式的手续费。1983 年《中国人民银行关于家庭财产两全保险的保险储金按储蓄利率计息的通知》中规定的“按储蓄存款利率档次计息”的几种保险金转存款，现改为“按单位存款利率计息”，其实际利率水平没变，存期 3 年以上的存款不予保值。

12～18 日 全国银行分行行长会议在北京召开。会议提出，为了实现 1990 年银行信贷规模和货币发行计划目标，在货币信贷上要继续执行“控制总量，调整结构，保证重点，压缩一般，适时调节，提高效益”的方针，把工作重点放到调整信贷结构，加速资金周转和搞好适时调节上来。为此采取以下政策措施：1. 增强和改善信贷资金的宏观管理。继续实行贷款规模控制的责任制，进一步完善季度贷款监控办法，做到“全年亮底，按季监控，按月考核，适时调节”。人民银行给专业银行核批的全年贷款最高控制限额，仍实行专业银行“条条”管理，并由各地人民银行进行监控的办法。2. 下大力气调整信贷资金结构。要按照国家产业政策和信贷政策掌握发放贷款，重点支持农业、能源、交通和原材料等国民经济基础行业发展，支持大中型骨干企业的生产，农副产品和外贸出口商品的收购，国家计划内的重点固定资产投资项目，以及群众生活必需品和市场短缺商品的生产。3. 加强企业流动资金管理，使企业自有流动资金的比例逐步达到 30%。4. 继续稳定和增加储蓄存款。

5. 进一步整顿金融秩序。抓好金融性公司和其他非银行金融机构的清理整顿工作，强化利率管制。1990 年上半年各行都要进行一次结算纪律大检查，着重对结算中压票退票、不执行结算制度和互相占用汇差及结算资金的问题进行清理整顿。6. 加强外汇、外债管理。7. 切实做好银行各项基础工作。8. 继续坚持金融对外开放的方针。

14 日 中国人民保险公司、中国农业银行发出《关于贷款企业和个人参加财产保险的联合通知》。该通知规定，自 1990 年 3 月 1 日起，凡是向农业银行、农村信用社贷款的国营、集体工业、农业、商业企业都应参加财产保险；私人企业、个体工商户和某些农村经营承包专业户，原则上也应在当地人民保险公司办理财产保险。对应参加财产保险而未参加的，原则上不予贷款。投保企业、个人在投保期间如因保险事故造成损失，其所获保险金应首先用于偿还农业银行、农村信用社的贷款。

2 月

5～8 日 国务院经济特区工作会议在深圳召开。会议指出：在治理整顿时期，全国经济发展速度要适当放慢一点，但经济特区可以而且应该比全国的平均发展速度高点。据会议介绍：截至 1989 年年底，5 个经济特区（深圳、珠海、汕头、厦门、海南）已批准外商投资项目 5 700 多个，协议外资金额 94 亿美元，实际利用外资 41 亿美元，占全国的 1/4 以上；5 个经济特区 1989 年的工业产值接近 300 亿元，是 10 年来中国经济实力增长最快的地区；5 个经济特区 1989 年外贸出口达 38.5 亿美元，占全国出口总额的近 1/10。

9 日 中国人民银行发布《关于一九九〇年发行金融债券、发放特种贷款的规定》。该规定明确：全国发行金融债券的总额，由中国人民银行总行根据国家综合信贷计划和当年偿还旧债的数额统一确定。申请发行金融债券的各银行总行应制订本系统发行金融债券和特种贷款的计划和办法，并上报中国人民银行总行审批。各行不得突破中国人民银行总行批准的发行额度。1990 年金融债券的发行对象为城乡个人。1 年期、2 年期的年利率比同期存款利率上浮 2 个百分点；3 年期的年利率在保值的基础上再上浮 1 个百分点。金融债券发行后即可进入市场转让和抵押。1990 年发行金融债券筹集的资金，只能用于归还已到期金融债券和发放特种贷款。

特种贷款要严格控制在批准的额度内发放，只限用于以下方面：新建、扩建企业需要投产，目前不能备足 30% 自有流动资金并要求贷款的，可在其原材料有来源、产品有销路的情况下，在 30% 以内发放特种贷款；经济效益好、产品为社会所急需的计划内技术改造项目建成后所需流动资金；经济效益好、有还款能力并纳入国家固定资产投资计划的能源、交通、原材料等基本建设项目建成后所需流动资金；经中国人民银行总行特批，中国人民建设银行可发放少量的国家计划内基本建设特种贷款，用于产品为社会所急需、经济效益好、再投入少量资金就可以竣工投产的国家计划内的项目。特种贷款的利率可以比同期限金融债券的利率高 1～2 个百分点；在此幅度内，根据不同地区、用款期限长短划分档次，实行差别利率。

12 日 国务院召开税收财务物价大检查工作组全体成员会议。会议宣布：1989 年的税收、财务、物价大检查，从 1989 年 9 月开始，历时 4 个月，现已基本结束。截至 1989 年 12 月底统计，全国共有 238 万户国营、集体企业和行政事业单位进行了自查，自查面达到 99.1%；各级政府和各部门共派出 62 万名检查人员，对 85.5 万户企业和单位进行了重点检查。通过自查和重点检查，全国共查出各种违纪金额 153.73 亿元，其中，应交财政 88.2 亿元，已补交入库 64.57 亿元，分别比上年增加了 24.25%、19.7% 和 14.37%。全国共查出各种小金库资金 10.01 亿元，其中，转入单位财会部门账内列收列支 7.57 亿元，单位留用 1.08 亿元，应上交财政 1.36 亿元，已收缴入库 5 800 万元。在这次大检查中，全国受到经济处罚的共有 59 373 个单位、8 824 人，受到党纪、政纪处分的有 439 人，移交司法机关立案侦查或依法逮捕的有931人。

△ 中国人民银行发出《关于强化利率管理的通知》。该通知规定：从1990年2月1日起各银行、城乡信用社和其他非银行金融机构必须严格按照人民银行规定的存款利率执行，一律不准上浮。对单位发行的大额定期存单，利率不再上浮；对个人发行的大额定期存单，由人民银行各分行决定利率是否上浮，但是上浮幅度最高不得超过10%。人民银行对农村信用社开办的特种存款适当调高利率，半年期和1年期存款年利率分别由9.72%和12.6%调高到10.08%和13.05%。固定资产贷款利率、专业银行发放的粮棉油贷款利率、外贸出口产品收购贷款利率，一律不准上浮。流动资金贷款利率上浮幅度由现行的30%下降到20%。贷款利率浮动权仍由各银行总行掌握，浮动幅度的权限只能下放到地、市级分（支）行。城乡信用社贷款利率的上浮幅度，以人民银行规定的贷款利率为基准，最高不能超过50%，需上浮利率的贷款项目必须经县级以上人民银行批准执行。逾期贷款加息幅度由30%下调到20%；超储积压和有问题的商品贷款加息幅度由50%下调为30%；挤占挪用贷款加息幅度由100%下调为50%。人民银行分行对专业银行和其他非银行金融机构贷款利率浮动权收归总行掌握。

△ 中国人民银行发布《关于完善1990年信贷资金管理的规定》。主要内容是：1. 从1990年起，正式编制全社会信用规划，并分为4个层次进行管理和监控。第1层次是对银行、城乡信用社、各类信托投资机构和各种债券、股票、集资等信用活动总量进行规划；第2层次是包括人民银行、专业银行、交通银行和中信实业银行在内的国家银行信贷计划；第3层次是包括信托投资公司、城乡信用社等在内的其他金融机构的信贷计划；第4层次是各种形式的债券、股票和集资活动。2. 全年贷款限额为指令性计划，未经批准不得突破。对贷款限额继续实行“全年亮底、按季监控、按月考核、适时调节”的办法。季度性贷款限额为指导性计划，由各家银行根据人民银行总行核批的全年贷款限额，按照不同地区的季节特点，合理确定上半年和第三季度的贷款进度。3. 对城乡集体经济组织和个体户，银行原则上不新增固定资产贷款。对流动资金贷款限额，经专业银行总行批准在项目之间可以相互调剂，其中乡镇企业特种贷款只能调减不能调增，农副产品收购贷款只能调增不能调减。4. 农业银行发放的农业贷款和预购定金贷款，可在超过年度贷款限额的30%之内掌握，由农业银行总行负责控制，第四季度以后逐步压缩，不得突破年度贷款限额。5. 对纳入专项管理的粮、棉、油、糖料、茶叶、肉类及主要畜产品，要严格按照国家下达收购计划安排资金。6. 继续开展清仓挖潜，清理企业拖欠。1990年清仓挖潜任务为：全部流动资金周转要加速4%。7. 按照国家产业政策和大中型企业划分标准，作为专业银行重点倾斜对象给予贷款支持。8. 非银行金融机构要按照人民银行批准的经营范围和有关规定办理业务，按时足额交纳准备金。9. 为了便于专业银行安排资金，要将1989年以前中央银行短期贷款的一部分转为年度性贷款。对当年国家安排给专业银行的政策性强的贷款，人民银行适度增加一部分年度性贷款。年度性贷款和短期贷款仍实行“条块结合，以块为主”的分配办法。人民银行对专业银行的贷款仍实行限额管理。10. 加强财政性存款和缴存存款的管理，对专业银行已经占用的财政性存款，规定期限逐步划归人民银行。11. 继续开展短期资金融通。相互拆借资金，期限一般为1个月。其他金融机构对专业银行拆出资金，最长不得超过4个月。

21日 中国人民保险公司确定广东、辽宁、山东、陕西、贵州、河北、内蒙古、广西、成都、长春分公司试办“养老金还本保险”及“福寿安康保险”。其中“养老金还本保险（试行）”规定：所有城乡居民或具有法人资格的企业，均可以作为投保人，为其本人或企业职工向中国人民保险公司投保养老金还本保险。保险费应按约定方式和时间交纳，年交保险费总额不得低于120元。投保人因欠交保险费后补交时，要按欠交期间的银行最高年复利率相应期的月利率计交利息。被保人领取养老金的年龄分别确定为50周岁、55周岁、60周岁、65周岁四档。交费须满10年以上。

27日 中国人民银行决定，增加80亿元信贷资金，用于支持大中型骨干企业流动资金急需。这项资金的主要投向是胜利油田管理局、大同矿务局、沈阳电缆厂、西安电力机械制造公司、吉林化学工业公司、武汉钢铁公司、鞍山钢铁公司、白银有色公司、第一汽车制造厂、第二汽车制造厂、齐齐哈尔造纸厂等9个行业的234户重点企业。1990年年初，国家计委和国务院生产委员会提出《关于对234户重点骨干企业试行“双保”办法的报告》，确定234户重点骨干企业为“双保”企业。一方面，这些企业在1990年保证向国家上缴利税385亿元，完成统配产品原煤3.23亿吨、原油1.36亿吨、发电量3 671亿千瓦小时、钢材2 617万吨、化肥1 386万吨、汽车8.06万辆、发电设备695万千瓦的生产任务；另一方面，国家和地方保证向企业提供能源、原材料、运力和资金等主要生产条件。

3月

8日 中国人民银行制发《同业拆借管理试行办法》。该试行办法规定：参加同业拆借的只能是银行和非银行金融机构。人民银行、保险公司、非金融机构和个人不能参加同业拆借活动。拆出资金限于交足存款准备金和留足必要的备付金之后的存款，严禁占用联行资金和中央银行贷款进行拆放；拆入资金只能用于弥补票据清算、联行汇差头寸的不足和解决临时性周转资金的需要，严禁用拆借资金发放固定资产贷款。各银行每月日平均拆入资金余额，不得超过其上月末各项存款余额的5%；城市信用社每月日平均拆入资金余额和其自有资本金的最高比例为2:1；其他金融机构每月日平均拆入资金余额，不得超过其自有资本金。同业拆借的期限和利率高限由人民银行总行确定和调整，拆借双方可在规定的限度之内，协商确定拆借资金的具体期限和利率。

在发布该试行办法的通知中，人民银行指出，同业拆借的期限和利率高限由人民银行总行根据资金供求情况确定和调整。目前，拆借资金的期限一般为1个月，其他金融机构对专业银行拆出资金，期限最长不得超过4个月。同业拆借的利率不得高于人民银行对专业银行日拆性贷款利率的30%。

14日 中国人民银行、中国工商银行、中国农业银行、中国银行、中国人民建设银行召开全国银行电话会议。会议决定：适当增加上半年银行贷款规模。新增加的贷款主要投向234户“双保”企业、农业春耕生产、国家计划内固定资产贷款项目等。1990年总共扩大固定资产投资400亿元。从3月21日起，贷款利率下调1.26个百分点。从4月1日起恢复于1989年8月取消的托收承付结算方式，以帮助承担国家指令性计划生产较多的骨干企业收回货款。中国人民银行还决定从4月15日起降低部分存款利率，城乡居民和企业、事业单位的定期存款年利率(3个月、半年、1年、2年、3年、5年期存款)降低1.26个百分点；8年期存款年利率降低1.44个百分点。这些经济手段收到了较好的效果，从3月开始，工业生产逐月回升，6月增长速度达到5.3%，全年增长了7.8%。

20日 第七届全国人民代表大会第三次会议在北京召开。国务院总理李鹏作《政府工作报告》。该报告指出，1989年，严重影响经济稳定发展的通货膨胀得到控制，社会总需求大于总供给的矛盾趋于缓和；经济结构调整开始起步；流通领域的混乱现象得到初步治理，清理整顿公司工作有了进展；国民经济保持了一定的增长速度，有效供给继续增加；重点建设取得了新的成绩。当前，国家在前进中还存在着许多问题和困难。在经济方面，多年积累下来的产业结构失调、经济体制和运行机制不合理、经济效益差等深层次问题还远远没有解决，在治理整顿中又出现了市场销售疲软、工业增长速度回落过猛、停产半停产企业增加等新的矛盾和问题。

该报告指出：1990年要在坚持财政金融“双紧”方针的前提下，从多方面采取缓解当前矛盾的措施，其中包括：适度放松金融，增加一些贷款，主要用于增加企业流动资金，增加商业、物资和外贸收购资金；适当调整存贷款利率，在贷款上实行差别利率；成立专门小组负责尽快清理“三角债”，全面恢复银行托收承付制度，以减少企业间的相互拖欠。银行要按照国家的产业政策和信贷政策，继续控制贷款规模和货币投放，调整贷款结构，做好适时适度调节，加强分类指导，把贷款的发放和管理工作做好。要继续对农业生产、农副产品收购和外贸收购、国家重点建设和重点生产实行倾斜政策。对经济效益好的大中型骨干企业的贷款，优先予以支持。认真清理各项贷款，挖掘资金潜力，加速资金周转。继续开办保值储蓄，积极组织和吸收城乡居民储蓄存款。

26日 国务院发出《关于在全国范围内开展清理“三角债”工作的通知》。该通知指出，由于市场疲软，产成品积压，工业生产中流动资金不足的矛盾很尖锐，企业、单位之间互相拖欠货款和前清后欠的情况十分严重，已成为影响当前生产正常进行的突出问题，也损害了社会信用。为了缓解这一矛盾，国务院决定在全国范围内开展清理“三角债”工作，并决定成立由邹家华任组长的国务院清理“三角债”领导小组，组织领导全国的清欠工作。4月4日，国务院清理“三角债”领导小组召开全国电话会议，对开展清理“三角债”工作进行了部署。按照国务院的要求，对企业因流动资金不足形成“三角债”，分三个步骤进行清理：第一步，从4月至6月初，各省、自治区、直辖市及计划单列市和重点部门自行组织清理，清理拖欠款700亿元；第二步，6月中旬至7月底，全国按华北、东北、华东、中南、西南和西北六大区，由指定省、市牵头，组织大区跨省（区、市）的区域性清理，清理拖欠款248亿元；第三步是全国范围的清理。为此，国务院于7月10日至12日召开了全国清理“三角债”工作会议。国务院规定：为清理“三角债”，银行要投入一批启动资金。从1990年4月1日起，凡无理拖欠货款的单位，要给收款单位支付日息万分之三的滞纳金。

27日 中国人民银行发出《关于金融公司撤并留的政策意见的通知》。该政策意见规定：1. 所有信托投资公司，凡未经中国人民银行批准和达不到验收标准的，一律撤销；经批准并符合验收标准的，可以根据不同情况保留1~2家。投资公司，中央各部委办的，经国务院特批可予保留；各级保险公司办的一律撤销；其余视情况予以保留，但不得吸收存款和发放贷款，不得参与金融同业之间的资金拆借，有偿资金使用必须委托经中国人民银行批准可以办理信托业务的金融机构办理。融资公司、证券公司、租赁公司、财务公司撤并留的政策界限，由中国人民银行另行制定。2. 各专业银行不得投资开办各种公司和房地产开发公司，也不得向各种非金融性公司或企业投资。已投资开办的全资公司和房地产开发公司，要按国家有关清理整顿公司的规定进行清理整顿，个别准予保留的，必须与专业银行脱钩，成为独立的企业法人；房地产开发公司可归口建设部门管理，但不得办理各种金融业务。不能脱钩者，一律撤销。专业银行在这些公司的投资要限期收回或转让出去，一时不能收回或转让不出去的，可以改为贷款。人民银行及各专业银行开办的咨询公司、评信公司一律撤销。3. 各专业银行投资开办的咨询公司、中国人民银行及各专业银行办的评信公司一律撤销。人民银行还同时下发了《信托投资公司验收标准》：全国性和区域性的信托投资公司，其实收资本金足额须达到1亿元和5 000万元人民币；经营外汇业务的还须分别拥有1 000万美元和500万美元现汇的外汇资本金。

4月

1日 中国人民银行改革联行清算制度。中国人民银行于1989年12月6日发布《关于改革联行清算制度的通知》指出，改革联行清算制度的核心，是使汇划款项与资金清算同步，汇差资金由人民银行控制，目标是建立人民银行清算中心，以运用卫星通讯网的电子联行替代手工联行；专业银行跨系统内汇划款项全部通过清算中心汇划并清算资金。近期任务是改进现行的联行清算办法，实行专业银行跨系统大额汇划款项和系统内大额汇划款项均通过人民银行联行转汇并清算资金。该通知还规定了10项具体实施办法。

△ 中国人民银行恢复办理异地托收承付结算方式。中国人民银行于同年2月6日发布《关于恢复异地托收承付结算方式的通知》指出，1988年经国务院批准颁发了中国人民银行新的《银行结算办法》，其中规定从1989年8月1日起取消异地托收承付结算方式。其目的是为了更好地适应计划经济与市场调节相结合，加强购销双方的信誉、银行信用和商业信用分开的要求。但在取消之后，有不少企业不太适应新的结算办法，同时，考虑到异地托收承付结算办法在当前治理整顿期间还有一定作用，因此，经请示国务院，决定自1990年4月1日起恢复办理异地托收承付结算方式。

4日 中华人民共和国主席发布第26号令，颁布《中华人民共和国香港特别行政区基本法》(以下简称《基本法》)。《基本法》中有关金融方面的内容有：1. 中国香港特别行政区政府提供适当的经济和法律环境，以保持中国香港的国际金融中心地位。2. 中国香港特别行政区的货币金融制度由法律规定。中国香港特别行政区政府自行制定货币金融政策，保障金融企业和金融市场的经营自由，并依法进行管理和监督。3. 港元为中国香港特别行政区法定货币，继续流通。港元的发行权属于中国香港特别行政区政府。港元的发行须有100%的准备金。港元的发行制度和准备金制度，由法律规定。中国香港特别行政区政府，在确知港元的发行基础健全和发行安排符合保持港元稳定的目的的条件下，可授权指定银行根据法定权限发行或继续发行港元。4. 中国香港特别行政区不实行外汇管制政策。港元自由兑换。继续开放外汇、黄金、证券、期货等市场。中国香港特别行政区政府保障资金的流动和进出自由。5. 中国香港特别行政区的外汇基金，由中国香港特别行政区政府管理和支配，主要用于调节港元汇价。《基本法》自1997年7月1日起实施。

△ 中国人民保险公司（以下简称人保公司）承保中国"长征三号"运载火箭发射"亚洲一号"卫星，保险金额1.2亿美元，保险期限为自点火后365天。这是我国第一次承揽发射国际商用卫星，也是人保公司首次承保国际商用卫星。4月7日，中国首次实施对外商业发射服务，"长征三号"运载火箭发射美国休斯公司制造的"亚洲一号"通信卫星获得成功。

7日 中国人民银行发出《整顿开户和加强结算纪律的意见》和《违反银行结算制度处罚规定》。针对当前在开户和结算上存在的企业单位在银行和其他金融机构多头开户；一些银行违反结算规定，有章不循，压票、退票，截留、挪用结算资金；有些银行擅立规章，自作规定，相互设卡，阻塞汇路等问题，该意见指出，各级人民银行要组织各家银行和其他金融机构对目前企业单位的多头开户进行一次全面的清理整顿。通过清理整顿，专业银行应按照"一业为主、适当交叉"的原则，交通银行、中信实业银行等综合性银行可不受业务分工的限制，确定企业单位在一家金融机构开立一个基本账户，办理转账资金的收付和按照国家现金管理的规定办理现金的收付。正确办理银行汇票的签发和兑付；按照规定签发和承兑商业汇票；严格委托收款和托收承付的支付纪律；正确及时地办理结算；严格实行对单位违反结算纪律的处罚。该处罚规定明确，对于违反银行结算制度的单位和个人、银行和其他金融机构，除责令其限期纠正外，可根据其行为性质及情节轻重分别给予通报批评、计扣赔偿金或赔款、罚款、罚息、没收非法所得、停止使用有关的结算办法等处罚。

13日 中国人民银行颁布《关于境外金融机构管理办法》。该管理办法规定：境外金融机构是指境内金融机构、非金融机构及境外中资金融机构和非金融机构在境外设立或者收购的从事存款、贷款、票据贴现、结算、信托投资、金融租赁、担保、保险、证券经营等项金融业务的机构。境内金融机构在境外设立代表机构、分支机构，设立中资、中外合资金融机构或者收购境外金融机构，由中国人民银行批准；境内非金融机构在境外设立中资、中外合资金融机构或者收购境外金融机构，由主管部门征求经贸部意见并审核同意后，报中国人民银行批准；境外中资金融机构和非金融机构，设立或者收购境外金融机构，由其境内投资单位征求经贸部意见后报中国人民银行批准。该管理办法对境内金融机构申请设立或者收购境外金融机构；境内非金融机构申请设立或者收购境外金融机构；境外中资金融机构和非金融机构申请设立或者收购境外金融机构须具备的条件作了规定，并明确了相应的罚则。本办法不适用于在中国境内设立的外商投资企业。截至1990年年底，在中国的外资、中外合资金融机构共38家。

15日 中国人民银行调整存贷款利率。中国人民银行于3月10日发布《关于调整存贷款利率的通知》，规定：1. 降低存款利率。对城乡居民和企、事业单位定期存款（3个月、半年、1年、2年、3年、5年、8年期存款）利率现行基础上降低1.26个百分点。2. 降低贷款利率。自1990年3月21日起，流动资金贷款利率，由现行的年利率11.34%下调到10.08%，专业银行可增设1年期以下的贷款利率档次。固定资产贷款利率也相应下调1.26个百分点。粮、棉、油贷款年利率由现行的11.34%下调到9%，外贸出口商品收购贷款年利率仍按9%执行。在人民银行规定的年利率10.08%基础上，城乡信用社贷款利率上浮幅度，最高不能超过50%。在30%的幅度内由信用社自行决定浮动；超过30%，必须报县级以上（包括县）人民银行批准。调整后的贷款利率并实行分段计息。3. 降低人民银行对专业银行的存贷款利率。各金融机构上缴人民银行的存款准备金和备付金存款年利率一律调整为7.92%。人民银行对专业银行的贷款利率不再划分档次，统一按9%执行。

18日 中国人民银行发出《关于对部分优惠贷款利率补贴问题的通知》。该通知规定：从1990年3月21日起，农业银行、工商银行发放的粮棉油收购贷款，中国银行发放的外贸出口产品收购贷款，其年利率9%与10.08%的利差，由人民银行给予补贴。1987年以前由工商银行、建设银行发放的黄金设备贷款一律按年利率8.46%计收利息。原定期限内的贷款由人民银行按8.46%与10.08%的利差给予补贴。工商银行每年发放的4亿元技术开发贷款，月利率为8.4‰，在原定贷款期限内，其中2.4‰由人民银行给予补贴。工商银行发放的银行系统印制企业基本建设贷款和设备贷款，仍按年利率5.4%执行，5.4%与10.08%利差由人民银行给予补贴。

△ 国务院向海内外宣布开发开放浦东。4月30日，上海市政府召开新闻发布会，公布开发浦东的10项优惠政策。其中一条是允许外商在上海、包括浦东新区增设外资银行。

21日 国家科学技术委员会、中国工商银行发布《科技开发贷款项目管理办法（试行）》。根据中共中央关于科技和金融体制改革的精神，经中国人民银行批准，在国家信贷计划中增设了科技开发贷款科目。该管理办法规定：贷款项目承担单位为具有一定条件的科研院所、大专院校、科研生产联合体和承担科技开发的全民和集体企业。科技开发贷款项目分为国家项目和地方项目，贷款建议项目的申请，分别按国家科委和地方科委各类科技计划的规定和要求办理。科技开发贷款实行专项管理，按计划使用。收回再用部分按中国工商银行总行有关规定在科技开发贷款范围内由各分行统筹安排使用。贷款主要使用范围为新产品、新工艺、新技术、新材料的研究、试制和开发；科技成果转移过程中的中间试验，包括小型工业性试验和小批量投产；引进国外技术的消化、吸收。贷款用于消化吸收需要购置的一些技术软件、检测手段、样品、样机、仪器、设备、材料以及试验费等。贷款期限一般为1~3年，某些高新技术项目可适当延长，但最长不得超过5年。利率一律按中国工商银行的有关规定执行。7月5日和8月3日，中国人民建设银行、中国农业银行和国家科委又分别针对科技开发专项贷款有关事项作出了具体规定。

25日 中国人民银行发布《关于加强储蓄管理工作的暂行规定》。该暂行规定的内容包括关于储蓄种类的管理、关于储蓄存款范围的管理、关于储蓄机构及业务的管理和关于储蓄利率的管理。其中规定：金融机构和邮政储蓄部门须经中国人民银行省级分行批准，才能办理储蓄存款业务。未经批准，储蓄机构不得开办新的储蓄种类和设立新的期限档次。任何储蓄机构不得吸收企事业单位、机关、团体的存款。未经人民银行批准，储蓄所一律不能办理贷款、汇兑业务。各储蓄机构不能以任何借口和任何形式擅自或变相浮动利率；不得开办任何形式的“摸奖储蓄”、“贴水储蓄”、“存款累进储蓄”、“银行给息、企业给奖的联办储蓄”、“3 年以上的保值有奖储蓄”等；不得举办各种个人外币储蓄存款的“有奖储蓄”。各储蓄机构开办有奖储蓄，须经人民银行省级分行审批，有奖储蓄实行奖息结合的原则。有奖储蓄的中奖面不能低于 30%，不得以物代奖。该暂行规定自 1990 年 6 月 1 日起执行。

中国人民银行在下发该暂行规定的通知中要求：各级人民银行对辖内储蓄机构办理的储蓄种类、期限档次进行清理、整顿，凡擅自开办储蓄种类的，必须令其立即停办，同时监督辖内储蓄机构对储蓄存款的范围进行一次清查，凡公款转存储蓄的要立即纠正；对本规定生效日之后继续违反规定的行为，要按照本规定予以严肃处理。人民银行强调，继续开办保值储蓄，并由人民银行总行定期公布保值贴补率。当某些月份贴补率为零时，并不意味着取消保值储蓄；物价上涨幅度超过同期利率水平，对到期的储蓄存款仍给予保值贴补。

5 月

1 日 中国人民建设银行在广州发行万事达卡，并将在全国发行此信用卡。中国人民建设银行是万事达国际信用卡组织成员之一。此次发行公司卡和个人卡两种，公司卡起存金额 5 000 元，个人卡 1 000 元，按活期储蓄利率计算利息。

7～8 日 中国人民银行副行长陈元率团出席国际货币基金组织临时委员会第 34 届春季例会。会议着重讨论了第九次份额增加问题和发展中国家对该组织的拖欠问题。我国投票赞同基金份额增加 50%，对修改国际货币基金组织协定和给予拖欠会员国惩罚问题投了弃权票。

19 日 为了保证粮、棉、油收购资金，中国人民银行发出明传电报，要求在粮、棉、油收购旺季，基层收购点因收购粮、棉、油发生贷款规模不足时，可以采取“边贷边报（边贷款边申报）”的办法，专业银行在系统内要自下而上地进行规模调剂，并以省为单位进行考核，专业银行下级行确因收购粮、棉、油超过上级行核批的贷款规模，要及时上报，如专业银行超过核批的贷款规模，要及时报告人民银行总行进行调整。

22 日 财政部、中国人民银行、国家工商行政管理局、公安部联合发布《关于打击国债券非法交易活动的通知》。该通知指出：经国务院批准，国库券转让市场自 1988 年 4 月开放试点以来，总的情况是好的。但也存在一些问题，突出的是非法交易国债券的活动相当严重，少数“票贩子”从中压价，倒卖国库券，坑害群众，破坏国债券信誉，影响十分恶劣。为了打击这些非法行为，确保国债券转让工作的正常进行，该通知规定：不论在任何场所交易未经国家批准转让的国债券，或者在经过国家批准的中介机构之外进行国债券交易的，均属于非法行为；各种经济组织和个体工商户在销售商品时，一律禁止收取国债券。任何将国债券当做货币进行商品交易的行为，均属于非法行为；对上述两种非法交易行为，除由各级工商行政管理机关没收其非法交易的国债券和非法收入外，并可视情节轻重，分别按照规定对交易双方或一方处以罚款。对非法交易国债券触犯刑律的，移交司法机关依法处理。本通知自发布之日起施行。1987 年 7 月 17 日财政部、国家工商行政管理局发布的《关于对倒卖国库券的单位和个人进行惩处的规定》同时废止。

28 日 深圳市人民政府发布《关于加强证券市场管理，取缔场外非法交易的通告》。该通告规定：凡是证券买卖、登记过户、派发红利股息须凭居民身份证或有效法人证明文件，通过经中国人民银行批准的证券交易机构进行。未经证券交易机构买卖的证券，证券交易机构不予办理登记过户和派发红利股息等手续。一切有价证券的买卖必须在交易机构内挂牌进行。凡证券场外非法交易者按中国人民银行深圳分行提供的前一天的收市价，处以50%以下的罚款，没收有价证券。

29日 中国人民银行深圳经济特区分行发布《关于深圳目前股票柜台交易的若干暂行规定》。该暂行规定明确：股票买卖及过户实行有效证件制度。委托一经确认当天不许撤销。委托成交后，委托方可于当天领取交割单，托售方于第二营业日起方可领取款项。委托买卖的价格不得高于或低于上一个营业日收市价的10%。受托方接受委托方的委托价格优先第一，时间优先第二；受托方接受的委托价格：卖方为最低价，以卖方出价为准；当买方出价高于卖方出价时，以买方出价为准。

30日 国务院颁布《中华人民共和国一九九〇年国库券条例》，31日颁布《中华人民共和国1990年特种国债条例》。前条例规定：1990年国库券发行数额为55亿元，期限为3年，利率为年息14%。后条例规定：1990年特种国债发行的数额为45亿元，期限为5年，利率为年息15%。

特种国债（Special Treasury） 这是国债的一种，跟普通国债一样，由中央政府以国家信用的形式发行并约定到期还本付息的债券，它与普通国债相比有着多种差别，发行特种国债所募集的资金通常有着特定的用途，其发行也仅面向国家所规定的特定对象；发行方式通常采用按计划指标进行分配的方式，其发行和还本付息事宜通常由财政部门组织办理；特种国债通常也不得进行流通。我国最早于1989年开始发行特种国债，发行数额为50亿元，期限为5年，利率为年息15%；1990年，我国再次发行45亿元特种国债，期限5年，利率为年息15%；1991年，发行特种国债20亿元，期限为5年，年利率为9%；以上三年的特种债券所募集的资金用于促进国家经济建设、协调经济发展；1998年，财政部再次发行2 700亿元特种国债，期限为30年，用于补充四大国有商业银行的资本金；2001年，我国再次发行500亿元特种国债，用于支持西部大开发建设。

6月

1日 国家外汇管理局发布《关于签发“携带外汇出境许可证”管理的规定》。该规定明确：出境人员携带外币、外币票证、人民币外汇票证出境，必须向海关交验“携带外汇出境许可证”。经国家外汇管理局及其分局批准办理外汇业务的银行在我境内开出或售出的外币汇票、外币旅行信用证等外币票证，由海关查验放行，不另行发给携带证。携带证由国家外汇管理局统一印制，由国家外汇管理局及其各省、自治区、直辖市、计划单列市、经济特区分局批准办理外汇业务的银行签发。银行按季向当地外汇管理分局申领。除公费出国人员按实际需要携带外币现钞外，国内居民出境每次携带外币现钞金额不得超过1 000美元或等值的其他外汇。该规定自1990年8月1日起施行。

7日 中国人民银行发布《关于固定资产贷款利率的通知》。自1990年3月21日起，基本建设贷款利率调整为：1年以下年利率10.08%、1年以上至3年年利率10.80%、3年以上至5年年利率11.52%、5年以上年利率11.88%。技术改造贷款，不论期限长短，其利率均为年利率10.08%。基本建设贷款一律按年计息，利随本清，不计复利。技术改造贷款，一律按季结息，每季末月的20日为季度结息日。农村信用社发放的固定资产贷款，其利率最高可以上浮50%。在30%的幅度内由农村信用社自行决定；超过30%，必须报县级以上（包括县）人民银行批准。

16日 中国人民银行发出《关于清理整顿企业集团财务公司的通知》。该通知规定：未经人民银行总行批准设立的金融财务公司；非企业集团设立的财务公司或其他内部金融机构；经营管理不善、严重超范围经营、资本金严重不足的财务公司或企业集团内部金融机构一律撤销。该通知规定：1. 财务公司实收货币资本金应为500

万元人民币，经营外汇业务的须同时有500万美元外汇现汇，未达上述要求的，必须限期补足。财务公司的资本金必须由集团和集团成员单位出资构成。2. 财务公司的业务范围主要限于为企业集团和成员单位办理存、贷款，投资及代理业务。3. 财务公司年度信贷计划要报人民银行总行批准，纳入整个社会信用规划进行综合平衡后，下达执行。未经批准，不得突破。4. 财务公司应重点支持国家产业政策优先发展的项目，不得支持楼、堂、馆、所和计划外固定资产投资项目。5. 财务公司必须严格执行人民银行有关利率的规定，不得擅自浮动利率，收取“好处费”、“回扣”等。该通知还决定，凡是未经人民银行总行批准设立的企业集团财务公司、非企业集团设立的财务公司或其他内部金融机构，以及经营不善，严重超范围经营，资本金严重不足的，一律撤销。

19日 中国人民银行、中国工商银行、中国农业银行发出《关于对国营商业、供销批发企业部分调节性储备商品贷款实行利率优惠的通知》。该通知规定，对国营商业、供销批发企业部分调节性储备商品，年贷款利率为9%。国营商业和供销社批发企业储备商品优惠贷款总额度为250亿元。各省不得突破优惠贷款额度，不得层层下放优惠贷款审批权限。实行优惠利率后，其9%与10.08%的利差，由人民银行、工商银行、农业银行共同负担。其中人民银行补贴0.9%，其余0.18%由工商银行、农业银行根据分配的优惠贷款额度分别负担。该项优惠利率贷款自1990年3月21日起实行，期限1年。

26日 国家外汇管理局、国家统计局发布《国际收支统计地方报表制度》。《国际收支统计地方报表制度》与《国际收支统计报表制度》相互衔接、相互补充。主要包括：地方国际收支统计办法；地方国际收支平衡表；统计报表目录；指标说明；资料来源及具体统计报表等部分。该制度从1990年第三季度起在全国范围内试行一年。

27日 国务院办公厅转发中国人民银行、公安部、海关总署、国家工商行政管理局《关于开展反伪造人民币斗争的报告》。该报告要求各专业银行要采取积极措施，及时发现并收缴假币。尤其对100元和50元券，要进行手工清点，人民银行对100元券和50元券改进印制技术，增强反伪造性能。

28日 深圳市政府颁布《关于对股权转让和个人持有股票收益征税的暂行规定》，宣布对股票卖出方征收6‰的交易印花税。11月23日，深圳市政府又宣布对股票交易的买方也征收6‰的印花税。这是我国首次征收证券交易印花税。

29日 全国信贷扶贫工作会议在大连召开。中国农业银行提出，“八五”期间，农业银行将进一步实施对扶贫工作的优惠政策，一般扶贫专项贷款执行农业贷款基础利率，一律不得上浮，各种专项贴息贷款将继续执行贴息政策；所有扶贫专项贷款一律按生产经营周期及综合还债能力合理约期；在贷款的自有资金比例方面，如确能保证偿还，可考虑放宽额度和比例的限制。

7月

13日 国务院办公厅转发国务院清理“三角债”领导小组《关于在全国范围内清理企业拖欠货款实施方案》。该方案提出清理拖欠的范围是：凡在工商银行、农业银行、中国银行、人民建设银行、交通银行所属机构设立贷款账户的国营工业企业、商业企业、粮食企业、外贸企业、物资供销企业、建筑安装企业、交通运输企业和农林企业、供销合作社、“三资”企业以及集体企业（包括有条件办托收的乡镇企业），均可参加清理。清理的时间为1989年1月1日至1990年3月31日发生的跨省、自治区，直辖市和计划单列市的企业拖欠货款。清理金额的起点是对同一付款企业，累计金额为5万元（收付款单同为商业企业的，起点为1万元）。清理拖欠的原则是：企业主动收款，银行协助清理，多方筹集资金，结合商业票据。

该方案提出，从1990年9月15日开始，企业在专业银行开户行要增设“清欠专用存款”

和“清欠专用贷款”专户，分别核算利息。对两个专户，银行要单独统计考核。清理拖欠需要增加的贷款规模，由人民银行总行下达给人民银行省、区、市分行统一掌握，并单独考核、控制。分行须在总行下达的专用贷款规模和短期贷款限额内审批贷款规模和贷款，未经总行批准，不得突破。未用完的部分，不准转作他用，在清理拖欠结束时，由总行收回。这次清理拖欠分两个阶段进行：第一阶段，从1990年8月1日起至8月15日止，由开户银行受理收款企业的托收凭证并寄往付款企业开户银行。第二阶段，从9月15日起至10月10日止，由付款企业承付贷款和银行办理付款、收款。全国范围内的清理拖欠工作于1990年10月10日结束，以后不再办理清欠专用贷款。

14日 国务院办公厅转发建设部《关于进一步清理整顿房地产开发公司的意见》。该意见提出：清理整顿房地产开发公司，要与城镇住房制度的改革和房地产业的发展相结合，通过建立正常的房地产开发、经营秩序，促进社会主义有计划商品经济的健康发展。清理整顿房地产开发公司的重点是解决公司过多、过滥和名不副实的问题，使公司的数量与房地产开发的实际需要相适应。其中要求：各专业银行开办的房地产开发公司，按照中国人民银行《关于金融性公司撤并留的政策意见》的规定执行，原则上应予撤销。对其中少数确属社会需要，办得好的，并经当地清理整顿公司领导小组批准，与专业银行脱钩，成为独立法人，实行独立核算，归口建设部门管理，可予以保留，但不得办理各种金融业务。

17日 中国人民银行发出《关于加强新建银行管理的通知》。该通知要求切实加强对新建银行的业务管理，严格对新建银行的机构审批。进一步健全各新建银行的人民币与外汇资金信贷计划管理制度。不得擅自变动存、贷款利率及其浮动幅度，不得在存、贷款利率之外，加收和支付“手续费”、“好处费”等费用。除招商银行、深圳发展银行的上交存款准备金的比例由人民银行深圳分行制定、管理外，交通银行、中信实业银行、广东发展银行和福建兴业银行上交准备金比例，一律规定为13%。

△ 中国银行发出《中国银行关于办理买方信贷、政府贷款和混合贷款业务的暂行规定》。该暂行规定明确，由中国银行承办的“三贷”系外国政府提供或资助的出口信贷，只能用于购买贷款国的资本货物、技术及有关劳务。“三贷”的对象为中国境内的企事业单位或被授权的政府部门，主要用于基本建设项目、技术改造项目以及其他项目。申请“三贷”须符合项目列入计划、资金投向正确、配套条件齐备、项目效益明显以及还款确有保证、担保可靠落实等条件。该规定要求银行要认真做好贷款审查期、执行期、还款期和总结期各个环节的管理工作，发挥信贷的促进、调节和监督作用，协助借款人实现预期的经济效益和社会效益。

23日 国家外汇管理局发出《关于对专业银行短期对外借款管理的通知》。为了加强外债管理，贯彻国务院沿海经济发展政策和中共中央十三届五中全会关于“对于短期周转的资金也可以采取控制指标的办法，交各地方自行控制”的精神，该通知规定：各银行的短期对外借款指标由国家外汇管理局直接下发；各银行的月底短期对外借款余额不得突破所核定的控制指标；区域性银行和交通银行由所在地外汇局分局按核定的指标进行余额管理，月末余额不得突破核定指标。除各银行总行同意并经国家外汇管理局批准的部分特区、口岸分行外，各银行分行的短期资金由其总行统筹安排，分行不直接对外拆借短期资金。经批准可直接对外拆借短期资金的各银行分行，其短期对外借款指标经其总行核报国家外汇管理局批准，“戴帽”下达到当地分局掌握，由分局负责管理。短期外债只能用于1年以内的短期流动资金周转，支持出口；不得用于长期项目投资和固定资产贷款，不得用于投机性外汇交易。

8月

7日 中国人民银行发布《转发国务院〈关

于研究清理整顿国库券中介机构问题的会议纪要〉的通知》。该通知规定：除财政部门在第一、第二批国库券转让试点61个城市设立的国库券中介机构可以各保留1家，向人民银行总行补办报批手续外，其余所有未经中国人民银行批准设立的金融机构（包括各种形式的国库券交易机构）均属非法，一律撤销。财政部门设立的国债服务部、国债服务中心只能办理国库券的推销和兑付等服务性工作，不得办理证券交易业务（包括国库券交易）。人民银行各分行要对辖区内属于可保留范围的财政国库券中介机构进行审查，对有低价收购、光买不卖、囤积国库券等不良行为的机构要进行清理整顿，调整库存。属于保留范围的财政国库券中介机构须符合不少于人民币1 000万元的资本金等条件，并向中国人民银行补办设立财政证券公司的报批手续。财政证券公司只能经营国库券业务，中国人民银行可视证券市场的需要及公司本身的情况，批准其经营代理国库券的发行、自营和代理国库券的买卖、办理国库券的兑付。财政证券公司是独立核算、自主经营、自负盈亏，具有独立法人地位的企业，其收益按照规定纳税后，一律用于补充公司资本金，各级财政部门不得调用。

国务院1990年7月5日发布的《关于研究清理整顿国库券中介机构问题的会议纪要》指出：债券市场和国库券的管理，按国务院批准的人民银行和财政部的“三定”方案执行。人民银行负责“管理股票、债券等有价证券，管理金融市场（包括证券市场、政府债券的发行和流通市场），管理各种信用工具”。第一、第二批由财政部门进行试点的61个国库券中介机构，经过清理整顿，予以保留并补办报批手续。今后如需扩大范围，由财政部和人民银行共同审批，任何一方不得擅自批准。经批准财政部门开办的国库券中介机构的收益，按照规定纳税以后，一律用于补充机构的资本金，各级财政部门不要调用。经批准财政部门开办的国库券中介机构只能经营国库券业务，不得经营储蓄、拆借、贷款等金融业务。对国库券在证券市场中发生的问题，由财政部和人民银行协商解决。

8日 中国人民银行发出《关于搞好全国范围清理拖欠资金安排和管理的通知》。该通知规定：各级银行要多方筹集资金，挖掘潜力，不能单纯寄希望于松动信贷。全国范围清理拖欠增加的专用贷款规模，未经人民银行批准，不得突破下达贷款规模发放清欠专用指标。清欠结束时，“清欠专用存款”、“清欠专用贷款”轧差后，存大于贷的部分，实行多自筹多留存，少自筹少留存的办法。属于流动资金的拖欠贷款，不准挪作他用，不准转用于清理固定资产投资的拖欠。未经人民银行批准，不得超过贷款限额发放清欠专用短期贷款。

△ 中国人民银行发出《关于实行中央银行贷款全额管理的通知》。该通知决定自1990年起，人民银行总行对人民银行分行实行中央银行贷款全额管理的考核办法。考核办法分两个阶段，即上半年按照“收支两条线”管理，下半年按照贷款最高限额管理，控制全年贷款最高限额。贷款最高限额是指令性指标，未经总行批准，不得突破。全额管理的范围指年度性贷款和短期贷款。该通知还对考核的内容等作了规定。

11日 中国人民银行致函各专业银行，根据国家现行政策，证券业与银行业实行分业管理，专业银行不宜直接从事证券交易业务。专业银行已经批准设立的证券交易柜台，可以继续办理证券交易业务。

△ 中国人民银行金管司发布《关于专业银行不得直接从事证券交易业务的函》。文件规定：根据国家现行政策，证券业与银行业实行分业管理，专业银行不宜直接从事证券交易业务。经人民银行批准，专业银行已设立的证券交易柜台，可继续办理证券交易业务；经人民银行批准，专业银行的信托投资公司可以设立证券交易柜台，直接从事包括证券交易在内的证券业务。信托投资公司设立证券交易柜台后，经人民银行批准，可在专业银行的分支机构及储蓄所、城乡信用社等金融机构设立证券交易代理点，代为办理证券交易业务。专业银行可根据人民银行核准的业务经营范围，办理证券的代理发行、兑付业务。

15 日 国务院清理“三角债”领导小组发布《关于使用银行贷款清理基本建设拖欠款方案》。该方案规定这次清理的范围、对象是1987年1月1日至1989年12月31日列入国家计划的在建、收尾及已竣工投产的国家大中型建设项目所发生的尚未清理的拖欠款；清理的目的是促进国家重点建设项目早日投产见效，缓解企业之间的相互拖欠，启动生产搞活市场，推动经济形势进一步好转；清理的原则是按照投资来源的渠道和“谁投资、谁清理、谁还债”的原则进行。要求凡属于清理范围的建设单位按规定填制“1989年末基本建设项目拖欠款情况表”上报中国人民建设银行及其他有关部门。

截至1989年年末有634个基本建设项目（中央级436个，地方级198个）拖欠款总额154亿元。清理“三角债”领导小组办公室会同国家计委、财政部、人民银行、中国人民建设银行等部门集中人员对各地区、各部门上报的近300个项目逐个审查，共同拟订了两个注入资金清理基本建设拖欠款方案，于1990年11月、12月分两批下达实施，共注入清欠资金76.1亿元（银行贷款73亿元，财政专项资金3.1亿元），用于清理258个（中央级203个，地方级55个）基本建设大中型项目拖欠款90.4亿元。在注入的资金中，能源交通和原材料建设项目占93.5%。

1990年11月23日，中国人民银行、中国人民建设银行联合下发了《关于用好银行贷款清理基本建设拖欠款的通知》。该通知指出，清理基本建设拖欠款，应根据“谁投资、谁清理、谁还债”的原则，清理项目按照先竣工投产和1990年收尾项目、后在建项目，先中央级项目、后地方级项目的顺序注入贷款。人民银行总行将清欠专用基本建设贷款、储备贷款规模分别下达给建设银行和专业银行总行，实行条条管理。该通知要求清欠工作在年内12月20日前结束。

1990年10月9日，中国人民建设银行，财政部和国家计委联合印发了《关于使用财政专项资金解决因压缩基本建设规模给国家大中型建设项目造成损失的办法》，规定了财政专项资金投放的原则和范围等。财政部又拨补了基本建设小型小项目1988年基金欠拨及基本建设大中型项目停缓建损失、窝工费共计1.57亿元。

19 日 国务院颁布《关于鼓励华侨和香港、澳门同胞投资的规定》。该规定明确：华侨、港澳投资者可以在境内各省、自治区、直辖市、经济特区投资，可以在境内的工业、农业、服务业以及其他符合社会和经济发展方向的行业投资。华侨、港澳投资者投资获得的合法利润，其他合法收入和清算后的资金，可以依法汇往境外。华侨、港澳同胞投资企业可以向境内的金融机构借款，也可以向境外的金融机构借款，并可以本企业资产和权益抵押、担保。

20 日 国务院清理“三角债”领导小组决定，从即日起开始对全国500多个重点基本建设项目拖欠款进行集中清理。此次清理基本建设拖欠款按照投资来源渠道和“谁投资、谁还债”的原则进行。国务院清理“三角债”领导小组要求各地区、各部门从多种渠道筹措清欠资金，坚持国家安排资金与地方、部门、企业自筹资金相结合，银行清欠贷款与财政清欠资金相结合；各地区、各部门实行行政首长负责制，督促建设单位，多渠道筹措资金，归还应付的拖欠款。中国人民银行安排了一部分信贷资金专项用于清理工作。

21 日 中国人民银行调整存贷款利率。中国人民银行于同年8月7日发布《关于调整存贷款利率的通知》规定：1. 降低存款利率。城乡居民和企事业单位的活期存款年利率在现行基础上下调0.72个百分点，调整后的年利率为2.16%；城乡居民和企事业单位定期存款（3个月、半年、1年、2年、3年、5年、8年期整存整取存款）年利率在现行基础上平均下调1.74个百分点。2. 降低贷款利率。1年期流动资金贷款年利率由现行10.08%下调到9.36%；6个月期贷款年利率由现行的9%下调到8.64%；3个月的不变。3. 优惠贷款利率适当下调。4. 人民银行对专业银行存贷款利率相应下调。人民银行对专业银行的存款准备金存款和备付金存款年利率均下调到6.84%。

27日 中国银行规定新的出国人员供给外币现钞办法。从即日起，中国银行对出国人员在批准限额内敞开供给外币现钞，即因公、因私出国人员，在批准支付旅途费用的限额内，可以全部携带美元现钞，视中国银行现钞币种的库存情况，也可以携带目的国家的现钞。

9月

3日 中国人民银行发布《关于清理整顿专业银行房地产开发公司有关政策问题的通知》。该通知指出，专业银行办的房地产开发公司原则上大部分应予撤销（其中县支行及其以下机构办的，一律撤销）。少数确属社会需要，办得好的，按如下界限掌握：省辖市分行办的，截至1989年年底市区非农业人口低于50万的，除特殊者外，一律撤销；市区非农业人口达到或超过50万的，可保留1家；计划单列市和经济特区分行办的，可保留1～2家；省、自治区、直辖市分行办的，可保留1～3家。凡撤销的房地产开发公司，一律不得开办新的业务。凡批准保留的房地产开发公司，必须与专业银行脱钩，归口建设部门管理，有条件的，可转为省、自治区、直辖市、计划单列市、经济特区分行信托投资公司的子公司。各专业银行对保留的房地产开发公司的投资，要转让给分行信托投资公司；转让限1990年年底前完成。

4日 财政部、中国人民银行发布《关于允许1989年国库券和保值公债上市转让的通知》。该通知要求：各地一定要严格执行国债转让的保护价格，任何地区、任何转让中介机构，自营或代理买入国库券和保值公债的价格，一律不得低于票面值，低于票面值压价收购和转让者，按违法经营论处。各转让中介机构办理自营业务，都要挂牌公告上市国库券的买入价和卖出价，不得只买不卖，有行无市。根据国务院规定，保值公债的利率随人民银行规定的三年定期存款利率浮动，加保值贴补率，外加1个百分点。由于保值公债是1990年4月15日人民银行调低利率前发行的，按人民银行同期保值储蓄的计息方法。1989年保值公债的利率仍按年息13.14%加到期时的保值贴补率，再加1个百分点计算。

8日 经国务院批准，中国人民银行颁布《上海市外资金融机构、中外合资金融机构管理办法》。该办法所称外资金融机构、中外合资金融机构包括在上海的外资银行及其分行、合资银行、合资财务公司。设立外资金融机构和中外合资金融机构须向中国人民银行申请，并提交规定的证件和资料。外资银行、合资银行的最低注册资本为3 000万美元等值的自由兑换货币，合资财务公司的最低注册资本为2 000万美元等值的自由兑换货币；其实收资本均不得低于其注册资本的50%。外资银行分行应当由其总行专门拨给不少于1 000万美元等值的自由兑换货币的营运资金。外资银行、合资银行、外资银行分行可以经营的业务有：外币存款与放款、外币票据贴现、外币投资与汇款、外汇担保、进出口结算、自营或者代客买卖外汇、外币有价证券买卖、代理外币及外币票据兑换、代理外币信用卡付款、保管及保管箱、资信调查和咨询等。合资财务公司可以经营的业务有：外币放款与外币票据贴现、外币投资、外汇担保、外币有价证券买卖、资信调查和咨询、外币信托、每笔不少于10万美元、期限为3个月以上的外币存款等。外资金融机构、中外合资金融机构经营存款业务，应当向中国人民银行上海市分行缴存存款准备金，其比率由中国人民银行制定，并根据需要进行调整。该办法对外资、合资金融机构的设立与登记、注册资本和营运资金、业务范围、业务管理、监督检查、解散与清算、罚则都作了具体规定，共9章53条。1994年4月1日《中华人民共和国外资金融机构管理条例》实施以后，该办法同时废止。

12日 国家民族事务委员会、中国人民银行发出《“少数民族贫困地区温饱基金”人民银行专项贷款项目管理暂行办法》。该暂行办法规定：中国人民银行每年从大跨度联合开发扶贫专项贷款中，安排部分“少数民族贫困地区温饱基金”（以下简称“温饱基金人行贷款”），集中用于141个少数民族贫困县中的一二十个县解决群众温饱问题的项目。“温饱基金人行贷款”的对象和条件，贷款的审定、发放和收回，贷款的管理和经济责任，贷款的监督检查和考核，均按1986年12月24日《中国人民银行专项贷款管理暂行办法》的规定执行，并执行国家“老、少、边、穷地区发展经济贷款”的优惠利率。贷款期限一般为1~3年，特殊情况可4~5年，个别建设周期长、社会经济效益好的项目最长不超过7年。

16日 中共中央、国务院发布《关于坚决制止乱收费、乱罚款和各种摊派的决定》。针对一些地区和部门出现的乱收费、乱罚款和各种摊派情况屡禁不止，日趋严重的问题，该决定明确：各地区、各有关部门要在全面检查现有收费、罚款和集资项目的依据、标准、范围、资金用途和执收执罚单位管理的基础上，认真整顿收费、罚款、集资项目和执收执罚机构、现行规章、票据、执法纪律。在清理整顿时，要条块结合，以块为主，密切配合，协调进行。通过清理整顿，解决“滥、散、乱”的问题，取缔非法行为，维护合法的收费、罚款和集资。对现有的收费、罚款、集资项目，要重新进行审核，区别不同情况加以处理。凡符合国家审批规定又合理的予以保留，继续执行，但对其中标准过高的要降下来。不合理的要取消，重复收取的要合并。不符合审批规定的收费项目，应立即停止执行。对行政事业性收费，要按照资金性质分别纳入财政预算或预算外管理。罚款收入上交财政，取消各种形式的罚没收入提留分成办法；执法部门所需办案和业务经费，列入财政支出预算。对集资的资金，实行收支两条线管理。用于基本建设的，要统一存入当地财政在中国人民建设银行开设的预算外资金专户，由财政部门和中国人民建设银行监督使用。上述各项收支都要入账，纳入单位财务管理，并按规定及时解缴国库或存入财政专户，严禁坐收坐支，挪用私分或私设“小金库”。有关单位在收费时必须持“收费许可证”。各种收费和罚款，都必须使用财政部门统一制定的票据，否则单位和个人有权拒付。

19日 中国人民银行发布《关于取消人民银行对专业银行基数贷款利息补贴的通知》。该通知指出，1988~1989年，人民银行对专业银行基数贷款按年利率7.2%和4.68%之间的利差给予了补贴。由于近两年连续调整利率，情况发生了变化，决定自1989年12月21日起，取消人民银行对专业银行基数贷款利息补贴。

10月

5日 中国人民银行发布《关于短期对外借款实行余额外债管理的通知》。短期对外借款指境内机构向境外机构或境内外资、中外合资银行借用1年期以内（含）的外汇商业信贷。人民银行确定全国短期外债控制规模，国家外汇管理局核定下达短期对外借款余额控制指标。短期对外借款不得用于长期投资和固定资产投资，不得用于投机性外汇交易。

9日 国家外汇管理局发布《关于对利用外汇额度进行外汇违法活动的处理规定》。该规定明确：外汇额度是国家分配给地方政府或单位、企业使用的外汇指标，只能通过国家外汇管理局或其分局批准的外汇调剂中心调剂后，才能实现其价值。凡未经过外汇管理部门批准，私自买卖、借贷、抵押、转让和使用外汇额度等行为，均属外汇违法行为。凡未通过外汇调剂中心私自买卖外汇额度的行为，属于私自买卖外汇行为，卖出方所得人民币全部属于非法收入。该规定还明确其他违法行为及其处罚标准。

12日 中国人民银行发布《农村信用合作社管理暂行规定》。该暂行规定明确，农村信用社是集体所有制性质的合作金融组织，其基本任务是：认真贯彻执行国家的金融方针、政策、法规，积极筹集融通农村资金，帮助农民和农村合作经济组织解决资金困难，支持农业生产和农村商品经济稳定发展；引导农村民间借贷，稳定农村金融；为农村社会主义现代化建设服务。国家对农村信用社实行优惠政策，并由中国人民银行委托中国农业银行领导和管理。农村信用社实行四级组织结构，即信用社、信用分社、信用代办站、信用社县联社。经营业务有：农村个人储蓄；农户、个体经济户、农村合作经济组织及企事业单位的存款、贷款及结算；代办国家银行及其他单位的存贷款、证券交易和其他资金收付业务等。农村信用社信贷资金管理的基本原则是：以存定贷，自主运用，比例管理。国家根据宏观控制的要求，对农村信用社实行间接调控，由中国人民银行下达指导性信贷计划。农村信用社的存贷款利率，在中国人民银行规定利率的基础上，实行浮动，浮动幅度按中国人民银行的规定执行；其存款准备金利率由中国人民银行确定，备付金利率略高于专业银行业务备付金利率水平，由中国农业银行确定。该暂行规定对农村信用社的机构管理、业务管理、资金管理、劳动管理、财务管理、民主管理、行政管理等作了具体规定，共有10章42条。

中国人民银行在下发该规定的通知中强调：农村信用社信贷资金管理的基本原则是：以存定贷，自主运用，比例管理。当国家实行宏观紧缩措施时，人民银行对农村信用社实行计划管理。今后农村信用社的机构设置要实行计划管理。各分行在年初应向总行报送本年度的机构设置计划，经总行审批后执行。

△　中国人民银行制定《证券公司管理暂行办法》。该暂行办法规定：设立证券公司必须报经中国人民银行批准，由经批准可以办理投资业务的金融机构和经批准可以组建证券公司的单位出资组建，实收货币资本金不少于人民币1 000万元。撤销证券公司须以书面形式向中国人民银行提出申请，经批准后，方可终止业务活动，证券公司的业务范围是：代理证券发行业务；自营、代理证券买卖业务；代理证券还本付息和红利的支付。证券公司实行资产负债比例管理。证券公司账户上持有的证券其市场价值总额不得超过公司资本金的80%；同一证券的持有量不得超过公司资本金的30%；持有同一企业股票的数额不得超过该企业股份总额的5%和本公司资本金的10%。证券公司应每年从其盈利中提取3%以上的交易损失准备金存缴中国人民银行。证券公司不得从事操纵市场价格、内部交易、欺诈和其他以影响市场行情从中渔利的行为和交易。该暂行办法对证券公司机构管理、业务范围、管理监督等作了具体规定，共5章22条。

人民银行在下发该文的通知中指出，设立证券公司目前只限在省、自治区、直辖市、计划单列城市和第一批、第二批国库券转让试点城市设立，原则上不跨地区设立分支机构。各地人民银行出资开办的证券公司可以保留，须办理重新登记和换发“经营金融业务许可证”。对未经人民银行批准擅自设立的证券公司要进行清理。

△　郑州商品交易所成立。郑州商品交易所实行会员制，实行实物交割制度，未平仓合约到期须在规定的期限内履约，交易所指定交割仓库为交割双方提供相关服务。客户交割须通过会员办理。交易品种主要是小麦、棉花。郑州商品交易所是中国第一家期货市场试点。

19日　中国人民银行印发《跨地区证券交易管理暂行办法》。该暂行办法规定：跨地区证券交易应以证券公司为中心，在中国人民银行的领导和监督下进行，交易价格根据市场的供求情况确定。证券公司之间、证券公司与证券交易营业部之间可以直接进行跨地区证券交易。证券交易营业部之间的跨地区交易，原则上应委托证券公司办理。未经批准，任何证券交易机构不得在异地直接与非证券交易机构和个人进行证券交易。对违反规定的证券公司，人民银行给予相应的处罚。

中国人民银行在下发该办法的通知中强调：为了缩小地区间证券交易价差，总行将根据各地的证券交易价格，制定证券交易参考价格。该参考价格将于每月月初和中旬，在人民银行总行金融管理司印发的“国债交易价格表”上公布。各级分行可对照总行公布的证券交易参考价格，对本地区的证券交易价格进行检查和适当干预。各地人民银行要与公安、工商行政管理、财政等有关部门配合，严厉打击“票贩子”的非法交易活动。

11月

6日　中国人民银行下达《关于农村信用社特种存款限额的通知》。该通知决定，人民银行对农村信用社开办特种存款，总额度为50亿元，期限1年，利率11.7%。特种存款利率与联行利率之间的利差，由人民银行总行补贴。特种存款的手续、会计科目、账务处理、统计项目等，按照中国人民银行1987年9月21日《关于开办农村信用社特种存款的办法》办理。

10日 国务院发布《关于打破地区间市场封锁，进一步搞活商品流通的通知》。该通知指出，最近一个时期，地区之间市场封锁的现象有所发展，引起商品流通不畅，加剧了当前的市场疲软，对贯彻治理整顿、深化改革和保持国民经济持续、稳定、协调发展的方针带来了严重影响。为了打破地区间的市场封锁，进一步搞活商品流通，该通知要求：要维护企业的生产、经营自主权；要确保商品流通畅通无阻；严格执行国家财政、税收管理制度；各地银行在资金上要支持经营企业择优选购产品，在信贷上要对经销外地产品与经销本地产品的企业一视同仁，不得对经销外地产品的企业限制贷款或提高贷款利率，按照合同规定到货或需要购进的外地产品，银行应按照结算办法和有关规定，及时办理结算；物价部门要加强物价管理，支持企业在商品购销活动中平等竞争；各地区、各部门应自觉制止和纠正地区封锁的错误做法，集中力量抓好经济结构的调整。

15日 中国人民银行发布《关于加强对台商投资企业专项贷款管理的通知》。该通知规定，支持台商投资企业专项贷款，由人民银行总行下达到有关省、市人民银行安排使用，重点用于当地引进台资项目配套资金的不足，不能用于基础设施建设。台商贷款的期限和利率以及委托贷款方式按1986年12月24日《中国人民银行专项贷款管理暂行办法》的有关规定办理。

17日 经中国人民银行授权，国家外汇管理局宣布：从即日起，人民币汇率下调9.57%，由1美元兑4.72元人民币调至1美元兑5.22元人民币。

26日 上海证券交易所（以下简称上交所）理事会通过《上海证券交易所交易市场业务试行规则》。该试行规则明确：在上交所交易市场上市的证券限于国家发行的各类国债；省或相当于省级地方人民政府发行的各类建设债券；金融机构发行的各类金融债券；全国各地公开发行的企业债券、股票及各种权利受益凭证。交易市场交易按价格优先、时间优先的原则成交。该试行规则共14章262条，分别对交易市场、证券上市、委托买卖证券、证券商自营买卖证券、交易市场交易、竞价交易作业程序、拍卖和标购、行情告示与统计、清算交割、费用、仲裁、违规处罚等方面内容作了具体规定。

27日 中国人民银行发布《证券交易营业部管理暂行办法》。该暂行办法规定：信托投资公司和综合性银行，以及其他经中国人民银行特别批准可以经营证券交易业务的金融机构，符合经营状况良好、有不少于人民币500万元的证券营运资金等条件，可以向中国人民银行申请设置证券交易营业部。中国人民银行根据金融机构的申请和该机构的经营状况以及当地证券市场的需要，批准证券交易营业部经营代理发行各种有价证券、自营和代理证券买卖、代理支付和代收证券的本息红利等业务。证券交易营业部扩大证券业务经营范围，须报经中国人民银行批准。非金融机构不得设置证券交易营业部。

△ 上海市人民政府颁布《上海市证券交易管理办法》。该办法所称的证券是指政府债券、金融债券、公司债券、公司股票或新股认购权证书、投资信托受益凭证及经批准发行的其他有价证券。上海市证券主管机关是中国人民银行上海市分行。日常工作由分行金融行政管理处负责。在上海市发行证券，由发行者直接或委托证券公司、信托投资公司向证券主管机关提出申请并提交规定的文件和资料。禁止任何单位和个人在证券主管机关批准的证券交易市场外买卖证券。证券交易以现货交易为限，未经证券主管机关批准，任何证券不得上柜交易或上市交易。证券经营机构须向证券主管机关提出经营证券业务的申请，经批准后方能经营证券业务，不得经营存款、贷款和借贷证券业务。未经批准，证券经营机构不得以自己发行的证券办理抵押、贴现、

交易等业务。设立证券交易所必须经国家证券主管机关许可，未经许可，任何单位或个人不得采用类似证券交易所集中竞价买卖方式进行证券交易。该办法对证券的发行、证券的交易、证券经营机构、证券交易所、证券业同业公会、证券主管机关、罚则等作了具体规定，共9章81条，自1990年12月1日起施行。1987年5月23日上海市政府颁布的《上海市企业债券管理暂行办法》和《上海市股票管理暂行办法》同时废止。

12月

4日 中国人民银行发布《关于严格控制股票发行和转让的通知》。该通知规定：股票的公开发行和上市交易只限深圳、上海两地试点。未经总行同意，其他地区一律不准再批准发行新的股票，一律不得批准股票上市交易。非股份制企业一律不得发行股票。内部发行的股票一律不得上市交易。

5日 国家外汇管理局发布《外汇指定银行外汇业务管理规定》。对中资外汇业务的范围、申请、审批、管理的内容，以及业务和财务报表作了具体规定。该规定明确，申请经营外汇业务的全国性银行总行须具有不少于5 000万美元等值的外汇资本金；区域性银行总行须具有不少于2 000万美元等值的外汇资本金；具有独立法人资格的全国性、区域性银行的分支行须具有不少于200万美元等值的外汇资本金；不具有独立法人资格的全国性、区域性银行的分支行，须分别具有不少于200万美元、100万美元等值的外汇营运资金。外汇指定银行的短期外汇放款、购买的外国公债、存放同业款与各项外汇准备金之和不得低于同期外汇资产的30%；以吸收的外汇存款发放外汇贷款的总额不得超过其吸收的外汇存款总额的70%。外汇指定银行的对外债务余额加对外担保余额不得高于其外汇资本金的20倍；对一个企业的外汇放款加对外担保不得高于其外汇资本金的30%。不具有独立法人资格的外汇指定银行对一个企业的外汇放款不得超过其外汇营运资金的30%。该规定自1991年1月1日起施行。

△ 全国证券交易自动报价系统（以下简称STAQ系统）在北京开通。该系统成立于1990年9月28日，依托计算机网络进行有价证券交易，为会员提供有价证券（包括法人股、国债、金融债、企业债四大类15种）的买卖价格信息和结算服务。11月5日，分别发布了该系统组织章程（草案）、仲裁规则、上市交易规则和组织细则。STAQ系统是一个非营利性的事业单位，采取会员制组织形式。本系统在行政上由国家经济体制改革委员会代管，在业务上接受政府主管部门的管理和指导。首批参加报价系统的有北京、上海、沈阳、武汉、广州和海口的18家证券公司、信托投资公司。报价系统首先向各地成员公司提供国库券的买卖服务。

1992年7月1日法人股流通转让在STAQ系统开始试运行。1998年，由于地区证券柜台交易泛滥，国家决定整顿场外非法交易市场，STAQ系统和NET系统（1993年4月28日运行）也在其中。1999年9月9日，STAQ系统与NET系统暂停交易。至2001年5月25日，根据中国证监会的意见，中国证券业协会决定，选择部分证券公司试点开展原STAQ、NET系统流通股转让业务。

9日 经国务院批准，中国人民银行、国家外汇管理局、经贸部、海关总署和中国银行联合制定《出口收汇核销管理办法》。出口单位应到当地外汇管理部门申领经外汇管理部门加盖“监督收汇”章的核销单。出口单位报关后，必须及时将有关报关单、汇票本、发票和核销单存根送当地外汇管理部门以备核销。出口单位不论采用何种方式收汇，必须在最迟收款日期后的30个工作日内，凭解付行签章的核销单、结汇水单或收账通知以及有关证明文件到当地外汇管理部门办理出口收汇核销手续。该办法适用于一切出口贸易方式项下的收汇，自1991年1月1日起施行。

11日 中国人民银行制发《利率管理暂行规定》。该暂行规定明确：国务院批准和国务院授权中国人民银行制定的各种利率，为法定利率，其他任何单位和个人均无权变动。法定利率的公布、实施由中国人民银行负责。金融机构在中国人民银行规定的浮动幅度内、以法定利率为基础自行确定的利率为浮动利率。金融机构确定浮动利率后，要报辖区中国人民银行备案。中国人民银行对专业银行和其他金融机构的存、贷款利率为基准利率。基准利率由中国人民银行总行确定。金融机构之间为弥补头寸不足、相互借贷的短期资金利率为同业拆借利率。同业拆借利率在不超过中国人民银行规定的最高幅度内，由借贷双方协商确定。金融机构以及企业发行的债券的利率，由中国人民银行按照管辖范围负责审批和管理。国家债券的利率由中国人民银行商有关部门共同确定。金融机构可以对逾期贷款和被挤占挪用的贷款，在原借款合同规定的利率基础上加收利息。加收利息的幅度、范围和条件，由中国人民银行确定。该暂行规定分别明确了中国人民银行总行及其分支机构须履行的利率管理职责、结息规则以及罚则，共6章27条，自1991年1月1日起实行。1988年10月5日《中国人民银行关于加强利率管理工作的暂行规定》以及与本规定相抵触的其他有关规定同时废止。

12日　国务院发布《关于设立全民所有制公司审批权限的通知》。其中规定，各级金融性公司的设立由中国人民银行负责审批。

△　国务院发布《关于在清理整顿公司中被撤并公司债权债务清理问题的通知》。该通知规定，被撤并的公司资不抵债的，按工资、生活费、应交税款、贷款、其他债务的顺序偿还。

19日　上海证券交易所正式开业。上海证券交易所成立于1990年11月26日，是不以盈利为目的的会员制事业法人，归属中国证监会直接管理，其组织机构为会员大会、理事会、监事会、总经理。会员大会是交易所的最高权力机构。交易所的主要职能包括：提供证券交易的场所和设施；制定证券交易所的业务规则；接受上市申请，安排证券上市；组织、监督证券交易；对会员、上市公司进行监管；管理和公布市场信息。交易所上市的证券包括各类国债和全国各地公开发行的企业债券、金融债券、股票等。

上海证券交易所第一批22个会员中包括上海、山东、辽宁、江西、安徽、浙江、海南、北京等地的证券公司、银行、投资公司、保险公司、信用社等地方和全国性金融机构。开业当日，首批30种证券上市交易，其中，国债5种、企业债券8种、金融债券9种、股票8种。

24日　国家外汇管理局发布《关于进一步做好外汇调剂工作有关问题的通知》。该通知明确：今后各级外汇管理部门和外汇调剂中心都不得进入市场参与调剂外汇的买卖；开办公开市场的外汇调剂中心，若中国人民银行分行进入市场吞吐外汇，以平抑市场价格，应以人民银行的名义参与交易和吞吐外汇；居民外汇参与调剂的试点地区，可由各地外汇调剂中心组织收购。

25～30日　中国共产党第十三届中央委员会第七次全体会议在北京召开。全会审议并通过了《中共中央关于制定国民经济和社会发展十年规划和“八五”计划的建议》。今后10年和“八五”时期经济建设的重点是：加强农业。加强基础工业和基础设施，改组改造加工工业。加强教育和科技事业。要按照“统筹规划、合理分工、优势互补、协调发展”的原则，进一步改善我国的地区经济布局。在发展经济的同时，要加强国防现代化建设。其中包括：进一步强化中央银行的宏观调控职能，控制货币发行和信贷总规模，按照国家产业政策把握信贷资金投向，并有效地运用利率、准备金、再贷款、汇率等金融手段，促进国民经济的总量平衡和结构调整，防止通货膨胀。健全中央银行的垂直领导体制，加强中央银行对专业银行的领导与管理。专业银行主要是执行国家产业政策，承担经济调控职能，同时进行企业化管理，实行自担风险、自负盈亏。继续扩大债券和股票的发行，严格加强管理。发展金融市场，鼓励资金融通，在有条件的大城市建立和完善证券交易所，并形成规范的交易制度。

26日　国务院办公厅发布《关于向社会公

开发行股票的股份制试点问题的通知》。鉴于股份制尚处于试点阶段，还没有成熟的经验和完善的规章制度，为了避免一哄而上，出现混乱，在股份制试点阶段，该通知规定：除已批准的上海、深圳两市向社会公开发行股票的试点外，暂不扩大向社会公开发行股票的试点范围。两市要尽快研究制定有关向社会公开发行股票试点的规章制度和管理办法，在报经国家体改委、国家国有资产管理局、中国人民银行审查批准后，由两市人民政府发布实施，进一步探索搞好股份制试点的经验。各级人民政府要把股份制试点的重点放在通过企业之间的参股、持股组建和发展企业集团上。严禁党政机关干部、证券管理和从业人员进行股票交易，对利用职权进行内部交易牟取私利的，一经查出，要严加惩处。

△ 国家外汇管理局发布《调剂外汇用汇投向指导序列》。其中对优先保证的用汇项目、在保证优先用汇项目的前提下量力安排的用汇项目和严禁的用汇项目都作了具体规定。

27日 经中国人民银行批准，国家外汇管理局授权《金融时报》自1991年1月起，每周四公布北京、天津、上海、南京、杭州、大连、深圳、厦门等8个城市外汇调剂中心和全国外汇调剂中心的上周调剂外汇加权平均价，每月最后一个工作日公布全国外汇调剂市场美元外汇额度加权平均价。

28日 财政部颁布《国营金融、保险企业成本管理办法》。其中所称的“成本”是指金融企业、保险企业在业务经营过程中支付的各项利息（包括贴息）、保险赔款和费用。该办法的实施范围是：中国工商银行、中国农业银行、中国银行、中国人民建设银行、交通银行、中国投资银行以及中国人民银行省、自治区、直辖市以下分支行（含省级行）；中国人民保险公司；中国国际信托投资公司、中国新技术创业投资公司；其他银行、保险公司和信托投资公司。该办法对成本开支范围、成本核算、成本计划和管理、监督、制裁等方面的内容都作了具体规定，从1991年1月1日起实行。1986年11月3日财政部发布的《国营金融、保险企业成本管理实施细则》停止执行。

1991 年

1 月

3 日 国家外汇管理局发出《关于做好宣传工作、制止苏联卢布在境内计价流通的通知》。新华社《国内动态》1990 年 11 月 26 日版载文——《卢布在齐齐哈尔市个体户中计价流通》反映，苏联游客在齐齐哈尔用苏联卢布从个体户手中购物情况日趋严重，针对这个问题，该通知指出，这既违反国家的外汇管理规定，又给个体经营者带来不必要的经济损失，国家外汇管理局黑龙江分局要采取适当措施做好宣传工作，制止苏联卢布在境内计价流通。

12 日 国务院办公厅发出《关于加强经济体制改革协调工作的通知》。该通知规定：1. 国家体改委是国务院统筹协调经济体制改革的综合职能部门，其主要职责是负责拟订全国经济体制改革总体规划和方案，统筹、协调和指导全国城市经济体制改革工作，推进企业改革，组织重要改革措施的试点和推广。2. 国家体改委实行委员会制，除国家体改委正副主任和少数专职委员外，国家计委、财政部、人民银行、国务院生产委员会、劳动部、国家物价局各指定一人参加。委员会负责审议经济体制改革中的重大问题，为国务院决策提出建议。3. 全国性经济体制改革中长期总体规划和年度方案，先由国家体改委研究提出指导原则和轮廓设想，国务院有关部门据此提出本部门改革的初始规划、方案，由国家体改委综合平衡，从总体上进行研究论证，形成改革总体规划、方案，经征求地方意见上报国务院批准实施。4. 国务院各部门拟订的全国性改革方案，在报国务院审批前，先送国家体改委征求意见，其中涉及其他部门的重大改革措施，由国家体改委进行协调。5. 属于全局性的重大改革试点，由国家体改委、国务院有关部门或有关省、自治区、直辖市以及计划单列市人民政府提出，共同协商拟订方案，报国务院审批后，由地方人民政府或主管部门组织实施，国家体改委负责指导、协调。据此通知要求，1 月 24 日，人民银行召开行长办公会议，决定由周正庆担任体改委兼职委员。

△ 国务院发出《关于调整粮食购销政策有关问题的通知》。该通知指出，要通过稳购、压销、调价、包干，缩小国家粮食收支缺口，逐步解决粮食购销价格倒挂问题，使粮食流通走上健康发展的轨道；继续实行粮食购销调拨包干办法；稳定国家粮食定购任务。为了加强粮食计划管理，保证平价粮食供应，从 1990 年度秋粮收购开始，将粮食合同定购改为国家定购，作为农民应尽的义务，必须保证完成。国家粮食定购继续实行奖售平价化肥、柴油和发放预购定金“三挂钩”政策。改变现在平价粮食销售范围过宽、数量过大的情况，通过压销，逐步做到国家定购与平价销售数量大体平衡。

△ 中国人民银行下发《关于严格境外证券投资审批管理的通知》。针对当时不少外国金融机构和国际金融组织提出在境外以中国或中国特定地区的名义创设投资基金，将所筹集的资金投资于中国证券市场的情况，为加强对以证券方式利用外资的统一管理，该通知规定：任何在境外以中国或中国特定地区的名义创设的投资基金要进入国内证券市场从事证券投资业务，必须经中国人民银行总行审查批准，任何地方政府和部门不得自行审批；国内证券公司和可经营证券业务的其他金融机构，如要在境内开办投资基金业务（包括代理境外投资者在国内证券市场进行证券买卖和股权投资）或作为发起人直接参与

境外创设投资基金，都应向所在地人民银行省级分行提出申请，经审核后报中国人民银行总行批准；各地制定的有关以证券方式利用外资的办法，都应当报经中国人民银行总行审查批准。

14～19日 全国银行分行行长、保险分公司总经理会议在北京召开。国务委员兼中国人民银行行长李贵鲜作了题为“认真贯彻党的十三届七中全会精神、努力做好1991年金融工作”的报告。报告指出，1991年要继续坚持实行“控制总量，调整结构，强化管理，适时调节，提高效益”的货币信贷方针，保持货币稳定，支持国民经济适度增长。并要把重点切实放到优化贷款结构，盘活资金存量，加强内部管理上来。为了实现1991年国民经济和社会发展计划，1991年金融工作的主要目标是：1. 银行新增贷款计划2 100亿元，货币发行500亿元；非银行金融机构的信贷规模控制在国家计划以内。2. 协助企业处理积压产品，减少不合理资金占用，加速资金周转4%，挖掘资金潜力500亿美元。3. 集中一部分资金用于支持农业发展和国家重点项目。4. 控制全国对外债务总规模。其中，新增中长期外债规模控制在65亿美元以内。5. 企业发行债券控制在70亿元以内，发行金融债券控制在50亿元。金融工作的主要措施是：积极组织存款，强化信贷管理，努力优化新增贷款结构；集中精力盘活贷款存量，挖掘资金潜力；整顿结算秩序，严肃结算纪律；不断深化金融体制改革；进一步扩大金融对外开放；切实加强和改进金融机构的内部管理；抓紧搞好金融干部队伍建设。国务院总理李鹏参加了该会18日的座谈会，并在会上作了重要讲话。他强调指出，随着我国有计划的商品经济的发展，要进一步加强和搞好金融工作，更好地发挥金融在国民经济宏观调控中的作用，促进国民经济持续、稳定、协调地发展。

15日 经国家外汇管理局批准，中国有色金属工业总公司深圳联合公司向社会公开发行外汇商业票据。此次发行外汇商业票据总额为800万美元，其中，300万美元为商业票据，另500万美元折成3 900万港元以港元商业票据形式发行；发行对象为深圳市内企事业单位、金融机构及社会公众。商业票据为不记名、不挂失、可转让、可抵押、可转期，并在认购时间满6个月后可办理贴现业务；该票据采取固定利率，美元商业票据利率为7.875%，港元商业票据利率为8.875%；票据可以在发行对象之间进行转让，转让价格可由当事人双方根据市场行情商定，也可委托指定的证券公司挂牌买卖。此次外汇商业票据的发行旨在进一步深化深圳的金融体制改革，活跃特区外汇金融市场，降低企业筹资成本和探索企业融资的新渠道，是国内企业第一次通过发行外汇商业票据筹集外汇资金。

18～23日 全国农业工作会议在北京举行。会议提出：以家庭联产承包为主的责任制是党在农村的基本政策，应在稳定的前提下逐步加以完善，完善的主要途径应是发展多形式、多层次的服务，并逐步形成社会化服务体系；科技兴农是农业的希望所在，要在上年“科技、教育兴农”取得明显成效的基础上，努力把“科技、教育兴农”这件大事继续向前推进一步；加强农业在国民经济中的基础地位，要通过调整投资结构、提高农业投资所占的比重来体现，要充分发挥中央、地方、集体、农民的积极性，组织吸引各方面的财力，努力增加农业投入。

1月28日至2月18日 邓小平在视察上海时同上海市负责同志谈话，阐述了有关改革开放的一些重要问题。邓小平指出，开发浦东不只是浦东的问题，而是关系上海发展的问题，是利用上海这个基地发展长江三角洲和长江流域的问题。抓紧浦东开发，不要动摇，一直到建成。邓小平还指出，金融是现代经济的核心。金融搞好了，一着棋活，全盘皆活。上海过去是金融中心，是货币自由兑换的地方，今后也要这样搞。中国在金融方面取得国际地位，首先要靠上海。邓小平强调，改革开放还要讲。光我一个人说话还不够，我们党要说话，要说几十年。他指出，不要以为，一说计划经济就是社会主义，一说市场经济就是资本主义，不是那么回事，两者都是手段，市场也可以为社会主义服务。闭关自守不行，开放不坚决不行。说“三资”企业不是民族经济，害怕它的发展，这不好嘛。发展经济，不开放是很难搞起来的。世界各国的经济发展都要搞开放，西方国家在资金和技术上就是互相融合、交流的。邓小平还说，要克服一个怕字，要有勇气。什么事情总要有人试第一个，才能开拓新路。试第一个就要准备失败，失败也不要紧。希望上海人民思想更解放点，胆子更大一点，步子更快一点。

2月

5日 上海市44家金融机构为上海广播电视塔项目提供1.5亿元人民币和1 000万美元银团贷款在上海银河宾馆正式签约。此项银团贷款由中国人民建设银行浦东分行、中国工商银行浦东分行牵头，上海各家金融机构共同参与。

6日 中国人民银行发出《关于第三套人民币贰元、五角券只收不付的通知》。为尽快实现第四套人民币单一流通，中国人民银行决定，自1991年3月1日起，人民银行发行库对第三套人民币中的贰元、五角券实行只收不付。该通知规定，只收不付仅限于人民银行发行库对专业银行收付现金时实行，各行不得随意扩大范围。

7~11日 国务院在北京召开全国企业工作会议，研究增强企业活力的政策、措施，部署开展“质量、品种、效益年”活动，以促使全部经济工作转移到以提高经济效益为中心的轨道上来。1日，国务院发布《关于开展“质量、品种、效益年”活动的通知》，决定1991年为“质量、品种、效益年”，该通知指出，开展这一活动的目的是提高企业的经济素质和经济效益，使企业逐步走上投入少、产出多、质量好、消耗低的效益型发展轨道。

7日 中国人民银行研制开发的季度宏观经济计量模型（PBCM1）通过专家鉴定。PBCM1是一个中等规模的经济计量学模型，由约90个方程组成，其中，半数是行为方程和随机等式。它包括相互联系的七个块，分别是货币供应模块、工业生产模块、收入模块、商品零售模块、价格模块、投资模块和储蓄模块，货币政策的传导机制是模型PBCM1的核心，也是联结其中各模块的主线。该模型用联立方程模型描述我国货币政策的传导过程。中国人民银行建立这个模型的意义在于预测货币政策的宏观经济效果，从而为货币政策的决策提供信息依据。该模型的研究参考了美国、英国、韩国、加拿大等国家和地区的银行模型，利用世界上最新的SURITEC软件支持，在世界上处于比较领先的水平，是中国人民银行以应用为目的而建立的第一个经济计量模型。该项目是国家“七五”计划的重点软科学攻关项目，对提高货币政策决策的科学化具有重要意义。

8日 中国人民银行发布《关于整顿结算秩序 严肃结算纪律的通知》。该通知指出，1990年，针对结算纪律松弛、结算秩序混乱和企业单位多头开户等问题，中国人民银行组织结算纪律检查和账户清理工作，对整顿金融秩序起了积极作用。但由于多方面的原因，结算秩序混乱和多头开户并没有得到显著的改变，有不少银行仍从本行和局部利益出发，各行其是，各自为政，不执行统一的结算制度，违反规定，压票退票；偏袒一方，随意拒付；相互设卡，阻塞汇路；为套取资金，承兑和贴现商业汇票，造成纠纷或资金损失；内外勾结，利用结算盗取银行和客户资金等，严重损害了银行信誉，扰乱了金融秩序。为更好地发挥结算的作用，促进社会主义有计划商品经济的健康发展，必须进一步整顿结算秩序，严肃结算纪律，通过整顿要基本达到五项目标：1. 结算管理和结算基础工作都得到加强，结算制度的各项规定落到实处。2. 压票、随意退票和受理无理拒付得到有效纠正。3. 加快结算速度，同城最长不得超过次日，尽量提高票据当日抵用率；异地全国或省内通汇行之间，电汇最长不得超过3天，邮汇一般最长不得超过10天，对现有的在途资金量争取压缩20%，提高资金使用效益。4. 结算机构和人员已设立和配备。5. 企业单位多头开立的账户得到撤并。为了达到上述目标，实现结算秩序的基本好转，该通知要求：1. 加强人民银行对结算工作的统一领导和管理。中国人民银行总行制定统一的结算制度，各家银行和非银行金融机构必须认真贯彻，严格执行。2. 实行结算管理工作责任制。3. 加强结算基础工作。4. 增强制度观念，严肃结算纪律。5. 清理多头账户，严格开户管理。6. 严格执行对违反银行结算制度的处罚。对银行和非银行金融机构的罚款，在利润留成的三项基金中支付，不得列入成本。7. 健全结算管理机构，充实结算人员。

19 日 中国人民银行发布《关于发放小额技术措施贷款有关问题的通知》。为了支持企业适应市场需求变化，加速产品结构调整，提高产品质量，中国人民银行决定，1991 年由有关专业银行发放 50 亿元小额技术措施贷款。该通知规定，1. 小额技术措施贷款的投向，要符合当前国家产业政策，用于支持适销对路的日用工业品和外贸出口产品的生产；支持企业采用先进生产设备和工艺；提高产品档次和质量，增加花色品种；提高经济效益。设备购置后要能立即安装投入生产。2. 贷款的范围，限于投资少、见效快的小型设备购置。不得用于土建工程，不得用于弥补在建固定资产投资项目的资金缺口。每笔贷款的发放额最多不能超过 50 万元，对一个企业一年内的贷款要控制在 50 万元以内。不得化整为零，变相扩大规模。3. 贷款的对象，为独立核算的国营、集体工业生产企业和商办工业企业。4. 贷款期限，原则上当年发放，当年收回，不跨年使用。个别确需延长贷款期限的，经专业银行省级分行批准可以跨年使用，但贷款期限最长不得超过十二个月，利率按流动资金贷款利率执行。5. 贷款必须保证能按期归还。还款的资金来源为新增利润或企业提留的折旧基金和生产发展基金；符合财政部规定，可计入成本的，按财政部规定办理。6. 贷款发放总额度，由人民银行总行核批给有关专业银行总行，由专业银行总行按各系统下达实施和管理。发放此项贷款所需的贷款规模，在有关专业银行当年流动资金贷款规模内解决。此项贷款额度为指令性计划，未经人民银行总行批准不得超过。贷款收回后不再周转使用。

2 月 25 日至 3 月 1 日 国务院在北京召开全国经济体制改革工作会议。会议讨论了《经济体制改革“八五”纲要和十年规划》以及 1991 年经济体制改革的要点。1990 年年初，江泽民曾经要求体制改革领导部门抓紧研究治理整顿期间以及治理整顿任务完成以后如何进一步推进改革开放的问题。李鹏先后四次专门听取国家体改委关于经济体制改革规划设想的汇报。此后，江泽民、李鹏和中共中央政治局其他常委专门召开座谈会，听取国家体改委的汇报，讨论“八五”和整个 90 年代经济体制改革的基本思路和指导方针。在经过一系列重要会议座谈讨论、反复征求意见和总结 12 年改革经验的基础上，形成了《经济体制改革“八五”纲要和十年规划》，提出 20 世纪 90 年代中国经济体制改革的总目标是：初步建立起社会主义有计划商品经济的新体制和计划经济与市场调节相结合的运行机制。围绕这个总目标，提出了相互联系的五个方面的主要任务，即建立以社会主义公有制为主体、多种经济成分共同发展的所有制结构；建立适应社会化大生产发展的企业制度，除少数非竞争性企业外，大部分企业应自主经营、自负盈亏、自我发展、自我约束，成为既有生机活力又规范自身行为的商品经营者和生产者；建立统一开放、平等竞争、规则健全的社会主义市场体系，除少数关系国计民生的重要商品和服务的收费实行国家定价外，其他商品的生产和流通放开，实行计划指导下的市场调节；建立间接调控与直接调控相结合、以间接调控为主，中央和省、自治区、直辖市两级调控，以中央调控为主的宏观调控体系；建立以按劳分配为主体、其他分配方式为补充的个人收入分配制度和社会保障体系。

25 日 中国人民银行发出《关于在部分城市银行实行电子联行试运行的通知》，决定自 1991 年 4 月 1 日起，先在哈尔滨市、沈阳市、长春市、大连市、广州市、齐齐哈尔市、丹东市 7 个城市实行电子联行试运行，待取得经验后，再逐步扩大到 40 个城市。此次电子联行试运行的范围是上述 7 个城市人民银行、各专业银行及交通银行、中信实业银行中有全国联行行号的行处，试运行的业务是 7 个城市人民银行之间的异地划收业务，7个城市专业银行及交通银行、中信实业银行之间的异地跨系统划收业务。上述业务均通过人民银行电子联行转汇。划付业务暂不纳入试点范围。据人民银行统计，截至4月15日，哈尔滨等7个城市人民银行试运行电子联行业务，共发出来往账2 548笔，总金额124 990 309.26元，资金平衡表完全正确，卫星电子联行清算系统运行成功，这标志人民银行全国规模的卫星通讯数据网建成。

2月27日至3月6日 中国人民银行全国调查统计工作会议在江西省南昌市召开。会议总结了人民银行行使中央银行职能以来调查统计工作发展的情况，重点研究了新形势下增强调查统计工作的总体措施和1991年的工作安排。会议要求各级银行要适应中央银行职能的转变，真正把调查统计建设成为货币政策的支持系统。

3月

7日 国务院召开总理办公会议。会议由李鹏总理主持。会议决定，由李贵鲜国务委员兼中国人民银行行长牵头抓股票市场工作。中国人民银行在会上提出，“考虑到股票市场工作涉及到许多部门，为协调各部门关系，加强对股票市场的领导，应建立股票市场办公会议制度为好”。4月11日，中国人民银行上报国务院《关于建立股票市场办公会议制度的请示》，李鹏总理圈阅同意。股票市场办公会议制度建立。该办公会议由国务委员兼中国人民银行行长李贵鲜负责召集，人民银行、国家体改委、国有资产管理局、国家计委、财政部、国家税务总局、国家外汇管理局共七个部委各派一名副部长或相关司局的司局长作为办公会议的成员。股票市场管理日常事务由中国人民银行具体负责，股票市场办公会议直接对国务院负责。其主要任务是：确定全国股票市场发展的重大方针、政策；审定全国股票发行规模；审定股票市场的管理办法；协调各部门的关系。

19日 中国农业银行下发《关于以非货币资产抵偿贷款若干问题的通知》。近年来，农业银行在全国清理信贷资产和清收非正常贷款工作中，不少行为了尽量减少贷款损失，会同有关方面，对于一些关停企业和呆滞贷款户，采取以非货币资产抵偿贷款的方法，收回了一部分呆滞贷款。以非货币资产抵偿贷款（以下简称以实抵贷）是一种新的工作，涉及面广，情况复杂，针对在实际工作中遇到的亟待研究解决的问题，该通知明确，办理以实抵贷的基本原则是：坚持有借有还、到期归还的原则；坚持实事求是，区别对待的原则；坚持以理服人，依法办理的原则；坚持综合治理，配套管理的原则。以实抵贷的对象，原则上只限于抵贷资产易流失的风险贷款户；不能或不愿履行借款合同的抵押贷款户；确有偿还或部分偿还能力，而借故拖延，拒不偿还逾期贷款的“赖债户”、“钉子户”。经过做工作，凡是借款人或负有连带责任者，能在限期内以货币资金清偿的（包括能够落实拍卖、租赁、转让和可以补办抵押担保、诉讼保全的在内），原则上不采取“以实抵贷”的做法。以实抵贷的行为准则是依法清收，维护借贷双方的合法权益。用以抵偿贷款的非货币资产必须是贷款抵押品和已经过协商、仲裁、判决了的抵贷财产；经过鉴定确认同时具备有价值、好保管、易变现三个条件，包括动产、不动产和有价证券；抵贷实物评估作价不足抵偿贷款本息的差额部分，仍由借款人或负有连带责任者承担偿还。

20日 国务院办公厅转发国务院贫困地区经济开发领导小组《关于“八五”期间扶贫开发工作部署报告的通知》。其中规定：继续增加对贫困地区的投入。“八五”期间，国家每年增加五亿元专项扶贫贴息贷款。根据贫困人口和贫困程度全部切块到省、区，集中用于一九八九年农村人均纯收入低于三百元的非国家重点扶持的贫困县。这项贷款由中国人民银行专项安排，中国农业银行组织发放，利率与十亿元专项贴息贷款一致，贫困户和贷款单位使用贷款所付利息为月息二点四厘，与利率之间的差额由省、区补贴。贷款期限一般为五年，特殊项目可适当延长，最长不超过十年。

22日 中国人民银行发出《关于建立工业

景气调查制度的通知》。为了及时监测工业景气状况，把握工业生产、经营和资金供应态势，为研究制定货币政策服务，中国人民银行决定，在中国人民银行系统建立5 000户工业企业景气调查制度，调查内容包括工业企业主要财务指标和问卷两部分。通过这一调查，对不同所有制、不同行业、不同规模的企业的状况在总体上进行把握，为中央银行判断景气水平和经济运行态势提供有利支持。在此之前，1986年中国人民银行建立了国营工业生产企业流动资金主要经济活动情况定期调查制度，调查内容包括企业主要经济指标和企业经济情况分析。

23日 中国人民银行发布《关于调整存、贷款利率的通知》。鉴于当时物价比较平稳，为了进一步促进生产稳定发展，搞活商品流通，经国务院批准，中国人民银行决定对存贷款利率进行调整。其中，各项存款年利率平均下调1个百分点；各项贷款年利率平均下调0.7个百分点；人民银行对金融机构存贷款利率相应下调。此次利率调整，居民活期储蓄存款利率由2.16%下调到1.80%；一年期流动资金贷款年利率由9.36%下调为8.64%，6个月期流动资金贷款年利率由8.64%下调到8.10%；取消3个月期利率档次。各项贷款和企事业定、活期存款和城乡居民定期储蓄存款自1991年4月21日起执行；城乡居民活期储蓄存款自1991年7月1日起执行。

3月25日至4月9日 七届全国人大四次会议在北京举行。会议审议通过了《关于国民经济和社会发展十年规划和第八个五年计划纲要》。纲要提出，1991～2000年的发展总目标是：实现我国社会主义现代化建设的第二步战略目标，把国民经济的整体素质提高到一个新的水平。在大力提高经济效益和优化经济结构的基础上，国民生产总值按不变价格计算，到20世纪末比1980年翻两番。即到2000年，按1990年价格计算的国民生产总值达到31 100亿元，10年内年均增长6%。工农业总产值年均增长6.1%，其中农业总产值年均增长3.5%，工业总产值年均增长6.8%。人民生活水平从温饱达到小康。“八五”计划的经济增长规模和速度是：按1990年不变价格计算，1995年国民生产总值达到23 250亿元，比1990年增长33.6%，平均每年增长6%；农业总产值达到8 780亿元，比1990年增长18.9%，平均每年增长3.5%；工业总产值达到32 700亿元，比1990年增长37.1%，平均每年增长6.5%。第三产业增加值，1995年比1990年增长53.9%，平均每年增长9%。纲要指出，要“有计划有步骤地扩大各类债券和股票发行”，“稳步发展金融市场，拓宽融资渠道，健全证券流通市场。在有条件的大城市稳妥地进行证券交易所试点，并逐步形成规范化的交易制度”。会议还通过了《中华人民共和国民事诉讼法》和《中华人民共和国外商投资企业所得税法》。

26日 中国人民银行发出《关于一次性削价处理积压商品有关银行贷款及计息问题的通知》。主要内容是：1. 有关处理商品的品种和各地的处理金额，由商业部、经贸部、物资部、国家医药管理局、国家中医药管理局分别提出下达，同时抄送有关专业银行，由专业银行总行转发有关分行。各地在确定处理商品的具体品种和金额的同时，要确定处理积压商品应收回贷款数额（相当于按进价计算的处理商品金额）和允许损失挂账金额，下达到有关企业和企业开户银行。未经批准不得突破。有关专业银行分行要将本地区确定的本行处理积压商品应收回贷款及允许损失挂账金额上报其总行，各总行汇总后报中国人民银行。2. 有关开户银行要在削价处理商品企业的流动资金贷款户内单设“待削价处理积压商品贷款”专户，按下达该企业处理商品应收回贷款数额，从正常流动资金贷款中将贷款转入本户，本专户内的贷款按正常流动资金贷款利率计息。3. 企业在处理积压期内，按月削价处理商品销货款归还“待削价处理积压商品贷款”。在处理积压截止日，开户银行要对“待削价处理积压商品贷款”进行清理，同时，在企业流动资金贷款户内开设“商品削价损失挂账贷款”专户。开户银行根据批准的削价损失数额，从“待削价处理积压商品贷款”专户内将贷款转入“商品削价损失挂账贷款”专户。“待削价处理积压商品贷款”专户中属于未完成处理任务部分，仍转回流动资金贷款账户。各分行将处理积压期内，实行收回“待削价处理积压商品贷款”和实际“商品削价损失挂账贷款”数额上报各自总行，各总行汇总后，报人民银行总行。4. 银行要监督企业将削价损失按规定在1994年3月底以前全部摊销。银行每月根据企业报表反映的削价损失实际摊销数额，收回同额“商品削价损失挂账贷款”。对“商品销价损失挂账贷款”实行利息减半、先收后退的办法，即银行对该项贷款按正常贷款利率计收利息，企业按规定摊销削价损失归还此项贷款后，银行将已收利息的50%退还企业，每季办理一次。1994年3月底之后，仍未摊销的损失占用贷款，银行按不合理占用贷款处理。

△ 中国人民银行、公安部、国家工商行政管理局、新闻出版署电影电视部发出《关于禁止在宣传品出版物及有关商品上使用人民币、外币和国家债券图样的通知》。该通知重申，人民币是中华人民共和国的法定货币，国家授权中国人民银行统一印制发行。任何单位和个人不得以任何形式模仿人民币式样印制内部票券，禁止用复印机复印人民币，禁止采用完整的人民币、外币和国家债券图样（不论是原大或缩印样）印制广告宣传品、出版物及其他商品。

27日 财政部、中国人民银行联合发出《关于一九九一年国库券发行工作若干具体事项的通知》。该通知就1991年国库券的发行方式，国库券面的调运、领用和销毁，国库券购买、交款办法，款项入库、上划以及报告制度作出了明确规定。关于发行方式，该通知要求，为了改革国债发行推销方式，逐步从以行政手段发行向以经济手段通过市场推销过渡，各地在总结上年柜台销售经验的基础上，除继续采取单位组织认购的形式外，还应因地制宜，尽可能采取柜台销售、承购包销等多种发行方式，为建立完善的国债发行市场创造条件。4月3日，财政部发出通知，决定1991年在小范围内进行国库券承购包销试点，并全面开放地市级以上城市的国债流通市场。

4月

1日 深圳市开始对贷款企业实行贷款证管理制度。该管理制度的主要内容是：贷款证是贷款企业向深圳各国内金融机构申请办理贷款的证明书，凡申请办理贷款的全民、集体、“三资”和个人承包、私人企业，从4月1日起均须持有贷款证方可申请贷款；未领取贷款证者，各金融机构一律不受理贷款事宜；深圳市内各国内金融机构从4月1日起所批准的贷款，均要按要求在贷款证上进行登记，如有意漏登或与企业串通作假者，以违反金融纪律论处，企业须在规定日期内（3月25日至6月25日）向市人民银行申请贷款证，申请时须按规定提交有关证明文件。

贷款证 贷款证是注册地法人企业（不包括持有金融机构法人许可证或金融机构营业许可证的企业）向国内各金融机构申请借款的资格证明书。它由中国人民银行总行统一规范、统一印制、统一颁发，主要供各法人企业和国内金融机构按规定使用，登记企业的借、还款和借款展期等业务情况。在实行贷款证管理制度的地区，无此证者，国内各金融机构不得受理其借款事宜。

贷款证使用的对象包括：经中国人民银行批准，在境内注册的中资商业银行（含合作银行）、信托投资公司、企业集团财务公司、金融租赁公司、城乡信用合作社和其他经营贷款业务的中资金融机构，都必须按规定登记和使用贷款证。

贷款证主要内容由九部分组成：发证机关填写的发证记录和年审记录；法人企业填写的企业概况；法人企业逐笔填写其在各家银行的本、外币存款开户记录；法人企业在领证及年审时要填写其贷款余额情况；金融机构按系统逐笔填写企业的借、还款及贷款展期情况；金融机构填写企业在其注册地外的借、还款及贷款展期情况；金融机构填写的企业提供经济保证的情况；经中国人民银行认可的资信评估机构对企业资信等级的评定情况；备注。贷款证使用期为3年，实行集中年审制度。在规定的时间内，企业在每年的上半年持贷款证和必要的证明材料，以及上一年度的资产负债表、损益表等材料到发证机关办理年审。在此期间贷款证仍然有效。

实行贷款证制度对金融机构的意义是提高贷款透明度，降低信贷风险；便于银行管理好信贷资产质量；帮助金融机构清理风险贷款。

3日 中国人民银行、各家专业银行、交通银行联合发出《关于增加金融统计报表的通知》，决定从1991年开始，增加两种金融业务统计报表，即国家银行贷款周转情况月报表和国家银行外汇信贷收支月报表。

△ 深圳全部股票进入交易所集中交易。同日，深圳证券交易所开始发布深证综合指数，该指数以1991年4月3日为基日，基日指数为100。

深证综合指数 深证综合指数的全称是深圳证券交易所股票价格综合指数。该指数以1991年4月3日为基期，基期指数为100。采用基期总股本为权数计算，以所有上市股票为样本股。如样本股的股本有变动，以变动之日为新基日，以新基数进行计算。其计算公式为：

$$今日即时指数=上一营业日收盘指数\times\frac{今日现时总市值}{上一营业日收市总市值}$$

$$今日现时总市值=各样本股的市值\times已发行股数$$

4日 经人事部批准，国家外汇管理局设立中央外汇业务中心、全国外汇调剂中心、信息中心三个事业单位。中央外汇业务中心是经营管理国家外汇储备的职能部门，主要职责是：根据国家外汇储备经营战略、原则，拟订国家外汇储备经营方案；确定国家外汇储备资产组织中的地区分布、币种安排、期限搭配、工具选择等；进行日常的外汇交易、清算和结算等经营性工作；监督检查委托储备资产的经营状况；联系海外分支机构；参与有关国际金融活动。全国外汇调剂中心是经国家外汇管理局批准，办理中央各部门及其所属单位之间和各省、自治区、直辖市、经济特区之间的外汇额度或现汇调剂业务的法定外汇交易机构，其职责是：受理经国家外汇管理局批准的中央各部门及其所属单位和各省、自治区、直辖市、经济特区外汇调剂中心所委托买、卖调剂外汇的申请，并办理成交；监督中央各部门及其所属单位和各省、自治区、直辖市、经济特区外汇调剂中心买卖调剂外汇的交割与结算；定期向国家外汇管理局编报外汇调剂情况及统计报表；提供外汇调剂市场信息和服务。信息中心的职责是：制定外汇局机关及系统信息化工作规划；组织外汇局机关及系统应用软件的设计、开发、维护、推广工作，负责有关标准化工作；组织外汇局机关及系统计算机和网络的安全运行；负责外汇管理常规信息的采集、存贮、加工、分发和汇总反馈工作；负责与外汇管理信息化有关的科学攻关课题和对外交流工作；负责外汇局系统信息技术的普及与提高工作；负责对外有关经济信息交流、共享及转让工作。

5日 中国人民银行下发《关于实施〈利率管理暂行规定〉有关问题的通知》。该通知明确，浮动利率在中国人民银行总行规定的浮动幅度内仍由各专业银行掌握，当前治理整顿期间，流动资金贷款利率的上下浮动及浮动范围的确定，须经地、市级（含地、市）人民银行分行审查批准或者备案；对逾期贷款和被挤占挪用贷款，在借款合同规定的利率基础上加收利息，加息幅度分别是20%和50%；各专业银行以发行债券筹集的资金，用于固定资产贷款和特种贷款的，均按国家规定的利率执行，不得上浮，不准高来高去；各专业银行及其他金融机构根据《利率管理暂行规定》，协助和配合人民银行进行利率管理工作，宣传贯彻和执行国家利率政策。深圳经济特区人民银行和浙江省温州市人民银行利率管理改革试点，仍按原定改革方案进行，两市人民银行可分别参照《利率管理暂行规定》的精神具体制定本地区的利率管理办法，报总行备案。

9日 第七届全国人民代表大会第四次会议在北京召开。会议通过决议，批准《中华人民共和国国民经济和社会发展十年规划和第八个五年计划纲要》。该文件指出，必须坚定不移地继续深化改革，进一步扩大对外开放。其中有关金融体制改革的内容主要有：1. 进一步强化中央银行的宏观调控职能，严格控制货币发行和信贷总规模；按照国家的产业政策，确定信贷资金的投向，并有效地运用利率、准备金、再贷款、汇率等金融手段，促进国民经济的总量平衡和结构调整，防止通货膨胀。2. 健全中央银行的垂直领导体制，加强中央银行对专业银行的领导与管理。专业银行主要是执行国家产业政策，承担经济调控职能；同时进行企业化管理，实行自担风险、自负盈亏。3. 继续鼓励居民储蓄，有计划、有步骤地扩大各类债券和股票发行，并严格加强管理，逐步实行社会金融资产多元化。4. 稳步发展金融市场，拓宽融资渠道，健全证券流通市场。在有条件的大城市稳妥地进行证券交易所的试点，并逐步形成规范化的交易制度。

△　第七届全国人民代表大会第四次会议通过《中华人民共和国外商投资企业和外国企业所得税法》。其中规定：外商投资企业和外国企业在中国境内设立的从事生产、经营的机构、场所每一纳税年度的收入总额，减除成本、费用以及损失后的余额，为应纳税的所得额。外商投资企业的企业所得税和外国企业就其在中国境内设立的从事生产、经营的机构、场所的所得应纳的企业所得税，按应纳税的所得额计算，税率为30%；地方所得税按应纳税的所得额计算，税率为3%。设在经济特区的外商投资企业、在经济特区设立机构、场所从事生产、经营的外国企业和设在经济技术开发区的生产性外商投资企业，减按15%的税率征收企业所得税。设在沿海经济开放区和经济特区、经济技术开发区所在城市的老市区的生产性外商投资企业，减按24%的税率征收企业所得税。

设在沿海经济开放区和经济特区、经济技术开发区所在城市的老市区或者设在国务院规定的其他地区的外商投资企业，属于能源、交通、港口、码头或者国家鼓励的其他项目的，可以减按15%的税率征收企业所得税，具体办法由国务院规定。对下列所得，免征、减征所得税：外国投资者从外商投资企业取得的利润，免征所得税；国际金融组织贷款给中国政府和中国国家银行的利息所得，免征所得税；外国银行按照优惠利率贷款给中国国家银行的利息所得，免征所得税；为科学研究、开发能源、发展交通事业、农林牧业生产以及开发重要技术提供专有技术所取得的特许权使用费，经国务院税务主管部门批准，可以减按10%的税率征收所得税，其中技术先进或者条件优惠的，可以免征所得税。对于利润、利息、租金、特许权使用费和其他所得，需要给予所得税减征、免征的优惠待遇的，由国务院规定。

10日　上海证券交易所试行单位股票上市交易。首批试行上市的单位股票限于“电真空”、“申华电工”两只，其中，“电真空”股票发行额为199万元，100元一股；“申华电工”股票发行额150万元，10元一股。

11日　中国人民银行下发《关于调整13个行业差别利率的通知》，决定对实行差别利率的能源、交通等13个行业及农业、盐业基本建设的银行贷款利率相应下调。其中，农业、煤炭、原油开采、节能措施、港口、盐业的1～3年、3～5年、5年以上的基本建设贷款由现行的年利率7.56%、8.10%、8.64%调整为6.48%、7.02%、7.20%；电力、交通（不含港口）、铁道、邮电、民航、建材、森工和钢铁、有色两行业中独立矿山项目的1～3年、3～5年、5年以上的基本建设贷款利率由现行的8.64%、9.36%、9.54%调整为7.56%、8.10%、8.28%；钢铁、有色、化工的1～3年、3～5年、5年以上的基本建设贷款利率由现行的9.72%、10.44%、10.80%调整为8.64%、9.18%、9.36%。

12日　中国人民银行、国家计委发出《关于基本建设项目建设期银行贷款计收利息问题的通知》。该通知规定：从1991年起，各银行利用信贷资金新发放的基建贷款，除特批项目外，一律按规定按年结息和收息，不再挂账。新建项目贷款利息列入投资计划，改、扩建项目，先由企业自有资金支付，有困难的经有关部门同意，可列入投资计划。将原“不实行差别利率的改、扩建基建贷款，比照技改贷款利率，按季结息”的规定，改为：从1991年起，不论新发放的还是以前发放尚未收回的不实行差别利率的改、扩建贷款，一律实行一般基建贷款的期限利率，每年9月20日按年结、收息。1990年以前发放未收回的基建贷款，新建项目可到竣工时还本付息；改、扩建项目用企业自有资金按年偿付；已经建成项目通过自有资金、新增效益和折旧归还。

13日　中国人民银行发出《关于对保险业务和机构进一步清理整顿和加强管理的通知》，要求各级人民银行继续清理整顿保险机构，加强保险条款、保险费率和保险资金运用的管理与监督；对再保险和保险代理机构要加强管理，完善保险机构业务报表保送制度。

△　经中国人民银行批准，日本兴业银行和日本三和银行在上海设立日本兴业银行上海分行和日本三和银行上海分行。其业务范围包括：外币存款、放款，外币票据贴现，外币投资，外币汇款，外汇担保；进出口结算；自营或者代客买卖外汇；代理外币及外币票据兑换；代理外币信用卡付款；保管及保管箱；资信调查和咨询。这是日资银行首次在中国大陆地区开设分行。

15日　国务院总理李鹏发布中华人民共和国国务院第80号令《中华人民共和国一九九一年特种国债条例》。该条例规定：1. 特种国债的发行对象和数额是：经济条件较好的全民所有制企业、集体所有制企业、私营企业、各类金融机构、企业主管部门、事业单位、部队、机关和社会团体，共10亿元；全民所有制企业职工退休养老基金管理机构、待业保险基金管理机构，共10亿元。2. 特种国债本金的偿还期为5年，从交款之日起满5年后一次偿还，年利率为9%，从交款之日起开始计息。利息在偿还本金时一次付给，不计复利。3. 中央单位、部队和各省、自治区、直辖市及计划单列市的认购任务，由财政部分配。地方单位的认购任务，由各省、自治区、直辖市及计划单列市人民政府分配。对分配的认购任务，各单位必须按期完成。4. 特种国债从当年4月15日开始发行，10月15日结束。5. 特种国债统一采取收款单形式发行，其发行和还本利息事宜由各地财政部门组织办理。特种国债的收款单，可以记名、挂失，不得作为货币流通。6. 购买特种国债的利息收入免征所得税。

20日　由财政部国家债务管理局与由中国工商银行信托投资公司代表的全国58家金融机构组成的国债承销团在北京举行国债承销合同签字仪式。这是我国首次采用承购包销方式发行国债，共发行1991年25亿元国库券，占1991年国债发行总额的1/4。

22日　国家外汇管理局下发《关于重申跨省或跨地区外汇调剂手续费问题的通知》，重申各外汇调剂中心今后在办理跨省或跨地区外汇调剂业务时，手续费的收取标准必须严格按照国家外汇管理局有关规定办理。即对于跨省调剂的手续费的计收，调出的中心只能向调出企业收1.5‰的手续费；调入的中心只能向调入的企业收1.5‰的手续费。

26日　经中国人民银行批准，中国太平洋保险公司暨上海分公司开业。该公司是由交通银行投资组建的股份制保险公司，注册资本10亿元人民币，总公司设在上海。公司实行独立核算、自主经营、自负盈亏和董事会领导下的总经理负责制，业务范围包括人民币和外币的各种财产保险，责任保险、信用保险、农业保险和各种人身保险，各种国内国际再保险和法定保险。这是新中国成立以来，继中国人民保险公司成立之后的第二家全国性保险公司。

27日　中国人民银行发出《关于统一丙种外币存款计息方法的通知》。该通知规定，丙种外汇存款的活期存款按年计付利息，每年计息一次，12月20日为结息日，遇利率调整，分段计息。存款清户时，本利一次结清。定期存款以存入日的相应档次利率为计息标准，存期中如遇利率调整，不分段计息。提前支取的存款，按支取当日的活期存款利率计付利息；存款逾期，从到期日起，按支取当日的活期存款利率计付利息。该通知要求各地中国银行要配合人民银行定期公布丙种外币存款利率，各金融机构在办理该项业务时，必须遵照执行，不得以抬高利率的办法竞争存款。上述规定自6月1日起执行。

28日 中国人民银行发出《关于调整对农业银行扶贫贴息专项贷款利率的通知》，决定自1991年4月21日起，人民银行对农业银行扶贫贴息专项贷款利率由年利率5.76%降为4.68%。农业银行发放的扶贫贴息专项贷款利率仍按年利率2.88%执行。

△ 国务院同意并批转国家体改委《关于一九九一年经济体制改革要点》。该要点的主要内容是：1991年是"八五"计划的第一年，经济工作的中心任务是调整经济结构和提高经济效益，把改革与发展紧密结合起来，更多地向生产要素合理流动和结构调整要效益；改革的重点是搞活企业特别是全民所有制大中型企业；同时要积极稳妥地推进宏观改革、流通及其他方面的改革，并加强对改革工作的领导综合协调。其中，有关金融改革方面的内容是：在控制贷款总量的前提下，搞活金融，促进生产发展。积极发展和完善资金市场，包括资金拆借市场，证券市场和外汇调剂市场。在人民银行的指导和不突破信贷总规模的前提下，加强省、市一级专业银行之间信贷资金的横向融通。适当增加地方人民银行的贷款指标，用以调剂地区专业银行之间的规模余缺。改变国库券全部由行政分配发行的办法，试行一部分国债由银行代理推销，也可以由非银行金融机构承购包销，并研究企业持有的国库券流通的方案。在少数有条件的大城市搞好证券交易所的试点，研究制定一套符合我国国情的证券市场管理条例。银行要采取灵活多样的结算方式，加快资金周转。积极帮助企业清理"三角债"，减少资金占用，缓解企业资金短缺的困难。在清理"三角债"的同时，加快推行商业信用票据化的步伐。

5月

1日 国务院办公厅印发《关于禁止发放使用各种代币购物券的通知》，规定任何单位不得发放、使用各种代币购物券，已经发放尚未使用的购物券一律停止使用，由发放单位立即收回、销毁，凡与商业单位签订的购物券合同、协议一律无效。该通知要求各级人民政府要组织有关部门，对本地区发放、使用购物券的情况进行一次全面检查。对发放、使用购物券的单位要按财务、税收和金融管理的有关规定进行处理；对情节严重的，要依法追究有关人员的责任。

代币购物券 代币购物券也称代币购物卡，是指未经中国人民银行同意，由非金融机构或金融机构超出业务范围印售的，具有储值功能的，在一定范围内可任意流通的变相货币形式，是一种非法的"准货币"。

代币购物券的主要危害有：扰乱金融秩序；造成偷税、漏税，使国家税收流失；变相"洗钱"，滋生行贿、受贿等腐败行为；鼓励不正当竞争，扰乱正常的市场秩序；刺激团体消费，导致"为消费而消费"的非理性消费。对于"发放和使用代币购物券（卡）"问题，我国曾多次采取措施明令禁止。1991年国务院办公厅就发布《关于禁止发放和使用各种代币购物券的通知》，1993年国务院又下发了《关于禁止印制、发售、购买和使用各种代币购物券的通知》，1998年国务院纠正行业不正之风办公室又下发紧急通知，2001年国务院纠正行业不正之风办公室、国家经济贸易委员会、中国人民银行联合下发《关于严禁发放使用各种代币券（卡）的紧急通知》。这些通知对禁止代币购物券（卡）的发放和使用，起到了一定的积极作用。

6日 中国人民银行发出《关于调整人民银行联行利率的通知》，人民银行内部往来资金中的上存、借用资金利率，由原来的月利率6.15‰调整为5.55‰；人民银行上海市、深圳市分行在总行的存款准备金和备付金月利率由5.76‰调整为5.16‰；向总行的贷款利率，由原月利率6‰调整为5.4‰。调整后的利率自1991年4月1日起执行。

△ 中国人民银行发出《关于开办外汇移

存业务的通知》，决定在浙江省分行、江苏省分行开办辖区内除中国银行以外所有银行的外汇移存业务。具体办法参照《中国人民银行关于上海试行外汇移存与提取的暂行规定》（1989 年 5 月 3 日）。

9 日 国家体改委、中国人民银行、国家国有资产管理局下发《关于对向社会公开发行股票的股份制试点企业重新审批的通知》。此前，1990 年 12 月 26 日国务院办公厅发出《关于向社会公开发行股票的股份制试点问题的通知》要求，除已批准上海、深圳两市向社会公开发行股票的试点外，凡由地方政府批准实施，但未经中央有关部门审批的，要在近期内报国家体改委、国家国有资产管理局、中国人民银行重新履行审批手续。为了便于这项工作的进行，《关于对向社会公开发行股票的股份制试点企业重新审批的通知》规定，此次重新审批，分两步进行：第一步，有关企业向省、市体改部门提出股份制试点，经审批同意后，再报国家体改委审批。凡涉及国有资产的，须同时向国有资产管理部门提出申请，经审核同意后，由国家体改委会同国家国有资产管理局审批。第二步，企业获准进行股份制试点后，向所在地中国人民银行一级分行重新申请公开发行股票，经审核同意后，再报中国人民银行总行审批。审批的标准是：申请文件俱全，手续完备；资产评估、股权设置、收益分配和国家股权管理中，没有损害国有资产权益的做法；体现入股自愿、股权平等、同股同利、利益共享、风险共担的原则；股票比较规范，符合中国人民银行关于公开发行股票的有关规定，股票不还本，只按企业经营状况和公司章程规定，发放红利或股息；有比较健全的内部领导体制，公司章程对股东大会、董事会和经理的权力和责任都有明确规定；公司生产经营符合国家的产业政策，财务及经营业绩良好；向社会非特定个人公开发行的股份不低于公司总股份的 25%。

15 日 经中国人民银行会同国家体改委和国家国有资产管理局审查同意，深圳市人民政府颁布《深圳市股票发行与交易管理暂行办法》。该暂行办法的内容包括股票的界定、发行、交易、证券商、交易所、登记公司、主管机关、罚则等共 8 章 97 条。其中规定：中国人民银行是深圳市证券市场的主管机关，授权中国人民银行深圳经济特区分行，对股票发行和交易行使日常管理职能；股票发行与交易应遵守公开、公平、公正的原则；企业申请公开发行股票，应符合下列条件：1. 经国家有关主管部门批准设立或改组成股份公司；2. 生产经营符合深圳的产业政策；3. 财务及经营业绩良好，净资产不低于 1 000 万元；4. 申请前一年有形资产净值占有形资产总值的比例应不低于 25%；5. 发起人认缴份额不得少于 500 万元，并不低于总股本的 35%；6. 向非特定个人公开发行的股份不得少于总股本的 25%，主管机关可根据情况提高公开发行股票的比例；7. 股东人数不少于 800 人；8. 申请企业或发起人在近 3 年内没有违法行为或损害公众利益的记录。该暂行办法还规定，股票交易均须在主管机关批准的证券交易机构办理，不得进行场外非法交易，其中，上市股票在交易所集中交易，公开发行但未达上市标准的股票在证券商柜台挂牌买卖。该办法自 1991 年 6 月 15 日起施行。据统计，截至该暂行办法发布日，深圳市共有 5 家上市公司（股票名称分别是“深发展”、“深金田”、“深万科”、“深安达”、“深原野”），股票发行面值为 2.7 亿元，市值约 50 亿元；证券交易机构 12 家，营业网点 16 个，证券从业人员 300 余人。

△ 中国银行上海浦东分行开业。根据中共中央、国务院开发上海浦东的决策，中国银行决定：采取两年内每年拨 1 亿美元贷款用于基础建设，港澳中银集团每年提供 2 亿美元的外贸短期周转资金等十项措施支持开发浦东。

16 日 国务院发布《关于进一步增强国营大中型企业活力的通知》。该通知指出：国营大中型企业是社会主义现代化建设的支柱和骨干，是国家财政收入的重要来源。增强其活力是经济体制改革的中心环节和实现我国经济发展战略目标的关键，直接关系到我国经济的发展和社会主义制度的巩固，各地区、各部门、各企业应从加强企业内部管理和改善外部环境两方面采取有力措施，增强国营大中型企业的活力。为了改善国营大中型企业的外部环境，自 1990 年年底以来，国务院先后采取了一系列增强企业活力的政策措施。该通知将这些措施归纳为十一项，包括：适当增加企业技术改造的投入；酌情减少部分企业的指令性计划任务，扩大其产品自销权；适当提高部分企业的折旧率，逐步完善折旧制度；适当增加新产品开发基金；补充部分企业的自有流动资金；适当降低贷款利率；给部分企业外贸自主权；进一步做好一些国有大中型企业的“双保”工作；继续清理“三角债”；选一百个左右大型企业集团分期分批进行试点工作；切实减轻企业负担。该通知要求各有关经济综合部门抓紧做好协调工作，围绕贯彻落实上述 11 项政策措施，尽快制订具体实施方案。

△ 中国农业银行向全系统发出《关于认真执行信贷计划切实做好夏粮收购资金供应工作的通知》。为了确保今夏农副产品收购资金全部到位，不打“白条”，该通知要求资金供应工作做到及时、足额到位，并协助企业做好调销货款的回笼工作。

21 日 国务院批转国务院联合清理拖欠税款领导小组《关于继续加强清理欠税工作的请示》。该请示对清理欠税工作提出如下意见：1. 各级政府要从现在起就抓紧清理欠税工作；2. 促产、促销，加强管理，提高效益，进一步清理欠税；3. 结合清理“三角债”，清理拖欠税款；4. 抓重点行业、重点企业，解决重点问题；5. 强化征税管理，严格以法征税；6. 树立全局观念，自觉依法纳税。

△ 中国人民银行发出《关于保险企业资金收支计划与资金运用计划管理有关问题的通知》，明确保险企业的资金收支计划由人民银行审批；对保险企业的资金运用计划实行分类管理；人民银行各级分行要加强对保险企业资金的管理，促进保险业务健康发展。

27 日 第一次股票市场办公会议在人民银行召开。会议由国务委员兼中国人民银行行长李贵鲜召集，会议通过了关于股票市场办公会议的有关制度，审定了上海、深圳两市 1991 年发行人民币股票的企业和规模。会议提出，为了更好地协调各部门关系，解决股票市场中的重大问题，搞好股票市场和股份制试点工作，建议增加经贸部、工商行政管理局为股票市场办公会议的成员。9 月 2 日中国人民银行召集第二次股票市场办公会议，审查修改了《上海市人民币特种股票管理暂行办法》和《深圳市人民币特种股票管理暂行办法》。

△ 中国人民银行发出《关于清理外汇抵押人民币贷款有关问题的通知》，决定从当年起，新发放的外汇抵押人民币贷款，要逐笔报总行审批，同时分行要建立抵押外汇登记簿。总行历年下批给分行的指标，不再周转使用，对已经到期的按有关规定办理。

6 月

1 日 中国人民银行批复中国人民保险公司《关于申请设立资金运用部问题的请示》，同意该公司增设资金运用部，为副厅（局）机构，经营范围是：有价证券投资、流动资金贷款、资金拆出及中国人民银行批准的资金运用业务。

4 日 中国人民银行颁布《关于外资金融机构在中国设立常驻代表机构的管理办法》。该办法规定：外资金融机构是指外国资本的银行、证券公司、投资公司、保险公司、财务公司、信用卡公司、金融性租赁公司，外资金融机构常驻代表机构是其总管理机构的派出机构，称为“×××代表处”，代表处的主要负责人称首席代表，其他人员称代表、顾问、助理、秘书。常驻代表机构的工作范围是：咨询、联络、市场调查等非营利性工作。常驻代表机构在工作中，不得为其总部或分支机构（包括设在中国境内的分支机构）办理经营性业务。中国人民银行是外资金融机构常驻代表机构的审批、管理机关，中国人民银行总行负责对设在北京的常驻代表机构进行监督、检查和管理，对设在北京以外城市的常驻代表机构，中国人民银行总行授权当地中国人民银行分行对其进行监督、检查和管理。该办法自公布之日起施行。1983年2月1日颁布的《中国人民银行关于侨资金融机构在中国设立常驻代表机构的管理办法》同时废止。

△ 中国人民银行发布《关于短期对外借款实行余额外债管理的通知》，国家外汇管理局对各省、自治区、直辖市、计划单列市和经营外汇业务的银行核定年度短期对外借款余额控制指标，短期借款月末余额不得超过控制指标，在控制指标数额内可以周转使用。

10日 中国人民银行、国家外汇管理局、对外经济贸易部、海关总署、中国银行印发《关于出口收汇核销管理有关问题的补充规定》的通知。该补充规定在坚持国务院关于跟踪结汇制度的原则下，尽量简化了出口收汇核销手续。主要包括：1. 简化了自寄单据的审批手续，除1991年1月1日以来实施的《出口收汇核销管理办法实施细则》中规定的四种商品（即鲜活、易腐商品；出境展览（销）商品；金额在等值一百美元以内的有价样品；预收货款项下的商品）外，其他商品出口自寄单据从过去逐笔审批改为10万美元以下不需审批；2. 出口单位不再凭核销单向银行交单索汇，减少了核销单经过银行这一环节；3. 简化了外商投资企业的核销手续，从过去逐笔核销改为定期核销；4. 放宽了出口单位报关后将核销单存根送交外汇管理部门的期限，本地报关从过去的7天改为15天，异地报关从过去的20天改为25天；5. 缩小了实行收汇核销的范围，明确规定援外项目物资、捐赠出口、暂时出口和无价样品出口不需凭核销单办理报关手续。

11日 中国人民银行发出《关于统一开展对台金融业务的通知》，决定由中国银行直接或间接地与中国台湾民间银行建立代理行关系，以解决通汇问题。待条件成熟后，其他金融机构报经批准，方可与中国台湾民间银行建立代理行关系。

14日 财政部、中国人民银行发出《关于一九九一年国库券发行工作有关事项的补充通知》，就承购包销试点部分的国库券发行事项作出规定：1991年国库券承购包销，采取中央承购包销试点和地方承购包销试点相结合的方式进行，各承购包销单位承销的国库券，一律应面向城乡居民、个体工商业户广泛推广，不得无故自行吃进，不向单位推销，坚决杜绝用信贷资金购买国库券。

15日 中国人民银行深圳经济特区分行颁布《深圳市证券经营机构管理暂行规定》。该暂行规定对证券经营机构的设置、业务范围、证券交易、管理监督作出明确规定。其中规定，中国人民银行深圳特区分行是深圳证券经营机构和组织的主管机关。证券机构须在主管机关的监督下，设立自律性组织，加强自律管理；凡触犯过刑律被定罪判刑者、因经济问题受行政处分者、违反证券管理规章被除名者均不得从事证券业工作。

18日 国家外汇管理局发出《关于加强金融机构自营外汇买卖业务管理的通知》。该通知规定：自营外汇买卖是指金融机构以其自有和自筹外汇资金在严格控制之下，在国际金融市场上买卖外汇。为了加强对此项业务的管理，金融机构办理自营外汇买卖业务须具备下列条件：1. 外汇买卖业务高层主管人员须具备5年以上从事外汇买卖的资历；专职交易员须具备3年以上从事外汇买卖的资历；专职交易员不少于3人。2. 有专门交易室，并配备信息终端机和其他有关设备。3. 具有不少于2 000万美元的等值外汇资本金。4. 有健全的外汇买卖业务的内部管理规章和制度，特别是业务权限和财务核算制度。金融机构办理自营外汇买卖业务须报国家外汇管理局批准，其中，不具独立法人资格的外汇指定银行分行由其总行审核同意后，统一报国家外汇管理局批准。金融机构办理自营外汇买卖业务，每天交易总量不得超过其外汇资本金或外汇营运资金的20%。原则上不得保留隔夜头寸，如遇特殊情况，经本单位最高主管批准，可保留少量隔夜敞口头寸，但不得超过其外汇资本金或外汇营运资金的1%。金融机构办理自营外汇买卖的累计亏损额不得超过其自有外汇资本金或外汇营运资金的1%，亏损额超过其外汇资本金或外汇营运资金的2%时，国家外汇管理局将停止其办理此项业务，未经核准不得重新经营。上述外汇资本金或外汇营运资金、每日敞口总头寸、每日隔夜敞口头寸均按当日纽约外汇市场汇率折美元计算。

7月

3日 经国务院授权、中国人民银行批准，深圳证券交易所正式开业。深圳证券交易所是中华人民共和国第二家证券交易所，于1989年11月15日开始筹建，1990年12月1日开始试运行，1991年4月11日经中国人民银行批准成立。交易所按照国际惯例，以会员制方式组成，注册资金为1 000万元人民币，为非营利性事业法人，其业务范围是：提供证券集中交易的场所和设施；管理上市证券的买卖；办理上市证券交易的清算交割，提供证券市场的信息服务；办理中国人民银行许可或委托的其他业务。同日，《深圳证券交易所业务规则》正式颁布实施。该所主办的全国第一家证券专业刊物《证券市场导报》创刊号出刊。上海证券交易所创办了内地第一份证券类专业报纸《上海证券报》。

5日 中国人民银行、中国工商银行、中国农业银行、中国银行、中国人民建设银行、交通银行、中国人民保险公司联合发出《关于整顿、建设金融队伍的意见》，要求各行（公司）结合本地区、本部门的实际情况，认真组织学习，贯彻落实。此前，李鹏总理对“卫益行”案件两次作出批示：4月20日在《公安部情况反映》第30期“关于北京‘卫益行’案件”上批示：“此案骇人听闻，金融系统组织严重不纯，才导致从犯行骗得以成功。金融系统犯罪者，应依法严惩不贷。”5月31日在《公安部情况反映》“北京卫益行商贸部骗取巨额贷款一案侦查工作进展情况”上批示：“李贵鲜同志：屡次发生信贷员出大问题值得认真反思，信贷员手中掌握的权力太大，又无集体领导和党的监督，将带来极大的危害。希望你们认真研究，如何从制度上堵塞漏洞，而不仅是一案一案的查办。”此后，中国人民银行分别于6月26～28日召开各行（司、局）党组联席会议，7月2日召开中国人民银行全体干部职工大会，学习李鹏总理对“卫益行”案件的两次批示，随后下发《关于整顿、建设金融队伍的意见》。

△ 经中国人民银行批准，国家外汇管理局公布《保税区外汇管理暂行办法》。国务院决定在上海、天津等地设立保税区，国家外汇管理局对保税区内的企业、机关、个人的外汇收支作了规定。该暂行办法规定，保税区内有外汇收支业务活动的企业，应持主管部门批件及其他有关文件的副本，向所在地外汇局分局登记备案，并接受所在地外汇局分局的监督和检查；海关监管的保税货物出入保税区，应以外币计价结算，非保税货物出入保税区，以人民币计价结算；保税区内企业之间保税货物的买卖和保税货物的存储、保管、运输等费用，以外币计价并通过银行结算；保税区内的企业应将其商品出口、对外提供劳务、服务等所得的外汇收入及时调回境内，并存入其境内银行的外汇账户，其正常业务所需的外汇，可从该账户支出；非保税区的企业可以用外币或人民币向保税区进行投资，因正常经济活动需要可将外汇资金、人民币资金汇入保税区，或从保税区汇回非保税区。人民币、外汇票证、贵金属及其制品可以在保税区与非保税区之间出入，人民币、外汇票证、贵金属及其制品经保税区出入国境，按国家对人民币、外汇票证、贵金属及其制品出入国境的规定管理。严禁利用国家给予保税区的特殊条件进行违反外汇管理规定的活动，国家外汇管理局或其分支局对有关违法活动按照《违反外汇管理处罚施行细则》的规定办理。

8日 经中国人民银行批准，全国金融市场报价、交易、信息系统中心（以下简称中心）在北京成立。该中心的注册资金为500万元人民币，为会员制的事业法人。其主要业务是：利用计算机联网系统，为会员进行跨地区的证券交易和资金拆借提供信息交换、交易和交割清算的技术手段和服务。

9日 国家计划委员会、财政部、中国人民银行印发《关于延续执行〈黄金外汇留成管理暂行办法〉的通知》。该通知规定，国家计委、财政部、人民银行印发《黄金外汇留成管理暂行办法》（计贸［1987］1377号），延续执行到1992年年底。为了避免外汇分散，结合黄金、白银生产所需的物资供应体制，黄金系统矿产金企业和有色工业系统地方企业交售黄金、白银所得5%的留成外汇，从1991年起，分别改由省区市黄金分公司和有色工业主管部门统一开户管理，内部记账；有色总公司直属企业交售黄金、白银所得5%的外汇留成，改由有色总公司统一开户管理，内部记账。统一开户管理的企业外汇留成，应主要用于企业发展黄金、白银生产所需进口或串换物资，如用于其他企业或单位，应按外汇调剂市场价格作价，给予原留成企业相应的人民币补偿。地方政府所得黄金、白银再分配外汇留成，应首先用于支持发展黄金、白银生产。

11日 中国人民银行、国务院生产委员会发出《关于进一步加强流动资金贷款管理的通知》。为了搞好企业流动资金综合治理，促进企业强化经营管理，进一步扭转产品积压和企业亏损，防止"三角债"前清后欠，中国人民银行决定，实行"五优先"、"五从严"、"八不贷"的信贷政策。"五优先"即银行将对下述五项优先给予贷款支持：1. 种养业、农业科技开发项目、粮棉油等主要农副产品收购的资金需求；2. 符合国家产业政策、产品适销对路、经营管理和经济效益好的企业，特别是其中的国营大中型企业的资金需要；3. 国家"双保"企业指令性计划产品；4. 增加适销对路商品储备和国家重要物资储备的资金需求；5. 国家计划内换汇成本低、不亏损的外贸出口商品的收购和国家计划内进口商品的资金需求给予优先贷款支持。"五从严"是指要从紧从严掌握贷款，对下列五种情况亮出"黄牌"予以警告：1. 产品质次价高，不适销对路，产大于销，且库存过大的企业；2. 经营性亏损没有扭转的企业和产品，政策性亏损没有按期弥补的企业和产品，潜在性亏损没有消化且未落实有效措施的企业；3. 未按国家规定进行自补流动资金的企业；4. 换汇成本偏高的出口商品收购；5. 国家产业政策严格限制发展的产业和产品。"八不贷"是指对下述八种情况，原则上停止发放流动资金贷款：1. 产品因不适销对路或质次价高已严重积压，仍继续生产的轻工、纺织和一般机械加工行业的企业；2. 经营性亏损严重，又未提出切实可行的扭亏措施，近期内扭亏无望的企业；3. 管理混乱、弄虚作假、虚盈实亏严重、资不抵债的企业；4. 违反国家规定，挤占流动资金搞基本建设或挪作他用的企业；5. 1991年新发生亏损，在限期内未予弥补或扭亏的外贸企业；6. 对国家和省（区、市）定价产品调价，没有按规定将库存商品和物资升值部分调增国拨流动资金的企业；7. 用贷款垫支固定资产投资项目资金缺口或计划外工程投资的建筑施工企业；8. 国家产业政策禁止生产的产品和无证生产国家实行许可证生产的产品，生产性能落后、已明令淘汰的产品以及超过国家限制生产量的产品。该通知要求，各专业银行和其他金融机构要坚决控制货币、信贷总量，认真贯彻执行"区别对待，扶优限劣"的信贷政策，优化贷款结构，压缩不合理贷款。根据上述"扶优限劣、区别对待"的信贷原则，各地区要组织经委、银行、财政、经贸、税务、工商管理和劳动等部门共同研究，排出本地区扶优限劣的企业、产品序列目录，作为银行优先支持、从紧发放和停止贷款的依据。企业开户银行要参与企业财务决算报告的审查，对应摊不摊或少摊成本、虚增盈利的企业，有权拒绝贷款。

15日 上海证券交易所开始向社会公布上海股市8种股票的价格变动指数，以准确反映上海证券交易所开业以后上海股市价格的总体走势，为投资者入市及从事研究提供参考依据。该指数全称为"上海证券交易所综合股价指数"，以点为单位，基日定为1990年12月19日，基日指数定为100。

上海证券交易所综合股价指数 上海证券交易所综合股价指数简称上证指数。它是由上海证券交易所依据在交易所上市的所有股票价格而编制的。上证指数于1991年7月15日正式公布，采用市场价格总额加权计算法，以当时市场全部8种股票为样本，以正式开业日——1990年12月19日为基期，并以股票发行量为权数进行编制。其计算公式为：

$$本日股价指数=\frac{本日的市价总值}{基期的市价总值}\times 100$$

具体计算方法是：以当时基期和计算日8种股票的收盘价（如当日未成交，延用上一日收盘价，）分别乘以发行股数，相加以后求得基期和计算日的市价总值，再相除后即得股价指数。当成份股名单发生变化或成份股的股本结构发生变化或成份股的市值出现非交易因素的变动时，采用“除数修正法”修正原固定除数，以保证指数的连续性。修正公式为：

$$\frac{修正前的市值}{原除数}=\frac{修正后的市值}{新除数}$$

其中，修正后的市值=修正前的市值+新增（减）市值。除数表示基日成份股的调整市值，调整市值=$\sum$（市价×调整股本数），调整股本数采用分级靠档的方法对成份股股本进行调整。由此公式得出新除数（即修正后的除数，又称新基期），并据此计算以后的指数。

16～23日 中国人民银行全国分行行长会议在北京召开。会议的主要内容是：贯彻党的十三届七中全会的《中共中央关于制定国民经济和社会发展十年规划和“八五”计划的建议》（以下简称《建议》）和七届人大四次会议通过的《国民经济和社会发展十年规划和第八个五年计划纲要》（以下简称《纲要》）中关于金融体制改革的精神；讨论由人民银行根据《建议》和《纲要》精神制订的《金融体制改革“八五”及十年设想》；研究和部署加强金融系统职工队伍建设问题；落实加强流动资金贷款管理和贷款扶优限劣的措施及有关制度。中国人民银行副行长周正庆就12年的金融体制改革成就和今后十年和“八五”金融体制改革作报告。中国人民银行副行长郭振乾部署下半年金融工作。国务委员兼中国人民银行行长李贵鲜作总结报告。会议提出，“八五”期间金融体制改革的指导思想是：执行稳定货币、发展经济的方针，按照发展社会主义有计划商品经济的要求，充分发挥金融在计划经济与市场调节相结合的经济运行机制中的作用，完善和加强金融宏观调控体系，使金融成为国家宏观调控的有力工具，发展经济、革新技术的有力杠杆。“八五”期间金融体制改革的基本目标是：健全和完善中央银行宏观调控体系；完善以中央银行为领导，国家银行为主体，多种金融机构并存、分工协作的金融组织体系；建立全国统一、规则健全的社会主义金融市场体系；建立现代化的金融管理体系。根据金融体制改革的目标和积极稳妥的实施步骤，今后要在以下几个方面逐步深化改革：进一步强化金融宏观调控体制；健全和完善金融组织体系；完善国家专业银行的经营机制；积极开拓金融市场；改革会计制度和联行清算制度；加强外汇、外债管理，进一步扩大金融对外开放；强化中央银行的监督稽核职能；健全中央银行的垂直领导体制，加强对各金融机构的领导与管理。

19日 国务院发出《关于整顿商品交易秩序 严格结算纪律的通知》。近年来，不少地区和企业滋长了地方保护主义思想，结算纪律松弛，信用观念淡薄，甚至产生了“拖欠有理、拖欠有利”的错误倾向，造成商品交易秩序混乱。一些企业只顾本单位的利益，长期占用卖方资金，无理拒付货款。一些地方搞资金封锁，甚至强令银行停止付款。一些金融机构监督不力，不按结算制度办事，有意偏袒本地企业，受理无理拒付，不扣收滞纳金，甚至擅自拒付退票。这种状况严重地干扰了商品流通秩序和生产的正常进行，影响国民经济持续稳定协调地发展。为了迅速扭转这种局面，该通知要求：1. 各级人民政府和各有关部门要把整顿商品交易秩序、严格结算纪律，作为清理“三角债”、防止前清后欠的一项重要措施来抓。要组织企业主管部门、工商行政和金融管理部门，依照《中华人民共和国经济合同法》（以下简称《经济合同法》），对企业进行重合同、守信用、依法经营的教育，尽快恢复商品交易的正常秩序。2. 企业都要依照

《经济合同法》和其他有关法规加强合同管理工作，严格按经济合同和结算制度办事。销货方不准违反合同发货，购货方不准违反合同拒付和故意拖欠货款。对违反经济合同的，司法、工商行政管理和企业主管部门必须依法予以纠正，切实做到执法必严、违法必究，并按照有关规定，对有关责任人员进行经济处罚，情节严重的，要给予行政处分。3. 各地金融部门要严格执行中国人民银行制定的结算制度，认真办理托收承付结算，不得受理无理拒付，不得擅自拒付退票，不准单位账上有款不划，不准少扣或不扣滞纳金。各级人民银行和各专业银行密切加强监督检查。对违反上述规定的，要进行严肃批评教育，并给予经济处罚；对再次违反者，要追究当事人和有关领导者的责任，情节严重的，要给予行政处分。4. 为了尽快扭转商品交易秩序混乱、结算纪律松弛的状况，各级人民银行、政府要认真组织开展一次执行经济合同和结算纪律的检查，对企业故意拖欠不还、银行有意偏袒企业等突出问题，一定要抓住不放，一查到底，严肃处理。

△　国务院清理“三角债”领导小组召开动员会议。会议强调清理“三角债”要从清理固定资产投资项目这个源头入手。会议对清理“三角债”工作作了部署，从目前到8月中旬，主要抓好东北三省清理“三角债”的试点工作，并向各省、自治区、直辖市派出工作组帮助当地搞好清欠试点。朱镕基副总理主持会议并作了动员讲话，他强调清理“三角债”要治本清源，把清理旧债与堵住新债结合起来，尽快恢复工业生产和经济运行的正常秩序。中国人民银行副行长周正庆作了《进一步清理“三角债”提高经济效益》的发言，指出，近一年来，基建缺口、企业亏损、拨款不足、产品积压、交易结算紊乱是造成“三角债”上升的主要原因；要提高认识、清理源头、抓好试点；抓好319个重点企业的清欠；按照“谁投资、谁清理、谁还债”的原则，落实资金责任。

23日　全国金融标准化技术委员会（以下简称金标委）在北京成立。金标委是国家标准化管理委员会授权，在金融领域内从事全国性标准化工作的技术组织，负责金融系统标准化技术归口工作和国际标准化组织下设的金融业务标准化技术委员会（ISO/TC68）的归口工作。国家标准化管理委员会委托中国人民银行对金标委进行领导与管理。金标委是负责银行、证券、保险、印钞造币等金融业务标准化工作的技术组织，由来自中国人民银行、中国工商银行、中国农业银行、中国银行、中国人民建设银行、交通银行等行及保险业的代表组成，中国人民银行副行长陈元任主任委员。

24日　国务院下发《关于发行一九九一年国家投资债券有关问题的通知》。为了弥补建设资金的不足，广泛筹集社会资金，支持国家重点基础工业和基础设施的建设及重点技术改造，国务院决定1991年由中国人民建设银行和中国工商银行共同发行国家投资债券100亿元，其中，用于基本建设80亿元，由中国人民建设银行发行；用于技术改造20亿元，由中国工商银行发行。国家投资债券期限定为3年，完全采取经济发行方式，由城乡居民、企事业单位、金融机构自愿认购，债券利率与同期限国库券利率相同，到期一次还本付息，不计复利，利息收入免交个人收入调节税。购买的国家投资债券可以抵押，但不记名、不挂失、不得作为货币流通，从发行期满后的第四个月起可以进入证券交易市场转让。

25日　中国人民银行下发《关于加强银行结算监督　严格执行结算纪律的通知》，该通知要求，各地银行和信用社不准受理无理拒付或擅自拒付退票；各地银行和信用社对资金不足需延期付款的，只要单位账上有款，必须根据《国务院关于国营企业销货收入扣款顺序的暂行规定》和按照收到凭证的时间顺序及时办理扣款，各行不得自立土政策，搞“先本行后他行、先本地后异地”。要严格按照规定扣收滞纳金，划给收款单位，不得以任何借口少扣或不扣滞纳金。该通知要求，各级人民银行和专业银行要加强监督检查，严格结算纪律。对银行和信用社不执行规定受理无理拒付、擅自拒付退票、拖延付款的，要替付款单位承担滞纳金；对不扣或少扣滞纳金的，除立即补扣外，要对负有责任的银行和信用社按照结算金额处以每天万分之五的罚款，并对有关经办人员、会计主管人员和行长（主任）各扣发一个月内的奖金。对不听批评、警告，再次发生上述情况的，要停发3～6个月的奖金，情节严重者要给予行政处分。对银行和信用社的罚款，在利润留成中支付，不得列入成本。

31日 国务院在沈阳召开东北三省四市清理“三角债”试点工作会议。国务院副总理朱镕基在会上指出，清理“三角债”要做到“三清”:“两头清”、“两手清”、“思想清”。“两头清”是债权和债务两头要清；“两手清”是一手要抓住清理固定资产源头，另一手要抓清理流动资金的拖欠；“思想清”是加强对清欠工作的认识，纠正“欠债有理”、“欠债有利”、“欠债出效益”的错误思想倾向，消除试点工作的阻力。据国务院清理“三角债”领导小组办公室统计，自8月15日东北地区清理“三角债”试点工作开始，截至10月31日，全国已清理企业拖欠款1 011亿元，这次清欠国家注入银行贷款284亿元，地方和企业自筹22亿元，取得了注入1元资金、清理3.28元拖欠款的效果。

8月

1日 中国国债协会在北京成立。该协会是经财政部、民政部批准和注册的国家债券行业非营利性社会团体法人。中国国债协会的会员由经国家批准的商业银行、证券公司、保险公司、信托投资公司、基金管理公司、农村信用合作社联合社等经营国债业务的中介机构以及从事国债研究工作的专家、学者组成。其宗旨是实施行业自律管理，为会员和政府部门做好服务，促进中国国债市场健康发展。主要业务职能包括：建立健全行业诚信机制，组织监督会员执行国家有关法律、法规和政策，自律约束，合法经营，维护国债信誉；组织国债、证券、金融理论研究，开展学术交流和市场调研，向政府主管部门提供政策建议；宣传国债、金融政策，反映市场动态，收集、整理、发布国内外债券行业信息，为会员和广大投资者提供信息咨询服务；组织国内外业务培训，培养专业人才队伍，提高行业的经营管理水平和从业人员素质；听取、反映会员的要求，维护会员的合法权益；组织国内外金融机构间的业务交流与合作，促进会员之间的团结、协作；接受政府主管部门的委托，协助办理国债发行、兑付的有关业务，协助办理金融企业财务工作和利用外国政府贷款的政策宣传、业务培训及咨询服务等业务。

5日 中国人民银行深圳经济特区分行发出《关于法人股流通转让问题的通知》。该通知规定：法人购买股票必须符合《深圳市股票发行与交易管理暂行办法》第二十九条关于“境内法人购买股票不得使用贷款、拨款。用自有资金购买的，不得超过其总额的20%，所购股票及所获新股认购证书不得以任何方式分给本单位职工和其他个人”的规定。凡是1991年6月15日《深圳市股票发行与交易管理暂行办法》生效以后，法人在二级市场购入的上市股票均可通过证券机构自由转让。市属国营企、事业单位购入股票，需凭其上一级主管单位出具的证明文件。鉴于当时市场比较狭小，法人每次买入或卖出股票的最高限额暂定为50万元。对1991年6月15日以前持有非个人股要进行一次清理，除国有资产管理部门认定为国家股的以外，一般法人股可按第一条有关规定通过证券机构自由转让。向法人定向发行的股票，按规定两年内不得转让，并只发给非标准股票。股份公司发起人的股份转让，需根据公司章程和有关规定办理。国家股的管理和运作办法，由国有资产管理部门提出意见以后另行制定。

6～10日 全国农村金融工作会议在黑龙江省哈尔滨市召开。会议的主要议题是传达贯彻人民银行分行行长会议精神，分析当时农村金融工作面临的新形势，研究、安排1991年后几个月的主要任务和措施。国务委员兼人民银行行长李贵鲜到会并作重要讲话，阐述了正确认识农业在国民经济中的地位，中国农业银行在国民经济中的重要作用，以及救灾和农副产品收购，抓好队伍建设，中国农业银行减亏增盈等5个方面的问题。中国农业银行行长马永伟在讲话中指出：下半年，中国农业银行的工作要以抗灾救灾为重点，做好旺季信贷工作，争取全年农业有一个好收成。

11日 中国人民银行下发《关于发行一九九一年财政债券的通知》。该通知规定：1991年财政债券发行总额为70亿元，期限为5年，年息为9%；财政债券的发行对象是：各专业银行、交通银行、中信实业银行、中国人民保险公司和城市信用社，各认购单位必须完成分配的认购任务；财政债券由财政部发行，到期由财政部列入当年预算，确保还本付息；财政债券发行和还本付息事宜由中国人民银行代为办理，财政部根据发行、兑付数额各按1‰的比例拨付给人民银行发行、兑付费，债券收据的设计、印制费用由财政部按实际开支另行拨付；财政债券以人民币为计算单位，由中国人民银行代债务方发给1991年财政债券收据，可以记名，可以挂失。

28日 经中国人民银行批准、中华人民共和国民政部核准登记，中国证券业协会在北京成立。中国证券业协会是全国证券行业自律性组织，具有社团法人资格，其宗旨是：根据发展社会主义有计划商品经济与市场调节相结合的要求，贯彻执行国家有关方针、政策和法规，发挥政府与证券经营机构之间的桥梁和纽带作用，促进证券业的开拓发展，加强证券业的自律管理，维护会员的合法权益，建立和完善具有中国特色的证券市场体系。协会实行会员制，分有团体会员和个人会员。从事证券业经营机构可申请加入团体会员。从事证券业管理、研究、教学的有关人员可申请加入个人会员。1991年吸收第一批团体会员123个，主要有专营证券业的证券公司、兼营证券业的部分信托投资公司、证券交易所、综合性银行和部分财政系统的国债服务部。第一批个人会员有35人。该协会主要从以下几个方面发挥作用：1. 作为国家证券主管机关的参谋和助手，研究制定证券业自律性管理规章制度；2. 作为证券行业的“代言人”，集中会员的意愿和要求，向国家有关部门进行反映和交涉；3. 组织力量集中研究开拓证券市场新路；4. 对从业人员进行培训，提高全行业素质和经营水平；5. 代表我国证券行业从事国际交往与合作。

8月31日至9月4日 国务院召开清理“三角债”工作会议，部署全国清理“三角债”工作。会议提出这次清理“三角债”工作的指导思想是：要把清理“三角债”作为搞活国营大中型企业、提高经济效益的突破口，要立足于治本清源，从解决“三角债”的源头入手，努力做到“四防”，即防止新的投资缺口，防止新的亏损，防止新的产成品积压，从而防止新的拖欠。这次清理“三角债”的主要任务是：从清理固定资产投资缺口造成拖欠这一源头抓起，重点从大中型项目开始清理，顺次解决“三角债”的债务链，努力防止前清后欠，使“三角债”问题切实得到缓解。这次清理“三角债”的主要做法是：从源头入手，付方启动，收款还欠，连环清理。清理的重点对象是：国家和各省、自治区、直辖市、计划单列城市批准立项的大中型基本建设项目、限额以上和国家专项安排的技术改造项目的拖欠款；其他小型基本建设、技术改造项目拖欠款。这次被纳入清理“三角债”发生时间界线截止到1991年6月30日。9月3日，国务院清理“三角债”工作会议举行各省市负责人会议，国务院清理“三角债”领导小组副组长、中国人民银行副行长周正庆表示，人民银行要安排专项资金200亿元，配合搞好固定资产投资的拖欠工作。

9月

1日 国家外汇管理局公布我国1990年年末的全国外债情况。根据《外债统计监测暂行规定》确定的外债范围，1990年全国外债余额为525.5亿美元，其中，短期债务余额为67.7亿美元，占外债总额的12.0%；债务率为89.3%，偿债率为8.5%，债务率、偿债率指标值均低于国际上公认的警戒线水平。

3日 中国人民银行发出《关于改变托收承付结算办法中扣付滞纳金规定的通知》。该通知规定，滞纳金单独计算，定期扣付。办理托收承付结算发生延期付款以后，应按照延期付款的总金额和规定的比例（每日万分之三）扣付滞纳金，每月计算一次，于次月3日内单独划交给收款单位。为了保证将滞纳金扣划给收款单位，该通知规定，扣付延期付款滞纳金列为销货收入“扣款顺序”的首位，排列在预留工资和应提大修理基金之前，由银行强制执行主动扣划。因此而产生的经济后果，由拖欠货款单位自行负责。同时还规定，扣付滞纳金时，如拖欠单位的存款账户余额不足以全额支付的，应对该账户采取“只收不付”的控制办法，待一次足额扣付滞纳金以后，才准予办理其他款项的支付。此通知从1991年9月1日起，在全国范围内统一执行。对于1991年9月1日之前发生的延期付款从该日起仍未付清的，付款银行也应按本规定执行。这是贯彻国务院《关于整顿商品交易秩序，严格结算纪律的通知》和清理“三角债”工作的一项重要措施。

△　深圳市中级人民法院开庭，对金融界特大受贿案罪犯高森祥作出一审判决，判处罪犯高森祥死刑，剥夺政治权利终身。高森祥原是中信实业银行深圳分行行长，在1988年6月至1990年7月，利用职务之便，分别为14个单位批准贷款和担保贷款52笔，从中索贿、受贿75次，共计172.3万港元、63.03万元人民币、5 000美元。

5日　中国人民银行下发《关于改进和加强人民银行专项贷款管理的通知》。为了贯彻落实“控制总量，调整结构，强化管理，适时调节，提高效益”的货币信贷方针，管好用好人民银行专项贷款，该通知要求各级人民银行严格把握和控制专项贷款投向；认真做好贷款项目的评估论证工作；加强专项贷款的清理检查工作；加强到期、逾期贷款的清收工作；逐步完善委托发放管理方式；加强内部管理，做好考核评比工作；进一步明确专项贷款管理分级负责制；进一步重视和加强专项贷款管理的干部队伍建设。

7日　国务院生产办公室、中国人民银行发出《关于下发清理“三角债”有关实施办法的通知》，下发《关于在全国范围内清理固定资产投资项目拖欠款的实施办法》（以下简称《实施办法》）、《关于清理固定资产投资项目拖欠款会计处理程序》、《关于压缩产成品资金占用增加技术改造贷款的实施办法》，要求各地区、各部门接此通知后，要立即传达落实到基层有关部门，务使有关人员掌握具体操作办法，按期、按质、按量完成任务，以确保全国清理“三角债”工作的顺利进行。

《实施办法》规定了清理拖欠的指导思想和原则、清理拖欠的范围、清理拖欠的方法、清理拖欠项目的上报和审批、清理拖欠专户的设立和付款方式、清理拖欠资金的筹措、清理拖欠的划款期、清理拖欠贷款规模和资金的管理、清理拖欠情况的汇总上报、清理拖欠工作的检查考核和组织领导。

9日　中国人民银行下发《关于调整外币利率管理有关问题的通知》。该通知要求，今后凡中国银行总行对外币存贷款利率进行调整（包括丙种存款利率调整），都应将“调整表”通过其各辖属分行转送当地人民银行分行，由人民银行分行通知办理外币存贷款业务的金融机构并组织执行；外币利率调整频繁，涉及面广，政策性强，各级人民银行要切实加强管理，以保障外币存贷款利率调整渠道的畅通，各经办外币存贷款业务的金融机构必须密切配合，严格执行有关规定。此前，人民银行仅管理丙种外币存款利率而没有对整个外币存款利率和贷款利率进行管理。

16日　上海证券交易所全面推出“无票交易”，上海股市运作从实物交割走向电子化。“无票交易”即投资者买卖股票，均无须股票实物交割，实物由上海证券交易所代保管，只是在股票账户上加以反映，并和上海证券交易所的电脑数据库的记录保持一致，不必再清点实物，方便投资者和证券商之间的结算，安全可靠。

19日　经中国人民银行批准，远东国际租赁有限公司在沈阳开业。该公司是由中国人民建设银行、中国化工进出口总公司、株式会社日本债券银行、日本皇冠租赁株式会社、南朝鲜产业租赁株式会社共同投资组建的。中国人民建设银行副行长周汉荣兼任该公司董事长。该公司1999年被中化集团公司和中化香港（集团）有限公司全资收购，2001年公司迁入上海。

23～27日 中共中央工作会议在北京召开。23日，李鹏受中共中央政治局的委托在会上作题为《关于当前经济形势和进一步搞活国营大中型企业的问题》的讲话。会议提出：经过三年的努力，国民经济已经恢复到正常年份的增长速度，经济秩序明显好转。但仍存在不少问题，比较突出的是经济效益下降的趋势尚未扭转，国家财政较为困难，一些主要经济关系没有理顺。这些问题的存在都同部分国营大中型企业的活力不强、效益不高有着直接关系。为此，会议确定1992年经济工作的指导方针是：进一步推进改革开放，在巩固治理整顿的成果和继续保持总供给与总需求基本平衡的基础上，将经济工作的重点转移到调整结构和提高效益的轨道上来。27日，江泽民在会上讲话，强调要把搞好国营大中型企业作为坚持社会主义道路的一件大事摆到突出位置，集中精力抓下去。

23日 中国人民银行发出《贯彻国务院关于继续严格控制固定资产投资新开工项目精神的通知》，要求严格控制新开工项目，一律不准以各种名义建新楼堂馆所；新建5 000平方米以上（含5 000平方米）的，须报总行审批。

26日 经中国人民银行批准，国家外汇管理局公布《境内机构借用国际商业贷款管理办法》和《境内机构对外提供外汇担保管理办法》。《境内机构借用国际商业贷款管理办法》共有4章26条，其中规定，金融机构对外债务余额加外汇担保金额不得超过自有外汇资金的20倍，对一个企业的外汇放款加外汇担保金额之和不得超过其自有外汇资金的30%。《境内机构对外提供外汇担保管理办法》是对1987年公布的《境内机构提供外汇担保的暂行办法》的修订，明确规定允许提供外汇担保的机构和单位限于：经批准有权经营外汇担保业务的金融机构；有外汇收入来源的非金融性质的企业法人；政府部门和事业单位不得对外提供外汇担保。金融机构提供的外汇担保余额和对外债务余额之和不得超过自有外汇资金的20倍；非金融机构提供的外汇担保余额不得超过其自有的外汇资金；担保人不得为外商投资企业中的外方注册资本担保。

10月

9日 中国人民银行发出《关于民族贸易县贸易贷款实行优惠利率的通知》。该通知规定，对国家确定的421个民族贸易县贸易贷款，在利率上实行优惠政策。实行优惠利率的范围限于民族贸易县的商业、中药材（或医药）公司、供销社和新华书店的流动资金贷款。贷款年利率为5.76%，贷款行向企业按年利率8.64%收息，对年利率5.76%与8.64%的2.88%利差按季返还给企业。原按年退息的，改为按季退息。同时，通知企业用这项贷款补充流动资金部分不得少于70%；人民银行对农业银行发放的这项贷款从1991年9月21日起按年利润率2.88%给予补贴。

△ 中国人民银行下发《关于下达1991年高新技术开发区基本建设贷款规模的通知》，决定增加1991年国家高新技术开发区基建贷款规模1亿元。此项贷款用于国家科委提出的高新技术产业开发区建议项目。优先安排技术先进、经济效益高的生产性在建项目和市场前景好的产品生产基地建设及配套设施的建设。贷款期限一般为1～3年，最长不得超过5年，贷款利率按同期固定资产贷款利率执行。

22日 国际货币基金组织（以下简称基金组织）驻华代表处在北京成立。国务委员兼中国人民银行行长李贵鲜和基金组织总裁米歇尔·康德苏签署基金组织在华设立常驻机构的协定。根据协定，国际货币基金组织在华常驻机构的职责是：在中华人民共和国代表基金组织并在基金组织授予的职权范围内负责基金组织在中国的所有业务活动；常驻代表应促进基金组织与中国的合作关系，同中国人民银行保持密切的工作联系；常驻代表应能同中国人民银行进行直接接触，并在遵守中国法律和政府规定程序的情况下，能同其他有关机构进行直接接触。

28日 中国人民银行发布《关于统一执行抵押贷款利率有关事宜的通知》。该通知规定，抵押（含质押）贷款利率按国际惯例应低于一般信用贷款利率，其利率水平按低于同期同档次流动资金贷款利率1个百分点以内，由专业银行根据不同情况自行确定，报当地人民银行备案；企业的定期存款不能提前支取，如企业临时需要资金，可将存款作为抵押品办理抵押贷款，抵押贷款的期限如果超过了该定期存款的到期日，那么存款作为抵押品，不得支取，直到该抵押贷款到期归还为止。此通知自1991年9月21日起执行。

△ 国务院发出《关于进一步搞活农产品流通的通知》。该通知指出，“打白条”挫伤了农民的积极性；农产品所需要的收购资金，由政府牵头，银行、财政、商业企业分头筹措；在贷款资金供应上保证主要农产品的收购；解决开户、汇路不畅的问题。

29日 国务院印发《关于调整人民银行省、自治区、直辖市分行和部分海关领导干部管理体制的通知》，决定对各省、自治区、直辖市的人民银行分行实行总行垂直领导，中国人民银行省、自治区、直辖市分行正副行长由中国人民银行管理。

10月 深圳市政府将股票买卖双方缴纳的印花税税率同比下调至3‰。同年，上海市政府也参照深圳市政府的做法，开始对沪市证券买卖双方课征3‰的交易印花税。

11月

10日 深圳市正式派发新股票上市认购申请表。本次派发坚持公开、公平、公正的原则，全市291个金融网点投入派发工作，11家上市公司共招新股面值2亿元人民币，300个申请者中会有4%左右的人成为11家新上市公司的股东。

新股票上市认购申请表 新股票上市认购申请表是指发行新股票采用认购证发售时，向投资人先发售认购证时需要投资人填写的申请表。此种方式不是向投资人直接发售股票，而是向投资人先发售认购证（或认购表），然后摇号抽签，投资人凭中签的认购证再去认购股票的方法。这种方法是在股票严重供不应求的情况下产生的。

我国的经济体制改革开始之初，由于人们对股份制十分陌生，金融意识和投资意识十分薄弱。因此，最初试行股份制的企业，虽然企业经营成就十分突出，但是股票发行也十分困难。如宝安公司就不得不采取了行政性强制摊派的方法，规定公司的职工购买股票，如上海豫园商场、沈阳金杯汽车有限公司等国内经营好和知名度高的企业，发行股票也被迫采取折价发行方式来完成。但随着股份制试点的扩大和股市交易的活跃，人们的金融投资意识加强，加上股份制试点和股票发行受到国家的严格控制，因而形成了股票市场对原始股或上市公司股票供不应求的局面。在这种情况下，国家采取了通过发行认购证发售股票的方法。这种方法又分为两种不同的具体方式：

第一种是限量发售认购表的方式。其主要特点是在发售认购表之前，事先公布认购表发售的总数量，并规定每张居民身份证可购买认购表的数量。例如，1992年8月，深圳在发行13家上市公司股票时就采用了此种方法。当时，深圳政府预定发行认购表500万张，每张100元，每人凭身份证可以购表10张，中签率为10%。由于当时的股票严重供不应求，全国大量的投资者拥向深圳抢购认购表，而发售认购表的组织工作不严，存在少数工作人员私分认购表的现象，结果引发了“8·10”事件。

第二种是无限量发售认购证的方式。这是国家体改委于1993年规定的新股发行方法。这种方法实际上是一种敞开供应，随意购买认购证的方法。这就解决了限量发行认购证所产生的严重的供求矛盾。在一定程度上体现了在购买股票面前，人人机会平等。但是在社会实践中，这种无限量发售认购证的办法也带来许多新的问题。

我国新股发行方式变革历程：

1991～1992 年，新股发行采取有限量发售认购证方式，该方式存在明显的弊端，极易发生抢购风潮，造成社会动荡，以及出现私自截留申请表等徇私舞弊的现象，严重违背了“三公”原则，因深圳发生“8·10”事件，这种方式不再采用。

1992 年，上海率先采用无限量发售认购证，摇号中签的新股发行方式，这种方式在 1992 年 12 月 17 日发布的《国务院关于进一步加强证券市场宏观管理的通知》中得以确认。这种方式基本上克服了有限量发行方式的主要弊端，体现了“三公”原则，但是由于认购量的不确定性，造成社会资源不必要的浪费。此外，认购成本过高，投资风险巨大，对二级市场会产生不利的影响。

1993 年 8 月 18 日，国务院证券委颁布了《1993 年股票发售与认购办法》，该办法规定，新股发行可以采用无限量发售申请表与银行储蓄存款挂钩的方式。与储蓄存款挂钩的方式与无限量发行认购证的方式相比，大大减少了社会资源的浪费，降低了一级市场成本，并且可以吸收和筹集社会闲散资金，吸引新股民入市，但由此会出现高价转售中签表现象，投机性很强。

1994 年，新股发行采用的方式有：全额预缴款、比例配售、上网竞价、上网定价。上网竞价发行方式是预先确定发行底价，投资者以不低于发行底价的价格申报，按照时间优先、价格优先的原则成交。透明度极差，使得新股认购的投机性太强。此种发行方式的不可控因素过多，使投资者和券商均承担很大风险，因此，只对 1994 年发行的“哈岁宝”等 3 只股票进行了试点，之后没有被采用。

1995 年 10 月 20 日，中国证监会规定：新股发行可以继续采用与储蓄存款挂钩方式，推荐上网定价，经批准可以进行上网竞价试点。全额预缴款、比例配售是与储蓄存款挂钩方式的延伸，但更方便，也节省时间。它又包括“全额预缴、比例配售、余款即退（1995 年面世）”和“全额预缴、比例配售、余款转存”两种方式。前者与后者相比，占用资金的时间大为缩短，资金效率提高，并且能培育发行地的原始投资者，吸引大量资金进入二级市场。

1996 年 12 月 26 日，中国证监会规定，新股发行方式可采用上网定价、全额预缴款、与储蓄存款挂钩方式。上网定价发行类似于网下的“全额预缴、比例配售、余款即退”发行方式，只是一切工作均利用交易所网络自动进行，与其他曾使用过的发行方式比较，这是最为完善的一种新股发行方式。它具有效率高、成本低、安全快捷等优点，避免了资金体外流动，完全消除了一级半市场，1996 年以来这种方式被普遍采用。由于新股申购几乎稳赚不赔，吸引众多大资金参与其中，造就了一大批新股申购专业户。

1998 年 8 月 11 日，中国证监会规定：公开发行量 5 000 万股（含 5 000 万股）以上的新股均可向基金配售，公开发行量在 5 000 万股以下的，不向基金配售。

1999 年 7 月 28 日，中国证监会又规定：公司股本总额在 4 亿元以下的公司，仍采用上网定价、全额预缴款或与储蓄存款挂钩的方式发行股票。公司股本总额在 4 亿元以上的公司，可采用对一般投资者上网发行和对法人配售相结合的方式发行股票。2000 年 4 月取消 4 亿元的额度限制，公司发行股票都可以向法人配售。

2000 年 2 月 13 日，中国证监会发布了《关于向二级市场投资者配售新股有关问题的通知》，在新股发行中试行向二级市场投资者配售新股的办法。该方式是指在新股发行时，将一定比例的新股由上网公开发行改为向二级市场投资者配售，投资者根据其持有上市流通证券的市值和折算的申购限量，自愿申购新股。

在上述方式中，有限量发行认购证、无限量认购申请表摇号中签、全额预缴款和与储蓄存款挂钩属于网下发行，这些方式都存在发行环节多、认购成本高、社会工作量大、效率低、一级市场投资风险不容易控制的缺点，随着电子交易技术的发展，这类方式逐步被淘汰。上网竞价方式和上网定价方式属于网上发行，这类方式主要的缺点是：吸收增量资金的作用不如网下发行明显，大部分申购资金都是存量资金。

18 日　邮电部储汇局向万国邮政联盟国际局发出通知，中国自 1992 年起陆续对国外开办国际邮政汇兑业务。万国邮政联盟国际局于12月23日向世界各国发出413号通函，将这一信息通知各成员国邮政主管部门。

22日 中国人民银行、上海市人民政府联合颁布《上海市人民币特种股票管理办法》。该办法明确了人民币特种股票的性质、发行管理、交易管理以及机构管理的原则，其中规定，人民币特种股票（简称B种股票），是指以人民币标明面值，专供以下投资者用外汇进行买卖的记名式股票：1. 中国香港、中国澳门、中国台湾的法人和自然人；2. 外国法人和自然人；3. 主管机关批准的其他境外法人或自然人。中国人民银行是上海市B种股票的主管机关，授权中国人民银行上海市分行和国家外汇管理局上海市分局，负责B种股票的日常管理和检查。该办法还规定，单个认购对象买入一家股份有限公司的B种股票数量超过该公司总股份的5%时，应报经中国人民银行核准。

此前，为了便于B种股票上市操作，1991年11月25日，中国人民银行上海市分行据此办法制定颁布了《上海市人民币特种股票管理办法实施细则》。1992年1月29日，上海证券交易所根据上述两个办法制定了《上海证券交易所市场交易业务（人民币特种股票）补充规则》，对B种股票交易的程序、税收管理作出详细规定。

23日 国务院办公厅转发《关于全面推进城镇住房制度改革的意见》。其中指出，城镇住房制度改革是经济体制改革的重要组成部分，其根本目的是要缓解居民住房困难，不断改善住房条件，正确引导消费，逐步实现住房商品化，发展房地产业，按照社会主义有计划商品经济的要求，从改革公房低租金制度着手，将现行公房的实物福利分配制度逐步转变为货币工资分配制度，由住户通过商品交换（买房或租房），取得住房的所有权或使用权，使住房这种特殊商品进入消费品市场，实现住房资金投入产出的良性循环。关于城镇住房制度改革中的有关住房金融政策问题，其中还指出：要逐步建立集中调度、统筹使用、可供融通的住房信贷资金，使资金有借有还、有偿使用、滚动循环。要办好抵押贷款，使分散、分期实现的居民家庭收入，能适应集中、一次性支付的住房购置需求；住房建设单位要通过住房的出售尽快收回投资，投入建新房，加快资金周转。在住房金融管理体制上，要区别政策性信贷和经营性信贷。政策性业务要划分出专项资金来源，建立房改信贷基金，单独核算、自主经营、自负盈亏、自求平衡、就地完税，国家在计划安排、信贷规模、利率、税收等方面给予优惠。经营性业务要充分发挥各金融机构的积极性，按现行规定拓展房地产开发信贷业务。继续开展职工购房保险配套工作。烟台、蚌埠两市成立了住房储蓄银行，要继续积极探索，总结经验。

25～29日 中共十三届八中全会在北京举行。会议审议通过了《中共中央关于进一步加强农业和农村工作的决定》。该决定强调，要坚定不移地深化农村改革，促进农村经济全面发展；要继续稳定以家庭联产承包为主的责任制，不断完善统分结合的双层经营体制；要积极发展农业社会化服务体系，逐步壮大集体经济的实力，引导农民走共同富裕的道路。

25日 中国人民银行发出《关于严禁金融机构强迫企业和个人参加保险的通知》。针对一些地区的金融机构（包括人民银行）联合行文规定，企业必须向某家保险公司办理保险，有些金融机构甚至以发放贷款的手段强令企业投保的问题，该通知规定，保险公司与被保险人订立保险合同，应体现双方平等互利、协商一致的自愿原则，金融机构不得以任何形式、任何手段强迫企业和个人参加保险。凡强迫企业和个人参加保险的行为应立即纠正。

26日 中国人民银行发出《关于保值储蓄存款计息问题的通知》。针对一段时间以来，大量群众来信反映有些储蓄机构把保值储蓄存款与一般储蓄存款的计息方法混同使用的情况，该通知再次重申，从1988年9月10日开办保值储蓄业务起，对于3年期、5年期、8年期的保值储蓄存款，在其存期已满的当月，如保值贴补率低于零，分别按年利率13.14%、14.94%、17.64%计付利息。不分段计息。

27日 中国人民银行发布《关于停止办理新的保值业务的紧急通知》。该通知指出，保值储蓄自1988年9月10日开办以来，至1991年9月10日已满3年。这项政策的实施对稳定金融、稳定经济、遏制通货膨胀起到了重要作用。1990年6月至1991年11月，物价持续平稳，保值补贴率已连续18个月为零。因此，继续办理保值储蓄业务并按月公布保值贴补率，实际意义已不大；同时计算贴补率在技术上也存在一些困难。为此，经国务院批准，中国人民银行决定从1991年12月1日开始，不再办理保值储蓄业务。在此之前已存入的三年期以上的定期储蓄存款，仍给予保值，但保值贴补率为零时不再按月公布贴补率。

△ 财政部颁布《非银行金融机构财务管理暂行规定》。其中规定：非银行金融机构财务管理工作的基本任务是，认真执行国家的财政金融政策和法律法规，建立和健全财务管理机构，加强内部各级单位经济核算制度，管好用活资金，保证国家资产的安全、完整和增值，改善经营管理，提高经济效益。非银行金融机构财务管理的内容主要包括：资本金及公积金管理；财务计划管理；财务收入管理；成本（费用）与营业外支出管理；利润及利润分配的管理；专用基金管理；固定资产及低值易耗品管理。非银行金融机构的资本金来源限于：国家财政拨款；国营企业、事业单位及主管部门的税后留利、利润留成、超承包收入等自有资金；非银行金融机构本身的公积金和利润留成资金；经财政部批准，各专业银行、中国人民保险公司用国家信贷基金、保险总准备金拨付的资金；经批准的其他资金。非银行金融机构在中国人民银行批准的经营范围内自主使用资本金，但应在经营过程中实现保值和增值。非银行金融机构的资本金及其收益均为国家资金，必须保证其完整无缺，未经财政部门批准，不得随意核减（销）资本金，股东也不得随意抽走公积金。本规定自1992年1月1日起试行。

29日 上海真空电子器件股份有限公司人民币特种股票（B种股票）在上海发行。该股票发行规模为100万股，每股面值100元人民币，共计1亿元人民币。由上海申银证券公司为主承销商，由瑞士银行、美国所罗门兄弟有限公司、香港新鸿基有限公司与上海万国证券公司、海通证券公司分别承销。1992年2月21日，该股票在上海证券交易所挂牌上市。

A股、B股、H股、N股、S股 A股（A-Share）的正式名称是人民币普通股票，它是我国境内的公司发行，供境内机构、组织或个人（不含中国台湾、香港、澳门投资者）以人民币认购和交易的普通股股票，A股市场于1990年成立，是国内公司募集资金的主要资本市场，也是国内投资者对上市股票进行投资的场所。

B股（B-Share）：正式名称是人民币特种股票，与人民币普通股票（A股）相对应，它以人民币标明面值，以外币认购和买卖，在境内（上海、深圳）证券交易所上市交易。在2001年2月19日前，B股的投资人限于外国的自然人、法人和其他组织；中国香港、澳门、中国台湾的自然人、法人和其他组织；定居在国外的中国公民；以及中国证监会规定的其他投资人。2001年2月19日后，B股市场对国内投资者开放，国内投资者也可以用外币进行认购和买卖。与A股相同，B股公司的注册地和上市地都在境内，但在具体发行、监管等方面都与A股有所区别。

H股（H-Share）：是以港元计价，在香港发行并上市的中国境内企业的股票。

N股（N-Share）：是以美元计价，在纽约发行并上市的中国境内企业的股票。

S股（S-Share）：是以新加坡元计价，在新加坡发行并上市的中国境内企业的股票。

30日 中国人民银行发出《关于进一步落实收购资金，确保粮棉油收购的通知》，要求各地千方百计压缩一般性贷款，腾出资金支持重点，优先支持粮棉油收购，防止因信贷资金供应问题造成“打白条”的情况，并要求财政部门及时拨补粮食“加价款”等补贴。

12 月

1 日 经国务院批准，国家外汇管理局发布《关于境内居民外汇和境内居民因私出境用汇参加调剂的暂行办法》。该暂行办法规定，自 1991 年 12 月 1 日起，我国境内的中国公民及定居在我国境内的外国人（包括无国籍人），均可将收到的境外汇入汇款、存放在境内银行的外币存款或持有的外币现钞，按国家外汇管理局当地分局通知的调剂外汇的买入价格出售给国家外汇管理局当地分局指定的银行（以下简称银行）；境内居民因私出境探亲、移居出境、出境留学和其他用汇可按调剂外汇的当天卖出价和购买调剂外汇标准到银行购买外汇；银行严格按照规定的用汇项目和标准出售调剂外汇。

2 日 中国人民银行发出《关于调整邮政储蓄转存款利率和进一步加强对邮政储蓄管理的通知》，决定将现行的定期转存款年利率 9.9% 调整为 9.0%，下调 0.9 个百分点。调整后的利率自 1991 年 12 月 21 日起执行。转存款的活期存款利率不变。其中还要求，各行进一步加强对邮政储蓄的管理和监督。对于违反金融法规，变相提高利率的揽储行为，各级人民银行要及时制止，并严格按照有关规定进行处罚。

5 日 中国人民银行、深圳市人民政府公布《深圳市人民币特种股票管理暂行办法》。该办法规定，人民币特种股票（以下简称 B 种股票），是指以人民币标明股票面值，专供境外投资者以外汇买卖的记名式股票；B 种股票享有与人民币普通股票同等的权利义务；B 种股票的买卖，一律以人民币计价，以外币进行支付；B 种股票的转让仅限于在境外投资者之间进行，一家公司持有 5% 以上者，必须报主管机关备案；B 种股票的股息、红利、交易收入和其他合法收入依法纳税后可汇出境外。公司申请发行 B 种股票除应符合《深圳市股票发行与交易管理暂行办法》中规定的条件外，还应具备下列条件：1. 具备国家有关部门同意利用外资或转变为外商投资企业的书面文件。发行 B 种股票所筹资金的使用必须符合国家关于外商投资管理的法律规定。2. 有稳定的、数额比较充足的外汇收入来源。其年度外汇收入来源总额应足够支付 B 种股票的年度股息、红利。3. B 种股票的股份（含发起人股份）占公司总股份的比例不得超过主管机关核定的上限。4. 公司须有三年以上的经营业绩。但属于高科技产业或其他特殊产业，经主管机关特许的，可不受此规定限制。该办法自公布之日起执行。同时，推出该办法的实施细则。

9 日 国务院发布《关于加强彩票市场管理的通知》。该通知规定：1. 利用发行彩票募集资金应从严控制。目前，发行彩票只限于省、自治区、直辖市、计划单列市人民政府及国务院有关部门举办社会福利、体育事业和国务院批准举办的其他活动。2. 发行彩票的批准权集中在国务院。需发行彩票的省、自治区、直辖市、计划单列市人民政府和国务院有关部门，应提前半年向中国人民银行报送发行计划及发行办法，经人民银行审查后，报国务院批准。3. 彩票必须在经人民银行许可的印刷企业印制。4. 发行单位要严格执行国务院批准的发行规模和发行办法，不得突破发行规模和违章发行。5. 发行彩票募集的资金，必须按规定使用，严禁挪作他用。发行单位必须建立和健全各项财务、会计制度，接受财政、审计部门的检查；同时，要定期向社会公布收入和资金使用情况，接受社会监督。对违反财经纪律、营私舞弊、贪污私分的，要依法从严处理。6. 发行单位要做好安全保卫工作，制定并认真执行监印、计数、运输、保管等各项制度。7. 要加强彩票市场的管理。未经国务院批准，一律不得发行彩票。凡未经批准擅自发行彩票或变相发行彩票的，以及违反批准的规模和办法发行彩票的，由工商行政管理部门进行查处，没收其非法所得，并处以罚款；情节严重的，要追究领导者的责任，触犯刑律的由司法部门依法处理。8. 针对当前彩票市场混乱的局面，各地自本通知发布后要认真进行清理整顿。已经国务院批准发行的彩票在清理整顿期间可继续发行，但要严格执行国务院批准的发行规模和办法，擅自突破发行规模和违章发行的，要坚决予以纠正；凡符合本通知精神但未经国务院批准且需继续发行的彩票，由省、自治区、直辖市和计划单列市人民政府履行报批手续；其余各类彩票一律停止发行，由各地人民政府负责清理，并认真做好善后工作。9. 清理整顿彩票市场，是加强市场管理、维护社会秩序的一项重要工作。各省、自治区、直辖市、计划单列市人民政府要切实加强对这项工作的领导，组织当地人民银行、财政、工商行政管理及其他有关部门在1992年4月底完成这项工作，并将清理整顿情况于1992年5月底以前书面报送人民银行，由其汇总报国务院。

10日 中国南方玻璃股份有限公司（简称深南玻）完成B股发行工作，发行价每股5.3港元，共发行1 600万股，筹集资金8 480万港元。这是深圳首家发行B股的公司。1992年2月28日，深南玻A股、B股同时上市。

1992 年

1 月

1 日 国家外汇管理局颁布《旅游外汇管理办法》。该办法规定，经营涉外旅游业务的旅行社、宾馆、饭店、车船公司、餐馆、旅游商品商店、娱乐游览场所等企业在经营涉外旅游业务时，必须持有“核准收取外汇兑换券许可证”，向国外旅行社和旅游者收取外汇券，不得收取人民币。

6～10 日 国务院在北京召开全国经济体制改革工作会议。会议指出，经过 3 年的持续努力，经济秩序有比较明显的改善，整个国民经济已经恢复到正常的增长速度，治理整顿的主要任务已经基本完成。通过治理整顿，为改革创造了一个比较宽松的环境，并且使改革有所前进。在这种形势下，要加快改革的步伐，适当加大改革的力度。今后改革的方向是建立起社会主义有计划的商品经济新体制和计划经济与市场调节相结合的运行机制。会议强调，改革的性质是社会主义制度的自我完善。改革是为发展生产力，既包括速度，又包括效益。对于改革，我们的态度应该既是积极的，又是稳妥的。一切要通过试点，取得经验后再进行推广。在试验中要大胆一点，在全面推广的时候要慎重一点。还要坚持“先立后破”的原则，以保证我们的经济工作能够按照正常秩序来进行。在分配上要打破“大锅饭”。实行按劳分配，就会有差距。没有差距，就不可能产生激励机制。但在中国的条件下，差距又不能太大。

10～14 日 全国银行分行行长、保险分公司总经理会议在北京召开。会议总结 1991 年的金融工作，提出 1992 年的货币信贷政策及主要措施，对进一步深化金融体制改革，扩大金融对外开放，切实加强和改善中央银行对金融机构的领导和管理进行部署。会议明确，1992 年货币信贷的三大目标是，把信贷和货币发行规模控制在国家计划之内；力争把国营工业企业各种亏损占用的贷款清理收回 1/3，把产成品积压占用的贷款压缩 1/3；继续帮助企业清理“三角债”。

1 月 18 日至 2 月 21 日 邓小平同志视察武昌、深圳、珠海、上海等地并发表重要谈话。邓小平指出，“革命是解放生产力，改革也是解放生产力”，“要害是姓‘资’还是姓‘社’的问题。判断的标准，应该主要看是否有利于发展社会主义社会的生产力，是否有利于增强社会主义国家的综合国力，是否有利于提高人民的生活水平”，“计划多一点还是市场多一点，不是社会主义与资本主义的本质区别。计划经济不等于社会主义，资本主义也有计划；市场经济不等于资本主义，社会主义也有市场。计划和市场都是经济手段。社会主义的本质，是解放生产力，发展生产力，消灭剥削，消除两极分化，最终达到共同富裕。就是要对大家讲这个道理。证券、股市，这些东西究竟好不好，有没有危险，是不是资本主义独有的东西，社会主义能不能用？允许看，但要坚决地试。看对了，搞一两年对了，放开；错了，纠正，关了就是了。关，也可以快关，也可以慢关，也可以留一点尾巴。怕什么，坚持这种态度就不要紧，就不会犯大错误。总之，社会主义要赢得与资本主义相比较的优势，就必须大胆吸收和借鉴人类社会创造的一切文明成果，吸收和借鉴当今世界各国包括资本主义发达国家的一切反映现代社会化生产规律的先进经营方式、管理方法”。他还指出：“要坚持党的十一届三中全会以来的路线、方针、政策，关键是坚持‘一个中心、两个基本点’。不坚持社会主义，不改革开放，不发展经济，不改善人民生活，只能是死路一条。基本路线要管一百年，动摇不得。”

18日 中国人民银行、中国工商银行、中国农业银行联合发出《关于加强国家专项粮食储备贷款管理的通知》。根据国务院关于粮食购销和建立国家专项储备制度的决定，该通知要求设立国家专项粮食储备贷款，采取由人民银行提供资金和贷款规模、由专业银行发放、中央财政贴息的办法，实行“专款专用、专户管理、先贷后转、钱随粮走、专项考核”的管理办法，国储粮贷款所需规模，实行专项管理，专款专用，一律不得挤占和挪用。人民银行总行根据每年国储粮储备计划，编制国储粮贷款计划，在国家信贷计划中，单项列出，下达各省、自治区、直辖市、计划单列城市人民银行分行，由其负责管理使用。国储粮贷款规模调剂权归总行。国储粮贷款所需的资金，由人民银行总行按照国务院批准的国家粮食储备局下达的国储粮储备计划，在每年增加的农副产品收购资金中专项列出，下达各地人民银行，由其负责管理使用。

19日 上海市“1992年上海股票认购证”对社会公开发行。认购证经中国人民银行上海市分行核准，每张售价30元，由上海申银证券公司、上海万国证券公司、上海海通证券公司发行，由中国工商银行上海市分行担任财务代理。新股认购证发售从1月19日到2月1日止，共发出2 077 665份。53家股份公司共发行新股5 479.682万股，每股面值10元。摇号中签过程由上海电视二台直播。股票认购证包括认购证、认购申请表、抽签表、号码单、定额定期存单、预缴款凭证等。它们采用了荧光、水印、暗记、碳印、金属细丝、羊毛纸等现代高科技防伪技术，每张认购证都是唯一的，都像人民币一样印有流水编号。股票认购证是我国证券市场发展初期发行股票采用最普遍的一种发行方式，现已成为收藏珍品。

股票认购证 股票认购证是我国股票市场发展初期的特定历史产物，最早产生于20世纪90年代初期。新股发行时，先由承销的证券公司发行一定数量的股票认购证，投资者必须先购买股票认购证，然后证券公司对所有的股票认购证进行抽签，只有中签的投资者才能按照一定条件购买股票。股票认购证的基本要素通常有购买人的姓名、身份证号码、承销的证券公司名称、发行公司名称等，其他要素则视发行公司而有所区别。

股票认购证产生的背景主要是：在20世纪90年代初期，股份公司与股票尚属于新概念和新事物，对社会公众具有较强的吸引力，股票在市场上供不应求，为了体现新股发行的公开、公平、公正原则，从而诞生了股票认购证。从1992年开始，由于邓小平同志南方谈话和国家经济改革进程加快，新股严重供不应求，股票认购证开始在市场上异常火暴，炒买炒卖现象严重，价格持续大幅上涨，市场上投机气氛浓厚。1994年，我国改革股票发行方式，新股采用无纸化、电子化方式发行，股票的定价、抽签、发行、交易改在网上进行，股票认购证因而失去了其最初职能，作为一种历史现象退出了市场。

2月

15日 国有资产管理局、财政部、国家计委、国务院生产办公室、劳动部、工商行政管理局联合发布《关于加强国营关停企业国有资产管理办法的若干规定》。该规定明确：关停企业的资产处置原则上实行有偿转让，特殊情况经有关部门批准后方可实行无偿调拨。对有偿转让给非国营企业的国有资产，必须进行资产评估。关停企业的所有资产，未经批准，任何单位和个人不准擅自抽调、挪用、出租、出借，更不得以各种手段化公为私。对违反规定的，国有资产管理部门要会同有关部门追究当事人的行政、经济责任；情节严重，触犯法律的，由司法机关追究其刑事责任。

19日 国务院批转《国家体改委关于1992年经济体制改革要点》。其中指出，当前经济运行中存在的主要问题是：全民所有制企业经营机制与计划经济和市场调节相结合的运行机制还不健全，也互不适应，企业亏损面大，效益低；市场体系不健全，发育不完善；宏观调控体系还不能适应有计划商品经济发展的需要，政府部门对企业生产经营的直接行政干预过多；经济结构和利益格局调整的难度较大，财政平衡的压力和潜在的通货膨胀压力还没有消除；国民收入分配过分向个人倾斜的倾向，还未能得到有效扭转。1992年经济体制改革的重点是，搞好全民所有制大中型企业，贯彻落实《中华人民共和国全民所有制工业企业法》，转换企业经营机制，有步骤地把企业推向市场。以此为中心，积极推进各项配套改革。其中包括在总结经验、加强管理的基础上，搞好向社会公开发行股票的股份制试点。上海、深圳两市要有计划地扩大股票上市企业数量；广东、福建、海南三省，可根据中央对改革开放综合试验区赋予的权力，进行向社会公开发行（不上市）股票的试验，其发行办法和规模经中国人民银行和国家体改委联合审批。

△　中国人民银行发布《关于完善对国家银行贷款规模管理的通知》。该通知明确，1. 对国家银行信贷规模继续实行“双线”控制，即人民银行总行负责对各专业银行、交通银行、中信实业银行和人民银行上海、深圳市分行贷款规模的管理；各专业银行总行、交通银行总管理处、中信实业银行和人民银行上海、深圳市分行分别负责本系统（地区）内贷款规模的管理；人民银行各级分支机构负责监控辖区内专业银行的贷款规模。2. 统一贷款规模核批方式。从1992年起，人民银行总行核批和调整各专业银行、交通银行、中信实业银行及人民银行上海、深圳市分行贷款规模，各专业银行、交通银行、中信实业银行核批和调整其分支机构的贷款规模。3. 严格贷款规模的考核和监控。专业银行总行、交通银行总管理处、中信实业银行核批省、自治区、直辖市分行贷款规模时，必须将“贷款规模通知书”同时抄送人民银行省、自治区、直辖市分行计划处。各地人民银行分行根据各家银行总行寄发的“贷款规模通知书”监控各家银行贷款规模执行情况，并将有关数字用“银行贷款旬报”报送人民银行总行。

3月

4日　财政部印发《国营对外承包企业外汇留成办法》。该办法规定，凡经国务院或经贸部批准成立的国营对外承包公司和国际经济技术合作公司经营业务取得的一切外汇收入均实行留成。五年以内，100%留成；五年期满后实行倒“二、八”分成，即80%留给公司，20%上交国家，自1992年1月1日实施。

17日　上海联合纺织实业股份有限公司发行我国第一只中外合资企业股票。该公司此次向社会个人公开发行股票1 100万元，每股10元，计110万股，每股售价43元，由上海申银证券公司主承销。该公司的前身是中外合资上海联合纺织（集团）公司，1991年12月开始进行股份制改组，以原公司净资产折为面值10元的发起法人股507.663万股。该公司股票于1992年3月27日在上海证券交易所挂牌上市。

法人股指企业法人或具有法人资格的事业单位和社会团体以其依法可经营的资产投资公司非上市流通股股权部分所形成的股份。

18日　国务院发布《中华人民共和国国库券条例》。该条例规定：国库券的发行对象是居民个人、个体工商户、企业、事业单位、机关、社会团体和其他组织。每年国库券的发行数额、利率、偿还期等，经国务院确定后，由财政部予以公告。国库券发行采取承购、包销、认购等方式，按期一次性偿还本金。国库券的发行和还本付息事宜，在各级人民政府的统一领导下，由财政部门和中国人民银行组织有关部门多渠道办理。国库券可以用于抵押，但是不得作为货币流通；可以在国家批准的交易场所转让。国库券的利息收入享受免税待遇。

3月20日至4月3日　七届全国人大五次会议在北京召开。李鹏总理向大会作《政府工作报告》。《政府工作报告》回顾了1991年的政府工作，提出1992年经济工作的重点是抓紧调整结构和提高效益，特别是要在搞好农业和国营大中型企业方面取得更大的成绩。《政府工作报告》指出，要认真贯彻执行国家的货币信贷方针，积极组织存款，扩大信贷规模，把支持农业发展放在首位，努力筹集并管好、用好农副产品收购资金；继续执行向国营大中型企业和重点企业信贷倾斜政策。各级政府和有关部门要督促企业与银行相互配合，认真落实“限产压库”、“压贷挂钩”、“清理三角债”等各项政策措施，搞活资金存量，提高资金使用效益。进一步培育和发展金融市场，适当增加企业发行债券规模，推动企业面向市场直接融资。积极发展保险事业，发展证券交易和同业资金拆借，搞活资金融通。

4 月

1 日 中国人民银行清算总中心成立。清算总中心是中国人民银行总行直属、经中央编制委员会批复具备一级独立法人资格的事业单位，是为中央银行、商业银行和全社会提供支付清算及相关服务的全国性金融服务组织。主要负责中国金融数据卫星通信网、全国电子联行系统、中国现代化支付系统的建设、运行、维护和管理，并承担中国人民银行电视电话会议系统的运行和维护工作。同时对全国各清算分中心（结算中心）进行业务指导和管理。

7 日 中国人民银行深圳经济特区分行决定对深圳上市公司原野纺织股份有限公司资本不实、资产流失从而侵犯了投资者权益的行为进行查处。原野纺织股份有限公司是我国第一家违规被查处的上市公司。深圳市原野纺织股份有限公司（以下简称“深原野”公司）成立于1987年6月，注册资金为150万元。1990年2月在深圳证券交易所上市。股票名称“深原野”，股票代码0005。上市后“深原野”股票节节攀升，1990年5月21～28日，其股价从14元升至28元。1992年6月20日，人民银行深圳分行公布对“深原野”的财务检查结果：占“深原野”公司95%股份的香港润涛公司将折合1亿多元人民币的“深原野”公司外汇资金转移至润涛公司及其海外关联公司，有折合2亿多元人民币的银行贷款逾期不还。在同一天，工商银行起诉“深原野”公司拖欠2 000万元人民币及300万美元逾期贷款。7月7日，“深原野”公司被停牌，成为中国股市上第一只因为财务欺诈而被停牌的股票。

1993年5月7日，广东省高级人民法院作出终审判决：“深原野”公司欠深圳中国银行和工商银行的贷款2 400万元已经全部还清本息，另欠工商银行、农业银行835万美元的贷款在1月之内还清本息和罚息。香港润涛公司承担担保抵押连带清偿责任。1993年12月29日，“深原野”公司重组为世纪星源股份有限公司。1994年1月3日复牌交易。股票名称改为“世纪星源”。

11 日 中国人民银行发布《关于统一管理有价证券印制的通知》。为了防止有价证券印制出现混乱，决定对有价证券（不含彩票）的印制实行统一管理。全国发行的有价证券的印制必须经中国人民银行审批，然后由中国印钞造币总公司根据中国人民银行批准的有价证券数量及有关印制的要求，具体负责印制。地方发行的有价证券的印制，分别由人民银行省、自治区、直辖市、计划单列市分行统一管理，并由其指定具有印制有价证券条件的印制企业承印。有价证券的票面内容、格式、尺寸、纸张等，须经中国人民银行总行或省级分行审查。

20 日 国家外汇管理局发出《关于台胞、台属因私赴台申请购买外汇问题的规定》。该规定指出，经批准赴中国台湾地区定居、探亲、会亲的台胞、台属可凭公安机关出入境管理部门签发的去中国台湾的有效证件和当地台办出具的赴中国台湾证明到国家外汇管理局当地分局指定的银行购买调剂外汇。购买调剂外汇的标准为：1. 赴中国台湾定居人员每人可购买旅途外汇200美元。用离休金、退休金、离职金、退职金、抚恤金可全额购买外汇。离职金的人民币金额不足购买200美元的，可购买200美元。在境外定居后，其离休金、退休金、退职金、抚恤金凭境外定居证明和有效的“生存证明”每半年可购买一次调剂外汇。2. 赴中国台湾探亲人员可购买400美元。3. 赴国外或港、澳地区会台胞、台属可购买150美元。赴中国台湾人员不另批给交通费用汇。

28日 国务院批转国家体改委、国务院生产办公室发布《关于股份制企业试点工作座谈会情况的报告》。其中提出，下一步进行股份制试点的指导思想是：坚决试，不求多，务求好，不能乱。向社会公开发行股票、股票上市交易的股份制企业的试点，目前仅限于上海、深圳两市；向社会公开发行股票、股票不上市的试点企业，目前限定在广东、福建、海南三省；其他地方主要进行法人持股的股份制企业和企业内部职工持股的股份制企业的试点。据此报告公布，到1992年年初，全国共有各种类型的股份制企业3 220家（不含乡镇企业中的股份合作制企业和中外合资、国内联营企业）。其中，企业之间法人持股和内部职工持股的试点企业约占股份制企业总数的95%以上。

29日 中国台湾“最高法院”作出判决：中国大陆流通使用的人民币具有票面价值，为有价证券，无须当局认可，如有伪造，即构成伪造有价证券罪。这是中国台湾第一次表明人民币为有价证券。

5月

8日 国务院发布第97号令，责成中国人民银行从1992年6月10日起发行1元、5角、1角三种金属人民币，与市场上流通的同面额纸币等值混合流通。这3种金属币材质分别为钢芯镀镍、铜锌合金、铝镁合金。它们是目前流通中的主要硬币品种。习惯上，把它们归入第四套人民币。

13日 中国人民银行发布《关于改革人民银行系统记账方法的通知》。为了适应经济、金融形势发展和国际金融交往的需要，该通知决定：统一银行记账方法，人民银行系统从1993年1月1日起，中国工商银行、中国农业银行、中国人民建设银行以及非银行金融机构从1994年1月1日起采用国际通用的借贷记账法。同时印发了《中国人民银行关于改用借贷记账法的实施方案》和《关于改用借贷记账法的说明》。此前，人民银行会计记账经历了借贷记账法、收付记账法、现金收付记账法、资金收付记账法等几次变化。

14日 中国人民银行、中国工商银行、中国农业银行、中国银行、中国人民建设银行、交通银行发出《关于银行对三、四类企业贷款实行财产抵押的通知》。《中华人民共和国破产法》规定：在企业破产清偿债务时，银行债务与其他债务处于同等地位，这样，银行贷款将会遭受很大损失。但有抵押的银行贷款在企业破产时可享有优先受偿权。该通知要求，今后对三、四类企业的贷款一律实行财产抵押。过去凡没有实行财产抵押的，必须重新签订合同，以保证银行信贷资产的安全。

15日 国家体改委、国家计委、财政部、中国人民银行、国务院生产办公室联合制定《股份制企业试点办法》。该办法包括股份制企业试点的目的与原则、股份制企业的组织形式与股权设置、股份制企业内部职工持股、股份制企业试点的范围、股份制企业的组建、股份制试点企业的审批程序、政府对股份制企业的管理等几部分内容。其中规定：股份制企业向社会公开发行股票必须经中国人民银行批准。经国务院批准，进行向社会公开发行股票的股份制试点的省、自治区、直辖市，其股票发行办法和规模必须经中国人民银行和国家体改委批准，并经国家计委平衡后，纳入国家证券发行计划。

△ 国家体改委发布《股份有限公司规范意见》。其中规定：公司不得成为其他营利性组织的无限责任股东。作为有限责任股东时，对其他组织的投资总额，不得超过本公司净资产的50%。公司可以采取发起或募集方式设立。采取发起方式设立，公司股份由发起人认购；以募集方式设立公司，发起人认购的股份，不得少于公司应发行的股份总数的35%。公司注册资本的最低限额为人民币1 000万元。有外商投资的公司的注册资本不应少于人民币3 000万元。公司

向社会公众公开发行股票，应向人民银行或其授权的分行（以下简称人民银行）提出申请，经批准后方可发行。若一个公司拥有另一个企业10%以上的股份，则后者不能购买前者的股份。一个自然人所持的股份（不含外国和我国香港、澳门、台湾地区投资者所持的外资股）不得超过公司股份总额的5‰。社会募集公司的内部职工认购的股份，不得超过公司向社会公众发行部分的10%；向社会公众发行的股份，不少于公司股份总数的25%。准许有外商投资的公司，经中国人民银行批准后可发行人民币特种股票（简称B种股票）。外国和我国香港、澳门、台湾地区的投资者不得买卖人民币股票（简称A种股票），非外国和我国香港、澳门、台湾地区的投资者不得买卖B种股票。发起人以外的单个股东，欲获得社会募集公司股份总额10%以上的股份以及特殊情况需收购、库存本公司已发行的股票，须报请体改部门、人民银行批准。

18日　上海市人民政府发布《上海市股份有限公司暂行规定》。该规定明确：设立股份有限公司，注册资本的最低限额为人民币500万元。但有外商投资的公司，其注册资本不得低于人民币3 000万元；外商投资的股份占公司股份总额25%以上的，可以享受中外合资经营企业的优惠待遇。该规定还对公司的设立、股份、股东和股东大会、董事会、经理、监事会、财务与会计、合并与分立、章程修改、终止与清算等作了具体规定，自1992年6月1日起施行。

21日　上海证券交易所全面放开股价，由市场交易决定价格。2月18日，上海证券交易所放开上海延中实业股份有限公司、上海飞乐股份有限公司股票，取消涨（跌）停限幅和流量控制，实行自由竞价；4月13日，将“真空电子”、“凤凰股份”、“飞乐音响”股票的每日涨跌幅1%放宽到5%，取消3%的流量控制；5月5日，将未放开和未调整的股票每日涨跌幅也放到5%（真空B股除外）；5月21日，上海证券交易所放开了仅有的15只上市股票的价格限制，引发股市暴涨。当日，上证综合指数跳空高643.33点开盘，冲高到最高点1 334.98点。收盘于1 265点，一天之内上涨了105%，成交量达到创纪录的36 000万元。

28日　中国人民建设银行发出《关于国家专业投资公司运用基本建设基金参股（合资）、合作投资财务管理的通知》。其中要求：参股、合作投资资金实行总额控制；参股、合作项目选定后，投资公司应与项目签订经济合同，在相互自愿、平等协商和符合政策的基础上，明确双方的权利、义务、责任，收益共享，风险共担。参股、合作资金按以下方式管理：投资公司参股、合作的项目实行投资公司通过中国人民建设银行总行统借统还贷款的管理方式；参股、合作资金的利润分配应符合国家有关政策；中国人民建设银行总行在国家年度投资计划内和财政拨入的基建基金内适时保证投资公司参股、合作项目的资金供应。

6月

11日　中国人民银行颁布《非银行金融机构法定代表人业务资格审查办法》。其中规定，非银行金融机构法定代表人的任职资格，在学历与资历上必须符合以下条件之一：金融专业研究生毕业，从事金融工作五年以上，经济、法学专业同等学力者，须从事金融工作七年以上；金融专业大学本、专科毕业，从事金融工作八年以上，经济、法学专业同等学力者，须从事金融工作十年以上；高中、中专毕业，从事金融工作十二年以上；初中毕业，从事金融工作十二年以上；从事其他经济工作二十年以上，经过金融专业培训一至二年。

该办法规定，法定代表人必须没有因经营、管理不善而致使公司亏损、破产的记录。一旦为非银行金融机构的法定代表人，必须与党政机关脱钩。离退休人员不得担任非银行金融机构的法定代表人。另外，拟任非银行金融机构的法定代表人，须由该机构行政主管部门按干部管理权限进行考核，并报经中国人民银行进行业务资格审查；全国性的非银行金融机构，由人民银行总行对其法定代表人的拟任人选进行业务资格审查；副局级以上（含副局级）的地方非银行金融机构，其法定代表人拟任人选由人民银行省、自治区、直辖市分行进行审核后，报人民银行总行金融管理司进行业务资格审查；处级以下（含处级）地方非银行金融机构，其法定代表人拟任人选经所在地人民银行审核后，由人民银行省、自治区、直辖市进行业务资格审查。

18日 由中国人民建设银行代理发行的中国石化企业债券、中国电力企业债券和国家投资公司债券的招标承购包销、开标仪式在北京举行。共有24家证券中介机构参与竞标，投标总金额为88.6亿元。此次招标的33亿元债券全部被证券中介机构承购包销。这是中国人民建设银行首次运用招标方式发行企业债券。

26日 中国银行与日本输出入银行第三次能源贷款备忘录签字仪式在东京举行。这次备忘录计存27个项目，总金额为7 000亿日元，贷款期限为10～15年。中国使用日本能源贷款始于1979年。国务院授权中国银行代表中国政府同日本输出入银行谈判并于1979年5月与日本输出入银行签订了第一次能源贷款备忘录，贷款总金额为4 200亿日元。1984年签署了第二次备忘录，金额为5 800亿日元。至此，中国银行与日本输出入银行签订的能源贷款总额已达17 000亿日元。

7月

4日 国务院办公厅发布《关于建立国务院证券管理办公会议的通知》。根据国务院的决定，在原股票上市办公会议的基础上，建立国务院证券管理办公会议。国务院证券管理办公会议，代表国务院行使对证券工作的日常管理职权。办公会议的办事机构设在人民银行，负责日常工作。证券工作中的立法起草工作，由国家体改委牵头，证券管理由人民银行牵头。

11日 财政部发布《关于修订〈关于国家专业银行建立贷款呆账准备金的暂行规定〉的通知》。该通知明确，为保证国家信贷基金的完整，促进专业银行的企业化经营，财政部对1988年制定的《关于国家专业银行建立贷款呆账准备金的暂行规定》进行相应修订。修订内容包括：1. 呆账准备金不分贷款类别，统一按年初贷款余额的一定比例在年初以人民币计算全额提取。2. 呆账准备金的计提比例1992年为5‰，从1993年起每年增加1‰，当年提取的呆账准备金扣除经批准核销的呆账损失以后，按规定的税率补交所得税和调节税，补税后的余额可结转下年度使用；当历年结转的税后准备金余额达到年初贷款余额的1%时，从达到年度起，一律按1%的比例差额计算提取，补提的准备金不再补交所得税和调节税。3. 当年发生的呆账损失，以企业户数为单位（下同），每户不满10万元的，可以区别不同情况，由独立核算的地（市）分行会同同级中央企业财政驻厂员机构审查批准核销，并报上一级行备案；当年发生的呆账损失每户在10万元以上不满50万元的，由省、自治区、直辖市、计划单列市分行会同中央企业财政驻厂员处审查批准核销，并报专业银行总行备案；当年发生的呆账损失每户在50万元以上的，由各专业银行总行根据省、自治区、直辖市、计划单列市分行和所在地区中央企业财政驻厂员处的审查意见审查批准核销，并报财政部备案；当年发生的呆账损失属于城乡居民贷款的，以个体户数为单位，每户不满5万元的，由独立核算的地（市）分行会同同级中央企业财政驻厂员机构审查批准核销，并报上一级行备案；5万元以上不满50万元的，由省、自治区、直辖市、计划单列市分行会同中央企业财政驻厂员处审查批准核销，并报专业银行总行备案；50万元以上的，按上款规定办理。修订后的条款自1992年1月1日起执行。

13日 中国人民银行发出《关于农村信用社实行资产负债比例管理试点的通知》。该通知明确，为落实农村信用社信贷资金管理"以存定贷、自主运用、比例管理"的原则，经人民银行、农业银行研究，决定在浙江、山西、四川、江苏四省的农村信用社和河北、河南、吉林已脱钩的农村信用社实行资产负债比例管理试点。该通知规定：1. 农村信用社的各项资金运用减去转存银行款（含准备金）之后不得超过其可运用的资金。农村信用社的可用资金为：全部资金来源减去规定缴存的存款准备金，减去5%的备付金，减去净拆入资金，再减去银行转存款基数。2. 农村信用社的自有资金与视同自有资金之和不得少于其贷款总额的10%。3. 农村信用社发放的固定资产贷款余额不得超过其各项贷款余额之和的20%。4. 农村信用社发放二类以下企业的信用贷款，一户的贷款总额不得超过其自有资金的50%。5. 农村信用社用自有资金购置的固定资产净值总额不得超过其自有资金的30% ~40%。该通知还对试点要求和试点方法作了规定。

15日 中国人民银行发出《关于特种贷款利率的通知》。该通知就各专业银行运用发行金融债券筹集的资金发放特种贷款的利率作了明确规定：各专业银行发行五年期金融债券所筹集的资金发放的特种贷款利率，与五年期金融债券利率的年利差不得超过1.16%；发行三年期金融债券筹集资金发放的特种贷款的利率仍按原规定执行。

16~20日 中国人民银行全国分行行长会议在北京举行。会议提出，下半年，各级银行要积极支持农业、国营大中型企业、国家重要物资储备及长江三角洲和长江沿江开放开发地区、珠江三角洲以及沿边开放地区经济发展的合理资金需要，积极支持国家重点建设的合理资金需要，支持第三产业的发展。与此同时，要继续控制信贷总量，搞活资金存量，各家银行必须严格按国家下达的计划控制贷款规模，未经批准，任何银行都不得突破。要进一步加强和改进中央银行贷款管理，转换银行经营机制，严格管理证券市场和金融机构。对股票、债券的发行，各地必须按国务院的规定办事，任何单位都不得擅自发行。

16日 中国人民银行发出通知，针对部分证券经营机构囤积债券，影响居民购买的问题，中国人民银行要求，各类证券经营机构，包括财政、银行、地方办的机构和信托投资机构等，凡承购包销的国库券必须全额面市，在发行期内不得惜售，各类证券机构的债券库存不得超过其资本的80%，已经超过的要逐步压回。以后证券机构承购国库券后最长一个月内要销售出去。

20日 中国人民银行、中国农业银行、林业部、财政部联合下发《关于发放治沙贴息贷款有关问题的联合通知》。该通知提出，从1992年起至1995年止，中国人民银行每年安排1亿元治沙贴息贷款专项计划和不低于70%的资金，由中国农业银行组织发放，财政给予贷款使用者部分贴息。

贴息贷款 贴息贷款是政策性贷款中的一种，为了达到一定的政策目的，国家对借款人所承担的贷款利息给予一定的财政补贴，从而减轻借款人实际承担的利息费用。在贴息贷款的实际操作中，银行按正常利率发放贷款，中央财政或地方财政在整个贷款计息期限内，按照一定的补贴计算方式，将财政补贴直接划拨给银行或借款人。通常而言，财政补贴按借款人所承担利息的一定比例计算，具体比例根据政策支持力度而确定，最高可为利息额的100%，即全额贴息，贴息的计算时间与银行收取贷款利息的计算时间相一致。由于贴息外汇贷款享有政策性优惠，其发放标准较为严格，申请者必须符合一定的政策规定和要求。在我国经济实践中，由于贴息贷款操作方式具有灵活性，既能要求借款人加强经济核算，又可以达到政策支持目的，因而成为经济中被各级政府部门所广泛采用的一种政策支持手段。

29日 中国人民银行、财政部、国务院经济贸易办公室联合发出《关于预算内国营工业企业库存产成品挂账停息处理办法的通知》。该通知要求，各地组建的清查领导机构，都应有当地同级人民银行和有关专业银行参加。对清出的盘亏、报废、毁损和产成品成本高于售价等损失，属于1992年新发生的，经核实批准后列入企业当年财务决算；属于1991年年末之前发生的，分别转入"待处理流动资产损失"和"待处理流动资产盘盈"账户。各项损失与盘盈相抵后的余额，按照国务院的有关指示精神，银行对这部分资金损失的贷款，实行"先收息后退息"

的处理办法。开户银行对企业清查损失所占用的银行贷款，会计部门根据信贷部门通知，在原贷款科目内，按企业单位增设流动资产损失贷款专户，对该专户贷款的利息采取“先收后退”的核算办法，即在三年内，银行对这部分资金损失所占用的贷款仍按季先计收利息，其应收未收利息，在挂账期间不计复利。企业在三年内未消化处理完产成品挂账损失，不再享受银行停息的优惠政策。

8月

3日 财政部发布《关于房改金融业务有关财政税收政策问题的通知》。该通知规定：城市住房基金存入当地建设银行房地产信贷部开设的财政专户。城市住房基金包括：各级财政的拨款、直管住房租金收入、公积金的经营权益、城市住房基金的利息收入等。专业银行承办的房改政策性金融业务包括：吸收住房公积金、公房出租和出售收入、住房债券和租赁保证金、集资合作建房资金、企事业单位住房基金等有关住房资金存款；发放个人购建房贷款、集资合作建房贷款、房改单位购建房贷款和地方政府用于解危、解困的住房贷款。专业银行承办房改政策性金融业务，可从1992年7月1日起至1994年6月30日止免征所得税、调节税以及国家能源交通重点建设基金和预算调节基金。房地产信贷部是专业银行为住房制度改革提供配套金融服务的内部机构，实行单独核算、自主经营、自负盈亏、自求平衡、单独缴税。其承办费用按照财政部或专业银行上级行核定的综合费用水平提取，按季或按年划拨给专业银行。

6日 财政部发布《全国非贸易外汇留成办法》。其中规定：非贸易外汇留成范围包括：航空运输业务的外汇净收入；铁道运输业务的外汇净收入；海上运输业务的外汇净收入，包括海上客货运收入、救助打捞拖航收入；邮电业务的外汇净收入（含出口邮票收入）等。非贸易外汇收入留成比例为90%；港口收入留成比例为70%；旅游外汇收入留成比例为40%；侨汇、科学、教育、文化、卫生、体育、对外宣传、外派员工、劳务以及中外合资合作经营企业中方分得的外汇利润等其他收入留成比例为30%；海关关税收入留成比例为15%；金融企业、非银行金融企业、保险业务的净收入和税款收入留成比例为5%。

8日 全国外汇调剂中心公开市场在北京开业。这是中国第一个中央级公开的外汇调剂市场。该中心实行会员制，以电子化的方式进行交易。会员代表在电脑终端输入买卖价格和金额，公开竞价，由计算机按照价格优先、时间优先的原则确认成交。非会员的一般客户须委托经纪商或交易员代理进场交易。根据国家物价局的规定，自1992年7月15日起，凡以会员身份进入全国外汇调剂中心开办的外汇调剂市场，需向调剂中心缴纳会员席位费，并实行专款专用。

10日 深圳发生“8·10”股市风波。深圳经济特区1992年计划发行5亿元国内公众股，并定于8月9日至11日在深圳全市各银行、保险公司及证券经营机构共302个网点发售新股认购抽签表500万张，每张收费100元。凡年满18周岁的中国公民均可认购。在当时中国证券市场“发热”的特定背景下，全国各地数百万群众蜂拥深圳，在各个发售网点前排起了长龙。由于发行组织工作出现漏洞，10日傍晚，新股认购秩序出现混乱，数千群众因没有买到抽签表而不满，出现了游行、阻塞交通等过激行为，后经武警部队紧急干预，事态得到了控制。当夜，深圳市政府及有关方面负责人召开紧急会议，商讨对策，决定第二天增发50万张新股认购抽签表兑换券，每券可以兑换抽签表10张，中签率不变。由于组织得力，混乱局面渐趋稳定。“8·10”风波发生后，深圳证券交易所股价指数从8月10日的310点跌到8月14日的285点，跌幅为8.1%；上海证券交易所上证指数从8月10日的964点跌到8月12日的781点，跌幅为19%。

14日 中国银行印发《中国银行出口买方信贷试行办法》。其中规定：买方信贷是采用国际上通行的融资办法，用于国外购买中国出口的成套设备、船舶及其他机电产品。贷款货币为美元，贷款期限一般不得超过十年，贷款利率参照经济合作与发展组织（OECD）的利率水平确定。这是中国银行筹办出口买方信贷业务以来第一个法规性文件。12月30日，中国银行向斯里兰卡人民银行提供682万美元出口买方信贷，用于支持400辆国产公共汽车的出口。这是我国银行向外国政府发放的首笔买方信贷。

17日　中国银行、中国工商银行、中国农业银行、中国人民建设银行、交通银行、中国投资银行联合发出《关于收取无兑换手续费的通知》。为了保障银行业的正常收益，六大银行共同协商决定，六大银行的国内分支机构在办理国际贸易结算中，凡发生收付客户现汇账户时，均向客户收取货款金额1.25%的无兑换手续费。

18日　中国光大银行成立。该行是中国光大（集团）总公司全资附属的全国性商业银行，总部设在北京，注册资本金为15亿元人民币。该行的主要股东包括中国光大集团总公司、亚洲开发银行、中国建设集团总公司、中国烟草总公司云南省公司等国际金融组织、跨国集团和国内大中型企业和企业集团。邱晴任董事长，唐赓尧任副董事长兼行长。

30日　国务院发出《关于实施新国民经济核算体系方案的通知》。国务院决定，从1992年起，在全国分两步实施新国民经济核算体系方案。第一步，在1992年和1993年两年建立国家和省两级新核算体系基本框架，实现初步过渡；主要目标是把新核算体系的基本核算表建立起来。第二步，到1995年基本完成向新国民经济核算体系的全面过渡；目标是要能够比较准确、完整地编制新核算体系的全部表式和账户体系，并建立起与之配套的统计指标体系、统计分类标准和数据库系统。

9月

1日　中国人民银行发出《关于与住房改革配套的存、贷款利率问题的通知》。其中规定，人民银行各省、自治区、直辖市分行，可根据总行确定的房改存、贷款利率原则，结合本地的实际情况，制定有利于促进住房改革的存贷款利率具体办法。该通知要求，对与住房制度改革相配套的存、贷款利率均按“低来低去”的原则确定：1. 单位、个人集资暂存银行的建设商品房的存款，6个月以下的均按活期存款利率执行。6个月至1年期存款按年利率6.12%执行。建房的贷款利率最高不得超过8.46%。2. 居民购房的存、贷款也要实行低利率政策。利率期限、利率档次可根据各地商品房出售办法，由人民银行省、自治区、直辖市分行自行确定。购买商品房的存款利率要低于同档次储蓄存款利率，贷款利率可在其同档次存款利率的基础上加1.8个百分点。3. 各地房改基金管理部门存入的房改建房基金存款利率，可由各省、自治区、直辖市人民银行分行，根据当地的实际情况自行确定，但最高不得超过年利率3.6%。

3日　国家税务局发布《关于农村信用社几个税收、财务问题处理规定的通知》。其中规定：对国务院统一确定的专项贴息贷款扶持贫困县的农村信用社，1992～1993年，准予继续免征所得税两年。对农村信用社1986年年底前提取的贷款呆账准备金，应全部转入“呆账准备金”账户，专项用于核销呆账贷款。对农村信用社1986年年底前预提的应付未付利息，支付1986年年底前存款利息后的余额，应首先用于弥补1991年年底前的待处理历年亏损，仍有结余的，可转入“信贷基金”账户。

5日　国务院发出《关于加强对固定资产投资和信贷规模进行宏观调控的通知》。针对在经济发展过程中出现的一些值得重视的苗头和需要研究解决的问题，主要是固定资产投资增加较快，投资结构不尽合理，交通运输和能源、部分原材料供应紧张，生产资料价格上涨过快，银行货币、信贷投放的增长，超过经济增长和物价上涨的幅度等问题，该通知要求各地区和有关部门：1. 控制固定资产投资规模，正确引导资金投向，调整投资结构，保证重点建设。按国家产业政策和计划要求严格控制固定资产贷款，严禁挪用流动资金贷款搞固定资产投资，对于自筹投资项目，任何单位和各级领导人都不得要求或强令银行用贷款垫补自筹投资缺口。切实加强对社会集资的管理，各类证券要按国家计划发行，不得擅自超计划发行，也不得以乱发各种名目债券等方式搞计划外集资。2. 加强对信贷规模和货币发行的调控，不得以任何方式迫使银行超计划发放贷款。第三季度末，银行贷款规模必须坚决控制在计划以内。哪家银行突破了，由哪家银行负责；哪个地区突破了，由哪个地区的党委和人民政府的主要领导同志负责。党中央、国务院重申，金融是国家掌握的重要宏观调控手段，货币发行权、信用总量调控权和利率调整权要由中央统一掌握，各地必须执行中央统一的金融政策。3. 进一步调整信贷结构，加速资金周转，满足经济加快发展的合理资金需要。当前银行资金运用的重点是：保证居民储蓄存款的支付；支持秋季农副产品收购；支持国家重点建设项目；支持效益好、质量高、外向型的经济发展。4. 积极组织货币回笼，控制货币投放。

11 日　中国人民银行发布《上海外资保险机构暂行管理办法》。其中规定，合资保险公司的最低注册资本为：经营人身保险业务的，不得低于 2 000 万美元；经营非人身保险业务的，不得低于 2 000 万美元；同时经营人身保险和非人身保险业务的，不得低于 4 000 万美元。合资保险公司的实收资本不得低于注册资本的 50%。合资保险公司须每年从其税后利润中提取 25% 的资金用于补充其资本金，直至其实收资本加储备金的总额达到其注册资本的两倍。合资保险公司应当将其实收资本的 20% 向中国人民银行上海分行缴存保证金。外资保险分公司同时经营人身保险和非人身保险业务的，应由其总公司向中国人民银行上海市分行缴存 800 万美元保证金；经营其中一项业务的，缴存 400 万美元保证金。此保证金计付利息。外资保险机构经营除法定保险以外的下列业务的部分或全部：境外企业的各项保险、境内外商投资企业的企业财产保险和与其有关的责任保险；外国人和境内个人缴费的人身保险业务；上述两项业务的再保险业务；经批准的其他业务。外资保险机构的保险费率、其他业务费率及各种合同条款，应按中国人民银行的有关规定制定。外资保险机构的资本、未分配盈余、各项准备金及其他资产，可以人民币和外币两种原币形式用于境内投资，包括中国的金融机构的存款；购买政府债券、金融债券和不超过可投资总额的 10% 的企业债券；境内有抵押品或金融机构担保的外汇委托放款，对每一单位的放款，不得超过可投资总额的 5%，所有放款的总和不得超过可投资总额的 30%；不超过可投资总额的 15% 的股权投资。

9 月 25 日，经中国人民银行批准，美国友邦保险有限公司上海分公司在上海成立。这是第一家获准在中国大陆设立的外资保险分公司。

22 日　全国性证券公司——华夏证券公司、国泰证券公司、南方证券公司成立。三大证券公司是经中国人民银行总行批准，由中国工商银行、中国农业银行、中国人民建设银行、中国银行、交通银行和中国人民保险公司联合发起并入股组建经营有价证券业务的全国性金融企业，注册资本金各为人民币 10 亿元（含外汇资本金）。首期实收资本金为人民币 3.5 亿元，由发起单位等额投入。业务范围包括：承销有价证券；自营买卖和代理买卖有价证券；承担有价证券的代保管、鉴证、过户、代理还本付息和分红派息；发行和代理发行债券；有价证券抵押、贴现；开展基金业务，包括基金的发起、组织、保管、受托和代理支付受益凭证的收益金、偿还金及解约金；参加证券交易所，从事证券交易所规定的经纪人业务；对有价证券发行者进行财产、信誉等级的评估；提供与证券业有关的投资咨询业务和信息服务；境外发行和代理发行有价证券；境外买卖和代理买卖外币证券；经营与证券业务有关的投资业务；经中国人民银行和国家外汇管理局批准的其他业务。

10 月

6 日　中国人民银行、公安部联合发出《关于进一步加强反假人民币工作的通知》。针对制贩假币犯罪活动日益猖獗的现状，该通知要求：

1. 各地银行、公安机关要提高对防假币、反假币工作的认识，真正树立起保护国家货币就是为经济建设服务的观念。2. 各单位要密切配合，加强部门、区域间的协作，各级银行和公安部门更应密切协作，使反假币工作逐步规范化、制度化。3. 加强立法工作，将反假币斗争纳入法制轨道。各级银行和公安机关要注意收集、整理有关假币犯罪的典型案例，提出对《中华人民共和国刑法》有关条款进行修改或解释的依据，以便有关部门对假币犯罪的法律规定及时作出修改或司法解释，从而有利于司法机关依法从重从快打击严重制贩假币的犯罪活动。4. 加强宣传工作，提高全社会的防假币和反假币意识。各级银行要多渠道、多层次地开展向居民群众普及人民币常识的宣传工作，使全社会行动起来，从而防止假币混入流通领域。5. 建立反假币信息联系网络，加强防范基础工作。各地应在总结经验的基础上，建立起纵横交错的反假币网络，以加强信息交流，提高反假币工作效率。同时还应重视反假币培训工作，做好年终反假币工作总结，不断完善各项反假币工作制度。

根据该通知提供：1989 年发生案件 990 起，银行系统缴获假币 126. 8 万元，公安机关缴获假币 234. 5 万元；1990 年发生案件 2 900 起，银行系统缴获假币 1 367. 8 万元，公安机关缴获假币 1 742. 9 万元；1991 年，收缴的假币金额仍居高不下，全年共发生案件 3 000 起，银行系统缴获假币 1 137. 5 万元，公安机关缴获假币 877. 9 万元。此外，伪造、贩卖假外币和各种有价证券的案件也与日俱增。据有关部门统计，1991 年共收缴假美元 8 900 多张，折合人民币 250 万元；收缴机制假国库券 32 万元。同年，公安机关查缴假美元 17 万元，收缴假港元 4 万元，收缴假国库券 10 万元。

8 日　中国诚信证券评估有限公司成立。该公司由 16 家股东出资组建，分别是：中国农村发展信托投资公司（以下简称中农信）、中国人民建设银行信托投资公司（以下简称建行信托）、中国审计事务所、中国证券业协会、中国企业评价协会、中国法律事务中心、中国天诚（集团）总公司、中国科技财务公司、上海万国证券公司、湖北证券公司、珠海国际信托投资公司、海南港澳国际信托投资公司、上海信达投资顾问公司、中国人民建设银行广州市信托投资公司、深圳新兰德证券投资咨询有限公司、中国人民建设银行福建省信托投资公司。其中，中农信和建行信托的股份各占 12%，其他 14 家股东所占的股份在 5% 和 6% 之间。该公司是中国第一家全国性的从事信用评级、金融证券咨询和信息服务等业务的股份制非银行金融机构。2002 年 9 月，经国家工商行政管理总局核准，中国诚信证券评估有限公司更名为中国诚信信用管理有限公司。

9 日　中国人民银行发布《银行外汇信贷资金管理办法（试行）》。该办法包括总则、资金计划、资产负债比例、检查和实施共 4 章 27 条。主要规定：中国人民银行对银行的外汇信贷业务实行双向目标管理，在下达和考核年度银行外汇信贷计划的同时，制定和下达银行外汇信贷资产负债管理比例，逐步强化银行内部自我约束、自我调节的营运机制。外汇信贷资金管理的范围为经营外汇信贷业务银行的下列全部外汇资金来源和资金运用。资金来源包括：自有外汇资本金；银行组织吸收的各项外汇存款；海外分支机构存回资金；从境外拆入短期资金；银行按国家计划从境外进行中长期商业借款（含境外发债筹措资金）；银行借入的国际金融组织贷款；国家或地方、部门、企业用自借指标委托银行境外专项筹资；其他资金来源，如暂收应付、境内同业拆入、外汇买卖等。资金运用包括：境内各项流动资金贷款；境内各项固定资产贷款；拨付海外分支行资金；存放境外头寸准备（包括存款资金、拆出、购买政府债券、购买股票等）；银行其他投资；按委托人预定的用途和项目发放的委托贷款；其他资金运用，如各种暂付资金、境内同业拆出资金等。中国人民银行对各银行的外汇信贷资金实行以下资产负债比例管理，并可根据各银行的不同情况，确定和调整各项外汇资产负债的具体比例。该办法自 1993 年 1 月 1 日实行。

△　中国华晨汽车控股公司在纽约证券交易所上市。中国华晨汽车控股有限公司（股票简

称：华晨金杯，交易代号：CBA）总发行量为500万股，每股价格为16美元，销售额为8 000万美元。这是中国公司的股票第一次进入美国市场，并作为中国股票的代表被列入摩根士丹利EAFE指数。华晨汽车控股公司隶属沈阳金杯汽车股份公司，金杯汽车公司是中日、中美合资的股份企业，以生产豪华型和标准型两种小型客车为主，该公司早在1990年12月8日上海成立中国首家证券交易所时就发行过A种股票，后来又上市了在国内发行的B种股票，其78.43%的股份由中国人民银行及中国财政教育发展基金会持有，其余21.57%的股份由其总公司持有。

12～18日 中国共产党第十四次全国代表大会在北京召开。江泽民总书记在会上作了题为《加快改革开放和现代化建设步伐夺取有中国特色社会主义事业的更大胜利》的工作报告。该报告总结了十一届三中全会以来14年的实践经验，决定抓住机遇，加快发展；确定我国经济体制改革的目标是建立社会主义市场经济体制；提出用邓小平建设有中国特色社会主义理论武装全党。该报告明确，要积极培育债券、股票等有价证券的金融市场；以上海浦东开发、开放为龙头，进一步开放长江沿岸城市，尽快把上海建成国际经济、金融、贸易中心之一，带动长江三角洲和整个长江流域地区经济的新飞跃。

18日 华夏银行开业。经中国人民银行批准、于1992年10月14日注册成立的华夏银行是由首钢总公司独资组建成立的全国性商业银行，注册资本为10亿元人民币，总部设在北京。1996年4月10日，中国人民银行批准其采用发起设立的方式，改制成股份有限公司，并更名为华夏银行股份有限公司。2003年7月21日，获中国证监会批准上市发行A股，并于2003年9月12日挂牌上市。

26日 国务院证券委员会、中国证券监督管理委员会（以下简称中国证监会）成立。10月12日，国务院办公厅发布《关于成立国务院证券委员会的通知》。国务院决定成立国务院证券委员会（以下简称证券委），撤销原国务院证券管理办公会议。证券委下设办公室，负责日常工作，由国务院办公厅代管。证券委主任由朱镕基副总理兼任，中国人民银行、国家体改委、国家计委、财政部、经贸办、监察部、最高人民法院、最高人民检察院、经贸部、国家工商行政管理总局、国家税务局、国家国有资产局、国家外汇管理局等13个部委的负责人担任委员。其主要职责：组织拟订证券市场的有关法律、法规草案。研究制定证券市场的方针政策和规章；监督检查证券法规和方针政策的执行，查处重大违法违纪案件；制定证券市场发展规划和提出计划建议；指导、协调、监督和检查各地区、各有关部门证券市场的各项工作；归口管理中国证监会；代表政府统一组织与国外有关的交往与合作事项；审批国内企业到海外公开发行股票和上市；审核新的证券交易所的设立；承办国务院交办的其他工作。

为了建立健全证券监管工作制度，国务院决定成立中国证监会，受国务院证券委员会的指导、监督检查和归口管理。刘鸿儒任中国证监会主席。中国证监会是证券委监管执行机构，由有证券专业知识和实践经验的专家组成，按事业单位管理，主要职责是：根据证券委的授权，拟定有关证券市场管理的规则；对证券经营机构从事证券业务，特别是股票自营业务进行监管；依法对有价证券的发行和交易以及向社会公开发行股票的公司实施监管；对境内企业向境外发行股票实施监管；会同有关部门进行证券统计，研究分析证券市场形势并及时向证券委报告工作，提出建议。

30日 我国第一张中长期认股权证发行。宝安权证由深圳宝安公司向老股东发放，期限为1年，发行数量为2 640万张。宝安权证的流通期是1992年11月5日至1993年11月2日，行权期（认股缴款日期）是1993年9月1日至1993年11月5日。每张宝安权证可以认购1股宝安股票，认股价为20元。宝安权证从1992年11月5日上市至1993年11月2日停止交易，其上市以4.00元开盘，最高曾到23.60元，最后跌至2.35元摘牌。权证到期时，宝安权证理论上的价值为－2元。

大飞乐的配股权证是我国股市的第一个权证，推出时间为1992年6月。

11月

2日 中国人民银行发布《保险代理机构管理暂行办法》。该办法包括总则、机构管理、经营管理、罚则、附则共5章32条。主要规定：保险代理机构是指受保险企业委托，按照委托双方签订的保险代理合同（或协议）代为从事保险经营活动的机构。其主要职责是：依照签订的保险代理合同（或协议）规定的保险险种，代签保险单，收取保险费或保险储金；指导保户做好防灾防损工作；协助保险企业做好出险案件的查勘定损工作，但不得办理赔案、批改保险单、退保等业务。保险企业不得直接委托个人代办保险业务。中国人民银行是国家保险事业的主管机关，保险企业设立保险代理机构须经人民银行批准，其他任何部门、任何单位均无权审批；未经人民银行批准，任何保险企业不得擅自设立保险代理机构。

3日 经中国人民银行批准，淄博乡镇企业投资基金设立。这是中国人民银行批准的第一个投资基金，也是第一个被批准可在异地上市的基金。该基金是由中国农村发展信托投资公司、淄博市信托投资公司、交通银行淄博支行、山东证券公司、中国工商银行山东信托投资股份公司共同发起，以公司形式注册登记的全国第一家公司型投资基金。基金规模为3亿元人民币，首期发行1亿元，期限为8年。淄博乡镇企业投资基金主要投资于淄博乡镇企业以及为乡镇企业提供服务的有关产业，这部分投资不少于基金投资总额的60%；同时为了分散投资风险，基金的其余部分投资国债、金融债券、企业债券和上市公司股票，这部分不高于基金投资总额的40%，基金公司每年分配一次收益，于每个会计年度结束后一个月内公布收益分配方案。基金公司的收益由投资者共享，风险由投资者共担。淄博乡镇企业投资基金于1993年8月20日在上海证券交易所成功上市。

4日 国务院发布《关于发展房地产业若干问题的通知》。关于房地产开发的投资管理，该通知指出：房地产开发建设投资是固定资产投资的一个组成部分，必须纳入国家固定资产投资总规模（外商投资除外）。在计划管理上，要适应改革开放的新形势，不断加以改进，做到既有利于宏观调控，又有利于微观搞活。为了促进房地产业的发展，今后，凡地方自筹资金用于房地产开发的项目，一律由省、自治区、直辖市及计划单列市人民政府自行审批。允许各专业银行发放房地产开发贷款。银行贷款规模、发行债券额度等要列入信贷计划、证券计划和投资计划，实行总量控制。

12日 中国人民银行、国家计委、国家体改委、国务院经济贸易办公室联合颁发《国家试点企业集团建立财务公司的实施办法》。该实施办法明确：财务公司是为企业集团内部成员单位办理金融业务的非银行机构，为独立的企业法人，实行独立核算，自负盈亏，自主经营，照章纳税。业务范围包括：办理企业集团内部各成员单位的存款、贷款、投资、结算、担保、代理及贴现业务；兼营集团内信托、融资租赁业务；接受主管部门的委托，为集团公司或集团成员单位办理信托贷款、投资业务；在财务公司发生临时性资金困难时，可按有关规定进行同业拆借，但拆入资金不得用于发放固定资产贷款、扩大信贷规模。设立财务公司的实收货币资本金不得少于人民币5 000万元。凡具备条件的企业集团拟设立财务公司，应由试点企业集团核心企业向中国人民银行提出申请，财务公司的业务经营范围必须严格限定在企业集团成员单位之间进行，未经中国人民银行批准，不得擅自超范围经营。该实施办法对财务公司设立的条件及申报程序、中国人民银行对财务公司的管理作了具体规定，自1993年1月1日起施行。截至该实施办法颁布之际，中国人民银行自1987年起先后批准17家企业集团试办财务公司。

△ 中国人民银行印发《关于调整外币存款利率政策的通知》。为了避免公款私存的套利行为，使外币利率管理能比照人民币利率管理的

做法，该通知规定，统一个人与单位的外币定期存款利率水平，并增设7天通知存款和1个月定期存款的利率档次。

19日 最高人民法院发出《关于伪造货币、有价证券犯罪案件立案标准（试行）》。该立案标准规定，1. 具有下列情形之一的，应予立案侦查：伪造国家货币和国家财政金融债券的；伪造其他有价证券和票据总面值在300元以上（含300元）的；贩卖、运输、窝藏伪造的国家货币、国家财政金融债券的；明知是伪造的国家货币、国家财政金融债券而使用、存储、夹寄，数额在300元（含300元）或10张以上的；故意使用、贩卖、窝藏伪造的其他有价证券和票据，非法获利500元以上（含500元）的；教唆他人伪造、贩卖、运输、窝藏、使用、存储、夹寄伪造的国家货币或有价证券和票据的；走私伪造国家货币的；窝藏或出具伪证，包庇伪造国家货币或国家财政金融债券犯罪分子的；包庇贩运或大量投放假币犯罪分子的。2. 具有下列情形之一的，立为重大案件：以手工印刷方式伪造国家货币或国家财政金融债券的；以其他手工方式伪造国有货币或国家财政金融债券的，数额在1 000元或100张以上的；伪造其他有价证券和票据总面额在1 000元以上的；运输、贩卖、窝藏伪造的国家货币或国家财政金融债券，数额在1 000元或100张以上的；明知是伪造的国家货币或国家财政金融债券而使用、存储、夹寄，数额在2 000元或200张以上的；故意使用、贩卖、窝藏伪造的其他有价证券和票据，非法获利2 000元以上的；传授伪造技术或方法的；集团犯罪的；走私伪造的国家货币数额在1 000元或100张以上的。3. 具有下列情形之一的，立为特别重大案件：以机构印刷方法伪造国家货币或国家财政金融债券的；以手工方式伪造国家货币或国家财政金融债券，数额在10 000元或1 000张以上的；伪造其他有价证券和票据总面额在10 000元以上的；武装贩运伪造的国家货币或国家财政金融债券的；传授伪造技术或方法，造成危害特别严重的；运输、贩卖、窝藏伪造的国家货币或国家财政金融债券，数额在10 000元或1 000张以上的；金融、财会工作人员利用职务之便伪造或贩运、投放伪造的国家货币或国家财政金融债券的；走私伪造的国家货币数额在10 000元或1 000张以上的；各省、自治区、直辖市公安厅、公安局认为构成特别重大案件的。

24日 国家税务局发布《集体信用合作社贷款呆账处理试行办法》。该办法规定：信用社按本办法规定建立的呆账准备金，专项用于弥补本办法规定原因造成的贷款呆账损失，呆账准备金按规定范围的贷款年末余额的5‰，在年末以人民币计算提取。国家预算内安排的拨改贷、地方人民政府和企业主管部门委托的专项贷款、以各种财产（包括各种商品、有价证券）作抵押的贷款以及金融机构之间互相拆借的贷款不得提取呆账准备金。该办法还对呆账准备金的管理、可列为呆账的限定范围、呆账损失的处理等作了具体规定，于1992年度起执行。

12月

9日 中国人民银行发布《金银专项贷款管理暂行规定》。该暂行规定包括总则、贷款的种类及用途、贷款的对象和条件、贷款的期限和利率、贷款计划的编报与审批、贷款的审定发放和检查、贷款的归还、贷款管理和经济责任、会计核算和统计报表、附则，共10章31条。主要内容：中国人民银行以“先评估、后贷款、计划管理、择优发放”的原则发放金银专项贷款。任何单位和个人不得以任何理由强令银行发放贷款或阻挠银行收回到期贷款。金银专项贷款由人民银行安排资金，实行专款专用，专项管理。金银专项贷款主要用于金银固定资产投资项目，贷款按用途划分为“金银基本建设贷款”、“金银技术改造贷款”和“金银基本建设设备储备贷款”。全民所有制和集体所有制金、银矿山企业以及国家批准的金银建设单位，当其建设资金不足时，可向当地人民银行申请金银专项贷款，但须具备规定条件。基建贷款期限，小型项目最长不超过3年，大中型项目一般不超过5年，个别建设期长、经济效益好、确需延长贷款期限的项目，经省级分行批准后，贷款期限最长不超过7年；技术改造贷款期限最长不得超过3年；设备储备贷款期限为1年。贷款利率按照同期金银专项贷款利率执行。

10日 中国人民银行发布《关于企业、个人不得办理金融业务的通知》。针对一些地方政府鼓励城乡企业和个人兴办金融、保险业的现象，该通知重申：中国人民银行是国务院领导和管理全国金融事业的主管机关，未经中国人民银行批准，任何地方政府、部门、私人均无权批准和设立金融机构。非金融机构不得经营金融业务。违法设立、擅自经营的，必须立即撤销、停办。

11日 国务院发布《储蓄管理条例》。该条例包括总则，储蓄机构，储蓄业务，储蓄存款利率和计息，提前支取、挂失、查询和过户，法律责任和附则，共7章40条。主要规定：储蓄机构办理储蓄业务，遵循“存款自愿，取款自由，存款有息，为储户保密”的原则。中国人民银行负责全国储蓄管理工作。除储蓄机构外，任何单位和个人不得办理储蓄业务。储蓄机构的设置，应当遵循统一规划、方便群众、注重实效、确保安全的原则。储蓄机构应当保证储蓄存款本金和利息的支付，不得违反规定拒绝支付储蓄存款本金和利息，不得使用不正当手段吸收储蓄存款。储蓄机构可以办理活期储蓄存款、整存整取定期储蓄存款、零存整取定期储蓄存款、存本取息定期储蓄存款等人民币储蓄业务。经外汇管理部门批准，可办理活期储蓄存款、整存整取定期储蓄存款等外币储蓄业务。办理外币储蓄业务，存款本金和利息应当用外币支付。经中国人民银行或其分支机构批准，储蓄机构可以办理下列金融业务：发售和兑付以居民个人为发行对象的国库券、金融债券、企业债券等有价证券；个人定期储蓄存款存单小额抵押贷款业务；其他金融业务。此外，还可以办理代发工资和代收房租、水电费等服务性业务。储蓄存款利率由中国人民银行拟订，经国务院批准后公布，或者由国务院授权中国人民银行制定、公布。储蓄机构必须挂牌公告储蓄存款利率，不得擅自变动。该条例自1993年3月1日起实行，1980年5月28日中国人民银行发布的《中国人民银行储蓄存款章程》同时废止。

17日 国务院发布《关于进一步加强证券市场宏观管理的通知》。该通知包括理顺和完善证券市场管理体制；严格规范证券发行上市程序；关于1993年的证券发行问题；进一步开放证券市场；抓紧证券市场的法制建设；研究制定证券市场发展战略和规划，加强证券市场基础建设；加强证券市场管理，保障证券市场健康发展八个部分内容。

该通知规定，证券委是国家对全国证券市场进行统一宏观管理的主管机构，证监会是证券委的监管执行机构。国务院有关部门和地方人民政府关于证券工作的职责分工是：国家计委根据证券委的计划建议进行综合平衡，编制证券计划；中国人民银行负责审批和归口管理证券机构，同时报证券委备案；财政部归口管理注册会计师和会计师事务所，对其从事与证券业有关的会计事务的资格由证监会审定；国家体改委负责拟订股份制试点的法规并组织协调有关试点工作；上海、深圳证券交易所由当地政府归口管理，由证监会实施监督，设立新的证券交易所必须由证券委审核，报国务院批准；现有企业的股份制试点，地方企业由省级或计划单列市人民政府授权的部门会同企业主管部门负责审批，中央企业由国家体改委会同企业主管部门负责审批。新建和在建项目的股份制试点审批办法另行下达。该通知规定，股票发行、上市的程序是：经过批准的股份制试点企业，经证监会认可的资产评估机构和会计师事务所进行资产评估和财务审核后，向企业所在地的省级或计划单列市人民政府提出公开发行上市股票的申请，地方企业由省级或计划单列市人民政府在国家下达给该地的规模内审批；中央企业由其主管部门商企业所在地的省级或计划单列市人民政府在国家下达给该部门的规模内审批；被批准的发行申请送证监会进行资格复审后，由上海、深圳证券交易所发行上市委员会审核批准，报证监会备案（同时抄报证券委），15日内无异议即可发行。何时上市，由证券交易所发行上市委员会确定。股票发行要借鉴境外成功经验。目前，可试行在每一个公司股票发行之前，无限量发售只收工本费的一次性认购表，在公证机关监督下公开抽签，中签后再交款购买股票的办法，或者试用国际上通用的其他办法。其他证券发行的管理职责分工如下：国债由财政部负责；金融机构债券、投资基金证券由中国人民银行负责审批；国家投资债券、国家投资公司债券由国家计委负责审批；中央企业债券由中国人民银行和国家计委负责审批；地方企业债券、地方投资公司债券由省级或计划单列市人民政府负责审批。

1993 年 4 月 3 日，根据《国务院关于进一步加强证券市场宏观管理的通知》的精神，中国人民银行下发通知，明确了在证券市场管理方面的各项职责：1. 负责审批和归口管理证券机构。各级人民银行应继续做好证券经营机构和证券中介服务机构的审批和管理工作。设立证券交易所改由国务院证券委审核报国务院批准。2. 负责审批金融机构债券、投资基金债券、信托受益证券，会同国家计委审批中央企业债券。3. 人民银行不再参与股票的管理。所有有关股票的发行、上市及证券交易所、上市公司的监管等工作，均交由当地政府或地方政府指定的部门管理。4. 地方企业债券、地方投资公司债券由省级或计划单列市人民政府负责审批。如果当地政府因尚未成立专门的机构，仍委托人民银行分行管理，各行应在国家下达的规模内，按照《地方企业债券管理暂行条例》等有关规定，严格掌握审批标准，做好审批和管理工作。如地方政府委托其他部门管理，各行要主动做好移交工作。5. 各级金融市场证券交易中心只能从事债券交易，不得从事股票交易和未经人民银行总行批准的投资基金证券的交易。

29 日　中国人民银行颁布《信用卡业务管理暂行办法》。该暂行办法规定：信用卡业务是指经人民银行批准，由中国境内银行（包括国内银行和境外银行在国内设立的分支行）经营的信用卡业务和代理境外信用卡业务。非金融企事业单位、境外银行驻华代表机构均不得办理信用卡业务和代理境外信用卡业务。凡要求开办信用卡业务的银行，除具备基本的人员与管理、基础设施之外，还必须向中国人民银行提出申请，经批准后，方可开办；其所属分、支行申请发行人民币信用卡，由该银行总行审核并报当地人民银行备案。境内银行与境外银行签订信用卡代理业务协议，应将其协议副本和有关资料报送中国人民银行备案。人民币信用卡备用金存款按照中国人民银行制定的活期存款利率计息。人民币信用卡透支额度，个人普通卡为 1 000 元，公司普通卡为 5 000 元；各银行另行制定标准的，应报中国人民银行备案。为了弥补因冒领、恶意透支等造成的呆账损失，各办理人民币信用卡业务的银行，可按信用卡交易总金额的 2‰提留呆账准备金。境内银行与境外银行签订信用卡代理协议，其利润分配比例等实质性条款按中国人民银行的统一规定执行。利润分配比例，按国内银行与境外银行分别占特约商户所交回扣的 37.5% 和 62.5% 执行。非金融企事业单位、境外银行驻华代表机构开办信用卡业务和代理境外信用卡业务的，责令其立即停业，没收其非法收入，并处以 1 000 ~ 10 000 元的罚款。该暂行办法自 1993 年 1 月 1 日起施行。

1993年

1月

1日 国家外汇管理局公布《银行外汇业务管理规定》和《非银行金融机构外汇业务管理规定》。两个文件明确规定，国家外汇管理局为银行和非银行金融机构外汇业务的监管机关，银行和非银行金融机构经营、停办外汇业务由国家外汇管理局审查和批准。两个规定分别就外汇资本金、营运资金、资本准备金、呆账准备金、外汇业务范围、银行和非银行金融机构内部对外汇业务的管理、外汇业务的财务和统计报表、外汇业务的检查和考评等作了具体规定，均自1993年7月1日起施行。1990年12月30日公布的《外汇指定银行外汇业务管理规定》和1987年10月1日公布的《非银行金融机构外汇管理办法》同时废止。

5～10日 全国经济体制改革会议召开。会议的主要议题是贯彻落实党的十四大精神，围绕建立社会主义市场经济体制，讨论和安排1993年的经济体制改革工作，总结交流各地改革开放的经验，并就今后经济体制改革的总体设想交换意见。会议要求要积极探索建立适应社会主义市场经济发展的宏观调控机制，建立和形成多层次的市场网络，探索期货交易所等新的市场组织形式，把市场建设的重点转向加快培育金融、劳动、技术、信息和房地产等要素市场，建立包括养老、待业等在内的社会体制。社会保险行政管理机构要统一，要实行政事分开的原则，政府的社会保障部门只管政策和法规，由专门的机构筹措和运用保险基金。保险基金的统筹权原则上应放到省和计划单列市。社会保险基金的筹措要由国家、企业和个人三方合理负担。在农村，养老保险主要以农民自主投保为主，不要强制交纳保险金。待业保险制度要建立起来，以利于企业引进竞争机制，优化劳动组合。

9日 上海浦东发展银行开业。上海浦东发展银行是1992年8月28日经中国人民银行批准设立的股份制商业银行，总部设在上海。注册资本金为10亿元人民币。

1999年9月23日，上海浦东发展银行向社会公众公开发行境内上市内资股（A股）4亿股，每股发行价为人民币10元，并于1999年11月10日上市交易。股票交易代码：600000。

12日 中国人民银行发布《关于执行〈储蓄管理条例〉的若干规定》。主要内容：国家保护个人合法储蓄存款的所有权不受侵犯，储蓄机构办理储蓄业务必须遵循“存款自愿、取款自由、存款有息、为储户保密”的原则；中国人民银行是我国储蓄事业的主管机关，负责全国的储蓄事业管理工作，未经人民银行批准，任何部门和个人不得开办储蓄业务；储蓄机构的设置要遵循统一规划、合理布局、方便群众、讲求实效、确保安全的原则；储蓄机构要以为储户提供优质服务为宗旨，不得使用不当手段吸收存款；储蓄的种类包括活期存款、定期存款、零存整取、存本取息等；储蓄存款利率由中国人民银行统一拟定报国务院批准后公布或由国务院授权中国人民银行制定公布，各储蓄机构必须严格执行，不得以任何形式自行变动；为了维护储户的利益，凡查询、冻结、扣划个人存款者必须按照法律、行政法规办理，任何单位不得擅自查询、冻结、扣划储户的存款；储蓄机构违反国家有关规定，侵犯储户合法权益造成损失的，储蓄机构应当依法承担赔偿责任。

△ 香港政府和中国银行集团（以下简称中银集团）宣布，中国银行将于1994年5月参与发行港元钞票，发行额为60亿元。目前，香港已有两家发钞银行：汇丰银行和渣打银行。中银集团是由中国银行总行领导的，香港和澳门中资银行组成的金融集团。在香港有300多家分支机构和250多部自动提款机，遍布港岛、九龙、新界，能够为香港公众提供提钞便利。

12～17日 全国银行分行行长、保险分公司总经理会议在北京召开。会议的主要任务是，深入学习和贯彻党的十四大精神，研究金融改革，部署1993年的金融工作。国务院总理李鹏在闭幕会上强调，要充分发挥银行对国民经济进行宏观调控的主要作用。银行是国家对国民经济实施宏观调控的重要手段。在社会主义市场还不够成熟、价格还没有理顺、一套完善的规章制度还没有建立起来的情况下，专业银行仍然是国家宏观调控手段。因此，商业银行仍要保持政策性与商业性的双重机制，但要逐渐减少政策性任务，逐步向商业银行过渡。银行要把住两个总闸门：一个是贷款发放的闸门，包括各种债券、各类股票和国外贷款。另一个是货币投放的闸门，总量一定要从严控制，不能突破。进一步加大金融改革开放的力度，建立适应社会主义市场经济的金融体制；建立和完善以中央银行为领导、以国有商业银行为主体、多种金融机构分工协作的金融组织体系；建立直接调控与间接调控相结合、逐步以间接调控为主的宏观调控体系；建立法律化、规范化、现代化的金融管理体系；进一步扩大金融对外开放，使金融业务逐步国际化。

朱镕基副总理在讲话中指出，要严格进行总量控制，从严进行宏观调控。金融是国民经济总量控制的最后一道关口，一开始就应该从严把关。银行不只是控制贷款规模，还要控制货币发行。固定资产投资规模一定要量力而行，认真考虑资金、外汇、原材料供应的可能。要深化金融改革，建立银行风险机制。专业银行是金融企业，应自主经营、自负盈亏，既要有激励机制，又要有承担风险的约束机制，不能把银行当做政府或部门的出纳和会计。要严格控制债券、股票的发行和新建金融机构。

李贵鲜行长在会上提出了1993年的改革任务：专业银行转换经营机制；进行贷款限额管理下的资产负债比例管理和资产风险管理试点；改进中央银行宏观调控手段，开办人民银行短期融资券的买卖业务；开始实行新的银行会计制度，推进商业汇票承兑、贴现业务；开展外汇同业拆借业务，扩大外汇调剂市场范围和交易品种；选择几个有条件的大中城市，进行组建城市合作银行的试点，并组建几家专业性的保险公司；改革和完善农副产品收购资金体制。

20日 国务院颁布《中华人民共和国国家货币出入境管理办法》。该办法规定：国家对货币出入境实行限额管理，中国公民和外国人出入中国国境，每人每次携带的人民币不得超出限额，具体限额由中国人民银行规定；不得擅自运输国家货币出入境，不得在邮件中夹带国家货币出入境，违者将追究有关人员的责任。该办法自1993年3月1日起施行，1951年3月6日中央人民政府政务院公布的《中华人民共和国禁止国家货币出入国境办法》同时废止。

2月5日，中国人民银行发布《关于国家货币出入境限额的公告》：自1993年3月1日起，中国公民、外国人出境每人每次携带的人民币限额为6 000元，在开放边民互市和小额贸易的地点，中国公民出入境和外国人入境携带人民币的限额可根据实际情况由人民银行省级分行会同海关确定，报人民银行总行和海关总署批准后实施。

2月

1日 财政部发布《金融保险企业财务制度》。该制度适用于国家专业银行、区域性银行、股份制银行、外资银行、中外合资银行及其他综合性银行；全国性保险企业、区域性保险企业、股份制保险企业、外资保险企业、中外合资保险企业及其他专业性保险企业；城市信用社、农村信用社、各类财务公司以及其他从事信托投资、租赁、证券交易等业务的专业性和综合性的各类非银行金融企业。包括总则、资本金和负债、固定资产、现金资产、放款、证券及投资、无形资产、递延资产及其他资产、成本、营业收入、利润及分配、外币业务、企业清算、财务报告及财务评价和附则共13章93条。

该制度规定：企业应当按规定筹集资本金。在企业的资本金中，银行固定资产净值所占的比重不得超过30%，保险及其他非银行金融企业固定资产净值所占的比重不得超过50%；企业的负债包括各项存款、借入资金、金融机构往来资金、各种应付款和预收款项等；现金资产包括库存现金、库存金银、存入中央银行的法定存款准备金和备付金、存放中央银行与同业的款项等；企业应按规定向中央银行缴存存款准备金和备付金；企业放款应当按照国家产业政策建立健全贷款的发放、项目管理和监督的控制制度，严格执行国家的利率政策，按期收回本金和利息，接受金融管理机关及有关部门的监督；企业根据国家有关财政、金融政策和法规，可以采用购买有价证券或者以现金、实物、无形资产向其他单位投资；企业的对外投资包括短期投资和长期投资，企业的对外投资不得挤占应上交国家的税金和利润；企业在业务经营过程中发生的与业务经营有关的支出，包括各项利息支出、赔款支出、各种准备金以及相关支出，按规定计入成本；企业的营业收入包括利息收入、保费收入和其他收入；企业的利润总额 = 营业利润 + 投资收益 + 营业外收入 - 营业支出，营业利润 = 营业收入 - 营业税及附加 - 成本 - 提转责任准备金差额；企业宣布终止时，应当成立清算机构，负责在清算期间制订清算方案，清理企业财产，编制资产负债表和财产清单，处理企业债权债务，向投资者收取已认缴而未缴的出资，清结纳税事宜以及处置企业的剩余财产；企业清算完毕后，清算机构应当提出清算报告，并编制清算收支报表，连同中国注册会计师验证报告，一并报送主管财务机关；企业应当定期向主管财政机关等政府部门以及其他与企业有关的报表使用者提供财务报告，包括财务报表和财务情况说明书；企业可根据本制度的规定结合企业情况制定具体实施办法。本制度自1993年7月1日起施行。

△　国家外汇管理局发布《关于适当放开金融机构代客户办理外汇买卖业务的通知》。该通知规定：为了维护居民利益，避免外汇风险造成损失，经国家外汇管理局批准有权经营自营或代客买卖外汇业务的金融机构，可以接受个人的委托，办理即期外汇买卖业务。外汇及外币现钞之间的兑换，按国家外汇管理局公布的各种外国货币对人民币现汇或现钞的官方外汇牌价的套算价格进行。金融机构办理此项业务，只能向客户个人收取买或卖金额的2.5‰的等值人民币手续费。企事业单位自有的外汇现汇，可委托有权经营外汇买卖业务的金融机构，办理即期或远期外汇买卖，以达到外汇保值的目的。经批准办理代客外汇买卖业务的金融机构，也可开办代客外汇资金管理业务，但必须在开办此项业务之前制定代客外汇资金管理业务的规章或办法，报外汇管理部门核备。

4月25日，国家外汇管理局决定，凡是有权经营自营或代客买卖外汇业务的金融机构，均可接受个人的委托，办理即期外汇买卖业务。按照国家外汇管理局的要求，参与外汇业务的个人必须持有外币。金融机构办理这项业务，只能向客户收取买卖金额的2.5‰的等值人民币手续费。国家外汇管理局同时还规定，经批准，企事业单位的自由现汇也可委托金融机构办理即期或远期外汇买卖。经批准办理代客买卖外汇业务的金融机构还可开办代客外汇资金管理业务。

8～15日　中国工商银行与以新加坡发展银行牵头的银团签订了1 500万美元的五年期可转让贷款协议。这是该行自1984年开办外汇业务以来首次向国际银团借贷。此笔贷款将用于支持本溪钢铁公司钢管厂、厦门5万门程控电话扩容项目和厦门电器控制设备厂等项目的技术改造。

9日　国务院办公厅转发《国务院清理三角债领导小组关于全国清理三角债工作情况报告》。国务院宣布：国务院清理“三角债”领导小组及其办公室的任务已经完成，予以撤销。该报告指出：1991年上半年，全国企业间的“三角债”达3 000亿元以上，严重影响着国民经济的正常运行。经过两年的努力，全国共注入清欠资金550亿元（银行贷款520亿元，地方和企业自筹35亿元），其中，注入固定资产清欠资金

427亿元，清理拖欠项目14 121个（基本建设项目5 420个，技术改造项目8 701个）。共清理拖欠款2 190亿元，取得了注入1元资金、清理4元拖欠的效果。

1992年1～11月，全国固定资产投资又形成新的拖欠68亿元。该报告建议：1. 要严格控制固定资产投资规模，严禁挪用流动资金贷款搞固定资产投资。2. 落实好清欠贷款回收计划，凡完不成年度还款计划的，不得安排新开工项目；银行有权根据清欠借款合同，于第二年从企业自有资金或项目投资中扣还。企业无力归还的，扣减企业所在省、自治区、直辖市和部门的固定资产投资计划指标。3. 1991年国家选定了1 000多户大中型骨干企业，在"八五"期间每年按企业销售收入的1%提取补充流动资金，建议扩大到有承受能力的大中型企业。对三项资金占用超过合理水平的企业，银行应当停止增加新贷款。4. 加快银行结算制度的改革，引导商业信用，使企业之间的信用行为合同化、票据化。

"三角债" "三角债"有广义和狭义之分，广义上的"三角债"是指若干企业之间在利用商业票据、延期付款等非现款交易方式采购商品或提供劳务的过程中，对到期的应付款项相互拖欠的现象。对于广义上的"三角债"，其产生既有企业正常商品结算的需要，也有企业信用观念淡薄进行恶意拖欠等原因。狭义上的"三角债"，通常特指我国20世纪80年代中后期、90年代早期，众多国有企业之间互相拖欠货款且规模巨大，从而严重影响企业的正常生产经营，进而阻碍国家经济发展的特定经济现象。

对于狭义上的"三角债"，其产生于特定的实行计划经济体制时期，主要原因和源头有：由于国家建设项目严重超预算，投资不足和自筹资金不落实，造成严重的固定资产投资缺口，形成对生产部门贷款和施工企业工程款的大量拖欠；企业亏损严重，挤占了企业的自有资金和银行贷款，加剧了相互拖欠；企业产品不适销对路或根本无销路，产品积压，产成品资金上升，形成了投入—产出—积压—拖欠—再投入—再产出—再积压—再拖欠的恶性循环；商品交易秩序紊乱，结算纪律松弛，信用观念淡薄，也加剧了"三角债"。从本质上来说，计划投资管理特征、财政管理体制、物资管理体制、金融管理体制、流通管理体制和企业管理体制中存在的与有计划的商品经济之间的不适应，是造成"三角债"现象的根本原因。从20世纪80年代中期起，"三角债"在我国愈演愈烈，严重影响国民经济的正常运行，引起了国家的高度重视，从1990年起，在全国范围内清理"三角债"成为国民经济的一个重点问题，国家采取了行政、经济等多种措施进行治理整顿，到1993年左右，全国范围内的"三角债"问题基本上得到了解决。

10日 中国人民银行发布《关于停止保险公司为地方政府代办保险业务的通知》。该通知指出，1981年以来，广东、福建两省的中国人民保险公司分公司为地方政府代办保险业务，对支持两省经济的发展起到了一定的促进作用。但是，随着全国经济体制改革的进一步深化，继续允许这种做法与我国现行的地方政府不准办理保险业务的政策不相符合，因此应立即停止。其他地区已经为地方政府代办的保险业务也应立即停止。通知要求开放保险市场，允许多家保险企业开展竞争。通知强调，要坚持自愿参加保险的原则，保险企业不得与地方政府或政府部门联合发文，强迫企业和个人参加保险。

11日 中国人民银行下发《关于进一步加强宏观金融调控的通知》。该通知指出，为了进一步加强宏观金融调控，严格控制信贷总量，强化固定资产贷款管理，规范信贷资金拆借行为，中国人民银行制定并下发了《关于进一步严格控制信贷总量的通知》、《关于进一步加强固定资产贷款管理的通知》和《关于进一步加强对同业拆借管理的通知》等三个文件。

《关于进一步严格控制信贷总量的通知》规定：对各金融机构的年度信贷规模继续实行指令性计划管理，未经批准不得突破；对各专业银行和其他金融机构的信贷规模继续实行按季度监控、按月考核的办法；本着"扶优限劣"的原则，进一步调整信贷结构，盘活资金存量；加强中央银行对金融机构贷款的管理，适时收放资金；各级人民银行要进一步加强对信贷计划执行情况的分析，积极做好对本地区经济、金融运行状况的预测和预报工作，并对其中的问题提出意见和建议。

《关于进一步加强固定资产贷款管理的通知》要求：从严控制固定资产贷款规模，固定资产投资规模作为国家计划不得突破；固定资产贷款要优先支持国家计划安排项目；经批准在流动资金科目下安排的具有固定资产投资性质的贷款，必须严格按照计划执行；各家银行要对房地产信贷业务进行一次清理和检查，房地产信贷必须严格按照规定办理；各家银行不得搞投资、入股，不能持有企业债券，严禁挪用流动资金和同业拆借资金搞固定资产贷款，不得用银行贷款垫补自筹资金缺口，不得用信贷资金从事房地产经营和股票的炒买炒卖活动；其他金融机构的固定资产贷款不得超过各项贷款余额的 20%；各金融机构要对固定资产贷款进行一次检查和清理。

《关于进一步加强对同业拆借管理的通知》在严格控制信贷总量规模、加强宏观金融调控、规范金融机构同业拆借行为的基础上，提出了制止和纠正金融机构用拆借资金进行固定资产贷款和投资、炒买炒卖房地产和股票、囤积有价证券、超过规定期限和数量拆入拆出资金等问题的解决和处理办法。该通知除了重申 1990 年《同业拆借管理试行办法》中的有关规定外，还提出以下要求：1. 金融机构用于拆出的资金只能限于缴足准备金、留足 5% 的备付金、归还人民银行到期贷款之后闲置的资金，严禁占用联行资金和人民银行贷款进行拆借。2. 严禁用拆入资金发放固定资产贷款，严禁用拆入资金进行固定资产投资、购买有价证券、经营或炒买炒卖房地产以及向企业投资参股。3. 专业银行、商业银行拆入资金余额不得超过其同期各项存款余额的 5%；城市信用社拆入资金余额与其自有资金的比例不得超过 2:1；其他金融机构拆入资金不得超过其自有资本金。4. 严禁金融机构以拆借名义给非金融机构及个人融资和贷款。5. 要求人民银行对金融机构发放贷款时，要把拆借情况作为审查的主要内容，对有拆出资金且期限在 1 个月以上者不得发放贷款。6. 专业银行跨系统的资金拆借一律通过人民银行牵头的资金市场。7. 对违反规定的拆出拆入单位给予处罚。

14 日 国务院发布《关于加快发展中西部地区乡镇企业的决定》。该决定在多渠道增加中西部地区乡镇企业的资金投入时指出：资金短缺是制约中西部地区乡镇企业发展的重要因素。为此，国家要给予必要的支持，同时必须进一步放开搞活农村金融，逐步建立、完善农村资金市场，发展横向经济联合，培植企业投资能力，广辟资金渠道，加大资金投入。从 1993 年到 2000 年，除了用好现有乡镇企业贷款存量和每年正常新增贷款外，再由中国人民银行每年在国家信贷计划中单独安排 50 亿元贷款，支持发展中西部地区乡镇企业。这项贷款由中国农业银行经营发放，重点用于中西部地区乡镇企业集中连片发展的地方，按项目投放资金。各专业银行和有关金融机构要把发展中西部乡镇企业作为资金投放的一个重点。农村信用社在支持农业稳定发展的基础上，积极增加乡镇企业信贷投放量。

15 日 国务院发布《关于加快粮食流通体制改革的通知》。该通知决定：争取在 2 ~ 3 年内全部放开粮食价格。为此，采取的措施有：保留粮食定购数量，价格随行就市；将化肥、柴油由实物奖售改为平议差价补贴，付给出售定购粮食的农民；各地在必要时应制定粮食收购的最低保护价或销售的最高限价，并相应承担财政责任；销售价格放开后，要继续保留城镇定量人口的粮食供应关系；对粮食主产区在政策上予以倾斜和扶持；省、地区之间的粮食贸易，要产销见面签订供销合同并严格履行，或通过批发市场交易。为了支持粮价改革，中央财政对各省、自治区、直辖市的粮食补贴保留 3 年，逐年减少。每年减少的财政补贴，转作中央粮食风险基金，不准挪作他用。

18 日 中国人民银行对中国银行关于实行限额控制下的外汇信贷资产负债比例管理问题作出批复。从 1993 年 1 月 1 日起，中国银行在全行系统试行限额控制下的外汇信贷资产负债比例管理。具体管理比例和控制目标为：外汇资本余额（包括实收外汇资本、外汇准备金、业务发展基金）与外汇资产余额的比例不低于 8%；各项外汇贷款余额与吸收各类外汇存款加外汇资本余额的比例最高不超过75%；自借国际商业借款（含出口信贷）和境外发行债券（不含地方、部门委托）的余额不超过外汇资本余额的200%，并逐步降低到100%；同业拆入短期资金余额与外汇存款加外汇资本余额的最高比例不超过20%；中长期外汇贷款余额（不含委托贷款）与各项外汇贷款余额的比例最高不超过60%；短期外汇贷款余额与各项外汇贷款余额的比例不低于40%；境外贷款、投资（含证券）、存放境外等资金运用余额与外汇资产余额的最高比例为40%。

△ 中国银行在日本东京与东京银行、第一劝业银行、富士银行等11家银行牵头组成的银团签署总额为3亿美元的银团贷款协议。这是1989年以来，我国对外筹借的最大一笔商业贷款。

20日 中国证券交易系统有限公司成立。同年3月8日，中国人民银行发布《中国证券交易系统有限公司章程》。该章程明确：中国证券交易系统有限公司（以下简称中证交公司）是利用电子计算机网络系统为证券市场提供证券报价、交易、清算、交割、托管等服务的非银行金融机构。中证交公司是全国性的金融企业，注册资本金为人民币3.5亿元，接受中国人民银行和国家证券业主管部门的领导、管理和监督，总部设在北京。中证交公司的业务范围是：审批证券在本公司的上市；提供证券集中交易的网络系统和设施，并管理证券在本公司的交易；为证券交易提供报价、清算、交割服务；提供有价证券托管服务；提供证券市场的投资咨询和信息服务；中国人民银行和其他部门许可或委托的其他业务。中证交公司设立董事会和监事会，实行董事会领导下的总经理负责制。

23日 财政部、中国证监会公布《关于从事证券业务的会计师事务所、注册会计师资格确认的规定》。该规定明确：财政部和中国证监会对从事证券业务的会计师事务所和注册会计师的执业资格进行审核确认，并对取得资格的会计师事务所和注册会计师在执行上述业务时进行监督。3月12日，财政部和中国证监会联合公布首批获准从事证券业务的45家会计师事务所的名单。今后凡公开发行股票的企业，必须聘请取得许可证的会计师事务所进行财务审计，同时企业有权自行选定会计师事务所，任何政府部门不得干预。

25日 大连商品交易所成立。11月18日，正式开始标准化期货合约交易，品种为黄大豆1号、豆粕、啤酒大麦。玉米和黄大豆2号是分别于2004年9月22日和12月22日正式挂牌交易的新品种。至2004年年底，大连商品交易所累计成交期货合约5.9亿张，累计成交额17.9万亿元。大连商品交易所目前已发展成世界第二大大豆期货市场。

2月 中国银行加入保理业务国际组织——国际保理商联合会（英文名称为Factors Chain International，缩写为FCI），成为中国第一家办理保理业务的银行。此后，中国工商银行、中国农业银行、中信实业银行、招商银行等中国多家商业银行相继加入了国际保理商联合会。国际保理商联合会成立于1968年，是目前国际上最大和最具影响力的国际保理组织，至2003年有会员160名。

3月

1日 经中国人民银行批准，由中国银行重新修订的外币存款甲、乙两种章程正式施行。甲种存款账户是针对国内中、外资企业开办的账户，乙种账户是对在中国的外国人、港澳台同胞及华侨开办的存款账户。《甲种外币存款章程》修订的主要内容：存款对象增加了“在中国境内保税区的中外企业、单位”、“经人民银行批准可经营外汇业务的金融机构”和“私营企业”；定期存款存期增设7天和1个月档次；存款品种除原有的一般定期存款和活期存款外，增加了通知存款和协定存款。《乙种外币存款章程》的主要修订内容：存款对象明确为外国人、外籍华人、华侨、港澳台同胞，起存金额由原来的人民币50元和20元等值外币提高到500元和

100 元等值外币；定期存款增设 1 个月档次。

3 日 中国人民银行发布《对金融机构贷款管理暂行办法》。该暂行办法包括总则、贷款对象及条件、贷款种类和期限、贷款的计划管理、贷款限额的管理、贷款的发放与收回、贷款的利率和贷款的检查与考核等共 9 章 30 条。主要内容：人民银行对金融机构发放贷款坚持“合理发放，确定期限，到期收回，周转使用”的原则；贷款的种类分为信用贷款和再贴现两种，期限分为 20 天、3 个月、5 个月和 1 年四个档次，再贴现一般不超过 6 个月；人民银行对金融机构贷款实行计划管理，对各省、自治区、直辖市、计划单列市分行的金融机构贷款实行“限额管理、余额监控”的办法，按月考核、定期检查，及时纠正发现的问题。调整后的贷款利率，20 天贷款的年利率由 7.20% 调到 6.84%，3 个月贷款的年利率由 7.20% 调到 7.02%，6 个月贷款年利率不变，1 年期贷款的年利率由 7.20% 调到 7.38%，再贴现按同档次利率下浮 5%。该办法适用于除有特殊规定以外的一切中央银行贷款，自 1993 年 4 月 1 日起执行。

5 ~ 7 日 中共十四届二中全会在北京举行。全会审议通过《关于调整“八五”计划若干指标的建议》。按调整后的“八五”计划，国民经济增长速度由原定的平均每年 6% 调高到 8% ~ 9%。

8 日 国务院批转国家体改委《关于一九九三年经济体制改革要点》。该要点提出，1993 年经济体制改革工作的主要任务是：以转换国有企业经营机制、转变政府经济管理职能为重点，围绕把企业推向市场这一中心环节，加快企业改革；以加快价格改革为契机，配套推进财税、金融和计划体制改革；大力发展市场体系，加快以改革进口管理体制为重点的外贸体制改革；全面推进社会保障制度和住房制度、土地使用制度改革；提高综合改革试点水平，切实做好新体制建设的基础性工作。

关于进一步推进金融体制改革，该要点提出：中央银行在改善贷款限额管理办法的同时，加强运用利率、准备金、再贷款、公开市场业务等经济手段，逐渐加大间接调控的分量，改善金融的宏观调控。首先在上海、广东、福建、海南、深圳 5 省市和交通银行系统进行贷款限额管理下的资产负债比例管理和资产风险管理的试点。开办中央银行短期融资券买卖业务，探索中央银行公开市场业务操作的办法。各专业银行对政策性贷款与商业性贷款实行分账管理的试点，根据这两类业务的账目、投向、数量、利息负担等制定相应的管理制度，在积极发展和规范银行同业拆借市场的同时，进一步开放证券市场，在国债发行中引进市场机制，开发投资基金证券、信托受益证券和国内外汇债券等新的债券品种。进一步搞活债券二级市场，创造条件允许单位持有的国债进入市场，推进金融债券的跨地区交易。有计划地增加股票上市公司的数量。积极发展外汇同业拆借业务，试办远期外汇交易，扩大外汇市场的调剂范围，逐步形成全国统一的外汇市场。

△ 中国人民银行发布《金融信托投资公司委托贷款业务规定》。该规定明确：委托贷款是信托公司作为受托人，按照委托人的意愿，以信托公司的名义发放的贷款；委托贷款的风险由委托人承担；委托资金的来源和用途必须符合国家政策的规定，期限在 3 个月以上；信托公司不得接受银行等金融机构的委托办理委托贷款业务；人民银行要加强对信托公司委托贷款业务的管理，对信托公司进行定期或不定期的检查或抽查。该规定自 1993 年 4 月 1 日起执行。

15 ~ 31 日 第八届全国人民代表大会第一次会议在北京举行。大会审议和通过了李鹏总理代表国务院作的《政府工作报告》。该报告指出：今后五年是实现我国现代化建设第二步战略目标的关键性五年。经济建设方面的基本任务是：全面贯彻党的十四大精神，抓住机遇，加快改革开放和现代化建设步伐，依靠优化结构、技术进步和改善管理，提高经济效益，努力保持社会供求总量基本平衡，使国民经济再上一个新的台阶。该报告指出：深化金融体制改革是建立市场经济体制的重要环节。中国人民银行的职责是调节货币供给和信贷资金总量，稳定币值，抑制通货膨胀。中国工商银行、中国农业银行、中国银行和中国人民建设银行等专业银行，现在还要保持政策性与商业性的双重性质，但要逐步向商业银行过渡。要成立政策性银行，从事专项贷款业务，并适当增加一些商业银行。认真办好保险公司、信托公司、财务公司、证券公司、租赁公司等金融机构。按照国际惯例和通行规则，改革银行和其他金融机构的业务制度与结算制度。积极推广通过金融机构转账的结算办法，减少现金流通。

16～23 日　全国农村信用合作社工作会议在厦门召开。会议审查了 1992 年农村信用社财务决算，部署了 1993 年信用社工作，讨论了《农村信用合作社股份合作制试点意见》、《关于加强农村信用社稽核工作的意见》、《中国农村信用合作投资基金会章程》等文件。

4 月 20 日，中国农业银行下发《关于加强农村信用合作社稽核工作的意见》。针对不重视稽核工作、稽核检查走过场、制度办法流于形式等问题，该意见提出：认清形势，提高认识，切实加强对农村信用社稽核工作的领导；围绕中心工作，突出稽核重点，联系金融宏观调控加强对信贷资产风险的稽核，努力实现扭亏增盈目标，重点检查农村信用社财务收支，重点加强对信贷、会计等基本制度的稽核，防范大案要案的发生，积极开展稽核调研，研究解决经营管理中的深层次问题，为宏观决策服务；坚持从农村信用社稽核工作的实际出发，注意改进稽核工作方法，有针对性地抓好重点单位和薄弱环节的稽核，实行“分层次稽核、逐级负责”的方法，加强有关业务部门的配合，共同搞好监督检查工作；健全机构，充实人员，提高稽核队伍素质，要配备专职稽核员，采取多种形式，稳定稽核队伍；建立、完善稽核工作制度，逐步实现稽核工作的规范化管理；实行稽核工作目标管理，完善激励、制约机制，调动稽核人员的工作积极性。

17 日　世界银行宣布，将向中国提供 1.5 亿美元的贷款，以提高天津市工业生产的效率和竞争力。贷款期限为 20 年，另有 5 年的宽限期。同时其附属机构国际开发协会将向中国提供 1 亿美元的贷款，帮助中国发展教育，贷款期限为 35 年。

28 日　中国人民银行发布《金融机构缴存外币存款准备金暂行规定》。该暂行规定明确：缴存外币存款准备金的金融机构，包括经国家外汇管理局批准经营外汇业务的银行、其他金融机构及设在我国境内经营外汇业务的外资、合资金融机构。缴存外币存款准备金的存款范围包括：个人外币储蓄存款，机关、团体、企业、事业单位及外国驻华机构的外币存款，发行外币信用卡的备用金存款，中国人民银行确定应缴纳外币存款准备金的其他外币存款。外币存款统一折算成美元计缴。外币存款准备金的缴存比例按缴存存款范围规定的各项外币存款平均余额的 5% 计缴。各金融机构不按照规定缴存外币存款准备金的，除如数补缴外，中国人民银行按日处以未缴金额 0.2‰的外汇罚款。该暂行规定从 1993 年 3 月 1 日起施行。

人民银行在下发该暂行规定的通知中要求：国家专业银行和商业银行要按规定从 1993 年第二季度起缴纳外币存款准备金。考虑到各有关金融机构外汇资金调拨、调整的过程，决定对缴存比例采取分步实施、逐步到位的办法：第一步，在 1994 年第四季度前按 3% 的比例缴存；第二步，从 1994 年第四季度开始按 5% 的比例缴存。外币存款准备金的计算以当季月平均余额乘以缴存比例，缴存外币存款准备金的存款范围包括个人外币储蓄，机关、团体、事业单位和外国驻华机构的外币存款，发行外币信用卡的备用金存款等。

4 月

1 日　国家外汇管理局公布《外汇调剂市场管理规定》。为了健全和发展外汇调剂市场，加速外汇资金的横向融通，加强外汇市场的宏观调控，该规定明确，外汇调剂中心是由国家外汇管理局领导和管理的经营外汇调剂业务的法定外汇交易机构，其职责是组织市场交易、监督买卖双方的交割与结算、提供交易信息和为交易服务等。各项留成外汇，外商投资企业的外汇，捐赠外汇等可在外汇调剂市场卖出；符合调剂市场用汇投向的用汇，可通过外汇调剂市场买入。调剂外汇的价格根据市场供求关系浮动。外汇调剂业务可以跨地区进行。严禁各地区、各单位在外汇调剂中心外私自买卖外汇。

3日 国务院办公厅转发国家体改委、国家经贸委、国务院证券委《关于立即制止发行内部职工股不规范做法的意见》。该意见指出，国家明确规定“不向社会公开发行股票的股份制企业内部职工持有的股份，采取记名股权证形式，不印制股票”，立即停止发行内部职工股的不规范做法，各地、各部门必须认真贯彻执行。

4日 国务院发布《关于禁止印制、发售、购买和使用各种代币购物券的通知》。该通知指出，党中央和国务院及其有关部门对禁止发放、使用各种代币购物券问题虽曾三令五申，但仍有一些单位拒不执行。有的商店发售代币购物券高达亿元以上，用代币购物券购买商品的金额已占销售总额的1/3以上；有的代币购物券已从短期发放使用，发展为长期发放使用，从指定到一个商场购买商品，发展到可以到许多商场购买商品。购买代币购物券的单位，有国有企业、集体企业、中外合资企业、私营企业及个人，也有个别机关和事业单位。有些单位购买的代币购物券高达十几万元以上，有的地方已由企业行为发展成为社会现象。该通知要求，立即停止印制、发售和购买各种代币购物券。商业企业不准采取发售代币购物券的方式扩大商品销售，各单位不准到商业企业购买代币购物券发给职工或送礼，个人不准收受代币购物券。对已经发放、使用的各种代币购物券，限期在4月底以前使用，过期一律作废。各级人民政府要立即对发售、购买各种代币购物券的单位进行一次检查。今后再有发售、购买代币购物券的情况，除对发售、购买、使用及印制单位进行处罚外，要依法追究有关单位领导和责任者的责任，并公开通报批评。

11日 国务院下发《关于坚决制止乱集资和加强债券发行管理的通知》。针对许多地区、部门以及企事业单位违反国家有关规定，擅自利用发行债券等各种方式进行集资并进一步蔓延的状况，该通知规定：1. 任何地区、部门、企事业单位和个人，一律不得在国务院有关规定之外，以各种名义乱集资；对已搞的高利集资，要分别不同情况，予以妥善处理。2. 严格控制各项债券的年度发行规模，未经国家计委和国务院证券委同意，不得擅自突破规模，计划内的各项指标不得随意调整。3. 尽快明确地区债券发行审批的管理部门，地方政府不得发行和变相发行地方政府债券；企业发行债券要公布相关信息，用于固定资产投资的要纳入固定资产投资规模；要加强债券的评级工作。4. 严格执行国家规定的有关利率政策，公司、企业债券及其他任何形式集资的利率都不得高于同期国库券的利率。5. 优先保证国库券和用于国家重点建设债券的发行。6. 各有关部门要积极配合，加强对债券发行和集资活动的宏观调控，审计部门要协助做好债券发行和集资活动的审计。7. 对违反国家有关规定，擅自突破国家下达的债券发行计划、擅自设立或批准发行计划外券种、发行或变相发行地方政府债券和以高于国库券利率进行各种形式集资的，主管部门要予以通报批评；对情节严重者，要追究主要领导和直接责任者的责任，同时，核减该地方或部门当年或下一年度的证券发行规模。

12日 国务院发布《国有企业职工待业保险规定》。该规定明确，企业按照职工工资总额的0.6%缴纳待业保险费。企业缴纳的待业保险费在缴纳所得税前列支，由企业的开户银行按月代为扣缴。企业缴纳的待业保险费转入所在地的待业保险机构在银行开设的“待业保险基金专户”，专项存储，专款专用，任何部门、单位和个人不得挪用。符合规定的待业职工，向企业所在地的待业保险机构办理待业登记后，可领取待业救济金。待业职工待业前在企业连续工作1年以上不足5年的，领取待业救济金的期限最长为12个月；待业职工待业前在企业连续工作5年以上的，领取待业救济金最长为24个月。待业救济金由待业保险机构按月发放。待业救济金的发放标准为相当于当地民政部门规定的社会救济金额的120%～150%。该规定自1993年5月1日起施行。

15日 国家外汇管理局发布《关于金融机构办理自营外汇买卖业务的管理规定》。该管理规定明确：自营外汇买卖系指金融机构以其自有和自筹的外汇资金在国际金融市场上自行买卖外汇的经营活动。金融机构办理自营外汇买卖业务须报国家外汇管理局审核批准，具有不少于2 000万美元的等值外汇资本金或外汇营运资金。金融机构办理自营外汇买卖业务须按规定的要求建立健全内部管理规章制度，并报国家外汇管理局核备。银行分支行办理自营或代客外汇买卖业务一律通过其总行对外办理交易，未经批准不得擅自对外直接交易。金融机构办理自营外汇买卖业务，每天交易总量（敞口总头寸）不得超过其外汇资本金或外汇营运资金的20%；保留隔夜敞口头寸的最高余额不得超过其自有外汇资金或外汇营运资金的1%；当年累计亏损额不得超过其自有外汇资金或外汇营运资金的1%，达到1%时，须立即向国家外汇管理局报告，并暂停办理此项业务，未经国家外汇管理局核准，当年不得重新经营此项业务。未获准办理自营外汇买卖业务的金融机构，其自有和自筹外汇资金为避免外汇风险进行货币结构调整，可委托其他经批准办理代客外汇买卖业务的金融机构办理。非金融机构（外资、合资企业除外）不得自行办理外汇买卖业务，如有外汇资金保值需要，可委托经批准办理代客外汇买卖业务的金融机构办理。金融机构违反本规定办理自营外汇买卖业务，国家外汇管理局将视情节给予警告、通报批评、处以10 000～50 000元人民币的罚款、暂停其办理此项业务的处罚，并可没收其非法经营所得。

21日 国家外汇管理局发布《关于加强外汇（期货）交易管理的通知》。该通知重申：外汇（期货）交易属外汇金融业务。外汇（期货）交易机构只能由中国人民银行设立，经营外汇（期货）业务必须经国家外汇管理局批准，并凭批件到工商管理部门注册登记，其他任何部门均无权批准设立。非金融机构和未经国家外汇管理局批准经营外汇业务的金融机构不得擅自代客办理外汇（期货）交易、充当外汇（期货）交易的中介人（经纪人或经纪公司）。该通知下发以前，各地设立的外汇（期货）交易机构要立即停止办理外汇（期货）交易并限期进行登记和资格审查。目前情况下，对私办理外汇（期货）交易仅限于在广州市、深圳市金融机构进行试点。其他地区的任何机构一律不得办理。企业和个人的外汇（期货）交易必须是现汇交易，严禁以人民币资金为抵押办理外汇（期货）交易，严禁买空卖空的投机行为。

22日 国务院发布《股票发行与交易管理暂行条例》。该暂行条例包括总则、股票的发行、股票的交易、上市公司的收购、保管清算和过户、上市公司的信息披露、调查和处罚、争议的仲裁和附则共9章84条。主要规定，国务院证券委是全国证券市场的主管机构，依法对证券市场进行统一管理；中国证监会是证券委的监督管理执行机构，依法对证券发行与交易进行管理和监督；设立股份公司发行股票的条件：符合国家产业政策，发行的普通股同股同权，发起人认购的股本不得少于股本总额的35%或人民币3 000万元，向社会公众发行的股本总额不少于股本总额的25%，其中公司职工认购不得超过向社会公众发行总额的10%，发起人在近三年内没有重大违法行为等；股票在证券交易所交易须经国务院证券委批准；上市公司应当按照要求披露相关信息并对其真实性负责；不得进行证券指数期货交易；任何金融机构不得为股票交易提供贷款；任何个人不得持有上市公司5%以上的普通股；任何法人直接或间接持有一个上市公司的普通股5%时应当在3个工作日向该公司、证券交易所和证监会作出书面报告并公告；股票发行采取记名式，并由证监会指定的机构保管；证券清算机构应当根据方便、安全、公平的原则制定业务规则；上市公司应当定期与不定期披露公司财务报告、经营成果分析、公司变动事项等信息；证券委、证监会有权对违反规定的公司和个人进行调查并进行相应的处罚等。

24日 中国人民银行、中国工商银行、中国农业银行、中国银行、中国人民建设银行联合发布《关于停产整顿、被兼并、解散和破产企业贷款停减缓利息处理问题的通知》。该通知要求各地有关银行应积极配合有关部门，做好停产整顿、兼并、解散以及破产企业的财产、物资、贷款和债权债务的清理、交接和处理工作；对停产整顿的企业在经银行批准后可以缓交流动资金贷款利息；对被兼并企业的贷款利息可视不同情况采取由兼并企业负担、挂账、停息、减息等办法处理；对被解散的企业必须落实银行相关的债务。

27日 国务院办公厅发布《关于对少数地方和单位违反国家规定集资问题的通报》。新疆宏源信托投资股份有限公司公开向社会募集3 125万个人股，并向社会发售认购证，引起群众上街排队抢购以及炒买炒卖认购证；山东省济南创建实业公司违反有关规定，擅自向社会公开发行变相股票"'不夜城'主体大厦建筑产权"；福建省中联产业投资综合开发有限公司，未经证券主管部门批准，伪造资信、蒙骗投资大众，擅自向社会发行"环球金融大楼5年对本持产权合同"，年均收益率达26.67%；上海市计委以高于国库券0.5个百分点的利率发行；河北物产企业（集团）公司委托中国人民建设银行石家庄第二办事处及所属储蓄所发售企业债券3 000万元，债券期限为3年，年利率为12.3%。对上述地区和单位违反有关规定的集资行为，国务院决定通报批评并分别给予暂不批准公开发行股票、清退非法所获资金、没收其代理收入等不同处理。

△ 国家工商行政管理局发布《期货经纪公司登记管理暂行办法》。该暂行办法规定：设立期货经纪公司的注册资金须在1 000万元人民币以上；要有合格的通讯设施；专职的期货经纪人不得少于20人。期货经纪公司在登记注册后60日内向登记主管机关指定的金融机构缴存营业保证金，其数额不低于注册资金总额的25%。期货经纪公司的登记主管机关为国家工商行政管理局。禁止期货经纪公司从事下列行为：私下串通，垄断市场；进行私下对冲；制造、散布虚假的或容易令人误解的信息进行误导；伪造、涂改、买卖各种交易凭证和文件；挪用客户保证金；雇用非经纪人与客户接洽、商谈委托进行期货买卖事宜或代其进行期货买卖；约定与客户分享利益或承担风险；其他违反法律、法规的行为。

28日 NET系统（英文译名：National Electronic Trading System，缩写NETS或简称NET系统）投入运行。NET系统由中国证券交易系统有限公司开发设计，系统中心设在北京，利用覆盖全国100多个城市的卫星数据通讯网络连接起来的计算机网络系统，为证券市场提供证券的集中交易及报价、清算、交割、登记、托管、咨询等服务。在NET系统进行交易的有"中兴实业"、"东方实业"、"建北集团"、"广州电力"、"湛江供销"、"广东广建"和"南海发展"等7只股票。至此，全国形成了上海、深圳两个证券交易所和STAQ（1990年12月5日运行）、NET两个计算机网络构成的"两所两网"的证券交易市场格局。1998年，由于地区证券柜台交易泛滥，国家决定整顿场外非法交易市场，STAQ系统和NET系统也在其中。1999年9月9日，STAQ系统与NET系统暂停交易。至2001年5月25日，根据中国证监会的意见，中国证券业协会决定，选择部分证券公司试点开展原STAQ、NET系统流通股转让业务。

5月

1日 国务院决定：从即日起，商品零售营业税税率由3%提高到5%，继续执行国有粮食企业按国家平价零售粮食、食油免税的规定和农业生产资料免征营业税的政策。

5日 国务院发布《关于进一步加强彩票市场管理的通知》。针对1992年下半年以来，少数地方彩票市场混乱现象有所加剧的问题，该通知规定：彩票发行批准权集中在国务院，任何地方或部门均无权批准发行彩票。凡未经国务院批准，由地方或部门批准发行的各类彩票一律停止发行，并进行清理。企事业单位或私营企业、个体工商户一律不得发行、经营彩票或变相彩票。

7日 中国人民银行下发《关于发行中国人民银行融资券的通知》。该通知指出：发行融资券是中国人民银行加强金融宏观调控，探索中央银行由直接调控向间接调控转变的一种尝试，融资券的发行总量由中国人民银行总行根据宏观金融调控的需要和各地货币供应量的增长情况决定，各地不得自行发行地方融资券；融资券采取浮动利率，委托资金市场发行第一期融资券的手续费，暂按3个月期0.03%、5个月期0.04%、9个月期0.05%计付。

随该通知同时下发的还有《中国人民银行融资券管理暂行办法》。

中国人民银行融资券 中国人民银行融资券是以中国人民银行为发行人、面额固定、期限固定、到期由中国人民银行还本付息的记名方式的有价证券。融资券面额为10万元、50万元、100万元、500万元4种，期限为3个月、6个月、9个月。融资券利率采取浮动利率，由中国人民银行确定。融资券发售对象为国内持有中国人民银行颁发的经营金融业务许可证的金融机构。融资券认购方式为自愿认购和计划配购两种。自愿认购的融资券由中国人民银行总行委托资金市场发售；计划配购的融资券由中国人民银行省、自治区、直辖市、计划单列市分行发售。融资券发售时，中国人民银行可以与发售对象签订回购协议。融资券可以在金融机构之间转让。禁止非金融机构和个人持有融资券。持券人可以将融资券作为向中国人民银行借款的抵押品，但不得以此向中国人民银行贴现。发售融资券筹措的资金由中国人民银行总行统一管理。必要时，可通过资金市场融通使用。

12日 财政部、中国人民银行、中国农业银行、中国工商银行联合发出《关于做好乡（镇）国库工作的通知》，同时公布了《乡（镇）国库管理办法（暂行）》。截至1992年年底，全国已经建立乡（镇）国库9 738个，占乡（镇）财政所总数的21%。随着农村经济体制改革的不断深化，完善乡（镇）财政的配套建设势在必行。为此，该通知要求：1. 各地设乡（镇）国库要坚持积极稳妥的原则，因地制宜，实事求是，有计划、有步骤地进行。已推开的地区，要把工作重点转移到加强管理上来；扩大试点地区，要在深入调查研究总结经验的基础上，逐步推行；尚未试点的地区，应选择条件较好的乡（镇）先行试点，取得经验后再逐步推开。2. 乡（镇）国库是办理国家预算收支的基层，各地要切实加强管理。3. 乡（镇）国库点多、面广，各地人民银行要重视县支库工作，尽快建立国库股。4. 要适当合理解决专业银行代办乡（镇）国库所需的业务经费问题。5. 各地财政、银行、税务机关要积极配合，密切协作，共同做好这项工作。

15日 中国人民银行决定从即日起调整存贷款利率。人民银行在同日发布的《关于调整存贷款利率的通知》中规定：各项存款利率平均上调1.19个百分点；各项贷款利率平均上调0.82个百分点。其中，活期存款年利率由1.8%提高到2.16%，定期存款年利率平均上调2.18个百分点。同时，银行贷款利率也作相应调整，一年期流动资金贷款年利率由8.64%上调为9.36%。这是时隔两年后首次调整利率。

为了贯彻国务院关于国债优先的原则，保护国库券购买者的利益，财政部于同日发出公告，决定在银行利率调高以后，将1993年三年期国库券的票面利率由10%调高到12.52%，五年期国库券的票面利率由11%调高到14.06%。公告发布前发行的1993年国库券的利率也按新公布的利率计算。

19日 中国人民银行下发《关于立即制止不规范发行投资基金和信托受益债券做法的紧急通知》。该通知要求对1993年4月以前未经批准擅自发行的投资基金、信托受益债券以及擅自设立的投资基金管理公司，进行一次清理。为了加强统一管理，投资基金证券、信托受益债券的发行和上市以及投资基金公司的设立，一律由人民银行省（市）一级分行审查，报总行批准。未经总行批准，任何部门一律不得越权审批。

21日 中国人民银行发布《商业汇票办法》。该办法规定，商业汇票按承兑人的不同，分为商业承兑汇票和银行承兑汇票；签发商业汇票必须以合法的商业交易为基础，严禁利用商业汇票拆借资金、抵押贷款和套取银行结算资金；商业汇票一律记名并允许背书；商业汇票的承兑期最长不得超过6个月；银行承兑汇票要按照双方约定签发；银行承兑汇票的承兑银行必须参加全国联行或省辖联行、内部管理完善制度健全、具有到期履行支付票款的能力；非银行金融机构不能办理银行承兑汇票的承兑；商业汇票和银行承兑汇票必须由中国人民银行统一印制，伪造、变造商业汇票和银行承兑汇票进行违法活动构成犯罪的，由司法机关追究刑事责任。

28日 郑州商品交易所推出小麦等品种的标准化期货合约交易。首日上市交易的有小麦、玉米、大豆、绿豆、芝麻五个品种，当天成交标准化合约1 854张，成交金额1 434万元。郑州商品交易所创建于1990年10月12日，是我国第一家试点期货市场。标准化期货合约交易的推出，使郑州市场顺利实现由中远期合同向期货交易迈进的规划，中国期货市场也进入了实质性试点运作阶段。

29日 中国人民银行、中国工商银行、中国农业银行、中国银行联合下发《主要农副产品购销资金专户管理实施办法》。为了做好夏季农副产品收购资金的供应和管理管理工作，防止"打白条"现象的发生，该办法规定：农副产品收购企业只能在一家专业银行开户，开设农副产品购销存款专户、贷款专户等；专业银行必须在人民银行设立专户，设立农副产品收购存款专户和农副产品收购贷款专户；农副产品收购资金实行"计划单列、多方筹措"的原则，贷款规模由人民银行在信贷计划中单列，资金来源包括：企业收购资金、财政应拨补款项、专业银行筹措的资金和人民银行提供的收购资金；农副产品购销资金的结算要加盖专用戳记，资金进入专款专户；严肃农副产品收购资金管理纪律，资金要专款专用，及时到位，违规者要追究当事人责任；该办法自1993年6月1日起执行。

5月19日，国内贸易部、财政部、中国人民银行联合召开了全国夏季粮油收购和资金安排电话会议。国务院副总理李岚清在会上指出，夏季粮油收购工作绝不能出现政策不兑现的情况。他要求银行对收购资金要专户立账，实行"体内循环"，不仅要确保收购资金供应，还要做好粮食调销过程中的资金供应配套，保证农民卖粮时能兑付现金，不得挤占挪用。一定要消灭开"白条"现象。

△ 中国人民银行下发《关于加强会计结算管理 保障银行资金安全的通知》。该通知指出，近年来，一些犯罪分子把银行作为作案的主要目标，通过银行的会计、结算环节诈骗、盗窃资金。有的伪造、变造票据和印章；有的签发空头银行汇票，办理空头汇款；有的承兑没有商品交易或空白的银行承兑汇票；有的伪造、涂改、自制会计凭证，做假账；有的偷改计算机操作程序软件，造成了国家财产的重大损失，损害了银行的信誉。这些案件主要是银行内部人员或内外人员勾结所为，反映出一些银行还存在基础工作薄弱、内部管理不善、有章不循、违章操作等问题。

为了切实防止案件的发生，该通知要求：1. 提高认识，加强领导，将"两防一保"（防诈骗，防盗窃，保障银行资金安全）工作落到实处。2. 强化内部管理，加强会计、结算基础工作，要建立会计、结算操作规程和岗位责任制，加强会计科目管理，建立一支适应新形势要求的过硬的会计结算队伍；3. 防止和纠正违章操作，严格执行规章制度，严禁违章承兑、贴现商业汇票，严禁签发空头银行汇票和办理空头汇款，加强对银行汇票兑付和汇款解付的审查，坚持换人复核和银企对账制度，严格印、押、证管理，切实加强银行电报汇款的管理；4. 完善制度，堵塞漏洞，进一步修订完善《商业汇票办法》，签发银行汇票采用机器加编密押，同城各行间相互代收的款项应由代收行在收入凭证上加盖业务公章，并制定计算机记账的会计管理制度；5. 实行奖罚制度，严格把关，堵住诈骗、盗窃漏洞，有功的给予重奖，失职的要追究应承担的责任，违法的要送司法机关处理。

6月

1日 中国人民银行决定从即日起调整联行

利率。人民银行在《关于调整人民银行联行利率的通知》中规定：人民银行内部联行往来资金中的头寸、借用资金利率由原来的年利率6.66%调整为8.1%；人民银行上海、深圳分行在总行的存款准备金和备付金利率，由原来的年利率6.192%调整为7.92%，向总行的贷款利率，由原年利率6.48%调整为8.01%。

9日 国家外汇管理局发布《外汇期货业务管理试行办法》。该试行办法包括总则、外汇期货交易业务的审批、外汇期货业务管理和附则共4章28条。主要规定：办理外汇期货交易的机构必须是经国家外汇管理局核准的具有经营代客外汇买卖业务的金融机构，或由金融机构合资设立的外汇期货经纪公司。外汇期货交易的对象为外商独资企业、国内私营企业及境内居民。国有企业、集体所有制企业和中外合资经营企业只能从事在现货市场上某一笔交易的基础上的以套期保值为目的的“对冲交易”。办理外汇期货交易的外汇来源为企业的自有外汇及居民的个人外汇。外汇期货交易的币别为英镑、马克、日元、瑞士法郎、美元、港元。国家外汇管理局是外汇期货业务的监管机关，负责外汇期货业务的审批、终止、管理、指导、协调、监督和检查。申请经营外汇期货业务的金融机构或外汇期货经纪公司须具有不少于700万美元或其他等值货币的外汇现汇实收资本金或营运资金，并须在与境外经纪行签订合约后提交300万美元或其他等值外币的保证金存入外汇局指定的账户，非经批准不得动用。经营外汇期货业务的机构只能办理代客外汇期货买卖，不得办理自营外汇期货买卖。经营外汇期货业务的机构只能收取客户的外汇现汇或现钞作为保证金，不得收取人民币作为保证金，保证金金额不得低于实际交易金额的30%。收取客户的手续费只能收取人民币。违反上述有关规定者，国家外汇管理局将视情节轻重，分别予以警告、罚款、没收非法所得。对严重违规者，国家外汇管理局将勒令其停业，并限在一个月内清理所有的债权、债务关系。对违反操作规程、构成诈骗性质的经营外汇期货业务的机构，依据情节交由司法部门追究其法律责任。

11日 中国人民建设银行上海分行与上海宝山钢铁总厂（以下简称宝钢）就加强宝钢三期工程建设资金方面的合作等事项举行银企业务合作协议签字仪式。这一举动标志着宝钢建设将由国家投资改为企业自筹资金。宝钢决定委托人民建设银行上海分行为三期工程筹措全额外汇资金，全面负责为宝钢三期工程争取出口信贷、商业贷款及其他融资方式的一切工作，并且利用各种金融工具，帮助宝钢合理使用外汇资金，防范风险；在宝钢三期工程建设过程中如发生因“时间差”原因出现人民币资金缺口或外汇资金暂不到位的困难，人民建设银行将予以支持协助。经国家同意为宝钢三期工程发行的融资券、筹资证券，将委托人民建设银行上海分行代理发行。

12日 国务院发布《关于集中资金保证当前经济工作重点需要的通知》。该通知要求集中资金保证当前经济工作的重点需要。资金的分配和运用必须突出重点：1. 要坚决保证农业生产和农副产品收购的资金需要，确保1993年农副产品收购不打“白条”。2. 要保证国有重点企业正常生产和流通的需要。工商流动资金贷款，要按照“区别对待，扶优限劣”的原则和调整结构的要求，积极筹措资金，支持国有重点企业（包括外贸企业）生产和流通的需要。3. 保证国家重点建设项目（包括基本建设和技术改造）资金及时到位。

8月6日，国务院又批转了《中国人民银行关于集中信贷资金保证当前经济发展重点需要的意见》。为了解决当前资金紧张问题，该意见提出：清理违章拆借的重点要放在收回用于搞房地产和股票交易的拆借资金，收回对银行自办公司的贷款和拆借。对于绕过贷款规模，用于企业正常流动资金、技术改造和重点建设的拆借资金，也要一律收回。专业银行分行在贷款规模、信贷资金上确有困难的，要及时向专业银行总行反映，专业银行总行要及时研究，调度解决；专业银行总行确有实际困难的，由人民银行总行统筹安排，酌情予以支持。各专业银行下半年筹集的资金要全部用于满足国家重点资金需要，资金有余，再安排其他贷款。对于违反国家规定乱集资或把贷款用于搞房地产和股票交易的企业，对被主管部门抽走资金或向其他企业和非银行金融机构转移资金的企业，要限期纠正，否则停止贷款。对于持有超过100万美元外汇额度的企业，有关专业银行和外汇局要进行审查，凡没有完成无偿上交和有偿上交国家外汇任务，超过正常需要囤积外汇额度或不按规定结汇的企业，要管紧、管严人民币贷款，对这些企业发放贷款要与生产、销售同步。要加强用汇的跟踪检查，凡在调剂市场上调入的外汇，3个月内不用的，一律由中央银行收购，不允许在外汇调剂市场上进行炒买炒卖外汇的投机活动。

16日 中国人民银行下发《关于进一步整顿和规范同业资金拆借秩序的通知》。该通知指出，近几年来，随着改革的深化，我国金融机构间的同业资金拆借有了较大的发展。但是从1992年以来，资金拆借市场秩序出现混乱，不少金融机构违反金融法规，利用资金拆借渠道逃避信贷规模控制和管理，大量转移资金去炒房地产、炒股票、办公司，或用于地方财政开支搞开发区、上新项目，扩张固定资产投资规模，变短期资金为长期资金，延长拆借期限，收取手续费、好处费，提高拆借资金利率，进行拆借利率大战等。同业资金拆借市场秩序混乱的局面已经严重影响和危害整个金融事业的健康发展，到了非整顿不可的地步。如果任其发展下去，将会对金融稳定、经济发展造成严重的不良后果。根据党中央、国务院的指示精神，人民银行决定，从即日起，以整顿、规范同业资金拆借为突破口，将整顿金融秩序的工作引向深入。

整顿工作从6月开始，整顿的对象是国内各类金融机构，重点是人民银行、工商银行、农业银行、中国银行、人民建设银行、交通银行和所有商业银行；整顿的内容是以中国人民银行制定的金融法规为依据，全面检查、清理同业资金拆借业务和有关信贷业务；整顿的方法是以自查为主，自查和检查相结合，在全面自查的基础上进行稽核检查，边检查边处理，检查与处理相结合，查处与防范相结合，在查处的同时，制定相应的法规制度，规范拆借行为，堵塞漏洞；整顿与改革相结合，通过整顿解决存在的问题，通过改革建立长远的制约机制和风险责任机制。

该通知提出，为了从根本上纠正资金拆借秩序混乱的局面，必须建立全国统一、有序、高效、公平竞争的资金拆借市场体系，决定在人民银行总行设立资金融通中心，在省、自治区、直辖市和计划单列市各成立一家由人民银行牵头的资金融通中心，允许各省、自治区、直辖市和计划单列市专业银行保留一家经批准设立的资金拆借中介机构负责本地区系统内的资金融通，除上述机构以外设立的有形资金拆借市场在1993年8月15日前一律撤销，各专业银行跨系统的资金拆借市场和非银行金融机构的拆借一律通过人民银行牵头的资金融通中心办理，严禁金融机构向非金融机构拆出拆入资金。按照资金合理流动划分资金拆借层次，建立自我约束机制，按照自身的资金可能和清偿能力控制拆借总量；严格控制资金拆借的期限和利率，资金拆借以日拆为主，任何拆借最长不得超过1个月，一般不得展期，特殊情况只能一次性展期7天；资金拆借市场在办理拆借中介业务时，不能同时加收利差和手续费，加收利差最高不得超过拆入利率的0.3%，收取的手续费每笔不得超过同期拆借利差水平；在控制贷款规模的同时，控制货币供应量，实行收回拆借资金与人民银行贷款挂钩的办法。该通知要求从6月开始，对非银行金融机构的再贷款要经过人民银行总行批准，已放出的对非银行金融机构的再贷款要进行清收，8月15日以前要压缩收回5月末余额的50%。

△ 中国人民银行颁发《邮政汇兑资金清算办法》。该办法规定：各级邮电局分别在各级人民银行开立邮政汇兑资金往来账户，省区市局的账户只能办理省际之间和省与市、县之间的邮政汇兑资金清算，不能办理支取现金，县市局的账户只能办理汇兑资金的存、取和上下级之间汇兑资金的清算；开户的邮电局所应根据汇兑业务需要，编制邮政汇兑资金收支计划，除周转金外的资金余额应及时送存开户银行；县市局的汇兑资金余额应每10日上划一次，于旬后一日内上划省区市局，省际之间的兑付汇票每10日清算一次；人民银行对邮政汇兑资金往来账户分别计付利息，借方按金融机构贷款最低档次利率计

付，贷方余额按金融机构在人民银行备付金存款利率计付；人民银行有权对邮政汇兑资金情况进行检查，对违规者进行处罚。该办法在邮政汇兑资金银行账户的开立和使用、邮政汇兑资金收支计划的编制和现金存取、邮政汇兑资金的清算、邮政汇兑资金的计息和结算收费、报表的编制、违反规定的处罚等方面作出了规定，自1993年7月1日起施行。

中国人民银行在同时发布的通知中指出，随着经济、金融体制改革的深入和社会主义市场经济的发展，邮政汇兑业务大量增加，原有的邮政汇兑资金清算办法已经不能适应需要，出现了邮政汇款兑付难，影响了人民群众的生活，损害了银行和邮电部门的信誉，因此，制定新的办法势在必行。

△　中国农业银行就衡水中心支行备用信用证诈骗案发表声明。声明指出：最近发现一批以中国农业银行衡水中心支行“国际业务部”的名义开出、由赵金荣、刘淑红签字的备用信用证（1101至1200号，每份金额2 500万美元；2101至2150号每份金额5 000万美元；3101至3150号，每份金额1亿美元），开证日期均为1993年4月1日，期限为1年，申请人为亚联公司（United Asia（Group）Corporation），收益人为莎午德公司（Sherwood Investments（Bahamas）Ltd.）。对此，中国农业银行郑重声明，上述备用信用证系国内不法分子采取诈骗手段，非法使用中国农业银行衡水中心支行根本就不存在的“国际业务部”名义开出的，所以，该全部信用证自开出之日起就是无效的。对利用上述信用证进行的一切交易活动及其产生的后果，中国农业银行一概不承担任何责任和义务。

1993年2～4月，在美国纽约注册的亚联公司总裁梅直芳和李卓明（均为美籍华人），与中国农业银行衡水中心支行行长赵金荣违法签署了有关的协议书和承诺书等文件。3月，梅直芳在中国签发了一张以俄罗斯联合国民银行的名义开出的、1年期限、不可撤销、可转让、金额为100亿美元的伪造的备用信用证，收益人为中国农业银行衡水中心支行“国际业务部”。这张伪造的备用信用证是作为乙方亚联公司提供的反担保文件。4月1日，中国农业银行衡水中心支行行长赵金荣、副科长刘淑红违法对外开出了200份1年期限、不可撤销、可转让、总金额为100亿美元的备用信用证，开证日期为1993年4月1日。据调查，梅直芳所提供的反担保银行——俄罗斯联合国民银行是不存在的，中国农业银行衡水中心支行也没有“国际业务部”。因此，这是国内外不法分子制造的一起特大诈骗案件。另外，中国农业银行衡水中心支行赵金荣、刘淑红未经授权擅自对境外签发备用信用证，违反了中国有关法规和中国农业银行的有关规定，因而也是非法的、无效的。

19日　中国证监会、上海证券交易所、深圳证券交易所、香港证券及期货事务监察委员会、香港联合交易所有限公司在北京人民大会堂联合签署证券事务《监管合作备忘录》，在以下方面进行合作：通过互利协助和信息交流，加强对投资者的保护，维持公平、有序、高效的证券市场；通过互相协助和信息交流，确保各方的有关法规得到遵守；通过定期联络和人员交换，促进互相蹉商和合作。该备忘录还对各方职能、合作范围等作了明确规定。从当年6月起，北京人民机器厂、上海石化总厂、江苏仪征化纤工业联合公司、昆明机床厂、广州造船厂、青岛啤酒厂、马鞍山钢铁公司、天津渤海集团公司、四川东方电器公司等9家企业获准在香港陆续上市。

21日　国家环保局、国家计委、财政部、中国人民银行联合发布《关于加强国际金融组织贷款建设项目环境影响评价管理工作的通知》。该通知指出：对国际金融组织贷款建设项目环境保护工作，世界银行、亚洲开发银行均有明确的要求，并将贷款项目的“环境影响报告书”列为办理贷款项目手续不可缺少的文件之一，对贷款项目环境影响评价提出了较完整的程序和要求，这些规定与我国现行的建设项目环境影响评价规定基本一致。为了做好贷款项目环境影响评价的管理工作，用好国际金融组织贷款，促进我国经济和环境的协调发展，各级环保部门要和各级计划、财政、银行部门及行业主管部门密切配合，根据《中华人民共和国环境保护法》和我国建设项目环境保护管理以及国家计委利用国际金融组织贷款项目计划管理的有关规定，进一步加强国际金融组织贷款项目环境影响评价的管理工作。该通知规定：贷款建设项目必须执行我国的环境保护法律、规章和标准，执行环境影响评价制度。贷款项目“环境影响报告书”的审批，须按我国建设项目环境保护管理审批权限和程序办理。贷款项目“环境影响评价工作大纲”由负责审批“环境影响报告书”的环保部门审查。其“环境影响报告书”由行业主管部门组织预审，报环保部门审批。地方环保部门负责审批的贷款项目“环境影响报告书”，应将“环境影响报告书”及批复意见报国家环境保护局备案。该通知对贷款项目环境影响评价作了若干规定。

24日 中共中央、国务院发出《关于当前经济情况和加强宏观调控的意见》（通称“16条”）。进入1993年，国民经济继续超高速增长，社会集资、固定资产投资、机关团体办实业、股票投机与炒房地产等几大不健康的“热潮”继续呈现攀升之势。一部分金融机构违反拆借的期限、用途、利率及结算方式等规定，将一部分信贷资金通过拆借的形式用于社会集资与固定资产投资、投机有价证券和炒房地产、兴办经济实体以及绕开信贷规模发放贷款。第一季度末，银行拆出资金在上年增长135%的基础上又比年初大幅增长。违章拆借无疑助长了经济过热，加剧了经济秩序的紊乱，挤占了经济发展所需的正常资金供应。

为了彻底扭转经济中的“过热”行为，使国民经济发展走上健康轨道，该意见提出了严格控制货币发行、稳定金融形势、清理整顿等16条加强和改善宏观调控的措施。这些措施包括：1. 严格控制货币发行，稳定金融形势。要把住基础货币投放这个闸门，严格控制社会需求的过快增长，认真整顿金融秩序。2. 坚决纠正违章拆借资金。人民银行要停止对非银行金融机构发放贷款，已经发放的贷款要限期收回。银行间的正常拆借资金要严格按照人民银行的规定用途、期限、利率进行，要尽快建立全国统一的、有序的同业拆借市场，使资金拆借纳入规范化的轨道。3. 灵活运用利率杠杆，大力增加储蓄存款。加强利率管理，严格执行人民银行的法定利率，不得在规定利率水平和浮动的幅度以外收取手续费。4. 坚决制止各种乱集资。对未经授权部门批准的各种形式的集资，进行一次全面清理，集资利率不得超过国家的有关规定。5. 严格控制信贷规模。各家银行和非银行金融机构要严格按照人民银行总行下达的年度信贷计划执行，未经批准不得突破。6. 专业银行要保证对储蓄存款的支付。任何地方、部门不准干扰专业银行为保证支付而进行的资金调度。7. 加快金融改革步伐。中国人民银行要通过改革，真正成为对全国货币、信贷进行宏观调控和统一管理各类金融机构的中央银行。信贷规模调控权集中到人民银行总行。坚决取缔非法设立的金融机构。人民银行、专业银行和商业银行举办的非银行金融机构和其他经济实体要与银行彻底脱钩。8. 投资体制改革要与金融体制改革相配套。尽快建立政策性银行，逐步实行政策性金融与商业性金融相分离。9. 限期完成国库券发行任务。10. 进一步完善有价证券发行，规范证券市场管理。11. 改进外汇管理办法，稳定外汇市场价格。12. 加强房地产市场的宏观管理，促进房地产业的健康发展。13. 强化税收征管，堵住减免税的漏洞。14. 对正在建设的项目进行审核排队，严格控制新开工项目。对不符合国家产业政策、资金来源不落实、建设条件不具备、市场前景不明朗的项目，要下决心停缓建。15. 积极稳妥地推进价格改革，抑制物价总水平过快上涨。16. 严格控制社会集团购买力的过快增长。

26日 经中国人民银行、国家计委批准，中国冶金进出口总公司委托华夏证券有限公司在中国境内发行4 000万美元外币企业债券。债券到期后美元一次还本付息。发行对象为中国境内的企事业单位。发行结束后，该债券在中国证券交易系统有限公司（NET系统）上市流通。在境内发行外币债券在我国尚属首次。

28日 中国银行在伦敦与有关国际银团签署了中国银行在伦敦市场发行两亿美元欧洲债券协议。债券期限为5年，这是中国银行自1988年以来首次重返欧洲债券市场筹集中长期资金。

此次发债的承销团由32家国际著名的大银行和证券公司组成，瑞士信贷——第一波士顿证券公司和华宝银行担任发行主干事。此次发行债券将在伦敦证券交易所挂牌上市。

29日 国务院办公厅发出《关于进一步加强和完善外汇管理的通知》。该通知的主要内容：1. 调整有偿上缴中央外汇额度管理办法，对1993年5月31日之前30%有偿上缴中央的外汇额度，由外经贸部会同有关部门下达承包指标，按国家外汇管理局公布的外汇调剂市场加权平均价，由外经贸部继续负责收购；对1993年5月31日之后30%有偿上缴中央的外汇额度，由外经贸部会同有关部门下达承包指标，由人民银行按国家外汇管理局公布的外汇调剂市场加权平均价收购。2. 进一步完善现汇留成试点。现汇留成试点企业出口收汇，必须坚持“先上缴，后分成”的原则，要保证完成20%无偿上缴和30%有偿上缴中央外汇额度的任务。30%有偿上缴中央外汇额度按本通知的规定执行。试点企业的留成现汇，可按规定自主使用或进入调剂市场自由调剂。3. 对留成外汇实行限期使用办法，使用期限为6个月。超过使用期限的留成外汇，由人民银行收购。各级人民政府和各有关部门要确保完成一般商品出口的20%无偿上缴和30%有偿上缴中央外汇额度的任务。

7月17日，中国人民银行、国家计划委员会、国家经济贸易委员会、对外贸易经济合作部、国家外汇管理局联合制定了《收购有偿上缴中央外汇额度管理暂行规定》。该暂行规定明确：凡承担上缴中央外汇任务的各地方和中央各承包单位，必须以有偿上缴中央外汇30%的比例按月上缴中央外汇额度。有偿上缴中央外汇额度的收购价格，以国家外汇管理局公布的外汇调剂市场月加权平均价，作为当月的收购价格。文件还就收购有偿上缴中央外汇额度的原则和办理的程序、兑现补偿人民币资金的程序、有偿上缴外汇使用问题以及报表与统计等相关问题作出了规定。

△ 青岛啤酒股份有限公司在香港发布招股说明书，拟发行3.8亿H股，累计筹资8.8928亿港元。7月15日在香港联合交易所挂牌，成为全国第一家H股上市公司。

7月

1日 国家体改委公布《定向募集股份有限公司内部职工持股管理规定》。定向募集股份有限公司是指不向社会公开发行股票，只对法人和公司内部职工募集股份的股份有限公司。该规定对这类公司的持股范围、内部职工持股的股权证及持股卡、内部职工持股的审批、内部职工持股的转让和内部职工持股的管理等方面作出了规定。主要内容：购买和持有内部职工股必须是公司的正式职工、公司的外派人员、公司的董事监事、公司附属企业的职工和离退休职工等；内部职工股应印制具有相关内容的股权证，不得印制股票；公司应当依据股权证向持股职工签发股权证持有卡；公司实行内部职工持股应当按照有关法规经国家体改委或省、自治区、直辖市以及计划单列市政府的体改部门批准；内部职工持有股三年内不得转让，三年后也只能在内部职工之间转让，不得在社会上转让交易；公司的审批部门和证券托管机构的管理部门应对内部职工持有股的发行、转让等情况进行监督。

△ 财政部发布《企业财务通则》和《企业会计准则》。《企业财务通则》（以下简称《通则》主要内容包括：资金筹集、流动资产、固定资产、无形资产和递延资产及其他资产、对外投资、成本和费用、营业收入和利润及其分配、外币业务、企业清算、财务报告与财务评价等。《通则》统一了不同企业的财务制度，对原有的企业财务制度进行了改革，其改革体现在：建立资本金制度，取消了资金专户储存办法，改革了折旧制度和成本管理，建立了新的企业财务指标体系。《企业会计准则》（以下简称《准则》）的主要内容包括：总则、一般原则、资产、负债、所有者权益、收入、费用、利润、财务报告等。与原有会计核算制度相比，《准则》突破了传统的会计核算管理模式，规定了我国会计核算的一般原则，采用了国际上通行的会计等式和会计报表体系，改革了原有的成本计算的完全成本

法，采用了制造成本法。两个文件均自1993年7月1日起实施。

2日 中华人民共和国主席发布第8号令：根据第八届全国人民代表大会第二次会议的决定，免去李贵鲜兼任的中国人民银行行长职务，任命国务院副总理朱镕基兼任中国人民银行行长。

5~7日 全国金融工作会议在北京召开。会议的宗旨是：肯定成绩，检讨缺点，整顿秩序，推进改革，扭转当前资金紧张的局面。国务院副总理兼中国人民银行行长朱镕基在会议的总结讲话中指出，加强宏观调控不是实行全面紧缩，而是进行结构调整，优化产业结构，解决“瓶颈”制约。必须根据国家的产业政策，迅速调整资金的投向，确保工农业生产和基础设施建设的需要，促进国民经济持续、稳定的发展，整顿金融秩序，严肃金融纪律，把金融混乱的局面扭转过来，并提出了对银行工作的“约法三章”：立即停止和认真清理一切违章拆借，已违章拆出的资金要限期收回；任何金融机构不得擅自或变相提高存贷款利率，不准用提高利率的办法搞“储蓄大战”，不得向贷款对象收取回扣，或者将资金通过“关系户”放高利贷；立即停止向银行自己开办的各种经济实体注入信贷资金，银行要与自己兴办的各种经济实体彻底脱钩，已违反规定将信贷资金充当资本金注入企业的要限期收回。朱镕基副总理还就推进金融改革提出了要求：加强中央银行职能和基础建设；建立中央银行领导下的国家政策性银行和国有商业银行为主体、多种金融机构并存的金融组织体系；建立统一、开放、高效、有序的金融市场体系。

7日 国务院证券委员会发布《证券交易所管理暂行办法》。该暂行办法包括总则、证券交易所的设立和解散、证券交易所的职能、证券交易所的组织、证券交易所对证券交易活动的监管、对证券交易所的管理与监督、法律责任及争议的解决、附则共8章59条。该暂行办法规定：证券交易所是不以盈利为目的，为证券的集中和有组织的交易提供场所、设施，并履行相关职责，实行自律性管理的会员制事业法人。证券交易所由所在地人民政府管理，由中国证监会监管。证券交易所的名称应当标明“证券交易所”字样。其他任何单位和个人不得使用“证券交易所”或者其他相似的名称。证券交易所的设立由国务院证券委审核报国务院批准，证券交易所的解散由会员大会经国务院证券委审核同意后报国务院批准。证券交易所的职能包括：提供证券交易的场所和设施；制定证券交易所的业务规则；审核批准证券的上市申请；组织、监督证券交易活动；对上市公司及会员的证券交易活动进行监管；提供和管理证券交易所的证券市场信息。证券交易所实行会员制，设立会员大会、理事会和专门委员会，最高权力机构是会员大会。证券交易所应当公布即时行情，并按日制作证券行情表，编制成交情况日报表、周报表、月报表和年报表，及时向社会公布；证券交易所所在地人民政府授权机构和证监会有权要求证券交易所提供有关业务、财务等方面的报告和材料，并有权派员检查证券交易所的业务、财务状况以及会计账簿和其他有关资料；证券交易所所在地人民政府、中国证监会依法对证券交易所进行监管，对违规人员、交易进行处罚。

9日 中国人民银行下发《关于严格审批金融机构的通知》。该通知指出，自1992年以来，越权审批金融机构的问题屡有发生，一些地区分行擅自审批设立城市信用社、信托投资公司、证券公司、财务公司及分支机构；部分地区分行违反有关规定擅自批准对非银行金融机构实行股份制改造、增资扩股、发行股票、扩大业务范围、变更机构名称及法人代表。这些问题严重干扰了正常的金融秩序，削弱了中央银行的宏观管理，对经济和金融体制产生了不良影响。该通知要求：各类金融机构的设立均由人民银行省、自治区、直辖市、计划单列市分行审核报总行审批；人民银行总行对城市信用社以及专业银行省以下分支机构实行宏观管理，年新增机构指标不得突破；金融机构的增资扩股、经营范围等的变更事项必须严格按照程序报人民银行核准。

11日 中国人民银行决定，从即日起，提高人民币存贷款利率，并对三年以上定期储蓄存款实行保值。活期存款利率由2.16%提高到3.15%，定期存款利率平均上调1.72个百分点，贷款利率平均上调1.38个百分点。对1991年12月1日以前存入的三年期以上的储蓄存款仍然按1988年开办保值储蓄的办法实行保值；1991年12月1日以后存入的三年期以上的储蓄存款，从1993年7月11日起重新实行保值。为了保护广大投资者的利益，国务院决定在储蓄存款利率上调的同时，相应调整1993年的国库券利率，并对1992年和1993年发行的国库券实行保值。1993年发行的三年期和五年期国库券的年利率分别从12.52%和14.06%调高到13.96%和15.86%。

△ 全国农村金融工作会议的在北京闭幕。会议的主要议题是坚决贯彻党中央关于加强宏观调控、整顿金融秩序的精神，严格控制信贷总量，坚决纠正违章拆借资金；坚持深化农村金融体制改革，高度重视支农工作，集中资金，支持重点，支持农村经济持续、协调、稳定的发展。中国农业银行行长马永伟在会上要求全行严格控制信贷总量，对贷款总量和农业银行的固定资产贷款、乡镇企业贷款计划实行指令性管理，未经批准不得突破；坚决纠正违章借贷资金，各级行的一把手要亲自负责，限期收回；各级行和信用社要严格执行人民银行公布的法定利率，不得在规定的利率水平和浮动的幅度之外收取手续费或变相提高利率；要整顿好自办的“三产”等经济实体，该脱钩的必须在限期内彻底脱钩。下半年在实施加强金融宏观调控措施的同时，各地行社要在保证支付的前提下，集中资金优先用于农副产品收购，千方百计支持收购企业，绝不给农民打“白条”。

23日 国务院发布《关于加强税收管理和严格控制减免税收的通知》。该通知要求：严格控制税收减免，年内不再出台新的减免税收政策；认真清理违法越权制定的税收优惠政策，未经批准的一律无效；采取果断措施纠正承包流转税的做法；认真清理欠税，加强出口退税管理，加强对个体户、私营企业、集体企业和外商投资企业的税收征管工作，对各地各部门成立的各类银行、金融、保险企业和非银行金融机构，都必须按国家规定征收所得税，严格加强能源交通重点建设基金和预算调节基金的征收管理。各级政府要进一步加强对税收征管工作的领导，国务院决定，从8月开始在全国展开税收财务大检查。

8月

1日 国家外汇管理局全国分局局长会议召开。国务院副总理朱镕基在会上指出，当前外汇调剂市场的人民币汇率趋于合理，基本稳定，证明党中央、国务院强化宏观调控的措施已初见成效。从去年下半年开始，外汇调剂市场人民币汇价出现了急剧下降的趋势，今年以来跌势加剧，6月中由年初的1美元兑7.4元人民币跌至近1美元兑11元人民币。这种情况既给进出口企业带来更大的风险和不确定性，又加重了国内通货膨胀的压力，影响了海外投资者的信心。6月底在国务院采取一系列强化宏观调控措施后，从7月1日开始，人民币汇价迅速回升，目前基本稳定在1美元兑8.8元人民币左右。这个价位基本上是市场供求关系平衡的结果，既有利于促进进出口贸易，又有利于按照国家产业政策保证重点项目用汇。继续采取调控措施，促使汇价稳定在目前的合理水平，是下半年经济工作的一项重要任务。一是要继续进行中央银行对外汇市场的适度干预，提高调控水平，讲求调控效果，满足客户需求；二是要切实保证完成按市价收购上缴外汇的任务，该收的外汇一定要收上来，为实现市场调控创造条件；三是要加强对外汇市场的管理和监督，按照国家产业政策调控用汇方向，严禁场外交易，打击外汇黑市；四是要按照建立社会主义市场经济体制的要求，建立全国统一的外汇市场体系，扩大外汇市场的覆盖范围，实现全国联网、统一规则、统一报价、互相调剂的目标。加强外汇管理要有一支高素质、高效率的干部队伍。他肯定了国家外汇管理局对外汇管理干部提出的“约法三章”：第一，严禁外汇管理部门及其工作人员参与倒买倒卖外汇活动；第二，严禁外汇管理部门和管理人员以调剂外汇权、审批权、外债监管权和机构管理权等谋求出国指标、收受礼品等好处；第三，严禁外汇管理部门及其工作人员越权办理减免上缴中央外汇等外汇业务。

2日 国务院公布《企业债券管理条例》。该条例包括总则、企业债券、企业债券的管理、法律责任、附则共5章39条。国务院制定该条例的目的是加强对企业债券的管理，引导资金的合理流动，有效利用社会闲散资金，保护投资者的合法权利。该条例适用于中国境内具有法人资格的企业在境内发行的债券（金融债券和外币债券除外）。此外，任何单位和个人不得发行企业债券。企业进行有偿筹集资金活动，必须通过公开发行企业债券的形式进行。发行和购买企业债券应当遵循自愿、互利和有偿的原则。国家计划委员会会同中国人民银行、财政部、国务院证券委员会拟订全国企业债券发行的年度规模和规模内的各项指标，报国务院批准后下达各省、自治区、直辖市、计划单列市人民政府和国务院有关部门执行。企业发行企业债券必须符合规定条件，利率不得高于银行同期居民储蓄定期存款利率的40%。任何单位不得用财政预算拨款和银行贷款购买企业债券；办理储蓄业务的机构不得将所吸收的储蓄存款用于购买企业债券。发行企业债券所筹的资金不得用于房地产买卖、股票买卖和期货交易等与本企业生产经营无关的风险性投资。非证券经营机构和个人不得经营企业债券的承销和转让业务。该条例自发布之日起施行，1987年3月27日国务院发布的《企业债券管理暂行条例》同时废止。

9日 财政部发布《关于清理金融系统所办经济实体有关财务税收问题的通知》。该通知规定，任何地区和部门不得以经济实体将与银行脱钩为由，将其划为地方企业，并将应缴中央财政的收入缴入地方。凡已缴入地方财政的，应立即予以纠正。银行与所办经济实体脱钩的清理整顿工作结束以后，与银行脱钩的各类经济实体有关财务、税收问题按国务院研究确定的原则办理。在国家未研究明确之前，任何地区和部门均无权擅自决定。

10日 中信公司为在美国发行公募债券2.5亿美元举行新闻发布会。这是新中国在美国发行的第一笔公募债券，由美国高盛证券公司承销，期限为十年，票面利率为6.875%（固定利率），发行价格为99.706元。

△ 中国投资银行在香港与8家境外银行和证券公司签署发行1亿美元债券的协议。债券采用浮动利率，期限为五年，这是中国投资银行首次在海外发行债券。

12日 中国人民银行下发《关于加强信贷资金管理保障银行资金安全的通知》。该通知指出，1993年以来，一些不法分子把银行资金、信贷部门作为犯罪活动的主要对象之一，采取各种不法手段，套取信用，骗取银行资金。为此，决定1993年在金融系统开展“两防一保”（防诈骗，防盗窃，保障银行资金安全）工作。该通知要求，1. 进一步统一思想，提高对加强信贷资金管理重要性和紧迫性的认识。2. 落实完善规章制度和信贷原则，建立信贷资金安全保障体系。各银行要对本系统，特别是计划资金部门、信贷部门建立和执行规章制度的情况进行经常性检查，重点检查计划资金的审批制度、贷款的“三查”制度、审贷分离制度、有价单证保管制度等的执行情况。要根据经济形势和金融形势的发展，不断完善和建立规章制度。一是针对当前信贷资产质量差、资金沉淀率高的问题，制定完善的银行贷款操作规程，从贷款申请、检查、担保、审批、回收、奖惩等方面使之规范化。二是建立贷款风险等级划分制，明确哪种等级的贷款由哪些部门审批。同时，要经常对职工进行信贷风险防范和法律观念的教育，建立风险防范意识。三是推行贷款审贷分离、岗位轮换、集体审批和公开办事制度，形成贷款的制约机制。四是对贷款的担保、抵押、委托等要严格管理办法。对担保贷款，担保人要有足够的资产作保证，承担连带责任，避免虚设担保。抵押贷款要有法律效力的抵押品和抵押单据，严格审查。五是要加强对拆借资金的管理。资金拆借从期限、利率、金额及投向上要严格执行规定，拆借资金要同长期融资分别管理，不得用拆借资金扩大贷款规模、搞证券买卖、炒房地产、投资期货等。3. 严肃纪律，规范行为，做到令行禁止。各级银行要按规定的业务授权范围开办业务，不得越权办理金融业务，不准超规模或绕规模发放贷款，不准违章拆借，不准变相或擅自变动利率等。对违反规定和越权办理金融业务的，要严肃处理。绝不允许弄虚作假、隐瞒不报，造假账（或搞两本账）、做假统计、做假报表等。4. 加强防范，防止大案、要案的发生。5. 转换专业银行经营机制，建立责、权、利相结合的信贷资金运营机制。

13 日　薛根和贪污案结案。海口市中级人民法院根据薛根和等 5 人的犯罪事实，依法判处死刑。薛根和原系中国工商银行海口市分行东风办事处会计，1992 年期间，薛根和利用职务之便，伙同被告人陈贻全、熊道先、赵东方、杨绍琼、张德全共同贪污人民币 33 444 710 元（其中 600 万元贪污未遂）。薛根和本人实际占用人民币 6 124 650 元。案发后追回赃款和赃物折款共计人民币 2 573 912. 34 元。该案是新中国成立以来全国最大的贪污案。

15 日　金融系统清理整顿工作取得阶段性成果。1992 年下半年以来，同业拆借市场秩序出现混乱，集中表现为非法集资和违章拆借，根据测算，1993 年上半年全国集资额达 1 000 亿元左右，到 5 月末国家银行向系统外净拆出资金达 1 055 亿元，同业拆借利率上升到 18‰以上。违章拆借资金不仅影响了银行正常的资金运作，而且直接扩大了全社会的信用规模，助长了投资膨胀。为了扭转同业拆借市场混乱的状况，从 1993 年 6 月开始对同业拆借市场进行清理整顿。至 8 月 15 日，全国银行系统拆出的资金已收回 727 亿元，一是基本上实现了“四停”，即停止了新的违章拆借，停止了对非金融机构和非银行金融机构的拆借，停止了省以下同业拆借市场的拆借业务，停止了对银行自办经济实体注入新的资金；二是通过清收违章拆借，集中资金，用于满足农副产品收购、国家重点建设项目、产品适销对路的国家大中型企业生产和出口等重点资金需要，据统计，收回的拆借资金 40% 用于保支付，30% 用于增加银行清算资金，30% 用于发放贷款；三是对过热的房地产和股市起到了一定的抑制作用，过高的房地产价格开始下跌。

16 日　国务院批转国家计委《关于加强固定资产投资宏观调控的具体措施》。该措施提出：各地区、各部门要对所有在建固定资产投资项目进行一次审核排队，予以清理。对产品有市场、宏观经济效益显著、有利于缓解“瓶颈”制约的在建项目，要尽力保证建设；对不符合国家产业政策、资金来源不落实、建设条件不具备、市场前景不明的在建项目，特别是高档宾馆、写字楼、度假村等项目要认真进行清理；对不符合国家产业政策、资金来源不落实或不正当、建设条件不具备、市场前景不明的项目要区别情况停缓建设。各有关方面都要将现有建设资金（包括国外贷款）和停、缓建项目腾出的资金集中用于国家重点建设：一保列入国家计划的铁路建设项目及水利、水电项目安全度汛；二保列入国家计划的当年投产的大中型和限额以上项目；三保列入国家计划的农业、交通、通信、能源、重要原材料、水利等国家重点建设项目和重点技术改造项目；四保列入国家计划的、合同已生效的利用外资项目。当年 9 月底，国家重点建设项目和重点技术改造项目到位的资金占年度计划的总比例，要力争不低于 70%。严格控制新开工项目，加强房地产开发投资和开发区建设的管理。

18 日　国务院证券委员会印发《关于一九九三年股票发售与认购办法的意见》。该意见提出：股票发售工作坚持公开、公平、公正的原则，跨地区发行股票须报证券委批准。认购股票申请表可采用无限量发售后抽签的方式进行，也可采用与银行储蓄存款挂钩的方式进行。在一定期限内，无限发售申请表后进行公开摇号抽签，中签者按规定要求再办理缴纳股款手续。每张申请表原则上只对应一定企业发行的股票，申请认购股票数额为 100 股的整数倍，且不低于 500 股，不高于 1 000 股。任何单位和个人不得加价转让、出售申请表。各级政府同当地人民银行商定，可按居民在银行定期储蓄存款余额的一定比例配售申请表，然后对认购的申请表进行公开摇号抽签，中签后按规定要求办理缴纳股票手续；或者开办专项定期定额储蓄存单业务，按专项储蓄存单上的号码进行公开摇号抽签；也可采取其他办法。国库券缴库任务未完成的地区，不得发售申请表，更不得发行股票。

19日 中国人民银行下发《关于加强典当行管理的通知》。针对有的地区擅自设立典当行，随意提高质押利率，开办存款业务等违规行为，该通知明确：典当行是以实物质押形式，为个体工商户和城乡居民提供临时性贷款的非银行金融机构，中国人民银行是其主管机关，任何地方政府或部门不得擅自批设典当行。各地人民银行应对辖区内典当行的数量、审批机关、质押的利率、当期、当品、业务规模等进行一次全面清查。1993年年底前，各地暂停对新典当行的批设。

20日 我国第一家投资基金——山东淄博乡镇企业投资基金公司发行的基金证券，在上海证券交易所上市。

21日 中国人民银行下发《关于不准擅自提高和变相提高存、贷款利率的十项规定》。主要内容：1. 中国人民银行是利率管理的主管机关，代表国家统一行使利率的管理权；2. 国务院授权中国人民银行制定和颁布的利率是法定利率，具有法律效力，其他任何单位和个人无权制定和改变法定利率；3. 各金融机构必须严格执行法定的存款利率，不准上浮，对个人发行的大额可转让定期存单可由省人民银行决定是否不超过5%的上浮幅度；4. 贷款的浮动利率要经人民银行批准；5. 企业债券和集资的利率按《企业债券管理条例》的有关规定执行；6. 同业拆借利率必须控制在人民银行总行确定的最高限度内；7. 任何非金融机构不得办理存贷款业务；8. 各金融机构立即对存贷款利率执行情况进行一次清理并纠正违规行为；9. 对违反利率管理规定的予以经济和行政处罚；10. 中国人民银行分支机构要承担起相应的管理职责，加强监督管理。

23日 中国人民银行发布《关于坚持做好清收违章拆借资金工作的通知》。1993年9月至年底，治理整顿同业拆借步入巩固时期，人民银行总行开始调整调控力度、完善清理违章拆借的政策措施。该通知提出了10条具体规定，在重申前期有关加强同业拆借管理、清收违章拆借资金的规定的同时，主要强调对违章拆借资金的清收实行区别对待政策：对拆入方把资金用于中央和省级计划安排的重点建设项目及即将竣工投产的，用于中低档居民住宅或适销对路产品生产的，用于中外合资企业作中方股本现在不能归还的，可以缓收，并由资金使用单位通过正常渠道解决资金来源，用于归还拆借资金。该通知还明确了同业拆借是两个金融企业法人之间为解决头寸不足而进行的短期融资，专业银行、交通银行上级行与下级行之间的资金往来属于系统内往来，不能列为同业资金拆借，专业银行、交通银行及区域性银行与其所属国际业务部、房地产信贷部等的资金往来，不能按同业拆借资金加收利差或收取服务费。其资金运用要纳入贷款规模进行考核。

24日 国务院发出《关于严格控制财政支出和社会集团购买力过快增长的通知》，要求严格预算管理，地方财政不准出现赤字；严格控制社会集团购买力的过快增长，设备购置要严格执行国家下达的控购指标，不得突破；严格控制会议费支出，会议经费在预算基础上压缩20%；严格控制出国活动和各种招商办展活动；控制消费基金的过快增长，禁止滥发补贴、实物和代币购物券。

28日 中国人民银行、中国工商银行、中国农业银行、中国银行、中国人民建设银行、交通银行联合下发《关于整顿结算秩序扩大转账结算的通知》。针对资金紧张，专业银行的备付金存款下降，不少行大量占用汇差资金，影响了正常的支付和资金清算，并存在结算纪律松弛，压票、退票和无理受理拒付等严重问题，该通知规定：1. 人民银行已开通电子联行的城市之间，专业银行、交通银行系统内10万元以上的汇划款项通过人民银行的电子联行转汇，专业银行签发50万元以上的银行汇票自1993年9月16日起通过人民银行清算资金，专业银行、交通银行要加强汇差资金管理，即使调动资金，要按照规定备足备付金，保证资金清算。2. 大中城市要开办银行本票在同城使用，各专业银行、交通银行和其他银行应为个体工商户和个人在银行开立账户提供方便，单位之间的支付款项凡超过1 000元的要实行转账结算，收购部门应积极推行使用定额支票结算。3. 认真贯彻落实邮政汇兑资金清算办法，保证及时兑付。4. 1993年9～10月要在全国开展一次结算纪律大检查，检查的重点是银行压票、退票、无理拒付和不扣少扣滞纳金，不按规定办理转汇等。

30日　中国人民银行发布《关于进一步加强对外汇调剂市场人民币调控的通知》。该通知规定：外汇局各地分局要加强对持有超过100万美元外汇额度的企业、超过正常需要持有外汇额度的企业的审查，有关专业银行要加强对现汇存款大户的审查，切实掌握企业结汇和完成上交国家外汇任务状况，并将有关企业的情况于每旬向当地人民银行报告一次。各地人民银行分行要将上述情况于每旬报告人民银行计划资金司和国家外汇管理局。外汇局各地分局要劝说有关企业出售手中超过正常合理需要的外汇或外汇额度，并密切注意外汇调剂市场的动向。凡在调剂市场上调入的外汇，3个月内不用的，一律由中央银行收购。

9月

2日　第八届全国人民代表大会常务委员会第三次会议通过《中华人民共和国反不正当竞争法》。该法规定的不正当竞争行为包括：经营者采用下列不正当手段从事市场交易，损害竞争对手：公用企业或者其他依法具有独占地位的经营者限定他人购买其指定商品；政府及其所属部门滥用行政权力，限定他人购买其指定的经营者的商品，限制外地商品进入本地市场，或者本地商品流向外地市场；经营者采用财物或者其他手段进行贿赂以销售或者购买商品；利用广告等对其商品作引人误解的虚假宣传；采用不正当手段侵犯商业秘密；经营者以排挤竞争对手为目的，以低于成本的价格销售商品或搭售商品、有奖销售等；捏造、散布虚伪事实，损害竞争对手的商业信誉、商品声誉；投标者串通投标。会议还通过了修订后的《中华人民共和国经济合同法》，自1993年12月1日起施行。

△　国务院证券委员会公布《禁止证券欺诈行为暂行办法》。针对证券市场的各种欺诈行为，如内幕人员利用内幕信息买卖证券或根据内幕信息建议他人买卖证券、泄露内幕信息进行内幕交易、操纵市场价格、披露虚假信息等，该办法制定了管理处罚办法和防止措施；禁止任何单位和个人以获取利益或者减少损失为目的，利用内幕信息进行证券发行和交易活动；禁止任何单位和个人以获取利益或者减少损失为目的，利用其资金、信息等优势或者滥用职权操纵市场，影响证券市场价格，制造证券市场假象，诱导或者致使投资者在不了解事实真相的情况下作出证券投资决定，扰乱证券市场秩序；禁止任何单位和个人在证券发行、交易和相关活动中欺诈客户；禁止任何单位和个人对证券发行、交易及其相关活动的事实、性质、前景、法律等事项作出不实、严重误导或者含有重大遗漏的任何形式的虚假陈述或者诱导，致使投资者在不了解事实真相的情况下作出投资决定；对违反规定的单位和个人，中国证监会有权进行调查或者会同国家有关部门进行调查，重大案件由国务院证券委员会组织调查，并实施处罚。

3日　国务院发布《关于清理有偿集资活动坚决制止乱集资问题的通知》。该通知要求：各地区、各部门及各单位举办的向出资人还本付息或者支付股息、红利的有偿集资（不包括国家统一筹措国债和出资人依法共同出资组建各类企业、公司）活动，除通知规定的外，一律暂停。股份有限公司发行内部职工股、金融机构发行金融债券，以及各有关单位发行投资基金证券、信托受益债券等集资活动，可以依法照章进行。任何部门和单位不得以国家财政拨给的资金、有专项用途的预算外资金、银行贷款和拆借资金参与本通知所列的各类有偿集资活动。禁止国家机关、事业单位向内部职工或者社会公众进行有偿集资活动。禁止社会团体举办还本付息或者支付股息、红利的有偿集资活动。

4日 中国人民银行、财政部联合下发《关于各级人民银行与所办经济实体脱钩的办法》。该办法分为指导原则、具体规定和实施办法三部分，对脱钩工作提出了稳妥具体的实施步骤。已办金融性实体的脱钩办法：证券公司、证券登记公司、证券交易中心等金融性公司，除个别经营管理不善有严重问题者要撤并外，原则上要予以保留。其中，中国证券交易系统有限公司及华夏、国泰、南方三家全国性证券公司挂靠在中国人民银行总行，由中国人民银行总行具体负责其脱钩工作。其余金融性经济实体的脱钩工作由各人民银行省级分行负责；资金拆借中心按中国人民银行总行《关于进一步整顿和规范同业资金拆借秩序的通知》的有关规定执行；城市信用社、典当行等集体金融机构除个别经营管理混乱、严重亏损的要撤销外，其余的保留，具体由中国人民银行省级分行负责；中国人民银行已办的“三产”和实业公司，凡经营管理比较好的，可以保留，但也要按上述原则和人民银行脱钩，对经营管理混乱、严重亏损的一律撤并；完全由人民银行职工和其他单位个人入股所办的公司不得挂靠人民银行，按公司的业务属性挂靠有关部门，并按股份制企业办理。

中国人民银行、财政部在发布该办法的通知中要求，人民银行系统所办的经济实体与人民银行脱钩于10月31日前完成。按照该办法的要求，人民银行不再开办经济实体，已办实体要在行政、财务等隶属关系上脱钩。人民银行的干部也不得再在经济实体中兼职。

14日 中国人民银行下发《关于调整黄金经济政策问题的通知》。该通知决定：收购、配售黄金的定价方式，由固定定价方式改为浮动定价方式。在固定定价方式下，黄金收购价格按低于国际市场金价10%的水平制定，黄金的配售价格与国际黄金市场一致，并以国家外汇管理局公布的外汇调剂市场加权平均价格换算成人民币。在实行浮动价格政策的初期，由人民银行总行根据国际市场金价变动情况确定价格调整的周期和幅度，并随着国家黄金交易市场的建立和完善，逐步做到每日公布国家黄金价格。

26～28日 全国农副产品收购资金供应工作会议在北京召开。会议由中国人民银行和中国农业银行联合主办，主要任务是：研究和部署秋季农副产品收购资金供应和管理工作，确保全年不给农民打“白条”。会议确定，从1993年第四季度起，人民银行总行将农副产品收购资金全部直接贷给有关专业银行总行，由各专业银行的分支行办理有关资金业务，人民银行分支行不再办理相关的资金业务，只负责监督收购资金到位情况。

30日 中国人民银行发出《关于建立国家银行存贷款五日报制度的通知》。该通知指出，根据7月初全国金融工作会议的决定，为进一步转换人民银行职能，中央银行贷款和调剂贷款规模不再经过人民银行分行而由各专业银行总行下达。信贷资金和规模管理体制的这一重大变化，加大了各专业银行总行对本系统信贷总量、结构监控和资金调度的责任。为了适应这一转换，进一步提高金融宏观决策的时效性和准确性，加强货币、信贷调控与资金调度，及时了解各家银行的存贷款变化情况，为领导决策提供依据，人民银行决定，各家专业银行总行在继续做好原旬报工作的同时，建立专业银行存贷款五日报制度。

△ 中国宝安集团股份有限公司（以下简称宝安公司）收购上海延中实业股份有限公司（以下简称延中实业公司）。宝安公司宣布持有延中实业公司发行在外的普通股超过5%。9月29日，宝安上海公司已持有4.56%的延中实业公司的股票，根据持有5%应申报的规定，在30日只能再购买0.5%的股票，但是，在9月30日开盘前集合竞价时，宝安上海公司一笔就购进342万股，使已购股票的比重达15.98%。有关的交易规定是持股达到5%之后，每次最多只能

购进 2%，为此，延中实业公司提出质疑。10 月 22 日，证监会召开新闻发布会宣布：宝安上海公司所获的延中实业公司的股权有效，但该公司及其关联企业在买卖延中实业公司股票的过程中存在着违规行为。宝安公司收购延中实业公司，开创了中国上市公司收购的先例。

10 月

1 日 国务院发布《关于进一步改革外汇管理体制的通知》。该通知指出：我国外汇管理体制改革的长期目标是实现人民币可兑换，要达到这一目标，必须依据国情和国力循序渐进。现阶段先实现经常项目下人民币可兑换。国务院决定从 1994 年 1 月 1 日起，进一步改革我国的外汇管理体制。现阶段外汇管理体制改革的总体要求是：实现汇率并轨，实行以市场供求为基础的、单一的、有管理的浮动汇率制；实行银行结汇和售汇制，取消外汇留成和上缴；建立银行间外汇交易市场，改进汇率形成机制；禁止外币在境内计价、结算和流通；改革和完善收、付汇核销管理；实现经常项目下人民币可兑换；取消外汇收支指令性计划，国家主要运用经济、法律手段实现对外汇和国际收支的宏观调控。作为过渡性措施，先实行经常项目下人民币有条件可兑换。实行新体制后，外汇指定银行办理结汇所需的人民币资金，原则上应由各银行用自有资金解决。新体制运转初期，对个别外汇结算业务量大而自有人民币资金有一定困难的银行，中国人民银行可提供一定数额的人民币再贷款，但这些银行应逐步用自有人民币资金顶替。国家对外汇指定银行的结算周转外汇余额实行比例幅度管理。对境外资金的借用和偿还，继续实行计划管理、金融条件审批和外债登记制度。外商投资企业的外汇管理仍先维持现行办法。

5 日 对外贸易经济合作部发布《关于举办中外股份有限公司有关问题的通知》。根据国务院部署，股份制试点将采用发行人民币特种股票（B 股）的方式吸收外资，为了使这项工作稳妥进行，该通知要求：凡设立对外发行人民币特种股票的股份有限公司，或国内现有公司发行人民币特种股票，都属于利用外资，各地经贸部门都应依据国家利用外资的有关法律、法规和审批程序审查其合同、章程。除上海、深圳两市外，凡设立中外股份有限公司均须报经贸部审批、确认是否可享受（可继续享受）外商投资企业待遇，核发批准证书。股份有限公司申请发行人民币特种股票，按国务院有关规定及上海、深圳两市证券管理规定办理。

7 日 香港《明报》记者席扬在北京被捕。北京市国家安全局依照《中华人民共和国国家安全法》逮捕了从事窃取、刺探国家金融秘密活动的香港记者席扬。受席扬指使，为席扬非法提供大量金融秘密的中国人民银行总行工作人员田野，已被北京市国家安全局逮捕。席、田所窃取的金融秘密包括当时尚未公布的中国人民银行存贷款利率变动方案，中国人民银行参加国际黄金交易的决策机密和其他重大金融秘密，已造成严重后果。1994 年 1 月 28 日，席扬因窃取国家机密罪被北京市中级人民法院判处有期徒刑 12 年，被剥夺政治权利两年。协助席扬犯罪的田野被判刑 15 年。

13 日 中国人民银行下发《关于台资在大陆办银行的审批与监管问题的通知》。该通知指出，关于台资财团来大陆合资或独资设立营业性金融机构问题，经请示国务院同意，对台资来大陆办银行予以适当优惠，人民银行总行将在对外资银行开放的城市中少量批准试办。由于中国台湾当局仍不准台湾金融机构来大陆设立分支机构，因此，台资财团或所属关联机构申请办银行或财务公司，符合以下条件的申请者，可予以受理：在大陆投资总额已达 1 亿美元以上；或已签订重大投资项目，投资额在 10 亿美元以上，近三年连续盈利。台资银行的最低注册资本提高到 5 000 万美元，实缴资本不低于 3 500 万美元，其中，2 000 万美元作为资本储备，存入指定银行并享受存款利息，未经人民银行批准不得动用。

△ 上海证券交易所发布《国债期货业务试行规则》。该试行规则包括总则、证券期货

商、开户、委托、交易、保证金、最后结算、附则共8章52条。主要规定：凡国家法令允许参与证券交易的自然人和法人（以下简称客户），均可通过证券期货商在上海证券交易所交易市场买卖国债期货。每一国债期货合约的标的为20 000元面值的国债。国债期货交易申报竞价的变动价位为0.02元人民币。上海证券交易所可按照国债期货品种订立持仓合约的最高数额，任何客户和证券期货商持仓的合约数不得超过该限额。客户开仓时（跨期买卖除外），每个合约须向证券期货商交纳保证金100元人民币。证券期货商须在上海证券交易所开立“保证金”账户，对客户和自营的所有开仓合同（跨期买卖除外），须按每个合约200元向上海证券交易所交纳保证金。在每日按市价计算时，如因国债期货价格发生不利波动而出现浮动亏损，致使交纳的保证金低于每个合约300元的最低维持保证金时，证券期货商应立即向客户追收至500元。如追收保证金失败，证券期货商有权强行平仓。证券期货商向上海证券交易所交纳的保证金，如因国债期货价格发生波动而出现浮动盈亏，致使保证金低于或高于每个合约200元时，上海证券交易所即向证券期货商追收至200元，或将高于200元的部分划转证券期货商。如证券期货商未能按时补足保证金至每个合约200元，上海证券交易所有权强行平仓。

25日，上海证券交易所向社会公众开放国债期货交易。与此同时，北京商品交易所在期货交易所中率先推出国债期货交易。1992年12月18日，上海证券交易所开办国债期货交易，标志着我国第一家利率期货市场成立，但当时仅限于证券商自营买卖，没有对客户开放。

14日 中国人民银行发布《关于进一步加强外币利率管理的几项规定》。该规定明确：1. 中国人民银行是外币利率的主管机关，统一行使外币利率管理权。2. 中国人民银行授权中国银行公布的各种外币利率为法定利率，必须严格执行，不得擅自变动。3. 中国银行对外币存贷款利率进行调整，应及时转报当地人民银行分行，由人民银行分行统一组织执行。4. 各金融机构必须严格执行法定的外币存贷款利率，不得擅自改变规定。5. 允许各金融机构在法定利率的基础上，使各种外币存款利率可最高上浮5%、贷款利率可最高上浮10%，各地的浮动幅度由当地人民银行分行统一掌握。6. 各金融机构所吸收的较大数额（个人存款折合2万美元以上，单位存款折合50万美元以上）的定期存款的利率是否上浮，由人民银行各省、自治区、直辖市和计划单列城市分行确定，但上浮幅度最高不得超过0.5个百分点；各地是否开办对个人发行的外币大额定期存单业务，由人民银行总行决定，其利率最高浮动幅度不得超过同期同档次外币存款利率的10%。7. 各金融机构和企业发行或代理发行境内外币债券及债券利率的确定，审批权集中在人民银行总行。8. 广东、福建、海南各省和上海市各种外币存贷款利率可在法定利率基础上按最高可分别上浮10%、20%的浮动幅度执行；其中，广东、海南两省的港元利率可在不超过法定利率20%的幅度内自行调整确定。9. 各地区、各机构向境外借款和发行境外外币债券的利率，由国家外汇管理局按管理程序进行审批和管理。10. 对违反上述外币利率管理规定的金融机构及有关人员，中国人民银行省级分行有责任依照有关规定进行查处，并予以经济和行政处罚。

19日 首次VISA国际组织北亚太会员年会在北京举行。中国、中国台湾、中国香港、中国澳门的200多位银行家参加了会议。会议探讨了VISA北亚太地区的发展规划，各家银行对信用卡业务予以高度重视。

10月 中国银行以股东身份加入在非洲成立的一家国际性商业银行——非洲进出口银行，这是有史以来中国银行第一次作为创始股东加入国际金融组织，也是该行首次与非洲金融界进行的较深入的交往与合作。

11月

4日 国务院发布《关于坚决制止期货市场盲目发展的通知》。该通知指出：1988年以来，国务院有关部门在几个批发市场和交易所进行了部分引进期货交易机制的试点工作。近来，一些地方和部门竞相争办期货交易所或以发展期货交易为目标的批发市场，盲目成立期货经纪公司；一些执法部门也参与期货经纪活动；有些外资、中外合资或变相合资的期货经纪公司蓄意欺骗客户；一些境内外不法分子相互勾结搞期货经纪诈骗活动；一些单位和个人盲目参与境内外的期货交易，上当受骗，造成经济损失。为了坚决制止期货市场的盲目发展，该通知规定：在期货市场试点工作中，必须坚持“规范起步、加强立法、一切经过试验和严格控制”的原则，对期货市场试点工作的指导、规划和协调、监管工作由证券委负责，具体工作由证监会执行。未经证券委批准，不得设立期货交易所（中心），一律暂停审批注册新的期货交易和经纪机构，取缔非法期货经纪活动。执法部门及其所属单位不得参与期货经纪活动。严禁用银行贷款从事期货交易。未经中国人民银行和国家外汇管理部门批准，一律不得从事金融期货业务和进行外汇期货交易。随着该通知的发布，中国期货市场规范整顿工作由此开始。

17 日，中国人民银行下发《关于严格控制开办金融期货业务的紧急通知》。该通知指出，有些地方未经中国人民银行批准，设立金融期货公司，有些非金融期货公司开办金融期货业务，在一定程度上扰乱了金融市场秩序。为了改变这种状况，维护金融市场健康发展，严加控制开办金融期货业务，设立金融期货公司必须经中国人民银行批准，非金融期货公司不得开展金融期货业务。鉴于金融期货业务风险大、投机性强，目前只限于在国务院同意的上海、广州、深圳三个城市试办金融期货公司。凡未经批准的金融期货公司一律撤销，凡未经批准私自开办金融期货业务的，必须立即停办。批准试办的金融期货公司，只能办理外汇期货业务，不得办理以人民币为结算单位的金融期货业务。

5 日　中共中央、国务院发布《关于当前农业和农村经济发展的若干政策措施》。国务院制定了稳定完善以家庭联产承包为主的责任制和统分结合的双层经营体制、深化粮食购销体制改革等 12 项措施。其中要求：为了切实加强农业的基础地位，要下决心调整国民收入分配格局，提高国家基本建设投资、财政预算内资金、信贷资金用于农业的比重。为此，中央和地方都要调整财政投资和银行信贷的结构，不仅要调整增量结构，还必须调整存量结构，真正向农业倾斜。国家在安排信贷计划时，要确保农业贷款增长率高于各项贷款平均增长率 2 个百分点以上，1994 年银行新增贷款规模中农业贷款的比重要达到 10% 以上，同时要完成收回农业贷款的任务。要加强各种农业资金的管理，提高使用效益，防止资金外流和挪用。积极推进农村金融体制改革，建立起能适应发展市场经济需要的农村金融新体制。抓紧组建农业政策性银行，把农村政策性金融和商业性金融业务分开，保证国家用于农业的各项资金能落实到位并有效运转。农村合作基金会要办成社区性的资金互助组织，不搞存贷业务，在社区范围内为农业、农民服务。

10 日　国家税务总局、中国人民银行、中国工商银行、中国农业银行、中国银行、中国人民建设银行联合下发《关于加强税款入库管理工作的紧急通知》。该通知要求：要严格遵守财金纪律，坚决杜绝和防止征收“过头税”，不得人为扩大税额；严禁用银行贷款清理企业欠税款；禁止用转账方式清理企业欠税；要严格按收入预算科目、级次和金库条例组织税款入库，不得拖延占压。

11～14 日　中共十四届三中全会在北京举行。全会通过了《中共中央关于建立社会主义市场经济体制若干问题的决定》。该决定共有 10 个部分 50 条：1. 我国经济体制改革面临的新形势和新任务。2. 转换国有企业经营机制，建立现代企业制度。3. 培育和发展市场体系。4. 转换政府职能，建立健全宏观经济调控体系。5. 建立合理的个人收入和社会保障制度。6. 深化农村经济体制改革。7. 深化对外经济体制改革。8. 进一步改革科技体制和教育体制。9. 加强法律制度建设。10. 加强和改善党的领导，为本世纪初步建立社会主义市场经济体制而奋斗。

该决定指出，建立社会主义市场经济体制，就是要使市场在国家宏观调控下对资源配置起基础性作用。为了实现这个目标，必须坚持以公有制为主体、多种经济成分共同发展的方针，进一步转换国有企业经营机制，建立适应市场经济要求，产权清晰、权责明确、政企分开、管理科学的现代企业制度；建立全国统一、开放的市场体系，实现城乡市场紧密结合，国内市场与国际市场相互衔接，促进资源的优化配置；转变政府管理经济的职能，建立以间接手段为主的完善的宏观调控体系，保证国民经济的健康运行；建立以按劳分配为主体，效率优先、兼顾公平的收入分配制度，鼓励一部分地区一部分人先富起来，走共同富裕的道路；建立多层次的社会保障制度，为城乡居民提供同我国国情相适应的社会保障，促进经济发展和社会稳定。这些环节既相互联系，又相互制约，构成社会主义市场经济体制的基本框架。建立社会主义市场经济体制是一件开创性的伟大事业。当前要紧紧推进建立现代企业制度、市场体系和金融、财税计划、投资、外贸等重点领域的改革，制订具体方案，采取实际步骤，取得新的突破。该决定提出，发展和完善以银行融资为主的金融市场，建立发债机构和债券信用评级制度，促进债券市场健康发展；规范股票市场和同业拆借市场，坚决制止和纠正违法违章的集资、拆借等行为。

21 日　美国花旗银行的中国区总部由香港移至上海。这是改革开放以来第一家外资银行总部进入中国境内。

12 月

1 日　中国人民银行发布《关于加强假币实物管理的通知》。针对全国伪造假币案大量增加，收缴假币数额大、品种多的问题，该通知规定：凡是企事业单位（如商店、邮局等直接办理现金收付业务的单位）发现假币后，应首先扣留假币，向用户开具由当地人民银行认可或提供的假币没收收据，然后持假币前往附近银行或储蓄所鉴别，如确认为假币，由鉴定单位加盖“假币”戳记，并交当地人民银行统一管理。假人民币由人民银行统一管理、销毁。

1～4 日　全国经济工作会议在北京召开。会议要求，全面贯彻党的十四届三中全会精神，加快社会主义市场经济体制的改革步伐，进一步扩大改革开放，加强和改善宏观调控，提高经济效益，保持国民经济持续、快速、健康的发展。要把经济发展的思路转变到以提高经济效益为中心的轨道上来，不能继续走盲目追求产值和扩大投资规模的粗放经营的老路。财税体制改革要迈出重大步伐，包括：一是进行税制改革，二是实行分税制，三是改革国有企业利润分配制度。金融改革方面，通过改革建立强有力的中央银行宏观调控体系，使中国人民银行成为真正的中央银行，能够有效地制定和实施货币政策，具有调控货币供应量和保持币值稳定的能力。要组建若干政策性银行，专业银行转为商业性银行，以实现政策性金融和商业性金融的分离。要在严格规范市场管理的前提下，进一步发展和搞活金融市场，特别是同业拆借市场，逐步建立国债市场，促进资金融通。要进一步改革外汇管理体制，逐步建立起以市场供求为基础的、有管理的单一浮动汇率制度，形成合理的汇率和调控机制。价格改革要积极推进，但步骤要稳妥，要充分考虑各方面的承受能力。要加快转化对外贸企业的经营机制，改革进出口管理，从以行政控制和审批为主，转变为以关税、汇率等经济杠杆调节为主。

5 日　中国人民银行召开全国分行行长会议，研究部署深化金融体制改革的各项政策措施。会议指出，在建立社会主义市场经济体制中，人民银行作为中央银行，其主要职能是：领导和管理全国金融事业，科学地制定和实施货币政策，保持货币的基本稳定；对金融机构实行严格的监管，维护金融体系安全、有效的运行。1994 年信贷资金体制的改革，一是要在坚持总量控制目标的前提下，探索运用货币供应量、信用总量、同业拆借利率和银行备付金率等中介操作目标；二是逐步改变中央银行通过对商业银行信用放款吞吐基础货币的传统方式，推广再贴现和开办国债、外汇为操作对象的公开市场业务；三是对商业银行与政策性银行的资金和业务分开管理，割断中央银行基础货币供应与政策性贷款的直接联系。

6日 中国农业银行51家分行开通SWIFT（国际银行间金融电讯协会）网络，成为国内第一家完全实行分行收、发SWIFT报文的专业银行。开通SWIFT网络的农业银行各分行可以直接通过SWIFT网络与境外行办理外汇结算业务、收付汇业务及有关查询、确认，大大提高了经济效益。

7～11日 “国际金融、银行技术及设备展览（Banking China，1993）”在北京中国国际展览中心举行。此次展览由中国人民银行科技司、雅式展览服务有限公司主办，各专业银行科技部及电脑部协办，参展商来自10多个国家和地区，世界著名的银行保安、电脑、通信、自动化设备商，如迪吉多、惠普、天腾电脑、日立、熊平、富士、精工、GD、迪堡、西门子、柯达、日本电信电话数据、新加坡电脑系统、ISC系统、得利来系统、达科数据、英之杰等公司展出了最新的金融和银行的先进设备，包括：自动柜员机、自动存款机、POS网络系统、证券交易系统、保安系统、金融资讯系统等。

13日 国务院发布《中华人民共和国企业所得税暂行条例》。主要内容：中华人民共和国境内的企业除外商投资企业和外国企业外，应当就其生产、经营所得和其他所得，依照该条例缴纳企业所得税；所得税税率为33%；企业所得税由纳税人向其所在地主管机关缴纳；缴纳所得税按年计算，分月或分季预缴，年终后多退少补。该暂行条例自1994年1月1日起施行。1994年2月4日财政部发布《中华人民共和国企业所得税暂行条例实施细则》。

14日 国务院证券委员会发布《关于法人股流通试点有关问题的通知》。针对部分地区未经国家有关部门批准擅自进行法人股流通转让的做法，该通知规定：在国家有关法人股流通转让试点办法颁布之前，暂不扩大法人股流通转让试点；在国务院正式批准法人股流通办法前，各地不得擅自进行法人股流通转让。

17日，中国证监会发布《关于法人股流通转让试点问题的通知》。该通知指出中国证券交易系统有限公司于1993年12月15日擅自将6只法人股在系统挂牌，中国证监会决定，停止这六只新上市法人股在系统的流通并对中国证券交易系统有限公司进行处理。证监会重申，在国家有关法人股流通转让管理办法颁布之前，各地一律不得擅自进行法人股流通转让，对违规者，将按国家有关法规严肃处理。

15日 国务院作出《关于实行分税制财政管理体制的决定》。国务院确定从1994年1月1日起改革现行地方财政包干体制，对各省、自治区、直辖市以及计划单列市实行分税制财政管理体制。分税制改革的原则和主要内容是：按照中央与地方政府的事权划分，合理确定各级财政的支出范围；根据事权与财权相结合的原则，将税种统一划分为中央税、地方税和中央地方共享税，并建立中央税收和地方税收体系，分设中央与地方两套税务机构分别征管；科学核定地方收支数额，逐步实行比较规范的中央财政对地方的税收返还和转移支付制度；建立和健全分级预算制度，硬化各级预算约束。

△ 上海证券交易所正式开办国债回购业务。按交易期限的不同，国债回购交易分为六个品种，分别是3天、7天、14天、28天、91天和182天。国债回购业务实行竞价交易，融资方（资金需求方）和融券方（资金供给方）按照每百元资金应收（付）的年收益率报价，报价时可省略百分号，直接输入年收益率数值，并限于小数点后3位有效数字，最小的报价变动单位是0.005个百分点或其整数倍，交易方向以到期时国债的交付方向为准，如融资方开始时卖出国债得到资金，到期时偿还本息买回国债，他的交易方向就是买进；反之，融券方的交易方向为卖出。

17日 中国证监会发布《关于上市公司送配股的暂行规定》。该暂行规定明确：上市公司向股东配股的条件是：上市公司向股东配股距前一次发行股票的时间间隔不少于12个月；前一次发行股票所募集的资金用于规定用途；公司须连续2年盈利；近三年无重大违法行为；本次配股募集资金的用途符合国家产业政策规定；配售的股票限于普通股；配售的股份总数不超过公司原有总股本的30%，发行B股和H股的上市公司，还应遵守有关该类别股份的其他法规的规定；配售发行价格不低于本次配股前最新公布的公司财务报告中每股净资产值。上市公司向股东送股的条件是：已按规定弥补亏损（如果有的话）、提取法定盈余公积金和公益金；动用公积金送股后留存的法定盈余公积金和资本公积金不少于股本的50%；发送的股票限于普通股；因送股增加的股本额与同一财务年度内配股增加的股本额之和不超过上一个财务年度截止日期的股本额。该暂行规定还明确了上市公司向股东送、配股的程序和信息披露的要求。

20日 中国人民银行下发《关于继续纠正清收违章拆借的几项政策规定》。该规定明确：清收违章拆借工作已取得阶段性成果，下一步要遵照朱镕基副总理“要建立一套制度来收回违章拆借资金”的指示，制定切合实际的政策，做到区别对待、有堵有疏，将清收违章拆借转为经常性工作常抓不懈。针对当前存在的问题和实际情况，制定了10条新的纠正和清收违章拆借的政策：1. 核实认定各家银行截至1993年年底未收回的违章拆出资金余额。2. 坚决纠正违章拆借合同。3. 对尚未收回的拆借资金要进行分类排队，区别对待，运用多种手段清收。4. 对于用拆借资金搞房地产的，要区别不同情况进行清收。5. 对于用拆借资金参股、投资的，要督促对方尽可能将股权转让，收回资金归还拆借款。6. 对将拆借资金用于固定资产投资的，如投资项目属国家产业政策规定优先发展的项目，且项目建成效益好，能按期偿还贷款，可在国家下达固定资产贷款规模之内转为贷款。7. 凡银行拆出资金用于解决企业生产、经营流动资金困难的，只要符合贷款条件，可在下达贷款规模内逐步转为贷款。8. 对由地方政府或财政部门出面要银行办的拆借，或通过拆借发放贷款的，要由地方政府或财政部门安排归还拆借的资金来源，或从地方财政预算、财政信用中分期归还。9. 银行通过拆借向所办经济实体注入的资金，要在办理脱钩的同时，理顺资金关系，落实债权、债务，落实收回拆借进度。10. 加强对未收回拆借资金的风险管理，确保资金的安全。

25日 国务院公布《关于金融体制改革的决定》。该决定提出：金融体制改革目标是，建立一个在国务院领导下，独立执行货币政策的中央银行宏观调控体系；建立一个在中央银行领导下的，政策性金融与商业性金融相分离，以国有商业银行为主体，多种金融机构并存的金融体系；建立统一开放、有序竞争、严格管理的金融市场体系。把中国人民银行办成真正的中央银行，人民银行今后将成为在国务院领导下独立执行货币政策的中央银行，不再直接承担大量政策性信贷任务和其他财政性融资职能。中央财政收支差额通过发行国债解决，不再向银行透支。新成立国家开发银行、中国进出口银行和中国农业发展银行三大政策性银行，负责政策性信贷业务。政策性银行业务上接受人民银行监督，不能从事商业性业务，不能与商业银行及其他金融机构竞争业务；但是政策性银行也不是第二财政，不能无限制地扩大政策性贷款数量。政策性银行组建后，原来的国家专业银行将逐步转变为责、权、利相结合，以及相互制约、自主经营、自担风险、自负盈亏、自我发展的商业银行，并鼓励和保护各商业银行实行存贷款利率在中央银行规定的基准利率上下限内浮动，开展合理竞争，允许业务交叉，面向市场，在竞争中求生存和发展。

△ 第八届全国人民代表大会常务委员会第五次会议通过《中华人民共和国公司法》（以下简称《公司法》）。《公司法》共11章230条，分别对有限责任公司的设立和组织机构、股份有限公司的设立和组织机构、股份有限公司的股份发行和转让、公司债券、公司财务与会计、公司合并与分立、公司破产解散和清算、外国公司的分支机构、法律责任等内容作了具体规定，自1994年7月1日起施行。1999～2005年，《公司法》作了三次修正。

28日 中国人民银行发布《关于进一步改革外汇管理体制的公告》。为了促进社会主义市场经济体制的建立和进一步对外开放，推动我国国民经济的持续、快速、健康发展，根据国务院的决定，对我国外汇管理体制进行重大改革。从1994年1月1日起，实现汇率并轨，实行以市场供求为基础的、单一的、有管理的浮动汇率制；取消外汇指令性计划和外汇留成，国家主要运用经济、法律手段实现对外汇的国际收支的宏观调控；实行外汇指定银行的结售汇制度；建立银行的外汇交易市场，改进汇率形成机制；主要运用经济、法律手段实现对外汇和国际收支的宏观控制；实现人民币在经常项目下的有条件的可兑换；外汇券停止发行；禁止外币在境内计价结算和流通，严格外债管理，建立偿债基金，确保国家的对外信誉。

31日，中国人民银行新闻发言人就该公告中关于停止发行外汇兑换券后的有关事宜强调：外汇兑换券仍照常使用，收券机构不得擅自涨价。1994年1月1日以后，这些机构所有的外汇券和外汇券存款仍按1993年12月31日的官方汇率，即1美元兑5.80元人民币，到银行兑换成外汇或办理结算。办理兑换和结算不受时间限制。

31日 国务院发布《中华人民共和国增值税暂行条例》。主要内容：在中华人民共和国境内销售货物或者提供加工、修理修配劳务以及进口货物的单位和个人应当依照本条例缴纳增值税；增值税税率由国务院决定；纳税人兼营不同税率的货物或者应税劳务，应当核算不同税率货物或者应税劳务的销售额；销售额以人民币计算，以外汇结算销售额的，应当按外汇市场价格折合成人民币计算；农业生产者销售的自产农产品、外国和国际组织的无偿援助、来料加工、来件装配和补偿贸易等可免征增值税；增值税由税务机关征收，进口货物由海关代征；纳税人的纳税期限由税务机关根据纳税人应纳税额的大小分别核定。该暂行条例自1994年1月1日起施行。

△ 财政部、中国人民银行、中国证监会联合印发《中华人民共和国国债一级自营商管理办法》。该管理办法规定：国债一级自营商可直接向财政部承销和投标国债，并通过开展分销、零售业务，促进国债发行，维护国债市场顺畅运转。凡具备规定资格条件的金融机构均可向财政部提出成为国债一级自营商的书面申请，并提交有关报表资料。财政部会同人民银行和中国证监会共同负责国债一级自营商资格的审查确认事宜，并颁发“资格证书”，通过大众传播媒介公布其名单，同时，每年对国债一级自营商的资格进行一次复审。国债一级自营商未履行承购包销合同的，按每期承购包销合同规定的处罚办法执行；对利用国债代保管凭证等手段，超售国债为本单位筹资的，没收其全部超售金额，并处以超售额30%～100%的罚款；违反本办法有关规定或未履行规定义务，情节严重者，经财政部、人民银行和证监会三方共同裁定，有权在一定时间内停止或永久性取消其国债一级自营资格及与之相关联的权利，并通过新闻媒介予以公布。该管理办法共有7章31条，对国债一级自营商的资格条件、享有的权利、须履行的义务以及国债一级自营商的申请、审查和确认等作了具体规定。

1994 年

1 月

1 日 我国实施新的外汇管理体制。人民币官方汇率与外汇调剂市场汇率并轨，实行单一的、有管理的浮动汇率制；取消外汇留成和上缴，中资企业开始向银行结汇；外汇券停止发行，禁止外币在境内计价、结算和流通。当日人民币兑美元汇价由 5.8 元人民币/美元下调到 8.7 元人民币/美元。

5 日 国务院发布《关于中国证券监督管理委员会列入国务院直属事业单位序列的通知》。根据中国证监会的职责、任务和开展工作的需要，国务院决定中国证监会为国务院直属事业单位。

8 日 大亚湾核电站完成首次对外还款。根据英国、法国对大亚湾核电站项目出口信贷的规定，1994 年 1 月 7 日是大亚湾核电站第一次对外还款日。偿还外债中的 8.5 亿法国法郎按 1 美元兑 6.13 法郎远期交割价买入，1 950 万英镑按 1 英镑兑 1.39 美元买入。2 月 6 日，大亚湾核电站正式投产。中国人民保险公司是大亚湾核电站的独家承保人，共承担 31.6 亿美元的风险责任。

11 日 国务院发布《关于进一步深化对外贸易体制改革的决定》。国务院决定：在金融、财税、投资、外汇等重点领域进行重大改革的同时，进一步深化对外贸易体制改革。外贸体制改革的目标是：统一政策、放开经营、平等竞争、自负盈亏、工贸结合、推行代理制，建立适应国际经济通行规则的运行机制。具体规定为：1. 从1994 年 1 月 1 日起，国家实行新的外汇管理体制。外商投资企业的外汇管理仍先按现行办法进行。作为一项过渡措施，改革初期对出口企业按结汇额的 50% 在外汇指定银行设立台账，出口所需用汇及贸易从属费，凭规定的有效凭证，由银行在其台账余额内办理兑付；超过台账余额的用汇，仍持有效的凭证到外汇指定银行办理兑付。2. 国家不再给各省、自治区、直辖市及计划单列市和进出口企业下达外贸承包指令性计划指标，对进出口总额、出口收汇和进口用汇实行指导性计划管理，对企业的经营目标进行引导。对少数重要的进出口商品实行配额控制。实行有利于外贸出口发展的信贷政策，银行对各类外贸企业出口贷款予以优先安排，贷款规模的增长与出口的增长保持同步。设立中国进出口银行，为机电产品、成套设备等资本货物进出口提供政策性金融支持。3. 转换外贸企业经营机制，逐步建立现代企业制度。4. 强化进出口商会的协调服务职能，完善外贸经营的协调服务机制。5. 保持外贸政策的统一性，增强外贸管理的透明度。

12 ~ 15 日 全国金融工作会议在北京召开。会议确定 1994 年金融工作的方针是：继续整顿金融秩序，稳步推进金融改革。严格控制信用总量，切实加强金融监管。国务院副总理兼中国人民银行行长朱镕基在会上强调：1. 要严格控制今年的信贷规模总量。主要是控制各级银行的固定资产投资贷款。各级银行对于超过贷款规模总量的项目、未经批准开工的项目、化整为零的项目，一律不予贷款，一个项目也不许贷，一块钱也不能超过。谁用不正当的手段突破信用总量，就要追查谁的责任。2. 在政策性业务分离出去以后，各专业银行要向商业银行过渡。各专业银行先实行贷款限额控制下的资产负债比例管理，逐步建立自我约束和风险责任机制，做到自主经营、自负盈亏。要配合《中华人民共和国企业

银行的主要任务是，以转贷国际金融机构和外国政府贷款为主，兼办人民币大额定期存款和中、长期贷款，对企业提供外汇、人民币信贷及其相关服务，促进国民经济发展。业务范围包括：吸收人民币大额定期存款；发放人民币中期和长期贷款；通过借款和境外发债筹集资金，包括转贷国际金融机构和外国政府贷款；办理票据承兑、贴现和存单转让；办理国内外结算、汇兑，代理收付款项；提供信用证服务及担保；代理发行、兑付政府债券和公司债券；办理经国家外汇管理局批准的外汇业务；经营投资，办理融资租赁，提供咨询服务；办理政府、中国人民银行、政策性银行及企业委托和代理业务；经中国人民银行批准的其他业务。董事会是中国投资银行的决策机构，负责中国投资银行的重大决策，向中国人民建设银行负责。董事会由中国人民建设银行委派的9名董事组成，董事长由中国人民建设银行行长担任。

28日 中国人民银行印发《关于向金融机构投资入股的暂行规定》。该规定指出：1. 各党政机关、部队、团体以及国家事业单位，除国务院批准或法规及中国人民银行规章规定外，一律不得向金融机构投资。2. 各级地方财政部门经当地政府同意，由中国人民银行核实，可以用财政节余资金向金融机构投资。3. 国家开发银行、中国农业发展银行、中国进出口银行等政策性银行一律不得向金融机构投资。4. 中国工商银行、中国农业银行、中国人民建设银行、中国银行未经中国人民银行批准，一律不得向金融机构投资。5. 其他商业银行、信托投资公司、企业集团财务公司、融资租赁公司在规定的前提下，可向金融机构投资。6. 保险公司向金融机构投资累计金额不得超过该公司资本金的25%。7. 城市信用合作社、农村信用合作社除按中国人民银行规定的比例可向信用合作社联社、合作银行投资外，不得向其他金融机构投资。8. 证券公司可用资本金向金融机构投资，其投资累计金额不得超过资本金的20%。9. 各金融机构分支机构一律不得向金融机构投资。10. 各金融机构向其他金融机构的投资入股数额，在计算资本充足率时，必须等额核减自身的资本金。11. 工商企业向金融机构投资必须符合相关规定。12. 外资、中外合资金融机构和企业均不得向中资金融机构投资。13. 严禁工商企业与金融机构之间、金融机构之间以换股形式相互投资。14. 未经中国人民银行总行批准，金融机构（城市信用合作社、农村信用合作社除外）不得向个人募集股本。15. 单个股东投资金额超过金融机构资本金10%以上的，必须报经中国人民银行批准。

29日 《人民日报》发表中国证监会与国务院有关部门共商稳定和发展股票市场的措施：1. 在股票供应方面，进一步放慢发行和上市节奏，年内除已发行尚未上市的股票外，暂停新股发行和上市，并严格控制配股规模；2. 在资金投入方面，发展国内投资共同基金，培育机构投资者，试办中外合资基金管理公司，逐步吸引外国基金进入A股市场；3. 有选择地对资信和管理好的证券机构进行融资。上述俗称的“三大政策”引发股价上涨。其中，上证指数从当日收盘的333.92点，涨至9月13日的1 052.94点，累计涨幅为215.33%。

8月

4日 国务院发布《关于股份有限公司境外募集股份及上市的特别规定》。该特别规定明确：股份有限公司经国务院证券委员会批准，可以向境外特定的、非特定的投资人募集股份，其股票可以在境外上市（以下简称境外上市外资股）。境外上市外资股采取记名股票形式，以人民币标明面值，以外币认购。境外上市外资股在境外上市，可以采取境外存股证形式或者股票的其他派生形式。国务院证券委员会或中国证监会，可以与境外证券监督管理机构达成谅解、协议，对公司向境外投资人募集股份并在境外上市及相关活动进行合作监督管理。公司向境外投资人募集股份并在境外上市，应当按照国务院证券委员会的要求提出书面申请并附有关材料，报经国务院证券委员会批准。向境外投资人募集股份并在境外上市的公司向境内投资人发行的股份（以下简称内资股），采取记名股票形式。经国务院证券委员会批准的公司发行境外上市外资股和内资股的计划，公司董事会可以作出分别发行的实施安排。该特别规定还明确了股票发行、信息披露、股东权益、股东大会等方面的内容。

5日　中国人民银行发布《金融机构管理规定》。该规定包括总则、金融机构设立的原则和条件、金融机构审批的权限和程序、许可证管理、资本金或营运资金管理、法定代表人及主要负责人的任职资格审查、金融机构的变更、金融机构的终止、年检与日常检查、罚则、附则共11章64条。其适用范围为：政策性银行、商业银行及其分支机构、合作银行、城市或农村信用合作社、城市或农村信用合作社联合社及邮政储蓄网点；保险公司及其分支机构、保险经纪人公司、保险代理人公司；证券公司及其分支机构、证券交易中心、投资基金管理公司、证券登记公司；信托投资公司、财务公司和金融租赁公司及其分支机构，融资公司、融资中心、金融期货公司、信用担保公司、典当行、信用卡公司；中国人民银行认定的其他从事金融业务的机构。

主要内容是：中国人民银行及其分支机构是金融机构的主管机关，依法独立履行对各类金融机构设立、变更和终止的审批职责，并负责对金融机构的监督和管理。任何地方政府、任何单位、任何部门不得擅自审批或干预审批。对未经中国人民银行批准设立金融机构或经营金融业务的，各金融机构一律不得为其提供开户、信贷、结算及现金等服务。申请设立金融机构应具有符合中国人民银行规定的最低限额以上的人民币货币资本或营运资金。经营外汇业务的，另应具有符合规定的外币资本或营运资金。名称中未冠“中国”、“中华”字样的全国性金融机构，由中国人民银行总行审批。非全国性的、具有法人资格的各类银行、金融性公司以及城市信用合作社联合社，银行的分行，保险公司及其他金融性公司的分公司，试办性金融机构及区域性金融机构跨省区设立的分支机构经当地中国人民银行省级分行审核同意后，报中国人民银行总行批准。在行政区内设立银行的支行和办事处，保险公司设立支公司及其他金融性公司设立办事处由当地中国人民银行省级分行审批，向中国人民银行总行备案。设立城市信用合作社由当地中国人民银行省级分行在总行下达的指标内审核、批准，同时抄报总行备案。金融机构的资本金或营运资金来源应是投资者有权支配的自有资金，不得以借入资金、债权作为资本金。金融机构设立的分支机构一律不得具有法人地位，分支机构应具有规定数额的营运资金，其营运资金由总行（总公司）从资本金或公积金中拨付，累计拨付总额不得超过总行（总公司）资本金的60%。

△　财政部、中国人民建设银行联合发布《关于财政部收回原委托中国人民建设银行的代行财政职能的通知》。该通知决定：从1994年9月1日起，财政部收回原委托中国人民建设银行代理行使的财政职能。财政部对各部门、各地区下达基本建设、地质勘探费支出预算，调整、划转预算指标并负责办理拨款；对国家开发银行、各有关主管部门下达基本建设经营性基金指标。以前年度形成的政策性基本建设贷款财政贴息，由中国人民建设银行对贷款项目提出贴息意见，报财政部、国家计委核准后，办理并拨付贴息资金。财政部制定基本建设、地质勘探以及施工、房地产开发企业的财务制度；负责审批中央级基本建设、地质勘探经费年度财务决算和施工、房地产开发企业年度财务决算。

9日　深圳证券交易所、深圳证券登记公司联合发布《深圳证券交易所国债期货业务暂行办法》。该暂行办法包括总则、国债期货商的资格及业务管理、交易、保证金与结算、费用、附则共6章65条。主要规定：交易所会员和非会员法人机构自营或代理交易所国债期货交易须向交易所申请并获批准。国债期货商必须具备良好的信誉和经营业绩、资本金在500万元人民币以上等资格。凡国家法令允许参与国债期货交易的投资者，均可通过交易所国债期货商买卖在交易所挂牌的国债期货。投资者买卖国债期货，事先须选定某一国债期货商作为其经纪商，并向该经纪商申请开立“国债期货账户”，填写“国债期货开户登记表”，与国债期货商签署“国债期货交易委托协议书”。交易所根据上市国债的情况，确定国债期货交易的品种。开仓时每口合约须交纳保证金（投资者不少于150元，国债期货商60元）。因国债期货价格波动而出现浮动亏损，致使保证金低于规定数额时（投资者为80元，期货商为60元），需要追收保证金达到开仓时的数额。如追收失败，须进行强制平仓。对于经营管理不善或违反本办法的国债期货商，交易所和登记公司除参照现行交易清算有关规定进行处罚外，有权暂停或取消其在交易所从事国债期货业务的资格。

该暂行办法于1995年4月3日作了修订，国债期货商的资本金由500万元改为1 000万元以上。开仓保证金、追收保证金均改为不少于1 550元人民币，并增加规定：进入交割月份后，国债期货保证金提高至每口合约3 000元，在最后交易日前的第7个营业日，多空双方应交纳价值不低于其多空净持仓额50%的现金或国债；在最后交易日前的第3个营业日，多空双方应交纳价值不低于其净持仓额85%的现金或国债。交易所有权根据市场状况和国家有关规定调整上述保证金比率。

15日 中国人民银行召开全国分行行长座谈会。国务院副总理兼中国人民银行行长朱镕基在会上指出，下半年经济工作的重要任务是集中力量整顿流通环节，稳定市场物价。银行工作要继续加强宏观调控，严肃整顿金融秩序，深化金融体制改革。对深化金融体制改革问题，朱镕基说，商业银行改革要跨出关键性的步伐，在国家专业银行进一步向商业银行转变的同时，要在整顿现有非银行金融机构和规范城市信用社的基础上组建城市合作银行。在深化中央银行的改革中，一要改善调控方式，从运用贷款规模的直接调控向运用利率、公开市场操作和存款准备金的间接调控转变；二要加强监管，依法对所有金融机构进行监督管理，维持健康的金融秩序。

△ 深圳证券交易所首次颁布《债券回购交易暂行办法》。该暂行办法规定：回购交易是指买卖双方在债券现货成交（初始交易）的同时，约定在未来既定的日期以既定的价格实行反向成交的交易方式。每一回购合约的标的为20 000元面值的国库券。债券回购业务以面额百元为报价单位，以0.01元人民币为价格升降单位。债券回购期限暂定为7日、14日、30日、60日、90日、180日、270日7种。债券到期购回价实行电脑竞价。在回购交易中，证券商不得允许客户及自身进行卖空，每一债券交易商的卖出净额（卖出总额－买入总额）不得超过其库存债券总额。回购交易手续费，投资者为3‰，债券交易商为0.01‰。

深圳证券交易所自1994年10月12日起开办场内国债回购业务并公布场内回购品种，上市的回购品种的期限有30日、60日和90日；1995年7月3日，又增加了7日、14日、180日和270日4个品种；1999年8月1日，调整为3日、4日、7日、14日、28日、63日、91日、182日、273日共9种。

24日 中国人民银行发布《关于调整白银经济政策问题的通知》。该通知规定：1. 将白银收售定价方式由现行的固定方式改为浮动方式，白银的收购价格按低于国际市场银价10%的水平制定，白银的配售价格与国际市场银价一致，并按国内外汇市场的平均汇率折合人民币计算。2. 白银价格调整后，取消现行白银开发基金、地质勘探基金、低息贷款等优惠政策。白银生产建设所需的银行贷款与黄金行业实行同一政策。对白银的生产和银行配售环节的税收问题，也比照黄金税收政策执行。3. 新的白银价格体系建立后，国家对白银仍实行统收统配政策，严禁倒买倒卖和私自买卖白银及相关产品，凡违反规定者，要依法追究其责任。该通知对白银的收购价格、配售价格、联行调拨价格作了具体规定，自1994年8月1日起执行。

29日 深圳证券交易所调低A股交易手续费，由异地5‰、本地4‰统一调至3.5‰。

9月

1日 中国人民银行发布《有价证券抵押贷款暂行规定》。该暂行规定明确：抵押贷款的抵押品暂限于国库券和政策性融资债，发放的对象为在人民银行开户的国家专业银行和其他商业银行。有价证券抵押贷款的期限不得超过抵押证券的有效期限，最长不得超过6个月。有价证券抵押贷款利率按同期人民银行再贷款利率执行，并实行按季结息。中国人民银行同时制定了《有价证券抵押贷款账务处理办法》。

8日 最高人民法院发布《关于办理伪造国家货币贩运伪造的国家货币走私伪造的货币犯罪案件具体应用法律的若干问题的解释》。该解释中关于伪造国家货币罪的认定为：仿照国家货币的图案、形状、色彩等，使用各种方法，非法制造假货币，冒充国家货币的行为，对国家货币采用剪贴、挖补、揭层、涂改等方法加工处理，使国家货币改变形态、升值的变造国家货币行为。关于贩运伪造的国家货币罪的认定为：明知是伪造的国家货币，而予以买卖、携带或者运输的行为。关于走私伪造的货币犯罪行为的认定为：明知是伪造、变造的货币，而运输、携带、邮寄进出国（边）境的行为以及直接向走私犯罪分子收买其走私的伪造的货币。最高人民法院还对不同程度伪造国家货币罪、贩运伪造的国家货币罪的处罚标准作了规定。

26日 中国人民银行颁布《关于加强银行结算工作的决定》。针对不少银行、城乡信用社和企业不讲信用，不执行结算纪律，结算秩序混乱，结算速度慢，在途时间长等现象，该决定明确：1. 严格结算纪律，切实纠正违规违纪行为。银行不准以任何理由压票、任意退票、截留挪用客户和他行资金、受理无理拒付、不扣少扣滞纳金；不准在结算制度之外规定附加条件，影响汇路畅通；不准违反规定开立账户；不准拒绝受理、代理他行正常结算业务；不准放弃对企业单位违反结算纪律的制裁；不准违章承兑、贴现商业汇票和逃避承兑责任，拒绝支付已承兑的商业汇票票款；不准超额占用联行汇差资金，转嫁资金矛盾；不准逃避向人民银行转汇大额汇划款项和清算大额银行汇票资金。2. 加强人民银行对结算工作的领导和监管。银行结算制度的制定权集中于中国人民银行，任何部门和银行不得补充和变更。3. 强化银行内部结算管理，准确、及时地办理结算。各级银行实行结算岗位责任制度、结算质量考核制度、结算纪律检查制度。要实行“三公开一监督”：各基层银行要向客户公开结算方式，公开银行的结算业务处理时间和到账参考时间，公开企业办理结算的注意事项，实行客户公开监督。要确定银行办理结算的时间标准。4. 加强账户管理，规范账户的开立和使用。企事业单位的账户划分为基本存款账户、一般存款账户、临时存款账户和专用存款账户。一个企事业单位只能选择一家银行的一个营业机构开立一个基本存款账户，用于办理日常转账结算和现金收付，其工资、奖金等现金的支取只能通过基本存款账户办理。企事业单位可以在其他借款银行的一家营业机构开立一般存款账户，用于办理转账结算和现金缴存，但不能办理现金支取。5. 完善托收承付和委托收款办法。使用托收承付方式的单位，必须是国有企业、供销合作社以及经营管理好的城乡集体所有制工业企业。办理托收承付的款项，必须是商品交易以及因商品交易而产生的劳务供应的款项。6. 发展信用支付工具，大力推行使用票据。要积极推行商业汇票，改革银行汇票，扩大支票的使用范围和对象。7. 改革联行清算制度，畅通汇路。要在全国建立统一的联行清算体系。参加同城票据交换的各银行，跨系统10万元（含）以上的汇划款项，应通过人民银行转汇；50万元（含）以上的银行汇票和系统内50万元（含）以上的大额汇划款项，必须通过人民银行清算资金和转汇。8. 严肃法纪，惩处违章违纪行为。9. 健全结算管理机构，加强结算队伍建设。

10月9日，中国人民银行颁发了《违反银行结算制度处罚规定》，对各种违反银行结算制度的单位和个人规定了具体的惩罚办法，自1994年11月1日施行。

28日 中国证监会发布《关于执行〈公司法〉规范上市公司配股的通知》。该通知规定：上市公司向股东配股须经省、自治区、直辖市及计划单列市政府或中央企业主管部门审批，并报中国证监会复审。上市公司向股东配股必须符合下列基本条件：配股募集资金的用途必须符合国家产业政策的规定；前一次发行的股份已经募足，并间隔一年以上；公司在最近3年内连续盈利，公司净资产税后利润率3年平均在10%以上，属于能源、原材料、基础设施类的公司可以略低于10%；最近3年内财务会计文件无虚假记载或重大遗漏；公司预期利润率达到同期存款利率水平；配售的股票限于普通股；一次配股发行股份总数，不得超过该公司前一次发行并募足股份后其普通股股份总数的30%。到境外募集股份并上市的股份有限公司同时在境内发行股票并上市的，原则上应遵守本规定。中国证监会1993年《关于上市公司送配股的暂行规定》和1994年《关于做好上市公司送配股复核工作的通知》从即日起停止执行。

29日 国务院批转中国人民银行《关于加强金融机构监管工作的意见》。其中指出：1. 中国人民银行是国务院授权的金融主管部门，依法履行对各类金融主管机构的设立、变更和终止的审批职责。未经人民银行批准擅自经营金融业务的，一律为非法经营，要依法予以处理。2. 对中国人民银行各级分行越权批准设立的金融机构要进行清理。3. 财政部门办的证券机构必须尽快与财政部门脱钩。4. 邮政网点办理居民储蓄业务必须符合储蓄机构设置的条件，并领取经营金融业务许可证。5. 对农村合作基金会违规办理存贷款业务的行为进行处理。6. 中国人民银行作为典当业务的主管部门，负责典当机构设立的审批和业务管理，对现有典当机构要进行清理和规范，对超业务范围办理银行业务的限期予以纠正。7. 中国人民银行会同同级计划部门要加强对企业债券和彩票的管理，未经中国人民银行批准，一律不得向社会集资和擅自发行彩票。8. 除国家授权机关批准外，任何党政机关、部队、团体以及其他国家预算内事业单位、国家政策性金融机构，都不得向金融机构投资入股。地方财政部门、工商企业和法人金融机构向金融机构投资入股，要符合中国人民银行规定的条件和投资比例。

△ 国务院办公厅转发《国务院证券委员会关于暂停粳米、菜籽油期货交易和进一步加强期货市场管理的请示》。针对期货交易中出现了过度投机，少数会员所持合约量过大，买卖双方对峙的现象，国务院证券委员会决定：暂停粳米、菜籽油期货交易，各交易所均不得推出新的粳米、菜籽油期货合约。未经中国证监会批准，不得推出新的期货品种。严禁用银行贷款或拆借资金参与期货交易，任何金融机构均不得出具期货交易保函证明，禁止任何期货交易所接受银行保函作期货交易保证金。

10月

7日 中国人民银行发布《关于清理越权批设的信用卡公司有关问题的通知》。要求将各分行越权批设的信用卡公司一律改为信用卡业务部，除按规定吸收备用金和保证金存款外，不得吸收其他存款。

9日 中国人民银行发布《异地托收承付结算办法》。异地托收承付是根据购销合同由收款人发货后委托银行向异地付款人收取款项，由付款人向银行承诺付款的结算方式。该办法规定：使用异地托收承付结算方式的单位，必须是国有企业、供销合作社以及经营管理较好，并经开户银行审查同意的城乡集体所有制工业企业。办理异地托收承付结算的款项，必须是商品交易以及因商品交易而产生的劳务供应的款项。异地托收承付结算每笔的金额起点为10万元。付款人在承付期满日银行营业终了时，如无足够资金支付，其不足部分，即为逾期未付款项，按逾期付款处理。该办法自1995年1月1日起施行。

20日 中国证监会发布《关于批准试点期货交易所的通知》。经国务院同意，批准北京商品交易所、上海金属交易所、上海粮油商品交易所、沈阳商品交易所、大连商品交易所、苏州商品交易所、郑州商品交易所、广东联合期货交易所、深圳有色金属期货联合交易所、海南中商期货交易所、重庆商品交易所等11家期货交易所为我国试点的期货交易所。天津联合期货交易所、成都联合期货交易所、上海商品交易所和长春商品交易所分别由同一城市的几家交易所合并组成。未列入试点的期货交易所，不得再冠以交易所的名称，不得进行期货合约买卖。

12 月 28 日，天津联合期货交易所和长春联合商品交易所完成合并。中国证监会在发出《关于批准天津联合期货交易所和长春联合商品交易所为试点期货交易所的通知》中强调：期货市场的政策性强，风险大，要在国家的严格监控下运行。1995 年和 1996 年，上海商品交易所和成都联合期货交易所相继完成合并。

25 日　国务院发布《关于在若干城市试行国有企业破产有关问题的通知》。为了配合在 18 个城市（上海、天津、齐齐哈尔、哈尔滨、长春、沈阳、唐山、太原、青岛、淄博、常州、蚌埠、武汉、株洲、柳州、成都、重庆、宝鸡）开展企业优化资本结构试点工作，该通知规定：实施企业破产必须首先安置好破产企业职工。银行因企业破产遭受的贷款本金、利息损失，应当严格按照国家有关规定，经国家有关银行总行批准后，分别在国家核定银行提取的呆账准备金和坏账准备金控制比例内冲销。该通知对破产企业土地使用权的处置、破产财产的处置、担保的处理、破产企业职工的安置、破产企业的整体接收、濒临破产企业的重组、实施企业破产的组织领导等内容作了具体规定。

△　中国人民银行发布《关于印发“中国证券交易系统有限公司政策性金融债券（非实物）登记、托管、清算、交割实施细则”（暂行）的通知》。该通知决定：今后政策性银行发行政策性金融债券、人民银行办理有价证券抵押贷款以及金融机构之间办理政策性金融债券的抵押、贴现和回购业务时，有关政策性金融债券（非实物）的登记、托管和过户事项，委托中国证券交易系统有限公司办理。

《中国证券交易系统有限公司政策性金融债券（非实物）登记、托管、清算、交割实施细则》分为总则、债券发行、登记与托管、债券交易、债券过户、还本付息、附则。主要规定：中国人民银行是债券发行的主管机关，债券认购对象是人民银行指定的专业银行、商业银行、农村信用合作社、城市信用合作社、邮政储蓄机构及其他金融机构。债券发行采用无纸化方式。债券认购方式为计划配购方式和认购方式。债券经登记托管后，托管账户持有人即可按人民银行的有关规定，办理债券的抵押、贴现、回购业务。债券的贴现、回购业务按照场外买断交易来进行清算和交割。债券还本付息业务是指债券到期后由发行人一次性向认购单位偿付本金和利息。

政策性金融债　政策性金融债是我国政策性银行（国家开发银行、中国进出口银行、中国农业发展银行）为筹集信贷资金，经中国人民银行批准，采取计划派购或市场化的方式，向国有商业银行、区域性商业银行、商业保险公司、城市合作银行、农村信用社、邮政储蓄局等金融机构发行的债券。中央国债登记结算有限责任公司是政策性金融债券的托管人，负责金融债券发行的登记、托管和结算。全国银行间债券市场（即同业拆借市场）是政策性金融债的交易场所。作为规模仅次于国债的债券，政策性金融债券有力地支持了国家大中型基础设施、基础产业、支柱产业的发展，对缓解“瓶颈”制约、调整产业和区域经济结构，以及促进整个国民经济健康发展发挥了重要作用。自 1998 年以来，国家加大启动经济的力度，扩大发行金融债也是重要措施之一。

在我国的政治经济体制下，政策性金融债从发行、使用和偿还等方面看，性质与国债差别不大，可以说是一种“准国债”。由于有中央财政担保，不存在偿付危机问题。我国 2005 年政策性金融债的发行规模首次超过国债，截至 2005 年 11 月末，政策性金融债的发行量已超过国债近九百亿元。

在我国及日本等国家，金融机构发行的债券称为金融债券。金融债券有多种分类方式：根据利息支付方式的不同，金融债券可分为附息金融债券和贴现金融债券。根据发行条件划分，金融债券可分为普通金融债券和累进利息金融债券。普通金融债券按面值发行，到期一次还本付息，期限一般是 1 年、2 年和 3 年。普通金融债券类似于银行的定期存款，只是利率高些。累进利息金融债券的利率不固定，在不同的时间段有不同的利率，并且一年比一年高，也就是说，债券的利率随着债券期限的增加而累进。我国还发行过特种金融债，特种金融债券是指经中国人民银行批准，由部分金融机构发行的，所筹集的资金专门用于偿还不规范证券回购债务的有价证券。

27日 中国人民银行发布《货币供应量统计和公布暂行办法》。该暂行办法规定：根据国际通用原则并结合我国的实际情况，拟将我国货币供应量划分为M_0、M_1、M_2、M_3。M_0为流通中的现金（货币供应量统计的机构范围之外的现金发行）；M_1为M_0＋企业存款（企业存款扣除单位定期存款和自筹基建存款）＋机关团体部队存款＋农村存款＋信用卡类存款（个人持有）；M_2为M_1＋城乡居民储蓄存款＋企业存款中具有定期性质的存款（单位定期存款和自筹基建存款）＋外币存款＋信托类存款；M_3为M_2＋金融债券＋商业票据＋大额可转让定期存单等。M_1是狭义货币，M_2是广义货币，（M_2-M_1）是准货币。货币供应量按季度公布，公布时间为公布数据季度后的第一个月下旬。

依据金融机构的职能、货币政策对其影响的程度，以及其对经济的重要性，中国现有的金融机构分为：货币当局（中国人民银行作为中央银行，是专门行使货币当局职能的机构，是金融管理的部门）；存款货币银行（主要是指商业银行）；特定存款金融机构（包括信托投资公司、金融租赁公司、财务公司、住房信贷银行和外资银行）；非存款金融机构（主要包括保险公司、证券公司和养老基金会等金融机构，中国进出口银行和国家开发银行）。中央银行资产负债表与存款货币银行资产负债表合并形成货币概览；货币概览与特定存款金融机构资产负债表合并形成银行概览；银行概览与非存款金融机构资产负债表合并形成金融概览；货币供应量在银行概览中统计。

28日 中国证监会、国家外汇管理局、国家工商行政管理局、公安部联合发布《关于严厉查处非法外汇期货和外汇按金交易活动的通知》。该通知指出：近两年来，一些单位未经中国证监会和国家外汇管理局批准，也未在国家工商行政管理局登记注册，擅自从事外汇期货和外汇按金交易，有的境内单位和个人与境外不法分子相勾结，以期货咨询及培训为名，私自在境内非法经营外汇期货和外汇按金交易；有的以误导下单、私下对冲、对赌、吃点等欺诈手段，骗取客户资金；有的大量进行逃汇套汇活动，甚至卷走客户保证金潜逃。这些非法交易活动不仅扰乱了金融管理秩序，造成了外汇流失，而且引发了大量经济纠纷。

该通知规定：擅自从事外汇期货和外汇按金交易均属于违法行为，交易双方不受法律保护。各金融机构、期货经纪公司及其他机构从事外汇期货和外汇按金交易，必须经中国证监会和国家外汇管理局批准。各地超越权限擅自批准的，一律无效。未经批准，任何单位一律不得经营外汇期货和外汇按金交易。对从事非法外汇期货和外汇按金交易的经营机构，应责令其自本通知下发之日起，一律不得接受新客户和新订单，对于尚未平仓合约，可在交割日前平仓或在交割日进行实物交割。对拒不停业或以改换经营地点等方式继续进行非法外汇期货和外汇按金交易的，一经发现，期货监管部门、外汇管理部门、工商行政管理部门和公安部门应对其从重处罚。

11月

3日 中国人民银行印发《中国人民银行财务制度》。该财务制度规定：人民银行实行独立的财务预算管理制度。人民银行总行、各级分支行每年编制财务收支计划，由总行汇总报财政部批准后下发执行，各项收支相抵后，实现利润经财政部批准提取总准备金后，全部上缴中央财政，年度发生亏损首先由历年提取的总准备金弥补，不足弥补的部分由中央财政拨补。人民银行的年度预算报财政部审核后，纳入国家预算，财务决算报告按规定报财政部审批，并接受财政部和审计署的财务监督。财务管理工作实行“统一领导、分级核算、预算管理、统负盈亏”的体制。财务管理工作的范围是：资本金和负债管理、资产管理、财务收支计划管理、财务支出管理、财务收入及盈亏解缴管理。该财务制度对上述各项管理以及财务报告、财务分析和财务检查等内容作了具体规定，自1994年1月1日起施行。

△ 国有资产管理局、经济体制改革委员会发布《股份有限公司国有股权管理暂行办法》。该暂行办法规定：国家股和国有法人股统称为国有股权。国有股权管理应遵循以下原则：贯彻以公有制为主体的方针，保证国有股权依国家产业政策在股份公司中的控股地位；坚持政企职责分开，维护国有资产权益，依法落实股份公司法人财产权；促进国有资产合理配置，优化国有资产投资结构，提高国有资产运营效益；保障国有股权益，做到与其他股权同股、同权、同利。国有资产管理部门是国有股权行政管理的专职机构。该暂行办法对股份公司设立时国有股权的界定，国有股持股单位和股权行使方式，国有股股权的收入、增购、转让及转让收入的管理、监督、制裁等内容作了具体规定，共有6章41条，自发布之日起施行。

7日 国务院首次反假币工作联席会议在北京召开。会议决定：反假币联席会成员由中国人民银行、中共中央宣传部、国家计委、公安部、财政部、海关总署、国家工商行政管理局、国家安全部、最高人民法院、最高人民检察院、中国工商银行、中国农业银行、中国银行、中国人民建设银行等单位的主管领导及有关人员组成。中国人民银行主要负责同志为会议召集人。反假币联席会下设国务院反假货币工作联席会议办公室，设在中国人民银行，编制3人。全国各地由地方政府牵头，设立相应的反假币组织机构。首次国务院反假货币工作联席会议确定了反假货币的重点工作：1. 加强人民币知识方面的宣传，提高社会公众防假币的意识和能力。2. 加强人民银行反假货币工作者、专业银行、社会企事业单位财会人员反假货币的培训。3. 加强立法，对伪造、变造货币等犯罪分子依法严厉打击。4. 加强反假仪器的管理。

8日 农业部、中国人民银行联合发布《关于加强农村合作基金会管理的通知》。该通知规定：农业部负责指导农村合作基金会的管理与发展，并制定有关的政策法规；中国人民银行依法对农村合作基金会的业务活动进行监督。农村合作基金会是社区内的资金互助组织，不以盈利为目的。农村合作基金不得用于非农业的基本建设投资，不得用于房地产开发、购买股票和企业债券。农村合作基金会开展资金互助的资金占用费，不准高于国家金融部门规定的利率标准。农村合作基金会不是金融机构，不能办理存贷款业务，已经办理的要限期纠正。农村合作基金会要办存贷款业务的，经整顿验收合格后，可转变为农村信用合作社。

自1984年起，农村合作基金会在少数地区开始试办，至1994年已在全国38%的乡（镇）和15%的村发展建立。

9日 国务院发布《关于严格控制消费基金过快增长和加强现金管理的通知》。该通知指出：1994年下半年以来，消费基金增长过猛，现金投放明显过快，预计年底市场货币供应量增长幅度将高达40%。该通知要求各地区、各部门要严格禁止行政企事业单位滥发钱物和年终前突击花钱。机关事业单位和实行工资基金计划管理的企业，其各项工资性支出必须通过银行支取或转账，不得以其他手段套取或坐支。各单位只能在一家银行开设一个基本账户，一切现金支出只能在一家银行的基本账户支取。不得编造假用途套取银行现金搞消费基金支出。超过结算起点（1 000元）以上的必须通过银行转账。任何单位不得发行、购买和使用代币购物券。为了减轻货币发行对当前市场物价的压力，人民银行已将现金投放和回笼计划下达给各地区。各地政府要采取有力措施积极支持，确保实现。

14日 中国人民银行正式开办再贴现业务。再贴现业务仅限于人民银行分行对商业银行分行。1994年年底，全国再贴现额达204亿元，比年初增加155亿元，占当年中央银行贷款增量的20%。

18日 中国农业发展银行挂牌营业。1994年4月19日，国务院发布《关于组建中国农业发展银行的通知》，并批准了《中国农业发展银行组建方案》和《中国农业发展银行章程》。中国农业发展银行是直属国务院领导的政策性金融机构，注册资本金为200亿元人民币，其中一部分从中国农业银行、中国工商银行现有的信贷基金中划转，其余部分由财政部划拨。主要任务是：按照国家的法律、法规和方针、政策，以国家信用为基础，筹集农业政策性信贷资金，承担国家规定的农业政策性金融业务，代理财政性支农资金的拨付，为农业和农村经济发展服务。业务范围有：办理由国务院确定、中国人民银行安排资金并由财政部予以贴息的粮食、棉花、油料、猪肉、食糖等主要农副产品的国家专项储备贷款；办理粮、棉、油、肉等农副产品的收购贷款及粮油调销、批发贷款；办理承担国家粮、油等产品政策性加工任务企业的贷款和棉麻系统棉花初加工企业的贷款；办理国务院确定的扶贫贴息贷款、老少边穷地区发展经济贷款、贫困县县办工业贷款、农业综合开发贷款以及其他财政贴息的农业方面的贷款；办理国家确定的小型农、林、牧、水利基本建设和技术改造贷款；办理中央和省级政府的财政支农资金的代理拨付，为各级政府设立的粮食风险基金开立专户并代理拨付；发行金融债券；办理业务范围内开户企事业单位的存款；办理开户企事业单位的结算；境外筹资；办理经国务院和中国人民银行批准的其他业务。

中国农业发展银行实行行长负责制，对其分支机构实行垂直领导的管理体制，在业务上接受中国人民银行和中国银行业监督管理委员会的指导和监督。发生下列情况之一时，中国农业发展银行可要求财政贴息：宏观经济政策发生重大变化，国家要求大幅度增加农业政策性贷款；国家统一调整利率，导致借款和融资成本上升。中国农业发展银行的呆账准备金比例为1%，略高于现有专业银行0.7%的比例，核销以后实行差额补提。朱元樑为中国农业发展银行行长。

21日　中国人民银行发布《关于外汇兑换券停止流通和限期兑换的公告》。对社会上流通的少部分外汇兑换券在1994年12月31日前仍可流通或兑换成外汇或人民币，从1995年1月1日起，外汇兑换券停止在市场上流通。持有的外汇兑换券可到中国银行兑换，兑换截止到1995年6月30日。

△　中国证监会发布《关于进一步完善试点期货交易所章程和交易规则的通知》。该通知主要有两方面内容：一是进一步完善期货交易所章程。其中规定：期货交易所在收取手续费的同时，应收取相当于手续费收入20%以上的资金，建立风险基金。风险基金存入银行专用账户，专款专用。二是进一步完善期货交易所交易规则。要求各期货交易所的交易规则必须明确：1. 实行套期保值头寸与投机头寸分开；2. 对投机头寸实行绝对量限仓；3. 建立大户报告制度，客户投机头寸达到投机头寸限仓量的80%，会员必须代客户向交易所申报其资金情况、头寸情况；4. 对交割月及交割月前一个月的持仓进行限制；5. 所有品种交易保证金不得低于交易金额的50%，进入交割月份提高到20%以上；6. 风险基金的提取比例不低于相当于手续费收入的20%，风险基金只能用于为维护期货市场正常运转提供财务担保和弥补因不可预见风险给交易所带来的结算亏损，风险基金的使用需由理事会或董事会决定，报中国证监会备案；7. 交易手续费不得高于交易金额的万分之五；8. 各品种每日结算价按该品种全天交易加权平均价计算；9. 建立订单报价价幅限制制度；10. 防止泄密或内幕交易的规定。

△　中国人民保险公司和对外经济贸易部联合举办关于伊朗欠款追讨情况通报会。1994年8月，中国人民保险公司代表国家与伊朗中央银行达成还款协议，开始清偿伊朗对我国的商业欠款，本息总额超过2亿美元，涉及信用证欠款200笔，商业信用方式欠款300笔，债权企业360家。

23日　财政部、国务院住房制度改革领导小组、中国人民银行联合发布《建立住房公积金制度的暂行规定》。该暂行规定明确：住房公积金是一种长期性住房储金。在起步阶段，职工个人和所在单位各按职工个人工资和职工工资总额的5%缴纳住房公积金。今后随着经济发展和职工工资收入的提高，可对缴交率进行适当调整。住房公积金的存款利率，按中国人民银行的有关规定执行，其本息免征个人所得税。住房公积金的存贷款等金融业务，由当地人民政府按中国人民银行的规定委托指定的银行办理。该暂行规定对住房公积金的缴存、支付、使用、管理作了具体规定。

24日　中国人民银行下发《关于严禁私自装帧、经销人民币的通知》。针对社会上一些单位（包括银行自身）和个人私自从银行兑换人民币纸、硬币（包括流通纪念币）装帧成各种形式的卡、册、盒、球在社会上高价销售，或未经装帧高价销售某些纸、硬币等现象，为了维护人民币的严肃性，严禁破坏、炒买炒卖人民币的非法行为，该通知强调，未经人民银行总行批准，任何单位和个人不准从事人民币的装帧及经销业务。一经发现，要严肃处理，其实物和收入一律没收上交财政。各家银行不准向任何单位和个人提供人民币纸、硬币（包括流通纪念币）用于装帧、经销。发行流通纪念币要按面值兑换，不准收取任何费用，不准层层截留，不准利用职权高价炒买炒卖。

11月28日至12月1日　中共中央、国务院在北京召开中央经济工作会议。会议提出1995年要做好七个方面的工作：一是保持适当的经济增长速度，创造较为宽松的宏观经济环境，更好地推动改革和发展，把发展经济的注意力更多地转到调整结构和提高效益上来。二是控制物价上涨幅度，坚决抑制通货膨胀。三是大力发展农业和农村经济。四是认真抓好工业生产，把调整结构和提高效益放在突出位置。五是努力增收节支，严格执行财政预算。六是改善投资环境，继续扩大对外开放。七是抓紧制订“九五”计划。

29日　国务院批转财政部、审计署、国内贸易部、中国人民银行、国家粮食储备局发布《关于粮食政策性财务挂账停息的报告》。该报告提出：在中国农业发展银行设立粮食财务挂账专户，将清理核实后的政策性挂账、企业自补挂账、其他挂账分别转入专户，逐年进行考核。一是当年不挂新账；二是在五年内按规定的比例逐年解决已清理的旧挂账；三是粮食企业政企分开，划清政策性业务与经营性业务，建立两条线运行机制。凡是达到上述三个条件的，中央财政按规定对挂账实行停息。以1991粮食年度末挂账数为基础，对政策性挂账部分，由中央财政给予停息。属粮食主产区（辽宁、吉林、黑龙江、江苏、浙江、安徽、江西、山东、湖北、湖南、四川）和经济贫困区（河北、山西、内蒙古、河南、广西、贵州、云南、西藏、陕西、甘肃、青海、宁夏、新疆）的，其政策性挂账实行全额停息；属非粮食主产区和非经济贫困区（北京、天津、上海、福建、广东、海南）的，其政策性挂账按50%停息。对应由企业自补挂账和其他挂账，由各地区别情况，在五年内逐步解决。停息日期为从1994年10月1日开始至1999年12月31日。从1994年10月1日到1994年12月31日，实行银行先收利息、中央财政后返还的办法；从1995年1月1日到1999年12月31日，实行直接停息的办法。银行由此减少的收入由中央财政“按季预拨，年终清算”。

30日　中国人民银行、财政部发布《关于下达财政系统证券机构清理办法的通知》。该通知规定：各地财政部门、地方政府批设的财政证券机构，必须在与财政部门彻底脱钩的前提下进行清理。清理的原则是：符合1993年6月24日之前成立、注册资本金不低于3 000万元人民币等条件的省级（包括原计划单列市）财政证券公司可申请予以保留；凡由省、自治区、计划单列市财政部门投资设立的信托投资公司所办的证券交易机构一律并入获准保留的省级财政证券公司，原信托投资公司不再另设证券交易机构，也不再办理证券业务；各省、自治区、计划单列市只准保留一家财政证券公司。

12月

1日　中国人民银行、国务院房改领导小组、财政部联合下发《政策性住房信贷业务管理暂行规定》。该暂行规定明确：政策性住房资金来源为城市住房基金；行政、事业、企业单位住房基金；行政、事业、企业单位收取的住房租赁保证金；职工住房公积金；地方政府发行住房建设债券筹集的资金；国际金融组织为地方政府提供的住房贷款资金。政策性住房资金的运用范围是对实行房改单位的职工购买、建造、大修理自住住房发放抵押贷款；发放城市经济适用住房开发贷款；对实行房改的单位购买、建设职工住房发放抵押贷款；经委托人同意购买国家债券。中国人民建设银行、中国工商银行、中国农业银行为办理政策性住房信贷业务的指定银行，其他任何金融机构均不得吸收政策性住房资金存款和办理政策性住房信贷业务。政策性住房存贷款和债券利率，由中国人民银行制定；其他住房存贷款利率，按中国人民银行公布的法定利率执行。政策性住房信贷业务纳入全社会信用规划，实行比例管理，各项政策性住房资金存款免缴存款准备金。擅自扩大政策性住房资金运用范围按擅自经营金融业务处理；不经批准擅自吸收政策性住房资金存款和办理政策性住房信贷业务按占用财政性资金和擅自经营金融业务处理；扣压政策性住房资金的按违反银行结算纪律处理；擅自提高或降低政策性存贷款利率按违反国家利率政策处理。

△　国有资产管理局发布《关于对上市公司国家股配股及股权转让等问题的通知》。该通知规定：国家股持股单位不得盲目配股。股份公司在确需筹集资金、筹资的最佳途径为增加股本、保持现有股权比例不被稀释的条件下可以配股。国家股股东有能力追加股本投资，如国家股持股单位所持股份在股份公司中不占控股地位，无力阻止配股的，应设法购买配股或有偿转让配股权，不得放弃配股权。国家股权由中央有关部门、机构持有的，国家股持股单位报国家国有资产管理局审核。

5日　中国证监会、国家经济贸易委员会、国内贸易部发布《关于国有企业、事业单位参与期货交易的规定》。该规定明确：国有企业、事业单位参与期货交易要经主管部门或公司董事会批准，以套期保值为主。经营亏损的国有企业、事业单位只能从事套期保值业务，不得进行投机性交易。国有企业、事业单位参与期货交易，持仓额超过其营运资金（流动资产减去流动负债）五倍时须得到主管部门或公司董事会的批准。

6日　中国人民建设银行制定《改革与发展纲要》。该纲要提出了中国人民建设银行到20世纪末发展的总目标：在继续保持中长期信用为主要特色的同时，朝着功能齐全、管理规范、手段先进的现代化、国际化、集团化国有商业银行的方向发展。当年，中国人民建设银行总行撤销了投资部、建经部和信贷部，设立了委托代理部（中间业务职能部门）、信贷一部（负责固定资产贷款业务管理）、信贷二部（负责流动资金贷款业务管理）和总行营业部。这是中国人民建设银行第一次信贷体制改革。

12日　中国人民银行印发《个人定期储蓄存款存单小额抵押贷款办法》。该办法规定：个人定期储蓄存款存单小额抵押贷款是以未到期的定期储蓄存款存单作抵押，从储蓄机构取得一定金额的贷款，到期归还贷款本息的一种存贷结合业务。储蓄机构（自办所、联办所）经中国人民银行或其分支机构批准后，可办理该项业务。小额抵押贷款只对中国境内的居民开办，作为抵押品的定期储蓄存单仅限于未到期的整存整取、存本取息、华侨人民币、大额转让定期存单（记名）和外币定期储蓄存款存单；贷款期限均不得超过抵押存单的到期日，若为多张存单抵押，以距离到期日时间最近者确定贷款期限，且最长不得超过1年；小额抵押贷款额度起点为1 000元，每笔贷款应不超过抵押存单面额的80%（外币存款按当日公布的外汇［钞］买入价折成人民币计算），贷款最高限额不超过10万元；贷款利率按同档次流动资金贷款利率确定，一般不予办理展期；逾期1个月以内（含）储蓄机构将自逾期日起在规定利率基础上加收20%的利息。该办法自1995年1月1日起执行。

15日　中国人民银行发布《关于剩余留成外汇额度限期使用的几项原则的公告》。该公告决定：从1995年1月1日起，关闭所有留成外汇额度账户，留成外汇额度账户停止使用。1994年12月31日前，留成外汇额度可以继续对外支付或到中国银行配成现汇专户保存，按原用途使用。从1995年1月1日起，各外汇指定银行均不得将留成外汇额度按1993年12月31日国家公布的汇率配成现汇。

20日 国家外汇管理局的全国外汇查处工作会议结束。近三年，全国共查处违法案件3 027起，违法金额17亿多美元，收缴罚没款1亿多元人民币。

1995 年

1 月

1 日 中国人民银行调整再贷款利率和固定资产贷款利率。对金融机构的贷款年利率在原基础上平均提高 0.24 个百分点。固定资产贷款年利率在现行基础上平均提高 0.72 个百分点。从过去侧重于存贷款利率变为首先调整再贷款利率，是中央银行运用利率手段调节货币供求关系的一项改革。同时，贷款计息方法也由以前的分段计息改为按签订贷款合同日银行的利率计息，与国际惯例渐趋一致。

△ 根据国务院证券委员会召开第四次会议的决定，A 股及基金交易由 T+0 交收改为 T+1 交收，但卖出股票后的资金当天可以进行反向的买入交易，即“股票是 T+1，资金是 T+0”。同时，A 股交易手续费调整为按成交金额向买卖双方收取 3.5‰。

10～14 日 全国金融工作会议在北京召开。会议提出 1995 年金融工作的指导思想是：实行适度从紧的货币政策，进一步强化金融监管，改善金融服务，坚决抑制通货膨胀。具体措施有：一是坚决把抑制通货膨胀放在金融工作的首位。二是自觉维护中央的权威，在思想上、行动上和中央保持高度一致；国有商业银行要在依法守规经营的思想指导下，自觉服从金融宏观调控要求，自觉接受金融监督管理，切实建立起自我约束和自我监督检查机制。三是控制通货膨胀要协调运用各项经济政策。四是必须坚持金融分业经营和管理的原则。

△ 对外贸易经济合作部发布《关于设立外商投资股份有限公司若干问题的暂行规定》。该暂行规定中要求外商投资股份有限公司的全部资本由等额股份构成，设立公司可采取发起方式或者募集方式，至少有一个发起人为外国股东。注册资本的最低限额为人民币 3 000 万元，其中，外国股东购买并持有的股份不应低于注册资本的 25%。

11 日 国务院办公厅发布《关于地方政府不得对外举债和进行信用评级的通知》。该通知指出，对外举债和信用评级是涉及我国财政和外债管理体制的重大问题，不能各行其是。地方财政不能搞赤字预算，无权对外举债。因此，地方政府没有必要进行信用评级，正在进行的要立即停止。发行境外外币债券属于借用国际商业贷款范畴，必须有国家计委批准的借款指标，纳入国家利用外资计划；包括发债在内的对外筹资，必须由中国人民银行批准的具有国际融资业务经营权的金融机构办理；对外筹资的方式、成本、市场、时间等由国家外汇管理局审批、监督和管理。

△ 中国证监会、国内贸易部发布《关于暂停大豆油期货交易和禁止借开展食糖中远期合同交易之名进行期货交易的通知》。该通知要求，各期货交易所和批发市场，一律不得借开展食糖、大豆油、菜籽油等中远期合同交易之名进行期货交易。已经进行的，一律停止其交易活动，一律不得推出期货合约性质的新的中远期合同；允许已推出而未平仓合同在合同到期前平仓或在交割日进行实物交割。从事上述中远期合同交易的各期货交易所和批发市场，不得按期货的集中竞价交易方式进行交易；交易定金不得低于货款的 20%；按规定履行背书手续和缴纳增值税；不得为进行中远期合同交易的双方提供履约担保。

3月28日，国内贸易部、中国证监会又发布了《关于暂停中远期合同交易的通知》，重申暂停所有商品中远期合同交易。各有关批发市场和期货交易所要采取有效的措施使各个交易环节协调一致、平稳过渡。

13日 中国证监会查处两起重大证券违法、违规案件，山东渤海集团股份有限公司、君安证券深圳发展中心营业部因操纵市场、非法获利分别被处以罚款100万元人民币。

山东渤海集团股份有限公司于1994年8月1日上海证券交易所临近收市时，通过四个A字头个人账户，以连续交易和不转移证券所有权的虚买虚卖方式拉高本公司股票价格，操纵市场，致使该股票的当日收盘价较前日上涨102%。据统计，从8月1日到8月31日，山东渤海集团股份有限公司证券部先后动用资金1 989.7万元，买入本公司股票398.12万股，并将上述股票连同8月1日之前的存量84.56万股全部抛出，获利587.97万元。山东渤海集团股份有限公司证券部的上述行为构成了操纵市场的证券欺诈行为，同时还违反了股份有限公司不得收购本公司的股票的规定。中国证监会作出处罚决定：对山东渤海集团股份有限公司提出警告；没收其非法获利587.97万元并处以罚款人民币100万元；对此次违法行为负有直接责任的高级管理人员处以罚款人民币5万元。

君安证券深圳发展中心营业部（以下简称君安深发）于1994年10月18日在深圳证券交易所收市前以连续交易和自买自卖方式操纵“厦海发”A股价格，使当日该股票的收盘价比前日上涨157%。该营业部通过操纵市场，制造虚假价格使其得以在10月19日以较高价格卖出大量“厦海发”A股和A股配股权证，获利238万元。君安深发的上述股票交易行为构成了操纵市场的证券欺诈行为。中国证监会作出处罚决定：对君安深发提出警告；没收其非法所得238万元并处以人民币100万元的罚款；对此次违法行为负有责任的主管人员处以人民币3万元的罚款。

14日 中国外汇交易中心制定并颁布《中国外汇交易中心市场交易规则（暂行）》。该规则指出，外汇交易限于外汇与人民币之间的即期买卖。交易市场坚持公开、公平、公正原则，按照价格优先、时间优先的成交方式，采取分别报价、撮合成交、集中清算的运行方法。中央银行作为该中心会员参加市场交易。

16日 国务院办公厅发出《关于进一步加强现金管理控制现金投放的紧急通知》。针对元旦以来现金投放势头较猛的趋势，该通知要求：严禁行政企事业单位乱发奖金和补贴；一切现金支出只能在一家开户银行的基本账户支取；各银行不得挤占挪用农副产品收购现金；禁止印制、发售、使用各种代币购物券；活跃农村市场，搞好商品货币回笼；对当地各银行和城乡信用社执行国家现金管理规定的情况进行一次认真检查。

17日 最高人民法院发布贵州省重大贪污、受贿案的审理情况及处理结果。阎健宏因犯贪污、挪用公款、受贿罪，被判死刑。阎健宏被捕前是贵州省政协常委、贵州省国际信托投资公司董事长。从1989年下半年开始，阎健宏利用职权，多次将贵州省计委掌握的进口化肥、农药、平价外汇指标，以及计划内的铝锭、煤炭等指标，批给自己的儿子，再由其儿子倒卖给有关单位，捞取好处。1989年下半年至1992年，阎健宏便从中收取了75万元。阎健宏任董事长时，贵州省国际信托投资公司成立仅一年，就被查出违规资金2.8亿元人民币、1 500万美元、690万港元；私设小金库1 300万元人民币、15万美元。中国人民银行贵州省分行对该公司罚款1 665万元，已没收1 106万元。

△ 1亿“仪征化纤”A股在上海证券交易所上网定价发行。仪征化纤股份有限公司共发行2亿股A股，其中，1亿股利用上海证券交易所交易系统，采取上网定价方式发行。上网定价发行在我国股票发行史上尚属首例。

23日 深圳证券交易所试行发布深证成份股指数。通过对所有在深圳证券交易所上市的公司进行考察，按一定标准选出40家有代表性的上市公司作为成份股，以成份股的可流通股数为权数，采用加权平均法编制而成。深证成份股指数包括深证成份指数、成份 A 股指数、成份 B 股指数等。成份股指数以 1994 年 7 月 20 日为基日，基日指数为 1 000 点，所取成份股的一般原则是：有一定的上市交易时间；有一定的上市规模，以每家公司一段时期内的平均可流通股市值和平均总市值作为衡量标准；交易活跃。根据以上标准，再结合下列各项因素评选出成份股：公司股票在一段时间内的平均市盈率，公司的行业代表性及所属行业的发展前景，公司近年来的财务状况、盈利记录、发展前景及管理水平等，公司的地区代表性、板块代表性等。

26 日 大众保险股份有限公司开业。该公司为股份制、区域性保险公司，由上海浦东大众出租汽车股份有限公司等 17 家上海、浙江、江苏三地大中型企业出资组建，总部设在上海。公司的注册资金为 2.1 亿元人民币，主要经营经中国人民银行批准的各类损失保险业务、再保险业务、法定保险业务和资金运用业务。

△ “亚太二号”通信卫星发射失败。中国太平洋保险公司于 1995 年 1 月 10 日承保的香港亚太通信卫星有限公司的“亚太二号”通信卫星发射升空 51 秒后发生爆炸，造成卫星、火箭全部损坏。中国太平洋保险公司承保了该卫星的发射及初始轨道运行保险和卫星与火箭分离后的第三者责任险，保险金额分别为 1.6 亿美元和 1 亿英镑，是迄今为止中国保险承保额最大的卫星项目。中国太平洋保险公司在 50 天内迅速兑现 1.6 亿美元全部赔款。

2 月

6 日 中国人民银行下发《关于贯彻信贷政策与加强环境保护工作有关问题的通知》。该通知要求：各级金融部门要把保护生态资源和防治污染作为银行贷款的考虑因素之一，以促进经济建设和环境保护事业的协调发展。各级金融部门在向企业提供流动资金贷款时，要认真按照国家环境保护法规和国家产业政策的要求，根据实际情况，实行区别对待的政策：一是对国家明令禁止、不符合环境保护规定的项目和企业，各级金融机构不得发放贷款，并收回已发放的贷款。二是对国家严格限制的行业，必须在做好污染治理和环境保护的前提下，经过环境保护部门审查批准后，金融机构对企业提供贷款。三是对于促进环境保护、有利于改善生态环境的产业或产品，在符合信贷原则、具有还款能力的前提下，金融机构要予以积极贷款支持。对从事环境保护和治理污染的项目和企业，各级金融部门应根据经济效益和还款能力等不同情况，区别对待，择优扶持：对环境效益好、经济效益不明显，但具有还款能力的国家重点环保项目，在落实还款资金来源的前提下，国家开发银行等政策性银行在安排贷款时要予以支持；对环境效益和经济效益都明显的环保项目，还款能力较强，商业银行和非银行金融机构应予以贷款支持。

△ 西藏明珠股份有限公司向社会公众公开发行股票。该公司的注册资本为 7 300 万元，实收股本为 7 300 万元，其中，国家持有的普通股 3 726 万股，占总股本的 51.04%，法人持有的普通股 574 万股，占总股本的 7.86%；社会个人持有的普通股 3 000 万股（含公司职工股 300 万股），占总股本的 41.10%。至此，我国上市公司已遍布全国所有的省、自治区、直辖市。

7 日 国家外汇管理局批准国家开发银行和中国进出口银行经营外汇业务。主要有：外汇贷款；外汇借款；发行股票以外的外币有价证券；买卖股票以外的外币有价证券；外汇投资；自营外汇买卖；外汇担保；资信调查、咨询、见证等业务。

23 日 上海发生“327”国债期货风波。“327”是国债期货合约的代号，对应 1992 年发行的三年期国库券，该券发行总量为 210 亿元，年利率为 9.5%，1995 年 7 月 1 日到期兑付。“327”国债的价格除了受利率影响外，还要受到保值贴补率和利息水平的影响。当时，三年期银行储蓄存款利率已经于 1993 年 7 月 11 日调高到 12.24% 并且恢复了保值补贴；而财政部于同日发布的公告只规定对1992年三年期国债实行保值，并未说明其利息是否随着储蓄利率的提高而作同步调整。因此，对“327”国债是否加息及保值贴补率的不同预期，便成了国债期货市场多空（买卖）双方的主要分歧。当时市场中最引人注目的机构是中国经济开发信托投资公司（以下简称中经开，多头）、上海万国证券公司（以下简称万国，空头）和辽宁国发集团股份有限公司（以下简称辽国发，空头，后转为多头）。数周之内，多空双方在148元附近大规模建仓，“327”未平仓合约数量逐渐增加。

23日，财政部发出公告：1992年三年期国库券在7月1日到期还本付息时，利息分两段计算：1992年7月1日至1993年6月30日，按年利率9.5%计付，不实行保值贴补；1993年7月1日至1995年6月30日，按年利率12.24%加人民银行公布的1995年7月保值贴补率计息（人民银行于1995年6月10日公布1995年7月三年期以上定期储蓄存款的保值贴补率为年利率13.01%）。财政部公告当日，“327”合约的价格以148.5元跳空高开（前一日收盘价为148.21元），全日最高价为151.98元。为了摆脱危机，减少损失，万国在无相应保证金的情况下，于下午收盘前8分钟内抛出了1 056万口（每口2万元）巨额卖单，将“327”合约价格从151.30元打压到147.50元。若以此为收市价计算，则意味着中经开将面临巨额亏损。据统计，当日上海证券交易所国债期货共成交8 536.25亿元（含最后8分钟），其中80%的交易属于万国抛空的“327”品种。

当天晚上，上海证券交易所发布紧急通知，宣布下午16时22分13秒以后所有“327”品种的交易异常，是无效的，该部分不计入当日结算价、成交量和持仓量的范围，经过调整，当日国债成交额为5 400亿元，当日“327”品种的收盘价为违规前最后签订的一笔交易价格151.30元。

27日，上海证券交易所开始休市，并组织协议平仓。1995年5月18日，鉴于我国开放国债期货市场的条件尚未成熟，国务院决定暂停国债期货交易。1995年9月20日，国家监察部、中国证监会等部门公布了对“327”事件的调查结果和处理决定，将“327”事件定性为“一起在国债期货市场发展过快、交易所监管不严和风险控制滞后的情况下，由上海万国证券公司、辽宁国发（集团）公司引起的国债期货风波”。

△　中国证监会、财政部联合颁布《国债期货交易管理暂行办法》。该暂行办法共6章86条。主要规定：中国证监会会同财政部依照法律、行政法规对全国国债期货市场实施监督管理。未经批准，任何交易场所不得开展国债期货交易；任何机构不得从事国债期货经纪业务。国债期货交易必须在国债期货交易场所内通过集中竞价的方式进行。交易场所应当建立国债期货交易的涨跌停板制度，确定国债期货的每日价格最大波动幅度，设定客户投机头寸的最大持仓限量和交割月份持仓量限额，并报中国证监会核准。国债期货交易实行保证金制度，交易场所向会员收取的交易保证金不得低于交易金额的10%。进入交割月后，应将保证金比率提高到20%以上。在最后交易日前的第三个营业日，空方应交纳价值不低于其空头净持仓额85%的国债，多方应交纳不低于其多头净持仓额85%的现金。交易场所不得以任何方式允许会员透支进行期货交易，并应当收取相当于交易手续费20%以上的金额建立风险基金。该暂行办法对国债期货交易场所和国债期货经纪机构的资格条件、结算及交割业务管理、国债期货经纪业务管理和法律责任作了具体规定。

25日　中国证监会查处西安物资贸易中心在期货市场的违规行为。经查实，原上海建筑材料交易所会员西安物资贸易中心违反国家有关政策法规和交易所有关规定，与个人签订承包协议，由承包人代表会员单位操作一切期货业务，向客户提供交易所注册的虚假客户编号和虚假成交情况，伪造交易所成交合约表，其情节严重，手段恶劣，影响极坏，属严重欺诈行为。上海商品交易所筹建组在此之前已经作出取消西安物资贸易中心会员资格的处罚决定，在此基础上，中国证监会对西安物资贸易中心进行通报批评和责令各试点期货交易所三年内均不得接受其为会员的处罚。

26 日　中国证监会发布《关于加强国债期货交易风险控制的紧急通知》。该通知指出：近日，上海证券交易所国债期货交易出现异常情况，为防止事态的急剧恶化，上海证券交易所将采取“一修二清三规范”的措施。为防止采取以上措施后，大量投机资金涌入其他国债期货交易场所，对其他场所的国债期货交易产生巨大冲击，各国债期货交易场所务必立即采取以下对策：把国债期货交易保证金比率逐步提高至10%；降低国债期货涨跌停板幅度；减小国债期货最大持仓限额；密切注视持仓大户的交易情况；严格执行每日结算制度、强制平仓制度；严惩违规操纵市场价格者。

28 日　《关于惩治违反公司法的犯罪的决定》由第八届全国人民代表大会常务委员会第十二次会议通过，江泽民签发第 41 号主席令颁布。该决定所列举的犯罪行为有：申请公司登记的人使用虚假证明文件或者采取其他欺诈手段虚报注册资本，欺骗公司登记主管部门，取得公司登记；公司发起人、股东违反公司法的规定未交付货币、实物或者未转移财产权，虚假出资，或者在公司成立后又抽逃其出资；制作虚假的招股说明书、认股书、公司债券募集办法发行股票或者公司债券；公司向股东和社会公众提供虚假的或者隐瞒重要事实的财务会计报告，严重损害股东或者其他人利益；公司进行清算时，隐匿财产，对资产负债表或者财产清单做虚伪记载或者在未清偿债务前分配公司财产，严重损害债权人或者其他人利益；承担资产评估、验资、验证、审计职责的人员故意提供虚假证明文件；未经公司法规定的有关主管部门批准，擅自发行股票、公司债券；国家有关主管部门的国家工作人员，对不符合法律规定条件的公司设立、登记申请或者股票、债券发行、上市申请，予以批准或者登记，致使公共财产、国家和人民利益遭受重大损失；公司董事、监事或者职工利用职务上的便利，索取或者收受贿赂；公司董事、监事或者职工利用职务或者工作上的便利，侵占本公司财物；公司董事、监事或者职工利用职务上的便利，挪用本单位资金归个人使用或者借贷给他人，数额较大、超过三个月未还的，或者虽未超过三个月，但数额较大、进行营利活动的，或者进行非法活动的。该决定对上述违反公司法的犯罪行为作出了具体的惩罚规定，包括有期徒刑或者拘役、处以罚金等，自发布之日起施行。

3 月

1 日　中国外汇交易中心开办日元对人民币交易。这是在原有的美元和港元两个交易币种之外增开的第三个交易币种。

4 日　中国证监会发布《关于加强风险管理、从严处理违规行为的通知》。该通知指出：上海证券交易所国债期货交易停止竞价交易、进行协议平仓以后，大量投机资金可能转入其他领域进行炒作。为了避免恶性事件发生，各试点期货交易所在市场风险增大时，要及时采取提高保证金比率、调整涨跌停板幅度、降低最大持仓限额等控制风险的措施，同时要加强对持仓大户的管理，严格执行每日结算制度和强制平仓制度。要严格按照交易规则进行运作，严禁借仓交易、联手交易。一旦发现违规行为，要从严处理。3 月 7 日，上海证券交易所除 327 品种外，其余国债期货品种恢复自由竞价交易。

5 ~ 18 日　八届全国人大三次会议在北京举行。会议审议并批准了《政府工作报告》。该报告指出，坚决控制物价上涨幅度是今年宏观调控的首要任务，也是处理好改革、发展、稳定三者关系的关键。宏观调控的目标是，确保物价上涨幅度比去年有明显回落，力争控制在 15% 左右。为了实现这个目标，一要大力发展农业生产，增加有效供给。二要继续控制货币供应量和信贷规模，实行适度从紧和量入为出的财政方针，努力增收节支，中央财政赤字不能比上年扩大，地方财政要坚持收支平衡。要加强对预算外资金的管理。三要控制固定资产投资规模，抑制消费基金过快增长。四要深化流通体制改革，加强市场体系建设，减少流通环节，降低流通费用。1995 年的经济体制改革要以国有企业改革为重点，配套推进社会保障体制改革，巩固和完善已出台的各项宏观管理体制改革措施。金融体制改革要进一步加强中央银行对货币供应的调控能力，增加间接调控手段的运用。加快国有商业银行改革的步伐，积极推行资产负债比例管理和风险管理，提高信贷资产质量。完善政策性银行的经营机制。分期、分批组建城市合作银行。按照分业管理的原则，规范各类金融机构的业务范围并加强监管，银行不得经营信托投资和证券业务。巩固外汇改革成果，进一步完善结汇售汇制度。进一步转变政府职能，培育市场体系。会议还审查并批准了《关于1994年国民经济和社会发展计划执行情况与1995年国民经济和社会发展计划草案的报告》，提出1995年银行新增贷款规模5 700亿元。

7日 中国人民银行发布《关于对粮棉油优惠贷款停止利差补贴的通知》。该通知指出，随着政策性银行的成立和运营，粮、棉、油优惠贷款业务已从中国农业银行、中国工商银行全部划转到中国农业发展银行。粮、棉、油政策性贷款仍实行优惠利率，其利差损失由中国农业发展银行与财政部统一核算。从1994年12月21日开始，人民银行不再对粮、棉、油优惠贷款实行利差补贴。

8日 中国人民银行、中国工商银行、中国农业银行、中国银行、中国人民建设银行、中国人民保险公司、交通银行和中国农业发展银行颁布《关于对金融诈骗案涉及的金融工作人员行政处分的暂行规定》。该暂行规定明确，参与金融诈骗的金融机构工作人员一律开除公职，情节严重构成犯罪的，移交司法机关处理；对因失职而致使诈骗得逞的金融机构业务负责人和主要负责人，根据情节轻重，分别给予行政记大过直至开除处分；对发生金融诈骗案件的金融机构主要负责人、主管领导，根据情节轻重，分别给予记大过直至撤职处分；参与金融诈骗的金融机构工作人员一经开除，禁止其再从事金融职业，任何金融机构不得重新录用。

△ 国务院批准《中国证券监督管理委员会机构编制方案》。中国证监会为国务院直属副部级事业单位，是国务院证券委员会的监管执行机构，依照法律、法规的规定对证券市场、期货市场进行监督和管理。主要职责：根据国务院和国务院证券委员会授权，起草证券、期货法规，拟定证券、期货市场的管理规则和实施细则；依法对有价证券的发行、上市、交易及其相关活动进行监管；配合有关部门审批设立证券经营机构，对证券经营机构和证券清算、交割、保管、过户、托管、登记机构的业务活动进行监管，审查确认上述机构人员的从业资格；会同有关部门制定市场中介组织及其从业人员从事证券、期货业务的资格标准、业务规则和行为准则，核发资格证书，对其业务活动和从业行为进行监管；依法对证券交易场所、证券业协会的业务活动进行监管；根据证券委授权，对期货交易所、期货经纪机构的设立进行审核，对其活动进行监管；依法对向社会公开发行股票的公司实施监管；依法对境内企业直接或间接向境外发行具有股票性质、功能的证券以及在境外上市活动进行监管；依据有关法律、法规的规定，根据证券委授权，会同有关部门对违反证券、期货法律、法规及其实施细则和有关规则的行为进行调查、处罚；会同有关部门管理证券、期货市场信息，研究分析证券市场、期货市场发展形势和问题，根据证券委的要求，拟定证券、期货市场发展规划和战略；组织、参与证券业、期货业对外交往与合作活动；办理国务院和国务院证券委员会交办的其他事项。

1992年10月，国务院证券委员会和中国证券监督管理委员会宣告成立。1993年11月，国务院决定将期货市场的试点工作交由国务院证券委负责，中国证监会具体执行。1997年8月，国务院决定，将上海证券交易所、深圳证券交易所统一划归中国证监会监管；同时，在上海和深圳两市设立中国证监会证券监管专员办公室；11月，中央全国金融工作会议决定对全国证券管理体制进行改革，理顺证券监管体制，对地方证券监管部门实行垂直领导，并将原由中国人民银行监管的证券经营机构划归中国证监会统一监管。1998年4月，根据国务院机构改革方案，决定将国务院证券委与中国证监会合并组成国务院直属正部级事业单位。

12 日 国务院办公厅转发《中国人民银行关于10家金融机构违反"约法三章"的处理情况通报》。1993年7月召开的全国金融工作会议明确提出"约法三章"（金融机构要立即停止并认真清理收回违章拆借资金；不得擅自和变相提高存贷款利率；停止向银行自己兴办的经济实体注入资金并实行彻底脱钩），并提出对1993年7月以后违反"约法三章"的，发现一个，查处一个，对主要负责人要给予纪律处分。经过稽核检查，发现仍有极少数单位和个人我行我素，继续搞违规、违章经营。通报对10家金融机构及有关人员的违规、违章行为进行了处罚。

15 日 中国人民银行转发《朱镕基副总理在国务院会议上关于金融工作的讲话》。在1995年2月23日的国务院会议上，朱镕基指出，经济工作中的主要矛盾是通货膨胀比较严重。1995年金融工作要着重抓好六个方面：一是严格控制货币发行，加强对信贷资金的管理。二是加快金融体制改革步伐。各专业银行要继续做好加快向国有商业银行转变的工作。在35个大中城市基本完成城市合作银行的组建工作。三是搞好对国家外汇储备的管理和经营。四是彻底实行金融分业经营与管理。五是加快银行的电子化建设。六是继续抓紧做好"三防一保"工作，坚决打击危害银行资金的犯罪活动。

18 日 《中华人民共和国中国人民银行法》（以下简称《中国人民银行法》）由八届全国人大三次会议通过，江泽民签发第46号主席令颁布。该法共有8章51条，包括总则、组织机构、人民币、业务、金融监督管理、财务会计、法律责任、附则，自公布之日起施行。主要内容是：1.《中国人民银行法》明确规定，中国人民银行是中华人民共和国的中央银行。中国人民银行在国务院的领导下，制定和实施货币政策，对金融业实施监督管理。中国人民银行履行下列职能：依法制定和执行货币政策；发行人民币，管理人民币流通；按照规定审批、监督管理金融机构；按照规定监督管理金融市场；发布有关金融监督管理和业务的命令和规章；持有、管理、经营国家外汇储备、黄金储备；经理国库；维护支付、清算系统的正常运行；负责金融业的统计、调查、分析和预测；作为国家的中央银行，从事有关的国际金融活动；国务院规定的其他职责。2.《中国人民银行法》对货币政策体系的规定。首先，规定了货币政策目标，即保持货币币值的稳定，并以此促进经济增长；其次，规定了货币政策委员会的机构设置；最后具体规定了中央银行实施货币政策的工具：要求金融机构按照规定的比例缴存存款准备金；确定中央银行基准利率；为在中国人民银行开立账户的金融机构办理再贴现；向商业银行提供贷款；在公开市场上买卖国债和其他政府债券及外汇；国务院确定的其他货币政策工具。3. 根据该法规定，我国中央银行金融监督管理权主要包括两个方面的内容：一是对金融机构的设置、撤并和终止的管理，包括审核金融机构的申请程序，金融机构设置应具备的条件，以及金融机构变更、终止的审批等。二是监督检查金融机构的业务活动，主要检查金融机构是否执行国家的金融法律法规，是否违反现行金融管理规章制度，资金来源和资金运用是否合法，内部管理制度是否健全等。4.《中国人民银行法》对中国人民银行自身的行为也进行了规范。如不得对财政、金融机构账户透支，不得对非银行金融机构贷款等。

《中国人民银行法》是新中国成立以来颁布实施的第一部金融大法，是确立和规范我国中央银行——中国人民银行的地位、职责、权利和义务的基本法律。

21 日 中国人民银行调整同业拆借利率。中国人民银行于3月7日发布《关于调整同业拆借利率的通知》，规定同业拆借各档次利率水平调整为：拆借期20天以内利率为13.14%，20天至3个月利率为13.32%，3~4个月利率为13.59%。今后同业拆借利率与再贷款利率联系起来，并实行期限管理。

△ 中国人民银行、中国工商银行、中国农业银行、中国农业发展银行联合发出《关于加强中国农业发展银行政策性资金管理的紧急通知》。该通知要求：中国农业发展银行的政策性

资金实行专户管理。从1995年4月起，中国农业银行与中国农业发展银行之间的资金往来实行按旬清算，清算利率双方暂按年利率10.98%计息。对农业政策性收购企业已在农业发展银行之外的金融机构开立账户的，要在4月底之前清理撤销。对粮、棉、油收购回笼资金进行清理。在中国农业发展银行系统联行尚未建立前，中国农业发展银行以及由农业银行代理中国农业发展银行业务的资金结算，不论金额大小，一律通过人民银行联行办理。各级人民银行要加强对中国农业发展银行政策性资金使用和管理情况的检查与监督。

△ 建设部、中国人民银行联合发出《关于加强与银行贷款业务相关的房地产抵押和评估管理工作的通知》。该通知规定：银行办理各项以房地产作为抵押的贷款业务，抵押人（借款人）和抵押权人（贷款银行）必须签订书面抵押合同，并自抵押合同签订之日起30日内，向当地房地产管理部门办理抵押登记。抵押物价值可以由贷款银行进行评估，或委托房地产估价机构进行评估，并经贷款银行确认。与银行贷款业务相关的房地产抵押物价值评估业务报告须由房地产估价师签署，或由3名以上人员联合签署。各有关银行要建立健全抵押贷款制度，培训和配置必要的房地产估价人员，做好与贷款业务相关的房地产评估工作。

22～25日 中国农业发展银行全国分行行长会议在北京召开。这是自中国农业发展银行成立以来召开的首次会议。朱镕基副总理接见会议代表，行长朱元樑作题为《努力实现收购资金良性循环，大力支持农村经济全面发展》的报告。中国农业发展银行完成了27家省级分行的组建工作。1995年，人民银行核定的中国农业发展银行的贷款规模为502亿元，其中，粮、棉、油收购贷款400亿元，农业贷款84亿元，固定资产贷款18亿元。朱元樑表示，1995年农业发展银行将采取有力措施，努力实现粮、棉、油收购信贷资金的良性循环，确保粮、棉、油收购不打“白条”，有效地增加农业信贷投入。

29日 中国人民银行发布《关于禁止金融机构随意开展境外衍生工具交易业务的通知》。针对近一段时期，一些国内金融机构在与境外机构进行衍生工具交易中频繁发生纠纷的问题，该通知指出：国内金融机构一律不得开展投机性境外衍生工具交易业务。国内金融机构在符合外汇管理部门有关规定并经国家外汇管理局核准的前提下，可根据实际需要适当进行避险性境外衍生工具交易。国内金融机构进行避险性境外衍生工具交易，必须完善和健全内部风险管理制度，配备合格的交易人员，并按规定报送统计报表。对违反规定进行境外衍生工具交易，造成重大资金损失的有关金融机构和交易人员，要进行严肃处理，并追究有关管理人员的责任。

△ 财政部和中国人民建设银行在北京签署委托代理协议。根据协议，财政部将委托中国人民建设银行代理部分财政业务。委托代理业务事项有：1. 项目开户行根据项目工程进度和资金配置情况，及时办理中央财政预算安排的建设项目的资金支付，并对资金使用实施监督。2. 负责审查工程预、结算，参与审查建设项目概算和工程招标、投标的有关工作。3. 对建设项目的年度财务决算和竣工决算签署审查意见。4. 对建设项目“拨改贷”本息豁免和核转、材料设备降价处理和工程报废签署审查意见。5. 对基本建设收入和投资包干结余以及竣工结余等应缴财政的资金，要督促及时上缴财政。根据协议：财政部将基本建设资金存入在建设银行设立的账户，并按3‰支付委托代理业务补助费。本协议自1994年9月1日起生效。1996年1月19日，中国人民建设银行制定《代理财政委托业务管理办法》，对代理财政业务的内容、代理财政业务的管理作了具体规定。

30日 中国证监会发布《关于落实国债期货交易保证金规定的紧急通知》。该通知规定：各国债期货交易场所从当年4月6日起，对其会员新开仓国债期货合约收取的交易保证金（不论自营或代理）必须提高到不低于交易金额的10%；按合约面值收取交易保证金的交易场所，要将收取的交易保证金额提高到相当于交易金额10%以上的水平。对于已在仓合约，各国债期货交易场所必须要求其会员在4月14日之前按上述要求补足保证金。对于逾期不补足的，交易场所不得允许其再开新仓，并可按交易场所的有关规定给予处理。各国债期货交易场所要严格执行涨跌停板制度，每日价格波动幅度不得大于±2元。

31日 中国人民银行、财政部联合发布《关于1995年国库券发行中有关问题的紧急通知》。针对一些国库券代理发行机构违反国家规定，擅自采用销售国债预购券、国债代保管单等方式超发国债，或采取折价、贴水等方式改变发行条件，擅自提高国库券发行利率，扰乱国债发行秩序，损害国库券的声誉的做法，该紧急通知规定：各代理发行机构一律不得以国债代保管单、国债预购券等名义变相向社会筹集资金，严禁国债卖空行为；不得采取折价、贴水等方式推销国库券，任何单位不得擅自提高或变相提高国库券利率；所有假借推销国库券名义筹措到的资金必须全额认购国库券，不得挪作他用，对于卖空行为要依照有关规定坚决查处。

△ 中国人民银行发布《关于进一步加强城市信用合作社管理的通知》。该通知决定从1995年起，开始在城市信用合作社的基础上组建城市合作银行。首先在北京、天津、上海等几个城市进行试点，取得经验后逐步推广。未经人民银行总行允许，各地不得擅自进行城市合作银行的组建工作。已设立的城市信用合作社实行单行制，不得设立分社和新的分支机构。对以农村信用合作社名义变相设立的城市信用合作社，应坚决取缔。在全国的城市合作银行组建过程中，不再批准设立新的城市信用合作社。未经人民银行总行同意，不得擅自对城市信用合作社进行股份制改造，城市信用合作社的股金凭证不得进行柜台交易。城市信用合作社的增资扩股应在原有股东的范围内进行。不得以任何名义转移和私分城市信用合作社的公共积累。城市信用合作社要严格按照规定的业务范围进行经营，对超范围经营股票、证券、外汇等业务的，要限期清理。未批准组建城市合作银行的城市，可按有关规申报组建城市信用合作社联合社。

△ 《中国农业发展银行委托中国农业银行代理业务协议书》的签字仪式在北京举行。根据协议，中国农业发展银行将该行省以下属其业务范围的粮棉油、农业、综合开发贷款等，正式委托中国农业银行基层营业机构代理。1995年是中国农业银行全面代理农业发展银行政策性业务的第一年，全年代理农业发展银行粮棉油收购贷款余额4 346.8亿元。

△ 国务院任命原国家开发银行副行长周道炯任中国证监会主席，免去刘鸿儒国务院证券委副主任、中国证监会主席职务。

4月

1日 中国人民银行决定从即日起每日公布人民币对美元、港元及日元的外汇市场交易的中间价（基准汇价）。银行之间买卖外汇的汇价，可在基准汇价上下0.3%的幅度内浮动。银行与客户之间买卖美元、港元、日元的汇价可在基准汇价上下0.25%的幅度内浮动。各外汇指定银行可以人民币对美元的基准汇价为依据，根据国际外汇市场行情自行套算出人民币对这三种货币以外的其他可自由兑换货币的中间价，按人民银行规定的买入价和卖出价的价差不得超过0.5%的要求自行制定其他货币的买入价和卖出价，与客户进行外汇买卖。每笔金额超过100万美元的大额交易，银行可与客户在规定的幅度内面议汇价。

4日 为了加快西藏金融体制改革，促进西藏经济发展，中国人民银行决定：中国人民银行西藏自治区分行专门行使中央银行派出机构的职能；分设中国农业银行西藏自治区分行，并对其相关的财务处理、利率补贴作了具体安排。1965年西藏自治区成立时，基本形成了以人民银行为主体、农牧区信用社为基础的具有西藏特色的社会主义金融体系。1985年中国银行西藏自治区分行和国家外汇管理局西藏分局正式成立；1987

年9月，中国人民建设银行西藏自治区分行与财政分设；1995年7月1日，中国农业银行西藏自治区分行挂牌成立。

△ 中国人民银行下发《关于进一步加强基金会管理的通知》。针对相当一部分基金会存在违规投资办实体、现职政府工作人员兼职及搞行政摊派；有些基金会没有专职管理人员，多年不开展工作，或虽有专职工作人员，但工作成效不大；有些基金会管理混乱，规章制度不健全等问题，该通知规定：基金来源应主要是个人及国外捐赠，其捐赠资金不得进入成本。凡成立基金会，除要具备最低10万元人民币（或等值外汇）的注册基金外，还必须有200万元人民币（或等值外汇）的活动基金。基金会基金的保值增值必须委托金融机构进行。基金会每年年初要向人民银行报送工作计划，年终报送工作报告，每半年报送财务报表。人民银行每年至少对基金会进行一次检查。地方性基金会由人民银行各省、自治区、直辖市分行进行审批，但须报人民银行总行备案并经人民银行总行同意后，方可批准成立。

△ 中国人民银行、中国工商银行、中国农业银行、中国银行、中国人民建设银行、中国农业发展银行联合发布《关于划转人民银行专项贷款的通知》。该通知决定将人民银行原来发放的扶贫专项贷款全部划转给中国农业发展银行，将金银专项贷款全部划转给中国工商银行。除此之外，按委托对象或企业基本账户划转。划转时间为1995年3月31日。贷款划转后，人民银行对企业的债权债务关系转换为各家金融机构对企业的债权债务关系，人民银行对企业的债权同时变为人民银行对金融机构的债权。

5日 中国人民银行发布《非现场稽核监督暂行规定》。该暂行规定明确：非现场稽核监督是指金融机构按照中国人民银行的要求，定期报送有关业务经营情况的资料，中国人民银行按规定程序对金融机构报送的资料进行审核、整理、分析，写出稽核报告，对于发现的违规现象或经营不善问题，经质询、核实后得出稽核结论和作出处理决定的一种稽核监督方式。非现场稽核监督的对象是依法设立的中资、外资和合资银行、非银行金融机构，以及经中国人民银行批准经营金融业务的其他机构。监督内容是：稽核监督金融机构经营的风险性包括资本充足性、资产质量、资产流动性、盈利状况、经营管理水平；稽核监督金融机构经营的合规性包括信贷规模、限额及资产负债比例的执行情况，同业拆借情况，向人民银行缴存存款准备金和财政性存款的情况，其他合规性内容。该暂行规定对非现场稽核监督的组织管理、资料报送、程序、罚则等作了具体规定。

13日 中国人民银行下发《关于收回人民银行再贷款的通知》。该通知决定，人民银行分支行原来对中国工商银行、中国农业银行、中国银行、中国人民建设银行以外的其他银行发放的期限在7天以上的贷款，以及对非银行机构发放的全部贷款要逐步收回。今后人民银行各分行只能对国有商业银行发放20天以内的头寸放款，对其他银行发放7天以内的头寸贷款。除经国务院批准，人民银行各分行不得对非银行金融机构发放贷款。6月12日，中国人民银行发布《关于收回全国性金融公司人民银行再贷款的通知》。该通知决定自《中国人民银行法》公布之日起，中国人民银行总行不再对全国性金融公司提供贷款，在此之前发放的贷款，1995年12月31日以前要全部收回。

△ 国务院办公厅转发财政部、审计署、监察部《关于对各种基金进行清理、登记的意见》。该意见要求：各地区、各部门以各种形式向企事业单位或个人筹集建立的、具有特定用途的、目前仍在执行的各种基金均应清理、登记。社会团体和个人自愿捐赠建立的基金、基金会募集建立的基金以及企业、行政事业单位按照国家财务会计制度规定提取建立的专用基金，不属清理、登记范围。全国清理、登记各种基金的工作由财政部、审计署、监察部负责，办公室设在财政部。审计署将结合1995年财政收支审计，对部分省、自治区、直辖市及计划单列市和国务院有关部门的各种基金进行重点审计。

17日 中国证监会发布《关于批准上海商品交易所为试点期货交易所的通知》。该通知明确：上海商品交易所的合并工作已经结束，被批准成为我国试点期货交易所。上海商品交易所试点期间的交易品种是胶合板，试运行品种是天然橡胶、聚氯乙烯、高压聚乙烯、聚丙烯、棉纱、525普通硅酸盐水泥、5mm浮法玻璃。1994年10月，国务院授权中国证监会正式批准了11家期货试点交易所。另外，天津联合期货交易所、成都联合期货交易所、上海商品交易所和长春商品交易所分别由同一城市的几家交易所合并组成。1994年和1996年，天津、长春两家联合试点期货交易所以及成都联合期货交易所分别由同一城市的几家交易所合并组成。

18日 中国人民银行下发《关于开展清产核资工作的通知》。该通知指出，人民银行的资产是国有资产，任何单位和个人都不能以任何名义，将国有资产化"大公"为"小公"（集体），更不能化公为私，如有违反的，要严格按国家有关政策规定查处。中国人民银行同时成立清产核资领导小组，并制订了《中国人民银行清产核资工作方案》和《中国人民银行清产核资办法》。人民银行清产核资的工作范围是：人民银行各级分支行及所属单位，包括银行学校、融资中心、外汇交易中心和培训中心、招待所等；总行机关及国家外汇管理局；总行直属企业、事业单位、直属院校，各企事业单位投资兴办的经济实体；总行驻外机构和总行附属企业的对外投资企业。清产核资的具体内容是：对人民银行系统各单位的资产、负债和所有者权益进行全面的清理、核对和查实。人民银行资产负债清查包括对人民银行的各级行、各单位占有的各类资产（包括现金资产、固定资产、信贷资产、其他资产及投资、在建工程等）、各种负债及各项国家资金进行全面的清理、登记、核对和查实。清产核资工作从1995年3月开始，到年底基本结束。

△ 国家经济贸易委员会、中国银行、对外贸易经济合作部联合发布《关于停止执行外贸企业超亏挂账"三不"政策的通知》。经国务院批准，从1995年12月31日起停止执行"三不"（即不加息、不罚息、不停贷，要求企业在规定期限内自行消化）政策；从1996年1月1日起，银行对外贸企业现未消化的亏损部分采取不同方式区别对待：对还贷有保证、近期扭亏有望的应积极支持；对归还贷款无保证、扭亏无望的，不增加贷款；对扭亏无望、资不抵债的，可采取相应的信贷制裁措施。1990年，根据国务院决定，对1988～1990年外贸承包期间形成的外贸企业亏损实行"三不"政策。

△ 国家国有资产管理局发出《关于在股份公司分红及送配股时维护国有股权益的紧急通知》。该通知指出：最近一段时期，某些股份公司在决定分红和送配股事宜时，对国家股、国有法人股和个人股采取同股不同权、同股不同利的做法，损害了国有股权益。该通知规定：国家股和国有法人股持股单位、各级国有资产管理部门必须严格执行国家国有资产管理局、国家体改委发布的《股份有限公司国有股权管理暂行办法》（1994年11月3日）及国家国有资产管理局发布的《关于对上市公司国家股配股及股权转让等有关问题的通知》（1994年12月1日），在决定股份公司分红和送配股事宜时，正确、有效地行使股权，不得赞同和批准对国家股、国有法人股和个人股采取同股不同权、同股不同利的方案。对违者要进行通报批评和严厉查处。

△ 美国穆迪投资者服务公司（以下简称穆迪公司）降低中国银行的信用等级。穆迪公司将中国银行长期负债的信用等级由A3级降为Baa1级，将中国银行非居民的短期和长期外币储蓄存款信用等级分别由P2和A3降至P3和Baa2。翌日，中国银行发表声明，对此表示深感遗憾。中国银行郑重宣布，无论外界如何评论，中国银行作为国家银行和国家对外筹资主渠道的地位不会改变。中国银行将一如既往地保障客户的一切正当权益，以实力维护自身的良好信誉，严格按照筹资合同履行应尽的偿还义务。同时，这些债务始终有国家作保证，这一点没有改变。今后，国家也还会继续委托中国银行筹集外资。4月25日，中国人民银行新闻发言人发表谈话，

表示对此事感到十分意外和遗憾。发言人指出：穆迪公司此举主要是担心我国的金融体制改革会导致我国政府与专业银行关系的变化，并影响我国银行资产的质量。穆迪公司的这种考虑，表明它们对中国的金融改革缺乏清楚的了解，与我国银行改革取得成果的实际情况是不相符的，它既没反映中国经济发展的实际情况，也没反映中国国有银行不断发展壮大和管理不断完善的现状。

20日　最高人民法院、最高人民检察院颁布《关于办理利用信用卡诈骗犯罪案件具体适用法律若干问题的解释》。该文规定：对以伪造、冒用身份证和营业执照等手段在银行办理信用卡或者以伪造、涂改、冒用信用卡等手段骗取财物，数额较大的，以诈骗罪追究刑事责任。个人以非法占有为目的，或者明知无力偿还，利用信用卡恶意透支，骗取财物金额在5 000元以上，逃避追查，或者经银行进行还款催告，超过3个月仍未归还的，以诈骗罪追究刑事责任。持卡人在银行交纳保证金的，其恶意透支金额以超出保证金的数额计算。行为人恶意透支构成犯罪的，案发后至人民检察院起诉前已归还全部透支款和利息的，可以从轻、减轻处罚或者免予追究刑事责任。对实施上述犯罪行为的银行工作人员，应当依法从重处罚。

5月

2日　中国人民银行召开全国非银行金融机构监管会议。会议明确提出了“分业经营、分业管理”的原则，对信托投资公司的经营管理范围，与银行及证券业的关系提出了明确意见。

4日　中国人民银行、国家经济贸易委员会、财政部联合发布《关于鼓励和支持18个试点城市优势国有企业兼并困难国有工业生产企业后有关银行贷款及利息处理问题的通知》。为了配合18个城市（上海、天津、武汉、重庆、沈阳、哈尔滨、青岛、成都、太原、常州、长春、齐齐哈尔、淄博、唐山、蚌埠、株洲、柳州、宝鸡）优化资本结构的试点工作，该通知强调：在企业兼并的过程中，被兼并企业所欠的银行债务，包括所欠的银行贷款和利息，由兼并企业承担并负责归还，不得以任何方式逃避归还银行债务。兼并企业要制订分期偿还银行债务的计划，分期归还银行债务的期限最长不超过五年，每年归还比例不低于20%。经济效益好的企业兼并连续三年亏损并贷款逾期两年以上、贷款本息确实难以归还的企业，根据被兼并企业资产负债的实际状况，经银行核查同意后，可以免收被兼并企业原欠银行贷款利息。在计划还款期内，对被兼并企业的原贷款本金可实行停息挂账，流动资金贷款的停息期限不超过两年，固定资产贷款的停息期限不超过三年。被兼并企业的贷款本金在5 000万元以下的，报各专业银行省级分行会同财政部驻当地财政监察专员办事处审批；贷款本金在5 000万元（含5 000万元）以上的，上报各专业银行总行商财政部审批。

△　中国人民银行印发《反假人民币奖励办法（试行）》。该办法规定的奖励标准均指一次性查获假币金额的数量。对办案单位和办案人员的奖励标准参照查获假币的数量制定：查获1 000万元以上的，最高奖励金额为6万元；最少为查获1万元以下的，按查获假币金额的5%～10%奖励；对破获或查缴新版假人民币的单位和个人，奖励标准可适当提高，但最高不得超过奖励标准的15%。对侦破假人民币案件提供情况和线索的有功人员（不包括公、检、法等部门的执法人员）的奖励标准为：举报并查获1 000万元以上，最高奖励为5万元；最少为举报并查获10万元以下的，按面额的5%奖励。银行（包括非银行金融机构）的工作人员在柜面发现假人民币的，由各银行及非银行金融机构比照上述奖励标准，结合对工作人员的年终综合考评，通过搞活内部工资分配给予适当奖励。查获、举报假外币的奖励应折合为人民币，比照人民币奖励标准办理。各金融机构的柜面工作人员发现假币后私自截留或重新投放出去的，一经发现，情节严重者，要严格依照最高人民法院的有关规定给予惩处；情节较轻者，予以通报批评；已发放奖金的，除如数追回外，还要按面额处以50%的罚款。

△ 中国人民银行下发《关于对农村信用社开办特种存款的通知》。人民银行决定对农村信用社开办100亿元特种存款，特种存款资金由人民银行总行统一安排使用，主要用于支持农副产品收购。

5日 国家开发投资公司成立。国家开发投资公司注册资本金为58亿元人民币，由国家开发银行从其资本金中分4年注入。其业务范围为：对能源、交通、原材料、机电轻纺、农业、林业以及其他政策性建设项目等主要以参股、控股方式进行投资；办理投资项目的股权转让业务；办理参股、控股项目的筹资业务；办理建设项目的评估、咨询和担保业务；开展国际技术、经济合作业务；经批准的其他业务。国家开发投资公司设监事会，由国家开发银行、国家计委、国家经贸委、财政部、中国人民银行等单位的有关人员组成。1994年8月16日，国务院批复国家开发银行《国家开发投资公司组建方案》。1995年1月25日，国家开发银行批准了《国家开发投资公司章程》。

10日 《中华人民共和国商业银行法》（以下简称《商业银行法》）由八届全国人大常委会第十三次会议通过，江泽民签署第47号主席令予以颁布。《商业银行法》包括总则、商业银行的设立和组织机构、对存款人的保护、贷款和其他业务的基本规则、财务会计、监督管理、接管和终止、法律责任、附则共8章91条，自1995年7月1日起施行。外资商业银行、中外合资商业银行、外国商业银行分行适用本法规定，法律、行政法规另有规定的，适用其规定；城市信用合作社、农村信用合作社办理存款、贷款和结算等业务，适用本法有关规定；邮政企业办理邮政储蓄、汇款业务，适用本法有关规定。

《商业银行法》的基本原则是对商业银行开展业务具有指导意义的基本原则，主要有以下五个原则：1. 效益性、安全性、流动性原则。《商业银行法》规定：商业银行以效益性、安全性、流动性为经营原则。2. 自主经营、自担风险、自负盈亏、自我约束的原则。《商业银行法》规定：商业银行实行自主经营，自担风险，自负盈亏，自我约束；依法开展业务，不受任何单位和个人的干涉；以其全部法人财产独立承担民事责任。3. 保护存款人和银行客户的合法权益原则。《商业银行法》规定：商业银行应当保障存款人的合法权益不受任何单位和个人的侵犯。个人储蓄存款业务的原则是存款自愿、取款自由、存款有息、为存款人保密。该法还设专章规定了对存款人保护的具体内容：一是不得擅自查询、冻结、扣划存款人在商业银行的存款；二是商业银行执行国家规定的指导利率并予以公告；三是商业银行按规定向中国人民银行缴存存款准备金，留足备付金；四是商业银行须保证存款本金和利息的支付，不得拖延、拒绝支付存款本金和利息。4. 规范商业银行行为，提高信贷资产质量的原则。商业银行开展信贷业务，应当严格审查借款人的资信，实行担保，保障按期收回贷款；依法向借款人收回到期贷款的本金和利息，受法律保护。具体要求为：商业银行贷款应当对借款人的借款用途、偿还能力、还款方式等情况进行严格审查；商业银行贷款应当实行审贷分离、分级审批的内部控制制度；积极推行担保贷款，严格控制信用贷款；实行商业银行的资产负债比例管理，并对贷款实行五级分类管理，严格预防和控制金融风险；禁止向商业银行的关系人发放信用贷款；严格控制银行间同业拆借，禁止利用拆入的资金发放固定资产投资贷款或投资；不得违反国家利率政策吸收存款，发放贷款，搞不正当竞争。5. 加强金融监督管理，打击金融违法、犯罪行为的原则。未经依法审查批准，任何单位和个人擅自从事银行业务活动，属于非法金融活动，应按国家规定予以取缔并给予处罚。构成犯罪的，依法追究刑事责任。

根据《商业银行法》的规定，对商业银行的监督管理分为三个方面：1. 商业银行自身的监督。该法规定：商业银行应当按照中国人民银行的规定，制定本行的业务规则，建立健全本行的业务管理、现金管理和安全防范制度；商业银行应当建立健全本行对存款、贷款、结算、呆账等各项情况的稽核、检查制度。2. 中国人民银行的监督。该法规定：商业银行应当定期向中国人民银行报送资产负债表、损益表以及其他财务会计报表和资料。中国人民银行有权依照本法相关规定，随时对商业银行的存款、贷款、结算、呆账等情况进行检查监督。检查监督时，检查监督人员应当出示合法的证件。商业银行应当按照中国人民银行的要求，提供财务会计资料、业务合同和有关经营管理方面的其他信息。3. 国家审计机关的监督。该法规定：商业银行应当依法接受审计机关的审计监督。

关于商业银行的设立和组织机构，该法规定：设立商业银行的注册资本的最低限额为10亿元人民币。城市合作商业银行的注册资本的最低限额为1亿元人民币，农村合作商业银行的注册资本的最低限额为5 000万元人民币。注册资本应当是实缴资本。中国人民银行根据经济发展可以调整注册资本的最低限额，但不得少于前款规定的限额。国有独资商业银行设立监事会，对国有独资商业银行的信贷资产质量、资产负债比例、国有资产保值增值等情况以及高级管理人员违反法律、行政法规或者章程的行为和损害银行利益的行为进行监督。

《商业银行法》颁布以后，中国工商银行、中国农业银行、中国银行、中国人民建设银行四家专业银行开始改称国有独资商业银行。1995年7月1日，《商业银行法》正式实施。

△《中华人民共和国票据法》（以下简称《票据法》）由八届全国人大常委会第十三次会议通过，江泽民签署第49号主席令予以颁布。该法所称的票据，是指用于购买商品、处理债权债务的信用支付工具，包括汇票、本票和支票。《票据法》规定：出票人制作票据，应当按照法定条件在票据上签章，并按照所记载的事项承担票据责任。持票人行使向票据债务人请求支付票据金额的权利，包括付款请求权和追索权，应当按照法定程序在票据上签章，并出示票据。其他票据债务人在票据上签章的，按照票据所记载的事项承担向持票人支付票据金额的义务。《票据法》规定：汇票的承兑人、本票和支票的出票人都是票据的主债务人，负有无条件支付票款的义务；汇票的出票人以及汇票、本票和支票的背书人、保证人等都属于票据的次债务人，在持票人不获承兑或付款时，要向持票人承担清偿义务。如果票据债务人不履行票据义务的，就必须向持票人承担票据责任，除支付票款外，还要承担清偿延迟付款的利息及有关费用，有的还要对其实施行政处罚。

《票据法》包括总则、汇票、出票、背书、承兑、保证、付款、追索权、本票、支票、涉外票据的法律适用、法律责任、附则共7章111条，自1996年1月1日起施行。

15日 中国证监会发布《关于要求各国债期货交易场所进一步加强风险管理的通知》。针对国债期货交易中又出现了少数会员和客户超额持仓企图操纵市场等问题，该通知规定：严格执行对交易保证金和涨跌停板制度的规定；严格限定会员和客户投机头寸的最大持仓限量和交割月份的持仓量限额；交易场所不得允许其会员、会员不得允许其客户进行任何形式的透支交易；收取风险基金不得低于交易手续费的20%。

17日 中国证监会发布《关于暂停国债期货交易试点的紧急通知》。该紧急通知指出，国债期货市场屡次发生由严重违规交易引起的风波，在国内外造成了很坏的影响，目前从各方面的情况看，我国尚不具备开展国债期货交易的基本条件。为维护改革开放的形象，保持经济和社会稳定，保证金融市场的健康发展，经国务院同意，现决定在全国范围内暂停国债期货交易试点。从5月18日起，各国债期货交易场所一律不准会员开新仓，由交易场所组织会员协议平仓，平仓价格由各交易场所根据实际情况自行确定。平仓清场的截止日期为5月31日。5月31日，开设国债期货交易的8家交易场所组织会员公司协议平仓清场工作按计划全部结束，共计平仓135万余口。

1992年12月18日，上海证券交易所开办国债期货交易，标志着我国第一家利率期货市场成立。1993年10月25日，上海证券交易所国债期货交易正式向社会公众开放。1994年全国国债期货总成交量达28 000亿元，是1993年的10倍。1994年至1995年春节前，全国开设国债期货的交易场所从两家增加到14家。

18日 中国人民银行、财政部、国内贸易部、中国农业银行、中国农业发展银行、国家粮食储备局联合发布《关于加强粮棉油政策性收购资金管理的意见》(以下简称《意见》)。为了制止挤占挪用收购资金，防止收购资金流失，以保证收购不打“白条”，该意见提出：粮、棉、油收购资金供应和管理要坚持实行分级、分部门责任制，其中银行要根据收购部门的粮、棉、油库存和收购数量负责安排收购贷款；中央财政负责拨补中央储备粮补贴；地方财政负责拨补地方储备粮补贴、粮食政策性补贴及定购粮价外补贴；收购部门负责调销回笼款及保证企业其他收购资金的到位。对1991年粮食年度末的粮食财务挂账，政策性挂账由地方财政分五年消化解决，经营性挂账由企业消化解决。但须坚持三个条件：一是当年不挂新账；二是在五年内按规定比例消化老挂账；三是粮食企业的政策性业务要与经营性业务分开。达不到上述三个条件者，不予停息。对1992年以来新增的粮食财务挂账，由各地人民政府负责清理，在三年内消化解决。对1994年定购粮价外补贴，应全部由地方财政拨补，不得由企业和银行承担。收购企业挤占挪用的收购资金，由地方政府和有关收购企业制订还款计划，落实还款资金来源，在8月底以前归还中国农业发展银行的贷款。中国农业银行挤占挪用的收购资金，必须按照中国人民银行规定的时间归还中国农业发展银行。中国人民银行根据粮、棉、油库存的数量、价格和合理费用，安排农业发展银行的粮、棉、油收购贷款限额。对收购企业因先支后收所需的资金，由银行发放临时调剂贷款予以解决，临时调剂贷款期限一般为一个月，最长不超过两个月，不得跨年度使用。承担收购、调拨、储备等政策性业务的粮、棉、油企业，只能在中国农业发展银行一家开立账户，在其他银行的账户必须在本意见下发之日起半个月内予以撤销。到期未予撤销的，由当地人民银行按有关规定予以处罚，并责令立即撤销。

5月9~12日，中国人民银行、财政部、国内贸易部、中国农业银行、中国农业发展银行在北京联合召开全国农副产品收购资金管理工作座谈会。国务院副总理李岚清在会上要求银行根据收购部门的粮、棉、油库存数量和收购进度安排收购贷款，库存增加，贷款增加，库存减少，贷款收回。6月5日，中国农业发展银行、中国农业银行、国内贸易部、国家粮食储备局、中华全国供销合作总社联合发布《关于建立粮、棉、油收购资金管理台账的通知》，决定自7月1日起，代理农业发展银行直接办理政策性粮、棉、油收购、调销、储备信贷业务的农业银行营业机构，建立粮、棉、油收购资金管理台账。

△ 国家外汇管理局发布《关于境内机构进行项目融资有关事宜的通知》。该通知指出：项目融资是指以境内项目的名义在境外筹措一年期以上的外汇资金，以项目营运收入对外承担债务偿还责任的融资形式。国内项目融资承办人向国外申请评级、项目单位以对外发债或组织国际银团等方式进行项目融资，均须经国家外汇管理局批准。项目融资方式筹集的外汇资金应及时调入国内，未经外汇管理部门批准不得存放境外，项目融资所筹的资金可在外汇指定银行开立还本付息账户用于还本付息，未经批准不得调换成人民币使用。项目单位外汇不足以偿还债务本息的，经批准后可以购买外汇偿还。

19日 中国人民银行下发《千户大型企业调查统计制度实施意见》(以下简称《意见》)。《意见》明确：人民银行总行拟于1995年5月29日至6月10日在安徽省合肥市、江苏省南京市、浙江省杭州市进行上述调查统计的试点工作，并于6月底实现人民银行各调查城市分行与全国62个城市千户调查企业的计算机直接联网，人民银行调查行上报调查企业的资产负债及主要生产经营表。原工业景气调查重点联系行自6月起停止执行原调查制度。

20日 经国务院批准，中国人民银行印发《中外合资投资银行类机构管理暂行办法》(以下简称《办法》)。《办法》所称的中外合资投资银行类机构是指外国投资银行类机构与中国金融机构在中国境内合资设立的从事投资银行业务的金融机构。外国投资银行类机构系指受其所在国家金融或证券监管机构管理、从事投资银行业务的外国投资银行、商人银行与证券公司。《办法》规定，投资银行类机构的最低注册资本为5亿元人民币等值的可自由兑换货币。其名称应按国家有关规定制定，中外文名称中均不得使用“银行”字样。设立投资银行类机构，应当由合资各方共同向中国人民银行提出书面申请，经人民银行批准后30日内，筹足其注册资本并存入经中国人民银行批准的中国境内的银行。主要业务有：人民币特种股票、境外发行股票、境内外政府债券等有价证券的承销、自营买卖、代理买卖等。投资银行类机构持有的任何一家公司的股份总额不得超过该公司已发行股份总额的10%；持有任何一家公司的股份总额不得超过该投资银行类机构资本金的10%。《办法》包括总则、设立与登记、业务范围与监督管理、解散与清算、罚则和附则，共6章37条，自1995年6月1日起施行。

25日 国务院批转中国人民银行《关于中国工商银行等四家银行与所属信托投资公司脱钩的意见》。该意见要求：中国工商银行、中国农业银行、中国银行和中国人民建设银行均应在机构、资金、财务、业务、人事、行政等方面与所属信托投资公司彻底脱钩，不再保持隶属或挂靠关系。1995年上半年先由中国工商银行、中国人民建设银行在35个大中城市进行试点，待取得经验后再推广。四家银行与所属信托投资公司脱钩要达到以下要求：银行不再保留信托投资公司；银行不再经营信托投资业务；银行除承销国债和代理发行债券外，不再办理证券业务；信托投资公司名称中不再含“银行”字样；转让出去的信托投资公司的人事管理等均移交给地方或其他有关单位；不再保留信托投资公司与银行之间的行政挂靠关系。该意见规定，四家银行与所属的信托投资公司脱钩，根据不同的出资形式按照不同方式处理。

30日 中国人民银行下发《关于加强金融机构备付金管理的通知》。该通知规定：备付金由金融机构存放在人民银行往来户的存款和库存现金两部分构成。对按规定存入人民银行的其他存款不计算在备付金范围之内。备付金率指金融机构的备付金占其各项存款的比例。根据实际情况，确定中国工商银行的备付金率为6%～10%，中国农业银行的备付金率为7%～9%，中国银行的备付金率为6%～10%，中国人民建设银行的备付金率为5%～11%，交通银行的备付金率为5%～7%。其他商业银行和非银行金融机构的备付金率，由人民银行当地分支行根据各地金融机构的实际情况确定。备付金存款年利率为9.18%。

上述五家银行的备付金率由人民银行总行考核，其分支机构由各自总行考核。未达到最低比例要求的，要在10日内补足，10日内仍未达到比例要求的金融机构，不得增加贷款，不得向外拆出资金，直到达到比例为止；对1个月内仍未达到比例要求的金融机构，人民银行要在辖区内通报批评。对备付金率超过规定比例的银行，在超过规定比例10日后，人民银行应停止对其增加贷款，并可根据情况收回贷款。备付金存款年利率为9.18%，人民银行将根据宏观调控的需要，适时调高或降低备付金存款利率。未在人民银行开设账户的城市信用社和其他非银行金融机构，经所在人民银行分行审查批准，对其在商业银行往来结算户的存款，可纳入备付金进行考核。

6月

1日 亚洲开发与产业银行协会成立。该协会是以促进亚洲地区的经济开发为目的的新型产业金融合作体制，是由国家开发银行、韩国产业银行、日本兴业银行、新加坡开发银行、泰国盘谷银行以及马来西亚土著银行和印度尼西亚尼加拉银行共同创立的，今后将在会员银行所在国家的大型基本建设项目融资等方面进行合作，在海外筹集长期资金和借入短期资金提供互惠，各会员共同制订计划研究开发先进金融技术和相互进行人才交流。到目前为止，亚太地区银行之间的合作机构有亚洲银行家协会、亚太银行家俱乐部和亚太开发金融机构协会等松散组织。

9日 国务院证券委员会、中国人民银行、最高人民检察院发布《关于加强证券从业人员犯罪预防工作的通知》。针对近一段时期证券市场犯罪问题比较突出，特别是证券从业人员的犯罪现象较为严重的问题，该通知规定：各地证券主管部门和中国人民银行从严审批证券经营机构，对不合格的证券经营机构及其网点进行撤并、整顿，验收合格后才准营业。人民银行非银行金融管理部门要定期或不定期地对证券经营机构及其分支机构进行稽核。各级人民检察院应积极查办证券从业人员的犯罪案件，坚持有法必依，执法必严，违法必究；对大案要案，要加大查处力度，形成强大的法律威慑力。证券交易所和证券经营机构要建立、健全有关规章制度，加强对场内交易员的管理。

截至1995年2月底，全国股份有限公司已有6 000余家，上海证券交易所、深圳证券交易所挂牌上市公司共293家，市价总额为3 200多亿元人民币，全国各类证券公司有91家，证券营业部有1 733家，各类证券代办网点有6 000多家，从业人员有8万多人。

15日　中国人民银行、各国有商业银行联合发布《关于国家银行营业机构建立星期六值班制度的通知》。要求各家银行的储蓄网点每周至少对外营业六天。在当地银行营业机构星期六半天对外营业的，人民银行分支行要切实搞好同城票据交换、现金收付服务。6月7日，国务院副总理兼中国人民银行行长朱镕基看到当日人民日报《读者来信》版登载的河北大厂回族自治县人民银行李本喜、李国鸿同志关于《金融部门安排公休应照顾业务》的建议，认为切合时宜，立即指示中国人民银行有关领导考虑在全国银行系统妥善安排职工的公休，在公休日要实行业务值班制度，保证银行业务往来正常进行，进一步改善和提高对经济建设的服务质量。

15～19日　中国人民银行在北京召开全国银行业经营管理工作会议。会议指出，当前存在的主要问题是逾期贷款比例较高、资金周转速度较慢、经营效益较低。因此，各家银行要在深化改革的同时，把工作重点转移到加强经营管理和提高资金使用效益上来。提高银行业经营管理水平，必须进一步完善和深化金融体制改革。一是充分发挥人民银行在国务院的领导下独立执行货币政策和对金融机构实行监管的作用。二是把国家专业银行真正办成国有商业银行，总行对分行的资金使用实行统一调度，重大项目要由总行审批。对一家银行在同一个地区重复设立的管理机构要逐步合并。三是再发展一些股份制的商业性银行，鼓励银行业之间开展合理竞争。城市信用社必须真正办成合作性质的金融机构。对已失去合作性质、实际已办成小商业银行的信用社，可以在整顿的基础上，逐步组建成股份制城市合作银行。四是对银行要实行分业经营，分业管理。各国家专业银行要与所属的信托投资公司彻底脱钩，属于银行全资的信托投资公司要予以撤销，有关资产、负债并入银行，属于合资的信托投资公司，银行要逐步转让其股份。会议强调，商业银行是经营货币的金融企业，要建立“自主经营、自负盈亏、自担风险、自我约束”的经营机制。要考核盈亏指标，银行要限期扭亏为盈，一年亏损“黄牌”警告，两年亏损通报批评，三年连续亏损，行长“退位让贤”。

20日　国家外汇管理局发布《金融机构经营外汇买卖业务特别监管制度》。国家外汇管理局决定对境内金融机构经营外汇买卖业务实行特别监管制度。该制度包括现场核准制度，交易员监管、报告制度，检查和披露制度。

△　国家外汇管理局发布《关于规范金融机构代理、代办外汇业务的实施意见》。国家外汇管理局决定对金融机构代理、代办外汇业务的行为进行规范化管理。规范对象为中资银行及分支机构和有关非银行金融机构。规范内容有：金融机构代理、代办外汇业务是否经过外汇局批准；金融机构是否按外汇局核准的代理、代办外汇业务范围经营相关的外汇业务，有无超范围代理、代办外汇业务的情况；代理、代办外汇业务账户的开立和使用情况；金融机构代理、代办外汇业务有无其他违反外汇管理规定的情况。

21日　国家计委、财政部、国家经济贸易委员会发布《关于将部分企业“拨改贷”资金本息余额转为国家资本金的意见》。根据该意见，转为国家资本金的“拨改贷”资金是指1979～1988年由财政（包括中央和地方）拨款改为贷款的国家预算内基本建设投资。将企业“拨改贷”资金本息余额转为国家资本金的试点范围是：“优化资本结构”试点城市和综合配套改革试点城市，每个城市推荐两个企业；参加国务院确定的建立现代企业制度试点的企业；国务院确定的试点企业集团的核心企业及其全资和控股的子企业。“拨改贷”资金本息余额转为国家资本金的原则是：以国家产业政策为依据，重点支持国民经济的基础产业和支柱产业。首先照顾归还“拨改贷”资金本息有困难的企业减轻债务负担，合理调整企业的资产负债结构。采取分类审批的办法，不搞“一刀切”。

23日 外贸部发布《关于使用外国政府贷款管理办法（试行）》。外国政府贷款（含混合贷款）是指外国政府向我国政府提供的无息或低息、偿还期长的官方发展援助资金。该办法规定：外贸部作为外国政府贷款的归口管理部门和对外窗口，协同国家计委商定年度贷款规模、优先资助领域和政府贷款使用计划，通知国务院有关部委、各省、自治区、直辖区和计划单列市提出年度备选项目。外贸部在征得有关外国政府贷款管理部门及项目单位的意见后，可依据双边政府贷款协定选择和委托经中国人民银行批准有外汇经营权的金融机构承办转贷业务。

28日 中国人民银行下发《关于加强粮棉油收购资金监管的通知》。该通知规定，为了实现粮、棉、油收购资金的封闭运行，粮、棉、油收购企业只能在中国农业发展银行一家开立账户。人民银行各级分支行定期对开户情况和账户的使用情况进行检查。中国农业发展银行及其代理行在人民银行开设的专户要全额反映财政拨补资金、企业销货回笼资金、农业发展筹措的收购资金等的收支情况，专户资金只能用于收购及与收购相关的费用支出和中国农业发展银行的上下级调度。农业银行和中国农业发展银行之间的资金清算按旬进行，并及时报送人民银行当地分支行。中国农业发展银行开户企业的异地汇款，不论金额大小，一律通过人民银行联行办理。同城票据清算，中国农业发展银行设立单独席位，其清算票据单独提出进行交换，不得轧入中国农业银行同城票据交换的差额。人民银行各级分支行要建立相应的检查稽核制度，根据农业银行和农业发展银行报送的粮棉油购、销、存资料和收购资金台账，对农业银行地、县行代理业务中的专户管理情况，收购资金的筹措、使用、结算、归位情况以及农业银行与农业发展银行的资金清算情况等进行经常性检查，发现问题及时处理。

30日 《中华人民共和国担保法》（以下简称《担保法》）由八届全国人大常委会第十四次会议通过，中华人民共和国主席令第50号予以颁布。《担保法》规定：在借贷、买卖、货物运输、加工承揽等经济活动中，债权人需要以担保方式保障其债权实现的，可以依照本法规定设定担保。担保方式为保证、抵押、质押、留置和定金。第三人为债务人向债权人提供担保时，可以要求债务人提供反担保。反担保适用本法担保的规定。担保合同是主合同的从合同，主合同无效，担保合同无效。担保合同另有约定的，按照约定。担保合同被确认无效后，债务人、担保人、债权人有过错的，应当根据其过错各自承担相应的民事责任。《担保法》对五种担保方式分别作了具体规定，共有7章96条，自1995年10月1日起施行。

△《中华人民共和国保险法》（以下简称《保险法》）由八届全国人大常委会第十四次会议通过，中华人民共和国主席令第51号予以颁布。《保险法》包括总则、保险合同、保险公司、保险经营规则、保险业的监督管理、保险代理人和保险经纪人、法律责任、附则，共有8章152条。本法所称的保险，是指投保人根据合同约定，向保险人支付保险费，保险人对于合同约定的可能发生的事故发生所造成的财产损失承担赔偿保险金的责任，或者当被保险人死亡、伤残、患病或者达到合同约定的年龄、期限时，承担给付保险金责任的商业保险行为。

《保险法》规定：国务院金融监督管理部门依照本法负责对保险业实施监督管理。保险公司的组织形式有国有独资保险公司和股份有限公司两种。设立保险公司，其注册资本的最低限额为人民币2亿元。保险公司的业务范围：财产保险业务，包括财产损失保险、责任保险、信用保险等保险业务；人身保险业务，包括人寿保险、健康保险、意外伤害保险等保险业务。同一保险人不得同时兼营财产保险业务和人身保险业务。设立外资参股的保险公司，或者外国保险公司在中国境内设立分公司，适用本法规定，法律、行政法规另有规定的，适用其规定。

对于保险公司的偿付能力，《保险法》规定：1. 商业保险的主要险种的基本保险条款和保险费率，由金融监督管理部门制定；其他险种的保险条款和保险费率，应当报金融监督管理部门备案。2. 除人寿保险业务外，经营其他保险业务，应当从当年自留保险费中提取未到期责任准备金；提取和结转的数额，应当相当于当年自留保险费的50%；经营有人寿保险业务的保险公司，应当按照有效的人寿保险单的全部净值提取未到期责任准备金。保险公司应当按照已经提出的保险赔偿或者给付金额，以及已经发生保险事故但尚未提出的保险赔偿或者给付金额，提取未决赔款准备金。3. 保险公司的资金运用限于银行存款、买卖政府债券和金融债券，以及国务院规定的其他资金运用形式。保险公司的资金不得用于设立证券经营机构和向企业投资。保险公司运用的资金和具体项目的资金占其资金总额的具体比例，由金融监督管理部门规定。4. 保险公司应当具有与其业务规模相适应的最低偿付能力。保险公司的实际资产减去实际负债的差额不得低于金融监督管理部门规定的数额；财产保险公司当年自留的保险费，不得超过其实有资本金与公积金之和的4倍；保险公司对每一危险单位的自留保费不得超过其实有资本金与公积金之和的10%。5. 保险公司应当按照金融监督管理部门的规定提存保险保障基金。

《保险法》是新中国的第一部保险大法，也是我国保险业的基本法，自1995年10月1日起施行。

△《关于惩治破坏金融秩序犯罪的决定》由八届全国人大常委会第十四次会议通过，中华人民共和国主席令第52号予以公布，自公布之日起施行。

该决定明确：伪造货币的，处三年以上十年以下有期徒刑，并处5万元以上50万元以下罚金。出售、购买伪造的货币或者明知是伪造的货币而运输，数额较大的，处三年以下有期徒刑或者拘役，并处2万元以上20万元以下罚金；数额巨大的，处三年以上十年以下有期徒刑，并处5万元以上50万元以下罚金；数额特别巨大的，处十年以上有期徒刑或者无期徒刑，并处没收财产。银行或者其他金融机构的工作人员购买伪造的货币或者利用职务上的便利，以伪造的货币换取货币的，处三年以上十年以下有期徒刑，并处2万元以上20万元以下罚金；数额巨大或者有其他严重情节的，处十年以上有期徒刑或者无期徒刑，并处没收财产；情节较轻的，处三年以下有期徒刑或者拘役，并处或者单处1万元以上10万元以下罚金。伪造货币并出售或者运输伪造的货币的，依照“伪造货币”的规定从重处罚。进行金融票据和信用证诈骗活动，数额特别巨大或者有其他特别严重情节的，处十年以上有期徒刑、无期徒刑或者死刑。该决定明确的金融犯罪类型还有：走私伪造的货币；明知是伪造的货币而持有、使用，数额较大；变造货币，数额较大；未经中国人民银行批准，擅自设立商业银行或者其他金融机构和伪造、变造、转让商业银行或者其他金融机构的经营许可证；非法吸收公众存款或者变相吸收公众存款，扰乱金融秩序；以非法占有为目的，使用诈骗方法非法集资；银行或者其他金融机构的工作人员违反法律、行政法规规定，向关系人发放信用贷款或者发放担保贷款的条件优于其他借款人同类贷款的条件，造成较大损失；银行或者其他金融机构的工作人员违反法律、行政法规规定，玩忽职守或者滥用职权，向关系人以外的其他人发放贷款，造成重大损失；诈骗银行或者其他金融机构的贷款，数额较大；伪造、变造金融票证；进行金融票据、信用证及信用卡诈骗活动，数额较大；银行或者其他金融机构的工作人员违反规定为他人出具信用证或者其他保函、票据、资信证明，造成较大损失；进行保险诈骗活动，数额较大；保险公司的工作人员利用职务上的便利，故意编造未曾发生的保险事故进行虚假理赔，骗取保险金；银行或者其他金融机构的工作人员在金融业务活动中索取、收受贿赂，或者违反国家规定收受各种名义的回扣、手续费；银行或者其他金融机构的工作人员利用职务上的便利，挪用单位或者客户资金；银行或者其他金融机构的工作人员，与本决定规定的进行金融诈骗活动的犯罪分子串通，为其诈骗活动提供帮助。该决定对这些金融犯罪行为都作出了相应的处罚规定。1995 年 10 月 28 日，公安部部长陶驷驹在八届全国人大常委会第十六次会议上的报告中指出：经济犯罪活动中危害最大的是发生在金融财税系统的诈骗犯罪活动，金融诈骗案件占整个诈骗案件的比例已由过去的 10% 上升至 20% ~30%，有的地方已达 50%。

△ 国家主席江泽民根据八届全国人大常委会第十四次会议的决定，签署第 53 号主席令，任命戴相龙为中国人民银行行长，免去朱镕基兼任的中国人民银行行长职务。

7月

1日 经国务院批准，中国人民银行调整贷款利率。主要内容是：1. 人民银行再贷款利率平均提高 0.24 个百分点。一年期、六个月、三个月和二十天的再贷款利率分别由 10.89%、10.71%、10.44%、10.26% 调整为 11.16%、10.98%、10.62%、10.44%。再贴现利率在调整后的各档次贷款利率的基础上，下浮 5% ~10%。2. 流动资金贷款年利率平均提高 1.08 个百分点。一年期和六个月的流动资金贷款利率分别由 10.98%、9% 调整为 12.06%、10.08%。技术改造贷款和基本建设贷款的利率合并为固定资产贷款利率，执行统一的期限利率档次，固定资产贷款利率在现行基础上平均提高 0.54 个百分点。一年、三年、五年和五年以上的固定资产贷款利率分别由 11.70%、12.96%、14.58%、14.76% 调整为 12.24%、13.50%、15.12%、15.30%。城乡居民、单位存款利率不作调整。贷款计息办法在按合同利率计息的基础上又作了部分修改，在签订新的一年期以上贷款合同时，贷款利率按照国家规定的期限档次，采取一年一定的办法。固定资产贷款的结息规则由原来的按年结息改为按季结息。8 月 18 日，人民银行又对计息办法作出规定：从 1995 年 7 月 1 日起，所有逾期贷款在逾期期间按日利率 0.4‰ ~0.6‰计收利息，挤占挪用贷款在挤占挪用期间按日利率 0.6‰ ~0.8‰计收利息。

△ 中国工商银行、中国农业银行、中国银行、中国人民建设银行、交通银行互相代理信用卡业务。1994 年 12 月 29 日，四家银行联合发布《关于开展信用卡业务联合试点的意见》的通知，决定以北京市为试点，开始互相代理人民币万事达卡和维萨卡在北京的消费和存取现金业务，均无须支付因用卡而附加的费用。在异地或跨系统存款或支取现金，须支付一定的手续费。为了使发卡行和收单行在信用卡业务联合过程中共同受益，暂将取现手续费和商户的佣金收入的分配比例定为：发卡行得取现金额的 0.5% 或签单额的 0.8%，其余部分均归收单行。持卡人跨系统存款的手续费收入暂不分配。对发卡行和收单行对信用卡业务联合中的风险损失，应本着“谁用卡、谁付款”的原则，友好、妥善地解决。

3日 国务院颁发《关于原有有限责任公司和股份有限公司依照〈中华人民共和国公司法〉进行规范的通知》。该通知要求：原有有限责任公司和股份有限公司的规范工作严格按照《中华人民共和国公司法》及其配套法规的规定进行。经认真对照自查，完全达到规定条件的公司、经批准上市的原有股份有限公司，可重新登记。自查后不完全具备规定条件的公司，在 1996 年 12 月 31 日前完全达到规定条件的，可重新登记；在规定限期内仍未完全达到规定条件的，应依法变更登记为其他类型的企业，其名称中不得再含有“有限责任公司”或“股份有限公司”的字样。该通知对规范的主要内容、重新登记和组织指导作了具体规定。

4日 中国证监会和香港证券暨期货事务监察委员会签署“有关期货事宜的监管合作备忘

录”。双方监管合作的内容主要包括：通过互相协助和信息交流，加强对市场参与者的保护，维护公平、有序、高效的期货市场；通过互相协助的信息交流，确保各方的有关法规得到遵守；通过定期联络和人员交换，促进互相磋商和合作。中国证监会、香港证监会、上海证交所、深圳证交所、香港联交所等五方曾于1993年6月19日签署了证券《监管合作备忘录》。1994年4月28日，中国证监会又与美国证券与交易管理委员会签署了《中美证券合作、磋商及技术援助的谅解备忘录》。

11日 中国证监会正式加入国际组织。巴黎第20届国际证监会组织（International Organization of Securities Commissions，IOSCO）年会决定，中国证监会成为亚太地区委员会的正式会员，并于1998年当选为该组织的执行委员会成员。在此期间，证监会积极履行相关义务，并引进了国际证监会组织的监管目标、原则和理念，用以规范中国的证券市场。

14日 国务院发布《关于严格限制新开工项目、加强固定资产投资资金源头控制的通知》。该通知指出：当前通货膨胀形势仍很严峻，物价涨幅回落缓慢，有些地方还出现反弹，投资增幅仍然偏高。为了坚决抑制通货膨胀，国务院要求：下半年，除国家批准的个别关系重大的项目外，各地一概不得擅自新开工大中型基本建设项目，更不允许将大中型基本建设项目化整为零、抢先开工或在国家批准项目可行性研究报告前违反规定程序对外签约造成既成事实。小型基本建设项目，除农业、水利、环保和普通住宅等项目外，其他项目由省（自治区、直辖市）人民政府负责控制，实行严格的责任制，一般不得开工。从1994年起，国家要全面推行建设项目资本金制度，新的建设项目必须有一定比例的自有资金或由国家注入资金作为注册资本金，资本金不落实、不到位的项目不能开工建设。

国务院要求，各级银行要严格控制固定资产贷款规模；对国家下达的固定资产投资贷款规模计划之外的项目，金融机构一律不得发放贷款；严禁用信贷资金作为建设项目的自筹资金或自有资金；凡建设项目的自筹资金未按计划到位的，银行不得先行发放贷款；严禁用企业的生产经营流动资金或者银行流动资金贷款搞固定资产投资；严禁银行将信贷资金拆借给非银行金融机构进行固定资产投资；银行及非银行金融机构要认真审查委托单位的委托资金来源和项目报批手续，对不符合国家有关规定、未纳入固定资产投资计划的项目，不得接受委托贷款；各级银行和非银行金融机构一律不得给未按国家规定批准的项目开立账户。对由财政部门提供资金担保、银行用信贷资金进行固定资产投资，或由财政部门指使银行用信贷资金代替财政资金，进行所谓的委托贷款从事固定资产投资的，必须立即予以纠正。对各种违章拆借、非法集资、高息吸储和放贷等扰乱金融秩序的行为，要坚决查处。该通知对整顿建设秩序、加强对项目审批工作的管理、加强检查监督，切实落实调控责任等问题作了明确规定。

19日 国务院批转国家体改委《一九九五年经济体制改革实施要点》（以下简称《要点》）。《要点》指出：1995年经济体制改革工作要继续贯彻“抓住机遇、深化改革、扩大开放、促进发展、保持稳定”的方针，以深化国有企业改革为重点，配套推进社会保障体制改革，巩固和完善宏观管理体制改革，进一步转变政府职能，培育市场体系。改革的推进要有利于抑制通货膨胀，调整经济结构，提高经济效益，增加有效供给。要保持经济体制改革的连续性和配套性，正确处理好改革、发展和稳定的关系，促进国民经济持续、快速、健康发展。其中提到：稳步推进金融体制改革。改革要有利于加强中国人民银行对货币供应的调控能力，增加间接调控手段。要继续加快国有商业银行改革的步伐，在控制贷款规模的前提下，进一步推行资产负债比例管理。中国人民银行对国有商业银行和其他商业银行的资产负债等情况，要加强监管和稽核。进一步完善政策性银行运行机制。发展和完善以银行融资为主的金融市场。要慎重、稳妥地发展债券、股票融资。扩大国债发行的市场化程度，完善国债发行机制。建立健全政府、企业债务管理体系，加快建立和规范企业债券信用评级制度。

△ 中国人民银行发布通报，制止信用卡业务协议透支行为。人民银行在对湖南省、贵州省部分银行违规经营信用卡业务问题的通报中重申：严禁利用信用卡业务搞“协议透支”、绕规模发放贷款。对利用“协议透支”绕规模发放的贷款，必须纳入信贷规模并尽快收回；信用卡部除吸收信用卡备用金、担保金存款外，不得吸收其他存款；信用卡部吸收的存款，必须按期向人民银行缴存存款准备金。

20日 国务院批转国务院证券委员会《1995年证券期货工作安排意见》（以下简称《意见》）。《意见》明确：我国证券、期货市场仍处于试点阶段，当前和今后一段时间市场监管工作的方针是：证券、期货监管工作必须紧密围绕抑制通货膨胀，配合企业制度改革，坚持先试点后推广、宁肯慢务求好的原则，加大监管力度，规范市场行为，抑制过度投机，在稳定中求发展。1994年确定的55亿元股票发行规模，由国家计委会同国务院证券委员会一次下达，可跨年度使用。从1995年起，所有新股发行与上市必须严格执行全国统一的发行审核条件和审批程序。1990年前已公开发行股票并经国家体改委重新确认但尚未上市的90家企业，属于历史遗留问题，只能根据市场情况逐步解决。鉴于这些企业不断发行股票，从1995年到1996年上半年，在不超过中国证监会与国家体改委商定的第一批20户企业范围内，可视市场情况相机安排上市。对这类企业未安排上市的股票和定向募集公司的股权证，严禁搞任何形式的柜台交易。中国人民银行会同中国证监会对现有的证券交易中心及其变相的柜台交易进行清理整顿，不符合要求的要予以撤销。对保留的证券交易中心由中国证监会进行监督管理。证券公司由人民银行归口管理，业务活动接受证监会的监督管理。证券、期货业协会由国务院证券委实行统一归口管理。

26日 韩国政府向中国提供的首批政府贷款签字仪式在北京举行。该笔贷款金额为184亿韩圆，主要用于天津南疆大桥和山东龙口港项目的建设。

31日 中国人民银行发布《关于进一步加强金银饰品零售市场管理的通知》。为了进一步打击黄金倒买倒卖和走私违法活动，维护金银饰品的零售市场秩序，该通知指出，经营金银饰品零售业务，必须经人民银行省级分行批准，领取“经营金银饰品业务许可证”方可经营。各人民银行省级分行应对已批准经营金银饰品零售业务的单位进行清理。国家对金银饰品零售单位实行定点管理，各金银饰品零售单位必须严格按照核准的经营范围、经营场所从事经营活动，任何单位不得以试销、代销、传销、直销、出租柜台等形式擅自扩大经营范围，变更经营场所。未经人民银行省级分行批准，金银饰品零售单位不得与其他企业联营，从事金银饰品零售业务，也不得设立经营金银饰品零售业务的分支机构。经营金银饰品零售业务的单位不得采用租赁经营方式。外商投资企业不得经营金银饰品零售业务。经人民银行批准的典当行的死当、弃当金银、镶嵌饰品，拍卖公司拍卖的金银、镶嵌饰品，公安、海关、工商行政管理等部门缉私、罚没的黄金、白银，应全部交售人民银行或人民银行指定的单位，不得擅自处理或用于拍卖。该通知还规定了申请经营金银饰品零售业务必须具备的各项条件。

△ 中国人民银行发布《商业银行自营住房贷款管理暂行规定》。该暂行规定明确，商业银行自营住房贷款业务是指商业银行以本外币存款作为资金来源，自主经营的住房贷款业务。自营住房贷款包括住房开发贷款和个人住房贷款；住房开发贷款期限最长不超过三年，个人住房贷款一般不超过十年；住房开发贷款执行同期法定固定资产贷款合同利率，个人住房贷款可在利息档次上提供一定的优惠：期限为五年、五年至十年和十年以上的，分别执行法定三年期、五年期和五年以上固定资产贷款合同利率。商业银行自营住房贷款要纳入中国人民银行下达的信贷计划考核，并设立会计科目，按住房开发贷款、个人住房贷款分别核算，按规定统计上报。该暂行规定实行后，储蓄所不再办理个人住房抵押贷款业务。人民银行在下发该规定的“通知”中要求：国家安居工程贷款属于住房开发贷款，列入固定

资产贷款规模，实行指令性管理；个人住房贷款列入流动资金贷款计划，由各商业银行按合理需要，汇总报人民银行总行核准，在当年新增贷款规模中发放。

7月 《中国人寿保险业经验生命表（1990～1993）》编制完成。该表的英文名称为China Life Insurance Mortality Table（1990～1993），简称为CL（1990～1993）。其中，非养老金类业务用表3张，养老金类业务用表3张，分别是：非养老金业务用男表，简称为CL1（1990～1993）；非养老金业务用女表，简称为CL2（1990～1993）；非养老金业务用男女表，简称为CL3（1990～1993）；养老金业务用男表，简称为CL4（1990～1993）；养老金业务用女表，简称为CL5（1990～1993）；养老金业务用男女表，简称为CL6（1990～1993）。

中国保险业对经验生命表的研制工作最早可以追溯到1847年，当时在中国设立代表处的英国标准人寿保险公司编制出了第一张中国生命表。解放后，所有的人身保险业务由中国人民保险公司经营，中国人民保险公司借用的是日本全会社第二回生命表，据此开发了简易人身保险、福寿安康保险和城镇养老保险等险种。1984年又引进了日本全会社第三回生命表，并以此表为基础推出了个人养老金业务。日本的经验死亡率水平与中国被保险人群的死亡率水平存在差异，对中国人寿保险业务的经营产生了一定的影响，不能准确、合理地制定保险费率和提留寿险责任准备金。改革开放后，中国城乡居民的生活水平迅速提高，为人身保险业务的高速发展提供了基础条件。到1991年年底，人寿保险长期业务承保人数已经超过6 000万人，这些数据已足够让中国进行死亡率统计。《中国人寿保险业经验生命表（1990～1993）》是中国人民保险公司受中国人民银行的委托于1992年下半年开始编制的，一直沿用到2005年。

8月

7日 中国人民银行、财政部、中国证监会联合发出《关于重申对进一步规范证券回购业务有关问题的通知》。证券回购业务是指债券持有人在卖出一笔债券的同时，与买方签订协议，约定以一定的期限和价格，买回同一笔债券的融资活动。针对一些金融机构从事证券回购业务的严重违规行为，该通知规定：凡未经批准的证券交易场所和融资中心，一律不得开办证券回购业务，所有金融机构也不得参与这些场所和中心开设的证券回购市场。非金融机构、个人以及不具有法人资格的金融机构，一律不得直接参与证券回购业务。禁止在国家批准的证券交易场所之外私下从事证券回购业务。证券回购券种只能是国库券和经中国人民银行批准发行的金融债券；回购期限最长不得超过一年；回购资金不得用于固定资产投资，不得用于期货市场投资和股票投资，不得以贷款、拆借等任何名义用于企业。回购方必须有100%的属于自己所有的国库券和金融债券，并将其集中在中国人民银行指定的一家证券登记托管机构保管。禁止任何金融机构挪用个人或机构委托其保管的证券，或以租券、借券等方式从事证券回购业务；严禁以出售国库券代保管单等形式盗用国家信用、非法集资或变相高息吸收存款。该通知要求，文到之日前所有在证券回购业务上的违规行为必须按本通知规定限期纠正。

11日 国务院副总理兼外交部部长钱其琛通知国际货币基金组织、亚洲开发银行和非洲开发银行集团，中华人民共和国政府任命中国人民银行新任行长戴相龙为上述三个机构的中国理事。此项任命自发信之日起生效。

△ 中国国际金融有限公司（以下简称中金公司）在北京开业。该公司是一家由中国、美国、新加坡以及中国香港的5家机构合资组建的投资银行，注册资本为1.25亿美元。其中，中国人民建设银行和美国摩根士丹利集团分别占总股本的42.5%和35%，中国经济技术投资担保公司、新加坡政府投资公司和香港名力集团各占总股本的7.5%。5家股东的总资产合计超过3 500亿美元。中金公司的业务范围包括：人民币普通股票、人民币特种股票、境外发行股票、境内外政府债券、公司债券和企业债券的经纪业

务；人民币特种股票、境外发行股票、境内外政府债券、公司债券和企业债券的自营业务；人民币普通股票、人民币特种股票、境外发行股票、境内外政府债券、公司债券和企业债券的承销业务；客户资产管理业务；基金的发起和管理；企业重组、收购与合并顾问；项目融资顾问；投资顾问及其他顾问业务；外汇买卖；境外企业、境内外商投资企业的外汇资产管理；同业拆借。

14 日 中国人民银行下发《关于加强境外中资金融机构管理的通知》。针对少数境内机构无视国家有关规定，未经批准，擅自在境外设立金融性分支机构，或先设机构后办理报批手续；一些机构不按规定向主管部门报送资料；个别境外金融机构经营不善，发生严重亏损等问题，该通知规定：境内金融机构及非金融机构、境外中资金融机构及非金融机构设立或收购、参股境外金融机构，必须报经中国人民银行审批。境外中资金融机构的境内投资单位应于每年 7 月 31 日前向中国人民银行总行或有关省级分行报送境外金融机构上半年工作报告，于每年 3 月 31 日前向中国人民银行总行或有关省级分行报送境外金融机构上一年的资产负债表、损益表和年度工作报告。中国人民银行省级分行在收到有关报告和财务报表后应按规定及时转报总行。

15 日 中国人民银行调整外汇储备币种结构。中国人民银行新闻发言人就国家外汇储备经营问题发表谈话。发言人指出：中国人民银行在经营国家外汇储备时，始终坚持"安全、流动、保值"的原则，遵循国际惯例，采取了许多有效的措施。针对国际外汇市场上汇率剧烈变动的情况，适时调整了外汇储备的币种结构，加强了对风险的监管。中国人民银行在经营外汇储备时，不做高风险期货交易，国家外汇储备的收益稳定增加，收益率可观，这证明中国人民银行有能力，也有经验管理和经营好国家外汇储备。截至 1995 年 6 月底，国家外汇储备达 626.6 亿美元。

△ 财政部组织的 1995 年一年期记账式国库券承销的签字仪式在上海举行。该期国债计划发行 100 亿元，年利率为 11.98%，首次采用"交款期优先"的拍卖发行方式，即以承销机构向财政部交款的先后顺序获得中标权利，早交款的优先满足。投标结果是共有 31 家国债一级自营商或证券经营机构参加此次投标，投标总额达 46.5 亿元。9 月 1 日，财政部下发《1995 年一年期记账式国库券市场间转托管运行试行办法》，决定试行国债跨交易场所转托管业务，为逐步统一全国国债市场创造条件。

△ 海南发展银行在海口开业。海南发展银行是在改组、合并省内 5 家非银行金融机构（海南省富南国际信托投资公司、海南蜀兴信托投资公司、海口浙琼信托投资公司、海口华夏金融公司、三亚吉亚信托投资公司），吸纳中国北方工业总公司、中国远洋运输集团总公司、海南省宝平集团等企业股东的基础上，组建的股份制商业银行。总股本为 16.77 亿元，其中，外币 5 000 万美元。海南省政府以出资 3.2 亿元成为最大股东。银行实行一级法人体制，按照现代商业银行的模式运作，接受中国人民银行的领导、监督、协调和稽核。海南发展银行是我国《商业银行法》实施后诞生的全国第一家以股份有限公司形式组建的区域性商业银行。1998 年 6 月 21 日，海南发展银行关闭，成为新中国金融史上第一家由于发生支付危机而关闭的银行。关闭前有员工 2 800 余人，资产规模达 160 多亿元。

24 日 中国证监会就四川长虹电器股份有限公司（以下简称四川长虹）转配红股上市事件作出裁决：四川长虹转配红股上市属违规行为，上海证券交易所按自己的理解安排四川长虹转配红股上市是工作失误，予以通报批评，但为了稳定市场，仍维持上海证券交易所对四川长虹转配红股上市的安排。1995 年 6 月 12 日，中国证监会同意四川长虹向全体股东配售5 945.460 万股普通股，法人股股东可将其配股权有偿转让。中国证监会同时规定：四川长虹向法人股股东配售的股票和法人股股东转让给他人的配售股票，在国家有关规定公布之前暂不上市流通。在四川长虹实施配股的第二天，8 月 15 日，四川长虹发布分红派息公告确定按配股后的股本（包括转配股部分）每10股送红股7股，派发现金红利1元。8月21日，四川长虹法人股转配红股违规上市流通，引起股市较大震动。中国证监会从当日起对有关情况进行调查，“四川长虹”股票分别于23日下午和24日停牌。

26日 八届全国人大常委会第十五次会议在北京召开。国家计委主任陈锦华报告了1995年国民经济和社会发展计划执行情况。其中提到，《中国人民银行法》和《商业银行法》等重要金融法律相继颁布实施，强化了中央银行的金融调控职能。货币投放和银行信贷规模调控较好，城乡居民储蓄存款增加。适度从紧的货币政策已收到一定的效果，减轻了通货膨胀的压力。今后要继续执行适度从紧的财政、货币政策，进一步优化贷款结构，提高资金使用效益。

30日 中国人民银行印发《关于清理房地产信贷业务有关问题的通知》。该通知规定：1. 中国工商银行、中国人民建设银行、中国农业银行等政策性住房信贷业务指定银行，要严格按照规定接受委托办理有关政策性住房信贷业务。其他银行和非银行金融机构一律于1995年9月底以前将有关政策性住房信贷业务移交有关指定银行。2. 各受托银行办理政策性住房信贷业务须在当年9月底以前单独设账进行核算，并与银行房地产信贷部自营信贷业务实行分账管理。3. 为住房资金管理机构开设账户只能开设住房公积金专用账户，并执行与职工个人住房公积金存款相同的利率和计算方法。4. 各类政策性住房贷款的风险由委托人自行承担。受托银行违反规定的贷款用途和程序发放的贷款，视同受托银行自营贷款，由该银行承担贷款风险和相应责任。5. 政策性住房资金存大于贷的部分，由委托人指定用于购买国家债券或转存受托银行。受托银行吸收的转存款，应按规定缴纳存款准备金，并作为银行信贷资金由该银行统一安排使用。6. 商业银行自营的各类房地产贷款业务要纳入中国人民银行下达的信贷计划考核，严禁超规模发放贷款。7. 各商业银行要在1995年第四季度完成自营房地产贷款业务的清理工作。各银行房地产信贷部设立的分支机构一律撤销，中国人民银行各分行原则上不再批准设立新的银行房地产信贷部。

9月

1日 农业部和中国人民银行有关部门的负责人就规范农村合作基金会的行为答记者问。负责人介绍说，农村合作基金会是农村社区内资金互助组织，不是金融机构，不能办理存款、贷款等金融业务，也不得以股金的名义，变相吸收存款。截至1994年年底，全国37.1%的乡（镇）和15.6%的村建立了农村合作基金会。

5日 中国证监会发布《关于对公开发行股票公司进行辅导的通知》。该通知规定：取得国家股票发行计划额度的公司，在其股票发行与上市的过程中，应聘请承销机构进行辅导工作，并在签订承销协议的同时签订辅导协议。辅导期是自公司与证券经营机构签订证券承销协议和辅导协议起，至公司股票上市后一年止。辅导期是包括承销过程的辅导和上市后的持续辅导两个阶段。在公司辅导结束后，各地方证券管理部门或中央企业主管部门要对辅导机构的辅导能力和辅导效果进行鉴定，并报中国证监会备案。对不称职的辅导机构，中国证监会将视情节轻重决定给予警告、暂停直至撤销承销和辅导资格的处罚。

6日 中国人民银行发布《设立境外中国产业投资基金管理办法》。该办法规定，中资机构作为境外投资基金的发起人，其中，至少有一个发起人应当是非银行金融机构，且提出申请前一年年末资本金总额不少于10亿元人民币；境外投资基金发起人中的中资非金融机构，提出申请前一年的年末资本金总额不少于5亿元人民币。申请设立境外投资基金须向中国人民银行提交申请，人民银行于90日内会同国务院有关部门作出批复。境外投资基金应当为封闭式基金，发行总额不得少于5 000万美元。中资机构应当选择中方持股25%以上的基金管理公司作为基金管理人。发起人认购的基金份额不得超过基金拟发行总额的10%。境内发起人认购基金份额的资金应当存入中国人民银行认可的中国境内银行，不得汇出境外。境外投资基金不得在中国境内募集，中资机构为了管理拟设立的境外投资基金，可以申请设立境外投资基金管理公司。境外投资基金须投资于中国境内国家产业政策支持的产业项目，其数额不得低于基金总额的70%，不得以借贷形式在中国境内运用，不得用于购买公开发行的人民币普通股票和以人民币计值的政府债券，其凭证不得在中国境内用于借贷或者债券发行的质押或者担保。

境外中国产业投资基金 境外中国产业投资基金（以下简称境外投资基金）是指中国境内的非银行金融机构、非金融机构以及中资控股的境外机构作为发起人，单独或者与境外机构共同发起设立，在中国境外注册，募集资金，主要投资于中国境内产业项目的投资基金。设立境外投资基金是为了适应对外开放和经济发展的需要，推动我国经济发展。

投资基金是一种利益共享、风险共担的集合投资方式，即通过发行基金单位，集中投资者的资金由基金托管人托管，由基金管理人管理和运用资金，从事股票、债券、外汇、货币等金融工具投资，以获得投资收益和实现资本增值。投资基金在不同国家或地区的称谓有所不同，美国称之为共同基金，英国和中国香港称之为单位信托基金，日本和中国台湾称之为证券投资信托基金。投资基金的种类繁多，可按不同的方式进行分类。根据投资基金的组织形式的不同，可分为公司型基金与契约型基金；根据基金受益单位能否随时认购或赎回及转让方式的不同，可分为开放型基金和封闭型基金；根据投资基金投资对象的不同，可分为货币基金、债券基金、股票基金等。金融性投资基金是相对产业投资基金而言的，其投资对象主要是各种金融工具。

7日 国务院发出《关于组建城市合作商业银行的通知》。国务院决定，自1995年起在大中城市分期分批组建城市合作银行。该通知指出，城市合作银行是在城市信用合作社的基础上，由城市企业、居民和地方财政投资入股组成的股份制商业银行，其主要任务是：融通资金，为本地区经济的发展特别是城市中小企业的发展提供金融服务。城市合作银行的组建工作要分期分批进行，条件成熟一个，批准一个。1995年先在北京、天津、上海等城市进行试点，在总结经验的基础上，在35个大中城市逐步推开。

城市合作银行的组建工作应遵循以下原则：1. 在组建城市合作银行的城市，凡不符合中国人民银行新发布的《城市信用合作社管理办法》规定的城市信用合作社，都必须加入城市合作银行。2. 城市合作银行实行全行统一核算的财务管理制度，加入城市合作银行的城市信用合作社，其独立法人地位相应被取消，其债权债务转为城市合作银行的债权债务。3. 对加入城市合作银行的城市信用合作社，要在清产核资的基础上进行股权评估，然后统一向城市合作银行入股，不得募集新的个人股份。4. 城市信用合作社原有的公共积累不得私分或转移。5. 城市信用合作社的人、财、物，由该市城市合作银行筹备小组统一管理。

7月5日，中国人民银行新闻发言人曾就组建城市合作银行问题接受记者采访。新闻发言人强调，目前我国正在组建的城市合作银行，其性质是为城市经济发展服务的股份制商业银行，而不是私人性质的银行，也不允许成立私人银行。城市合作银行之所以还保留“合作”二字，是因为反映这种商业银行主要由原信用合作社合并而成立，其性质已不属合作金融，而是商业银行，按我国的《商业银行法》进行管理。

10日 中国人民银行下发《关于非银行金融机构重新登记的通知》。针对自1993年下半年以来，金融机构市场准入违规较多，有些金融机构超越范围经营比较严重的现象，该通知要求，自1995年10月15日到年底对全国非银行金融机构进行一次检查验收。需重新登记的非银行金融机构主要包括信托投资公司及其分支机构、证券公司及其分支机构、证券登记（结算）公司、投资基金管理公司、企业集团财务公司及其分支机构、金融租赁公司及其分支机构。检查验收的主要内容是检查金融机构的合法性、业务的合规性和经营的安全性。清理的范围主要是越权批设非银行金融机构和进城设立机构的农村合作基金会的情况，调查和了解财政信用、资信评估公司、证券交易中心、典当行、基金会，以及未经批准擅自设立金融机构和非金融机构擅自办理金融业务的基本情况。检查验收合格的非银行金融机构，中国人民银行将给予重新登记，并换发“金融机构法人许可证”或“金融机构营业许可证”，对违法违规者给予处罚并坚决取缔。

11日 中国证监会发布《关于期货交易所进行会员制改造的意见》（以下简称《意见》）。《意见》明确：期货交易所实行会员制。会员大会是期货交易所的权力机构，由全体会员组成；理事会由会员大会选举产生，对会员大会负责。理事会由11～15名理事组成，其中非会员理事不得少于1/3，不得多于1/2，交易所总裁作为当然理事参加理事会。《意见》对正副理事长人选、会员席位、对地方政府或原股东会员的出资偿还情况、交易所的资产处置，以及实行会员制的期货交易所的预算、结算、分红等问题作了具体规定。

14日 中国人民银行发布《国际收支统计申报办法》。该办法规定：国际收支统计申报的范围为中国居民与非中国居民之间发生的一切经济交易。国家外汇管理局负责组织实施国际收支统计申报，并进行监督、检查；统计、汇总并公布国际收支状况和国际投资状况；制定、修改本办法的实施细则；制发国际收支统计申报单及报表。国际收支统计申报实行交易主体申报的原则，采取间接申报与直接申报、逐笔申报与定期申报相结合的办法。11月23日，国家外汇管理局发布了《国际收支统计申报办法实施细则》，对中国居民通过境内金融机构、邮政机构对外支付的款项和从境外收入的款项，涉外证券投资、对外期货、期权交易等各种收付的款项的申报办法以及对于违反规定的行为处罚作了规定。该申报办法和该实施细则均自1996年1月1日起施行。

14～18日 北京’95国际邮票钱币博览会开幕。该博览会是经文化部、邮电部、中国人民银行批准，由中国金币总公司、中国集邮总公司联合举办的自新中国成立以来第一次以邮票钱币展览与销售为内容的大型国际博览会。中国人民银行为此发行“熊猫”加字银币一枚。博览会期间，中国金币总公司推出中国集币史上第一个集币护照。

15日 中国人民银行印发《关于对金融机构重大经济犯罪案件负有领导责任人员行政处分的暂行规定》。该暂行规定所指的经济犯罪案件，包括贪污、贿赂、挪用公款、诈骗、盗窃、抢劫等案件。该暂行规定明确：金融机构发生重大经济犯罪案件，造成10万～50万元损失（指经济案件发生后查实的实际经济损失）的，对其业务部门负责人、分管领导、主要领导负有下列责任之一的，分别给予警告直至降级处分；造成50万元以上损失的，分别给予降级直至开除公职处分。情节严重构成犯罪的，移交司法机关处理。虽未造成10万元以上的损失，但影响恶劣，后果严重，或连续发生重大经济犯罪案件的，其业务部门负责人、分管领导、主要领导应视情节轻重，给予相应的行政处分。该暂行规定自1995年10月1日起施行。

27日 国务院发布《关于进一步加强借用国际商业贷款宏观管理的通知》。该通知明确，国际商业贷款包括：外国商业银行（机构）贷款、出口信贷，发行境外外币债券、可转换债券、大额可转让存单和中期票据等股票以外的有价证券，国际融资租赁、以现汇方式偿还的补偿贸易、项目融资、海外存款及其他形式的商业性筹融资。该通知规定：1. 国家对中长期国际商业贷款实行总量控制计划管理，借用的国际商业贷款不得用于外汇抵押人民币贷款，不得结汇。2. 国家对借用短期国际商业贷款实行余额管理。由中国人民银行核定指标并下达给各金融机构或企业，不得突破。短期对外借款（偿还期在1年以下）只能用于金融机构头寸周转或用做企业所需的短期流动资金，不得用于固定资产投资等国家规定不允许使用的范围。3. 建设项目借用国际商业贷款，要根据国家计委下达的年度计划，由国家外汇管理局负责审批对外借款的金融条件。境外投资借用国际商业贷款要从严控制，由国家计委负责审批。4. 国家计委、中国人民银行要加强对发债窗口的审核检查，国家外汇管理局负责做好进入国际金融市场发债的协调和管理工作，保证发债工作的顺利进行。财政部代表国家对外发债，须经国务院批准，并纳入国家借用国际商业贷款计划。境内机构借用的国际商业贷款资金，必须调入境内，并用于外资计划主管部门批准借用国际商业贷款的项目；未经国家外汇管理局批准，不得存放境外。该通知对加强债务偿还的监督管理、完善外债统计监测、加强国际金融市场的动态分析作了具体规定。

10 月

5 日 中国人民银行依法接管中国银行信托投资公司（以下简称中银信托公司）。人民银行的公告指出：鉴于中银信托公司存在违法经营、经营管理混乱、资产质量差等问题，严重影响存款人的利益，中国人民银行决定，对中银信托公司实行接管。接管期为 1995 年 10 月 6 日至 1996 年 10 月 5 日。1995 年 6 月 9 日，中国人民银行责令中银信托公司停业整顿。12 月 12 日，人民银行广东省分行接管组进驻中银信托公司广州办事处，行使该公司在粤机构为期一年的经营管理权，并着手落实和清理债权债务。

△ 中国人民银行发布《关于进一步规范和发展再贴现业务的通知》。该通知指出：再贴现业务在发展过程中存在一些问题，主要表现在：一是有些企业和银行把贴现、再贴现视同一般的信用放款。有的银行单纯把再贴现作为一条资金供应渠道，用于弥补信贷收支和农副产品收购资金的缺口，甚至利用再贴现业务倒逼或套取中央银行的规模与资金，有的企业甚至利用假汇票套取银行信用。二是票据使用不广泛，银行承兑的商业汇票所占的比重偏低，贴现与再贴现的结构不合理。三是各地区开展贴现、再贴现业务很不平衡，跨省、区、系统的业务基本上没有开展起来。四是有的地区片面追求再贴现总量，忽视有关基础工作，业务操作不规范。

该通知要求：1. 中国人民银行各分行和各商业银行总行对已办理贴现、再贴现的票据进行一次检查。2. 中国人民银行各地分行和各商业银行办理票据承兑、贴现与再贴现业务时，必须严格执行《中华人民共和国票据法》和中国人民银行总行的有关规定，制定和完善票据承兑、贴现、再贴现的具体管理办法与操作规范。3. 中国人民银行各地分行对总行下达的再贴现限额要集中管理，统一调度，不要层层“切块”下达，更不许下放到县级行。再贴现限额不得与其他再贷款限额相互串用，中国人民银行总行对再贴现限额仍实行单独考核，并在严格控制再贴现总额的基础上，对再贴现限额分配实行区别对待的政策。4. 积极推动跨地区、跨系统贴现、再贴现和银行间转贴现业务。在实行贷款规模的情况下，商业银行不能向非银行金融机构办理转贴现。中国人民银行各分行对跨地区贴现和银行间转贴现的银行承兑汇票，应予以优先办理再贴现。5. 进一步加强宣传和培训工作。6. 中国人民银行从 1996 年开始在国家银行信贷计划中，单独安排一定数量的贴现规模专用于贴现放款。同时改革贴现利率管理办法，允许商业银行的贴现利率实行在再贴现率基础上按规定加一定点数，以鼓励商业银行扩大办理票据贴现。

从 1994 年开始，中国人民银行专门安排再贴现资金，用于煤炭、电力、冶金、化工、铁道等行业以及棉花、烟叶、生猪、食糖等农副产品已贴现票据的再贴现。到 1995 年 9 月底，全国再贴现余额为 211 亿元。

10 日 深圳城市合作商业银行开业。经中国人民银行批准，成立于 1995 年 6 月 22 日的深圳城市合作商业银行是在对原有的城市信用社进行根本性改制的基础上，由 165 家股东单位共同发起而成立的我国第一家城市合作商业银行，也是一家地方性股份制商业银行。注册资本为 18 亿元人民币，其中，深圳市政府的持股比例为 25%。深圳城市合作商业银行的组建工作采取股份制的现代企业组织形式，实行“一级法人、统一核算”的体制；城市信用社经过清产核资和股权评估，一步到位全部纳入城市合作银行体系；地方财政信用全部纳入城市合作银行。深圳城市合作商业银行于 1998 年 6 月更名为深圳市商业银行。

△ 公安部、财政部、中国人民银行发出《关于改革交通违章罚款交纳办法的通知》。该通知决定在全国地级以上城市改革交通违章处罚办法，对交通违章行为人需要实行罚款处罚，实行由银行代收罚款的制度。各市公安机关会同财政部门、人民银行根据当地具体情况，委托一家银行机构办理代收交通违章罚款业务，并开设专用账户。银行代收的罚款上缴国库。公安机关向代收罚款的银行支付一定的手续费，具体标准由当地公安机关、财政部门与代收银行商定。各直辖市、省会市和计划单列市从当年10月开始实行该项改革，其他地级市从1996年1月逐步实行该项改革。

16日 经澳门、葡萄牙当局授权，中国银行在澳门发行澳门元钞票，成为除澳门大西洋银行之外的另一家发行当地法定货币的代理银行。1994年7月，中国和葡萄牙双方签署了《中葡联合联络小组关于澳门发钞问题的会谈纪要》，1995年2月6日，澳门政府发布法令，授权中国银行从1995年10月16日至2010年10月15日在澳门发行澳门元钞票。中国银行与大西洋银行各自承担50%的货币发行量，而硬币则由货币暨汇兑监理署代理政府发行。新澳门币的面额为10元、50元、100元、500元及1 000元，发行限额分别为1 000万张、75万张、725万张、175万张和75万张。钞票选用澳门具有代表性的景物作为主题图案，配以姿态各异、造型典雅的莲花水印，钞票设计体现了中国传统工艺美术和现代艺术风格相结合的特点。中国银行澳门元钞票从设计、雕刻、制版到印刷的全过程均由中国印钞造币总公司完成。

17日 中国人民银行决定发行联合国成立50周年纪念币一套（1枚）。该纪念币自1995年10月20日起在全国发行，数量为1 000万枚。该纪念币由钢芯镀镍材质制成，直径为25毫米，面值为1元。该纪念币与现行人民币的职能相同，并与1元人民币等值流通。

20日 中国证监会下发《关于股票发行与认购办法的意见》。该意见明确：股票发行必须选择有良好的通讯和交通条件，有一定数量的金融分支机构（含证券经营机构），有上海证券交易所、深圳证券交易所会员机构的金融业相对发达的城市。股票发行方案经新股发行公司所在地政府证券管理部门批准后，至少于新股发行前10个工作日由主承销商报中国证监会，经审核同意后由地方证券管理部门和主承销商组织实施。股票发行可采用与储蓄存款挂钩发行方式和上网定价发行方式。同次发行的股票只能采取一种发行方式。该意见对与储蓄存款挂钩发行方式、上网定价发行方式、承销机构的有关职责作了具体规定。

△ 内蒙古鄂尔多斯羊绒制品股份有限公司（以下简称鄂尔多斯公司）B股上市。股票类型为记名式普通股，共发行110 000 000股，每股面值为1元人民币，发行价格为3.9元人民币/股。股票发行为私募发行，承销采取包销方式，主承销商为南方证券有限公司。鄂尔多斯公司为我国少数民族地区第一家B股上市公司。

24日 全国会计工作会议在北京召开。国务院副总理朱镕基作了重要指示，要求在全国范围内广泛开展一次整顿会计工作秩序的活动。其中，银行和金融机构是否搞“两本账”，进行账外高息吸储、放贷，冲击国家信贷规模被列入整顿重点，并强调对整顿中查出的问题要严肃处理，严明法纪。

△ 中国证监会发布《关于进一步控制期货市场风险、严厉打击操纵市场行为的通知》。该通知指出：近来，部分期货交易品种的交易异常活跃，出现了过度投机的态势。一些会员和客户为了牟取暴利，蓄意违规，联手操纵市场，进行疯狂的投机活动甚至金融犯罪活动。有的期货交易所为利益所驱动，不严格执行中国证监会三令五申的规定和章程规则，对此类现象视而不见、充耳不闻，甚至放松管理，变相放纵，屡屡造成市场风险难以控制的局面。这些蓄意违规行为严重扰乱了期货市场的正常秩序，危害期货市

场的生存基础。为了进一步控制期货市场风险，严厉打击操纵市场的行为，该通知决定：各期货交易所必须严格控制市场持仓总量，对超过市场持仓总量控制线的新开仓部分，必须追加收取成交金额50%以上的交易保证金。禁止T+0结算，即各期货交易所不得允许会员单位用当日平仓后清退的保证金和平仓盈利于同一交易日开新仓。从新推出的合约月份起，除确需进行实物交割的套期保值头寸外，各交易所一律不得允许会员单位利用仓单抵押代为支付交易保证金。除中国证监会批准的期货经纪公司外，任何机构一律不得从事期货二级代理业务。各交易所要严肃查处超量持仓、垄断市场和联手操纵市场的行为。

△　中国证监会发布《关于对股票发行中若干问题处理意见的通知》。关于上市企业采取“同比例缩股”以满足上市条件，该通知规定：对确属国家重点支持的、而发行规模又难以满足上市条件的极个别国有大型企业，作为特殊情况在报经中国证监会批准后，可缩股发行上市。凡采用同比例缩股的上市公司，上市后三年之内不得进行配股。关于职工内部股上市问题，该通知规定：凡各地、各部门在1995年新股发行中安排的定向募集公司，其职工内部股获得发行额度的，经审查通过后可随新股一起上市流通；没有发行额度的，从新股发行之日起，期满三年后方可上市流通。关于在上海、深圳两个证券交易所有节奏、均衡上市的问题，该通知规定：中国证监会每季度安排一次发行与上市计划，确定每个市场股票发行与上市企业的家数。企业可以自主选择上市地，但须按照所申请上市交易所的上市名额分别依次排队等候证监会审批。关于资产评估的问题，该通知规定：股份有限公司在筹建时已依法进行过资产评估的，在公开发行股票时，不再需要进行资产评估。如再次进行评估的，只能作为确定发行价的参考，不得调账。

27日　中国人民银行、财政部、中国证监会联合下发《关于认真清偿证券回购到期债务的通知》。该通知规定，从事新的证券回购业务必须是经国务院和中国人民银行批准的证券交易场所和融资中心，证券回购券种只能是国库券和经中国人民银行批准发行的金融债券，回购期限最长不得超过一年。对8月8日以前签订的，10月31日之前又补不足实券的回购协议，允许双方按原定回购协议的期限到期清偿债务。对8月8日以后开展的新回购业务，必须执行100%实物券托管的规定。该通知对证券回购业务到期债务的清偿办法和要求作了具体规定。

△　东南亚新澳中央银行组织第21届理事会活动由中国人民银行主办。活动内容之一是，东南亚新澳中央银行组织第21届理事会在北京举行。

△　中国证监会、国家工商总局联合发布《关于审核非期货经纪公司会员从事期货经纪业务的通知》。该通知规定：非期货经纪公司会员申请从事期货经纪业务，必须符合注册资本金不得低于人民币3 000万元，从事期货（不含期货代理）业务一年以上，无严重违规行为，由所在期货交易所推荐等条件。非期货经纪公司会员申请从事期货经纪业务须经地方期货监管部门进行初审通过后，上报中国证监会进行复审。获准从事期货经纪业务的非期货经纪公司会员，只能从事其具有经纪会员资格的国内期货交易所的期货经纪业务。非期货经纪公司会员不得从事期货交易所的二级代理业务，不得以任何名义设立从事期货经纪业务的分支机构。未获期货交易所推荐的非期货经纪公司会员，须在1995年12月31日前停止期货经纪业务。经审核未获通过的非期货经纪公司会员，应在接到该通知后30日内停止期货经纪业务。

△　最高人民法院印发《关于审理期货纠纷案件座谈会纪要》（以下简称《纪要》）。1995年4月18～21日，最高人民法院在四川省成都市召开了14个省、市高级人民法院，以及6个中级人民法院审理期货纠纷案件有关审判人员座谈会并形成会议纪要。《纪要》提出：处理期货纠纷案件须坚持正确适用法律、风险和利益相一致、过错和责任相一致以及尊重当事人的合法约定等四项原则。期货纠纷案件一般应由被告所在地或期货交易所、经纪公司所在地的中级人民法

院管辖，案件比较集中且审判人员素质较高的地方，经高级人民法院批准，基层人民法院也可以管辖。涉外、涉港澳期货纠纷案件参照《中华人民共和国民事诉讼法》第四编第25章的规定确定管辖。该纪要对从事期货交易业务的资格问题、经纪人的法律地位及民事责任的承担问题、违约纠纷的处理问题、期货交易中侵权纠纷的处理问题、期货交易中的无效民事行为及其民事责任问题、外汇按金交易问题以及期货纠纷案件中的举证责任问题提出了具体意见。在我国的期货市场刚刚建立，有关期货交易的法律、法规、规章不完备的情况下，该纪要对配合国家对期货市场的治理整顿，指导人民法院审理当时出现的各类期货纠纷案件，统一裁判思路和标准起到了积极的指导作用。

11月

7日 中国工商银行、中国农业银行、中国银行、中国人民建设银行、交通银行联合发布《关于办理跨系统储蓄存款异地托收业务的通知》。该通知决定开办跨系统储蓄存款异地托收业务，包括本外币活期储蓄存款、定期储蓄存款和定活两便储蓄存款，只办理存单（折）的全部金额托收。无记名式的储蓄存款不办理托收。储蓄存款异地托收手续费由委托储蓄机构按托收金额的8‰收取，每笔最低为5元，不另收邮费。

28日 中国人民银行试办融资券回购业务。中国人民银行与公开市场业务一级交易商签署《中国人民银行融资券回购主协议》，并发行了118.9亿元记账式中央银行融资券。该期票据期限为三年，年利率为9.9%。《中国人民银行融资券回购主协议》规定：回购是交易的一方（卖方）卖出融资券给另一方（买方）的同时，买卖双方约定在将来某一指定日期以双方约定的价格由卖方向买方买回相等数量的同种融资券的交易。交易的参与者为中国人民银行、中国工商银行、中国农业银行、中国银行、中国人民建设银行、交通银行、中信实业银行、中国投资银行、中国光大银行、华夏银行、上海浦东发展银行、招商银行、广东发展银行、深圳发展银行和福建兴业银行。融资券采用全额债券回购交易原则。回购期限定为七天、十四天和二十一天三个档次，回购利率分别为9.83%、10.15%、10.44%。1995年11月14日，中国人民银行向上述14家商业银行招标发行200亿元中央银行融资券。

△　为了方便投资者，深圳证券交易所将股票交易单位由“手”调整为“股（张）”，并实现实时零股交易。

29日 江苏无锡新兴实业总公司（以下简称新兴公司）非法集资案结案。最高人民法院判决被告人邓斌因犯受贿罪、贪污罪、投机倒把罪、挪用公款罪、行贿罪被判死刑，被剥夺政治权利终身。1991年8月，邓斌在无锡注册成立新兴工贸公司，邓斌以“联营”为名，面向社会非法集资，两个月为一期，月利率一般为5%，年利率一般为60%，最高者达100%。新兴公司从成立之前至1994年7月被查处，共集资32亿元，涉及全国七个省（市）368个一级集资单位和31位个人，造成经济损失12亿元。

30日 中国人民银行印发《贷款证管理办法》。中国人民银行总行决定自1996年4月1日起，在部分大中城市国内金融机构中实行贷款证制度。该管理办法规定：贷款证是中国人民银行发给企业向国内各金融机构申请借款的资格证明书。在实行贷款证管理制度的城市内的企业，拟申请借款或已与金融机构有借还款关系者，必须申领贷款证。贷款证的内容包括发证记录和年审记录、企业概况、银行存款户开户记录（分人民币账户和外币账户）、贷款余额情况统计表、贷款发生情况和异地贷款情况登记表、企业提供经济保证情况登记表、企业资信等级记录等。中国人民银行总行及其分支机构是贷款证的发证机关和管理机关。

△　中国人民银行发布《关于撤销商业银行同业拆借中介机构的通知》。该通知规定：各商业银行的融资中心或资金市场等同业拆借中介

机构立即停办新的跨年度拆出拆入资金业务。从1996年1月1日起，停办所有的拆借业务。所有金融机构办理拆借业务都必须进入全国统一的同业拆借网络，不能直接进入全国网络的，必须通过经中国人民银行当地分行改造过的融资中心办理。从1996年4月1日起，所有商业银行的同业拆借中介机构必须撤销，归并到原组建银行。各商业银行要用三个月的时间清理其融资中心或资金市场等同业拆借中介机构的债权债务，其债权债务由原组建银行承接，并按照有效合同确定的期限收回和归还拆借资金。

12月

1日 财政部在日本金融市场发行400亿日元公募债券签字仪式在东京举行。这是中国政府首次在日本金融市场发行二十年期超长期债券，也是第一个进入日本超长期债券市场的亚洲国家政府。

3日 中国人民银行发布《金融统计管理规定》。该规定明确：金融统计是指金融机构统计部门对各项金融业务活动的情况和资料进行收集、整理和分析的活动。金融统计工作的基本任务是：根据党和国家的方针政策和国家管理经济的要求，及时、准确、全面地完成各项金融业务统计报表；收集、整理、积累金融和有关国民经济的统计资料；开展统计调查和统计分析，为金融部门和国家进行宏观经济决策，检查和监督经济、金融运行情况，加强金融监管和经营管理提供依据。金融统计工作遵循客观性、科学性、统一性、及时性和保密性的原则。金融统计实行统一领导、分级负责的管理体制。人民银行总行是组织、领导和协调全国金融统计工作的主管机关。

5日 中国证监会、国家经济贸易委员会、国内贸易部颁布《关于国有企业、事业单位参与期货交易的规定》。该规定指出，国有企业、事业单位参与期货交易要经主管部门或公司董事会批准。期货交易要以套期保值为主，经营亏损的国有企业、事业单位只能从事套期保值业务，不得进行投机性交易。要有健全的管理规章和完善的账目管理制度。持仓额超过其营运资金的5倍时，必须得到主管部门或公司董事会的批准。

5~7日 中共中央、国务院在北京召开中央经济工作会议。会议的主要任务是贯彻党的十四届五中全会精神，研究和部署1996年的经济工作。会议认为，1995年国民经济保持了持续、快速、健康的发展势头。通货膨胀得到了初步抑制，物价涨幅明显回落，财政金融形势保持平稳。当前社会经济生活中的一个突出问题是财经纪律松弛，经济秩序混乱。其表现是内外勾结骗汇骗税，走私逃税；弄虚作假，搞“两本账”；大量资金脱离正常运行轨道；执法监管不力等。1996年要把整顿和加强财经纪律，打击经济犯罪行为，作为一项重要任务。主要措施有：1. 财政、税务、银行、海关、外经贸、外汇管理和审计、监察等部门，要进一步改进、完善有关规章制度，加强监督管理。要特别加强对增值税发票、出口退税、资金拆借、结汇售汇、财政预算外资金和财政周转金的管理，加强财政、金融部门的内部监管。税务部门、银行、海关要逐步建立计算机监控系统。金融、海关、税务等机构要实行干部定期轮换制度和离职审计制度。2. 严格执行有关法律法规，严惩各类犯罪活动。要特别注意惩治骗税、逃税、套汇、走私，以及其他财税、金融领域的犯罪活动。3. 严肃处理违法违纪的直接责任人，并追究主要领导人的责任。4. 财政、税务、外经贸、海关、银行、外汇管理、审计和监察等部门，要开展一次财经纪律全面检查，重点是查“两本账”、骗税、套汇、走私等违法犯罪活动，以及公职人员的严重违法违纪行为。中国人民银行要做好对非银行金融机构的重新登记工作，对银行资金来源和运用进行全面稽核。财政部门要对预算外资金的使用进行全面审查。

6日 中国进出口银行向苏丹石油开发项目提供1亿元人民币政府优惠贷款的签字仪式在北京举行。从1995年下半年开始，中国实行对外援助方式的改革。今后的对外援助主要采取提供政府贴息优惠贷款方式，同时推动援外项目实行合资合作等方式。由中国的银行提供具有政府援助性质的优惠贷款，其优惠利率与银行基准利率之间的利息差额由国家援外费补贴。中国进出口银行是我国政府指定的对外提供优惠贷款的承贷银行。实施优惠贷款方式的主要程序是：两国政府就贷款额度、主要贷款条件等签订意向性（或框架）协议；根据受援国提出的使用贷款的项目，经外贸部初步审核后，推荐给中国进出口银行；进出口银行对项目效益进行评估确认后，与受援国政府指定银行在意向性（或框架）协议范围内，签订贷款协议并组织实施；同时，外贸部与中国进出口银行就政府补贴利息事宜签订协议。苏丹石油开发项目是中国进出口银行作为承贷银行对外签署的第一个政府优惠贷款协议。

12日　中国工商银行为“中星七号”卫星提供贷款。经国务院批准，邮电部直属中国通信广播卫星公司决定从美国休斯公司购买“中星七号”卫星，接替已处于超期服役状态的通信广播卫星“中星五号”。“中星五号”承担着中央三套电视节目、地方五套电视节目、5 000余条长途电路和部分专业通信的传输任务及八个省市的声像传送任务。此项目总投资约1.3亿美元，需配套人民币资金约500万元。中国工商银行决定为其提供1.3亿美元的全额外汇贷款，采取分期付款方式，当年提供5 100万美元，次年支付7 900万美元。

14日　中国人民银行发布《关于规范银行卡网络服务机构的通知》。该通知指出，1993年以来，“金卡工程”部分试点城市或地区的人民银行分行牵头组织各国有商业银行和有关部门建立了银行卡网络服务机构。此类机构是非营利性的信息服务机构，不是金融性机构，不准办理金融业务，只能从事跨行信用卡授权及清算信息转换和代理发卡行委托的授权业务。各地方此类机构的名称应统一为“×××市（地区）银行卡网络服务中心”（以下简称网络服务中心）。网络服务中心实行会员制。银行卡网络服务中心由人民银行组织各会员单位共同管理，在成立银行卡协会的地方也可委托银行卡协会管理。

金卡工程　1993年6月1日，中共中央总书记江泽民提出建立自动化支付系统及电子货币工程，即“金卡工程”，主要是针对当时我国流通领域存在的现金流通量大、资金“体外循环”以及由此带来的经济犯罪等问题。“金卡工程”从广义上是金融电子化工程，从狭义上是电子货币工程。电子货币是以计算机、通信技术和金融商业专用机具等现代科技为基础，以各种银行卡等为介质，通过电子信息转账形式实现货币流通。金卡工程就是为实现各种银行卡跨系统、跨地区联网交易，推广卡基支付应用而实施的社会化系统工程。

金卡工程经过12年的建设，成果辉煌。截至2005年9月，加入银联的入网机构共172家，除地级以上城市，336个县级城市已实现联网通用。各金融机构装备的联网自动柜员机（ATM）总计约8万台，加入银联网络的ATM约7万台，入网终端机POS约56万台。截至2005年9月，我国银行卡发行机构达190多家，发卡总量约9.2亿张。截至2005年6月，全国银行卡交易总额为24.06万亿元，实现跨行交易15.4亿笔，交易总额7 451亿元。截至2005年7月底，我国持卡消费额占社会商品零售总额的比例为7%，北京、上海、广州、深圳等发达城市持卡消费额占社会商品零售总额的比例已达30%，接近发达国家水平。在全国受理银行卡的特约商户约37万家，占商户总数的3%。我国银行卡使用环境不断改善，2008年营业额超100万元的商户中，受理银行卡的比例争取达到60%，全国大中城市持卡消费比例达到30%左右。

18日　国家外汇管理局发布《保税区外汇管理办法》。该管理办法规定：保税区是指在中国境内经国务院批准设立的、海关实施特殊监管的经济区域。该管理办法对区内机关、企事业单位及其他经济组织、区内个人的外汇收支的管理，区内企业向境外借款、投资，进出保税区的货物和日常生活用品的货币计价结算，进出保税区货物的收汇、付汇核销，区内金融机构经营外汇业务等作了具体规定，自1996年1月1日起施行。国家外汇管理局于1991年6月29日发布的《保税区外汇管理暂行办法》及配套的实施细则同时废止。

19日 上海证券交易所开业五周年。中共中央政治局常委、国务院副总理朱镕基视察上海证券交易所，对证券市场当前工作和未来发展提出了“法制、监管、自律、规范”的八字方针。上海证券交易所开业五年，从最初1个交易大厅、46个席位和25家会员的规模，发展为8个交易大厅、3 750个交易席位及554家会员。上海证券交易所证券挂牌品种达260个，其中股票220只，市价总值约3 000亿元，投资者扩大到近700万人，日成交金额最高达160亿元。1994年，上海证券交易所成交金额达25 482亿元，1995年1～11月达54 793亿元。

20日 中国人民银行发布《关于加强彩票市场管理的紧急通知》。该通知指出，近来一些地区出现未经国务院、中国人民银行批准，擅自发行彩票类凭证、溢价销售彩票、提高规定返奖比例等情况，个别地区还发生了因彩票销售导致大规模群众闹事的严重事件。该通知强调，中国人民银行是国务院授权主管彩票的国家行政机关，具体负责制定全国彩票市场管理政策和规章制度、负责商有关部门拟定全国彩票发行的年度规模和规模内各项指标、负责审批彩票新种类的开设及彩票游戏规则、审批印制厂商的彩票印制资格、审批彩票对外合作业务以及国务院授予的其他职责。该通知要求，自1996年起，中国福利彩票发行中心和中国体育彩票发行中心必须于上年年末向中国人民银行申报彩票年度发行计划，由中国人民银行综合平衡，报经国务院批准后，下达彩票发行机构执行。

25日 国务院颁布《关于股份有限公司境内上市外资股的规定》。该规定明确：经国务院证券委员会批准，股份有限公司可以发行境内上市外资股；发行总额超过3 000万美元的，须报国务院批准。境内上市外资股采取记名股票形式，以人民币标明面值，以外币认购、买卖，在境内证券交易所上市交易。境内上市外资股的投资人限于：外国的自然人、法人和其他组织；中国香港、澳门、台湾地区的自然人、法人和其他组织；定居在国外的中国公民；国务院证券委员会规定的境内上市外资股的其他投资人。该规定还明确了申请发行境内上市外资股的条件、申请发行境内上市外资股的程序等。中国人民银行、上海市人民政府于1991年11月22日发布的《上海市人民币特种股票管理办法》，中国人民银行、深圳市人民政府于1991年12月5日发布的《深圳市人民币特种股票管理暂行办法》同时废止。该规定于1995年11月2日经国务院第37次常务会议讨论并原则通过，是我国关于B股的第一部全国性法规。

△ 长城证券有限责任公司成立。长城证券有限责任公司是1995年11月经中国人民银行总行批准、在原深圳长城证券部和海南汇通国际信托投资公司所属证券机构合并的基础上，设立的专业性证券公司。注册资本为8.25亿元，注册地为深圳。该公司是全国性综合类证券公司，从事证券经纪、证券承销和上市推荐、证券投资与咨询、资产管理和财务顾问等业务。1999年，长城证券有限责任公司经过增资扩股，资本金由1.57亿元增至8.25亿元，并成为国内第5家综合类证券公司。

26日 国务院发布《关于改革和调整进口税收政策的通知》。国务院决定，自1996年4月1日起，将我国进口关税总水平降至23%。近年来，国务院对一部分进口减免税规定进行了清理、调整，将进口关税总水平由42%降到35.9%。对进口设备和原材料等一律按法定税率征收关税和进口环节税。按照国际通行规则和我国实际情况，调整、保留部分进口税收减免规定。除本通知规定以外的其他减免关税和进口环节税规定，自1996年4月1日起，一律停止执行。

△ 上海证券交易所发布《关于无纸化国债用于国债回购业务的通知》，决定从1996年1月2日起，把无纸化国债纳入市场回购业务的国债标准券账户进行统一核算控制。

29日 劳动部发布《关于建立企业补充养

老保险制度的意见》。该意见提出：企业补充养老保险的实施范围限于城镇各类企业。企业补充养老保险所需的资金，主要由企业负担；也可以由企业和个人共同负担，但个人缴费部分不得超过供款总额的一半。补充养老保险费用中的企业供款，可以在企业工资储备金中列支；可以将企业基本养老保险缴费中超过职工平均工资300%以上的部分，由社会保险经办机构返还企业作为补充养老保险供款；也可以经当地政府批准，将不超过本企业工资总额一定比例的部分计入企业相关成本费用。补充养老保险费用中的个人缴费，从个人工资收入中按一定比例或绝对额缴纳。补充养老保险基金可以用于投资，以期保值增值。

1996 年

1 月

1 日 《中华人民共和国票据法》正式施行。

△ 国际收支统计申报制度正式实施。中国人民银行发布的《国际收支统计申报办法》开始生效。该办法共包括五个部分：1. 通过金融机构进行的国际收支统计间接逐笔申报；2. 金融机构对境外资产负债及损益统计申报；3. 直接投资统计申报；4. 证券投资统计申报；5. 汇兑业务统计申报。此次实施的是居民与非居民通过金融机构进行的间接申报统计，是国际收支统计体系的一部分。另外四项申报于 1997 年推出。

3 日 全国统一的银行间同业拆借交易系统在上海联网试运行。该系统由两级网络组成一级网络通过中国外汇交易中心的通讯网络和计算机系统进行交易，由各类商业银行和各省、自治区、直辖市人民银行牵头的融资中心参加；二级网络由融资中心牵头，经各商业银行总行授权的地市以上商业银行分支机构和非银行金融机构共同参与，进行交易。一级网络会员直接在网上交易，统一报价，各自成交，各自清算；二级网络各会员之间的拆借活动通过当地的融资中心就地交易，差额部分由融资中心拿到一级网络平衡。两级网络同时运行，交易信息在网上同步公开，形成一个信息公开、统一报价、交易集中的半封闭的市场体系，结束了过去同业拆借市场条块分割的局面，标志着同业拆借市场的发展进入了一个新的阶段。当日，参与联网交易的商业银行总行和融资中心分别为 12 家和 15 家，到 3 月 29 日，参与联网交易的商业银行总行和融资中心分别增至 20 家和 35 家。据中国人民银行统计，至 12 月底，全国银行间拆借市场运行 254 个交易日，累计成交 20 235 笔，总拆借额为 5 871.58 亿元，日均拆借笔数约 80 笔，日均拆借额合计 23.12 亿元。其中，一级市场网络成交 2 199.50 亿元，日均拆借额为 8.66 亿元；二级市场网络成交 3 672.08 亿元，日均拆借额为 14.46 亿元。

△ 中国人民银行发出《关于公布全国银行间拆借市场利率的公告》，决定自 1 月 3 日起，对外公布每交易日的全国银行间拆借市场利率（China Inter-bank Offered Rate，CHIBOR）。

4 日 中国人民银行发出《关于印发〈在华外资银行设立分支机构暂行管理规定〉的通知》，决定允许上海、大连、天津和广州等四个城市符合条件的外国银行分行设立支行，允许符合标准的在华外资独资和中外合资银行设立分行。该暂行办法规定，申请设立分行的外资独资银行和中外合资银行，应具备下列条件：在中华人民共和国经营 5 年以上，无违法或不良记录，并在提出申请前连续 3 年盈利；实收资本在 2 亿元人民币以上；申请前 1 年月末平均贷款余额在 1 亿美元以上，资产质量良好。申请设立支行的外国银行分行，应具备下列条件：在中华人民共和国经营 3 年以上，无违法或不良记录，在提出申请前连续 2 年盈利；申请前 1 年月末平均贷款余额在 1 亿美元以上，资产质量良好。中国人民银行在受理上述申请时，还要考虑外国银行所在国家在相应问题上是否给中国的银行同等待遇。拟设分行的外资独资银行和中外合资银行应在原实收资本的基础上，增加不少于 1 亿元人民币的外汇资金，作为拟设分行的营运资金。外国银行申请开设一家支行，应无偿增拨给其在华分行不少于 5 000 万元人民币的等值外汇，作为支行的营运资金，并按《中华人民共和国外资金融机构管理条例》的规定将其中 30% 缴存中国人民银行当地分行。

△ 中国证监会发出《关于严格限制期货交易所开设异地同步交易点的通知》。针对某些期货交易所在开展异地同步交易试验工作中的混乱情况，该通知指出，我国期货市场仍处在试点阶段，必须按照“规模起步，加强立法，一切经过试验和严格控制”的原则稳步发展，目前不宜盲目推广异地同步期货交易，自该通知下发之日起，各期货交易所一律不得再开新的异地同步交易点，违者将追究有关人员的责任。

6日 国务院发布《关于股份有限公司境内上市外资股的规定》。该规定指出，经国务院证券委员会批准，股份有限公司可以发行境内上市外资股；公司发行境内上市外资股，包括以募集方式设立公司发行境内上市外资股和公司增加资本发行境内上市外资股。国务院证券委员会批准发行境内上市外资股的总额应当控制在国家确定的总规模之内。发行境内上市外资股应委托境内机构作为发行主承销商；拟发行境内上市外资股面值超过3 000万美元的，应当报国务院批准。境内上市外资股投资人限于：外国的自然人、法人和其他组织；中国香港、澳门、台湾地区的自然人、法人和其他组织；定居在国外的中国公民；国务院证券委员会规定的境内上市外资股的其他投资人。该规定自发布之日起实施，中国人民银行、上海市人民政府于1991年11月22日发布的《上海市人民币特种股票管理办法》，以及中国人民银行、深圳市人民政府于1991年12月5日发布的《深圳市人民币特种股票管理暂行办法》同时废止。

8日 1996年记账式贴现国债（一期）135亿元开始发行，期限1年，每百元售价89.20元。这是我国首次采用贴现方式发行公债及公开招标确定发行价格。

△ 经中国人民银行批准，北京城市合作银行挂牌营业。该行是北京市第一家统一法人地方性股份制商业银行，是在原有北京市城市信用合作社联合社和90家城市信用社的基础上改建而成的，注册资金为15亿元。

12日 中国民生银行在北京成立。该行由全国工商联牵头组建，59家股东主要是全国工商联会员企业，募集股本金13.8亿元，其中，80%以上来自民营企业。这是我国首家主要由民营企业投资的全国性股份制商业银行。

14～18日 全国金融工作会议在北京召开。会议确定1996年金融工作的总体要求是：认真贯彻党的十四届五中全会和中央经济工作会议精神，把抑制通货膨胀作为金融宏观调控的首要任务，继续执行适度从紧的货币政策，积极推进金融体制和信贷资金经营方式的转变，改进金融调控手段，加强金融风险监管，提高金融服务水平，为“九五”期间我国金融业改革和发展创造良好开端，更好地促进国民经济持续、快速、健康地发展。根据这一总体要求，会议确定1996年金融工作的五项主要任务：1. 坚持适度从紧的货币政策，促使物价涨幅明显回落，支持国民经济健康发展；2. 加大金融监管力度，切实防范金融风险，维护金融业合法稳健运行；3. 继续深化金融改革，为“九五”金融发展打好基础；4. 改进金融服务，支持国有企业改革；5. 加强银行内部管理，努力提高信贷资金的流动性、安全性和盈利性。

16日 中国进出口银行印发《办理中国政府对外优惠贷款业务暂行办法》。该暂行办法规定：对外优惠贷款是指我国政府对外提供的具有援助性质的中长期低息贷款。对外贸易经济合作部是我国政府对外优惠贷款的归口管理部门，中国进出口银行是中国政府指定的优惠贷款承贷行。优惠贷款主要用于购买中国的产品、技术或支付专家服务费，以支持有偿还能力的发展中国家建设经济效益好、中小规模、回收期较短的生产型项目。优惠贷款的年利率最高不超过5%。贷款期限（含宽限期）最长不超过15年。贷款的使用须符合以下基本原则：1. 政策原则。贷款项目必须符合我国外交政策和优惠贷款国别政策；能促进项目所在国经济发展，符合项目所在国的产业政策等。2. 安全原则。借款人具备偿还贷款的能力，并提供可靠的还本付息保证。3. 效益原则。贷款项目经济效益好，具备资源优势，有市场。4. 有偿原则。贷款应当及时、足额地还本付息，不得随意减息、免息和豁免本金。使用优惠贷款的项目所在国的政局稳定、经济状况良好。借款人、担保机构的资信良好，有偿还能力或代偿能力。

17 日　中国人民银行行长戴相龙会见“香港明天更好基金”访京团。戴相龙指出，1997 年香港回归以后，内地与香港在金融方面也将表现为“一个国家，两个金融制度，两种货币”。

18～21 日　中共中央政治局常委、国务院副总理朱镕基在广东省东莞市考察加工贸易情况，听取东莞、苏州和宁波三市实行加工贸易进口料件银行保证金台账试点情况汇报，到当地海关、银行和企业了解对加工贸易进口料件建立银行保证金台账的意见。朱镕基指出，建立银行保证金台账制度，有利于加工贸易的健康发展。

保证金台账制度　是我国对加工贸易企业的进口料件进行管理的一种制度，即国家规定范围内的经营加工贸易单位或企业在进口料件时，凭海关核准的手续，按合同备案料件金额向海关所在地中国银行分（支）行申请设立加工贸易进口料件保证金台账，加工成品在规定的加工期限内全部出口，经海关核销后，由银行核销保证金台账。保证金台账是指中国银行根据海关核准的加工贸易备案进口料件金额建立的台账记录。加工生产企业所在地主管海关根据经营加工贸易单位或企业提交的加工贸易合同及外经贸主管部门的批件进行审核，按合同备案料件金额签发《开设银行保证金台账联系单》，交经营加工贸易单位或企业，由其向加工生产企业主管海关所在地中国银行申请办理保证金台账设立手续。经营加工贸易单位或企业应在海关核定的加工期限内，在合同执行完毕或最后一批加工产品出口后 1 个月内，按海关有关规定向主管海关办理合同的核销手续。海关审核确认后，签发“银行保证金台账核销联系单”交经营加工贸易单位或企业向中国银行办理保证金台账的核销手续。加工贸易进口料件银行保证金台账制度，从 1995 年 11 月开始实施，旨在充分发挥海关、银行等部门的监督作用，加强综合管理，堵塞管理漏洞，制止和打击加工贸易渠道的走私违法活动，保证国家税收，促进加工贸易的健康发展。

21 日　国务院发布《关于坚决打击骗取出口退税严厉惩治金融和财税领域违法乱纪行为的决定》。主要内容有：1. 部署专项斗争，开展全面检查，重点查处一批大案要案。国家税务总局要会同有关部门对骗税活动开展专项斗争，查处一批典型案件。中国人民银行要对非银行金融机构进行全面清理，取缔非法设立的金融机构；要对商业银行资金来源和运用情况进行现场稽核，彻底清查账外经营、证券卖空、信用卡恶意透支和大额存款管理混乱等问题。财政部要对预算外资金的设立和管理进行全面检查，对预算收入转到预算外和拒不按有关规定纳入预算内管理的，以及擅自扩大预算外资金征收范围、提高征收标准、乱支滥用预算外资金的，要进行彻底清查。2. 依照政纪和法纪从严查处、从严惩治违法乱纪活动。从严查处、惩治骗税活动，严厉打击金融违法犯罪行为。对外汇指定银行违反规定无证擅自售汇的，要对直接责任人予以行政处分。对隐瞒预算收入、将预算资金转为预算外的，要将违反规定的收入全部上缴上一级财政。同时，要追究有关部门和本级政府领导人的责任，情节严重的，要降级使用，直至撤职；因玩忽职守构成犯罪的，要移送司法机关依法追究刑事责任。3. 加强管理，强化监督机制，堵塞犯罪漏洞。在进一步改进、完善出口退税政策的同时，税务、银行、海关、外经贸和外汇管理等部门要按照国务院有关规定，采取有效措施，建立经常和密切的工作联系制度，加强对出口退税凭证的审核和管理，严防不法分子造假骗税；认真贯彻执行《中华人民共和国中国人民银行法》，中国人民银行各级机构要集中精力搞好金融监管，实行银行业与证券业、信托业、保险业的分业经营和依法管理，对非银行金融机构要进行重新审核、发证、登记；国有商业银行要认真做好与所属信托投资公司脱钩工作，并对银行附属的信托部、证券部、国际业务部、信用卡部和房地产信贷部进行全面稽核，严禁账外经营，建立中国人民银行系统对各类金融机构业务的电脑监控系统；各类金融机构要加强对其分支机构的检查稽核，实行干部交流制度、任期常规审计制度和离职审计制度；中国人民银行要会同财政部、中国证监会尽快制定证券回购管理办法，对证券回购业务实行严格的规范化管理，要坚决制止借证券回购名义违章拆借资金。要采取有效的措施，彻底清理证券回购中的违章活动。外汇管理部门要进一步加强对外汇指定银行的监督、检查和管理，各外汇指定银行要严格执行有关结汇、售汇和开户、存贷等业务规定。外汇管理部门要与外汇指定银行、海关、税务等部门建立经常和密切的联系制度，严禁套购外汇行为。

23 日 财政部在美国发行两笔扬基债券，金额和期限分别为3亿美元7年期和1亿美元10年期。这两笔债券均为每半年付息一次，自1996年7月1日起开始。这是中国政府发行体首次进入美国资本市场。

25 日 中国证监会就四川广华化纤股份有限公司（以下简称广华公司）向美国凌龙公司转让部分国家股股权一事发文指出：广华公司的行为，既违反了上市公司信息披露的有关规定，也不符合国家有关暂不对外转让国家股和法人股的要求，造成了不良影响。对此，中国证监会将会同有关部门严肃查处。中国证监会重申：在国家有关上市公司国家股和法人股管理办法颁布之前，任何单位一律不准对外转让上市公司的国家股和法人股，对违反者将追究有关人员的责任。为了保证投资者充分消化这一重要信息，避免市场产生大的波动，中国证监会决定在1月25日、1月26日停止广华公司的流通股交易。

26 日 中国人民银行印发《信用卡业务管理办法》。该办法规定，各商业银行的信用卡部为内部业务部门，不得办成实行独立核算、自成体系的法人机构；信用卡透支限额为金卡10 000元、普通卡5 000元，发卡银行的透支业务必须纳入其贷款规模进行管理；各商业银行向特约单位收取信用卡交易手续费，人民币信用卡交易手续费不得低于交易金额的2%，境外机构发行、在中国境内使用的信用卡的交易手续费不得低于交易金额的4%；境内银行与境外机构签订信用卡代理收单协议，其利润分配比例按境内银行与境外机构分别占特约单位所交手续费的37.5%和62.5%执行。该办法自1996年4月1日起实行。

29 日 国务院发布《中华人民共和国外汇管理条例》。该条例共7章54条，体例结构是根据外汇管理的内容设计的，包括总则、经常项目外汇、资本项目外汇、金融机构外汇业务、人民币汇率和外汇市场、法律责任 、附则；该条例的立法基点是经常项目有条件可兑换，对于资本项目管理规定了严格的审批制度。其中规定：境内机构的资本项目外汇收入，除国务院另有规定外，应当调回境内。境内机构的资本项目外汇收入，应当按照国家有关规定在外汇指定银行开立外汇账户；卖给外汇指定银行的，须经外汇管理机关批准。境内机构向境外投资，在向审批主管部门申请前，由外汇管理机关审查其外汇资金来源；经批准后，按照国务院关于境外投资外汇管理的规定办理有关资金汇出手续。国家对外债实行登记制度。境内机构应当按照国务院关于外债统计监测的规定办理外债登记。人民币汇率实行以市场供求为基础的、单一的、有管理的浮动汇率制度。中国人民银行根据银行间外汇市场形成的价格，公布人民币对主要外币的汇率。中国人民银行根据货币政策的要求和外汇市场的变化，依法对外汇市场进行调控。该条例自1996年4月1日起施行。

30 日 中国银行与日本输出入银行在北京和东京正式换签总金额为9.35亿美元的资金协力贷款协议。贷款主要用于广东飞来峡水电站等一批国家重点项目的建设。资金协力贷款是日本政府一项新的对外援助贷款，具有期限长、利率优惠、采购不受国别限制等优点，中国银行作为对外融资窗口负责此项贷款的对外融资和转贷工作。

31 日 中国人民银行在北京举行新闻发布

会，中国人民银行新闻发言人向中外记者介绍了1995年中国金融工作的成绩和1996年金融工作的总体要求，并与国家外汇管理局副局长李福祥就企业资金紧张和调低进口关税等三项税率改革措施等问题回答了记者的提问，强调不能以个别企业资金紧张程度来判断银根松紧，调低进口关税等改革措施有利于国际收支平衡。

2月

1日 全国银行卡办公室成立暨第一次工作会议在沈阳召开。会议明确全国银行卡办公室1996年的工作要点是：制订全国银行卡信息交换及全国银行卡网络服务中心建设方案，做好业务规范、技术标准的制定和执行等工作。全国银行卡办公室由人民银行牵头，会同各商业银行成立，职能是协调各商业银行有关银行卡业务工作及工程实施建设，促进各发卡行的业务联营，加强对银行卡工作的协调领导力度，建立健全银行卡业务管理体制。

5日 财政部、中国证监会发布《会计师事务所、注册会计师从事证券相关业务许可证管理暂行办法》。该暂行办法规定，申请从事证券相关业务的注册会计师应具备以下条件：取得执业注册会计师资格，并在事务所专职执业3年以上（含3年）；年龄不超过60岁；具有良好的职业道德记录，并由当地省级注册会计师协会出具近三年的年检合格证明；取得证券相关业务资格考试成绩合格证书。申请从事证券相关业务的会计师事务所应具备以下条件：依法成立3年以上（含3年），内部机构和管理制度比较健全；专职从业人员不少于60人，其中职龄以内业务人员应占60%以上，有8名以上（含8名）经考试取得证券相关业务资格成绩合格证书的注册会计师；具有良好的职业道德记录和声誉，没有发生过严重的工作失误和违反职业道德行为，没有发生过重大违法违规行为；注册资本不少于200万元，风险基金不少于100万元。

6日 中国农业发展银行印发《粮棉油政策性贷款与库存值挂钩管理暂行办法》。该暂行办法规定：粮棉油政策性贷款与库存值挂钩管理是以粮棉油贷款与企业的商品库存变化为基础，通过提高商品库存值占贷款的比重，逐步达到粮棉油贷款与库存值的增减变化相适应，最终实现粮棉油政策性贷款的封闭运行，良性循环。贷款与库存值挂钩管理必须坚持以下原则：1. 进贷销还，周转使用、专款专用，物资保证、封闭运转，违章处罚。2. 粮棉油贷款增加，库存值相应增加；粮棉油库存值减少，贷款相应减少，并及时收回。3. 按企业粮棉油库存值增减计划安排贷款，按企业实际库存值占用调整贷款。贷款与库存值挂钩的方式是：粮棉油贷款余额与企业库存值存量挂钩；当年粮棉油贷款增减额与库存值的增减量挂钩。粮棉油贷款余额与库存值存量挂钩的主要内容：库存值占贷款余额的比例；政策性财务挂账消化比例；企业不合理资金占用的收回比例。粮棉油贷款的增减额与库存值增减量挂钩的主要内容：当年粮棉油库存值增减量占当年贷款增减额的比例；当年贷款增减额与当年粮棉油库存值增减量的差额。粮棉油贷款余额与库存值挂钩管理指标实行按季考核。当年粮棉油贷款增减量与库存值增减额挂钩管理指标实行按月考核。

政策性贷款与库存值挂钩 政策性贷款与库存值挂钩（以下简称库贷挂钩）是中国农业发展银行实施的一项贷款制度，即中国农业发展银行在按国家政策规定向粮棉油企业发放粮棉油政策性贷款时，为了保证贷款将来的本息偿还，将贷款的具体数额跟企业本次入库的粮棉油库存值相挂钩，根据入库的库存值的大小确定贷款的具体数额；在贷款的收回上，企业在销售或调销粮棉油时，对所形成的销售货款，中国农业发展银行要按具体出库的粮棉油库存值测算其所对应的贷款额，以收回贷款的本息。通过实行库贷挂钩制度，中国农业发展银行的政策性贷款余额与贷款企业的库存值将紧密挂钩，贷款余额将随企业库存值的增减而相应变化，以保证政策性贷款不被企业挤占挪用，从而最终实现政策性贷款的封闭运行。列入库贷挂钩范围的贷款，包括粮油收购贷款、棉花收购贷款；粮油调销贷款、棉花调销贷款；国家粮油专项储备贷款、国家棉花专项储备贷款、地方粮油储备贷款；粮棉油加工企业流动资金贷款等。

△ 中国证监会发出《关于禁止股票发行中不当行为的通知》。针对某些证券经营机构在开展代理发行业务、争取承销项目的过程中，存在着一些不正当竞争的行为，有碍于我国证券市场的健康发展的情况，为了进一步做好股票发行工 作，制止股票发行过程中的不正当竞争，该通知要求：1. 证券经营机构在股票承销过程中应当加强自律，强化内部管理，特别要加强对公司内部有关人员的遵规守法教育，严格要求他们在业务活动中依法行事，公平竞争。2. 证券经营机构在争取承销项目的过程中，不得有以下行为：迎合或鼓动企业以不合理的高溢价发行股票；贬损同行；向企业允诺在其股票上市后维持其股票价格；进行行政干预；给有关当事人回扣；违反规定降低承销费用或免费承销；其他不正当的竞争行为。3. 中国证监会对有不正当行为的证券经营机构将暂停受理其股票承销业务资格申请。4. 发行股票的企业也应按照上述规定的精神加强自律，规范发行行为，不得在发行过程中提出不合理的高溢价要求。对上述不正当行为负有责任的发行股票企业，中国证监会将暂停受理其发行申请。

8日 中国人民银行发布《关于严肃金融纪律，严禁非法提高利率的公告》。该公告的主要内容是：1. 国务院批准和授权中国人民银行制定的各项利率为法定利率，具有法律效力，其他任何单位和个人无权变动。法定利率的公布、实施由中国人民银行负责。2. 各金融机构必须严格执行法定的存款利率，一律不准上浮；对单位发行的大额可转让定期存单，利率不准上浮；对个人发行的大额可转让定期存单，利率是否上浮由中国人民银行省级分行决定，但最高浮动幅度不得超过同期限存款利率的5%。3. 各金融机构必须严格执行国家法定固定资产贷款利率，一律不准上浮。4. 金融机构对流动资金贷款实行浮动利率。各金融机构（不含城乡信用社、城市合作银行）可在现行流动资金贷款利率的基础上，按上浮20%、下浮10%的浮动幅度，实行浮动利率。城市信用社、城市合作银行的流动资金贷款利率上浮幅度最高为30%，农村信用社的流动资金贷款利率上浮幅度最高为60%。超过以上幅度，须报中国人民银行省级分行批准。5. 委托贷款利率由委托双方协商确定，但最高限不得超过同期同档次贷款利率；租赁贷款利率比照固定资产贷款各档次利率执行；抵押（含质押）贷款利率在低于同期同档次流动资金贷款利率一个百分点内，由贷款银行自行确定。6. 企业债券和企业有偿筹集资金的利率按《企业债券管理条例》的有关规定执行。7. 金融机构对客户逾期和挤占挪用贷款实行罚息制度。金融机构（不含农村信用社）对所有逾期贷款在逾期期间按日利率万分之四至万分之六计收利息，挤占挪用贷款在挤占挪用期间按日利率万分之六至万分之八计收利息；农村信用社对所有逾期贷款在逾期期间按最高不超过日利率万分之七计收利息，挤占挪用贷款在挤占挪用期间按最高不超过日利率万分之九计收利息。具体罚息水平由贷款行根据实际情况掌握。若贷款既挪用又逾期，应择其重，不能并处。8. 严禁各金融机构擅自提高存贷款利率，或采取手续费、协储代办费、吸储奖、有奖储蓄以及贷款保证金、利息备付金、加收手续费、咨询费等名目变相提高存贷款利率。9. 各金融机构、各企业单位违反国家利率规定，擅自或变相提高存贷款利率和企业债券利率的行为是非法行为，不受法律保护。

14日 中国人民银行印发《制止存款业务中不正当竞争行为的若干规则》。为了制止存款业务中的不正当竞争行为，维护正常金融秩序，在中国人民银行的组织下，由中国工商银行、中国农业银行、中国银行、中国建设银行、交通银行共同制定的该规则，要求各商业银行不断改善内部经营管理制度，建立健全科学合理的内部综合考核指标体系，废止存款单向考核和奖励办法，不得对非存款部门下达存款考核指标，不得把存款考核指标分解下达到职工个人并以此作为对个人奖励的依据。

15日 国务院同意国务院反假币工作联席会议《关于进一步加强反假币工作的意见》。据不完全统计，1990年发现假币4 272次，金额1 368万元，1994年发现假币30多万次，金额1.3亿元，假币发案次数和发案金额均逐年大幅度上升。从查获的假币案件分析，绝大多数是境外制造、境内外犯罪分子相互勾结走私贩运入境的，但1995年也发现两起由国内犯罪分子制版、印刷的特大假币案件。为了加大反假币工作力度，1994年11月国务院批准成立了由有关部门负责人参加的“国务院反假币工作联席会议”，建立了联席会议制度，使反假币工作有了专门的组织领导机构。同时，1995年6月30日《全国人民代表大会常务委员会关于惩治破坏金融秩序犯罪的决定》（以下简称《决定》），也使打击制造、贩卖、使用假币的犯罪活动有了明确的法律依据。为了认真贯彻落实《决定》的有关规定，加大打击力度，文件要求：统一思想认识，加大反假币工作力度；健全反假币组织体系，加强统一领导；加强公安、海关、工商行政管理、司法、新闻出版等部门的协作，共同做好反假币工作，中国人民银行要加强对各类金融机构反假币工作的指导，做好技能培训；加强宣传教育，普及人民币知识。

26日 国家计委、中国人民银行联合发出通知，要求对银行结算业务收费进行进一步规范，并从1996年3月1日起实行新的收费标准。新的银行结算手续费标准为：银行承兑汇票承兑手续费每笔由原来按票面金额的1‰降为0.5‰收取；银行汇票、委托收款和托收承付手续费每笔均为1元；汇兑、单位主动查询和退汇手续费每笔均为0.5元；本票、支票手续费每笔为0.6元，其中，使用清分机的地区手续费每笔为1元；未在银行开户的个人汇款手续费：5 000元以下的，按汇款金额的1%收取，5 000元以上（含5 000元）的，均按50元收取；挂失手续费按票面金额的1‰收取，不足5元的按5元收取。

27日 中国人民银行和中国工商银行、中国农业银行、中国银行、中国人民建设银行等四家国有商业银行联合发出《关于加强对银行会计凭证的管理的通知》。为了贯彻执行《中华人民共和国票据法》，实现银行会计凭证的统一和规范，严密会计操作规程，保证银行和客户的资金安全，该通知强调，银行会计凭证应由中国人民银行负责实行统一管理，银行会计凭证的种类、格式、基本内容、联数及印鉴要求等必须符合《全国银行统一会计制度》的规定，各种票据凭证必须符合《中华人民共和国票据法》的规定。

29日 国家开发银行在日本资本市场发行首笔300亿日元的武士债。此次武士债的发行是由日本野村证券株式会社和日本兴业银行证券株式会社作为联合主干事，发行期限为10年，到期一次偿还。发债所筹集的资金将主要用于广东岭澳核电工程、伊敏电厂、绥中电厂等国家重点建设项目。

△ 中国银行利用北京电信局的WWW服务器在Internet上发布中国银行信息，中国银行成为全国第一家在国际互联网上发布信息的银行。

3月

1日 经国务院批准，中国人民银行授权国家外汇管理局在江苏省、上海市、大连市、深圳市进行外商投资企业银行结售汇试点。试点的目的是为了保证外商投资企业外汇买卖平稳纳入银行结售汇体系，检验和完善拟定的法规和操作规程，为在全国推行对外商投资企业实行银行结售汇作准备。

△ 国务院批转国务院证券委员会、中国证监会《关于进一步加强期货市场监管工作的请示》，全面加强证券期货监管的六条措施出台。这六条措施是：国有企事业单位只能从事与其生产、经营有关的商品期货品种套期保值交易；金融机构不得从事期货自营和代理业务；期货经纪公司不能从事期货自营业务；中国证监会有权查询各炒作机构的账户；各期货交易所建立“市场禁止进入制度”；在适当时机选择大宗品种进行试点交易。

2～4日 中国人民银行在北京召开全国金融纪检监察会议。会议要求，1996年要采取大动作，坚决完成银行和所办的信托投资公司、证券公司和各种经济实体的脱钩工作，从根本上防止出现腐败问题，遏制滋生腐败现象的重要源头。

5日 中国证监会发布《关于各期货交易所建立"市场禁止进入制度"的通知》。该通知要求，各期货交易所要结合各自的具体情况建立"市场禁止进入制度"，并报中国证监会备案。"市场禁止进入制度"是指各期货交易所、期货经纪机构对被宣布为"市场禁入者"的机构和个人，三年内不得接受其从事期货交易的制度。主要包括以下内容：1. 对于有下列行为之一者，一经查实，期货交易所要宣布其为"市场禁入者"：被期货交易所认定有操纵市场行为或者其他涉及期货欺诈行为的机构和个人；严重违反国家有关金融、证券、期货等法律法规，蓄意违反期货交易所的有关规章，造成严重后果的机构和个人；采取造谣、诬告等手段散布虚假信息、扰乱市场秩序，造成严重后果的机构和个人。2. 各期货交易所要将认定的"市场禁入者"及时报中国证监会，由中国证监会通报其他各期货交易所。3. 被中国证监会通报的"市场禁入者"，各期货交易所、期货经纪机构三年内均不得为其办理期货交易开户手续；对已开户交易者，除清理原有持仓的交易指令外，要立即停止接受其新的交易指令。

5～17日 八届全国人大四次会议在北京举行。会议通过了《中华人民共和国国民经济和社会发展"九五"计划和2010年远景目标纲要》。该纲要提出了指导国民经济和社会发展的九条方针，即保持国民经济持续、快速、健康发展；积极推进经济增长方式的转变，把提高经济效益作为经济工作的中心；实施科教兴国战略，促进科技、教育与经济紧密结合；把加强农业放在发展国民经济的首位；把国有企业改革作为经济体制改革的中心环节；坚定不移地实行对外开放；实现市场机制和宏观调控的有机结合，把各方面的积极性引导好、保护好、发挥好；坚持区域经济协调发展，逐步缩小地区发展差距；坚持物质文明和精神文明共同进步，经济和社会协调发展。该纲要就金融改革和发展提出如下指导性意见：发展、完善以银行融资为主的金融市场；强化中央银行的地位和作用，完善政策性银行的经营机制，加快国家专业银行向商业银行转变的步伐，规范商业银行的行为，稳步发展城乡合作银行；进一步深化利率改革，初步建立以市场利率为基础的可调控的利率体系；完善结售汇体制，在2000年以前有步骤地实现人民币在经常项目下可兑换；积极稳妥地发展债券和股票融资，进一步完善和发展证券市场；形成有序、适度竞争的保险市场。

7日 中国人民银行公布《保险代理人管理暂行规定》。该暂行规定明确：保险代理人的监督管理部门是中国人民银行。除兼业代理外，保险代理人员必须参加保险代理人资格考试并获得"保险代理人资格证书"。年满18周岁、具有高中以上学历或同等学力的个人可报名参加保险代理人员资格考试。但有下列情形之一者，不得参加保险代理人员资格考试：曾触犯国家法律而受处罚者；曾被吊销"保险代理人资格证书"者；保险监督管理部门、保险公司和保险行业协会现职人员；中国人民银行认定其他不宜从事保险代理业务者。保险代理人资格考试由中国人民银行或其授权的机构组织实施。专业代理人是指专门从事保险代理业务的保险代理公司。保险代理公司的组织形式为有限责任公司。保险代理公司必须具备以下条件：公司的最低实收货币资本金为人民币50万元；有符合规定的章程；有至少30名持有"保险代理人资格证书"的代理人员；有符合任职资格的董事长和总经理；有符合要求的营业场所。在保险代理公司的资本中，个人资本之和不得超过资本金总额的30%，每一个人资本不得超过资本金总额的5%。该规定自1996年5月1日起实施，1992年11月2日中国人民银行发布的《保险代理机构管理暂行办法》同时废止。

△ 中国工商银行下发《关于实行中国工商银行法人授权制度的通知》。该通知规定，工

商银行正式推行法人授权制度，即由总行行长向省、自治区、直辖市分行行长和总行直接任命的城市行行长授予有关业务经营管理权限，分支机构必须在总行授权范围内依法进行经营管理活动。

△ 国务院批转国家经济贸易委员会《关于1996年国有企业改革工作实施意见》。该意见提出：促进优胜劣汰，探索处理银行不良资产的办法为择优扶强，优胜劣汰，形成兼并破产、减员增效机制，加大国有企业兼并、破产力度，从1996年起，对国有企业兼并、破产中银行资产损失在呆账、坏账准备金中冲销的规模实行总量控制。1996年冲销的呆账、坏账准备金控制在200亿元以内，由国家经贸委和中国人民银行共同掌握。由中国人民银行牵头，会同国家经贸委、国家体改委等部门，在选择的几个试点城市中，探索处理银行不良资产的办法。将国务院确定的企业优化资本结构试点城市，由18个城市扩大到50个城市。18个试点城市为：上海、天津、齐齐哈尔、哈尔滨、长春、沈阳、唐山、太原、青岛、淄博、常州、蚌埠、武汉、株洲、柳州、成都、重庆、宝鸡。32个扩大试点城市为：北京、石家庄、呼和浩特、大连、南京、杭州、宁波、合肥、福州、厦门、南昌、济南、郑州、长沙、广州、深圳、南宁、海口、贵阳、昆明、西安、兰州、西宁、乌鲁木齐、银川、鞍山、抚顺、本溪、洛阳、吉林、包头、大同。

21日 中国证监会发布《关于授权地方证券、期货监管部门行使部分监管职责的决定》。该决定对地方监管部门对证券、期货市场行使部分监管职责作出了规定，具体监管职责范围和权限是：1. 负责对设立在本行政区域内的证券经营机构、证券经营机构的分支机构、证券登记公司、期货经纪公司、期货经纪公司的分支机构、从事期货经纪业务的非期货经纪公司会员、证券或者期货咨询机构的业务活动进行日常监管。2. 负责查处设立在本行政区域内的证券经营机构、证券经营机构的分支机构、证券登记公司、期货经纪公司、期货经纪公司的分支机构、从事期货经纪业务的非期货经纪公司会员、证券或者期货咨询机构以及前述机构的从业人员，证券、期货市场投资者（以下统称被监管者）的有关证券、期货违法、违规行为。3. 负责处理本行政区域内的有关证券、期货的信访投诉和举报，调解证券、期货纠纷和争议，涉及重大案情的，应当立即向中国证监会报告。4. 负责督促本行政区域内的上市公司依照国家有关法律、法规和公司章程的规定完善公司组织机构，规范公司股东大会，协调政府有关部门与上市公司的关系。5. 地方监管部门查处违法、违规行为，需要对被监管者进行调查时，可以采取下列措施：询问当事单位或者个人，要求其提供与被调查事件有关的文件、证明材料和其他资料；检查当事单位或者个人与案件有关的交易记录、结算记录、登记过户记录、财务会计资料及其他相关文件和资料；向与被调查事件有关的单位或者个人了解情况。6. 经过调查，对证据充分、事实清楚的，地方监管部门应当依据国家有关法律、法规对违法、违规当事单位或者个人进行处罚，并报中国证监会备案。7. 被调查案件属于下列情况之一的，地方监管部门应当及时报告中国证监会，由中国证监会直接查处或者由中国证监会指定的地方监管部门查处。被调查案件所涉及金额在3 000万元（含，下同）以上的；需处以20万元以上罚款的；情节严重，需要限制、暂停业务资格或者撤销业务许可的；两个或者两个以上地方监管部门对被调查事件管辖权有争议的；在全国造成重大影响的其他案件。中国证监会认为不适合由地方监管部门查处的案件，由中国证监会直接查处。8. 被授权的省会城市地方监管部门不负责本通知涉及的期货监管工作。9. 地方监管部门应当按照中国证监会的要求报告有关证券、期货市场执法情况的信息和统计资料。10. 被处罚单位或者个人不服地方监管部门的处罚，可以向中国证监会申诉；中国证监会对地方监管部门不符合法律、法规、规章的处理决定，有权予以变更或者撤销。

26日 经国务院和中国人民银行批准，中国人民建设银行启用新行名——中国建设银行（以下简称建设银行），与此同时启用新行徽。中国建设银行的英文名称为“CHINA CON-

STRUCTION BANK”，缩略为“CCB”。行徽是以古铜钱造型为基础，由“中国”和“建设”的英文首字母“C”相重叠设计而成，表明银行属性，寓意积累为建设之本。不再使用带有政府机关特征的行名，是为了向商业银行转轨，将政策性业务分离出去的标示，此举不对建设银行的权利义务产生任何影响。

28～31日 中国人民银行全国调查统计工作会议在厦门召开。会议确定今后调查统计工作的发展战略是：建立科学、统一、连贯的金融统计体系，保证金融统计数据的准确、及时和完整；建立目的明确、指标合理、抽样科学的制度性经济金融调查体系，保证制度性经济金融调查的灵敏、准确和适用；建立敏感、快捷、具有全局性质的典型性经济金融调查体系，保证典型性经济金融调查的针对性、宏观性和预见性；建立覆盖面广、效率高、共享性强、规范的数据信息管理体系，保证调查统计工作的有序进行；建立科学性、预见性和适用性强的分析预测体系，保证对货币政策提供强有力的支持。

31日 中国人民银行发布《关于停止办理新的保值储蓄业务的紧急通知》。经国务院批准，中国人民银行决定从1996年4月1日起，不再办理新的保值储蓄业务，此公告公布前已存入的3年期以上人民币定期储蓄存款，继续给予保值，但保值贴补率为零的月份不再公布贴补率。

4月

1日 《中华人民共和国外汇管理条例》正式实施。

1～3日 国务院经济特区工作会议在珠海市召开。会议提出，经济特区必须把自己的思想和工作重点从主要依靠优惠政策转到依靠两个根本性转变上来，以二次创业的精神，充分利用现有基础，增创新优势，更上一层楼；在抓紧物质文明建设的同时，要把精神文明建设提到更加突出的地位。经济特区不仅应该是改革开放和经济发展的模范，也应该是精神文明建设的模范。会议重申了江泽民提出的对特区工作“三不变”的方针，即中央对发展经济特区的决心不变，对经济特区的基本政策不变，经济特区在全国改革开放和现代化建设中的历史地位和作用不变。

3日 中国人民银行在北京召开金融系统“讲改革、讲政治、讲法纪、讲效益、提高服务水平”大会。大会通过了《中国人民银行关于在金融系统讲改革、讲政治、讲法纪、讲效益、提高服务水平的决定》。中共中央政治局常委、国务院副总理朱镕基对中国人民银行作出“四讲一服务”的决定和金融系统“四讲一服务”大会的召开专门作出重要指示：在金融系统开展“四讲一服务”活动，是金融系统响应江泽民同志关于领导干部一定要“讲政治”的号召，认真落实党中央指示的具体措施。这对于金融系统在政治上和党中央保持一致，推进金融体制改革的深化，完善国民经济的宏观调控，促进经济的快速、持续、健康发展，加强金融系统的精神文明建设，提高金融队伍的政治、业务素质，厉行廉政，防腐拒变，转变作风，都具有十分重要的意义。

△ 世界储蓄银行协会第五届理事会在北京开幕。这是世界储蓄银行协会第一次在中国召开重要会议。来自14个国家和地区的21个理事行及储协布鲁塞尔办公室代表共30多人出席会议。中国人民银行行长戴相龙出席并致辞，世界储蓄银行协会副主席、中国工商银行行长张肖出席了会议。

△ 中国人民银行印发《典当行管理暂行办法》。该暂行办法规定：典当行是以实物占有权转移形式为非国有中小企业和个人提供临时性质押贷款的特殊金融企业。中国人民银行是典当业的主管部门，负责典当机构设立、变更、终止的审批以及对典当机构的监督管理；典当行比照有限责任公司形式组建，不得设立分支机构；典当行的实收货币股本金的最低限额为人民币500万元，招收股本金的对象限于其所在地的中小企业和个人。

6~8日 中国人民银行在广东召开全国金融稽核监督工作会议。会议确定1996年金融稽核监督工作的总体要求是：认真贯彻全国金融工作会议精神，继续坚持适度从紧的货币政策，加大稽核监督力度，重点突出风险监督，充分运用稽核成果，积极发挥监督作用，维护金融业合法稳健运行。同日中国人民银行向各金融机构发出通知，要求各机构依据对国有商业银行的资金来源与运用的专项稽核结果，对清理出的全部违规经营和账外经营资金实施并账，对违规经营的主要负责人和违纪金融机构依据有关法律、法规进行处理。

△ 国务院证券委员会第六次会议在北京召开。会议确定1996年证券工作的指导思想是：紧密围绕实现两个"根本转变"，认真贯彻"法制、监管、自律、规范"的方针，加大监管力度，规范市场行为，积极稳妥地发展债券和股票融资，进一步完善和发展证券市场，更好地为社会主义市场经济服务。会议要求继续组织好新股发行工作，继续做好以香港市场为主的境外上市工作，稳步开拓新的市场，年内着手选择第四批境外上市预选企业。认真贯彻执行国务院《关于股份有限公司境内上市外资股的规定》，选择一些大中型企业发行B股。选择有条件的股份有限公司进行可转换债券的试点。尽快颁布《中华人民共和国证券投资基金管理办法》。国务院证券委、中国证监会在对证券市场进行认真总结的基础上，制定证券市场发展的五年规划。1996年期货工作的首要任务是认真贯彻落实《国务院批转证券委、证监会关于进一步加强期货市场监管工作请示的通知》，采取有力的措施，切实清理整顿期货市场，强化监管力度，严格管理，进一步遏制过度投机，规范试点。

会议强调国务院证券委各组成部门要树立全局观念，密切协作，在制定与证券、期货市场有关的政策时，一定要做到多沟通，多协调，不断总结经验，创造条件，逐步理顺监管体制，促进证券市场的稳步发展和期货市场的规范试点。

8日 中国人民银行发出《关于进一步加强彩票市场管理的通知》。该通知重申中国人民银行《关于加强彩票市场管理的紧急通知》（银发［1995］330号）的各项要求；强调严格控制彩票发行，实行彩票发行年度规模管理办法；严禁任何地方、任何部门无额度、超额度发行彩票。今后，凡发生溢价、承包、转包发行彩票等违规现象或因发行彩票而影响社会稳定的事件，民政部中国福利彩票发行中心、国家体委体育彩票管理中心要扣减或取消出事地区的彩票发行指标，对情节严重的，中国人民银行有权暂停直至取消该地区的彩票发行资格。民政部中国福利彩票发行中心和国家体委体育彩票管理中心要认真监督下属机构及代理销售商，严格执行经中国人民银行批准的彩票发行方式、方法和游戏规则。未经中国福利彩票发行中心和体育彩票管理中心同意，以及中国人民银行批准，任何地方不得擅自变更彩票发行方式、方法和游戏规则。

9日 中国人民银行正式启动以国债为主要工具的公开市场业务。首批交易对象为工商银行、农业银行、中国银行、建设银行、交通银行等14家商业银行，当日共回购商业银行短期国债2.9亿元。

△ 国务院同意财政部、国家计委、审计署、中国人民银行、监察部《关于清理检查预算外资金的意见》。该意见指出，预算外资金对经济建设和社会事业发展起到了一定的积极作用，但由于缺乏统一管理和监督，预算外资金的设立、使用和管理中的问题越来越突出，一些地区、部门弄虚作假，大量隐瞒财政收入，将预算内资金转到预算外；一些部门和单位擅自设立基金（包括各种专项资金及附加）、行政事业性收费项目或随意扩大基金征收范围和提高收费标准；预算外资金收支混乱，滥发钱物、挥霍浪费、投资牟利、搞计划外投资的现象相当普遍，有的甚至私设"小金库"或贪污私分。这些问题的存在不仅扰乱了正常的社会经济秩序，加剧了消费基金和固定资产投资膨胀，而且助长不正之风，滋生腐败，必须坚决予以清理和纠正。根据《国务院关于坚决打击骗取出口退税 严厉惩治金融和财税领域违法乱纪行为的决定》和国务院第四次反腐败工作会议的有关精神，1996

年要集中力量，在全国范围内对预算外资金进行一次清理、检查。检查时间自5月开始到9月结束，重点检查1995年发生的违规违纪问题。清理、检查工作在各级人民政府的领导下进行，由财政、计划（物价）、审计、人民银行和监察部门共同组织实施。

审计署1997年审计报告公布了清理、检查结果：截至1995年年底，地方财政部门预算外资金共556亿元，比地方财政决算报表数171亿元多385亿元；地方财政部门的周转金本金总额为1 135亿元，占地方当年预算内可用财力的23.6%，比财政部规定的15%高出8.6个百分点。审计还查出，一些地方财政部门将98亿元预算资金转到预算外，将27亿元预算收入转作财政周转金。

△ 经中国人民银行批准，中国证券交易系统有限公司改组为中央国债登记结算有限责任公司。此前，中国证券交易系统有限公司是利用电子计算机网络系统为证券市场提供证券报价、交易、清算 、交割、托管等服务的非银行金融机构。改组后，中央国债登记结算有限责任公司于1996年12月2日正式成立，是为全国债券市场提供国债、金融债券、企业债券和其他固定收益证券的登记、托管、交易结算等服务的国有独资非银行金融机构。业务范围包括：国债、金融债券、企业债券和其他固定收益证券的登记、托管、结算、代理还本付息；为中国人民银行公开市场业务系统和债券发行系统提供技术支持；担任债券基金及货币市场的托管人并办理基金单位的登记、托管、结算；提供债券市场与货币市场中介服务及信息服务；债券市场及货币市场的研究、咨询、培训与宣传；办理外币固定收益证券的托管、跨境结算并组织办理相关的资金结算和国际业务；根据管理部门授权对债券次级托管进行监督；经中国人民银行、财政部批准的其他业务。

△ 中国人民银行作出《关于同意华夏银行变更注册资本并核准〈华夏银行股份有限公司章程〉的批复》，批准华夏银行改为股份制银行，同意注册资本增至25亿元，核准华夏银行股份有限公司章程。新改制的华夏银行股份有限公司由首钢总公司、山东电力工业局等43家股东组成。至此，华夏银行完成股份制改造工作。

13～15日 中国人民银行在成都召开企业优化资本结构试点城市分行工作会议。50个企业优化资本结构试点城市的人民银行分行及四大国有商业银行的有关负责人参加了会议。会议提出优化资本结构的重点是增资、改造、分流、兼并与破产。

16日 国家外汇管理局发布《经营外汇业务的中资银行海外分支机构境外融资管理规定》。该规定明确：对中资银行海外分行境外融资实行其总行负责制下的总量控制、风险分级管理的办法。各总行应加强对其海外分行境外融资的管理，应根据其海外分行的营运资金、资产负债比例及当年业务量等项指标，确定每个海外分行的境外融资总量，并于每年2月底之前报国家外汇管理局备案。各中资银行海外分行第一年的境外融资余额不得超过其营运资金的40%，以后每年余额的增加额不得超过上年度余额的30%。各中资银行海外分行在总行确定的境外融资余额内，以自身名义在境外发行商业票据（CP）、大额存单（CD）、中长期债券等有价证券或一次性筹借金额在5 000万美元以上（含5 000万美元）的商业贷款，须事先经其总行向国家外汇管理局申请审核批准。其他方式的境外融资按其总行的管理规定办理，事后由总行报国家外汇管理局备案。总行不得授权其海外分行以总行的名义在境外融资。中资银行海外分行在境外所筹的资金只能用于海外业务发展，未经国家外汇管理局批准，不得调入境内使用。上述规定同时适用于经营外汇业务的中资银行离岸业务中的对外筹资管理。

22日 国家计委、国家外汇管理局联合发布《关于借用国外贷款实行全口径计划管理的通知》。该通知规定：境内机构借用中长期国外贷款的规模均需纳入国家借入中长期国外贷款计划，在国家利用外资的统一指导下，根据不同的借用方式和偿还责任，分别实行指令性计划管理和指导性计划管理。其中，实行指令性计划管理的范围是：借用国际金融组织贷款，双边政府贷款，国际商业贷款中的外国银行及其他金融机构、企业、个人贷款和境内外资金融机构贷款，出口信贷，延期付款，现汇偿还的补偿贸易，国际融资租赁（不含飞机租赁），发行境外债券，海外在境内存款，发行大额可转让存单和中期票据等股票以外的有价证券等方式的对外借款。其贷款规模纳入国家中长期和年度借用国外贷款计划。实行指令性计划的借用国外贷款规模如有突破，须报请国务院批准。实行指导性计划管理的范围是：国际飞机融资租赁、可转股债券、项目融资和中方机构担保项下外商投资企业境外借款，以及进行利率、币种、期限调整的债务重组等对外筹融资。对上述方式的融资实行总量控制下的指导性计划管理。筹融资规模同样要纳入国家中长期和年度借用国外贷款计划，未经国家计委批准不得突破。该通知强调，借用国外贷款工作是一项系统工程，各省、自治区、直辖市及计划单列市计委（计经委），国务院各部委、各直属机构要本着借用国外贷款规模适度、量力而行、掌握资金投向、注意优化结构、提高使用效益的原则，严格把住资金源头，做好规划和项目的前期工作，切实加强借用国外贷款的监督管理，以利于国民经济持续、快速、健康地发展。

25日　经中国人民银行批准，上海申银证券有限公司、上海万国证券有限公司以新设合并方式组建申银万国证券股份公司，公司的注册资本为13.2亿元人民币，股东由中国光大（集团）总公司等200余家国内大中型企业组成，是国内第一家股份制证券公司。

26日　中国证监会发言人就打击非法外汇期货和外汇按金交易活动发表谈话，重申所有开展此类业务的机构均属非法经营，必须严厉查处，坚决取缔。明知故犯者要予以重罚，追究有关负责人的法律责任。1994年年底以来，中国证监会、国家外汇管理局、国家工商行政管理局和公安部曾多次下文，明确指出，境内各种机构的外汇期货和外汇按金交易都属非法活动，要求严厉查处，坚决取缔。但是，一段时间以来，仍有些单位和个人非法从事外汇期货和外汇按金交易。为了明确国家有关规定，中国证监会发言人重申：1. 国务院有关部门从来没有批准任何一个单位代客进行外汇期货和外汇按金交易，所有开展这类业务的机构都属违法经营，所有组织和参加这类交易的双方都不受法律保护。2. 各地期货监管部门要会同当地外汇管理、工商行政管理和公安等部门，在地方政府的领导下，根据有关规定，采取有力的措施，立即对本地区的非法外汇期货和外汇按金交易活动进行一次认真清查，一经发现就要严厉处罚，坚决取缔。其中，对那些手段恶劣、危害很大、影响极坏的典型案件要彻底曝光，公之于众。各地期货监管部门要尽快将查处情况上报中国证监会。3. 对明知故犯、拒不停业和阳奉阴违继续从事非法外汇期货和外汇按金交易的机构，不仅要没收全部非法所得，而且还要予以重罚，绝不能让这些机构在经济上获得任何好处；对情节严重的，应吊销其营业执照。4. 对组织非法外汇期货和外汇按金交易的负责人，要追究其相应的法律责任。对利用这种交易形式欺诈客户、骗取钱财的个人，严防其携款潜逃并立即移交司法机关，依法追究其刑事责任。5. 目前仍在参与外汇期货和外汇按金交易的客户，要尽快主动平仓出场，退出交易，避免进一步触犯国家有关政策、法规和遭受更大的经济损失。对拒不平仓的客户，有关机构和部门应没收其剩余保证金并处以罚款，强制其退出交易。

29日　中国人民银行公布《外国金融机构驻华代表机构管理办法》。该办法规定：外国金融机构驻华代表机构（以下简称代表处）是指外国金融机构在中国境内获准设立并从事咨询、联络、市场调查等非经营性活动的派出机构。中国人民银行是代表处的审批和业务监督机关，中国人民银行分行对本辖区的代表处进行日常监督。申请设立代表处应当具备下列条件：申请者所在国家或地区有完善的金融监督管理制度；申请者是由其所在国或地区金融监管当局批准设立的金融机构，或者是金融性行业协会成员；申请者合法经营、享有良好信誉并在过去3年内连续盈利。经批准设立的代表处，由中国人民银行颁发批准证书，有效驻在期限为6年。代表处及其工作人员不得与任何法人或自然人签订可能给代表处或所代表的机构带来收入的协议或契约，也不得从事其他经营性活动。撤销代表处应提前向中国人民银行提交由其外国金融机构的董事长或总经理签署的申请，经批准后，向国家工商行政管理局申请注销登记，并到有关部门办理相关手续。本办法自发布之日起施行。中国人民银行1991年6月1日发布的《中国人民银行关于外资金融机构在中国设立常驻代表机构的管理办法》同时废止。

△　中国人民银行颁布《外资金融机构存款准备金缴存管理办法》。该办法规定：外资金融机构的各项存款除中国境内外同业存款外，都要缴纳存款准备金；存款准备金按美元和港元缴存；3个月以下存款的缴存比率为5%，3个月以上（含3个月）存款的缴存比率为3%，中国人民银行视情况需要随时调整存款准备金率。

5月

1日　中国人民银行调整金融机构存贷款利率。5月2日，中国人民银行发出《关于降低金融机构存贷款利率的通知》，该通知指出，我国的宏观经济调控已取得显著成效，通货膨胀得到进一步抑制，市场物价明显回落，实际利率水平已经由负利率变成正利率。为了适当减轻企业利息负担，促进国民经济持续、快速、健康发展，经国务院批准，中国人民银行决定从1996年5月1日起，适当降低金融机构存贷款利率。其中，存款利率平均降低0.98个百分点，贷款利率平均降低0.75个百分点。人民银行与金融机构的存贷款利率也作相应调整，金融机构在人民银行的存款年利率在现行基础上平均下调0.48个百分点；人民银行再贷款年利率在现行基础上平均下调0.48个百分点；再贴现利率在调整后相应档次的再贷款利率基础上，仍按下浮5%～10%执行；定期邮政储蓄转存款利率由现行年利率12.42%下降到10.53%，定期邮政储蓄转存人民银行的比重由按93%计算，下调到按80%。同时，缩小金融机构流动资金贷款利率的最高上浮幅度，各商业银行、非银行金融机构和城市信用社（含城市合作银行）为10%，农村信用社为40%。各金融机构贷款利率的下浮幅度仍为10%不变。此外，降低贷款罚息水平，金融机构对逾期贷款按日利率万分之四计收利息。这次降息是1993年以来的第一次降息。

3日　中国人民银行发布公告，延期收兑外汇兑换券，收兑日期延长至1996年6月30日。此次延期是为了使持券人不蒙受损失，外汇兑换券持有者可到中国银行各机构办理兑换。从1996年7月1日起，中国银行各机构停止兑换外汇兑换券，且今后不再延期。具体兑换办法如下：1. 境内机构持有的外汇兑换券可在1996年6月30日之前，按1993年12月31日公布的国家外汇牌价折成美元，并按结汇当日中国银行公布的汇率结汇。2. 外商投资企业持有的外汇兑换券可在1996年6月30日之前，按1993年12月31日公布的国家外汇牌价兑换美元，并存入其外汇账户。3. 来华的外国人、华侨、港澳台同胞持有的外汇兑换券可在1996年6月30日之前，凭本人护照或有效身份证件，按1993年12月31日公布的国家外汇牌价到中国银行兑换美元。如兑换其他币种的外汇，还须持原外汇兑换水单。4. 外国人、华侨、港澳台同胞已携带出境的外汇兑换券，可在1996年6月30日之前到当地中国银行，按我国1993年12月31日公布的国家外汇牌价兑换美元，或到与中国银行有代理关系的银行办理托收。5. 境内居民个人持有的外汇兑换券，允许在1996年6月30日之前，按1993年12月31日公布的国家外汇牌价折成美元，并按兑换当日中国银行公布的汇率兑换成人民币。

△　中国国际信托投资公司签署并设立了一项总金额为1亿美元的欧洲商业票据计划。这是中国在欧洲资本市场设立的第一个商业票据计划。

6日　中国证监会发布《关于对操纵期货市场行为认定和处罚的规定》。该规定明确：操纵期货市场行为是指交易所会员或客户为了获得不正当利益，故意违反国家有关期货交易规定，违背期货市场公开、公平、公正的原则和大户报告制度，单独或者合谋使用不正当手段，严重扭曲期货市场价格，扰乱市场秩序的行为；对有操纵市场嫌疑的交易所会员和客户，各交易所有义务配合政府监管部门进行调查；对经调查证明确有操纵市场行为者，可根据情节轻重，单处或者并处警告、没收非法所得、罚款，以及暂停、中止直至取消资格、宣布其为“市场禁止进入者”，触犯刑律的，移交司法部门追究刑事责任；对不配合政府监管部门调查、隐瞒事实真相、拒不提供有关资料或提供假证的交易所、交易所会员和客户，政府监管部门依据有关规定对其进行处罚。

13 日　国家外汇管理局颁布《境内居民因私兑换外汇办法》和《境内居民外汇存款汇出境外的规定》。该办法和规定提高了境内居民因私兑换外汇的标准，扩大了因私用汇的兑换范围。其中规定：到澳门、香港、其他国家和地区探亲的标准由原来的 20 美元、40 美元、60 美元分别提高到 500 美元、500 美元和 1 000 美元；因私用汇范围增加了出境旅游用汇和其他用汇。该办法和规定自 1996 年 7 月 1 日起施行。1994 年 3 月 30 日国家外汇管理局发布的《境内居民因私出境兑换外汇的有关规定》和 1985 年 3 月 9 日国家外汇管理局发布的《关于外币存款汇出境外的审批规定》同时废止。

17 日　VISA 国际组织上海办事处正式设立。这是 VISA 国际组织自 1993 年 11 月北京办事处成立以来在中国设立的第二个办事处。

22 日　中国人民银行发出《关于修订〈机动车辆保险条款〉部分内容的通知》。该通知规定修订和增加的内容主要有：1. 车辆的保险价值根据新车购置价确定。车辆损失险的保险金额可以按投保时的保险价值或实际价值确定，也可以由被保险人与保险人协商确定，但保险金额不得超过保险价值，超过部分无效。2. 以保险价值确定保险金额的车辆，按实际修理费用计算赔偿；保险金额低于保险价值的车辆，按保险金额与保险价值的比例计算赔偿修理费用。3. 由于被保险人放弃对第三方请求赔偿的权利或过错致使保险人不能行使代位追偿权利的，保险人不承担赔偿责任或相应扣减保险赔偿金。4. 被保险人及其驾驶员应根据保险人提出的消除不安全因素和隐患的建议，及时采取相应的措施。5. 在保险合同有效期内，保险车辆转卖、转让、赠送他人、变更用途或增加危险程度，被保险人应当事先通知保险人并申请办理批改。6. 机动车辆保险附加盗抢保险责任中增加一项抢夺责任。修订后的内容自 1996 年 7 月 1 日起生效。

23 日　中国证监会批准成都联合期货交易所为试点期货交易所。成都联合期货交易所符合“统一机构、统一结算、统一财务”的原则，被批准为我国试点期货交易所。试点期间的交易品种为高粱，试运行品种为玉米、籼米、小麦、桐油、菜籽粕。

30 日　中国人民银行印发《〈财产保险基本险〉和〈财产保险综合险〉条款、费率及条款解释的通知》。该通知要求，各保险公司要严格按时依照本条款、费率开展业务，未经人民银行总行批准，不得擅自对条款、费率和条款解释内容进行修改；人民银行各分行、各保险公司要将修订后的条款和费率在执行中出现的问题及时上报人民银行总行。《财产保险基本险》和《财产保险综合险》条款、费率及条款解释自 1996 年 7 月 1 日起执行，中国人民银行 1993 年制定的企业财产保险条款和费率同时废止。

△　经中国人民银行批准，国家开发银行武汉分行和成都、西安、深圳代表处开业。这四个分支机构是根据贷款项目分布和信贷管理的需要设置的，不具有独立法人地位，在具体业务上受总行的指导和监督，并接受业务涉及区域人民银行省级分行（深圳为深圳经济特区分行）的管理、监督和稽核。

6 月

1 日　我国银行间同业拆借市场实行市场化利率。为了加快发展同业拆借市场，中国人民银行决定，从6月1日起取消原按同档次再贷款利率加2.88个百分点确定的同业拆借利率最高限，由拆借双方根据市场资金供求状况自主确定拆借利率水平，中央银行只间接调控市场利率。

17日 国务院证券委员会发布《证券经营机构股票承销业务管理办法》。该办法规定：股票承销业务指证券经营机构依照协议包销或代销发行人发行的股票以及中国证监会核准的其他具有股票性质、功能的证券的行为。证券经营机构申请从事股票承销业务应当同时具备下列条件：证券专营机构具有不低于人民币2 000万元的净资产，证券兼营机构具有不低于人民币2 000万元的证券营运资金。证券专营机构具有不低于人民币1 000万元的净资本，证券兼营机构具有不低于人民币1 000万元的净证券营运资金。2/3以上的高级管理人员和主要业务人员获得证监会颁发的“证券业从业人员资格证书”。在未取得“证券从业人员资格证书”前，应当具备下列条件：高级管理人员具备必要的证券、金融、法律等有关知识，近两年内没有严重违法违规行为，其中2/3以上具有三年以上证券业务或五年以上金融业务工作经历；主要业务人员熟悉有关的业务规则及业务操作程序，近两年内没有严重违法违规行为，其中2/3以上具有两年以上证券业务或三年以上金融业务工作经历。证券经营机构在近一年内无严重的违法违规行为或在近两年内未受到本办法规定的取消股票承销业务资格的处罚。证券经营机构成立并且正式开业已超过半年，证券兼营机构的证券业务与其他业务分开经营、分账管理。具有能够保障正常营业的场所和设备。中国证监会要求的其他条件。

20日 中国人民银行印发《城市信用合作社联合社管理规定》。该规定指出，城市信用合作社联合社（以下简称城市信用联社）是由市区内城市信用合作社出资组成的金融机构，是城市信用社的联合组织，为独立的企业法人。申请设立城市信用联社，应具备以下条件：当地市区城市信用社数量在8家以上；最低实收资本为80万元人民币，每家城市信用社的出资金额不得超过10万元人民币。所有城市信用社必须与原行政挂靠单位实行人、财、物完全脱钩。经中国人民银行授权，城市信用联社具有管理职能，是以管理为主的管理经营型金融机构。其具体职责如下：拟定行业自律制度；协调社员之间的关系；向中国人民银行反映城市信用社的要求；负责行业性的职工技术培训、年度评比工作；统一组织城市信用社职工的录用、教育；组织有关城市信用社的信息和经验交流；统一负责印制城市信用社的账表、凭证；对城市信用社主任的任职资格及变更事项进行初审；综合汇总城市信用社的会计、统计报表和财务报表，定期上报人民银行；督促城市信用社加强安全保卫工作；对城市信用社的大额贷款、重大财务支出进行监督管理；中国人民银行授权的其他管理工作。城市信用联社营业部可经营下列业务：办理城市集体企业、私营企业和个体工商户的存款、贷款和结算业务；组织管理城市信用社的联合贷款；组织城市信用社之间的资金调剂；办理城市信用社的结算业务；办理经中国人民银行批准的其他金融业务。城市信用联社在城市合作银行成立之后自动终止。

△ 中国人民银行发布《关于对外商投资企业实行银行结售汇的公告》，宣布自1996年7月1日起，在保留外汇调剂中心的同时，在全国范围内对外商投资企业实行银行结售汇，外商投资企业可以在外汇指定银行办理结汇和售汇，也可以继续通过外汇调剂中心买卖外汇。国家外汇管理局同时发布《外商投资企业境内外汇账户管理办法》，规定外商投资企业可以根据需要在外汇指定银行开立用于经常项目收支的外汇结算账户和用于资本项目收支的外汇专用账户，并可在境内的外资银行、外国银行分行、合资银行办理结汇和售汇业务。这有利于进一步改善外商投资企业的经营环境，实现人民币经常项目下可兑换。

△ 中国人民银行发布《结汇、售汇及付汇管理规定》。该规定共有5章43条，对经常项目下的结汇、售汇与付汇，资本项目下的结汇、售汇与付汇以及结汇、售汇与付汇的监管作出明确规定。该规定自1996年7月1日起施行，

1994年3月26日发布的《结汇、售汇及付汇管理暂行规定》同时废止。

21日 中国人民银行印发《关于进一步改进对国有大中型企业金融服务的通知》，决定采取十条措施，进一步改进对国有大中型企业的服务，加强信贷资金的管理，更好地促进国有大中型企业改革和发展。十条措施的具体内容是：1. 适当集中资金，支持重点企业的合理资金需要；2. 疏通商品流通渠道，支持企业扩大出口；3. 运用信贷杠杆，支持国有大中型企业提高技术水平；4. 支持企业优化资本结构，逐步降低负债水平；5. 逐步推行主办银行制度，密切银行和企业的关系；6. 做好结算工作，加快资金清算速度；7. 运用利率杠杆，促进企业改善经营管理；8. 帮助企业拓宽融资渠道，适当发展直接融资；9. 开拓新的服务项目，适应现代企业的多种需要；10. 加强信贷资金管理，提高信贷资产质量。

△ 中国人民银行与邮电部正式签署联合建设“中国国家金融数据通信网”的协议，并决定为此组建中元金融数据网络有限责任公司。“中国国家金融数据通信网”是为中国金融系统各行（司）提供通信服务的金融数据骨干网，它将覆盖金融系统各总行及其省、地市级机构，并为各行（司）的总行与省、地市级机构区域广域网络提供接口，以形成覆盖全国的金融网络。中元金融数据网络有限责任公司的注册资本为2亿元人民币，金融系统承担1亿元，其中，中国人民银行出资2 000万元；工商银行、农业银行、中国银行、建设银行各出资1 500万元；交通银行和中国人民保险（集团）公司出资1 000万元。

22日 国家外汇管理局发布《资本项目外汇收入结汇暂行办法》。该暂行办法规定：境内机构收入的符合办法规定的各项资本项目外汇，可以向国家外汇管理局提供有效凭证申请结汇。境内机构、境外法人或自然人一次结汇3 000万美元以下的，到所在地国家外汇管理局分局办理“资本项目结汇核准件”；一次结汇3 000万美元以上的，由所在地国家外汇管理局分局报国家外汇管理局核准后发给“资本项目结汇核准件”。外汇指定银行凭核准件办理结汇。。

25日 国务院批转《中国人民银行关于进一步做好证券回购债务清偿工作请示》。国务院指出：清理证券回购业务，做好债务清偿工作，是整顿金融秩序的一项重要内容。目前，证券回购债务拖欠问题比较严重，清偿难度较大，各级人民政府和国务院有关部门必须予以高度重视。要采取有效的措施，加快清偿进度，以维护社会稳定。对债务清偿工作中出现的重大问题，各级人民政府的主要领导人要亲自过问，妥善处理。

《中国人民银行关于进一步做好证券回购债务清偿工作的请示》的主要内容是：1. 确保柜台兑付，防止挤兑。各国有商业银行、财政部门以及各信托投资公司、证券公司必须提前组织资金，保证所属机构按期兑付，维护社会稳定。非银行金融机构在兑付对居民个人开出的“国库券代保管单”等出现严重资金困难时，经中国人民银行批准，可动用法定存款准备金支付；对经营规范的非银行金融机构，各地融资中心可以接受其抵押融资或由商业银行担保的融资，也允许其自找融通资金单位，到融资中心办理中介手续。2. 积极组织内部冲抵，加快机构之间债务清欠，对于将回购资金用于长期投资，短期内无法收回，还债确有困难的金融机构，经中国人民银行批准，可适当发行一定数量的金融债券，用于偿还债务。3. 保护债权人的合法权益，减轻债务人的利息负担。鉴于证券回购实际上已演变为资金拆借，因此，机构之间签订的回购协议利率应比照同业拆借利率执行，回购协议利率超过同业拆借利率的部分不受法律保护。但是，任何机构以发售“国库券代保管单”等形式向居民个人筹集资金，必须按原定利率和期限保证向居民个人兑付。4. “联办STAQ系统”和天津、武汉证券交易中心，对在本交易场所内发生的大量违规证券回购交易及其巨额债务拖欠负有直接责任，要进行重点清理整顿。国家体改委和天津市、武汉市人民政府要分别组织专门小组，负责上述三个单位的清理整顿及债务清偿工作，同时核实这三个单位的资产，并对这三个单位和有关责任人进行严肃处理。在证券回购债务清偿完毕之前，各证券交易中心（系统）要暂停各种形式的证券回购业务，不得开展新业务，也不得扩大原有业务。5. 鉴于非银行金融机构的资产过多，资本金严重不足，为了降低其经营风险，建立内部约束机制，推动证券回购债务清偿工作，中国人民银行要制定统一标准，对非银行金融机构增资改制进行审批，但新增资本金必须优先用于清偿证券回购债务。中国人民银行要会同财政部、中国证监会等部门联合组成清欠办公室，指导、协调各地区、各部门的证券回购债务清偿工作。

26 日 国务院在北京召开金融系统“反腐败、防抢劫、防诈骗、防盗窃、保护金融资产安全”的会议。会议要求金融部门各级领导要从大局出发，与有关部门一起，继续深入开展反腐败斗争，狠狠打击金融犯罪活动，保证和促进我国金融改革和金融事业更快更好地发展。会议提出要抓好三个方面的工作：1. 加强廉政建设，深入开展反腐败斗争，做好金融保卫工作。金融系统要利用当前严厉打击刑事犯罪的有利时机，紧密配合政法部门，依法严厉惩治金融犯罪，要坚决把贪污腐败分子清除出金融系统。2. 加强金融监管，整饬金融秩序。金融系统必须靠铁的纪律来管理，对继续搞账外经营、违规售汇、炒外汇期货的，一定要严肃处理，绝不姑息。否则，银行就办不好，也办不下去。各级金融领导干部要运用手中的职权，真正为人民大众服务，为国家经济建设服务。要坚决反对那种不讲政治、不讲大局、一味追求部门和个人利益的行为，坚决同一切腐败行为作斗争。没有健康有序的金融秩序，就很难发展有中国特色的社会主义市场经济。3. 要认真加强“防抢劫、防诈骗、防盗窃、保护国家金融资产安全”的金融保卫工作。

△ 经中国人民银行批准，青岛国际银行开业。这是中国工商银行与韩国第一银行合资成立的山东省境内第一家中外合资银行，也是韩国金融业在中国设立的第一家合资银行。注册资本为3 600 万美元，实收资本为 2 000 万美元，双方各占 50%。主要业务范围是向在中国的韩资企业提供外汇存款、外汇贷款、外汇投资、贸易结算等服务。2003 年 10 月 30 日，韩亚银行与韩国第一银行签订股权转让协议，收购了韩国第一银行在青岛国际银行的股份。2004 年年初，韩亚银行单方面增资 1 611 万美元，青岛国际银行的注册资本达到 3 611 万美元（约合 3 亿元人民币），青岛国际银行由韩亚银行和中国工商银行合资经营，其中，韩亚银行出资 2 611 万美元，占青岛国际银行总资本的 72. 31%；中国工商银行出资 1 000 万美元，占 27. 69%。

28 日 中国人民银行发布《贷款通则》。该贷款通则共 12 章 80 条，其中规定：贷款的发放和使用应当符合国家的法律、行政法规和中国人民银行发布的行政规章，应当遵循效益性、安全性和流动性的原则。借款人与贷款人的借贷活动应当遵循平等、自愿、公平和诚实信用的原则。贷款人开展贷款业务，应当遵循公平竞争、密切协作的原则，不得从事不正当竞争。中国人民银行及其分支机构是实施《贷款通则》的监管机关。贷款种类包括：自营贷款、委托贷款和特定贷款；短期贷款、中期贷款和长期贷款；信用贷款、担保贷款和票据贴现。贷款期限根据借款人的生产经营周期、还款能力和贷款人的资金供给能力由借贷双方共同商议后确定，并在借款合同中载明。自营贷款期限最长一般不得超过 10 年，超过 10 年应当报中国人民银行备案。票据贴现的贴现期限最长不得超过 6 个月，贴现期限为从贴现之日起到票据到期日止。不能按期归还贷款的，借款人应当在贷款到期日之前，向贷款人申请贷款展期。是否展期由贷款人决定。短期贷款展期期限累计不得超过原贷款期限；中期贷款展期期限累计不得超过原贷款期限的一半；长期贷款展期期限累计不得超过 3 年。国家另有规定者除外。借款人未申请展期或申请展期未得到批准，其贷款从到期日次日起，转入逾期贷款账户。贷款人应当按照中国人民银行规定的贷款利率的上下限，确定每笔贷款利率，并在借款合同中载明。贷款人和借款人应当按借款合同和中国人民银行有关计息规定按期计收和交付利息。贷款的展期期限加上原期限达到新的利率期限档次时，从展期之日起，贷款利息按新的期限档次利率计收。逾期贷款按规定计收罚息。借款人应当是经工商行政管理机关（或主管机关）核准登记的企（事）业法人、其他经济组织、个体工商户或具有中华人民共和国国籍的有完全民事行为能力的自然人。贷款人必须经中国人民银行批准经营贷款业务，持有中国人民银行颁发的“金融机构法人许可证”或“金融机构营业许可证”，并经工商行政管理部门核准登记。贷款人应当建立审贷分离、分级审批的贷款管理制度。审查人员应当对调查人员提供的资料进行核实、评定，复测贷款风险度，提出意见，按规定权限报批。贷款人应当建立和完善贷款的质量监管制度，对不良贷款进行分类、登记、考核和催收。《贷款通则》自1996年8月1日起施行。这是新中国成立以来中国第一部系统、全面的信贷管理的行政规章，是境内一切商业性借贷活动必须遵循的基本准则，在这次公布之前，已在全国金融系统试行了一年。

△ 中国证监会发出《关于严格管理B股开户问题的通知》。针对市场上存在的不符合规定条件的投资人开B股账户的情况，中国证监会要求上海和深圳两个证券交易所严禁不符合条件的投资人开设B股账户，并对已有账户进行清理和规范。对不符合规定条件的B股账户，要按国务院的规定提出处理方案，并上报中国证监会和当地人民政府，以逐步妥善解决B股账户的遗留问题。对在B股账户规范过程中可能引发的各种问题，要认真防范，妥善处理，及时向中国证监会和当地人民政府报告。

29日 中国人民银行印发《主办银行管理暂行办法》。该暂行办法规定，主办银行是指为企业提供信贷、结算、现金收付、信息咨询等金融服务，并与其建立较为稳定的合作关系，签有《银企合作协议》的中资商业银行；建立主办银行关系应遵循自愿、平等、互利、守信的原则；在建立主办银行关系的同时，大力提倡银团贷款；为了发挥各家银行的优势，解决企业的合理资金需要，同时分散贷款风险，主办银行应会同企业牵头组织有关银行联合贷款，协调各家银行办理银团贷款中的有关事宜，并按贷款比例偿还其他银行贷款。该暂行办法自7月1日起，在国家经贸委提出的300户重点国有大中型企业和北京、天津、上海、武汉、沈阳、济南和四川德阳等7个城市的国有大中型企业中试行。

7月

1日 中国人民银行发行第二组香港回归祖国金银纪念币。其中金币2枚，面值分别为50元和500元，成色分别为99.9%和99.99%；银币1枚，面值为10元，成色为99.9%。为了纪念香港回归祖国这一重要历史事件，中国人民银行发行的有关香港特别行政区纪念币共三组，第一组香港回归祖国金银纪念币于1995年12月1日发行，第三组于1997年7月1日发行。

△ 国务院作出关于《对加工贸易进口料件试行银行保证金台账制度的批复》。据此，海关总署、中国银行、国家计委、国家经贸委、财政部、外贸部、中国人民银行、国家税务总局8个部委联合在全国推行加工贸易进口料件银行保证金台账制度。保证金台账制度是指经营加工贸易的单位或企业凭海关核准的手续，按合同备案料件金额向指定银行申请设立加工贸易进口料件保证金台账，加工成品在规定的加工期限内全部出口，经海关核销后，由银行核销保证金台账。

△ 上证30指数开始发布。上证30指数是上海证券交易所编制的一种成份股指数，是从上市的所有A股股票中抽取具有市场代表性的30种样本股票为计算对象，并以流通股数为权数计算得出的加权股价指数，综合反映上海证券交易所全部上市A股的价格走势。该指数以1996年1月至3月的平均流通市值为指数的基期，基期指数定为1 000点。上证30指数在选取样本股时，综合考虑以下几种因素：（1）行业代表性；（2）流通市值的规模；（3）交易活跃的程度；（4）财务状况和经营业绩；（5）地区代表性。在同等条件下，上证30指数优先考虑下述股票：（1）股本规模较大的股票；（2）成长性较好的股票；（3）已发行H股或B股的股票。2002年

7月1日，上证30指数被上证180指数替代而终止发布。

2日 中国人民银行发出《关于撤销及转让国有独资商业银行所属信托投资公司下设证券营业部有关问题的通知》。该通知要求，所有撤销的证券营业部的业务转交、承接工作要在1996年12月31日之前完成。

△ 经中国人民银行批准，中国平安保险公司收购中国工商银行珠江三角洲金融信托联合公司的全部股权，更名为“平安信托投资公司”，平安信托投资公司正式成立。经中国人民银行批复，该公司于2001年重新登记和增资改制，更名为“平安信托投资有限责任公司”。2003年，公司进行增资扩股，注册资本增加到27亿元人民币。业务范围有：资金信托业务，动产、不动产及其他财产的信托业务，投资基金业务，公益信托业务，租赁信托业务，企业资产的重组，购并，项目融资，公司理财，财务顾问等。

4日 《中国人民银行行员管理暂行办法》颁布实施。该暂行办法共有15章92条，对人民银行行员的权利和义务、职位分类以及录用、考核、奖惩、交流、回避、培训、职务任免等管理环节都作了具体明确的规定。其中规定，中国人民银行行员应当履行下列义务：遵守国家法律、法规和本行规章制度；依照金融政策法规履行职责；服从命令，恪尽职守，勤奋工作；公正廉洁，努力为人民服务，接受社会监督；维护国家和中国人民银行的声誉和利益；保守国家秘密和工作秘密；学习和掌握工作所需的政治、业务知识和技能；宪法和法律规定的其他义务。中国人民银行行员享有下列权利：非因本办法和有关法律、法规规定的事由、程序不被免职、降职、辞退或者行政处分；获得履行职责所应有的权力和工作条件；依法履行职责，受法律保护，不受地方政府、各级政府部门、社会团体和个人的干涉；获得与所任职务相应的劳动报酬和享受规定的保险及其他福利待遇；对中国人民银行及其领导人员的工作提出批评和建议；参加与本职工作有关的业务知识和技能的培训；依照本办法规定提出辞职、申诉和控告；宪法和法律规定的其他权利。

5日 财政部发出《关于加强林业项目和治沙贴息贷款财政贴息资金管理的通知》。关于林业项目贴息贷款的贴息，该通知规定：对1992年（含1992年）以前发放的贷款未到期余额，中央财政和地方财政各按年利率3.17%给予贴息，对林业部直属单位的上述贷款余额，中央财政按年利率6.34%给予贴息，其余利息由借款单位承担；对1993年（含1993年）以后发放的贷款未到期余额以及新发放的贷款，中央财政和地方财政一律各按年利率2.64%给予贴息，林业部直属单位使用此项贷款的，中央财政按年利率5.28%给予贴息，其余利息由借款单位承担。关于治沙贴息贷款的贴息，该通知规定：中央财政和地方财政一律各按年利率3.17%给予贴息，林业部直属单位使用此项贷款的，中央财政按年利率6.34%给予贴息，其余利息由借款单位承担。

13～14日 全国农村金融体制改革工作会议在北京召开。会议的主要议题是深化农村信用社改革，促进农村经济全面发展。国务院副总理朱镕基、姜春云到会讲话。朱镕基指出，深化农村金融体制改革的目标是：建立和完善以合作金融为基础，商业性金融、政策性金融等各种金融机构分工协作的服务体系。会议决定，中国农业银行不再领导、管理农村信用社，农村信用社的业务管理改由县联社负责，对农村信用社的金融监管由中国人民银行直接承担。

△ 中国人民银行发出《关于禁止金融机构进入期货市场的通知》。该通知要求各类金融机构不得从事商品期货的自营和代理业务；不得出具期货交易资金保函，不得以任何方式为期货交易担保；所有金融机构不得投资入股期货交易机构、经纪机构。已投资入股的金融机构必须在1996年12月31日之前将股份转让出去。

23日 经国务院批准，中国人民保险（集团）公司宣告成立（以下简称中保集团）。中保集团总部设在北京，注册资本金为人民币200亿元，是国有独资保险公司，直接对国务院负责，依法接受中国人民银行的领导、管理、协调、监督和稽核。中保集团下设中保财产保险有限公司、中保人寿保险有限公司、中保再保险有限公司。中保集团及三个专业子公司均为企业法人。中保集团以控股投资公司的形式对其子公司投资并实施领导、管理、监督。其他非保险经济实体和海外机构直属集团管理。原中国人民保险公司省、市分支机构一分为二，分别隶属中保财产保险有限公司和中保人寿保险有限公司。

△ 中国证监会发出《关于规范上市公司行为若干问题的通知》。该通知规定：1. 上市公司确须进行中期分红派息的，其分配方案必须在中期财务报告中经过具有从事证券会计业务资格的会计师事务所审计后制订；公布中期分配方案的日期不得先于上市公司中期报告的公布日期；中期分配方案经股东大会批准后，公司董事会应当在股东大会召开后两个月内完成股利（或股份）的派发事项。已发行境外上市外资股的上市公司，其中期分红派息事宜按其公司章程的规定办理。2. 上市公司董事会必须遵循《中华人民共和国公司法》的第一百三十条关于同股同权、同股同利和《股票发行与交易管理暂行条例》的第四条关于股票的发行与交易应当保障国有资产不受侵害的规定，制订公平的分配方案，不得向一部分股东派发现金红利而向其他股东派发股票红利。3. 上市公司制订配股方案的同时制订分红送股方案的，不得以配股作为分红送股的先决条件。4. 上市公司的送股方案必须将以利润派送红股和以公积金转为股本予以明确区分，并在股东大会上分别作出决议，分项披露，不得将二者均表述为送红股。5. 上市公司应当密切关注新闻媒介涉及本公司的报道，对已报道的属本公司确须履行信息披露义务的事项，应当及时报告并公告；对报道中与本公司发生的事项不完全相符的，应当及时澄清；对无中生有、捏造事实的报道，应当立即公告说明。证券交易所应督促上市公司履行上述义务。6. 上市公司涉及公司股份变动的行为，如上市公司与非上市公司合并以及上市公司进行股票面值拆分等，应按照“先立法、后试点”的原则进行，在国家有关管理办法出台前，不得擅自行动。

25日 中国人民银行公布《保险管理暂行规定》。该规定共分11章90条，对保险机构的设立、变更和终止，保险公司的业务范围，保险资金管理及运用，保险条款和保险费率管理，保险公司的偿付能力，保险经营行为，监督管理等作出了详细规定。该规定明确：保险公司应具有与其业务规模相适应的最低偿付能力，保险公司的最低偿付能力为中国人民银行规定的其实际资产减去实际负债的差额。其中：财产保险公司的最低偿付能力标准为：当上一年度的自留净保费收入小于或等于人民币2亿元，偿付能力不得低于人民币1亿元；当上一年度的自留净保费收入大于人民币2亿元，小于或等于人民币30亿元时，偿付能力不得低于人民币1亿元或自留保费的1/3，两者以高者为限；当上一年度的自留净保费收入大于人民币30亿元时，偿付能力不得低于人民币10亿元或者自留净保费收入的1/4，两者以高者为限。人寿保险公司的最低偿付能力的标准为：当实际负债小于或等于人民币3亿元时，偿付能力不得低于人民币1亿元；当实际负债大于人民币3亿元，小于或等于人民币10亿元时，偿付能力不得低于人民币1亿元或实际负债的1/4，两者以高者为准；当实际负债大于人民币10亿元，小于或等于人民币30亿元时，偿付能力不得低于人民币2.5亿元或实际负债的1/6，两者以高者为准；当实际负债大于人民币30亿元时，偿付能力不得低于人民币5亿元或实际负债的1/8，两者以高者为准。这是我国第一次对财产保险公司和人寿保险公司的最低偿付能力标准作出明确规定。

△ 以中国建设银行、中国工商银行、中信实业银行、交通银行上海分行为牵头行的“伊朗德黑兰地铁项目”银团贷款协议签字仪式在北京举行。该项目总金额为2.98亿美元，其中，约2.7亿美元将由中方组织银团向业主提供出口买方信贷。它是新中国成立以来金额最大的一宗成套机电产品出口项目，也是迄今为止中方采取组织国内银团形式，向国外提供出口买方信贷，

推动机电产品出口金额最大的项目。

29 日 中保财产保险有限公司与中国通信广播卫星公司在人民大会堂举行“中星七号”、“东方红三号”卫星发射保险合同签字仪式。该笔承保合同保险总金额达 2.8 亿美元。

31 日 国家外汇管理局发布《进口售付汇核销管理暂行办法》。该暂行办法根据《中华人民共和国外汇管理条例》及《结汇、售汇及付汇管理规定》，对 1994 年 7 月 11 日发布的《进口付汇核销暂行办法》进行了修订，进一步规范了进口付汇核销操作，完善了进口售付汇的监督管理，有利于防止外汇流失。该暂行办法自 1996 年 8 月 1 日起执行。

8 月

1 日 经国家外汇管理局批准，深圳发展银行、广东发展银行试办离岸金融业务。此前，国家外汇管理局于 7 月 15 日以（96）汇管复字第 190 号《关于对离岸金融业务七个暂行规定的批复》文件批复了国家外汇管理局深圳分局组织有关部门制定的关于离岸金融业务操作的 7 个暂行规定，即《离岸账户开户暂行规定》、《离岸存款暂行规定》、《离岸授信（含贷款）业务暂行规定》、《离岸担保业务暂行规定》、《离岸代客外汇买卖暂行规定》、《离岸金融业务会计核算暂行规定》、《离岸金融业务资金管理暂行规定》。国家外汇管理局要求上述两个试点银行在国家外汇管理局和深圳分局的直接指导下，严格按照暂行规定开办离岸金融业务，要符合离岸资金两头在外的方针，即存款来自境外，放款也面向境外，离岸金融业务与在岸金融业务严格分开，不得相互混淆。

△ 《中国人民银行内部稽核制度》发布实施。其中规定，中国人民银行的内部稽核原则上实行“分级管理、下查一级”，各级行稽核部门对所辖分支机构及行属企事业单位进行定期或不定期的稽核、监督，根据需要，也可对同级业务部门实施内部稽核、监督。1990 年 3 月 1 日印发的《中国人民银行内部稽核制度》（试行）同时废止。

5 日 国务院办公厅发出《关于立即停止利用发行会员证进行非法集资等活动的通知》。一段时间以来，一些地方和企业违反国家金融管理的有关规定，利用发行会员证进行非法集资，并从事炒买炒卖活动，个别地方还设立了会员证交易所，效仿国内证券交易所的管理办法，为会员证提供上市交易服务。为此，该通知规定，会员证不是资本市场上的有价证券，利用会员证进行非法集资，炒买炒卖以致上市交易的行为，严重背离了发行会员证的目的，干扰了正常的金融秩序，妨碍了证券市场的健康发展。该通知要求，在国务院有关部门公布会员证管理办法之前，一律暂停各种形式会员证的发行和交易活动；禁止设立会员证交易所，已设立的会员证交易所必须立即停止业务活动；中国人民银行会同有关部门组成调查组，全面了解会员证的发行和交易情况，制定统一的管理办法。

9 日 中国农业发展银行发出《关于加强收购资金垫付管理的紧急通知》。该通知要求各级行为财政部门、企业垫付应到位而未到位的收购资金，必须坚持“明确责任、申请垫付、落实还贷、逐级报批”的原则。对未签订责任书的，中国农业发展银行及代理行不受理垫款申请。如果财政部门、企业主管部门既不按筹措责任组织资金到位，又不申请垫付，银行不予安排临时贷款计划为其垫付。由此而发生收购资金断档、给农民打“白条”的问题，由财政部门或企业主管部门负责。各级行要做好垫付资金的监测和收回工作。

20 日 经中国人民银行批准，华泰财产保险股份有限公司在北京成立。该公司是全国性股份制财产保险公司，注册资本为 13.33 亿元人民币，由全国 63 家大型企业和企业集团共同发起设立，主要经营企业财产保险、产品责任保险、建筑工程及安装保险、能源保险、运输保险等业务。

21日 中国人民银行发布《境内机构对外担保管理办法》。该办法对担保人的对外担保能力、被担保人的财务状况以及对外担保合同和相关债务合同条款作了规定，扩大了对外担保范畴，规定允许提供三种类型的对外担保：对外保证、对外抵押和对外质押。将外商投资企业对外担保纳入了管理范畴。修改了对中资银行对外担保的管理范畴。对非金融法人的对外担保，原规定其担保余额不得超过其自有资金改为不得超过其净资产的50%，并不得超过其上一年的全部外汇收入，并增加了对被担保人的管理条款。该办法规范了境内机构对外担保行为，完善了我国资本项目的外汇管理。该办法自1996年10月1日起施行。1991年9月26日公布的《境内机构对外提供外汇担保管理办法》同时废止。

△ 国务院证券管理委员会颁布《证券交易所管理办法》。该办法共分11章102条，分别就交易所的设立与撤销、职能、组织及交易所对证券交易活动、会员、上市公司的监管等作出了具体的规定。其中规定：设立证券交易所，由国务院证券委员会（以下简称国务院证券委）审核，报国务院批准。证券交易所的职能包括：提供证券交易的场所和设施；制定证券交易所的业务规则；接受上市申请、安排证券上市；组织、监督证券交易；对会员进行监管；对上市公司进行监管；设立证券登记结算机构；管理和公布市场信息；国务院证券委许可的其他职能。该办法自发布之日起施行，1993年7月7日国务院证券委发布的《证券交易所管理暂行办法》同时废止。

22日 国务院发布《关于农村金融体制改革的决定》，提出进一步深化农村金融体制改革五个方面的内容：1. 改革农村信用社管理体制；2. 办好国有商业银行，建立农村合作银行；3. 增设中国农业发展银行的分支机构，加强农产品收购资金管理；4. 逐步建立各类农业保险机构；5. 清理整顿农村合作基金会。关于农村金融体制改革的组织领导，该决定指出，在国务院、省、地、县四级设立农村金融改革协调机构，并相应设立办公室。国务院成立农村金融体制改革部际协调小组，由中国人民银行牵头，中国人民银行行长任组长，中央和国务院有关部门以及中国农业银行、中国农业发展银行的主管领导参加，办公室设在中国人民银行。省、地、县三级设立农村金融体制改革领导小组，由地方人民政府牵头，省、地、县人民政府主管金融的负责同志任组长，中国人民银行分支行行长任副组长，省、地、县农口主管部门，中国农业银行分支行，中国农业发展银行分支行等单位各选派一名主管领导参加，办公室可参照国务院农村金融体制改革部际协调小组的办法设置。10月18日，根据国务院《关于农村金融体制改革的决定》，中国农业银行总行发文，撤销总行信用合作管理部及中国农业银行各级行的信用合作管理机构。

△ 中国证监会发出《关于坚决制止股票发行中透支等行为的通知》。针对一段时间以来在新股发行认购过程中出现的透支申购等不正常现象，该通知明确：各证券管理办公室、证券交易所和证券经营机构要加强对股票发行的领导和组织工作，切实履行对股票发行中申购资金专户的监督和管理，严肃发行纪律，维护股票发行的公正性；各证券经营机构不得透支申购股票，也不得为客户进行透支申购或融资申购股票；交易所要严格禁止透支行为，对于申购中出现的透支申购，一律视为无效申购。

△ 经中国人民银行批准，泰康人寿保险股份有限公司在北京成立。该公司为全国性股份制保险公司，注册资本为6亿元人民币。主要发起单位是：中国国际旅行社、中国对外贸易运输总公司、中国石化北京燕山石油化工公司、中国嘉德国际拍卖有限公司、中国港湾建设总公司、广东粤才信托投资公司、重庆钢铁（集团）有限公司、兖州矿业（集团）有限公司等16家国有大中型企业。

23日 中国人民银行降低金融机构各项存贷款利率，其中，存款利率水平平均下调1.5个百分点，贷款利率水平平均下调1.2个百分点；人民银行与金融机构的存贷款利率也作适当调整。8月20日，中国人民银行发出《关于降低金融机构存贷款利率的通知》指出，我国宏观经济调控已取得明显成效，市场物价涨幅持续回落，1~7月全国商品零售价格比上年同期增长6.9%。为了适应物价的变化，进一步减轻企业利息负担，促进国民经济持续、快速、健康发展，经国务院批准，中国人民银行决定从1996年8月23日起，再次降低金融机构各项存贷款利率。

28日 国务院农村金融体制改革部际协调小组印发《中国农业发展银行增设分支机构实施方案》，要求中国农业发展银行在1997年5月底前完成所有应设机构的增设工作。

△ 国务院农村金融体制改革部际协调小组下发《农村信用社与中国农业银行脱离行政隶属关系实施方案》，对农村信用社与中国农业银行脱离行政隶属关系工作应遵循的原则、脱钩的条件、组织和领导与时间安排，处理农村信用社与中国农业银行的人员关系、财务关系和资金关系，统计数据及会计报表报送以及"脱钩"中的其他业务问题作出了具体规定。

方案确定，农村信用社与中国农业银行脱离行政隶属关系（以下简称"脱钩"）应遵循的原则是：在国务院农村金融体制改革部际协调小组的领导下，积极稳妥地做好各项改革工作，确保农村信用社管理工作的连续性和农村信用合作管理队伍的稳定性。"脱钩"的条件是：省、地、县三级农村金融体制改革领导小组及办公室均已组建并开始工作。县农村信用合作社联合社的管理职能已得到加强，领导班子、内部职能机构和人员配备适应管理工作的需要。以省（自治区、直辖市）为单位，其所辖县（市）已基本完成农村信用社与中国农业银行之间人员、财产、资金的界定和划转，并登记造册清楚。对相互借用的人员和相互占用的财产已经清理、登记，并已确定归还时间或签署合法的借用合同。"脱钩"以省为单位统一宣布。全国农村信用社的"脱钩"工作原则上于1996年9月30日前基本完成，个别地方可推迟到10月底。

29日 国务院农村金融体制改革部际协调小组发出《关于做好当前农村信用社改革和管理工作的通知》。该通知要求：1. 农村信用社与中国农业银行脱离行政隶属关系工作，要按《国务院关于农村金融体制改革的决定》及《农村信用社与农业银行脱离行政隶属关系实施方案》执行。全国大体上在1996年9月底完成"脱钩"工作，个别地方可推迟到10月底。2. 加强对改革过渡时期农村信用社的领导和管理。这个时期农村信用社的日常管理，包括"三防一保"、案件查处等工作，县以下由县联社负责，县以上由各级农村金融体制改革领导小组办公室负责。省、地两级领导小组办公室要设农村信用合作管理部门，县联社要接受地（市）领导小组办公室的领导和管理；对农村信用社的监管由中国人民银行承担。各级领导小组办公室和县联社要切实负起责任，加强对农村信用社日常工作的管理，确保各项管理工作的连续性和业务的健康发展。各级人民银行特别是县支行要加强对改革过渡时期农村信用社的监管。3. 稳定农村信用社合作管理干部队伍。4. 改革过渡时期，对农村信用社、县联社人员实行暂时冻结政策。5. 确保农村信用社财产和资产负债的完整。"脱钩"过程中农村信用社和县联社所有的财产，任何单位和个人不得随意平调、挪用和侵占，严禁借改革之机乱分集体钱财。行社之间资产、负债的相互划转以1996年6月30日为界限。6. 对各地在筹建城市合作银行的过程中涉及农村信用社的问题，要严格按照中国人民银行1996年261号文件精神执行。不得将郊区和城乡结合部的农村信用社、联社及城区联社（或联合营业部）纳入其组建范围。未经国务院农村金融改革部际协调小组办公室审核和中国人民银行总行批准，各地一律不得自行其事。7. 各地必须按照《国务院关于农村金融体制改革的决定》和《农村合作银行管理规定》，进行农村合作银行的试点。8. 确保农村信用社工作的连续性。

30日 中国人民银行批复同意中国平安保险公司增资扩股，股本从1.5亿元人民币扩至25亿元人民币。

9月

2日 中国建设银行决定撤销拉萨市中心支行，并入西藏自治区分行，并入后的西藏自治区分行更名为“中国建设银行西藏分行”。

△ 国务院办公厅转发国务院证券委员会《关于1996年全国证券期货工作安排意见》。主要内容是：1996年证券市场工作的指导思想是：紧紧围绕实现“两个根本性”转变，认真贯彻法制、监管、自律、规范的方针，加大监管力度，规范市场行为，积极稳妥地发展债券和股票融资，进一步完善和发展证券市场，更好地为社会主义市场经济服务。期货市场监管工作的指导思想是：采取有力的措施，继续清理整顿期货市场，强化监管力度，进一步遏制过度投机，坚决打击各种非法境外期货交易和外汇按金交易，维护市场正常交易秩序，规范市场行为，保持期货市场的稳定。证券、期货工作的具体安排是：1. 加快立法进度，强化执法工作。继续做好《中华人民共和国证券法》（草案）的修改工作，加快制定单项行政法规；有条件的地方证券、期货监管部门要建立稽查机构，充实稽查人员，完善执法手段，采取有效措施，切实加强执法工作。2. 改进新股发行管理办法，做好新股发行上市工作。3. 加强证券交易所的管理，清理证券交易中心。4. 继续做好对地方证券、期货监管部门的授权工作。5. 加大监管力度，进一步规范期货市场。6. 促进上市公司规范发展。建立上市公司的动态监管系统，强化上市公司的信息披露。积极帮助上市公司完善章程，健全法人治理结构。7. 加强对证券经营机构以及与证券业务有关的中介机构的管理，积极稳妥地开展证券投资基金业务。8. 进一步做好境外上市工作，扩大B股试点范围。9. 加强债券市场的监管，做好可转换债券的试点工作。10. 完成证券市场“九五”时期发展规划和2010年远景目标的制定工作。

5日 中国人民银行发出《关于撤销或转让商业银行、城市合作银行、信用社、保险公司、企业集团财务公司、租赁公司、典当行等金融机构及融资中心（金融市场）下设证券交易营业部有关问题的通知》。该通知要求，除证券公司、信托投资公司外，其他金融机构一律不得设立证券交易营业部，已设立的证券交易营业部及其在证券交易所和证券交易中心的交易会员席位一律在1996年12月31日前撤销或转让；中国人民银行分支行今后不得批准除证券公司和信托投资公司之外的任何金融机构设立证券交易营业部。

8日 中国证监会发出《关于加强证券市场稽查工作，严厉打击证券违规、违法行为的通知》。为了保障证券、期货市场参与者的合法权益，维护市场稳定，促进市场的健康发展，该通知要求全国各地证券交易所、期货交易所加强稽查工作，确定近期稽查工作重点，凡未设立稽查部门的交易所要在9月底之前设立。

9日 中国人民银行加入国际清算银行。国际清算银行召开董事会，会议通过决议，接纳中国、巴西、印度、韩国、墨西哥、俄罗斯、沙特阿拉伯、新加坡以及中国香港的中央银行和货币当局为该行的新成员。中国经济实力和金融改革开放取得的成就日益得到国际上的认可。11月，中国人民银行认缴了3 000股的股本，实缴金额为3 879万美元。

10日 国务院发出《关于固定资产投资项目试行资本金制度的通知》，决定从1996年开始，对各种经营性固定资产投资项目试行资本金制度，投资项目必须首先落实资本金才能进行建设。经营性项目试行资本金制度，目的是深化投资体制改革，建立投资风险约束机制，有效地控制投资规模，提高投资效益，促进国民经济持续、快速、健康发展。

11日 中国农业发展银行转发财政部《关于农业发展银行缴纳印花税问题的复函》。财政部决定，对农业发展银行办理的农副产品收购贷款、储备贷款及农业综合开发和扶贫贷款等财政贴息贷款合同免征印花税，其他贷款合同照章征收印花税。关于中国农业发展银行提出的对资本金、公积金等缴纳印花税问题，不再给予特殊政策，一律按规定缴纳印花税。

13 日　中国人民银行发布《金融机构高级管理人员任职资格管理暂行规定》，自发布之日起实行。该暂行规定对金融机构高级管理人员的任职资格、资格审查与管理、资格取消作出了明确规定。其中规定，金融机构的法定代表人必须是中华人民共和国公民。金融机构高级管理人员必须坚持四项基本原则，熟悉有关经济、金融法律、法规，正确贯彻执行国家的经济、金融方针政策，有丰富的金融本业（指银行、信托、保险、证券等本业工作，下同）经营和管理的专业知识，有很强的管理和业务能力。担任金融机构高级管理人员还需要满足下列条件：1. 担任资本金总额在10亿元以上（含）的金融机构总行（总公司）的高级管理人员，具有经济、金融相关专业大学本科以上学历；从事金融工作10年或经济工作15年以上，本业工作3年以上（其他专业同等学力，从事金融工作15年或经济工作20年以上，本业工作5年以上；具有经济、金融相关专业硕士研究生以上学历的，从事金融工作8年或经济工作12年以上，本业工作2年以上）；具有高级专业技术职务任职资格。2. 担任资本金总额在10亿元以上的金融机构的一级分支机构、资本金总额在5 000万元（含）至10亿元的金融机构总行（总公司）的高级管理人员，具有经济、金融相关专业大专以上学历；从事金融工作8年或经济工作13年以上，本业工作3年以上（其他专业同等学力，从事金融工作13年或经济工作18年以上，本业工作5年以上；具有经济、金融相关专业硕士研究生以上学历的，从事金融工作6年或经济工作10年以上，本业工作2年以上）；具有高级专业技术职务任职资格。3. 担任资本金总额在10亿元以上的金融机构的二级及二级以下分支机构、资本金总额在5 000万元至10亿元金融机构的分支机构、资本金总额在5 000万元以下的金融机构的高级管理人员，具有经济、金融相关专业中专以上学历；从事金融工作8年或经济工作13年以上，本业工作2年以上（其他专业同等学力，从事金融工作10年或经济工作16年以上，本业工作4年以上；具有经济、金融相关专业硕士研究生以上学历的，从事金融工作4年或经济工作8年以上，本业工作1年以上）；具有中级专业技术职务任职资格。该暂行规定明确，有重大违规或经营管理有严重过失的高级管理人员将暂时或终身不得担任商业银行的高级管理人员，甚至终身不得从事金融工作。

16～20 日　上海证券交易所、深圳证券交易所正式成为国际证监会组织的附属会员。中国证监会主席周道炯率团赴加拿大蒙特利尔出席国际证监会组织第21届年会，会议确定：上海证券交易所、深圳证券交易所成为国际证监会组织的附属会员；我国1997年将承办组织亚太地区委员会会议和亚太地区委员会执法会议。

21 日　中国人民银行发出《关于按新的指标体系报送金融统计数据的通知》。《按新指标体系报送金融统计数据的说明》、新的《中国人民银行统计指标体系》、《金融机构统计指标体系》和《资产负债比例管理指标与归属》随该通知下发。

为了进一步加强金融统计工作，为中央银行宏观调控和金融监管提供及时、准确和完整的数据信息，实现中央银行对金融信息采集和加工的归口管理，中国人民银行决定，自1997年1月1日起中国人民银行和各金融机构按新的指标体系报送金融统计数据。中国人民银行总行负责中国人民银行省级分行、政策性银行、国有独资商业银行、其他商业银行、城市合作银行和邮政储汇总局按新指标体系报送金融统计数据的组织实施工作；中国人民银行省级分行负责辖内城市信用社、信托投资公司、财务公司、租赁公司、证券公司此项工作的组织实施。各金融机构负责本系统内此项工作的落实。

新统计指标报送的频度分为五日报、旬报、月报、季报和年报。五日报指标为现金、存放中央银行存款、存放中央银行清算汇票款、存放同业款项和各项存款，用来反映金融机构头寸情况。五日报报送的机构范围是国有独资商业银行、其他商业银行和城市合作银行。中国人民银行将根据中央银行宏观调控和金融监管的需要，适时扩大五日报报送机构的范围或改五日报为日报。旬报报送的机构范围是中国人民银行各省、自治区、直辖市、计划单列城市分行，政策性银行、国有独资商业银行、其他商业银行和城市合作银行。月报报送的机构范围：中国人民银行各省、自治区、直辖市、计划单列城市分行和金融机构。季报、年报报送的机构范围是金融机构。

26日 中国人民银行发布公告，宣布由广东发展银行收购中国银行信托投资公司。同日，中国人民银行印发《关于结束对中国银行信托投资公司接管的通知》，决定从1996年10月5日起结束对中国银行信托投资公司的接管，并收回该公司的经营“金融业务许可证”。

27日 中国人民银行印发《企业集团财务公司管理暂行办法》。该暂行办法规定：财务公司是独立的企业法人，应自主经营、自担风险、自负盈亏、自我约束。财务公司依法接受中国人民银行的监督管理。设立财务公司须经中国人民银行批准。申请设立财务公司，应具备下列条件：1. 申请人必须是具备下列条件的企业集团：符合国家的产业政策，得到国家的重点扶持；成员单位的总资产净值不少于15亿元人民币或等值的自由兑换货币，其中，母公司的资产净值不少于7亿元人民币或等值的自由兑换货币。上述资产净值不得低于对应口径资产总额的30%；成员单位在申请前连续三年每年总营业收入不低于50亿元人民币、利润总额不少于2亿元人民币或等值的自由兑换货币；母公司具有集团内部财务管理和资金管理经验。2. 有符合《中华人民共和国公司法》和本办法规定的章程。3. 有符合本办法规定的最低限额的注册资本。4. 有符合本办法规定的高级管理人员和其他从业人员。5. 有健全的组织机构和管理制度。6. 有与业务经营相适应的营业场所、安全防范措施和其他设施。7. 中国人民银行规定的其他条件。财务公司注册资本的最低限额为人民币1亿元。中资企业集团财务公司申请外汇业务，须增加最低限额为1 000万美元或等值的其他自由兑换货币。财务公司的注册资本应为实收货币资本。中国人民银行根据经济发展可以对注册资本的最低限额进行调整，但不得低于前款规定的限额。财务公司的注册资本须从企业集团的成员单位中募集。

财务公司可以经营下列业务：吸收成员单位的本、外币存款；经批准发行财务公司债券；对成员单位发放本、外币贷款；对成员单位产品的购买者提供买方信贷；对成员单位办理委托贷款业务；办理同业拆借业务；对成员单位办理票据承兑、票据贴现；买卖和代理成员单位买卖债券、外汇；办理成员单位产品的融资租赁业务；办理成员单位的委托投资业务；办理成员单位间的内部转账结算；承销及代理发行成员单位企业债券；为成员办理担保、信用鉴证、资信调查、经济咨询业务；经中国人民银行批准的其他业务。中国人民银行根据财务公司的具体条件，决定其经营上述部分或者全部业务。财务公司应当按照中国人民银行的规定确定其存款、贷款利率和各种手续费率。财务公司的业务经营遵循下列资产负债比例：资本总额与风险资产的比例不低于8%；流动资产与资产总额的比例不低于30%；高额贷款总额与贷款余额的比例不高于40%。高额贷款指金额超过资本总额15%的单笔贷款；贷款余额与存款余额加发行债券余额之和的比例不得高于75%；对同一承租人的融资租赁余额与资本总额的比例不得高于15%；对成员单位产品购买者发放的贷款金额不得超过该产品金额的70%；自有固定资产与资本总额的比例不得高于30%；财务公司债券发行余额不得高于资本总额的10倍。

28日 经中国人民银行批准，永安财产保险股份有限公司开业。该公司以国家电力、电子、邮电、有色金属、航空航天等行业的国有大型企业集团和骨干企业为主要股东。总部设在陕西西安，注册资本金为6.8亿元人民币。主要经营区域为重庆、四川、山西、陕西、新疆、甘肃、青海、宁夏，为区域性商业财产保险公司。主要经营财产保险、责任保险、信用保证保险等业务。

9月29日至10月2日 中国人民银行行长

戴相龙率团出席在美国华盛顿举行的国际货币基金组织和世界银行1996年年会。戴相龙行长在大会发言，中国从1996年7月1日开始对外商投资企业实行银行结售汇，取消了贸易项目和与贸易项目有关的非贸易经营性支付的汇兑限制。到1996年年底，可以做到人民币在经常项目下的可兑换，提前实现国际货币基金组织第八条款的要求。

10月

1日 经国务院批准，国家外汇管理局的英文译名更改为 the State Administration of Foreign Exchange（英文缩写为SAFE）。此前，国家外汇管理局的英文译名为 the State Administration of Exchange Control。将原英文名称中的 Control 取消，旨在体现外汇管理职能的转变，中国不断放松外汇管制。

4日 中国人民银行发出《关于进一步加强境外中资金融机构管理的通知》。该通知规定：中国人民银行将进一步加强对境外中资金融机构现场检查和非现场检查的监督管理；各境外中资金融机构的境内投资单位应进一步完善境外中资金融机构的内部稽核工作制度，实施内部稽核监督；进一步完善报表保送制度；境外中资金融机构的股权变更、机构升格、撤并等变更事项要报中国人民银行批准后办理，境外中资金融机构营业地址的变更要报中国人民银行备案；境外中资金融机构的主要负责人任职要报中国人民银行审查。

14~17日 中国人民银行在上海召开全国人事工作会议，研究提高人民银行干部队伍的素质，讨论人民银行的干部教育“九五”规划、行员管理办法实施方案问题。会议将推行和贯彻、落实行员管理制度作为贯彻江泽民总书记关于《努力建设高素质的干部队伍》重要讲话和中央六中全会精神的措施进行了全面的部署，要求人民银行各级分支行用一年的时间建立起行员制度，并不断加以完善。

20日 中国人民银行、财政部联合印发《粮棉油政策性收购资金供应和管理规定》。该规定明确：粮棉油政策性收购资金是指用于国家和地方专项储备的粮食、棉花、油料的收购、储备、调销资金和国家定购粮食、棉花收购资金，包括各级财政开支的直接用于粮棉油收购环节的价格补贴款、银行粮油政策性收购贷款和粮棉油政策性收购企业的粮棉油调销回笼款。粮棉油政策性收购资金由各级财政、中国农业发展银行、粮棉油政策性收购企业供应。各级财政部门必须根据规定和预算，将国家储备粮棉油补贴、地方储备粮油补贴、定购粮价外补贴等粮棉油政策性补贴款足额拨补到位，不得欠拨。各级财政部门安排的各项粮棉油拨补款要逐步通过在中国农业发展银行或其代理行开设财政拨补款专户的办法拨补到粮棉油政策性收购企业。财政部门不得截留上级财政部门拨补的粮棉油政策性补贴款。

21日 中国人民银行下发《关于中国农业银行代理中国农业发展银行业务交接办法的通知》。为了保证中国农业发展银行分支机构增设后，中国农业银行代理中国农业发展银行业务交接工作的顺利进行，该通知要求，业务交接工作要有组织、有步骤地进行；要成立以人民银行牵头，中国农业银行和中国农业发展银行共同参加的交接领导小组，下设办公室，具体负责业务交接有关事项。

23日 中国证监会发布《证券经营机构证券自营业务管理办法》。该办法从市场准入、禁止行为、风险控制、监督检查等几个方面规范了证券经营机构的证券自营业务行为，自发布之日起施行。其中规定：证券经营机构从事证券自营业务，应当取得中国证监会认定的证券自营业务资格并领取证监会颁发的《经营证券自营业务资格证书》。未取得证券自营业务资格的证券经营机构不得从事证券自营业务。证券经营机构申请从事证券自营业务，应当同时具备下列条件：1. 证券专营机构具有不低于人民币2 000万元的净资产，证券兼营机构具有不低于人民币2 000万元的证券营运资金。2. 证券专营机构具有不低于人民币1 000万元的净资本，证券兼营机构具有不低于人民币 1 000 万元的净证券营运资金。2/3 以上的高级管理人员和主要业务人员获得中国证监会颁发的“证券业从业人员资格证书”，在取得“证券业从业人员资格证书”前，应当具备下列条件：高级管理人员具备必要的证券、金融、法律等有关知识，近两年内没有严重违法违规行为，其中 2/3 以上具有 2 年以上证券业务或 3 年以上金融业务工作经历；主要业务人员熟悉有关的业务规则及业务操作程序，近两年内没有严重违法违规行为，其中 2/3 以上具有 2 年以上证券业务或 3 年以上金融业务的工作经历。3. 证券经营机构在近一年内没有严重违法违规行为或在近两年内未受到本办法规定的取消证券自营业务资格的处罚。4. 证券经营机构成立并且正式开业已超过半年；证券兼营机构的证券业务与其他业务分开经营、分账管理。5. 设有证券自营业务专用的电脑申报终端和其他必要的设施。6. 中国证监会要求的其他条件。

△ 中国证监会发布《境内及境外证券经营机构从事外资股业务资格管理暂行规定》。该暂行规定明确：境内证券经营机构申请从事外资股经纪业务，应当具备下列条件：1. 证券专营机构具有不少于 5 000 万元人民币的净资产，证券兼营机构具有不少于 5 000 万元人民币的证券营运资金；2. 具有国家外汇管理部门批准的外汇业务经营权；3. 具有能够保障涉外业务正常开展的通讯设施、营业场所、设备等技术手段；4. 具有五名以上能够从事涉外证券业务的专业人员；5. 遵守国家有关法律、法规，最近两年内未受到吊销资格证书的处罚；6. 证券兼营机构的证券业务与其他业务分开经营、分账管理；7. 中国证监会要求的其他条件。境外证券经营机构通过与境内证券经营机构签订代理协议，或者证券交易所规定的其他方式申请从事境内上市外资股经纪业务，应当具备下列条件：1. 依照所在地法律可以经营证券经纪业务；2. 受到所在地证券监督部门的有效监管；3. 具有相当于人民币 5 000 万元以上的净资产或者由依照境外法律可提供担保并经中国证监会认可的机构出具相应的担保；4. 具有两年以上从事国际证券业务的经验；5. 最近两年财务状况的各项指标符合所在地监管部门的风险控制要求；6. 拥有广泛的营业网络；7. 执行董事及其他高级管理人员具有 5 年以上的证券业从业经验和良好的职业信誉；8. 最后两年中没有因严重违反有关法规受到境外证券监管部门的处罚；9. 遵守中华人民共和国有关法律、法规；10. 具有两名以上熟悉中国证券市场以及相关的政策、法规的专业人员；11. 中国证监会要求的其他条件。境内证券经营机构申请从事外资股承销业务，应当具备下列条件：1. 证券专营机构具有不少于 8 000 万元人民币的净资产，证券兼营机构具有不少于 8 000 万元人民币的证券营运资金；2. 依照《证券经营机构股票承销业务管理办法》已经取得股票承销业务资格；3. 具有国家外汇管理部门批准的外汇业务经营权；4. 具有能够保障涉外业务正常开展的通讯设施、营业场所、设备等技术手段；5. 具有十名以上有证券承销经验的专业人员，其中熟悉国际金融业务、会计业务和相关法律的专业人员至少各一名；6. 具有一年以上从事证券承销业务或参与承销一只以上股票的经历；7. 中国证监会要求的其他条件。该暂行规定自 1996 年 12 月 1 日起实施。

△ 中国人民银行就浙江省宁海县发行社会福利彩票发生的群众哄闹事件发出通报。通报指出，10 月 2 日浙江省宁海县发生的群众哄闹事件问题出在浙江省宁海县社会福利有奖募捐委员会彩票销售的发行和组织上，事件的发生在社会上造成了很坏的影响。中国人民银行决定：取消浙江省宁海县的彩票发行资格 1 年，责成中国福利彩票发行中心督促宁海县社会福利有奖募捐委员会作出深刻书面检查报中国人民银行总行。中国福利彩票发行中心应从此事中吸取教训，总结经验，加强彩票的组织和管理工作，改进发行办法，提高运作水平，严格控制举办大规模的集中的彩票销售活动，防止因彩票发行与销售而再度发生群众哄闹事件。中国人民银行各分支行要进一步加强对辖区内彩票发行的监管。

24 日 中国证监会发出《关于向证券、期货交易所派驻督察员的决定》。该决定明确：中国证监会是驻证券、期货交易所督察员（以下简称督察员）的委派机构，督察员属于中国证监会外派工作人员，直接对中国证监会负责，必须遵守国家的有关规定和《中国证券监督管理委员会工作人员守则》。督察员的主要职责是：了解和反映证券、期货交易所及证券登记结算机构的工作动态；监督检查交易所和登记结算机构的业务、财务状况；观察证券、期货市场行情；分析和研究证券、期货市场的运行状况；定期和不定期向中国证监会报送工作报告。遇有重大事件，督察员应及时向证监会报告。督察员列席证券交易所、期货交易所的总经理办公室、理事会及有关工作会议；有权要求证券交易所、期货交易所、证券登记结算机构、上市公司、证券经营机构、期货经纪公司和清算银行等及时准确地提供有关证券发行、上市、交易、清算、登记、托管及期货交易、结算、交割等方面的数据、资料和文件。督察员不得泄露其在公务活动中获知的国家秘密和商业秘密；不得干预证券、期货交易所的正常工作；对证券、期货市场运作不发表任何评论，不接受新闻媒介的采访。督察员实行任期制，每期一年。连续担任督察员，不能超过两个任期。

25 日 《中国人民银行金银收购管理暂行办法》公布实施。该暂行办法主要规定：中国人民银行收购金银实行“统一管理、逐级考核”的原则；金银收购实行计划管理，黄金收购计划为指令性计划；中国人民银行各级分支机构及委托收购金银的单位应按照中国人民银行总行公布的收购牌价收购金银；收兑的金银应全部封包、装箱、入库保管；中国人民银行各级分支机构应建立金银对牌实物账，按规定纳入固定资产管理。

26 日 中国进出口银行发布《外国政府贷款转贷业务管理暂行办法》。该暂行办法规定：本办法所称的外国政府贷款是指受中国政府有关部门的委托，由中国进出口银行（以下简称进出口银行）负责转贷的外国政府向我国政府提供的优惠贷款，以及外国政府提供的优惠贷款或赠款与外国银行或其他金融机构提供的出口信贷或商业贷款组成的混合贷款（以下简称政府贷款）。其中，日本政府贷款包括日本政府项目贷款和“黑字还流”贷款。政府贷款的转贷对象为中国境内的、经工商行政管理机关（或主管机关）核准登记的企（事）业法人或政府部门（以下简称借款人）。政府贷款通常限用于贷款项目商务合同项下的资本货物的采购和技术、服务的提供，如经中外双方协议约定，也可用于项目建设期内贷款利息及费用的支付。贷款项目必须纳入国家或地方的利用外资计划、基本建设计划和技术改造计划。根据贷款限额、项目单位隶属关系及项目性质，贷款项目必须按国家有关利用外国政府贷款的规定，报经地方及国家有关政府部门批准。贷款项目必须符合国家产业政策，有利于产业结构的调整和产品结构的优化；有利于提高行业技术水平，促进产品出口或替代进口；有利于改善公共基础设施状况；有利于国计民生和国民经济的发展；具有一定的经济效益或显著的社会效益。该办法自 1996 年 11 月 1 日起施行。

30 日 中国人民保险（集团）公司作为中华人民共和国唯一代表以观察员身份加入伯尔尼协会。伯尔尼协会（国际信用与投资保险人协会）1934 年成立于瑞士伯尔尼，现有 43 个正式会员，是各国出口信用保险机构交换国际经济和政治情报、协商发展计划、解决国际债务和协作追讨国际债务的重要国际组织，其影响仅次于世界银行和国际货币基金组织。1998 年，中国人民保险公司作为该组织两年观察员后代表我国成为伯尔尼协会的正式会员。中国人民保险公司自 1988 年起根据国家授权开办的出口信用保险，截至 1998 年 6 月，共计承保短期出口信用保险业务 20 多万笔，中长期出口信用保险项目 50 余项，承保总金额达 140 亿美元，支付保险赔款近 700 万美元，向外贸出口企业提供出口信用保险项下的外汇融资 50 多亿元，承保外商在华投资保险金额 10 亿美元，追回境外商业欠款 2 亿多美元。2001 年，中国出口信用保险公司取代中国人民保险公司成为该协会的正式会员。

31 日 中国证监会发出《关于严禁操纵证券市场行为的通知》。针对一段时期以来证券市场上出现的制造和传播虚假信息、恶炒个别股票等操纵市场的现象，为了保护投资者的合法利益，促进证券市场健康发展，该通知强调，禁止任何单位和个人以获取利益或者减少损失为目的，利用其资金、信息等优势操纵市场，影响证券市场价格，诱导投资者在不了解事实真相的情况下作出证券投资决定，扰乱证券市场秩序。对操纵市场行为，一经查实，将依法从严惩处。对制造和传播虚假信息的媒体，中国证监会将会同国家有关部门严肃查处，直至吊销执照，并追究法律责任。

△ 中国证监会发出《关于密切注意股票市场动向加强监管工作的通知》。针对当时上海、深圳股票市场交易量大幅增加，各地投资者开户数量持续增加，中小投资者的热情很高，对证券经营机构营业网点的电脑和通讯设备造成很大压力的情况，该通知要求各省、自治区、直辖市、计划单列市证券管理办公室密切关注当地市场动向及投资者交易情况，进一步加强证券市场监管和稽查工作，安排专人负责监督市场情况，发现问题，妥善处理。

10 月 中国人民银行完成对非银行金融机构的登记工作。自 1995 年 10 月以来，共对 570 个非银行金融机构及其 3 161 个分支机构进行了重新登记，已核准登记的有 379 个法人机构及其 1 348 个分支机构；暂缓登记的有 58 个法人机构及其 940 个分支机构；不予登记的有 133 个法人机构及其 873 个分支机构。

11 月

1 日 亚洲开发银行与中国光大银行（China Everbright Bank Co., Ltd.）签订入股协议，金额为 2 000 万美元。中国光大银行成为国内第一家有国际金融组织参股的股份制商业银行。

7 日 中国人民银行新闻发言人发表谈话，针对银行利率下调后民间高息借贷和非法集资又趋活跃的问题，提醒民间投资者注意风险。新闻发言人希望各地要加强对民间借贷的引导，继续认真贯彻执行《国务院关于清理有偿集资活动，坚决制止乱集资问题的通知》（国发［1993］62 号）和《国务院关于坚决制止乱集资和加强债券发行管理的通知》（国发［1993］24 号）等有关精神，坚决制止违反国务院规定的有偿集资活动。发言人特别提醒投资者，在进行投资时，要选择合法的金融机构，正确权衡不同金融工具的安全性和盈利性，不要盲目追逐高利。任何非法融资、借贷的活动及违反国家规定的利率都不受法律保护，投资者一定要增强风险意识，千万不要盲目投资。

△ 经中国人民银行批准，上海浦东发展银行增资扩股 10 亿元人民币，资本金增至 20 亿元人民币。此后，1997 年该行遵照人民银行的要求，按照《中华人民共和国公司法》、《中华人民共和国商业银行法》、《关于向金融机构投资入股的暂行规定》等法规规定的程序及股东资格条件进行了增资扩股工作，中国人民银行以《关于核准上海浦东发展银行注册资本的批复》（银复［1997］368 号），核准上海浦东发展银行的注册资本金由 10 亿元人民币增加至 20.1 亿元人民币。总股本为 20.1 亿股，其中，国家股 25 874 万股，国有法人股 130 656 万股，社会法人股 44 470 万股。1999 年 9 月公司发行社会公众股 40 000 万股。形成总股本 24.1 亿股。

△ 国家外汇管理局发布《关于免税商品业务外汇管理有关问题的通知》。海关监管下境内经营的免税商品以外币标价、外币结算。经国务院批准经营免税商品业务的公司，包括各总公司和地方分公司可持营业执照及海关总署批件的复印件向国家外汇管理局或当地分局申请开立外汇账户，并领取“现汇账户使用证”。经营免税商品业务的总公司的进口用汇，如从其外汇账户中支付，应持规定的有效凭证、有效商业单据及“现汇账户使用证”到外汇指定银行办理支付手续。经营免税商品业务的公司销售免税商品不得收取人民币。如购进的免税商品因损坏、积压等需转为人民币销售，事前须向外汇管理部门报批。

11日 中国人民银行行长戴相龙出席国际清算银行在瑞士巴塞尔举行的中央银行行长例会。戴相龙行长在会上介绍了中国财政政策与货币政策的关系，强调要加强货币政策与财政政策的协调配合，并指出，中国近几年执行适度从紧的财政货币政策已经取得了显著成效。这是中国人民银行加入国际清算银行后，中国人民银行行长首次以成员国中央银行行长的身份出席例会。

△ 中国人民银行印发《商业银行授权、授信管理暂行办法》。该暂行办法规定：商业银行实行一级法人体制，必须建立法人授权管理制度。商业银行应在法定经营范围内对有关业务职能部门、分支机构及关键业务岗位进行授权。商业银行的业务职能部门和分支机构以及关键业务岗位应在授予的权限范围内开展业务活动，严禁越权从事业务活动。商业银行应根据国家货币信贷政策、各地区金融风险及客户信用状况，规定对各地区及客户的最高授信额度。商业银行各级业务职能部门及分支机构必须在规定的授信额度内对各地区及客户进行授信。商业银行对其业务职能部门和分支机构授权应遵循以下原则：1. 应在法定经营范围内，对其业务职能部门和分支机构实行逐级有限授权。2. 应根据各业务职能部门和分支机构的经营管理水平、风险控制能力、主要负责人的业绩等，实行区别授权。3. 应根据各业务职能部门和分支机构的经营管理业绩、风险状况、授权制度执行情况及主要负责人任职情况，及时调整授权。4. 业务职能部门和分支机构超越授权，应视越权行为性质和所造成的经济损失，追究主要负责人及直接责任人相应的责任。要实现权责一致。主要负责人离开现职时，必须要有上级部门作出的离任审计报告。

商业银行对其业务职能部门和分支机构所辖服务区及其客户授信，应遵循以下原则：1. 应根据不同地区的经济发展水平、经济和金融管理能力、信贷资金占用和使用情况、金融风险状况等因素，实行区别授信。2. 应根据不同客户的经营管理水平、资产负债比例情况、贷款偿还能力等因素，确定不同的授信额度。3. 应根据各地区的金融风险和客户的信用变化情况，及时调整对各地区和客户的授信额度。4. 应在确定的授信额度内，根据当地及客户的实际资金需要、还款能力、信贷政策和银行提供贷款的能力，具体确定每笔贷款的额度和实际贷款总额。授信额度不是计划贷款额度，也不是分配的贷款规模，而是商业银行为控制地区和客户风险所实施的内部控制贷款额度。

△ 中国人民银行印发《大额可转让定期存单管理办法》。该管理办法规定：大额可转让定期存单是一种固定面额、固定期限、可以转让的大额存款凭证。中国人民银行负责大额可转让定期存单业务的审批和监督管理工作。大额可转让定期存单的发行单位为各商业银行。其他金融机构不得发行大额可转让定期存单。大额可转让定期存单的发行对象为城乡居民个人和企业、事业单位。各商业银行的储蓄机构只能对个人发行大额可转让定期存单。中国人民银行根据全国经济发展状况和货币政策的需要，确定大额可转让定期存单的发行计划，并根据各商业银行总行的申请，核定各商业银行的发行额度。各商业银行在向中国人民银行申请发行计划时，必须附上与指定经营大额可转让定期存单业务的证券机构达成的转让协议。各商业银行发行大额可转让定期存单吸收的存款，应当向中国人民银行缴存存款准备金。对城乡居民个人发行的大额可转让定期存单，面额为1万元、2万元、5万元；对企业、事业单位发行的大额可转让定期存单，面额为50万元、100万元、500万元。大额可转让定期存单的期限为3个月、6个月、12个月（1年）。大额可转让定期存单的利率由中国人民银行制定。大额可转让定期存单在存期内均按照存单开户日银行挂牌公布的利率水平和浮动幅度计付利息，不分段计息。存单到期后一次还本付息，逾期部分不计付利息。大额可转让定期存单采用记名方式发行。大额可转让定期存单不得提前支取。经中国人民银行批准，经营证券交易业务的金融机构可以办理大额可转让定期存单的转让业务。非金融机构和城乡居民个人不得办理大额可转让定期存单的转让业务。新的大额可转让定期存单将由人民银行统一设计和组织印制，存单的转让由与发行机构签约的指定证券公司承办。中

国人民银行于1989年5月22日发布的《大额可转让定期存单管理办法》和于1989年11月24日发出的《关于大额可转让定期存单转让问题的通知》同时废止。

△ 经中国人民银行批准，上海浦东发展银行与香港莲花国际有限公司（台资）签约合资组建华一银行。该行于1997年6月开业，注册资本为1亿美元，实收资本为5 000万美元；2001年年末，股东追加投入资本6 000万美元，其中，实收资本5 000万美元，资本公积1 000万美元，上述增资已经中国人民银行批准，并于2002年年初完成验资工作。注册资本全部实缴到位后，香港莲花国际有限公司和上海浦东发展银行分别占股份的90% 和10%。这是国内首家由海峡两岸银行界和企业界合资组建的商业银行。

12日 镇海炼油化工股份有限公司在伦敦和香港发行2亿美元的可转换为公司新H股的债券（CB），期限7年，票息3%，换股价为每股2.8港元。此次发行可转换公司债券是中国历史上发行规模最大的一次，也是中国境外上市公司首次向境外发行可转换债券。镇海炼油化工股份有限公司是国家级重点企业，1994年12月在香港上市，享受外商投资企业的待遇。在此之前，1993年11月30日中国纺织机械股份有限公司发行过3 500万瑞士法郎的可转换债券，1995年7月7日中国南玻集团股份有限公司发行4 500万美元的可转换债券。

15日 中国工商银行和中信实业银行分别对所属两家分行，即工商银行合肥分行和中信实业银行济南分行在“古井贡酒”股票和“石油济柴”股票发行期间为证券经营机构申购股票拆借巨额资金的行为作出严肃处理。这两家机构分别在9月初“古井贡酒”股票和9月底“石油济柴”股票发行期间给证券经营机构拆借资金117.59亿元和48亿元，严重违反了金融、证券法规，产生了很坏的社会影响，同时也暴露出工商银行和中信实业银行在内部管理和资金调度中存在的漏洞。《人民日报》当日就此发表社论说，绝不允许银行信贷资金违规进入股市炒买炒卖。

16日 中国人民银行发出《关于清理整顿商业银行联办、代办储蓄机构的通知》。为了加强商业银行储蓄业务管理，确保储蓄业务安全、健康发展，中国人民银行决定，对商业银行的联办储蓄所、储蓄代办所（点）进行清理整顿。该通知规定，商业银行今后不得设立联办储蓄所，现有的联办储蓄所符合自办储蓄所条件的，可以改建为自办储蓄所，不符合自办储蓄所条件的，可以改建为储蓄代办点或予以撤并；中国人民银行当地分行要根据当地经济发展水平，制定储蓄代办点管理办法，确定储蓄代办点的储蓄业务量；商业银行设立储蓄代办点，须经中国人民银行当地分行批准。该通知要求，对联办储蓄所和储蓄代办所（点）的清理整顿工作要于1997年3月底前完成。

△ 中国证监会对中山证券公司、广东发展银行江门分行、海南港澳国际信托投资有限公司等12家机构严重违规透支申购行为处以警告和罚款。中国证监会查明，1996年8月30日，在“青海明胶”股票上网定价发行的过程中，广东发展银行江门分行等9家机构存在严重透支申购行为，其中，广东发展银行江门分行的透支额为56 894万元；海南港澳国际信托投资公司的透支额为34 350万元；烟台证券公司的透支额为6 483万元；安徽省国际信托投资公司的透支额为2 561万元；中国农业银行湖南省信托投资公司的透支额为1 206万元；大鹏证券有限公司的透支额为1 062万元；南方证券公司的透支额为857万元；成都证券公司的透支额为852万元；黑龙江省证券公司的透支额为541万元。8月27日，在“江苏索普”股票上网定价发行的过程中，中山证券公司等证券经营机构存在严重透支申购行为，其中，中山证券公司的透支额为39 812万元；甘肃省投资信托公司的透支额为4 817万元；大鹏证券有限责任公司的透支额为1 711万元；江西省证券公司的透支额为680万元。上述机构的行为严重干扰了证券市场的正常秩序，破坏了证券市场的“三公”（公开、公

平、公正）原则，构成《股票发行与交易管理暂行条例》第七十四条第（十）项所述的“其他非法从事股票发行、交易及其相关活动”的行为。为了严肃证券法纪，维护证券市场秩序，中国证监会决定：依照《股票发行与交易管理暂行条例》第七十四条的规定，对上述机构分别处以警告和罚款，其中，对广东发展银行江门分行罚款人民币113万元；对中山证券公司罚款人民币79万元；对海南港澳国际信托投资公司罚款人民币69万元。

18日 国务院发出《国务院批转中国人民银行关于进一步整顿金融秩序严格控制货币投放报告的紧急通知》。该通知指出，当前宏观经济形势总的是好的，金融形势继续保持稳定。但是，经济运行中出现了一些新的问题，如非法设立金融机构、高息吸收存款、各种形式的乱集资、金融机构账外经营，导致银行储蓄存款增幅下降、货币投放明显增多，通货膨胀压力增大。如不及时制止，势必搞乱金融秩序。针对存在的问题，该通知规定：1. 坚决整顿和制止用银行资金买卖股票的行为。严禁银行买卖或参与买卖股票，银行也不得给企业和证券经营机构贷款买卖股票，如有发现，对经办银行负责人和有关人员将予以严肃处理。加强对同业拆借市场的管理。银行拆入的资金只能用于弥补票据结算、联行汇差头寸的不足和解决临时性周转资金的需要，不得用于固定资产贷款和其他投资，更不得以拆借方式给证券经营机构融资炒股票。2. 严格禁止各种乱集资和非法设立金融机构。3. 严禁金融机构擅自提高利率吸收存款。4. 控制货币投放，增加现金回笼，力争全年货币投放不超过1 000亿元。5. 严格执行国家信贷计划，切实加强信贷管理。6. 加强粮棉油收购资金管理，保证收购不打“白条”，切实防止挤占挪用。7. 加强监督检查。各金融机构要立即部署一次检查，重点检查本系统基层机构有无买卖股票、擅自提高利率吸收存款、账外经营以及突破货币发行（回笼）计划和信贷规模等情况。

21~24日 中央经济工作会议在北京召开。会议的主要任务是贯彻党的十四届五中、六中全会精神，总结1996年的经济工作，部署1997年的经济工作。会议确定，1997年的经济工作的总体要求是：坚持以邓小平建设有中国特色社会主义理论为指导，全面贯彻党的基本路线和基本方针，落实十四届五中、六中全会精神，切实推进两个根本性转变，继续实行适度从紧的财政货币政策，降低物价上涨幅度，加强农业基础地位，加快改革特别是国有企业改革步伐，加大结构调整力度，培育新的经济增长点，积极开拓市场，提高对外开放水平，促进国民经济持续、快速、健康发展和社会全面进步。会议提出，1997年的经济工作要做到四个结合，即把总量控制与结构调整更好地结合起来；把宏观调控与微观搞活更好地结合起来；把深化改革与促进发展更好地结合起来；把经济发展与社会发展更好地结合起来。会议强调，1997年要抓住宏观经济环境比较有利的时机，把经济工作的重点切实放在推进经济体制改革和转变经济增长方式上。

22日 第21届东南亚、新西兰、澳大利亚中央银行组织行长研讨会在北京举行，会议主题是“资本大量流入情况下宏观经济的协调”。中国人民银行行长戴相龙作为本届大会主席主持会议，中国人民银行副行长殷介炎向大会介绍了改革开放以来中国利用外资的情况。会前，国务院副总理朱镕基会见了前来参加本次会议的各国中央银行行长和金融管理局的总裁。

24日 国务院就浙江省兰溪市非法成立金融机构，发生储户挤兑事件问题发出通报，重申严禁非法金融活动，维护经济秩序稳定。1994年6月至1995年3月，兰溪市体改委未经中国人民银行批准，擅自批准设立了“兰溪市兰江民融资金服务部”、“兰溪市兰嘉民融资金服务部”、“兰溪市职工融资服务社”三家融资机构，兰溪市工商行政管理局为这三家机构颁发了营业执照，并擅自将其业务范围核定为人民币存贷款业务。三家融资机构通过支付比国家法定存款利率高50%的存款利率、比国家法定贷款利率高90%的贷款利率方式扩张业务规模。截至1996年3月底，三家非法金融机构贷款余额达9 700多万元，贷款逾期率达50%以上。由于违规经营，管理混乱，贷款出现严重风险，支付发生困难。从1996年5月20日开始，这三家融资机构先后出现储户挤兑，直至6月上旬才基本平息。为了严肃法纪，维护正常的经济秩序和社会安定，国务院决定，对兰溪市非法成立金融机构给予通报批评，并责成浙江省人民政府和中国人民银行会同有关部门对在“兰溪事件”中负有责任的兰溪市体改委、工商行政管理局和中国人民银行兰溪市支行等有关部门的负责人进行严肃处理，构成犯罪的，依法追究其刑事责任。国务院同时要求，各级人民政府和有关部门要认真贯彻执行《中华人民共和国中国人民银行法》和《中华人民共和国商业银行法》等法律、法规，严格依法办事。未经中国人民银行批准，任何地方和部门都不得擅自批准设立金融机构。各级人民银行要严格依法履行监管职责，对非法设立的金融机构或非法从事金融业务的机构，要及时予以取缔和查处；对有可能危及金融秩序稳定、涉及重大金融风险的问题要及时报告；对玩忽职守造成损失的，要追究有关人员的责任。

26日　经中国人民银行批准，中宏人寿保险有限公司在上海开业。该公司的注册资本为2亿元人民币，由加拿大宏利人寿保险（国际）有限公司和中国对外经济贸易信托投资公司（中国化工进出口公司的核心成员）合资组建，双方分别拥有51%和49%的股权。经营范围是开展为外国人和境内个人缴费的人身保险服务，以及上述业务的再保险业务。这是中国首家中外合资人寿保险公司。

△　《中国农业发展银行扶贫贷款管理暂行办法》公布实施。该暂行办法规定：扶贫贷款是专项用于支持解决农村贫困人口的温饱问题，是有偿有息的信贷资金。扶贫贷款应坚持“突出重点，兼顾一般”、“到村到户，效益到户”、“择优选择，自主审批”、“有借有还，到期收回”的基本原则，依法管理，确保扶贫贷款周转、安全和获得效益。扶贫贷款投放范围是列入《国家八七扶贫攻坚计划》的贫困县，主要用于：重点支持投资少、见效快、覆盖面广、效益高，以及有助于直接解决群众温饱问题的种植业、养殖业和相关的加工服务业。支持发展能充分发挥贫困地区的资源优势、大量安排贫困户劳动力就业的资源开发型和劳动密集型的各类企业。支持加快荒地、荒山、荒坡、荒滩、荒水的开发利用，建设适度规模的农、林、牧、渔商品生产基地及支柱产业。适度支持极少数生存和发展条件特别困难的村庄和农户，实行开发式移民。扶贫贷款分扶贫贴息贷款和扶贫非贴息贷款两种，其中，扶贫贴息贷款全部用于贫困户以及覆盖贫困户面广、收益率较低的种养业和贫困乡村办企业，扶贫非贴息贷款重点用于周期短、收益率较高的产业和项目。贷款期限根据贷款项目的生产经营周期和借款者的综合还款能力合理确定，宜长则长，宜短则短。5年期以上的贷款，宽限期为2～3年。扶贫贷款严格执行国家利率政策和规定，利率不上浮，除违约违规外，不加息，不罚息。企业贷款实行按季收息，贫困户贷款实行按年收息。贷款贴息方式有中央财政贴息、地方财政贴息和部门贴息三种。

29日　中国人民银行印发《银行间外汇市场管理暂行规定》。该暂行规定明确：银行间外汇市场是经国家外汇管理局批准可以经营外汇业务的境内金融机构之间通过中国外汇交易中心进行人民币与外币之间的交易市场，任何境内机构之间不得在中国外汇交易中心之外进行人民币与外币之间的交易；中国外汇交易中心实行会员制，会员之间的外汇交易必须通过中国外汇交易中心进行，非会员的外汇交易必须通过有代理资格的会员进行；中国人民银行授权国家外汇管理局规定和调整每日外汇市场交易价格的最大浮动幅度；中国人民银行根据外汇市场形成的价格，公布当日人民币市场汇率，外汇交易应当根据当日市场汇率并在规定的每日最大价格浮动幅度内进行；中国人民银行根据货币政策的要求，在外汇市场内买卖外汇，调节供求，平抑价格。

银行间外汇市场　我国的银行间外汇市场建立于1994年。自建立以来，银行间外汇市场主要为外汇指定银行及各成员平补结售汇头寸服务，并在此基础上生成人民币汇率。在市场组织形式上，银行间外汇市场实行会员制管理，凡经批准设立、开展外汇业务以及经营结售汇业务的金融机构及其分支机构，均可申请成为银行间外汇市场的会员，经审核批准后，会员通过中国外汇交易中心的电子交易系统入市进行交易，各会员可参与的外汇交易种类遵守中国外汇交易中心的相关规定。在交易报价成交方式上，目前，银行间外汇市场采用电子竞价交易系统交易、询价交易系统组织交易及做市商报价驱动的交易模式；竞价交易系统在会员自主报价的基础上按照“价格优先、时间优先”的原则撮合成交；询价交易系统为会员根据“双边授信、双边清算”的原则直接进行交易币种、汇率和金额等交易要素磋商提供技术便利；在做市商报价驱动的交易模式下，由做市商报出各货币对的买/卖报价，交易系统从中选取最优的买/卖报价，在市场实时发布，同时将最优的做市商报价与会员银行的交易请求按照价格优先、时间优先的原则进行匹配，会员银行以点击报价、订单报价或询价等方式成交。在交易种类上，分为三大类：人民币/外币即期交易，目前，包括人民币兑美元、港元、日元和欧元的即期交易；外币/外币即期交易，目前，包括欧元兑美元、澳大利亚元兑美元、英镑兑美元、美元兑日元、美元兑加拿大元、美元兑瑞士法郎、美元兑港元、欧元兑日元的即期交易；人民币/外币远期交易。对于人民币/外币即期交易，会员可自主决定采取询价交易或竞价交易方式；对于外币/外币即期交易，则实行做市商报价驱动的交易模式；对于人民币/外币远期交易，交易双方通过中国外汇交易中心的询价交易系统进行交易。截至2005年年底，银行间外汇市场共有384家成员。

12月

1日　我国实现人民币在经常项目下的可兑换。11月27日，中国人民银行行长戴相龙正式致函国际货币基金组织，宣布中国不再适用国际货币基金组织协定第十四条第2款的过渡性安排，自1996年12月1日起，接受国际货币基金组织协定第八条第2款、第3款、第4款的义务，实现人民币经常项目下的可兑换。接受国际货币基金组织协定第八条第2款、第3款和第4款的义务，即避免限制经常性支付、避免实行歧视性货币措施（如多重汇率安排）、兑付外国在经常性国际交易中所得或需支付的本国货币。中国从此取消对企业商品进口和劳务支付、归还外债利息以及外商投资收益汇出等经常性国际交易支付和转移的所有限制，并且不实行歧视性的货币安排或多重货币制度，所有法规和规章都必须遵循这一原则。

△　中国人民银行印发《外汇存款准备金管理规定》。该规定明确：经国家外汇管理局批准，经营外汇业务的国内中资商业银行必须向中国人民银行缴存外汇存款准备金。外汇存款准备金的缴存比例按缴存存款范围的各项外汇存款当季月平均余额的2%计缴，中国人民银行可根据需要调整缴存比例。缴存外汇存款准备金的范围包括：个人外汇储蓄存款；机关、团体、企业、事业单位及外国驻华机构的外汇存款；发行外币信用卡的备用金存款；中国人民银行确定应缴纳外汇存款准备金的其他外汇存款。美元存款按原币种计缴，港元存款可按原币种或折成美元计缴，其他币种的外汇存款统一折算成美元计缴。各种货币之间的折算率均按各月国家外汇管理局公布的《各种货币对美元内部折算率》折算。中国人民银行对各行缴存的外汇准备金不计付利息。该规定自1997年1月1日起施行。

2日　中国人民银行发布《上海浦东外资金融机构经营人民币业务试点暂行管理办法》。该暂行管理办法规定：允许设在浦东的符合规定条件的外资金融机构经批准后从事人民币业务。外资金融机构经营人民币业务必须具备以下条件：在中华人民共和国开业3年以上，无违法或不良经营记录，且在提出申请前连续两年盈利；在申请前1年，外国银行分行的境内外汇贷款月末平均余额在1.5亿美元以上，合资银行、合资财务公司、独资银行和独资财务公司的境内外汇贷款月末平均余额在1亿美元以上；境内外汇贷款占其外汇总资产的50%以上。获准经营人民币业务的外资金融机构应增加不少于3 000万元人民币等值的外汇资金，并兑换成人民币，作为人民币业务的营运资金（资本金）。经中国人民银行总行批准，外资金融机构在上海市可经营下列人民币的全部或部分业务：存款；贷款；结算；担保；国债和金融债券投资；经批准的其他人民币业务。中国人民银行对外资金融机构的人民币业务实行资产负债比例管理。外资金融机构的人民币负债不得超过其外汇总负债的35%。

5日 中国证监会对华银国际信托投资公司等28家机构在“古井贡酒”股票和“石油济柴”股票发行过程中联手拆借资金违规申购行为进行查处。

经调查，1996年9月2日至11日，在“古井贡酒”股票发行过程中，华银国际信托投资公司、中国工商银行信托投资公司、中国工商银行安徽省信托投资公司、安徽省信托投资公司、华夏证券有限公司、中山集团财务公司、深圳国投证券有限公司、中国工商银行青岛分行、中煤信托投资有限责任公司、申银万国证券股份有限公司、合肥市兴达城市信用社、南京市国际信托投资公司、南京市信用联社、中国农业银行湖北省信托投资公司、烟台证券公司、中国农村发展信托投资公司、中国航天信托投资公司、中国银行杭州市信托咨询公司、中国工商银行山东省信托投资公司、江苏省证券公司、中国人民保险信托投资公司、西安市劳动城市信用社、中国华诚财务公司、中国农业银行湖南省信托投资公司等24家机构存在严重违规申购行为，其中，华银国际信托投资公司拆借资金22亿元；中国工商银行信托投资公司拆借资金15亿元；中国工商银行安徽省信托投资公司拆借资金10亿元。9月24日至26日，在“石油济柴”股票发行的过程中，中国工商银行山东省信托投资公司、华夏证券有限公司、山东证券公司、中国投资银行济南分行、国泰证券有限公司、山东省国际信托投资公司等6家机构存在严重违规申购行为，其中，中国工商银行山东省信托投资公司拆借资金17亿元；华夏证券有限公司拆借资金11亿元；山东证券公司拆借资金10亿元。

这28家机构的行为违反了国家金融管理规定，严重干扰了证券市场秩序，损害了广大投资者利益，构成了《股票发行与交易管理暂行条例》第七十四条第（10）项所述的“其他非法从事股票发行、交易及其相关活动”的行为。为了严肃证券法纪，维护证券市场秩序，中国证监会决定：依照《股票发行与交易管理暂行条例》第七十四条的规定，对28家机构分别处以警告和罚款。其中，对华银国际信托投资公司罚款人民币110万元；对中国工商银行山东省信托投资公司罚款人民币85万元；对中国工商银行信托投资公司罚款人民币75万元；对华夏证券有限公司罚款人民币55万元；对山东证券公司罚款人民币50万元；对中国工商银行安徽省信托投资公司罚款人民币50万元。另外，鉴于中国工商银行山东省信托投资公司、华夏证券有限公司、山东省国际信托投资公司、烟台证券公司、中国农业银行湖南省信托投资公司等5家机构在股票发行申购过程中屡次违规，决定责成上述机构进行为期一个月的内部整顿，整顿结束后，由证监会检查验收；验收不合格者，将依据《股票发行与交易管理暂行条例》采取限制或停止证券经营业务的措施。

△ 国家计委、财政部印发《中央级拨改贷资金本息余额转为国家资本金的实施办法》。该办法规定：中央级“拨改贷”资金本息余额是指经国务院批准，从1979年至1988年由中央财政安排的国家预算内基本建设投资中有偿使用部分（扣除已经偿还、豁免和核转部分的本息），从使用贷款之日起至1996年12月20日止的本息余额。不包括特种拨改贷、煤代油基金和中央基本建设预算内经营性基金。中央级“拨改贷”资金转为国家资本金后，即作为中央对企业的投资。凡未改制的企业，中央级“拨改贷”资金本息余额转为国家资本金后，可暂由原下达中央级“拨改贷”投资计划的单位代行出资人的职能。其中，对原建设银行总行专用投资室代管的包干补助地方项目（以下简称专用投资室项目），暂由财政部专用投资室代行出资人的职能；已改制的企业，其中央级“拨改贷”资金本息余额的出资人，在审批时另行确定。

6日 美国穆迪公司在中国进出口银行召开评级调查会议，对中国进出口银行进行评级。经过穆迪公司主动评定，中国进出口银行的长期外币债务信用等级为A3，与中国国家主权级相同。同时穆迪公司将中国进出口银行1996年的第一笔武士债信用级别评为A3。

△ 中国证监会发出《关于加强证券市场风险管理和教育的通知》。针对近一段时期，证券市场投资者数量大幅度增加，新入市的投资者缺乏证券市场的基本知识，风险意识淡薄，入市盲目性较大等问题，该通知要求，各有关单位要加强风险管理和对投资者的风险教育，提高证券市场防御风险的能力。证券交易所要切实履行一线监管职责，加强对会员和上市公司的日常监管；证券经营机构要立即组织编写风险教育宣传材料，在营业大厅免费摆放供投资者查阅；各指定报刊加强对证券市场法律法规和投资风险的宣传报道，系统全面地介绍证券市场的风险以及国内外证券市场风险案例。

7日 瑞士丰太保险（亚洲）有限公司上海分公司成立。该公司的注册地在上海浦东新区，营运资金为1.2亿元人民币，主要经营普通财产保险，服务对象主要是三资企业和国际客户。这是中国人民银行批准在上海经营保险业务的第一家欧洲保险公司。

12日 中国人民银行印发《商业银行资产负债比例管理监控、监测指标和考核办法》。该办法规定：资产负债比例管理监控、监测暂行指标执行情况以法人为单位进行考核。中国人民银行总行是各商业银行总行的考核行，中国人民银行有关分行可根据总行的授权对辖区内的商业银行进行考核；中国人民银行省、自治区、直辖市、计划单列市分行是辖区内商业银行分支机构的考核行，根据各商业银行总行对其分支机构的分解指标进行考核。被考核的商业银行包括：中国工商银行、中国农业银行、中国银行、中国建设银行、交通银行、中信实业银行、中国光大银行、华夏银行、中国投资银行、招商银行、广东发展银行、福建兴业银行、深圳发展银行、上海浦东发展银行、海南发展银行、中国民生银行。资产负债比例管理监控、监测指标体系分为监控性指标和监测性指标，监控性指标包括：资本充足率指标、贷款质量指标、单个贷款比例指标、备付金比例指标、拆借资金比例指标、境外资金运用比例指标、国际商业借款指标、国际商业借款指标（仅对外汇考核）、存贷款比例指标、中长期贷款比例指标、资产流动性比例指标；监测性指标包括：风险加权资产比例指标、股东贷款比例指标、外汇资产比例指标、利息回收率指标、资本利润率指标、资产利润率指标。监控性指标是要求各行必须达到的指令性指标；监测性指标是参考性指标，是监控性指标的必要补充。两类指标都必须真实、及时、准确、完整地上报。监控性指标中的资本充足率指标、国际商业借款指标、境外资金运用比例指标、单个贷款比例指标、贷款质量指标等按季考核；中长期贷款比例指标、资产流动性比例指标、存贷款比例指标、备付金比例指标、拆借资金比例指标等按月考核。监测性指标中的风险加权资产比例指标、外汇资产比例指标、资本利润率指标、资产利润率指标、股东贷款比例指标、利息回收率指标均按季上报。考核办法将外币业务和表外业务统一纳入考核体系，以期更真实、完整地反映商业银行经营中所面临的风险。该办法自1997年7月1日起执行。1994年制定的商业银行资产负债比例管理指标及有关规定同时废止。

13日 中国证监会发出《关于上市公司发布澄清公告若干问题的通知》。该通知规定：上市公司在公共传播媒介中有下列传闻时，有义务立即作出澄清：上市公司从未发生，也未在拟议中的事项；上市公司正在拟议中，从未公开披露过的事项。上市公司发布澄清公告前，应事先报证券交易所审查。除报送公告全文外，还应同时报送有关传闻在公共传播媒介中传播的原始证据（书面资料或音像资料，提供音像资料的，还应有其他书面旁证），并将上述材料报中国证监会备案。证券交易所有权根据《关于证监会和证券交易所对上市公司的监管职责分工及建立上市公司动态监管体系的意见》的规定作出对上市公司的澄清公告准予公布、不予公布或暂缓公布的决定。各指定报刊在刊登上市公司澄清公告前，应取得该公司股票上市的证券交易所的书面同意。澄清公告应以董事会公告的形式发布，澄清公告在指定报刊上披露前，不得以任何方式在任何公共传播媒介上发布。澄清公告的内容可以涉及有关市场传闻的来源，但只能对其作出客观说明，不应作主观评价，不应使用恶意或挑衅性的语言。

△　国家计委、国务院证券委员会宣布：1996年股票发行规模为100亿元，发行额度可以跨年度使用，主要用于支持国务院确定的重点国有大中型企业上市。

△　上海证券交易所和深圳证券交易所开始实行涨跌停板制度。为了抑制过度投机行为，防止市场出现过分的暴涨暴跌，保护投资者的合法权益，防范市场风险，上海证券交易所和深圳证券交易所发出通知，规定除上市首日证券外，股票和基金类证券交易价格相对于上一交易日收市价格的涨跌幅度不得超过10%。同时，对在一个交易日内收市价相对于上一交易日收市价的涨跌幅超过7%的前五只证券当日成交金额最大的若干家证券营业部或席位的名称、交易金额实行公开信息制度。

16日　《人民日报》发表特约评论员文章《正确认识当前股票市场》。文章提出，对我国股票市场目前的状况，我们应有一个清醒的认识。1996年4月以来，股票市场逐步回升，10月以后出现暴涨。从4月1日到12月9日，上证综合指数涨幅达120%，深证成份指数涨幅达340%。这在国际证券市场上是罕见的。当前，炒股已成社会热门话题，各界人士争相入市，证券交易所几个月来新增投资者开户数800多万，总数超过2 100万，股民人数已占城市人口相当大的比例。文章分析，中国股市价格1996年快速上涨，有其合理的经济根据，即全球股市价格普遍上扬和国内经济形势明显好转。但是，最近一个时期的暴涨则是不正常的和非理性的。这种超常暴涨有几个方面的原因：一是机构大户操纵市场；二是银行违规资金入市；三是证券机构违规透支；四是新闻媒介推波助澜；五是误导误信股民跟风。文章指出，没有只涨不跌的股市，缓涨可能缓跌，暴涨必然暴跌，股市有涨必有落，这是各国股市的一条共同规律。但是，对于股市暴涨必然带来暴跌，不少机构和个人投资者都不以为然，他们认为1997年香港要回归，十五大要召开，政府一定要把经济搞好，绝对不会让股市跌下来。这种对股市的估计是十分糊涂的看法。政府要把经济搞好是真，但绝对不会在股市暴跌时去托市，也托不起市。投资者对此不能抱有任何幻想。投资股市，风险自负，赚钱自得，损失自担，这在任何国家都一样。目前，股市已到了很不正常的状况，孕育的市场风险越来越大，需要引起投资者足够的重视。对于目前证券市场的严重过度投机和可能造成的风险，我们要予以高度警惕。文章强调：规范是证券市场健康发展的前提，是证券市场健康发展的生命线。过度投机是市场不成熟的表现。在我国证券市场从不成熟走向成熟的过程中，抑制过度投机、保护投资者的利益是一项长期任务。针对目前情况，要本着加强监管、增加供给、正确引导、保持稳定的原则，做好八项工作：1. 进一步加强监管；2. 继续公开处理违规案件；3. 实行涨跌停板制度和完善市场信息公开制度；4. 建立证券行业禁入制度；5. 加强风险管理；6. 增加供给；7. 做好舆论导向工作；8. 实行集中统一的管理体制。文章最后指出：道路是曲折的，前途是光明的。尽管当前证券市场存在着种种弊端，我们的工作面临重重困难，但只要我们遵循邓小平建设有中国特色的社会主义理论，坚决贯彻执行党中央、国务院的方针、政策，不断总结经验教训，群策群力，坚持不懈，就一定能把我国证券市场逐步建设成一个规范化的、健康发展的市场。

该文章在股票市场中引起了强烈反响。当日上证综合指数比上一交易日下跌110点，深圳成份指数比上一交易日下跌419.45点，沪深两市一半左右的股票价格下降了10%。次日，中国证监会新闻发言人就《人民日报》特约评论员文章发表谈话，指出《正确认识当前股票市场》一文旨在规范市场行为，保护投资者的利益。

△　国务院发出《关于调整证券交易印花

税中央与地方分享比例的通知》。为了进一步规范证券交易市场，妥善处理中央与地方的分配关系，增强中央宏观调控能力，国务院决定，自1997年1月1日起，将证券交易印花税分享比例由现行的中央与地方各50%，调整为中央80%，地方20%。该通知要求有关地区和部门要从全局出发，继续做好证券交易印花税的征收管理工作，进一步促进证券市场的健康发展。

17日 《中国人民银行“九五”时期金融工作规划》出台。该规划是根据《中共中央关于制定国民经济和社会发展“九五”计划和2010年远景目标的建议》和《中华人民共和国国民经济和社会发展“九五”计划和2010年远景目标纲要》，为了进一步提高中国人民银行工作的预见性、主动性和连续性，在认真总结金融改革开放17年的经验教训，并深入分析“九五”期间金融业面临的形势、任务和主要问题的基础上编制的。全文包括形势评价、货币政策、组织机构、金融市场、立法监管、对外开放、支付清算、基础工作八个部分，突出中央银行的货币政策和金融监管，将中央银行的工作与整个金融行业结合起来，对中国人民银行和整个金融业的改革和发展具有指导作用。

21日 中国证监会发布《上市公司检查制度实施办法》。该办法规定：为了加强对上市公司的监管，中国证监会将负责组织实施对上市公司的检查工作，检查主要采取抽查方式进行。对上市公司检查的主要内容包括：1. 公司信息披露是否符合法律、法规及中国证监会发布的规定和规范性文字的要求；信息披露的有关报告、公告、信息及文件是否真实、完整、准确；信息披露是否及时。2. 公司募集资金是否按照招股说明书、配股说明书披露的项目使用；若筹集资金的使用项目发生变更，是否经股东大会表决通过；股东大会通过决议后，公司是否就募集资金使用的变动情况及时向股东进行充分披露。3. 公司的章程是否符合法律、法规的规定，是否符合中国证监会发布的规定和规范性文件的要求；公司章程的执行情况。4. 公司股东大会是否按照法律、法规及公司章程的规定召开；股东大会讨论决议及表决情况；少数股东的权利是否得到保护。5. 公司董事会的召开情况，董事会、董事长、董事法定职权的行使情况和法定义务的履行情况；公司董事会的组成、董事候选人的提名方式、董事会议事规则、董事会议的执行情况及董事会对重大投资决策的讨论记录等。6. 公司监事会法定职权的行使情况，监事会的组成，监事会的议事规则及表决等程序，监事职责的履行情况等。7. 公司总经理（经理）及其他高级管理人员职权的行使情况，公司董事会对总经理（经理）及其他高级管理人员执行董事会的决议情况以及对公司职能部门和分公司、子公司的管理情况等。8. 公司董事会秘书职务的设置、秘书的职权范围和秘书对公司信息披露的组织与协调等情况。9. 中国证监会认为其他应予检查的事项。

26日 中国证监会发出《关于股票发行工作若干规定的通知》。该通知规定：1. 各地、各部门在执行1996年新股发行计划中，要优先考虑国家确定的1 000家特别是其中的300家重点企业，以及100家全国现代企业制度试点企业和56家企业集团；在产业政策方面，要重点支持农业、能源、交通、通讯、重要原材料等基础产业和高新技术产业，从严控制一般加工工业及商业流通性企业，金融、房地产等行业暂不考虑。2. 各地、各部门在选择发行公司时，要注意审查公司募集资金投向和使用情况。公司投资项目要有可行性研究报告并按有关规定获得国家或政府主管部门的立项批文。公司所募资金不按招股说明书使用，而且又未经法定程序批准的或虽经法定程序批准，但有欺骗性质的，一经查实，中国证监会将按有关规定进行处罚。3. 1996年新股发行定价不再以盈利预测为依据，改为以过去三年已实现每股税后利润的算术平均值为依据。4. 原定向募集公司经批准转为社会公开募集公司的，其内部职工股，从新股发行之日起，期满三年方可上市流通。凡采取募集设立的股份公司，本公司职工可按不超过社会公众股10%的比例认购股票，但人均不得超过5 000股。5. 各地证券管理部门、证券交易所必须切实加强对股票发行的领导及组织工作，严格按照有关发行方式的要求进行操作。对于透支申购股票以及违规融资申购等违规行为，发行领导小组要采取措施坚决制止，并立即向中国证监会报告。对违规者，中国证监会将予以处罚。

△　中国证监会发布《关于股票发行与认购方式的暂行规定》。该暂行规定明确：股票发行工作应坚持公开、公平、公正、高效、经济的原则，维护金融秩序稳定和社会安定；股票发行可采取上网定价方式、全额预缴款方式，以及与储蓄存款挂钩方式。各地如有更好的方式，可将方案报中国证监会批准后试行。承销机构应当在承销及上市推荐过程中，结合承销业务对发行公司进行辅导工作，以达到发行和上市的要求。股票发行前，承销机构应根据《股票发行与交易管理暂行条例》的规定负责在指定报刊上刊登招股说明书概要和发行公告。在发售期内，承销机构应在所有发售网点张贴或以其他形式公告招股说明书和发行公告，同时，主承销商应将每天的发行进展情况报告中国证监会。承销活动中出现重大问题时，应立即向中国证监会报告。股票发行结束后，主承销商应立即公布发行结果，并于2个工作日内将发行情况反馈表传真至中国证监会发行部，于7个工作日内以正式文件将发行情况总结报告、验资报告、公证报告、申购配售磁盘报至中国证监会发行部，并抄报地方证券管理部门。承销机构在承销过程中如违反上述规定和有关法规，依情节轻重给予处罚直至取消股票承销资格。

27日　《人民日报》头版刊登署名文章《通过现象看变化——对近两周股市的思考》。该文章对《人民日报》特约评论员文章发表后中国股票市场的变化作了深刻总结，认为过度投机得到初步抑制，进行了一次深刻的全民股市风险教育。该文章提出要加强市场监管。

31日　国家外汇管理局、海关总署联合发布《关于对携带外汇进出境管理的规定》。该规定明确，进出境人员携带下列数额的外币现钞进境应向海关申报：非居民携带外币现钞折合5 000美元以上者，居民携带外币现钞折合2 000美元以上者。当天多次及短期内多次往返者除外。有本次入境申报数额记录的出境人员携带外币现钞出境，凡不超过其数额的，无须申领“携带外汇出境许可证”（以下简称携带证），海关凭其本次入境时的外汇申报数额记录查验放行。无本次入境申报数额记录的出境人员携带外币现钞、外币支付凭证出境，按以下数额查验放行：1. 居民携出金额折合2 000美元以内（含2 000美元）、非居民携出金额折合5 000美元以内（含5 000美元）的，无须申领携带证，海关准予放行。当天多次往返及短期内多次往返者除外。2. 居民携出金额折合2 000～4 000美元（含4 000美元）、非居民携出金额折合5 000～10 000美元（含10 000美元）的，应向银行申领携带证。出境时，海关凭携带证放行。3. 居民携出金额折合4 000美元以上、非居民携出金额折合10 000美元以上的，须向当地外汇局申请核准，银行凭核准文件签发携带证。出境时，海关凭携带证放行。当天多次往返旅客，携带外汇入境须向海关申报，出境时海关凭本次入境时的申报数额记录或银行签发的携带证放行。短期内多次往返旅客携带外币现钞折合1 000美元以上者，入境时须向海关申报，出境时海关凭本次入境时的申报数额记录放行；如无申报记录或银行签发的携带证，可携带外币现钞折合1 000美元出境，超出1 000美元的，海关不予放行。银行在签发携带证的同时，应按照《国际收支统计申报办法》的规定要求其客户填报相应的国际收支统计申报单。该规定自1997年2月10日起施行。

△　英格兰银行正式批准中国银行国际（英国）有限公司为持牌银行，中国银行国际（英国）有限公司被英国证券期货管理局（SFA）批准为英国证券期货管理局授权机构并被授予会员资格。中国银行国际（英国）有限公司于1997年1月2日对外营业。

1997 年

1 月

1 日 我国全面推行国际收支统计申报制度。从即日起，国际收支统计申报制度的后续四项内容开始实施，即金融机构的自身资产负债和损益统计申报、汇兑业务统计申报、直接投资统计申报及证券投资统计申报。国际收支统计申报制度是1996 年 1 月 1 日正式实施的，包括五个方面的内容，其中，第一个方面的内容“通过金融机构进行的国际收支交易统计申报”于1996 年年初在全国范围内实行，后续四个内容是国际收支统计申报制度的重要组成部分，于1997 年推出。这标志着我国国际收支统计申报制度建设的设计工作基本完成，也标志着我国国际收支统计申报体系的全面推行。

3 日 经中国人民银行批准，美国花旗银行、香港汇丰银行、日本东京三菱银行和日本兴业银行开始经营人民币业务。24 日，经中国人民银行批准，标准渣打银行上海分行、上海巴黎国际银行、日本第一劝业银行上海分行、日本三和银行上海分行从上海浦西迁址浦东，开始经营人民币业务。主要业务范围包括人民币存款、贷款、结算、担保、国债和金融债券投资，以及其他经批准的业务。其中，存款仅限于外商投资企业、外国人的存款和该外资金融机构对非外商投资企业人民币贷款的转存款。

4 日 中国人民银行依法关闭中国农村发展信托投资公司。由于中国农村发展信托投资公司严重违法违规经营，造成巨额亏损，中国人民银行发布《关于关闭中国农村发展信托投资公司的通知》和作出《关于中国建设银行托管中国农村发展信托投资公司的决定》，决定将其关闭，吊销其总公司及所属金融性分支机构的“金融机构法人许可证”、“经营金融业务许可证”和“经营外汇业务许可证”，指定中国建设银行承接、管理中国农村发展信托投资公司的债权债务，对境内个人债务的本金和合法利息优先支付，其余债务待组织清算后偿付。6 日，中国建设银行发布公告，接管原中国农村发展信托投资公司（以下简称中农信公司）下属的证券经营机构，其正常的证券业务照常进行。5 月 14 日，中国人民银行发布《关于做好原中农信公司外债资产清理处置工作的通知》，该通知规定：原中农信公司的外债资产统一由中国建设银行进行清理和处置，中国银行应积极配合；中国银行香港分行已经控制的原中农信在香港的公司的存款，经中国银行和中国建设银行双方确认后，作为原中农信公司的有效外汇资产划转给中国银行；原中农信公司的其余资产由中国建设银行清理、处置后，其有效资产经中国银行确认后划转给中国建设银行。

6 日 中国农业银行、国家环境保护局联合发布了《关于加强乡镇企业污染防治和保证贷款安全的通知》。该通知要求，要把贯彻信贷政策与加强环境保护工作紧密地结合起来，促进经济、环境、社会协调发展，保证贷款安全。农业银行各分支机构要立即停止对污染严重企业的贷款，严格掌握乡镇工业污染控制的重点行业和重点区域信贷政策，做好被取缔、关闭、停产企业的贷款债务清收和落实工作。对国家环保限制的产业和行业，一定要加强对企业污染物排放是否符合国家环境保护标准的审查，严把贷款投放关；要把支持企业发展同自然资源的保护、生态环境的改善结合起来，支持企业采用先进适用的清洁生产技术和设备，加快技术改造步伐，发展无污染和少污染的产业和产品，促进经济建设和环境保护事业的协调发展。

△ 中国工商银行、中国农业银行、中国银行、中国建设银行4家国有商业银行与信托投资公司脱钩基本完成。中国人民银行从1995年11月开始，相继批复了中国工商银行、中国农业银行、中国银行、中国建设银行4家国有商业银行与所办信托投资公司脱钩的方案。4家国有商业银行原所属的186家信托投资公司已撤销148家，其中，中国工商银行46家，中国农业银行36家，中国银行33家，中国建设银行33家；转让股份的有33家，其中，中国工商银行17家，中国农业银行8家，中国建设银行8家。

9日 中国证监会决定，正式受理境内及境外证券经营机构从事外资股业务的资格申请。境内与境外的证券经营机构可根据《境内及境外证券经营机构从事外资股业务资格管理暂行规定》中的有关条款，准备申报材料。境内证券经营机构的“经营外资股业务资格申请表”由当地证券管理办公室、证监会转发，境外证券经营机构可直接向证监会领取。

10日 国务院证券委员会公布33家发行境外上市外资股（B股）预选企业名单。这33家B股预选企业是国务院证券委员会在各地择优推荐的基础上会商有关部门确定的。预选企业涉及电力及能源开发、交通运输、电子及通讯、冶金、机械、化工、农业、纺织、建材、轻工、医药等11个行业，体现了向基础产业和重点企业倾斜的政策，积极支持了现代企业制度试点和中西部地区的经济发展。

12日 中国人民银行发布《对农村信用合作社贷款管理暂行规定》。中国人民银行对农村信用社贷款是指中国人民银行对经营管理型农村信用合作社联社（以下简称县联社）或农村信用社发放的贷款。中国人民银行对农村信用社贷款管理实行总量控制、限额管理、划分权限、余额监控的办法。贷款发放主要用于：满足贫困地区农业生产的资金需要，解决由于农业生产季节性原因所出现的先支后收的短期资金需要，支付清算中出现的临时头寸资金需要。中国人民银行对农村信用社贷款实行期限管理，贷款到期收回。贷款到期归还确有困难的，可申请展期一次，展期期限不得超过原借款期限。到期不办理还款或展期手续的，中国人民银行应将其贷款转入逾期贷款户，并按有关规定予以处罚。中国人民银行对农村信用社贷款利率执行中国人民银行对金融机构贷款利率。贷款由县联社统借统还的，县联社对农村信用社执行中国人民银行对金融机构贷款利率，不得赚取利差。

△ 上海票据清理和分送系统正式运行。该系统每分钟可以清理和分送1 825张票据，大大提高了票据清算工作的效率。系统的运行标志着我国最早的票据交换所完成了电子化改造。

13日 全国金融工作会议在北京召开。会议指出，经过三年多的努力，以抑制通货膨胀为首要任务的宏观调控基本上达到预期目标，经济保持快速增长，物价涨幅明显回落。1997年金融工作将继续实行适度从紧的货币政策，促使物价涨幅低于1996年，切实防范和化解金融风险，深化金融体制改革，提高金融企业管理水平，巩固经济金融运行的良好形势。人民银行纪委书记王成铭作《进一步加大查处和防范经济案件力度，促进金融改革与金融业健康发展报告》，中国人民银行副行长兼国家外汇管理局局长周小川作《国际收支平衡，人民币经常项目可兑换以及外汇储备报告》，中国人民银行副行长尚福林作《加强支付结算工作，抑制企业贷款拖欠，改进支付结算手段，加快社会资金周转》的报告。

△ 中国人民银行副行长陈耀先出席在瑞士巴塞尔举行的国际清算银行中央银行行长例会。本次会议的议题是“货币政策的操作程序”。会议召开之时，工业国家的中央银行在不同程度上已将货币政策操作目标的重点转移到了利率上，缩短了作为政策支点的利率期限，提高了满足商业银行对准备金需求的灵活性，强化了各项政策信号的透明度。陈耀先在会议上向与会的各国中央银行行长介绍了我国采取适度从紧的货币政策

所取得的成绩，并且指出，我国将改进货币政策操作程序，将从主要依靠信贷规模管理转变到运用存款准备金率、中央银行贷款利率和公开市场业务等手段控制基础货币，以保持货币供应量的适度增长。

14 日 国务院发布实施《关于修改〈中华人民共和国外汇管理条例〉的决定》，同时公布修订后的《中华人民共和国外汇管理条例》。新条例共 7 章 55 条。新条例修改的主要内容为：增加“国家对经常性国际支付和转移不予限制”和“个人移居境外后，其境内资产产生的效益，可以持规定的证明材料和有效凭证向外汇指定银行购汇，汇出或者携带出境”。将原条例的十三条第五款的内容修订为“超过规定限额的个人因私用汇，应当向外汇管理机关提出申请，外汇管理机关认为其申请属实的可以购汇”。将原条例的十五条、十六条合并为“驻华机构和来华人员的合法人民币收入，需要汇出境外的，可以持有关证明材料和凭证到外汇指定银行兑付”。

16 日 中国人民银行发出《关于归并地县级信托投资公司的通知》。为了实现信托机构的合理布局，促进信托业提高经营效益和抗风险能力，中国人民银行决定对地（市）、县（市）所设信托投资公司（不包括经济特区）进行归并。具体要求为：在已组建或筹建城市合作银行的地级市，地、县级信托投资公司可以并入城市合作银行，也可以并入省级信托投资公司。未列入城市合作银行组建范围的地、县级信托投资公司和不愿并入当地城市合作银行的信托投资公司，一律并入省级信托投资公司，取消法人地位，成为省级信托投资公司的分支机构。在省级分行辖区内有两个以上省级信托投资公司和较多地、县级信托投资公司，可以并入一家省级信托投资公司，也可以分别并入有关省级信托投资公司。归并期间，地、县级信托投资公司的主要负责人不得辞职或调离，归并后，其主要负责人辞职或调离的，要进行离任审计；凡不按上述要求并入城市合作银行或省级信托投资公司的地、县级信托投资公司一律予以撤销。

△ 国家外汇管理局发出《关于加强对中资企业境外机构融资管理的通知》。针对当时境内中资企业驻外机构在境外（含香港）融资增长趋势，部分非独立企业法人未经国内主管部门批准或其境内总公司授权直接在境外开展融资活动，要求境内母公司担保的情况，该通知规定：1. 中资企业在境外设立的非企业法人性质的办事处或代表处等，不从事经营性活动，因此，不得在境外融资。2. 中资企业在境外设立的非独立企业法人性质的分公司，其对外融资须经总（母）公司授权，视为总（母）公司的对外借债，其总（母）公司须按国际商业贷款管理规定在境内办理有关报批手续。境外分公司所筹集的资金如需调入境内使用，应事先经外汇管理部门批准。3. 中资企业在境外依法注册成立的子公司在境外融资不受国家外债规模的控制，境内总（母）公司不承担债务偿还责任。中资企业境外机构未按以上规定办理的借款和担保一律无效。该通知于 1998 年 1 月 1 日失效。

17 日 国家外汇管理局发布《贸易进口付汇核销监管暂行办法》。为了完善贸易进口付汇核销监管制度，国家外汇管理局决定自 1997 年 3 月 1 日起实施新的核销监管办法，从即日起，进口付汇核销改由国家外汇管理局直接办理。该办法规定：经对外贸易经济合作部或其授权单位批准的经营进口业务的企业（包括外商投资企业）、事业单位（以下简称进口单位），通过银行购汇或从现汇账户支付的方式，向境外支付有关进口商品的货款、预付款、尾款等（以下简称进口付汇），应当按照本办法办理核销手续。国家外汇管理局及其分支局负责所有进口付汇的核销、核查和管理，并对进口单位和外汇指定银行进行监督、检查。外汇指定银行应当向所在地外汇局报送核销单及有关报表，对外付汇的进口单位应当向所在地外汇局分局办理进口付汇核销报审手续。1996 年 7 月 31 日发布的《进口售付汇核销管理暂行办法》同时废止。

18 日 中国证监会对张家界旅游开发股份有限公司、湖南证券交易中心违反证券法规行为作出处罚决定。

中国证监会查实，张家界旅游开发公司在1996年9月2日至11月18日，利用其长沙分公司开设的15个账户（其中，一个账户以其张家界长沙分公司的名义开设、14个账户以个人名义开设），先后买入本公司股票总计2 128 883股；总计动用资金4 150万元，并在公司1996年11月22日公布董事会送股决议前的11月18日、20日、21日抛出公司股票143.2万股，直接获利1 180.5万元。湖南证券交易中心于1996年10月10日为张家界公司买卖股票提供融资，融资金额为1 500万元。

为了严肃证券法纪，依据《股票发行与交易管理暂行条例》第七十条、第七十一条、第七十四条的规定，中国证监会研究决定：1. 对张家界公司处以警告并罚款人民币200万元；对公司董事长肖碧文、总经理杨泽忠、副总经理李建章分别处以警告并各罚款人民币5万元。2. 没收张家界公司买卖本公司股票所获盈利人民币1 180.5万元。3. 责成张家界公司将其目前仍持有的本公司股票706 400股在2个月内由深交所监督全部卖出，如有盈利，全部没收上交国库。4. 建议张家界公司立即召开董事会全体会议，依据《中华人民共和国公司法》第一百一十二条的规定，解聘公司本次违规行为的主要责任人杨泽忠的总经理职务和直接责任人李建章的副总经理职务。5. 责成张家界公司进行为期一个月的内部整顿，整顿结束后由中国证监会验收。如验收不合格，证监会将采取进一步的处罚措施。6. 对湖南证券交易中心处以警告并罚款人民币75万元，对交易中心总经理刘治初处以警告。

△ 中国人民银行制定《中国人民银行远期结售汇业务暂行管理办法》，同时批准中国银行总行及12家分行试办远期结售汇业务。该办法规定：远期结售汇业务是指外汇指定银行与境内机构协商签订远期结售汇合同，约定将来办理结汇或售汇的外汇币种、金额、汇率和期限；到期外汇收入或支出发生时，即按照该远期结售汇合同规定的币种、金额、汇率办理结汇或售汇。远期结售汇实行实需原则。只有根据《结汇、售汇及付汇管理规定》应当办理结售汇的外汇收支可以办理远期结售汇。外汇指定银行开办远期结售汇业务，其总行应当向国家外汇管理局提出申请，其分支机构应当向当地外汇局分局提出申请，由外汇局分局报国家外汇管理局批准后方可开办。银行应当要求签订远期结售汇合同的境内机构提供按照《结汇、售汇及付汇管理规定》所需的全部有效凭证进行审核。境内机构不能按时提供全部有效凭证的，远期合同到期不得履行。远期结售汇的币种可以是人民币对各种可自由兑换货币。远期结售汇的汇率以市场供求为基础确定，以当日的外汇即期汇率加减升水、贴水的方式表示。远期结售汇的期限应当在120天以内。开办远期结售汇业务为企业提供了规避汇率风险、降低交易成本的保值手段。

21日 国家外汇管理局发出《边境贸易外汇管理暂行办法》。该办法规定：边境贸易包括边民互市贸易、边境小额贸易和边境地区对外经济技术合作。边境贸易企业经常项目下的外汇收入，可在外汇管理局核定的最高金额内保留外汇，经外汇局批准在当地外汇指定银行开立外汇账户，超额部分必须卖给外汇指定银行。边境贸易经常项目下对外支付用汇应当按照规定从其外汇账户中支付或者到银行购汇；外汇指定银行可以为毗邻国家中与我国边贸企业之间进行边境贸易的企业或者其他贸易机构开立可兑换货币结算账户或者人民币结算账户，办理边境贸易结算。

21～23日 国务院证券委员会、中国证监会在南京召开了第四批境外上市预选企业工作会议。会议的主要任务是总结经验，统一思想，明确企业境外上市的有关政策，介绍企业境外上市的基本程序与要求，认真做好境外股票发行上市准备工作，力争开创境外上市工作的新局面。会议指出，境外上市是我国吸引外资的一项重要政策；三年多的实践证明中国企业境外上市是成功的，对上市企业本身、国内其他企业和上市所在资本市场尤其是香港市场都具有促进作用。第四批境外上市预选企业有38家，相当于前三批境外上市预选企业数量的总和，与前三批相比，更具有地区和行业代表性，规模大、效益好、管理水平较高、发展潜力大，具有广泛的代表性。中国证监会主席周道炯对第四批预选企业提出三项要求：加强领导，扎扎实实做好基础准备工作；严格监管，不断提高信息披露水平；研究市场，抓住时机，圆满完成发行上市计划。1993 年，我国开始进行国有大中型企业到境外上市的试点。到 1996 年年底，共选择了四批境外上市企业。前三批 38 家企业中已有 26 家在境外上市，其中，3 家在香港和纽约同时上市，21 家单独在香港上市，2 家单独在纽约上市。据统计，26 家已上市企业累计筹集外资 49 亿多美元。

23～25 日 全国住房制度改革工作会议在成都召开。国务院副总理朱镕基在会上强调，住房问题是关系广大人民群众切身利益的大事。要从根本上解决我国城市居民的住房问题，根据我国的国情并借鉴一些国家的经验，必须坚决推行和完善住房公积金制度，采取相应的配套政策措施，引导并实行住房商品化。这是解决我国住房问题的正确道路。要充分利用当前国民经济持续保持较高发展速度，通货膨胀得到明显抑制这一有利时机，加快住房改革步伐。从全国来看，经济适用住房的建设将是长期带动国民经济发展的最重要的消费热点，建房资金由国家、企业、个人共同负担，要把普遍推行，不断完善住房公积金制度，作为 1997 年和今后时期房改工作的重点。为了保证住房建设资金的回收、运转以形成良性循环，必须保证经济适用住房的低造价、低售价，以促进住房商品化的推行。这就要求各级政府、城市建设部门为公积金建房提供政策支持，包括划拨土地、减免税费、减收配套设施费用、建筑单位合理负担等措施，银行要对经济适用住房用户采取抵押贷款和分期付款的方式，引导居民住房消费，推动住房商品化。

27 日 财政部发布《关于个人投资者在交易所场内买卖记账式国债试点办法的通知》。为了促进国债向个人销售，方便群众在交易所场内购买记账式国债，财政部与上海证券交易所研究决定，选择若干家实力较强、经营较好的证券经营机构（以下简称试点单位），利用上海证券交易所登记系统在北京市进行“国债专用账户”试点，具体实施办法如下：1. 账户管理分为交易场所和试点单位两个层次。上海证券中央登记结算公司在电脑主机内，开立具有专门标识的国债专用账户。试点单位依据协议指定营业网点直接向投资者个人发放国债专用账户卡。2. 国债专用账户目前只用于记账式国债的发行认购及上市交易，不得用于股票及其他交易。3. 国债专用账户实行指定交易，投资者只能在开立国债专用账户的网点办理国债的申购和交易。4. 试点单位为个人投资者开立国债专用账户时，需同时开立资金账户。5. 国债专用账户的开立及新发行国债的申购可同时进行。6. 新发行国债的申购采取场内市价申购和柜台定价申购两种方式。7. 试点单位也可采取“上门服务”等多种方式，积极促进个人购买。8. 上海证券交易所在发行期内开设国债分销专场，方便个人投资者购买记账式国债。9. 国债发行期内的申购事宜，一律不收取购买手续费。10. 利用国债专用账户在二级市场上进行国债交易的手续费不超过交易金额的 2‰。11. 投资者通过国债专用账户在二级市场买卖记账式国债的清算交割办法与证券账户的现行办法相同。12. 国债专用账户债权的到期兑付，统一由试点单位办理。13. 建立健全国债专用账户的监管制度，交易所、试点单位和财政部要定期对国债专用账户的实施情况进行检查。

△ 中国光大银行完成增资改制工作。此次增资改制中国光大银行新增资本金 24.66 亿元，实际到位 30.93 亿元。共有东北、华北、华东、华南、中南、西南、西北等地区的 131 家股东入股，股东涉及电力、交通、邮电、航空、化工、电子等行业。其中，亚洲开发银行入股 2 000 万美元，使中国光大银行成为我国金融界首家吸引国际组织入股的银行。改组后的中国光大银行由中国光大集团总公司控股 51%。

27～29 日 国家外汇管理局全国分局局长会议在北京召开。中国人民银行副行长兼国家外汇管理局局长周小川总结了 1996 年的工作成果，提出了 1997 年的任务。周小川把 1996 年的工作成果归纳为以下几个方面：取消了经常项目下尚存的汇兑限制，实现了人民币经常项目可兑换；建立了国际收支统计申报制度，加强了分析和预测工作；在取消了经常项目汇兑限制的同时，积极完善经常项目管理；加强短期外债余额管理，推出对外担保管理办法；加强对金融机构外汇业务的检查与监管，建立健全外汇检查工作制度；完善了储备经营管理办法，提高初步经营管理水平；促进外汇市场健康发展，完善人民币汇率监测机制；初步建立了人民币经常项目可兑换的法律框架。周小川指出，1997 年外汇管理工作的主要任务是：认真贯彻党的十四届五中、十四届六中全会精神，积极落实中央经济工作会议和全国金融工作会议精神，总结经验，理清管理思路，加快职能转换，健全国际收支宏观调控体系，完善经常项目和资本项目外汇管理，加强外汇监管，巩固和发展外汇体制改革成果。具体为：全面实施国际收支统计申报工作，加强国际收支分析和预测；做好进口付汇核销工作，完善经常项目外汇管理工作；提高利用外汇水平，加强资本项目外汇供求总量调节，逐步推行中长期外债余额管理，支持国有大中型企业改革；强化外汇监管，加大查处力度，促进金融机构外汇业务的稳健经营；进一步做好外汇储备经营管理工作；规范和发展银行间外汇市场，保持外汇市场的稳健运行。

29 日　中国人民银行发布《关于建立境外中资金融机构重大事项报告制度的通知》，决定建立境外机构重大事项报告制度，以全面、及时地了解境外中资金融机构（以下简称境外机构）的经营情况，加强对境外机构的监管。重大事项包括：境外机构发生严重亏损或大额坏账；发现境外机构员工有舞弊、欺诈等行为，涉及较大金额，造成较大经济损失；境外机构所在地有关监管体制或法规发生重大变动；境外机构发生的、需向所在地监管当局报告的其他重大事项。该通知要求，各境外机构在日常经营中，发生重大事项时，应立即向其总管理机构报告，总管理机构应立即报告中国人民银行。

30 日　财政部发出《关于股份制企业所收申购款存款利息收入财务处理的通知》，对新股发行时投资者申购款存款利息收入的处理方法作出了规定。该通知明确，股份制企业发行股票时，证券交易所在投资者申购期间内冻结资金所产生的存款利息收入，不论投资者是否申购成功，均归股份制企业所有。股份制企业的股票发行收入包括股票面值收入、溢价收入以及申购成功的投资者的资金在冻结期所产生的存款利息收入。股份制企业收到的股票发行收入扣除发行费用后的数额，大于实际发行的股本总额时，其差额部分计入资本公积。申购无效的投资者的资金在冻结期所产生的存款利息收入，股份制企业收到时，如数额较少，可直接计入企业营业外收入；如数额较大，可按照 5 年的期限平均转销，由于上述原因影响年度经营成果的股份制企业必须在年度财务报告中予以说明。

31 日　上海证券业协会成立。上海证券业协会成立大会暨第一次会员大会在上海召开。会议通过了《上海市证券业协会章程》、《上海市证券业协会经费管理办法》、《上海市证券业协会会员管理办法》、《上海市证券业协会会员自律公约》、《上海市证券从业人员守则》等一系列文件，选举产生了第一届理事会，申银万国证券公司、国泰证券公司、海通证券公司、上海证券交易所等 17 家单位当选为理事单位。申银万国证券公司总裁阚治东当选为第一届理事会理事长，上海市证券管理办公室副主任张宁当选为秘书长。上海证券业协会将通过监督、检查会员贯彻执行管理规章的情况，对会员的经营行为进行监管，促进会员守法经营，维护市场“三公”原则。

2 月

1 日　国家外汇管理局对新中国成立以来的外汇管理法规、规章和其他规范性文件进行清理。根据修改后的《中华人民共和国外汇管理条例》、《中华人民共和国行政处罚法》和国际货币基金协定第八条款的规定，对新中国成立以来的外汇管理法规、规章和其他规范性文件 1 600 多件进行了清理，对其中 47 个法规的部分条款进行了修改，基本建立起适应新形势的外汇法规新框架。

△ 《中国建设银行法人授权制度（试行）》正式实施。这是中国人民银行颁布《商业银行授权、授信管理暂行办法》后由商业银行制定的第一部有关法人授权的规章。文件规定：中国建设银行实行一级法人的总分行制，全行具有统一的法人地位。总行是法人的本体，分行、支行、办事处（分理处）、储蓄所均为法人的分支机构。中国建设银行法人授权是指由中国建设银行的法定代表人代表中国建设银行向各分支机构授权，分支机构的负责人代表本分支机构接受授权，分支机构必须在总行授权范围内依法进行经营管理活动。建设银行法人授权分为基本授权和特别授权两种，基本授权实行逐级授权制，特别授权则采取总行直接向各级分支机构授权的方式。此前，中国人民银行于 1996 年 11 月 11 日发布了《中国人民银行关于印发〈商业银行授权、授信管理暂行办法〉的通知》，颁布、实施的《商业银行授权、授信管理暂行办法》要求商业银行实行一级法人体制，必须建立法人授权管理制度。商业银行应在法定经营范围内对有关业务职能部门、分支机构及关键业务岗位进行授权。商业银行的业务职能部门和分支机构以及关键业务岗位应在授予的权限范围内开展业务活动，严禁越权从事业务活动。

12 日 财政部、国家税务总局联合发出《关于股份公司取得的新股申购冻结资金利息征收企业所得税问题的通知》，对股份公司新股申购冻结资金利息纳税问题作出明确规定。该通知明确，股份公司取得的申购新股成功的投资者的申购资金被冻结期间的存款利息，可视为股票溢价发行收入处理，不并入公司利润总额征收企业所得税；股份公司取得的申购无效的投资者的申购资金被冻结期间的存款利息，应并入公司的利润总额，如数额较大，可在 5 年的期限内平均转入，征收企业所得税；如果股份公司取得的投资者申购新股的资金被冻结期间的存款利息不能在申购成功投资者和申购不成功投资者之间准确划分的，则一律并入公司利润总额，征收企业所得税。

14～18 日 中国人民银行副行长陈元分别在纽约和东京发表演讲，阐述中国内地与香港的金融关系及原则。陈元指出，中国内地与香港的金融关系具体体现为在“一国两制”的总体政治构架下的“一个主权国家内的两种货币，两种相互独立的货币制度以及分别在不同货币区内行使管理职能的两个金融管理当局”之间的关系。在处理中国内地与香港的金融关系时，掌握的原则涉及两种货币和两种货币制度、两地金融当局保持相对独立关系、在金融监管方面进行合作、中国人民银行对中国香港的货币稳定提供支持、两地间债权债务等有关金融事务安排、内地金融机构在中国香港的地位和上海与中国香港的互补性七项内容。

19 日 国务院发出《关于调整金融保险业税收政策有关问题的通知》。该通知规定，对执行 55% 所得税税率的金融、保险企业，其所得税税率统一降为 33%，将金融保险业的营业税税率由 5% 提高到 8%。提高营业税税率后，除各银行总行、保险总公司缴纳的营业税仍全部归中央财政收入外，其余金融、保险企业缴纳的营业税，按原 5% 的税率征收的部分，归地方财政收入，按提高 3% 的税率征收的部分，归中央财政收入；对国家政策性银行减按 5% 的税率征收，将政策性银行缴纳的营业税仍作为国家资本金投资返还给政策性银行；对农村信用社，在 1997 年 12 月 31 日前减按 5% 征收营业税，仍作为地方财政收入，自 1998 年 1 月 1 日起恢复按 8% 的税率征收。提高金融、保险业的营业税税率后，对随同营业税征收的城市维护建设税及教育费附加，仍按原税率 5% 计征，提高 3% 税率的部分予以免征。

20 日 中国人民银行发布《关于严禁将公款转为储蓄存款的通知》。该通知要求：1. 各金融机构督促企业将销货款通过转账结算，及时存入企业存款账户。拒绝办理以个人名义向储蓄账户转入公款；将大额公款私存的，各金融机构要认真清查，并转为对公存款；将公款私存的，应予以处罚。2. 各金融机构要坚决废止存款单项考核指标和奖励办法，不得对非存款部门下达存款考核指标，不得把存款考核指标分解下达到职工个人。3. 严格对私营企业的生产经营性资金单列账户统计。各经办存款业务的金融机构要在现行会计、统计报表中单独反映“私营企业生产经营性资金存款”。4. 中国人民银行各级行要加强对储蓄存款真实性的经常性监管。

21日 全国国有企业兼并破产和职工再就业银行工作会议在北京召开。人民银行行长戴相龙主持会议，国家经贸委主任王忠禹出席会议并讲话，人民银行副行长陈耀先受人民银行总行党委委托作主题报告。陈耀先说，在推进国有企业兼并破产和职工再就业的过程中，银行处于十分重要的地位，在支持、配合有关部门搞好企业结构调整和企业转换机制方面做了大量工作，核销了一些坏账，消化了一部分不良资产，促进了企业的调整和发展，要求金融部门要有全局思想，适应新形势，把握法律、法规和政策要点，积极参与国有企业兼并破产和职工再就业工作具体实施过程。他指出，凡依法破产企业要关门走人，资产变现，安置好职工再就业。达到以上条件，银行贷款本息损失可以按规定从银行提取的呆账准备金中冲销；对国有优势企业兼并劣势企业，在免除银行利息时给予更加优惠的政策，鼓励企业兼并，享受优惠政策的范围也将有所扩大；对于那些产品有市场、企业管理好、只是由于债务负担较重而形成亏损的国家重点企业，在职工下岗分流、实施再就业工程后确能扭亏为盈的前提下，可给予利息优惠，优惠条件由银行按照《贷款通则》有关规定自主确定，纳入计划后办理。戴相龙指出，金融部门要充分利用信贷、利率杠杆，促进国有企业结构调整，在克服企业“大而全”、“小而全”、低水平重复建设和解决产业趋同方面应当有所作为。他要求金融部门要从国民经济调整和发展的全局来支持国有企业兼并破产和职工再就业工作，同时依法维护金融债权不受侵犯，防止国有资产流失，为建立一个企业优胜劣汰的市场机制，使企业兼并、破产成为优化资源配置的重要手段作出积极努力。

24日 中国人民银行发布《关于金融系统要进一步做好支持机电产品出口工作的通知》。该通知明确，中国人民银行每年适当增加机电产品出口信贷规模；商业银行对机电产品出口所需的流动资金贷款，根据信贷原则优先安排；机电产品出口卖方信贷贷款利率，在同档次固定资产贷款利率的基础上，下浮10% ~15%；适当扩大对外短期融资试点企业范围、增加对外短期融资指标，在不突破核定的短期外债余额监控指标的前提下，出口企业可在境内的外资银行开办信用证项下的票据贴现和抵押短期外汇贷款等短期贸易融资业务；对资信好的企业核定一定的授信额度，在授信额度内开具投标保函、履约保函和预付金保函不要资产抵押。

26日 上海证券交易所和深圳证券交易所发出《关于调整国债及其他债券现货交易佣金标准的通知》，自1997年3月3日起，各会员单位向投资者收取的国债现货交易佣金标准调整为按不超过成交金额的2‰收取。从同日起，其他债券现货交易佣金标准也一并调整为按不超过成交金额的2‰收取。

△ 全国农村信用社管理体制改革会议召开。国务院副总理姜春云在会议上强调，推进农村信用社管理体制改革，健全农村金融体制，关系到农业的发展、农民的富裕、农村的繁荣。他强调，深化农村信用社管理体制改革，最重要的是按照合作制的原则，重新规范农村信用社，切实恢复农村信用社农民合作金融组织的性质。农村信用社必须坚持为社员服务的办社宗旨，要加强经营管理，提高经济效益。农村信用社的改革是农村经济体制改革的重要组成部分，事关整个农业、农民、农村问题，各级党委、政府要协调好各方面的关系，为农村信用社的改革和发展创造比较好的环境和条件。要切实保障农村信用社的经营自主权。中国人民银行要依法加强对农村信用社的金融监管，同时应充分考虑其农民合作金融组织的性质和特点，在工作和业务等方面给予必要的扶持。

27日 中国银行与国家外汇管理局正式签署代理经营70亿美元国家外汇储备的委托经营合同。

3 月

1～15 日 八届全国人大五次会议在北京召开。国务院副总理朱镕基在会上指出，要切实加强对风险的防范。朱镕基指出：目前部分国有企业贷款逾期和拖欠利息严重，相当多的重点建设项目建成之日就是亏损或停产之时，使银行的不良资产比例增加；一些非银行金融机构违章经营，非法集资，高息放贷，资产质量很差，风险很大。1997 年要大力开展“整顿金融秩序、防范金融风险年”活动，争取在今后几年里使银行的不良贷款率每年降低 2%，对达不到要求的，要追究该行行长的责任。中央银行要把金融监管作为最重要的工作职责，对金融机构进入市场的条件、业务状况、资产负债情况和风险程度要实行全面的监管。各商业银行要按照国际惯例，建立自我约束机制和抵制风险的机制，要按照分业经营、分业管理的原则，彻底与所属的信托投资公司、证券公司、保险公司等脱钩。对国家商业银行拆借资金炒股票和搞账外经营的，一经发现，要撤销行长的职务。各地政府、各部门要严格按照《中华人民共和国商业银行法》的规定办事，不得干预银行的正常业务，不得擅自批设金融机构，广大人民群众要加强自我保护意识和投资风险意识。会议通过《政府工作报告》。该报告指出：要继续实行适度从紧的货币政策，保持货币供应适度增长；根据国家产业政策、区域政策、技术发展政策和信贷原则，调整信贷结构，提高贷款质量，支持生产与建设；国家银行要努力降低成本，提高效益。同时，要选择一批大企业、企业集团，通过发行股票、可转换债券筹集资金；规范证券、期货市场，增强风险意识；通货膨胀压力仍然存在，要控制物价涨幅，理顺价格关系；继续实行价格调控目标责任制，加强市场物价监管；整顿金融秩序，严处非法金融机构和违法违规经营活动，保障金融资产安全；严格结算纪律，维护信用制度。

2 日 国务院发布《关于在若干城市试行国有企业兼并破产和职工再就业有关问题的补充通知》。该通知强调，《国务院关于在若干城市试行国有企业破产有关问题的通知》（国发［1994］59 号）中有关破产方面的政策，只适用于国务院确定的企业“优化资本结构”试点城市范围内的国有工业企业。非试点城市和地区的国有企业破产，只能按照《中华人民共和国企业破产法》的规定实施，即破产企业的财产处置所得必须用于按比例清偿债务，安置破产企业职工的费用只能通过当地政府补贴、民政救济和社会保障等渠道解决。非国有企业的破产要严格按照《中华人民共和国民事诉讼法》实施。

3 日 中国证监会发布《证券市场禁入暂行规定》。该暂行规定指出，上市公司的董事、监事、经理及其他高级管理人员，证券经营机构（包括分支机构）的高级管理人员及其内设业务部门负责人，证券登记、托管、清算机构的高级管理人员及其内设业务部门负责人，从事证券业务的律师、注册会计师以及资产评估人员，投资基金管理机构、投资基金托管机构的高级管理人员及其内设业务部门负责人，证券投资咨询机构的高级管理人员及其投资咨询人员，中国证监会认定的其他人员等，因进行证券欺诈活动或者有其他严重违反证券法律、法规、规章以及中国证券监督管理委员会发布的有关规定的行为，被中国证券监督管理委员会认定为市场禁入者，将在一定时期内或者永久性不得担任上市公司的高级管理人员或不得从事证券业务。该暂行规定同时对相关欺诈和违法行为作出了具体的界定和列示。

5 日 中国人民银行对中国工商银行、中国农业银行、中国银行和中国建设银行的总行试办再贴现业务，并同时印发《中国人民银行对国有独资商业银行总行开办再贴现业务暂行办法》。该暂行办法规定，再贴现票据为银行承兑汇票；再贴现期限从再贴现之日起至汇票到期日止，最长不超过 4 个月；再贴现利率按同档次再贷款利率下浮 10% 执行；实付再贴现金额按汇票票面金额扣除再贴现日至汇票到期前一日的利息计算；按发生额计算，国有独资商业银行总行直接办理的贴现额与向中国人民银行申请的再贴现额的比例不低于 2:1。对四家国有独资商业银行总行开办的再贴现业务，实行总量控制原则，即人民银行根据金融宏观调控的需要，在年度再贴现限额内，确定对各商业银行总行的再贴现总量，重点用于满足产、供、销关系较为稳定的国家重点产业、行业和企业的合理资金需要。再贴现到期，中国人民银行直接向再贴现申请人收取款项。中国人民银行总行对国有独资商业银行总行到期未归还的再贴现款项，每日按万分之五计收利息。

△　上海证券交易所和深圳证券交易所实施公开信息制度。为了保证证券市场的“公开、公平、公正”，提高市场透明度，保护投资者的利益，经中国证监会同意，深圳证券交易所和上海证券交易所分别向各会员单位发出通知，决定从3月3日起对股票（A股）、基金类证券（沪市包括联网交易的基金，深市包括受益凭证）的交易实行公开信息制度。需要公开交易信息的证券包括：在一个交易日内收市价格相对于上一个交易日收市价格的涨（跌）幅各超过7%的前5只证券，选取方式为以涨（跌）幅大小为序（达到涨、跌停板的为同一档）；如涨（跌）幅相同，则依次按成交量和成交金额的大小选取。需要公开的交易信息内容包括：上述每只证券的名称、代码、涨跌幅（%）、成交量（股数）、成交金额（万元）、每只证券当日交易金额最大的前5家证券营业部的名称及其席位（或席位分支）代码和当日交易金额。

7日　财政部发布《关于调整金融保险企业应收利息核算办法的通知》。该通知规定，将《金融保险企业财务制度》第四十一条改为：借款合同约定到期（含展期后到期）但未归还的放款，作为逾期放款，其中逾期（含展期后）未满2年的，企业按规定计算应收利息，并纳入当期损益。逾期满2年及超过2年仍未归还的放款，作为呆滞放款，其应收利息不再计入当期损益，由金融保险企业设置科目专项反映，实际收到的利息计入当期损益；应收利息的核算年限调整后，各行（公司）应严格按权责发生制原则核算利息收入，不得将逾期未满2年的放款转为呆滞放款。本通知从1997年1月1日起执行。

8日　中国证监会处罚浙江金马期货公司。1995年5月至6月，浙江金马期货公司受中国华能浙江公司（以下简称浙江华能公司）和浙江华能工贸公司（以下简称华能工贸公司）的委托，在买入北京商品交易所9507绿豆合约的交易中，向客户提供的交易和持仓清单所载明的成交价格，与同期北京商品交易所的原始记录不符。浙江金马期货公司于1995年5月，提供给浙江华能公司的交易与持仓清单所载明的持仓量，与同期北京商品交易所的原始记录不符。1995年4月至6月，浙江金马期货公司受华能工贸公司和浙江华能公司的委托，在郑州商品交易所从事9507绿豆合约的交易中，未如实执行客户的指令进行交易，并向客户提供了虚假成交回报。由于浙江金马期货公司在代理浙江华能公司及华能工贸公司的期货交易过程中，没有如实执行客户的指令，并向客户提供虚假成交回报和持仓回报，中国证券监督管理委员会决定对浙江金马期货公司处以警告，并责令浙江金马期货公司停业整顿半年。在停业整顿期间，禁止接受新客户，禁止接受新开仓交易指令，现有客户的未平仓合约要在交割日前平仓或在交割日进行实物交割。

13日　中国银行首家境外全资附属商人银行公司——中国银行国际控股有限公司暨中国银行国际（英国）有限公司在英国伦敦成立。

14日　全国人大颁布《中华人民共和国刑法（修正）（1979）》（以下简称《刑法》）。修正后的《刑法》自1997年10月1日起施行。《刑法》中第二编第三章的第四节和第五节分别对“破坏金融管理秩序罪”和“金融诈骗罪”进行了规定。其中，破坏金融管理秩序罪包括：伪造货币的；出售、购买伪造的货币或者明知是伪造的货币而运输，数额较大的；明知是伪造的货币而持有、使用，数额较大的；变造货币，数额较大的；未经中国人民银行批准，擅自设立商业银行或者其他金融机构的；以转贷牟利为目的，套取金融机构信贷资金，高利转贷他人，违法所得数额较大的；非法吸收公众存款或者变相吸收公众存款，扰乱金融秩序的；伪造有价证券的；未经国家有关主管部门批准，擅自发行股票或者公司、企业债券；涉及证券犯罪的条款包括擅自发行证券罪、内幕交易罪、编造并传播虚假信息罪、操纵证券交易价格罪、虚假出资罪等；涉及金融机构员工犯罪的包括索取他人财物或者非法收受他人财物、利用职务便利挪用本单位或者客户资金等七条及其他触犯《刑法》的金融犯罪。金融诈骗罪包括非法集资；诈骗银行或者其他金融机构的贷款；利用票据、信用证、信用卡、国库券等有价证券进行诈骗；保险诈骗等。

18 日　深圳证券交易所发布公告，从 1997 年 3 月 21 日起，凡利用深圳证券交易所交易系统以上网定价方式发行股票，其发行手续费由股票发行总金额的 4‰调整为 3.5‰。

△　原中国农业银行信托投资公司正式与中国农业银行系统脱钩，更名为中国长城信托投资公司。该公司的实收资本为人民币 6 亿元，外汇资本为 1 000 万美元。

19 日　中国证监会和日本大藏省签订了谅解备忘录。中国证监会国际业务部与东京证券交易所就中国企业到日本上市的相关事宜在东京证券交易所举行了交换仪式，负责中国企业到日本上市的两个具体监管部门之间的成功换函，标志着中国企业到东京证券交易所上市合作的开始。《谅解备忘录》的签署，为中日两国证券监管机构之间的合作建立了渠道，也为中国企业到日本证券市场筹集资金奠定了基础，标志着中日两国证券市场的合作与交流进入了新的阶段。

24 日　国有资产管理局、国家体制改革委员会发布《股份有限公司国有股股东行使股权行为规范意见》。该规范意见明确，1. 国有股股东依法享有下列权利：依法持有公司股票，享有与其他股东同等的权利委派股东代表出席股东大会并行使表决权，享有公司选举权和被选举权；按规定增购、受赠、转让或质押股份；查阅公司章程和股东大会会议记录及公司财务会议报告，监督公司生产、经营和财务管理，可对此提出建议和质询；依照所持股份份额领取股利及其他分配形式的利益；对股东大会、董事会违反法律、行政法规和侵犯国有股股东合法权益的决议，依法向人民法院提起要求停止该违法行为和侵害行为的诉讼；公司终止并依法清算时，按股份比例分得剩余财产；法规、行政法规以及公司章程赋予的其他权利。2. 国有股股东应委派国有股股东代表出席股东大会并行使股东权利。国有股股东代表应具备相应的条件，“国有股股东代表委托书”是股东代表在股东大会上行使表决权的证明。3. 国有股股东可以依法增购公司的股份，或依法将所持股份转让给境内外法人和自然人，转让收入必须用于国有资本再投入，转让股份的价格必须依据公司的每股净资产、净资产收益率、实际投资价格（投资回报率）、近期市场价格以及合理的市盈率等因素来确定，但不得低于每股净资产。4. 国有股股东必须按股东大会决议及持有的公司股份份额收取应得的股利。5. 国有股股东应对公司履行应尽的义务，承担相应的责任，应将文件规定情况报国有资产管理部门备案等。

△　北京大唐发电股份有限公司在伦敦证券交易所上市，成为首家在伦敦上市的中国公司。北京大唐发电股份有限公司共发行 12.44 亿股，发行价为 2.52 港元。1997 年 3 月 21 日，北京大唐发电股份有限公司首先在香港联合交易所挂牌上市（量价），然后以普通股形式在伦敦交易所挂牌上市。

25 日　国务院证券委员会发布《可转换公司债券管理暂行办法》。该暂行办法规定：1. 可转换公司债券的发行、上市、转换股份及其相关活动应当遵循公开、公平、公正和诚实信用的原则；在转换股份前，其持有人不具有股东的权利和义务；可以依法转让、质押和继承。2. 可转换债券的发行应当经省级人民政府或者国务院有关企业主管部门推荐，报中国证监会审批；重点国有企业发行可转换公司债券，应当由发行人提出申请，经省级人民政府或者国务院有关企业主管部门推荐，报中国证监会审批，并抄报国家计划委员会、国家经济贸易委员会、中国人民银行、国家国有资产管理局。3. 上市公司发行可转换公司债券，应当符合下列条件：A. 上市公司必须最近三年连续盈利，且最近三年净资产利润率平均在 10% 以上；属于能源、原材料、基础设施类的公司可略低，但不得低于 7%。B. 可转换公司债券发行后，资产负债率不高于 70%。C. 累计债券余额不超过公司净资产额的 40%。D. 募集资金投向符合国家产业政策。E. 发行利率不超过银行同期存款利率水平。F. 发行额不少于人民币 1 亿元。重点国有企业发行可转换公司债券除应当符合上述 C、D、E、F 项条件外，还应当符合下列条件：最近三年连续盈利，且最近三年的财务报告已经具有从事证券业务资格的会计师事务所审计；有明确、可行的企业改制和上市计划；有可靠的偿债能力；有具有代为清偿债务能力的保证人的担保。4. 债券期限最短为 3 年，最长为 5 年。5. 上市公司发行可转换公司债券的，以发行可转换公司债券前 1 个月股票的平均价格为基准，上浮一定幅度作为转股价格。重点国有企业发行可转换公司债券的，以拟发行股票的价格为基准，以一定的比例折扣作为转股价格。6. 可转换公司债券在发行人股票上市或者拟上市的证券交易所上市。证券交易所应当与发行人订立上市协议，并报中国证监会备案。7. 上市公司发行的可转换公司债券，在发行结束 6 个月后，持有人可以依据约定的条件随时转换股份。重点国有企业发行可转换公司债券，在该企业改建为股份有限公司且其股票上市后，持有人可以依据约定的条件随时转换股份。可转换公司债券转换为股份后，发行人股票上市的证券交易所应当安排股票上市流通。

25～27 日 中国人民银行召开第一次全国保险监管会议。会议总结了 1996 年的保险监管工作，布置了 1997 年的保险监管任务，分析了保险监管工作中存在的问题，研究了加强保险监管的措施，进一步明确了保险监管的有关政策和事项。会议指出，1997 年保险监管工作的主要任务是：1. 深化保险体制改革。重点抓好以下四项工作：组建再保险公司，加快建立再保险市场；抓紧制订农业保险体制改革方案，解决政策性保险同商业性保险分别经营的问题；理顺出口信用保险体制；研究落实中国太平洋保险公司和中国平安保险公司的财产保险、人寿保险分业经营方案，并组织实施。2. 稳步发展保险机构。按照规定条件，适量批设保险公司。3. 加快保险法制建设。4. 整顿保险市场秩序。包括整顿保险机构；对各保险公司的分支公司自行制定的保险条款进行彻底清理；规范保险业务行为，对保险费率、保险赔付、异地出单、强行推销、代理手续费等违规行为进行严肃处理；清理保险资产；整顿财务纪律。5. 防范和化解保险风险。除明确了 1997 年的主要任务之外，会议还明确了有关政策和事项，包括：（1）关于《中华人民共和国保险法》执行中遇到的问题。（2）关于保险分支机构审批的问题。（3）关于保险监管责权划分的问题。（4）关于保险代理人的问题。（5）关于保险公司同有关部门联合发文的问题。（6）保险机构的违规处罚问题。（7）关于社会保险与商业保险的界定问题等。

28 日 国家体制改革委员会出台 1997 年经济体制改革实施要点，主要内容有加快国有企业改革步伐，加大投资体制改革力度，加快社会保障制度改革，搞好住房制度改革，积极推进流通体制改革和完善财税金融体制等六个方面。该要点同时指出，对于条件具备的企业，可以通过发行股票、设立专项投资基金等办法筹措资金，并继续规范证券市场，适当增加股票发行规模。

29 日 中国人民银行发布《公开市场业务暨一级交易商管理暂行规定》。其中规定：公开市场业务是指中国人民银行为实现货币政策目标而公开买卖债券的活动，债券包括政策性金融债、中央银行融资券、国债以及中国人民银行指定的其他债券；债券交易种类包括买卖和回购；回购期限的档次分为 7 天、14 天、21 天、28 天、2 个月、3 个月和 4 个月共 7 种；债券交易一般采用招标方式进行，包括数量招标和利率招标（或价格招标）；债券登记、托管和交割统一在中央国债登记结算有限责任公司进行，按照其制定的有关办法办理。公开市场业务一级交易商，必须是经中国人民银行批准设立，具有独立法人资格的商业银行、证券公司和信托投资公司；城市合作银行、证券公司和信托投资公司的注册资本不低于人民币2亿元。该规定对一级交易商的权利和义务，以及变更和终止作了详细的说明。该规定发布的同时，第一批被批准的一级交易商名单也相应公布。第一批被批准的一级交易商共25家，包括15家商业银行和10家城市合作银行。证券公司和信托投资公司未被批准为一级交易商。

30日 中国人民银行发布《关于加强现金管理工作有关问题的通知》。全国金融工作会议召开以后，各金融机构认真贯彻适度从紧的货币政策，但当年春节后现金回笼速度明显偏慢，到3月25日，全国回笼现金2 512亿元，占春节前投放量的76%。如果到4月末完不成回笼任务，上半年就可能出现净投放的情况，势必影响全年控制目标的实现。因此，人民银行出台上述通知，要求采取切实有力的措施，促使现金管理工作逐步走向制度化、规范化，确保全年现金控制目标的实现。该通知指出：要提高对现金管理工作重要意义的认识；改进和完善现金管理办法，发挥商业银行总行和人民银行分行的作用；尽快配备专职人员，落实现金管理职责；严禁公款私存，控制不合理现金支出；规范信用卡管理，减少信用卡提现；认真执行账户管理规定，建立大额现金支付登记备案制度；合理核定开户单位的库存现金限额，加强对开户单位的库存现金管理；进一步改进金融服务，积极组织货币回笼；大力推广便捷的结算工具，引导企业减少现金使用；进一步规范人民银行现金发行库和业务库的管理，把好现金出库关；改进现金统计制度，加快数据上报速度；交流、推广现金管理经验，加大对违规支取现金案件的查处力度。

4月

1日 经中国人民银行、国家外汇管理局批准，中国银行总行及其上海、天津、深圳等12家分行同时推出人民币远期结售汇业务。这是国内银行首次开办这一业务。

人民币远期结售汇业务 人民币远期结售汇业务是一种确定汇价在前而实际外汇收支发生在后的结售汇业务。人民币远期结售汇业务是指客户与银行协商签订远期结售汇合同，约定将来办理结汇或售汇的人民币兑外汇币种、金额、汇率以及交割期限，在交割日当天，客户按照远期结售汇合同所确定的币种、金额、汇率向银行办理结汇或售汇。因此，人民币远期结售汇业务的实质是远期外汇买卖和国内外汇市场结售汇制度相结合，为客户提供了规避外汇和人民币之间的汇率风险、锁定换汇成本、进行货币保值的有效手段。

目前，人民币远期结售汇业务提供人民币兑美元、日元、欧元、德国马克和港元的交易，远期交易期限分为7天、20天、1个月、1个半月、2个月、2个半月、3个月、3个半月、4个月、4个半月、5个月、5个半月、6个月13档。

2日 中国人民银行发出《关于暂停存单质押贷款业务和进一步加强定期存款管理的通知》。为了防止盗开或伪造银行存单进行诈骗犯罪活动，给银行资产造成巨额损失，该通知要求中国人民银行各省、自治区、直辖市、深圳经济特区分行，各国有商业银行，其他商业银行：1. 从1997年4月21日起，暂停办理存单质押贷款业务（10万元以下个人定期储蓄存款、小额抵押贷款业务除外），对尚未到期的存单质押贷款，要逐笔审查存单的真实性。2. 从4月30日起对单位定期存款实行账户管理。各金融机构不再给存款单位开具存单，改为出具“单位定期存款开户证实书”，证实书不得作为质押的权利凭证。3. 严禁使用储蓄存款单证办理单位存款业务。对文到之日前用定期储蓄存单代单位定期存单且尚未到期的，务必在5月30日前将原存单收回，更换为“单位定期存款开户证实书”。4. 切实加强储蓄定期存款业务管理。各行储蓄存款使用的特种存单不得超过中国人民银行《关于加强大额定期存款管理的通知》中的规定限额，各类存单还均须印有“未经确认质押无效”的字样。5. 城市合作银行、农村合作银行、信用合作社1997年一律不得发行大额可转让定期存单。

4日　中国人民银行发布《大额现金支付登记备案规定》。该规定要求：凡办理现金收付业务的商业银行、城市合作银行、城乡信用社都必须建立大额现金支付登记备案制度；实行登记备案的范围限于机关、团体、企业、事业单位、其他经济组织和个体工商户以及外国驻华机构的大额现金支付，工资性支出和农副产品采购现金支出除外；对居民个人提取储蓄存款暂不实行登记备案；大额现金的数量标准由中国人民银行各省、自治区、直辖市分行根据当地开户单位正常、零星的现金支出的实际确定，并报中国人民银行总行备案；开户单位在提取大额现金时，要填写有关大额现金支取登记表格，开户银行要建立台账，实行逐笔登记，并于季度后15日内报送中国人民银行当地分支行备案；开户银行对本行签发的超过大额现金标准、注明"现金"字样的银行汇票、银行本票，视同大额现金支付，实行登记备案制度。开户银行对大额提现情况要经常进行分析和检查，对重大涉嫌案件要报经中国人民银行处理。该规定自1997年7月1日起施行。

△　中国建设银行2亿美元浮息债券在香港发行。中国建设银行在香港举行了发行2亿美元浮动利率债券的签字仪式，这是中国的商业银行今年第一次在国际金融市场发行债券，国内首家国有银行在香港以发行港元债券的方式为国内建设项目筹措资金。此笔美元债券的期限为5年，票息为LIBOR+0.30%，发行总成本为LIBOR+0.375%，被穆迪投资者服务公司评为Baa1级，将于4月14日在香港联合交易所挂牌上市，所筹资金将用于广东茂名三十万吨乙烯工程、山西阳城电厂等八个国家重点项目的建设。

7日　中国人民银行发出《关于对商业银行贷款质量进行稽核调查的通知》。商业银行的贷款质量低、包袱重的问题，已严重地制约了商业银行的稳健经营，为了进一步摸清各商业银行的贷款质量，研究贷款风险分类管理标准，化解信贷风险，中国人民银行发出通知，要求对商业银行的贷款质量进行稽核调查。稽核调查的范围为各商业银行的分支机构（包括各商业银行总行直接发放贷款的职能部门）。稽核调查的内容为1996年12月末本外币贷款余额中正常贷款、逾期贷款、呆滞贷款和呆账贷款的真实结构；着重调查在正常贷款中实际逾期贷款、实际呆滞贷款和实际呆账贷款所占的比重，调查在呆滞贷款中实际呆账贷款所占的比重。此次稽核调查先由各商业银行分支机构自查，在此基础上，人民银行进行重点调查。

△　国务院证券委员会决定进行可转换公司债券发行试点。根据国务院证券委发布的《可转换公司债券管理暂行办法》，中国证监会负责组织可转换公司债券的试点工作。试点对象从500家重点国有企业中的未上市公司中选取，发行总规模为40亿元，上市公司暂不列入试点。发行可转换公司债券是为了促进国有企业的改革和发展，解决其资本金不足的困难。

8日　国家外汇管理局发布《关于下发〈检查处理违反外汇管理行为办案程序〉的通知》。该通知是根据《中华人民共和国行政处罚法》对1992年公布的《检查处理违反外汇管理案件程序》进行修改而成，以促进国家外汇管理局及其各分（支）局检查、处理违反外汇管理行为办案程序的规范化、法制化。修改后的《检查处理违反外汇管理行为办案程序》与1992年公布的《检查处理违反外汇管理案件程序》的主要区别为：由原十章调整为十二章，包括总则、管辖、处罚的适用、立案、检查、处理、执行、复审、简易程序、回避、法律责任、其他；案件的管辖由"当事人所在地外汇局分局负责"修改为"由行为发生地外汇局分局负责"；新增第三章"处罚的适用"部分；将检查细化为"事前检查"和"事后检查"；新增听证制度、检查报告部分和处罚的集体讨论制度；对执行措施作了修改；增加了"第十一章法律责任"部分。从2002年7月1日起施行的《国家外汇管理局检查处理违反外汇管理行为办案程序》将本文废止。

10日　财政部发布《关于印发〈中华人民共和国国债托管管理暂行办法〉的通知》。该通知的发布旨在规范国债托管行为，保护广大国债投资者的合法权益，促进国债市场的进一步发展。该暂行办法规定：1. 国债托管是指国债投资人基于对国债托管机构（以下简称托管人）的信任，将其所拥有的国债委托托管人进行债权管理、实物券面保管与权益监护的行为。国债托管实行全国集中、统一管理的体制，中央国债登记结算有限责任公司（以下简称中央公司）依本办法按照不以盈利为目的的原则主持建立和运营全国国债托管系统，并实行自律性管理。记账式国债的托管关系在办理债权登记手续后即产生。2. 实物国债的托管关系在托管客户按本办法和有关业务规则办理存券手续后产生。3. 托管人包括中央公司及其认可的成员单位，包括除政策性银行以外的各类银行、各证券公司、可以从事有价证券经营业务的信托投资公司。申请成为托管人的金融机构须具有法定最低限额以上的实收货币资本；有能力且自愿履行本办法规定的有关托管人的各项义务；在中国人民银行批准的经营范围内依法开展业务活动，在前3年中无违法和违章经营记录，具有良好的信誉；在申请成为国债托管人之前，有参与国债一级市场和二级市场业务1年以上的良好经验。4. 成员单位直接在中央公司开立托管账户；经中央公司同意的机构客户，也可在中央公司开立托管账户；其他客户在中央公司的成员单位开立托管账户。办法还对托管账务管理、实物国债保管库管理及各责任方的法律责任作出了详细规定。

△ 中国人民银行发出《关于进一步加快证券回购债务清欠工作的通知》。该通知要求人民银行各省、自治区、直辖市、深圳经济特区分行，要力争在1997年上半年基本结束证券回购清欠工作。要坚持以偿还债务为中心，凡有债务的单位，不论其债权的多少，都要积极筹措资金，首先归还债务，自觉维护自身的对外信誉；坚持法人负全责的原则；凡因出租、出借席位引发的证券回购债务，应先由出租、出借单位的机构负责偿还，确保清欠工作的顺利进行。要建立省级分行主管行长证券回购债务清欠负责制；督促债务机构积极筹措偿债资金；加强对债务大户的重点监管；认真做好特种金融债券的发行工作；允许净债权机构在融资中心内适当融资；严格清欠纪律，维护各方的正当权益；做好清欠过程中的账务和资金的管理工作；三个证券交易场所要认真做好交易账务的管理工作；加快清欠步伐，落实清欠进度。

4月21日，财政部发出《关于进一步加快财政系统国债中介机构证券回购债务清欠工作的通知》，要求各省、自治区、直辖市、计划单列市财政厅（局）认真抓好本省（市）范围内的财政机构证券回购债务清欠工作，要求建立财政厅（局）主管厅（局）长证券回购债务清欠工作负责制；督促债务机构积极筹措偿债资金；加强对债务大户的重点监管；组织财政系统清欠专场；建立旬报制度，定期公布清欠进度情况。4月28日，中国人民银行、财政部、中国证券监督管理委员会联合发布《关于暂停29家证券回购债务拖欠机构部分业务经营资格的通知》，该通知指出，经查，仍有一些证券回购债务巨大的金融机构对证券回购债务清欠工作不够重视，清欠进展缓慢，影响了全国证券回购债务清欠任务的完成。该通知规定，自此文下达之日起，暂停或不予批准29家金融机构的国债一级自营商资格和股票主承销商、副主承销商的资格（已同发行企业签订承销协议的承销项目除外），直至这些金融机构的证券回购债务清偿金额在现有的基础上下降80%后，方可恢复上述资格。

11日 中国人民银行在北京召开全国分行行长季度例会。会议的重点是落实朱镕基副总理关于1997年是“整顿金融秩序、防范金融风险年”的重要指示，研究化解已经逐步暴露的金融风险，建立中央银行金融监管责任制，同时为党中央和国务院下半年召开金融工作座谈会作初步准备。会上7个省分行的负责同志就防范和化解金融风险作了典型发言，中国人民银行行长戴相龙作会议总结发言。

△ 中国人民银行深圳经济特区分行、深圳市证券管理办公室、深圳市期货管理办公室分别发出紧急通知，严禁各证券经营机构开设远程交易室从事证券经纪业务，同时禁止期货经营机构从事证券业务。

△ 中国银行发行7年期3亿美元亚欧浮息债券签字仪式在香港举行。这是我国第一次在国际市场发行这种债券。债券已于本月9日在亚洲和欧洲同时定价销售，并在香港、卢森堡股票交易所挂牌上市。发行债券筹集的资金主要用于我国的能源建设项目。

15日 《中国人民银行货币政策委员会条例》颁布实施。该条例规定，货币政策委员会是中国人民银行制定货币政策的咨询议事机构，其职责是在综合分析宏观经济形势的基础上，依据国家的宏观经济调控目标，讨论货币政策的制定和调整、一定时期内的货币政策控制目标、货币政策工具的运用、有关货币政策的重要措施、货币政策与其他宏观经济政策的协调事项，并提出建议。该条例同时规定，货币政策委员会由中国人民银行、国家计划委员会、国家经济贸易委员会、财政部、中国证券监督管理委员会等部门的有关负责人组成，其中，中国人民银行行长、国家外汇管理局局长、中国证券监督管理委员会主席是货币政策委员会的当然委员。

△ 中国人民银行向中共中央政法委员会(以下简称中央政法委）作出《关于企业非法借贷造成巨额金融风险有关问题的报告》。该报告指出，近年来，一些企业为了牟取非法利益，利用社会资金短缺的机会，串通银行内部工作人员，骗取银行存单，套取银行信用，涉案金额巨大，严重扰乱了金融秩序。这类案件的处理主要涉及刑事责任和民事责任两方面，人民银行认为这类案件的性质不是存款纠纷，而是非法借贷；对于出资方的资金损失，应由借贷企业自己承担，不能转嫁到银行身上。为此，人民银行建议：1. 由中央政法委、最高人民法院、最高人民检察院、公安部、人民银行联合发出通知，强调严厉打击企业间非法借贷的违规行为。2. 成立金融风险防范法律协调小组，保障对重大案件的查处，从而防范和化解金融风险和经济风险。

△ 中国人民银行、国家经济贸易委员会和中国工商银行联合发出《关于调查“七五”时期国家技术改造项目贷款执行情况的通知》。为了全面掌握“七五”时期固定资产贷款情况，做好固定资产贷款管理工作，中国人民银行、国家经贸委和中国工商银行决定对“七五”期间国家技术改造项目贷款的执行情况进行全面的调查。调查范围为“七五”时期国家批准的限额以上的技术改造项目，调查方式采用逐一跟踪方式。调查内容为项目投资情况、项目资金情况、项目效益情况。

15～17日 中国人民银行召开全国非银行金融机构监管工作会议。会议以防范和化解非银行金融机构的风险为主题，总结、交流1996年的非银行金融机构监管工作，部署下一步的工作任务，研究落实措施，提出总体要求。1996年取得的工作成绩：完成了对全国非银行金融机构的重新登记工作；顺利开展了国有商业银行与所属信托投资公司脱钩及人民银行各级分行与其投资的证券公司脱钩工作；建立了对非银行金融机构的非现场检查制度；在严格市场准入的同时，研究探索了非银行金融机构的市场退出问题；积极组织了证券回购债务的清欠工作；典当行的清理整顿基本结束；加强了法规制度建设。1997年的工作任务：防范和化解非银行金融机构的风险；继续整顿金融秩序；落实好地市级信托投资公司的归并工作；加强对证券公司和证券交易营业部的监管；继续组织并完成证券回购债务的清理工作；从严掌握地方企业债券的发行与管理；完善非银行金融机构监管法规，促进规范化管理；加强非银行金融机构监管的基础性建设。要求各级人民银行进一步提高对防范、化解非银行金融机构风险的重要性和紧迫性的认识，严肃纪律，加强调查研究，提高监管队伍的素质。

16日 中国人民银行发布《关于进一步加强银行结算管理的通知》。该通知要求中国人民银行各省、自治区、直辖市、深圳经济特区分行，各国有商业银行，其他商业银行：1. 加强商业汇票承兑贴现的管理，建立汇票贴现、再贴现的监控机制，改革银行承兑汇票付款方式。2. 严格银行汇票的签发和兑付，严禁签发空头银行汇票，加强对银行汇票退汇的管理。3. 严格结算纪律，强化结算监管。具体内容为：严格执行结算纪律的“三不准”，即不准以任何理由压票、随意退票、截留挪用客户和他行资金，受理无理拒付、自行拒付退票，不扣或少扣滞纳金；不准在结算制度之外规定附加条件，影响汇路畅通；不准违反规定开立和使用账户。强化银行结算的管理，中国人民银行分支行要加大结算监管的力度。开展结算纪律大检查。4. 改进银行结算服务，加快社会资金周转。即要按照规定的时间及时办理结算；准确安全办理结算；密切银企关系，加强对企业单位结算工作的宣传和辅导。

△ 中国人民银行发布公告，公布1997年5月人民币长期储蓄存款的保值贴补率为年利率0。公告明确，今后保值贴补率为零时，不再公布；保值储蓄存款在保值期内如有保值贴补率，仍在上月15日以前公布。

△ 国家计划委员会、国家外汇管理局发出《境外进行项目融资管理暂行办法》。该暂行办法规定：项目融资是指以境内建设项目的名义在境外筹措外汇资金，并仅以项目自身的预期收入和资产对外承担债务偿还责任的融资方式。项目融资主要适用于发电设施、高等级公路、桥梁、隧道、城市供水厂及污水处理厂等基础设施建设项目，以及其他投资规模大且具有长期稳定预期收入的建设项目。经国家计委批准的项目融资，其对外融资规模纳入国家借用国际商业贷款指导性计划；项目融资须经国家外汇管理局审批或审核，其中，地方上报的项目融资条件由当地外汇局分局初审后，报国家外汇管理局审批或审核。项目融资协议正式签署后，项目公司应向外汇管理部门办理外债登记。项目公司以项目融资方式筹措的外汇资金，应及时调入境内，按照规定用途使用或根据国家外汇管理规定保留或结汇；未经国家外汇管理局批准，不得存放境外。偿还对外债务本金不足部分外汇，项目公司可凭国家计委和国家外汇管理局批准的有关文件，经当地外汇管理部门核准，向外汇指定银行购买，存入专项账户。

18日 中国人民银行发出《关于对基金会进行现场常规稽核的通知》。为了加强对基金会的管理，促进其业务正常进行和健康发展，维护捐赠者的意愿，保证捐赠目的的实现，中国人民银行要求各级分支行对基金会经营活动进行现场常规性稽核。本次稽核由中国人民银行各级分支行现场稽核辖内同级基金会，期限为各家基金会1996年12月末的各项捐赠及财务收支活动情况。重点检查基金会的资金来源与运用情况、内部控制及财务状况。

△ 中国证监会与马来西亚证券委员会在北京签署“中马证券期货监管合作谅解备忘录”。备忘录的签署有利于双方监管机构在监管信息分享、相互提供协助和人员交流培训等方面进行合作，促进双方市场的完善和发展。至此，我国已同世界上七个国家和地区签署了监管合作备忘录。

19日 根据八届人大五次会议关于批准设立重庆直辖市的决定，中国人民银行批准中国人民银行重庆市分行升格为直辖市分行，行使省级分行职能和权限，管辖重庆市分行所辖的5个县（市、区）支行和万县市、涪陵市、黔江地区分行及其所辖的17个县（区）支行。

△ 由上海市证券管理办公室、上海证券交易所发起和建立的上市公司董事会秘书例会制度正式实施。这是上海在规范上市公司运作、完善董事会秘书制度方面的一大举措。

24日 中国人民银行向国务院提交1996年度金融监管工作报告。该报告对1996年人民银行的金融监管工作的基本情况进行总结，强调今后在金融风险的防范、化解中应采取如下措施：1. 坚决、彻底取缔非法金融机构，研究、规范、制止非法金融活动。2. 在改革中逐步化解农村信用社的金融风险。3. 规范、引导城市信用社的发展。4. 逐步降低商业银行的不良贷款比例。5. 防范和化解信托投资公司和证券机构的金融风险。6. 规范和引导财务公司健康发展。7. 加强对企业债券的管理。8. 逐步化解农村合作基金会的金融风险。9. 认真防范和严厉查处金融诈骗活动。10. 加强对金融机构高级经营管理人员的资格审查。

△ 中国证监会作出决定，开展“证券期货市场防范风险年”活动。活动内容包括：开展多种形式的宣传教育活动，建立市场风险监测系统；形成证券、期货市场风险防范体系；建立、健全各类市场风险基金；建立重点监控和公开举报制度。此次活动的重点是通过加强市场监管，规范市场行为，努力防范和化解市场风险，保持市场稳定。

25 日 中国人民银行发布《关于对金融系统工作人员违反金融规章制度行为处理的暂行规定》。该暂行规定要求金融系统工作人员必须严格遵守有关规章制度，对初次违规且情节轻微的，给予批评教育，并给予适当的经济处罚；违规两次或情节、后果较重的，除给予经济处罚外，还要进行通报批评或给予行政警告处分；连续三次以上违规或情节、后果严重的，给予记过以上的行政处分，并调离原工作岗位。对监督检查人员不按监督检查的规定和程序办事，情节轻微，未造成后果的，给予批评教育，并给予一定的经济处罚；造成一般差错的，除给予经济处罚外，还要进行通报批评；造成差错、事故的，给予行政警告处分；造成重大事故或经济损失的，给予记过以上的行政处分，并调离原工作岗位。业务部门负责人对本部门发生的违反规章制度的行为不作认真处理的，给予通报批评或行政处分；发生差错、事故造成损失的，按有关规定追究领导的责任；本人违反规章制度的，给予通报批评或行政处分。金融系统各级机构的负责人对有关规章制度不认真传达贯彻、组织实施，造成严重差错、事故的，要通报批评；造成严重后果和重大经济损失的，要依据有关规定给予严肃处理；金融机构负责人本身违反规章制度的，要从严处理。本规定自发布之日起执行。

△ 中国人民银行发出《关于人民银行系统违规经营处理意见的通知》。该通知指出，1996 年通过清理，问题得到了充分暴露，对违规问题的处理意见为：1. 进一步理顺债权债务关系，加大清收力度，对能够出卖的房产及抵押物要通过拍卖、出售，收回资金，清偿债务；对投资参股的股权进行转让，收回投资；对通过金融机构转贷给企业的贷款，将其有关的债权予以转让，收回部分资金。2. 对部分违规资产、负债实行并账处理。3. 对有关人员要分清责任，区别对待，严肃查处。

28 日 中国人民银行颁布实施《个人住房担保贷款管理试行办法》。该试行办法适用于经中国人民银行批准设立的商业银行和住房储蓄银行。主要内容如下：1. 具有城镇常住户口，有稳定的职业和收入，有偿还贷款本息的能力；有资产作为贷款抵押或质押，或有单位或个人能承担连带责任，可向银行提出借款申请。2. 贷款期限由银行自行确定，但最长不得超过 20 年。借款人应在双方约定的贷款期限内，按月归还贷款本息。贷款的最高额为购买自用普通住房价格的 70%；用住房公积金发放的贷款，利率不分期限档次。使用当年归集的住房公积金发放的贷款，贷款利率在活期存款利率的基础上加 2 个百分点执行；使用上年结转的住房公积金发放的贷款，贷款利率在 3 个月整存整取存款利率的基础上加 2 个百分点执行。用信贷资金发放的贷款，在合同期内，期限为 5 年的，执行 3 年期固定资产贷款利率；期限为 5 年以上至 10 年的，执行 5 年期固定资产贷款利率；期限为 10 年以上的，在 5 年期固定资产贷款利率的基础上适当上浮，上浮幅度不超过 5%。3. 贷款可以抵押和质押作为担保。作为贷款抵押物的财产，应当符合《中华人民共和国担保法》的规定。借款人以所购的自用住房作为贷款抵押物的，必须将住房价值全额用于贷款抵押，借款人还须在合同签订前办理房屋保险或委托贷款人代办有关保险手续。4. 银行不对购买高档豪华商品房发放个人住房担保贷款。该试行办法首先在国务院确定的实施安居工程的 223 个城市中试行，由中国人民银行安排国有商业银行 100 亿元贷款规模，专项用于发放个人住房担保贷款。

29 日 国务院发布《国务院批转国家计委、国家经贸委、国家体改委关于深化大型企业集团试点工作意见的通知》。该通知指出，要按照建立现代企业制度和搞好整个国有经济的要求，重点抓好一批大型企业集团，带动一批企业的改组和发展，促进结构调整，形成规模经济，提高国有资产的营运效率和效益，积极发挥大型企业集团在国民经济中的骨干作用。《关于深化大型企业集团试点工作的意见》就试点工作和选择第二批试点企业集团名单的有关问题提出如下意见：要建立以资本为主要联结纽带的母子公司体制；进一步增强试点企业集团母公司的功能；多渠道增补试点企业集团的资本金，发挥其在结构调整中的作用；加强对试点企业集团的监督、考核；扩大大型企业集团试点的范围和条件；并要求国家计委、国家经贸委和国家体改委做好企业集团试点的组织和领导工作。

5月

8日 中国人民银行印发《关于规范华夏、国泰、南方证券公司管理体制的通知》。该通知指出，随着证券市场的发展，国务院及中国人民银行有关证券市场及证券机构监管的法律法规日趋完善。为了独立行使中央银行的监管职能，三大证券公司不再挂靠中国人民银行总行，自文到之日起，停止执行《关于对中国证券交易系统有限公司，华夏、国泰、南方证券有限公司董事长、总经理、监事长管理的暂行办法》（银发［1993］294号）和《关于华夏、国泰、南方证券有限公司挂靠人民银行总行的管理办法》（银发［1993］348号），对三大证券公司的监管依照统一的政策法规执行，三大证券公司党的关系按照属地管理的原则办理。

△ 世界银行下属的国际金融公司发表1997年新兴股票市场统计报告，在1996年世界取得最佳成果的股票市场中，中国股市以增长89%位居第五。

9日 国务院发出《关于调整证券（股票）交易印花税税率的通知》。决定从1997年5月10日起，将买卖、继承、赠与所书立的股权转让书据等证券交易印花税从0.3%上调至0.5%，调整税率新增加的收入，全部作为中央财政收入。这次调整增加了资金短出短进的交易成本，是管理层运用税率杠杆调节股市交易，抑制股市过度投机，保证证券市场稳步健康发展的重大措施。

12日 《中国人民银行科技发展和电子化建设“九五”计划大纲》发布。主要内容有：1. 中国人民银行的科技发展和电子化建设存在以下不足：科技工作归口管理关系还未完全理顺，贯彻执行电子化建设总体规划力度不够；建设资金投入不足，来源不稳定；应用系统软件开发工作缺乏总体规划和设计。2. 科技发展和电子化建设的目标为在20世纪末，在总行和各级分支机构基本实现信息传输网络化、业务处理电子化、决策管理科学化、办公管理自动化，进一步缩小与发达国家中央银行的电子化整体水平的差距。3. 科技发展和电子化建设的工作重点是建成中国金融数据通信网；改进并完善全国电子联行系统；完成中国国家现代化支付系统的试点工程并向全国其他城市推广；完成主要业务应用系统的开发与推广；完成金融管理信息系统的建设，建立总行和各级分支机构的办公自动化系统；完善并推广综合处理同城清算、票据清分、会计核算等业务的城市资金清算系统；建立全国统一的货币市场、外汇市场、证券登记和交易结算系统，以及国际收支统计和监测等金融市场电子化系统；进行银行卡工程的试点和推广，建立全国银行信息交换中心。

15日 中国人民银行发出《外资金融机构中、高级管理人员任职资格管理暂行规定》。该规定明确：1. 中国人民银行负责对外资金融机构中、高级管理人员任职资格的审查与管理。2. 外资金融机构的中、高级管理人员是指：外资独资、中外合资金融机构的董事长、副董事长、总经理、副总经理、行长、副行长；外国金融机构在华分支机构的总经理、副总经理、行长、副行长、支行行长；上述机构的会计主管、首席精算师等参与日常管理的主要管理人员；外国金融机构代表机构的总代表、首席代表、代表。3. 外资金融机构的中、高级管理人员具有经济、金融相关专业大学专科以上的学历，熟悉中国的金融管理法规，具有经营管理能力。有10年以上的金融工作经历或15年以上的相关经济工作经历，其中，有5年以上担任分行部门经理或相当于部门经理以上职位的经历。担任会计主管和首席精算师职务，还必须取得相应的资格证书。担任外国金融机构的首席代表，应具有5年以上从事金融或相关工作的经历；外资金融机构中、高级管理人员的任职期限至少为两年。本规定自发布之日起执行。4. 外资金融机构中、高级管理人员的变更须经中国人民银行核准；中国人民银行对外资金融机构中、高级管理人员的任职资格审查实行分级管理制度。

△《中国人民银行关于金融诈骗案件协查管理办法》发布。办法规定：1. 各金融机构由保卫部门办理金融诈骗案件，并建立和完善金融诈骗案件的受理、承办、协查和建立档案等管理制度。在案件查处中，涉及金融机构内部多个部门承办的，要按照各自的职责范围，分工协作，积极查办。2. 诈骗案件主要指：以非法占有为目的，诈骗银行或者其他金融机构的资金；进行金融票据诈骗；利用信用卡、电脑等工具诈骗金融机构的资金；进行保险诈骗活动；以引资、开发项目为由骗取金融机构出具资信证明；其他金融诈骗犯罪活动。3. 各级金融机构的保卫部门要将线索、可疑情况或正在实施的犯罪向公安机关、上级行和主管行领导报告，报告内容必须具有五个要素（时间、地点、事由、原因、结果）。4. 查处和打击金融诈骗犯罪活动，以属地管理为主，金融机构与公安机关办案相结合。各金融机构对发生金融诈骗案件的协查工作分别对上一级金融机构负责；各省、自治区、直辖市、计划单列市（含副省级）分行、分公司对辖内系统发生的金融诈骗案件要积极指导、督办，并分别对各总行、总公司负责。5. 对金融单位被骗款项，凡是国家未发行的货币、国家拨给银行办理信贷业务的资金、客户存入银行的款项，以及被骗的金银等，应全部归还银行，不作财政收入。该办法还对金融机构员工在办案过程中的表现进行奖励与处罚等作出了具体规定。

16日 国家计委、国务院证券委员会对1997年股票发行规模和方向作出规定。确定1997年的股票发行规模为300亿元，股票发行将重点支持国家确定的1 000家国有重点企业、120家企业集团、100家现代企业制度试点企业和农业、能源、交通、通讯、重要原材料及高新技术企业。1997年的额度除解决新公司发行上市外，还将拿出一部分支持已上市公司再次发行新股。已上市公司申请发行新股的，重点支持符合国家产业政策、国家绝对控股、可流通股份偏少、经济效益较好的大中型企业。

△ 中国人民银行颁布《加强金融机构内部控制的指导原则》，要求各金融机构必须建立科学完善的内部控制制度，确保自身发展战略和经营目标的全面实施，保证金融业务稳健运行。主要内容如下：1. 金融机构的内部控制要达到以下目标，确保国家法律、法规和中央银行监管规章的贯彻执行；确保将各种风险控制在规定的范围之内；确保自身发展战略和经营目标的全面实施；有利于查错防弊，堵塞漏洞，消除隐患，保证业务稳健运行。要遵循有效性、审慎性、全面性、及时性、独立性的原则。2. 金融机构的内部控制包括金融机构内部组织结构的控制、资金交易风险的控制、衍生工具交易的控制、信贷资金风险的控制、保险基金的风险控制、会计系统的控制、授权授信的控制和计算机业务系统的控制等，要按照决策系统、执行系统、监督反馈系统互相制衡的原则来设置。3. 为了加强内部控制，金融机构要设立顺序递进的三道监控防线；建立有效的预警预报系统和制定应急应变措施；要进一步加强和完善检查监督手段；按各自的业务经营范围和特点，制定全面、系统、具体的内部控制制度，并在辖属分支机构、各职能部门、各岗位人员之间，建立既有分工负责，又有相互制约的内部控制系统。内部控制制度的综合管理，由各金融机构稽核（审计）部门具体负责，中央银行负责对金融机构内部控制的监督和稽核。该指导原则自发布之日起由金融机构实行。

△ 中国人民银行印发《关于金融机构经营本外币业务统一发放许可证的通知》。决定自

1997年7月1日起，对金融机构经营人民币业务和外币业务统一发放许可证。国家外汇管理局负责审查各金融机构的外汇业务市场准入资格。审查合格后，由中国人民银行的相应职能部门根据国家外汇管理局的批准文件颁发或换发金融机构法人许可证、金融机构营业许可证或保险机构法人许可证、经营保险业务许可证。许可证上注明其经营本、外币的业务范围。统一本、外币许可证后，许可证中业务范围的格式，将根据外汇局批准文件中批准的业务范围，与人民币业务范围相对照进行统一。

18～21日　中国人民银行召开全国外资金融机构监管会议。人民银行副行长陈元在会上作《加强监管、防范风险、搞好金融对外开放工作》的报告。陈元强调了今后我国金融风险防范和化解的工作目标：坚决、彻底地取缔非法设立的金融机构，制止非法金融活动；采取措施严禁银行资金流入股市，督促各类金融机构建立和健全内部风险控制制度；建立和健全职责明确、责任到人、高效运行的中央银行金融监管体系，使金融监管水平有明显提高。

20日　中国人民银行发出《关于清理整顿基金会的通知》。为了贯彻执行《中共中央办公厅国务院办公厅关于加强社会团体和民办非企业单位管理工作的通知》和《国务院办公厅转发民政部关于清理整顿社会团体意见的通知》的精神，人民银行决定对现有基金会进行全面清理整顿。各分行要重点对辖内基金会的基金来源及运用情况进行检查，并根据基金会的不同情况提出保留、整改、合并、撤销的意见。清理整顿采取基金会自查、业务主管部门检查、人民银行审查和民政部门重新登记相结合的方法。各分行要借此次清理整顿的机会对辖内所有的社团基金会进行一次全面普查，摸清基金会的总体情况，基金会的总数及注册、捐赠、筹集基金的情况。

21日　国务院证券委员会、中国人民银行、国家经济贸易委员会联合发布《关于严禁国有企业和上市公司炒作股票的规定》。该规定明确，国有企业不得炒作股票，不得提供资金给其他机构炒作股票，也不得动用国家银行信贷资金买卖股票；上市公司不得动用银行信贷资金买卖股票，不得用股票发行募集的资金炒作股票，也不得提供资金给其他机构炒作股票；国有企业和上市公司为长期投资而持有已上市流通的股票（在国务院主管部门规定的期限以上），应向证券交易所报告；国有企业和上市公司只能在交易所开设一个股票账户（A股），必须用本企业（法人）的名称，严禁国有企业和上市公司以个人名义开设股票账户或者为个人买卖股票提供资金。

22日　中国人民银行发布《商业汇票承兑、贴现与再贴现管理暂行办法》。该办法规定：1. 承兑、贴现、转贴现、再贴现等票据活动，应当遵循平等、自愿、公平和诚实信用的原则，应以真实、合法的商品交易为基础。承兑、贴现、转贴现、再贴现的商业汇票，应以真实、合法的商品交易为基础；承兑、贴现、转贴现的期限，最长不超过六个月；再贴现的期限最长不超过四个月；贴现利率在再贴现利率的基础上加百分点生成，加点幅度由中国人民银行确定；转贴现利率由交易双方自主商定；再贴现利率由中国人民银行制定和调整。2. 商业银行、政策性银行对其分支机构核定可承兑汇票的总量或比例，实行承兑授权管理并承担承兑风险。3. 中国人民银行对各授权窗口的再贴现实行总量控制，并根据金融宏观调控的需要适时调增或调减各授权窗口的再贴现限额，同时，对各授权窗口的再贴现操作效果实行量化考核。该办法同时对承兑、贴现、再贴现业务的具体操作程序作了详细规定。本办法自颁布之日起施行。

△　中国人民银行发布《金融监管工作报告制度》（以下简称《报告制度》）。《报告制度》规定：中国人民银行金融监管工作报告分为快报、季报和年报三类，实行逐级上报方式。季度金融监管工作报告包括以下内容：辖区内金融机构的资产负债情况，金融机构的资产质量情况，辖区内的社会金融秩序状况，辖区内金融机构的违规经营问题，金融系统的经济案件特别是大案要案的发生情况，包括经济犯罪、盗窃、诈

骗、抢劫等案件，中国人民银行分支行的主要监管工作及成效，特别说明事项，改进和加强金融监管工作的思路和建议。年度金融监管工作报告除包括季度金融监管工作报告的内容之外，增加辖区内金融机构的数量及其增减情况和金融机构的财务经营成果。《报告制度》还对各类报告上报时间作出了具体规定。

24日　中国人民银行同泰国中央银行签署一项双边回购协议。协议规定，任何一方可向另一方出售美国政府证券以换取现金，并在以后特定日期购回这些证券。这份协议实质上允许每个机构以最小的附加风险加强其外汇储备证券的流动性，有利于加强两国之间的金融合作，维护金融市场的稳定。

6月

2日　财政部、国家税务总局、中国人民银行下发《关于外资金融机构经营人民币业务有关税收问题的通知》。该通知对外资金融机构经营人民币业务的税收政策作出具体规定。主要内容为：1. 试办人民币业务的外资金融机构，要将人民币业务和外币业务实行分账管理，单独核算，分别计算税额。2. 对外资金融机构经营外币业务的所得，仍按《外商投资企业和外国企业所得税法》及实施细则的规定征收所得税；经营人民币业务的所得，从被批准之日起，一律按30%的税率征收企业所得税和按3%的税率征收地方所得税，不享受“一免两减”的税收优惠。外资金融机构缴纳企业所得税的归属按财政部的财预字［1996］200号文件规定执行。3. 对外资金融机构从被批准允许经营人民币业务之日起，其取得的经营人民币业务的收入，与内资金融企业一样，执行国家统一的营业税的有关规定。该通知从1997年1月1日起执行。

5日　中国人民银行发布《关于各商业银行停止在证券交易所证券回购及现券交易的通知》。该通知要求，各国有商业银行、其他商业银行、城市合作银行必须按中国人民银行规定的时间，停止在证券交易所的证券回购和现券交易，且不得再在证券交易所内发生任何新的证券回购业务和现券交易业务；从6月6日起，商业银行的证券回购业务按中国人民银行的规定，在全国统一的同业拆借网络中办理；禁止一切借券、租券等融券交易；禁止一切金融机构挪用代客户保管的证券进行回购、现券交易及其他交易；禁止一切挪用代客户保管的证券进行抵押的行为；各商业银行必须统一在中央国债登记结算有限责任公司开立证券集中托管账户。

△　中国人民银行发布《银行间债券回购业务暂行规定》。该规定明确交易品种限于可用于回购的流通国债品种；交易对象限于全国银行间同业拆借市场的成员；交易成员的债券回购业务必须通过全国统一同业拆借市场进行，不得在场外进行；交易采用询价方式逐笔成交；回购的期限分为7天、14天、21天、1个月、2个月、3个月、4个月7个品种，最长不得超过4个月；回购利率由买卖双方确定；回购到期时，必须按规定办理资金与债券的反向交割，不得展期。该规定发布的同时，银行间债券交易在中国外汇交易中心正式启动，这标志着中国国债市场被分成交易所交易市场和同业拆借中心市场两个部分。

△　中国人民银行、财政部下发《关于清理规范财政系统证券机构的通知》。对财政系统未经中国人民银行批准设立的证券机构，包括各地财政证券公司以及自营、代理股票交易的各类国债服务部等，一律在清理的基础上进行撤并。具体规定为：被授予国债一级自营商资格而未获得“金融机构法人许可证”的财政证券公司及部分其他财政证券公司，可以与经中国人民银行批准的证券公司或信托投资公司合并。各省个别已代理股票交易业务的国债服务部，经省财政厅（局）审查同意及中国人民银行总行批准后，可并入经中国人民银行总行批准的信托投资公司或证券公司作为其证券交易营业部，原则上每省保留1至2家。其余的财政证券机构及国债服务部或被撤销，或作为当地财政厅（局）的事业单位（统一取名为“××国债服务部”），只办理国债的发行及兑付业务，不得办理证券的交易业务。该通知发布之后，对未经中国人民银行批

准，擅自设立财政证券机构者，将视同非法设立的金融机构。

△ 国务院办公厅转发《中国人民银行关于进一步做好农村信用社管理体制改革工作意见》。该意见指出：目前，农村信用社改革和发展中还主要存在以下问题：农村信用社与中国农业银行脱钩后，如何把农村信用社真正办成合作金融组织，并按合作制改进农村信用社与各方面的关系等问题，还需要进一步统一认识；农村信用社的资产质量差、亏损严重、案件较多、风险突出；中国人民银行对农村信用社的监管亟须完善和加强；农村合作基金会违规经营金融业务，与农村信用社恶性竞争，给双方增加了严重的经营风险。针对上述问题的解决意见如下：坚定不移地把农村信用社办成合作金融组织。按合作制原则改革农村信用社管理体制，按中国人民银行制定、将很快颁布的《农村信用合作社管理规定》和《农村信用合作社示范章程》逐步规范农村信用社的股权设置、民主管理和服务方向。完善和加强农村信用社县（市）联社的建设。进一步加强中国人民银行对农村信用社的监督管理。防范和化解农村信用社的风险。进一步改进金融服务，坚持为农业、农民和农村经济服务的方向，其资金要取之于农，用之于农。为农村信用社的改革和发展创造良好的外部环境，有关部门要在资金、税收、利率、结算等方面给予必要的扶持。切实加强对农村信用社管理体制改革工作的领导。

△ 中国人民银行发出《关于进一步做好四家商业银行和交通银行与所办经济实体脱钩工作的通知》。该通知要求中国工商银行、中国农业银行、中国银行、中国建设银行和交通银行要进一步做好与所办经济实体脱钩及投资清理工作。1. 关于向非银行金融机构投资的清理。中国工商银行对中国平安保险公司和申银万国证券公司的投资数额较大，而且存在一定的历史原因，在国内外已具有一定的影响，暂不对中国工商银行向中国平安保险公司和申银万国证券公司的投资进行清理。中国工商银行、中国农业银行、中国银行、中国建设银行、交通银行向华夏、国泰、南方三大证券公司的投资应全部转让并在1997年内完成。上述五家银行向保险公司、证券公司、财务公司、租赁公司及其他金融实体的投资，应在1997年6月底前收回。确实难以收回的，要在认真清理投资权益的基础上全部转让给系统外的公司、企业。四家国有商业银行应进一步做好与其所办的信托投资公司脱钩的收尾工作。2. 关于对房地产及其投资的清理。对房地产公司及其投资的清理，由各家银行组织落实。四家国有商业银行可由其市分行统一组织实施所辖支行（办事处）和市分行下属公司的撤并工作，由省分行统一组织实施省分行及行内部门、直属单位的公司撤并工作。对房地产及其投资的清理工作应在1997年6月底前完成。在清理工作中，要防止银行资产的流失。3. 关于银行与其工会、行政后勤部门所办的“三产”和服务性公司的脱钩问题。凡为银行业务服务的经济实体，可予以保留，但与银行要实行人、财、物的彻底脱钩。工作要求在1997年6月底前完成。

6日 中国人民银行发出《关于禁止银行资金违规流入股票市场的通知》。该通知规定：1. 严禁各商业银行及其分支机构从事信托投资和股票投资业务。对以机构名称或自然人的名义开立的各种股票等权益类证券交易账户，必须在文到之日起10天内撤销；对所持有的股票等权益类证券，必须在文到之日起10天之内全部变现。2. 从1997年6月6日起，所有商业银行停止在证券交易所和各地证券交易中心的证券回购及现券交易。3. 中国人民银行各分行要严格管理商业银行与信托投资公司、证券公司以及非银行金融机构之间的拆借业务。各证券公司的拆入资金期限不得超过1天，拆入资金总额不得超过该机构实收资本金的80%，拆入资金只能用于头寸调剂，不得用于证券交易。任何商业银行与非银行金融机构之间的拆借行为必须通过全国统一同业拆借市场进行，禁止一切场外拆借行为。4. 严格禁止证券交易透支行为。上海证券交易所、深圳证券交易所及其下属的证券登记结算公司、所有商业银行和各地证券交易中心、证券登记公司在办理证券交易资金清算业务时，不得向任何证券经营机构提供清算透支，任何证券经营机构不得对客户的证券交易提供透支。5. 严格客户保证金管理。证券经营机构吸收客户的各类证券交易资金，必须全额存入商业银行。6. 企业不得占用贷款买卖股票。7. 中国人民银行将定期和不定期地组织全面检查，加大对违反各种规定的机构和责任人员的查处力度。

△ 中国人民银行发出《关于进一步做好其他商业银行与所办经济实体脱钩的通知》。该通知要求中信实业银行、中国光大银行、华夏银行、中国投资银行、中国民生银行、招商银行、广东发展银行、福建兴业银行、深圳发展银行、上海浦东发展银行、海南发展银行按照国务院的指示，不折不扣地清理对非银行金融机构及企业的投资。具体规定如下：1. 关于向境内非银行金融机构投资的清理。各银行投资设立的全资附属证券公司、财务公司、租赁公司及其他非银行金融机构，经中国人民银行和国有资产管理部门批准，可进行整体转让，收回全部投资。整体转让确有困难的，可将其改造为相对应的银行参股的股份制非银行金融机构，银行与改制后的非银行金融机构在机构、资金、业务、人事及经营管理等方面彻底分开。2. 对境内企业投资的清理。商业银行对企业的投资，属于对企业参股的，采取转让股份的方式收回；属于独资兴办的，采取整体出售转让的方式收回；企业的经营状况很差，难以恢复和维持的，可通过兼并、破产等方式进行处理。3. 关于银行与其工会、行政后勤部门所办的“三产”和服务性公司脱钩问题。凡为银行业务服务的经济实体，可予以保留，但要与银行实行人、财、物的彻底脱钩。

11 日 国务院证券委员会同中国人民银行、审计署、中国证监会等有关部门，依法对证券市场一批违规机构及其负责人作出严肃处理。违规机构包括：深圳发展银行、中国工商银行上海分行、广深铁路股份有限公司、海通证券公司、申银万国证券公司和广发证券公司等。1. 1996 年 3 月至 1997 年 4 月，深圳发展银行先后动用 3.11 亿元资金直接炒作本公司股票，非法获利 9 034 万元。直到 1997 年 4 月，深圳发展银行仍然继续炒作本公司股票。该银行的行为违反了《中华人民共和国商业银行法》关于商业银行不得从事股票投资业务的规定，也违反了国家关于上市公司不得买卖本公司股票的规定。决定给予深圳发展银行行长贺云撤职处分，认定贺云为金融、证券市场禁入者，5 年内不得从事金融、证券业务；给予负有相关责任的原深圳发展银行证券营业部的负责人李卫记大过处分；对深圳发展银行处以罚款，没收非法所得，将其非法持有的“深发展”股票全部卖出，盈利全部上缴国库。2. 1996 年 9 月至 12 月，中国工商银行上海分行给一些证券公司拆借和透支巨额资金用于炒股。其中，累计为海通证券公司拆借资金 9.1 亿元，为申银万国证券公司拆借资金 63.1 亿元。在 1996 年 12 月 16 日《人民日报》特约评论员文章发表之后，仍给有关证券经营机构透支，12 月 25 日一天即达 3.95 亿元。该银行的行为严重违反了国家关于任何金融机构不得为股票交易拆借资金和透支的规定。决定给予中国工商银行上海分行行长沈若雷撤职处分。3. 广深铁路股份有限公司董事长葛闻安未经董事会决定，于 1996 年 12 月擅自将募股资金中的 3 亿元，委托不具备在境内从事金融业务资格的君安国际金融有限公司进行资产管理，后者将该笔资金转到君安证券公司炒作股票，非法获利 4 000 万元。该公司的行为严重违反了国家有关证券法规和会计制度。决定给予公司董事长葛闻安、总会计师曾宪钊免职和记大过处分，并责成公司收回违规使用的募股资金 3 亿元。4. 从 1996 年 9 月开始，海通证券公司、申银万国证券公司、广发证券公司违规获取银行巨额资金，采用连续买入卖出和大量对敲等方式，分别操纵“上海石化”、“陆家嘴”、“南油物业”等股票价格，造成上述公司股价的异常波动。决定对海通证券公司董事长兼总经理李惠珍、申银万国证券公司总裁阚治东、广发证券公司总经理马庆泉作出免职和记大过处分。对上述 3 家证券公司分别处以罚款，并暂停股票自营业务 1 年。君安证券公司也因违规被暂停股票自营业务半年，并没收其非法所得。

△ 中国人民银行发出《关于对 1996 年国

债兑付工作中发生的违规事件的通报》。该通报指出，在1996年国债兑付工作中，有个别银行出现无券办理兑付、按估计数向人民银行清算本息款项、重复兑付以及将已兑付国债券误作空白凭证自行销毁等重大事故。造成个别证券机构和商业银行长时间占有国家资金，给国家带来了较大的经济损失。违规行为包括：1. 擅自改变国债兑付的划款方法，按估计数结算国债本息款。2. 没有实物券，却向当地人民银行结算国债兑付本息款，事后交不出券，退回国债兑付本息款项。3. 弄虚作假，先按利息高的券种办理兑付，然后再调账，以此套取国债利息差额。4. 责任心不强，造成已兑付过的国债重复兑付。5. 违反操作规程，误将已兑付的国库券视同空白凭证销毁。为了严防类似事件的再度发生，人民银行对相应责任人给予处分和通报，督促商业银行严格按章办事，消灭事故隐患。

△ 中国人民银行发出《关于辽宁省信息协会乱集资事件的通报》。1997年年初，辽宁省信息协会因乱集资款到期不能兑付，发生了参加集资的辽宁省党政机关的1 800名离退休干部，派代表近百人连续6次到辽宁省委和有关单位上访，影响较坏，为此，人民银行发出通报，对辽宁省信息协会的乱集资行为进行通报批评，并决定：按照“谁集资、谁清偿、谁批准、谁负责监督清理、谁担保、谁负连带责任”的原则，对辽宁省信息协会从事乱集资活动形成的债权债务，由辽宁省信息协会负责清偿。乱集资所形成的债务和风险，不得转嫁给金融机构，任何金融机构不得为乱集资的债务清理垫款。

△ 中国人民银行首次向社会公布生产资料价格指数。中国人民银行根据制定货币政策的需要，从1987年1月开始按月编制企业生产资料购进价格指数。该指数按月编制，包括总指数、大类指数、小类指数和个体指数，编制月度环比指数、月度同期比指数和月度定基比指数。

△ 中国人民银行发出《关于勤俭建行、厉行节约、制止奢侈浪费行为的若干规定》。以在人民银行中形成艰苦奋斗、勤俭建行、厉行节约、反对奢侈浪费行为的良好风气。该规定指出：要严格控制新建和装修办公楼；严格控制各种会议，压缩会议费开支；严格控制各种庆典活动；严禁用公款大吃大喝、挥霍浪费；严格控制用公款安装住宅电话或购置移动电话；严格控制各种检查，禁止形式主义的评比达标活动；严格按规定配备和更换小轿车；严格管理公费出国。

12日 中国人民银行发出《关于开展全国金融统计大检查的通知》，拟对金融机构进行统计工作大检查。该通知指出，为了进一步整顿金融统计工作秩序，严格执行金融统计制度，制止和纠正利用统计报表弄虚作假的违法违规行为，人民银行决定成立全国金融统计大检查领导小组，于6月下旬至9月中旬，对金融机构进行金融统计工作大检查。检查对象为中国人民银行、政策性银行、国有独资商业银行、其他商业银行、城市合作银行、城市信用社、农村信用社、信托投资公司、财务公司、金融租赁公司、证券公司、邮政储汇局等金融机构。检查内容为自1996年5月以来，各金融机构执行《中华人民共和国统计法》、《中华人民共和国中国人民银行法》、《金融统计管理规定》以及中国人民银行制定的其他统计规章制度的情况；1997年以来执行金融统计全科目上报制度的情况。重点检查人民币信贷、现金收支统计、外汇收支统计中发生的违法、违规行为和统计质量情况，检查步骤原则上分为自查、重点抽查、总结处理三个阶段。

18日 重庆直辖市正式挂牌。1997年3月14日，八届全国人大五次会议通过《关于批准设立重庆直辖市的决定》：批准设立重庆直辖市，撤销原重庆市。重庆直辖市辖原重庆市、万县市、涪陵市和黔江地区，共43个区市县，8.24万平方公里土地，3 002万人。

20日 中国人民银行发布《城市合作银行管理规定》。该规定明确，城市合作银行是独立的企业法人，采取股份有限公司的形式，依法自主经营，自负盈亏；接受中国人民银行的管理、监督、稽核；城市合作银行在符合条件的地级以上（含地级）城市设立，并以所在城市的名称命名，一个城市只能设立一家城市合作银行，可根据业务发展需要，在所在城市市区内设立分支机构；权力机构是股东大会，同时设立董事会和监事会；最低注册资本金为1亿元人民币，股本由当地企业、个体工商户、城市居民和地方财政部门的入股资金构成。其中，地方财政部门为最大股东，其入股比例不超过城市合作银行股本总额的30%。根据资本金来源和归属设置国家股、法人股、个人股。城市合作银行经营的业务包括：吸收公众存款；发放短期、中期和长期贷款；办理国内外结算、票据贴现；代理发行、代理兑付、承销政府债券、买卖政府债券；从事同业拆借；发行金融债券；提供信用证服务及担保；代理收付款项及代理保险业务；提供保管箱服务；办理地方财政信用周转使用资金的委托存贷款业务；经营外汇业务。贷款及其他金融服务在其所在市范围内开展，并优先考虑满足中小企业、个体工商户的需要，促进地方经济的发展。本规定自颁布之日起施行。

△ 国务院发布《关于进一步加强在境外发行股票和上市管理的通知》。该通知规定：1. 在境外注册的中资非上市公司和中资控股的上市公司，以其拥有的境外资产和由其境外资产在境内投资形成并实际拥有三年以上的境内资产，在境外申请发行股票和上市，其境内股权持有单位应当按照隶属关系事先征得省级人民政府或者国务院有关主管部门同意；其不满三年的境内资产，不得在境外申请发行股票和上市。2. 将境内企业资产通过收购、换股、划转以及其他形式转移到境外中资非上市公司或者境外中资控股上市公司在境外上市，以及将境内资产通过先转移到境外中资非上市公司，再注入境外中资控股上市公司在境外上市，境内企业或者中资控股股东的境内股权持有单位应按照隶属关系事先经省级人民政府或者国务院有关主管部门同意，并报中国证监会审核后，由国务院证券委员会按国家产业政策、国务院有关规定和年度总规模审批。3. 禁止境内机构和企业通过购买境外上市公司控股股权的方式，进行买壳上市。

23日 中国人民银行颁布《信用证会计核算手续》。对以下七个方面的内容作出规定：1. 开证行开立信用证的处理手续。2. 信用证修改的处理手续。3. 通知行通知信用证的处理手续。4. 受益人开户行对来单的处理手续。5. 开证行对来单的处理手续。6. 受益人开户行（含议付行）收到开证行划来款项的处理。7. 信用证注销的处理手续。

△ 中国人民银行发布《进一步加强人民银行会计内部控制和管理的若干规定》。该规定要求人民银行各分行要建立会计内部控制和风险防范责任制；会计工作必须实行统一领导；严格贯彻执行会计工作“约法三章”，严禁设置账外账，不准乱用会计科目，不得编制和报送虚假会计数据；严格实行会计人员任职资格审查；严格执行会计业务操作规程；必须杜绝账务处理“一手清”；实行重要岗位的定期轮换；实行会计业务事后监督；实行会计制度执行情况报告制度；严格有价单证、重要空白凭证和其他会计凭证、账表的管理；加强会计人员培训；切实实行会计工作奖惩制。

27日 天津中新药业集团股份有限公司在新加坡股票交易所挂牌上市。本次上市共发行1亿股S股，每股0.68美元，筹集资金6 800万美元。这是中国第一家在新加坡发售S股票的公司。天津中新药业集团股份有限公司S股票的成功发售，标志着新加坡已成为继中国香港、纽约、伦敦之后，中国企业境外上市的第四个地点。

7月

1日 中国人民银行发行中华人民共和国香港特别行政区成立纪念币。经国务院批准，此次发行的纪念币分为金银纪念币（第3组）和流通纪念币两种。金银纪念币共4枚，其中，金币2枚，银币2枚；流通纪念币共2枚，面额10元，与10元人民币等值流通。

3日 中国人民银行发布《特种金融债券托

管回购办法》。该办法规定，特种金融债券发行结束后统一在中央国债登记结算有限责任公司托管结算。参与特种金融债券回购的机构为具有独立法人资格的非银行金融机构。商业银行、非金融机构和个人不得参与特种金融债券回购业务。特种金融债券不得用做银行间债券回购。全国统一的特种金融债券回购采用询价谈判、逐笔成交的方式进行。特种金融债券回购期限分为7天、20天、30天、60天和90天五档。回购利率由买卖双方根据市场资金供求情况自行确定。特种金融债券的回购实行超额质押制度，由回购交易双方根据发债机构或发债机构担保人的资产价值状况，平等协商确定特种金融债券与融入资金的质押比例。非银行金融机构在特种金融债券回购业务中不得进行租券或借券等融券行为。有关中介机构不得向回购交易者提供透支、融券。特种金融债券发债机构必须交纳偿债基金，偿债基金根据该发债机构的特种金融债券发行量的一定比例提取。发债机构所有的重要信息均须报中国人民银行并提交中央国债登记结算有限责任公司后，在中国人民银行指定的报刊上公布。特种金融债券可以选择以下方式兑付：以其持有的国债、政策性金融债券、中央银行融资券对其发行的特种金融债券进行置换；分期赎回特种金融债券；在债券到期前30天将债券本息一次性划至中央国债登记结算有限责任公司；以所抵押的资产抵债。

特种金融债券 特种金融债券是指经中国人民银行批准，由部分金融机构发行的，所筹集的资金专门用于偿还不规范证券回购债务的有价证券。

根据中国人民银行在《关于转发〈国务院批转中国人民银行关于进一步做好证券回购债务清偿工作请示的通知〉的通知》（银发［1996］244号）中的规定，特种金融债券的回购期限分为7天、20天、30天、60天、90天五档。发债机构仅限于将回购资金用于长期投资，短期内无法收回的金融机构；发行对象仅限于机构，不得向个人发售；发债资金必须专户存储，专款专用，优先用于清偿场内证券回购债务；要求采用记账式发行方式，以防超量发行和假券风险；发行完毕后，发债机构和持券人必须到中央结算公司办理债券的托管手续，且发债机构必须以自有资产或担保人的资产进行抵押或质押，以担保债券本息的兑付，发债机构必须将资产抵（质）押手续都办妥后，才能进行债券的交易，中央结算公司可以根据抵（质）押资产的价值及状况变化要求发债机构对其抵（质）押资产进行调节；特种金融债券用于回购时，回购融资额不得超过回购债券面值总额；特种金融债券的交易只能在事先已在中央结算公司开立了结算户的非银行金融机构之间进行，银行只能卖出债券或只能从事正回购交易，非金融机构只能委托当地中国人民银行分行指定的非银行金融机构进行债券交易，个人不得参与债券交易；特种金融债券的交易原则上采取“钱券对付”的方式进行；发债机构必须在中央结算公司选定的商业银行设立偿债基金专户，按距债券到期日的远近交纳不同比例的偿债基金，偿债基金按金融机构的存款利率计息。发债机构必须定期公布其财务报告和资产评估报告，向投资人充分披露信息。以上这些措施可以有效地防范特种金融债券的交易及兑付风险。与以前不规范的证券回购相比，主管机关在特种金融债券的发行及交易方面所采取的风险防范措施要严厉得多。这些措施的采取，不仅适用于特种金融债券，而且对于其他券种及其衍生金融工具的发行与交易，都有一定的参考价值。

△ 中国证监会宣布第一批不予通过1996年度年检的11家期货经纪公司名单。这11家公司是：鑫远期货经纪有限公司、大连中福期货经纪有限公司、大连万发期货经纪有限公司、辽宁海湾期货经纪有限公司、辽宁经协期货经纪有限公司、海南新丰期货经纪有限公司、海南富特利期货经纪有限公司、海南顺丰期货经纪有限公司、海南省海航期货经纪有限公司、商鼎期货经纪有限公司、广州市新世界期货经纪有限公司。这11家期货经纪公司分别存在资不抵债、连续停业6个月以上、非法从事境外期货和外汇按金交易等问题，并逾期未参加1996年度年检。中国证监会决定对这11家期货经纪公司不予通过年检，注销这11家公司的期货经纪业务许可证，并取消其从事期货经纪业务的资格。25日，中

国证券监督管理委员会公布第二批不予通过1996年度年检的7家期货经纪公司名单，取消其从事期货经纪业务的资格。这7家公司是：广东金叶期货经纪有限公司、广州珠江期货经纪有限公司、佛山保利期货经纪有限公司、阳江市兴龙期货经纪有限公司、广州全发期货经纪有限公司、宁波金盆期货经纪有限公司、宁波物资期货经纪有限公司。9月13日，中国证监会公布了6家未通过年检的期货经纪公司名单，取消其从事期货经纪业务的资格。这6家公司是：云南云生期货经纪有限公司、云南商交期货经纪有限公司、大地期货经纪有限公司、湖北华泰期货经纪有限公司、上海太平洋期货经纪有限公司和湖南省恒通期货经纪有限公司。

4日 国务院办公厅发布《关于禁止非法买卖人民币的通知》。该通知规定，禁止非法买卖、流通人民币（包括纪念币，下同），经营已退出流通的人民币必须经中国人民银行批准。未经批准，任何单位和个人不得装帧和经营装帧的流通人民币。违反以上规定的，视情节轻重，由工商行政管理部门没收实物及非法所得，并按有关规定予以处罚。各金融机构及其从业人员不得利用职务之便支持、参与人民币的非法买卖活动，对违反规定的要从严惩处。

7日 根据国务院信息化工作领导小组的统一部署，中国人民银行成立金融信息化工作领导小组和办公室。

△ 中国人民银行印发《关于批准部分城市合作银行加入全国统一同业拆借市场的通知》。经中国人民银行批准，北京、上海、天津、重庆、深圳、南京、广州、福州、成都、昆明、珠海等城市合作银行加入全国统一同业拆借市场，从事信用拆借、债券回购和现券交易。为了加强对信用拆借资金的风险控制，对上述城市合作银行以法人为单位核定最高拆借资金余额。暂不允许上述合作银行的分支机构加入全国统一拆借市场。

9日 中国人民银行向国务院作出《关于查处商业银行私设账外账情况的报告》。该报告指出，中国人民银行从1995年5月开始清查商业银行私设账外账的问题。已查实，到1995年年底，商业银行的账外存款为270亿元，账外贷款为430亿元。1996年又查出新的账外存款10亿元、账外贷款4.7亿元。由于清理账外账和各种违规经营的任务十分艰巨，有些问题还没有暴露出来，已经暴露的问题如何减少损失还要做大量的工作。人民银行将继续清查金融机构的账外账，并对外公布，再发现有私设账外账者，一律开除银行系统，对触犯法律者，要依法追究法律责任。

△ 中国人民银行发出《关于进一步做好金融债权管理工作的通知》。为了贯彻吴邦国副总理主持召开的全国国有企业改革联席会议第二次会议的精神，该通知要求：1. 各级金融债权管理行长联席会议一定要积极参与《企业兼并破产和职工再就业工作计划》实施的全过程，与当地协调小组和债权银行沟通，了解有关工作进展情况，做好协调工作，保证当年各地上报核销的呆坏账损失严格控制在国家经贸委和中国人民银行联合下达的呆坏账准备金预分配规模（国经贸企［1997］257号文）内。对于突破当地呆坏账准备金预分配规模的部分，一律不得实施，将其列入次年工作计划，以确保当年全国核销呆坏账准备金300亿元的总量规模不被突破。2. 对于总量未超过当地总规模的，中国人民银行分行应告知债权银行及时上报其上级行；对于总量已超过当地总规模的，中国人民银行分行应告知债权银行停止办理审核手续。该通知还对各债权银行总行批准核销手续、责任追究进行了规定。

12日 中国证监会发出通知，重申严禁非法境外期货、外汇按金交易。近来在一些地方，非法境外期货和外汇按金交易又死灰复燃，一些机构打着咨询服务公司、投资顾问公司等的旗号非法从事这类活动，有的还进行诈骗客户的刑事犯罪活动，干扰了正常的金融秩序。中国证监会的通知要求，各地证券管理办公室（证监会）要组织力量，联合外汇管理、工商和公安部门，对非法从事境外期货和外汇按金交易活动进行一次彻底的清查。对于非法从事境外期货和外汇按金交易的各类非法公司，一经查实，立即取缔并没收其非法所得，构成犯罪的，追究相关人员的刑事责任，对于从事这类非法活动的期货经纪公司，一经发现，上报中国证监会后，一律取消其从事期货经纪业务的资格。

15 日　国务院办公厅发布《国家扶贫资金管理办法》。国家扶贫资金是指中央为了解决农村贫困人口的温饱问题、支持贫困地区社会经济发展而专项安排的资金，包括支援经济不发达地区发展资金、“三西”农业建设专项补助资金、新增财政扶贫资金、以工代赈资金和扶贫专项贷款。该办法规定：年度扶贫专项贷款的具体计划，由中国农业发展银行在当年年初下达到省、自治区、直辖市分行，3 月底前将计划全部落实到项目，并根据项目进度及时拨付资金。使用扶贫专项贷款的项目，应当经有关银行事前审查论证。各级扶贫开发办事机构应当积极支持、协助有关银行完成核定的催收贷款最高比例和到期贷款回收率的指标，努力盘活贷款存量。该办法自 1997 年 8 月 1 日起施行。

16 日　国务院公布《建立统一的企业职工基本养老保险制度的决定》。随着我国改革开放和社会主义市场经济体制的逐步建立，企业成为自主经营、自负盈亏的经济实体，为了解决企业的负担，扩大基本养老保险的互济功能，变企业保险为社会保险，中国人民银行转发了国务院的决定。该决定要求：1. 到 20 世纪末，要基本建立起适应社会主义市场经济体制要求的养老保险体系。2. 企业职工养老保险要贯彻社会互济与自我保障相结合、公平与效率相结合、行政管理与基金管理分开等原则。3. 各级人民政府要把社会保险事业纳入本地区国民经济与社会发展计划，贯彻基本养老保险只能保障退休人员的基本生活的原则。4. 企业缴纳基本养老保险费的比例，一般不得超过企业工资总额的 20%。个人缴纳基本养老保险费的比例，1997 年不得低于本人缴费工资的 4%，从 1998 年起每两年提高 1 个百分点，最终达到本人缴费工资的 8%。5. 企业按本人缴费工资 11% 的数额为职工建立基本养老保险个人账户。6. 本决定实施后参加工作的职工，个人缴费年限累计满 15 年的，退休后按月发给基本养老金。本决定实施前已经离退休的人员，仍按国家原来的规定发给养老金，同时执行养老金调整办法。本决定实施前参加工作、实施后退休且个人缴费和视同缴费年限累计满 15 年的人员，按照新老办法平稳衔接、待遇水平基本平衡，在发给基础养老金和个人账户养老金的基础上再确定过渡性养老金，过渡性养老金从养老保险基金中解决。7. 基本养老保险制度要逐步扩大到城镇所有的企业及其职工。8. 实行企业化管理的事业单位，原则上按照企业养老保险制度执行。

△　中国人民银行颁布《国内信用证结算办法》。该办法规定：开办国内信用证结算业务必须经中国人民银行批准。信用证结算的当事人应当遵守法律、法规，不得损害社会公共利益。信用证只限于转账结算，不得支取现金；信用证与作为其依据的购销合同相互独立，银行处理信用证业务时，不受合同的约束；开证申请人使用信用证时，应委托其开户银行办理开证业务；开证行根据提交的申请书等有关材料受理开证业务。该办法还就业务的具体操作程序作了详细说明。该办法自 1997 年 8 月 1 日起施行。

18 日　中国人民银行颁布《金融监管工作规程》。该规程第一次按照系统化管理和流程式运作的模式，将人民银行的金融监管工作分为监管规划、监管运作和监管报告三个阶段，对包括市场准入监管、市场营运监管和市场退出监管在内的整个监管过程中的各个主要环节的工作目标、任务、程序、分工、协调等方面作出了明确的规定，对各项工作的决策、执行和报告程序提出了具体要求。

△　中国人民银行发出《关于房地产开发企业贷款有关问题的通知》。根据国家计委下达的 1997 年第一批房地产开发建设计划，房地产公司可以向商业银行申请贷款，为此，该通知向商业银行重申，房地产开发企业贷款列入固定资

产贷款规模，实行指令性计划管理。各商业银行在没有接到人民银行下达的贷款规模前，不得发放房地产开发企业贷款。

25日 国家外汇管理局发布《经常项目外汇结汇管理办法》。该办法规定：1. 凡没有规定或未经核准可以保留现汇的经常项目项下的外汇收入必须办理结汇；凡没有规定或未经核准结汇的资本项目项下的外汇收入不得办理结汇。2. 境内机构必须对其外汇收入区分经常项目与资本项目，银行应按外汇收入的不同性质，按规定分别办理结汇或入账手续。凡无法证明属于经常项目的外汇收入，均按资本项目外汇结汇的有关规定办理。3. 银行按照不同的经常项目类别、企业信誉、款项结算方式、金额、贸易方式，以不同方式为企业办理结汇业务。4. 外币现钞结汇按照境内机构外币现钞收付管理办法办理。该办法于1997年9月1日起开始施行，1996年8月1日国家外汇管理局发布的《出口收汇结汇核销管理暂行办法》同时废止。

△ 中国人民银行发出《信贷管理重点联系行制度》（以下简称《制度》）。《制度》规定重点联系行的主要职责是：及时报送本地区的经济金融运行情况、存在的问题和对策建议；贯彻中央银行的信贷政策和实施信贷法规的情况；研究分析信贷资金在不同地区、不同行业的运动规律；银行业信贷资金在支持区域经济发展，国家信贷政策优先支持的产业和行业、国家重点项目等重点企业的资金需要情况；金融业加强自身经营管理、提高信贷资产质量的经验、问题和建议。重点联系行的基本制度是书面报告制度、联络员制度、会议制度、考评制度。《制度》对重点联系行的单位名单和各自侧重反映某方面情况作出明确规定。

28日 中国人民银行印发《对利率违规问题的调查与分析报告》（以下简称《报告》）。《报告》指出：1995年以来，一些地方出现了种种利率违规现象，如变相提高利率的手法：在存款方面主要有公开提高利率、赠送礼品或现金、暗计高息、储蓄“贴水”、虚增存款计息积数、买空债券等11种现象；在贷款方面有直接提高贷款利率、扣收利息联营分红、加收利息等九种做法。上述违规现象主要是由于金融法规不健全，金融业开展全员性吸储，金融业搞粗放型经营，以及体制不健全等原因所致。为此，人民银行要求各分行制定措施，堵塞漏洞，加强检查，彻底解决利率违规问题。同时建议深化商业银行体制改革，完善激励机制，加快向集约化经营的转变，加强对利率违规的查处力度。

△ 中国证监会严厉查处天津红小豆期货操纵案。中国证监会查实：1. 天津市金属材料物产公司及其经理王雅军、新信行（天津）国际贸易有限公司及其经理张家贵和天津天利粮油土产制品有限公司及其经理马健在天津红小豆9609合约的交易中，集中资金2.8亿元，统一调度，利用天津金谷期货经纪有限公司、上海中诚期货经纪有限公司、中国鸭鸭集团公司及北京良信谷物贸易公司等机构在天津联合期货交易所的席位，违规分仓，超量买入9609红小豆合约，通过接收实货，操纵价格；并将代表实货的仓单通过大连中农信期货经纪有限公司、中国国际期货经纪有限公司、天津市房地产发展（集团）股份有限公司、天津金震期货经纪有限公司、黑龙江哈尔滨市第二运输总公司、中粮天津粮油进出口公司等违规抵押筹得资金2.3亿元，继续以种种手段操纵天津红小豆其他月份合约的交易，牟取暴利。2. 天津市物资集团总公司、天津市金属材料总公司在中国证监会取消其经纪业务资格后，仍然违规将席位交给其他公司管理，并且为操纵市场者提供资金中转的方便，参与操纵市场。3. 天津市房地产发展（集团）股份有限公司、上海中诚期货经纪有限公司和黑龙江哈尔滨市第二运输总公司违规向操纵市场者出借仓位，参与操纵市场。中国证监会决定将王雅军、张家贵、马健列为“市场禁入者”。各期货交易所和期货经纪机构要立即停止接受其新的开仓指令，并在20个交易日内清理其法人、个人客户的全部持仓。对天津市金属材料物产公司罚款人民币400万元，对新信行（天津）国际贸易有限公司罚款人民币200万元，对天津天利粮油土产制品有限公司罚款人民币200万元。责成天津联合期

货交易所取消上海中诚期货经纪有限公司、黑龙江哈尔滨市第二运输总公司、天津市物资集团总公司、天津市金属材料总公司和天津市房地产发展（集团）股份有限公司的会员资格。

30日 中国人民银行发出《进一步加强银行会计内部控制和管理的若干规定》。该规定要求：1. 银行要建立会计内部控制和风险防范责任制，层层抓落实。2. 银行的会计工作必须实行统一管理，会计核算业务部门必须接受和服从同级和上级会计部门的业务指导、监督和检查。3. 银行要严格贯彻执行会计工作的“约法三章”，严禁设置账外账，不准乱用会计科目，不得编制和报送虚假会计数据。4. 严格实行会计人员任职资格审查和离任交接管理制度。5. 严格执行会计业务操作规程。6. 严格实行岗位责任制，账务核算必须与业务经营相分离。7. 实行重要岗位的定期轮换制。8. 实行会计业务事后监督制度和会计制度执行情况检查报告制度。

△ 中国人民银行发出《关于严肃处理违规支付现金情况的通报》。中国人民银行曾三令五申要依法加强现金管理，控制货币投放，防范和打击经济犯罪，但仍有部分商业银行的分支机构置若罔闻。为此，人民银行对四起较严重的违规行为进行通报：1. 1996年9月2日至11月15日，中国工商银行中山分行东升办事处违规签发现金汇票到中国工商银行上海市静安支行提取大额现金共20笔，累计金额2 947万元。2. 1997年1月3日至3月13日，中国建设银行南京分行下关支行会计交换员潘小欣利用职务之便，虚开建设银行汇票进账单，先后7次将1 440.3万元资金从建设银行南京分行下关支行、中信实业银行南京分行（先从建设银行南京分行转入）转出，以“吴江春商贸”、“商贸”和潘小欣丈夫的个人账户为付款人，将资金转入其本人及其丈夫在招商银行南京分行开立的“一卡通”账户上（含二人间转账50万元）。利用“一卡通”全国通存通兑的特点，在南京、北京、上海、广州、深圳、武汉、成都等地提取现金1 424.4万元，同时个人消费掉15.9万元。3. 辽宁省鞍山市第九建筑集团公司（以下简称九建公司）是中国建设银行鞍山市腾鳌支行的基本客户，1996年8月其与外商（案犯）达成协议，双方各投资50万美元（约折合人民币416万元），到澳大利亚悉尼承包工程，九建公司须将款项汇到北京进行验资。1996年9月23日，腾鳌支行用银行汇票汇款416万元到建设银行北京东四支行，收款人为九建公司的工作人员李伟，外商要求以个人名义转存到储蓄存折上，遭到北京东四支行的拒绝。10月7日，九建公司又在腾鳌支行办理现金汇票，试图在北京变为个人储蓄存款，东四支行以工程款不能支取现金为由再次拒绝。在仍不能变现的情况下，九建公司又要求在腾鳌支行直接提取现金。10月10日，行长助理佟学权经请示行长吴成梅后签批，为九建公司一次性提取现金416万元，从而为犯罪分子提供了诈骗资金的方便条件，并引发了10月15日在北京发生的麻醉抢劫400多万元的要案。4. 在天津城市合作银行国华支行十七号桥营业网点开户的企业有109户，基本账户有23户，一般账户有86户，其中，54户有现金支付情况。1996年该分理处通过一般账户支付现金803笔，共计1 241万元。其中，10万元以上8笔，30万元以上1笔，共计190万元，均未报经上级行审批。中国人民银行要求各商业银行要以此为鉴，总结经验教训，建立健全规章制度，进一步加强现金支付特别是大额现金支付的管理。中国人民银行各分行要进一步加大对违规支付现金情况的查处力度，加大对违规现金的查处力度。

31日 中国人民银行印发《货币政策委员会议事制度》（以下简称《议事制度》）。《议事制度》明确，1. 货币政策委员会委员通过提出货币政策问题议案、参加货币政策委员会例会履行咨询议事职责；货币政策委员会秘书处作为常设办事机构，设在中国人民银行货币政策司；货币政策委员会实行例会制度，在每季度的第一个月份中旬召开例会；货币政策委员会主席或者1/3以上的委员联名，可以提议召开临时会议；货币政策委员会例会有2/3以上的委员出席，方可举行。2. 货币政策委员会委员议案及货币政策委员会例会的议题包括一定时期内的货币政策执行情况、货币政策的制定和调整、货币政策控制目标、货币政策工具的运用、有关货币政策的重要措施、货币政策与其他宏观经济政策的协调。3. 货币政策委员会例会的会议程序一般为：货币政策委员会主席主持会议，宣布委员出席情况和会议议题；会议议题报告；讨论议题；货币政策委员会主席总结发言；就有关事项进行投票表决；公布表决结果。货币政策委员会委员提出的议案，经出席例会的2/3以上的委员表决通过后，形成货币政策委员会的建议书。中国人民银行报送国务院批准的有关年度货币供应量、利率、汇率或者其他货币政策重要事项的决定方案时，应当将货币政策委员会建议书或者例会会议纪要作为附件，一并报上。

△　中国人民银行货币政策委员会召开第一次会议。会议由中国人民银行行长戴相龙主持。会议通过了货币政策委员会议事制度。货币政策委员会委员尚福林向全体委员介绍了当时的金融形势，认为应当继续认真执行适度从紧的货币政策。此次会议是我国货币政策委员会第一届委员会的首次会议。货币政策委员会的成立及运行，对于正确制定国家货币政策，提高金融宏观决策水平，促进国民经济持续、快速、健康发展具有重大意义。

7月下旬，国际投机者构筑大量美元对港元远期买盘。7月21日，中国香港开市后，美元兑港元的掉期率扩大，3个月远期升水为250个基点，货币市场港元的同业拆借利率大幅上升。7月24日，香港金融管理局发行大量政府债券，推动港元利率大幅抬升，港元兑美元汇率大幅上扬，击退国际投机者的第一次进攻。8月15日，中国香港外汇市场再次出现投机性抛售。8月19日，香港金融管理局将隔夜同业拆借利率升至20厘，中国香港股市趋于稳定。国际投机者的第二次进攻被击退。10月下旬，国际投机者在汇市、股市同时向中国香港进攻。10月23日，中国香港特区政府采取三项措施进行反击：土地基金吸纳蓝筹股，外汇基金买进港元，汇丰银行、渣打银行和恒生银行三大银行率先提高利率。此外，香港金融管理局还向通过流动资金调节机制借取港元的银行征收惩罚式高利息。国际投机者的第三次进攻被击退。

7～10月　国际投机者对港元发动三次大规模进攻。中华人民共和国香港特别行政区政府击退国际炒家，成功捍卫了联系汇率制，港元企稳，港股强力反弹。特区政府捍卫港元的决心和能力，进一步增强了香港民众对香港前景的信心。

8月

6日　中国人民银行转发《财政部、国家计委对贷款证收费立项、收费标准的有关规定》。该规定明确：各分行向系统内贷款证申请单位发放贷款证，收费标准为每证120元；贷款证的收费资金作为预算资金，实行收支两条线管理，并接受财政、物价、审计部门的监督检查。

8日　中国人民银行发布《〈中央银行会计核算系统〉管理规定》。该规定明确：中央银行会计核算系统是指由中国人民银行会计司和中国金融电子化公司联合开发的在中国人民银行系统统一应用的会计核算系统；会计核算系统管理的主要任务是确保会计核算真实、准确、完整、高效，防范风险，保障资金安全，为中央银行制定和实施货币政策提供会计信息；核算系统软件的开发、优化和升级以人民银行会计司的业务需求书为依据，由人民银行总行负责统一修改、优化和升级，各级分支行不得修改其源程序；应用核算系统进行会计核算，必须加强内部控制，确保账务的准确和资金的安全，防范利用计算机犯罪。该规定还对操作管理、计算机硬件和运行环境、会计档案管理等内容都作了详细规定。

9日　根据国务院规定，财政部退出三大证券公司。将持有的国泰证券有限公司、南方证券有限公司各5%的股权转让给华侨城经济发展总公司，将持有的华夏证券有限公司5%的股权转让给中国中旅集团有限公司。

12日　中国人民保险（集团）公司人事制度改革启动。基本思路是：全面实行全员劳动合同制度；全面推进干部聘任聘用制，逐步实行竞争上岗和公开录用；加大领导干部交流力度，加强后备干部队伍建设。

15日 中国政府决定参加国际货币基金组织的一揽子援泰融资方案，向泰国提供10亿美元的贷款，以帮助泰国政府摆脱遇到的经济困难。此次向泰国提供的10亿美元贷款为3～5年期的中期贷款，贷款利率按市场利率计算。

△ 中国人民银行发布《关于大额现金支付管理的通知》。该通知规定：1. 切实加强企业账户开立及其现金支付的管理。凡在国家工商行政管理机关登记注册的企业，只能选择一家银行开立一个基本存款账户，办理现金收付业务。2. 加强企事业单位的现金管理。各银行对开户企业进行一次全面的库存现金限额核定工作，允许开户企业保留3～5天日常零星开支所需要的现金数量，边远地区的开户企业可以保留15天以下的日常零星开支。3. 改进储蓄账户现金支付管理。储户一次性从储蓄账户（包括银行卡）提取现金5万元以上（不含5万元）的，即为大额现金。在提取大额现金时，除按原有规定填写支取凭条等手续外，还必须向储蓄机构的柜台人员提供有效身份证件，对一次性提取20万元以上（含20万元）的，储户还应至少提前1天以电话等方式向储蓄机构预约，以便储蓄机构准备现金。4. 严格禁止公款私存。任何单位和个人不得将企业的资金以个人名义开立私人账户存储，套取现金。5. 加强对银行卡的管理。对未设置个人密码的账户，不得通过银行卡办理账户之间的转账业务，单位卡一律不得支付现金。6. 加强非银行金融机构的现金管理。信托投资公司、财务公司、金融租赁公司不得吸收城乡居民储蓄存款。7. 改进服务，促进现金回笼。银行和信用社对农民出售农副产品，除代扣农业税外，不得代扣其他款项，同时要提供转账结算服务。

△ 经国务院批准，上海证券交易所和深圳证券交易所划归中国证监会直接管理，证券交易所的总经理和副总经理由中国证监会任命，理事长和副理事长由中国证监会提名，理事会选举产生。

16日 朱镕基副总理对刘春芳致信反映的贷款呆账核销问题作出批示。中国人民银行辽宁省东港市支行刘春芳致信朱镕基副总理，反映一些专业银行在处理贷款呆账核销工作中存在的问题，如自愿放弃追偿权；既未严格执行人民法院判决，也不履行中止和终结；借款自然人仍健在，其贷款被列入贷款呆账予以核销；银行工作人员违法发放贷款，逾期未偿还，却列入贷款呆账核销。并建议采取有效的措施，纠正、制止该项工作中的违规行为，对已核销的贷款呆账予以审计；依法追偿债务；建立和完善贷款呆账核销审批管理制度；建立贷款呆账管理档案。朱镕基副总理批示："请印发中国人民银行、中、农、工、建、交等国家商业银行党组负责同志阅并采取措施。"

20日 中国人民银行、财政部联合发出《关于加强机动车辆保险业务管理的通知》。该通知规定：1. 各保险公司必须严格按照中国人民银行批准的机动车辆保险及其附加险的条款和费率开展保险业务，未经中国人民银行批准，不得变更条款内容，不得直接或变相降低保险费率。2. 机动车辆保险代理手续费标准最高为5%，各保险公司必须严格执行。3. 各保险公司必须将承保机动车辆的毛保费记入"保费收入"科目；按规定支付的代办保险业务手续费在"手续费支出"科目列支，不得在保费收入中直接抵扣。4. 各保险公司支付给保险代理机构的代理手续费一律使用转账支票，不得以现金或现金支票支付。5. 机动车辆保险单必须由保险公司出具，各保险公司不得委托保险代理机构代出保单。6. 各保险公司及其分支机构必须在人民银行批准的区域内开办机动车辆保险业务，不得异地展业、异地出单。7. 从文到之日起至1997年9月30日止，各保险公司要对自身开办机动车辆保险业务组织清查，主动纠正违规行为。本通知自下发之日起执行。

21日 中国人民银行发布《票据管理实施

办法》。为了加强票据管理，维护金融秩序，该办法规定：1. 中国人民银行是票据的管理部门。2. 票据当事人应当依法从事票据活动，行使票据权利，履行票据义务。3. 银行汇票的出票人和银行本票的出票人为经中国人民银行批准办理银行汇票和银行本票业务的银行。4. 商业汇票的出票人为银行以外的企业和其他组织。承兑商业汇票的银行必须与出票人具有真实的委托付款关系和有支付汇票金额的可靠资金。5. 向银行申请办理票据贴现的商业汇票的持票人必须与出票人、前手之间具有真实的交易关系和债权债务关系。6. 支票的出票人为在经中国人民银行批准办理支票存款业务的银行、城市信用合作社和农村信用合作社，开立支票存款账户的企业、其他组织和个人。7. 银行汇票上的出票人的签章、银行承兑商业汇票的签章为该银行的汇票专用章加其法定代表人或者授权的代理人的签名或者盖章。8. 申请人申请开立支票存款账户的银行、城市信用合作社和农村信用合作社可以与申请人约定在支票上使用支付密码，作为支付支票金额的条件。9. 依法背书转让的票据，任何单位和个人不得冻结票据款项。10. 签发空头支票或者签发与其预留的签章不符的支票，不以骗取财物为目的的，由中国人民银行处以票面金额的5%但不低于1 000元的罚款；持票人有权要求出票人赔偿支票金额2%的赔偿金。11. 票据的付款人对见票即付或者到期的票据故意压票、拖延支付的，由中国人民银行处以压票、拖延支付期间内每日票据金额0.7‰的罚款；对直接负责的业务主管和其他责任人给予警告、记过、撤职或者开除的处分。本办法自1997年10月1日起施行。

28日 中国人民银行下发《关于进一步贯彻全国保险监管会议精神、全面整顿保险市场秩序的通知》。并部署全面整顿保险市场的工作，专项整顿航空人身意外保险市场和机动车辆保险市场。该通知指出，一段时间以来，一些保险公司不执行人民银行和财政部的有关规定，采取大幅度降低保险费率、超标准支付代理手续费、支付高额退费、提前给予无赔款优待等非正常手段进行恶性竞争，造成机动车辆保险业务赔付率大幅上升，严重影响了保险市场秩序的稳定。

△ 中国人民银行发出《关于加强信用卡业务透支风险管理的通知》，加强对商业银行信用卡业务透支风险的管理，防范和化解透支风险。该通知要求：1. 凡开办信用卡业务的各商业银行必须尽快制定和完善信用卡业务透支风险控制办法及控制指标。2. 各商业银行信用卡业务的发卡审批权和授权权限，一律由地市以上分行掌握。3. 各商业银行发行的用于代理收付业务的专用卡、ATM卡一律不得具有透支功能，不得为持卡人垫付资金。4. 要对信用卡申请人的资信进行严格审查，严防用假身份证骗领信用卡的现象。5. 各行计算机系统内设置的信用卡风险控制参数，包括授权、授信限额、提取现金限额等，必须符合中国人民银行的有关规定，对单位卡必须设置不得取现的参数。6. 人民银行各级分支行要加强对信用卡业务风险的监管。

△ 中国人民银行发布了《关于加强银行卡品种管理的通知》。该通知规定：商业银行开办银行卡业务，发行任何品种的银行卡，必须制定统一的章程和内部管理制度，并经中国人民银行总行批准；各商业银行要加强对银行卡品种的规范化管理，统一规划，严格内部授权制度；相同功能和性质的银行卡，在行内各分支机构间必须统一名称和版面。报批规定如下：发行不许透支的转账卡（包括储蓄卡、取款卡等），须报经中国人民银行总行批准；发行联名卡（包括联名信用卡、联名转账卡、联名专用卡等），在特定区域、特定行业使用，具有专门用途的专用卡，由商业银行发卡的分支机构报其总行审查同意后，报中国人民银行当地省级分行审批并报中国人民银行总行备案；发行一次性储值卡（含磁条卡、IC卡），按不同用途分别向中国人民银行总行申报；发行IC卡（专用IC卡除外）、外币卡按《信用卡业务管理办法》的规定另行报批。

9月

1日 中国人民银行发布了《关于加强金融

机构个人存取款业务管理的通知》。该通知要求：储户开立具有通存通兑功能的账户（包括存折户、银行卡户）或基于已有账户申领银行卡时，必须出具有效身份证明和设置个人密码；接受个人定期存款单笔金额超过10万元（含10万元），必须按银发［1996］447号文的要求使用相应的特种存单；个人储蓄账户（含银行卡、下同），除代发工资和小额个人劳务报酬外，不得接受单位开出的各类转账支票；个人定期或活期存款的单笔金额超过20万元（含20万元）或同一存款人的存款超过100万元（含100万元）的，实行向金融机构省级分行和省级人民银行备案报告制度，一日一次性从储蓄账户大额提现审批、预约、备案制度，可疑存款业务及时报告制度。

3日 中国人民银行发出《关于加强企业集团财务公司资金管理等问题的通知》。该通知明确，财务公司的自营存贷款比例不得高于75%；财务公司拆入资金余额不得超过其资本总额，拆入资金只能用于弥补头寸，严禁用拆入资金发放贷款；财务公司的内部转账结算严格限定在企业集团内部成员单位之间资金往来范围之内，财务公司不得直接参加人民银行组织的联行清算及同城票据交换；财务公司不得吸收3个月以下的短期存款；财务公司的中长期资金运用限于集团内企业的技术改造贷款及设备的融资租赁，不得将短期资金长期使用。

4日 中国人民银行发布《城市信用合作社管理办法》。该办法规定，城市信用合作社（以下简称城市信用社）是在城市市区内由城市居民、个体工商户和中小企业法人出资设立的，主要为社员提供服务，具有独立企业法人资格的合作金融组织。城市信用社的设立必须经中国人民银行审查批准。城市信用合作社联合社根据中国人民银行的授权，对城市信用社实行行业归口管理。城市信用社的社员以其出资额为限对城市信用社承担责任。城市信用社以其全部资产对城市信用社的债务承担责任。设立城市信用社，必须有50个以上的社员，其中，企业法人社员不少于10个，社员缴纳的股金的最低限额为人民币5 000元。城市信用社的注册资本的最低限额为100万元人民币。申请筹建城市信用社的发起人不得少于20人，其中，企业法人不得少于5人。发起人认购的股金额不得低于城市信用社股金总额的40%，其余的股金应当由城市居民、个体工商户和企业法人认购。城市信用社的权力机构是社员大会，同时，设立理事会和监事会。城市信用社遵循自主经营、自负盈亏、互利互助、自我约束、自我积累的原则开展各项业务活动。城市信用社主要经营人民币业务，包括吸收社员存款和非社员的公众存款、发放贷款、办理结算业务和票据贴现业务、代收代付款项及受托代办保险业务等内容。城市信用社吸收的非社员存款不超过存款余额的40%，吸收单个非社员储户的储蓄存款不超过15万元。城市信用社对同一借款人发放的贷款余额不超过50万元，对非社员的贷款余额不超过信用社贷款余额的40%。城市信用社已经或者可能发生信用危机，严重影响债权人的利益时，中国人民银行可以对其实行接管。城市信用社实行资产负债比例管理和资产风险管理制度。严重资不抵债的城市信用社，中国人民银行责令其关闭；已经发生严重的支付危机，不能清偿到期债务的城市信用社，经中国人民银行同意，由人民法院依法宣告其破产。1988年，中国人民银行颁布的《城市信用社管理规定》同时废止。

5日 中国人民银行、国家工商行政管理局联合发出《关于贯彻落实〈国务院办公厅关于禁止非法买卖人民币的通知〉的通知》（以下简称《通知》）。该《通知》规定：1. 禁止任何单位和个人非法买卖流通人民币（含纪念币）。2. 退出流通的人民币允许上市经营。3. 纪念币分为普通纪念币和贵金属纪念币。普通纪念币自发行之日起一年内只准等值交换，贵金属纪念币自发行之日起即可上市经营。4. 因钱币文化交流及其他特殊用途需要，经中国人民银行总行批准，可装帧少量流通人民币。装帧的流通人民币可上市经营。5. 凡设立经营人民币的经销部门和经销点，必须经中国人民银行各省、自治区、直辖市分行批准，并经工商行政管理机关登记注册。6. 经营装帧流通人民币，原则上每个省、自治区、直辖市可设置一个经销部。贵金属纪念币由中国金币总公司总经销。原则上各省、自治区、直辖市可设置一个经销部。经营零售业务的经销点必须严格控制。7. 各地现有的钱币市场由各省、自治区、直辖市工商行政管理机关会同中国人民银行各省、自治区、直辖市分行进行清理整顿，符合条件的，由中国人民银行各省、自治区、直辖市分行审批，并由工商行政管理部门对其重新登记，依法进行管理。8. 经销现行流通的外国货币和港、澳、台等地区货币，按国家外汇管理局关于外汇管理的有关规定办理。9. 对违反国务院办公厅的通知精神和《通知》规定，非法经营人民币的单位和个人，按倒卖专营物品处理，由工商行政管理部门没收实物及非法所得，按有关规定给予处罚。所收缴的实物由当地中国人民银行收兑。《通知》要求自文发之日起至1997年10月31日前，中国人民银行各省、自治区、直辖市分行会同当地工商行政管理部门按国务院办公厅的通知和《通知》要求，对当地买卖人民币活动进行清理整顿，并根据国务院办公厅的通知精神和《通知》要求，结合当地实际情况，制定具体的贯彻落实意见。各金融机构及从业人员不得利用职务工作之便，支持参与人民币的非法买卖活动，违者严肃处理。

8日　中国人民银行、国家工商行政管理局共同发布《关于严禁擅自批设金融机构、非法办理金融业务的紧急通知》。经查，一些地方和部门擅自批设金融机构，擅自办理金融业务，非法从事金融活动，严重扰乱了金融秩序，多次发生挤兑风波。为此，该通知规定，中国人民银行是审批金融机构的主管机关，任何地方政府、部门或个人均无权批准设立金融机构或金融机构筹备组织。凡未经中国人民银行批准设立的金融机构，均属非法金融机构。工商行政管理部门在登记注册时，对没有中国人民银行批准文件的不予登记注册，不予核发营业执照。凡未经中国人民银行批准已经设立的从事保险经纪、代理业务的保险等金融经纪人、代理人公司，各地工商行政管理部门应立即取消保险经纪、代理业务。个人不得从事金融经纪活动。1997年10月1日以后再发生擅自设立金融机构和非法从事金融业务的，按1997年3月14日第八届全国人民代表大会第五次会议修订的《中华人民共和国刑法》的有关规定，提请司法机关查处。

△　上海证券交易所和深圳证券交易所调整市盈率的计算口径。根据决定，有盈利的上市公司全部纳入计算范围。上市公司送配股和派发现金红利时，先对每股收益予以相应调整再计算市盈率；新股上市后按前一会计年度的每股收益及新股发行后的总股本摊薄的指标计算每日市盈率。

9日　13家中资保险公司共同签署了我国第一份《全国保险行业公约》。公约内容包括：1. 各签约公司应当加强联系、相互支持、友好协商、团结合作。在宣传及展业过程中，杜绝不尊重甚至诋毁其他保险公司的行为。2. 各签约公司严格按照中国人民银行批准的业务范围和地域经营保险业务，并遵守各签约公司之间共同达成的业务协议、约定，不得用不正当手段争抢业务。3. 各签约公司要遵循公平竞争原则，反对不正当竞争。4. 各签约公司在与保险代理人签订保险代理协议时，都应当按照中国人民银行的规定办理，严格执行有关代理人手续费标准的规定，并对保险代理人实行登记造册，建立手续费签收制度，不得以扣除手续费以后的保险费入账。各签约公司不得接受未经中国人民银行总行批准营业的中、外保险经纪人的境内直接业务。5. 各签约公司应当严格执行《中华人民共和国保险法》中关于“优先在中国境内的保险公司办理再保险”的规定。这是保险业自我约束、自我规范的重要举措，也是保险业迈向成熟的第一步。13家保险公司是中保财产保险有限公司、中保人寿保险有限公司、中国太平洋保险股份有限公司、中国平安保险股份有限公司、华泰财产保险股份有限公司、新华人寿保险股份有限公司、泰康人寿保险股份有限公司、天安保险股份有限公司、大众保险股份有限公司、新疆兵团保险公司、华安财产保险股份有限公司、永安财产保险股份有限公司和中保再保险有限公司。该公约自1997年10月1日起实施。

10日 国家外汇管理局决定提高境内居民个人因私兑换外汇由银行审核真实性的标准。根据新的标准，凡原规定可以兑换500美元标准的，如赴中国香港、澳门等地区用汇，一律提高到1 000美元；凡原规定可以兑换1 000美元标准的，如赴除中国香港、澳门以外的其他地区（包括中国台湾）用汇，一律提高到可兑换2 000美元；凡原规定中未列入的其他用汇，可将银行兑换的标准由300美元提高到500美元。

11日 中国人民银行、国家经济贸易委员会联合发布《关于支持国有亏损工业企业有销路、有效益产品生产的通知》。该通知明确，需支持的此类企业必须同时符合以下条件：该产品符合国家产业发展政策，确实有销路、有效益，产销率和现款回款率都在95%以上；企业必须提供银行认可的还款保证；该产品销货款要有一定的比例用于归还老贷款本息；企业负债率一般不高于90%；企业领导班子坚强有力，在改进经营管理方面已采取实际措施。各地银行可根据此类企业的特点，采取以下办法支持企业发展：为企业提供票据贴现服务，对符合条件的产品提供资金支持；运用买方信贷手段，支持企业产品的生产和销售；对企业有销路、有效益的出口产品，通过打包贷款方式给予资金支持；实行"封闭贷款"，支持企业发展。

封闭贷款 封闭贷款是指贷款人对由于资产负债率较高、亏损严重等原因，按照正常条件不能取得贷款，但政府已决定救助的国有工业企业发放的流动资金贷款。由于当时国有企业改革陷入困境，发展举步维艰，为了积极支持亏损严重的国有工业企业培育新的盈利增长点，逐步走出困境，国家通过商业银行开始发放封闭贷款，封闭贷款遵循"封闭核算、购货鉴证、足额贷款、专户管理、保值分利"的原则。在企业采购、生产、库存、销售整个环节中，资金能够封闭运行，贷款本息得以按期归还，企业生产能够循环周转。封闭贷款是商业性贷款，由商业银行自主审查发放。

根据中国人民银行、国家经贸委、国家计委、财政部、国家税务总局1998年出台的《封闭贷款管理暂行办法》的规定，申请封闭贷款的企业必须同时符合以下条件：企业亏损严重，按《贷款通则》规定的条件难以获得贷款，但政府已决定救助并有贷款人认可的具体救助方案的（所指的政府为县级及县级以上人民政府）；企业部分产品有市场、有效益、有订单；该企业对这部分产品能够实行封闭核算，做到供、产、销单独记账，成本费用单独核算，效益利润单独反映；产品符合"购货鉴证"的要求，具有购货方银行签发的信用证、承兑汇票或贷款人认可的其他付款承诺；能够提供贷款人认可的担保等。

1999年，我国又根据外经贸企业的特点，出台了《外经贸企业封闭贷款管理暂行办法》。该办法规定，外经贸封闭贷款应遵循"收汇挂钩、购货鉴证、封闭管理、安全收贷"的原则。

封闭贷款既大力推动国有企业扭亏为盈，走出困境，又盘活了商业银行的资金，实现了银企"双赢"。

15日 中国人民银行发布《农村信用合作社管理规定》和《农村信用合作社县级联合社管理规定》。

《农村信用合作社管理规定》明确，农村信用社是指经中国人民银行批准设立，由社员入股组成，实行社员民主管理，主要为社员提供金融服务的农村合作金融机构。农村信用社是独立的企业法人，以其全部资产对农村信用社的债务承担责任。农村信用社的社员包括向农村信用社入股的农户以及农村各类具有法人资格的经济组织。设立农村信用社，社员一般不少于500个；注册资本金一般不少于100万元人民币；农村信用社所有的社员必须用货币资金入股，单个社员的最高持股比例不超过该农村信用社股本金总额的2%。社员代表大会是农村信用社的权力机构，理事会是社员代表大会的常设执行机构，监事会是农村信用社的监督机构。农村信用社对本社社员的贷款不得低于贷款总额的50%，其贷款优先满足种养业和农户的生产资金需要。农村信用社在已经或可能出现信用危机、严重影响存款人的利益时，中国人民银行可以按有关规定对该信用社实行接管，对其进行整顿，改善资产负债状况，恢复正常经营能力。

《农村信用合作社县级联合社管理规定》明确，农村信用社县联社（以下简称县联社）是指经中国人民银行批准设立、由所在县（市）农村信用合作社入股组成、实行民主管理、主要为农村信用社服务的联合经济组织，是企业法人。县联社以其全部资产对县联社的债务承担责任。县联社的社员包括向县联社入股的辖内农村信用社和县联社的职工。申请设立联社，其所在县（市）内的农村信用社必须达到 8 家以上；县联社的注册资本金一般不低于 100 万元人民币；县联社吸纳所在地农村信用社的入股资金，每个社员的入股金额不低于 5 万元，不高于县联社股本金总额的 20%。县联社的权力机构是社员大会，同时，设立理事会和监事会。县联社实行理事会领导下的主任负责制。县联社已经或可能出现信用危机，严重影响存款人的利益时，中国人民银行可以按有关规定对该联社实行接管，对其进行整顿，改善资产负债状况，恢复正常经营能力。

19 日　中国人民银行发出《关于印发〈支付结算办法〉的通知》。该通知指出：《支付结算办法》自 1997 年 12 月 1 日起施行，1988 年 12 月 19 日印发的《银行结算办法》同时废止。自 1997 年 12 月 1 日起取消国有商业银行签发 50 万元大额银行汇票通过人民银行清算资金的规定，各商业银行跨系统汇划款项和系统内 50 万元（含 50 万元）以上的大额汇划款项仍通过人民银行清算资金转汇。《支付结算办法》共有 6 章 260 项条款，分别是总则、票据、信用卡、结算方式、结算纪律与责任、附则，《支付结算办法》规定：银行是支付结算和资金清算的中介机构。单位、个人和银行应当按照《银行账户管理办法》的规定开立、使用账户。在银行开立存款账户的单位和个人办理支付结算，账户内须有足够的资金保证支付，《银行账户管理办法》另有规定的除外。票据和结算凭证是办理支付结算的工具。单位、个人和银行签发票据，填写结算凭证，应按照《支付结算办法》记载。银行依法为单位、个人在银行开立的基本存款账户、一般存款账户、专用存款账户和临时存款账户的存款保密，维护其资金的自主支配权。支付结算实行集中统一和分级管理相结合的管理体制。本办法所称的结算方式是指汇兑、托收承付和委托收款。《支付结算办法》还对票据、信用卡、结算方式、结算纪律和责任作了详尽而明确的规定。

23～25 日　巴塞尔银行监管委员会在中国香港举办的世界银行、国际货币基金组织年会上对外公布《有效银行监管的核心原则》（以下简称《核心原则》）。面对国际上许多国家，包括发展中国家和发达国家，越来越关注金融稳定问题，要求采取措施强化各国的金融体系，保持金融稳定与发展。巴塞尔银行监管委员会在研究如何加强世界各国的金融稳定的基础上，提出《核心原则》（我国也参与了《核心原则》的制定）。《核心原则》汇集了有效银行监管的核心原则二十五条内容，其中包括：有效银行监管要求、发照、审慎法规和要求、持续银行监管手段、信息要求、正式监管权力、跨国银行业等项原则。《核心原则》为各国和国际监管机构监督和管理金融机构，防范金融风险提供了一个基本的参考标准。巴塞尔委员会与各国的有关组织机构共同监督实施核心原则的进程。《核心原则》成为了加强世界各国金融稳定的有效手段。

24 日　国家外汇管理局公布《境内机构借用国际商业贷款管理办法》、《境内机构发行外币债券管理办法》、《银行外汇业务管理规定》、《外债统计监测实施细则》。上述办法是在对 1991 年 9 月 26 日公布的《境内机构借用国际商业贷款管理办法》和 1987 年公布的《中国境内机构在境外发行债券的管理规定》进行补充和修订的基础上制定的。

《境内机构借用国际商业贷款管理办法》完善了国际商业贷款的管理口径，即在原有的买方信贷、国际融资租赁项下的外汇贷款、一般的外汇商业贷款等基础上，进一步明确了以外汇方式偿还的补偿贸易、境外机构和个人外汇存款、项目融资、90 天以上的贸易项下融资等筹资方式，也视同国际商业贷款进行管理，对上述国际商业贷款的审批、监督和管理进行了明确规范。《境内机构借用国际商业贷款管理办法》规定：1. 中国人民银行是境内机构借用国际商业贷款的审批机关，授权国家外汇管理局及其分局具体负责对境内机构借用国际商业贷款的审批、监督和管理。2. 境内机构借用国际商业贷款应当经外汇局批准，对外借用国际商业贷款的境内机构仅限于经国家外汇管理局批准经营外汇借款业务的中资金融机构、经国务院授权部门批准的非金融企业法人。对外直接借用国际商业贷款的非金融企业法人应当具备以下条件：最近三年连续盈利，有进出口业务许可，并属国家鼓励的行业；具有完善的财务管理制度；贸易型非金融企业法人的净资产与总资产的比例不得低于15%；非贸易型非金融企业法人的净资产与总资产的比例不得低于30%；借用国际商业贷款与对外担保余额之和不得超过其净资产等值外汇的50%；外汇借款与外汇担保余额之和不超过其上年度的创汇额。金融机构借用国际商业贷款应当符合中国人民银行关于金融机构外汇资产负债比例管理的规定。3. 境内机构应当凭自身资信对外借用国际商业贷款，并自行承担对外偿还责任。4. 中资金融机构应当根据其海外分行的营运资金、资产负债比例及当年业务量等项指标，确定每个海外分行的境外融资总量；海外分行在境外融资应当纳入其总行（总公司）的资产负债比例管理。5. 海外分行在境外所筹集的资金只能用于海外业务发展。未经国家外汇管理局批准，不得调入境内使用。6. 中资企业在境外设立的非经营性质的办事处或者代表处等机构不得在境外融资。中资企业在境外设立的分公司及其他经营机构，经总（母）公司授权，以总（母）公司的名义对外借款，视为总（母）公司的对外借款。境内机构向中资金融机构海外分支机构借用外汇贷款，适用本办法。中资银行从事离岸业务借用的国际商业贷款，按照本办法对海外分行的管理规定执行。境内机构向中资银行离岸业务部门借用的外汇贷款，视同国际商业贷款管理。7. 本办法自1998年1月1日起施行。1991年9月26日中国人民银行批准、国家外汇管理局发布的《境内机构借用国际商业贷款管理办法》、1995年7月14日中国人民银行发布的《关于境内机构进行项目融资有关事宜的通知》、1996年4月17日国家外汇管理局发布的《经营外汇业务的中资银行海外分支机构境外融资管理规定》、1997年1月16日国家外汇管理局发布的《关于加强对中资企业境外机构融资管理的通知》同时废止。

《境内机构发行外币债券管理办法》对境内机构发行外币债券管理作出明确规范。其中规定，外币债券是指以外币表示的、构成债权债务关系的有价证券。外币的可转换债券、大额可转让存单、商业票据被视为外币债券进行管理。外币债券分为短期外币债券和中长期外币债券。中资机构发行中长期外币债券实行定期资信评审制。境内机构在境外发行外币债券后，未经外汇局批准不得将发债所筹集的资金存放境外或者在境外直接支付，不得转换为人民币使用。该办法自1998年1月1日起施行。1987年9月28日，中国人民银行公布的《中国境内机构在境外发行债券的管理规定》同时废止。

《银行外汇业务管理规定》对境内中资银行及其分支机构经营业务的范围和经营外汇业务的审批、管理、监督和检查作了具体规定。其中明确，中资银行及其分支机构可以经营的外汇业务是外汇存、贷款，外汇汇款，外币兑换，国际结算，同业外汇拆借，外汇票据的承兑和贴现，外汇借款，外汇担保，结、售汇，发行或者代理发行股票以外的外币有价证券，买卖或者代理买卖股票以外的外币有价证券，自营外汇买卖或者代客外汇买卖，外汇信用卡的发行和代理国外信用卡的发行及付款，资信调查、咨询、见证等业务。银行经营外汇业务是以效益性、安全性、流动性为经营原则。银行实行自主经营、自担风险、自负盈亏、自我约束的自律机制。国家外汇管理局对银行外汇业务实行风险监控。该规定自1998年1月1日起施行。国家外汇管理局1993年1月1日发布的《银行外汇业务管理规定》、1993年4月15日发布的《关于各级银行外汇业务范围的规定》及《关于银行外汇资产负债比例管理的规定》同时废止。

《外债统计监测实施细则》中规定：国家外汇管理局及其分支局履行外债统计监测的职能，定期公布全国外债情况。国家对外债实行登记管理制度，债务人按照规定办理登记手续。国家对外债资金的流入流出实行专户管理。国家对外债的偿还实行审核制度。该实施细则自1998年1月1日起施行。1989年11月10日，国家外汇管理局发布的《外债登记实施细则》同时废止。

△ 《中国证券报》、《证券时报》、《上海证券报》针对股票市场发表评论员文章。针对股票市场一挫再挫，投资者疑虑悲观的情况，三家报纸分别发表评论员文章，肯定了中国经济已进入高增长、低通货膨胀的良性轨道，证券市场建设和监管体系正在不断发展和完善，同时特别指出，证券市场服务于国有企业的改革与发展，应该也只能是一个稳步发展、规范从事、循序渐进的过程。对于所有的企业，证券市场的"门槛"一般较高。国有企业上市、各级监管部门和中介机构应当把好其入门关，严格审计，严格审批。上市如此，收购兼并同样如此，不能用行政手段搞"拉郎配"。文章发表后，上海、深圳股市反应强烈，分别上涨6.53%和5.71%。

30日 中国人民银行、财政部、国家经贸委联合发布《实施〈全国企业兼并破产和职工再就业工作计划〉银行呆、坏账准备金核销办法》。该办法规定，国务院确定的企业"优化资本结构"试点城市、国有大中型重点企业和有关行业因实施《全国企业兼并破产和职工再就业工作计划》而形成的国家开发银行、中国进出口银行、中国农业发展银行、中国工商银行、中国农业银行、中国银行、中国建设银行、交通银行的人民币和外汇贷款呆、坏账准备金可调剂使用，坏账准备金不足以核销坏账损失的，可从呆账准备金中核销。呆、坏账损失的核销，实行由分行上报、总行统一批准的办法。该办法同时对呆、坏账准备金的使用以及呆、坏账的核销程序作了具体规定。

△ 中国人民银行发布《关于允许中资企业保留一定限额外汇收入的通知》。该通知规定，自1997年10月15日起，逐步允许中资企业开立外汇账户，保留一定限额的外汇收入。外经贸公司的年进出口额在3 000万美元以上、资本金在1 000万元人民币以上和有进出口权的生产型企业的年进出口额在1 000万美元以上、资本金在3 000万元人民币以上的，可以先被允许设立外汇账户，保留一定限额的外汇收入。但该账户允许保留外汇的最高金额限定为年进出口额的15%。其账户余额不得超过核定的最高限额，超过部分必须结汇。外汇账户资金来源只能是经常项目下的收入，用途为经常项目下和经外汇局批准的资本项目下的外汇支付。

10月

6日 中国人民银行发出《关于合理确定流动资金贷款期限的通知》。该通知明确，流动资金贷款按期限分为临时贷款、短期贷款和中期贷款三类。临时贷款是三个月以内的贷款，短期贷款是3个月以上1年以内的贷款，中期贷款是1~3年的贷款。对生产经营正常、生产规模较大，产品有市场、有效益，归还银行贷款本息有保证的企业，特别是国有大中型企业均可发放1~3年的中期流动资金贷款。各商业银行要从严掌握中期流动资金贷款的审批权限，审批权限一般应控制在二级及二级以上分行，要严格按要求掌握流动资金贷款期限，防止出现因人为缩短贷款期限，导致贷款逾期而加息、罚息的现象。

7日 中国人民银行颁布《银团贷款暂行办法》。该办法规定：1. 银团贷款是由获准经营贷款业务的多家银行或非银行金融机构，采用同一贷款协议，按商定的期限和条件向同一借款人提供资金的贷款方式。银团贷款的主要对象是国有大中型企业、企业集团和列入国家计划的重点建设项目。2. 银团贷款的组织者或安排者称为牵头行，原则上由借款人的主要贷款行或基本账户行担任。代理行是银团贷款协议签订后的贷款管理人，一般由借款人的牵头行担任，也可由银团各成员行共同协商产生。参与银团贷款的金融机构均为银团贷款的成员行。银团贷款项目由牵头行评审，也可由银团各成员行自行评审。银团贷款成员共同与借款人、保证人签订银团贷款协议。银团贷款必须实行担保。3. 银团贷款的发放和收回采用“认定总额、各成员分担”的方式办理，各成员行对银团贷款的分担金额，按“自愿认贷，协商确定”的原则进行。4. 当借款人不能按期归还本金时，银团有权以抵押物或质押物折价或者以拍卖、变卖该抵押物或质押物的价款优先受偿，或由保证人履行债务或者承担责任。5. 对借款人有违约行为的情况，代理行负责召开银团会议对其作出处罚。本办法自公布之日起实行。

△ 中国人民银行发布《境内外汇账户管理规定》。该规定明确：境内机构开立经常项目外汇账户必须经外汇局批准。外商投资企业的经常项目外汇收入进入外汇结算账户的，在外汇局核定的最高金额内保留外汇；超过最高金额的外汇，应卖给外汇指定银行或者通过外汇调剂中心卖出。外汇局根据外商投资企业的实投资本和经常项目外汇资金周转的需要，调整核定外汇结算账户的最高金额。境内机构申请开立资本项目外汇账户时，外汇局规定外汇账户的收支范围、使用期限和核定账户的最高金额。境内机构资本项目外汇账户内的资金转换为人民币，应当报外汇局批准；境外法人或者自然人开立的外汇账户内的资金，不得转换为人民币使用。外汇局对境内机构及驻华机构的外汇账户实行年检制度。境内机构、驻华机构、个人及来华人员有违反外汇账户管理规定行为的，由外汇局责令改正，撤销外汇账户，通报批评，并处5万元以上、30万元以下的罚款。开户金融机构擅自为境内机构、驻华机构、个人及来华人员开立外汇账户，擅自超过外汇局核定内容办理账户收付或者违反其他外汇账户管理规定，由外汇局责令改正，通报批评，并处10万元以上、30万元以下的罚款。本规定自1997年10月15日起施行。中国人民银行1994年4月1日发布的《外汇账户管理暂行办法》、国家外汇管理局1994年5月30日发布的《关于〈外汇账户管理暂行办法〉有关问题的通知》、1994年6月22日发布的《外债、外汇（转）贷款还本付息开立账户操作规程》、1996年6月28日发布的《外商投资企业境内外汇账户管理暂行办法》同时废止。

8日 中国人民银行颁布《关于清收融资中心逾期拆借资金有关问题的通知》。该通知规定，人民银行各分行成立清收工作小组，专门负责清收逾期拆借资金工作。清收的范围包括融资中心、办事处及原金融市场截至1997年9月末尚未归还和收回的逾期拆借资金。对发生在辖区内的逾期拆借资金，由当地人民银行省分行牵头负责组织清收；对跨地区的逾期拆借资金，拆借双方均为融资中心的，由拆入方人民银行分行主动配合清收；拆借的一方为商业银行分支机构或非银行金融机构的，由商业银行或非银行金融机构以法人为单位负责清收；对涉及其他非金融机构的逾期资金，由债务方所在地的人民银行协助债权方清收。除1个营业日的票据交换头寸外，所有同业拆借业务必须通过同业拆借市场网络办理，严禁网外拆借，没有进入同业拆借市场网络的金融机构，一律通过当地人民银行的融资中心办理业务。

14日 中国人民银行发出《农村信用社改进和加强支农服务十条意见》。为了落实党中央、国务院关于大力发展农业以及把农村信用社真正办成合作金融组织的要求，中国人民银行提出改进和加强支农服务的十条意见：1. 农村信用社要进一步明确办社宗旨，大力改进支农服务工作。2. 合理安排信贷资金，在信贷资金投向上实行农户贷款优先、社员贷款优先、农业贷款优先的政策。3. 改进贷款管理的方式，对信誉良好的农户可采取信用贷款的方式。4. 推行农户贷款公开制度，增强透明度，接受群众监督。5. 进一步拓宽服务领域，为广大农民提供多样化、综合性的服务。6. 严格执行国家利率政策，发挥利率杠杆作用。7. 继续发挥信用站贴近农民、服务农业的作用，适当增设代办点。8. 大力推行优质服务文明办社的活动。9. 大力表彰先进典型，提高支农服务工作水平。10. 认真抓好农村信用社改进和加强支农服务的组织领导工作，使农村信用社的支农服务工作真正收到实效。

16日 中国人民银行、中国农业发展银行、中国农业银行联合发出《关于改进秋季农副产品购销资金供应与管理的通知》(以下简称《通知》)。根据国务院《关于做好秋粮收购工作的通知》精神，中国人民银行要求各地要切实改进金融服务，确保粮、棉、油收购资金供应，合理控制现金投放。《通知》要求：1. 各单位要按照筹措收购资金责任制，及时安排收购贷款，确保粮、棉、油收购资金的供应。2. 在粮、棉、油调销环节上，推广使用银行承兑汇票，减少资金占用，加速资金周转。3. 要加大粮、棉、油调销环节的信贷投入，加强对调销回笼款的管理。4. 在确保粮、棉、油收购现金供应的同时，积极开展储蓄业务，增加现金回笼。5. 各地人民银行要加强组织领导，及时协调解决工作中出现的矛盾和问题。

23日 中国人民银行发出《关于降低金融机构存、贷款利率的通知》。为了使我国宏观经济形势继续保持稳步、健康发展的态势，进一步减轻企业的利息负担，支持国有企业改革，中国人民银行决定从1997年10月23日起，降低金融机构的各项存贷款利率，各项存款年利率在现行基础上平均下调1.1个百分点，各项贷款年利率在现行基础上平均下调1.5个百分点。要适当下调中国人民银行与金融机构的存贷款利率，下调各项优惠贷款利率。政策性金融债券5年期债券利率由现行的8.8%调整为6.84%，8年期债券利率由现行的9.05%调整为7.38%。

△ 中国人民银行发出《离岸银行业务管理办法》。该办法规定：离岸银行业务是指银行吸收非居民的资金，服务于非居民的金融活动。经营业务的币种限于可自由兑换货币。银行从事的离岸银行业务包括外汇存贷款、同业外汇拆借、国际结算、发行大额可转让存款证、外汇担保、咨询、见证等。离岸银行业务的外汇存款、外汇贷款利率可以参照国际金融市场利率制定。该办法对银行经营离岸金融业务的申请、经营范围和管理作了规定，自1998年1月1日起施行。

△ 财政部出台《国家政策性银行财务管理规定》。该规定要求：1. 国家开发银行、中国农业发展银行、中国进出口银行实行“计划管理，分级核算，统负盈亏，利差补贴，保本经营”的财务管理体制，应当遵循权责发生制的会计核算原则，财务管理实行行长负责制。政策性银行的财务收支和费用管理要相对集中，实行集体讨论、“一支笔审批”制度。2. 政策性银行的注册资本总额由国务院确定或调整，并由国家财政全额持有。政策性银行必须在国务院规定的范围内运用资金，开展业务。财政部对政策性银行的财务实行计划管理，财政部主要批复业务管理费用率（或费用额）、实现利润（或亏损）、利差补贴、固定资产购建资金、呆账准备金提取和坏账核销计划等6个指标。财政部批复的政策性银行的年度财务计划为指令性计划，一般不得调整。3. 政策性银行设立分支机构或办事机构、发行债券和有价证券及其他重大事项，须报中国人民银行、财政部会同国务院有关部门审批。本规定自1998年1月1日起开始实施。

24日 中国人民银行发出《关于民族贸易和民族用品生产贷款继续实行优惠利率的通知》。根据《国务院关于“九五”期间民族贸易和民族用品生产有关问题的批复》的精神，中国人民银行决定对民族贸易和民族用品生产贷款继续实行优惠利率政策，由中国工商银行和中国农业银行执行比正常的1年期流动资金贷款利率低2.88个百分点的利率政策。享受优惠利率政策的民族贸易和民族用品生产企业，其利息优惠部分的70%以上必须用于补充企业的自有流动资金。中国人民银行对中国农业银行发放的优惠贷款按年利率2.88%给予补贴，对中国工商银行1998年1月1日后新发放的优惠贷款，也给予年利率2.88%的利息补贴。

29日 中国人民银行总行发布新的《现金收支统计制度》，从1998年1月1日起实行。随着改革开放的深化和市场经济的发展，经济活动日趋复杂多样，原有的现金统计制度已逐渐滞后于经济金融形势的发展，因此，中国人民银行重新修订了《现金收支统计制度》。新修订的《现金收支统计制度》的整体思路是：统一项目设置、报表表式，建立统一的现金收支统计指标体系；实现全部金融机构的现金统计并表，建立

"金融机构现金统计月报表"，全面准确地反映全社会的现金收支总量及其构成情况；以现金来源和用途为主要标准，调整现金收支统计项目归属内容，体现市场经济条件下现金收支活动的特征；明确统计程序，约束统计行为，制定《现金统计操作规程》，实行统一、规范的现金统计操作方法。修订后的《现金收支统计制度》从框架上看包括四个组成部分：统一的现金收支统计指标体系；现金收支统计项目归属内容；现金收支统计操作规程；现金收支统计报表表式。

11 月

6 日　国家计划委员会、财政部联合发出《关于降低证券、期货市场监管费标准的通知》，决定从 1998 年 1 月 1 日起，将对深圳、上海两个证券交易所收取的证券期货市场监管费标准降低 20%，即由原来按股票年交易额的 0.025‰收取，降为按 0.02‰收取；将对各期货交易所收取的期货市场监管费标准降低 50%，即由原来按年交易额的 0.004‰收取，降为按 0.002‰收取。

7 日　中国人民银行发出《关于调整保险公司保费预定利率的紧急通知》，将人寿保险业务的保费预定利率上下限调整为年复利 4% ~ 6.5%。该通知要求，自 1997 年 12 月 1 日起，新签发的保单必须符合以上规定，但对已经签发的保单继续按照原条款和费率执行，不得更改。这是中国人民银行在 10 月 23 日降低利率的基础上，对寿险保费预定利率作出的适时调整。

12 日　中国人民银行发布《国有独资商业银行监事会暂行规定》。该规定为深化金融体制改革，健全国有独资商业银行的监督机制而制定。该规定明确，国有独资商业银行的监事会是国务院授权中国人民银行向国有独资商业银行派出的、对国有独资商业银行的资产质量及国有资产保值增值状况进行监督的组织。监事会对中国人民银行负责，并定期向中国人民银行报告工作，中国人民银行定期就监事会的工作向国务院报告。监事会的主要职责是：审查国有独资商业银行的财务报告，监督、评价国有独资商业银行的信贷资产质量、资产负债比例管理、国有资产保值增值状况；对国有独资商业银行的董事长、行长的经营业绩进行监督和评价，并提出任免及奖惩建议；对国有独资商业银行的董事长、行长执行本行职务的行为进行监督等。监事会组成人员由中国人民银行、财政部、国家经贸委、审计署、国有资产管理局、国有独资商业银行的代表和经济、法律方面的专家组成。监事的任期每届为 3 年。监事任期届满，可以连任但不超过两届。本规定自发布之日起施行。

2000 年 3 月 15 日，国务院发布《国有重点金融机构监事会暂行条例》（中华人民共和国国务院令第 282 号），《国有独资商业银行监事会暂行规定》同时废止。

13 日　中国证监会与巴西证券委员会在北京签署"中巴证券监管合作谅解备忘录"（以下简称"备忘录"）。"备忘录"的签署，为两国监管机构在监管信息共享、相互提供协助和人员交流培训等方面进行合作建立了正常渠道，同时标志着中巴两国证券市场的合作与交流进入了一个新的阶段，有利于双方证券市场的完善和发展。

14 日　国务院证券委员会颁布实施《证券投资基金管理暂行办法》。该暂行办法从基金的设立、募集与交易，基金托管人和基金管理人，基金持有人的权利和义务，投资运作与监督管理等几方面对证券投资基金进行了规范。该暂行办法明确：1. 证券投资基金（以下简称基金）是指一种利益共享、风险共担的集合证券投资方式，即通过发行基金单位，集中投资者的资金，由基金托管人托管，由基金管理人管理和运用资金，从事股票、债券等金融工具投资。基金资产独立于基金托管人和基金管理人的资产。2. 基金发起人可以申请设立开放式基金，也可以申请设立封闭式基金。基金托管人必须是经中国证监会和中国人民银行审查批准的商业银行，实收资本不少于 80 亿元。设立基金管理公司必须经中国证监会审查批准。基金管理公司的主要发起人为按照国家有关规定设立的证券公司、信托投资公司，每个发起人的实收资本不少于3亿元，拟设立的基金管理公司的最低实收资本为1 000万元。基金持有人享有如下权利：出席或者委派代表出席基金持有人大会；取得基金收益；监督基金经营情况；获取基金业务及财务状况的资料；申购、赎回或者转让基金单位；取得基金清算后的剩余资产。3. 1只基金投资于股票、债券的比例不低于该基金资产总值的80%；1只基金持有1家上市公司的股票市值不超过该基金资产净值的10%；同一基金管理人管理的全部基金持有1家公司发行的证券市值不超过该证券市值的10%；1只基金投资于国家债券的金额不低于该基金资产净值的20%。4. 基金收益分配应当采用现金形式，每年至少1次。基金收益分配金额不得低于基金净收益的90%。5. 基金封闭期满未被批准续期、基金经批准提前终止或因重大违法、违规行为被中国证监会责令终止的，基金应当终止。基金终止时，必须组成清算小组对基金资产进行清算，中国证监会监督基金清算过程。

15日 中国人民银行发出《人民币单位存款管理办法》。该办法规定：1. 中国人民银行负责金融机构单位存款业务的管理、监督和稽核工作，协调存款单位与金融机构的争议。2. 财政拨款、预算内资金及银行贷款不得作为单位定期存款存入金融机构。3. 任何单位和个人不得将公款以个人名义转为储蓄存款。4. 单位定期存款的期限分为3个月、半年、1年三个档次。起存金额为1万元。5. 金融机构对单位定期存款实行账户管理。6. 存款单位支取定期存款只能以转账方式将存款转入其基本存款账户，不得将定期存款用于结算或从定期存款账户中提取现金。7. 单位定期存款在存期内按存款存入日挂牌公告的定期存款利率计付利息，遇利率调整，不分段计息。银行金融机构违反本办法规定的，按有关法律、法规及金融管理规定予以处罚。本办法从发布之日起执行。中国人民银行1982年制定的《单位定期存款暂行办法》同时废止。

17～19日 全国金融工作会议在北京召开。江泽民、李鹏、朱镕基到会并讲话。会议正确估量了当时的经济、金融形势，充分认识进一步深化金融改革和整顿金融秩序、防范和化解金融风险的重要性和紧迫性，明确做好这项工作的总体要求、指导原则、主要任务和重要措施。会议提出，要按照社会主义市场经济体制的要求，建立和完善现代金融体系和金融制度，把一切金融活动纳入规范化、法制化轨道，显著提高金融业经营和监管水平，有效防范和化解金融风险，引导金融业健康发展，使金融业更好地为改革开放和现代化建设服务。会议要求，力争用3年左右的时间，大体建立与社会主义市场经济发展相适应的金融机构体系、金融市场体系和金融调控监管体系，显著提高金融业的经营和管理水平，基本实现全国金融秩序的明显好转。会后，中共中央、国务院发出了《关于深化金融改革、整顿金融秩序、防范金融风险的通知》，并采取了一系列措施，整顿和规范金融秩序，防范和化解金融风险，使我国在影响全球的亚洲金融风暴袭来时，没有发生大的金融波动，成功地经受了国际金融风险的考验。保证了国民经济持续、快速、健康发展，对于提高全国人民防范金融风险的意识，开创我国金融改革和发展的新局面，全面推进改革开放和社会主义现代化建设，实现跨世纪的宏伟目标，产生了重大而深远的影响。

22日 上海市建成国内最大的卫星证券通信网，单向广播、双向通信卫星地球站超过3 000个，遍布全国各大中城市，为上海证券市场的发展创造了良好条件。

24日 中国人民银行发布《农村信用合作社资产负债比例管理暂行办法》。该暂行办法对农村信用社实行资产负债比例管理所达到的目的是保持资产负债质量优化和结构合理，防范和降低信贷资产风险。考核指标为：1. 资本充足率指标，即资本净额与加权风险资产总额的比率不得低于8%。2. 贷款质量指标：逾期贷款比例不得超过8%，呆滞贷款比例不得超过5%，呆账贷款比例不得超过2%。3. 单户贷款指标：对最大的一家客户的贷款余额不得超过本社资本总额的30%。对最大的十家客户的贷款余额不得超过本社资本总额的1.5倍。4. 备付金比例指标：备付金余额与各项存款余额的比例不得低于3%。5. 拆借资金比例指标：拆入资金余额与各项存款余额的比例不得高于4%，拆出资金余额与各项存款余额的比例不得高于8%。6. 存贷款比例指标：各项贷款余额与各项存款余额的比例，年末比例不得高于80%，年度中间比例由各省级分行根据本地农村信用社的情况核定。7. 中长期贷款比例指标：一年期以上中长期贷款余额与一年期以上存款余额的比例不得高于120%。8. 贷款利息收回率指标：贷款实收利息占贷款利息收入的比例不低于90%。9. 资产利润率指标：利润总额与全部资产的比例不低于0.5‰。农村信用社执行资产负债比例管理指标的情况以农村信用社为单位进行考核，其中，贷款质量指标、备付金比例指标、拆借资金比例指标、存贷款比例指标按月考核；核心资本充足率、单户贷款比例指标、中长期贷款比例指标按季考核；贷款利息收回率、资产利润率指标每半年监测一次。本办法自1998年1月1日起执行。

30日 中国人民银行发布《保险代理人管理规定（试行）》。1. 保险代理人包括专业代理人、兼业代理人和个人代理人。保险代理人在保险人授权的范围内代理保险业务的行为所产生的法律责任，由保险人承担。2. 从事保险代理业务的人员必须参加保险代理人资格考试，并获得中国人民银行颁发的保险代理人资格证书（以下简称资格证书）。3. 专业代理人是指专门从事保险代理业务的保险代理公司。可以代理财产险公司和一家人寿险公司的业务。保险代理公司的业务范围包括代理推销保险产品，代理收取保险费，协助保险公司进行损失的勘察和理赔，中国人民银行批准的其他业务。4. 兼业代理人是指受保险人委托，在从事自身业务的同时，指定专人为保险人代办保险业务的单位。兼业代理人必须持有"经营保险代理业务许可证（兼业）"，只能代理与本行业直接相关，且能为投保人提供便利的保险业务。业务范围包括代理推销保险产品、代理收取保险费。5. 个人代理人是指根据保险人的委托，向保险人收取代理手续费，并在保险人授权的范围内代为办理保险业务的个人。任何个人不得兼职从事个人保险代理业务。个人代理人的业务范围包括代理推销保险产品、代理收取保险费。不得办理企业财产保险业务和团体人身保险业务。不得签发保险单。本规定自发布之日起实施，1996年2月2日中国人民银行发布的《保险代理人管理暂行规定》同时废止。

11月 《领导干部金融知识读本》（以下简称《读本》）一书，由中国金融出版社出版。《读本》以邓小平理论为指导，以现代金融理论、金融业务、金融法规为基础，紧密结合我国金融政策和业务实际，比较系统、全面、准确地阐述了金融基本理论和基本知识。该书通过对普及现代金融知识，介绍我国金融机构和业务现状，宣传金融方针政策和法规制度，展示金融改革开放与发展成果，透视重大金融热点问题，以达到提高领导干部金融理论与政策水平，增强防范金融风险意识的目的。江泽民同志亲自题写书名并作重要批语："我希望各级党政领导干部和广大企业领导干部，都要学一些金融基本知识"；"懂得金融的领导干部和企业领导干部多了，我们对经济工作的领导水平就会有新的提高"。《读本》的出版，为广大干部学习金融提供了一本很好的教材。

12月

2日 中国人民银行发布公告，鉴于永安财产保险股份有限公司存在严重违法、违规等问题，中国人民银行决定对其依法进行接管，并责成中国人民银行陕西省分行负责实施。这是我国首家因违法违规被接管的保险公司。

6日 中共中央、国务院发出《关于深化金融改革，整顿金融秩序，防范金融风险的通知》。该通知指出：在当前好的经济形势下，存在着不少矛盾和问题，特别是金融领域的风险因素增加。防范和化解金融风险，保证金融安全、高效、稳健运行，是我国经济工作面临的一项重要而紧迫的任务。中央要求，力争用3年左右的时间大体建立与社会主义市场经济发展相适应的金融机构体系、金融市场体系和金融调控监管体系，显著提高金融业的经营和管理水平，基本实现全国金融秩序的明显好转，化解金融风险，增强防范和抵御金融风险的能力。这项工作的指导原则是深化改革，标本兼治；依法规范，强化监管；积极稳妥，分步实施。具体措施：1. 改革中国人民银行管理体制，强化金融监管职能。2. 成立中共中央金融工委和金融机构系统党委，完善金融系统党的领导体制。3. 加快国有商业银行和中国人民保险（集团）公司的商业化改革步伐，完善政策性金融体制。4. 建立多层次、多类型的金融机构体系，加快地方性金融机构建设。5. 积极稳步地发展资本市场，适当扩大直接融资。6. 彻底取缔一切非法金融机构，严禁任何非法金融活动。7. 全面清理农村合作基金会。8. 严格规范各类金融机构的业务范围，坚决改变混业经营状况。9. 继续清理、查处金融机构的账外活动和其他违法违规经营活动。10. 健全现代金融监管体系，切实加强金融机构的内控制度建设。11. 建立规范化的信贷资产质量风险管理制度，努力降低不良资产比例。12. 理顺和完善证券监管体系，进一步整顿和规范证券市场秩序。13. 高度重视和防范涉外金融风险。14. 加大金融执法力度，严厉惩治金融犯罪和违法违规活动。15. 在全社会进行防范金融风险教育，建设高素质的金融从业人员队伍。该通知指出：进一步深化金融改革，整顿金融秩序，防范金融风险是中央从全局和战略上考虑，保证我国改革开放和现代化建设顺利进行作出的重大决策。其中要求中国人民银行和中国证监会切实依法履行监管职责。

1997 年金融危机在亚洲迅速蔓延，在这种情况下，1997 年 11 月 17 ~ 19 日，中央召开了专门讨论金融工作的全国性会议。会议提出，用三年左右的时间，建立适应社会主义市场经济的现代金融组织体系、金融市场体系和金融调控监管体系。这次会议形成的《中共中央国务院关于深化金融改革，整顿金融秩序，防范金融风险的通知》，是指导中国金融业改革发展的纲领性文件。中国的金融体系从 1998 年起进行了结构性调整。

9 ~ 11 日　中央经济工作会议在北京召开。会议确定，1998 年经济工作的总体要求是高举邓小平理论的伟大旗帜，全面贯彻落实党的十五大精神，继续推进经济体制和经济增长方式的根本转变，进一步加强农业基础地位，加快国有企业改革步伐，加大经济结构调整力度，加强和改善宏观调控，提高对外开放水平，安排好群众生活，实现国民经济持续、快速、健康发展和社会全面进步。会议同时指出，要坚持适度从紧的财政货币政策，保证财政增收和金融稳定；加快和深化金融改革，建立现代金融体系；加强中央银行监管，把国有商业银行办成真正的商业银行；加强金融法治，依法治理金融，规范和维护金融秩序，强化金融业和证券业监管，防范和化解金融风险，保证金融业安全、高效、稳健运行，引导金融业健康发展。有步骤、有控制地开放金融服务业领域。

10 日　国务院证券委员会发布《证券交易所管理办法》。该办法明确，证券交易所是不以盈利为目的，为证券的集中和有组织的交易提供场所、设施，履行国家有关法律、法规、规章、政策规定的职责，实行自律性管理的会员制事业法人。证券交易所由中国证券监督管理委员会监督管理。证券交易所的职能包括：提供证券交易的场所和措施；制定证券交易所的业务规则；接受上市申请，安排证券上市；组织、监督证券交易；对会员进行监管；对上市公司进行监管；设立证券登记结算机构；管理和公布市场信息等。证券交易所设会员大会、理事会和专门委员会。会员大会为证券交易所的最高权力机构，理事会是证券交易所的决策机构。

△　在我国注册的第一家中外合资产业投资基金——中瑞合作基金举行签字仪式。该基金由国家开发银行代表我国政府与瑞士联邦政府联合投资。首批资金为 3 125 万瑞士法郎，约合 1.8 亿元人民币，其中，国家开发银行占总投资的 20%。这笔资金将按照中瑞双方制定的投资指导原则，以股本、债券、贷款、担保等方式，为符合条件的企业提供各类人民币和外汇金融服务及其他非金融服务，支持两国合资企业的发展，促进瑞士企业在华投资。

11日 国家外汇管理局发出《境内机构对外担保管理办法实施细则》，以规范对外担保行为，完善对外担保管理。该实施细则规定：1. 国家外汇管理局（以下简称外汇局）及其分、支局是对外担保的管理机关。对外担保应当经外汇局批准。2. 对外担保的审批权限如下：担保人（不含外商独资企业）为境内内资企业提供的对外担保和为外商投资企业提供1年期以内（含）的对外担保，由担保人报其所在地的省、自治区、直辖市外汇局分局审批；担保人（不含外商独资企业）为外商投资企业提供1年期以上（不含）的对外担保和为境外机构提供的对外担保，由担保人报经其所在地的省、自治区、直辖市外汇局分局初审后，由该分局报国家外汇管理局审批；担保人为在京全国性中资金融机构、中央直属内资企业和在国家工商行政管理局领取营业执照的外商投资企业（不含外商独资企业）的，担保人提供的对外担保由国家外汇管理局审批。3. 内资企业只能为其直属子公司或者其参股企业中中方投资比例部分的对外债务提供对外担保，但被担保人为以发行B股或者H股等方式在境外上市的外商投资企业除外。该实施细则还对担保人办理担保批准手续、中资金融机构的担保资格的审查标准、保证人按照约定应承担的偿还责任和履行的义务、对外抵押和对外质押的有关事项以及违反对外担保办法的罚则都作出了严格规定，该实施细则自1998年1月1日起施行。

△ 国家外汇管理局发出《境外外汇账户管理规定》。该规定对境内机构的境外外汇账户的开立、使用及撤销作出具体规定。该规定明确，境内机构开立外汇账户的条件是：境内机构在境外有经常性的零星收入或支出；从事境外承包工程项目；在境外发行外币有价证券等事项或因业务上的特殊需要必须在境外开立外汇账户的境内机构可以在境外开立外汇账户。境内机构应当按照外汇局批准的账户收支范围、账户的最高金额和使用期限使用境外外汇账户。境内机构在境外外汇账户使用期限到期后的30个工作日内，将境外外汇账户的银行销户通知书报外汇局备案。未经批准擅自开立或者延期使用境外外汇账户的，由外汇局责令改正，撤销境外外汇账户，通报批评，并处以5万元以上、30万元以下的罚款。本规定自1998年1月1日起施行。1989年1月7日，国家外汇管理局发布的《关于外商投资企业境外外汇账户的管理规定》同时废止。

15日 "10+3"财长会议在马来西亚首都吉隆坡召开。国家主席江泽民出席了会议。在中国的提议下，"10+3"领导人非正式会议设立了财长会议机制，参加者为"10+3"国家的财政官员和中央银行官员。国家主席江泽民在中国—东盟首脑非正式会晤中表示，人民币汇率不会贬值。"10+3"财长会议是指东盟10国（文莱、柬埔寨、印度尼西亚、老挝、马来西亚、缅甸、菲律宾、新加坡、泰国、越南）与中国、日本、韩国3国的财长会议，它是"10+3"领导人非正式会议框架下的一个专业部长会议。

16日 中国证监会颁布《上市公司章程指引》（以下简称《指引》）。《指引》的内容由正文和注释两部分组成，包括总则，经营宗旨和范围，股份，股东和股东大会，董事会，经理，监事会，财务会计制度、利润分配和审计，通知和公告，合并、分立、解散和清算，修改章程，附则12章共194条。中国证监会同时发出通知，要求发行内资股（A股）或者境内上市外资股（B股），以及既发行内资股，又发行境内上市外资股的上市公司，应当按照《指引》注释部分的解释和说明，参考《指引》正文部分的规定和要求，在其公司章程中载明《指引》正文部分所包含的内容；上市公司可以根据具体情况，在其章程中规定《指引》包含内容以外的、适合本公司实际需要的其他内容，也可以在不改变《指引》正文部分内容含义的前提下，对《指引》规定的内容作文字和顺序的调整或变动；上市公司根据需要，对《指引》的内容进行删除或者修改的，应当在其向中国证监会申报的股票发行和上市及其他有关报批事项的申请材料中进行说明；各上市公司在《指引》颁布后的第一次年度股东大会上，依据《指引》修订公司章程。

20日 经国务院批准，中国人民银行发行澳门回归祖国金银纪念币一套。纪念币共3组，连续发行3年。本次发行第一组，金币1枚，面额500元。

22日 全国体制改革工作会议在北京召开。会议提出，1998年经济体制改革的方针是稳中求进。就金融改革，会议指出，深化和加快金融体制改革，改善和加强宏观调控；改进间接调控方式，主要是逐步取消贷款规模管理，全面实行资产负债比例管理和风险管理；加强中央银行的监管，推进国有银行的商业化改革进程；按照“法制、监管、自律、规范”的方针，积极稳步地发展资本市场，适当扩大直接融资；实行政银分开，规范各类投资项目融资渠道，加强对融资活动的管理和调控。

△ 中国和乌克兰在人民大会堂签署“证券监管合作谅解备忘录”（以下简称“备忘录”）。“备忘录”的签署，为两国监管机构在监管信息共享、相互提供协助和人员交流培训等方面进行合作建立了正常渠道，标志着中乌两国证券市场的合作与交流进入一个新的阶段，有利于双方证券市场的完善和发展。

24日 中国人民银行颁布《关于改进国有商业银行贷款规模管理的通知》，决定从1998年1月1日起，取消对国有商业银行贷款限额的控制，在推行资产负债比例管理和风险管理的基础上，实行“计划指导、自求平衡、比例管理、间接调控”的新的管理体制。具体规定为：对商业银行贷款增加量实行指导性计划管理；商业银行以法人为单位对资金来源与资金运用实行自求平衡；商业银行以法人为单位逐步实行资产负债比例管理；中国人民银行负责及时、有效地调控全国信贷总量与结构。商业银行既要加强信贷管理，又要不断改进金融服务，更好地支持经济发展。这次取消对国有商业银行贷款限额的控制，是中央银行金融宏观调控方式的重大改革。取消对国有商业银行贷款限额控制后，中国人民银行从过去依靠贷款规模指令性计划控制，转变为根据国家确定的经济增长、物价控制目标和影响货币流通的各种因素，综合运用利率、公开市场业务、存款准备金、再贷款、再贴现等货币政策工具，间接调控货币供应量，保持币值稳定，促进经济发展。

25日 国务院证券委员会发布《证券、期货投资咨询管理暂行办法》。该办法规定：从事证券、期货投资咨询业务，必须取得中国证监会的业务许可。中国证监会及其授权的地方证券、期货监管部门负责对证券、期货投资咨询业务的监督管理。该办法主要从三个方面体现了对投资者利益的严格保护。一是从业人员必须取得证券、期货投资咨询从业资格，并加入一家有从业资格的证券、期货投资咨询机构；二是咨询机构必须具有100万元人民币以上的注册资本，并具备足够的研究能力和健全的内部管理制度；三是在咨询的过程中，从业人员应当以行业公认的谨慎、诚实和勤勉尽责的态度，为投资人或者客户提供证券、期货投资咨询服务，不得以虚假信息、市场传言或者内幕信息为依据向投资人或者客户提供投资分析、预测或建议。

26日 经中国证监会批准，上海证券交易所和深圳证券交易所发布《上海证券交易所股票上市规则》和《深圳证券交易所股票上市规则》，自1998年1月1日起正式实施。该规则的内容涉及上市协议、上市推荐人、股票上市的申请、审查和信息披露要求、股权事务管理与信息披露事务、定期报告、临时报告、停牌及复牌、上市公司状况异常期间的特别处理、暂停上市及终止上市、境内外上市事务的协调、罚则等，规范对象涉及上市公司及其董事、监事、董事会秘书、董事会授权代表、其他高级管理人员，以及上市推荐人、会计师事务所、律师事务所、资产评估机构、上市公司股东等。

27日 金融清算总中心在北京成立。该中心由中国人民银行、各政策性银行和国内各商业银行等20个单位共同发起组建，主要负责全国电子联行的建设和运行。

29日 中国证监会发布《关于禁止证券经

营机构申购自己承销股票的通知》。该通知规定：包括主承销商、副主承销商和分销商在内的所有证券承销机构，在其承销股票的发行过程中不得直接或变相以其他认购人的名义申购自己所承销的股票，只能按规定在发行结束后包销剩余的股票。中国证监会对有申购自己所承销股票行为的证券经营机构，将视情节轻重，给予罚款直至暂停受理其股票承销业务资格申请的处罚。

△ 中国金融数据通信骨干网建成开通。该网络是面向金融部门、金融增值和应用服务，跨行、跨地区的全国性专业通信网络。

1998 年

1 月

1 日　中国人民银行取消对国有商业银行贷款限额的控制，在推行资产负债比例管理和风险管理的基础上，实行“计划指导、自求平衡、比例管理、间接调控”的新的管理体制。

△　中国人民银行印发《城市信用合作社联合社管理办法》。为了加强对城市信用合作社联合社（以下简称城市信用联社）的监督和管理，使城市信用联社发挥对城市信用合作社行业归口管理的职能，成为管理经营型的城市信用合作社的联合组织，中国人民银行对 1996 年下发的《城市信用合作社联合社管理规定》进行了修订。该办法共有 8 章 57 条，其中规定，设立城市信用联社，应当具备下列条件：市区城市信用社机构的数量在 4 家以上；有符合本办法规定的注册资本的最低限额；有具备任职资格的主任、副主任及其他管理人员；有健全的组织机构和管理制度；有符合中国人民银行和公安部门要求的办公场所、营业场所和与业务有关的其他设施；城市信用社必须与原行政挂靠单位实行人、财、物完全脱钩。城市信用联社的注册资本的最低限额为人民币 80 万元，由城市信用社实际缴纳的股金构成。每个城市信用社的出资额最高不得超过其自身注册资本的 20%。城市信用联社实行社员民主管理，一人一票的原则。社员具有平等的表决权、选举权和被选举权。城市信用联社可在所在地经营下列业务：组织城市信用社之间的资金调剂；办理城市信用社的结算业务；吸收企事业单位存款；购买国债及金融债券；办理结算业务；办理经中国人民银行批准的其他业务。

5 日　中国人民银行颁布《关于进一步完善和加强金融机构内部控制建设的若干意见》（以下简称《意见》）。《意见》提出，各金融机构要用一到两年的时间，形成一套责权分明、平衡制约、规章健全、运作有序的内部控制机制，把经营风险降到最低限度，使违规经营和大案要案数量明显下降。争取在 20 世纪末 21 世纪初，建立起与社会主义市场经济相适应的现代金融企业制度，使我国金融机构在经营管理和内部控制方面基本与国际接轨。各金融机构要坚持稳健经营的发展方针，强化统一法人制度。各金融机构都要制定经营管理责任制，明确各金融机构总部在系统经营管理中所担负的责任和承担的义务，实行集约化经营，端正经营思想，优化资产负债结构，提高资产质量，增强资本实力。要建立健全以安全性、流动性、效益性为中心的内部管理考核指标。各金融机构要实行内部控制责任制，由“一把手”负全责，建立独立和超脱于业务经营之外的内部控制委员会，充分发挥监督职能。要科学地设置内部组织结构，按照相互协调和平衡制约的原则，合理配置业务部门、管理部门和监督监控部门，特别要保证对要害部位和重要岗位进行充分的制约和监督。必须实行重要业务岗位的干部异地交流、岗位轮换和离任稽核制度。建立内部风险评估和监测制度。依法合规经营，严格照章操作。各金融机构要建立健全内部稽核制度，必须设立专门的内部稽核部门。争取用两年的时间，使内部稽核审计人员占机构总人数的比例达到 2% 以上。

8 日　中国人民银行颁布《关于认真落实国务院领导关于立即切断银行资金流向期货市场的重要指示的紧急通知》。1997 年 12 月 3 日，朱镕基副总理在中国证监会报送的《关于莘县对外贸易公司参与期货交易有关情况的调查报告》

上作了重要批示：“立即切断银行资金流向期货市场的渠道。”据此，该通知明确规定：商业银行要对客户的贷款申请文件、贷款用途、国际贸易远期信用证、资金保函等业务进行严格审查，不得为企业的期货交易提供任何形式的资金支持。各商业银行为期货交易所开设的会员保证金账户以及为期货经纪机构开设的客户保证金账户，必须做到一个会员（或一个客户）一个账户，或者在开设保证金账户的同时，按每个会员（或客户）开设明细账户，企业存入期货交易所或期货经纪机构的保证金，与期货经纪机构或期货交易所之间的资金结算，必须单独核算，并一律通过开户银行转账结算。各类金融机构严禁以各种方式从事商品期货交易或代理客户交易，不得参股期货交易所或期货经纪机构。商业银行与其所办的各类经济实体脱钩后，在债权、股权尚未收回或转让时，必须确保各类实体不得从事期货交易。

12 日　全国银行分行行长、保险公司分公司经理会议在北京召开。会议明确 1998 年全国金融工作的总体要求是以邓小平理论和十五大精神为指针，认真贯彻全国金融工作会议精神，继续实行适度从紧的货币政策，在建立现代金融体系和金融制度方面要有新的突破，依法严格管理金融企业，有效地防范、化解金融风险，切实使金融秩序有明显的改观，促进国民经济持续、快速、健康发展。会议提出：取消对国有商业银行的贷款限额控制后，要在逐步实行资产负债比例管理和风险管理的基础上，实行“计划指导，自求平衡，比例管理，间接调控”的新的信贷管理体制；为了适应取消贷款限额控制的变化，中国人民银行要加强对基础货币的调控，及时监测各层次货币供应量以及商业银行贷款的变化，综合运用各种货币政策工具，调控基础货币，保持贷款的适度增长，维护币值稳定。

△　中国人民银行发布《关于进一步加强贷款管理有关问题的通知》。该通知指出，一段时间以来，以借款为名非法骗取金融机构的巨额贷款资金的大案要案问题比较突出。一些不法分子采用各种手段骗取贷款后，或挥霍浪费，或携款潜逃，使金融机构蒙受巨大损失。造成这些问题的重要原因在于，一些金融机构的贷款对象从过去比较单一的国营、集体经济扩展到个体私营经济，信贷从业人员大量增加而其基本素质不适应要求，贷款风险因素增多等。因此，各金融机构在严格执行信贷管理规章制度，认真总结防范信贷风险经验的同时，要进一步提高防范贷款风险的警觉性，针对新形势下贷款风险的特点，采取更加科学、严密的防范措施。该通知规定：金融机构审查贷款时，必须以借款人的资格、条件、经营状况、还款能力、企业主要负责人的品质等为依据，不得以借款人的政治身份，比如“劳动模范”、“先进分子”、“华侨”、“人大代表”、“政协委员”等为依据，降低贷款条件或不按规章制度发放和管理贷款。各金融机构在发放贷款时，除了审查借款人的资格、条件、经营状况等情况，还要对企业的法人代表及主要管理者的个人品质加强审查。对董事长、总经理、厂长、经理等主要管理人员有赌博、吸毒、嫖娼、包养情妇，经常出入歌舞厅、桑拿场所，大操大办婚丧红白喜事，购买与其经济实力不相称的高级轿车，经常租住高级宾馆等行为的，其企业贷款必须从严控制。对家族式的集团或公司的贷款必须从严控制。对法人代表持有外国护照或拥有外国永久居住权的，其企业、公司在国外有分支机构的，其家庭主要成员在国外定居或者在国外开办公司的企业的贷款要从严控制，对其法人代表出国及企业的资金往来要密切关注。特别是对将资金转移到国外或资金用途不明的转账行为，要进行严格的审查、监督，发现问题及时制止。对那些通过或利用领导、亲属、朋友、同学、战友等关系打招呼、写条子介绍的贷款，不得放松对贷款条件的审查。对不符合贷款条件的，坚决不予贷款。对借款人与担保人属同一集团公司的企业，贷款要从严审查。非独立法人的分公司提供的担保无效。对实行总分公司制的企业集团，其贷款由总公司统借统还。实行母子公司制的企业集团及所属企业，申请贷款时，除提供本公司的财务报表外，还要提供集团公司的合并财务报表。不提供者，金融机构可以拒绝贷款。各金融机构要与借款人的法人代表及其主要管理人员建立定期约见制度，根据贷款额度的大小、借款人

的生产经营变化状况等确定约见周期。各金融机构要加强对信贷人员的思想教育和品行的约束与监督，并进一步完善内部控制制度，严格执行审贷分离和集体审贷制度。

13 日 中国人民银行发出《1998 年农村合作金融工作意见》（以下简称《意见》）。《意见》提出，1998 年农村合作金融工作的指导思想是坚持农村信用社合作金融改革方向，以提高农村信用社的经营管理水平，促进稳定、健康发展为主线，加强对农村合作金融的监督管理，完善内控机制；继续深化农村合作金融体制改革，改善农村金融秩序；进一步加强县农村信用联社建设，提高行业指导和管理水平；发展业务，改善经营，进一步改进和加强支农服务。1998 年要做好以下几方面的工作：1. 坚持按合作金融方向推进农村信用社管理体制改革。积极稳妥地抓好按合作制规范农村信用社工作。规范工作要与风险防范和解决资不抵债信用社结合起来，要与清理、整顿农村合作基金会工作结合起来，要与改进、加强支农服务结合起来，要与加强内部管理、完善内控机制、改善经营状况结合起来。进一步加强农村信用联社建设，规范农村信用联社建设，农村信用社要向农村信用联社入股，建立农村信用联社民主管理组织，合理设置、调整内部机构，完整、提高管理服务职能。积极参与清理、整顿农村合作基金会工作。2. 对资不抵债的高风险农村信用社实行跟踪监控，综合整治。切实加大机构网点调整的力度。加强对农村信用社的业务监管。3. 1998 年全国农村信用社的各项存款计划增加 1 800 亿元，各项贷款计划增加 1 200 亿元，在新增贷款中，农业贷款所占的比重不低于 40%。对农户贷款，要适当简化贷款手续，推行贷款公开化，提高农户贷款面；在优先满足农户农业的生产资金需要的前提下，要适当集中资金支持农业规模经营，支持科技农业、效益农业，促进农业产业化。对乡镇企业继续实行择优扶持的政策，支持乡镇企业转换机制，提高效益，稳定发展。要充分发挥农村信用社的优势，为广大农户和农村各类经济组织提供市场信息、技术、保险等多方面、系列化服务，进一步提高支农服务水平和经济效益。4. 为了加强对农村信用社改革和发展工作的领导，国务院决定由中国人民银行牵头成立整顿农村信用社工作小组，各地要在工作小组的统一部署下，有计划、有步骤地做好农村信用社的改革和整顿工作。

13～16 日 全国证券监管工作会议在北京召开。会议提出，1998 年证券监管工作将继续贯彻“法制、监管、自律、规范”的八字方针，紧紧围绕服务国有企业改革，积极稳妥发展证券市场，深化证券管理体制改革，整顿证券市场秩序，提高市场监管水平，防范市场风险，更好地促进国民经济持续、快速、健康发展。积极做好股票发行工作，对 1997 年下达的 300 亿 A 股发行计划，继续分步实施，跨年使用。要在充分考虑市场承受能力的前提下，循序渐进地安排；要加强上市审核，切实把好质量关；要强化监管，维护投资者的利益，促进证券市场持续、快速、健康发展。

15 日 国务院副总理朱镕基在全国银行、保险、证券系统行长（经理）会议上，就当时国内外经济金融形势和 1998 年经济金融改革问题作了重要讲话。讲话中强调：1998 年的金融工作要以邓小平理论和党的十五大精神为指导，狠抓全国金融工作的落实，按照建立社会主义市场经济体制的要求，加快和深化金融改革，加强中央银行的监管，建立现代金融体系；各家银行和其他金融机构要进一步从严管理，树立银行“铁账本、铁算盘、铁规章”的良好形象。1998 年，人民币将保持稳定，不会贬值，中国政府支持香港保持港元的联系汇率制度。

2 月

4 日 中国人民银行颁布《关于加大信贷投入 强化信贷管理 促进农业与农村经济发展的通知》，提出要确保支农信贷资金来源，加大农业信贷投入。该通知规定：国家银行新增支持农业发展的贷款不低于新增全部贷款的 10%。其中，中国农业银行应坚持“三性”原则，把贷款主要用于支持种养业、以农副产品加工为主的龙头企业、农产品生产基地、农村市场体系、农业基本建设和农业社会化服务体系的建设。中国农业发展银行要按其职能做好粮、棉、油收购资金供应和管理工作。农村信用社应坚持“多存多贷、少存少贷、瞻前顾后、合理调剂”的原则，主要支持“三农”（农民、农业、农村）的发展，农村信用社用于种植业的贷款不低于全部新增贷款的40%，对农村信用社社员的贷款不低于贷款总额的50%。财政支农资金要通过有关银行拨付，并积极开辟其他筹资渠道，争取从国际金融组织和外国政府获得低息贷款。中国人民银行要加强对支农信贷资金落实的监管，加强对扶贫贷款的管理，提高扶贫贷款的使用效益，为力争到20世纪末基本解决我国贫困人口的温饱问题提供资金支持。各金融机构应把信贷支持与其他金融服务结合起来，从单一的资金支持向综合性金融服务转变。

10日 中国人民银行颁布《防范和处置金融机构支付风险暂行办法》。该暂行办法中规定：各金融机构必须严格执行中国人民银行颁布的资产负债比例管理规定，确保负债与资产在期限上的合理配置。金融机构发现存在支付风险苗头时，应及时调整资产和负债结构，包括降低存贷款比例、卖出持有的国债（或股权）、变卖固定资产、要求股东补足资本金，同时积极组织资金，从而提高资产的流动性和偿还到期债务的能力。金融机构出现暂时支付风险时，必须切实改进服务质量，与到期债务的债权人妥善协商，如实向债权人披露解决支付风险的措施，力求达成延期或分期支付的协议。允许债权人将部分或全部债权转为股权。对于支付危机风险严重、资不抵债、有严重违规违法经营行为、股东无力承担损失或无力注入资金的金融机构，由人民银行省级分行商地方政府同意后，依法实施行政关闭，并指定金融机构托管、清算。实施行政关闭的具体方案由人民银行省级分行和地方政府共同提出，报总行核准。被关闭的金融机构用清算财产支付清算费用后，按下列顺序清偿：所欠职工的工资和劳动保险费用；个人储蓄存款的本金和合法利息、赔偿或给付保险金；其他债务。该办法自1998年3月1日起施行。

16日 中国人民银行发布《保险经纪人管理规定（试行）》。该规定明确：保险经纪人是指基于投保人的利益，为投保人与保险人订立保险合同、提供中介服务，并依法收取佣金的有限责任公司。再保险经纪人是指基于原保险人的利益，为原保险人与再保险人安排分出、分入业务提供中介服务，并依法收取佣金的有限责任公司。保险经纪公司的主管机关是中国人民银行。中国人民银行依照《中华人民共和国保险法》和本规定对保险经纪公司实施监督管理。设立保险经纪公司必须具备以下条件：最低实收货币资本金为人民币1 000万元；具有符合法律规定的公司章程；公司员工人数不得少于30名，其中，持有“资格证书”的公司员工人数不得少于公司员工总人数的1/2；具有符合中国人民银行任职资格规定的高级管理人员；具有符合规定的固定的营业场所。该规定对保险经纪人的从业资格，保险经纪公司的设立、变更、终止，执业管理，惩罚等方面作出了具体规定，适用于中国境内依法成立的中资保险经纪有限责任公司、外资保险经纪有限责任公司、中外合资保险经纪有限责任公司。这是中国第一部专门对保险经纪人进行管理的部门法规。

16～17日 国家外汇管理局全国分局局长会议在北京召开。会议分析了亚洲金融危机的形势和教训，总结了1997年的工作。会议确定1998年外汇管理工作的重点是：完善经常项目汇兑监督和资本项目管理，防止非法资本通过个人和非贸易渠道流出、流入；从严控制国际商业贷款增长，特别要控制短期外债总额及其所占的比重；适当扩大企业直接筹措短期外债的范围，扩大保留外汇收入的中资企业范围；完善人民币汇率生成和监测体系，研究推广银行远期结售汇业务。

17日 中国人民银行建立房地产信贷统计月报制度。为了适应房地产信贷业务发展的需要，及时、准确地掌握房地产信贷的发放和回收情况，中国人民银行发出《关于建立房地产信贷统计报表制度的通知》，规定从1998年1月1日起，各商业银行总行和中国人民银行分行按月向中国人民银行总行信贷管理司报送房地产信贷报表，报送时间为月后15日内。1998年1月和2月份报表可与3月份报表同时报送。房地产信贷报表包括：房地产信贷月报表、房地产贷款累收累放统计表、个人住房贷款情况统计表和国家安居工程相关数据月报表（银统107号）。

24日 经中国证监会、中国人民银行核准，中国工商银行成为国内第一家证券投资基金托管银行。按照《证券投资基金管理暂行办法》的规定，中国工商银行遵循“诚实信用、勤勉尽责”的原则，履行以下基金托管人的权利和义务：1. 安全保管基金资产，维护基金及基金持有人的利益；2. 监督基金资产的投资运作是否符合法规和《基金契约》或《委托合同》的规定；3. 为基金的投资运作提供资金清算；4. 对基金资产提供会计核算、资产估值；5. 保存会计账册和实物证券。

△ 工商东亚金融控股有限公司成立。该公司是中国工商银行出资1 200万美元收购西敏证券亚洲公司，与西敏证券亚洲公司合资组建的，在英属维尔京群岛注册，管理总部设在香港。中国工商银行持有60%的股份。公司以中国大陆和香港地区为主要业务地域，从事企业融资、财务顾问、上市保荐、直接投资、证券包销、证券调研、证券买卖、证券托管、证券交收、客户资金托管等业务。这是中国第一家以收购形式合资组建的金融公司。

△ 经国务院批准，中国人民银行宣布中国农村信托投资公司解散。公司解散后，其法律主体已不存在，公司的股东权益全部冲销，或有负债和欠缴税费一律免除，或有资产由中国建设银行予以追索。

△ 国家外汇管理局颁布《关于对各级银行外汇业务范围的规定》。该规定明确：1. 政策性银行的外汇业务范围由国家外汇管理局商中国人民银行共同确定。2. 银行总行可经营以下全部或部分外汇业务：外汇存款；外汇贷款；外汇汇款；外币兑换；国际结算；同业外汇拆借；外汇票据的承兑和贴现；外汇借款；外汇担保；结汇、售汇；发行股票以外的外币有价证券；代理发行股票以外的外币有价证券；买卖股票以外的外币有价证券；代理买卖股票以外的外币有价证券；自营外汇买卖；代客外汇买卖；发行外汇信用卡；代理国外信用卡的发行及付款；资信调查、咨询、见证业务。3. 银行一级分行（直属总行管辖的分支机构）可经营以下全部或部分外汇业务：外汇存款；外汇贷款；外汇汇款；外币兑换；国际结算；外汇票据的承兑和贴现；总行授权的外汇借款；总行授权的外汇担保；结汇、售汇；总行授权发行股票以外的外币有价证券；总行授权代理发行股票以外的外币有价证券；代理买卖股票以外的外币有价证券；总行授权代客外汇买卖；发行外汇信用卡；代理国外信用卡的发行及付款；资信调查、咨询、见证业务。4. 银行二级分行（直属一级分行管辖的分支机构）可经营以下全部或部分外汇业务：外汇存款；外汇贷款；外汇汇款；外币兑换；国际结算；外汇票据的承兑和贴现；结汇、售汇；通过上级行办理代客外汇买卖；发行外汇信用卡；代理国外信用卡付款；资信调查、咨询、见证业务。5. 其他银行分支行及以下机构可经营以下全部或部分外汇业务：外汇存款；外汇贷款；外汇汇款；外币兑换；国际结算；结汇、售汇；通过上级行办理代客外汇买卖；代理国外信用卡付款。其中，储蓄所可经营外币储蓄存款、外币兑换两项业务，外币兑换点可经营外币兑换单项业务。

△ 国务院证券委员会发布《境内上市外资股（B股）公司增资发行B股暂行办法》，提出符合一定条件的B股公司，可以增资发行股票。该暂行办法规定的公司增资发行B股应当符合的条件是：本次增发所筹资金的用途符合国家产业政策、固定资产投资立项和利用外资的有关规定；公司前一次股票发行（包括增资或配股，下同）已经募足，募集资金的使用与“招股说明书”或“配股说明书”披露的内容相符，或其变动已经法定程序批准，并且资金使用效益良好；公司前一次发行B股的招股说明书公布日至本次增资发行B股的招股说明书公布日，

其间隔时间不应少于12个月，但增资发行B股与前一次发行A股之间的间隔时间可以少于12个月；近三年内无重大违法行为；公司章程的内容符合《中华人民共和国公司法》和其他有关规定的要求；股东大会的召集方式、召开方式、表决方式和决议内容符合有关法规、政策和公司章程的规定；按照有关法律、法规的规定履行了信息披露义务；公司近三年连续盈利，并可向股东支付股利；公司近三年内财务会计文件无虚假记载或重大遗漏；公司预期的B股增资发行价格或发行价格区间下限不低于该公司发行前每股净资产值；本次B股增资发行后，外资股在总股本中所占的比例未超过企业主管部门、行业管理部门及其他有关部门限定的比例；国务院证券委员会规定的其他条件。

25日 中国证监会发布《关于上市公司置换资产变更主营业务若干问题的通知》。该通知规定，上市公司通过置换资产变更主营业务，导致上市公司的上市主体资格发生变化的，必须报中国证监会按新股发行程序重新审批。未经批准，上市公司不得擅自行动。1998年，原则上只在纺织行业和根据《股票上市规则》确定为状况异常的公司中有选择地进行试点。上市公司不得擅自发布有关变更主营业务的信息。如果市场出现有关的传闻，上市公司应当根据中国证监会和证券交易所的要求及时澄清。在上市公司申请成为试点企业期间，上市公司及各有关单位的内幕人员，必须严格保守内幕信息，防止利用该信息进行内幕交易、操纵市场等证券欺诈行为。

28日 八届全国人大常委会第三十次会议审议通过了《国务院关于提请审议财政部发行特别国债补充国有独资商业银行资本金》的议案。根据该议案，财政部将定向发行特别国债2 700亿元，所筹集的资金拨补我国国有独资商业银行的资本金。实行这项措施后，国有独资商业银行的资本充足率将达到《中华人民共和国商业银行法》和国际有关协议规定的8%。8月19日，财政部发出《关于发行特别国债补充国有独资商业银行资本金有关问题的通知》，该通知规定：这次发行2 700亿元特别国债补充国有独资商业银行的资本金，综合考虑各行的风险资产、现有资本净额和贷款呆账等因素，将补充的2 700亿元资本金分配如下：中国工商银行850亿元、中国农业银行933亿元、中国银行425亿元、中国建设银行492亿元。发行特别国债补充国有独资商业银行的资本金的办法，只是作为一次特殊性措施。今后，各国有独资商业银行要按照稳健经营的原则，通过深化改革、改善资产质量和结构、严格控制和压缩风险资产规模、提高经营效益等办法，逐步增加资本金，从而在信贷资产规模适度增加的同时，保持法定的资本充足率。8月18日，财政部发行了2 700亿元的特别国债，该期国债确定为记账式附息国债，期限为30年，年利率为7.2%，从发行之日起开始计息，利息按年支付。

3月

5日 国务院总理李鹏在第九届全国人民代表大会第一次会议上作《政府工作报告》。该报告提出，1998年政府工作的总体要求是：高举邓小平理论伟大旗帜，全面贯彻中国共产党第十五次全国代表大会精神，加强农业基础地位，加快以国有企业为重点的各项改革，加大经济结构调整力度，提高对外开放水平，继续推进经济体制和经济增长方式的根本转变，保持国民经济持续、快速、健康发展；加强民主法制建设，推进依法治国，坚持不懈地开展反腐败斗争，维护社会稳定；加强精神文明建设，促进教育、科学、文化发展和社会全面进步；加强全国各族人民的团结，为建设有中国特色社会主义事业齐心奋斗。其中，有关金融工作的要求是继续实行适度从紧的货币政策，改善金融调控方式，注意适时、适度微调；优化贷款结构，支持国有大中型企业的改革和发展，适当增加对国有小企业和其他所有制企业的贷款，促进经济结构调整。1998年金融体制改革的重点是完善和强化中国人民银行的金融调控和监管体系，加强国有商业银行的集中统一管理，有步骤地发展区域性商业银行和城市商业银行，深化城乡信用合作社的改革，理顺和完善证券监管体系。企业发行股票和债券是优化资产配置、转换经营机制的重要方式，也是筹集资金的重要渠道，必须严格按规范进行，并向大中型国有企业倾斜，防止不符合条件的企业滥竽充数，以保护投资者的利益。健全金融法规，整顿和规范金融秩序，严格结算纪律，加强金融机构内部管理，严禁非法金融活动。吸取东南亚金融危机的经验教训，采取积极措施，努力防范和化解可能出现的消极影响。努力增加外汇收入，合理有效地使用外汇，依法管理资本项目下的国际收支和汇兑。加强对外债的统一管理，到境外金融市场融资和提供担保必须经过国家批准。对擅自到境外融资的违规行为要坚决查处。各类金融机构都要加强队伍建设，提高从业人员的政治和业务素质。

△　经中国证监会批准，国泰基金管理有限公司、南方基金管理有限公司成立。两家公司的注册资本分别为1.1亿元和1亿元，是独立运作、从事基金发起设立和管理的专业公司，成为中国新基金业的起始标志。23日，开元证券投资基金和金泰证券投资基金在深圳证券交易所和上海证券交易所公开上网发行。这两只基金为封闭式基金，存续期为15年，规模为20亿元，托管行为中国工商银行。按照要求，基金将20%的资产投资于国债，将80%的资产投资于公开交易的流通股股票。27日，两只基金成功设立，并于当年4月7日分别在上海证券交易所、深圳证券交易所上市。

9日　经中国人民银行批准，东方证券有限责任公司在上海成立。该公司由上海国有资产经营有限公司和14家大型企业集团共同出资组建，注册资本金为10亿元人民币（含1 500万美元），是一家全国性综合类证券公司。公司的业务范围包括：证券承销；证券自营买卖；代理证券交易；证券投资咨询；充当公司财务顾问；企业重组、收购和兼并；基金和资产管理。

12日　中国人民银行颁布《关于城市合作银行变更名称有关问题的通知》。鉴于城市合作银行是股份制商业银行，不具有“合作”性质，经国务院同意，将“××城市合作银行”的名称变更为“××市商业银行股份有限公司”，银行在牌匾及广告宣传中可以使用简化名称“××市商业银行”，该通知要求此项工作于1998年5月底前结束。

16日　经中国人民银行和香港金融监管机构批准，交通银行和中国银行达成协议，从1998年4月14日开始，交通银行香港分行脱离中国银行港澳中银集团，由交通银行对其实行全面管理。交通银行香港分行成立于1934年，1958年，交通银行的国内业务分别并入当地中国人民银行和在交通银行的基础上组建起来的中国人民建设银行后，当时的中国银行香港及澳门分区办事处接管了交通银行香港分行的业务，并延续至今。

△　中国证监会批准发布上海证券交易所、深圳证券交易所的《证券投资基金上市规则》，对证券投资基金上市的有关事宜作出具体规定。

上海证券交易所的《证券投资基金上市规则》共有9章43条，其中规定，申请上市的基金必须符合下列条件：1. 经中国证监会批准设立并公开发行；2. 基金存续期不少于5年；3. 基金的最低募集数额不少于人民币2亿元；4. 基金持有人不少于1 000人；5. 有经审查批准的基金管理人和基金托管人；6. 基金管理人、基金托管人有健全的组织机构和管理制度，财务状况良好，经营行为规范；7. 上海证券交易所要求的其他条件。

深圳证券交易所的《证券投资基金上市规则》共有7章51条，其中规定，基金申请在深圳证券交易所上市应当具备下列条件：1. 基金经中国证监会批准设立并公开发行；2. 基金的最低募集数额不少于2亿元人民币；3. 基金的存续时间不少于5年；4. 基金管理人为经中国证监会批准设立的基金管理公司；5. 基金托管人为经中国证监会和中国人民银行批准、具有开展基金托管业务资格的商业银行；6. 基金的投资方向和投资比例符合有关规定及基金契约的要求；7. 基金管理人、基金托管人有健全的组织机构和管理制度，财务状况良好，经营行为规范；8. 基金持有人不少于1 000人；9. 国家法律、法规、规章和本交易所规定的其他条件。

17 日 中国人民银行发布《关于防止利用银行卡进行资金传销活动的通知》。该通知指出，最近，在北京、新疆、昆明、大连等地先后发现了社会上的一些人员利用商业银行的银行卡进行不正当的“资金传销”活动。这类传销活动的共同做法是利用银行卡发展下线会员，通过无卡存款收取下线会员的资金。其实质是利用银行账户，以信用卡、储蓄卡等银行卡的存款形式，诱导和欺骗居民存款，取得资金。这类活动既影响了银行正常结算业务的开展，又利用了银行的信誉，使银行无形中成为传销的媒介，影响了银行的形象。由于此类活动具有诱惑力，如果任其蔓延下去，势必严重扰乱正常的金融秩序，危害居民资金的安全。鉴于此，该通知要求：各商业银行应严格按照 1997 年 9 月 1 日中国人民银行《关于加强金融机构个人存取款业务管理的通知》的规定为储户办理存款业务；各商业银行在办理银行卡存款业务时，必须要求其提供银行卡及密码，不得在储户未提供银行卡及密码的情况下，为其办理存款业务；各商业银行对储户在使用银行卡办理存取款业务时所出现的异常现象（尤其是类似上面提到的情况）应提高警惕，尽可能做到不为其利用银行卡进行资金传销活动提供方便，发现确属利用银行卡进行资金传销的客户，可以拒绝为其办理存取款业务；各商业银行应加强柜台业务咨询服务，向客户做好金融知识宣传，帮助他们提高金融风险意识；对欲参加活动的客户进行耐心解释和劝阻，对于在银行机构内进行宣传鼓动传销活动的行为要坚决予以制止。

18 日 中国人民银行颁布《关于坚决制止和严肃查处高息揽存的紧急通知》。该紧急通知要求：各商业银行、城乡信用社、信托投资公司等金融机构和邮政储蓄部门对 1998 年 2 月以前吸收的存款，对照中国人民银行公布的各档次存款利率标准进行自查，坚决制止通过提高存款利率、贴水、支付手续费、协储代办费、吸储奖、有奖储蓄等形式进行高息揽存的行为，以巩固整顿金融秩序的成果，维护法定存款利率的严肃性。

24 日 中国人民银行发布《关于改革存款准备金制度的通知》，决定从 1998 年 3 月 21 日起对现行的存款准备金制度实施改革。改革的主要内容是：调整金融机构的一般存款范围。将金融机构代理人民银行财政性存款中的机关团体存款、财政预算外存款，划为金融机构的一般存款，金融机构按规定比例将一般存款的一部分作为法定存款准备金存入人民银行。将现行各金融机构在人民银行的“缴来一般存款”和“备付金存款”两个账户合并，称为“准备金存款”账户。法定存款准备金率从现行的 13% 下调到 8%。准备金存款账户超额部分的总量及分布由各金融机构自行确定。对各金融机构的法定存款准备金按法人统一按旬考核。同日，中国人民银行发布《关于降低存、贷款利率的通知》，其中规定金融机构的存款准备金年利率由 7.56% 和备付金存款年利率 7.02% 统一下调为 5.22%，同业存款利率不得高于准备金存款利率；中央银行对金融机构的贷款年利率，20 天期由 8.55% 下调为 6.39%；3 个月期由 8.82% 下调为 6.84%；6 个月期由 9.09% 下调为 7.02%；1 年期由 9.36% 下调为 7.92%。

△ 中国人民银行在北京召开保险监管工作会议。会议提出 1998 年保险监管工作的重点是深入整顿保险市场秩序，强化保险监管，加大查处力度，切实防范和化解保险风险，完善保险监管体系，健全保险企业制度。

25 日 中国人民银行发布《关于印发〈有效银行监管的核心原则〉的通知》。该通知要求：1. 人民银行各级分行、各国有商业银行、其他商业银行、保险公司、全国性非银行金融机构，组织金融从业人员认真学习和研究，为全面实施巴塞尔核心原则奠定基础。2. 中国人民银行各级领导和监管人员切实把握巴塞尔核心原则的基本精神，并在实际工作中加以贯彻，逐步缩小我国的金融观念、标准和手段等方面与“巴塞尔核心原则”的差距，尽快提高我国中央银行的金融监管水平。3. 各金融机构管理层和业务部门负责人要按审慎监管的要求，进一步强化管理，稳健经营，增强抵御金融风险和参与国际竞争的能力。1997 年 9 月，巴塞尔银行监管委员会发布了《有效银行监管的核心原则》。该文件就有效银行监管的条件、审批程序、持续监管手段以及监管权力等诸多方面提出了基本要求。中国人民银行参与了这份银行监管文件的拟定，《有效银行监管的核心原则》对中国的金融发展和金融监管具有指导性和约束力。

△ 国务院办公厅发出《转发中国证监会关于〈清理整顿场外非法股票交易方案〉的通知》。该通知指出：一段时间以来，一些地区未经国务院批准，擅自设立产权交易所（中心）、证券交易中心和证券交易自动报价系统等机构，从事非上市公司股票、股权证等股权类证券（以下简称股票）的场外非法交易活动。这种行为严重违反了《中华人民共和国公司法》、《股票发行与交易管理暂行条例》和国务院的有关规定，扰乱了证券市场的正常秩序，隐藏着很大的金融风险，极易诱发影响社会稳定的事端。为了整顿金融秩序，防范金融风险，保持社会安定，促进证券市场健康发展，党中央、国务院决定，彻底清理和纠正各类证券交易中心和报价系统非法进行的股票、基金等上市交易活动，严禁各地产权交易机构变相进行股票上市交易。

《清理整顿场外非法股票交易方案》确定：清理整顿非法股票交易是一项复杂而敏感的工作，有关地方人民政府要根据本方案提出的政策、措施、方法、步骤，按照既要彻底解决问题，又要确保社会稳定的方针，彻底清理、纠正本地区的非法股票交易活动。在清理整顿的过程中，要措施有力，分类指导，妥善处理；要区别不同地区、不同交易场所和不同挂牌企业，采取不同的办法，逐一清理整顿，做到成熟一个，解决一个。清理整顿工作要按照先停止扩容、再清理业务、最后关闭场所的顺序进行。中国证监会与国务院有关部门要密切配合，加强对清理整顿工作的领导、组织和协调。清理整顿工作结束后，中国证监会要组织力量，分赴各地对清理整顿工作进行检查、验收，并将验收情况书面报告国务院。

26 日 国家主席江泽民会见美国纽约股票交易所主席兼首席执行官理查德·格拉索。江泽民主席在会见时表示：中国的金融改革开放不会受亚洲金融危机的影响。中国政府将采取有效措施保持国民经济高成长、低通货膨胀的良好态势。希望纽约股票交易所继续为促进中美经济和金融合作作贡献。

4 月

1 日 中国人民银行印发《企业债券发行与转让管理办法》。该办法共有 9 章 78 条，其中规定：1. 企业发行债券，由中国人民银行在经国务院批准的，国家计委会同中国人民银行、财政部、国务院证券委员会下达的企业债券发行计划内审批。中央企业发行企业债券，由中国人民银行会同国家计委审批；地方企业发行企业债券由中国人民银行省、自治区、直辖市分行会同同级计委审批。2. 企业申请发行债券，应向人民银行报送项目可行性及风险分析报告、经审计的发行人及保证人近三年的财务报表、担保函、企业债券发行章程、人民银行认可的企业债券信用评级机构出具的企业债券信用评级报告、律师事务所出具的法律意见书等申报文件。3. 除符合一定条件，并经人民银行批准可免予担保的外，发行人在发行企业债券前必须提供保证担保，人民银行认可担保后，企业方可发行债券。4. 证券经营机构从事企业债券承销业务，应取得人民银行的资格认定；未取得人民银行的资格认定或承销资格已失效的证券经营机构，不得从事债券承销业务。人民银行对企业债券承销商的资格实行年检制度。5. 发行结束后，认购人如需将债券转移到证券交易所进行交易，应按中央登记公司和证券交易所的有关规定办理转托管手续，同时中央登记公司应为证券交易所的证券登记公司建立二级托管总账户。经中国人民银行批准，已办妥登记托管手续并符合规定条件的债券可用于回购交易。6. 人民银行对债券发行申请作出批复后，企业债券主承销商至少在发行前 10 日将发行公告刊登于人民银行指定的报纸上，公告前须先向人民银行报告，公告的信息必须与经人民银行审定的内容一致。发行人须按照人民银行指定的方式向投资人披露中期报告、年度报告和重大事件。

△ 中国人民银行印发《关于严禁利用信用卡、银行卡、支付卡违规套取现金的通知》。为了进一步整顿金融秩序，打击经济犯罪，保障国有资产安全，该通知就关于严禁利用信用卡、银行卡、支付卡等新的结算工具违规套取现金的问题作出如下规定：凡在工商行政管理部门登记注册的单位必须在银行开立基本存款账户，单位的信用卡、银行卡、支付卡在使用过程中需要存入资金的，必须从其基本存款账户转入，不得交存现金，不得将销货款存入。各开户银行对客户持有的单位信用卡、银行卡、支付卡一律不得支付现金。对于存入单位信用卡、银行卡、支付卡的转账支票，必须将收款单位的账户户名写清楚，不得将其信用卡、银行卡、支付卡的开户银行作为收款人。任何部门、企业和单位不得将公款转入个人信用卡、银行卡、支付卡账户内。个人信用卡、银行卡、支付卡的持卡人提取现金时，支取现金额必须符合发卡银行规定的限额，超过规定限额的，必须取得发卡银行的授权。授权的最高限额不得超过个人信用卡、银行卡、支付卡账户的备用金存款金额。开户银行一律不得对个人信用卡、银行卡、支付卡透支支付现金。中国人民银行各级分支行要切实加强监督，对金融机构支持单位或个人利用信用卡、银行卡、支付卡违规套取现金的行为，要严加处罚，并责令金融机构对有关人员给予纪律处分。

△ 中国人民银行颁布《关于商业银行授权分行进入全国同业拆借市场有关问题的通知》。该通知规定：各商业银行总行可以根据本行资金管理的实际情况，决定授权省级分行加入全国一级拆借市场，从事信用拆借、债券回购和现券交易。在中国人民银行核定的最高信用拆借资金余额内，由各行自行决定其授权分行的最高信用拆借资金余额。人民银行仍对各商业银行以法人为单位考核最高信用拆借资金余额。加入全国同业拆借市场的商业银行分行进行信用拆借、债券回购和现券交易的民事责任由各商业银行总行承担，商业银行法人内部机构之间不得进行信用拆借、债券回购与现券交易。准备进行授权的商业银行总行要将授权分行的名单、授予的最高信用拆借资金余额、债券回购与现券交易权限报送中国人民银行总行。各商业银行要加强对授权分行的管理，建立严格的内部授权和外部授信制度，有效控制拆借风险。

△《上海证券交易所全面指定交易制度试行办法》正式生效，上海证券交易所对股票等记名证券的委托买卖由原来的选择指定交易改为全面指定交易。该办法规定，凡在该交易所交易市场从事证券交易的投资者，均应事先明确指定一家证券营业部作为其委托交易、清算的代理机构，并将本人所属的证券账户指定于该机构所属的席位号后，方能进行交易。该办法由上海证券交易所于1月1日颁布，从3月2日开始试行。

7日 中国人民银行发布《关于加大住房信贷投入，支持住房建设与消费的通知》。该通知规定：从1998年开始，人民银行对各商业银行住房（包括建房与购房）自营贷款实行指导性计划管理。为了保证贷款规模取消后的住房信贷投入，1998年新增住房贷款按各行当年新增贷款的15%掌握。扩大住房信贷业务范围，将原来只能由工商银行、农业银行、建设银行三家银行办理的住房委托存贷款业务扩大到所有国有独资商业银行和交通银行，烟台、蚌埠两城市（含所辖县和县级市），继续由住房储蓄银行办理。允许所有商业银行在所有城镇对所有普通商品住房办理个人住房贷款。大力促进住房消费，调整住房贷款支持的重点，由过去主要支持普通住房的开发建设转变为主要支持普通住房的消费及配套设施建设，逐年扩大住房消费贷款在住房贷款中所占的比例。1998年，各银行的住房消费贷款增加额原则上不少于住房建设贷款增加额。积极支持普通住房建设。对新开工的普通住房项目，只要开发商的自有资金达到30%，住房确有销路，商业银行均可发放住房建设贷款。改进安居工程贷款管理，只要住房建设项目符合安居工程条件且销售率（含预售）达到75%，银行可根据工程进度按自筹资金与贷款6:4的比例发放安居工程贷款。各商业银行和人民银行各地分行要加强对住房信贷业务的监督和管理，确保住房信贷资金用于普通住房建设和消费，严禁将其用于楼堂馆所、度假村、高级公寓、别墅等高档商品房的开发建设。

9日 经中国证监会批准，华夏基金管理有限公司在北京成立。该公司由华夏证券有限公司、北京证券有限责任公司、中国科技国际信托投资有限责任公司共同发起成立，注册资本为7 000万元人民币，经营范围为发起设立基金和基金管理业务。这是继南方基金管理有限公司和国泰基金管理有限公司之后又一家全国性的基金管理公司。

13日 中国证监会发布公告，严肃查处33家违规申购开元、金泰证券投资基金的法人和相关个人。经中国证监会、各地证券管理办公室和证券交易所检查，发现一些机构在开元、金泰基金发行时存在违规申购情况，部分券商通过自查也发现了部分法人申购的情况。为了保护广大投资者的利益，严格规范基金市场，中国证监会对违规申购的法人和个人作出处罚决定：1. 所有违规参与申购的机构法人，申购一律无效，其申购资金继续冻结到3月30日，冻结期间的利息收入归所申购的基金。2. 对无视有关规定，不听劝告，直接参与基金申购且金额较大的证券经营机构——重庆国际信托投资公司罚款35万元，并对公司法定代表人给予警告，对直接责任人给予警告并建议公司撤销其职务。3. 对违规申购基金且金额较大的（500万元以上）上海致达贸易有限公司、上海伟龙企业公司、中国土畜产进出口总公司深圳分公司、广州珠物顾问公司、常州市东方实业公司、厦门兴海贸易公司、天津长信集团股份有限公司、无锡市新光焊管厂、上海振茂期货经纪有限公司、深圳市龙寅实业发展有限公司、贵州物资公司、天津市商灵高科技产业有限公司各罚款10万元，对开设多个个人账户申购基金的第一策略投资管理有限公司、上海远东发展进出口公司、上海纺织技术投资公司、宁波经济技术开发区和盛贸易公司各罚款15万元，并提出公开批评。4. 对未采取有效措施制止法人申购、投资者以多个账户申购基金，以及有其他违规行为的16家证券经营机构及其负责人进行内部通报批评，并要求其提交书面检讨。中国证监会重申，基金市场必须从一开始就从严规范，有关单位和个人要严格遵守有关法规和中国证监会的有关规定。对在今后基金的发行和运作过程中发现的违规行为，中国证监会将严格依照有关规定进行处罚。

14日 中共中央、国务院发布《关于进一步扩大对外开放，提高利用外资水平的若干意见》。该意见指出，利用外资总的指导思想是，坚持以邓小平理论为指导，认真贯彻党的十五大精神，围绕推进经济体制和经济增长方式两个根本转变，提高国民经济素质和效益，增强综合国力和国际竞争力，进一步推进全方位、多层次、宽领域的对外开放，充分利用国内国外两个市场、两种资源，更多更好地利用外资，促进国民经济持续、快速、健康发展和社会全面进步。积极、合理、有效地利用外资是必须长期坚持的指导方针。根据上述指导思想和方针，进一步做好利用外资工作的基本要求是，适应经济持续增长的需要，保持利用外资的一定规模，使吸收外商直接投资继续位于发展中国家的前列。引导外资投向，调整引进外资结构，为提高国民经济素质和效益服务。坚持以市场换技术的方针，加大引进高新技术产业和先进适用技术的力度，推动产业升级。促进解决经济和社会发展的突出矛盾，创造更多的就业机会，弥补资源的不足。坚持国际收支基本平衡，保持必要的外汇储备。正确处理扩大对外开放与独立自主、自力更生的关系，维护国家经济安全。

其中，有关金融方面的要求主要有：1. 稳步地利用国际证券市场引进外资。按照国家产业政策和利用外资政策，选择质量好的国有大中型企业到国际证券市场上市。在进一步做好在中国香港上市的同时，稳妥地开辟其他国际证券市场。继续做好境内上市外资股企业的试点，改进和完善发行与交易工作。要提高上市企业的质量，强化机制转换，依法规范运作，注重资金使用效益。积极探索可转换公司债券等融资形式。进一步加强国际间证券监管合作与交流。2. 适度筹借和切实用好国外贷款。严格控制外债规模，保持合理结构。要根据经济发展需要、国际收支状况、资金配套和偿还能力，合理确定借用国外贷款的规模和结构，有效控制外债总量，将主要外债指标保持在安全线以内。继续借用国际金融组织和外国政策提供的优惠贷款。适度借用长期的国外出口信贷和发行境外债券。从严控制借用其他国外商业贷款和短期债务。规范和加强对外债总量和结构的统一监管，切实防范金融风险和外债风险。改进和规范对外借款管理。加强对借用国外贷款项目的统筹协调和管理，严格审查和清理对外借款窗口。国际金融组织和外国政策优惠贷款，由国家授权的部门对外筹借，指定机构转贷。要抓紧制定权责明确、规范的转贷办法。国外商业贷款由有权对外融资的金融机构依据借款指标筹措，符合条件的大型企业经国家批准可直接到境外借款，外商投资企业依法自主对外借款。严禁地方和企业到境外非法融资和变相举债，对隐匿不报和隐性的外债进行认真清理，对违规违法者要严肃查处。着力提高国外贷款的使用效益，中长期国外贷款应主要用于基础设施和开发型项目。国际金融组织和外国政府的优惠贷款主要投向农业、水利、交通、能源、环保以及市政基础设施等领域，进一步提高用于中西部地区的比重。国外中长期商业贷款重点用于基础工业、支柱产业、高新技术产业和能够扩大出口的项目，主要引进必需的技术、设备和原材料。国外短期商业贷款不得用于长期项目投资、固定资产贷款和其他不正当的用途。改进使用国外贷款的管理，做好项目前期准备工作，加强对项目的评审，优化用款方案，注重效益和偿还能力，落实国内配套条件，实行项目法人责任制和资本金制度。建立责、权、利统一的借、用、还机制。各地区、部门和企业要牢固树立偿债意识，落实还款责任。承担偿债责任的单位应确保到期债务的偿还。加快形成符合市场经济原则和法律规定的还款、担保机制。对外借款的金融机构要有足够的外汇准备金，务必保证债务的对外履约，维护我国的对外信誉。国际金融组织和外国政府的优惠贷款用于以社会效益为主的基础性、公益性项目，有关财政部门应承担相应的外债担保或偿还责任，并加强管理。地方政府要根据国家有关规定，尽快建立偿债准备基金。对已出现的债务拖欠问题，有关地方和部门要切实采取有效措施，加大清欠力度。使用国外贷款，务必做到借之有道、用之有效、还之有信。

16 日　国家发展计划委员会、国家统计局发布了 1998 年第一季度全国 35 个大中城市的房地产价格指数。此次发布的第一季度价格指数分为土地出让价格指数、房屋销售价格指数和房屋租赁价格指数三类。土地出让价格指数为 101.7，其中，南宁市最高，为 115.7，上海市最低，为 95.3；房屋销售价格指数为 101.3，其中，重庆市最高，为 110.6，兰州市最低，为 97.1；房屋租赁价格指数为 103.7，其中，西宁市最高，为 130.6，上海市和宁波市最低，为 93.8。这是中国首次编制并向社会发布房地产价格指数。

20 日　中国人民银行颁布《贷款风险分类指导原则》（试行），在商业银行中试行“贷款风险分类办法”。《贷款风险分类指导原则》规定：按照风险程度将贷款划分为五个档次，即正常、关注、次级、可疑和损失五类。正常类贷款是指借款人能够履行合同，有充分把握按时足额偿还本息的贷款；关注类贷款是指尽管借款人目前有能力偿还贷款本息，但存在一些可能对偿还产生不利影响的因素的贷款；次级类贷款是指借款人的还款能力出现明显问题，依靠其正常经营收入已无法保证足额偿还本息的贷款；可疑类贷款是指借款人无法足额偿还本息，即使执行抵押或担保，也肯定要造成一部分损失的贷款；损失类贷款是指在采取所有可能的措施和一切必要的法律程序之后，本息仍然无法收回，或只能收回极少部分的贷款。次级、可疑和损失类贷款合称为不良贷款。此前，我国实行的是以期限管理为主的贷款分类方法，将贷款分为正常、逾期、呆滞、呆账四类。

同日，中国人民银行印发《关于开展清理信贷资产、改进贷款分类工作的通知》，决定从 1998 年下半年开始，在政策性银行、国有独资商业银行、其他商业银行和城市商业银行中开展清理信贷资产、改进贷款分类工作（以下简称清分工作），摸清各银行信贷资产的底数，分析不良资产形成的原因，建立健全银行信贷资产管理制度和中央银行对银行贷款质量监管制度，从根本上提高我国银行业的信贷资产质量。该通知规定，清分工作大体分为培训、试点和全面铺开三个阶段，5 月至 7 月为试点阶段，8 月开始在全国铺开，年底前基本完成。清理资产，重点是清理信贷资产，对 1997 年年末本、外币贷款及其表内外应收、未收贷款利息逐笔进行清理，按照五级分类法进行贷款分类。将清分工作与催收银行的不良债权紧密结合起来，依法维护银行的经营自主权和债权。加大依法清收不良债权的力度，不能简单地用增加存款的方法去掩盖贷款损失的窟窿。1998 年年底前，各银行要将新、老贷款分开，建立健全完善的贷款管理制度。以后，各银行每半年要进行一次清分工作。要将这次清分工作所建立起来的银行信贷管理制度和中央银行对银行贷款监管制度作为提高贷款质量的保证，并长期坚持下去。

△ 中国农业发展银行颁布《关于加强粮棉油收购资金管理，坚决制止收购资金被挤占挪用的通知》，提出对有八种严重违反收购资金管理规定行为之一的企业，采取停贷措施。这八种严重违反收购资金管理规定的行为是虚报收购数量或库存套取收购贷款并挪用；粮、棉、油赊销直接造成亏损挂账；粮、棉、油销售收入不入账和坐支现金；利用多头开户等方式转移挪用粮、棉、油调销货款；违反国家规定降价销售粮棉造成亏损，无弥补来源，致使粮棉贷款不能足额归还；挤占挪用收购贷款购置固定资产、从事附营业务、投资有价证券、转借他人及用于有关部门集资摊派等；不按国家规定将粮、棉、油调销货款存入中国农业发展银行专户，多头开户，挤占挪用收购贷款；利用兼并、改制、破产等名义悬空、逃废银行债务以及带粮分流人员等直接挤占挪用收购贷款。

21 日 中国人民银行印发《农村信用合作社机构管理暂行办法》。该暂行办法对农村信用合作机构的审批权限、程序、接管和终止等方面作出了规定，其中明确：设立农村信用社，入股社员一般不少于 500 个，注册资本金一般不少于 100 万元人民币，法定代表人和其他主要负责人符合中国人民银行规定的任职资格条件，从业人员中必须有 60% 以上的人员从事过一年以上的金融工作或具有金融及相关专业的大中专学历，从业人员一般不少于 5 人，并且有健全的组织机构和规章制度；设立联合社，辖区内农村信用社达到 8 家以上，注册资本金一般不少于 100 万元人民币，法定代表人和其他主要负责人符合中国人民银行规定的任职资格条件，从业人员中必须有 80% 以上的人员从事过一年以上的金融工作或具有金融及相关专业的大中专学历，有健全的组织机构和管理制度。

△ 中国证监会对海南橡胶期货 R708 合约交易中违规的单位和个人作出处罚。中国证监会查实，邵桥、谈文涛、柳德庆、陈正正、何伟、谢和平以及中国黑色金属材料公司江苏公司、上海华隆实业总公司等单位和个人，在 R708 合约交易中违反了国家有关期货交易的规定，构成了操纵市场行为；上海申物期货经纪有限公司在 R708 合约交易中，以其职工谈文涛个人名义开户，并参与了操纵市场活动；海南中期期货经纪有限公司在 R708 合约交易中，主动为操纵市场者分仓，为操纵市场提供便利和条件；云南三峡经济开发有限公司、河南驻马店地区植物油集团公司、北京华热亚经贸总公司、海南农垦金环物资实业总公司、海南农垦金龙物资实业总公司、云南农垦供销公司均为国有企业，在 R708 合约交易中，超出自身的生产量卖出期货合约或者超出自身的消费量买入期货合约，从事橡胶期货投机交易；海南金达实业联合有限公司、四川平原实业发展有限公司违规将本公司在海南中商期货交易所的交易席位租给他人使用；云南中期商务有限公司非法从事期货代理业务；上海中期期货经纪有限公司、武汉融利期货经纪有限公司、沈阳中期期货经纪有限公司、辽宁中期期货经纪有限公司、四川和正期货经纪有限公司、青岛双飞龙期货经纪有限公司接受大户分仓，未能按要求控制客户的交易风险，给公司造成损失。

上述单位和个人的行为违反了国家有关期货交易的规定，造成了严重的市场后果和恶劣的社会影响。为了严肃期货市场法纪，保护投资者的利益，维护期货市场的“公开、公平、公正”原则，根据国家有关期货交易的规定，中国证监会作出决定：宣布邵桥、谈文涛、柳德庆、陈正正、何伟、谢和平及上海华隆实业总公司、中国黑色金属材料公司江苏公司为期货市场禁止进入者；没收柳德庆的操纵市场收入5 300万元，没收中国黑色金属材料公司江苏公司的操纵市场收入1 700万元。取消上海申物期货经纪有限公司、海南中期期货经纪有限公司的期货经纪业务的资格，吊销上海申物期货经纪有限公司、海南中期期货经纪有限公司的期货经纪业务许可证。从即日起，上述公司不得接受新客户和新开仓交易指令，对现有客户的已持仓合约要在本决定下发之日起20个交易日内由相关交易所监督，平稳转移到其他会员单位或用其他办法妥善处理并清理债权、债务。对云南中期商务有限公司罚款10万元；责令海南中商期货交易所开除云南三峡经济开发有限公司、河南驻马店地区植物油集团公司、海南金达实业联合有限公司、四川平原实业发展有限公司、云南中期商务有限公司、北京华热亚经贸总公司的会员资格。从即日起，海南中商期货交易所要立即停止接受上述单位新的开仓交易指令，并责令上述单位对现有客户已持仓合约要在本决定下发之日起20个交易日内将所有已持仓合约平仓或由交易所监督平稳转移到其他会员单位，清理所有的债权、债务，退出海南中商期货交易所。对上海中期期货经纪有限公司、武汉融利期货经纪有限公司、沈阳中期期货经纪有限公司、辽宁中期期货经纪有限公司、四川和正期货经纪有限公司、青岛双飞龙期货经纪有限公司处以警告。

22日 中国人民银行、中国农业银行、中国农业发展银行、财政部联合发出《关于把农业发展银行扶贫、开发等专项贷款业务划归农业银行的通知》。主要内容为：为了适应粮食流通体制改革，中国农业发展银行要集中精力管好粮、棉、油收购资金，决定将中国农业发展银行承担的扶贫和开发性贷款等专项贷款划归中国农业银行管理，将粮、棉、油附营业务和粮食加工业务等划归有关商业银行管理。11月5日，中国人民银行、中国农业发展银行、中国农业银行、中国工商银行发出的（银传［1998］68号）《关于粮棉油附营企业占用信贷资金划转及清算的通知》，进一步明确了划转范围、原则、时间等，明确从中国农业发展银行划出的专项贷款包括扶贫贷款、农业基建贷款、技术改造贷款、农业综合开发贷款、林业贴息贷款、治沙贴息贷款、人民银行已划转到中国农业发展银行的专项贷款和尚未划转的专项贷款等，并指出，划转后，与划转贷款相关的贷款担保、抵押合同继续生效。此次贷款业务划转，中国农业发展银行共向中国农业银行划转专项贷款1 300.9亿元，划转从事专项贷款管理的人员1 309名，同时中国农业发展银行撤销了在国家贫困县设立的149个信贷组。

△ 上海证券交易所对“财务状况异常”和“其他状况异常”的上市公司的股票交易实施特别处理。“财务状况异常”是指最近两个会计年度的审计结果显示的净利润均为负值，最近一个会计年度的审计结果显示其股东权益低于注册资本。“其他状况异常”是指自然灾害、重大事故等导致公司的生产经营活动基本中止。公司涉及可能赔偿的金额超过本公司净资产的诉讼等情况，在股票上市规则中也有具体规定。“特别处理”的内容包括：公司股票的日涨跌幅限制为5%，中期报告必须经审计，股票的行情显示有特别提示，特别处理的股票的简称前是“ST”标记。如果受特别处理的公司下一年度财务报表的审计结果表明财务状况已恢复正常，则可以向交易所申请取消特别处理。交易所将依据最大限度地保护投资者的权益，严格控制股票市场风险的原则，根据该公司的实际改善程度，决定是否取消特别处理。如果一家公司因连续两年亏损被予以特别处理后，第三年仍然亏损，交易所将暂停其股票的交易，并向中国证监会提出暂停上市的建议。28日和29日，沪市挂牌公司“粤海发展”、“黄河科技”和“金泰B股”，与深市挂牌公司“辽房天”、“湘中意”，成为中国证券市场上第一批实行股票交易特别处理的上市公司，其中，“粤海发展”自28日起实行特别处理，后四家公司自29日起实行特别处理。

△ 经中国证监会批准，兴华证券投资基金在上海证券交易所上网定价发行，总份额为20亿基金单位，发行价为1.01元，简称“基金兴华”，申购代码为735008。兴华基金为封闭式契约型基金，存续期为15年，由华夏基金管理公司管理，托管人为中国建设银行。该基金只向个人投资者发行，体现证券投资基金主要面向中小投资者的原则。这是继基金金泰、基金开元之后发行的第三只新基金。

28日 中国人民银行颁布《关于批准部分外资银行加入全国同业拆借市场的通知》，批准8家在上海浦东经营人民币业务的外资银行进入全国同业拆借市场，进行人民币的同业拆借、债券买卖和债券回购。这8家外资银行是日本兴业银行、第一劝业银行、花旗银行、渣打银行、香港上海汇丰银行、东方汇理银行、三和银行、东京三菱银行的上海分行。

29日 中国证监会对海南民源现代农业发展股份有限公司（以下简称琼民源公司）违反国家有关法律、法规的行为作出严肃处理。

琼民源公司为上市公司，股票代码为0508，经过国务院证券委、审计署、中国人民银行、中国证监会的调查，查实如下违法违规问题：1. 琼民源公司1996年的年度报告和补充公告所称的1996年“实现利润5.7亿元，资本公积增加6.57亿元”的内容严重失实，虚构利润5.4亿元，虚增资本公积6.57亿元。上述5.4亿元的虚构利润是琼民源公司在未取得土地使用权的情况下，通过与关联公司及他人签订未经国家有关部门批准的合作建房、权益转让等无效合同编造的。所谓6.57亿元的资本公积，是琼民源公司在未取得土地使用权、未经国家有关部门批准立项和确认的情况下，对四个投资项目的资产评估而编造的。琼民源公司的上述行为违反了《中外合作经营企业法》、《城市房地产管理法》、《企业会计准则》、《企业所得税暂行条例实施细则》及有关证券法规的规定，构成了严重虚假陈述行为。2. 琼民源公司的控股股东民源海南公司与深圳有色金属财务公司（以下简称深圳有色公司）联手，于琼民源公司公布1996年中期报告“利好消息”之前，大量买进琼民源公司股票，在1997年3月前大量抛出，获取暴利。1996年8月以来，民源海南公司先后从深圳有色公司贷款3 000万元，透支1 000万元，非法获利6 651万元。深圳有色公司共投入资金4 420万元，非法获利6 630万元。民源海南公司和深圳有色公司的行为严重违反了有关金融、证券法规，构成了操纵市场行为。3. 中华会计师事务所为琼民源公司出具的1996年年度财务审计报告、海南大正会计师事务所为琼民源公司出具的资产评估报告，均含有虚假、严重误导性内容，违反了会计、审计、证券等法规的有关规定。

为了严肃金融、证券法纪，维护金融、证券市场秩序，中国证监会决定：1. 鉴于琼民源公司的原董事长兼总经理马玉和等人制造虚假财务数据的行为涉嫌犯罪，中国证监会已将有关材料移交司法机关，依法追究其刑事责任并建议其所在公司依照法定程序撤销其各项职务。对琼民源公司处以警告。对琼民源公司的其他董事待履行法定送达程序后予以处罚。2. 鉴于琼民源公司1997年3月3日的股东大会已决定申请其股票停牌、公司的全部董事集体辞职的实际情况，建议由琼民源公司的控股股东民源海南公司的主管部门组成清理整顿小组，负责处理琼民源公司的日常工作，并依法召开琼民源公司的临时股东大会，选举新的董事会。在新的董事会对已公布的虚假财务报告进行更正并重新披露后，依照有关规定向深圳证券交易所申请复牌。3. 建议有关主管部门撤销直接为琼民源公司进行审计的海南中华会计师事务所，吊销其主要负责人的注册会计师资格证书。对中华会计师事务所处以警告，暂停其从事证券业务资格6个月，对该事务所在琼民源公司的财务审计报告上签字的注册会计师，暂停其从事证券业务资格3年。对海南大正会计师事务所罚款30万元，暂停其从事证券相关资产评估业务资格6个月，对负有直接责任的注册会计师，暂停其从事证券业务资格3年。4. 对民源海南公司和深圳有色公司分别处以警告、没收非法所得6 651万元和6 630万元，并各罚款200万元。建议有关部门对深圳有色公司的主要负责人和直接责任人给予行政处分。

1998年11月12日，北京市第一中级人民法院对“琼民源案”进行公开宣判：原琼民源公司董事长、北京民源大厦董事长、北京凯奇通信总公司董事长马玉和因犯提供虚假财务会计报告罪，被判处有期徒刑3年。原广西壮族自治区北海市会计师事务所的退休干部，琼民源公司聘用的会计班文绍因提供虚假财务会计报告罪，被判处有期徒刑2年，缓刑2年。

5月

5日 中国人民银行“清理信贷资产、改进贷款分类”工作在广东省开始试点。同日，中国人民银行在广州市召开广东省信贷资产清理、分类工作动员大会，中国人民银行行长戴相龙在会议上指出，防范和化解金融风险根本在于建立现代金融体系、现代金融制度和良好的金融秩序。近几年来，我国先后采取了一系列措施。这次推出的清分工作是又一项重要改革措施。我国现行的“一逾两呆”贷款质量分类办法，对于促进银行加强信贷管理起到了积极作用。但这种贷款质量分类办法不能客观反映贷款质量，不利于识别和化解信贷风险，而且也不利于与国际惯例接轨，已不能适应当前加强银行信贷管理和中央银行金融监管的需要。实行“五级贷款”分类法，是以借款人的最终偿还能力，确定贷款风险，划分贷款质量等级，有利于更好地揭示贷款的风险程度和实际价值，真实、全面、动态地反映贷款质量，鉴别各家银行的经营管理水平；有利于及时发现贷款发放和使用中的问题，促使银行管理人员主动防范和化解信贷风险，维护银行债权，提高贷款质量；有利于判断呆账准备金是否充足，为中央银行实施监管提供条件。不失时机地推行“五级贷款”分类法，是我国商业银行信贷管理制度和中央银行金融监管的一项重大变革。

△ 中国农业发展银行发出《关于加强粮食收储企业存款账户管理的紧急通知》。该通知要求，粮食收储企业必须在中国农业发展银行开立基本账户，严禁在他行多头开户；在开设基本账户的同时，设立收购资金存款户、企业财务资金存款户两个专用存款账户，对企业收购资金和财务资金实行分账管理。

7日 中国人民银行发出《关于加强对外资金融机构存款准备金管理的通知》。该通知规定：各分行应对存款准备金的收缴和管理分别指定专门的部门负责，建立相应的内部控制制度，并将有关分工管理情况报总行备案。对这部分资金的管理应遵循安全性和流动性的原则。各分行应开立专用账户存放外资金融机构的存款准备金，不得将该账户与其他账户混用。开户银行向中国人民银行支付利息，利率水平根据市场利率水平确定，利息所得仍应存入原账户。未经总行批准，外资金融机构的存款准备金一律不得动用。

9日 中国人民银行颁布《个人住房贷款管理办法》。该办法规定：1. 个人住房贷款的对象是具有完全民事行为能力的自然人，条件是城镇居民用于购买自用普通住房且有购房合同或协议，有还本付息的能力，信用良好，有购房所需资金30%的购房首付款，有银行认可的贷款担保等。2. 贷款期限由银行根据实际情况合理确定，但最长不得超过20年。贷款利率按法定贷款利率（不含浮动）减档执行：贷款期限为1年期以下（含）的，执行半年以下（含）的法定贷款利率；期限为1~3年（含）的，执行6个月至1年期（含）法定贷款利率；期限为3~5年（含）的，执行1~3年期（含）法定贷款利率；期限为5~10年（含）的，执行3~5年期（含）法定贷款利率；期限为10年以上的，在3~5年（含）法定贷款利率的基础上适当上浮，上浮幅度最高不得超过5%。3. 个人住房贷款均采用担保贷款方式，银行不得对个人发放住房信用贷款。以房产作抵押的，必须办理房屋保险，如发生保险责任范围以外的房屋毁损，借款人须负全部责任。4. 经中国人民银行批准设立的所有商业银行和住房储蓄银行，均可办理个人住房贷款。

12日 中共中央举办题为“金融安全与法制建设”的法制讲座。江泽民强调，要把依法治理金融作为贯彻依法治国方略的重要内容，从完善立法、严格执法、加强监督和广泛宣传金融法律知识、严厉打击各种金融违法犯罪活动等方面切实加强金融法制建设。

14 日 财政部发出《关于执行证券期货相关业务的会计师事务所与挂靠单位脱钩的通知》。该通知要求执行证券、期货业务的会计师事务所必须在 1998 年 12 月 31 日前，在人员、财务、业务、名称四个方面，按规定与挂靠单位实行彻底脱钩。事务所不再挂靠单位，不得行使挂靠单位的一切行政权力，禁止以挂靠单位的名义执业或招揽业务，禁止依靠行政权力占领市场。国有事务所上缴挂靠单位的一切资金、资产，均属国有资产，不得归入挂靠单位的“小金库”，不得变相成为挂靠单位小集体的财物，有关部门以 1997 年 12 月 31 日或 1998 年 6 月 30 日为基准日，开始对事务所进行清产核资。此后，事务所的名称不应保留原挂靠单位名称的痕迹，不允许冠以地名、单位、部门等称谓。

19 日 中共中央发出《关于完善金融系统党的领导体制，加强和改进金融系统党的工作有关问题的通知》。为了加强党对金融工作的集中统一领导，中央决定成立中共中央金融工作委员会和金融机构系统党委，对金融机构党的组织实行垂直领导，对干部实行垂直管理。

该通知规定：1. 中共中央金融工作委员会（以下简称中央金融工委）是中央的派出机关。中央金融工委书记由国务院副总理兼任，设副书记两名，其中，一名副书记主持日常工作。中国人民银行、中国证券监督管理委员会、各国有商业银行、政策性银行、交通银行和中国人民保险（集团）公司党委分管党的工作的副书记及中央金融纪律检查工作委员会书记担任工委委员。中央金融工委书记、副书记和委员列入中央管理。根据工作需要，中央金融工委设置精干、高效的工作机构。中央金融工委的工作机构设在中国人民银行。2. 成立中央金融纪律检查工作委员会（以下简称中央金融纪工委）。中央金融纪工委是中共中央纪律检查委员会（以下简称中央纪委）的派出机关，接受中央纪委和中央金融工委的双重领导。中国人民银行、中国证券监督管理委员会、各国有商业银行、政策性银行、交通银行和中国人民保险（集团）公司的纪委书记担任中央金融纪工委委员，另设若干名专职委员。中央金融纪工委书记列入中央管理。中央金融纪工委与人民银行纪委、监察部驻金融系统监察局合署办公，设置精干、高效的工作机构。中央纪委派驻金融系统纪检组被撤销。3. 中国人民银行、中国证券监督管理委员会、各国有商业银行、政策性银行、交通银行和中国人民保险（集团）公司的党组改为党委。各金融机构的党委书记、副书记和委员列入中央管理。各金融机构随着党组改为党委，成立党的纪律检查委员会，党组纪检组被撤销。各金融机构纪委接受同级党委和中央金融纪工委的双重领导。各金融机构的纪委书记列入中央管理。4. 地方党委对本地区的各金融机构党组织实行指导。金融机构党组织要接受所在地方党委的指导。地方党委要关心和支持本地区的金融机构的党的建设工作，召开有关重要会议和举办重要活动时，应请金融机构的负责人参加或选派代表参加。地方党委和金融机构的党组织要互相支持、密切配合。5. 对中国人民银行、中国证券监督管理委员会、各国有商业银行、政策性银行、交通银行和中国人民保险（集团）公司的干部实行垂直管理。上述各金融机构的省级分支机构、派出机构和直属单位主要负责人的任免，各金融机构党委决定前应征得中央金融工委的同意。其中，中国人民银行跨省（自治区、直辖市）一级分行，中国证监会地方证券管理部门，各国有商业银行、政策性银行和交通银行省级分行及中国人民保险（集团）公司省级分公司的主要负责人的任免，各金融机构党委决定前还应听取所在省（自治区、直辖市）委的意见，如有不同的意见，由中央金融工委进行协调。6. 地方性金融机构的党组织设置、领导关系和工作职责，由地方党委参照本通知精神并根据实际情况作出规定。城乡信用合作社的党组织由所在地的市、县委领导。地方性金融机构的跨地区分支机构的党组织，一般实行属地领导。

△ 中国人民银行下发《关于统一调整人民银行对农村信用社再贷款利率的通知》。该通

知规定：中国人民银行对农村信用社的再贷款年利率从1998年6月20日起统一调整为：20天以内为5.40%；3个月以内为5.85%；6个月以内为6.03%；1年为6.93%。农村信用社再贷款利率低于其他金融机构再贷款利率0.99个百分点。

21日 中国人民银行颁布《关于调整部分非银行金融机构缴存款范围的通知》。该通知规定：信托投资公司、财务公司、金融租赁公司的保证金存款和信托投资公司所属证券营业部吸收的客户证券交易资金，不列入缴存款范围；证券公司不纳入缴存款机构范围；证券公司和信托投资公司所属的证券营业部吸收客户的各类证券交易资金，必须全额存入商业银行，严禁挪用，切实保证客户合法证券交易活动的资金清算和支付要求；信托投资公司、财务公司、金融租赁公司的保证金存款，必须全额存入商业银行，不得挪用。上述规定从1998年6月1日起执行。

25日 第二套人民币（纸分币、硬分币除外）在市场上停止流通。中国人民银行印发《关于停止第二套人民币在市场上流通的通知》，决定自1999年1月1日起停止第二套人民币（纸分币、硬分币除外）在市场上流通。第二套人民币（纸分币、硬分币除外）停止在市场上流通的具体券别为：1.1953年版正面图案为“拖拉机”的棕色一角券；2.1953年版正面图案为“火车”的黑绿色二角券；3.1953年版正面图案为“水电站”的紫色五角券；4.1953年版正面图案为“天安门”的红色一元券；5.1956年版正面图案为“天安门”的蓝黑色一元券；6.1953年版正面图案为“延安宝塔山”的深蓝二元券；7.1956年版正面图案为“各民族大团结”的深棕色五元券。该套人民币持有者可限期到各商业银行的营业网点兑换，兑换时间为1998年6月1日至12月31日。

26日 中国人民银行下发《关于改进金融服务、支持国民经济发展的指导意见》（以下简称《指导意见》）。其中指出：确保1998年国民经济增长8%，是促进我国经济发展和社会稳定的需要，对保持香港的繁荣和稳定，乃至促进亚洲金融稳定，也都有重要意义。各金融机构要切实加强组织领导，正确处理促进经济发展和防范金融风险的关系，努力改进金融服务，适当增加贷款，支持国家宏观经济目标的实现。《指导意见》的基本政策不仅适用于1998年，对以后工作也有指导作用，其内容将在实践中进一步充实。各金融机构要立即向所属分支机构转发该《指导意见》，结合各个金融机构的实际，制定改进金融服务、支持国民经济发展的具体措施。

《指导意见》包括以下十个方面：1. 加大对农林水利的信贷投入。国家银行新增农业贷款力争达到全部新增贷款的10%左右。2. 支持国有大中型企业在改革中发展。3. 积极支持中小企业发展，促进再就业工作。4. 积极支持基础设施建设。5. 完善住房信贷体系，促进住房建设和消费。6. 加大科技贷款的投入总量，积极支持科技进步和技术改造。7. 积极支持开拓国内市场，扩大消费需求。8. 努力支持对外贸易，积极合理利用外资。9. 改进对企业的综合配套金融服务。10. 坚持信贷原则，防范金融风险。

△ 中国人民银行恢复债券回购业务。为了更灵活、有效地管理基础货币，保证商业银行的资金需求，人民银行发出《关于恢复人民银行债券回购业务的通知》，该通知规定：回购交易对象为25家公开市场业务一级交易商，操作工具为国债（含专项国债）、政策性金融债和中央银行融资券，公开市场业务操作室每周二开展回购交易。其他时间如一级交易商临时有大额头寸调剂的需要，需提前向操作室报告情况，经批准后进行交易；人民银行视货币政策需要，采用正回购与逆回购两种类型，对商业银行的流动性进行双向、灵活调节。

28日 中国人民银行印发《关于严禁保险公司支付“无赔款退费”的紧急通知》。针对一些保险公司以“无赔款退费”为手段搞恶性竞争，造成了保费收入的流失，加大了保险公司的经营风险，扰乱了保险市场秩序，滋生了贪污腐败的现象，中国人民银行要求：各保险公司对所有险种不论无赔款期限多长，一律不得支付

"无赔款退费"；各保险总公司在本通知下发前发生的"无赔款退费"行为，要抓紧清理，彻底纠正；该通知下发后继续搞"无赔款退费"的，中国人民银行视情节轻重给予下列行政处分和处罚：责成保险公司对直接责任人员给予警告、记过、直至开除处分；责成其上级保险公司对违规机构负主要责任的领导给予降职、撤职处分；对违规机构的主要负责人取消1～2年的金融高级管理人员任职资格；对违规机构暂停该项业务1～6个月的经营权。上述规定自1998年6月1日起执行。

△ 中国证监会对外公布改进工作的五项措施，增加股票发行透明度，强化社会监督机制。这五项措施是：1. 将现有涉及股票发行审核程序的各项规定对外公布，使各方面对中国证监会的工作依据、程序、时限规定和相关要求有一个全面直观的了解，便于社会监督。2. 将中国证监会的八条内部工作纪律对外公布，接受社会各界的监督检查，这八条纪律是：一要廉洁从政，不要以权谋私；二要秉公执法，不要徇私舞弊；三要严格自律，不要吃请受礼；四要严守机密，不要失密泄密；五要热情服务，不要生硬冷淡；六要高效办事，不要推诿扯皮；七要加强学习，不要故步自封；八要艰苦奋斗，不要铺张浪费。3. 设立中国证监会主席热线电话和主席信箱，为有关方面投诉和举报股票发行审核工作中可能出现的各类问题开通了便捷的渠道。4. 中国证监会的全体工作人员实行挂牌上岗制度，促进每个人都自觉转变和改进工作作风。5. 在现有条件允许的范围内，尽力改善中国证监会的接待环境，为来中国证监会的公务人员提供较为便利的会谈场所。

29日 国家发展计划委员会、国家经济贸易委员会、中国人民银行联合发出《关于加强资本项目结汇管理有关问题的通知》。该通知指出：近几年，我国的政策措施得力和新的投融资方式出现，使投向基础设施领域的外资数量增加，海外上市的H股和境内B股的发行也有较大的进展，相应地使资本项目结汇金额增长较快，对人民币供应造成了一定的压力。为了加强对资本项目结汇的监管，经报国务院同意，该通知要求：1. 在坚持实行适度从紧的货币政策的前提下，鼓励国内的金融机构利用新的融资方式参与内外资项目所需的人民币融资活动。2. 在现行的审批权限下，任何地方或部门都不得将限额以上的外资项目拆成限额以下项目或人为压低总投资额自行审批；对于采用BOT、境外项目融资、证券融资（ABS）等方式的外资项目，一律报国家发展计划委员会或由国家发展计划委员会报国务院审批。3. 需要结汇的各类利用外资项目，在上报的可行性研究报告中要增加结汇资金分年度计划。4. 建立资本项目结汇备案登记制度。5. 境内发行B股和境外发行股票要优先选择有直接用汇需求的上市公司。6. 对各类企业借用的国外商业性贷款，如发现通过结汇进行套利的，要按有关规定进行处理。

△ 中国人民银行印发《关于对金融机构违法违规经营责任人的行政处分规定》。该规定所列的违法违规经营行为主要有：金融机构在法定的会计账册以外另立会计账册从事账外经营，金融机构违反利率政策和管理规定，擅自提高、降低或变相提高、降低利率吸收存款和发放贷款；保险公司擅自或变相降低费率、提高手续费标准；金融机构未经中国人民银行批准，擅自设立分支机构，人民银行分支行越权批准设立金融机构；金融机构对明知没有真实商品交易的商业汇票进行违章承兑、贴现或保证的；金融机构违反规定开立明知无贸易背景的信用证或违反规定出具保函、票据、存单、资信证明的；金融机构违反分业经营管理规定，办理必须经过中国人民银行审批而未经批准的金融业务；商业银行、保险公司、城乡信用社等金融机构以直接或间接方式使资金进入股票、期货市场；金融机构违反现金管理规定办理支付，允许单位或个人超限额提取现金，支持单位或个人利用信用卡、银行卡超限额透支套取现金；金融机构明知是单位公款，仍以个人名义开立储蓄账户办理存款等。为了维护金融秩序，严肃金融纪律，惩处、制止严重违法违规经营行为，该规定明确，根据违法违规经营行为的不同性质和责任，对金融机构的违法违规经营责任人分别给予行政开除、行政撤职、行

政降级、行政记大过、行政记过、行政警告等处分。金融机构违法违规经营，造成资金损失，后果严重，影响恶劣的，对主要负责人、分管领导和业务部门负责人要从重处分。金融机构及其工作人员违法经营，触犯刑律的要移送司法机关处理。

6月

1日 国家外汇管理局按照国际货币基金组织编制的国际收支手册第五版的原则和要求，编制完成并公布了1997年中国国际收支平衡表。

2日 中国人民银行发出《关于调整邮政储蓄转存款利率的通知》。该通知规定：从1998年3月25日起，邮政储蓄部门在人民银行的转存款利率由现行的年利率7.452%下调到7.218%。邮政储蓄转存款实行分段计息，按季结息，每季末月的20日为结息日。邮政储蓄资金清算中心及各联网省、市的二级清算中心，在同级人民银行的"0287邮政储蓄转存款"科目下设立的"邮政储蓄清算户"资金利率，从1998年3月25日起，也按邮政储蓄转存款利率7.218%的水平执行。

△ 中国人民银行发出《关于加强商业汇票管理促进商业汇票发展的通知》。该通知指出，自《中华人民共和国票据法》施行以来，商业汇票的使用和管理中存在许多问题，如有些银行的营业机构的结算纪律松弛，对已承兑的商业汇票拖延付款，无理拒付；有些银行对承兑行的授权过于集中，只授权到省级分行，给企业单位申请承兑带来不便；有些银行片面强调承兑风险，要求承兑申请人缴存高额承兑保证金；有些银行没有建立健全授权管理制度，造成下级行过量承兑，或者对资信不好的企业随意承兑，形成承兑风险；有的银行不严格审查票据承兑、贴现条件，办理无商品交易汇票的承兑、贴现，造成银行资金被套取。这些问题既影响商业汇票的发展，也造成商业汇票风险。为此，该通知要求：严肃商业汇票结算纪律，保证商业汇票按期付款；完善承兑授权管理，推动票据承兑授信业务的发展；适度加快发展中心城市的商业汇票业务，大力推动票据流通转让；集中再贴现业务管理，合理引导信贷资金流向，加强商业汇票的管理。

5日 国务院发布《关于在国有中小型企业和集体企业改制过程中加强金融债权管理的通知》。针对在国有中小企业和集体企业改制的过程中，不少地方出现了借企业改制之机悬空、逃废金融债务的现象，为了规范国有中小企业和集体企业的改制工作，防范和制止各种逃废金融债务行为，切实保护金融机构的合法权益，防范金融风险，该通知要求：各地区、各部门要从大局出发，认真贯彻落实国家关于企业改制的有关政策、措施，切实加强对国有中小企业和集体企业改制工作的指导和监督，规范企业改制行为，坚决制止各种逃废金融债务行为。各地人民政府要高度重视本地区企业改制中的金融债权保全工作，积极支持金融机构做好金融债权管理工作，严禁包庇和纵容改制企业的逃废金融债务行为。企业在改制的过程中，不论采取何种方式进行改制，都必须充分尊重金融机构保全金融债权的意见，依法落实金融债务。金融机构要积极参与企业改制工作，依法维护金融债权安全。国有中小企业和集体企业的改制工作涉及金融机构债权时，必须有债权金融机构参加，金融机构要严格监督改制企业的清产核资和资产评估等工作。各金融机构要认真落实金融债权保全责任制，加大债权清收力度，制定相应的措施，切实维护金融债权的安全，并将金融债权保全情况定期向中国人民银行报告。对悬空、逃废金融债务严重的地区，各债权金融机构应降低对该地区分支机构的授信等级。国有中小企业和集体企业改制，必须经过严格的资产评估和审核，国有中小企业改制的资产评估结果要经承担国有资产管理职能的部门确认。国务院承担国有资产管理职能的部门要加强对资产评估机构的管理和监督，认真做好改制企业的资产确认和评估工作，严禁将改制企业的国有资产人为低估和无偿量化分配给个人。资产评估机构必须有合法的资格认证和开业证明，要真正办成公平、公正的社会中介组织，依法评估、严格自律，并承担相应的法律责任。中国人民银行各分支行发现辖区内逃废金融债务行为，要立即予以制止并及时向当地人民政府和上级行报告。中国人民银行要组织有关金融机构对企业多头开户进行专项清理。各金融机构要严格执行中国人民银行有关账户管理的规定，坚决执行基本存款账户制度，防止改制企业利用“多头开户”逃废金融债务。对中国人民银行认定为逃废金融债务的改制企业，各金融机构一律不予开立存款账户，更不得为其提供贷款、结算等服务。加强金融法制宣传，强化社会信用观念，各地区、各部门要加大金融法制宣传的力度，提高全社会的金融安全意识，维护正常的社会信用关系。9日，中国人民银行转发了该通知，要求各金融机构要切实加强对企业改制工作的指导与监督，努力提高改制的效果，要主动参与企业改制工作，依法维护金融债权的安全。

△ 上海证券交易所发布公告，对股票出现交易异常波动作出规定。具体内容是：股票出现交易异常波动时，上海证券交易所有权对其实施临时停牌，直至有关当事人作出公告后的当天下午开市时复牌。某只股票出现下列情况之一时，将认定为交易异常波动：1. 某只股票的价格连续三个交易日达到涨幅限制或跌幅限制；2. 某只股票连续五个交易日列入“股票、基金公开信息”；3. 某只股票价格的振幅连续三个交易日达到15%；4. 某只股票的日成交量与上月日均成交量相比，连续五个交易日放大10倍；5. 上海证券交易所或中国证监会认为属于异常波动的其他情况。

6日 中国人民银行颁布《关于加强城市商业银行监管工作有关问题的通知》。该通知规定：1. 城市商业银行必须按照《中华人民共和国商业银行法》和《贷款通则》的要求，实行审贷分离、分级审批，落实贷款“三查”制度。贷款要优先支持地方中小企业发展，支持再就业工程建设。2. 城市商业银行的资金必须实行总部集中管理，统一调度。3. 城市商业银行必须建立高度集中的财务管理体制。4. 各城市商业银行必须严格控制从业人员的规模，贯彻落实下岗分流、实施再就业的方针政策，实现员工的零增长或负增长，切实控制人员膨胀。原则上保持不少于10%的工作人员下岗培训，争取用3～5年的时间，显著提高从业人员的素质。5. 必须按照《中华人民共和国商业银行法》、《中华人民共和国公司法》、《城市合作银行管理规定》以及章程规定，明确界定董事会、监事会及行长的职权与责任。城市商业银行实行总部和支行两级经营模式，对各支行在信用社体制下形成的“营业部”、“办事处”、“代办处”等网点应予以撤并。6. 各城市商业银行的资本充足率不足8%，或不良资产比例超过30%，不应向股东分配现金红利，当年利润采取送配股方式直接转为新增股本金或用于提留各种风险基金。7. 城市商业银行必须将保证支付作为经营中的首要任务，凡出现支付缺口，存贷比超过85%的城市商业银行必须将工作重点集中在增加存款和大力清收贷款上来，原则上不再增加贷款总量。该通知要求中国人民银行各省级分行按照上述各项要求，及时指导和督促辖内各城市商业银行限期完成各项体制改革任务。

7日 中国人民银行颁布《关于调整国有独资商业银行1998年余额存贷比和全年人民币贷款指导性计划的通知》，明确1998年国有独资商业银行的年末余额存贷比按1997年的实际数掌握，全年贷款指导性计划由年初的5 330亿元调整为6 030亿元。

9日 铁道部发行1997年中国铁路建设债券。该笔债券分为两个品种，其中，3年期的债券为5.3237亿元，年利率为8%；5年期的债券为16亿元，年利率为8.6%，到期均一次还本付息，不计复利，逾期不另计息。主承销商为华夏证券有限公司，由中国铁路建设基金收入承担不可撤销担保。12月24日，铁道部发行第二笔企业债券，总额为人民币16亿元，债券占用1998年企业债券计划发行额度，债券期限为5年，以固定单利计息，年利率为6.95%，到期一次还本付息，逾期部分不加计利息，由中国铁路建设基金担保。

12日 经国务院批准，国家税务总局决定降低证券（股票）交易印花税，印花税税率由5‰降至4‰。证券（股票）交易印花税税率调整后，中央财政与地方财政对这项税收的分享比例不变，仍为中央88%，地方12%。

16日 经中共中央批准，中共中央金融工作委员会成立。中央金融工委是中央的派出机关，主要职责是：领导金融系统党的建设工作；保证党的路线、方针、政策和党中央、国务院的有关指示、决定在金融系统贯彻落实；协助中央组织部负责做好金融系统中央管理干部的管理工作；监督金融系统的领导干部贯彻执行党的路线、方针、政策和遵纪守法、清正廉洁的情况；协调各金融机构党委之间和各金融机构党委与地方党委的关系；完成中央交办的其他工作。中共中央政治局委员、书记处书记、国务院副总理温家宝任工委书记，阎海旺任副书记。

20日 中国人民银行颁布《关于进一步改善对中小企业金融服务的意见》。该意见指出：中小企业（包括国有中小企业、城镇集体企业、乡镇企业、私营企业和个体企业等）是我国国民经济的有机组成部分。要在以下几个方面进一步改善对中小企业的金融服务：1. 完善对中小企业的金融服务体系。2. 增加信贷投入，积极满足中小企业的合理资金需要。3. 调整信贷投向，突出支持重点。4. 积极支持再就业工程。5. 加强配套服务。6. 努力提高工作效率。7. 切实解决中小企业抵押、担保难的问题。8. 注意防范和化解金融风险。

21日 中国人民银行发出《关于立即停办有奖储蓄的通知》。为了维护良好的存款秩序，规范商业银行的经营行为，消除高息揽存现象，维护储户的合法权益，体现公平合理的利息分配原则，促进商业银行及城乡信用社（以下简称金融机构）提高服务质量和水平，中国人民银行决定停办有奖储蓄业务。该通知要求：各金融机构从文到之日起，一律停办新的有奖储蓄。正在开办并已开奖的，按原有奖储蓄办法执行；未开奖的须在1998年年底前停止执行有奖储蓄办法。

△ 中国人民银行发布公告，由于海南发展银行不能及时清偿到期债务，根据《中华人民共和国中国人民银行法》、《中华人民共和国公司法》和《金融机构管理条例》，中国人民银行决定关闭海南发展银行，停止其一切业务经营活动，由中国人民银行依法组织成立清算组进行关闭清算。中国人民银行指定中国工商银行托管海南发展银行的债权债务，对境外债务和境内居民储蓄存款本金及合法利息保证支付，其余债务待组织清算后偿付。这是我国改革开放后第一家因经营管理不善出现支付危机而关闭的银行。

22日 中国人民银行发布公告，鉴于中国新技术创业投资公司严重违规经营，不能支付到期债务，中国人民银行决定关闭中国新技术创业投资公司，该公司所属办事处和代理处同时关闭。

△ 中国人民银行转发财政部《关于修改金融机构应收利息核算年限及呆账准备金提取办法的通知》。修改的内容是：将应收未收利息核算年限由两年缩短到一年；呆账准备金由按年初贷款余额1%的差额提取改为按本年末贷款余额1%的差额提取，并从成本中列支，当年核销的呆账准备金在下年予以补提；对金融企业的实际呆账比例超过1%的部分，当年应全额补提呆账准备金，但缴纳所得税时应作纳税调整，统一计算本年应纳税所得额并依法缴纳所得税。

24日 中国人民银行颁布《关于清理撤销融资中心有关问题的通知》。该通知规定：1. 加大清收资金力度，实行边清边撤。对已经完成拆借资金清收工作的各省市融资中心和办事处予以撤销。2. 组织拖欠资金的金融机构发行专项金融债券，主要用于清收非银行金融机构拖欠的逾期拆借资金，同时，通过发行债券，把融资中心对金融机构的一部分债权转为金融机构之间的债权债务，使融资中心从债务链条中退出。3. 将融资中心用人民银行再贷款拆出的资金，转为当地人民银行对金融机构的再贷款。4. 融资中心吸收的当地金融机构的会员基金，全部用于抵偿拆借中的债务。人民银行要求各省、市分行清收工作小组抓紧做好本省融资中心及地市办事处的债权债务清收工作，切实做到“一把手”负责抓，1998年上半年完成清收任务的50%，全年完成80%，年末之前，除极少数重点外，融资中心机构要全部撤销完毕。

25日 国务院办公厅印发《中国人民银行职能配置内设机构和人员编制的规定》，决定成立中共中国人民银行党委，戴相龙任书记，阎海旺任副书记，成立中共中国人民银行纪律检查委员会，王成铭任书记。

该规定明确：中国人民银行为国务院组成部门。中国人民银行是中华人民共和国的中央银行，是在国务院的领导下制定和实施货币政策，对金融业实施监督管理的宏观调控部门。中国人民银行的主要职责是：1. 依法制定和执行货币政策。2. 发行人民币，管理人民币流通。3. 按照规定审批、监督管理金融机构。4. 按照规定监督管理金融市场。5. 发布有关金融监督管理和业务的命令和规章。6. 持有、管理、经营国家外汇储备、黄金储备。7. 经理国库。8. 维护支付、清算系统的正常运行。9. 负责金融业的统计、调查、分析和预测。10. 依法从事有关的金融业务活动。11. 作为国家的中央银行，从事有关的国际金融活动。12. 承办国务院交办的其他事项。根据国务院规定，管理国家外汇管理局。根据上述职责，中国人民银行设13个职能司（厅）：办公厅、条法司、货币政策司、银行监管一司、银行监管二司、非银行金融机构监管司、合作金融机构监管司、统计司、会计财务司、支付科技司、国际司、内审司、人事教育司。中国人民银行总行机关的行政编制为500名，其中，行长1名，副行长4名，司局级领导职数49名（含行长助理3名和机关党委专职副书记）。离退休干部工作机构、后勤服务机构及编制，按有关规定另行核定。为了履行《中华人民共和国中国人民银行法》规定的职责，保证科学制定和实施货币政策，有效实行金融监管，中国人民银行设立研究局、货币金银局、国库局、保卫局、培训中心，作为支持服务体系。人员参照国家公务员的办法管理，编制共260名，其中，正副局长（主任）16名。保留中国人民银行参事室，负责统战和金融咨询等工作。驻外机构和人员编制按有关规定核定。国家保险监管机构设立之前，原保险司继续保留并履行相应的职责。到8月10日，按照国务院的统一部署和《中国人民银行职能配置内设机构和人员编制的规定》，中国人民银行完成机构改革，开始按照新的职能运转。

30日 经国务院批准，中国人民银行再次降低金融机构存贷款利率，并同时降低中央银行的存款准备金利率和再贷款利率。金融机构的存款利率平均下调0.49个百分点，贷款利率平均下调1.12个百分点。中国人民银行将金融机构的准备金存款利率由5.22%下调为3.51%，下调1.71个百分点；将金融机构贷款的平均利率由现行的7.43%下调为5.61%，下调1.82个百分点；再贴现利率由现行的6.03%下调为4.32%，下调1.71个百分点。这是中央银行自1996年以来第五次降低金融机构的存贷款利率，也是自1998年3月21日调整存款准备金利率以来再一次调低存款准备金利率。

△ 中国人民银行颁布《关于加强进口售付汇监管有关问题的通知》。该通知要求：各外汇指定银行应按周向所在地外汇局报送贸易进口付汇核销单（外汇局留存联），进口单位以货到付款结算方式购付汇，一次购汇3笔以上或一周连续多次购汇的，银行应在办理售汇前向所在地外汇局报告。外汇指定银行在办理售付汇时，应当严格审核所需的商业单据和有关凭证，有骗汇疑点的，应要求进口单位持单证到外汇局进行贸易真实性审核。

7月

1日 中国人民银行、对外贸易经济合作部、国家外汇管理局发布《关于打击套购外汇行为有关问题的通知》。针对使用假单证通过代理进口形式套购外汇和转移资金活动又有所抬头，大案、要案不断发生，严重影响了国家正常的经济、金融秩序的现象，该通知要求：中国人民银行各省、自治区、直辖市分行，深圳分行，国家外汇管理局各省、自治区、直辖市分局，深圳分局，各外（工）贸总公司，各省、自治区、直辖市、经济特区外贸（厅）局，各中资外汇指定银行，要加强对进出口业务，特别是对代理进口业务的管理，要建立、健全对代理进口购汇、付汇的内部审核制度。代理进口业务必须由代理单位签订进口合同，办理制单、购汇、付汇及报关手续，并对所办单据的真实性负责，坚决禁止"四自三不见"的现象（即自带客户、自带货源、自带汇票、自行报关；不见进口产品、不见供货货主、不见外商）。对不执行本规定，无证购汇、参与以假单证向银行申请购汇或者套购外汇的进口代理单位的负责人和直接责任人员，要由其行政主管部门视情节轻重，予以记过直至撤职或开除公职的处分。有外贸经营权的企事业单位无证购汇或从事、参与以假单证向银行申请购汇或违法套购外汇，一经发现，按规定给予当事人行政处罚，并由外汇管理部门通知外汇指定银行停止对其办理售汇和付汇；由国家外经贸主管部门给予其暂停进口经营权3个月以上的处罚。期满后由外汇管理部门将其列入"由外汇局审核真实性的企业名单"，经外汇局审核其购汇的真实性后，方可到银行办理购汇。有外贸经营权的企事业单位从事、参与以假单证向银行申请购汇或违法套购外汇，累计金额超过500万美元的，无证购汇累计金额超过100万美元的，由国家外经贸主管部门撤销其进口经营权。上述违法套汇行为除由行政主管部门和外经贸主管部门依法对当事人进行行政处罚外，外汇局还应根据外汇管理规定对其进行经济处罚；构成犯罪的，移送司法机关依法追究刑事责任。

2日 财政部发布公告，调整1998年凭证式国债发行利率和提前兑取利率。1998年三年期凭证式国债发行利率由原来的7.11%调整为5.85%，1998年五年期凭证式国债发行利率由原来的7.86%调整为6.42%。三年期凭证式国债，持有时间不满1年的，年利率由原来的1.71%调整为1.44%；持有时间满1年（含1年）、不满2年的，年利率由原来的5.22%调整为4.77%；持有时间满2年（含2年）、不满3年的，年利率由原来的5.76%调整为5.04%。五年期凭证式国债，除按上述分档利率执行外，持有时间满3年（含3年）、不满4年的，年利率由原来的7.20%调整为5.94%；持有时间满4年（含4年）、不满5年的，年利率由原来的7.47%调整为6.12%。

3日 国务院发布《关于进一步深化城镇住房制度改革，加快住房建设的通知》。该通知规定：从1998年下半年开始停止住房实物分配，逐步实行住房分配货币化，具体时间、步骤由各省、自治区、直辖市人民政府根据本地实际确定。停止住房实物分配后，新建经济适用住房原则上只售不租。职工购房的资金来源主要有职工工资、住房公积金、个人住房贷款，以及有的地方由财政、单位的原有住房建设资金转化的住房补贴等。全面推行和不断完善住房公积金制度，到1999年年底，职工个人和单位住房公积金的缴交率应不低于5%，有条件的地区可适当提高。要建立健全职工个人住房公积金账户，进一步提高住房公积金的归集率，继续按照"房委会决策、中心运作、银行专户、财政监督"的原则，加强住房公积金管理工作。发展住房金融，扩大个人住房贷款的发放范围，所有商业银行在所有城镇均可发放个人住房贷款。取消对个人住房贷款的规模限制，适当放宽个人住房贷款的贷款期限。对经济适用住房开发建设贷款，实行指导性计划管理。商业银行在资产负债比例管理要求内，优先发放经济适用住房开发建设贷款。完善住房产权抵押登记制度，发展住房贷款保险，防范贷款风险，保证贷款安全。调整住房公积金贷款方向，主要用于职工个人购买、建造、大修理自住住房贷款。发展住房公积金贷款与商业银行贷款相结合的组合住房贷款业务。住房资金管理机构和商业银行要简化手续，提高服务效率。

6日 中国证券业协会第一届第八次常务理事扩大会议通过《中国证券业协会会员公约（试行）》和《证券从业人员行为守则》，要求证券经营机构加强自律，规范经营，不断提高管理水平，把推进证券市场稳定、健康发展作为自己的重要职责。

《中国证券业协会会员公约》（试行）规定：1. 严格遵守国家的法律、法规，以及证券市场的各项方针、政策。2. 严格自律管理，规范经营行为，建立、健全内部管理制度和风险控制。3. 加强从业人员培训，提高从业队伍的业务水平。4. 规范经营，文明服务，为客户提供高水平、高质量的服务，树立行业新风。5. 坚持“公平、公正、公开”的原则，维护投资者的合法权益。6. 会员间倡导团结协作，相互促进，共同发展。7. 自觉维护本行业形象，不从事危害本行业的活动。8. 提倡公平竞争，维护本行业的声誉，禁止下列不正当竞争行为：（1）利用各种手段操纵市场，扰乱市场秩序；（2）以任何方式贬损同行以抬高自己；（3）利用权力机构的影响对企业施加压力，或采取行贿手段，以争取主承销、上市推荐及其他中介业务；（4）为了争取项目，向企业提供虚假的文件、材料或许诺，或迎合企业的不合理要求；（5）以大幅降低佣金等手段拉拢客户；（6）以不正当手段聘用其他公司的在职人员。

《证券从业人员行为守则》（试行）明确规定了证券从业人员职业操守的“十六字”，以及行为准则“八要十不准”，供证券从业人员严格自律，自觉遵守。证券从业人员的职业操守（十六字）为遵纪守法、勤勉尽责、廉洁自律、文明服务。证券从业行为准则（八要十不准）中的“八要”：1. 要遵守国家法律、法规，以及证券市场有关规章制度；2. 要热爱本职工作，努力钻研业务，不断提高业务水平和工作能力；3. 要坚持“公平、公正、公开”的原则，保护投资者的合法权益；4. 要严格遵守操作规程，准确执行客户的有效指令，保守客户秘密；5. 要热情诚恳，文明礼貌，树立“客户至上”的职业道德风尚；6. 要服从管理，规范服务，忠于职守，维持证券交易的正常秩序；7. 要团结同事，协调合作，妥善处理业务活动中出现的各种矛盾；8. 要珍惜证券业的职业荣誉，自觉维护本行业及本单位的声誉。“十不准”：1. 不准向客户提供虚假及不负责任的信息，以诱导客户买卖证券；2. 不准与客户、发行公司或相关人员约定获取不正当利益；3. 不准为自己或亲属买卖股票；4. 不准对客户的交易记录擅作更改；5. 不准挪用客户的证券或资金、以客户的名义或账户买卖证券；6. 不准向他人泄露客户的委托事项及有关交易情况；7. 不准接受客户买卖证券的全权委托；8. 不准为客户透支；9. 不准因本人或本单位的利益而影响或试图影响客户的交易行为；10. 不准有任何操纵市场的行为。

△　上海证券交易所对上证 30 指数样本股实行调整。上证 30 指数的样本股总数仍维持 30 只不变，其中 15 只样本股因代表性降低而被更换。调整后的新样本股名单如下：1. 工业类（15 只）：青岛海尔、春兰股份、四川长虹、上海石化、湖北兴化、华北制药、通化东宝、伊利股份、上海汽车、邯郸钢铁、齐鲁石化、江南重工、沱牌曲酒、东方通信、鲁北化工；2. 商业类（1 只）：中百一店；3. 地产类（1 只）：陆家嘴；4. 公用事业类（6 只）：申能股份、原水股份、葛洲坝、虹桥机场、广州控股、东方航空；5. 综合类（7 只）：爱建股份、东方集团、梅雁股份、东大阿派、清华同方、苏州高新、五矿发展。

11 日　国际清算银行亚太地区办事处在中国香港成立，这是国际清算银行首次在其总部巴塞尔以外的地区开设办事处。

13 日　国务院颁布《非法金融机构和非法金融业务活动取缔办法》。该办法规定：未经中国人民银行依法批准，任何单位和个人不得擅自设立金融机构或者擅自从事金融业务活动。中国人民银行依法取缔非法金融机构和非法金融业务活动，任何单位和个人不得干涉，不得拒绝、阻挠。非法金融机构设立地或者非法金融业务活动发生地的地方人民政府，负责组织、协调、监督与取缔有关的工作。非法金融机构一经中国人民银行宣布取缔，有批准部门、主管单位或者组建单位的，由批准部门、主管单位或者组建单位负责组织清理、清退债权债务；没有批准部门、主管单位或者组建单位的，由所在地的地方人民政府负责组织清理、清退债权债务。因参与非法金融业务活动受到的损失，由参与者自行承担。债权债务清理、清退后，有剩余非法财物的，予以没收，就地上缴中央金库。设立非法金融机构或者从事非法金融业务活动，构成犯罪的，依法追究刑事责任；尚不构成犯罪的，由中国人民银行没收非法所得，并处非法所得1倍以上、5倍以下的罚款；没有非法所得的，处10万元以上、50万元以下的罚款。擅自批准设立非法金融机构或者擅自批准从事非法金融业务活动的，对直接负责的主管人员和其他直接责任人员依法给予行政处分；构成犯罪的，依法追究刑事责任。金融机构违反规定，为非法金融机构或者非法金融业务活动开立账户、办理结算或者提供贷款的，由中国人民银行责令改正，没收违法所得，并处违法所得1倍以上、5倍以下的罚款；没有违法所得的，处10万元以上、50万元以下的罚款；对直接负责的主管人员和其他直接责任人员依法给予纪律处分；构成犯罪的，依法追究刑事责任。

26日，为了全面、准确地理解和执行《非法金融机构和非法金融业务活动取缔办法》（以下简称《办法》），国务院发出《关于非法金融机构和非法金融业务活动取缔办法第二十九条有关问题的紧急通知》。该紧急通知指出，鉴于《办法》第二十九条所列的各类基金会、互助会、储金会、资金服务部、股金服务部、结算中心、投资公司等机构，一般是在《办法》颁布前由当地人民政府或者有关部门批准设立的，其超越国家政策范围从事金融业务活动的情况比较复杂，需要按照国务院规定的政策和期限，有领导、有计划、有步骤地进行清理整顿，加以规范，在清理整顿期间，暂不按《办法》予以取缔。超过规定期限继续从事非法金融业务活动的，要严格按照《办法》规定，予以取缔并给予处罚。上述机构中，有些因不能支付到期债务、发生挤提而影响社会安定的，由该机构的主管机关会同人民银行、工商行政管理等有关部门研究、提出停业整顿方案，报经县级以上地方人民政府批准后组织实施。在宣布停业整顿的同时，要发安民告示，宣布清偿债务优先保护城乡居民、债权人的合法利益，以利于维护社会安定。停业整顿期间，停止吸收存款，暂停支付债务，集中力量清理债权债务，制订债务清偿方案。该紧急通知强调，这项工作关系维护金融秩序全局，涉及面广，敏感度高，政策性很强，地方各级人民政府要统一领导，切实负起责任，组织、协调有关部门把工作做细，务必保持社会稳定。发现紧急情况和重要问题，要及时报上级人民政府。

16日 中国人民银行颁布《关于要求各中资外汇指定银行加强对所属海外分支机构管理的通知》。针对一些中资外汇指定银行的海外分支机构（以下简称海外分行）接受境内机构违反国家外债和对外担保管理法规的借款和担保申请，向境内机构放款，接受境内机构提供的未经外汇局批准的对外担保行为，该通知规定：1. 海外分行在向境内机构提供贷款或拆放资金时，须在贷款协议或合同中要求境内机构在国内办理相应的外债审批和登记手续。2. 境内机构为海外中资企业提供对外担保，作为境内机构的或有负债，纳入对外担保管理。除外商独资企业外，境内机构为海外中资企业提供对外担保，须经国家外汇管理局批准。国家机关和事业单位不得为海外中资企业提供任何形式的对外担保。海外分行接受境内机构提供的对外担保时，须在对外担保合同或协议中要求境内机构在国内办理相应的对外担保审批和登记手续。3. 海外分行一次性筹借等值5 000万美元以上（含5 000万美元）的国际商业贷款，应当事先通过其总行报国家外汇管理局批准。海外分行违规向境内机构提供贷款、接受境内机构提供的未经国家外汇管理局批准的对外担保，其权益不受国内法律法规的保护。

19日 中国人民银行发布《关于进一步支持对外经济贸易发展的意见》，提出金融机构进一步支持对外经济贸易发展的12条意见。这12条意见是：1. 完善支持对外经贸发展的金融服务体系。中国银行要继续发挥支持外经贸发展的主渠道作用，促进外经贸企业的更快发展；其他国有商业银行要加大对自营进出口工业企业、农业企业和乡镇企业以及其他企业出口创汇的支持；城市商业银行等其他金融机构对开户企业的外经贸出口也要给予大力支持；政策性银行要充分发挥自身的特点，积极支持机电产品和成套设备等出口。金融机构在支持对外经贸发展中，既要支持外经贸企业的进出口，又要支持其他企业的自营进出口；既要支持国有外贸企业的发展，又要支持非国有外贸企业的发展。2. 适当增加对外经贸企业的贷款。3. 对资信良好的企业适当发放信用贷款，增加授信额度。4. 支持企业多渠道筹集资本金。积极支持外经贸企业通过资本市场筹集资金，拓宽资本金来源。5. 运用利率手段支持外经贸发展。商业银行要认真执行中国人民银行的利率政策，对风险小、效益好、守信用、贷款额度大的外经贸企业，利率可以不上浮或少上浮，严禁乱提高存贷款利率。6. 积极为外经贸企业的发展提供保险服务。7. 继续加大对机电产品出口的支持力度。中国人民银行对政策性银行支持机电产品出口的贷款继续实行限额管理，可根据需要适当增加机电产品出口信贷规模。8. 积极支持企业境外工程承包和到境外投资设厂。9. 积极支持外商和中国台湾、香港、澳门、侨商投资企业的发展。10. 支持合理的外贸进口。11. 运用"封闭贷款"支持外经贸企业。对暂时亏损，但有订单、还款有保证的外经贸企业，可参照国有工业企业的办法对其发放封闭贷款，经贷款行严格审查后，通过开证、发放打包贷款、押汇、贷款回收等一条龙服务的方式支持其发展。12. 防范外经贸贷款中的金融风险。要加快中央银行贷款登记系统的建设，为商业银行提供贷款信息查询服务，防止企业利用多头开户、多头贷款等手段逃避银行债务。

24 日 中国证监会颁布《关于加强律师从事证券法律业务管理的通知》。该通知规定：股票发行人、可转换债券发行人和证券投资基金发起人，必须聘请具有从事证券法律业务资格的律师事务所和律师出具法律意见书；证券承销机构从事证券承销业务，主承销商必须聘请律师出具验证笔录；证券投资基金和基金管理公司发起人必须聘请律师，对所申请设立的基金是否具备发行与上市的法定条件进行审查。

30 日 《上海证券交易所可转换公司债券上市交易规则》颁布。该规则规定，1. 申请上市的可转换公司债券必须符合下列条件：经证券主管部门批准并公开发行；可转换公司债券的实际发行额（以面值计算）在 1 亿元以上；可转换公司债券的期限在 3 年以上，但不超过 5 年；可转换公司债券的利率不超过国家限定的利率水平；国家法律、法规及上海证券交易所规定的其他条件。获准可转换公司债券上市的发行人须按规定交纳上市初费和上市月费，交费标准是：可转换公司债券上市初费按上市可转换公司债券总额的 0.01% 交纳，起点为 10 000 元，最高不超过 30 000 元。上市月费按年计收，每月 500 元。2. 可转换公司债券采用记名式无纸化方式发行，投资者持有的可转换公司债券份额在上市前由上海证券交易所登记公司记入其股票账户内，实行无纸化交易，以 1 000 元面值为一个交易单位，简称"一手"，实行整手倍数交易，计价单位为每百元面额，申报价格的升降价位为 0.01 元，每次申报最低不少于一个价位。可转换公司债券交易实行 T+1 交收，投资者与券商在成交后的第二个交易日办理交割手续。3. 投资者委托券商买卖可转换公司债券须交纳手续费，上海每笔为人民币 1 元，异地每笔为人民币 3 元。成交后在办理交割时，投资者应向券商交纳佣金，标准为总成交金额的 0.2%，佣金不足 5 元的，按 5 元收取。券商从事可转换公司债券交易，须向上海证券交易所交纳交易经手费，标准为成交金额的 0.01%。4. 可转换公司债券上市交易期间出现下列情况之一时，将停止交易：可转换公司债券的流通面值少于 3 000 万元时，在发行人公布公告三个交易日后停止交易；可转换公司债券转换期结束前的 10 个交易日停止其交易；中国证监会和上海证券交易所认为必须停止交易的情况。5. 可转换公司债券依据招募说明书的约定条件和有关规定，在发行人的普通股股票上市后，可随时转换成发行人的股份。投资者根据持有的可转换公司债券的面值，按照当时的转换价格，向其指定交易的证券经营机构申报转换成公司股票的数量。可转换公司债券申请转换公司股票，投资者在申请的第二个交易日办理交割并确认后，其债券转换成功的股票便可上市流通。

△ 经中国证监会批准，南宁化工股份有限

公司向社会发行可转换公司债券。该债券发行采用上网定价方式，债券每张面值为100元，发行价格为100元，共150万张，总额为15 000万元人民币。主承销商和上市推荐人为光大证券有限责任公司。这是国内首只可转换公司债券。

8月

1日 国务院发布《关于进一步整顿和规范期货市场的通知》，要求各期货交易所立即停止推出新合约，已上市合约可以交易到最后交易日，从1999年1月1日起，正式按新的期货商品品种和交易保证金比例开始运作。

针对当时期货交易所和期货经纪机构过多，运作不规范；少数机构和个人联手操纵市场，牟取暴利；非法从事境外期货、外汇按金交易行为依然存在；监管部门的监管力量薄弱，监管手段落后等问题，为了切实加强对期货市场的监管，防范和化解市场风险，保证期货市场试点工作的顺利进行，该通知规定：1. 按照“继续试点、加强监管、依法规范、防范风险”的原则，对现有14家期货交易所进行整顿和撤并，只在上海、郑州和大连保留3家期货交易所。对保留的期货交易所实行集中统一管理，比照证券交易所管理体制，将期货交易所划归中国证监会直接管理。2. 取消部分商品期货交易品种，提高部分商品品种的期货交易保证金。将商品期货交易品种由35个压缩到12个，取消了23个品种。保留铜、铝、大豆、小麦、豆粕、绿豆、天然橡胶、胶合板、籼米、啤酒大麦、红小豆、花生仁等12个商品品种。提高部分商品品种的交易保证金，铜、铝、大豆等3个商品品种的最低交易保证金比例仍然维持现行的5%不变，其余9个商品品种的最低交易保证金比例提高到10%。3. 取缔非法期货经纪活动，清理整顿期货经纪机构。4. 严格控制境外期货交易。5. 加快法规建设，进一步加强对期货市场的监管。

3日 中国人民银行印发《关于国家外汇管理局金融机构外汇业务监管职能划入中国人民银行的通知》。该通知规定，从即日起，由国家外汇管理局管检司承担的对金融机构外汇业务市场准入的审批、对金融机构的外币资产质量和风险监管业务，按金融机构的类别分别移交中国人民银行的有关司局。对保险公司、证券公司的外汇业务市场准入审批及外币资产质量和风险监管业务仍由国家外汇管理局办理。

6日 中国人民银行印发《关于国家开发银行市场化发行国开行金融债券的批复》。主要内容是：批准国家开发银行首次市场化发行1998年第1期“国开行金融债券”50亿元，期限为1年；发行对象是商业银行和商业保险公司；同意此次债券发行以组织承销团的方式进行，承销团成员由中国人民银行公开市场业务一级交易商和注册资本在10亿元以上的商业保险公司组成。中央国债登记结算公司负责“国开行金融债券”的登记、托管、结算。债券发行结束后，经中国人民银行批准，即可在全国银行间同业拆借市场上市流通。债券利率水平、招投标方式由国家开发银行自主决定。9月2日，国家开发银行与中国工商银行、中国农业银行、中国银行、中国建设银行、交通银行及中国保险（集团）公司、华泰保险公司等24家商业银行、6家保险（集团）公司签订《国家开发银行金融债券承销主协议》，组成国家开发银行1998年度金融债券市场化发行承销团，以利率招标承销方式，发行1998年第一期金融债券。9月3日，该笔债券在国债交易中心上网发行，年利率为5.19%。这是国家开发银行成立以来首次通过承销竞价投标方式发行政策性金融债券，30家中标承销商在签字仪式上签字。

△ 财政部、国家税务总局发布《关于证券投资基金税收问题的通知》。该通知对中国证监会新批准设立的封闭式证券投资基金（以下简称基金）的税收问题作出规定。主要内容有：1. 以发行基金方式募集资金不属于营业税的征收范围，不征收营业税。2. 基金管理人运用基金买卖股票按照4‰的税率征收印花税。3. 对基金从证券市场中取得的收入，包括买卖股票、债券的差价收入，股票的股息、红利收入，债券的利息收入及其他收入，暂不征收企业所得税。对个人投资者买卖基金单位获得的差价收入，在对

个人买卖股票的差价收入未恢复征收个人所得税以前，暂不征收个人所得税；对企业投资者买卖基金单位获得的差价收入，应并入企业的应纳税所得额，征收企业所得税。对投资者从基金分配中获得的股票的股息、红利收入以及企业债券的利息收入，由上市公司和发行债券的企业在向基金派发股息、红利、利息时代扣代缴20%的个人所得税，基金向个人投资者分配股息、红利、利息时，不再代扣代缴个人所得税。对投资者从基金分配中获得的国债利息、储蓄存款利息以及买卖股票差价收入，在国债利息收入、个人储蓄存款利息收入以及个人买卖股票差价收入未恢复征收所得税以前，暂不征收所得税。对个人投资者从基金分配中获得的企业债券差价收入，应按税法规定对个人投资者征收个人所得税，税款由基金在分配时依法代扣代缴；对企业投资者从基金分配中获得的债券差价收入，暂不征收企业所得税。4. 对基金管理人、基金托管人从事基金管理活动取得的收入，依照税法的规定征收营业税、企业所得税以及其他相关税收。上述规定从1998年3月1日起实施。

10日 国务院办公厅转发《中国人民银行整顿银行账外账及违规经营工作实施方案》（以下简称《实施方案》)。《实施方案》确定，本次整顿的对象是中国人民银行、国有商业银行、其他商业银行（包括交通银行、中信实业银行、中国光大银行、华夏银行、中国民生银行、中国投资银行、招商银行、广东发展银行、上海浦东发展银行、福建兴业银行、深圳发展银行，下同)、住房储蓄银行（包括烟台住房储蓄银行、蚌埠住房储蓄银行，下同)、城市商业银行和邮政储蓄机构。对城市信用合作社、农村信用合作社和信托投资公司存在的账外账及违规经营问题也要进行整顿。本次整顿的内容为银行账外账和违规经营活动，包括本币、外币业务。中国人民银行、国有商业银行、其他商业银行、住房储蓄银行、城市商业银行和邮政储汇局要按照本方案的要求，部署本系统、本单位的全面自查工作。首先由本系统、本单位各级机构自查，自查面要达到100%（包括机构数和业务量)，然后按照“下查一级”的原则进行复查，复查报告必须由复查单位负责人签字。抽查工作由中国人民银行负责，并请审计部门参加，抽查面要达到县级以上（含县）机构数的30%。自查、抽查结束后，中国人民银行会同有关部门，对查清核实的问题进行严肃处理，并于1999年3月底解决问题，6月底完成汇总报告。针对产生账外账及违规经营活动的体制、政策、制度等方面的原因，中国人民银行、财政部、国有商业银行要研究防止发生新的账外账及违规经营问题的政策措施，完善会计管理制度，加强稽核监察，实行防止账外账及违规经营责任制。这项工作要在1999年年底前完成。

11日 国务院转发中国人民银行《关于国有独资商业银行分支机构改革方案》（以下简称《方案》)。《方案》确定：合并商业银行省（自治区）分行与所在地城市分行，精简地（市）分行在同一地点重复设立机构。按照银行的工作人员数量和吸收存款额，将人均存款额在50万元以下的营业网点全部撤销，将部分50万～100万元的营业网点撤销，100万～150万元的营业网点合并。在裁减机构的比例上，除中国农业银行尽量保留其县级支行外，中国工商银行、中国建设银行、中国银行都要精简，裁减机构的比例分别为20%、30%、10%。

△ 国务院办公厅发出《关于转发中国人民银行〈整顿乱集资乱批设金融机构和乱办金融业务实施方案〉的通知》。该通知指出，近年来，一些地方、部门、企事业单位和个人乱集资乱批设金融机构和乱办金融业务（以下简称金融“三乱”）的问题相当严重，严重违反了《中华人民共和国中国人民银行法》、《中华人民共和国商业银行法》和国务院的有关规定，扰乱了金融秩序，损害群众利益，影响社会安定。为了整顿金融秩序，防范金融风险，保持金融市场和社会稳定，党中央、国务院决定彻底整顿金融“三乱”。该通知强调，整顿金融“三乱”工作的敏感度高，涉及面广，政策性强，情况复杂，事关金融市场健康发展和社会安定的大局，各地区、各部门要予以高度重视。要在摸清情况的基础上，按照党中央、国务院的统一部署，统一思

想，加强领导，精心组织，审慎处理，内紧外松，分步实施。中国人民银行要切实履行监管职责，加强对整顿金融“三乱”工作的领导、组织和协调。各地区、各部门要坚决执行党中央、国务院的决定，按期完成本地区、本部门的任务，将清理整顿结果于1999年6月底前报国务院，同时抄送中国人民银行。

《整顿乱集资、乱批设金融机构和乱办金融业务实施方案》确定：凡未经依法批准，以任何名义向社会不特定对象进行的集资活动，均为乱集资。主要打击以非法占有为目的、使用诈骗方法从事的非法集资活动；整顿未经批准，擅自从事以还本付息或者支付股息、红利等形式向出资人（单位和个人）进行的有偿集资活动；整顿以发起设立股份公司为名，变相募集股份的集资活动。凡未经中国人民银行批准，擅自设立从事或者主要从事吸收存款、发放贷款、结算、票据贴现、资金拆借、信托投资、金融租赁、融资担保、外汇买卖等金融业务活动的机构，均属非法金融机构，包括冠以银行、信用社、信托投资公司、财务公司、融资租赁公司、典当行等名称的机构，也包括虽未冠以上述名称，但实际是从事或变相从事金融业务的机构。非法成立的金融机构筹备组织也被视为非法金融机构。凡未经中国人民银行批准，从事或者变相从事非法吸收公众存款、发放贷款、结算、票据贴现、资金拆借、信托投资、金融租赁、融资担保、外汇买卖等金融业务活动的行为，均属乱办金融业务。清理、整顿金融“三乱”工作，要按照“谁主管，谁整顿；谁批准，谁负责；谁用钱，谁还债；谁担保，谁负相应责任”的原则进行处理。整顿工作从1998年下半年开始，大体分自查自纠、清偿债务、总结验收三个阶段进行，全部整顿工作于2000年年底以前完成。

△　中国证监会发出《关于证券投资基金配售新股有关问题的通知》。该通知规定：公开发行量在5 000万股（含5 000万股，下同）以上的新股均可向基金配售，公开发行量在5 000万股以下的新股，不向基金配售。具体配售比例按如下方式确定：1. 根据配售新股的公开发行量确定。公开发行量为5 000万~1亿股的新股，配售比例为10%；公开发行量为1亿~2亿股的新股，配售比例为15%；公开发行量在2亿股以上的新股，配售比例为20%。2. 如果各基金对某只新股申请配售的总量超过按上述配售比例计算的配售数量，则进行比例配售。否则，按实际申请量配售。3. 每只基金申请配售新股的数量不得超过该只新股公开发行量的5%。4. 每只基金一年内用于配售新股的资金，累计不得超过该基金募集资金总额的15%。基金获配新股，自该新股上市两个月后方可流通，在流通之前由证券交易所实施冻结。基金除申请配售新股外，不得参与新股的公开申购。

△　中国人民银行继续扩大外资银行经营人民币业务的试点。主要包括三方面内容：1. 增加部分外资银行在上海浦东试点经营人民币业务；2. 批准深圳为第二个允许外资银行试点经营人民币业务的城市；3. 完善外资银行在上海浦东、深圳试点经营人民币业务的有关规定，其具体内容包括：（1）如果外资银行的人民币资金不足，人民银行允许个案报批增加外资银行的人民币营运资金，每家最高限额可增至人民币1亿元。（2）外资银行作为全国同业拆借市场的交易成员，与其他中资银行的交易成员享有同等待遇，可以在全国同业拆借市场上自行选择交易对手，进行债券买卖和债券回购。（3）允许外资银行参与发放人民币银团贷款，在境内进行固定资产投资的项目贷款，外资银行可作为牵头行、联合牵头行或副牵头行出现，外资银行参与银团贷款的资金来源部分可以通过筹措营运资金解决，部分可以向参与银团贷款的中资银行借款。（4）允许外资金融机构在适当时候发行大额可转让定期存单筹措资本。

18日　中国人民银行下调黄金收售价格。自8月18日起，含金量不足99.9%的黄金收购价和配售价由原来的每克80.50元和82.10元分别调整为每克78.15元和79.70元；含金量达99.9%及以上的，收购价和配售价由原来的每克81.20元和82.80元分别调整为79.15元和80.70元。

△ 国务院办公厅发出《关于解决计算机2000年问题的通知》。该通知指出，由于现在的计算机系统只采用两位十进制数记录年份的最后两位，因此，当时间跨入2000年时，计算机计时系统会将2000年解释为1900年，造成计算机系统工作紊乱，影响计算机的正常运行并引发一系列连锁反应（以下简称计算机2000年问题），后果十分严重。为了防止计算机2000年问题对国民经济、社会发展以及人民日常生活造成不利影响，必须限时解决计算机2000年问题。该通知规定：各地区、各部门要力争在1998年年底以前，最迟在1999年3月底以前，完成本地区、本部门计算机系统的修改工作，并在1999年9月底前完成计算机系统修改后的测试与调试工作。解决计算机2000年问题所需的经费，原则上由各地区、各部门及各单位自行解决。有收益的单位从成本费用中列支，行政事业单位按现行渠道申请解决。财政部、科技部对信息产业部等部门在开发软件产品、研究制定技术标准和安全规范等方面的经费要给予支持。商业银行对企事业单位解决计算机2000年问题所需的贷款应积极予以支持。要强制解决计算机2000年问题。对因玩忽职守，未及时解决计算机2000年问题而造成重大损失或不良后果的部门和单位，要追究其主要负责人的责任。由于不可克服的原因，届时不能完全解决计算机2000年问题的部门和单位，要从现在开始就制定切实可行的应急方案和措施，并报有关主管部门审定，确保不影响正常的生产和工作。军队系统的计算机2000年问题，请中国人民解放军总参谋部组织统筹解决，信息产业部门可根据其要求提供技术支持。

23日 中国人民银行颁布《关于境内居民个人因私用汇有关问题的通知》。该通知规定：无论居民在何地办理的护照及签证，必须凭户口所在地的户籍证明到户口所在地中国银行分支机构购汇；凡持因私护照出境的，均按年度、按因私用汇标准只供汇一次；一次签证多次往返的或一本护照一年内多次签证的，按年度、按标准只供汇一次；凡因私出境购汇的，均需在出境前办理，事后不予补办；外籍来华工作人员的合法人民币收入需兑换外汇的，除需单位出具证明文件外，还必须提供完税证明、就业证及聘用合同；14岁以下儿童出境的，供汇标准减半；对于在边境地区办理出境旅游、持公安部门签发的允许出境旅游护照的人员，暂不予供汇；同一城市（地区）原则上只指定一家中国银行分支机构办理个人因私兑换业务。

△ 中共中央总书记江泽民为中国证监会编写的《证券知识读本》题写书名，并作重要批示："实行社会主义市场经济，必然会有证券市场。建立发展健康、秩序良好、运行安全的证券市场，对我国优化资源配置，调整经济结构，筹集更多的社会资金，促进国民经济的发展具有重要的作用。但是，对于证券市场存在的消极因素和可能遇到的风险，我们也必须有清醒的认识。这次东南亚发生金融风波，一个重要原因就是它们的资本市场开放过快，对金融、证券监管不力。我们应从中吸取教训，引为鉴戒，加强风险意识和防范工作，并努力把这次金融风波对我国的负面影响降到最低限度。搞证券是现代经济中一门复杂的学问。各级党政领导干部、企业领导干部和证券工作者，务必勤学之、慎思之、明察之，务必在认真掌握其基本知识和有关法律法规的基础上，不断提高驾驭和正确运用 证券手段的本领。希望大家继续按照巩固成绩、随时警惕、谨慎小心、及时调节的方针，进一步发展和完善我国的证券市场，使之更好地为当前国有企业的解困和发展服务，更好地为改革开放和现代化建设服务。"《证券知识读本》由中国证监会主席周正庆担任主编，由中国金融出版社出版发行。该书系统、全面地介绍了股票、债券、期货、证券投资基金、证券发行、上市、交易、中介机构、证券市场风险、证券市场法规与监管、国际证券市场等方面的基本知识。

△ 国泰君安证券股份有限公司成立。该公司由原国泰证券有限公司和原君安证券有限责任公司通过新设合并、增资扩股组建，注册资本为37亿元。

28日 中国人民银行颁布《关于调整国家银行全年贷款指导性计划的通知》。该通知明确：1998 年国家银行全年贷款指导性计划由 9 000亿元调整到 10 000 亿元，其中，固定资产贷款由 2 700 亿元调整到 3 700 亿元。该通知要求各行在防范金融风险的同时，加大固定资产贷款的投入，加快贷款评估进度，适当简化评估手续；按照“集中要有度，审批要及时”的原则，合理调整基层行的贷款审批权限，争取贷款早落实、早见效，努力实现全年贷款指导性计划。

△ 中国银行完成对海外投资银行业务的重组。中国银行国际控股有限公司（以下简称中银国际公司）从伦敦迁回香港，在香港开业。公司的注册资本为 10 亿美元。此次进行重组，重点由中银国际公司全面接管中国银行的海外投资银行业务，通过重组形成以业务为主线的专业运作模式。在中银国际公司下面，分别组建了中银国际亚洲、中银国际证券、中银国际研究、中银国际资产管理、中银国际融资、中银集团信托、中银国际投资、中银国际直接投资管理及中银国际（英国）等 9 家有限公司，分别经营一、二级市场证券业务，财务顾问、公司购并业务，资产管理、项目融资/银团贷款、直接投资等业务。

31 日 中国证监会召开全国证券期货工作会议。中央金融工委副书记阎海旺出席会议，强调加强法律、法规建设，以及强化中国证监会的监管职能、防范金融证券风险的必要性和重要性，要求证券系统进一步加强党的领导、加强领导班子和队伍建设，充分发挥政治优势，贯彻落实党中央、国务院的部署，全力以赴做好各项工作。中国证监会主席周正庆作重要讲话，要求证券期货业监管、从业人员认真学习江泽民总书记为《证券知识读本》所作的批语，要求统一思想、顾全大局，把证券期货规范工作和体制改革工作做好，以保持证券市场在“法制、监管、自律、规范”方针的指导下健康发展。

8 月 国务院批转中国证监会《证券监管机构体制改革方案》（以下简称《方案》），决定完善证券监管体系，实行垂直领导，加强对全国证券、期货业的集中统一监管。

《方案》确定，证券市场监管体系由中国证监会和派出机构——证券监管办公室组成。中国证监会为国务院直属事业单位，是全国证券、期货市场的主管机关，按照国务院授权履行行政管理职能，依照法律、法规对全国证券、期货业进行集中统一监管。强化以下职能：1. 建立统一的证券期货监管体系，按规定对证券期货监管机构实行垂直管理；2. 加强对证券期货业的监管，强化对证券期货交易所、上市公司、证券期货经营机构、证券投资基金管理公司、证券期货投资咨询机构和从事证券期货中介业务的其他机构的监管，提高信息披露质量；3. 加强对证券期货市场金融风险的防范和化解工作。同时将原国务院证券委员会的职能、中国人民银行履行的证券公司监管职能划入中国证监会。证券监管办公室作为中国证监会的派出机构，主要职责是：认真贯彻执行国家有关法律、法规和方针、政策，依据中国证监会的授权对辖区内的上市公司，证券、期货经营机构，证券、期货投资咨询机构和从事证券业务的律师事务所、会计师事务所、资产评估机构等中介机构的证券业务活动进行监督管理；依法查处辖区内前述监管范围的违法、违规案件，调解证券、期货业务纠纷和争议等。

9 月

1 日 国家外汇管理局印发《境内居民个人外汇管理暂行办法》。该办法规定：境内居民个人因私兑换外汇业务授权中国银行负责办理，同一城市（地区）原则上只指定一家中国银行分支机构办理个人因私兑换业务。对于居民个人只有在汇出或在境内银行交存一定比例的保证金后才能取得有效入境签证的特殊情况，外汇指定银行和外汇局可在售付汇行为发生时，要求居民个人向所在地外汇局分局交存一定比例的人民币保证金，外汇局在查验已办妥前往国家和地区有效入境签证的护照后予以退还。对于居民个人出境旅游、探亲、会亲、自费朝觐的因私兑换外汇，属于个人出国零用费，不得超标准供汇。一次签证多次往返的及一个护照一年内多次签证的，也按年度、按标准只供汇一次。上述规定自 1998 年 9 月 15 日起施行。在此之前国家外汇管理局发布的境内居民个人外汇有关办法同时废止。

△ 中国人民银行发布公告，结束对永安财产保险股份有限公司的接管。永安财产保险股份有限公司经过资本金和领导班子的重组，开始正式运营。公司经营的主要业务为：各类财产保险、责任保险、信用保险、农业保险、保证保险等保险业务；上述各项保险业务的再保险业务和法定保险业务；与国内外保险机构建立代理关系和业务往来关系，代理查勘、理赔、追偿业务；办理经中国人民银行批准的资金运用业务。该公司于1996年8月5日经中国人民银行总行批准设立，于同年9月28日开业。1997年12月1日由中国人民银行接管，进行资本金和公司领导班子重组。

4日 财政部增发国债1 000亿元。该期国债年利率为5.5%、期限为10年，将在1998年和1999年列入国家预算，作为国家预算内基础设施建设投资，用于国民经济和社会发展急需的基础设施建设投入，以政府直接投资为主拉动总需求。当日，财政部分别与中国工商银行、中国农业银行、中国银行、中国建设银行四家国有商业银行签订了承销合同，承销金额分别为500亿元、200亿元、100亿元、200亿元。此前，8月，九届全国人大常委会第四次会议审议通过财政部的中央预算调整方案，决定增发1 000亿元国债。同时配套增加1 000亿元银行贷款，全部用做基础设施专项建设资金。至此，中国的积极财政政策正式启动。

11日 中国人民银行印发《保险业监管指标》。保险业监管指标按反映对象分为非寿险业务指标、寿险业务指标、资金运用指标、财务状况指标四类；按性质分为约束性指标与关注性指标。非寿险业务指标主要用于监测财产保险、意外伤害保险和短期健康保险业务，主要有自留保费率、保费增长率、应收保费率、综合费用率、赔付率、保险业务成本率、两年经营状况率。寿险业务指标主要用于监测长期寿险业务和长期健康险业务，主要有保费收入增长率、新契约保费收入率、准备金变化率、主要险种保费收入率、退保率、承保费用率。资金运用指标主要用于监测各类保险公司的资金运用状况，主要有资金运用率、单类资金运用率、资金运用收益率、资金运用收益充足率。财务状况指标主要用于监测各类保险公司的偿付能力和保险公司的财务状况，主要有最低偿付能力指标、资产负债率、固定资产率、流动比率、所有者权益增长率、所有者权益利润率、保费收入利润率、所有者权益风险率、不良资产率。约束性指标是指保险公司的指标值必须在规定的指标值以内，否则，即违反有关法律法规，监管部门将视其情节轻重及造成的影响给予处罚并责令其纠正。关注性指标是指保险公司的指标值以在设定的范围内为宜，如果超过设定的范围，并不一定表示保险公司有违规行为或财务状况恶化，但监管部门要对该公司进行跟踪调查，结合其他相关指标综合分析，必要时可要求该公司作出合理的解释。该监管指标适用于中资保险公司和中外合资保险公司，外资保险公司分公司和再保险公司可参照适用。

△ 中国人民银行印发《汽车消费贷款管理办法（试点办法）》。该办法规定：汽车消费贷款的试点行仅限于四家国有商业银行，具体试点地区由各国有商业银行确定，并报中国人民银行审批。消费贷款购买的汽车仅限于国产汽车。申请汽车消费贷款的借款人必须具备以下条件：1. 个人：具有完全民事行为能力；具有稳定的职业和偿还贷款本息的能力，信用良好；能够提供有效的抵押物或质押物，或有足够代偿能力的个人或单位作为保证人；能够支付本办法规定限额的首期付款；贷款人规定的其他条件。2. 具有法人资格的企业、事业单位：具有偿还贷款的能力；在贷款人指定的银行存有不低于规定数额的首期购车款；有贷款人认可的担保；贷款人规定的其他条件。汽车消费贷款期限最长不超过5年（含5年）。汽车消费贷款利率按照中国人民银行规定的同期贷款利率执行。以质押方式申请贷款的，或银行、保险公司提供连带责任保证的，借款人的首期付款额不得少于购车款的20%，借款额最高不得超过购车款的80%。以所购车辆或其他不动产抵押申请贷款的，首期付款额不得少于购车款的30%，借款额最高不得

超过购车款的70%。以第三方保证方式申请贷款的（银行、保险公司除外），首期付款额不得少于购车款的40%，借款额最高不得超过购车款的60%。

14日 国务院发出《关于加强外汇外债管理开展外汇外债检查的通知》。该通知指出：一段时期以来，以多种手段非法逃套国家外汇的案件增多，一些地方和单位未经批准擅自到境外发行债券和对外提供担保，或以保证外方固定回报等形式变相对外举债。为了保持我国国际收支平衡和人民币汇率的稳定，有效地防范涉外金融风险，确保经济增长目标的实现，国务院决定，进一步加强外汇外债管理，并开展全国外汇外债检查。该通知规定：1. 严厉打击逃套汇行为和外汇黑市，加强反骗汇工作。加强对金融机构外汇业务的监管，防止骗汇行为发生；规范外贸代理业务，严格加工贸易管理，加强出口收汇工作；加快计算机联网，加强对报关单和进出口核销工作的管理；清理“三无”（即无资金、无场地、无机构）企业，严防逃套外汇行为；严肃查处制假行为，打击犯罪活动；坚决取缔外汇黑市，从严惩治违法犯罪活动。2. 从严控制外债规模，加强资本项目外汇管理。严格控制外债规模，加强外债统一管理；强化对外借款的管理，严禁非法对外融资。认真清理对外借款机构，切实保证偿还外债；要加强对提前偿还外债的管理；严格规范吸引外资行为，坚决纠正和防止变相对外举债，包括违反风险共担原则保证外商投资企业的外方固定回报的做法；严格执行资本项目结汇备案登记和审批制度，及时把握资本项目结汇走势。加强对上市公司的外汇管理，加强对境外债权投资管理，控制外汇流出。3. 开展外汇外债检查，纠正各类违规违法行为。开展自查，及时纠正；联合检查，严肃处理。中国人民银行会同国家外汇管理局、对外贸易经济合作部、海关总署、公安部、国家工商行政管理局组成联合检查组，重点打击逃套汇和外汇黑市。主要检查结售汇出现逆差和结售汇顺差大幅下降的地区。国家发展计划委员会会同中国人民银行、对外贸易经济合作部组成联合检查组，重点检查和清理企业和地方政府违规进行对外借款和对外担保情况；吸引外商投资中保证外方投资固定回报情况；信托投资公司的对外债务。

△ 昆山三山实业股份有限公司（公司简称“苏三山”证券代码：0518）暂停上市。江苏三山实业股份有限公司的董事会和深圳证券交易所发布公告，因连续三年亏损，“ST苏三山”股票自9月14日起暂停上市。该公司是我国证券市场首家因连续三年亏损而暂停上市的公司。

15日 中国证监会当选为国际证监会组织（International Organization of Securities Commissions，IOSCO）执行委员会成员。国际证监会组织是由国际间各证券暨期货管理机构所组成的国际合作组织。总部设在加拿大的蒙特利尔市，正式成立于1983年，其前身是成立于1974年的证监会美洲协会。国际证监会组织执行委员会是该组织的核心决策机构，共有19名执行委员会成员，每届任期两年，其中的9名是由全体正式成员直接选举产生。本年直接选举产生的9名执行委员会成员是中国、日本、澳大利亚、法国、意大利、加拿大安大略省、南非、英国和美国的监管机构。

19日 中国证监会、国家工商行政管理总局联合发出《关于进一步明确在查处非法期货交易中职责分工的通知》。该通知规定：凡涉及证券公司、期货经纪公司非法从事境外期货交易（含外汇按金交易，下同）的案件，以证券监督管理部门为主进行查处；除此以外的机构非法从事境外期货交易的案件，由工商行政管理部门牵头查处，证券监督管理部门配合。对在国内期货市场中以各种名义从事非法期货经纪业务的机构和个人，各地工商行政管理部门要会同证券监督管理部门严肃查处，坚决取缔。

21日 国家外汇管理局颁布《关于境内居民个人因私用汇有关问题的通知》。为了规范境内居民个人因私用汇的管理，该通知规定：无论居民在何地办理的护照及签证，必须凭户口所在地的户籍证明到户口所在地中国银行分支机构购汇；凡持因私护照出境的，均按年度、按因私用汇标准只供汇一次，一次签证多次往返的或一本护照一年内多次签证的，按年度、按标准只供汇一次；凡因私出境购汇的均需在出境前办理，事后不予补办；外籍来华工作人员的合法人民币收入需兑换外汇的，除需单位出具证明文件外，还必须提供完税证明、就业证及聘用合同；14 岁以下儿童出境的，供汇标准减半；对于在边境地区办理出境旅游、持公安部门签发的允许出境旅游护照的人员，暂不予供汇；同一城市（地区）原则上只指定一家中国银行分支机构办理个人因私兑换业务。

23 日 中国证监会发出《关于加强证券投资基金监管有关问题的通知》。该通知规定：除发起人或另有规定外，一个投资者直接或间接持有某只基金的份额不得超过 3%；现已超过的，须在该通知公布后 10 个交易日内报基金管理公司，超过部分须在 6 个月内卖出；每只基金通过一个证券经营机构买卖证券的年成交量，不得超过该基金买卖证券年成交量的 30%；在中国证监会有关基金从业人员资格管理规定颁布实施后，目前已在管理公司、基金托管部的从业人员，须取得基金从业人员资格方可被正式聘任；管理公司和基金托管部的从业人员不得在其他经营性机构兼职，管理公司的董事长不得在其他经营性机构兼任董事长及其他高级管理职务（董事、监事除外）。

10 月

6 日 经国务院批准，中国人民银行决定关闭广东国际信托投资公司，由中国银行托管广东国际信托投资公司的金融债权债务；由广发证券有限公司接管原广东国际信托投资公司所属的广信基金。

广东国际信托投资公司于 1980 年 7 月经广东省政府批准成立，1983 年经中国人民银行批准为非银行金融机构并享有外汇经营权，1989 年确定为全国对外借款窗口，从单一经营信托业务发展成为以金融投资和实业投资为主的企业集团。1997 年下半年亚洲金融危机爆发以后，由于经营管理混乱，出现了严重的外债支付危机，中国人民银行决定对其实行关闭清算。1999 年 1 月 16 日，广东国际信托投资公司进入破产程序。2003 年 2 月 27 日，广东省高级人民法院审结破产程序。广东国际信托投资公司本部和境内三家全资子公司破产案的破产清偿率分别为 12.52%、11.5%、28% 和 19.48%，均超过了国内破产债权清偿率 8% 的纪录。

△ 国家外汇管理局、外经贸部、海关总署发布《规范进出口代理业务的若干规定》。该规定明确：从事进出口代理业务的外贸企业，必须经对外贸易经济合作部或其授权的地方外经贸主管部门批准符合进出口代理经营范围。对国家实行核定公司经营的进口商品和国家组织统一联合经营的出口商品，无该项商品进口或出口经营权的外贸企业不得以任何方式从事代理业务。自营进出口生产企业和科研院所、外商投资企业（经批准允许从事进出口代理业务的投资性公司和合资外贸公司除外）等均不得以任何方式从事进出口代理业务。进口代理业务一律由代理人负责对外付汇，不得由委托人对外付汇。进口货款由委托人及时向代理人支付。出口代理业务一律由代理人负责收汇。委托人为经批准允许保留现汇的企业，代理人凭有关外汇管理法规规定的有效凭证和商业单据将原币划转给委托人；委托人为不允许保留现汇的企业，代理人结汇后将货款按有关规定支付给委托人。代理人要全过程参与和跟踪进出口代理业务和合同执行。该规定自 1998 年 12 月 1 日起施行。

7 日 国家外汇管理局发布公告，敦促有骗汇行为的企业主动交代问题，并决定对累计骗购外汇金额在 500 万美元以下、能主动交代问题、追回骗汇资金的企业，予以从轻处罚。公告指出，对追回全部骗汇资金的企业可免除处罚；对追回大部分骗汇资金的企业处以骗购外汇金额 0.5% 的罚款；对未能追回大部分骗汇资金的企业处以骗购外汇金额 1% 的罚款；对于不主动交代问题的企业，将按照《中华人民共和国外汇管理条例》进行处罚，其中累计骗购外汇金额超过 100 万美元的，交由外经贸主管部门撤销其对外贸易经营许可，所有骗购外汇的企业通过一切形式取得的违法所得一律没收。上述规定适用于1998年10月1日前发生骗购外汇行为，并于公告发布后48小时内主动交代骗购外汇的企业。此前，1998年7月初，根据国务院领导的指示，国家外汇管理局与有关部门开展了全国外汇大检查工作，针对“假进口、真骗汇”、“假出口、真骗税”案件呈现上升势头，对1998年上半年购付汇的货到付款、信用证及托收项下20万美元以上的报关单逐笔进行贸易真实性审核，到10月初，已查出几十亿美元的假报关单。

△ 经国务院批准，中国保监会宣布撤销中国人民保险（集团）公司。原中保财产保险有限公司变为一级法人，继承中国人民保险公司的品牌，更名为中国人民保险公司。

当日，中国保监会发布《关于撤销中国人民保险（集团）公司的公告》。主要内容是：中国人民保险公司于1996年8月21日改建为中国人民保险（集团）公司，下设中保财产保险有限公司、中保人寿保险有限公司和中保再保险有限公司三个具有法人资格的保险专业子公司。中国人民保险（集团）公司被撤销后，三家公司分别更名为中国人民保险公司、中国人寿保险公司和中国再保险公司。原中国人民保险公司和中保财产保险有限公司受理的财产保险业务形成的债权债务，由更名后的中国人民保险公司继承；原中国人民保险公司和中保人寿保险有限公司受理的人身保险业务形成的债权债务，由中国人寿保险公司继承；原中国人民保险公司和中保再保险有限公司受理的再保险分出、分入业务形成的债权债务，由中国再保险公司继承。中国人民保险（集团）公司将其海外资产转给中国保险股份有限公司，有关事宜由香港中国保险（集团）有限公司代办。国内外各有关单位及个人，凡涉及中国人民保险（集团）公司的相关事宜，请分别与上述有关公司联系办理。

8日 英国皇家太阳联合保险公司上海分公司成立。该公司在上海行政区域经营除法定保险以外的下列业务：境外企业的各项保险业务、境内外商投资企业的财产保险业务和与其有关的责任保险业务；境内外国人的个人财产保险业务；再保险业务。主要产品有：财产保险、财产一切险、机器损坏保险、利润损失保险、建筑工程一切险、安装工程一切险、现金保险、雇员忠诚保证保险、公众责任险、产品责任险、雇主责任险、机动车辆保险、货物运输保险、船舶建造保险、办公室综合保险、外国人士家庭保险等。这是在中国开业的首家英国保险公司，英国首相布莱尔出席开业典礼。

10日 经中国人民银行批准，中国建设银行在北京、上海、广州等分行试点开展汽车消费贷款业务。该项业务实行“先存后贷、存贷挂钩、贷款担保、专款专用、按期偿还”的原则；借款人的范围包括个人及企业、事业法人单位，凡在建设银行特约经销商处购买汽车，具有完全民事行为能力，有稳定的职业和经济收入或易于变现的资产，足以按期偿还贷款本息的中国公民，或者具有偿还贷款能力的具有法人资格的企业、事业单位，在申请贷款期间有不低于建设银行规定的购车首期款存入建设银行，并且提供该行认可的担保，愿意接受该行认为必要的其他条件的，均可向建设银行提出贷款申请。这是国内首家国有商业银行开办汽车消费贷款业务。

12日 经中国人民银行批准，保险公司加入全国同业拆借市场，从事全国同业拆借市场上市交易的各种债券买卖业务。这是中国人民银行建设统一的货币市场的一项重要举措。

14日 300亿元凭证式国债发行。财政部发布《在1998年国债发行总额内继续安排发行凭证式国债300亿元》的公告，规定本次发行的凭证式国债分为3年期和5年期两种，其中，3年期180亿元，年利率为5.85%；5年期120亿元，年利率为6.42%。从购买之日开始计息，到期一次还本付息，不计复利，逾期不加计利息。凭证式国债发行期内如遇银行储蓄存款利率调整，尚未发行的凭证式国债票面利率，也在同一天按银行3年期和5年期储蓄存款利率调整的相同百分点作相应调整。凭证式国债为记名国债，可以挂失，但不能更名，不上市流通，不得用于抵押贷款。投资者购买后如需变现，可到原购买银行办理提前兑取手续，提前兑取时按实际持有时间及相应的利率档次计付利息（发行期内提前兑取不计付利息），并按兑取本金的2‰收取手续费。本次发行的凭证式国债由中国工商银行、中国农业银行、中国银行、中国建设银行、交通银行以及其他商业银行、部分城市合作银行的网点面向社会公开销售。

15日 国际信用与投资保险人协会（又称伯尔尼协会）年会在南非开普敦召开，经各会员国表决通过，中国人民保险公司成为该协会的正式成员。中保财产保险有限公司副总经理唐若昕应邀在会上作了《中国政府应对亚洲金融危机的主要措施》的专题发言。

17日 国务院发出《关于批转人民银行省级机构改革实施方案的通知》，决定撤销中国人民银行省级分行，在9个中心城市设立跨省（自治区、直辖市）分行，作为中国人民银行的派出机构，从1999年1月1日起开始履行中央银行职责。

该通知指出：改革人民银行省级机构，撤销人民银行省级分行，设立跨省、自治区、直辖市分行，强化人民银行的监管职能，是党中央、国务院的重大决策，对深化金融改革，防范和化解金融风险，逐步建立与社会主义市场经济发展相适应的金融调控监管体系，促进国民经济持续、快速、健康发展，具有十分重要的意义。人民银行省级机构改革涉及面广，各省、自治区、直辖市人民政府和国务院有关部门要予以高度重视。要按照党中央、国务院的统一部署和该方案的要求，统一思想，精心组织，认真落实，保持稳定。要从大局出发，积极配合人民银行实施省级机构改革方案。在改革过程中，人民银行各级机构要做到队伍不乱、监管不断，确保金融秩序的稳定。人民银行要按照国务院的统一部署，加强领导，本着积极稳妥、分步实施的原则，妥善解决改革过程中出现的问题，力争在1998年年底以前完成人民银行分行的组建和相应机构的调整工作。

《人民银行省级机构改革实施方案》包括撤销省级分行，在9个中心城市设立分行；设立金融监管办事处；充实省会城市中心支行的职能；组织实施四个部分。其中规定：1. 根据地域关联性、经济金融总量和金融监管的要求，在9个中心城市设立分行（正局级），作为人民银行的派出机构，并划定其所辖监管区域（以下简称辖区，具体范围见附件）。9个分行是天津分行、沈阳分行、上海分行、南京分行、济南分行、武汉分行、广州分行、成都分行、西安分行。每个分行的编制有350～400人。人民银行省级分行撤销后，其原有的职责分别由所在辖区分行和省会城市中心支行承担。人民银行北京市分行和重庆市分行撤销后，其相应职责由人民银行总行承担。分行的主要职责是：认真贯彻执行国家有关法律、法规和方针、政策，依据人民银行的授权，对辖区内金融机构（证券、保险机构除外，下同）的业务活动进行全面的监督管理，依法查处辖区内金融违法违规案件。管理辖区内金融监管办事处和中心支行的人事、财务工作。管理辖区内中央银行资金、存款准备金、再贴现、利率和现金管理等有关货币信贷政策业务。对辖区内经济金融形势和区域金融风险进行分析。对辖区内外汇、外债和国际收支进行管理。协调辖区内中心支行的国库经理、支付清算、现金发行和金融统计等业务。分行所在地城市原市分行撤销，其职责和原省级分行营业部的业务，均由分行营业管理部承担。2. 设立金融监管办事处。为了协助分行独立、公正、有效地实施金融监管，在不设分行的省、自治区、直辖市人民政府所在地城市（以下简称省会城市），设立金融监管办事处（副局级），每个金融监管办事处的编制有30～35人。金融监管办事处是分行的派出机构（以城市地名命名为“中国人民银行××分行××金融监管办事处”），其人事、财务和业务受分行领导。其主要职责是：根据分行的授权，对所在省、自治区、直辖市的金融机构实施现场检查；查处分行交办的金融违法、违规案件；进行纪检监察专项调查；代表分行及时处罚违法、违规的金融机构和有关责任人。3. 充实省会城市中心支行的职能。在分行所在地以外的省会城市以及深圳经济特区设立中心支行（副局级）。上述中心支行除继续履行原分行承担的职责外，增加承担原省级分行在国库经理、支付清算、现金发行和金融统计等业务中的管理汇总工作。具体为：负责汇总所在省、自治区、直辖市的各项经济金融统计数据；管理所在地省级发行分库业务；管理所在地国家金库省级分库业务；管理所在地电子结算分中心业务和原省级分行营业部的业务。4. 组织实施。人民银行按照积极稳妥、分步实施的原则，统一组织实施。人民银行要尽快制定配套管理办法和具体实施步骤，必要时可先进行试点，待取得经验后再全面展开。1998 年年底以前，人民银行撤销所有省级分行，新设跨省（自治区、直辖市）分行正式挂牌运行。1999 年 2 月底以前，人民银行要就本方案实施情况进行总结，并书面报告国务院。

中国人民银行分行及管辖范围

序号	分行名称	管辖范围
1	天津分行	天津、河北、山西、内蒙古
2	沈阳分行	辽宁、吉林、黑龙江
3	上海分行	上海、浙江、福建
4	南京分行	江苏、安徽
5	济南分行	山东、河南
6	武汉分行	江西、湖北、湖南
7	广州分行	广东、广西、海南
8	成都分行	四川、贵州、云南、西藏
9	西安分行	陕西、甘肃、青海、宁夏、新疆

19 日　中国人民银行发布《关于保险公司加入全国同业拆借市场有关问题的通知》，同意保险公司（总公司）加入全国同业拆借市场，从事债券现券买卖业务。这是自《中华人民共和国保险法》实施后第一次对保险公司的资金运用渠道进行开放。经各保险公司提交加入同业市场的申请后，中国人民银行于 1998 年 11 月正式批准第一批保险公司（共 6 家）加入同业市场，包括原中国人民保险公司、中国太平洋保险公司、中国平安保险公司、新华人寿保险公司、泰康人寿保险公司和华泰财产保险公司，并规定加入该市场的业务范围为现券交易。

△　中国人民银行颁布《关于扩大对小企业贷款利率浮动幅度的通知》。该通知规定：自 1998 年 10 月 31 日起，各商业银行、城市信用社对小型企业贷款利率的最高上浮幅度由现行的 10% 扩大为 20%，最低下浮幅度为 10% 不变；农村信用社贷款利率的最高上浮幅度由现行的 40% 扩大为 50%。贴现贷款利率可适当上浮，但不得超过同期同档次贷款利率（含浮动）；大中型企业贷款利率的最高上浮幅度为 10% 不变。个人住房贷款、优惠利率贷款、政策性银行贷款以及国务院另有规定的贷款利率不上浮。

△　中国人民银行颁布《关于商业银行国际结算远期信用证业务经营风险管理的通知》。该通知规定：商业银行要严格审查开证申请人的资格，开证申请人必须是“对外付汇进口单位名录”上的在册单位；不在册单位申请开证，必须由外汇管理部门审核其进口的真实性。商业银行开立远期信用证业务，必须严格审查开证申请人的资信状况、偿付能力，并核定每一客户开立远期信用证的最大授信额度。商业银行对外开立 1 年期以上的远期信用证属资本项目；1 年以下、3 个月以上的远期信用证余额纳入外债统计之内，但不占用外汇短期贷款指标。商业银行办理远期信用证业务，要建立完善的内部管理和控制机制，严格审查分支机构的管理水平，制定明确的授权制度。开立 360 天以上（含 360 天）的远期信用证和单笔金额在 500 万美元（含 500 万美元）以上的远期信用证，必须由商业银行总行直接办理或审查批准后授予分支机构经办。

△　国务院批准《中国证监会职能、内设机构、人员三定方案》。方案确定中国证监会为国务院直属机构，是全国证券期货市场的主管部门。中国证监会内设 13 个职能部门，机关事业编制有 248 名。

中国证监会的主要职责是：研究和拟定证券期货市场的方针政策、发展规划；起草证券期货市场的有关法律、法规；制定证券期货市场的有关规章；统一管理证券期货市场，按规定对证券期货监管机构实行垂直领导；监管股票、可转换债券、证券投资基金的发行、交易、托管和清算；批准企业债券的上市；监管上市国债和企业债券的交易活动；监管境内期货合约的上市、交易和清算；按规定监督境内机构从事境外期货业务；监管上市公司及其有信息披露义务股东的证券市场行为；管理证券期货交易所；按规定管理证券期货交易所的高级管理人员；归口管理证券业协会；监管证券期货经营机构，证券投资基金管理公司，证券登记清算公司，期货清算机构，证券期货投资咨询机构；与中国人民银行共同审批基金托管机构的资格并监管其基金托管业务；制定上述机构高级管理人员任职资格的管理办法并组织实施；负责证券期货从业人员的资格管理；监管境内企业直接或间接到境外发行股票、上市；监管境内机构到境外设立证券机构；监管境外机构到境内设立证券机构、从事证券业务；监管证券期货信息传播活动，负责证券期货市场的统计与信息资源管理；会同有关部门审批律师事务所、会计师事务所、资产评估机构及其成员从事证券期货中介业务的资格并监管其相关的业务活动；依法对证券期货违法违规行为进行调查、处罚；归口管理证券期货行业的对外交往和国际合作事务等。

△　华宝信托投资有限责任公司在上海浦东金融贸易区开业。该公司由宝山钢铁（集团）公司为主发起组建，注册资本金为10亿元人民币。公司的业务范围是投资银行、基金管理、参与企业股份制改造、股票发行、证券承销、资产重组、兼并收购、股权转让及投资顾问。

20日　中国人民银行发出《关于对金融机构外汇业务监管职责划分的通知》。按照国务院关于机构改革的精神，国家外汇管理局将金融机构外汇业务市场准入审批职能以及对金融机构的外币资产质量和风险监管职能移交给中国人民银行。以上职能移交后，外汇局仍保留对金融机构外汇业务的监管职责。

按照具体分工，外汇局对金融机构的监管职责主要是：监督金融机构执行国际收支统计制度；监管金融机构在外汇市场的交易行为以及有关外汇市场的培育、成长等相关事宜；监管金融机构办理国际结算、结售汇、外汇汇款、外币兑换及办理进出口核销中执行外汇管理政策法规的情况；负责金融机构境外借款、发行债券的具体审批，包括制定合同规范、审核金融条件、协调发行市场、境外投资资金的汇出审批、对外担保的审批和外债的统计监测等；审批非银行金融机构在境外开立账户，审核各银行总行制定的境外账户管理办法，并对金融机构使用境外账户的收支情况是否符合外汇管理法规进行检查。中国人民银行负责审批金融机构的资本金和营运资金作本外币币种调整，对银行本外币调整金额在2 000万美元以上、非银行金融机构调整金额在1 000万美元以上的，须事先征得外汇局的同意；负责对外汇指定银行外汇结售汇周转头寸的调整和监管；负责对证券公司和保险公司外汇从业人员的考核并参与对证券公司和保险公司以外的金融机构外汇从业人员的考核；对金融机构外汇业务经营中执行外汇管理政策法规情况进行监督、检查和处罚，处罚中涉及撤销外汇业务经营权的，由外汇局提供材料和意见转请中国人民银行发处罚通知；根据汇兑管理和国际收支统计的需要，编制并要求金融机构报送外汇业务报表；负责保险公司、证券公司的外汇业务市场准入审批及外币资产质量和风险监管等。

25日　中国人民银行、国家外汇管理局颁布《关于停办外汇调剂业务的通知》。该通知指出：由于银行结售汇体系运行已基本成熟，可以满足市场主体及结售汇企业的业务需求，为了进一步统一和规范外汇市场，中国人民银行、国家外汇管理局决定从1998年12月1日起，在全国范围内取消外商投资企业的外汇调剂业务，外商投资企业的外汇买卖均纳入银行结售汇体系；已同中国外汇交易中心联网的36家外汇调剂中心更名为中国外汇交易中心当地分中心，负责银行间、外汇市场和金融机构人民币同业拆借市场运作，保证银行间外汇市场和人民币同业拆借市场的正常运转；其余各地外汇调剂中心一律关闭。

△　国务院办公厅转发《中国人民银行整顿城市信用合作社工作方案》（以下简称《方案》）。《方案》指出：近几年来，城市信用合作社在促进城乡经济发展，服务中小企业方面起到了积极的作用。但是，城市信用社还存在不少问

题，相当一部分城市信用社在经营活动中，背离了合作制原则和为广大中小企业及居民服务的宗旨，擅自从事商业银行业务，管理不规范，经营水平低下，不良资产比例高，抗御风险能力差，形成了相当大的金融风险。因此，必须对城市信用社进行彻底的整顿和规范。

《方案》确定整顿城市信用社工作的总体要求是认真贯彻落实党中央、国务院的有关规定，通过清产核资，摸清城市信用社的资产负债状况和风险程度，选择不同方式处置和化解金融风险，逐步建立有效的防范风险机制。按照“自愿入股、民主管理、主要为入股社员服务”的原则把城市信用社真正办成合作金融组织。整顿工作的主要内容包括：清产核资，全面查清城市信用社的资产、负债、所有者权益及财务的真实情况，核实各项资产损失，确定城市信用社的总体风险状况；化解风险，城市信用社出现支付风险，应本着“谁组建，谁负责组织清偿”的原则，由当地人民政府组织组建单位或股东单位采取有效措施化解风险，属地方政府违法违规干预城市信用社经营管理而造成支付风险的，由当地政府负责组织清偿有关债务；规范改造，逐步将仍然带有商业银行性质的城市信用社，规范改造为真正的合作金融机构，使其成为社区内居民个人、企业单位入股，实行民主管理、社员监督，主要为社员提供金融服务，依法经营、自负盈亏、自我积累、自我约束、互助互利的合作金融组织，在城市信用社规范改造的基础上，完善城市信用社的行业管理机制；加强监管，督促城市信用社建立健全社员代表大会、理事会、监事会“三会”制度，真正落实民主管理和民主监督机制。要严格审查城市信用社主要负责人的任职资格。《方案》确定，城市信用社的清产核资工作要在1998年年底前完成。规范改造工作要在1999年年底前完成。到1999年年底前，要建立健全城市信用社行业管理机制。已设立的城市信用社联合社，要于1998年年底前完成规范改造工作。已经批准列入组建城市商业银行范围的城市，应加快组建城市商业银行的工作步伐，力争在1998年年底前进入筹建或开业阶段。设在县（市）及县以下地区的城市信用社于1999年年底前，划归农村信用社县联社管理。整顿城市信用社的全部工作于1999年年底前完成。

27日　经中国人民银行批准，八家外资银行上海分行可在浦东试点经营人民币业务。这些试点外资银行是日本樱花银行上海分行、住友银行上海分行、新加坡华侨银行上海分行、新加坡发展银行上海分行、香港东亚银行上海分行、法国里昂信贷银行上海分行、瑞士信贷第一波士顿银行上海分行、美国的美国银行上海分行。至此，上海经批准获得经营人民币业务试点资格的外资银行已有17家。

30日　国家外汇管理局发出《关于关闭外币清算业务的通知》。为了进一步深化金融体制改革，防范和化解金融风险，中国人民银行、国家外汇管理局决定关闭国家外汇管理局各分局开办的外币清算业务。外币清算业务关闭分两步进行，广东、青岛、河南、福建、宁波、大连、云南、山东、陕西、山西、安徽、汕头、青海、内蒙古、重庆、甘肃、广西、湖南等18家分局作为第一批先行关闭，深圳、江苏、湖北、上海、北京、厦门、天津等7家分局暂且保留，待国家外汇管理局调查后再确定业务关闭的具体步骤。但在此期间，这7家分局只能从事同城外币清算业务，不再办理异地清算。

△　中国人民银行下发《关于增加全国同业拆借市场债券回购交易品种的通知》。为了进一步发展货币市场，中国人民银行决定自1998年11月15日起，在全国同业拆借市场增加6个月、9个月和1年的债券回购交易品种。

△　中国建设银行正式行使对香港建新银行30%的期权，中国建设银行的控股比例达到了70%。此前，1994年中国建设银行收购香港工商银行40%的股份，并将其更名为香港建新银行。香港建新银行以零售业务为主，中国建设银行香港分行以批发业务为主。

11月

3日　经中国人民银行批准，中央国债登记结算有限责任公司印发《银行间债券交易结算规则（试行）》、《银行间债券交易规则（试行）》。这两个规则对银行间债券市场交易的营业日、交割日、运行时间、交易结算和违规处罚作出了规定，要求全国同业拆借市场结算成员执行。

4日 中国人民银行发布《关于进一步做好农村信用合作社改革整顿规范管理工作的意见》（以下简称《意见》）。《意见》指出，农村信用社改革、整顿、规范管理工作的总体要求是：坚持按合作制原则改革农村信用社管理体制，强化对农村信用社的监管，改善内部经营管理，建立防范和化解风险的机制。经过两至三年的努力，使农村信用社真正恢复合作制的性质，经营状况明显改善，金融风险得到了基本控制和有效化解，进一步改进和加强支农服务，逐步建立起与社会主义市场经济相适应、符合农村经济发展需要的农村信用社管理新体制。《意见》提出改革、整顿、规范管理工作六个方面的主要内容和措施：清产核资、规范改造、化解风险、加强监管、强化内部经营管理、组建行业自律组织。农村信用社改革、整顿、规范管理工作由中国人民银行统一负责。农村信用社改革、整顿、规范管理工作到2000年年末基本完成。1998年和1999年上半年主要抓好清产核资、化解风险以及规范改造工作。在工作中，要抓住重点，解决实际问题，为农村信用社的健康发展奠定坚实基础。

11日 财政部向中保人寿保险有限公司、中国太平洋保险有限公司、中保再保险有限公司、中国平安保险有限公司、泰康人寿保险有限公司等商业保险公司发行60亿元定向债券，该债券为附息国债，期限为5年，年利率为5.68%，利息按年支付。

15日 经国家外汇管理局批准，中国银行停止使用人民币办理国际结算业务。1968年开始实行的人民币对外计价结算业务终止。

△ 中国人民银行、中国农业发展银行、中国农业银行和中国工商银行联合发出《关于粮棉油附营企业占用信贷资金划转及清算的通知》。该通知要求，截至1998年12月29日，中国农业发展银行向中国农业银行和中国工商银行划转附营业务占用信贷资产958.6亿元。

18日 中国保险监督管理委员会（以下简称中国保监会）成立。马永伟担任中国保监会主席，吴定富、吴小平、唐运祥、冯晓增担任副主席，下设办公室、政策法规部、财务会计部、财产保险监管部、人身保险监管部、保险中介业务部、国际部、人事部、机关党委等9个职能部门。此前，14日，国务院发出《关于成立中国保险监督管理委员会的通知》。该通知指出，为了深化金融保险体制改革，切实加强保险业监管，防范和化解保险业风险，经党中央、国务院批准，决定成立中国保监会。该通知规定：中国保监会是全国商业保险的主管部门，为国务院直属事业单位，根据国务院授权履行行政管理职能，依照法律、法规统一监督、管理保险市场。主要任务是：拟定有关商业保险的政策法规和行业发展规划；依法对保险企业的经营活动进行监督管理和业务指导，维护保险市场秩序，依法查处保险企业的违法违规行为，保护被保险人的利益；培育和发展保险市场，推进保险业改革，完善保险市场体系，促进保险企业公平竞争；建立保险业风险的评价与预警系统，防范和化解保险业风险，促进保险企业稳健经营与业务的健康发展。组建中国保监会应坚持职能统一、机构精简、人员精干、运转高效的原则，即保险监管机构的职能要高度统一，尽可能少设置内部机构，从严择优配备工作人员，确保机构高效运转。中国保监会成立后，根据保险业发展状况可设立少量的保险监督管理派出机构，由中国保监会垂直领导。

△ 中国人民银行上海分行成立。新组建的人民银行上海分行将在上海市、浙江省、福建省履行中央银行职责。原人民银行上海市分行、浙江省分行和福建省分行还要继续履行其职责至1998年12月31日。这是中国第一家跨行政区分行。此后，天津、沈阳、南京、济南、武汉、广州、成都、西安8家分行于1998年年底前相继成立。

中国人民银行各分行挂牌时间表

分行名称	挂牌时间
中国人民银行天津分行	1998 年 12 月 16 日
中国人民银行沈阳分行	1998 年 12 月 12 日
中国人民银行上海分行	1998 年 11 月 18 日
中国人民银行南京分行	1998 年 12 月 18 日
中国人民银行济南分行	1998 年 12 月 15 日
中国人民银行武汉分行	1998 年 12 月 12 日
中国人民银行广州分行	1998 年 11 月 26 日
中国人民银行成都分行	1998 年 12 月 12 日
中国人民银行西安分行	1998 年 12 月 18 日

20 日 中国证监会发出《关于成都红光实业股份有限公司严重违法违规案件的通报》，依法查处成都红光实业股份有限公司（以下简称红光公司）编造虚假利润、骗取上市资格、隐瞒重大事项、挪用募集资金买卖股票等严重违法、违规行为。

经中国证监会调查，红光公司在股票发行上市申报材料中，采取虚构产品销售、虚增产品库存和违规账务处理等手段，将 1996 年年度实际亏损 10 300 万元，虚报为盈利 5 400 万元，骗取上市资格。红光公司上市后，继续编造虚假利润，将 1997 年上半年亏损 6 500 万元，披露为盈利 1 674 万元，虚构利润 8 174 万元；1998 年 4 月该公司在公布 1997 年年度报告时，将实际亏损 22 952 万元（相当于募集资金的 55.9%）披露为亏损 19 800 万元，少报亏损 3 152 万元。自 1996 年下半年起，红光公司的关键生产设备彩玻池炉就已出现废品率上升、不能维持正常生产等严重问题，对此红光公司在申请股票发行上市时故意隐瞒，未予披露，未履行重大事件的披露义务。查实，红光公司仅将 41 020 万元募集资金中的 6 770 万元（占募集资金的 16.5%）投入招股说明书中所承诺的项目，其余大部分资金改变投向，用于偿还境内外银行贷款和弥补公司的亏损。改变募集资金用途属于重大事件，但红光公司对此未按规定进行披露。1997 年 6 月，红光公司将募集资金中的 14 086 万元（占募集资金的 34.3%）投入股市买卖股票，其中，红光公司通过开立 217 个个人股票账户自行买卖股票，动用 9 086 万元；以委托投资的名义，将其余 5 000 万元交由其财务顾问中兴发企业托管有限公司，利用 11 个个人股票账户买卖股票。红光公司在上述股票交易中共获利 450 万元。红光公司在股票发行与上市过程中按协议应支付发行上市费用 1 496 万元，占募集资金总额的 3.53%，比公开披露需支付的发行上市费用 1 330万元多 166 万元，其中，白条入账等非正常开支达 13 万元，从账外支付 100 万元，有涉嫌犯罪问题。

主要处理结果是：没收红光公司的非法所得 450 万元并罚款 100 万元；认定红光公司的原董事长、总经理、财务部副部长为证券市场禁入者，永久性不得担任任何上市公司和从事证券业务机构的高级管理人员职务；对直接责任人分别处以警告。对红光公司的股票发行主承销商中兴信托投资有限责任公司和红光公司的财务顾问中兴发企业托管有限公司，分别没收非法所得 800 万元和 100 万元，并分别罚款 200 万元 和 50 万元；认定两公司的主要负责人和直接责任人为证券市场禁入者，永久性不得从事任何证券业务；撤销中兴信托投资有限责任公司股票承销和证券自营业务许可。对为红光公司出具有严重虚假内容的财务审计报告和含有严重误导性内容的盈利预测审核意见书的成都蜀都会计师事务所，没收其非法所得 30 万元并处罚款 60 万元；暂停该所从事证券业务 3 年；认定该所在为红光公司出具的审计报告上签字的注册会计师为证券市场禁入者，永久性不得从事任何证券业务。对承担红光公司股票发行相关中介业务的成都资产评估事务所和四川省经济律师事务所，分别没收非法所得 10 万元和 23 万元，并分别罚款 20 万元和 46 万元；暂停上述机构从事证券业务 3 年；认定有关直接责任人为证券市场禁入者，3 年内不得从事任何证券业务和担任上市公司的高级管理人员。对担任红光公司股票发行主承销商中兴信托投资有限责任公司法律顾问的北京市国方律师事务所，没收非法所得 20 万元并罚款 40 万元；暂停该所和有关直接责任人从事证券业务 1 年。对红光公司的上市推荐人国泰证券有限公司和成都证券公司，分别处以罚款 132 万元和 50 万元，建议主管部门对有关责任人给予撤销行政职务的处分。对红光公司、有关单位和个人除给予处罚外，其中涉嫌犯罪的，将移交司法机关依法查处。

25日 中国证监会发布《关于停止发行公司职工股的通知》。为了进一步推进证券市场的规范化建设，维护证券市场公开、公平、公正的原则，经国务院批准，停止发行公司职工股。自本通知下发之日起，股份有限公司公开发行股票一律不再发行公司职工股。目前尚未发行的，一律停止发行。定向募集公司原已发行的内部职工股以及股份有限公司经批准已经发行的公司职工股，仍然按现行政策执行。

28日 中国人民银行印发《政策性银行金融债券市场发行管理暂行规定》。该暂行规定共有7章40条，其中规定：中国人民银行是金融债券市场发行的管理机关；金融债券发行人是国家政策性银行；金融债券的发行对象是经中国人民银行批准的金融机构和其他认购人；中央国债登记结算有限责任公司是金融债券的托管人，负责金融债券发行的登记、托管和结算。金融债券的交易必须通过全国银行间拆借市场进行；金融债券市场发行的利率或收益率由供求双方自行确定；发行人应在每年的首期发行前公布发行债券说明书，发行债券说明书应载明发行人的基本情况、发行人最近三年的主要财务状况，其中应包含债券信用情况及偿债记录等与偿还本息有关的情况、金融债券市场发行的年度计划等内容；金融债券到期后，发行人必须按时、足额向持有人兑付金融债券本金，不得单方面提前或推迟兑付。

30日 中国人民银行下发《关于中国人民银行省级分行机构改革中外汇分支机构设置有关问题的通知》。

该通知规定：1. 外汇管理系统在人民银行机构改革中只能加强，不能削弱。2. 在中国人民银行跨省（直辖市、自治区）设立的分行所在城市设国家外汇管理局分局，名称为国家外汇管理局××（所在城市名）分局。分局直接管理所在省、市外汇管理工作（含分行营业管理部的外汇业务），同时负责对辖区内外汇管理工作的协调和督办。3. 在中国人民银行省会城市中心支行所在城市设国家外汇管理局分局，名称为国家外汇管理局××（所在城市名）分局。分局直接管理所在省（区）、市的外汇管理工作（含省会城市中心支行营业管理部的外汇业务）。4. 在中国人民银行非省会的副省级城市中心支行、外汇业务量比较大的地（市）中心支行和县（市）支行所在地设国家外汇管理局支局，名称分别为国家外汇管理局××（所在地城市名）支局、国家外汇管理局××（所在地名）地（市）支局和国家外汇管理局××（所在地名）县（市）支局，未设立支局的地方，不再新设支局。5. 撤销国家外汇管理局北京、重庆分局，在北京、重庆分别设立国家外汇管理局北京外汇管理部、重庆外汇管理部。国家外汇管理局北京外汇管理部、重庆外汇管理部的外汇业务由国家外汇管理局直接领导并授权办理。6. 国家外汇管理局地（市）、县（市）支局的设立，须事先征求国家外汇管理局的意见，国家外汇管理局根据其业务量的大小，商中国人民银行审批。7. 中国人民银行跨省（直辖市、自治区）设立的分行行长兼任国家外汇管理局分局局长，一名副行长兼任副局长；中国人民银行省会城市中心支行行长兼任国家外汇管理局分局局长，一名副行长（不占职数）任专职副局长；中国人民银行中心支行行长兼任国家外汇管理局支局局长，由一名副行长兼任副局长；中国人民银行营业管理部、重庆营业管理部主任分别兼任国家外汇管理局北京外汇管理部、重庆外汇管理部主任，中国人民银行营业管理部、重庆营业管理部的一名副主任分别兼任国家外汇管理局北京外汇管理部、重庆外汇管理部的专职副主任。中国人民银行省会城市中心支行专管外汇工作的专职副局长和中国人民银行营业管理部、重庆营业管理部专管外汇工作的专职副主任的任免，事先商国家外汇管理局。

12月

1日 国家外汇管理局在全国范围内取消外汇调剂业务，外商投资企业的外汇买卖全部纳入银行结售汇体系。这是1994年以来外汇体制改革的延续。1994年以前，外商投资企业的外汇买卖在外汇调剂中心办理；1996年将外商投资企业的外汇买卖纳入银行结售汇体系时，外商投资企业的外汇买卖既可以选择在银行办理，也可以选择在外汇调剂中心办理；从1998年12月1日起，外汇调剂中心全部关闭后，外商投资企业的外汇买卖统一进入了银行结售汇体系，进一步统一和规范了我国外汇市场，同时也便于外商投资企业进行外汇买卖，加快其资金周转速度。

4日 中国人民银行印发《银行卡异地跨行业务资金清算规则》。该规则共有5章26条，其中规定：银行卡异地跨行业务资金清算要有利于控制资金清算风险，保证银行间资金清算的顺利完成；要符合现行联行清算制度的规定，有利于加速资金周转；既要适应银行卡信息交换中心的特定做法，又要充分考虑与现代化支付系统的衔接。银行卡信息交换总中心（以下简称总中心）负责向其会员单位（商业银行和区域中心）提供银行卡异地跨行业务的信息转接和清算信息服务，区域中心负责向其成员行提供银行卡跨行业务的信息转接和清算信息服务。银行卡异地跨行业务的资金清算流程应与交易信息转接流程相对应，便于清算信息的核对、查询及更正。银行卡异地跨行业务资金清算以银行卡信息交换总中心的清分数据为依据。资金清算采取日终轧差、净额清算的办法和“先借后贷”的记账原则。银行卡信息交换总中心原则上不予垫款。如遇会员单位因备付金不足或差错、拖延而造成款项不能及时到账，总中心以清算账户中的备付金予以弥补，所垫资金按每日万分之五收取罚息。各商业银行总行和区域中心经核对发现清算信息有差错的，应将差错情况向银行卡信息交换总中心反映，由总中心、商业银行和区域中心共同查找。对已查明的差错，按总中心的有关规定进行处理。有关账务调整交易并入当日清算。

5日 中国人民银行降低金融机构存贷款利率，并同时降低中央银行准备金存款利率和再贷款利率。存贷款利率的平均下调幅度均为0.5个百分点。其中，金融机构存款中，活期存款利率、3个月定期存款利率不变，1年期定期存款利率由4.77%降为3.78%，其他各档次存款利率作了相应调整；金融机构贷款中，1年期贷款利率由6.93%降为6.39%，其他各档次贷款利率作相应调整。人民银行对金融机构的准备金存款利率，由现行的3.51%下调为3.24%；再贷款平均利率由现行的5.61%下调到5.06%；再贴现利率由现行的4.32%下调为3.96%。这是人民银行1998年继3月25日和6月30日之后的第三次降息。

7~9日 中央经济工作会议在北京召开。中共中央总书记江泽民在会上发表重要讲话，讲话回顾了1998年的经济工作，分析了当前经济形势，提出了1999年经济工作的总体要求、重点工作和需要把握的重大问题。中共中央政治局常委、国务院总理朱镕基就1999年经济工作部署作了重要讲话。会议确定1999年经济工作的总体要求是：高举邓小平理论伟大旗帜，深入贯彻落实党的十五大和十五届三中全会精神，继续推进改革开放，把扩大国内需求作为促进经济增长的主要措施，稳定和加强农业，深化国有企业改革，调整经济结构，努力开拓城乡市场，千方百计扩大出口，防范和化解金融风险，整顿经济秩序，保持国民经济持续、快速、健康发展和社会全面进步，迎接建国五十周年。关于1999年的金融工作，会议提出：保持币值稳定，支持经济发展，防范和化解金融风险，是金融工作的主要任务。1999年要继续贯彻落实中央关于金融工作的各项决定和部署，实行适当的货币政策，保持对经济增长必要的支持力度。稳步推进金融改革，特别是国有商业银行改革，加快建立与社会主义市场经济相适应的金融体制。大力整顿金融秩序，加强金融监管。保持人民币汇率稳定。加快制定金融管理的法律法规，建立和完善防范、化解金融风险的有效机制。依法严肃查处各种违规、违纪行为和金融犯罪活动，坚决打击骗汇、逃汇和套汇。

8日 国务院办公厅发出《关于严禁违反规定强令企事业单位在指定金融机构存款的通知》。该通知指出，一段时间以来，一些地方人民政府和企业主管部门强行要求所属企事业单位将存款存入指定银行，这种做法严重违反了《中华人民共和国商业银行法》和中国人民银行《银行账户管理办法》等有关规定，极易引发金融机构支付风险，危及社会安定，必须立即纠正并严肃查处，防止此类问题再次发生。该通知要求：各级人民政府和企业主管部门要积极支持金融机构依法经营，维护金融机构的经营自主权，不得以行政手段干预金融机构的经营活动。各金融机构要切实加强对企事业单位存款账户的管理，严格执行《银行账户管理办法》的有关规定。各金融机构要进一步加强内部管理，努力改善金融服务，严禁以不正当方式搞恶性竞争，破坏正常的金融秩序。对违规高息揽存的金融机构，一经发现，必须立即制止和严厉惩处，对到期存款应按法定利率支付利息。人民银行要认真做好对金融机构的监管工作，确保金融体系的稳定。

△　财政部颁布《保险公司会计制度》。为了适应我国社会主义市场经济的发展，规范和加强保险公司的会计核算工作，满足保险监管的需要，根据《中华人民共和国会计法》、《中华人民共和国保险法》、《企业会计准则》以及国家其他有关法律、法规，财政部对1993年制定的《保险企业会计制度》（［93］财会字第07号）进行了系统的修订。新的《保险公司会计制度》自1999年1月1日起执行。保险公司原执行的会计制度同时废止。

9日　中国政府在纽约成功发行10亿美元全球债券。本次发行由美国瑞士信贷第一波士顿银行和高盛集团担任联合主干行，债券期限为10年，票面利率为7.3%，与美国同期国债的利差为280个基点，即2.8%。总成本为7.046%，低于1996年中国政府10年期美元全球债券总成本的0.5%。这是1997年亚洲金融危机发生以来，中国主权发行体首次在国际资本市场上发行主权债券。

10日　交通银行印发《交通银行法人授权管理办法》。该办法规定：交通银行实行一个法人、两级管理的总分行管理体制。各管辖分行、直属分行、辖属行均为交通银行的分支机构，依法在总行的授权范围内开展经营管理活动。交通银行的法定代表人是交通银行行长。交通银行的法人授权，是交通银行的法定代表人（以下简称授权人）代表总行对管辖分行、直属分行负责人（以下简称受权人）的职务行为的授权，即授权人对受权人代表该分行进行业务活动、人事管理和财务管理权限的具体规定。交通银行的转授权是指管辖分行、直属分行受权人（在转授权时简称为转授权人）在其被授予的权限范围内对本行副职行长、辖属行负责人（以下简称转受权人）代表该分行从事业务活动、人事管理和财务管理权限的具体规定。交通银行的法人授权实行分级授权、区别对待、权责一致的原则，授权人可根据各行的不同情况明确各受权人的授权权限。交通银行的法人授权采取下发"交通银行法人授权书"、"交通银行转授权书"和"交通银行法人特别授权书"的方式。受权人、转受权人必须在授权范围内行使各项权力。受权人、转受权人在实施被授予的权力时，必须接受总行的统一领导，完成总行下达的各项计划。《交通银行法人授权管理办法》自1999年1月1日起实施，这是交通银行实现规范化管理的一个重要措施，也是交通银行完善一级法人、两级管理体制的重要内容。

11日　经中国人民银行批准，中国投资银行并入国家开发银行。这是中国首例银行界的机构重组。中国投资银行并入国家开发银行后，一切业务照常进行。

△　经中国人民银行批准，深圳、杭州、无锡和青岛4家城市商业银行成为第二批人民银行公开市场业务一级交易商。至此，一级交易商成员已增至29家。

△　中国证监会发布《证券经营机构高级管理人员任职资格管理暂行办法》。该暂行办法明确，证券经营机构的高级管理人员专指证券经营机构的董事长、副董事长、总经理和副总经理。证券经营机构的高级管理人员任职须具备以

下条件：1. 取得两种“证券业从业人员资格证书”，并从事证券工作3年以上。2. 未取得“证券业从业人员资格证书”的，应具有硕士研究生以上学历，从事证券工作5年或金融工作8年以上；或具有大学本科学历，从事证券工作6年或金融工作10年以上；其他学历人员，须从事证券工作10年以上，或从事金融工作15年以上，或从事经济工作20年以上。

14日 国务院发布《关于建立城镇职工基本医疗保险制度的决定》（以下简称《决定》），开始在全国范围内进行城镇职工医疗保险制度改革。《决定》指出，基本医疗保险的水平要与社会主义初级阶段的生产力发展水平相适应；城镇所有用人单位及其职工都要参加基本医疗保险，实行属地管理；基本医疗保险费由用人单位和职工双方共同负担；基本医疗保险基金实行社会统筹和个人账户相结合。城镇所有用人单位，包括企业（国有企业、集体企业、外商投资企业、私营企业等）、机关、事业单位、社会团体、民办非企业单位及其职工，都要参加基本医疗保险。乡镇企业及其职工、城镇个体经济组织业主及其从业人员是否参加基本医疗保险，由各省、自治区、直辖市人民政府决定。基本医疗保险费由用人单位和职工共同缴纳。用人单位缴费率应控制在职工工资总额的6%左右，职工缴费率一般为本人工资收入的2%。随着经济的发展，用人单位和职工的缴费率可作相应调整。基本医疗保险基金由统筹基金和个人账户构成。职工个人缴纳的基本医疗保险费，全部计入个人账户。用人单位缴纳的基本医疗保险费分为两部分：一部分用于建立统筹基金，另一部分划入个人账户。划入个人账户的比例一般为用人单位缴费的30%左右，具体比例由统筹地区根据个人账户的支付范围和职工年龄等因素确定。建立城镇职工基本医疗保险制度工作从1999年年初开始启动，在1999年年底基本完成。

16日 国务院批准监察部、人事部、中国人民银行、海关总署、国家外汇管理局《关于骗购外汇、非法套汇、逃汇、非法买卖外汇等违反外汇管理规定行为的行政处分或者纪律处分暂行规定》，对国家公务员以及经批准经营外汇业务的金融机构、国有外经贸企业的工作人员违反外汇管理规定的行为和处罚办法作出详细规定。

该暂行规定明确：1. 经批准经营外汇业务的金融机构、国有外经贸企业的工作人员有骗购外汇行为之一的，数额不满10万美元的，给予留用察看处分；数额在10万美元以上的，给予开除处分。2. 有非法套汇行为的，数额不满10万美元的，给予警告、记过或者记大过处分；数额在10万美元以上、不满100万美元的，给予降级或者撤职处分；数额在100万美元以上的，给予留用察看或者开除处分。3. 有逃汇行为，数额不满10万美元的，给予撤职处分；数额在10万美元以上、不满100万美元的，给予留用察看处分；数额在100万美元以上，给予开除处分。4. 在国家规定的交易场所以外非法买卖外汇，数额不满5万美元或者违法所得不满1万元人民币的，给予撤职处分；数额在5万美元以上、不满10万美元或者违法所得在1万元人民币以上、不满3万元人民币的，给予留用察看处分；数额在10万美元以上或者违法所得在3万元人民币以上的，给予开除处分。5. 国有外经贸企业在代理进口业务中，因过失导致他人骗购外汇或者非法套汇，对负有直接责任的主管人员和其他直接责任人员给予纪律处分，数额不满10万美元的，给予警告、记过或者记大过处分；数额在10万美元以上、不满100万美元的，给予降级或者撤职处分；数额在100万美元以上的，给予留用察看或者开除处分。6. 经批准经营外汇业务的金融机构在办理结汇、售汇、付汇和开户业务中，因过失导致他人骗购外汇、非法套汇或者逃汇，对负有直接责任的主管人员和其他直接责任人员给予纪律处分，数额不满10万美元的，给予警告、记过或者记大过处分；数额在10万美元以上、不满100万美元的，给予降级或者撤职处分；数额在100万美元以上的，给予留用察看或者开除处分。7. 国家公务员有本规定所列骗购外汇、非法套汇、逃汇或者非法买卖外汇等违反外汇管理规定行为之一的，给予降级、撤职或者开除处分。8. 海关、外汇管理等部门的国家公务员与骗购外汇、非法套汇、逃汇或者非法买卖外汇的行为人通谋，为其提供便利，或者明知是伪造、变造的凭证和单据而为其提供服务，或者有其他滥用职权、徇私舞弊行为，造成他人骗购外汇、非法套汇或者逃汇后果的，给予开除处分。海关、外汇管理等部门的国家公务员，玩忽职守，造成他人骗购外汇、非法套汇或者逃汇的，给予降级或者撤职处分；情节严重的，给予开除处分。9. 对本单位发生的违反外汇管理规定行为不制止、不查处，情节较重的，对负有直接责任的主管人员给予警告、记过或者记大过；情节严重的，给予降级或者撤职处分。10. 国家公务员利用职权，包庇违反外汇管理规定行为，或者有其他妨碍外汇管理执法监督、检查行为的，给予撤职或者开除处分。经批准经营外汇业务的金融机构、国有外经贸企业的工作人员有前款行为的，给予留用察看或者开除处分。主动交代违反外汇管理规定行为，并退出外汇和违法所得，或者主动采取措施避免损失，或者有立功表现的，可以从轻、减轻或者免予行政处分或者纪律处分。隐瞒事实真相，或者弄虚作假，出具伪证，或者隐匿、毁灭证据，或者拒绝提供有关文件、资料和证明材料的，应当从重或者加重行政处分或者纪律处分。

18日　国家开发银行2亿美元国内银团贷款签字仪式在北京举行。此次外汇贷款银团由中国银行为牵头行，中国工商银行、中国农业银行为副牵头行，中国建设银行、交通银行、招商银行、上海浦东发展银行参加，中国银行为财务代理行。筹集的资金主要用于秦山核电站、黄河小浪底水电站等国家重点项目建设。这是国内银行首次组成银团为国家重点项目筹集外汇资金。

△　中国保监会发布成立后第一号公告，公布自1999年1月1日起，全国航空意外险销售点将统一销售由中国保监会制定的1999年版航空意外险保单，其他版本的旧航空意外险保单同时作废。航空意外险继续采用原人民银行统一颁发的条款。

21日　国家外汇管理局发布《关于欧元启动后外汇管理有关问题的通知》。为了适应欧元启动后可能带来的变化，保证境内机构顺利使用欧元开展业务，方便企业经营，该通知对欧元启动后涉及的有关外汇管理问题作了详细规定。该通知明确：经国家有关部门批准的借用外债项目，不论批准币别为何种可自由兑换货币，外汇局允许项目单位在批文有效期内筹措欧元。欧元启动后，外汇指定银行可自行决定增加欧元对人民币的挂牌汇价，取消原欧洲货币单位对人民币的挂牌汇价。在欧元过渡期内，为了方便境内机构使用牌价，外汇指定银行在增加欧元对人民币挂牌汇价的同时，建议加挂欧元区内各成员国货币对人民币的挂牌汇价。外汇指定银行在制定人民币对欧元的挂牌汇价时，其现汇买卖价的价差不得超过0.5%。欧元启动后，国家外汇管理局提供的国际外汇市场行情表中欧洲货币单位对美元的比价将被欧元对美元的比价取代；取消国际金融市场行情表中德国马克和欧洲货币单位的银行同业拆放利率，同时公布欧元同业拆放利率。该通知还对经常项目外汇账户管理、资本项目外汇账户管理 、统计报表等方面的内容作出了详细规定。上述规定自1999年1月1日起实行。

23日　上海轮胎橡胶（集团）股份有限公司与渣打银行、广东发展银行、华夏银行等6家中外金融机构在上海签订8 000万元人民币1年期银团贷款。该笔贷款由渣打银行上海分行担任安排行，上海轮胎橡胶（集团）股份有限公司的母公司上海华谊（集团）公司提供不可撤销的信用担保。这是国内第一笔由中外银行共同参与的人民币银团贷款。

△　鹏华基金管理有限公司成立。公司注册资本为8 000万元人民币，注册地在深圳市。发起人为国信证券有限公司、浙江证券有限责任公司、鞍山市信托投资股份有限公司、安徽省国际信托投资公司，四家发起人的出资比例分别为50%、16.66%、16.68%、16.66%。

25日　财政部、监察部、中国人民银行联合发出《关于开展中央单位预算外资金管理专项检查的通知》。该通知规定：此次专项检查，由财政部、监察部、审计署、中国人民银行组成检查组，对有预算外资金收支活动的中央部门和单位，包括国家行政机关、审判机关、检察机关、事业单位、社会团体、企业主管部门（集团）等，重点是对中央各部委及其在京所属行政事业单位进行专项检查。时间范围为1997年、1998年两个年度，重大问题可追溯到以前年度。检查的重点是中央单位预算外资金管理情况，包括行政事业性收费（基金）收支情况，有关账户的开设及使用情况，以及票据使用情况。检查工作从1999年1月11日开始，至当年3月底结束。

29日 九届全国人大常委会第六次会议通过《中华人民共和国证券法》，江泽民签署第12号中华人民共和国主席令予以公布，自1999年7月1日起施行。

《中华人民共和国证券法》（以下简称《证券法》）于1992年8月开始起草，其间历经第七届、第八届、第九届三届人大常委会，经过五次全国人大常委会审议，到第九届全国人民代表大会常务委员会第六次会议审议通过，并于1999年7月1日实施，历时6年。这部法律共有12章214条，分别是总则、证券发行、证券交易、上市公司收购、证券交易所、证券公司、证券登记结算机构、证券交易服务机构、证券业协会、证券监督管理机构、法律责任、附则。其中规定：证券的发行、交易活动，必须实行公开、公平、公正的原则；证券发行、交易活动的当事人具有平等的法律地位，应当遵守自愿、有偿、诚实信用的原则；证券发行、交易活动，必须遵守法律、行政法规；禁止欺诈、内幕交易和操纵证券交易市场的行为；证券业和银行业、信托业、保险业分业经营、分业管理；证券公司与银行、信托、保险业务机构分别设立；国务院证券监督管理机构依法对全国证券市场实行集中、统一监督管理；国务院证券监督管理机构根据需要可以设立派出机构，按照授权履行监督管理职责；在国家对证券发行、交易活动实行集中统一监督管理的前提下，依法设立证券业协会，实行自律性管理；国家审计机关对证券交易所、证券公司、证券登记结算机构、证券监督管理机构，依法进行审计监督。《证券法》确定了中国证券市场活动的基本规则，明确了发行证券实行核准或审批的制度，界定了证券交易的禁止行为，对于规范证券发行和交易行为，保护投资者的合法权益，维护社会经济秩序和社会公共利益，促进社会主义市场经济的发展，发挥着重大作用。在中国境内，股票、公司债券和国务院依法认定的其他证券的发行和交易，适用该法。该法未规定的，适用《公司法》和其他法律、行政法规的规定。政府债券的发行和交易，由法律、行政法规另行规定。

△ 中华人民共和国第九届全国人民代表大会常务委员会第六次会议通过《关于惩治骗购外汇、逃汇和非法买卖外汇犯罪的决定》（以下简称《决定》），江泽民主席签署1998年第14号主席令予以公布。自公布之日起施行。

《决定》对《中华人民共和国刑法》（以下简称《刑法》）作出补充修改，增加了骗购外汇罪，扩大了逃汇罪主体，明确了超过一定数量的骗逃汇行为应受《刑法》处罚。主要内容有：1. 有下列情形之一，骗购外汇，数额较大的，处五年以下有期徒刑或者拘役，并处骗购外汇数额百分之五以上、百分之三十以下的罚金；数额巨大或者有其他严重情节的，处五年以上、十年以下有期徒刑，并处骗购外汇数额百分之五以上、百分之三十以下的罚金；数额特别巨大或者有其他特别严重情节的，处十年以上有期徒刑或者无期徒刑，并处骗购外汇数额百分之五以上、百分之三十以下的罚金或者没收财产：（1）使用伪造、变造的海关签发的报关单、进口证明、外汇管理部门的核准件等凭证和单据的；（2）重复使用海关签发的报关单、进口证明、外汇管理部门的核准件等凭证和单据的；（3）以其他方式骗购外汇的。伪造、变造海关签发的报关单、进口证明、外汇管理部门的核准件等凭证和单据，并用于骗购外汇的，依照前款的规定从重处罚。明知用于骗购外汇而提供人民币资金的，以共犯论处。单位犯前三款罪的，对单位依照第一款的规定判处罚金，并对其直接负责的主管人员和其他直接责任人员，处五年以下有期徒刑或者拘役；数额巨大或者有其他严重情节的，处五年以上、十年以下有期徒刑；数额特别巨大或者有其他特别严重情节的，处十年以上有期徒刑或者无期徒刑。2. 买卖伪造、变造的海关签发的报关单、进口证明、外汇管理部门的核准件等凭证和单据或者国家机关的其他公文、证件、印章的，依照《刑法》第二百八十条的规定定罪处罚。3. 将《刑法》第一百九十条修改为：公司、企业或者其他单位，违反国家规定，擅自将外汇存放境外，或者将境内的外汇非法转移到境外，数额较大的，对单位判处逃汇数额百分之五以上、百分之三十以下的罚金，并对其直接负责的主管人员和其他直接责任人员处五年以下有期徒刑或者拘役；数额巨大或者有其他严重情节的，对单位判处逃汇数额百分之五以上、百分之三十以下的罚金，并对其直接负责的主管人员和其他直接责任人员处五年以上有期徒刑。4. 在国家规定的交易场所以外非法买卖外汇，扰乱市场秩序，情节严重的，依照《刑法》第二百二十五条的规定定罪处罚。单位犯前款罪的，依照《刑法》第二百三十一条的规定处罚。5. 海关、外汇管理部门以及金融机构、从事对外贸易经营活动的公司、企业或者其他单位的工作人员与骗购外汇或者逃汇的行为人通谋，为其提供购买外汇的有关凭证或者其他便利的，或者明知是伪造、变造的凭证和单据而售汇、付汇的，以共犯论，依照本决定从重处罚。6. 海关、外汇管理部门的工作人员严重不负责任，造成大量外汇被骗购或者逃汇，致使国家利益遭受重大损失的，依照《刑法》第三百九十七条的规定定罪处罚。7. 金融机构、从事对外贸易经营活动的公司、企业的工作人员严重不负责任，造成大量外汇被骗购或者逃汇，致使国家利益遭受重大损失的，依照《刑法》第一百六十七条的规定定罪处罚。8. 犯《决定》规定之罪，依法被追缴、没收的财物和罚金，一律上缴国库。

1999 年

1 月

1 日 欧洲 11 国统一货币——欧元（EURO）于零点启动。1 日零时，中国银行公布欧元兑人民币挂牌汇率和欧元存贷款利率，成为中国第一家欧元报价银行和中国第一家在国际市场中成交欧元外汇交易的银行；同时，中国建设银行成都市分行为四川四威电子进出口公司进口一批光学仪器向香港受益人开出一笔欧元即期付款信用证，这是中国开出的第一笔欧元信用证。

△ "全国进出口报关单联网核查系统"正式启用。全国进出口报关单联网核查系统包括海关数据汇总和外汇指定银行、外汇管理局联网查询两部分。从即日起，全国的银行和外汇管理局在办理售付汇和进出口核销时全部实行电子底账方式核查进出口报关单，海关负责在签发进出口报关单证明联的次日，将相关电子数据提供上网核查。外汇管理局、银行须先将企业提交的进出口报关单证明联通过联网核查系统复核无误后，方可为企业办理进出口收付外汇业务，进出口企业须同时交验海关签发的进出口报关单证明联和本企业外汇核销 IC 卡。

2 日 中共中央办公厅、国务院办公厅印发《中央党政机关金融类企业脱钩的总体处理意见和具体实施方案》和《中央党政机关非金融类企业脱钩的总体处理意见和具体实施方案》。

据统计，应与金融类企业脱钩的中央党政机关和有关单位共 27 个，所办金融类企业 36 家，其中银行有 2 家，信托投资公司有 18 家，证券类机构有 6 家，保险公司有 5 家，其他类金融机构有 5 家。上述 36 家脱钩金融类企业资产总额为 4 723 亿元，负债总额为 4 342 亿元，实收资本为 278 亿元。账面亏损的有 5 家。另外，不在脱钩范围，但需要明确管理关系的金融机构 5 家。对 41 家金融类企业（名单参见下表）分别采取移交、改组、撤销、关闭和其他方式进行处理。《中央党政机关金融类企业脱钩的总体处理意见和具体实施方案》对金融类企业脱钩工作中关于管理关系的交接工作、关于投资股份的处理、关于金融类企业改组、撤销和关闭涉及的变更事项、时间安排作了具体部署。

采取移交、改组、撤销、关闭和其他方式处理的 41 家金融类企业名单

中国民生银行	招商银行	中国华融信托投资公司
中国长城信托投资公司	中国东方信托投资公司	中国信达信托投资公司
中保信托投资公司	中国电力信托投资有限公司	航空信托投资有限责任公司
航天信托投资有限责任公司	中国对外经济贸易信托投资公司	中工信托投资公司
中国信息信托投资公司	中国民族国际信托投资公司	中国经济开发信托投资公司
中煤信托投资有限责任公司	中国金谷国际信托投资有限责任公司	中国旅游国际信托投资有限公司
中国教育科技信托投资有限公司	中国科技国际信托投资有限责任公司	华夏证券公司
国泰证券公司	南方证券公司	海通证券公司
申银万国证券公司	全国证券交易自动报价系统	华泰财产保险公司

续表

泰康人寿保险公司	中国太平洋保险公司	中国平安保险公司
华泰保险咨询公司	中国经济技术投资担保公司	中央国债登记公司
中国租赁有限公司	华阳联合租赁公司	中国国际有色金属租赁公司
华夏银行	新华人寿保险公司	邮政储汇局
中国光大（集团）公司	中国国际信托投资公司	

非金融类企业属于脱钩范围的部门80个，其中，有脱钩企业的52个部门共上报脱钩的直属企业和企业集团公司530个，其直属的子公司为3 151个。530个脱钩企业资产总额为11 198.5亿元，负债总额为7 073.9亿元，所有者权益为4 124.6亿元，营业（销售）收入为6 328亿元，利税总额为27.5亿元，盈亏相抵后利润总额为105.2亿元，职工人数为285万人，离退休职工为106万人。上述企业进行了分类处理，包括合并重组、移交、调整或停产整顿、撤销、兼并、破产。《中央党政机关非金融类企业脱钩的总体处理意见和具体实施方案》对非金融类企业脱钩的审查原则和分类标准、总体处理意见、具体实施方案等作了具体部署。

3日　中国人民银行发布《通知存款管理办法》。该办法共有15条，内容主要有：存款无须在存入款项时约定期限，支取时需提前约定支取日期和金额。通知存款分为1天和7天两个品种，个人起存、支取最低金额均为5万元，单位起存、支取最低金额分别为50万元、10万元。

通知存款是存款人存入时不约定存期，支取时提前通知金融机构，约定支取存款日期和金额的一种存款方式。通知存款具有活期存款和定期存款的优点，其利率高于活期存款。个人通知存款采用记名存折形式，存款人一次性存入，可以一次或分次支取。支取时按挂牌公告的利率和实际存期计息，利随本清。

5日　中国人民银行发布《银行卡业务管理办法》（以下简称《管理办法》）。《管理办法》规定，银行卡分为信用卡（贷记卡）和借记卡。借记卡按功能分为转账卡（含储蓄卡）、专用卡和储值卡。借记卡不具有透支功能。《管理办法》限制贷记卡的取现和透支额度，规定发卡银行对贷记卡的取现每笔授权，每卡每日累计取现不得超过2 000元人民币，自动柜员机取款每日累计提款不得超过5 000元人民币。储值卡的面值或币值不得超过1 000元人民币。信用卡同一持卡人单笔透支发生额个人卡不得超过2万元（含等值外币，下同）、单位卡不得超过5万元；同一账户月透支额个人卡不得超过5万元，单位卡不得超过发卡银行对该单位综合授信额度的3%。无综合授信额度可参照的单位，其月透支余额不得超过10万元；外币卡的透支额不得超过持卡人保证金（含储蓄存单质押金额）的80%。《管理办法》共分9章67条，包括总则、分类和定义、银行卡业务审批、计息和收费标准、账户及交易管理、银行卡风险管理、银行卡当事人之间的职责、罚则和附则，自1999年3月1日起施行，1996年颁布的《信用卡业务管理办法》同时废止。

△　中国证监会、国家工商行政管理总局联合发布《关于期货经纪公司变更登记等有关问题的通知》。该通知规定：1. 期货经纪公司变更股东、住所、法定代表人及注册资本金，须先向中国证监会地方派出机构提出申请，经初审同意后报中国证监会，中国证监会对审核合格的期货经纪公司换发"期货经纪业务许可证"，企业持证和有关文件向国家工商行政管理局申请变更登记；期货经纪公司变更名称，须先向国家工商行政管理局申请核准，再向证监会申请换发"期货经纪业务许可证"。2. 期货经纪公司注册资本金的最低限额由1 000万元提高到3 000万元，其中货币资金应占一定比例；期货经纪公司股东投资比例原则上不受限制，但不得规避法律变相成为独资公司。

6日　《中国人民银行分行短期再贷款管理

暂行办法》公布。该暂行办法共分7章25条，分别为总则，贷款限额管理和审批权限，贷款对象、条件和用途，贷款的操作程序和内控制度，罚则和附则。主要规定有：1. 中国人民银行分行短期再贷款指中国人民银行分行为解决辖区内商业银行的资金头寸不足而对其发放的期限不超过3个月的贷款，实行“限额控制、授权操作”的管理原则。2. 贷款限额由总行下达，分行（含营业管理部）可审批期限不超过20天的短期再贷款，超过20天的须逐笔报经总行批准；经分行授权，省会城市和副省级城市中心支行，可审批期限不超过20天的短期再贷款；其他中心支行，可审批期限不超过7天的短期再贷款；县（市）支行，不得审批短期再贷款。3. 短期再贷款划分为信用贷款和质押贷款，可作为质押贷款权利凭证的有价证券为：国库券、中国人民银行融资券、中国人民银行特种存款凭证、金融债券和银行承兑汇票。4. 短期再贷款执行总行发布的中国人民银行对金融机构贷款利率。5. 分行短期再贷款的对象仅限于辖区内商业银行和全国性或区域性商业银行设在辖区内的分支机构。

△ 中国人民银行发布《关于采取有效措施防范金融计算机犯罪的通知》。为加强金融计算机安全，防范、遏制金融计算机犯罪，该通知要求：成立计算机系统安全领导小组，确定安全保护专职部门，设立专职安全管理人员，开展对计算机安全工作的指导、检查和监督；加强法制教育和计算机安全教育，提高计算机技术人员、业务操作人员的政治素质和业务素质；加强要害岗位管理，严格划分权限，采取有效的相互制约措施，禁止职责交叉、混岗操作；建立健全计算机安全工作制度，形成有效的风险控制和防范机制；加强基础设施安全防范工作，机房等计算机系统重要设施要作为要害部位严格管理，配备防火、防水、防盗设备，安装监控报警设备并同公安机关“110”报警联网；加强金融计算机安全的技术研究，技术防范措施应做到可靠、先进、超前。

7日 中国人民银行发布《关于加强金融债权管理，建立防范和制裁逃废金融债务行为制度的通知》。该通知要求各金融机构：建立健全各级金融债权管理行长联席会议（以下简称联席会议）制度，联席会议认定为有逃废债行为的企业及列入“逃废债企业名单”的企业，在债权金融机构限定的期限内不予纠正的，由联席会议组织辖区内金融机构以及政策性银行总行联合采取不开新户、不发放新贷款、不办理对外支付的制裁措施；对逃废金融债务现象严重的并拒不改正的地区、行业，各金融机构应宣布其为不守信用区、不守信用行业或无信用区、无信用行业，降低对该地区分支机构的授信等级，并可视情节对该地区、行业的企业（除特优企业外），在一定时期内暂缓或暂停贷款项目评审，停止发放新贷款；对上述企业的法定代表人重新担任主要负责人的新企业，各金融机构均不得对该企业发放贷款。清理企业多头开户，完善对客户开户和贷款等服务的信用审查制度；建立金融债权管理责任制，各银行和其他非银行金融机构要实行各级主管行长负责制下的金融债权管理部门、岗位责任制。

△ 国家外汇管理局发布《关于完善资本项目外汇管理有关问题的通知》。该通知规定：1. 债务人偿还境内中资金融机构自营外汇贷款本金，由债务人向国家外汇管理局或其分支局申请，凭外汇局的核准件购汇支付或从其外汇账户中支付；债务人偿还贷款利息和费用，由债务人直接到外汇指定银行购汇支付或从其外汇账户中支付；债务人偿还逾期的贷款本金，下列资金可以购汇：债务人经法院判决或仲裁机构裁决获得或通过变卖各种资产、财产等形式获得的人民币收入，债务人通过改善经营和财务状况获得的除人民币贷款以外的人民币收入，债务人获得的其主办银行在总行批准的统一授信额度内发放的人民币贷款收入。2. 境内机构偿还境内中资外汇指定银行信用证项下垫款，向外汇局申请，凭外汇局的核准件办理偿还手续；对于具有国际结算资格的境内中资非银行金融机构1998年8月31日以前已经开立或者已经承兑的信用证，可按照规定办理对外支付或兑付，境内机构应当按照规定办理核销手续，1998年9月1日后境内任何

中资非银行金融机构不得对外开立或承兑信用证。境内机构资本项目外汇一次结汇或累计结汇在等值 1 000 万美元以上（含 1 000 万美元）的，须经分局审核后报国家外汇管理局批准。3. 贷款专户、还贷专户、资本金专户、外币股票专户等资本项下外汇专用账户内的外汇资金，可以在同一外汇账户内转存为定期存款，但不得跨户或跨行转存；外商投资企业的外汇结算账户中的外汇资金，不得转存为定期存款。允许境内中资外汇指定银行总行用自有外汇资金购买境外金融债权并到外汇局备案，其分行不得办理此项业务。4. 以外汇租赁、使用出口信贷等形式形成的非现金流入的外债，其购付汇按偿还外债本息办理，不得按照一般进口购付汇办理；未经外汇局批准，境内机构不得进行资本项下提前购汇和提前购汇还贷。

8 月 23 日，国家外汇管理局发布《关于调整外商投资企业结算账户管理有关规定的通知》，对本通知作了部分修改，外商投资企业外汇结算账户内的资金可以转为定期存款；定期存款纳入结算账户最高金额管理；如需将结算账户资金划转至结算账户开户行以外的银行作外汇质押人民币贷款，结算账户开户行应按质押外汇金额相应扣减结算账户最高限额，质押外汇到期并划回结算账户后，再恢复原结算账户最高限额。

11 日　中国保监会发布《保险机构高级管理人员任职资格管理暂行规定》。其中规定：保险机构高级管理人员包括法人机构的董事长、副董事长、执行董事、监事长、总经理、副总经理、总经理助理、分支机构的经理、副经理、经理助理、主任、副主任等。担任中资保险机构高级管理人员须符合以下条件：经济、金融或其他相关专业大学本科以上学历；具备高级专业技术职务任职资格；从事保险工作 5 年以上，或从事金融工作 10 年以上，或经济工作 15 年以上，其中从事保险工作 3 年以上，须具有在同等规模（或以上）保险机构或其他金融机构担任部门经理或分公司副经理以上领导职务 2 年以上任职经历；该暂行规定对担任分公司的高级管理人员任职条件、任职资格的审查与管理和任职资格的取消也作了具体规定。《保险机构高级管理人员任职资格管理暂行规定》共有 5 章 32 条。

13 日　财政部发布《保险公司财务制度》。该制度明确：保险公司可以采取国家投资、各方集资或者发行股票等方式筹集资本；在公司成立后，应将其注册资本总额的 20% 作为法定保证金存入指定银行，除公司清算时用于清偿债务外，不得动用；公司的固定资产净值和在建工程余额之和占净资产的比重最高不得超过 50%。公司的资金运用限于在银行存款、买卖政府债券、金融债券和国家法律、法规规定的其他资金运用形式。该制度对保险公司的资本和负债，流动资产、固定资产、无形资产、递延资产及其他资产，资金运用，成本和费用，营业收入、利润及分配，外币业务，公司清算，财务报告和财务评价等作了具体规定。《保险公司财务制度》共分 12 章 82 条，自 1999 年 1 月 1 日起施行。

18 日　中国人民银行发布《关于严禁扣划金融机构备付金存款用于其他金融机构存款支付的通知》。针对在地方政府的要求下，少数人民银行分支行从商业银行备付金账户中强行扣款，划拨、“拆借”给地方性金融机构用于应付存款支付的问题，该通知规定：1. 人民银行分支行要坚决执行有关金融法规，不得把地方性金融机构的支付风险转移给国家银行，更不得把非法金融机构的支付风险转嫁给合法设立的金融机构。2. 对辖区内发生的重大和突发性金融问题，在按职责和权限进行妥善处理的同时，应及时向上级行直至总行请示、汇报；对于有关个人或单位违法干预金融工作和金融业务的行为，必须予以坚决抵制，并立即上报。3. 对于以后擅自扣划金融机构备付金存款用于其他金融机构存款支付，或有其他类似行为的，一经发现，对有关分支行主要领导及有关责任人员，将按有关规定予以严肃处理。

△　财政部与香港联交所在香港就国债在香港上市签署协议。1998 年，中国政府成功地发行了 10 亿美元全球债券，这是亚洲金融危机爆发后，中国作为主权发行体，首次进入国际资本市场，依靠自身的资信发行外币债券。香港作为

国际金融中心，是国家境外集资的重要场所，财政部决定将10亿美元全球债券在香港联交所上市，有助于香港发展债券市场交易。

19～22日 中国人民银行工作会议在北京召开。此次会议是中国人民银行管理体制改革后第一次研究安排全年工作的会议。会议提出：中国人民银行1999年将突出加强金融监管，维护国际收支平衡，防范和化解金融风险，促进国民经济持续、快速、健康发展和社会政治稳定，到2000年年底，全面建立金融风险管理预警系统和金融监管责任制，促使国有商业银行不良贷款明显下降，基本化解中小金融机构的支付风险，实现金融秩序明显好转，维护我国金融安全。1999年监管工作主要内容归结为“抓降”、“整顿”、“取缔”和“严处”几个方面：“抓降”就是要进一步加强对国有独资商业银行的监管，降低不良贷款比例，根据有关法规，分别成立四家国有独资商业银行监事会，完成四家银行贷款质量五级分类工作，分别成立金融资产管理公司，收购和处理一部分不良资产；“整顿”就是清理整顿地方性金融机构，化解支付风险；“取缔”就是取缔非法金融机构和非法金融业务活动；“严处”就是严厉查处违法、违规案件，重点查处账外经营、高息揽储、违规开具无贸易背景的承兑汇票和信用证案件。

19日 全国证券期货监管工作会议在北京召开。会议指出，1998年证券市场稳步发展、平衡运行。共有120家企业在境内外发行股票，157家企业完成A股配股，2只可转换公司债券成功发行，市场筹资总额达到840.14亿元；6只证券投资基金发行上市。到1998年年底，我国境内上市公司已达851个，市价总值19 505亿元；投资者开户数已达3 900万户。会议要求，下一步将优先推荐高新技术企业上市；在解决证券机构违规挪用客户保证金的同时，为其提供规范的融资渠道；从制度上保证上市公司质量。

20日 中国人民银行发布《商业银行实施统一授信制度指引（试行）》。该指引规定：统一授信是指商业银行对单一法人客户或地区统一确定最高综合授信额度，并加以集中统一控制的信用风险管理制度，包括贷款、贸易融资（如打包放款、进出口押汇等）、贴现、承兑、信用证、保函、担保等表内外信用发放形式的本外币统一综合授信；最高综合授信额度指商业银行在对单一法人客户的风险和财务状况进行综合评估的基础上，确定的能够和愿意承担的风险总量，银行对该客户提供的各类信用余额之和不得超过该客户的最高综合授信额度。商业银行对每一个法人客户都应确定一个最高授信额度，并应根据风险程度获得相应的担保；对由多个法人组成的集团公司客户尤其是跨国集团公司客户，商业银行应确定一个对该集团客户的总体最高授信额度，银行全系统对该集团各个法人设定的最高授信额度之和不得超过总体最高授信额度。对没有实行统一授信管理方式的商业银行，人民银行将根据情况采取以下处理措施：停办部分现有业务、不予批准新的授信业务、根据风险状况对资本充足率作相应调整。

人民银行在下发该指引的通知中指出：长期以来，由于受计划经济和资金分配体制的影响，我国商业银行对信贷资金的风险缺乏严密、科学的控制管理，没有建立和严格实施国际银行业普遍遵循的统一的授权授信制度，各部门、各分支机构对同一客户分头授信，对本外币分割授信，对贷款、贴现、承兑、担保、信用证等分散授信。结果造成信用证项下大量垫款和损失，银行不能了解和控制对单一法人客户的信用风险，风险过度集中，不良资产比例过高，这些结果使各商业银行蒙受重大损失，给银行自身及我国金融体系的安全带来严重威胁。在我国银行业推行统一授信已刻不容缓。人民银行要求各行在推行统一授信制度、深化信贷体制改革的过程中，应处理好加强内控与改善金融服务，注意安全与提高服务效率的关系，在加强对信用风险控制与管理的基础上，进一步改善金融服务。

△ 中国证监会颁布《证券经营机构高级管理人员任职资格管理暂行办法》。该暂行办法共分3章18条，对境内依法设立的证券经营机构的高级管理人员任职资格的资格审查与确认、

任职期间的考核、资格的暂停与撤销以及其他相关事宜等作出了明确规定。证券经营机构高级管理人员任职须具备：取得两种“证券业从业人员资格证书”，并从事证券工作3年以上；未取得证券业从业人员资格证书的，应具有硕士研究生以上学历，从事证券工作5年或金融工作8年以上；或具有大学本科学历，从事证券工作6年或金融工作10年以上；其他学历人员，须从事证券工作10年，或金融工作15年，或经济工作20年以上。证券经营机构拟聘任高级管理人员须事先报证监会进行任职资格审查，未按规定的程序任免高级管理人员，视情节轻重给予不同处罚。

△ 中国保监会召开首次全国保险工作会议。会议确定了“大力整顿保险市场秩序，防范寿险风险，健全保险法规体系，完善保险监管机构体系，深化保险体制改革，转换企业经营机制，提高保险企业市场竞争能力”的监管工作思路和工作重点。

22日 国务院颁布《社会保险费征缴暂行条例》。该暂行条例包括总则、征缴管理、监督检查、罚则和附则共5章31条，对基本养老保险费、基本医疗保险费、失业保险费的征收、缴纳作出规定。社会保险费的费基、费率依照有关法律、行政法规和国务院的规定执行。征缴的社会保险费纳入社会保险基金，专款专用，任何单位和个人不得挪用。

△ 中国人民银行发布《关于农村信用社资金融通若干问题的通知》。该通知规定：农村信用社的资金融通以联社为单位进行。农村信用社联社拆入资金的最长期限为4个月，对商业银行和农村信用社联社拆出资金的最长期限为4个月，对其他金融机构拆借的最长期限按人民银行有关规定执行；农村信用社联社以联社全辖计算，拆入资金余额不得超过存款余额的4%，拆出资金余额不得超过存款余额的8%。农村信用社联社的同业拆借和债券交易业务可通过全国银行间同业拆借中心联网进行；也可由商业银行、其他农村信用社联社代理进行；或由交易双方直接签订合同进行。有一定规模、资产质量较好、经营管理和内控机制健全的农村信用社联社，可以向人民银行货币政策司申请加入全国同业拆借市场。

△ 中国人民银行发布《关于加强彩票市场管理的通知》。该通知要求，1999年7月1日以后，500元以下的奖级兑奖要全部改为现金兑奖方式；500元以上奖级兑奖由中奖者任选现金兑奖或实物兑奖方式。彩票发行机构应按照“统一软件、统一标准、统一游戏规则、统一组织管理”的要求，在有条件的地区逐步推广电脑彩票，严禁不同种类彩票在发行过程中进行排他性、诋毁性宣传及其他恶性竞争行为。各级彩票发行机构应按要求向当地人民银行分支行报送有关材料，人民银行分支行要依法加强对当地彩票市场的监管和处罚力度。

27日 中国人民银行行长戴相龙对外宣布，1999年，我国取消外资银行在华设立营业性分支机构的地域限制，从现在的上海、北京、天津、深圳等23个城市和海南省扩大到所有中心城市，中国人民银行并将继续完善外资银行试点经营人民币业务的有关规定。

截至1999年2月底，外资金融机构在华设立的营业性机构已达191家，总资产达到360多亿美元。3月18日，中国人民银行正式批准美国纽约银行上海代表处升格为分行。19日，正式批准美国大通银行北京代表处升格为分行；正式批准美国花旗银行深圳分行、日本东京三菱银行深圳分行经营人民币业务。

△ 中国人民银行发布《关于取缔非法金融机构和非法金融业务活动中有关问题的通知》。非法集资是指单位或个人未依照法定程序经有关部门批准，以发行股票、债券、彩票、投资基金证券或其他债权凭证的方式向社会公众筹集资金，并承诺在一定期限内以货币、实物及其他方式向出资人还本付息或给予回报的行为。该通知规定：对非法金融机构和非法金融业务活动，由当地人民银行认定和取缔，并及时报告当地政府。非法筹集的资金任何单位和个人都不得

各级领导干部和工作人员在严格遵守上述“约法三章”的同时，在内部公务活动中还要做到：不准搞“公关”、不准请客送礼、不准违反规定搞迎送。

25日 审计署审计长李金华在全国人大常委会上作《关于2002年度中央预算执行和其他财政收支的审计工作报告》。李金华汇报了中国建设银行和中国农业发展银行经营管理中存在的主要问题：审计建设银行及其20个分行2001年资产负债损益情况，查出隐瞒收入、盈亏不实、私设“小金库”等问题；违规经营问题比较突出，主要是违规放贷、违规签发及贴现承兑汇票、高息揽存和违规拆借。审计发现，当前建设银行经营管理中还出现了一些新的违规问题，带来新的经营风险。主要是在个人信贷业务中，一些分支机构超限额发放消费贷款、发放无指定用途或虚假的消费贷款以及“零首付”个人住房贷款，大量贷款被用于炒股、还债等。抽查建设银行广州地区8家支行的楼宇按揭贷款，发现有10亿元是虚假按揭，有的不法分子甚至内外勾结，骗取银行资金。

审计中国农业发展银行及其34个分行2001年资产负债损益情况，发现财务管理中存在一些比较突出的问题。1995年以来，中国农业发展银行总行通过虚列支出套取资金、变相融资收取高息等方式，私设“小金库”，累计金额达5 736万元，这些资金的管理使用混乱，不少支出没有必要的批准手续和会计记录。1996～1999年，中国农业发展银行总行以租赁的名义，委托一公司购买电子设备和汽车等固定资产，总金额9.2亿元，其中8.1亿元曾被挪用投入股市，进行股票买卖，所获收益去向不明，涉嫌重大经济犯罪。这次审计，共发现建设银行、中国农业发展银行系统经济犯罪案件线索52起，涉案责任人75人。这些案件已全部移交司法机关及有关部门立案查处。

26日 中国银监会、国家发展和改革委员会颁布《商业银行服务价格管理暂行办法》。该暂行办法规定，商业银行服务价格分别实行政府指导价和市场调节价。实行政府指导价的项目主要是涉及广大居民和企业利益的收费项目，具体项目包括办理银行汇票、银行承兑汇票、本票、支票、汇兑、委托收款、托收承付等业务。具体服务项目及其基准价格和浮动幅度由国家发展和改革委员会会同中国银监会制定、调整。市场调节价由商业银行总行、外国银行分行自行制定和调整。该暂行办法规定，商业银行办理收付类业务实行“谁委托、谁付费”的收费原则，不得向委托方以外的其他单位或个人收费。不得对人民币储蓄开户、销户、同城的同一银行内发生的人民币储蓄存款及大额以下取款业务收费。该暂行办法自2003年10月1日起施行。

2002年，交通银行深圳分行因收取某位客户的5元钱“现金清点费”而引发争议，银行服务收费问题一时广受关注。2003年4月，工商银行深圳市分行率先对跨行ATM取款收取2元手续费。随后，6家金融机构相继对ATM跨行取款收取费用。《商业银行服务价格管理暂行办法》正式生效后，2003年12月，工商银行深圳分行对外宣布对牡丹灵通借记卡的客户收取每年10元的服务费，成为深圳银行业中首家收取借记卡年费的银行。

27日 国务院印发《深化农村信用社改革试点方案》。该方案的主要内容是：以法人为单位，改革信用社产权制度，明晰产权关系，完善法人治理结构，区别各类情况，确定不同的产权形式；改革信用社管理体制，将信用社的管理交由地方政府负责。对试点地区的信用社，国家给予四项扶持政策：1. 对亏损信用社因执行国家宏观政策开办保值储蓄而多支付保值贴补息给予补贴。具体办法是，由财政部核定1994～1997年期间亏损信用社的实付保值贴补息数额，由国家财政分期予以拨补。2. 从2003年1月1日起至2005年年底，对西部地区试点的信用社一律暂免征收企业所得税；对其他地区试点的信用社，一律按其应纳税额减半征收企业所得税；从2003年1月1日起，对试点地区所有信用社的营业税按3%的税率征收。3. 对试点地区农村信用社，可以由人民银行安排一部分专项再贷款，专项再贷款利率按金融机构准备金存款利率减半确定，期限根据试点地区情况，可分为三年、五年和八年。专项再贷款由省级政府统借统还；或者由人民银行发行专项中央银行票据，用于置换农村信用社的不良贷款，票据期限为两年，按适当利率分年付息。这些票据不能流通、转让和抵押，可有条件提前兑付。这两种方式由试点地区和农村信用社选择。4. 在民间借贷比较活跃的地方实行灵活的利率政策。允许信用社贷款利率灵活浮动，贷款利率可在基准贷款利率的1.0～2.0倍范围内浮动。对农户小额信用贷款利率不上浮，个别风险较大的可小幅（不超过1.2倍）上浮，对受灾地区的农户贷款还可适当下浮。2003年8月初，经国务院同意，试点单位确定为吉林、浙江、山东、江西、贵州、陕西、重庆、江苏共8个省（市）。

2003年12月15日，中国银监会对外公布最新统计数据：截至2003年11月底，全国农村信用社（包括农村商业银行）结束了自1994年以来持续9年的亏损局面，实现全行业扭亏为盈。2003年前11个月全国农村信用社利润总额为1.48亿元。其中，全国有17个省的农村信用社实现盈利，盈利金额达35.05亿元。

△ 中国人民银行发布《关于建立下岗失业人员小额担保贷款临时统计制度的通知》。该通知指出：为全面反映下岗失业人员小额担保贷款业务的发展状况，人民银行决定，在2003年年底，将下岗失业人员小额担保贷款业务统计工作纳入人民银行综合信贷统计制度之前，建立下岗失业人员小额担保贷款临时统计报告制度。每月10日前，统计报告上月的情况。

27～30日 中国人民银行行长周小川出席在瑞士巴塞尔召开的国际清算银行第73届年会。应会议主席的要求，周小川在会上就汇率政策和中国经济形势作了发言。周小川指出，2003年以来中国的对外贸易基本是平衡的，外汇储备的大幅增加主要是资本净流入。以往中国在资本项目管制下仍有不少资本外流，现在这一趋势已发生变化，部分资本逐步回流，对中国的资本账户管理提出了新的挑战。面对这种新的形势，中国将不断完善汇率形成机制，继续保持人民币汇率稳定。他指出，非典型肺炎的传播对中国经济金融主要指标的影响不是很大。尽管5月份社会消费品零售额增幅有所下降，但投资和出口依然强劲，预计中国经济上半年的增长会在8%或略多。下半年的出口是否会受到影响还有待观察。总体而言，中国经济稳定发展，为世界经济注入了希望。

27日 西安市商业银行与国际金融公司和加拿大丰业银行签订“股权认购协议”。按照协议，外方将在四年内足额认购西安市商业银行24.9%的股份，其中加拿大丰业银行持股12.5%，国际金融公司12.4%。两家机构首期入股比例各为2.5%。两家机构入股后，西安市商业银行成为中国中西部地区第一家外资入股的城市商业银行。成立于1997年5月的西安市商业银行，是由42家城市信用社合并组建而成，西安市政府和当地国有企业占股22%，其余78%的股份归450家中小企业和12 800位个人股东，包括西安市商业银行大部分员工所有。

28日 海南证券交易中心关闭。1998年国务院决定清理地方证券交易中心，各种挂牌交易均被停止，但由于海南非上市的定向募集股份公司多达130多家，“内部职工股外部化，法人股个人化”已经非常普遍，海南证券交易中心的清理关闭一直没有完成。直到2003年6月28日，按照海南证券交易中心清算组的安排，由海南非上市公司股权登记服务有限公司正式承接海南证券交易中心的业务，海南证券交易中心的清理整顿终于在落后全国地方证券交易中心清理整顿5年之后有了一个结果。至此，全国所有的地方证券交易中心全部关闭。

29日《内地与香港关于建立更紧密经贸关系的安排》（CEPA）正式签署。双方从2004年1月1日起开始实施该安排下货物贸易和服务贸易自由化的具体承诺，并将通过不断扩大相互间的开放，增加和充实CEPA的内容。

CEPA中关于银行业方面的内容有：1. 降低香港银行和财务公司进入内地市场的资产规模要求：将设立分行和设立法人机构的资产规模要求同时降至60亿美元。银行可选择设立分行或法人机构，财务公司只可设立法人机构。2. 香港银行在内地设立中外合资银行或中外合资财务公司，或香港财务公司在内地设立中外合资财务公司无须先设立代表机构。3. 降低香港银行内地分行申请经营人民币业务的资格条件，将须在内地开业3年以上的要求降为开业两年以上；在审查有关盈利性资格时，改内地单家分行考核为多家分行整体考核。

证券业方面：1. 香港交易及结算所有限公司可在北京设立办事处，并比照境外证券机构在内地设立代表处的程序办理；2. 香港证券专业人员可依据相关程序在内地申请从业资格。

保险业方面：1. 香港居民中的中国公民在取得中国精算师资格后，无须获得预先批准，可在内地执业；2. 对香港保险公司经过整合或战略合并组成的集团，可以按照市场准入的申请条件（集团总资产50亿美元以上，其中任何一家香港保险公司的经营历史在30年以上，以及任何一家香港保险公司在内地设立代表处两年以上）批准其进入内地保险市场；3. 允许香港居民在获得内地保险从业资格后，在内地执业；4. 将香港保险公司参股内地保险公司的最高股比限制从现行的10%提高到15%。

关于金融合作方面：1. 内地支持国有独资商业银行和部分股份制商业银行将其国际资金外汇交易中心移至香港；2. 支持内地银行在香港以收购方式发展网络和业务活动；3. 内地在金融改革、重组和发展中支持充分利用和发挥香港金融中介的作用；4. 双方将加强金融监管部门的合作和信息共享；5. 内地将本着尊重市场规律、提高监管效率的原则，支持符合条件的内地保险企业以及包括民营企业在内的其他企业到香港上市。

30日 经国务院同意、中国保监会批准，中国人寿保险公司重组为中国人寿保险（集团）公司和中国人寿保险股份有限公司，并由中国人寿保险（集团）公司和中国人寿保险股份有限公司共同发起设立中国人寿资产管理有限公司。改革重组后的集团公司代表国家控股股份公司。集团公司和股份公司分别负责1999年以前和以后寿险、健康险、意外险保单等。原中国人寿保险公司总经理王宪章出任集团总经理和股份公司董事长、总经理。

△ 中国票据网正式开通（http://www.chinacp.com.cn)。中国票据网由中国外汇交易中心暨全国银行间同业拆借中心承建，向金融机构提供票据转贴现和票据回购的报价、查询、在线业务洽谈、与票据市场有关的财经信息、政策法规、可以作为票据交易定价参考的银行间拆借市场和债券市场行情，以及网站可以承载的其他服务便利。全国309家金融机构法人及其分支机构和票据专营机构成为中国票据网成员。

7月

1日 国家外汇管理局发布《关于出口保付代理业务项下收汇核销管理有关问题的通知》。该通知对出口保付代理项下收汇核销的操作予以规范，同时规定，银行和企业在办理出口保理业务时，应在银行从境外为企业收回货款后，按规定进行国际收支统计申报。此外，对发生融资损失的保理业务，银行应当使用自有外汇资金或者营运资金冲抵，不得自行购汇或以客户结汇资金冲抵。

2日 经国务院批准，中国人民银行下调美元等外币小额存款利率。中国人民银行于6月30日发布《关于调整美元等外币小额存款利率的通知》规定：调整美元、欧元、港元、英镑和瑞士法郎等外币小额存款利率。今后，人民银行将只公布美元、欧元、港元和日元小额存款利率，英镑、瑞士法郎、加拿大元等外币小额存款利率改由各商业银行确定并公布。至此，由人民银行制定并公布小额存款利率的外币币种由7种减少为4种。

△ 中国人民银行发布《关于进一步做好银行卡联网通用工作的通知》。该通知要求各商业银行和邮政储汇局切实采取措施，力争在2003年内使银行卡异地跨行交易成功率平均达到80%以上，并实现全国地市级以上城市各类

非专用银行卡的联网运行和跨地区使用，在全国范围内普及推广“银联”标识卡。

4日 国家外汇管理局、公安部公布在山东威海破获的一起特大非法买卖外汇案件（“11·14案”），涉案金额超过4 000万美元。犯罪团伙从2000年开始在威海以做土特产生意为幌子，在中韩两国间频繁倒汇，倒汇范围涉及青岛、烟台、沈阳、延吉等近10个地市。法律规定，非法买卖外汇超过20万美元就要追究刑事责任。此案的6名犯罪嫌疑人分别被判处十年、七年、三年有期徒刑。该案是迄今为止中国查处的最大一起跨境非法买卖外汇案。

7日 国务院办公厅印发《中国保险监督管理委员会主要职责、内设机构和人员编制规定》。该规定明确：中国保监会是国务院直属正部级事业单位，根据国务院授权履行行政管理职能，依照法律、法规统一监督管理全国保险市场，维护保险业的合法、稳健运行。中国保监会主要职责：1. 拟定保险业发展的方针政策，制定行业发展战略和规划；起草保险业监管的法律、法规；制定业内规章。2. 审批保险公司及其分支机构、保险集团公司、保险控股公司的设立；会同有关部门审批保险资产管理公司的设立；审批境外保险机构代表处的设立；审批保险代理公司、保险经纪公司、保险公估公司等保险中介机构及其分支机构的设立；审批境内保险机构和非保险机构在境外设立保险机构；审批保险机构的合并、分立、变更、解散，决定接管和指定接受；参与、组织保险公司的破产、清算。3. 审查、认定各类保险机构高级管理人员的任职资格；制定保险从业人员的基本资格标准。4. 审批关系社会公众利益的保险险种、依法实行强制保险的险种和新开发的人寿保险险种等的保险条款和保险费率，对其他保险险种的保险条款和保险费率实施备案管理。5. 依法监管保险公司的偿付能力和市场行为；负责保险保障基金的管理，监管保险保证金；根据法律和国家对保险资金的运用政策，制定有关规章制度，依法对保险公司的资金运用进行监管。6. 对政策性保险和强制保险进行业务监管；对专属自保、相互保险等组织形式和业务活动进行监管。归口管理保险行业协会、保险学会等行业社团组织。7. 依法对保险机构和保险从业人员的不正当竞争等违法、违规行为以及对非保险机构经营或变相经营保险业务进行调查、处罚。8. 依法对境内保险及非保险机构在境外设立的保险机构进行监管。9. 制定保险行业信息化标准；建立保险风险评价、预警和监控体系，跟踪分析、监测、预测保险市场运行状况，负责统一编制全国保险业的数据、报表，抄送中国人民银行，并按照国家有关规定予以发布。10. 按照中央有关规定和干部管理权限，负责本系统党的建设、纪检和干部管理工作；负责国有保险公司监事会的日常工作。11. 承办国务院交办的其他事项。

中国保监会内设15个职能机构：办公厅（党委办公室、监事会工作部）、发展改革部（政策研究室）、财务会计部、财产保险监管部、人身保险监管部、再保险监管部、保险中介监管部、保险资金运用监管部、国际部、法规部、统计信息部、派出机构管理部、人事教育部（党委组织部）、监察局（纪委）、党委宣传部（党委统战群工部）。中国保监会与中国人民银行以及银行、证券监管机构建立分工合作的工作机制，交流相关信息，协调有关政策。中国保监会在各省、自治区、直辖市和计划单列市设立监管局。对设在地方的派出机构实行垂直管理，派出机构及其编制另行核定。

8日 国家外汇管理局发布《关于退还境外投资汇回利润保证金有关问题的通知》。为贯彻实施“走出去”发展战略，2002年国家外汇管理局取消了境外投资汇回利润保证金制度，并决定将已收取的保证金退还给相应的投资主体。现规定从本通知发布之日起到2004年3月31日，各外汇局集中为投资主体办理退还保证金手续。逾期未办理的，视为投资主体自动放弃。

9日 合格境外机构投资者（QFII）正式入市。上午10时18分，瑞士银行率先通过申银万国证券公司的QFII专用席位完成了第一笔A股买入交易。同年5月26日，瑞士银行和野村证券成为首批QFII；6月6日瑞士银行获国家外汇管理局批准3亿美元的初步投资额。截至2003年年末，共有10家QFII，17亿美元资金获准入市。

QFII是英文Qualified Foreign Institutional Investors的缩写，即“合格境外机构投资者”。QFII制度是指允许经核准的合格境外机构投资者，在一定规定和限制下汇入一定额度的外汇资金，并转换为当地货币，通过严格监管的专门账户投资当地证券市场，其资本利得、股息等经审核后可转为外汇汇出的一种市场开放模式。这是一种有限度地引进外资、开放资本市场的过渡性制度。

10日 亚洲开发银行任命中国财政部副部长金立群为该行副行长，主管亚洲开发银行南亚、湄公河区域及私人部门贷款业务。金立群是亚洲开发银行自1966年成立以来的第一位中国籍副行长。

15日 两只准货币市场基金设立。南京市商业银行、杭州市商业银行、大连市商业银行、贵阳市商业银行、武汉市商业银行和深圳市商业银行六家银行进行跨区合作，共同发起设立银行间债券市场资金联合投资项目，运作资金规模为8亿元。此前，南京市商业银行在2003年5月10日与江苏省内其他10家商业银行共同发起成立了银行间债券市场资金联合投资项目，运作资金总额为3.8亿元。

这两只债券市场资金联合投资项目运作期限均为一年，并不承诺保底收益，项目的投资范围仅限于银行间债券市场和货币市场，投资业务主要包括债券分销、买卖、回购以及人民银行认可的其他业务方式，投资工具为在中央国债登记结算有限责任公司托管的债券、票据等品种。

16日 中国人民银行、财政部、国家发展和改革委员会、劳动和社会保障部联合下发关于《下岗失业人员小额担保贷款管理办法》有关问题的补充通知。该通知规定，开办下岗失业人员小额担保贷款的金融机构由国有商业银行、股份制商业银行扩大到城市商业银行、城乡信用社。中央财政用于微利项目的小额担保贷款贴息时间，由按年贴息改为按季贴息。

18日 中国人民银行召开第一次“窗口指导”会议，要求金融机构注意防止资本充足率下降，防范各类信贷及流动性风险，改进和健全内部考核制度，适度控制贷款总量。

19日 经国务院同意，中国保监会批准，中国人民保险公司更名为中国人保控股公司，并由控股公司发起设立中国人民财产保险股份有限公司和中国人保资产管理有限公司。中国人保控股公司注册资本为155亿元人民币，其经营范围为：代表国家投资并持有上市公司和其他金融机构的股份；经营管理存续资产；国家授权或委托的政策性保险业务；经营管理国家法律、法规允许的其他业务；中国人民财产保险股份有限公司注册资本为80亿元，将承担原中国人保的主营业务；中国人保资产管理有限公司注册资本为1亿元，主要负责股份公司的保险资金运用。至此，中国人民保险公司的股份制改造正式完成，中国人保控股公司也成为中国内地首家完成股份制改造的国有金融机构。

23日 中国保监会发布《保险公司高级管理人员任职资格管理规定》。该规定对2002年的同名文件进行了修改，在从业领域限制、学历或从业年限要求、董事长兼职、外方人员汉语水平等方面放宽了对保险公司高管人员任职的要求。

27日 民营企业入股商业银行。温州市商业银行股份公司召开临时股东代表大会，正式表决通过9家民营企业入股商业银行，浙江新湖控股有限公司等9家民营企业的股比合计占到57.8%。政府财政股本在部分“退出”后由原来的1亿股减少为4 050万股，占总股比7.96%。这些新入股的强优民企是根据企业业绩良好、最近三年连年盈利、对外投资不超过净资产的50%等三大综合招股条件严格挑选的，涉及工业、房产、贸易、电力、金融租赁、三产等行业，体现了多领域、多行业的优势。其中有7家股东进入董事会，有两家进入监事会。

30日 国务院办公厅发布《关于清理整顿各类开发区加强建设用地管理的通知》。该通知指出：近一个时期以来，一些地方和部门擅自批准设立名目繁多的各类开发区，包括园区、度假区，随意圈占大量耕地和违法出让、转让土地，越权出台优惠政策，导致开发区过多过滥，明显超出了实际需要，严重损害了农民利益和国家利益，对此，必须进行全面清理整顿。清查的重点是省及省级以下人民政府和国务院有关部门批准设立的各类开发区，以及未经批准而扩建的国家级开发区。要在检查清理的基础上进行整顿规范。

同年7月18日，国务院办公厅曾经下发《关于暂停审批各类开发区的紧急通知》，要求一律暂停审批新设立和扩建各类开发区，包括经济技术开发区、高新技术产业开发区、旅游度假区、商贸开发区、工业园、创业园、软件园、环保产业园和物流产业园等各级各类开发区（园区）。国家级开发区确需扩建的，须报国务院审批。对于突击审批和突击设立开发区的行为，要严肃追究有关行政领导和当事人的责任。

11月3日，国务院又发布了《关于加大工作力度进一步治理整顿土地市场秩序的紧急通知》，要求加快对各类开发区的清理进度。坚决纠正违规擅自设立开发区、盲目扩大开发区规模的现象。该撤销的要坚决予以撤销，该核减面积的要坚决予以核减，该缩小范围的要坚决予以缩小，该扣回用地指标的要坚决予以扣回。对违规下放的土地管理权、规划管理权，要坚决收回。对开发区占而不用的耕地，要限期恢复农业用途。对突击审批和突击设立的开发区，以及违规设立又不纠正的，要追究有关领导和责任人的责任。

根据国务院通知精神，2003年9月4日，中国银监会发布通知要求，银行业金融机构要加强风险预警与监控，严格执行清理整顿各类开发区的政策规定，合理确定对开发区的贷款投向，规范银行授信业务，加强银行机构对开发区授信业务的监管。

△ 经中国人民银行、中国银监会批准，烟台住房储蓄银行更名改制为恒丰银行股份有限公司（英文名称为Evergrowing Bank Co.，Ltd），注册资本为10亿元人民币。恒丰银行继承原烟台住房储蓄银行全部业务。烟台住房储蓄银行成立于1987年。2002年7月，人民银行批准该行改为股份制商业银行。同年12月，山东境内30家股东共同出资的10亿元人民币全部到位。

△ 上海黄金交易所（以下简称上海金交所）成功进行铂金首次试交易。当日在上海金交所交易的铂金品种为Pt99.95，是上海金交所第三个交易品种。按照规定，上海金交所108家会员单位在拥有买卖黄金权利的同时，自然拥有买入铂金的资格；新增的铂金交易会员单位则只拥有买入铂金的权利而不拥有买卖黄金的权利。试运营期间，会员单位只能买进不能卖出；铂金交易的交割仓库也只限于上海、深圳。交易手续费暂定为0.1%，会员代理手续费最高不得超过2%。当日下午伦敦金市的铂金收盘价为700美元/盎司，折合人民币约为186.28元/克，比上海金交所的铂金人民币收盘价高出约7.67元/克。同年8月14日，上海金交所正式推出铂金品种。截至12月25日，上海金交所已成交铂金7 500公斤。

31日 刘明康致函卡如纳。2003年7月31日是巴塞尔银行监管委员会对新资本协议第三次征求意见稿征求意见的最后一天，中国银监会主席刘明康在北京致函巴塞尔银行监管委员会主席卡如纳先生，表达了中国银行监管当局对新协议的评价。

刘明康在信中明确表示：巴塞尔委员会修订资本协议的工作是一项极具挑战性的工程，对新协议期望达到的各项目标再次表示支持。新协议主要考虑的是十国集团成员国的“国际活跃银行”的需要，并且是在十国集团国家内部通过谈判达成一致的。如果在中国实施新协议，与实施老协议相比，新协议只能在很小程度上提高资本监管的风险敏感度，但同时会提高整个中国银行业的资本要求。从全球范围来看，新协议有可能对发展中国家的资本流动产生一定负面影响。新协议还可能会使新兴市场国家的银行处于不利的竞争地位，特别是对他们海外的分行和附属机构的经营产生影响。刘明康明确表示，经过认真考虑，至少在十国集团2006年实施新协议的几年后，中国仍将继续执行1988年的老协议。

中国银监会曾经在5月发出公告，就《巴塞尔新资本协议》公开征求业界意见。巴塞尔银行监管委员会作为十国集团国家银行监管当局的组织，1988年制订的《巴塞尔协议》被世界100多个国家所采用。1998年，巴塞尔委员会决定全面修改协议，预计新协议将于2003年年底定稿，并于2006年年底在十国集团开始实施。与1988年《巴塞尔资本协议》相比，《巴塞尔新资本协议》摒弃了以往“一刀切”式的资本监管方式，提出了计算资本充足率的几种不同方法，供各国选择。

△ 江苏省国际信托投资有限责任公司向社会发售以美元计价的全国首个集合运用资金信托产品“电力项目外汇资金信托计划”。此次发行的“电力项目外汇资金信托计划”，期限为一年，总发行规模为300万美元，预期收益率为2%，信托资金将以贷款方式运作，借款主体为阳城国际发电有限责任公司，由江苏省国信资产管理集团有限公司为阳城电厂提供还款保证。此次外汇资金信托计划的发行对象仅限于江苏省内的中国公民，由中国民生银行南京分行作为信托资金代理收付和信托账户管理机构。根据信托计划下的合同份数不超过200份（含200份）的规定，客户参加此项信托计划的资金设有下限和上限，每份合同金额最少不少于1.5万美元，并可以5 000美元的整数倍递增，但最多不超过40万美元。外汇资金信托是指普通投资者可以通过外汇投资信托，涉足以往只有金融机构才能经营的外汇贷款、外汇租赁等业务，并从中获得更高的收益。个人用外汇投资在全国还是首次。

8月

1日 经国务院批准，即日起邮政储蓄新增存款转存人民银行的部分，按照金融机构准备金存款利率（目前年利率为1.89%）计息。2003年8月1日以前的邮政储蓄老转存款暂按现行转存款利率计息（目前年利率为4.131%）。从2003年8月1日起，邮政储蓄新增存款由邮政储蓄机构自主运用。国家邮政局应向相关部门提出申请，经相关部门批准，邮政储蓄机构可以进入银行间市场参与债券买卖，也可与中资商业银行、农村信用社办理大额协议存款，与政策性银行进行业务合作开展部分中间业务。此外，邮政储蓄机构可依程序申请成为国债、政策性金融债承销团成员。

4日 中国人民银行转发《国家发展改革委办公厅关于进一步加强宏观引导促进电解铝行业有序发展的意见的通知》。国家发展改革委于2003年5月6日下发的通知指出：“九五”以来，我国电解铝工业年均递增率达到16%，已经成为世界第一大电解铝生产国，但是电解铝工业整体素质不高、产品竞争力不强、产业结构不合理等问题依然十分突出。近期电解铝无序盲目发展，有可能成为银行新的不良资产潜在因素。电解铝单位投资一般在0.6万元/吨~1万元/吨，已投产和在建项目的投资大部分是使用银行贷款。一旦市场发生变化，或者出现氧化铝和电力供应紧张，相当一部分成本高的电解铝企业将不得不减产甚至倒闭，酿成银行新的不良资产。为此，国家发展改革委提出“加强监管，防范金融风险”的建议：有关金融管理部门和商业银行要积极配合国家发展规划和产业政策的实施，加强对电解铝项目的审贷，防范投资风险。金融机构的贷款，上市公司增发、配股和发行可转换债券募集的资金，也不应用于违规审批的电解铝项目建设。

中国人民银行在转发该通知时要求：人民银行各分行、营业管理部，各国有独资商业银行、股份制商业银行对电解铝项目的贷款严格审查、加强管理，防范信贷风险。对违反国家产业政策，违规审批或未经审批扩大电解铝生产能力的建设项目（包括外商投资项目）；以及化整为零变相上新项目的，一律不予贷款支持，已发放贷款的要限期收回。

5日 国家外汇管理局发布修订的《出口收汇核销管理办法》。为适应我国加入世界贸易组织后出口贸易发展的新局面，2002年国家外汇管理局设计开发了“出口收汇核报系统”，并于

2003年10月1日起在全国分期分批推广。该系统能够通过国际收支申报等渠道从银行获取出口收汇电子数据信息，从“中国电子口岸出口收汇系统”获得出口报关单和出口收汇核销单数据信息。为了配合该系统的推广运行，外汇管理局制订了该办法，对建立于1991年1月1日的出口收汇核销制度进行了修改和完善。首先是转变出口核销监管模式，由企业自行报告，外汇局通过电子数据核对进行监管；其次是根据出口单位的出口收汇核销考核、国际收支申报等情况以及不同的贸易方式，对出口单位分别实行自动核销、批次核销和逐笔核销管理。同年9月8日国家外汇管理局又发布了《出口收汇核销管理办法实施细则》和《出口收汇核销管理操作规程》，对出口核销工作的管理和操作作出具体规定。上述文件均自2003年10月1日起实施。

△ 国家外汇管理局发布《关于调整境内居民个人经常项目下购汇政策的通知》。将境内居民个人出境购汇指导性限额由原来的等值2 000美元（港澳地区等值1 000美元）调整为，出境时间在半年以内的，每人每次可向银行购汇等值3 000美元，出境时间在半年以上（含半年）的，每人每次可向银行购汇等值5 000美元。因缴纳国际组织会费、境外直属亲戚救助、境外邮购等事由需购外汇的，其购汇指导性限额统一调整为每人每次等值3 000美元。该通知还放宽了对自费出国（境）学习人员的供汇范围，由原来的大学预科以上人员扩大到所有自费出国（境）学习人员。上述规定自2003年10月1日起执行。

6日 中国人民银行发布2003年第二季度《中国货币政策执行报告》。该报告指出，2003年上半年，中国人民银行继续执行稳健的货币政策，积极采取防治“非典”的各项金融服务措施，运用多种货币政策工具，努力保持货币信贷的稳定增长。金融运行总体平稳，但货币供应量增长较快。6月末，广义货币M_2余额为20.5万亿元，同比增长20.8%；狭义货币M_1余额为7.6万亿元，同比增长20.2%；流通中现金M_0余额为1.7万亿元，同比增长12.3%，上半年现金累计净回笼321亿元，同比少回笼270亿元。广义货币M_2和狭义货币M_1增速比去年同期高6.1个和7.4个百分点，比经济增长（GDP）加消费物价（CPI）涨幅之和高12个百分点。货币供应量M_2增长已处于1998年以来的最高水平。该报告提出下半年货币政策取向：一是坚持执行稳健的货币政策，保持货币信贷稳定增长；二是继续改善金融服务，支持增加就业和增加农民收入；三是防止重复建设，防范金融风险；四是保持人民币存贷款利率的基本稳定，稳步推进利率市场化改革；五是保持人民币汇率基本稳定，进一步完善人民币汇率形成机制，促进国际收支平衡；六是大力加强社会信用制度建设，加快建立全国企业和个人征信体系。

△ 台湾当局宣布，为了协助台商规避汇率风险，自即日起开放岛内国际金融业务分行（OBU）办理以美元交割人民币NDF（无本金交割远期外汇交易）和NDO（无本金交割远期外汇选择权）业务。这是台湾当局首次开放人民币相关业务。

2002年7月，中国人民银行正式核准大陆中资银行与台湾的银行的交换密押，进行直接通汇，使两地汇款成本节约15~20美元，到户时间提速至少24小时；2003年2月，台湾“央行”表示正在研究开放人民币在岛内银行挂牌，实现人民币与台币之间的合法兑换。而在台湾旅游景区内已出现人民币与台币的民间兑换，通常以1:4.4的比例进行兑换；同年4月，台湾当局正式开放当地外汇指定银行与大陆银行的直接业务往来。

7日 第六届东盟和中国、日本、韩国“10+3”财长会议在菲律宾首都马尼拉举行。会议发表了联合声明，财长们表示将继续推进在执行《清迈倡议》、加强资本流动监控、建立早期预警机制和加强经济评估与政策对话等领域的合作。会议决定设立“10+3”金融合作基金，为经济评估和政策对话提供支持。同时，财长们讨论了发展亚洲债券市场的有关问题，同意自愿成立工作组，研究资产证券化、信用担保、推动本币债券发行、信用评级、外汇交易和清算等有关市场建设的重要问题。“10+3”财长会议自1999年4月在马尼拉举行首次会议，2000年5月在泰国举行的第二届“10+3”财长会议通过的《清迈倡议》决定，建立以双边协议为基础的区域货币互换机制，以帮助成员国应对国际收支方面出现的困难。

8日 中国人民银行发布《关于下达2003年度国家助学贷款指导性贷款计划的通知》。该通知规定：四家国有商业银行2003年国家助学贷款指导性计划合计为50亿元，其中中国工商银行23亿元，中国农业银行11亿元，中国银行6亿元，中国建设银行10亿元。四家银行总行在编制、下达本行系统内基层经办银行国家助学贷款信贷计划时，对于借款人违约比例达到20%（违约率指借款毕业生连续90天还本付息违约人数/进入还款期人数）且违约毕业生人数达到20人的高等院校，可以暂不列入编制范围。待学校通过加强管理或代偿措施后，使其违约比例降到20%以内时再及时补充下达贷款计划。

11日 中国人民银行再次召开“窗口指导”会议，要求金融机构防范各类信贷及流动性风险。

12日 国务院下发《关于促进房地产市场持续健康发展的通知》。该通知明确指出，当前中国房地产市场发展还不平衡，一些地区住房供求的结构性矛盾较为突出，房地产价格和投资增长过快，房地产市场监管和调控有待完善。在规范住房信贷方面，该通知强调：1. 要加强住房公积金归集工作，大力发展住房公积金委托贷款，简化手续，取消不合理收费，改进服务，方便职工贷款。2. 要加强对住房置业担保机构的监管，规范担保行为，建立健全风险准备金制度，鼓励其为中低收入家庭住房贷款提供担保。对无担保能力和担保行为不规范的担保机构，要加快清理，限期整改。加快完善住房置业担保管理办法，研究建立全国个人住房贷款担保体系。3. 对符合条件的房地产开发企业和房地产项目，要继续加大信贷支持力度。同时要加强房地产开发项目贷款审核管理，严禁违规发放房地产贷款；加强对预售款和信贷资金使用方向的监督管理，防止挪作他用。要加快建立个人征信系统，完善房地产抵押登记制度，严厉打击各种骗贷骗资行为。要妥善处理过去违规发放或取得贷款的项目，控制和化解房地产信贷风险，维护金融稳定。此外，该通知还在完善市场监管制度、建立健全房地产市场信息系统和预警预报体系、整顿和规范房地产市场秩序方面作了具体规定。

△ 中国人民银行发布《关于统一同业拆借市场中证券公司信息披露规范的通知》。该通知规定：经批准成为全国银行间同业拆借市场成员的证券公司必须通过全国银行间同业拆借中心的电子信息系统定期披露以下信息：年中与年末的资产负债表、净资本计算表、利润表及利润分配表、年度财务报表和审计报告等。

13日 中金黄金（600489）1亿股A股上市。2003年7月30日中金黄金股份有限公司以向二级市场投资者定价配售的方式首次在国内公开发行人民币普通股（A股）股票10 000万股，发行价格为4.05元，发行市盈率为20倍。中金黄金股份有限公司成立于2000年6月23日，由中国黄金集团公司（原中国黄金总公司，发行后占总股本的56.9%）、中信国安黄金有限责任公司、河南豫光金铅集团有限责任公司、西藏自治区矿业开发总公司、山东莱州黄金（集团）有限责任公司、天津天保控股有限公司和天津市宝银号贵金属有限公司七家企业共同发起设立，是中国最大的黄金供应商，主要从事黄金等有色金属的地质勘察、采选、冶炼。“中金黄金”被称为中国黄金第一股。

18日 国务院在北京召开八个省（市）农村信用社改革座谈会，黄菊副总理发表了重要讲话。黄菊高度评价了农村信用社在促进农业和农村经济发展，帮助农民发展生产、增加收入等方面作出的重要贡献，要求各有关方面要从支持农村经济发展和全面建设小康社会的战略高度充分认识深化农村信用社改革的重要性；要从完善农村金融服务体系、改进农村金融服务的现实需要出发，充分认识深化农村信用社改革的必要性；

要从加快农村信用社改革，改善经营管理，增强自我发展能力的角度，充分认识深化农村信用社改革的紧迫性。黄菊在会上提出改革试点工作的基本原则，一是要坚持按照市场经济规则进行改革；二是必须坚持为“三农”服务的方向；三是要坚持因地制宜、分类指导的原则；四是坚持责权利相结合的原则。

同日，中国银监会和中国人民银行联合召开深化农村信用社改革试点工作会议。会议对改革试点实施的具体工作进行了部署，八省（市）深化农村信用社改革试点工作正式启动。中国银监会副主席李伟主持会议并作了总结发言：此次会议大家提出的包括建议在内的大大小小的问题共有37个。除4条建议以外，其余33个问题都是反映各地的具体困难和要求。这些要求概括起来是两句话，即扩大政策，放宽标准。

△　中国银监会合作金融机构监管部负责人就深化农村信用社改革试点工作答记者问。该负责人强调：1. 深化农村信用社改革试点，重点解决好以下两个问题：一是以法人为单位，改革农村信用社产权制度，明晰产权关系，完善法人治理，区别各类情况，确定不同的产权形式。二是改革农村信用社管理体制，将对农村信用社的管理交由地方政府负责。2. 以法人为单位改革农村信用社产权制度，关键是要解决农村信用社“谁出资、谁管理、出了问题谁负责”的问题。在产权制度改革的同时，因地制宜确定农村信用社的组织形式：一是在经济比较发达、城乡一体化程度较高、农村信用社的资产规模较大且已商业化经营的少数地区，可以组建股份制或股份合作制银行机构。二是在人口相对稠密或粮棉商品基地县（市），可以县（市）为单位将农村信用社和县（市）联社各为法人改为统一法人。三是其他地区，可在完善合作制的基础上，继续实行乡镇农村信用社、县（市）联社各为法人的体制。四是采取有效的措施，通过降格、合并等手段，加大对高风险农村信用社进行兼并和重组的步伐。对少数严重资不抵债、机构设置在城区或城郊、支农服务需求较少的农村信用社，可考虑予以撤销。3. 改制为商业银行的农村信用社具体条件是：有较强的管理能力；全辖农村信用社资产总规模10亿元以上；不良贷款比例15%以下；组建后资本金不低于5 000万元，资本充足率达到8%。另外，即使是实行了股份制改造的机构，也要根据当地农村产业结构状况，确定一定比例的资金用于支农。4. 合作制的特点是“社员入股、一人一票、服务社员”，适合于分散、弱小的个体劳动者的经济互助，是一种劳动的联合；股份制的特点是“大股控权、一股一票、商业经营”，适合于市场经济发达、商业化程度高的地区，是一种资本的联合。与农村商业银行不同，农村合作银行是在遵循合作制原则基础上，吸收股份制的原则和做法而构建的一种新的银行组织形式，是实行股份合作制的社区性地方金融机构。改制为农村合作银行的具体条件是：发起人不少于1 000人；不良贷款比例15%以下；组建后资本金不低于2 000万元，核心资本充足率达到4%。5. 农村信用社和县（市）联社各为法人改为统一法人。具体条件是：全辖农村信用社统算账面资能抵债；基层农村信用社自愿；县（市）联社有较强的管理能力；统一法人后股本金达到1 000万元以上，资本充足率达到有关规定的要求。6. 对试点地区的农村信用社，国家给予四项扶持政策：对亏损农村信用社因执行国家宏观政策开办保值储蓄而多支付保值贴补息给予补贴；税收优惠；资金支持和实行灵活的利率政策。

△　国家外汇管理局发布《关于调整国际承包工程等项下经常项目外汇账户管理政策有关问题的通知》。该通知将国际承包工程及国际劳务项下、国际海运及船务运输代理和货物运输代理项下、国际招标项下、从境外收入外汇后需向其他境内机构或个人划转的暂收暂付项下的经常项目外汇账户，纳入有特殊来源和指定用途的经常项目外汇账户进行管理，账户限额按照其外汇收入的100%核定，即允许其外汇收入全额保留在外汇账户内。该通知自9月1日起实施。

20日　即日起，中国人民银行将四大国有商业银行开办记账式国债柜台交易业务的地区由北京、上海扩大到江苏、浙江、福建、广东四省；同时，将2003年记账式（一期）国债和

2003年记账式（七期）国债纳入商业银行柜台交易试点范围。同年11月，财政部又同意2003年记账式（十一期）国债面向柜台分销，至此，可在商业银行柜台流通的国债扩大到5只，柜台可交易国债初具规模。截止到2003年年底，开设柜台国债交易的商业银行网点已有6 000多家，四家银行的累计净开户数为48 000多个。商业银行柜台记账式国债交易于2002年开始试行。

△ 上海证券交易所正式启用大宗交易系统。上海证券交易所大宗交易系统启用后，大宗交易将采用远程信息交互模式，通过互联网，以电子交易方式接受大宗交易申请，买卖双方达成大宗交易协议后，委托会员通过大宗交易系统进行报价，由系统确认成交。每日大宗交易结束后，参与大宗交易的会员或代理客户可通过上海证券交易所大宗交易电子系统操作界面获取当日成交的交易记录，也可通过上海证券交易所宽带广播系统接收当日成交的交易记录。在网络安全性方面，上海证券交易所采用对参与大宗交易的各证券营业部实行CA认证的做法，以保证交易的安全。

深圳证券交易所大宗交易系统于2004年8月2日正式启用。

22日 中国银监会与香港金融管理局在北京签署"双边监管谅解备忘录"。备忘录包括监管当局的定期磋商和定期交流信息机制等内容。这是银监会成立后对外签订的第一个监管合作谅解备忘录。同年8月25日，中国银监会与澳门金融管理局签署了"双边监管谅解备忘录"。

25日 中国银监会在上海召开在华外资银行负责人会议。中国银监会主席刘明康强调，外资银行监管要强化以风险监管为核心，实现五个方面转变：合规监管向风险监管转变、"头尾分割"式监管向法人整体风险监管转变、"一次性"监管向持续性监管转变、业务监管向法人治理结构和内控有效性监管转变、定性监管为主向定性监管与定量监管相结合转变。

当日，中国银监会还在其网站上就部分外资银行就我国有关政策规定和监管制度提出的问题进行答复，内容包括政策法规、市场准入、持续监管和有关主管部门之间的协调四个方面共15个问题。中国银监会表示，在颁布规章制度前，会采取召开座谈会和在网站上公布草案等形式，广泛征求中外资银行等各方面的意见，并会向相关监管单位反映外资银行的需求。

26日 中国人民银行重新启动公开市场业务逆回购操作，这是4个月来中央银行首次进行逆回购操作，期限为七天，招标量为600亿元，采用固定利率数量招标，招标利率为2.24%，清算方式为"T+0"。人民银行于前一日（25日）发表公告表示：逆回购操作是为适应近日银行体系临时性的流动性需要，保持货币市场利率的相对稳定。当年4月22日至8月19日，人民银行共发行中央银行票据34期，回笼资金4 250亿元。

27日 十届全国人大常委会第四次会议通过《中华人民共和国行政许可法》。该项法律规定六事项可以设定行政许可：1. 直接涉及国家安全、公共安全、经济宏观调控、生态环境保护以及直接关系人身健康、生命财产安全等特定活动，需要按照法定条件予以批准的事项；2. 有限自然资源开发利用、公共资源配置以及直接关系公共利益的特定行业的市场准入等，需要赋予特定权利的事项；3. 提供公众服务并且直接关系公共利益的职业、行业，需要确定具备特殊信誉、特殊条件或者特殊技能等资格、资质的事项；4. 直接关系公共安全、人身健康、生命财产安全的重要设备、设施、产品、物品，需要按照技术标准、技术规范，通过检验、检测、检疫等方式进行审定的事项；5. 企业或者其他组织的设立等，需要确定主体资格的事项；6. 法律、行政法规规定可以设定行政许可的其他事项。公民、法人或者其他组织能够自主决定的；市场竞争机制能够有效调节的；行业组织或者中介机构能够自律管理的；行政机关采用事后监督等其他行政管理方式能够解决的事项不设行政许可。行政许可由具有行政许可权的行政机关在其法定职权范围内实施。该项法律对行政许可的实施机关、行政许可的实施程序、行政许可的费用、监督检查、法律责任等作了具体规定。该法律自2004年7月1日起实施。

△ 全国人大常委会正式批准中国加入《联合国打击跨国有组织犯罪公约》(U. N. Convention Against Transnational Organized Crime)。该公约于2000年11月15日经第55届联合国大会通过，将于2003年9月29日生效。中国政府在2000年12月12日签署了这一公约。此项公约涉及参加有组织犯罪集团、洗钱、腐败和妨碍司法四大类犯罪。其中洗钱行为的刑事定罪条款规定：明知财产为犯罪所得，为隐瞒或掩饰该财产的非法来源，或为协助任何参与实施上游犯罪者逃避其行为的法律后果而转换或转让财产；明知财产为犯罪所得而隐瞒或掩饰该财产的真实性质来源、所在地、处置、转移、所有权或有关的权利；在得到财产时，明知其为犯罪所得而仍获取、占有或使用；参与、合伙或共谋实施，实施未遂，以及协助、教唆、促使和参谋实施本条所确立的任何犯罪。

关于打击洗钱活动的措施，该公约规定：1. 各缔约国均应在其力所能及的范围内，建立对银行和非银行金融机构及在适当情况下对其他特别易被用于洗钱的机构的综合性国内管理和监督制度，以便制止并查明各种形式的洗钱。这种制度应强调验证客户身份、保持记录和报告可疑的交易等项规定；确保行政、管理、执法和其他负责打击洗钱的当局能够根据其本国法律规定的条件，在国家和国际一级开展合作和交换信息，并应为此目的考虑建立作为国家级中心的金融情报机构，以收集、分析和传播有关潜在的洗钱活动的信息。2. 缔约国应考虑采取切实可行的措施调查和监督现金和有关流通票据出入本国国境的情况，但须有保障措施以确保情报的妥善使用且不致以任何方式妨碍合法资本的流动。这类措施可包括要求个人和企业报告大额现金和有关流通票据的跨境划拨。3. 在建立本条所规定的国内管理和监督制度时，吁请缔约国在不影响本公约的任何其他条款的情况下将各种区域、区域间和多边组织的有关反洗钱倡议作为指南。4. 缔约国应努力为打击洗钱而发展和促进司法、执法和金融管理当局间的全球、区域、分区域和双边合作。

△ 南京商业银行梅花贷记卡发行，这是中国大陆地区第一张使用中国银联国际BIN号—“6”字开头的银行信用卡，标志银联标准的国际卡正式问世。

28日 国家外汇管理局、海关总署联合发布《携带外币现钞出入境管理暂行办法》。该办法规定：出境人员携带外币现钞不超过等值5 000美元的，海关予以放行，携带金额在等值5 000美元以上至10 000美元的，海关凭银行出给的携带证验收，金额在等值10 000美元的，海关凭外汇局出给的携带证验收。入境人员携带外币现钞，超出等值5 000美元，应当向海关申报。该办法自2003年9月1日起施行，在此之前发布的有关携带外汇进出境管理的规定同时废止。

△ 中国人民银行网站(网址：http://www.pbc.gov.cn/)发布中央银行负责人就9月1日即将实施的《人民币银行结算账户管理办法》(中国人民银行第5号令)答记者问。该负责人明确指出，中央银行5号令规范的对象是社会公众在银行开立的用于办理资金收付的人民币活期存款账户，股民在证券公司开立的保证金账户(客户交易结算资金)，不属于银行结算账户范畴，故不纳入该办法的调整范围。所以，该办法的规定对券商主要的利差收入没有任何影响。针对目前投资者普遍存在通过证券公司分支机构取现的习惯做法以及证券行业的特性，该办法实施时将对证券交易结算资金专用存款账户支取现金采取逐步过渡的方式。中央银行5号令的发布曾在券商中引起强烈反响。券商认为，如果将证券公司开设的证券交易结算资金专用存款账户视为活期存款账户，证券公司客户保证金的息差收入将消失，这对证券行业打击很大，触及了行业利益。

△ 中国证监会和国有资产监督管理委员会联合发布《关于规范上市公司与关联方资金往来及上市公司对外担保若干问题的通知》。该通

知规定：1. 控股股东及其他关联方与上市公司发生的经营性资金往来中，应当严格限制占用上市公司资金。控股股东及其他关联方不得要求上市公司为其垫支工资、福利、保险、广告等期间费用，也不得互相代为承担成本和其他支出。上市公司不得以下列方式将资金直接或间接地提供给控股股东及其他关联方使用：有偿或无偿地拆借公司的资金给控股股东及其他关联方使用；通过银行或非银行金融机构向关联方提供委托贷款；委托控股股东及其他关联方进行投资活动；为控股股东及其他关联方开具没有真实交易背景的商业承兑汇票；代控股股东及其他关联方偿还债务；中国证监会认定的其他方式。2. 控股股东及其他关联方不得强制上市公司为他人提供担保。上市公司不得为控股股东及本公司持股50%以下的其他关联方、任何非法人单位或个人提供担保。上市公司对外担保总额不得超过最近一个会计年度合并会计报表净资产的50%。对外担保应当取得董事会全体成员2/3以上签署同意，或者经股东大会批准；不得直接或间接为资产负债率超过70%的被担保对象提供债务担保。上市公司对外担保必须要求对方提供反担保，且反担保的提供方应当具有实际承担能力。3. 上市公司对其与控股股东及其他关联方已经发生的资金往来、资金占用以及对外担保情况进行自查。违反本通知规定的资金占用量、对外担保形成的或有债务，在每个会计年度至少下降30%。严格控制关联方以非现金资产清偿占用的上市公司资金。4. 依法追究违规占用资金和对外担保行为的责任。

29日　中国证监会公布《证券公司债券管理暂行办法》。该暂行办法规定：证券公司债券可以向社会公开发行，也可以向合格投资者定向发行；定向发行的债券只能向合格投资者发行，不得公开发行或者变相公开发行。证券公司公开发行债券须具备的条件：首先，须符合《中华人民共和国公司法》的有关规定，即累计债券总额不超过公司净资产额的40%；最近三年平均可分配利润足以支付公司债券一年的利息；发行债券筹集资金的投向符合国家产业政策；债券的利率不得超过国务院限定的利率水平。其次，符合以下规定：各项风险监控指标符合中国证监会的有关规定；最近两年内未发生重大违法、违规行为；具有健全的股东会、董事会运作机制及有效的内部管理制度；具备适当的业务隔离和内部控制技术支持系统；资产未被具有实际控制权的自然人、法人或其他组织及其关联人占用。最后，公开发行债券的证券公司，应为综合类证券公司，最近一期期末经审计的净资产不低于10亿元，最近一年盈利；定向发行债券的证券公司，最近一期期末经审计的净资产不低于5亿元。证券公司发行债券须向中国证监会报送申请文件和监管意见书申报表，由中国证监会发行监管部负责审核发债申请。债券利率由发行人与其主承销商协商确定，但不得超过国务院限定的利率水平；期限最短为一年，最长不超过五年。募集资金的使用须符合法律、法规和中国证监会的有关规定，不得用于禁止性的业务和行为，不得随意变更募集资金的用途。证券公司累计债券总额不得超过公司净资产额的40%。公开发行的债券，在销售期内售出的债券面值总额占拟发行债券面值总额的比例不足50%的，或未能满足债券上市条件的，如实际发行债券的面值总额少于2亿元，视为发行失败。如果发行失败，发行人应当按发行价并加算银行同期存款利息返还认购人。该暂行办法对发行债券须提供的担保、对证券公司债券的信用评级、证券公司债券的上市交易和转让、债券的偿还措施以及信息披露、法律责任等内容作了具体规定，共有7章59条。自2003年10月8日起施行。

30日　国家外汇管理局下发《关于跨国公司非贸易售付汇管理的通知》。该通知对跨国公司及其境内关联公司向境外支付由境外总公司或境外关联公司代垫的或本公司分摊的各类非贸易费用的售付汇分别作了具体规定，并决定在北京、上海、深圳先予试行。

31日　新华社播发评论员文章《维护人民币汇率基本稳定》。针对一段时间以来国际上对人民币汇率的议论，文章指出：中国实行以外汇市场供求为基础的、单一的、有管理的浮动汇率制度是与中国经济发展阶段、金融监管水平和企业承受能力相适应，符合现阶段中国国情的制度。在当前新的世界经济环境中，保持人民币汇率基本稳定，是中国政府着眼于维护中国和世界经济金融稳定所作出的重大抉择。有些国家因其自身经济结构问题造成的经济停顿，绝不是人民币升值所能解决的。人民币升值也不是缓解世界通货紧缩的良方。文章最后指出：从长远来看，人民币汇率的市场化是必然的选择，但这种变革应与中国经济的市场化进程相适应，要有利于中国经济以及世界经济的稳定和增长。同年8月5日，国务院总理温家宝在会见美国花旗集团董事长鲁宾、候任首席执行官普林斯时也曾指出，保持人民币汇率基本稳定，不仅有利于中国经济和金融持续稳定发展，而且有利于周边国家和地区的经济和金融稳定发展，从根本上说，也有利于世界经济和金融的稳定发展。

9月

1日 中国人民银行发布《关于外资银行开立结售汇人民币现金专用账户有关问题的通知》。该通知允许已具有办理结售汇业务资格尚未获准开办人民币业务的外资银行，可选择所在地的商业银行开立一个结售汇人民币现金专户。该通知还限定了对外资银行的结售汇人民币现金专户的收支范围。

△ 中国银监会召开全国农村信用社监管工作会议。会议指出，中国银监会对农村信用社监管将逐步实现“六个转变”：合法合规性监管要与风险监管相结合，并逐步由合法合规性监管为主转变到以风险审慎监管为主；行业监管要与法人监管相结合，并逐步由行业监管为主转变到以法人监管为主；业务监管要与内控制度监管相结合，并逐步由业务监管为主过渡到以内控制度监管为主；对高管人员的资格监管与行为监管相结合，并逐步由资格监管为主转变到以行为监管为主；专项检查与序时性全面检查相结合，并逐步由专项检查为主转变到以序时性全面检查为主；事后处置与事前、事中预警防范相结合，并逐步由事后处置为主转变到以事前、事中预警防范为主。

△ 国家外汇管理局发布《关于保险公司开办境内外汇同业拆借业务有关问题的通知》。该通知规定，符合资格的境内保险公司可以通过中国外汇交易中心进行境内外汇同业拆借，期限不得超过四个月。拆入和拆出的资金总额均不得超过公司外汇资本金的50%。单笔拆入资金不得超过公司外汇资本金的10%，单笔拆出资金不得超过公司外汇资本金的15%。该规定自2003年10月1日起施行。

△ 经国家外汇管理局批准，上海在全国率先实施外资银行外汇贷款管理改革试点，即授权在沪经营的外资银行自行审核办理外汇贷款利息和费用的收付。

△ 中国保监会发出通知，从2003年10月1日起，将进一步放宽保险公司经营区域的限制，凡在省、自治区、直辖市设有分支机构的，可以通过专业保险中介公司或者设立营销服务部的方式在该省、自治区、直辖市全境内开展业务。此次进一步放宽保险公司经营区域的限制后，保险公司及其分支机构不得委托注册地以外的保险兼业代理机构开展异地业务；分支机构变更经营区域范围应凭总公司的授权书到当地保监办变更许可证经营区域范围；在2004年12月11日前，外资和合资保险公司的经营区域只限于加入世界贸易组织协议规定的开放城市。

△ 经中国保监会批准，广电日生人寿保险有限公司在上海开业。该公司由广电（集团）有限公司、日本生命保险相互会社合资组建，注册资本为3亿元人民币，双方各占50%的股份。

3日 中国人民银行发布并实施《农村信用社改革试点专项中央银行票据操作办法》和《农村信用社改革试点专项借款管理办法》。

专项中央银行票据是指人民银行向信用社定向发行、用以置换其不良贷款和历年挂账亏损的债券，期限为两年，年利率为1.89%，按年付息。不能流通、转让和质押。专项票据的发行对象为信用社县（市）联社（包括农村商业银行、农村合作银行）。专项借款是指人民银行并通过国家开发银行向国务院批准的农村信用社改革省级人民政府的融资，专项用于帮助资不抵债的农村信用社消化历史包袱。专项借款由省级政府统借统还，信用社省级联社代表省级政府承贷。专项借款数额核定与专项票据相同。专项借款期限最长为八年，还本宽限期为四年，第五年开始逐年等额还本。专项借款年利率0.945%，按季结息。

专项票据和专项借款发行额按照信用社2002年年末实际资不抵债数额的50%核定。实际资不抵债数额分县（市）以信用社法人为单位计算，按省（自治区、直辖市）汇总核定。县（市）联社须先列报实际资不抵债数额，经人民银行县（市）支行会同银监会县（市）级派出机构初审同意后，分别报送各省级机构。省级联社汇总、审核辖区信用社的实际资不抵债数额，据此提出全辖区信用社专项票据认购总额度和分县（市）数额的意见，或提出全辖区专项借款额度和期限的书面申请，一并报人民银行省级分行，专项借款申请还须报国家开发银行省级分行。人民银行省级分行会同银监会省级局进行审查，提出建议，在商请省级政府同意后，报送人民银行和中国银监会。省级联社提出的专项借款申请还须经过国家开发银行省级分行进行评估上报总行。

专项票据到期时，以县（市）为单位考核，对符合下列条件的，人民银行给予兑付：实行信用社和县（市）联社两级法人体制的信用社资本充足率达到2%，实际统一法人体制的信用社资本充足率达到4%，农村商业银行或农村合作银行资本充足率达到8%；按“一逾两呆”口径考核，不良贷款比例较2002年12月末的降幅不低于50%。票据到期时资本充足率和不良贷款比例未达到前项规定的，人民银行给予推迟兑付期两年，不计付利息。推迟兑付期届满时，资本充足率和不良贷款比例仍未达到规定的，人民银行以其不良贷款和历年挂账亏损置换回专项票据。专项票据到期前，资本充足率和不良贷款比例达到规定的，人民银行可选择提前赎回专项票据。该操作办法对专项票据发行条件、专项票据发行考核程序、专项票据兑付考核程序等分别作了具体规定。

专项借款的发行，由人民银行与国家开发银行签订专项再贷款协议；开发银行就专项借款由省级政府统借统还的保障条款，与省级政府签订专项借款协议。专项借款的发放进度应与省级政府制订的辖内信用社改革试点实施方案的实施进程挂钩，分批签订合同，分批发放。该方案经中国银监会会同人民银行、国家开发银行审核，报国务院批准后，人民银行按核定额度的50%与国家开发银行签订专项再贷款合同，国家开发银行省级分行与省级联社签订专项借款合同，并办理相关手续，发放第一批专项借款（第二批专项借款按核定额度的30%发放）。该管理办法对专项借款分批发放考核程序、对专项再贷款和专项借款实行专户管理等分别作了具体规定。

8日 经中国保监会批准，招商信诺人寿保险有限公司开业。这家总部设在深圳的首家中外合资寿险公司，由美国信诺北美人寿保险公司与深圳市鼎尊投资咨询有限公司合资组建，注册资本为2亿元人民币，双方各占50%的股份。投资双方股东分别是美国信诺集团与招商局集团下属子公司。美国信诺集团源于1792年成立的北美人寿保险公司，是美国历史最悠久和最大的保险和金融服务公司之一。早在1897年4月15日，该公司就成为一家获得清政府批准，在中国从事保险业务的外国保险公司。招商局创办于1872年，是中国近代民族商业现代化进程中最早的企业之一。

9日 中国建设银行与香港上海汇丰银行在北京举行QFII托管协议签字仪式，正式确定了双方在QFII业务领域的合作关系。此份QFII托管协议是香港上海汇丰银行委托中国建设银行托管该行在中国境内投资的重要法律文件，是我国推行QFII投资制度以来，中资银行与境外QFII机构签署的第一份托管协议。

△ 国家外汇管理局发布《关于完善境外上市外汇管理有关问题的通知》。该通知对境外上市的外汇登记工作实施过程中的问题作出进一步明确和规范，对境外上市外汇登记管理的范围

作了具体规定，并明确境外上市外资股公司、境外中资控股上市公司的境内股权持有单位办理境外上市股票外汇登记及境内股票账户的开立、募股资金的结汇、汇出境外上市费用，由省市一级外汇分局或授权下一级分局办理。办理境外开户、汇出回购所需外汇资金，须经一级分局审批。同时发送了《境外上市外汇管理操作规程》和新的境外上市股票外汇登记表。

△ 国家外汇管理局发布《关于银行间外汇市场开展双向交易的通知》。该通知决定：中国外汇交易中心自2003年10月1日起，允许各会员单位通过银行间外汇市场交易系统在同场交易中进行买卖双向交易，中国外汇交易中心对会员交易按同币种买卖轧差净额收取手续费。各外汇指定银行可在规定的头寸限额内自行调整结售汇周转头寸。

10月8日是银行间外汇市场实行双向交易的第一天，共有四家金融机构发送了双向交易报价，各家金融机构共发送了763笔报价，较1～9月份日平均报价笔数增长6.7%，全天共成交215笔，市场总成交易量折合美元为6.17亿美元。当天人民币兑美元的加权平均价收于8.2771。

10日 中国保监会依法取消49家保险中介机构的筹建资格。由于37家保险代理机构、6家保险公估机构、6家保险经纪公司筹备组在规定的期限内未完成筹建工作或未达到开业标准，中国保监会根据《保险代理机构管理规定》、《保险公估机构管理规定》、《保险经纪公司管理规定》，依法取消其筹建资格。

12日 中国人民银行召开第三次“窗口指导”会议，要求金融机构防范各类信贷及流动性风险。

△ 中国银监会发布《农村商业银行管理暂行规定》和《农村合作银行管理暂行规定》。这两个规定明确：辖内农民、农村工商户、企业法人和其他经济组织可入股设立农村商业银行或农村合作银行，主要以农村信用社和农村信用社县（市）联社为基础组建。设立农村商业（合作）银行，发起人不得少于500（1 000）人，注册资本金不得低于5 000（2 000）万元人民币，资本充足率须达8%（4%），不良贷款比率低于15%。其中，农村商业银行以发起方式设立，实行股份有限公司形式，由发起人认购农村商业银行发行的全部股份，发起人以原农村信用社的社员为基础，并吸收农民、农村工商户、企业法人和其他经济组织参加。筹建农村商业银行和农村合作银行均向所在地中国银监会地区（市、州）分局提出申请，由地区（市、州）分局及省、自治区、直辖市、计划单列市局逐级审核后，报中国银监会在3个月内作出审批决定。

在股权设置上：两种银行均根据股本金来源和归属设置自然人股、法人股。其中：农村商业银行的股本划分为等额股份，同股同权，同股同利；农村合作银行的自然人股和法人股则分别设定资格股和投资股两种股权，资格股是股东必须按规定数额交纳的基础股金，实行一人一票；投资股是在资格股之外自主交纳，凭投资份额大小取得相应分红的股份。两种银行每股金额均为人民币1元，单个自然人股东持股比例不得超过总股本的5‰，单个法人及其关联企业持股总和不得超过总股本的10%，本行职工持股总额不得超过总股本的25%。其中农村合作银行单个法人及其关联企业持股比例超过5%须报当地银行监管机构审批，职工之外的自然人股东持股总额不得低于股本总额的30%；农村商业银行前10名股东的名单须向当地银行监管机构及时报送。这两个规定分别对农村商业银行和农村合作银行的组织机构、经营管理、机构变更与终止、罚则等作了具体规定。

△ 华夏银行10亿股A股（股票代码：600015）在上海证券交易所挂牌交易。华夏银行是继深圳发展银行、浦东发展银行、中国民生银行和招商银行之后上市的第五只银行股，总股本35亿股，每股发行价5.6元，发行中签率0.64%。其主承销商南方证券包销了627万股。当日，该股票以7.48元开盘，全天最高价为7.60元，最低价为7.10元，收盘价为7.15元。

动用。因非法金融业务形成的债权债务，由从事非法金融业务活动的机构或批准、主管或组建部门负责清理清退；没有批准部门、主管单位或组建单位的，由所在地的地方人民政府负责组织清理清退债权债务。

2月

3日 中国人民银行公开市场业务一级交易商工作会议在北京举行。会议指出，中国人民银行将进一步扩大公开市场业务，增加交易品种，扩大公开市场业务一级交易商成员，适时增加交易频率，灵活运用各种交易方式，改进结算方式，充分发挥公开市场业务的作用，更好地实施适当的货币政策。1997年4月，中国人民银行批准第一批公开市场一级交易商25家，包括15家商业银行和10家城市合作银行。1998年12月，深圳、杭州、无锡和青岛4家城市商业银行成为第二批中国人民银行公开市场业务一级交易商。至1999年1月底，一级交易商成员已增至29家。

4日 中国人民银行转发国家税务总局《城市商业银行财务管理实施办法》。主要内容包括：城市商业银行可以采取吸收现金或者发行股票等方式筹集资本，除原城市信用社股东可将其权益折股转入资本外，向新股东募集的资本和原城市信用社股东新增的资本，必须是货币资金（现金），不得以债权、实物资产、有价证券等折股入资，新投资入股的资金必须一次募足到位。城市商业银行发放的抵押、质押贷款，其抵押品、质押品的价值不得低于贷款本金的1.5倍。城市商业银行可以采用购买国债、金融债券等有价证券的形式开展投资业务，不得以国家授予的经营特许权对外投资。该实施办法共分13章95条，分别对商业银行的权益、固定资产、贷款、投资及证券、其他类资产、成本和费用、营业收入、投资收益与营业外收支、利润及其分配、财务报告与财务评价、企业清算作出了明确的规定，自1999年1月1日起施行。

人民银行在转发该实施办法的通知中要求：人民银行各分行、中心支行应尽快地组织人员全面清查和评估城市商业银行的资产状况，对呆坏账进行确认。对不良贷款比例超标的城市商业银行，每年税后利润分配比例原则上不得超过人民银行规定的1年期存款利率，对资本充足率不足8%和实际不良贷款比例超过30%的城市商业银行，原则上不得对股东进行现金分红。城市商业银行可以在税后利润中提取呆账准备金，对实际应核销呆账超过呆账准备金余额部分，应在税后利润中提取呆账准备金补足，否则原则上不得对股东分红。

△ 中国证监会发布《关于对拟公开发行股票公司改制运行情况进行调查的通知》。该通知规定：从1999年开始，国有企业和有限责任公司必须改制成规范化的股份有限公司，在运行一年以后方可申请公开发行股票，在报送预选材料前，公司和主承销商需向中国证监会驻当地派出机构报送改制运行情况的报告。证监会派出机构对公司的改制运行情况调查完毕后向中国证监会发行监管部报送调查报告，调查报告将作为证监会核准公司公开发行股票的重要依据。

7日 国务院办公厅转发《中国人民银行整顿信托投资公司方案》。该方案内容包括：整顿工作的基本原则和目标；重新规范业务范围，严格公司设立条件；整顿工作的主要内容和措施；整顿工作的组织领导共四部分内容。主要规定：根据信托的基本属性以及我国资本市场发展的需要，把信托投资公司规范为真正从事受托理财业务的金融机构，即以受托人的身份接受他人（委托人）的财产委托，为了受益人的利益或者特定目的，对受托财产进行管理和处置，所得收益归属受益人，信托投资公司以手续费或佣金形式收取报酬。今后，信托投资公司不得吸收存款，不得自营期货和股票，不得用负债资金从事实业投资和贷款。经中国人民银行审核批准，信托投资公司可以办理以下业务：受托经营资金信托业务；受托经营动产、不动产及其他财产的信托业务；受托经营投资基金业务，作为基金管理公司发起人从事投资基金业务；受托经营企业资产的重组、购并及项目融资、公司理财等中介业务；受托经营国务院有关部门批准的国债承销业务；用自有资本进行投资，但包括自用固定资产在内的累计投资额不得超过本公司净资产的80%。整顿后的信托投资公司经中国人民银行确认，在核销自身呆账（坏账）和投资损失后，实收资本金不得低于3亿元人民币。整顿工作的主要内容和措施为：1. 分业经营，分业管理。2. 清理资产，核实损失。3. 分类处置，化解风险。在核实资产损失后，原有信托投资公司分别按关闭或破产、撤销与重组、合并、保留四种方式处置。4. 清偿债务，维护稳定。5. 查处案件，严格监管。中国人民银行负责全国信托投资公司整顿工作的组织、协调与监督工作，于1999年年底前完成。

国务院办公厅在转发该方案的通知中指出：整顿信托投资公司是党中央、国务院作出的重大决策，对深化金融改革、整顿金融秩序、防范金融风险、促进信托业健康发展具有重大意义。整顿信托投资公司工作政策性强、敏感度高、涉及面广，事关金融秩序和社会稳定的大局。各地人民政府和国务院有关部门要予以高度重视，精心组织，认真落实，确保稳定。中国人民银行要会同有关地区和部门，分别不同情况，采取有效的措施，积极防范和化解金融风险。切实做好信托投资公司的清产核资和资产评估工作，防止国有资产流失。在清理整顿工作结束后，中国人民银行要组织力量，对有关地区和部门整顿工作进行检查和验收，并将整顿结果报告国务院。

11日　国家经贸委、财政部、中国人民银行联合发布《关于出售国有小型企业中若干问题意见的通知》。针对一些地方把出售国有小型企业作为改革的主要形式甚至唯一形式，采取“一卖了之”的做法，导致国有资产流失、银行债务和拖欠税款悬空、职工合法权益受到损害的问题，该通知要求：要采取多种有效的形式放开搞活国有小型企业。要抵制各种错误言论的误导，坚决制止出售企业之风，特别要制止名卖实送、半卖半送、逃废银行债务、拖欠税款和规避安置职工的错误做法。规范国有小型企业划分标准，严格控制出售企业的范围和数量。出售县、地级企业，由同级政府提出方案，报上一级人民政府审批。该通知对出售企业应遵循的程序、购买者应具备的条件及付款方式、出售企业的资产清查及原法定代表人的离任审计、对出售企业的产权界定和资产评估及出售价格的确认、严格保护债权人利益、确保企业职工合法权益不受侵犯、出售企业的净收入处理、对出售后的企业进行必要的监督和管理、加强对企业出售工作的检查和监督等问题作了具体规定。

12日　中国人民银行发布《关于严格执行支付结算业务收费标准的通知》。针对一些银行随意、变相提高或降低支付结算业务收费标准，影响了支付结算秩序，破坏了银行间的有序竞争的问题，该通知要求：1. 各银行（包括已经批准经营人民币业务的外资银行）办理支付结算业务，要严格按照人民银行规定的收费项目和标准收取手续费和邮电费，一律不得自行增加收费项目，不得随意、变相提高或降低收费标准，不得为吸引客户和占领市场免收或少收。2. 通过人民银行电子联行和商业银行行内电子汇兑系统办理的支付结算业务，向客户收取支付结算手续费和邮电费必须执行统一标准，其中，邮电费按照电汇标准收取电报费；客户要求加急的，按照加急电汇标准收取电报费。未经国家发展计划委员会和中国人民银行批准，不得自行制定收费项目和标准。

14日　公安部、中国证监会联合发布《关于在查处证券期货违法犯罪案件中加强协调配合的通知》。该通知明确：1. 各级证券监管部门、公安机关应当按照法律、法规，各司其职，加强配合。2. 建立案件移送制度和信息通报交流制度。证券监管部门在查处证券期货违法违规案件中，发现有犯罪嫌疑的，应当及时向公安机关移送，公安机关在案件侦查中发现的证券期货违法违规案件，应当及时向证券监管部门移送，加强办案协调和配合。3. 要严格区分罪与非罪的界限，凡属于证券期货犯罪的案件，证券监管部门一定要移送公安机关，不得以罚代刑，凡属于证券期货违法违规行为，不涉及犯罪的，只能由证券监管部门进行行政处罚。

21日　财政部发布《关于农村信用社有关

营业税问题的通知》。鉴于农村信用社经营中的实际困难，经国务院批准，1999 年 1 月 1 日至 2000 年 12 月 31 日，对农村信用社继续按照 6% 的税率征收营业税。其中，5% 由地方税务局征收，1% 由国家税务局征收。

22 日 国务院发布《金融违法行为处罚办法》。该处罚办法规定的纪律处分，包括警告、记过、记大过、降级、撤职、留用察看、开除，由所在金融机构或者上级金融机构决定。金融机构的工作人员受到开除的纪律处分的，终身不得在金融机构工作；金融机构的高级管理人员受到撤职的纪律处分的，由中国人民银行决定在一定期限内直至终身不得在任何金融机构担任高级管理职务或者与原职务相当的职务。未经中国人民银行批准，金融机构擅自设立、合并、撤销分支机构或者代表机构的，给予警告，并处 5 万元以上 30 万元以下的罚款；对该金融机构直接负责的高级管理人员，给予撤职直至开除的纪律处分。该处罚办法对金融机构擅自变更注册资本金，变更股东，转让股权或者调整股权结构，虚假出资或者抽逃出资，超出中国人民银行批准的业务范围从事金融业务活动，从事账外经营，提供虚假的或者隐瞒重要事实的财务会计报告、统计报告，出具与事实不符的信用证、保函、票据、存单、资信证明等金融票证，办理存、贷款业务和拆借活动中的违规行为等作了具体的处罚规定。《金融违法行为处罚办法》共有 32 条。

23 日 中国人民银行发布《关于开展个人消费信贷指导意见》。该指导意见明确：1. 自 1999 年起，允许所有中资商业银行开办消费信贷业务。2. 商业银行的个人住房贷款由普通住房贷款扩大到借款人自用的各类型住房贷款，同时降低消费贷款的首付比例，对购买住房、汽车的贷款的比例可在严格防范信贷风险的基础上按不高于全部价款的 80% 掌握，具体贷款比例由各商业银行根据情况自行掌握。3. 商业银行可在具备条件的地区试办耐用消费品贷款、教育助学贷款、旅游贷款等。4. 在人民银行有关利率政策规定的范围内，商业银行可按照不同的贷款品种、方式、期限等，为客户提供固定利率和浮动利率等多种选择方式；贷款期限方面，可以适当增加档次；还款方式方面，可以提供分期还款和到期一次还款等多种选择。

28 日 中保人寿保险有限公司对“2·24”空难事件首批理赔。2 月 24 日，中国西南航空公司编号为 2622 号的图—154M 型飞机，在执行成都到温州航班任务时，于 2 月 24 日下午在温州附近坠毁，机上 61 名人员全部遇难。中保人寿保险有限公司首批理赔共支付 80 万元保险金。在“2·24”空难理赔中，国内保险公司支付各种赔款共计 250 万元。

3 月

2 日 中国人民银行发布《关于做好当前农村信贷工作的指导意见》。主要内容：1. 农业银行和农村信用社对农村信贷服务对象实行基本分工、适当交叉，农村信用社主要对农户从事粮棉生产和多种经营、农业生产服务组织 、农户和乡（镇、村）办企业等提供信贷服务；农业银行主要对国有和集体农业企业、供销合作社、跨县乡的土地开发、农业和农村基础建设等提供信贷服务，办理扶贫专项贷款；农业银行、农村信用社对乡（镇、村）办企业和供销社贷款可适当交叉。2. 根据农户的合理需要扩大贷款范围，安排好农户从事农业生产和多种经营的贷款，积极支持农业生产服务组织，有步骤地提供建房等消费性贷款。3. 优先发放对农户从事种养业和工商业的贷款，支持农业产前产后服务组织做好对农户的服务，支持农业综合开发，继续发展粮棉等商品生产基地。4. 支持农产品加工和农业产业化经营，支持现有国有乡（镇、村）办企业按市场需求搞好农产品加工，选择一批市场开拓能力强、带动能力大的乡（镇、村）办农业产业化“龙头”企业，予以重点支持。5. 扩大农村市场，开办农村消费信贷业务，逐步增加农业贷款，提高农业贷款的比重。6. 努力提高贷款质量，防范和化解金融风险，并做好农村信贷的协调和指导工作。

△　中国人民银行发布《人民币利率管理规定》。该管理规定明确：1. 中国人民银行是经国务院授权的利率主管机关，代表国家依法行使利率管理权，其他任何单位和个人不得干预；中国人民银行制定的各种利率是法定利率，其他任何单位和个人均无权变动。2. 中国人民银行制定和调整对金融机构存贷款利率和再贴现利率、金融机构存贷款利率、优惠贷款利率、罚息利率、同业存款利率、利率浮动幅度；金融机构确定浮动利率、内部资金往来利率、同业拆借利率、贴现和转贴现利率。该管理规定对中国人民银行总行、分行以及金融机构各自履行的利率管理职责、存款的结息、贷款的结息、罚则等作了具体规定。《人民币利率管理规定》共有6章38条，自1999年4月1日起正式实施。

5日　国务院总理朱镕基在第九届全国人民代表大会第二次会议上作《政府工作报告》。该报告指出：1998年，中国国内生产总值比上年增长了7.8%，虽然略低于8%的预定目标，但这是在抵御亚洲金融危机的冲击和战胜国内特大洪涝灾害的情况下取得的，来之不易。1999年，世界金融市场和经济走势不确定的因素增加，国际竞争日益激烈，扩大出口的难度加大，国内也存在不少矛盾和隐忧。对此，我们必须保持清醒头脑，作好克服更大困难的准备。其中要求认真做好金融工作，防范和化解金融风险：要实行稳健的货币政策，适当增加货币供应量，把握好金融调控力度，保持人民币币值稳定。银行既要坚持商业信贷原则，保证贷款质量，防范金融风险；又要努力改进金融服务，拓宽服务领域，运用信贷杠杆，促进扩大内需和增加出口，积极支持经济增长。

8日　中国人民银行发布《关于在西安等19个城市开展城市合作银行组建工作的通知》。该通知决定，将组建城市合作银行的城市扩大到西安、成都、贵阳、长春、大连、合肥、长沙、南昌、宁波、厦门、杭州、海口、太原、兰州、西宁、呼和浩特、银川、南宁、乌鲁木齐等城市。

9日　中国人民银行发布《关于大力促进银行卡业务联合的通知》。该通知规定：1. 坚定银行卡业务联合的发展方向，因地制宜，采用多种方式促进业务联合。2. 要积极参加全国银行卡信息交换总中心的建设和联网，并支持所属分行充分利用已有投资，积极参加现有城市中心的业务联合；同时要搞好统一规划，严格新建城市中心的审批制度。3. 支持大型商场在建立商业MIS系统中使POS与商业收银机合一，提倡特约商户自己投资安装POS并对所有银行开放；人民银行各分支行应将解决POS重复摆放，减少重复投资，实现设备共享作为推动银行卡业务联合工作的重点，协调各商业银行采用降低收单行手续费分配比率。4. 各商业银行不得采用压低扣率、以贷款换市场、签订排他性协议等违规手段竞争特约商户，发展特约商户不得重复布放POS，新装POS必须向所有银行开放；原有的排他性协议应立即废止，已有POS网络要限期向其他银行开放。5. 要继续发挥人民银行对业务联合的指导、协调和监督作用。

△　中国证监会发布《股票发行定价分析报告指引（试行）》。该指引要求：申请公开发行股票的公司，在报送公开发行股票（A股）申报材料时，应提供由发行人和主承销商共同签署的定价分析报告。报告中应对影响发行价格的因素进行全面、客观地分析，详细说明商定股票发行价格的依据和方法；报告所引用的资料必须真实并注明来源，运用的价格测算方法应科学、合理。定价分析报告应至少包括以下基本内容：行业分析；公司现状与发展前景分析；二级市场分析；发行价格的确定方法和结果。

10日　中国证监会发布《证券投资基金信息披露指引》。主要内容有：中国证监会对证券投资基金信息披露义务人的基金信息披露行为进行监督管理；基金信息披露义务人，应当按要求披露基金信息，对所披露的基金信息的合法性、真实性、完整性负连带责任；必须公开披露的基金信息包括：招募说明书、上市公告书、定期报告、临时报告。在公开披露基金信息时，不得就基金业绩进行预测；不得保证获利、保证分担亏损或承诺最低收益；不得通过促销方式，劝诱、利诱投资人购买基金；不得诋毁同行；不得刊登任何虚假或欺诈内容；不得有中国证监会禁止的其他行为。基金发生重大事件，信息披露义务人应当于第一时间报告中国证监会及基金上市的证券交易所，并编制临时报告书，经证券交易所核准后予以公告，同时报中国证监会。

△ 中国建设银行中标成为成都水厂1亿美元BOT项目的抵押代理行。成都水厂是国家计委批准的第一个BOT自来水厂项目，总投资1.06亿美元，资本金占30%，信贷占70%，由法国通用水务公司和日本丸红公司作为发起人组成项目公司，其中，法国通用水务出资60%，丸红出资40%。信贷借款人为亚洲开发银行和欧洲投资银行，里昂信贷银行作为境外融资银行承担亚洲开发银行的附属贷款和欧洲投资银行的担保贷款，同时提供套期保值服务。中国建设银行作为贷款银行的境内代理行，将为项目提供抵押品监管、账户管理、外汇兑换等服务，除项目公司的账户须按协议开在中国建设银行外，法国承包商的账户也开在中国建设银行，从而实现资金体内循环。

BOT（Build-Operate-Transfer） 意为“建设—经营—转让”。传统的BOT是指政府部门或者政府性公司就某个基础设施项目与社会投资者签订特许权协议，授予签约方的社会投资者或项目公司承担该基础设施项目的投资、融资、建设、经营与维护，在协议规定的特许期限内，项目公司向设施使用者收取适当的费用，以此来收回项目的投融资和经营成本，并获取合理回报；政府部门则拥有对这一基础设施的监督权、调控权；特许期满，签约方的社会投资者将该基础设施无偿移交给政府部门。

16日 中国投资银行的20家区域性分行正式更名为国家开发银行分行。成立于1981年的原中国投资银行是国家对外筹资的窗口。一直承担着世界银行、亚洲开发银行等国际金融组织对我国的转贷款业务，是我国首家引进世界银行工业项目评估技术的国内银行。1994年，中国投资银行转制为建设银行附属的全国性商业银行。国家开发银行作为中国最大的一家政策性银行，其资金主要投向国家基础设施、重点产业和支柱产业，但由于开发银行只有武汉分行一家分支机构，它的具体业务主要是委托工商银行和建设银行代理进行。为了解决“缺腿”的问题，1998年年末，国家开发银行决定整体收购中国投资银行。

国家开发银行20家分行的成立，虽然改变了国家开发银行原来只有一家分支机构的局面，但开发银行作为政策性银行，不涉及一般商业银行的个人零售业务，原投资银行的商业银行业务和分支行以下的同城营业网点还需要再次转让。3月18日，中国光大银行收购原中国投资银行的债权、债务及中国投资银行设在北京、天津、沈阳、丹东、大连、哈尔滨、济南、青岛、合肥、郑州、西安、石家庄、吉林、上海、南京、杭州、宁波、福州、厦门、武汉、广州、珠海、汕头、深圳、长沙、成都、重庆、南宁和海南共29个分（支）行所属的137家同城营业网点。这是我国金融界首例两家金融机构按照商业原则进行转让、资产重组的并购行为。成立于1992年的中国光大银行，1998年外币资产总额达747亿元。此次兼并，使原有18家分行103个机构网点和2 600多名员工的中国光大银行，资产总额达到近15 000亿元，员工接近5 000人。

△ 中国证监会发布《关于证券营业部审批工作有关问题的通知》。主要内容是：1. 各省、自治区、直辖市和计划单列市辖区内平均每家证券营业部上一年度日均交易额超过500万元的（内蒙古、宁夏、甘肃、青海、新疆、西藏、云南、广西和贵州可予放宽），可适当新设证券营业部；在全国范围内，地级市所在地没有证券营业部的，可新设一家证券营业部；上海市和深圳市原则上不再新设证券营业部。2. 有下列情况之一的证券公司，不得申请新设证券营业部：对个人负债总额超过公司注册资本金20%；对机构逾期债务总额超过公司注册资本金50%；挪用客户保证金超过公司注册资本金10%；拨付所属分公司和证券营业部的证券营运资金总额超过公司注册资本金40%；近三年连续亏损；

股权关系尚未理顺；尚未按有关法规和文件精神完成脱钩工作；近两年有重大违法、违规经营行为；有擅自设立证券营业部或其他非法网点行为；设在地级市所在地的证券公司。3. 信托投资公司在实施分业过程中单独或几家联合组建具有法人资格的证券公司，须符合20家以上（含20家）证券营业部的条件（其中内蒙古、宁夏、甘肃、青海、新疆、西藏、云南、广西和贵州的信托投资公司可从实际出发适当放宽），并在组建之前全部归还挪用的客户保证金。不能组建证券公司的信托投资公司，可按规定条件，通过变现、抵债或折股的方式向证券公司转让所属证券营业部。4. 商业银行、城市合作银行、保险公司、企业财务公司、租赁公司、典当行及融资中心（金融市场）所属的证券营业部尚未办理转让审批手续的，原则上应由证券公司收购，转让最后期限为1999年6月30日，对逾期未完成转让的证券营业部，在落实债权债务、就近向别的证券营业部妥善转移客户后，予以关闭。5. 期货交易所改组为证券经纪公司的、财政证券机构规范为证券经纪公司的，不得新设证券营业部，但可以以收购、兼并、合并的方式与规模较小的证券公司重组，也可以收购信托投资公司所属的证券营业部。6. 证券营业部不得以合资、合作方式设立；不得以承包、租赁方式经营；不得再下设营业性场所；不得拆借资金、给客户透支或从事证券自营与承销业务。

17日 国家开发银行首次发行浮动利率附息债券。经中国人民银行批准，国家开发银行1999年第一期招标发行的100亿元十年期金融债券经过承销团公开竞标，确定发行利率为4.945%。该笔债券为浮动利率附息债券，即减去现行1年期定期存款利率3.78%，固定利差为1.165%，次年付息日再根据届时人民银行1年期定期存款利率加固定利差来确定第二持有年度的利率，依此类推。该债券由中资商业银行、中资商业保险公司、城市合作银行、农村信用联社参与分销，分销后的金融债券在中央国债登记结算有限责任公司作一级托管，并可在中央国债登记结算有限责任公司银行间市场进行交易。

△ 中国证监会发布《关于进一步加强证券公司监管的若干意见》。该意见包括有关证券公司的设立、变更、风险管理、日常监管四部分内容。主要内容是：证券公司由中国证监会批准设立，其变更、终止事项及业务活动由中国证监会负责监督管理。证券公司分为经纪类证券公司和综合类证券公司，注册资本最低限额分别为人民币5 000万元和5亿元。经纪类证券公司业务范围：证券的代理买卖，代理还本付息、分红派息，证券代保管、鉴证，代理登记开户；综合类证券公司除可从事经纪类证券公司业务外，还可以从事证券的自营买卖，证券的承销和上市推荐，证券投资咨询，资产管理，发起设立证券投资基金和基金管理公司。证券公司应当遵守下列财务风险监管指标：经纪类证券公司的净资本不得低于2 000万元，其拨付给分公司或者证券营业部的营运资金总额不得超过注册资本的80%；综合类证券公司的净资本不得低于2亿元，负债总额（不包括客户存放的交易结算资金）不得超过净资产的8倍，流动资产的余额不得低于流动负债的余额，拨付给分公司或者证券营业部的营运资金总额不得超过注册资本的40%。证券公司每年应当从税后利润中提取10%的交易风险准备金，用于弥补证券交易的损失。出现下列情况，证券公司要在三个营业日内报告中国证监会，并说明原因和对策：净资本低于本意见要求金额的120%，或者比上月下降20%；流动资产余额低于流动负债余额的120%；综合类证券公司对外负债总额超过净资产7倍。证券公司须将客户存入的交易结算资金全额存入指定的商业银行，单独立户管理。严禁任何单位和个人挪用客户的交易结算资金。开展资产管理业务，受托管理的资产应当是现金、国债或者上市证券，并存放于商业银行或者投资于有价证券，实行分账管理。经国务院授权部门批准，证券公司可以以适当方式进行融资，开展正常业务活动。但不得向客户融资融券，不得举办实业项目，不得投资于非自用不动产，不得互相投资参股，不得违反规定的收费标准，不得以交易佣金分成等不正当竞争方式吸引投资者，不得在法定会计账册外设立账册，不得以任何名义设立“小金库”。

△　中国证监会发布《关于上市公司配股工作有关问题的通知》。该通知规定上市公司配股必须符合以下条件：上市公司必须与控股股东在人员、资产、财务上严格分开；本次配股募集资金后，公司预测的净资产收益率应达到或超过同期银行存款利率水平；公司一次配股发行股份总数，不得超过该公司前一次发行并募足股份后其股份总数的30%，本次配股募集资金用于国家重点建设项目、技改项目的，可不受30%比例的限制；公司上市超过三个完整会计年度的，最近三个完整会计年度的净资产收益率平均在10%以上，上市不满三个完整会计年度的，按上市后所经历的完整会计年度平均计算，属于国家重点支持行业的公司，净资产收益率可以略低，但不得低于9%，上述指标计算期间内任何一年的净资产收益率不得低于6%。上市公司如有以下行为，其配股申请不予核准：不按有关法律、法规的规定履行信息披露义务、擅自改变"招股说明书"或"配股说明书"所列资金用途而未作纠正，或者未经股东大会认可；公司拟订的配股价格低于该公司配股前每股净资产；以公司资产为本公司的股东或个人债务提供担保；公司资金、资产被控股股东占用，或有重大关联交易，明显损害公司利益等。上市公司配股应披露有关信息。发行境内上市外资股（B股）公司的配股，原则上应遵守本通知的规定。

18～20日　中国人民保险公司、中国人寿保险公司、中国再保险公司相继在北京挂牌。1949年10月，原中国人民保险公司成立，1996年8月21日，根据国务院决定，原中国人民保险公司改组为中国人民保险（集团）公司（以下简称中保集团公司），下辖中保财产保险有限公司、中保人寿保险有限公司、中保再保险公司三个专业子公司，三个子公司实行分业经营。1998年7月16日，国务院办公会议决定，撤销中保集团公司，1999年1月，子公司中保财产保险有限公司继承中国人民保险公司品牌，更名为中国人民保险公司，其他两个子公司中保人寿保险有限公司、中保再保险公司更名为中国人寿保险公司、中国再保险公司。组建后的中国再保险公司具有完全独立的法人资格，由国家财政出资，注册资本金30亿元人民币，外汇资本金1亿美元，业务涉及国内外产寿险的所有领域，主要经营人身意外险、长期人寿和健康险再保险，机动车险、财产险再保险，航空航天、石油钻井平台、核电站等特殊险种的再保险和各类责任险再保险等近百个险种。

26日　国家经济贸易委员会、外经贸部、海关总署、财政部、国家税务总局、中国人民银行、国家外汇管理局发布《关于进一步完善加工贸易银行保证金台账制度的意见》。该意见的主要内容是：对加工贸易实行按商品分类管理，分别为禁止类、限制类和允许类。对加工贸易企业实行分类管理，将加工贸易企业分为A、B、C、D四类，其中C类企业是指依据外经贸部、海关总署有关规定，经海关认定有违规行为的企业，实行银行保证金台账"实转"管理。由国家经贸委会同外经贸部、海关总署、财政部、国家税务总局、中国人民银行、国家外汇管理局、中国银行组成加工贸易部际联席会议，定期通报情况、研究政策、共同做好加工贸易管理工作。

△　中国证监会发布《关于境外上市公司进一步做好信息披露工作的若干意见》。该意见明确：1. 要严格按照境内及境外上市地的要求履行信息披露义务，保证公司发布的信息没有虚假、严重误导性陈述或重大遗漏，并对此承担相应的法律责任。2. 要重视对重大事件及关联交易的信息披露，审慎对待预测性的信息披露，适时披露公司重大风险及潜在风险。3. 要严格按照境内外上市要求继续做好定期报告的披露，协调好不同上市地的信息披露工作；建立健全公司信息披露的责任和内部协调制度。

27日　中国农业发展银行发布《粮食收购资金贷款管理暂行办法》。该暂行办法规定：粮食贷款是指由中国农业发展银行办理的粮食收购贷款、中央粮食储备贷款、地方粮食储备贷款、粮食调销贷款。粮食收购贷款专门用于解决借款人直接从粮食生产者手中收购粮食的合理资金需要，包括收购价款和必要的收购费用，粮食收购贷款期限要根据粮食的正常周转周期确定，一般按一年或半年的期限签订借款合同。中央粮食储备贷款专门用于解决借款人从事中央粮食储备业务的合理资金需要，储备期限明确的，按储备期限确定贷款期限；储备期限不明确的，按一年期限签订借款合同。地方粮食储备贷款专门用于解决借款人从事地方粮食储备轮库、进口转储备以及出口等业务的合理资金需要，贷款期限的确定比照中央粮食储备贷款有关规定处理。粮食调销贷款专门用于解决借款人调入（含进口）商品粮食的合理资金需要，包括调入商品价款、调入费用，以及调出方垫付的调出集并费用等，一般按半年期限签订借款合同。粮食收购、调销贷款执行人民银行规定的金融机构同期、同档次法定贷款利率，暂不上浮，在贷款期间如遇国家利率调整，粮食收购、调销贷款仍按原借款合同确定的利率计息，展期部分按展期后当时挂牌的利率档次计收利息；中央和地方储备粮食贷款不分期限利率档次，统一按照人民银行规定的金融机构一年期贷款利率执行，贷款期间如遇国家利率调整，实行分段计息。该暂行办法对粮食贷款管理的任务和基本原则、贷款对象和条件、账户管理、贷款程序、信贷监督管理、不合理占用贷款的管理、信贷风险防范与资产保全、贷款管理责任制、贷款管理的监督考核、罚则等内容作了具体规定，该暂行办法共有12章81条。

29日　劳动和社会保障部、中国农业银行联合发布《关于社会保险经办机构委托中国农业银行代发养老金的通知》。该通知明确：各地社会保险经办机构与中国农业银行各分行，签订“社会保险经办机构委托中国农业银行代发养老金协议书”，在当地的农业银行开设“基本养老保险基金收入户”和“基本养老保险基金支出户”，用于养老保险费的收缴和养老金的发放。各地社会保险经办机构应在养老金发放日前两个工作日，将离退休人员名单、账号和发放金额等有关资料提供给当地的农业银行，并将足额的款项划入在农业银行的账号；中国农业银行会同当地社会保险经办机构，对异地领取养老金的离退休人员进行专门登记造册，相关异地的农业银行要采取约定、通知、上门办理等方式，提供便捷、周到的服务。

△　国家经济贸易委员会、中国证监会发布《关于进一步促进境外上市公司规范运作和深化改革的意见》。主要内容：1. 公司的经营机构与控股机构必须分开，必须各自独立核算，独立承担责任和风险。2. 进一步深化控股机构和公司的改组工作，国有控股机构的主要业务和资产已纳入公司的，控股机构的职能要逐步划转或合并到其他国有法人实体；除公司业务外还拥有其他资产和业务的控股机构，应减少与公司的关联交易，避免同业竞争；要逐步分离控股机构的办社会职能以及非经营性资产，通过拍卖、并购、移交地方政府、纳入当地社会保障体系等方式实现社会化经营。3. 明确公司决策程序，强化董事责任。4. 逐步建立健全外部董事和独立董事制度，增加外部董事的比重。5. 根据收入公开、提高透明度的原则，设计各具特色的分配和奖励办法。公司不得套用政府机关的行政级别，对管理人员要实行竞争上岗、淘汰下岗，自主决定年度工资总额和内部分配办法，实行住房制度改革，停止对职工福利分房。6. 解除公司与政府部门的行政隶属关系，公司与政府部门在资产、财务、人员管理等方面要彻底脱钩。

30日　中国农业发展银行发布《棉花贷款管理暂行办法》。该暂行办法共有9章39条，包括总则、贷款对象和条件、贷款种类、期限、利率及贷款方式、贷款的发放与收回、贷款的监督检查、贷款的基础管理、贷款管理的责任与考核、罚则等内容。主要规定有：棉花贷款的对象是经省级政府有关部门审定的，具有专门从事棉花收购（含初加工）、储备、调销、进出口业务资格和能力的供销社棉花收储企业；贷款种类分为棉花收购贷款、中央储备棉贷款、地方储备棉贷款和棉花调销贷款；执行中国人民银行规定的贷款利率。各级行必须坚持“销售多少棉花，收回多少贷款本息和及时还欠”的原则，加强棉花贷款监督检查，并采取“分级负责、定期考核、按季公开、利益挂钩”的办法进行考核。

△　中国保监会发布《关于严禁境外保险

机构非法从事保险及其中介活动的公告》。该公告内容如下：1. 未经中国保险监督管理部门批准，在中国境内设立营业性机构的外国及中国香港、中国澳门、中国台湾的保险公司和保险中介机构，一律不得在中国境内招聘业务人员或委托代理人、经纪人经营保险或直接承保业务。2. 境外保险公司在华代表机构不得从事与其业务范围不符的保险、再保险和保险中介业务活动，一经发现，将予以严肃处理，直至永远取消其在华设立代表机构的资格。3. 境内单位或居民如发现境外保险机构或其在华代表机构未经批准擅自在境内招聘业务人员或违法经营保险、保险中介业务活动的，可向中国保监会举报，中国保监会将会同有关部门依法对举报的违法活动予以严肃查处。

4月

1日 经国家外汇管理局批准，中国银行决定将远期结售汇业务种类由9个增至13个，最长期限由四个月增至六个月。远期结售汇业务是确定汇价在前而实际外汇收支发生在后的结售汇业务。凡在中国银行开立账户的境内企事业单位、国家机关、社会团体、部队、外商投资企业等均可申请办理。远期结售汇业务的币种共有5种：美元、日元、欧元、德国马克、港元；远期结售汇期限分为固定期限和择期，固定期限从七天至六个月共分为13种，择期交易期限由择期交易的起始日和终止日决定。

△ 中国保监会发布《关于机动车辆保险监制单证的公告》。自1999年4月1日，全国车险市场实行统一监制、统一费率、统一条款的机动车辆保险新保单（深圳市条款除外）。原由中国人民银行及其分支行制订或备案的机动车辆保险及附加险保险条款和费率同时废止。

3日 国务院颁布《住房公积金管理条例》。该条例适用于住房公积金的缴存、提取、使用、管理和监督。国务院建设行政主管部门会同财政部门、中国人民银行拟定住房公积金政策，并监督执行。省、自治区、直辖市人民政府建设行政主管部门负责对本行政区域内住房公积金管理工作的指导。该管理条例规定：职工个人和所在单位缴存的住房公积金属于职工个人所有；住房公积金的管理实行住房委员会决策、管理中心运作、银行专户存储、财政监督的原则；住房公积金应当用于职工购买、建造、翻修自住住房，任何单位和个人不得挪作他用；住房公积金的存贷款利率由中国人民银行提出，经征求国务院建设行政主管部门的意见后，报国务院批准。该管理条例共分7章44条，分别为总则、机构及其职责、缴存、提取和使用、监督、罚则和附则。该管理条例于2002年3月24日作了修改，其中规定：省、自治区、直辖市人民政府建设行政主管部门会同同级财政部门以及中国人民银行分支机构，负责本行政区域内住房公积金管理法规、政策执行情况的监督。

6日 中国人民银行发布《经济适用住房开发贷款管理暂行规定》。该暂行规定明确：经济适用住房是指已列入国家计划，由城市政府组织房地产开发企业或集资建房单位建造，以微利价向城镇中低收入家庭出售的住房。经济适用住房开发贷款是指贷款人用信贷资金向借款人发放的用于支持经济适用住房开发建设的贷款，贷款人为国有独资商业银行和住房储蓄银行。贷款期限由借贷双方根据经济适用住房建设周期协商确定，最长不超过三年，贷款利率按中国人民银行规定的同档次法定贷款利率执行。该暂行规定对借款人条件、贷款程序、贷款担保和保险、贷款管理和罚则作了具体规定。该暂行规定共分8章35条。

经济适用住房 经济适用住房是指政府提供政策优惠，限定建设标准、供应对象和销售价格，具有保障性质的政策性商品住房。经济适用住房主要是面向中低收入家庭的普通住宅，是政府扶持的具有经济性和适用性的社会保障住房。经济性是指住房价格相对市场价而言是适中的，能够适应中低收入家庭的承受能力；适用性是指使用功能要满足居民基本生活的需要，建设标准要符合国家现有住宅建设标准，结合市场需求确定。经济适用住房严格控制在中小套型，中套型的住房面积控制在80平方米左右，小套型的住房面积控制在60平方米左右。经济适用住房由国家统一下达计划，用地一般实行行政划拨的方式，免收土地出让金，对各种经批准的收费实行减半征收，出售价格实行政府指导价，按保本微利的原则确定。经济适用住房的价格按建设成本确定。建设成本包括征地折让费、勘察设计及前期工程费、建安费、小区内基础设施配套建设费、贷款利息、税金、1%～3%的管理费。经济适用房以微利价出售，只售不租。出售经济适用房实行政府指导价，其售价由市、县人民政府根据以上几项因素综合确定，并定期公布，不得擅自提价销售，经济适用住房销售实行明码标价，销售价格不得超过公示的基准价格和浮动幅度，不得在标价之外收取任何未予标明的费用。

现阶段，经济适用住房的来源主要有三种：一是由政府提供专项用地，通过统一开发、集中组织建设的经济适用住房；二是将房地产开发企业拟作为商品房开发的部分普通住宅项目调整为经济适用住房；三是单位以自建和联建方式建设的，出售给本单位职工的经济适用住房。

9日 全国农村信用社工作会议在北京召开。会议提出，根据需要逐步组建地（市）联社，承担行业管理和服务职能；在全国各省建立信用合作协会，主要职能是对信用社提供联络、指导、协调、咨询、培训等方面的服务。中国人民银行行长戴相龙在会上强调，必须继续深化农村信用社及其管理体制的改革，切实按合作制原则规范现有的农村信用社；农村信用社要强化内部经营管理，加强制度建设和职工培训，认真抓好减员增效和劳动用工制度改革，继续执行员工总数负增长政策，推行全员劳动合同制和岗位职务聘任制，改革分配制度，实行工效挂钩；严格财务管理，在经营管理上实行股金公开、贷款公开和账务公开；保全信用社的信贷资产，严禁任何单位和个人平调、挪用和挤占信用社资产或借企业改制逃废对信用社的债务。

从1999年3月开始，全国2万多家农村基金会陆续开始清理整顿，为解决被撤销金融机构支付个人合法债务和外债的资金缺口，26个省（自治区、直辖市）以地方财政作担保，向中国人民银行总行总共申请了1 411亿元的再贷款。中央银行作为最后贷款人，在全国陆续铺开实施“支农再贷款工程”，每年增加超过200亿元以上的投入额度为之培植“造血”再生功能。

16日 中国人民银行发布《关于加强信用证管理的通知》。针对部分银行信用证管理松弛，对开证申请人资信条件审查不严，信用观念淡薄，延期偿付甚至拒付信用证的行为时有发生的问题，该通知要求：1. 人民银行各分行及营业管理部、国有独资商业银行、其他商业银行要将信用证业务尽快纳入统一授信管理之中，进一步健全风险内控制度。2. 严格审查开证申请人的资信条件，严格办理授信，切实防止企业信用风险转变为金融风险；严防利用开立无真实贸易背景的信用证进行融资。3. 各银行在处理与外方的信用证纠纷时，应严格遵循国际惯例，及时、妥善地处理，确保信用，无正当理由不得延付或拒付信用证。

20日 中国信达资产管理公司在北京成立。中国信达资产管理公司是具有独立法人资格，独立承担民事责任的国有独资非银行金融机构，注册资本金100亿元人民币，由财政部全额划拨；公司营运资金除了注册资本以外，可以通过发行金融债券、向金融机构借款和向人民银行再贷款等手段获取运行资金。公司的主要任务是，利用国家给予的特殊法律地位和专业优势，管理、处置因收购中国建设银行、国家开发银行不良贷款形成的资产，最大限度地保全资产，减少损失。业务范围包括：收购并经营金融机构剥离的本外币不良资产；追偿本外币债务；对所收购本外币不良贷款形成的资产进行租赁或者以其他形式转让、重组；本外币债权转股权，并对企业阶段性持股；在资产管理范围内进行公司的上市推荐及债券、股票承销；对经相关部门批准的不良资产进行证券化；发行金融债券，向金融机构借款；财务及法律咨询，资产及项目评估；根据市场原则，商业化收购、管理和处置境内金融机构的不良资产；接受委托，从事经金融监管部门批准的金融机构关闭清算业务；接受财政部、人民银行和国有独资商业银行的委托，管理和处置不良资产；接受其他金融机构、企业的委托，管理和处置不良资产；对所收购本外币不良贷款形成的资产进行租赁或者以其他形式转让、重组；运用现金资本金对所管理的政策性和商业化收购不良贷款的抵债实物资产进行必要投资。

组建金融资产管理公司是中国金融体制改革的一项重要举措，对于依法处置国有独资商业银行的不良资产，防范和化解金融风险，推动国有独资商业银行改革，促进国有企业扭亏脱困和改制发展，以及实现国有经济的战略重组具有重要意义。中国信达资产管理公司是中国第一家经营、管理、处置国有独资商业银行不良资产的公司。截至1999年年底，该公司与中国建设银行签订不良资产交接协议，完成了中国建设银行2 500亿元不良贷款剥离和交接工作。

△ 中国人民银行发布《关于简化境外带料加工装配业务外汇管理的通知》。该通知明确，境外带料加工装配项目涉及的外汇收付及汇兑，应按外汇管理有关规定办理，不涉及购汇或汇出外汇的，可不做外汇风险审查。除前期开办费和流动资金外，对机器、设备等固定资产投资及其他费用支出，原则上不予供汇，需购汇的项目，在向外汇管理部门提出外汇风险审查时，应同时提交用汇清单；上述项目申请的人民币贷款原则上不予供汇。

△ 中国农业银行发布《“小额信贷”扶贫到户贷款管理办法（试行）》。该管理办法规定：“小额信贷”扶贫到户贷款是农业银行向贫困农户提供小额有偿扶贫资金而无须农户出具财产抵押的一种扶贫贷款方式，其基本运作模式是：小额短期、贷户联保、整贷零还。“小额信贷”的贷款对象为列入政府扶贫开发规划并建档立卡的农村贫困户，贷款额度一般为一户控制在2 000元以内，贷款期限一般为1年，贷款本息还完后可以续贷；贷款利率执行扶贫贷款利率，结息方式执行人民银行统一规定，也可实行利随本清，利率不上浮；贷款逾期按逾期贷款利率规定执行。该管理办法对贷款对象的条件、贷款程序、贷款管理、监测考核等作了明确规定，自发布之日起试行。

1999年1月20日，国务院扶贫开发领导小组召开第二次全体会议。国务院副总理温家宝强调：1999年要解决1 000万以上农村贫困人口的温饱问题，切实安排好扶贫资金，提高资金的使用效益。为贯彻温家宝讲话精神，农业银行在下发该管理办法的通知中强调：“小额信贷”只是扶贫到户的一种形式，不是唯一形式。一些地方出现的扶贫合作社，应该是金融部门和农户之间的中介组织，不是金融机构，不是用款单位，不能作为承贷主体，更不允许放贷。因此，各行开展“小额信贷”扶贫，一定要认真把握三个基本条件：一是必须同有效的承贷管理方式相适应，使其合法合规；二是必须同管理人员的数量和素质相适应，避免管理脱节；三是必须同技术培训能力相适应。扶贫社不再作为承贷主体后，农业银行可以借助扶贫社服务体系及其功能，按照本管理办法要求，签订代理协议，以充分发挥扶贫社服务体系的积极作用，弥补农业银行基层工作网点和信贷人员的不足。

21日 中国人民银行发布《外国银行撤销在华营业性分支机构操作指引》。主要内容有：外国银行撤销其在华营业性分支机构，必须报中国人民银行批准，并提交善后处理方案、申请机构母国监管当局的确认书等材料。自申请之日起停止吸收客户的定期存款并予公告；批准之前出售债权或者其他资产须经人民银行同意。清算结束，清算组应当出具清算报告并报送中国人民银行备案。未清偿全部债务之前，外国银行在华营业性分支机构不得将资产转移给其总公司（行）或境外分支机构管理，清算中涉及外汇问题的，须报国家外汇管理部门核准同意。

22日 中国人民银行印发《关于走私犯罪侦查机关查询、冻结走私犯罪嫌疑人存款适用〈关于查询、冻结、扣划企事业单位、机关、团体银行存款的通知〉的通知》。该通知明确走私犯罪侦查机关可以按有关规定，到银行或其他金融机构查询、冻结与走私犯罪案件有关的存款；对海关走私犯罪侦查机关到银行或其他金融机关办理查询、冻结走私犯罪嫌疑人存款，出具了有关法律手续的，各金融机构应予以协助配合。

△ 中国证监会发布《外国证券类机构驻华代表机构管理办法》。该管理办法包括总则、申请与设立、监督管理、撤销、罚则、附则共6章32条。主要规定有：1. 代表机构是指外国证券类机构在中国境内获准设立并从事咨询、联络、市场调查等非经营性活动的派出机构；中国证监会是代表机构的审批和监管机关；中国证监会派出机构对本辖区的代表机构进行日常监管。2. 申请设立代表机构，应具备下列条件：申请者所在国家或地区有完善的金融监督管理法律、法规；申请者是由其所在国或地区金融监管当局批准设立的从事证券类业务的金融机构；申请者合法经营、享有良好信誉并在过去三年内连续盈利。3. 代表机构及其工作人员，不得与任何法人或自然人签订可能给代表处或所代表的机构带来收入的协议或契约，也不得从事其他经营性活动；首席代表不得由其总管理机构或地区总部有关部门负责人兼任，也不得在中国境内任何机构兼职。4. 设立代表机构的外国证券类机构发生重大事项，代表机构应当在其外国证券类机构公告后的一个工作日内向中国证监会报告，同时抄报所在地中国证监会派出机构。5. 撤销代表机构，应提前向所在地中国证监会派出机构提交由其外国证券类机构董事长或总经理签署的申请，并由所在地中国证监会派出机构转报中国证监会，经中国证监会批准后，向工商行政管理机关申请注销登记，并到有关部门办理相关手续。

24日 中国人民银行发布《金融监管责任制（暂行）》。该文件规定：中国人民银行依法对金融机构及业务按照审慎原则实施监管，金融机构包括：政策性银行、国有独资商业银行、股份制商业银行、城市商业银行、外资金融机构、非银行金融机构（证券、保险机构除外）、城市信用社、农村信用社及其联社等。中国人民银行对金融机构市场准入、营运、退出的全过程进行监管，取缔非法金融机构和非法金融业务活动。其中对金融机构市场准入的监管包括：法人机构和分支机构的筹建与开业；金融机构拟任高级管理人员资格的审查和管理；法人机构的资本金变动、股权变更和改制计划、修改章程、机构更名、延期、升格、降格、迁址、变更高级管理人员；机构分设与合并事项；业务范围的调整以及新业务的开办；“金融机构营业许可证”、“金融机构法人许可证”的换发。中国人民银行通过非现场监管和现场监管的手段对金融机构营运进行监管，并建立金融监管责任考核制度。该文件对金融监管的组织体系；对上述金融机构的监管；对其他金融事项的监管，包括典当行、社团基金会、企业债券、彩票、会员卡、非法金融机构和非法金融业务活动、邮政储蓄；专职监管人员职责；重大问题的处理；金融监管信息和金融监管报告；金融监管责任制的考核和监督等内容作了具体规定。

30日 国家外汇管理局、对外贸易经济合作部联合制定《出口收汇考核试行办法》。该试行办法是为在扩大出口的同时提高出口质量，打击逃套汇行为，防止国家外汇流失，对进出口企业出口收汇进行考核而制定的，该试行办法共分5章22条。其中规定考核出口收汇的主要指标是出口收汇率，即在一个考核期内应当收汇核销的出口额中已经收汇核销的金额与该考核期内应当收汇核销的出口额之比。交单率达到规定标准是评定进出口企业出口收汇等级的基本条件。该试行办法对考核方法、奖惩等内容作了具体规定，自1999年5月1日起执行。

△ 我国首次证券从业人员资格考试结束。报考人数达9 100人，实际参加考试的人数为8 800人，合格分数线为72分，合格率为44%。证券期货从业人员资格考试是中国证监会组织的国家级资格认证考试，是证券期货行业准入的必备条件。

5月

4日 上海期货交易所试营业。上海期货交易所是经国务院批准，由上海金属交易所、上海商品交易所和上海粮油交易所合并组建的我国第三家期货交易所（另两家为郑州期货交易所和大连期货交易所），上市交易的有铜、铝、天然橡胶、燃料油等四个品种的标准合约，主营铜、铝橡胶和燃料油，拥有会员 233 家，设置 341 个交易席位，可容 682 位出市代表同时操作，配有先进的网络系统、卫星与 DDN 专线传输系统和信息行情传播系统。试营业当天进场交易的会员有 164 家，全天交易秩序平稳，成交合约 18 202 手，金额 13. 12 亿元。

5 日 国务院反假货币工作联席会议在北京召开第二次会议。会议提出当前反假货币工作的总体要求是：以稳定币值，维护人民币信誉，保持正常的经济、社会秩序为目标，树立全局观念，实行标本兼治，完善反假法规，理顺反假体制，加强反假宣传，提高反假技能，加大打击力度，促进经济发展和社会稳定。1994 年 4 月，国务院建立反假货币工作联席会议制度，组织 16 个有关部委共同参与反假货币工作，本次联席会议成员单位由第一次的中央 16 个部委发展到 26 个。

△ 上海市小企业贷款信用担保工作会议宣布，上海市 1999 年将全面建立小企业贷款信用担保制度。上海建立的小企业贷款信用担保制度，主要指小企业在向银行融通资金中，根据合同约定，由依法设立的担保机构以法律保证的方式提供信用担保，以保障贷款银行债权的实现。《上海小企业贷款信用担保试行办法》规定，担保机构按照“风险共担，利益分享”的原则，与商业银行签约实行比例担保，为单个小企业提供担保的金额原则上不超过申请借款担保企业资产总额的 50%，最高不超过 300 万元，担保期限最长两年。

6 日 国务院办公厅发布《关于加强土地转让管理严禁炒卖土地的通知》。该通知指出：一些地区存在用地秩序混乱、非法转让土地使用权等问题，特别是非法交易农民集体土地的现象比较严重，出现了以开发“果园”、“庄园”为名炒卖土地、非法集资的情况。为进一步加强土地转让管理，防止出现新的“炒地热”，保持农村稳定，保护农民利益，保障经济和社会可持续发展，该通知规定：严格控制城乡建设用地总量，坚决制止非农建设非法占用土地；加强对农民集体土地的转让管理，严禁非法占用农民集体土地进行房地产开发；加强对农林开发项目的土地管理，禁止征用农民集体土地进行“果园”、“庄园”等农林开发；强化开发用地的监管，禁止利用土地开发进行非法集资；规范国有土地交易活动，制止炒卖土地；全面清理土地转让、炒卖土地情况，坚决查处土地使用权非法转让和农民集体土地非法交易的行为。该通知要求：人民银行要加强对农林开发项目的信贷管理，加大对以土地开发、土地转让为名进行非法集资行为的监管和查处力度。对未交清土地价款、未取得土地使用权的开发用地，各有关银行不得允许其进行抵押贷款。

7 月 22 日，中国人民银行发布《关于加强农林开发项目信贷管理，严禁利用土地开发和土地转让名义非法集资的通知》，要求金融机构要加强农林开发项目信贷管理，严禁借款人将贷款挪用于建商品住房、别墅、度假村、宾馆、饭店及其他娱乐设施等房地产开发项目。以土地作抵押的农林开发贷款项目，应依法进行抵押登记，未交清土地价款或未依法取得土地使用权的开发用地，不得作为贷款抵押物，以土地抵押的农林开发项目贷款，其贷款期限应不超过土地使用权剩余出让年限。申请农林开发贷款的项目应当符合土地利用总体规划和土地利用年度计划，否则，金融机构一律不予贷款。严禁金融机构对以下项目或用途发放贷款：非法炒卖土地，在土地利用总体规划确定的禁止开垦区内从事土地开发活动，未经合法批准，擅自改变土地用途。各金融机构要会同土地、林业等行政主管部门，对“果园”、“庄园”等农林开发项目贷款进行一次认真清理，严禁利用土地开发和土地转让名义非法集资和非法从事金融活动。

△ 中国证监会发出《关于上市公司总经理及高层管理人员不得在控股股东单位兼职的通知》。为保证上市公司与控股股东在人员、资产、财务上严格分开，该通知规定：上市公司的总经理必须专职，总经理在集团等控股股东单位不得担任除董事以外的其他行政职务；总经理及高层管理人员（副总经理、财务主管和董事会

秘书）必须在上市公司领薪，不得由控股股东代发薪水。

11日 中国证监会发布《关于做好清理违规期货经纪公司有关工作的通知》。该通知要求，各证券监督办公室（直属办）、证券监管特派员办事处、各期货交易所对停业整顿和被取消期货经纪业务资格的公司做好善后工作，制定出切实可行的预案。对已发现挪用客户保证金的期货公司，应立即采取措施督促其归还；对问题严重或出现客户挤提保证金的期货公司，应及时向当地政府汇报，并申请司法机关查封、冻结公司的全部资产，以防止资金流失。客户保证金清退工作坚持先自然人后法人、先散户后大户的清退顺序；对于客户保证金无法清退的期货经纪公司，若股东单位挪用了客户保证金，其股东单位必须无条件地予以清退；股东单位对挪用的客户保证金无法清退时，必须同债权人达成债务和解协议，用其资产作担保，到债务清偿期届满时由法院执行。对涉嫌刑事犯罪的期货经纪公司和当事人，由各地证监会监管机构及时移交公安机关立案，证券监管机构应积极配合公安机关进行调查取证；并认真做好对客户的解释工作，保证不出现客户集体上访或聚众闹事事件的发生。

14日 “中央银行政策——迈向稳健经济成长之路”国际研讨会在澳门举行。中国人民银行行长戴相龙在会上宣布了1999年12月20日澳门回归祖国后中央银行处理内地与澳门两地金融关系将遵循的四项原则：1. 实行两种货币和两种货币制度，澳门在回归以后将继续保持其单独的货币发行制度与管理制度，澳门元和人民币将作为澳门与内地的法定货币分别在两地流通，澳门特别行政区不实行外汇管制政策，澳门元自由兑换。2. 保持两个货币当局，在两个相对独立的货币制度下，两地的金融监管当局也将保持相对独立的关系，澳门特别行政区政府自行制定货币金融政策。3. 在审慎监管方面加强合作，澳门特别行政区政府将继续按照国际惯例负责对澳门金融机构，包括内地在澳门的金融机构的审慎监管；澳门金融机构在内地将继续享受等同外资的各种优惠，在澳门的内地金融机构必须遵守当地法律、法规，并接受澳门金融当局同一标准的监管。4. 按照国际金融惯例处理两地间的金融事务安排，两地银行间和企业间的债权债务关系将继续作为对外债权债务处理，两地银行间和企业间的合同争端将继续按照国际准则协调解决。

15日 全国首次保险经纪人资格考试在北京等6个城市同时举行。此次考试在北京、上海、成都、西安、武汉、广州6个城市设置了考点，报考人数超过7 000人。考试之后，我国产生了第一批有正式资格的保险经纪人。

18日 中国人民银行发布《对农村信用合作社贷款管理暂行办法》。该暂行办法对再贷款管理和审批权限，再贷款的种类、期限和利率，再贷款的对象、条件和用途，再贷款的管理和操作程序等进行了规定，共有7章28条。主要规定是：人民银行对农村信用合作社贷款（以下简称再贷款）指人民银行为解决农村信用社的资金头寸不足及其增加农业贷款的合理资金需要而对其发放的贷款。人民银行总行对再贷款限额实行指令性管理，调增、调减再贷款限额均以贷款额度通知书方式下达；人民银行分行和经分行授权的中心支行有权审批再贷款，并根据辖内农村信用社经营管理状况，规定对单个农村信用社再贷款的最高限额或比例。县（市）支行不得审批再贷款。再贷款划分为头寸再贷款和季节性再贷款，采用信用贷款、质押贷款两种方式；贷款期限为20天、3个月、6个月和9个月四个档次，头寸再贷款的最长期限不超过20天，季节性再贷款根据农业生产周期合理地确定贷款期限，最长不超过9个月；再贷款执行人民银行对金融机构贷款利率。自发布之日起施行。

△ 中国人民银行、国家外汇管理局发布《关于国家外汇管理局分支局金融机构外汇业务监管职能划入人民银行分支行的通知》。按照国务院关于机构改革的精神，该通知决定从1999年6月1日起，国家外汇管理局各分支局原承担的对金融机构外汇业务市场准入审批、外币资产质量和风险监管职责，按金融机构类别分别移交

到中国人民银行分支行相应监管部门。

20日 中国保监会发布《保险公司购买中央企业债券管理办法》。该管理办法规定：中央企业债券是指经国家部委一级批准发行，债券信用评级达AA+以上的铁路、三峡、电力等中央企业债券。中国保监会每年根据国家债券发行计划，向国务院报送申请购买比例，待国务院批复后，中国保监会根据债券发行计划，并参考保险公司的市场份额、偿付能力、可用资金量、购买意向、内控制度建设和遵守法律、法规等因素，分别下达每期新发行债券的购买额度。债券由各保险公司总公司统一买卖，不得超过保监会分配的额度，并于每期债券发行期结束后10日内将购买情况报中国保监会备案。保险公司通过一级市场和二级市场购买的各种债券余额不得超过本公司总资产的10%。

26日 中国银行1.5亿亚洲美元浮息债券发行签字仪式在北京举行。该亚洲美元债券期限五年，票面利率为LIBOR+1.0%，法国兴业银行（亚洲）和中国银行全资附属公司——中国银行国际（英国）有限公司担任发行主干事，这是亚洲金融危机以来中国商业银行首次在国际资本市场发行债券，也是中国银行第4次发行亚洲美元债，第26次成功地进入国际债券资本市场。

28日 中国证监会发布《关于加强会员结算风险管理若干问题的通知》。该通知要求上海、深圳证券交易所建立、完善最低结算备付金（结算头寸）制度，会员资金结算账户的余额不得低于最低结算备付金标准。对于出现结算透支且不能按期补足最低结算备付金的会员，可酌情采取以下措施：根据证券交易所业务规则，要求会员尽快偿还透支款或提供足额抵押品；暂停会员营业部接受新客户的托管，暂停在营业部透支客户的转托管，也可以考虑暂停在营业部向证券交易所透支期间买入证券客户的转托管；确定会员当日买入额度；暂停买入；暂停自营业务或代理业务。

31日 中国人民银行发布《外资银行外部审计指导意见》。该意见提出：外部审计是中央银行金融监管工作的重要补充。一家外国银行一般应聘请同一家会计师事务所，负责其在华全部业务的审计。对外资银行进行外部审计的会计师事务所应有20名以上注册会计师，有一定数量熟悉国际银行业务、具有较高外语水平的注册会计师。独资银行、合资银行及其分支机构由其总行向所在城市人民银行分支机构提出申请，由该分支机构审批。在华有多家分行的外国银行，需选择一家分行作为报告行，代表所有在华分行向报告行所在城市人民银行分支机构提出申请，由该分支机构进行审批。在华只有一家分行的外国银行向所在城市人民银行分支机构提出申请，由该分支机构审批。在审计工作结束后，外资银行应在会计年度结束后第90天内，将审计报告、管理建议书及其对有关事项的说明提交给所在城市人民银行分支机构进行评审。

6月

1日 国务院发出《关于调整B种股票交易印花税税率的通知》。该通知决定，从1999年6月1日起，对买卖、继承、赠与所书立的B种股票股权转让书据，均依照书立时证券市场当日实际成交价格计算的金额，由立据双方当事人分别按3‰的税率缴纳证券交易印花税；在B种股票交易印花税税率调整后，中央财政与地方财政对该项税收的分享比例不变，仍为中央88%，地方12%。此前印花税税率为4‰。

△ 国家经济贸易委员会发布《关于建立中小企业信用担保体系试点的指导意见》。该指导意见明确：1. 中小企业信用担保是指经同级人民政府及政府指定部门审核批准设立并依法登记注册的中小企业信用担保专门机构与债权人（包括银行等金融机构）约定，当被担保人不履行或不能履行主合同约定债务时，担保机构承担约定的责任或履行债务的行为。各类中小企业信用担保机构均属非金融机构，一律不得从事财政信用业务和金融业务。2. 中小企业信用担保体系由城市、省、国家三级机构组成，其业务由担

保与再担保两部分构成，担保以地市为基础，再担保以省为基础。中小企业信用担保机构的法律形式可以是企业法人、事业法人、社团法人。担保的对象为符合国家产业政策，有产品、有市场、有发展前景，有利于技术进步与创新的技术密集型和扩大城乡就业的劳动密集型的各类中小企业。3. 中小企业信用担保机构的主要职能是对被担保者进行资信评估，开展担保业务，实施债务追偿。担保种类主要包括中小企业短期银行贷款、中长期银行贷款、融资租赁以及其他经济合同的担保，试点阶段中小企业信用担保的重点为中小企业短期银行贷款。担保机构要将担保资金和会员交纳的风险保证金按约定比例上存再担保机构指定的银行专门账户。担保机构货币形态的担保资金可按国家规定购买国库券、国债；担保收费标准一般控制在同期银行贷款利率的50%以内，具体收费标准由同级政府有关部门审批。商业性担保机构和企业互助担保机构从事中小企业担保业务的收费标准经同级政府物价部门审批，可以在上述标准基础上适当浮动。

2日 国务院颁布《期货交易管理暂行条例》。该暂行条例规定：1. 中国证监会对期货市场实行集中统一的监督管理。设立期货交易所由中国证监会审批。未经批准，任何单位或者个人不得设立或者变相设立期货交易所。期货交易所履行下列职能：提供期货交易的场所、设施和服务；设计期货合约、安排期货合约上市；组织、监督期货交易、结算和交割；保证期货合约的履行；制定、执行风险管理制度。当期货市场出现异常情况时，期货交易所应采取提高保证金、调整涨跌停板幅度、限制会员或者客户的最大持仓量、暂时停止交易等应急措施，并立即报告中国证监会。2. 设立期货经纪公司注册资本最低限额为人民币3 000万元，经中国证监会批准。未经批准，任何单位或者个人不得从事期货经纪业务，不得在其名称中使用“期货经纪”、“期货代理”或者其他类似字样。期货经纪公司除接受客户委托，从事期货交易所上市期货合约的买卖、结算、交割及相关服务业务外，不得从事其他业务，不得从事或者变相从事期货自营业务。3. 期货交易所应当按照国家有关规定建立健全下列风险管理制度：保证金制度；每日结算制度；涨跌停板制度；持仓限额和大户持仓报告制度；风险准备金制度；中国证监会规定的其他风险管理制度。当会员或客户保证金不足时，必须追加保证金。在规定时间内未能追加保证金的，应当强行平仓。期货交易的结算与交割由期货交易所统一组织进行。该暂行条例共有7章71条，包括总则、期货交易所、期货经纪公司、期货交易基本规则、监督管理、罚则和附则，自1999年9月1日起施行。

3日 中国证监会发布《关于企业发行B股有关问题的通知》。该通知规定：申请发行B股的企业，原则上应为已经设立并规范运作的股份有限公司，必须符合《国务院关于股份有限公司境内上市外资股的规定》所列条件，能够适应国际投资者的要求；成熟一家，发行一家。申请发行B股的企业，经省级人民政府或国务院有关部门同意后，应按照规定向中国证监会报送B股发行申请材料。申请材料中的“承销协议”应在报送中国证监会前签署，在发行申请经中国证监会核准后生效；如有关证券经营机构在承销协议中规定的期限内未完成承销，应按照承销协议中的规定，承担相应的经济责任。

4日 国家外汇管理局发布《关于中资外汇指定银行外汇利润结汇的通知》。该通知要求各中资外汇指定银行：1. 各银行在1999年7月15日前，将1996年至1998年尚未结汇的外汇利润全额结汇，并将结汇情况于8月1日前报国家外汇局管理检查司备案；各银行如需增加或购买外汇资本金，应在外汇利润结汇后，向中国人民银行申请。2. 中资股份制银行的股东红利分配，必须将外汇利润结汇后以人民币进行；有外资股的股份制银行，允许外资股东的红利以外汇进行分配，其他股东必须以人民币进行分配。3. 实行集团统一核算的集团全资子公司（附属银行），应将外汇利润结汇成人民币上缴集团公司，不得直接以外汇上缴。

10日 中国人民银行降低金融机构存贷款利率。中国人民银行于6月9日发布《关于降低存贷款利率的通知》，决定：金融机构各项存款利率平均下降1个百分点，各项贷款利率平均下降0.75个百分点。

15日 《人民日报》发表特约评论员文章——《坚定信心 规范发展》。随着1998年以来国家以增加投资、扩大内需为主要内容的各项政策措施逐步发挥效应，1998年经济发展继续保持了良好势头，经济增长结构出现了积极变化。特别是在国际局势动荡不安的环境下，我国仍然保持了社会政治经济稳定的良好局面；中国股市经历了长达2年的盘整行情，众多上市股票的市盈率大幅下降，投资价值日益显现，使股票市场积蓄了较大的反弹能量；投资者日渐理性，股市资金流向主要集中在高新技术股和绩优股。在上述因素的影响下，5月19日，在以网络股为代表的高科技概念股的带动下，中国股市始出现了较大的上升行情。至6月11日，沪深两市综合指数分别收于1 370点和407点，分别比年初上涨了22%和21%。而5月18日，沪深两市综合指数已分别跌至1 059点和310点，当日成交金额仅为41亿元。

文章指出，近期股市反映了宏观经济发展的实际状况和市场运行的内在要求，是正常的恢复性上升。证券市场具备了长期稳定发展的基础，对推动国有企业改革和现代化建设至关重要。证券市场的良好局面来之不易，各方面都要倍加珍惜。文章要求：1. 证券监管部门要努力维护市场“三公”原则，切实提高监管工作的规范化水平。改革股票发行上市制度，公开核准程序，提高监管工作透明度；依法查处违法、违规行为，切实保护投资者利益。2. 上市公司要依法履行信息披露义务，严格募集资金使用的管理，并按照现代企业制度的要求，完善法人治理结构，切实转换经营机制。3. 证券公司要逐步实行“分业经营、分业管理”，建立健全内控机制。4. 会计师事务所、律师事务所等市场中介组织要诚实信用，勤勉尽责。5. 继续扩大证券投资基金试点，加快培育机构投资者的步伐。

17日 国务院办公厅转发中国人民银行、教育部、财政部《关于国家助学贷款的管理规定（试行）》。该管理规定明确：国家助学贷款是以帮助学校中经济确实困难的学生支付在校期间的学费和日常生活费为目的，运用金融手段支持教育，是资助经济困难学生完成学业的重要形式。适用于高等学校中经济确实困难的全日制本、专科学生。中国工商银行为中国人民银行批准的国家助学贷款经办银行，并接受中国人民银行的监督。为保证国家助学贷款制度的顺利实行，由教育部、财政部、中国人民银行和中国工商银行组成全国助学贷款部际协调小组。教育部设立全国学生贷款管理中心，作为部际协调组的日常办事机构。各省、自治区、直辖市设立相应的协调组织和管理中心。部际协调组主要负责协调教育、财政、银行等部门及学校之间的关系，制定国家助学贷款政策，确定中央部委所属学校年度国家助学贷款指导性计划。其中，中国人民银行主要负责根据国家有关政策，确定国家助学贷款经办银行，审批有关办法，监督贷款执行情况；经办银行负责贷款的审批、发放与回收。国家助学贷款由学生每年申请、由经办银行审批，并负责确定国家助学贷款的具体发放金额。学生申请国家助学贷款必须具有经办银行认可的担保，确实无法提供担保、家庭经济特别困难的学生，可以申请特困生贷款。国家助学贷款的经办银行根据学生申请，具体确定每笔贷款的期限，其利率按中国人民银行公布的法定贷款利率和国家有关利率政策执行，学生所借贷款利息的50%由财政贴息，其余50%由学生个人负担，贷款本息须由学生在毕业后四年内还清；特困生贷款到期无法收回部分，由提出建议的学校和学生贷款管理中心分别偿还60%和40%。借款学生不能按期偿还贷款本息的，按中国人民银行有关规定计收罚息。

国务院办公厅在转发该管理规定的通知中规定：助学贷款工作先在北京、上海、天津、重庆、武汉、沈阳、西安、南京等市进行试点，待条件成熟后再逐步推行。

9月7日，教育部办公厅转发了经中国人民银行批准的《中国工商银行国家助学贷款试行办法》。其中对贷款的条件，贷款的规模、期限、利率和限额，贷款的申请与担保，贷款的审查、发放与归还，贷款业务的协调管理，贷后管理等方面内容作了具体规定。

25～27日 全国证券期货监管工作会议在北京召开。中共中央政治局委员、国务院副总理温家宝出席会议并强调：1. 证券市场是我国社会主义市场经济的重要组成部分，要充分认识证券市场在经济改革和发展中的作用，努力做好规范和发展证券市场的各项工作。2. 中国证监会及其派出机构，要认真贯彻《中华人民共和国证券法》，依法对证券市场进行监管，切实做到有法必依、执法必严、违法必究；要全面落实中央关于深化金融改革、整顿金融秩序、防范和化解金融风险的指示，突出抓好对上市公司、证券公司、其他专业性中介机构的监管和证券交易所的一线监管，切实保护好广大投资者利益。3. 全面提高证券监管干部队伍素质，加强领导班子建设。会议宣布，中国证监会省一级派出机构于7月1日起正式挂牌，这标志着我国集中统一的证券监管体制已经形成。

28日 中国人民银行发布《关于组建农村信用合作社市（地）联合社的试点工作方案》（以下简称《试点工作方案》）、《农村信用合作社市（地）联合社管理规定（暂行）》（以下简称《管理规定（暂行）》）、《农村信用合作社市（地）联合社示范章程》（以下简称《示范章程》）等三个文件。

《试点工作方案》规定：1. 市（地）联社是由农村信用社县（市）联社（以下简称县联社）出资入股组成，主要从事行业管理，向县联社提供资金清算和调剂服务，不对居民和企业办理存贷款业务，不设立分支机构；组建市（地）联社应坚持自愿入股和严格审批的原则，县联社向市（地）联社自愿入股，市（地）联社注册资本金不得低于200万元，入股县联社不少于4个，市（地）联社筹建和开业必须报经人民银行总行批准。2. 市（地）联社的组建试点工作由人民银行各分行在每个省、自治区、直辖市选择3～5个市（地），报经人民银行总行同意后进行，试点条件包括：市（地）范围内县联社达到6家以上；县联社全部完成合作制规范任务；市（地）联社资本金筹集符合有关要求，县联社入股资金数额不超过其实有资本金数额的50%。

《管理规定（暂行）》对机构设立、变更及终止，股权设置，组织机构，基本职责等方面内容作了规定。《示范章程》规定了注册资本、股金、社员社、组织机构、基本职责、财务会计、终止与清算等方面内容。

30日 国务院发布第268号令，决定自1999年10月1日起陆续发行第五套人民币。第五套人民币有100元、50元、20元、10元、5元、1元、5角和1角八种面额，与现行人民币的比率为1:1，发行以后与现行人民币混合流通，具有同等的货币职能。第五套人民币印制精美，增加了固定水印、红蓝彩色纤维、全息磁性开窗安全线、磁性缩微文字安全线、白水印、隐性面额数字、光变油墨、阴阳互补对印图案等防伪特征，设计达到了国际先进水平。

△ 中国人民银行、对外贸易经济合作部发布《关于支持境外带料加工装配业务的信贷指导意见》。该意见提出，信贷支持的重点是我国在设备、技术上有较强优势的轻工、纺织、家用电器等机械电子及服装加工等行业。银行发放中长期贷款主要用于境内采购建厂所需设备、技术以及设备安装等，期限在一年以上；短期贷款主要用于购买境外加工装配业务所需的原材料、零部件以及支付其生产经营费用等，以支持这些产品的出口和生产，期限在一年以内（含一年），贷款以人民币为主。贷款利率按照国家规定的同档次利率执行，对资信状况和经营状况良好的企业可在国家规定的范围内适当下浮；对人民币中长期贷款和外汇贷款，可由中央外贸发展基金给予贴息。对境外带料加工装配业务的贷款须以国内投资主体的资产作抵押，或由国内第三方企业作担保，或有银行认可的其他担保；银行认为必要时，企业还应投保出口信用险。

7月

1日 中国人民银行发布《关于促进银行卡业务公平竞争联合发展的紧急通知》。该通知就商业银行与非银行机构发行联名卡或者为合作发卡提供结算服务等有关问题作出规定：各商业银行与非银行机构发行联名卡或者为合作发卡提供结算服务须报中国人民银行批准。提供结算服务时，不得以任何形式为联名机构或合作机构提供卡片和机具等相关投资（为特约单位安装POS机除外）；不得降低结算手续费标准；安装的POS机及读卡器不得具有排他性。

△ 经国务院批准，从1999年7月1日起，财政部、国家税务总局提高部分商品的出口退税率。经过此次调整，我国出口商品的综合退税率平均提高了2.95个百分点，退税率档次由现行的17%、13%、11%、9%、5%五档简并为17%、15%、13%、5%四档。

3日 《上海证券交易所关于股票暂停上市相关事项的处理规则》和《深圳证券交易所关于上市公司股票暂停上市处理规则》分别发布。其中首次提出对暂停上市公司股票制交易实行"PT"（Particular Transfer，特别转让）制。即对近三年连续亏损的上市公司暂停其股票上市；在公司股票暂停上市期间，为投资者提供"特别转让服务"。"特别转让服务"是指，公司股票简称前冠以"PT"字样；投资者在每周五（法定节假日除外）开市时间内申报转让委托，申报价格不得超过上一次转让价格上下5%；每周五收市后对有效申报按集合竞价方法进行撮合成交；转让信息不在交易行情中显示，由指定报刊设专门栏目在次日公告；公司股票不计入指数计算，成交数据不计入市场统计。

5日 中国证监会发布《关于加强证券经营机构股票承销业务监管工作的通知》。该通知要求，中国证监会重新审查证券公司股票承销业务资格，并对证券公司申请取得股票承销商资格和申请取得股票主承销商资格作了详细规定。信托投资公司不再从事股票承销业务。但此前已签订股票承销协议的信托投资公司，具备条件的，允许其完成已签订股票承销协议的承销项目；不具备条件的，可将承销项目转让给具有承销资格的证券公司。该通知规定，证券公司从事股票承销业务应当遵守下列风险监控指标：1. 证券公司负债总额（不包括客户存放的交易结算资金）不得超过净资产的8倍，流动性资产占净资产的比例不得低于50%。2. 证券公司以包销方式承销股票，包销总金额不得超过净资本的60%，单项包销金额不得超过净资本的30%，并且不得超过人民币3亿元。证券公司承销拟公开发行或配售股票的票面总值超过人民币5 000万元的，应当由承销团承销。承销团有3家或3家以上承销商的，可设1家副主承销商；承销金额超过人民币3亿元、承销团成员超过10家的，可设2～3家副主承销商。有下列情形之一的证券公司，不得成为股票发行人的主承销商或副主承销商：1. 证券公司持有发行人7%以上的股份，或是其前五名股东之一。2. 发行人持有证券公司7%以上的股份，或是其前五名股东之一。3. 发行人与证券公司之间具有其他有重大影响的关联关系。

6日 中国人民银行下发《关于改进外汇担保项下人民币贷款管理的通知》。该通知规定：外汇担保项下人民币贷款是指由境外金融机构或境内外资银行提供信用保证或由境内外商投资企业提供外汇质押，由境内中资外汇指定银行（人民币贷款行）向境内外商投资企业（借款人）发放的人民币贷款。借款人仅限于资本金已按期足额到位且未减资、撤资的外商投资企业，贷款行仅限于境内中资外汇指定银行总行，以及经其授权的分支行。外汇担保人民币贷款可用于满足固定资产投资和流动资金需求，但不得用于购汇，贷款期限最长不超过5年。该通知对外资银行保证项下人民币贷款和外汇质押人民币贷款的办理事宜作了规定，同时要求人民币贷款行总行在每月10日前向所在地人民银行报送上月全行发放、回收外汇担保项下人民币贷款的情况。该通知自1999年7月15日起生效。

7日 中国人民银行发布《关于改进专项贷款管理的通知》。该通知规定：1. 国有独资商业银行今后不再承办政策性贷款，原则上不再保留"专项贷款"形式。2. 对个别近期难以取消，确实需要继续给予重点支持的扶贫贷款、农业综合开发贷款、林业贴息贷款、治沙贴息贷款、山区综合开发贷款、森工贴息贷款、劳改劳教贷款、民贸网点和生产贷款继续保留，并执行到2000年12月31日止；上述保留的专项贷款，由有关商业银行按照信贷原则自主选择项目、自主发放贷款，各行业主管部门可以提出项目建议，但不得干预银行贷款。3. 除上述保留的专项贷款外，其余的专项贷款一律取消；专项贷款取消后，国有独资商业银行对原有专项贷款中符合贷款条件的，由商业银行按照《中华人民共和国商业银行法》和《贷款通则》的有关规定给予贷款支持，主管部门可提出项目建议，由商业银行自主贷款；不符合商业贷款条件的，主管部门如能落实贴息或其他补贴形式，使之符合商业贷款条件，银行也可继续发放贷款。

8日　世界银行披露，1999财年（1998年7月1日至1999年6月30日）共批准了19个中国项目，贷款总额为20.97亿美元，其中16.744亿美元为国际复兴开发银行（IBRD）贷款，4.226亿美元为国际开发协会（IDA）信贷。批准的19个项目里约有一半直接支持扶贫和社会发展目标，其他项目重点支持基础设施建设，以内地省区为主。自1982年以来，世界银行向中国提供的累计贷款额达到324.52亿美元，其中国际复兴开发银行累计贷款额为222.50亿美元，国际开发协会累计信贷额为102.02亿美元，贷款项目总数为218个。

9日　中国人民银行、财政部颁布《凭证式国债质押贷款办法》。该办法规定：经中国人民银行批准，办理个人定期储蓄存款存单小额抵押贷款业务，并承担凭证式国债发行业务的商业银行，均可以办理1999年以后（含1999年）发行的凭证式国债质押贷款业务。借款人申请办理凭证式国债质押贷款业务，须持本人名下的凭证式国债和能证明本人身份的有效证件，向其原认购国债银行提出申请，经其确认并审核批准后，由借贷双方签订质押贷款合同。凭证式国债质押贷款期限由贷款机构与借款人自行商定，但最长不得超过凭证式国债的到期日，质押贷款额度起点为5 000元，每笔贷款应不超过质押品面额的90%，按照同期同档次法定贷款利率（含浮动）和有关规定执行。

12日　中关村科技借壳上市。1999年6月8日，北京市住总集团、北京市国有资产经营公司、联想、方正、四通等六家公司发起成立的中关村科技发展（控股）股份有限公司，6月19日到28日，住总集团将其定向发行股份按1:1的比例与海南民源现代农业发展股份有限公司（以下简称琼民源，股票代码：0508）社会公众股股东持有的187 423 470股琼民源股份进行等量置换。1999年7月12日琼民源终止上市，中关村科技完成了借壳上市，并于8月16日至18日增发18 742.347万股流通股。股票代码为000931，简称中关村。完成对琼民源重组的中关村科技，总资产由13.5亿元扩大到31.2亿元，总股本67 484.69万股，其中流通股占55.55%，住总集团持股2.7亿股，占40.01%；中关村的三大标志性企业联想、方正和四通各持300万股，各占0.44%；其他法人股股东包括北京市国有资产经营公司（1.63%）、北京实创高科技发展总公司（0.74%）和北京市新技术产业发展服务中心（0.74%）。1997年3月4日，琼民源因年报中涉嫌违反现行会计制度被停牌。

14日　中国证监会发布《关于企业申请境外上市有关问题的通知》。该通知规定：国有企业、集体企业及其他所有制形式的企业经重组改制为股份有限公司（以下简称公司），并符合境外上市条件的，均可自愿向中国证监会提出境外上市申请，中国证监会依法按程序审批，成熟一家，批准一家。公司申请境外上市的条件：符合我国有关境外上市的法律、法规和规则；筹资用途符合国家产业政策、利用外资政策及国家有关固定资产投资立项的规定；净资产不少于4亿元人民币，过去一年税后利润不少于6 000万元人民币，并有增长潜力，按合理预期市盈率计算，筹资额不少于5 000万美元；具有规范的法人治理结构及较完善的内部管理制度，有较稳定的高级管理层及较高的管理水平；上市后分红派息有可靠的外汇来源，符合国家外汇管理的有关规定。

15～16 日　国家外汇管理局、对外经济贸易合作部在北京联合召开“共同促进进出口和利用外资协作会”。会议提出：加强汇贸协作，支持扩大出口和积极有效地利用外资，规范管理程序，简化外汇手续，为对外经济贸易的发展营造良好的外汇政策环境；同时，继续严厉打击骗汇、逃汇和非法买卖外汇行为，贯彻落实出口收汇考核办法，维护对外经济贸易发展的良好秩序，保护守法企业的正常经营。国家外汇管理局表示将采取多项措施，支持扩大出口和利用外资，增加外汇收入，已经和将要采取的措施包括：取消对出口收汇、结汇、入账和审核，以提高资金效率；为出口收汇考核中确定的“荣誉企业”提供便利条件，降低其经营成本；放宽对外商投资企业外汇质押和外汇担保项目下人民币贷款的限制，简化手续；简化外商投资企业结算账户不得作不定期存款的限制，下放包括外商企业在内所有企业 1 000 万美元以下的资本项目下外汇收入结汇的审批权限和外债项目下还本付息购汇的核准权限等；简化外商投资企业技术引进购付汇手续。

19 日　中国人民银行、国家外汇管理局联合发布《关于规范外币清算业务的通知》。该通知要求人民银行各分支行、国家外汇管理局各分局遵照执行人民银行和国家外汇管理局联合制定的《外币清算业务管理办法》、《外币清算业务内控制度》、《外币清算业务资金风险防范管理办法》、《外币清算业务会计核算办法》，并要求各开办外币清算业务的分支行、分局必须保持不少于 5 名工作人员从事外币清算业务，并在外汇局的有关业务处室成立外币清算业务科，具体负责组织日常的外币清算业务运作。

《外币清算业务管理办法》规定：外币清算业务实行会员制，经营外汇业务的金融机构经所在地分局批准可成为当地外币清算会员。总局统一选择境外账户行及开立境外外汇账户，并为分局在总局的账户下分别开立分账户。总分账户的资金相对独立核算，即分账户当日贷方资金余额不得转入总账户，借方余额也不得自动从总账户提取资金。外币清算业务的清算币种由总局统一规定与调整。《外币清算业务管理办法》自 1999 年 8 月 1 日起实施。

《外币清算业务内控制度》规定：外币清算业务的内控应坚持“责任原则、复核原则、检查原则”。外汇资金头寸的摆布须指定专人操作，授权操作人员的名单须书面通知境外银行备案；境外付款指令的发送在独立的机房进行，并坚持双人操作，原始付款指令凭证当日送主管领导签批。

《外币清算业务资金风险防范管理办法》规定：外币清算资金包括清算头寸资金、清算保证金和清算风险基金，其他资金不得混入；外汇存款准备金和其他生息资产等应设专户进行管理。会员如发生清算头寸资金不足时，可从清算保证金中支付，但必须于下一个工作日将清算保证金补足。清算保证金仍不足支付时，分局可对该会员的部分提出票据进行退票，直至清算保证金能够满足支付的需要，由此产生的后果由会员自行承担。各分局清算资金头寸不足可向其他分局商调，期限不得超过 1 天。分局必须每年从外币清算业务的年终净盈利中提取金额为利息纯收入的 40% 的风险基金，用于在办理外币清算业务中有关成本费用的扣抵以及意外风险的抵补。

21 日　中国人民银行发布《农村信用社农户小额信用贷款管理暂行办法》。该暂行办法规定：农户小额信用贷款是信用社以农户的信誉为保证，在核定的额度和期限内发放的小额信用贷款。农户小额信用贷款采取“一次核定、随用随贷、余额控制、周转使用”的管理办法，并使用农户贷款证。贷款证以农户为单位，一户一证，不得出租、出借或转让。农户小额信用贷款期限根据生产经营活动的周期确定，原则上不超过一年，按中国人民银行公布的贷款基准利率和浮动幅度适当优惠，结息方式与一般贷款相同。该暂行办法对借款人及借款用途、资信评定及信用额度、贷款的发放与管理等作了具体规定。

△　中国人民银行发布《关于扩大上海、深圳外资银行人民币业务范围的通知》。其中规定：1. 扩大外资银行经营人民币业务的地域范围，上海的外资银行可由上海市市内客户扩大到江苏、浙江两省客户，深圳的外资银行可由深圳

市市内客户扩大到广东、广西和湖南三省客户；2. 放宽外资银行人民币业务的规模限制，人民币负债总额对其外汇负债总额的比例由目前的35%放宽到50%，超过7天的同业拆借与营运资金按1:1比例挂钩的规定不再执行；3. 增加外资银行人民币同业借款业务，外资银行可向中资金融机构借入一年期以上的人民币资金，利率和期限由中外资金融机构双方参照市场条件协商确定；4. 允许外资银行组织银团贷款收取承担费和管理费，费率可参照国际惯例由借贷双方协商确定，但原则上承担费和管理费均不得高于贷款总额的0.3%；5. 允许在同一家外资银行已获准经营人民币业务的异地分行之间自由调拨人民币头寸。

8月24日，交通银行向花旗银行上海分行发放首笔同业借款5 000万元人民币，期限一年以上，这是该通知下发后，上海银行界向外资银行发放的第一笔中长期融资。

22日 国家外汇管理局发布《关于加强进口金银及其制品售付汇审核的通知》。该通知明确国家管理金银的机关为中国人民银行，未经中国人民银行总行批准，境内任何企业、单位不得擅自进口金银及其制品。企业和单位办理购付汇，须提供人民银行总行准许进口金银的批件和工商营业执照。国家外汇管理局各分局配合人民银行、工商行政管理和税务等部门跟踪进口商品的去向，凡查实属骗购外汇的，应坚决予以查处；要主动与海关联系，加强对“双零税率”或低税率商品的进口付汇审核，发现异常情况应立即报告国家外汇管理局总局。

26日 中国人民银行、国家经济贸易委员会、国家计委、财政部、国家税务总局联合发布《封闭贷款管理暂行办法》。该暂行办法包括总则、贷款条件、贷款程序、贷款的运行与管理、贷款的监督与检查、附则共6章26条。主要规定有：封闭贷款是指贷款人对因资产负债率较高、亏损严重等原因，按照正常条件不能取得贷款，但政府已决定救助的国有工业企业发放的流动资金贷款。封闭贷款是商业性贷款，由商业银行自主审查发放。封闭贷款应遵循“封闭核算、购货鉴证、足额贷款、专户管理、保值分利”的原则。申请封闭贷款的企业须符合规定的条件并提出书面申请，由商业银行审查批准，根据企业产品的生产经营周期合理地确定贷款期限，贷款利率按人民银行规定的同档次流动资金贷款利率执行。封闭贷款须开立结算专户，专款专用、单独考核。封闭贷款及回笼贷款的使用必须实行“双签”制度，要有企业和贷款人双方的签字方能支付款项。贷款在封闭运行期间，贷款人不得从专户中扣取老的贷款和欠息；企业不能用其支付拖欠的工资，不得用专户上的资金支付企业的其他债务支出；有关部门不能从专户中扣收老的欠税及各种费用；司法部门不应以企业其他债务纠纷为由，冻结封闭贷款账户和扣收专户资金。企业应保证产品销售收入及时、足额划入专户，封闭运行，不得挪作他用。贷款人要建立封闭贷款统计报表制度，定期向当地人民银行和上级行报告，同时将企业执行封闭贷款的情况，向有关部门通报。

27日 中国人民银行发布《关于全面推行贷款五级分类工作的通知》（以下简称《通知》）及《贷款风险分类指导原则（试行）》（以下简称《指导原则（试行）》）。《通知》要求：从1999年7月末开始到1999年年底前，完成四家国有独资商业银行和三家政策性银行的贷款五级分类工作；从1999年开始到2000年年底前，完成10家其他商业银行的贷款五级分类工作；从2000年年初开始到2000年年底前，完成88家城市商业银行的贷款五级分类工作。《通知》还界定了损失贷款的标准：借款人被依法撤销、关闭、解散，并终止法人资格，经确认无法还清的贷款；借款人虽未依法终止法人资格，但生产经营活动已经停止，且借款人已名存实亡，复工无望，经确认无法还清的贷款；生产单位的经营活动虽未停止，但产品毫无市场，企业资不抵债，亏损严重并濒临倒闭，且政府不予救助，经确认无法还清的贷款。

《指导原则（试行）》共6章31条，分别为贷款分类的目标、贷款分类的标准、贷款分类的基本要求、贷款分类的组织与实施、贷款分类的监督与管理、附则。主要规定有：评估银行贷款质量采用以风险为基础的分类方法，把贷款分为正常、关注、次级、可疑和损失五类，后三类合称为不良贷款。正常类指借款人能够履行合同，没有足够的理由怀疑贷款本息不能按时足额偿还；关注类指尽管借款人目前有能力偿还贷款本息，但存在一些可能对偿还产生不利影响的因素；次级类指借款人的还款能力出现明显问题，完全依靠其正常营业收入无法足额偿还贷款本息，即使执行担保，也可能会造成一定损失；可疑类指借款人无法足额偿还贷款本息，即使执行担保，也肯定要造成较大损失；损失类指在采取所有可能的措施或一切必要的法律程序之后，本息仍然无法收回，或只能收回极少部分。

28日 由中国人民银行行长戴相龙主持的股份制商业银行负责人座谈会在北京召开。戴相龙在会上指出：股份制商业银行具有广阔的发展前景和市场空间，中央银行将进一步依法支持股份制商业银行在改革中发展，逐步扩大股份制商业银行的市场份额，采取多种方式，扩大股份制商业银行的资本金，允许股份制商业银行向市场融资，对其合理需要，中央银行可给予再贷款支持。进一步完善股份制商业银行法人治理结构，按有关法律规范股东大会、董事会、监事会、经营班子的职责、权利和义务，增强自我发展、自我约束能力。

从1986年国务院批准重新组建交通银行开始，截至1998年年末，我国已有各类股份制商业银行100家，总资产16 815亿元，其中跨区域的股份制商业银行10家，资产达11 413亿元；股份制城市商业银行88家，资产为5 318亿元；住房储蓄商业银行2家，资产84亿元。

△ 中国证监会发布《关于进一步完善股票发行方式的通知》。该通知规定：公司股本总额在4亿元以下的公司采用上网定价、全额预缴款或与储蓄存款挂钩的方式发行股票；公司股本总额在4亿元以上的公司，可采用对一般投资者上网发行和对法人配售相结合的方式发行股票。采取对一般投资者上网发行和对法人配售相结合的方式发行股票的公司，须事先向证监会提出发行方案，经核准后方可实施。用于配售部分的股票，不得少于公开发行量的25%、不得多于公开发行量的75%，对每一个配售对象的配售股份不得超过发行公司发行在外的普通股总数的5%，一般不应少于50万股。

2000年4月5日，中国证监会对该通知的有关规定作了修改，取消了原规定中发行后总股本在4亿元以上的公司方可采用对一般投资者上网发行和对法人配售相结合的方式发行股票的限制；发行后总股本在4亿元以下的公司也可采用上述方式发行股票。同时取消了用于法人配售部分的股票不得少于公开发行量的25%、不得多于公开发行量的75%的限制；发行人和主承销商在充分考虑上市后该股票流动性等因素的基础上，自主确定对法人配售和对一般投资者上网发行的比例。

30日 国家经济贸易委员会、中国人民银行联合发布《关于实施债权转股权若干问题的意见》。该意见包括目的和原则、选择企业的范围与条件、选择企业的操作程序、金融资产管理公司与企业的关系、职责分工共五部分内容。选择债权转股权企业的范围是："七五"、"八五"期间和"九五"前两年主要依靠商业银行贷款（包括外币贷款）建成投产，因缺乏资本金和汇率变动等因素，负债过高导致亏损，难以归还贷款本息，通过债权转股权后可转亏为盈的工业企业；国家确定的521户重点企业中因改建、扩建致使负债过重，造成亏损或虚盈实亏，通过优化资产负债结构可转亏为盈的工业企业；被选企业同时应是1995年及以前年度向商业银行贷款形成不良债务的工业企业，有些地位重要、困难很大的企业，时限可以延至1996年、1997年、1998年；工业企业直接负债方，作为债权转股权的企业，必须具有独立企业法人资格；选择个别商贸企业，进行债权转股权企业的试点。被选企业（国内有需求、可替代进口、可批量出口），质量符合要求，有市场竞争力；工艺装备为国内、国际先进水平，生产符合环保要求；企业管理水平较高，债权债务清楚，财务行为规范；企业领导班子强，董事长、总经理善于经营管理；转换经营机制的方案符合现代企业制度的要求，各项改革措施有力，减员增效、下岗分流的任务落实并得到地方政府确认。国家经贸委按照选择范围和条件，提出建议名单，由金融资产管理公司独立评审确认。国家经贸委、财政部、中国人民银行对金融资产管理公司确认的企业债权转股权的条件、方案，联合进行严格审核后，报国务院批准实施。2000 年 8 月 30 日中国人民银行向国务院呈交了《关于剥离不良贷款和债转股工作的报告》。

债转股 债转股是债权转股权的简称，即在一定的背景之下，债权方将对债务人的债权按双方约定的条件转换成对债务人的股权。

债转股的实施有利于债务企业降低负债率，减轻经营压力，摆脱经营困境；债权人转为股东身份后，有利于其对债务人的经营实施监督管理，等待债务人经营走出困境后，再获得股权分红回报。债转股在国际上有较为广泛的应用，对于我国而言，是我国政府推动国有企业改革、化解银行不良资产的一项重要政策手段。为盘活商业银行不良资产，加快不良资产的回收，防范和化解金融风险；加快实现债转股的国有大中型亏损企业转亏为盈；促进企业转换经营机制，加快建立现代企业制度，我国从 1999 年 7 月起，正式开展了大规模的、对国有企业的债转股工作。债转股的具体做法是：国家成立了四家专门的金融资产管理公司，由其收购国有企业对国有商业银行所欠下的巨额不良贷款，随后，金融资产管理公司再将不良贷款转化为对国有企业的股权，成为国有企业的股东，对企业持股或控股，派员参加企业董事会、监事会，参与企业重大决策，但不参与企业的日常生产经营活动。

△ 国家外汇管理局、对外贸易经济合作部发布《关于援外项目外汇管理有关问题的通知》。该通知规定：援外项目免缴境外投资汇回利润保证金，但项目单位应向外汇局出具承诺书，保证按规定汇回境外项目所得利润及收益。援外项目如需使用外汇，项目单位应首先申请援外合资合作基金外汇贷款或援外优惠外汇贷款，外汇贷款不足的，可列出用汇清单，经对外贸易经济合作部批准后，方可向外汇局申请购汇。购汇金额不得超过援外项目投资总额的 40%。

8 月

△ 中国保监会发布《关于规范保险公司重要事项变更报批程序的通知》。该通知规定：保险公司变更下列重要事项之一的，须报经中国保监会批准：变更资本金、股份转让、股东更名、变更营业场所、调整业务范围、修改公司章程。

12 日 中国人民银行发出《关于批准保险公司在全国银行间同业市场办理债券回购业务的通知》。为发展货币市场，进一步拓宽保险公司的投资渠道，即日起保险公司可与其他全国银行间同业市场成员进行债券回购交易，交易券种为中国人民银行批准交易的国债、中央银行融资券、政策性银行金融债券等债券。

16 日 中国人民银行发布《银行信贷登记咨询管理办法（试行）》。银行信贷登记咨询是以银行信贷登记咨询系统为管理手段，通过对金融机构信贷业务和借款人信息登记，全面反映借款人资信情况，为金融机构提供借款人资信咨询服务，并对金融机构和借款人的信贷行为进行监控的金融监管服务制度。银行信贷登记咨询系统是以城市为单位，以贷款卡为借款人向金融机构办理信贷业务的媒介，使用现代化通信和计算机网络技术，联结各级金融机构，全国联网的信贷信息管理系统。该办法共有 6 章 37 条，分别对贷款卡发放及管理、信贷登记管理、信贷咨询管理、系统安全管理以及罚则作了具体规定。

18 日 国泰君安证券股份有限公司在上海注册成立。该公司是由国泰证券有限公司和君安证券有限责任公司采取新设合并、增资扩股的方式成立的大型综合类证券公司。公司注册资本为 37.27 亿元，共有上海市财政局、深圳市投资管理公司、国家电力公司等 136 家股东单位，其中包括大众出租、新锦江、陆家嘴、外高桥等 20

多家上市公司以及中信证券、北京证券等证券公司和信托投资公司、保险公司等；经营范围包括经纪业务、证券承销和自营、资产委托管理、投资咨询、基金业务以及中国证监会批准的其他业务。公司总资产300多亿元，在全国27个省、市、自治区拥有118家营业部，5 200多名员工。1999年，公司股票、基金交易额占全国总成交金额的5.86%，排名全国第一。

19日 中国人民银行发布《基金管理公司进入银行间同业市场管理规定》。为进一步发展货币市场，拓宽基金管理公司的投资渠道，允许基金管理公司申请加入全国银行间同业市场，从事购买债券、债券现券交易和债券回购业务。基金管理公司须向中国人民银行提交申请材料，由人民银行审查批准。进入全国银行间同业市场的基金管理公司的债券回购最长期限为一年，其资金余额不得超过基金净资产的40%。

△ 中国人民银行发布《证券公司进入银行间同业市场管理规定》。为进一步发展货币市场，适当拓宽证券公司的融资渠道，允许证券公司进入银行间同业市场，但其分支机构不得进行交易。凡申请进入全国银行间同业市场的证券公司须经中国证监会推荐，资本充足率须达到法定标准。凡经批准成为全国银行间同业市场成员的证券公司，拆入资金最长期限为七天，拆出资金期限不得超过对手方的由人民银行规定的拆入资金最长期限；债券回购的最长期限为一年；拆入资金、拆出资金余额均不得超过实收资本金的80%，债券回购资金余额不得超过实收资本金的80%。进行拆借业务的证券公司必须达到以下要求：在任何时点上其流动比率不得低于5%，流动比率=流动资本/公司总负债 ×100%；公司净资本不得低于2亿元，负债总额（不包括客户存放的交易结算金）不得超过净资产的8倍。

20日 国务院发布《关于加强技术创新发展高科技实现产业化的决定》。其中指出：科技向现实生产力转化能力薄弱、高新技术产业化程度低，依然是制约我国经济发展的一大障碍。要通过深化改革，从根本上形成有利于科技成果转化的体制和机制，加强技术创新，发展高科技，实现产业化。该决定提出要实施金融扶持政策。金融机构要充分发挥信贷的支持作用，积极探索多种行之有效的途径，改进对科技型企业的信贷服务；依据企业的不同特点建立相应的授权授信制度，完善资金管理办法，增加信贷品种，拓展担保方式，扩大科技信贷投入。尽快研究提出解决中小型科技企业贷款担保的办法，对符合条件、能提供合法担保的科技项目，要优先发放科技贷款与技改贷款；对于有市场发展前景、技术含量高、经济效益好、能替代进口的高新技术成果转化和技术改造项目，要提高贷款支持力度，国家对这类项目给予相应的贴息支持；国家对高新技术产品出口在信贷和贴息方面给予扶持。

要培育有利于高新技术产业发展的资本市场，逐步建立风险投资机制，发展风险投资公司和风险投资基金，建立风险投资撤出机制，加大对成长中的高新技术企业的支持力度；引进和培养风险投资管理人才，加速制定相关政策法规，规范风险投资的市场行为；优先支持有条件的高新技术企业进入国内和国际资本市场，在作好准备的基础上，适当时候在现有的上海证券交易所、深圳证券交易所专门设立高新技术企业板块。

30日 九届全国人大常委会第十一次会议通过了《中华人民共和国个人所得税法》修正案，删去了免征储蓄存款利息个人所得税的规定，对储蓄存款利息所得税的开征时间和征收办法由国务院决定。据国家税务总局统计：1999年11月至2000年4月全国累计入库利息所得税为31.6亿元。

31日 中国证监会发布《期货交易所管理办法》、《期货经纪公司管理办法》、《期货从业人员资格管理办法》和《期货经纪公司高级管理人员任职资格管理办法》四个配套办法，并于9月1日起生效。《期货交易所管理办法》共分8章90条，对期货交易所的设立、变更与终止，组织机构，会员管理，基本业务规则，监督与管理，罚则等作了明确规定。《期货经纪公司管理办法》共分6章123条，对期货经纪公司的设立、变更与终止、解散与清算、期货经纪业务的基本规则、监督与管理、罚则作了明确规定。《期货从业人员资格管理办法》共分6章37条，对期货业从业人员资格取得、从业人员行为规范、从业资格的管理、罚则作了明确规定。《期货经纪公司高级管理人员任职资格管理办法》共分5章30条，对期货经纪公司高级管理人员任职资格、日常管理、罚则等方面内容作了明确规定。

9月

3日 中国人民银行发布《单位定期存单质押贷款管理规定》。该管理规定共有6章37条，对单位定期存单的开立与确认、质押合同、质权的实现、罚则等内容作出了明确规定。主要内容有：单位定期存单是指借款人为办理质押贷款而委托贷款人依据开户证实书向接受存款的金融机构（存款行）申请开具的人民币定期存款权利凭证，只能为质押贷款的目的而开立和使用。办理单位定期存单质押贷款，贷款人和出质人应当订立书面质押合同，经确认后的单位定期存单用于贷款质押时，其质押的贷款数额不得超过确认数额的90%。质押期间，任何人不得擅自动用质押款项。单位定期存单质押担保的范围包括贷款本金和利息、罚息、损害赔偿金、违约金和实现质权的费用。个人定期储蓄存款存单质押贷款不适用本规定，境内国际结算和融资活动中需用单位定期存单作质押担保的，参照本规定执行。

△ 中国核保险共同体（核共体）成立，成员有中国再保险公司、中国人民保险公司、中国太平洋保险公司、中国平安保险公司和华泰保险公司。核共体的业务范围为中国境内核电站、其他商业民用核设施的核物质损失险、责任险及成员公司一致认可的其他相关核保险业务，以及参与国际市场核物质损失险和责任险。作为一种承保高风险业务的合作保险形式，核共体集中国内保险公司核风险承保能力，共同承担风险，分摊损失，为核风险提供最大限度的保障，保证我国核电事业顺利发展。

6日 中国人民银行发布《关于调整扶贫贴息贷款和再贷款利率的通知》。该通知规定：1. 中国人民银行不再对农业银行发放扶贫贴息再贷款，农业银行可根据办理扶贫业务后的本系统资金需求申请正常再贷款。2. 农业银行新发放的所有扶贫贷款，统一执行优惠利率3%，中央财政按此优惠利率与同期同档次正常贷款利率的利差实行全额贴息。从2000年1月1日开始，农业银行发放的所有新老扶贫贷款统一执行优惠利率3%，财政部根据国务院确定的年度扶贫贷款计划，在计划额度内按扶贫贷款优惠利率与同期同档次正常贷款利率的利差实行全额贴息，但对1998年年底前发放的未到期的扶贫贷款，中央财政一律不予贴息。3. 扶贫贷款期限一般为1年，最长不超过3年。

7日 国家外汇管理局发布《关于部分项目免缴境外投资汇回利润保证金的通知》。为鼓励境外加工贸易和实物境外投资，支持援外项目的顺利进行，该通知规定，下列项目免缴境外投资汇回利润保证金：援外项目；不涉及购汇及汇出外汇的境外带料加工装配项目；中方全部以实物出资的境外投资项目。

8日 中国证监会发布《关于法人配售股票有关问题的通知》。该通知规定：1. 国有企业、国有资产控股企业、上市公司所开立的股票账户，可用于配售股票，也可用于投资二级市场的股票；但在二级市场买入又卖出或卖出又买入同一种股票的时间间隔不得少于6个月。2. 国有企业、国有资产控股企业不得使用从银行及其他金融机构取得的各类长短期贷款、外国政府贷款、外国商业贷款和财政周转金购买配售的股票；上市公司不得使用募股资金和从银行及其他金融机构取得的各类长短期贷款、外国政府贷款、外国商业贷款购买配售的股票，不得非法利用他人账户或资金进行申购，也不得违规融资或帮助他人违规融资申购。3. 公司注册登记在半年以上的法人方具有参加配售的资格。

9日 经中国人民银行批准，上海银行与国际金融公司（IFC）在华盛顿签署协议并正式接受该公司参股投资。国际金融公司以每股2.12元，约2 400万美元认购上海银行1亿股，占上海银行股本总额的5%。这是世界银行集团投资中国银行业的第一个项目。上海银行是在1995年12月29日由上海的99家城市信用合作社改制而成的股份制商业银行，实行“一级法人、二级经营”的管理体制。

△ 中国保监会发布《关于处理怡和保险顾问有限公司的公告》。该公告指出：近年来怡和保险顾问有限公司通过其在香港的机构及在我国境内的代表处，在我国境内非法从事保险经纪业务；该公司采取降低承保条件、扩大保险责任、强制分保等手段，炒作国内保险公司，加大了保险公司经营风险，扰乱了保险市场秩序；特别是自1999年3月开始清理整顿保险中介市场以来，该公司仍然非法从事保险经纪业务活动，并企图向保险监管机关隐瞒违规情节，拒不承认违规事实。中国保监会决定给予该公司撤销其北京代表处，取消其北京代表处首席代表任职资格的处理。中国保监会重申：境外保险机构及其中国境内代表处未经中国保险监管机关批准，一律不得在中国境内从事保险、再保险和保险中介活动；国内各保险公司一律不准接受未经批准的保险中介机构的业务。

10日 国家经济贸易委员会、国家计委、财政部、中国人民银行联合发布《国家重点技术改造项目国债专项资金管理办法》。该管理办法规定：国债专项资金是指中央财政债券资金和中央财政转贷地方财政的债券资金，国家重点技术改造贷款是指用国家国债专项资金支持的由国家组织安排的技术改造人民币贷款。凡承担国家重点技术改造贷款项目的企业，均可享受国债专项资金的支持。国家重点技术改造贷款，原则上由国家主要商业银行和国家开发银行承贷。用国债专项资金支持重点技术改造项目，采取项目投资补助和贷款贴息两种方式实现。项目投资补助主要支持国家512户重点企业、120户试点企业集团的重点技术改造项目，以及其他企业社会效益好的重点技术改造项目，并适当向东北和中西部地区的企业倾斜。具体项目投资的补助金额，按该项目贷款总额两年应支付的贷款利息金额计算。对东北和中西部地区的上述企业视项目情况可适当增加补助金额（一般不超过3年）。最高补助金额不超过项目总投资的15%。列入国家重点技术改造项目计划的其他企业，享受贷款贴息支持；贴息资金按照银行对项目承诺的贷款金额和现行贷款利率，按照一定的贴息年限，实行全额贴息，一次核定，项目贴息年限原则上为1年。企业必须在基本结算开户银行设立“国债专项资金专户”，并将国债专项资金存入该银行专户，由银行对国债专项资金实行监督管理，专款专用。

16日 中国人民银行发布《关于助学贷款利率执行问题的通知》。该通知明确：各金融机构开办助学贷款业务，在人民银行利率政策规定的范围内，既可以实行期限档次贷款利率，也可以本着对客户优惠的原则执行1年期贷款利率。人民银行各分支行要按照有关利率政策的要求，加强本辖区助学贷款利率的管理、协调工作。

△ 《中国证券监督管理委员会股票发行审核委员会条例》公布。该条例共有5章26条。具体规定为：1. 中国证监会设立股票发行审核委员会（发审委），依照法定条件审核股票发行申请，以投票方式对股票发行申请进行表决，提出审核意见；中国证监会根据发审委提出的审核意见，依照法定条件核准股票发行申请。2. 发审委由中国证监会的专业人员和所聘请的中国证监会以外的有关专家以及社会知名人士组成，并须符合规定条件。3. 发审委委员的职责是：审核申请公开发行股票的公司的资格、条件等，审核证券经营机构、会计师事务所、律师事务所、资产评估机构等证券中介机构及相关人员为股票发行所编制和出具的有关材料及意见书，审查证监会职能部门对股票发行申请的初审报告。

17日 中国人民银行、民政部联合发布《关于做好社团基金会监管职责交接工作的通知》。根据国务院有关社团基金会由民政部统一管理的决定，该通知规定中国人民银行将基金会的审批和监管职责全部移交民政部，具体交接内容包括：移交基金会管理有关文件；移交基金会档案；移交基金会管理工作档案。交接工作采取按监督责任分工、上下分别对口交接的方法，即中国人民银行总行向民政部移交，中国人民银行各分行、营业管理部及省会城市中心支行向各省、自治区、直辖市民政厅（局）移交，各地要在文到之日起20个工作日内完成移交工作。

18日 中国人民银行发布《关于改进和完善再贴现业务管理的通知》。该通知要求：各商业银行要选择并重点支持一些资信情况良好、产供销关系比较稳定的企业签发、使用商业承兑汇票，同时，人民银行各分行、营业管理部要通过再贴现适当增加基础货币投放，适当集中再贴现业务管理，扩大对辖内中心支行的再贴现转授权。各商业银行要适当扩大中心城市分行的票据承兑、贴现授信额度，并授权其开办商业承兑汇票贴现业务，大力推动系统内以及金融机构间的票据流通转让。适当扩大再贴现的对象和范围，改进再贴现操作方式。据中国人民银行统计，1999年累计办理再贴现业务1 200亿元，同比增加200亿元；年末再贴现余额达500亿元，创历史最高水平。

21日 经国务院批准，建设部、中国人民银行发布《关于调整个人住房公积金存贷款期限和利率等问题的通知》。该通知决定延长个人住房公积金贷款期限，最长期限由现行20年延长到30年。个人住房公积金贷款利率由现行按在3个月整存整取存款利率基础上加点执行改为：5年以下（含5年）按年利率4.14%执行；5年以上按年利率4.59%执行；个人住房公积金贷款利率仍实行一年一定，于每年1月1日，按相应档次利率确定下一年度利率水平。

住房公积金 住房公积金是指国家机关、国有企业、城镇集体企业、外商投资企业、城镇私营企业及其他城镇企业、事业单位及其在职职工缴存的长期储金。住房公积金具有义务性、长期性、专用性、互助性和保障性。职工住房公积金包括职工个人缴存和职工所在单位为职工缴存两部分，全部属职工个人所有，两部分缴存比例现均为职工个人工资的8%。住房公积金实行统一管理、专户存储、专项使用、安全运作、社会监督的原则。住房公积金制度实际上是一种住房保障制度，是住房分配货币化的一种形式。

△ 中国证监会发布《境内企业申请到香港创业板上市审批与监管指引》。该指引规定：1. 凡符合指引条件的国有企业、集体企业及其他所有制形式的企业，在依法设立股份有限公司后，均可自愿由上市保荐人代表其向中国证监会提交申请，中国证监会依法按程序审批，成熟一家，批准一家。2. 境内企业申请到香港创业板上市，须在最近两年内没有重大违法、违规行为，并符合香港创业板上市规则规定的条件，同时，上市保荐人须为公司承担保荐责任。科技部认证的高新技术企业优先批准。3. 在向香港联交所提交上市申请3个月前，保荐人须代表公司向中国证监会提交所要求的文件，中国证监会就公司会商国家经贸委进行初步审核，并抄送财政部、外经贸部和外汇局。外经贸部、外汇局和财政部（如涉及国有股权）等部门未提出书面反对意见的，中国证监会在10个工作日内予以批准，公司正式向香港联交所提交创业板上市申请。在公司上市后，中国证监会将根据监管合作备忘录及与香港证监会签署的补充条款的要求进行监管。

△ 中国证监会发布《关于对证券经营机构及其营业部从事证券咨询及证券信息传播业务加强管理的通知》。针对一些证券经营机构及其营业部通过股评报告会、内部刊物、内部信息网等方式传播虚假信息，甚至传播政治谣言，有的通过与他人合办理财工作室从事代客理财等非法业务的问题，该通知规定：1. 在公众场所举办报告会、讲评会、沙龙、研讨会等涉及证券投资咨询业务的集会活动，或在媒体刊登广告均须经拟办活动所在地的中国证监会派出机构审批。2. 咨询机构及人员不得从投资者处直接或间接收取任何费用，也不得通过手续费分成、客户利润分成方式从证券经营机构及营业部获取咨询业务收入；不得对投资者作任何收益承诺，不得为投资者代理操作，不得强行要求投资者买卖股

票，不得向投资者散布虚假信息、内幕信息、市场传言。3. 证券公司及其营业部必须加强内部信息资料的管理，不得刊载虚假信息、内幕信息、市场传言，不得变相传播谣言，不得在调研报告中传播上市公司未披露的业绩、发展计划、资本运作方案等内幕信息。

22日 中国共产党第十五届中央委员会第四次全体会议通过《中共中央关于国有企业改革和发展若干重大问题的决定》。该决定为改善国有企业资产负债结构和减轻企业社会负担，在涉及金融业的部分中明确：1. 增加银行核销呆坏账准备金，主要用于国有大中型企业的兼并破产和资源枯竭矿山的关闭，并向重点行业倾斜，国有企业和集体企业兼并国有企业可以享受有关鼓励政策。2. 结合国有银行集中处理不良资产的改革，通过金融资产管理公司等方式，对一部分产品有市场、发展有前景，由于负债过重而陷入困境的重点国有企业实行债转股，解决企业负债率过高的问题。3. 提高直接融资比重。符合股票上市条件的国有企业，可通过境内外资本市场筹集资本金，并适当提高公众流通股的比重；有些企业可以通过债务重组，在具备条件后上市；允许国有及国有控股企业按规定参与股票配售；选择一些信誉好、发展潜力大的国有控股上市公司，在不影响国家控股的前提下，适当减持部分国有股，所得资金由国家用于国有企业的改革和发展；完善股票发行、上市制度，进一步推动证券市场健康发展。4. 严格执行国家利率政策，切实减轻企业利息负担。银行要合理确定贷款期限，支持企业合理的资金需求，对不合理的贷款期限，要及时纠正；不得超过规定擅自提高或以各种名义变相提高贷款利率；对信用等级较高、符合国家产业政策、贷款风险较低的企业，贷款利率可适当下浮。5. 具备偿债能力的国有大型企业，经过符合资质的中介机构评估，可在国家批准的额度内发行企业债券，有的经批准可在境外发债；严格禁止各种形式的非法集资。

△ 中国人民银行批准首批国泰、南方、华夏、华安、博时、鹏华、嘉实、长盛、大成、富国基金管理公司共十家证券投资基金管理公司和国通、国信、湘财、大鹏、光大、中信、广发证券公司共七家证券公司参与银行间同业市场债券交易。

23日 上海浦东发展银行（以下简称浦发银行）4亿A股在上海证券交易所上网发行，发行价为每股10元。浦发银行是于1993年1月9日正式开业的国有控股股份制商业银行，上市前注册资本金为20.1亿元；该行在北京、南京、广州等十多个中心城市设立了分支机构；截至1999年6月30日，该行各项存款达730.96亿元，贷款余额达493.99亿元，总资产达872.03亿元，净资产为38.39亿元。浦发银行于11月10日在上海证券交易所正式挂牌上市（股票简称：浦发银行，股票代码：600000），成为国内首家进入资本市场的股份制商业银行。

30日 国务院发布《对储蓄存款利息所得征收个人所得税的实施办法》。该实施办法规定：1. 从国内储蓄机构取得人民币、外币储蓄存款利息所得的个人，应缴纳20%的个人所得税。2. 教育储蓄存款利息以及其他专项储蓄存款或者储蓄性专项基金存款的利息免征个人所得税。3. 个人所得税以结付利息的储蓄机构代为扣缴。该实施办法自1999年11月1日起施行。

10月8日，国家税务总局发出《关于储蓄存款利息所得征收个人所得税若干业务问题的通知》，进一步对储蓄存款利息所得的范围、外币储蓄的范围、教育储蓄问题、存本取息的征税问题、储蓄业务扣缴义务人的认定问题、活期储蓄存款和银行卡的扣税问题、自动转存储蓄存款的扣税问题以及税收协定国家居民的征税问题等进行了明确。

10月

8日 中国人民银行发布《关于加强和规范农村信用社代办业务管理的意见》。针对“农村信用社业务代办员管理比较薄弱，一些地区农村信用社聘用代办员把关不严，聘用人员数量超过实际需要，且分布不合理，违规经营和管理混乱的问题比较严重，经济案件时有发生”的问题，该意见提出：严格信用代办站设立条件和代办员的聘用条件。代办员只能在核定的地域和业务范围内为农村信用社代办业务，代办业务范围一般限于农村个人储蓄业务；农户小额生产、生活贷款原则上不能由代办员自行审批办理。对代办员擅自超范围经营、账外经营、擅自提高或降低利率以及贪污挪用等违法、违规行为要从严查处。

9日 财政部、中国人民银行、最高人民法院联合发布《关于人民法院诉讼费用收取和结算等事宜的通知》。该通知明确：各省、自治区、直辖市辖区内各级地方人民法院诉讼费用的收取、汇缴、划拨，以及各级财政部门从财政专户核拨给人民法院的经费等事宜，统一通过中国农业银行办理。各省级财政部门在当地农业银行省级分行开设省级财政专户，并在辖区内各级人民法院所在地农业银行分支机构开设诉讼费用收入汇缴专用存款账户，用于统一办理诉讼费用的收取和汇缴。各地省级财政部门、高级人民法院要与农业银行省级分行签订协议，明确规定农业银行应向地方各级财政部门和人民法院提供包括报表、对账、网上查询等服务事项，并保证资金安全和及时划转。

11日 国家开发银行发布《公路收费权质押贷款管理暂行办法》。该暂行办法规定：公路收费权是公路经营者依法收取车辆通行费的权利。公路项目法人以拟建或建成公路的收费权作担保申请公路收费权质押贷款的，在向国家开发银行申请贷款时，应提交省级人民政府及其职能部门批准的公路收费文件和公路收费权质押文件。国家开发银行有权要求出质人在公路建设期间投保工程建设险，在公路建成后投保财产险。国家开发银行应与出质人签订公路收费权益质押合同。借款人未按主合同的约定向开发银行支付利息、偿还本金，或者借款人有其他违约事件发生，或者借款人在质押期限内被依法宣告破产、解散，国家开发银行有权采取以下措施：国家开发银行分行直接或要求指定行将公路收费专用账户中相当于国家开发银行到期贷款本息数额的资金划交开发银行，有权自行或要求指定行将此后一段时间之内公路收费专用账户中新增的资金直接划交，直至国家开发银行的到期贷款本息全部得到清偿为止；如果国家开发银行采取上述措施以后尚未能使自己的到期贷款本息全部得到清偿，国家开发银行有权依法处分公路收费权，并以所得价款优先受偿自己的到期贷款本息，处分收费权所得不足以使国家开发银行的到期贷款本息全部得到清偿的，国家开发银行可以继续向借款人追偿。

12日 中国人民银行首次开展现券买断操作。一级交易商达到33家。

13日 中国证监会转发西安证券监管办公室《关于制止在证券交易场所擅自进行募股活动的通知》。针对一些新设立或改制的企业，未经批准，擅自向社会公众发行股份；部分企业在证券营业部向投资者散发或张贴各种募股宣传品；有的证券营业部甚至为这些企业代理发售各种股权凭证等变相向社会公众募集股份等问题，该通知规定：1. 各证券经营机构及营业部，一律不允许为未经批准，变相向社会发行股份的企业以任何方式代售股权凭证，代理发行股份，正在发售的必须立即停止；禁止任何企业在证券交易场所（包括在交易场所门前）张贴或散发募股宣传品，证券经营机构及营业部如发现此类情况，要坚决予以制止。2. 各证券经营机构要积极宣传证券发行和交易的有关法律、法规和政策，制止这种变相向社会公众募集股份的行为，正确指导投资者；证券监管部门对在证券交易场所张贴、散发募股宣传品或代理发售募股凭证的证券营业部要追究责任，并予以严肃处理。

15日 中国证监会、国家经济贸易委员会、国家工商行政管理局、国家外汇管理局联合发布《关于申请境外期货业务有关问题的通知》。该通知规定：企业申请境外期货业务应具备规定条件并须同时向中国证监会和国家经贸委提出申请；中国证监会和国家经贸委提出审核意见后联合上报国务院批准。企业在国家工商行政管理局领取营业执照，并在国家外汇管理局开设专项外汇账户后，凭此证明到中国证监会领取“境外期货业务许可证”。未取得该证的企业一律不得从事境外期货交易。企业在境外期货市场只能进行套期保值，不得进行投机交易。

18～19日 中国长城资产管理公司、中国东方资产管理公司、中国华融资产管理公司在北京成立。

三家资产管理公司注册资本金均为100亿元人民币，由财政部全额拨入。三家资产管理公司的主要任务是分别收购、管理、经营、处置、回收中国农业银行、中国银行和中国工商银行剥离的不良资产，最大限度地减少资产损失。资产管理公司营运资金来源包括注册资本、财政拨入的营运资金、发行公司债券、商业借款、向金融机构借款、人民银行再贷款、营业收入。经营和办理下列业务：收购并经营中国农业银行、中国银行和中国工商银行剥离的不良资产；债务追偿，资产置换、转让与销售；债务重组及企业重组；债权转股权及阶段性持股，资产证券化；资产管理范围内的上市推荐及债券、股票承销；直接投资；发行债券，商业借款；向金融机构借款和向中国人民银行申请再贷款；投资、财务及法律咨询与顾问；资产及项目评估；企业审计与破产清算；经金融监管部门批准的其他业务。

18日 中国人民银行发布《关于白银管理改革有关问题的通知》。该通知规定：经国务院批准，取消白银统购统配的管理体制，放开白银市场，允许白银生产企业与用银单位产销直接见面。该通知指出，国家取消对白银制品加工、批发、零售业务的许多管理制度（银币除外），对白银生产经营活动按一般商品的有关规定进行管理，支持和鼓励白银生产企业有计划地向国外出口，可按照外经贸部制定的《白银出口管理暂行办法》办理。但是对进口白银及其制品，仍予以适当的限制。解除白银管理，放开白银市场，标志着在我国延续了50多年的白银统购统配管理体制宣告结束。1999年12月28日，上海华通有色金属现货中心批发市场成为中国唯一的白银现货交易市场。白银上市交易品种为白银1#、白银2#、白银3#和粗银。白银市场的放开被视为黄金市场开放的“预演”。

20日 中国人民银行发布《关于对保险公司试办协议存款的通知》。为了增加保险公司资金运用渠道，便于商业银行获得长期、稳定的资金来源，该通知规定：1. 保险公司协议存款仅限于商业银行法人对中资保险公司法人办理，存款仅限于5年以上（不含5年）存款，5年期以下（含5年）存款仍按同期同档次存款利率执行。2. 保险公司协议存款最低起存金额为3 000万元，利率水平、存款期限、结息和付息方式、违约处罚标准等由双方协商确定；保险公司协议存款凭证可用做融资质押物，按中国人民银行有关办法执行。

22日 财政部发布《证券公司财务制度》。该制度共有11章96条，对证券公司资本、资产负债、成本费用、收入、利润分配等作了明确规定。证券公司可以采取发行股票等方式筹集资本，采取发行股票方式筹集的资本，按照股票面值计价，公司不得吸收投资者已设立有担保物权及租赁资产的出资。证券公司缴纳所得税后的利润，按照下列顺序分配：弥补公司以前年度亏损；提取一般风险准备，按不低于税后利润10%的比例提取，累计达到注册资本的50%时，可不再提取；提取法定盈余公积，按税后利润10%的比例提取，累计达到注册资本的50%时，可不再提取；提取公益金；向投资者分配利润，当年无利润时，不得向投资者分配利润。该制度自2000年1月1日起施行。

25日 国家开发银行发布《贷款项目工程保险管理暂行规定（试行）》。该暂行规定明确：国家开发银行人民币贷款的国家大中型建设项目以及贷款额在3 000万元（含）以上的其他建设项目，借款人或工程承包方，原材料（设备）的制造方、运输方、供货方原则上应当根据风险情况投保相应险种，并可采用公开招标的方式聘请保险公司。借款人向国家开发银行申请贷款的同时，应当提交实行工程投保的“承诺函”，国家开发银行在评审贷款项目的概算时，应考虑将保险费用列入工程项目总投资。贷款项目工程的投保金额应为保险标的建筑或安装完成时的总价值，包括运费、安装费、关税等，但投保金额不得低于国家开发银行贷款总额的价值。

△ 中国平安保险公司首家在上海推出投资连结保险。投资型保险是一种创新型的保险品种，是一种将投资与风险保障相结合的保险，兼具保障功能和投资理财功能；其保障的范围、程度等因具体产品而异，有的险种除了提供意外与疾病身故保险金、全残保险金等保障外，还有其他服务项目，如保证可保选择权和豁免保险费等；其投资部分的回报率是不固定的，未来投资收益具有一定的不确定性，保单价值将根据保险公司实际投资收益情况确定。投资连结保险与传统的人寿保险相比具有更大的灵活性和适应性。

29日 中国保监会发布《保险公司投资证券投资基金管理暂行办法》。经国务院批准，保险公司可以开办投资证券投资基金业务。该暂行办法分别为总则、资格条件、申报及审批程序、风险控制和监督管理、罚则和附则共6章24条。主要规定：申请从事投资基金业务的保险公司应当具有完善的内部风险管理及财务管理制度；专门的投资管理人员；应当设有专门的资金运用管理部门、稽核部门、投资决策部门；应当具备必要的信息管理和风险分析系统。保险公司申请开办投资基金业务须向中国保监会申请开办投资基金业务的资格，并提供申请报告、近三年的财务状况及资金运用状况报告等文件。保险公司投资基金的比例应符合如下要求：保险公司投资基金占总资产的比例不得超过中国保监会核定的比例；投资于单一基金按成本价格计算，不得超过保险公司可投资于基金的资产的20%；投资于单一证券投资基金的份额，不得超过该基金份额的10%。保险公司投资基金的业务应当由总公司统一进行，分支机构不得买卖基金，保险公司选择注册资本在10亿元以下的证券经营机构须经中国保监会认可。26日，中国保监会初步确定，保险公司投资基金占总资产的比例为5%。

11月

1日 中国信达资产管理公司（以下简称信达公司）受让中国建设银行持有的香港银建国际实业公司12.1%的股权。这是信达公司首次持有香港上市公司股份并相对控股。香港银建国际实业公司是一家在香港交易所上市的地产公司，主要业务是物业及其他投资。

3日 中国人民银行、国家外汇管理局发布《关于外汇指定银行县级和县级以下支行恢复办理资本项目外汇业务有关事项的通知》。该通知规定：外汇指定银行县级和县级以下支行经中国人民银行批准可以恢复办理资本项目外汇业务，成熟一个，批准一个，不搞“一刀切”。恢复办理资本项目外汇业务的外汇指定银行县级和县级以下支行必须具备以下条件：已经中国人民银行批准相应的外汇业务范围；上级行按内部授权办法对其经营资本项目外汇业务有专门授权；经营情况良好，内部管理规范，业务人员具备必要的素质；在外汇大检查中无重大违规事件发生；资本项目外汇业务量大。该通知还对审批程序作了规定。

8日 中国银行业解决计算机2000年问题基本就绪。中国人民银行解决计算机2000年问题领导小组在新闻发布会上宣布：随着千禧年的临近，中国银行业解决计算机2000年问题工作进展顺利，国内各银行和有关金融机构在成功进行了三次停业测试后，其主要业务应用系统已经基本就绪，在2000年来临时能够支持各项业务顺利开展，保障广大客户的资金安全。据不完全统计，中国银行业为解决计算机2000年问题投入了100亿元左右的人民币，主要用于计算机系统的硬件、软件的升级换代等，其中还不包括银行从业人员培训、工资以及测试等费用。

11日 中国证监会发布《关于进一步做好证券投资基金配售新股工作的补充通知》。该通知规定：1. 公开发行量在5 000万股（含）以上的新股，按不低于公开发行量20%的比例供各基金申请配售，具体配售比例由主承销商和发行人商定。2. 每只基金在一年内用于配售新股的资金额，累计不得超过该基金募集资金的30%，但基金所配售的总股本在4亿股以上的公司发行的新股，所用资金不计入上述资金额。

3. 每只基金一年内所配售的全部新股，占配售新股资金总额50%部分，自配售之日起六个月内不能流通，由托管银行监督执行；其余50%部分，自新股上市之日起即可流通。4. 基金认购上市公司新增发行的股票、上市公司配股剩余的股票，其配售数量、分配方式及冻结时间等具体事宜由主承销商和发行人协商决定，认购的程序可比照新股配售程序执行；所占用资金不计入配售新股的资金总额。

△ 中国证监会、国家工商管理局联合发布《关于清理规范远程证券交易网点的通知》。该通知规定：1. 清理规范的范围是未经证券监管部门批准，证券经营机构擅自设立的远程证券交易网点。2. 清理规范的内容：与合法证券营业部设在同城区的各类远程证券交易网点，一律予以撤销，其客户就近向合法的证券营业部转移；符合新设证券营业部条件的城市，可按有关规定申请新设一家证券营业部；尚不具备设立证券营业部条件的县（市）城区和经济发达的乡镇政府所在地，可以将原有的远程证券交易网点规范为一家证券服务部，证券服务部由就近的证券公司所属证券营业部延伸设立，禁止跨地区设立证券服务部。3. 拟设立的证券服务部须具备中国证监会规定的条件，经营范围是提供证券交易行情；提供电话委托和自助委托；提供合法的信息咨询服务。证券公司对所设立的证券服务部负全部责任，中国证监会及其派出机构对证券服务部实施监管。

15～17日 中央经济工作会议在北京举行。会议总结了1999年经济工作中的三条经验：坚持用发展的办法解决前进中的问题；适应形势变化适时调整宏观经济政策；重点抓好关系国民经济发展全局的大事。会议提出2000年经济工作的主要任务：1. 继续实施促进经济发展的一系列政策措施，扩大国内需求，继续实施积极的财政政策，进一步发挥货币政策的作用，适度地增加货币供应，金融要进一步支持基础设施建设和技术改造，做好债转股工作，帮助符合条件的大型国有企业减轻债务负担，制定促进不同所有制中小企业加快发展的信贷政策，增加直接融资比重，规范和发展资本市场；2. 大力调整经济结构，促进产业优化升级；3. 加快科技进步，提高技术创新能力；4. 深化以国有企业改革为中心环节的经济体制改革；5. 进一步改善人民生活。

15日 中国农业发展银行印发《国家专项储备贷款管理暂行办法》。该暂行办法共有9章39条。主要规定：1. 储备贷款是指储备棉贷款（包括国家储备和省级储备）、储备肉贷款、储备糖贷款、储备烟叶贷款和储存羊毛贷款，只能用于解决借款人按国家规定的价格、数量、质量储备国家指定商品的资金需要，禁止任何形式的挤占挪用；储备贷款的发放必须有相应的物资作保证，并有利息来源，实行钱随物走、库贷挂钩、储贷销还、封闭运行。2. 借款人申请储备贷款，应当具备以下条件：承储企业必须在农业发展银行开立基本账户或在由农业发展银行指定的银行开立基本账户，并开立相关资金专户；必须持有国家计委、财政部、主管部门、农业发展银行等单位联合下达的国家专项储备计划；必须落实财政负担的利息和费用补贴。3. 储备贷款期限原则上按不同物资的计划储备期限或保质期限确定，贷款执行中国人民银行规定的贷款利率，按月结息。4. 储备贷款的发放，原则上经总行批准后，由承储企业所在地农业发展银行直接发放和管理，储备贷款的发放要严格按照国家下达的储备计划、规定的收储价格和相关的合理费用等确定贷款发放额度，不得超量和超范围发放储备贷款；储备贷款的收回，各级行必须坚持销售多少专项储备商品，收回多少贷款本息和及时还欠的原则。

17日 中国人民银行发布《关于加强和改进对小企业金融服务的指导意见》。主要内容有：1. 进一步强化和完善对小企业的金融服务体系。国有商业银行要进一步完善对小企业的金融服务；城市商业银行要切实办成为小企业服务的主体；城市信用社、农村信用社要真正办成农民、个体工商户和小型企业入股，由入股人实行民主管理，主要为股东服务的合作组织，对股东贷款可不实行抵押和担保。对经营状况良好的中小金融机构，人民银行将在再贷款、再贴现和发行金融债券等方面予以支持。2. 改进小企业信贷工作方法。各金融机构要与小企业建立稳定的联系制度，设置小企业档案和项目储备，将小企业资信与小企业经营者个人信用相结合发放贷款。3. 完善信贷管理体制。对有市场发展前景、信誉良好、有还本付息能力的小企业，要适当扩大授信额度，并可试办非全额担保贷款。对信用等级连续三年在2A级以上的小企业的小额贷款，经严格的审批程序，可适当发放信用贷款。4. 积极支持科技型小企业的发展。各金融机构在审定贷款项目时，对技术成熟、具有良好市场前景的高新技术产品和专利产品的项目，以及积极运用高新技术成果进行技术改造的小企业的贷款通盘考虑，统筹安排。对运作规范、经营良好的融资租赁或设备租赁公司开展小企业技改设备租赁业务，金融机构可给予必要的信贷支持。对国家鼓励的高新技术产品出口，可以采用卖方信贷，也可在符合贷款条件的前提下办理买方信贷业务。该文件还就支持再就业安置，支持小企业为大中型企业提供配套服务及参与政府采购合同生产、支持商业、外贸及新兴领域企业的发展、支持建立小企业社会化中介服务体系、密切关注贷款投向，加强贷款管理、加强对金融机构改进小企业服务的引导和督促等方面内容提出了指导意见。

19日 《中国人民银行分行货币信贷工作职责》公布。该文件规定：中国人民银行在国务院领导下，制定和实施货币政策。货币政策决策权集中在人民银行总行，货币政策实施由人民银行总行及其分支行共同负责。中国人民银行分行（含中国人民银行营业管理部、重庆营业管理部）作为中国人民银行总行的派出机构，负责货币信贷政策在辖区内的贯彻实施。分行货币信贷工作的基本职责是：监测货币供应量，分析货币信贷执行情况；贯彻实施信贷政策，加强信贷管理；运用部分货币政策工具，贯彻执行货币政策；做好货币信贷各项基础工作。该文件对监测货币供给总量、贯彻实施信贷政策、管理部分货币政策工具、做好货币信贷基础工作、建立货币信贷工作责任制等方面内容作了明确规定。该文件共有7章37条。

△ 中国信达资产管理公司首场拍卖会在深圳市新王朝酒店举行。拍卖标的——深圳发展中心大厦第一层商铺最终由8号竞拍者深圳市云鸣股份公司以707.6万元购得，就此敲响了中国金融资产管理公司业内以拍卖方式处置资产的第一槌。

21日 中国人民银行宣布，即日起下调金融机构法定存款准备金率2个百分点，即由8%下调到6%。

23日 财政部发布《关于外国政府贷款转贷管理的暂行规定》。该暂行规定明确：外国政府贷款转贷业务，除贷款国另有规定外，由中国进出口银行等国家政策性银行、国有独资商业银行和交通银行承办。其他金融机构受委托需办理外国政府贷款的转贷业务，由金融机构向财政部提出申请，财政部进行审批。申报的项目必须符合国家产业政策和外国政府贷款支持的领域。

该暂行规定自2000年1月1日起执行。2000年3月29日，财政部发布了《外国政府贷款转贷手续费收取办法》，根据项目的分类及转贷金额，转贷手续费年费率分档制订，自2000年4月1日起执行。

24日 烟台发生“11·24”特大海难。1999年11月24日13时，山东烟大汽车轮渡股份有限公司“大舜”号滚装船在烟台附近海域遇难，船上共有旅客船员302人，抢救生还22人，其余280人遇难或失踪，直接经济损失约9 000万元人民币。“大舜”号海难一次性赔偿每位遇难者6.5万元，其中两位遇难的韩国乘客各得到了约70万元的赔偿。12月4日，中国太平洋保险公司烟台分公司为“11·24”特大海难事故中沉没的“大舜”轮所载货物，向烟大轮渡公司预付了200万元赔款。这是海难事故发生后给付的第一笔保险赔款。此前，沉没的“大舜”轮所载61辆汽车及车载货物，由烟大轮渡公司统一向太保公司投保了货物运输险，总保额为305万元。

25 日　中国人民银行发布《对国有独资商业银行一级分行本部监管职责分工的意见》。其中提出明确了划分各级人民银行对一级分行本部监管职责分工的基本原则，并分别对人民银行分行职责和分行营业管理部、省会城市中心支行（含大连、青岛中心支行）职责作了具体规定。

△　中国证监会发布《关于清理"存折炒股"业务有关问题的通知》。针对部分证券经营机构违反《中华人民共和国证券法》规定，擅自与商业银行联合开办"存折炒股"业务，致使商业银行的储蓄网点大量从事证券经纪业务的问题，该通知规定，清理"存折炒股"业务的范围包括三个方面：证券经营机构委托商业银行代办投资者开立证券资金账户的行为；以商业银行的电话银行系统作为股票交易委托系统的行为；以商业银行的活期储蓄账户作为证券交易结算资金账户的行为。自收到本通知之日起，任何证券经营机构不得再开办"存折炒股"业务。中国证监会各派出机构要督促证券经营机构迅速制订切实可行的清理方案，经逐家审批后执行。全部清理工作必须在 2000 年 6 月 30 日前完成。

"存折炒股"是指商业银行的储户以活期存款账户作为证券买卖保证金账户和清算账户，以银行的电话银行系统作为股票交易委托系统，通过证券营业部的席位进入证券交易所买卖证券的业务。

26 日　中国保监会发布《外资保险机构驻华代表机构管理办法》。该管理办法共有 5 章 37 条，包括总则、申请与设立、监督管理、罚则和附则。主要规定是：中国保监会对代表机构进行监督管理。申请设立代表处的外资保险机构应当向中国保监会提交申请书，经其所在国家或地区公证机构公证的"营业执照"、"合法开业证明"和"注册登记证明"等材料。在中国境内已设立两个及两个以上代表处的外资保险机构，可以申请设立总代表处。经中国保监会批准设立的代表机构，由中国保监会颁发批准书，有效驻在期限为 6 年。设立代表处的外资保险机构发生机构重组、分立、合并、收购或经营发生严重损失等重大事项，代表处应当在外资保险机构公告后的一个工作日内报中国保监会备案；代表处更换首席代表、变更名称和地址、展期、撤销等情况须报中国保监会批准。中国保监会对代表处实行日常和年度检查制度。违反本办法，未经批准擅自设立的代表处，中国保监会依法予以取缔。代表处违反中国有关保险法律、法规及本办法，中国保监会视情节轻重依法给予相应处罚。

28 日　第三次东盟与中、日、韩"10 + 3"领导人会议在菲律宾首都马尼拉举行。会议发表的《东亚合作联合声明》标志着东亚国家采取全方位合作行动的开始。该声明确定了在经济、社会、政治和其他领域的合作重点。其中在经济方面，主要是加速贸易、投资和技术转让，鼓励技术和电子商务方面的技术合作，推动工农业合作，加强中小企业合作，启动东亚产业论坛，考虑建立"东亚经济委员会"等；在货币与金融合作方面，加强包括宏观经济风险管理、公司管理、资本流动的地区监控、强化银行和金融体系等方面的政策对话、协调与合作，通过"10 +3"的框架加强地区的自救与自助机制等。

东盟与中、日、韩"10 +3"领导人会议，是指东盟十国（文莱、柬埔寨、印度尼西亚、老挝、马来西亚、缅甸、菲律宾、新加坡、泰国、越南）领导人与中国、日本、韩国三国领导人举行的会议。会议是东盟于 1997 年成立 30 周年时发起的。

12 月

1 日　中国人民银行发布《金融资产管理公司金融统计制度（试行）》（以下简称《制度（试行）》）。为及时、准确地掌握金融资产管理公司的经营状况，更好地为中央银行货币政策与金融监管服务，中国人民银行决定将金融资产管理公司金融统计纳入人民银行统计范围之内。《制度（试行）》规定：金融资产管理公司向中国人民银行统计部门报送统计数据应包括金融资产管理公司的人民币业务数据和外汇业务数据，是公司全机构汇总数据，自 2001 年起金融资产管理公司还要报送各办事处统计数据。《制度

（试行）》还规定了各种统计指标。自1999年12月起正式执行。

2日 国有股配售试点启动。中国证监会公布了首批进行国有股配售的十家预选上市公司，分别为：冀东水泥、华一投资、惠天热电、陆家嘴、中国嘉陵、天津港、富龙热力、成商集团、黔轮胎、太极实业。但最终仅有中国嘉陵（600877）和黔轮胎（0589）被确定为第一批进行配售试点的上市公司，并分别按4.50元/股和4.8元/股的价格进行了配售。中国嘉陵和黔轮胎首次通过配售方式进行国有股减持试点，因为配售价格过高而被停止。

△ 中国证监会下发《关于成立证券发行内核小组的通知》。该通知要求，各有主承销业务资格的证券公司成立证券发行内核小组，并明确内核小组是公司参与证券发行市场的内控机构。其职责是：负责对拟向中国证监会报送的发行申请材料的核查，确保证券发行不存在重大法律和政策障碍；确保发行申请材料具有较高的质量；负责代表发行人和公司与中国证监会发行监管部进行工作联系，组织对有关反馈意见的处理等。

3日 中国人民银行发布《紧急贷款管理暂行办法》。该暂行办法包括总则，贷款条件、贷款用途，期限和利率，贷款管理，罚则和附则共6章23条。主要规定：1. 紧急贷款是指人民银行为帮助发生支付危机的上述金融机构缓解支付压力、恢复信誉，防止出现系统性或区域性金融风险而发放的人民币贷款。紧急贷款的审批权属人民银行总行，经总行授权，人民银行分行可依据本办法规定审批、发放紧急贷款。2. 城市商业银行、城市信用合作社和农村信用合作社（借款人）申请紧急贷款，应符合下列条件：在人民银行开户行设立“准备金存款”账户，且经批准已全额或部分动用法定存款准备金；当地政府及有关部门对处置借款人的支付已采取增加其资金来源以及其他切实有效的救助措施；借款人已采取了清收债权、组织存款、系统内调度资金、同业拆借、资产变现等自救措施；当地政府和组建单位或股东制订的救助方案已经人民银行总行或分行批准，并承诺在规定时限内实行增资扩股；提供担保；已实施现场监管。3. 紧急贷款仅限于兑付自然人存款的本金和合法利息，并优先用于兑付小额储蓄存款，紧急贷款最长期限为两年，贷款到期归还确有困难的，可批准展期一次，展期期限不得超过原贷款期限，执行人民银行对金融机构贷款利率。4. 借款人在借用紧急贷款期间，所筹资金除用于兑付储蓄存款外，应优先用于归还紧急贷款，不得增加新的资产运用，不得向股东分红派息；借款人应按时、足额归还紧急贷款本息，对逾期的紧急贷款，人民银行可从借款人准备金存款账户中扣收贷款本息，依法处置抵押物、质押物，用于归还贷款本息，依法要求保证人履行还款保证责任。该暂行办法适用于城市商业银行、城市信用合作社和农村信用合作社（含农村信用合作社县联社），地方政府兑付被撤销地方金融机构的债务向中央借款，不适用本办法。该暂行办法自1999年12月3日起实行。

△ 第三套人民币停止流通。中国人民银行发布公告，即日起停止第三套人民币在市场上流通。第三套人民币从1962年4月20日发行1960年版枣红色1角券开始，到1974年1月5日发行最后一张1972年版5角券止，经过12年时间，共发行7种券别，即10元、5元、2元、1元、5角、2角、1角各一种；共计24种版别的纸币，即10元、5元、2元各2种，1元3种，5角、2角各3种，1角9种；共计22种版别的硬币，即1元、5角、1角各4种，2角3种，套装硬币7种。

10日 中国向社会公开发售“千禧金条”。“千禧金条”由中国金币总公司推出，在全国限额发售，总共16 600根，分为500克、200克、100克、50克四种规格，总计1.5吨，成色是99.99%。此次被授权销售的有北京、上海、南京、成都等11个城市。销售价格为：北京104元/克，上海110元/克，南京等112元/克。“千禧金条”不是传统的金条，而是一种以金条形式出现的黄金纪念品，也是新中国成立以来国家第一次发行的金条。

13日 国家外汇管理局发布《关于调整境内发行B股和境外上市股票外汇专用账户的开立和募股收入结汇审批权限的通知》。该通知规定：1. 在境内发行B股的企业开立B股专用账户，应向所在地外汇局申请，由所辖外汇局分局审核批准；在境外发行股票的企业在境外开立外汇账户，应向所在地外汇局申请，由所辖外汇局分局初审后，由国家外汇管理局审核批准；在境外发行股票的企业在境内开立外汇股票专用账户，应向所在地外汇局申请，由所辖外汇局分局审核批准；在境内发行B股和在境外发行股票企业，将发行股票所得外汇收入结汇的，应向所在地外汇局申请，由所辖外汇局分局审核批准。2. 企业调回的股票发行收入，如需在境内开立外汇账户，须向所在地外汇局申请，经所辖外汇局各分局批准后，方可开立外汇专用账户存储；境外发行股票，境内发行B股所筹外汇资金结汇，由外汇局各分局审批。3. 外汇局各分局应于每月8日内将上月境内发行B股和境外发行股票企业的开户和结汇情况上报国家外汇管理局备案。

14日 外经贸部、中国人民银行发布《对外承包工程项目投标（议标）许可暂行办法》。该暂行办法规定：对外承包工程项目投标（议标）许可（以下简称项目许可）是指由外经贸部根据项目所在国情况及有关业务管理规定，审理企业项目申请后所颁发的许可，企业凭本项目许可，向国内中资银行申请开具保函；项目是指企业在国（境）外以投标、议标方式参与的、且报价金额在500万美元以上（含500万美元）的工程项目。参加投标、议标的企业，在向银行申请开具保函前，须向外经贸部提出项目许可的申请，外经贸部收到企业报来的齐全材料后，审理并在三个工作日内对企业的申请予以答复，经审理合格，外经贸部将出具“对外承包工程项目投标（议标）许可”，银行凭外经贸部出具的项目许可，按照银行业务的有关规定，对获准企业的保函申请予以审理，并根据审理结果决定是否为企业出具有关保函，银行不得受理未获许可企业的保函申请。该暂行办法自2000年5月1日起实施。

16日 国家开发银行向中国信达资产管理公司转让部分信贷资产签字仪式在北京举行，国家开发银行一揽子向中国信达资产管理公司转让1 000亿元信贷资产。中国信达资产管理公司以向国家开发银行发行等额财政担保债券方式进行收购。

18日 国家外汇管理局发布《关于非贸易及部分资本项目项下售付汇提交税务凭证有关问题的通知》。该通知明确：我国境内机构（指公司、企业、机关团体及各种组织等）及个人在办理非贸易及部分资本项目项下购付汇手续时，凡个人对外支付500美元（含500美元）以上，境内机构对外支付1 000美元（含1000美元）以上，除须向外汇指定银行（或国家外汇管理局及其分支局）提交原有关法规文件规定的相关凭证外，还须提交税务机关开具的该项收入的完税证明、税票或免税文件等税务凭证。该通知自2000年3月1日起执行。

21日 中国证监会发布《关于期货经纪公司营业部审批工作的通知》。该通知规定：1. 期货经纪公司申请设立营业部，必须具备以下条件：公司在最近一年内没有重大违法、违规行为，没有重大未决诉讼或纠纷；有符合要求的经理人员和三名以上其他从业人员；公司对营业部有完备的管理制度和内部控制制度（包括保证金管理制度、风险控制制度等）；有符合要求的经营场所和设备。2. 期货经纪公司申请设立营业部，须征得公司所在地证监会派出机构的同意，并提交设立申请和可行性报告，经营业部拟设立地证监会派出机构初审同意后，报中国证监会复审。3. 经批准的营业部，必须按以下要求进行管理和运作：营业部资金的调拨权和客户的风险控制权集中在公司总部，不得赋予营业部独立结算和资金调拨的权力；营业部的交易通过公司的席位和账户进行，交易所对公司实行统一结算；营业部应建立内部核算制度，原则上只留存一定比例的备付资金，日常费用开支实行报账制。

23日 中国人民银行、教育部、财政部联合发布《关于助学贷款管理的若干意见》。其中规定：中国工商银行要继续探索国家助学贷款的多种担保形式；要简化贷款审批程序，合理确定贷款期限；要在中国人民银行规定的范围内，在利率水平上对借款人给予适当优惠；确实无法提供担保、家庭经济特别困难的学生以及其他学生均可申请信用方式的国家助学贷款。中国工商银行要继续积极办理国家助学贷款。要在防范风险的前提下，继续探索国家助学贷款的多种担保形式；要简化贷款审批程序，合理确定贷款期限；要在中国人民银行规定的范围内，在利率水平上对贷款人给予适当优惠。确实无法提供担保、家庭经济特别困难的学生以及其他学生均可申请信用方式的国家助学贷款。该文件还对进一步开办一般商业性助学贷款作了具体规定，包括信用助学贷款和担保助学贷款的申请与发放，助学贷款的金额、期限、贷款方式、还本付息方式，助学贷款利率和管理方式等内容。

△　财政部颁布《中国人民银行财务制度》。主要规定：财政部对人民银行实行独立的财务预算管理制度。人民银行各级机构每年编制财务预算逐级上报，由总行汇总报财政部审批。人民银行预算中各项收支相抵后，净额纳入国家预算。人民银行实行"统一领导、预算管理、分级核算、统负盈亏"的财务管理体制，遵循收付实现制会计核算原则。财务管理工作的主要内容有：所有者权益和负债管理、资产管理、财务收入管理、财务支出管理、预算管理与监督、财务报告等。《中国人民银行财务制度》对所有者权益和负债、资产、财务收入与支出、预算管理与监督、财务的报告等内容作了规定。《中国人民银行财务制度》共有8章55条，自2000年1月1日起施行。

△　中国人民银行、财政部联合发布《关于移交彩票监管工作的通知》。为贯彻落实国务院关于由财政部负责统一监管彩票的指示精神，该通知规定：对彩票发行机构的监管职责和对彩票市场的监管职责移交给财政部。交接工作采取上下分别对口交接的方法。各地要在通知下发之日起30个工作日内完成交接工作。

24日　中国保监会发布《向保险公司投资入股暂行规定》。其中明确规定：中国保监会负责对保险公司投资人进行资格审查，并批准其投资保险公司。符合经企业行政主管机关或董事会批准、净资产达到总资产30%以上，有盈利，所投资金为企业自有资金，且来源正当等条件的中外合资、合作经营企业，经中国保监会批准，可以向保险公司投资；外资股东向保险公司投资，还须同时符合单个外资股东股份不得超过保险公司总股本的5%、全部外资股东股份不得超过保险公司总股本的25%两个条件。各级地方财政部门经当地政府同意，由中国保监会核准，可以用财政结余资金向保险公司投资。党政机关、部队、团体以及国家拨给经费的事业单位，不得向保险公司投资。银行、证券机构不得向保险公司投资；银行、证券机构受让保险公司股权的，保险公司应报告中国保监会，并在6个月内转让。保险公司投资人应当用货币形式出资，禁止以实物或无形资产形式投资；禁止企业及其他投资人用银行贷款向保险公司投资；禁止参股的股东与保险公司之间以股权置换的形式相互投资。单个股东直接投资，或以其他股东名义投资，或通过关联公司投资，持有股份超过保险公司总股本10%的，应当报经中国保监会批准。境外企业、境内外商独资企业投资比例超过保险公司总股本25%的，依照外资保险公司管理的有关规定执行，不适用本规定；符合上市条件的保险股份有限公司，向公众募集股本不适用本规定。

△　中国证监会发布《〈期货经纪合同〉指引》。其中规定：1. 期货经纪公司制订或者修改《期货经纪合同》，应当将合同样本报送中国证监会派出机构审查。2. 期货经纪公司应当向客户说明《期货经纪合同》主要条款的含义，并向客户提示其所负的说明义务。3.《期货经纪合同》应当统一约定客户开户的保证金最低标准和风险控制条件；统一约定强行平仓、追加保证金的条件及有关事项；统一规定对交易结果的通知、确认和异议的程序和方式，并与客户约定采用的具体程序和方式。

29 日 国家经贸委、外经贸部、海关总署、中国人民银行、国家外汇管理局、中国银行联合发布《关于加工贸易企业以多种形式缴纳税款保证金实施办法》。该实施办法规定：企业开展加工贸易业务因故无法向海关缴纳税款保证金的，可凭中国银行出具的以海关为受益人的税款保付保函办理海关备案手续。可以出具保函的机构有中国银行总行营业部、省级分行以及深圳、珠海、汕头、苏州、无锡、宁波、厦门、沈阳等城市的分行。中国银行提供担保的金额包括税款及利息两部分，利息和利率适用按海关有关规定执行，担保期限至台账核销期满后 60 天。中国银行提供的保函金额可大于保证金金额。未能取得中国银行出具的税款保付保函的加工贸易企业应以现金、转账支票、汇票、汇款等方式缴纳税款保证金。该实施办法自 2000 年 1 月 1 日起实施。

△ 中信证券股份有限公司成立。中信证券股份有限公司的前身是中信证券有限责任公司，于 1995 年 10 月 25 日在北京成立。1999 年 10 月 27 日经中国证监会批准，经国家工商行政管理局变更注册，增资改制为中信证券股份有限公司，注册资本为 24.815 亿元人民币，注册地为深圳市。2002 年 12 月 13 日，经中国证监会核准，向社会公开发行 4 亿股普通 A 股股票，并于 2003 年 1 月 6 日在上海证券交易所挂牌上市交易，股票代码为 600030。

30 日 国务院办公厅转发科技部、国家计委、国家经贸委、财政部、中国人民银行、国家税务总局、中国证监会《关于建立风险投资机制的若干意见》。该文件包括建立风险投资机制的意义、基本原则、培育风险投资主体、建立风险投资撤出机制、完善中介服务体系、建立健全鼓励和引导风险投资的政策和法规体系等六个部分内容。其中规定：风险投资公司和风险投资基金是风险投资主体中的主导性机构，是以风险投资为主要经营活动的非金融性企业，其主营业务是向高新技术企业及科技型中小企业进行投资，转让由投资所形成的股权，为高新技术企业提供融资咨询，参与并鼓励非国有企业、个人、外商及其他机构投资入股。风险投资公司采取有限责任公司、股份有限公司等形式并积极探索新的运作模式。允许风险投资公司运用全额资本金进行投资。风险投资基金是专门从事风险投资以促进科技型中小企业发展的一种投资基金，采取私募方式向个人、企业、机构投资者、境外投资者发行，并对投资者的风险承受能力应有一定要求。风险投资基金按封闭式设立，可以通过转让股权获取回报。风险投资公司和风险投资基金的成立和审批，必须按照国务院有关部门制定的办法和程序进行。该文件指出：风险投资是一项投资周期长、风险程度高、竞争性强的特殊资本运作方式。各地在推动建立风险投资机制时应注意防范风险，依法有序发展，避免一哄而起，避免出现单纯依靠或主要依靠政府出资建立风险投资机构的现象。应当鼓励以民间资本为主，政府以引导、扶持和有限参与为基本原则。

2000 年

1 月

2 日　中国证券期货业 2000 年试交易成功。各证券期货交易所、通信公司、结算公司、证券期货经营机构及其营业部，以及基金管理公司共 4 000 多个单位、数万工作人员参加了本次试交易。在整个试交易过程中，交易、结算、行情和通信系统平稳运行，电力、电信等外围系统基本正常。本次试交易是各单位经过近两年的细致工作，在自测自改和六次全行业联网测试的基础上完成系统升级，标志着我国证券期货业解决计算机 2000 年问题工作初见成效。1 月 4 日，国内三家期货交易所——上海期货交易所、郑州商品交易所、大连商品交易所平稳度过 2000 年第一个交易日。

3 日　财政部发布《国际金融组织与日本协力银行贷款管理规定》。该规定共有 9 章 49 条，包括总则、贷款的转贷管理、贷款项目管理机构、贷款项目规划的制订、贷款项目前期准备管理、对外贷款协定的谈判、签署与生效、贷款项目执行、监督与运营管理、贷款债务管理和附则。国际金融组织贷款包括世界银行贷款（国际复兴开发银行贷款和国际开发协会信贷）和亚洲开发银行贷款以及与其相关的联合融资贷款；日本国际协力银行贷款是指日本国际协力银行非官方发展援助不附带条件的贷款（即原日本输出入银行贷款）。该规定明确：国家开发银行是国际金融组织贷款的主要转贷机构，中国银行是日本国际协力银行贷款的主要转贷机构，在财政部的统一安排下，分别承担国际金融组织与日本国际协力银行贷款项目的国内转贷及相关的项目执行管理工作。两种贷款中的基础性项目与竞争性项目的贷款主要由财政部分别转贷给国家开发银行或国有商业银行、非银行金融机构以及中国银行，再由银行或非银行金融机构转贷给具体项目单位；并由转贷银行向财政部偿还该项目贷款的全部本息费，承担全部的信贷风险和外汇风险。其中，国家开发银行可在原贷款的利率基础上加收一定幅度的转贷利差作为业务成本。该转贷利差的最高限额不得超过年利率 0.4%；中国银行转贷利差的最高限额不得超过年利率 0.6%。其他商业银行或非银行金融机构可根据商业原则确定其转贷利差，但利差水平应符合国际惯例、国外贷款机构的要求和国内相应标准。国家开发银行和中国银行分别参与国际金融组织贷款和日本国际协力银行贷款规划的制订工作。财政部负责对所有贷款项目的执行进行宏观监控与政策指导。

△　中国保监会颁布《保险公司管理规定》。该规定分为 10 章 119 条，包括总则、保险机构、保险经营、保险条款和保险费率、保险资金管理及运用、保险公司偿付能力、再保险、监督检查、罚则和附则。该规定明确，在全国范围内经营保险业务的保险公司，实收货币资本金不得低于人民币 5 亿元，并可以申请设立三家分公司；在特定区域内经营业务的保险公司，实收货币资本金不得低于人民币两亿元，并可以设立两家分公司。保险股份有限公司单个股东（包括其关联公司或以其他人名义）持有保险公司股份总额超过保险公司资本金 10% 的，须经中国保监会批准。中国保监会制定和修订主要险种的基本保险条款和保险费率，也可以委托保险行业协会或保险公司拟订主要险种的基本保险条款和保险费率。保险资金运用限于银行存款，买卖政府债券、金融债券和中国保监会指定的中央企业债券。保险公司应具有与其业务规模相适应的最低偿付能力。除人寿保险业务外，保险公司必

须将其承保的每笔保险业务的20%向中国保监会指定的再保险公司办理法定分保。中国保监会对保险业的监督管理遵循市场行为监管与偿付能力监管并重的原则。该规定自2000年3月1日起施行。

4日 中国人民银行发布《关于加强银行计算机安全防范金融计算机犯罪若干问题的决定》。该决定明确计算机安全工作的指导方针是：预防为主，安全第一，依法办事，综合治理。采取的主要措施是：建立健全银行计算机安全工作管理体系，加强银行计算机安全工作制度建设，充分利用高新技术提高技术防范水平，确保银行计算机安全的资金投入，严厉打击金融计算机犯罪。金融计算机犯罪主要表现在两方面：一是非法侵入、破坏银行网络和信息系统；二是利用计算机实施金融诈骗、盗窃、贪污、挪用公款。

10日 国家计委、财政部、国家经贸委、中国人民银行发布《关于整顿企业抵押贷款收费的通知》。针对企业抵押贷款中存在着收费环节多、重复收费、乱收费及收费标准高的问题，该通知规定：在企业办理抵押贷款过程中，除为保证贷款资金安全所必须履行的法定登记外，任何部门、单位都不得强制实施服务及收费，不得强迫企业到指定的机构接受服务及收费；整顿行政性收费，对企业办理抵押贷款收费实行适当减收；适当降低中介机构收费标准；对抵押物进行评估，须以与贷款规模相适应的有效抵押物的评估金额为基数计取费用，不得采取扩大评估标的范围或虚高估价的方式多收费；抵押物的抵押权益登记有效期限应与贷款期限相一致；企业抵押权益登记期满，继续利用同一抵押物申请抵押贷款续期的，除工本费外，不再收取抵押物登记费；委托前次评估机构和公证机构再次进行评估和公证的，其收费标准应在不超过规定收费标准30%的幅度内计收；企业已办理的保险能够保证抵押物安全的，银行不得要求企业再次保险；各省、自治区、直辖市价格主管部门应会同有关部门于近期对本地区企业抵押贷款收费进行一次全面整顿。

11日 国家计委、中国人民银行、国家外汇管理局发布《关于国有商业银行实行中长期外债余额管理的通知》。该通知对中国工商银行、中国农业银行、中国银行、中国建设银行向境外筹借且尚未偿还的，借款使用期限1年以上的以外国货币承担契约性偿还的所有债务余额（中长期外债余额）由国家计委商中国人民银行及国家外汇管理局，核定各国有商业银行中长期外债余额总额报国务院审批。余额总额按5年期确定，每年一核。各国有商业银行在不突破余额和保证按期还债的前提下周转借用，多还多借，少还少借。该通知还对余额管理的审批、考核与监管作了具体规定。

14日 中国保监会发布《保险公估人管理规定（试行）》。该规定明确：保险公估人是指专门从事保险标的的评估、勘验、鉴定、估损、理算等业务，并据此向保险当事人合理收取费用的公司。参加保险公估资格考试成绩合格者可以申请保险公估人从业资格。保险公估公司的组织形式为有限责任公司，必须具备最低实收货币资本金不低于人民币200万元且持有"资格证书"的公司员工人数不得低于公司员工总数的1/2等条件。外资保险公估公司还须具备经营保险损失鉴定、评估、理算业务10年以上，中国设有代表机构两年以上等条件。合资保险公估公司须为提出申请前连续3年盈利以及前1年的年末实收资本加资本公积金之和不低于人民币500万元。该规定明确：保险公估公司单一法人资本不得超过其注册资本金总额的10%。个人资本之和不得超过资本金总额的30%，单一个人资本不得超过资本总额的5%。保险公估公司业务范围为：对保险标的承保前的检验、估价及风险评估；对保险标的出险后的查勘、检验、估损及理算；与境外同类机构进行评估、勘验、理算等方面的专业技术合作。保险公估公司不得从事保险代理或保险经纪活动。该规定还明确了相应的罚则。

21日 中国人民银行货币政策委员会2000年第一季度例会在北京召开。会议对1999年货币政策给予了积极的评价，同时指出：2000年，要适当增加货币供应量，把扩大公开市场业务作为货币政策操作的重点，完善货币市场、债券市场运行机制；继续增加对中小金融机构再贷款，同时加强金融监管；继续发挥存款准备金和利率手段在调节货币供应总量中的作用，根据市场对货币的需求，灵活调整再贷款利率和存款准备金率；积极运用再贴现工具，鼓励商业银行在中心城市设立专营票据业务的窗口，扩大票据承兑、贴现业务，推动企业使用商业汇票，减少货款拖欠；继续运用再贷款手段，确保合法存款的正常支付，保持金融和社会稳定。要继续做好国债资金基础设施和技术改造建设项目的配套贷款工作；大力发展个人消费信贷特别是个人住房贷款；进一步改进农村信贷服务，加大对农村信用社再贷款支持；完善小额扶贫贷款体系，解决农民贷款难问题；积极支持国有企业改革和发展，配合有关部门做好债转股工作；研究制定适合西部地区特点的信贷政策，支持西部大开发战略的实施。

△　中国人民银行向国家邮政局发出《关于邮政储蓄清理结果和整顿意见的通报》。邮政部门于1986年恢复开办储蓄业务。截至1999年8月31日，全国共有邮政储蓄营业机构2 583个，储蓄网点34 027个，全部邮政储蓄网点存款余额为3 640亿元。1999年12月，中国人民银行完成了对邮政储蓄机构、人员、业务、内部控制、安全防范等方面的全面清理。

24日　中国人民银行发布《农村信用合作社农户联保贷款管理指导意见》。该指导意见包括总则、借款人条件及借款用途、贷款的发放及管理、利率和罚则共5章18条。农户联保贷款是指没有直系亲属关系的农户在自愿基础上组成联保小组，信用社对联保小组成员提供的贷款。联保小组由居住在信用社服务辖区内有借款需求的5~10户没有直系亲属关系的农户自愿组成。该指导意见明确：借款人应具备的条件是需要生产资金；具有完全民事行为能力；遵守联保协议；从事符合国家政策规定的经营活动；在得到贷款前，应在信用社存入不低于借款额5%的活期存款。贷款用途及安排次序为：种植业、养殖业等农业生产费用贷款；加工、手工、商业等个体工商户贷款；其他贷款。农户联保贷款实行分次偿还本息的方式，单次借款额度原则上不得超过当地农户的年平均收入，贷款期限根据借款人生产经营活动的周期确定，原则上不得超过1年。农户联保贷款利率和方式及结息的办法由信用社在适当优惠的前提下，根据小组成员的存款利率、费用成本和贷款风险等情况与借款人协商确定。信用社对小组成员的存款利率实行上下限管理；在最低为同期中国人民银行公告的法定活期存款利率，最高不超过法定活期存款利率加一个百分点的范围内，由信用社自行决定小组成员的各种存款利率。

25日　全国银行、证券、保险工作会议在北京召开。会议强调，必须清醒地看到当前金融改革、整顿、监管和防范风险的任务十分艰巨。必须继续大力推进金融改革和整顿，特别要“严”字当头，突出抓好金融管理和监督，又要健全内控机制，加快金融体制改革和制度建设。同时，要充分认识防范金融风险的极端重要性和长期性、艰巨性，继续推动金融改革和整顿，健全和强化金融法治，进一步做好防范和化解金融风险的各项工作。会议同时指出，金融系统要正确处理支持经济发展与防范金融风险的关系，使二者更好地结合起来，而不能对立起来。金融系统要在坚持稳健经营的原则下，从多方面加大对经济发展和改革的支持力度。要通过强化管理和监督，明显提高我国金融的整体素质和经营管理水平。要采取切实有效的措施，大力改进金融服务，为推进经济发展和国有企业改革提供有力的支持。

25~29日　全国证券期货工作会议在北京召开。会议指出：2000年，要认真贯彻十五届四中全会精神，继续扩大直接融资比重，推进高新技术企业发展和经济结构调整；全面贯彻实施《中华人民共和国证券法》，切实加强管理，严格依法治市，进一步搞好清理整顿和市场监管，努力防范市场风险；提高上市公司和证券公司质量，促进证券市场规范发展，更好地为国有企业改革和经济发展服务。并提出了2000年的主要工作：建立高新技术板，推进技术进步和产业升级；改革股票发行制度，提高审核质量和效率；提高直接融资比重，进一步推进国有企业改革和经济发展；促进上市公司购并重组，优化上市公司质量，调整企业结构；继续抓好证券市场清理整顿，进一步防范和化解市场风险；进一步加强证券期货法制建设，提高依法行政水平；继续规范期货市场试点，进一步完善期货市场功能；适应加入世界贸易组织的新情况，完善有关法规，全面提高证券业素质；进一步理顺三级监管的职责划分，充分发挥集中统一监管体制的优势；巩固“三讲”教育成果，进一步加强证券监管队伍建设。

2月

1日 国务院办公厅转发中国人民银行、教育部、财政部《关于助学贷款管理的若干意见》。其中规定：助学贷款包括国家助学贷款和一般商业性助学贷款两类。国家助学贷款是由中国工商银行开办的、国家财政贴息的，适用于中国内地高等学校中经济确实困难的全日制本、专科学生的助学贷款。一般商业性助学贷款是指金融机构对正在接受非义务教育学习的学生或其直系亲属，或法定监护人发放的商业性贷款；只能用于学生的学杂费、生活费以及其他与学习有关的费用，财政不予贴息，各商业银行、城市信用社、农村信用社等金融机构均可开办。该文件还提出：中国工商银行要继续探索国家助学贷款的多种担保形式；要简化贷款审批程序，合理确定贷款期限；在利率水平上对借款人给予适当优惠；确实无法提供担保、家庭经济特别困难的学生以及其他学生均可申请信用方式的国家助学贷款。同时，各金融机构要在信贷原则的指导下，积极开办一般商业性助学贷款业务，其中，包括信用助学贷款和担保助学贷款。助学贷款实行一次申请、一次授信、分期发放的管理方式，其金额、期限、贷款方式、还本付息方式，由贷款银行根据学校学制和学生就读情况等因素确定。经贷款银行同意，助学贷款可按有关规定展期。助学贷款利率在中国人民银行利率政策规定的范围内，适当给予优惠。

2日 中国人民银行、中国证监会联合发布《证券公司股票质押贷款管理办法》。该管理办法包括总则，贷款人、借款人，贷款的期限、利率、质押率，贷款程序，贷款风险控制，质物的保管和处分，罚则和附则共8章44条。股票质押贷款是指证券公司以自营的股票和证券投资基金券作质押，向商业银行获得资金的一种贷款方式。该管理办法明确：商业银行开办股票质押贷款业务须经中国人民银行总行批准。申请开办股票质押贷款业务的贷款人应具备的条件是：有健全的内控机制，制定和实施了统一授信制度；有专职部门和人员负责经营和管理股票质押贷款业务；有专门的业务管理信息系统，能同步了解股票市场行情以及上市公司有关重要信息。借款人应具备的条件是：资产具有充足的流动性；其自营业务符合中国证监会规定的有关风险控制比率；按中国证监会规定提取足额的交易风险准备金；在近一年内经营中未出现重大的违规、违纪行为，现任高级管理人员和主要业务人员无任何重大不良记录；上一年度公司经营正常，未发生经营性亏损；未挪用客户交易结算资金。股票质押贷款期限最长为6个月，其利率可参照中国人民银行规定的金融机构同期同档次商业贷款利率适当浮动，最高上浮幅度为30%，最低下浮幅度为10%。用于质押贷款的股票原则上应业绩优良、流通股本规模适度、流动性较好，股票质押率最高不能超过60%。对于贷款风险控制，该文件明确：贷款人发放的股票质押贷款余额，不得超过其资本金的15%；对一家证券公司发放的股票质押贷款余额，不得超过其资本金的5%。一家商业银行接受的、用于质押的一家上市公司股票，不得高于该上市公司全部流通股股票的10%。一家证券公司只能在一家商业银行办理股票质押贷款，且用于质押的一家上市公司股票不得高于该上市公司全部流通股股票的10%，并且不得高于该上市公司已发行股份的5%。被质押的一家上市公司股票不得高于该上市公司全部流通股股票的20%。为控制因股票价格波动带来的风险，特设立警戒线和平仓线。警戒线为质押股票市值与贷款本金的百分比，设定值是130%；平仓线为质押股票市值与贷款本金的百分比，设定值是120%。在质押股票市值与贷款本金之比降至警戒线时，贷款人应要求借款人及时补足因证券价格下跌造成的质押价值缺口。在质押股票市值与贷款本金之比降至平仓线时，贷款人应及时出售质押股票，所得款项用于还本付息，余款清退给借款人，不足部分由借款人清偿。3 月 31 日，中国工商银行向广发证券有限责任公司发放首笔期限为半年的 1 368 万元人民币股票质押贷款。这是国内第一笔商业银行向证券公司发放的股票质押贷款，也是人民银行颁布《证券公司股票质押管理办法》以来国内第一笔商业银行向证券公司发放的股票质押贷款。

△　中国人民银行下发《关于新疆生产建设兵团建设性银行贷款停息挂账的通知》。为了维护新疆的长期稳定和支持新疆经济的长期发展，人民银行决定对新疆生产建设兵团边境团场 1996 年 12 月 31 日前建设性贷款本金 63 994.5 万元，从 1999 年 12 月 21 日起停息挂账 5 年。1999 年 12 月 21 日前欠交的贷款利息一次核销，纳入 2000 年各行核销呆坏账规模内。1999 年 12 月 21 日前已收回的 1999 年年底前发放的建设性贷款本息不返还。

3 日　国务院发布《中华人民共和国人民币管理条例》。该条例共有 6 章 48 条，包括总则、设计和印刷、发行和回收、流通和保护、罚则、附则。该条例规定：中华人民共和国的法定货币是人民币。人民币的单位为元，人民币辅币单位为角、分。中国人民银行是国家管理人民币的主管机关，负责本条例的组织实施。新版人民币由中国人民银行组织设计，报国务院批准，由中国人民银行指定的专门企业印刷。人民币由中国人民银行统一发行并予以公告。停止流通的人民币和残缺、污损的人民币，由中国人民银行负责回收、销毁。禁止非法买卖流通人民币和故意毁损，制作、仿制、买卖、在宣传品、出版物或者其他商品上使用人民币图样等损害人民币的行为。任何单位和个人不得印制、发售代币票券，以代替人民币在市场上流通。中国公民出入境、外国人出境携带人民币实行限额管理制度。该条例自 2000 年 5 月 1 日起施行。

4 日　中国人民银行发布《关于重申严禁金融机构不正当存款竞争的通知》。针对部分地区、部分金融机构存款业务不正当竞争行为仍然没有得到根本遏制，盲目追求存款增长率和市场份额，顶风违规经营的问题，该通知重申：各金融机构要对现有的制度、规定、办法进行一次认真清理，废除存款单项考核和奖励办法，不得对非存款部门下达存款考核指标，不得把存款考核指标分解下达到职工个人，不得将存款考核指标与职工个人工资、奖金、福利、行政职务安排等挂钩。金融机构办理各项存款业务，不得提高或变相提高利率，不得向经办人和关系人支付法定利息以外任何名目的费用和馈赠物品，严格遵守相关规定。加大对继续使用不正当手段进行存款竞争的处罚力度。

13 日　中国证监会发布《关于向二级市场投资者配售新股有关问题的通知》。该通知规定：向二级市场投资者配售新股，是指在新股发行时，将一定比例的新股由上网公开发行改为向二级市场投资者配售。投资者每持有上市流通证券市值 10 000 元限申购新股 1 000 股，申购新股的数量应为 1 000 股的整数倍，投资者持有上市流通证券市值不足 10 000 元的部分，不赋予申购权；每一股票账户最高申购量不得超过发行公司公开发行总量的 1‰；每一股票账户只能申购一次，重复的申购视为无效申购。证券投资基金按现行有关规定优先配售新股后，不再按其持有上市流通证券的市值配售新股。该通知自 2000 年 2 月 22 日起实施。

上述通知发布以后，由于技术原因，此发行方式一度暂停。2002 年 5 月 20 日，中国证监会又发布了《关于向二级市场投资者配售新股有关问题的补充通知》，就恢复向二级市场投资者配售新股作出补充规定：发行公司及其主承销商采用向二级市场投资者配售方式发行新股的，其基本原则是优先满足市值申购部分，在此前提下，配售比例应在 50% 至 100% 之间确定。投资者可根据其持有的上市流通股股票的市值自愿申购新股。

15 日　财政部组建全国银行间债券市场国

债承销团，并与之签订2000年年度记账式国债主承销协议。此次参加2000年国债承销团的共有66家金融机构，包括46家商业银行、7家证券公司、5家保险公司和8家农村信用社联合社。组建国债承销团是中国国债发行的改革之举。

△ 中国股市出现第一只百元股票。10点11分，深圳证券交易所的广东亿安科技股份有限公司股票（股票简称：亿安科技；股票代码：0008）升至100元。当日报收104.39元，成为我国股份拆细后第一只股价超过100元的股票。

亿安科技前身为深圳市锦兴实业股份有限公司（股票简称：深锦兴A；股票代码：0008；1992年5月7日在深圳证券交易所上市。1999年8月18日“深锦兴”正式更名为“亿安科技”）。亿安科技股价从1998年8月的5.60元开始上涨，2000年1月4日，是2000年第一个交易日，亿安科技为42.35元，2月17日创下了126.31元的最高价，涨幅高达21.50倍，被广大股民称为中国股票市场的神话。

18日 中国保监会发布《分红保险管理暂行办法》。该办法规定：保险公司每一会计年度向保单持有人实际分配盈余的比例不低于当年全部可分配盈余的70%。保险公司应当于每年4月1日前向中国保监会报送分红保险专题财务报告，包括资产负债表、利润表、收入分配和费用分摊报告等内容。该报告须由精算责任人签字，并经符合资格的会计师事务所审计。保险公司每一会计年度应当至少向保单持有人寄送一次分红业绩报告，说明投资收益、保单持有人应获红利金额等情况。

△ 中国保监会制定发布《投资连结保险管理暂行办法》。该办法明确，保险公司申报的投资连结保险产品应当满足以下最低要求：该产品必须包含一项或多项保险责任；该产品至少连结到一个投资账户上；保险保障风险和费用风险由保险公司承担；投资账户的资产单独管理；保单价值应当根据该保单在每一投资账户中占有的单位数及其单位价值确定；投资账户中对应某张保单的资产产生的所有投资净收益（损失），都应当划归该保单；每年至少应当确定一次保单的保险保障；每月至少应当确定一次保单价值。保险公司应当每月至少评估一次投资账户中的单位价值，并向保单持有人公布。只连结一个投资账户的连结保险，其投资账户按成本价计算，其中国有商业银行存款、国债之和不得少于20%。投资账户与任何关联账户之间，不得发生买卖、交易和财产转移行为。

3月

2日 中国建设银行与湘财证券有限责任公司在北京签署股票质押贷款主办行协议，同时签订首笔股票质押贷款承诺书，承诺金额1.2亿元。这是国有商业银行与券商首次签署此类协议。

3日 中国人民银行宣布批准澳大利亚新银行上海分行、德国商业银行上海分行、日本旭日银行上海分行、韩国韩汇银行上海分行、韩国产业银行上海分行、日本三和银行深圳分行、日本富士银行深圳分行等7家符合条件的外资银行在上海和深圳经营人民币业务。至此，在我国获准经营人民币业务的外资银行已达32家。

△ 中国人民银行发布《中外合资、合作经营企业中方投资人新增资本贷款管理办法》。该管理办法包括总则，贷款的对象和条件，贷款的申请和发放，贷款用途、金额、期限及利率，贷款管理和附则共6章21条。主要规定有：中外合资、合作经营企业中方投资人新增资本贷款是指境内中资商业银行对中外合资、合作经营企业（包括港澳台资）的中方投资人增加注册资本金时不足部分发放的人民币或外币中长期贷款，必须用于从事《外商投资企业产业指导目录》中鼓励类、允许类项目的企业。借款人申请中方增资贷款应具备下列条件：信用状况良好，近两年连续盈利；有外商投资企业批准证书、营业执照，生产经营在1年以上，发展前景良好；借款人在中外合资、合作企业中增加注册资本后，可保持或取得控股地位；借款人在中外

合资、合作企业增资前应投入的注册资本和增加注册资本的自筹部分，已经依法验资并按期足额到位（比例不低于50%）。贷款金额最高不超过中方投资人所增注册资本金的50%，贷款币种为人民币或外币，贷款人应根据实际情况，合理确定贷款期限，贷款期限最长不得超过10年（含展期），贷款利率按中国人民银行规定的同档次中长期人民币贷款利率和中国人民银行授权中国银行公布的外汇贷款利率执行。借款人不能按借款合同约定的期限归还贷款时，贷款人有权按有关规定加收罚息，并有权根据借款合同约定从借款人账户中划收贷款本息，无法收回贷款本息的，贷款人可依法向保证人、抵押人、质押人追偿。

4日 中国人民银行发出《关于撤销中国信达资产管理公司跨地区业务部的通知》。中国信达资产管理公司未经人民银行审批，跨地区设立了业务部，违反了《金融机构管理规定》。该通知要求中国信达资产管理公司从文到之日起，一个月内撤销已设的跨地区业务部。

5日 第九届全国人民代表大会第三次会议在北京召开。国务院总理朱镕基作《政府工作报告》。该报告总结了1999年的各项工作，提出了2000年新的任务。其中要求：进一步发挥货币政策的作用。金融系统要正确处理支持经济增长与防范金融风险的关系，在坚持稳健经营的原则下，从多方面加大对经济发展的支持力度。中国人民银行要运用多种货币政策工具，及时调控货币供应总量。要切实改进金融服务。国有银行应加强内部资金调度，合理划分贷款审批权限，及时发放与国债投资项目配套的固定资产贷款，保证有市场、有效益、守信用企业的流动资金贷款需要。切实增加对各种所有制中小企业特别是科技型企业的贷款。努力解决农民贷款难问题。对重复建设、产品积压和需要压缩生产能力的企业，应当停止或压缩贷款。要大力发展住房贷款、助学贷款和大件商品的消费信贷，改进办法，简化手续，提高审贷效率。进一步规范和发展证券市场，增加企业直接融资比重。完善股票发行上市制度，支持国有大型企业和高新技术企业上市融资。依法严格审批保险企业，积极拓展保险业务。

7日 中国人民银行就1999年颁布的《银行卡业务管理办法》中跨行交易收费条款作出补充规定：1. 对于持卡人在他行ATM机上发生的取款交易，发卡行应向代理行交纳代理费，同城每笔4.5元人民币，异地5.1元。2. 通过信息交换中心转接的跨行交易，代理行应向信息交换中心交纳网络服务费，同城每笔0.6元人民币，异地1.2元。3. 持卡人在他行ATM机取款应向发卡行交纳手续费，每笔2元人民币。4. POS跨行消费交易，不通过信息交换中心转接的从商户所得的结算手续费中按发卡行90%，收单行10%的比例分配等。该办法还对城市银行卡信息交换中心的收费作了系列规定。

10日 国务院办公厅转发国家计委、中国人民银行《关于进一步加强对外发债管理的意见》。为规范我国境内机构境外发债行为，提高发债筹集资金的使用效益，防范国家外债风险，该意见指出，对外发债实行资格审核批准制。除财政部外，境内机构对外发债资格，由国家计委会同人民银行和有关主管部门，借鉴国际惯例进行评审后报国务院批准。发债资格每两年评审一次。该意见规定，除财政部外，境内机构对外发债，经国家计委审核并会签国家外汇管理局后报国务院审批。国务院批准后，市场选择、入市时机等由国家外汇管理局审批。地方政府不得对外举债。境内机构对外发债后，要按规定到国家外汇管理局办理登记。发债资金要按照批准的用途专款专用。

13日 中国证监会发布《关于安排上市公司转配股分期、分批上市的通知》。该通知决定：从2000年4月开始，由证券交易所组织实施，用24个月左右的时间逐步安排转配股上市流通。上市的方式是按照产生转配股的时间先后，分期、分批陆续进入二级市场流通。公司有多次转配行为的，按首次发生转配股的时间确定上市顺序，并同时全部安排上市。在国务院作出新的规定前，国家拥有的股份和法人持有的未流通股份及其增量暂不上市流通。转配股是上市公司在配股时，国有股或法人股股东由于缺乏现金等原因将配股转让给社会公众，由社会公众股股东认购的股份。

转配股实施开始于1994年5月，首家发行转配股的上市公司是广东珠江实业（股票代码：600684）。但转配股发行主要集中于1995～1997年，1998年停止了转配股的做法。随着上市公司送股、转股和配股的实施，转配股的总数逐渐增大。据统计，截至2000年3月底，沪深两市共有169家上市公司含有历史遗留尚未流通的转配股，股份总额约为33.32亿股。2000年4月3日，珠江实业、东方明珠（股票代码：600832）、外高桥（股票代码：600648）、南京新百（股票代码：600682）、诚成文化（股票代码：600681）5家公司转配股首批上市流通，转配股上市工作正式启动。

15日 国务院公布《国有重点金融机构监事会暂行条例》。该暂行条例规定，国有重点金融机构监事会（以下简称监事会）由国务院派出，对国务院负责，代表国家对国有金融机构的资产保值增值状况实施监督。监事会履行下列职责：1. 检查国有金融机构贯彻执行国家有关金融、经济的法律、行政法规和规章制度的情况；2. 检查国有金融机构的财务，查阅其财务会计资料及与其经营管理活动有关的其他资料，验证其财务报告、资金运营报告的真实性、合法性；3. 检查国有金融机构的经营效益、利润分配、国有资产保值、资金运营等情况；4. 检查国有金融机构的董事、行长（经理）等主要负责人的经营行为，并对其经营管理业绩进行评价，提出奖惩、任免建议。监事会由主席一人、监事若干人组成，一般每年对国有金融机构定期检查两次，并可以根据实际需要不定期地对国有金融机构进行专项检查。监事会每次对国有金融机构进行检查后，应当及时作出检查报告。检查报告的内容包括：财务、资金分析以及经营管理评价；主要负责人的经营管理业绩评价以及奖惩、任免建议；存在问题的处理建议；国务院要求报告或者监事会认为需要报告的其他事项。

2000年8月21日，由国务院派出的15个国有重点金融机构监事会正式进驻16家国有重点金融机构，它们是：国家开发银行、中国进出口银行、中国农业发展银行、中国工商银行、中国农业银行、中国银行、中国建设银行、交通银行、中国华融资产管理公司、中国长城资产管理公司、中国东方资产管理公司、中国信达资产管理公司、中国人民保险公司、中国人寿保险公司、中国再保险公司、中国银河证券有限责任公司。

16日 中国证监会发布《股票发行核准程序》。该核准程序取消了指标分配、行政推荐的办法，今后企业发行上市不再需要发行指标和地方或国务院有关部门推荐，只要符合法律、法规的要求，经省级政府或国务院有关部门同意，主承销商即可向中国证监会推荐并报送申请文件。同时，新股发行也不再经过预选。核准程序规定，主承销应对发行人进行为期一年的辅导，对企业的董事、监事和高级管理人员进行《中华人民共和国公司法》、《中华人民共和国证券法》等考试。辅导结束后，主承销商须出具承诺函才能向中国证监会报送申请文件。该核准程序标志着我国股票发行体制开始由审批制向核准制转变。2001年3月17日，我国股票发行核准制正式启动。经国务院批准，《股票发行核准程序》于2006年5月18日予以废止。

△ 中国证监会发布《股票发行上市辅导工作暂行办法》。该暂行办法明确：拟公开发行股票（A股、B股）的股份有限公司应符合《中华人民共和国公司法》的各项规定，在向中国证监会提出股票发行申请前，均须具有主承销资格的证券公司辅导，辅导期限为1年。辅导内容主要包括：股份有限公司设立及其历次演变的合法性、有效性；股份有限公司人事、财务、资产及供、产、销系统独立完整性；对公司董事、监事、高级管理人员及持有5%以上（含5%）股份的股东（或其法人代表）进行《中华人民共和国公司法》、《中华人民共和国证券法》等有关法律、法规的培训；建立健全股东大会、董事会、监事会等组织机构，并实现

规范运行；依照股份公司会议制度建立健全公司财务会计制度；建立健全公司决策制度和内部控制制度，实现有效的运作；建立健全符合上市公司要求的信息披露制度；规范股份公司和控股股东及其他关联方的关系；公司董事、监事、高级管理人员及持有5%以上（含5%）股份的股东持股变动情况是否合规。辅导有效期为3年，即本次辅导期满后3年内，拟发行公司可以由主承销机构提出股票发行上市申请；超过3年，则须按本办法规定的程序和要求重新聘请辅导机构进行辅导。该暂行办法自公布之日起执行，1995年9月5日中国证监会发布的《关于对公开发行股票公司进行辅导的通知》同时废止。

17日 中国进出口银行与中国船舶重工集团公司、中国船舶工业贸易公司在北京举行签字仪式，向伊朗出口5艘30万吨VLCC超大型油轮项目提供17.9亿元人民币和1.1亿美元的出口卖方信贷，以及5亿美元的出口信用保险。该船舶出口项目的合同金额约为3.7亿美元，这是我国首次承接超大型油轮的建造和出口，也是我国出口卖方信贷单笔金额最大的项目。

20日 国务院发布《个人存款账户实名制规定》。该规定明确，个人在金融机构开立个人存款账户（指个人在金融机构开立的人民币、外币存款账户，包括活期存款账户、定期存款账户、定活两便存款账户、通知存款账户以及其他形式的个人存款账户）时，应当出示本人身份证件，使用实名。代理他人在金融机构开立个人存款账户的，代理人应当出示被代理人和代理人的身份证件。金融机构应当对证件进行核对，并登记证件上的姓名和号码，否则，由中国人民银行给予警告，可以处1 000元以上5 000元以下的罚款；情节严重的，可以并处责令停业整顿，对直接负责的主管人员和其他直接责任人员依法给予纪律处分；构成犯罪的，依法追究刑事责任。该规定2000年4月1日起施行。实行个人存款账户实名制是规范金融活动、完善金融监管的基础性措施。

23日 中国保监会批准，泰康人寿、华泰财产、平安人寿、新华人寿等四家公司将其保险资金投资证券投资基金的限额由目前占公司总资产的5%提高到10%。6月7日，中国保监会又批准太平洋保险公司将其入市资金比例从1999年年底总资产的5%提高到15%。据中国保监会统计，截至2000年上半年，中资保险公司投资证券基金的资金达96亿元。1999年，我国首次允许保险公司以购买证券投资基金的方式进入证券市场，当时的入市资金比例被规定在保险公司总资产的5%以内。

24日 中国人民银行发布《金融机构高级管理人员任职资格管理办法》。该管理办法包括总则、任职资格、任职资格审核与管理、任职资格取消和附则共5章37条。主要规定有：凡经中国人民银行批准在中国国内设立的银行、金融资产管理公司、信托投资公司、企业集团财务公司、金融租赁公司、城市信用合作社及其联合社、农村信用合作社及其联合社、其他金融机构的法定代表人和对经营管理具有决策权或对风险控制起重要作用的高级管理人员应接受和通过中国人民银行任职资格审核。中国人民银行对金融机构高级管理人员任职资格的审核，分核准制和备案制两种。适用核准制的高级管理人员任职，在任命前应获得中国人民银行任职资格核准文件；适用备案制的高级管理人员任职，在任命前应报中国人民银行备案。中国人民银行及其分支机构对金融机构高级管理人员任职资格实行分级审核、分级管理，并及时上报上级行备案。

△ 经中国保监会核准备案，中国人民保险公司开始在全国范围内推广医疗责任保险。《中国人民保险公司医疗责任保险条款》规定：凡依法设立、有固定场所的医疗机构及经国家有关部门认定合格的医务人员，均可作为本保险的被保险人。在本保险单明细表中列明的保险期限或追溯期及承保区域范围内，被保险人在从事与其资格相符的诊疗护理工作中因过失发生医疗事故或医疗差错造成依法应由被保险人承担的经济赔偿责任，并由被保险人在本保险有效期限内首次提出索赔申请的，保险人负责赔偿。该文件还对

责任免除、被保险人义务、赔偿处理、争议处理等作出了明确规定。

28日 中国人民银行发布《教育储蓄管理办法》。该管理办法指出，开办教育储蓄是为鼓励城乡居民以储蓄存款方式，为其子女接受非义务教育（指9年义务教育之外的全日制高中、大中专、大学本科、硕士和博士研究生）积蓄资金，促进教育事业发展。该管理办法明确，除邮政储蓄机构以外的可办理储蓄存款业务的金融机构均可开办教育储蓄。教育储蓄的对象（储户）为在校小学四年级（含四年级）以上学生。教育储蓄采用实名制。教育储蓄为零存整取定期储蓄存款。存期分为1年、3年和6年。最低起存金额为50元，本金合计最高限额为2万元。教育储蓄实行利率优惠。1年期、3年期教育储蓄按开户日同期同档次整存整取定期储蓄存款利率计息；6年期按开户日5年期整存整取定期储蓄存款利率计息。教育储蓄在存期内遇利率调整，仍按开户日利率计息。

△ 中国人民银行发布《关于授权分行审批信托投资公司动用法定存款准备金的通知》。该通知规定：信托投资公司发生严重支付困难时，人民银行分行可批准其在一定期限内动用全部或部分法定存款准备金，用于兑付个人债务和合法外债。动用法定存款准备金最高限额不得超过其实际缴存的法定存款准备金余额。期限12个月，可展期一次。

30日 中国证监会公布《网上证券委托暂行管理办法》。该管理办法规定，网上委托是指证券公司通过互联网，向在本机构开户的投资者提供用于下达证券交易指令、获取成交结果的一种服务方式。网上委托的证券为上海证券交易所、深圳证券交易所挂牌的证券。获得中国证监会颁发的“经营证券业务许可证”的证券公司，可以向中国证监会申请开展网上委托业务。该管理办法还对网上证券委托业务的业务规范、技术规范、信息披露等方面作出了具体规定。

4月

4日 中国证监会、财政部发布《证券交易所风险基金管理暂行办法》。该暂行办法规定：证券交易所风险基金是指用于弥补证券交易所重大经济损失，防范与证券交易所业务活动有关的重大风险事故，以保证证券交易活动正常进行而设立的专项基金。其来源为：按证券交易所收取交易经手费的20%提取；按证券交易所收取席位年费的10%提取；按证券交易所收取会员费10%的比例一次性提取；按本办法施行之日新股申购冻结资金利差账面余额的15%一次性提取；对违规会员的罚款、罚息收入。该基金由证券交易所理事会管理，并以专户方式全部存入国有商业银行，存款利息全部转入基金专户，最低支付限额2 000万元。

△ 中国证监会、财政部发布《证券结算风险基金管理暂行办法》。该暂行办法规定：证券结算风险基金是指用于弥补证券登记结算公司因技术故障、操作失误、不可抗力导致的重大经济损失，以及防范与证券结算业务相关的重大风险事故而设立的专项基金。其来源为：按登记公司业务收入、收益的20%分别提取；结算会员按人民币普通股和基金成交金额的十万分之三、国债现货和回购成交金额的十万分之一逐日交纳；按本办法施行之日新股申购冻结资金利差账面余额的30%一次性提取；对违规结算会员的罚款、罚息收入；中国证监会和财政部规定的其他来源。中国证监会会同财政部可以根据市场风险情况，适当调整本基金规模、资金提取和交纳方式、比例。该基金以专户方式全部存入国有商业银行，存款利息全部转入基金专户，最低支付限额2 000万元。

6日 中国人民银行发布《关于推行贷款五级分类有关问题的通知》。该通知要求：2000年，各行要继续实行贷款分类的“双轨”运行制度，按“一逾两呆”和“五级分类”两个口径向人民银行报送贷款质量报表。人民银行将同时把五级分类作为贷款质量的监控指标进行监管。在进一步总结经验的基础上，力争在2001年年底正式推行贷款五级分类制度。城乡信用社目前暂不实行贷款五级分类办法。

6~7日 中国石油天然气股份有限公司分别在美国纽约、中国香港成功上市（香港交易所股票代码：0857；纽约证券交易所股票代码：PTR）。中国石油天然气股份有限公司（以下简称中石油）是在中国石油天然气集团公司重组改制的基础上，于1999年11月创立的，主要经营石油、天然气勘探、开发、生产、炼制、储运、销售等主营业务。中石油是中国在海外上市的最大的国有控股公司。2000年6月，中国联通分别在中国香港、美国纽约成功上市。

10日 世界储蓄银行协会亚太区第六届会议在上海召开。此次会议由中国工商银行和世界储蓄银行协会（以下简称世界储协）共同主办。会议就世界储协在亚太地区的工作计划、亚洲的经济现状和未来前景以及零售银行业务面临的挑战等议题展开讨论，并对中国的经济金融改革、银行的地区间合作以及如何在地区经济的进一步发展中发挥储蓄银行的作用等议题进行广泛的交流和探讨。世界储协于1994年正式成立，前身为成立于1924年的国际储蓄银行协会，现代表成员有107个，其中在中国的有3个，分别为中国工商银行、中国邮政储蓄局、澳门储蓄银行。

12日 《中国人民银行真实性检查实施方案》发布。中国人民银行决定：从2000年4月11日起至5月底，对被监管的金融机构1999年年末贷款质量、盈亏、内控制度、高级管理人员任职资格等四个方面进行检查。检查范围：国有独资商业银行、股份制商业银行、城市商业银行、烟台住房储蓄银行和蚌埠住房储蓄银行及其上述机构的境内营业性分支机构、财务公司、租赁公司、城乡信用社。2000年9月27日，中国人民银行对真实性检查工作进行总结：共抽查金融机构3.8万多家，占全部金融机构的37.9%；抽查贷款2 600万笔，占被查机构全部贷款的63.1%。通过这次真实性检查，基本摸清了被查金融机构的风险状况。1999年年底，被查机构谈话调整后的不良贷款率上升了2.6个百分点；抽查核实后的不良贷款率上升了5.6个百分点；被查机构盈亏总额谈话调整数比报表数增亏71.5亿元；抽查中盈亏总额增亏130亿元；应收利息数额巨大；应付利息呆坏账准备金严重不足。人民银行提出了下一步工作意见是：加强整改、完善考核、深化改革。

19日 中国工商银行收购香港友联银行。中国工商银行与招商局集团签署正式协议，将以港元现金约18.05亿元的价格收购招商局集团持有的23 998万股友联银行股份，占友联银行总股份约53.24%，每股港元7.52元。在全面收购截止日（7月14日），收市价格达每股8.70港元。2000年7月，被中国工商银行收购的香港友联银行有限公司正式更名为中国工商银行（亚洲）有限公司，简称工银亚洲。

友联银行于1964年在香港注册成立，1973年在港上市，1999年年末总资产为214亿港元，有22家香港本地分行和1家海外分行。此次收购行动使中国工商银行成为首家在国际金融市场收购上市银行的国有商业银行。

21日 中国人民银行货币政策委员会2000年第二季度例会在北京召开。本次会议是新一届货币政策委员会组成后举行的首次会议。会议充分肯定了当前经济和金融走势，认为2000年第二季度及今后一段时间货币政策的重点是：正确处理防范金融风险和支持经济增长的关系，在坚持稳健经营的原则下，加大对经济增长的支持力度。会议指出，要综合运用各种货币政策工具，适当扩大货币供应量；要下大力气疏通货币政策传导渠道，完善商业银行信贷机制、信贷政策，要继续做好国债基础设施建设项目配套贷款和技术改造贷款发放工作；进一步增加对农村信用社再贷款；进一步完善对中小企业和高新技术产业的金融服务，积极支持西部大开发。会议认为，我国广义货币与国内生产总值比率（M_2/GDP）偏高，信用风险过分集中于银行，企业负债率过高。因此，要正确处理直接融资与间接融资的关系，大力发展资本市场，稳步提高直接融资的比重。此外，会议还强调，要积极推进利率市场化改革，充分发挥利率在优化资源配置中的重要作用；要稳步推进国有商业银行改革步伐，完善法人治理结构，按市场原则多渠道筹措资本金；要努力提高金融监管水平。

22日 中国人民银行发布《关于停止发行各种储值纪念卡的紧急通知》。该紧急通知指出，一些商业银行相继发行了储值纪念卡，该业务品种不仅功能单一、市场需求量小，而且容易导致不正当竞争和不正之风。中国人民银行要求各商业银行立即停止发行各类储值纪念卡。人民银行各分支行不再受理各商业银行及其分支机构发行储值纪念卡的申请。对于违反该通知要求，继续发行储值纪念卡的商业银行，要依法处罚。

25日 上海保险监管办公室（以下简称上海保监办）在沪挂牌。新成立的上海保监办向社会公开承诺：遵纪守法、廉洁奉公、强化监管、文明服务，并制订了八条行为准则规范。上海保监办成立后，原中国人民银行上海市分行所承担的所有保险监管职能，全部移交给上海保监办。上海保监办是中国保监会设立的第一家派出机构。截至1999年年底，上海共有保险公司16家，外资保险驻沪机构47家，全市保险总资产为175亿元，保费收入超过115亿元，保险从业人员6 000余人，保险密度和深度分别为878元和2.86%，居全国首位。

27日 中国人寿保险公司与中国航天基金会就航天领域开展保险合作事宜在北京举行签字仪式。根据双方合作的有关规定，中国人寿保险公司将为我国从事航天领域的研制、生产和发射等方面的有关人员提供人身保险。这是我国寿险业与国防科研部门在人身保险方面的首次合作，弥补了航天领域人身保险的空白。

29日 中国人民银行、财政部联合发布《地方政府向中央专项借款管理规定》。该管理规定明确：专项借款是指国务院批准、中国人民银行发放再贷款并通过指定的地方商业银行向省级政府的融资，专项用于解决地方要关闭的农村合作基金会、各类信托投资公司、城市商业银行、城市信用社的个人债务和合法外债。省级政府根据上述地方性金融机构和非金融性机构的资产和负债情况及政府借债的偿还能力，在多方筹措偿还资金仍难以解决支付风险的情况下，由省级政府向国务院报告地方金融风险及处理情况，请求国务院批准同意向中央专项借款。根据国务院办公厅批转的省级政府专项借款申请，中国人民银行、财政部和其他有关部门对该省金融风险情况及支付资金缺口等情况进行审查，和其他有关部门联合提出意见，报国务院核准。省级政府根据国务院批准的借款报告，向财政部提出申请，中国人民银行根据国务院的批准意见及财政部对政府承诺申请的复函抄送件，对所在地分行、营业管理部下达贷款限额。中国人民银行分行、营业管理部在与省（自治区、直辖市）政府签订借款协议书后，在总行下达的贷款限额内，对政府所在地的中心支行或营业管理部下达贷款限额。专项借款的使用期限一般为6～8年，一次落实借款合同，分年签订借款借据。专项借款利率按年利率2.25%计息。

中国人民银行、财政部在下发该管理规定的通知中要求：地方政府向中央专项借款，用于兑付农村合作基金会个人债务的，可直接向国务院申请。撤销金融机构用于兑付个人债务和合法外债的，均采取个案处理，按程序报批。个案处理是指"一事一报、严格审查、国务院特批"，即一省（自治区、直辖市）将撤销某个金融机构或在一段时间内要集中撤销某一类金融机构的处理方案，包括拟撤销机构的名单、资产负债，特别是个人债务和合法外债，以及地方政府自筹资金、兑付个人债务和合法外债的资金缺口等情况，请示国务院，经人民银行会同有关部门严格审查后，报国务院特批。国务院批准后，严格按规定程序办理。专项借款仅限用于兑付被撤销机构的个人债务和合法外债，不得挪作他用。人民银行须提前将有关省（自治区、直辖市）每年应偿还专项借款的本息数额抄送财政部，并报国务院备案。

30日 中国人民银行发布《全国银行间债

券市场债券交易管理办法》。该管理办法包括总则、参与者与中介服务机构、债券交易、托管与结算、罚则和附则共6章41条。主要规定有：全国银行间债券市场债券交易是指以商业银行等金融机构为主的机构投资者之间以询价方式进行的债券交易行为。债券交易品种包括回购和现券买卖两种。商业银行及其授权分支机构、非银行金融机构和非金融机构，经中国人民银行批准经营人民币业务的外国银行分行可以成为全国银行间债券市场参与者，从事债券交易业务。债券交易以询价方式进行，自主谈判，逐笔成交。债券交易现券买卖价格或回购利率由交易双方自行确定。回购期限最长为365天，回购期间，交易双方不得动用质押的债券。进入银行间债券市场的机构参与者应签订《全国银行间债券市场债券回购主协议》，并在中央结算公司开立债券托管账户，并将持有的债券托管于其账户。

9月25日，全国银行间债券市场成员的40余家代表在北京共同签署了中国人民银行货币政策司于2000年7月28日公布的《全国银行间债券市场债券回购主协议》。截至2000年10月24日，全国银行间债券市场年累计回购交易量达到10 053.14亿元，分别比1998年和1999年同期增长1 540.8%和224.3%，为1999年全年交易量3 956.9亿元的2.54倍。利用全国银行间同业拆借中心交易系统进行交易的金融机构达到444家，包括国有独资商业银行4家、政策性银行2家、股份制商业银行10家、城市商业银行86家、商业银行授权分行99家、外资银行32家、证券公司13家、保险公司15家、基金管理公司25家、农村信用联社140家和财务公司17家。银行间债券市场可流通债券达到77只，包括4种短期债、35种中期债和38种长期债。

△ 中国证监会发布《上市公司向社会公开募集股份暂行办法》（以下简称《暂行办法》）。《暂行办法》规定：上市公司的发行申请及证券公司的推荐意见自报送中国证监会备案之日起20个工作日之后，中国证监会未提出异议的，董事会可就本次发行的有关事宜作出决议，发出召开股东大会的通知。申请公募增发的上市公司原则上必须是符合上市公司重大资产重组有关规定的公司，或者是具有自主开发核心技术能力、在行业中具有竞争优势、未来发展有潜力的公司，或者是向社会公开发行股份的比例小于总股本25%或15%（总股本为4亿股以上时）的公司或者是既发行境内上市内资股又发行境内或境外上市外资股的公司。同时，《暂行办法》对申请公募增发的上市公司公募增发必须具备的条件作出具体规定。

5月

6日 “10+3”财长会议通过“清迈倡议”。决定建立以双边协议为基础的区域货币互换机制，以帮助成员国应对国际收支方面出现的困难。“10+3”财长会议自1999年4月在菲律宾首都马尼拉举行首次会议。2000年8月下旬，东盟又决定扩大货币互换基金额和吸收其他5个东盟成员国参加。东盟原有的货币互换机制已经扩大到东盟所有成员，资金规模达到10亿美元。截至2005年8月，“10+3”共签署了17份双边货币互换协议，总规模325亿美元。其中，中国人民银行分别与日本、韩国、泰国、马来西亚、印度尼西亚和菲律宾六国的中央银行签署了双边货币互换协议，总规模为125亿美元。

“10+3”财长会议 “10+3”财长会议是指东盟10国（文莱、柬埔寨、印度尼西亚、老挝、马来西亚、缅甸、菲律宾、新加坡、泰国、越南）加上中国、日本、韩国3国的财长会议，它是“10+3”领导人非正式会议框架下的一个专业部长会议。

9日 我国主承销商制度初步建立。经中国证监会正式批准的主承销商达到26家（见下表）。主承销商是指牵头组织承销团或者独家承销某只股票的证券经营机构。只有取得主承销商资格的证券经营机构才能担任发行公司的发行辅导人和上市推荐人。主承销商在股票发行中起着较为关键的作用，为了规范证券经营机构股票承销业务活动，保护投资者和发行人的合法权益，中国证监会从 1996 年开始实行主承销商资格管理。

海通证券有限公司	广发证券有限责任公司	大鹏证券有限责任公司
山东证券有限责任公司	安徽省证券公司	中信证券股份有限公司
湘财证券有限责任公司	国通证券有限责任公司	广东证券股份有限公司
联合证券有限责任公司	北京证券有限责任公司	国信证券有限公司
光大证券有限责任公司	兴业证券股份有限公司	华泰证券有限责任公司
平安证券有限责任公司	长江证券有限责任公司	华夏证券有限责任公司
中国国际金融有限公司	国泰君安证券股份有限公司	长城证券有限责任公司
南方证券有限公司	浙江证券有限责任公司	西南证券有限责任公司
湖南证券有限责任公司	河北证券有限责任公司	

10 日 全国首例以银行为被告的假币没收案在沪审结。上海市第一中级人民法院判令中国人民银行上海分行向原告出具没收证的具体行政行为违法。1999 年 4 月 28 日，上海居民包某持 5 张百元面值人民币到上海邮电局老西门邮电所支付电话费。工作人员点验时，称其中一张为假币，并出具没收证予以没收。包某认为，该工作人员拒绝其复看的请求，并在脱离其视线的情况下开具没收证，故不能证明没收的假币就是其所缴的人民币。由于邮电所的行为是接受人民银行委托实施的，包某向某区人民法院提起行政诉讼。一审法院认定，邮电所工作人员未当面确认假币的版本、冠字号码，因此不能证明被没收的假币是包某所缴，且没收证第一联无经办人签名，程序上违反了有关规定，判令撤销该行此份假票变造币没收证。银行不服，提起上诉。上海市第一中级人民法院经审理终审认定，人民银行上海分行依法具有处理假人民币的权力，邮电所的行为应看做是人民银行的委托，故该银行为本案适格被告，且其行政执法程序违反了《关于加强假币实物管理的通知》（1993 年 12 月 1 日发布）的规定，因此撤销一审判决，确认该行向包某出具没收证的行政行为违法。

11 日 建设部、中国人民银行联合发布《住房置业担保管理试行办法》。该办法共有 6 章 37 条，分别为总则、担保公司、担保的设立、担保的解除、风险防范和附则。主要规定：借款人向担保公司申请提供住房置业担保的，应当将其本人或者第三者的合法房屋依法向担保公司进行抵押反担保。设立担保公司应当具备不少于 1 000 万元人民币的实有资本；有一定数量的周转住房；有适应工作需要的专业管理人员等条件。一个城市原则上只设一个担保公司，以行政区内的城镇个人为服务对象。县（区）一般不设立担保公司，个人住房贷款量大的县（区）可以设立担保公司的分支机构。借款人向担保公司申请住房置业担保的条件是：具有完全民事行为能力；有所在城镇正式户口或者有效居留的身份证件；收入来源稳定，无不良信用记录，且有偿还贷款本息的能力；已订立合法有效的住房购销合同；已足额交纳购房首付款；符合贷款人和担保公司规定的其他条件。担保公司只能从事住房置业担保和房地产经营业务（房地产开发除外），不得经营财政信用业务、金融业务等其他业务，也不得提供其他担保。担保公司担保贷款余额的总额，不得超过其实有资本的 30 倍；超过 30 倍的，应当追加实有资本。

△ 中国银行业协会在北京成立，并召开了第一次会员大会。会议审议通过了《中国银行业协会章程》和《中国银行业同业自律公约》。中国银行业协会是由中华人民共和国境内注册的各商业银行、政策性银行自愿结成的非营利性社会团体，经中国人民银行批准并在民政部门登记注册，是我国银行业的自律组织。中国银行业协会将主要发挥三大职能作用：一是加强同业约束；二是为中央银行加强监管发挥补充作用；三是提供行业服务。在第一次会员大会上，中国工商银行行长姜建清被选举为会长。

18 日 中国证监会发布《关于调整证券投资基金认购新股事项的通知》。该通知明确：

1. 新股发行时不再单独向基金配售新股。2. 基金可使用以基金名义开设的股票账户，比照个人投资者和一般法人、战略投资者参与新股认购。新股上网公开发行部分，基金可参与申购；新股向二级市场投资者配售部分，基金可按所持有股票的市值申请配售；新股网下预约配售部分，基金可作为战略投资者或一般法人投资者，申请预约配售。3. 基金账户申购新股，不设申购上限。

19 日 财政部发布《关于股份有限公司国有股权管理工作有关问题的通知》。该通知规定，国有股权管理工作的职能划分为：地方股东单位的国有股权管理事宜一般由省级财政国有资产管理部门审核批准；国务院有关部门或中央单位的国有股权管理事宜由财政部审核批准，但发行外资股（B 股、H 股等），国有股变现筹资，以及地方股东单位的国家股权、发起人国有法人股权发生转让、划转、质押担保等变动（或者或有变动）的有关国有股权管理事宜，须报财政部审核批准。该通知自 2000 年 7 月 1 日起实施，《关于规范股份有限公司国有股权管理有关问题的通知》（国资企发［1996］58 号）同时废止。

25 日 中国人民银行颁布《反假人民币奖励办法》。其中规定：反假币的奖励办法实行一案一报一兑现。对破案单位的奖励标准参照解缴的假币数量确定，半成品假币按其面额的一半折算收缴量，具体标准为：1 000 万元以上奖励 10 万元、500 万元以上奖励 7 万元、100 万元以上奖励 5 万元、50 万元以上奖励 4 万元、10 万元以上奖励 2 万元、5 万元奖励 5 000 元。对破获或查缴新版假人民币的单位和个人，奖励标准适当提高但不超过一般奖励标准的 15%。抓获印制假币窝点主犯、技术人员或百万元以上贩运假币案主犯的，单项奖励 1 万元至 3 万元。对侦破假人民币案件提供有效情况和线索的有功人员，经举报后查获假人民币 1 000 万元以上的奖励 8 万元、500 万元以上奖励 5 万元、100 万元以上奖励 3 万元、10 万元以上奖励 1 万元、10 万元以下按面额的 5% 奖励。

26 日 中国人民银行发布《残损人民币销毁管理办法》。该管理办法共有 8 章 41 条，包括总则、计划、复点、组织、监督与检查、账务、罚则和附则。主要规定：残损人民币包括污损人民币和残缺人民币两大类。残损人民币的销毁权属于中国人民银行，中国人民银行的分支机构具体负责残损的人民币销毁任务。销毁方式可采取蒸煮喷浆、机械粉碎、钞票自动处理系统联机销毁以及火焚等。残损人民币销毁实行计划管理，各分行、省会城市中心支行将年度销毁计划于每年 1 月 20 日前报总行。销毁现场各环节应实行岗位责任制，并在销毁领导小组和销毁专职督察员的共同监督下进行。发行会计人员应根据销毁命令填制销毁出库凭证，办理残损人民币出库，待销毁命令执行完毕后，再进行会计核算。

△ 中国人民银行发布《关于金融资产管理公司外汇业务经营范围的通知》。该通知规定：金融资产管理公司在其收购的不良资产范围之内，可经营以下外汇业务：收购各公司相对应的国有独资商业银行剥离的外汇不良资产；外汇债权追收，外汇资产置换、转让与销售；外汇债权重组；外汇债权转股权及阶段性持股；经金融监管部门批准的与所接收不良外汇资产管理相关的其他业务。未经中国人民银行批准，各公司不得擅自扩大外汇业务经营范围和对象。各金融资产管理公司所属办事处经总公司授权可办理相关外汇业务，总公司的授权要事前报监管部门备案。

△ 国家开发银行受聘担任美国纽约人寿保险集团在华投资顾问。国家开发银行与美国纽约人寿保险集团在北京签署《合作协议》。根据该协议，美国纽约人寿保险集团将对中国的基础设施项目进行股权投资，开发银行作为其在华的投资顾问，将协助其寻找和评估潜在的基础设施项目，并在项目评估等方面提供财务咨询服务。

29 日 中国银行上调四种外币存贷款利率。经中国人民银行批准，自即日起，中国银行上调美元、英镑、欧元、港元的存贷款利率以及加拿大元、瑞士法郎的存款利率。调整后，美元、英镑、欧元、港元的1年期法定存款利率分别是5%、5.1875%、3%、5.5%，按月浮动的1年期贷款利率分别为8.125%、7.8125%、5.625%、9.25%；1年期加拿大元、瑞士法郎的存款利率分别达4%和1.625%。这次上调境内主要外币利率，主要是针对2000年美国、欧洲中央银行连续加息，特别是在2000年5月16日美联储加息后，国际金融市场利率持续升高的情况，是为协调境内外币利率与国际金融市场利率水平而采取的措施。

6月

1日 中国人民银行再次增加对农村信用社再贷款200亿元。截至2000年4月末，全国农村信用社各项存款余额为13 734.86亿元，占全国金融机构存款总额的12.11%。各项贷款余额为9 855.6亿元，占全国金融机构贷款总额的10.2%。其中，农业贷款余额为3 371.23亿元，占金融机构农业贷款总额的65.63%；农业贷款余额比年初增加344.28亿元，占全国金融机构农业贷款净增额的92.5%。

△ 中国人民银行发布《支付结算业务代理办法》。该代理办法包括总则、银行汇票业务的代理、其他支付结算业务的代理、代理协议的解除、代理费用、纪律与责任和附则共7章49条。主要规定：银行办理银行汇票、汇兑、委托收款、托收承付等支付结算业务，均可以实行代理。经中国人民银行批准可以经营支付结算业务的银行，方可办理支付结算业务的代理。未经中国人民银行批准可以经营支付结算业务的非银行金融机构和单位，不得办理支付结算业务的代理。银行汇票业务的代理采取签发本行银行汇票，并委托他行代理兑付，或代理签发他行银行汇票，并由他行兑付两种形式。其他支付结算业务代理的方式分为规定代理和约定代理。城市商业银行、外资银行、城市信用合作社、农村信用合作社可以与建立行内异地联行系统的银行实行约定代理，并执行中国人民银行支付结算制度的规定，不需签订代理协议。支付结算业务代理实行有偿代理。该代理办法自2000年7月1日起施行。

△ 中国人民银行发布《银行汇票业务准入、退出管理规定》。该管理规定明确：各银行、信用合作社等单位需要签发银行汇票的必须经中国人民银行批准。银行开展汇票业务的准入条件：有充足的准备金存款，能达到人民银行存款准备金比例的要求；农村信用合作社在县联社存有充足的资金，能够保证其签发的银行汇票资金的移存和清算；有一定的异地支付结算业务量；两呆贷款比例在15%以下；近两年连续盈余；资本充足率达4%以上。该管理规定自2000年7月1日起施行。

2日 金德琴因挪用公款被判无期徒刑。北京市第二中级人民法院对原中国国际信托投资公司副董事长、中信集团嘉华银行有限公司董事长金德琴挪用公款一案作出一审判决，并公开宣判，以挪用公款罪判处金德琴无期徒刑，剥夺政治权利终身。1990年至1995年，金德琴利用职务之便，先后侵吞3 932万港元和159万美元。

3日 由中国人民银行、中国证监会和中国保监会首次联合主办的“中国金融发展战略研讨会”在上海举行。会议深入、系统地讨论中国金融业今后5年改革和发展战略的问题。会议指出，面对新世纪和新形势，中国金融业的改革和对外开放将进入新的阶段，同时也将面临新的机遇和挑战，承担着新的历史使命。我国银行业要加快转换经营机制，促进银行制度更新，开拓新的业务领域，全面提高经营管理水平，扩大金融对外开放，维护国家金融安全，促进国民经济结构战略性调整和经济增长方式的转变。目前我国股票市值约占国民生产总值的30%左右，证券市场发展潜力巨大。随着我国对外开放的深入和信息技术的广泛应用，我国证券市场的信息环境、组织结构、运作模式和竞争格局都已经或正在产生深刻的变化。我国证券业要积极开展网上交易，在规范中进一步发展，为我国经济建设发挥更重要的作用。我国保险业要按照社会主义市场经济发展的客观要求，培育、发展和完善保险市场；促进公平竞争，努力提高保险业的整体素质和竞争能力；建立健全保险法律、法规体系，以及保险监管体系和保险公司内控制度，防范化解经营风险，使保险业的改革创新、业务发展、对外开放再上一个新台阶，为经济发展和社会进步作出更大贡献。会议强调，目前我国对银行、证券、保险实行分业经营、分业监管的体制，符合我国国情。随着金融竞争的扩大和金融信息化的发展，银行业务、证券业务、保险业务的各种相互交叉正在扩大。为此，中国人民银行、中国证监会、中国保监会要加强金融监管的协调与合作，定期进行业务磋商，交流监管信息，解决分业监管中的问题，支持银行业、证券业、保险业拓宽业务。此次会议是世纪之交我国金融界为探讨21世纪中国金融发展战略而举行的一次重要会议。

6日　中国证监会发布《关于上市公司为他人提供担保有关问题的通知》。该通知规定：上市公司不得以公司资产为本公司的股东、股东的控股子公司、股东的附属企业或者个人债务提供担保。上市公司为他人提供担保，应当采用反担保等必要措施防范风险，须经董事会或股东大会批准。未经公司股东大会或者董事会决议通过，董事、经理以及公司的分支机构不得擅自代表公司签订担保合同。当出现被担保人债务到期后15个工作日内未履行还款义务，或是被担保人破产、清算、债权人主张担保人履行担保义务等情况时，上市公司有义务及时了解被担保人的债务偿还情况；采取有效的措施向债务人追偿，并将追偿情况及时披露。

7日　中国人民银行、国家经贸委联合发布《关于对淘汰的落后生产能力、工艺、产品和重复建设项目限制或禁止贷款的通知》。该通知规定：各商业银行应严格按照国家产业政策的要求，扶优限劣，对淘汰的落后生产能力、工艺、产品和重复建设项目限制或禁止贷款。禁止投资对象为：根据国家有关法律、法规明令禁止的项目；低水平重复建设严重，造成当前生产能力过剩，须总量控制的项目；工艺技术落后，已有先进、成熟工艺和技术替代的项目；污染环境、浪费资源严重的项目。银行限制或禁止贷款工作分为三种情况：对限期淘汰的生产能力、工艺和产品，要立即停止发放新的贷款，并抓紧催收已发放的贷款；对《淘汰落后生产能力、工艺和产品的目录》和《工商投资领域制止重复建设目录》中标明“新建”字样的项目，只限制对新建项目贷款，但允许对其改、扩建给予贷款；对目录中未标明“新建”字样的项目，无论是新建还是改、扩建，都不得予以信贷支持。各商业银行要对上述目录涉及的贷款企业进行清理分类、区别对待。对限期关停的企业，应加大力度清收本息，最大限度地减少银行的信贷资产损失；对需要整改的企业，必须停止增量贷款的投入。该通知要求：为了提高信贷结构调整的主动性，避免被动调整的损失，各商业银行应尽快建立市场信息预测体系，准确把握市场供求关系和产业变动趋势，实现贷款科学决策，做到合理配置信贷资金，规避信贷风险。人民银行各分（支）行要认真贯彻总行制定的有关信贷政策，按照国家产业政策的要求，加强对当地商业银行信贷投向的监管，协调好商业银行与地方政府及有关部门的关系，做好限贷、禁贷工作的宣传和指导。对因此造成银行信贷资产严重损失的，要依照有关法律，追究当事人和负责人的有关责任。

9日　中国证监会发布《关于涉及境内权益的境外公司在境外发行股票和上市有关问题的通知》。该通知指出：最近一个时期，一些境外公司在香港创业板、美国纳斯达克等境外市场发行股票和上市。针对境内律师就上述股票发行和上市事宜向中国证监会进行的查询或报送的法律意见书，该通知规定：如有关境外发行股票和上市事宜不属于《国务院关于进一步加强在境外发行股票和上市管理的通知》（1997年6月20日发布）规定的情形，律师就该境外发行股票和上市事宜出具的法律意见书，中国证监会发行监管部负责受理。对于出具虚假、误导性法律意见或有重大遗漏的法律意见书的律师和律师事务所，中国证监会将依照有关法律、法规予以查处。

10 日　国务院批转财政部、国家计委《关于进一步加强外国政府贷款管理工作的若干意见》。该若干意见提出：根据我国外债的结构特点，要多争取长期低息贷款，主要投向农业、水利、交通、能源、通信、环保以及城市基础设施建设等领域，进一步提高贷款用于中西部地区的比重。贷款项目严格按照国家基本建设程序和有关规定办理立项审批手续，重大项目由国家计委商财政部后报国务院审批。计划部门负责审核项目的资金使用规模及投向；财政部门负责审核项目的财务偿还能力，以及是否符合贷款国的有关规定。根据还款责任，外国政府贷款项目分为三类：由省级财政部门或中央部门作为借款人的项目为一类项目；由省级财政部门或中央部门出具还款担保的项目为二类项目；上述两类以外的其他项目为三类项目。一类项目和二类项目原则上由承担转贷的省级财政部门或转贷银行按原条件直接转贷；三类项目由转贷银行独立评估，自主决定是否转贷。转贷收费标准由财政部商有关部门确定。一类项目由作为借款人的省级财政部门和中央部门承担还款责任。二类项目由项目单位承担还款责任，由出具担保的机构承担担保还款责任。三类项目由项目单位承担还款责任；若发生项目单位拖欠情况，由转贷银行承担对外垫付还款责任。转贷机构要加强对贷款项目汇率风险及其防范的研究和宣传，积极为项目单位提供相应的金融服务；项目单位要积极关注国际金融市场的动向，按照国家有关法律、法规，在金融机构的帮助下，通过掉期等金融手段，规避债务的汇率风险。

15 日　中国人民银行发布《加强金融机构依法收贷、清收不良资产的法律指导意见》。该指导意见指出：针对企业贷款到期不还或采取各种方式逃废金融机构债务等违反市场规律、破坏社会信用的情况，金融机构应当采取包括适当法律措施，对逾期贷款进行有效催收。这些法律手段包括：有约定的，直接从借款人或保证人的存款账户上扣收款项；向债务人、保证人主张债权，直接要求债务人、保证人履行债务；申请人民法院强制执行；行使代位权；行使撤销权；行使抵消权；提前追究债务人的违约责任，债务人明确表示或者以自己的行为表明不履行债务的，金融机构可以根据《中华人民共和国合同法》第一百零八条的规定，在债务履行期届满之前要求承担违约责任；申请借款人、保证人破产。金融机构在实现债权时，首先应以货币形式受偿，严格控制以物抵债；债务人无货币清偿能力时，应当以拍卖、变卖抵押、质押财产或其他非货币财产所得的价款清偿金融机构债务；既无货币资金，财产又暂时难以变现的，债务人可以根据与金融机构之间的约定或司法机关、仲裁机构的生效法律文书，将非货币财产或事先抵押、质押给金融机构的财产折价归金融机构，实现以物抵债。以物抵债的金额应根据市场原则确定。金融机构工作人员有渎职行为或其他违法、违规行为造成贷款或资产无法收回的，应对直接责任人员和主要负责人给予行政处分、行政处罚和取消一定期限的高级管理人员的任职资格。构成犯罪的，移送司法机关追究其刑事责任。

16 日　江泰保险经纪有限公司在北京开业。该公司是经中国保监会批准开业的第一家全国性、综合性保险经纪公司，注册资金为人民币3 000万元。8 家股东分别为：北京快速工程规划建设管理公司、首钢总公司、中国化工进出口总公司、中国路桥（集团）总公司、中国港湾建设（集团）总公司、中国煤炭进出口集团公司、中国水利电力对外公司、北京国际信托投资有限公司。公司业务范围为：为投保人拟订投保方案、选择保险人、办理投保手续；协助被保险人或受益人进行索赔；再保险经纪业务；为委托人提供防灾、防损或风险评估、风险管理咨询服务；中国保监会批准的其他业务。

19 日　中国人民银行发布《财务公司进入全国银行间同业拆借市场和债券市场管理规定》。该规定明确，财务公司以法人为单位申请成为全国银行间同业拆借市场和债券市场成员，其分支机构不得进行交易。申请进入全国银行间同业拆借市场的财务公司须符合以下基本标准：资产负债比例符合中国人民银行有关规定；前三个年度连续盈利；规范经营，内控制度健全；未因违规经营受中国人民银行及其他主管部门处罚；拆借资金余额不超过中国人民银行规定的比例。财务公司拆入资金最长期限为7天，拆出资金期限不得超过对手方的由中国人民银行规定的拆入资金最长期限。财务公司拆入、拆出资金余额均不得超过实收资本金的100%。

△《中国保监会派出机构监管职责暂行规定》发布。该暂行规定明确：中国保监会对派出机构实行垂直领导、统一管理；保险监管办公室、保险监管办事处、保险监管特派员办事处在中国保监会授权范围内行使职权，履行职责。派出机构负责对辖区内保险公司分支机构、保险中介公司分支机构和境外保险公司代表处的设立、合并、分立和撤销进行初审，并报中国保监会审批。派出机构负责辖区内保险公司分支机构、保险中介公司分支机构许可证发放和登记事项变更的审批工作；审批保险兼业代理资格，承办兼业代理许可证发放和登记事项变更的审批工作；协助保监会组织本辖区保险个人代理人从业资格考试，并负责核发其资格证书。派出机构负责辖区内保险公司地方性险种的备案；监管辖区内保险机构执行中国保监会批准和备案的主要保险条款、费率的情况。该规定于2001年4月30日作了修改。

23日 中国人民银行发布《全国银行IC卡密钥管理规则》。该规则明确：银行IC卡是指在中华人民共和国境内使用的由商业银行（含邮政金融机构）向社会公开发行的具有消费信用、转账结算、存取现金等全部或部分功能的集成电路卡；IC卡密钥是指对银行IC卡信息进行加密变换的保密数据；PSAM卡是指银行IC卡终端设备的安全存取模块。银行IC卡密钥采用三级管理体制，即全国密钥管理中心（一级中心）、试点城市或商业银行密钥管理中心（二级中心）及发卡银行密钥管理中心（三级中心）。全国密钥管理中心是负责全国银行IC卡密钥管理的专门机构，暂由上海分行代行其职责。全国密钥管理中心实施密钥管理的主要职责是：制作及管理全国消费主密钥（GMPK）；分发管理二级发卡母卡；分发管理PSAM卡；对二级中心提供技术支持与服务。该规则对全国消费密钥的管理、PSAM卡管理、发卡母卡管理、支持与业务等作了具体规定，自2000年7月1日起实施。

26日 中国工商银行与美国的美国银行（Bank of America）在北京签订代理签发人民币银行汇票业务协议书。美国银行成为人民银行颁布《支付结算业务代理办法》之后首家可以在中国直接办理人民币银行汇票业务的外资银行。同月28日，中国工商银行又与国家开发银行在北京签订《代理兑付银行汇票业务协议》。国家开发银行成为我国首家可以直接办理银行汇票业务的政策性银行。

△ 中国证监会发布《关于规范上市公司重大购买或出售资产行为的通知》。该通知规定，上市公司重大购买或出售资产的行为是指上市公司购买、出售或置换资产达到下列标准之一的情形：收购或出售的资产总额占上市公司最近经审计后总资产的50%以上；收购或出售的资产净额占上市公司最近经审计后净资产的50%以上；收购或出售资产相关的利润占上市公司最近经审计后利润的50%以上。上市公司实施重大购买或出售资产的行为须经公司董事会对有关事宜进行可行性研究，并履行信息披露义务。在资产重组完成后六个月内，上市公司须向中国证监会及上市公司所在地派出机构报送规范运作情况的报告。如果上市公司购买或出售的资产占上市公司总资产的70%以上，应当聘请具有主承销商资格的证券公司进行辅导。上市公司重组效果良好，运作规范的可以在重组完成一年以后提出配股或增发新股的申请。经中国证监会同意，重组后申请增发或配股的期限也可以少于一年。对不符合本通知规定的，中国证监会将不受理其配股或增发新股的申请。上市公司重组后不符合上市条件的，暂停或终止上市。中国证监会于1998年2月25日发布的《关于上市公司置换资产变更主营业务若干问题的通知》同时废止。

28日 北京水泥厂有限责任公司挂牌。新公司的成立标志着北京水泥厂债转股工作程序的初步完成。1999年9月，北京水泥厂与中国信达资产管理公司签署债转股协议，中国信达资产管理公司出资 6.88 亿元，占其注册资本的 71.4%，成为第一大股东。北京水泥厂于 2000 年 5 月 31 日按现代企业制度改制成新的有限责任公司，成为全国首家实施债转股的国有企业。据新华社报道：截至 2000 年 6 月 20 日，经国家经贸委推荐的 601 户企业中，已有 437 户与各金融资产管理公司签订了债转股协议，其中 62 家已经国务院批准实施债转股，转股金额为 382 亿元。

29 日 中国金融认证中心（China Financial Certification Authority，CFCA）在北京运行。该中心由中国人民银行牵头，中国工商银行、中国农业银行、中国银行、中国建设银行、交通银行、招商银行、中信实业银行、华夏银行、广东发展银行、深圳发展银行、中国光大银行、中国民生银行等 12 家商业银行联合共建。IBM 公司以及德达、Sun、Entrust 投标联合体分别参建认证中心的 SETCA 和 Non－SETCA 系统。在业务模式上，中国金融认证中心全面支持电子商务的两种主要业务模式（即 BtoB 和 BtoC），目前可发放 SET（安全电子交易）证书和 Non－SETPKI 证书。SET 证书用于支持基于信用卡、借记卡支付的 SET 交易（BtoC）；PKI 证书可用于 BtoC 和 BtoB 交易，支持网上银行、网上证券交易、网上购物以及安全电子文件传递等应用。金融认证中心的建成和运行，奠定了我国发展电子商务最关键的网上安全支付的基础，标志着中国电子商务进入了可以提供跨银行安全支付的新阶段。

30 日 中国人民银行发布《企业集团财务公司管理办法》。该管理办法包括总则、机构设立及变更、业务范围与风险控制、监督管理与行业自律、整顿接管及终止、附则共 6 章 48 条。主要规定：财务公司是为企业集团成员单位技术改造、新产品开发及产品销售提供金融服务，以中长期金融业务为主的非银行金融机构。财务公司的最低注册资本金为 3 亿元人民币，主要从成员单位（包括中外合资的成员单位）中募集，成员单位以外的股份不得高于 40%。财务公司的业务范围是：吸收成员单位 3 个月以上定期存款；发行财务公司债券；同业拆借；对成员单位办理贷款及融资租赁；办理集团成员单位产品的消费信贷、买方信贷及融资租赁；办理成员单位商业汇票的承兑及贴现；办理成员单位的委托贷款及委托投资；有价证券、金融机构股权及成员单位股权投资；承销成员单位的企业债券；对成员单位办理财务顾问、信用鉴证及其他咨询代理业务；对成员单位提供担保；境外外汇借款。财务公司开办内部转账结算业务须另行报中国人民银行批准。财务公司业务经营遵循的资产负债比例为：资本总额与风险资产的比例不低于 10%；1 年期以上的长期负债与总负债的比例不低于 50%；拆入资金余额与注册资本的比例不高于 100%；对集团外的全部负债余额不高于对集团成员单位的全部负债余额；长期投资与资本总额的比例不高于 30%，且对单一企业的股权投资不得超过该企业注册资本的 50%；消费信贷、买方信贷及产品融资租赁金额均不得超过相应产品售价的 70%；自有固定资产与资本总额的比例不得高于 20%。中国人民银行可以向财务公司的法定代表人和其他高级管理人员提出质询，对发现的问题拒不改正的，中国人民银行可以取消该公司法定代表人或有关高级管理人员的任职资格。本办法自发布之日起生效。中国人民银行 1996 年发布的《企业集团财务公司管理暂行办法》、《关于加强企业集团财务公司资金管理有关问题的通知》及《关于外资企业集团财务公司设立及经营有关问题的通知》同时废止。

△ 中国人民银行发布《金融租赁公司管理办法》。该管理办法包括总则、机构设立及管理、业务范围、监督管理、整顿接管及终止、附则共 6 章 52 条。主要规定：金融租赁公司是以经营融资租赁业务为主的非银行金融机构，其名称中须标明“金融租赁”的字样。申请设立金融租赁公司最低注册资本金为人民币 5 亿元，经营外汇业务的金融租赁公司应另有不低于 5 000 万美元（或等值可兑换货币）的外汇资本金。本管理办法中所称融资租赁业务是指出租人根据承租人对出卖人、租赁物的选择，向出卖人购买租赁物件，提供给承租人使用，向承租人收取租金的交易，它以出租人保留租赁物的所有权和收取租金为条件，使承租人在租赁合同期内对租赁物取得占有、使用和受益的权利。金融租赁公司

可经营下列本外币业务：直接租赁、回租、转租赁、委托租赁等融资性租赁业务；经营性租赁业务；接受法人或机构委托租赁资金；接受有关租赁当事人的租赁保证金；向承租人提供租赁项下的流动资金贷款；有价证券投资、金融机构股权投资；发行金融债券；向金融机构借款；外汇借款；同业拆借业务；租赁物品残值变卖及处理业务；经济咨询和担保。金融租赁公司经营租赁业务或提供其他服务收取租金或手续费。租金或手续费标准由金融租赁公司和承租人协商确定。金融租赁公司业务经营须遵循下列资产负债比例：资本总额不得低于风险资产总额的10%；对同一承租人的融资余额（租赁+贷款）最高不得超过金融租赁公司资本总额的15%；对承租人提供的流动资金贷款不得超过租赁合同金额的60%；长期投资总额不得高于资本总额的30%；租赁资产（含委托租赁、转租赁资产）比重不得低于总资产的60%；拆入资金余额不得超过资本总额的100%；对外担保余额不得超过资本总额的200%。

7月

3日　中国人民银行发布《关于恢复国有独资商业银行分支机构外汇业务审批工作的通知》。该通知决定：恢复对国有独资商业银行分支机构新开、增开外汇业务的审批工作。中国人民银行分行、营业管理部负责审批国有独资商业银行分支机构新开或增开外汇业务的申请。各分行、营业管理部可根据所属中心支行的监管能力，授权中心支行审批辖内国有独资商业银行分支机构新开或增开外汇业务的申请。国有独资商业银行分支机构申请新开或增开外汇业务，应符合以下条件：最近3年内未受到中国人民银行、国家外汇管理局或其他有关管理机关的处罚；内部控制机制健全，具有有效的识别、监测、衡量和控制各种风险的管理制度；经营稳健，资产质量、流动性等主要资产负债指标控制在合理的范围内；具有外汇业务管理人员和业务人员；具有适合开展业务的场所和必要设备。国有独资商业银行各级分支机构外汇业务的经营范围，在中国人民银行未颁布新的办法之前，仍然按照1998年2月24日国家外汇管理局发布的《关于对各级银行外汇业务范围的规定》执行。

6日　太平洋万事顺联名卡首发仪式在上海举行。这是经中国人民银行批准，交通银行与中国太平洋保险公司联手，率先推出的中国首张保险联名借记卡。“太平洋万事顺联名卡”除具备太平洋借记卡的所有功能外，还可用于缴纳保险费和给付保险金（保险赔款），只要持卡人在“保险费缴付自动转账授权书”上签章同意，交通银行即向客户提供保险费缴付自动转账服务，太平洋保险公司则按约定按月、季、半年的方式发给保险费收款收据或按年发给收费记录卡并提供收费查询服务。在保险合同有效期间，交通银行免收持卡人联名卡年费，并通过联名卡向被保险人支付保险金。

7日　中国人民银行发布《对农村信用社现场检查操作程序（试行）》。该操作程序规定：派出行根据检查任务，确定检查人员，组成检查组，指定检查组组长和主查人。检查组可根据需要分为若干小组，每小组不少于两人。检查组组长的主要职责是：协调检查组与被检查信用社的工作时间安排，主持与被检查信用社的进场会谈和总结会谈。主查人的主要职责是：制订检查实施方案，负责检查工作的组织和实施、指导检查组的具体检查工作，起草“检查事实和评价”材料、检查报告和对被检查信用社的有关处理文件。检查人员在现场检查时，必须编制中国人民银行现场检查工作底稿。检查组核实情况后，在3个工作日内起草“中国人民银行稽核检查意见书”，对检查事实作出评价、提出整改或其他意见。被查单位收到意见书在30个工作日内将执行意见书的情况书面报告检查行。检查组如查出农村信用社有违法、违规行为，应出具“中国人民银行行政处罚决定书”报派出行审批。

14日　中国人民银行、财政部联合发布《会计师事务所从事金融相关审计业务暂行办法》。该暂行办法规定：金融相关审计业务是指会计师事务所接受委托从事的业务，包括接受金融机构委托从事的年度会计报表审计；接受金融机构委托，根据中国人民银行规定进行的专项审计业务；接受中国人民银行委托进行的专项审计业务。从事政策性银行、国有独资商业银行、金融资产管理公司、股份制商业银行、外资银行以及中国人民银行总行直接监管的信托投资公司、企业集团财务公司、金融租赁公司的金融相关审计业务的会计师事务所，应具备下列条件：依法成立3年以上（含）；注册会计师不少于60人，上年度业务收入不低于1 500万元；最近3年未发生过严重工作失误和违反职业道德的行为，没有发生过重大违法、违规行为；至少有20名熟悉金融相关审计业务的注册会计师。从事城市商业银行、城市信用合作社及其联社、农村信用合作社及其联社以及中国人民银行分行监管的信托投资公司、企业集团财务公司、金融租赁公司的金融相关审计业务的会计师事务所应具备的条件是：注册会计师不少于20人，上年度业务收入不低于400万元；至少有3名熟悉金融相关审计业务的注册会计师；其他条件与前一种会计师事务所的条件相同。中国注册会计师协会将符合条件的会计师事务所向中国人民银行推荐，经中国人民银行审核批准后，对符合条件的会计师事务所由中国人民银行向金融机构发文公布。中国人民银行和中国注册会计师协会根据各自职责，分别对金融机构的财务会计资料和会计师事务所的审计工作底稿进行检查，复核有关工作质量。12月5日，中国人民银行和财政部公布了上海万隆众天会计师事务所等首批68家获准从事金融相关审计业务的会计师事务所名单。

21日　中国人民银行货币政策委员会2000年第三季度例会在北京召开。会议认为，当前我国经济工作克服了亚洲金融危机带来的困难和影响，经济发展出现了重要转机。稳健的货币政策在促进国民经济回升中发挥了重要作用。会议分析了目前我国物价形势，对货币政策进行了深入讨论，认为当前要继续执行稳健的货币政策，重点是进一步落实已经出台的各项货币信贷措施。会议认为，根据对国际国内经济金融形势的分析，当前我国的存贷款利率水平是适当的。要有计划、有步骤地加快利率市场化改革的步伐，进一步扩大金融机构贷款利率的浮动幅度和范围，充分发挥利率杠杆的作用，保持币值稳定，保障金融体系的平稳运行与发展。

25日　对外贸易经济合作部、国家工商行政管理局发布《关于外商投资企业境内投资的暂行规定》。该暂行规定明确：外国投资者与外商投资企业共同在中国境内投资，按照国家有关外商投资的法律、法规办理，其中外国投资者的出资比例一般不得低于被投资企业注册资本的25%。被投资公司应为有限责任公司或股份有限公司。外商投资企业境内投资，其所累计投资额不得超过自身净资产的50%；投资后，接受被投资公司以利润转增的资本，其增加额不包括在内。外商投资企业向中西部地区投资，被投资公司注册资本中外资比例不低于25%的，可享受外商投资企业待遇。该暂行规定自2000年9月1日起施行。

27日　内地首家企业在香港创业板上市。北京北大青鸟环宇科技股份有限公司（股票简称：青鸟环宇；股票代码：8095. HK）在香港创业板上市。上市首日，该股票开市价为11港元，终盘收报在12.45港元，升幅达13.2%。青鸟环宇此次发行2 400万股新股，占公司总股本的25.5%，发行价为11港元，获4.28倍超额认购，集资约2.64亿港元。集资所得将用做研究及发展科技及相关应用产品。青鸟环宇成立于2000年3月，由北京市北大青鸟软件系统公司、北京北大青鸟有限责任公司、北京市北大宇环微电子系统工程公司、北京天桥北大青鸟科技股份有限公司等9家企业和投资基金共同发起设立的一家高科技公司，注册资本为11 848万元。创业板是香港联合交易所于1999年第四季度推出的一个新股票市场，其目的是为有发展潜质的企业提供一个筹集资金的渠道，以协助它们发展及扩张业务。

28日　东北证券有限责任公司成立。东北证券是在吉林证券、吉林信托证券部合并的基础上，通过增资扩股而新组建的证券公司，注册资本金达101 022.25万元，其股东包括吉林信托、吉林亚泰、吉林炭素、通化金马等10家公司。

主要经营证券的承销，证券的自营买卖，证券交易的代理，证券抵押融资，证券投资咨询，公司财务顾问，企业重组、收购和兼并，基金与受托投资管理等业务。

8月

1日 中国人民银行首次开展公开市场业务正回购操作。中国人民银行采用长、中、短的期限品种的不同组合，选择利率招标、数量招标的不同招标方式，收回商业银行流动性，引导市场利率上升。截至2000年12月5日，共操作19次，回笼基础货币总额2 419.9亿元，投放基础货币总额1 158.5亿元，净回笼基础货币1 261.4亿元。净回笼基础货币额最高曾达到3 290亿元。全年通过公开市场业务操作累计投放基础货币4 470亿元，回笼基础货币5 292亿元，投放回笼货币额相抵，净回笼基础货币822亿元。

3日 中国华阳金融租赁有限责任公司被撤销。中国人民银行公告：鉴于中国华阳金融租赁有限责任公司严重违规经营，不能支付到期债务，为了维护金融秩序稳定，保护债权人的合法权益，决定撤销中国华阳金融租赁有限责任公司。公司撤销后，中国人民银行指定交通银行成立清算组，对原公司进行清算，原公司自然人债务的合法本息将予以全额偿付。这是《金融租赁公司管理办法》颁布实施后，第一家被撤销的金融租赁公司。

8日 中国银行与中国平安保险公司在深圳签署《电子商务合作协议》。按照协议，由中国平安保险公司建造电子商务网站，中国银行电脑系统将与平安电子商务网站www.pa18.com以专线方式连接。两公司的客户将可以在网上进行证券交易、保险交易、个人理财服务、购物等金融活动，并可以直接用“长城卡”进行网上支付，还能在网上实现各种账户查询、转账等银行功能。这是电子商务领域国内银行业和保险业之间的首次合作。

9日 中国人民银行发布《关于严格禁止高息揽存、利用不正当手段吸收存款的通知》。该通知指出：一部分金融机构利用不正当手段竞争存款业务的行为仍然没有得到根本遏制，一些金融机构仍然采取各种方式高息揽存，有些金融机构采取月末组织临时性存款，以贷款虚增存款等不正当手段扩大存款。为制止存款业务中的不正当竞争行为，禁止高息揽存，维护正常金融秩序，该通知要求：各金融机构（包括邮政储蓄机构）必须严格执行中国人民银行规定的存款利率，严禁擅自提高利率，或以手续费、协储代办费、吸储奖、有奖储蓄、介绍费、赠送实物等名目变相提高存款利率。各金融机构要废除存款单项考核和奖励办法，对企业发放贷款时，要根据企业的用款进度合理安排贷款，不得以发放贷款的形式增加存款。人民银行分支行要加强对辖内各金融机构存款业务的监督管理。

10日 四名假币大案主犯被枪决。根据最高人民法院签发的执行死刑命令，广东最大的三宗假币案件的主犯蔡雄、谢著新、庄添活、卓兵四人分别被押赴刑场，执行枪决。从1993年3月至1997年3月，有“香港假币大王”之称的蔡雄和广西桂平人谢著新等30人结伙私设工厂，大量伪造货币。其中，蔡雄、谢著新两名主犯参与伪造面额50元的台币硬币97 656枚，伪造面额10元的港元硬币成品14 308枚、半成品22 680枚。1998年7月23日下午，台湾渔船“天吉福”号船长庄添活受他人之托纠集庄镇泰、吴江寅，驾驶渔船从台湾出发，准备将藏于暗舱的假人民币交给内地船。该渔船驶至汕尾海域时被抓，搜出18箱100元面额的假人民币，共计6 264万元。1998年12月，陆丰市农民卓兵与蔡雄商议加工伪造人民币。1998年12月中旬，卓兵选定陆丰市东海镇龙潭村卓春治的棚寮为假币加工窝点后，纠集16名农民制造假币。1999年1月20日，卓兵等人被抓获，缴获假币两箱，金额达254万元。

14日 中国人民银行发布《关于促进城市商业银行健康发展有关问题的通知》。该通知要求人民银行各分行：1. 抓紧制订2002年年底前防范和化解城市商业银行风险的工作计划。确定对城市商业银行化解金融风险的工作目标是2001年年底扭转12家城市商业银行的资不抵债状况，消除支付风险。2002年年底，全国城市商业银行资本充足率达到8%以上，不良贷款比例控制在15%以内，基本消除亏损。2. 督促城市商业银行进一步完善法人治理结构，加强内部控制建设。3. 支持城市商业银行采取多种措施扩股增资，壮大资本实力。城市商业银行增资扩股的对象以本市财政和市内各类企业为主，也可根据实际情况，允许城市商业银行在所在省（区）内募集股本。4. 督促城市商业银行落实不良资产的清收计划和责任，确保支付能力。在城市商业银行和所在地政府措施到位的情况下，对发生支付困难的城市商业银行，授权分行批准其动用法定存款准备金；仍不能保证支付时，按照规定条件及时给予紧急贷款。5. 督促城市商业银行严格执行国家规定的财税制度，加强财务管理，增强盈利能力。6. 合理确定城市商业银行分支机构的设置。凡是资本金不足1亿元、连续亏损、成立不足3年的城市商业银行，原则上不得设立新的支行。经营管理水平较高，且处于城乡一体化程度较高的城市的，允许其在撤并城区内支行的前提下，在县级市设立一家支行。7. 支持城市商业银行巩固市场定位，拓展新业务，开发新产品，鼓励城市商业银行间的业务联合，提高对地方经济建设的服务水平。1995年以来，全国已设立了90家城市商业银行。

17日 国家外汇管理局发布《出口加工区外汇管理暂行办法》。该办法规定：出口加工区的企业、事业单位及其他经济组织应当持批准的文件、合同、章程、营业执照等到所在地的外汇局办理外汇登记手续，经外汇局批准在区内金融机构开立外汇账户，其所有外汇收入除批准者外，应当调回来，存入其外汇账户，外汇支出可以从外汇账户中支付，其发放工资、缴纳行政税费等所需人民币可以向外汇局申请，到银行办理结汇。区内机构可以根据实际需要向境内外借用外债，按规定向外汇局登记，偿还外债应当经外汇局核准。区内机构不得向境外或区外进行投资。外汇局应当定期或不定期对区内机构的外汇收支进行监督检查。该办法自2000年9月1日起施行。

18日 中保康联人寿保险有限公司在上海开业。该公司由中国人寿保险公司和澳大利亚联邦银行集团共同出资组建，注册资本两亿元人民币。这是在中国成立的第一家合资寿险公司，也是在上海获准经营的第10家寿险公司。

21日 中国证监会发布《法人股配售发行方式指引》。该指引规定，发行量在8 000万股以下的，在目前市场条件下，不建议使用该发行方式。如发行人和主承销商坚持使用该方式发行，应采取“回拨机制”，即根据一般投资者的超额认购倍数情况，最终确定对法人投资者和一般投资者的股票分配量。对法人投资者的配售量最低可调减至0股。发行量在8 000万股以上的，对法人的配售比例原则上不应超过发行量的50%。发行量在两亿股以上的，可根据市场情况适当提高对法人配售的比例。该指引还对发行人和主承销商在法人配售发行时的责任作了规定。明确发行人应保证使其股票发行1年后，可随时流通的股票不少于公司总股本的25%，总股本4亿股以上的不少于15%；发行人不应该参与对一般法人投资者的选择，在发行前应将可能成为其战略投资者的法人单位的具体情况，如与发行人的业务关系、申购价格范围、申购资金来源等，上报设于中国证券业协会的“法人配售审核小组”审查，并报中国证监会备案；战略投资者的家数原则上不超过两家，特大型公司可适当增加家数。主承销商根据公开募集文件中规定的原则和方法，确定一般法人投资者，其内部应有专人负责组织法人配售发行工作，并将法人投资者名单报“法人配售审核小组”及中国证监会备案。为确保配售工作的公正合法，该指引规定发行前，发行人的全体董事和主承销商配售负责人要分别签署承诺书，发行人的董事保证战略投资者的选择不存在违法行为和“黑箱操作”，主承销商则保证对配售对象的选择和配售过程不存在违法行为和“黑箱操作”。根据该指引的规定，发行人和主承销商应在法人配售结果公告前，将法人投资者的申购数量、申购家数、申购价格的具体分布情况上报；在配售结果公告中，应详细披露法人投资者的申购情况及战略投资者与发行人之间的关系，具体解释价格的确定过程和确定依据。证券投资基金可比照战略投资者或一般法人参加预约申购。已获配的法人投资者和证券投资基金，不得同时参加上网申购。

22 日　经国务院批准，中国人民银行和江苏省政府决定在江苏进行农村信用社改革试点工作。试点的主要内容是：在全面开展清产核资摸清农村信用社家底的基础上，将农村信用社以县（市）为单位合并为一个法人；在常熟、江阴、张家港三个县级市组建农村商业银行；在县（市）联社入股的基础上，组建江苏省联社。

8 月 28 日，国家税务总局、中国人民银行发布《关于江苏省农村信用社改革试点中呆账贷款核销和税前扣除问题的通知》。该通知规定：对 1999 年年底以前形成的呆账贷款，可按规定进行核销和税前扣除。

到 2003 年 6 月末，江苏省全省农村信用社各项存款余额为 1 873.1 亿元，比 2000 年年末增长 61.1%；各项贷款余额为 1 309.6 亿元，增长 78.1%；全省农村信用社 2000 年净亏损 8.8 亿元，2002 年实现盈余 2.23 亿元，2003 年上半年实现盈余 0.73 亿元。不良贷款余额和比例分别比 2000 年年末下降了 24.9 亿元和 16.3 个百分点。截至 2003 年 6 月末，全省农村信用社农业贷款余额为 406 亿元，比 2000 年年末增长 141.4%，高出贷款平均增幅 67.8 个百分点，农业贷款占全省金融机构农业贷款总量的比例由 2000 年的 60% 上升到 87.4%。全省有 391.49 万户农户从农村信用社获得贷款，占全省农户总数的 30.5%。

△　中国银河证券有限责任公司成立。中国银河证券有限公司是经国务院同意，由中国工商银行、中国农业银行、中国银行、中国建设银行，以及中国人寿保险公司全资的中国华融信托投资公司、中国长城信托投资公司、中国东方信托投资公司、中国信达信托投资公司、中国人保信托投资公司的 5 家公司所属的证券业务部门及证券营业部合并的基础上组建的全国性综合类证券公司，注册资本为 45 亿元。公司总部设在北京，在全国 28 个省、自治区、直辖市的 56 个城市拥有 174 家证券营业部。业务范围包括：证券的代理买卖；代理还本付息、分红派息；证券代保管、鉴证、代理登记开户；证券的自营买卖；证券的承销和上市推荐；证券投资咨询；资产管理；发起设立证券投资基金和基金管理公司。

26 日　中国人民银行发布《助学贷款管理办法》。该管理办法明确，助学贷款可采取无担保助学贷款和担保助学贷款两种方式。贷款人对高等学校的在读学生（包括专科、本科和研究生）发放无担保助学贷款；对其直系亲属、法定监护人发放无担保助学贷款和担保助学贷款。助学贷款的最高限额不超过学生在读期间所在学校的学费与生活费。助学贷款的期限一般不超过 8 年，是否展期由贷款人与借款人商定。助学贷款利率按中国人民银行规定的同期限贷款利率执行，利率不上浮。助学贷款采取灵活的还本付息方式。各级政府和社会各界为借款人提供担保或利息补贴的，其贴息比例、贴息时间由贷款人或借款人所在学校与贴息者共同商定。

30 日　中国人民银行批准，中国农业发展银行开办粮棉油政策性贷款企业进出口贸易项下的国际结算业务以及与国际结算业务相配套的外汇存款、外汇汇款、同业外汇拆借、代客外汇买卖和结汇、售汇业务。

△　新华人寿保险公司向外资机构成功招募股份。经中国保监会批准，新华人寿保险公司向苏黎世保险公司、国际金融公司（IFC）、日本明治生命保险公司等外资机构招募股份的签字仪式在上海举行，至此，新华人寿保险公司成为国内第一家完成向外资招股的保险公司。新华人寿保险公司此次招募的股份占公司总股份的 24.9%。

8 月　上海老凤祥型材礼品公司获得中国人民银行上海分行批准，开始经营旧金饰品收兑业务，成为国内首家试点黄金自由兑换业务的商业企业。

9月

1日　上海证券交易所、深圳证券交易所颁布《企业债券上市规则（2000年修订版）》。《企业债券上市规则（2000年修订版）》削减了原本对企业债券上市公司和股票上市公司监管力度的差距，要求发行人不但要保证上市文件内容的真实、准确和完整，上市文件不存在虚假、误导性陈述或重大遗漏，还要遵循九项信息披露的基本原则：1. 发行债券企业的董事会全体成员必须保证信息披露内容真实、准确、完整，没有虚假、误导性陈述或重大遗漏，并就其保证承担个别责任和连带责任。2. 发行人应该披露的信息包括定期报告和临时报告。3. 发行人的报告在披露前须向本所进行登记。4. 发行人信息在正式披露前，不得泄露其内容。5. 发行人公开披露的信息涉及财务会计、法律、资产评估等事项的，应当由具有从事证券业务资格的会计师事务所、律师事务所和资产评估机构等专业性中介机构审查验证，并出具书面意见。6. 本所根据各项法律、法规、规定对发行人披露的信息进行形式审查，对其内容不承担责任。7. 发行人公开披露的信息应在至少一种中国证监会指定的报刊上予以公告，其他公共传媒披露的信息不得先于指定报刊。发行人不能以新闻发布或答记者问等形式代替信息披露义务。8. 如发行人有充分理由认为披露有关的信息内容会损害企业的利益，且不公布也不会导致债券市场价格重大变动的，经本所同意，可以不予公布。9. 发行人认为根据国家有关法律、法规不得披露的事项，应当向上市的证券交易所报告，并陈述不宜披露的理由；经上市的证券交易所同意，可免于披露该内容。

4日　中国人民银行、中国证监会、中国保监会召开首次监管联席会议。会议讨论通过了三方监管联席会议制度有关规则。其中监管联席会议的主要职责是：研究银行监管、证券监管和保险监管中的有关重大问题；协调银行、证券、保险业务创新及其监管问题；协调银行、证券、保险对外开放及监管政策；交流有关监管信息等。会议确定，联席会议可根据某一监管方的提议不定期召开，三方联席会议成员轮流担任会议召集人。三方监管部门将按照会议议定的事项，协调有关监管政策。

△　最高人民法院、中国人民银行发布《关于依法规范人民法院执行和金融机构协助执行的通知》。该通知规定：人民法院查询被执行人在金融机构的存款时，执行人员应当出示本人工作证和执行公务证，并出具法院协助查询存款通知书。金融机构应当立即协助办理查询事宜，不需办理签字手续。对人民法院依法冻结、扣划被执行人在金融机构的存款，金融机构应当立即予以办理，在接到协助执行通知书后，不得再扣划应当协助执行的款项用以收贷收息；不得为被执行人隐匿、转移存款。人民法院依法可以对银行承兑汇票保证金采取冻结措施，但不得扣划。

7日　中国建设银行独家代理财政资金直拨业务。中国建设银行与财政部签订“委托拨款协议书”，财政部国库司将委托建设银行独家代理粮库建设资金等中央财政资金的直接拨付业务。首批新建100亿公斤粮库项目的直接拨付业务于2000年10月底开始试点代理。

财政部于2000年推行国库集中支付、单一银行账户制度。所谓国库集中支付，即是财政部根据中央预算和中央主管部门的用款申请，将中央财政资金直接从国库支付给资金的最终使用者。截至2000年9月底，财政部累计拨存建设银行中央预算内基建、地勘资金380亿元，中央预算内基建、地勘资金在建设银行存款余额385亿元，比年初增加50亿元；建设银行代理进出口银行贷款项目42个，代理卖方信贷额42亿元，新增20亿元；建设银行完成社会审价咨询和保险代理业务量达到1 800多亿元。

8日　中国人民银行增加农村信用社再贷款。人民银行决定将邮政储蓄机构当年在县和县以下吸收并存入人民银行的居民储蓄存款333亿元，以再贷款方式借给农村信用社。这笔再贷款将主要用于增加对农民、农业和农村经济的信贷投放力度，而不得将该项再贷款用于资金拆借、投资有价债券和弥补经营亏损。据人民银行统计，到2000年8月末，全国农村信用社农业贷款余额已达3 594亿元，比年初增加567亿元，同比多增128亿元，占农村信用社全部新增贷款的55.5%，占金融机构农业贷款增加额的91%。

2000年年底，中国人民银行发布《关于将县及县以下邮政储蓄以再贷款方式返还农村信用社使用的通知》。该通知决定：从2000年下半年开始，人民银行将县及县以下新增的邮政储蓄存款以再贷款方式等额返还给当地农村信用社使用。该项再贷款集中用于支持农村信用社对农民、农村和农业的信贷投放，并重点用于农户贷款，及时满足农民从事种养业、农副产品加工、运输以及农村消费信贷等方面的合理资金需求。2000年中国邮政储蓄余额市场占有率达7.1%。截至2000年11月底，邮储余额约4 400亿元，县以下农村网点余额仅占其中的1/3，而这些网点的数量约占邮政储蓄网点数量的2/3。

11日 中国人民银行发布《关于坚持封闭贷款条件、从严控制封闭贷款发放的通知》。该通知指出：1997年以来，为支持亏损严重的国有工业企业和外经贸企业培育新的盈利增长点，逐步走出困境，中国人民银行会同国家经贸委等有关部委联合下发了一系列有关封闭贷款的文件，但是一些企业也出现贷款不能封闭运行、经营亏损加剧、难以按期还本付息的问题，以致产生新的银行信贷风险。其主要原因：一是企业整体经营状况差；二是封闭贷款支持的产品没有实现预期效益，又发生新的亏损，造成封闭贷款不能按期收回；三是“以物抵物”现象普遍。该通知要求：严格掌握封闭贷款的发放条件；对符合封闭贷款条件的企业，商业银行在贷前审查中，还要重点考察企业管理人员的管理水平和产品的科技含量及市场竞争力；对未能做到贷款资金在采购、生产、库存、销售各环节封闭运行的企业，贷款银行必须立即停止余款的拨付，其他商业银行也不得向其发放新的封闭贷款；合理确定封闭贷款的期限。

18日 中国进出口银行与云南省机械设备进出口公司在昆明签署总额为10亿元人民币的缅甸邦朗电站项目出口卖方信贷借款合同。该笔贷款是进出口银行向云南省乃至西部地区提供的最大一笔出口卖方信贷。同时，邦朗电站是缅甸目前最大的电站工程，成为中国进出口银行建行以来提供贷款支持金额最大的项目之一。云南省机械设备进出口公司将用这10亿元巨额贷款为缅甸邦朗电站主机供货。在此之前，中国进出口银行已向云南省机械设备进出口公司发放了6 000万元人民币，用于为邦朗电站提供施工机械。邦朗电站装机容量28万千瓦，建成后将占缅甸电力总装机容量的1/3。

20日 中国银行与清华大学经管学院签署MBA助学贷款合作协议。按照协议，每学期开学之初，中国银行北京分行将在清华大学现场办公，为清华经管学院推荐的MBA学生集中办理助学贷款业务。助学贷款要专款专用，即只能用于缴纳在校学习期间的学杂费及生活费用。最高贷款金额是借款人完成学业所需费用总额的80%。为了确保银行资金安全，督促借款学生按期及时归还贷款，在学生毕业前，银行将收押其毕业证书及学位证书，还清贷款后退还本人。贷款期限最长为6年。清华大学是中国首批试办MBA的9所院校之一，是我国MBA办学时间最长、招生规模最大的院校。中国银行此次为清华大学MBA提供全程助学贷款是国内金融机构与高等院校在校生助学贷款方面进行的首例长期合作。

△ 宏源证券股份有限公司（股票简称：宏源证券；股票代码：0562）开业。宏源证券股份有限公司的前身是新疆宏源信托投资股份有限公司，1994年2月在深圳证券交易所上市，成为新疆第一家上市公司。1997年中国建设银行和中国信达资产管理公司入主宏源证券。2000年9月，中国证监会批准新疆宏源信托投资股份有限公司整体改组为宏源证券股份有限公司，宏源证券股份有限公司成为中国第一家上市证券公司。改组后的宏源证券注册资本金为518 745 150元人民币。

21日 中国人民银行实施外币利率市场化改革。8月24日，中国人民银行发布《关于改革外币存贷款利率管理体制的通知》。经国务院批准，从即日起，我国外币利率管理体制实行改革：各种外币贷款利率及其计结息方式由金融机构根据国际金融市场利率的变动情况以及资金成本、风险差异等因素自行确定。300万美元（含300万美元）以上或等值其他外币的大额外币存款，其利率水平由金融机构与客户协商确定。对300万美元（或等值其他外币）以下的小额存款，其利率水平由中国银行业协会统一制定，经中国人民银行核准后对外公布。各金融机构统一按中国银行业协会公布的利率水平执行。此次利率调整范围包括美元、英镑、日元、欧元、港元、加拿大元、瑞士法郎7种主要货币。包括7个存款期限共49个档次。

24日　中国人民银行行长戴相龙出席在捷克布拉格举行的国际货币与金融委员会会议。戴相龙在会上作书面发言时指出，全球经济发展存在不稳定因素和风险，发达国家应加强政策协调，降低货币波动的幅度，为全球经济发展创造良好的环境。他呼吁发达国家特别是主要发达国家，要彻底废除现有的贸易保护措施，特别是要取消在农产品、纺织品和服务部门的贸易保护主义措施。中国支持国际货币基金组织在对发达国家行使监督职能时，认真监督发达国家在减少贸易保护方面的进展情况。

△　国际货币基金组织与中国人民银行签署在香港设分处谅解备忘录。其中规定：新设立的香港分处是国际货币基金组织驻华代表处的下属机构，其职能是协助国际货币基金组织驻华代表处收集信息，分析和研究香港特别行政区经济和金融市场活动，研究亚洲及其他地区的经济、金融发展与变化对香港特别行政区的影响。分处与香港特别行政区政府及特别行政区其他机构的联系，只限于经济研究和信息分享等技术层面，分处工作人员在香港特别行政区只进行事务性工作。备忘录还明确规定，香港分处的设立不改变现行香港特别行政区与国际货币基金组织关系的安排。

25日　中国人民银行发布《不良贷款认定暂行办法》。该暂行办法包括总则、不良贷款的划分标准、不良贷款的认定、不良贷款的统计与分析、商业银行的检查、中国人民银行的监管、罚则和附则共8章36条。该暂行办法明确：不良贷款指《贷款通则》中规定的逾期贷款、呆滞贷款和呆账贷款（以下简称“一逾两呆”）。“一逾两呆”的划分标准是认定不良贷款的基本标准，商业银行必须严格遵守。逾期（含展期后逾期）90天以内的不良贷款，列为催收贷款，在逾期贷款项下单独统计和上报。贷款虽未逾期，或逾期未满规定年限，但有下列情况之一者，应列入呆滞贷款：借款人被依法撤销、关闭、解散，并终止法人资格；借款人虽未依法终止法人资格，但生产经营活动已停止，借款人已名存实亡；借款人的经营活动虽未停止，但产品无市场，企业资不抵债，亏损严重并濒临倒闭。经确认已无法收回的贷款，列入呆账贷款。商业银行对不良贷款的认定应遵循“本级负责、分类认定、超限核准、归口管理、检查评价”的原则。本办法自发布之日起实行。中国人民银行应不定期地对商业银行制定的不良贷款认定政策进行评估，并对商业银行执行本办法的情况、贷款质量的真实程度进行检查。对违反不良贷款认定标准和程序，造成贷款质量失实的商业银行及其分支机构，中国人民银行视情节的严重程度给予通报、限期整改、暂停或取消部分授信业务、停止审批新的业务品种、停业整顿等处罚。

26日　经党中央批准，国务院决定建立全国社会保障基金，并设立全国社会保障基金理事会。全国社会保障基金是中央政府专门用于社会保障支出的补充、调剂基金。理事会是国务院直属的正部级事业单位，经费实行财政全额预算拨款，受国务院委托管理中央集中的全国社会保障基金。投资范围包括银行存款、国债、证券投资基金、股票、信用等级在投资级以上的企业债、金融债等有价证券。全国社保基金的投资方式包括直接投资和委托投资。理事会直接运作全国社保基金的投资范围限于银行存款和在一级市场上购买国债，全国社保基金的其他投资，包括股票、企业债、金融债的投资以及在二级市场上买卖国债，需委托国内外专业性投资管理机构管理和运作。理事会的职责是：管理中央财政拨入的资金、通过变现部分国有资产所获得的资金以及其他形式筹集的资金；根据财政部和劳动保障部共同下达的指令和确定的方式拨出资金；挑选、委托专业性的资产管理公司对基金的资产进行运作，以实现其保值增值；向社会公布社会保障基金的资产、收益、现金流量等情况。

30日 中国人民银行发布《关于调整撤并部分县级发行支库的通知》。调整撤并的原则是：在中心支库或邻近县支库有较大库容、有能力保证发行基金供应和安全的前提下，对行车里程1小时以内，发行业务量小，库房简陋，安全隐患较多，无保留价值的县支库进行适当调整、撤并。

10月

1日 国务院决定调整证券交易印花税中央与地方的分享比例。将证券交易印花税分享比例由现行的中央88%、地方12%，分3年调整到中央97%、地方3%，即2000年中央91%、地方9%；2001年中央94%、地方6%；从2002年起中央97%、地方3%。国务院要求有关地区和部门要从全局出发，继续做好证券交易印花税的征收管理工作，进一步促进我国证券市场的健康发展。2000年我国证券交易印花税收入完成478亿元，比上年增长95.2%，增收233亿元。

7日 以中国银行、中国建设银行作为联合牵头行的8家国内外银行在北京与中国移动（深圳）有限公司签署了125亿元人民币银团贷款协议。此次银团贷款是当时国内人民币资本市场上组织的最大金额的银团贷款，副牵头行为国家开发银行、中国农业银行、中国工商银行，经理行为交通银行、香港上海汇丰银行有限公司和招商银行。国有商业银行牵头组织人民币银团贷款在我国内地尚属首次。这笔贷款将用于中国移动（香港）有限公司向其控股母公司中国移动通信集团公司收购北京、上海、天津、辽宁、河北、山东、广西7个省（自治区、直辖市）移动通信资产的部分融资。

8日 中国人民银行货币政策委员会2000年第四季度例会在北京召开。会议认为，当前我国国民经济继续保持稳定回升的良好态势，实行积极的财政政策和稳健的货币政策等宏观决策是促进经济回升的重要原因。会议提出，要继续实行稳健的货币政策，进一步巩固国民经济健康发展的成果，货币政策既要促进经济进一步回升，促进国有企业改革和改组，加大对非国有经济的支持力度，彻底扭转通货紧缩的趋势，又要密切关注货币供应量与贷款增加较多对宏观经济的影响，超前预防今后可能出现的通货膨胀趋势。会议强调，要抓住当前经济全面回升的有利时机，加快金融体制改革，进一步发展金融市场。

△ 中国证监会公布《开放式证券投资基金试点办法》。该试点办法明确，开放式基金可以在规定的场所和开放时间内，由投资人向基金管理人申请申购基金单位；或者应基金投资人的要求，由基金管理人赎回投资人持有的基金单位。开放式基金的设立募集期限不得超过3个月。在设立募集期限内，净销售额超过两亿元且最低认购户数达到100人，开放式基金方可成立。该试点办法规定，开放式基金成立初期，可以在基金契约和招募说明书规定的期限内只接受申购，不办理赎回，但该期限最长不得超过3个月。该试点办法允许基金管理人根据运营需要，按照中国人民银行规定的条件，向商业银行申请短期融资。允许开放式基金收取申购费，最高不得超过申购金额的5%，还可以根据基金管理运作的实际需要，收取合理的赎回费，最高不得超过赎回金额的3%。开放式基金还可以选用可调整的申购、赎回费率。开放式基金单位的认购、申购和赎回业务可以由基金管理人直接办理，也可以由基金管理人委托其他机构代为办理。商业银行以及经中国证监会认定的其他机构，可以接受基金管理人的委托，办理开放式基金单位的认购、申购和赎回业务。关于具体的申购、赎回办法，该试点办法规定，开放式基金每周至少有一天应为基金的开放日，办理基金投资人申购、赎回、变更登记、基金之间转换等业务申请，并于每个开放日的第二天公告开放日基金单位资产净

值。投资人申购基金单位时，必须全额交付申购款项，基金管理人应当于收到基金投资人申购、赎回申请之日起 3 个工作日内，对该交易的有效性进行确认。基金管理人应当自接受基金投资人有效赎回申请之日起 7 个工作日内，支付赎回款项。在开放式基金单个开放日，基金净赎回申请超过基金总份额的 10% 时为巨额赎回。当巨额赎回发生时，基金管理人在当日接受赎回比例不低于基金总份额 10% 的前提下，可以对其余赎回申请延期办理。

△《财经》杂志 2000 年 10 月号刊登上海证券交易所监察部赵瑜纲的“基金黑幕——关于基金行为的研究报告解析”。该报告由两份文件组成，主要内容是通过对国内 10 家基金管理公司旗下的 22 家证券投资基金在上海证券市场上大宗股票交易的汇总记录的跟踪，分析证券投资基金在市场上的操作行为。第一份报告题为“基金行为分析”，完成于 1999 年 12 月；第二份报告题为“基金风格及其评价”，完成于 2000 年 5 月。报告客观、翔实地记载并分析了 1999 年 8 月 9 日至 2000 年 4 月 28 日期间证券投资基金的操作行为。10 月 16 日，由大成、长盛、华安、华夏、国泰、南方、博时、富国、鹏华、嘉实 10 家基金管理公司联合在国内三大证券报上发表“严正声明”，对《财经》杂志的相关报道予以反驳，并表示对“基金黑幕”一文的作者及《财经》杂志社“给中国基金业及 10 家基金管理公司的声誉和经济上造成损失”的行为保留追究相应法律责任的权利。

9 日　中国建设银行推出可循环使用个人消费额度贷款。中国建设银行广东省分行在全省各地逐步开办可循环使用个人消费额度贷款业务，同时配套推出了个人信用等级评定办法。此次推出的可循环使用个人消费额度贷款没有用途限制，个人客户只要提供中国建设银行认可的质押、抵押、第三方保证或具备一定信用资格，经该行审核同意后，就可获得相应的贷款额度。质押贷款可达质押权利价值的 90%，抵押贷款额度可达抵押物价值的 70%，有效期均为 5 年；保证贷款额度和信用贷款额度最高可达人民币 60 万元，有效期均为两年。借款人支用贷款时，分笔按约定的期限和相应的利率档次计息。还本付息时，1 年以内（含）的贷款到期一次付清，1 年以上的贷款按月等额还本付息。客户还可同时申请两种以上额度，贷款既可取现也可消费投资。在额度有效期内，客户可一次申请，分次使用，且贷款归还后可以循环使用。为配合个人消费额度贷款的推出，中国建设银行还同时推出个人信用等级评定办法的信用积分奖励办法，通过借款人的年龄、性别、职业、家庭收支、银行账户和信用记录等指标，对借款人的信用进行等级评定，以确定贷款额度；并根据客户使用贷款的信用记录，建立客户信用积分档案，定期调整借款人的信用额度。

13 日　信诚人寿保险公司在广州成立。该公司由中国国际信托投资有限公司和英国保诚集团出资组建，双方各占新公司的 50% 股份，注册资本为两亿元人民币，2005 年增至 7 亿元人民币。

16 ~ 20 日　中国农业发展银行承办的亚太农村及农业信贷协会（以下简称亚太农协）第 42 届执委会会议在北京召开。会议的主要任务是审议协会 1999 ~ 2000 年度工作情况，包括小额信贷扶贫项目的开展情况，亚太农协与日本农林渔业金融公库联合项目的开展情况，讨论协会 2000 ~ 2001 年度的工作方案。亚太农协是在联合国粮农组织支持下，于 1977 年在印度成立的一个区域性国际组织，总部设在泰国曼谷，共有来自 22 个国家的 59 家会员。

18 ~ 19 日　中国石油化工股份有限公司（以下简称中国石化）分别于 10 月 18 日在纽约证券交易所、10 月 19 日在香港联合交易所和伦敦证券交易所成功挂牌上市，共计筹资 37.3 亿美元，成为我国第一家在香港、纽约、伦敦三地同时上市的特大型国有企业。中国石化此次共计发售 180.385 亿股，占发行后总股本的 21.21%。发行后，中国石化的母公司——中国石化集团公司持有该公司 56.06% 股份，国内资产管理公司和国家开发银行持有该公司 22.73%

的股份，境外股东合计持有该公司21.21%的股份。2000年2月28日中国石油化工股份有限公司在北京举行挂牌仪式，注册资本为688亿元。

20日 中国人民银行发布《关于开办债券结算代理业务有关问题的通知》。该通知规定：债券结算代理是指吸收公众存款的金融机构法人（以下简称金融机构法人）受市场其他参与者的委托，为其办理债券结算等业务的行为。债券结算代理业务是指：以委托人名义为委托人在中央国债登记结算有限责任公司办理债券托管账户开户、销户等手续；根据委托人的指令，为其办理有关结算手续；在债券利息支付和本金兑付中，为委托人办理相关事宜。金融机构法人开办债券结算代理业务须经中国人民银行总行批准，并须具备下列条件：申请前两年在全国银行间债券市场的债券交易量和承销量均居前列；内控机制健全，并具有合格的从事结算代理业务的专职人员；具备良好的债券结算和资金清算能力；申请前两年在银行间债券市场无违规、违约行为。代理费用包括托管账户维持费和债券结算代理佣金。托管账户维持费按中央结算公司有关业务规则制定的标准收取。债券结算代理佣金由结算代理人和委托人商定，但不得超过结算债券面值总额的0.1‰。非金融机构法人进入全国银行间债券市场只能与其结算代理人进行债券交易；金融机构法人可直接与其他市场参与者进行交易，也可逐笔委托其结算代理人与其他市场参与者进行交易。结算代理人应按季向中国人民银行总行和中国人民银行当地分行、营业管理部报告有关结算代理业务的情况。2002年10月24日，中国人民银行批准中国工商银行等39家商业银行开办债券结算代理业务。

24日 中国人民银行发布《关于加强农村信用社电子化建设和管理的指导意见》。其中提出：农村信用社电子化建设的基本目标，一是提高农村信用社电子化营业网点覆盖率，在有条件的地区发展网络建设；二是逐步建立农村信用社支付结算服务网络。农村信用社电子化建设的工作重点是：规范综合业务系统和网络建设管理；以农村信用社特约电子汇兑系统为基础，建立农村信用社支付结算服务网络；规范计算机硬件设备管理。

27日 中国证监会发布《关于〈证券经营机构高级管理人员任职资格管理暂行办法〉的补充通知》。该补充通知规定了证券公司高级管理人员任职人员四大必需条件：学历和从业经历符合《证券经营机构高级管理人员任职资格管理暂行办法》的规定；熟悉有关金融证券法律、法规，具备履行职责所必备的经营管理知识，有较强的管理能力和业务开拓能力；遵守法律、法规和中国证监会的有关规定；诚实信用，勤勉尽责，财政稳健，具有良好的职业道德。该补充通知还规定了十种人不得任职：《中华人民共和国公司法》、《中华人民共和国证券法》及《证券经营机构高级管理人员任职资格管理暂行办法》所列不适宜担任证券公司高级管理人员的；近三年受过其他金融监管部门及其他主管部门处罚，不适宜担任证券公司高级管理人员的；因个人管理能力造成公司经营严重亏损或业务活动出现重大问题的；近五年内受过有关党纪政纪处分；有欺诈或不诚实行为的；因涉嫌重大投诉或违法、违规行为处于调查之中且没有定论的；近三年受过中国证券业协会纪律处分的；有赌博、吸毒、嫖娼等违反社会公德行为，造成不良影响的；利用职务便利为自己直接或间接牟取不正当利益的；个人负有数额较大的债务且到期未清偿的。

31日 财政部增发500亿元长期建设国债用于增加固定资产投入。增发的国债定名为记账式（九期）国债，总额500亿元，以10年期浮动利率形式发行，各年付息利率按还本付息期起息日当日1年期银行储蓄存款利率加0.3个百分点确定。发行对象为中国工商银行、中国农业银行、中国银行、中国建设银行四家国有独资商业银行，不向社会销售。

11月

1日 中国人民银行发布《关于改进和加强人民银行财务管理的意见》。该意见指出：自1994年实行独立的财务预算管理制度以来，人民银行总行提出了财务工作的“四严”要求，即严格遵守财经纪律，严格执行财务制度，严格控制费用开支，严肃处理违纪行为。2000年上半年，财政部组织各地财政监察专员办事处，对人民银行系统各级机构进行了3个多月的财务大检查。这是自1984年专门行使中央银行职能以来，财政部对人民银行进行的一次全面彻底的检查。检查中发现许多分支机构不同程度地存在违反财务制度、财经纪律的问题，突出表现在：财务收入核算不真实，收入不入账或截留挪用；基本建设超面积、超概算；私设“小金库”；乱收费，乱摊派；内部管理不严，违规开支费用；固定资产不入账，账实不符；账务资金分散，多头管理，缺乏监督；财务预算资金的安排和分配存在不足之处等。该意见要求：人民银行各分行要纠正违规、违纪问题，健全和完善财务规章制度；要加强各项收入管理，一切收入要入大账；严格执行基本建设管理规定，加强对基建工作的控制和监督；厉行节约，严格控制费用支出；增强法纪意识，杜绝乱集资、乱收费、乱摊派；加强固定资产管理，确保国有资产的安全完整；强化预算管理，严格自我约束，加强监督和检查。

7日 中国人民银行颁布《企业集团财务公司内部转账结算业务审批规定》。该规定明确，实行资金一体化管理的企业集团所属财务公司，具备下列条件之一者可申请开办内部结算业务：1. 企业集团规模较大且结算业务量较大的财务公司。具体标准为：企业集团总资产80亿元以上；企业集团年营业总收入60亿元以上。2. 集团成员单位之间经济往来密切，企业集团资产在同城集中度高，且主导产品比重较大的集团所属财务公司。具体标准为：企业集团资产在同城集中度80%以上；企业集团年主导产品销售（主营业务）收入占集团总收入的60%以上。

8日 财政部颁布《金融资产管理公司资产处置管理办法》。该管理办法规定：资产处置损失是指公司对从银行收购和接收的贷款及利息（包括表内利息、表外利息和孳生利息）、抵贷资产及享有所有权和处置权的其他资产进行处置后，回收的资产价值与上述资产收购和接收时价值的差额，以及对回收资产再次进行处置发生的损失。公司必须设置资产处置专门审核机构，负责对资产处置方案进行审查。公司资产处置专门审核机构，由公司资金财务、资产管理、资产评估、法律等部门至少5人以上的奇数人员组成，对公司总裁负责。公司应建立健全资产处置的项目台账，对每一个资产处置项目应实行项目预算制度，加强对回收资产、处置费用及处置损益的计划管理，并持续地跟踪、监测项目进展。公司以债权重组、债转股、出售、出租等方式处置资产时，原则上应先经合法、独立的评估机构评估，根据评估价值协商确定折股价或底价，并合法、合理地评估、认定回收资产的公允价值。公司转让不良资产时，原则上应采取竞标、竞价方式。公司在处置资产的过程中应及时取得有关评估、竞标、竞价、公证的法律文书。公司资产处置必须杜绝“暗箱操作”，严禁私下处置和内部交易。2004年4月30日，财政部对该办法作了修订。

△ 中国再保险公司迪拜代表处开业，成为中国保险、再保险业在海湾地区国家设立的第一家办事机构。

△ 厦门特大走私案首批25起案件一审公开宣判。厦门海关原关长、福建省公安厅原副厅长、福州市公安局原局长、厦门市原副市长、中国工商银行厦门市分行原行长等12人，以及厦门市委原副书记、中国银行福建省分行原行长等12人一审被判处无期徒刑，剥夺政治权利终身，并处没收个人全部财产。之前，25名涉案党员被开除党籍、解除公职，其中厅级干部8人。厦门特大走私案是新中国成立以来发生的涉案金额特别巨大、案情极为复杂、危害极其严重的走私犯罪案件。根据党中央、国务院的部署，1999年8月中旬，中央纪委会同监察部、海关总署、公安部、最高人民检察院、最高人民法院、国家税务总局、中央金融工委等部门组成中央专案组，对厦门特大走私案展开全面调查。经侦查机关立案侦查，并由检察机关提起公诉和准备提起公诉的案件共192起。截至2001年2月27日，按照司法管辖的有关规定，有关地方的人民法院

已依法受理案件167起，涉及被告人273人；已判决119起，涉及被告人213人，其中21起案件已二审判决。

9日 中国人民银行发布《商业银行表外业务风险管理指引》。该指引明确表外业务包括担保类、承诺类和金融衍生交易类三种类型的业务。商业银行应完善以企业信用评估为基础的授信方法，将表外业务纳入授信额度，实行统一授信管理。商业银行经营担保和承诺类业务应当有真实交易的背景，真实交易是指真实的贸易、借贷和履约及投标等行为。商业银行应建立表外业务内部审计制度，定期或不定期审计风险管理程序和内部控制，对风险的计量、限额和报告等情况进行再评估；在商业银行聘请外部审计师进行的年度审计中应包括对表外业务风险情况的审查和评估。

△ 中国工商银行票据营业部在上海开业。中国工商银行票据营业部是全国首家经中国人民银行批准的全国性、专业性的票据经营机构，也中国工商银行总行直属的一级分支机构。经营范围：银行承兑汇票的贴现、转贴现、回购，向中央银行申请再贴现；商业承兑汇票的贴现、转贴现、回购，向中央银行申请再贴现；票据咨询、见证业务，代保管商业票据业务。票据营业部在全国票据市场票据交易量的占比为4%，票据资产余额为100亿元，在全国票据市场票据融资规模占比为2.47%，票据营业部人均资产规模为9.3万元。

10日 国务院颁布《金融资产管理公司条例》。该条例包括总则，公司的设立和业务范围，收购不良贷款的范围、额度及资金来源，债权转股权，公司的经营和管理，公司的终止、清算和附则共7章34条。主要规定有：金融资产管理公司是指经国务院决定设立的收购国有银行不良贷款，管理和处置因收购国有银行不良贷款形成的资产的国有独资非银行金融机构。金融资产管理公司以最大限度地保全资产、减少损失为主要经营目标，依法独立承担民事责任。中国人民银行、财政部和中国证监会依据各自的法定职责对金融资产管理公司实施监督管理。金融资产管理公司的注册资本为人民币100亿元，由财政部核拨。金融资产管理公司在其收购的国有银行不良贷款范围内，管理和处置因收购国有银行不良贷款形成的资产时，可以从事下列业务活动：追偿债务；对所收购的不良贷款形成的资产进行租赁或者以其他形式转让、重组；债权转股权，并对企业阶段性持股；资产管理范围内公司的上市推荐及债券、股票承销；发行金融债券，向金融机构借款；财务及法律咨询，资产及项目评估。在国务院确定的额度内，金融资产管理公司按照账面价值收购有关贷款本金和相对应的计入损益的应收未收利息；对未计入损益的应收未收利息，实行无偿划转。超出确定的范围或者额度收购的，须经国务院专项审批。金融资产管理公司收购不良贷款的资金来源包括划转中国人民银行发放给国有独资商业银行的部分再贷款；发行金融债券。金融资产管理公司可以将收购国有银行不良贷款取得的债权转为对借款企业的股权，其持有的股权不受本公司净资产额或者注册资本的比例限制。金融资产管理公司管理、处置因收购国有银行不良贷款形成的资产，应当按照公开、竞争、择优的原则运作；转让资产，主要采取招标、拍卖等方式。

14日 个人股票质押贷款小范围试点。中国银行广东省分行在广州宣布，该行将在广东证券股份有限公司的协助下对个人开办股票质押贷款业务。试办初期，第一，中国银行通过广东证券股份有限公司对质押股票账户的交易和转出进行实时监控，并设置了警戒线（贷款额的150%）和平仓线（贷款额的130%）；一旦发现账面余额（股票市值加现金）低于平仓线，立即进行强制平仓。第二，银行在对贷款申请人进行个人资信评估时，不仅要求其具有广州市常住户口，从业背景也将是一项非常重要的考察内容，纯粹的“职业股民”则基本不予考虑。第三，贷款额度为股票账户市值的50%，起点暂定为30万元以上，但最多不得超过100万元，贷款的期限最长不超过一年，而且将股票账户余额限定为60万~200万元。第四，可作为质押物的股票范围不包括：被证券交易所特别处理的、停牌或摘牌的、连续两年亏损的，以及半年内价格波动幅度超过200%等股票。第五，银行根据贷款的不同用途实行差别利率政策，如果贷款目的是用于个人消费，按照中央银行标准确定利率水平；若是用于其他经营性目的，则在中央银行标准利率之上最多将上浮30%。第六，由于尚处于试办阶段，中国银行没有授权支行以下的任何分支机构办理该项业务，个人必须亲自前往广东省分行零售业务处申请贷款。

△　最高人民法院发布《关于审理票据纠纷案件若干问题的规定》。该规定包括受理和管辖、票据保全、举证责任、票据权利及抗辩、失票救济、票据效力、票据背书、票据保证、法律适用、法律责任十个部分，共有76条。

16日　最高人民法院印发《关于对粮棉油政策性收购资金形成的粮棉油不宜采取财产保全措施和执行措施的通知》。该通知明确提出对粮棉油政策性收购资金形成的粮棉油不宜采取财产保全措施和执行措施。1997年8月14日，《最高人民法院关于对粮棉油政策性收购资金是否可以采取财产保全措施问题的复函》中规定：粮棉油政策性收购资金是用于国家和地方专项储备的粮食、棉花、油料的收购、储备、调销资金和国家定购粮食、棉花的收购资金。包括各级财政开支的直接用于粮棉油收购环节的价格补贴款、银行粮棉油政策性收购货款和粮棉油政策性收购企业的粮棉油调销回笼款。该资金只能用于粮棉油收购及相关费用支出。人民法院在审理涉及政策性粮棉油收购业务之外的经济纠纷案件中，不宜对粮棉油政策性收购企业在中国农业发展银行及其代理行或经人民银行当地分行批准的其他金融机构开立账上的这类资金采取财产保全措施，以保证这类资金专款专用，促进农业的发展。

△　中国证券业协会向各会员单位发出通知指出，我国证券市场目前还不具备佣金自由化的条件，各会员单位应继续执行原有的佣金标准，不得擅自改变。2000年10月30日，青海证券有限责任公司在互联网其主页界面上公布网上交易手续费无条件五折返还；11月5日，又以新闻发布形式，宣布其佣金折让活动。11月21日，青海证券有限责任公司停止了佣金打折。

△　中国证监会发布《关于禁止非法公开发行或变相公开发行股票的公告》。针对有些企业，尤其是有些准备到创业板上市的企业，未经中国证监会核准，对外公开募集股份或公开招募发起人的违法行为，该公告重申，严禁任何企业未经中国证监会的核准，公开发行或变相公开发行股票，违者将依法追究有关企业、中介机构及有关人员的法律责任。

20日　中国人民银行发布《政策性银行和商业性银行外汇转贷款业务指引》。该指引明确：转贷机构必须认真审查转贷项目，对于拖欠到期债务且催收无效的地区和部门或恶意拖欠还款的机构，应拒绝开展新的转贷业务。转贷机构与国外经办银行签订贷款项目的金融协议后，要承担对外按时付款的义务。转贷机构应对转贷业务的资产质量进行单独考核，制订相应的管理办法，明确规定相应的转贷条件、管理程序和管理责任，并报中国人民银行备案。

△　中国平安保险股份有限公司加入欧洲保险联盟。欧洲保险联盟执委会大会一致同意，中国平安保险股份有限公司正式加入该组织，也成为该组织在中国内地唯一的成员公司。加入联盟后，将可以通过其销售网络向跨国公司在我国的子公司提供团险保障服务，并有效获取国外公司的开发信息。创立于1966年的欧洲保险联盟（Insurope）是一个通过和联盟签订书面合作协议所组成的寿险公司的团体，定位是为跨国公司雇员提供团体保险保障服务。通常，欧洲保险联盟在一个国家只选择一家寿险公司作为其成员公司，选择的对象是经营规范并且经营管理符合国际惯例的公司。

21日　中国铁路建设债券上市。经中国证监会核准，1998年Ⅰ期、Ⅱ期中国铁路建设债券在上海证券交易所上市交易。Ⅰ期总额为16亿元人民币，期限为5年，利率为6.95%。Ⅱ

期总额为34亿元人民币，其中：5年期10亿元，利率为3.8%；10年期24亿元，利率为4.5%。本次债券上市总额为50亿元人民币，创国内企业债券上市总额之最。

△ 泰康人寿保险公司完成海外募股。瑞士丰泰人寿保险公司、卢森堡洛易银行、新政泰达投资有限公司、日本软库银行等成为公司新的股东，公司净资产达到近20亿元人民币，总资产规模45亿元人民币。泰康人寿保险股份有限公司于1996年8月22日经中国人民银行总行批准，由中国对外贸易运输（集团）总公司、中国石化集团北京燕山石油化工有限公司和中国嘉德国际拍卖有限公司等16家国有大中型企业发起组建的全国性、股份制人寿保险公司。

22日 韩国韩亚银行上海分行开业，这是自东南亚金融危机后，获中国人民银行批准在中国设立的第一家韩国银行。成立于1991年7月的韩亚银行是一家没有政府股份的合资私人银行，其前身是成立于1971年的韩国投资金融公司，总部设在汉城（即现在的首尔）。

28～30日 中共中央、国务院在京召开中央经济工作会议。会议指出，2001年经济工作的总体要求是：以邓小平理论为指导，按照“三个代表”重要思想的要求，贯彻落实党的十五大和十五届五中全会精神，抓住机遇，加快发展。坚持扩大国内需求的方针，继续实施积极的财政政策和稳健的货币政策，综合运用各种宏观调控手段，巩固和发展经济增长的好形势。依靠体制创新和科技创新，以信息化带动工业化，大力推进经济结构的战略性调整。强化农业的基础地位，加大对农业的支持和保护力度，努力增加农民收入。加快转变企业经营机制，加强企业管理，巩固和扩大国有企业改革和脱困成果。做好加入世界贸易组织的各项准备工作，提高对外开放水平，积极发展开放型经济。多渠道扩大就业，加快建立和完善社会保障体系，进一步改善人民生活。正确处理改革、发展、稳定的关系，促进国民经济持续、快速、健康发展和社会全面进步，努力实现“十五”计划的良好开局。会议提出了2001年经济工作需要把握的几个问题。其中提到：要继续实行稳健的货币政策，努力发挥金融对经济增长的促进作用。金融系统要切实加强监督，严格法纪，确保金融安全、高效、稳健运行。全面落实扩大内需、调整结构、促进消费的各项金融信贷措施。进一步加强货币政策与财政政策的协调配合，灵活运用货币政策手段，调控经济运行。

30日 郑州百文股份有限公司（以下简称郑百文）资产重组方案获得董事会通过。重组方案的原则是：中国信达资产管理公司拟向三联集团公司出售对公司的约15亿元的债权，三联集团公司取得信达该约15亿元债权的价格为3亿元人民币。三联集团公司向信达购买上述债权后将全部豁免。在三联集团公司豁免债权的同时，公司全体股东，包括非流通股股东和流通股股东须将所持公司股份的约50%过户给三联集团公司；不同意将自己所持股份中的约50%过户给三联集团公司的股东将由公司按公平价格回购，公平价格由下一次股东大会以《独立财务顾问报告》确定的价格为准。2000年12月31日，该方案获得股东大会通过。

1996年4月，经中国证监会批准，郑百文成为郑州市的第一家上市企业和河南省首家商业股票上市公司。1997年，郑百文主营规模和资产收益率等指标在深沪上市的所有商业公司中均排序第一，进入国内上市企业100强。1998年，郑百文在中国股市创下每股净亏2.54元的最高纪录。1999年，郑百文一年亏损9.8亿元，再创沪深股市亏损之最，同时，郑百文欠中国建设银行的20多亿元债务被转移到中国信达资产管理公司。2000年3月29日，ST郑百文发布停牌消息：其债权人中国信达资产管理公司已向郑州市中级人民法院提出申请，请求对ST郑百文实施破产清算。8月22日，经有关部门同意，郑百文股票从当日起到公司资产重组事项确定期间，暂停公司股票交易。按照2000年中期报告，ST郑百文每股净资产－9.31元，资产负债率216.95%，累计亏损高达18.2亿元。2000年10月30日，新华社“新华视点”专栏播发“假典型巨额亏空的背后——郑百文跌落发出的警示”，引起国家有关部门的高度重视，有关部门组成调查组开赴郑州，进驻郑百文。

12 月

5 日 中国人民银行发布《关于对农村信用社开办特种存款的通知》。该通知决定：为缓解部分农村信用社资金剩余、经营困难的状况，中国人民银行决定对农村信用社开办特种存款。本次开办特种存款额度为 150 亿元，期限为 3 个月，年利率为 3.24%，计息方式为利随本清。特种存款由农村信用社县联社统一到中国人民银行当地支行办理缴款手续。未设立县联社地区的农村信用社，在中国人民银行当地支行开立账户的，可直接到开户行办理缴存手续；未在中国人民银行当地支行开立账户的，可凭开户行的划款凭证或开户行的银行汇票，到中国人民银行支行办理手续。人民银行各分行、营业管理部要根据辖内农村信用社资金情况，在总行下达的特种存款额度内进行分配。法定存款准备金没达到规定比例（6%）的农村信用社及借用再贷款尚未归还的农村信用社，不得认购特种存款。凡认购特种存款的农村信用社，在特种存款到期之前，人民银行不得向其发放再贷款。

12 日 中国银行推出长城 VISA 白金卡。长城 VISA 白金卡将从中国银行优质客户中邀请产生。凡是中国银行长城 VISA 白金卡持卡人，均可享受全天候的贵宾专门热线服务，资深客户服务人员将为持卡人解答各种查询，并根据持卡人个人需要安排包括法律支援、翻译人员咨询、紧急文件递送、医疗支援等服务。中国银行自 1985 年发行了我国第一张信用卡以来，到目前为止，中国银行已经发行了 2 500 多万张长城卡。

△ 中国证监会发布《证券公司检查办法》。该办法明确，中国证监会及其派出机构可随时对证券公司经营的合规性、正常性和安全性进行检查，以防范和化解金融风险。检查方式分为现场检查与非现场检查两种。该办法适用于经中国证监会批准设立的证券公司及其证券营业部、服务部，对信托投资公司证券营业部的检查可比照执行。

15 ~ 17 日 我国举行首次精算师资格考试。由中国保监会组织的 2000 年度中国精算师资格考试（准精算师部分）分别在北京、天津、上海、武汉举行。1999 年 7 月 16 日，中国保监会发布第 9 号公告，宣布举行中国首次精算师资格考试。考生报考的资格为：在 1996 年前完成北美精算学会 100 系列课程考试或英国精算师考试 A-D 系列课程考试的准精算师，并具有一定的保险精算从业经验。此次考试共有 474 人次报名参加，符合条件的考生 60 人，其中大部分在中国境内的保险公司（中资、外资、中外合资）从事精算实务工作，其余的主要在院校从事精算教育工作或在社保部门工作。最后 43 人通过考试，并由保监会颁发了中国精算师资格证书。

遵循国际惯例，中国精算师资格考试分为两个层次：第一个层次为准精算师考试，考试内容为精算人员必须掌握的精算理论和技能，以及基础的精算实务知识；第二个层次为精算师资格考试，内容以精算实务为主，涉及财务会计制度、社会保障制度、保险法规等。只有通过两个层次的学习和考试，才能获得精算师资格证书。

18 日 北京市第一中级人民法院对“海南凯立状告中国证监会一案”作出一审判决。判定中国证监会退回海南凯立中部开发建设股份有限公司（以下简称凯立公司）A 股预选申报材料的行为违法，责令中国证监会恢复对凯立公司股票发行的核准程序。

凯立公司是由海南长江旅业公司等 6 家企业发起成立的股份有限公司。1997 年 3 月，海南证管办致函国家民委，同意推荐凯立公司公开发行股票。1998 年 2 月，中国证监会通知海南证管办同意凯立公司上报股票发行申请材料，并要求列入省 1997 年的计划内。1998 年 6 月，凯立公司向中国证监会上报了 A 股发行申请材料。1999 年 6 月，凯立公司收到中国证监会报告：“凯立公司 97% 的利润虚假，严重违反《中华人民共和国公司法》，不符合发行上市的条件，决定取消其发行股票的资格。”2000 年 2 月 21 日，凯立公司据此向北京市第一中级人民法院提起了行政诉讼，但该法院以中国证监会报告属于内部行政行为为由，裁定不予受理。2000 年 4 月 28 日，中国证监会正式发函，认定“该公司发行预选申报材料前三年财务会计资料不实，不符合发行上市的有关规定”，决定退回凯立公司的预选申报材料。凯立公司以中国证监会又作出了新的行政行为为由申请撤回了上诉，并于 2000 年 7 月 17 日再次向北京市第一中级人民法院诉讼中国证监会，要求：撤销被告作出的原告申报材料前三年会计资料不实，97% 利润虚假的错误结论；撤销被告作出的取消原告 A 股发行资格并进而退回预选申报材料的决定；判令被告恢复并依法履行对原告股票发行上市申请的审查和审批程序。8 月 16 日，北京市第一中级人民法院受理了诉讼。

2001 年 1 月，中国证监会向北京市高级人民法院提出上诉，强调自己是全国证券期货市场的主管部门，有权依据法规制订股票发行程序，并作出解释。同时，中国证监会回顾了股票发行程序形成的 8 年历程，强调一审法院让其恢复对凯立公司的审核“不切实际，无法执行”。2001 年 4 月 27 日，北京市高级人民法院开庭审理此案，并于 7 月 5 日作出终审判决：驳回中国证监会的上诉，维持由北京市第一中级人民法院作出的一审判决。一审案件受理费 80 元和上诉的受理费 80 元由中国证监会承担。

19 日　中国民生银行上市。中国民生银行股份有限公司（股票简称：民生银行；股票代码：600016）35 000 万股在上海证券交易所上市。11 月 27 日，民生银行通过上海证券交易所，以上网定价的方式向社会公开发行人民币普通股 35 000 万股，每股面值 1.00 元，每股发行价格为 11.80 元。募集资金 40.9 亿元，发行后，本行总股本为 173 024.8 万股。民生银行是由中华全国工商联负责组建，广州益通集团公司、中国乡镇企业投资开发有限公司、中国煤炭工业进出口总公司、中国船东互保协会、山东泛海集团公司等 59 家单位作为发起人，按照《中华人民共和国商业银行法》和《中华人民共和国公司法》设立的股份制商业银行。1996 年 2 月 7 日登记成立，注册资本金为 13.80248 亿元。

23 日　中国银行业协会报经中国人民银行批准，从即日起，降低美元、英镑、港元的小额外币存款利率。其中 1 年期新的美元、英镑、港元小额存款利率分别为 5.0000%、4.6875%、4.9375%，比原利率分别下降 0.5000%、0.5625% 和 0.3750%。

24 日　中国人民银行发布《关于建立金融机构高级管理人员任职期间重大事项报告制度的通知》。该通知规定：出现以下情况之一的金融机构及其分支机构，应及时向中国人民银行报告：1. 金融机构高级管理人员任职期间发生叛逃、出走、非正常死亡等情况，或因司法、纪检监察机关依法行使职能，造成岗位空缺。2. 金融机构高级管理人员在未办理离岗请假手续的情况下，无故离开工作岗位 3 个工作日以上。3. 金融机构高级管理人员任职期间因辞职、撤职等原因造成岗位空缺，或因意外伤害、疾病、学习等原因造成岗位空缺 1 个月以上。对未及时报告的金融机构及其分支机构，人民银行将依据有关法规予以处罚；对金融机构及其分支机构主要负责人及有关责任人，将视情节轻重，依据有关法规予以警告、通报批评；取消金融机构高级管理人员任职资格等处分。

26 日　国务院发布《关于实施西部大开发若干政策措施的通知》。该通知提出，力争用 5～10 年的时间，使西部地区基础设施和生态环境建设取得突破性进展，西部开发有一个良好的开局。到 21 世纪中叶，要将西部地区建成一个经济繁荣、社会进步、生活安定、民族团结、山川秀美的新西部。西部开发的政策适用范围包括重庆、四川、贵州、云南、西藏、陕西、甘肃、宁夏、青海、新疆、内蒙古、广西等十二个省、自治区、直辖市。国家政策性银行贷款、国际金融组织和外国政府优惠贷款，在按贷款原则投放的条件下，尽可能多地安排西部地区的项目。对国家新安排的西部地区重大基础设施建设项目，其投资主要由中央财政性建设资金、其他专项建设资金、银行贷款和利用外资解决，不留资金缺口。中央将采取多种方式，筹集西部开发的专项资金。中央有关部门在制订行业发展规划和政策、安排专项资金时，要充分体现对西部地区的支持。鼓励企业资金投入西部地区重大建设项目。关于金融信贷支持，该通知要求：银行根据商业信贷的自主原则，加大对西部地区基础产业建设的信贷投入，重点支持铁路、主干线公路、电力、石油、天然气等大中型能源项目建设。加快国债配套贷款项目的评估审贷，根据建设进度保证贷款及早到位。对投资大、建设期长的基础设施项目，根据项目建设周期和还贷能力，适当延长贷款期限。国家开发银行新增贷款逐年提高用于西部地区的比重。扩大以基础设施项目收费权或收益权为质押发放贷款的范围。增加对西部地区农业、生态环境保护建设、优势产业、小城镇建设、企业技术改造、高新技术企业和中小企业发展的信贷支持。在西部地区积极发放助学贷款及学生公寓贷款。农村电网改造贷款和优势产业贷款中金额较大的重点项目，由农业银行总行专项安排和各商业银行总行直贷解决。有步骤地引入股份制银行到西部设立分支机构。西部大开发若干政策于2001年1月1日起开始实施。

29日　中国期货业协会（China Futures Association，CFA）成立大会暨第一届会员大会在北京召开。协会的注册地和常设机构设在北京。该协会为全国期货行业自律性组织，为非营利性的社会团体法人，接受中国证监会和国家社会团体登记管理机关的业务指导和管理。协会由以期货经纪机构为主的团体会员、期货交易所特别会员和在期货行业从业的个人会员组成。会员大会是协会的最高权力机构，每三年举行一次。协会宗旨是：贯彻执行国家法律、法规和国家有关期货市场的方针政策，发挥政府与行业之间的桥梁和纽带作用，实行行业自律管理，维护会员的合法权益，维护期货市场的公开、公平、公正原则，开展对期货从业人员的职业道德教育、专业技术培训和严格管理，促进中国期货市场规范、健康、稳定地发展。中国最大的期货公司——中国国际期货经纪有限公司董事长田源任该协会会长。这是继中国证券业协会、中国银行业协会和中国保险业协会之后成立的我国又一金融行业自律管理组织。截止到2003年9月，中国期货业协会共有189家会员单位，分布在全国32个省、自治区、直辖市，以上海、北京、浙江、广东等地区最为集中。

△　财政部向中国进出口银行增拨资本金。中国进出口银行资本金达到50亿元。中国进出口银行成立于1994年4月26日，当时的注册资本为33.8亿元人民币。1997年，进出口银行的所有者权益达到34.89亿元。

30日　国有独资商业银行的分支机构撤并工作基本完成。截至2000年年末，中国工商银行、中国农业银行、中国银行、中国建设银行四家国有商业银行行共撤销县支行1 586家，其中中国工商银行撤并县级支行541家，撤并比例达27.8%；中国银行撤并县级支行204家，撤并比例达18.6%；中国建设银行撤并县级支行464家，撤并比例达24.1%；中国农业银行按照适当撤并的原则，已撤并县级支行377家，撤并比例达到15.4%。此外，结合国务院关于精简机构的要求，四家国有银行对低效、重复设置的营业网点进行了大量精简、合并。截至2000年年末，四家国有银行各级分支机构比1997年年末净减少3.4万家，机构下降比例达22.6%。其中，中国工商银行减少9 952家，下降比例24.2%；中国农业银行减少15 371家，下降比例24.6%；中国银行减少2 284家，下降比例14.9%；中国建设银行减少6 440家，下降比例20.5%。同时，四家国有银行大量裁减冗员。截至2000年年末，四家国有银行在岗人员187.8万人，比1997年年末下降12.7万人。其中，中国工商银行58.6万人，下降7.1万人；中国农业银行69.1万人，下降2.7万人；中国银行19.2万人，下降0.8万人；中国建设银行40.8万人，下降2.1万人。

1998年6月30日，由中国人民银行制订的《关于国有独资商业银行分支机构改革方案》得到国务院的批准。方案中对四家国有银行机构的撤并提出了非常具体的要求。比如：按照银行的工作人员数量和吸收存款额，人均存款额在50万元以下的营业网点全部撤销，50万～100万元的营业网点部分撤销，100万～150万元的营业网点合并。二级分行也要进行大量撤并。在裁减机构的比例上，除中国农业银行尽量保留其县级支行外，其他三家都要精简，精简比例为中国工商银行20%、中国建设银行30%、中国银行10%。另外还规定，在2000年年底前，这些银行要完成机构的撤并工作。因此，2000年四大国有商业银行都进行了大规模的机构撤并工作。

2001 年

1 月

3 日　国家外汇管理局发布《关于旅行社旅游外汇收支管理有关问题的通知》。该通知针对一段时间以来中国旅游外汇收支活动出现的混乱状况，国家外汇管理局根据国家对出入境旅游的政策，对旅行社接待外联团组入境旅游和组织境内居民自费出境旅游有关外汇管理问题作出了如下规定：1. 出境旅游购汇必须由国家旅游局核准的特许经营中国公民自费出境旅游业务的旅行社统一办理，所办理的出境游目的地必须限定在国家开放的旅游范围内。2. 外汇局适当放宽外汇账户管理政策，允许中资旅行社开立入境旅游外汇专用账户和出境旅游外汇专用账户，在外汇局核准的范围内办理旅游外汇收支；旅行社接待外联团组入境旅游必须以外汇收取团费，不得收取人民币，不得擅自将外汇截流境外。3. 为每位旅客提供的旅游换汇应用于支付旅客境外各种开支，出境旅游费用高于国家供汇标准的，不足部分经外汇局核准后，旅行社可用其入境旅游外汇专用账户中的外汇收入对外支付。4. 旅行社在为出境游客办理兑换外汇时，购汇资金必须以支票或以银行转账形式交兑换银行，并向银行提供申请兑换的公函、国家旅游主管部门核发的“中国公民自费出国旅游团队名单表”、旅游合同及已办完签证的护照和机票等证明材料，由银行进行真实性审核。上述规定自 2001 年 3 月 1 日起正式实施。

4～5 日　中央农村工作会议在北京举行。会议的主要任务是，贯彻落实党的十五届五中全会和中央经济工作会议精神，总结 2000 年农业和农村工作，分析农业和农村工作面临的形势，对 2001 年的工作作出部署。会议传达了中共中央总书记江泽民就做好农业和农村工作所作的重要指示。江泽民指出，2000 年在遇到严重干旱的情况下，我国农业和农村经济取得了新的成绩，是很不容易的。进入新世纪，巩固和加强农业基础的工作仍要坚持不懈地抓下去，一刻都不能放松。这是全面建设小康社会、加快推进社会主义现代化的必然要求。关键要通过改革开放和科技进步，依靠亿万农民的创造精神，大力推进农业和农村经济结构调整，努力增加农民收入，确保国家粮食安全，保持农村社会稳定。农业、农村、农民工作事关党和国家工作的全局，大家一定要发扬兢兢业业、扎扎实实的精神，切实把工作做好。

1 月 11 日，中共中央、国务院发布《关于做好 2001 年农业和农村工作的意见》，其中就金融工作，该意见指出：改革农村信用合作社，改善农村金融服务。要积极探索适应农村经济发展要求的农村金融体系、经营机制、管理体制和服务方式。首先要搞好农村信用社管理体制改革试点，完善方案，逐步推开。农村信用社必须坚持为农业、农村、农民服务的方向，努力增加信贷资金，改进贷款方式，提高服务水平，充分发挥农村金融主力军和联系农民的金融纽带作用。要加强对农村信用社的金融监管，防范金融风险，同时帮助信用社解决实际困难，增强为农服务的能力。农业银行在农业和农村经济发展中发挥着重要作用，要坚持和发扬支农传统，加强对农村的金融服务。要重点支持农业产业化经营和有效益、有潜力的乡镇企业发展和小城镇建设。适当增加中长期农业贷款的比重，支持农村水利、电力等基础设施建设。努力拓宽农业利用外资的渠道和投融资领域。

8 日　中国人民银行副行长肖钢出席国际清算银行在瑞士巴塞尔举行的特别股东会议。此次会议的主题是讨论修改国际清算银行章程，购回由于历史原因由私人机构持有的国际清算银行股份。肖钢副行长代表中国人民银行在会上投了赞成票。

国际清算银行 国际清算银行成立于1930年，截至2001年1月8日，共有5 500名私人持有该银行的13.5%的股份，其余股份由49个国家的中央银行持有。中国人民银行于1984年同国际清算银行正式建立业务联系，并于1996年缴了股本金，成为国际清算银行的持股成员之一。此次特别会议对其章程进行了修改，正式规定会员国的中央银行为该行持股股东，取消私人在该行的股东资格。国际清算银行的主要职能是协助各国中央银行管理外汇储备，为其提供投资服务和流动资金，作为代理人和委托人为实践国际金融贷款协议提供帮助以及协助制定银行监管规则。取消私人在该银行的持股权旨在更好地落实上述目标。为了不损害私人股东的利益，国际清算银行将以每股1万美元的价格购入私人股份。

9日 中国人民银行颁布《商业银行、信用社代理国库业务管理办法》。该办法规定：人民银行可以按照机构分布情况委托商业银行代理国库支库（以下简称代理支库）业务。经收预算收入的商业银行分支机构和信用社均为国库经收处。人民银行依法对商业银行代理支库和商业银行、信用社国库经收处所办国库业务实施垂直管理。代理支库机构的设置与财政管理体制相适应，原则上一级财政设立一级国库。国库经收处必须准确、及时地办理各项预算收入的收纳，完整地将预算收入划转到指定收款国库。代理支库的基本职责是：根据政府预算收入科目以及现行的财政管理体制确定的预算收入级次、分成和留解比例，准确、及时、完整地办理各级预算收入的收纳、划分、报解、入库；按照《中华人民共和国国家金库条例》及《中华人民共和国国家金库条例实施细则》等法规和规章的规定，为同级财政机关开立预算存款账户。根据同级财政机关填发的预算拨款凭证及时办理同级预算支出的拨付；按照国家政策、法规规定的退库范围和审批程序，凭财政机关或其授权单位开具的预算收入退还凭证，审核办理预算收入的退付；对各级预算收入和本级预算支出进行会计账务核算；按照人民银行的要求，定期向上一级国库和同级财政、征收机关报送或提供有关报表；定期与财政、征收机关对账签证，保证数字准确一致；协助同级财政、征收机关督促纳税人及时缴纳预算收入，组织预算收入及时入库。根据征收机关开具的缴款凭证核收滞纳金。按照国家税法协助征收机关扣收屡催不缴纳税人应缴的预算收入；监督管理和检查指导辖区内各分支机构和其他金融机构办理的乡（镇）国库及国库经收处的工作，及时解决存在的问题；办理上级国库交办的与国库有关的其他工作。该办法自2001年2月1日起执行。1989年12月27日中国人民银行与中国工商银行、中国农业银行、中国银行、中国建设银行联合发布的《专业银行办理国库业务管理办法》同时废止。

10日 中国人民银行颁布《信托投资公司管理办法》。该办法共有8章78条，其中规定：1. 信托投资公司的设立及经营应当具备如下条件：有符合《中华人民共和国公司法》和中国人民银行规定的公司章程；有具备中国人民银行规定的入股资格的股东；具有本办法规定的最低限额的注册资本；有具备中国人民银行规定任职资格的高级管理人员和与其业务相适应的信托从业人员；具有健全的组织机构、信托业务操作规则和风险控制制度；有符合要求的营业场所、安全防范措施和与业务有关的其他设施；中国人民银行规定的其他条件。2. 设立信托投资公司，应当采取有限责任公司或者股份有限公司的形式，注册资本不得低于人民币3亿元，经营外汇业务的信托投资公司，其注册资本中应包括不少于等值1 500万美元的外汇。3. 信托投资公司不得办理存款业务，不得发行债券，不得举借外债。4. 在该办法实施前设立的信托投资公司，应当依照国家有关规定进行清理整顿，整顿合格后确定保留的，中国人民银行对其予以重新登记；信托投资公司在该办法实施前已经办理的各项业务中符合本办法要求的，可以继续办理；凡不符合本办法要求的，应当在中国人民银行规定的期限内压缩、清理完毕，国务院另有规定的，按有关规定办理。5. 未经中国人民银行批准，擅自设立信托投资公司或者擅自经营信托业务的，按照《非法金融机构和非法金融业务活动取缔办法》予以取缔，并予以处罚。中国人民银行于1986年颁布的《金融信托投资机构管理暂行规定》同时废止。

△ 中国证监会发布《关于新股发行公司通过互联网进行公司推介的通知》。该通知规定，新股发行公司在新股发行前，必须通过互联网采用网上直播（至少包括图像直播和文字直播）方式向投资者进行公司推介，也可辅以现场推介。网上直播推介活动的公告应与其招股说明书概要（或招股意向书）同日同报刊登，并在拟上市证券交易所指定网站同天发布。推介活动不少于四个小时。该规定自2001年3月1日起执行。

△ 中国证监会立案稽查中科创业股价操纵事件。中科创业（股票代码：0048）股票原名为康达尔，主营业务为饲料和养鸡，1994年在深圳证券交易所挂牌上市。1998年下半年，股价在17元左右，后开始上扬，到1999年7月，股价从36元跃至45元，到2000年2月，股价又一度上涨到80元以上，最高升至84元。2000年12月25日，中科创业股票下跌，并连续出现10个跌停板，严重影响到股票市场的正常秩序。因有关机构涉嫌操纵中科创业股价，中国证监会开始对其立案稽查。经查，股票价格操纵者吕新建（即“庄家”吕梁）和朱焕良（大户）经合谋，用一系列手法，通过1 500多个股东账户，控制了中科创业股票流通盘55.36%的仓位，进行股价操纵交易。这起案件涉及违规金额达54亿元，涉及北京、上海、浙江等20多个省市的120家证券营业部。2003年4月1日，北京市第二中级人民法院对中科创业操纵证券交易价格案一审进行公开宣判，以操纵证券交易价格罪判处上海华亚实业发展公司罚金人民币2 300万元；以操纵证券交易价格罪分别判处丁福根、董沛霖、何宁一、李芸、边军勇、庞博等6名被告人4年至2年零2个月有期徒刑，并对丁福根、边军勇、庞博分别判处罚金50万元至10万元。

11日 国际货币基金组织驻华代表处香港特别行政区分处成立。香港特别行政区分处是国际货币基金组织驻华代表处的下属机构，其职能是协助基金组织驻华代表处收集信息，分析和研究香港特别行政区经济和金融市场活动，研究亚洲及其他地区的经济、金融发展与变化对香港特别行政区的影响。

13～15日 中国人民银行2001年工作会议在北京召开。会议指出，2001年，中国人民银行将继续执行稳健的货币政策，保持货币政策的稳定性、连续性和前瞻性，支持巩固目前经济回升的良好态势；要密切关注经济运行特别是物价走势，适时运用多种货币政策工具，调节货币和信贷供给，保持人民币币值和汇率稳定；切实加强金融监管，督促国家银行明显提高经营管理水平，继续化解中小金融机构风险，迎接加入世界贸易组织的挑战，全面改进对金融机构的服务水平。

△ 全国证券期货监管工作会议在北京召开。会议确定2001年证券期货监管工作的指导思想是：坚决贯彻党的十五届五中全会和中央经济工作会议精神，积极推进证券期货市场深化改革和规范化建设；进一步更新监管理念和监管方式，依法加强证券期货市场监管，及时查处违法、违规行为，切实防范和化解市场风险，保护投资者的合法权益；加快证券期货市场建设，努力完善市场结构，大力培育机构投资者，提高证券市场资源配置效率，促进经济改革和现代化建设。

14日 全国银行、证券、保险工作座谈会在北京召开。国务院总理朱镕基在座谈会上强调，金融系统要认真贯彻党的十五届五中全会和中央经济工作会议精神，真正把工作重点放在严格金融监管、加强内控机制上来，大力整顿金融秩序，进一步深化金融改革，努力建立现代金融管理制度。

朱镕基总理提出：2000年经济形势是近几年来最好的，金融形势总体也是好的。银行、证券、保险系统认真贯彻中央的金融工作方针和部署，实行稳健的货币政策，有力地支持了产业结构的调整和国有企业的脱困和改革；金融改革、整顿和监管取得新的进展，化解了一些金融机构的风险，使整个金融保持平稳运行，人民币币值和汇率稳定。但是，必须清醒地看到，当前金融领域存在的问题不可低估，潜伏的金融风险不容忽视。在我国即将加入世界贸易组织，又要加快推进经济结构战略性调整的新形势下，金融系统面临新的挑战。金融系统的同志要进一步增强责任感和紧迫感，努力做好各项工作，确保金融安全、高效、稳健运行，为"十五"计划开好局，作出新的贡献。他强调，切实加强和改进金融监管，是2001年金融工作的重点，也是解决当前我国金融领域存在的问题、保证金融平稳运行的关键。2001年，银行、证券、保险系统的工作都要把主要精力放到加强和改进金融监管上，金融改革也要围绕加强监管的制度建设和机制创新来进行。各银行、证券机构、保险公司和其他金融机构，都要层层建立健全内控机制，强化内部管理。要实行严格的经营管理考核制度和责任追究制度，特别要抓紧制订对银行、证券机构、保险公司和其他金融机构高级管理人员的考核办法，并认真执行。全面整顿和规范市场经济秩序，是2001年经济工作的一项重要任务，继续整顿和规范金融秩序是其中的重要内容。要健全和强化金融法治，严格执法，进一步查处金融机构违法、违规经营活动，对多次违法、违规的金融机构必须加大监管力度和依法严厉惩罚，该关闭的一定关闭，该摘牌的一律摘牌，绝不姑息；坚决取缔各种非法金融机构和非法变相从事金融业务的活动；运用现代科技特别是信息手段，加强对资本、货币和外汇的监管；继续打击各种骗汇、逃汇和非法买卖外汇的犯罪行为；严格财经纪律，严肃查处金融渎职、失职和随意干预金融工作造成重大损失的责任人；对金融大案要案一查到底，依法严惩金融犯罪分子；进一步增强全社会的金融法治观念和金融风险意识。

16日 国家外汇管理局在北京召开全国分局局长座谈会。会议明确，2001年，外汇管理工作要以加强管理、改进服务为指导，认真做好加入世界贸易组织的准备工作，严肃查处外汇领域违法、违规经营行为，积极促进国际收支平衡和人民币汇率稳定。大会明确了2001年外汇管理的主要工作是：1. 整章建制，大力规范和监管服务贸易外汇收支活动。2001年要发布实施旅行社旅游外汇管理办法，研究规范银行兑换点、外币信用卡业务，防止旅游外汇收入流失；制定国际海运和境外承包工程外汇收支管理办法；研究制定服务贸易企业专项账户管理办法。2. 用现代化技术手段，进一步完善贸易外汇管理。配合海关等部门，认真做好"口岸电子执法系统"中出口核销管理系统的试点和推广工作，防止盗用、伪造出口收汇核销单或虚报丢失空白核销单进行逃汇和骗退税。3. 完善资本项目外汇管理法规，加强内部控制。4. 统一、规范银行结售汇业务，着手建立银行收付汇监管体系。5. 做好各项外汇检查工作，继续严厉打击逃骗汇活动。6. 加强国际收支统计分析，进一步提高监测预警水平。7. 进一步改进服务，为对外贸易和外商投资创造良好环境。

△ 第一次全国保险监管工作会议在北京召开。会议确定2001年监管工作任务是：进一步加大保险市场整顿力度，在继续清理整顿车险、航空意外险和兼业代理业务的同时，重点做好保险资金运用情况检查、剖析保险公司潜在风险、加强保险中介市场监管、规范外资保险经营行为等工作。会议提出，保监会系统要在强化市场行为监管的同时，加强对保险机构偿付能力的监管，2001年，中国保监会将在各保险机构试行"偿付能力监管指标体系"。

17日 财政部、中国人民银行、中国证监会印发《关于试行国债净价交易有关事宜的通知》。为促进国债二级市场发展，实现国债交易方式与国际通行做法的逐步接轨，该通知规定：在全国银行间债券市场、上海证券交易所、深圳证券交易所实行国债净价交易。净价交易是指在现券买卖时，以不含有自然增长应计利息的价格报价并成交的交易方式所进行的交易。在净价交易条件下，由于国债交易价格不含有应计利息，其价格形成及变动能够更加准确地体现国债的内在价值、供求关系及市场利率的变动趋势。国债净价交易是新的交易方式，试行国债净价交易应遵循积极稳妥的原则分步实施。具体为：第一步，继续按现行方式实行全额报价交易，但报价系统应同时实行全价价格、净价价格和应计利息额三项要素中的至少两项，并对交割单打印系统进行修改，交割单上须分别列明结算价、净价及应计利息额；第二步，试行净价报价，以成交价格和应计利息额之和作为结算价格。该通知要求，在2001年12月31日前，要实现完全的净价交易。

19日　中国人民银行货币政策委员会2001年第一季度例会在北京召开。会议总结了2000年我国货币政策执行情况，分析了2001年金融运行面临的形势和对策。会议指出，2001年要按照中央经济工作会议精神，继续实行稳健的货币政策，保持货币供应量的适度增长，巩固和发展国民经济运行的良好态势，在抑制通货紧缩趋势的同时，密切观察，切实防止重复建设，警惕通货膨胀。要认真落实已经出台的各项货币信贷措施，加强信贷监管，降低不良贷款率，防止金融风险。

20日　国家外汇管理局、海关总署联合发布《关于进行“口岸电子执法系统”出口收汇核销联网核查试点的通知》，决定在北京、上海、天津、广州地区试点运行“口岸电子执法系统”出口收汇系统。该系统由国家外汇管理局与海关总署联合开发，其功能有助于防范和打击利用假冒、伪造出口收汇核销单逃汇等违法犯罪活动，提高外汇监管水平，降低企业贸易成本，提高贸易效率。5月29日，国家外汇管理局、海关总署联合发布《关于在全国范围内试运行“口岸电子执法系统”出口收汇系统的通知》，决定自2001年6月1日起，在全国范围内试运行出口收汇系统。

23日　中国保监会印发试行《保险公司最低偿付能力及监管指标管理规定》。该规定明确：实际偿付能力不达标的保险公司将被列为“特别监管对象”，监管指标综合评分不满60分者，将受到保监会的“重点关注”，保监会可以对上述公司的经营活动采取相应的限制措施。该规定在参照国际惯例的基础上完善了偿付能力预警指标体系、偿付能力报告制度。

31日　中国证监会颁布实施《证券公司内部控制指引》，对证券公司内部控制制度的建设作出具体规范。该指引明确，证券公司的内部控制包括内部控制机制和内部控制制度两个方面。内部控制机制是指公司的内部组织结构及其相互之间的运行制约关系；内部控制制度是指公司为防范金融风险，保护资产的安全与完整，促进各项经营活动的有效实施而制订的各种业务操作程序、管理方法与控制措施的总称。完善内控机制必须遵循健全性原则、独立性原则、相互制约原则、防火墙原则和成本效益原则；制订内部控制制度必须遵循全面性、审慎性、有效性和适时性原则。

1月　中国人民银行正式成立中国人民银行货币政策分析小组，从2001年第一季度开始按季撰写《中国货币政策执行报告》，并对外公布。该分析小组由中国人民银行副行长肖钢任组长，货币政策司、统计司、研究局的司（局）长任副组长，办公厅、国际司、外汇管理局、国库局一位负责人任成员，上述各司局各选定三到四名同志为分析人员。

△　中国保监会天津、武汉、西安等18个省市派出机构成立。至此，加上2000年正式挂牌的北京、上海、广州等13个省市的派出机构，中国保险监管组织体系已在全国31个省、自治区、直辖市（西藏自治区除外）建立。

2月

1日　《中国人民银行行政处罚程序规定》发布施行。该规定明确：中国人民银行实施行政处罚，实行分级管理、分工负责。对违法行为给予行政处罚必须以法律、行政法规和金融规章为依据。中国人民银行实施行政处罚时，有权对金融违法行为负有直接责任的高级管理人员、主管人员和其他直接责任人员提出纪律处分建议。中国人民银行执法职能部门负责行政处罚案件的立案、调查，提出处罚意见。法律事务工作部门负责复核处罚意见的合法性和适当性，组织听证。中国人民银行总行负责查处总行直接监管的金融机构的违法行为；在全国范围内有重大影响的违法行为、总行认为应当由其直接查处的其他违法行为。中国人民银行分支机构负责查处辖区内所监管金融机构的违法行为、中国人民银行总行授权其监督管理的金融机构的违法行为。中国人民银行应当设立行政处罚委员会。行政处罚委员会履行对重大行政处罚作出决定、对重大行政处罚决定外的其他行政处罚决定进行监督检查的职责。

3日 《中国人民银行行政复议办法》发布施行。该办法规定，金融机构、其他单位和个人认为中国人民银行及其依法授权的金融机构的具体行政行为侵犯其合法权益，有权向有管辖权的中国人民银行提出行政复议申请，中国人民银行应依照本办法，受理行政复议申请、作出行政复议决定。行政复议机关（包括中国人民银行总行、营业管理部、分行、分行营业管理部、中心支行、支行）的法律事务工作部门具体办理行政复议事项，履行下列职责：受理行政复议申请；向有关组织和人员调查取证，查阅文件和资料；审查申请行政复议的具体行政行为是否合法与适当，拟定行政复议决定；处理或者转送对本办法第八条规定的审查申请；对中国人民银行下级分支机构违反本办法规定的行为依照规定的权限和程序提出处理意见；办理因不服行政复议决定提起行政诉讼的应诉事项；法律、行政法规规定的其他职责。行政复议机关履行行政复议职责，应当遵循公正、公开、及时的原则，保障金融法律、行政法规和规章的正确实施。金融机构、其他单位和个人对中国人民银行各级行作出的行政复议决定不服的，可以依照行政诉讼法的规定向人民法院提起行政诉讼；对中国人民银行总行的行政复议决定不服的，可以在收到“中国人民银行行政复议决定书”之日起15日内向国务院申请裁决，国务院依法作出的裁决为最终裁决。该办法自发布之日起施行。1992年3月1日发布施行的《中国人民银行行政复议办法（试行）》同时废止。

5日 国际货币基金组织理事会投票通过《关于中国特别增资的决议》。根据该决议，中国在国际货币基金组织份额由原来的46.872亿特别提款权（约合61亿美元），提高到63.692亿特别提款权（约合83亿美元），占国际货币基金组织份额的3%，中国在国际货币基金组织的份额位次由原来的第11位提高到了第8位，与加拿大同一水平。位列前7位的分别是美国、日本、德国、英国、法国、意大利、沙特阿拉伯。

国际货币基金组织 国际货币基金组织是由各主权国家参加的国际金融机构，是联合国的专属机构，自1945年成立以来，一直在国际金融领域发挥着至关重要的核心作用。各成员国向国际货币基金组织交纳的份额构成该组织的资金来源，成员国在国际收支发生困难时可以动用自己的份额，并可从国际货币基金组织借用相当于份额一定倍数的资金。同时，份额还决定了成员国在国际货币基金组织的投票权和相应义务。

6日 经中国人民银行批准，各商业银行自2001年2月7日起下调境内美元、英镑、港元和加拿大元小额存款利率。其中，1年期美元存款利率由4.125%降为3.8125%，1年期英镑存款利率由4.6875%降为4.1250%，1年期港元存款利率由4%降为3.7500%，1年期加拿大元存款利率由4.3125%降为3.6250%。其他各档次存款利率也作相应调整。此次下调美元等小额外币存款利率，是适应国际市场上美元、英镑等利率变化而确定的。以后，将适应国际市场利率的变化，适时对境内小额外币存款利率进行调整，以协调本外币利率政策，保持币值稳定和国际收支平衡。此后，到2001年年底，中国人民银行共下调小额外币存款利率9次，最后一次是2001年11月12日，1年期美元、英镑、欧元、港元、加拿大元和瑞士法郎利率分别下降为1.25%、2.8125%、2.0625%、1.4375%、1.625%和0.9375%。

13日 国务院任命史美伦女士出任中国证

监会副主席。这是中国证监会首次委任非内地人士出任有正式官衔的职位，也是中国自1949年以来第一次委任港澳台专业人士为副部级官员。

史美伦女士为美国威斯康星大学文学学士及加州圣达嘉娜大学法学博士，曾在美国高特兄弟等律师事务所供职多年，1991年进入香港证监会，历任公司财务部助理总监、高级总监及证监会执行董事，1998年起担任香港证监会副主席，在企业融资、市场监管及法律事务等方面具有丰富经验。在中国证监会的在任时间是2001年2月至2004年8月。

16日 中国人民银行在北京召开全国银行卡工作会议。会议提出，今后三年我国银行卡业务发展的基本目标是：全面贯彻实施统一业务规范、技术标准和品牌标识，在大中城市实现银行卡的全国联网通用；改革完善银行卡经营管理体制，基本建立银行卡“市场资源共享、业务联合发展、公平有序竞争、服务质量提高”的良性发展机制；全面改善银行卡受理环境，普及推广银行卡应用，为广大消费者提供方便、快捷、安全的金融服务。

19日 经国务院批准，中国证监会发布境内居民可投资B股市场的决定，宣布允许境内居民以合法持有的外汇开立B股账户，交易B股股票。B股市场向境内自然人开放。此次B股政策的调整，主要基于中国外汇资本流动的宏观形势已发生变化，同时，B股市场已有十年的发展历史，有必要根据国民经济的发展要求对市场取向、定位、规则、功能等作出相应调整。次日，中国证监会和国家外汇管理局联合发布《关于境内居民个人投资境内上市外资股若干问题的通知》。该通知规定，境内居民个人从事B股交易，在2001年6月1日前，只允许使用在2001年2月19日（含2月19日，下同）前已经存入境内商业银行的现汇存款和外币现钞存款，不得使用外币现钞和其他外汇资金；境内居民个人2001年2月19日前已经存入境内商业银行，2001年2月19日后到期并转存的，可以作为从事B股交易的资金；2001年6月1日以后，取消对入市外汇资金存款时间的限制，但仍不允许使用外币现钞。同时，中国人民银行和国家外汇管理局将会同公安、工商、证监等部门，进一步联合加大对外汇非法交易的打击力度，维护外汇市场稳定和境内居民在B股市场合法交易。

△ 中国人民保险公司、中国太平洋保险公司、中国平安保险股份有限公司与中国长江三峡工程开发总公司在北京共同签署了长江三峡左岸电站设备安装工程及变压器、GIS运输保险保单，总保险金额100亿元人民币，保险期限从2001年2月22日起至2006年12月31日。这是三峡工程建设期间最大的一份单项工程险保单。三家公司分别承担50%、30%、20%的风险份额。

26日 中国证监会发布《亏损上市公司暂停上市和终止上市实施办法》，上市公司退出机制正式建立。该办法规定：暂停上市的公司为连续三年亏损的公司；被暂停上市后，公司可在45天内向交易所申请12个月的宽限期，以延长暂停期限；暂停上市期间，公司仍要履行上市公司义务；在宽限期内第一个会计年度盈利的暂停上市公司，可向证监会提出恢复上市的申请，继续亏损的，由证监会作出终止上市决定。亏损公司在暂停、终止、恢复上市的各阶段，应在指定报刊和网站刊登相关公告；可能被终止上市的公司还应在披露年报前至少发布三次风险提示公告，提醒投资者注意风险。2001年11月30日，中国证监会对该办法作出修订，发布了关于《亏损上市公司暂停上市和终止上市实施办法（修订）》的通知，其中规定，按修订后的办法暂停上市的公司，在暂停上市期间，证券交易所不为其股票提供特别转让服务。新的办法自2002年1月1日起施行。

△ 中国银行与日本JCB国际信用卡公司联合在北京举办JCB信用卡ATM取现业务开通仪式，JCB信用卡持卡人在中国境内中国银行提供的ATM自动柜员机上即日起可实现取现业务。中国银行当时是国内唯一一家获得VISA和Master Card组织GREEN级别的银行，同时也是当时全国唯一一家能在ATM上同时接受VISA、

Master Card、美国运通、JCB 卡取现业务的银行。

△ 中国保监会原则上同意中国平安保险股份有限公司、新华人寿保险股份有限公司和中宏人寿保险有限公司投资连结类保险在证券投资基金上的投资比例从30%放宽至100%。此举旨在推动国内投资连结产品的发展，提高保险资金在证券市场的投资效益，为保险资金有效地运用提供试点。

△ 中国证监会印发《关于规范证券投资基金运作中证券交易行为的通知》。该通知规定：各基金管理公司及基金从业人员应当提高认识，转变观念，明确自身的法律主体性质；竭诚为基金投资人服务，在证券投资交易活动中应当与其他社会投资人履行相同的义务。各基金管理公司应当以取信于市场、取信于社会投资公众为宗旨，按照诚实信用原则，更新投资理念，调整和规范现有的投资决策制度。证券交易所在日常交易监控中，应当将一个基金视为单一的投资人，将一个基金管理公司视为持有不同账户的单一投资人，比照同一投资人进行监控。

3月

2日 中国人民银行印发《关于重点检查国有独资商业银行部分二级分行不良贷款工作的通知》，决定对不良贷款继续上升、余额占比过高的316个国有独资商业银行二级分行进行重点检查。该通知要求把降低商业银行不良资产作为人民银行监管的中心任务，并提出了今后三年国有独资商业银行每年平均降低不良贷款比率三个百分点的目标。6月末，中国人民银行完成了对工商银行、农业银行、中国银行、建设银行四家国有独资商业银行316个二级分行不良贷款的重点检查，对1 240名违规、违纪责任人进行了查处或提出处理意见。

5~15日 九届全国人大四次会议在北京举行。会议通过了关于国民经济和社会发展第十个五年计划纲要及关于纲要报告的决议、关于2000年国民经济和社会发展计划执行情况与2001年国民经济和社会发展计划的决议、关于2000年中央和地方预算执行情况及2001年中央和地方预算的决议、关于全国人大常委会工作报告的决议、关于最高人民法院工作报告的决议、关于最高人民检察院工作报告的决议、关于修改《中华人民共和国中外合资经营企业法》的决定。

国务院总理朱镕基作了《关于国民经济和社会发展第十个五年计划纲要的报告》。该报告指出，今后五年经济和社会发展的主要目标是：国民经济保持较快发展速度，经济结构战略性调整取得明显成效，经济增长质量和效益显著提高，为到2010年国内生产总值比2000年翻一番奠定坚实基础；国有企业建立现代企业制度取得重大进展，社会保障制度比较健全，社会主义市场经济体制逐步完善，对外开放和国际合作进一步开展；就业渠道拓宽，城乡居民收入持续增加，物质文化生活有较大改善，生态建设和环境保护得到加强；科技、教育加快发展，国民素质进一步提高，精神文明建设和民主法制建设取得明显进展。在深化金融改革和对外开放方面，该报告强调：继续实行稳健的货币政策，适时调节货币供应量，保持人民币币值稳定。按照现代银行制度对国有独资商业银行进行综合改革，发挥政策性银行功能，办好中小金融机构。规范和健全证券市场，保护投资者利益。进一步发展保险业。改善和强化金融监管，实行严格的经营管理考核制度和责任追究制度，改进金融服务，努力提高金融资产质量，防范和化解金融风险。适应经济全球化趋势，进一步提高对外开放水平。要抓紧做好加入世界贸易组织的准备和过渡期的各项工作。支持有条件的企业到境外上市。要继续办好经济特区、浦东新区。

7日 经国务院批准，财政部、国家税务总局发出《关于降低金融保险业营业税税率的通知》。该通知规定，自2001年起，金融保险业营业税税率每年下调一个百分点，分三年将金融保险业的营业税税率从8%降低到5%。即从2001年1月1日至12月31日，金融保险业营业税税率为7%；从2002年1月1日至12月31日，金融保险业营业税税率为6%；从2003年1月1日起，金融保险业的营业税税率降为5%。因营业税税率降低而减少的营业税收入，全部为各地国家税务局所属征收机构负责征收的中央财政收入。

8日 美国穆迪公司（Moodys）对国内银行的“财务实力等级”（FSR）进行评定，中国银行由前次评定的“E+”升至“D-”，位居四家国有独资商业银行之首。美国穆迪公司是国际著名的评级公司。“财务实力等级”是穆迪公司对金融机构自身的安全性和经营状况作出的评价，穆迪公司评价金融机构“财务实力等级”所考虑的因素有：特许经营权、盈利能力、风险（包括信用风险、市场风险、流动性风险、融资风险、资产与负债管理、经营风险、声誉风险等）及其风险控管、经济资本化程度、公司治理、经营管理的重点和战略，以及银行运营环境的质量和稳定性。

14日 中国人民银行发出《关于做好当前农村信用社支农工作的指导意见》，决定上半年增加200亿元再贷款支持农村信用社加大支农力度，进一步启动和扩大农村消费市场，促进国民经济持续、快速、健康发展。

该文件指出：农村信用社和县、市联社进一步采取有效的措施，积极筹措资金，增加贷款投放总量，确保支农资金及时投放，要及时地做好农村信用社资金余缺调剂工作。农业贷款比重较大的地区，允许农村信用社年中存贷比例适当扩大。通过努力，力争使全国农村信用社上半年发放的贷款比年初增加1 000亿元。各级农村信用社要严格掌握贷款投向，确保支农重点。在保证农民种植粮棉油的生产费用需要的同时，支持农户开展多种经营，择优安排以公司带农户为主要形式的农业生产贷款和农业产前产后服务组织的贷款。有条件的农村信用社，可对家长发放助学贷款，并逐步开办农民住房贷款。在农业比重大的地区，农村信用社对农户、农业贷款占全部新增贷款比例应达到70%左右，其他地区也要相应增加对农户、农业的贷款比重。特别是在民间借贷利率较高的地方，要特别注意增加农民的贷款。各级农村信用社要完善金融服务，改进工作作风。农村信用社要对信贷人员发放“三农”贷款数量、质量建立考核制度，把扩大农户贷款面、解决农民贷款难和收回到期贷款作为信贷人员重要考核内容。要在加强贷款管理的同时，改进贷款方式，简化手续，方便农民。要不断总结和推广小额贷款的经验。要坚持贷款公开制度，实现贷款发放计划公开、对象公开、额度公开、利率公开，接受农民群众和社会监督。人民银行各分支行要进一步改进和加强对再贷款的管理，完善对农村信用社再贷款的台账登记制度，监督农村信用社按规定使用再贷款资金，防止支农贷款被挪用，并按时收回到期贷款。

15日 中国证监会发布《关于做好上市公司新股发行工作的通知》。该通知规定：上市公司申请配股，除应当符合《上市公司新股发行管理办法》的规定外，还应当符合以下要求：公司最近三个会计年度加权平均净资产收益率平均不低于6%；扣除非经常性损益后的净利润与扣除前的净利润相比，以低者作为加权平均净资产收益率的计算依据；设立不满三个会计年度的，按设立后的会计年度计算；公司一次配股发行股份总数，原则上不超过前次发行并募足股份后股本总额的30%；如公司具有实际控制权的股东全额认购所配售的股份，可不受上述比例的限制；本次配股距前次发行的时间间隔不少于一个会计年度。上市公司申请增发，应当符合以下要求之一：公司最近三个会计年度加权平均净资产收益率平均不低于6%，且预测本次发行完成当年加权平均净资产收益率不低于6%。

16日 中国人民银行、国家外汇管理局发布《关于加强和完善国家外汇管理局系统管理工作的通知》，决定建立与外汇管理工作需要相适应的领导体制，加强对分支机构干部的管理，进一步规范分支机构职能部门设置。2001年4月22日，经中央机构编制委员会办公室批准，国家外汇管理局对内设机构进行调整，撤销政策法规司，有关职能并入综合司；设立经常项目管理司，承担从管理检查司中分离出来的经常项目管理职能；人事司从综合司中分离出来，单独设置，并加挂内审司的牌子。

19日 中国证监会发布实施《上市公司检查办法》，1996年12月20日发布的《上市公司检查制度实施办法》同时废止。《上市公司检查办法》规定，中国证监会派出机构按照中国证监会统一部署组织实施辖区内的公司检查工作。检查方式分为巡回检查和专项核查。巡回检查是例行的合规性检查，主要内容包括：1. 信息披露的真实性、准确性和完整性；2. 公司治理结构的规范性；3. 公司的独立性，主要检查上市公司与控股股东在人员、财务、资产等方面的分开情况；4. 财务管理和会计核算制度的合规性；5. 募集资金使用与招股说明书的一致性及变更的程序，资金管理的安全性；6. 中国证监会认为应予检查的其他事项。专项核查是针对公司存在的问题进行的调查核实，核查主要内容包括：1. 募集资金使用情况专项核查；2. 投资者投诉问题和舆论关注问题的专项核查；3. 重大资产重组情况的专项核查；4. 中国证监会认为应予核查的其他事项。

△ 中国证监会发布实施《上市公司董事长谈话制度实施办法》。该办法规定，中国证监会主管业务部门认为必要时可直接约见上市公司董事长谈话，中国证监会派出机构具体实施辖区内上市公司董事长谈话工作；谈话对象在谈话中虚假陈述或故意隐瞒事实真相的，中国证监会将有权视情节轻重、依据有关规定对其进行处理。谈话对象应当根据谈话结果及时整改，纠正不当行为。在执行谈话制度中发现上市公司或高级管理人员有违法、违规行为的，中国证监会将依法查处。

20日 中国证监会发布《关于对证券经营机构经纪业务进行调查的通知》，决定对各证券公司、未完成信证分业的信托投资公司有关证券经纪业务的收入、支出情况进行调查，为证券交易佣金制度改革提供参考依据。

28日 中国证监会颁布《上市公司新股发行管理办法》。该办法共有6章36条，其中规定：上市公司发行新股，应当以现金认购方式进行，同股同价；除金融类上市公司外，上市公司发行新股所募集的资金，不得投资于商业银行、证券公司等金融机构；上市公司申请发行新股，应当由具有主承销商资格的证券公司担任发行推荐人和主承销商；中国证监会依法对上市公司新股发行活动进行监督管理。上市公司申请发行新股，应当符合《中华人民共和国公司法》、《中华人民共和国证券法》规定的条件，还应当符合以下具体要求：具有完善的法人治理结构，与对其具有实际控制权的法人或其他组织及其他关联企业在人员、资产、财务上分开，保证上市公司的人员、财务独立以及资产完整；公司章程符合《中华人民共和国公司法》和《上市公司章程指引》的规定；股东大会的通知、召开方式、表决方式和决议内容符合《中华人民共和国公司法》及有关规定；本次新股发行募集资金用途符合国家产业政策的规定；本次新股发行募集资金数额原则上不超过公司股东大会批准的拟投资项目的资金需要数额；不存在资金、资产被具有实际控制权的个人、法人或其他组织及其关联人占用的情形或其他损害公司利益的重大关联交易；公司有重大购买或出售资产行为的，应当符合中国证监会的有关规定；中国证监会规定的其他要求。境内上市外资股（B股）公司发行B股原则上按照本办法执行。

△ 中小企业金融服务工作座谈会在北京召开。中国人民银行宣布，将采取八项措施加强对中小企业的金融服务，促进中小企业健康发展。这八项措施是：进一步完善《中小型企业金融服务指导意见》，促进商业银行提高对中小型企业的服务水平；进一步发挥国有独资商业银行分支机构支持中小企业的重要作用；规范和发展中小商业银行，引导和促进其重点作好对中小企业的金融服务；积极发挥再贷款、再贴现的作用，增强中小金融机构支持中小企业发展的资金能力；灵活运用利率手段，认真执行对中小企业贷款可以上浮30%的规定；加强和改进对中小企业金融服务的风险管理；要积极吸收国外行之有效的经验，稳步进行金融制度创新，加强对中小

企业的金融服务；要建立中小企业金融服务联席会议制度。

29 日　中国人民银行发布《关于规范和支持银行间债券市场双边报价业务有关问题的通知》。该通知明确，债券双边报价业务是指金融机构在进行债券交易时同时连续报出现券买卖双边价格的行为。双边报价商是指经中国人民银行批准，在银行间债券市场开展双边报价业务，享受规定的权利并承担相应义务的金融机构。金融机构成为双边报价商须经中国人民银行总行批准。申请成为全国银行间债券市场双边报价商须具备以下条件：1. 是中国人民银行公开市场业务一级交易商；2. 上一年度承销国债和政策性银行金融债券金额总计排名前 30 位；3. 在全国银行间债券市场已经开展双边报价尝试，且业务规范，双边报价合理，及时满足其他市场参与者的交易需要，上一年度现券交易量排名前 20 位；4. 具备健全的内部管理制度和内控机制，有合格的专门业务人员，具备债券操作方面的专业技术；5. 中国人民银行规定的其他条件。中国人民银行通过以下政策措施支持双边报价商开展双边报价业务：1. 中国人民银行经商有关发债人同意，双边报价商有在一级市场购买债券的便利；2. 中国人民银行根据货币政策的需要和双边报价商的头寸情况，通过公开市场业务支持双边报价商的融资需要；3. 中国人民银行根据货币政策的需要和双边报价商对债券的报价和交易情况，通过公开市场进行现券交易和融券业务；4. 中国人民银行要求全国银行间拆借中心根据双边报价商开展双边报价业务的需要，继续完善双边报价系统，提供技术支持。

△　中国人民银行发布《银行卡联网联合业务规范》、《银行卡联网联合技术规范》和《银行磁条卡销售点终端规范行业标准》。这些标准和规范与之前颁布的《银行卡发卡行标识代码（BIN）及卡号》、《银行卡磁条信息格式》、《中国金融集成电路（IC）卡规范》等标准共同构成保证银行卡联网通用的标准规范体系。

30 日　中国证券登记结算有限责任公司在北京成立。中国集中统一的证券登记结算体制正式建立。该公司注册资本为人民币 6 亿元，由上海证券交易所、深圳证券交易所共同出资 50% 组建，原上海证券交易所、深圳证券交易所的登记结算公司从交易所分离出来，转变为中国证券登记结算有限责任公司的分公司。公司实行董事会领导下的总经理负责制。公司不以盈利为目的，业务范围包括：证券账户和结算账户的设立和管理、证券登记与过户、证券托管与转托管、证券和资金的清算与交收、受发行人委托办理证券权益分配等代理人服务以及中国证监会批准的其他业务。2001 年 10 月 1 日起，中国证券市场的证券登记结算业务全部由中国证券登记结算有限责任公司承接，这标志着全国集中统一的证券登记结算体制的组织架构已经基本形成。

4 月

2～4 日　国务院在北京召开全国整顿和规范市场经济秩序工作会议。会议明确了今后五年整顿和规范市场经济秩序的主要任务和 2001 年的工作重点，对如何开展这项工作作了具体部署。会议讨论了《国务院关于整顿和规范市场经济秩序的决定》、《国务院关于禁止在市场经济活动中实行地区封锁的规定》和《国务院关于特大安全事故行政责任追究的规定》。会议确定，2001 年要紧紧抓住直接危害人民切身利益、社会反应强烈、群众可参与程度高的问题，进行集中整治。第一，以食品、药品、农资、棉花、拼装汽车等为重点，进一步打击制售假冒伪劣商品的行为；第二，以查处规避招标、假招标和转包为重点，整顿和规范建筑市场；第三，以查处骗税、偷税、非法减免税为重点，强化税收征管；第四，以查处地区封锁和部门行业垄断为重点，打击地方保护主义；第五，以清理压缩音像集中经营场所，查处非法经营的“网吧”、“游戏机房”和非法出版物为重点，整顿文化市场。对未列入 2001 年整顿和规范重点的，有关主管部门也要按照职能分工，认真抓好主管领域市场经济秩序的整顿和规范工作；各地区也要根据自己的具体情况，确定其他重点。会议提出，要用一年左右时间，在上述五个方面取得阶段性成果，使严重破坏市场经济秩序违法犯罪活动蔓延的势头得到明显遏制，群众反应强烈、后果严重、影响恶劣的大案要案得到揭露和处理，触犯刑律的犯罪分子受到严厉惩处，人民群众对整治结果感到基本满意。在此基础上，将整顿和规范市场经济秩序工作纳入制度化轨道，长期不懈地开展下去。4 月 27 日，国务院下发了《国务院关于整顿和规范市场经济秩序的决定》，其中规定："十五"时期整顿和规范金融秩序的主要内容包括：查处银行、证券、保险机构的违法、违规经营活动；取缔非法金融机构和非法变相从事金融业务的活动；打击和制止金融欺诈、操纵证券市场和内幕交易、恶意逃废债务等行为。该决定指出，经过全国范围内的集中整顿和打击，争取用一年左右的时间，使严重破坏市场经济秩序违法犯罪活动蔓延的势头得到明显遏制；后果严重、影响恶劣的大案要案得到揭露和处理；触犯刑律的犯罪分子移送司法机关得到严厉惩处；有关法律、法规得到进一步完善；执法队伍和执法力度得到加强；群众对市场经济秩序的满意程度明显提高，整顿和规范市场经济秩序的工作取得阶段性的成果。

△ 中国人民银行下发《关于启用"银联"标识及其全息防伪标志的通知》。该通知要求我国境内各商业银行（含邮政储汇局、农村信用联社等）发行的具有人民币结算功能的银行卡统一采用"银联"标识；自 2004 年 1 月 1 日起，银行卡受理市场中的 ATM、POS 等银行卡终端机具上必须张贴"银联"标识，不得再张贴地方性银行卡联网通用标识；2002 年 1 月 1 日起，各类银行卡上均不得再印刷地方性联网通用标识。各地区自行设计制作的地区性银行卡联网通用标识应逐步废止。

△ 经中国人民银行、中国保监会、香港特别行政区政府保险业监理处批准，中国交通保险有限公司在香港开业。该公司由交通银行投资，注册资本为 1 亿港元，经营范围包括火险、运输险、水险、汽车险、各类意外险、责任险和再保险等。

3～11 日 国际货币基金组织统计部主任卡森访华，就中国加入数据公布通用系统（GDDS）问题与中国有关宏观经济统计部门举行会谈并召开了专题研讨会。国家统计局局长朱之鑫、副局长邱晓华，中国人民银行行长助理李若谷分别会见了卡森一行。这次访问对中国最终决定于 2002 年 1 月 1 日正式以书面形式承诺加入 GDDS 起到了重大的推动作用。

3 日 中国证监会公布《上市公司行业分类指引》，规范上市公司行业分类标准。该指引是在 1999 年出台的《上市公司分类指引（试行）》的基础上，对上市公司的行业重新整合分类，突出了信息技术、生物制药等新经济特征，并增设了"信息技术产业"和"传播与文化业"等行业。该指引以上市公司营业收入为分类标准，由证券交易所根据上市公司经会计师事务所审计的合并报表数据对上市公司进行划分。作为指导性规范，主要用于证监会系统及证券交易所对上市公司行业类属相关信息的对外公告。

6 日 财政部、国家税务总局发出《关于继续执行农村信用社有关营业税政策的通知》。为了扶持农村信用社的发展，经国务院批准，决定从 2001 年 1 月 1 日至 2002 年 12 月 31 日，对农村信用社继续按照 6% 的税率征收营业税。其中按照 5% 税率计征的部分由地方税务局征收，按照另外 1% 税率计征的部分由国家税务局征收。随同营业税附征的城市维护建设税和教育费附加，仍按营业税应交税额中按 5% 税率征收的部分计征，并由原征收机关负责征收。从 2003 年 1 月 1 日起，对农村信用社按照 5% 的税率征收营业税，由地方税务局负责征收。2001 年 10 月 8 日，为缓解农村信用社的困难，支持农村信用社发展，经国务院批准，财政部、国家税务总局发出《关于降低农村信用社营业税税率的通知》，决定自 2001 年 10 月 1 日起，对农村信用社按 5% 的税率计征营业税，由地方税务局负责征收，营业税收入全部归属地方，《关于继续执行农村信用社有关营业税政策的通知》同时废止。

18日 中国人民银行发布《关于〈个人存款账户实名制规定〉施行中有关问题处理意见的补充通知》。该通知规定：1. 对于极少数尚未办理居民身份证又不能提供户口簿的边远农村居民要求开立储蓄账户或在原账户办理第一笔存款业务的，储蓄机构柜台经办人员应要求其提供所在村村民委员会开具的身份证明，经核实后，方可为其开立人民币储蓄账户或在原账户办理第一笔存款业务。该账户在补办实名登记之前，其存款余额不得超过1万元人民币。储蓄机构经办人办理业务时，应告知存款人在三个月内向该储蓄机构提供居民身份证，并补办实名登记。2. 对于离开户口所在地外出就读的16周岁以下学生要求开立储蓄账户的，储蓄机构应凭本人学生证连同就读学校出具的证明为其开立人民币储蓄账户，办理小额存款。该账户在办理实名登记之前，其存款余额不得超过1万元人民币。该通知要求，各储蓄机构及其工作人员应加强对我国实行个人存款账户实名制意义的正面宣传，严格按实名制规定办事，不得以单位或个人名义向媒体发表不符合个人存款账户实名制有关规定的意见。

20日 中国人民银行货币政策委员会2001年第二季度例会在北京召开。会议认为：2001年，外需对我国经济增长的贡献率会下降，近期内宏观调控应坚持扩大内需的方针，继续实行积极的财政政策和稳健的货币政策，巩固国民经济发展的良好势头；根据国内外经济金融形势，分析国民经济增长和物价走势，当前应保持人民币存贷款利率稳定。

23日 中国证监会决定，沪市的PT水仙（上海水仙电器股份有限公司）股票自2001年4月23日起终止上市。上海水仙电器股份有限公司原为上海洗衣机总厂，创建于1980年。1992年5月始进行股份制改组；1993年1月6日“水仙电器”（A股）在上海证券交易所挂牌交易；1994年11月10日，“水仙B股”上市。从1995年起，公司效益开始大幅度滑坡，1997年到1999年连续三年亏损。上海证券交易所在1999年5月4日对其公司股票实施“特别处理”，股票简称改为“ST水仙”。2000年，又因公司连续三年亏损，每股净资产低于面值，“ST水仙”从2000年5月12日起暂停上市，实行“特别转让”，股票简称改为“PT水仙”。由于PT水仙已经连续四年亏损，且未能就近期扭亏为盈作出具体安排并提出有效措施，其申请宽限期未获上海证券交易所批准。根据《中华人民共和国公司法》、《中华人民共和国证券法》和《关于发布〈亏损上市公司暂停上市和终止上市实施办法〉的通知》，中国证监会作出了PT水仙终止上市的决定。这是中国证券市场的首家退市公司。

26日 中国证监会发布《上市公司发行可转换公司债券实施办法》。其中规定，上市公司发行可转换公司债券，应当符合1997年颁布的《可转换公司债券管理暂行办法》规定的条件。如果上市公司在最近三年内存在重大违法、违规行为；最近一次募集资金被擅自改变用途而未按规定加以纠正；信息披露存在虚假记载、误导性陈述或重大遗漏；公司运作不规范并产生严重后果；成长性差，存在重大风险隐患；中国证监会认定的其他严重损害投资者利益的情形，中国证监会不予核准其发行申请。可转换公司债券按面值发行，每张面值100元，最小交易单位为面值1 000元；期限最短为三年，最长为五年。可转换公司债券自发行之日起六个月后方可转换为公司股票，具体转股期限应由发行人根据可转换公司债券的存续期及公司财务情况确定。

27日 中国人民银行金融服务工作会议在北京召开。会议就完善金融服务提出七项任务：建立全国统一共享的金融信息系统；加快建设现代化支付清算系统；认真落实财政国库管理改革方案；加快实行中央会计的集中统一核算；做好现金发行和管理工作，保证人民币顺畅流通；改革黄金管理体制，建立黄金市场；贯彻落实全国社会治安工作会议精神，做好安全保卫工作。

△ 中国保监会向太平洋保险（集团）股份有限公司、太平洋财产保险股份有限公司、太平洋人寿保险股份有限公司颁发“保险公司法

人许可证”，中国太平洋保险公司改为中国太平洋保险（集团）股份有限公司，控股设立中国太平洋财产保险股份有限公司、中国太平洋人寿保险股份有限公司，完成财产险、人寿险分业经营和机构体制的改革。2001年10月31日，3家公司在国家工商行政管理总局登记注册。

28日 九届全国人大常委会第二十一次会议通过并公布《中华人民共和国信托法》。这部法律共有7章74条，对信托的设立、信托财产、信托当事人、委托人、受托人、受益人、信托的变更与终止、公益信托等方面的内容作出规定，规范了信托关系，是中国确立信托法律制度的基本法律。自2001年10月1日起施行。

△ 国家外汇管理局发布《关于国际海运业外汇收支管理有关问题的通知》，对国际海运项下购付汇及外汇账户管理的有关问题作出进一步规范。该通知规定：国际贸易项下的海运运费及相关费用必须由经外经贸部门批准、有进出口经营权的企业（以下简称货主），从其外汇账户中或到外汇指定银行购汇支付境内经交通部门批准从事国际船舶代理业务的国际船舶代理公司（以下简称船代公司），或者经交通部门批准从事国际货物运输业务的国际船舶运输公司（以下简称船运公司），或者境内外商独资船务公司。货主可委托经外经贸部门批准从事国际货物运输代理业务的国际货物运输代理公司（以下简称货代公司）代其交付运费。货主不得直接向境外运输企业支付国际贸易项下海运运费及相关费用。货主向境内的货代公司、船代公司、船运公司和外商独资船务公司支付国际贸易项下的国际海运运费及相关费用时，应当持有关凭证和文件向外汇指定银行申请，从其外汇账户中支付或者购汇支付。外汇指定银行审核无误后，方可办理购付汇手续，并留存国际运输业专用发票购付汇联正本五年备查。经国家外汇管理局或其分支局（以下简称外汇局）批准，货代公司、船代公司、船运公司可开立国际海运专用外汇账户，由外汇局按照上年度月平均用汇量的3倍核定账户的最高限额，外汇局按年度对账户最高限额进行调整。货代公司、船代公司、船运公司、外商独资船务公司外汇收入超过外汇账户最高限额的，应当在5个工作日内办理结汇，逾期不办理的，开户银行应当抄报所在地外汇局，由外汇局责令结汇。通知自2001年6月1日起开始施行。

30日 中国保监会在北京召开整顿和规范保险市场秩序动员大会。为促使中国保险业在尽可能短的时间内与国际保险水平接轨，尽快适应世界贸易组织的要求，会议提出，从十个方面重点整顿和规范保险市场秩序：整顿和规范保险机构高级管理人员的任职资格；开展保险资金运用检查；整顿和规范保险经营机构；整顿机动车辆保险市场；整顿团体保险业务；整顿误导保险消费行为；整顿规范保险代理市场；检查外资保险公司驻华代表处的活动情况；检查保险公司内控制度；对借助行政权力强制投保和干预保险经营的行为进行清理。此后，5月下旬至7月底，中国保监会派出60余人、15个检查组，分赴全国各地对保险公司2000年度资金运用情况进行了专项检查。检查范围涉及各中资保险公司、中外合资保险公司总公司、外资保险公司分公司以及规模较大保险公司的所有一级分支机构。检查的重点包括：资金运用管理体系是否完善，资金运用是否违规，公司资产是否真实，是否同关联企业存在关联交易，是否违规进行担保，是否挪用保险资金等。检查的期限重点在2000年会计年度，在必要时可以向前追溯和向后延伸。这是中国保监会成立以来首次全面、系统的检查，目的是要全面清查保险公司的资金运用情况，规范保险公司的资金运用行为，在掌握真实情况的基础上，对保险公司的资产质量、资金运用管理水平、收益情况、存在的风险进行评价和分析，然后制订保险资金运用的下一步措施。这次检查共查出有问题的公司16家，涉及违规资金25.9亿元。

5月

15日 中国人民银行发布2001年第一季度《中国货币政策执行报告》。该报告指出，2001年第一季度中国人民银行继续实行稳健的货币政策，货币信贷继续保持健康、平稳的发展态势，货币供应量适度增长，金融机构存款稳步增加，贷款结构进一步改善，人民币汇率保持稳定。3月末，广义货币 M_2 余额为 13.9 万亿元，同比增长 13.2%，比上年年末高 0.9 个百分点，与上年同期基本持平。货币供应量总体适度，企业合理资金需求基本得到满足。报告分析，当前我国存在实体经济与虚拟经济冷热不均，信贷资金违规进入股市的现象。协调实体经济与虚拟经济的关系，一方面要对股票市场上的资金和机构加强监管，严格查处违规行为，另一方面也要在规范的基础上继续发展资本市场，扩大直接融资渠道，促进企业融资结构和治理结构的改善。报告指出，下一阶段货币政策的具体措施是：1. 要密切关注国内外经济金融形势和货币政策的变化，提高货币政策应变能力，保持货币信贷总量的平稳增长；2. 运用公开市场操作，适时调节商业银行流动性；3. 保持利率总水平的基本稳定；4. 优化信贷结构，加强信贷监督与指导；5. 规范再贷款管理，发挥货币政策稳定金融的作用；6. 促进货币市场和资本市场协调发展，防止信贷资金违规进股市。

△ 国家经贸委、国家工商行政管理总局、公安部、财政部、中国人民银行等十部委联合发布《关于加强中小企业信用管理工作的若干意见》。

该文件的内容包括中小企业信用管理工作的重要性、指导思想和基本原则，以及工作的实施等。其中指出，加强中小企业信用管理工作的指导思想是：按照社会主义市场经济体制的要求，建立良好的信用制度。要面向市场，加强中小企业的信用管理，提高中小企业的信用等级；运用市场机制，强化信用管理的内部约束机制和利益激励机制；在法律框架内，按照规范、有序和不搞重复建设的原则，充分发挥人民银行信贷登记咨询系统、中小企业信用担保体系、工商登记年检等系统的作用，培育以中小企业为主要服务对象的社会化信用体系，有步骤地建立中小企业信用状况评价体系，建立信用风险的防范、信息披露和监督管理系统；制定相应的法规为中小企业的信用提升创造有利的条件。基本原则是：充分发挥政府部门和市场的作用，调动社会各界的积极性，加快中小企业信用工程的建设。按照“制定政策、创造环境、加强监管、提高信用”的原则，鼓励中小企业加强信用管理，推进中小企业信用体系建设；重视发挥行业协会等相关中介组织在为中小企业提供资信调查和信息咨询方面的作用。该文件还提出，要推进中小企业信用制度的建立和完善；加强组织协调，实现中小企业信用监督管理的社会化，各级经贸、财政、金融、税务、工商、质量技术监督、海关、外汇管理、公安等有关部门，要探索建立部门间联合的信用信息征集与信用评价体系。要制定措施支持社会信用服务中介机构收集和汇总中小企业的有关信用信息，充分利用计算机和网络等先进技术和现代化工具，在法律框架内，逐步建立信息发布、信息共享和网络化的信用体系，实现中小企业信用资料的查询、交流及共享的社会化。制定中小企业和中介机构信用评价标准，为开展中小企业信用担保体系等工作提供基础资料，同时将信用评价的结果及时提供给有关金融、税务、工商、海关等部门，以便对不同信用状况的中小企业采取不同的监控措施。规范中介组织行为，对蓄意出具虚假验资报告、资产评估报告及审计报告、质量认证等的中介机构要严格按照有关规定追究责任，直至取消其相关执业资格，严防中介机构与企业合谋欺诈的情况发生。各级经贸委、财政、金融、税务、工商、质量技术监督、海关、外汇管理、公安等有关部门，要制定有关政策，加大执法力度，做好中小企业信用监督管理工作。

△ 中国平安保险有限公司推出平安货运险网上交易。平安货运保险网是针对货运险网上销售和客户服务为主要内容的 B2B 网站，业务环节包括了客户网上投保、后台核保、出单送单等过程，交易时间由传统方式的数小时缩减为 5 分钟左右，自动核保的代理业务和预约保险业务整个过程可在 1 分钟内完成，直接打印出生效保单，大大提高了效率。这是中国第一个货运险网上交易多功能平台。

16 日 中国证监会制定并发布《客户交易

结算资金管理办法》。该办法规定：客户交易结算资金必须全额存入具有从事证券交易结算资金存管业务资格的商业银行，单独立户管理，严禁挪用客户交易结算资金；证券公司及其证券营业部必须将客户交易结算资金全额存放于客户交易结算资金专用存款账户和清算备付金账户；结算公司必须将证券公司存入的清算备付金全额存入清算备付金专用存款账户；证券公司根据业务需要可在多家存管银行存放客户交易结算资金，但必须确定一家存管银行为主办存管银行；综合类证券公司必须将客户交易结算资金和其证券自营资金分开办理，其业务人员、财务账户均应分开，不得混合操作。该办法自2002年1月1日起正式施行。

17日 中国人民银行发布《关于调整银行卡跨行交易收费及分配办法的通知》。为了适应银行卡联网联合工作要求，给各商业银行创造平等竞争的环境，加快建立全国统一的受理市场，按照既有利于银行卡联网联合的顺利开展，又能充分调动各方面积极性的原则，中国人民银行对银行卡业务结算手续费的收取和跨行交易分配比例作出调整：1. ATM跨行取款交易手续费采用固定代理行收益方式。对于持卡人在他行ATM机上办理的取款交易，发卡行按每笔4元的标准向代理行缴纳代理费。通过交换中心完成的ATM跨行取款交易，交换中心按每笔交易不超过0.7元的标准向代理行收取网络服务费。不论该交易经过几个交换中心，均只收取一次网络服务费。发卡银行对持卡人跨行取款是否收费，由各商业银行总行自主确定，但无论同城或异地，每笔取款的手续费最高不得超过2元。2. 商户结算手续费设定统一的最低费率。宾馆、餐饮、娱乐、旅游等行业的商户结算手续费不得低于交易金额的2%，其他行业的商户结算手续费不得低于交易金额的1%。商户结算手续费的分配采用固定发卡行收益比例的方式。宾馆、餐饮、娱乐、旅游等行业发卡行收益比例为交易金额的16‰；其他行业发卡行的收益比例为交易金额的8‰。对于通过交换中心完成的跨行POS交易，交换中心按照固定比例向收单行收取网络服务费。宾馆、餐饮、娱乐、旅游等行业网络服务费比例为交易金额的2‰；其他行业为交易金额的1‰。上述规定自2001年10月1日起施行。

△ 中国证监会制定并发布《中国证监会股票发行审核委员会关于首次公开发行股票审核工作的指导意见》和《中国证监会股票发行审核委员会关于上市公司新股发行审核工作的指导意见》，对股票发行审核委员会从事的首次公开发行股票和上市公司新股发行的审核工作作出了具体规定，根据《中国证券监督管理委员会股票发行审核委员会条例》，发审委每年至少召开一次全体会议，对本指导意见进行修改和补充。此前，2月8日，中国证监会股票发行审核委员会在北京召开全体会议，讨论《中国证监会股票发行审核委员会关于首次公开发行股票审核工作的指导意见》和《中国证监会股票发行审核委员会关于上市公司新股发行审核工作的指导意见》，会议提出，股票发行审核工作的质量和透明度要不断提高。

《中国证监会股票发行审核委员会关于首次公开发行股票审核工作的指导意见》的具体内容主要有：首次申请公开发行股票公司（以下简称公司）必须符合《中华人民共和国公司法》、《中华人民共和国证券法》、《股票发行与交易管理暂行条例》及相关法律、法规和规范性文件的规定，符合首次公开发行上市条件和信息披露的要求。经审核，发审委委员认为公司不符合上述规定、不符合首次公开发行上市条件、信息披露严重不合规或作出公司不适宜发行上市的判断，可以对其发行申请投反对票，并应在发言中充分发表意见；发审委委员认为公司信息披露不合规、不充分或申请材料不完整导致发审委委员无法作出判断，可以对其发行申请投弃权票或提议暂缓表决，原则上应提出具体意见；发审委委员认为公司符合上述规定、符合发行上市条件、信息披露基本合规，可以对其发行申请投同意票，有必要时也可附加条件，附加条件的应作出说明。发审委委员审核公司申请时应特别关注下列问题，并根据这些问题存在与否及是否影响公司发行上市独立作出判断：公司在最近三年内是否存在重大违法行为；公司三年前是否存在对公司未来产生影响的违法、违规行为；公司在最近三年内是否连续盈利；公司预期利润率是否达到同期银行存款利率；公司累计投资额是否未超过公司净资产的50%；发行前一年年末，净资产在总资产中所占比例不低于30%，无形资产在净资产中所占比例不高于20%；公司是否存在重大诉讼、仲裁、股权纠纷或潜在纠纷；公司设立后股权转让及增资、减资的行为是否合法，是否履行法定程序；公司的股东大会、董事会、监事会是否依法独立履行职责、行使权力，公司治理结构是否完善；公司与股东在业务、资产、人员、机构、财务等方面是否分开，是否独立运作；公司是否存在重大或频繁的关联交易，且关联交易显失公允，公司内部缺乏保障关联交易公允性的措施；公司是否与控股股东及其所属企业存在严重的同业竞争；公司生产经营是否较严重地存在风险因素；公司最近三年内财务会计文件是否存在虚假记载；所申报的财务资料是否合规，是否充分、完整、准确地反映公司的财务信息；公司是否存在重大的财务风险，是否存在其他问题。

《中国证监会股票发行审核委员会关于上市公司新股发行审核工作的指导意见》的具体内容主要有：申请发行新股的上市公司，必须符合《中华人民共和国公司法》、《中华人民共和国证券法》、《上市公司新股发行管理办法》（以下简称《管理办法》）及其他相关法律、行政法规的规定，符合上市公司发行新股的条件和有关信息披露的要求。经审核，发审委委员认为上市公司不符合上述规定、不符合上市公司发行新股条件和要求、信息披露严重不合规或作出公司不适宜发行新股的判断，可以对其发行申请投反对票，并应在发言中充分发表意见；发审委委员认为，公司信息披露不合规、不充分或申请材料不完整，导致发审委委员无法作出判断，可以对其发行申请投弃权票或提议暂缓表决，原则上应提出具体意见；发审委委员认为，上市公司符合上述规定、符合发行条件和要求、信息披露基本合规，可以对其发行申请投同意票；有必要时也可以附加条件，附加条件时应作出说明。发审委委员审核上市公司新股发行申请，应当特别关注下列问题，并根据这些问题存在与否及是否影响公司发行新股独立作出判断：上市公司与具有实际控制权的法人或其他组织及其关联企业（以下简称控制人）是否做到人员和财务独立以及资产完整；上市公司是否可能不具备可持续经营能力；上市公司募集资金使用情况及效果；关于上市公司的分配情况，上市以来最近三年历次分红派息情况，特别是现金分红占可分配利润的比例以及董事会对于不分配所陈述的理由；上市公司财务会计政策是否稳健；上市公司的资金管理；上市公司的或有风险；上市公司内部控制制度是否完整、合理和有效；上市公司未来是否具有可持续发展能力；关于上市公司履行信息披露义务的情况；上市公司董事会是否履行其向全体股东所作出的承诺；中国证监会及派出机构向上市公司发出限期整改的落实情况；上市公司最近三年所聘请的会计师事务所发生的变更情况；进行重大重组的上市公司重组工作情况；关于主承销商的信誉情况；发审委认为需要关注的其他问题。

△ 我国首家采用核准制发行的股票——用友软件在上海证券交易所上市。该股票以76元的高价开盘，并持续上升，最高达到100元。这是股票市场规范以来，继亿安科技、清华紫光后，第三只股价达到百元的股票，也是第一只上市当日就达到100元的股票和开盘价最高的股票。

18日 财政部发出《关于印发〈金融企业呆账准备提取及呆账核销管理办法〉的通知》。该通知规定：《金融企业呆账准备提取及呆账核销管理办法》施行后，金融企业建立统一的呆账准备制度，不再提取坏账准备和投资风险准备，不再单独申报核销坏账损失和投资损失。截至2000年12月31日的呆账准备、坏账准备和投资风险准备余额一并转入统一的呆账准备账户管理。对截至2000年12月31日以前发生的符合本办法的呆账，各金融企业可以根据自身的经营情况分年逐步核销，逐步提足呆账准备，但原则上不超过5年。由中央管理的金融企业应将分年核销的呆账和提取呆账准备的情况于2001年8月底以前报财政部备案。

《金融企业呆账准备提取及呆账核销管理办法》中规定：金融企业经采取所有可能的措施

和实施必要的程序之后，符合下列条件之一的债权或者股权可认定为呆账：借款人和担保人依法宣告破产、关闭、解散，并终止法人资格，金融企业对借款人和担保人进行追偿后，未能收回的债权；借款人死亡，或者依照《中华人民共和国民法通则》的规定宣告失踪或者死亡，金融企业依法对其财产或者遗产进行清偿，并对担保人进行追偿后，未能收回的债权；借款人遭受重大自然灾害或者意外事故，损失巨大且不能获得保险补偿，或者以保险赔偿后，确实无力偿还部分或者全部债务，金融企业对其财产进行清偿和对担保人进行追偿后，未能收回的债权；借款人和担保人虽未依法宣告破产、关闭、解散，但已完全停止经营活动，被县级及县级以上工商行政管理部门依法注销、吊销营业执照，终止法人资格，金融企业对借款人和担保人进行追偿后，未能收回的债权；借款人触犯刑律，依法受到制裁，其财产不足归还所借债务，又无其他债务承担者，金融企业经追偿后确实无法收回的债权；由于借款人和担保人不能偿还到期债务，金融企业诉诸法律，经法院对借款人和担保人强制执行，借款人和担保人均无财产可执行，法院裁定终结执行后，金融企业仍无法收回的债权；由于上述六项原因借款人不能偿还到期债务，金融企业对依法取得的抵债资产，按评估确认的市场公允价值入账后，扣除抵债资产接收费用，小于贷款本息的差额，经追偿后仍无法收回的债权；开立信用证、办理承兑汇票、开具保函等发生垫款时，凡开证申请人和保证人由于上述七项原因，无法偿还垫款，金融企业经追偿后仍无法收回的垫款；按照国家法律、法规规定具有投资权的金融企业的对外投资，由于被投资企业依法宣告破产、关闭、解散，并终止法人资格的，金融企业经清算和追偿后仍无法收回的股权；经国务院专案批准核销的债权。下列债权或者股权不得作为呆账核销：借款人或者担保人有经济偿还能力，不论何种原因，未按期偿还的金融企业债权；违反法律、法规的规定，以各种形式、借口逃废或者悬空的金融企业债权；行政干预逃废或者悬空的金融企业债权；金融企业未向借款人和担保人追偿的债权；其他不应当核销的金融企业债权或者股权。该办法还规定，金融企业应当根据提取呆账准备的资产的风险大小确定呆账准备的计提比例。呆账准备期末余额最高为提取呆账准备资产期末余额的100%，最低为提取呆账准备资产期末余额的1%。呆账核销必须按照严格认定条件，提供确凿证据，严肃追究责任，逐户、逐级上报、审核和审批，对外保密，账销案存的原则。该办法自2001年1月1日起施行，以前有关规定与本办法有抵触的，以本办法为准。

△　中国保险行业协会召开第一次办公会议，通过《关于建设和维护公平竞争、规范运作的保险市场秩序的决议》。这是中国保险业协会成立后制定的第一个行业自律公约。该决议要求各会员公司严格按照中国保监会的要求，公平竞争，规范运作，进一步加强对自身市场竞争行为的约束和管理，主要内容有：不得采取高手续费、高返还、低费率等恶性竞争行为；禁止违规支付无赔款优待、退费或提供其他形式的回扣；不得在大项目、统活保单和政府招标项目中，突破中国保监会核准的条款和浮动费率范围争抢业务；不得违规承诺代理人不合理的手续费要求，哄抬手续费，破坏代理市场秩序、争抢其他保险公司的代理业务；不得以“回佣”方式招揽客户或迎合投保人不合理要求团单散做；不得以公开或变相超标准支付寿险个人代理人佣金；不得在同等条件下在境外办理再保险业务。

24日　中国证监会、国家经贸委、对外贸易经济合作部、国家工商行政管理总局和国家外汇管理局联合发布《国有企业境外期货套期保值业务管理办法》。该办法明确，中国证监会对从事境外期货业务的企业实行许可证制度。企业从事境外期货业务必须经国务院批准，并取得中国证监会颁发的境外期货业务许可证。申请从事境外期货业务的企业，应具备以下条件：符合国家有关期货交易的法律、法规及政策；有进出口权；进出口的商品或其他在境外现货市场上买卖的商品确有在境外期货市场上套期保值的需要；有健全的境外期货业务管理制度；有符合要求的交易、通信及信息服务设施；至少有3名从事境外期货业务1年以上并取得中国证监会或境外期货监管机构颁发的期货从业人员资格证书的从业人员，其中应包括专职的期货风险管理人员；至少有 1 名高级管理人员了解境外期货业务并符合中国证监会的其他规定；中国证监会规定的其他条件。该办法要求企业建立和落实内控制度，严格自律。这是中国证监会对期货交易实施集中统一监管以来第一部关于境外期货管理的部门规章。

25 日　中国证监会发布《关于申请设立基金管理公司若干问题的通知》。该通知规定：1. 基金管理公司的主要发起人应当是依法设立的证券公司或信托投资公司，其他市场信誉较好、运作规范的机构也可以作为发起人参与基金管理公司的设立。2. 基金管理公司可以采取有限责任公司也可以采取股份有限公司的组织形式；基金管理公司采用股份有限公司方式的，应当以发起方式设立。3. 申请人申请设立基金管理公司，除须按有关规定提交申请材料外，还应当做好规范证券投资行为、自觉接受监管等准备工作。4. 中国证监会派出机构应对辖区内申请人遵守自律承诺书的情况进行监督；证券交易所应对申请人证券投资与交易行为进行监控。5. 申请人提交自律承诺书的日期到其提出基金管理公司设立申请之日的时间间隔原则上应不少于 12 个月。6. 受理基金管理公司的设立申请前，中国证监会将向证券交易所、相关派出机构了解申请人提交、遵守自律承诺书的情况以及最近一年内证券投资行为是否符合规范要求的情况；经了解发现申请人有不遵守其自律承诺行为的，中国证监会将不受理其作为基金管理公司发起人的申请，涉嫌违反法律、法规的，另行调查处理。7. 承担原有投资基金清理规范工作的基金管理公司筹备组原则上比照以上要求办理相关事项，确有特殊情况的，视具体情况个别另行处理。

29 日　中国人民银行发布《关于实行黄金周报价制度有关问题的通知》，决定从 2001 年 6 月 11 日起，对企业收购、配售黄金原料的价格实行周报价制度。中国人民银行每周公布按照人民币兑美元汇率折算黄金收购、配售价格，实行挂牌收购、配售黄金，跟踪国际黄金市场价格波动，与国际金价接轨。

31 日　经中国保监会批准，天安保险股份有限公司、大众保险股份有限公司和华安财产保险股份有限公司加入中国核保险共同体。中国核保险共同体于 1999 年 9 月 3 日经中国保监会批准在北京成立，成员公司有中国再保险公司、中国人民保险公司、中国太平洋保险公司、中国平安保险公司、华泰财产保险股份有限公司。其保险业务范围是：中国境内核电站、其他商业民用核设施的核物质损失险、责任险及其他相关核保险业务；参与国际市场核物质损失险和责任险。

到 2004 年，中国核保险共同体发展到九个成员公司，即中国再保险（集团）公司、中国人民财产保险股份有限公司、中国太平洋财产保险股份有限公司、中国平安财产保险股份有限公司、华泰财产保险股份有限公司、天安保险股份有限公司、大众保险股份有限公司、华安财产保险股份有限公司和永安财产保险股份有限公司。2004 年实现保费收入 1 476.7 万美元，其中，境内业务保费收入 1 266.7 万美元，涉及大亚湾核电站、岭澳核电站、秦山二期核电站和秦山三期核电站等八个反应堆；境外业务保费收入 210 万美元，涉及 18 个国家和地区的 100 多座核电站。

6 月

5 日　中国人民银行发布《金融监管指南（试行）》。该文件对人民银行的金融监管工作进行了回顾与总结，阐述了国际金融监管的最新发展趋势，对金融监管的基本程序与主要环节，以及针对各类不同金融机构的监管重点和方法等进行了阐述。通过强化监管的规范性、系统性和连续性，使各种监管手段和监管信息得到充分的运用，以便及时识别、判断、预警金融风险，并及时采取措施，有效地防范和化解金融风险，从而确保我国金融体系的安全、稳健和高效运行。该文件在系统性方面，体现了对金融机构从市场准入、业务运作、风险监控、风险处置到市场退出实施全过程的系统性监管，对本外币、表内外、境内外、法人机构与分支机构的统一并表监管，以及运用非现场监测、现场检查和社会中介等多种手段的综合监管。为避免或减少监管的随意性和盲目性，规范各级监管部门和监管人员的行为，提高监管工作的透明度，该指南对监管的基本标准、程序和做法进行统一规范，使金融机构的市场准入与退出，业务经营风险分析、评价与处置，都能够有规可依、有章可循。

△ 中国人民银行印发《关于进一步规范股份制商业银行分支机构准入管理的通知》。该通知指出：为促进股份制商业银行的健康发展，在股份制商业银行机构准入方面，人民银行将更加注重其发展的合理性和管理的审慎性。1. 审核股份制商业银行机构准入要加强综合评估。重点是其内部控制的有效性、信息管理系统的健全性，公司治理结构的合理性和业务经营发展的稳健性，并测算其资本充足率水平。依据评估和测算结果，实行区别对待的市场准入政策，对评估结果好的，鼓励发展；对评估结果差的，限制发展。人民银行要按照持续监管的原则，对股份制商业银行新设机构的经营管理、业务发展等情况进行跟踪评估，并将评估结果作为核准其新的机构发展规划和审批新设机构的重要参考依据。2. 审核股份制商业银行机构准入要考虑市场环境。今后一段时期，对于各项存款达到 1 000 亿元并且国内生产总值（GDP）达到 300 亿元的城市，一年之内最多新设两家股份制商业银行分行（两家机构的筹建时间至少间隔半年）；对于相关指标达不到上述规模的城市，一年之内只允许新设 1 家分行。3. 严格掌握股份制商业银行机构准入的条件。4. 股份制商业银行不得在县（含县级市，下同）及县以下设立机构，但因收购或兼并中小金融机构确需在县及县以下设立机构的除外。股份制商业银行因收购中小金融机构在县及县以下设立机构的，由人民银行各分行、营业管理部比照新设机构的条件进行审批，并事前向总行备案。5. 股份制商业银行不得在拟设立机构获准筹建之前开展招聘人员、租用场地等工作；不得在筹建机构获准开业之前，事先择定开业日期。一经发现，人民银行将给予相应的处理，直至停止批准机构筹建、开业。6. 股份制商业银行应按照“双人原则”配备高级管理人员，并配备正职行长。其分支行正职行长未经人民银行批准不得由上级行人员兼任；经批准兼任的，必须保证在正职岗位的实际工作时间。凡不符合上述要求的，人民银行应督促其在 2001 年年底前调整完毕。

6日 国务院发布《减持国有股筹集社会保障资金管理暂行办法》。其中规定：国有股减持主要采取国有股存量发行的方式。凡国家拥有股份的股份有限公司（包括在境外上市的公司）向公共投资者首次发行和增发股票时，均应按融资额的 10% 出售国有股；股份有限公司设立未满三年的，拟出售的国有股通过划拨方式转由全国社会保障基金理事会持有，并由其委托该公司在公开募股时一次或分次出售。国有股存量出售收入，全部上缴全国社会保障基金。减持国有股原则上采取市场定价方式。减持国有股由部际联席会议审议实施，部际联席会议由财政部负责召集，国家计委、国家经贸委、劳动保障部、中国证监会、全国社会保障基金理事会为成员单位，主要负责确定减持国有股的筹资计划和定价原则，研究解决国有股减持筹资工作涉及的其他重大问题。建立全国社会保障基金并设立理事会，其主要职责是：管理通过减持国有股所获资金、中央财政拨入的资金及其他方式筹集的资金；根据财政部、劳动保障部共同下达的指令和确定的方式拨出资金；选择并委托国内外专业性投资管理机构对基金进行运作，以实现保值增值；向社会公布全国社会保障基金的资产、收益、现金流量等财务状况；承办国务院交办的其他事项。受托对基金进行运作的专业性投资管理机构必须定期向全国社会保障基金理事会报告其经营状况和业绩，并由全国社会保障基金理事会向社会披露，接受监督。

减持国有股 减持国有股（包括国家股和国有法人股）是指向社会公众及证券投资基金等公共投资者转让上市公司（包括拟上市公司）国有股的行为。是作为上市公司大股东的国家，以不放弃其控股地位为前提，适当减少自身持有的股份。国有股减持既是一个微观概念，又是一个宏观概念。即列入减持范围的每个国有控股上市公司中，国有股的绝对数量必须减少，国有股比重必须降低；国有控股上市公司作为一个整体，其国有股总量也必须减少，占全社会总股本的比重也必须降低。

减持国有股意义重大，它是政府利用国有股调控经济的重要政策手段，能增强国有资产存量的流动性。同时也是国有资本退出相关产业或调整所有权结构的重要方式；为公众流通股、法人股、国有股走向统一奠定了基础，减持国有股是中国证券市场规范、健康发展的必由之路；真正实现了国有控股企业股权多元化的功能，形成规范的法人治理结构。

我国国有股减持经历了以下过程：

自发探索阶段：1994 年 4 月，珠海恒通集团收购棱光实业 35.5% 的股权。这是中国证券市场上第一例国有股转让。

政策准备阶段：1999 年 9 月 22 日，中国共产党第十五届四次全体会议通过《关于国有企业改革和发展若干问题的决定》，明确提出"在不影响国家控股的前提下，适当减持部分国有股"。

试点过渡阶段：1999 年 12 月 2 日，国有股配售试点启动。中国证监会确定冀东水泥、华一投资、惠天热电、陆家嘴、中国嘉陵、天津港、富龙热力、成商集团、黔轮胎、太极集团 10 单位为国有股配售预选单位。

正式实施阶段：2001 年 6 月 12 日，国务院正式发布《减持国有股筹资社会保障资金管理暂行办法》，办法的核心是第五条，即向公共投资者首次发行和增发股票时，应按融资额的 10% 出售国有股。最具争议的是第六条，即"减持国有股原则上采取市场定价方式"。把高价减持和首发、增发"捆绑"起来。

紧急暂停阶段：2001 年 10 月 22 日，中国证监会紧急叫停《减持国有股筹集社会保障资金暂行办法》第五条规定：国有股减持主要采取国有股存量发行的方式。凡国家拥有股份的股份有限公司（包括在境外上市的公司）向公共投资者首次发行和增发股票时，均应按融资额的 10% 出售国有股；股份有限公司设立未满 3 年的，拟出售的国有股通过划拨方式转由全国社会保障基金理事会持有，并由其委托该公司在公开募股时一次或分次出售。国有股存量出售收入，全部上缴全国社会保障基金。

2001 年 10 月 23 日，受国有股减持方案暂停的消息刺激，个股全线上涨，这是实施涨跌幅限制以来最大的一次单日涨幅。2001 年 11 月 14 日中国证监会网站刊登信息，公开征集国有股减持的具体操作方案。2002 年 6 月 23 日，国务院决定，除企业海外发行上市外，对国内上市公司停止执行《减持国有股筹集社会保障资金管理暂行办法》中关于利用证券市场减持国有股的规定，并不再出台具体实施办法。

11 日　中国人民银行、财政部、国务院扶贫开发领导小组办公室、中国农业银行发布《扶贫贴息贷款管理实施办法》。其中规定：1. 扶贫贴息贷款主要用于国家扶贫开发工作重点县，支持能够带动低收入的贫困人口增加收入的种养业、劳动密集型企业、农产品加工企业和市场流通企业，以及基础设施建设项目；2. 扶贫贴息贷款的发放主体为中国农业银行，实行指导性计划管理，由中国农业银行按照放得出、收得回的原则自主发放；3. 扶贫贴息贷款的期限以一年为主，最长不超过三年；4. 扶贫贴息贷款统一执行年利率为 3% 的优惠利率，贷款超过贴息期和展期、逾期的不再享受贴息政策，并按中国人民银行的有关规定执行；5. 扶贫贴息贷款优惠利率与中国人民银行公布的同期同档次贷款利率之间的利差，由中央财政贴息。

△　经中国证监会批准，中国证券业协会发布《证券公司代办股份转让服务业务试点办法》，代办股份转让工作正式启动。该办法规定：代办股份转让服务业务是指证券公司以其自有或租用的业务设施，为非上市公司提供的股份转让服务业务。中国证券业协会依法履行自律性管理职责，对证券公司代办股份转让服务业务进行监督管理。证券公司代办股份转让服务业务，应当遵循公开、公平、公正的原则，不得损害投资者的合法权益。投资者参与股份转让，应当自行承担投资风险。证券公司从事代办股份转让服务业务，应当报经中国证券业协会批准，并报中国证监会备案。证券公司申请从事代办股份转让服务业务，应当符合下列条件：有 20 家以上营业部，并且布局合理；有从事网上委托业务的资

格；最近两年内在证券市场没有重大违法、违规行为；有健全的内部控制制度和风险防范机制；有相应的从事代办股份转让服务业务的设施；中国证券业协会规定的其他条件。该办法强调：股份转让公司应当且只能委托一家证券公司办理股份转让，并与证券公司签订委托协议。代办转让的股份仅限于股份转让公司在原交易场所挂牌交易的流通股股份。

15日 上海合作组织（俄文：Шанхайская Организация Сотрудничества，英文：Shanghai Cooperation Organization）在上海成立。成员国为中国、俄罗斯、哈萨克斯坦、吉尔吉斯斯坦、塔吉克斯坦和乌兹别克斯坦。六国总面积超过3 000万平方公里，占欧亚大陆的3/5。上海合作组织秘书处设在北京。上海合作组织的前身——"上海五国"机制是从20世纪80年代末中国与俄罗斯、哈萨克斯坦、吉尔吉斯斯坦、塔吉克斯坦四国加强边境地区信任和裁军开始发展起来的。上海合作组织的宗旨和任务主要是：加强成员国的相互信任与睦邻友好；维护和加强地区和平、安全与稳定，共同打击恐怖主义、分裂主义和极端主义、毒品走私、非法贩运武器和其他跨国犯罪；开展经贸、环保、文化、科技、教育、能源、交通、金融等领域的合作，促进地区经济、社会、文化的全面均衡发展，不断提高成员国人民的生活水平；推动建立民主、公正、合理的国际政治经济新秩序。

17日 中国银行与海尔集团公司在青岛签署3亿美元全球授信额度协议。根据协议，中国银行将为海尔提供包括信贷、担保、贸易融资等多种境内外授信便利。全球授信额度是中国银行根据跨国公司全球业务拓展的实际需要，将企业授信额度的使用范围扩展到国外，使企业国内外业务的发展都能获得便捷的银行服务支持，以应对瞬息万变的国际市场。这是中国银行给予我国第一家企业全球性授信。

19日 中国人民银行发布《关于规范住房金融业务的通知》。针对一段时间以来部分商业银行放松信贷条件，违规发放住房贷款，甚至出现"零首付"个人住房贷款的情况，为整顿住房金融市场秩序，规范住房金融业务，防范住房贷款风险，促进住房金融进一步发展，该通知重申和明确了商业银行开展住房金融业务应共同遵循的有关规定：1. 严格审查住房开发贷款发放条件，切实加强住房开发贷款管理；2. 强化个人住房贷款管理，严格发放"零首付"个人住房贷款；3. 规范个人商业用房贷款管理；4. 进一步改进住房金融服务；5. 加强住房金融业务监管。该通知要求中国人民银行各分支行要根据《中华人民共和国中国人民银行法》、《中华人民共和国商业银行法》、《贷款通则》和《个人住房贷款管理办法》等法律、规章和制度，加强对各商业银行住房金融业务的监督，维护正常的业务竞争秩序，对违反法规的行为要及时纠正，并予以处罚。

△ 中国人民银行印发《关于规范银行业协会管理的若干意见》。该意见指出，按照民政部《社会团体登记管理条例》的规定，中国银行业协会不实行总分会制。各地凡经中国人民银行批准、民政部门登记注册的银行业协会具有独立的法人资格，和中国银行业协会无隶属关系，但可作为团体会员加入中国银行业协会。目前，不宜层层设立银行业协会。各地可根据当地经济和银行业发展的需要，在省级和部分副省级城市（包括青岛、宁波、大连、深圳、厦门）设立银行业协会（以下简称省级银行业协会）。条件不具备的，不能盲目设立。在省以下的地（市）和县级行政区域暂不设立银行业协会。正在申请设立的地（市）和县银行业协会，应停止筹建活动；已经设立的地（市）和县银行业协会，应予以撤销，由人民银行有关分行妥善做好撤销事宜。在地（市）、县级行政区域，可由人民银行当地分支行牵头组织成立商业银行联席会议协调解决银行间的有关问题。各地成立的银行业协会会费的收缴，应严格执行民政部、财政部的有关规定。中国人民银行和银行业协会的关系是行业指导和被指导的关系。各分行、营业管理部要加强对地方性银行业协会的指导，听取其反映的有关商业银行的建议，但不得干涉其日常活动。

△ 中国光大银行推出对公结算“全国一柜通”业务。对公结算“全国一柜通”是基于光大银行全国集中式的综合柜台业务系统和资金实时收付清算系统上推出的一项针对企业客户同城或异地资金划拨的新业务品种。任何在光大银行开立活期存款账户的对公客户，可以在光大银行全国的任何一个对公营业机构办理转账支票结算、款项划转、代理现金收入业务，并且这一业务具有在一个网点开户，在任何网点均能办理业务并做到瞬时到账的功能。

21 日 中国人民银行颁布《商业银行中间业务暂行规定》。该暂行规定明确，中国人民银行根据商业银行开办中间业务的风险和复杂程度，分别实施审批制和备案制。适用审批制的中间业务品种包括：票据承兑；开出信用证；担保类业务，包括备用信用证业务；贷款承诺；金融衍生业务；各类投资基金托管；各类基金的注册登记、认购、申购和赎回业务；代理证券业务；代理保险业务；中国人民银行确定的适用审批制的其他业务品种。适用备案制的中间业务品种包括：各类汇兑业务；出口托收及进口代收；代理发行、承销、兑付政府债券；代收代付业务，包括代发工资、代理社会保障基金发放、代理各项公用事业收费（如代收水电费）；委托贷款业务；代理政策性银行、外国政府和国际金融机构贷款业务；代理资金清算；代理其他银行银行卡的收单业务，包括代理外卡业务；各类代理销售业务，包括代售旅行支票业务；各类见证业务，包括存款证明业务；信息咨询业务，主要包括资信调查、企业信用等级评估、资产评估业务、金融信息咨询；企业、个人财务顾问业务；企业投融资顾问业务，包括融资顾问、国际银团贷款安排；保管箱业务；中国人民银行确定的适用备案制的其他业务品种。关于中间业务收费，该暂行规定明确，对国家有统一收费或定价标准的中间业务，商业银行按国家统一标准收费；对国家没有制定统一收费或定价标准的中间业务，由中国人民银行授权中国银行业协会按商业与公平原则确定收费或定价标准，商业银行应按中国银行业协会确定的标准收费。

22 日 中国人民银行发布《金融资产管理公司委托处置不良资产指导意见》。其中规定：金融资产管理公司对接收的不良资产应进行认真评估、分析，合理确定是否委托其他机构代为处置；金融资产管理公司应尽可能采取直接处置的方式，对“办事处所在城市的不良资产”和“单户 1 000 万元以上的不良资产”原则上不能委托处置；委托处置的方式包括打包委托处置和单项委托处置，对于单户金额较大或委托人认为需单项委托的资产，采取单项委托处置的方式；对于单户金额较小、地域分布集中的不良资产，采取打包委托处置的方式；原剥离银行或其他机构受托处置不良资产时采取的业务手段，限于其法定的经营范围之内；原剥离银行是不良贷款的发放者，且对借款人的情况比较熟悉，应积极帮助金融资产管理公司清收。

△ 中国农业发展银行在北京召开电视电话会议，全面部署清查粮食企业资产、核实中国农业发展银行贷款、清收不合理占用资金工作（以下简称清资核贷）。会议确定，清资核贷工作由中国农业发展银行、国家粮食局、中储粮总公司三家联合开展。主要内容是，清查企业粮食库存数量及占用的资金和贷款；清查信贷管理台账与企业统计账的差额及原因；清查经国家审计署等有关部门审查认定的粮食企业新老财务挂账占用贷款等。

△ 中国人寿保险公司在全国推出旅行社责任保险。旅行社责任保险是指旅行社根据保险合同的约定，向保险公司支付保险费，保险公司对旅行社在从事旅游业务经营活动中，致使旅游者人身、财产遭受损害应由旅行社承担的责任，承担赔偿保险金责任的行为。按照旅行社责任保险的条款规定，因旅行社的疏忽或过失造成旅行社接待境内外旅游者遭受的人身伤亡及财产损失，依法应由旅行社承担的经济赔偿责任，现由保险公司负责赔偿。

26 日 中国证监会发布《证券公司代办股份转让服务业务试点办法》，部分证券公司开始试点开展原 STAQ、NET 系统流通股转让业务。

该办法规定，中国证券业协会依法履行自律性管理职责，对代办股份转让服务业务进行监督管理；证券公司代办股份转让服务业务，应当遵循公开、公平、公正的原则，不得损害投资者的合法权益；投资者参与股份转让，应当自行承担投资风险；证券公司从事代办股份转让服务业务，应当报经中国证券业协会批准，并报中国证监会备案；未经中国证券业协会批准，任何证券公司不得从事代办股份转让服务业务。

28日 审计署审计长李金华在九届全国人大常委会第二十二次会议上作《关于2000年度中央预算执行和其他财政收支的审计工作报告》。关于金融方面的审计，报告指出：1. 审计人民银行总行及部分分支机构财务收支情况，查出违法、违纪金额6.77亿元，主要问题是：隐瞒少计收入1.67亿元，支出列报不实1.86亿元，转移收入等形成账外资产2.48亿元，以及下属机构违规经营、私分国家资金等。2. 审计中国农业银行总行及9个省分支机构的资产负债损益情况表明，农业银行系统认真执行国家金融政策，强化内部管理，加强稽核检查，取得了一定成效，但仍存在一些问题。这次审计除发现新增贷款质量有一定问题外，还查出违法、违纪金额343.87亿元。主要问题是：违规经营问题依然严重，金额271亿元；盈亏不实10.16亿元，违规购建固定资产16.51亿元；财务管理混乱，私设“小金库”237个，金额1.8亿元。审计还查出涉嫌骗取银行贷款和骗汇等违法犯罪案件41起，涉案金额122亿元，涉案人员153人。对上述问题，审计署已依法进行了处理。对违规经营的，交由金融工委和人民银行处理；对财务收支不真实的，要求农业银行调整账务，并补缴各种税金；对涉嫌违法犯罪的，已移交司法机关立案查处。农业银行总行领导十分重视审计查出的问题，积极采取措施整改，并进一步完善制度，加强内部管理。

29日 中国人民银行发布实施《网上银行业务管理暂行办法》。该办法规定，银行机构在我国境内开办网上银行业务，应在开办前向人民银行提出申请，经审查同意后方可开办。人民银行对银行开办新的网上银行业务品种的申请，实行审批制和备案制两种制度。适用审批制的新业务品种是：1. 银行借助互联网开发的新的、与传统银行业务品种不同的、形成表内资产或负债的网上银行业务品种；2. 银行借助互联网办理贷记支付以外的支付结算业务；3. 银行通过互联网开办未获中国人民银行同意的表内资产类传统银行业务品种；4. 银行通过互联网开办与证券业、保险业直接相关的新的业务品种。银行通过互联网增加开办其他新业务品种，适用备案制。

△ 中国银行总行成立中国银行反洗钱工作委员会。该委员会的职能是依照我国相关法规及监管要求，通过规范中国银行的业务流程，健全反洗钱内部监管。同时，加强与国际国内反洗钱机构和组织的合作与交流，提高中国银行预防、发现和反洗钱的能力。

6月 台湾当局开放金融业务分行（OBU）可办理两岸直接通汇。此前，两岸的台商，如果要从事汇款业务，必须由台湾方面的OBU先汇到第三地银行，再由第三地银行汇入到大陆台商所指定的大陆境内银行，当时汇款业务需时1～10天，每笔汇款费用需50～60美元。开放两岸直接通汇后，汇款的作业时间缩短为1～3天，汇款费用每笔减少为20～40美元。

7月

2日 中国太平洋财产保险股份有限公司武汉分公司与长江三峡工程开发总公司签署“三峡工程雇主责任险协议书”。长江三峡工程开发总公司为两万名参加三峡工程的建设者投保每人最高赔偿限额25万元的雇主责任保险，总投保最高赔偿限额为50亿元人民币。这是太平洋保险公司独家承保的最大的一笔雇主责任保险。

雇主责任保险 雇主责任保险是指被保险人所雇佣的员工在受雇过程中，从事与被保险人经营业务有关的工作而遭受意外或患与业务有关的国家规定的职业性疾病所致伤、残或死亡，被保险人根据《中华人民共和国劳动法》及劳动合同应承担的医药费用及经济赔偿责任，由保险公司在规定的赔偿限额内负责赔偿的一种保险。三资企业、私人企业、国内股份制公司，国有企业、事业单位、集体企业以及集体或个人承包的各类企业都可为其所聘用的员工投保雇主责任险。

7日 国务院第九十五次总理办公会议批准财政部、中国人民银行《财政国库管理制度改革方案》。改革的核心内容是：财政部门在中国人民银行开设国库单一账户，按收入和支出设置分类账，对财政部门、预算单位在商业银行的账户实行零余额管理；国库资金是财政政策和货币政策的结合点，为加强和发挥国库促进两大政策工具协调配合的职能作用。

10日 中国人民银行宣布，从2001年7月起，将证券公司客户保证金计入广义货币供应量M_2，以提高货币供应量统计的准确性。证券公司客户保证金主要来自于居民储蓄和企业存款，由于认购新股时，大量的居民活期储蓄和企业活期存款转为客户保证金，新股发行结束后，未中签的资金又大量流回上述存款账户，造成货币供应量的统计数据被低估，影响对货币供应量的监测。因此，人民银行对现行的货币供应量统计口径进行修订。修订后的广义货币供应量M_2与现行的广义货币供应量M_2总体变化趋势是一致的。但现行的广义货币供应量统计指标比修订后的指标平均要低1.5个百分点左右。

12日 中国人民银行银行监管工作会议在北京召开。会议强调了加强金融监管的重要意义，提出按照“坚持改革，合理分工，管监分离，集中监管”的原则，调整人民银行内设监管机构的职能与分工，提高监管的专业化水平；进一步完善金融监管责任制，实行监管责任追究制度；建立不良贷款电子登记系统，跟踪监管每一笔不良贷款情况；加大对违规贷款和违规授信人员的查处力度；加强监管干部队伍建设，提高监管人员素质。

△ 中国石油化工有限公司向社会公开发行28亿股A股，发行价4.22元，成为首家一次募集资金过百亿元的境内上市公司。此次股票融资后，中石化总股本达到687亿股，是目前规模最大的国内上市公司。

△ 全国社会保障基金理事会以战略投资者身份投资中国石化股票发行市场12.66亿元，获得中石化A股的股权3亿股。社保基金正式进入股票市场。

13日 国家外汇管理局发布《关于调整我国外债口径及相关问题的通知》，决定按新的国际标准口径对我国原外债口径进行调整，具体调整内容是：1. 将境内外资金融机构对外负债纳入我国外债统计范围，同时扣除境内机构对境内外资金融机构负债；2. 将三个月以内贸易项下对外融资纳入我国外债统计；3. 将经营离岸业务的中资银行吸收的离岸存款纳入我国外债统计；4. 在期限结构方面，将未来一年内到期的中长期债务纳入短期债务。原外债口径是1987年在世界银行专家的帮助下、按当时的国际标准口径确定的，其含义是指居民欠非居民的具有契约性偿还义务的外汇负债，但不包括境内外资金融机构的对外借款，而把境内机构向境内外资金融机构借款计入外债。11月9日，中国人民银行首次按照新的国际标准口径公布了我国外债数据，按照新口径统计，截至2001年6月底，中国外债余额为1 704.1亿美元。

△ 中国人民银行发布《关于批准部分商业银行成为银行间债券市场双边报价商的通知》。根据《全国银行间债券市场债券交易管理办法》、《中国人民银行关于规范和支持银行间债券市场双边报价业务有关问题的通知》，中国人民银行批准中国工商银行、中国农业银行、中国银行、中国建设银行、光大银行、烟台住房储蓄银行、北京市商业银行、南京市商业银行、武汉市商业银行成为银行间债券市场双边报价商。

双边报价商 双边报价商即做市商(market－maker)，是指在证券市场上，由具备一定实力和信誉的证券经营法人作为特许交易商，不断地向公众投资者报出某些特定证券的买卖价格（即双向报价），并在该价位上接受公众投资者的买卖要求，以其自有资金和证券与投资者进行证券交易。做市商通过这种不断买卖来维持市场的流动性，满足公众投资者的投资需求。

20日 国家外汇管理局发布《关于提高国际收支涉外收入申报时效有关事项的通知》，决定从2001年9月1日起缩短国际收支涉外收入申报的期限，由原来的25个工作日缩短为10个工作日。

24日 中国人民银行发出《关于切实加强商业汇票承兑贴现和再贴现业务管理的通知》。该通知指出，近几年，以银行承兑汇票为主的商业汇票承兑、贴现和再贴现业务发展较快。逐步推广使用商业汇票，对拓宽企业融资渠道、改善金融服务和健全信用制度发挥了积极的作用。但在业务发展过程中也存在一些不容忽视的问题：一些商业银行分支机构对承兑、贴现审查把关不严，甚至擅自放宽条件，对不具有贸易背景的商业汇票办理了承兑与贴现，有的甚至内外勾结、弄虚作假，违法、违规使用信贷资金，引发新的金融风险；一些商业银行尚未真正把商业汇票作为调整资产结构和改善金融服务的手段，办理贴现过于依赖中央银行再贴现；有些承兑银行信用观念淡薄，结算纪律松弛，故意压票、拖延支付，扰乱票据流通秩序。该通知要求，严禁承兑、贴现不具有贸易背景的商业汇票。商业银行要进一步完善承兑授权制度和承兑授信业务管理。要在出票环节严格把关，切实加强承兑业务审查，在办理承兑业务时，必须审查承兑申请人与票据收款人是否具有真实的贸易关系，对不具有贸易背景的商业汇票或不能确认具有贸易背景的商业汇票，不得办理承兑。各金融机构必须严格按照规定条件办理贴现业务。人民银行将进一步改进再贴现业务管理，加强对再贴现票据的合规性检查，同时适度集中再贴现业务管理。

25日 中国人民银行货币政策委员会2001年第三季度例会在北京召开。会议认为：当前中国经济增长平稳，稳健的货币政策继续发挥重要作用；下半年货币政策要继续贯彻扩大内需为主的方针，保持连续性和稳定性，灵活运用多种货币政策工具，保持货币供应量的适度增长；当前人民币存贷款利率应继续保持稳定；进一步规范和协调货币市场与资本市场的发展，完善有关管理办法，增强工商企业、商业银行和证券公司的自我约束能力。

△ 中国人民银行公开通报，严肃查处沈阳四家商业银行分支机构违规承兑贴现资金注入股市的行为和有关责任人。2000年4月至2001年1月，交通银行沈阳分行假日支行、中国银行沈阳分行、建设银行阜新分行、华夏银行沈阳分行五爱支行四家金融机构，擅自放宽条件，对一些企业签发的无真实贸易背景的23.77亿元商业汇票给予承兑与贴现，致使其中5.1亿元贴现资金违规流入股市。中国人民银行在通报中重申，各商业银行要切实加强管理，防止信贷资金违规流入股市，造成新的信贷风险。各行要认真吸取教训，在全系统范围内认真开展自查自纠活动，针对存在的问题，采取有效的措施，堵塞漏洞。要加强对客户的授信业务管理，严格审查授信用途，并有效地监控授信资金的使用情况，防止客户将授信资金违规投入股市。要加强商业汇票的承兑及贴现等业务的管理，严格票据审查，控制贴现款项的用途，严禁挪用。人民银行各分支机构要加强对商业银行承兑贴现业务的监督管理，并严格对再贴现业务的审查。

26日 烽火通信、北生药业、江气股份、华纺股份四只新股在上海证券交易所上网发行，并以发行价减持国有股。标志新股发行配合国有股减持方案正式启动。

27日 中国人民银行与财政部、教育部、国家税务总局联合下发《关于进一步推进国家助学贷款业务发展的通知》。针对借款学生毕业后流动性大，以及助学贷款成本高、后期管理困难，一些金融机构发放助学贷款的动力不足等问题，该通知对全面推进国家助学贷款业务提出了明确要求：1. 统一思想，提高认识，全面做好国家助学贷款工作。各银行、教育、财政、地方政府部门和有关高等学校一定要以“三个代表”重要思想为指导，从科教兴国战略的高度出发，进一步全面落实已出台的相关政策，重点抓好抓实国家助学贷款工作，努力使国家助学贷款工作取得决定性进展。2. 各经办银行要进一步改进金融服务，切实加强贷款管理，防范金融风险。国家助学贷款是无担保的贷款，为有效地防范助学贷款风险，各经办银行应以学校为单位，在公开报刊等信息媒体上公布助学贷款违约情况，对不讲信用的借款人姓名、身份证号及违约行为公开曝光。对不主动与见证人和贷款银行联系、提供工作单位和通信方式、不守信用的学生，也要记录在案，将来纳入全国个人信用信息系统。3. 各商业银行应认真执行国家助学贷款呆坏账核销和免征营业税的有关规定。经国务院批准，免征国家助学贷款利息收入营业税。为了具体落实该项政策，各经办银行要及时统计汇总国家助学贷款的有关信息，对国家助学贷款业务单立台账，单设科目，单独统计，单独核算和考核。4. 各级财政部门要足额安排国家助学贷款贴息资金。各级财政部门要按规定及时、足额地安排国家助学贷款贴息资金，按时办理拨付手续，绝不能因贴息资金不到位而影响国家助学贷款的发放。同时，要抓紧制订有关国家助学贷款贴息资金使用的管理办法，明确审批程序，加强贴息资金的使用监督，提高资金使用效益。5. 各地教育行政部门和高校要积极认真配合银行开展国家助学贷款工作取消“一校一行”的规定，允许“一校多行”开办国家助学贷款业务。各高校要建立校领导责任制，如发现哪所高校的此项工作不落实，要追究有关领导责任。各高校要在招生简章和录取通知中，加入有关国家助学贷款政策的内容。

28 日 中国人民银行发布 2001 年第二季度《中国货币政策执行报告》。该报告指出，2001 年上半年，中国货币信贷运行呈现出健康、平稳的态势。货币供应量适度增长，金融机构存贷款增加，贷款结构进一步优化，外汇储备继续增加，人民币汇率保持稳定。6 月末，广义货币 M_2 余额为 14.78 万亿元，同比增长 14.27%，增幅比上年同期低 0.1 个百分点；M_1 余额为 5.52 万亿元，同比增长 14.92%，增幅比上年同期低 8.8 个百分点。M_1、M_2 增长率超过国民经济增长速度与物价上涨之和 5 ~6 个百分点，货币供应量比较充足，增长速度适度，适应当前经济增长需要。该报告分析当时金融运行出现的一些新特点：金融机构贷款结构发生较大变化，企业存款增长与股票市场变化的相关性较大，利率政策对宏观经济的调控效果逐步显现，银行结售汇顺差大幅增加，外汇收支结构有所改变。下一阶段货币政策的具体措施是：1. 继续坚持稳健的货币政策，维持现有利率和法定存款准备金率水平；2. 继续发挥信贷政策的作用，促进经济结构的调整；3. 防止信贷资金违规进入股市，防范和化解信贷风险；4. 保持人民币汇率稳定，积极维护外汇收支平衡。

31 日 国家外汇管理局发布《关于正式运行“口岸电子执法系统”出口收汇系统的通知》，决定从 2001 年 8 月 1 日起在全国正式运行出口收汇系统。国家外汇管理局及其分支局、各地出口企业将可以使用该系统进行核销单申领、口岸备案、数据下载等操作。

口岸电子执法系统 口岸电子执法系统是利用现代信息技术，借助国家电信公网将海关总署、国家外汇管理局等十二个部委分别管理的进出口业务的信息流、资金流、货物流电子底账数据集中存放在“公共数据中心”，为政府管理机关提供跨部门、跨行业联网数据核查，同时为企业提供门户网站，联网办理各种进出口业务的电子化管理系统。该系统主要包括通关管理、出口收汇管理、加工贸易管理、出口综合管理、企业综合管理以及其他综合业务。具体是，给政府管理部门提供报关单、出口收汇核销单、舱单、进口汽车证明、增值税发票和专用税票以及各类进出口许可证件等电子底账联网核查、核注、核销等应用项目，以及企业在网上办理进出口报关、出口交单、出口退税等业务的应用项目。

8 月

2 日 中国太平洋保险公司与第 21 届世界

大学生运动会组委会在北京签署保险协议书。协议规定，中国太平洋保险公司向参加本届世界大学生运动会的各国运动员、教练员、裁判员、特邀代表、媒介记者、大运村内和比赛场馆内的志愿者、医护、服务人员以及参加开闭幕式演出的演职人员及观众等共17.83万人提供总保险金额为154.06亿元人民币的人身意外伤害保险、医疗保险、随身财产保险及第三者责任保险等风险保障。这是我国保险公司首次承保世界性综合运动会保险。

3日 《财经》杂志2001年8月号发表封面文章——银广夏陷阱。文章揭露深圳股票交易所上市公司银广夏（广夏（银川）实业股份有限公司）1999年度、2000年度业绩绝大部分来自造假，银广夏从1999年开始在市场上散布的"利润神话"全是子虚乌有的编造。文章刊出后，在市场引起强烈反响。随后，中国证监会开始对银广夏正式立案稽查。2001年9月3日，中国证监会公布对银广夏造假立案稽查的结果：中国证监会已查明银广夏通过伪造供销合同、伪造出口报关单、虚开增值税发票、伪造免税文件和金融票据等手段，虚构利润7.45亿元；查明深圳中天勤会计师事务所及其签字注册会计师违反有关法律、法规，为银广夏公司出具了严重失实的审计报告。该公司部分高官和深圳中天勤会计师事务所有关涉嫌犯罪人员被移送公安机关追究其刑事责任。

2006年4月25日，银广夏董事局公布非流通股股东与中小投资者诉讼原告的协商结果，截至2006年4月12日，银川市中级人民法院立案的中小投资者诉该公司证券民事赔偿案尚有502名原告未与公司非流通股股东达成和解，其诉讼请求金额合计71 176 763.86元。与公司非流通股股东达成调解协议且银川市中级人民法院制发的民事调解书已经生效的中小投资者诉讼原告共计333人；另有一人撤诉，其诉讼请求金额26 005.81元。

7日 中国人民银行发出《关于进一步整顿邮政储蓄的通知》。为加强对邮政储蓄的监管，维护正常的金融秩序，促进邮政储蓄业务的健康发展，中国人民银行决定对邮政储蓄机构进行整顿。该通知规定：1. 严格按照规定处理1999年和2000年清理整顿的遗留问题，撤并违规设立的邮政储蓄网点、邮政储蓄代办点；2. 邮储部门应自觉遵守各项金融法律、法规，进一步增强合规经营意识；3. 各级人民银行要加强对邮政储蓄机构的监管。

△ 国家经贸委统一向社会发布已经关停和将要关停的"五小"企业名单。名单涉及钢铁、石化、制糖、糖精、水泥、玻璃等6个行业的4 964户企业。此次统一向社会发布"五小"企业名单，旨在形成有力的社会监督环境，综合运用经济、法律和必要的行政手段，坚决关闭产品质量低劣、浪费资源、污染环境、技术落后、不具备安全生产条件的"五小"企业，为中小企业创造良好的市场发展空间。

8日 国家外汇管理局发布《关于对外商投资项下外汇资本金结汇管理方式进行改革试点的通知》。为进一步完善外商投资环境，提高投资项下外汇资本金结汇监管效率，便利企业投资资金运作，国家外汇管理局决定在符合条件的地区对外商投资企业外汇资本金结汇的管理方式进行改革试点，主要内容是：在结汇管理方式上，变目前对外商投资企业的直接管理为对银行的间接管理，即外汇局根据相关条件，将外汇资本金结汇核准权授予符合条件的银行，由银行在权限范围内履行审核、统计报告及报备责任，外汇局根据被授权银行报送的报表及其他资料对资本金结汇业务实行非现场检查，同时对被授权银行的资本金结汇合规性及内控制度的执行情况进行定期现场检查。符合下列条件的银行可向外汇局提出授权申请：1. 近三年资本项目售付汇业务无违规记录；2. 对资本金账户限额具有较完善的软硬件控制措施；3. 具有经外汇局培训的专职管理人员；4. 有完善的资本金结汇管理内部控制制度；5. 有较健全的资本金结汇统计监测预警体系，保证逐月向外汇局报送资本金结汇统计监测数据，及时向外汇局报告业务中发现的异常情况。此后，国家外汇管理局陆续批准上海、广东、浙江等20个省市进行试点，200多家银行获得授权。经过近一年时间的试点，2002 年 6 月 17 日，国家外汇管理局发布《关于改革外商投资项下资本金结汇管理方式的通知》，决定在全国范围内正式实施外商投资项下资本金结汇管理方式改革。这一改革，在便利外商投资企业的同时，转变了外汇监管重点，从直接审批转变为通过银行进行间接、事后的监管，便于集中监管资源，提高监管效率。

9 日 中国人民银行发布《商业银行境外机构监管指引》。该指引依据《中华人民共和国中国人民银行法》、《中华人民共和国商业银行法》和《境外金融机构的管理办法》等法律、法规，参照巴塞尔银行监管委员会发布的有关跨境监管的基本原则及各国通行做法，对商业银行境外机构的经营行为进行了具体规范。其中规定：商业银行设立或收购境外机构，境外机构升格、撤销、合并或重组，增减资本金或营运资金，调整股权结构及股本方式、转让股权或修改章程，应事前向中国人民银行提出申请，经中国人民银行批准后，方可向东道国监管当局申请。商业银行境外机构中方派出的董事长等高级管理人员，由中国人民银行对其任职资格进行审查和管理。商业银行境外机构聘任外籍高级管理人员应报中国人民银行备案。商业银行应及时、全面、完整、真实地向中国人民银行报送境外机构的业务基本情况表、贷款质量监控表、资产负债表和损益表等有关资料。商业银行应建立健全境外机构的内部控制制度，并根据监管法规和业务发展变化情况及时更新，保证内部控制的充分和有效。商业银行应加强对境外机构的授权管理，完善请示报告制度，严厉查处越权行为，确保境外机构的各项业务活动在授权范围内进行。商业银行应建立包括境外机构在内的全系统的风险管理系统，对境外机构的信用风险、市场风险、流动性风险和操作风险等各类风险进行有效的监测、评价和管理，保证全系统的安全性。商业银行应完善境外机构高级管理人员的任用、管理制度，加强对管理层经营业绩的考核评价。商业银行应加强内部稽核，至少每 3 年对境外机构进行一次全面稽核，稽核报告应报送中国人民银行。同时，商业银行还应建立境外机构重大事项报告制度，当发生严重亏损或大额坏账以及受到东道国监管当局重大处罚措施时，及时向中国人民银行报告。中国人民银行参照巴塞尔银行监管委员会发布的有关跨境银行监管的要求，与东道国监管当局在划分监管责任的基础上加强合作，交流监管信息，确保商业银行境外机构得到充分的监管。中国人民银行在获知东道国监管当局发现商业银行境外机构存在严重问题时，可与对方沟通和协商，并采取积极有效的监管措施。

16 日 中国证监会发布《关于在上市公司建立独立董事制度的指导意见》。为进一步完善上市公司治理结构，促进上市公司规范运作，该意见指出：上市公司应当建立独立董事制度。上市公司独立董事是指不在公司担任除董事外的其他职务，并与其所受聘的上市公司及其主要股东不存在可能妨碍其进行独立客观判断的关系的董事。独立董事对上市公司及全体股东负有诚信与勤勉义务。独立董事应当按照相关法律、法规，本指导意见，公司章程的要求，认真履行职责，维护公司整体利益，尤其要关注中小股东的合法权益不受损害。独立董事应当独立履行职责，不受上市公司主要股东、实际控制人，或者其他与上市公司存在利害关系的单位或个人的影响。独立董事原则上最多在五家上市公司兼任独立董事，并确保有足够的时间和精力有效地履行独立董事的职责。各境内上市公司应当按照本指导意见的要求修改公司章程，聘任适当人员担任独立董事，其中至少包括一名会计专业人士（会计专业人士是指具有高级职称或注册会计师资格的人士）。在 2002 年 6 月 30 日前，董事会成员中应当至少包括两名独立董事；在 2003 年 6 月 30 日前，上市公司董事会成员中独立董事比例应当至少占三分之一。

21 日 中国人民银行开始进行公开市场逆回购操作。

△ 经中国保监会批准，上海天安保险公司、西安永安财产保险公司、深圳华安财产保险公司和新疆兵团保险公司战略合作联席委员会在上海宣告成立，并签订了战略合作协议。根据协

议，四家公司将在有互补优势的业务及管理领域，如业务分保、大项目异地展业、相互代理检验、查勘定损、理赔、再保险业务、保险电子商务及网络化经营以及人才技术交流等方面进行合作。这是我国第一个保险企业之间的战略性合作组织。

29日 国家外汇管理局、公安部联合发布《关于严厉打击非法买卖外汇违法犯罪活动的通知》。针对自2001年以来，特别是国家允许境内居民个人投资B股市场的政策公布以后，非法买卖外汇活动又有所抬头，在沿海及边境地区更为猖獗的现象，为了切实贯彻落实全国整顿和规范市场经济秩序工作会议精神，国家外汇管理局、公安部决定在全国范围内联合开展严厉打击非法买卖外汇违法犯罪活动，取缔非法外汇市场，整顿外汇交易秩序。为组织协调好此项工作，国家外汇管理局、公安部成立"全国打击非法买卖外汇违法犯罪活动联合办公室（设在国家外汇管理局)"，负责指导、协调、督办各地打击非法买卖外汇违法犯罪活动的工作。地（市）级以上外汇管理部门和公安机关也要成立相应的工作协调机构，负责了解掌握本地的非法买卖外汇的违法犯罪情况，制订工作方案，研究解决工作中存在的政策法规、后勤保障等方面的问题，组织协调日常打击和查处工作。

30日 中国人民银行发布公告，从2001年9月1日起在全国发行第五套人民币50元、10元券。第五套人民币50元纸币主色调为绿色，正面主景为毛泽东头像，背面主景为"布达拉宫"图案；第五套人民币10元纸币主色调为蓝黑色，正面主景为毛泽东头像，背面主景为"长江三峡"图案。该套人民币应用光变油墨印刷图案、隐形面额数字、横竖双号码、双色横号码、阴阳互补对印图案、胶印缩微文字、红蓝彩色纤维、白水印等多项防伪技术及多项专家防伪技术。与第四套人民币相比，第五套人民币在防伪技术上增加了机读技术，便于现代化机具清分处理。第五套人民币在整体设计、印制质量、综合防伪技术等方面基本达到了国际先进水平。

△ 中国人民银行、对外经济贸易合作部、国家税务总局发出《关于办理出口退税账户托管贷款业务的通知》。该通知要求，各金融机构对资信状况良好、有还款来源的外贸企业积极支持，扩大对出口企业的贷款利率浮动范围，运用多种信贷方式支持高新技术产品出口，允许商业银行在对出口企业出口退税账户进行托管的前提下，以出口退税应收款作为还款保证，向出口企业发放短期流动资金贷款，以解决出口企业资金周转困难。此项新创贷款业务是在世界经济不景气的情况下，为支持出口企业扩大出口，解决出口企业短期流动资金困难、防范贷款风险而制订的，对支持外贸企业的生产经营起到了积极的作用。

9月

3日 中国证监会发布《超额配售选择权试点意见》。超额配售选择权是指发行人授予主承销商的一项选择权，获此授权的主承销商按同一发行价格超额发售不超过包销数额15%的股份，即主承销商按不超过包销数额115%的股份向投资者发售。在本次增发包销部分的股票上市之日起30日内，主承销商有权根据市场情况选择从集中竞价交易市场购买发行人股票，或者要求发行人增发股票，分配给对此超额发售部分提出认购申请的投资者。该文件规定：在超额配售选择权行使期内，如果发行人股票的市场交易价格低于发行价格，主承销商用超额发售股票获得的资金，按不高于发行价的价格从集中竞价交易市场购买发行人的股票，分配给提出认购申请的投资者；如果发行人股票的市场交易价格高于发行价格，主承销商可以根据授权要求发行人增发股票，分配给提出认购申请的投资者，发行人获得发行此部分新股所募集的资金。超额配售选择权的行使限额，即主承销商从集中竞价交易市场购买的发行人股票与要求发行人增发的股票之和，应当不超过本次增发包销额的15%。发行人计划在增发中实施超额配售选择权的，应当提请股东大会批准，因行使超额配售选择权所发行的新股为本次增发的一部分。发行人还应当披露因行使超额配售选择权而可能增发股票所募集资金的用途，并提请股东大会批准。该文件还规定，中国证监会依法对主承销商行使超额配售选择权进行监督管理。证券交易所对超额配售选择权的行使过程进行实时监控。在中国证监会认为必要时，可以对主承销商进行实地检查。

6 日　中国保监会发出《关于在广东省进行机动车辆保险费率改革试点的通知》。该通知规定在广东省进行车险费率改革试点，自 2001 年 10 月 1 日起，允许广东省各有关保险机构参照现行的费率标准，依据市场因素和本机构具体情况，自主制订公平合理的车险费率，报当地保险监管部门备案后使用。

8 日　第七届亚太经合组织金融家小组（AFG）会议在苏州举行。来自亚太经合组织（APEC）17 个经济体和 4 个国际组织的 74 家金融机构的 140 多名代表参加会议。这是中国首次举办亚太经合组织金融家小组，是亚太经合组织金融家小组历次会议中规模最大、最受关注的一次。受中国财政部和中国人民银行委托，本届亚太经合组织金融家小组会议由交通银行承办。参加会议的中国代表团由股份制商业银行、证券公司、保险公司高层人士组成，共有 15 家金融机构的 38 位代表参加会议。会议重点讨论了全球及区域经济金融形势的变化与金融机构在新形势下作用的发挥；金融机构如何更好地适应和推动经济结构的调整；金融机构如何在风险管理方面加强交流与合作，为稳定区域金融市场作出努力；进一步增强亚太经合组织金融家小组会议有效性等问题。

9 日　交通银行、中信实业银行、招商银行、深圳发展银行、广东发展银行、福建兴业银行、中国光大银行、华夏银行、上海浦东发展银行、中国民生银行 10 家股份制商业银行在苏州联合签署全面合作协议，即《苏州协议》。该协议签署后，用户只需在其中一家银行开户，就可以在这十家中办理存取款、银行卡等业务；银团贷款业务、零售业务的连通，以及与四家国有独资商业银行之间的业务联合也将开展。

10 日　中国人民银行对外公布，中国居民储蓄首次突破 7 万亿元。储蓄存款的稳定增加增强了银行的实力，表明中国的银行机构的信用度和我国居民收入水平的提高。据中国人民银行分析，2001 年以来储蓄存款稳定增加原因有两个方面：一是中国股票市场波动加大，尤其是第三季度股票出现较大回调，股票市场分流储蓄能力明显下降；二是 2001 年国家再次提高公务员工资水平，收入增加。

△　江苏省农村信用社联合社成立。2000 年 7 月，经国务院批准，人民银行和江苏省政府在江苏全省进行了农村信用社改革试点，在江苏省农村信用社以县（市）为单位统一法人的基础上，由 1 家市联社和 82 家县（市）联社共同入股组成江苏省农村信用社联合社。

△　华安创新证券投资基金成立。经中国证监会批准，华安创新证券投资基金于 9 月 3 日发布招募说明书和发行公告，公布募集规模为 50 亿份基金单位。9 月 11 日，基金正式在北京等 13 个城市通过交通银行及其网点开始同时发售，19 日基金募满 50 亿份基金单位，正式宣告成立。华安创新证券投资基金（基金代码：040001）为契约型开放式基金，主要投资范围包括在产品、管理、科技和制度等方面进行创新的上市公司，在选择上市公司时主要考虑公司创新能力强、主营业务市场空间大、财务状况良好、产品和服务具有竞争优势等因素。这是我国第一家开放式基金。

21 日　国家外汇管理局发布《关于将部分外汇业务移交北京外汇管理部的公告》，决定自 2001 年 10 月 1 日起，将原由国家外汇管理局直接办理的在京各有关单位外汇业务移交国家外汇管理局北京外汇管理部办理。

主要移交业务包括：1. 进出口收付汇核销业务移交给北京外汇管理部办理。具体包括：出口企业出口核销户的开立，出口收汇核销单的发放、核销，特殊核销业务的审核，出口收汇考核、评定及考评结果的对外发布。进口企业进口付汇备案表的审核、签发，进口报关单的联网核查和接受进口付汇单位办理进口核销报审。已经领用的进出口收付汇核销凭证的管理。2. 经常项目结汇、售汇、付汇等的日常审核和经常项目外汇账户管理移交给北京外汇管理部办理。包括：贸易项下佣金、运保费以及非贸易用汇等的真实性审核；账户的开户、转户、撤销、关闭、划转、限额核定、年检等。3. 与资本项目有关的日常管理和审批业务移交北京外汇管理部办理，包括：外债和对外担保审批。境外投资管理，包括境外投资外汇风险和资金来源审查，境外投资资金汇出的核准。境外发行股票所涉及的外汇管理。外商直接投资外汇管理。有关资本项目交易的登记、开户、划转、收入调回、结售付汇核准和统计监测。4. 对在京各有关单位外汇业务的检查、行政处罚，对举报的违反外汇管理法规的在京各有关单位的案件调查等外汇检查工作由北京外汇管理部承担。5. 对企业和个人通过在京银行总行进行国际收支间接申报数据的查复性申报和逾期未申报，在京有关单位的直接投资和证券投资统计申报和核查等工作由北京外汇管理部承担。在京各外汇指定银行总行原向国家外汇管理局报送的外债、外债转贷款、国内外汇担保、对外担保等资本项下的数据改为向北京外汇管理部报送，报送的格式和频率要求不变。6. 上述移交的业务中涉及以下情况的，仍由国家外汇管理局直接办理：国务院交办的事项和特殊业务。对大案要案的检查、特别的专项检查和行政处罚。2001 年 10 月 1 日前已由国家外汇管理局受理，但尚未办理完毕的业务，由国家外汇管理局负责继续办理完毕。在京有关单位在此之前已经国家外汇管理局核准的各项外汇业务，在规定的期限内继续有效。

26 日　中国证监会发布公告，对郑州百文股份有限公司（集团）及有关中介机构违反证券法规的行为作出行政处罚，并对涉嫌犯罪的主要责任人员依法移送公安机关追究其刑事责任。中国证监会查明，该公司上市前采取虚提返利、少计费用、费用跨期入账等手段，虚增利润 1 908万元，并据此制作了虚假上市申报材料；上市后三年采取虚提返利、费用挂账、无依据冲减成本及费用、费用跨期入账等手段，累计虚增利润 14 390 万元。此外，该公司被发现的问题还有股本金不实、上市公告书重大遗漏、年报信息披露有虚假记载、误导性陈述或重大遗漏等问题。原郑州会计师事务所签字注册会计师违反有关法律、法规，为“郑百文公司”出具了严重失实的审计报告。根据有关证券法规，中国证监会对该公司作出了警告并罚款 200 万元的行政处罚；对该公司主要负责人和为该公司出具审计报告的注册会计师分别作出行政处罚，对涉嫌犯罪的主要责任人员，依法移送公安机关追究其刑事责任。2003 年 3 月 26 日，中国证监会向法院提出强制执行的申请要求执行郑百文公司及其 9 名董事缴纳罚款。北京市西城区法院受理了此案。

30 日　财政部发出《关于加强金融资产管理公司管理的通知》。该通知规定：资产公司要严格执行国务院及财政部关于资产处置和财务管理的有关规定，加强内部管理，强化约束机制。资产公司要对资产处置和财务管理建立定期检查制度，对检查出的问题要严肃处理。违反规章制度的，要追究相关人员的责任，违反法律的，要移交司法部门处理。财政部将加大对资产管理公司的监督检查力度，发现问题的要在系统内通报批评，并建议有关部门追究负责人和责任人的责任。资产管理公司的分支机构只设到办事处，不得以任何名义再向下设立分支机构。对资产金额大、处置价值高、地点比较集中的待处置资产，可组织力量集中进行处置，处置时要遵循成本效益原则。集中进行资产处置的方案，必须得到办事处以上（含办事处）资产处置审查部门的批准。集中处置资产发生的各项费用必须由办事处报销，不得单独设账列支。

9 月　中国证监会宣布麦科特欺诈发行案调查结果：麦科特光电股份有限公司（股票代码：000150）通过伪造进口设备融资租赁合同，虚构固定资产 9 074 万港元；采用伪造材料和产品的购销合同、虚开进出口发票、伪造海关印章等手段，虚构收入 30 118 万港元，虚构成本20 798 万港元，虚构利润 9 320 万港元；在麦科特发行上市过程中，深圳华鹏会计师事务所为其出具了严重失实的审计报告，广东大正联合资产评估有限责任公司为其出具了严重失实的资产评估报告，广东明大律师事务所为其出具了严重失实的法律意见书，南方证券有限公司参与编制了严重失实的发行申报文件。麦科特光电股份有限公司于2000年7月21日在深圳证券交易所发行股票，于8月7日上市，11月，中国证监会开始对麦科特利润虚假问题立案调查。

△　中国平安保险股份有限公司外籍总精算师斯蒂芬·迈尔（Stephen T. Meldrum）荣膺2001年度国家“友谊奖”，并受到国务院总理朱镕基的接见。这是金融保险业首次有外籍专家获得此项荣誉。国家“友谊奖”是我国政府为表彰在中国社会发展和经济、科技、教育、文化等领域以及人才培训中作出突出贡献的外国专家而设立的奖项，由国务院授权外国专家局于1991年正式设立的。“友谊奖”的评选范围包括了每年在华工作的70万~80万的外国专家。获奖者是经过聘请单位、当地政府和国务院有关部委的推荐，由外国专家局组织评审委员会，按照严格的程序评审、投票选出的。

10月

1日　中国银行（香港）有限公司（以下简称中银香港）成立。中银香港是在香港注册成立的持牌银行，为独立法人，是香港的发钞银行之一，为中国银行的全资附属企业。截至2001年6月底，中银香港（包括附属银行）总资产为8 200亿港元，存款为6 200亿港元，贷款为3 320亿港元，是仅次于汇丰银行的香港第二大银行。

8日　中国证监会发布《关于规范上市公司非流通股协议转让活动的通知》，要求加强对上市公司非流通股协议转让活动的规范管理，坚决制止各类场外非法股票交易活动。针对上市公司非流通股协议转让的复杂情况，特别是一段时间以来场外非法拍卖上市公司股份活动有所抬头的现象，该通知重申了《中华人民共和国公司法》关于“股东转让其股份，必须在依法设立的证券交易场所进行”的规定，指出：经国务院批准设立的证券交易所，是上市公司股份转让的唯一合法场所；上市公司非流通股的协议转让，必须在证券交易所的管理下有序地进行。

△　外经贸部、中国证监会印发《关于上市公司涉及外商投资有关问题的若干意见》，规范外商投资股份有限公司上市发行股票和外商投资企业进入股票市场的行为。其中规定：外商投资股份有限公司在境内发行股票（A股与B股）必须符合外商投资产业政策及上市发行股票的要求，首次公开发行股票并上市的外商投资股份有限公司，上市发行股票后，其外资股占总股本的比例不低于10%；外商投资股份有限公司境内上市发行股票后外资比例低于总股本25%的，应缴回外商投资企业批准证书，并按规定办理有关变更手续。外商投资企业受让上市公司的非流通股，导致上市公司（持有外商投资企业批准证书的公司）外资比例低于总股本25%的，该上市公司应缴回外商投资企业批准证书，并按规定办理有关变更手续。符合条件的外商投资企业可以在境外发行股票。

11日　中国证监会发布《国有企业境外期货套期保值业务管理制度指导意见》。该意见规定：获得境外期货业务许可证的企业在境外期货市场只能从事套期保值交易，不得进行投机交易；企业的境外期货业务组织机构及岗位设置应体现管理的垂直性、业务的相互制约性以及职责的分离性；企业应设置交易、结算、资金调拨、会计核算、风险管理、合规、档案管理等岗位，各岗位应职责明确，体现相互制约、相互监督的关系，除结算和资金调拨，其他各岗位不得相互兼任，交易、结算、会计核算和风险控制的报告路线应分开；期货业务操作应实行授权管理，期货业务授权包括交易授权、交易合同签约授权和交易资金调拨授权，应保持交易授权、交易合同签约授权和交易资金调拨授权相互独立，交易权必须与签约权、资金调拨权分离；企业在开展期货套期保值业务时，应该建立严格有效的风险管理制度，利用事前、事中及事后的风险控制措施，预防、发现和化解信用风险、市场风险、操作风险和法律风险。

12日 中国人民银行调整黄金制品零售市场管理政策。中国人民银行发布《关于规范黄金制品零售市场有关问题的通知》，主要内容是：取消黄金制品零售业务审批管理制度（许可证），实行核准制（登记证）；扩大投资主体范围，经营黄金制品零售业务主体资格由“具有独立法人资格的全民、集体企业和全民、集体企业控股的股份制企业”调整为“依照中华人民共和国有关法律设立的企业法人单位”；提高对开办黄金制品零售业务所需自有资金的最低标准，专营店注册资本金不得少于100万元；兼营黄金制品零售业务的大中型综合商场注册资本金不得少于500万元；降低对开办黄金制品零售业务营业场所面积的要求，专营店营业场所面积不得少于60平方米，兼营黄金制品零售业务的大中型综合商场营业面积应不低于3 000平方米，其中经营黄金制品零售业务场所面积不得低于40平方米，民族地区专营或兼营黄金制品零售业务的资金和营业面积可根据上述原则适当放宽；明确黄金制品零售业务的基本原则，黄金制品零售业务实行定点管理，经营单位应按照核准的经营范围从事经营活动，不得采用承包、租赁、转让、试销、代销、传销等经营方式。

△ 中国银行“10·12”案。为了规范行业系统管理，中国银行将全国1 000多处原来手工填写的网点由电脑中心统一联网为30多个中心。中国银行开平支行工作人员在核查电脑时发现账目出现4亿多美元的亏空，经过调查，亏空账目的范围缩小到广东开平。中国银行“10·12”案是新中国成立以来最大的银行监守自盗案。当日，中国银行开平支行行长余振东经香港逃往加拿大、美国。随后，广东省检察机关依法对余振东立案调查。在香港停留期间，余振东通过变卖股票等方式，套取现金，并将余下侵吞、挪用所得的资金转移到美国、加拿大其亲属的账户以及赌场账户中，用于外逃之用。2001年11月5日，根据《中美刑事司法协助协定》，中方要求美方就此案向中方提供刑事司法协助。2002年12月19日，余振东因使用欺骗手段获得签证在洛杉矶被捕。美方没收了余振东转往美国的部分赃款。2003年9月，美方将所没收的款项全部返还中方。2004年2月，余振东在美国因非法入境、非法移民及洗钱三项罪名被判处144个月监禁和3年监管。根据中美司法机关先期达成的协议，2004年4月16日下午，美方将余振东驱逐出境并押送至北京首都国际机场移交给中方。

16日 中国证监会发布《首次公开发行股票辅导工作办法》。该办法规定：辅导工作的总体目标是促进辅导对象建立良好的公司治理；形成独立运营和持续发展的能力；督促公司的董事、监事、高级管理人员全面理解发行上市有关法律、法规，证券市场规范运作和信息披露的要求；树立进入证券市场的诚信意识、法制意识；具备进入证券市场的基本条件；同时促进辅导机构及参与辅导工作的其他中介机构履行勤勉尽责义务。辅导期限至少为一年。辅导工作应当遵循以下原则是：勤勉尽责，辅导机构应按照有关法律、法规和规则的要求，履行职责，做好辅导工作；诚实信用，辅导机构和辅导对象均应客观、真实地反映辅导过程中的问题，健全有关记录，保证所有辅导资料的真实、准确和完整；突出重点，鼓励创新，辅导机构应根据辅导对象的具体情况，有针对性地进行重点辅导，鼓励结合具体情况有所创新；责任明确，风险自担，辅导工作只是准备发行上市的一个法定程序，辅导机构与辅导对象应自行承担相关风险。该办法自公布之日起执行。中国证监会下发的《股票发行上市辅导工作暂行办法》（证监发［2000］17号）、《关于公司公告拟公开发行股票并上市有关事宜的通知》（证监发行字［2000］141号）同时废止。

19日 中国人民银行货币政策委员会2001年第四季度例会在北京召开。会议认为：当前通货膨胀压力不大，第四季度货币政策要继续坚持稳健原则，贯彻扩大内需为主的方针，灵活运用多种货币政策工具，保持货币供应量的适度增长，继续支持实施积极的财政政策，防止经济出现进一步减缓趋势。要继续保持人民币存贷款利率的基本稳定。会议提出，要进一步落实各项信贷政策，引导信贷投向，促进经济结构调整。

△ 中国人民银行印发《关于固定资产贷款管理有关问题的通知》。为加强国有独资商业银行1998年以前按指令性计划发放的固定资产贷款的管理，统一贷款质量认定标准，该通知规定：贷款涉及的项目正常建设或投产，能够按期支付利息，同时原贷款到期能够归还本金30%以上的，对暂未归还的贷款，到期（含展期后到期）时可以转为中短期贷款，其中，短期贷款期限不超过1年，中期贷款期限不超过3年。贷款涉及的未建成项目继续建设，预计投产（使用）时不会发生停产和贷款损失，对这一类到期（含展期后到期）未归还的贷款，允许重新贷款归还部分或全部贷款，但重新贷款只能一次，而且期限不超过3年。根据上述条件重新贷款或者转为中短期贷款的固定资产贷款，符合中国人民银行《不良贷款认定暂行办法》第九条中的前三个条件的，列为正常贷款。

△ 中国工商银行与俄罗斯外贸银行在上海签署全面合作协议。根据协议，双方将在各个业务领域全面开展合作，办理短期贸易融资，寻求两国中长期合作投资项目以及技术合作的最佳服务途径，推进边境经贸活动，在信贷、结算、信息等方面进行全方位的合作并实现人员定期互访，分析合作现状，交换相应信息，交流合作经验。此次协议是中俄两国商业银行的首次合作。

22日 经报国务院批准，中国证监会决定暂时停止执行《减持国有股筹集社会保障资金管理办法》第五条关于“凡国家拥有股份的股份有限公司（包括在境外上市的公司）向公共投资者首次发行和增发股票时，均应按融资额的10%出售国有股”的规定。受此影响，10月23日沪深股指大幅上涨，两市全天共成交290.22亿元，为年内最大成交量。

△ 美国JP摩根大通银行向中国光大银行颁发了2000年清算质量认证奖（Quality Recognition Award 2000）。这是该奖项首次授予中国内地银行。清算质量认证奖是以清算指令直通率和业务量为依据，在全球1万多家银行中评选得出，授予美元清算业务中成绩突出的银行。JP摩根大通银行是全球最大的美元清算行，该行每年根据各开户银行清算指令的数量和直通率评选清算质量认证奖。直通率是指不需经过境外账户行人工干预、修改的清算指令所占发送清算指令总量的比率。较高的直通率将减少银行资金清算的境外费用和查询查复，减少境外银行人工干预的差错，提高清算速度。

24日 中国人民银行、国家外汇管理局联合发布《关于调整资本项下部分购汇管理措施的通知》。1998年，中国人民银行和国家外汇管理局根据形势需要，在资本项目外汇管理方面采取了一些临时性的购汇限制措施。这些措施对稳定当时的外汇形势、防止逃套汇起到了积极作用。目前，我国宏观经济健康运行，外汇收支状况良好。为支持企业自主经营，促进银行提高资产质量，贯彻“走出去”的战略，该通知规定：1. 取消对购汇偿还逾期国内外汇贷款的限制。外汇局各分局在审批购汇时应坚持企业申请购汇原则，并通过分期分批核准等办法，避免大规模集中购汇。2. 放宽对购汇提前偿还国内外汇贷款、外债转贷款及外债的限制。一是贷款合同中有提前偿还条款的，经外汇局批准，可以自有外汇提前偿还；二是经外汇局批准，可以购汇提前还贷，包括：经国务院批准的提前还贷；因国家政策调整引起的企业债务重组、关停并转等情况需要提前还贷的；法院判决需要提前偿还的。3. 放宽对购汇进行境外投资的限制。国家对外战略性投资项目（经国务院批准的项目）、境外带料加工项目及援外项目可以购汇投资，其他项目以自有外汇为主进行投资。

25日 国家外汇管理局发布《关于做好欧元现钞流通准备工作的通知》。根据1999年11月欧盟财长会议决议，从2002年1月1日起，欧元现钞将正式流通。欧元区成员国货币的双币流通期限由原定的6个月缩短到2个月。2002年3月1日起欧元将成为欧元区国家唯一的官方流通货币。为协助各家银行做好相应的准备，保障境内机构、个人及银行自身外汇业务的有序进行，该通知对外汇管理分局和各中资外汇指定银行总行提出指导性意见，主要内容有：做好欧元区原币账户的转换工作；所有以欧元区原币记录的债权债务关系，应于2001年12月31日之前转为欧元计值；做好现钞兑换工作，自2002年1月1日起，各银行原则上应向客户提供欧元区原币现钞与欧元现钞的兑换服务；做好欧元现钞提取和存储工作。

△ 财政部发出《关于上市公司国有股质押有关问题的通知》。其中规定：国有股股东授权代表单位将其持有的国有股用于银行贷款和发行企业债券质押，应当遵守《中华人民共和国公司法》、《中华人民共和国担保法》及有关国有股权管理等法律法规的规定，并制定严格的内部管理制度和责任追究制度。公司发起人持有的国有股，在法律限制转让期限内不得用于质押。国有股股东授权代表单位持有的国有股只限于为本单位及其全资或控股子公司提供质押。国有股股东授权代表单位用于质押的国有股数量不得超过其所持该上市公司国有股总额的50%。国有股股东授权代表单位以国有股质押所获贷款资金，应当按照规定的用途使用，不得用于买卖股票。

26日 外经贸部、财政部、中国人民银行联合发布《金融资产管理公司吸收外资参与资产重组与处置的暂行规定》。该文件明确：吸收外资参与资产重组与处置应从国民经济战略调整的高度出发，通过吸收外资盘活不良资产，引进先进管理经验、资金和技术，对企业进行技术改造，促进国有企业改革和现代企业制度的建立。要防止以炒作资产为唯一目的的短期交易及企业逃废债务。重组与处置的资产范围包括：资产管理公司拥有的企业股权，包括资产管理公司对企业实施债转股后取得的股权，资产管理公司对欠债企业进行重组后拥有的股权，资产管理公司以其他方式拥有的股权；资产管理公司有支配处置权的企业实物资产；资产管理公司拥有的企业债权。资产管理公司重组与处置的资产出售、转让前须由有资格的资产评估机构进行评估。资产评估时应充分考虑重组与处置资产的各种因素。

△ 中国人民银行行长戴相龙受国务院委托在第九届全国人民代表大会常务委员会第二十四次会议上报告货币政策实施情况。戴相龙介绍了三年来我国金融宏观调控制度改革，以及利率、存款准备金率等主要货币政策工具调整的基本情况。全面介绍了几年来我国信贷政策的调整和执行情况。他说，1998年以来，人民银行综合运用各种货币政策工具，适时适度进行“预调”和“微调”，货币供应量保持适度增长，积极支持了经济发展的需要。近三年，广义货币供应量M_2的调控目标为年均增长14%～15%，实际执行结果都在调控目标之内。1998～2000年，金融机构各项贷款分别增加了1.15万亿元、1.08万亿元和1.33万亿元，分别增长了15.5%、12.5%和13.4%。2001年9月末金融机构各项贷款余额达10.9万亿元，比年初增加0.96万亿元，同比增长13.54%；广义货币供应量M_2余额为15.2万亿元，狭义货币M_1余额为5.7万亿元，流通中现金为1.5万亿元。货币供应量及贷款增长与经济增长基本相适应。他强调，针对当前的经济金融形势，要进一步贯彻扩大内需的方针，继续实行稳健的货币政策，继续保持货币信贷总量适度增长。同时要密切观察国内外经济金融形势变化，分析经济增长和物价走势，及时进行调节。关于国际收支、人民币汇率问题，戴相龙说，1998年以来，我国国际收支状况良好，除1998年外，经常账户和资本账户保持持续双顺差，外汇储备不断增加，截至2001年10月18日我国外汇储备已达2 000.5亿美元。我国保持较为充足的外汇储备，有利于增强我国的信誉，促进扩大对外开放，保持人民币汇率稳定。他强调，当前应继续实行以市场供求为基础的、有管理的浮动汇率制度，进一步完善人民币汇率形成机制，加强利率政策和汇率政策的协调，促进国际收支平衡，保持人民币汇率基本稳定。

△《金融时报》内部刊物《金融内参》2001年第16期刊登中央财经大学刘姝威研究员的分析文章——应立即停止对蓝田股份有限公司发放贷款。文章通过对蓝田股份有限公司的财务报告进行推理分析得出结论：蓝田股份有限公司的偿债能力越来越恶化；扣除各项成本和费用

后，蓝田股份有限公司没有净收入来源；蓝田股份有限公司不能创造足够的现金流量以便维持正常经营活动和保证按时偿还银行贷款的本金和利息；银行应该立即停止对蓝田股份有限公司发放贷款。文章引起广泛关注，国家有关银行相继停止了对蓝田股份有限公司发放新的贷款，从而引发了“蓝田”风波。

11 月

2 日 中国人民银行发布《关于加强开办银行承兑汇票业务管理的通知》，明确开办银行承兑汇票业务的有关事项。该通知规定：政策性银行、国有独资商业银行、股份制商业银行、城市商业银行、外资银行、城市信用合作社、农村信用合作社县（市）联社（以下简称银行）需要开办银行承兑汇票业务的，必须符合《商业银行中间业务暂行规定》，比照《银行汇票准入、退出管理规定》中第三条的银行汇票业务的准入条件，其中城市商业银行、城市信用合作社、农村信用合作社县（市）联社，资产质量、流动性等主要资产负债指标必须符合规定（其中短期资产流动性比例达到 25% 以上，各项贷款与各项存款之比不超过 75%，拆入资金比例不超过 4%）并按时足额缴纳存款准备金，超额准备金（备付金）比例不低于 3%。经批准开办银行承兑汇票业务的银行应按有关规定建立授权授信制度，进一步完善承兑授权管理，明确承兑汇票业务的受理条件、程序；承兑银行要按照信贷原则要求承兑申请人提供承兑担保，对承兑申请人申请的承兑额度必须纳入统一授信额度的范围内；办理银行承兑汇票业务实行总量控制，其承兑总量不得超过其上年年末各项存款余额的 5%；农村信用合作社的开户单位需要办理银行承兑汇票的，通过其县（市）联社办理。开办银行承兑汇票业务的机构如严重违规，中国人民银行将取消其承兑商业汇票的资格。

5 日 中国人民银行发布《关于严禁发放无指定用途个人消费贷款的通知》，明令禁止商业银行发放无指定用途的个人消费贷款。该通知指出，中国人民银行 1999 年 3 月《关于开展个人消费贷款的指导意见》颁发以来，各商业银行积极开拓个人住房、助学、耐用消费品等个人消费信贷业务。但是，也有一些商业银行违反人民银行的有关规定，发放了一些无指定用途的个人消费贷款，增加了金融风险。对此，中国人民银行重申，城乡居民申请个人消费贷款，要如实申报用途，商业银行要认真审核，任何商业银行均不得发放无指定用途的个人消费贷款。各商业银行要对个人消费信贷业务进行总结检查。凡是个人消费贷款具体管理办法不符合规定，要及时进行修改；凡是已发放无指定用途的个人消费贷款，要按时收回，不得延期。

△ 国家外汇管理局发布《关于调整出口收汇核销和外汇账户管理政策的通知》。该通知规定：放宽中资企业经常项目外汇账户开立标准，扩大开户范围；简化出口收汇核销手续，允许企业按月、集中办理出口收汇核销；取消出口收汇核销单的使用期限，在口岸电子执法系统网络上登记有电子底账的出口收汇核销单，将长期有效，不再受两个月有效期的限制；放宽出口收汇核销单的发放数量；实行差额核销制度，外汇局依据企业对出口收汇差额提供有效凭证所进行的出口收汇核销，外汇局差额核销的审批实行分级授权责任制。上述规定自 2001 年 12 月 1 日起施行。

△ 国家外汇管理局发布《关于调整境内居民自费出国（境）留学售付汇政策有关问题的通知》，决定自 2001 年 12 月 1 日起调整境内居民个人自费出国（境）留学供汇政策。主要内容有：1. 对赴国（境）外攻读正规大学预科以上学位（含预科）的自费留学人员的学费和生活费予以供汇，自费留学人员按学年度购买外汇。2. 简化购汇审核程序。购汇金额在等值 2 万美元以下（含 2 万美元）的，自费留学人员可以持规定的有效凭证，直接到国家外汇管理局或其分支局（以下简称外汇局）授权的外汇指定银行办理；购汇金额在等值 2 万美元以上的，自费留学人员应当持规定的有效凭证向所在地外汇局申请，由所在地外汇局审核真实性后，凭外汇局的核准件及规定的有效凭证到外汇局授权的外

汇指定银行办理购汇手续。3. 自费留学人员购买第一学年所需学费和生活费必须由其本人亲自办理，购买第一学年后其他年度所需学费和生活费可以委托境内的直系亲属到当地外汇局授权的银行代办购汇手续。4. 本通知施行前已购买第一学年所需学费和生活费且目前继续攻读的留学人员，在后续年度仍可以按照学年度购买外汇，但不得补购以前学年的外汇。

6日 海南赛格国际信托投资公司停业整顿。中国人民银行公告指出，由于海南赛格严重违规经营，决定自公告之日起，停止该公司有关金融业务活动，其下属独立法人实业公司的业务可照常经营。停业整顿期间，经商中国证监会同意，其所属证券交易营业部可照常营业，但交中信证券托管。

2002年8月21日，海南赛格国际信托投资公司原负责人擅自发行债券近7亿元人民币，被海口市新华区人民法院以擅自发行公司债券罪，一审分别判处该公司三位主要负责人有期徒刑3年、2年零6个月、2年零6个月，并处罚金2 069.9949万元。法院经审理查明：1996年9月，海南赛格公司为了清偿证券回购债务，向中国人民银行申请发行特种金融债券。中国人民银行11月批准赛格公司发行特种金融债券2.7亿元，期限为3年，年利率为12%。这批债券于当年12月底在人民银行海南省分行指定的海南金融印刷厂印制，并开始发行。由于赛格公司所欠的债务较多，许多公司逼赛格公司还债，为了维持公司的运转，1997年年初，公司原总经理李健民召集原负责人万善颐、阮庆生商议，决定印制超发的特种金融特种债券2.7亿元，由江西南昌证券印刷厂印制。1997年3月，赛格公司让南昌证券印刷厂再次印制特种金融债券2.7亿元。这两批债券由资金调度中心、信托部、各证券营业部等下属部门向外发行。从1997年9月至1998年5月，先后有西宁财政证券交易所等20家单位将其所持有的14 190.6万元赛格公司特种金融债券送交赛格公司办理托管，但赛格公司没有按照规定将全部托管债券送交中央国债登记结算有限公司，而将上述托管债券中的9 319.7万元，由资金调度中心办理出库手续，再次用于发行。

8日 中国人民银行公布2001年第三季度《中国货币政策执行报告》。2001年第三季度，中国货币信贷运行总体健康平稳，货币供应量适度增长，外汇储备增加较多，贷款周转加快，居民储蓄继续大幅增加，但货币供应量增势趋缓较为明显。9月末，广义货币 M_2 余额为15.2万亿元，同比增长13.6%，比上年年末下降0.4个百分点，增长速度仍保持在年初预定的13%～14%调控目标内。货币增长与经济增长是基本相适应的。该报告对贷款集中和中小企业贷款难问题进行了分析，认为这种“集中”的实质是向效益好的大企业集中；目前中小企业贷款难，原因是多方面的，但在部分地区已经出现缓解苗头；将“贷款集中”与“中小企业贷款难”放在经济变化的大背景下考察，它是中国经济体制改革和经济结构调整过程中必然发生的现象，商业银行这一行为趋向有利于经济结构调整，其主流是健康的。解决中小企业贷款难，需要综合治理。该报告对“9·11”事件对世界经济和中国经济的现实影响、汽车行业与房地产行业的现状及未来发展趋势进行分析，指出，“9·11”事件所带来的不确定因素对中国的对外贸易、利用外资和汇率稳定等造成不可避免的影响；2001年，中国房地产业快速增长成为推动经济增长的重要力量，今后，特别是加入世界贸易组织后，国际经济的全球化和市场作用的增强，将促使房地产业加快制度创新和技术创新，中国房地产行业整体素质将不断提升，金融在物业市场上的作用被强化、个人住房抵押贷款将逐渐普遍化。报告提出，第四季度要继续实施稳健的货币政策，适时加大货币政策操作力度，增加货币供应，防止经济进一步减缓的趋势。

△ 中国建设银行香港外币资金交易室在香港正式营业。交易室的业务主要涉及外汇市场、货币市场和债券市场等，代表总行对外开展自营外汇买卖、外汇代客交易对外平盘、资金市场对外拆放和资本市场的债券交易与投资等业务。

9日 中国人民银行公布截至2001年6月

底的全国外债余额。这是我国首次按照新的国际标准口径公布外债数据。按照新口径统计，截至2001年6月底，中国外债余额为1 704.1亿美元。

此前，我国的外债口径是1987年按当时的国际标准口径确定的。亚洲金融危机以后，国际货币基金组织等国际组织吸取东南亚国家金融危机的经验、教训，越来越重视成员国外债的风险管理，在外债口径和期限结构上都作了调整，从而使我国原登记外债口径与国际标准相比较存在一定的差异。这些差异主要是：原外债口径不包括境内外资金融机构对外债务，但包括境内机构对境内外资金融机构的外汇债务；原外债口径不包括3个月以内的贸易信贷；原外债口径不包括中资银行吸收的离岸存款；原外债口径下的短期外债不包括未来一年内到期的中长期外债。为使我国登记外债口径与国际新外债统计标准接轨，增加外债统计数据的透明度和可比性，经国务院批准，国家外汇管理局按新的国际标准口径对我国原外债口径进行了调整，并开始按新的国际标准公布2001年上半年外债数据。按新的国际标准口径，我国外债口径调整如下：将境内外资金融机构对外负债纳入我国外债统计范围，同时扣除境内机构对境内外资金融机构负债；将三个月以内贸易项下对外融资纳入我国外债统计；将中资银行吸收的离岸存款纳入我国外债统计；在期限结构方面，将未来一年内到期的中长期债务纳入短期债务。

△　中国人民银行发出《关于进一步规范非银行金融机构业务经营的通知》。该通知规定：1. 非银行金融机构必须以法人为单位进行同业拆借，其分支机构不得以任何形式办理拆借业务。非银行金融机构必须严格按照中国人民银行规定的拆借期限和限额进行交易。信托投资公司、企业集团财务公司、金融租赁公司拆入拆出资金余额不得超过实收资本金的100%。信托投资公司、企业集团财务公司、金融租赁公司拆入资金的最长期限为7天，拆出资金期限不得超过对手方的由人民银行规定的拆入资金最长期限。2. 信托投资公司、企业集团财务公司、金融租赁公司应严格按照法人许可证标明的业务范围办理业务。在办理委托业务过程中，严禁承诺本金不受损失及最低收益保证。3. 从即日起，企业集团财务公司经批准办理的短期投资（不包括国债和政策性金融债券投资）实行余额比例监控，列入非现场监控指标体系监管。监控指标为：短期投资比例（≤50%）＝短期投资余额（不包括国债和政策性金融债券投资）/资本总额×100%。

11日　中国人民银行公布加入世界贸易组织后银行业对外开放的时间表。根据世界贸易组织有关协议，我国将逐步取消对外资银行的限制。正式加入时，取消外资银行办理外汇业务的地域和客户限制，外资银行可以对中资企业和中国居民开办外汇业务。时间表的内容包括：逐步取消外资银行经营人民币业务的地域限制。加入时，开放深圳、上海、大连、天津；加入后一年内，开放广州、青岛、南京、武汉；加入后两年内，开放济南、福州、成都、重庆；加入后三年内，开放昆明、珠海、北京、厦门；加入后四年内，开放汕头、宁波、沈阳、西安；加入后五年内，取消所有地域限制。逐步取消人民币业务客户对象限制。加入后两年内，允许外资银行对中国企业办理人民币业务；加入后五年内，允许外资银行对所有中国客户提供服务。允许外资银行设立同城营业网点，审批条件与中资银行相同。加入后五年内，取消所有现存的对外资银行所有权、经营和设立形式，包括对分支机构和许可证发放进行限制的非审慎性措施。允许设立外资非银行金融机构提供汽车消费信贷业务，享受中资同类金融机构的同等待遇；外资银行可在加入后五年内向中国居民个人提供汽车信贷业务。允许外资金融租赁公司与中国公司在相同的时间提供金融租赁服务。据人民银行统计，到2001年9月底，外资银行在华共有营业机构近190家，其中分行158家，下设支行6家，大部分集中在上海、深圳、北京、广州、天津等地。外资银行总资产为440亿美元，其中贷款为186亿美元，存款为65亿美元。

14日　中信实业银行加入国际保理商联合会（Factors Chain International，FCI）。FCI在阿

根廷召开的年会上通过决议，同意中信实业银行加入该组织的申请，会员身份从2002年1月1日开始正式生效。至此，中信实业银行成为继中国银行、交通银行后加入FCI的第三家中国会员。

国际保理商联合会（FCI） 国际保理商联合会成立于1968年，是目前国际上最大和最具影响力的国际保理组织。该会由160名会员组成，遍及全球53个贸易活跃的国家和地区，业务范围覆盖大多数开展国际保理业务的国家和地区。该会会员多为设有国际保理专业部门的国际知名公司或银行。据2001年统计，国际保理商联合会会员当年国际保理业务量达251.27亿欧元，占世界国际保理业务总量的52%。作为权威性的国际保理组织，国际保理商联合会建立了成熟的组织运作机制和较为完善的业务规则，如《国际保理商联合会章程》、《国际保理商联合会国际保理规则》、《edifactoring.com规则》、《edifactoring.com操作规则》及《国际保理商联合会业务仲裁规则》等。

△ 财政部调整证券（股票）交易印花税税率，对买卖、继承、赠与所书立的A股、B股股权转让书据，由立据双方当事人分别按2‰的税率缴纳证券（股票）交易印花税。此前，A股、B股的印花税税率分别为4‰和3‰。

16日 中国保监会发布《保险公估机构管理规定》、《保险代理机构管理规定》和《保险经纪公司管理规定》，对各类中介机构的设立、变更和终止、从业资格、经营管理、监督检查、处罚等作了具体的规定。自2002年1月1日起施行。至此，中国保险中介市场法律框架基本形成。

《保险代理机构管理规定》共有8章84条，其中明确规定：保险代理机构是指依照《中华人民共和国保险法》等有关法律、行政法规以及本规定，经中国保监会批准设立的，根据保险人的委托，在保险人授权的范围内代为办理保险业务的单位。保险代理机构从事保险代理业务应当遵守法律、行政法规和中国保监会的有关规定，遵循自愿、诚实信用和公平竞争原则。中国保监会依法对保险代理机构实施监督管理。保险代理机构可以以合伙企业、有限责任公司或股份有限公司形式设立。保险代理机构从业人员应当通过中国保监会统一组织的保险代理从业人员资格考试，凡年满18周岁，具有高中以上学历或同等学力的人员均可报名参加考试。凡通过保险代理从业人员资格考试者，均可向中国保监会申请领取“保险代理从业人员资格证书”（以下简称“资格证书”）。保险代理机构的经营区域由中国保监会核定。保险代理机构应在核定的经营区域内开展保险代理业务。经中国保监会批准，保险代理机构可以经营下列业务：代理销售保险产品；代理收取保险费；根据保险公司的委托，代理相关业务的损失勘察和理赔。

设立合伙企业形式的保险代理机构应同时具备下列条件：有两个以上的合伙人，并且具有相应民事行为能力；有符合法律规定的合伙协议；出资不得低于人民币50万元的实收货币；有符合法律规定的合伙企业名称和营业场所；具有符合中国保监会任职资格管理规定的高级管理人员；持有“资格证书”的保险代理从业人员不得低于员工人数的二分之一；法律、行政法规要求具备的其他条件。设立有限责任公司形式的保险代理机构应同时具备下列条件：有2～50个股东；有符合法律规定的公司章程；注册资本不得低于人民币50万元的实收货币；有符合法律规定的公司名称、组织机构和住所；持有“资格证书”的保险代理从业人员不得低于员工人数的二分之一；有符合中国保监会任职资格管理规定的高级管理人员；法律、行政法规要求具备的其他条件。设立股份有限公司形式的保险代理机构应同时具备下列条件：有五个以上符合法律规定的发起人；符合法律规定的公司章程；注册资本不得少于人民币1 000万元的实收货币；有符合法律规定的公司名称、组织机构和营业场所；持有“资格证书”的保险代理从业人员不得低于员工人数的二分之一；有符合中国保监会任职资格管理规定的高级管理人员；法律、行政法规要求具备的其他条件。

《保险经纪公司管理规定》共有8章84条，其中规定：本规定所称保险经纪公司是指依照

《中华人民共和国保险法》等有关法律、行政法规以及本规定，经中国保监会批准设立的经营保险经纪业务的单位。保险经纪包括直接保险经纪和再保险经纪。直接保险经纪是指保险经纪公司与投保人签订委托合同，基于投保人或被保险人的利益，为投保人与保险人订立保险合同提供中介服务，并按约定收取中介费用的经纪行为。再保险经纪是指保险经纪公司与原保险人签订委托合同，基于原保险人的利益，为原保险人与再保险人安排再保险业务提供中介服务，并按约定收取中介费用的经纪行为。保险经纪公司从事保险经纪活动应当遵守法律、行政法规和中国保监会的有关规定，遵循自愿、诚实信用和公平竞争原则。保险经纪公司在办理保险经纪业务过程中因过错给投保人、被保险人或其他委托人造成损失的，由保险经纪公司依法承担法律责任。中国保监会依法对保险经纪公司实施监督管理。保险经纪公司的经营区域由中国保监会核定。保险经纪公司应在核定的经营区域内开展保险经纪活动。保险经纪公司从业人员应当通过中国保监会统一组织的保险经纪从业人员资格考试。具有大学专科以上学历的人员均可报名参加考试。凡通过保险经纪从业人员资格考试者，均可向中国保监会申请领取“资格证书”。保险经纪公司应按中国保监会规定，对其从业人员实行执业资格管理。“保险经纪从业人员执业证书”是保险经纪从业人员从事保险经纪活动的证明文件。经中国保监会批准，保险经纪公司可以经营下列业务：为投保人拟订投保方案、选择保险人、办理投保手续；协助被保险人或受益人进行索赔；再保险经纪业务；为委托人提供防灾、防损或风险评估、风险管理咨询服务；中国保监会批准的其他业务。

保险经纪公司可以以有限责任公司或股份有限公司形式设立。申请设立保险经纪公司应同时具备以下条件：具有符合法律规定的股东或发起人；有符合法律规定的公司章程；注册资本不得低于人民币1 000万元的实收货币；有符合法律规定的公司名称、组织机构和营业场所；持有“保险经纪从业人员资格证书”（以下简称“资格证书”）的经纪人员不得低于员工人数的二分之一；具有符合中国保监会任职资格管理规定的高级管理人员；法律、行政法规要求具备的其他条件。

《保险公估机构管理规定》共有8章81条，其中规定：本规定所称保险公估机构是指依照《中华人民共和国保险法》等有关法律、行政法规以及本规定，经中国保监会批准设立的，接受保险当事人委托，专门从事保险标的的评估、勘验、鉴定、估损、理算等业务的单位。保险公估机构从事保险标的的评估、勘验、鉴定、估损、理算等业务应当遵守法律、行政法规和中国保监会的有关规定，坚持客观、公正、公平的原则。保险公估机构因自身过错给保险当事人造成损害的，应当依法承担相应的法律责任。中国保监会依法对保险公估机构实施监督管理。保险公估机构从业人员应当通过中国保监会统一组织的保险公估从业人员资格考试。具有大学本科以上学历的人员均可报名参加考试。凡通过保险公估从业人员资格考试者，均可向中国保监会申请领取“资格证书”。保险公估机构应按中国保监会规定，对其从业人员实行执业资格管理。“保险公估从业人员执业证书”是保险公估从业人员开展保险公估活动的证明文件。保险公估机构的经营区域由中国保监会核定。保险公估机构应在核定的经营区域内开展保险公估业务。经中国保监会批准，保险公估机构可以经营下列业务：保险标的承保前的检验、估价及风险评估；对保险标的的出险后的查勘、检验、估损及理算；经中国保监会批准的其他业务。

保险公估机构可以以合伙企业、有限责任公司或股份有限公司形式设立。设立合伙企业形式的保险公估机构应同时具备下列条件：有两个以上的合伙人，并且具有相应民事行为能力；有符合法律规定的合伙协议；出资不得低于人民币50万元的实收货币；有符合法律规定的合伙企业名称和住所；具有符合中国保监会任职资格管理规定的高级管理人员；持有“资格证书”的保险公估从业人员不得低于员工人数的三分之二；法律、行政法规要求具备的其他条件。设立有限责任公司形式的保险公估机构应同时具备下列条件：有2~50个股东；有符合法律规定的公司章程；注册资本不得低于人民币50万元的实收货币；有符合法律规定的公司名称、组织机构和住所；持有“资格证书”的保险公估从业人员不得低于员工人数的三分之二；具有符合中国保监会任职资格管理规定的高级管理人员；法律、行政法规要求具备的其他条件。设立股份有限公司形式的保险公估机构应同时具备下列条件：有五个以上符合法律规定的发起人；有符合法律规定的公司章程；注册资本不得少于人民币1 000万元的实收货币；有符合法律规定的公司名称、组织机构和住所；持有“资格证书”的保险公估从业人员不得低于员工人数的三分之二；具有符合中国保监会任职资格管理规定的高级管理人员；法律、行政法规要求具备的其他条件。

19日 中国华融资产管理公司不良资产国际招标工作正式开始。这是中国首次按国际惯例批量处置金融不良资产，招标资产组合涉及账面金额156亿元人民币，356户企业。7家国际著名的投资银行和国内企业组成3个投标团提交对5个资产包的投标书。29日，中国华融资产管理公司宣布不良资产国际招标结果，把账面值为108亿元人民币的4个资产包，以现金加合作经营的方式出售给以摩根士丹利为首的投标团。12月21日，中国华融资产管理公司再次向另一国际投标人——高盛打包出售不良资产，高盛以现金加合作经营的方式购买账面值为19.72亿元人民币的资产包。

21日 海南四家非银行金融机构停业整顿。继海南赛格国际信托投资公司停业整顿之后，中国人民银行又发布公告，决定对海南华银国际信托投资公司、海南国际租赁有限公司、海南汇通国际信托投资公司、三亚中亚信托投资实施停业整顿。并自公告之日起，停止四家公司有关金融业务活动，四家公司下属的独立法人实业公司照常经营。在停业整顿期间，海南华银下属证券营业部由广发证券托管，照常营业；三亚中亚信托投资公司下属证券营业部由包头市信托投资公司托管，照常营业。2005年4月24日，根据海口市中级人民法院裁定，海南汇通国际信托投资公司宣布破产。

23日 中国黄金协会在北京成立。该协会是由黄金生产、加工和流通企业、事业单位和与黄金相关企业及事业单位、社团组织自愿组成的全国性、非营利性、自律性的社会组织，是依法成立的社会团体法人。协会设有理事会、常务理事会，有理事单位230余家，常务理事单位70余家。协会的宗旨是坚持党的基本路线，遵守宪法、法律、法规和国家政策，遵守社会道德风尚；坚持为政府、为企业、为企业经营者服务的宗旨，建立和完善行业自律机制，在国家宏观调控指导下，逐步实现行业自我管理；充分发挥政府的参谋助手作用，发挥在政府与企事业单位之间的桥梁和纽带作用，发挥为企事业单位提供中介服务的作用；开展国际合作与交流，促进对外经济技术的合作，推介黄金产品，培育民族品牌，扩大黄金应用领域，推动黄金消费。

△ 中国证监会印发《关于证券公司增资扩股有关问题的通知》，调整证券公司增资扩股的现行政策。主要内容有：证券公司增资扩股属于企业行为。凡依法设立的证券公司均可自主决定是否增资扩股，中国证监会不再对证券公司增资扩股设置先决条件。证券公司增资扩股募集资金应优先用于归还被挪用的客户交易结算资金和处理不良资产。

23日 国务院颁布《金融机构撤销条例》。该条例所称撤销是指中国人民银行对经其批准设立的具有法人资格的金融机构依法采取行政强制措施，终止其经营活动，并予以解散。该条例规定：金融机构有违法、违规经营，经营管理不善等情形，不予撤销将严重危害金融秩序、损害社会公众利益的，应当依法撤销。商业银行依法被撤销的，由中国人民银行组织成立清算组；非银行金融机构依法被撤销的，由中国人民银行或者中国人民银行委托的有关地方人民政府组织成立清算组。清算组自撤销决定生效之日起开始，负责向中国人民银行报告工作。在清算期间，清算组行使被撤销的金融机构的管理职权，清算组组长行使被撤销的金融机构法定代表人职权。被撤销的金融机构清算财产，应当先支付个人储蓄存款的本金和合法利息，此后的剩余财产，应当清偿法人和其他组织的债务。清偿债务后的剩余财产，经清算应当按照股东的出资比例或者持有的股份比例分配。清算结束后清算组应当制作清算报告等，报中国人民银行确认，并向工商行政管理机关办理注销登记手续。该条例自2001年12月15日起施行。

27～29日 中央经济工作会议在北京召开。会议提出2002年经济工作的总体要求是：以邓小平理论和党的十五大精神为指导，进一步贯彻落实江泽民“七一”重要讲话和党的十五届五中全会、党的十五届六中全会的精神，按照“三个代表”重要思想的要求，正确把握复杂多变的国际政治经济形势，沉着应对，趋利避害，抵御和克服前进道路上的各种风险和困难，以保持经济和社会的稳定。坚持实施扩大国内需求的方针，继续深化改革，扩大开放，加快结构调整，整顿和规范市场经济秩序，提高经济增长质量和效益，促进国民经济持续、快速、健康发展和社会全面进步。切实加强党的作风建设，转变政府职能，坚定信心，扎实工作，团结奋斗，勤俭建国，以改革开放和现代化建设的新成就迎接党的十六大召开。

会议从八个方面具体部署了2002年的经济工作：1. 增加城乡居民收入，培育国内消费需求；2. 促进农业发展，扩大农村市场需求；3. 继续实施积极的财政政策和稳健的货币政策；4. 继续推进国有企业改革和其他各项改革；5. 标本兼治，整顿和规范市场经济秩序；6. 努力促进出口，扩大利用外资，做好加入世界贸易组织的应对工作；7. 坚持实施科教兴国战略；8. 转变政府职能，反对奢侈浪费。其中，就财政金融问题，必须着重抓好以下工作：继续实施积极的财政政策，继续发行长期建设国债，保持必要的投资拉动力度，实现国民经济持续较快增长。扩大就业和维护社会稳定。要选准投资项目，讲求投资效益，避免无效投资和不合理重复建设。要建立公共财政框架，优化财政支出结构，确保社会保障和农村税费改革的支出。要完善和稳定税制，强化税收征管。继续实行稳健的货币政策，进一步加大金融对经济发展的支持力度，增加对企业技术改造、中小企业特别是民营科技企业和农业结构调整的信贷支持。要加强信贷管理，降低不良贷款比例，防范和化解金融风险。

27日 财政部发布《金融企业会计制度》。该制度共分15章164条，自2002年1月1日起暂时在上市的金融企业范围内实施，同时，也鼓励其他股份制金融企业实施《金融企业会计制度》。该制度的发布实施，有利于进一步规范金融企业的会计行为，夯实金融企业资产质量，提高金融企业会计信息的透明度，适应《巴塞尔资本协议》的有关要求，防范金融风险，保护广大投资者的合法权益，进一步提升我国会计标准的国际化水平。

28日 经中国人民银行批准，张家港市农村商业银行、常熟市农村商业银行正式对外营业。12月6日，江阴市农村商业银行正式成立。这三家农村商业银行是在农村信用社基础上改制组建的股份制商业银行，是中国首批股份制农村商业银行。

30日 经中国保监会批准，太平人寿保险有限公司在上海挂牌复业，全面恢复经营国内人身保险业务。该公司1929年始创于上海，1956年，根据国家政策调整，迁至香港专营海外业务。

△ 中国证监会正式发布《亏损上市公司暂停上市和终止上市实施办法（修订）》。该实施办法对上市公司退市机制作出调整，其中规定：自2002年1月1日起，上市公司最近三年连续亏损，证券交易所应自公司公布年报之日起10个工作日内暂停其上市。暂停上市后第一个半年度公司仍未扭亏，交易所将直接作出终止其上市的决定。至此，中国上市公司只进不出的历史结束。

12月

1日 中国人民银行调整银行美元挂牌汇价的定价方式，适当放宽境内居民个人外币账户资金划转的限制，增加个人外币结汇网点。此前，在11月21日，中国人民银行发布了《关于外币现钞管理有关问题的通知》，该通知规定，各外汇指定银行在制定美元挂牌汇价时，现汇买卖价均不得超过中国人民银行公布的交易中间价的上下0.16%，现钞买入价不得超过其现汇买卖中间价，现钞卖出价与现汇卖出价相等。今后，各银行除了可办理境内居民个人本人不同境内外币账户资金划转外，还可办理境内居民个人与其直系亲属境内外币账户的资金划转。各银行在为客户办理境内外币账户之间的资金划转时，应建立大额外币划转备案制度，按月将单笔超过等值1万美元（含1万美元）以上的境内外币划转情况按月向国家外汇管理局分支局报告。

5日　“牡丹友邦万事达联名卡”在上海首发。该卡由中国工商银行、美国友邦保险公司（AIA）、万事达卡国际组织合作推出，集金融结算、保险理财等功能于一体，是国有商业银行与外资金融企业首次合作发行的银行卡，是国内首张采取保单质押方式办理的银行卡。该卡可用于存取现金、信用消费、转账结算，同时具有优先投保、代扣保费等功能，可在国内的10万家牡丹卡特约商户和2.8万家工商银行营业网点使用。国际卡可在世界210多个国家和地区的2 040多万家受理点和60多万台ATM机上使用。申请人投保5份以上（含5份）友邦“红牡丹”或10份以上（含10份）友邦“红牡丹”7年期增值红利寿险附加意外险，并将保险合同质押在发卡银行，即可马上申请该联名卡，而无须向发卡机构提供担保人或保证金。国际卡采用了国际通行的循环信用消费方式，最长免息期为60天。

联名卡　联名卡是由发卡银行和企业联合发行的银行卡。发卡银行负责发行，企业负责提供特殊服务或折扣优惠，卡面带有联名各方的名称和标识。比如“长城国航卡”，是由中国银行同国际航空公司发行的联名卡，除具有普通银行卡的功能外，在购买国航机票时，还可享受票款折扣优惠和航空人身意外保险。又如，工商银行与上海先施百货公司、一百集团分别联名发行了“牡丹先施卡”、“牡丹一百卡”。

6日　中国人民银行与泰国银行在北京签署了规模为20亿美元的双边货币互换协议。根据该协议，中国人民银行可在必要时向泰国银行提供最多达20亿美元的信贷资金，作为对国际金融机构援助资金的补充，支持泰国解决国际收支问题和维护金融稳定。中泰双边货币互换协议是中国在《清迈倡议》下签署的第一份双边货币互换协议。

△　中国人民银行发出《关于加强对农村信用社监管有关问题的通知》。主要有以下八个方面的措施：1. 加强贷款管理，规范信贷支农服务。2. 加强对大额贷款的跟踪检查，严格控制大额贷款的发放。3. 加强对农村信用社不良贷款的监控，督促农村信用社降低不良资产。4. 明晰产权关系，充实资本金，增强农村信用社抵御风险能力。5. 督促农村信用社加强财务收支管理，扭亏增盈。6. 加强对农村信用社的债券投资管理，切实防范投资风险。要严格控制债券投资品种，除国债、政策性金融债以及经中央有关部门批准公开发行的国家重点建设企业债券外，一律不得购买其他债券。农村信用社联社进行债券回购交易，必须严格按照《全国银行间债券市场债券交易管理办法》的规定进行，防止资金流入股市。7. 切实加强各级联社领导班子建设。8. 进一步明确监管责任，落实风险防范措施。

△　中国保监会发布《人身保险新型产品信息披露管理暂行办法》。该暂行办法规定，保险公司进行信息披露，应当采用非专业语言，通俗易懂，并对其客观性、真实性负责，无重大遗漏，不得对客户进行欺骗、误导和故意隐瞒。保险公司开办人身保险新型产品，产品说明书内容应当与保险条款相一致。保险公司在签发保单之前，应当让投保人认真阅读产品说明书。保险公司应当在投保单上显著位置用黑体字打印“本人已认真阅读并理解产品说明书”，并由投保人签名确认。该暂行办法自2002年1月1日起施行。

7日　中国人民银行发布《农村信用合作社

农户小额信用贷款管理指导意见》，全面推广农村信用社发放农户小额信用贷款和推进信用社（镇）建设。该指导意见指出，农户小额信用贷款采取“一次核定、随用随贷、余额控制、周转使用”的管理办法；贷款的用途包括：种植业、养殖业方面的农业生产费用贷款；小型农机具贷款；围绕农业生产的产前、产中、产后服务等贷款；购置生活用品、建房、治病、子女上学等消费类贷款。信用社应建立农户信用评定制度，建立完善的农户贷款档案；信用社可以根据农户的信用评定等级，核定相应等级的信用贷款限额，发放贷款证（卡）；持有贷款证（卡）的农户可以凭贷款证（卡）及有效身份证件，到信用社营业网点直接办理限额内的贷款。信用社的信贷人员也可以到持贷款证（卡）的农户家中发放贷款。农户小额信用贷款期限根据生产经营活动的实际周期确定，小额生产费用贷款一般不超过一年。农户小额信用贷款利率可以按中国人民银行公布的贷款基准利率和浮动幅度适当优惠。

9日 中国人民银行发布《关于外资金融机构市场准入有关问题的公告》。主要内容是：中国在2001年12月11日正式加入世界贸易组织后，将按照承诺逐步开放银行业。自2001年12月11日起，取消对外资金融机构外汇业务服务对象的限制；允许设在上海、深圳的外资金融机构正式经营人民币业务，设在天津、大连的外资金融机构可以申请经营人民币业务；外资非银行金融机构可以按照中国人民银行即将公布的有关管理办法的规定，申请设立独资或合资汽车金融服务公司，办理汽车消费信贷业务；外国投资者可以按照中国人民银行公布的《金融租赁公司管理办法》的规定，申请设立独资或合资金融租赁公司，提供金融租赁服务；中国人民银行将根据修订后的《中华人民共和国外资金融机构管理条例》和《中华人民共和国外资金融机构管理条例实施细则》等有关管理办法，受理外资金融机构的各项申请；外资金融机构已向中国人民银行递交的设立机构等申请仍然有效，但申请者须按修订后法规的规定补充申请材料。

10日 中国证监会发布《关于上市公司重大购买、出售、置换资产若干问题的通知》。该通知规定：上市公司实施重大购买、出售、置换资产行为，应当遵循有利于上市公司可持续发展和全体股东利益的原则，与实际控制人及其关联人之间不存在同业竞争，保证上市公司与实际控制人及其关联人之间人员独立、资产完整、财务独立；上市公司具有独立经营能力，在采购、生产、销售、知识产权等方面能够保持独立。上市公司实施重大购买、出售、置换资产，应当符合以下要求：实施本次交易后，公司具备股票上市条件；实施本次交易后，公司具有持续经营能力；本次交易涉及的资产产权清晰，不存在债权债务纠纷的情况；不存在明显损害上市公司和全体股东利益的其他情形。上市公司实施本通知规定之外的其他购买、出售、置换资产的交易行为，应当按照证券交易所的有关规定执行。本通知自2002年1月1日起施行，原《关于规范上市公司重大购买或出售资产行为的通知》（2000年7月24日发布）同时废止。

11日 中国正式成为世界贸易组织（WTO）第143个成员。此前，11月11日中国外经贸部部长石广生在多哈受朱镕基总理委派，代表中华人民共和国在《中国加入世界贸易组织议定书》上签字，并向世界贸易组织秘书处递交中华人民共和国主席江泽民签署的中华人民共和国加入世界贸易组织批准书。至此，中华人民共和国加入世界贸易组织的所有法律程序履行完毕。《中国加入世界贸易组织议定书》规定了中国作为世界贸易组织成员的权利和义务。根据世界贸易组织的规定，在递交批准书30日后，即12月11日，中国正式成为世界贸易组织成员。

△ 中国人民银行公布银行业加入世界贸易组织的承诺。根据世界贸易组织有关协议，我国将逐步取消外资银行经营人民币业务的地域限制：加入时，开放深圳、上海、大连、天津；加入后1年内，开放广州、珠海、青岛、南京、武汉；加入后两年内，开放济南、福州、成都、重庆；加入后3年内，开放昆明、北京、厦门；加入后4年内，开放汕头、宁波、沈阳、西安；加

入后5年内，取消所有地域限制。逐步取消人民币业务客户对象限制：加入后两年内，允许外资银行对中国企业办理人民币业务；加入后5年内，允许外资银行对所有中国客户提供服务。允许外资银行设立同城营业网点，审批条件与中资银行相同。加入后5年内，取消所有现存的对外资银行所有权、经营和设立形式，包括对分支机构和许可证发放进行限制的非审慎性措施。允许外资非银行金融机构提供汽车消费信贷业务，享受中资同类金融机构的同等待遇；外资银行可在加入后5年内向中国居民个人提供汽车信贷业务。允许外资金融租赁公司与中国公司在相同的时间提供金融租赁服务。

△ 中国证监会通过新华社公布证券业加入世界贸易组织的承诺，主要内容有：1. 外国证券机构可以（不通过中方中介）直接从事B股交易；2. 外国证券机构驻华代表处可以成为所有中国证券交易所特别会员；3. 允许外国机构设立合营公司，从事国内证券投资基金管理业务，外资比例不超过33%，加入后3年内，外资比例不超过49%；4. 加入后3年内，允许设立中外合资证券公司，从事A股承销、B股和H股以及政府和公司债券的承销和交易，外资比例不超过1/3。

△ 中国保监会对外公布保险业加入世界贸易组织的承诺，主要内容有：1. 企业形式：(1) 加入时，允许外国非寿险公司在华设立分公司或合资公司，合资公司外资比例可以达到51%。加入后两年内，允许外国非寿险公司设立独资子公司，即没有企业设立形式限制。(2) 加入时，允许外国寿险公司在华设立合资公司，外资比例不超过50%，外方可以自由选择合资伙伴。(3) 允许所有保险公司按地域限制放开的时间表，设立国内分支机构。2. 开放地域：(1) 加入时，允许外国寿险公司和非寿险公司在上海、广州、大连、深圳、佛山提供服务。(2) 加入后两年内，允许外国寿险和非寿险公司在北京、成都、重庆、福州、苏州、厦门、宁波、沈阳、武汉和天津提供服务。(3) 加入后三年内，取消地域限制。3. 业务范围：(1) 加入时，允许外国非寿险公司向在华外商投资企业提供财产险以及与之相关的责任险和信用险服务；加入后两年内，允许外国非寿险公司向外国和中国客户提供所有商业和个人非寿险服务。(2) 加入时，允许外国保险公司向外国公民和中国公民提供个人（非团体）寿险服务。加入后三年内，允许外国保险公司向外国公民和中国公民提供健康险、团体险和养老金/年金险服务。

12日 国务院发布《中华人民共和国外资保险公司管理条例》。该条例共有7章40条，内容包括总则、设立与登记、业务范围、监督管理、终止与清算、法律责任、附则等内容。其中规定：设立外资保险公司，应当由中国保监会批准；外资保险公司按照中国保监会核定的业务范围进行经营，外资保险公司可以全部或者部分依法经营下列种类的保险业务：财产保险业务，包括财产损失保险、责任保险、信用保险等业务；人身保险业务，包括人寿保险、健康保险、意外伤害保险等保险业务，可以在核定的范围内经营大型商业风险保险业务、统括保单保险业务；同一外资保险公司不得同时兼营财产保险业务和人身保险业务；中国保监会有权检查外资保险公司的业务状况、财务状况及资金运用状况，有权要求外资保险公司在规定期限内提供有关文件、资料和书面报告，有权对违法、违规行为依法进行处罚处理。该条例自2002年2月1日起施行。

13日 财政部、劳动和社会保障部发布《全国社会保障基金投资管理暂行办法》。该办法规定：全国社会保障基金（以下简称社保基金）是指全国社会保障基金理事会（以下简称理事会）负责管理的由国有股减持划入资金及股权资产、中央财政拨入资金、经国务院批准以其他方式筹集的资金及其投资收益形成的由中央政府集中的社会保障基金。社保基金投资运作的基本原则是：在保证基金资产安全性、流动性的前提下，实现基金资产的增值。财政部会同劳动和社会保障部拟订社保基金管理运作的有关政策，对社保基金的投资运作和托管情况进行监督。中国证监会和中国人民银行按照各自的职权对社保基金投资管理人和托管人的经营活动进行监督。社保基金投资的范围限于银行存款、买卖国债和其他具有良好流动性的金融工具，包括上市流通的证券投资基金、股票、信用等级在投资级以上的企业债、金融债等有价证券。划入社保基金的货币资产的投资，按成本计算，应符合下列规定：银行存款和国债投资的比例不得低于50%。其中，银行存款的比例不得低于10%。在一家银行的存款不得高于社保基金银行存款总额的50%。企业债、金融债投资的比例不得高于10%。证券投资基金、股票投资的比例不得高于40%。单个投资管理人管理的社保基金资产投资于1家企业所发行的证券或单只证券投资基金，不得超过该企业所发行证券或该基金份额的5%，按成本计算，不得超过其管理的社保基金资产总值的10%。

17日 经中国保监会正式批准，中银集团保险有限公司深圳分公司挂牌营业。中银集团保险有限公司于1992年在香港注册成立，1996年在深圳设立代表处，2001年获准成立分公司。深圳分公司是该公司的第一家分公司，主要在深圳经营当地的三资企业财产保险等业务。

18日 中共中央政治局委员、国务院副总理温家宝视察中国人民银行，重点考察全国银行卡联网通用工作。温家宝副总理对2002年银行卡联网通用工作的目标和工作重点提出了明确要求：各商业银行系统内银行卡业务要在300个以上地市级城市实现本系统内银行卡的联网运行，跨地区使用，使网络运行质量和交易成功率明显提高；依靠现有的银行卡交换网络，进一步抓好联网通用工作，力争在100个以上城市实现各行各类银行卡的跨行通用；力争在40个以上城市推广普及全国统一的“银联”标识卡，全面实现跨地区、跨银行的联网通用。为贯彻落实温家宝副总理的讲话精神，推进银行卡“联网通用、联合发展”的各项目标顺利实现，经银行信息化领导小组（扩大）会议审议通过，中国人民银行正式提出了2002年银行卡联网通用工作“314”计划——300个城市银行卡联网通用、100个城市银行卡跨行通用、40个城市推行异地跨行的“银联”标识卡。

△ 中国出口信用保险公司开业。该公司为全资国有政策性保险公司，自成立之日起承担原中国人民保险公司和中国进出口银行的出口信用保险业务和相应的债权债务。注册资本为40亿元人民币，资本来源为出口信用保险风险基金，由国家财政预算安排。业务范围主要有短期出口信用保险、中长期出口信用保险、投资保险、担保、商账追收、资信评估、贸易融资服务等。这是中国首家专业出口信用保险机构。截至2001年6月，我国出口信用保险基金达40亿美元；截至2001年10月，我国出口信用保险累计为180亿美元的出口提供了收汇风险保障。唐若昕出任党委书记、总经理。

19日 中国人民银行发出《关于全面推行贷款质量五级分类管理的通知》，决定从2002年1月1日起，在我国各类银行全面推行贷款风险分类管理。贷款风险分类管理，又称贷款五级分类管理，是指银行主要依据借款人的还款能力，即最终偿还贷款本金和利息的实际能力，确定贷款遭受损失的风险程度，将贷款质量划分为正常、关注、次级、可疑和损失五类的一种管理方法。该方法建立在动态监测的基础上，通过对借款人现金流量、财务实力、抵押品价值等因素的连续监测和分析，判断贷款的实际损失程度，对银行的信贷管理水平和信贷人员的素质有较高的要求，有利于银行及时发现贷款发放后出现的问题，能更准确地识别贷款的内在风险、有效地跟踪贷款质量，便于银行及时采取措施，从而提高信贷资产质量。

△ 中国人民银行颁布《贷款风险分类指导原则》。该指导原则是对中国人民银行1998年发布的《贷款风险分类指导原则（试行）》的个别条款进行了修订，与原指导原则相比，修订后的指导原则主要有两个调整：1. 为加强对逃废银行债务行为的约束，增加了一条，即“对利用企业兼并、重组、分立等形式恶意逃废银行债务的借款人的贷款，至少划分为关注类。并应在

依法追偿后，按实际偿还能力进行分类”。2. 明确了坏账准备金的提取依据。原指导原则明确商业银行应该按照谨慎会计原则建立贷款损失准备金制度，但未明确依据。修订后的指导原则明确，商业银行应按照财政部的有关规定和人民银行有关贷款损失准备金计提的指引，提取贷款损失准备金，核销损失贷款。

20日 国务院公布《中华人民共和国外资金融机构管理条例》。该条例包括总则、设立与登记、业务范围、监督管理、解散与清算、法律责任、附则共7章52条，自2002年2月1日起施行。国务院于1994年2月25日发布的《中华人民共和国外资金融机构管理条例》同时废止。该条例遵循开放与保护并重的原则，一方面落实了中国加入世界贸易组织在银行业方面的减让承诺，进一步对外资开放金融业，放松或取消了原条例的限制性条件，使其与内资金融机构的管理政策趋于一致；另一方面充分考虑运用国际公认的审慎监管原则和其他有关国际惯例，对外资金融机构的市场准入和经营进行严格审批和监管，利用适用于五年过渡期的非审慎性措施对国内金融业作出必要的保护。

该条例规定：独资银行、合资银行的注册资本最低限额为3亿元人民币等值的自由兑换货币。独资财务公司、合资财务公司的注册资本最低限额为2亿元人民币等值的自由兑换货币。注册资本应当是实缴资本。外国银行分行应当由其总行无偿拨给不少于1亿元人民币等值的自由兑换货币的营运资金。独资银行、合资银行、独资财务公司、合资财务公司的资本充足率不得低于8%。独资银行、合资银行、独资财务公司、合资财务公司对1个企业及其关联企业的授信余额，不得超过其资本的25%，但是经中国人民银行批准的除外。独资银行、合资银行、独资财务公司、合资财务公司的固定资产不得超过其所有者权益的40%。独资银行、合资银行、独资财务公司、合资财务公司资本中的人民币份额与其风险资产中的人民币份额的比例不得低于8%。外国银行分行营运资金加准备金等之和中的人民币份额与其风险资产中的人民币份额的比例不得低于8%。中国人民银行根据外资金融机构的业务范围和审慎监管的需要，可以提高其注册资本或者营运资金的最低限额，并规定其中的人民币份额。外资金融机构应当确保其资产的流动性。流动性资产余额与流动性负债余额的比例不得低于25%。外资金融机构从中国境内吸收的外汇存款不得超过其境内外汇总资产的70%。

25日 中国证监会发布《关于做好上市公司可转换公司债券发行工作的通知》。该通知规定：上市公司发行可转换公司债券，除应当符合《可转换公司债券管理暂行办法》第九条规定的条件外，还应当符合以下要求：公司最近三个会计年度加权平均净资产利润率平均在10%以上；属于能源、原材料、基础设施类的公司可以略低，但是不得低于7%。公司扣除非经常性损益后，最近三个会计年度的净资产利润率平均值原则上不得低于6%。公司最近三个会计年度净资产利润率平均低于6%的，公司应当具有良好的现金流量。上市公司发行可转换公司债券前，累计债券余额不得超过公司净资产额的40%；本次可转换公司债券发行后，累计债券余额不得高于公司净资产额的80%。要求按照能源、原材料、基础设施类公司的标准公司实际从事的主营业务属于能源、原材料、基础设施类业务；来自能源、原材料、基础设施类业务的业务收入占公司主营业务收入的50%以上；用于能源、原材料、基础设施类业务的资产占公司资产总额的50%以上。可转换公司债券保证人的净资产额不得低于本次可转换公司债券的发行金额；可转换公司债券保证人的净资产额应当经过具有证券从业资格的会计师事务所核验并出具验证报告；证券公司、上市公司不得为可转换公司债券发行提供担保。上市公司发行可转换公司债券时，应当按照要求披露有关信息。上市公司发行可转换公司债券所募集的资金必须用于公司的主营业务；用于对外投资的，对外投资项目应当与主营业务密切相关，且须对被投资机构拥有实质控制权或事先约定分红方式以保证发行公司有良好的现金流用于偿还债务。

28日 中国证监会公布《证券公司管理办

法》。该办法规定：1. 中国证监会统一负责证券公司设立、变更、终止事项的审批，依法履行对证券公司的监督管理职责；2. 证监会对证券公司高级管理人员实行谈话提醒制度，对证券公司在经营管理中出现的问题，可以质询证券公司的高级管理人员，并责令其限期纠正；3. 证券公司应当按照现代企业制度的要求，建立并健全公司的治理结构；4. 经纪类证券公司可以从事证券的代理买卖，代理证券的还本付息、分红派息，证券代保管、鉴证，代理登记开户等业务；5. 综合类证券公司还可以从事证券的自营买卖、证券的承销、证券投资咨询（含财务顾问）、受托投资管理以及证监会所批准的其他业务；6. 证券公司不得兴办实业，不得购置非自用不动产，不得从事 B 股的自营买卖，但证监会另有规定的除外。本办法自 2002 年 3 月 1 日起正式实施。

△ 福建国际信托投资公司被撤销。中国人民银行发布公告指出，根据中国人民银行的有关规定和福建省整顿信托投资公司的统一部署，经中国人民银行总行批准，决定撤销福建国际信托投资公司。公司撤销后将成立清算组协调有关问题。福建国际信托投资公司是汉博基金的管理人富国基金管理有限公司的股东。福建国际信托投资公司是 1979 年 1 月 20 日经国务院批准成立的全国第一家省级国际信托投资公司，注册资本 10 亿元人民币。

2002年

1月

5日 中国保监会发布《关于购买人身保险新型产品注意事项的公告》。该公告要求保险公司在销售人身保险新型产品时，向客户出具经中国保监会备案、用非专业语言表述的产品说明书，使消费者充分了解新型产品的特性及其风险。消费者在购买前，一定要认真阅读产品说明书，详细了解产品的保险责任、不保障的内容等事项，理解保险合同双方的权利和义务。

△ 中国证监会、国家经贸委联合公布实施《上市公司治理准则》。该准则突出强调公司治理结构要保护股东，特别是中小股东的利益；当股东权利受到侵害时，有权通过民事诉讼等法律手段求得赔偿；控股股东对上市公司及其他股东负有诚信义务；公司董事要履行诚信、勤勉的义务。该准则还强调上市公司要加强对公司治理内容的披露。

9日 全国统一的"银联"标识卡率先在北京、上海、广州、杭州和深圳五个城市同时发行。即日起，"银联"标识卡在这五个城市的所有ATM或POS机等终端机具上实现跨地区、跨银行联网通用。

10日 中共中央、国务院颁布《关于做好2002年农业和农村工作的意见》。该意见指出：当前农业和农村经济发展中的突出问题，仍然是农民收入增长困难。新阶段增加农民收入，要有新的思路，采取综合措施。要适应加入世界贸易组织的新形势，切实加强国家对农业的支持和保护，为农业发展、农民增收创造条件；切实减轻农民负担，增强农民自我积累、自我发展的能力；不断完善农业管理体制，使农村经济更加活跃起来。就金融支持农业和农村工作，该意见指出：农村信用社要牢固树立为农业、农村和农民服务的宗旨，集中资金，扩大农业信贷投放，增加农户贷款，真正发挥农村金融主力军的作用。积极推行农户小额信用贷款和农户联保贷款方式的信用贷款，适当简化对农户贷款的业务手续，提高业务效率。对农户和农村个体工商户的生产、生活及投资等方面的合理资金需求，要给予贷款支持。各国有商业银行要适当提高对农村、农业及其相关行业的贷款比重，尤其要优先支持各类农产品经销、加工企业的收购资金贷款。农业银行要进一步加大对农业产业化龙头企业、农村中小企业和小城镇建设的支持力度。国家开发银行要扩大对农业基础设施和重大农业开发项目的贷款，提高对农业的信贷投入比重。人民银行要根据农村资金分流及其供求变化情况，支持农业信贷投放，改善农村金融服务。要进一步管好用好对农村信用社的支农再贷款，实行台账监控、定向使用、封闭运行、按期收回的管理办法，保障资金安全。

14日 中国人民银行发布《关于规范联名卡管理的通知》。该通知明确，人民银行对商业银行发行联名卡进行事前备案管理；商业银行办理联名卡发行和申领业务，必须在经人民银行批准的营业网点内进行，不得委托任何单位或个人代理，并须遵守相应的银行卡章程；人民银行各级分支机构应严格按照有关规定加强对商业银行联名卡业务的监管。

△ 经中国保监会批准，中意人寿保险有限公司在广州成立。该公司由中国石油天然气总公司和意大利忠利保险有限公司（ASSICURAZIONI GENERALI）共同出资组建，持股比例各为

50%，注册资本为人民币2亿元。公司主要保险产品有人寿保险、意外及健康保险、投资型保险以及家庭保险。这是中国加入世界贸易组织后首家获准成立的中外合资保险公司。

15日 最高人民法院发布《关于受理证券市场因虚假陈述引发的民事侵权纠纷案件有关问题的通知》。该通知决定：自本通知下发之日起，人民法院开始受理和审理证券市场由中国证监会及其派出机构作出生效处罚决定的因虚假陈述行为引发的民事侵权赔偿纠纷案件。虚假陈述民事赔偿案件是指证券市场上证券信息披露义务人违反《中华人民共和国证券法》规定的信息披露义务，在提交或公布的信息披露文件中作出违背事实真相的陈述或记载，侵犯了投资者合法权益而发生的民事侵权索赔案件。对于虚假陈述民事赔偿案件，人民法院应当采取单独或者共同诉讼的形式予以受理，不宜以集团诉讼的形式受理。各直辖市、省会市、计划单列市或经济特区中级人民法院为一审管辖法院；地域管辖以我国民事诉讼法确立的原告就被告原则确定。有关中级人民法院受理此类案件后，应在三日内将受理情况逐级上报至最高人民法院。

同年1月25日，北京、上海的3名投资者起诉大庆联谊虚假陈述案，被哈尔滨市中级人民法院正式受理，成为该通知出台后首例被法院受理的虚假陈述证券民事赔偿案，同时也是首例共同诉讼民事赔偿案。

18日 中国人民银行货币政策委员会第一季度例会在北京召开。会议认为：2002年是中国加入世界贸易组织的第一年，经济发展和货币政策调控面临一些新的不确定因素；要密切关注和正确分析形势的发展变化，继续实行稳健的货币政策，加大对经济发展的支持力度，防止经济增长速度进一步减缓，促进经济持续、快速、健康发展。

△ 中国人民银行和美国财政部货币监理署（Office of Currency Comptroller，OCC）发布联合消息，对中国银行及其在美国的纽约分行由于其过去管理层在1991～1999年间的违规经营行为分别采取处罚措施：中国银行纽约分行向OCC交纳1 000万美元的罚款，中国银行向中国人民银行交纳1 000万美元等值人民币的罚款，两项罚款总计2 000万美元。

△ 中国证监会与美国商品期货交易委员会正式签署《中美期货监管合作谅解备忘录》。这是继1994年两国签署《证券合作、磋商及技术协助谅解备忘录》之后，中美两国在资本市场监管合作方面取得的又一个新的进展，双方将共同致力于维护期货期权市场公开、公平、有效和健康的运作。

23日 中国证监会发布《期货经纪公司高级管理人员任职资格管理办法（修订）》、《期货从业人员资格管理办法（修订）》，自发布之日起施行，1999年8月31日发布的《期货经纪公司高级管理人员任职资格管理办法》、《期货业从业人员资格管理办法》同时废止。

《期货经纪公司高级管理人员任职资格管理办法（修订）》共有5章42条，其中规定：办法所称期货经纪公司高级管理人员指期货经纪公司的董事长、总经理、副总经理。中国证监会负责期货经纪公司高级管理人员任职资格的审核与管理，包括任职资格的审核与确认、任职期间的考核、任职资格暂停与撤销以及其他相关事宜。期货经纪公司高级管理人员应当具备以下条件：身体状况良好；诚实信用，勤勉尽责，具有良好的职业道德；有相应的经济或者管理工作经验；取得期货从业人员资格；中国证监会规定的其他条件。总经理、副总经理除符合上述规定条件外，还应当符合下列条件：从事期货、证券工作3年以上，或者从事其他金融工作5年以上，或者从事其他经济管理工作20年以上；具有履行高级管理人员职责所必备的经济、金融、期货知识和组织协调能力，熟悉金融、期货等相关法律、法规。期货经纪公司高级管理人员不得在党政机关兼职。总经理、副总经理不得在其他营利性组织兼职。

《期货从业人员资格管理办法（修订）》共有6章37条，其中规定：中国期货业协会负责期货从业人员资格的授予、管理及注销。中国期货业协会对从业人员的管理应当接受中国证监会的监督和指导。期货从业人员应当遵守下列执业行为规范：遵守有关法律、法规、规章和政策，不得有操纵期货交易价格、欺诈客户和内幕交易的行为；遵守中国期货业协会章程及会员管理规则、期货交易所有关规则和从事期货业务机构的规章制度；恪尽职守，勤勉尽责，诚实信用，维护客户的合法权益；自觉避免与客户的利益冲突，当无法避免时，应当确保客户得到公平对待；不得协助或者协同他人进行违法、违规活动；服从中国期货业协会的自律性管理；服从中国证监会的监督与管理；遵守中国证监会的其他规定。

24日 中国人民银行发布公告，决定于2002年1月25日撤销中国光大国际信托投资公司，收缴其“金融机构法人许可证”和“金融机构营业许可证”，并自公告之日起，停止该公司一切金融业务活动。公司撤销后，由中国人民银行组织成立清算组，对该公司进行清算。清算期间，清算组行使公司管理职权，清算组组长行使公司的法定代表人职权。在清算期间，该公司下属的独立法人实业公司的业务照常经营。

△ 中国证监会召开“投资者教育座谈会”，会议主要围绕明确证券市场各方责任教育的意义、做法，以及如何把投资者教育与保护、服务有机结合，如何建立监管部门与投资者以及各市场主体的沟通机制，如何加强证券市场道德教育和诚信法则建设等问题进行了深入探讨。会议代表对投资者教育工作提出了一些建设性意见，主要是，要尽快建立监管部门与市场主体特别是中小投资者的沟通机制；建立系统的投资者调查和教育评估机制；建立上市公司的投资者关系管理机制。这是投资者第一次与监管层面对面的进行交流。

25日 中国人民银行公布《中华人民共和国外资金融机构管理条例实施细则》。该细则共有7章113条，分别就外资金融机构在设立与登记、业务范围、任职资格管理、监督管理、解散与清算等方面管理工作的实施进行详细规定。

该细则明确规定：“外国资本”是指在中华人民共和国境外注册机构缴付的资本；“外国银行”是指在中华人民共和国境外注册并经所在国家或地区金融监管当局批准或认可的银行；“外国的金融机构”是指在中华人民共和国境外注册并经所在国家或地区金融监管当局批准或认可的金融机构；“外资法人机构”是指独资银行、合资银行、独资财务公司和合资财务公司。该细则还规定，在中国境内设立两家及两家以上分行的外国银行，应指定主报告行，负责其在中国境内各分行的并表工作。中国人民银行根据外资法人机构的风险状况，可以对其资本充足率提出特别要求。该细则自2002年2月1日起施行。中国人民银行1996年4月30日发布的《中华人民共和国外资金融机构管理条例实施细则》、1996年1月4日发布的《在华外资银行设立分支机构暂行办法》、1996年12月2日发布的《上海浦东外资金融机构经营人民币业务试点暂行管理办法》、1997年5月15日发布的《外资金融机构中、高级管理人员任职资格管理暂行规定》和1999年4月21日发布的《外国银行撤销在华营业性分支机构操作指引》同时废止。

31日 中国人民银行发布实施《商业银行柜台记账式国债交易管理办法》。该办法规定，凡具备统一、安全、稳定的计算机业务处理系统；有健全的内部管理制度和风险防范机制；有专门负责柜台交易的业务部门和合格的专职人员；在全国银行间债券市场交易活跃，申请前两年债券业务量排名靠前；申请前连续三年为国债承销团成员；申请前两年在全国银行间债券市场无重大违规记录的商业银行都可以申请成为承办记账式国债交易的银行。

△ 中国人民银行发布《关于取缔地下钱庄及打击高利贷行为的通知》。针对近年来在部分农村地区，民间信用活动活跃，高利借贷现象突出，甚至出现了专门从事高利借贷活动的地下钱庄，破坏了正常的金融秩序，影响了社会安定，中国人民银行要求人民银行各分行、营业管理部严格按照国务院《非法金融机构和非法金融业务活动取缔办法》（1998年7月13日发布）

的规定，依法取缔辖区内的非法金融机构和非法金融业务活动；严格规范民间借贷行为，民间个人借贷利率由借贷双方协商确定，但双方协商的利率不得超过中国人民银行公布的金融机构同期、同档次贷款利率（不含浮动）的4倍。超过上述标准的，应界定为高利借贷行为；人民银行各分支行应督促有关金融机构不断改进金融服务，加大对农村、农业和农民的信贷支持力度，逐步解决农民贷款难的问题；人民银行各分支行要会同有关部门，采取各种有效方式向广大群众宣传国家金融法规和信贷政策。特别是在地下钱庄和高利贷比较活跃的地方，要选择典型案例，宣传地下钱庄非法高利融资的危害性，教育广大群众增强风险防范意识，自觉抵制高利借贷活动，防止上当受骗。

1月 经中国证监会批准，南方证券有限公司注册资本金由10亿元增至34.58亿元，公司实现了有限责任公司向股份有限公司转变。公司经过转制后，在内部管理和风险防范等方面也在建立相应的机制并进行适当的调整，在此次增资扩股的基础上，按照“法制、监管、自律、规范”的要求，进一步强化内部管理，把经营风险控制在最低限度。

2月

1日 中国保监会、国家工商行政管理总局联合颁布《保险公司营销服务部管理办法》。该办法规定，保险公司设立营销服务部应当具备三个条件：主要负责人应当从事保险工作3年以上，并具备相应的组织管理能力；符合其职能的办公设备和人员；符合要求的固定场所。营销服务部的名称为××保险公司或者保险公司分支机构（全称）××营销服务部。各保险公司在本办法实施以前设立的农村代办站所和寿险营销部等服务网点均应当按本办法规范。该办法自2002年3月11日起施行。

4日 《领导干部国际金融知识读本》出版发行。该书由中国银行主编，中共中央总书记、国家主席江泽民为该书题写书名并作批语：“在全球化深入发展的条件下，为了适应我国加入世界贸易组织和扩大对外开放的新形势，各级领导干部都应该努力掌握必要的国际金融知识，以利提高我们参与国际市场竞争的能力，更好地服务于我国改革开放和社会主义现代化建设。”

5~7日 全国金融工作会议在北京召开。中共中央总书记江泽民在会上指出：金融在市场配置资源中起核心作用；金融是调节宏观经济的重要杠杆；金融安全是国家经济安全的核心。会议提出，在新的发展时期做好金融工作的指导方针是，坚持以邓小平理论和“三个代表”重要思想为指导，进一步加强金融监管，深化金融企业改革，改进金融服务，整顿金融秩序，防范和化解金融风险，维护国家金融安全，促进国民经济持续快速健康发展。会议确定“十五”期间金融工作的主要任务是：进一步完善现代金融机构体系、市场体系、监管体系和调控体系，努力实现金融监管和调控高效有力，金融企业经营机制健全、资产质量和经营效益显著改善，金融市场秩序根本好转，金融服务水平和金融队伍素质明显提高，全面增强我国金融业竞争力。

7~8日 中国人民银行2002年工作会议在北京召开。会议强调，中国人民银行要切实转变作风，继续执行稳健的货币政策，改进金融服务，进一步加大对经济发展的支持力度，把加强对银行业的监管作为中央银行工作的重中之重，切实防范和化解金融风险，加大金融对经济发展的支持力度，促进国民经济持续、快速、健康发展。

7日 中国人民银行、教育部、财政部联合发布《关于切实推进国家助学贷款工作有关问题的通知》。该通知指出，中国人民银行、教育部和财政部在总结前一段工作经验的基础上，研究了进一步广泛开展国家助学贷款工作的具体措施，经国务院同意，就有关问题进行明确：1. 统一思想，提高认识，全面推进国家助学贷款工作。各级人民政府和银行、教育、财政等有关部门一定要从实践“三个代表”重要思想的高度，提高认识，统一思想，协调配合，共同努力，采取切实可行的措施，全面落实国家助学贷款的各项政策，做到不让一个大学生因经济困难而辍学。2. 实行“四定”、“三考核”，确保经济困难学生能够及时得到国家助学贷款。“四定”是指定学校、定范围、定额度、定银行；“三考核”是指中国人民银行及各分支行与教育行政部门要按月考核经办银行国家助学贷款的申请人数和申请金额、考核已审批贷款的人数和贷款合同金额、考核实际发放贷款的人数和发放金额，对考核情况要按月分析，发现问题，及时督促，协调解决。3. 完善现行国家助学贷款相关管理制度。调整财政贴息办法、实行灵活的还本付息方式、落实国家助学贷款免征营业税等政策、积极、主动地发放国家助学贷款。4. 加强国家助学贷款管理，建立风险防范机制。5. 进一步完善组织领导，通力协作，加强监督检查，落实国家助学贷款工作。同年 8 月 20 日，中国人民银行、教育部联合下发了《关于下达 2002 年度国家助学贷款指导性贷款计划的通知》，开始实施国家助学贷款指导性贷款计划，要求各级教育行政部门和高等学校积极配合经办银行做好国家助学贷款工作。

8 日　全国证券期货监管工作会议在北京召开，会议确定 2002 年证券期货监管工作的主要任务是，继续坚持“法制、监管、自律、规范”的八字方针，在加强监管、防范市场风险的同时，要尊重市场规律，稳步推动改革，促进市场创新，实现证券市场的规范、健康发展，更好地为国民经济服务。会议要求，证券期货监管系统要按照“三个代表”重要思想和“勤学之、明察之、慎思之”的指示精神，全面贯彻落实全国金融工作会议精神，善于利用市场化的监管理念和方式解决实践中出现的问题，在保持市场稳定的前提下，稳步实施各项监管工作，在 2001 年奠定的坚实基础上，继续开创证券期货监管工作新局面，为实现市场可持续发展而努力奋斗，以优异成绩迎接党的十六大的胜利召开。

△　全国保险工作会议在北京召开。会议确定 2002 年保险业的总体要求和主要任务是：紧密结合保险业的实际，全面贯彻中央经济工作会议和全国金融工作会议精神，加快发展，深化改革，防范风险，强化监管，扩大开放，努力提高我国保险业的国际竞争力。会议确定保险业要着力做好以下几项工作：深化体制改革，加快保险业发展，防范经营风险，强化保险监管，扩大对外开放，培养引进人才。这是第一次有外资、合资保险公司参加的全国保险工作会议。

9 日　全国保险监管工作会议在北京召开。会议确定，2002 年保险监管要做好以下几项工作：切实转变工作作风，加强法规制度建设，突出市场整顿重点，加强偿付能力监管，增强监管工作透明度，进一步加强自身建设。马永伟指出，适应保险市场扩大开放和保险业加快发展的需要，保监会将转变监管思路和方式，突出监管重点，创造性地开展工作，并在继续坚持市场行为监管和偿付能力监管并重的前提下，逐步向以偿付能力监管为核心过渡。加入世界贸易组织后，我国保险业面临严峻挑战，但最大的挑战是对保险监管的挑战，保监会将把转变监管方式当做 2002 年的一项重要工作来抓：一是清理行政审批，对不该管的坚决不管，充分发挥市场机制的导向作用，要逐渐清理审批事项，对该管的要坚决管好。二是在总结 2001 年机动车辆保险费率改革试点经验的基础上，在全国范围内推广条款费率管理体制改革。三是提高监管透明度，一方面要扩大信息公布的内容范围，除保险法律、法规之外，还要及时公布一些具体的监管政策和对重大问题的处理结果，特别是关于审批的项目、程序、原则和内容等；另一方面要增加监管信息的公布渠道，保证各公司及社会公众能及时获取监管信息。

10 日　国家外汇管理局发布《关于调整外币现钞管理有关政策及明确有关操作问题的通知》。该通知规定，自 2002 年 3 月 1 日起，各外汇指定银行在制定港元现钞挂牌价时，现钞买入价从不得超过现汇买卖中间价的 2.5% 调整为 1%，现钞卖出价与现汇卖出价相等；现汇买卖差价仍执行原有规定。同时，明确银行办理境内居民个人与其直系亲属之间外币账户资金划转的审核原则；要求银行在办理境内居民个人外汇资金存取划转超过1万美元的实行大额备案制度。

△　中国人民银行发布《商业银行设立同城营业网点管理办法》。该办法规定，商业银行设立同城支行的营运资金不得低于人民币1 000万元或等值的自由兑换货币；商业银行在一个城市一次只能申请设立一个同城支行，在该申请获得不同意筹建的批复或获得开业批准后，申请人方可申请设立另外的同城支行；商业银行设立具有独立营业场所的自助银行，应当向中国人民银行审批行提出申请，在一个城市一次只能申请设立三个自助银行，在该申请获得不同意筹建的批复或获得开业批准后，方可申请设立另外的同城支行；商业银行同城支行的名称统一冠以“银行名称”＋“城市名称”＋“支行名称”＋“支行”；商业银行自助银行的名称统一冠以“银行名称”＋“24小时自助银行服务”。

11日　国务院公布《指导外商投资方向规定》，自2002年4月1日起施行。1995年6月7日国务院批准，1995年6月20日国家计委、国家经贸委、外经贸部发布的《指导外商投资方向暂行规定》同时废止。

该规定将外商投资项目分为鼓励、允许、限制和禁止四类。其中，列为鼓励类外商投资项目有以下五类：属于农业新技术、农业综合开发和能源、交通、重要原材料工业的；属于高新技术、先进适用技术，能够改进产品性能、提高企业技术、经济效益或者生产国内生产能力不足的新设备、新材料的；适应市场需求，能够提高产品档次、开拓新兴市场或者增加产品国际竞争能力的：属于新技术、新设备，能够节约能源和原材料、综合利用资源和再生资源以及防治环境污染的；能够发挥中西部地区人力和资源优势，并符合国家产业政策的。产品全部出口的允许类外商投资项目，视为鼓励类外商投资项目。列为限制类外商投资项目有：技术水平落后的；不利于节约资源和改善生态环境的；从事国家规定实行保护性开采的特定矿种勘探、开采的；属于国家逐步开放的产业的。列为禁止类外商投资项目：危害国家安全或者损害社会公共利益的；对环境造成污染损害，破坏自然资源或者损害人体健康的；占用大量耕地，不利于保护、开发土地资源的；危害军事设施安全和使用效能的；运用我国特有工艺或者技术生产产品的。

20日　中国人民银行发布《关于调整对中资银行外汇业务的审批办法的通知》。该通知规定，调整对中资银行外汇业务的审批办法，内容包括：1. 对新设分支机构的本外币业务合并审核。2. 对增开除结售汇以外的外汇业务，变逐级审批为一级审批。3. 对已开业但尚未批准开办外汇业务的分支机构，其开办外汇业务的申请不再受开业半年的限制。

21日　中国人民银行决定即日起降低金融机构人民币存贷款利率。中国金融机构各项存款年利率在原基础上平均下调0.25个百分点。其中，活期存款利率由0.99%下调为0.72%；1年期定期存款利率由2.25%下调为1.98%。各项贷款年利率平均下调0.5个百分点，其中6个月期贷款利率由5.58%下调为5.04%；1年期贷款利率由5.85%下调为5.31%。金融机构在中国人民银行的准备金存款利率由2.07%下调为1.89%。中国人民银行的各档次再贷款利率分别下调0.54个百分点，其中，1年期再贷款利率由3.78%下调为3.24%。这是中国改革开放20多年来总共第8次下调金融机构人民币存贷款利率。

22日　国家外汇管理局发布《关于同意中国外汇交易中心开办外币拆借中介业务的批复》，同意中国外汇交易中心于2002年6月1日起为金融机构开办外币拆借中介业务。中国外汇交易中心作为外币拆借中介机构，负责提供拆入、拆出报价等信息咨询和服务，自身不得从事自营性外币拆借业务。

27日　国家外汇管理局与海关总署在北京签署《合作备忘录》。双方成立协调工作小组，建立多形式、多层次、多渠道的协调机制、联络机制和会议制度；充分利用电子网络系统等高科技手段，完善口岸电子执法系统和进出口报关单联网核查系统；实现监管信息、统计信息和政策信息的共享；加强系统内的授权和管理，统一监管政策等。此举是在新形势下提高监管水平，共同打击走私、逃骗汇等非法活动的具体行动。

2月 《中国银行行史（1949～1992年）》一书出版发行。该书是《中国银行行史（1912～1949年）》的续篇，它以史实为根据，实事求是、全面准确地记载了中国银行在建国后，特别是改革开放以来，在支持国家经济建设中发展壮大的历史过程和经验。

3月

1日 中国人民银行决定降低个人住房公积金贷款利率。从2002年2月21日开始，个人住房公积金贷款利率水平，5年以下（含5年）由现行的4.14%下调为3.6%，5年以上由现行的4.59%下调为4.05%。个人住房公积金贷款利率的计息、结息规则不变。

△ 中国人民银行金融研究所博士后科研流动站在北京成立，流动站首批博士后研究人员3人进站。这是中国金融业第一个博士后科研流动站。中国人民银行行长戴相龙在博士后科研流动站揭牌暨首批博士后研究人员进站仪式上对博士后科研流动站的建设提出了三条原则：1. 坚持致用原则，发挥比较优势。博士后科研流动站的研究成果不仅要有理论价值，而且更要具有操作性。紧紧围绕我国金融发展最迫切需要解决的问题展开研究。同时，在流动站建设与维护中，不断形成、巩固和发挥自身特色。2. 坚持开放原则，建立一个多层次、全方位的研究系统。首先是在金融业内开放，将按银行、证券、保险等行业性质分别成立若干工作站，作为博士后科研流动站的合作伙伴，充分利用和发挥博士后科研流动站学术研究中心的优势，发挥辐射效应，影响和带动整个金融行业学术交流和理论创新。其次是在全国开放，将聘请国内最高学术水平的人士担任考评委员和指导老师，以提高博士后科研流动站的研究水准和吸引力。最后是向国际开放，通过不断完善各项制度和设施，吸引世界一流高校和研究机构的专家学者到博士后流动站指导或获得博士学位的学子进站工作。3. 坚持创新原则，创建国际一流学术中心。通过建设中国金融业的博士后科研流动站，要建立一套不仅符合中国特点，而且符合亚洲特点，具有鲜明时代特色的金融理论体系，在国际金融学术研究领域占有一席之地。

△ 中国保监会发布《保险公司高级管理人员任职资格管理规定》，自2002年4月1日起施行。1999年1月11日中国保监会公布的《保险机构高级管理人员任职资格管理暂行规定》同时废止。

该规定对保险公司高级管理人员任职资格条件、任职资格审核与管理、任职资格取消作出详细规定。其中明确：本规定所称保险公司高级管理人员是指保险公司法定代表人和其他对保险公司经营管理活动具有决策权的主要负责人，包括：总公司的董事长、总经理、副总经理；分公司（包括总公司营业部）、中心支公司（包括分公司营业部）和支公司的总经理、副总经理、经理、副经理；以及其他具有相同职权的负责人。中国保监会及其派出机构对保险公司高级管理人员任职资格实行分级审核、分级管理。中国保监会审核和管理保险公司总公司高级管理人员的任职资格；中国保监会派驻各地的办公室、办事处和特派员办事处（以下简称所在地派出机构）审核和管理辖区内保险公司分支机构高级管理人员的任职资格。任职资格的审核和管理，包括任职资格审核、任职资格取消和任职资格档案管理。分为核准制和备案制：保险公司总公司、分公司和中心支公司的高级管理人员适用核准制；保险公司支公司的高级管理人员适用备案制。保险公司高级管理人员应当具备良好的品行和能胜任工作所必需的学历、专业经历和经营管理能力，无不良记录，应当遵守中华人民共和国法律，贯彻执行国家的经济、金融、保险方针政策。中资保险公司的法定代表人应当是中华人民共和国公民。外资保险公司、中外合资保险公司的外方高级管理人员应当具备相应的汉语水平。

4日 中国人民银行发布公告，决定从2002年3月1日起统一境内中、外资金融机构的外币存贷款利率管理政策。境内外资金融机构对境内中国居民（含在中国境内依法成立的企业、事业法人、国家机关、团体、部队和在中国境内居住一年以上的自然人）的小额外币存款，纳入中国人民银行现行小额外币存款利率管理范围。非中国居民的小额外币存款利率，由中、外资金融机构自行确定。现行大额外币存款利率政策不变。外币贷款利率及其计、结息方式，由中、外资金融机构根据国际金融市场利率的变动情况以及资金成本、风险差异等因素自行确定。

△　中国证监会下发《关于核准申银万国证券股份有限公司增资扩股的批复》，申银万国证券股份有限公司资本金从13.2亿元增加到42亿元，成为全国第二大券商。

△　中国人民银行发布《关于降低邮政储蓄转存款利率的通知》，决定从2002年2月21日开始，邮政储蓄转存款利率下调0.2538个百分点，由现行的4.6008%下调到4.347%。

△　全国农村信用社工作会议在北京召开。会议提出，2002年支农工作的目标是：存款增加2 000亿元左右，年末余额达到2万亿元左右；贷款增加1 800亿元，其中农业贷款增加1 200亿元；累放农业贷款达到5 400亿元左右，其中累放农户贷款4 500亿元左右；农户小额信用贷款的贷款面提高5～10个百分点，达到30%～35%，农业省份达到50%以上。会议强调，要多渠道增加农村信用社支农资金供应。加大组织吸收存款的力度，积极清收到期、逾期贷款，加强农村信用社系统内资金调剂；对中西部地区农村信用社支农资金不足的，继续安排支农再贷款给予支持，在前几年已安排支农再贷款的基础上，2002年再增加260亿元的支农再贷款额度；要全面推广农户小额信用贷款，在努力满足农户一般种植业和养殖业资金需要的前提下，支持农民扩大生产和经营规模，增加收入；要因地制宜确定贷款投放重点，积极配合农村产业结构调整。西部地区的农村信用社，仍要以支持农户发展生产，改善生活为主。东部发达地区、大中城市郊区和中部地区的农村信用社，在满足农户一般贷款需要的前提下，可结合当地农村经济实际，有选择地支持高科技农业、高附加值农产品和出口创汇农业，支持农民扩大种养业规模，提高专业化水平，支持各类农业产前、产中和产后的农业社会化服务组织。

6日　中国人民银行发布2001年第四季度《中国货币政策执行报告》。该报告指出，2001年我国金融运行情况稳定，货币政策的调控目标基本实现，货币供应量增长与经济增长基本相适应。2001年年底，广义货币增长14.4%，略高于年初预定的13%～14%的调控目标，增幅比2000年高0.4个百分点；狭义货币增长12.7%，比上年低3.4个百分点；流通中现金增长7.1%。金融机构贷款结构得到改善，贷款周转速度加快，经济体系中资金总量充足，基本满足了经济发展的需要。2001年货币信贷运行中也存在一些问题，主要是货币政策传导机制不完善，对有市场、有效益、有信用的企业，特别是中小企业的信贷支持还有待加强，金融机构进一步加大支农力度还有许多工作要做。该报告对2001年农业结构调整和农村经济发展问题进行了分析，提出2002年货币信贷预期调控目标为：广义货币供应量（M_2）和狭义货币供应量（M_1）分别增长13%左右，现金（M_0）净投放不超过1 500亿元，全部金融机构贷款增加13 000亿元左右，贷款结构进一步改善。

7日　中国人民银行发布《关于增加对农村信用社再贷款的通知》。根据全国金融工作会议精神，为支持农村信用社发放农户贷款，扩大春耕旺季农村信贷投放，经请示国务院同意，中国人民银行决定，2002年春耕期间安排增加对农村信用社的再贷款260亿元。要求各分行（含重庆营业管理部）要将现有的再贷款限额和此次新增的再贷款限额，及时安排下达到省、地、县。下达给县（市）支行的再贷款限额不得低于辖区内再贷款限额总量的80%。各分行安排下达再贷款限额时，要突出重点，优先支持辖区内受灾地区、粮棉主产区、支农资金严重短缺地区的农村信用社发放农户贷款。要加强对农村信用社再贷款用途的监督管理，再贷款要重点用于支持农村信用社发放农户贷款。

8日 经中国人民银行核准，厦门国际银行开展对境内居民在内的各类客户的外汇业务，品种包括：国内居民个人外币储蓄存款、个人存单质押贷款、个人外汇买卖等。该行是自新修订的《中华人民共和国外资金融机构管理条例》及其《实施细则》开始实施后，我国第一家获得国内居民外汇业务经营许可的外资金融机构。

12日 由中国银行注册并使用的“中银”（BOC）商标被国家工商行政管理总局商标局认定为驰名商标，并受到国家相关法律保护。这是国内金融业第一家获此殊荣的企业。

△ 中国证监会发出《关于证券投资基金参与股票发行申购有关问题的通知》。该通知规定：基金管理公司应当以取信于市场，取信于社会投资公众为宗旨，遵循诚实信用原则，按照基金契约的规定，运用基金资产参与股票发行申购。基金管理公司运用基金资产参与股票发行申购，单只基金所申报的金额不得超过该基金的总资产，单只基金所申报的股票数量不得超过拟发行股票公司本次的股票发售总量。基金管理公司应采取切实有效的措施，保证基金申购股票后，单只基金持有1家公司发行的股票不得超过该基金资产净值的10%；同一基金管理公司管理的全部基金持有1家公司发行的股票不得超过该公司总股本的10%。

15日 财政部、国家外汇管理局联合发布《关于进一步加强外商投资企业验资工作及健全外资外汇登记制度的通知》。该通知规定：会计师事务所在对外商投资企业出具验资报告前应向所在地外汇局或外汇账户开户银行发出外方出资情况询证函，以确定外方出资的真实性和合规性。各外汇指定银行应当积极配合注册会计师的工作，在收到询证函之后核对有关数据资料，明确签署意见，加盖对外具有法定证明效力的业务专用章，并在收到询证函之日起5个工作日内回函。外汇局在审核有关单据无误的基础上进行外资流入情况登记。各级财政部门和外汇局应当依各自职权，加强对会计师事务所及注册会计师验资工作和企业外汇登记工作的管理。对会计师事务所和注册会计师违反执业准则和有关规定，出具虚假验资报告，企业提交虚假证明文件或者采取其他欺诈手段取得登记的，应当依照国家有关法律、法规的规定予以处罚。上述规定自2002年5月1日起施行。

△ 九届全国人大五次会议通过朱镕基总理代表国务院所作的《政府工作报告》。报告提出，根据党中央部署，2002年工作的总体要求是：以邓小平理论和党的十五大精神为指导，进一步贯彻落实江泽民同志“七一”重要讲话和党的十五届五中全会、党的十五届六中全会精神，按照“三个代表”重要思想的要求，正确把握复杂多变的国际政治经济形势，抵御和克服前进道路上的各种风险和困难，以保持经济和社会的稳定。坚持实施扩大国内需求的方针，继续深化改革，扩大开放，加快结构调整，整顿和规范市场经济秩序，提高经济增长质量和效益，促进国民经济持续、快速、健康发展和社会全面进步。切实加强精神文明建设、民主法制建设和党的建设，转变政府职能，团结奋斗，勤俭建国，以改革开放和现代化建设的新成就迎接党的十六大召开。按照这个总体要求，2002年要着重做好八个方面的工作。其中，有关金融工作的要求是：继续实行稳健的货币政策，加强对金融机构的监管。金融机构要在切实防范和化解金融风险的同时，积极支持经济发展，努力改进服务。银行要调整信贷结构，重点支持国债投资项目、农业结构调整、企业技术改造、中小企业特别是科技型中小企业的发展，尽量满足有市场、有效益、有信用的企业流动资金贷款需求，发展个人住房、助学贷款等消费信贷业务。加快建立现代金融制度，深化金融企业改革，健全内部机制，强化经营管理。商业银行从2002年开始要全面实行贷款质量五级分类制度，改进信息披露。进一步规范和发展证券市场。继续促进保险业健康发展。加强金融法治和监管。加快信息化建设。密切关注国际金融市场变化，严防国际短期资本对我国金融市场的冲击，确保金融安全。

20日 国家开发银行通过中国人民银行债券发行系统招标发行2002年第二期30年期固定利率（附息）金融债券100亿元，债券缴款日为2002年3月25日，起息日为2002年1月12日，兑付日为2032年1月12日。债券分销对象为中资商业银行、保险公司、农村信用社联社及中国人民银行所许可的其他机构。此次债券发行是国家开发银行2001年第21期30年期债券的增发债券，是国内债券市场首次采取价格招标方式发行债券。

△ 国家外汇管理局发布《关于旅行社组织境内居民赴香港、澳门地区旅游有关外汇管理问题的通知》。该通知规定：银行只能为国家旅游局公布的“特许经营内地居民赴香港澳门地区旅游业务的旅行社名单”内的旅行社办理港澳游的外汇兑换手续；旅行社组织港澳游的外汇兑换手续只能在经旅行社所在地外汇局授权的银行办理。旅行社为游客办理外汇兑换时，应根据旅游团费实需的原则购买外汇，代游客购买个人零用费现钞，应向游客收取人民币。代游客购汇数额不得超过国家对每位游客最高供汇额。上述规定自2002年4月10日起施行。

△ 经中国人民银行批准，花旗银行增加上海分行外汇业务营运资金5 000万元人民币的等值美元，增加人民币业务营运资金3.6亿元人民币。增资后，花旗银行上海分行的营运资金增加到5.9亿元人民币。其中，外汇业务营运资金增至2亿元人民币等值美元；人民币业务营运资金增加到3.9亿元人民币。花旗银行上海分行成为上海外资银行中首家获准增加营运资金并全面开办外汇业务的外资银行分行。

21日 花旗银行在境内首次宣布对存款5 000美元的账户收费。花旗银行上海分行浦西支行开始对国内居民经营外汇业务，执行“美元现金提现时收取0.25%手续费”的标准；同时，每月日均存款不足10万美元收取100元人民币或12美元月服务费，低于5 000美元收50元人民币或6美元的服务费。4月9日，储户吴卫明向上海浦东新区人民法院递交诉状，状告花旗银行上海分行向存款总额低于5 000美元的储户收取6美元理财服务费的做法，限制了公众的消费权利，是对小储户的歧视，要求法院判令花旗银行赔礼道歉并赔偿34元的路费损失。当年10月，此案一审判决花旗银行胜诉。到2004年年底，花旗银行将原来的收取管理费的存款限额由5 000美元提高到了1万美元。

26日 中国银联股份有限公司在上海成立。该公司是经国务院同意、中国人民银行批准设立的由85家国内金融机构共同发起设立的股份制金融机构，其中包括四大国有独资商业银行，10家股份制银行，45家城市商业银行，12家农村信用社，注册资本16.5亿元人民币。公司经营范围是：建设和运营全国统一的银行卡跨行信息交换网络；提供先进的电子化支付技术和与银行卡跨行信息交换相关的专业化服务；开展银行卡技术创新；管理和经营“银联”标识；制定银行卡跨行交易业务规范和技术标准，协调和仲裁银行间跨行交易业务纠纷；组织行业培训、业务研讨和开展国际交流，从事相关研究咨询服务；经中国人民银行批准的其他相关服务业务。

△ 经中国保监会批准，光大永明人寿保险有限公司在天津成立。该公司由中国光大集团和加拿大永明人寿保险公司共同出资组建，持股比例各为50%，注册资本为人民币2亿元，经营地域主要是天津地区，是第一家总部设在天津的合资寿险公司。

27日 中国人民银行与日本银行在东京签署《人民币与日元之间的双边货币互换协议》。根据协议，中国人民银行和日本银行在必要时可向对方提供总额相当于30亿美元的货币互换安排，以帮助其维护金融市场的稳定。

28日 经国务院批准，公安部设立证券犯罪侦查局，进驻中国证监会办公。证券犯罪侦查局的人事编制属于公安部，其职责是全面协助中国证监会调查证券市场犯罪行为，包括上市公司诈欺、内幕交易等。2003年12月，公安部在上海、深圳、北京、成都、大连和武汉六地设立了证券犯罪侦查分局。表明我国司法已介入股票市场的监督与管理。

29日 中国人民银行“会计核算管理‘四集中’系统”试点总结暨推广工作会议在福建召开。中国人民银行副行长吴晓灵出席会议并讲话，指出会计核算管理“四集中”是未来中央银行会计管理体制改革与发展的方向，在今后试点推广过程中要切实加强会计人员的学习，提高素质，适应新形势变化的需要；要切实加强有关制度建设，规范操作，防范中央银行会计风险，保证银行资金安全。

△ 中银国际证券有限责任公司在上海开业。该公司是中国银行在海外全资附属的投资银行——中银国际控股有限公司联合中国石油天然气集团公司等大型企业合资在国内成立的，注册资本5亿元，中银国际控股有限公司持股49%。作为综合类证券公司，中银国际证券可以在国内资本市场上开展承销、经纪等证券业务，并利用海外经验，拓展收购兼并、债务重组、银团贷款、境内外债券发行以及资产管理等业务。

30日 中共中央、国务院发布《关于进一步加强金融监管，深化金融企业改革，促进金融业健康发展的若干意见》，提出农村信用社改革的重点是，明确产权关系和管理责任，强化内部管理和自我约束机制，进一步增强为“三农”服务的功能，充分发挥农村信用社支持农业和农村经济发展的金融主力军和联系农民的金融纽带作用。农村信用社改革要因地制宜、分类指导。在人口稠密地区和部分粮棉主产区，具备条件的可在清产核资的基础上，建立县一级法人体制。在沿海发达地区和大中城市郊区、少数符合条件的农村信用社可进行股份制改造。全国农村信用社的监管由银行监管机构统一负责。各省政府要按照国家有关法规指导本地区的农村信用社加强自律性管理，并统一组织有关部门防范和处置农村信用社金融风险。

3月 南京爱立信熊猫移动设备有限公司提前偿还交通银行南京分行、工商银行、中国银行总共19.9亿元贷款，转而向花旗银行上海分行贷回同样规模的贷款。这一举动，引发了国内银行业的巨大震动，成为中国加入世界贸易组织以来中外银行激烈竞争的标志性事件。花旗银行是第一家全面参与江苏金融市场竞争，并发放巨额贷款的外资银行。

4月

1日 中国外汇交易中心在银行间外汇市场开设欧元对人民币交易。欧元对人民币交易的每一笔报价在最新成交价上下1 000点范围内波动，当日市场成交价在前一日市场加权平均汇率的10%的范围内波动。这是继美元、港元和日元之后，中国外汇交易中心开设的第四种外币对人民币交易。

2日 中国人民银行发布《银行贷款损失准备计提指引》。该指引规定：银行应当按照谨慎会计原则，合理估计贷款可能发生的损失，及时计提贷款损失准备。贷款损失准备包括一般准备、专项准备和特种准备。银行应按季计提一般准备，一般准备年末余额应不低于年末贷款余额的1%；银行可参照以下比例按季计提专项准备：对于关注类贷款，计提比例为2%；对于次级类贷款，计提比例为25%；对于可疑类贷款，计提比例为50%；对于损失类贷款，计提比例为100%。其中，次级和可疑类贷款的损失准备，计提比例可以上下浮动20%。特种准备由银行根据不同类别（如国别、行业）贷款的特殊风险情况、风险损失概率及历史经验，自行确定按季计提比例。中国人民银行要求各银行根据该指引规定，及时、足额提取各类贷款损失准备，增强银行抵御风险的能力，逐步与国际通行的标准接轨。该指引自2002年1月1日起施行。

△ 中国进出口银行通过中国人民银行债券发行系统，以价格招标方式，发行80亿元3个月期金融债券。本期债券是目前国内市场上发行期限最短的债券。

3日 中国人民银行发布《金融机构加入全

国银行间债券市场有关事宜的公告》，决定自4月15日起，金融机构加入全国银行间债券市场由目前的债市准入审批制改为准入备案制。金融机构向全国银行间拆借中心申请办理债券交易联网，向中央国债登记结算有限责任公司申请开立债券托管账户，经同意后，即成为全国银行间债券市场的市场参与者。同时在3日内向中国人民银行备案。金融机构进入全国银行间债券市场后，应自觉遵守《全国银行间债券市场债券交易管理办法》等有关管理规章。

△　中国人民银行、财政部发布《商业银行柜台记账式国债交易管理办法》，商业银行将正式开办柜台记账式国债交易业务。

该办法共有7章41条，对记账式国债交易的承办银行、交易和结算、债券托管与兑付、查询与监督等作出具体规定。其中规定：办法所称记账式国债（以下简称债券）是指由财政部指定、经中国人民银行批准可在商业银行柜台进行交易的国债。办法所指商业银行柜台债券交易（以下简称柜台交易）是指商业银行通过其营业网点与投资人进行债券买卖，并办理托管与结算的行为。中国人民银行商财政部后，可批准具备条件的商业银行成为柜台交易承办银行（以下简称承办银行），办理柜台交易业务。本办法所称投资人是指通过商业银行营业网点与商业银行买卖债券的个人和单位。金融机构不得通过商业银行营业网点买卖债券。柜台交易应遵循公平、诚信的原则。投资人自担投资风险。柜台交易债券实行两级托管体制。中央国债登记结算有限责任公司（以下简称中央结算公司）为中国人民银行指定的债券一级托管人。承办银行为债券二级托管人。债券托管账户采用实名制。中央结算公司应依据本办法制定债券柜台交易业务规则并规范相关数据交换。中国人民银行是柜台交易的主管部门。中国人民银行分支机构对辖内承办银行的柜台交易进行日常监督。

此前，从2000年第四季度开始，经国务院批准，中国人民银行和财政部开始组织四家国有独资商业银行和中央国债登记结算有限责任公司进行记账式国债柜台交易试点的准备工作。

4日　中国证监会、国家发展计划委员会、国家税务总局联合发布《关于调整证券交易佣金收取标准的通知》。该通知规定，自5月1日起，A股、B股、证券投资基金的交易佣金实行最高上限向下浮动制度，证券公司向客户收取的佣金（包括代收的证券交易监管费和证券交易所手续费等）不得高于证券交易金额的3‰，也不得低于代收的证券交易监管费和证券交易所手续费等。

8日　中国保监会下发《关于严厉制止寿险营销员误导欺诈行为的紧急通知》，针对《中国青年报》4月8日发表的题为“欺瞒是我们追求业绩的手段”的文章，该通知要求各寿险公司要大力加强营销员管理，严肃处理误导、欺诈行为，各保监办要把查处此种行为当做2002年整顿工作的重中之重来抓。

△　招商银行股份有限公司首批6亿股A股在上海证券交易所上市，该股开盘10.51元，终盘报收10.66元，较发行价升46.03%，全日成交4.14亿股，成交金额44.2亿元。本次网上发行的6亿股上市流通后，招商银行成为沪深两市第四家金融类上市公司。

9日　中国人民银行首次开展公开市场现券卖断操作。

11日　中国人民银行成立网上银行发展与监管工作组。同日“网上银行发展与监管工作组成立会议”在北京召开，中国人民银行副行长刘廷焕主持会议，并宣布工作组正式成立。会议指出，随着信息技术的发展，网上银行业务在全球范围内蓬勃发展，中央银行将适应新的形势，采取有力措施，积极推进网上银行健康、快速发展。工作组组长由刘廷焕担任，副组长由中国人民银行银行管理司和科技司负责人担任。据统计，自1996年网上银行业务开办以来，截至2001年年底，我国商业银行的网上银行业务客户达165.6万户，办理业务901万笔，交易金额23 446亿元。

△ 中国人民银行发出《关于全国银行间债券市场实行准入备案制有关事宜的通知》。该通知要求，全国银行间同业拆借中心、中央国债登记结算有限责任公司要加强报告和监督制度，必须于每月 10 日前将上月的联网、开户和销户情况（包括申请情况），向中国人民银行报告。同时，要加强对银行间债券市场业务人员的培训和对债券交易业务的日常监测，发现问题及时向中国人民银行报告。

△ 中国保监会批准太平人寿保险有限公司开办投资证券投资基金业务，当年投资证券投资基金与公司上年末总资产的比例不得超过 15%；批准中宏人寿保险有限公司、美国友邦保险有限公司广州分公司、中保康联人寿保险有限公司当年投资证券基金与上年末总资产的比例由 10% 提高至不超过 15%。

12 日 江苏阳光集团有限公司在上海举行可转换公司债券发行推介会，成为中国证券市场实行核准制以来首家获准发行可转债券的上市公司。阳光可转换公司债期限 3 年，按年付息（年利率 1%），到期还本，由中国银行提供全额担保，发行 12 个月后可随时转股，同时债券和股票全部上市流通。

14 日 中国人民银行发布《关于中资商业银行购汇补充外汇资本金的通知》。该通知规定：自 4 月 25 日起，凡具有外汇业务经营资格的商业银行，在具备健全的内控机制和有完善的操作规程的条件下，可根据自身外汇总资产规模向中国人民银行申请购汇以补充外汇资本金。人民银行会同国家外汇管理局根据外汇市场供求状况逐步安排银行购汇。

△ 中国人民银行发出《关于中资商业银行市场准入管理有关问题的通知》。该通知规定：为适应加入世界贸易组织后中国商业银行发展和监管的需要，逐步统一和规范中资商业银行市场准入管理，中国人民银行决定逐步减少商业银行分支机构层次，提升分支机构功能；中国人民银行原则上不再受理各商业银行支行（不含支行）以下分支机构的增设申请；取消对商业银行分支机构升格的规划审批，人民银行将主要按照审慎监管要求，根据各商业银行上级行的批准文件，按金融监管责任制规定的权限，对商业银行分支机构升格申请进行审批；其人民币业务范围的变更，可在不超过其上级行业务范围的前提下，依据其上级行的授权文件一并核准；中国人民银行不再对商业银行分支机构营业部单独颁发“金融机构营业许可证”；适当调整中国人民银行对商业银行各级高级管理人员任职资格的审核权限，原由人民银行分行、营业管理部负责审核，但根据《金融机构高级管理人员任职资格管理办法》适用个案上报中国人民银行总行审批的，中国人民银行总行授权中国人民银行各分行、营业管理部个案审批，抄报总行即可。中国人民银行各分行、营业管理部在审查商业银行高级管理人员任职资格时，应当严格标准、规范程序，特别是对拟任高级管理人员的历史问题或离任稽核报告中反映的问题，应在调查核实的基础上，就相关问题是否影响其任职资格提出明确的审查意见。

15 日 中国正式加入国际货币基金组织（IMF）数据公布通用系统（GDDS）。当日，国际货币基金组织将中国的数据公布通用系统（GDDS）数据诠释（对数据特征及改进计划的文字描述）刊登在该系统的数据发布标准公告栏（DSBB）上，国家外汇管理局的 GDDS 模板同时在国家外汇管理局国际互联网站公布，标志中国宏观经济统计已开始实行国际通行的标准。当月 19 日，中国人民银行行长戴相龙出席了在美国华盛顿举行的中国正式加入国际货币基金组织数据公布通用系统开通仪式。

17 日 中国人民银行发布《关于农村信用社同业借款的指导意见》。农村信用社同业借款是指各省（自治区、直辖市）内农村信用社之间，以县（市）联社为单位进行的资金调剂行为。该指导意见中指出，各省（自治区、直辖市）内农村信用社同业借款工作由省级信用合作联社或信用合作协会负责组织。未成立省级信用合作联社或协会的地区，由所在地人民银行分行或省会（首府）城市中心支行负责组织（以下统称为组织方）。同业借款组织方负责为辖内农村信用社提供中介服务，并督促借入方及时、足额归还借入资金本息。组织方不得要求辖内农村信用社按比例缴存资金，不得办成融资中心。农村信用社同业借款要坚持自愿、平等、诚实信用的原则。借款双方应在组织方的协调下，按有关法律规定签订同业借款合同。农村信用社资金有余时，要优先借给省（自治区、直辖市）内支农资金不足的农村信用社使用，资金仍然有余的，再拆借给其他金融机构。农村信用社通过同业借款借入的资金应用于发放农户小额信用贷款、联保贷款和其他农户贷款，不得用于债券投资，不得用于保支付，不得用于发放农户贷款以外的其他贷款。农村信用社同业借款的期限根据农业生产资金的实际需要确定，最长不超过9个月，可展期1次。农村信用社同业借款的利率原则上按中国人民银行对农村信用社的贷款利率掌握。具体借款利率在组织方的协调下，由借款双方协商确定。通过同业借款借入资金的农村信用社组织的存款和收回的贷款，要优先用于归还同业借款。

△　中央国债登记结算有限责任公司颁布实施《债券柜台交易结算业务规则》。该规则根据中国人民银行颁布的《商业银行柜台记账式国债交易办法》和其他有关规定制定，其中规定，柜台交易的国债实行两级托管体制，中央国债登记结算有限责任公司是债券的一级托管人，经批准可办理记账式债券柜台交易的商业银行为二级托管人。中央结算公司对承办银行在其开立的一级托管自营账户和代理总账户记录的真实性、准确性、完整性和安全性负责；承办银行对账户持有人在其办理柜台交易的营业网点开立的二级托管账户记录的真实性、准确性、完整性和安全性负责。

22日　中国人民银行发出《关于落实〈商业银行中间业务暂行规定〉有关问题的通知》。该通知规定：各商业银行应对已开办的中间业务进行清理和分类，在清理现有中间业务过程中，对未获得人民银行同意而开办的中间业务，各商业银行应适当归类，并根据《商业银行中间业务暂行规定》（以下简称《规定》）一次性汇总报人民银行总行、分行或营业管理部补办准入手续。严格控制商业银行开办代理证券业务，商业银行开办代理证券业务，属受托代理性质，应与委托方签订业务协议，明确义务与责任。商业银行既不是发行人，也不是有价证券的买卖人，只负责经办代理发行、收款、付息、资金转账等事务，从中收取手续费，不承担资金交易损失、还本付息等责任。为防止银行资金违规流入股市，目前商业银行不能开办代理股票买卖业务。商业银行要加强风险管理，建立中间业务定期报告制度。农村信用合作社、城市信用合作社可以开办中间业务，并参照《规定》执行。政策性银行开办中间业务的准入制度和程序，参照《规定》对国有独资商业银行的要求执行。开办中间业务的业务范围另行规定。

△　国家外汇管理局发布《关于调整购汇提前还贷管理措施的通知》，决定取消对购汇提前偿还国内外汇贷款、外债及外债转贷款的限制，购汇提前还贷的核准由债务人所在地外汇局办理。外汇局在审核购汇提前还贷申请时，应坚持以下原则：债务已按规定办理了审批和登记手续；贷款合同中有提前偿还条款，且债权人、债务人均同意提前还款；由债务人提出购汇提前还贷申请；先使用自有外汇，自有外汇不足时方可购汇。

25日　中国证监会发布《关于进一步完善中国证券监督管理委员会行政处罚体制的通知》。该通知规定：中国证监会行政处罚工作改革的基本原则是，案件调查与处罚决定分开，建立调查权与处罚权相互配合、相互制约的机制。贯彻分工明确、职责清楚、程序规范、精简高效的办案原则，实行重大、复杂案件集体讨论制度。中国证监会设立行政处罚委员会，对重大、复杂案件进行集体讨论、研究。行政处罚委员会由中国证监会有关业务部门负责人、派出机构主要负责人及有关专业人员组成。行政处罚委员会的工作机构设在法律部。根据案件调查与处罚决定分开的原则，撤销稽查局审理处、执行处，在法律部增设审理执行处，负责行政处罚案件的审理、听证和行政处罚的监督执行工作，对证监会系统的行政处罚工作进行业务指导，承办中国证监会行政处罚委员会的日常工作等。中国证监会行政处罚工作在程序上可以分为两个阶段：第一阶段为案件调查阶段，第二阶段为案件审理、听证阶段。案件调查由稽查部门负责，案件审理和听证工作由法律部承担。

26日 中国人民银行货币政策委员会2002年第二季度例会在北京召开。会议提出：要继续实行稳健的货币政策，抓住世界经济和国内需求回升的有利时机，灵活运用多种货币政策工具，增加货币供应量，进一步加大金融对经济发展的支持力度；当前中小企业和县域经济融资难的问题应当引起各方面高度重视；要建立中小企业征信系统和资本筹集体系；进一步疏通货币政策传导渠道；逐步扩大直接融资的比重，进一步改善企业融资结构，促进较多的储蓄资金转化为投资；近期应保持人民币存贷款利率水平的基本稳定，同时稳步推进利率市场化改革。

29日 中国证券登记结算公司发布《证券账户管理规则》。该规则共8章67条，内容涵盖A股账户、B股账户、基金账户等各类账户。对证券账户管理事项的业务规则，全面、系统地作出详细规定，基本上实现沪深市场证券管理业务从开立到注销各个环节的统一，实现了证券账户管理的规范化，强化了对开户代理机构的管理，完善证券账户管理内容。规则完善了对开户代理机构违规行为的相应处罚措施，并规定了执行时期和效力。该规则自2002年6月1日起施行。

4月 应汇丰银行的申请，中国银行为戴尔公司核准了1 200万美元的隐蔽型进口保理额度。这是中国银行也是国内首笔核准的隐蔽型进口保理额度。隐蔽型保理融资是一种新型的银行融资方式，就是在商务合同的买卖承担回购担保责任的条件下，由银行受让商务合同买方所享有的、未到期且账龄在一年以内的应收账款债权，据此给予商务合同卖方一定比例的资金，并指定商务合同的买方于应收账款到期日之前向银行指定的保理专户付款以冲抵保理融资款的银行信贷业务。

5月

9日 中国人民银行颁布《信托投资公司管理办法》。为了加强和规范对信托投资公司的监督管理，规范信托投资公司的经营行为，促进信托业的健康发展，中国人民银行根据《中华人民共和国信托法》，对2001年1月10日颁布的《信托投资公司管理办法》进行了重新修订，为信托业的发展确立了法律地位。新办法将“原有业务的清理与规范”章节的内容删去，调整了信托公司自有资金运用中的有关内容以及对信托公司运用信托资金的有关管理规定。中国人民银行不再规定实行年检制度。按照修订后的办法，获准保留的信托投资公司进一步规范开办信托业务和其他有关业务，发挥“受人之托，代人理财”的功能。该办法自2002年7月18日起施行。

15日 中国人民银行发布《商业银行信息披露暂行办法》。该暂行办法规定：为加强商业银行的市场约束，规范商业银行的信息披露行为，有效地维护存款人和相关利益人的合法权益，促进商业银行安全、稳健、高效经营，商业银行包括中资商业银行、外商独资银行、中外合资银行、外国银行分行等必须披露财务会计报告、各类风险管理状况、公司治理、年度重大事项等信息。资产总额低于10亿元人民币或存款余额低于5亿元人民币的商业银行，可免于披露信息。该暂行办法自公布之日起在除城市商业银行以外的商业银行范围内施行。城市商业银行自2003年1月1日起到2006年1月1日分步施行。

△ 世华联合商业银行上海代表处开业。这是继台湾“彰化”银行在苏州昆山设立办事处之后，在祖国大陆设立的第二家来自我国台湾的银行的分支机构，也是上海首家台资银行代表处。

△ 亚太开发性金融机构协会（ADFIAP）

第二十五届年会在北京召开。会议的主题是“亚太开发性银行业回顾：时代的召唤”，对开发性银行业的历史、现状和战略方向等进行了深入研讨。大会设立了包括基础设施开发、环境保护开发、中小企业开发和人力资源开发等方面的优秀项目奖。国家开发银行贷款支持的长江三峡水利枢纽工程、京九铁路、上海浦东机场等项目获得基础设施开发优秀项目奖；国家开发银行获得“优秀基础设施开发奖”；国家开发银行行长陈元获“杰出个人奖”。

△ 经中国保监会批准，民生人寿保险股份有限公司成立，总部设在北京，注册资本为人民币8.3亿元。民生人寿是中国首家民营保险公司，由全国工商联牵头成立，由21家股东组建，主要股东有：万向集团公司、中国泛海控股有限公司、中国有色金属建设股份有限公司、山西海鑫钢铁集团有限公司、江西汇仁集团医药科研营销有限公司、东方希望集团有限公司、四川新希望农业股份有限公司、北京电信经济技术开发公司等。公司的业务经营范围包括人寿保险、健康保险、意外伤害保险、上述保险业务的再保险业务和资金运用业务。险种包括：个人和团体意外伤害保险、两全保险、定期寿险、终身寿险、年金保险、短期健康保险及长期健康保险。

17日 中国证监会发布《期货交易所管理办法》和《期货经纪公司管理办法》，自2002年7月1日起施行，1999年8月31日发布的《期货交易所管理办法》和《期货经纪公司管理办法》同时废止。《期货交易所管理办法》共7章63条，对期货交易所的设立、变更与终止、组织机构、对会员的管理、基本业务规则、监督与管理以及期货交易所的职权和责任作出了明确规定。《期货经纪公司管理办法》共7章61条，对期货经纪公司的设立、变更与终止、期货经纪业务的基本规则、日常监管以及保证金退付危机的特别处理程序作出具体规定。

△ 国内首家银行卡专业化经营机构——中国工商银行牡丹卡中心在北京成立。牡丹卡中心是中国工商银行的全资附属机构，注册资本10亿元。牡丹卡中心在全国主要的大中城市设立牡丹卡分中心，在业务考核、费用与人力资源调配等方面，实行统一调度、内部独立核算、垂直管理和专业化经营。牡丹卡中心和中国工商银行分支机构之间是一种相互代理、相互计价的关系。

20日 中国人民银行发布2002年第一季度《中国货币政策执行报告》。该报告指出，2002年第一季度，中国人民银行继续实行稳健的货币政策，在防范金融风险的同时，加大对经济增长的支持力度。3月末，广义货币 M_2 同比增长14.4%，增幅与上年年末基本持平，比上年同期提高1.2个百分点；狭义货币 M_1 同比增长10.1%（如计入股民保证金为13.1%）。全社会货币信贷总量与经济发展的合理资金需求基本相适应，货币政策达到了预期调控目标。报告指出，当前货币信贷运行中还存在诸如农民贷款难、商业银行信贷过度向大城市和大型企业集中，中小企业和县域经济资金结构性矛盾仍然存在，商业银行经营机制还有待改善等问题，须引起注意。该报告对我国产业结构调整情况进行了分析，指出，我国居民的消费正向新的更高的层次发展，房地产业和汽车产业成为拉动经济增长的重要动力。加快小城市建设是推进我国城市化发展的重要途径。金融要加大对小城镇建设的支持力度。该报告提出下一阶段货币政策操作要考虑采取以下措施：1. 保持人民币存贷款利率总水平的稳定，逐步扩大贷款利率浮动幅度。2. 增加股份制商业银行和城市商业银行再贷款，允许开办人民币同业借款业务。3. 采取多种措施，进一步改进对中小企业金融服务。4. 继续支持扩大农户小额信贷和助学贷款。5. 督促国有独资商业银行加强贷款营销，建立贷款营销的激励约束机制。6. 完善汇率形成机制，继续保持人民币汇率稳定。

21日 中国证监会发布《关于向二级市场投资者配售新股有关问题的补充通知》，决定恢复向二级市场投资者配售新股的发行方式。该补充通知对中国证监会于2000年2月发布的《关于向二级市场投资者配售新股有关问题的通知》的内容进行了进一步完善，其中规定，向二级市场投资者配售新股的基本原则是优先满足市值申购部分，在此前提下，配售比例在50%至100%之间确定；发行公司及其主承销商在招股意向书刊登后，根据市场情况或累计投标结果确定股票发行价格，并以此价格向二级市场投资者配售；证券投资基金（包括开放式基金）可以参与申购和配售；投资者持有的基金暂不计入市值参与配售；投资者以其持有的股票市值申购新股应当按照上海证券交易所、深圳证券交易所和中国证券登记结算公司发布的相关规则和程序进行。

△ 经中国保监会批准，美国友邦保险有限公司北京分公司成立。这是中国加入世界贸易组织后进入北京市场的第一家外资保险公司，也是美国友邦保险有限公司继上海、广州、深圳分公司后，在中国设立的第四家寿险分公司。

27日 国家经贸委、财政部、国家税务总局、海关总署、国家外汇管理局联合发布《关于调整钢材“以产顶进”工作有关问题的通知》。为适应我国加入世界贸易组织的新形势，规范钢材“以产顶进”监管工作，推进钢材“以产顶进”工作的深入开展，进一步提高钢铁行业的竞争力，该通知规定：将“以产顶进钢材”名称改为“加工出口专用钢材”；委托中国钢铁工业协会负责“加工出口专用钢材”日常管理工作；委托中国钢铁工业协会派出监管小组监督企业按有关规定和供货合同向出口企业销售钢材。

31日 中国人民银行分行行长会议在北京召开。中国人民银行行长戴相龙在会上作报告，指出，要进一步改进金融服务，继续实行稳健的货币政策，加大金融对经济的支持力度；要把加强金融监管作为中央银行工作的重中之重，切实防范和化解金融风险，维护金融和社会稳定。进一步扩大贷款利率浮动幅度和范围；继续加大信贷支农力度；适当增加对股份制商业银行和城市商业银行再贷款；加强对中小企业特别是对小企业的信贷支持；督促商业银行健全贷款营销约束和激励机制；促进国家助学贷款、个人住房消费贷款和汽车消费贷款稳步发展。

5月 国务院批准成立由公安部部长为召集人，最高人民法院、最高人民检察院及有关部委共16个单位参加的反洗钱工作部际联席会议。

6月

1日 经国家外汇管理局批准，中国外汇交易中心正式为金融机构办理外币拆借中介业务，统一的国内外币拆借市场正式启动。中国外汇交易中心所提供的外币拆借中介服务主要包括：为金融机构提供相关的金融市场信息，帮助金融机构寻找交易对手，促成交易达成。凡具有经营外币拆借业务资格的金融机构，均可在自愿的基础上与中国外汇交易中心签订“外币拆借中介服务协议书”，并接受外币拆借中介服务。金融机构可以通过外汇交易系统、电话、传真向中国外汇交易中心进行询价或报价，委托中国外汇交易中心代为寻找交易对手，并经确认达成交易。有关报价和成交信息将同时发送到外汇交易系统和中国货币网，各金融机构可根据自身实际情况，选择最适合自己使用的系统，实时了解外币拆借市场行情。

△ 中国证监会发布《外资参股证券公司设立规则》。该规则明确：外资参股证券公司可以经营下列业务：股票（包括人民币普通股、外资股）和债券（包括政府债券、公司债券）的承销；外资股的经纪；债券（包括政府债券、公司债券）的经纪和自营；中国证监会批准的其他业务。外资参股证券公司应当符合下列条件：注册资本符合《中华人民共和国证券法》关于综合类证券公司注册资本的规定；股东具备本规则规定的资格条件，其出资比例、出资方式符合本规则的规定；按照中国证监会的规定取得证券从业资格的人员不少于50人，并有必要的会计、法律和计算机专业人员；有健全的内部管理、风险控制和对承销、经纪、自营等业务在机构、人员、信息、业务执行等方面分开管理的制度，有适当的内部控制技术系统；有符合要求的营业场所和合格的交易设施；中国证监会规定的其他审慎性条件。外资参股证券公司的境外股东，应当具备下列条件：所在

国家具有完善的证券法律和监管制度，其证券监管机构已与中国证监会签订证券监管合作谅解备忘录，并保持着有效的监管合作关系；在所在国家具有合法的证券经营资格，经营金融业务十年以上，近三年未受到过证券监管机构和司法机关的重大处罚；近三年各项风险监控指标符合所在国家法律的规定和证券监管机构的要求；具有完善的内部控制制度；在国际证券市场上有良好的声誉和经营业绩；中国证监会规定的其他审慎性条件。该规则规定：境内股东可以用现金、经营中必需的实物出资；境外股东应当以自由兑换货币出资。境外股东持股比例或者在外资参股证券公司中拥有的权益比例，累计（包括直接持有和间接持有）不得超过1/3。境内股东中的内资证券公司，应当至少有一名的持股比例或在外资参股证券公司中拥有的权益比例不低于1/3。内资证券公司变更为外资参股证券公司后，应当至少有一名内资股东的持股比例不低于1/3。

4日 中国人民银行发布《股份制商业银行公司治理指引》和《股份制商业银行独立董事和外部监事制度指引》。两个指引在坚持公司治理一般原则的同时，强调以保护存款人利益作为股份制商业银行公司治理的宗旨，体现出银行作为特殊的股份制公司的特性，为今后股份制商业银行的内部运作提供了依据，有助于改善商业银行的公司治理，促进商业银行防范风险、稳健高效运营与可持续发展。

《股份制商业银行公司治理指引》共分7章84条，区分了股东大会、董事会、监事会的职能，规范了股东、董事、监事和行长的权利、义务和责任，对公司治理中的激励约束机制问题作了规定，通过确立股份制商业银行公司治理的基本框架，明晰权责，促进股份制商业银行完善公司治理。其中规定：1. 商业银行公司治理应当遵循以下基本准则：完善股东大会、董事会、监事会、高级管理层的议事制度和决策程序；明确股东、董事、监事和高级管理人员的权利、义务；建立健全以监事会为核心的监督机制；建立完善的信息报告和信息披露制度；建立合理的薪酬制度，强化激励约束机制。2. 商业银行应当建立独立董事制度和外部监事制度，独立董事、外部监事与商业银行及其主要股东之间不应存在可能影响其独立判断的关系。独立董事履行职责时尤其要关注存款人和中小股东的利益。外部监事在履行职责时尤其要关注存款人和商业银行的整体利益。3. 商业银行对股东贷款的条件不得优于其他借款人同类贷款的条件。同一股东在商业银行的借款余额不得超过商业银行资本净额的10%。股东的关联企业的借款在计算比率时应与该股东在银行的借款合并计算。商业银行应当在章程中规定，股东在商业银行的借款逾期未还期间内，其表决权应当受到限制。4. 商业银行不得接受本行股票为质押权标的。股东需以本行股票为自己或他人担保的，应当事前告知董事会。股东在本商业银行的借款余额超过其持有的经审计的上一年度的股权净值，且未提供银行存单或国债质押担保的，不得将本行股票再行质押。商业银行不得为股东及其关联单位的债务提供融资性担保，但股东以银行存单或国债提供反担保的除外。

《股份制商业银行独立董事和外部监事制度指引》共分5章34条，对股份制商业银行独立董事、外部监事的人数、产生、任职资格及其任职期间的权利、义务和责任予以较全面、具体的规定，使得股份制商业银行能够拥有具有高度独立性的董事、监事，有效地发挥其监督作用，促进银行稳健经营。其中规定：商业银行的独立董事、外部监事应当具备较高的专业素质和良好信誉，且同时应当满足以下条件：具有本科（含本科）以上学历或相关专业中级以上职称；具有5年以上的法律、经济、金融、财务或其他有利于履行独立董事、外部监事职责的工作经历；熟悉商业银行经营管理相关的法律、法规；能够阅读、理解和分析商业银行的信贷统计报表和财务报表。国家机关工作人员不得兼任商业银行独立董事、外部监事。独立董事、外部监事不得在其他商业银行兼职。商业银行应当将独立董事、外部监事的数额、任职资格、权利和义务在章程中列明，并报中国人民银行审批。商业银行董事会中至少应当有两名独立董事。商业银行监事会中至少应当有两名外部监事。独立董事在同一家商业银行任职不得超过3年。3年期满，可以继续担任该商业银行董事，但不得再担任独立董事。独立董事对董事会讨论事项发表客观、公正的独立意见，独立董事在发表意见时，应当尤其关注以下事项：重大关联交易；利润分配方案；高级管理层成员的聘任和解聘；可能造成商业银行重大损失的事项；可能损害存款人或中小股东利益的事项。

5日 中国人民银行发布公告，鉴于中国经济开发信托投资公司严重违规经营，为维护金融秩序稳定，根据《金融机构撤销条例》和中国人民银行有关规定，中国人民银行决定于2002年6月7日撤销该公司，收缴其“金融机构法人许可证”和“金融机构营业许可证”，并自公告之日起，停止该公司除证券经纪业务以外的其他一切金融活动。公司撤销后，由中国人民银行组织成立清算组，对该公司进行清算。中国经济开发信托投资公司成立于1988年4月26日，是财政部的全资子公司。公司注册资本金为人民币5亿元、外汇3 000万美元。

7日 国家外汇管理局发布《关于调整中国公民出境旅游购汇政策的通知》，决定调整中国公民出境旅游个人零用费的购汇手续，由旅行社统一代购调整为由旅游者个人到办理个人因私售付汇业务的银行自行购买，自2002年7月1日起执行。

△ 中国银联股份有限公司（以下简称中国银联）正式成为VISA国际组织的主会员。VISA国际组织宣布，中国银联股份有限公司经VISA亚太区董事会通过，正式成为VISA国际组织的主会员（Principal Member）。这是中国银联与VISA国际组织开展合作的第一个重要步骤。中国银联成为VISA主会员后，可为中国银联会员金融机构和VISA持卡人带来便利，中国银联的会员金融机构如果从事国际业务，可以通过中国银联清算系统和VISA全球清算网络连接，快速完成交易，同时可以发挥中国银联整体的资源优势，拓展金融机构的业务范围，实现全球范围的资源共享。中国银联开通国际收单业务，国外VISA持卡人可以方便、快捷、安全地在中国进行消费，国内VISA国际卡持卡人同样可以在全世界2 400多万家VISA的特约商户和76万多台VISA自动柜员机上使用，享受VISA提供的便利服务。

11日 中国银行总行、中银香港和中国银行上海市分行在浦东中银大厦签署《中国银行上海市分行和中国银行香港有限公司合作备忘录》。以此次沪港业务全方位合作为开端，中国银行宣布正式启动其海内外业务联动计划。

13日 中国人民银行颁布《外资金融机构驻华代表机构管理办法》。该办法共有6章39条，适应对外开放和经济发展的需要，在代表机构的申请、设立、终止与监督等方面对外资金融机构驻华代表机构的管理作出明确规定。外国金融机构设立代表处，申请人应当具备下列条件：申请人所在国家或地区有完善的金融监督管理制度；申请人是由其所在国家或地区金融监管当局批准设立的金融机构，或者是金融性行业协会会员；申请人经营状况良好，无重大违法、违规记录；中国人民银行规定的其他审慎性条件。在中国境内已设立5个或5个以上分支机构的外国金融机构，可申请设立总代表处。总代表处的申请设立程序及管理与代表处相同。担任总代表处总代表、代表处首席代表应具备下列条件：担任总代表处总代表，一般应具有5年以上从事金融或相关经济工作经历，并有3年以上担任业务部门经理或相当于业务部门经理以上职位的经验；担任代表处首席代表，一般应具有3年以上的金融或相关经济工作经历；具备大学本科以上（包括本科）学历。若不具备大学本科及以上学历，担任总代表处总代表须相应增加6年从事金融或相关经济工作经历的年限；担任代表处首席代表须相应增加3年从事金融或相关经济工作经历的年限。总代表处的名称由下列部分组成，依次为：外国金融机构名称、“驻中国总代表处”字样。代表机构及其工作人员，不得与任何单位或自然人签订可能给代表机构或其代表的外资金融机构带来收入的协议或契约，不得从事任何形式的经营性活动。代表机构设立、终止、变更和展期应于办理工商登记后15日内在中国人民银行总行指定的报纸上公告，并向所在地中国人民银行分支机构报告。该办法自2002年7月18日起施行。中国人民银行1996年4月29日发布的《外国金融机构驻华代表机构管理办法》同时废止。

△ 中国人民银行公布《信托投资公司资金信托管理暂行办法》。该暂行办法共有23条，对立法依据、资金信托业务的含义、信托资金与信托投资公司固有资金的区别、订立合同及合同所载明的主要内容、风险揭示、转让的手续、信息披露方式等有关内容进行了说明。自2002年7月18日起施行。该暂行办法规定，信托投资公司办理资金信托业务取得的资金不属于信托投资公司的负债；信托投资公司因管理、运用和处分信托资金而形成的资产不属于信托投资公司的资产。信托投资公司集合管理、运用、处分信托资金时，接受委托人的资金信托合同不得超过200份（含200份），每份合同金额不得低于人民币5万元（含5万元）。信托投资公司办理资金信托业务时，不得以任何形式吸收或变相吸收存款；不得发行债券，不得以发行委托投资凭证、代理投资凭证、受益凭证、有价证券代保管单和其他方式筹集资金，办理负债业务；不得举借外债；不得承诺信托资金不受损失，也不得承诺信托资金的最低收益；不得通过报刊、电视、广播和其他公共媒体进行营销宣传。信托投资公司办理资金信托业务可以依据信托文件的约定，按照委托人的意愿，单独或者集合管理、运用、处分信托资金。

14～15日 中央金融系统党代表会议在北京召开。会议选举产生了由36名正式代表、1名特邀代表、1名列席代表组成的中央金融系统出席党的第十六次全国代表大会的代表团。这是中央金融系统第一次单独组团参加党的全国代表大会。

14日 银河基金管理有限公司成立。公司由中国银河证券有限责任公司作为主发起人，联合四家大型国有企业共同投资组建，注册地在上海，注册资本1亿元人民币。这是按照市场化机制和“好人举手”制度设立的第一家基金管理公司。

17日 中国和尼泊尔在尼泊尔首都加德满都签署两国《中国人民银行与尼泊尔银行双边结算与合作协议》。根据协议，从17日起两年内中国公民到尼泊尔观光旅游无须用美元兑换当地货币，可到当地所有商业银行用人民币直接兑换当地货币。中尼双方之间的贸易往来也可用人民币结算。

△ 国家外汇管理局发布《关于改革外商投资项下资本金结汇管理方式的通知》，决定从2002年7月1日起，在全国范围内实施外商投资项下资本金结汇管理方式改革。国家外汇管理局对外商投资项下资本金结汇业务不再逐笔审批，而是通过授权符合条件的外汇指定银行直接审核办理，国家外汇管理局通过授权实施间接监管。外商投资项下资本金是指外汇局核定最高限额的外商投资企业资本金账户内的外汇资金，资本金账户以外的其他资本项下外汇资金结汇，仍须经外汇局核准。

23日 国务院决定，中国证监会宣布，除企业海外发行上市外，对国内上市公司停止执行《减持国有股筹集社会保障资金管理暂行办法》中关于利用证券市场减持国有股的规定，并不再出台具体实施办法。受此利好消息影响，次日沪深两市900只A股涨停，股票指数涨幅超过9%，成交量达898亿元，出现“井喷”行情。

24日 中国人民银行与韩国银行在北京人民大会堂举行“人民币与韩圆货币互换协议”签字仪式。根据协议，中国人民银行及韩国银行可在必要时向对方提供相当于20亿美元的资金，作为对国际金融机构援助资金的补充，支持对方解决国际收支问题和维护金融稳定。

△ 中国进出口银行通过中国人民银行债券发行系统，以价格招标方式，发行100亿元2年期金融债券，发行价格为96.24元。本期债券是国内银行间债券市场上首笔2年期零息式债券。

26日　审计署审计长李金华在第九届全国人民代表大会常务委员会第二十八次会议上作《关于2001年度中央预算执行和其他财政收支的审计工作报告》。报告中指出：2001年审计署审计人民银行总行及140家分支机构2000年预算执行情况，查出管理费和其他支出超支8.51亿元，账外资产2.4亿元等问题。这主要与人民银行现行的预算管理缺乏硬性约束有关。目前，财政部对人民银行实行“总额控制，分项核定”的预算管理办法，人民银行的业务经营收支与自身的费用支出没有分开，加之实际执行中约束力不强，很容易出现管理费超支现象，影响利润上缴。延伸审计人民银行再贷款和再贴现情况，发现的主要问题是审查监管不力，存在一定的风险隐患：一是再贷款业务手续不完备，监督不严，有13.55亿元再贷款被挤占挪用。如山西省运城市财政局在2000年9月至2001年6月间，挪用人民银行发放的农村基金会债务兑付专项再贷款7 800万元，用于买卖国债和平衡财政预算。二是对商业银行申请的再贴现业务，审查把关不严。抽查发现，在人民银行部分分支机构办理的再贴现业务中，利用虚假增值税发票贴现和重复利用票据贴现等问题金额达69.71亿元，其中11.27亿元已流入股市。如人民银行深圳市中心支行审查不严，致使3户企业在没有真实贸易背景的情况下，重复使用增值税发票，或用虚假的增值税发票开立银行承兑汇票，套取银行资金6.47亿元，后又将其中的2.28亿元作为保证金，在其他银行开立汇票，循环套取银行资金，严重扰乱了票据市场秩序。

审计中国银行总行、7家省级分行和156家支行，以及中国人民保险公司及其3 108个分支机构的资产负债损益情况，发现违规经营、财务收支核算不实等违法、违规问题比较突出。中国银行系统的违规经营问题，主要表现为违规放贷、账外经营、违规开立信用证，以及违规签发银行承兑汇票等。对以前年度违规经营的问题，中国银行有些分支机构没有及时清理纠正，而且还采取弄虚作假的手法，名义上向信誉好的客户发放贷款，实际是转移信贷资金，用于弥补自身历年违规经营造成的缺口，或冲抵以前年度发放的不良贷款。中国人民保险公司系统的违规经营问题，主要表现为无序竞争比较严重。13个省的中国人民保险公司分公司为了争夺保险市场份额，采取少收保费、高比例退费和返还手续费等办法，随意降低保费费率；25个省（市）的中国人民保险公司分公司存在人情赔付、虚假理赔等问题，有的甚至编造假赔案件套取资金，用于超规定比例返还保户手续费；保险代理市场混乱，无证代理情况十分普遍，代理手续费支付随意性较大。此外，审计还查出严重违法、违规和涉嫌经济犯罪案件线索54条，涉案人员78人，涉案金额27.9亿元。

7月

1日　中国证监会发布《关于证券公司办理开放式基金代销业务有关问题的通知》。该通知规定：各证券公司应当加强对开放式基金代销业务的管理，严格按照法律、法规的要求，从事基金销售活动。除基金契约或销售代理协议规定外，销售人员不得拒绝投资者的认购、申购或赎回申请。严禁向投资人进行有关基金投资风险和投资者收益的虚假陈述、欺骗性宣传，误导投资人买卖基金。宣传基金产品必须依据基金管理公司提供的产品介绍资料和基金的实际情况向投资人推介。销售人员必须严守基金持有人秘密，对投资人买卖基金的任何信息，必须严格保密，非经司法程序不得泄露。严禁在销售过程中从事损害基金投资人利益的活动。公司在开展基金销售业务时，应将开放式基金代销协议、基金管理公司对公司从事该项业务活动的评价意见及相关业务情况报中国证监会备案。

8日　国家发展计划委员会、中国人民银行、国家外汇管理局联合发布《国有和国有控股企业外债风险管理及结构调整的指导意见》。该指导意见提出，为进一步鼓励国有大中型企业优化外债结构，对外债余额1亿美元以上或外债占全部债务40%以上的国有大中型企业，采取如下鼓励措施：1. 支持国有大中型企业通过“借低还高”调整外债结构。在企业不增加原有债务规模、外债成本，对用于外债结构调整的对外借款（不含对外发债）指标实行核准制，由企业按隶属关系向国家计委申请，国家计委在二十个工作日内核准。企业持国家计委核准文件、新签约债务合同或原债务合同条款更改协议，到所在地外汇局办理外债登记变更手续。2. 在对现有外债成本和目前国内银行外汇贷款成本进行充分比较后，鼓励国有大中型企业利用国内银行低成本的现汇贷款置换高成本的外债，国内金融机构应给予积极支持。3. 资信较好且具备一定条件的国有大中型企业，经国家计委、人民银行报国务院批准后可在境内向商业银行等金融机构发行外币债券，用于外债结构调整（该外汇债券只限于金融机构之间进行交易，禁止居民个人和工商企业进入）。4. 允许符合条件的国有大中型企业发行人民币债券，用于调整外债结构，对外债比例较高的国家重点工程项目给予优先安排。5. 在还债规模和期限内，经所在地外汇局批准，国有大中型企业可向经批准的中资外汇指定银行办理以还债为目的的远期购汇，防范汇率风险。6. 有经常性外汇收入的国有大中型企业，经所在地外汇局批准，可开立外债还本付息专用账户。

△ 中瑞创业投资基金管理有限公司在北京成立。该公司由国家开发银行和瑞士联邦对外经济部共同出资设立，注册资本为人民币 1 000 万元，其中国家开发银行持有 67% 的股份，瑞士联邦对外经济部持有 33% 的股份，经营范围包括管理中瑞合作基金及提供相关咨询服务。这是我国第一家中外合资产业投资基金管理公司。

△ 经中国人民银行批准，中国银行成为国内首家全面开办外汇金融衍生产品的银行。中国银行推出了外汇期权交易和人民币不可交割远期交易业务等外汇金融衍生产品以及掉期交易、期权交易报价，并为客户量身定做外汇资产管理业务。

9 日 中国建设银行与韩国资产管理公司在北京签署合作处置不良资产《谅解备忘录》暨《培训服务协议》。根据双方签署的《谅解备忘录》和《培训服务协议》，双方将在不良资产处置的信息交流共享、人员培训和资产营销方面开展合作与协调。这是中国建设银行首次与国外资产管理公司之间在不良资产处置领域进行的业务合作。

△ 中国工商银行全面受理公司客户和自然人与台湾地区的各类结算通汇业务。经中国人民银行批准，中国工商银行与合作金库银行等台湾地区的 22 家银行、12 家外资银行在台湾地区的分行交换了结算控制文件，正式建立代理行关系，从而连通内地商业银行与台湾地区银行直接通汇的渠道。

11 日 国家外汇管理局发布《境内居民个人购汇管理实施细则》，自 2002 年 8 月 1 日起施行。该实施细则规范了银行经营居民个人售汇业务的准入和退出、居民个人购汇行为等内容，在全国推广“境内居民个人购汇管理信息系统”，规定凡是符合条件的中外资银行都可以向外汇局申请开办居民个人售汇业务。居民个人出境旅游、朝觐、探亲、会亲、就医、留学，以及其他出境学习、商务考察，境外培训、被聘工作、缴纳国际组织会费、境外邮购、出境定居、境外直系亲属救助、国际交流、外派劳务等可以到银行购买外汇。外汇局对居民个人购汇实行指导性限额和核销管理。购汇金额在规定限额以内的，直接到银行办理，在规定限额以上的应向外汇局申请，凭外汇局核准件到银行办理。居民个人购汇后，应当按规定在银行办理核销手续。

16 日 中国人民银行制定《银行间债券市场债券发行现场管理规则》。规则规定：发行人可使用中国人民银行管理的发行系统进行债券发行；债券发行时，中国人民银行将派出观察员进行现场监督，债券发行结果须经发行人授权代表和中国人民银行观察员签字确认后方能生效；债券发行现场只允许发行人的工作人员、中国人民银行观察员和中央结算公司的系统操作人员进入。

19 日 中国人民银行货币政策委员会 2002 年第三季度例会在北京召开。会议认为：2002

年上半年，国民经济快速增长，国内外需求不断改善。中国人民银行继续执行稳健的货币政策，在切实防范和化解金融风险的同时，加大了对经济发展的支持力度。2002 年下半年，将继续执行稳健的货币政策，适度调节货币供应量，优化贷款结构；近期应保持人民币存贷款利率的稳定；商业银行要进一步增强贷款营销观念；逐步扩大直接融资的渠道和比例，改善企业融资结构，增强中小企业融资能力。

24 日　中国证监会发布《关于上市公司增发新股有关条件的通知》。为遏制上市公司盲目再融资现象，该通知对增发的条件作出补充规定，公司申请增发时，其门槛数据线应满足最近三个会计年度加权平均净资产收益率平均不低于10%，且最近一个年度不低于10%的要求；对涉及重大重组的公司重组后首次申请增发新股的，其收益率指标设为6%且募集资金量可超过公司上年度末经审计的净资产值。

25 日　国家外汇管理局发布新的《保税区外汇管理办法》，共分 5 章 38 条，规范了保税区内企业外汇登记及外汇年检、外汇账户、外汇收支和结售汇管理和外汇收支活动，调整了保税区外汇管理有关政策。主要内容有：放开三类购汇，即区内加工企业和货物分拨企业可以用产品内销所得人民币购汇；以人民币注册设立的区内企业可以用注册资本中实际到位的人民币投资资金购汇；区内外商投资企业外方股东的利润、股息和红利可以购汇汇出；放宽保税区内企业外汇账户管理，允许区内企业在注册地银行开立经常项目和资本项目外汇账户，经批准也可以在注册地以外开立资本项目外汇账户。该办法自2002 年10 月1 日起施行。1996 年1 月1 日实施的《保税区外汇管理办法》及有关规定同时废止。

△　中银香港（控股）有限公司在香港联交所以“中银香港”（编号为2388）挂牌上市。中银香港（控股）有限公司筹资金额 28 亿美元，成为香港第三大上市银行股。

8 月

1 日　中国人民银行下发《关于进一步加强对有市场、有效益、有信用中小企业信贷支持的指导意见》，要求各大商业银行在坚持信贷原则的前提下，加大支持中小企业发展的力度，对有市场、有效益、有信用的中小企业，积极给予信贷支持，尽量满足这部分中小企业合理的流动资金需求。指导意见共有 10 条：1. 各银行要按照国家的产业政策确定中小企业贷款投向；2. 建立健全中小企业信贷服务的组织体系；3. 进一步建立和完善适合中小企业特点的评级和授信制度；4. 适当下放中小企业流动资金贷款审批权限；5. 对符合条件的中小企业可以发放信用贷款；6. 健全贷款营销的约束和激励机制；7. 合理确定中小企业贷款期限和额度；8. 提高信贷工作效率；9. 努力开展信贷创新；10. 人民银行各分支行要加强对中小企业贷款的协调和监督。

△　中国人民银行发布 2002 年第二季度《中国货币政策执行报告》。该报告认为，2002 年上半年，中国人民银行继续执行稳健的货币政策，在切实防范和化解金融风险的同时，加大了对经济发展的支持力度。6 月末，广义货币 M_2 余额为 17 万亿元，增长 14.7%。货币信贷总量增长较快，但资金结构性矛盾客观存在，主要表现为中小企业反映贷款难，商业银行反映难贷款。报告分析，产生这种现象的原因是多方面的，需要企业、银行、政府、社会共同配合，实行综合治理，采取多种渠道、多种方式，逐步解决中小企业资金紧张问题。关于房地产业发展及金融支持，报告指出，1998 年以来，房地产业的发展对中国经济保持持续增长起到了举足轻重的作用。金融支持了房地产业的发展，且支持住房销售力度大于开发力度。未来一段时间内，我国房地产业仍有较大的发展空间。货币政策既要支持房地产业的发展，又要防止引起房地产泡沫。2002 年下半年，中国人民银行要更好地执行稳健的货币政策，在防范金融风险的同时，适度调节货币供应量，着力优化贷款结构，引导商业银行建立和完善经营货币的激励和约束机制，

加大金融对经济发展的支持力度。

4日 中国证券登记结算公司开放式基金登记结算系统正式投入运行。开放式基金登记结算系统是该中国证券登记结算公司自成立以来自主设计开发的第一套综合性业务系统。该系统依托中国证券登记结算公司沪、深分公司现有证券账户资源、资金交收系统和网络通信设施，为国内开放式基金交易、登记结算提供集中化、自动化和标准化服务。

5日 国家外汇管理局与中国证监会联合发布《关于进一步完善境外上市外汇管理有关问题的通知》，明确境外上市外汇管理的基本原则和具体政策。主要内容是：境外上市外资股公司和境外中资控股上市公司的境内股权持有单位应在获得中国证监会关于境外发行股票及上市批准后，持有关材料到外汇局办理境外上市股票外汇登记手续。境外上市外资股公司发行股票所募集的外汇资金，应调回境内，经外汇局批准可以开立专户保留，也可以结汇，未经外汇局批准不得滞留境外。上述两类公司的境内股权持有单位通过减持上市公司股票或通过上市公司出售资产所得的外汇资金，应调回境内，并经外汇局批准结汇。自2002年9月1日起施行。

15日 中国人民银行下发《关于加强住房公积金信贷业务管理的通知》。该通知规定：1. 受委托办理住房公积金信贷业务的商业银行为中国工商银行、中国农业银行、中国银行、中国建设银行和交通银行（以下简称承办银行）。受委托办理住房公积金账户设立、缴存、归还等手续的承办银行，一个城市不得超过两家。其他金融机构一律不得办理住房公积金业务。2. 住房公积金的提取和使用，应严格按照《住房公积金管理条例》（1999年4月3日中华人民共和国国务院令第262号发布，根据2002年3月24日《国务院关于修改〈住房公积金管理条例〉的决定》修订）的规定执行。若住房公积金管理中心违反《住房公积金管理条例》规定使用住房公积金，各承办银行应坚决拒绝，不予办理，并向当地住房公积金管理委员会和上级监管部门报告。凡未能拒绝的，要承担必要的责任。3. 受委托办理住房公积金信贷业务的承办银行，要为缴存住房公积金的职工建立个人账户，定期与当地住房公积金管理中心对账。对违反政策规定，不允许或阻挠承办银行为职工建立个人账户的，承办银行应向当地住房公积金管理委员会和上级监管部门报告。4. 住房公积金信贷业务的有关利率，应严格按照中国人民银行公布的利率水平执行。5. 中国人民银行各分支机构，应对承办银行的住房公积金信贷业务实施监管。6. 对违反国务院规定，违规委托非承办银行办理住房公积金信贷业务的住房公积金管理中心，中国人民银行各分支机构应向当地住房公积金管理委员会建议，并向上级监管部门报告，由当地住房公积会管理委员会责成其办理账户注销、停止委托等事宜。对已发生的住房公积金个人住房委托贷款的，可按借款合同的约定，按期向借款人收回委托贷款本息，并将收回的资金归还住房公积金管理中心。7. 各承办银行应积极配合住房公积金管理机构的调整，做好住房公积金资产清理交接的资金划转和撤并机构的账户注销等工作。

△ 中国保监会下发《关于改革机动车辆保险条款费率管理制度的通知》，决定自2003年1月1日起，在全国范围内实施新的车辆条款费率管理制度，车险费率改由各保险公司自行制定，报保监会审批后执行。

16日 国家外汇管理局印发《行政处罚听证程序》。其中规定：外汇局作出下列重大处罚决定前，有如下情况应当告知当事人有要求举行听证的权利：责令暂停或者停止经营结售汇业务；责令暂停经营外汇业务或者吊销经营外汇业务许可证；较大数额的罚没款，即对自然人的违法行为处以5万元人民币以上，对法人或者其他经济组织经营活动中的违法行为处以100万元人民币以上的罚没款；其他法律、行政法规规定应当举行听证的情况。当事人依法享有下列权利：依法申请听证人员回避；可以亲自参加听证，也可以委托一至两名代理人参加听证；就案件调查人员提出的案件事实、证据和行政处罚建议进行申辩，并对案件的证据向调查人员及证人质证；听证结束前进行最后陈述；审核听证笔录。当事人依法承担下列义务：按外汇局要求事前报送参加听证人员的名单及身份；按时参加听证并依法举证；如实回答听证主持人的询问；遵守听证程序及纪律，维护听证秩序。《行政处罚听证程序》自2002年8月16日起施行。

△ 国家外汇管理局印发《国家外汇管理局行政复议程序》。其中规定：公民、法人或者其他组织有下列情况之一的可以申请行政复议：对外汇局作出的警告、通报批评、罚款、没收违法所得、强制收兑、责令改正、暂停或者停止办理结汇、售汇业务、暂停或者停止经营外汇业务、撤销外汇账户等行政处罚决定不服的；认为符合规定的申请办理进口付汇核销和出口收汇核销，外汇局没有依法办理的；认为符合法定条件，向外汇局申请许可、核准、登记、备案，以及其他申请外汇局审批、登记事项，外汇局没有依法办理的；认为外汇局的具体行政行为侵犯其合法的经营自主权；认为外汇局其他具体行政行为侵犯其合法权益的。公民、法人或者其他组织认为外汇局的具体行政行为所依据的外汇管理规章以下的其他规范性文件规定不合法，可以在对具体行政行为申请行政复议的同时，一并向行政复议机关提出对该规定的审查申请。对外汇管理规章的审查依照法律、行政法规的规定办理。行政复议机关履行行政复议职责，应当遵循合法、公正、公开、及时、便民的原则，坚持有错必纠，保障法律、法规的正确实施。该程序自2002年8月16日起施行。

18日 民生证券有限责任公司在北京成立。该公司是全国性综合类券商，公司注册地在北京，注册资本金为12.82亿元，民营资本在公司中所占股权比例超过50%，是国内首家民营资本占主体地位的证券公司。公司的业务范围包括A股交易、B股交易、证券自营、受托投资管理、股票发行主承销、证券投资咨询等。

19日 中国银行与海关总署在北京签署"开展联网业务的合作协议"，中国银行开发的"中国电子口岸"网上支付系统（即报关即时通）正式投入使用。中国银行是第一家为海关提供网上支付服务的银行。

22日 中国人民银行与俄罗斯联邦中央银行签署了《中国人民银行与俄罗斯联邦中央银行关于边境地区贸易的银行结算协定》，允许两国的商业银行在协定的框架下开展本币结算业务。该协定规定：作为试点，自2003年第一季度起，在中华人民共和国黑龙江省黑河市的中国的银行和在俄罗斯联邦阿穆尔州布拉格维申斯克市注册的俄罗斯的银行及俄罗斯的银行在该市注册的分行之间的边境贸易结算和支付，除使用自由兑换货币之外，也可使用中华人民共和国货币（人民币）和俄罗斯联邦货币（卢布）。双方商定，为使边境地区的居民之间的贸易和往来较为方便，位于边境地区的中国的银行和俄罗斯的银行在对等和相互尊重的基础上，在中华人民共和国法律和俄罗斯联邦法律允许的条件下，可以在各自地区办理人民币和卢布的现钞兑换业务。该协定自签字之日起生效，有效期为两年。在该协定执行18个月之后，双方将共同研究协定执行的结果，并在此基础上就是否有必要延长本协定的有效期，以及是否有必要将本协定适用范围扩大到中华人民共和国和俄罗斯联邦其他边境地区，作出协调一致的决定。

23日 经中国证监会批准，天同基金管理有限公司在上海成立。这是国内首家从事专业指数化投资的基金管理公司。公司由天同证券有限责任公司为主发起人，联合上海久事公司和湖南湘泉集团有限公司等两家大型国有企业共同组建。公司注册资本金为1亿元人民币，其中天同证券出资占60%，上海久事公司出资占20%，湖南湘泉集团有限公司出资占20%。公司经营范围包括设立基金、基金管理及中国证监会批准的其他业务。

28日 中国银行与澳门金融管理局在北京联合举行"澳门元存汇服务合作签字仪式暨新闻发布会"。中国银行将于9月2日起在广东省广州、珠海、中山等主要城市的分支营业机构开办澳门元存款及汇兑业务。

△　中国证监会发布《关于撤销鞍山证券公司的公告》。该公告宣布："鉴于鞍山证券公司严重违规经营，为了维护金融市场秩序，保护债权人的合法权益，根据国家有关法规，中国证监会决定自即日起撤销该公司。""鞍山证券公司撤销后，中国证监会委托中国人民银行组织成立清算组，对该公司进行清算。""清算期间，鞍山证券公司下属的证券交易营业部由中国民族证券有限责任公司实施托管，并继续经营。"这是我国第一家退市的证券公司。鞍山证券于1988年经辽宁省人民银行批准，1991年经人民银行总行审查验收准予重新登记，是由农业银行鞍山市分行、建设银行鞍山市分行、中国银行鞍山市分行，以及工商银行鞍山市分行共同出资组建的股份制非银行金融机构，当时的注册资本金为人民币3.2亿元。

29日　中国证监会决定将退市公司纳入代办转让试点范围。中国证券业协会同日发布《关于改进代办股份转让工作的通知》，该通知规定：1. 退市公司列入代办股份转让试点范围，凡符合以下条件的退市公司，其股份可进行代办转让：(1) 公司依法完成退市手续，向主办券商正式提出代办股份转让申请。主办券商与退市公司签订代办股份转让协议。(2) 公司股东在主办券商营业机构开立非上市股份有限公司股份转让账户。(3) 符合《证券公司代办股份转让服务业务试点办法》规定的其他条件。2. 加强对代办股份转让业务的自律管理。3. 强化主办券商督促股份转让公司履行信息披露义务的责任。4. 加强对投资者的风险提示。

9月

5日　中国金融认证中心通过国家权威机构测评认证。中国金融认证中心是由中国人民银行牵头，由中国工商银行、中国农业银行、中国银行、中国建设银行、交通银行等14家全国性金融机构联合组建，为保证网上交易和支付安全的国家级权威金融认证机构。该中心全面支持以互联网为基础的各种网上银行、网上支付、电子商务及电子政务信息安全传输的各种安全认证需求，提供各种数字证书，包括普通证书、高级证书、网点证书等，为参与网上交易的各种应用提供信息安全基础，建立彼此信任的机制，实现互联网外电子交易的保密性、真实性、完整性和不可否认性。

7日　中国人民银行制定《商业银行内部控制指引》。该指引共有10章141条，分别对内部控制的基本要求以及授信的内部控制、资金业务的内部控制、存款及柜台业务的内部控制、中间业务的内部控制、会计的内部控制、计算机信息系统的内部控制、内部控制的监督与纠正作出了说明。主要内容有：商业银行内部控制应当贯彻全面、审慎、有效、独立的原则，内部控制应当与商业银行的经营规模、业务范围和风险特点相适应，以合理的成本实现内部控制的目标。内部控制应当包括以下要素：内部控制环境、风险识别与评估、内部控制措施、信息交流与反馈、监督评价与纠正。商业银行应当建立良好的公司治理以及分工合理、职责明确、报告关系清晰的组织结构，为内部控制的有效性提供必要的前提条件。

△　中国证监会发布《关于大连证券停业整顿的公告》。鉴于大连证券有限责任公司严重违规经营，为了维护证券市场及金融秩序稳定，保护投资者和债权人的合法权益，中国证监会根据《中华人民共和国证券法》和国家有关规定，决定会同辽宁省及大连市人民政府成立停业整顿工作组，自即日起对该公司实施停业整顿。停业整顿期间，该公司下属的证券营业部由大通证券股份有限公司托管，继续经营。该公司自然人债务登记确认后的合法本金及合法利息依法予以偿付。

9日　国家外汇管理局发布《关于进一步调整经常项目外汇账户管理政策有关问题的通知》及《境内机构经常项目外汇账户管理实施细则》。主要调整内容是：进一步放宽中资企业的开户标准，统一中外资企业经常项目外汇账户开户条件，凡经有权管理部门核准或备案具有涉外经营权或有经常项目外汇收入的境内机构（含外商投资企业），均可以向所在地国家外汇管理局及其分支局申请开立经常项目外汇账户。将原有经常项目外汇结算账户和外汇专用账户合并为经常项目外汇账户，经常项目外汇账户的收入范围为经常项目外汇收入，支出范围为经常项目外汇支出和经外汇局核准的资本项目外汇支出。对经常项目外汇账户统一实行限额管理，境内机构经常项目外汇账户限额原则上为该境内机构上年度经常项目外汇收入的20%；上年度没有经常项目外汇收入的境内机构新开立经常项目外汇账户时，初始限额原则上不超过等值10万美元。上述规定自2002年10月15日起施行。

△ 中国人民银行发布《关于调整外币现钞管理政策有关问题的通知》。该通知明确，各外汇指定银行在制定挂牌汇价时，美元和港元的现钞买入价从原不得低于其现汇买卖中间价的1%调整为0.75%，将欧元和日元现钞买入价从原不得低于其现汇买卖中间价的2.5%调整为1%，现钞卖出价仍与现汇卖出价相同。将美元现汇买卖价从原不得超过中国人民银行公布的交易中间价上下0.16%扩大到0.17%。各外汇指定银行分支行可以在黑龙江、内蒙古、新疆、西藏、云南、广西等边贸地区加挂人民币兑边贸国货币的汇价，买卖价差可自行确定，收兑的外币自行消化。上述政策自2002年10月1日起施行。

10日 国务院办公厅发出《关于妥善处理现有保证外方投资固定回报项目有关问题的通知》。为进一步规范吸引外资行为，妥善地解决历史遗留问题，促进我国吸引外资工作健康发展，就处理固定回报项目有关问题，该通知规定：1. 现有固定回报项目处理的基本原则是，按照《中外合资经营企业法》、《中外合作经营企业法》及其他相关政策规定，坚持中外各方平等互利、利益共享、风险共担，从有利于项目正常经营和地方经济发展出发，各方充分协商，由有关地方政府及项目主管部门根据项目具体情况，采取有效的方式予以纠正，维护我国吸引外资的良好环境。2. 采取多种方式，妥善处理不同类型的固定回报项目。对于以项目自身收益支付外方投资固定回报的项目，中外各方应在充分协商的基础上修改合同或协议，以提前回收投资等合法的收益分配形式取代固定回报方式；对于项目亏损或收益不足，以项目外资金支付外方部分或大部分投资回报，或者未向外方支付原承诺的投资回报的项目，可以根据项目情况，分别采取“改”、“购”、“转”、“撤”等方式进行处理。(1)“改”。通过中外各方协商谈判，取消或者修改合同中固定回报的条款，重新确定中外各方合理的收益分配方式和比例。对于外方提前回收投资或外方优先获得投资收益的，应明确其来源只能是项目可分配的经营性收入和其他合法收入。对于以合同外协议形式保证外方固定回报的，以及地方政府、地方财政部门、其他行政机关和单位为外方提供固定回报承诺或担保的，有关协议和担保文件应予撤销。(2)“购”。各方协商一致后，经有关部门批准，可以由中方按照合理价格收购外方全部股权，终止执行有关合同及协议，根据相关规定妥善处理善后事宜，有关企业改按内资企业管理。涉及购汇事宜，由外汇局按规定办理。(3)“转”。对于具备外债偿还能力或已落实外债偿还实体的项目，经各方协商同意，可以申请将原外商投资按照合理的条件转为中方外债。经国家计委会同外经贸部、外汇局批准后，办理外债登记，以后按照外债还本付息购汇及支付。有关项目改按内资企业管理。(4)“撤”。对于亏损严重或不具备继续经营条件的企业，以及符合合同、章程规定解散条件的企业，经有关主管部门批准，可按照法定程序终止经营合同的执行，根据有关法律和规定予以清算。3. 密切配合，严格执法，维护我国吸引外资的良好环境。凡固定回报项目尚未得到妥善处理的地区，项目所在省（自治区、直辖市）人民政府应根据上述原则和意见，采取有效方式处理现有固定回报项目，并于2002年年底之前完成整改工作。同年10月24日，国家外汇管理局转发了《国务院办公厅关于妥善处理现有保证外方投资固定回报项目有关问题的通知》，国家外汇管理局要求各级外汇局必须积极配合所在地地方政府及主管部门做好固定回报项目的清理整改工作。固定回报项目清理整改过程中涉及购付汇的，由各分局、外汇管理部初审报国家外汇管理局批准。

△ 中国银行纽约分行诉周强案一审胜诉。美国纽约南区联邦法院对中国银行纽约分行诉周强及其关联公司一案作出一审正式判决，要求被告偿还中国银行总金额为 1.06 亿美元的赔偿及 360 多万美元的律师费和有关费用的额外赔偿，同时驳回被告提出的全部反诉请求和第三方诉讼请求。2001 年 2 月，中国银行纽约分行委托高特兄弟律师行，在纽约南区联邦法院提起民事诉讼，控告周强及其关联公司“违约、不当得利、欺诈”等，使中国银行纽约分行从 1992 年到 2000 年的 8 年间损失了 3 400 万美元。2002 年 6 月 17 日至 7 月 11 日，法庭和陪审团对此案进行了公开审理。7 月 11 日由 9 人组成的陪审团对该案作出一审裁决：中国银行纽约分行对被告提出的违约、不当得利、欺诈、违反信托义务及违反有组织欺诈法案等各项诉讼请求全部成立，被告提起的第三方诉讼请求均被驳回。被告除偿还违约贷款外，还应支付高额惩罚性赔偿。该裁决公布后，虽然被告立即提出了驳回陪审团裁决动议，但经过联邦法院的逐项审理，被告所提各项诉讼请求均被驳回。2004 年 2 月 13 日，涉嫌诈骗中国银行纽约分行巨额贷款的周强、刘平夫妇和纽约中国银行前雇员杨仲琦在美国被捕。

11 日 中国人民银行在北京召开银行业反洗钱工作会议。会议强调：银行业要不断完善和严格执行金融交易制度，依法维护客户的权益，堵塞可能被洗钱等犯罪活动利用的漏洞，认真执行金融交易监测执行制度，配合司法部门打击洗钱等犯罪活动。会议部署当前要做好的重点工作：1. 各有关金融机构要进一步提高对反洗钱工作的认识，加强对反洗钱工作的领导；2. 切实加强反洗钱法规制度建设，中国人民银行将制定并颁布《金融机构反洗钱规定》、《支付交易执行管理办法》和《金融机构大额和可疑外汇资金执行暂行规定》；3. 建立金融交易的分析监测报告制度和信息沟通机制；4. 认真落实各项规章制度，切实防范和打击洗钱等犯罪活动；5. 加强反洗钱教育培训工作；6. 继续加强反洗钱、反恐怖融资方面的国际合作。这是中国第一次银行业反洗钱工作会议。

13 日 中国证监会发布《主承销商执业质量考核暂行办法》。该办法规定：公开发行证券继续由具有主承销商业务资格的证券机构负责推荐，并履行推荐的责任，承担相应的风险。根据审核工作和市场的需要确定通道推荐的原则和总量，委托中国证券业协会对各证券机构的通道数量进行自律性管理。中国证监会及有关单位对证券机构主承销执业不良表现进行动态跟踪记录并进行记分，并统一归口委托协会对记分进行累积，记分情况由协会通告有关证券机构。该办法是核准制下的基础性制度，对主承销商的执业行为作出进一步规范，强调提高执业质量，增强诚信意识，建立证券发行推荐和承销业务的良性竞争和优胜劣汰机制。

16 日 国家外汇管理局发布《关于我国与俄罗斯等独联体国家边境小额贸易外汇管理有关问题的通知》。该通知规定：建立和完善边境地区银行结算机制，引导边境小额贸易结算纳入银行结算渠道；放开边境小额贸易出口项下以人民币或外币现钞进行出口核销的限额控制。各商业银行在边境地区有外币储蓄业务的分支机构要开办个人结汇业务，有结售汇业务或外币兑换业务的分支机构要开办个人售汇业务。边境地区外汇局要进一步加强所辖地区外币现钞管理，主动取得地方政府的支持，联合当地公安机关等部门，严厉打击非法外汇交易，规范外汇市场秩序。上述规定自 2002 年 10 月 1 日起开始执行。

17 日 中国保监会发布《再保险公司设立规定》。该规定明确：设立再保险公司应经中国保监会批准。依据业务经营范围，再保险公司可以分为人寿再保险公司、非人寿再保险公司和综合再保险公司。人寿再保险公司和非人寿再保险公司的实收货币资本金应不低于 2 亿元人民币或等值的可自由兑换货币；综合再保险公司的实收货币资本金应不低于 3 亿元人民币或等值的可自由兑换货币；外国保险公司的出资应当为可自由兑换货币。经中国保监会批准，再保险公司可以经营以下全部或部分业务：人寿再保险业务（包括中国境内的再保险业务；中国境内的转分保业务；国际再保险业务）、非人寿再保险业务（包括中国境内的再保险业务；中国境内的转分保业务；国际再保险业务）、同时经营人寿再保险业务和非人寿再保险业务的全部或部分业务。

24日 中国人民银行发布《公开市场业务公告》〔2002〕3号。公告内容是：为增加公开市场业务操作工具，扩大银行间债券市场交易品种，经与有关公开市场业务一级交易商协商，中国人民银行决定，从即日起将2002年6月25日至9月24日进行的公开市场业务操作的91天、182天、364天的未到期正回购品种转换为相同期限的中央银行票据，相应的公开市场业务正回购合同终止执行，中国人民银行用于正回购交易的质押债券同时解押。中央银行票据是中国人民银行发行的短期债券，转换后的中央银行票据共19只，发行量合计为1 937.5亿元。中央国债登记结算有限公司办理中央银行票据的注册，并为有关公开市场业务一级交易商办理中央银行票据的托管手续。中央银行票据在银行间债券市场上市交易，同时作为公开市场业务交易工具。转换后的中央银行票据的具体上市时间另行通知。

△ 国家外汇管理局、中国保监会联合发布《保险业务外汇管理暂行规定》。该暂行规定共有7章56条，对保险领域的外汇收支活动进行了基本规范，明确了中外资保险经营机构外汇业务的市场准入和退出管理规定；规范了保险项下外汇收支有关真实性审核的手续和程序；规定境内收取外汇保险费的条件，同时对保险代理机构和经纪公司的外汇收支管理作出了规定。该暂行规定明确：1. 在外汇保险监管方面，外汇局及其分支机构负责核准保险公司及其分支机构的外汇业务资格，对保险业务项下的外汇收支、结汇、售汇和外汇账户实施监督管理；中国保监会及其派出机构按照《中华人民共和国保险法》等有关规定对保险经营机构外汇保险的经营活动实施监督管理。2. 在外汇局核准的业务范围内，保险经营机构可经营外汇财产险、外汇人身险、外汇再保险、外汇海事担保、外汇投资、资信调查和咨询等业务。但对于外汇财产险、外汇人身险、外汇再保险等外汇保险业务，应限于中国保监会核准的险种，外汇投资业务应限于国家限定的投资渠道。3. 经批准经营外汇业务的保险经营机构，可根据经营需要在境内银行开立外汇经营账户，用于外汇保险费的收入和支出、外汇保险赔偿或给付保险金的收入和支出等，但保险经营机构从其外汇账户中支付有关费用，或通过保险中介机构办理支付活动时，须严格按有关售付汇管理规定，向境内商业银行提交保险合同等有关凭证，经审核无误后方可办理支付手续。4. 经中国保监会核准具有保险中介业务经营资格的保险代理机构和经纪公司，可从事外汇保险中介业务，但保险代理机构未经外汇局批准，不得代收外汇保险费，保险经纪公司可经外汇局批准开立一个外汇专用账户，代客户办理外汇保险项下的收付活动。5. 我国境内企业或个人向境内保险公司投保时，对符合规定条件的保险标的，可用外汇缴纳保险费，并可收取外汇赔偿或保险金。该暂行规定还明确了投保人支付外汇保险费、获得外汇赔偿，保险公司在境内收取外汇保险费、进行外汇赔偿，以及保险代理机构和经纪公司代收代付外汇保险费或赔偿的有关规定。该暂行规定自2002年11月1日起施行。1993年1月1日公布的《非银行金融机构外汇业务管理规定》及其他外汇管理规章中相关规定与该暂行规定相抵触的以该暂行规定为准。

28日 中国证监会发布《上市公司收购管理办法》及《上市公司股东持股变动信息披露管理办法》，自2002年12月1日起施行。中国以充分信息披露为基础，保障投资者权益与规范、促进上市公司收购并重的上市公司收购法律框架基本形成。

《上市公司收购管理办法》中规定：该办法所称上市公司收购是指收购人通过在证券交易所的股份转让活动持有一个上市公司的股份达到一定比例、通过证券交易所股份转让活动以外的其他合法途径控制一个上市公司的股份达到一定程度，导致其获得或者可能获得对该公司的实际控制权的行为。收购人可以通过协议收购、要约收购或者证券交易所的集中竞价交易方式进行上市公司收购，获得对一个上市公司的实际控制权。收购人不得利用对上市公司的收购损害被收购公司及其股东的合法权益。禁止不具备实际履约能力的收购人进行上市公司收购，被收购公司不得向收购人提供任何形式的财务资助。上市公司的控股股东和其他实际控制人对其所控制的上市公司及该公司其他股东负有诚信义务。上市公司的董事、监事和高级管理人员对其所任职的上市公司及其股东负有诚信义务。上市公司的收购活动应当遵循公开、公平、公正的原则，相关当事人应当诚实守信，自觉维护证券市场秩序。该办法明确，收购人有下列情形之一的，构成对一个上市公司的实际控制：在一个上市公司股东名册中持股数量最多的，但是有相反证据的除外；能够行使、控制一个上市公司的表决权超过该公司股东名册中持股数量最多的股东的；持有、控制一个上市公司股份、表决权的比例达到或者超过百分之三十的，但是有相反证据的除外；通过行使表决权能够决定一个上市公司董事会半数以上成员当选的；中国证监会认定的其他情形。

《上市公司股东持股变动信息披露管理办法》中规定：上市公司股东持股变动是指通过在证券交易所的股份转让活动，投资者持有的一个上市公司股份数量发生或者可能发生变化的情形；或者持股数量虽未发生变化，但通过在证券交易所的股份转让活动以外的其他合法途径，投资者控制的一个上市公司股份数量发生或者可能发生变化的情形。持股变动信息披露义务人应当按照该办法规定严格履行信息披露义务，其所披露的信息应当真实、准确、完整，不得有虚假记载、误导性陈述或者重大遗漏。信息披露义务人及其他知情人员，在有关持股变动信息依法披露之前，不得以任何方式泄露相关信息。任何人不得利用持股变动损害上市公司及其股东的合法权益。任何人不得利用持股变动进行内幕交易、操纵市场或者其他欺诈活动。中国证监会依法对持股变动的信息披露行为实行监督管理。证券交易所和证券登记结算机构根据中国证监会赋予的职责及其业务规则，对持股变动信息披露行为实行日常监督管理。

10 月

7 日 上海证券交易所、深圳证券交易所加入国际交易所联合会（WFE）。国际交易所联合会（WFE）第 42 届年会在荷兰阿姆斯特丹举行，会议接纳上海证券交易所、深圳证券交易所为该组织正式会员。国际交易所联合会是全球交易所行业的组织，成立于 1961 年，现有正式会员 58 家。联合会的建立旨在促进交易所行业的专业人员之间业务经验和知识的交流；为交易所行业的业务流程建立统一的标准，尤其是在跨境革新领域；增强监管机构间合作的关系，尤其为了便利于交易所在整体监管框架下进行一线监管以及国际间的共同承认；强调为了确保全球经济增长，交易所在全球金融体系下应完成的重要工作以及金融的基本形式；为新的和小的交易所发展市场提供支持。

8 日 中国人民银行发出《关于信托投资公司资金信托业务有关问题的通知》。该通知规定：《信托投资公司资金信托管理暂行办法》第六条规定："信托投资公司集合管理、运用、处分信托资金时，接受委托人的资金信托合同不得超过 200 份（含 200 份），每份合同金额不得低于人民币 5 万元（含 5 万元）。"根据这条规定，具有相同运用范围并被集合管理、运用、处分的信托资金，为一个集合信托计划。信托投资公司应当依信托资金运用范围的不同，为被集合管理、运用、处分的信托资金分别设立集合信托计划。对任意一个集合信托计划，在其存续期间的任一时点，接受委托人的资金信托合同总份数不得超过 200 份（含 200 份），每份信托合同金额不得低于人民币 5 万元（含 5 万元），一份信托合同只能够接受一名委托人的委托。集合信托计划的运用范围除存放（拆放）于其他金融机构外，只用于投资具有规范二级市场的国债、政策性金融债、企业债券、上市公司可流通股票、证券投资基金等有价证券的集合信托计划是有价证券投资集合信托计划。有价证券投资集合信托计划以外的集合信托计划应当符合以下要求：一个集合信托计划可以同时运用于多个法人或独立核算的其他组织；属于同一信托投资公司的两个或两个以上的集合信托计划不得同时运用于同一个法人或同一个独立核算的其他组织；不同信托投资公司的集合信托计划可以同时运用于同一个法人或同一个独立核算的其他组织，但一家信托投资公司只能有一个集合信托计划运用于该法人或该独立核算的其他组织。上述“运用”是指以贷款、股权投资和租赁等方式运用信托资金。

△　中国平安保险股份有限公司与汇丰集团在上海签署“认购协议”，按照协议，汇丰集团以6亿美元认购平安保险有限公司股份，持股比例为10%。这是继美国摩根士丹利和高盛于1993年参股之后的第三位国际投资者参股中国平安保险股份有限公司。此次增资后，中国平安保险股份有限公司的净资产达人民币120亿元。

9日　中国人民银行与马来西亚国家银行在北京举行美元/马来西亚林吉特互换协议签字仪式，中国人民银行行长戴相龙和马来西亚国家银行行长吉蒂分别代表本国中央银行在协议上签字。根据协议，中国人民银行可在必要时向马来西亚国家银行提供15亿美元的信贷资金，作为对国际金融机构援助资金的补充，以便在马来西亚面临国际收支问题时给予支持，维护金融稳定。

10日　北京市第一中级人民法院以受贿罪判处朱小华有期徒刑十五年，并处没收个人全部财产。朱小华不服一审判决，提出上诉。北京市高级人民法院11月1日对朱小华受贿案作出终审裁定，驳回其上诉请求，维持一审判决。朱小华于1997年至1999年在担任中国光大集团有限公司董事长、中国光大金融控股有限公司董事长期间，利用职务便利，为他人谋取利益，收受他人股票及现金折合人民币共计405.9万余元。

11日　中国人民银行印发《对农村信用合作社贷款管理办法》。该办法共有7章29条，对农村信用合作社贷款的期限、利率和方式、条件和用途、操作程序、监督管理作出了明确规定。该办法自8月5日起施行。

该办法规定：中国人民银行对农村信用社贷款（以下简称再贷款），是指中国人民银行为解决农村信用社或农村信用社联社（以下简称借款人）发放农户贷款的合理资金需要而对其发放的贷款。该再贷款不包括紧急贷款。中国人民银行对再贷款实行“限额控制、周转使用、规定用途、设立台账”的管理原则。限额控制是指中国人民银行总行（以下简称总行）对分行（含营业管理部，下同）、分行对中心支行、中心支行对县（市）支行逐级下达再贷款限额，并以此控制再贷款量。周转使用是指总行不规定再贷款限额的期限，分行、中心支行和县（市）支行可跨年度周转使用上级行下达的再贷款限额。规定用途是指再贷款应集中用于借款人发放农户贷款，不得挪作其他用途。分支行应按照本办法规定用途审批、发放和监督管理再贷款；借款人应按照本办法规定用途申请和使用再贷款资金。设立台账是指发放再贷款的分支行应以农村信用社为单位建立单独的再贷款台账，借款人应以农户为单位建立单独的贷款明细台账，确保再贷款用于对农户贷款。分支行应根据农业生产周期和借款人的合理需要，确定再贷款期限，最长不得超过1年。借款人归还再贷款确有困难的，发放再贷款的分支行可予以展期，展期期限累计不得超过两年。再贷款按中国人民银行对农村信用社贷款利率计收利息。逾期的再贷款，自逾期之日起按中国人民银行制定的对金融机构逾期贷款利率计收利息。借款人为农村信用社联社的，其对农村信用社下拨再贷款资金的利率，不得高于同期限档次的中国人民银行对农村信用社贷款利率，不得在利率之外收取任何其他费用。借款人申请再贷款应同时具备以下条件：具有法人资格；在中国人民银行设立准备金存款账户；已采取措施多方筹集支农资金，仍难以满足发放农户贷款的合理需要；上年度利用自筹资金发放的新增贷款中农户贷款比例应不低于40%；已借用再贷款的用途符合本办法规定，且能按借款合同约定偿还再贷款本息；内部管理制度健全，能维持存款的正常支付。再贷款应集中用于借款人发放农户贷款，重点解决农民从事种植业、养殖业以及农副产品加工业、储运和农村消费信贷等方面的合理资金需求。对发生票据清算临时头寸不足的借款人，分支行可适当给予再贷款支持。这部分再贷款的最长期限为20天，余额不得超过辖区内再贷款限额的5%。

21日 中国人民银行货币政策委员会2002年第四季度例会在北京召开。会议提出：继续保持人民币利率和汇率基本稳定；进一步优化贷款结构，防止重复建设，密切关注一些地区房地产投资及贷款增长过快问题；继续执行稳健的货币政策，运用多种货币政策工具调节货币供应量。

23日 第二届全国金融标准化技术委员会成立。中国人民银行副行长苏宁担任主任委员，委员来自中国人民银行、中国证监会、中国保监会及相关金融机构、科研机构、院校、学术团体、行业自律组织和其他标准化技术委员会。

24日 中国人民银行首次发行的中央银行票据在全国银行间债券市场上市交易。这批票据共有19只，发行量为1 937.5亿元，平均票面利率为2.121%，是由2002年6月25日至9月24日的公开市场业务正回购转化而来，交易方式为回购，同时作为公开市场业务回购交易工具。这是中央银行公开市场操作的金融创新，扩大了银行间市场交易品种，为回购、拆借利率以及其他短期利率产品提供了定价基础。

中央银行票据 中央银行票据简称央行票据，是人民银行面向商业银行发行的一种短期债券，是人民银行进行公开市场业务操作的一项重要货币政策工具。中央银行的票据期限在一年以内（包括一年），通常为3个月期、6个月期和1年期三种；央行票据的利率通常是随行就市，以充分反映货币市场资金真实供求状况。就发行范围划分，央行票据可分为普通发行和定向发行两种，前者针对所有公开市场业务一级交易商，后者则具体针对特定范围内的商业银行，前者目的通常为吞吐基础货币或调节市场利率，后者则是为达到人民银行所预定的某一特殊目的，例如，为支持我国农村信用社的改革而定向农村信用社发行的专项央行票据等。

央行票据最早起源于1993年发行的中国人民银行融资券，2002年，人民银行将其在公开市场进行正回购的债券余额部分转换为相同期限的央行票据，即人民银行将其所卖出的债券没有按约定以现金买回，而是采取相同期限的央行票据进行抵消的方式。2003年4月，人民银行开始正式发行央行票据。截至2006年6月底，我国发行的央行票据余额为29 100亿元。

△ 中国人民银行发布《关于中国工商银行等39家商业银行开办债券结算代理业务有关问题的通知》，批准商业银行债券结算代理的对象由中小金融机构扩大到非金融机构法人。经批准开办债券结算代理业务的商业银行，可与非金融机构委托人开展现券买卖和逆回购业务。该通知要求，开办债券结算代理业务的商业银行应严格按照中国人民银行的有关规定，制定债券结算代理业务的内部管理办法和操作规程，明确岗位职责，健全内控机制，切实加强债券结算代理业务的内部管理工作。

开办债券结算代理业务的城市商业银行名单

上海银行	北京市商业银行
南京市商业银行	杭州市商业银行
天津市商业银行	淄博市商业银行
深圳市商业银行	无锡市商业银行
武汉市商业银行	济南市商业银行
乌鲁木齐市商业银行	长沙市商业银行
大连市商业银行	青岛市商业银行
成都市商业银行	重庆市商业银行
石家庄市商业银行	厦门市商业银行
昆明市商业银行	太原市商业银行
福州市商业银行	贵阳市商业银行
西安市商业银行	东莞市商业银行

25日 中国人民银行发布2002年第三季度《中国货币政策执行报告》。2002年第一至第三季度，中国人民银行继续执行稳健的货币政策，商业银行逐步建立和完善贷款营销的激励和约束机制，对经济增长的支持力度加大。一是货币供应量增速不断加快。9月末，广义货币M_2增长16.5%，比上年年末高出2.1个百分点；狭义货币M_1增长15.9%，比上年年末高出3.3个百分

点；流通中现金同比增长7.8%。二是金融机构贷款增加较多，贷款结构继续改善。1～9月，中资金融机构本外币贷款同比多增4 968亿元，金融机构不良贷款率比年初下降3.3个百分点。消费信贷对汽车业和房地产业的拉动作用十分显著，9月末汽车贷款余额比年初增加501亿元，同比多增319亿元，个人住房贷款和房地产开发贷款分别增加1 835亿元、501亿元，同比多增144亿元和319亿元。三是居民储蓄大幅增加，企业存款增长平稳。9月末，居民储蓄存款余额8.4万亿元，增加10 462亿元；企业存款余额5.7万亿元，增加6 360亿元。四是银行间市场交易活跃，利率市场继续走低。五是外汇储备大幅增加，人民币汇率保持稳定。9月末，外汇储备达到2 586亿美元，比上年年末增加465亿美元；人民币汇率为8.2771元人民币/美元，与上年年末基本持平。该报告指出，商业银行在支持房地产业发展的同时，要切实加强信贷管理，警惕房地产泡沫的出现。第四季度中国人民银行要跟踪国内外经济金融形势的新变化，继续执行稳健的货币政策。

28日 九届全国人大常委会第三十次会议通过《全国人民代表大会常务委员会关于修改〈中华人民共和国保险法〉的决定》，对涉及保险资金运用、保险中介执业、保险业监管等方面内容的33条规定进行了修改，并新增加了如下七条规定：1. 保险活动当事人行使权利、履行义务应当遵循诚实信用原则。2. 保险监督管理机构应当建立健全保险公司偿付能力监管指标体系，对保险公司的最低偿付能力实施监控。3. 保险监督管理机构有权查询保险公司在金融机构的存款。4. 保险公司的营业报告、财务会计报告、精算报告及其他有关报表、文件和资料必须如实记录保险业务事项，不得有虚假记载、误导性陈述和重大遗漏。5. 保险人委托保险代理人代为办理保险业务的，应当与保险代理人签订委托代理协议，依法约定双方的权利和义务及其他代理事项。6. 保险代理手续费和经纪人佣金，只限于向具有合法资格的保险代理人、保险经纪人支付，不得向其他人支付。7. 保险公司应当加强对保险代理人的培训和管理，提高保险代理人的职业道德和业务素质，不得唆使、误导保险代理人进行违背诚信义务的活动。修改后的《中华人民共和国保险法》从原来的8章152条改为8章158条，自2003年1月1日起施行。

△ 经中国保监会批准，中国平安财产保险股份有限公司和中国平安人寿保险股份有限公司成立。中国平安财产保险股份有限公司在中国平安保险股份有限公司财产保险业务和人员的基础上组建，注册资本为人民币16亿元；中国平安人寿保险股份有限公司成立在中国平安保险股份有限公司人身保险业务和人员的基础上成立，注册资本为人民币38亿元。

30日 上海黄金交易所正式开业。中国由货币市场、证券市场、外汇市场、保险市场和黄金市场组成的主要金融产品的交易市场全部建成。上海黄金交易所是由中国人民银行组建，遵循公开、公平、公正和诚实信用原则组织黄金交易，不以盈利为目的、实行自律性管理的法人。其基本职能是提供黄金、白银、铂等贵金属交易的场所、设施及相关服务；制定并实施黄金交易所的业务规则，规范交易行为；组织、监督黄金、白银、铂等贵金属交易、结算、交割和配送；制定并实施风险管理制度，控制市场风险；生成合理价格，发布市场信息；监督会员黄金业务正常进行和交易合约按时履约，查处会员违反交易所有关规定的行为；监管指定交割仓库的黄金及业务；沟通国际国内黄金市场，加强与国际黄金行业的交流；中国人民银行规定的其他职能。黄金交易所实行会员制，首批会员108家，会员通过黄金交易系统，对标准黄金主要采取集中竞价方式，按照“价格优先、时间优先”的原则，采取自主报价、撮合成交、集中清算的方式进行交易。会员可选择现场交易或远程交易。开业初期主要进行黄金现货交易，满足黄金生产和用金企业的实际需要，交易时间为每周一至周五（节假日除外）上午10:00至11:30，下午13:00至14:00。交易所的系统网络依托中国外汇交易中心，采用上海、北京双中心备份的体系结构和分布式数据库技术，国家公共数据分组交换网与金融卫星专用网互为备份，共同分流，形成全国范围的实时交易系统。会员通过这一系统，可实时接收和查询黄金交易所的行情、国内外黄金等贵金属的交易行情、评论和相关报道。

开业当天，上海黄金交易所共成交98笔交易，成交量为540公斤，成交金额为4 508.655万元。此前，2001年10月，上海黄金交易所经国务院批准正式成立，2001年11月28日，交易所模拟试运行，中金黄金股份公司与北京菜市口百货公司以每克83.5元的价格成交了3千克2号金。

△ 经中国人民银行批准，全国“城市商业银行资金清算中心”在上海正式开业。该清算中心由上海银行牵头，联合国内主要城市商业银行组建，主要负责办理全国城市商业银行的异地资金清算及中国人民银行批准的其他业务，是一家不以盈利为目的、主要提供异地资金清算服务的会员制事业法人。该清算中心接受中国人民银行监督和管理，全国各城市商业银行按照自愿原则加入并成为其会员。

31日 对外贸易经济合作部、国家外汇管理局发布《境外投资联合年检暂行办法》。该暂行办法规定，年检每年定期进行，时间定在每年的4月1日至6月15日，年检的主要内容有：境外投资状况、我驻外经商机构对境外企业的评价、投资主体及其所办境外企业遵守中国有关境外投资规定的情况。此外不再对境外投资进行其他形式的集中检查活动。

10月 国家外汇管理局自10月1日起，先后批准了浙江、江苏、上海、山东、广东、福建、北京、天津、四川、黑龙江、重庆、广西、湖北、海南等14个省、自治区、直辖市进行境外投资外汇管理改革试点。试点内容主要包括以下几个方面：给予试点地区1年试点期内一个境外投资购汇的总额度，有效地解决“走出去”配套外汇资金不足的问题。统一不同所有制性质企业待遇，国有企业、民营企业和外商投资企业的境外投资适用统一的外汇管理政策。取消境外投资外汇风险审查，将投资风险交由企业与市场自主控制。简化境外投资外汇资金来源审查手续。取消境外投资汇回利润保证金制度。不再强制要求调回境外企业产生的利润，境外企业的利润或其他收益进行增资或者境外再投资，由事前审批制改为事后备案制，鼓励境外企业通过自身积累发展壮大。扩大试点地区外汇局分局的外汇资金来源审查权限。明确试点地区境外投资项目前期资金（开办费、履约保证金等）汇出核准与管理的具体规定。

11月

1日 中国人民银行制定并发布《金融统计管理规定》。该规定共8章45条，包括金融统计资料的管理与统计调查、金融统计资料的公布、金融统计部门的职责、统计监督与统计检查以及统计人员的配备与职责等内容，自2002年12月15日起施行。1995年12月3日发布的《金融统计管理规定》同时废止。

该规定明确：金融统计是指中国人民银行和各金融机构统计部门对各项金融业务活动的情况和资料进行调查收集、整理和分析，提供统计信息和统计咨询意见，实行信息交流与共享，进行金融统计管理和监督等活动的总称。它包括货币统计、本外币信贷收支统计、现金收支统计、贷款累放累收统计、金融监管统计、资金流量统计、金融市场统计、银行中间业务及各种专项统计等金融业务统计。金融统计工作的基本任务是：及时、准确、全面地完成各项金融业务统计；收集、整理、积累金融和有关国民经济的统计资料；开展统计调查、统计分析和统计预测，依法进行统计管理和统计检查，为国家和金融部门进行宏观经济决策、监测经济与金融运行情况、金融监管和经营管理提供统计信息和统计咨询意见；为社会公众提供统计信息；进行国际交流和为有关国际金融组织提供信息资料。金融统计工作遵循客观性、科学性、统一性、及时性的原则。中国人民银行是组织、领导、监督、管理和协调全国金融统计工作的主管机关。中国人民银行统一管理金融系统全国性统计报表，并负责金融系统全国性统计报表的制定、颁发与撤销。中国人民银行各分支行负责监督、检查辖区内金融机构执行统计报表、统计数据管理制度的情况。金融统计实行统一领导、分级负责的管理体制。中国人民银行总行定期公布全国性金融统计资料（月后20日内通过新闻媒体和中国人民银行网站向全社会公布月度金融机构货币供应量、信贷收支及资产负债主要指标等金融统计资料）；中国人民银行分行、营业管理部、省会（首府）城市中心支行根据中国人民银行总行规定，定期公布辖区内金融统计资料，并报总行备案，对外公布个别项目的统计数字，须报经行长批准。金融机构总行（总公司、总局）对外公布金融统计资料，须经本行（公司、局）行长（总经理、局长）批准。金融机构分支机构公布金融统计资料，按照其上级主管部门的规定执行。对外公布有密级的金融统计资料的审批，实行分级负责制度。绝密、机密、秘密级的金融统计资料，未经批准，任何单位或个人不得擅自对外公布。绝密、机密、秘密级金融统计资料的划分，按《金融工作中国家秘密及密级具体范围的规定》执行。对外公布绝密级金融统计资料，必须报经国务院审批后，由中国人民银行总行公布；对外公布机密级金融统计资料，须经中国人民银行总行批准；对外公布秘密级金融统计资料，全国性数字由中国人民银行总行批准，金融机构本系统的数字由其总行（总公司、总局）批准。中国人民银行统计部门依法对各金融机构的统计工作以及统计法律、规定、制度的执行情况，统计质量、统计真实性情况和统计工作情况，定期或不定期地进行监督检查。检查的内容和重点应根据统计法律、规定和统计制度实施的情况具体确定。金融机构统计部门在中国人民银行同级统计部门的组织指导下，监督检查本系统统计工作，以及统计法律、规定、制度的执行情况。

△ 经中国保监会批准，首创安泰人寿保险有限公司成立，公司总部设在大连，注册资本为人民币两亿元。该公司由北京首都创业集团有限公司和荷兰保险有限公司共同出资兴建，持股比例各为50%。

△ 中国证监会、财政部、国家经贸委联合发布《关于向外商转让上市公司国有股和法人股有关问题的通知》，决定允许上市公司向外商转让国有股和法人股。

该通知规定，向外商转让上市公司国有股和法人股应当遵循以下原则：1. 遵守国家法律、法规，维护国家经济安全和社会公共利益，防止国有资产流失，保持社会稳定；2. 符合国有经济布局战略性调整和国家产业政策的要求，促进国有资本优化配置和公平竞争；3. 坚持公开、公正、公平的原则，维护股东特别是中小股东的合法权益；4. 吸引中长期投资，防止短期炒作，维护证券市场秩序。该通知明确，向外商转让上市公司国有股和法人股，应当符合《外商投资产业指导目录》的要求。凡禁止外商投资的，其国有股和法人股不得向外商转让；必须由中方控股或相对控股的，转让后应保持中方控股或相对控股地位。

5日 中国证监会、中国人民银行发布《合格境外机构投资者境内证券投资管理暂行办法》。该暂行办法规定，经中国证监会批准，合格投资者申请人在取得证券投资业务许可证后，应当通过托管人向国家外汇管理局申请投资额度。合格投资者在经批准的投资额度内，可以投资下列人民币金融工具：在证券交易所挂牌交易的除境内上市外资股以外的股票，在证券交易所挂牌交易的国债，在证券交易所挂牌交易的可转换债券和企业债券及中国证监会批准的其他金融工具。合格投资者经国家外汇管理局批准，应当在托管人处开立一个人民币特殊账户。该暂行办法自2002年12月1日起施行。

6日 中国人民银行发布公告，宣布自2002年12月1日起，在广州、珠海、青岛、南京、武汉设立的外资金融机构可以根据《中华人民共和国外资金融机构管理条例》和《中华人民共和国外资金融机构管理条例实施细则》的有关规定，向中国人民银行申请经营人民币业务。此前，我国在2001年12月11日正式加入世界贸易组织时，已取消了外资银行办理外汇业务的客户限制，并允许其在上海、深圳、天津、大连经营人民币业务。据中国人民银行统计，到

2002年9月底，外资银行在华共有营业机构181家，其中45家已获准经营人民币业务。外资银行人民币资产总额为477.97亿元，其中贷款总额为385亿元。

8日　国家经贸委、财政部、国家工商行政管理总局、国家外汇管理局发布《利用外资改组国有企业暂行规定》。该暂行规定指出，利用外资改组国有企业包括下列情形：国有企业的国有产权持有人将全部或部分产权转让给外国公司、企业和其他经济组织或个人（以下简称外国投资者），企业改组为外商投资企业；公司制企业的国有股权持有人将全部或部分国有股权转让给外国投资者，企业改组为外商投资企业；国有企业的境内债权人将持有的债权转给外国投资者，企业改组为外商投资企业；国有企业或含有国有股权的公司制企业将企业的全部或主要资产出售给外国投资者，外国投资者以所购买的资产独自或与出售资产的企业等共同设立外商投资企业；国有企业或含国有股权的公司制企业通过增资扩股吸收外国投资者投资，将该企业改组为外商投资企业。该暂行规定明确，外国投资者应当以境外汇入的可自由兑换货币或其他合法财产权益支付转让价款或出资。经外汇管理部门批准，也可以用在中国境内投资获得的人民币净利润或其他合法财产权益支付转让价款或出资。外国投资者从改组后的企业分得的净利润、股权转让所得收入、企业经营期满或终止时分得的资金以及其他合法收入，可以依法汇出境外。经外汇管理部门批准，也可以用于境内再投资。该规定适用于利用外资将国有企业、含国有股权的公司制企业（金融企业和上市公司除外）改制或设立为公司制外商投资企业的行为。该暂行规定自2003年1月1日起施行。该暂行规定的出台对调整和优化国有经济布局产生重要影响，标志着我国国有企业改革和对外开放进入一个新的阶段。

12日　国家外汇管理局发布《关于清理境外投资汇回利润保证金有关问题的通知》。该通知规定：在全国范围取消境外投资外汇风险审查制度和汇回利润保证金制度，外汇局不再收取境外投资汇回利润保证金。该规定自2002年11月15日起施行。该改革措施是国家外汇管理局根据《国务院关于取消第一批行政审批项目的决定》而制定。《国务院关于取消第一批行政审批项目的决定》于11月1日发布，取消的第一批行政审批项目共有789项。

16日　中国人民银行发布《外汇指定银行办理结汇、售汇业务管理暂行办法》，自2002年12月1日起施行。该办法适应中国加入世界贸易组织后金融业扩大开放的新形势，统一了中外资银行结售汇管理政策。主要内容是：对中外资银行的结售汇业务实行统一的管理政策；银行结汇、售汇业务的市场准入和退出由中国人民银行会同国家外汇管理局审批；明确银行自身结售汇的管理原则，要求区分银行与客户之间的结售汇业务和自身结售汇业务，分别进行管理和统计；规范银行结售汇周转头寸管理、结售汇业务会计核算以及银行对与其签约的外币兑换点的管理责任等。该办法自2002年12月1日起施行。

18日　经中国保监会批准，海尔纽约人寿保险有限公司在上海成立，注册资本为人民币两亿元。该公司由海尔投资发展有限公司和纽约人寿保险公司共同出资组建，持股比例各为50%。

20日　国家外汇管理局发布《关于做好因公出国售汇管理工作有关问题的通知》，决定自2003年1月1日起，因公临时出国（境）人员每一年度内，个人自费购汇标准由原来的200美元调整为400美元，每人每年只能购汇一次。因公出国人员个人自费购汇业务不纳入"境内居民个人购汇管理信息系统"操作。

21日　国家外汇管理局发布《关于对境内居民个人前往邻国边境地区旅游进行售汇业务试点的通知》，决定在黑龙江、内蒙古和新疆三省区的边境口岸，对个人前往俄罗斯等独联体国家的边境地区旅游进行售汇业务试点，其中规定：个人购汇应委托有权办理边境旅游的旅行社到银行办理；银行应通过"境内居民个人购汇管理信息系统"进行操作；个人每人每天的购汇标准为等值100美元（含100美元），每次边境旅游购汇总金额最高不得超过等值500美元（含500美元）。

△ 中国人民银行发出《关于规范银行业市场竞争行为的通知》，针对一些银行机构盲目追求扩张业务规模和增加市场份额，进行不规范、不正当的竞争，扰乱了正常的金融秩序的现象，中国人民银行要求各银行机构合法、合规经营，杜绝竞争中的违法、违规和其他不正当竞争行为。该通知规定，各银行机构严格执行法定的存款利率，不得违反国家有关规定提高或变相提高利率，不得向储户、单位存款的经办人和关系人支付除利息以外任何名目的费用或馈赠物品；要坚决撤销各种对存款进行单项考核和奖励的办法，不得对非存款部门下达存款考核指标，不得把存款考核指标分解下达到职工个人，并以此作为对个人奖励的依据；要严格执行法定的贷款（含贴现）利率和业务收费标准，不得超出规定的贷款利率浮动范围发放贷款。

25日 《中国证券监督管理委员会行政复议办法》发布。该办法规定：公民、法人或其他组织认为中国证监会及其派出机构、授权组织的具体行政行为侵犯其合法权益，可以依法向行政复议机关申请行政复议。行政复议机关是中国证监会。中国证监会依法受理行政复议申请，对被申请行政复议的具体行政行为进行审查并作出决定。中国证监会履行行政复议职责，应当遵循合法、公正、公开、及时、便民的原则。坚持有错必纠，保障法律、法规的正确实施。该办法明确：行政复议申请人对中国证监会或其派出机构、授权组织的下列行为不能申请行政复议：中国证监会或其派出机构、授权组织对其工作人员作出的行政处分以及其他人事处理决定；中国证监会或其派出机构、授权组织对证券、期货民事争议所作的调解行为；不具有强制力的证券、期货行政指导行为；驳回公民、法人或其他组织对中国证监会或其派出机构、授权组织的具体行政行为提起申诉的重复处理行为；对公民、法人或其他组织的权利义务不产生实际影响的行为。该办法自2003年1月1日起施行。

26日 中国华融资产管理公司同摩根士丹利投标团和高盛公司分别成立第一联合资产管理公司和融盛资产管理公司。2001年2月21日，中国华融资产管理公司与美国安永会计师事务所签署资产组合顾问及交易服务合同，开始按照国际通行的不良资产处置模式和国际规范的信息披露原则，批量处置金融不良资产。2001年11月29日，中国华融资产管理公司通过公开招标，向摩根士丹利、雷曼兄弟、所罗门美邦、KTH基金管理有限公司等组成的投标团打包出售了4个资产包，其不良贷款账面价值约为108亿元人民币。同年12月21日，中国华融资产管理公司再次向另一个国际投标人高盛公司打包出售账面价值为19.7亿元人民币的不良贷款。2002年3月和4月中国华融资产管理公司分别与摩根士丹利投标团和高盛公司签署了合作经营合同和出资协议，合同规定分别组建两个中外合作公司，共同处置这一次国际招标资产组合中的资产。这两家合资公司是经中国政府批准成立的第一批中外合作的资产管理公司。以此为标志，中外合作处置不良资产的工作正式开始。

2003年6月16日，第一联合资产管理公司完成从中国华融资产管理公司购买总额108亿元人民币的一笔不良资产的交易。此次交易是国际与国内投资者首次合作收购并管理中国不良资产。108亿元的不良资产将由凯利资产服务有限公司管理。按照国际惯例，投资于不良贷款的投资者往往需要另外设立一家服务公司来执行处置资产的具体工作。凯利由摩根士丹利、KTH基金管理有限公司和中金丰德投资控股有限公司三方平均出资组成，是国内第一家中外合资资产服务公司。同时，融盛资产管理公司也成立了自己的服务公司——盛尔康咨询服务有限公司，地点设在上海。

28日 国家外汇管理局发布《合格境外机构投资者境内证券投资外汇管理暂行规定》，对中国证监会与中国人民银行联合下发的《合格境外机构投资者境内证券投资管理暂行办法》中的有关内容进行细化和补充。

主要内容是：托管人的资格条件由中国证监会、中国人民银行、国家外汇管理局三家联合审批。国家外汇管理局将重点关注托管人是否具有外汇指定银行资格，最近三年有没有重大违反外汇管理规定的记录。明确合格投资者投资额度以人民币计价；单个合格投资者申请的投资额度不得低于等值5 000万美元的人民币，不得高于等值8亿美元的人民币。每个合格投资者只能开立一个人民币特殊账户，对大额本金汇入（日汇入超过等值5 000万美元）实行报备制度等。国家外汇管理局对合格投资者的外汇登记证实行年检制度。该规定自2002年12月1日起实施。

△ 中国工商银行对公异地通存通兑——“即时通”业务在湖南省分行正式推出，标志着中国工商银行成为首家推出此项服务的国有商业银行。“即时通”业务是中国工商银行依托强大的计算机集中作业处理模式和结算网络优势而开发的一项全新结算品种。该业务可以确保公司和机构客户异地资金实时到账，使省内或全国异地支付可以像同城结算一样方便、快捷。

12月

2日 中国人民银行与俄罗斯联邦中央银行签署《关于在反洗钱、打击向恐怖主义融资、外汇监管方面开展信息交流和人员培训的协定》，进一步加强两国在反洗钱、打击向恐怖主义融资、外汇监管方面的交流与合作。

3日 中国证监会发布《证券投资基金管理公司内部控制指导意见》。该指导意见规定：公司内部控制制度由内部控制大纲、基本管理制度、部门业务规章等部分组成。公司内部控制大纲是各项基本管理制度的纲要和总揽；基本管理制度包括风险控制制度、投资管理制度、基金会计制度、信息披露制度、监察稽核制度、信息技术管理制度、公司财务制度、资料档案管理制度、业绩评估考核制度和紧急应变制度等。部门业务规章是对各部门的主要职责、岗位设置、岗位责任、操作守则等的具体说明。公司董事会对公司建立内部控制系统和维持其有效性承担最终责任，公司经营层对内部控制制度的有效执行承担责任。公司内部控制应当遵循以下原则：1. 健全性原则。内部控制应当包括公司的各项业务、各个部门或机构和各级人员，并涵盖到决策、执行、监督、反馈等各个环节。2. 有效性原则。通过科学的内控手段和方法，建立合理的内控程序，维护内控制度的有效执行。3. 独立性原则。公司各机构、各部门和各岗位职责应当保持相对独立，公司基金资产、自有资产、其他资产的运作应当分离。4. 相互制约原则。公司内部部门和岗位的设置应当权责分明、相互制衡。5. 成本效益原则。公司运用科学化的经营管理方法降低运作成本，提高经济效益，以合理的控制成本达到最佳的内部控制效果。内部控制的基本要素包括控制环境、风险评估、控制活动、信息沟通和内部监控。内部控制的主要内容包括投资管理业务控制、信息披露控制、会计系统控制、监察稽核控制。该指导意见自2003年1月1日起施行。

4日 经中国保监会批准，中英人寿保险有限公司在广州成立，注册资本为人民币5亿元。该公司由中国粮油食品进出口（集团）有限公司和英国商联保险有限公司共同出资组建，持股比例各为50%。

△ 中信控股有限责任公司在北京成立。王军任董事长，常振明任总裁。该公司是根据《中华人民共和国公司法》，由中国中信集团公司出资设立的国有独资有限责任公司，公司注册资本为5 000万元人民币，业务范围是负责投资和管理中国中信集团公司所属境内外金融企业，通过投资和接受中国中信集团公司委托，管理银行、证券、保险、信托、资产管理、期货、租赁、基金、信用卡等金融企业，强化风险管理，提供全面的金融服务。

6日 中国保监会宣布取消58项行政审批项目。这是中国保监会根据《国务院关于取消第一批行政审批项目的决定》（国发〔2002〕24号）取消的第一批行政审批项目，其中包括保险公司投资证券投资基金的投资比例核定、保险公司购买中央企业债券额度审批、保险公司在境外运用资金审批、保险公司投资证券投资基金资格审批、保险公司超比例的固定资产投资审批、境外保险代表机构升级为分支机构审批、保险公司以中国保监会认可的有价证券缴存资本保证金审批、保险经纪公司业务范围审批和经营区域的核定、保险代理机构业务范围审批和经营区域的核定、保险公估机构业务范围审批和经营区域的核定、律师事务所和会计师事务所以及审计事务所从事与保险相关业务资格审核、法定分保再保险公司指定、保险公司关联交易审批等。

△　国家外汇管理局发出《关于实施国内外汇贷款外汇管理方式改革的通知》。为方便企业使用国内外汇资金和金融机构进行债权管理，国家外汇管理局决定自2003年1月1日起，在全国范围内调整国内外汇贷款的登记及管理方式，由原来的国内外汇贷款债务人到国家外汇管理局逐笔登记，改为由债权人集中登记；由原来的国家外汇管理局审核债务人开立国内外汇贷款专用账户和还本付息，改为由债权人自行进行真实性和合规性审核。

△　中国东方资产管理公司与美国不良资产咨询公司及奇耐力公司在北京签署联合不良资产协议。根据协议，东方资产管理公司将其拥有的东北地区60个项目的债权，账面价值近18亿元的不良资产，采取资产组合方式，整体转让给国外中小投资者。

9~10日　中央经济工作会议在北京召开。会议明确，2003年经济工作的总体要求是：以邓小平理论和“三个代表”重要思想为指导，认真贯彻党的十六大精神，积极应对国内外环境变化带来的困难和挑战，坚持扩大内需的方针，继续实施积极的财政政策和稳健的货币政策，进一步深化改革，全面提高对外开放水平，加快经济结构的战略性调整，积极发展农业和农村经济，大力推进新型工业化，促进国民经济持续快速发展，实现速度和结构、质量、效益相统一。正确处理改革、发展、稳定的关系，切实做好就业和再就业工作，完善社会保障体系，提高城乡居民生活水平，保持社会稳定。

16日　中国证监会发布《证券业从业人员资格管理办法》。该办法规定，在证券公司、基金管理公司、基金托管及销售机构、证券投资咨询机构、证券资信评估机构以及中国证监会规定的其他从事证券业务的机构中，从事证券业务的专业人员都应当取得从业资格和执业证书。机构不得聘用未取得执业证书的人员对外开展证券业务。如果取得执业证书的人员，连续3年不在机构从业的，由中国证券业协会注销其执业证书；重新执业的，应当参加中国证券业协会组织的执业培训，并重新申请执业证书。在该办法实施前持有协会颁发的证券经纪资格证书、证券代理发行资格证书、证券投资咨询资格证书和基金从业人员资格证书的，可以直接申请取得执业证书。该办法自2003年2月1日起施行，1995年发布的《证券业从业人员资格管理暂行规定》同时废止。

18日　北京市商业银行签发第一张个人支票。个人支票是一种国际通行的支付手段，具有方便资金结算、减少现金流量、提高金融服务水平的作用。北京市商业银行签发的个人支票分为现金支票和转账支票两种。此前，1986年我国开始试行个人支票，在上海、广州、深圳等7个城市进行试点，主要服务于个体工商户。

△　中国工商银行在香港推出首张人民币与港元集一卡的ICBC信用卡。此卡是香港第一张适用两种货币的信用卡，同时也是中国工商银行第一次在港发行信用卡。

19日　中国人民银行发布公告，鉴于中国华诚集团财务有限责任公司严重违规经营，不能支付到期债务，撤销其下属江苏办事处、海南办事处，收缴其“金融机构法人许可证”和“金融机构营业许可证”，并自公告之日停止其全部金融业务活动。

△　中国人民银行驻德国法兰克福代表处开业。中国人民银行在法兰克福设立代表处将有利于中国及时了解欧元区国家经济和金融政策的变化，进一步促进中国人民银行与欧洲中央银行及

欧盟各成员国中央银行和金融监管部门的交流与合作。

20 日 全国社会保险基金理事会发布公告，公布交通银行和中国银行为社保基金的托管银行，南方、博时、华夏、长盛、鹏华、嘉实六家基金管理有限公司为社保基金投资管理人。

△ 华欧国际证券有限责任公司在上海成立。华欧国际证券有限责任公司由湘财证券和法国里昂证券（CLSA）合资组建，注册资本 5 亿元人民币，其中，湘财证券公司占 67% 的股份，法国里昂证券公司占 33% 的股份。这是中国首家合资证券公司。

△ 外经贸部、国家税务总局、国家工商行政管理总局、国家外汇管理局发布《关于加强外商投资企业审批、登记、外汇及税收管理有关问题的通知》。该通知规定，中外合资、合作外商投资企业中外国投资者的出资比例低于 25% 的，均应按照现行外商投资企业的审批登记程序进行审批和登记；暂不允许境内中国自然人以新设或收购方式与外国公司、企业、其他经济组织或个人成立外商投资企业；外国投资者收购境内企业股权应自外商投资企业营业执照颁发之日起 3 个月内支付全部购买金，特殊情况不得超过 1 年，外国投资者按实际已缴付出资额所占比例分配收益，股权出让方所在地外汇管理部门出具的外资外汇登记证明是证明外国投资者购买金到位的有效文件。

21 日 国家统计局、国家发展计划委员会、国家经贸委、财政部、中国人民银行、国家外汇管理局、国家税务总局、国家工商行政管理总局联合发布《关于实施〈中国国民经济核算体系（2002）〉的通知》。为全面准确地反映我国国民经济运行状况，增强国民经济核算在总体框架、基本原则、计算方法上与国际标准的一致性以及指标的国际可比性，2000 年以来，上述八个部门对 1992 年颁布实施的《中国国民经济核算体系（试行方案）》作了重大修订，形成了《中国国民经济核算体系（2002）》。新体系充分反映了国民经济活动的内在联系，涵盖了市场经济条件下国民经济运行的主要环节和主要方面，能够更好地适应社会主义市场经济条件下宏观经济管理和对外交流工作的需要。新体系由 5 套基本核算表、1 套国民经济账户和 2 张附属表组成。5 套基本核算表包括国内生产总值表、投入产出表、资金流量表、国际收支表和资产负债表；1 套国民经济账户包括经济总体账户、国内机构部门账户和国外部门账户；2 张附属表即自然资源实物量核算表和人口资源与人力资本实物量核算表。《中国国民经济核算体系（2002）》于 2003 年开始逐步实施。

24 日 中国人民银行会同财政部、国家经贸委、劳动和社会保障部共同颁布《下岗失业人员小额担保贷款管理办法》，对贷款的对象和条件、贷款的程序和用途、贷款额度与期限、利率与贴息、贷款担保基金、担保机构、贷款的管理与考核、担保基金的风险管理、监督与审计等作出了具体规定。该办法明确：凡年龄在 60 岁以内、身体健康、诚实信用、具备一定劳动技能的下岗失业人员，自谋职业、自主创业或合伙经营与组织起来就业的，其自筹资金不足部分，在贷款担保机构承诺担保的前提下，可以持劳动保障部门核发的“再就业优惠证”向商业银行或其分支机构申请小额担保贷款。贷款金额一般掌握在两万元左右，贷款期限一般不超过两年。小额担保贷款利率按照中国人民银行公布的贷款利率水平确定，不得向上浮动。从事微利项目的小额担保贷款由中央财政据实全额贴息，展期不贴息。每年年底，国有独资商业银行各地市经办银行的贴息发生额度经当地财政部门审核同意后，经财政部专员办核后拨付；股份制商业银行的各地市经办银行向当地财政部门据实报告贴息发生额度，经当地财政部门审核，并报财政部专员核准后，由省级财政部门报财政部审核后拨付。

微利项目是指由下岗人员在社区、街道、工矿区等从事的商业、餐饮和修理等个体经营项目，具体包括：家庭手工业、修理修配、图书借阅、旅店服务、餐饮服务、洗染缝补、复印打字、理发、小饭桌、小卖部、搬家、钟点服务、家庭清洁卫生服务、初级卫生保健服务、婴幼儿看护和教育服务、残疾儿童教育训练和寄托服务、养老服务、病人看护、幼儿和学生接送服务。

△ 中国人民银行发布《关于执行〈国务院关于取消第一批行政审批项目的决定〉的通知》，决定停止执行25项行政审批项目（国务院决定取消的第一批行政审批项目目录中的第437项至第461项）。其中，第455项中的金融机构部分中间业务是指《商业银行中间业务暂行规定》（2001年6月21日发布）第八条中规定的下列适用备案制的中间业务品种：各类汇兑业务；出口托收及进口代收；代理发行、承销、兑付政府债券；代收代付业务，包括代发工资、代理社会保障基金发放、代理各项公用事业收费（如代收水电费）；委托贷款业务；各类代理销售业务，包括代售旅行支票业务；各类见证业务，包括存款证明业务；信息咨询业务，主要包括资信调查、企业信用等级评估、资产评估业务、金融信息咨询；企业、个人财务顾问业务；企业投融资顾问业务，包括融资顾问、国际银团贷款安排；保管箱业务。第456项中的适用审批制以外的网上银行业务品种是指银行依据《网上银行业务管理暂行办法》（2001年6月29日发布）第十条规定的适用备案制的新业务品种。按照国务院的要求，中国人民银行将逐步清理有关的规章及其他规范性文件。

△ 中国证监会发布《关于第一批取消行政审批项目（32项）的通告》，公布了中国证监会第一批被取消的32项行政审批项目。32项行政审批项目涉及证券公司承销和自营业务、证券投资咨询公司设立和迁址、外国证券机构驻华代表处初审、境外中资证券类机构外资股业务、律师事务所证券法律业务资格审批以及中国企业境外发行股票和上市等环节。该通告明确，中国证监会今后将根据审慎监管的原则，通过制定管理规范和标准，完善监管手段，加大事中检查、事后稽查处罚力度等措施，进一步加强对投资者的保护和有关业务活动的监督和管理。

26日 最高人民法院审判委员会第1261次会议通过《关于审理证券市场因虚假陈述引发的民事赔偿案件的若干规定》，自2003年2月1日起施行。该若干规定共有8章37条，对案件的受理与管辖、诉讼方式、虚假陈述的认定、归责与免责事由、共同侵权责任、损失认定作出详细规定。这是最高人民法院就审理证券市场民事赔偿案件第一个具有系统性、综合性和可操作性的司法解释，填补了我国现行证券立法和商事审判适用法律的空白。

△ 中国证监会发布《关于规范基金管理公司股东出资转让有关事项的通知》。该通知规定，基金管理公司股东出资转让的受让方应当符合以下条件：实收资本不少于3亿元；经营状况良好；无不良记录；中国证监会根据审慎监管原则规定的其他条件。受让方拟成为第一大股东的，还应当符合以下条件：属于依法设立的证券公司、信托投资公司；最近3年连续盈利；中国证监会根据审慎监管原则规定的其他条件。受让基金管理公司出资成为基金管理公司股东，受让方必须是实际出资人，不得通过股权托管、秘密协议等形式受让对基金管理公司的出资。基金管理公司的发起人自公司成立1年内不得转让出资，公司原有股东的新增出资、新增股东的出资1年内不得转让。中国证监会批准的特殊情形除外。

△ 招商基金管理公司开业。公司由招商证券、荷兰国际集团、中国电力财务有限公司、中国华能财务有限责任公司、中远财务有限责任公司共同出资组建，注册资本为1亿元人民币，其中招商证券持有40%的股权，荷兰国际集团持有30%的股权，中国电力财务有限公司、中国华能财务有限责任公司、中远财务有限责任公司各持有10%的股权。公司注册地设在深圳。公司业务范围与境内基金公司相同。这是中国第一家正式营业的中外合资基金管理公司。

27日 中国保监会发布《关于加强航空意外保险规范管理有关问题的通知》，正式颁布航空意外险改革方案。通知明确，今后，中国保监会将不再统颁航空意外险条款和统一厘定航意险费率，保险公司对自己的航空意外险条款和费率负责并事先到中国保监会备案；航空意外险保单必须电脑出单（最后期限为 2003 年 3 月 1 日）并实行单险种独立核算。

28 日 第九届全国人民代表大会常务委员会第三十一次会议决定，任命周小川同志为中国人民银行行长，尚福林同志为中国证券监督管理委员会主席、党委书记，免去戴相龙同志的中国人民银行行长职务。

29 日 国家开发银行与北京市政府签署 100 亿元小城镇建设金融合作协议和 100 亿元中关村科技园区建设金融合作补充协议，重点用于小城镇和科技园区基础设施的兴建。这是国内银行界签署的第一份关于小城镇建设的合作协议，也是国内银行界签署的最大一份关于科技园区的合作协议。此前，北京总体规划确定了 14 个卫星城、29 个中心镇和 140 多个一般建制镇，目标是到 2005 年郊区城市化率达到 45% 以上，全市城市化率达到 75% 左右。

31 日 外经贸部、财政部发布《出口信用保险扶持发展资金管理办法》。该办法所称“扶持发展资金”是指国家对出口企业投保出口信用保险给予的专项资助资金。扶持发展资金来源于中央外贸发展基金和扶持发展资金专户存款的利息。该办法规定：扶持发展资金的管理和使用遵循公开透明、定向使用、科学管理、加强监督的原则。扶持发展资金的使用范围包括：中长期出口信用保险；短期出口信用保险；海外投资保险。获得扶持发展资金的出口企业应符合以下条件：在中华人民共和国境内注册，具有独立企业法人资格和进出口经营权；已向境内保险机构投保出口信用保险并缴纳保费；在外经贸业务、财务、出口退税、外汇管理、海关监管等方面无严重违规行为。该办法自 2003 年 1 月 1 日起执行。

2003 年

1 月

2 日　根据《国务院关于取消第一批行政审批项目的决定》，中国人民银行发出通知，停止执行25项行政审批项目。包括金融机构部分中间业务和适用审批制以外的网上银行业务。

3 日　中国人民银行发布《金融机构反洗钱规定》、《人民币大额和可疑支付交易报告管理办法》、《金融机构大额和可疑外汇资金交易报告管理办法》。

《金融机构反洗钱规定》明确：洗钱是指将毒品犯罪、黑社会性质的组织犯罪、恐怖活动犯罪、走私犯罪或者其他犯罪的违法所得及其产生的收益，通过各种手段掩饰、隐瞒其来源和性质，使其在形式上合法化的行为。该规定要求，在中国境内依法设立和经营金融业务的机构，包括政策性银行、商业银行、信用合作社、邮政储汇机构、财务公司、信托投资公司、金融租赁公司和外资金融机构应建立客户身份登记制度，审查在本机构办理存款、结算等业务的客户的身份，不得为客户开立匿名账户或假名账户，不得为身份不明确的客户提供存款、结算等服务，并将大额、可疑资金交易情况报送人民银行或者外汇管理局。中国人民银行是金融机构反洗钱工作的监督管理机关。国家外汇管理局负责对大额、可疑外汇资金交易报告工作进行监督管理，并制定大额、可疑外汇资金交易报告制度。

《人民币大额和可疑支付交易报告管理办法》规定：法人、其他组织和个体工商户之间金额100万元以上的单笔转账支付；金额20万元以上的单笔现金收付；个人银行结算账户之间以及个人银行结算账户与单位银行结算账户之间金额20万元以上的款项划转，属于大额支付交易。属于可疑支付交易的有：短期内资金分散转入、集中转出或集中转入、分散转出；资金收付频率及金额与企业经营规模明显不符；资金收付流向与企业经营范围明显不符；企业日常收付与企业经营特点明显不符；周期性发生大量资金收付与企业性质、业务特点明显不符；相同收付款人之间短期内频繁发生资金收付；长期闲置的账户原因不明地突然启用，且短期内出现大量资金收付；短期内频繁地收取来自与其经营业务明显无关的个人汇款；存取现金的数额、频率及用途与其正常现金收付明显不符；个人银行结算账户短期内累计100万元以上现金收付；与贩毒、走私、恐怖活动严重地区的客户之间的商业往来活动明显增多，短期内频繁发生资金支付；频繁开户、销户，且销户前发生大量资金收付；有意化整为零，逃避大额支付交易监测；中国人民银行规定或金融机构经判断认为的其他可疑支付交易行为。该办法要求金融机构的营业机构应设立专门的反洗钱岗位，建立岗位责任制，明确专人负责对大额支付交易和15种可疑支付交易进行记录、分析和报告。

《金融机构大额和可疑外汇资金交易报告管理办法》规定：大额外汇资金交易是指交易主体通过金融机构以各种结算方式发生的规定金额以上的外汇交易行为。可疑外汇资金交易是指外汇交易的金额、频率、来源、流向和用途等有异常特征的交易行为。该管理办法规定，境内经营外汇业务的金融机构应向国家外汇管理部门报告大额和可疑外汇交易情况。国家外汇管理局及其分支局负责大额和可疑外汇资金交易报告工作的监督和管理。金融机构为客户开立外汇账户，应当遵守《个人存款账户实名制规定》和《境内外汇账户管理规定》，不得为客户设立匿名外汇账户或明显以假名开立外汇账户。金融机构应当将所有大额和可疑外汇资金交易记录，自交易日起至少保存5年；建立和完善内部反洗钱工作岗位责任制，制定内部反洗钱工作操作程序，明确专人负责对大额和可疑外汇资金交易进行记录、分析和报告；法律另有规定的除外，不得向任何单位或个人泄露大额和可疑外汇资金交易信息。金融机构对大额和可疑外汇资金交易进行审核、分析，发现涉嫌犯罪的，应于发现之日起3个工作日内报当地公安部门并报送外汇局分支局。情节严重造成重大损失的，外汇局可以暂停或停止其部分或全部结售汇业务。2004年10月12日，国家外汇管理局发布《金融机构大额和可疑外汇资金交易报告管理办法实施细则》。

上述法规自2003年3月1日起施行。这是我国首次在金融领域确立专门的反洗钱法律制度。

△ 国务院总理朱镕基视察国家外汇管理局，对外汇管理部门提出了几点要求：一是完善经常项目外汇管理，审慎对待资本项目可兑换。加强国际收支监测和预警，增强抵御风险的能力。二是进一步转换职能，简化手续，提高效率，加强监管，继续整顿和规范外汇市场秩序，依法严厉打击逃骗汇和非法买卖外汇等违法行为。三是加快建立集中管理、统计、监测、预警和决策支持为一体的外汇收支信息管理体系，推进与银行、海关等部门的联网。四是切实抓好队伍建设，努力造就一支思想过硬、作风过硬、本领过硬的专业外汇管理队伍。

4日 经中国人民银行批准，汇丰银行、恒生银行、东亚银行推出其针对中国内地客户的网上银行，成为首批正式涉足网上银行业务的在华外资银行。几家外资银行同一天推出的网上个人银行服务包括：查询账户结余及往来记录，办理包括至内地及海外银行的转账、查询汇率和利率、开立定期存款账户，以及预定支票簿、个人资料更新等辅助服务。

7日 国家税务总局发布《关于外商投资企业和外国企业从事金融资产处置业务有关税收问题的通知》。该通知规定：外资企业和外国企业处置债权重置资产，不予征收营业税；处置股权重置资产（包括债转股方式处置）所取得的收入，不予征收营业税；处置其所拥有的实物重置资产所取得的收入，该项资产属于不动产的，征收营业税。

8日 国家发展计划委员会、财政部、国家外汇管理局发布《外债管理暂行办法》。该办法规定，外债是指境内机构对非居民承担的以外币表示的债务。国家对各类外债和或有外债实行全口径管理，根据外债类型、偿还责任和债务人性质，对举借外债实行分类管理。国家发展计划委员会会同有关部门制定国家借用外债计划，确定全口径外债的总量和结构调控目标。国际金融组织贷款和外国政府贷款由国家统一对外举借；财政部代表国家在境外发行债券，其他境内机构在境外发行债券均须经批准；国家对国有商业银行举借中长期国际商业贷款、对境内中资机构举借短期商业贷款实行余额管理；对境内外资金融机构举借外债实行总量控制；在规定的差额范围内，外商投资企业可自行举借外债。外债资金应当主要用于经济发展和存量外债的结构调整。在外债偿还上，主权外债由国家统一对外偿还，以国家信用作保证，最终债务人根据转贷协议对国家承担还款责任。非主权外债则由债务人自担风险，自行偿还。债务人可以保值避险为目的，委托具有相关资格的金融机构运用金融工具规避外债的汇率和利率风险。国家外汇管理局负责外债的统计监测，定期公布外债统计数据。这是我国首部从全口径角度规范各类外债管理的规章，自2003年3月1日起实施。

9日 中国人民银行发布《关于民族贸易和民族用品生产贷款利率事宜的通知》。为落实民族贸易和民族特需用品生产贷款优惠利率政策，中国人民银行决定，增加中国银行、中国建设银行为执行优惠利率政策的承贷银行。民族贸易贷款实行优惠利率的范围，限于民族贸易县内国有商业企业、供销社、医药公司和新华书店经销少数民族特需用品、生产生活必需品、药品、书籍及收购少数民族农牧副产品所需要的流动资金贷款；经审查批准的担负民族贸易县供应任务，并列入国家民委指定的送工业品下乡（县以下乡镇）的省、州级民族贸易公司所需要的流动资金贷款。民族用品生产贷款实行优惠利率的范围，限于按少数民族特需用品目录进行生产的民族用品定点生产企业所需要的流动资金贷款。从2003年1月1日起，中国银行、中国建设银行对民族贸易和民族用品生产一年期贷款实行比正常的一年期贷款利率低2.88个百分点的优惠利率政策。优惠贷款利率一律不准上浮。享受优惠利率贷款政策的企业，其利息优惠部分的70%以上应用于补充企业自有流动资金，对不按规定补充自有流动资金和有弄虚作假行为的企业，不再对其贷款实行优惠利率。中国人民银行对中国银行、中国建设银行2003年1月1日以后发放的上述贷款按年利率2.88%给予补贴。

△ 最高人民法院公布《关于审理证券市场因虚假陈述引发的民事赔偿案件的若干规定》。该规定对证券市场"虚假陈述"界定为：信息披露义务人违反证券法律规定，在证券发行或交易过程中，对重大事件作出违背事实真相的虚假记载、误导性陈述，或者在披露信息时发生重大遗漏、不正当信息披露的行为。该规定明确原告可以选择单独诉讼或者共同诉讼方式提起诉讼。按照《民法》关于侵权赔偿的一般原则，在排除投资人因证券市场系统性风险等所造成的亏损的基础上，规定虚假陈述行为人在证券发行市场导致投资人损失承担民事赔偿责任的范围，是返还和赔偿投资人所缴股款及银行同期活期存款利息；在证券交易市场导致投资人损失承担民事赔偿责任的范围，是投资人因虚假陈述实际发生的损失，包括投资差额损失、投资差额损失部分的佣金和印花税以及该两项资金自买入至卖出证券日或者基准日，按银行同期活期存款利率计算的利息损失。如果证券发行市场被虚假陈述的证券得以上市交易，并且证券发行市场投资人持续持有该证券，其有权选择证券交易市场民事赔偿范围请求赔偿损失。该规定分为8部分，即一般规定、受理与管辖、诉讼方式、虚假陈述的认定、归责与免责事由、共同侵权责任、损失认定、附则，共有37条，于2003年2月1起施行。这是最高人民法院公布的审理证券民事赔偿案件适用法律的第一个系统司法解释，被称为"1·9规定"。

10日 中国保监会发布公告，将《航空旅客意外伤害保险》条款列为行业性指导条款。《航空旅客意外伤害保险》由中国人寿保险公司、中国太平洋人寿保险股份有限公司、中国平安保险股份有限公司联合设计。该条款中每份保单的保险金额由原来的20万元提高为40万元，每份保险的保费仍为20元；同一被保险人最高保险金额为人民币200万元。该条款规定，合同保险期间为自被保险人持合同约定航班班机的有效机票到达机场通过安全检查时始，至被保险人抵达目的港走出所乘航班班机舱门时止。如果被保险人改乘因各种原因由航空公司为约定航班所有旅客调整的班机或被保险人经航空公司同意对约定航班改签，且起始港和目的港与原约定航班相同的班机，合同继续有效。

12日 招商基金管理有限公司在深圳开业。该公司为国内首家中外合资基金管理公司，于2002年12月27日经中国证监会批准成立，注册资本为1亿元人民币，其中招商证券、荷兰ING公司分别持股40%和30%，中国电力财务有限公司、中国华能财务有限公司和中运财务有限公司各持股10%。公司的经营范围包括发起设立基金、基金管理业务和中国证监会批准的其他业务。

13日 中国人民银行首次在统计报表中公布本外币并表的信贷收支统计数字。此次公布的统计报表除原公布的"金融机构人民币信贷收支表"、"国家银行人民币信贷收支表"、"其他银行人民币信贷收支表"、"货币供应量表"和"汇率、黄金和外汇储备报表"外，增加了"金融机构本外币信贷收支报表"和"金融机构外汇信贷收支报表"。从此期开始，人民银行将定期向社会公布本外币、人民币、外币的信贷收支统计数字。

14日 财政部调整国债发行招标规则。财政部发布《关于2003年记账式国债发行招标规则的通知》规定：记账式国债采用单一价格即"荷兰式"或多种价格即"美国式"方式招标发行，招标标的为利率、利差或价格。全国银行间债券市场2003年国债承购包销团成员有权参加财政部通过全国银行间债券市场以及跨市场发行的记账式国债的招投标活动；证券交易所市场2003年国债承购包销团成员有权参加财政部通过证券交易所市场以及跨市场发行的记账式国债的招投标活动。

△ 中国证监会发布《关于期货经纪公司接受出资有关问题的通知》。该通知对参股期货经纪公司股权比例超过10%的出资人，要求其注册资本、净资产的最低限额均达到人民币1 000万元；期货经纪公司的出资人注册资本、净资产的最低限额均应为人民币1 000万元；连续经营和连续盈利两年以上；注册资本、净资产均超过人民币5 000万元的，连续经营一年以上，对盈利不作要求。

16日 中共中央、国务院发布《关于做好农业和农村工作的意见》。该意见指出，要加快农村金融体制改革，加强对农业和农村经济的信贷支持。对农户小额信用贷款和农户联保贷款，要进一步扩大规模，简化手续，加强管理。

17日 中国保监会发布修订的《保险公司购买中央企业债券管理办法》。新办法规定：保险公司购买的各种企业债券余额按成本价格计算不得超过本公司上月末总资产的10%。保险公司同一期单品种企业债券持有量不得超过该期单品种企业债券发行额的15%（原为10%）或保险公司上月末总资产的2%，两者以低者为准。保险公司经批准开办的投资连结保险可以设立投资企业债券比例最高为该账户总资产100%的投资账户，万能寿险可以设立投资企业债券比例最高为该账户总资产80%的投资账户。投资账户的设立、合并、撤销、变更应符合中国保监会的有关规定。分红保险或其他独立核算的保险产品，投资企业债券的比例不得超过本产品上月末资产的10%。保险公司购买中央企业债券的品种为：中国铁路建设债券、三峡建设债券、电力建设债券、移动通信类债券。

21日 国家发展计划委员会、国家经贸委、财政部、农业部、外经贸部、中国人民银行、海关总署、国家粮食局、中国农业发展银行联合发布《关于落实进一步扶持我国大豆产业发展有关措施的通知》。该通知要求：把大豆种子企业收购种用大豆列入农业发展银行贷款范围，对其收购种用大豆所需资金，由农业发展银行按“以销定贷、以效定贷”的原则，在保证资金封闭运行的前提下择优选贷。

△ 中国银联股份有限公司在北京、上海、广州、深圳、厦门5个试点城市开通银行卡（ATM）跨行转账业务。持卡人不仅能在银行的ATM机上提款、在商场的POS机上消费，还可以实现在同城或异地的跨行转账。银行将从转出卡中扣除手续费。

22日 中国人民银行发布最新统计数据：截至2002年年底，四家金融资产管理公司累计处置不良资产3 014.42亿元，回收资产1 013.18亿元，其中，回收现金674.82亿元，资产回收率和现金回收率分别为33.61%和22.39%。

23～25日 中国人民银行工作会议在北京召开。会议总结了2002年人民银行执行稳健的货币政策取得的明显成效，并从四个方面阐述了2003年人民银行的主要工作：继续实行稳健的货币政策，大力优化金融资源配置；继续把监管作为金融工作的重中之重，全面提高金融监管水平；加快现代支付体系建设，提高金融服务水平；加强和完善外汇管理，维护国际收支平衡；切实加强队伍建设，进一步提高人民银行职工素质。

23日 国家发展计划委员会、财政部、中华全国供销合作总社、中国人民银行、中国农业发展银行联合发布《关于2002年度国家财政贴息储存部分国产羊毛的通知》。该通知规定：2002年度国家财政贴息储存羊毛数量为20 000吨，其中，10 000吨用于安排主产省区的羊毛实物贴息储存；10 000吨用于继续开展提高羊毛质量和扩大内销的初加工试点工作。贴息储存期限为一年（2002 年 5 月 1 日至 2003 年 4 月 30 日）。国家财政贴息储存羊毛所需贷款，由中国农业发展银行根据本通知相应下达贷款计划。为了切实防范贷款风险，国家财政贴息储存羊毛贷款实行担保贷款方式。要按照新疆维吾尔自治区和新疆生产建设兵团不突破 14 000 元/吨，其他地区不突破 11 000 元/吨的价格和中国农业发展银行的有关规定据实安排贷款。省（区）级财政贴息储存羊毛所需贷款，由有关商业银行按照信贷原则安排解决。国家财政贴息储存羊毛贷款利息由中央财政负担。

△ 中国信达资产管理公司（以下简称信达公司）与德意志银行签署资产证券化和分包一揽子协议。这组不良资产涉及债权余额 25.52 亿元人民币，信达公司购入债权合计 20.15 亿元。信达公司与德意志银行选定了分布在天津、广州、武汉、南京等 10 个地区、不同行业的 20 个项目通过资产证券化的方式合作处置：第一步是以资产证券化方式加快现金的回收。债权本金回收优先用于支持证券化的投资者，在达到一定的回收比例后，剩余部分由德意志银行分包处置。第二步是信达公司把证券化后的资产池处置工作分包给德意志银行，德意志银行承诺对 20 个项目实施寻求战略投资人，提升整个资产池的价值，最大限度地回收不良资产，信达公司根据资产回收情况向德意志银行支付相关费用，双方争取在未来 3 ~5 年完成该项目的全部回收工作。这是我国第一个境外资产证券化项目，也是我国首次以资产证券化方式利用外资处置国内不良资产的尝试。2004 年 2 月 6 日，国家发展和改革委员会正式批复信达公司以境外投资的形式处置部分不良资产项目的申请。

24 日 全国银行、证券、保险工作会议在北京召开。中共中央政治局常委、国务院副总理温家宝在会上提出：当前国际经济金融形势出现的新变化，国内改革开放和经济建设新的任务，都要求我们进一步做好金融工作，提高我国金融竞争力和抗风险能力，维护国家经济金融稳定和安全。2003 年金融工作的主要任务是：第一，继续降低银行不良贷款比例。第二，稳步推进金融改革。一是深化国有独资商业银行改革；二是加快农村金融体制改革；三是继续推进证券业、保险业改革和发展。第三，改进和加强金融监管。一是完善金融监管体系，充实监管力量，建立有效的监管机制，提高监管机构的权威性。二是完善监管法规，严格监管制度。三是改进监管方式，加大监管力度。四是继续整顿和规范金融秩序，加快社会信用体系建设。第四，逐步扩大金融对外开放。第五，切实提高金融服务水平。

24 ~ 26 日 全国证券期货监管工作会议在北京召开。中国证监会主席尚福林作了《全面贯彻落实十六大精神，做好证券期货监管工作，推进资本市场的改革开放和稳定发展》的工作报告。报告提出“五个坚持”：坚持证券期货市场的发展要服务和服从于国民经济的全局；坚持把保护投资者的合法权益作为工作的重中之重；坚持证券期货市场规范与发展的统一；坚持改革的力度、发展的速度与市场的承受程度的统一；坚持监管职能和监管方式要适应市场发展的要求。2003 年要重点抓好以下几方面的工作：一是要继续加强证券期货法治工作。二是大力推动诚信建设。三是要防范和化解市场风险。四是要提高上市公司规范化运作水平。五是要不断改善市场结构。截至 2002 年年底，境内上市公司 1 224 家，累计筹资 7 071 亿元。期货市场交易额达39 500 亿元。

24 日 全国保险工作会议在北京召开。会议认为，目前，保险资金投资于政府债券和银行存款的比例太高，对企业债和金融债的投资也受到限制，也不能直接投资于证券市场，对于这些问题，国务院有关领导已经表示要认真研究。2003 年，要以国有保险公司股份制改革为重点，大力推进以市场为取向的改革，继续扩大对外开放、调整结构，加强和改善保险监管，防范风险，保持保险业快速发展，实现速度和结构、质量、效益的统一。截至 2002 年年底，我国保险资金运用余额达 5 799.3 亿元，但保险资金运用收益率却创下近年来的新低，仅达 3.14%，保险公司持续经营能力和偿付能力都因此受到影响。

△ 中国平安保险股份有限公司完成分业重组，更名为中国平安保险（集团）股份有限公司（以下简称集团控股）。集团控股设立中国平安人寿保险股份有限公司、中国平安财产保险股份有限公司、中国平安保险海外（控股）公司、平安信托投资有限责任公司。分业重组后，原由中国平安保险股份有限公司经营和拥有的人身保险业务、财产保险业务、资产以及相关的债权债务，分别由中国平安人寿保险股份有限公司中国平安财产保险股份有限公司拥有或承担；原中国平安保险股份有限公司人身保险业务、财产保险业务和资产及其相关债权债务以外的其他业务、债权债务和资产，由中国平安保险（集团）股份有限公司继续拥有或承担。

29 日 中国人民银行货币政策委员会2003年第一季度例会在北京召开。会议认为，2002年我国国民经济发展形势良好。2003年应继续执行稳健的货币政策，保持政策的连续性和稳定性，疏通货币政策传导机制，适度增加货币供应量，合理引导贷款投向。会议强调，在经济景气趋好的形势下，要继续处理好防范金融风险和支持经济增长的关系，进一步加强信贷管理，提高贷款质量，把降低不良贷款率的工作扎扎实实地持续抓好。要密切关注一些地区房地产投资与贷款增长过快的问题，严格执行房地产信贷业务的有关规定，防范房地产信贷的潜在风险。

31 日 外经贸部颁布《关于设立中外合资对外贸易公司暂行办法》。新办法规定，合资外贸公司为有限责任公司，外方投资者占注册资本的比例在25%以上。新办法降低了外资进入中国进出口领域的界限，并鼓励向中西部地区投资。其中注册资本从不得低于1亿元人民币降至不低于5 000万元人民币，注册地在中西部地区的更降至不低于3 000万元人民币。对于投资者的资格，新办法规定，年平均对华贸易额连续三年在3 000万美元以上的外国投资者可申请在中国设立合资外贸公司，注册地在中西部地区的可放宽至2 000万美元以上。申请设立合资外贸公司的中方投资者应具有外贸经营权，连续三年的年均进出口额在3 000万美元以上，注册地在中西部地区的可放宽至2 000万美元以上。新办法于2003年3月2日实施，1996年颁布的暂行办法同时废止。

2 月

8 日 经国家外汇管理局批准，即日起，延长中国外汇交易中心银行间外汇市场交易时间。从过去的上午9：30至11：00延长为上午9:30至下午15:30，午间不休市。

9 日 中国人民银行行长周小川出席在悉尼召开的国际清算银行亚太地区中央银行特别行长会议。周小川行长建议国际清算银行投入更多的资源研究、跟踪亚洲债券市场，争取在条件成熟时推出专门投资于亚洲国家本币债券的基金。

12 日 财政部召开2003年国债承销团工作会议。会议决定，在国债发行中陆续推出新举措。主要包括：一是采取将记账式国债的承销团成员划分为甲、乙两个类别管理的办法，根据机构综合实力和国债业务能力的差异分别赋予不同的权利和义务。二是按年公布部分关键品种国债发行计划时间表，提高国债市场信息披露透明度，对基准国债采取续发行等方式实现定期、均衡、滚动发行，逐步形成关键期限国债的收益率基准。三是根据市场需要，研究推出诸如开放式回购、远期交易等操作相对简单、风险相对容易控制的交易方式。四是择机扩大柜台交易的试点范围。

17 日 经中国人民银行总行批准，中国人民银行上海分行在温州市实行金融体制改革试点。改革的主要内容是：建立小额贷款营销制度；引导符合条件的民营、私营企业投资入股城市商业银行；试点组建股份制性质的农村商业银行；加大各类存贷款利率浮动幅度；成立中小企业投资（担保）公司；开展个人委托贷款业务。1987年9月，温州被列为中国第一个进行利率改革的试点城市。

19 日 国家经贸委、国家发展计划委员会、财政部、国家统计局联合发布《中小企业标准暂行规定》。中小企业标准根据企业职工人数、销售额、资产总额等指标，结合行业特点制定，见下表。

中小企业标准

行业	中小企业的条件	中型企业	小企业
工业	职工人数 2 000 人以下，或销售额 30 000 万元以下，或资产总额为 40 000 万元以下	须同时满足职工人数 300 人及以上，销售额 3 000 万元及以上，资产总额 4 000 万元及以上	其余为小型企业
建筑业	职工人数 3 000 人以下，或销售额 30 000 万元以下，或资产总额 40 000 万元以下	须同时满足职工人数 600 人及以上，销售额 3 000 万元及以上，资产总额 4 000 万元及以上	其余为小型企业
批发和零售业	零售业		其余均为小型企业
	职工人数 500 人以下，或销售额 15 000 万元以下	须同时满足职工人数 100 人及以上，销售额 1 000 万元及以上	
	批发业		
	职工人数 200 人以下，或销售额 30 000 万元以下	须同时满足职工人数 100 人及以上，销售额 3 000 万元及以上	
交通运输和邮政业	交通运输		其余均为小型企业
	职工人数 3 000 人以下，或销售额 30 000 万元以下	须同时满足职工人数 500 人及以上，销售额 3 000 万元及以上	
	邮政业		
	职工人数 1 000 人以下，或销售额 30 000 万元以下	须同时满足职工人数 400 人及以上，销售额 3 000 万元及以上	
住宿和餐饮业	职工人数 800 人以下，或销售额 15 000 万元以下	须同时满足职工人数 400 人及以上，销售额 3 000 万元及以上	其余为小型企业

20 日　中国人民银行发布 2002 年第四季度《中国货币政策执行报告》。该报告指出，2002 年中国经济远好于预期。中国人民银行继续执行稳健的货币政策：一是加大公开市场操作力度，适时调节基础货币投放；二是灵活利用利率手段，稳步推进利率市场化改革；三是运用信贷政策，促进经济结构调整，积极支持中小企业、农业发展，扩大消费信贷；四是积极推进货币市场制度建设；五是发挥货币政策促进改革、维护金融与社会稳定的作用；六是货币政策实施的透明度进一步提高。2002 年年末，广义货币 M_2 余额为 18.5 万亿元，增长 16.8%；狭义货币 M_1 余额为 7.1 万亿元，增长 16.8%；全部金融机构人民币贷款增加 18 475 亿元，同比多增 6 036 亿元；金融机构不良贷款额比上年减少 951 亿元，不良贷款率下降 4.5 个百分点。该报告指出，2003 年是全面建设小康社会的第一年，要继续实行稳健的货币政策，保持政策的连续性和稳定性，加强预调和微调。充分发挥金融支持经济增长的重要作用：一是完善和运用多种货币政策工具，保持货币信贷适度增长；二是保持利率、汇率政策的基本稳定，稳步推进利率市场化改革；三是继续实施信贷政策，支持经济结构调整；四是密切关注一些地区房地产投资与贷款增长过快的问题，防范房地产信贷的潜在风险；五是大力发展货币市场，优化金融资源配置。

23 日　国务院办公厅转发国家经贸委、财政部、中国人民银行《关于进一步做好国有企业债权转股权工作的意见》。该意见规定，经国务院批准实施债转股的企业，应当按照《公司法》等有关法律、法规的规定，建立现代企业制度；新公司进行工商注册登记时不得有职工持股；在新公司设立时，要依法进行资产评估和产权登记；属国务院确定的 580 户债转股企业范围内的，从 2000 年 4 月 1 日起停止支付转股债务的利息；其他企业从国务院批准实施债转股之日起停止支付转股债务利息。金融资产管理公司从停息之日起按照股权比例参与原企业的利润分配，债转股新公司设立后享有相应的股东权益；在新公司设立后，金融资产管理公司作为股东，依据法律和公司章程，可派员参加新公司董事会、监事会，其向境内外投资者协议转让股权（不含上市公司国有股权）时，其股权定价须经符合资质条件的资产评估机构进行评估，按照公正、公平、公开的原则，采取招标、拍卖等方式确定受让人和受让价格，同等条件下原企业享有优先购买权。

1999 年是国有企业三年改革与脱困的关键一年，为推动国有大中型企业尽快摆脱困境，国务院决定对部分国有重点企业实行债转股。第一批从各地区、各行业上报的拟债转股企业 3 875 家。最后全国实际批准进行债转股的企业是 580 家，债转股总额 4 050 亿元，这个数字不包括后来军工企业债转股等国务院特批的项目。据《2005 年中国市场经济发展报告》统计：580 家企业中，已有 372 家完成工商注册登记，组建了有限责任公司或股份公司。债转股是指国家组建金融资产管理公司，收购银行的不良资产，把原来银行与企业间的债权债务关系转变为金融资产管理公司与企业间的控股（或持股）与被控股的关系，原来银企之间的还本付息关系转变为企业和金融资产管理公司之间的按股分红。

24 日 中国证监会批复首批合格境外机构投资者（以下简称 QFII）托管任职资格。获得首批 QFII 托管任职资格的有：中国工商银行、中国银行、中国农业银行、交通银行、中国建设银行。2003 年 1 月中旬，经中国人民银行批准，9 家商业银行获准开办 QFII 境内证券投资托管业务，除上述 5 家外，还有招商银行以及渣打银行、汇丰银行、花旗银行三家外资银行的上海分行。获准开办此项业务后，这 9 家银行即开始向中国证监会申请获得托管人资格。商业银行作为托管人，不仅能为 QFII 投资中国证券市场提供开立账户、资产保管、资金清算、信息咨询等服务，还可向监管机构提供必要的监管信息。

25 日 中国人民银行增加公开市场业务交易日。公开市场业务交易由每周二一个交易日增加为每周二、周四两个交易日。根据历年规律，春节后现金大量回笼，储蓄存款大量增加，商业银行头寸增加较多；同时，外汇市场一直维持供大于求的格局，导致中央银行基础货币投放大量增加。为此，中国人民银行于 2 月 11 日起通过正回购操作收回商业银行流动性，同时将公开市场业务一级交易商由 40 家增加到 43 家，进一步加大基础货币回笼力度。

△ 中国农业银行完成资金信托产品代理业务。中信信托投资有限责任公司于当年 2 月 18 日起推出“康居工程”系列首个集合资金信托计划，名为“北京市国土资源和房屋管理局住宅合作社贷款项目”。该信托计划将用于合作建房的开发建设，预计募集资金规模不超过 5 000 万元，预期年收益率为 3.75%。信托计划期限为一年，信托计划推介期为 14 天。此前，中国人民银行曾批准中国农业银行开办代理资金信托产品的资金收付业务，信托公司可以利用农业银行网点、网络、各种清算手段和客户资源，公开对外发售资金信托产品。在四大国有商业银行中，农业银行是首家获得该项资格的银行，该项信托计划也是信托公司和银行业的首次合作。2004 年 3 月 4 日，该信托产品按期终止。信托贷款本息已全额回收，投资者（受益人）信托收益率为 3.75%。

26 日 经中国人民银行批准，广东省顺德市农村信用社向美的、碧桂园、新协力等优秀民营企业开出了全国农信社第一批银行承兑汇票，顺德农村信用社因此成为全国首批获准开办银行承兑汇票业务的农村信用社。

27 日 国务院决定取消第二批 406 项行政审批项目，另将 92 项行政审批项目移交行业组织或社会中介机构管理。其中取消人民银行的项目共 26 项。国务院还将中国证监会的 7 项行政审批项目改变管理方式，分别移交给中国证券业协会、中国期货业协会行使自律管理。同年 4 月 1 日，中国证监会又将 A 股结算银行资格核准、证券公司与存管银行及主办存管银行签订的合同备案等27项行政审批项目予以取消。

3月

3日 国家外汇管理局发布《关于完善外商直接投资外汇管理工作有关问题的通知》。该通知主要对外国投资者账户和出资管理、外商投资企业验资询证及外资外汇登记，外资投资企业减资管理以及部分业务的调整等有关问题作了详细规定，于2003年4月1日起实施。

△ 国家外汇管理局发布《关于境内机构对外贸易中以人民币作为计价货币有关问题的通知》。该通知明确：境内机构在签订进出口合同时，可以采用人民币作为计价货币。以人民币签订出口或进口合同的，应当按照结算当日银行挂牌汇价折算成外币办理收汇或付汇。

△ 中国民生银行在京城率先推出个人财产担保授信业务。该项业务最长可作三年期。个人财产担保授信是指针对资信良好、具备一定的偿还能力并提供民生银行认可的抵押物、质押物的个人客户，根据其申请，由民生银行授予其在规定的授信条件和有效期内可循环使用规定额度内贷款的个人授信业务。

△ 经中国人民银行批准，台湾中国信托商业银行北京代表处成立。中国信托商业银行是台湾主要民营金融机构之一，在海外有60个分支机构，也是岛内最大的发卡银行。至此，中国人民银行已批准在祖国大陆设立代表处的台湾金融机构共有七家：其中两家在北京设代表处，分别是合作金库银行和中国信托商业银行；三家在上海设代表处，分别是土地银行、第一银行和世华联合银行；一家在深圳设代表处，为华南银行；一家在江苏昆山设代表处，为彰化银行。

5~10日 第十届全国人民代表大会第一次会议在北京召开。国务院总理朱镕基作《政府工作报告》。该报告指出，我国国民经济保持良好的发展势头，经济结构战略性调整迈出重要步伐。与社会主义市场经济发展相适应的金融体系初步形成，逐步完善了金融调控方式。改革了中国人民银行管理体制，建立了全国集中统一的证券、保险监管体制。国有独资商业银行和政策性银行改革不断推进，中小商业银行组织结构得到优化。整顿和规范非银行金融机构取得了重要进展。坚持“法制、监管、自律、规范”的方针，证券业在逐步规范中发展。保险业改革不断深化。清理和撤销了农村合作基金会。依法取缔社会乱办金融等违法活动。金融监管逐步加强，防范和化解金融风险取得了成效，银行不良资产比例逐步降低。该报告指出，这几年宏观调控的成功，还在于高度重视做好金融工作，坚持实行稳健的货币政策。既保持金融对经济发展的必要支持，又防止盲目放松银行信贷。银行优先为国债项目提供配套贷款，支持有市场、有效益、有信用的企业的流动资金和技术改造贷款的需要。根据资金供求变化和经济发展需要，1998年以来五次降低银行存贷款利率。发展居民住房、助学等消费信贷，2002年年末消费贷款余额达1.07万亿元。这些措施对增加企业投资、扩大居民消费起到了重要作用。

△ 中国人民银行建立公开市场业务一级交易商流动性日报制度。中国人民银行于3月3日发布《关于建立公开市场业务一级交易商流动性日报制度的通知》规定：各公开市场业务一级交易商于每个工作日的11：30点以前向中国人民银行公开市场业务操作室传送流动性日报。在规定时间内未能按时传送流动性日报，则取消当周的公开市场业务交易资格，并记录在案。一年内五次未报者，取消公开市场业务一级交易商资格。

△ 国家外汇管理局下发《关于取消部分进口付汇备案类别有关问题的通知》。自2003年4月1日起，取消先支后收转口贸易、境外工程使用物资和超比例、超金额预付货款三种类别的备案登记。今后，进口单位在办理上述贸易方式项下购付汇时，可持规定的付款凭证和商业单据直接到银行办理购付汇手续。付汇后按规定办理进口付汇核销手续。

7日 外经贸部、国家税务总局、国家工商行政管理总局、国家外汇管理局联合颁发《外国投资者并购境内企业暂行规定》。该暂行规定明确，外国投资者并购境内企业设立外商投资企业，应按规定经外经贸主管部门批准，并向工商行政主管部门办理变更登记或设立登记。外国投资者的出资比例一般不低于并购后所设企业注册资本金的25%。低于25%的，要在由外经贸部颁发的外商投资企业批准证书和工商局颁发的营业执照上加注“外资比例低于25%”的字样。外国投资者应自并购后所设企业营业执照颁发之日起3个月内向转让股权的股东，或出售资产的企业支付全部对价并按实际交付的出资比例分配收益。外国投资者股权并购，注册资本在210万美元以下的，投资总额不得超过注册资本的10/7；注册资本在210万~500万美元的，投资总额不得超过注册资本的2倍；注册资本在500万~1 200万美元的，投资总额不得超过注册资本的2.5倍；注册资本在1 200万美元以上的，投资总额不得超过注册资本的3倍。该暂行规定自2003年4月12日起施行。

9日 中国人民银行批准中国工商银行、中国银行、中国农业银行和中国建设银行担当黄金进出口代理行，从事黄金寄售业务。四家国有独资商业银行获得黄金进出口权后，被买入的海外黄金可通过上海黄金交易所流入国内市场。

10日 国际清算银行在瑞士巴塞尔举行行长例会和特别股东大会。会议讨论了全球经济和金融形势、中央银行与公众对话和修改国际清算银行章程，将金法郎（1金法郎=1.94美元）计账单位改为以特别提款权为计账单位，以便更好地适应市场变化，提高透明度。中国人民银行副行长、国家外汇管理局局长郭树清代表中国人民银行对修改国际清算银行章程投了赞成票。

14日 外经贸部、财政部、中国人民银行联合下发《关于支持我国企业带资承包国外工程的若干意见》。主要内容包括：国家支持带资承包国外工程的企业条件是具有外经贸部颁发的“对外经济合作经营资格证书”；经营状况良好，能够提供必要的担保；有良好的银行信用记录；金融机构要求的其他条件。项目条件是带动国产设备材料、技术、管理、劳务出口总值不低于项目金额的15%；经驻外使馆经济商务机构和国内有关商会的协调同意；项目报价金额在500万美元（含500万美元）以上并取得“对外承包工程项目投标（议标）许可证”的对外承包工程项目。国家重点鼓励、支持的带资承包工程项目是有利于发挥我国行业比较优势、技术含量高、带动出口量大的项目；有利于促进国内产业结构调整的项目；有利于开拓新兴市场、促进对外承包工程市场多元化的项目；有利于获取我国紧缺的战略性资源的项目；对我国具有重要外交战略意义的国家项目；业主以融资作为必需条件、有较好预期收益的项目。凡符合上述条件的工程项目的外经贸企业，可以向金融机构申请人民币、外汇贷款，银行根据有关规定审核发放，带资承包国外工程的贷款利率按照国家规定的利率执行，对资信状况良好的企业，其带资承包的国外工程项目如果效益好且还本付息有保障，金融机构可在国家规定的范围内适当下浮贷款利率。

据商务部统计，2003年，我国对外承包工程完成营业额138.4亿美元，同比增长23.6%；新签合同额176.7亿美元，同比增长17.4%。

15日 天同180指数证券投资基金（基金简称：天同180；交易代码：519180）成立。天同180自2003年2月10日起向社会公开发行，截至2003年3月10日完成募集工作，共募集1 929 789 525.65份基金单位，有效认购户数为50 555户。托管人是中国银行。该基金自成立日起，由基金管理人——天同基金管理有限公司正式管理。天同180通过运用指数化投资方法，力求基金的股票组合收益率拟合上证180指数增长率。其投资组合为：以不少于基金资产净值的20%投资于国债，以不少于基金资产净值的70%投资于组成上证180指数的成分股票，并尽量用基金净值的80%资金进行标准指数化投资，追求与目标指数的最大拟合程度。投资范围是：基金资产的股票指数化投资部分主要投资于组成上证180指数的成分股票，基金资产的债券部分投资于国债、优质企业债以及金融债。天同180

指数证券投资基金是我国首只标准指数型基金。

17 日 上海期货交易所与芝加哥商业交易所（CME）签订合作备忘录。双方将在风险管理、金融品种和衍生产品开发、教育与培训、市场推介与服务等方面开展培训合作。

18 日 中德财政合作中小企业第三期信贷规划贷款协议及财政部与中国民生银行委托代理协议在北京签署。中德财政合作中小企业第三期信贷规划贷款是财政部以中国政府名义借入的条件较为优惠的德国政府贷款，目的是支持中国非国有中小企业的固定资产投资。本次由民生银行承办的贷款规模为 1 920 万欧元，其中，2/3 为四十年期软贷款，1/3 为十年期商业贷款。该项贷款属于中间信贷，与以往外国政府贷款有两大不同：一是承办行民生银行将自担风险、自主选择信贷支持项目、自主决策，没有国家或地方财政提供担保；二是提供的融资不限制必须使用德国设备或必须从国外进口，民生银行可以向企业提供人民币贷款用于国内设备采购。

△ 中国保监会公布第二批取消的 28 项行政审批项目，其中，航空意外险条款的统一制订被正式列入取消审批的目录。

△ 中瑞创业投资基金管理有限公司在北京开业。该公司由国家开发银行和瑞士联邦对外经济事务秘书处共同出资组建，注册资本为人民币 1 000万元，双方分别持有 67% 和 33% 的股权。经营范围包括管理中瑞合作基金及提供相关咨询服务。这是中国首家中外合资产业投资基金管理公司。

19 日 国家外汇管理局发布《关于外资参股基金管理公司有关外汇管理问题的通知》。该通知规定：经中国证监会批准设立的外资参股基金管理公司可向所在地外汇局申请在外汇指定银行开立外汇资本金账户；收入范围为境外股东汇入的出资资金；支出范围为经常项下对外支付和外汇局核准的其他外汇支出；如需将外汇资本金结汇须经所在地外汇局批准；股权变更、转让应持批准件向外汇局备案。经批准外方股东减（撤）资应持规定的文件和材料向外汇局申请购付汇标准。上述规定自 2003 年 5 月 1 日起施行。

外汇指定银行 外汇指定银行是经营外汇业务的商业银行，是外汇市场的主要成员。它们一方面代客户买卖外汇，为客户提供服务，从中获取适当的利润；另一方面主动调整其外汇头寸，保持外汇存货的合理水平。这类银行包括以经营外汇业务为主的外汇商业银行；兼营外业务的本国商业银行；本国商业银行在国外的分行或代办处。

根据国家外汇管理局《外汇指定银行外汇业务管理规定》的规定，外汇指定银行开展外汇业务时需具有下列规定的外汇资本金或外汇营运资金：全国性银行总行须具有不少于 5 000 万美元等值的外汇资本金；区域性银行总行须具有不少于 2 000 万美元等值的外汇资本金；具有独立法人资格的全国性、区域性银行的分支行须具有不少于 200 万美元等值的外汇资本金；不具有独立法人资格的全国性、区域性银行的分支行，须具有不少于 200 万美元、100 万美元等值的外汇营运资金。

24 日 中共中央决定成立中国银监会党委和纪委，调整中国证监会、中国保监会党委职责；撤销中共中央金融工作委员会；已经实行的银行、证券和保险机构垂直领导本系统党组织的体制不变。1998 年 6 月 22 日，经中共中央批准，中共中央金融工作委员会正式成立。金融工委撤销后，原中央金融工委管理的金融机构领导班子和领导人员，按照银行业、证券业、保险业的分类，分别划归中国银监会、中国证监会和中国保监会党委管理。国家开发银行、中国进出口银行、中国农业发展银行、中国工商银行、中国农业银行、中国银行、中国建设银行、交通银行、中信集团、光大集团的领导班子由中央管理；华融、长城、东方、信达四大资产管理公司和招商银行、民生银行、中央国债登记结算公司、中煤信托公司的领导班子由中国银监会党委管理；银河、民族、科技证券的领导班子由中国证监会党委管理；人保公司、人寿公司、中国再保险公司、中保集团、出口信用保险公司、民生人寿公司的领导班子由中国保监会党委管理。

△ 中国保监会发布《保险公司偿付能力额度及监管指标管理规定》。该管理规定明确，财产保险公司应具备的最低偿付能力额度为下述两项中数额较大的一项：最近会计年度公司自留保费减营业税及附加后1亿元人民币以下部分的18%和1亿元人民币以上部分的16%；公司最近三年平均综合赔款金额7 000万元以下部分的26%和7 000万元以上部分的23%。人寿保险公司最低偿付能力额度为长期人身险业务最低偿付能力额度和短期人身险业务最低偿付能力额度之和。长短期限分别指超过一年或一年以内（含1年）。保险公司应于每年4月30日前将注册会计师审计后的上一会计年度的偿付能力和监管指标报告一式两份送达中国保监会。保险公司在任何时点实际偿付能力额度低于最低偿付能力额度，公司应及时向中国保监会报告，并采取有效的措施，使其实际偿付能力额度达到最低偿付能力额度。对偿付能力充足率（实际偿付能力额度除以最低偿付能力额度）小于100%的保险公司被列为重点监管对象，中国保监会根据其严重程度区别对待。该管理规定对财险公司和人寿险公司分别制定了不同的监管指标。

25日 中国人民银行发布《关于全国银行间债券市场债券上市交易的通知》。该通知明确，为了简化行政审批程序，增强市场透明度，对在全国银行间债券市场发行的国债、政策性银行债券，中国人民银行不再逐期审批其在全国银行间债券市场上市交易；在全国银行间债券市场发行的债券，发行后可上市交易，并授权中央国债登记公司和全国银行间同业拆借中心公布每期债券的上市日期。

27日 财务公司进入全国银行间同业拆借市场。中国人民银行批准中纺机集团财务有限责任公司、中船重工财务有限责任公司、中船财务有限责任公司、西门子财务服务有限责任公司、中国电子财务有限责任公司、南航集团财务有限公司、四川东方电气集团财务公司七家财务公司成为全国银行间同业拆借市场成员，并制订了《全国银行间同业拆借中心财务公司信息披露管理办法》。该办法规定，财务公司经批准成为全国银行间同业拆借市场成员后60日内，须向同业拆借市场成员披露公司基本情况、历史沿革和最近一次经过审计的资产负债表、净资本计算表和损益表。此外，还须定期披露年中与年末的资产负债表、净资本计算表和损益表，以及年度财务报表和审计报告等。

28日 中国银行资产保全工作会议在南京结束。会议提出降低不良资产比率的“2188清障工程”新目标，即国内确保完成现金清收200亿元，处置抵债资产100亿元、核销呆账80亿元、清理投资资产和自办公司800个。中国银行总行要求，2003年清收工作要大力推进不良资产清收和处置的速度，继续强化海外分行“矩阵式”管理，树立既重国内又抓紧海外、既重清收处置又强化清理核销的全方位保全意识。中国银行要求各分行要把清收不良资产作为中国银行的“生命工程”来抓。坚持党委总负责制，加大重点行督导力度，尤其对清收落后的分行实行“一对一”的指导，要通过案例汇编、研讨会等多种方式总结清收方法和经验并积极推广。

31日 根据《国务院关于取消第二批行政审批项目和改变一批行政审批项目管理方式的决定》，中国人民银行取消第二批26项行政审批项目。

4月

1日 中国证监会发布《关于取消第二批行政审批项目及改变部分行政审批项目管理方式的通告》。在取消第二批行政审批项目的同时，将证券从业人员从业资格核准等7项行政审批项目分别移交给中国证券业协会、中国期货业协会行使自律管理。

2日 上海证券交易所、深圳证券交易所发布《关于对存在股票终止上市风险的公司加强风险警示等有关问题的通知》。该通知规定：存在股票终止上市风险的公司，交易所对其股票交易实行警示存在终止上市风险的特别处理，在公司股票简称前冠以“＊ST”标记，以区别于其他公司股票。在退市风险警示期间，股票报价的日涨跌幅限制为5%。有下列情形之一的为存在股票终止上市风险的公司：最近两年连续亏损的；财务会计报告因存在重大会计差错或虚假记载，公司主动改正或被中国证监会责令改正，对以前年度财务会计报告进行追溯调整，导致最近两年连续亏损的；财务会计报告因存在重大会计差错或虚假记载，中国证监会责令其改正，在规定期限内未对虚假财务会计报告进行改正的；在法定期限内未依法披露年度报告或者半年度报告的；处于股票恢复上市交易日至其恢复上市后第一个年度报告披露日期间的公司。在股票交易被实施退市风险警示的情形消除之后，上市公司应当向交易所申请撤销特别处理，并在撤销前一交易日作出公告，公告当日其股票及衍生品种停牌一天，自复牌之日起交易所撤销其股票简称中的“ST”。

3日　经中国保监会批准，海康人寿保险有限公司在上海开业。海康人寿保险有限公司由荷兰AEGON保险集团与中国海洋石油总公司于2002年5月各出资50%共同组建而成，注册资本为两亿元人民币，主要经营养老保险、医疗保险、意外伤害保险、定期寿险等业务。

4日　国务院审议通过国有资产监督管理委员会、中国银监会两个新设正部级机构的主要职责、内设机构和人员编制的规定。同时，决定将中国保监会调整为国务院直属正部级事业单位。国务院任命刘明康为中国银监会主席、吴定富为中国保监会主席。

5日　宁波鄞州农村合作银行挂牌。宁波鄞州农村合作银行是由浙江省鄞州农村信用合作联社改制而成的我国第一家农村合作银行。鄞州农村信用合作联社成立于1987年，是全国最早与农业银行脱离行政隶属关系的试点农村信用联社之一。2001年10月，中国人民银行批准鄞州农村信用联社为农村合作银行的改革试点单位，同意其在原有基础上组建宁波鄞州农村合作银行。宁波鄞州农村合作银行总股本金为2.2亿元，分资格股和投资股两种。资格股主要针对自然人，股东可享受合作银行的优惠服务，三年后可按规定退股；投资股主要针对企业法人和其他经济组织，可转让，但不得退股。股东大会实行一人一票制。股东由辖内自然人、企业法人和其他经济组织自愿入股组成。该行新的股权结构中，1 000多名内部职工股占比2/8，600多家中小企业股占比3/8，1万多名农民和个体工商户股占比3/8。改制前股东召开了66次座谈会，股东坚持的一个条件就是政府财政不能有一分钱投资，要“完全民营化”。

△　中国证监会取消大连证券有限责任公司（以下简称大连证券）的证券业务许可并责令其关闭。大连证券成立于1988年，注册资本金1亿元。由于公司法人治理结构不健全，被内部人控制，在经营期间，出现了挪用客户保证金、为客户融资买入证券、非法融资、以个人名义进行证券自营等严重违法行为，导致了公司经营混乱和严重的资不抵债。2002年9月7日被责令停业整顿。大连证券成为第一家被中国证监会作出取消证券业务许可并责令关闭的证券经营机构。

8日　中国人民银行发布《关于进一步做好农村信用社支农服务工作的通知》。该通知要求：1. 力争实现2003年存款增加2 600亿元以上，2003年农村信用社贷款增长15%以上，其中农业贷款要增长20%以上的目标。2. 按照农民生产的需要，灵活确定农户小额信用贷款的对象、额度和期限；要结合本地实际，积极拓宽农户小额信用贷款的服务范围，增强贷款适用性。在满足农民基本种植业生产资金需求后，可以发放农户小额信用贷款支持农民开展养殖业、农产品加工业等农副业，在经济较发达的地区还可以以小额信用贷款的方式发放助学等消费贷款来满足农民较高层次的物质文化生活需求；要根据当地农村经济发展和农民收入水平，以及贷款用途因地制宜地确定农户小额信用贷款额度，不搞“一刀切”；要按照农业生产周期和农业贷款的不同用途合理确定贷款期限，提高资金运用效率。3. 要贯彻国家产业政策要求，坚决禁止向小钢铁、小电镀、小造纸等国家明令禁止的“十五小”企业发放贷款。4. 改善服务作风，拓宽服务范围。5. 加强贷款管理，严格控制和防范风险。

9日 中国人民银行公布《假币收缴、鉴定管理办法》。该办法规定，商业银行、城乡信用社和邮政储蓄的业务机构在办理货币存取款和外币兑换业务时，发现伪造、变造的假币，由两名以上业务人员当面予以收缴，并向持有人出具中国人民银行统一印制的“假币收缴凭证”。收缴的假币，不得再交给持有人。持有人对被收缴货币的真伪有异议可以持“假币收缴凭证”向中国人民银行当地分支机构或中国人民银行授权的当地鉴定机构提出书面鉴定申请。金融机构收缴的假币，每季度末解缴中国人民银行当地分支行，由中国人民银行统一销毁，任何部门不得自行处理。对违反规定的金融机构分别给予处罚。该办法于2003年7月1日起施行。为配合这一办法的出台，人民银行同时部署自6月29日至7月5日在全国开展为期一周的反假货币宣传活动。

10日 中国人民银行颁布《人民币银行结算账户管理办法》。该管理办法包括总则、银行结算账户的开立、银行结算账户的使用、银行结算账户的变更与撤销、银行结算账户的管理、罚则和附则共7章71条，对单位和个人银行结算账户的种类、开立方法、使用方式、变更撤销程序等作出明确规定。存款人在中国境内的银行开立的人民币银行结算账户适用本办法，外币存款账户、个人储蓄账户、单位定期存款账户、非银行金融机构为投资者或委托人开立的内部账户不纳入本办法管理。

该管理办法规定：银行结算账户是指银行为存款人开立的办理资金收付结算的人民币活期存款账户。人民币银行结算账户按存款人分为单位银行结算账户和个人银行结算账户，单位银行结算账户按用途又分为基本存款账户、一般存款账户、专用存款账户、临时存款账户。单位银行结算账户的存款人只能在银行开立一个基本存款账户。开立基本存款账户、临时存款账户和预算单位开立专用存款账户实行核准制度。个人因投资、消费使用各种支付工具，包括借记卡、信用卡在银行或邮政储蓄机构开立的银行结算账户，纳入个人银行结算账户管理。使用支票、信用卡等信用支付工具办理汇兑、定期借记、定期贷记、借记卡等结算业务可以申请开立个人银行结算账户。自然人可根据需要申请开立个人银行结算账户，也可以在已开立的储蓄账户中选择并向开户银行申请确认为个人银行结算账户。个人银行结算账户用于办理个人转账收付和现金存取。

对于证券交易结算资金、期货交易保证金、信托基金、金融机构存放同业资金、社会保障基金等资金的管理和使用，存款人可以申请开立专用存款账户。开立时应向银行出具其开立基本存款账户规定的证明文件、基本存款账户开户登记证和其他证明文件，其中证券交易结算资金应出具证券公司或证券管理部门的证明，期货交易保证金应出具期货公司或期货管理部门的证明。合格境外机构投资者在境内从事证券投资开立的人民币特殊账户和人民币结算资金账户纳入专用存款账户管理。其开立人民币特殊账户时应出具国家外汇管理部门的批复文件，开立人民币结算资金账户时应出具证券管理部门的证券投资业务许可证。专用存款账户用于办理各项专用资金的收付。存款人应在注册地或住所地开立银行结算账户，符合本办法规定也可以在异地（跨省、市、县）开立。该管理办法自2003年9月1日起施行。1994年10月9日中国人民银行发布的《银行账户管理办法》同时废止。

△ 国家外汇管理局发布2003年第1号公告，取消国内外汇贷款专用账户的开立、变更和撤销的审批；还包括证券公司在境内外资银行B股保证金账户的开立、变更和撤销的审批等共26项行政审批项目。

21日 中国人民银行成立以行长周小川为组长的防治非典型肺炎工作领导小组，并召开领导小组会议，部署人民银行非典型肺炎防治工作措施。领导小组提出近期要认真履行中央银行职责，突出抓好四项工作。一是要做好中央银行发行基金的调拨工作，指导商业银行做好系统内现金调运和向社会的现金供应工作。二是指导和督促商业银行切实加强围绕“非典”的金融服务，提高贷款审批效率。三是中央银行回笼的现金至少在发行库内存放24小时以上，方可调出使用；增加原封新券的投放；指导和督促商业银行做好现金回收和支付环节的卫生管理工作。同时要加大宣传力度，鼓励居民使用银行卡。四是采取得力措施，作好相应预案准备，确保支付、清算系统的正常运行。

22日 中国人民银行开始在全国银行间债券市场连续滚动发行中央银行票据。并首次在公开市场中直接发行了金额50亿元、期限为六个月的中央银行票据。同年4月28日，中央银行公开市场操作室发布通告：中央银行将自4月29日起暂停每周二和周四的正回购操作，代之以固定于每周二贴现发行中央银行票据的方式。

为回笼商业银行手中的富余资金，保持基础货币的平稳增长和货币市场利率的相对稳定，自当年2月11日起，中国人民银行已连续进行了11周共计20次正回购交易，累计回笼资金达2 140亿元。截至2003年年底，中国人民银行在公开市场上连续滚动发行三个月、六个月及一年期中央银行票据共63期，发行总量为7 226.8亿元，发行余额为3 376.8亿元。

24日 中国保监会表示，由于非典型肺炎是新发病种，在保单签发时并不在传染病行列，现有保单的被保险人如果因为非典型肺炎遭受损失，保险受益人可以依据合同条款申请保险赔付。根据中国保监会公布的最新数据，截止到5月8日，国内各寿险公司累计受理“非典”索赔案件163例，已办结赔案90例，累计给付金额52.21万元，其中身故给付24.28万元，住院医疗给付27.93万元。

25日 华欧国际证券有限责任公司成立。该公司由湘财证券与里昂证券共同组建，分别拥有67%、33%的股权。业务范围主要包括股票和债券的承销、外资股的经纪等。华欧国际证券有限责任公司是中国加入世界贸易组织后的首家中外合资证券公司，也是中国证券公司与欧洲投资银行的首例合资。

27日 湘财合丰行业基金成立。该基金是国内首只伞型基金。所谓伞型基金，就是在一份总基金招募书下，陆续推出多只子基金，呈现雨伞形状，而不用像普通基金需要单只审批。伞型基金的费率标准、风险等都不一样，能够满足个性化的投资需求，而且各子基金之间可以自由转换。湘财合丰行业类别基金由价值优化型成长行业类、周期行业类、稳定行业类三只基金组成。三只行业基金均为契约型开放式基金，适用一个基金契约和招募说明书，由同一基金发起人发起，同一基金管理人管理，同一基金托管人托管，三只基金间可互相转换。三个行业类别的定位分别为：成长行业类的投资对象主要集中于电子、信息、医药等高新技术行业；周期行业类的投资对象主要放在钢铁、地产、汽车等国民经济支柱产业上；而稳定行业类则多以电力、交通等公共服务业为投资对象。该基金托管行为交通银行。湘财合丰行业基金于2003年2月18日获准发行。在34天的首发期内，首发募集金额26.3012亿元，总认购户数达17.7524万户。

28日 中国银监会发布2003年第1号公告，宣布中国银监会正式履行职责。中国银监会是国务院直属事业单位，负责制定有关银行业金融机构监管的规章制度和办法；草拟有关的法律和行政法规，提出制定和修改的建议；审批银行业金融机构及分支机构的设立、变更、终止及其业务范围；对银行业金融机构实行现场和非现场监管，依法对违法、违规行为进行查处；审查银行业金融机构高级管理人员任职资格；负责统一编制全国银行数据、报表，并按照国家有关规定予以公布；会同有关部门提出存款类金融机构紧急风险处置的意见和建议；负责国有重点银行业金融机构监事会的日常管理工作；承办国务院交办的其他事项。

中国银监会下设15个部门，其中，银行监管一部负责承办对国有商业银行及资产管理公司等的监管工作；银行监管二部负责承办对股份制商业银行、城市商业银行的监管工作；银行监管三部负责承办对政策性银行、邮政储蓄机构以及外资银行等的监管工作；非银行金融机构监管部负责承办对非银行金融机构（证券、期货和保险类除外）的监管工作；合作金融机构监管部负责承办对农村和城市存款类合作金融机构的监管工作；其他部门也将按规定各司其职。

2003年3月10日，第十届全国人大一次会议通过《关于国务院机构改革方案的决定》，国务院机构改革重点之一是：健全金融监管体制，设立中国银行业监督管理委员会。同年4月25日，国务院办公厅印发《关于中国银行业监督管理委员会主要职责、内设机构和人员编制规定的通知》。4月26日，十届全国人大常委会第二次会议通过《关于中国银行业监督管理委员会履行原由中国人民银行履行的监督管理职责的决定》。上述文件明确规定：中国银监会根据授权，统一监督管理银行、金融资产管理公司、信托投资公司及其他存款类金融机构，维护银行业的合法、稳健运行。中国人民银行对银行业金融机构的监管职责、原中共中央金融工作委员会的相关职责划入银监会。中国银监会与中国人民银行在金融监管方面的职责分工，遵循宏观调控与金融监管互相补充、互相促进和信息实时共享的原则，通过制定分工合作的工作制度，建立互相配合的机制。中国银监会在省一级设监管局，地（市）一级设监管分局，县（市）一级视监管对象和任务设置必要的办事机构。

△ 中国人民银行发出《关于加强非典型肺炎防治工作中金融服务的紧急通知》。该通知要求：1. 主持与防治非典型肺炎相关的金融服务工作，人民银行各分支行和各金融机构要实行“一把手”负责制。2. 各商业银行要制订具体的计划，及时提供必要的各项金融服务，做好各项应急准备工作，防止由于疫情变化对金融机构的冲击，保证金融机构业务正常开展。3. 各商业银行要主动与防治非典型肺炎的药品、医疗器械及消毒用品等相关的企业联系，加快对这类企业生产所需的流动资金的审贷工作，保证企业的资金需求。如金融机构对这类企业发放贷款而出现资金不足时，人民银行当地分支行要做好资金协调工作，以保证防治工作的顺利进行。4. 人民银行各分支行要切实做好发行基金调拨工作，指导商业银行做好系统内现金调运，确保市场现金供应。密切注意现金投放、回笼的新情况，发现异常情况及时上报。遇有紧急情况，各商业银行在人民银行发行库提款可不受次数限制，可适当增加业务库的库存现金。人民银行各发行库要尽可能多地投放发行基金原封新券，提高流通中现钞的整洁度。5. 对于商业银行交存的回笼款要进行相应的卫生处理，至少存放24小时后，方可拨出使用。各商业银行要切实加强现金收付环节的卫生管理，人民银行各分支行对此要加强监督和指导；保障支付清算系统的稳定运行，确保资金及时清算。6. 加强对金融市场的监测，保持市场正常交易。7. 做好非典型肺炎防治工作中有关金融服务的同时，特别要注意做好当前的其他各项金融工作，努力保持货币信贷的平稳运行，支持经济发展。

△ 财政部决定增发2003年记账式（一期）国债。该期国债拟定于2003年5月21日增发，5月22日在银行间债券市场和证券交易所市场与2003年记账式（一期）国债合并上市。这是国债发行历史上首次引入增发模式。其700亿元的发行总量，成为有史以来中国国债市场上发行量最大的一只国债。

△ 国家外汇管理局发布《关于部分银行试行办理个人外汇预结汇汇款业务有关问题的通知》。该通知所称预结汇汇款是指国有银行的境外分行办理境外个人向境内汇入外汇时，如汇款人要求以人民币交付收款人，境外分行先按其总行买入外汇牌价将外汇折成人民币，告知汇款人所汇的人民币金额，再将外汇汇往境内收款行，收款行直接解付人民币的特定汇款方式。该通知决定允许中国工商银行、中国农业银行、中国银行和中国建设银行有条件的境外分行试办，并对办理此项业务的基本管理原则、申请程序和操作程序作了具体规定。

29日 中国工商银行表示，在抗“非典”一线工作的医护人员等四种人免缴住房按揭贷款逾期罚息和复利。

5 月

12 日 国家外汇管理局发布《关于银行外币卡管理有关问题的通知》。该通知规范了境内金融机构发行的外币卡（境内卡）的各项业务及境外金融机构发行的银行卡（境外卡）的收单业务的管理，规定持卡人在境外使用境内卡，限于服务贸易项下支付，不得用于资本项下投资及贸易支付，也不得用于非法交易和行为。当日内累计提现金额不得超过 1 000 美元，当月内累计提现金额不得超过 5 000 美元。并具体规定了持卡人持境内卡在境外使用的外汇收支大额报备制度。该项规定自 2003 年 6 月 1 日起施行。

13 日 中国人民银行首次在一天之内发行两期票据。中国人民银行 5 月 12 日发布公告决定：在银行间债券市场贴现发行 2003 年第四期和第五期央行票据，其中，第四期央行票据发行总量为 100 亿元，期限三个月；第五期央行票据发行总量也为 100 亿元，期限为六个月。这两期票据的缴款日均为 5 月 14 日。

14 日 中国人民银行发布 2003 年第一季度《中国货币政策执行报告》。该报告指出，2003 年第一季度国民经济开局良好，国内生产总值增长 9.9%，比上年同期加快 2.3 个百分点；货币信贷呈现加速增长态势，货币信贷增长与经济增长的趋势基本一致，有力地支持了国民经济发展。3 月末，广义货币 M_2 余额为 19.4 万亿元，同比增长 18.5%；狭义货币 M_1 余额为 7.1 万亿元，同比增长 20.1%。2003 年，突如其来的非典型肺炎给我国经济发展提出了严峻的挑战，对于我国旅游、消费甚至生产等将产生一定的负面影响。下一阶段货币政策趋势：一是坚持稳健的货币政策，保持货币信贷平稳增长。二是保持利率和汇率政策的基本稳定，稳步推进利率市场化。三是改善金融服务，促进经济结构调整。四是进一步发展货币市场，优化金融资源配置。五是切实加强抗“非典”期间的信贷工作。六是搞好防治“非典”工作中的各项金融服务。

15 日 中国证监会发布《关于证券公司从事集合性受托投资管理业务有关问题的通知》。该通知指出，集合性受托投资管理业务涉及的当事人较多，当事人之间的权利义务关系比较复杂，管理要求较高、难度较大，如处理不当，极易引发金融风险和社会风险。在新办法出台实施之前，证券公司不得向特定或不特定的多数投资者募集资金设立集合投资计划，从事集合性受托投资管理业务；正在募集的集合投资计划，必须立即停止募集。已经开展该项业务的证券公司，应在该通知发布之日起 5 日内，将与集合投资计划有关的合同、产品说明书、宣传材料等报送中国证监会审查，并立即按照规定对已经开展的集合性受托投资管理业务中的不规范做法进行纠正。

16 日 中国保监会发布《人身保险新型产品精算规定》。该规定明确，人身保险新型产品是指包括分红保险、投资连结保险、万能保险在内的不保证保险利益的人身保险产品。该规定主要包括产品设计与定价、保单负债（责任准备金）评估、分红保险的分红、投资连结保险投资单位定价、万能保险结算利率等内容，是建立人身保险新型产品精算标准的规范性文件。自 2003 年 7 月 1 日起执行。精算是保险经营的核心技术，是保险监管的重要手段，其应用主要包括产品设计、负债评估和风险管理等方面。自 20 世纪 90 年代初引进精算技术以来，中国保监会已经初步建立了包括精算考试制度、精算师认可制度和精算报告制度的中国精算制度。

18 日 中国人寿保险股份有限公司获得“神舟五号”宇航员的独家承保权。通过中标，中国人寿独家为杨利伟提供了 500 万元人民币的人寿保险。此外，为所有入选的宇航员及其配偶和子女，以及宇航专家提供了高达 1 390.8 万元的人身保险。

19 日 中国人民银行制定《关于应对非典型肺炎影响，全力做好当前货币信贷工作的意见》。该意见提出：1. 保持货币信贷总量适度增长，防止货币信贷出现大幅度波动。2. 各金融机构对与防治非典型肺炎有关的信贷资金需求，要按照特事特办、急事急办原则，切实提高审贷效率，及时、足额地提供必要的信贷支持。对非典时期金融机构因发放此类贷款出现临时资金周转困难，人民银行当地分支行要及时做好资金协调工作。3. 对受非典型肺炎疫情影响较大的行业和地区实施适当的信贷倾斜，适当调整当地分支机构的贷款规模、存贷比例和相关绩效考核指标限制；配合财政对民航、旅游、商贸等行业实施的阶段性贷款贴息政策，对受疫情影响较大的行业积极发放财政贴息贷款；对部分有市场但因受非典疫情影响、经营暂时萎缩、资金临时周转困难的企业积极提供短期流动资金贷款，并适当下浮贷款利率，帮助企业渡过难关。积极发放再就业小额担保贷款。4. 积极培育新的消费热点和经济增长点，包括保健卫生产品、汽车消费信贷、信息和互联网行业、电子商务、外贸出口等。5. 管好用好支农再贷款，重点支持夏收秋种期间农民购买化肥、种子、农业收割机具以及抗旱应急设施建设、重大病虫害防治、农副产品收购等应急资金需求；用好农户小额贷款和农户联保贷款；积极发放中西部农村人畜饮水、县乡公路、农村电网改造、农村公共医疗设施等国债项目配套贷款，加大对“三农”经济的信贷支持力度。6. 各金融机构要采取提高非经济适用房银行贷款利率、项目资本金比例、商品房预售条件等多种措施，严格控制对高档房地产开发项目和“五小”企业的贷款。7. 人民银行各分行和各金融机构要加强对贷款投向和投量的跟踪监测，加强对贷款企业产品库存和市场销售信息的跟踪监测分析，建立有效的贷款预警监测体系，提高金融风险意识。要强化对银行不良贷款比例和不良贷款余额的双重考核，对2002年下半年以来票据贴现贷款、房地产贷款和基本建设贷款等增加较多的地区和企业采取适当方式进行重点抽查和专项检查，及时清理和纠正违规贷款，防止增加新的不良贷款。要加强与政府各部门的信息沟通、协调，加快建立健全辖区内有效的金融风险防范和应急反应机制。

20日 中国证监会发布《关于要约收购涉及的被收购公司股票上市交易条件有关问题的通知》。该通知规定：要约收购的期限届满，被收购公司的股权分布不符合《公司法》规定的上市条件，且收购人以终止被收购公司股票上市交易为目的的，被收购公司的股票应当在证券交易所终止上市交易。对于要约收购的期限届满，收购人不以终止被收购公司股票上市交易为目的的，被收购公司股票交易则按不同情形分别处理。

23日 经中国证监会批准，瑞士银行有限公司、野村证券株式会社成为首批取得证券投资业务许可证的合格境外机构投资者（QFII）。申请人在取得证券投资业务许可证后，应当通过托管人向国家外汇局申请投资额度。国家外汇局自收到完整的申请文件之日起15个工作日内作出批准或者不批准的决定。根据有关规定，合格境外机构投资者在经批准的投资额度内可以投资在证券交易所挂牌交易的除境内上市外资股以外的股票、在证券交易所挂牌交易的国债、在证券交易所挂牌交易的可转换债券和企业债券以及中国证监会批准的其他金融工具。单个合格境外机构投资者对单个上市公司的持股比例不超过该上市公司股份总数的10%；所有合格境外机构投资者对单个上市公司的持股比例总和不超过该上市公司股份总数的20%。

27日 国务院公布《企业国有资产监督管理暂行条例》。该暂行条例共有8章47条，包括总则、国有资产监督管理机构、企业负责人管理、企业重大事项管理、企业国有资产管理、企业国有资产监督、法律责任和附则。金融机构中的国有资产的监督管理不适用本条例。该暂行条例规定：企业国有资产属于国家所有。国务院，省、自治区、直辖市人民政府，设区的市、自治州级人民政府，分别设立国有资产监督管理机构，依法履行出资人职责，对企业国有资产进行监督管理。该暂行条例还规定，造成国有资产重大损失或者被判处刑罚的国有及国有控股企业负责人，终身不得担任任何国有及国有控股企业的企业负责人。对企业国有资产损失负有责任受到撤职以上纪律处分的国有及国有控股企业的企业负责人，五年内也不得担任任何国有及国有控股企业的企业负责人。国有及国有控股企业的企业负责人滥用职权、玩忽职守，造成企业国有资产损失的，应负赔偿责任，并对其依法给予纪律处分；构成犯罪的，依法追究刑事责任。

△ 中国人民银行首次发行一年期票据。中国人民银行以价格招标方式贴现发行了2003年第八期（三个月期）和2003年第九期（一年期）两期中央银行票据。其中第九期一年期中央银行票据发行总量为200亿元，最低中标价格即发行价格为97.71元，参考收益为2.3436%。此前，中央银行共发行了七期票据，期限最长不过半年。

28日 国家税务总局《关于外国投资者并购境内企业股权有关税收问题的通知》。该通知规定，自2003年1月1日起，外国投资者并购境内企业股东的股权，使境内企业变更设立为外商投资企业，若该企业的外国投资者的股权比例超过25%，应依照外商投资企业所适用的规定缴纳各项税收。

△ 蒙特利尔银行参股富国基金管理公司。经中国证监会批准，蒙特利尔银行以增加富国基金管理公司注册资本的形式进行参股，参股完成以后，富国基金的注册资本将从1亿元增加到1.2亿元。蒙特利尔银行将与富国基金原来的5个股东持有相同比例的股权，各占16.7%，并派出1名董事加入富国基金的董事会。这是外资首次以参股的形式加入我国的基金管理公司。具有200多年历史的蒙特利尔银行是加拿大BMO金融集团的主要成员之一，也是北美地区最老的银行之一。富国基金管理公司是我国首批成立的基金管理公司之一。

29日 国务院新闻办举行记者招待会。中国银监会主席刘明康介绍中国银监会的主要职责和对银行业金融机构的监督管理工作。刘明康指出，中国银监会的监督工作的目的有四个：通过审慎有效的监管，保护广大存款人和金融消费者的利益；通过审慎有效的监管，增进市场信心；通过金融、金融相关知识的宣传教育工作和相关信息的披露，增进公众对现代金融的了解；努力减少金融犯罪，维护金融稳定。刘明康说，中国银监会的监管规模和范围具体如下：中国银监会所监管的银行业的总资产在2002年年底是26.45万亿元人民币，占全国金融资产的85%；监管的对象是四大国有商业银行、三大政策性银行、四家资产管理公司；监管11家全国性股份制商业银行，111家城市商业银行；监管449家正在营运中的城市信用社和35 500家农村信用社；监管邮政储蓄银行；监管所有在中华人民共和国境内营业的外资银行和外资银行的代表处；监管全国所有的信托投资公司、租赁公司、集团企业的财务公司。中国银监会对这些机构在海外所设的附设机构和分行也进行监管，对它们在境外设立的机构的监管，并将和境外的主监管单位或者监管部门建立良好的合作、磋商和联系机制，密切地交换监管信息。

△ 中国银监会公布成立后的1号令——《关于调整银行市场准入管理方式和程序的决定》。该决定首先调整了新设分支机构审批权限。银行新设分支机构由各地银监局或直属分局受理并审核；外资银行新设分行的审批方式及程序不变。其次，调整新业务审批方式。取消对中资商业银行部分业务的审批，包括国内保理、代理证券资金清算（银证转账）、代理保险、证券公司受托投资托管、信托资产托管、企业年金托管；取消对中资商业银行部分业务的备案，包括买方或协议付息票据贴现、法人账户透支、代理信托产品资金收付；取消对外资银行部分业务的备案，包括国内保理、买方或协议付息票据贴现、法人账户透支。银行在开办上述业务后的10个工作日内，向银监会、银监局等相关机构提交书面报告。各银行对于已获准开办的新业务，可授权符合条件的下辖分支机构开办。最后，调整高级管理人员任职资格核准方式。银行高级管理人员平行调动改为事后书面报告，提交离任稽核报告的时间为离任后1个月内。取消外资银行支行副行长任职资格的备案。城市信用社、农村信用社、邮政储蓄机构市场准入管理的现有方式和程序不变。该决定自2003年7月1日起施行。

30日 中国保监会发布《保险公司投资企业债券管理暂行办法》。该暂行办法规定我国保险业投资企业债券的范围，由只允许投资三峡、铁路、电力、移动通信等中央企业债券扩大到自主选择购买经国家主管部门批准发行，并经监管部门认可的信用评级在AA级以上的企业债券，投资企业债券比例由目前不得超过总资产的10%提高到20%。中国保监会认可的信用评级机构为中诚信国际信用评级有限公司、大公国际资信评估有限公司。2003年1月17日中国保监会发布的《保险公司购买中央企业债券管理办法》同时废止。

31日 中国银监会发布《金融许可证管理办法》。金融许可证制度自1994年开始实施。该管理办法修订了“金融许可证”承载的内容，包括机构编码、机构名称、依据的法律、法规、机构批准成立日期、营业地址、颁发许可证日期、银监会或其派出机构的公章；统一了许可证的格式；“金融许可证”一次颁发，长期有效，并明确了“金融许可证”的颁发权限。“金融许可证”及相关信息由银监会提供网上公开查询。该管理办法于2003年7月1日起施行。现行的“金融机构法人许可证”和“经营金融业务许可证”年检制度同时取消。

6月

2日 亚洲债券基金正式启动。东亚及太平洋地区中央银行行长会议组织（EMEAP）的11个中央银行与国际清算银行（BIS）同时发布公告：正式启动亚洲债券基金（1期ABF1），初始规模10亿美元，由各国中央银行动用储备以美元分摊认购，主要投资于包括中国在内的8个成员（日本、澳大利亚和新西兰除外）的主权与准主权美元债券。该基金将以国际清算银行为基金管理人，同时EMEAP将建立管理委员会监督运作。

5日 中国人民银行制定并发布《关于进一步加强房地产信贷业务管理的通知》（通称“121号文件”）。该通知的主要内容是：1. 加强房地产开发贷款管理、引导规范贷款投向。房地产开发贷款对象为具备房地产开发资质、信用等级较高、没有拖欠工程款的房地产开发企业，重点支持符合中低收入家庭购买能力的住宅项目，对大户型、大面积、高档商品房、别墅等项目适当限制。商业银行对商品房空置量大、负债率高的房地产开发企业贷款要严格审批、重点监控；对未取得土地使用权证书、建设用地规划许可证、建设工程规划许可证和施工许可证的项目不得发放任何形式的贷款。房地产开发贷款只能通过商业银行的房地产开发贷款科目发放，严禁以房地产开发流动资金贷款及其他形式贷款科目发放。对房地产开发企业已发放的非房地产开发贷款，各商业银行按照只收不放的原则执行。房地产开发企业申请银行贷款，其自有资金（指所有者权益）应不低于开发项目总投资的30%。房地产贷款只能用于本地区的房地产项目，严禁跨地区使用。2. 严格控制土地储备贷款的发放。在《土地储备机构贷款管理办法》颁布前，各商业银行须审慎发放此类贷款。对土地储备机构发放的贷款为抵押贷款，贷款额度不得超过所收购土地评估价值的70%，贷款期限不得超过两年。商业银行不得向房地产开发企业发放用于缴交土地出让金的贷款。3. 规范建筑施工企业流动资金贷款用途。商业银行要严格防止建筑施工企业使用银行贷款垫资房地产开发项目。承建房地产建设项目的建筑施工企业只能将获得的流动资金贷款用于购买施工所必需的设备（如塔吊、挖土机、推土机等）。企业将贷款挪作他用的，经办银行应限期追回挪用资金，并向当地其他的商业银行通报，不再对该企业提供信贷支持。对自有资金低、应收账款多的承建房地产建设项目的建筑施工企业，商业银行应限制对其发放贷款。4. 加强个人住房贷款管理，重点支持中低收入家庭购买住房的需要。商业银行应进一步扩大个人住房贷款的覆盖面和受益群体。为减轻借款人不必要的利息负担，商业银行只能对购买主体结构已封顶住房的个人发放个人住房贷款。对购买第一套自住住房的，首付款比例仍为20%；购买第二套以上（含）的要适当提高首付款比例。商业银行发放的个人住房贷款详细情况须登记在当地人民银行的信贷登记咨询系统，贷款之前须进行查询。5. 强化个人商业用房贷款管理。借款人申请个人商业用房贷款的抵借比不得超过60%，贷款期限不得超过十年，所购商业用房须为竣工验收的房屋。以“商住两用房”名义申请银行贷款的一律按照个人商业用房贷款管理规定执行。6. 充分发挥利率杠杆对个人住房贷款需求的调节作用。对借款人申请个人住房贷款购买房改房或第一套自住住房的（高档商品房、别墅除外），商业银行按照中国人民银行公布的个人住房贷款利率（不得浮动）执行；购买高档商品房、别墅、商业用房或第二套以上（含）住房的，按同期同档次贷款利率执行。7. 加强个人住房公积金委托贷款业务的管理。各商业银行应严格执行2002年8月15日《中国人民银行关于加强住房公积金信贷业务管理的通知》的有关规定，切实加强账户管理，理顺委托关系，对违反规定的有关行为应即刻纠正。住房委托贷款业务仅限于个人住房公积金委托贷款，对使用其他房改资金（包括单位售房款、购房补贴资金、住房维修基金等）委托办理贷款业务的，商业银行一律不得承办。8. 切实加强房地产信贷业务的管理。中国人民银行各分支行应建立房地产信贷业务分析制度，跟踪、调查、分析商业银行房地产信贷执行情况，对违法、违规行为要责令商业银行限期改正，并依法给予行政处罚。

同年6月13日，中国人民银行有关负责人就发布《关于进一步加强房地产信贷业务管理的通知》答记者问。中国人民银行有关负责人指出：近几年，部分地区出现房地产投资增幅过高、商品房空置面积增加、房价上涨过快以及低价位住房供不应求、高档住宅空置较多等结构性问题。部分地区的商业银行违反有关规定，放松信贷条件，在一定程度上助长了部分地区房地产投资的过热倾向。房地产业是国民经济的支柱产业。保持房地产业持续、稳定发展，对促进国民经济持续、快速发展十分重要。人民银行发布该通知的基本精神就是促进房地产信贷健康发展。

△　全国社保基金理事会与6家基金公司签订投资协议。这6家基金公司是：南方、博时、华夏、鹏华、长盛、嘉实。6家公司此次获得授权额度各不相同，每家为20亿~30亿元。投资对象暂为股票与债券。投资协议明确规定社保基金不能投资以下5种股票：ST股票和严重违规的上市公司的股票；购买时近两年涨幅超过100%的股票；涉嫌违规的上市公司股票；流通市值小于3亿元的上市公司股票；流通股小于3 000万股的上市公司股票。

全国社保基金　全国社保基金（Social Security Fund，SSF）是由国有股减持划入资金及股权资产、中央财政拨入资金、经国务院批准以其他方式筹集的资金及其投资收益形成的由中央政府集中组成的社会保障基金，是国家重要的战略储备，主要用于弥补今后人口老龄化高峰时期的社会保障需要。全国社会保障基金于2000年8月开始提取资金，同时设立“全国社会保障基金理事会”，理事会是独立法人机构，负责管理运营全国社会保障基金。

全国社会保障基金的来源包括：中央财政预算拨款；国有股减持划入资金；经国务院批准的以其他方式筹集的资金；投资收益；股权资产。全国社保基金的投资方式包括直接投资和委托投资。社保基金资产是独立于理事会、社保基金投资管理人、社保基金托管人的资产。理事会直接运作全国社保基金的投资范围限于银行存款和在一级市场上购买国债，全国社保基金的其他投资，包括股票、企业债、金融债的投资以及在二级市场上买卖国债，需委托国内外专业性投资管理机构管理和运作。社保基金投资运作的基本原则是，在保证基金资产安全性、流动性的前提下，实现基金资产的增值。财政部会同劳动和社会保障部拟定社保基金管理运作的有关政策，对社保基金的投资运作和托管情况进行监督。中国证监会和中国人民银行按照各自的职权对社保基金投资管理人和托管人的经营活动进行监督。

截至2005年年底，全国社保基金资产总额为2 117.87亿元，其中：社保基金会直接投资资产1 387.58亿元，占比65.52%；委托投资资产730.29亿元，占比34.48%，全国社保基金已实现收益52.90亿元，已实现收益率达3.12%。

6 日 国务院任命中国人民银行货币政策委员会新一届组成人员。中国人民银行行长周小川任货币政策委员会主席。新一届货币政策委员会组成人员有三个特点，一是增加国务院分管金融业务工作的副秘书长为货币政策委员会委员；二是增加中国银监会为货币政策委员会组成单位；三是为更全面、充分地反映银行业对货币政策制定和实施的意见，由中国银行业协会代替原来的国有独资商业银行作为货币政策委员会组成单位。

8 日 经中国银监会批准，中国建设银行成为首家获得保险资金托管和住房公积金托管业务资格的单位。中国建设银行将对保险公司的投资资金进行托管，独立保管投资账户，监督保险公司的投资运作；同时作为住房公积金投资资产的托管人，将履行保管投资资产、监督投资管理人的投资运作、办理投资资产的会计核算、资金清算和资产估值等职能。

10 日 南京市商业银行与中信证券股份有限公司签署《上市辅导协议》和《业务合作备忘录》。同年 7 月 10 日，南京市商业银行正式进入上市辅导阶段，成为国内第一家启动上市辅导工作的城市商业银行。成立于 1996 年 2 月的南京市商业银行历过两次资本扩充，实收资本增至 12.06 亿元。2004 年年底，南京市商业银行正式申请上市。

11 日 财政部、中国人民银行、劳动和社会保障部联合下发《下岗失业人员从事微利项目小额担保贷款财政贴息资金管理办法》。微利项目小额担保贷款财政贴息是指国家对下岗失业人员用于从事微利项目的小额担保贷款给予的财政据实全额贴息。该办法规定，微利项目贷款财政贴息的对象是具有当地城镇居民户口，持有“再就业优惠证”，从事微利项目的下岗失业人员。微利项目贷款展期和逾期不贴息。微利项目贷款贴息，在规定的借款额度和贴息期限内，按实际借款额度和计息期限计算。该办法自 2003 年 1 月 1 日起施行。

13 日 国家外汇管理局和公安部联合发出《关于严厉打击外汇领域违法犯罪活动的通知》。该通知指出，当前外汇领域违法犯罪活动呈现手段多样、手法隐蔽、交易迅速等特点，尤其是跨境洗钱活动日渐抬头。面对这种新形势，外汇局和公安机关要进一步完善工作机制，切实加强两部门的沟通，形成务实高效、灵活多样的合作机制。为促进具体案件的查处，实现信息共享，各级外汇管理部门和公安机关要建立定期联席会议制度和重大事项及时沟通制度。

△ 招商银行推出“两岸通”新业务。“两岸通”业务涵盖目前所有对台湾的往来业务，包括“汇款通”、“单证通”、“融资通”、“资信通”等四大产品。其中“汇款通”指汇入、汇出款业务，包括台湾地区和祖国大陆两岸双向的所有对公和对私直接汇出或汇入的汇款业务。祖国大陆和台湾地区两岸间的金融业务不再需要第三地银行中转，客户使用该产品，过去需要 3 ~ 5 天才能到达的资金现在 1 ~ 2 天就能到账。

15 日 国家外汇局公布允许经营外汇保险的 24 家中外保险公司（见下表）。根据有关规定，符合条件的境内居民和企业可向上述保险公司以外汇形式办理人身及财产保险。

中国人寿保险公司	美亚保险公司佛山支公司
皇家太阳联合保险公司上海分公司	信诚人寿保险有限公司
新华人寿保险股份有限公司	三星火灾海上保险公司上海分公司
三井海上火灾保险公司上海分公司	美亚保险公司深圳分公司
中国出口信用保险公司	三井住友海上火灾保险公司
中保康联人寿保险有限公司	中国太平洋财产保险股份有限公司
中国太平洋保险（集团）股份有限公司	华泰财产保险股份有限公司
美国联邦保险股份有限公司上海分公司	东京海上火灾保险株式会社上海分公司
中国人民保险公司	美亚保险公司上海分公司
光大永明人寿保险有限公司	美国友邦保险有限公司深圳分公司
中国太平洋人寿保险股份有限公司	天安保险股份有限公司
香港民安保险有限公司深圳分公司	丰泰保险（亚洲）有限公司上海分公司

17 日 中国银监会下发《关于加强贷款管理防范新的金融风险的通知》。该通知针对货币信贷投放过快、信贷结构不合理等问题发出预警信号。对房地产、汽车、钢铁、电解铝、水泥等行业贷款进行了风险提示，并要求国有商业银行和股份制商业银行对上述行业贷款情况进行自查，防范新的金融风险。

18 日 民生人寿保险股份有限公司在北京开业。民生人寿是一家以民营资本为投资主体的全国性专业寿险公司，由万向集团、东方希望集团和四川新希望等民营企业作为发起人而设立。在 21 家股东中，民营企业占比 90% 以上，公司 8.3 亿元注册资本中，民营资本占比超过 80%。

△ 国家开发银行在银行间债券市场成功招标发行 200 亿元抗“非典”特别金融债券。债券期限为一年，采用单一价格中标方式，利率为 2.26%。

△ 最高人民法院颁布《关于审理期货纠纷案件若干问题的规定》。该规定分为 13 个部分，共有 63 条，对期货纠纷案件的管辖、承担责任的主体、无效合同责任、交易行为责任、透支交易责任、强行平仓责任、实物交割责任、保证合约履行责任、侵权行为责任、举证责任等作出了明确规定。

该规定明确了审理期货纠纷案件的三个基本原则：1. 人民法院审理期货纠纷案件应当依法平等地保护各方当事人的合法权益，正确确定各方当事人应承担的风险责任，维护期货市场的秩序。2. 严格按照当事人在合同中的约定确定违约方承担的责任，当事人的约定违反法律、行政法规强制性规定的除外。3. 根据各方当事人的过错（有无或大小）确定各方当事人可应承担的民事责任。该规定自 2003 年 7 月 1 日起施行。

19 日 中国人民银行货币政策委员会召开 2003 年第二季度例会。会议深入分析了当前国际国内经济金融形势，讨论了下一阶段货币政策应采取的措施。会议强调，要注意防范货币信贷较快增长时在房地产和低水平重复建设中潜在的金融风险，加强贷款风险预警和监测，进一步优化贷款结构，切实防范出现新的贷款风险，加快国有商业银行改革。会议认为，根据当前国内外经济形势，应继续保持人民币存贷款利率及人民币汇率的稳定，稳步推进利率市场化改革。

20 日 财政部在全国银行间债券市场进行 2003 年记账式（五期）国债的发行招投标。本期国债发行面值总额 260 亿元，为三年期固定利率附息债，票面年利率 2.32%，利息每年支付一次。经投标确定每百元面值承销价格为 100.34 元。本期国债采用单一价格（荷兰式）竞争性招标方式，49 家全国银行间债券市场 2003 年国债承销团成员参加了投标。本期国债于 6 月 23 日开始发行并计息，6 月 27 日发行结束，从 7 月 3 日起在全国银行间债券市场同时以现券和回购的方式流通。为探索国债发行与国库管理有效衔接的新途径，本期国债采用即期计息并注册债权，中标的国债承销团成员于 9 月 23 日缴纳发行款的方式发行。分销期结束后，承销团成员须提供本机构持有的待偿期三个月以上的各类国债进行质押，以保证履行按期缴款的义务。

△ 国家外汇管理局、中国保监会联合发布《关于境外再保险分出业务售付汇管理有关问题的通知》。该通知规定，境内保险公司将境内外汇保险进行境外再保险分出的，应当持分保账单或分保支付清单等有效凭证到境内商业银行办理从其外汇经营账户中对外支付分保款项，不得购汇支付。该通知自 2003 年 7 月 1 日起开始施行。

23 日 中国银监会党委向各级领导干部和工作人员提出“约法三章”，要求银监会各级领导干部和工作人员在履行法定职责实施监管过程中，必须做到：1. 不得超越职权干预被监管单位授信（含贷款、担保、承兑、贴现等）、资产处置、项目投资等业务活动。2. 不得违反规定插手被监管单位人事安排和建设工程、物资采购招投标等事项。3. 不得接受被监管单位公款支付的宴请、高消费娱乐（健身）活动、旅游度假和现金、有价证券、支付凭证、贵重礼品等。

各级领导干部和工作人员在严格遵守上述“约法三章”的同时，在内部公务活动中还要做到：不准搞“公关”、不准请客送礼、不准违反规定搞迎送。

25日 审计署审计长李金华在全国人大常委会上作《关于2002年度中央预算执行和其他财政收支的审计工作报告》。李金华汇报了中国建设银行和中国农业发展银行经营管理中存在的主要问题：审计建设银行及其20个分行2001年资产负债损益情况，查出隐瞒收入、盈亏不实、私设“小金库”等问题；违规经营问题比较突出，主要是违规放贷、违规签发及贴现承兑汇票、高息揽存和违规拆借。审计发现，当前建设银行经营管理中还出现了一些新的违规问题，带来新的经营风险。主要是在个人信贷业务中，一些分支机构超限额发放消费贷款、发放无指定用途或虚假的消费贷款以及“零首付”个人住房贷款，大量贷款被用于炒股、还债等。抽查建设银行广州地区8家支行的楼宇按揭贷款，发现有10亿元是虚假按揭，有的不法分子甚至内外勾结，骗取银行资金。

审计中国农业发展银行及其34个分行2001年资产负债损益情况，发现财务管理中存在一些比较突出的问题。1995年以来，中国农业发展银行总行通过虚列支出套取资金、变相融资收取高息等方式，私设“小金库”，累计金额达5 736万元，这些资金的管理使用混乱，不少支出没有必要的批准手续和会计记录。1996～1999年，中国农业发展银行总行以租赁的名义，委托一公司购买电子设备和汽车等固定资产，总金额9.2亿元，其中8.1亿元曾被挪用投入股市，进行股票买卖，所获收益去向不明，涉嫌重大经济犯罪。这次审计，共发现建设银行、中国农业发展银行系统经济犯罪案件线索52起，涉案责任人75人。这些案件已全部移交司法机关及有关部门立案查处。

26日 中国银监会、国家发展和改革委员会颁布《商业银行服务价格管理暂行办法》。该暂行办法规定，商业银行服务价格分别实行政府指导价和市场调节价。实行政府指导价的项目主要是涉及广大居民和企业利益的收费项目，具体项目包括办理银行汇票、银行承兑汇票、本票、支票、汇兑、委托收款、托收承付等业务。具体服务项目及其基准价格和浮动幅度由国家发展和改革委员会会同中国银监会制定、调整。市场调节价由商业银行总行、外国银行分行自行制定和调整。该暂行办法规定，商业银行办理收付类业务实行“谁委托、谁付费”的收费原则，不得向委托方以外的其他单位或个人收费。不得对人民币储蓄开户、销户、同城的同一银行内发生的人民币储蓄存款及大额以下取款业务收费。该暂行办法自2003年10月1日起施行。

2002年，交通银行深圳分行因收取某位客户的5元钱“现金清点费”而引发争议，银行服务收费问题一时广受关注。2003年4月，工商银行深圳市分行率先对跨行ATM取款收取2元手续费。随后，6家金融机构相继对ATM跨行取款收取费用。《商业银行服务价格管理暂行办法》正式生效后，2003年12月，工商银行深圳分行对外宣布对牡丹灵通借记卡的客户收取每年10元的服务费，成为深圳银行业中首家收取借记卡年费的银行。

27日 国务院印发《深化农村信用社改革试点方案》。该方案的主要内容是：以法人为单位，改革信用社产权制度，明晰产权关系，完善法人治理结构，区别各类情况，确定不同的产权形式；改革信用社管理体制，将信用社的管理交由地方政府负责。对试点地区的信用社，国家给予四项扶持政策：1. 对亏损信用社因执行国家宏观政策开办保值储蓄而多支付保值贴补息给予补贴。具体办法是，由财政部核定1994～1997年期间亏损信用社的实付保值贴补息数额，由国家财政分期予以拨补。2. 从2003年1月1日起至2005年年底，对西部地区试点的信用社一律暂免征收企业所得税；对其他地区试点的信用社，一律按其应纳税额减半征收企业所得税；从2003年1月1日起，对试点地区所有信用社的营业税按3%的税率征收。3. 对试点地区农村信用社，可以由人民银行安排一部分专项再贷款，专项再贷款利率按金融机构准备金存款利率减半确定，期限根据试点地区情况，可分为三年、五年和八年。专项再贷款由省级政府统借统还；或者由人民银行发行专项中央银行票据，用于置换农村信用社的不良贷款，票据期限为两年，按适当利率分年付息。这些票据不能流通、转让和抵押，可有条件提前兑付。这两种方式由试点地区和农村信用社选择。4. 在民间借贷比较活跃的地方实行灵活的利率政策。允许信用社贷款利率灵活浮动，贷款利率可在基准贷款利率的1.0～2.0倍范围内浮动。对农户小额信用贷款利率不上浮，个别风险较大的可小幅（不超过1.2倍）上浮，对受灾地区的农户贷款还可适当下浮。2003年8月初，经国务院同意，试点单位确定为吉林、浙江、山东、江西、贵州、陕西、重庆、江苏共8个省（市）。

2003年12月15日，中国银监会对外公布最新统计数据：截至2003年11月底，全国农村信用社（包括农村商业银行）结束了自1994年以来持续9年的亏损局面，实现全行业扭亏为盈。2003年前11个月全国农村信用社利润总额为1.48亿元。其中，全国有17个省的农村信用社实现盈利，盈利金额达35.05亿元。

△ 中国人民银行发布《关于建立下岗失业人员小额担保贷款临时统计制度的通知》。该通知指出：为全面反映下岗失业人员小额担保贷款业务的发展状况，人民银行决定，在2003年年底，将下岗失业人员小额担保贷款业务统计工作纳入人民银行综合信贷统计制度之前，建立下岗失业人员小额担保贷款临时统计报告制度。每月10日前，统计报告上月的情况。

27～30日 中国人民银行行长周小川出席在瑞士巴塞尔召开的国际清算银行第73届年会。应会议主席的要求，周小川在会上就汇率政策和中国经济形势作了发言。周小川指出，2003年以来中国的对外贸易基本是平衡的，外汇储备的大幅增加主要是资本净流入。以往中国在资本项目管制下仍有不少资本外流，现在这一趋势已发生变化，部分资本逐步回流，对中国的资本账户管理提出了新的挑战。面对这种新的形势，中国将不断完善汇率形成机制，继续保持人民币汇率稳定。他指出，非典型肺炎的传播对中国经济金融主要指标的影响不是很大。尽管5月份社会消费品零售额增幅有所下降，但投资和出口依然强劲，预计中国经济上半年的增长会在8%或略多。下半年的出口是否会受到影响还有待观察。总体而言，中国经济稳定发展，为世界经济注入了希望。

27日 西安市商业银行与国际金融公司和加拿大丰业银行签订“股权认购协议”。按照协议，外方将在四年内足额认购西安市商业银行24.9%的股份，其中加拿大丰业银行持股12.5%，国际金融公司12.4%。两家机构首期入股比例各为2.5%。两家机构入股后，西安市商业银行成为中国中西部地区第一家外资入股的城市商业银行。成立于1997年5月的西安市商业银行，是由42家城市信用社合并组建而成，西安市政府和当地国有企业占股22%，其余78%的股份归450家中小企业和12 800位个人股东，包括西安市商业银行大部分员工所有。

28日 海南证券交易中心关闭。1998年国务院决定清理地方证券交易中心，各种挂牌交易均被停止，但由于海南非上市的定向募集股份公司多达130多家，“内部职工股外部化，法人股个人化”已经非常普遍，海南证券交易中心的清理关闭一直没有完成。直到2003年6月28日，按照海南证券交易中心清算组的安排，由海南非上市公司股权登记服务有限公司正式承接海南证券交易中心的业务，海南证券交易中心的清理整顿终于在落后全国地方证券交易中心清理整顿5年之后有了一个结果。至此，全国所有的地方证券交易中心全部关闭。

29日 《内地与香港关于建立更紧密经贸关系的安排》（CEPA）正式签署。双方从2004年1月1日起开始实施该安排下货物贸易和服务贸易自由化的具体承诺，并将通过不断扩大相互间的开放，增加和充实CEPA的内容。

CEPA中关于银行业方面的内容有：1. 降低香港银行和财务公司进入内地市场的资产规模要求：将设立分行和设立法人机构的资产规模要求同时降至60亿美元。银行可选择设立分行或法人机构，财务公司只可设立法人机构。2. 香港银行在内地设立中外合资银行或中外合资财务公司，或香港财务公司在内地设立中外合资财务公司无须先设立代表机构。3. 降低香港银行内地分行申请经营人民币业务的资格条件，将须在内地开业3年以上的要求降为开业两年以上；在审查有关盈利性资格时，改内地单家分行考核为多家分行整体考核。

证券业方面：1. 香港交易及结算所有限公司可在北京设立办事处，并比照境外证券机构在内地设立代表处的程序办理；2. 香港证券专业人员可依据相关程序在内地申请从业资格。

保险业方面：1. 香港居民中的中国公民在取得中国精算师资格后，无须获得预先批准，可在内地执业；2. 对香港保险公司经过整合或战略合并组成的集团，可以按照市场准入的申请条件（集团总资产50亿美元以上，其中任何一家香港保险公司的经营历史在30年以上，以及任何一家香港保险公司在内地设立代表处两年以上）批准其进入内地保险市场；3. 允许香港居民在获得内地保险从业资格后，在内地执业；4. 将香港保险公司参股内地保险公司的最高股比限制从现行的10%提高到15%。

关于金融合作方面：1. 内地支持国有独资商业银行和部分股份制商业银行将其国际资金外汇交易中心移至香港；2. 支持内地银行在香港以收购方式发展网络和业务活动；3. 内地在金融改革、重组和发展中支持充分利用和发挥香港金融中介的作用；4. 双方将加强金融监管部门的合作和信息共享；5. 内地将本着尊重市场规律、提高监管效率的原则，支持符合条件的内地保险企业以及包括民营企业在内的其他企业到香港上市。

30日 经国务院同意、中国保监会批准，中国人寿保险公司重组为中国人寿保险（集团）公司和中国人寿保险股份有限公司，并由中国人寿保险（集团）公司和中国人寿保险股份有限公司共同发起设立中国人寿资产管理有限公司。改革重组后的集团公司代表国家控股股份公司。集团公司和股份公司分别负责1999年以前和以后寿险、健康险、意外险保单等。原中国人寿保险公司总经理王宪章出任集团总经理和股份公司董事长、总经理。

△ 中国票据网正式开通（http://www.chinacp.com.cn）。中国票据网由中国外汇交易中心暨全国银行间同业拆借中心承建，向金融机构提供票据转贴现和票据回购的报价、查询、在线业务洽谈、与票据市场有关的财经信息、政策法规、可以作为票据交易定价参考的银行间拆借市场和债券市场行情，以及网站可以承载的其他服务便利。全国309家金融机构法人及其分支机构和票据专营机构成为中国票据网成员。

7月

1日 国家外汇管理局发布《关于出口保付代理业务项下收汇核销管理有关问题的通知》。该通知对出口保付代理项下收汇核销的操作予以规范，同时规定，银行和企业在办理出口保理业务时，应在银行从境外为企业收回货款后，按规定进行国际收支统计申报。此外，对发生融资损失的保理业务，银行应当使用自有外汇资金或者营运资金冲抵，不得自行购汇或以客户结汇资金冲抵。

2日 经国务院批准，中国人民银行下调美元等外币小额存款利率。中国人民银行于6月30日发布《关于调整美元等外币小额存款利率的通知》规定：调整美元、欧元、港元、英镑和瑞士法郎等外币小额存款利率。今后，人民银行将只公布美元、欧元、港元和日元小额存款利率，英镑、瑞士法郎、加拿大元等外币小额存款利率改由各商业银行确定并公布。至此，由人民银行制定并公布小额存款利率的外币币种由7种减少为4种。

△ 中国人民银行发布《关于进一步做好银行卡联网通用工作的通知》。该通知要求各商业银行和邮政储汇局切实采取措施，力争在2003年内使银行卡异地跨行交易成功率平均达到80%以上，并实现全国地市级以上城市各类

非专用银行卡的联网运行和跨地区使用，在全国范围内普及推广“银联”标识卡。

4日 国家外汇管理局、公安部公布在山东威海破获的一起特大非法买卖外汇案件（“11·14案”），涉案金额超过4 000万美元。犯罪团伙从2000年开始在威海以做土特产生意为幌子，在中韩两国间频繁倒汇，倒汇范围涉及青岛、烟台、沈阳、延吉等近10个地市。法律规定，非法买卖外汇超过20万美元就要追究刑事责任。此案的6名犯罪嫌疑人分别被判处十年、七年、三年有期徒刑。该案是迄今为止中国查处的最大一起跨境非法买卖外汇案。

7日 国务院办公厅印发《中国保险监督管理委员会主要职责、内设机构和人员编制规定》。该规定明确：中国保监会是国务院直属正部级事业单位，根据国务院授权履行行政管理职能，依照法律、法规统一监督管理全国保险市场，维护保险业的合法、稳健运行。中国保监会主要职责：1. 拟定保险业发展的方针政策，制定行业发展战略和规划；起草保险业监管的法律、法规；制定业内规章。2. 审批保险公司及其分支机构、保险集团公司、保险控股公司的设立；会同有关部门审批保险资产管理公司的设立；审批境外保险机构代表处的设立；审批保险代理公司、保险经纪公司、保险公估公司等保险中介机构及其分支机构的设立；审批境内保险机构和非保险机构在境外设立保险机构；审批保险机构的合并、分立、变更、解散，决定接管和指定接受；参与、组织保险公司的破产、清算。3. 审查、认定各类保险机构高级管理人员的任职资格；制定保险从业人员的基本资格标准。4. 审批关系社会公众利益的保险险种、依法实行强制保险的险种和新开发的人寿保险险种等的保险条款和保险费率，对其他保险险种的保险条款和保险费率实施备案管理。5. 依法监管保险公司的偿付能力和市场行为；负责保险保障基金的管理，监管保险保证金；根据法律和国家对保险资金的运用政策，制定有关规章制度，依法对保险公司的资金运用进行监管。6. 对政策性保险和强制保险进行业务监管；对专属自保、相互保险等组织形式和业务活动进行监管。归口管理保险行业协会、保险学会等行业社团组织。7. 依法对保险机构和保险从业人员的不正当竞争等违法、违规行为以及对非保险机构经营或变相经营保险业务进行调查、处罚。8. 依法对境内保险及非保险机构在境外设立的保险机构进行监管。9. 制定保险行业信息化标准；建立保险风险评价、预警和监控体系，跟踪分析、监测、预测保险市场运行状况，负责统一编制全国保险业的数据、报表，抄送中国人民银行，并按照国家有关规定予以发布。10. 按照中央有关规定和干部管理权限，负责本系统党的建设、纪检和干部管理工作；负责国有保险公司监事会的日常工作。11. 承办国务院交办的其他事项。

中国保监会内设15个职能机构：办公厅（党委办公室、监事会工作部）、发展改革部（政策研究室）、财务会计部、财产保险监管部、人身保险监管部、再保险监管部、保险中介监管部、保险资金运用监管部、国际部、法规部、统计信息部、派出机构管理部、人事教育部（党委组织部）、监察局（纪委）、党委宣传部（党委统战群工部）。中国保监会与中国人民银行以及银行、证券监管机构建立分工合作的工作机制，交流相关信息，协调有关政策。中国保监会在各省、自治区、直辖市和计划单列市设立监管局。对设在地方的派出机构实行垂直管理，派出机构及其编制另行核定。

8日 国家外汇管理局发布《关于退还境外投资汇回利润保证金有关问题的通知》。为贯彻实施“走出去”发展战略，2002年国家外汇管理局取消了境外投资汇回利润保证金制度，并决定将已收取的保证金退还给相应的投资主体。现规定从本通知发布之日起到2004年3月31日，各外汇局集中为投资主体办理退还保证金手续。逾期未办理的，视为投资主体自动放弃。

9日 合格境外机构投资者（QFII）正式入市。上午10时18分，瑞士银行率先通过申银万国证券公司的QFII专用席位完成了第一笔A股买入交易。同年5月26日，瑞士银行和野村证券成为首批QFII；6月6日瑞士银行获国家外汇管理局批准3亿美元的初步投资额。截至2003年年末，共有10家QFII，17亿美元资金获准入市。

QFII是英文Qualified Foreign Institutional Investors的缩写，即“合格境外机构投资者”。QFII制度是指允许经核准的合格境外机构投资者，在一定规定和限制下汇入一定额度的外汇资金，并转换为当地货币，通过严格监管的专门账户投资当地证券市场，其资本利得、股息等经审核后可转为外汇汇出的一种市场开放模式。这是一种有限度地引进外资、开放资本市场的过渡性制度。

10日 亚洲开发银行任命中国财政部副部长金立群为该行副行长，主管亚洲开发银行南亚、湄公河区域及私人部门贷款业务。金立群是亚洲开发银行自1966年成立以来的第一位中国籍副行长。

15日 两只准货币市场基金设立。南京市商业银行、杭州市商业银行、大连市商业银行、贵阳市商业银行、武汉市商业银行和深圳市商业银行六家银行进行跨区合作，共同发起设立银行间债券市场资金联合投资项目，运作资金规模为8亿元。此前，南京市商业银行在2003年5月10日与江苏省内其他10家商业银行共同发起成立了银行间债券市场资金联合投资项目，运作资金总额为3.8亿元。

这两只债券市场资金联合投资项目运作期限均为一年，并不承诺保底收益，项目的投资范围仅限于银行间债券市场和货币市场，投资业务主要包括债券分销、买卖、回购以及人民银行认可的其他业务方式，投资工具为在中央国债登记结算有限责任公司托管的债券、票据等品种。

16日 中国人民银行、财政部、国家发展和改革委员会、劳动和社会保障部联合下发关于《下岗失业人员小额担保贷款管理办法》有关问题的补充通知。该通知规定，开办下岗失业人员小额担保贷款的金融机构由国有商业银行、股份制商业银行扩大到城市商业银行、城乡信用社。中央财政用于微利项目的小额担保贷款贴息时间，由按年贴息改为按季贴息。

18日 中国人民银行召开第一次“窗口指导”会议，要求金融机构注意防止资本充足率下降，防范各类信贷及流动性风险，改进和健全内部考核制度，适度控制贷款总量。

19日 经国务院同意，中国保监会批准，中国人民保险公司更名为中国人保控股公司，并由控股公司发起设立中国人民财产保险股份有限公司和中国人保资产管理有限公司。中国人保控股公司注册资本为155亿元人民币，其经营范围为：代表国家投资并持有上市公司和其他金融机构的股份；经营管理存续资产；国家授权或委托的政策性保险业务；经营管理国家法律、法规允许的其他业务；中国人民财产保险股份有限公司注册资本为80亿元，将承担原中国人保的主营业务；中国人保资产管理有限公司注册资本为1亿元，主要负责股份公司的保险资金运用。至此，中国人民保险公司的股份制改造正式完成，中国人保控股公司也成为中国内地首家完成股份制改造的国有金融机构。

23日 中国保监会发布《保险公司高级管理人员任职资格管理规定》。该规定对2002年的同名文件进行了修改，在从业领域限制、学历或从业年限要求、董事长兼职、外方人员汉语水平等方面放宽了对保险公司高管人员任职的要求。

27日 民营企业入股商业银行。温州市商业银行股份公司召开临时股东代表大会，正式表决通过9家民营企业入股商业银行，浙江新湖控股有限公司等9家民营企业的股比合计占到57.8%。政府财政股本在部分“退出”后由原来的1亿股减少为4 050万股，占总股比7.96%。这些新入股的强优民企是根据企业业绩良好、最近三年连年盈利、对外投资不超过净资产的50%等三大综合招股条件严格挑选的，涉及工业、房产、贸易、电力、金融租赁、三产等行业，体现了多领域、多行业的优势。其中有7家股东进入董事会，有两家进入监事会。

30日 国务院办公厅发布《关于清理整顿各类开发区加强建设用地管理的通知》。该通知指出：近一个时期以来，一些地方和部门擅自批准设立名目繁多的各类开发区，包括园区、度假区，随意圈占大量耕地和违法出让、转让土地，越权出台优惠政策，导致开发区过多过滥，明显超出了实际需要，严重损害了农民利益和国家利益，对此，必须进行全面清理整顿。清查的重点是省及省级以下人民政府和国务院有关部门批准设立的各类开发区，以及未经批准而扩建的国家级开发区。要在检查清理的基础上进行整顿规范。

同年7月18日，国务院办公厅曾经下发《关于暂停审批各类开发区的紧急通知》，要求一律暂停审批新设立和扩建各类开发区，包括经济技术开发区、高新技术产业开发区、旅游度假区、商贸开发区、工业园、创业园、软件园、环保产业园和物流产业园等各级各类开发区（园区）。国家级开发区确需扩建的，须报国务院审批。对于突击审批和突击设立开发区的行为，要严肃追究有关行政领导和当事人的责任。

11月3日，国务院又发布了《关于加大工作力度进一步治理整顿土地市场秩序的紧急通知》，要求加快对各类开发区的清理进度。坚决纠正违规擅自设立开发区、盲目扩大开发区规模的现象。该撤销的要坚决予以撤销，该核减面积的要坚决予以核减，该缩小范围的要坚决予以缩小，该扣回用地指标的要坚决予以扣回。对违规下放的土地管理权、规划管理权，要坚决收回。对开发区占而不用的耕地，要限期恢复农业用途。对突击审批和突击设立的开发区，以及违规设立又不纠正的，要追究有关领导和责任人的责任。

根据国务院通知精神，2003年9月4日，中国银监会发布通知要求，银行业金融机构要加强风险预警与监控，严格执行清理整顿各类开发区的政策规定，合理确定对开发区的贷款投向，规范银行授信业务，加强银行机构对开发区授信业务的监管。

△ 经中国人民银行、中国银监会批准，烟台住房储蓄银行更名改制为恒丰银行股份有限公司（英文名称为Evergrowing Bank Co.，Ltd），注册资本为10亿元人民币。恒丰银行继承原烟台住房储蓄银行全部业务。烟台住房储蓄银行成立于1987年。2002年7月，人民银行批准该行改为股份制商业银行。同年12月，山东境内30家股东共同出资的10亿元人民币全部到位。

△ 上海黄金交易所（以下简称上海金交所）成功进行铂金首次试交易。当日在上海金交所交易的铂金品种为Pt99.95，是上海金交所第三个交易品种。按照规定，上海金交所108家会员单位在拥有买卖黄金权利的同时，自然拥有买入铂金的资格；新增的铂金交易会员单位则只拥有买入铂金的权利而不拥有买卖黄金的权利。试运营期间，会员单位只能买进不能卖出；铂金交易的交割仓库也只限于上海、深圳。交易手续费暂定为0.1%，会员代理手续费最高不得超过2%。当日下午伦敦金市的铂金收盘价为700美元/盎司，折合人民币约为186.28元/克，比上海金交所的铂金人民币收盘价高出约7.67元/克。同年8月14日，上海金交所正式推出铂金品种。截至12月25日，上海金交所已成交铂金7 500公斤。

31日 刘明康致函卡如纳。2003年7月31日是巴塞尔银行监管委员会对新资本协议第三次征求意见稿征求意见的最后一天，中国银监会主席刘明康在北京致函巴塞尔银行监管委员会主席卡如纳先生，表达了中国银行监管当局对新协议的评价。

刘明康在信中明确表示：巴塞尔委员会修订资本协议的工作是一项极具挑战性的工程，对新协议期望达到的各项目标再次表示支持。新协议主要考虑的是十国集团成员国的“国际活跃银行”的需要，并且是在十国集团国家内部通过谈判达成一致的。如果在中国实施新协议，与实施老协议相比，新协议只能在很小程度上提高资本监管的风险敏感度，但同时会提高整个中国银行业的资本要求。从全球范围来看，新协议有可能对发展中国家的资本流动产生一定负面影响。新协议还可能会使新兴市场国家的银行处于不利的竞争地位，特别是对他们海外的分行和附属机构的经营产生影响。刘明康明确表示，经过认真考虑，至少在十国集团2006年实施新协议的几年后，中国仍将继续执行1988年的老协议。

中国银监会曾经在5月发出公告，就《巴塞尔新资本协议》公开征求业界意见。巴塞尔银行监管委员会作为十国集团国家银行监管当局的组织，1988年制订的《巴塞尔协议》被世界100多个国家所采用。1998年，巴塞尔委员会决定全面修改协议，预计新协议将于2003年年底定稿，并于2006年年底在十国集团开始实施。与1988年《巴塞尔资本协议》相比，《巴塞尔新资本协议》摒弃了以往“一刀切”式的资本监管方式，提出了计算资本充足率的几种不同方法，供各国选择。

△ 江苏省国际信托投资有限责任公司向社会发售以美元计价的全国首个集合运用资金信托产品“电力项目外汇资金信托计划”。此次发行的“电力项目外汇资金信托计划”，期限为一年，总发行规模为300万美元，预期收益率为2%，信托资金将以贷款方式运作，借款主体为阳城国际发电有限责任公司，由江苏省国信资产管理集团有限公司为阳城电厂提供还款保证。此次外汇资金信托计划的发行对象仅限于江苏省内的中国公民，由中国民生银行南京分行作为信托资金代理收付和信托账户管理机构。根据信托计划下的合同份数不超过200份（含200份）的规定，客户参加此项信托计划的资金设有下限和上限，每份合同金额最少不少于1.5万美元，并可以5 000美元的整数倍递增，但最多不超过40万美元。外汇资金信托是指普通投资者可以通过外汇投资信托，涉足以往只有金融机构才能经营的外汇贷款、外汇租赁等业务，并从中获得更高的收益。个人用外汇投资在全国还是首次。

8月

1日 经国务院批准，即日起邮政储蓄新增存款转存人民银行的部分，按照金融机构准备金存款利率（目前年利率为1.89%）计息。2003年8月1日以前的邮政储蓄老转存款暂按现行转存款利率计息（目前年利率为4.131%）。从2003年8月1日起，邮政储蓄新增存款由邮政储蓄机构自主运用。国家邮政局应向相关部门提出申请，经相关部门批准，邮政储蓄机构可以进入银行间市场参与债券买卖，也可与中资商业银行、农村信用社办理大额协议存款，与政策性银行进行业务合作开展部分中间业务。此外，邮政储蓄机构可依程序申请成为国债、政策性金融债承销团成员。

4日 中国人民银行转发《国家发展改革委办公厅关于进一步加强宏观引导促进电解铝行业有序发展的意见的通知》。国家发展改革委于2003年5月6日下发的通知指出：“九五”以来，我国电解铝工业年均递增率达到16%，已经成为世界第一大电解铝生产国，但是电解铝工业整体素质不高、产品竞争力不强、产业结构不合理等问题依然十分突出。近期电解铝无序盲目发展，有可能成为银行新的不良资产潜在因素。电解铝单位投资一般在0.6万元/吨～1万元/吨，已投产和在建项目的投资大部分是使用银行贷款。一旦市场发生变化，或者出现氧化铝和电力供应紧张，相当一部分成本高的电解铝企业将不得不减产甚至倒闭，酿成银行新的不良资产。为此，国家发展改革委提出“加强监管，防范金融风险”的建议：有关金融管理部门和商业银行要积极配合国家发展规划和产业政策的实施，加强对电解铝项目的审贷，防范投资风险。金融机构的贷款，上市公司增发、配股和发行可转换债券募集的资金，也不应用于违规审批的电解铝项目建设。

中国人民银行在转发该通知时要求：人民银行各分行、营业管理部，各国有独资商业银行、股份制商业银行对电解铝项目的贷款严格审查、加强管理，防范信贷风险。对违反国家产业政策，违规审批或未经审批扩大电解铝生产能力的建设项目（包括外商投资项目）；以及化整为零变相上新项目的，一律不予贷款支持，已发放贷款的要限期收回。

5日 国家外汇管理局发布修订的《出口收汇核销管理办法》。为适应我国加入世界贸易组织后出口贸易发展的新局面，2002年国家外汇管理局设计开发了“出口收汇核报系统”，并于

2003年10月1日起在全国分期分批推广。该系统能够通过国际收支申报等渠道从银行获取出口收汇电子数据信息，从“中国电子口岸出口收汇系统”获得出口报关单和出口收汇核销单数据信息。为了配合该系统的推广运行，外汇管理局制订了该办法，对建立于1991年1月1日的出口收汇核销制度进行了修改和完善。首先是转变出口核销监管模式，由企业自行报告，外汇局通过电子数据核对进行监管；其次是根据出口单位的出口收汇核销考核、国际收支申报等情况以及不同的贸易方式，对出口单位分别实行自动核销、批次核销和逐笔核销管理。同年9月8日国家外汇管理局又发布了《出口收汇核销管理办法实施细则》和《出口收汇核销管理操作规程》，对出口核销工作的管理和操作作出具体规定。上述文件均自2003年10月1日起实施。

△ 国家外汇管理局发布《关于调整境内居民个人经常项目下购汇政策的通知》。将境内居民个人出境购汇指导性限额由原来的等值2 000美元（港澳地区等值1 000美元）调整为，出境时间在半年以内的，每人每次可向银行购汇等值3 000美元，出境时间在半年以上（含半年）的，每人每次可向银行购汇等值5 000美元。因缴纳国际组织会费、境外直属亲戚救助、境外邮购等事由需购外汇的，其购汇指导性限额统一调整为每人每次等值3 000美元。该通知还放宽了对自费出国（境）学习人员的供汇范围，由原来的大学预科以上人员扩大到所有自费出国（境）学习人员。上述规定自2003年10月1日起执行。

6日 中国人民银行发布2003年第二季度《中国货币政策执行报告》。该报告指出，2003年上半年，中国人民银行继续执行稳健的货币政策，积极采取防治“非典”的各项金融服务措施，运用多种货币政策工具，努力保持货币信贷的稳定增长。金融运行总体平稳，但货币供应量增长较快。6月末，广义货币M_2余额为20.5万亿元，同比增长20.8%；狭义货币M_1余额为7.6万亿元，同比增长20.2%；流通中现金M_0余额为1.7万亿元，同比增长12.3%，上半年现金累计净回笼321亿元，同比少回笼270亿元。广义货币M_2和狭义货币M_1增速比去年同期高6.1个和7.4个百分点，比经济增长（GDP）加消费物价（CPI）涨幅之和高12个百分点。货币供应量M_2增长已处于1998年以来的最高水平。该报告提出下半年货币政策取向：一是坚持执行稳健的货币政策，保持货币信贷稳定增长；二是继续改善金融服务，支持增加就业和增加农民收入；三是防止重复建设，防范金融风险；四是保持人民币存贷款利率的基本稳定，稳步推进利率市场化改革；五是保持人民币汇率基本稳定，进一步完善人民币汇率形成机制，促进国际收支平衡；六是大力加强社会信用制度建设，加快建立全国企业和个人征信体系。

△ 台湾当局宣布，为了协助台商规避汇率风险，自即日起开放岛内国际金融业务分行（OBU）办理以美元交割人民币NDF（无本金交割远期外汇交易）和NDO（无本金交割远期外汇选择权）业务。这是台湾当局首次开放人民币相关业务。

2002年7月，中国人民银行正式核准大陆中资银行与台湾的银行的交换密押，进行直接通汇，使两地汇款成本节约15～20美元，到户时间提速至少24小时；2003年2月，台湾“央行”表示正在研究开放人民币在岛内银行挂牌，实现人民币与台币之间的合法兑换。而在台湾旅游景区内已出现人民币与台币的民间兑换，通常以1:4.4的比例进行兑换；同年4月，台湾当局正式开放当地外汇指定银行与大陆银行的直接业务往来。

7日 第六届东盟和中国、日本、韩国“10+3”财长会议在菲律宾首都马尼拉举行。会议发表了联合声明，财长们表示将继续推进在执行《清迈倡议》、加强资本流动监控、建立早期预警机制和加强经济评估与政策对话等领域的合作。会议决定设立“10+3”金融合作基金，为经济评估和政策对话提供支持。同时，财长们讨论了发展亚洲债券市场的有关问题，同意自愿成立工作组，研究资产证券化、信用担保、推动本币债券发行、信用评级、外汇交易和清算等有关市场建设的重要问题。“10 + 3”财长会议自1999年4月在马尼拉举行首次会议，2000年5月在泰国举行的第二届“10 + 3”财长会议通过的《清迈倡议》决定，建立以双边协议为基础的区域货币互换机制，以帮助成员国应对国际收支方面出现的困难。

8日 中国人民银行发布《关于下达2003年度国家助学贷款指导性贷款计划的通知》。该通知规定：四家国有商业银行2003年国家助学贷款指导性计划合计为50亿元，其中中国工商银行23亿元，中国农业银行11亿元，中国银行6亿元，中国建设银行10亿元。四家银行总行在编制、下达本行系统内基层经办银行国家助学贷款信贷计划时，对于借款人违约比例达到20%（违约率指借款毕业生连续90天还本付息违约人数/进入还款期人数）且违约毕业生人数达到20人的高等院校，可以暂不列入编制范围。待学校通过加强管理或代偿措施后，使其违约比例降到20%以内时再及时补充下达贷款计划。

11日 中国人民银行再次召开“窗口指导”会议，要求金融机构防范各类信贷及流动性风险。

12日 国务院下发《关于促进房地产市场持续健康发展的通知》。该通知明确指出，当前中国房地产市场发展还不平衡，一些地区住房供求的结构性矛盾较为突出，房地产价格和投资增长过快，房地产市场监管和调控有待完善。在规范住房信贷方面，该通知强调：1. 要加强住房公积金归集工作，大力发展住房公积金委托贷款，简化手续，取消不合理收费，改进服务，方便职工贷款。2. 要加强对住房置业担保机构的监管，规范担保行为，建立健全风险准备金制度，鼓励其为中低收入家庭住房贷款提供担保。对无担保能力和担保行为不规范的担保机构，要加快清理，限期整改。加快完善住房置业担保管理办法，研究建立全国个人住房贷款担保体系。3. 对符合条件的房地产开发企业和房地产项目，要继续加大信贷支持力度。同时要加强房地产开发项目贷款审核管理，严禁违规发放房地产贷款；加强对预售款和信贷资金使用方向的监督管理，防止挪作他用。要加快建立个人征信系统，完善房地产抵押登记制度，严厉打击各种骗贷骗资行为。要妥善处理过去违规发放或取得贷款的项目，控制和化解房地产信贷风险，维护金融稳定。此外，该通知还在完善市场监管制度、建立健全房地产市场信息系统和预警预报体系、整顿和规范房地产市场秩序方面作了具体规定。

△ 中国人民银行发布《关于统一同业拆借市场中证券公司信息披露规范的通知》。该通知规定：经批准成为全国银行间同业拆借市场成员的证券公司必须通过全国银行间同业拆借中心的电子信息系统定期披露以下信息：年中与年末的资产负债表、净资本计算表、利润表及利润分配表、年度财务报表和审计报告等。

13日 中金黄金（600489）1亿股A股上市。2003年7月30日中金黄金股份有限公司以向二级市场投资者定价配售的方式首次在国内公开发行人民币普通股（A股）股票10 000万股，发行价格为4.05元，发行市盈率为20倍。中金黄金股份有限公司成立于2000年6月23日，由中国黄金集团公司（原中国黄金总公司，发行后占总股本的56.9%）、中信国安黄金有限责任公司、河南豫光金铅集团有限责任公司、西藏自治区矿业开发总公司、山东莱州黄金（集团）有限责任公司、天津天保控股有限公司和天津市宝银号贵金属有限公司七家企业共同发起设立，是中国最大的黄金供应商，主要从事黄金等有色金属的地质勘察、采选、冶炼。“中金黄金”被称为中国黄金第一股。

18日 国务院在北京召开八个省（市）农村信用社改革座谈会，黄菊副总理发表了重要讲话。黄菊高度评价了农村信用社在促进农业和农村经济发展，帮助农民发展生产、增加收入等方面作出的重要贡献，要求各有关方面要从支持农村经济发展和全面建设小康社会的战略高度充分认识深化农村信用社改革的重要性；要从完善农村金融服务体系、改进农村金融服务的现实需要出发，充分认识深化农村信用社改革的必要性；

要从加快农村信用社改革，改善经营管理，增强自我发展能力的角度，充分认识深化农村信用社改革的紧迫性。黄菊在会上提出改革试点工作的基本原则，一是要坚持按照市场经济规则进行改革；二是必须坚持为“三农”服务的方向；三是要坚持因地制宜、分类指导的原则；四是坚持责权利相结合的原则。

同日，中国银监会和中国人民银行联合召开深化农村信用社改革试点工作会议。会议对改革试点实施的具体工作进行了部署，八省（市）深化农村信用社改革试点工作正式启动。中国银监会副主席李伟主持会议并作了总结发言：此次会议大家提出的包括建议在内的大大小小的问题共有37个。除4条建议以外，其余33个问题都是反映各地的具体困难和要求。这些要求概括起来是两句话，即扩大政策，放宽标准。

△　中国银监会合作金融机构监管部负责人就深化农村信用社改革试点工作答记者问。该负责人强调：1. 深化农村信用社改革试点，重点解决好以下两个问题：一是以法人为单位，改革农村信用社产权制度，明晰产权关系，完善法人治理，区别各类情况，确定不同的产权形式。二是改革农村信用社管理体制，将对农村信用社的管理交由地方政府负责。2. 以法人为单位改革农村信用社产权制度，关键是要解决农村信用社“谁出资、谁管理、出了问题谁负责”的问题。在产权制度改革的同时，因地制宜确定农村信用社的组织形式：一是在经济比较发达、城乡一体化程度较高、农村信用社的资产规模较大且已商业化经营的少数地区，可以组建股份制或股份合作制银行机构。二是在人口相对稠密或粮棉商品基地县（市），可以县（市）为单位将农村信用社和县（市）联社各为法人改为统一法人。三是其他地区，可在完善合作制的基础上，继续实行乡镇农村信用社、县（市）联社各为法人的体制。四是采取有效的措施，通过降格、合并等手段，加大对高风险农村信用社进行兼并和重组的步伐。对少数严重资不抵债、机构设置在城区或城郊、支农服务需求较少的农村信用社，可考虑予以撤销。3. 改制为商业银行的农村信用社具体条件是：有较强的管理能力；全辖农村信用社资产总规模10亿元以上；不良贷款比例15%以下；组建后资本金不低于5 000万元，资本充足率达到8%。另外，即使是实行了股份制改造的机构，也要根据当地农村产业结构状况，确定一定比例的资金用于支农。4. 合作制的特点是“社员入股、一人一票、服务社员”，适合于分散、弱小的个体劳动者的经济互助，是一种劳动的联合；股份制的特点是“大股控权、一股一票、商业经营”，适合于市场经济发达、商业化程度高的地区，是一种资本的联合。与农村商业银行不同，农村合作银行是在遵循合作制原则基础上，吸收股份制的原则和做法而构建的一种新的银行组织形式，是实行股份合作制的社区性地方金融机构。改制为农村合作银行的具体条件是：发起人不少于1 000人；不良贷款比例15%以下；组建后资本金不低于2 000万元，核心资本充足率达到4%。5. 农村信用社和县（市）联社各为法人改为统一法人。具体条件是：全辖农村信用社统算账面资能抵债；基层农村信用社自愿；县（市）联社有较强的管理能力；统一法人后股本金达到1 000万元以上，资本充足率达到有关规定的要求。6. 对试点地区的农村信用社，国家给予四项扶持政策：对亏损农村信用社因执行国家宏观政策开办保值储蓄而多支付保值贴补息给予补贴；税收优惠；资金支持和实行灵活的利率政策。

△　国家外汇管理局发布《关于调整国际承包工程等项下经常项目外汇账户管理政策有关问题的通知》。该通知将国际承包工程及国际劳务项下、国际海运及船务运输代理和货物运输代理项下、国际招标项下、从境外收入外汇后需向其他境内机构或个人划转的暂收暂付项下的经常项目外汇账户，纳入有特殊来源和指定用途的经常项目外汇账户进行管理，账户限额按照其外汇收入的100%核定，即允许其外汇收入全额保留在外汇账户内。该通知自9月1日起实施。

20日　即日起，中国人民银行将四大国有商业银行开办记账式国债柜台交易业务的地区由北京、上海扩大到江苏、浙江、福建、广东四省；同时，将2003年记账式（一期）国债和

2003年记账式（七期）国债纳入商业银行柜台交易试点范围。同年11月，财政部又同意2003年记账式（十一期）国债面向柜台分销，至此，可在商业银行柜台流通的国债扩大到5只，柜台可交易国债初具规模。截止到2003年年底，开设柜台国债交易的商业银行网点已有6 000多家，四家银行的累计净开户数为48 000多个。商业银行柜台记账式国债交易于2002年开始试行。

△ 上海证券交易所正式启用大宗交易系统。上海证券交易所大宗交易系统启用后，大宗交易将采用远程信息交互模式，通过互联网，以电子交易方式接受大宗交易申请，买卖双方达成大宗交易协议后，委托会员通过大宗交易系统进行报价，由系统确认成交。每日大宗交易结束后，参与大宗交易的会员或代理客户可通过上海证券交易所大宗交易电子系统操作界面获取当日成交的交易记录，也可通过上海证券交易所宽带广播系统接收当日成交的交易记录。在网络安全性方面，上海证券交易所采用对参与大宗交易的各证券营业部实行CA认证的做法，以保证交易的安全。

深圳证券交易所大宗交易系统于2004年8月2日正式启用。

22日 中国银监会与香港金融管理局在北京签署“双边监管谅解备忘录”。备忘录包括监管当局的定期磋商和定期交流信息机制等内容。这是银监会成立后对外签订的第一个监管合作谅解备忘录。同年8月25日，中国银监会与澳门金融管理局签署了“双边监管谅解备忘录”。

25日 中国银监会在上海召开在华外资银行负责人会议。中国银监会主席刘明康强调，外资银行监管要强化以风险监管为核心，实现五个方面转变：合规监管向风险监管转变、“头尾分割”式监管向法人整体风险监管转变、“一次性”监管向持续性监管转变、业务监管向法人治理结构和内控有效性监管转变、定性监管为主向定性监管与定量监管相结合转变。

当日，中国银监会还在其网站上就部分外资银行就我国有关政策规定和监管制度提出的问题进行答复，内容包括政策法规、市场准入、持续监管和有关主管部门之间的协调四个方面共15个问题。中国银监会表示，在颁布规章制度前，会采取召开座谈会和在网站上公布草案等形式，广泛征求中外资银行等各方面的意见，并会向相关监管单位反映外资银行的需求。

26日 中国人民银行重新启动公开市场业务逆回购操作，这是4个月来中央银行首次进行逆回购操作，期限为七天，招标量为600亿元，采用固定利率数量招标，招标利率为2.24%，清算方式为“T+0“。人民银行于前一日（25日）发表公告表示：逆回购操作是为适应近日银行体系临时性的流动性需要，保持货币市场利率的相对稳定。当年4月22日至8月19日，人民银行共发行中央银行票据34期，回笼资金4 250亿元。

27日 十届全国人大常委会第四次会议通过《中华人民共和国行政许可法》。该项法律规定六事项可以设定行政许可：1. 直接涉及国家安全、公共安全、经济宏观调控、生态环境保护以及直接关系人身健康、生命财产安全等特定活动，需要按照法定条件予以批准的事项；2. 有限自然资源开发利用、公共资源配置以及直接关系公共利益的特定行业的市场准入等，需要赋予特定权利的事项；3. 提供公众服务并且直接关系公共利益的职业、行业，需要确定具备特殊信誉、特殊条件或者特殊技能等资格、资质的事项；4. 直接关系公共安全、人身健康、生命财产安全的重要设备、设施、产品、物品，需要按照技术标准、技术规范，通过检验、检测、检疫等方式进行审定的事项；5. 企业或者其他组织的设立等，需要确定主体资格的事项；6. 法律、行政法规规定可以设定行政许可的其他事项。公民、法人或者其他组织能够自主决定的；市场竞争机制能够有效调节的；行业组织或者中介机构能够自律管理的；行政机关采用事后监督等其他行政管理方式能够解决的事项不设行政许可。行政许可由具有行政许可权的行政机关在其法定职权范围内实施。该项法律对行政许可的实施机关、行政许可的实施程序、行政许可的费用、监督检查、法律责任等作了具体规定。该法律自2004年7月1日起实施。

△ 全国人大常委会正式批准中国加入《联合国打击跨国有组织犯罪公约》（U. N. Convention Against Transnational Organized Crime）。该公约于2000年11月15日经第55届联合国大会通过，将于2003年9月29日生效。中国政府在2000年12月12日签署了这一公约。此项公约涉及参加有组织犯罪集团、洗钱、腐败和妨碍司法四大类犯罪。其中洗钱行为的刑事定罪条款规定：明知财产为犯罪所得，为隐瞒或掩饰该财产的非法来源，或为协助任何参与实施上游犯罪者逃避其行为的法律后果而转换或转让财产；明知财产为犯罪所得而隐瞒或掩饰该财产的真实性质来源、所在地、处置、转移、所有权或有关的权利；在得到财产时，明知其为犯罪所得而仍获取、占有或使用；参与、合伙或共谋实施，实施未遂，以及协助、教唆、促使和参谋实施本条所确立的任何犯罪。

关于打击洗钱活动的措施，该公约规定：1. 各缔约国均应在其力所能及的范围内，建立对银行和非银行金融机构及在适当情况下对其他特别易被用于洗钱的机构的综合性国内管理和监督制度，以便制止并查明各种形式的洗钱。这种制度应强调验证客户身份、保持记录和报告可疑的交易等项规定；确保行政、管理、执法和其他负责打击洗钱的当局能够根据其本国法律规定的条件，在国家和国际一级开展合作和交换信息，并应为此目的考虑建立作为国家级中心的金融情报机构，以收集、分析和传播有关潜在的洗钱活动的信息。2. 缔约国应考虑采取切实可行的措施调查和监督现金和有关流通票据出入本国国境的情况，但须有保障措施以确保情报的妥善使用且不致以任何方式妨碍合法资本的流动。这类措施可包括要求个人和企业报告大额现金和有关流通票据的跨境划拨。3. 在建立本条所规定的国内管理和监督制度时，吁请缔约国在不影响本公约的任何其他条款的情况下将各种区域、区域间和多边组织的有关反洗钱倡议作为指南。4. 缔约国应努力为打击洗钱而发展和促进司法、执法和金融管理当局间的全球、区域、分区域和双边合作。

△ 南京商业银行梅花贷记卡发行，这是中国大陆地区第一张使用中国银联国际BIN号—“6”字开头的银行信用卡，标志银联标准的国际卡正式问世。

28日 国家外汇管理局、海关总署联合发布《携带外币现钞出入境管理暂行办法》。该办法规定：出境人员携带外币现钞不超过等值5 000美元的，海关予以放行，携带金额在等值5 000美元以上至10 000美元的，海关凭银行出给的携带证验收，金额在等值10 000美元的，海关凭外汇局出给的携带证验收。入境人员携带外币现钞，超出等值5 000美元，应当向海关申报。该办法自2003年9月1日起施行，在此之前发布的有关携带外汇进出境管理的规定同时废止。

△ 中国人民银行网站（网址：http://www.pbc.gov.cn/）发布中央银行负责人就9月1日即将实施的《人民币银行结算账户管理办法》（中国人民银行第5号令）答记者问。该负责人明确指出，中央银行5号令规范的对象是社会公众在银行开立的用于办理资金收付的人民币活期存款账户，股民在证券公司开立的保证金账户（客户交易结算资金），不属于银行结算账户范畴，故不纳入该办法的调整范围。所以，该办法的规定对券商主要的利差收入没有任何影响。针对目前投资者普遍存在通过证券公司分支机构取现的习惯做法以及证券行业的特性，该办法实施时将对证券交易结算资金专用存款账户支取现金采取逐步过渡的方式。中央银行5号令的发布曾在券商中引起强烈反响。券商认为，如果将证券公司开设的证券交易结算资金专用存款账户视为活期存款账户，证券公司客户保证金的息差收入将消失，这对证券行业打击很大，触及了行业利益。

△ 中国证监会和国有资产监督管理委员会联合发布《关于规范上市公司与关联方资金往来及上市公司对外担保若干问题的通知》。该通

知规定：1. 控股股东及其他关联方与上市公司发生的经营性资金往来中，应当严格限制占用上市公司资金。控股股东及其他关联方不得要求上市公司为其垫支工资、福利、保险、广告等期间费用，也不得互相代为承担成本和其他支出。上市公司不得以下列方式将资金直接或间接地提供给控股股东及其他关联方使用：有偿或无偿地拆借公司的资金给控股股东及其他关联方使用；通过银行或非银行金融机构向关联方提供委托贷款；委托控股股东及其他关联方进行投资活动；为控股股东及其他关联方开具没有真实交易背景的商业承兑汇票；代控股股东及其他关联方偿还债务；中国证监会认定的其他方式。2. 控股股东及其他关联方不得强制上市公司为他人提供担保。上市公司不得为控股股东及本公司持股50%以下的其他关联方、任何非法人单位或个人提供担保。上市公司对外担保总额不得超过最近一个会计年度合并会计报表净资产的50%。对外担保应当取得董事会全体成员2/3以上签署同意，或者经股东大会批准；不得直接或间接为资产负债率超过70%的被担保对象提供债务担保。上市公司对外担保必须要求对方提供反担保，且反担保的提供方应当具有实际承担能力。3. 上市公司对其与控股股东及其他关联方已经发生的资金往来、资金占用以及对外担保情况进行自查。违反本通知规定的资金占用量、对外担保形成的或有债务，在每个会计年度至少下降30%。严格控制关联方以非现金资产清偿占用的上市公司资金。4. 依法追究违规占用资金和对外担保行为的责任。

29日 中国证监会公布《证券公司债券管理暂行办法》。该暂行办法规定：证券公司债券可以向社会公开发行，也可以向合格投资者定向发行；定向发行的债券只能向合格投资者发行，不得公开发行或者变相公开发行。证券公司公开发行债券须具备的条件：首先，须符合《中华人民共和国公司法》的有关规定，即累计债券总额不超过公司净资产额的40%；最近三年平均可分配利润足以支付公司债券一年的利息；发行债券筹集资金的投向符合国家产业政策；债券的利率不得超过国务院限定的利率水平。其次，符合以下规定：各项风险监控指标符合中国证监会的有关规定；最近两年内未发生重大违法、违规行为；具有健全的股东会、董事会运作机制及有效的内部管理制度；具备适当的业务隔离和内部控制技术支持系统；资产未被具有实际控制权的自然人、法人或其他组织及其关联人占用。最后，公开发行债券的证券公司，应为综合类证券公司，最近一期期末经审计的净资产不低于10亿元，最近一年盈利；定向发行债券的证券公司，最近一期期末经审计的净资产不低于5亿元。证券公司发行债券须向中国证监会报送申请文件和监管意见书申报表，由中国证监会发行监管部负责审核发债申请。债券利率由发行人与其主承销商协商确定，但不得超过国务院限定的利率水平；期限最短为一年，最长不超过五年。募集资金的使用须符合法律、法规和中国证监会的有关规定，不得用于禁止性的业务和行为，不得随意变更募集资金的用途。证券公司累计债券总额不得超过公司净资产额的40%。公开发行的债券，在销售期内售出的债券面值总额占拟发行债券面值总额的比例不足50%的，或未能满足债券上市条件的，如实际发行债券的面值总额少于2亿元，视为发行失败。如果发行失败，发行人应当按发行价并加算银行同期存款利息返还认购人。该暂行办法对发行债券须提供的担保、对证券公司债券的信用评级、证券公司债券的上市交易和转让、债券的偿还措施以及信息披露、法律责任等内容作了具体规定，共有7章59条。自2003年10月8日起施行。

30日 国家外汇管理局下发《关于跨国公司非贸易售付汇管理的通知》。该通知对跨国公司及其境内关联公司向境外支付由境外总公司或境外关联公司代垫的或本公司分摊的各类非贸易费用的售付汇分别作了具体规定，并决定在北京、上海、深圳先予试行。

31日 新华社播发评论员文章《维护人民币汇率基本稳定》。针对一段时间以来国际上对人民币汇率的议论，文章指出：中国实行以外汇市场供求为基础的、单一的、有管理的浮动汇率制度是与中国经济发展阶段、金融监管水平和企业承受能力相适应，符合现阶段中国国情的制度。在当前新的世界经济环境中，保持人民币汇率基本稳定，是中国政府着眼于维护中国和世界经济金融稳定所作出的重大抉择。有些国家因其自身经济结构问题造成的经济停顿，绝不是人民币升值所能解决的。人民币升值也不是缓解世界通货紧缩的良方。文章最后指出：从长远来看，人民币汇率的市场化是必然的选择，但这种变革应与中国经济的市场化进程相适应，要有利于中国经济以及世界经济的稳定和增长。同年8月5日，国务院总理温家宝在会见美国花旗集团董事长鲁宾、候任首席执行官普林斯时也曾指出，保持人民币汇率基本稳定，不仅有利于中国经济和金融持续稳定发展，而且有利于周边国家和地区的经济和金融稳定发展，从根本上说，也有利于世界经济和金融的稳定发展。

9月

1日 中国人民银行发布《关于外资银行开立结售汇人民币现金专用账户有关问题的通知》。该通知允许已具有办理结售汇业务资格尚未获准开办人民币业务的外资银行，可选择所在地的商业银行开立一个结售汇人民币现金专户。该通知还限定了对外资银行的结售汇人民币现金专户的收支范围。

△ 中国银监会召开全国农村信用社监管工作会议。会议指出，中国银监会对农村信用社监管将逐步实现“六个转变”：合法合规性监管要与风险监管相结合，并逐步由合法合规性监管为主转变到以风险审慎监管为主；行业监管要与法人监管相结合，并逐步由行业监管为主转变到以法人监管为主；业务监管要与内控制度监管相结合，并逐步由业务监管为主过渡到以内控制度监管为主；对高管人员的资格监管与行为监管相结合，并逐步由资格监管为主转变到以行为监管为主；专项检查与序时性全面检查相结合，并逐步由专项检查为主转变到以序时性全面检查为主；事后处置与事前、事中预警防范相结合，并逐步由事后处置为主转变到以事前、事中预警防范为主。

△ 国家外汇管理局发布《关于保险公司开办境内外汇同业拆借业务有关问题的通知》。该通知规定，符合资格的境内保险公司可以通过中国外汇交易中心进行境内外汇同业拆借，期限不得超过四个月。拆入和拆出的资金总额均不得超过公司外汇资本金的50%。单笔拆入资金不得超过公司外汇资本金的10%，单笔拆出资金不得超过公司外汇资本金的15%。该规定自2003年10月1日起施行。

△ 经国家外汇管理局批准，上海在全国率先实施外资银行外汇贷款管理改革试点，即授权在沪经营的外资银行自行审核办理外汇贷款利息和费用的收付。

△ 中国保监会发出通知，从2003年10月1日起，将进一步放宽保险公司经营区域的限制，凡在省、自治区、直辖市设有分支机构的，可以通过专业保险中介公司或者设立营销服务部的方式在该省、自治区、直辖市全境内开展业务。此次进一步放宽保险公司经营区域的限制后，保险公司及其分支机构不得委托注册地以外的保险兼业代理机构开展异地业务；分支机构变更经营区域范围应凭总公司的授权书到当地保监办变更许可证经营区域范围；在2004年12月11日前，外资和合资保险公司的经营区域只限于加入世界贸易组织协议规定的开放城市。

△ 经中国保监会批准，广电日生人寿保险有限公司在上海开业。该公司由广电（集团）有限公司、日本生命保险相互会社合资组建，注册资本为3亿元人民币，双方各占50%的股份。

3日 中国人民银行发布并实施《农村信用社改革试点专项中央银行票据操作办法》和《农村信用社改革试点专项借款管理办法》。

专项中央银行票据是指人民银行向信用社定向发行、用以置换其不良贷款和历年挂账亏损的债券，期限为两年，年利率为1.89%，按年付息。不能流通、转让和质押。专项票据的发行对象为信用社县（市）联社（包括农村商业银行、农村合作银行）。专项借款是指人民银行并通过国家开发银行向国务院批准的农村信用社改革省级人民政府的融资，专项用于帮助资不抵债的农村信用社消化历史包袱。专项借款由省级政府统借统还，信用社省级联社代表省级政府承贷。专项借款数额核定与专项票据相同。专项借款期限最长为八年，还本宽限期为四年，第五年开始逐年等额还本。专项借款年利率0.945%，按季结息。

专项票据和专项借款发行额按照信用社2002年年末实际资不抵债数额的50%核定。实际资不抵债数额分县（市）以信用社法人为单位计算，按省（自治区、直辖市）汇总核定。县（市）联社须先列报实际资不抵债数额，经人民银行县（市）支行会同银监会县（市）级派出机构初审同意后，分别报送各省级机构。省级联社汇总、审核辖区信用社的实际资不抵债数额，据此提出全辖区信用社专项票据认购总额度和分县（市）数额的意见，或提出全辖区专项借款额度和期限的书面申请，一并报人民银行省级分行，专项借款申请还须报国家开发银行省级分行。人民银行省级分行会同银监会省级局进行审查，提出建议，在商请省级政府同意后，报送人民银行和中国银监会。省级联社提出的专项借款申请还须经过国家开发银行省级分行进行评估上报总行。

专项票据到期时，以县（市）为单位考核，对符合下列条件的，人民银行给予兑付：实行信用社和县（市）联社两级法人体制的信用社资本充足率达到2%，实际统一法人体制的信用社资本充足率达到4%，农村商业银行或农村合作银行资本充足率达到8%；按“一逾两呆”口径考核，不良贷款比例较2002年12月末的降幅不低于50%。票据到期时资本充足率和不良贷款比例未达到前项规定的，人民银行给予推迟兑付期两年，不计付利息。推迟兑付期届满时，资本充足率和不良贷款比例仍未达到规定的，人民银行以其不良贷款和历年挂账亏损置换回专项票据。专项票据到期前，资本充足率和不良贷款比例达到规定的，人民银行可选择提前赎回专项票据。该操作办法对专项票据发行条件、专项票据发行考核程序、专项票据兑付考核程序等分别作了具体规定。

专项借款的发行，由人民银行与国家开发银行签订专项再贷款协议；开发银行就专项借款由省级政府统借统还的保障条款，与省级政府签订专项借款协议。专项借款的发放进度应与省级政府制订的辖内信用社改革试点实施方案的实施进程挂钩，分批签订合同，分批发放。该方案经中国银监会会同人民银行、国家开发银行审核，报国务院批准后，人民银行按核定额度的50%与国家开发银行签订专项再贷款合同，国家开发银行省级分行与省级联社签订专项借款合同，并办理相关手续，发放第一批专项借款（第二批专项借款按核定额度的30%发放）。该管理办法对专项借款分批发放考核程序、对专项再贷款和专项借款实行专户管理等分别作了具体规定。

8日 经中国保监会批准，招商信诺人寿保险有限公司开业。这家总部设在深圳的首家中外合资寿险公司，由美国信诺北美人寿保险公司与深圳市鼎尊投资咨询有限公司合资组建，注册资本为2亿元人民币，双方各占50%的股份。投资双方股东分别是美国信诺集团与招商局集团下属子公司。美国信诺集团源于1792年成立的北美人寿保险公司，是美国历史最悠久和最大的保险和金融服务公司之一。早在1897年4月15日，该公司就成为一家获得清政府批准，在中国从事保险业务的外国保险公司。招商局创办于1872年，是中国近代民族商业现代化进程中最早的企业之一。

9日 中国建设银行与香港上海汇丰银行在北京举行QFII托管协议签字仪式，正式确定了双方在QFII业务领域的合作关系。此份QFII托管协议是香港上海汇丰银行委托中国建设银行托管该行在中国境内投资的重要法律文件，是我国推行QFII投资制度以来，中资银行与境外QFII机构签署的第一份托管协议。

△ 国家外汇管理局发布《关于完善境外上市外汇管理有关问题的通知》。该通知对境外上市的外汇登记工作实施过程中的问题作出进一步明确和规范，对境外上市外汇登记管理的范围

作了具体规定，并明确境外上市外资股公司、境外中资控股上市公司的境内股权持有单位办理境外上市股票外汇登记及境内股票账户的开立、募股资金的结汇、汇出境外上市费用，由省市一级外汇分局或授权下一级分局办理。办理境外开户、汇出回购所需外汇资金，须经一级分局审批。同时发送了《境外上市外汇管理操作规程》和新的境外上市股票外汇登记表。

△ 国家外汇管理局发布《关于银行间外汇市场开展双向交易的通知》。该通知决定：中国外汇交易中心自2003年10月1日起，允许各会员单位通过银行间外汇市场交易系统在同场交易中进行买卖双向交易，中国外汇交易中心对会员交易按同币种买卖轧差净额收取手续费。各外汇指定银行可在规定的头寸限额内自行调整结售汇周转头寸。

10月8日是银行间外汇市场实行双向交易的第一天，共有四家金融机构发送了双向交易报价，各家金融机构共发送了763笔报价，较1～9月份日平均报价笔数增长6.7%，全天共成交215笔，市场总成交易量折合美元为6.17亿美元。当天人民币兑美元的加权平均价收于8.2771。

10日 中国保监会依法取消49家保险中介机构的筹建资格。由于37家保险代理机构、6家保险公估机构、6家保险经纪公司筹备组在规定的期限内未完成筹建工作或未达到开业标准，中国保监会根据《保险代理机构管理规定》、《保险公估机构管理规定》、《保险经纪公司管理规定》，依法取消其筹建资格。

12日 中国人民银行召开第三次“窗口指导”会议，要求金融机构防范各类信贷及流动性风险。

△ 中国银监会发布《农村商业银行管理暂行规定》和《农村合作银行管理暂行规定》。这两个规定明确：辖内农民、农村工商户、企业法人和其他经济组织可入股设立农村商业银行或农村合作银行，主要以农村信用社和农村信用社县（市）联社为基础组建。设立农村商业（合作）银行，发起人不得少于500（1 000）人，注册资本金不得低于5 000（2 000）万元人民币，资本充足率须达8%（4%），不良贷款比率低于15%。其中，农村商业银行以发起方式设立，实行股份有限公司形式，由发起人认购农村商业银行发行的全部股份，发起人以原农村信用社的社员为基础，并吸收农民、农村工商户、企业法人和其他经济组织参加。筹建农村商业银行和农村合作银行均向所在地中国银监会地区（市、州）分局提出申请，由地区（市、州）分局及省、自治区、直辖市、计划单列市局逐级审核后，报中国银监会在3个月内作出审批决定。

在股权设置上：两种银行均根据股本金来源和归属设置自然人股、法人股。其中：农村商业银行的股本划分为等额股份，同股同权，同股同利；农村合作银行的自然人股和法人股则分别设定资格股和投资股两种股权，资格股是股东必须按规定数额交纳的基础股金，实行一人一票；投资股是在资格股之外自主交纳，凭投资份额大小取得相应分红的股份。两种银行每股金额均为人民币1元，单个自然人股东持股比例不得超过总股本的5‰，单个法人及其关联企业持股总和不得超过总股本的10%，本行职工持股总额不得超过总股本的25%。其中农村合作银行单个法人及其关联企业持股比例超过5%须报当地银行监管机构审批，职工之外的自然人股东持股总额不得低于股本总额的30%；农村商业银行前10名股东的名单须向当地银行监管机构及时报送。这两个规定分别对农村商业银行和农村合作银行的组织机构、经营管理、机构变更与终止、罚则等作了具体规定。

△ 华夏银行10亿股A股（股票代码：600015）在上海证券交易所挂牌交易。华夏银行是继深圳发展银行、浦东发展银行、中国民生银行和招商银行之后上市的第五只银行股，总股本35亿股，每股发行价5.6元，发行中签率0.64%。其主承销商南方证券包销了627万股。当日，该股票以7.48元开盘，全天最高价为7.60元，最低价为7.10元，收盘价为7.15元。

华夏银行是当年发行募集资金最大的一家公司。

15 日 中国银监会发布《关于农村信用社以县（市）为单位统一法人工作的指导意见》。该指导意见提出，在人口相对稠密或粮棉商品基地县（市），可以县（市）为单位将信用社和县（市）联社各为法人改为统一法人，具体条件是：全辖农村信用社统算，账面资能抵债；基层农村信用社自愿；县（市）联社有较强的管理能力；统一法人后股本金达到 1 000 万元以上，并使核心资本充足率在任何时点都不低于 2%。

18 日 中国银监会、中国证监会、中国保监会在北京召开首次监管联席会议。会议讨论通过了《中国银行业监督管理委员会、中国证券监督管理委员会、中国保险监督管理委员会在金融监管方面分工合作的备忘录》，包括指导原则、职责分工、信息收集与交流和工作机制等几方面内容。根据国家法律和国务院的授权，中国银监会负责统一监督管理全国银行、金融资产管理公司、信托投资公司及其他存款类金融机构；中国证监会依法对全国证券、期货市场实行集中统一监督管理；中国保监会统一监督管理全国保险市场。中国银监会、中国证监会、中国保监会任何一方需要对他方的监管对象收集必要的信息，可委托他方进行。对金融控股公司的监管应坚持分业经营、分业监管的原则，对金融控股公司的集团公司依据其主要业务性质，归属相应的监管机构，对金融控股公司内相关机构、业务的监管，按照业务性质实施分业监管。该备忘录还明确了三家监管机构对其监管对象的信息收集与交流制度。

△ 中国银监会发布《农村信用社省（自治区、直辖市）联合社管理暂行规定》。该暂行规定包括总则，机构的设立、变更和终止，股权设置，组织结构，基本职能，附则共 6 章 41 条。该暂行规定明确，省联社是由所在省（自治区、直辖市）内的农村信用合作社市（地）联合社、县（市、区）联合社、县（市、区）农村信用合作联社、农村合作银行自愿入股组成，实行民主管理，主要履行行业自律管理和服务职能，具有独立企业法人资格的地方性金融机构。农村商业银行在自愿的前提下可向省联社入股，并取得有关服务。设立省联社注册资本金应不低于 500 万元人民币，并向省（自治区、直辖市）监管局提出申请，经审核同意后报中国银监会批准。省联社每股股金 10 万元人民币，单个社员社出资比例不得超过省联社总股本的 10%，社员社入股金额不得超过其实收资本的 30%。由社员代表组成的社员大会是省联社权力机构，理事会是社员大会的执行和监督机构。省联社履行下列职能：督促农村信用社贯彻执行国家金融方针政策，落实支农工作；制定行业自律管理制度并督促执行；指导农村信用社健全法人治理结构，完善内控制度；对农村信用社业务经营、财务活动、劳动用工和社会保障及内部管理等工作进行辅导和审计；督促农村信用社依法选举理事和监事，选举、聘用高级管理人员；指导防范和处置农村信用社的金融风险；指导、协调电子化建设；指导员工培训教育；协调有关方面关系，维护农村信用社的合法权益；组织农村信用社之间的资金调剂；参加资金市场，为农村信用社融通资金；办理或代理农村信用社的资金清算和结算业务；提供信息咨询服务；省联社章程规定的其他职能。

19 日 国家开发银行发行美元债券。经国务院批准，该只债券通过人民银行债券发行系统发行，总额 5 亿美元，为五年期固定利率形式。利率由承销团成员投标确定。投资者为银行间市场具有外汇业务经营资格的中资金融机构。这是我国境内第一只美元债券。2005 年 2 月 3 日，中国银行与中央国债登记结算公司签署“美元资金往来账户协议”。根据该协议，中国银行将承担国家开发银行发行的 5 亿美元金融债券的清算业务，并由中央国债登记结算公司进行登记、托管。中国银行成为获得中国内地美元债券清算行资格的首家银行。

△ 中国证监会公布《关于进一步规范股票首次发行上市有关工作的通知》。该通知规定，自 2004 年 1 月 1 日起，除国有企业整体改制、有限责任公司整体变更和国务院批准豁免的

情况外，申请首次公开发行股票并上市的发行人，应当自设立股份有限公司之日起不少于三年，筹资额不得超过发行人上年度末经审计的净资产值的两倍。该通知自2003年10月1日起施行。

△ 花旗银行参股浦发银行。浦发银行（股票代码：600000）公告显示：根据国资委有关批复，上海国有资产经营公司将其所持29 850万股国家股中的10 845万股、上海久事将其所持22 950万股国有法人股中的7 230万股转让给花旗银行海外投资公司。花旗银行海外投资公司首期受让上述股权后，将持有浦发银行股份18 075万股，占总股本的4.62%，为公司第四大股东。这是A股市场首例外资成功受让银行上市公司股权案。

21日 经国务院批准，中国人民银行决定提高法定存款准备金率1个百分点，即存款准备金率由现行的6%调高至7%。此次存款准备金率调整的金融机构范围为国有独资商业银行、股份制商业银行、城市商业银行、农村商业银行（农村合作银行）、中国农业发展银行、信托投资公司、财务公司、金融租赁公司、有关外资金融机构等。农村信用社和城市信用社暂时执行6%的存款准备金率不变。这次存款准备金率调整有三个特点：一是提前一个月（8月23日）宣布，给金融机构流动性管理提供了缓冲时间；二是上调一个百分点的法定存款准备金率大体冻结商业银行1 500亿元的超额准备金，约占金融机构手持国债、金融债、中央银行票据的6%，这是一项温和的政策措施；三是作为准备金调整政策的一部分，在收紧总量的同时，对有短期流动性困难的金融机构给予了必要的资金支持。

22日 国家外汇管理局发布《边境贸易外汇管理办法》。该办法明确了三个方面的政策：第一，边贸企业与境外贸易机构进行边境贸易时，可以采用可自由兑换货币、毗邻国家货币或者人民币，并增加了易货贸易结算和境内转账结算等方式。第二，允许以可兑换货币、毗邻国家货币、人民币以及境内转账支付等结算方式办理核销手续。第三，边境地区的商业银行应按照有关规定，与毗邻国家边境地区的商业银行建立代理行关系，开通银行直接结算渠道。边境地区商业银行还可以根据相关法律、法规，增加结售汇网点，设立外币代兑点，并加挂人民币与毗邻国家货币的汇价。该办法对边境贸易的外汇账户，外汇收支、进出口核销、外币兑换与结算作了具体规定，自2003年10月1日起正式实施。1997年《边境贸易外汇管理暂行办法》及2002年《关于我国与俄罗斯等独联体国家边境小额贸易外汇管理有关问题的通知》同时废止。

△ 昌九生化股票崩盘。即日之后（2003年9月22日至2003年10月9日）江西昌九生物化工股份有限公司股票（股票简称：昌九生化；股票代码：600228SH）连续出现8个跌停板。2003年10月10日，昌九生化再跌6.82%，由崩盘前的16元跌至6.42元。

1999年至2003年9月间，湖北中融公司利用其控股的武汉中融等多家公司，以受托理财、借款、借国债、借股票等形式，累计融资167 891万元，分别在全国49家证券营业部，采用自买自卖手段操纵昌九生化交易价格。其中2003年9月23日，持股数量达到最大值7 459.9931万股，占流通股比例77.71%。在湖北中融实业有限公司原董事长、总裁葛建飞等人的操作下，自2003年9月22日起，昌九生化发生了连续8个跌停板的异动。2005年8月5日，湖北省武汉市中级人民法院公开作出一审宣判，以合同诈骗罪、操纵证券交易价格罪判处葛建飞无期徒刑，剥夺政治权利终身，并处没收个人全部财产；同时，法庭以湖北中融实业有限公司和武汉市中融贸易发展有限公司构成合同诈骗罪、操纵证券交易价格罪，分别判处罚金人民币100万元和40万元。

23日 中央编制委员会办公室印发《关于中国人民银行主要职责内设机构和人员编制调整意见的通知》。该通知明确，中国人民银行为国务院组成部门，是中华人民共和国的中央银行，是在国务院领导下制定和执行货币政策、维护金融稳定、提供金融服务的宏观调控部门。原由公安部承担的组织协调国家反洗钱工作的职责，转由中国人民银行承担。对银行业金融机构的监管职责，转由中国银监会承担。调整后，中国人民银行的主要职责有14项：起草有关法律和行政法规，拟订有关金融机构运行规则，发布与履行职责有关的命令和规章；依法制定和执行货币政策；按照规定监督管理银行间同业拆借市场、债券市场、外汇市场和黄金市场；防范系统性金融风险，维护国家金融稳定；确定人民币汇率政策，维护合理的人民币汇率水平，实施外汇管理，持有、管理和经营国家外汇储备和黄金储备；发行人民币，管理人民币流通；经理国库；会同有关部门制定支付结算规则，维护支付、清算系统的正常运行；制定和组织实施金融业综合统计制度，负责数据汇总和宏观经济分析与预测；组织协调国家反洗钱工作，指导、部署金融业反洗钱工作，承担反洗钱的资金监测职责；管理信贷征信业，推动建立社会信用体系；作为国家的中央银行，从事有关国际金融活动；按照有关规定从事金融业务活动；承办国务院交办的其他事项。根据国务院规定，管理国家外汇管理局。

根据这些职责，中国人民银行内设18个职能司（局、厅），分别是：办公厅（党委办公室）、条法司、货币政策司、金融市场司、金融稳定局、调查统计司、会计财务司、支付结算司、科技司、货币金银局（国务院反假货币联席工作会议办公室）、国库局、国际司、内审司、人事司（党委组织部）、研究局、征信管理局、反洗钱局（保卫局）、党委宣传部。中国人民银行机关行政编制调整为602名。

29日　生命人寿保险股份有限公司在上海开业。东京海上火灾保险株式会社和 Millea Asia Pte. Ltd. 分别参股生命人寿12.45%，生命人寿增资后的注册资本为13.58亿元人民币。

30日　TCL集团吸收合并TCL通讯。TCL集团股份有限公司发布公告：1. TCL集团以吸收合并方式合并TCL通讯（股票代码：000542），合并完成后以TCL集团为存续公司，TCL通讯注销独立法人地位。2. 持有TCL通讯流通股股票的股东以一定比率换取TCL集团发行的流通股股票，换股价格为每股21.15元。3. TCL集团以人民币1元的价格受让其全资子公司TCL通讯设备（香港）有限公司持有的TCL通讯25%股票。这些股票连同集团公司现已持有的TCL通讯31.7%股票在本次合并换股时一并予以注销。4. TCL集团本次公开发行的股票及向TCL通讯流通股股东发行的全部流通股股票将在深圳证券交易所上市交易。2004年1月30日，TCL集团（股票代码：000100）替代其前身TCL通讯（股票代码：000542）在深交所挂牌上市。这是我国证券市场首例集团公司吸纳合并子公司从而整体上市的案例。

10月

3日　中国银监会颁布《汽车金融公司管理办法》。该管理办法包括总则，机构的设立、变更与终止，业务范围和监督管理，法律责任，附则共5章42条。汽车金融公司是指为中国境内的汽车购买者及销售者提供贷款的非银行金融企业法人。该管理办法规定：设立汽车金融公司须经中国银监会批准，未经批准，任何单位和个人不得擅自设立汽车金融公司或者变相从事汽车金融业务，不得在机构名称中擅自使用“汽车金融”、“汽车信贷”等表明从事汽车金融业务的字样。汽车金融公司注册资本的最低限额为5亿元人民币或等值的自由兑换货币，并对出资人条件和设立汽车金融公司条件作了具体规定。汽车金融公司不得设立分支机构。

该管理办法规定：汽车金融公司可从事下列人民币业务：接受境内股东单位三个月以上期限的存款；提供购车贷款业务；办理汽车经销商采购车辆贷款和营运设备贷款；转让和出售汽车贷款应收款业务；向金融机构借款；为贷款购车提供担保；与购车融资活动相关的代理业务和经银监会批准的其他信贷业务。未经有关监管部门批准，汽车金融公司不得擅自发行债券、向境外借款。汽车金融公司设立和开展业务中涉及汇兑管理、利润汇出、向非居民发放汽车消费贷款、资本金管理等外汇管理事项的，由监管部门会同国家外汇管理部门作出相关规定。汽车金融公司实行资本总额与风险资产比例控制管理，资本充足率不得低于10%。

同年11月12日，中国银监会又颁布了《汽车金融公司管理办法实施细则》，对机构、人员、业务市场准入和金融监管作出了具体要求和规定。2003年12月29日，中国银监会批准上汽通用汽车金融有限责任公司、丰田汽车金融（中国）有限公司和大众汽车金融（中国）有限公司进行筹建。

8日 中国人民银行发布《外币代兑机构管理暂行办法》。该暂行办法规定外币兑换业务的品种限于可自由兑换货币的现钞及旅行支票。非居民个人若将在外币代兑机构兑换所得的人民币兑回外币，须到为其办理外币兑换业务的代兑机构的授权银行办理，兑回金额不得超过原兑换的外币金额。兑回有效期为自兑换之日起六个月内。居民个人不得办理兑回业务。国家外汇管理局依法对银行授权的外币代兑机构的外币兑换业务进行监督、管理。该暂行办法自2003年11月1日起施行。

11～14日 中国共产党第十六届中央委员会第三次全体会议在北京召开。会议通过了《中共中央关于完善社会主义市场经济体制若干问题的决定》。针对当前我国经济体制改革面临的存在经济结构不合理、分配关系尚未理顺、农民收入增长缓慢、就业矛盾突出、资源环境压力加大、经济整体竞争力不强等问题，该决定提出：完善社会主义市场经济体制的主要任务是完善公有制为主体、多种所有制经济共同发展的基本经济制度；建立有利于逐步改变城乡二元经济结构的体制；形成促进区域经济协调发展的机制；建设统一开放、竞争有序的现代市场体系；完善宏观调控体系、行政管理体制和经济法律制度；健全就业、收入分配和社会保障制度；建立促进经济社会可持续发展的机制。

关于深化金融改革，该决定提出：1. 商业银行和证券公司、保险公司、信托投资公司等要成为资本充足、内控严密、运营安全、服务和效益良好的现代金融企业。选择有条件的国有商业银行实行股份制改造，加快处置不良资产，充实资本金，创造条件上市。深化政策性银行改革。完善金融资产管理公司运行机制。鼓励社会资金参与中小金融机构的重组改造。在加强监管和保持资本金充足的前提下，稳步发展各种所有制金融企业。完善农村金融服务体系，国家给予适当政策支持。通过试点取得经验，逐步把农村信用社改造成为农村社区服务的地方性金融企业。2. 稳步推进利率市场化，建立健全由市场供求决定的利率形成机制，中央银行通过运用货币政策工具引导市场利率。完善人民币汇率形成机制，保持人民币汇率在合理、均衡水平上的基本稳定。在有效防范风险的前提下，有选择、分步骤放宽对跨境资本交易活动的限制，逐步实现资本项目可兑换。建立和完善统一、高效、安全的支付清算系统。改进中央银行的金融调控，建立健全货币市场、资本市场、保险市场有机结合、协调发展的机制，维护金融运行和金融市场的整体稳定，防范系统性风险。3. 依法维护金融市场公开、公平、有序竞争，有效地防范和化解金融风险，保护存款人、投资者和被保险人的合法权益。健全金融风险监控、预警和处置机制，依法严格实行市场退出制度。强化金融监管手段，防范和打击金融犯罪。增强监管信息透明度并接受社会监督。处理好监管和支持金融创新的关系，鼓励金融企业探索金融经营的有效方式。建立健全银行、证券、保险监管机构之间以及同中央银行、财政部门的协调机制，提高金融监管水平。

该决定还提出要积极推进资本市场的改革开放和稳定发展，扩大直接融资。建立多层次资本市场体系，完善资本市场结构，丰富资本市场产品。规范和发展主板市场，推进风险投资和创业板市场建设。积极拓展债券市场，完善和规范发行程序，扩大公司债券发行规模。大力发展机构投资者，拓宽合规资金入市渠道。建立统一互联的证券市场，完善交易、登记和结算体系。规范发展产权交易。积极发展财产、人身保险和再保险市场。稳步发展期货市场。

13日 国务院发布《关于改革现行出口退税机制的决定》。改革的具体内容是：1. 适当降低出口退税率。调整后的出口退税率为17%、13%、11%、8%、5%五档。平均水平将降低3个百分点左右。2. 加大中央财政对出口退税的支持力度。从2003年起，中央进口环节增值税、消费税收入增量首先用于出口退税。3. 建立中央和地方共同负担出口退税的新机制。从2004年起，以2003年出口退税实退指标为基数，对超基数部分的应退税额，由中央和地方按75:25的比例共同负担。4. 推进外贸体制改革，调整出口产品结构。5. 累计欠退税由中央财政负担。我国从1985年开始实行出口退税政策，1994年财税体制改革以后继续对出口产品实行退税。

15日 国家外汇管理局发布《关于进一步深化境外投资外汇管理改革有关问题的通知》。该通知规定，进行境外投资外汇管理改革试点分局可以直接出具中方外汇投资额不超过300万美元的境外投资项目外汇资金来源审查意见；可授权辖内境外投资业务量较大的支局直接出具中方外汇投资额不超过100万美元的境外投资项目外汇资金来源审查意见。对试点地区境外投资项目前期资金的管理原则和相关操作规程、境外投资收购和境外投资增资类项目的外汇管理等内容都作了明确规定。该通知自2003年11月1日起执行。

△ 招商银行百亿元转债风波。招商银行临时股东大会通过发行100亿元可转债方案。早在2003年8月26日，招商银行在公布中报的同时，公布了拟发行不超过100亿元可转债的董事会决议，该融资方案受到了包括数十只基金在内的众多流通股东的强烈反对。9月12日，在招商银行召开的中期业绩推介会上，以华夏、长盛等基金公司经理为代表的流通股股东提交一份名为《坚决反对股权割裂下掠夺式再融资》文章，指责招商银行“不顾流通股东利益，恶意圈钱”的行为，部分投资者开始抛售招商银行股票，使招商银行股价下跌11%，市值损失超过70亿元。在此次的招商银行临时股东大会上，虽然流通股股东提交了《关于否决招商银行发行100亿可转债发行方案的提案》和《关于对招商银行董事会违背公司章程关于“公平对待所有股东”问题的质询》、《对招商银行本次可转债发行方案合法性的质询》两个质询案，但可转债发行方案最终以88.43%的同意票获得通过，并上报至中国证监会等待批准。会后，合计持有招商银行5%以上的流通股股东发表了《部分流通股股东关于招商银行股东大会通过发债议案的联合声明》，呼吁全社会都来关注并谴责招商银行这一违反《中华人民共和国公司法》并严重侵犯流通股股东利益的行为。

2004年2月18日，招商银行对融资方案作了修改：总计发行债券100亿元，其中拟发行65亿元可转债，并定向发行35亿元次级债。在中国证监会发审委2004年7月13日召开的第48次会议上，招商银行发行65亿元可转债的申请获得通过。2004年11月29日，在众多的市场议论中，招商银行65亿元可转换公司债券在上海证券交易所上市。可转债风波引起了人们对中国股市制度的深刻反思。

16日 中国人民银行发布《关于分行及其金融监管办事处、营业管理部、省会（首府）城市中心支行、副省级城市中心支行有关机构撤销等问题的通知》。根据改革方案，中国人民银行将金融监管办事处及其分行（含分行营业管理部）、营业管理部、省会（首府）城市中心支行、副省级城市中心支行内设的监管处室、纪委内设的其他金融机构纪检监察处、农村信用合作管理机构（以下简称人民银行分支行的整体划转处室）的所有职能和全部人员划转银监会省级派出机构。为做好职能调整和机构分设中的衔接工作，该通知规定：自人民银行分支行与银监会省级派出机构筹备组协商一致，上报人员、财产和财务划转方案之日起，其所在城市的金融监管办事处和对应的人民银行分支行的整体划转处室即自动撤销，不再以中国人民银行金融监管办事处和中国人民银行分支行内设机构的名义履行职责。

17日 《内地与澳门关于建立更紧密经贸关系的安排》正式签署。双方自2004年1月1日起开始实施该安排下货物贸易和服务贸易自由化的具体承诺。该安排规定，双方采取以下措施，进一步加强在银行、证券和保险领域的合作：支持内地金融机构到澳门开展业务；支持内地银行在澳门以收购方式发展网络和业务活动；鼓励、协助和支持澳门与内地银行、证券和保险机构之间的业务交流；加强金融监管部门之间的合作和信息共享。

△ 中国银监会下发《关于农信社实行贷款五级分类的通知》。该通知对推行五级分类的试点农村信用社进行了总体安排和部署，按照“先非农户后农户、先表内后表外”的原则设计了三个阶段：2003 年第四季度为准备阶段。各省市做好选定试点单位、组织培训、完善信贷档案、清理信贷资产等试点准备工作。2004 年为试点阶段。年初，试点单位开展贷款五级分类试点，对除农户贷款以外的所有表内信贷资产进行分类；下半年，各省市逐步增加试点单位，并将试点单位贷款分类的范围扩大到所有表内信贷资产。2005 年为全面推行阶段。全国农村信用社全面试行贷款五级分类，争取从 2006 年开始，停止执行四级期限管理的分类制度，实现农信社对表内、表外信贷资产的五级分类，并按照贷款的风险状况合理计提专项贷款损失准备金。试点农村信用社（包括农村商业银行和农村合作银行）试行的贷款五级分类，是将贷款风险分类为正常、关注、次级、可疑、损失 5 个档次，后 3 个档次为不良贷款。

同年 12 月 29 日，中国银监会颁布了《农信社贷款五级分类实施方案（试行）》，为农信社贷款五级分类制定了大致的实施方案。其中在适用的范围方面规定：目前五级分类应囊括表内所有信贷类资产，包括各项贷款科目、各项贴现科目、或有资产负债科目中核算的资产，但暂不包括信用证、承兑、担保和贷款承诺等表外业务。中国银监会要求，农村信用社应当根据不同的借款对象，使用不同的分类方式。农村信用社的贷款可分为企事业单位贷款和自然人贷款，其中自然人贷款又分为自然人一般农户贷款和自然人其他贷款。1. 对企事业贷款要根据《贷款风险分类指导原则》的要求，在运用财务分析、现金流量分析、非财务分析、担保分析工具综合评估借款人最终偿还能力的基础上，进行分类。2. 自然人一般农户贷款因金额小、笔数多、无财务报表，且风险因素较单一，可简化手续，根据其信用等级、贷款逾期情况和担保条件等，采用矩阵法进行批量分类。3. 自然人其他贷款主要依据借款人及其经营实体的运营状况、经营收入、家庭经济收入、担保条件、还本付息记录以及逾期时间等直观指标，参照企事业单位贷款的分类标准进行分类。

18 日 中国人民银行货币政策委员会在北京召开 2003 年第三季度例会。会议认为，第一至第三季度，我国国民经济克服了多种困难，保持了快速发展的良好势头。中国人民银行认真执行稳健的货币政策，加大公开市场操作力度，上调存款准备金率一个百分点，综合运用多种货币政策工具，努力保持货币信贷的稳定增长。会议分析了当前国际国内经济金融形势，一致认为货币信贷增长明显偏快。下一步应继续执行稳健的货币政策，灵活运用多种货币政策工具，保持前一阶段货币政策的调控力度，促进货币信贷总量稳定增长。

19 日 中国银监会 36 个省级派出机构全部挂牌，正式履行职责，标志新的银行监管体系形成，确立了我国一行（人民银行）、三会（中国银监会、中国证监会、中国保监会）、一局（国家外汇管理局）的金融管理体制。

20 日 中国大地财产保险股份有限公司（以下简称中国大地）在上海开业。经中国保监会批准，中国大地于 2003 年 9 月 24 日成立，该公司由中国再保险（集团）公司作为主发起人发起设立，注册资本为 10 亿元人民币，共有境内外股东 10 家，境外股本占总股本的 10%。公司的经营范围是：财产保险业务，包括财产损失保险、责任保险、信用保险等保险业务；经中国保监会核定的短期健康保险和人身意外伤害保险；上述保险的再保险业务；国家法律、法规允许的资金运用业务；经中国保监会及国家有关部门批准的其他业务。

22 日 中国保监会批准中国人寿设立中国人寿资产管理有限公司。注册资本为人民币 8 亿元，其中中国人寿保险（集团）公司和中国人寿保险股份有限公司分别出资人民币 3.2 亿元和

4.8 亿元。公司的经营范围为：管理运用人民币和外币自有资金及保险资金，受托或委托人民币和外币保险资金管理业务，与保险资金管理业务相关的咨询业务，国家法律、法规允许的其他资产管理业务。

23 日 中国银监会发布《商业银行集团客户授信业务风险管理指引》。该指引所称集团客户是指具有以下特征的商业银行的企事业法人授信对象：在股权上或者经营决策上直接或间接控制其他企事业法人或被其他企事业法人控制的；共同被第三方企事业法人所控制的；主要投资者个人、关键管理人员或与其关系密切的家庭成员共同直接控制或间接控制的；存在其他关联关系，可能不按公允价格原则转移资产和利润，商业银行认为应视同集团客户进行授信管理的。授信业务包括：贷款、拆借、贸易融资、票据承兑和贴现、透支、保理、担保、贷款承诺、开立信用证等。商业银行对集团客户授信应遵循统一、适度、预警原则。集团客户授信业务风险是指由于商业银行对集团客户多头授信、过度授信和不适当分配授信额度，或集团客户经营不善以及集团客户通过关联交易、资产重组等手段在内部关联方之间不按公允价格原则转移资产或利润等情况，导致商业银行不能按时收回由于授信产生的贷款本金及利息，或给商业银行带来其他损失的可能性。商业银行对集团客户授信遵循统一、适度和预警三项原则。

该指引规定：商业银行须制定集团客户授信业务风险管理制度报银监会备案。制度内容包括集团客户授信业务风险管理的组织建设、风险管理与防范的具体措施、确定单一集团客户的范围所依据的准则、对单一集团客户的授信限额标准、内部报告程序以及内部责任分配等。当一个集团客户授信需求超过一家银行风险的承受能力时，商业银行应采取组织银团贷款、联合贷款和贷款转让等措施分散风险。超过风险承受能力是指一家商业银行对单一集团客户授信总额超过商业银行资本余额 15% 以上或商业银行视为超过其风险承受能力的其他情况。

该指引规定：商业银行在给集团客户授信前，应查询集团客户的贷款卡信息、负债信息、大事记、关联方信息、对外对内担保信息和诉讼情况等，防止对集团客户过度授信。授信后，应及时把授信总额、期限和受信人的法人代表、关联方等信息登录到银行监管部门或其他相关部门的信贷登记系统。商业银行应根据集团客户所处的行业和经营能力，对集团客户的授信总额、资产负债指标、盈利指标、流动性指标、贷款本息偿还情况和关键管理人员的信用状况等设置授信风险预警线。该指引对授信业务风险管理、信息管理和风险预警等作了具体规定。

24 日 中国银监会发布《关于向外资金融机构进一步开放人民币业务的公告》。根据我国加入世界贸易组织的承诺，我国将在加入世界贸易组织后两年内，将外资金融机构经营人民币业务的地域扩大到济南、福州、成都、重庆，并在已开放人民币业务的地域，允许外资金融机构向中国企业提供人民币服务。

△ 慕尼黑再保险公司（Munich Re）北京分公司开业。公司营运资金为 3 亿元人民币，主要经营财产及人身险再保险业务。慕尼黑再保险公司的进入打破了中国再保险的专业垄断局面。德国慕尼黑再保险公司创立于 1880 年，在全世界 150 多个国家从事经营非人寿保险和人寿保险两类保险业务，并拥有 60 多家分支机构，1997 年在北京和上海分别成立了代表处。

27 日 中国人民银行发布 2003 年第三季度《中国货币政策执行报告》。该报告指出，2003 年第一季度至第三季度，我国国民经济克服了多种困难，保持了快速发展的良好势头，国内生产总值增长 8.5%，居民消费价格水平上涨 0.7%，货币信贷增长偏快的趋势开始得到控制。9 月末，广义货币 M_2 余额为 21.4 万亿元，同比增长 20.7%；狭义货币 M_1 余额为 7.9 万亿元，同比增长 18.5%。金融机构本外币贷款余额为 16.7 万亿元，比年初增加 2.7 万亿元，同比多增加 1.3 万亿元。其中第三季度金融机构人民币贷款增加 6 905 亿元，比第二季度少增 2 823 亿元。人民币利率、汇率保持基本稳定，金融运行总体平稳。下一阶段，人民银行要继续执行稳健的货币政策，灵活运用多种货币政策工具，保持前一阶段货币政策的调控力度，引导货币信贷总量稳定增长。

28 日 《中华人民共和国证券投资基金法》（以下简称《证券投资基金法》）由十届全国人大常委会第五次会议表决通过。主要内容：1. 基金管理人由经国务院证券监督管理机构核准、符合规定条件的基金管理公司担任；基金托管人由经国务院证券监管理机构和国务院银行业监管机构核准取得基金托管资格，并符合规定条件的商业银行担任，并相应规定基金管理公司的准入条件和主要股东的条件、基金管理人、托管人各自履行的职责。2. 基金管理人发售基金份额，募集基金，须向国务院证券监管机构提交规定文件，该机构于六个月内作出核准决定，基金管理人自收到核准文件之日起六个月内进行基金募集；投资人缴纳认购的基金份额款项，且基金管理人依照规定向证券监督管理机构办理基金备案手续之后，基金合同生效。3. 封闭式基金的基金份额，经基金管理人申请，国务院证券监管机构核准，可以在证券交易所上市交易。4. 开放式基金的基金份额的申购、赎回和登记，由基金管理人办理；也可以委托经证券监管机构认定的其他机构代为办理。5. 基金管理人运用基金财产进行上市交易的股票、债券以及规定内的其他证券的证券投资须采用资产组合的方式。基金财产不得用于下列投资或者活动：承销证券；向他人贷款或者提供担保；从事承担无限责任的投资；买卖国务院规定之外的其他基金份额；向其基金管理人、基金托管人出资或者买卖其基金管理人、基金托管人发行的股票或者债券；买卖与其基金管理人、基金托管人有控股关系的股东或者与其基金管理人、基金托管人有其他重大利害关系的公司发行的证券或者承销期内承销的证券；从事内幕交易、操纵证券交易价格及其他不正当的证券交易活动；规定禁止的其他活动。基金管理人、基金托管人和其他基金信息披露义务人应当在规定时间内披露基金信息。公开披露基金信息不得有下列行为：虚假记载、误导性陈述或者重大遗漏；对证券投资业绩进行预测；违规承诺收益或者承担损失；诋毁其他基金管理人、基金托管人或者基金份额发售机构；规定禁止的其他行为。

除上述基金管理人、基金托管人、基金的募集、基金份额的交易、基金份额的申购与赎回、基金的运作与信息披露等相关内容之外，《证券投资基金法》对基金合同的变更、终止与基金财产清算，基金份额持有人权利及其行使，监督管理，法律责任等也作了具体规定。《证券投资基金法》共有 12 章 103 条，于 2004 年 6 月 1 日起施行。

《证券投资基金法》（草案）的起草始于 1999 年 4 月，曾于 2002 年 8 月 23 日提交九届全国人大常委会第二十九次会议进行初审，一年之后的 6 月 23 日再次提交十届全国人大常委会第三次会议进行第二次审议，经过 10 月 23 日召开的十届全国人大常委会第五次会议的第三次审议，于 28 日提交常委会表决获得通过。《证券投资基金法》的颁布以法律形式确认了基金业在证券市场中的地位和作用，是继《中华人民共和国证券法》之后规范我国证券市场的又一部重要法律。到 2003 年 9 月底，我国已经开业的基金管理公司有 32 家，有 8 家商业银行获得基金托管资格，已经设立证券投资基金 87 只，总规模超过了 1 600 亿份。

△ 国家外汇管理局批准香港上海汇丰银行有限公司（HSBC）在 5 000 万美元的 QFII 投资额度上增加 5 000 万美元，使其投资总额扩大到 1 亿美元。这是外汇局批准的首个 QFII 增资申请。

11 月

3 日 中国人民银行发布《关于商业银行办理邮政储蓄协议存款事宜的通知》。该通知规定：邮政储蓄协议存款的期限为三年以上（不含 3 年），最少起存金额为 3 000 万元人民币。邮政储蓄协议存款的利率水平、存款期限、结息和付息方式、违约处罚标准等由双方协商确定。邮政储蓄协议存款在存期内不得提前支取，存款凭证可用做国家邮政局邮政储汇局向商业银行融资的质押物，并按中国人民银行有关办法执行。经国务院批准，中国银监会于2003年10月3日批复国家邮政局邮政储汇局与中资商业银行、农村信用社办理协议存款业务。

△　中国银监会下发《关于推进和完善贷款风险分类工作的通知》。该通知要求各政策性银行、国有独资商业银行、股份制商业银行、信托投资公司、企业集团财务公司、金融租赁公司，从2004年起，实施贷款质量五级分类的资产范围将从各类信贷资产扩大到开出信用证、承兑、担保和贷款承诺等表外业务。五级分类的实施范围扩大到所有的银行业金融机构。已经全面实施五级分类的政策性银行、国有独资商业银行和股份制商业银行，可停止执行“一逾两呆”分类制度，但应按季报送逾期90天、180天、270天、360天和360天以上五个档次的贷款数据。各机构应将贷款逾期天数作为贷款风险分类的重要参考指标，并对种类信贷类资产计提损失准备。对于透支、贴现、各类垫款、进出口押汇等信贷类资产和有关表外业务，各机构应当根据其风险特征、历史损失状况以及自身的管理经验和水平测算实际风险状况，并制订风险分类实施细则。

△　在上海证券交易所上市的新疆啤酒花股份有限公司（股票简称：啤酒花；股票代码：600090）发布重大事项公告：公司董事长艾克拉木·艾沙由夫突然失踪，同时通过自查发现，公司有近10亿元的对外担保决议未按规定履行信息披露义务。在啤酒花股票连续十几个跌停之后，同年11月19日，中国证监会决定对啤酒花公司“因涉嫌重大事项信息披露不实”事项立案调查。啤酒花涉及诸多新疆企业的担保事项总额接近18亿元，没有及时披露的担保额度近10亿元，而公司2003年的净资产不足6亿元，严重违反了“担保额度不得超过公司净资产50%”的相关规定。11月24日，啤酒花被上海证券交易所宣布实行特别处理，公司股票简称变为ST啤酒花。

2004年3月18啤酒花与四川蓝剑（集团）有限责任公司签订“资产重组意向书”。2005年12月13日，啤酒花与14家债权机构签署债务和解协议，啤酒花及控股子公司须承担的全部负债由15.76亿元减至4.44亿元，实际债务减免数达到11.32亿元。至此，啤酒花的股权重组及债务重组工作全部完成。

5日　公安部、国家外汇管理局联合发布《公安部、国家外汇管理局外汇领域反洗钱合作规定》。公安部、国家外汇管理局的职责分工是：国家外汇管理局及其分支局在监督和管理金融机构大额和可疑外汇资金交易报告工作中，对金融机构报送的大额和可疑外汇资金交易进行汇总、筛选、甄别、分析和初步核查后，对外汇违规问题进行查处；并及时向公安机关移送涉嫌洗钱犯罪交易线索；组织查处公安机关移送的外汇领域涉嫌违规案件及线索；积极协助办理公安机关在侦查洗钱等经济犯罪过程中提出的属外汇管理部门职责的调查要求。各级公安机关组织查处外汇管理部门移送的和金融机构报告的大额和可疑外汇资金交易及其他外汇非法交易的案件及线索；积极协助办理外汇管理部门在调查洗钱等违法、违规行为过程中提出的调查要求。双方建立合作机制包括：建立信息交流渠道；定期召开联席会议；确定联络员；跟踪监测大额和可疑外汇账户。合作内容包括：移送和查处外汇领域涉嫌洗钱的违法犯罪案件及线索；通报反洗钱工作信息；研究打击外汇领域洗钱犯罪的工作部署；研究打击外汇领域洗钱犯罪的对策；研究完善反洗钱法规；共同组织培训；共同组织宣传工作双方应及时沟通、商定宣传内容，并共同组织参与查处重大洗钱犯罪案件的对外宣传报道及法律、政策宣传工作。

6日　中国人民财产保险股份有限公司股票（股票简称：中国财险；股票代码：2328）在香港联合证券交易所挂牌交易。中国财险首日开盘价为2.425港元，成交额达42.26亿港元，占当日股票成交量的1/5。在本次发行中，中国人民财产保险股份有限公司共募集资金54亿港元。中国人民财产保险股份有限公司是内地第一家完成股份制改革的国有金融机构，也是内地第一家在海外上市的中资金融机构。

14日 中国人民银行发布《关于信托投资公司人民币银行结算账户开立和使用有关事项的通知》。该通知规定：自2003年12月1日起，信托投资公司的固有财产应与信托财产分别管理，其业务人员、资金账户均应分开，不得混合操作。信托投资公司办理固有财产业务，按照《人民币银行结算账户管理办法》的有关规定设置银行结算账户；对受托的信托财产，应在商业银行设置专用存款账户。委托人约定信托投资公司单独管理、运用和处分信托财产，以及约定信托投资公司可以按某一特定计划管理、运用和处分信托财产时，信托投资公司应在商业银行为该项信托财产和该项信托计划开立信托财产专户。信托财产专户可接受现金缴存或款项划入，但不得办理现金支取业务。不同的信托财产应开立不同的专户，专户之间不得办理款项划转，但依据信托文件约定不同信托项下的财产可进行交易时除外。专户与信托投资公司固有财产账户之间，不得办理款项划转，但信托投资公司因管理信托财产所垫付的费用、应收取的手续费或佣金的支付除外。信托投资公司需要从信托财产专户向受益人个人的人民币银行结算账户支付的款项，每笔超过5万元的，应向开户银行提供有关信托财产的支付报告，该报告应和信托文件内容一致。信托财产不属于信托投资公司的固有财产，也不属于信托投资公司的负债。若执法部门对信托财产人民币专用存款账户进行冻结或扣划，银行有义务出示证据以证明信托财产专用存款账户的性质。该通知自2003年12月1日起执行。

△ 财政部制定并发布《农村信用社保值储蓄补贴办法》。该办法决定，对农村信用社1994～1997年期间实付的保值贴补息由国家财政给予补贴。对原城市信用社改制、合并、重组而成的农村信用社以及根据改革实施方案拟撤销的农村信用社不再给予保值储蓄补贴。从国务院批准各试点省（区、市）农村信用社改革试点方案起，分三年对保值储蓄贴补息给予补贴。财政部通过中央对地方的补助专款将补贴资金拨付各试点省（区、市）。各试点省（区、市）财政厅（局）对补贴资金要设立专户管理，并保证补贴资金的及时拨付。

同年12月12日，中国银监会转发了上述文件，并要求吉林、江苏、浙江、山东、江西、重庆、贵州、陕西银监局指导辖内农村信用社做好1994～1997年期间亏损年度实际支付保值贴补息金额的统计工作，确保数字准确，无漏报错报。对于因改制、合并、重组等原因已取消法人资格的农村信用社，其在1994～1997年期间亏损年度实际支付的保值贴补息金额，应计入现在所属农村信用社的保值贴补息金额内。加强保值储蓄补贴资金使用情况的监督管理，确保专款专用。

16日 中国人民银行发布《关于外币利率管理问题的通知》。该通知决定：从2003年11月20日起，金融机构外币小额存款（300万美元以下）利率，以人民银行公布的外币小额存款利率为上限，根据国际金融市场利率变化情况由中资商业银行（含开办外汇业务的城市信用社、农村信用社）法人、外资银行分行（有主报告行的，由其主报告行）自主确定。各金融机构要完善外币存贷款定价、风险管理和利率浮动的管理办法和操作规程。各金融机构要在外币利率备案表中增加外币小额存款利率的内容，即本系统外币小额存款各币种、各期限的最高利率、最低利率和加权平均利率及金额等，并于月后10日上报人民银行。

18日 中国人民银行发布《关于为香港银行办理个人人民币业务提供清算安排的公告》。根据该公告，人民银行将商香港金融管理局选择一家香港持牌行作为香港人民币业务清算行，授权其集中办理香港人民币头寸的存取、人民币现钞运送及符合规定的个人人民币业务的清算（即清算行）。同时，人民银行将授权清算行，与自愿接受清算条件和安排的香港持牌银行（即参加行）签订人民币业务清算协议，按协议为参加行办理清算业务。人民银行为香港银行办理个人人民币各项业务所设计的清算条件与安排主要包括：人民币存款业务、人民币兑换业务、人民币银行卡业务、人民币汇款业务。同年12月24日，中国人民银行发布2003年第20号公告，授权中国银行（香港）有限公司作为香港银行个人人民币业务清算行。

19 日 中国银行在上海试点推出“纸黄金”业务。个人黄金业务包括凭证式黄金交易和实物黄金交易两种，凭证式黄金业务俗称“纸黄金”。这一名为“黄金宝”的个人“纸黄金”业务跟随国际黄金市场波动情况进行报价，个人通过把握市场走势赚取黄金价格的波动差价。该业务交易以克为单位，交易门槛在10克黄金以上。投资中国银行“黄金宝”业务的客户均通过中国银行活期一本通存折账户进行买卖交易，不进行黄金实物交割，也无须交付手续费。截至2004年11月底，该业务交易量达到2亿多元人民币，每笔交易金额平均为近1.8万元。2005年1月，中国银行在北京、广东、海南、江苏等地全面推出“纸黄金”买卖业务。

20 日 中国人民银行决定，从即日起，放开金融机构外币小额存款（300万美元以下）利率下限。金融机构法人可以以人民银行于2003年7月2日公布的利率标准为上限，自主确定美元、日元、欧元、港元、英镑、瑞士法郎和加拿大元7个币种的外币小额存款利率。外币小额存款是指额度在300万美元以下或等值其他外币存款。根据2000年中国人民银行公布的政策，金融机构可与客户自行协商确定300万美元以上的大额外币存款利率。

21～22 日 中国银监会成立国际咨询委员会并召开第一次会议。会议选举产生了国际咨询委员会主席、秘书长等，讨论通过了国际咨询委员会章程。会议主要讨论了国有银行改革发展和监管、巴塞尔核心原则自我评估情况及资本市场等方面的问题。根据《中国银监会国际咨询委员会章程》，国际咨询委员会将每年召开一次会议，对中国银行业监管的发展和长期战略问题提供咨询意见；在国际咨询委员会闭会期间，各位委员也将对中国银监会即将出台的重大政策和法规以书面或口头形式进行咨询。该委员会六名成员是：香港证券与期货委员会主席沈联涛先生、国际清算银行前总经理安德鲁·克罗克特先生、英国英格兰银行前行长爱德华·乔治先生、英国金融服务局前局长霍华德·戴维斯先生、美国纽约联邦储备银行前主席杰拉尔德·科雷根先生、香港金融管理局前副总裁简达恒先生。国际咨询委员会的成立标志着中国银监会的监管工作将向国际最佳做法靠拢。

△ 中国证监会宣布关闭佳木斯证券。鉴于佳木斯市证券有限责任公司严重违规经营，中国证监会决定自即日起撤销佳木斯证券，佳木斯证券所属佳木斯、上海、天津三家证券营业部由河北财达证券经纪有限责任公司托管并继续经营，佳木斯证券自然人债务的合法本金及合法利息依法予以偿付。佳木斯证券成立于20世纪90年代，注册资本金为1 000万元。

△ 中国保监会批准恒安标准人寿保险有限公司成立。该公司由英国标准人寿保险公司和天津泰达投资控股有限公司合资创立，总部设在天津，注册资本为13.02亿元人民币。

26 日 中国银监会发布《关于将次级定期债务计入附属资本的通知》。根据巴塞尔银行监管委员会关于“统一资本计量与资本标准的国际协议”的原则，该通知决定增补我国商业银行的资本构成，允许商业银行申请发行次级定期债务，并可将符合规定条件的次级定期债务计入银行附属资本。次级债务计入资本的条件是：不得由银行或第三方提供担保，并且不得超过商业银行核心资本的50%。商业银行应在次级定期债务到期前的五年内，按规定比例折算计入资产负债表中的“次级定期债务”项下：剩余期限在四年（含四年）以上按100%折算；3～4年按80%折算；2～3年按60%折算；1～2年按40%折算；一年以内按20%折算。发行的程序为商业银行根据自身情况决定是否发行次级定期债务作为附属资本。商业银行发行次级定期债务须向银监会提出申请，提交可行性分析报告、招募说明书、协议文本等规定的资料。募集方式为由银行向目标债权人定向募集。次级债务的监管要求：商业银行招募次级定期债务不向目标债权人指派，不得在对外营销中使用“储蓄”字样；次级定期债务不得与其他债权相抵消；原则上商业银行次级定期债务不得转让、提前赎回，如有特殊情况，由商业银行报中国银监会审批。商业银行应当对次级定期债务进行必要的披露。

△　经中国银监会批准，法国巴黎银行（中国）有限公司在上海开业。法国巴黎银行（中国）有限公司是从合资转为外商独资并在当地注册的银行，其前身为1992年由法国巴黎银行和中国工商银行合资成立的上海巴黎国际银行，当时双方分别拥有合资银行50%的股权。2003年10月，经协商同意，中国工商银行将其所持有的上海巴黎国际银行全部股权转让给法国巴黎银行。法国巴黎银行（中国）有限公司资本由原来的2.72亿元人民币增加至5.55亿元人民币。

△　中国外汇交易中心暨全国银行间同业拆借中心与国际信息供应商——路透集团签订信息合作协议，由外汇交易中心向路透提供银行间外汇市场、拆借市场和债券市场的实时行情信息，路透集团向外汇交易中心提供国际外汇、债券及相关市场的行情信息、新闻和市场报告。

△　长江巴黎百富勤证券有限责任公司开业。该公司成立于2003年3月20日，由长江证券有限责任公司和法国巴黎银行共同出资组建，注册资本为6亿元人民币，其中长江证券持有67%的股份，法国巴黎银行持有33%的股份。注册地设在上海。业务范围包括：股票（包括人民币普通股、外资股）和债券（包括政府债券、公司债券）的承销业务，外资股和债券（包括政府债券、公司债券）的经纪业务，债券（包括政府债券、公司债券）的自营业务以及中国证监会批准的其他业务。

△　国内12家银行获标准普尔评级。标准普尔信用评级公司在北京发表了“中国金融服务业展望2004”的评论，向8家中国内地的银行授予了长期本地货币公开资讯评级：中国农业银行（BBpi）、中国招商银行（BBpi）、上海浦东发展银行（BBpi）、中国民生银行（Bpi）、深圳发展银行（Bpi）、华夏银行（Bpi）、中国光大银行（Bpi）、广东发展银行（CCCpi）。加上1999年已经被授予评级的中国银行（BB+）、中国建设银行（BB+）、中国工商银行（BB+）和中国交通银行（BB），中国大陆包括4家国有商业银行、8家股份制商业银行在内的十二家银行获标准普尔评级。

2003年11月29日，经过3个多月的多方面考察和评估，另一国际知名评级机构——穆迪信用评级公司对外公布了其对中国工商银行、中国农业银行、中国银行、中国建设银行四大国有银行的评级，四家国有银行的信用级别从Baa1都调高为A2级（投资安全性良好等级）。这是从1988年穆迪信用评级公司对中国的银行评级以来，第二次调高中国四大国有银行的评级等级，第一次是2000年，对四大国有银行评级等级由Baa2调高为Baa1。

27～29日　中央经济工作会议在北京举行。会议指出，2003年以来，国际形势复杂多变，国内遭遇突如其来的非典疫情和地震、洪涝、干旱等多种自然灾害。在严峻挑战和困难面前，全党全国各族人民在邓小平理论和“三个代表”重要思想指引下，认真贯彻十六大精神，万众一心，奋力拼搏，改革开放和现代化建设取得新成就。会议指出，2004年经济工作的总体要求是：坚持扩大内需的方针，继续实施积极的财政政策和稳健的货币政策，保护好、引导好、发挥好各方面加快发展的积极性，切实把工作重点转到调整经济结构、转变增长方式、提高增长质量和效益上来，实现国民经济持续、快速、协调、健康发展和社会全面进步。会议强调，实施稳健的货币政策，必须把握好货币供应量的调节力度，综合运用各种货币政策工具，发挥货币政策和财政政策、产业政策协调配合的综合效应，适当控制货币信贷的投放，调整货币信贷结构，保持货币供应量的适度增长。

△　北京市检察院第二分院首次披露北京新国大期货公司系列渎职案，并公布了一份涉及证监、工商、银行等部门的渎职、受贿官员名单。1998年7月，“新国大”集资诈骗案案发。台湾人曹予飞自1997年4月至1998年7月先后以新

亚东投资咨询公司等公司名义，以代理期货交易为手段，以高额回报为诱饵，在北京疯狂进行集资诈骗活动，骗取3 000余名客户5亿余元人民币，并将大部分资金转移境外，造成大部分资金无法追回。2000年3月，北京市第二中级法院以集资诈骗罪判处主犯曹予飞死刑。北京市检察院第二分院“新国大”专案组在完成关于诈骗罪的公诉任务后发现，在“新国大”集资诈骗案的背后隐藏着相关部门监管人员严重的渎职行为，专案组由此进行了调查。相关部门监管人员以玩忽职守罪、受贿罪判处有期徒刑3～5年不等。此案成为中国首例期货监管渎职案。宋远玩忽职守案被评为最高人民检察院“十佳渎职侵权查处案件”。

28日 中国银行澳门分行、珠海市分行和中银信用卡（国际）有限公司签订协议，联合推出澳门首张人民币信用卡。该卡特别为经常来内地消费的澳门居民而设，客户在内地消费后直接以人民币签账，既可避免携带大量现金往返内地的不便和风险，又可节省额外支付的澳门元或港元信用卡跨境签账兑换费用。在结算方面，客户既可在澳门以澳门元或港元还款，也可在内地以人民币还款，免息还款期最长可达50天。

12月

1日 国务院新闻办公室召开记者招待会。招待会主题是“中国银行业对外开放的新里程碑”。中国银监会主席刘明康在会上介绍了中国银行业对外开放的五大最新举措和措施。第一，从2003年月12月1日起，允许外资银行将经营人民币业务的地域由上海、深圳、天津、大连、广州、珠海、青岛、南京、武汉9个城市扩大到济南、福州、成都、重庆，开放人民币业务的城市增加到13个。第二，在已经开放人民币业务的地域，允许外资金融机构向中国企业提供人民币服务。第三，降低对外资银行的营运资金要求，进一步简化市场准入程序。第四，将单个的外资机构入股中国银行业金融机构的比例由原来规定的15%提高到20%，如果外资投资的总量占比低于25%的，被入股的国内金融机构的性质和所有业务范围不发生改变。第五，履行中国加入世界贸易组织的相关承诺，规范汽车消费信贷业务，开放汽车金融业。

2日 招商银行在成都推出高赛尔金条。高赛尔金条是目前国内唯一一种通过银行渠道代理买卖的投资型金条，由中国印钞造币总公司长城金银精炼厂铸造，含金量为99.99%，具有2盎司、5盎司、10盎司三种规格（1盎司＝31.1035克）。其交易价格以伦敦贵金属市场黄金报价为基准，参考上海金交所价格，加适当加工费报价。高塞尔金条的一大特点是可以回购。截至2004年7月，国内共售出高赛尔金条245公斤。高塞尔金银有限公司是由中国人民银行所属长城金银精炼厂与香港中华金银有限公司共同出资成立在内地注册的合资企业。

3日 中国银监会向各分局、各银行业金融机构通报了在国有独资商业银行信贷资产、非信贷资产和表外业务“三项检查”中发现的大量票据案件。通报的5起案件共牵涉10亿元人民币，其中尤以工商银行河南华信支行的1.3亿元的票据诈骗大案令人关注。通报特别强调各银行必须依法依规经营，坚持真实贸易背景原则，将真实合法的商品交易行为作为签发银行承兑汇票的前提，严禁虚开和滚动签发银行承兑汇票。严格防范市场上违法犯罪分子利用银行票据诈骗银行资金。对违法违规办理票据业务的银行机构，一经发现，将予严肃查处，并追究有关人员的责任。涉嫌犯罪的，移交司法机关依法惩处。据中国人民银行统计，2003年前三个季度银行票据贴现余额达4 579亿元，较前年同期净增2 900余亿元，增幅高达1.8倍。

4日 经中国银监会批准，韩国银行（韩文：한국은행；英文：Bank of Korea）北京代表处成立，这是在中国设立的首家外国中央银行驻华代表处。

5日 中国证监会发布《股票发行审核委员会暂行办法》。该办法规定：中国证监会设立股票发行审核委员会（以下简称发审委），依照相关规定，对发行人的股票发行申请文件和中国证监会有关职能部门的初审报告进行审核。发审委委员由有关行政机关、行业自律组织、研究机构和高等院校等推荐，由中国证监会聘任。发审委委员为25名，部分发审委委员可以为专职。其中中国证监会的人员5名，中国证监会以外的人员20名。每届任期1年。发审委的职责是：根据有关法律、行政法规和中国证监会的规定，审核股票发行申请是否符合公开发行股票的条件；审核保荐机构、会计师事务所、律师事务所、资产评估机构等证券中介机构及相关人员为股票发行所出具的有关材料及意见书；审核中国证监会有关职能部门出具的初审报告；依法对股票发行申请提出审核意见。中国证监会对发审委实行问责制度。12月11日，中国证监会制定并发布了《股票发行审核委员会工作细则》。

△ 首批货币市场基金获准设立并开始试点。首批货币市场基金分别是博时现金收益基金、华安富利基金和招商现金增值基金。这三只基金主要投资于国内发行的高信用等级短期债券、中央银行票据、回购，以及法律、法规允许投资的其他金融工具。三只基金都采取国际通行货币市场基金设计模式：一是以1元计价，零交易费。二是每日计利、每月分红。三只基金在收取以往的管理费与托管费的基础上增加销售服务费，三项费率分别为0.33%、0.10%和0.25%。

△ 鉴于新华证券有限公司严重违规经营，中国证监会决定撤销新华证券。中国证监会发布的公告指出，新华证券撤销后，新华证券的证券业务及所属证券营业部由东北证券有限责任公司托管，证券营业部托管后继续经营。新华证券自然人债务合法本金及合法利息将依法偿付。新华证券撤销后，由中国证监会成立撤销工作组，负责清理新华证券的证券业务。由吉林省人民政府组织有关部门成立清算组，负责清算。吉林省三大券商之一的新华证券，是2000年在原长春证券有限责任公司的基础上，通过收购兼并增资扩股更名设立。

6日 财政部颁布《国债跨市场转托管业务管理办法》。跨市场国债为财政部在中国境内发行并核准可跨市场交易的国债。该管理办法明确，财政部是国债托管及转托管业务的主管部门，负责国债托管及转托管业务的政策制定和监督管理，中央国债登记结算有限责任公司为其提供必要的协助，并定期向财政部报告。国债实行分级托管体制，财政部授权中央国债登记结算有限公司承担国债的总登记职责；授权各托管机构分别承担在特定市场交易国债的登记、托管职责。国债转托管应最迟于两个工作日内完成。可流通国债最迟于转托管完成后的下一工作日恢复交易。客户办理国债转托管应直接或通过代理机构向转出方国债托管机构提出申请。转出方托管机构可对转托管收取费用，但费用应不高于转出国债面值金额的0.005%，单笔（单只）国债转托管费用不低于10元，不高于1万元。各托管机构可按此标准制订具体收费办法，并报财政部备案。

8日 中国银监会发布《境外金融机构投资入股中资金融机构管理办法》。境外金融机构包括国际金融机构和外国金融机构。国际金融机构是指世界银行及其附属机构、其他政府间开发性金融机构及中国银监会认可的其他国际金融机构；外国金融机构是指在外国注册成立的金融控股公司、商业银行、证券公司、保险公司、基金及中国银监会认可的其他外国金融机构。中资金融机构是指依法在中国境内设立的中资商业银行、城市信用社、农村信用社、信托投资公司、企业集团财务公司、金融租赁公司，以及中国银监会批准设立的其他中资金融机构。该管理办法规定：境外金融机构投资入股中资金融机构应当具备的主要条件：最近两个会计年度连续盈利；商业银行资本充足率不低于8%，非银行金融机构资本总额不低于加权风险资产总额的10%；银监会认可的国际评级机构最近两年对其给出的长期信用评级为良好；投资入股中资商业银行，最近一年年末总资产原则上不少于100亿美元；投资入股中资城市信用社或农村信用社、投资入股中资非银行金融机构，最近一年年末总资产原则上不少于10亿美元。投资入股中资金融机构应当以货币出资；单个境外金融机构向中资金融机构投资入股比例不得超过20%；多个境外金融机构对非上市中资金融机构投资入股比例合计达到或超过25%时，对非上市金融机构按外资金融机构实施监管；多个境外金融机构对上市中资金融机构投资入股比例合计达到或超过25%时，对上市金融机构仍按中资金融机构实施监管。境外金融机构投资入股中资金融机构，由吸收投资的中资金融机构作为申请人，向中国银监会提出申请，中国银监会在三个月内作出批准或不批准的决定。已向中资金融机构投资入股的境外金融机构增加持股比例及香港、澳门和台湾地区的金融机构投资入股中资金融机构时都要符合该管理办法的有关规定；合格境外机构投资者购买上市中资金融机构流通股不在该管理办法管理范围之列。该管理办法自2003年12月31日起实施。

△ 中国人民银行和国家统计局决定联合建立银行家问卷调查制度。该项调查由中国人民银行负责组织和实施，实行二级管理的模式。调查范围是：我国各类银行机构和在我国境内的外资商业银行机构；包括地市级以上的国有独资商业银行机构、政策性银行；相当于地市级的股份制商业银行机构；我国境内的外资商业银行机构和部分农村信用联社。调查对象是：全国各类银行机构和外资商业银行机构的总部负责人及其一级分支机构、二级分支机构的行长或主管信贷业务的副行长。调查内容是：银行基本情况，包括银行名称、行长姓名、联系电话、详细地址等；银行家对宏观经济形势和货币政策实施状况的本季度的判断和下季度的预测；银行家对银行业景气状况的本季度的判断和下季度的预测。该项调查设置银行基本状况调查表和银行家问卷调查表。调查方式是：对我国境内地市级以上的各类银行机构采取全面调查（按2003年年末统计数据，符合调查条件的银行机构共3 049家，其中，总行18家，一级分支机构339家，二级分支机构2 692家），对农村信用合作社联合社采用PPS的方法进行抽样调查（按2002年年末统计数据，符合抽样条件的农村信用社有2 449家，从中抽出农村信用联社约500家）。调查时间为：银行基本状况调查时间为每年1月至3月10日前；银行家问卷调查的现场调查时间为每年3月、6月、9月、12月的13～15日。该项调查制度与统计局《全国企业景气调查制度》相互连接，互为补充，构成全面反映国民经济各个行业景气状况的问卷调查制度。

△ 中国银监会与美国货币监理署签署“监管信息交换协议”。该协议是中国银监会与美国货币监理署之间关于中美之间银行监管信息交流以及对双方所提供的监管信息保密的书面约定，包括就双方监管机构相互提供信息以及向第三方提供监管信息等方面内容共同达成的谅解。12月10日，中国银监会与英国金融服务局签署了正式的“双边监管谅解备忘录”。

△ 香港交易所推出恒生中国企业指数期货（H股指数期货）。H股指数期货是以国企指数作为相关资产，其价格每升跌1点，代表每手H股指数期货合约盈或亏50港元，换言之，H股指数期货的合约乘数以及买卖程序和交易时间和恒生指数（恒指）期货一样。H股指数期货的交易费用及征费为每张每边5港元，比恒指期货的11.5港元为低。

国企指数创于1994年8月8日，以同年7月8日为基准日，订该日收市价为1 000点。2001年10月3日，恒指服务有限公司将其基准日更改为2000年1月3日，并将收市价基准定为2 000点。国企指数是以市值加权法编纂的股票指数，反映主要H股的走势。截至11月13日，国企指数成分股共32只，总市值为2 330亿港元。其中市值最大的五只H股，占指数市值比重达58.7%。

10日 中国人民银行发布《关于人民币贷款利率有关问题的通知》。该通知规定：1. 人民币各项贷款（不包括个人住房贷款）的计息和结息方式，由借贷双方协商确定。2. 人民币中长期贷款利率由原来的一年一定改为由借贷双方按商业原则确定。3. 逾期贷款（借款人未按合同约定日期还款的借款）罚息利率由现行按日0.21‰计收利息，改为在借款合同载明的贷款利率水平上加收30%～50%；借款人未按合同约定用途使用借款的罚息利率由现行按日0.5‰计收利息改为在借款合同载明的贷款利率水平上加收50%～100%。对逾期或未按合同约定用途使用借款的贷款，从逾期或未按合同约定用途使用贷款之日起，按罚息利率计收利息，直至清偿本息为止。对不能按时支付的利息，按罚息利率计收复利。4. 对2004年1月1日（含）以后新发放的贷款按该通知执行。对2004年1月1日以前发放的未到期贷款仍按原借款合同执行，经借贷双方当事人协商一致的，也可执行该通知。该通知自2004年1月1日起执行。

△　王雪冰受贿案一审宣判。北京市第二中级人民法院对中国建设银行原行长王雪冰受贿一案作出一审判决、以受贿罪判处被告人王雪冰有期徒刑12年。法庭经审理查明，被告人王雪冰原系中国建设银行行长，曾任中国银行董事长、行长，中国银行纽约分行总经理。在1993～2001年期间，王雪冰利用上述职务上的便利为华晨（中国）控股有限公司、北京再东方广告有限公司等企业谋取利益，并为此非法收受这些公司给予的钱款、艺术品、名牌手表等贵重礼品，共计折合人民币115.14万元。案发后赃款、赃物已全部追缴。

王雪冰1976年大学毕业，随后进入中国银行，1990年王雪冰被提升为中国银行纽约分行总经理。1993年，担任中国银行行长。2000年2月出任中国建设银行行长。2002年1月11日，因"纽约分行"事件被审查。2002年1月15日，中共中央、国务院免去王雪冰中国建设银行行长职务。2002年11月3日，中共十五届七中全会审议并通过了《中共中央纪律检查委员会关于王雪冰问题的审查报告》。全会决定，撤销王雪冰中央委员会候补委员职务，给予其开除党籍处分。2004年1月14日，北京市高级人民法院二审裁定驳回王雪冰的上诉，维持原判。

11日　中国保监会发布关于履行有关加入世界贸易组织承诺的公告。自即日起，允许外资财产保险公司经营除法定保险业务以外的全部非寿险业务。同时，增加福州、厦门、宁波、沈阳和武汉5个城市为保险业对外开放城市。

16日　中央汇金投资有限公司成立。汇金公司是国务院批准设立的国有独资投资控股公司，注册资本金3 724.65亿元人民币。主要职能是代表国家行使对中国银行、中国建设银行等重点金融企业的出资人的权利和义务，支持国有商业银行落实各项改革措施，完善公司治理结构，保证国家注资的安全并获得合理的投资回报。公司董事长为国家外汇管理局局长郭树清。

17日　外资入股兴业银行。兴业银行与香港恒生银行、国际金融公司（IFC）、新加坡政府直接投资有限公司（GIC）在福州正式签订投资入股协议。根据协议，三家境外战略投资者投资入股兴业银行9.99亿股，占兴业银行扩股后全部股本的24.98%。兴业银行股份有限公司成立于1988年8月，是经国务院、中国人民银行批准成立的首批股份制商业银行，注册资本15亿元。截至2004年年末，兴业银行注册资本为39.99亿元，股东总数153家。

17～18日　17日，中国人寿保险股份有限公司在纽约证券交易所成功上市。中国人寿是迄今首家在美国上市的中国国有金融企业，其首次公开募股达30亿美元，是2003年全球最大的上市集资行动。中国人寿（纽约股票代码：LFC）的发行价为18.68美元，经过集合竞价，第一天开盘价为23.25美元，上涨近25%，收于23.72美元，比发行价涨了27%。全天交易量接近4 000万股。

18日，中国人寿在香港交易所挂牌交易。该股上市日收盘报于4.525港元，较发行价3.625港元高26%。作为内地首家在美国和香港两地同时上市的金融企业，中国人寿此次共发行64.7亿股H股，超额配售前融资规模为30亿美元，超额配售后达35亿美元，成为当年全球新股之冠。中国人寿是内地最大的寿险公司，2002年保费收入达1 287亿元人民币，占全国寿险市场份额的57%。

18日　中国证监会公布《证券公司客户资产管理业务试行办法》。该试行办法包括总则、业务范围和业务资格、基本业务规范、风险控制和客户资产托管、监管措施、法律责任和附则共6章73条。

该试行办法规定，经中国证监会批准，符合条件的证券公司可以从事三种客户资产管理业务：定向资产管理业务、集合资产管理业务和专项资产管理业务。证券公司办理集合资产管理业务，可以设立限定性集合资产管理计划和非限定性集合资产管理计划；前者须事先报中国证监会备案，后者报经中国证监会批准。限定性集合资产管理计划资产主要用于投资国债、国家重点建设债券、债券型证券投资基金、在证券交易所上市的企业债券、其他信用度高且流动性强的固定收益类金融产品；投资于业绩优良、成长性高、流动性强的股票等权益类证券以及股票型证券投资基金的资产，不得超过该计划资产净值的20%，并应当遵循分散投资风险的原则。非限定性集合资产管理计划的投资范围由集合资产管理合同约定，不受前款规定限制。证券公司从事客户资产管理业务，须先按照条件规定向中国证监会申请客户资产管理业务资格。

该试行办法规定：证券公司将其所管理的客户资产投资于一家公司发行的证券，按证券面值计算，不得超过该证券发行总量的10%。一个集合资产管理计划投资于一家公司发行的证券不得超过该计划资产净值的10%。证券公司办理集合资产管理业务，单个集合资产管理计划投资于前款所述证券的资金不得超过该集合资产管理计划资产净值的3%。该试行办法还对证券公司开展客户资产管理业务中的违法、违规行为制定了相应的罚则，除了取消责任者的相关业务资格外，还将依法追究刑事、民事责任。该试行办法自2004年2月1日起施行。证监会2001年《关于规范证券公司受托投资管理业务的通知》、2003年《关于证券公司从事集合性受托投资管理业务有关问题的通知》同时废止。

19日 中国人民银行货币政策委员会在北京召开2003年第四季度例会。会议认为，2003年以来，我国国民经济克服了多种困难，保持了持续、快速增长的良好势头。中国人民银行认真执行稳健的货币政策，主要依靠经济手段对货币信贷过快增长进行调控。会议深入分析了国际、国内经济金融形势和物价变动情况，研究了下一步货币政策取向和措施，认为应继续执行稳健的货币政策，要着力调整信贷结构，控制信贷资金流向盲目投资、低水平重复建设的行业，鼓励和引导商业银行加大对农业和中小企业、扩大消费、增加就业方面的贷款支持。要积极推进货币市场、资本市场和保险市场的协调发展。

△ 中国人民银行批复《中国银联入网机构银行卡跨行交易收益分配办法》。该分配办法规定：ATM跨行取款交易收益分配采用固定代理行手续费和银联网络服务费方式。持卡人在他行ATM机上取款时，无论同城或异地，发卡行均按每笔3.0元的标准向代理行支付代理手续费，同时按每笔0.6元的标准向银联支付网络服务费。POS跨行交易的商户结算手续费收益分配采用固定发卡行收益和银联网络服务费方式，即每笔商户结算手续费，发卡行获得的固定收益和银联收取的网络服务费执行如下标准：对宾馆、餐饮、娱乐、珠宝金饰、工艺美术品类的商户，发卡行的固定收益为交易金额的1.4%，银联网络服务费标准为交易金额的0.2%；对一般类型的商户，分别为0.7%和0.1%；对航空售票、加油、超市等类型的商户，分别为0.35%和0.05%；对房地产、汽车销售类商户，比照一般类型商户的办法和标准收取，但发卡行收益每笔最高不超过40元，银联网络服务费最高不超过5元；对批发类的商户，比照一般类型商户的办法和标准收取，但发卡行收益每笔最高不超过16元，银联网络服务费最高不超过2元。对公立医院和公立学校，发卡行和银联暂不参与收益分配。该分配办法自2004年3月1日起施行。2001年5月17日《中国人民银行关于调整银行卡跨行交易收费及分配办法的通知》中的有关规定同时废止。

该分配办法出台之前，银行卡商户结算手续费收费标准和分配办法是根据中国人民银行1999年颁发的《银行卡业务管理办法》和相关规定执行的，银行卡受理商户所承担的结算手续费标准（即交易扣率）简单规定为2%和1%两大类，跨行交易手续费收益在银行间的分配标准是发卡行、收单行、转接中心按照8:1:1的比例进行分配。这与当时银行卡受理主要集中在星级宾馆、高档饭店、大型商场等少数几个类型商户的情况相适应。截至2003年9月底，全国发行的银行卡已达6.13亿张，比2002年年底增长24%；2003年1~10月，全国通过中国银联转接的银行卡跨行交易为9.49亿笔，交易金额2 959亿元，分别比2002年同期增长95%和115%。受理银行卡的商户已拓展到旅游、餐饮、娱乐，日用百货、超市、航空售票、加油，公立医院、学校等众多行业领域，房地产、汽车销售，批发类等大额支付场所也逐步实现刷卡消费。

21日 中国人民银行下调超额存款准备金利率。2003年12月10日中国人民银行发布《关于扩大金融机构贷款利率浮动区间有关问题的通知》决定：经国务院批准，中国人民银行将金融机构在人民银行的超额存款准备金利率由1.89%下调至1.62%。法定存款准备金利率仍为1.89%。

△ 全国41家保险经纪公司联合签署《中国保险经纪共同宣言》。这是中国保险经纪市场正式启动三年以来的第一个共同宣言。该共同宣言向社会各界承诺：在投保业务过程中，如果由于保险经纪人自身的过错而给投保人或被保险人造成损失，经纪公司会依法承担赔偿责任。

22日 中国人民银行、海关总署发布第19号公告。自2004年1月1日起，对黄金及其制品的加工贸易进出口，人民银行不再审批，海关不再凭人民银行的批件验放，但进口后不能再出口的黄金及其制品经批准内销的，仍按一般贸易进口管理，仍由人民银行审批，海关凭人民银行的批件并按内销有关规定办理核销手续。

△ 中国再保险（集团）公司（以下简称中再集团）及下属两家新公司——中国财产再保险股份有限公司和中国人寿再保险股份有限公司在京挂牌。重组后的中再集团注册资本为30亿元，代表国家持有子公司股份并依法行使股东权利，同时负责法定分保存续业务、经营非主营业务及其他管理职能。中再集团对3家子公司（中国财产再保险股份有限公司、中国人寿再保险股份有限公司，以及于同年10月成立的中国大地财产保险股份有限公司）分别控股45%、45.1%和60%。中国财产再保险股份有限公司主营财产险再保险业务，注册资本8亿元，其中境外股东占16.25%，境内股东占38.75%。中国人寿再保险股份有限公司主营寿险再保险业务，注册资本8亿元，境外股东占24.9%，境内股东占30%。

△ 中国最大一笔不良贷款国际招标结束。中国华融资产管理公司在北京宣布不良贷款国际招标结果。12月17日华融公司将账面价值近250亿元人民币的不良贷款，分成22个资产单元分别进行招标，共有11家国内外投资者递交了10份标书。经过评审，花旗集团、JP摩根投标团、高盛公司、瑞银华宝、摩根士丹利和国内的奥伊尔投资管理有限责任公司分别夺得了3个资产单元的直接买断权，或在支付相当比例现金的前提下，就14个资产单元与华融谈判设立合作公司对有关资产进行合作处置。此次中标资产账面额222.2亿元人民币，涉及1 048户企业，分布于全国17个省市。中标金额和涉及企业户数分别占招标金额和户数的89%和83.4%。另有5个资产单元，由于投资者的报价低于华融公司的目标价，华融决定在此次招标中不出售这5个资产单元。这5个资产单元金额为27.8亿元，占总招标金额的11%。

23日 国务院办公厅转发国家发展和改革委员会等部门《关于制止钢铁电解铝水泥行业盲目投资的若干意见》和《关于制止电解铝行业违规建设盲目投资的若干意见》。国家发展改革委、国土资源部、商务部、环保总局、中国银监会《关于制止钢铁电解铝水泥行业盲目投资的若干意见》提出：近几年来，我国钢铁工业出现了盲目投资、低水平扩张的现象。如不加以引导和调控，将导致一些品种产量严重过剩和市场过度竞争，造成社会资源极大浪费，并易引发有关经济和社会问题。为此，该意见提出了六点建议：加强产业政策和规划导向；严格市场准入管理；强化环境监督和执法；加强用地管理；加强和改进信贷管理；认真做好项目的清理工作。其中建议：人民银行要按照国家产业政策加强“窗口指导”；中国银监会要加强监管，督促金融机构控制信贷风险；金融机构要增强风险意识，强化信贷审核。对于符合产业政策和各项市场准入条件的钢铁企业和建设项目，要继续给予积极支持；对于盲目投资、低水平扩张、不符合产业政策和市场准入条件，以及未按规定程序审批的项目，一律不得贷款，已发生贷款的要采取适当方式予以纠正。

国家发展改革委、财政部、国土资源部、商务部、人民银行、国家环保总局、国家工商总局《关于制止电解铝行业违规建设盲目投资的若干意见》提出：国家和地方政府有关部门要严格履行职责，依法加强监管。凡不符合产业政策和发展规划的电解铝、氧化铝项目，国家投资主管部门不得批准，国土资源行政主管部门不得办理建设用地和采矿许可手续，环境保护行政主管部门不得办理审批手续、不准核发排污许可证，金融机构不得提供贷款，中国证监会不得核准含有此类项目公司的首次公开发行和再融资申请，工商行政管理部门不予颁发营业执照。

国务院在转发上述两则意见的通知中指出，钢铁、电解铝、水泥3个行业的在建项目生产能力大大超过了预期需求，必将导致生产能力过剩、市场无序竞争、浪费资源和污染环境，甚至造成金融风险和经济社会其他方面的隐患。各地区、各部门要尽快组织力量，对各地钢铁、电解铝、水泥等投资建设项目进行认真清理，并将清理结果于2004年2月底前报国务院。

2004年8月26日，国家发展改革委公布了对全国钢铁、电解铝、水泥行业的清理结果：2003年年底已建成的炼铁能力中，不符合产业政策准入标准的炼铁、炼钢能力占总能力的70%左右；电解铝产能中，落后的自焙槽能力还占一定比重；在10亿吨水泥产能中，新型干法水泥生产能力只占25%。

△　公安部和国家外汇管理局联合下发《公安部、国家外汇管理局外汇领域反洗钱合作规定》。根据该合作规定，公安机关和外汇管理部门将按照“防范在先，严格保密，依法办案，分工负责，密切配合”的原则，通过建立信息交流渠道、定期召开联席会议、实施联络员制度、跟踪核查大额和可疑外汇资金交易等形式，发挥各自的职能优势，将双方的力量有机地整合在一起，逐渐形成务实高效、灵活多样的合作机制。

24日　中国人民银行发布《残缺污损人民币兑换办法》。该办法对残缺人民币兑换标准作了重要调整。残缺、污损人民币兑换分“全额”、“半额”两种情况：能辨别面额，票面剩余3/4（含）以上，其图案、文字能按原样连接的残缺、污损人民币，金融机构应向持有人按原面额全额兑换；能辨别面额，票面剩余1/2（含）至3/4以下，其图案、文字能按原样连接的残缺、污损人民币，金融机构应向持有人按原面额的一半兑换。纸币呈正十字形缺少1/4的，按原面额的一半兑换。兑付额不足1分的，不予兑换；5分按半额兑换的，兑付2分。该办法同时将兑换机构由“中国人民银行”变为“办理人民币存取款业务的金融机构”。该办法自2004年2月1日起施行。

25日　中国人民银行在2003年金融统计制度的基础上，修改了2004年的金融统计制度，增加了建立助学贷款专项统计、下岗失业人员小额贷款专项统计制度等内容；增设了特种票据、特种资产、专项票据转换的不良贷款等19项统计指标，综合反映农村信用社改革的进展情况。

27日　十届全国人大常委会第六次会议表决通过了《中华人民共和国银行业监督管理法》、全国人大常委会《关于修改〈中华人民共和国中国人民银行法〉的决定》、《关于修改〈中华人民共和国商业银行法〉的决定》。国家主席胡锦涛分别签署第11号、第12号、第13号主席令，予以公布。

修改后的《中华人民共和国中国人民银行法》对原法律的25处进行了修改，共有8章53条，包括总则、组织机构、人民币、业务、金融监督管理、财务会计、法律责任和附则。修改后的《中华人民共和国中国人民银行法》将中国人民银行的职责调整为制定和执行货币政策、维护金融稳定和提供金融服务三个方面，集中体现为“一个强化、一个转换和两个增加”：强化了中国人民银行与制定和执行货币政策有关的职责；由过去主要是直接监管的职能转换为维护金融稳定职能；增加反洗钱和管理信贷征信业两项职能。修改后的《中华人民共和国中国人民银行法》将中国人民银行的职责由原来的11项调整为13项，除了仍保留的制定和执行货币政策；发行人民币、管理人民币流通；经理国库，持有、管理、经营国家外汇储备、黄金储备；维护支付清算系统的正常运行；负责金融业的统计、调查、分析和预测等职责外，增加了“指导、部署金融业反洗钱工作，负责反洗钱的资金监测”职责，规定了“监督管理银行间同业拆借市场和银行间债券市场”、“实施外汇管理，监督管理银行间外汇市场”、“监督管理黄金市场”等职责。

修改后的《中华人民共和国商业银行法》包括总则、商业银行的设立和组织机构、对存款人的保护、贷款和其他业务的基本规则、财务会计、监督管理、接管和终止、法律责任、附则共9章95条。该法律只将个别与加入世界贸易组织承诺不相适应的规则作了修改。该法律借鉴了巴塞尔银行监管委员会制定的有效银行监管核心原则，增加了对商业银行加强监管的内容，同时对有关条文作出修改；适当增加了商业银行的业务种类，主要包括办理票据承兑、买卖金融债券、从事银行卡业务，以及商业银行经中国人民银行批准，可以经营结汇、售汇业务等内容。修改前的法律规定，经国务院批准的特定贷款项目，国有独资商业银行应当发放贷款。因贷款造成的损失由国务院采取相应补救措施，修改后的法律删去了这一规定。另外，修改前的法律对商业银行经营范围的规定是：“商业银行在中华人民共和国境内不得从事信托投资和股票业务，不得投资于非自用不动产，不得向非银行金融机构和企业投资。”修改后的规定增加了“不得违反国家规定”这样一句话，为银行将来走向混业经营预留了空间。

《中华人民共和国银行业监督管理法》包括总则、监督管理机构、监督管理职责、监督管理措施、法律责任、附则共6章50条。该法规定：国务院银行业监督管理机构负责对全国银行业金融机构及其业务活动监督管理的工作。本法所称银行业金融机构是指在中华人民共和国境内设立的商业银行、城市信用合作社、农村信用合作社等吸收公众存款的金融机构以及政策性银行。对金融资产管理公司、信托投资公司、财务公司、金融租赁公司以及其他金融机构的监督管理，适用本法对银行业金融机构监督管理的规定。国务院银行业监督管理机构依照本法有关规定，对经其批准在境外设立的金融机构以及上述金融机构在境外的业务活动实施监督管理。国务院银行业监督管理机构根据履行职责的需要设立派出机构，并对其实行统一领导和管理。国务院银行业监督管理机构应当公开监督管理程序，建立监督管理责任制度和内部监督制度。国务院银行业监督管理机构的监督管理职责为：国务院银行业监督管理机构依照法律、行政法规制定并发布对银行业金融机构及其业务活动监督管理的规章、规则；依照法律、行政法规规定的条件和程序，审查批准银行业金融机构的设立、变更、终止以及业务范围。未经国务院银行业监督管理机构批准，任何单位或者个人不得设立银行业金融机构或者从事银行业金融机构的业务活动。《中华人民共和国银行业监督管理法》是我国第一部关于银行业监督管理行为的专门法律，该法与《中华人民共和国中国人民银行法》、《中华人民共和国商业银行法》相互联系，相互补充，构成中国银行业法律体系的三部基本大法。这三部法律均自2004年2月1日起施行。

28日 中国证监会发布《证券发行上市保荐制度暂行办法》。该办法包括总则、保荐机构和保荐代表人的注册登记、保荐机构的职责、保荐工作规程、保荐工作的协调、监管措施和法律责任、附则共7章76条。该办法规定，中国证监会建立保荐信用监管系统，对保荐机构和保荐代表人进行持续动态的注册登记管理，将其执业情况，违法、违规行为，其他不良行为以及对其采取的监管措施等记录予以公布。自保荐机构向中国证监会提交推荐文件之日起，保荐机构及其保荐代表人承担相应的责任。发行人出现下列情形之一的，中国证监会自确认之日起3个月内不再受理保荐机构的推荐，将相关保荐代表人从名单中去除：1. 公开发行募集文件等申请文件存在虚假记载、误导性陈述或者重大遗漏；2. 证券上市当年即亏损；3. 持续督导期间信息披露文件存在虚假记载、误导性陈述或者重大遗漏。该办法规定，中介机构及其签名人员出具的专业意见存在虚假记载、误导性陈述或重大遗漏，或者因不配合保荐工作而导致严重后果的，中国证监会自确认之日起6~36个月内不受理其文件，并将处理结果予以公布该办法自2004年2月1日起施行。2004年2月1日，保荐制度正式启动。

30日 中央汇金投资有限公司代表国家向中国银行、中国建设银行注资450亿美元。450亿美元的外汇和黄金储备的划拨采取“资产划拨，一次到位”的方式，两家各获得225亿美元，这部分外汇注资不再计入国家外汇储备规模。国有独资商业银行股份制改革试点工作正式启动。2004年1月6日凌晨，新华社向社会发布了这则消息。

△ 中国人民银行与印度尼西亚银行（印度尼西亚的中央银行）在北京签署双边货币互换协议。根据此项协议，中国人民银行可在必要时向印度尼西亚银行提供最多达10亿美元的信贷资金，作为其接受国际金融机构援助资金的补充，以支持印度尼西亚解决国际收支困难和维护金融稳定。

△ 贵州省农村信用社联合社挂牌。贵州省农村信用社联合社是具有独立企业法人资格的地方性金融机构，由辖区内87家农信社自愿入股组成，注册资本金为2 580万元人民币。经贵州省人民政府授权，贵州省联社承担对辖区内农信社的管理、指导、协调和服务职能，不对公众办理存贷款业务，依法接受中国银监会及其他有关部门的监督管理。将农村信用社的管理权由中国人民银行转移到省级人民政府，是农村信用社改革的核心内容。贵州省是全国8个农村信用社改革试点省（市）之一。贵州省农村信用社联合社是深化农村信用社改革试点以来成立的第一家省级联社，也是全国第7家省级联社。

31日 2003年中国银行间外汇市场和货币市场分别成交折合1 511亿美元和17.2万亿元人民币，创下历史新高。

△ 国有资产监督管理委员会、财政部发布《国有企业产权转让管理暂行办法》。该办法规定：企业国有产权转让应当在依法设立的产权交易机构中进行。转让企业国有产权可以采取拍卖、招投标、协议转让以及国家法律、行政法规规定的其他方式进行。在事前决策程序中，要做好可行性研究，强化内部决策机制，对涉及职工安置等政策性较强的事项需经职工代表大会审议通过；在转让实施程序中，要做好清产核资、财务审计、资产评估等基础性工作，要公开披露国有产权转让信息，要合理选择产权交易方式；在产权转让行为生效后，转让方要对产权交易情况进行报告，及时办理交易结算、交易鉴证、产权变动登记等手续。对于违反有关规定的，国资监管机构或相关批准机构有权要求终止产权转让活动，必要时可依法提起诉讼，确认转让行为无效。国有资产监督管理机构、持有国有资本的企业（以下统称转让方）将所持有的企业国有产权有偿转让给境内外法人、自然人或者其他组织的活动适用本办法。金融类企业国有产权转让和上市公司的国有股权转让，按照国家有关规定执行。该办法自2004年2月1日起施行。

△ 中国银行黑河市分行与俄罗斯布拉戈维申斯克远东外贸银行合作委员会将黑河市确定为边境贸易本币结算业务的唯一试点城市，在全国首家推出两国本币运钞业务：卢布可在中国境内由俄运钞公司直接运送回国，人民币可在俄境内由中方押运公司运送回国。

2004 年

1 月

1 日 中国人民银行进一步扩大金融机构贷款利率浮动区间。2003 年 12 月 10 日中国人民银行发布《关于扩大金融机构贷款利率浮动区间有关问题的通知》，决定在人民银行制定的贷款基准利率基础上，商业银行、城市信用社贷款利率的浮动区间上限扩大到贷款基准利率的 1.7 倍，农村信用社贷款利率的浮动区间上限扩大到贷款基准利率的 2 倍；金融机构贷款利率的浮动区间下限保持为贷款基准利率的 0.9 倍不变。贷款利率浮动区间不再根据企业所有制性质、规模大小分别制定。1998 年、1999 年人民银行连续三次扩大金融机构贷款利率浮动区间。

2 日 财政部、国家税务总局发布《关于试点地区农村信用社税收政策的通知》。该通知规定，从 2003 年 1 月 1 日起至 2005 年年底，对西部地区和江西省、吉林省实行改革试点的农村信用社暂免征收企业所得税；对其他地区实行改革试点的农村信用社，按其应纳税额减半征收企业所得税。从 2003 年 1 月 1 日起，对改革试点地区所有农村信用社的营业税按 3% 的税率征收；文到之日前多征收的税款可退库处理或在以后应交的营业税中抵减。

1998 年以来农村信用社营业税调整情况：1998 年 1 月 1 日起至 12 月 31 日止，农村信用社营业税为 6%；1999 年 1 月 1 日起至 12 月 31 日止为 7%；2000 年 1 月 1 日起恢复为 8%；1999 年 1 月 1 日至 2000 年 12 月 31 日为 6%；2001 年 1 月 1 日至 2001 年 9 月 30 日为 6%；2001 年 10 月 1 日起为 5%。

3 日 建设部、国家发展和改革委员会、财政部、劳动和社会保障部、中国人民银行、中国银监会、最高人民法院等八部门联合发布《关于贯彻〈国务院办公厅关于切实解决建设领域拖欠工程款问题的通知〉的实施意见》。该实施意见对金融系统提出的要求是：金融系统要加强对房地产开发企业的信用审查，将不按合同支付工程款的企业和投资人列为信用不良单位，减少其授信额度或不予授信；加快工程款结算速度，确保支付农民工工资的现金供应。

5 日 中国人民银行发布《农村信用社改革试点资金支持方案实施与考核指引》。该指引要求：人民银行按属地原则组织信用社改革试点资金支持方案的实施与考核工作。试点省（市）所在地人民银行各分支行要成立考核工作组，全面负责本辖区内资金支持方案的实施与考核工作。该指引对专项票据发行、兑付考核，专项借款发放考核以及有关考核指标的解释及其计算方法作了具体规定。

6 日 中国银监会下发《农村合作金融机构风险评价和预警指标体系（试行)》。农村合作金融机构风险预警体系是监管部门在综合分析非现场监管和现场检查信息的基础上，通过定量指标的监测和监管者的定性判断来综合评价农村合作金融机构风险状况的方法和过程。风险评价和预警指标分别是：资本充足性、流动性、安全性、效益性、综合发展能力及管理能力各项。根据综合得分，农村合作金融机构风险划分为：经营稳健、比较稳健、基本稳健三个 A 级；经营状况正常和存在一定风险两个 B 级；经营状况很差和非常差两个 C 级。根据不同等级与其风险的不同特点，采取不同的监管措施。综合风险评价每年进行一次。单项风险指标的监测和预警包括：备付金比例、拆入资金比例、不良贷款比例、不良贷款预计损失比例、对最大1户的贷款比例、对最大10户的贷款比例、不良非信贷资产比例按月监测；不良贷款预计损失抵补率、资产利润率、利息回收率、存款增长率、不良贷款余额下降率按年监测；其他指标按季度监测。对单项指标值进入预警值或发生恶化的要及时预警；指标出现异常变动的要查清原因。该文件自2004年1月1日起执行，1997年《农村信用合作社资产负债比例管理暂行办法》和1998年《关于修改农村信用合作社资产负债比例管理指标的通知》同时废止。

△ 劳动和社会保障部公布《企业年金试行办法》。该办法规定：企业年金所需费用由企业和职工个人共同缴纳；企业缴费每年不超过本企业上年度职工工资总额的1/12；企业和职工个人缴费合计一般不超过本企业上年度职工工资总额的1/6。该办法自2004年5月1日起实施。原劳动部1995年12月29日发布的《关于印发〈关于建立企业补充养老保险制度的意见〉的通知》同时废止。

7日 中国证监会发布《关于规范上市公司实际控制权转移行为有关问题的通知》。该通知指出：一段时间以来，部分上市公司控股股东通过与收购人签订协议或者其他方式，违反法定程序，借"股权托管"或者"公司托管"之名将其所持股份的表决权先行转移给收购人，导致收购人在未成为上市公司股东之前，已经通过控制相关股份的表决权而实际控制上市公司。在这种情况下，控股股东不依法履行其控股股东职责，而收购人虽然实际控制上市公司，但是不承担控股股东的责任，上市公司的经营管理处于极不确定的状态，为收购人恶意侵害上市公司和其他股东权益提供了条件。这种行为违反了上市公司收购的有关规定。该通知规定：上市公司控股股东不得通过所谓的"股权托管"、"公司托管"等任何方式，违反法定程序，规避法律义务，变相转让上市公司控制权；以协议方式进行上市公司收购的，控股股东和收购人应当在收购协议中明确约定双方在签订收购协议后至相关股份过户前的过渡期间各自的权利、义务，并采取切实有效的措施保证控制权转移期间上市公司经营管理的平稳过渡；在过渡期间，控股股东或者收购人不得利用收购行为损害上市公司和中小股东的权益。

△ 瑞泰人寿保险有限公司开业。该公司于2003年3月由瑞典斯堪的亚公共保险公司（Skandia Insurance Company Ltd.）与北京市国有资产经营有限责任公司合资成立，双方各拥有50%的股份，注册资金为2亿元人民币，总部设在北京，是国内唯一一家专门从事长期投资理财服务的合资寿险公司。

12日 湘财荷银基金管理有限公司成立。该公司前身为湘财合丰基金管理有限公司，成立于2002年7月。此次，荷兰银行有限公司通过收购原有股东股权的方式参股，使湘财合丰基金管理有限公司成为中国首家通过存量股权转让方式合资的基金管理公司，并更名为湘财荷银基金管理有限公司。公司注册资本金为1亿元人民币，股东分别为湘财证券有限责任公司（占67%）、荷银投资管理（亚洲）有限公司（占33%）。股权存量转让是指在不发行新股的前提下现有股权的转让，通常是交易双方之间通过协议达成大宗股权的转让交易。

14日 上海信天通信有限公司与中国外汇交易中心签署协议，通过美国AT&T的安全IP网，连接国际银行金融电信协会（SWIFT）全球网。SWIFT是为全球200个国家的7 500家金融机构提供安全报文服务的金融行业合作组织，中国外汇交易中心是2004年加入SWIFT的新成员。上海信天通信有限公司是国内首家中外合资的电信运营公司，由中国电信集团公司上海市电信分公司、美国AT&T公司和上海信息投资有限公司联合投资组建。在2 500万美元的总投资中，第一大股东中国电信集团上海电信分公司持有60%的股份，美国AT&T公司持有25%的股份，剩余股份由上海信息投资公司持有。

15日 中国保监会发布修订的《外国保险机构驻华代表机构管理办法》。与中国保监会

1999年11月26日发布的《外资保险机构驻华代表机构管理办法》相比，新办法中将原“外资保险机构驻华代表机构”改为“外国保险机构驻华代表机构”。新办法规定：在中国保监会授权范围内，中国保监会派出机构对本辖区的代表机构实施日常监管。申请者应当向中国保监会提交申请材料。保监会应当自受理申请之日起20日内，作出批准或者不予批准的决定。20日内不能作出决定的，经中国保监会主席批准，可以延长10日。除机构撤销、变更名称和更换总代表或首席代表需要审批外，变更地址、更换或增减代表与外籍工作人员等事项，均改为事后报告。新办法对处罚规定进行了细化。新办法自2004年3月1日起施行。1999年的办法同时废止。

△ 中国保监会发布《关于规范汽车消费贷款保证保险业务有关问题的通知》。该通知规定：各保险公司应严格依据保险法律、法规，规范车贷险业务的经营管理；尽快规范车贷险条款费率，严格控制经营风险；强化车贷险管理，规范车贷险经营行为；加强对车贷险业务的考核监督，有效防范和化解经营风险；各地保险行业自律组织应探索建立车贷险信息共享机制。各保险公司现行车贷险条款费率截至2004年3月31日一律废止。

18日 中国人民银行批准，中国银联开办中国内地“银联”人民币卡在香港地区使用的业务。内地居民持内地银行发行的带有“银联”标识的人民币信用卡和借记卡，可以在香港贴有“银联”标识的POS机上使用，用于购物、餐饮、住宿等旅游消费支付；也可以在香港贴有“银联”标识的自动取款机上提取每日不超过等值5 000元人民币的港元现钞。人民币卡在港取现的手续费为每笔人民币15元。上述业务的开办是香港银行获准办理人民币业务的一部分。根据中国人民银行的安排，内地人民币银行卡在香港的使用，由发卡机构与内地银行卡联合组织以人民币清算，中国银联统一购汇，对香港特约商户以港元清算。

19日 中国人民银行、教育部、中国银监会发布《关于加强和改进国家助学贷款工作的通知》。该通知指出，国家助学贷款业务不能擅自停办，已经停办的要尽快恢复。从2004年2月起，各经办银行对新发放的国家助学贷款，要根据各高校借款毕业生还款违约率和违约人数，与高校协商，制定切实有效的措施，防范信贷风险，进一步完善国家助学贷款风险防范和补偿机制。

△ 中国人民银行对银行间债券市场债券上市交易时间作出调整。在银行间债市发行的、可交易的且期限在366天（含）以下的债券（包括政府债券、中央银行票据、政策性银行金融债券），于当期债券债权债务登记日的次一个工作日即可上市交易；366天以上的债券，上市交易时间仍为当期发行债券的债权债务登记日后的第三个工作日。违反上市交易时间的规定，安排债券上市交易的，中国人民银行按照有关规定进行处罚。

31日 国务院发布《关于推进资本市场改革开放和稳定发展的若干意见》（俗称“国九条”）。“国九条”的九个部分是：1. 充分认识大力发展资本市场的重要意义；2. 推进资本市场改革开放和稳定发展的指导思想和任务；3. 进一步完善相关政策，促进资本市场稳定发展；4. 健全资本市场体系，丰富证券投资品种；5. 进一步提高上市公司质量，推进上市公司规范运作；6. 促进资本市场中介服务机构规范发展，提高执业水平；7. 加强法制和诚信建设，提高资本市场监管水平；8. 加强协调配合，防范和化解市场风险；9. 认真总结经验，积极稳妥地推进对外开放。

“国九条”提出了促进资本市场稳定发展的相关政策措施：1. 完善证券发行上市核准制度。2. 重视资本市场的投资回报，提高上市公司的整体质量。3. 鼓励合规资金入市。继续大力发展证券投资基金。支持保险资金以多种方式直接投资资本市场，逐步提高社会保障基金、企业补充养老基金、商业保险资金等投入资本市场的资金比例，使基金管理公司和保险公司为主的机构投资者成为资本市场的主导力量。4. 拓宽证券公司融资渠道，继续支持符合条件的证券公司公开发行股票或发行债券筹集长期资金。完善证券公司质押贷款及进入银行间同业市场管理办法，制定证券公司收购兼并和证券承销业务贷款的审核标准，稳步开展基金管理公司融资试点。5. 积极稳妥解决股权分置问题。规范上市公司非流通股股份的转让行为，防止国有资产流失。稳步解决目前上市公司股份中尚不能上市流通股股份的流通问题。6. 完善资本市场税收政策，研究制定鼓励社会公众投资的税收政策，完善证券、期货公司的流转税和所得税征收管理办法，对具备条件的证券、期货公司实行所得税集中征管。

2月

2日 美国花旗银行、香港汇丰银行、香港东亚银行和日本瑞穗银行四家外资银行的分行获得中国银监会批准，首批经营中资企业人民币对公业务，并先期在上海试点。

4日 国务院召开严格控制部分行业过度投资电视电话会议。会议指出：钢铁、电解铝、水泥行业盲目投资和低水平扩张的问题，2003年年初就已经出现了苗头。这些行业的盲目投资和低水平扩张潜伏着很大的风险。会议要求，各地要对钢铁、电解铝、水泥投资建设项目进行认真清理，并将结果上报。加强投资管理、用地管理、信贷管理、环境评审、质量管理，严格市场准入。国家发展和改革委员会要加强同金融机构的沟通与协调，配合做好对商业银行的“窗口”指导工作，强化信贷审核，对盲目投资、低水平扩张、不符合产业政策和市场准入条件，以及未按规定程序审批的项目，一律不予贷款。

△ 中国银监会发布《金融机构衍生产品交易业务管理暂行办法》。该暂行办法共分5章34条，主要内容包括：1. 明确了衍生产品的定义和金融机构衍生产品交易业务的分类。该暂行办法规定，金融衍生产品是包括远期、期货、掉期和期权的金融合约，其价值取决于一种或多种基础资产或指数。衍生产品交易业务分为两大类：第一类是金融机构为规避自有资产、负债的风险或为套利进行的衍生产品交易，第二类是向客户（包括金融机构）提供服务。2. 明确了金融机构衍生产品交易业务的市场准入条件和标准。该暂行办法规定申请开办衍生产品交易业务的金融机构必须具备下列条件：有健全的衍生产品交易风险管理制度和内部控制制度；具备完善的衍生产品交易前台、中台、后台自动连接的业务处理系统和实时的风险管理系统；衍生产品交易业务主管人员应当具备5年以上直接参与衍生交易活动和风险管理的资历，且无不良记录；交易人员、风险管理人员、风险模型研究人员等人数不得少于最低规定，且相互不得兼任，且无不良记录；有适当的交易场所和设备；外国银行分行申请开办衍生产品交易业务，其母国应具备对衍生产品交易业务进行监管的法律框架，其母国监管当局应具备相应的监管能力。政策性银行、中资商业银行（不包括城市商业银行、农村商业银行和农村合作银行）、信托投资公司、财务公司、金融租赁公司、汽车金融公司开办衍生产品交易业务，应由其法人统一向中国银监会申请，由中国银监会审批。城市商业银行、农村商业银行和农村合作银行开办衍生产品交易业务，应由其法人统一向当地银监局提交申请材料，经审查同意后，报中国银监会审批。外资金融机构开办衍生产品交易业务，应向当地银监局提交由授权签字人签署的申请材料，经审查同意后，报中国银监会审批；外资金融机构拟在中国境内两家以上分行开办衍生产品交易业务，可由外资法人机构总部或外国银行主报告行统一向当地银监局提交申请材料，经审查同意后，报中国银监会审批。3. 明确了金融机构衍生产品交易业务的风险管理和监管规定。该暂行办法要求金融机构根据经营目标、资本实力、管理能力和衍生产品的风险特征，确定能否从事衍生产品交易及所从事的衍生产品交易品种和规模；按照衍生产品交易业务的分类，建立与之相适应的风险管理制度、内部控制制度和业务处理系统。

该暂行办法是中国第一部针对金融衍生产品的专门法规，自2004年3月1日起正式施行。2004年，中国民生银行、中信实业银行、招商银行、中国光大银行、兴业银行、中国进出口银行、中国建设银行相继获得衍生产品交易业务资格；渣打银行、花旗银行、香港南洋商业银行和日本三菱银行成为首批获此资格的外资银行。

5日 中国银监会发布《关于非银行金融机构全面推行资产质量五级分类管理的通知》。中国银监会决定：从2004年起在非银行金融机构全面试行资产质量五级分类。试行范围包括企业集团财务公司、金融租赁公司、汽车金融公司的全部资产；信托投资公司只对其自营业务部分进行五级分类。随该通知下发的还有《非银行金融机构资产风险分类指导原则（试行）》，明确提出对非银行金融机构资产采用以风险为基础的分类方法，即把资产按照类似商业银行贷款分类标准划分为正常级、关注级、次级、可疑级和损失级五级（见下表）。后三级合称为不良资产。通过资产质量五级分类应达到的目标是：揭示资产的实际价值和风险程度，真实、全面、动态地反映资产的质量；发现资产使用、管理、监控、催收以及不良资产管理中存在的问题；为判断资产损失准备金是否充足提供依据。

正常	交易对手能够履行合同或协议，没有足够理由怀疑债务本金及收益不能按时足额偿还	.
关注	尽管交易对手目前有能力偿还，但存在一些可能对偿还产生不利影响的因素	本金或利息逾期90天以内
次级	交易对手的偿还能力出现明显问题，完全依靠其正常经营收入无法足额偿还债务本金及收益，即使执行担保，也可能会造成一定损失	本金或利息逾期90天至180天
可疑	交易对手无法足额偿还债务本金及收益，即使执行担保，也肯定要造成较大损失	本金或利息逾期180天至360天
损失	在采取所有可能的措施或一切必要的法律程序之后，资产及收益仍然无法收回或只能收回极少部分	本金或利息逾期360天以上

△ 中国证监会发布《关于做好股份有限公司终止上市后续工作的指导意见》。该意见明确：上市公司股票终止上市后，仍然是合法存续、公众投资者持股的股份有限公司，应当保证公司股东依法享有的资产受益、重大决策和选择管理者等权利，保证公众投资者合法享有的知情权。股份有限公司终止上市后，其所发行的股份仍可以依法转让。公司终止上市前向社会公众发行的股份，由代办机构代为办理转让手续；非挂牌交易股份的转让仍以协议转让方式进行。该意见要求建立对退市公司高管人员失职的责任追究机制，严格审查有诚信污点记录的退市公司控股股东、实际控制人的市场准入条件。股份有限公司终止上市后重新符合上市条件的，可以直接向证券交易所提出再次上市的申请。证券交易所根据中国证监会授权作出核准决定。

实际控制人 在2005年10月27日十届全国人大常委会第十八次会议表决通过新的《中华人民共和国公司法》前，实际控制人概念没有明确定义，通常意义上是指包括但不限于发起人、控股股东、关联公司等任何对上市公司掌握实际控制权的自然人、法人或者其他组织；新《中华人民共和国公司法》则明确规定实际控制人是指虽不是公司的股东，但通过投资关系、协议或者其他安排，能够实际支配公司行为的人。

6日 经国务院批准，中国保监会在全国各省、自治区、直辖市和计划单列市设立监管局（以下简称保监局），原保监会驻各地派出机构统一更名为“保监局”。保监局的主要职责为：根据中国保监会的授权，对辖区内保险机构的经营活动进行监督管理；依法查处辖区内保险违法、违规行为，维护保险市场秩序，依法保护被保险人利益；监测、分析辖区内保险市场运行情况，预警与防范辖区内保险风险，并将有关重大事项及时上报。中国保监会1998年11月成立后，相继在全国各省、自治区、直辖市以及深圳市设立了31个派出机构，此次还新设立了大连、青岛、宁波、厦门4个计划单列市及西藏自治区保监局。

8日 中共中央国务院发布《关于促进农民增加收入若干政策意见》（即关于农业问题的第

六个“一号文件”)。该意见指出:2003 年各地区、各部门抵御住了突如其来的“非典”疫情的严重冲击,克服了多种自然灾害频繁发生的严重影响,实现了农业结构稳步调整。当前农业和农村发展中的突出问题是农民增收困难。当前和今后一个时期做好农民增收工作的总体要求是:各级党委和政府要牢固树立科学发展观,按照统筹城乡经济社会发展的要求,坚持“多予、少取、放活”的方针,调整农业结构,扩大农民就业,加快科技进步,深化农村改革,增加农业投入,强化对农业支持保护,力争实现农民收入较快增长,尽快扭转城乡居民收入差距不断扩大的趋势。关于改革和创新农村金融体制,该意见要求:建立金融机构对农村社区服务的机制,扩大农村贷款利率浮动幅度,进一步完善邮政储蓄的有关政策,缓解农村资金外流。农业银行等商业银行要创新金融产品和服务方式,拓宽信贷资金支农渠道。中国农业发展银行等政策性银行要调整职能,合理分工,扩大对农业、农村的服务范围。继续扩大农户小额信用贷款和农户联保贷款。鼓励有条件的地方通过吸引社会资本和外资,积极兴办直接为“三农”服务的多种所有制的金融组织。有关部门要针对农户和农村中小企业的实际情况,研究提出多种担保办法,探索实行动产抵押、仓单质押、权益质押等担保形式。鼓励政府出资的各类信用担保机构积极拓展符合农村特点的担保业务,有条件的地方可设立农业担保机构,鼓励现有商业性担保机构开展农村担保业务。加快建立政策性农业保险制度,选择部分产品和部分地区率先试点,有条件的地方可对参加种养业保险的农户给予一定的保费补贴。

10 日 全国银行、证券、保险工作会议在北京召开。中共中央政治局常委、国务院总理温家宝在讲话中指出,在经济加快发展中出现了一些新问题,特别是投资规模偏大,部分行业和地区盲目投资、低水平重复建设严重,一些城市建设规模过大、标准过高,能源、交通和部分原材料供求关系紧张。货币信贷增长过快,贷款结构不合理,金融系统存在不少问题和风险隐患。全面提高我国金融业素质和竞争力,必须加快金融改革,建立现代金融企业制度。一要深化国有银行改革,重点做好中国银行和中国建设银行的股份制改造试点工作,其他商业银行和政策性银行也要深化改革;二要推进农村信用社改革,逐步健全农村金融体系;三要继续办好金融资产管理公司,加快有效处置不良资产;四要推进资本市场改革开放和稳定发展;五要深化保险体制改革,大力发展保险市场;六要认真履行加入世界贸易组织的承诺,扩大银行业、证券业、保险业的对外开放,努力提高金融对外开放水平。

△ 2004 年中国人民银行工作会议在北京召开。会议指出:2004 年是实现“十五”计划的关键一年,也是全面落实党的十六大和十六届三中全会精神,深化改革、扩大开放、促进发展的重要一年。人民银行必须进一步切实加强和改善金融调控,既要防止通货膨胀和金融风险,又要支持经济增长,防止经济出现大起大落。2004 年人民银行主要工作任务是:继续执行稳健的货币政策,保持货币信贷总量的适度增长;加强和改进外汇管理,完善人民币汇率形成机制,维护国际收支平衡;加快发展金融市场,建立健全各类市场有机结合、协调发展的机制;高度重视金融安全问题,维护金融体系稳定;全面促进金融企业微观机制改造,提高竞争力;统筹研究制定中国支付体系的改革发展规划,加快支付系统建设,确保支付体系安全、稳定、高效的运行;建立和完善反洗钱工作机制,加快推进中国信贷征信体系建设;继续做好其他金融服务工作,提高服务质量和水平;提高金融对外交流合作的层次和水平,做好金融对外开放的协调工作,提高中国在国际经济金融合作中的地位;加强内部管理,提高依法行政水平。

10~12 日 中国银监会 2004 年工作会议在北京召开。中国银监会主席刘明康在会上指出,2003 年是银监会工作开局之年,各项工作有了良好开端,为开创监管工作新局面奠定了基础。2004 年银监会的主要工作是:1. 认真学习贯彻《银行业监督管理法》,进一步提高银行业依法监管水平。2. 积极推进金融改革和开放,不断提高中国银行业整体市场竞争力。一是全面推进国有商业银行综合改革;二是继续做好农村信用社改革试点和推广工作；三是深化股份制商业银行改革；四是统筹做好其他各类银行业金融机构改革；五是进一步做好银行业对外开放工作。3. 围绕完善公司治理和建立健全风险内控制度，加大银行审慎监管力度。一是继续狠抓降低银行不良资产；二是严格市场准入监管；三是继续做好高风险机构风险监控、预警和处置工作。4. 抓紧落实好各项支持保障措施。中国银监会公布，2003 年共查处违规经营机构 1 242 家，直接或责令有关单位对 3 251 名违规人员进行了处分。

△ 全国证券期货工作会议在北京召开。中国证监会主席尚福林作了题为《抓住机遇，开拓进取，努力开创资本市场改革和发展新局面》的工作报告。报告提出，今后一个时期工作的思路是：抓住一条主线，即促进资本市场持续稳定健康发展；强化两种意识，即加强监管和服务；搞好三方面建设，即完善市场功能，健全市场体系，推动法制诚信；深化四项改革，即发行上市及再融资体制改革，风险防范与处置机制改革，市场运行机制改革和证券期货监管体制改革。2004 年重点做好的八项工作：逐步完善市场结构；继续深化发行上市及再融资体制改革；切实提高上市公司规范化运作水平；积极促进证券公司和期货公司的规范发展；进一步发挥机构投资者的作用；全面增强监管合力；不断健全证券期货法规体制；努力加强人才和队伍建设。

报告披露，截至 2003 年年底，我国境内上市公司总数达 1 287 家，总市值为 42 457.71 亿元，流通市值为 13 178.51 亿元；证券公司共 133 家，总资产为 5 618 亿元，营业网点有 3 000 个；基金管理公司有 34 家，证券投资基金有 95 只，基金规模为 1 650.09 亿份，基金总净值为 1 744.31 亿元。

△ 全国保险工作会议在北京召开。会议总结了过去一年来中国保险业取得的成绩：2003 年全国保费收入为 3 880.4 亿元，同比增长 27.1%。保险公司的总资产达到 9 122.8 亿元，同比增长 41.5%。会议指出，2004 年主要抓好以下几方面工作：一是进一步推动保险业快速发展，继续深化保险企业改革，巩固国有保险公司股份制改革成果，全面完成国有保险公司股份制改革任务；研究制订《保险公司治理结构指引》，修订《保险公司内部控制制度建设指导原则》，鼓励和支持保险公司经营方式的创新。二是完善保险市场体系，对保险公司的发展实施分类指导，培育和发展具有国际竞争力的大型保险企业集团；积极培育再保险；鼓励和促进现有专业保险中介机构积极创新经营模式；鼓励保险公司开发个性化产品，积极推行保险条款的通俗化和标准化；加强保险诚信体系建设，积极培育保险诚信文化。三是扩大开放，促进我国保险业的产品结构和区域结构的调整。在此次会议上，中国保监会主席吴定富首次披露：人保财险和中国人寿的偿付能力分别是国家监管标准的 1.9 倍和 5.6 倍。

15 日 中德住房储蓄银行在天津开业。该行注册资本为 1.5 亿元人民币，中国建设银行持股比例占 75.1%，德国施豪银行持股比例占 24.9%。根据中德住房储蓄银行的“住房储蓄合同”，个人住房储蓄客户要先在这家银行存款，达到规定条件后才有资格贷款；客户获得的贷款利率大幅低于市场个人住房贷款利率，目前这家银行主打产品的贷款年利率为 3.3%；在合同执行期内，住房储蓄客户的存贷款利率固定，不受市场利率波动的影响；客户如有需要，可灵活进行合同的变更、分拆、合并或转让等。住房储蓄银行是我国首家中外合资住房储蓄银行。

16 日 国家外汇管理局发布《关于规范非居民个人外汇管理有关问题的通知》。该通知对非居民个人在境内办理外汇收支、外汇划转、结汇、购汇、开立外汇账户作了具体规定，并规定非居民个人从汇入外汇或其外汇存款账户中提出外钞超过等值 1 万美元的、把其外汇资金向银行结汇的、办理境内外汇资金划转的、需将存款汇出境外的，都应填写“非居民个人外汇收支情况表”，以便银行进行真实性审核和外汇局事后核查。该通知所称非居民个人是指外国自然人（包括无国籍人）、港澳台同胞和持中国护照但已取得境外永久居留权的中国自然人。该通知自

2004年3月1日起施行。

18日 中国银监会发布《关于非银行金融机构开办新业务有关审批事项的通知》。该通知规定，非银行金融机构申请开办新业务的条件是：现行业务经营状况良好，近三年内无重大违规经营行为；具有健全的内部控制机制和制度；具有有效识别和控制新业务风险的管理制度；具有开办新业务所需的合格的管理人员和业务人员；中国银监会要求的其他条件。银监分局、银监局分别于20日内提出审查意见并报中国银监会审批。中国银监会自收到银监局完整的申报材料后的50日内或收到直接监管非银行金融机构完整申报材料后的3个月内作出是否批准的答复。

△ 标准普尔信用评级公司宣布，将中国的长期和短期外币评级调高一级，分别为BBB+和A-2，这两项评级在调整前分别为BBB和A-3，中国的评级展望为正面。标准普尔信用评级公司表示：该评级的调升反映了中国持续的结构改革已有成效，使国家经济具有更强的韧力，而且政府的税基扩大，使政府的开支压力得以舒缓，并令国家更有能力继续进行长远的改革，而正面的评级展望则反映了标准普尔信用评级公司预期中国经济改革的步伐将会加快。标准普尔信用评级公司此前对中国长期外币评级共进行三次：1988年评级为BBB，1997年调升一级至BBB+，1999年降回BBB。

21日 中国人民银行发布《关于内地银行与香港银行办理个人人民币业务有关问题的通知》。该通知规定：1. 内地银行发行的个人人民币银行卡（包括借记卡和贷记卡），可在香港用于购物、餐饮、住宿等旅游消费支付，但不得用于旅游消费外的经营性交易、证券投资和房地产等资本和金融项目交易，以及博彩等内地法律、法规禁止交易的支付；可在香港自动取款机（ATM）上提取港元现钞，提钞限额为每日不超过等值5 000元人民币，但不得在香港银行柜台转账、提现或通过客户受理终端（POS）提现。2. 香港银行发行的人民币银行卡（包括借记卡和贷记卡），可在规定的授信额度内在内地用于个人消费支付、在ATM上提取人民币现钞，但不得在内地银行柜台办理转账、提现。3. 内地银行接受的香港人民币汇款限于：香港汇款人经由香港清算行汇入且以汇款人为收款人的汇款，每一汇款人每天汇入的最高限额为50 000元人民币。如收款人与汇款人不是同一客户或不是联名账户开户人之一，或者同一汇款人当天汇入的人民币金额超过50 000元的，内地银行应将相应的人民币款项原路退回香港汇出行，不得为收款人办理解付。内地银行为香港汇款人解付人民币现钞，应当按照储蓄管理的有关规定办理。对一次性提取现钞超过50 000元的，应办理登记手续。

22日 中国银监会发布《股份制商业银行风险评级体系（暂行）》。股份制商业银行风险评级主要是对银行经营要素的综合评价。该评级体系先对资本充足状况、资产安全状况、管理状况、盈利状况、流动性状况、市场风险状况六要素分别按照百分进行计算，然后对各要素评价分值乘以相应权重后进行相加，其总和为综合评分。其中各要素的权重分为：资本充足状况20%，资产安全状况20%，管理状况25%，盈利状况20%，流动性状况15%。股份制商业银行的综合评级根据评分分值，分为良好、一般、关注、欠佳、差等五级。评级结果作为监管的基本依据，并作为股份制商业银行市场准入和高级管理人员任职资格管理的重要参考。

23日 经国务院批准，中国银监会发布《商业银行资本充足率管理办法》。该办法包括总则、资本充足率计算、监督检查、信息披露和附则共5章55条。资本充足率是指商业银行持有的、符合该办法规定的资本与商业银行风险加权资产之间的比率。该办法要求商业银行资本充足率的计算建立在贷款损失准备足额提取的基础之上，资本充足率不得低于8%，其中核心资本充足率不得低于4%。商业银行按照规定设立的交易账户，其总头寸高于表内外总资产的10%或超过85亿元人民币须计提市场风险资本。商业银行根据资本充足率和核心资本充足率的高低分为三类：即资本充足（资本充足率不低于8%，核心资本充足率不低于4%）、资本不足（两项指标不达到上述标准）和资本严重不足（资本充足率不足4%，或核心资本充足率不足2%）。对此，银监会分别采取干预、纠正和调整高级管理人员、接管或重组、撤销等相应的监管措施。2007年1月1日为商业银行资本充足率的最后达标期限。在过渡期内，未达标的商业银行要制订切实可行的资本补充计划。该办法适用于在中国境内设立的中资银行、外资独资与全资银行，于2004年3月1日起施行。

△　中国工商银行票据营业部通过ISO 9001：2000国际质量管理体系认证。工商银行票据营业部于2002年年底正式引入ISO 9001：2000质量管理体系。2003年，工商银行票据营业部累计票据买入量、累计票据交易量和全年票据融资规模分别比上年增长200%、198%和212%，市场占比翻了一番；全年人均实现经营利润145万元；不良贷款率、资金损失率、发案率保持为零。英国标准学会（British Standards Institution，BSI）是世界上第一个国家标准化机构，成立于1901年，总部设在伦敦。

△　中国人民银行发布2003年第四季度《中国货币政策执行报告》。该报告指出，2003年，我国克服非典疫情等多种困难，经济呈现出增长加快、效益提高、活力增强的良好发展态势。中国人民银行继续执行稳健的货币政策，对货币信贷过快增长的趋势及时进行"预调"和"微调"，采取了必要的调控措施：一是发行中央银行票据，加大公开市场"对冲"力度；二是对房地产信贷进行风险提示，加强对商业银行贷款的"窗口指导"；三是将金融机构存款准备金率由6%上调为7%，冻结商业银行约1 500亿元的超额准备金；四是扩大贷款利率浮动区间，同时下调了超额存款准备金利率。这些措施取得了积极的成效，信贷增长偏快的趋势得到了有效控制。2003年年末，广义货币M_2余额为22.1万亿元，同比增长19.6%。金融机构贷款前三个季度增加较多，第四季度得到了有效控制。2003年年末，全部金融机构本外币贷款余额为17万亿元，比年初增加3万亿元；本外币存款余额为22万亿元，比上年年末增加3.7万亿元。基础货币余额为5.23万亿元，同比增长16.7%。金融机构超额准备金率为5.38%。利率总水平和货币市场利率基本稳定。2003年年末，国家外汇储备为4 032.5亿美元，比年初增加1 168.4亿美元，是我国外汇储备增长最多的一年。年末人民币汇率为1美元兑换8.2767元人民币。

该报告提出2004年货币政策取向：保持货币信贷总量平稳增长；稳步推进利率市场化进程；保持人民币汇率在合理、均衡水平上的基本稳定；着力调整信贷结构，促进产业结构调整；加快发展金融市场，扩大直接融资；加快推进国有商业银行股份制改造，做好农村信用社改革资金支持工作。

25日　中国人民银行决定扩大公开市场业务一级交易商机构范围。除商业银行外，增加证券公司、保险公司、农村信用合作联社为公开市场业务一级交易商。同时建立公开市场业务一级交易商考评调整机制，包括制订评审指标体系；设置指标权重、记分标准和计算分值；按评审指标体系、权重和记分标准计算分值确定公开市场业务一级交易商。公开市场业务一级交易商指经中国人民银行审定的具有直接与中国人民银行进行债券交易资格的商业银行、保险机构、证券公司和信托投资公司。

27日　中怡保险经纪有限责任公司在上海开业。该公司由中国保监会于2003年10月14日批准成立，由中国粮油食品进出口（集团）有限公司和美国怡安保险集团公司合资组建，注册资本金为3 000万元人民币，合资双方各占50%股份。这是中国首家合资保险经纪公司。《中国保险报》资料显示：2000年6月，中国开始建立保险经纪市场，至此，共有88家保险经纪公司获得中国保监会批准。2002年，中国保险经纪业营业收入为3亿元，但保险经纪业达成的保费仅占保险总保费收入的近1%。

3月

1日　中国银监会发布《外资银行并表监管

管理办法》。该办法规定，设立营业性分支机构或附属机构的独资、合资银行，以及在华设立两家以上营业性分支机构的外国银行应确定主报告行。主报告行是外资银行合并财务报表和综合信息汇总机构，主要职责是向并表监管局报送或备案监管资料和沟通信息。主报告行须每半年度提交一份"外资银行经营情况汇总报告"，包括基本信息、授信集中度说明、贷款损失准备金分析、大额资产划转情况、资金流出入分析、关联交易情况、境外贷款、投资清单，以及营业性分支机构经营动态等内容。报告还应就母行（总行）组织结构、业务策略、资本充足水平、财务状况及市场信誉等变动情况作出说明。中国银监会负责组织、指导和协调外资银行并表现场检查。该办法自2004年4月1日起实施。

△ 中国建设银行与台湾17家本地银行、23家外资银行在台分支机构合作，正式推出"两岸汇款即时通"业务，提供美元、港元、日元、欧元四个清算币种的对台汇出汇款和台湾汇入汇款双向即时通汇服务。

△ 国家外汇管理局发布《关于外币旅行支票代售管理等有关问题的通知》。该通知规定，外币旅行支票是指境内商业银行代售的、由境外银行或专门金融机构印制、以发行机构作为最终付款人、以可自由兑换货币作为计价结算货币、有固定面额的票据。外币旅行支票的代售对象是境内机构、驻华机构，也可以是境内的居民个人或非居民个人。其用途原则上应限于境外旅游、朝觐、探亲会亲、境外就医、留学等非贸易项下的对外支付，不得用于贸易项下或资本项下的对外支付。该通知自2004年4月1日起施行。

△ 经中国证监会核准，中信证券、海通证券、长城证券三家证券公司成为首批发行公司债的券商。三家公司发债规模都严格限制在净资产的40%以内，分别为10亿元、30亿元和2.3亿元。债券期限均为5年，全部由债券担保人出具全额、不可撤销连带责任的保证担保。海通证券、长城证券发行的是浮动利率债，以人民币现行1年期1.98%的存款利率为基准，每年上浮1.75个基点；中信证券发行的是3.9%固定利率债，与5年期国债收益率相同。同年4月29日，长城证券和中信证券分别发行了公司债2.3亿元和4.5亿元；海通证券则最终取消了发行计划。

△ 中国证监会在各省、自治区、直辖市、计划单列市的派出机构，统一更名为"中国证监会××监管局"，简称"××证监局"。证监会天津、沈阳、上海、济南、武汉、广州、深圳、成都、西安稽查局名称不变。

2日 国务院第42次常务会议召开，研究部署中国银行、中国建设银行股份制改造试点的有关工作。会议提出，国有独资商业银行股份制改造的核心是建立法人治理结构。试点银行重点抓好以下工作：一要建立规范的股东大会、董事会、监事会，建立对高级管理层授权经营的目标制度和问责制度；二要建立科学的决策体系、内部控制机制和风险管理体制，加强管理，实现自主经营，自负盈亏，自担风险，自我发展；三要稳步推进资本重组，公开、公平、公正地选择境内外战略投资者；四要建立市场化人力资源管理体制和有效的激励约束机制，引进人才，提高队伍素质；五要认真做好不良资产处置工作，严肃查处违法、违规案件，依法追究有关人员的责任；六要确保国家注资的安全，实现保值增值。

问责制 问责制是一种现代行政制度，是对政府官员的违法行为及其后果都必须和能够追究责任的制度，主要是从政治、法律和道义的层面，对政府官员在某个问题或事件中应负的责任，采取行政追究、纪律追究、法律追究和道义追究以及其他方式的责任追究制度，其核心是政府和官员必须对其行为负责。问责制度是现代政府强化和明确责任，改善政府管理的一种有效的制度。合理构建的问责制，可以通过追究官员确实应承担的责任，促使官员合法、正当地行使手中的权力，不断提高管理水平，使行政机关和公务员真正负起责任。

国内问责制始于2003年非典时期，并从中央到地方逐步推进并逐步开始完善。

△ 中国人民银行发布《关于城市信用合作社和农村信用合作社开办银行承兑汇票业务有关事项的通知》。该通知规定，城乡信用社开办银行承兑汇票业务，不再报经人民银行审批，但须使用人民银行统一规定的票据凭证和汇票专用章。承兑申请人开户行如不办理全国或省辖联行业务，应通过代理转汇行办理票款的划款。

4日 中国人民银行价格监测分析小组召开第一次会议。会议确定，价格监测分析小组按季度向货币政策委员会提供《价格监测分析报告》，旨在长期跟踪、研究物价变动趋势，全面分析居民消费价格指数、生产者价格指数、资产价格指数等一篮子价格指标，深入探讨国内价格与国际价格的互动关系，总体把握宏观经济运行态势，准确判断整体经济形势，为货币政策决策提供更好的理论依据。价格监测分析小组于2004年3月初成立，由中国人民银行研究局、货币政策司、金融市场司、调查统计司、金融稳定局、国际司等有关司局组成，并邀请国家统计局、国家发展改革委、商务部、海关总署、农业部、国土资源部、国家物流中心等相关部门的专家参加。

5日 第十届全国人民代表大会第二次会议在北京开幕。国务院总理温家宝作《政府工作报告》。该报告指出，2004年要坚持扩大内需的方针，继续实施积极的财政政策和稳健的货币政策。在推进金融体制改革方面，要加快国有独资商业银行改革，重点做好中国银行和中国建设银行股份制改造试点工作。其他商业银行和政策性银行也要深化改革。继续搞好农村信用社改革试点，总结经验，逐步扩大范围。推进资本市场改革开放和稳定发展，扩大企业债券发行规模，逐步提高企业直接融资比重。继续推进保险业改革，大力发展保险市场。完善银行、证券、保险监管体制，加强相互配合，强化金融监管，维护金融稳健运行。

8日 国务院颁布《基金会管理条例》。该条例包括总则，设立、变更和注销，组织机构，财产的管理和使用，监督管理，法律责任和附则共7章48条。基金会是指利用自然人、法人或者其他组织捐赠的财产，以从事公益事业为目的，按照该条例规定成立的非营利性法人。基金会分为公募和非公募两类。该条例规定，公募基金会须为特定的公益目的而设立，须有规范的名称、章程、组织机构以及与其开展活动相适应的专职工作人员；有固定的住所；能够独立承担民事责任。公募基金会分为全国性和地方性两类，原始基金分别不低于800万元和400万元；非公募基金会的原始基金不低于200万元。原始基金均须为到账货币资金。公募基金会每年用于从事公益事业支出不得低于上一年总收入的70%，非公募基金会不得低于上一年基金余额的8%。国务院民政部门负责基金会、基金会代表机构的登记管理工作。该条例自2004年6月1日起施行，1988年9月27日国务院颁布的《基金会管理办法》同时废止。

△ 申万巴黎基金管理有限公司（SYWG BNP Paribas Asset Management Co.，Ltd.）在上海开业。该公司是由申银万国证券股份有限公司和法国巴黎资产管理有限公司（BNP Paribas Asset Management SAS）共同发起设立的一家中外合资基金管理有限公司。公司注册地在中国上海，注册资本金为1亿元人民币。其中，申银万国证券股份有限公司持有67%的股份，法国巴黎资产管理有限公司持有33%的股份。申银万国证券股份有限公司是一家大型综合类券商，注册资本42.16亿元；法国巴黎资产管理有限公司为全球最大银行集团之一——法国巴黎银行的全资附属公司，管理资产规模超过1 820亿美元。

11日 国务院颁布《关于进一步推进西部大开发的若干意见》。该意见指出：建立长期稳定的西部开发资金渠道，是持续推进西部大开发的重要保障。要继续保持利用长期建设国债等中央建设性资金支持西部开发的投资力度，采取多种方式筹集西部开发专项资金。鼓励各金融机构采取银团贷款、混合贷款、委托理财、融资租赁、股权信托等多种方式，加大对西部地区的金融支持。加快商业银行对西部地区国债配套贷款项目的评估审贷速度，提高贷款审核效率。支持国家政策性银行扩大贷款规模，延长贷款期限，支持西部地区基础设施建设、进出口贸易。进一步推进西部地区农村金融体系建设，加大农村信用社改革力度，继续扩大农户小额贷款和农户联保贷款，支持有生产能力、守信用的贫困农户尽快脱贫致富。加强扶贫贴息贷款管理，增加对西部地区信贷投入。积极支持西部地区符合条件的企业优先发行企业债券，支持西部地区符合条件的企业发行股票。修改、完善并适时出台产业投资基金管理暂行办法，优先在西部地区组织试点，支持西部地区以股权投资方式吸引内外资。提高西部地区利用国际组织和外国政府赠款及国外优惠贷款的比例。

据国务院西部地区开发领导小组办公室统计数字：2003 年我国西部地区开发基础设施累计开工 76 个重点单项工程，总投资 3 635 亿元，到年底累计完成投资 2 008 亿元，占总投资的 55. 2%。2003 年中国西部地区的 12 个省、自治区、直辖市的经济增长速度继续加快，与上年相比，国内生产总值增长速度提高 1. 3 个百分点，固定资产投资增速提高 8. 3 个百分点，工业增加值增速提高 3. 9 个百分点，进出口总额增速提高 13. 2 个百分点。

△　中国银监会发布《关于中国银行、中国建设银行公司治理改革与监管指引》。该指引规定两家试点银行股份制改革的总目标是：用 3 年左右的时间改造成资本充足、内控严密、运营安全、服务和效益良好、具有国际竞争力的现代化股份制商业银行。在公司治理结构和国际通行的财务指标方面，达到并保持国际排名前 100 家大银行中等以上的水平。该指引对两家试点银行规定了具体的考核指标：总资产净回报率在 2005 年度应达到 0. 6%，在 2007 年度应达到国际良好水准。股本净回报率在 2005 年度应达到 11%，在 2007 年度应提高到 13% 以上。两家试点银行从 2005 年起成本收入比应控制在 35% ~ 45% 之内，并从 2004 年起对非信贷类资产实行五级分类，并按五级分类口径对全部资产的质量进行考核，将不良资产比率持续控制在 3% ~ 5%，资本充足率在任何时点上保持 8% 以上。从 2005 年起两家试点银行对同一借款人的贷款余额与商业银行资本余额的比例不得超过 10% 的风险指标；2005 年年底不良贷款拨备覆盖率，中国银行应达到 60%，建设银行应达到 80%，2007 年年底应继续有所增长。

14 日　国务院总理温家宝就国有独资商业银行股份制改造答记者问。十届全国人大二次会议在北京闭幕之后，国务院总理温家宝举行记者招待会。温家宝表示，这些年国有商业银行的经营状况有所改善，但是存在的问题依然是严重的，主要是不良资产的比重较高，四家国有商业银行的不良资产高达 20%，接近 2 万亿元；资本充足率比较低；实现盈利状况不够好。根本原因在机制，在体制。这次中央决定要对中国银行和中国建设银行实行股份制改造，并且注资 450 亿美元。我们这次改革，第一，确立了一个明确的目标，就是要使国有商业银行走市场化的道路，推进产权制度的改革，推进公司治理结构的改革，真正把国有商业银行变成现代商业银行。第二，我们制定了保全措施和明确的责任。也就是说，实行这项改革，两个银行必须对国家的注资实行保全，也就是保值增值，同时，要担负起降低不良资产的责任。第三，关键在管理和队伍。这次改革是背水一战，只能成功，不能失败。我们必须下大的决心来保证这次改革成功。

15 日　中国证监会发布《期货经纪公司治理准则（试行）》。该准则提出：期货经纪公司应建立相对均衡的股权结构和最终权益持有人结构，防止股权过于集中和过度分散。期货经纪公司的章程应当规定单独或者合并拥有期货经纪公司 10% 以上表决权的股东，有权向股东会提出审议事项。期货经纪公司不得直接或间接为股东出资提供融资或担保；股东不得以任何形式占用或转移期货经纪公司的资产，股东特别是控股股东及其关联方不得通过关联交易和资产重组等方式损害期货经纪公司、其他股东和期货投资者的合法权益。该准则明确：期货经纪公司的董事会除应行使《中华人民共和国公司法》规定的董事会职权之外，还应履行以下职责：审议并决定经理层拟定的期货交易保证金管理制度，确保期货经纪公司的保证金管理符合中国证监会有关保证金封闭管理的各项要求；审议并决定是否实施有关业务创新活动的计划，保证业务创新活动的合规性及相应风险防范机制的建立；审议并决定期货经纪公司的风险控制制度。公司章程中应当明确规定公开、公平的董事选聘程序；董事会决议违反法律、法规和公司章程的规定，致使公司遭受损失的，应追究参与该决议董事的责任。注册资本在5 000万元以上（含5 000万元）、单个股东或最终权益持有人对公司的直接或间接持股比例达50%以上、董事长和总经理由同一人担任、由金融机构直接或间接参股的期货经纪公司应建立独立董事制度。

△　中国保监会发布《关于加强保险行业协会建设的指导意见》。该意见明确，保险行业协会的工作宗旨是：为会员提供服务，维护行业利益，促进行业发展。工作核心是服务，其基本职责为：自律、维权、协调、交流、宣传。中国保监会及其派出机构依法对保险行业协会进行管理、指导和监督。该意见对组织管理、体系建设、自身建设作了具体规定。

16日　中国人民银行、财政部、劳动和社会保障部联合下发《关于进一步推进下岗失业人员小额担保贷款工作的通知》。该通知要求：各省、自治区、直辖市以及地级以上城市都应尽快将下岗失业人员小额担保贷款基金筹集到位，同时建立担保基金的风险补偿机制，省级政府设立的下岗失业人员小额担保基金应至少承担地市贷款担保基金代偿损失的10%。对要求借款人提供反担保的，其风险控制金额原则上不超过下岗失业人员实际贷款额的30%；对尚未落实贷款担保机构的地区，允许将贷款担保基金直接存入同级财政部门指定的商业银行，由经办银行按照不超过贷款担保基金5倍的数额发放下岗失业人员小额贷款，贷款担保基金自动提供相应担保，同时，为防止经办银行的道德风险，对以此方式发放贷款出现的损失由经办银行分担20%。

对中小企业特别是小企业，该通知提出，银行要加大信贷支持，财政给予优惠政策。具体包括：1. 银行对符合条件的小企业发放贷款可由财政部门按人民银行公布的贷款基准利率（不含利率上浮部分）的50%给予贴息（展期不贴息），贴息资金由中央和地方财政各负担一半。银行开办此项业务如发生贷款呆账损失，由财政部门按相关规定核定后承担10%的补偿，中央和地方财政各承担一半。2. 为鼓励经办银行的积极性，地方财政对开办符合条件的小企业贷款的经办银行按季度给予其贷款实际发放金额0.5%的手续费补助。3. 发放这类贷款，规模最高不超过人民币100万元，期限不超过2年，可展期一次。但对这类贷款，政府将不再提供担保形式的支持。

△　中国人寿保险股份有限公司（股票简称：中国人寿；纽交所代码：LFC；港交所代码：2628）在美国纽约州南区法院被起诉。美国律师行Milberg Weiss Bershad Hynes Lerach LLP以"未适当披露审计信息、违反《1934年美国证券法》"为由，对中国人寿提起集体诉讼，并号召2004年2月3日前持有中国人寿股票的美国投资者进行集体诉讼登记。同年3月25日，另一家美国律师事务所Cauley Geller也因同一事由，组织股民向中国人寿提出"集体诉讼"。截至2004年8月27日，已有9份起诉状被呈交至美国纽约南区联邦法院。这些诉状被美国法院合并为一个案件。美国律师认为：中国人寿为了实现顺利上市和维持股价处于高位，有意隐瞒正在接受中国国家审计署审计的信息，投资者在不知情的情况下，高价买入了中国人寿的股票。但在上市后不久，这一重大负面消息被披露，引发股价大幅下跌，造成投资者损失。因此，美国律师认为，中国人寿违反了美国《1934年证券交易法》的有关条款。

中国人寿2003年12月17日、18日先后在纽约、香港上市，以30亿美元的规模进行首次公开募股。2004年1月30日，在全国审计工作会议发表的审计工作报告中提到，重组前的中国人寿保险公司涉嫌违规资金约54亿元。2004年4月27日，中国人寿接到美国证券交易委员会（以下简称SEC）通知，开始接受SEC非正式调查。

17日　中国银监会发布《关于加强银行卡

安全管理有关问题的通知》。该通知要求各商业银行必须建立银行卡违法犯罪案件的内部案情适时通报制度和案件及时报告制度。自 2004 年 5 月 1 日起，禁止向持卡人发放统一的初始密码。对于同一银行卡账户进行密码输入操作，一天内连续 3 次输入交易密码不正确的，应立即实施账户锁定，冻结任何资金交易。

18 日　中国银监会、中国证监会、中国保监会监管联席会议在北京召开。会议认为，大力发展资本市场是一项重要的战略任务，对支持中国经济社会的全面发展具有重要意义。三家监管机构将加强协调，共同支持和促进资本市场发展。在建立有效的防范风险机制的前提下，银行为符合条件的证券中介机构提供融资服务。要健全相应的监管法规制度，保证保险资金审慎有序地进入资本市场。进一步完善相关政策和办法，为资本市场健康发展营造良好环境。

△　国家外汇管理局发布《关于规范居民个人外汇结汇管理有关问题的通知》。该通知规定：居民个人一次性结汇金额在等值 1 万美元以下的，凭真实身份证明直接到银行办理；一次性结汇金额在等值 1 万美元以上、5 万美元以下的，由银行审核有关收入合法性的证明材料后予以办理；一次性结汇金额在等值 5 万美元以上的，向所在地外汇局申请，经审核真实性后到银行办理。银行在办理居民个人结汇业务时，对大额和可疑的外汇资金交易信息要及时报告。该规定自 2004 年 4 月 1 日起施行。

△　恒安标准人寿保险有限公司开业。该公司于 2003 年 12 月 1 日由英国标准人寿保险公司与天津泰达投资控股有限公司合资组建，注册资金 13.02 亿元人民币，中英双方各占 50%，总部设在天津。英国标准人寿保险公司作为欧洲最大的相互型保险公司，也是英国第三大寿险公司。

22 日　中国人民银行货币政策委员会召开 2004 年第一季度例会。会议认为，当前经济运行中的一些矛盾还没有得到有效的缓解。固定资产投资增势不减，全社会需求依然十分旺盛，2003 年下半年以来居民消费价格保持上涨的趋势。会议认为下一步应继续执行稳健的货币政策，进一步增强货币政策的前瞻性、科学性和有效性，适当控制货币信贷规模，优化信贷结构，稳步推进直接融资的发展，既要支持经济增长，又要防止通货膨胀和金融风险。

23 日　太原特大票据诈骗案一审结案。山西省太原市中级人民法院一审宣判：原太原市商业银行南内环街支行行长张原清犯票据诈骗罪、贷款诈骗罪被判处死刑。1999 年 5 月至 2002 年 4 月，张原清利用提供客户开户资料复印件、私刻印章、伪造担保证明文件等手段，多次诈骗太原市商业银行南内环支行存贷款分别为 1.3321 亿元和 4 385 万元。据法院宣布，该案 4 名被告人共挪用社保基金 7 659 万元，金融诈骗涉案金额近 1.8 亿元，给国家造成 5 299 万元无法追回的损失。

25 日　再贷款浮息制度开始实行。中国人民银行于 2004 年 3 月 24 日发布《关于实行再贷款浮息制度的通知》规定：从即日起，对期限在 1 年以内、用于金融机构头寸调节和短期流动性支持的各档次再贷款利率，在现行再贷款基准利率基础上加 0.63 个百分点。再贴现利率在现行再贴现基准利率 2.97% 的基础上加 0.27 个百分点，加点浮息后利率为 3.24%。农村信用社再贷款浮息分 3 年逐步到位：2004 年保持现行农村信用社再贷款利率政策不变，即在再贷款基准利率基础上下浮动 0.99 个百分点；2005 年 1 月 1 日起，农村信用社再贷款利率执行再贷款基准利率；2006 年 1 月 1 日起，农村信用社再贷款利率在再贷款基准利率基础上加点，加点幅度按同期人民银行确定的流动性再贷款利率加点幅度减半执行。农村信用社再贷款按合同利率执行到期，合同期内不分段计息。专项政策性再贷款以 2003 年 12 月 31 日为界，实行新老划断、区别对待。金融稳定再贷款利率在原定期限内按照国务院批准的水平执行；申请延期的，在延期期间按照专项政策性再贷款浮息办法执行。再贷款浮息制度是指中国人民银行在国务院授权的范围内，根据宏观经济金融形势，在再贷款（再贴现）基准利率基础上，适时确定并公布中央银行对金融机构贷款利率加点幅度的制度。

△　差别存款准备金率制度开始实行。2004年3月24日，中国人民银行发布《关于实行差别存款准备金率制度的通知》决定：将资本充足率低于4%的金融机构存款准备金率提高0.5个百分点，执行7.5%的存款准备金率，资本充足率不低于4%的金融机构仍执行现行存款准备金率。尚未进行股份制改革的国有独资商业银行和城市信用社、农村信用社暂缓执行差别存款准备金率制度，仍执行现行存款准备金率。

差别存款准备金率制度是针对中国金融体制现状专门设计的一项制度，其主要内容是：金融机构适用的存款准备金率与其资本充足率、资产质量状况等指标挂钩。金融机构资本充足率越低、不良贷款比率越高，适用的存款准备金率就越高；反之，金融机构资本充足率越高、不良贷款比率越低，适用的存款准备金率就越低。确定差别存款准备金率的主要依据是金融机构资本充足率，不良贷款比率，金融机构内控机制状况、发生重大违规及风险的情况，以及金融机构支付能力。确定差别存款准备金率的方法，一是根据资本充足率等四项依据对金融机构质量状况进行分类；二是根据宏观调控的需要，在一定区间内设若干档次，确定各类金融机构所适用的差别存款准备金率。差别存款准备金率制度采取统一框架设计和分类标准，实施对象为存款类金融机构。

从4月25日起，38家金融机构开始执行8%的差别存款准备金率。主要是股份制商业银行和城市商业银行。

△　中国人民银行发布《关于结售汇业务管理工作的通知》。该通知规定，凡申请经营结汇、售汇业务的政策性银行、国有独资商业银行、股份制商业银行总行和其他金融机构报所在地外汇局出具初审意见后由所在地外汇局报国家外汇管理局审批；上述银行的分支机构、城市和农村商业银行以及外资银行及其分支机构的申请由所在地外汇局审批；其中，商业银行支行以下的分支机构申请经营结汇、售汇业务，统一由其所属支行向所在地外汇局申请和报批。

△　中国银监会发布《商业银行不良资产监测和考核暂行办法》。该暂行办法规定：商业银行不良资产的监测和考核包括对不良贷款、非信贷资产和表外业务风险的全面监测和考核。商业银行应严格按照贷款五级分类标准，做到对不良贷款的逐笔、实时监控，以及非信贷资产、表外业务风险变化情况的监测，并对重点机构和客户进行直接监测。重点机构包括：不良贷款率前5名的银行分支机构；不良贷款余额不减反增或不良贷款率不降反升的银行分支机构；非信贷资产预计损失率前5名的银行分支机构；表外业务管理混乱，发生违法、违规行为的银行分支机构。重点客户包括：不良贷款余额在亿元以上的客户及拥有5家以上关联企业、合计贷款余额在亿元以上的集团客户。该暂行办法要求，银监会各级监管机构和商业银行要建立不良资产分析报告制度。各级监管部门按季对商业银行不良资产的余额和比例进行双重考核。

27日　中国人民银行发布《关于适当增加粮食主产区农村信用社再贷款的通知》。经国务院批准，中国人民银行决定增加50亿元再贷款，专门用于支持粮食主产区资金紧张的农村信用社发放农户春耕生产贷款。此项再贷款限额调剂不得用于其他地区。

1999～2003年，中国人民银行共安排农村信用社再贷款1 238亿元，重点支持中西部、灾区、粮食主产区及其他资金紧张地区的信用社发放农户贷款，引导全国农村信用社的农业贷款分别增长14.3%、18.5%、22.4%和26.4%、26.8%。

29日　中国保监会发布《关于保险公司投资银行次级定期债务有关事项的通知》。该通知规定：保险公司投资次级债的余额按成本价格计算不得超过本公司上月末总资产的8%，投资一家银行发行的次级债券比例累计不得超过该保险公司上月末总资产的1%，投资一期次级债券的比例不得超过该期次级债券发行量的20%。保险公司不得投资期限超过6年的次级债，只能投资国有独资商业和全国性股份制商业银行发行的次级债。

△ QFII 基金入市。由日本日兴资产管理有限公司管理的“日兴中国人民币国债母基金”是第一个以基金形式进入中国资本市场的合格境外投资者（QFII），其持有人为日本的机构投资者，包括生命保险公司、财产保险公司和一些企业财团。该基金将获得批准的5 000万美元额度全部购买了在上海证券交易所挂牌的1～3年期记账式人民币短期国债。该基金的持有期为三年九个月。交通银行作为该基金的境内托管人，办理了基金在中国开立证券交易账户、行使收益人权利、负责外汇汇划及清算等各项事宜。银河证券和海通证券被聘为沪深证券交易所的交易经纪商。在获得QFII资格、外汇投资额度和开设人民币特殊账户后，当年3月1日至5日，该公司的“日兴中国人民币国债母基金”在日本募集成功，基金规模达5 000万美元。日本日兴资产管理公司成立于1959年，是日本三大资产管理机构之一，管理的资产达800亿美元。

30日 国家外汇管理局发布《关于调整经常项目外汇账户限额核定标准有关问题的通知》。该通知分档次核定经常项目外汇账户限额。将经常项目外汇账户可保留外汇的比例由上年度的20%提高到30%或50%。30%适用于上年度经常外汇支出占经常项目外汇收入的比例为80%以下的境内机构，50%适用于上年度经常外汇支出占经常项目外汇收入的比例为80%以上的境内机构。如上年度没有经常项目外汇收入，其开立经常项目外汇账户的初始限额不超过等值10万美元，同时取消经常项目外汇账户地区总限额。上述规定自2004年5月1日起执行。

4月

1日 四家财产保险公司推出新车贷险。2004年3月31日，中国保监会的官方网站（http://www.circ.gov.cn）公布：中国人民财产保险股份有限公司、中国太平洋财产保险股份有限公司、天安保险股份有限公司和永安财产保险股份有限公司于4月1日推出六款新车贷险产品。新车贷险产品中明确，保险公司承担保险责任以被保险人（贷款机构）向投保人（贷款购车人）取得有效的抵（质）押为前提；保险公司的保障范围为被保险人行使抵（质）押权后不足以弥补未偿还贷款本金及利息的差额部分。新车贷险免赔率不低于10%，期限不超过3年，首付款不得低于30%，且投保人（贷款购车人）必须是贷款车辆的最终使用人。新车贷险产品还增加了对投保人因疾病或意外事故所致死亡或残疾的保障，设定了多个保险费调整系数。

2日 中国银监会公布《商业银行与内部人和股东关联交易管理办法》。该管理办法规定商业银行的关联方包括关联自然人、关联法人或其他组织；关联交易是指商业银行与关联方之间发生的转移资源和义务的交易行为，包括授信、资产转移、提供服务等。该管理办法规定：商业银行与一个关联方之间单笔交易金额占商业银行资本净额1%以下，且该笔交易发生后商业银行与该关联方的交易余额占商业银行资本净额5%以下的交易为一般关联交易，超过1%和5%这两个标准的为重大关联交易。商业银行对一个关联方的授信余额不得超过资本净额的10%，对一个关联法人或其他组织所在集团客户的授信余额总数不得超过商业银行资本净额的15%，对全部关联方的授信余额不得超过商业银行资本净额的50%。该管理办法自2004年5月1日起施行。

关联交易（Affiliate Transaction） 是指公司或是附属公司与在本公司直接或间接占有权益、存在利害关系的关联方之间所进行的交易。关联方包括自然人和法人，主要指上市公司的发起人、主要股东、董事、监事、高级行政管理人员，以及其家属和上述各方所控股的公司。

5日 中国银监会发布《股份制商业银行非现场监管规程（试行）》。该规程将非现场监管分为信息收集与核实、信息分析与处理、信息反馈与使用、信息归档与管理等四个阶段，是监管部门开展非现场监管工作的指导性文件。

6日 十届全国人大常委会第八次会议通过修订后的《中华人民共和国对外贸易法》。其中新增加的一项内容是："国家通过进出口信贷、出口信用保险、出口退税及其他促进对外贸易的方式，发展对外贸易。"

7日 中国人民银行建立中国反洗钱监测分析中心。中国反洗钱监测分析中心（Chinese Anti-Money Laundering Monitoring and Analysis Center，CAMLMAC）是中国人民银行总行直属的、不以盈利为目的的独立的事业法人单位，是为人民银行履行组织协调国家反洗钱工作职责而设立的收集、分析、监测和提供反洗钱情报的专门机构。其主要职责是：会同有关部门研究、制定大额与可疑资金交易信息报告标准；负责收集、整理并保存大额与可疑资金交易信息报告；负责研究、分析和甄别大额与可疑资金交易报告，配合有关行政执法部门进行调查；按照规定向有关部门移送、提供涉嫌洗钱犯罪的可疑报告及其分析结论；按照规定向有关部门提交大额支付信息；研究分析洗钱犯罪的方式、手段及发展趋势，为制定反洗钱政策提供依据；负责研究大额与可疑资金交易信息管理项目的业务需求，参与项目的开发，负责系统的运行和维护；根据授权，承担与国外金融情报机构的交流与合作工作，配合人民银行有关部门进行反洗钱领域的对外交往事宜；承办人民银行授权或交办的其他事项。据《中国反洗钱报告2004》统计：截至2004年12月31日，中国反洗钱监测分析中心共接收本外币数据3 217 227笔、可疑交易报告10 740份。

△ 公安部、中国人民银行、国家外汇管理局发布《关于联合开展打击地下钱庄违法犯罪活动的通知》。三部门决定，于2004年4～12月在全国范围内联合开展打击地下钱庄违法犯罪活动，打击重点是从事非法买卖外汇等违法犯罪活动及协助进行洗钱和跨境资金转移的地下钱庄。该通知要求：中国人民银行和国家外汇管理局要加强对人民币和外汇大额与可疑资金交易的监测工作，并指定专人负责，各地要适时组织人员对本地区地下钱庄的现状、规模运营方式进行摸底，发现涉嫌犯罪的，要及时向公安机关移送；金融机构对发现的涉嫌洗钱和非法买卖外汇等违法犯罪活动交易线索要及时向公安机关报告，并积极协助、配合公安机关开展案件侦办工作。

据2005年2月24日公安部、中国人民银行和国家外汇管理局"打击地下钱庄违法犯罪联合行动总结表彰大会"资料：联合行动期间，各地共组织专项打击行动479次，打掉地下钱庄及非法买卖外汇交易窝点155个，涉案金额为125亿元人民币，缴获现金折合人民币1.1亿元，冻结存折及银行账户460个，冻结资金4 200多万元人民币，抓获违法犯罪嫌疑人274名，罚款金额为1 943万余元人民币。

8日 财政部、中国人民银行、中国证监会联合发布《关于开展国债买断式回购交易业务的通知》。该通知规定，全国银行间债券市场成员和证券交易所债券市场的机构投资者可以在这两个场所开展国债买断式回购交易业务。国债买断式回购交易的基本要素包括国债品种、交易方向、价格、回购期限、回购数量等，并以净价价格报价、全价价格结算。该项交易的最长期限为1年，交易规模不得超过控制上限。国债买断式回购交易，是指国债持有人将国债卖给购买方的同时，交易双方约定在未来某一日期，卖方再以约定价格从买方买回相等数量同种国债的交易行为。

2004年5月20日，15家金融机构首批获得从事买断式回购交易业务资格。同年12月6日，首只可用于买断式回购交易的国债品种——2004年记账式（10期）国债在上海证券交易所上市。买断式回购交易只通过上海证券交易所大宗交易系统进行，交易品种为7天、28天和91天，证券简称分别为0410 R007、0410 R028和0410 R091，证券代码分别为203001、203002和203003。

8～10日 全国非银行金融机构监管工作会议在合肥召开。会议指出，2004年非银行金融机构监管工作的具体目标是：要以风险监管为重点，以资本充足率为核心，依法加强合规监管，做好资产质量的监管，把非现场监管与现场监管有机结合起来。当前要特别注意查处信托公募、保底、挪用和关联交易行为。据中国新闻网（http：//www. chinanews. com. cn）资料：截至2003年年底，中国银监会负责监管的信托投资公司、企业集团财务公司和金融租赁公司等三类非银行金融机构总资产8 250亿元，比2002年增长1 666亿元；总负债7 324亿元，比2002年增长1 559亿元；所有者权益926亿元，比2002年增长107亿元；利润57亿元，比2002年增长17亿元。不良资产绝对额385亿元，占资产总额的4.7%。

8日　中国工商银行分别与瑞士信贷第一波士顿、中信证券、中诚信托投资公司签署工商银行宁波市分行不良资产证券化项目的相关协议。根据协议，工商银行宁波市分行以其26亿元贷款资产产生的未来现金流为支持，设计证券化产品，向投资者进行转让。瑞士信贷第一波士顿担任财务顾问，主要是从交易结构上要求符合国际惯例，制订资产管理和资产处置计划，对投资者进行指导；中信证券作为前期的联合顾问和后期的承销人，主要参与资产管理和资产处置计划的编制和后期的承销；中诚信托作为受托人搭建平台。工商银行总行从法律、财务、会计核算等角度为项目提供全面支持。

工商银行宁波市分行账面价值26亿元的资产包，经过调查与评估，设立了价值约8亿元3年期的特殊目的信托，并从签约日起开始推介。根据现金流的不同信用等级，工商银行将产品的受益权分为A、B、C三级。A级受益权产品2亿元、一年期、5.01%、优先受偿权；B级受益权产品4亿元、三年期、5.10%、工商银行回购承诺；C级受益权产品2.2亿元、三年期、工商银行保留。购买这一信托产品的全部是境内的机构投资者。这是我国国有商业银行首次采用证券化方式处置不良贷款。

△　中国人寿母公司——中国人寿保险（集团）公司审计事件结案。中国人寿在香港联合交易所发布公告表示：审计署2004年3月30日向公司控股股东中国人寿保险（集团）公司作出审计决定书，原中国人寿保险公司（中国人寿保险（集团）公司的前身）应缴纳税金和罚金总计约为人民币6 749万元（约815万美元），其中罚金为1 109万元。根据公司与集团公司2003年9月30日订立的重组协议，集团公司将承担审计署审计决定中涉及原中国人寿保险公司的一切责任。

在当年1月30日召开的全国审计工作会议上，审计署审计长李金华发表了题为《求真务实、开拓创新，进一步提高审计工作质量和水平》的报告。报告指出：2002年全国统一组织对工商银行总行及21个分行和中国人寿保险公司系统进行了审计。对人寿保险公司资产负债损益情况的审计，查出非法代理、超额退保等不正当竞争问题金额23.74亿元；以出借、投资等方式违规运用保险资金24.82亿元；私设“小金库”3 179万元。审计还发现违法犯罪案件线索28件，涉案金额为4.89亿元。

9日　国务院第47次常务会议召开。针对部分行业低水平盲目扩张和信贷增长过快、产业结构失衡等突出问题，会议提出“适时适度、有力有效、区别对待、不‘一刀切’、不‘急刹车’、采取‘点刹车’”的宏观调控指导方针。

“一刀切”、“急刹车”和“点刹车”

“一刀切”、“急刹车”和“点刹车”是我国政府在对宏观经济进行调控时所采取的有差别的政策措施。“一刀切”通常是指在实施某一政策或措施时，事先通过选择某一指标、方式等条件确定某一标准，将不符合标准的主体完全排除在将要实行的政策或措施之外，也就是说不考虑各主体之间的差别将所有符合标准的主体同等对待，实施统一政策或措施；“急刹车”通常意味在经济调控过程中，在经济主体无任何预期的情况下，对业已实施的政策和措施突然予以停止，或是突然宣布实施与现有政策或措施完全相反的政策措施，比如将原来扩张性的财政政策突然改为紧缩性财政政策；“点刹车”通常意味在经济调控中，在经济主体没有预期或部分已有预期的情况下，采取与现有政策或措施略有不同的政策措施，但力度弱于“急刹车”，与原有政策措施尚有一定连续性，从而避免了对经济可能产生的强烈冲击。就对经济的影响力度而言，依次为“点刹车”、“一刀切”、“急刹车”。

12日 中国人民银行发布《全国银行间债券市场债券买断式回购业务管理规定》。该规定明确，买断式回购的债券券种范围与用于现券买卖的相同。市场参与者从事该项业务应在买断式回购主协议中写明履约保证条款。买断式回购期间，交易双方不得换券、现金交割和提前赎回，到期交割时应具有足额的债券和资金，以净价交易，全价结算。回购期限由交易双方确定，但最长不得超过91天。任何一家市场参与者单只券种的待返售债券余额应小于该只债券流通量的20%，待返售债券总余额应小于自营债券总量的200%。该规定自2004年5月20日起施行。

14日 德隆危机爆发。“德隆系”的新疆屯河（600737）、湘火炬（0549）、合金投资（000633）三只股票跌停。自2004年3月初以来，在资金链断裂、债权人不断上门逼债的压力下，“德隆系”股价开始暴跌，湘火炬A从2003年年末的16.07元跌到了8.4元，新疆屯河从14.62元跌到了8.88元，合金投资从29.11元跌到了20.72元。1997年3月以来，在德隆国际战略投资有限公司总裁唐万新决策和指挥下，新疆德隆、德隆国际利用自有资金和部分委托理财资金，使用24 705个股东账号，采取连续买卖、自买自卖等手法，长期大量买卖新疆屯河、合金投资、湘火炬A股票，造成3只股票价格异常波动。截至当日，新疆德隆、德隆国际累计买入上述3只股票678亿元，共非法获利98.61亿元。其间，3只股票的最高持仓比例全部高达91.5%以上，自买自卖量占总交易量的最高比例全部在99.83%以上。

德隆国际战略投资有限公司（以下简称德隆）是中国民营资本中的“超级航母”，1986年创立于新疆乌鲁木齐。2000年年初在上海浦东新区注册，控股新疆德隆集团和新疆屯河集团，注册资本为5亿元人民币。德隆形成规模投资的领域有：制造业，包括汽车零配件、重型车、电动工具、番茄酱及经济作物深加工、水泥等；流通业，包括城市商品流通业、农村农资超市等；服务业，包括金融和旅游文化服务等。“德隆系”的资产主要分为两大部分：一是实业企业，二是金融企业，是一个跨地区、跨产业的大型公司。德隆正式控股的上市公司一度达到6家，除了上述“老三股”以外，还有北京中燕（600763）、重庆实业（000736）和天山股份（000877）成为“新三股”，而曾与其密切合作的上市公司有40余家。这些上市公司被德隆占用的资金总额超过40亿元。与此同时，德隆还将相当多的流通股进行质押以获得资金。德隆获得银行贷款的方式是：先由上市公司贷出用于下一步并购所需资金，并购完成后，再由下一级被并购企业向银行贷款，反过来由上市公司担保。这些资金虽然不直接归德隆使用，但是德隆通过层层控股，对这些资金拥有绝对的支配权。

“德隆系”是市场上对以德隆集团、新疆德隆、屯河集团三家控股集团为核心，以其下属新疆屯河、天山股份、湘火炬、合金投资四家上市公司为支柱的企业集团的称谓。截至2004年年末，“德隆系”控股、参股企业有200家左右；“德隆系”控制和关联的金融机构有：证券公司7家、信托投资公司3家、租赁公司2家、城市商业银行4家、保险公司2家。

15日 中国人民银行发布《关于中国人民银行停止代理商业银行兑付跨系统银行汇票的通知》。该通知明确：从2004年4月1日起，人民银行停止办理股份制商业银行签发的跨系统银行汇票的代理兑付业务。汇票的代理兑付业务，由商业银行按照2000年6月17日中国人民银行发布《支付结算业务代理办法》的有关规定相互代理。

△ 中国保监会下发《关于实施财产保险公司条款费率事后备案制度有关问题的通知》。该通知决定改革现行财产保险公司条款费率管理制度。财产保险总公司开发、引用或修订的保险产品，除规定需要审批或事前备案的保险产品外，总公司应当在批准销售后的7个工作日内向中国保监会进行事后备案。省级分公司、外资财产保险公司分公司向所在地保监局进行事后备案。该通知自2004年5月1日起执行。

19日　首次全国范围商业银行反洗钱专项检查正式启动。中国人民银行印发《关于专项检查商业银行反洗钱工作的通知》决定，对全国范围商业银行反洗钱工作进行专项检查。此次专项检查共历时4个多月，中国人民银行成立检查组752个，动用检查人员3 906名，77家主报告行受到处罚，金额达170余万元。截至2004年7月，国内各商业银行全部成立了反洗钱工作领导小组和相关办事机构，全国金融机构共有反洗钱岗位91 313个，反洗钱专（兼）职人员92 743人。

同年12月24日，中国人民银行反洗钱局公布对商业银行反洗钱工作专项检查结果。2004年1～9月，人民银行各分支行对13.17万笔本外币可疑交易进行了分析和筛选，涉及金额达到776.8亿元人民币和90.35亿美元，向各级公安机关移交涉嫌洗钱案件900多件。反洗钱局表示，证券、保险等领域也存在可疑交易，也将成为监控的重点；新疆、云南、上海、深圳等地是反洗钱的重点区域。

△　金融监管部门反洗钱工作协调机制正式建立。金融监管部门反洗钱工作协调机制由中国人民银行牵头，中国银监会、中国证监会、中国保监会和国家外汇局参加，以规划、统筹、协调金融业的反洗钱工作，统一协调银行、证券、保险、外汇等金融监管部门的反洗钱职责，减少重复监管，避免监管盲区。

△　中国保监会出台《推进人身保险条款通俗化工作指导意见》。该指导意见要求，寿险公司制定的人身保险条款应语言流畅、语句通顺、文字浅显易懂、内容完整，便于理解。从方便消费者理解的角度出发，合理安排人身保险条款顺序、设计版面、格式及字体，并通过增加目录、索引、提示等，方便消费者阅读。

同年6月1日，信诚人寿推出国内首张通俗条款保险单。这份保险单对部分专门称谓作了更通俗的表达。例如："投保人"、"保险人"改为"您"、"我们"；"保险金受益人"改为"保险金受益人（我们的理赔金支付给谁）"。一些比较专业的术语，也以更为口语化的形式表达，或附加个案。例如："犹豫期"标注"合同撤销权"；"提前给付重大疾病保险的保险责任"增加表格举例，显示一位30周岁的保险人患重大疾病后的赔付。通俗保单在内容上新增了投保人"减少保险费"、"增加保险费"等条款规定，并增加了标题和目录，方便市民检索。

21日　中国银监会发布《关于规范向农村合作金融机构入股的若干意见》。该文件明确了向农村合作金融机构入股的原则和条件：向农村合作金融机构入股，应坚持入股自愿、风险自担、服务优惠、利益共享的原则。向农村合作金融机构入股，应由入股人自主决定，任何单位和个人均不得强制。自然人、企业法人和其他经济组织符合向金融机构入股条件的，均可申请向其户口所在地或注册地的农村合作金融机构入股，成为农村合作金融机构社员（股东）。股东须以货币资金和自有资金入股，不得以实物资产、债权、有价证券等形式作价入股，不得以金融机构贷款入股。农村合作金融机构不得与工商企业以换股形式相互入股，不得接受各级人民政府财政资金直接入股。金融机构向农村合作金融机构入股，应报经银行业监督管理机构批准。该文件对股权设置、股金管理、股金证管理和其他事宜作了具体规定。

△　中国银监会发布《关于加强对金融租赁公司关联交易业务监管的通知》。该通知指出：金融租赁公司通过关联交易向股东及其关联企业大量融资，潜在风险很大。该通知要求：各金融租赁公司要明确股东大会、董事会、经营管理层的权限，涉及公司关联交易业务时必须经董事会集体研究决定；金融租赁公司必须按月、季、半年向监管部门报送关联交易业务报表和关联交易情况的报告，并在会计报表附注中披露有关关联交易事项；金融租赁公司对单一股东及其关联企业通过各种形式的融资余额不得超过该股东在金融租赁公司投资额的50%；违反上述规定的金融租赁公司，按照相关规定处理。

23日　劳动和社会保障部、中国银监会、中国证监会和中国保监会联合发布《企业年金基金管理试行办法》。该试行办法规定，企业年金基金财产的投资范围，限于银行存款、国债和其他具有良好流动性的金融产品，包括短期债券回购、信用等级在投资级以上的金融债和企业债、可转换债、投资性保险产品、证券投资基金、股票等。企业年金基金投资比例分别为：按市场价计算，投资银行活期存款、中央银行票据、短期债券回购等流动性产品及货币市场基金的比例不低于基金净资产的20%；投资定期存款、协议存款、国债、金融债、企业债等固定收益类产品及可转换债、债券基金的比例不高于基金净资产的50%，其中投资国债的比例不低于净资产的20%；投资股票等权益类产品及投资性保险产品、股票基金的比例不高于基金净资产的30%，其中，投资股票的比例不高于净资产的20%。

该试行办法规定，单个投资管理人管理的企业年金基金财产，投资于一家企业所发行的证券或单只证券投资基金，按市场价计算，不得超过该企业所发行证券或该基金份额的5%；也不得超过其管理的企业年金基金财产总值的10%。企业年金基金财产不得相互出资或相互持有股份。企业年金基金必须进行专户管理。基金的受托人为企业年金理事会或符合国家规定的养老金管理公司，注册资本应不少于1亿元人民币，且必须维持不少于1.5亿元人民币的净资产。基金的投资管理人可由具有受托投资管理、基金管理或资产管理资格的独立法人担任，负责基金财产的投资。其中，综合类证券公司注册资本不少于10亿元人民币，且必须维持不少于10亿元人民币的净资产；基金管理公司、信托投资公司、保险资产管理公司或其他专业投资机构注册资本不少于1亿元人民币，且维持不少于1亿元人民币的净资产。投资管理人要从当期收取的管理费中，提取20%作为企业年金基金投资管理风险准备金，专项用于弥补基金的投资亏损。账户管理人的注册资本应不少于5 000万元人民币。基金托管人由商业银行或专业机构担任，但投资管理人与托管人不得为同一人，单个企业年金计划也只能选用一家商业银行或专业机构担任托管人。托管人的净资产应不少于50亿元人民币，并应设立专门的基金托管部门。托管人不得将托管的企业年金基金财产与其固有财产或托管的其他财产混合管理，不同企业年金基金财产不得混合管理。

该试行办法规定，受托人、投资管理人、托管人提取的管理费，不得高于基金财产净值的0.2%、1.2%和0.2%。账户管理人的管理费按每户每月不超过5元人民币的限额，由设立企业年金计划的企业另行缴纳。该试行办法自2004年5月1日起施行。

25日 中国人民银行提高存款准备金率。中国人民银行于2004年4月12日发布的《关于提高存款准备金率的通知》规定：执行7%存款准备金率的中国农业发展银行、国有独资商业银行、股份制商业银行、城市商业银行、农村商业银行、农村合作银行、信托投资公司、财务公司、金融租赁公司和有关外资金融机构，将执行7.5%的存款准备金率。执行7.5%存款准备金率的金融机构，将执行8%的存款准备金率。农村信用社和城市信用社暂缓执行提高0.5个百分点存款准备金率的规定，仍执行6%存款准备金率。

△ 中国保监会发布《保险资产管理公司管理暂行规定》。该暂行规定包括总则，设立、变更和终止，经营范围和经营规则，风险控制和监督管理以及附则共5章53条。该暂行规定要求，设立保险资产管理公司，应当至少有一家股东或者发起人为保险公司或者保险控股（集团）公司。该保险公司或保险控股（集团）公司应当具备经营保险业务8年以上；净资产不低于10亿元人民币；总资产不低于50亿元人民币，其中保险控股（集团）公司和经营有人寿保险业务的保险公司总资产不低于100亿元人民币；资金运用部门集中运用管理的资产占公司总资产的比例不低于50%，其中经营有人寿保险业务的保险公司不低于80%等条件。境内保险公司合计持有保险资产管理公司的股份不得低于75%；保险资产管理公司的注册资本最低限额为3 000万元人民币或者等值的自由兑换货币。经营范围包括：受托管理运用其股东的人民币、外币保险资金；受托管理运用其股东控制的保险公

司的资金；管理运用自有人民币、外币资金。保险资产管理公司自有资金与受托管理资金在同一投资渠道的总投资比例和单一投资对象的投资比例应当分别计算。保险资金的管理运用限于银行存款、买卖政府债券、金融债券等；开展外汇资金运用业务和其他外汇业务，应当经国家外汇管理部门批准。保险公司和其委托的保险资产管理公司应当约定独立的托管人，托管人应当是符合中国保监会规定条件的商业银行或者其他专业金融机构。保险资产管理公司依照合同约定取得资产管理费，并将其情况向中国保监会报告。中国保监会可以制定保险资产管理费率的标准。中国保监会对保险资产管理公司实施监督管理。该暂行规定于2004年6月1日起施行。

26日 国务院发布《关于调整部分行业固定资产投资项目资本金比例的通知》。针对投资增长过快、新开工项目过多、在建规模过大，投资结构不合理，钢铁、电解铝、水泥行业盲目投资、低水平重复建设现象严重，房地产开发投资增幅过高，开发资金过多依赖银行贷款等问题，国务院决定对1996年实行的有关钢铁、电解铝、水泥、房地产开发行业建设项目资本金比例进行调整：钢铁项目资本金比例由25%及以上提高到40%及以上；水泥、电解铝、房地产开发项目（不含经济适用房项目）资本金比例由20%及以上提高到35%及以上。

△ 中国人民银行召开全国支付结算工作会议。会议提出当前的工作重点：一是规范和推行商业汇票、支票、贷记卡、信用证等信用支付工具的使用；二是确立电子签名在支付业务中的合法地位，规范和促进网上支付等电子支付业务的发展；三是积极改善个人支付结算服务，推广转账结算，减少现金使用；四是研究试行融资性票据，拓宽企业直接融资的渠道；五是加快建设推广大额支付系统，同时抓紧开发建设小额支付系统。这是中国人民银行职能调整之后首次召开全国支付结算工作会议。

28日 国务院第49次常务会议召开，监察部、国家发展和改革委员会等部门汇报了对江苏铁本钢铁有限公司违规建设钢铁项目查处情况。铁本事件是一起典型的地方政府及金融机构重复建设、布局失控、越权贷款的重大案件。其中有关金融机构存在贷前审查不严、贷后监控不力，严重违反国家固定资产贷款审贷和现金管理规定等问题。截至2004年2月末，当地六家金融机构对铁本公司及其关联企业合计授信余额折合人民币43.39亿元。六家金融机构包括常州的中国银行、农业银行、建设银行、广发银行、浦发银行和常州武进农村信用社联社。

铁本事件 铁本事件即江苏铁本钢铁有限公司违规事件，是一起典型的当地政府及地方有关部门失职违规，企业涉嫌违法、违规的重大事件。江苏铁本钢铁有限公司是一家民营钢铁企业，成立于1997年。该公司于2002年年初筹划在常州市和扬中市建设设计能力为840万吨的大型钢铁联合项目，概算总投资105亿元人民币，2003年6月进入现场施工。在项目建设过程中，当地政府及地方相关行政管理部门严重违反国家有关法律、法规，越权审批项目，违规拆分审批征用土地，违规组织实施征地拆迁工作，对企业违法行为监管不力。铁本公司严重违反《国家环境保护法》、《环境影响评价法》的有关规定，在未取得环保部门批复环境影响报告书的情况下擅自开工建设；违反《土地管理法》，在未取得合法土地征地批准文件的情况下即动工建设；通过提供虚假财务报表骗取银行信用和贷款，挪用银行大量流动资金贷款。此外，铁本公司存在大量的偷税漏税行为，涉嫌经济犯罪。2004年3月江苏省政府责令该项目全面停工。国务院2004年4月28日常务会议决定，该项目停止建设，并责成江苏省和有关部门处理这起案件的有关责任人。江苏省委、省政府和银监会派出机构于2004年4月28日对涉及失职违规的8名政府和有关银行的相关责任人分别给予党纪、政纪处分及组织处理。

△ 中国保监会发布《保险资金运用风险控制指引（试行）》。该指引包括总则，风险控制的基本原则，组织环境控制，风险控制的主要内容，检查、监督与评价，附则共6章80条，风险控

制的主要内容包括：1. 资产负债管理。保险公司经营管理层应制定保险资金运用的投资指引，包括投资范围、资产的战略配置、投资权限分配、投资限制、绩效考核等内容。2. 投资决策管理。保险公司和保险资产管理公司的投资决策应符合保险资金运用的投资范围、投资限制等要求，并应建立健全相对集中、分级管理、权责统一的投资决策授权制度，并对授权情况进行检查和逐级问责。保险公司和保险资产管理公司的投资决策权限可实行总额控制或比例控制。3. 投资交易管理。投资交易应实行集中交易制度，即保险资金运用的所有交易指令必须由独立的交易部门负责执行。4. 风险技术系统管理。保险公司和保险资产管理公司应建立一套完备的风险控制量化指标体系，量化指标至少应包括以下内容：合规性指标、财务绩效指标、资产质量指标、市场风险指标（包括利率、汇率、价格波动率等）、信用风险指标、流动性风险指标、操作风险指标、资产负债匹配风险指标等。5. 信息技术系统管理。保险公司和保险资产管理公司应严格制定保险资金运用信息技术系统的管理制度。保险资金运用信息系统的日志至少保存15年。6. 会计核算管理。保险资产管理公司受托管理资产的会计核算应独立于自有资产的会计核算，保险资产管理公司的公司会计岗位与受托资产会计岗位不得有人员重叠。7. 人力资源管理。保险公司和保险资产管理公司的资金运用部门与信息部门、财务部门、风险管理或稽核部门的人员不得相互兼任。该指引自2004年6月1日起施行。

29日 中国银监会发表三条“窗口指导”。针对“银行从4月27日到‘五一’期间停止发放任何企业和个人贷款”的传言，中国银监会指出：1. “五一”长假前不要突击发放5月份的贷款，但对于已经签订贷款合同的，要严格按照贷款合同要求发放贷款。2. 对于符合国家产业政策和市场准入条件的项目，要继续给予大力支持；对煤炭、电力、石油、运输、供水等公共设施、基础设施项目，要给予重点倾斜。3. 各商业银行要树立资本充足和充足拨备的审慎管理理念，修改完善对分支机构的考核指标，强化资本约束机制。

30日 国家发展和改革委员会、中国人民银行、中国银监会联合下发《关于进一步加强产业政策和信贷政策协调配合，控制信贷风险有关问题的通知》和《当前部分行业制止低水平重复建设目录》。

为切实解决当前部分行业低水平盲目扩张和信贷增长过快，产业结构失衡等突出问题，该通知规定：对属于禁止类目录的国家明令淘汰的生产能力、工艺和产品建设项目，一律停止建设，对已建成的项目要坚决限期淘汰、依法关闭；各金融机构要立即停止各种形式的新增授信支持，对已实施的项目授信要采取妥善措施予以收回。对于限制类目录所涉及的建设项目，各级投资主管部门要立即停止审批，拟建项目一律停止建设；在建项目暂停建设，由各级投资主管部门牵头进行清理整顿，区别对待，分类处理；在清理整顿期间，各金融机构要停止给予新的各种形式授信支持。

该目录分为禁止类和限制类，主要涉及钢铁、有色金属、机械、建材、石化、轻工纺织、医药、印刷等行业。

△ 中国银监会下发《关于认真落实国家宏观调控政策，进一步加强贷款风险管理的通知》。该通知规定：1. 严格执行贷款损失足额拨备和资本充足率达标的要求，切实提高抵御风险能力。2. 认真做好贷款五级分类工作，切实加强对不良资产的监测和考核。3. 加强对集团客户授信业务的风险管理，注意控制贷款集中度风险和关联交易。4. 加强信贷政策与产业政策的配合，着力推进资产结构调整。5. 中国银监会要建立重大违约情况通报制度，提高对恶意违约风险的整体防范能力。6. 各商业银行要建立和完善科学的管理信息系统，提升内部管理和控制水准。7. 各商业银行要建立授信业务尽职调查制度，全面落实信贷风险管理的岗位职责。

△ 财政部发布《金融资产管理公司资产处置管理办法（修订）》。该管理办法规定：公司可通过追偿债务，租赁或者以其他形式转让、重组，债权转股权等方式处置资产。公司转让不良资产应采取竞标、竞价方式，至少有3家以上

（含3家）投标人投标方为有效。公司拍卖处置资产，应采取公开方式选择有资质的拍卖中介机构，拍卖底价的确认按资产处置程序办理。公司可对债权资产进行打包转让，打包转让的单包资产账面原值合计1亿元（含1亿元）以下、完全由呆账类债权构成的单包资产账面原值的合计5亿元（含5亿元）以下时，转让方式和价格由公司按资产处置程序自行确定；超过上述数额时，公司应先征求债权所在地专员办意见后，再由公司资产处置专门审核机构审议决定，并报财政部备案。公司要对"债转股"企业改制实行限期管理，对"债转股"方案批准后超过规定期限仍未注册新公司的要恢复计息，对不具备实施"债转股"条件的要及时恢复行使债权，按规定进行处置。公司所持"债转股"企业股权实行转让，转让方式和价格由公司自主确定。该管理办法对处置机构、处置审批、处置管理、处置损失和监督检查作了具体规定，自发布之日起施行。财政部于2000年11月8日发布的《关于印发〈金融资产管理公司资产处置管理办法〉的通知》同时废止。

5月

1日　国务院办公厅转发国家发展和改革委员会、国土资源部、国家工商总局、国家质检总局、国家环保总局、中国银监会、中国电监会等部门《关于对电石和铁合金行业进行清理整顿的若干意见》。该文件指出：电石和铁合金行业是高能耗、高污染产业，近年来，一些地区和企业受利益驱动，违反国家产业政策，纷纷新建、扩建电石和铁合金生产能力，甚至大量建设国家明令淘汰和禁止发展的电石、铁合金生产装置。电石和铁合金工业大规模低水平重复建设和盲目发展，不仅造成了资源浪费和严重环境污染，而且加剧了电力供应紧张的局面。为此，该文件提出：1. 对现有电石、铁合金生产企业和在建（拟建）电石、铁合金项目进行全面清理整顿。2. 对违反国家产业政策和有关规定的在建及已批准立项的电石、铁合金生产项目要停止建设，根据具体情况，再行处理。3. 地方各级人民政府要全面清理并取消电石、铁合金企业享受的优惠电价、优惠税收、优惠供地等政策。银行业监管部门要加强对银行等金融机构执行国家政策情况的监管。4. 尽快制定电石、铁合金行业准入条件，对工艺、技术、装备、规模、能源、资源消耗和环境保护提出明确的指标要求。5. 充分发挥行业协会等社会中介组织的作用。

同年5月13日，中国人民银行转发了这份文件，要求人民银行各分支机构于2004年5月28日前，完成对辖区内各金融机构向电石、铁合金行业贷款投放情况的摸底调查及清理整顿工作。

10日　中国保监会发布《关于外国财产保险分公司改建为独资财产保险公司有关问题的通知》。该通知规定，外资财产保险公司分公司只要开业满1年，达到最低2亿元的注册资本要求，偿付能力符合所在国或地区偿付能力标准，无重大违法、违规行为，均可提出将分公司改建为外商独资子公司的申请。需要提交的申请材料包括改建申请、改建报告、母公司的担保书等。此前，外资财产保险公司只能以分公司的形式在中国展业。

△　中国证监会公布我国证券市场首批保荐机构和保荐代表人的名单。经过审核，有67家证券公司和609名考试成绩合格者被分别注册登记为保荐机构和保荐代表人，这标志着我国证券市场上的保荐制度将得到全面实施。

11日　中国人民银行发布2004年第一季度《中国货币政策执行报告》。该报告指出：2004年第一季度全球经济增长开局良好，越来越多的国家和地区加入经济恢复和增长行列。我国国内生产总值增长9.7%。2004年第一季度，人民银行不断加强和改进金融调控，综合运用多种货币政策手段，对货币信贷总量及结构进行调控，高度重视防止通货膨胀，同时抓紧金融调控制度性建设。3月末，广义货币M_2余额为23.2万亿元，同比增长19.1%。第一季度金融机构实际增加贷款8 351亿元，占全年预期目标2.6万亿元的32%，同比多增247亿元；金融机构"短存长贷"现象隐含的系统性风险也应给予关注。

3月末，金融机构本外币各项存款余额为23.3万亿元，增长19.6%。人民银行基础货币余额为5.05万亿元，比年初减少1 788亿元。金融机构超额准备金率平均为4.28%，比上年同期低0.84个百分点。3月末，国家外汇储备达4 398亿美元，比2003年年底增加365亿美元；人民币汇率为1美元兑换8.2771元人民币，继续保持稳定。该报告提出下一阶段稳健货币政策的取向是适度从紧，要防止“急刹车”，避免大起大落，促进经济平稳发展。

△ 中国人民银行发布《关于专项检查风险处置类再贷款的通知》。该通知决定：中国人民银行将组织10个检查组，对16家高风险金融机构占用风险处置类再贷款资金进行专项检查。检查重点是：使用风险处置类再贷款兑付自然人债务合法本息的依据；是否按有关规定及要求下拨、使用再贷款资金；中国人民银行下达的再贷款限额和实际发放数额；自然人债务合法本息兑付的详细情况；逐笔检查使用再贷款资金的金融机构是否按规定用途使用再贷款资金，有无挤占挪用现象，如有挤占挪用现象是如何处理的；各清算组核定自然人债务合法本息的依据是否合理，证券业务托管机构核定股民保证金缺口的依据是否合理；对风险处置类再贷款是否作债权登记；风险处置类再贷款发放、使用、归还和管理中存在的主要问题。被检查的机构是：海南赛格国际信托投资公司停业整顿工作组、海南华银国际信托投资公司停业整顿工作组、三亚中亚信托投资公司停业整顿工作组、海南国际租赁有限公司停业整顿工作组、鞍山证券公司清算组、佳木斯证券有限责任公司撤销清算组、中国人民银行关闭中国新技术创业投资公司清算组、中国华阳金融租赁有限责任公司清算组、山西华康信托投资有限责任公司清算组；撤销海南港澳国际信托投资公司清算组（中国东方资产管理公司），以及与上述清算组（工作组）使用再贷款资金兑付自然人债务和外债合法本息、弥补股民保证金有关的人民银行分行（营业管理部）、商业银行、证券公司、信托公司等金融机构。

截至2005年6月，16家市场退出机构当中，已有10家机构经国务院批准破产，其中有2家已进入法院的破产审查程序，有5家正在准备进入破产审查程序。

13日 中国保监会发布修订的《保险公司管理规定》。与2000年1月3日公布的《保险公司管理规定》相比，修订的主要内容有：1. 关于设立保险公司。新规定删除了将保险公司分为全国性和区域性的规定，将设立保险公司的最低资本金要求统一规定为2亿元人民币。将原规定中分业经营原则删除。2. 新规定要求保险公司在总公司住所地以外的省、自治区、直辖市开展业务应当设立分公司。是否设立分公司以及分公司以下是否设立分支机构由公司决定。设立分公司应当增加一定资本金。保险公司以法定最低资本金额即2亿元人民币设立的，在每一省级区域内首次申请设立分公司，应当增加资本金至少人民币2 000万元。如果申请设立分公司时，保险公司资本金额已达到前述规定的资本金增加后的额度的，可不再增加相应的资本金。保险公司资本金总额达到人民币5亿元，在偿付能力充足的情况下，增设分公司不需要增加资本金。3. 关于保险公司变更事项，除改变组织形式、变更资本金、变更10%以上股权和分立、合并事项规定须报经批准外，其他变更名称、修改章程、调整业务范围、变更营业场所等事项统一由批准修改为核准，变更10%以下股权改为备案。保险公司分支机构变更事项中，除撤销仍然要批准外，变更营业场所由审批改为备案，变更名称、合并、调整业务范围的审批改为事后报告。保险公司申请撤销分支机构的必须向中国保监会说明理由，并且提交业务后续处理方案。保险分支机构撤销、合并的应当进行公告，并书面通知投保人和被保险人，就有关事项充分告知。4. 新规定将中国保监会《向保险公司投资入股暂行规定》的主要内容充实了进来，同时将保险公司单一法人股东（包括其关联方）持股比例上限提高到20%。境内上市的保险公司，同样遵守有关单一股东投资比例限制的规定。参股保险公司的境外股东原则上应为境外金融机构，全部参股比例应当低于25%。达到或超过25%的适用于外资保险公司管理规定。新规定自2004年6月15日起施行，原规定同时废止。

14 日 上海金茂大厦投保“恐怖主义责任险”。上海金茂大厦与中国人民财产保险股份有限公司中山市分公司和中国平安财产保险股份有限公司上海分公司签订 2004 年的财产保险单，两家保险公司以 6:4 的比例共同承保，承保金额为6.3 亿美元，其中关于恐怖主义责任险的附加保险金额达 1.5 亿美元，签订为期 1 年。金茂大厦高度仅次于马来西亚吉隆坡的双塔大厦和美国芝加哥的西尔斯大厦，是目前国内第一、世界第三高楼。“恐怖主义责任险”是在美国“9·11”事件之后出现的新险种，其保障范围是在恐怖主义事件中发生的损失，包括人身、财产、住宅等方面的赔偿，但保费较一般险种要高几倍甚至是几十倍。在此之前，世界上大多数国家的保险公司都在保险条款中将恐怖袭击和战争列为“例外责任”，不予理赔。

17 日 国家外汇管理局发布《关于改进外商投资企业资本项目结汇审核与外债登记管理工作的通知》。该通知规定：外商投资企业申请资本项目结汇，一次结汇金额在 20 万美元以上的，须提供有关结汇资金用途的书面支付命令。不准其以外债资金结汇偿还人民币债务。外商投资企业举借的中长期外债实行支付结汇制度，对资本项目一次结汇金额在 20 万美元以上的，企业须提供有关结汇资金用途的书面支付命令；将外资企业举借的中长期外债累计发生额和短期外债余额之和，严格控制在审批部门批准的项目投资总额和注册资本之间的差额以内。该通知自 2004 年 7 月 1 日起实施。

△ 《深圳证券交易所设立中小企业板块实施方案》公布。中小企业板块的总体设计是在现行法律、法规不变，发行上市标准不变的前提下，在深圳证券交易所主板市场中设立的一个运行独立、监察独立、代码独立、指数独立的板块。设立初期的制度安排是：1. 发行制度。中小企业板块主要安排主板市场拟发行上市企业中流通股股本规模相对较小的公司在该板块上市，并根据市场需求，确定适当的发行规模和发行方式。2. 交易及监察制度。一是改进开盘集合竞价制度和收盘价的确定方式，进一步提高市场透明度，遏制市场操纵行为；二是完善交易信息公开制度，引入涨跌幅、振幅及换手率的偏离值等监控指标，并将异常波动的股票纳入信息披露范围，按主要成交席位分别披露买卖情况；三是完善交易异常波动停牌制度，优化股票价量异常判定指标，及时揭示市场风险，减少信息披露滞后或信息提前泄露的影响。3. 公司监管制度。一是建立募集资金使用定期审计制度；二是建立涉及公司发展战略、生产经营、新产品开发、经营业绩和财务状况等内容的年度报告说明会制度；三是建立定期报告披露上市公司股东持股分布制度；四是建立上市公司及中介机构诚信管理系统；五是建立退市公司股票有序快捷地转移至股份代办转让系统交易的机制。

18 日 中国人民银行印发《全国银行间债券市场债券买断式回购主协议》，授权全国银行间同业拆借中心会同中央国债登记结算有限责任公司向银行间债券市场参与者公布并组织签署。中国人民银行货币政策司于2000 年 7 月 28 日公告的“全国银行间债券市场债券回购主协议”更名为“全国银行间债券市场债券质押式回购主协议”，协议内容不变。当日，中国工商银行、中国农业银行、中国银行、中国建设银行、交通银行、招商银行、上海银行、杭州市商业银行、汇丰银行上海分行、鄞州农村合作银行、东莞农村信用合作联社、国泰君安证券股份有限公司、中信证券股份有限公司、华安基金管理有限公司、华泰财产保险服从有限公司等 18 家机构，首批签署了《全国银行间债券市场债券买断式回购主协议》。自 5 月 20 日中国工商银行与上海银行通过交易系统达成首笔买断式回购成交起，截止到 6 月 2 日，10 个交易日共有 18 家机构成交 21 笔、金额 17.14 亿元。6 月 3 日，全国银行间同业拆借中心与中央国债登记公司共同组织的国债买断式回购主协议签约仪式在上海举行。至此已有 200 多家市场参与者签署了主协议。

19 日 国务院取消和调整第三批 495 项行政审批项目。其中取消证监会、保监会和银监会的行政审批项目共 68 项、外汇管理局的 8 项。

△ 深圳证券交易所发布《中小企业板块交易特别规定》和《中小企业板块上市公司特别规定》。《中小企业板块交易特别规定》明确：中小企业板块股票的开盘集合竞价将以开放式集合竞价的方式进行，并采用集合竞价的方式确定收盘价。中小企业股票交易属于异常波动的，应当停牌，交易所公布该股票交易异常波动期间累计成交金额最大的5家会员营业部或席位的名称及其买入金额、卖出金额。中小企业股票交易出现下列情况之一的，属于异常波动：连续3个交易日内日收盘价格涨跌幅偏离值累计达到±20%的；ST和＊ST股票连续3个交易日内日收盘价格涨跌幅偏离值累计达到±15%的；连续3个交易日内日均换手率与前5个交易日的日均换手率的比值达到30倍，并且该股连续3个交易日内的累计换手率达到20%的。另外，深交所将推出中小企业板块指数，并改进交易公开信息披露制度以及异常波动停牌制度。

《中小企业板块上市公司特别规定》明确：中小企业板块上市公司应当在股票上市后6个月内建立内部审计制度，监督、核查公司财务制度的执行情况和财务状况；应当在定期报告中新增披露截至报告期末前10名流通股股东的持股情况以及公司开展投资者关系管理的具体情况；应当在每年年度报告披露后举行年度报告说明会，向投资者介绍公司的发展战略、生产经营、新产品和新技术开发、财务状况和经营业绩、投资项目等各方面的情况；小企业板块上市公司当年存在募集资金运用的，公司应当在进行年度审计的同时，聘请会计师事务所对募集资金使用情况，包括对实际投资项目、实际投资金额、实际投入时间和完工程度进行专项审核，并在年度报告中披露专项审核的情况。

为规范中小企业板块公司证券上市行为，深圳证券交易所于5月20日出台了《中小企业板块证券上市协议》，深圳证券交易所依据有关规定，对企业提交的全部上市申请文件进行审查，认为符合上市条件的，接受其证券上市。

△ 中瑞财团控股公司和中驰财团投资有限公司同时成立。中瑞财团在浙江温州的中瑞财团控股公司由温州神力集团、奥康集团、法派集团等9家民营企业共同出资发起设立，注册资本5 580万元人民币。营业范围是实业投资和项目投资，投资领域包括国家重点建设项目、企业改组中的并购和转股改制及其他一些需要大量动用资金的领域。按照公司章程的规定，中瑞财团将适时、不断地按项目运作需要增加股本，9位股东均以货币的方式平均出资以保持股权平等。该财团于6月16日挂牌运营。

中驰财团投资有限公司由柳市的长城集团、华通集团、民扬集团、永固金具、福达合金材料、东新密封、柳川房开7家企业组成，注册资本为1亿元人民币。7家企业中规模较大的长城集团、华通集团分别持股25%，其余企业各持股10%。财团总部位于浙江省温州市乐清经济开发区。

两个财团成立之后，先后介入房地产和能源领域。2004年11月，温州财团因暴露金融风险受到银监会温州监管局的严格控制。至此，被称为超级炒楼团的两家温州财团名存实亡。

20日 中国人民银行第一次征信管理工作会议在上海召开。会议提出，要按照完善法规、特许经营、商业运作、专业服务的方向，争取在1~2年时间内，初步建成我国企业和个人征信体系的基本框架，建立信用监督和失信惩戒制度，逐步开放信用服务市场。要加快制定征信法规，对征信业管理和政务、企业信息披露、个人隐私保护等两个方面内容进行规范。特别要处理好企业和个人信息披露、使用与保护企业商业秘密、个人隐私的关系。近几年，我国企业和个人征信体系有一定发展，银行信贷登记咨询系统已全国联网。截至当年3月末，已录入企业、机构借款人427万户，录入人民币贷款余额13.7万亿元，第一季度月均查询已达172万次。

21日 国务院第51次常务会议召开。会议认为：由于经济运行的惯性作用，目前固定资产投资增幅仍然过大，货币信贷还在高位运行，煤电油运依然紧张，价格总水平继续上涨，经济运行中的突出矛盾和问题还没有根本解决。会议提出，当前要重点做好以下工作：一是继续加强货币信贷调控，实施稳健的货币政策要采取适度从紧的取向。二是加强经济运行协调，运用价格杠杆有效地缓解煤电油运供求矛盾。三是深入开展土地市场治理整顿，严格控制建设用地。四是认真做好固定资产投资项目清理工作，坚决纠正违法、违规行为。五是加快结构调整，加大对农业、高技术产业、交通、能源等薄弱环节和教育、科技、卫生、生态环境等社会事业的支持力度；继续支持西部大开发和东北等老工业基地振兴；充分利用现有企业基础，积极引导社会投资参与国有企业改组改造，防止盲目铺新摊子。六是不失时机地推进各项改革，进一步做好对外开放工作。

23日 国务院发布《关于进一步深化粮食流通体制改革的意见》。该文件提出：结合农村税费改革，从2004年起，全面实行对种粮农民的直接补贴。粮食主产省、自治区实行直接补贴的粮食数量，原则上不低于前三年平均商品量的70%。2004年，粮食主产省、自治区从粮食风险基金中安排100亿元（占主产区粮食风险基金规模的40%）对种粮农民补贴，以后年度对种粮农民的直接补贴资金要逐年有所增加，经过三年，将现有粮食风险基金的一半用于对种粮农民直接补贴。该文件要求：中国农业发展银行要保证国家粮食储备和政府调控粮食的信贷资金需要。对中央储备粮和省级储备粮所需资金，要按计划保证供应。对地方政府为调控当地粮食市场供求所需资金，在落实有关费用、利息及价差补贴的前提下，要及时、足额地提供贷款。对在中国农业发展银行开户的国有粮食购销企业，包括改制后落实原有贷款债务、具备贷款条件、继续从事粮食经营的企业，要按企业的风险承受能力确定发放收购资金贷款。同时，对具备粮食收储资格的粮食产业化龙头企业，以及其他粮食企业，中国农业发展银行可以根据企业风险承受能力提供贷款支持。中国农业发展银行要加快信贷资金管理方式改革，建立以贷款风险控制为核心的信贷资金管理办法。各商业银行也要积极支持粮食生产和经营，对符合贷款条件的各类粮食企业和经营者，应给予贷款支持。

“十五”期间，我国粮食购销市场化改革取得了重大突破，初步形成了市场主体多元化的格局，初步建立了以直接补贴和最低收购价为主要内容的政策支持体系。从2001年率先开放主销区粮食收购市场，到2004年全面放开粮食购销市场，粮食流通体制改革稳步推进，取得重大突破。国家粮食局统计显示，国有粮食购销企业从2000年的26 010个减少到目前的17 714个，多种所有制的市场主体超过10万个。

25日 中国证监会发布《国有涉棉企业期货套期保值业务管理制度指引》。该指引规定：国有涉棉企业进入期货市场，仅限于开展套期保值业务，不得从事其他期货交易活动。国有涉棉企业从事套期保值业务应当符合下列条件：期货交易的品种限于其生产经营的产品或者生产所需的原材料；具有健全的套期保值内部控制制度、风险管理制度和内部管理制度；主管套期保值业务的人员应当是企业的副总经理以上或具有相当级别的高级管理人员，并具备一定的期货专业知识和风险管理经验；拥有至少1名具有从事期货交易经验的交易人员，该交易人员具有期货从业人员资格且无不良行为记录；具有与套期保值保证金相匹配的自有资金。该指引规定，国有涉棉企业应当建立严格的内部控制制度，主要是建立期货套期保值业务授权制度。在期货经纪公司开立套期保值交易账户，应当由企业的法定代表人或经法定代表人书面授权的人员签署开户合同。期货套期保值业务授权包括交易授权和交易资金调拨授权。企业应保持授权的交易人员和资金调拨人员相互独立、相互制约。建立包括资料管理和保密制度，期货业务相关人员未经允许不得泄露本企业的套保计划、交易情况、结算情况、资金状况等。对套期保值计划、交易原始资料、结算资料等业务档案至少保存10年；有关开户文件、授权文件等档案应至少保存15年。关于风险管理，该指引规定国有涉棉企业应建立严格有效的风险管理制度，明确内部风险报告制度、风险处理程序等。利用事前、事中及事后的风险控制措施，预防、发现和化解风险。

27日 国家发展和改革委员会、中国人民银行和中国银监会联合发布《境内外资银行外债管理办法》。境内外资银行的外债包括境外借款、境外同业拆入、境外同业存款、境外联行和附属机构往来（负债方）、非居民存款和其他形式的对外负债。该管理办法规定：国家对境内外资银行的外债实行总量控制。境内外资银行外债总量以及中长期和短期外债结构调控目标，由国家发展改革委、中国银监会、外汇局根据相关情况合理确定。境内外资银行借用外债，签约期限在1年期以上（不含1年）的中长期外债，由国家发展改革委按年度核定发生额；签约期限在1年期以下的短期外债，由外汇局核定余额。境内外资银行借用的外债资金不得结汇，还本付息不得购汇。境内外资银行办理其外债项下还本付息不需要外汇局核准，向境内机构发放外汇贷款按照国内外汇贷款方式管理，除出口押汇外不得结汇。该管理办法自颁布之日起30日后施行。

△ 北京市检察院第二分院成立金融犯罪公诉组。公诉组由7人组成，是中国首个以专门型犯罪为对象的公诉组。公诉组成立后，第二分院还将与北京市公安局、北京银监局、北京证监局、北京保监局等单位协调建立联席会议制度，形成打击金融证券犯罪的合力，提高诉讼效率。此外，第二分院还将采取多种形式对公诉组成员进行系统培训；建立金融证券犯罪电子资料库；加强与专家咨询委员会沟通；加强国内外交流；密切关注其他省市正在审理的重特大金融证券犯罪案件。

28日 中国银行通过新闻发布会披露2003年年度报告。2003年，中国银行集团实现计提准备前营业利润472亿元；如剔除冲减以前年度应收未收利息86亿元、向中国东方资产管理公司划转投资产生的损失27亿元，拨备及消化历史包袱前营业利润达到585亿元，比上年增加55亿元，增长10.3%；如剔除减持中银香港（控股）有限公司部分股权的净收益73亿元，集团2003年实现营业利润512亿元，比上年增加37亿元，同比增长7.8%。2003年全年，集团共提取呆账准备金245亿元，消化非信贷资产损失230亿元。由于营业利润用于提取准备金和消化非信贷资产损失，集团的税后利润为69亿元。受此影响，集团净利润、资产回报率、权益回报率均较上年有所下降。在营运效率方面，集团收入费用率为46.7%，与上年基本持平。截至2003年年末，按照五级分类口径，集团的不良授信资产比率为16.3%，比上年年末下降7.1个百分点。

△ 贵州花溪农村合作银行开业。花溪农村合作银行成立于2004年5月24日，是在原农村信用社的基础上，通过向农户、企业、信用社职工进行增资扩股，按照股权结构多样化、投资主体多元化的原则组建起来的股份合作制社区性地方金融机构。注册资本金为3 447万元，实行一级法人、统一核算、分级管理、授权经营的管理方式。业务范围为：吸引公众存款；发放短期、中期和长期贷款；办理国内结算业务；办理票据贴现业务；代理发行、代理兑付、承销政府债券；买卖政府债券、金融债券；从事同业拆借；代理收付款项及代理保险业务；提供保管箱业务及其他经中国银监会批准的业务。贵州银监局要求，花溪农村合作银行开业后，当年新增贷款中农业贷款比例不得低于50%，2005年不得低于40%。2003年8月，贵州等8个省市开始农村信用社改革试点。根据改革试点方案，8个试点省市中条件较好的数十家农村信用社可选择组建农村合作银行，其中包括贵州花溪、云岩、湄潭、兴义4家。贵州花溪农村合作银行是农村信用社改制后成立的第一家农村合作银行。

31日 中国建设银行成功出售不良资产。中国建设银行推出“公开竞争性出售”抵债资产交易项目，出售总价值约40亿元的不良资产包，按地区分成北部、中部和南部三个资产包。该笔不良资产绝大部分是建设银行近年来收回的抵债房地产，包含了153个项目，分布于全国18个省市50多座城市。德意志银行与摩根士丹利两家投资银行成功竞购了该笔资产包，出价为14亿元，回收现金率为34.75%。其中，德意志银行获得面值12亿元的北部资产包，包括黑龙江、辽宁及内蒙古自治区的房地产项目，涉及办公室、零售购物中心、酒店、多功能物业、住宅公寓、工厂和空置地段等。2005年6月6日，德意志银行与建设银行就该笔资产完成交割，共计3.27亿元，标志着国内不良资产处置领域第一个实物资产包项目取得成功。

△ 中国银监会发布《关于全面清理在建和拟建项目固定资产贷款的通知》。清理对象是国家开发银行、国有商业银行、股份制商业银行、城市商业银行、城市信用社、农村商业银行、农村合作银行、农村信用社县级联社营业部、信托投资公司、财务公司等银行业金融机构。清理的重点是银行业金融机构对在建、拟建的钢铁、电解铝、水泥、党政机关办公楼和培训中心、城市快速轨道交通、高尔夫球场、会展中心、物流园区、大型购物中心、城市建设等重点项目及2004年新开工项目固定资产贷款。清理工作采取各银行业金融机构自查、各银监局抽查和中国银监会督查相结合的方式进行。

4月27日，国务院办公厅发布《关于清理固定资产投资项目的通知》。针对固定资产投资增长过快、规模过大，同时煤电油运和重要原材料供求紧张的矛盾突出等问题，国务院决定开展固定资产投资项目清理工作。清理重点为：钢铁、电解铝、水泥以及党政机关办公楼和培训中心、城市快速轨道交通、高尔夫球场、会展中心、物流园区、大型购物中心等项目及2004年以来新开工的所有项目。

6月

1日 国务院任命蒋超良为交通银行董事长，张建国任交通银行行长、副董事长，同时免去方诚国交通银行行长、副董事长职务；免去殷介炎交通银行董事长职务。

△ 棉花期货合约在郑州商品交易所上市交易。该合约分为1号、2号两种，保证金为7%，涨跌板为±4%，交易单位为5吨/手，交割月份为1～12月（2月除外）、交易标的为内地棉和新疆棉。这是期货市场自1995年清理整顿以来开始交易的第一个新品种。同年8月25日，燃料油期货合约在上海期货交易所上市交易；9月22日和12月22日，玉米、大豆2号期货合约相继在大连商品交易所上市交易。至此，中国期货已经拥有铜、铝、天胶、1号大豆、2号大豆、豆粕、玉米、强筋小麦、普通硬麦、1号棉花10个品种，60余个期货合约。

△ 上海市第一中级人民法院对周正毅案作出判决。被告单位上海农凯发展集团有限公司（以下简称农凯集团）犯操纵证券交易价格罪，判处罚金3 300万元；犯虚报注册资本罪，判处罚金700万元，决定执行罚金共4 000万元。周正毅犯操纵证券交易价格罪，判处有期徒刑2年6个月；犯虚报注册资本罪，判处有期徒刑1年，决定执行有期徒刑3年。周正毅案的另外两名同案被告人也被定罪处罚。

2003年9月5日，农凯集团董事长、法定代表人周正毅因涉嫌虚报注册资本和操纵证券交易价格，被上海市公安机关依法逮捕。5月19～20日上海市第一中级人民法院依法公开审理此案。周正毅于1999年6月至2003年5月，指使他人通过融资方式，集中巨额资金，连续买卖或者不转移股票所有权地自买自卖徐工科技流通股，持股量最高时占这一股票流通股的95.93%，导致股价格上涨402%的异常波动，从中获取非法利益。周正毅还于1998年10月至2000年9月，采用将虚增的7亿余元资本公积金转为实收资本的手法，使用虚假验资报告，欺骗公司登记主管部门，取得公司登记，把农凯集团的注册资本从人民币1亿元增至8亿元，虚报注册资本人民币7亿元。据上市公司年报资料显示，到2002年为止，农凯集团共有4家上市公司，其中上海商贸控股有限公司和上海地产控股有限公司在香港上市，股票简称和代码为上海商贸控股（1104）和上海地产控股（0067），上海英雄股份有限公司和上海海鸟企业发展股份有限公司在上海上市，股票简称和代码为英雄股份（600844）和海鸟发展（600634）。

2日 中国人民银行发布《关于全国银行间债券市场债券到期收益率计算标准有关事项的通知》。为完善债券市场价格发现功能、促进我国债券市场收益率曲线的合理形成，人民银行决定，在银行间债券市场实行统一的到期收益率计算标准。新的计算标准规定，银行间债券市场（包括债券回购交易）的日计数基准为“实际天数/365”，即应计利息天数算头不算尾，一年按365天计算。新标准对于债券全价中内含应计利息的计算、债券全价与到期收益率的互算均给出明确的计算标准。

△ 中国银监会召开贯彻落实国家宏观调控政策电视电话会议。会议认为：当前各银行业金融机构要集中力量控制贷款集中度风险和关联企业贷款风险、房地产和汽车行业贷款风险、短期贷款挪作长期使用的风险、固定资产投资项目清理等引发的贷款风险。会议强调，商业银行要区别情况合理确定公司贷款和项目融资的资本金具体要求，严禁企业将银行贷款借给关联企业作为项目资本金，严禁将流动性贷款用于固定资产投资，严格控制城市建设等各类打捆贷款。对符合国家产业政策和市场准入条件、产品有市场、具有还款能力的项目和企业，要继续给予大力支持。

打捆贷款是一种新型集合贷款方式，目前多用于国家开发银行的贷款业务，具体操作通常是政府将各类城建项目、基础设施项目等“打捆”为一个项目，以政府的名义统一向银行贷款，以有关项目收入、土地出让金、部分财政收入等为还款来源，实行统贷统还。这类打捆贷款通常具有项目多、总体贷款规模大、相对商业银行贷款带有部分优惠政策的特点。

2~3日 深圳发生“刷卡风波”。46家商业企业不满于中国银联刷卡手续费过高，在多次协商未果之后，深圳零售商业行业协会牵头，宣布暂停刷卡两天。之后浙江、上海、重庆、广东等地也发生类似情况。早在2月27日，深圳市零售商业行业协会向中国银联深圳分公司送达《关于要求降低刷卡消费结算手续费标准的函》，要求刷卡手续费率在原基础上降低0.5个百分点，由发卡银行分别与商家协商签约，银联仅负责提供公共技术平台支持服务。4月27日，零售商业行业协会发出《致深银联及深圳国内银行同业公会的通告》，要求5月10日以前给予明确的书面答复，否则将保留不少于50家大型连锁企业联合采取进一步行动的权利。5月20日，深圳零售商业行业协会与深圳银行业代表进行谈判，最终因谈判双方分歧过大而宣告失败。5月25日，46家商家商定，如果银行收费不降低，商家将在6月2日、3日同时拒绝刷卡。同年6月5日起，商家恢复刷卡消费，但深圳个别商家酝酿推出现金价、刷卡价的双轨价格方案，刷卡价比现金价贵1%。同年7月5日，中国银联首次就刷卡事件公开表态，建议政府将银行卡手续费计入商家的经营成本，从而减免税收。同年10月25日，深圳市国内银行同业公会第四届会员大会决定，刷卡费率保持不变。

4日 财政部发布《中国银行和中国建设银行改制过程中可疑类贷款处置管理办法》。该管理办法规定：可疑类贷款是指中国银行、中国建设银行风险分类为可疑类的贷款本金及相应的利息。中国银行、中国建设银行可疑类贷款招标批发的范围是风险分类为可疑类贷款（包括垫款，不包括拆借），规模以2002年年底数据为准，其中，中国银行1 498亿元，中国建设银行1 289亿元。可疑类贷款处置程序包括向资产管理公司招标批发、一级市场打包出售和二级市场处置三个阶段。向资产管理公司招标批发是指财政部、人民银行、中国银监会等通过招标的形式，在资产管理公司中选择一家公司作为可疑贷款的批发资产管理公司，中国银行、中国建设银行向批发资产管理公司招标批发可疑类贷款；一级市场打包出售是指批发资产管理公司通过公开招标的方式，将可疑类贷款组合成若干资产包出售给其他资产管理公司或其他国内外投资者；二级市场处置是指认购了资产包的资产管理公司或其他投资者对资产包内可疑类贷款的回收、清偿、重组和转让等处置行为。

该管理办法规定，资产管理公司的资产处置费用包括批发资产管理公司一级市场打包处置费用和其他资产管理公司二级市场认购资产包的处置费用。批发资产管理公司一级市场打包处置费用由财政部和人民银行根据批发资产管理公司投标报价确定，由招标出售资产包过程中从投资者收取的费用支付。批发资产管理公司收取的费用扣除相应支出后的净收入按财政部有关中间业务收入管理办法进行分配。其他资产管理公司二级市场认购资产包的处置费用按成本最小化原则，从资产管理公司处置资产包处置收益中列支。资产管理公司应对中国银行、中国建设银行改制中可疑类贷款的处置业务进行单独核算。参照资产管理公司有关财务管理办法和规定建立独立的财务核算体系，资产处置收入及相关成本支出均不得与原政策性业务及其他业务混淆。

5日 国务院办公厅转发中国银监会、中国人民银行《关于明确对农村信用社监督管理职责分工指导意见》。该指导意见规定，省级人民政府全面承担对当地信用社的管理和风险处置责任，省级联社对指导、督促信用社完善内控制度和经营机制负主要责任。银监会及其派出机构依法行使对信用社的金融监管职能，承担监管责任。人民银行则对信用社执行有关存款准备金管理规定、人民银行特种贷款管理规定、人民币管理规定、银行间同业拆借市场和银行间债券市场管理规定、外汇管理规定、清算管理规定以及反洗钱规定的情况等进行监督检查，督促其依法经营。

8日 教育部、财政部、中国人民银行、中国银监会联合发布《关于进一步完善国家助学贷款工作的若干意见》。该文件的主要内容是：1. 对学生贷款利息给予50%财政补贴改为全部由财政补贴，毕业后全部自付，并开始计付利息。学生自毕业之日起4年内还清贷款本金，改为毕业后视就业情况在1~2年后开始还贷，6年内还清。对毕业后自愿到国家需要的艰苦地区、艰苦行业工作的学生可以奖学金方式代偿其贷款本息。2. 办理国家助学贷款业务的商业银行，由国家指定改为招投标确定。普通高校每年的借款总额原则上按在校生总数20%的比例、每人每年6 000元的标准计算确定。3. 建立和完善贷款偿还的风险防范与补偿机制，包括由国家金融管理部门建立的全国个人资信系统和由经办银行建立的还贷监测系统，以及高校建立的借款学生信息查询管理系统。该文件强调，借款学生是指全日制普通高等学校中经济困难的本专科学生（含高职学生）、研究生、第二学士学位学生。该文件于2004年秋季开学后在全国普通高等学校实施。

△ 中国证监会发布《证券投资基金信息披露管理办法》。该办法共有8章38条。其中规定，基金信息披露义务人应当在中国证监会规定时间内将应予披露的基金信息通过指定报刊和基金管理人、基金托管人的互联网网站等媒介披露。披露的基金信息包括：基金招募说明书；基金合同；基金托管协议；基金份额发售公告、基金资产和基金份额净值；基金份额申购、赎回价格等16项。公开披露基金信息不得有下列行为：虚假记载、误导性陈述或者重大遗漏；对证券投资业绩进行预测；违规承诺收益或者承担损失等行为；诋毁其他基金管理人、基金托管人或者基金份额发售机构；登载任何自然人、法人或者其他组织的祝贺性、恭维性或推荐性的文字。该办法对基金募集信息披露、基金运作信息披露、基金临时信息披露、信息披露事务管理以及法律责任作了具体规定。该办法自2004年7月1日起施行。

9日 中国人民银行发布公开市场业务公告。中国人民银行决定：公开市场业务一级交易商中的非存款类金融机构，即证券公司、保险公司从2004年6月10日起可以参加中国人民银行公开市场业务的正回购操作。

10日 财政部首次发行电子记账凭证式国债。本期国债为财政部利用计算机网络系统，通过承办银行营业网点柜台，直接面向个人投资者发行的、以电子记账方式记录债权的凭证式国债，期限为2年，到期年利率为2.40%，计划发行额为300亿元，最大发行额为500亿元，发行对象为城乡居民个人。

△ 中国建设银行在主要报刊上刊登分立公告。公告表示：根据国务院的决定和中国银监会的批复，中国建设银行将以分立的形式设立中国建设银行股份有限公司（暂定名）和中国建设银行集团有限公司（暂定名）。在此后的90天异议期内，接受其所有债权人、债务人和其他关

系人对公告分立的内容提出相关意见。

14日 南方证券在上海率先实施保证金第三方存管。作为中国证监会批准的首家保证金存管试点券商，南方证券上海地区的7家营业部将全面实行保证金的第三方存管。即日起，南方证券上海地区的客户只能通过建设银行进行保证金的存取，营业部撤销以往的资金柜台，为了方便客户进行资金存取，中国建设银行将向营业部派出柜台办理相关的业务。南方证券按获取客户交易结算资金利差收入的30%比例向中国建设银行支付手续费。

2004年2月，中国人民银行和中国证监会委托中国建设银行与南方证券公司联合试点证券保证金“第三方托管”方案，要求从源头上切断证券公司挪用客户保证金的通道，从制度上杜绝证券公司挪用客户保证金的现象发生。7月，中国建设银行与南方证券公司签署《南方证券客户交易结算资金委托建设银行存管协议》。根据协议，中国建设银行将陆续在国内各营业网点推广“保证金银行独立存管”业务。南方证券公司负责投资者证券交易、股份管理以及根据交易所的交易结算数据计算投资者的交易买卖差数和投资者证券交易结算资金存款利息等；中国建设银行负责投资者证券交易结算资金账户管理、资金存取、南方证券公司与登记公司和投资者之间的资金交收，以及接受南方证券公司的指令划拨佣金、支付利息等。据《证券时报》（网站 http://www.p5w.net）统计资料，截至7月23日，参与南方证券与建设银行保证金存管的签约客户已达7 400多户，新开户170户，销户转托管的客户有60多户，客户新增存款多达1 530笔。

17日 中国人民银行和中国银监会制定并公布《商业银行次级债券发行管理办法》。该办法分为总则，次级债券发行申请及批准，次级债券的发行，登记、托管与兑付，信息披露和附则共6章42条。该办法规定：商业银行次级债券可在全国银行间债券市场公开发行或私募发行。在银行间债券市场发行的次级债券，其投资人范围为银行间债券市场的所有投资人。次级债券发行结束后，经人民银行批准可在银行间债券市场上市交易。私募发行的次级债券只能在认购人之间进行转让。商业银行以公开或私募方式发行次级债券应具备以下条件：实行贷款五级分类，贷款五级分类偏差小；核心资本充足率分别不低于5%和4%；贷款损失准备计提充足；具有良好的公司治理结构与机制；最近3年没有重大违法、违规行为。商业银行持有的其他银行发行的次级债券余额不得超过其核心资本的20%。该办法对发行人信息披露的要求主要包括两个方面，一是对发行人财务经营状况的披露，二是与次级债券发行相关的有关内容披露。根据分工，中国银监会负责对商业银行发行次级债券资格进行审查，并对次级债券计入附属资本的方式进行监督管理；中国人民银行对次级债券在银行间债券市场的发行和交易进行监督管理。该办法对于政策性银行发行次级债券同样适用。该办法发布以后，截至2004年年底，中国银行、中国建设银行和中国民生银行在银行间债券市场共发行了9期次级债券，累计发行额达718.8亿元。

次级债券（Subordinated Debt or Mezzanine Debt）是指商业银行发行的、本金和利息的清偿顺序列于商业银行其他负债之后、先于商业银行股权资本的债券，是一种无担保的、原始固定期限不低于5年（包括5年），除非银行倒闭或清算，否则不得用于弥补银行日常经营损失，且债务的索偿权排在存款和其他负债之后的商业银行长期债务。

18日 中国人民银行货币政策委员会2004年第二季度例会在北京召开。会议认为我国经济形势总体是好的，宏观调控取得明显成效。会议强调，要研究运用货币政策工具组合进行预调和微调的最优策略，进一步提高金融调控的前瞻性、科学性和有效性。综合运用货币政策工具，适时适度地调控金融体系流动性，要防止“急刹车”，避免大起大落。

21日 中国信达资产管理公司（以下简称信达公司）成为可疑类贷款一级批发商。通过封闭式招标竞价方式，信达公司以账面资产50%的名义价格获得了中国银行、中国建设银行2 787亿元可疑类不良资产（其中，建设银行

1 289 亿元，中国银行 1 498 亿元）的批发商资格。2004 年 11 月 29 日，信达公司与东方资产管理公司（以下简称东方公司）签署《债权转让协议》，将建设银行的 1 289 亿元全部转让给东方公司，而对剩下的中国银行 1 498 亿元不良资产进行分拆打包，拟在 2005 年年内通过竞标方式收购面向国内外投资人公开出售。这是两家股份制试点银行第二次剥离不良资产。2004 年 5 月 22 日，信达公司和东方公司两资产公司分别接受建设银行和中国银行的损失类不良资产 569 亿元和 1 400 亿元。同年 6 月 30 日，人民银行又向中国银行、建设银行发行了近 2 000 亿元的 3 年期和 5 年期定向票据，用来配合两家银行对不良资产的剥离。

封闭式招标竞价是常用的一种招标竞价方式，是指产品或服务的需求方面向社会公开发布招标信息，允许所有符合条件的供给方通过投递标书的方式参与竞价招标，在公开、公平、公正的原则下，选择价格、质量最合适的供给方的一种采购方式。封闭式是指在招标过程中，投标人在规定的日期内递送投标书，投标书中写明投标的价格和数量，但其内容对其他投标方而言是保密的，与公开式报价投标相对应。

△　中国证监会国际顾问委员会成立。顾问委员会是证监会的专家咨询机构，由来自国际金融界的 12 位著名专家、学者，国际金融机构知名人士及港台地区的有关专家组成。尚福林任主席，史美伦任副主席；首届委员为：艾伦·卡梅伦、霍华德·戴维斯、戴立宁、斯坦利·费希尔、盖瑞·林奇、梁定邦、路易奇·斯潘万塔、约翰·桑顿、杰克·威德斯沃思、格奥尔格·威提希。国际顾问委员会委员每届任期 2 年，由中国证监会聘任。国际顾问委员会每年召开 1 ~ 2 次咨询会议，也可以临时召开专题咨询会议，必要时也可以其他方式向委员咨询。

22 日　中国农业发展银行组建 2004 年金融债券承销团。中国农业发展银行与 49 家金融机构签订债券承销协议，2004 年拟分 4 次发行 1 年期金融债券 408 亿元，此次发债筹集的资金主要用于发放粮棉油收购、储备、调销、加工贷款等信贷业务。这是中国农业发展银行首次采用市场经济手段，在银行间债券市场公开发行金融债券。

△　中国证监会基金监管部发出《关于严格执行基金参与新股发行申购等有关投资规定的紧急通知》。针对基金违规申购新股及将国债回购资金违规用于股票投资的行为，该紧急通知规定，单只基金所申购股票发行的金额不得超过该基金的总资产，所申报的股票数量不得超过发行股票本次的股票发行总量。基金管理公司应采取切实有效的措施，保证基金申购股票后，单只基金持有 1 家公司发行的股票不得超过该基金资产净值的 10%；同一基金管理公司管理的全部基金持有 1 家公司发行的股票不得超过该公司总股本的 10%。基金参与国债回购交易融入的资金不得用于二级市场的股票投资，股票投资额不得超过基金资产净值的 80%。

23 日　十届全国人大常委会第十次会议在北京人民大会堂举行。审计署审计长李金华作《关于 2003 年度中央预算执行和其他财政收支的审计工作报告》。对于金融机构资产负债损益情况的审计主要包括：

1. 审计工商银行总行及 21 个分行的资产负债损益情况，查出的主要问题是：违规发放贷款，违规办理票据承兑和贴现。同时发现各类案件线索 30 起，涉案金额 69 亿元。一是信贷业务中出现了一些新的风险点，主要表现在个人消费贷款上。一些房地产开发商、汽车经销商和个人采取弄虚作假的手法骗取住房和汽车等个人消费贷款，有的甚至内外勾结，合谋骗取银行资金。二是票据市场管理混乱。三是民营关联企业骗贷问题突出。2. 审计原中国人寿保险公司资产负债损益情况，发现的主要问题：一是擅自改变保险费率、超额退保、非法代理保险业务等不正当竞争问题的金额达 23.74 亿元。二是将保险资金违规出借、投资和兴建办公楼等共计 24.82 亿元。审计还发现各类案件线索 28 起，涉案金额 4.89 亿元。这些问题发生在中国人寿保险公司改制前。3. 对交通银行锦州分行进行专项审计调查，发现 2000 ~ 2002 年，锦州分行与锦州市中级法院、古塔区和凌河区法院联手作假，用伪造的法律文书上报交通银行总行核销175户企业的不良贷款2.21亿元。实际上，这些被核销贷款的企业根本不知情，有的还在继续归还贷款，归还的贷款本金及抵押资产的变现收入，被该行全部存入"小金库"。

△ 全国人大财经委员会主任委员傅志寰向十届全国人大常委会第十次会议作《全国人大常委会金融支农问题调研组关于金融支农问题的调研报告》。该调研报告指出：近年来，农民贷款难得到一定缓解。1999～2003年，中国人民银行共安排农村信用社再贷款1 238亿元，重点支持中西部、灾区、粮食主产区及其他资金紧张地区的信用社发放农户贷款，2004年又增加安排50亿元再贷款，用于粮食主产区发放春耕生产贷款。1996年年底，农村信用社农业贷款余额为1 487亿元，到2004年3月末，已经增加到8 180亿元，平均每年净增加799亿元。农业贷款占其贷款总额的43.3%，乡镇企业贷款6 122亿元，占其贷款总额的32.4%。农村信用社农业贷款占全国金融机构农业贷款的85.6%。到2004年3月末，农户小额信用贷款和联保贷款余额分别达到1 365亿元和652亿元。

该调研报告指出：金融机构提供的金融服务与农民对金融的需求相比还有很大的差距。首先，信贷资金投入不足，农村资金外流严重。一是金融机构对农业和乡镇企业的贷款所占比重较低。二是农户存款大于贷款，存贷差逐年扩大。三是农村资金大量外流。其次，农户从金融机构获得贷款难，贷款满足率不高。再次，小额信用贷款的还款期限和额度不完全满足农户需要。最后，金融机构提供的服务比较单一，突出的问题是农业保险严重滞后。

该调研报告建议：加大财政支持力度，进一步明确和强化政策性金融支农作用；加大政策和法律引导，发挥商业金融的支农作用；深化农村信用社改革，完善农户小额信贷机制；组织和引导各种民间资金更好地为"三农"服务；建立和完善农村金融风险规避机制，培育良好的农村信用环境；建议国务院研究出台关于金融支农的政策文件。

△ 中国银监会发布《关于加强土地储备贷款和城市基础设施建设贷款风险提示的通知》。该通知提示金融机构高度关注有可能面临的法律风险、信用风险和市场风险，要求金融机构要密切关注由于政策变化带来的政策风险；依法审查贷款担保主体、承贷主体的资格与履约能力，切实防范此类贷款可能带来的法律风险；准确评估权利质押或资产抵押的实际可实现价值，关注土地价格的周期性变化可能带来的评估风险。

△ 中国银监会发布《关于进一步加强信托投资公司监管的通知》。该通知以11条监管规定严控信托业不断升级的风险。该通知的主要内容是：1. 按照属地原则，由当地银监局对信托投资公司是否设立分支机构、是否有参股或者控股的子公司办理信托业务进行清查。对信托投资公司在注册地以外擅自设立或变相设立分支机构办理业务的要依法取缔。2. 信托投资公司办理信托业务必须严格实行分账管理，认真履行信息披露义务，未经相关委托人同意，不得将不同信托账户下的信托财产进行相互交易。3. 所有新设立的由信托投资公司代为确定管理的有价证券投资集合信托计划，1个集合信托计划持有1家上市公司股票最高不得超过该计划资产净值的10%；由信托投资公司代为确定管理的资金信托，1个资金信托持有1家上市公司股票最高不得超过该信托资产净值的10%；同一信托投资公司管理的所有代为确定管理方式的有价证券投资信托，持有1家公司发行的证券，最高不得超过该公司发行证券额的10%。4. 对异地集合信托资金业务，由当地银监局负责对辖内信托投资公司的异地业务进行现场和非现场监管，并负责对异地集合资金信托业务的风险状况进行监控。5. 加强信托投资公司关联交易监管，严防信托财产与自有财产混用、交易。在任何时点上，信托投资公司对同一借款人及其关系人的授信及投资余额之和不得超过资本净额的10%；对同一个关系人授信及投资余额之和不得超过信托投资公司资本净额的10%；对全部关系人授信和投资余额总和不得超过信托投资公司资本净额的50%。

25 日 中小企业板块在深圳证券交易所开盘交易。首批上市交易 8 只股票：新和成（002001）、江苏琼花（002002）、伟星股份（002003）、华邦制药（002004）、德豪润达（002005）、精工科技（002006）、华兰生物（002007）、大族激光（002008）。当日，8 只股票平均涨幅近 130%，平均换手率近 70%。中小企业板块是深圳证券交易所主板市场的一个组成部分，它将主要安排主板市场拟上市公司中具有较好成长性和较高科技含量的中小企业发行股票和上市，并根据市场需求，确定适当的发行规模和发行方式。

△ 中国证监会公布取消第三批、共 42 项行政审批项目，主要包括：股票发行方式审批、B 股结算银行资格核准、外国证券类机构驻华代表处撤销核准等。

△ 中国证监会公布《证券投资基金销售管理办法》。该管理办法明确，基金销售由基金管理人负责办理；基金管理人可以委托取得基金代销业务资格的其他机构代为办理，未取得基金代销业务资格的机构不得接受基金管理人委托代为办理基金的销售。商业银行、证券公司、证券投资咨询机构和专业基金销售公司可以申请基金代销业务资格，但须符合规定的条件：商业银行和证券公司资本充足率、净资本等财务风险监控指标符合有关规定；证券投资咨询机构注册资本不低于 2 000 万元人民币、最近三年没有代理投资人从事证券买卖行为；专业基金销售机构注册资本不低于 3 000 万元人民币、最近三年没有因违法违规行为受到行政处罚或者刑事处罚等。该管理办法对基金宣传推介材料、基金销售费用、销售业务规范、监督管理和法律责任等作了具体规定。该管理办法自 2004 年 7 月 1 日起施行。中国证监会《关于代理证券投资基金销售业务的商业银行完善内部合规控制制度和员工行为规范的指导意见》（证监发［2001］150 号）、《关于证券公司办理开放式基金代销业务有关问题的通知》（证监基金字［2002］33 号）、《证券投资基金销售管理暂行规定》（证监基金字［2002］66 号）同时废止。

△ 中国保监会发布《关于调整保险公司投资银行次级债券、银行次级定期债务和企业债券比例的通知》。该通知规定：保险公司投资次级债券的余额按成本价格计算不得超过该保险公司上月末总资产的 15%，投资一家银行发行的次级债券比例累计不得超过该保险公司上月末总资产的 3%，投资一期次级债券的比例不得超过该期次级债券发行量的 20%。保险公司投资一家银行发行的次级定期债务累计占该保险公司上月末总资产的比例由 1% 调整为 2%；保险公司对同一期单品种企业债券持有量不得超过该期单品种企业债券发行额占该保险公司上月末总资产的比例由 2% 调整为 3%。

28 日 中国人寿资产管理有限公司在北京开业。该公司成立于 2003 年 11 月 23 日，注册资本为 8 亿元人民币，其中中国人寿保险（集团）公司和中国人寿保险股份有限公司分别出资人民币 3.2 亿元和 4.8 亿元，管理资产 4 100 亿元，占中国保险业总资产的 39.6%，占据国内寿险市场超过一半的份额，是我国最大的保险资产管理公司。公司的经营范围为：管理运用人民币和外币自有资金及保险资金，受托或委托人民币和外币保险资金管理业务，与保险资金管理业务相关的咨询业务，国家法律、法规允许的其他资产管理业务。截至 2005 年 6 月底，公司受托管理资金规模已逾 5 300 亿元，占保险业可运用资金 40% 以上。

△ 上海 8 家股份制银行推出“柜面通”业务。为转变股份制银行网点少的弱势，招商银行上海分行、中信实业银行上海分行、中国光大银行上海分行、华夏银行上海分行、中国民生银行上海分行、广东发展银行上海分行、深圳发展银行上海分行、兴业银行上海分行 8 家银行联合实施“柜面通”业务。不同银行的柜面通存简称“柜面通”，指上海各联网金融机构发行的银行卡通过其在中国银联上海分公司交换中心主机系统注册的银行终端（包括银行柜面终端、自助终端或存款 POS）所进行的人民币存取款交易，包括跨行存款、跨行取款和跨行转账类交易。试行阶段存款交易最高限额为每笔人民币

5 000 元，业务手续费为每笔 2 元；正式运行期间分别调整为 5 万元和 3 元。上述 8 家银行在上海合计拥有约 200 个网点。早在 2003 年 5 月，民生银行和南京市商业银行合作在国内首次实现存折“跨行通存通兑”。两家银行的个人客户可在民生银行 8 家网点和南京市商业银行 58 家网点就近办理存取款业务，且无须支付手续费。

△　东方基金管理公司在北京开业。该公司于同年 6 月 11 日成立，注册资本为 1 亿元人民币，由东北证券等 4 家公司共同发起设立，其中东北证券占股 46%，四川南方希望实业有限公司、上海市原水股份有限公司和河北宝硕股份有限公司各占股 18%。公司的经营范围包括发起设立基金，基金管理，法律、法规允许和中国证监会核准的其他业务。该公司是《中华人民共和国证券投资基金法》正式实施后首家获准开业的基金管理公司。

△　上海黄金交易所进行 50 克金条试交易。金条交易实行现货全额和 T+1 交易方式，参加者限于该所 128 家会员及其代理客户。金条可根据需要提取或不提取实物金。客户提取实物金只能由会员统一代理提取。客户未提取的买入金条实物由交易所代为托管。金条提取实物后，不得再入库上市交易。交易所金条交易手续费暂定为 0.6‰，代理手续费最高不得超过 1.5‰。据上海黄金交易所统计，截至 6 月 21 日，上海黄金交易所 2004 年黄金交易量已达到 130.8 吨，交易金额为 141 亿元；铂金交易量为 7 351 公斤，交易金额达 17 亿元。

29 日　中国证监会公布《证券投资基金运作管理办法》。该管理办法包括总则、基金的募集、基金份额的申购和赎回、基金的投资和收益分配、基金份额持有人大会、监督管理和法律责任以及附则共 7 章 54 条。该管理办法规定，拟任基金管理人为依法设立的基金管理公司，拟任基金托管人为具有基金托管资格的商业银行；拟募集的基金须有明确、合法的投资方向和明确的基金运作方式。基金募集期限不得超过 3 个月。基金募集期限届满，募集总份额不少于 2 亿份，募集金额不少于 2 亿元人民币的，基金管理人应当按照规定办理验资和基金备案手续。基金管理人不得在非交易日和交易时间办理基金份额的申购、赎回或者转换。基金合同和基金招募说明书应当按照下列规定载明基金的类别：60% 以上的基金资产投资于股票的为股票基金；80% 投资于债券的为债券基金；仅投资于货币市场工具的为货币市场基金；同时投资于上述三种的为混合基金。封闭式基金的收益分配，每年不得少于一次，分配比例不得低于年度已实现收益的 90%；开放式基金应当约定每年基金收益分配的最多次数和基金收益分配的最低比例。中国证监会及其派出机构对基金管理人、基金托管人从事基金运作活动的情况进行定期或者不定期检查。该管理办法自 2004 年 7 月 1 日起施行。

△　中国银监会公布对现有行政许可项目进行全面清理的情况。经国务院行政审批制度改革领导小组审核确定，中国银监会共有 59 项行政许可项目，取消 8 项行政许可项目，保留了 51 项行政许可项目。

△　国家外汇管理局发布《关于规范银行外币卡管理的通知》。该通知对境内金融机构发行的外币卡（境内卡）和境外金融机构发行的银行卡（境外卡）在境内外提现作了规定。境外卡在境内金融机构可以提取人民币或外币现钞，但不得在自动柜员机（ATM）上提取；在境内提取人民币现钞未用完部分，允许在 6 个月内到银行兑回。境内卡在境外只用于经常项目下的消费支付，个人境内卡在境内金融机构可以提取人民币或外币现钞；单位个人卡不得提取现钞。对境内卡在境外提现实行限额管理。境内卡在境内消费或提现形成的透支应以人民币偿还。同时对银行外币卡项下的清算、还款及购汇作了具体规定。该通知自 2004 年 8 月 1 日起实施。

30 日　交通银行完成财务重组工作。根据 2004 年 6 月 14 日国务院批准的《交通银行深化股份制改革整体方案》，交通银行深化股份制改革分为财务重组、引进外资、公开上市三个阶段。财务重组的核心内容是重组不良资产和补充资本金。以2004年6月30日为财务重组基准日，财务重组工作顺利完成。财政部和中央汇金公司分别以每股1元向交通银行注资50亿元和30亿元；社保基金理事会以每股1.80元购入交通银行55.56亿股股份，共投资100亿元；向老股东发行并出售了631 410 570股股份，获得11.36亿元资本金。成功发行120亿元次级定期债务。以账面价值50%的价格向信达资产管理公司出售了414亿元可疑类贷款。对可疑类贷款出售后的损失及损失类贷款进行了一次性集中核销。财务重组完成后，交通银行不良贷款余额为198亿元，不良贷款占比为3.43%；按监管标准提足各项准备，拨备覆盖率为72.77%；按国际会计准则，核心资本充足率为5.89%，资本充足率为8.82%。

△　中国保监会发布《中国保险监督管理委员会派出机构监管职责规定》。该规定包括总则、机构管理、保险从业资格管理、保险条款费率管理、现场监管与非现场监管、其他职责、行政处罚和附则共8章39条。该规定明确派出机构履行的监管职责为：贯彻执行国家有关法律、法规和方针、政策，依据中国保监会的授权，对辖区内保险机构的经营活动进行监督管理；依法查处辖区内保险违法、违规行为，维护保险市场秩序，依法保护被保险人利益；监测与防范辖区内保险风险，并将有关重大事项及时报中国保监会；中国保监会授权和委托的其他事项。派出机构对外资保险机构、外资保险中介机构的管理职责主要是，审批外资保险公司营销服务部的设立、撤销和外资保险代理机构分支机构的设立。该规定自2004年8月1日起施行。中国保监会2001年4月30日发布的《中国保险监督管理委员会派出机构监管职责暂行规定》同时废止。

7月

1日　中国银监会发布《信托投资公司行政许可事项实施规定》。该规定明确：信托投资公司为有限责任公司的，其股东的投资入股资格及所有股权变更均应经过审批；信托投资公司为股份有限公司的，拟投资入股比例超过5%（包括原持有的股份）的股东的投资入股资格及相应的股权变更须经过审批。投资入股资格许可条件是：具有法人资格；信用良好，无到期不能支付的债务；最近两年连续盈利；工商企业向信托投资公司投资入股的，其年终分配后净资产率不低于30%，且除国务院规定的投资公司和控股公司外，所累计的对外投资额不得超过本公司净资产的50%；商业银行、企业集团财务公司、金融租赁公司、证券公司、保险公司向信托投资公司投资入股的，必须符合监管当局对该类机构最低资本充足率的要求，且累计对外投资额不得超过其净资产的20%；其本身及关联方投资入股的信托投资公司不得超过2家，其中绝对控股不得超过1家。

△　中国证监会发布《行政许可实施程序规定（试行）》。该程序规定包括总则、一般程序、简易程序、特殊程序、期限与送达、公示、档案管理和统计、附则等8章，分别就从行政许可申请的受理、审查到决定等各个环节上受理部门和审查部门应承担的工作等方面作了规定。该程序规定中要求建立行政许可实施制度主要有：统一受理制度，由中国证监会设立的专门机构负责办理行政许可申请材料的受理及行政许可文件的送达事宜。当场告知制度，对于申请事项依法不需要取得行政许可或者申请事项依法不属于中国证监会职权范围的，受理部门应当即时告知申请人不予受理。一次书面反馈意见制度，审查部门在审查申请材料过程中，认为需要申请人作出书面说明、解释的，原则上应当将问题一次汇总成书面反馈意见。说明理由制度，作出不予受理决定、不予行政许可决定的，应当在不予受理通知、不予行政许可决定中说明理由。行政许可决定公示制度，除涉及国家秘密、商业秘密、个人隐私外，中国证监会作出的准予行政许可决定定期在中国证监会互联网站和公告上公布。

6日　中国人民银行、财政部、劳动和社会保障部、中国银监会联合召开推进小额担保贷款政策落实工作电视电话会议。2004年下半年将在全国100个大中城市普遍推广创业培训加小额信贷的工作模式，还将在北京、天津、河北、内蒙古自治区、吉林、青岛、成都等13个国家创业培训示范城市和地区启动创建信用社区促进小额担保贷款试点工作，充分发挥小额担保贷款与建立信用社区的联动效应，有效提高小额担保贷款质量和再就业成功率。截至当年5月末，全国各金融机构发放下岗失业人员小额担保贷款余额12.2亿元，其中，1~5月新增5.9亿元。

△ 国际金融公司（International Finance Corp，IFC）收购中国民生银行1.08%的股权。IFC受让的股权原为东方集团持有，股本约计5 600万股。完成股权过户后，东方集团降为第四大股东，但仍持有民生银行约2.85亿股，占总股本的5.5%。根据IFC的年报，该公司参股民生银行的成本为2 600万美元。这是我国首次批准外国公司投资国内的民营银行。国际金融公司是世界银行集团下的成员之一，其资本由175个成员共同出资组成，是为发展中国家一些发展项目提供贷款和股本投资的最大多边渠道。其业务主要包括：为发展中国家的私营部门融资，在国际资本市场上筹集资金，以及为政府和企业提供技术援助和咨询。1999年IFC入股上海银行，持股比例达5%，2001年增资至7%；2001年入股南京商业银行，持股比例达15%；2003年入股兴业银行，持股比例达4%；2004年，联合加拿大丰业银行入股西安商业银行，合计持股25%，IFC持有2.5%的股份；2005年，联手荷兰ING入股北京银行，合计持股24.9%，IFC持有5%的股份。

△ 中国农业银行广西区分行与越南农业与农村发展银行联合推出人民币或越南盾电汇及信用证等边贸金融新产品。两国银行间通过SWIFT（环球银行金融电信协会）系统为客户办理边贸结算业务，实现了边贸结算从手工到电子化的转变。早在1996年7月22日，中国农业银行广西区分行就与越南农业与农村发展银行广宁省分行签订了边贸结算业务合作协议，开通了中国东兴—越南芒街口岸的边贸结算业务。2004年6月18日和22日，中国农业银行广西区分行分别和越南农业与农村发展银行广宁省分行、谅山省分行签署边贸结算合作补充协议，联合推出人民币或越南盾电汇及信用证等边贸结算新业务。当年1~9月，中国农业银行广西区分行累计办理边贸结算2.8亿美元，同比增长22.13%，占当地同业市场份额的70%。其中，与越南农业与农村发展银行发生的边贸结算达2.7亿美元，占比96%。1~9月，中国农业银行广西区分行共收到越南农业与农村发展银行开来信用证14笔，金额为95.27万美元；议付越南农业与农村发展银行信用证项下单据11笔，金额为77.18万美元。

7日 中国银行成功发行首期140.7亿元次级债券。本期债券名称为2004年中国银行债券（第一期），期限10年，计划发行额100亿元，最终发行额为104.7亿元，票面利率4.87%。此次发行是以组建债券承销团方式，通过中国人民银行金融债券发行系统进行市场化招标，投标机构35家，认购倍率达到1.79倍。根据本次债券的募集说明书显示，如果本次100亿元债券发行完毕，中国银行的资本充足率将由2003年年底的6.98%提高到7.38%，中国银行债券是我国资本市场上首只公开发行的次级债券，获准发行总额为600亿元。同年8月27日，中国银行次级债券（第一期）在全国银行间债券市场交易流通。

9日 中国人民银行公开市场业务操作室发出《关于加强公开市场业务一级交易商信息报告制度的通知》。该通知要求从公开市场业务一级交易商中选取部分机构作为中央银行重点联系机构，自2004年7月12日起，在每周一、周三向中央银行公开市场业务操作室电话报告有关情况并对其报告情况实行奖罚制度。重点联系机构为：中国工商银行、中国农业银行、中国银行、中国建设银行、交通银行、中信实业银行、中国光大银行、华夏银行、中国民生银行、广东发展银行、上海浦东发展银行、兴业银行、招商银行、深圳发展银行、北京市商业银行、上海银行、国泰君安证券股份有限公司、中信证券股份有限公司、中国人寿保险股份有限公司、中国平安人寿保险股份有限公司、北京市农村信用合作联社、上海市农村信用合作联社。各重点联系机构电话报告信息主要包括本机构的流动性情况或可用资金情况（适用于证券公司、保险公司），以及对第二天公开市场操作的需求数量及价格利率投标区间。

△ 上海发生“金新乳品信托事件”。金新信托投资股份有限公司（以下简称金新信托）前身为中国工商银行新疆信托投资公司，成立于1988年。2002年5月，经中国人民银行乌鲁木齐中心支行批复同意，公司获准重新登记，取得信托市场准入资格。2003年5月，金新信托在上海推出名为“乳制品行业战略并购资金信托计划”的新产品。规模设定为8 000万元，期限1年，预计收益率为5.2%。在一个月的推介期内，通过向该公司的VIP客户及关系户推销，该项目共募集资金8 720万元，实际到账8 600万元，有197名投资者购买。2004年7月2日该信托计划到了偿付的最后期限，受德隆事件影响，导致该信托到期无法偿付，197名投资者在代销该信托计划的交通银行上海分行静坐抗议。金新信托乳品计划成为信托机构重新登记注册后第一个不能顺利兑付的信托计划。

同年8月29日，金新信托被监管部门责令停业整顿，华融资产管理公司成立金新信托停业整顿工作组进驻金新信托。同年11月14日，该工作组发布公告：由新疆维吾尔自治区审计厅、监察厅、财政厅、税务局、人民银行乌鲁木齐中心支行、银监局、高级法院、公安厅等单位组成金新信托债务甄别办公室，负责对金新信托的债务进行甄别（仅限于新疆的投资者）。2005年1月20日，个人债权收购工作开始启动。

13日 中国证监会设计完成期货公司监管报表和指标体系。该体系通过实施以世界银行赠款项目完成的期货公司监管系统，采纳了美国商品期货交易委员会（Commodity Futures Trading Commission，CFTC）的概念，即用经调整的净资本（Ajusted Net Capital，ANC）作为衡量期货公司财务安全状况和对期货公司实施监管的核心指标。监管系统分为报表体系和指标体系两部分，报表体系是指反映期货公司财务安全状况和满足监管需要的一系列报表；指标体系是指以净资本为核心的期货公司监管指标，如经调整净资本充足率、客户权益保障率、代理客户盈亏率等。该体系于同年9月开始试运行。

14日 国务院第58次常务会议召开。会议指出，加强宏观调控已取得明显成效，但经济运行中的突出矛盾和问题还没有从根本上解决，固定资产投资规模仍然偏大，投资结构还不尽合理，煤电油运供求紧张的矛盾尚未有效缓解。下半年经济工作实行“稳定政策，冷静观察；巩固成果，防止反复；区别对待，调整结构；深化改革，加强法治；统筹兼顾，远近结合；统一思想，形成合力”的方针。

15日 中国人民银行、中国银监会发布《关于进一步做好城市信用社市场退出工作有关问题的通知》。该通知规定：1. 对于停业整顿期满但仍无法恢复正常营业的城市信用社，中国银监会应尽快依法予以撤销。2. 中国银监会和人民银行各派出机构应继续在当地人民政府的统一组织领导下，分工协作，密切配合，加快城市信用社市场退出工作进度。3. 人民银行相关分支机构要依法维护再贷款债权，做好被撤销城市信用社占用的再贷款债权登记工作，确保再贷款资金安全。由人民银行有关分支机构直接发放再贷款给被救助城市信用社的，可直接登记债权；通过其他金融机构转贷的，应要求其他金融机构将对被救助城市信用社的债权让渡给人民银行，由人民银行进行债权登记。人民银行的债权应与其他其法人债权人在同一顺序，按照比例受偿。4. 被撤销城市信用社清算组制订的清算方案，在与债权人协商并经撤销工作领导小组同意后，由所在地银监局和人民银行有关分支行共同确认。

△ 国家外汇管理局印发《关于汽车金融公司有关外汇管理问题的通知》。该通知规定：汽车金融公司为外商独资或中外合资的可向所在地外汇局申请在外汇指定银行开立外汇资本金账户；收入范围为外国投资者汇入的注册资金，支出范围为银行存款、经常项下的对外支付和经批准的其他外汇支出；如需将其外汇资本金的资金

结汇，应经外汇局批准后到外汇指定银行结汇；结汇所得人民币资金限于提供购车贷款、支付日常经营费用以及经批准的其他用途；公司如需支付外方股东利润，应经外汇局核准后到外汇指定银行办理购付汇。公司只能发放人民币贷款，不得吸收境内外汇存款，不得举借外债，不得办理对外担保。该通知自2004年8月20日起施行。

△　中国证监会调查江苏琼花事件。在深圳中小企业板上市只有11个交易日的江苏琼花高科技股份有限公司（股票简称：江苏琼花；股票代码：002002），因招股说明书涉嫌虚假记载和重大遗漏被证监会立案稽查，3个月内不受理其保荐人推荐的项目。7月9日江苏琼花发布公告，表明其招股说明书中披露的3 453万元（截止到2003年年末的账面价值）自营国债投资的实际情况。经中国证监会有关部门初步核实，江苏琼花披露的国债投资信息与其在招股说明书中披露的信息不符，违反了《中华人民共和国公司法》、《中华人民共和国证券法》及中国证监会有关的信息披露规定。深圳证券交易所于7月9日对江苏琼花及相关人员进行了公开谴责，中国证监会则依据《证券发行上市保荐制度暂行办法》的规定，对签字保荐代表人进行了初步处理。江苏琼花是中小企业板上市以来受到谴责的第一家上市公司，也是保荐人制度推行以来首家被处罚的公司。

16日　中国银行新闻发言人介绍不良贷款处置划转情况。发言人在新闻发布会上表示：截至6月末，中国银行可疑、损失类贷款处置划转工作全部结束并完成账务处理，目前正在进行后续的移交工作。两类贷款划转后，中国银行资产质量大幅好转，截至6月末，中银集团授信总额为21 030.48亿元，不良授信总额1 148.89亿元，不良贷款率从年初的16.29%下降到6月末的5.46%，基本形成比较健康的财务基础。

19日　中国银监会发布《关于农村信用社改革过渡时期保持稳定的通知》。该通知要求在农村信用社改革过渡时期，要以稳定为主，严禁突击进人、突击提干、突击花钱，防范各类道德风险，要保持管理和服务工作的连续性，防范交付风险和各类案件的发生。

△　中国证监会发出《关于期货经纪公司股东资格有关问题的通知》。该通知规定：变更公司股东或者股权结构，拟持有公司10%以上股权或者拥有实际控制权的股东，其股东资格应当事先经中国证监会核准。申请股东资格的条件是：具有中国公司法人资格，且法律、行政法规未禁止其向期货经纪公司出资；注册资本、净资产的最低限额均为人民币1 000万元；连续经营两年以上并且最近两年连续盈利；注册资本、净资产均达到人民币5 000万元以上的，对盈利不作要求，但应连续经营一年以上；没有未决诉讼，或者未决诉讼标的金额低于其净资产的30%；最近两年内无重大违法、违规、逃废债务的行为；没有到期未清偿的债务；法定代表人、总经理和自然人控股股东不存在《中华人民共和国公司法》第47条规定的情形；期货经纪公司之间、期货经纪公司与其出资人之间不得相互交叉持股；最近五年内不存在未经许可私自受让或者参股期货经纪公司的行为；申请人及其重要关联方为非银行金融机构或者上市公司等涉及社会公众利益的公司的，还应符合中国证监会的相关规定。申请人应当向中国证监会提出申请，由中国证监会核准。

20日　中国证监会发布《期货经纪公司客户保证金封闭管理暂行办法》。期货经纪公司客户保证金指期货经纪公司客户为了进行期货交易、交割、结算而存放于期货经纪公司的资金。该暂行办法规定：期货经纪公司客户保证金必须全额存入从事期货交易结算业务的商业银行，与期货经纪公司自有资金分户存放，封闭管理，严禁挪用客户保证金。根据需要，客户保证金只能在期货经纪公司保证金专用账户、期货经纪公司在期货交易所所在地开设的专用资金账户、期货经纪公司在交易所的资金账户共同构成的保证金封闭圈内划转，封闭运行。期货经纪公司不得将资金划出封闭圈，严禁以质押等方式变相挪用占用客户保证金。期货经纪公司保证金封闭管理实行责任追究制度。客户保证金封闭管理是严禁期货经纪公司挪用客户保证金的一项重要措施，自2003年开始在全国推行，此次发布的该暂行办法成为监管部门、结算银行和期货经纪公司多方合作管理的重要标志。

△ 中国证监会发出《关于期货经纪公司设立、解散、合并有关问题的通知》。该通知规定：申请设立期货经纪公司注册资本不低于3 000万元实缴人民币；申请解散期货经纪公司须结清受委托的业务，并依法返还客户的保证金。申请合并期货经纪公司须按照平等自愿的原则，妥善处理被吸收合并的公司全体期货投资者的保证金和持仓，合并后存续的公司符合中国证监会有关期货经纪公司持续经营的条件，对被吸收合并的公司的营业部有妥善的处理方案。上述情况均应向当地中国证监会派出机构提出申请。

21日 中国银监会颁布《商业银行授信工作尽职指引》。该指引包括总则、客户调查和业务受理尽职要求、分析与评价尽职要求、授信决策与实施尽职要求、授信后管理和问题授信处理尽职要求、授信工作尽职调查要求和附则共7章57条，从授信的客户调查和业务受理、授信分析和评价、授信决策与实施、授信后管理和问题授信管理等四个方面对授信尽职作了详细的规定，基本覆盖了商业银行授信过程的各个主要业务环节，对尽职调查和问责制提出了明确要求。该指引规定：商业银行不得对以下用途的业务进行授信：国家明令禁止的产品或项目；违反国家有关规定从事股本权益性投资，以授信作为注册资本金、注册验资和增资扩股；违反国家有关规定从事股票、期货、金融衍生产品等投资；其他违反国家法律、法规和政策的项目。该指引特别强调对八类不尽职行为按照有关规定予以责任追究，即进行虚假记载、误导性陈述或重大疏漏的；未对客户资料进行认真、全面和准确核实的；授信决策过程中超越权限、违反程序审批的；未按照规定时间和程序对授信和担保物进行授信后检查的；授信客户发生重大变化和突发事件，未派员及时实地调查的；未根据预警信号及时采取必要保全措施的；故意隐瞒真实情况的；不配合授信尽职调查人员工作或提供虚假信息的。该指引还列出了近200条风险提示，包括主要授信种类的风险提示、客户基本资料清单提示、授信业务特点分析风险提示、非财务因素分析风险提示、格式合同文本主要条款提示和预警信号风险提示等。这是中国银行监管部门首次对商业银行征信、授信和授信尽职调查提出详尽的尽职要求和评价标准。

△ 中国证监会发出《关于规范境内上市公司所属企业到境外上市有关问题的通知》。该通知规定：上市公司有控制权的所属企业申请到境外上市应当符合下列条件：最近三年连续盈利；最近三个会计年度内发行股份及募集资金投向的业务和资产不得作为对所属企业的出资申请境外上市；企业的净利润不得超过上市公司合并报表净利润的50%；净资产不得超过上市公司合并报表净资产的30%；上市公司与所属企业不存在同业竞争，且资产、财务独立，经理人员不存在交叉任职；企业董事、高级管理人员及其关联人员持有所属企业的股份，不得超过所属企业到境外上市前总股本的10%；不存在资金、资产被具有实际控制权的个人、法人或其他组织及其关联人占用的情形，或其他损害公司利益的重大关联交易；上市公司最近三年无重大违法、违规行为。上市公司应当及时向境内投资者披露所属企业向境外投资者披露的任何可能引起股价异常波动的重大事件。

22日 中国人民银行批准招商银行、中国民生银行、上海银行、杭州市商业银行、国泰君安证券股份有限公司、中信证券股份有限公司为银行间债券市场做市商。至此，银行间债券市场做市商共有15家金融机构，增幅为66%。同时，人民银行要求将“双边报价商”统一改称为“做市商”，意味着银行间债券市场的做市商制度正式确立。2001年8月，人民银行批准了9家商业银行为双边报价商，并指定了20个报价券种，构建了初步意义上的中国债券市场做市商制度。

25日 《国务院关于投资体制改革的决定》正式颁布。该决定的基本内容是：对于企业不使用政府投资建设的项目，一律不再实行审批制，区别不同情况实行核准制和备案制。《政府核准的投资项目目录》将由国务院投资主管部门会同有关部门研究提出，报国务院批准后实施。未经国务院批准，各地区、各部门不得擅自增减此目录规定的范围。放宽社会资本的投资领域，允许社会资本进入法律、法规未禁入的基础设施、公用事业及其他行业和领域。对非经营性政府投资项目加快推行“代建制”，即通过招标等方式，选择专业化的项目管理单位负责建设实施，严格控制项目投资、质量和工期，竣工验收后移交给使用单位。改进投资宏观调控方式。综合运用经济的、法律的和必要的行政手段，对全社会投资进行以间接调控方式为主的有效调控。建立政府投资责任追究制度，对不遵守法律、法规给国家造成重大损失的，要依法追究有关责任人行政和法律责任。

26日 中国银监会颁布《中华人民共和国外资金融机构管理条例实施细则》。该实施细则将外国银行分行经营对中资企业人民币业务、对中国居民个人人民币业务的最低营运资金要求，分别由原来的4亿元人民币和6亿元人民币调减至3亿元人民币和5亿元人民币。对分行营运资金的档次也由原来的6档简化为3档，并降低营运资金要求。该细则增加了审慎性监管要求以及非行政性监管措施，包括监测外资金融机构授信集中度情况、异常资金流出情况、对外国银行分行侵蚀营运资金情况等。对外资金融机构的非审慎性经营行为视情况采取特别监管措施，包括约见负责人警戒谈话、要求定期就有关问题提交报告、对业务开展或资金流出入提出限制性措施等。该实施细则自2004年9月1日起施行，2002年1月25日发布的实施细则同时废止。

27日 中国人民银行公布26个行政许可项目，其中以国务院决定的方式公布保留的行政许可项目，包括国债承销团成员资格审批、银行间债券市场债券上市审批等16项。依据法律、行政法规设定的行政许可项目，包括全国银行间同业拆借市场进入审批、金融资产管理公司债权转股权方案审批等10项。

△ 中国银监会颁布修订的《企业集团财务公司管理办法》。该管理办法规定：财务公司是指以加强企业集团资金集中管理和提高企业集团资金使用效率为目的，为成员单位提供财务管理服务的非银行金融机构。申请成立财务公司前一年母公司的注册资本金不低于8亿元人民币；按规定并表核算的成员单位资产总额不低于50亿元人民币，净资产率不低于30%；申请前连续两年，按规定并表核算的成员单位营业收入总额每年不低于40亿元人民币，税前利润总额每年不低于2亿元人民币。外资投资性公司申请前一年其净资产应不低于20亿元人民币，申请前连续两年每年税前利润总额不低于2亿元人民币。设立财务公司的注册资本金最低为1亿元人民币。经营外汇业务的财务公司，其注册资本金中应当包括不低于500万美元或者等值的可自由兑换货币。申请筹建财务公司，应当由母公司向中国银监会提出申请，由中国银监会对其设立与开业进行核准、审批。

符合规定条件的财务公司可以在成员单位集中且业务量较大的地区设立分公司或代表处。分公司营运资金不少于5 000万元人民币，财务公司拨付各分公司的营运资金总计不得超过其注册资本金的50%。财务公司的业务范围：对成员单位办理财务和融资顾问、信用鉴证及相关的咨询、代理业务；协助成员单位实现交易款项的收付；经批准的保险代理业务；对成员单位提供担保；办理成员单位之间的委托贷款及委托投资；对成员单位办理票据承兑与贴现；办理成员单位之间的内部转账结算及相应的结算、清算方案设计；吸收成员单位的存款；对成员单位办理贷款及融资租赁；从事同业拆借。符合财务公司设立1年以上，且经营状况良好；注册资本金不低于3亿元人民币，从事成员单位产品消费信贷、买方信贷及融资租赁业务的，注册资本金不低于5亿元人民币等条件的财务公司还可以从事发行财务公司债券、承销成员单位的企业债券、对金融机构的股权投资、有价证券投资和成员单位产品的消费信贷、买方信贷及融资租赁等业务。

财务公司经营业务，应当遵守下列资产负债比例的要求：资本充足率不得低于10%；拆入资金余额不得高于资本总额；担保余额不得高于资本总额；短期证券投资与资本总额的比例不得高于40%；长期投资与资本总额的比例不得高于30%；自有固定资产与资本总额的比例不得高于20%。该管理办法规定，如果财务公司出现严重支付困难或被撤销时，集团公司负有救助、组织清算等义务。该管理办法自2004年9月1日起施行。2000年6月30日发布的《企业集团财务公司管理办法》同时废止。

28日 中国建设银行发生“7·28”系列诈骗案。2004年7月26日，山西证券控股的山西智信网络公司到该公司开户行——中国建设银行山西省太原市万柏林支行提取一笔上亿元的资金。虽然该公司于前一天将提款事宜电话通知了万柏林支行，26日该笔款项没有按时提取。当天晚上，银企双方对账发现，拥有1.5亿元存款的账户内，只剩下20多万元。2004年7月28日，建设银行山西省太原市万柏林支行首先发现伪造山西证券公司控股的山西智信网络公司印鉴诈骗案并向公安机关报案，公安机关正式对“7·28”金融大案展开调查，并由此发现一系列诈骗案情：8月3日，交通银行山西省太原市分行晋安、并东、府西3家分理处发现银企账单不符案件；8月5日，农业银行山西省太原市分行营业部所辖旱西关分理处发现伪造山西智信网络公司印鉴诈骗资金案件；8月7日，建设银行太原市并州支行胜利桥东分理处发现银企账单不符案件；8月11日，农业银行太原市水南、双塔、漪汾街3家分理处各发现银企账单不符案件。

2004年11月初，“7·28”系列案基本清晰，案件共涉及山西省辖内银行分支机构近20家，涉案银行主要为农业银行、建设银行、交通银行、中国银行，被卷入转账等非涉案业务的银行则更多；涉案金额近10.38亿元，其中山西证券公司、山西智信网络公司、深圳广赢投资公司、山西万通资产公司四家“山西证券系”企业共丢失银行存款本金约8.8亿元；另有数家企事业单位超过1亿元的银行存款丢失。在2004年4～6月，原农业银行太原分行漪汾街分理处主任张建国利用职务之便，通过该案主犯胡吉贤私刻的印鉴，从会计处索要空白转账支票，挪用山西智信网络有限公司和深圳广赢投资管理有限公司共3 000万元公款供同案犯等人使用，还款中的1 500万元打入张建国自己控制的账户，张建国获取了超过153.5万元的高额利息用于归还个人债务。2005年5月31日“7·28”特大金融诈骗案开庭。8月8～10日，张建国及三名同案犯在太原市中级人民法院接受庭审。

△ “以股抵债”试点正式启动。作为“以股抵债”的第一家试点——湖南电广传媒股份有限公司（股票简称：电广传媒；股票代码：000917）发布经公司董事会通过的“以股抵债”方案：“以股抵债”的总股数为7 542.10万A股，金额为5.39亿元人民币，即控股股东湖南广播电视产业中心按每股单价7.15元的价格，一次性清偿公司5.39亿元债务。2004年8月10日，国资委批准通过该方案。同年9月22日，电广传媒发表公告声明：控股股东“以股抵债”方案（即公司控股股东——湖南广播电视产业中心以其所持有电广传媒75 421 022股抵偿其所欠电广传媒的债务及利息合计539 260 310.8元）实施完毕，电广传媒对抵债股份进行了核销，湖南广播电视产业中心持有电广传媒股份数量由16 900万股减少为93 578 978股，持股比例由50.31%下降为35.92%，仍为该公司第一大股东。“以股抵债”后，电广传媒总股本从33 592万股下降为26 049.9万股。

9月14日，张卫星以持有电广传媒100股A股的小股东身份，向北京市第一中级法院起诉国资委，要求撤销被告国资委在电广传媒“以股抵债”事件中的严重不当和非法的具体行政行为。9月28日，北京市第一中级人民法院行政向张卫星发出裁决书：由于国资委不具备行政主体资格，对于张卫星的起诉不予受理。

△ 中银国际基金管理有限公司在上海开业。中银国际基金管理有限公司（BOC International Investment Managers）是由中银国际证券有限责任公司、中银国际控股有限公司和美林投资管理有限公司联合发起设立的中外合资基金管理公司，注册资本金为1亿元人民币。三家公司分

别占有67%、16.5%和16.5%的股权。

△ 中国人民银行发布《关于变更中央银行票据上市时间的通知》。中国人民银行决定自2004年8月4日起，中央银行票据在银行间债券市场上市流通和作为公开市场业务操作工具的时间变更为“T+1”，即自发行日起的第二个工作日（周三）。7月27日，人民银行宣布每周二新增一次短期正回购操作，8月5日起又在每周四增加一次中央银行票据发行，从而使市场操作的频率提升至每周四次。

8月

3日 中国人民银行发布《关于为澳门银行办理个人人民币业务提供清算安排的公告》，宣布为澳门银行办理个人人民币业务提供清算渠道和回流机制。根据人民银行提出的清算条件与安排，两地居民个人可享受的服务包括：澳门居民个人可以在澳门银行开立人民币存款账户；任何个人可在澳门银行柜台，每人每次兑换不超过等值6 000元人民币的现钞，有存款户的每人每天可以兑换不超过等值20 000元人民币的现钞；在澳门提供个人购物、餐饮、住宿、交通、医疗等服务的指定商户收取的人民币现钞可以兑换成澳门元；内地居民可持内地银行发行的个人人民币银行卡在澳门消费支付，或在自动取款机上提取小额现钞，但不得提取人民币现钞；澳门居民可持澳门参加行或其附属机构发行的人民币银行卡在内地消费支付，或在自动取款机上提取小额人民币现钞；澳门居民个人可通过澳门银行向内地汇入以汇款人为收款人的人民币款项，每人每天汇款的最高限额为50 000元人民币，未提用的人民币汇入款经审核后可汇回澳门。同年9月17日，中国人民银行宣布选定中国银行澳门分行作为澳门银行个人人民币业务清算行。

△ 首例股民诉上市公司虚假陈述案原告败诉。济南市中级人民法院驳回原告张鹤要求银座渤海集团股份有限公司（股票简称：ST渤海；股票代码：600858）赔偿各项费用支出9 930元的诉讼请求。2000年3月31日至2001年11月19日，渤海集团因虚假信息披露而受到中国证监会查处。根据规定，股民可以对其进行起诉。山东省枣庄市股民张鹤于2001年先后3次购进渤海集团股票1 500股，计人民币18 435元。此后，该股票价格一路下跌，他于2002年1月将1 500股股票低价卖出，共损失9 420元。原告认为其损失是被告的信息虚假陈述所致，遂诉至法院要求被告赔偿差价损失、交易费用、利息等共计9 930元。2002年4月19日，济南市中级人民法院开庭审理了这一案件。一审判决书认为，虽然上市公司渤海集团存在虚假陈述的违法行为，股民张鹤也存在投资受损的事实，但两者之间并无因果关系，因此上诉被济南市中级人民法院驳回。

4日 中国建设银行发行第一期次级债券。本期债券计划发行100亿元人民币，最终发行150亿元人民币，其中10年期固定利率品种111.4亿元，10年期浮动利率品种38.6亿元，此次债券发行是目前国内单期发行规模最大的次级债券的发行。次级债券所募集的资金全部用于补充建设银行的附属资本，提高资本充足率。中国建设银行2004~2005年次级债券发行总额为400亿元。

△ 中国银监会对国有商业银行两起重大票据诈骗案件进行严肃查处。这两起票据案件涉及河南、广东、贵州三省的多个城市，以及工商银行、农业银行和建设银行的5家分支机构。诈骗分子利用商业承兑汇票回购和贴现方式，并收买银行工作人员，骗取银行资金2.58亿元，中国银监会责成有关商业银行和银行监管部门对涉案人员和相关责任人员进行了严肃处理。三家银行共处理工作人员35名，分别给予开除党籍、行政开除和其他党纪、政纪处分。对涉嫌经济犯罪的有关人士分别移送司法机关，并分别对其作出了取消金融机构任职资格终身和10年、8年、5年的决定。

△ 国家外汇管理局取消8项行政审批项目，同时保留39项行政许可项目。取消的8项行政审批项目分别是：远洋渔业企业年度购汇限

额核准、境外工程使用物资备案核准、对外支付超过规定比例和金额的预付货款核准、转口贸易项下外汇收支备案及对外支付核准、出口收汇核销员管理备案、国际收支统计申报员认定、外汇指定银行结汇、售汇业务从业人员资格核准、保险公司外汇业务从业人员资格核定。保留的行政许可项目包括资本项目汇出境外的购付汇、外汇账户及其限额管理等。

5日 中国奥运代表团获人保财险独家承保。国家体育总局和中国人民财产保险股份有限公司共同签署保险协议，由中国人保财险独家承保第28届雅典奥运会中国体育代表团总额为7.8亿元人民币的综合保险。其中，人身意外、医疗保险的保额高达7.5亿元，运动器材保险、代表团及个人财产保险总保额3 000万元。

6日 交通银行与汇丰银行在京签署战略合作协议。根据协议：汇丰银行以“香港上海汇丰银行”名义入股交通银行，入股比例为19.9%，持有77.75亿股，投资总金额为人民币144.61亿元，折合约17.47亿美元。汇丰银行入股后，按照国际会计准则计算的交通银行的核心资本充足率将达到8.43%，资本充足率将达到11.62%。汇丰银行也由此成为交通银行第二大股东。引进外资是交通银行深化股份制改革整体方案的第二步，也是迄今为止外资入股我国商业银行的最大宗交易。

9日 中国人民银行发布2004年第二季度《中国货币政策执行报告》。报告指出：2004年上半年，国内生产总值为5.9万亿元，同比增长9.7%，比2003年同期提高0.9个百分点。6月末，广义货币 M_2 余额为23.8万亿元，同比增长16.2%，增幅比上年同期低4.6个百分点。全部金融机构人民币贷款增加1.43万亿元，同比少增3 536亿元，比2002年同期多增6 000亿元。人民币各项存款增加2.17万亿元，同比少增1 784亿元。基础货币余额为5.13万亿元，增长19.2%，增幅比上年年末提高2.4个百分点。国家外汇储备为4 706亿美元，比上年年末增加674亿美元；人民币汇率为1美元兑换8.2766元人民币，人民币汇率继续保持稳定。

2004年下半年，中国人民银行将继续实施稳健的货币政策，并根据经济金融运行的变化适时加以完善。一是灵活运用数量型工具，适度调节金融体系流动性。二是稳步推进利率市场化，更大程度地发挥市场在资源配置中的基础作用。三是加强“窗口指导”，优化信贷结构和产业结构。四是加快金融市场建设，提高货币政策传导效率。五是推进金融企业改革，促进金融业可持续发展。六是保持人民币汇率在合理、均衡水平上的基本稳定。

△ 经国务院批准，中国保监会、中国人民银行颁布《保险外汇资金境外运用管理暂行办法》。该暂行办法包括总则、资格条件、投资范围和比例、投资管理、资产托管、监督管理、附则共7章42条。该暂行办法规定，保险外汇资金的境外运用限于下列投资品种或者工具：银行存款；国际公认评级机构评定的信用级别在A级或者相当于A级以上的外国政府债券、国际金融组织债券、公司债券；中国的政府和国内企业在境外发行的债券；信用级别在AAA级（含）以上的银行票据、大额可转让存单等货币市场产品。同时规定，保险外汇资金境外运用的可投资总额不得超过该保险公司上年年末外汇资金余额的80%，并对不同信用级别投资品种、单个发行体所发行证券的投资比例也分别进行了限制。中国保监会主要负责监管保险公司外汇资金境外运用的投资品种、投资比例是否合规，内部管理制度是否建立和健全，风险控制措施是否到位和完善；国家外汇管理局主要负责投资付汇额度的审批，监控保险外汇资金的流出和流入；其他监管部门根据各自职责范围，对保险公司境外投资涉及的各个环节进行监管，严格把关，并加强沟通和合作，将可能的风险降到最低点。该暂行办法还对以下方面作出规定：外汇资金境外运用保险公司的资产规模、外汇资金量、资金运用能力、内控制度等认定资格条件；由托管人负责办理外汇资金和证券的保管、账户开设与管理、清算交割、投资监督等事务；采用委托代理和自行操作相结合的运作模式等。

8月18日，中国保监会公布，截至2004年

6月底，我国保险业共有外汇资金97.75亿美元。2005年1月10日国家外汇管理局批准中国平安（集团）保险公司外汇资金境外运用额度17.5亿美元，这是国家外汇管理局依据该暂行办法所批准的首笔保险外汇资金境外运用额度。

10日 国家外汇管理局发布《关于个人对外贸易经营有关外汇管理问题的通知》。该通知比照境内机构贸易外汇管理的框架和原则，规范了个人从事货物贸易的外汇收付行为和个人外贸经营者申领出口收汇核销单、办理国际收支申报等事项。

12日 中国证监会发布《关于推进证券业创新活动有关问题的通知》。该通知提出，证券公司只要符合规定的条件和标准，可以按程序提出申请并经评审通过，被确定为试点证券公司。试点证券公司可根据市场需要和自身实际，进行法律、法规未禁止或未明确限制的、市场条件具备的业务创新、经营方式创新和组织创新，提高服务质量，改善盈利模式。

根据该通知，中国证券业协会于8月13日公布了《关于从事相关创新活动证券公司评审暂行办法》。该暂行办法规定，中国证券业协会（以下简称协会）负责对试点证券公司的评审与持续评价。申请试点的证券公司必须制定并严格实施符合独立存管要求的客户交易结算资金存管制度，能够做到客户交易结算资金封闭运行、资金划转与复核分离、核算体系完备、管理权限集中、监控体系有效、系统强制留痕、便利外部查询，确保客户交易结算资金的安全、完整、透明，并且严格执行《客户交易结算资金管理办法》及其他相关规定，向协会报送申请材料之日前的一年内未在任何时点挪用或占用客户交易结算资金。确保不占用客户托管的债券进行回购，不占用客户回购融入的资金，确保客户资产的安全、完整。申请试点的综合类证券公司必须符合下列要求：最近一年净资本不低于12亿元；最近一年流动资产余额不低于流动负债余额（不包括客户交易结算资金和客户委托管理资金）的150%；最近一年对外担保及其他形式的或有负债之和不高于净资产的10%，因证券公司发债提供的反担保除外；最近一年净资本不低于净资产的70%；设立并持续经营3年以上（含），且董事会和高级管理层的主要负责人具有相应的专业素质与管理能力。申请试点的经纪类证券公司最近一年净资本不低于1亿元，其他四项条件与综合类证券公司相同。

△ 中国银行推出首款欧元理财产品。欧元“稳健进取”投资期限仅为半年，收益率确定方式为：以前三个月为观察期（2004年8月26日至2004年11月26日），欧元兑美元即期汇率的观察区间被设定为1.1835～1.2715。观察期内如果欧元兑美元即期汇率没有超出设定的观察区间，则收益率为4.00%；如果欧元兑美元即期汇率在任意一天超出了设定的观察区间，则收益率为0.10%。

16日 中国人民银行、中国银监会联合发布《汽车贷款管理办法》。该管理办法包括总则、个人汽车贷款、经销商汽车贷款、机构汽车贷款、风险管理和附则共6章35条。该管理办法所称贷款人是指商业银行、城乡信用社及获准经营汽车贷款业务的非银行金融机构；借款人分为个人、汽车经销商和机构借款人。1. 申请个人汽车贷款的条件是：中国公民，或在中国境内连续居住1年以上（含1年）的港、澳、台居民及外国人；具有有效身份证明、固定和详细住址且具有完全民事行为能力；具有稳定的合法收入或足够偿还贷款本息的个人合法资产；个人信用良好；能够支付该管理办法规定的首期付款。2. 申请经销商汽车贷款的条件是：具有营业执照及年检证明；具有代理销售汽车证明；资产负债率不超过80%；具有稳定的合法收入或足够偿还贷款本息的合法资产；经销商、经销商高级管理人员及经销商代为受理贷款申请的客户无重大违约行为或信用不良记录。3. 申请机构汽车贷款的条件是：具有营业执照或事业单位法人证书等；具有合法、稳定的收入或足够偿还贷款本息的合法资产；能够支付该管理办法规定的首期付款；无重大违约行为或信用不良记录。

该管理办法规定：汽车贷款的贷款期限（含展期）不得超过5年，其中，二手车贷款的贷款期限（含展期）不得超过3年，经销商汽车贷款的贷款期限不得超过1年。贷款人发放自用车贷款的金额不得超过借款人所购汽车价格的80%；发放商用车贷款的金额不得超过借款人所购汽车价格的70%；发放二手车贷款的金额不得超过借款人所购汽车价格的50%。前款所称汽车价格，对新车是指汽车实际成交价格（不含各类附加税、费及保费等）与汽车生产商公布的价格的较低者，对二手车是指汽车实际成交价格（不含各类附加税、费及保费等）与贷款人评估价格的较低者。该管理办法要求贷款人建立借款人资信评级系统和汽车贷款预警监测体系，完善审贷分离制度，对汽车贷款实行分类监控以及建立汽车贷款信息交流制度等。该管理办法自2004年10月1日起施行，中国人民银行1998年9月1日颁布的《汽车消费贷款管理办法》同时废止。

据中国人民银行和中国银监会统计：截至2004年6月末，金融机构全部消费贷款余额为17 952亿元，占金融机构各项贷款余额的10.6%。其中，汽车消费贷款余额为1 833亿元，占金融机构全部消费贷款余额的10.2%。

△　中国证监会、中国人民银行联合发布《货币市场基金管理暂行规定》。该暂行规定明确，货币市场基金是指仅投资于货币市场工具的基金。货币市场基金投资于以下金融工具：现金；1年以内（含1年）的银行定期存款、大额存单；剩余期限在397天以内（含397天）的债券；期限在1年以内（含1年）的债券回购和中央银行票据；其他具有良好流动性的货币市场工具。不得投资于股票、可转换债券、剩余期限超过397天的债券、信用等级在AAA级以下的企业债券以及证监会、人民银行禁止投资的其他金融工具。货币市场基金的投资组合为：投资于同一公司发行的短期企业债券的比例，不得超过基金资产净值的10%；存放在具有基金托管资格的同一商业银行的存款，不得超过基金资产净值的30%；存放在不具有基金托管资格的同一商业银行的存款，不得超过基金资产净值的5%；在全国银行间债券市场债券正回购的资金余额不得超过基金资产净值的40%及中国证监会、中国人民银行规定的其他比例限制。货币市场基金投资组合的平均剩余期限不得超过180天。

该暂行规定要求货币市场基金应当在年度报告、半年度报告和季度报告的投资组合报告部分披露基金投资组合的平均剩余期限。对于每日按照面值进行报价的货币市场基金，可以在基金合同中将收益分配的方式约定为红利再投资，并应当每日进行收益分配。对于不收取申购、赎回费的货币市场基金，可以按照不高于2.5‰的比例从基金资产计提一定的费用，专门用于本基金的销售与为基金持有人服务。

△　中国反洗钱监测分析中心正式接收、分析大额和可疑交易报告。随后，中央银行向金融机构印发了《反洗钱监测分析系统本外币数据报送标准》，要求工商银行、农业银行、中国银行和建设银行等18家金融机构根据数据标准开发数据生成工具。截至2004年12月31日，中国反洗钱监测分析中心共接收本外币数据3 217 227笔、可疑交易报告10 740份。2004年9月初步实现了本外币交易数据的统一监测分析。通过分析筛选，中国反洗钱监测分析中心将判定可疑的报告移交给反洗钱局。经反洗钱局调查，对一般性违规行为，由反洗钱局视情况进行处理；对确实涉嫌犯罪的案件，由反洗钱局移交执法部门处理。截至2004年12月31日，中国反洗钱监测分析中心已向反洗钱局移交经分析筛选、初步判定为可疑的交易报告150份。

17日　国务院办公厅下发《关于进一步深化农村信用社改革试点的意见》。为加快推进农村信用社改革，深化8省（市）改革试点，进一步扩大试点范围，该意见提出：

1. 进一步深化农村信用社改革试点的指导原则是：以邓小平理论和“三个代表”重要思想为指导，认真贯彻党的十六大和十六届三中全会精神，坚持市场化的改革取向，以服务农业、农村和农民为宗旨，按照“明晰产权关系、强化约束机制、增强服务功能、国家适当支持、地方政府负责”的总体要求，围绕不断改善农村金融服务，加大金融支农力度这一首要目标，逐步推进和完善管理体制和产权制度改革，促进农村信用社加强内部控制，转换经营机制，使农村信用社真正成为自主经营、自我约束、自我发展和自担风险的市场主体，真正成为服务农民、农业和农村经济的社区性地方金融企业。

2. 进一步做好8个试点省（市）深化改革试点工作。一是明确职责分工，落实监督管理责任。其中中国银监会、中国人民银行要依法加强对农村信用社的监督管理，协助省级人民政府、省级联社管理农村信用社。要进一步加强对农村信用社风险的监控考核，建立健全风险校正和市场退出机制，及时采取风险预警、停业整顿、依法接管、重组等措施，有效控制和化解风险。二是深化产权制度改革，完善农村信用社法人治理结构。三是转换经营机制，提高经营管理水平。四是改善农村金融服务，加大金融支农力度。农村信用社无论采取何种产权模式，选择何种组织形式，都要坚持服务“三农”的经营方向，信贷资金大部分要用于支持本地区农业和农民，即使是实行了股份制改造的机构，也要根据当地农村产业结构状况，确定一定比例的资金用于支农。加大推广农户小额信用贷款的力度，进一步完善农户联保贷款办法。健全、完善农村信用社资金结算体系，大力发展银行卡等现代支付工具，不断探索代理保险、证券、委托理财、信息咨询服务等新的金融支农服务方式。国务院有关部门和地方政府要为农村信用社业务发展创造良好环境，取消不合理的限制性政策和规定，扩大农村信用社支农资金来源，提高支农服务水平。五是认真落实扶持政策，形成政策合力。其中中国银监会要会同有关部门加快研究邮储资金适当返还农村的办法，并选择部分省（市）进行试点。人民银行要会同有关部门抓紧提出解决老少边穷地区农村金融服务问题的意见，为深化农村信用社改革试点和农村金融改革的整体推进创造条件。

3. 进一步扩大农村信用社改革试点范围。国务院决定，再将北京、天津、河北、山西、内蒙古、辽宁、黑龙江、上海、安徽、福建、河南、湖北、湖南、广东、广西、四川、云南、甘肃、宁夏、青海、新疆等21个省（区、市）作为进一步深化农村信用社改革的试点地区，并要重点抓好几项工作：一是有条件地区的农村信用社可以改制组建农村商业银行、农村合作银行等银行类机构或实行以县（市）为单位统一法人，其他地区也可以继续实行乡镇信用社、县（市）联社各为法人的体制。对少数严重资不抵债、机构设置在城区或城郊、支农服务需求较少的信用社可予以撤销。二是将农村信用社的管理交由省级人民政府负责。三是改善支农服务。对1994～1997年亏损的农村信用社保值贴补息给予补贴。从2004年1月1日起至2006年年底，对参与试点的中西部地区的农村信用社一律暂免征收企业所得税；其他试点地区的农村信用社，一律按其应纳税额减半征收企业所得税。从2004年1月1日起，对试点地区农村信用社的营业税按3%的税率征收。对试点地区农村信用社，继续按2002年年底实际资不抵债数额的50%，由人民银行发行专项中央银行票据或安排中央银行专项借款，其中专项中央银行票据用于置换农村信用社不良资产和历年挂账亏损。

根据中国人民银行副行长吴晓灵2005年2月27日在深化农村信用社改革试点工作座谈会上的讲话：截至2004年年末，人民银行对先行试点8省市辖内的620个县（市）农村信用社发行了4期专项票据，共计355.5亿元，分别占8省市选择专项票据县（市）的99.2%和拟发行专项票据总额的98.5%。8省市改革试点工作取得明显的阶段性成果。2003年和2004年，8省市共增资扩股367亿元，2004年年末资本净额604亿元，资本充足率达到8.7%，不良贷款比2002年年末减少391亿元（剔除票据置换因素，实际减少83亿元），不良贷款占比下降13.3个百分点。2004年8省市农村信用社全部实现盈利，盈利总额68.8亿元，占全国农村信用社盈利总额的66.9%，存贷款增幅大大高于全国平均水平。

根据中国银监会2005年1月18日公布的统计数字：2004年度全国农村信用社（包括农村商业银行、农村合作银行）全行业首次实现了年度统算盈余，盈余金额达104.62亿元。其中，有26 245家农村信用社实现盈余，盈余面为81%；全国有25个省份的农村信用社以省统算实现盈余。截至2004年年底，全国农村信用社各项存款余额达 27 840.97 亿元，比年初净增 3 777.07 亿元，增长 15.70%；各项贷款余额达 19 551.25 亿元，比年初增加 2 629.30 亿元，增长 15.54%。2004 年度全国农村信用社共累计发放各项贷款 23 623.8 亿元，比上年多放 4 046.9 亿元。全年共实现利息收入 1 122.27 亿元，比上年增加 264.63 亿元，增长 30.86%，其增加额占同期总收入增加额的 87.62%。全国农村信用社 2004 年全年共清收盘活不良贷款 1 370 亿元。截至年末，全国农村信用社不良贷款余额比上年年初下降 544.64 亿元，不良贷款率为 23.1%，比年初下降 6.27 个百分点。截至 2004 年年末，全国农村信用社农业贷款余额达 8 490.29 亿元，比年初净增加 1 557.30 亿元，增长 22.5%，其中，农户贷款余额为 6 795.56 亿元，比年初增加 1 218.73 亿元，增长 21.86%；全年累计收回各项贷款 20 974.08 亿元，比上年多收 4 668.09 亿元，贷款收息率达 5.35%，比上年增加 0.09 个百分点。2004 年度全国农村信用社经营收入达 1 522.55 亿元，比上年增加 302.04 亿元，增幅达 24.75%；各项业务支出和营业费用合计达 1 417.93 亿元，比上年增加 191.73 亿元，增幅为 15.64%。总收入增幅超过总支出增幅 9.11 个百分点。

18 日　国务院第 61 次常务会议召开。研究部署进一步做好当前金融工作，会议指出，一年多来，银行、证券、保险系统坚决贯彻中央关于加强宏观调控的决策和部署，做了大量很有成效的工作，在遏制固定资产投资过快增长、加强经济社会发展薄弱环节、促进经济平稳、较快发展中发挥了重要作用。

当前要着力做好以下几项工作：1. 进一步做好货币信贷工作。要按照加强和改善宏观调控的要求，继续合理控制货币信贷规模，着力优化信贷结构，把好信贷“闸门”。要强化金融企业内控机制，加强对商业银行的“窗口指导”，准确把握调控的力度和节奏。坚持有保有压、区别对待，防止“一刀切”。各金融机构都要围绕实现宏观调控预期目标和促进经济平稳较快发展，积极探索新形势下改进金融服务的机制和方法，加快金融业务和产品创新，提高金融服务水平。2. 高度重视防范和化解金融风险。要加快处理历史遗留的金融风险问题，积极防范和化解新的风险。对清理固定资产投资项目中停建、缓建项目的贷款，要认真做好善后处理工作。要以加强宏观调控为契机，加快建立金融企业风险管理机制，强化资本约束机制，完善信贷管理制度。3. 不失时机地推进金融改革。加快国有商业银行改革步伐，做好扩大农村信用社改革试点的工作。认真落实国务院关于推进资本市场改革开放和稳定发展的意见。加快推进保险业改革。深化投资体制改革，提高银行自主审贷能力。4. 进一步做好金融对外开放工作。要继续认真履行加入世界贸易组织的承诺，有步骤地扩大金融对外开放的地域和业务范围。抓紧修改和完善有关政策规定，加强对外资金融机构的引导、服务和管理，逐步形成内外资金融企业公平竞争的市场环境。5. 继续加强和改进金融监管。金融监管部门要加强协调合作，突出监管重点，着重加强对市场准入、公司治理结构、内部控制、重要金融业务和高级管理人员的监管。抓紧修订、完善金融监管法规制度。加快社会信用体系建设，创造良好的社会信用环境。6. 切实做好防范和打击金融犯罪活动工作。要按照综合治理、整体部署、分工合作、多管齐下、以防为主、防打结合的原则，防范和打击各类金融犯罪活动。积极采用先进手段和装备，提高防范金融犯罪的技术水平。进一步加强防范和打击金融犯罪的法律制度建设。加强国际合作与交流，防范和打击跨国金融犯罪。

△　上汽通用汽车金融有限责任公司开业。该公司经中国银监会批准，由通用汽车金融服务公司和上海汽车集团财务有限责任公司共同组建，注册资本为 5 亿元人民币，两家公司分别出资人民币 3 亿元和 2 亿元。主要经营业务有：为最终用户提供购车贷款业务；办理汽车经销商采购车辆贷款；营运设备贷款；经中国银监会批准的其他信贷业务。这是中国第一家汽车金融公司和至今唯一的合资汽车金融服务公司。

19 日　财政部、中国人民银行、中国银监会联合发布《关于加强国有商业银行不良贷款剥离过程中责任追究工作的通知》。为加强不良资产责任追究工作，减少资产损失，防范道德风险，该通知要求：1. 国有商业银行应加强内部责任追究工作，建立问责制，加强内部审计和稽核，对贷款发放、管理、处置、剥离过程中的违规、违纪行为，按处理事与处理人结合的原则，严肃查处，特别要注意查办因决策失误、内控机制不健全等形成损失的案件。2. 国有商业银行和金融资产管理公司应严格按交接程序，相互配合做好不良资产剥离和接收工作，防止一剥了之，防止少数企业借改革之机逃废债务，切实防范道德风险。3. 国有商业银行应及时向各监管部门报告责任追究工作，并通过媒体向社会公布责任处理情况。该通知对责任人的处理情况也作了规定。

20日 中国城市商业银行汇票资金清算业务正式开通。首批69家城市商业银行开始办理银行汇票签发和互为代理兑付业务，其他42家城市商业银行经人员培训、系统上线后，也将陆续开办该业务。从此，全国111家城市商业银行有了自己安全、便捷、快速的汇路和汇票。城市商业银行间的银行汇票使用经中国人民银行批准的、由城市商业银行资金清算中心颁布的统一标识的银行汇票凭证、统一印模的汇票专用章和统一的密押系统。清算中心负责城市商业银行汇票业务的资金清算。当日上午，上海银行签发了全国城市商业银行系统编号为00000001的第一张银行汇票。

△ 美国雷曼兄弟（欧洲）公司取得国家外汇管理局批准的7 500万美元投资额度，正式成为合格境外机构投资者。2004年7月8日该公司取得中国证监会批准的QFII投资许可证。

22日 财政部提前赎回部分国债。8月20日，财政部以混合式招标方式提前兑付将于当年12月到期、发行总量为886亿元的三期记账式国债。根据招标结果，原始期限3年、总额为263.53亿元的2001年记账式（十六期）国债，本次提前兑付总量为31.47亿元，加权平均投标价格为101.787元，参考收益率为2.2545%；期限2年、总额为368.1亿元的2002年记账式（十六期）国债，提前兑付总量为42.32亿元，加权平均投标价格为101.605元，参考收益率为2.2493%；2003年记账式（十二期）国债发行总额为255亿元，本次提前兑付量为27.57亿元，加权平均投标价格为99.34元，参考收益率为2.2877%。当日，财政部公布提前赎回部分国债的招标结果：经投标确定的提前兑付总量共计101.36亿元，占这三期国债886亿元发行总额的11.43%。这是财政部首次以市场化方式赎回国债。

23日 中国信达资产管理公司出售金融资产。中国信达资产管理公司在长春集中一批东北金融资产，面向海内外公开出售。本次出售的金融资产包括债权、股权、实物三大部分，共涉及东北地区185个项目、标价为150亿元的金融机构不良资产，包括房地产、基础设施、煤炭、电力、林业、商业、化工、造纸、建筑材料、纺织机械和冶金等行业。美国摩根士丹利集团与中国信达资产管理公司当场签订了大连北方热电股份有限公司等11个电力项目总额达23亿元人民币的合作意向。

24日 南方积极配置基金发行（基金代码：160105）。该基金由南方基金管理公司管理发行，为股票配置型基金，配置在股票和债券资产上的比例分别为40%～95%和0～50%。同时通过行业研究精选出与国民经济增长具有高度关联性、贡献度大、成长性高、投资价值大的六大行业进行战略性投资，并且这六个行业占股票投资的比例不低于65%。基金份额面值为1元人民币，首发规模为35.36亿元，其中通过深圳证券交易所网上认购和券商销售分别达到11.70亿元和14.85亿元，认购户数达到28 171户。根据《证券投资基金运作管理办法》的规定，“开放式基金应当保持不低于基金资产净值5%的现金或者到期日在一年以内的政府债券，以备支付基金份额持有人的赎回款项”。南方基金配置基金契约书规定，股票仓位最高时可以调到95%，因此，该基金是真正意义上的纯股票型基金。

25日 中国人民银行发出《关于2004年十年期中国铁路建设债券在全国银行间债券市场交易流通的批复》。中国铁路建设债券发行总额为35亿元人民币，期限为十年，平价发行，认购单位为1 000元人民币。本期债券的年利率为基准利率与基本利差之和：基准利率为发行首日和其他各计息年度起息日适用的中国人民银行公布的一年期整存整取定期储蓄存款利率；基本利差为2.6%，债券存续期内固定不变。全国银行间市场从2001年开始就有中信债券交易流通，但由于中信集团本身为金融企业，因此市场还是将其视做金融债。该期铁路债券的上市流通，被认为是真正意义上的企业债进入银行间债券市场。

△ 中国建设银行推出龙卡汽车卡。这种汽车卡拥有龙卡的所有金融功能，包括一卡双币、全球通用、先消费后还款等。另外，持卡人在购买车险时，还可以享受5.5～7折优惠，并得到价值100万元的交通意外险及加油优惠等，但是要享受这些服务，持卡人每年须缴200元的年费，而且该信用卡只面向私家车主，汽车排气量必须达到1.6升。该卡在杭州首发，然后推广到全国，是全国第一张汽车金融信用卡。

△ 燃料油期货合约在上海期货交易所挂牌上市。燃料油交易单位为10吨/手，报价单位为元（人民币）/吨，最小变动价位为1元（人民币）/吨，每日价格最大波动限制为上一交易日结算价的±5%，最低交易保证金为合约价值的8%，交易手续费不高于成交金额的0.2‰（含风险准备金）。交割月份为除春节月份以外的其他月份，合约交割月份前一月份的最后一个交易日为最后交易日，最后交易日后连续5个工作日为交割日期，交割品级为180CST燃料油或质量优于该标准的其他燃料油，交割单位为10手（100吨），交割数量必须是交割单位的整倍数，交割采用实物交割方式。

燃料油贸易是国内最为市场化的能源品种，价格基本上不会受到来自政策的硬性干预。2003年，中国燃料油的消费量为4 400万吨，其中进口量为2 378万吨，进口数量占消费总量的55%，2004年预计进口比例将接近70%。国内进口的燃料油价格是在新加坡普氏系统产生的价格基础上加升贴水的方法制定的，国内的贸易商只能被动地接受价格，其利益经常遭到外国贸易商的压榨，国内正是在这个背景下推出燃料油期货合约。

26日 经国务院批准，中国银行股份有限公司在北京成立。经中国政府批准，中国银行整体改建为中国银行股份有限公司（简称：中国银行，英文名称：Bank of China Limited；简称Bank of China），注册资本1 863.90亿元，折股1 863.90亿元。其中中央汇金投资有限责任公司代表国家持有中国银行100%的股权，依法行使中国银行股份有限公司出资人的权利和义务。中国银行股份有限公司是由中国银行整体改建而来，股份公司完整承继中国银行资产、负债和所有业务，按照原有的营业执照和业务许可批准、核准的经营范围继续经营业务。营业机构、商号、商标、互联网域名和咨询服务电话等保持不变。肖钢任中国银行股份有限公司董事长，李礼辉为副董事长、行长，另有11名董事和3名监事。

根据2005年5月31日中国银行公布的2004年年度报告：2004年，中国银行集团实现营业利润578亿元，净利润为209亿元。如剔除2003年出售中银香港部分股份获得净投资收益因素的影响，集团2004年营业利润比2003年增长21.3%，净利润基本与2003年持平。2004年总资产净回报率和权益净回报率分别达到0.61%和10.04%。2004年年末，集团资本充足率达到10.04%，不良贷款比率为5.12%，拨备覆盖率为68.02%。2004年，集团实现营业收入1 047亿元，剔除2003年出售中银香港部分股份获得净投资收益的影响，比上年增长22.2%。2004年集团实现净利息收入850亿元，比上年增加131亿元，增长18.2%。截至2004年年末，集团资产总额为42 704亿元，比上年年末增长7.3%。各类贷款余额为21 465亿元，剔除股改资产处置因素，各类贷款比上年年末增长11.3%；集团客户存款余额为33 425亿元，比上年年末增长10.1%。中国银行此次披露的2004年年报，执行了更加审慎的会计制度，普华永道会计师事务所出具了标准无保留的审计意见，并基本上按照上市银行的信息披露要求披露了更加翔实的经营和财务信息。

△ 国家发展和改革委员会公布对全国钢铁、电解铝、水泥行业的清理结果：2003 年年底已建成的炼铁能力中，不符合产业政策准入标准的炼铁、炼钢能力占总能力的 70% 左右；在电解铝产能中，落后的自焙槽能力还占一定比重；在 10 亿吨水泥产能中，新型干法水泥生产能力只占 25%。从布局看，有个别中型城市钢铁企业竟达 50 多家，个别省份电解铝企业超过 20 家，造成了这些地区严重的环境污染和能源短缺。从清理结果看，已建和在建项目中，绝大部分钢铁、电解铝和水泥项目不同程度地存在着违规审批问题，建设资金大部分来自银行贷款，给银行不良贷款增加埋下了隐患。违法、违规占用土地现象普遍，相当部分项目未进行环境评估。为此，国家发展改革委决定对钢铁、电解铝、水泥三个行业采取以下处理措施：一是对未经国家批准违规建设的钢铁项目，正在进行土地平整、征地拆迁、设备订货和正在开展前期工作的，要坚决停下来。二是对不符合电解铝产业发展政策、市场准入条件和未经国家审批的电解铝和氧化铝项目，要坚决停止建设；对有淘汰自焙槽或小预焙槽落后能力的违规在建项目，由省级投资管理部门从严把关，按国家有关规定重新报批。三是要重点支持在资源有保证的地区建设日产 4 000 吨及以上新型干法水泥熟料项目，不鼓励日产 2 000 吨以下新型干法水泥项目，坚决遏制落后工艺的水泥项目建设。2003 年 12 月 23 日，国务院办公厅转发《关于制止钢铁电解铝水泥行业盲目投资若干意见的通知》，要求对各地钢铁、电解铝、水泥等投资建设项目进行认真清理。

△ 中国华融资产管理公司正式介入“德隆”重组。德隆国际战略投资有限公司（以下简称德隆国际）、新疆德隆（集团）有限责任公司（以下简称新疆德隆）及新疆屯河（集团）有限责任公司（以下简称新疆屯河）与中国华融资产管理公司共同签订资产托管协议。根据协议的规定，德隆国际、新疆德隆及新疆屯河三家公司将其拥有的全部资产不可撤回地全权托管给中国华融资产管理公司，由其全权行使三家公司全部资产的管理和处置权利。新疆德隆、德隆国际、新疆屯河合法拥有所有权的全部资产范围以协议各方当事人确认的托管资产清单为准，包括但不限于货币资金、有价证券、债权资产、无形资产、实物资产、股权资产等各项资产。8 月 19 日，国务院批复了中国人民银行市场化解决德隆危机的整体方案——德隆共计 200 多亿元的股权和实物资产，已不能抵偿德隆超过 300 亿元的债务，德隆将被一并交由华融资产管理公司进行整体托管，但这种托管为偿债式托管，而非清算式托管，也不等于重组。

27 日 由中国人民银行牵头的反洗钱工作部际联席会议第一次工作会议在北京召开。部际联席会议召集人、中国人民银行行长周小川作了题为《中国反洗钱的现状与未来》的主题发言。周小川在发言中阐述了开展反洗钱工作的重要意义，系统介绍了当前国际反洗钱形势，总结了我国反洗钱工作开展情况，并提出了下一阶段的反洗钱工作思路和工作任务。周小川强调，反洗钱工作部际联席会议的成立，将在有效遏制和打击洗钱犯罪方面发挥重要作用，将充分体现资源整合的优势，大大提高我国反洗钱工作的效率和效果。各部门应该继续积极借助部际联席会议这一制度和机制，各司其职，在机构设置、制度建设、人员配备、信息交流和社会宣传等方面切实开展工作，加强协调和沟通，全面推进我国反洗钱工作。

反洗钱工作部际联席会议制度于 2002 年 5 月经国务院批准建立，牵头单位为公安部。2003 年国务院机构改革后，改为由中国人民银行牵头。2004 年 5 月，经国务院领导同意，反洗钱工作部际联席会议成员单位由原来的 16 家增至 23 家。新增加的 7 家单位是最高人民法院、最高人民检察院、国务院办公厅、监察部、建设部、中国银监会和国家邮政局。

28 日 十届全国人大常委会第十一次会议表决通过《中华人民共和国证券法》、《中华人民共和国票据法》修正案，并以主席令的形式正式公布。《中华人民共和国证券法》中有关条例修改为："股票发行采取溢价发行的，其发行价格由发行人与承销的证券公司协商确定。""公司申请其发行的公司债券上市交易，由证券交易所依照法定条件和法定程序核准。"《中华人民共和国票据法》删去了"本票出票人的资格由中国人民银行审定，具体管理办法由中国人民银行规定"一条。

△ 江苏吴江农村商业银行股份有限公司开业。江苏吴江农村商业银行成立于2004年8月13日，注册资本为人民币3亿元，资本充足率为10.46%，是深化农村信用社改革试点启动后成立的第一家农村商业银行。吴江农村商业银行的主营业务包括：吸收公众存款；发放短期、中期和长期贷款；办理国内结算；办理票据承兑与贴现；代理收付款项及代理保险业务；代理发行、代理兑付、承销政府债券；买卖政府债券、金融债券；从事同业拆借；提供保管箱服务；外汇存款；外汇贷款；外汇汇款；外币兑换；国际结算；结汇、售汇；资信调查、咨询、见证业务。该行前身为吴江市农村信用合作社联合社，下辖26个支行、1个总行营业部、1个国际业务部和48个分理处。

30日 中国银监会发布《商业银行房地产贷款风险管理指引》。该指引包括总则、风险控制、土地储备贷款的风险管理、房地产开发贷款的风险管理、个人住房贷款的风险管理、风险监管措施和附则共7章47条。主要规定是：1. 商业银行对资本金没有到位或资本金严重不足、经营管理不规范的借款人不得发放土地储备贷款。发放土地储备贷款应避免由于土地价值虚增等情况而导致的贷款风险。2. 商业银行对未取得国有土地使用证、建设用地规划许可证、建设工程规划许可证、建筑工程施工许可证的项目不得发放任何形式的贷款。申请贷款的房地产开发企业，其开发项目资本金比例不低于35%。3. 商业银行对发放个人住房贷款，应统一"个人住房贷款申请表"，并将借款人以及风险审核信息以"风险评估书"的形式记录在案。申请表包括借款人基本情况、借款人收支情况、借款人资产表、借款人现住房情况、借款人购房贷款资料、担保方式、借款人声明等要素；"风险评估书"包括个人信息的确认、银行对申请人偿还能力、偿还意愿的风险审核及对抵押品的评估情况。商业银行应根据各地市场情况的不同制定合理的贷款成数上限，但所有住房贷款的贷款成数不超过80%。同时，应将借款人住房贷款的月房产支出与收入比控制在50%以下（含50%），月所有债务支出与收入比控制在55%以下（含55%）。该指引还要求银监会根据非现场监管情况，每年至少选择两家商业银行，对房地产贷款进行全面或者专项检查，对管理存在严重问题的商业银行要组织跟踪检查。

据中国银监会负责人就该指引答记者问：从1998年到2002年商业银行房地产开发贷款余额年均增长25.3%，从1997年到2002年个人住房贷款余额年均增长113%。从2003年到2004年上半年，商业银行房地产开发贷款余额和个人住房贷款余额仍然保持了较快的增长势头。

31日 中国人民银行和教育部、财政部联合召开新闻发布会。中国人民银行副行长吴晓灵介绍了国家对助学贷款将实行的三项政策调整。1. 引进市场化的方法，用招投标的方法来确定对商业银行的风险补偿率。2. 成立全国和省两级的助学贷款管理中心，加大银行和高校合作的力度。3. 对于助学贷款，学生在校期间全额贴息，学生毕业以后所有的利息由学生来承担。原来的还款期限规定学生毕业以后第1年开始还款，这次调整为如果学生没有找到工作，可以在毕业以后1~2年内开始还款，最长的还款期限从原来的4年延长到6年。

9月

6~7日 周小川阐述中国黄金市场三个转变。中国人民银行行长周小川在上海举行的"伦敦金银市场协会（London Bullion Market Association，LBMA）2004年全球贵金属年会（第5届）"上表示，中国黄金市场将逐步实现三个转变：一是实现从商品交易为主向金融交易为主的转变；二是实现由现货交易为主向期货交易为主的转变；三是实现由国内市场向国际市场的转变。具体措施包括发展个人黄金投资业务，推出黄金远期衍生交易品种等。本次会议由伦敦金银市场协会（LBMA）主办，上海黄金交易所协办，也是伦敦金银市场协会年会首次在中国举办。

8日 澳洲联邦银行参股济南市商业银行。济南市商业银行与澳洲联邦银行（Commonwealth Bank of Australia，CBA. AU）在济南市山东大厦举行战略合作协议签字仪式。经中国银监会批准，澳洲联邦银行首期购买济南市商业银行11%的股份，使济南市商业银行资本充足率达到10.26%；至2008年5月14日之前，澳洲联邦银行持股总量可达20%。济南市商业银行是1996年成立的地方性股份制商业银行。澳洲联邦银行是澳大利亚金融市场上个人金融产品的最大供应者，个人业务市场份额占60%。

△ 大众汽车金融（中国）有限公司在北京开业。2004年8月12日，大众汽车金融（中国）有限公司获得中国银监会批复，允许该公司在中国汽车金融领域内开展人民币业务。公司注册资本为5亿元人民币，开业初期首先将业务重点放在了为北京的私人购车者提供汽车金融服务产品上。大众汽车金融（中国）有限公司是大众汽车金融服务股份公司的全资子公司，也是中国首家外商独资汽车金融公司。大众汽车金融服务股份公司目前是欧洲最大的汽车金融服务商。截止到2003年12月31日，其总资产为325亿欧元，税前收入为5亿6 500万欧元。公司在全球共有员工5 000多名，业务遍布欧洲和亚太地区的24个国家及地区。

9日 中国银监会决定对纳入监管范围的各类银行业金融机构收取监管费。当日，中国银监会发布的《关于收取银行业机构监管费和业务监管费的通知》规定：从9月20日起对纳入监管范围的各类银行业金融机构收取监管费，机构监管费按照被监管机构实收资本的0.08%计收，外资银行分行按中国银监会核定的营运资金的相同比例计收。业务监管费按照被监管机构的资产规模分档递减，分段计收。具体比例是：资产在3万亿元人民币以下，按资产的0.02%收取；3万亿~4万亿元人民币部分，按0.015%收取；4万亿~5万亿元人民币部分，按0.01%收取；超过5万亿元人民币部分不计收。收费对象包括各类商业银行、政策性银行、信用社；信托投资公司、财务公司、金融租赁公司；邮政储蓄机构；金融资产管理公司；中国银监会监管的其他银行业金融机构。监管收费标准的有效期为3年，收费期满后将重新核定。根据被监管机构2003年12月31日的实收资本和资产总额，中国银监会2004年监管收费总额约为50亿元人民币。

10日 中国银监会、中国证监会联合下发《关于信托投资公司开设信托专用证券账户和信托专用资金账户有关问题的通知》。该通知要求信托投资公司在运用信托资金进行证券投资时，使用单独开设的信托专用证券账户和信托专用资金账户。信托终止的，信托投资公司应当及时将信托专用证券账户中的证券资产予以变现，并及时到中国证券登记结算公司和有关证券公司办理信托专用证券账户和信托专用资金账户的注销手续，并妥善保存账户的全部会计资料。该通知自2004年10月1日起施行。

15日 国家发展和改革委员会、国家开发银行发布《关于合作开展中小企业贷款与信用担保体系建设工作的通知》。该通知规定：国家发展和改革委员会和国家开发银行合作开展中小企业贷款与中小企业信用担保体系建设工作。贷款对象为《中小企业标准暂行规定》（2003年2月19日发布）所指的企业，重点是符合国家产业政策的科技型、就业型、资源综合利用型、农副产品加工型、出口创汇型和社区服务型企业。单笔贷款额度控制在3 000万元以内，贷款利率执行中国人民银行公布的同期贷款利率，原则上不浮动。贷款期限最短为一年，一般为三年，最长为五年，操作程序是由各地中小企业管理部门依据贷款标准，选择推荐符合条件的中小企业名单，并由政府出资的中小企业信用担保机构或商业性担保机构担保或由企业联保，也可以是国家开发银行与现有的担保机构联合担保；国家开发银行与担保机构实行风险分担比例，并可为重点担保机构提供部分软贷款，以补充担保机构资本金的不足。合作工作在国家发展改革委和国家开发银行总行的领导下进行。

软贷款 软贷款是指国家开发银行作为政策性银行，可以通过政府或国有公司的融资平台发放的贷款，它的利息低于市场水平，还款期限比一般银行贷款长。软贷款允许用于国家确定的重点建设项目的资本金或股本投入，这是软贷款与商业银行硬贷款的最大区别。

在国际上，软贷款是指国际开发协会（International Development Association，IDA）提供的贷款，因其贷款期限长，无利息，条件比国际复兴开发银行（The International Bank for Reconstruction and Development ，IBRD），优惠，俗称“软贷款”，“软贷款”的记账单位为“特别提款权”。“硬贷款”是国际复兴开发银行提供的贷款，记账单位为美元。

△ 中国银监会发布《银行业监管统计管理暂行办法》。该暂行办法包括总则、统计制度与报表管理、统计资料管理与信息披露、统计机构、统计人员、统计监督与检查、奖励与惩罚以及附则共 8 章 42 条。该暂行办法规定，对银行业金融机构的统计活动进行监督检查是法律赋予银行业监督管理机构的权利。银行监管机构派出监管人员到被监管机构进行实地检查，通过询问被检查机构有关人员或查阅其凭证、账表、文件等各种资料，对银行业金融机构统计制度执行情况和数据真实性进行分析和评价，统计检查结果将纳入对被监管机构及相关高级管理人员的综合评价、考核之中。该暂行办法自 2004 年 11 月 1 日起施行。

16 日 中国证监会发布《证券投资基金管理公司管理办法》。该管理办法包括总则，基金管理公司的设立，基金管理公司的变更、解散，基金管理公司分支机构的设立、变更、撤销，基金管理公司的治理和经营，监督管理和附则共 7 章 69 条。该管理办法规定：设立基金管理公司注册资本应不低于 1 亿元人民币，且股东必须以货币资金实缴，境外股东以可自由兑换货币出资；拟任高级管理人员、业务人员不少于 15 人；有符合规定的监察稽核、风险控制等内部监控制度。申请设立基金管理公司应当向中国证监会报送申请材料，由中国证监会审查批准。符合规定条件的基金管理公司可以向中国证监会申请设立分公司或其他形式的分支机构，从事基金品种开发、基金销售及公司授权的其他业务活动。基金管理公司应当明确股东会的职权范围和议事规则，建立健全独立董事制度和督察长制度，督察长由董事会聘任，对董事会负责，对公司经营运作的合法合规性进行监察和稽核。公司及基金投资运作中的重大关联交易等事项应当经过 2/3 以上的独立董事通过。该管理办法自 2004 年 10 月 1 日起施行，中国证监会于 2002 年 6 月 1 日发布的《外资参股基金管理公司设立规则》同时废止。

17 日 《中国人民银行行政许可实施办法》颁布。该实施办法包括总则、行政许可的实施机关、行政许可的实施程序、行政许可的费用、监督检查和附则共 6 章 53 条。该实施办法规定：中国人民银行总行应当在法定职权范围内依法实施行政许可，其分支机构须在中国人民银行总行授权范围内实施行政许可。公民、法人或者其他组织从事特定活动，依法需要取得中国人民银行或其分支机构行政许可的，应当向中国人民银行或其分支机构提出申请，中国人民银行及其分支机构对其进行审查。在审查申请中发现行政许可事项直接关系他人重大利益的，应当告知该利害关系人，并应当及时听取申请人、利害关系人的意见。实施行政许可应当或需要听证的事项应当向社会公告，并举行听证。该实施办法还规定，中国人民银行及其分支机构依法准予公民、法人或者其他组织的行政许可受法律保护，中国人民银行及其分支机构不得擅自改变已经生效的行政许可。准予行政许可所依据的法律、行政法规、规章修改或者废止，或者准予行政许可所依据的客观情况发生重大变化的，为了公共利益的需要，中国人民银行及其分支机构可以依法变更或者撤回已经生效的行政许可。由此给公民、法人或者其他组织造成财产损失的，中国人民银行及其分支机构应当依法给予补偿。该实施办法自2004年11月1日起实施。

△ 上海安信农业保险股份有限公司开业。该公司是经中国保监会批准，在原中国人民保险公司上海分公司农业保险业务的基础上，由上海市、区（县）等11家国有资产经营公司募集筹建的我国第一家专业性股份制农业保险公司，注册资本为2亿元人民币。作为探索建立中国政策性农业保险制度的试点之一，该公司主要经营农村种植业、养殖业保险，对参加符合农业产业发展导向的投保农户，市、区（县）两级财政将给予一定比例的保费补贴。列入补贴费用的险种有9大类，其中水稻、生猪、奶牛、家禽推行基本保险与补充保险相结合的农业保险新机制，以扩大农业保险的覆盖面。根据“以险养险”的经营思路，该公司可以通过经营其他有效益的险种如财产损失保险、信用保险、保证保险、短期人身意外伤害险和健康险等来补贴经营种植保险、养殖保险可能产生的亏损。在遇到特大灾害，该公司通过巨灾再保险仍无法承担保险责任时，政府通过特殊救灾政策给予支持。为体现专业化特色，中国保监会规定该公司农业保险业务占全部业务的比例不得低于60%。

△ 航联保险经纪有限公司开业。该公司由中国航空集团、中国东方航空集团、中国南方航空集团、中航油集团、中航信集团、中航材集团等13家民航大型企业出资组建。该公司是于2004年8月经中国保监会批准成立的国内第一家特殊风险保险经纪公司，注册资本金为5 000万元人民币，总部设于北京。该分司的主要业务是代表航空公司、机场等客户的利益，拟订投保方案，谈判保险条件，协助客户向保险公司办理投保手续和进行索赔。

20日 国家外汇管理局在其网站（http://www.safe.gov.cn/）上公布一起重大境外赌资洗钱案。2003年年初，浙江省外汇分局在大额可疑外汇资金交易监控中，发现一些社会人员以居民名义利用银行通存通兑系统进行异地资金划拨的现象，且外汇交易量迅速放大。国家外汇管理局浙江省外汇分局当即将其中8人的情况向杭州市公安局移交。杭州市公安局收到国家外汇管理局浙江省外汇分局移交的案件后很快立案，并与外汇局联合对8名当事人非法买卖外汇的基本事实、团伙网络、资金渠道和活动规模进行侦查。2003年12月19日，杭州市公安局现场抓获正在进行非法买卖外汇交易的犯罪嫌疑人。该案是我国第一起通过对大额和可疑外汇资金交易进行跟踪、分析发现并破获的大案；涉案当事人陈志方被罚款495万元人民币，也是国家外汇管理局对单个自然人处以行政罚款金额最高的一起案件。

21日 中国建设银行股份有限公司（China Construction Bank Corporation，CCB，以下简称建行股份公司）在北京挂牌成立。建行股份公司由中央汇金投资有限责任公司、中国建银投资有限责任公司、国家电网公司、上海宝钢集团公司和中国长江电力股份有限公司5家公司共同发起设立。5家发起人共出资人民币1 942.3025亿元，按每股面值人民币1元折成1 942.3025亿股。其中：2003年12月31日，代表国家注资的中央汇金投资有限责任公司，将225亿美元折合成人民币出资1 655.38亿元，占公司股份总数的85.228%，成为第一大股东（其中直接注入建行股份公司的金额为200亿美元；另外25亿美元则注入中国建银投资有限责任公司）。中国建银投资有限责任公司（也就是原定分拆后的集团公司）出资206.9225亿元，占10.653%；国家电网公司出资和上海宝钢集团公司各出资30亿元，分别占1.545%；中国长江电力股份有限公司出资20亿元，占1.030%。至此，成立于1954年10月1日的原中国建设银行由国有独资商业银行改制为国家控股的股份制商业银行，改制后的名称为中国建设银行股份有限公司，简称仍为中国建设银行，并继承原中国建设银行商业银行业务及相关资产、负债和权益。张恩照任董事长、党委书记（2005年6月，因涉嫌违纪的个人原因辞去建行股份公司董事和董事长职务，并接受党的纪律检查机关审查)，常振明任副董事长、行长。

2005 年 6 月 9 日，建行股份公司公布成立后的首份年度（2004 年）报告。年报显示，2004 年建行股份公司实现税前利润 502.16 亿元，较上年增加 127.43 亿元，增幅 34.01%。其中，利息收入净值为 1 002.96 亿元，较上年增加 113.49 亿元，计提资产减值准备支出 88.30 亿元，较上年增加 6.61 亿元。资产利润率为 1.30%，净资产收益率为 25.40%。除当年股份制改造所得税税收优惠政策因素，资产利润率和净资产收益率分别达到 0.88% 和 17.28%。基于有效的成本控制，成本收入比下降至 39.17%，同比较上年下降 1.97 个百分点。

△ 中国建银投资有限责任公司成立。2004 年 9 月 17 日，中国建设银行分立为中国建设银行股份有限公司（以下简称仍为中国建设银行）和中国建银投资有限责任公司（以下简称建银投资公司）。建银投资公司总资产为 207 亿元人民币，主要是从中国建设银行剥离出来的非商业银行资产，其中包括原中国建设银行持有的中金公司 43.35% 的股份。建银投资公司的业务范围主要包括：作为证券市场重组平台，对部分证券公司进行财务重组，改善公司治理，提高经营效益，化解金融风险；投资金融及非金融企业；本外币资金同业拆借、本外币借款，发行金融债券，自营和代理债券交易；资产管理范围内公司的上市推荐及股票、债券承销；资产管理范围内本外币财产租赁、重组；经营、管理、处置从原中国建设银行承继的资产；买卖、代理买卖、代理兑付从原中国建设银行承继的债券；接受、经营、管理从原中国建设银行承继的本外币委托贷款；财务、投资及法律咨询，资产及项目评估；工程造价咨询业务；经中国银监会批准的其他业务。

22 日 公安部举行新闻发布会，通报联合整治金融票证违法犯罪情况。据不完全统计，自 2004 年 3 月由公安部、中国银监会、中国人民银行联合组织开展整治金融票证违法犯罪活动以来至 8 月底，全国公安机关共立金融票证类犯罪案件 3 000 余起，涉案金额 24.8 亿元；侦破案件 2 000 余起，挽回经济损失达 1.77 亿元。2003 年，全国公安机关经济犯罪侦查部门共立金融票证类犯罪案件 3 800 余起，涉案金额高达 34 亿元。

△ 中国证监会发布《证券投资基金行业高级管理人员任职管理办法》。该管理办法包括总则、任职条件和审核程序、基本行为规范、监督管理、法律责任和附则共 6 章 48 条。该管理办法规定，申请高级管理人员任职资格，应当具备下列条件：取得基金从业资格；通过高级管理人员证券投资法律知识考试；具有 3 年以上基金、证券、银行等金融相关领域的工作经历及与拟任职务相适应的管理经历，督察长还应当具有法律、会计、监察、稽核等工作经历；没有《中华人民共和国公司法》、《中华人民共和国证券投资基金法》等法律、行政法规规定的不得担任公司董事、监事、经理和基金从业人员的情形；最近三年没有受到证券、银行、工商和税务等行政管理部门的行政处罚。申请基金管理公司高级管理人员任职资格，应当由基金管理公司向中国证监会报送申请材料，中国证监会进行受理和审查，高级管理人员的选任或者改任，也须报经中国证监会审核，并对公司董事、公司基金经理的任职条件作了规定。该管理办法要求，基金管理公司和基金托管银行应当建立高级管理人员考核制度，定期对高级管理人员进行考核，建立考核档案。中国证监会定期或者不定期对高级管理人员考核档案进行检查，对高级管理人员守法合规情况等进行考核，并建立高级管理人员管理信息系统，记录高级管理人员从事基金业务的相关情况。该管理办法自 2004 年 10 月 1 日起施行。中国证监会 1999 年发布的《基金从业人员资格管理办法暂行规定》同时废止。

24 日 中俄扩大银行合作范围。中俄总理签署《2002 年 8 月 22 日签署的中国人民银行和俄罗斯联邦中央银行关于边境地区贸易的银行结算协定的纪要》。这是中俄总理在第 9 次定期会晤期间签署的 7 份文件之一。双方宣布扩大银行合作规模，将 2002 年 8 月 22 日中国人民银行与俄罗斯中央银行签署的《中俄边境地区贸易的银行结算协定》适用范围（黑龙江省黑河市和俄罗斯阿穆尔州布拉格维申斯克市）扩大至中俄所有边境地区，并确保全面准确地执行该协定的所有条款；继续在反洗钱和打击恐怖主义融资领域开展合作。

27 日　中国人民银行货币政策委员会2004年第三季度例会在北京召开。会议认为，当前我国国民经济运行平稳，所采取的货币信贷政策措施已见成效，货币信贷运行态势总体上符合货币信贷平稳增长的取向。下一阶段要按照加强和改善宏观调控的要求，灵活运用多种货币政策工具，掌握好调控力度，进一步发挥市场机制对资源配置的基础性作用，继续合理调控货币信贷总量，努力改进金融服务，着力优化信贷结构。

28 日　国务院总理温家宝会见美国花旗集团首席执行官普林斯（Prince）和美国前财长鲁宾（Rubin）。温总理指出，中国实行的是以市场供求为基础的、有管理的浮动汇率制度。完善人民币汇率形成机制，保持人民币汇率在合理、均衡水平上的基本稳定，是人民币汇率制度改革的方向和目标。中国将进一步推进改革，形成更加适应市场供求变化、更为灵活的人民币汇率形成机制。

29 日　劳动和社会保障部、中国证监会联合发布《关于企业年金基金证券投资有关问题的通知》。该通知分别从企业年金基金账户开设、清算模式、备付金账户管理、交易席位、交易结算数据获取、信息披露等方面对企业年金基金证券投资管理全过程进行具体规定。该通知规定，企业年金由托管人根据受托人委托，为企业年金基金申请代理开立证券账户。证券账户按企业年金基金投资管理人管理的每个组合开立，账户名称则采用企业年金计划和托管人的联名方式。托管人负责所托管企业年金基金的资金清算和交收。投资管理人对投资过程中产生的超买、卖空行为的交收承担责任。劳动和社会保障部将对受托人、托管人和投资管理人执行规定的情况进行监督检查。其他按规定可以进行证券投资的社会保障基金，参照该通知办理。《企业年金基金证券投资登记结算业务指南》作为附件随该通知下发。

△　中国保监会发布《保险公司次级定期债务管理暂行办法》。该暂行办法包括总则、定向募集、债务偿还、监督管理和附则共 5 章 33 条。该暂行办法所称保险公司次级债是指保险公司经批准定向募集的、期限在五年以上、本金和利息的清偿顺序列于保单责任和其他负债之后并且先于保险公司股权资本的保险公司债务。保险公司申请定向募集次级债的条件是：上年度末净资产不低于人民币 5 亿元，募集后累计未偿付的次级债本息额不超过保险公司上年度末经审计的净资产值；具有良好的公司治理结构；内部控制制度健全且能得到严格遵循；资产未被具有实际控制权的自然人、法人或者其他组织及其关联方占用；最近两年内无重大违法、违规行为。该暂行办法规定：募集人的单个股东和股东的控制方持有的次级债不得超过单次或者累计募集额的 10%，并且单次或者累计募集额的持有比例不得为最高；募集人的全部股东和所有股东的控制方累计持有的次级债不得超过单次或者累计募集额的 20%。保险公司募集次级债所获取的资金可以计入附属资本，但不得用于弥补保险公司日常经营损失。保险公司只有在确保偿还次级债本息后偿付能力充足率不低于 100% 的前提下，才能偿付次级债的本息。对于违反该暂行办法规定的保险公司，中国保监会可以根据情况采取三年内不再受理该保险公司的次级债募集申请、对保险公司实施接管等监管措施。

同年 11 月 3 日，国内第一家发行次级债的保险企业——泰康人寿成功发行总额为 13 亿元的次级债券，期限为 6 年，年利率为固定利率 5.1%，浮动利率为人民银行公布的 1 年期整存整取定期储蓄存款利率上浮 272 个基点（一个基点即 0.01%），募集对象为境内外合格投资者。据金融时报（http：//jrsb.51.net/）资料显示：泰康人寿偿付能力充足率在 2002 年、2003 年、2004 年分别为 254%、114%、158%。2003 年和 2004 年的投资收益率分别达到 4.28% 和 4.29%。

10 月

1 日 中国与西方七国（G7）举行首次财政中央银行部长级非正式对话。G7 会议在华盛顿举行，财政部部长金人庆、中国人民银行行长周小川应邀出席。与会各方就全球重大经济问题、主要发达国家的宏观经济政策和中国宏观经济形势等问题坦诚地交换意见。在此次会议上，人民币汇率依旧是最主要的话题。西方七国认为，随着中国经济愈显重要，人民币汇率的机制正在对全球经济产生重要的影响，美国希望此次会议能够确立中国的汇率改革的时间表。金人庆和周小川一致表示，中国的汇率改革没有时间表，人民币汇率需要保持稳定。

作为七大工业国中唯一的亚洲国家——日本，是最早提出人民币升值问题的国家。2003 年年初的 G7 会议上，日本财务大臣盐川正十郎就发出了人民币应该升值的论调，提议将人民币汇率问题作为一项议题，逼迫人民币升值。他认为，世界多数国家之所以会出现通货紧缩，是中国为增强其出口竞争力，人为地将人民币维持在一个“弱势水平”所致。他认为，任何旨在有秩序、有效地刺激世界经济增长并扭转全球通货紧缩的政策都必须包括人民币汇率调整这一环节。2003 年年底，G7 在迪拜的会议上强烈呼吁人民币升值，2004 年 2 月在美国佛罗里达的会议上也作出强烈的呼吁。

△ 美国新桥投资集团公司（Newbridge Asia AIV Ⅲ，L. P.）入股深圳发展银行（股票简称：深发展；股票代码：000001）。深圳发展银行于 9 月21 日发布公告表示：深圳市投资管理公司、深圳国际信托投资有限责任公司、深圳市城市建设开发（集团）公司、深圳市劳动和社会保障局四家股东以转让非流通股方式吸收美国新桥投资集团公司投资入股深圳发展银行。美国新桥投资集团公司于 2004 年 12 月 30 日完成股份过户手续，分别受让上述四家股东持有的 13 170. 5685 万股国有股、11 230. 1783 万股国有法人股、2 575. 7220 万股国有法人股和 7 833. 8617 万股国有法人股。本次股份转让后，美国新桥投资集团公司持有深发展股份 348 103 305 股，股份性质是外资法人股，占公司总股本的 17. 89%，为公司第一大股东。深圳中电投资股份有限公司持有公司股份 3. 2%，是公司的第二大股东；海通证券股份有限公司持有公司股份 1. 74%，是公司的第三大股东。

6 日 欧亚反洗钱与反恐融资小组（the Eurasian Group on Combating Money and Financing of Terrorism，EAG）在莫斯科宣布成立。中国与俄罗斯、哈萨克斯坦、塔吉克斯坦、吉尔吉斯斯坦、白俄罗斯共同成为该组织创始成员国。中国人民银行副行长李若谷率中国代表团出席，并代表中国政府签署成立宣言。欧亚反洗钱与反恐融资小组被金融行动特别工作组（Financial Action Task Force on Anti - Money Laundering，FATF）确认为 7 个地区性反洗钱与反恐融资国际组织之一，包括上述 6 个创始成员国，以及格鲁吉亚、乌兹别克斯坦、乌克兰、意大利、法国、英国、美国、日本、德国、摩尔多瓦及金融行动特别工作组、世界银行、国际货币基金组织、集体安全条约组织、欧亚经济共同体、上海合作组织、独立国家联合体、国际刑警组织、联合国毒品与犯罪办公室等 19 个观察员，该组织是目前世界上覆盖面积最大、涉及人口最多的地区性反洗钱和反恐融资组织。1989 年成立于巴黎的金融行动特别工作组是反洗钱和反恐融资领域最著名的国际组织，其制定的反洗钱 40 项建议和反恐融资 9 项特别建议是反洗钱和反恐融资的权威性文件。2005 年 1 月 21 日，中国被邀请成为该组织观察员。

2004 年 12 月 8 日欧亚反洗钱与反恐融资小组第一次全体会议在俄罗斯首都莫斯科举行。全会讨论了该组织的机构设置等问题，听取了世界银行有关情况通报，批准了 2005 年工作计划。2005 年的工作重点是促进成员国推广“金融行动特别工作组”在反洗钱和反恐融资方面确定的有关标准，制定和实施金融情报部门职权范围内共同的行动措施，评估打击洗钱和恐怖融资措施的效力，同有关国际组织、工作小组和有关国家协调合作计划，分析洗钱和恐怖融资的发展趋势，以及交流反洗钱和反恐融资的相关经验。会议决定成立秘书处及法律、技术协助等3个工作小组，并新吸收德国、摩尔多瓦和日本为该组织观察员。

9日 中国证监会颁布经修订的《证券公司高级管理人员管理办法》。该管理办法共6章46条，分别对证券公司高管人员范围、申请高管人员任职资格的条件和程序、高管人员的基本行为规范以及中国证监会对高管人员监督管理的主要内容、方式、手段、相应程序及监管要求等作出了规定。该管理办法规定，申请董事长、副董事长和监事长高管任职资格应当具备下列条件：从事证券工作3年以上，或者金融、法律、会计工作5年以上，或者经济工作10年以上；通过中国证监会认可的资质水平测试；大学本科以上学历；最近五年内无不良行为记录；熟悉与证券公司经营管理有关的法律知识；没有《中华人民共和国公司法》、《中华人民共和国证券法》等法律、行政法规规定的禁止担任高管人员和从业人员的情形等。申请总经理、副总经理、财务负责人和合规负责人高管任职资格，除应具备以上规定条件外（第1项除外），还应当具备下列条件：须取得证券业执业资格；从事证券工作三年以上或者金融工作五年以上；曾担任证券、基金、期货、银行、保险等金融机构部门负责人以上职务不少于两年。

该管理办法规定，高管人员不得利用职权收受贿赂或者获取其他非法收入，不得挪用公司或者客户资产，不得将公司或者客户资金借贷给他人，不得以客户资产为本公司、公司股东或者其他机构、个人债务提供担保。证券公司的总经理、副总经理、财务负责人、合规负责人不得在除证券公司参股公司以外的其他营利性单位兼职或者从事本职工作以外的其他经营性活动。该管理办法还将12种情况列为“不适当人选”，两年内不得选聘，这12种情况包括累计3次被中国证监会出具警示函或进行监管谈话；累计3次被自律组织纪律处分；累计5次对公司受处罚负有领导责任；有证据证明缺乏专业胜任能力、管理不善或违反承诺；擅离职守；对其他高管人员的违法、违规行为和重大经营管理责任隐瞒不报等。证券公司高管人员违反法律、行政法规和中国证监会的规定，依法应予行政处罚的，依照有关规定进行处罚；涉嫌犯罪的，依法移送司法机关，追究刑事责任。该管理办法自2004年11月15日起施行。

10日 财政部、中国人民银行、中国银监会联合发布《加强国有商业银行不良贷款剥离过程中责任追究工作的通知》。该通知要求：国有商业银行应加强内部责任追究工作，建立问责制，加强内部审计和稽核，对贷款发放、管理、处置、剥离过程中的违规、违纪行为，按处理事与处理人结合的原则，严肃查处，特别要注意查办因决策失误、内控机制不健全等形成损失的案件。对不良资产剥离中发现的原贷款发放中的违法、违规、渎职损失等行为，包括违规发放贷款、贷后跟踪和管理失职、资产保全和处置不当等，以及不良资产剥离中操作不规范、弄虚作假、掩盖违法、违规犯罪行为、隐瞒损失等行为，按不同情形和性质，严肃追究直接责任人和相关领导责任，从严处罚；涉嫌违法犯罪的移交司法机关处理。国有商业银行和金融资产管理公司应严格按交接程序，相互配合做好不良资产剥离和接收工作。国有商业银行应及时向各监管部门报告责任追究工作，并通过媒体向社会公布责任处理情况。国有商业银行或金融资产管理公司对贷款发放、管理、处置、剥离过程中的各类违规、违纪行为，不追查、不处理或隐瞒不报的，一经发现，财政部、中国人民银行、中国银监会将依照有关法规给予严厉处罚，并向社会公开曝光。

12日 国家外汇管理局新闻发言人就人民币汇率有关问题答记者问。新闻发言人表示，社会上出现的人民币汇率即将调整升值的传言缺乏根据，是对中国现行汇率政策的误解。中国不可能采取一次性重估人民币汇率的不明智做法，单边豪赌人民币升值是一种不明智的投机冒险行为。发言人认为，自1994年起实行的以市场供求为基础的、有管理的浮动汇率制度符合中国国情。从长远来讲，增加汇率弹性后人民币汇率既可能上升，也可能下降，不可能只是单向变化。发言人最后强调，中国现阶段资本账户交易还存在较为严格的管制，资金的大进大出将会受到严密的监控和管理。外汇管理部门将在推进贸易和投资便利化的同时，进一步加强对资金流出和流入的管理，严厉打击无真实合法贸易和投资背景的非法外汇交易，进一步整顿和规范外汇市场经济秩序。

△　中国外汇交易中心暨全国银行间同业拆借中心在中国货币网（www. chinamoney. com. cn）开始正式发布债券七天回购数据指标，作为货币市场基准利率的参考指标。当天，银行间市场七天回购利率指标 B6、B4、B2、B1（分别为最近六个月、四个月、二个月和一个月的加权利率）的数值分别为 2. 2065%、2. 1883%、2. 1772%和 2. 1807%。

银行间市场上七天回购交易量最大、流动性最强，并具有较强的波动性，在所有回购品种当中代表性最强，由此产生的基准利率具有较高的参考依据。截至 2004 年 6 月 30 日，银行间债券市场 7 年来回购交易总额达到 33. 17 万亿元，其中七天回购累计成交 21. 49 万亿元，占全部回购交易量的 64. 78%。长期以来，我国一直把银行一年定期存款利率作为市场基准利率，该指标数据的推出在市场寻找新基准利率方面迈出了重要一步。

13 日　中国人民银行颁布《关于调整票据、结算凭证种类和格式的通知》。该通知决定对现行票据和结算凭证的种类和格式进行调整。调整遵循的原则是：通用性与专用性相结合、有利于提高工作效率、保持票证的相对稳定性、简洁直观和实行开放式管理。调整后由中国人民银行统一规范管理的票证共有 15 种，分别是：银行汇票、粘单、商业承兑汇票、银行承兑汇票、本票、转账支票、现金支票、支票（普通支票）、进账单、信汇凭证、电汇凭证、支付结算通知查询查复书、银行承兑汇票查询（复）书、托收凭证、拒绝付款理由书。调整后的票证于 2005 年 1 月 1 日起陆续启用。

1997 年，为贯彻实施《中华人民共和国票据法》和《票据管理实施办法》，中国人民银行印发了《支付结算办法》，并根据对票据和结算方式的管理要求设计了统一的票据和结算凭证（简称票证）。其中汇票、本票和支票共设计了 8 种票据格式，信用卡、汇兑、托收承付、委托收款等结算方式及与票据相关的配套凭证共设计了 22 种结算凭证。此外，为便于银行受理跨行银行承兑汇票的查询查复，中国人民银行在 2002 年设计了统一的银行承兑汇票查询查复书。本次调整是对上述 31 种票证的种类和格式进行调整。

△　国家外汇管理局印发《关于扩大远期结售汇业务试点的通知》。该通知规定：符合本规定条件的外汇指定银行可向外汇局申请开办远期结售汇业务；境内机构的贸易项下的外汇收支，服务贸易和收益项下的收支，偿还银行的外汇贷款，偿还境外借款可向银行申请办理远期结售汇业务；外汇指定银行须遵循实需原则对远期结售汇合约进行审核；远期结售汇的汇率，由开办远期结售汇业务的银行协商统一定价；远期结售汇业务合约的最长期限为一年。国家外汇管理局对外汇指定银行实行综合头寸管理。该通知自 2004 年 11 月 1 日起实施。

14 日　财政部、国家发展和改革委员会联合发布《中小企业发展专项资金管理暂行办法》。该暂行办法规定，专项资金的支持方式采用无偿资助或贷款贴息方式。企业以自有资金为主投资的项目，一般采取无偿资助方式。企业以银行贷款为主投资的项目，一般采取贷款贴息方式。专项资金无偿资助的额度，每个项目一般控制在 200 万元以内。无偿资助的额度不超过企业自有资金的投入额度。专项资金贷款贴息的额度根据项目贷款额度及人民银行公布的同期贷款利率确定。每个项目的贴息期限一般不超过两年，贴息额度最多不超过 150 万元。

18 日　中国人民银行发布《证券公司短期融资券管理办法》。该管理办法包括总则，发行，交易、托管、结算与兑付，信息披露，监督管理和附则共 6 章 41 条。该管理办法规定：证券公司须先经过中国证监会审查认可，具备发行资格的证券公司，向中国人民银行备案后，按照规定程序提交必要的材料，可在银行间债券市场发行短期融资券。发行短期融资券实行余额管理，在待偿还债券余额不超过净资本的60%的范围内，自主确定每期的发行规模。短期融资券期限最长不得超过91天，发行利率或价格由供求双方自行确定。证券公司短期融资券不得用于固定资产投资和营业网点建设、股票二级市场投资、为客户证券交易提供融资、长期股权投资等用途。发行人必须通过相关中介机构进行信息披露；对于有违规行为或者违约行为的发行人，通过中介机构公告市场，并视情节适当核减其发行限额直至停止其发行短期融资券。中国人民银行有权随时对证券公司短期融资券的发行、交易和募集资金的使用等情况进行动态检查。该管理办法自2004年11月1日起施行。

证券公司短期融资券是指证券公司以短期融资为目的，只在银行间债券市场发行的，约定在一定期限内还本付息的金融债券。证券公司短期融资券的发行和交易接受中国人民银行的监管，它的发行有利于进一步疏通和拓宽证券公司融资渠道，有利于扶持证券公司券商做大做强，从而对稳定证券市场起到一定作用。

△ 中国银行在北京举行股改后的首次新闻发布会。中国银行新闻发言人表示，中国银行已稳步推进人力资源改革，全行22万余员工的“铁饭碗”正在被打破。中国银行将取消行政级别，以岗定薪；取消任命制，实行聘任制，可以双向选择，也可以公开招聘。

△ 中国证监会发布修订的《证券公司债券管理暂行办法》。新的暂行办法包括总则、发行与承销、托管与转让、信息披露、偿债措施、法律责任、附则共7章59条。与2003年8月29日发布的暂行办法相比，新的暂行办法有以下四点变动：将“债券的期限最短为一年，最长不超过五年”修改为“债券的期限最短为一年”；将原有“公开发行债券的担保金额应不少于债券本息的总额，定向发行债券的担保金额应不少于债券本息总额的50%”的规定，调整为定向发行债券的担保金额原则上不少于债券本息的50%，担保金额不足50%或未提供担保定向发行债券的，应当在发行和转让时向投资者作特别风险提示，并由投资者签字；取消了拟公开发债发行公司“最近一年盈利”的要求；将债券上市的最低面值由2亿元改为5 000万元。新的暂行办法自2003年10月8日起施行。

△ 美国芝加哥期权交易所（Chicago Board Options Exchange，CBOE）正式推出中国股指期货（CX. CBOE）。CBOE推出的中国指数以16只在纽约证券交易所、纳斯达克证券交易所或美国证券交易所交易的股票，按照等值美元加权平均计算而成。这些股票包括中国铝业（ACH. NYSE）、中国人寿（LFC. NYSE）、中国电信（CHA. NYSE）、中移动（CHU. NYSE）、中海油（CEO. NYSE）、中国玉柴国际（CYD. NYSE）、华能国际（HNP. NYSE）、南太电子（NTE. NYSE）、中石油（PTR. NYSE）、新浪网（SINA. NASDAQ）、中石化（SNP. NYSE）、搜狐网（SOHU. NASDAQ）、网易（NTES. NASDAQ）、中华网（CHINA. NASDAQ）、UT斯达康（UTSI. NASDAQ）。CBOE中国指数期货的代号为CX，交易时间为芝加哥时间每天上午8:30至下午3:15，交易平台为CBOEdirect电子交易平台，合约标准为每点100美元，即如果目前的指数在300.50，则一手CBOE中国指数期货合约的价值为30 050美元。最小变动价位为0.05点，合约结算日为到期月的第三个星期五。纽约证券交易所规模最大和最富经验之一的做市商LaBranche&Co.的下属公司LaBranche Structured Products，被CBOE指定为该指数的做市商，将为该产品提供持续的流动性。

△ 国家外汇管理局发布《关于跨国公司外汇资金内部运营管理有关问题的通知》。该通知规定：跨国公司外汇资金内部运营是指跨国公司的境内成员公司之间或境内成员公司与境外成员公司之间相互拆放外汇资金的投资理财方式。跨国公司之间拆放外汇资金可通过经批准设立的财务公司进行，也可通过外汇指定银行以委托放款的方式进行。境内成员公司向境外成员公司拆

放外汇资金，也可以直接办理。中资跨国公司的境内成员从事境外外汇放款的余额不得超过其所有者权益的20%，外资跨国公司的境内成员从事境外外汇放款余额不得超过其上一年度对外国投资者已分配未汇出利润与外国投资者按投资比例享有未分配利润之和。该通知还对跨国公司境内成员公司之间从事外汇资金境内委托放款、跨国公司境内成员公司向境外成员公司进行外汇资金境外放款应具备的条件作了规定。该通知自2004年11月1日起实施。

19日 中国银监会发布《信托投资公司房地产信托业务管理暂行办法（征求意见稿）》。该办法规定，信托投资公司开办不受信托合同份数限制的房地产信托业务须具备以下条件：净资产不低于人民币5亿元；过去两年连续盈利且信托业务收入占公司总收入的60%以上；公司已累计发行房地产集合信托计划3次以上，且信托计划已经结束并实现预期收益等条件。不受信托合同份数限制的房地产集合信托计划存续期限不得少于3年，最低募集金额不得少于5亿元。运用该种资金应当进行组合投资，不得将其运用于单个不动产或其经营企业。信托投资公司给不完全具备“四证”的房地产项目发放贷款须具备一定条件，并按照房地产项目价值的5%提取额外风险准备金。该办法还针对各种情况制定了5万~50万元罚款等具体规则。

房地产开发项目“四证” 房地产开发项目“四证”是指“国有土地使用证”、“建设用地规划许可证”、“建设工程规划许可证”和“建筑工程施工许可证”。

“国有土地使用证”是证明土地使用者（单位或个人）对国有土地使用权的法律凭证，必须由土地使用者持有；关于国有土地使用证的申领，单位和个人依法使用的国有土地，由县级以上人民政府土地行政主管部门登记造册，核发证书，确认使用权；其中，中央国家机关使用的国有土地的具体登记发证机关，由国务院确定。

“建设用地规划许可证”是城市规划区内，经城市规划行政主管部门审定，许可用地的法律凭证。关于“建设用地规划许可证”的申领，在城市规划区内进行建设需要申请用地的，必须持国家批准建设项目的有关文件，向城市规划行政主管部门申请定点，由城市规划行政主管部门核定其用地位置和界限，提供规划设计条件，核发“建设用地规划许可证”。建设单位或者个人在取得“建设用地规划许可证”后，方可向县级以上地方人民政府土地管理部门申请用地，经县级以上人民政府审查批准后，由土地管理部门划拨土地。

“建设工程规划许可证”是城市规划区内，经城市规划行政主管部门审定，许可建设的法律凭证。关于“建设工程规划许可证”的申领，建设单位或者个人在城市规划区内新建、扩建和改建建筑物、构筑物、道路、管线和其他工程设施，必须持国家有关部门的批准文件向城市规划行政主管部门提出申请，由城市规划行政主管部门根据城市规划提出的规划设计要求，核发“建设工程规划许可证”；建设单位或者个人在取得“建设工程规划许可证”和其他有关批准文件后，方可申请办理开工手续。

“建筑工程施工许可证”是由建筑工程所在地的县级以上人民政府建设行政主管部门颁布，许可施工的法律凭证。关于“建筑工程施工许可证”的申领，应由建设单位在建筑工程开工前，按照国家有关规定向工程所在地县级以上人民政府建设行政主管部门申请领取“建筑工程施工许可证”。

中国银行业监督管理委员会于2004年9月2日发布的《商业银行房地产贷款风险管理指引》中明确规定：商业银行对未取得“国有土地使用证”、“建设用地规划许可证”、“建设工程规划许可证”、“建筑工程施工许可证”的项目不得发放任何形式的贷款。

21日 财政部在伦敦成功发行10亿欧元和5亿美元的国家主权债券。其中欧元债券的偿还期为十年，票面利率为4.25%；美元债券的偿还期则为五年，票面利率为3.75%。债券的评级为BBB+/A2。负责承销欧元债券的是德意志银行、法国巴黎银行和瑞士银行，负责承销美元债券的是美林公司、高盛公司、摩根士丹利公司和摩根大通银行。此次发行的欧元债券获得了超过发行面值总额4倍认购，美元债券获得了2.7

倍的认购。中国政府在国际资本市场发行债券最早开始于1994年。此次是中国政府首次发行十年期长期欧元债券。

△ 中国证监会发布《关于证券公司开展集合资产管理业务有关问题的通知》。该通知规定，券商应对集合资产管理业务实行集中统一管理，建立严格的业务隔离制度。在计划说明书、集合资产管理合同等有关材料中向投资者进行明确的风险提示；以自有资金参与所设立的集合资产管理计划，应根据投入资金所承担的责任如实扣减公司净资本额。证券公司应当在集合资产管理计划开始投资运作之日起6个月内使集合资产管理计划的投资组合比例符合集合资产管理合同的约定。集合资产管理计划申购新股不设上限，但所申报的金额不得超过该计划的总资产，所申报的数量不得超过拟发行股票公司本次发行股票的总量。证券公司应当根据集合资产管理计划的情况，保持必要的现金或到期日在1年以内的政府债券，以备支付客户的分红或退出款项。该通知指出，在集合资产管理业务开展初期，中国证监会仅允许创新试点类证券公司试行办理此项业务。在试点阶段，证券公司应当选择有证券投资基金托管业务资格的商业银行对集合资产管理计划的资产进行托管。

22日 全国人大常委会法制工作委员会主任胡康生在十届全国人大常委会第十二次会议上作关于《中华人民共和国刑法修正案（五）（草案）》的说明。该草案对妨害清算罪和伪造、变造金融票证的犯罪等内容进行如下修订：拟在《中华人民共和国刑法》第一百六十二条之一后增加一条：“公司、企业隐匿财产、承担虚构的债务，或者以其他方法非法转移、分配财产，意图通过破产逃避债务，严重损害债权人或者其他人利益的，对其直接负责的主管人员和其他直接责任人员，处五年以下有期徒刑或者拘役，并处或者单处2万元以上20万元以下罚金。”拟在《中华人民共和国刑法》第一百七十七条后增加一条，作为第一百七十七条之一：“有下列情形之一的，处三年以下有期徒刑或者拘役，并处或者单处1万元以上10万元以下罚金；数量巨大或者情节严重的，处三年以上十年以下有期徒刑，并处2万元以上20万元以下罚金：明知是伪造的信用卡而持有、运输的，或者明知是伪造的空白信用卡而持有、运输，数量较大的；非法持有他人信用卡，数量较大的；使用虚假的身份证明骗领信用卡的；出售、购买、为他人提供伪造的信用卡或者以虚假的身份证明骗领的信用卡的。窃取、收买或者非法提供他人信用卡信息资料的，依照前款规定处罚。银行或者其他金融机构的工作人员利用职务上的便利，犯第二款罪的，从重处罚。同时，对刑法第一百九十六条信用卡诈骗罪的规定作出修改，增加“使用以虚假的身份证明骗领的信用卡”进行诈骗的情形。

24日 中国保监会会同中国证监会制定《保险机构投资者股票投资管理暂行办法》。该暂行办法包括总则、资格条件、投资范围和比例、资产托管、保险机构投资者的禁止行为、风险控制、监督管理和附则共8章81条。该暂行办法允许保险机构投资者在严格监管的前提下直接投资股票市场，参与一级市场和二级市场交易。投资范围限于人民币普通股股票、可转换公司债券及中国保监会规定的其他投资品种。投资股票的具体比例由中国保监会另行规定，但持有一家上市公司的股票不得达到该上市公司人民币普通股股票的30%。保险机构投资者不得投资下述7种类型的人民币普通股股票：被交易所实行“特别处理”、“警示存在终止上市风险的特别处理”或者已终止上市的；其价格在过去12个月中涨幅超过100%的；存在被人为操纵嫌疑的；其上市公司最近一年年度内财务报表被会计师事务所出具拒绝表示意见或者保留意见的；其上市公司已披露业绩大幅下滑、严重亏损或者未来将出现严重亏损的；其上市公司已披露正在接受监管部门调查或者最近一年内受到监管部门严重处罚的；中国保监会规定的其他类型股票。保险资产管理公司不得运用自有资金进行股票投资。保险机构投资者为投资连结保险设立的投资账户，投资股票的比例可以为100%；为万能寿险设立的投资账户，投资股票的比例不得超过80%。据中国保监会统计：截至2004年8月末，保险资金运用余额已达10 012亿元，比上年同期增长39%。

26日 中国建设银行发布债权转让暨催收公告。中国建设银行总行、中国建设银行北京分行和中国信达资产管理公司北京办事处在《北京日报》上联合刊登22个版的“债权转让暨催收公告”，向借款人催收5 342笔、总额超过100亿元的可疑类贷款。5 342笔债务主要涉及房贷、车贷和信用卡透支。2004年6月，为加快中国建设银行的股份制改造进程，通过竞标，中国信达资产管理公司购得了中国建设银行1 289亿元可疑类贷款，双方从7月开始进行了转让债权移交工作。按照有关法律规定，债权转移须履行告知义务。在报纸上刊登债权转让暨催收公告，是债权转让的关键环节，主要目的是为了履行对债务人和担保人的通知义务。此后，中国建设银行各一级分行会同中国信达资产管理公司办事处相继在当地报纸上发布公告。

△ 中国外汇交易中心暨全国银行间同业拆借中心在中国票据网（www. chinacp. com. cn）启用新版票据转贴现和回购报价系统。新版票据报价系统包括商业承兑汇票和银行承兑汇票的转贴现公开报价、转贴现定向报价、回购公开报价、回购定向报价、报价应答、竞价以及报价查询等多种功能。同时，为满足不同类型金融机构会员的需要，还提供单票据报价、多票据报价、多笔报价一次发送等更多的细分型服务项目。

△ 经中国证监会批准，安盟保险公司（Gan S. A.）成都分公司开业。开业初期将在成都及周边地区开展包括农业保险在内的财产保险业务。这是外资保险公司首次在华开售农业保险。法国第一大农业保险公司安盟保险公司是一家拥有上百年历史的大型综合性保险集团。它是欧洲最大的相互保险和农业保险公司，也是全球500强企业之一。

27日 国家外汇管理局发布《外汇领域反洗钱信息分类管理和核查工作管理规定》。该管理规定明确：外汇局应建立并维护自身的“关注名单”、“黑名单”、“白名单”反洗钱信息分类管理数据库，加强反洗钱信息分类管理。“关注名单”数据库用于存放存在异常活动、需进一步核查的主体的信息。“黑名单”数据库用于存放涉嫌违法犯罪活动、需重点监测的主体的信息。包括：涉嫌违法，需移交其他行政执法、司法部门继续检查的主体的信息；已经移交有关部门，外汇局在今后工作中仍应对有关主体予以重点关注、核查的主体的信息；由“关注名单”数据库直接转入，需加强监测的主体的信息，并对列入“关注名单”和“黑名单”的交易主体各自罗列了不同情形。“白名单”数据库用于存放经过核查未发现涉嫌违法犯罪活动的主体的信息。数据库以身份证件号码或企业代码为唯一标识。同一主体不能同时存在于三种名单，但可以因实际情况在数据库中转移，并对转移的具体情形和方式作了规定。外汇局核查发现违反外汇管理规定行为的，应立即移交外汇检查部门查处；发现涉嫌犯罪行为的，应按规定移交相关部门查处。同时，对反洗钱信息分类管理数据库进行相应调整。

28日 中国人民银行发布《关于内地银行与香港、澳门银行办理个人人民币业务有关问题的通知》。该通知规定：内地居民持内地商业银行发行的个人人民币银行卡（包括借记卡和贷记卡），可在香港或澳门用于购物、餐饮、住宿、交通、医疗等旅游、消费支付，但不得用于旅游、消费以外的经营性交易、证券投资和房地产等资本和金融项目交易，以及博彩等内地法律、法规禁止交易的支付；在自动取款机（ATM）上提取港元或澳门元现钞限额为每日累计不超过等值5 000元人民币，但不得在香港或澳门银行柜台转账、提现或通过客户受理终端（POS）提现。香港持牌银行及其附属机构发行个人人民币银行卡不超过10万元人民币信用额度。内地银行接受的香港或澳门人民币汇款分别限于：持香港居民身份证件的个人经由清算行汇入内地银行且以汇款人为收款人的汇款，每一汇款人每天汇入的最高限额为50 000元人民币。如同一汇款人同一天从香港汇入的人民币金额超过50 000元人民币的，内地银行应将相应的人民币款项原路退回香港汇出行，不得为收款人办理解付。该通知自发布之日起施行。《中国人民银行关于内地银行与香港银行办理个人人民币业务有关问题的通知》同时废止。

△ 中国保监会、公安部联合下发《关于严厉打击非法销售境外保单活动的通知》。该通知指出，近年来，设立于香港、澳门等地区的一些境外保险机构及其代理人，非法在广东、福建、上海、江苏等沿海地区销售境外保险产品，并逐步向内地省市蔓延。这些非法经营活动游离于我国保险市场监管之外，严重扰乱我国的金融秩序，给投保人的资金安全和生活保障带来隐患，也给一些不法分子洗钱提供了便利条件。该通知要求，各级保险监管机构和公安机关要加强协作，密切配合，严厉查处非法销售境外保单的违法犯罪活动。一是积极开展调研工作，对辖区内非法销售境外保单的情况进行摸底调查，及早发现问题，并视情况制订工作方案，采取措施依法查处。二是加强信息沟通和共享，建立相应的工作机制，及时通报案件线索和重要案件调查处理情况，同时要建立因信息通报不及时、不准确影响案件查处的责任追究制度，确保信息渠道畅通。三是做好案件移送工作，因工作不力造成严重后果的，要依法、依纪严肃追究当事人和部门负责人的责任。四是各司其职查处案件，加大监管力度，对于非法销售境外保单的行为，涉嫌犯罪的，各级公安机关应予立案侦查，各级保险监管机构应当积极配合；对于不构成犯罪或犯罪情节显著轻微不需要追究刑事责任的，由保险监管机构依据相关规定给予处罚。各保监局要将辖区内查实的非法销售境外保单人员及其所属机构的情况，及时汇总上报中国保监会。中国保监会对于在境内非法销售境外保单的境外保险机构，将在市场准入等方面作为重要因素加以考虑。

29日 中国人民银行上调金融机构存贷款基准利率，并放宽人民币贷款利率浮动区间和允许人民币存款利率下浮。中国人民银行于10月28日发布《关于调整金融机构存贷款利率的通知》决定：金融机构一年期存款利率上调0.27个百分点，由1.98%提高到2.25%；一年期贷款利率上调0.27个百分点，由5.31%提高到5.58%。这是我国自1994年后首次上调银行存贷款利率。同时，不再设定金融机构（不含城乡信用社）人民币贷款利率上限。对金融竞争环境尚不完善的城乡信用社贷款利率仍实行上限管理，最高上浮系数为贷款基准利率的2.3倍。所有金融机构的贷款利率下浮幅度不变。所有存款类金融机构对其吸收的人民币存款的利率，可在不超过各档次存款基准利率的范围内浮动，但存款利率不能上浮。

1998～1999年，中国人民银行三次扩大了金融机构贷款利率浮动区间。2004年1月1日，经国务院批准，人民银行进一步扩大了金融机构贷款利率浮动区间。金融机构不再根据企业规模和所有制性质，而是根据企业的信誉、风险等因素确定合理的贷款利率，逐步形成了按照贷款风险成本差别定价的格局。放开金融机构贷款利率上限（城乡信用社除外）和存款利率下限是我国利率市场化改革进程中具有里程碑意义的重要举措，标志着我国利率市场化顺利实现了“贷款利率管下限、存款利率管上限”的阶段性目标。

△ 中国人民银行发布《金融机构外汇存款准备金管理规定》。从2005年1月15日起，金融机构外汇存款准备金率统一调整为3%。金融机构应交存外汇存款准备金的外汇存款范围包括：金融机构吸收的个人外汇储蓄存款、单位外汇存款、发行外币信用卡的备用金存款及其他中国人民银行核定的外汇存款或负债；金融机构的委托、代理外汇业务负债项目与资产项目轧减后的贷方余额。凡轧减后为借方余额的，视同该应交存的负债项目余额为零。不得以某项借方余额抵减其他应交存的外汇负债项目余额。美元、港元存款按原币种计算交存外汇存款准备金，其他币种的外汇存款折算成美元交存。各种货币之间的折算率按每月国家外汇管理局公布的《各种货币对美元折算率》计算。该规定要求，金融机构应在每月15日前将准备金存款划至中国人民银行指定的账户。当月15日至下月14日，未经中国人民银行批准，金融机构的外汇存款准备金余额与其上月末外汇存款余额之比，不得低于外汇存款准备金率。如金融机构在中国人民银行

的外汇准备金存款大于其当月应交存外汇存款准备金的，中国人民银行在当月15日前，将多余资金划到该金融机构账户。当金融机构出现严重支付困难申请动用外汇存款准备金，应当报经中国人民银行或中国人民银行授权的分支行批准。在其批准期限内，其交存的外汇存款准备金应当扣除批准可动用的外汇存款准备金数额。该规定自2005年1月1日起实施。中国人民银行1996年4月30日发布的《外资金融机构存款准备金缴存管理办法》和1996年12月1日发布的《外汇存款准备金管理规定》同时废止。

△ 国家发展和改革委员会发布《关于金融资产管理公司对外转让不良债权有关外债管理问题的通知》。该通知规定，外资收购金融资产管理公司不良债权，形成中国境内企业对外负债，应纳入外债管理。收购协议签订后20日内，金融资产管理公司应将对外转让债权有关情况报送国家发展和改革委员会备案，同时抄报财政部和中国银监会。鉴于此类债务的特殊性及偿还的困难性，外国投资者应承诺不得恶意对外披露及作出有损于中国外债偿还信誉的行为，并不得以任何方式向我国各级政府追索债务。今后金融资产管理公司向外资出售不良资产的卖断交易，如交易额度在其向国家发展和改革委员会上报的年度对外转让不良债权计划内，单笔交易只需向国家发展和改革委员会报备。

11月

1日 审计署在其官方网站（http://www.audit.gov.cn/）上公布《中国工商银行2002年度资产负债损益审计结果》。2003年2～10月，审计署组织17个驻地方特派员办事处，对中国工商银行总行及其21家分支机构2002年度资产负债损益的真实、合法和效益情况进行了审计。自2000年扭转经营亏损局面至2002年年底，该行累计实现经营利润891亿元，提取风险拨备529亿元，核销不良贷款和财务包袱922亿元，体现账面利润182亿元；2000年剥离部分不良资产后，当年首次实现不良贷款占比和绝对额双下降，2001年持续双下降，2002年资产质量得到进一步改善，不良贷款额和不良贷款率分别从年初的7 948亿元、30.12%，下降到年末的7 590亿元、26.01%，分别下降了358亿元、4.11个百分点；2000～2002年，全系统共撤并1.1万个分支机构，分流冗余人员13万人。审计发现，工商银行在经营管理、风险控制、财务核算等方面仍存在一些薄弱环节，一些分支机构违规发放贷款、违规办理票据承兑和贴现等问题时有发生。审计还查出各类涉嫌违法犯罪案件线索30起，涉案金额69亿元。报告还公布了中国工商银行在票据业务方面、城市建设贷款业务方面、个人消费信贷方面、民营企业贷款业务方面和财务管理等方面存在的问题。审计署对审计查出的工商银行各项违规问题已作出相应处理，对审计发现的涉嫌犯罪案件，已移送司法机关，并提出了审计建议。

2日 中国人民银行、中国银监会、中国证监会发布修订的《证券公司股票质押贷款管理办法》。该办法包括总则，贷款人、借款人，贷款的期限、利率、质押率，贷款程序，贷款风险控制，质物的保管和处分，罚则以及附则共8章44条。该办法规定，质物是指在证券交易所上市流通的、证券公司自营的人民币普通股股票（A股）、证券投资基金券和上市公司可转换债券（以下统称股票）。借款人应具备以下条件：资产具有充足的流动性，且具备还本付息能力；其自营业务符合中国证监会规定的有关风险控制比率；已按规定提取足额的交易风险准备金；定期披露资产负债表、净资本计算表、利润表及利润分配表等信息；最近一年经营中未出现重大违规、违纪行为或特别风险事项，现任高级管理人员和主要业务人员无重大不良记录；客户交易结算资金已实现有效的独立存管，未挪用客户交易结算资金。股票质押贷款期限由借贷双方协商确定，但最长为一年。借款合同到期后，不得展期，新发生的质押贷款按本办法规定重新审查办理。借款人提前还款，须经贷款人同意。股票质押贷款利率水平及计结息方式按照中国人民银行利率管理规定执行。警戒线比例为135%（原为130%），平仓线比例最低为120%。用于质押股票的市值处于规定的平仓线以下（含平仓线）

的，贷款人有权无条件处分该质押股票，所得的价款直接用于清偿所担保的贷款人债权。贷款人发放的股票质押贷款余额不得超过其资本净额的15%；贷款人对一家证券公司发放的股票质押贷款余额不得超过贷款人资本净额的5%。该办法自发布之日起执行，2000年2月2日由人民银行和中国证监会颁布的《证券公司股票质押贷款管理办法》同时废止。

△ 国家外汇管理局发布《2003年中国外汇领域反洗钱报告》。这是由我国反洗钱行政部门发布的第一份工作年报。据报告统计，自2003年3月《金融机构反洗钱规定》实施至12月，全国各银行类金融机构报告的可疑交易跨境外汇资金流入额为9.7亿美元，流出额为5.99亿美元，净流入额为3.7亿美元；报告大额和可疑外汇资金交易264.95万笔，交易金额累计6 617.92亿美元。报告分析，可疑交易跨境外汇资金主要来源和流向均为中国香港、美国、中国台湾、日本、德国、英国、韩国、新加坡等国家和地区。其中中国香港是我国大陆可疑交易跨境外汇资金的首要来源地区，交易金额为61 651.63万美元，占总交易金额的63.59%。来源于美国的可疑交易跨境外汇资金为8 220.23万美元，占总交易金额的8.48%。流向中国香港的可疑交易跨境外汇资金为29 982.15万美元，占总交易金额的50.04%，流向美国的可疑交易跨境外汇资金为7 403.24万美元，占总交易金额的12.36%。

△ 国家外汇管理局在其网站（http://www.safe.gov.cn/）上公布《严厉查处违规结汇行为，积极维护国际收支平衡》的新闻稿。新闻稿披露：2004年1~9月，国家外汇管理局共对35家银行及其分支机构、41家企业的违规办理结汇业务行为进行了立案查处，查处违规结汇金额达1.2亿美元，共处行政罚款101万元人民币，没收违法所得约10.1万元人民币。检查发现，银行、企业和个人等经济主体的违规结汇行为呈现出多样化、多渠道的特征。主要表现在：一是在资本项下办理违规结汇；二是在经常项下违规结汇；三是部分银行存在未经批准擅自办理结汇业务、未按规定留存结汇的有效凭证和商业单据等违规行为。国家外汇管理局表示：要进一步加强资金流入的管理，查处违反外汇管理规定的结汇行为，严厉打击投机性的资本流入，为我国金融稳定和涉外经济发展创造良好的环境。

△ 国家外汇管理局在其网站上发布《密切关注外汇收支新动向，坚决打击外汇非法交易》的新闻稿。新闻稿披露：据不完全统计，截至2004年9月，全国各地公安机关和外汇管理部门多次组织联合行动，共摧毁地下钱庄及非法买卖外汇交易窝点86个，涉案金额达数十亿元人民币，缴获现金折合人民币5 000余万元，冻结存折及银行账户290个，内含资金折合人民币3 000余万元，抓获犯罪嫌疑人194名，罚没金额共计1 943万余元人民币。其中特别是查处了一批金额较大的重大案件，案件性质分别涉及了擅自经营外币汇兑、逃套汇、虚假投资、境外赌资洗钱、骗取银行贷款以及向境外转移国有资产等违法犯罪行为。新闻稿指出：在对外开放不断扩大，跨境资金流动显著加快且形式日趋多样化的新形势下，由于外汇非法交易涉及的领域扩大，交易手法更加隐蔽，打击外汇非法交易的工作难度增大，维护国家外汇市场秩序稳定的任务将更加艰巨。为此，各级公安机关和外汇管理部门要高度重视打击外汇非法交易工作，充分认识到该项工作的长期性和艰巨性；进一步加强和完善双方的合作机制，加大对重大案件的督办力度，提高联合打击工作的效率；指导地方办案部门严格执行保密制度规定；继续加大宣传力度，积极落实举报奖励制度，提高群众参与联合行动的积极性；密切关注外汇收支和跨境资金流动的新动向和新特点，为适时调整政策提供合理建议；坚决打击各类外汇非法交易活动，维护国家经济金融的稳定运行。

4日 中国人民银行、财政部、中国银监会、中国证监会联合发布《个人债权及客户证券交易结算资金收购意见》。该意见指出：为了保护小额投资者利益，防范道德风险，培养投资者的风险意识，在存款保险和证券投资者保护制度建立之前，按照“依法清偿、适当收购”的原则处理停业整顿、托管经营、被撤销金融机构（以下简称被处置金融机构，不包括期货经纪公司、保险公司）中的个人债权及客户证券交易结算资金问题。该意见规定收购的个人债权范围是：1. 个人储蓄存款。2. 居民个人持有的金融机构发行的各类债权凭证。3. 居民个人委托金融机构运营的财产，即委托财产，包括委托理财、信托。权属不清晰或被挪用的委托财产（含信托）形成对金融机构的个人债权，纳入收购范围；权属清晰未被受托金融机构挪用的委托财产，不纳入收购范围。4. 居民个人持有的存放于金融机构相关账户上的被金融机构挪用的有价证券（含国债、股票、其他债券）形成的对金融机构的个人债权。收购标准是：个人储蓄存款及客户证券交易结算资金的本息全额收购；2004 年 9 月 30 日（含 30 日）以前的其他个人债权本金 10 万元（含 10 万元）以内的全额收购；超过 10 万元的，超过部分九折收购。个人债权人可以选择接受收购，也可以选择参加被处置金融机构的最后清算。该意见对债权计算标准、收购资金的筹集以及各方责任作了具体规定。

5 日　国际货币基金组织发布《2004 年与中国第四条款磋商的工作人员报告》。该报告的英文版长达 72 页，涉及宏观经济、货币和财政政策等方面。该报告认为，国际货币基金组织把汇率制度调整与人民币升值看成两个问题。尽管中国一直承受着西方国家要求人民币升值的压力，但难以找到证明人民币被大大低估的有说服力的证据。报告指出，中国主要的忧虑是：调整汇率开始迈出的一小步可能会加剧国际资本的流入，同时汇率大幅变化可能严重打击国内就业。国际货币基金组织建议，最初可采取扩大汇率浮动区间的做法，而不是简单的一次性重估人民币。当日，中国人民银行以答记者问的形式对该报告作出回应。中国人民银行指出：根据国际货币基金组织协定第四条款的规定，国际货币基金组织定期与各成员国政府举行磋商，以了解成员国的宏观经济运行情况，并对成员国宏观经济政策进行监督。国际货币基金组织工作人员的这份报告对中国经济和金融形势进行了比较全面的分析，对中国政府下一步应采取的措施提出了建议。由于报告中使用的相关数据是中国 2004 年 6 月以前的经济数据，因此一些分析和判断可能需要更新。这是我国 1980 年恢复在国际货币基金组织的合法地位以来国际货币基金组织首次公布中国磋商报告。

△　中国银监会发布《城市商业银行监管与发展纲要》。该纲要确立了今后一个时期内城市商业银行监管工作和改革发展的思路、重点和目标。共分九个部分：一是认真研究城市商业银行发展与监管中面临的新情况，为其可持续发展创造良好条件；二是按“防险、管理、改革、发展”的方针和实事求是、开拓创新的原则，做好城市商业银行监管工作；三是完善监管体系，明确职责分工，科学使用监管资源，实现向风险监管、持续监管的根本转变；四是以“分级管理、突出重点、缩小差距、科学发展”为原则，建立风险识别机制，继续推进分类监管政策，促进城市商业银行的总体发展和区域联合；五是以公司治理为重点，进一步完善城市商业银行的治理机制；六是强化内部控制，建立持续发展和风险防范的制度保障；七是加强对城市商业银行资本金的监管，建立及时有效的资本金补充机制；八是推行贷款质量五级分类，按照审慎监管原则促进城市商业银行资产质量的全面改善；九是规范信息披露，加强对城市商业银行的社会监督。

8 日　中国人民银行发布《个人财产对外转移售付汇管理暂行办法》。该暂行办法明确，个人财产转移包括移民对财产转移和继承财产转移。申请对外转移的财产应是申请人所有的无权益争议的合法财产。申请财产对外转移总金额在等值人民币 50 万元以下（含 50 万元）的，由所在地外汇局审批。超过 50 万元由所在地外汇局初审后，报国家外汇管理局审批。申请人一次性申请拟转移出境的全部财产，经批准后，可先汇出一半；一年后，汇出剩余部分的一半；满两年后，方可汇出全部剩余部分。全部申请转移财产在等值人民币 20 万元以下的，经批准后可一次性汇出。从同一被继承人继承的全部财产，只需一次性申请，可一次或分次汇出。但对同一继承人从不同被继承人处继承的财产应分别申请、分别汇出。该暂行办法自2004年12月1日起施行。

△ 中央债券综合业务系统与中国人民银行大额支付系统实现联接。两个系统的联接使债券市场实现高效率、低风险的“券款对付(DVP)”结算。翌日，公开市场操作首次采用券款对付（DVP）的方式进行结算，资金和债券实现同步划拨。即时转账业务主要包括三部分：一是中国人民银行公开市场操作室发起公开市场操作业务的资金清算和自动质押融资业务；二是中央国债登记结算公司发起债券发行缴款、债券兑付和收益款划拨、银行间债券市场资金清算业务；三是中国人民银行规定的其他即时转账业务。DVP结算系统推出后，金融机构不必在法定存款准备金外，再保留大量超额存款准备金以备不时之需，从而将对今后的中央银行货币政策产生重要影响。同年12月14日，中国人民银行清算总中心和中央国债登记结算有限责任公司签署了《中国现代化支付系统与中央债券综合业务系统联合运行协议》。这是继中央债券综合业务系统成功接入中国现代化支付系统，实现债券交易的券款对付（DVP）清算后两大系统正式联合、协调运行的标志。

△ 中国民生银行通过银行间债券市场发行58亿元次级债。民生银行的次级债期限为10年，其中固定利率债券发行额为43.15亿元，浮动利率债券发行额为14.85亿元。发行募集的资金将计入该行的附属资本。民生银行是中国第一家在全国银行间债券市场成功私募发行次级债券的商业银行。截至2004年9月30日，民生银行总资产4 218亿元，各项存款余额为3 604亿元，各项贷款余额为2 650亿元，流动资产总额为2 487亿元，流动负债达到3 357亿元。此次发行的次级债券总额为58亿元人民币，仅占民生银行目前流动资产总额的2.33%，流动负债的1.73%。

△ 中国华融资产管理公司向花旗卖断不良资产。中国华融资产管理公司在第二次国际招标项目中向花旗集团卖断两个资产包、总额10.96亿元人民币的交易，正式获得国家发展和改革委员会外资司的备案确认书。与以往采用中外双方组建合作公司共同处置的方式不同，此次向境外投资者出售不良债权是通过公开招标以现金卖断。

9日 国家外汇管理局发布《关于调整境内居民个人自费出国（境）留学购汇指导性限额的通知》。该通知将境内居民个人自费留学的供汇指导性限额由每人每年等值2万美元调整为学费按照境外学校录取通知书或学费证明上所列明的每年度学费标准进行供汇；生活费的供汇指导性限额为每人每年等值2万美元，其中生活费购汇金额每人每年在等值2万美元（含2万美元）以下的，到外汇指定银行办理；等值2万美元以上的，经外汇局核准后到外汇指定银行办理。购买用于支付学费的外汇，事后须按规定办理核销，生活费购汇不需办理核销。该通知于2005年1月1日起施行。

16日 中国人民银行发布2004年第三季度《中国货币政策执行报告》。报告指出，2004年以来，我国宏观调控取得了阶段性成效，固定资产投资增长过快的势头得到初步遏制，货币信贷运行继续向金融调控预期的方向发展。前三个季度国内生产总值为9.3万亿元人民币，同比增长9.5%，比上年同期提高了0.6个百分点。9月末，广义货币 M_2 余额为24.4万亿元人民币，同比增长13.9%，增幅比上月末提高0.3个百分点，比上年同期低6.7个百分点。报告指出，宏观调控仍处于关键阶段，要继续密切关注各类价格指数的走势，注意防止投资反弹，努力巩固和发展宏观调控的成果。下一阶段，人民银行将继续执行稳健的货币政策，按照改进和加强金融调控的要求，合理控制货币信贷总量，着力优化信贷结构，进一步发挥好金融在宏观调控中的重要作用。

△ 中国银监会下发《关于规范信托投资公司证券业务经营与管理有关问题的通知》。该通知规定，信托投资公司必须将信托资金与固有

资金分别管理、分别记账，将不同委托人交付的资金分别管理、分别记账；信托投资公司运用固有资金或者信托资金进行证券投资，必须事先制定投资比例和投资策略，确立风险止损点。其投资于上市流通的股票、企业债和证券投资基金的日均市值总余额之和不得超过净资产的50%。各级银行业监管部门应加强对辖内信托投资公司所从事证券业务的监管。对未按本通知和有关法规要求从事证券业务的信托投资公司，责令改正，并限制其开办新的证券业务；情节严重的，暂停其证券投资业务。

该通知与中国银监会与中国证监会2004年9月联合下发的《关于信托投资公司开设信托专用证券账户和信托专用资金账户有关问题的通知》、2003年年底人民银行《关于信托投资公司人民币银行结算账户开立和使用有关事项的通知》和2004年2月中国银监会《关于信托投资公司人民币银行结算账户开立和使用有关问题的通知》一起构成我国信托财产专户管理基础制度。

17日 国务院办公厅转发《国家统计局关于改进地区GDP核算工作的意见》。该意见指出：自1985年我国建立GDP核算制度以来，GDP作为反映国家和地区经济发展情况的综合指标，已成为各级政府进行宏观经济决策的重要参考依据。但是，由于在GDP核算中国家和地区采取分级核算的形式，国家GDP和地区GDP汇总数据一直存在着差距。特别是近几年来，由于地区GDP核算中基础数据缺口较大、核算方法不完善、统计体制不健全，特别是某些地方片面追求经济增长速度等方面的原因，两者之间的差距有逐步扩大的趋势。为了规范地区GDP核算方法，提高地区GDP数据的准确性和权威性，该意见提出：1. 规范地区GDP核算方法。2. 建立地区GDP数据联审制度。在每季季后，由国家统计局组织对地区GDP数据进行联审，并对相关数据进行必要的修正。3. 进一步规范行业数据的计算方法。国家统计局首先制订农业、工业、建筑业和批发零售贸易、餐饮业的全国统一、可比的计算方法，在此基础上，建立对省（自治区、直辖市）相应主要统计数据的审核评估管理制度，逐步实现上述行业的全国数据与地区汇总数据的协调衔接。在条件成熟时，国家对省（自治区、直辖市）的GDP核算全面实行下算一级，由国家统计局直接计算各省（自治区、直辖市）的GDP。4. 各省（自治区、直辖市）要逐步建立地区GDP核算下算一级的制度。5. 进一步规范国家GDP数据和地区GDP数据的发布时间和发布方式。今后各省（自治区、直辖市）的季度GDP数据不再由各地统计局自行公布，而是经国家统计局联审后统一对外发布，并以此作为法定数据。在时间上，将国家和地区GDP数据在每季季后15日左右公布推迟到18日公布，以保证联审工作所需的时间。地区GDP数据联审制度和统一发布制度从2005年1月1日起正式实施。

18日 中国人民银行上调境内商业银行美元小额外币存款利率。一年期美元存款利率上限提高0.3125个百分点，调整后利率上限为0.875%。自即日起，人民银行不再公布美元、欧元、日元、港元两年期小额外币存款利率上限，改由商业银行自行确定并公布两年期小额外币存款利率。

△ 国家开发银行在中国西部论坛上披露支持西部开发信贷政策。国家开发银行副行长姚中民介绍：2004年国家开发银行安排西部地区贷款755亿元，占开发银行2004年贷款规模的30%，比2003年提高3.1个百分点。在贷款期限上，西部的公路项目可以延长到25年，城市收费道路可以延长到18年，不收费的道路和桥梁可以延长到12年。在贷款利率上，国家开发银行对西部的贷款利率不上浮，有些经济社会效益较好、政策性较强的项目可适当下浮利率。根据西部地区投资项目缺少资本金的问题，国家开发银行还将通过提供软贷款的方式，为西部地区的重点基础设施项目补充资本金。国家开发银行下一步将向各省区的西部办提供3 300万元的技援贷款，支持开展基础设施规划、产业发展规划和生态环境规划，发挥各地的区位优势和产业优势，进一步推动重大项目建设。技援贷款为零利率，仅在发放贷款时一次收取贷款发行额0.5%

的手续费。截至2003年年底，国家开发银行已向西部地区承诺技援贷款38.8亿元，占全部技援贷款承诺额的52%。

22日 中国银行新闻发言人对媒体披露财务重组信息。2004年以来，中国银行已核销1 063亿元损失类贷款，出售1 498亿元可疑类贷款，核销非信贷类资产损失21亿元。通过资产处置，截至2004年9月末，中银集团不良贷款比率降至5.16%，比2003年年末下降11.13个百分点。为补充附属资本，优化资本结构，中国银行成功发行了两期人民币次级债券，共筹集261亿元资本金，当年9月末中银集团资本充足率达到8.56%，较2003年年末提高1.58个百分点。

24日 城市商业银行首次发行次级债。上海银行采取私募方式，成功发行了30亿元次级定期债务，期限为五年零三个月。上海银行因此成为全国城市商业银行中发行次级定期债务的第一家。根据中国银监会的有关规定，上海银行此次发行的30亿元次级债将全额计入附属资本。根据上海银行2003年年报，该行总资产已达到1 934亿元，资本充足率达10.79%；五级分类中后三类的不良贷款占比为5.97%，而截至2004年6月末全国城市商业银行不良贷款的平均比例为14.08%。

26日 海际大和证券有限责任公司（Daiwa SMBC－SSC Securities Co., Ltd.）在上海开业。海际大和证券有限责任公司注册资本为人民币5亿元，股东为上海证券有限责任公司和大和证券SMBC株式会社（Daiwa SecuritiesSMBC Co., Ltd.），双方分别持有67%和33%的股份，注册地在上海。经营范围包括股票和债券的承销、外资股经纪，债券经纪和自营业务。海际大和证券有限责任公司是经中国证监会批准，中国加入世界贸易组织后的第三家中外合资券商。另外两家是华欧国际证券有限责任公司和长江巴黎百富勤证券有限责任公司。

28日 国务院总理温家宝出席东盟与中、日、韩领导人会议。温总理重申，中国不会迫于外界压力而对人民币重新估值。人民币汇率升值与否是重大的经济政策问题，在时间恰当的时候，中国才会考虑对人民币重新估值。人民币汇率的调整，还需要有一定的条件。最重要的是要有一个稳定的宏观调控环境、健全的市场机制及健康的金融体系。还必须考虑人民币汇率变动对中国经济及社会产生的影响，以及对周边地区乃至世界的影响。

29日 中国正式入股西非开发银行（West African Economic Community, WADB）。中国人民银行与西非开发银行在北京签署《谅解备忘录》、《中国人民银行代表中华人民共和国与西非开发银行关于中华人民共和国入股西非开发银行的协议》和《认缴书》。《谅解备忘录》写明“西非行遵循西非经货联盟首脑会议决议，不以台湾为合作伙伴”。我国认购西非开发银行股本160股，成为该行B类（区外）最大股东。西非开发银行成立于1973年，是西非经济与货币联盟下属次区域政府间开发性金融机构，总部设在多哥共和国首都洛美。该行宗旨是促进成员国经济平衡发展和推动西非经济一体化进程。该行成员分为A、B两类。A类为区内国家和机构，成员包括西非经货联盟8国及西非国家中央银行；B类成员包括中国、法国、比利时、印度、德国开发协会、欧洲投资银行和非洲开发银行。根据该行章程，B类成员股本总数不得超过该行全部资本的1/3。

△ 中国证监会、中国银监会联合发布《证券投资基金托管资格管理办法》。该管理办法规定，商业银行从事基金托管业务，须经中国证监会和中国银监会核准，依法取得基金托管资格，同时符合最近3个会计年度的年末净资产均不低于20亿元人民币，资本充足率符合监管部门的有关规定等条件。取得基金托管业务资格的商业银行为基金托管人。该管理办法对申请人须具备安全保管基金财产的条件和能力，具有健全的清算、交割业务制度和清算、交割系统，申请人的基金托管营业场所、安全防范设施、与基金托管业务有关的其他设施和相关制度等作了具体

规定。中国证监会自收到申请材料之日起5个工作日内作出是否受理的决定，20个工作日内作出行政许可决定。中国证监会、中国银监会依法对商业银行基金托管业务活动进行监督管理。该管理办法只适用于境内中资商业银行，自2005年1月1日起施行。

12月

1日 中国银监会宣布中国继续履行加入世界贸易组织的相关承诺的措施。根据中国加入世界贸易组织的相关承诺，中国银监会决定：1. 即日起，允许外资金融机构将经营人民币业务的地域扩大到昆明、北京、厦门、西安、沈阳。至此，开放人民币业务的城市增加到18个。2. 即日起，对设在西部和东北地区的外国银行分行经营人民币业务的申请，中国银监会将放宽审核其盈利的资格条件，即从目前考核单家分行盈利，改为合并考核申请人在华所有分行的盈利。3. 对外资银行在西部和东北地区设立机构和开办业务的申请，中国银监会在审理时设立绿色通道，在同等条件下优先审批。4. 自即日起，外资金融机构申请在华设立代表处，可将申请资料直接报送中国银监会，同时抄报拟设机构所在地中国银监会的派出机构。同时，中国银监会授权各银监局对本辖区内外资金融机构代表处更换首席代表进行任职资格审查和核准。

△ 中国保监会颁布修订的《保险代理机构管理规定》。该规定包括总则、机构管理、资格管理、保险代理关系管理、经营规则、监督管理、法律责任和附则共8章151条。根据该规定，保险代理机构以合伙企业或者有限责任公司形式设立的，其注册资本或者出资不得少于人民币50万元；以股份有限公司形式设立的，其注册资本不得少于人民币1 000万元。按此最低限额或者出资最低限额设立的保险代理机构可以设立3家分支机构。每申请增设一家分支机构应当至少增加注册资本或者出资人民币10万元。保险代理机构注册资本或者出资达到人民币200万元的，设立保险代理分支机构不需要增加注册资本或者出资。保险代理机构应当缴存20%的保证金或者投保职业责任保险。中国保监会对保险代理机构及其分支机构实行现场检查。该规定自2005年1月1日起施行，2001年11月16日颁布的规定同时废止。

△ 平安养老保险股份有限公司在上海开业，平安养老保险公司是中国平安集团首次在上海注册的专业子公司，也是中国首家专业养老保险公司，注册资本为3亿元人民币。公司经营的主要业务范围包括团体养老保险及年金业务、个人养老保险及年金业务，以及经中国保险监督管理委员会批准的其他业务。

3～5日 中央经济工作会议在北京举行。会议提出2005年经济工作的主要任务是：1. 继续加强和改善宏观调控，确保经济平稳较快发展。要实行稳健的财政政策和货币政策，继续控制固定资产投资规模的过快增长。在落实加强和改善宏观调控的各项政策措施时，要充分体现区别对待、有保有压的原则；要发挥市场配置资源的基础性作用，更加注重运用经济手段和法律手段；要不断调整投资和消费的关系，提高城乡居民消费能力，增强消费对经济增长的拉动作用。2. 继续加大对“三农”的支持力度，保持农业和农村发展的好势头。各项支农措施的力度只能加大，不能减弱。已经实行的政策不能变，已经给农民的实惠不能减，随着国家财力物力的增强，还要逐步加大支农力度。3. 大力推进结构调整，促进经济增长方式转变。4. 着力推进经济体制改革，建立健全全面协调可持续发展的制度保障。继续深化财税体制改革、金融体制改革、行政管理体制改革，落实投资体制改革方案。5. 统筹国内发展和对外开放，增强国际竞争力。6. 坚持以人为本，努力构建社会主义和谐社会。

6日 中国银监会发布《严禁信托投资公司信托业务承诺保底的通知》。针对部分信托投资公司在办理信托业务时存在向委托人承诺保底的做法，该通知重申：信托投资公司办理信托业务时必须严格执行分账管理的原则，不得以信托合同、补充协议或其他任何方式向信托当事人承诺信托财产本金不受损失或者保证最低收益，并在其营业场所显著位置对不得承诺保底的有关规定进行公示。

△ 中国东方资产管理公司与中国信达资产管理公司签署批量处置资产协议。中国东方资产管理公司（以下简称东方公司）与中国信达资产管理公司（以下简称信达公司）就批量处置不良贷款达成协议。根据协议，东方公司从信达公司手中收购原建设银行剥离的可疑类不良贷款约1 300亿元人民币。这是我国金融资产管理公司首次大规模地以商业化手段打包处置国有商业银行不良资产，是资产管理公司按照市场化原则批量处置不良资产的一项新探索。2004年6月21日，信达公司通过公开竞标，成为中国银行和中国建设银行两家共计2 787亿元可疑类贷款的一级批发商。按照承诺，信达公司要在2005年年底前将2 787亿元可疑类贷款全部处置完毕。

7日 中国人民银行发布《全国银行间债券市场债券交易流通审核规则》。根据该规则，申请债券交易流通的发行人，应符合债券公开发行额不少于人民币5亿元、单个投资人持有量不超过该期债券发行量的30%等条件。该规则强调，中国人民银行同意申请债券的交易流通，并不表明对该期债券的投资价值和投资风险作出了任何判断，投资者应关注发行人的基本状况和披露的信息，进行独立的投资判断，并自行承担投资风险。在债券交易流通期间，发行人应按中国人民银行的规定向市场参与者进行持续的信息披露，不得以自己发行的债券为标的资产进行债券交易。该规则对信息披露的基本要求、发生重大事件须及时向人民银行报告以及违反规定的处罚标准作了具体规定。该规则自2004年12月15日起施行。

△ 中国证监会发布《关于加强社会公众股股东权益保护的若干规定》。该若干规定的主要内容是：1. 试行公司重大事项社会公众股股东表决制度。公司重大事项包括上市公司再融资、重大资产重组、股东以股抵债、附属企业到境外上市、对公众股东利益有重大影响的相关事项，须经参与表决的社会公众股股东所持表决权的半数以上通过。2. 完善独立董事制度。重大关联交易、聘用或解聘会计师事务所，应由1/2以上独立董事同意后，方可提交董事会讨论。3. 加强投资者关系管理，提高上市公司信息披露质量。4. 实施积极的利润分配办法。上市公司最近3年未进行现金利润分配的，不得向社会公众增发新股、发行可转换公司债券或向原有股东配售股份。存在股东违规占用上市公司资金情况的，上市公司应当扣减该股东所分配的现金红利，以偿还其占用的资金。5. 加强对上市公司和高级管理人员的监督。上市公司控股股东及实际控制人对上市公司和社会公众股股东负有诚信义务。控股股东及实际控制人不得违规占用上市公司资金，不得违规为关联方提供担保，不得利用关联交易、利润分配、资产重组、对外投资等方式损害上市公司和社会公众股股东的合法权益。

△ 假中国银行网站被查封。中国银行通过自己的官方网站，对试图骗取该银行用户账号和密码的仿冒网站发表声明，并公布自己唯一使用的国际互联网门户网站地址为：www. bank - of - china. com。12月7日，中国银行接到客户反映发现疑似假冒的中国银行门户网站，经查后确认此网站为不法分子假冒，假网站外观与中国银行网站非常相似，中国银行马上向公安机关报案，当晚假网站已被关闭，从发现到关闭仅7个小时。仿冒网页为www . bank-off-china. com，只有一个“f”字母之差。

△ 中国证监会公布《关于首次公开发行股票试行询价制度若干问题的通知》。该通知规定，首次公开发行股票的公司及其保荐机构应通过询价的方式确定股票发行价格。询价对象包括证券投资基金管理公司、证券公司、信托投资公司、财务公司、保险机构投资者和合格境外机构投资者（QFII）等。询价分为初步询价和累计投标询价两个阶段。发行人及其保荐机构应通过初步询价确定发行价格区间，通过累计投标询价确定发行价格。发行人及其保荐机构应向不少于

20家询价对象进行初步询价；公开发行股数在4亿股以上的，询价对象应不少于50家。发行人及其保荐机构应向参与累计投标询价的询价对象配售股票：公开发行数量在4亿股以下的，配售数量应不超过发行总量的20%；4亿股以上（含4亿股）的不超过50%。累计投标询价及配售完成后，发行人及其保荐机构应刊登配售结果公告，并将其余股票以相同价格按照发行公告规定的原则和程序向社会公众投资者公开发行。询价对象应承诺将参与累计投标询价获配的股票锁定3个月以上，锁定期自向社会公众投资者公开发行的股票上市之日起计算。保荐机构负责组织推介、询价和配售工作。该通知自2005年1月1日起施行。

△ 中国证监会公布《对首次公开发行股票询价对象条件和行为的监管要求》。该监管要求规定：询价对象应以其自营业务或其管理的证券投资产品分别独立参与累计投标询价和股票配售，其范围限于证券投资基金、社保基金、证券公司自营业务、证券公司集合资产管理计划、信托投资公司自营业务、信托投资公司依据信托合同可投资于证券市场的信托产品、财务公司自营业务、保险机构投资者、保险机构投资者经批准的保险产品、合格境外机构投资者（QFII）、企业年金基金。询价对象按照规定参与询价时须提交报价结果和报价依据，并为其自营业务或其管理的单一投资产品分别指定一个证券账户和一个资金账户专门用于累计投标询价和股票配售，指定账户在中国证监会、中国证券业协会和中国证券登记结算公司备案。询价对象通过上述指定账户参与累计投标询价和股票配售；保荐机构对此应承担核查责任。询价对象参与询价时，其报价区间的上限不得高于下限的20%。发行人及其保荐机构根据询价结果确定发行价格区间（询价区间）的上限不得高于区间下限的20%。与发行人或其保荐机构之间存在控股关系，或存在影响其作出独立投资决策的其他重大利害关系的询价对象，不得参与本次首次公开发行股票的询价和配售；本次公开发行股票的保荐机构和承销商不得参与本次公开发行股票的询价和配售。该监管要求对询价对象条件的监管要求、询价对象的监管作了具体规定，自2005年1月1日起施行。

△ 中国银监会下发《关于进一步规范集合资金信托业务有关问题的通知》。集合资金信托业务是指信托投资公司根据委托人意愿、将两个以上（含两个）委托人交付的资金集中管理、运用和处分的资金信托业务。该通知的主要规定是：1. 信托投资公司办理集合资金信托业务时，应设立集合信托计划，并在该计划开始推介前5日，逐一向注册地银监局报告。异地推介则须先经银监局审批其办理异地集合资金信托业务的资格。每个集合信托计划的异地推介不超过两个城市，而且接受异地推介的资金信托合同，每份合同金额不得低于人民币100万元（含100万元），且机构委托人须同时出具其投资于该集合信托计划的资金不超过其净资产20%的证明文件，自然人委托人须同时出具个人稳定的年收入不低于10万元的收入证明。在任一时点，信托投资公司正在异地推介的集合信托计划不得超过两个。推介结束后5日内，信托投资公司应向注册地银监局和推介地银监局提交报告。信托投资公司不得委托非金融机构推介集合信托计划。2. 信托投资公司对参与集合信托计划的委托人资格和信托资金拟投向的项目实施尽职调查，并出具独立的尽职调查报告。3. 集合资金信托业务逐步试行托管制，对拟投向的项目涉及关联方交易的或者投资于有价证券的，必须引入托管机制，必须将该集合信托计划项下的资金交由合格的商业银行或其他合格的信托投资公司托管。该通知还规定了托管人的基本条件和职责。4. 信托投资公司办理集合资金信托业务时，在任何一个会计年度与任何一个关联方交易的发生额不得超过集合信托计划的50%，并且交易条件不得劣于非关联交易情形下的一般条件。商业银行只限于向信托投资公司提供代理收付服务，不得代签信托合同。

8日 中国银监会下发《关于信托投资公司集合资金信托业务信息披露有关问题的通知》。该通知规定：信托投资公司办理集合资金信托业务时，应当制作信息备忘录，其中至少披露以下内容：1. 最近两年经审计的年度报告；2. 信托投资公司及相关工作人员的责任和义务；3. 信托资金的运用范围以及信托财产评估的程序和方法；4. 信托资金拟投向的项目的尽职调查报告（适用时）；5. 集合信托计划的潜在风险和风险出现时的可能损失程度；6. 计划所遵循的风险投资政策、拟采取的风险管理策略和监控手段及其理由；7. 影响计划收益的因素和敏感度分析；8. 信托财产第三方委托管理人的相关信息；9. 涉及证券投资所使用的经纪公司的相关信息；10. 涉及利益冲突或关联交易的，须披露其性质、金额、占集合信托计划的比例等信息，并阐明其对委托人和受益人利益可能产生的影响，以及拟采取的隔离措施；11. 为信托财产提供担保方的财务状况和担保理由；12. 在信托资金使用方出现财务状况严重恶化、对合同约定的责任有争议、担保方不能继续提供有效担保等重大变故时，信托投资公司拟采取的保护信托受益人利益的措施，以及有关信息披露的具体时限和方式；13. 信托投资公司最近一年来结束的其他集合信托计划的资金规模、运用范围、收益状况和按期支付情况。该通知规定，推介结束后5日内，信托投资公司应当就该集合信托计划下的信托合同数与信托资金总额向信托文件中规定的人和监管部门披露。集合信托计划发生信托资金使用方的财务状况严重恶化、担保方不能继续提供有效的担保等重大变故时，信托投资公司应当在获知有关情况后3个工作日内向信托文件规定的人和监管部门披露，并自披露之日起7个工作日内向信托文件规定的人和监管部门书面提出信托投资公司采取的应对措施。

△ 中国银行和VISA国际组织在北京举行“中银VISA奥运信用卡”首发仪式。作为全球首张专门为北京2008年奥运会设计的标准贷记卡产品，中银VISA奥运信用卡除了具有循环信用、预借现金、消费支付等贷记卡基本功能外，还在卡面颜色、还款方式、结算币种、使用区域等方面为持卡人提供了诸多个性化选项。该卡与同年7月22日发行的亚洲首张欧元信用卡——中银长城VISA奥运欧元卡，构成了中国银行有关奥运会主题的银行卡系列。中国银行于同年7月14日正式成为2008年北京奥运会银行合作伙伴。

9日 中国人民银行首次发行三年期远期中央银行票据。人民银行发布公告：以利率招标的方式发行2004年第94期和第95期中央银行票据。其中第94期中央银行票据，期限3年，发行量为100亿元，中标利率为4.11%。

△ 中国保监会公布包头“11·21”空难承保情况。此次空难事故相关风险由中国人保、中国人寿、太平洋保险、平安保险等公司分别承保。中国人保承保飞机机身一切险和航空承运人法定责任险共14.23亿美元，其中86%的保险责任已分保至境内外再保险公司。中国人寿承保遇难乘客中25人的共26份航意险，保额为1 040万元，以及乘客中9人的其他人寿保险。太平洋人寿承保遇难6名机组人员的团体人身意外伤害保险，保额为90万元，其中1人购买了保额为1.14万元的该公司“老来福”、“步步高”寿险。平安人寿承保遇难乘客中3人的个人寿险，保额约为18万元；2人的团体寿险，保额共计8万元；3人的外来从业人员工伤保险。

2004年11月21日晨，由包头飞往上海的Mu5210航班刚起飞不久即坠毁在机场附近，机上47名乘客6名机组售货员全部遇难。在发生“11·21”空难的航班中，47名遇难乘客中有25人购买了航意险，每份航意险可获得40万元赔付金。截至2005年2月24日，25位投保乘客中已有24位乘客家属拿到了航意险赔付金，共960万元。在其他22位没有购买航意险的乘客中，一名徐姓的上海籍乘客由于是招商银行信用卡金卡持卡人，并于11月20日刷卡支付了机票款，因此根据招商银行“刷卡购买机票或支付旅游费用即赠送航空意外险”的有关规定，该客户自动获得由招商银行免费赠送、由泰康人寿承保的航空意外险，保险金额100万元，成为我国第一例信用卡航意险理赔。

11日 中国加入世界贸易组织届满三年。

按照我国加入世界贸易组织的有关承诺，自即日起，中国取消所有保险及相关服务业地域限制，并允许外国保险公司向外国人和中国公民提供健康险、团体险和养老金（年金险）服务。证券业中允许外资基金管理公司在合资公司中的股权增至49%，允许设立合资证券公司，外资比例不超过33%。

13日 中国银监会发布《关于加强银行已核销贷款管理工作的通知》。该通知强调贷款核销后必须坚持"账销案存"的管理原则，即核销后的贷款虽不继续在银行资产负债表上进行会计确认和计量，但银行与借款人之间的借贷关系仍然存续。银行对贷款核销过程和结果应进行详细记录，建立健全贷款核销档案。在贷款没有最终收回之前，应当一直作为未结交易档案指定专人妥善保管，不得随意丢失或自行销毁。贷款收回之后，银行再按照档案管理办法的有关规定进行处理。

15日 中国银监会发布《关于加强信托投资公司风险监管防范交易对手风险的通知》。该通知指出，最近一些信托投资公司因交易对手的风险造成固有财产和信托财产损失，给公司和信托当事人造成较大风险，信托投资公司要将防范该类风险作为其受托人尽职管理的重要内容。该通知强调，信托投资公司不得以任何形式将信托财产委托给证券公司或其他机构进行证券投资，不得用信托为证券公司等机构进行证券投资类的融资。信托投资公司从事自营和信托证券投资业务必须审慎选择市场信誉好的证券公司作经纪机构，并向信托当事人披露尽职调查情况，定期跟踪经纪机构的资信状况、收集充分信息，防范相关风险。信托投资公司将资金运用于房地产、能源、基础设施等领域时，应重点关注交易对手风险、信用风险、市场风险和政策风险，并防止交易对手将资金用于非约定用途，造成风险失控；以信托财产从事贷款业务，应亲自履行风险审查、贷后跟踪管理、贷款资金的监督使用和客户还款能力动态检测、贷款回收等管理职责，不得将主要信托事务管理职责委托给其他机构。

△ 中国保监会颁布修订的《保险经纪机构管理规定》。该规定包括总则、机构管理、资格管理、经营规则、监督管理、法律责任和附则共7章142条。新规定降低了原有规章中有限责任公司需要人民币1 000万元注册资本的要求，规定合伙制及有限责任公司制保险经纪机构的资本金为500万元人民币。按规定条件设立的保险经纪机构可以设立3家分支机构。每申请增设一家分支机构应当至少增加注册资本或者出资人民币100万元；保险经纪机构注册资本或者出资达到人民币2 000万元的，设立分支机构不需要增加注册资本或者出资。保险经纪机构应当缴存20%的保证金或者投保职业责任保险。中国保监会依法对保险经纪机构及其分支机构进行现场检查。保险经纪机构或者保险经纪分支机构涉嫌严重违反保险法律、行政法规及本规定的，在被调查期间，中国保监会有权责令其停止开展新业务或者停止部分业务。该规定自2005年1月1日起施行，2001年11月16日颁布的规定同时废止。

△ 中国保监会发布《保险公司非寿险业务准备金管理办法（试行）》。该管理办法主要规定：1. 非寿险业务准备金包括未到期责任准备金、未决赔款准备金和中国保监会规定的其他种类责任准备金。其中，未到期责任准备金包括长期险业务的未到期责任准备金和短期险业务的未到期责任准备金，未决赔款准备金包括已发生已报案未决赔款准备金、已发生未报案未决赔款准备金和理赔费用准备金。2. 保险公司应当主要采用1/24法或者1/365法提取未到期责任准备金；采用逐案估计法、案均赔款法等方法提取已发生已报案未决赔款准备金；采用链梯法、案均赔款法、准备金进展法和B－F法等至少两种方法谨慎提取已发生未报案未决赔款准备金。保险公司还应对未到期责任准备金的充足性进行测试，如果未到期责任准备金不足，应当提取保费不足准备金。3. 保险公司建立非寿险精算制度，指定精算责任人负责非寿险业务准备金的评估工作。4. 保险公司定期向保监会报送非寿险业务准备金评估报告，并规定了准备金评估报告的内容。该管理办法自2005年1月15日起施行，是

我国第一部与国际通行做法保持一致的非寿险责任准备金计提标准。此前，保险公司非寿险业务的责任准备金按照财政部1999年1月13日发布的《保险公司财务制度》的有关规定计提（按当期自留保费收入的50%提取）。

△ 个人信用信息基础数据库试运行。由中国人民银行组织商业银行建设的个人信用信息基础数据库，首先实现15家全国性商业银行和8家城市商业银行在北京、重庆、深圳、西安、南宁、绵阳、湖州7个城市试运行，成为各商业银行信用数据信息共享的平台。该数据库主要采集和保存个人在商业银行的借还款、信用卡、担保等信用信息，以及相关身份识别信息，并向商业银行提供个人信用信息联网查询服务。个人信用信息基础数据库于2005年8月底完成与全国所有商业银行和部分有条件的农村信用社的联网运行，2006年1月正式运行。

16日 上海证券交易所、深圳证券交易所和中国证券登记结算公司联合发布《上市公司非流通股股份转让业务办理规则》。该规则主要规定：1. 上市公司非流通股转让由上海证券交易所、深圳证券交易所和中国证券登记结算公司集中统一办理。严禁进行场外非法股票交易活动。2. 股份转让双方既可以通过公开股份转让信息方式达成转让协议，也可以通过非公开方式达成协议。其中，拟通过公开股份转让信息方式转让股份的股份持有人须由证券交易所统一安排公开股份转让信息发布。3. 股份持有人或受让人申请出让或受让的股份数量不得低于一个上市公司总股本的1%；持股数量不足1%的股份转让申请，出让人应全额转让给单一的受让人。4. 股份过户完成后的一个月内，证券交易所和结算公司不受理同一股份受让人就其所受让的相同股份再次进行转让的申请。该规则自2005年1月1日起实施。2005年1月3日，上海证券交易所、深圳证券交易所、中国证券登记结算有限责任公司颁布了《上市公司非流通股股份转让业务办理实施细则》。

17日 国家外汇管理局发布《关于金融资产管理公司利用外资处置不良资产有关外汇管理问题的通知》。该通知规定：金融资产管理公司对外出售或转让不良资产，交易方案经主管部门批准后，应在批准之日起15个工作日内就外汇收支及汇兑问题报国家外汇管理局批准，购买或受让金融资产管理公司不良资产的外国投资者或其代理人，应在交易完成后的15个工作日内到资产所在地外汇局分局或国家外汇管理局指定的分局办理不良资产出售或转让备案登记手续，外国投资者或其境内代理人可（购汇）汇出不良资产再出售、再转让的收益或经营的收益。金融资产管理公司以其拥有的不良资产作价出资组建外商投资企业的，到外商投资企业注册地外汇分局办理相关手续。利用外资处置的不良资产中含有第三方担保的，金融资产管理公司应通知原债权债务合同的担保人。金融资产管理公司利用外资处置资产后，除原有担保外，债务人或第三人不得为所出售或转让的债权提供其他担保。因回购、出售（让）、清收、转股或其他原因导致外国投资者对备案资产的所有权灭失时，外国投资者或其代理人应在所有权灭失后的15个工作日内到备案地外汇局分局办理债权、实物资产或股权备案的注销手续。该通知自2005年1月1日起施行。

19日 首只上市型开放式基金（Listed Open－end Fund，LOF）在深圳证券交易所上市交易。本次南方积极配置基金（基金代码：160105；基金简称：南方积配）上市交易的份额为1 170 322 349份，未上市交易的份额托管在场外，投资者可将其转托管至深圳证券交易所场内上市流通。上市首日的开盘参考价为上一个交易日（12月17日）的基金份额净值，并以此为基准设置10%的涨跌幅限制。当日，该基金以0.95元的价位开盘，以全天最高价0.98元收盘，共成交基金份额2 710.82万份，金额为2 632万元，占LOF首日可交易份额约2%。南方积极配置基金于2004年10月14日成立，基金管理人为南方基金管理有限公司；基金托管人为中国工商银行。

22日 中国人民银行和中国银监会对原由

中国人民银行发布的部分金融规章和规范性文件进行清理。原由人民银行发布的11件规章和文件，由人民银行和银监会按照各自的法定职责对其中的有关事项负责监督实施、解释，双方共同修改、废止；原由人民银行发布、现由银监会负责监督实施、解释、修改的有61件；被废止的有38件。

24日 国家开发银行发行金融债券。此期金融债券为15年期固定利率发行人可赎回金融债券（次级债券），最大发行量为200亿元。本期债券前10年（2004年12月30日至2014年12月30日）的票面利率确定为5.42%，后5年（2014年12月30日至2019年12月30日）的票面利率确定为7.42%。发行人在2014年12月30日有权选择按本期债券的面值提前赎回全部或部分该债券。如发行人行使本赎回条款，则本期债券赎回部分自2014年12月30日停止计息并兑付本息。该期金融债券投标量为185.4亿元，实际发行总量为200亿元。其中，竞争性中标量为134亿元，基本承销量为66亿元。这是中国首只由政策性银行发行的次级债券。

25日 中国银监会颁布《商业银行内部控制评价试行办法》。商业银行内部控制评价是指对商业银行内部控制体系建设、实施和运行结果独立开展的调查、测试、分析和评估等系统性活动。该试行办法包括总则、评价目标和原则、评价内容、评价程序和方法、评分标准和评价等级、组织和实施以及罚则共7章72条。该试行办法规定，内部控制评价从充分性、合规性、有效性和适宜性等四个方面进行：过程和风险是否已被充分识别；其控制措施是否明确规定并得以实施和保持；是否有效；是否适宜。内部控制目标的实现情况为内部控制的结果评价，主要包括十项指标：资本利润率、资产利润率、成本收入比、大额风险集中度指标、关联方交易指标、资产质量指标、不良贷款拨备覆盖率、资本充足指标、流动性指标、案件指标等。结果评价定级标准为五级：一级指被评价机构有健全的内部控制体系，在各个环节均能有效执行内部控制措施，能对所有风险进行有效识别和控制，无任何风险控制盲点，控制措施适宜，经营效果显著；以下级别的各项指标依次为较好、一般、较差、很差。该试行办法自2005年2月1日起施行。

27日 中国人民银行货币政策委员会2004年第四季度例会在北京召开。会议认为，2004年以来，中国人民银行继续执行稳健的货币政策，加强和改进金融调控，合理控制货币信贷总量，着力优化信贷结构，货币信贷政策措施已初见成效，货币信贷增长总体合理，金融运行平稳。会议认为下一阶段中央银行应继续执行稳健的货币政策，进一步提高金融调控的前瞻性、科学性和有效性；综合运用多种货币政策工具，适时适度调控金融体系流动性；稳步推进利率市场化改革，进一步完善人民币汇率形成机制，保持人民币汇率在合理、均衡水平上的基本稳定，促进国际收支平衡；积极推动金融企业改革，鼓励金融创新，改进金融服务，大力发展金融市场，促进直接融资和间接融资的协调发展，提高货币政策传导效率。

28日 中国人民银行发行一年期远期票据。中国人民银行发布公告，以价格招标方式发行2004年第102期、第103期中央银行票据。发行量各为200亿元。其中，第103期票据是缴款日和起息日都在2005年2月21日的远期品种。该远期中央银行票据的中标利率为3.2418%。

2004年中国人民银行共开展110次人民币公开市场操作，累计回笼基础货币19 971亿元，累计投放基础货币13 281亿元，投放和回笼相抵，通过人民币公开市场操作净回笼基础货币6 690亿元。全年共发行105期中央银行票据，发行总量为15 072亿元，年末中央银行票据余额为9 742亿元；开展正回购操作43次，收回基础货币3 330亿元；开展逆回购5次，投放基础货币1 490亿元。

△ 中国人民银行公布《2005年公布金融统计数据时间表》。根据该时间表，有关金融数据将在中国人民银行网页、《金融时报》、《中国人民银行季报》、《中国人民银行年报》、《金融

年鉴》上公布。在中国人民银行网页上，金融机构信贷收支表、货币供应量统计表将于月后15日公布，黄金储备统计表、外汇储备统计表、汇率统计表于季后15日公布，货币当局资产负债表、货币概览、银行概览于月后4周公布。

△ 国家开发银行在银行间债券市场发行境内美元债券。该期债券发行总量为5亿美元。其中4亿美元浮动利率债券为首次发行的品种，中标利率为6个月伦敦银行间同业拆借利率Libor +40bps，超额认购倍数为1.5倍；1亿美元固定利率债券中标利率为3.95%，超额认购倍数为1.3倍。该债券发行对象范围扩大到银行间债券市场银行类和非银行类金融机构，包括国有银行、股份制商业银行、城市商业银行、农村信用社、保险公司（含外资）、证券公司、企业财务公司和外资银行在华分支机构等，承销团成员的类型和数量均有所增加。同时，该期美元债券基准利率为6个月伦敦银行间同业拆借利率，而该利率是国际短期资金市场的指标性利率，也是国际上通用的银行间借贷和商业借贷利率定价和标价的基础。国家开发银行此次以LIBOR为基准发行浮息美元债券，为国内债券市场与国际市场接轨作了有益尝试。

△《中国银行业监督管理委员会行政处罚办法》（以下简称《行政处罚办法》）颁布。《行政处罚办法》包括总则、管辖和适用、立案调查取证和审查、听证、决定与执行、法律责任和附则共7章48条，对银行业金融机构、其他单位和个人违反法律、行政法规和规章行为的行政处罚办法进行了详细规定。《行政处罚办法》规定：中国银监会及其派出机构在实施行政处罚时，实行查处分离的原则。中国银监会及其派出机构监督检查部门负责行政处罚案件的立案、调查，提出处罚意见，执行行政处罚；法律部门负责审查处罚意见的合法性、适当性，组织听证；中国银监会及其派出机构负责人或主席会议（局长会议）负责作出行政处罚决定。中国银监会及其派出机构对银行业金融机构实施行政处罚时，应当责令银行业金融机构对负有直接责任的董事、高级管理人员和其他直接责任人员给予纪律处分；构成犯罪的，应当依法移交司法机关追究其刑事责任。行政处罚的种类包括：警告；罚款；没收违法所得；责令停业整顿；吊销金融许可证；取消董事、高级管理人员任职资格；法律、行政法规规定的其他行政处罚。《行政处罚办法》自2005年2月1日起施行。

△《中国银行业监督管理委员会行政复议办法》（以下简称《行政复议办法》）颁布。《行政复议办法》对银行业金融机构、其他单位和个人实施行政复议的适用范围、申请程序、行政复议机关如何履行行政复议职责以及责任追究等作了详细规定。《行政复议办法》规定：有下列情形之一的，银行业金融机构、其他单位和个人可以申请行政复议：对中国银监会或其派出机构作出的警告、罚款、没收违法所得、责令停业、吊销金融许可证等决定不服的；对中国银监会或其派出机构作出的取消银行业金融机构董事、高级管理人员一定期限或者终身任职资格的决定不服的；认为中国银监会或其派出机构的具体行政行为侵犯其合法的经营自主权的；认为中国银监会或其派出机构没有依法办理其申请的行政许可事项的；认为中国银监会或其派出机构的其他具体行政行为侵犯其合法权益的。《行政复议办法》自2005年2月1日起施行。

△ 大庆联谊（股票代码：600065）虚假陈述案终审判决。黑龙江省最高人民法院对大庆联谊因虚假陈述判公司赔偿的456起案件全部作出终审判决，有3起案件改判，其余均维持原判，判决公司赔偿金额约为883.7万元，承担受理费20.6万元，申银万国对433起案件承担连带责任，赔偿金额为608万元。根据终审判决，股民将得到不同程度的赔偿，最低获赔金额为1 900多元，最高获赔金额为20万元，其中有5例获得了全额赔偿（买入价与卖出价之间的损失）。

2002年1月25日，北京、上海的3名投资者起诉大庆联谊虚假陈述案，被哈尔滨市中级人民法院正式受理，成为2002年1月15日最高人民法院出台《关于受理证券市场因虚假陈述引发的民事侵权纠纷案有关问题的通知》后，首例被法院受理的虚假陈述证券民事赔偿案，同时也是首例共同诉讼民事赔偿案。2003 年 9 月 18～19 日，由国浩律师集团（上海）事务所代理的共 381 位投资者诉大庆联谊案开庭审理。投资者认为公司欺诈上市和虚假年报业绩等虚假陈述行为造成了投资者巨额损失，要求哈尔滨中院判决被告赔偿总计为 1 022 万元损失。381 名投资者分为 107 人与 274 人两起诉讼案，先后在 2003 年 1 月 17 日与 2003 年 2 月 27 日被哈尔滨中院受理，是我国第一起以共同诉讼形式的立案。黑龙江省高级人民法院的终审判决，使曾经因“证券民事赔偿第一案”而备受关注的大庆联谊案成为中国证券市场第一例终审的民事赔偿案。2005 年 6 月 9 日，大庆联谊案首笔赔款交付予 55 位投资者，赔付金额达 98.85 万元。

29 日　国务院第 75 次常务会议召开，研究推进国有商业银行股份制改革。会议要求：继续完善公司治理结构，确保新机制的有效运行；加快完善内控机制和风险防范机制，强化资本约束，防止不良资产反弹；建立健全问责制，加大对不良资产责任人的追究，有效地防止新的违规经营；引进战略投资者，引进先进的经营管理机制和各类人才；加强队伍建设。

△　中国银监会发布《商业银行市场风险管理指引》。该指引共有 4 章 44 条，分别规定了市场风险管理和市场风险监管应当遵循的基本原则。市场风险是指存在于银行的交易和非交易业务中，因市场价格（利率、汇率、股票价格和商品价格）的不利变动而使银行表内和表外业务发生损失的风险。该指引规定：商业银行应建立包括董事会和高级管理层的有效监控；完善的市场风险管理政策和程序；完善的市场风险识别、计量、监测和控制程序；完善的内部控制和独立的外部审计，以及适当的市场风险资本分配机制等内容的市场风险管理体系，同时适应考虑信用风险、流动性风险、操作风险、法律风险、声誉风险等风险的相关性，并协调市场风险管理与其他类别风险管理的政策和程序。商业银行须按照规定向中国银监会报送与市场风险有关的财务会计、统计报表和其他报告，中国银监会定期对商业银行的市场风险管理状况进行现场检查。该指引要求国有商业银行和股份制商业银行最迟应于 2007 年年底前，城市商业银行和其他商业银行最迟应于 2008 年年底前达到该指引的要求。该指引自 2005 年 3 月 1 日起实施。

△　吉林安华农业保险股份有限公司（以下简称安华公司）开业。该公司由吉林粮食集团有限公司、吉林通化钢铁集团有限责任公司、吉林镍业集团有限责任公司、吉林物华集团股份有限公司、吉林市鑫投信用担保有限责任公司、长春市融兴经济发展有限公司、吉林省公主岭市正氏企业有限公司 7 家省内企业共同发起设立，注册资本金为 2 亿元，总部设在长春。业务范围：农业保险；财产损失保险；责任保险；法定责任保险；信用保险和保证保险；短期健康保险和意外伤害保险；其他涉及农村、农民的财产保险业务；上述业务的再保险业务。与一般的财产险公司不同，安华公司根据吉林省农业生产力水平、农业风险特点和农民保障需求的实际出发探索适合该省特点的农业保险经营发展模式。一是开发适合我国农村市场的一篮子保险产品，为农户提供包括种养两业保险、财产保险、健康险和人身意外险等全方位综合保险服务。二是服务农业产业化建设，提供覆盖龙头企业产业链各个环节的保险保障，以产业链延伸带动广大农户，推进农业保险深入发展。三是多渠道、多形式为政府代办政策性农业保险业务。四是依托吉林省农村信用社、农机公司、专业代理公司等渠道，将销售网络深入到农村基层，更好地贴近“三农”，避免层层分设机构所带来的高额成本。

30 日　国务院办公厅转发财政部、国资委、中国银监会《关于推进和规范国有企业债权转股权工作的意见》。该意见提出：加快完成债转股新公司注册等后续工作。1. 对具备债转股条件、国务院已在 2004 年 6 月 30 日前批准债转股协议和方案的，原则上应在 2005 年 3 月 31 日前完成新公司注册；对 2004 年 6 月 30 日后批准债转股协议和方案的，包括部分新增项目，应在国务院批准后 9 个月内完成新公司注册。逾期未注册的，即自动停止实施债转股。2. 对已列入原国家经贸委推荐实施债转股580户企业名单，但由于情况发生变化，已不具备债转股条件的，不再实施债转股。3. 对净资产评估结果为负值的项目，由债转股企业原出资人与资产公司充分协商调整债转股方案或停止实施债转股。4. 对停止实施债转股的企业，按照原债权归属，分别由资产管理公司、国家开发银行和国有商业银行依法行使债权人的权利，并由国资委、财政部、中国银监会书面通知资产管理公司、银行和企业，自原停息日起恢复计息，严防逃废债务；并以稳妥有效的方式继续支持企业改革发展。该意见还提出了妥善处理债转股新公司改制发展中的相关问题，以及按照现代企业制度要求促进债转股新公司健康发展、规范债转股股权转让行为的具体建议。

△　中国保监会发布《保险保障基金管理办法》。该管理办法包括总则、缴纳、管理和监督、使用、法律责任和附则共6章25条。保险保障基金是根据《中华人民共和国保险法》的要求，由保险公司缴纳形成，按照“集中管理、统筹使用”的原则，在保险公司被撤销、被宣告破产等情形下，用于向保单持有人或者保单受让公司等提供救济的法定基金。该管理办法规定，除保险公司在境外直接承保的业务和从境外分入的业务、政策性保险业务和中国保监会认定不属于保险保障基金救济范围的其他保险业务外，保险公司应当缴纳保险保障基金的比例为：财产保险、意外伤害保险和短期健康保险业务自留保费的1%，有保证利率的长期人寿保险和长期健康保险业务自留保费的0.15%，无保证利率的长期人寿保险业务自留保费的0.05%缴纳保险保障基金。当财产保险公司、综合再保险公司和财产再保险公司的保险保障基金余额达到公司总资产6%，人寿保险公司、健康保险公司和人寿再保险公司的保险保障基金余额达到公司总资产1%时可暂停缴纳。该管理办法还规定，保险公司被撤销或被宣告破产，其清算财产不足以偿付保单责任的，保险保障基金按照比例补偿限额与绝对数补偿限额相结合的方式对保单持有人或保单受让公司进行救济。

△　中国保监会发布《关于保险公司、保险资产管理公司投资保险公司次级定期债务的通知》。投资次级债的余额按成本价格计算不得超过本公司上月末净资产的20%；投资一家保险公司发行的次级债比例累计不得超过本公司上月末净资产的4%；投资一期次级债的比例不得超过该期次级债发行量的20%。保险公司投资次级债应由保险公司总公司统一进行，保险公司分支机构不得投资次级债。保险资产管理公司自有资金投资次级债，外资保险公司在华一级分公司投资境内次级债，按该通知执行。

31日　国务院批准《反洗钱工作部际联席会议制度》。根据国务院批示，人民银行、最高人民法院、最高人民检察院、国务院办公厅、外交部、公安部、安全部、监察部、司法部、财政部、建设部、商务部、海关总署、税务总局、工商行政管理总局、广电总局、法制办、中国银监会、中国证监会、中国保监会、邮政局、外汇局、解放军总参谋部等23个部门为反洗钱工作部际联席会议成员单位。经国务院批准，人民银行为反洗钱工作部际联席会议牵头单位。反洗钱工作部际联席会议下设办公室，组织开展反洗钱工作部际联席会议日常工作。办公室设在人民银行反洗钱局，办公室主任由反洗钱局局长兼任，各成员单位指定一名联络员为办公室成员。反洗钱工作部际联席会议在党中央、国务院领导下，指导全国反洗钱工作，制定国家反洗钱的重要方针、政策，制定国家反洗钱国际合作的政策措施，协调各部门、动员全社会开展反洗钱工作。各成员单位在国务院确定的反洗钱工作机制框架内开展工作。反洗钱工作部际联席会议原则上每年召开1~2次全体会议。

△　中国人民银行发布《关于2005年再贷款浮息有关问题的通知》。该通知决定自2005年1月1日起，农村信用社发放的再贷款执行加点浮息前的再贷款基准利率，其中一年期利率为3.24%。对中国农业发展银行发放的再贷款超过人民银行核定再贷款基数的部分，利率按发放日前一年的七年期国债加权平均发行利率加0.5个百分点确定。按照这一原则，该类再贷款2005

年加点浮息后利率为5.32%（2004年七年期国债加权平均发行利率为4.82%）。金融资产管理公司截至2004年年末的再贷款余额，2005年仍执行原再贷款利率。2005年1月1日后发放国有独资商业银行专项政策性再贷款按2005年加点浮息后的利率5.32%执行。2005年1月1日起，金融稳定再贷款在延期期间按照专项政策性再贷款浮息利率执行。

△ 据中国人民银行2004年第四季度《货币政策执行报告》统计，2004年我国外汇储备达到创历史纪录的6 099.32亿美元，一年增长了2 067亿美元，年增幅超过50%，居全球第二，仅次于8 450亿美元的日本。

△ 财政部与国家税务总局联合发布《关于资本市场有关营业税政策的通知》。该通知规定，自2005年1月1日起，对证券交易所、期货交易所、证券公司、期货经纪公司减征有关营业税。

△ 中国银监会发布《农村信用合作社农户联保贷款指引》。该指引规定：农户联保贷款是指社区居民依照本指引组成联保小组，贷款人对联保小组成员发放的，并由联保小组成员相互承担连带保证责任的贷款。农户联保贷款实行个人申请、多户联保、周转使用、责任连带、分期还款的管理办法。联保小组由居住在贷款人服务区域内的借款人组成，一般不少于5户。贷款用途为：种植业、养殖业等农业生产费用贷款；加工、手工、商业等个体经营贷款；消费性贷款；助学贷款；贷款人同意的其他用途。贷款期限由贷款人根据借款人生产经营活动的周期确定，但最长不得超过联保协议的期限。期限超过一年的，从贷款期限满一年起，应分次偿还本金。联保贷款利率及结息方式由贷款人在适当优惠的前提下，根据小组成员的存款利率、费用成本和贷款风险等情况与借款人协商确定，但利率不得高于同期法定的最高浮动范围。农户联保贷款按季结息。分次偿还本金的，按贷款本金余额计收利息。联保小组任何成员不得以任何方式，将贷款转让、转借给他人或集中使用贷款人贷给联保小组其他成员的贷款。

△ 劳动和社会保障部公布《企业年金基金管理机构资格认定暂行办法》。该暂行办法规定：企业年金基金管理机构是指从事企业年金基金管理业务的法人受托机构、账户管理人、托管人和投资管理人等补充养老保险经办机构。从事企业年金基金管理业务的机构，必须获得劳动和社会保障部的资格认定。劳动和社会保障部根据专家评审委员会评审结果及现场检查情况，会商中国银监会、中国证监会、中国保监会后，认定企业年金基金管理机构资格，并于认定之日起10个工作日内，向申请人颁发企业年金基金管理资格证书。证书有效期为3年，期限届满前3个月应当向劳动和社会保障部提出延续申请。取得企业年金基金管理资格的机构在全国性报刊上公告。劳动和社会保障部建立健全企业年金基金监管制度，定期或者不定期对有关机构企业年金基金管理运营情况进行监督检查。该暂行办法对法人受托机构、账户管理人、托管人以及投资管理人应当具备的条件作了具体规定，于2005年3月1日起施行。2005年8月1日，劳动和社会保障部公布了第一批企业年金基金管理机构，共37家。

2005年

1月

1日 国务院调整出口退税政策。具体内容包括：1. 国务院批准核定的各地出口退税基数不变，超基数部分中央与地方按照92.5∶7.5的比例共同负担。2. 各省（自治区、直辖市）根据实际情况，自行制定省以下出口退税分担办法，但不得将出口退税负担分解到乡镇和企业；不得采取限制外购产品出口等干预外贸正常发展的措施。所属市县出口退税负担不均衡等问题，由省级财政统筹解决。3. 出口退税改由中央统一退库，相应取消中央对地方的出口退税基数返还，地方负担部分年终专项上解。

△ 中国人民银行调整国家货币出入境限额。中国人民银行于2004年11月29日发布《国家货币出入境限额调整的公告》：从即日起，中国公民出入境、外国人入出境每人每次携带的人民币限额由现行的6 000元调整为2万元。1993年2月5日发布的《中国人民银行关于国家货币出入境限额的公告》同时废止。

我国人民币出入境限额经过历次调整：1987年公民携带人民币出入境限额调整为200元。1990年，北京举办亚运会，考虑到个人特别是外国人入出境的需要，将携带人民币的限额调整为2 000元，此规定在亚运会结束后即取消。1993年，《中华人民共和国国家货币出入境管理办法》规定对货币出入境实行限额管理制度，同年，中国人民银行将人民币出入境限额调整到每人每次6 000元。

△ 中国银监会发布《信托投资公司信息披露管理暂行办法》。该暂行办法规定：信托投资公司应当遵循真实性、准确性、完整性和可比性原则，规范、及时地披露信息，包括年度报告；重大事项临时报告；法律、行政法规以及中国银监会规定应予披露的其他信息。信托投资公司年度报告至少包括以下内容：公司概况、公司治理、经营概况、会计报表、会计报表附注、财务情况说明书、特别事项。信托公司在揭示经营概况中披露的各类风险和风险管理情况包括风险管理概况、信用风险管理、市场风险管理、操作风险管理及其他风险管理。公司治理方面，信托投资公司应当披露下列信息：年度内召开股东大会（股东会）情况、董事会及其下属委员会履行职责的情况、监事会及其下属委员会履行职责的情况、高级管理层履行职责的情况、内部控制情况。信托投资公司应在会计报表附注中披露关联交易的总量及重大关联交易的情况。重大关联交易应当逐笔披露，包括关联交易方、交易内容、定价原则、交易方式、交易金额及报告期内逾期没有偿还的有关情况等；关联交易方是信托投资公司股东的，还应披露该股东对信托投资公司的持股金额和持股比例。该暂行办法自2005年1月1日至2008年1月1日分步实施。

重大关联交易是指信托投资公司固有财产与一个关联方之间、信托投资公司信托财产与一个关联方之间、信托投资公司固有财产与信托财产之间、信托财产之间单笔交易金额占信托投资公司注册资本5%以上，或信托投资公司与一个关联方发生交易后，信托投资公司与该关联方的交易余额占信托投资公司注册资本20%以上的交易。

△ 证券发行"通道制"废止。2001年3月29日中国证券业协会发布《关于证券公司推荐发行申请有关工作方案的通知》，提出了证券

公司推荐企业发行股票实行“证券公司自行排队，限报家数”（俗称“通道制”）的方案。2004年以来，随着保荐制度的实施，中国证券业协会发布《关于废止证券公司推荐发行申请有关工作方案规定的通知》，决定即日起正式废止“通道制”。截至2005年1月，共有83家证券公司拥有通道318个。

4~6日 2005年中国人民银行工作会议在南宁召开。会议回顾了2004年人民银行的各项工作，同时强调，2005年的工作要突出两个方面：一是继续加强和改善金融调控，在进一步搞好总量调控的同时，引导金融机构加大信贷结构调整力度，继续防止经济出现大的波动和物价过快上涨；二是坚持以改革为动力推动各项金融工作，注重用改革的办法解决阻碍金融业发展和影响金融稳定的体制机制问题，不失时机地推进改革。会议部署了2005年的十项主要任务。

4日 中国人民银行公布2005年中央银行票据发行时间表。根据中国人民银行发布的公告显示，除节假日外，公开市场业务操作室原则上定于每周二和周四发行中央银行票据。其中一年期中央银行票据将固定于每周二发行，三个月期中央银行票据将固定在每周四发行，其他期限品种中央银行票据发行时间不固定。这是中央银行公开市场操作建立以来，首度就中央银行票据发行公布时间表。2004年中央银行票据发行量达1.45万亿元。

△ 上海证券交易所发布上证红利指数。该指数是反映高回报率股票群体整体状况的指标，指数基日为2004年12月31日，基点为1 000点，指数代码000015，简称红利指数。红利指数样本股基于以下选择标准：过去两年内连续现金分红而且每年的现金股息率（税后）均大于零；过去一年内日均流通市值以及日均成交金额均排名在沪市A股的前50%。对样本空间的股票，按照过去两年的平均现金股息率（税后）进行排名，挑选排名最靠前的50只股票组成样本股。首批样本中有中国石化、宝钢股份、上海汽车等一批大盘蓝筹股，也有莱钢股份、厦门建发等一批股息率较高的中等规模股票。上证红利指数每年年末调整一次样本，一般情况下调整数量不超过20%。

5日 中国人民银行发布《银行业金融机构进入全国银行间同业拆借市场审核规则》。该规则要求，银行业金融机构申请加入同业拆借市场应当具备四个条件：有健全的组织结构和管理制度；近两年未因违法、违规经营受到中国人民银行、国务院银行业监督管理机构及其他主管部门处罚；近两年未出现资不抵债情况；中国人民银行规定的其他条件。国有商业银行、股份制商业银行、政策性商业银行申请加入同业拆借市场应报中国人民银行总行批准。

△ 中央汇金公司于2005年1月5日、1月12日和4月30日分别与中国银行、中国建设银行、中国工商银行签订外汇期权交易协议。该交易协议规定：1. 交易标的和协议金额，在不超过中央汇金公司注入的资本金的总额内，3家银行可以选择需要套期保值的初始协议金额。其中，中国银行的外汇期权交易金额是180亿美元，中国建设银行的外汇期权交易金额是225亿美元，中国工商银行的外汇期权交易金额是120亿美元。2. 中央汇金公司承诺从2007年1月1日起，分批从3家银行购入美元，中国银行和中国建设银行的期权执行价格定在1美元兑人民币8.2769元，中国工商银行的执行价格定在1美元兑人民币8.2765元。3. 3家银行要分月向中央汇金公司支付期权费，期权费总额为初始协议金额的3%（即每年1%）。

6~7日 全国证券期货监管工作会议在京召开。会议提出2005年重点抓好以下十项工作：做好2005年落实“国九条”的工作安排；继续推进多层次市场体系建设，完善市场功能；深化发行制度改革，提高市场融资效率；推动上市公司完善法人治理结构，维护公众股东合法权益；促进证券公司规范发展，做好高风险证券公司的处置工作；大力发展机构投资者，加快投资者结构改善步伐；推动期货市场健康发展，提高市场运行质量；加强法制建设，进一步提高稽查办案水平；稳步扩大对外开放，积极开展国际交流与合作；加强自律管理，发挥自律组织的功能与作用。2004 年，共有 133 家企业发行股票，16 家企业发行可转债和公司债，境内市场筹资 866.6 亿元，增长 5.28%；新增上市公司 97 家，上市公司总数已达 1 377 家。发行证券投资基金 55 只，募集金额 1 862.5 亿元，同比增长 168.7%，基金发行规模超过了过去历年的总和。期货市场全年总成交金额为 14 万亿元，交易手数为 2.77 亿手，同比分别增长了 45% 和 12.7%。

△ 全国保险工作会议在京召开。会议确定了中国保险业 2005 年工作重点：1. 不断完善保险公司治理，促使保险公司真正建立起现代企业制度。2. 加强保险业发展的薄弱环节，注重发展保障型保险产品，积极发展直接关系人民群众生产、生活安全的责任保险，努力发展农业保险；推动县域保险市场发展，支持开发适合县域消费、保费低廉、保障适度的保险产品；促进不同区域保险市场协调发展，实施分类指导，加大对欠发达地区保险业的支持力度。3. 制定保险业“十一五”规划；启动修改《中华人民共和国保险法》的各项准备工作；加快信息化建设，建立能够科学反映行业发展整体状况的评价指标体系，建立健全信息披露制度；加强人才工作，树立人尽其才的用人观念，坚持培养与使用相结合，积极引进人才。4. 强化对保险公司治理和内控建设的监管；进一步完善财务分析制度和精算制度，逐步推动我国偿付能力监管向以风险为基础的动态监管模式转变；加强市场行为监管，加大合规性检查力度，并定期披露违规处罚信息；落实《保险保障基金管理办法》，尽快将保障基金提缴到位；建立监管责任制。5. 保险资金运用工作的重点要放到防范风险、提高收益上，深化保险资金运用管理体制改革，加强资产负债匹配管理和资金运用监管。6. 研究制定行业服务标准，推行保单标准化；加强社会监督，建立保险营销员信用信息查询系统。7. 信守加入世界贸易组织承诺，不断完善对外开放的制度保障；积极引进在健康险、责任险和农业险等方面有专长的外资保险公司，鼓励外资保险公司到中西部和东北地区设立营业机构；对中外资保险公司实施统一监管，创造公平竞争的环境；加强国际交流与合作，扩大中国保险业的国际影响。2004 年全国保费收入为 4 318.1 亿元，同比增长 11.3%。保险深度为 3.4%，保险密度为 332 元/人。截至 2004 年年底，保险公司总资产为 11 853.6 亿元，比年初增加 2 730.7 亿元。

10 日 中国人民银行发布《关于商业银行对外资保险公司办理人民币协议存款业务的利率等相关问题的通知》。该通知规定：中资商业银行法人及其授权的分支机构，可遵循自愿和市场化原则对外资保险公司开办协议存款业务。获得经营人民币业务许可的外资独资商业银行、中外合资银行和外国银行分行，可在已开放人民币业务的地域对外资保险公司开办人民币协议存款业务。商业银行对外资保险公司办理人民币协议存款业务，每笔起存金额须在人民币 3 000 万元以上（含 3 000 万元），存款期限须在 5 年以上（不含 5 年），其利率水平、存款期限、结息付息方式、违约处罚标准等由双方协商确定并在协议存款合同中载明。外资保险公司协议存款凭证可作为向商业银行融资的质押物。

△ 中国银联股份有限公司开通人民币银联卡在韩国、泰国和新加坡的受理业务。经中国人民银行批准，即日起，中国国内银行发行的带有“银联”标识的人民币银行卡，均可在上述 3 国贴有“银联”标识的自动柜员机（ATM）和商户销售终端（POS）上使用。银联卡在泰国、韩国及新加坡交易时的计价货币为当地货币，交易完成后，中国银联将根据交易当日的市场汇率将交易金额转换成人民币金额向发卡银行清算，发卡银行即时扣除持卡人的人民币账户资金。银联持卡人在境外特约商户 POS 刷卡消费时，无须支付手续费；通过 ATM 查询或取款时，根据各发卡行的收费标准支付一定金额的手续费。这是人民币银联卡继 2004 年 1 月 18 日和 9 月 8 日分别在中国香港和澳门地区实现受理后，首次真正意义上的“走出国门”。

△ 中国证券业协会发布《主办券商尽职调查工作指引（试行）》。该指引规定：尽职调查的主要内容是公司可持续经营能力调查、公司财务状况调查、公司治理结构调查和公司合法合规事项调查。尽职调查的方法包括与公司管理层交谈；列席公司董事会、股东大会会议；查阅公司营业执照、公司章程、重要会议记录、重要合同、账簿、凭证等；实地察看或监盘重要实物资产（包括物业、厂房、设备和存货等）；通过比较、重新计算等方法对数据资料进行分析，发现重点问题；询问公司相关业务人员等。该指引要求：主办券商应针对每一公司设立专门的项目小组，负责尽职调查等工作。

11日 阳光农业相互保险公司在黑龙江开业。于2004年11月16日获中国保监会批准筹建，由黑龙江垦区20万农户发起设立、以投保人作为法人组织成员的阳光农业相互保险公司，是中国首家相互制农业保险公司，公司总部设在哈尔滨市。公司设立董事会、监事会，经营机构设置总公司、分公司、中心支公司、保险社、保险分社。经营模式实行会员制，会员依据合同约定向公司交纳保险费，公司凭合同约定承担赔偿责任。公司实行以统一经营为主导，保险社互助经营为基础的双层经营管理体制。保险社是由参保人组成的基层保险组织，负责办理农险业务，并向阳光保险公司办理分保业务。其保费构成是：黑龙江省农垦总局承担15%、国家补贴20%、农户承担65%。保险社自留保费70%，向公司分保30%，赔付由公司和保险社按分保比例承担。在承保对象上，以水稻、小麦、玉米、大豆及亚麻等经济作物为主，保险金额按直接成本确定，一般在80～140元/亩。在承保旱、涝、风、雹、冻、病、虫七种自然灾害的同时，实行大灾准备金制度，按保费收入的10%提取大灾准备金，以备平抑大灾风险。截至2005年6月30日，黑龙江垦区有2 000万亩耕地参保，覆盖了全垦区。

12日 国内首张外资团险保单签约。中英人寿保险有限公司分别与北京的中粮集团、成都的白家食品有限公司、广州的国网科技有限公司签订团险保单，保费为100万元人民币，成为中国团险市场开放以来，外资保险签下的国内首张外资团险保单。根据我国加入世界贸易组织的承诺，2004年12月11日之后，寿险业全面对外资开放。外资寿险公司可以向我国居民提供健康保险、团体保险和养老金年金保险服务，并不再受经营地域限制。中英人寿由世界第六大保险集团英国英杰华集团（Aviva）与中粮集团合资组建，注册资本为5亿元人民币，于2003年1月1日在广州正式开业。

14日 中国证监会宣布自即日起恢复新股发行。自中国证监会2004年8月30日发布《关于首次公开发行股票试行询价制度若干问题的通知（征求意见稿）》之后，国内停止了新股发行。1月17日，华电国际电力股份有限公司（股票简称：华电国际；股票代码：600027）发布招股意向书，成为在新股发行询价制度于2005年1月1日正式生效后，第一家实行询价制度的IPO公司。2月3日，华电国际上市发行，发行价为2.52元，总发行量为19 600万股，成为2005年第一只新发行的股票。

△ 经中国证监会和中国银监会核准，长城证券、博时基金、巴克莱银行、北方国际信托公司等134家机构成为首次公开募股（Initial Public Offerings，IPO）询价对象，包括38家基金公司、10家QFII、52家证券公司、13家信托公司和21家财务公司，涵盖六类询价对象中的五类。询价对象是开放式的，随时可以申请注册，如果违规也可以随时除名。

△ 国家税务总局发布《关于调整金融企业呆账损失税前扣除审批权限的通知》。该通知规定：银行、城乡信用社和其他金融企业发生的单笔（项）5 000万元以上的呆账损失由国家税务总局负责审批，下放至省级税务机关审批。2004年及以前年度发生、尚未经国家税务总局审批的银行、城乡信用社和其他金融企业发生的单笔（项）5 000万元以上的呆账损失，按调整后的审批权限处理。

19～21 日　中国银监会2005 年工作会议在京召开。会议指出，2004 年是中国银监会各级派出机构全部组建到位后全面履行职责的第一个完整年度，各级监管机构按照“提高贷款分类准确性—提足拨备—做实利润—资本充足率达标”的持续监管新思路，明确把完善公司治理和内控机制作为实施监管的着眼点和着力点，监管新理念开始逐步深入人心，监管方式和手段发生了五个方面的重大转变。一是对主要银行全面推行了贷款五级分类制度，及时总结和推广农村信用社贷款五级分类试点工作；二是促进银行在加强贷款准确分类、加大损失拨备及核呆力度、提高利润真实性、制定并落实资本充足率达标计划等方面取得了进步；三是建立了《股份制商业银行风险评级体系》和《农村合作金融机构风险评价和预警指标体系》，推行对各类机构的专项考核和综合评价，非现场监管工作逐步规范；四是以真实披露年报信息为重点，督促商业银行和信托投资公司改进信息披露内容和质量，市场约束有所增强；五是围绕贯彻落实国家宏观调控措施，积极开展对商业银行经营合规性检查，加强对三项业务大检查发现问题整改情况的持续跟踪，完成了对股份制商业银行内控情况的专项检查，对信托投资公司进行了交叉检查。全系统全年共派出现场检查组 16 700 次，检查各类各级机构 74 911 个；共查出银行业金融机构违规金额 5 840 亿元，处罚违规机构 2 202 个，处分相关责任人 4 538 人，取消高管人员任职资格 244 人；现场检查机构覆盖率达 36%，后续跟踪确认整改合格率为 87.3%，通过检查发现涉嫌案件 274 起。

会议提出，从 2005～2007 年的三年时间内，银行业监管工作的主要目标是：推进有效银行监管能力得到明显提高；推进建立现代金融企业制度取得明显成效；促进银行业市场竞争力和抗风险能力明显增强；推进银行业金融机构重组和结构调整取得明显进展；推进农村金融服务得到明显改善。

△　经中国银监会和国资委批准，中国中煤能源集团公司将持有的全部民生银行 23 613.53 万股国有法人股（占总股本的 4.55%），转让给新加坡淡马锡控股的全资子公司——新加坡亚洲金融控股私人有限公司（Asia Financial Holding Pte., Ltd.）。亚洲金融控股私人有限公司受让该项股权后，将替代中煤能源集团成为民生银行第 7 大股东。

21 日　中国人民银行召开“窗口指导”会议。会议有国有商业银行、股份制商业银行、政策性银行，以及中国人民银行分行、省会城市中心支行参加，旨在贯彻落实中央农村工作会议精神、国务院常务会议通过的《国务院关于鼓励支持和引导非公有制经济发展的若干意见》有关精神，指导金融机构进一步做好支持“三农”、非公有制经济和中小企业工作。

△　中国人民银行公布《银行业金融机构进入全国银行间同业拆借市场审核规则》。该规则要求，商业银行、城市信用合作社、农村信用合作社等吸收公众存款的金融机构以及政策性银行申请加入同业拆借市场应当具备的条件是：有健全的组织结构和管理制度；近两年未因违法、违规经营受到处罚；近两年未出现资不抵债情况；中国人民银行规定的其他条件。外资商业银行申请加入同业拆借市场还应经国务院银行业监督管理机构批准获得经营人民币业务资格；城市信用合作社申请加入同业拆借市场应完成改制；农村信用合作社申请加入同业拆借市场应以县联社为单位；政策性银行申请加入同业拆借市场应已按市场化方式在银行间债券市场发债；国有商业银行和股份制商业银行授权其一级分支机构加入同业拆借市场时，其总行应当是同业拆借市场成员。国有商业银行、股份制商业银行、政策性商业银行申请加入同业拆借市场应报人民银行总行批准。

24 日　财政部决定调整证券（股票）交易印花税税率。由现行 2‰调整为 1‰，即对买卖、继承、赠与的 A 股、B 股股权转让书据，由双方当事人分别缴纳证券（股票）交易印花税。

我国证券交易印花税税率变动情况

1990 年 6 月 28 日	深交所开征股票交易印花税，由卖出股票者按成交金额的 6‰缴纳。不久，对股票的买方也开征 6‰的印花税。次年 6 月，税率调整到 3‰。
1991 年 10 月 23 日	上交所对股票买方、卖方实行双向征收，税率为 3‰。
1992 年 6 月 12 日	国家税务总局和国家体改委明确规定交易双方分别按 3‰的税率缴纳印花税。
1997 年 5 月 10 日	国务院将证券交易印花税税率由 3‰提高到 5‰。
1998 年 6 月 12 日	国家税务总局又将税率由 5‰调低至 4‰。
1999 年 6 月 1 日	国家税务总局将 B 股证券（股票）交易印花税税率降低为 3‰。
2001 年 11 月 16 日	财政部将 A 股、B 股交易税税率降为 2‰。
2005 年 1 月 24 日	财政部将 A 股、B 股交易税税率调整为 1‰。

△ 大鹏证券有限责任公司关闭。中国证监会宣布，因挪用巨额客户交易结算资金，取消大鹏证券有限责任公司（以下简称大鹏证券）业务许可并责令关闭，1 月 25 日开始债权登记工作。1 月 17 日，中国证监会委托中审会计师事务所成立清算组，负责大鹏证券关闭后的清算工作；5 月 31 日，中审会计师事务所出具的专项审计报告显示，截至 2005 年 1 月 14 日，大鹏证券的资产总额为人民币 323 572. 19 万元，负债总额为人民币 601 424. 68 万元，资不抵债金额为 277 852. 49 万元，资产负债率高达 185. 87%。2006 年 1 月 24 日，深圳市中级人民法院正式宣告，大鹏证券破产还债。大鹏证券于 1995 年 12 月经中国人民银行批准正式成立，注册资本为人民币 5 亿元；1999 年 9 月经中国证监会批准，大鹏证券增资扩股到 15 亿元人民币。

△ 国家外汇管理局发布《关于完善外资并购外汇管理有关问题的通知》。该通知规定，境内居民境外投资直接或间接设立、控制境外企业，须办理审批、登记手续。境内居民为换取境外公司股权凭证及其他财产权利而出让境内资产和股权的应取得外汇管理部门的核准。未经核准，境内居民不得以其拥有的境内资产或股权为交易对价取得境外企业股权及其他财产权利。各分局、外汇管理部门在办理由外资并购设立的外商投资企业外汇登记时，应重点审核该境外企业是否为境内居民所设立或控制，是否与并购标的企业拥有同一管理层。对于境内居民通过境外企业并购境内企业设立的外商投资企业，各分局、外汇管理部应将其外汇登记申请上报国家外汇管理局批准。

随该通知下发的《外资并购设立外商投资企业的外汇登记操作规程》规定，境内企业在向外汇管理局的书面申请中应包含下列文字："本公司的外资新股东与出让股权（或资产）的原中方股东之间无任何直接或间接的股权和资产关联，也不存在其他违反外汇管理规定的内部交易行为，本次交易的相关支付结算安排均遵守了《外国投资者并购境内企业暂行规定》的规定。如存在虚假陈述，本公司愿意承担相应法律责任。"

26 日 国务院召开第 79 次常务会议，审议并原则通过了《国家突发公共事件总体应急预案》（以下简称《总体预案》）。会议指出，经过一年多时间的努力，国家突发公共事件总体应急预案、105 个专项和部门预案，以及绝大部分省级应急预案编制基本完成，全国应急预案框架体系初步建立。预案所称突发公共事件是指突然发生，造成或者可能造成重大人员伤亡、财产损失、生态环境破坏和严重社会危害，危及公共安全的紧急事件，分为自然灾害、事故灾难、公共卫生事件、社会安全事件 4 类和Ⅰ级（特别重大）、Ⅱ级（重大）、Ⅲ级（较大）和Ⅳ级（一般）4 个级别。《总体预案》对突发公共事件的预测、预警、信息报告、应急响应、应急处置、恢复重建及调查评估等机制作了详细规定，是全国应急预案体系的总纲，对于指导地方各级政府和各部门有效处置突发公共事件，保障公众生命财产安全，减少灾害损失，具有重要作用。《国家金融突发事件应急预案》是《总体预案》的组成部分，包括总则，组织指挥体系与职责，预防、预警，金融突发事件的分级，应急响应，后期处置，应急保障，附则共8部分内容。金融突发事件包括银行挤兑、股市暴跌、金融机构倒闭、境外金融冲击、金融危机等情况。

△ 赛富成长（天津）创业投资基金成立。该基金是中国第一家非法人制中外合资创业投资基金，于2004年12月29日获中国商务部正式批准，首期注册资本为2 000万美元，天津创业投资有限公司与软银亚洲信息基础投资基金各出资1 000万美元，软银亚洲信息基础投资基金在境外至少以1 000万美元与合资基金进行匹配投资。合资基金注册在天津经济技术开发区，经营期限为十年，投资领域主要集中于宽带网络、无线通讯、数字电视、汽车电子、集成电路等。软银亚洲信息基础投资基金归属日本软银投资集团（Soft Bank Corp）。

△ CMC Markets英国公共有限公司北京代表处成立。这是经中国银监会批准成立代表处的第一家非银行保证金外汇交易公司。CMC集团始创于1989年，总部设在英国，1996年其在全球首家推出互联网实时外汇交易，通过低成本的在线交易平台为客户提供外汇、金融衍生产品等多种产品的投资服务，是世界领先的即时互联网交易公司。

27日 中国人民银行发行第14期中央银行票据50亿元。该期中央银行票据以价格招标方式发行，期限为三个月（91天）。经公开市场业务一级交易商公开竞标，最终确定该期中央银行票据价格为99.41元，参考收益率为2.3805%。这是自2004年12月28日中央银行在公开市场业务操作中引入远期票据发行机制以来，首次在短期中央银行票据品种中引入远期发行机制。

30日 中共中央、国务院公布《关于进一步加强农村工作提高农业综合生产能力若干政策的意见》（即关于农业问题的第7个“一号文件”）。该意见指出：2004年，农村呈现出良好的发展局面，但是农业依然是国民经济发展的薄弱环节。2005年要坚持“多予少取放活”的方针，稳定、完善和强化各项支农政策。在推进农村金融改革和创新方面，该意见提出：要针对农村金融需求的特点，加快构建功能完善、分工合理、产权明晰、监管有力的农村金融体系。抓紧研究制订农村金融总体改革方案。继续深化农村信用社改革，要在完善治理结构、强化约束机制、增强支农服务能力等方面取得成效，进一步发挥其农村金融的主力军作用。抓紧制定县域内各金融机构承担支持“三农”义务的政策措施，明确金融机构在县及县以下机构、网点新增存款用于支持当地农业和农村经济发展的比例。采取有效的办法，引导县及县以下吸收的邮政储蓄资金回流农村。加大政策性金融支农力度，增加支持农业和农村发展的中长期贷款，在完善运行机制基础上强化农业发展银行的支农作用，拓宽业务范围。中国农业银行要继续发挥支持农业、服务农村的作用。培育竞争性的农村金融市场，有关部门要抓紧制定农村新办多种所有制金融机构的准入条件和监管办法，在有效防范金融风险的前提下，尽快启动试点工作。有条件的地方可以探索建立更加贴近农民和农村需要、由自然人或企业发起的小额信贷组织。加快落实对农户和农村中小企业实行多种抵押担保形式的有关规定。扩大农业政策性保险的试点范围，鼓励商业性保险机构开展农业保险业务。

到2005年年末，中国人民银行各分支行累计发放支农再贷款10 224亿元，年均发放1 460多亿元，期末余额为597亿元。其中超过90%的支农再贷款用于支持农村信用社发放农户贷款。农业贷款占其各项贷款的比重已从1999年的40.3%提高到2005年的46.7%。

31日 中国人民银行发布《稳步推进利率市场化报告》。该报告回顾了我国利率市场化进程。1996年以后，先后放开了银行间拆借市场利率、债券市场利率和银行间市场国债和政策性金融债的发行利率；放开了境内外币贷款和大额外币存款利率；试办人民币长期大额协议存款；逐步扩大人民币贷款利率的浮动区间。尤其是2004年，利率市场化迈出了重要步伐：1月1日再次扩大了金融机构贷款利率浮动区间；3月25

日实行再贷款浮息制度；10 月 29 日放开了商业银行贷款利率上限，城乡信用社贷款利率浮动上限扩大到基准利率的 2.3 倍，实行人民币存款利率下浮制度。该报告提出我国利率市场化改革的总体思路为：先放开货币市场利率和债券市场利率，再逐步推进存贷款利率的市场化。存贷款利率市场化按照“先外币、后本币；先贷款、后存款；先长期、大额，后短期、小额”的顺序进行。该报告提出下一步利率市场化改革的初步设想是：统一金融机构贷款利率浮动政策；修改相关法规；完善金融机构存贷款定价机制、提高定价水平；丰富金融产品，推动金融市场向纵深化发展；逐步建立健全中央银行利率调控体系，在更大程度上发挥市场在资源配置中的作用。具体措施有：统一金融机构贷款利率浮动政策，进一步简化贷款利率的管理档次和种类，逐步扩大金融机构贷款利率定价权；逐步形成完整合理的收益率曲线；简化小额外币存款利率管理。

△ 中国信达资产管理公司出售 215 亿元不良资产。中国信达资产管理公司（以下简称信达公司）召开 215.16 亿元中国银行可疑类贷款资产的批发处置推介会。2004 年 6 月 21 日，信达公司通过公开竞标，成为中国银行和中国建设银行两家共计 2 787 亿元（中国建设银行 1 289 亿元，中国银行 1 498 亿元）可疑类贷款的一级批发商，并在 2005 年年底前将 2 787 亿元可疑类贷款全部处置完毕。信达公司已于 2004 年 11 月 29 日将中国建设银行 1 289 亿元的可疑类不良贷款全部批发给中国东方资产管理公司。

中国银行 1 498 亿元不良资产主要集中在中国经济发达和较发达地区，有担保贷款约 86%。信达公司此次将包括北京、上海、天津、深圳、江苏、浙江、山东、福建 8 个省市的 215 亿元债权资产进行组合，共分为 16 个资产包进行出售，涉及 1 500 个债务人。

根据信达公司于当年 3 月发布的招标公告，在其首批推出的 215 亿元不良资产公开招标出售交易中，先后通过公开招标出售的 7 个资产包，交易额占比 63%，平均回收率达到了 46.3%。6 月 22 日，信达公司就首次公开招标未售出的 9 个较小的资产包进行招标，共有 10 余家境内外机构投资人参与投标。上海、江苏、深圳、福建等地区 4 个资产包被成功售出，其中 2 个资产包为境外两家投资机构所购买。中标的 4 个资产包平均回收率为 47.3%。

△ 太平养老保险股份有限公司在上海开业。该公司是经中国保监会批准的国内首家专业养老保险公司，注册资本金为 2 亿元人民币，股东为太平人寿保险有限公司、中国保险（控股）有限公司、中保集团资产管理有限公司、富通国际股份有限公司和太平保险有限公司。公司将专业经营企业年金，为客户提供以受托管理和投资管理为核心的包括精算咨询、计划设计、资产管理、风险控制、投资决策等各项企业年金服务。2005 年 8 月 2 日，太平养老保险首批获得劳动和社会保障部企业年金基金法人受托机构资格和企业年金基金投资管理人资格，成为中国首批企业年金基金管理机构。

2 月

1 日 中国银行总行召开党风廉政建设暨纪检监察工作电视电话会议，通报中国银行黑龙江省分行哈尔滨河松街支行发生的内外勾结的票据诈骗案件。中国银行要求案发行迅速组织力量，查清全部案情，对违规、违纪犯罪严惩不贷。

1 月 15 日，长春市的东北高速公路股份有限公司公告宣布：该公司在中国银行黑龙江省分行哈尔滨河松街支行设有两个存款账户，至 2004 年 11 月 30 日，银行确认在河松街支行两个账户中有存款余额 2.93 亿元。2005 年 1 月 4 日，该公司到河松街支行对账，发现账面仅剩 7.31 万元，其余存款去向不明。同时，其子公司黑龙江东高投资开发有限公司存于河松街支行的 530 万元资金也去向不明。1 月 17 日，该公司向吉林省高级人民法院起诉中国银行黑龙江省分行哈尔滨河松街支行，要求后者立即支付失踪的巨款。1 月 31 日，中国银监会向中国银行发出案件风险提示，要求中国银行加强管理，防范案件风险。2005 年 10 月 14 日，中国银行新闻发言人表示：中国银行黑龙江省分行哈尔滨河松街支行的涉嫌内外勾结的特大金融诈骗案件已经受到严肃处理，包括涉嫌参与诈骗案的河松街支行原行长高山在内的4名相关责任人被开除公职，另外8人被辞退，6人被撤职、免职，22名相关责任人被给予行政处分。

△ 国家外汇管理局发布《关于境外上市外汇管理有关问题的通知》。该通知规定自3月1日起，境外上市外资股公司和中资控股上市公司的境内股权持有单位调回资金的时间延长至募集资金到位后6个月内，境外专用外汇账户的期限延长至开立之日起两年内。境外上市外资股公司和境外中资控股上市公司的境内股权持有单位应按季度向所在地外汇局报告境外专用外汇账户的使用情况，报告的内容应至少包括账户的余额、购买保本型结构性产品的有关情况及该账户发生的其他收支情况。境外上市外资股公司和中资控股上市公司的境内股权持有单位将减持上市公司股票或通过上市公司出售其资产（或权益）所得外汇资金调回境内的，可以向所在地外汇局申请开立专户（或使用已有专户）保留外汇。未经所在地外汇局批准不得结汇。

△ 上海爱建股份有限公司（股票简称：爱建股份；股票代码：600643）发布公告，香港名力集团（Mingly Corporation）所属的两家公司 Mingly（China）Holdings Ltd. 和 Mingly Capital Holdings（BVI）Ltd. 通过具有 QFII 资格的恒生银行购买并持有爱建股份流通股2 333.8万股，占总股本的5.066%。这是海外投资者第一次通过 QFII 持股 A 股上市公司。名力集团是查氏集团的子公司，由香港知名的人士查济民先生于1988年创立，同时在香港联交所上市，注册资本为5.21亿港元。爱建股份是上海一家民营企业，原名“上海市工商办爱国建设公司”，1979年由上海工商界和部分境外人士以民间集资方式创建，总资产约为31亿元。

2日 中国银监会公布《银行业协会工作指引》。该指引包括总则、组织体系、组织结构、职责任务、人员管理、经费来源、指导与监督以及附则共8章48条。该指引明确，中国银行业协会是全国性银行业自律组织，凡经中国银监会批准设立的、具有独立法人资格的全国性银行业金融机构以及在华外资金融机构均可自愿加入协会。中国银行业协会的最高权力机构是会员大会。中国银行业协会应认真履行自律、维权、协调、服务四大职能。中国银行业协会可通过收取会费、接受捐赠和资助、开展服务或承办政府有关部门委托事项获取收入等途径，筹措经费。银监会负责对中国银行业协会的指导和监督工作。

3日 “银行卡之春——中国银行卡产业回顾与展望”系列宣传活动启动。宣传活动由中国人民银行主办，中国银联承办，中国工商银行、中国农业银行、中国银行、中国建设银行等15家全国性发卡金融机构参与，是我国首次开展的全国联动的银行卡宣传活动。宣传活动围绕我国银行卡产业发展的“过去、现在与未来”、“热点问题”、“政策扶持和配套环境”三条主线展开，除银行卡知识有奖征文、有奖竞赛、2005年刷卡无障碍优秀示范商户（街区）评选活动、银行卡产业发展论坛、总结表彰会等诸多项目之外，还将与中央电视台、金融时报社等媒体开展多种形式的合作。

△ 合众人寿保险股份有限公司在武汉开业。2004年6月29日，合众人寿获准筹建，总部设在武汉；2005年1月26日正式获得中国保监会签发的保险经营许可证。合众人寿注册资金3亿元，股东单位主要包括北京永泰房地产开发有限公司等6家公司，作为综合性人寿保险公司，合众人寿公司可经营一切人身险险种（含各种法定保险）。2005年12月，中国保监会批准合众人寿注册资本金增加至人民币4.2亿元。

4日 国家外汇管理局发布《关于调整经常项目外汇账户限额管理办法的通知》。该通知规定，自3月1日起经常项目外汇账户将超限额结汇期限由现行的10个工作日延长至90个工作日。境内机构经常项目外汇账户余额超出核定限额后，超限额部分外汇资金仍可在外汇账户内存放90日；对于超过90日后仍未结汇或对外付汇的，开户金融机构须在90日期满之后的5个工作日内，为境内机构办理超限额部分外汇资金结汇手续并通知该境内机构。对于因实际经营需要而确需全额保留经常项目外汇收入的进出口及生产型企业，按其实际外汇收入的100%核定其经常项目外汇账户限额。

5日 中国银监会发布《关于停止信托投资公司办理卖出国债回购业务有关问题的通知》。该通知指出：国内债券回购市场上的交易活动在交易目的、方式、期限、规模、托管等环节都存在严重问题，导致信用风险、市场风险以及操作风险普遍存在，给金融机构带来潜在风险。该通知规定：信托投资公司暂时停办新的卖出国债回购业务，对已办理的国债回购进行清理。禁止信托投资公司从事一切借券、租券等融券交易；禁止信托投资公司挪用代客户保管的国债进行回购及抵押。信托投资公司已经挪用代保管的所有权属于客户的国债进行一切交易和抵押等造成的损失，一律由信托投资公司自行承担。各银监局对公司的国债回购业务进行一次现场检查，根据检查结果及公司风险状况和运行情况，再逐一放行该项业务。信托投资公司恢复该业务后，其拆入资金和卖出国债回购资金总额在任何时点上不得超过其注册资本金。

7日 中国保监会发布《关于保险资金股票投资有关问题的通知》。该通知规定：1. 保险机构投资者股票投资的余额，传统保险产品按成本价格计算，不得超过本公司上年年末总资产扣除投资连结保险产品资产和万能保险产品资产后的5%；投资连结保险产品投资股票比例，按成本价格计算最高可为该产品账户资产的100%；万能寿险产品投资股票的比例，按成本价格计算最高不得超过该产品账户资产的80%。2. 保险机构投资者投资流通股本低于1亿股上市公司的成本余额，不得超过本公司可投资股票资产（含投资连结、万能寿险产品，下同）的20%。3. 保险机构投资者投资同一家上市公司流通股的成本余额，不得超过本公司可投资股票资产的5%。4. 保险机构投资者投资同一上市公司流通股的数量，不得超过该上市公司流通股股本的10%，并不得超过上市公司总股本的5%。5. 保险机构投资者持有可转换债券转成上市公司股票，应当转入本公司股票投资证券账户，一并计算股票投资的比例。6. 保险机构投资者委托保险资产管理公司投资股票，应当在委托协议中明确股票投资的资产基数和投资比例。该通知还规定：保险机构投资者股票资产市场价值发生大幅波动，亏损超过本公司股票投资成本10%的，或者盈利超过本公司股票投资成本20%的，应当于3日内向中国保监会报送《股票投资风险控制报告》。

△ 中国保监会、中国银监会联合发布《保险公司股票资产托管指引（试行）》。该指引规定：保险公司股票资产托管是指保险公司与商业银行或者其他专业金融机构签订托管协议，委托其保管股票资产、负责清算交割、资产估值、投资监督等事务的行为。保险公司股票资产托管人应当具备下列条件：具有完善的公司治理结构、内部稽核监控制度和风险控制制度；设有专门的托管部门；具有一定数量从事托管业务的专职人员；具有承办托管业务的专门信息系统和安全高效的清算、交割系统；具备法律、行政法规和中国保监会规定的托管保险公司股票资产的投资监督和绩效评估能力；具有符合有关监管机构要求的营业场所、安全防范设施和与保险公司股票资产托管业务有关的其他设施；近三年托管业务没有重大违法、违规行为，没有受到有关监管机构处罚。商业银行担任托管人的实收资本不低于80亿元人民币，并具有3年以上托管经验，外国银行分行的实收资本按其总行计算。该指引对托管人应当履行的职责作了具体规定。该指引自发布之日起施行。

《保险公司股票资产托管指引（试行）》、《关于保险资金股票投资有关问题的通知》和2月15日中国保监会与中国证监会联合下发的《关于保险机构投资者股票投资交易有关问题的通知》、《保险机构投资者股票投资登记结算业务指南》共同构成了保险机构投资者股票投资的基本制度和运作框架。

9~11日 中国政府代表团参加在巴黎召开

的反洗钱金融行动特别工作组（Financial Action Task Force on Money Laundering，FATF）全会。参会的中国政府代表团由中国人民银行、最高人民法院、最高人民检察院、外交部、公安部等部门组成。此次会议就反洗钱犯罪的最新特征、反洗钱评估方法、反洗钱领域的全球合作等问题进行了深入探讨。反洗钱金融行动特别工作组是反洗钱领域最具权威性的国际组织之一，拥有33个成员以及20多名观察员。该组织关于反洗钱的《40+9项建议》是国际反洗钱领域中的重要文件，已得到国际货币基金组织和世界银行的认可，也成为联合国《反腐败公约》的重要内容，对各国立法以及国际反洗钱法律制度的发展发挥了指导作用。2004年10月，中国人民银行行长周小川代表中国政府向该组织提交了政治承诺函，承诺执行其《40+9项建议》。中国于2005年1月成为反洗钱金融行动特别工作组观察员。此次FATF全会是中国首次派代表团参加。

15日　中国保监会、中国证监会联合发布《关于保险机构投资者股票投资交易有关问题的通知》。该通知规定，保险资金投资托管人应当根据保险机构投资者委托，为其申请代理开立证券账户，保险机构投资者应当通过独立席位进行股票交易。保险机构投资者证券账户申购新股，不设申购上限。保险机构投资者的所有传统保险产品和分红保险产品，申报的金额不得超过该保险机构投资者上年年末总资产的10%，申报的股票数量不得超过发行股票公司本次股票发售的总量；保险机构投资者的单个投资连结保险产品和万能保险产品，申报的金额分别不得超过该产品账户资产的总额，申报的股票数量分别不得超过发行股票公司本次股票发售的总量。保险机构投资者应当采取有效措施，保证申购股票后，持有一家公司发行的股票不得超过中国保监会规定的比例。

△　中国保监会、中国证监会联合发布《保险机构投资者股票投资登记结算业务指南》。根据该指南，保险机构投资者的股票资产托管人受保险机构投资者委托申请开立证券账户须直接到中国结算公司上海、深圳分公司办理。托管人为保险机构投资者开立证券账户时应当提供规定的材料，并且按中国结算公司有关机构账户的收费标准交纳相应费用。托管人作为中国结算公司的结算参与人，应当以一个净额完成其所托管包括保险机构投资者、基金等全部证券交易的资金清算与交收。保险机构投资者投资运作中出现的证券超买、卖空等行为，托管人应当追究相关责任人的交收责任，并向相关监管部门报告。保险机构投资者应当通过独立席位进行证券交易。每个交易日（T日）闭市后，中国结算公司根据证券交易所保险机构投资者独立席位证券账户T日的成交数额及其他数据，计算保险机构投资者证券账户买卖相关证券的应收、应付数量，生成证券交易清算数据。结算参与人根据所托管全部保险机构投资者、基金等全部资金和证券T日的成交数额及其他数据，计算结算参与人的资金应收或应付净额，确定相关交收责任。结算参与人应当按中国结算公司的证券、资金交收指令，按时履行交收义务。

16日　保险资金进入股市。中国保监会、中国银监会、中国证监会联合发文，宣布2005年2月16日成为保险资金直接投资股票市场的起始日。经中国保监会批准，9家保险公司获得直接进行股票投资的入市资格。这9家公司分别为：中国人寿保险股份有限公司、中国人民财产保险股份有限公司、中国再保险（集团）股份有限公司、中国平安保险（集团）股份有限公司、太平洋保险（集团）股份有限公司、新华人寿保险股份有限公司、泰康人寿保险股份有限公司、太平人寿保险股份有限公司、华泰财产保险股份有限公司。9家保险公司资产总额约占全国保险业总资产的95%。同日，华泰财产保险公司投资资金正式进入托管人中国工商银行为其开设的托管专户并开始运作，成为中国保监会发布保险资产入市规则以来国内首笔直接投资股市的保险资金。

据中国保监会统计，截至2005年11月28日，保险资金已间接入市1 060亿元，直接入市金额达135.7亿元。截至2005年12月，中国保险业资产总额为15 226亿元，同比增加

28.45%。保险资金用于银行存款的资金为5 241.43亿元，用于国债投资的资金总量为3 588.3亿元。保险资金全年投资总收益率为3.6%，股票投资平均收益率超过6%。

18日 中国人民银行、财政部、国家发展和改革委员会、中国证监会联合发布《国际开发机构人民币债券发行管理暂行办法》。该暂行办法规定：申请在中国境内发行人民币债券的国际开发机构，人民币债券信用级别须为AA级以上，且已为中国境内项目或企业提供10亿美元以上的贷款和股本资金的。人民币债券发行利率由发行人参照同期国债收益率水平确定，并由中国人民银行核定。发行债券所筹集的资金，不得换成外汇转移至境外。该资金的主要用途是向中国境内的建设项目提供中长期固定资产贷款，或提供股本资金。人民币债券发行结束后，经相关市场监督管理部门批准，可以交易流通。财政部等窗口单位负责接受发行人申请，并会同人民银行、国家发展改革委和中国证监会对发行申请进行审核；国家发展改革委会同财政部对债券发行规模和所筹资金用途进行审核；中国人民银行负责对发债利率进行管理；国家外汇局对发行人人民币专用账户及结售汇进行管理。

19日 国务院发布《关于鼓励支持和引导个体私营等非公有制经济发展的若干意见》。该若干意见明确提出：允许非公有资本进入法律、法规未禁入的行业和领域。允许外资进入的行业和领域，也允许国内非公有资本进入，并放宽股权比例限制等方面的条件。在加大对非公有制经济的财税金融支持方面，该若干意见提出：1. 逐步扩大国家有关促进中小企业发展专项资金规模，省级人民政府及有条件的市、县应在本级财政预算中设立相应的专项资金。加快设立国家中小企业发展基金。研究完善有关税收扶持政策。2. 有效发挥贷款利率浮动政策的作用，引导和鼓励各金融机构从非公有制经济特点出发，开展金融产品创新，完善金融服务，切实发挥银行内设中小企业信贷部门的作用，改进信贷考核和奖惩管理方式，提高对非公有制企业的贷款比重。城市商业银行和城市信用社要积极吸引非公有资本入股；农村信用社要积极吸引农民、个体工商户和中小企业入股，增强资本实力。政策性银行要研究改进服务方式，扩大为非公有制企业服务的范围，提供有效的金融产品和服务。鼓励政策性银行依托地方商业银行等中小金融机构和担保机构，开展以非公有制中小企业为主要服务对象的转贷款、担保贷款等业务。3. 非公有制企业在资本市场发行上市与国有企业一视同仁。在加快完善中小企业板块和推进制度创新的基础上，分步推进创业板市场，健全证券公司代办股份转让系统的功能，为非公有制企业利用资本市场创造条件。鼓励符合条件的非公有制企业到境外上市。规范和发展产权交易市场，推动各类资本的流动和重组。鼓励非公有制经济以股权融资、项目融资等方式筹集资金。建立健全创业投资机制，支持中小投资公司的发展。允许符合条件的非公有制企业依照国家有关规定发行企业债券。4. 改进对非公有制企业的资信评估制度，对符合条件的企业发放信用贷款。对符合有关规定的企业，经批准可开展工业产权和非专利技术等无形资产的质押贷款试点。鼓励金融机构开办融资租赁、公司理财和账户托管等业务。改进保险机构服务方式和手段，开展面向非公有制企业的产品和服务创新。支持非公有制企业依照有关规定吸引国际金融组织投资。5. 支持非公有制经济设立商业性或互助性信用担保机构。鼓励有条件的地区建立中小企业信用担保基金和区域性信用再担保机构。建立和完善信用担保的行业准入、风险控制和补偿机制，加强对信用担保机构的监管。建立健全担保业自律性组织。

20日 中国人民银行、中国银监会、中国证监会联合发布《商业银行设立基金管理公司试点管理办法》。该管理办法规定，申请投资基金管理公司的商业银行，应按照中国银监会的有关规定报送材料，在试点期间应同时抄报中国人民银行。经中国银监会审查并出具同意投资基金管理公司监管意见的商业银行，向中国证监会报送申请设立基金管理公司的有关材料，中国证监会依法进行审批。鼓励商业银行采取股权多元化方式设立基金管理公司。试点初期，商业银行设立的基金管理公司，既可以募集和管理货币市场基金和债券型基金，投资固定收益类证券，也可以募集和管理其他类型的基金。

该管理办法规定：商业银行应与其出资设立的基金管理公司之间建立有效的风险隔离制度；商业银行仅以出资额对所设立的基金管理公司承担有限责任，并通过基金管理公司的股东会依法行使股东权利，不得越过股东会、董事会干预公司的经营管理；商业银行与其设立的基金管理公司不得违反国家规定相互提供客户信息资料，业务往来不得损害客户的正当合法权益；商业银行设立的基金管理公司的工作人员必须与商业银行脱离工资和劳动合同关系，不得相互兼职，所管理的基金资产不得用于购买其股东发行和承销期内承销的有价证券；商业银行为基金管理公司管理的基金提供融资支持按照国家有关规定执行；商业银行不得担任其设立的基金管理公司所管理的基金的托管人；商业银行可以代理销售其设立的基金管理公司发行的基金，但在代销基金时，不得在销售期安排、服务费率标准、参与基金产品开发等方面，提供优于非关联第三方同类交易的条件，不得歧视其他代销基金，不得有不正当销售行为和不正当竞争行为；商业银行与其设立的基金管理公司在银行间债券市场上不得以优于非关联第三方同类交易的条件进行交易。

该管理办法规定：商业银行设立的基金管理公司所募集的基金种类，由中国证监会核准，并依法对商业银行设立的基金管理公司及其募集和管理的基金实施监督管理，保证基金财产的合法运用和基金份额持有人的合法权益不受侵犯。中国银监会对设立基金管理公司的商业银行制定相关风险监管指标计算标准，并实施并表监管。中国人民银行对商业银行设立的基金管理公司进入全国银行间债券市场依法进行备案和监管。

21 日　中国银行新闻发言人表示，中国银行正式聘任美国籍专家董乐明（Lonnie Dounn）担任中国银行信贷风险总监职位。这是国有商业银行第一次在高层管理人员中引入国际专才担任实职的重要尝试。

董乐明具有 30 年信贷风险管理经验，曾在拉美集团、Marine Midland Bank 及汇丰银行（美国及香港）担任信贷经理、信贷总监等职务。

22 日　中国建设银行吉林省分行 3.2 亿元金融诈骗案一审判决。长春市中级人民法院对“中国建设银行吉林省分行营业部朝阳支行、铁路支行金融诈骗案”作出一审判决。原铁路支行副行长郭强、朝阳支行营业部原主任于文辉等 6 名内部涉案人员分别被判处无期徒刑、有期徒刑。此案发生在 1999 年 12 月至 2001 年 4 月间，当时诈骗团伙以长春市铭雨集团为掩护，拉拢腐蚀银行工作人员，采取私刻印鉴、印章，制作假合同、假存款证明书，伪造资信材料、担保文件等手段，进行贷款、承兑汇票的诈骗，诈骗总金额为 32 844 万元。建设银行吉林省分行在自查中发现案件后，立即报告司法机关。2003 年年初，建设银行总行在全行范围内对吉林省分行予以通报批评，并对内部涉案人员及相关责任人员 36 人作出了严肃处理。

△　国家外汇管理局发布《关于加强进口延期付汇、远期付汇管理有关问题的通知》。该通知规定，对于货到汇款项下凭进口日期为 2005 年 3 月 1 日以前、单笔报关单未付汇金额在等值 50 万美元以上（含 50 万美元）、预计付汇日期超过报关单进口日期 90 天（含 90 天）的进口货物报关单办理付汇的，进口单位应当于 2005 年 5 月 1 日前办理延期付汇登记手续。进口延期付汇和远期付汇是贸易融资行为，构成我国事实外债，属于资本项目范畴，应当加强管理。以防止经常项下进口付汇资金滞留境内转化为资本项下短期外债。

23 日　中国人民银行、中国银监会联合发布《关于加快落实国家助学贷款新政策有关事宜的通知》。该通知要求：1. 各商业银行要充分认识到国家助学贷款工作不仅是利用财政杠杆撬动金融资金资助高校贫困家庭学生、维护教育公平的重要举措，也是商业银行面临的商机，应积极参加招投标。人民银行各分行、营业管理部、各省会（首府）城市中心支行，各银监局要结合辖区实际特点，积极采取多种有效方式，加强与教育、财政部门的协调配合，全力推进国家助学贷款按照新机制运行。2. 人民银行各分行、营业管理部、各省会（首府）城市中心支行，各银监局要依法履行职责，积极协调、督促经办银行，严格按照已签订的国家助学贷款合同约定，及时、足额发放国家助学贷款，并积极配合当地政府有关部门，研究制定适合当地实际的生源地贷款管理办法，推动生源地贷款。各地银监局要组织力量加强对辖区内国家助学贷款业务的监督检查。3. 通过召开新闻发布会、报纸、电视等多种形式向社会宣传国家助学贷款新政策，加大对国家助学贷款新机制的宣传解释工作。要做好各商业银行的沟通、协调工作，引导各商业银行积极采取多种形式，为贫困家庭学生提供资金支持。要积极协助教育部门、经办银行加强对学生的诚信教育工作，开展还贷宣传工作，讲解还贷的程序和方式，体现对借款学生的人文关怀。4. 各金融机构要坚持“方便贷款、防范风险”的原则，在及时发放各项助学贷款的同时，要注重加强助学贷款的贷前审查和贷后跟踪催收工作，有效地防范风险。

国家助学贷款制度于 1999 年开始试点，2000 年正式实施。据教育部统计：截至 2005 年 12 月底，全国累计已审批国家助学贷款合同金额 172.7 亿元，资助了 206.8 万名高校贫困家庭学生。

△ 上证 50ETF 在上海证券交易所交易。上证 50ETF（交易代码：510050）首日上市份额为 643 456.6757 万份，以 0.881 元开盘，0.876 元收盘，下跌 1.24%，全天共成交了 126 900 万个基金单位。上证 50ETF 于 2004 年 12 月 30 日正式设立，基金管理人为华夏基金管理有限公司，是我国内地首只交易型开放式指数证券投资基金产品，投资范围是上证 50 指数成份股、备选成份股及新股。投资者购买上证 50ETF 需要开设上交所的股票账户或基金账户。上证 50ETF 在交易中的申购、赎回简称为 50 申赎，只能通过 14 家一级交易商和 4 家临时一级交易商进行，不能进行 T+0 交易。

上证 50ETF ETF 是 Exchange Traded Fund 的缩写，交易型开放式指数证券投资基金，简称交易型开放式指数基金，又称交易所交易基金。ETF 是一种跟踪“标的指数”变化，且在证券交易所上市交易的基金。投资人可以像买卖股票那么简单地去买卖跟踪“标的指数”的 ETF，并使其可以获得与该指数基本相同的报酬率。ETF 通常由基金管理公司管理，基金资产为“一篮子”股票组合，组合中的股票种类与某一特定指数包含的成份股相同，股票数量比例与该指数的成份股构成比例一致。上证 50ETF 是一只完全复制上证 50 指数的开放式基金，该基金所含股票全部是上证 50 样本股。

24 日 公安部、中国人民银行和国家外汇管理局联合举行记者发布会，通报 4 起重特大地下钱庄案。1. 海南“3·12”李奎德地下钱庄案。2004 年 3 月，公安部经侦局与中国人民银行、国家外汇管理局等有关部门查处李奎德地下钱庄案。自 1993 年来，犯罪嫌疑人李奎德（台湾嘉义人）利用三亚嘉鸿房地产开发有限公司作掩护，设立地下钱庄并雇佣他人非法经营台币、港元、美元与人民币兑换业务，其非法买卖外汇金额折合人民币达 5.2 亿元。2. 新疆“8·19”非法买卖外汇案。2004 年 6 月，浙江省外汇管理部门、浙江省公安厅经侦部门立案侦查多名新疆人在浙江进行非法巨额外汇交易的案件。自 2004 年 4 月至 11 月，阿布里米提、湖达拜尔地等人在浙江、新疆等地进行非法买卖外汇活动，涉案金额折合人民币达 30 亿元。3. 山东金权在地下钱庄案。2004 年 4 月，山东省青岛市公安机关经侦部门发现一个以金权在（韩国人）为首的地下钱庄从事非法买卖外汇活动。经查，2001 年以来，金权在非法为中韩两国企业及个人跨境转移资金，每年非法经营数额达 2.4 亿元人民币。其以在华韩资企业和韩籍人员为主要交易对象，并提供借款和存款服务，业务范围覆盖青岛、威海、烟台、济南以及上海、吉林等省市。此案是公安机关破获的首起外国人非法经营地下钱庄案件。4. 浙江封伟龙地下钱庄案件。2003 年 8 月，浙江省杭州市公安局对封伟龙地下钱庄案件进行查处。封伟龙长期从事非法买卖外汇交易活动，其在银行开立多个银行账户，以现取现存、现金不出柜台的方式进行外汇交易。在中国人民银行、国家外汇管理局的支持和配合下，公安机关从2004年4月至12月期间进行了对地下钱庄的专项整治，共捣毁155个地下钱庄及非法买卖外汇交易窝点，共缴获现金折合人民币达1.1亿元，冻结存折及银行账户460个，冻结资金4 200万元人民币。涉案金额高达125亿元人民币。

25日　中国人民银行发布2004年第四季度《中国货币政策执行报告》。该报告指出，2004年全年居民消费价格指数（CPI）上涨3.9%，比2003年加快2.7个百分点。全年CPI上涨3.9%。2004年中国全部金融机构（含外资金融机构）本外币各项存款余额为25.3万亿元，同比增长15.3%；余额比年初增加3.37万亿元，同比少增3 376亿元。其中，人民币各项存款余额为24.1万亿元，比年初增加3.33万亿元，同比少增3 871亿元；外汇存款余额1 530亿美元，比年初增加44.5亿美元，同比多增59.8亿美元。2004年金融机构贷款增长适度，中长期贷款增加相对较多。2004年年末，金融机构本外币贷款余额合计18.9万亿元，同比增长14.4%，比2003年年末回落7.1个百分点；余额比2004年年初增加2.41万亿元，同比少增5 785亿元。

该报告指出，经济运行中的一些不健康、不稳定因素虽然得到抑制，投资增幅回落，货币信贷增长放缓，总体经济正朝宏观调控的预期方向发展，但加强和改善宏观调控取得的成效还是阶段性的，经济金融运行中的矛盾和问题仍然比较突出，农业基础还不稳固，固定资产投资反弹的压力依然较大，货币政策有效性面临严峻挑战，金融体系稳定运行的基础不够牢固。物价上涨的压力仍未根本缓解。生产资料价格持续高位运行，对下游产品价格上涨的传导作用已经开始显现；公用事业和服务价格调价压力加大；国际油价和一些重要原材料价格仍将处于较高水平，也会影响国内价格。2005年，中国人民银行将继续执行稳健的货币政策，全面落实科学发展观，既要支持经济平稳发展，又要注意防止通货膨胀和防范系统性金融风险。

26日　中国人民银行确定2005年度公开市场业务一级交易商名单。本着客观公平、基本稳定、优胜劣汰的原则，中国人民银行对公开市场业务一级交易商及银行间市场成员进行了综合考评，并以此为依据确定2005年度公开市场业务一级交易商名单，共有交易商52家，其中，商业银行38家，保险公司4家，证券公司4家，农村信用合作社2家。

27～28日　中国银监会会同中国人民银行、国家税务总局等部门在广东东莞召开21省（自治区、直辖市）深化农村信用社改革试点工作座谈会。会议指出，要按照国务院深化农村信用社改革的总体部署，妥善处理好长远目标与阶段性目标的关系，安排好工作进度，有计划、有重点、有步骤地推进改革试点各项工作。近期，要重点做好省级联社组建、增资扩股、票据申请发行及银行类机构和统一法人的试点工作，力争6月底之前完成省级联社组建和大部分中央银行票据发行等阶段性工作目标。

28日　《中华人民共和国刑法》增加规定“妨害信用卡管理罪”。第十届全国人民代表大会常务委员会第十四次会议通过《中华人民共和国刑法修正案（五）》，其中对常见的持有、运输伪造的信用卡；非法持有他人信用卡，数量较大；使用虚假的身份证明骗领信用卡；出售、购买、为他人提供伪造的信用卡或者以虚假的身份证明冒领的信用卡的；窃取、收买或者非法提供他人信用卡磁条信息这5种行为直接定为“妨害信用卡管理罪”，并将使用以虚假的身份证明骗领的信用卡的行为也补充认定为“信用卡诈骗罪”。《中华人民共和国刑法》还规定了相应的处罚标准。

△　中国人民银行发布《2004年公开市场业务报告》。该报告披露，2004年，面对银行体系流动性剧烈波动和第一季度出现的投资过热、信贷增长过快的新情况，公开市场操作在流动性

总量控制和结构调节方面经受了新的考验。根据货币政策调控的总体要求，中国人民银行密切监测经济金融形势变化，不断加强对银行体系流动性情况的滚动分析与预测，动态监测外汇占款、财政收支和现金投放回笼的变化，灵活掌握公开市场操作的力度和节奏，在不同时期适应不同调控要求和市场形势采取相应的操作取向。2004年中央银行共开展了110次人民币公开市场操作，累计回笼基础货币19 971亿元，累计投放基础货币13 281亿元，投放、回笼相抵，通过人民币公开市场操作净回笼基础货币6 690亿元。本外币对冲操作比率为42%，比2003年的25%提高了17个百分点。全年共发行105期中央银行票据，发行总量为15 072亿元，年末中央银行票据余额为9 742亿元；开展正回购操作43次，收回基础货币3 330亿元；开展逆回购操作5次，投放基础货币1 490亿元。全年货币市场利率保持基本稳定。同时，金融机构超额准备金率基本上在3.50%左右波动。2004年中央银行票据占银行间二级市场现券交易总量的40%以上。这是中央银行首次发布公开市场业务年度报告。

△　外资银行发放无抵押信用贷款。由18家外资银行组成的外资银团向上海港集装箱股份有限公司发放一笔10亿元人民币的无抵押信用贷款，该项贷款期限为三年，年利率在同期银行贷款基准利率的基础上下浮10%，为5.184%。这是全部由外资银行组成的银团首次向国内企业发放贷款。花旗银行上海分行是该银团贷款的牵头行，其他17家贷款银行包括美国银行、法国巴黎银行、荷兰商业银行等，参与的外资银行均具有开展人民币业务的资格。

△　中再资产管理股份有限公司在京挂牌。该公司是由中国再保险（集团）公司发起设立，由民营企业福禧投资控股有限公司和瑞士再保险资产管理（亚洲）有限公司参资入股，注册资金为2亿元人民币。股权结构为：中国再保险（集团）公司持股50.1%，中国财产再保险股份有限公司持股10%，中国人寿再保险股份有限公司持股10%，中国大地财产保险股份有限公司持股10%，瑞士再保险资产管理（亚洲）有限公司持股10%以及福禧投资控股有限公司持股9.9%。中再资产管理股份有限公司在2004年9月下旬正式获批准筹建，是继中国人保资产管理公司、中国人寿资产管理公司、华泰保险资产管理公司之后，获得中国保监会批准筹建的国内第4家保险资产管理公司。

△　国家发展和改革委员会发布《国际金融组织和外国政府贷款投资项目管理暂行办法》。根据该暂行办法，国外贷款属于国家主权外债，按照政府投资资金进行管理，主要用于公益性和公共基础设施建设，保护和改善生态环境，促进欠发达地区经济和社会发展。借用国外贷款的项目必须先纳入国外贷款备选项目规划，完成审批、核准或备案手续后，项目用款单位向所在地省级发展改革部门提出项目资金申请报告。国务院发展改革部门、省级发展改革部门指导和协调项目实施工作，监督有关招投标活动。负责将国外贷款进行转贷的转贷机构，应当根据国务院及国务院发展改革部门对项目可行性研究报告或资金申请报告的批准文件，对项目的国外贷款进行转贷，并于每年6月底和12月底向国务院发展改革部门报送国外贷款支付和偿还情况。项目用款单位要依法履行国外贷款偿还责任，及时进行外债登记，加强国外贷款债务风险管理。该暂行办法自2005年3月1日起施行。

△　四大国有商业银行全部介入人民币理财市场。中国农业银行在全国8个省市分行内同时发售总额为30亿元的全新人民币理财产品——本利丰。2005年2月1日，中国工商银行和中国建设银行人民币理财产品“稳得利”、“利得盈”同时上市；2月2日，中国银行推出“05一期”理财产品。三种产品均在发售当天销售一空。上述三家银行的人民币理财产品起点金额均为5万元，预期收益率各不相同，投资期限有3个月、6个月和1年三种。针对人民币理财市场过热局面，3月，中国银监会向各大银行下发内部通报，为人民币理财产品“约法三章”：提出了“产品收益率不能盲目攀比”、“人民币理

财产品不能搭售存款”、“明确风险提示”三方面要求。

3 月

2 日　中国银监会发布《重大突发事件报告制度》。该文件要求中国银监会和下属机构、监管对象之间建立起快速预警机制，并要求各地银监局和中国银监会直接监管的银行业金融机构总部在重大金融事件接报后 4 小时内，事发后 24 小时内将有关情况报中国银监会。该文件中还明确实行问责制，并指定各单位主要负责人为重大突发事件报告的第一责任人。该文件自 2005 年 4 月 1 日起实行。

9～10 日　2005 年中国金币工作会议召开。会议提出了建立“中国贵金属纪念币大直销”体系的整体改革思路。“大直销体系”在具体运作上，可概括为“两个层次、四种工具”。所谓两个层次，一是中国金币总公司实施的直销，即通过建立中国金币总公司直销中心，面对广大集藏爱好者实施的产品从“生产商”到消费者的直接销售。二是分销商实施的直销，即中国金币总公司分支机构、特约经销商和代销银行将金银币产品直接销售给终端客户的销售行为。四种工具是指按零售指导价将金银币产品直接销售给终端客户的会员制直销、电话邮购、电子商务和柜台零售四种直销方式。其中中国金币总公司直销中心是金币总公司在金币文化公司直销业务的基础上成立的，是金银币“大直销体系”的一块“试验田”。

14 日　中国银监会发布《关于在华外资银行从事保险公司股票资产托管业务市场准入程序的公告》。该公告规定：申请从事保险公司股票资产托管业务的外资银行须向所在地银监会派出机构备案。银监会派出机构收到在华外资银行的申请资料后，将在 5 日内一次性告知申请人需要补正的全部内容，并自收到完整申请资料之日起 3 个月内作出批准或不批准备案的决定，书面回复申请人，同时报抄中国银监会。

16 日　张恩照辞去中国建设银行董事长、党委书记职务。中国建设银行股份有限公司第一届董事会第四次会议暨 2005 年第一次会议在北京召开。与会董事审议并通过了张恩照提出的因个人原因辞去中国建设银行股份有限公司董事和董事长职务的请求。会议决定在新的董事长选举产生前，由常振明代行董事长职权。同年 3 月 25 日，中国建设银行股份有限公司 2005 年第二次临时股东大会和第一届董事会第六次会议暨 2005 年第三次会议选举郭树清为中国建设银行股份有限公司董事、董事长。

△　中国人民银行调整商业银行住房信贷政策和超额准备金存款利率。中国人民银行于 2 月 16 日发布的《关于调整商业银行住房信贷政策和超额准备金存款利率的通知》规定：经国务院批准，自 17 日起，金融机构在人民银行的超额准备金存款利率由现行年利率 1.62% 下调到 0.99%，法定准备金存款利率维持 1.89% 不变。同时调整商业银行自营性个人住房贷款政策：一是将现行的住房贷款优惠利率回归到同期贷款利率水平，实行下限管理，下限利率水平为相应期限档次贷款基准利率的 0.9 倍，商业银行法人可根据具体情况自主确定利率水平和内部定价规则；二是对房地产价格上涨过快城市或地区，个人住房贷款最低首付款比例可由现行的 20% 提高到 30%；具体调整的城市或地区，可由商业银行法人根据国家有关部门公布的各地房地产价格涨幅自行确定，不搞“一刀切”。

中国人民银行上调房贷利率

调整时间 项　目	2004 年 10 月 29 日	2005 年 3 月 17 日	
	贷款基准利率	个人房贷利率	房贷利率下限
1～3 年	5.76	4.95	5.18
3～5 年	5.85	4.95	5.27
5 年以上	6.12	5.31	5.51

△　韩国金融监督院（Financial Supervisory Service，FSS）北京代表处开业。该代表处是 2004 年 12 月 10 日经中国银监会批准设立的，是第一家在中国设立的外国金融监管机构代表

处。自1993年12月韩国外换银行在北京开设第一家分行以来，总共有9家韩国银行在中国开设了14家分行和4家代表处，以及1家合资银行；目前，5家韩国证券经营机构在华设立了代表处，8家韩国保险公司在中国设立了13家代表处或营业性机构。韩国金融监督委员会（Financial Supervisory Commission，FSC）成立于1998年，其执行机构为金融监督院。

18日 公安部、中国人民银行联合发布《关于可疑交易线索核查工作的合作规定》。该文件明确：公安机关与中国人民银行将建立联合督办制度，跨地区和重大、复杂的可疑交易案件，由公安部经济犯罪侦查局、中国人民银行反洗钱局联合督办；各省、自治区、直辖市公安厅、局经济犯罪侦查部门和中国人民银行反洗钱部门对本辖区内重大、复杂的可疑交易案件联合督办。

21日 信贷资产证券化试点工作正式启动。由中国人民银行牵头，国家发展和改革委员会、财政部、劳动和社会保障部、建设部、国家税务总局、国务院法制办、中国银监会、中国证监会、中国保监会参加的信贷资产证券化试点工作协调小组在京召开第一次工作会议。会议决定国家开发银行和中国建设银行作为试点单位，分别进行信贷资产证券化和住房抵押贷款证券化的试点。会议讨论并确定了协调小组议事规则、试点工作启动后的任务及日程安排。信贷资产证券化是指将缺乏流动性但具有可预期收入的银行信贷资产，通过在资本市场上发行证券的方式予以出售，获取融资。通过证券化，银行可使贷款在资本市场上变现，提前收回贷款，在负债不变的情况下改善信贷资产结构，提高信贷资产质量，分散经营风险，并由此推进资本市场的规范化发展。

资产证券化（Asset Securitization）是指发起人将缺乏流动性但又可以产生稳定可预见未来现金收入资产或资产组合（即基础资产）出售给特定的发行人，或者将该基础资产信托给特定的受托人，在金融市场发行出售资产支持证券的一种结构性融资手段。根据产生现金流的资产类型不同，资产证券化所发行的证券一般分为资产支持证券（Asset-Backed Securities，ABS）和住房抵押贷款证券（Mortgage-Backed Securities，MBS）。

△ 中国银监会在京召开非银行金融机构监管工作会议。会议提出要从七个方面做好2005年非银行金融机构的监管工作：一是抓紧实施分类监管，对不同的公司分清良莠，区别对待，鼓励先进，鞭笞后进；二是做好信托投资公司信息披露工作，充分发动全社会的监管力量；三是进一步加强现场检查工作力度，2004年没有进行现场检查的2005年要补课，已经检查过的要进行持续监管；四是加强法人治理，要结合中国国情探索适合我国非银行金融机构特点的法人治理结构；五是要加强对重点机构的监管，主要是高风险机构的监管；六是进一步完善非现场监管体系和非现场监管手段，及时发现问题，充分发挥非现场监管与现场检查相辅相成的作用；七是加快处理解决历史遗留问题。

22日 中国银监会发布《关于加大防范操作风险工作力度的通知》。该通知提出了13条意见（通称“内控13条”），要求银行有效防范和控制操作风险。1. 高度重视防范操作风险的规章制度建设。2. 不断完善稽核体制，充实稽核力量，加强对稽核队伍的培训，提高政治业务素质。3. 加强对基层行的合规性监督。4. 订立职责制，明确总行及各级分支机构的责任，形成明确的制度保障。5. 坚持相关的行务管理公开制度。对薄弱环节要定期自我评估，并请外审机构进行独立评估。6. 建立和实施基层主管轮岗轮调和强制性休假制度，并确保这一安排纳入总行及各级分支机构的人事管理制度。7. 严格规范重要岗位和敏感环节工作人员8小时内外的行为，建立相应的行为失范监察制度。8. 对举报查实的案件，举报人属于来自基层的员工（包括合同工、临时工）的，要予以重奖；对坚持规章制度、勇于斗争而制止案件发生的，要有特别的激励机制和规定。9. 加强和完善银行与客户、银行与银行以及银行内部业务台账与会计账之间的适时对账制度，对对账频率、对账对象、可参与对账人员等作出明确规定。10. 加强未达账项和差错处理的环节控制，记账岗位和对账岗位必须严格分开，坚决做到对未达账和账款差错的查核工作不返原岗处理。11. 严格印章、密押、凭证的分管与分存及销毁制度，坚决执行制度规定，并对此进行严格检查，对违规者进行严厉惩处。12. 加强对可能发生的账外经营的监控。13. 迅速改进科技信息系统，提高通过技术手段防范操作风险的能力，支持各类管理信息的适时、准确生成，为业务操作复核和稽核部门的稽查提供坚实基础。

△ 中国银监会发布《关于对中资银行衍生产品交易业务进行风险提示的通知》。该通知指出，2004年10月，中航油新加坡公司在从事衍生产品交易时造成了5.54亿美元巨额亏损，反映了衍生产品交易存在巨大风险。为认真从中吸取教训，就衍生产品交易风险管理作出规定：银行应严格执行授权和止损制度，严格执行既定的分级授权和敞口风险管理制度；健全内部控制，完善公司治理，实行严格的问责制；提高"逐日盯市"原则对衍生产品敞口头寸进行市值重估，并建立衍生产品市值重估准备金；加强检查，建立风险报告制度，定期对衍生产品交易业务风险管理制度的执行情况进行检查。

中航油衍生产品交易亏损案 中国航油集团新加坡公司（China Aviation Oil，CNAO. SI）是中国航油集团公司的海外控股子公司。经国家有关部门批准，该公司在取得中国航油集团公司授权后，自2003年开始做油品套期保值业务。在此期间，该公司总裁陈久霖擅自扩大业务范围，从事石油衍生品期权交易，造成公司账面实际损失和潜在损失总计约5.54亿美元。2004年11月29日，中国航油集团新加坡公司向新加坡高等法院申请破产保护，向外发布公告申请停牌重组。该事件涉及近16 000名股民，100多家债权人，是新加坡当地历年来债务金额巨大、债权人众多而复杂的一次重组，也是中国首例海外上市中资企业进行重组。

24日 中国人民银行货币政策委员会2005年第一季度例会在京召开。会议认为加强和改善宏观调控已取得明显成效，但经济运行中固定资产投资反弹的基础依然存在，通货膨胀压力尚未根本缓解，货币政策传导机制有待进一步完善。下一阶段应继续执行稳健的货币政策，进一步提高金融调控的前瞻性、科学性和有效性。灵活运用多种货币政策工具，适时适度调控金融体系流动性，引导金融企业优化信贷结构，合理控制中长期贷款比重，逐步实现投资与消费比例关系合理化。稳步推进利率市场化改革，进一步完善人民币汇率形成机制，保持人民币汇率在合理、均衡水平上的基本稳定，促进国际收支平衡。大力培育和发展金融市场，加快推进金融改革，推动直接融资和间接融资的协调发展，提高货币政策传导效率。

△ 中国银监会公告中国农业银行重大违法经营案。从2003年7月2日到2004年6月4日，农业银行包头市汇通支行市府东路分理处、东河支行，包头市达茂旗农村信用社联社所辖部分信用社的人员与社会人员相互串通，挪用联行资金、虚开大额定期存单、办理假质押贷款、违规办理贴现、套取银行信贷资金，谋取高息，涉案金额11 498.5万元。内蒙古银监局对涉案机构进行了严肃查处，同时对案件相关责任人提出纪律处分意见，责成有关单位对43名责任人进行处理。

25日 中国证监会发布《关于货币市场基金投资等相关问题的通知》。该通知对货币市场基金的投资作出限制：1. 要求组合平均剩余期限在每个交易日均不得超过180天；2. 限制货币市场基金与其管理人的股东进行交易，防止基金通过其关联方的配合操纵收益；3. 除巨额赎回的情况外，债券正回购的比例不得超过20%；4. 将剩余期限小于397天但剩余存续期超过397天的浮动利率债券的投资比例控制在资产净值的20%以内，禁止投资以定期存款利率为基准的浮动利率债；5. 买断式回购融入基础债券的剩余期限不得超过397天。在货币市场基金对持有的投资组合进行会计核算时，该通知要求采用"影子定价"对"摊余成本法"确定的资产净值的公允性进行评估。当两者偏离0.25%以上时，须根据风险控制的需要调整组合，并要求在定期报告中披露此类情况的次数、报告期内平均偏离度、偏离度的最高值、最低值，对偏离度超过0.5%的，则应编制和披露临时报告。鉴于目前银行间市场债券缺乏公允的收益率曲线，该通知仅以附件形式列示影子定价的处理流程，而将影子定价的技术问题交由业界自发成立的影子定价工作小组统一解决。该通知自2005年4月1日起施行。

△ 民生银行发布公告：经中国证监会批复，该行发行不超过13.3亿余股境外上市外资股（含超额配售1.74亿余股）。2003年12月5日，民生银行首次发布H股发行公告，但该发行计划一直未能实施。2004年12月24日，民生银行2004年第三次临时股东大会通过了延长H股发行及上市决议有效期的议案，授权有效期将自2005年1月8日起12个月内有效。2000年12月19日，中国民生银行A股股票（股票代码：600016）在上海证券交易所挂牌上市。

△ 经全国金融标准化技术委员会审查及国家标准化管理委员会批准，中国证监会颁布并实施八项证券期货行业标准。这八项标准分别是：期货交易数据交换协议、开放式基金业务数据交换协议、证券登记结算业务数据交换协议、银证业务数据交换消息体结构和设计规则、上市公司分类与代码、上市公司信息披露电子化规范、证券交易数据交换协议、证券公司信息技术管理规范。

27日 中国银行新闻发言人对该行大连分行员工挪用巨额资金案发表谈话。发言人证实，涉嫌挪用600万美元银行资金用于赌球和挥霍的中国银行大连分行营业部员工翟昌平已经被警方抓获。针对部分基层网点规章制度不落实，内控机制不到位的问题和一些员工职业操守存在的问题，中国银行将认真吸取教训、举一反三，立即对全辖所有经营性机构开展“拉网式”大检查。检查的重点是各项规章制度的落实情况，业务操作的合规情况，内控机制包括岗位交流和强制性休假等具体制度的落实情况。

29日 国家开发银行牵头银团贷款支持南水北调工程。由国家开发银行出任牵头行的“南水北调东线、中线一期主体工程银团贷款合同”在北京签署。国内7家金融机构将为南水北调主体工程提供总金额达488亿元的银团贷款，其中，国家开发银行提供213亿元贷款，中国建设银行提供85亿元贷款，中国银行、中国农业银行和中国工商银行各提供60亿元贷款，上海浦东发展银行和中信实业银行各提供5亿元贷款，是迄今为止我国银行界对单个建设项目提供金额最大的银团贷款。2002年12月开工建设的南水北调工程，主要缓解北方地区水资源短缺的问题。先期实施的东线、中线一期工程静态总投资就达1 240亿元。按照有关规划，南水北调主体工程建设资金通过中央预算拨款（中央国债）、南水北调工程基金和银行贷款三个渠道筹资，其中银行贷款占工程建设资金的45%。

30日 中国银行在上海举行JCB信用卡首发仪式。中国银行此次发行的中银JCB信用卡为全国首张人民币/日元双币种贷记卡产品，具有一卡双币、循环使用、预借现金、挂失零风险、大额交易确认等贷记卡基本金融功能，还可以在日元消费区以日元结算并通过人民币和日元的直接兑换进行账户还款，为客户节约可观的汇兑费用；在境外使用时，日本国际信用卡公司（Japan Credit Bureau，JCB）也将提供周到服务。日本国际信用卡公司是国际五大信用卡组织之一。

31日 中国人民银行对纳入农村信用社改革扩大试点范围的21个省（自治区、直辖市）的291个县（市）发行农村信用社改革试点专项中央银行票据234亿元。

△ 财政部、国家税务总局发出《关于个人股票期权所得征收个人所得税问题的通知》。该通知规定，员工接受实施股票期权计划的企业授予的股票期权时，除另有规定外，一般不作为应税所得征税。员工行权（员工根据股票期权计划选择购买股票的过程）时，其从企业取得

股票的实际购买价（施权价）低于购买日公平市场价（指该股票当日的收盘价）的差额，是因员工在企业的表现和业绩状况而取得的与任职、受雇有关的所得，应按“工资、薪金所得”适用的规定计算缴纳个人所得税。对因特殊情况，员工在行权日之前将股票期权转让的，以股票期权的转让净收入，作为工资薪金所得征收个人所得税。

4 月

1 日　中国银监会核准韦杰夫（Jeffrey R. Williams）深圳发展银行行长的任职资格、蓝德彰（John D. Langlois）深圳发展银行董事长的任职资格。2004 年 12 月 15 日，深圳发展银行第六届董事会召开第一次会议选举蓝德彰为深圳发展银行第六届董事会董事长，接受何如先生辞去行长职务的请求，聘任韦杰夫为深圳发展银行行长。

韦杰夫是中国国内银行的第一位洋行长，拥有美国哈佛大学工商管理硕士学位，会讲流利的中文，在花旗银行和渣打银行有过二十多年从业经验，于 1988 年为花旗银行在深圳成立了中国第一家分行，成为美资银行在中国的第一任行长。被任命为深圳发展银行行长之前，他曾担任新桥投资集团进驻深圳发展银行前的过渡期风险控制委员会主席。

蓝德彰获有美国普林斯顿大学学士学位、哈佛大学文学硕士学位、普林斯顿大学东亚研究系博士学位以及纽约大学工商管理硕士学位。曾任波士顿大学历史系准教授兼系主任、普林斯顿大学东亚研究系教授。1982 ~ 1999 年，蓝德彰受雇 JP 摩根，先后在纽约、日本、伦敦、香港、北京等地任高职。2002 年 9 月起担任摩根士丹利资产服务咨询（中国）公司主席。从 2002 年起，蓝德彰分别担任上海银行董事、南京市商业银行董事。

2 日　中国银行新闻发言人就北京“森豪公寓”项目按揭涉嫌骗贷案发表谈话。2002 年 9 月，中国银行北京分行在对零售按揭贷款进行内部稽核时发现“森豪公寓”开发商——北京华运达房地产开发有限公司以员工名义，虚构房屋买卖合同、提供虚假收入证明，套取按揭贷款及重复按揭贷款，并将按揭得到的资金移至外地，致使该项目的工程被停工，形成烂尾工程。从 2000 年 12 月至 2002 年 6 月，北京华运达房地产开发有限公司采取假按揭的方式，从中国银行北京分行申请按揭贷款 199 笔，涉及公寓 273 套，形成风险敞口 64 494 万元。中国银行已对“森豪公寓”按揭贷款项目采取积极果断和有效措施，努力将违规贷款损失降至最低限度。2002 年 9 月，中国银行北京分行对直接责任人、市分行零售业务处副处长徐维联先予以行政撤职并展开调查，并于年底对徐维联予以开除；对其他有关责任人也分别给予了留用察看、行政撤职和行政记大过处分。

4 日　国务院颁布《关于 2005 年深化经济体制改革的意见》。该文件提出：1. 按照建立现代金融企业制度的要求，进一步深化中国银行、中国建设银行股份制改革，着力完善公司法人治理结构，健全内控制度，转换经营机制，并建立相关监测与考评机制。加快制定和实施其他国有商业银行股份制改革方案。研究促进金融资产管理公司改革发展、提高不良资产回收率的政策措施。抓紧实施邮政储蓄体制改革。研究政策性银行的职能和定位。择机出台政策性银行条例。继续深化非银行金融机构改革。整合并规范发展地方中小金融机构，鼓励社会资金参与城市信用社和城市商业银行等金融机构的重组改造。深化保险业改革，继续推进国有保险公司股份制改造。健全管理制度，规范保险市场秩序。2. 稳步推进利率市场化和人民币汇率形成机制改革，保持人民币汇率在合理、均衡水平上基本稳定。继续加强对资本流入的引导和管理，建立有序可控的资本流出机制。研究建立调节国际收支的市场机制和管理体制。建立健全货币市场、资本市场、保险市场有机结合和协调发展的机制，防范跨市场、跨系统风险。建立健全金融机构市场退出机制。加大对商业银行资产负债匹配的监管力度，推进信贷资产证券化试点。加快建立金融风险预警体系和化解系统性风险的长效机制。进一步完善反洗钱工作机制。3. 改善监管方式和手段，加强市场准入、治理结构、内部控制、资本充足率、重点业务和高级管理人员监管。全面推行贷款质量五级分类制度，落实贷款损失准备金拨备制度。进一步增强监管信息透明度，形成对监管机构和工作人员的监督制约和问责机制。加强金融监管的合作与协调，逐步形成专业金融监管机构和宏观调控部门共同组成的金融稳定协调机制。该文件还提出，要大力发展资本市场，尽快出台配套政策措施，加强资本市场基础建设，建立健全促进资本市场发展的各项制度。进一步完善证券发行上市核准机制。研究建立股东代表诉讼制度、证券投资者保护基金和其他对投资者提供直接保护的机制。稳步推进期货市场规范发展和产品创新。继续推进资本市场对内对外开放。规范发展产权交易市场。

6日 商业银行投资设立基金管理公司试点工作正式启动。中国人民银行、中国银监会和中国证监会共同确定中国工商银行、中国建设银行和交通银行为首批直接投资设立基金管理公司的试点银行。2004 年 9 月 15 日，中国人民银行召集国有商业银行负责人，讨论商业银行发展基金业务和设立基金公司的问题。2005 年 2 月 20 日，《商业银行设立基金管理公司试点管理办法》的出台，标志着商业银行设立基金管理公司试点工作进入了实质性操作阶段。

△ 中国建设银行中标代理中央财政非税收入收缴业务。在财政部于 3 月 30 日举行的财政非税收入收缴代理银行项目投标开标仪式上，中国建设银行通过与 12 家经中国人民银行认定资格的国内商业银行激烈竞争，成功中标，成为中央财政非税收入收缴业务的代理银行，该项目的资金收缴总量达 3 000 亿元。中央财政非税收入收缴业务是中央财政国库管理制度改革的重要组成部分。自 2002 年起，财政部以招投标方式确定此项业务的代理银行。

△ 中国银监会在深圳召开 2005 年全国外资银行监管工作会议。在加入世界贸易组织后的过渡期内，针对对外开放速度进一步加快、业务产品日益复杂多样化的形势，会议提出中国银监会 2005 年要做好以下五项工作：第一，根据开放进程，抓好监管法制建设，成立跨部门法规清理小组，启动《外资金融机构管理条例》及《实施细则》的修订工作，规范法规释义工作，增加中外资监管标准的统一与透明度；第二，适应外资银行集中化运作管理的变化趋势，完善综合并表监管，建立多层次风险监管体系，强化并表监管局职能，完善并表监管局与属地局的信息沟通机制，实现监管信息共享，提高外资银行监管效率；第三，进一步加大现场检查力度，强化岗位练兵；第四，作好加入世界贸易组织后过渡期中趋势性和新领域的调查研究；第五，采取形式多样的培训方式，组织外资监管人员学习国际先进的监管理念和实践，及时了解和掌握最新的监管技术，提高外资银行专业化监管水平。

8日 国家外汇管理局发布《关于境内居民个人境外投资登记及外资并购外汇登记有关问题的通知》。该通知规定，境内居民个人将境内资产、股权注入境外企业并直接或间接持有境外企业股份、股票的，如境内被并购企业（或为并购而设立的企业）2005 年 1 月 24 日之前发生的最近一期关联外资并购交易已于该日期之前办妥外商投资企业批准证书，境内居民个人应按照附件格式到被并购企业所在地外汇局分局补办境外投资外汇登记。新设外商投资企业在办理外汇登记时，应向所在地外汇局分局提交登记申请书，企业应在申请书中详细说明外国投资者的最终控制人和主要经营业绩。除境外上市企业外，特殊目的公司不得保留外汇收入，境内居民个人直接获得或通过特殊目的公司间接获得的外汇收入，应于获得之日起 30 日内全额调回境内结汇，违者按照逃汇行为予以处理。

△ 沪深 300 指数（指数简称：沪深 300；指数代码：沪市 000300、深市 399300）发布。沪深 300 指数以 2004 年 12 月 31 日为基日，基日点位 1 000 点，由上海和深圳的证券市场中选取 300 只规模大、流动性好、覆盖沪深市场 60% 左右市值的 A 股股票作为样本（见表 1），其中沪市 179 只，深市 121 只，原则上每半年调整一次，每次调整的比例不超过 10%。沪深

300 指数是沪深两个市场首次联合发布的覆盖 A 股市场的指数形式。截至 2005 年 3 月末，该指数总市值 21 817 亿元，占沪深市场比例达 64.55%，流通市值 5 934 亿元，占沪深市场比例达 58.29%。7 月 1 日，上海、深圳证券交易所首次调整 14 只沪深 300 指数样本股（见表 2）。

表 1　　沪深 300 指数中权重最大的 20 只股票

序号	股票代码	股票名称	序号	股票代码	股票名称
1	600050	中国联通	11	000039	中集集团
2	600900	长江电力	12	600018	上港集箱
3	600036	招商银行	13	600000	浦发银行
4	600009	上海机场	14	000001	深发展 A
5	600028	中国石化	15	600519	贵州茅台
6	600019	宝钢股份	16	000858	五粮液
7	600016	民生银行	17	600642	申能股份
8	000002	万科 A	18	000088	盐田港 A
9	600005	武钢股份	19	600029	南方航空
10	000063	中兴通讯	20	000983	西山煤电

表 2　　7 月 1 日调整的 14 只样本股

调入样本		调出样本	
股票代码	股票名称	股票代码	股票名称
000422	湖北宜化	000096	广聚能源
000599	G 双星	000420	吉林化纤
000652	G 泰达	000498	丹东化纤
000707	双环科技	000612	焦作万方
000768	西飞国际	000618	吉林化工
000969	G 安泰 A	000763	锦州石化
600027	华电国际	000817	辽河油田
600062	双鹤药业	000823	超声电子
600331	宏达股份	000831	关铝股份
600339	天利高新	600074	中达股份
600383	金地集团	600135	乐凯胶片
600399	抚顺特钢	600630	龙头股份
600418	G 江汽	600638	新黄浦
600550	G 天威	600961	G 株冶

△　中国人民健康保险股份有限公司开业（以下简称人保健康）。该公司是我国首家专业化的健康保险公司，由中国人保控股公司发起设立，总部设在北京，注册资本金 10 亿元人民币。其中，中国人保控股公司（原中国人民保险公司）占 51% 的股份，德国医疗保险股份公司（DKV）占 19% 的股份，中国华闻投资控股有限公司持有 10% 的股份，首都机场集团公司持有 10% 的股份，广西新长江高速公路有限责任公司持有 10% 的股份。人保健康的业务范围是：各种本外币健康险、意外险业务，与健康险有关的咨询服务、代理、再保险业务以及资金运用业务，还经营与国家医疗保障政策配套、受政府委托的健康保险业务。德国医疗保险股份公司是一家专业经营健康保险的公司，目前是欧洲最大的商业健康保险公司。

11 日　国泰君安短期融资券在银行间债券市场发行。此次获批发行的 2005 年第一期短期融资券是我国第一只券商短期融资券，发行额为 6 亿元，期限为 91 天，采取贴现发行、单一价格（荷兰式）招标的发行方式。该融资券信用级别为 AAA 级，到期按面值偿还，到期兑付日为 2005 年 7 月 12 日。本期短期融资券的投标人为国泰君安短期融资券承销团成员，承销团由中国建设银行、中国银行、中国工商银行、招商银行、中国光大银行、上海银行、南京市商业银行、长沙市商业银行、杭州市商业银行、重庆市商业银行和西安市商业银行组成。承销商在债券分销期内将所承销的债券进行分销，分销对象包括中资商业银行、农村信用社联社、保险公司、证券公司以及中国人民银行所许可的其他机构。该短期融资券可以在全国银行间债券市场进行交易。当天，11 家承销团成员参与了该券的招股投标，其中最低投标价格 99.404 元，最高投标价格 99.508 元，有效投标总量 21.6 亿元，最终确定发行价格为 99.49 元。

12 日　欧亚反洗钱与反恐融资小组（the Eurasian Group on Combating Money Laundering and Financing of Terrorism，EAG）第二次全体会议在上海召开。来自 EAG 成员和观察员的 120 余名代表、官员、专家和学者，围绕 EAG 内部沟通和工作机制、工作支持机制、互评估、反洗钱立法和设立金融情报中心建议、欧亚地区洗钱和恐怖融资趋势、技术援助、捐助者会议等诸多议题进行讨论。

△ 中国证监会负责人就证券投资者关心的重大问题答记者问。中国证监会负责人表示：目前解决股权分置已经具备启动试点的条件。我国股市上存在的股权分置问题，被普遍认为是困扰股市发展的头号难题。由于历史原因，我国股市上有2/3的股权不能流通。由于股权分置而产生的同股不同权、同股不同利等弊端，严重影响着股市的发展。股权分置问题的产生主要根源于早期对股份制的认识不统一，对证券市场的功能和定位的认识不统一，以及国有资产管理体制的改革还处在早期阶段，那时主要强调国有企业管理，国有资本运营的观念还没有完全建立。股权分置作为历史遗留问题，影响证券市场预期的稳定，使公司治理缺乏共同的利益基础，也不利于国有资产管理体制改革的深化，已经成为完善资本市场基础制度的一个重大障碍，需要积极稳妥地加以解决。4月13日，沪深股市受此利好刺激强劲反弹，沪深300指数以1 000.90点报收，涨幅达2.27%；上证综指、深成指数则分别报收于1 248.20点和3 371.49点，分别上涨2.35%和1.8%。

股权分置 股权分置是指上市公司的一部分股份上市流通，另一部分暂不上市流通。股权分置问题是由于我国证券市场建立初期，改革不配套和制度设计上的局限所形成的制度性缺陷。股权分置造成上市公司的股权结构不合理、不规范，表现为上市公司股权被人为地割裂为非流通股和流通股两部分，非流通股股东持股比例较高，约为三分之二，并且通常处于控股地位。其结果是，同股不同权，容易产生一股独大，甚至一股独霸现象，流通股股东特别是中小股东的合法权益遭受损害。截至2004年年底，我国上市公司总股本为7 149亿股，其中非流通股股份4 543亿股，占上市公司总股本的63.55%；国有股份占非流通股股份的74%，占总股本的47%。

我国证券市场在设立之初，对国有股流通问题总体上采取搁置的办法，在事实上形成了股权分置的格局。通过国有股变现解决国有企业改革和发展资金需求的尝试，开始触动股权分置问题，1998年下半年到1999年上半年，为了解决推进国有企业改革发展的资金需求和完善社会保障机制，开始进行国有股减持的探索性尝试。但由于实施方案与市场预期存在差距，试点很快被停止。2001年6月12日，国务院颁布《减持国有股筹集社会保障资金管理暂行办法》，由于市场效果不理想，于当年10月22日宣布暂停。2004年1月31日，作为推进资本市场改革开放和稳定发展的一项制度性变革，解决股权分置问题正式被提上日程，国务院发布《国务院关于推进资本市场改革开放和稳定发展的若干意见》，明确提出“积极稳妥地解决股权分置问题”。

13日 国务院第86次常务会议召开，会议分析第一季度经济形势，讨论《中华人民共和国证券法》实施情况及修改等有关问题，强调坚持搞好宏观调控，保持基本政策的连续性和稳定性，注重运用经济手段调控经济运行。关于做好金融工作，会议提出：要调整信贷结构，继续控制中长期贷款过快增长，加大对农业和中小企业信贷支持力度。抓紧采取有力措施促进证券市场稳定健康发展。进一步强化金融监管。会议提出，《中华人民共和国证券法》的修改应突出保护社会公众投资者特别是中小投资者合法权益，加强和完善对上市公司及证券公司的监管，防范和化解证券市场风险，同时要为资本市场制度创新和产品创新提供发展的空间。

18日 国务院批准中国工商银行股份制改革方案。国务院要求，中国工商银行要全面推进各项改革，以建立现代产权制度和现代公司治理结构为核心，转换经营机制，建立现代金融企业制度，成为一个资本充足、内控严密、运营安全、服务与效益良好、主要经营管理指标达到国际水准、具有较强国际竞争力的现代化大型商业银行。为此，要按照国家支持与自身努力相结合，改革与管理、发展并重的原则，稳步推进整体改制工作。通过运用外汇储备150亿美元补充资本金，使核心资本充足率达到6%，通过发行次级债补充附属资本，使资本充足率超过 8%。要实行更加严格的外部监管和考核，确保国家资本金的安全并获得合理回报。要建立规范的公司治理结构，加快内部改革，全面加强风险控制。在处置不良资产时，要严肃追究银行内部有关人员的责任，严厉打击逃废银行债务的不法行为。根据国有商业银行改革实行“一行一策”的原则，中国工商银行股份制改造按照国家支持与工商银行自身相结合的方式进行。中央汇金公司为其注入新的资本金 150 亿美元（折合人民币 1 240 亿元），保留财政部在工商银行的资本金 1 240 亿元人民币，从而工商银行的核心资本达到 2 480 亿元人民币。同年 4 月 21 日，中央汇金公司 150 亿美元外汇注资入账。

20 日　中国人民银行、中国银监会联合颁布《信贷资产证券化试点管理办法》。该管理办法规定：在中国境内，银行业金融机构作为发起机构，将信贷资产信托给受托机构，由受托机构以资产支持证券的形式向投资机构发行受益证券，以该财产所产生的现金支付资产支持证券收益的结构性融资活动，适用该管理办法。该管理办法规定，资产支持证券可通过内部或外部信用增级方式提升信用等级。资产支持证券的发行可采取一次性足额发行或限额内分期发行的方式。分期发行资产支持证券的，在每期资产支持证券发行前 5 个工作日内，受托机构应将最终的发行说明书、评级报告及所有最终的相关法律文件报中国人民银行备案，并按其要求披露有关信息。资产支持证券的承销可采用协议承销和招标承销等方式。承销机构应为金融机构，并须具备下列条件：注册资本不低于 2 亿元人民币；具有较强的债券分销能力；具有合格的从事债券市场业务的专业人员和债券分销渠道；最近两年内没有重大违法、违规行为。资产支持证券在全国银行间债券市场发行结束后 10 个工作日内，受托机构应当向人民银行和银监会报告资产支持证券发行情况。资产支持证券可以向投资者定向发行。资产支持证券在全国银行间债券市场发行结束之后两个月内，受托机构可申请在全国银行间债券市场交易资产支持证券。受托机构应当在资产支持证券发行前和存续期间通过中国人民银行指定媒体依法披露信托财产和资产支持证券信息。

21 日　中国银监会发布《商业银行风险预警操作指引（试行）》。根据该指引要求，自 2005 年起，中国银监会内部将按季度对商业银行法人机构进行风险预警的试运行。该套风险预警指标体系包括定量指标和定性指标两部分。定量指标由资本充足度、信用风险、市场风险、经营风险和流动性风险 5 项分类指标组成，共 22 个指标。同时，定性指标包括 6 项分类指标，分别为管理层评价、经营环境、公司治理、风险管理与内控、信息披露和重大危机事件。风险预警体系根据金融风险的历史数据和银行监管经验，确定各指标的预警阀值和权重系数，对每个定量指标设置了蓝色预警值和红色预警值。银行监管部门通过对单个商业银行的各项预警指标进行连续观测，并将数据导入模型，计算其综合风险分值，并获取相应的预警信号。在此基础上，按照一定的风险转换矩阵，综合判断商业银行的风险预警等级，分别给出正常、蓝色预警、橙色预警和红色预警信号。

24 日　九部委联合发布《关于促进银行卡产业发展的若干意见》。中国人民银行、国家发展和改革委员会、财政部、商务部、公安部、信息产业部、国家税务总局、中国银监会和国家外汇管理局的意见指出，从总体上看，银行卡产业尚处于初级阶段，还存在着整体规划不够、法规建设滞后、产业扶持政策缺位、受理市场不规范等深层次问题。为此，九部委提出 2008 年受理市场建设目标，即至 2008 年年营业额在 100 万元人民币以上的商户受理银行卡的比例达到 60% 左右，大中城市重点商务区和商业街区、星级饭店、重点旅游景区要全部可以受理银行卡。全国大中城市持卡消费额占社会消费零售总额比例达到 30% 左右。全国跨行交易成功率达到 96% 以上。

△　海南汇通国际信托投资公司（以下简称海南汇通）宣告破产。根据海口市中级人民法院裁定书：海南汇通是海南省工商行政管理局核准登记注册的股份制非银行金融机构，其注册

资金为人民币 11 270 万元。海南汇通创建于1988 年 4 月，原企业名称为海口汇通金融公司，1990 年 11 月更名为海南汇通信托投资公司，1991 年 6 月再次更名为海南汇通国际信托投资公司。海南汇通大部分的投资及贷款均用于房地产业。随着海南房地产泡沫的破灭，其用于房地产项目的投资及贷款因房地产的贬值而形成亏损或呆坏账，大部分贷款无法收回，投资项目搁浅，资产损失极为严重。因海南汇通违规经营，中国人民银行于 2001 年 11 月 21 日决定对其实施停业整顿，并停止其有关金融业务。截至2004 年 6 月 30 日，海南汇通账面资产总额为2 964 419 245.88 元，负债总额为 31 156 903 348.69 元，有效资产总额为 587 937 497.91 元，有效资产的负债率为 536.95%。因经营管理不善，企业严重亏损，不能清偿巨额到期债务，已呈连续亏损状态，符合法定破产条件，依法宣告其破产。

27 日 国务院第 88 次常务会议召开，研究进一步加强房地产市场宏观调控。会议认为：目前房地产市场存在主要问题是：房地产投资规模过大，商品房价格上涨过快，商品房结构不合理，房地产市场秩序比较混乱。会议强调，必须把解决房地产投资规模和价格上升幅度过大的问题，作为当前加强宏观调控的一个突出任务。会议提出，当前加强对房地产市场引导和调控要采取以下措施：一是强化规划调控，改善商品房结构。二是加大土地供应调控力度，严格土地管理。三是加强对普通商品住房和经济适用住房价格的调控，保证中低价位、中小户型住房的有效供应。经济适用住房价格要严格实行政府指导价。四是完善城镇廉租住房制度，保障最低收入家庭基本住房需求。五是运用税收等经济手段调控房地产市场，特别要加大对房地产交易行为的调节力度。六是加强金融监管。各商业银行要加强对房地产贷款和个人住房抵押贷款的信贷管理，防范贷款风险。七是切实整顿和规范市场秩序。八是加强市场监测，完善市场信息披露制度。

△ 中国人民银行发布《全国银行间债券市场金融债券发行管理办法》。该管理办法包括总则、申请与核准、发行、登记托管与兑付、信息披露、法律责任、附则共 7 章 44 条。该管理办法规定：中国人民银行依法对金融债券的发行进行监督管理。未经中国人民银行核准，任何金融机构不得擅自发行金融债券。金融债券发行人及相关中介机构应充分披露有关信息，并提示投资风险。金融债券的投资风险由投资者自行承担。政策性银行发行金融债券应按年向中国人民银行报送金融债券发行申请，经中国人民银行核准后方可发行；商业银行、企业集团财务公司发行金融债券，须分别满足核心资本充足率不低于4% 和 10% 的条件。金融债券可在全国银行间债券市场公开发行或定向发行。发行金融债券的承销可采用协议承销、招标承销等方式。承销人应为注册资本不低于 2 亿元人民币的金融机构；金融债券的招投标发行通过中国人民银行债券发行系统进行。发行人不得认购或变相认购自己发行的金融债券。该管理办法自 2005 年 6 月 1 日起施行。中国人民银行 1998 年 11 月 28 日发布的《政策性银行金融债券市场发行管理暂行规定》同时废止。

28 日 中国银监会发布《商业银行外部营销业务指导意见》。该指导意见要求，商业银行外部营销业务摊位使用或租用时间应在规定时限内；外部营销的业务范围仅限于银行综合信息的介绍，推介银行产品，寻找和开拓客户资源，分发空白的金融产品与服务的申请文件；银行应加强对外部营销人员资质的管理，应建立充分的对外部营销人员培训的机制，应强化外部营销内部管理及控制制度的建设，应加强保护消费者权益的管理措施等。

29 日 上市公司股权分置改革试点工作正式启动。中国证监会发布《关于上市公司股权分置改革试点有关问题的通知》，正式启动上市公司股权分置改革试点工作。该通知主要规定：1. 中国证监会根据上市公司股东的改革意向和保荐机构的推荐，协商确定试点公司。试点上市公司股东自主决定股权分置问题解决方案。2. 试点上市公司应当及时履行信息披露义务，真实、准确、完整地披露信息，并做好申请股票停复牌工作。3. 试点上市公司为表决股权分置改革方案召开临时股东大会，应当为流通股股东参加股东大会行使权利作出相关安排。4. 试点上市公司董事会应当聘请保荐机构协助制订股权分置改革方案，对相关事宜进行尽职调查，对相关文件进行核查，出具保荐意见，并协助实施股权分置改革方案。保荐机构应当指定3名保荐代表人具体负责保荐事宜。5. 试点上市公司的非流通股股东通过证券交易所挂牌交易出售获得流通权的股份，应当作出分步上市流通承诺并履行相关信息披露义务。

△ 南方证券股份有限公司被行政关闭。1992年12月21日，南方证券股份有限公司经中国人民银行批准，由中国工商银行、中国农业银行、中国银行、中国建设银行、交通银行和中国人民保险公司联合发起，注册资本10亿元人民币。2000年年底完成增资扩股，股本达到34.5亿元人民币。2002年3月改制成功，南方证券股份有限公司正式挂牌。2004年1月2日，由于挪用客户保证金高达80亿元以及自营业务的巨额亏损，中国证监会、深圳市政府宣布对南方证券股份有限公司实施行政接管。2005年2月中国人民银行提供80亿元再贷款帮助南方证券股份有限公司偿付保证金。

△ 最高人民法院发布《关于证券监督管理机构申请人民法院冻结资金账户、证券账户的若干规定》。该若干规定明确：1. 中国证监会及其下属各省、自治区、直辖市、计划单列市证券监督管理局作为申请人，在履行证券、期货监督管理职责中，对有证据证明被申请人有转移或者隐匿违法资金、证券或者其他财产迹象，依法向人民法院申请冻结资金账户、证券账户的，人民法院应当依法受理。2. 人民法院冻结资金账户、证券账户的期限为3个月，期满未申请继续冻结的，冻结自动解除。3. 申请冻结资金账户、证券账户违法或者不当，给被申请人合法权益造成损失的，由申请人依法承担行政赔偿责任。该若干规定自5月1日起施行。

△ 中国人民银行与中国银监会联合下发《关于进一步加强农村信用社改革试点专项中央银行票据发行兑付考核工作的通知》。该通知要求：进一步增强做好改革试点专项票据发行兑付考核工作的紧迫感、责任感和使命感，认真履行工作职责；进一步完善改革试点专项票据发行兑付考核工作制度；切实加强对信用社增资扩股和处置不良资产的真实性和合规性审查；督促信用社切实从加强内部管理入手，完善法人治理结构、强化约束机制，并在申请兑付专项票据时取得实质性进展；建立健全对各分支机构专项票据考核工作的考评机制。

30日 七部委联合发布《关于做好稳定住房价格工作意见》。针对一些地区存在房地产投资规模过大，商品住房价格上涨过快，供应结构不合理，市场秩序比较混乱等突出问题，建设部、国家发展和改革委员会、财政部、国土资源部、中国人民银行、国家税务总局和中国银监会在发布的此文件中提出：1. 各地要根据本地房地产市场需求情况，尽快明确今明两年普通商品住房和经济适用住房建设规模、项目布局以及进度安排。住房建设要以中低价位普通商品住房和经济适用住房项目为主，并明确开工、竣工面积和占住房建设总量的比例，尽快向社会公布。2. 对居住用地和住房价格上涨过快的地方，适当提高居住用地在土地供应中的比例，着重增加中低价位普通商品住房和经济适用住房建设用地供应量。继续停止别墅类用地供应，严格控制高档住房用地供应。进一步完善土地收购储备制度，积极引入市场机制，进行土地开发整理。严格土地转让管理，依法制止"炒买炒卖"土地行为；加大对闲置土地的清理力度，切实制止囤积土地行为。3. 自2005年6月1日起，对个人购买住房不足两年转手交易的，销售时按其取得的售房收入全额征收营业税；个人购买普通住房超过两年（含两年）转手交易的，销售时免征营业税；对个人购买非普通住房超过两年（含两年）转手交易的，销售时按其售房收入减去购买房屋的价款后的差额征收营业税。4. 人民银行及其分支机构要加大"窗口指导"力度，加强对房地产开发贷款和个人住房抵押贷款的信贷管理，调整和改善房地产贷款结构。5. 大力发展省地型住房，在规划审批、土地供应以及信贷、税收等方面，对中小套型、中低价位普通住房给予优惠政策支持。6. 各地要落实经济适用住房项目招投标的制度，加强经济适用住房建设，严格实行政府指导价，控制套型面积和销售对象，切实降低开发建设成本，建设单位利润要控制在3%以内。要根据廉租住房需求，切实落实以财政预算安排为主、多渠道筹措廉租住房资金，着力扩大廉租住房制度覆盖面，加快解决最低收入家庭基本住房需要。

5月11日，国务院办公厅在转发该意见的通知中指出：房地产业是国民经济支柱产业。各地区、各部门要把解决房地产投资规模过大、价格上涨幅度过快等问题，作为当前加强宏观调控的一项重要任务。做好供需双向调节，遏制投机性炒房，控制投资性购房，鼓励普通商品住房和经济适用住房建设，合理引导住房消费，促进住房价格的基本稳定和房地产业的健康发展。

2004年以来，中国各地房价不断上扬，全年房价上涨14.4%，2005年第一季度，又同比上升12.5%，在经济发达的上海，市区、郊区住宅均价已经超过了每平方米1万元。低端商品房供应不足，如经济适用房的比重由2003年的6.1%下降到了2004年的4.6%；同时，单套商品房的面积也不合理，国家统计局对某市进行调查后发现，该市80平方米以下的商品房不到12%。

△ 中国人民银行发布《关于对签发空头支票行为实施行政处罚有关问题的通知》。该通知规定：1. 人民银行及其分支机构实施对签发空头支票出票人的行政处罚，签发空头支票或者签发与其预留的签章不符的支票，不以骗取财物为目的的，由人民银行处以票面金额5%但不低于1 000元的罚款。2. 建立空头支票违规行为的"黑名单"制度，并将有关违规信息定期向同一票据交换区域内的银行进行通报。3. 罚款代收机构对空头支票罚款收入占压、挪用的，人民银行及其分支机构可给予警告，没收违法所得，并处违法所得1倍以上3倍以下的罚款；没有违法所得的，处5万元以上30万元以下的罚款；情节严重的，建议出票人开户银行或其上级行按规定对出票人开户银行的高级管理人员及直接责任人给予纪律处分。

5月

8日 国家开发银行首次发放助学贷款。国家开发银行首批1.9亿元国家助学贷款在河南省发放，发放规模超过各家金融机构历年在河南省发放的助学贷款的总和。河南省分行是国家开发银行开展助学贷款的第一家试点分行，2005年将向河南省92所高校的贫困学生发放助学贷款9.64亿元，受助学生达13万人以上。助学贷款始于1999年，2004年6月，国家对助学贷款政策进行了一系列重大调整，其中最重要的是设立风险补偿金，并让财政和高校各担负一半；同时改变由国家指定商业银行办理助学贷款的做法，实行通过招投标方式确定国家助学贷款经办银行。

△ 汇丰集团全资附属公司汇丰保险集团有限公司（HSBC Insurance Holdings Limited）宣布，按每股13.2港元（1.69美元）的价格购入613 929 279股平安保险公司股份。收购完成后，汇丰控股持有的平安股份将会占其已发行股本的19.9%。2002年10月8日，汇丰集团在上海与中国平安保险股份有限公司签署认购协议，以6亿美元（约人民币50亿元）认购平安保险股份，持股比例为10%；2005年8月，汇丰与平安人寿达成代理保险合作协议，开始在内地代理平安的寿险产品。

汇丰集团是全球规模最大的银行及金融服务机构之一，从事个人银行、工商银行、企业银行、投资银行以及保险业务。汇丰控股有限公司在英国注册成立，总部设于伦敦。1998年，汇丰控股采用HSBC四个英文字母和公司的六角形标志，作为汇丰集团在全球每一个经营地点使用的统一品牌（在使用中文的地区，HSBC称为汇丰）。

△ 中国证监会确定金牛能源（000937）、三一重工（600031）、清华同方（600100）、紫江企业（600210）为首批股权分置改革试点单

位，四家公司的股票及可转债即日起停牌。经过反复研究、修改，四家公司基本确定了试点方案：清华同方流通股通过资本公积转增进行1:1扩股，而非流通股股东放弃；三一重工流通股股东每10股获非流通股股东送3.5股和8元现金对价；金牛能源拟采用非流通股股东向流通股股东10股送2.5股的方案；紫江企业则采用非流通股股东向流通股股东10股送3股的方案。四家公司股权分置改革试点工作按照“统一组织、分散决策”的总体思路进行，保荐机构参与方案设计，上市公司股东充分协商，公众投资者积极参与，并对方案依法进行了表决。三一重工、清华同方、紫江企业和金牛能源参与投票的流通股份比例分别达到76.72%、32.72%、54.90%和69.33%。

三一重工5月11日复牌后直接涨停，月最大涨幅达到23.78%；清华同方5月12日复牌后连续涨停，月最大涨幅达到25.29%；紫江企业于5月12日复牌当日涨停，月最大涨幅达到20.86%；金牛能源5月16日最后复牌，出现冲高回落现象，月最大涨幅为9%。

11日 中国人民银行发布《全国银行间债券市场债券远期交易管理规定》。该管理规定明确，债券远期交易是指交易双方约定在未来某一日期，以约定价格和数量买卖标的债券的行为，债券券种包括已在全国银行间债券市场进行现券交易的中央政府债券、中央银行债券、金融债券和经中国人民银行批准的其他债券券种。远期交易的市场参与者应为进入全国银行间债券市场的机构投资者。远期交易从成交日至结算日的期限（含成交日不含结算日）由交易双方确定，但最长不得超过365天，实行净价交易，全价结算，到期实际交割资金和债券。任何一家市场参与者单只债券的远期交易卖出与买入总余额分别不得超过该只债券流通量的20%，远期交易卖出总余额不得超过其可用自有债券总余额的200%。市场参与者中，任何一只基金的远期交易净买入总余额不得超过其基金资产净值的100%，任何一家外资金融机构在中国境内的分支机构的远期交易净买入总余额不得超过其人民币营运资金的100%，其他机构的远期交易净买入总余额不得超过其实收资本金或者净资产的100%。该管理规定自2005年6月15日起施行。

6月3日，中国人民银行又发布了两个重要的配套性文件。一是《中国人民银行关于印发〈全国银行间债券市场债券远期交易主协议〉的通知》，要求全国银行间同业拆借中心会同中央国债登记结算有限责任公司，向银行间债券市场参与者公布并组织签署债券远期交易主协议，并将签署信息通过中国货币网和中国债券信息网向市场参与者公告。全国银行间债券市场远期交易主协议和债券远期交易主协议签署页两个范本文件同时公布。二是《中国人民银行关于全国银行间债券市场债券远期交易信息披露风险监测有关事项的通知》，对全国银行间同业拆借中心和中央国债登记结算有限责任公司就日常信息披露和风险监测预警提出了明确要求。

12日 中国人民银行批准泛亚债券指数基金（Pan-Asian Bond Index Fund，PAIF）进入银行间债券市场。这是银行间债券市场引入的第一家境外机构投资者。东亚及太平洋中央银行行长会议组织（EMEAP）宣布对第二期亚洲债券基金（ABF2）管理人、托管人及指数提供商的任命：在这个由泛亚债券指数基金与8只单一市场（除日本、澳大利亚、新西兰以外的8个成员市场，包括中国、韩国、中国香港、泰国、马来西亚、菲律宾、新加坡、印度尼西亚）指数基金组成的基金中，道富环球新加坡有限公司（SSgA）受命管理10亿美元的泛亚基金，8只单一市场指数基金分别由华夏基金管理有限公司、汇丰投资基金（香港）有限公司、PT Bahana TWC投资管理公司（印度尼西亚）、三星投资信托管理有限公司（韩国）、AM投资管理有限公司（马来西亚）、菲律宾群岛银行、新加坡发展银行资产管理公司、Kasikorn资产管理有限公司（泰国）管理，汇丰银行担任泛亚指数基金及8只单一市场指数基金的总托管人。

13日 中国银联与泰国PCC（Processing Center Co.，Ltd.）公司签署银联卡联网合作协议。从即日起，中国银联卡可正式在泰国贴有银联标识的ATM上提现，持卡人每天最高可提取相当于5 000元人民币的泰铢。泰国PCC公司是泰国唯一的ATM网络运营商，负责泰国ATM跨行交易转接和信息处理，所服务的银行包括泰国14家本地银行和4家外资银行。PCC公司首批开通了泰国两大主要银行盘古银行和泰华农民银行的3 500台ATM受理银联卡，基本普及泰国主要旅游和商业场所。

14日 经中国银监会和民政部批准，中国信托业协会成立。中国信托业协会将依据章程履行职责，围绕“协调、自律、服务、维权”的宗旨开展工作。该协会拥有会员55家。截至2004年年底，全国信托投资公司固有资产770.7亿元，负债291.4亿元，所有者权益479.3亿元；管理各类信托资产2 102亿元，营业收入45.8亿元，其中自营收入24.7亿元，盈亏相抵后的净利润8.7亿元，12家公司亏损。至此，中国四大金融行业——银行、证券、保险、信托均有了行业自律组织。

16日 温家宝阐明中国政府关于人民币汇率的基本立场。国务院总理温家宝在北京会见美国商会代表团时强调：第一，实行人民币汇率制度改革，是建立社会主义市场经济体制的必然要求，是金融改革的重要内容，是我们一贯的方针，我们将坚定不移地推进这项改革。第二，推进人民币汇率制度改革，要从中国的实际出发，考虑宏观经济环境，考虑企业承受能力，考虑金融改革的进度，考虑对国际贸易的影响。近两年来，我们从多方面为汇率改革积极创造条件，并进行改革方案的研究，为此做了大量准备工作。同时，中国是负责任的国家，汇率改革也要考虑对周边国家、地区以至世界经济金融的影响。第三，人民币汇率改革是中国的主权，每个国家完全有权选择适合本国国情的汇率制度和合理的汇率水平。我们遵循市场经济规律，但不屈从外界的压力，任何压力和炒作，把经济问题政治化，都无助于问题的解决。我们的态度很明确，只要条件具备，没有外界压力我们也会主动推进汇率改革；如果条件不具备，即使外界施加巨大压力，我们也不会贸然行事。

△ 财政部发布《信贷资产证券化试点会计处理规定》。该规定明确：发起机构已将信贷资产所有权上几乎所有（通常指95%或者以上的情形，下同）的风险和报酬转移时，应当终止确认该信贷资产，并将该信贷资产的账面价值与因转让而收到的对价之间的差额，确认为当期损益。在发起机构仍保留部分重大风险和报酬的情况下，应进一步判断是否能对资产证券化的信贷资产保留控制权。如果仍保留控制权，要视发起机构继续涉入信贷资产的程度继续确认相关资产和负债。如果放弃对信贷资产的控制，就可以将其终止确认了。该规定还要求发起机构应当就信贷资产证券化作出详细披露，如所转让信贷资产的账面价值、因转让信贷资产而确认资产的性质、发起机构仍保留的信贷资产所有权上风险和报酬的性质、相关负债的账面价值等。

△ 国家外汇管理局召开外汇违规（负面）信息披露试点工作座谈会。座谈会决定自5月起在辽宁、河北、深圳三省（市）进行外汇违规（负面）信息披露试点。外汇违规（负面）信息披露主要采取三种方式，即公开披露，向监管部门及政府相关部门提供，供信用管理公司及相关企业、个人查询；对于违规金额巨大、性质恶劣、影响面广的涉汇主体的违规案件，将在有关媒体公开披露；对于其他违规案件，向监管部门及政府相关部门提供，也可供信用管理公司及相关企业、个人查询。

17日 财政部发布《金融企业呆账准备提取管理办法》。该管理办法规定：金融企业承担风险和损失的资产应提取呆账准备，并于每年年度终了根据承担风险和损失的资产余额的一定比例提取一般准备。一般准备是银行根据全部贷款余额的一定比例计提的、用于弥补尚未识别的可能性损失的准备；一般准备应按季度计提，年末一般准备余额应不低于年末贷款余额的1%。金融企业按规定提取的一般准备作为利润分配处理。银行提取的贷款损失准备还包括专项拨备，根据贷款的五级分类情况对于正常类贷款之外的贷款按类别提取贷款损失准备，允许在所得税前列支。该管理办法包括总则、呆账准备的提取、账务处理、附则共4章17条，自2005年7月1日起施行。

△ 财政部、中国银监会发布《金融资产管理公司资产处置公告管理办法》。该管理办法规定：1. 资产管理公司资产处置公告适用的资产范围为资产管理公司收购（含附带无偿划转）的各类不良资产及依法享有处置权的其他资产，包括但不限于以下资产：资产管理公司收购的不良贷款及相应利息；资产管理公司持有的债转股企业股权，通过资产置换、资产抵债等其他方式持有的各类企业股权；资产管理公司拥有所有权及依法享有处分权的各种实物资产，包括以物抵债实物资产、处置抵（质）押贷款等收回的实物资产等；无形资产等。2. 资产处置公告应至少包括以下内容：资产描述，包括资产的名称、种类、所在地、标的金额、数量、涉及的企业、抵押和担保情况、当前状况等；进行资产处置的意思表示；提请对资产处置项目征询或异议的意思表示；对交易对象和交易条件的要求；联系人及联系方式；对排斥、阻挠征询或异议的举报方式；其他需要说明的情况。3. 对已形成资产处置方案的项目，在资产管理公司资产处置审核机构审核前，除在资产管理公司对外网站进行公告外，资产处置标的（即资产整体账面价值）超过1 000万元的资产处置项目还应当在相应级别的报纸上公告。4. 对打包处置的资产项目，应当在公告中作总体介绍，披露资产包的户数、金额、资产形态、债务分布地区，投资者向债权人了解债权具体情况的途径和方法，同时将资产包的逐户逐笔信息刊登在资产管理公司对外网站上，或以适当方式向投资者提供详细的资产包书面介绍资料。5. 以拍卖、招投标等方式处置资产时，按相关法律、法规的规定进行公告。

△ 国家外汇管理局发布《关于现阶段完善出口预收货款和转口贸易收汇管理有关问题的通知》。该通知要求，对于单笔等值20万美元以上（含20万美元）的四类境外汇款，银行应将其转入收汇单位开立的待结汇账户。这四类境外汇款包括：一是预收货款；二是转口贸易收汇；三是境外汇款指示中明确入经常项目外汇结算账户，但银行据此无法判断具体交易性质的款项；四是境外汇款指示中明确结汇入人民币账户，但银行据此也无法判断具体交易性质的款项。待结汇账户中的外汇资金结汇时，收汇单位应当向银行书面说明结汇款项性质，提供相应单证，按相关规定办理。

18日 中国人民银行批准银行间外汇市场开办外币买卖业务。外币买卖业务是指在银行间外汇市场，通过电子交易与清算平台，为境内金融机构进行外币与外币之间的交易与清算提供便利的安排。此次推出的外币买卖系统是为外币对外币的即期交易提供交易与清算系统，不涉及人民币对外币的交易。外币买卖业务的交易主体分为做市商和会员银行两类，实行做市商报价驱动的竞价交易模式。会员银行以点击报价、订单报价或RFQ询价方式等成交。银行间外币交易时间暂定为每周一至周五北京时间7:00～19:00，国内法定假日不开市。首批入选的做市商银行为德意志银行（DB）、汇丰银行（HSBC）、荷兰银行（ABN. AMRO）、苏格兰皇家银行（RBS）、花旗集团（CITIGroup）、蒙特利尔银行（BMO）、荷兰商业银行（ING）、中国银行（BOC）、中国工商银行（ICBC）和中信实业银行（CITIC）。首批推出的外币对为美元/港元、美元/日元、美元/英镑、美元/瑞士法郎、美元/澳元、美元/加元、美元/欧元、欧元/日元8种。据《2005年中国国际收支报告》统计，截至2005年年底，银行间市场有外币买卖做市商银行11家，会员银行41家。全年共有159个交易日，8个外币对累计达成交易24 243笔，累计成交量折合521.33亿美元，日均成交量3.28亿美元。

19日 国家外汇管理局发布《关于扩大境外投资外汇管理改革试点有关问题的通知》。该通知决定将境外投资外汇管理改革试点从现有的24个省、自治区、直辖市扩展到全国；境外投资用汇总额度从33亿美元增至50亿美元；试点地区外汇局的审查权限从300万美元提高至1 000万美元。

国家外汇管理局自2002年10月1日起，先后批准了浙江、江苏、上海、山东、广东、福建、北京、天津、四川、黑龙江、重庆、广西、湖北、海南14个省市进行境外投资外汇管理改革试点。截至2005年9月底，除重庆、广西、湖北和海南4个新批试点地区以外，原批准的10个试点省、自治区、直辖市已通过外汇资金来源审查的境外投资项目为327个，中方协议投资总额为13.32亿美元，其中已办理外汇登记的境外投资项目为172个，中方协议投资总额为4.96亿美元；已通过外汇资金来源审查的购汇金额为5.73亿美元，其中已办理了境外投资外汇登记手续的购汇金额为2.39亿美元，已实际购汇汇出金额为1.21亿美元。

20日 中国向国际货币基金组织"冲突后和自然灾害紧急援助贴息账户"捐款200万美元。国际货币基金组织执董会于2005年1月21日通过了对该组织"减贫与增长贷款"项目受益国提供自然灾害紧急援助的决议。根据该决议，国际货币基金组织将原有的"紧急援助贴息账户"扩展为"冲突后和自然灾害紧急援助贴息账户"，对遭受印度洋海啸等自然灾害的低收入国家提供低息贷款，并动员成员国捐款以提供贴息。至此，除中国以外，已经承诺捐款的国家还有法国、英国、加拿大、俄罗斯、印度等。

△ 深圳证券交易所发布并实施《独立董事备案办法》。该备案办法规定，在上市公司披露独立董事候选人资料后5个交易日内，深圳证券交易所将在网站上对候选人的相关情况予以公示，任何单位和个人可通过多种渠道就可能影响独立董事候选人任职资格和独立性两个方面的情况（包括独立性、专业能力、以往任职期间诚信勤勉情况、是否受过各类处分等）向深圳交易所提出反馈意见。深圳交易所将结合所反馈的意见，对独立董事候选人的任职资格和独立性进行审核。在上市公司披露独立董事候选人资料5个交易日后，任何单位和个人仍可通过以上方式反馈意见，深圳交易所将在持续监管中予以关注。

23日 中国人民银行发布《短期融资券管理办法》。该管理办法规定：1. 中国人民银行依法对融资券的发行、交易、登记、托管、结算、兑付进行监督管理，发行短期融资券须报中国人民银行备案。2. 融资券对银行间债券市场的机构投资人发行，只在银行间债券市场交易。融资券不对社会公众发行。3. 企业应在每期融资券发行日前5个工作日，将当期融资券的相关发行材料报中国人民银行备案。4. 企业发行融资券实行余额管理。待偿还融资券余额不超过企业净资产的40%。期限实行上限管理（最长不超过365天），发行利率或发行价格由企业和承销机构协商确定，短期融资券在中央结算公司无纸化集中登记托管。5. 发行人应进行信用评级，应聘请注册会计师进行审计，应聘请律师出具法律意见书。6. 发行人应按有关规定向银行间债券市场披露信息，包括发行信息披露、持续信息披露、重大事项临时公告、超比例投资公告、违约事实公告。重要信息在中国货币网和中国债券信息网同时公布。对于披露虚假信息的行为，该管理办法明确规定了停止发行人发行短期融资券、停止中介机构从事相关中介业务、承担连带赔偿责任等多种处理措施。该管理办法共有6章41条，同时下发的还有《短期融资券承销规程》、《短期融资券信息披露规程》，均自公布之日起施行。

△ 亚洲区域保险监管合作会议在北京召开，通过《亚洲区域保险监管合作北京宣言》（以下简称《北京宣言》）。会议由中国保监会主办，来自中国、中国香港、印度、日本、约旦、韩国、中国澳门、马来西亚、尼泊尔、巴基斯坦、菲律宾、新加坡、泰国和越南14个国家和地区的保险监管官员参加。《北京宣言》提出：为确保合作机制持续、有效地发挥作用，亚洲各国和地区保险监管当局在平等自愿的基础上，将采用适当的形式召开亚洲区域保险合作会议。在合作机制框架内，开展多层次、多领域的保险监管合作活动。一是举行高层会议和工作组专家会晤，及时沟通情况，探讨研究亚洲国家和地区共同关注的问题；二是推动亚洲保险业界开展广泛交流，鼓励通过创新解决亚洲保险业特有的问题，促进亚洲成熟市场与新兴市场的协调发展；

三是开展区域保险监管合作，防范化解市场风险；四是在保险监管人员培训方面加强合作，提高亚洲国家和地区保险监管水平。

26日 中国人民银行发布2005年第一季度《中国货币政策执行报告》。该报告指出：第一季度我国国民经济继续平稳、较快发展。加强和改善宏观调控的成效逐步显现，固定资产投资增幅继续回落，消费增长加快，进出口贸易持续扩大，城乡居民收入进一步增加。第一季度，国内生产总值增长了9.4%，居民消费价格同比上涨2.8%。货币信贷增长基本适度，金融运行平稳。3月末，M_2余额为26.5万亿元，同比增长14.0%。基础货币余额为5.8万亿元，同比增长14.1%。第一季度，金融机构新增人民币贷款7 375亿元，同比少增976亿元。货币市场利率平稳走低。3月末，外汇储备余额为6 591.4亿美元，比上年年末增加492.1亿美元，人民币兑美元汇率为8.2765元人民币/美元，与上年年末持平。但经济运行中仍然存在着固定资产投资规模偏大、煤电油运供应偏紧、CPI回落而通货膨胀压力犹存等问题。此外，由于第一季度我国贸易顺差和外汇储备快速增长，货币政策有效性面临严峻挑战。

中国人民银行将继续执行稳健的货币政策，合理调控货币信贷总量，既要支持经济发展，又要防止通货膨胀和防范金融风险。一是进一步完善间接调控机制，保持货币信贷合理增长；二是继续深化利率市场化改革，充分发挥价格杠杆的调控作用；三是坚持区别对待、有保有压，发挥好信贷政策在加快结构调整中的作用；四是适当控制中长期贷款，促进信贷期限结构优化；五是大力培育和发展金融市场，以金融产品创新为突破口，扩大直接融资渠道；六是加快推进金融企业改革；七是促进国际收支平衡，保持人民币汇率在合理均衡水平上的基本稳定。

△ 中国人民银行发布2004年《中国区域金融运行报告》。该报告分为金融运行情况、经济运行情况、预测与展望三部分。主要内容：1.2004年，东、中、西部地区经济均保持了平稳、较快发展势头，经济发展中的不稳定、不健康因素得到了一定抑制，经济活力有所增强，区域经济一体化进程加快。2.投资需求高位回落，消费需求趋于活跃，国内需求总体上保持较快增长。进出口继续快速增长，特别是西部地区进口和利用外资明显加快。3.各地区三大产业全面发展。河南、黑龙江、内蒙古等农业大省的农业增加值增速高达10%以上；工业增加值增速在20%以上的省份多达20个；各地第三产业发展增速在9%～14%之间，浙江、江苏、内蒙古分别列增速的前三位。4.通货膨胀压力加大，14个省份的居民消费价格上涨幅度超过4%。涨幅最高的分别是云南（6%）、河南（5.4%）和湖南（5.1%）。北京（1%）、上海（2.2%）和天津（2.3%）涨幅最低。原材料购进价格与工业品出厂价格之间的差距逐步拉大。5.多数地区房地产开发投资和房地产信贷增幅逐步回落，但仍在高位运行，房地产价格趋升。2004年，房地产开发投资增速在50%以上的省份有3个，增速在30%～40%之间的省份有15个。35个大中城市中，房屋销售价格增幅超过10%的省份有9个，分别为沈阳、上海、南京、青岛、宁波、重庆、天津、杭州和济南。

2004年，中国人民银行继续执行稳健的货币政策，金融宏观调控取得明显成效，金融支持经济的作用也得到有效的发挥。贷款增速呈高位回落态势，其中，东部地区回落明显。城乡储蓄存款增速先降后升，中西部地区储蓄存款增长较快。此外，由于中长期贷款快速增长，各地区普遍存在“短存长贷”的期限错配问题。各地区金融运行平稳。银行业资产增长较快，盈利大幅增加，特别是东部地区资产盈利水平相对较高；票据承兑业务发展较快，民间融资趋于活跃。金融机构货币市场和资本市场交易活跃，东部地区占有全国银行间货币市场交易量的绝对份额，中部地区证券交易和股票市场融资增加明显。黄金期货市场交易呈现强势，创新业务不断推出。各地区保险业稳步发展，保险密度有所上升；保险业结构发生较大变化，财产险发展迅速。总体看，全国大部分地区直接融资比重偏低，融资结构有待改善。在国民经济总体呈现良好发展态势的同时，各地区普遍存在固定资产投资反弹压力、能源和交通的“瓶颈”制约、生产资料价格较快上涨、信贷结构矛盾突出等问题。2005年，各地区应继续按照党中央、国务院的统一部署，认真贯彻各项宏观调控政策，切实转变经济增长方式；要依据各自特点，充分发挥比较优势，同时加强区域经济合作，东、中、西部地区互动，实现全国经济的全面、协调、可持续发展。

27日 中、日、韩三国中央银行签署货币互换协议。根据协议，中韩之间的互换规模由20亿美元增加到40亿美元，韩日则达成了30亿美元的互换协议，允许双方在缺少日元或韩圆时互相借贷，此前两国协议的规模为20亿美元。2001年，中国人民银行同泰国银行签署了总额为20亿美元货币互换协议。2002年3月，中国人民银行与日本签订了约30亿美元的货币互换安排协议，允许在紧急情况下相互融通相当于30亿美元的日元和人民币。在此次中、日、韩更新货币互换协议之前，三国与其他亚洲各国之间缔结的互换协定主要是单向协定，即当对方提出要求时，将美元和对方国家货币进行交换。而在2005年1月25日，日本和泰国续签了彼此的货币互换协议，将单项援助改为双向支持框架。

△ 上海证券交易所正式获准成为“可扩展商业报告语言”国际组织的会员。“可扩展商业报告语言”（Extensible Business Reporting Language，XBRL）是一种国际通行的公司财务报告语言，能够将公司财务报表内的数据和表外说明进行语言统一，实现财务报表数据钩稽关系的自动化处理，从源头上保证上市公司数据的准确性和可靠性。中国证监会从2002年年底开始组织上海证券交易所、深圳证券交易所和相关软件公司的人员起草《上市公司信息披露电子化规范》，这个规范在技术框架上借鉴和采用了XBRL标准。在《上市公司信息披露电子化规范》的框架下，上海证券交易所成功地将XBRL应用于上市公司2003年年报摘要，以及2004年第一季度报告、中报摘要、年报摘要和年报全文披露。

△ 中国人民银行调整人民币存贷款计结息规定。《中国人民银行关于人民币存贷款计结息问题的通知》规定：从9月21日起，活期存款由按年计结息改为按季度计结息（部分农村信用社和邮政储蓄基层机构执行个人活期存款按季度结息的时间最迟是2006年1月21日）；除活期存款和定期整存整取存款外，通知存款、协定存款，定活两便、存本取息、零存整取和整存零取等六种存款的计结息方式由银行自主选择。

30日 国家税务总局会同财政部、建设部联合下发《关于加强房地产税收管理的通知》。该通知规定：1. 2005年5月31日以前，各地要公布本地区享受优惠政策的普通住房标准。2. 2005年6月1日后，个人将购买不足两年的住房对外销售的，应全额征收营业税；个人将购买超过两年的符合当地公布的普通住房标准的住房对外销售，可以向地方税务部门申请办理营业税手续，如果不能提供属于普通住房的证明材料，则一律按非普通住房的有关政策征收营业税，即按其售房收入减去购买房屋价款后的差额缴纳营业税。3. 个人对外销售住房应持依法取得的房屋权属证书，并到地方税务部门申请开具发票。4. 对不符合规定条件的个人对外销售住房不得减免营业税；对个人承受不享受优惠政策的住房不得减免契税。对擅自变通政策、违反规定对不符合规定条件的个人住房给予税收优惠，影响调整后的税收政策落实的，要追究当事人的责任。

△ 中国证监会、国有资产监督管理委员会发布《关于做好股权分置改革试点工作的意见》。该意见提出：1. 要通过股权分置改革，优化公司治理结构，巩固全体股东的共同利益基础，促进上市公司有效利用各项金融创新工具提高资本运作效率，优化资产结构，增加投资回报。要鼓励改革后的公司进行并购重组、资本运营等方面的创新试点。2. 试点上市公司进行股权分置改革，要维护投资者特别是公众投资者的知情权、参与权和表决权；采取有效的措施，使改革方案具有广泛的股东基础，保障股东充分行使权利。公众投资者也要珍视自己的权利，积极

参与股权分置改革。3. 大中型上市公司要积极利用股权分置改革进一步健全现代企业制度，使资产的保值增值具有更加公开、公平、公正的价值评判基础。4. 保荐机构要发挥协调平衡作用，履行好组织、引导、说明、解释的职责，起到桥梁和纽带作用，做好非流通股股东和流通股股东沟通协调工作。5. 保险公司及其资产管理公司、基金公司、证券公司为代表的机构投资者，要切实履行所承担的职责。依法合规地买卖试点公司股票，参与试点公司的改革。对于凭借持股优势与其他股东合谋操纵股东大会表决结果，干扰其他投资者正常决策的，证监会将会同相关行业监管机构予以严肃查处。6. 新闻媒体要坚持正确的舆论导向，多做正面引导工作。7. 依法维护改革的正常秩序。一是要合理控制改革节奏，实行“试点先行、分步推进”，把改革的力度、发展的速度与市场的承受程度统一起来。二是建立有效的信息披露制度，对控股股东、保荐机构等市场主体提出有针对性的信息披露要求，提高市场透明度。三是建立有效的市场监管机制，通过专项监控和稽查，加强与司法机构的协作配合，严厉打击利用股权分置改革进行内幕交易、操纵市场等侵害投资者权益的违法犯罪行为。8. 加快落实提高上市公司质量、化解证券公司风险、扩大合规资金入市渠道、加强资本市场法制诚信建设等各项资本市场治本措施，形成改革的综合配套效应，协调推进股权分置改革。

△ 最高人民法院发布《关于金融资产管理公司收购、处置银行不良资产有关问题的补充通知》。该补充通知明确：1. 国有商业银行（包括国有控股银行）向金融资产管理公司转让不良贷款，或者金融资产管理公司收购、处置不良贷款的，担保债权同时转让，无须征得担保人的同意，担保人仍应在原担保范围内对受让人继续承担担保责任。担保合同中关于合同变更须经担保人同意的约定，对债权人转让债权有约束力。2. 金融资产管理公司转让、处置已经涉及诉讼、执行或者破产等程序的不良债权时，人民法院应当根据债权转让协议和转让人或者受让人的申请，裁定变更诉讼或者执行主体。

31 日 中国证监会发布《关于做好第二批上市公司股权分置改革试点工作有关问题的通知》。该通知要求试点上市公司应当聘请内控完善、运作规范、保荐代表人不少于 3 人的保荐机构保荐。保荐机构与其保荐的试点上市公司及其主要股东不得存在影响其公正履行保荐职责的关联关系，还应聘请律师事务所就公司股权分置改革发表法律意见。上市公司有下列情形之一的，不得作为第二批试点公司：因涉嫌违法、违规正在被中国证监会立案稽查的；公司股票涉嫌内幕交易或市场操纵的；公司股票交易存在其他异常情况的。

6 月 19 日，中国证监会公布了第二批股权分置改革试点上市公司名单，有 42 家上市公司进入第二批试点。其中，上海证券交易所 28 家，深圳证券交易所 14 家，中小企业板有 10 家上市公司进入试点名单，占中小板上市企业的 1/5。42 家企业涵盖了大型中央企业、地方国有企业、民营企业和中小企业等不同类型和不同层面的企业，有长江电力、宝钢股份等蓝筹股参与改革，试点公司更具代表性。

6 月

2 日 经国务院批准，中国银监会决定对青海省格尔木市昆仑等 8 家改制社（由城市信用社改制更名的农村信用社）实施撤销，并与当地政府联合公告。

△ 平安资产管理有限责任公司开业。平安资产管理有限责任公司是经中国保监会批准设立的专业资产管理公司，中国平安保险集团股份有限公司控股，注册资本为人民币 2 亿元，公司所在地为上海，是国内债券市场、银行协议存款市场和基金市场最大的机构投资者之一，也是财政部国债承销团成员和国家开发银行金融债券承销团成员。公司管理的资产规模达人民币 2 300 亿元。

7～8 日 国际货币会议（International Monetary Congress，IMC）2005 年年会首次在京举办。会议的主要议题是：中国与金融服务业、全球金融服务业的发展战略、重塑银行业的外部力量。美联储主席格林斯潘通过“视频”作了关于美国利率长期走低的问题的发言。其中，关于人民币汇率问题，格林斯潘表示：可以肯定，人民币汇率变化对美国整体支付结构净平衡不会有大的影响。中国人民银行行长周小川表示，中国目前的经济实力仍比较小，因此，国际金融机构对人民币汇率变动的预期也不要太高。由于中国的金融改革是一个系统工程，而汇率只是其中的一个环节，会影响到出口、就业、经济增长等多个方面。因此，中国会仔细评估汇率变动对中国经济的影响，之后才能决定人民币汇率变动的时间和力度。从这个程度上讲，人民币升值不可能会有明确的时间表。国际货币大会是由美国银行家协会发起、世界各大银行主要官员参加的国际性金融组织，主旨是全面探讨国际经济界、金融界的重大问题，促进国际各大银行的沟通与合作。参加此次会议的人员主要有世界各国中央银行管理层，高盛、摩根大通等全球跨国金融集团的董事长或首席执行官共80位代表。

8日　中国证监会发布《关于基金管理公司运用固有资金进行基金投资有关事项的通知》。该通知规定：1. 基金管理公司不得对外融资和向其他机构拆借资金，不得从事其他不正当关联交易和利益输送行为，不得损害基金份额持有人的合法权益。基金管理公司运用固有资金，不得投资于交易型开放式指数基金。2. 基金管理公司净资产在5 000万元以上方可进行基金投资，且其持有的基金份额总金额不得超过该公司净资产的60%。3. 基金管理公司运用固有资金投资封闭式基金，持有比例不得超过该基金总份额的10%，持有的基金份额在基金合同终止前原则上不得出售。确因资产流动性问题严重影响公司正常经营的，可以出售其购买的封闭式基金，但须经董事会批准，并向中国证监会报告。基金管理公司运用固有资金投资封闭式基金的，应当在相关基金季度报告中将所持有份额及变化等情况予以披露；持有该基金份额的比例超过该基金总份额的5%时，应当在两个交易日内将相关情况登载在中国证监会指定的报刊和本公司网站上；此后持有该基金份额的比例每增加2%时，应当在两个交易日内将相关情况予以公开披露。4. 投资本公司管理的开放式基金须遵守相关规定，持有基金份额的期限不少于6个月，持有该基金份额的比例不超过该基金总份额的10%；投资其他公司管理的开放式基金后，须在两个交易日内将所投资品种、投资日期、购买份额、适用费率等情况登载在中国证监会指定的报刊和本公司网站上。

△　国投瑞银基金管理有限公司（UBS SDIC Fund Management Co., Ltd.）成立。公司前身为成立于2002年6月的中融基金管理有限公司。经公司2005年临时股东会审议通过，并报经中国证监会、商务部和国务院国资委批准，瑞士银行股份有限公司（UBS AG）受让公司股东国家开发投资公司持有的公司4%的出资和国投电力公司持有的公司45%的出资。转让完成后，公司股东及其出资比例为：国投弘泰信托投资有限公司持股51%，瑞士银行股份有限公司持股49%。中国证监会同时批准中融基金管理有限公司更名为国投瑞银基金管理有限公司。国投瑞银基金管理有限公司是中国第一家外方持股比例达到最高上限（49%）的合资基金管理公司。国投弘泰信托投资公司是国家开发投资公司开展金融业务的平台。国家开发投资公司是中国最大的投资控股公司，隶属国务院国有资产管理委员会，成立于1995年5月，注册资本为58亿元人民币。瑞银集团是世界领先的金融财团，服务全球客户。

9日　中国人民银行发布《关于债券结算代理业务有关事项的公告》。该公告允许非金融机构投资者与银行间债券市场上所有具备做市商资格或债券结算代理业务资格的金融机构进行债券交易。非金融机构投资者可以开展债券逆回购交易业务。中央国债登记结算有限责任公司应于每月后5个工作日内向中国人民银行报送上月的债券结算代理业务统计报表。债券结算代理人应根据属地原则，于每季度后10个工作日内向中国人民银行或中国人民银行当地分行、营业管理部、省会（首府）城市中心支行提交结算代理业务开展情况报告。从2006年开始，人民银行将于每年的1月下旬在人民银行网站、中国债券网和中国货币网公布上一年度债券结算代理人的代理丙类账户开户数、代理丙类账户债券托管量、代理丙类账户债券结算量和代理结算笔数等指标。

10日 京、津、冀跨区域票据自动清分系统正式运行。这一系统是人民银行推动票据跨同城区域交换的一个重大探索，在"三方联网"后，河北省廊坊票据清算中心作为独立清算机构，具有与北京、天津票据清算中心同等的清算功能，廊坊支票可以在北京、天津流通使用。廊坊的企业提交的票据，金融机构当日即可受理，当日即可参加京津廊票据清分，资金次日即可到达企业账户，到账时间比原来提前2~3天。

11日 全国银行间债券市场债券远期交易主协议签约仪式在甘肃敦煌举行。中国农业银行、招商银行、上海银行、长沙市农村信用合作社联合社、国泰君安证券股份有限公司、平安保险集团公司、上海汽车集团财务有限责任公司、平安信托投资有限责任公司等36家机构签署了主协议，成为首批签署债券远期交易主协议的金融机构。6月15日，已签署主协议并制定远期交易内部管理办法的市场参与者即可通过交易中心提供的交易系统进行债券远期交易。

13日 中国人民银行公布《资产支持证券信息披露规则》。该规则主要内容包括：1. 资产支持证券受托机构（以下简称受托机构）的信息披露应通过中国货币网、中国债券信息网以及中国人民银行规定的其他方式进行。受托机构应保证信息披露真实、准确和完整，不得有虚假记载、误导性陈述和重大遗漏。2. 受托机构应在资产支持证券发行前的第五个工作日，向投资者披露发行说明书、评级报告、募集办法和承销团成员名单；受托机构应在发行说明书中说明资产支持证券的清偿顺序和投资风险。3. 受托机构应在每期资产支持证券发行结束的当日或次一工作日公布资产支持证券发行情况；资产支持证券存续期内，受托机构应在每期资产支持证券本息兑付日的3个工作日前公布受托机构报告，反映当期资产支持证券对应的资产池状况和各档次资产支持证券对应的本息兑付信息；每年4月30日前公布经注册会计师审计的上年度受托机构报告。4. 受托机构应与信用评级机构就资产支持证券跟踪评级的有关安排作出约定，并应于资产支持证券存续期内每年的7月31日前向投资者披露上年度的跟踪评级报告。在发生可能对资产支持证券投资价值有实质性影响的临时性重大事件时，受托机构应在事发后的3个工作日内向同业中心和中央结算公司提交信息披露材料，并向中国人民银行报告。该规则自公布之日起施行。

△ 财政部、国家税务总局发布《关于股权分置试点改革有关税收政策问题的通知》。该通知规定，股权分置改革过程中因非流通股股东向流通股股东支付对价而发生的股权转让，暂免征收印花税。股权分置改革中非流通股股东通过对价方式向流通股股东支付的股份、现金等收入，暂免征收流通股股东应缴纳的企业所得税和个人所得税。

△ 财政部、国家税务总局发布《关于股息红利个人所得税有关政策的通知》。该通知规定，对个人投资者从上市公司取得的股息红利所得，暂减按50%计入个人应纳税所得额，依照现行税法规定计征个人所得税。

14日 中国人民银行发布《关于债券远期交易结算保证金专户核算问题的批复》。该批复同意中央国债登记结算有限责任公司使用在人民银行营业管理部开立的特许参与者清算账户，通过大额支付系统办理债券远期交易结算保证金的汇划，要求中央国债登记结算有限责任公司为各结算成员单独开立债券远期交易结算保证金二级核算专户，分户核算管理，不得挪用专户保证金及其孳息归保证金。

15日 中国首个利率衍生产品——人民币债券远期交易业务在全国银行间同业拆借中心交易系统正式开盘。第一笔远期交易在中国工商银行和兴业银行之间完成。成交券种是剩余期限为4.86年的国债，期限品种为两个月，远期收益率为3.3908%。截止到当日收盘，债券远期交易系统运行平稳，交易顺畅。参与交易的机构共11家，其中8家达成交易。在达成交易的机构中，包括国有商业银行3家、股份制商业银行2家、城市商业银行1家、外资银行1家、证券公司1家。当日成交总量为5亿元，成交笔数为13笔，成交期限品种以七天期的短期品种为主。成交券种均为中短期的国债和中央银行票据，包括国债和中央银行票据各4只。当日交易量居于前3名的机构依次为中国工商银行、兴业银行和中国银行。当日公开报价发送13笔，确认报价13笔。

△　中国人民银行发布《关于就资产支持证券在银行间债券市场的登记、托管、交易和结算等有关事项的公告》。该公告明确，受托机构在中央国债登记结算有限责任公司办理资产支持证券登记托管，同期各档次的资产支持证券应作为独立券种分别注册。受托机构申请为企业发行的资产支持证券在银行间债券市场交易流通，其每期资产支持证券的实际发行额应不少于人民币5亿元，同期各档次资产支持证券的实际发行额应不少于人民币2亿元。资产支持证券应以现券买卖的方式在银行间债券市场交易流通。资产支持证券的发起机构和受托机构不得认购、买卖其发起或发行的资产支持证券，但受托机构依据有关规定（或合同）进行提前赎回的除外。

16日　财政部发布《禁止金融机构设置“小金库”的财务管理规定》。该管理规定明确：金融机构设置的“小金库”是指违反国家财经法规及其他有关规定，侵占、截留国家和金融机构的收入，未纳入金融机构法定会计账簿内核算的资产，私存私放的各项资金。金融机构财会部门应当统一负责金融机构银行账户的开设和管理工作，做好财务会计管理的各项基础工作，根据实际发生的经济业务事项进行会计核算，做到原始记录准确、完整，禁止以虚假的经济业务事项和资料进行会计核算。金融机构财会部门应当严格遵守财务会计管理制度，将各项收支纳入账内管理和核算，做到账账、账证、账款、账实、账表相符，严禁设置“小金库”。该管理规定共有6章29条，自2005年7月1日起施行。

△　中国证监会发布《上市公司回购社会公众股份管理办法（试行)》。该管理办法规定上市公司回购股份应当符合以下条件：公司股票上市已满一年；公司最近一年无重大违法行为；回购股份后，上市公司具备持续经营能力，其股权分布原则上符合上市条件；公司拟通过回购股份终止其股票上市交易的，应当符合相关规定并取得证券交易所的批准。上市公司回购股份可以采取证券交易所集中竞价交易方式、要约方式或中国证监会认可的其他方式。上市公司在回购股份期间不得发行新股，在年度报告和半年度报告披露前5个工作日或者对股价有重大影响的信息公开披露前，上市公司不得通过集中竞价交易方式回购股份。因上市公司回购股份，导致股东持有、控制的股份超过该公司已发行股份的30%的，该等股东无须履行要约收购义务。上市公司董事会应当在作出回购股份决议后的两个工作日内公告董事会决议、回购股份预案，并发布召开股东大会的通知。在股东大会召开前3日，将董事会公告回购股份决议的前一个交易日及股东大会的股权登记日登记在册的前10名社会公众股股东的名称及持股数量、比例，在证券交易所网站上予以公布。独立财务顾问应当就上市公司回购股份事宜进行尽职调查，出具独立财务顾问报告，并在股东大会召开5日前在中国证监会指定报刊公告。

6月17日，邯郸钢铁（600001）首家发布公告，公司拟以不超过5.8元/股的价格，回购不高于6 000万股流通股，回购比例占总股本不超过4.027%，占流通股本的12.161%；回购资金总额预计不超过3.5亿元；回购资金为自有资金；回购期限为回购报告书公告之日起6个月内。邯郸钢铁6月16日的收盘价为5.08元。

△　中国证监会发布《关于上市公司控股股东在股权分置改革后增持社会公众股份有关问题的通知》。该通知规定：上市公司控股股东可以在股东大会通过股权分置改革方案后，通过二级市场增持流通股。实施股权分置改革后的上市公司控股股东，在公司股东大会通过股权分置改革方案后的两个月内增持社会公众股份而触发要约收购义务的，可以免于履行要约收购义务；拟

增持股份的控股股东应当将其增持股份计划与上市公司股权分置改革方案同时公告；控股股东增持股份占上市公司总股本的比例每增加5%，应当自该事实发生之日起2日内予以公告，在公告前，不得再行买入该公司的股票；控股股东实施增持股份计划导致上市公司的股权分布不符合《中华人民共和国公司法》规定的上市条件的，该股东应当在增持股份计划实施完毕六个月后的一个月内实施维持公司上市地位的方案。

△ 中国证监会公布《关于进一步完善证券投资基金募集申请审核程序有关问题的通知》。该通知规定，中国证监会受理基金募集申请后，根据拟募集基金的有关具体情况决定是否组织基金专家评审会对基金募集申请进行评审。对提交基金专家评审会的基金募集申请，评审专家重点就基金的投资管理、风险控制等方面进行评审，独立发表评审意见，供中国证监会参考。行为规范、投资研究能力强、市场评价良好的基金管理公司提交的基金募集申请，可以不提交基金专家评审会评审。基金产品设计有较大创新的，中国证监会优先安排基金专家评审会评审和申报材料审核等工作。基金产品有重大创新的，基金募集申请获证监会核准后，基金公司在中国证监会规定期限内不得复制模仿。

△ 中国金币总公司直销中心在京挂牌运营。直销中心的成立是我国贵金属纪念币发售体制的改进和完善的重要一步，标志着我国贵金属纪念币的营销体制朝着分销、直销和代销相结合的改革目标稳步推进。直销中心将通过会员制、电话邮购、电子商务三种方式开展金银币直销，该中心成立以后将着手开展会员登记和整理工作，研究会员预订和公开征订相结合的销售办法，并为其他分销商开展直销业务提供宣传、技术上的服务和指导。贵金属纪念币兼具国家法定货币和一般商品的双重属性。我国自1979年开始发行贵金属纪念币以来，截至2004年年底共发行10大系列，273个项目，1 447个品种，其中发售金币350多万盎司，银币2 600多万盎司。

17日 国有资产监督管理委员会公布《关于国有控股上市公司股权分置改革的指导意见》。该指导意见提出：股权分置是制约我国资本市场稳定发展的基本制度问题，也是影响市场配置资源效率和国有资本有序流转的重要因素，必须采取切实有效的措施，积极稳妥地加以解决。股权分置改革工作要着眼于上市公司长远发展，切实保护投资者特别是公众投资者的合法权益。国有控股上市公司的控股股东要根据调整国有经济布局和结构、促进资本市场稳定发展的原则，结合企业实际情况，确定股权分置改革后在上市公司中的最低持股比例：在关系国家安全、国民经济命脉的重要行业和关键领域，以及国民经济基础性和支柱性产业中，国有资本在一定时期里还要保持较高的控股比例；对于控股股东主业范围，或对控股股东发展具有重要影响的国有控股上市公司，也要在一定时期内保证国有股东的控股地位；其他行业和领域的国有控股上市公司、控股股东应根据“有进有退，有所为，有所不为”的方针，合理确定在上市公司中的最低持股比例，做到“进而有为，退而有序”。

△ 世界银行执行董事会批准向中国可再生能源规模扩大项目提供8 700万美元贷款，此外，全球环境基金（Global Environment Facility，GEF）向该项目提供4 022万美元赠款。可再生能源规模扩大项目是世界银行和全球环境基金近年来所支持的最大的可再生能源项目，项目的目标是帮助中国以经济、高效的方式大规模地扩大可再生电力供应，项目在实施期间，预期将把可再生能源发电能力提高20万千瓦以上。该项目将在福建、内蒙古、江苏和浙江4个试点省区实施。

全球环境基金是联合国发起建立的国际环境金融机构，于1990年建立，1991年正式开始运作，基金总额为15亿美元，存续期为3年。基金由联合国开发计划署、联合国环境规划署和世界银行管理，其宗旨是以提供资金援助和转让无害技术等方式帮助发展中国家实施防止气候变化、保护生物物种、保护水资源、减少对臭氧层的破坏等保护全球环境的项目。全球环境基金的执行机构是联合国开发计划署、联合国环境规划署和世界银行。

△ 中国保监会发布《关于保险外汇资金投资境外股票有关问题的通知》。该通知规定：经国务院批准，允许保险外汇资金投资境外成熟资本市场证券交易所上市的股票，包括参与境外上市配售、定向配售等方式。保险外汇资金投资境外股票，目前仅限于中国企业在境外发行的股票，投资总额按成本计算不超过国家外汇管理局核准投资付汇额度的10%；投资一家机构发行的股票不超过该机构发行股票总额的5%。保险公司应将投资境外股票方案报中国保监会。

18日 美国的4 000万信用卡用户资料被窃，这是美国有史以来最严重的信息安全案件。据《洛杉矶时报》等媒体报道，为万事达、VISA和美国运通卡等主要信用卡服务的“卡系统”公司的数据处理中心网络被黑客程序侵入，约4 000万用户的资料被窃。中国国内持卡人受此次泄密事件影响的VISA卡和万事达卡共计8 206张。

事情发生后，中国银联、万事达、VISA和美国运通卡及中国各商业银行都采取了积极措施。中国工商银行、中国建设银行和招商银行等商业银行通过手机、电话、信函等方式，与持卡人取得联系，向其通报事态进展情况，并免费为受影响客户更换新卡。6月22日，中国人民银行表示高度关注美信用卡外泄波及中国持卡人事件，已要求相关的万事达、VISA等信用卡组织妥善处理中国持卡人信用卡信息泄露问题。中国人民银行还要求国内的各发卡机构、银行卡清算组织以及提供银行卡数据处理的第三方服务机构要切实加强管理，采取有效措施，确保银行卡持卡人的信息安全。

21日 国务院常务会议召开，批准上海浦东新区进行综合配套改革试点。会议认为，我国改革正处于攻坚阶段，在继续做好有关专项改革试点的同时，选择具备条件的地区，进行完善社会主义市场经济体制综合配套改革试点，提供相关经验，对于实现党的十六届三中全会提出的改革目标，具有重要意义。会议要求，浦东综合配套改革试点要着力转变政府职能，着力转变经济运行方式，着力改变二元经济与社会结构。

2004年年底，上海市发展改革委、浦东新区政府报送国家发展改革委的《上海浦东综合改革试验区框架方案》提出要将浦东建设成为国际金融中心。浦东要配合国家金融监管部门完善风险防范和处置的协调机制，进一步扩大在沪金融监管机构的权限，稳步推进金融领域的改革开放。

22日 外资入股嘉实基金管理有限公司（以下简称嘉实基金）。嘉实基金宣布，经嘉实基金临时股东会审议通过，并经中国证监会和商务部批准，德意志资产管理公司受让公司原股东持有的公司股权生效，公司成为中外合资基金公司。合资后的嘉实基金各股东的出资及其出资占公司注册资本的比例为：中诚信托投资有限责任公司出资4 800万元人民币，占注册资本总额的48%；立信投资有限责任公司出资3 250万元人民币，占注册资本总额的32.5%；德意志资产管理（亚洲）有限公司出资1 950万元人民币，占注册资本总额的19.5%。嘉实基金于1999年3月在北京成立，注册资本为6 000万元人民币，股东分别是广发证券有限责任公司、北京证券有限责任公司、吉林省信托投资公司、中煤信托投资有限责任公司。

23日 交通银行股份有限公司（股票简称：交通银行；股票代码：3328. HK）在香港联交所挂牌上市，成为中国内地第一家在海外公开发行上市的商业银行。上市首日，交通银行股价以2.8港元开盘，全日最高为2.90港元，收市时报2.825港元，较其每股招股价2.5港元上升了13%。首日总成交股数为18.19亿股，总成交额约51.39亿港元。交通银行于2005年8月22日收盘后公布了其上市后的首份中期业绩报告，上半年每股盈利0.12元。截至2005年6月30日，交行H股共募集资金142.61亿港元，资本充足率为11.29%，核心资本充足率8.68%。上半年实现税前利润人民币68.84亿元，比2004年同期增加人民币43.67亿元，增幅达173.50%；净利息收入为人民币149.42亿元，比2004年同期增加人民币35.56亿元，增幅达31.23%。银行上半年实现净利润46.05亿元，每股盈利

0.12 元。中报披露，在 7 月 4 日行使超额配售权后，交通银行前几大股东的持股情况为：财政部持股占总股本的 21.78%；香港上海汇丰银行有限公司持股占总股本比例为 19.90%；全国社保基金理事会持股占总股本的 12.13%；香港中央结算（代理人）有限公司持股占总股本的 11.32%；中央汇金投资有限责任公司持股占总股本比例为 6.55%。

△ 中国海洋石油总公司（以下简称中海油）并购尤尼科公司事件。中海油宣布，以全现金收购方式（总价 185 亿美元）收购美国第九大石油公司 UNOCAL。同时，美国第二大石油公司雪佛龙宣布以 25% 的现金（65 亿美元）、75% 的股票（1.03 股雪佛龙股票换 1 股尤尼科股票）收购尤尼科公司。按照雪佛龙公司 4 月 1 日股票 59.31 美元的收盘价，收购价约为 62.07 美元/股，总价为 165 亿美元，但在收购过程中美国国会对中海油竞购施加了极大的政治压力。6 月 27 日，52 位众议员联名致信总统布什和财政部部长斯诺，要求财政部外国投资审查委员会依据《埃克松—弗洛里奥修正案》严格审查中国政府在这一收购案中扮演的角色，并在 7 月 30 日美国参众两院通过了能源法案新增条款，要求政府在 120 天内对中国的能源状况进行研究，待该研究报告出台 21 天后，才能够批准中海油对尤尼科的收购。这一法案的通过基本排除了中海油竞购成功的可能，因为 8 月 10 日是尤尼科董事会投票决定谁是买家的最后日子。8 月 2 日，中海油宣布撤回对尤尼科的收购要约。

25 日 中国工商银行转移可疑类贷款。在中国人民银行、财政部、中国银监会的组织下，通过公开竞标，中国工商银行与中国华融资产管理公司、中国信达资产管理公司、中国东方资产管理公司、中国长城资产管理公司在京分别签订了总额 4 590 亿元的可疑类贷款（截至 2005 年 4 月 30 日）的转让协议，平均转让价格为资产面值的 26.38%。其中，中国华融资产管理公司中标 227.1 亿元，中国信达资产管理公司中标 581 亿元，中国东方资产管理公司中标 1 212 亿元，中国长城资产管理公司中标 2 569.9 亿元。中国工商银行的可疑类贷款分布在除上海、浙江、江苏和宁波 4 个分行以外的 35 个工商银行分行，分为 35 个资产包。根据计划，从 6 月 27 日开始，中国工商银行与四大资产管理公司开始进行资产交接和公告工作；6 月 30 日之前，完成资产转让。至此，中国工商银行财务重组基本完成。

从 1999 年到 2005 年 6 月 25 日，国有商业银行共有四次不良资产剥离。1999 年，国务院批准成立中国华融资产管理公司、中国长城资产管理公司、中国东方资产管理公司、中国信达资产管理公司，专门负责处置从工商银行、农业银行、中国银行、建设银行四家银行剥离出去的 1.4 万亿元不良资产。第一次不良资产剥离的特点是按账面价值转让，资产管理公司处置资产的方式是政府行为。第二次剥离不良资产的特点是部分资产不按账面价值转移。第三次是采取封闭式招标竞价方式剥离，中标者将成为政府一级资产批发公司。此次由人民银行、财政部、中国银监会三方主持采取公开竞价招投标的市场方式，确定中标者为一级批发商，然后由批发商将这些不良资产分包出售给服务商（或称之为“零售商”）。

26 日 第六届亚欧财长会议在天津举行。国务院总理温家宝在第六届亚欧财长会议上发表题为“加强亚欧财金合作促进各国共同发展”的讲话，并就人民币汇率问题提出三个观点：每个国家都有权选择适合本国国情的汇率制度和汇率政策，这是国际上的共识；保持人民币汇率在合理、均衡水平上的基本稳定，有利于中国经济的发展，有利于周边国家和地区经济的发展，有利于国际金融稳定和贸易发展；人民币汇率改革必须坚持主动性、可控性和渐进性的原则。

△ 首批企业短期融资券发行。华能国际、振华港机、国航股份、五矿集团、国家开发投资公司 5 家企业，按照《短期融资券管理办法》规定的条件和程序提交备案材料后，在银行间债券市场向合格机构投资人成功发行了 7 只短期融资券，总面额共 109 亿元（见下表）。工商银行、中国银行、建设银行、光大银行分别担任 7

只短期融资券的主承销商，中国农业银行、中信证券等8家金融机构参加了承销团。7只短期融资券分布在三个月、六个月、九个月和一年共四个期限品种上，经过此次发行，短期融资券的利率期限结构初步确定，其中一年期短期融资券的参考收益率为2.92%。

首批企业短期融资券发行要素一览表

名称	发行额	期限	信用级别	评级机构	主承销商
华能一期	45亿元	1年	BBB+	标准普尔	建设银行
华能二期	5亿元	9个月	BBB+	标准普尔	建设银行
国开投资一期	10亿元	3个月	AAA	中诚信	建设银行
国航股份一期	20亿元	1年	A-1+	中诚信	中国银行
五矿集团一期	15亿元	1年	A-1+	中诚信	光大银行
	2亿元	6个月			
振华港机	12亿元	1年	A-	联合资信评估	工商银行

名称	发行方式	发行价	对应收益率	上市日期
华能一期	簿记建档，贴现配售	97.16元	2.92%	
华能二期	簿记建档，贴现配售	98元	2.7%	
国开投资一期	簿记建档，贴现配售	99.51元	1.98%	
国航股份一期	簿记建档，面值配售		-2.92%	2005.05.30
五矿集团一期	簿记建档，贴现配售	1年期97.16元	2.92%	2005.05.30
		6月期98.74元	2.59%	
振华港机	簿记建档，价格招标	97.16元	2.92%	2005.05.30

数据来源：维赛特财经数据库。

截至2005年年底，近60家企业在银行间市场共发行了74批次、总额1 491亿元的短期融资券。1989年2月27日，《中国人民银行关于发行短期融资券有关问题的通知》规定，允许企业发行短期融资券，1997年停止发行。

28日 国务院扶贫开发领导小组办公室、财政部、中国人民银行、中国银监会联合下发《关于开展建立“奖补资金”推进小额贷款到户试点工作的通知》，在江西、重庆、贵州和陕西4省（直辖市），各选择两个县，开展建立“奖补资金”推进小额贷款到户的试点，将部分中央财政扶贫资金作为“奖补资金”，用于贫困户贷款的利息补贴、亏损补贴或奖励；继续探索扶贫贷款到户的有效机制，进一步扩大扶贫贷款到户的规模。

△ 审计署审计长李金华向十届全国人大常委会第十六次会议报告2004年度中央预算执行和其他财政收支的审计情况。该报告指出：2004年，审计署统一组织对中国华融资产管理公司、中国长城资产管理公司、中国东方资产管理公司、中国信达资产管理公司及其各分支机构的资产负债损益情况进行了审计，共抽查这些资产管理公司收购的金融不良资产5 544亿元，占其收购总额的39%。截至2004年年末，4家资产管理公司累计处置不良资产6 750亿元，处置进度为53.9%；累计回收现金1 370亿元，现金回收率为20.2%。此次审计共查出各类违规、管理不规范问题和案件线索金额715.49亿元，占审计抽查金额的13%。对金融资产管理公司审计发现的主要问题是：违规剥离和收购不良资产；违规低价处置不良资产；一些资产管理公司

财务管理混乱，违规挪用资产处置回收资金为职工谋利或公款私存，造成回收资金损失；对抵债资产管理不严，大量账外存放或违规自用。该报告针对金融资产管理公司审计发现的主要问题提出以下意见：完善制度，建立科学规范的金融资产管理公司运行机制。改革资产管理公司现行体制，加大对资产处置环节的监管力度，尽快完善相关法律、法规和规章制度；要整顿规范中介服务市场，规范地方政府和法院的行为，为资产管理公司创造更为有利的外部环境。

根据2006年3月29日审计署发布“2004年度中央预算执行和其他财政收支审计查出问题的纠正结果”的公告：4家资产管理公司共对191名责任人给予开除、降职、警告、罚款等处分。审计发现的各类违法犯罪案件线索40起移交有关部门立案查处。

△ 中国金币特许零售商试点单位签约授牌仪式在京举行。首批试点金币特许零售的10家单位是：中国金币总公司上海特约经销部、常州金店有限公司、河南省钱币有限公司、吉林省集币有限责任公司、广东粤宝黄金投资有限公司、北京菜市口百货公司、青岛万格金银纪念品有限公司、黑龙江银丰钱币经销有限公司、浙江金牛工贸有限公司和武汉汉华泉金饰品有限公司。试点的特许零售商统一授牌为“中国金币特许零售商”。合同要求特许零售商立足当地市场以中国金币总公司的建议零售价并通过会员订购、店面柜台、互联网面对终端客户直接零售，逐步建立以会员制为基础的集藏群体，努力培育和壮大区域集藏队伍。由中国人民银行授权，中国金币总公司承担贵金属纪念币的发行职能。试行特许零售制度是继6月16日中国金币总公司直销中心挂牌运营之后，中国贵金属纪念币营销体制的又一次重要改革。

29日 中国人民银行货币政策委员会召开2005年第二季度例会。会议认为：当前，我国国民经济延续了2005年以来平稳较快发展的良好势头，新的人民币汇率形成机制运行平稳，人民币汇率在合理均衡的水平上保持基本稳定。下一阶段货币政策取向和措施，应继续执行稳健的货币政策，在总量上保持连续性和稳定性的同时，加强预调和微调，提高货币政策的前瞻性。加强本外币政策的协调，增强货币政策的主动性和有效性。大力推动金融市场制度性建设，扩大直接融资渠道，推进金融市场的整体协调发展。进一步完善人民币汇率形成机制，扩大外汇市场，增加人民币汇率的浮动弹性，保持人民币汇率在合理、均衡水平上的基本稳定。深化外汇管理体制改革，促进国际收支基本平衡。

30日 中国证监会、财政部、中国人民银行联合发布《证券投资者保护基金管理办法》。该管理办法规定，证券投资者保护基金是指在防范和处置证券公司风险中用于保护证券投资者利益的资金。基金公司的职责为筹集、管理和运作基金；监测证券公司风险，参与证券公司风险处置工作；证券公司被撤销、关闭和破产或被中国证监会采取行政接管、托管经营等强制性监管措施时，按照国家有关政策规定对债权人予以偿付等。基金的来源主要有：一是上海证券交易所、深圳证券交易所在风险基金分别达到规定的上限后，交易经手费的20%纳入基金。二是证券公司按其营业收入的0.5%～5%缴纳基金。三是发行股票、可转债等证券时，申购冻结资金的利息收入。四是依法向有关责任方追偿所得和从证券公司破产清算中的受偿收入。五是国内外机构、组织及个人的捐赠以及其他合法收入。但在基金公司设立时，财政部专户储存的历年认购新股冻结资金利差余额，一次性划入，作为基金公司的注册资本；人民银行安排发放专项再贷款，垫付基金的初始资金。根据防范和处置证券公司风险的需要，基金公司可以采用多种形式进行融资。必要时，经国务院批准，基金公司可以通过发行债券等方式获得特别融资。

该管理办法要求，为处置证券公司风险需要动用基金的，中国证监会根据证券公司的风险状况制订风险处置方案，基金公司制订基金使用方案，报经国务院批准后，由基金公司办理发放基金的具体事宜。基金公司使用基金偿付证券公司债权人后，取得相应的受偿权，依法参与证券公司的清算。基金的资金运用限于银行存款、购买国债、中央银行债券（包括中央银行票据）和中央级金融机构发行的金融债券以及国务院批准的其他资金运用形式。中国证监会负责基金公司的业务监管，监督基金的筹集、管理与使用。财政部负责基金公司的国有资产管理和财务监督。人民银行负责对基金公司向其借用再贷款资金的合规使用情况进行检查监督。该管理办法包括总则、基金公司的职责和组织机构、基金的筹集、基金的使用、管理和监督共5章32条，自7月1日起施行。

据《金融时报》报道，截至2005年12月27日，证券投资者保护基金的规模共计达680亿元，其中包括财政部一次性拨付的63亿元注册资本金以及人民银行提供的617亿元再贷款额度。

△　中国人民银行、财政部、中国银监会联合发布《关于证券公司个人债权及客户证券交易结算资金收购有关问题的通知》。该通知规定，权属不清晰或资产被挪用的三方监管委托理财中的个人债权部分，纳入收购范围，由监管方证券营业部所在地政府负责甄别确认和收购。对于挪用的正常经纪类个人客户的证券，由托管清算机构负责甄别确认，报中国证监会审查后向人民银行申请再贷款，按照《个人债权及客户证券交易结算资金收购意见》（2004年11月4日发布）中关于个人债权的规定予以收购。未按时登记的个人债权，可以在托管清算机构确定的延长期内补充登记。该通知强调，各地政府在坚持“谁集资、谁负责”，集资机构在承担相应责任的基础上，可根据实际情况决定是否帮助集资企业筹措资金收购机构名义个人债权。在帮助筹措资金收购机构名义个人债权时，要进行严格的甄别，同时要严肃处理集资机构的违法行为，追究集资机构和证券公司主要负责人及相关责任人的法律责任。对机构债权人弄虚作假，将机构债权虚报为机构名义个人债权并要求收购的，地方政府在查实后要严厉追究其法律责任。

△　中国人民银行大额支付系统顺利完成在全国的建设和推广应用。大额支付系统连接全国61 768家银行业金融机构，其中，直接参与者1 503个，间接参与者60 265个；日均处理业务笔数40多万笔，金额4 700多亿元，每笔支付业务不到1分钟即可到账。

中国现代化支付系统是利用现代计算机技术和通信网络开发建设的，能够高效、安全地处理各银行办理的异地、同城各种支付业务及其资金清算和货币市场交易资金清算的应用系统。主要包括大额实时支付系统和小额批量支付系统两个业务应用系统，以及清算账户管理系统和支付管理信息系统两个辅助支持系统。大额实时支付系统是中国现代化支付系统的重要组成部分，处理跨行同城和异地的金额在规定起点以上的大额贷记支付业务和紧急的小额贷记支付业务。大额实时支付系统采取逐笔发送支付指令，全额实时清算资金。我国支付结算体系建设的总目标是：建设符合国际惯例、具有前瞻性的支付清算法规体系；形成以人民银行和银行业金融机构为主体，清算组织等为补充的支付服务组织体系；完善以支票、汇票、本票和银行卡为主体，电子支付工具为发展方向的支付工具体系；建立以中国现代化支付系统为核心，各商业银行行内系统为基础，票据交换系统、卡基支付系统等并存的支付清算系统；建立健全有利于支付工具创新和支付风险防范的支付结算管理体制。

△　天津农村合作银行开业。天津农村合作银行是在原天津市农村信用联社的基础上按照股份合作模式组建的，这种模式既具有合作制中一人一票的特点，又具有“按股表决”的股权特征。这次改制中，该银行引入了40多家民营企业的股份，占总股份的48%左右。此外，12个区县合作银行（联社）持有50%股份，另有2%为内部员工股。天津农村信用社体制改革全部完成后，将建立天津农村合作银行和区县农村合作金融机构两级法人架构。即在市一级，将天津市农村信用合作社联合社改革为天津农村合作银行；在区县一级，将经济比较发达、城乡一体化程度较高区县的经营效益与资产质量较好、管理相对规范的农村信用社改制为区县统一法人的农村合作银行。天津农业合作银行具有两种不同的职责，即业务经营与行业管理职责。一方面，12家区县合作银行（联社）作为股东，对天津

农村合作银行享有股东的各项权益；另一方面，当天津市农村合作银行行使政府授权的行业管理职能时，各区县合作银行（联社）又必须服从该行管理。

截至2005年5月末，天津市农村信用社系统拥有区县联社12个，农村信用社150个，全部盈利，2004年人均揽存额超1 000万元，人均创税利10万元，资产总额800.9亿元。天津农村信用社的改革模式被称为“天津模式”。

△　中国人民银行与中国华融资产管理公司、中国长城资产管理公司、中国东方资产管理公司、中国信达资产管理公司、中国工商银行分别签订专项再贷款和专项中央银行票据协议书。中国人民银行向上述四家资产管理公司共发放专项再贷款4 587.9亿元，用于认购中国工商银行的可疑类贷款，中国工商银行以其出售可疑类贷款所得，归还283.25亿元再贷款，余额4 304.65亿元认购专项中央银行票据。

7月

△　深圳对小额账户收取年费并降息。4月30日，中国建设银行深圳市分行发布公告，从2005年7月1日起，对所有日均存款余额在500元以下的人民币个人活期存款账户，执行0.01%的活期存款利率，同时每年收取10元管理费。该行目前约有563万个人民币个人活期存款账户，其中日均存款500元以下账户占全部账户数的80%，这些账户大多是长期不使用的睡眠账户或低效账户，占用了超过80%的系统资源和大部分柜面资源。

2002年3月，花旗银行在中国境内首次宣布对存款余额在5 000美元以内的账户每月收取6美元或50元人民币。自2004年年底开始，将原来的收取管理费的存款余额由5 000美元提高到1万美元。

2日　国务院发布《关于加快发展循环经济的若干意见》。该文件提出了发展循环经济的重点工作和重点环节，同时要求，对发展循环经济的重大项目和技术开发、产业化示范项目，政府要给予直接投资或资金补助、贷款贴息等支持，并发挥政府投资对社会投资的引导作用。各类金融机构应对促进循环经济发展的重点项目给予金融支持。

4日　中国人民银行金融稳定局主持召开“证券公司重组通报会”。6月12日，中国人民银行在其官方网站上首次公开表示将以再贷款形式对申银万国和华安证券两家券商予以资金支持，化解流动性风险。此次通报会回顾了2005年以来证券公司重组的情况，并调整了救助券商的思路：改变再贷款政策，同时提出对银河证券、申银万国证券和湘财证券等9家券商的注资计划。具体而言，由中央汇金公司注资银河证券和申银万国证券；由建银投资公司注资一些地方类券商，包括湘财证券、中富证券、天同证券、北京证券、华安证券、科技证券、华夏证券等证券公司，之后再通过财务重组，引进战略投资者，将这些券商改造成为资本充足、内控严密、治理结构完好的现代金融企业。

5日　工银瑞信基金管理有限公司（以下简称工银瑞信）开业。成立于2005年6月21日的工银瑞信是由中国工商银行、瑞士信贷第一波士顿、中国远洋运输（集团）总公司共同发起设立的合资基金管理公司，注册资本金为人民币2亿元，3家股东持股比例分别为55%、25%和20%。

△　嘉实基金管理有限公司发行嘉实沪深300指数基金（Listed Open - Ended Fund，LOF），总募集金额为8.7亿元。嘉实沪深300指数基金为被动式指数基金，按照成份股在沪深300指数中的基准权重构建指数化投资组合，以不低于90%的基金资产净值投资于沪深300指数成份股和备选成份股，以保证对标的指数的有效跟踪。该基金管理费为0.5%，比同类基金低50%，并在深圳证券交易所挂牌交易，每15秒刷新基金份额参考净值。

△　中国平安保险（集团）股份有限公司所属平安银行有限责任公司（以下简称平安银

行）在上海开业。平安银行前身是设立在福州市的福建亚洲银行，福建亚洲银行于1992年12月由中国银行福建信托咨询公司与香港中亚财务有限公司合资创办，注册资本为3 000万美元，中外股东各持股50%，于1993年6月26日正式开业，其唯一的机构就是在福州市设立的总行。2003年12月29日，经中国银监会批准，中国平安保险（集团）股份有限公司的子公司平安信托和汇丰银行一起收购了福建亚洲银行100%股份，根据收购协议，收购结束后，平安保险公司增资2 300万美元，使其持股比例达到73%，汇丰持股比例变为27%。

6日 国家税务总局发布《个人所得税管理办法》。该管理办法规定：税务机关应重点加强与银行、外汇管理等部门的协调配合，着重掌握纳税人的相关收入信息，并应将金融、保险、证券等从业人员纳入重点纳税人范围，对金融、保险、证券等行业实行重点税源管理。该管理办法自2005年10月1日起执行。

8日 四川南充市商业银行与三家德国金融机构签署战略合作协议。德国投资与开发有限公司（German Investment and Development Company，DEG）、德国储蓄银行国际发展基金（SIDT）分别认购南充市商业银行300万欧元和100万欧元的股份，占南充市商业银行增资扩股后总股本的10%和3.3%。同时，德国储蓄银行国际合作基金（SBFIC）将对南充市商业银行提供技术援助。南充市商业银行成立于2001年12月27日，是在南充市原10家城市信用社的基础上成立的，总股本1.007亿元，其中，国资持股比例为22.17%，几家民企持股比例为61.2%，自然人持有1.63%的股权。德国投资与开发有限公司是欧洲最大的发展性金融机构，属于德国复兴信贷银行集团，主要为发展中国家及新兴金融市场的民营公司提供融资服务。德国储蓄银行国际发展基金和德国储蓄银行国际合作基金属于德国储蓄银行集团，主要对发展中国家的银行进行股权投资和技术合作。

11日 中国人民银行通过《财经》杂志公布《中国反洗钱报告（2004）》。该报告共分10章，分别为中国反洗钱法制建设、中国反洗钱协调机制、中国反洗钱监管、反洗钱案件查处、反洗钱监测分析、中国反洗钱国际合作、反洗钱宣传及研讨培训、2004年人民币大额和可疑交易分析（图表）、2004年大额和可疑外汇交易分析（图表）和2004年反洗钱工作大事记。该报告指出，2004年4～8月，中国人民银行组织开展了履行反洗钱职能以后的第一次全国范围内的检查活动。对国有独资商业银行、股份制商业银行和城市商业银行2003年3月1日至2004年2月29日的反洗钱工作情况进行了全面检查，检查的重点是反洗钱内控制度和组织机构建设、客户尽职调查、账户资料和交易记录保存、本外币可疑交易报告等。在检查过程中，18个省（自治区、直辖市和计划单列城市）的人民银行分支行对80家商业银行进行了处罚，其中，对49家商业银行进行了罚款处罚，罚款总金额为173.1万元，对31家商业银行进行了警告处罚。另外，18个省（自治区、直辖市和计划单列城市）人民银行分支行也对违规金融机构进行了通报批评，并要求限期整改。截至2004年12月31日，中国人民银行、国家外汇管理局配合公安机关破获洗钱及其相关案件50起，涉案金额达5.7亿元人民币和4.47亿美元。

该报告显示，中国的洗钱活动具有很强的本土特征，其中以地下钱庄的洗钱活动最为典型。地下钱庄是一种特殊的非法金融组织，游离于金融监管体系之外，利用或部分利用金融机构的资金结算网络，从事非法买卖外汇、跨国（境）资金转移、资金存储及借贷等非法金融业务。地下钱庄通过从事洗钱、非法买卖外汇等各种非法活动，协助不法分子将资金转移出境，日益成为贪污、逃税、走私、偷渡等各种犯罪活动的伴生物。该报告是中国人民银行成立中国反洗钱监测分析中心后公布的首份反洗钱报告，之前，此项工作主要由国家外汇管理局负责。

12日 中国证监会发布《上市公司与投资者关系工作指引》。该指引规定投资者关系工作的基本原则是：充分披露信息原则；合规披露信息原则；投资者机会均等原则；诚实守信原则；

高效低耗原则；互动沟通原则。投资者关系工作中公司与投资者沟通的内容主要包括：公司的发展战略；定期报告和临时公告；公司依法可以披露的经营管理信息；公司依法可以披露的重大事项和企业文化建设。公司应确定由董事会秘书负责投资者关系工作，并结合本公司实际制定投资者关系工作制度和工作规范。

△　由中国保险业协会牵头制定的《机动车辆保险服务承诺》和《个人意外伤害保险、健康保险服务承诺》正式公布。中国人民财产保险股份有限公司、中国太平洋财产保险股份有限公司、中国平安财产保险股份有限公司等全国45家保险公司共同在承诺书上签字。这是中国保险行业第一份全国性、全行业的内部服务标准类文件。

《机动车辆保险服务承诺》公告了10项承诺：实施科学、快捷的承保服务；履行承保说明义务；指导客户填写保险单证，并针对客户提出的相关问题作出准确的说明和解释；设立并向社会公布报案、咨询电话；及时进行被保险机动车辆重大交通事故的查勘、定损服务；对向客户推荐的汽车修理厂的修理质量和修理工期履行监督职责；对事故责任和保险责任明确，单证齐全、真实，且不涉及人员受伤的小额赔款（2 000元以下），建立快捷的理赔服务机制；对事故真实的人员伤亡或重大财产损失案件，如事故责任和保险责任明确，但暂不能确定赔偿金额的，保险机构经对被保险人提交的索赔申请及相关证明材料审核后，可根据被保险人已支付的费用，在法律和条款规定范围内先行赔付30%～50%；建立客户投诉处理机制，对投诉案件及时解决，尽快答复；在理赔工作中，对违反职业道德或借工作之便谋取私利的理赔人员给予严肃处理。

《个人意外伤害保险、健康保险服务承诺》公告了10项承诺：必须提示客户仔细阅读投保书和保险条款，不得误导客户；在收到客户完整的投保资料之日起10个工作日内承保，并缮制保单；对一年期的健康保险和意外伤害保险续保时需要重新核保的，必须及时通知客户；必须向社会公示服务电话；指导客户提供索赔所需要的材料；向客户明示保险合同约定的就诊医院的范围；索赔材料齐全后，对属于保险责任且不需要调查的案件，在10个工作日内作出理赔决定；对10个工作日内不能确定结果的索赔案件，应将理赔进展情况通知客户；对于拒赔案件，必须向客户出具拒赔通知书并说明原因；必须积极受理客户的投诉，对于客户的投诉应在7个工作日内给予回复。

13日　中国银监会发布《城市信用社监管与发展规划》。该规划提出城市信用社监管与发展的基本原则和总体目标是：本着有利于防范化解地方金融风险，有利于促进地方经济发展，有利于城市信用社持续、稳定、健康发展的监管思路，按照“整体规划，具体指导，标本兼治，分类处置”的风险处置原则，坚持“一社一策”，力争用三年左右的时间，通过整顿、规范改造和扶持发展，基本消除城市信用社的风险隐患，将城市信用社逐步发展成为产权关系清晰、治理结构完善、经营管理规范的股份制金融企业。

15日　中国证券业协会发布《关于保荐机构从事股权分置改革业务有关问题的通知》。该通知明确：保荐机构应以服务的质量、承担的工作量和保荐的责任及风险为基础，合理收取相关费用，费用原则上可以包括财务顾问费和保荐费两部分，财务顾问费是保荐机构制订并协助实施股权分置改革方案收取的费用，保荐费是保荐机构履行尽职调查职责、出具保荐意见、履行持续督导职责收取的费用；财务顾问费以不低于100万元的标准收取，保荐费以不低于150万元的标准收取。保荐机构应当在上市公司股权分置改革方案实施后15个工作日内向中国证券业协会报送股权分置改革保荐工作总结报告。

18日　《上海证券交易所权证管理暂行办法》、《深圳证券交易所权证管理暂行办法》分别发布。两个暂行办法规定：权证是指标的证券发行人或其以外的第三人发行的，约定持有人在规定期间内或特定到期日，有权按约定价格向发行人购买或出售标的证券，或以现金结算方式收取结算差价的有价证券。具有交易所会员资格的证券公司可以自营或代理投资者买卖权证。权证采用竞价方式进行交易的，权证买卖单笔申报数量不超过 100 万份，申报价格最小变动单位为 0.001 元人民币。权证买入申报数量为 100 份的整数倍，交易实行价格涨跌幅限制。权证行权采用现金方式结算的，投资者行权时，按行权价格与行权日标的证券结算价格及行权费用的差价，收取现金；权证行权采用证券给付方式结算的，投资者行权时，应支付依行权价格及标的证券数量计算的价款，并获得约定数量的标的证券；认沽权证的持有人行权时，应交付约定数量的标的证券，并获得依行权价格及标的证券数量计算的价款。

20 日 国务院第 99 次常务会议召开，批准邮政体制改革方案。会议认为，随着经济体制改革的不断深化，我国邮政业现行管理体制已不能适应市场经济需要，进一步深化邮政体制改革已成为当前一项重要而紧迫的任务。会议确定邮政体制改革的基本思路是：实行政企分开，加强政府监管，完善市场机制，保障普遍服务和特殊服务，确保通信安全；改革邮政主业和邮政储蓄管理体制，促进向现代邮政业方向发展。重新组建国家邮政局，作为国家邮政监管机构；组建中国邮政集团公司，经营各类邮政业务；加快成立邮政储蓄银行，实现金融业务规范化经营。据新华社资料：截至 2005 年 6 月末，全国邮政储蓄存款余额 12 285 亿元，储蓄市场占有率达 9.25%，储蓄规模仅次于 4 家国有商业银行和农村信用社。全国邮政储蓄营业网点已超过 36 000 个(其中县及县以下农村网点占 2/3 以上)，成为国内网点数量最多的金融机构。

21 日 中国人民银行发布《关于完善人民币汇率形成机制改革的公告》。1. 自 2005 年 7 月 21 日起，我国开始实行以市场供求为基础、参考一篮子货币进行调节、有管理的浮动汇率制度。人民币汇率不再盯住单一美元，形成更富弹性的人民币汇率机制。2. 人民银行于每个工作日闭市后公布当日银行间外汇市场美元等交易货币对人民币汇率的收盘价，以此作为下一个工作日该货币对人民币交易的中间价格。3. 2005 年 7 月 21 日 19:00 时，美元对人民币交易价格调整为 1 美元兑 8.11 元人民币，作为次日银行间外汇市场上外汇指定银行之间交易的中间价，外汇指定银行可自此时起调整对客户的挂牌汇价。4. 现阶段，每日银行间外汇市场美元对人民币的交易价仍在人民银行公布的美元交易中间价上下 3‰的幅度内浮动，非美元货币对人民币的交易价在人民银行公布的该货币交易中间价上下一定幅度内浮动。中国人民银行将根据市场发育状况和经济金融形势，适时调整汇率浮动区间。

△ 中国人民银行发布《关于银行间外汇市场交易汇价和外汇指定银行挂牌汇价管理有关事项的通知》。该通知规定：1. 每日银行间外汇市场美元对人民币的交易价仍在中国人民银行公布的美元交易中间价上下 3‰的幅度内浮动，非美元货币对人民币的交易价在中国人民银行公布的该货币交易中间价上下 15‰的幅度内浮动。2. 外汇指定银行对客户挂牌的美元对人民币现汇买卖价不得超过中国人民银行公布的美元交易中间价上下 2‰，现钞买卖价不得超过现汇买卖中间价上下 10‰。3. 外汇指定银行对客户挂牌的非美元货币对人民币现汇买卖中间价，由外汇指定银行以中国人民银行公布的美元交易中间价为基础参照外汇市场行情自行套算和调整。4. 外汇指定银行可授权分支行在上述规定的范围内自行确定挂牌汇价。对于单笔大额交易，外汇指定银行可在上述规定的浮动范围内与客户议定，大额金额的标准由银行自定。外汇指定银行对信用卡、旅行支票等支付凭证购汇可在以上规定的幅度内给客户更优惠的汇率。5. 外汇指定银行可在黑龙江、吉林、辽宁、内蒙古、新疆、西藏、云南、广西等省、自治区的边贸地区加挂人民币兑毗邻国家货币的汇价，其买卖价差自行确定。6. 外汇指定银行应根据该通知规定调整本行挂牌汇价实施办法，自执行之日起一个月内报国家外汇管理局或其分支机构备案。7. 中国人民银行通过国家外汇管理局对人民币汇率实施监管。

22 日 以市场供求为基础、参考一篮子货币进行调节、有管理的浮动汇率制度正式实行。

中国人民银行宣布，将于每个工作日闭市后在中国人民银行网站发布《人民币汇率交易收盘价公告》，公布当日银行间外汇市场美元等交易货币对人民币汇率的收盘价。当日，银行间外汇市场美元等交易货币对人民币汇率的收盘价为：1美元兑换人民币 8.1111 元，1 欧元兑换人民币10.0141 元，100 日元兑换人民币 7.3059 元，1港元兑换人民币 1.0478 元。

据《2005 年中国国际收支报告》统计，自2005 年 7 月 22 日至 12 月 30 日，美元对人民币价格小幅振荡，有升有降，双向浮动，总体保持平稳波动，中国人民银行公布的人民币收盘价由最初的 1 美元兑 8.11 元人民币小幅升值至年末的 1 美元兑 8.0702 元人民币。全年人民币对美元升值了 2.56%。美元对人民币收盘价最低达到 8.0702（12 月 30 日），最高为 8.1128（7 月27 日）。上下波幅达到 426 个基点。2005 年年末，人民币对日元汇率报收于 6.8716 元/100 日元，比 2004 年年底的 8.0573 元/100 日元升值17.25%；人民币对欧元汇率报收于 9.5797 元/欧元，比 2004 年年底的 11.2588 元/欧元升值17.53%；人民币对港元汇率报收于 1.0403 元/港元，比 2004 年年底的 1.0641 元/港元升值2.29%。

26 日　中国人民银行就人民币汇率改革的有关问题郑重发表声明。声明指出：第一，人民币汇率初始调整水平升值 2%，是指在人民币汇率形成机制改革的初始时刻就作一调整，调整水平为 2%；并不是指人民币汇率第一步调整 2%，事后还会有进一步的调整。第二，人民币汇率水平升值 2% 是根据汇率合理均衡水平测算出来的。这一调整幅度主要是从我国贸易顺差程度和结构调整的需要来确定的，同时也考虑了国内企业的承受能力和结构调整的适应能力。这个幅度基本上趋近于实现商品和服务项目大体平衡。第三，渐进性是人民币汇率形成机制改革的一个重要原则。渐进性是指人民币汇率形成机制改革的渐进性，而不是指人民币汇率水平调整的渐进性。人民币汇率制度改革重在人民币汇率形成机制的改革，而非人民币汇率水平在数量上的增减。

△　中国人民银行、财政部、中国银监会、中国证监会联合发布《个人债权及客户证券交易结算资金收购实施办法》。该实施办法规定三种资金不能界定为客户证券交易结算资金：客户与券商间存在经纪业务以外的书面形式违规委托理财或借贷类关系的；客户承诺资金或证券存入或托管一定期限不提取或不动用的；券商已直接向客户支付过返还佣金以外收益的。该实施办法强调，凡个人债权人与被处置金融机构分支机构直接发生业务的，收购工作由该金融机构分支机构所在地的政府负责；与被处置金融机构分支机构未直接发生业务活动的，收购工作由该金融机构注册地政府负责。该实施办法强调各省、自治区、直辖市、计划单列市政府负责组织成立个人债权甄别确认小组，准备好地方政府承担的收购资金。甄别确认工作完成后，要将甄别确认结果和资金到位情况及时移交、通报当地托管清算机构和当地银监局或证监局。

28 日　中国银监会发布《银行开展小企业贷款业务指导意见》。该指导意见明确：小企业泛指各类所有制和组织形式的小型企业及个体经营户，贷款泛指各类贷款、贸易融资、贴现、保理、贷款承诺、保证、信用证、票据承兑等表内外授信和融资业务。政策性银行因受机构网络限制，可依托中小商业银行和担保机构，开展以小企业为服务对象的转贷款、担保贷款业务。银行开展小企业贷款业务实行客户经理制；针对小企业业务特点，重新构建激励约束机制，制定专门的业绩考核和奖惩机制，建立与小企业贷款业务相适应的信贷文化；在收入分配上应强调小企业信贷人员收入与其业务量、效益和贷款质量等综合绩效指标挂钩，上不封顶。银行应对小企业市场进行必要的细分，推出符合小企业不同需求的贷款产品和金融服务，包括固定资产贷款和周转资金贷款；贷款产品应体现起点金额、利率浮动水平、担保要求、贷款期限和还款方式等方面的差异，以供小企业根据各自情况进行选择。贷款主要以借款人经营活动所形成的现金流量和个人信用为基础，并可以以其已有可抵押资产和未来融资项下形成的资产和权益进行抵押、质押；只有在确认第一还款来源不足时，方可要求借款人提供有效的担保；银行在小企业贷款上必须引入贷款利率的风险定价机制；贷款期限和偿还方式应符合小企业借款人现金流量的特点；采取符合小企业贷款流程特点的信贷风险控制措施。

为推动银行业金融机构贯彻落实该指导意见，中国银监会确定国家开发银行、中国工商银行、浙江省商业银行以及一批城市商业银行作为重点联系银行，以点带面，逐步推进小企业金融服务。

△　国家邮政局宣布邮政外币储蓄系统在广东试行，首批开办外币储蓄业务的是广州、深圳、江门三个市局的14个邮政网点。随后在北京、福建等地陆续试行。试点的邮储网点可为客户开立现钞账户和现汇账户，提供活期存款、定期存款，此前只能办理美元储蓄。

29日　财政部、国家发展和改革委员会、审计署、国家粮食局、中国农业发展银行联合下发《关于做好国有粮食购销企业政策性粮食财务挂账从企业剥离工作的通知》。该通知规定，国有粮食购销企业的政策性粮食财务挂账，原则上剥离到企业隶属的县以上（含）粮食行政管理部门集中管理；在政府机构中没有单独设立粮食行政管理机构的地区，可以剥离到地方政府指定的一家承担粮食行政管理职能的单位集中管理。负责政策性粮食财务挂账集中管理的县以上（含）粮食行政管理部门（或地方政府指定的单位），在同级农业发展银行开设政策性粮食财务挂账专户，将国有粮食购销企业剥离的政策性粮食财务挂账，全部划入专户。已经省级人民政府核定，占用中国农业发展银行贷款的政策性粮食财务挂账，必须于2005年9月底之前从企业剥离完毕。

△　国务院办公厅转发中国证监会《关于证券公司综合治理工作方案》。该方案提出，综合治理工作的基本原则是：多管齐下，分类处置；标本兼治，重在治本；统筹兼顾，确保稳定；依法行政，完善机制。该方案还提出了综合治理工作的近期目标和远期目标。

国务院办公厅在转发该方案的通知中指出：随着证券市场的结构性调整和改革力度加大，近年来，证券公司存在的问题逐渐暴露，风险集中爆发，经营和发展遇到了很大困难，迫切需要采取措施进行综合治理。证券公司综合治理工作敏感度高、涉及面广，事关证券市场的健康发展和社会稳定。该通知要求：要进一步加强对证券公司的监管，积极推进各项基础制度改革，稳妥处置证券公司风险，推进证券公司重组，并采取切实、有效的措施解决证券公司流动性问题，支持、引导证券公司创新发展、做优做强。要严肃法纪，加大对证券犯罪行为的打击和涉案资产的追缴力度。要加强舆论宣传和引导，做好解疑释惑工作，为证券公司综合治理工作创造有利的舆论环境。地方各级人民政府要切实承担起维护社会稳定的职责，对行政区域内证券公司的风险状况要做到心中有数，制定好应急预案。要按照国家的有关规定认真做好破产关闭证券公司的个人债权甄别和收购资金筹措等工作，及时、妥善地解决好行政区域内机构名义个人债权等敏感问题。对可能引发群体性事件或恶性个案的不稳定因素，要及时采取措施，果断予以化解。

△　中国银监会金融资产管理公司现场检查暨查处工作会议在合肥召开。会议指出，在上半年金融资产管理公司接收中国银行、建设银行、交通银行三家银行第二次剥离不良贷款（即二次剥离）的过程中存在较多的问题，包括超范围剥离、违规剥离、剥离资料严重不全、剥离过程中银行擅自处置剥离资产、擅自释放担保权、个人消费信贷问题严重、剥离交接期间维权不力丧失诉讼时效等。会议提出下一步将重点做好六个方面的工作：一是全面开展对四家资产管理公司2004年以及2005年上半年完成的终极处置项目检查，重点查处资产处置过程中的违法、违规行为。二是巩固和扩大查处工作成果，严格责任追究，对重点项目要根据资产处置活动的轨迹进行持续跟踪，典型项目要形成案例研究报告。三是将二次剥离中发现的重大问题线索一查到底，从体制、机制上研究解决问题的措施。四是对资产管理公司实行全方位监管。五是加强对资产管理公司改革、发展与监管的重大课题研究。六是配合有关部门，不断推动不良金融资产处置环境的持续改善。

8月

1日 劳动和社会保障部公布第一批企业年金基金管理机构。其中，企业年金基金法人受托机构共5家，企业年金基金账户管理人共11家，企业年金基金托管人共6家，企业年金基金投资管理人共15家。随着企业年金基金管理机构的产生，企业年金基金入市正式启动。

2日 中国人民银行发布《关于扩大外汇指定银行对客户远期结售汇业务和开办人民币与外币掉期业务有关问题的通知》。该通知规定：1. 只要银行具有即期结售汇业务和衍生产品交易业务资格，备案后均可从事远期结售汇业务。2. 实行备案制的市场准入方式，加强银行的内部控制和自律管理。3. 银行可根据自身业务能力和风险管理能力对客户报价，增强市场价格发现功能，促进交易，为客户提供更好的服务。4. 放开交易期限限制，由银行自行确定交易期限和展期次数。5. 在现有的贸易、服务、收益三大类经常项目交易基础上，放开包括经常转移在内的全部经常项目交易，另外增加部分资本与金融项目交易。该通知还允许银行对客户办理不涉及利率互换的人民币与外币掉期业务，并明确了银行对客户办理远期结售汇业务和人民币与外币掉期业务的相关交易应遵守外汇管理规定，保证外汇收支的真实性和合规性。管理部门将通过对市场的非现场监管，提升防范市场风险的能力。

中国人民银行于1997年允许中国银行成为首家试点办理远期结售汇业务的银行。据《2005年中国国际收支报告》统计，截至2005年年底，新增39家中外资银行开办远期结售汇业务，使得具有远期结售汇业务资格的银行达到46家。其中，中资银行15家，外资银行31家（同一外资银行的不同分行合并计算）。远期结售汇业务的范围扩大到所有经常项目外汇收支，以及外债、直接投资、境外上市等部分资本项下的外汇收支活动。远期结售汇业务的期限结构、合约展期次数和汇率由银行自行确定。截至2005年年底，核准7家银行（均为中资银行）开办人民币对外币的掉期业务。

△ 国家外汇管理局发布《关于放宽境内机构经常项目外汇收入有关问题的通知》。该通知作出以下调整：境内机构上年度经常项目外汇支出占经常项目外汇收入的比例为80%以下的，其经常项目外汇账户可保留现汇的比例由其上年度经常项目外汇收入的30%调整为50%；境内机构上年度经常项目外汇支出占经常项目外汇收入的比例为80%（含80%）以上的，其经常项目外汇账户可保留现汇的比例由其上年度经常项目外汇收入的50%调整为80%；新开立经常项目外汇账户的初始限额，由以前的不超过等值10万美元调整为不超过等值20万美元。

3日 国家外汇管理局发布并施行《关于调整境内居民个人经常项目下因私购汇限额及简化相关手续的通知》。该通知规定：对于持因私护照的境内居民个人出境旅游、探亲、考察等有实际出境行为的购汇指导性限额，出境时间在半年以下的，由等值3 000美元提高为等值5 000美元；在半年（含半年）以上的，由等值5 000美元提高到等值8 000美元。对于境内居民持境内金融机构发行的外币卡在境外进行的经常项目下的消费支付所形成的投资，持卡人可以在发卡金融机构购汇偿还。对于自费留学人员只有在汇出或在境内银行预交签证保证金后才能取得有效入境签证的特殊情况，允许其在银行交纳2 000元人民币保证金后，持规定的证明材料办理购汇手续。

4日 中国人民银行发布2005年第二季度《中国货币政策执行报告》。该报告指出，2005年上半年宏观调控的成效进一步显现，国民经济保持了平稳、较快增长。投资过快增长的势头继续得到了抑制，消费需求增长较快，各种价格指数平稳回落，城乡居民收入和财政收入有较大幅度增加。2005年上半年，国内生产总值增长9.5%，居民消费价格同比上涨2.3%。6月末，广义货币供应量M_2的余额为27.6万亿元，同比增长15.7%；基础货币余额为5.7万亿元，同比增长11.8%。上半年，金融机构人民币贷款余额为18.6万亿元，同比增长13.3%。货币市场利率平稳下行。6月末，外汇储备余额为

7 109.7 亿美元，比上年年末增加 1 010.4 亿美元。下半年，中国人民银行将继续执行稳健的货币政策，总量上保持连续性和稳定性，加强预调和微调，保持货币信贷稳定增长，注重发挥市场本身的调节作用，巩固宏观调控成果。一是综合运用各种货币政策工具，保持货币信贷合理增长；二是继续贯彻落实利率市场化的政策；三是坚持“区别对待，有保有压”，发挥信贷政策引导结构调整的作用；四是大力培育和发展金融市场；五是加快推进金融企业改革；六是进一步完善人民币汇率形成机制，促进国际收支平衡，保持人民币汇率在合理、均衡水平上的基本稳定。

△ 《中国人民银行突发事件应急预案管理办法》发布实施。该管理办法规定：人民银行系统应急预案的制定和管理实行分类指导、分级负责的原则。各司局、分支行和企事业单位的各项应急预案工作，应贯彻依法行政的要求，使突发事件的应急处置规范化、制度化和法制化。因突发事件可能形成下列一个或多个风险的必须制定突发事件应急预案：无法正常、全面、充分地履行法定职责或开展正常的生产、经营管理活动；人员伤亡；较大财产损失或依法须由本单位承担法律责任的他人较大财产损失；危害县（市）以上区域的经济正常运行、金融稳定；危害人民银行的公共关系和形象，造成不良社会影响。人民银行的应急预案体系包括总体应急预案、部门应急预案、专项应急预案、内部应急预案、分支机构预案五个层次。该管理办法对应急预案的制定、应急预案的内容标准、应急预案的管理等作了具体规定。

5日 中国人民银行公布《2004 中国房地产金融报告》。该报告指出，当前我国房地产金融面临六大风险：部分地区房地产市场过热，存在市场风险；房地产开发企业高负债经营，隐含财务风险；“假按揭”凸显道德风险；基层银行发放房地产贷款存在操作风险；土地开发贷款有较大信用风险；房地产贷款法律风险加大。该报告显示，境外资金流入热点地区房地产市场的形式主要有四种：一是直接设立外资房地产投资公司或参股境内房地产开发企业。二是间接投资，购买房地产开发企业的债券或外资房地产中介公司以包销的方式批量买入楼盘，再进行商业性销售。三是外资银行对房地产开发企业和个人发放贷款。四是非居民外汇流入，结汇购买房产。该报告指出，房价上涨过快暴露了房地产市场五大制度缺陷：住房制度改革衔接不好诱发新的住房需求；对地方政府经营土地缺乏有效制约；缺乏有效控制土地供应结构的开发规划制度；缺乏合理引导居民住房需求，有效调控投资、投机行为的税收政策；缺乏发达的多层次房地产融资市场。该报告建议取消现行的房屋预售制度，改期房销售为现房销售，同时提倡节约使用住房的消费理念，鼓励中小户型住房消费。

该报告提供的主要统计数字有：1. 居民购房贷款主要集中在房地产热点地区。2004 年上海、广东、浙江、北京、江苏五省市增加个人住房贷款 2 452.4 亿元，占全国增加额的 60.2%。2. 我国人均居住面积已经超过了中等收入国家的水平。据建设部统计，2003 年年底和 2004 年年底，我国城镇人均住宅建筑面积分别达到 23.7 平方米和 24.97 平方米，超过了 20 世纪 90 年代初期中等收入国家平均 20.1 平方米的水平。3. 2004 年 1 ~ 11 月，境外资金流入上海房地产市场的总量超过 222 亿元，较 2003 年增长 13.5%，其中用于房地产开发的外资约 150 亿元，占全年房地产开发总额的 12.8%，用于购房的外资约 70 亿元。4. 四大国有商业银行个人购房贷款资产质量较好，不良贷款率为 1.5% 左右。5. 2004 年年底我国居民个人住房按揭贷款占 GDP 的比例为 11.7%，而欧盟国家 2001 年居民按揭贷款占 GDP 的比率平均达到 39%，所以我国居民个人住房贷款的增长潜力巨大。

△ 昌九生化庄家操纵股市案结案。湖北省武汉市中级人民法院公开作出一审宣判，以合同诈骗罪、操纵证券交易价格罪判处湖北中融实业有限公司原董事长、总裁葛建飞无期徒刑，剥夺政治权利终身，并处没收个人全部财产。2000 年，葛建飞控股的武汉中融公司持有江西昌九生物化工股份有限公司股票（股票简称：昌九生化；股票代码：600228），并选定以该股票作为交易对象。8 月，葛建飞聘用操盘手操作昌九生

化股票。为拉升昌九生化股票的价格，葛建飞指使武汉中融公司等公司向外大量融资，以武汉中融公司的名义向银行申请银行承兑汇票，骗取3家银行资金共1.93亿元。审理查明，截至2003年9月，湖北中融实业公司利用其控股的武汉中融公司等多家公司，以受托理财、借款、借国债、借股票等形式，累计融资16.7891亿元，分别在全国49家证券营业部，采用自买自卖手段操纵昌九生化的交易价格。其中2003年9月23日，持股数量达到最大值7 459.9931万股，占流通股比例的77.71%，严重破坏了证券交易市场管理秩序。

8日 中国人民银行发布《关于加快发展外汇市场有关问题的通知》。该通知决定：1. 符合上年度经常项目跨境外汇收支25亿美元或者货物贸易进出口总额20亿美元以上等条件的非金融企业可以向中国外汇交易中心（以下简称交易中心）申请会员资格，进入银行间即期外汇市场进行自营性交易；保险公司注册资本金不低于10亿元人民币或等值外汇，证券公司、信托公司、财务公司等注册资本金不低于5亿元人民币或等值外汇，基金管理公司注册资本金不低于1.5亿元人民币或等值外汇的非银行金融机构可以向交易中心申请会员资格，进入银行间即期外汇市场交易。非金融企业在银行间外汇市场的即期交易以实需为原则，除现行外汇管理法规规定须经外汇管理局批准的交易外，均可入市交易。非银行金融机构在银行间外汇市场的即期交易，除按现行外汇管理法规规定须经外汇管理局批准并出具结汇或者售汇批准文件方可交易外，其他交易可在市场内进行。2. 在银行间外汇市场引入询价交易系统，采取询价交易方式的会员应当在双边授信基础上，通过交易中心询价交易系统进行交易，交易的币种、汇率、金额等由交易双方协商议定。3. 政策性银行、商业银行、信托投资公司、金融租赁公司、财务公司和汽车金融公司会员参与银行间远期外汇交易，须获得中国银行业监督管理委员会颁发的金融衍生产品交易业务资格；其他非银行金融机构会员须获得其监管部门的批准；非金融企业会员须经国家外汇管理局批准。外汇管理局对银行间远期外汇市场参与主体实行法人备案管理。另外，取得远期交易备案资格六个月以上的市场会员可以开展银行间即期与远期、远期与远期相结合的人民币对外币掉期交易。4. 中国人民银行授权国家外汇管理局对银行间即期外汇市场和远期外汇市场进行监督管理。

据《2005年中国国际收支报告》统计，截至2005年年底，银行间外汇市场共有会员384家，其中当年新增30家。中国中化集团公司成为第一家非金融企业会员。

银行间外汇市场会员结构

会员类型	数量	会员类型	数量
国有独资商业银行	4	外资银行	188
股份制商业银行	11	农村信用联社	25
政策性银行	3	信托投资公司	2
城市商业银行	41	非金融企业	1
商业银行授权分行	109	合计	384

△ 中国人民银行转发江苏省《扶贫小额贷款实施意见》。为帮助低收入农户脱贫致富，江苏省农村信用社在苏北16个经济薄弱县和部分老区县发放扶贫小额贷款，5年累计给1 000多个贫困村发放贷款175亿元。获得贷款支持的58万低收入农户平均每户年增收1 500元左右，已发放贷款的到期回收率保持在96%以上。对按期归还贷款的农户，该省在优惠利率的基础上又给予50%的贴息。对贷款回收率超过92%的县，其超过部分按农村信用社70%、扶贫工作相关部门30%的分配比例给予奖励资金，个人奖励部分不得超过15%。人民银行总行在介绍江苏省扶贫贴息贷款激励奖惩机制的成功经验的同时，要求各分支行高度重视扶贫贷款工作，积极探索符合当地实际需要的扶贫贴息贷款运作模式，切实发挥扶贫贷款在促进农村经济发展中的积极作用。

△ 中国银监会发布《货币经纪公司试点管理办法》。该管理办法规定，在我国进行试点的货币经纪公司是指经批准在中国境内设立的，

通过电子技术或其他手段，专门从事促进金融机构间资金融通和外汇交易等经纪服务，并从中收取佣金的非银行金融机构。货币经纪公司设立的主要条件：一是出资人应具备的条件，包括出资人应为中国境内外依法设立的企业法人；境外出资人应从事货币经纪业务 20 年以上、经营稳健，有完善的内部控制制度，每年税后净收益不低于 500 万美元或等值的自由兑换货币，具有从事货币经纪服务所必需的全球机构网络和资讯通信网络，在中国境内设立代表机构两年以上；境内出资人为依法设立的非银行金融机构，从事货币市场、外汇市场等代理业务 5 年以上等。二是货币经纪公司设立应当具备的条件包括：货币经纪公司注册资本的最低限额为 2 000 万元人民币或等值的自由兑换货币，注册资本为实缴货币资本；具有符合《中华人民共和国公司法》等相关法律和该管理办法要求的章程；具有熟悉货币经纪及相关业务的高级管理人员；具有健全的组织机构、管理制度和风险控制制度；具有与业务经营相适应的营业场所、安全防范措施和其他设施等其他条件。确属业务发展需要，货币经纪公司设立两年以上，且注册资本金不低于 5 000 万元人民币，连续两年盈利并无违法、违规经营记录的货币经纪公司，可以申请设立分公司。分公司的营运资金不得少于 1 000 万元人民币。货币经纪公司拨付各分公司的营运资金总计不得超过其注册资本金的 50%。货币经纪公司及其分公司仅限于向境内外金融机构提供经纪服务，不得从事任何金融产品的自营业务。主要业务是：境内外外汇市场交易；境内外货币市场交易；境内外债券市场交易；境内外衍生产品交易。货币经纪公司从事证券交易所相关业务的经纪服务，须报经中国证监会审批。该管理办法要求货币经纪公司建立健全各项业务管理制度与内部控制制度，建立定期外部审计制度，重点要防范操作风险等。该管理办法共有 6 章 65 条，于 9 月 1 日起实施。

11 月 18 日，中国银监会发布《货币经纪公司试点管理办法实施细则》，其中规定：货币经纪公司首年亏损额不得超过公司注册资本的 50%，前三年亏损总额不得超过注册资本的 30%。货币经纪公司董事长不得兼任本公司总经理，董事不得兼任与本公司有利益冲突的其他营业性机构的高级管理人员。

△　中国银河金融控股有限责任公司（以下简称银河控股）成立。该公司是经国务院批准第一家正式冠以“金融控股”名称的公司。该公司注册资本为 70 亿元，其中，中央汇金公司出资 55 亿元持有 78.57% 的股权，财政部出资 15 亿元持有 21.43% 的股权。6 月 14 日，银河证券股份有限公司发布公告，经国务院批准，中央汇金公司拟出资对银河证券股份有限公司进行重组。银河控股将控制三家子公司，分别是银河证券股份有限公司、银河投资有限公司、银河基金公司。银河控股将承接原银河证券有限责任公司的证券类资产。

银河证券有限责任公司成立于 2000 年 8 月，注册资本金 45 亿元人民币，是在中国工商银行、中国农业银行、中国银行、中国建设银行、中国人寿保险公司全资的中国华融信托投资公司、中国长城信托投资公司、中国东方信托投资公司、中国信达信托投资公司、中国人保信托投资公司等 5 家公司所辖的证券业务部门及证券营业部合并基础上组建的全国性综合类证券公司。

9 日　中国工商银行成为境内首家获批办理韩圆现钞兑换业务的银行。中国工商银行宣布，首批在北京、辽宁、吉林、上海、江苏、浙江、湖南、广东等 11 家国内分行的 54 个网点开始办理韩圆现钞兑换业务。企业和个人可参考国际外汇牌价，将手中的韩圆兑换成人民币。

△　中国人民银行上海总部成立。上海总部主要以现有的人民银行上海分行为基础进行组建，作为人民银行总行的有机组成部分，在总行的领导和授权下开展工作，将主要承担部分中央银行业务的具体操作职责，同时履行一定的管理职能。上海总部的主要职责包括：根据总行提出的操作目标，组织实施中央银行公开市场操作；承办在沪商业银行及票据专营机构再贴现业务；分析市场工具对货币政策和金融稳定的影响，监测分析金融市场的发展，防范跨市场风险；密切

跟踪金融市场，承办有关金融市场数据的采集、汇总、分析工作，定时报送各类动态信息和研究报告；研究并引导金融产品的创新，促进金融市场协调、健康、规范发展；承办有关区域金融交流与合作工作等。上海总部成立初期与中国人民银行上海分行合署办公，并逐步与上海分行整合。上海总部根据总行授权，还承担对中国外汇交易中心（全国银行间同业拆借中心）等总行直属在沪单位的管理工作，以及上海黄金交易所、中国银联等有关机构的协调、管理工作。人民银行副行长项俊波任上海总部主任。

10日　周小川阐述人民币汇率参考原则。中国人民银行行长周小川在中国人民银行上海总部成立揭牌仪式上表示：一篮子货币的确定是以对外贸易权重为主的，目前，美国、欧元区、日本、韩国等是中国最主要的贸易伙伴，相应的，美元、欧元、日元、韩圆等也自然会成为主要的篮子货币。此外，新加坡、马来西亚、俄罗斯、澳大利亚、加拿大、泰国等国家与我国的贸易比重也比较大，这些国家的货币对中国的人民币汇率也是很重要的。作为人民币汇率调节的一个参考，篮子货币的选取以及权重的确定主要是考虑中国国际收支经常项目的主要交易国家、地区及其货币。周小川具体谈到了四项原则：着重考虑商品和服务贸易的权重作为篮子货币选取及权重确定的基础；适当考虑外债来源的币种结构；适当考虑外商直接投资的因素；经常项目中一些无偿转移类项目的收支也在权重的考虑之中。周小川强调，与单一盯住美元的汇率制度相比，参考一篮子货币调节可以更全面地反映人民币对主要货币的变化，有利于较好地应对美元不稳定所带来的影响。

12日　交银施罗德基金管理公司（Bank of Communications Schroder Fund Management Co., Ltd.）在上海开业。该公司由交通银行、施罗德投资管理有限公司（Schroder Investment Management Limited）、中国国际集装箱海运（集团）股份有限公司共同发起设立，三方持股比例分别为65%、30%、5%。公司注册资本为2亿元。交银施罗德精选股票基金于8月26日正式通过中国农业银行、交通银行各网点以及各大券商营业部正式发行。

△　上海浦东发展银行发行2005年上海浦东发展银行一期金融债券。本期债券通过人民银行债券发行系统，在银行间债券市场以荷兰式招标方式发行，是自2005年4月27日中央银行发布《全国银行间债券市场金融债券发行管理办法》以来，首只获准发行的商业银行普通金融债券。该期债券发行量70亿元，期限为3年，票面利率采用固定利率，通过中国人民银行债券发行系统公开招标确定。该债券的本金和利息清偿顺序等同于上海浦东发展银行的一般负债，优于长期次级债务、股权资本的债券。发行当日，30家承销机构参与了招投标，有效投标总量为127.9亿元，最终票面利率为2.59%。截至2005年年底，共有三家商业银行——上海浦东发展银行、招商银行和兴业银行分别发行了70亿元、100亿元和150亿元的普通金融债券。

△　中信证券股份有限公司（以下简称中信证券）、中国建银投资有限责任公司（以下简称建银证券）出资重组华夏证券。中信证券（证券简称：G中信；证券代码：600030）发布公告：该公司和建银证券共同出资46亿元设立中信建投证券公司（以下简称中信建投）和建投中信资产管理公司（以下简称建投中信），分别受让华夏证券的证券类资产和非证券类资产。中信建投注册资本为人民币27亿元，其中中信证券出资16.2亿元，占60%，建银投资出资10.8亿元，占40%。建投中信注册资本为人民币19亿元，中信证券出资5.7亿元，占30%，建银投资出资13.38亿元，占70%。

华夏证券有限公司、南方证券有限公司和国泰证券有限公司三家券商组建于1992年，注册资本金均为10亿元，注册地分别为北京、深圳和上海，由中国工商银行、中国农业银行和中国人民建设银行分别牵头组建，是内地首批成立的全国性证券公司，并称为三大中央级证券公司。截至2004年6月30日，华夏证券有限公司受托投资管理业务累计亏损16.88亿元，持有股票浮动亏损7.43亿元，并且违规开展B股自营业务，亏损折合人民币4 048.27万元。而自营股票为上市公司贷款提供质押反担保，无协议及相关审批手续，收回后减值1 041.39万元，卖出股票亏损5 080.45万元。另外，华夏证券有限公司还存在不良资产比例高，投资收益率低等问题。截至2004年6月30日，华夏证券有限公司全系统不良资产余额为415 976.26万元，是实收资本的1.54倍，占总资产的26%。此外，华夏证券有限公司还存在财务核算造假的情况，2002年12月，通过将21家上市公司法人股转让给下属公司，虚增年度利润51 542.89万元，2003年虚增利润45 030.67万元。中信证券的前身系中信证券有限责任公司，于1995年10月25日在北京成立。1999年10月27日经中国证监会批准，同年12月29日经国家工商行政管理总局变更注册，增资改制为中信证券股份有限公司，注册资本为24.815亿元人民币，注册地为深圳市。

15日 中国外汇交易中心推出银行间远期外汇交易品种，同时升级外汇交易系统。当日，中国工商银行和中国建设银行成交两笔美元/人民币远期交易，期限分别为一个月和一年，成交价格分别为8.0778元人民币/美元和7.8140元人民币/美元。全天系统运行平稳，交易顺畅。美元对人民币远期交易最新报价为：一个月为8.0778元人民币/美元，三个月为8.0370元人民币/美元，六个月为7.9417元人民币/美元，九个月为7.8609元人民币/美元，一年为7.8140元人民币/美元。远期外汇交易是指外汇买卖双方预先签订远期外汇买卖合同，规定买卖的比重、金额、汇率及未来交割的时间，在约定的到期日由买卖双方按约定的汇率办理收付交割的外汇交易。截至2005年10月24日，中国外汇交易中心公布获得外汇远期交易的会员共54家。

据《2005年中国国际收支报告》统计：2005年市场发生交易的有美元/人民币的一周、一个月、二个月、三个月、六个月、九个月和一年七种期限品种，以及日元/人民币的一周、一个月、二个月、三个月四个期限品种。交割方式既有全额交割又有差额交割。2005年远期外汇各币种共成交277笔，其中美元成交263笔，日元成交14笔。成交量最大的两个期限品种为美元一年期和美元一个月期。全年银行间远期外汇市场共有98个交易日，各币种、各期限合计成交量为26.90亿美元，日均成交2 745万美元。

△ 中国证监会发布《关于股权分置改革中证券投资基金投资权证有关问题的通知》。该通知规定：基金可以持有在股权分置改革中被动获得的权证，并可根据交易所的有关规定卖出该部分权证或行权；基金可以主动投资在股改中发行的权证。基金投资权证应当遵照有关法律、法规，符合基金合同的有关约定，基金管理人根据基金的投资策略和风险收益特征，制订切实可行的权证投资方案，约定该基金投资权证的具体比例，并将权证投资方案报告中国证监会并公告。权证投资方案应当列明基金投资权证的比例限制、投资策略、信息披露方式、风险控制措施等，并充分揭示相关投资风险。基金管理人运用基金财产进行权证投资，不得有下列情形：一只基金在任何交易日买入权证的总金额，超过上一交易日基金资产净值的5‰；一只基金持有的全部权证，其市值超过基金资产净值的3%；同一基金管理人管理的全部基金持有的同一权证，超过该权证的10%。因证券市场波动、基金规模变动、股改中支付对价等基金管理人之外的因素致使基金投资不符合上述规定及基金合同或基金权证投资方案约定的投资比例的，基金管理人应当在10个交易日之内调整完毕。

△ 中国人民银行发行“中国人民抗日战争暨世界反法西斯战争胜利60周年金银纪念币”，同时，中国金币总公司对外宣布，从该项目起全面启动公布金银币鉴定证书号段的“阳光工程”。此前，“阳光工程”已经从6月13日发行的“陈云诞辰100周年金银纪念币”开始，首先从中国金币总公司直销中心进行试点。

“阳光工程”是中国金币总公司加强销售管理、积极推进金银币营销体制改革的一项重要举措，其主要内容是：在金银币发行时，中国金币总公司通过其主办的“中国金币网”向社会公布所有经销商的名单、地址、联系电话、金银币分配销售量的鉴定证书号码段、销售监督电话，经销商通过当地媒体或营业网点公布相关销售信息，接受社会监督。

16日 余振东涉嫌贪污挪用公款案在广东省江门市中级法院开庭审理。余振东被指控贪污公款8 247万美元，挪用巨额资金1.32亿美元、人民币2.73亿元、港元2 000万元。此次开庭，美方派员列席旁听。该案这是我国政府签署《联合国反腐败公约》及《中美关于刑事司法协助协定》后，首个贪污外逃人员被从国外押解回国的案例。余振东也是第一个由美方人员押送移交中方的外逃贪官，以往美方对中国贪官最多是驱逐出境。

中国银行开平支行特大贪污挪用公款案件是中国银行在2001年10月12日进行全行数据信息科技大集中时，发现的一起重大违法、违规案件。开平支行三任行长许超凡、余振东、许国俊等人内外勾结，利用当时联行资金汇划系统存在的漏洞，大肆贪污挪用巨额银行资金约7亿多美元，并在案件败露后经香港、加拿大逃往美国。案发后，中国银行及时向警方报案，同时采取各种措施，追查和堵截被犯罪嫌疑人转移的涉案资金，并依法在香港特区和美国、加拿大等地对涉案人员提起民事诉讼，全力协助执法机关对涉案外逃人员进行追捕。2004年4月14日，美国将外逃美国被拘押的中国银行开平支行特大贪污挪用公款案主犯之一余振东移交中国警方。余振东被押解回国后不久，许国俊于2004年9月下旬在美国堪萨斯州一个小镇上被捕。同年10月初，许超凡也在美国俄克拉何马州的一个小镇上被捕。2006年1月31日，美国司法部表示，中国银行两名前管理者许超凡、许国俊及其同伙共五人被指控盗窃了超过4.85亿美元的资金，并通过拉斯韦加斯赌场洗黑钱。美国司法部宣布以犯有诈骗、洗钱、护照和签证欺诈等15项罪名对中国银行开平支行前行长许超凡、许国俊及其亲属提起诉讼。

△ 国家外汇管理局发布《关于调整境内银行为境外投资企业提供融资性对外担保管理方式的通知》。该通知明确：1. 国家外汇管理局对银行为境外投资企业提供融资性对外担保实行余额管理，并依据银行的外汇实收资本或营运资金、上年度对外担保及履约状况等指标按年度为银行核定余额指标；银行可在该指标范围内，自行为境外投资企业提供融资性对外担保。2. 凡具有经营对外担保业务资格的银行，可向所在地国家外汇管理局分局或外汇管理部申请本年度对外担保余额指标；经外汇局分局初审后，报国家外汇管理局批准并下达。3. 国家外汇管理局为银行核定的对外担保余额指标不超过申请银行的外汇实收资本或合并的营运资金。对外担保余额指标可由银行总行（或主报告行）直接使用，也可以分解给经总行（或主报告行）授权的境内分支机构使用。4. 银行对外担保余额、境内外汇担保余额及外汇债务余额之和不得超过其自有外汇资金的20倍；对一家企业法人的外汇放款余额、外汇担保余额（按50%计算）及外汇投资（参股）之和不得超过其自有外汇资金的30%。该通知自2005年9月1日起施行。

18日 中国人民银行公布《个人信用信息基础数据库管理暂行办法》。该暂行办法规定：个人信用信息基础数据库是中国人民银行组织商业银行建立的全国统一的个人信用信息共享平台，其目的是防范和降低商业银行信用风险，维护金融稳定，促进个人消费信贷业务的发展。商业银行、征信服务中心应当建立严格的内控制度和操作规程，保障个人信用信息的安全。个人信用信息基础数据库采集的信息是个人信用交易的原始记录，商业银行和征信服务中心不增加任何主观判断。信息涵盖个人基本信息、结算账户开立信息、银行信贷信息和来自银行系统以外的住房公积金缴存信息等，基本实现了为城市和部分农村每一个有经济活动的个人建立一套信用档案的目标。该暂行办法还规定了个人信用信息基础数据库采集个人信用信息的范围和方式、数据库的使用用途、个人获取本人信用报告的途径和异议处理方式；规定了个人信用信息的客观性原则，共有7章45条，自10月1日起实施。

△ 中国银行与苏格兰皇家银行集团（Royal Bank of Scotland，RBS）签署战略性投资与合作协议。根据该协议，苏格兰皇家银行集团将出资31亿美元，购入中国银行10%的股权，成为中国银行第一家境外战略投资者。作为双方战略合作的重要组成部分，双方同意在信用卡、理财、公司业务以及个人保险等业务领域进行广泛的合作。根据该协议，双方还将在公司治理、风险管理、财务管理、人力资源管理以及信息技术等银行营运的基础设施领域建立密切的合作关系。苏格兰皇家银行集团是欧洲第二大、全球第六大的银行集团。

19日 中国工商银行首次发行350亿元次级债。为补充附属资本，提高资本充足率，中国工商银行拟分批分期发行总额为1 000亿元的2005～2007年中国工商银行次级债。首期计划发行总额为350亿元人民币，分为十年期固定利率、十五年期固定利率和十年期浮动利率3个品种。此次债券发行以组建承销团的方式，通过中国人民银行债券发行系统进行招标。共有41家机构参与此次投标认购，投标总量达到855.25亿元，有效认购倍数达到2.44倍。这是工商银行首次发行次级债券，也是迄今为止中国单期规模最大的商业银行次级债。

△ 汇达资产托管有限责任公司（以下简称汇达公司）成立。汇达公司前身是光大资产托管有限责任公司，1998年12月9日在广州注册成立。2005年，经有关部门批准，变更为中国信达资产管理公司的控股子公司，并更名为汇达资产托管有限责任公司，注册资本为1亿元人民币，中国信达资产管理公司及其所属的中润经济发展有限责任公司分别占90%和10%的股份。汇达公司的业务范围为接收、管理和处置中国人民银行历史遗留的资产，即中国人民银行原广东省分行系统的历史遗留资产，以及人民银行系统在广东、海南和广西北海投资的房地产项目。汇达公司将采用市场化处理方式对承接资产进行债务领导追偿、债务重组、资产置换、转让与销售，以实现承接资产处置回收价值最大化，最大限度地保全国有资产，减少损失。

21日 中国保监会发布《保险机构投资者债券投资管理暂行办法》。该暂行办法包括总则、政府债券投资、金融债券投资、企业（公司）债券投资、风险控制、监督管理、附则共7章68条。该暂行办法规定：保险机构可投资债券，包括政府债券、金融债券、企业（公司）债券及有关部门批准发行的其他债券。保险机构须制定资产战略配置计划和投资策略，自主配置债券资产，自担风险，自负盈亏，并按中国保监会有关规定，委托第三方独立托管债券资产。保险机构投资同一发行人发行或者提供担保的各类债券（不含政府债券、中央银行票据、政策性银行金融债券、政策性银行次级债券）的余额，按成本价格计算，合计不得超过该保险机构上季度末总资产的20%。保险机构为投资连结保险产品设立的投资账户，投资商业银行金融债券、次级债券和企业（公司）债券的比例，可以为该账户上季度末总资产的100%；保险机构为万能寿险产品设立的投资账户，投资商业银行金融债券、次级债券和企业（公司）债券的比例，不得超过该账户上季度末总资产的80%；保险机构为其他保险产品设立的独立核算账户，投资商业银行金融债券、次级债券和企业（公司）债券的比例，不得超过保险条款具体约定的比例和中国保监会的有关规定。保险机构开立证券账户、租用席位，应向中国保监会提交证券账户申请书和席位申请书，取得中国保监会资金运用监管部确认函后，办理相关手续。

22日 权证交易在沪深股市重新启动。2005年8月18日宝钢股份发布《上海宝钢集团公司认购权证上市公告书》，上海宝钢集团公司支付的3.88亿认购权证于2005年8月22日在上海证券交易所上市流通，认购权证交易简称为“宝钢JTB1”，权证交易代码为“580000”。根据宝钢股份股权分置改革方案，作为对价的组成部分，宝钢股份流通股股东每持有10股股份就获得上海宝钢集团公司支付的1份认购权证，共计38 770万份。此次上市交易的宝钢股份认购权证行权价为4.50元。权证存续期为2005年8月18日至2006年8月30日，共计378天。1份认购权证可在行权日（2006年8月30日），按行权价向上海宝钢集团公司购买1股宝钢股份A股股票。宝钢权证实行T+0交易。根据《上海证券交易所权证管理暂行办法》，经上海证券交易所认可的具有上海证券交易所会员资格的证券公司可以自营或代理投资者买卖权证。单笔权证买卖申报数量不得超过100万份，申报价格最小变动单位为0.001元人民币。权证买入申报数量为100份的整数倍。上市当天宝钢权证即封住涨停，并吸引了1.76亿元资金。截至8月25日该权证已涨为2.09元，距8月22日的理论参考价0.688元已经上涨了303%。

2005年，沪深两市共有6只权证产品先后上市，包括上海证券交易所的武钢认股权证、武钢认沽权证和白云机场认沽权证，以及12月5日首批在深圳证券交易所上市的钢钒PGP1、万科HRP1、鞍钢JTC1。12月6日，6只权证总成交金额达到101.77亿元，超过了当天沪深两市股票和基金85.31亿元的成交额，这也是自宝钢权证上市以来，权证市场总成交额首度超过沪深股市股票总成交额。

23日 中国证监会、国有资产监督管理委员会、财政部、中国人民银行和商务部发布《关于上市公司股权分置改革的指导意见》。该指导意见包括正确认识股权分置改革；股权分置改革的指导思想；股权分置改革的总体要求；严格规范股权分置改革秩序；调动积极因素，促进资本市场稳定发展共5部分内容。

该指导意见提出：股权分置是指A股市场的上市公司股份按能否在证券交易所上市交易被区分为非流通股和流通股，这是我国经济体制转轨过程中形成的特殊问题。股权分置改革是一项完善市场基础制度和运行机制的改革。股权分置改革的总体要求是：要坚持统一组织；要实行分散决策，上市公司非流通股股东要广泛征求A股市场相关流通股股东意见；上市公司股权分置改革方案要有利于市场稳定和上市公司的长远发展；坚持改革的市场化导向，注重营造有利于积极稳妥解决股权分置问题的市场机制，择机实行“新老划断”（“新老划断”是指对首次公开发行的公司不再区分上市和暂不上市流通的股份，对存量上市公司分步解决股权分置问题）；妥善处理存在特殊情况的上市公司股权分置改革问题。该指导意见还对严格规范股权分置改革秩序提出了要求。

25日 中国银监会介绍全国农村信用社改革情况。中国银监会副主席李伟在上海举行的“2005中国财富管理论坛”上发表演讲指出，2002年年末，全国农村信用社资不抵债额达3 300多亿元，资本充足率为-8.45%，资本净额为-1 217亿元，不良贷款余额为5 147亿元，不良贷款占比36.93%。1994年至2003年，全国农村信用社连续10年亏损，2002年当年亏损58亿元，历史亏损挂账近1 500亿元。2003年8月，深化农村信用社改革试点工作在8省（市）展开；2004年8月，改革试点工作扩大到29个省（区、市）。截至2005年6月末，全国农村信用社（含改制的农村合作银行和农村商业银行，下同）资本净额达1 037.18亿元，资本充足率达5.89%；不良贷款余额为3 851亿元，不良贷款率17.53%（扣除专项票据置换因素，实际为21.23%），比2002年年末下降19.4个百分点。2005年6月末，全国农村信用社各项存款达30 694亿元，比2002年年末增加10 769亿元，增幅为54%；各项贷款为21 968亿元，比2002年年末增加8 028亿元，增幅为58%。在各项贷款中，农业贷款余额已经达到10 299亿元，占全部金融机构农业贷款的比重上升到87.5%，增幅达85%。截至当前，全国共组建银行类机构48家，其中农村商业银行9家，农村合作银行39家，另有12家银行类机构已获批准筹备；组建以县（市）为单位统一法人机构172家，另有273家已获批准筹建。

△ 上海农村商业银行股份有限公司成立。上海农村商业银行是全国第一家由农村信用社改制而成的省级农村商业银行，注册资本金为30亿元，资本金充足率达到9.85%。其中，上海国际集团等5家企业成为上海农村商业银行的大股东，国有资本在股权结构中占比约为50%。改制后的上海农村商业银行改变了以前“总

社—分社—营业网点”的三级结构、三级独立法人的架构，代之以“总行—分行—支行”的一级法人体系，形成由总行统一制定政策，各分行和各支行贯彻执行的垂直管理体系。新创立的上海农村商业银行，明确其市场定位为“零售银行”，主要服务于上海郊区的客户，是一家地区性商业银行。

2001 年，上海市农村信用联社成立，共有法人机构 234 家，由 1 家市（省）联社、14 家区（县）联社和 219 家基层农村信用社组成。截至 2005 年 6 月底，原农村信用社存款余额为 938 亿元，贷款余额为 526 亿元，总资产近 1 155 亿元。

△ 财政部发布《金融工具确认和计量暂行规定》。该暂行规定明确：金融资产应当在初始确认时划分为以下四类：交易性金融资产、持有到期投资、贷款和应收款项以及可供出售的金融资产。金融负债应当在初始确认时划分为以下两类：交易性金融负债和其他金融负债。金融资产分类和金融负债分类一经确定，不得随意变更。该暂行规定要求金融企业将衍生金融工具纳入表内核算，而不是仅在表外披露；同时要求在会计期末采用公允价值计量衍生金融工具，以便及时反映交易的盈亏状况；要求采用未来现金流量折现法确认和计量金融资产减值损失。该暂行规定包括总则、金融资产和金融负债的分类、嵌入衍生金融工具、金融工具确认和计量、金融资产减值、公允价值确定、附则共 7 章 48 条，自 2006 年 1 月 1 日起在上市和拟上市的商业银行范围内试行。

28 日 中国银监会发布《关于加强信托投资公司部分业务风险提示的通知》。该通知指出，上半年少数信托项目主要是证券和房地产类业务存在一些问题，个别地方甚至出现了利用信托财产受益权转让变相违规募集资金的现象。截至 5 月末，已有部分信托项目到期未能按时清算，其中，股票投资业务占比 11%，房地产类业务占比 61%。该通知要求各银监局要提示信托投资公司密切关注存量的证券和房地产业务风险变化情况，对资金的分布、结构、安全、收益和风险情况认真分析，特别要关注资金有无被交易对手挪用的情况；要密切关注交易对手风险变化情况，防止交易对手风险向信托投资公司转移；证券业务要制定逐日盯市、适时监控的风险防范措施，并确定风险止损点，且须保证能有效斩仓操作。新开办房地产业务应符合国家宏观调控政策，并进行严格的尽职调查，对未取得国有土地使用证、建设用地规划许可证、建设工程规划许可证、建筑工程施工许可证的项目不得发放贷款；申请贷款的房地产开发企业资质不低于国家建设行政主管部门核发的二级房地产开发资质，开发项目资本金比例不低于 35%。各银监局应要求近期已出现问题的公司必须认真审查已发生的损失，详细分析无法正常运行或到期清算项目发生问题的原因；对属于操作风险的，必须对相关人员的责任予以追究。高度关注到期信托计划的清算交付情况，防止信托投资公司进行违规操作将风险后置；要特别注意信托投资公司用单一信托置换到期集合资金信托来掩饰风险，要提示信托投资公司不得用单一代定类信托资金构建资金池，混用资金构成风险。在《财产权信托管理办法》颁布前，以财产受益权转让等方式进行资金募集的业务，要按照资金信托业务的监管原则进行监管。信托合同的份数应以委托人和支付对价取得受益权的受益人个数之和计算，防止信托投资公司变相公募，违规向社会募集资金。

该通知还要求在下半年的监管报告中，要重点分析五类风险：一是以原有资产难以清收、贷款信托无法按时收回、证券交易对手违约为主的信用风险；二是以证券市场波动为主的市场风险；三是因清偿原有负债和到期集合信托无法偿还而导致的流动性风险；四是因股东或关联方圈套资金、公司的高管或工作人员违规经营而带来的操作风险、道德风险；五是因单个集合信托计划不能归还而引起的公司以及全行业的声誉风险。

30 日 中国银行宣布，由中银国际、高盛公司与瑞士银行担任境外 IPO 项目的财务顾问、主承销商。中国银行新闻发言人介绍，中国银行 IPO 的规模大概在 50 亿美元左右，按照 3% 的承销费计算，3 家被选中的承销商预计将分享 1.5

亿美元的承销费用。中国银行之所以选中高盛公司、瑞士银行、中银国际这3家机构主要有两个原因：一方面它们都曾参与中银控股公司——中银香港的重组、上市及后续发行，并取得了很好的业绩；另一方面，这3家机构在亚洲和欧美国际资本市场都享有很高的知名度，综合实力较强。

△　中央汇金公司与申银万国证券股份有限公司（以下简称申银万国）签署注资备忘录，中央汇金公司将向申银万国注资25亿元，并提供15亿元的流动性支持。中央汇金公司在确保适时退出的前提下，实施阶段性持股计划，补充申银万国资本金，增强其抵御风险的能力。注资后，申银万国的注册资本金将增加到67亿元人民币，中央汇金公司持股37%，原第一大股东光大集团的持股比例由约19%下降到12%。

申银万国证券股份有限公司由原上海申银证券公司和原上海万国证券公司于1996年7月16日合并组建而成，是国内最早的股份制证券公司，也是目前国内规模最大、经营业务最齐、营业网点分布最广的证券公司之一。申银万国年报显示，经追溯调整后，2004年累计亏损35.8亿元。净资产仅为6.4亿元，净资本为-3.93亿元。截至2004年12月31日，公司虽有自有资金16亿元，但应付款为44.13亿元。

△　中央汇金公司与国泰君安证券股份有限公司（以下简称国泰君安）签署增资扩股合作备忘录，中央汇金公司将采用市场化方式对国泰君安进行股权增资并提供流动性借款。据合作备忘录，国泰君安将向中央汇金公司定向发行10亿股股票，发行价每股定价1元人民币。增资后，中央汇金公司成为国泰君安第二大股东，第一大股东仍为上海国有资产经营有限公司，中央汇金公司持股期限暂定为3年，持股期满后，中央汇金公司将在投入资本保值增值的前提下择机退出。另外，国泰君安拟将部分自有资产质押给中央汇金公司从而获得15亿元借款。中央汇金公司对国泰君安实施注资，代表了国家和有关部门对创新试点类证券公司的重大支持。

国泰君安由原国泰证券有限公司和原君安证券有限责任公司通过新设合并、增资扩股，于1999年8月18日组建成立，目前注册资本为47亿元，第一、第二、第三大股东分别为上海国有资产经营有限公司、中央汇金公司和深圳市投资管理公司。据国泰君安2004年年报，2004年年初未分配利润-15.32亿元，2004年仅获得5 180万元净利润。截至2004年12月31日，该公司仍有应付账款14.43亿元。2005年上半年，国泰君安亏损1.08亿元。

△　中国银行黑河分行与俄罗斯进出口银行布拉戈维申斯克市分行建立本币结算账户，签约仪式在黑龙江省黑河市举行。根据合作协议，中国银行黑河分行和俄罗斯进出口银行布拉戈维申斯克市分行将分别在对方设立卢布和人民币账户。今后，中国和俄罗斯客商间的经贸往来可以使用各自国家的本币结算，这为交易双方提供了除美元之外新的结算货币，同时还有效地降低了交易成本，规避了汇率风险。为适应黑河经济发展和两国贸易需要，中国银行黑河分行曾与布拉戈维申斯克市进出口银行开展互建美元账户合作，国际结算量高居同业首位。2003年，中国银行黑河分行与俄罗斯远东对外贸易银行开办了本币结算业务和本币运钞业务，开中俄金融合作的先河。

31日　经国务院批准，中国人民银行发行2005年版第五套人民币。该套人民币共为100元、50元、20元、10元、5元纸币和1角硬币6个券别。2005年版第五套人民币与1999年版第五套人民币相比，一是通过改进印制生产工艺和技术，提高了人民币整体印制质量。二是通过防伪措施整合，实现防伪技术应用系统化，提高了人民币整体防伪水平。三是2005年版第五套人民币各券别背面主景图案下方的面额数字后面，增加人民币单位元的汉语拼音"YUAN"，以适应人民币国际化需求。四是第五套人民币1角硬币，在正背面图案、规格、外形与现行流通的第五套人民币1角硬币相同的基础上，材质由铝合金改为不锈钢，以适应防伪、机读需要。

人民币发行概况

第一套人民币	始于1948年12月1日，止于1955年5月1日。该套人民币共发行了12种面额，62种版别
第二套人民币	始于1955年3月1日，止于1964年5月15日。该套人民币共发行了11种面额，16种版别（含三套硬币）
第三套人民币	始于1962年4月15日，止于2000年7月1日。该套人民币发行了7种面额，13种版别（含4种硬币，生产代号：1980－1986）
第四套人民币	始于1987年4月27日，先后发行了9种面额，17种版别（含3种硬币）
第五套人民币	1999年版（是目前市面上的主要流通现钞）从1999年10月1日开始发行，现已发行了8种面额，9种版别；2005年8月31日发行流通2005年版100元、50元、20元、10元、5元纸币和1角硬币

△　淡马锡控股（私人）有限公司（Temasek）（以下简称淡马锡）入股中国银行。中国银行与淡马锡签署战略投资协议声明，新加坡淡马锡通过其下属的全资子公司亚洲金融控股私人有限公司投资中国银行31亿美元，购买10%的股份。淡马锡同时承诺，在中国银行公开募股时再认购5亿美元的股份。这是中国银行自8月18日引入苏格兰皇家银行集团之后的第二家战略投资者。2006年2月17日，中国银行新闻发言人表示，淡马锡入股比例由10%缩减为5%，交易金额也由原来协定的31亿美元（50.5亿新加坡元）缩减为15.2亿美元。

9月

1日　经国家外汇管理局批准，中国银行对机构客户开展外币兑人民币的掉期业务，成为首家获得开办不涉及利率互换的外币兑人民币掉期交易业务的商业银行。中国银行开办的外币兑人民币掉期业务最长期限为一年，掉期交易价格是根据本外币利率预期、产品风险等级和利率平价公式得出的。中国银行确定其北京、浙江、上海、江苏、广东和深圳6家分行进行掉期业务试点。9月14日，中国银行江苏省分行办理了国内第一笔外币兑人民币的掉期业务。办理此项业务的企业是江苏省一家纺织品出口企业，金额为30万美元，是美元兑人民币的掉期业务。

2日　反洗钱工作部际联席会议第二次工作会议在北京召开。会议总结了联席会议运作一年来的工作情况，讨论部署今后一段时期的工作任务，重点研究部署我国接受反洗钱金融行动特别工作组（FATF）评估的准备工作。会议指出：截至2005年6月，我国已有12个省、自治区、直辖市以及计划单列市参照反洗钱工作部际联席会议建立了各有关政府部门之间的反洗钱工作协调机制。金融监管部门应认真总结在银行业反洗钱监管工作中取得的经验，有步骤地将反洗钱监管领域扩大到证券、保险行业，督促、引导相关机构建立和完善内部控制制度，改进操作规程，切实履行反洗钱义务，逐步探索符合我国国情、覆盖整个金融领域的行之有效的反洗钱监管体系。有关成员单位应抓紧研究在律师、会计师、房地产、拍卖等洗钱高风险行业建立反洗钱监管制度。通过制定行业规章和指引，督促和指导被监管机构按照国际标准完善反洗钱工作的操作规程，切实履行反洗钱义务，为预防和打击各类洗钱活动提供支持。

4日　中国证监会发布《上市公司股权分置改革管理办法》。该管理办法规定：公司股权分置改革动议，原则上应当由全体非流通股股东一致同意提出；未能达成一致意见的，也可以由单独或者合并持有公司2/3以上非流通股股份的股东提出。召开相关股东会议，公司董事会应当申请公司股票停牌。停牌期间自本次相关股东会议股权登记日的次日起，至改革规定程序结束之日止。相关股东会议投票表决改革方案，须经参加表决的股东所持表决权的2/3以上通过，并经参加表决的流通股股东所持表决权的2/3以上通过。改革方案未获相关股东会议表决通过的，董事会应当在两个工作日内公告相关股东会议表决结果，并申请公司股票于公告次日复牌。改革方案应当兼顾全体股东的即期利益和长远利益，有利于公司发展和市场稳定，并可根据公司实际情况，采用控股股东增持股份、上市公司回购股份、预设原非流通股股份实际出售的条件、预设回购价格、认沽权等具有可行性的股价稳定措施。自改革方案实施之日起，在12个月内不得上市交易或者转让；持有上市公司股份总数5%以上的原非流通股股东，在前项规定期满后，通过证券交易所挂牌交易出售原非流通股股份，出售数量占该公司股份总数的比例在12个月内不得超过5%，在24个月内不得超过10%；原非流通股股东出售所持股份数额较大的，可以采用向特定投资者配售的方式。股权分置改革信息披露相关义务人，应当及时履行信息披露义务，真实、准确、完整地披露信息，保证所披露的信息不存在虚假记载、误导性陈述或者重大遗漏；中介机构不得利用职业地位为本单位和个人牟取不正当利益。证券交易所对股权分置改革期间市场交易异常情况实施专项监控，发现涉嫌内幕交易和操纵市场行为的，应当及时制止并报告中国证监会查处。该管理办法包括总则、操作程序、改革方案、改革后公司原非流通股股份的出售、信息披露、中介机构、监管措施与法律责任、附则共8章55条，自发布之日起施行，4月29日发布的《关于上市公司股权分置改革试点有关问题的通知》、5月31日发布的《关于做好第二批上市公司股权分置改革试点工作有关问题的通知》同时废止。同年9月6日，上海证券交易所、深圳证券交易所和中国证券登记结算有限责任公司联合发布《上市公司股权分置改革业务操作指引》，对该管理办法中的操作程序、改革方案、信息披露等内容作了进一步的程序性规定和细化。

5日　中国人民银行发布《人民币图样使用管理办法》。人民币图样是指中国人民银行发行的货币（贵金属纪念币除外）的完整图案或主景图案。使用人民币图样是指通过各种手段在宣传品、出版物、网络或者其他商品上使用放大、缩小和同样大小人民币图样的行为。该管理办法规定：人民币图样的使用实行一事一批的审批制度。中国人民银行是使用人民币图样的审批机关，中国人民银行各分支机构是使用人民币图样申请的受理机构。使用与人民币同样大小的人民币图样，必须加盖“图样禁止流通”的非隐形文字字样，字样大小应覆盖图样幅面的1/3以上；使用放大和缩小的人民币图样，其比例必须分别不低于25%。获得使用人民币图样许可的法人，应将使用人民币图样样品报中国人民银行当地分支机构备案。未经审批，在宣传品、出版物、网络或者其他商品上使用人民币图样的，被处以最高5万元的罚款。该管理办法自2005年10月10日起施行。

△　中国人民银行发布《经营、装帧流通人民币管理办法》。经营流通人民币是指以盈利为目的的，买卖流通人民币的行为。装帧流通人民币是指将流通人民币进行外部包装或采取其他方式进行装饰的行为。该管理办法规定：经营流通人民币实行许可证管理制度；装帧流通人民币实行一事一批的审批制度。中国人民银行是经营、装帧流通人民币申请的受理机构和审批机关。申请经营流通人民币的企业注册资本金不得低于50万元人民币，并向中国人民银行当地分支机构提出申请；申请装帧流通人民币1万枚（套）以上的法人，须获得经营流通人民币许可，并连续经营三年以上，注册资本金不得低于500万元人民币。获得装帧流通人民币许可的法人，应将装帧样品报中国人民银行备案。未经中国人民银行批准，擅自经营、装帧流通人民币的，依照《中华人民共和国人民币管理条例》第44条进行处罚。该管理办法自2005年10月10日起施行。

△　中国人民银行发布《关于完善票据业务制度有关问题的通知》。该通知规定：1. 银行承兑汇票的承兑行负责对出票人的资格、资信、交易合同和汇票记载的内容等进行审查。2. 票据质押时，须按有关规定作成质押背书。3. 对银行承兑汇票的查询查复还可以采用以下方式：通过大额支付系统查询查复；传真查询；利用中国外汇交易中心暨全国银行间同业拆借中心的中国票据网进行查询查复；实地查询。该通知自2005年10月1日起执行。

6日　华夏银行股份有限公司（股票简称：华夏银行；股票代码：600015）的2.89亿国有法人股整体拍卖。新加坡磐石投资基金公司

（Pangaea Capital Management Singapore Co., Ltd.）以每股3.5元人民币、总价10.115亿元人民币的价格竞得。这是上市银行国有法人股首次以拍卖的形式进行转让。此次拍卖所得主要用于偿还兖州煤业股份有限公司6.4亿元委托贷款。磐石投资基金公司的注册地在新加坡，是一家全球投资基金公司，投资范围涉及证券、实业等多个领域。

△ “中国联通CDMA网络租赁收益计划”在上海证券交易所大宗交易系统上市交易。转让代码分别为121001和121002，转让简称分别为“联通01”和“联通02”。中国联通资产证券化方案的全称为“中国联通CDMA网络租赁费收益计划”。该收益计划由中国联通与中国国际金融公司于8月26日募集成功并设立，是中国证监会批准的首个专项资产管理计划。中国联通收益计划包括为期半年的联通收益计划01，以及为期一年的联通收益计划02，各自募集资金均为16亿元，其基础资产是联通新时空公司（联通集团全资子公司）向其关联公司联通运营公司、联通新世界公司（联通集团孙公司、联通A股公司的控股子公司）长年出租CDMA网络的租金收费权。募集的资金将用于购买未来特定季度的中国联通CDMA网络租赁费中不超过基础资产预期收益金额的收益权。该租赁费收益权所产生的现金流，将用于向计划份额持有人支付本金和投资收益。该收益计划设立后，向中国证监会认定的合格机构投资者发行份额募集资金。两期计划均得到中国银行提供的连带责任担保和中诚信的AAA信用评级。联通收益计划01的预期年收益率为2.55%，联通收益计划02的预期年收益率为2.8%，计划的投资收益率通过面向境内合格机构投资者询价的方式最终确定，而且可以以大宗交易的方式提高产品的流动性。

8日 中央汇金公司售出中国建设银行14.1%股份。中国建设银行宣布，美国银行和新加坡淡马锡控股（私人）有限公司的全资子公司亚洲金融控股私人有限公司完成了所购中央汇金投资有限责任公司持有的中国建设银行股份的首次交割。交割完成后，美国银行和亚洲金融控股私人有限公司分别持有中国建设银行9.0%和5.1%的股份。此次交割中，中央汇金公司共收到39.66亿美元的购股款，其中，美国银行支付25亿美元，亚洲金融控股私人有限公司支付14.66亿美元。按照2005年6月17日和7月1日分别签署的认购协议，美国银行和亚洲金融控股私人有限公司均计划分阶段对建设银行投资：第一阶段购买中央汇金公司所持股份；第二阶段在中国建设银行海外首次发行时进行公开认购。

△ 穆迪公司将中国建设银行的财务实力评级由E+转为上调复评。其A2外币长期存款评级和P-1外币短期存款评级不受影响，评级展望仍为稳定。自2003年年末获得政府225亿美元注资以来，中国建设银行通过剥离、核销等方式大幅削减不良贷款。不良贷款比率从2002年的15.2%降至2004年的3.9%；不良贷款拨备覆盖率从10.1%增至61.6%；资本充足率从6.9%提高至11.3%。

9日 国有资产监督管理委员会公布《关于上市公司股权分置改革中国有股股权管理有关问题的通知》。该通知要求，各级国有资产监督管理机构和中央企业要按照“积极、稳妥、有序”的基本原则，把握好改革的力度、发展的速度和市场的可承受程度，成熟一家，推出一家，对于条件暂不成熟的上市公司，也要积极创造条件，探索有效改革方式。该通知规定，上市公司的国有控股股东在与其他非流通股股东及A股市场流通股股东协商确定股权分置改革方案时，要注意充分保护流通股股东的合法权益，综合考虑国有股股东的实际情况、上市公司盈利能力及发展后劲，兼顾即期利益和长远利益。同时，要注意平衡其他非流通股股东的利益。上市公司股权分置改革中涉及地方国有企业及其他地方单位所持上市公司国有股股权管理事项的审核职责，改由省级（或计划单列市）国有资产监督管理机构行使。

12日 股权分置改革工作全面启动。上海证券交易所和深圳证券交易所共同推出40家股改公司名单，其中上海证券交易所的上市公司

12家，深圳证券交易所主板的上市公司8家，中小企业板的上市公司20家。上海证券交易所12家股改公司中有9家采用了送股方式，所占比重达到75%，综合对价水平平均约为每10股送3.2股，高于股改试点阶段平均每10股约送3股的综合对价水平。不同公司还分别就维持股价和减持价格、时间、比例以及分红比例等作出了承诺。深圳证券交易所25家公司送股，1家采用“送股+派现”的方式，1家非流通股单向缩股，1家以送股结合公积金转增作为对价安排。截至9月13日，首批40家公司全部公布了初步股改方案。截至2005年12月底，共有15批407家上市公司完成改革或正在进入改革程序。

13日 中国银联与花旗银行在上海签署ATM双向代理合作协议。协议生效后，花旗银行在全球50多个国家的ATM网络将可以受理银联卡。同样，花旗银行的国际卡持卡人也可以在中国银联的近8 000台外卡ATM网络上使用花旗卡。

15日 中油股份成功实施首次境外后续发行。中国石油天然气股份有限公司（股票名称：中油股份；股票代码：0857.HK）发布公告，以每股6港元的最高订价，成功实施上市以来的首次境外后续发行，融资规模达到210.99亿港元（约合27.15亿美元）。实施超额配售后，中国石油天然气股份有限公司总计发行35.16亿股，其中增发31.97亿新股，所筹资金用于公司海外油气业务收购与发展。同时，公司按规定减持3.19亿股老股，所筹资金上缴社保基金。中油股份是在中国石油天然气集团公司1999年重组改制的基础上设立的，2000年4月在香港和纽约实现了首次境外上市，发行了10%的流通股。

19日 中国人民银行货币政策委员会2005年第三季度例会在北京召开。会议认为，当前我国国民经济继续保持平稳较快增长。按照党中央、国务院加强和改善宏观调控的统一部署，中国人民银行综合运用多种货币政策工具，引导商业银行优化信贷结构，保持货币信贷合理、稳定增长。从总体上看，当前金融运行良好，汇率形成机制改革平稳实施，人民币汇率实现双向浮动，远期市场升值预期幅度有缩小的迹象。会议深入分析了当前国内外经济金融形势，认为2005年以来，在宏观调控政策的作用下，总体经济增速有所放缓，但拉动经济增长的内在动力仍然较强，同时经济运行中依然存在着部分行业固定资产投资增速高位运行、煤电油运总体形势偏紧、贸易顺差较大等问题。会议认为，应协调各项宏观政策，积极扩大消费需求，加快经济结构和国际贸易结构调整，提高经济增长效率，促进经济增长方式的转变，实现经济可持续增长和物价基本稳定。会议研究了下一阶段货币政策取向和措施，认为应继续执行稳健的货币政策，进一步提高金融宏观调控的前瞻性、科学性和有效性。在总量上保持连续性和稳定性的同时，加强预调和微调，注重发挥市场本身的调节作用。要继续贯彻落实利率市场化的政策，研究并完善利率的形成和传导机制。进一步完善有管理的浮动汇率制度，保持人民币汇率在合理、均衡水平上的基本稳定。大力推动金融市场建设和金融工具创新，加快外汇市场发展，不断改进外汇管理，引导企业、居民提高汇率风险管理能力。加快推进金融改革，推动直接融资和间接融资的协调发展，提高货币政策传导效率。

△ 上海证券交易所和深圳证券交易所发布股权分置改革备忘录。备忘录明确规定承诺人应该补充承诺：如果不履行或者不完全履行股改承诺的，赔偿其他股东因此而遭受的损失。上海证券交易所的备忘录规定，股改方案涉及上市公司利润分配、资本公积金转增股本的，上市公司最近一期财务报告应当经过审计。审计报告应在网络投票开始前披露。自股东会议股权登记日次日至改革规定程序结束，应申请公司股票、转债连续停牌，但期间转股是否停牌，原则上按公司可转债募集说明书的约定处理。在非流通股股东的承诺事项中，应当披露承诺事项的违约责任。若对价涉及上市公司利润分配和资本公积转增股本的，应以分配或转增后的基数计算对价安排水平；若对价涉及非流通股股东缩股的，应以缩股前后上市公司总股本的变动计算对价安排水平。深圳证券交易所的股改工作备忘录规定，提出改

革动议的非流通股股东所持非流通股股份应超过非流通股股份总数的2/3；对于改革方案中涉及上市公司行为的，应将股东大会和相关股东会议合并举行；在所有股改文件中，不得使用“对价支付”或者“支付对价”的表述，可用“对价安排”或者其他类似表述等。

21日 中国银监会公布《股份制商业银行董事会尽职指引（试行）》。该指引规定，董事会承担商业银行经营和管理的最终责任，依法履行以下职责：确定商业银行的经营发展战略；聘任和解聘商业银行的高级管理层成员；制订商业银行的年度财务预算方案、决算方案、风险资本分配方案、利润分配方案和弥补亏损方案；决定商业银行的风险管理和内部控制政策；监督高级管理层的履职情况；负责商业银行的信息披露；定期评估并完善商业银行的公司治理状况。董事会和高级管理层的权力和责任应当以书面形式清晰界定，并作为董事会和高级管理层有效履行职责的依据。董事会会议应当由1/2以上的董事出席方可举行；董事会作出决议，应当经全体董事过半数通过。董事会可以根据需要，设立专门委员会，专门委员会经董事会明确授权，向董事会提供专业意见或根据董事会授权就专业事项进行决策。董事会中应当有一定数目的非执行董事；注册资本在10亿元人民币以上的商业银行，独立董事的人数不得少于3人。商业银行股东大会和监事会依法对董事会的履职情况进行监督。该指引包括总则、董事会的职责、董事会会议的规则与程序、董事会专门委员会、董事、董事会尽职工作的监督、附则共7章68条。

△ 中国证券业协会发布《中国证券业协会证券分析师职业道德守则》。该守则要求证券分析师要接受证券监管机构和自律组织的监督和管理，恪守独立诚信、谨慎客观、勤勉尽责和公正公平四项原则，不得从事法律、法规、规章制度禁止从事的活动或对证券分析师形象有不良影响的活动。对于违反该守则规定的证券分析师，将视情节轻重给予书面批评、通报批评、公开谴责，直至移交中国证监会给予行政处罚。

△ 深圳对储户超过20万元大额提现收费。根据深圳市国内银行同业公会发布对人民币大额提现将收费的公告，深圳对“人民币大额提现收费制”的定义是，公司或者个人在商业银行各营业柜台提取大额人民币现金超出某一金额时，商业银行将对超出的部分按照一定费率标准收取提现手续费。深圳银行将对个人客户和机构客户分别对待：对个人储蓄户的大额提现起收点定为20万元，对机构账户的大额提现起收点定为50万元，提供的参考收费费率区间为0.07%至0.1%。深圳市国内银行同业公会于1998年5月26日经中国人民银行深圳经济特区分行批准正式成立，是由深圳市国内银行业金融机构自愿组成的银行业自律性非营利性社会团体。

△ 中国建设银行在全国建设银行系统（除西藏外）实行小额活期账户收费。按照人民银行活期存款按季度结息的精神，中国建设银行对小额活期存款账户的管理费也将以季度为单位收取，每季度3元（除即日首次收费为2元外）；对在公告期间客户到各网点柜台办理销户的，同城内将不收取任何费用；对2005年12月31日前，主动到中国建设银行办理账户归并或对人民币个人活期存款小额账户销户时需要办理挂失手续的，也免收挂失手续费。至于小额账户的利率，中国建设银行总行明确各省分行可以有两种选择，降低至年利率0.01%，或是维持0.72%的基准利率不动。绝大多数分行选择了前者，已接近人民银行规定的“存款利率下浮下限为零”的底线。尽管此次对小额存款账户收费是中国建设银行在全国进行的统一规定动作，但中国建设银行总行赋予了各省分行根据本行业务发展和当地实际情况操作的灵活性：如把小额账户的额度，划分为“日均存款100～500元”共五档，各地可根据当地经济发展情况确定；免收管理费的账户范围，也由各省分行根据当地实际情况选择，但最后确定的公告方案须向总行报备。中国建设银行是我国银行业最早宣布并实施小额活期存款账户收费的银行。2005年7月1日起，中国建设银行已经在深圳市和四川省试点，对小额活期存款账户开收每年10元的账户管理费，此举引起社会广泛关注。

22日 国家外汇管理局发布《关于调整银行结售汇头寸管理办法的通知》，决定实行结售汇综合头寸管理。该通知明确结售汇周转头寸包括由银行办理符合外汇管理规定的对客户结售汇业务、自身结售汇业务和参与银行间外汇市场交易而形成的外汇头寸。现阶段结售汇综合头寸限额的管理区间下限为零、上限为国家外汇管理局核定的限额。

△ 中国证监会发布《关于货币市场基金投资短期融资券有关问题的通知》。该通知规定：货币市场基金投资的短期融资券的信用评级，应不低于国内信用评级机构评定的A－1级或相当于A－1级的短期信用级别；根据有关规定予以豁免信用评级的短期融资券，其发行人最近三年的信用评级和跟踪评级具备下列条件之一：1. 国内信用评级机构评定的AAA级或相当于AAA级的长期信用级别；2. 国际信用评级机构评定的低于中国主权评级一个级别的信用级别（例如，若中国主权评级为A－级，则低于中国主权评级一个级别的为BBB＋级）。同一发行人同时具有国内信用评级和国际信用评级的，以国内信用级别为准。货币市场基金投资于同一公司发行的短期融资券及短期企业债券的比例，合计不得超过基金资产净值的10%。因市场波动、基金规模变动等基金管理人之外的因素致使基金投资不符合上述比例的，基金管理人应当在10个交易日内调整完毕。货币市场基金持有短期融资券期间，如果其信用等级下降、不再符合投资标准，应在评级报告发布之日起20个交易日内予以全部减持。

23日 中国人民银行发布《关于进一步改善银行间外汇市场交易汇价和外汇指定银行挂牌汇价管理的通知》。该通知规定：1. 银行间即期外汇市场欧元、日元、港元等非美元货币对人民币交易价的浮动幅度，由原来上下1.5%扩大为上下3%。2. 外汇指定银行对客户挂牌的美元对人民币现汇卖出价与买入价之差不得超过中国人民银行公布的美元交易中间价的1%，现钞卖出价与买入价之差不得超过美元交易中间价的4%。在上述规定的价差幅度范围内，外汇指定银行可自行调整当日美元现汇和现钞买卖价。3. 取消银行对客户的非美元货币挂牌汇价的价差幅度限制，银行可以根据经营成本和国际市场波动情况合理制定非美元货币对人民币的挂牌买卖价。4. 外汇指定银行可与客户议定现汇和现钞的买卖价。美元对人民币现汇和现钞的议定价格不得超过规定的价差范围。5. 银行在每个工作日上午9时之前向国家外汇管理部门报送上一工作日主要挂牌货币的初始挂牌汇价、最高价、最低价、结束挂牌汇价以及当日营业初始挂牌汇价。6. 银行应建立健全有关挂牌汇价的内部管理制度和风险防范机制。

△ 中证指数有限公司在上海成立。中证指数公司由上海证券交易所和深圳证券交易所共同发起设立，将在沪深300指数的基础上，充分依托沪深证券交易所资源优势，设立指数专家委员会，本着“科学、客观、公正、透明”的原则，陆续编制、开发适应中国证券市场发展需求，有利于金融创新的中证系列指数，并将提供更为广泛的指数订制、研究咨询等相关服务。成立当天，中证指数有限公司分别与嘉实、大成、华安、南方、友邦华泰、国联安、华宝兴业、申万巴黎、天同9家基金管理公司签订了指数授权使用、指数订制等协议。

24日 中国银监会颁布《商业银行个人理财业务管理暂行办法》和《商业银行个人理财业务风险管理指引》。该暂行办法规定：商业银行在新产品的开发设计过程中进行全面的风险评估；向客户销售产品时，了解客户的风险偏好、风险认知能力和承受能力，评估客户的财务状况，提供合适的投资产品由客户自主选择，向客户销售适宜的投资产品，并为每一个理财计划制作明细记录；商业银行要向客户解释相关投资工具的运作市场及方式，进行充分风险揭示，并以明确、醒目、通俗的文字表达；及时向客户提供其所持有的所有相关资产的账单和其他有关报表与报告。该暂行办法规定：商业银行不得无条件地向客户承诺高于同期储蓄存款利率的保证收益率，不得承诺或变相承诺除保证收益以外的任何可获得收益等。该指引规定，保证收益理财计划的起点金额，人民币应在50 000元以上，外币应在5 000美元（或等值外币）以上；其他理财计划和投资产品的销售起点金额应不低于保证收益理财计划的起点金额，并依据潜在客户群的风险认识和承受能力确定。该管理办法和该指引均自2005年11月1日起实施。

26日 中国银行结售汇实行“一日多价”制。7月21日，中国人民银行调整了人民币汇率形成机制，并允许商业银行可以对结售汇牌价实行一日多价。中国银行根据自身安排，决定从即日起开始实行结售汇一日多价，并终止1994年以来执行的结售汇一日一价制度。一日多价是指在一个营业日内结售汇牌价跟随市场汇率的变动而变动。其中，美元兑人民币牌价跟随我国银行间外汇市场美元兑人民币的交易价格变动；非美元兑人民币汇率跟随美元兑人民币汇率和国际外汇市场上非美元兑美元的交易价格而变动。

△ 瑞银集团入股中国银行。中国银行与瑞银集团在北京签署战略投资协议。根据协议，瑞银集团将投资中国银行5亿美元，获得中国银行约1.61%的股份。这是继苏格兰皇家银行集团和新加坡淡马锡控股（私人）有限公司后，中国银行引入的第三家海外投资者。

△ 瑞士友邦银行上海代表处开业，成为首家进入中国市场的外资私人银行。瑞士友邦银行为美国国际集团（AIG）的全资附属机构，成立于1965年，总部位于瑞士苏黎世，在其他国家和地区，瑞士友邦银行最低开户金额为100万美元。

28日 国务院常务会议召开，研究部署第四季度经济社会发展工作，讨论并原则通过《国务院关于加快振兴装备制造业的若干意见》。会议指出，第四季度要着力抓好八项重点工作：一是加强农业和农村工作；二是控制固定资产投资规模，坚持严把土地、信贷两个闸门，严格控制新开工项目，着力优化投资结构，认真落实对房地产发展调控的政策措施；三是做好油品供应和价格调控的工作；四是提高对外经贸工作水平；五是保持财政金融稳定，抓好财政增收节支，保障重点支出，严格控制一般性开支，坚决防止年底突击花钱，合理调控货币供应量，优化贷款结构，加强和改进金融监管；六是推进经济体制改革；七是加快社会事业发展，做好科技、教育、卫生和环保等方面的工作；八是解决好直接涉及人民群众切身利益的问题。

△ 建信基金管理公司在京开业。建信基金管理公司由中国建设银行、美国信安金融集团和中国华电集团共同出资组建，注册资本为2亿元人民币，其中中国建设银行持股65%，美国信安金融集团和中国华电集团分别持股25%和10%。建信基金公司是首批试点的三家银行系基金公司中的最后一家，另外两家分别为中国工商银行旗下的工银瑞信基金管理公司和交通银行旗下的交银施罗德基金管理公司。美国信安金融集团已有126年的资产管理历史，管理资产规模达1 750亿美元，是标准普尔的成分股，也是美国最大的养老金管理机构之一；中国华电集团总资产为1 197亿元人民币，是国内最大的电力集团之一。

△ 中国建银投资证券有限责任公司（以下简称中投证券）在深圳开业。中投证券是中国建银投资有限责任公司通过竞拍购买南方证券股份有限公司（以下简称南方证券）的相关证券类资产基础上设立的一家全新的“银行系”证券公司，承接原南方证券的74家营业部和投行业务，注册资本金为15亿元人民币（其中的3.1413亿元原则上用于竞拍购买原南方证券的相关证券类资产）。该公司成立的同时，南方证券营业部将于2005年11月4日收市后依法关闭，南方证券的正常客户自该日交接完成之后起自动转入中投证券。中投证券的业务范围：证券（含境内上市外资股）的代理买卖；代理证券的还本付息、分红派息；证券的代保管、鉴证；代理登记开户；证券的自营买卖；证券（含境内上市外资股）的承销（含主承销）和上市推荐；客户资产管理；证券投资咨询（含财务顾问）。

2004年1月，因挪用客户保证金等违法、违规经营行为，南方证券被监管当局行政接管。

其后中央银行注入 80 亿元再贷款，南方证券客户保证金的安全得到了保障。2005 年 4 月，南方证券进入清算阶段，其经纪投行业务被剥离出来独立营运，并整体打包进行招标重组。中投证券的成立是我国资本市场通过市场化方式对券商风险进行处置的成功尝试。

中国建银投资公司由原中国建设银行分立，是经国务院批准的投资性公司，也是处置金融资产的公司，注册资本为 206.9225 亿元。

29 日 中国证券投资者保护基金有限责任公司开业。该公司注册资本为 63 亿元。其经营范围包括监测证券公司风险，参与证券公司风险处置工作，并在证券公司被撤销、关闭和破产或被中国证监会采取行政接管、托管经营等强制性监管措施时，按照国家有关政策规定对债权人予以偿付；组织、参与被撤销、关闭或破产证券公司的清算工作等。

当日，上证综合指数开盘为 1 134.44 点，最高达 1 155.66 点，最低为 1 134.44 点，收盘在 1 155.48 点，上涨了 23.71 点，涨幅为 2.09%，成交量为 86.33 亿元；深证成份指数开盘为 2 849.35 点，最高达 2 885.08 点，最低为 2 849.35 点，收盘在 2 884.65 点，上涨了 37.09 点，涨幅为 1.30%，成交量为 54.07 亿元。

30 日 信诚基金管理有限公司成立。信诚基金管理有限公司由中信信托投资有限责任公司（持股 33%）、英国保诚集团（持股 33%）、中新苏州工业园区创业投资有限公司（持股 18%）和苏州高新区经济发展集团总公司（持股 16%）合资创建，注册资本为人民币 1 亿元，总部设于上海。英国保诚集团是拥有 150 多年历史的国际领先的环球金融服务集团，也是亚洲最大的欧资寿险公司和杰出的基金管理人。

10 月

10 日 亚洲开发银行（Asian Development Bank，ADB）入股中国银行。中国银行宣布，亚洲开发银行将斥资 7 500 万美元入股中国银行，持股比例为 0.24%，并承诺 3 年内不予转让。亚洲开发银行是在苏格兰皇家银行集团、淡马锡控股（私人）有限公司、瑞银集团后，中国银行引入的第四家海外投资者。中国银行向四个机构共出让 16.85% 股份。在中国银行、建设银行和工商银行引入境外战略投资者的历程中，亚洲开发银行是第一家被引入的国际多边金融机构。中国是该行的会员国，也是第三大认股国。

10～13 日 国际开发机构首次在华成功发行"熊猫债券"。2005 年 10 月 10 日，中国人民银行批准国际金融公司（International Finance Corporation，IFC）和亚洲开发银行（Asian Development Bank，ADB）在全国银行间债券市场分别发行十年期人民币债券（即"熊猫债券"）11.3 亿元和 10 亿元，利率分别确定为 3.4% 和 3.34%。两只债券分别由主承销商中国国际金融公司、中信证券和中银国际实行全额包销。国际金融公司"熊猫债券"的信用级别被标准普尔评定为 AAA 级，被穆迪公司评定为 Aaa 级。亚洲开发银行"熊猫债券"在惠誉、穆迪和标准普尔的信用评级均为最高的 3A 级。两只"熊猫债券"的利息税收均无减免优惠。IFC 将此次发债募集的资金投向三个项目：4.06 亿元贷给广州发展实业控股集团股份有限公司，6 500 万元贷给美国美中互利工业公司旗下的和睦家医院，另外 6.5 亿元贷给安徽海螺水泥股份有限公司。

"熊猫债券"即外资机构在华发行的人民币债券，属于外国债券的一种。外国债券是指某一国借款人在本国以外的国家和地区发行以该国货币为面值的债券。根据 2005 年 2 月 18 日公布的《国际开发机构人民币债券发行管理暂行办法》规定，符合人民币债券信用级别为 AA 级以上、已为中国境内项目或企业提供的贷款和股本资金在 10 亿美元以上等条件的国际开发机构，有资格发行人民币债券，所筹集资金应用于中国境内项目，不得换成外汇转移至境外。

12 日 南京市商业银行与法国巴黎银行（BNP Paribas）在江苏南京举行战略合作暨投资入股签约仪式。法国巴黎银行将于 2006 年 1 月 16 日完成出资 8 700 万美元收购南京市商业银行

19.2%股权的交易，成为南京市商业银行第二大股东（第一大股东是南京市政府）。根据中国银监会统计，截至2005年年末，共有10家境外金融机构以及国际金融公司，先后与上海、南京、西安、济南、北京、杭州、南充、天津、宁波共9家城市商业银行实现战略合作，外资股已占到城市商业银行所有股权的5%左右。

14日 中国保监会发布《再保险业务管理规定》。该管理规定明确：再保险业务分为寿险再保险和非寿险再保险。保险公司确定自留保险费和每一危险单位自留风险；超过的部分应当办理再保险。直接保险公司办理合约分保和临时分保的，应当优先向中国境内的保险公司发出要约，并符合向中国境内至少两家专业再保险公司发出要约，要约分出的份额之和不得低于分出业务的50%的规定。除航空航天保险、核保险、石油保险、信用保险外，直接保险公司办理合约分保或者临时分保，每一危险单位分给同一家再保险分入公司的业务，不得超过直接保险业务保险金额或者责任限额的80%；每一临时分保合同分给投保人关联企业的保险金额或者责任限额，不得超过直接保险业务保险金额或者责任限额的20%。在法定再保险存续期内，直接保险公司应当依照中国保监会有关规定，将其承保的业务及时、足额地办理法定再保险。法定再保险分入公司应当按照规定及时、足额地支付赔款。保险经纪人可以根据业务需要引进或者设计再保险合同。除中国保监会批准外，外资保险公司不得与其关联企业从事再保险业务。保险公司办理再保险业务，应准确、足额地提取和结转各项准备金。保险公司违反本规定办理再保险分出业务的，由中国保监会责令改正，并处以5万元以上30万元以下罚款；情节严重的，可以限制业务范围、责令停止接受新业务或者吊销经营保险业务许可证。该管理规定自2005年12月1日起施行。

15～16日 第七届20国集团财长和中央银行行长会议（G－20 Finance Ministers and Central Bank Governors Meeting）在河北香河经济技术开发区召开。此次会议围绕“全球合作：推动世界经济平衡有序发展”的主题，讨论了当前国际经济形势、布雷顿森林机构60年回顾与改革、国际发展援助和发展融资机制创新、老龄化与移民问题、发展理念创新等涉及全球发展的几个重要议题。会议形成了四个重要文件：《联合公报》、《关于布雷顿森林机构改革的联合声明》、《关于全球发展问题的联合声明》、《20国集团2005年改革议程》。这些重要文件重申了20国集团各成员在实现平衡和可持续发展方面的共同目标和责任，向国际社会表明了与会各方促进全球经济平衡、有序发展的共同愿望和政策主张，特别是为布雷顿森林机构改革和扩大发展融资提供了重要的政治推动力。

17日 人寿保险为“神舟六号”载人飞船宇航员承保。在“神舟六号”载人飞船成功返回之日，中国保监会官方网站（www.circ.gov.cn/Portal0/default.htm）发布新闻：作为“神舟六号”载人飞船发射的唯一寿险承保商，中国人寿保险股份有限公司不但为两名上天宇航员承保了高额人身保险，并且为此次参与“神舟六号”载人飞船任务的全体航天员设计了专项保单，其总保额超过千万元。

18日 中国银联新标识启用暨银联品牌人民币信用卡首发式在北京举行。银联新标识在保持银联老标识基本形象不变的基础上，增加了英文“UnionPay”，并对三色块面积和倾斜度等局部要素进行了微调。银联新标识体现了全球化特征，体现了新老标识之间的延续性和继承性，在整体构图上改善了视觉效果。银联标识卡是经中国人民银行批准，由国内各发卡金融机构发行，采用统一业务规范和技术标准，可以跨行、跨地区使用的带有银联标识的银行卡。银联标识自2001年启用以来，经过四年多的发展，银联标识卡发行量已突破4亿张。

△ 刘志远操纵证券交易价格案结案。贵阳市中级人民法院作出一审判决，世纪中天投资股份有限公司（股票简称：世纪中天；股票代码：000540）大股东世纪兴业投资公司（以下简称世纪兴业）原董事长刘志远因操纵证券交易价

格，被判处有期徒刑三年，缓刑三年。同案中，公司已离任董事、世纪兴业原常务副总刘炼因同一罪名被判处有期徒刑一年，缓刑一年。世纪兴业投资有限公司因操纵股价被判处罚金100万元。从1998年6月起，世纪兴业原董事长刘志远及副总经理刘炼通过"收购上市公司，控制董事会，建仓坐庄操纵上市公司股票，发布虚假盈利，拉升股价，再高价出仓"等一系列动作，使世纪中天的收盘价自1999年5月10日至2003年4月16日，由每股9.08元拉升到每股65.07元，涨幅达7.16倍。刘志远、刘炼曾指使他人在全国104家证券营业部累计开设545个资金账户，以此来操纵股价。刘炼还曾积极协助刘志远收购世纪中天，同时协助进行操盘。2003年3月26日，刘志远被监视居住后不久，世纪中天的股票从4月16日开始至5月12日连续出现10个跌停板，从4月15日收盘价21.58元，下跌到5月12日收盘时的7.52元，10个交易日内跌幅高达65%。

19日　国务院批转中国证监会《关于提高上市公司质量的意见》。国务院指出：上市公司是资本市场发展的基石。地方各级人民政府要承担起处置本地区上市公司风险的责任，有效防范和化解上市公司风险，必要时可对陷入危机、可能对社会稳定造成重大影响的上市公司组织实施托管。证券监管部门要强化对上市公司的监管，及时查处违法、违规行为，对负有责任的人员，视情节轻重，责成上市公司予以撤换或实行市场禁入，涉嫌犯罪的，及时移交公安、司法机关。

该意见规定，控股股东或实际控制人不得以向上市公司借款、由上市公司提供担保、代偿债务、代垫款项等各种名目侵占上市公司资金。对已经侵占的资金，控股股东尤其是国有控股股东或实际控制人采取现金清偿、红利抵债、以股抵债、以资抵债等方式，务必在2006年年底前偿还完毕。国有控股股东在限期内未偿清或出现新增侵占上市公司资金问题的，对相关负责人和直接责任人要给予纪律处分，直至撤销职务；非国有控股股东或实际控制人在限期内未偿清或出现新增侵占上市公司资金问题的，有关部门对其融资活动应依法进行必要的限制。为支持上市公司做优做强，要积极稳妥地推进股权分置改革，提高上市公司再融资效率。要进一步完善股份代办转让系统，健全多层次资本市场体系和不同层次市场间的准入、退出机制，进一步加强上市公司监管制度建设，建立累积投票制度和征集投票权制度，完善股东大会网络投票制度、独立董事制度及信息披露相关规则，规范上市公司运作。

11月3日，中国证监会召开证券监管系统干部视频会议，中国证监会主席尚福林在会上就落实《关于提高上市公司质量的意见》提出8点意见：一要加强证券法规建设，为促进上市公司规范运作和健康发展提供法制保障；二要加大工作力度，积极稳妥地推进股权分置改革；三要促进上市公司进一步完善法人治理结构；四要强化对上市公司控股股东和高级管理人员的监管；五要进一步促进上市公司提高透明度；六要努力解决上市公司资金占用和违规担保问题；七要采取有效的措施支持上市公司做优做强；八要加强监管协作，防范和化解上市公司风险。

△　北京农村商业银行股份公司在京挂牌。北京农村商业银行由1951年创建的北京农村信用社改制而成，注册资本金达50.75亿元，其中，原农村信用社股东作为发起人转入股份16亿元，新募股份34亿元。在其股权结构中，企业法人有387家，认购股份为28.5亿元，占56.2%；自然人有27 893人，认购股份为22.25亿元，占43.8%。截至2005年年底，北京农村商业银行资产总额为1 328亿元，比年初增长18.8%；存款余额为1 089亿元，比年初增长17%；贷款余额为545亿元，比年初增长12.4%，其中涉农贷款余额占全部贷款的67%。2005年全行实现总收入58亿元，比年初增长20%，实现经营利润12.7亿元，比年初增长21%。

21日　中国银监会发布《对部分股份制商业银行实施联动监管与职责分工的指导意见（暂行）》，对部分股份制商业银行的监管职责进行了调整。此次调整主要包括上海、浙江、山东、广东、深圳、天津6家银监局。调整后，部分股份制商业银行总行所在地监管局除负责监管银行机构的属地分行外，还须承担部分股份制商业银行法人机构的属地监管职责。在市场准入方面，当地银监局负责股份制商业银行法人机构董事和总行高级管理人员任职资格、章程修改、业务范围调整及开办新业务的初审工作；负责组织对股份制商业银行总行高级管理人员履职情况进行监督、评价和考核。在非现场监管方面，当地银监局负责向银监会提出对股份制商业银行法人机构的中长期包括年度监管建议等。在现场检查方面，当地银监局负责制订对股份制商业银行法人机构及其所在地分支机构的年度现场检查计划等。在处罚权限方面，当地银监局负责提出对涉及股份制商业银行董事、监事和高级管理人员的处罚建议，报中国银监会实施处罚，或征求中国银监会意见后直接对股份制商业银行董事、监事和高级管理人员进行处罚。

△ 国家外汇管理局发布《关于境内居民通过境外特殊目的公司境外融资及返程投资外汇管理有关问题的通知》。该通知规定：境内居民设立或控制境外特殊目的公司之前，应持规定材料向外汇管理局申请办理境外投资外汇登记手续。境内居民将其拥有的境内企业的资产或股权注入特殊目的公司，或在向特殊目的公司注入资产或股权后进行境外股权融资，应就其持有特殊目的公司的净资产权益及其变动状况办理境外投资外汇登记变更手续并提供规定材料。特殊目的公司完成境外融资后，境内居民可以将应在境内安排使用的资金调回境内。特殊目的公司使用境外融资所得资金返程投资或向境内企业提供股东贷款及其他债务资金，相关境内企业应按照现行利用外资、外债管理法律、法规办理有关外汇管理手续。境内居民从特殊目的公司获得的利润、红利及资本变动外汇收入应于获得之日起180日内调回境内，利润或红利可以进入经常项目外汇账户或者结汇，资本变动外汇收入经外汇管理局核准，可以开立资本项目专用账户保留，也可经外汇管理局核准后结汇。境内创业投资企业可参照该通知在境外设立特殊目的公司并从事创业投资活动。该通知自2005年11月1日起实施，1月24日发布的《关于完善外汇并购外汇管理有关问题的通知》和4月8日发布的《关于境内居民个人境外投资登记和外资并购外汇登记有关问题的通知》同时停止执行。

△ 国家外汇管理局发布《关于完善外债管理有关问题的通知》。该通知规定：1. 其未付汇金额在等值20万美元（含20万美元）以上，且约定或实际付款期限在180天（含180天）以上的延期付款纳入外债登记管理和额度控制。2. 外资比例25%以下的外商投资企业其举借外债按照境内中资企业举借外债的有关规定办理；投资总额与注册资本相等或未明确投资总额的外商投资企业应向原审批部门申请重新核定投资总额和注册资本，然后按照“投注差”（即投资总额与注册资本的差额）管理原则借用外债；外商投资性控股公司的外债规模按以下原则管理：注册资本不低于3 000万美元的，其短期外债余额与中长期外债累计发生额之和不得超过已缴付注册资本的4倍；注册资本不低于1亿美元的，其短期外债余额与中长期外债累计发生额之和不得超过已缴付注册资本的6倍；外商投资租赁公司的风险资产总额不得超过其净资产总额的10倍，其借入外债形成的资产应全部计为风险资产。3. 境内注册的跨国公司进行资金集中运营的，其吸收的境外关联公司资金如在岸使用则纳入外债管理。4. 境内贷款项下接受境外担保由债务人逐笔登记改为债权人定期登记；境内贷款项下境外担保由按签约额改为按履约额纳入外债管理；该通知施行前签订的境外担保项下贷款，债务人可以在担保履约后，到所在地外汇管理局办理外债登记，这部分履约额不计入该债务人的“投注差”；未经国家外汇管理局批准，境内中资企业向境内金融机构借用贷款不得接受境外机构或个人提供的担保。该通知还要求银行认真审核办理外商投资企业的资本金和外债资金结汇。该通知自2005年12月1日起施行。

根据国家外汇管理局公布的外债统计数据，截至2005年年末，我国外债余额为2 810.45亿美元（不包括香港特别行政区、澳门特别行政区和台湾地区的对外负债，下同），比2004年年末增加335.53亿美元，增长13.56%。

22 日 跨国公司外汇资金管理方式改革在上海浦东试行。根据 6 月 21 日国务院常务会议批准上海浦东进行综合配套改革试点有关批复精神，国家外汇管理局、国家外汇管理局上海市分局和上海浦东新区人民政府联合宣布跨国公司外汇资金管理方式改革 9 项措施：1. 符合条件的跨国公司可以在先行委托贷款的法律框架下，以外汇头寸日内集中方式，对境外成员公司的外汇进行集中管理；2. 允许在上海浦东设立财务中心或资金中心的跨国公司地区总部，在境内银行开设离岸账户；3. 允许符合条件的中外资跨国公司以外国投资者已分配未汇出的人民币利润与外国投资者按投资比例享有的人民币未分配利润购汇从事境外放款，允许进行该境外放款项下的人民币远期结售汇和人民币与外汇掉期交易；4. 对确有实际需求的试点企业适度放宽中资跨国公司进行外汇资金境外放款的资格条件限制，扩大资金跨境运作的试点范围，支持企业贯彻“走出去”战略；5. 允许中外资跨国公司地区总部受境内子公司和关联公司委托，集中办理与境外母公司资金管理中心的进出口收付汇手续；6. 简化非贸易项下售付汇的业务手续，探索高效、合理的非贸易监管方式；7. 支持符合条件的企业进入银行间外汇市场，允许合并计算其境内各成员公司的上一年度经常项目跨境外汇收支或货物贸易进出口总额；8. 支持中外资银行开展人民币兑外汇的金融衍生产品创新，经银行监督管理部门批准有衍生交易资格的银行，可以开办经国家外汇管理局审核符合外汇管理要求的人民币与外币交叉理财产品；9. 建立健全对跨国公司地区总部的外汇管理评估监测体系，对所有参与试点的中外资跨国公司的出口换汇成本、资本跨境流动以及试点效果进行评估监测。

加入试点的有 14 家单位，其中包括十二家企业和两家银行。12 月 29 日，经国家外汇管理局批复同意，国家外汇管理局上海市分局印发了上海浦东新区跨国公司外汇资金管理方式改革试点 9 条政策措施的实施细则，被称为“新 9 条”包括：跨国公司外汇资金境内集中管理试点方案实施细则、跨国公司借助离岸账户进行外汇资金集中管理试点方案实施细则、跨国公司购汇境外放款试点方案实施细则、放宽跨国公司境外放款条件限制试点方案实施细则、跨国公司集中办理贸易收付汇手续试点方案实施细则、跨国公司非贸易外汇管理改革试点方案实施细则、放宽跨国公司进入外汇市场条件限制试点方案实施细则、支持外汇产品创新试点方案实施细则、跨国公司外汇资金管理方式改革试点综合评估监测实施细则。

24 日 中国保监会、中国证监会联合发布《保险机构投资者股票投资管理暂行办法》。该暂行办法规定：中国保监会对保险公司直接或者委托保险资产管理公司从事股票投资的申请进行审查，应当自收到完整的申请文件和材料之日起 20 日内，作出批准或者不予批准的决定。保险机构投资者的股票投资限于人民币普通股和可转换公司债券。保险机构投资者持有一家上市公司的股票不得达到该上市公司人民币普通股的 30%。保险资产管理公司不得运用自有资金进行股票投资。保险机构投资者不得投资下列类型的人民币普通股票：被交易所实行“特别处理”、“警示存在终止上市风险的特别处理”或者已终止上市的；其价格在过去 12 个月中涨幅超过 100% 的；存在被人为操纵嫌疑的；其上市公司最近一年度内财务报表被会计师事务所出具拒绝表示意见或者保留意见的；其上市公司已披露业绩大幅下滑、严重亏损或者未来将出现严重亏损的；其上市公司已披露正在接受监管部门调查或者最近一年内受到监管部门严重处罚的。保险公司持有的可转换公司债券转股的，应当按成本价格计入人民币普通股的投资余额，并应当符合中国保监会有关股票投资比例的规定。保险机构投资者为投资连结保险设立的投资账户，投资股票的比例可以为 100%；为万能寿险设立的投资账户，投资股票的比例不得超过 80%。保险公司选择股票资产托管人，应当选择符合《保险公司股票资产托管指引》规定条件的商业银行或者其他专业金融机构。保险机构投资者应当建立完善的股票投资风险控制制度。中国保监会、中国证监会依据各自职责对保险机构投资者的股票投资业务实施检查。

25 日 中国银行业协会 40 家会员单位共同签署《中国银行业自律公约》、《中国银行业维权公约》、《中国银行业文明服务公约》。《中国银行业自律公约》共有18条，其核心内容是：严格执行国家有关法律、法规和规章，在平等、自愿、公平和诚实信用的原则下开展业务，不得损害国家利益、社会公共利益、客户利益和行业利益；遵循公平竞争原则，维护正常的市场秩序，遵守商业道德，不得以诋毁行业内其他单位的商业声誉、泄露其商业秘密等不正当手段争揽业务。

《中国银行业维权公约》共有14条。维权的范围包括：金融债券受到损害的；经营权受到损害的；物权和知识产权受到损害的；名誉权受到损害的；其他权益受到损害的。联合维权措施包括：内部通报、警示通知、实行同业制裁、实施公开曝光或投诉等。

△ 中国证券业协会发布《创新试点类（规范类）证券公司信息披露指引（试行）》。该指引指出，证券公司在通过创新试点类和规范类评审后应当对外披露公司概况、高管人员及董事、前十大股东、财务信息、创新动态、年度报告和公司章程等信息。其中，财务信息包括最近一期经审计的总资产、总负债、净资产、营业收入、净利润、扣除资产减值准备后的利润总额、净资本、净资本比率、流动比率、担保比率、资产负债率和资产周转率。公司应于每季度结束后十个工作日内更新财务信息。该指引要求，证券公司应于每年4月30日前披露上年度的年度报告。年度报告主要包括经具有从事证券期货相关业务资格的会计师事务所审计的财务报表和审计报告，包括审计意见全文、资产负债表、利润表及利润分配表、现金流量表、会计报表附注及净资本计算表。证券公司可于每年7月20日前披露当年的中期报告，包括资产负债表、利润表及利润分配表、现金流量表和净资本计算表等。若发生遭受重大亏损或遭受超过净资产10%以上的重大损失等重大事件时，公司应在重大事件发生后两个工作日内予以披露。

在2005年7月29日国务院转发的《证券公司综合治理工作方案》中，对证券公司信息披露制度的建立和完善提出了明确的时间表：2005年年底前，做到优质、规范类证券公司公开披露财务信息；在2007年年底前，证券公司全面实施公开信息披露制度。

△ 国家发展和改革委员会发布《关于进一步加强国家物资储备系统投资管理的通知》。该通知规定：严禁以储备物资、储备资金、财政补助收入和上级补助收入进行投资，严禁从事期货交易、买卖股票、外汇、企业债券、各类投资基金和其他金融衍生产品或进行金融风险投资和境外投资。事业单位使用自有资金进行投资，必须申请投资项目立项和投资支出预算，严格履行投资申报审批程序。100万元以下的项目要报省局批准后报国家局备案；100万元以上的项目由省局审核同意后报国家局批准。严禁行政、事业单位使用固定资产进行投资；严禁使用银行贷款进行投资，严禁为其他单位进行抵押担保。对违反上述规定，不按程序申报、未经审批自行决策进行投资的要进行严肃处理。对相关职能部门审核监管不严，自行决策投资给国家和单位造成财产损失的，按有关规定追究相关人员的责任；涉嫌犯罪的，追究相关人员的法律责任。

26日 中国人民银行发布《电子支付指引（第一号）》。该指引规定：电子支付是指单位、个人（以下简称客户）直接或授权他人通过电子终端发出支付指令，实现货币支付与资金转移的行为。电子支付的类型按电子支付指令发起方式分为网上支付、电话支付、移动支付、销售点终端交易、自动柜员机交易和其他电子支付。银行通过互联网为个人客户办理电子支付业务，除采用数字证书、电子签名等安全认证方式外，单笔金额不应超过1 000元人民币，每日累计金额不应超过5 000元人民币。银行为客户办理电子支付业务，单位客户从其银行结算账户支付给个人银行结算账户的款项，其单笔金额不得超过5万元人民币，但银行与客户通过协议约定，能够事先提供有效付款依据的除外。银行应在客户的信用卡授信额度内，设定用于网上支付交易的额度供客户选择，但该额度不得超过信用卡的预借现金额度。该指引包括总则、电子支付业务的申请、电子支付指令的发起和接收、安全控制、差错处理，以及附则共6章49条。

△　商务部、中国证监会发布《关于上市公司股权分置改革涉及外资管理有关问题的通知》。该通知规定，外商投资上市公司股权分置改革方案报送商务部备案，商务部征求中国证监会意见，中国证监会在两个工作日内向商务部书面确认无异议后，商务部在五个工作日内依法就外商投资上市公司股权变更事项作出批复。外商投资上市公司股权分置改革方案实施后，在原外资法人股股东承诺不出售股票的期限内，上市公司可继续持有外商投资企业批准证书，所享受的外商投资企业优惠待遇不变。限售期满后，原外资法人股股东不出售其股份的，上市公司可继续持有外商投资企业批准证书，所享受的外商投资企业待遇不变。限售期满后，对于原外资法人股股东出售其股份的，该通知规定：原外资法人股股东出售股份后外资法人股的比例不低于25%的，上市公司可继续持有外商投资企业批准证书，所享受的外商投资企业待遇不变；原外资法人股股东出售股份导致公司外资法人股的比例低于25%但高于10%的，上市公司可继续持有外商投资企业批准证书，公司已享受的外商投资企业优惠分别按税务、海关、外汇管理等部门的有关规定办理相关手续；原外资法人股股东出售股份导致上市公司外资法人股的比例低于10%的，上市公司须在三个工作日内到商务部和工商管理部门等相关单位依法办理相关变更手续，上市公司不再持有外商投资企业批准证书。

27日　中国建设银行在香港联合交易所正式挂牌上市（股票名称：建设银行；股票编码：0939.HK），发售价为每股H股2.35港元。上市首日，建设银行股票以2.35港元招股价位开盘，最高股价为2.375港元，平收于2.35港元，全天成交额达85.83亿港元。建设银行面向全球发售264.86亿股H股，发行比例为12%，全上市，全流通。其中，在香港发售19.86亿股，占比7.5%；国际配售为244.99亿股，占比为92.5%，发行总金额约为622亿港元，折合约80亿美元。10月5日，建设银行正式在香港展开上市路演，将IPO价格指导区间由1.80～2.25港元调高至1.90～2.40港元。到10月19日公开认购结束，香港公开发行部分超额认购达42倍，国际配售部分超额认购达9.2倍，发行市净率为1.96倍。

中国建设银行是国务院决定对国有独资商业银行实施股份制改造两年来，首家实现公开发行上市的中国国有商业银行，其以全流通方式挂牌上市，成为H股解决股权分置问题的开端。中国建设银行在全国约有14 250家分支机构，截至2005年6月底，全行总资产达5 220亿美元。

△　十届全国人大十八次会议表决通过新修订的《中华人民共和国证券法》（以下简称《证券法》）和《中华人民共和国公司法》（以下简称《公司法》）。

《证券法》修订工作历时近两年，修订面涉及原《证券法》40%的条款。修订后的《证券法》共有12章240条，除总则、附则外，对证券发行、证券交易的一般规定、证券上市、持续信息公开、禁止的交易行为、上市公司收购、证券交易所、证券公司、证券登记结算机构等内容均分章作了明确规定。修订的主要内容有：1. 原《证券法》规定不允许证券公司给客户提供融资、融券，新《证券法》改为证券公司要进行融资、融券，必须要按照国务院的有关规定办理。2. 原《证券法》规定：国有企业和国有资产控股的企业，不得炒作上市交易的股票。新《证券法》规定，“国有企业和国有资产控股的企业买卖上市交易的股票，必须遵守国家有关规定”。同时删除了“禁止银行资金违规流入股市”一条。3. 原《证券法》要求严格分业经营、分业管理。新《证券法》在关于分业经营的后面加了一句，即“国家另有规定的除外”。4. 原《证券法》只允许现货交易，现在修订为“证券交易要以现货和国务院规定的其他方式”进行，而且在总则中加了一条，即“证券衍生品种发行、交易的管理办法，由国务院依照本法的原则规定”。5. 对上市公司的信息披露作了进一步的规范。只要提供的信息有虚假，提供信息的法人负责人、董事、监事、高管人员都要承担相应的责任。处罚条款增加了1/3，达到了47条。6. 新《证券法》强调新闻媒体做新闻报道一定要真实，不能散布虚假信息，扰乱证券市场。同时服务机构中的咨询机构应该规范自身的工作，如果是带有广告性地进行误导的话，投资者可以起诉。

修订后的《公司法》共有13章219条，除总则、附则外，对有限责任公司的设立和组织机构，有限责任公司的股权转让，股份有限公司的设立和组织机构，股份有限公司的股份发行和转让，公司董事、监事、高级管理人员的资格和义务，公司债券等内容都作出了详细规定。此次《公司法》的修订，对于规范公司的组织和行为，保护公司、股东和债权人的合法权益，严格公司股东责任，维护社会经济秩序，促进社会主义市场经济的发展将产生积极作用。两部法律均自2006年1月1日起正式实施。

28日 中国工商银行股份有限公司在北京挂牌成立。中国工商银行股份有限公司由财政部和中央汇金公司共同发起设立，注册资本为2 480亿元，财政部和中央汇金公司分别持有50%股权，依法行使中国工商银行股份有限公司出资人的权利和义务。中国工商银行股份有限公司业务范围包括：办理人民币存款、贷款，统一财经业务，国内外结算，办理票据承兑，代理执行清算、提供担保、代理发行、代理兑付政府债权、代理证券清算业务，代理保险业务，代理政策性银行、外国政府和国际金融机构贷款业务，保险业务，发行金融债券、开放式基金的注册登记、认购和申购业务，咨询调查业务，贷款承诺、组织和承担银行贷款、外汇存款、外汇贷款、外币兑换、出口代收及进口代收、外汇担保、代理发行和代理买股票、外汇金融延伸业务，电话银行，网上银行业务，办理国务院银行监督管理机构批准的其他业务。

此前在10月25日，中国工商银行股份有限公司召开了创立大会，审议通过了关于设立中国工商银行股份有限公司、《中国工商银行股份有限公司章程》、股东大会、董事会、监事会议事规则及董事会、监事会组成人员等有关议案。创立大会之后，随即召开了中国工商银行股份有限公司第一届董事会第一次会议和第一届监事会第一次会议。经规定程序批准，姜建清任中国工商银行股份有限公司董事长、党委书记，杨凯生任中国工商银行股份有限公司行长、副董事长、党委副书记。

中国工商银行成立于1984年1月1日，是国内规模最大的商业银行。据中国工商银行2005年年报统计，截至2005年年末，资产总额为人民币64 541亿元，各项贷款为人民币32 896亿元，各项存款为人民币56 605亿元；净利润为人民币337亿元，不良贷款率为4.69%，资本充足率为9.89%。

30日 中国石油天然气股份有限公司（以下简称中石油）要约收购3家子公司。辽河金马油田股份有限公司（股票简称：辽河油田；股票代码：000817）、锦州石化股份有限公司（股票简称：锦州石化；股票代码：000763）、吉林化学工业股份有限公司（股票简称：吉林化工；股票代码：000618）发布公告，中石油出资61.5亿元回购以上3家子公司的流通A股、H股和美国存托凭证。中石油在吉林化工、辽河油田和锦州石化的持股比例分别为67.29%、81.82%和80.95%。在中石油完成全部收购后，三公司因不具备上市条件而终止上市。中石油由此创造了A股市场上因母公司全面收购流通股而导致上市公司终止上市的首个案例。

存托凭证（Depository Receipts，DR），又称存券收据或存股证，是指在一国证券市场上流通的代表外国公司的有价证券的可转让凭证，属公司融资业务范畴的金融衍生工具。美国存托凭证（ADR）是面向美国投资者发行并在美国证券市场交易的存托凭证。

11月

1日 经国务院批准，中国人民银行决定扩大为香港银行办理人民币业务提供平盘及清算安排的范围。1. 中国人民银行深圳市中心支行接受香港人民币业务清算行的存款。2. 人民银行授权清算行为参加行人民币与港元兑换业务提供平盘服务的有关要求放宽如下：个人人民币现钞兑换的限额由每人每次不超过等值6 000元人民币提高至每人每次不超过等值20 000元人民币；为其持有的人民币现钞提供兑换服务的香港指定商户的范围扩大至包括在香港提供交通、通信、医疗及教育服务等行业的商户；指定商户可将其在参加行存款账户的人民币存款单向兑换成港元。3. 具有个人人民币业务经营资格的内地银行接受经由清算行汇入的收款人与汇款人同名的香港居民个人人民币汇款的最高限额，由每人每天50 000元人民币提高至每人每天80 000元人民币。4. 人民银行授权清算行为香港居民个人签发的人民币支票提供清算服务。香港居民个人可用人民币支票在每个账户每天80 000元人民币的限额内支付在广东省的消费性支出，该人民币支票不得转让。5. 取消香港银行发行人民币卡每张最高授信100 000元人民币的限额。

3日 国务院批转国家发展和改革委员会、财政部、国土资源部、中国人民银行、国家环保总局《关于制止铜冶炼行业盲目投资的若干意见》。该意见指出，近几年铜冶炼能力过快增长。远远超过全国铜精矿预计保障能力和国际市场可能提供的铜精矿量。市场无序、过度竞争，相互争夺原料，铜冶炼利润将大幅下降甚至会出现全行业亏损，造成技资浪费和金融风险隐患。除了对铜冶炼行业的限制、整顿之外，该意见对金融机构的要求是：根据国家宏观调控和产业政策的要求，合理配置信贷资金，不断优化信贷投向，规避信贷风险。对符合国家产业政策和市场准入条件的铜冶炼项目，继续给予支持。对不符合国家产业政策和市场准入条件，以及未按规定程序备案的铜冶炼项目，一律不予授信；已实施的项目授信，要采取妥善措施予以收回。

△ 中国人民银行发布《自动质押融资业务管理暂行办法》。该暂行办法规定：成员行办理自动质押融资业务应与人民银行签署《自动质押融资主协议》。自动质押融资在金融机构清算账户资金不足清算时方可使用。人民银行根据金融机构资质条件自主选择和确定成员行。人民银行公开市场一级交易商可优先成为成员行。成员行是全国性商业银行的，申请办理自动质押融资业务由人民银行总行受理，其他成员行申请办理自动质押融资业务应向法人机构所在省市的人民银行分行或省会（首府）城市中心支行提出申请，由人民银行分支行初审后报人民银行总行受理。

该暂行办法规定，人民银行根据成员行法人机构实收资本金、信用状况及流动性管理情况设定和调整单日任何时点各成员行自动质押融资的最高余额。暂定国有商业银行、股份制商业银行自动质押融资的最高额度不超过其实收资本金的2%；城市商业银行、城乡信用社的自动质押融资的最高额度不超过其实收资本金的5%。在此比例范围内，人民银行根据成员行的资信情况，按照不同的比例档次核定自动质押融资的最高限额。另外，人民银行可根据金融宏观调控需要，直接设定成员行办理自动质押融资业务的额度。暂定人民银行为成员行提供自动质押融资的单笔融资资金最低金额为人民币50万元，不足50万元的按照50万元融资。债券质押率由人民银行确定，各类债券质押率最高不超过90%。成员行可根据自身情况和需要向人民银行申报单笔自动质押融资资金的最低金额，并按照单笔自动质押融资的最低金额和相应债券质押率换算单笔质押债券面额的最低值。该暂行办法自2005年12月8日起施行。

自动质押融资是指成员行日间头寸不足时通过自动质押融资系统向人民银行质押债券融入资金弥补头寸，待资金归还后自动解押质押债券的行为。

自动质押融资业务系统是指以中国现代化支付系统、中国人民银行公开市场业务系统、中央银行会计集中核算系统，中央国债登记结算有限责任公司簿记系统为依托，实现债券自动质押、融资、还款、解押的应用系统。

成员行是指在中华人民共和国境内依法设立的、与人民银行开展自动质押融资业务的存款类金融机构及其授权的分支机构。

质押债券是指已由政府、中央银行、政策性银行等部门和单位发行，在中央国债登记结算有限责任公司托管的政府债券、中央银行债券、政策性金融债券，以及经人民银行认可、可用于质押的其他有价证券。

△ 2005首届“中国金融论坛”在北京举行，论坛由中国金融学会、金融时报社主办，主题是“金融生态：中国金融发展面临的考验”。

论坛分设“金融生态机制——政府主导与金融监管”、“良性金融生态——法制环境”和“后WTO时期的中国金融企业与金融生态环境”三个议题，从政府作用、法制环境和微观金融企业三个方面，研讨创建中国金融良性发展生态环境的有关问题。论坛认为，加强金融生态环境建设，是以科学发展观为指导，全面提高金融工作水准的内在要求，是实现经济与金融良性互动和健康发展的必要条件，是提升经济和金融核心竞争力的重要途径，同时也是更好地发挥金融现代经济核心作用的有效途径。

金融生态环境 金融生态环境是指金融运行和发展的经济、社会、法治、文化、习俗等环境。包括与金融主体实现任务目标和规避风险相关的法律、法规、社会信用体系、会计与审计准则、中介服务体系等多方面的内容。

生态，又称生态系统（Ecosystem）是指在一定时间和空间范围内，生物与非生物环境通过能量流动和物质循环所形成的一个彼此关联、相互作用并且有自动调节机制的统一整体。所谓金融生态就是指对金融的生态特征和规律的系统性概括，它本质上反映了金融内外部各因素之间相互依存、相互制约的有机的价值关系。

2004年，中国人民银行行长周小川将生态概念引申到金融领域，创造性地提出了“金融生态”的概念和改善金融生态环境的主张，他指出，应注意通过完善法律制度等改进金融生态环境的途径来支持和推动整个金融系统的改革和发展。金融生态是一个系统的概念，改善金融生态需要社会各方面的共同努力。

4日 财政部发布《中央预算内固定资产投资贴息资金财政财务管理暂行办法》。该暂行办法规定，贴息资金主要适用于需要政府鼓励和引导社会投资的竞争性、经营性项目。主要包括：公共基础设施项目；保护和改善生态环境项目；促进欠发达地区的经济和社会发展项目；推进科技进步和高新技术产业化项目；符合国家有关规定的其他项目。贴息资金贴补率不得超过当期银行中长期贷款利率。贴息资金总额根据符合贴息条件的项目银行贷款总额、当年贴补率和贴息年限计算确定，不得超过项目建设期实际支付的银行中长期贷款利息总额。对中央项目的贴息资金，由财政部拨付到主管部门（含中央企业），各主管部门应及时将资金拨付到项目单位；对地方项目的贴息资金，通过中央财政补助地方财政部门，由地方财政部门拨付到项目单位。实行国库集中支付管理的项目按有关规定执行。贴息资金必须专款专用，单独核算。国务院有关主管部门和省级财政主管部门要加强对贴息资金使用的监督和检查。

6日 广东证券股份有限公司（以下简称广东证券）被行政关闭。中国证监会发布针对广东证券的行政处罚决定书指出，广东证券严重违法、违规经营，风险巨大，且一直未采取措施整改自救，不再具备持续经营能力，故作出取消证券业务许可，并责令其关闭的行政处罚，同时委托中国证券投资者保护基金公司组织成立托管清算组，对广东证券实施托管清算。这是中国证券投资者保护基金公司9月29日挂牌成立以来，首次尝试对问题券商的托管清算工作，由此也开启了一种券商托管清算的新模式。此前被撤销、关闭或破产的证券公司一般由中国证监会委托另一家证券公司或资产管理公司组成的托管组进行托管，而清算则有两种模式：一种是托管、清算合一的模式，由托管经营的资产管理公司或证券公司担任；另一种是托管、清算分离的模式，由会计师事务所、律师事务所等中介机构组成的专门清算组来负责清算工作。

2005年，中国证监会共发出43个行政处罚决定，涉及证券公司、期货公司、上市公司及中介机构39家，涉案人员超过150人。其中，有17家证券公司因挪用客户保证金、超范围经营委托理财业务等违法、违规行为而被责令关闭。17家被关闭的证券公司分别是大鹏证券股份有限公司、南方证券股份有限公司、亚洲证券股份有限公司、北方证券股份有限公司、汉唐证券股份有限公司、五洲证券股份有限公司、民安证券股份有限公司、闽发证券股份有限公司、德恒证券股份有限公司、恒信证券股份有限公司、武汉证券股份有限公司、甘肃证券股份有限公司、昆仑证券股份有限公司、广东证券股份有限公司、天勤证券股份有限公司、西北证券股份有限公司和兴安证券股份有限公司。其中，大鹏证券股份有限公司和南方证券股份有限公司被关闭，对证券业产生了极大的震动。上海万向期货经纪有限公司、重庆港九期货经纪有限公司、璐通期货公司等3家期货公司或期货经纪公司因违反期货法规而被予以警告或警告并没收违法所得。包括上海丰华集团股份有限公司、重庆东源产业发展股份有限公司、深圳石化工业集团股份有限公司、西安达尔曼实业股份有限公司等15家上市公司因违反信息披露行为、关联交易、违规担保等而被行政处罚，共有126名上市公司高管、独立董事分别被处以警告、警告并罚款等处罚。此外，还有一些中介机构及相关人员在对上市公司审计程序中违规而被中国证监会行政处罚。

7日 中国人民银行发布2005年《中国金融稳定报告》。该报告提出，金融稳定的定义是：金融体系处于能够有效地发挥其关键功能的状态。在这种状态下，宏观经济健康运行，货币和财政政策稳健有效，金融生态环境不断改善，金融机构、金融市场和金融基础设施能够发挥资源配置、风险管理、支付结算等关键功能，而且在受到内外部因素冲击时，金融体系整体上仍然能够平稳运行。

该报告指出，2004年中国金融总体稳定。具体表现为政治经济环境良好；金融市场平稳运行；积极探索建立处置金融机构风险的有效机制，基本化解了历史遗留的金融风险，并初步形成了市场化风险补偿和市场退出机制；金融机构改革成效显著，金融机构总体稳健；金融基础设施和金融生态环境日益改善，金融稳定机制正在形成和完善。当前中国维护金融稳定须重点关注十大问题：经济增长方式的转变；直接融资和间接融资的协调发展；隐性财政赤字问题；资金价格的管制与放松；金融机构公司治理的完善；交叉性金融业务的风险监测和监管；金融机构风险处置中的资金筹措与道德风险防范；加强金融基础设施建设；完善金融生态环境；经济和金融全球化的“溢出效应”。建立具有中国特色的金融稳定长效机制须从八个方面入手：贯彻落实方针政策、完善宏观调控体系、加快推进金融机构改革、大力推进资本市场改革开放和稳定发展、以市场化方式处置金融风险、促进金融基础设施建设、改善金融生态环境、建立应对金融风险的快速反应机制。

该报告提出，今后一段时期，中国金融业将按照完善社会主义市场经济体制的要求，深化金融企业改革，明晰产权主体，完善公司治理，转换经营机制，加强内部管理，把商业银行、证券公司和保险公司等金融机构建设成为资本充足、内控严密、运营安全、服务和效益良好的现代金融企业；提升金融创新水平，加强金融机构的产品定价能力，重视发展银行业的中间业务，开发证券公司的卖方业务，加快保险产品结构调整，培育可持续的盈利模式，提高金融机构的竞争力；优化融资结构，提高直接融资比例，扩大居民投资渠道，有效分散和管理金融风险；加强审慎监管，建立健全监管协调机制，推动金融业的稳健发展。这是中国人民银行首次发布《中国金融稳定报告》，今后将按年度编写和发布。这一报告将与《中国人民银行年报》、《中国货币政策执行报告》共同成为中国人民银行对外发布的三大重要报告。

△ 中国银监会发布《金融机构信贷资产证券化试点监督管理办法》。该监管办法规定，信贷资产证券化发起机构是指通过设立特定目的信托转让信贷资产的金融机构。特定目的信托受托机构是指在信贷资产证券化过程中，因承诺信托而负责管理特定目的信托财产并发行资产支持证券的机构。受托机构由依法设立的信托投资公司或者中国银监会批准的其他机构担任。对发起机构和受托机构实行市场准入管理。信托投资公司担任受托机构，首先需要获得特定目的信托受托机构资格，然后还须向中国银监会报送证券化方案；对发起机构的审批重点则是证券化方案设计的科学性与合理性。发起机构和受托机构须向中国银监会联合提出申请，并报送规定文件和资料。

该监管办法要求，金融机构应当根据本机构的经营目标、资本实力、风险管理能力和信贷资产证券化业务的风险特征，确定是否从事信贷资产证券化业务以及参与的方式和规模；建立、实施内部的新业务审批政策和程序；制定、实施证券化业务的风险管理政策和程序，并将其纳入总体的风险管理体系；董事会和高级管理层须制定开展证券化业务的总体战略和政策。该监管办法还分别对发起机构、受托机构、信用增级机构、贷款服务机构、资金保管机构、资产支持证券投资机构制定了具体的业务规则，提出了相应的风险管理要求。

该监管办法强调，参与证券化交易的金融机构应建立有效的内部风险隔离机制，避免因担任多种角色而产生利益冲突，如受托机构应当将作为信托财产的信贷资产与其固有财产和其他信托财产分别记账，分别管理；贷款服务机构应当对证券化资产单独设账，将其与自身的信贷资产分开管理等。同时，该监管办法还要求金融机构向投资者充分揭示在证券化交易中所承担的义务、责任及其限度，以便投资者在充分知晓、正确评估风险的情况下，作出理性的投资决策。

该监管办法共有 7 章 88 条，分别为总则、市场准入管理、业务规则与风险管理、资本要求、监督管理、法律责任、附则，自 2005 年 12 月 1 日起实施。

9 日　中国人民银行发布 2005 年第三季度《中国货币政策执行报告》。该报告指出，2005 年前三个季度，国民经济平稳、较快发展，物价基本稳定，城乡居民收入、企业利润和财政收入均有较大幅度提高。前三个季度，国内生产总值同比增长 9.4%，居民消费价格同比上涨 2.0%。7 月 21 日以来，新的人民币汇率形成机制运行平稳，人民币汇率在合理、均衡水平上保持基本稳定。人民币兑美元汇率有降有升，弹性逐渐增强。随着人民币汇率在合理、均衡水平上保持基本稳定并正常浮动，人民币升值预期初步呈现弱化迹象。对企业、居民和金融机构的专题调查结果显示，本次汇率机制改革的影响基本处于市场主体的可承受范围之内，相关各方对此次改革反应积极。9 月末，广义货币供应量 M_2 余额为 28.7 万亿元，同比增长 17.9%；基础货币余额为 6.1 万亿元，同比增长 14.3%。金融机构人民币贷款余额为 19.1 万亿元，同比增长 13.8%。货币市场利率止跌企稳。9 月末，外汇储备余额为 7 690 亿美元，比上年年末增加 1 591 亿美元。9 月 30 日，人民币兑美元汇率为 8.0920 元人民币/美元，较上年年末升值 2.28%。

2005 年第四季度，中国人民银行将按照党中央、国务院的统一部署，继续执行稳健的货币政策，总量上保持连续性和稳定性，注意加强预调和微调。一是灵活运用货币政策工具组合，保持货币信贷合理增长；二是继续贯彻落实利率市场化的政策；三是发挥信贷政策在促进经济增长方式转变及经济结构调整中的作用；四是加快推动金融市场建设和金融工具创新；五是加快推进金融体制改革；六是促进国际收支平衡，保持人民币汇率在合理、均衡水平上的基本稳定。

10 日　中国保监会发布《财产保险公司保险条款和保险费率管理办法》。该管理办法规定，保险公司应当将下列险种的保险条款和保险费率报中国保监会审批：依法实行强制保险的险种；中国保监会认定的其他关系社会公众利益的险种。上述两条规定以外的其他险种的保险条款和保险费率，应当在经营使用后 10 个工作日内报中国保监会或者派出机构备案。保险机构经营使用组合式保险条款和保险费率，对已经审批或者备案的保险条款和保险费率作出修改的，应当按照该管理办法的规定重新报送审批或者备案。保险公司应当指定一名法律责任人和一名精算责任人，分别负责保险条款和保险费率的法律和精算事务，并须经过中国保监会核准。对违反该管理办法规定的，由中国保监会酌情予以处罚。该管理办法包括总则、审批、备案、组合式保险条款和保险费率的管理、法律责任人和精算责任人、监督管理、法律责任和附则共 8 章 45 条，自 2006 年 1 月 1 日起实施。

11 日　中国证监会转发中国证券业协会制定的《证券公司证券自营业务指引》。该指引包括总则、决策与授权、自营业务的操作、风险监控、信息报告、附则共 6 章 32 条。该指引明确，证券公司可在风险可测、可控、可承受的前提下从事自营业务。自营业务必须以证券公司自身名义、通过专用自营席位进行，并由非自营业务部门负责自营账户的管理，严禁出借自营账户、使用非自营席位变相自营、账外自营。

中国证监会在转发该指引的通知中要求：1. 各证券公司不得将自营业务与资产管理业务、经纪业务混合操作；不得以他人名义开立自营账户；不得使用非自营席位从事证券自营业务；不得超比例持仓或操纵市场。2. 各证券公司应按要求将全部自营账户明细（含不规范账户）报送公司注册地证监局，由中国证监局转报上海证券交易所、深圳证券交易所以及中国证券登记结算有限公司备案。各证券公司对不规范账户要制订有明确时限和具体责任人、按月份细化落实的清理计划。在清理期间，不规范账户只能卖出证券，不能买进证券，并要逐步注销。3. 存在超比例持仓、持股集中或涉嫌操纵市场、将证券资产托管在其他证券公司等问题的证券公司，要向公司注册地证监局书面报告整改计划，在合规的前提下压缩自营规模，并在每月 10 日前向公司注册地证监局报告整改进展情况。

14 日 中国证监会、中国银监会联合发布《关于规范上市公司对外担保行为的通知》。该通知规定：上市公司对外担保必须经董事会或股东大会审议，并须在《公司章程》中明确股东大会、董事会审批对外担保的权限及违反审批权限、审议程序的责任追究制度。上市公司及其控股子公司的对外担保总额，超过最近一期经审计净资产 50% 以后提供的任何担保；为资产负债率超过 70% 的担保对象提供的担保；单笔担保额超过最近一期经审计净资产 10% 的担保；对股东、实际控制人及其关联方提供的担保须经出席董事会的 2/3 以上的董事审议通过后，提交股东大会审批，并在中国证监会指定信息披露报刊上及时披露。各银行业金融机构须加强对由上市公司提供担保的贷款申请的审查，切实防范相关信贷风险、并应及时将贷款、担保信息登录征信管理系统。同时加强监管协作，加大对涉及上市公司违规对外担保行为的责任追究力度。该通知自 2006 年 1 月 1 日起施行。

15 日 中国反洗钱监测分析中心与韩国金融情报分析院在北京签署《反洗钱和反恐融资金融情报交流合作谅解备忘录》。根据该谅解备忘录达成的协议，中韩两国金融情报机构将在所掌握的情报范围内，就涉嫌洗钱和恐怖主义融资及其他相关犯罪的金融交易情报的收集、利用和分析方面进行合作。

17 日 中国银监会、中国人民银行、财政部、国家税务总局联合发布《关于进一步推进城市信用社整顿工作的意见》。该意见指出，1998 年以来开展的城市信用社整顿工作取得了明显成效，但是，部分地区城市信用社分类处置工作进展缓慢，大量处于停业整顿和撤销状态的城市信用社迟迟不能完全退出市场，部分经整顿后的城市信用社仍存在潜在风险等，城市信用社整顿任务仍很艰巨。为此，该意见提出：1. 城市信用社整顿工作由有关省（自治区、直辖市）人民政府统一组织领导，形成中国银监会、人民银行和财政部等有关部门分工明确、密切配合的有效工作机制，切实推进城市信用社整顿工作。2. 由城市信用社更名改制的农村信用社享受有关扶持政策，尚未完成更名改制工作的城市信用社，待完成更名改制工作后，再享受农村信用社改革的各项扶持政策。3. 地方人民政府在城市信用社整顿工作过程中，使用中央专项借款垫付自然人合法债务后取得的债权，与人民银行再贷款和其他机构债权列在同一顺序，按比例受偿。要加大资产保全处置力度，最大限度地提高清偿率。对于停业整顿、清算工作中发现的违法犯罪行为，要配合司法部门予以坚决打击。4. 鼓励外资和优质的民营企业入股整顿后的城市信用社。5. 对于整顿后仍存在风险的城市信用社，地方人民政府和中国银监会、人民银行等部门要各负其责，共同研究制订处置方案，通过救助、收购、重组、依法实施市场退出等方式化解风险。

18 日 国务院办公厅发布《关于扶持家禽业发展的若干意见》。2005 年入秋以来，中国局部地区又发生高致病性禽流感疫情，为此，国务院提出财政补贴、免征所得税等 9 条意见。该意见要求，对重点家禽养殖、加工企业和疫苗定点生产企业已经发放但尚未到期的流动资金贷款，可视其具体困难情况，适当延长还款期限，具体条件由贷款银行决定。在疫情发生期间，对已到期并发生流动资金贷款拖欠的受损企业，贷款银行免收贷款罚息。各商业银行要在防范信贷风险的基础上，确保在疫情发生期间重点受损企业、疫苗定点生产企业必要的授信额度和新增贷款需要，加强信贷管理和资金调配，防止资金挪用，努力改善金融服务，提高工作效率，并将工作情况及时汇总报当地人民银行中心支行和银行业监督管理机构备案。

△ 中国人保寿险公司在北京揭牌成立。中国人保寿险公司是由中国人保控股公司、日本住友生命保险公司、亚洲金融集团（控股）有限公司和泰国盘谷银行共同发起成立的全国性合资寿险公司，注册资本金为10亿元人民币，其中，中国人保持股51%，日本住友生命持股29%，其他两家各持股10%。公司的经营范围包括人寿保险、健康险、意外伤害险等保险业务及上述业务的再保险业务。

中国人保控股公司成立于1949年，是中国内地经营历史最悠久的保险企业——中国人民保险公司变更而来，注册资金为155亿元人民币。2003年7月，中国人民保险公司重组改制为中国人保控股公司。日本住友生命保险公司成立于1907年，是一家综合性的保险集团。亚洲金融集团（控股）有限公司成立于1990年，主要提供银行、保险、证券、资产管理等完备的金融配套服务。泰国盘谷银行成立于1944年，是泰国最大的商业银行。

△ 中国保监会发布《人身保险保单标准化工作指引（试行）》。该指引要求，各保险公司在制定条款时，应当为消费者提供准确的信息，从方便消费者阅读并全面理解产品的角度出发，积极推进条款通俗化工作，尽量避免使用生僻术语，必须使用的专业术语，应在条款释义中以浅显的非专业语言进行解释。一般人身保险条款的有关合同事项为方便消费者对照阅读，保险责任条款和责任免除条款应前后相邻，后者应以特殊字体显著表示。在描述保险事故、责任免除情形时，应尽量使用有明确认定标准的用语，认定标准不明确的用语，应在条款释义中进行解释。

21日 中国证监会发布《关于货币市场基金投资银行存款有关问题的通知》。该通知规定，货币市场基金可以投资于现金、通知存款、1年以内（含1年）的存款。货币市场基金的存款银行应当是具有证券投资基金托管人资格、证券投资基金代销业务资格或合格境外机构投资者托管人资格的商业银行。货币市场基金投资于定期存款的比例，不得超过基金资产净值的30%。货币市场基金投资银行存款时，既应当与存款银行总行或其授权分行签订总体合作协议，并将资金存放于存款银行总行或其授权分行指定的分支机构；又应当与存款银行签订具体存款协议，明确存款的类型、期限、利率、金额、账号、对账方式、支取方式、账户管理等细则；定期存款协议中应当约定提前支取条款。基金管理人、基金托管人应当与存款银行建立定期对账机制，确保货币市场基金银行存款业务账目及核算的真实、准确。

△ 50家中小板公司全部完成股权分置改革。贵州黔源电力股份有限公司（股票简称：黔源电力；股票代码：002039）以96.874%的赞成率通过了10送3.2对价的股改方案，至此，整个深圳中小板50家上市公司全部完成股改。此前，已完成股改的49家中小板公司，平均投票赞成率为98.01%，其中流通股股东投票赞成率平均为86.40%，流通股股东参与投票率为41.32%。50家中小板公司的平均对价水平为流通股股东每10股获送3.38股，比主板前八批股改公司平均对价高5%左右。

24日 国家外汇管理局发布《银行间外汇市场做市商指引（暂行）》。该指引所称银行间外汇市场做市商，是指经国家外汇管理局核准，在我国银行间外汇市场进行人民币与外币交易时，承担向市场会员持续提供买卖价格义务的银行间外汇市场会员。银行间外汇市场做市商应具备以下基本条件：在提交申请的前两年内，无结售汇业务和外汇市场交易违法、违规记录；具备健全的外汇业务风险管理系统、内部控制制度和较强的本外币融资能力；集中管理结售汇综合头寸；取得银行间外汇市场会员资格两年（含两年）以上；上一半年期全行在银行间即期外汇市场人民币与外币交易规模排名在前30名（含30名）以内，境内代客跨境收支规模排名在前50名（含50名）以内；上年度全行资本充足率达到8%或外汇资本金在等值1亿美元（含1亿美元）以上。符合上述条件并愿意承担银行间外汇市场做市义务的市场会员，由其总行或有头寸集中管理权的授权分行向外汇局提出申请，经外汇局核准后成为银行间外汇市场做市商。外汇局对做市商结售汇综合头寸实行统一核定和调整。该指引对做市商享有的权利和应履行的义务作了规定。

2005年12月26日和29日，共有13家银行获准成为银行间即期外汇市场人民币交易做市商。这13家银行是：中国银行、中国建设银行、中信银行、招商银行、加拿大蒙特利尔银行有限公司广州分行、美国花旗银行有限公司上海分行、中国工商银行、交通银行、中国农业银行、兴业银行、香港上海汇丰银行有限公司上海分行、英国渣打银行有限公司上海分行、荷兰银行有限公司上海分行。

△ 国家外汇管理局发布《关于在银行间外汇市场推出即期询价交易有关问题的通知》。国家外汇管理局决定从2006年起，在即期外汇交易中推出询价交易方式。银行间外汇市场参与主体可在原有集中授信、集中竞价交易方式的基础上，自主选择双边授信、双边清算的询价交易方式，按照中国人民银行规定的银行间市场交易汇价浮动幅度和国家外汇管理局批复中国外汇交易中心的《银行间外汇市场人民币外汇即期交易规则》等规定，在银行间外汇市场询价交易系统上进行双边询价外汇交易。为了方便竞价系统收市后银行及时平补柜台头寸，从2006年起，询价交易时间从原先的15:00延长至17:30。

询价交易是指相互有授信关系的外汇交易主体，直接就所要交易货币的币种、金额、汇率及未来交割的时间进行询问、磋商，达成一致意见后确认成交的交易方式。

集中授信是外汇市场的组织者作为一方，按各交易主体的交易资金拥有量为信用标准，授予参与交易的各交易主体一定交易额度的行为，各交易主体同时也授予中央清算部门一定规模的交易额度。

25日 中国人民银行进行首批外汇掉期操作。当日，中国人民银行将60亿美元（约470亿元人民币）以1:8.0805的价格向包括四家国有商业银行、交通银行、中信银行、上海浦东发展银行、招商银行、国家开发银行和中国进出口银行在内的国内10家主要商业银行招标买入人民币，卖出美元，同时约定一年后再以1:7.85的价格用人民币购回60亿美元。此次商业银行通过中央银行货币掉期业务换入的美元不能进行结汇，只能用于投资外汇资产。

外汇掉期是指交易双方约定以货币A（比如美元）交换一定数量的货币B（比如人民币），并以约定价格在未来的约定日期，用货币A反向交换同样数量的货币B。一直以来，这种公开市场操作被认为是中央银行增强货币政策独立性的活动之一，能促进国内利率市场化和国际汇率市场化发展，缓和外汇储备占款增长过快、人民币流动性过剩等问题，预示汇率走势。

△ 中国人民银行发布《关于积极做好防控禽流感疫情相关金融服务工作的通知》。该通知要求：1. 要把做好防控高致病性禽流感疫情相关金融服务工作作为当前加强和改进金融服务工作的重要组成部分，积极配合政府相关部门，全面落实疫情防控的有关政策规定。已经发生禽流感疫情地区的金融机构要按照"特事特办、急事急办"的原则，在贷款审批发放和资金调配清算等方面为疫情防控开辟方便、快捷的通道，完善服务方式，提高服务效率；尚未出现疫情地区的金融机构要积极作好应急准备。2. 在疫情发生期间视企业实际困难适当延长还款期限；对已经到期并发生流动资金贷款拖欠的受损企业，贷款银行免收贷款罚息。自2005年11月1日至2006年6月30日，国家财政按现行1年

期流动资金贷款利率的一半对家禽养殖、加工企业和疫苗定点生产企业的防疫贷款给予贴息支持。金融机构要利用好这些政策。3. 人民银行各分行、营业管理部、各省会（首府）城市中心支行对遭受禽流感疫情损失严重的地区，根据实际需要适当调增再贷款、再贴现限额；人民银行总行将根据实际需要对禽流感疫区内已经加入全国同业拆借市场的各商业银行授权分行持有的有价证券加大证券回购操作力度，及时满足其防控疫情的资金头寸调剂需求。各商业银行总行对禽流感疫区内的分支机构，要在防范信贷风险的基础上根据实际需要适当调整存贷比例和授信额度，并加强系统内贷款规模和资金调剂，保证基层机构不因贷款规模和资金头寸限制影响防疫贷款的发放。4. 加强疫情信息及贷款投向的动态跟踪监测。

△　中国保监会发布《关于实施〈财产保险公司保险条款和保险费率管理办法〉的通知》。该通知要求财产保险公司积极推动保险条款、保险费率的通俗化和标准化改革工作。中国保监会依法认定下列险种的保险条款和保险费率，应报送审批：依法实行强制的保险；机动车辆保险；投资型保险；保险期间超过1年的保证保险和信用保险。其他保险条款和保险费率应报送备案。财产保险公司分公司调整其总公司报经审批的保险费率超过30%的，应当由其总公司报送中国保监会审批。该通知自2006年1月1日起实施。

27日　国家外汇管理局首次发布2005年上半年《中国国际收支报告》。该报告介绍了2005年上半年我国国际收支变化的主要特点，分析了国际国内经济形势与国际收支的相互影响，对当前国际收支运行的总体情况和存在问题进行了评价，对国际收支趋势和下一阶段政策取向进行了预测。该报告显示，我国上半年经常项目顺差达到673亿美元，外汇储备充足，我国国际收支总体运行平稳。国际收支交易总规模达1.14万亿美元，同比增长25.3%，占到GDP的139%。国际收支交易规模的持续扩大促进了国民经济发展，增强了我国抵御外来冲击的能力。自1985年我国开始公布年度国际收支平衡表，2001年以来按半年度公布。国家外汇管理局决定今后将每半年公布一次国际收支报告。

11月29日至12月1日　中共中央、国务院在北京召开中央经济工作会议。会议指出，2005年是“十五”时期的最后一年，在充分肯定经济社会发展取得巨大成绩的同时，我们必须清醒地看到，经济发展中长期积累的矛盾和问题还很多，同时又出现一些新情况、新问题，主要是：经济增长方式比较粗放，发展不平衡的矛盾还比较突出，体制、机制还不完善，影响经济安全的因素还较多，关系群众切身利益的许多问题还需要进一步解决。会议指出，2006年是实施“十一五”规划的开局之年，要具体抓好以下工作：继续实施稳健的财政政策和稳健的货币政策；着力扩大消费需求和加强固定资产投资调控，努力增加城乡居民收入，大力开拓农村消费市场；保持合理投资规模，优化投资结构，坚持控制新开工项目；加大投入和改革力度，切实加强农业和农村基础设施建设，全面深化农村改革，推进社会主义新农村建设；加快产业结构调整和推动区域经济协调发展，提高产业层次和技术水平，推动部分产能过剩行业调整；加大资源节约和环境保护力度；深化经济体制改革和提高对外开放水平；加快科技、教育、卫生、文化等社会事业发展；着力解决关系人民群众切身利益的问题。

△　国家外汇管理局发言人就银行挂牌汇价变化答记者问。该发言人表示，由于各家银行对浮动区间的运用不同，具体的美元挂牌汇价有可能不同。因此，不能把银行美元挂牌汇价简单等同于人民币对美元的整体汇率水平。从11月25日的价格来看，国家外汇管理局公布的人民币兑美元交易中间价是8.0805元人民币/美元。同日，中国银行等主要银行在国家外汇管理局公布的当日交易中间价基础上，定出的美元现钞买入价为7.9997元人民币/美元，现钞卖出价为8.0950元人民币/美元，现钞买卖价差为中间价的1.18%，并未超出规定的4%价差幅度。该发言人强调，从银行对客户挂牌汇价形成机制上

看，各银行挂牌汇价是各银行在国家外汇管理局公布的交易中间价的基础上，根据当日银行间外汇市场的市场价格行情，参考自身外汇供求和客户资信状况，在规定的范围内调整确定的，是一种市场行为。此外，他还指出，现在多家银行已实行一日多价，以便更灵活地适应市场。

11 月 25 日，美元兑人民币汇率首破 8 元人民币/美元。当天北京时间 6:38，中国银行美元兑人民币银行现钞买入价报 7.9997 元人民币/美元，这是自 2005 年 7 月 21 日人民币汇率机制改革以来美元兑人民币现钞买入价首次跌破 8 元人民币/美元。

12 月

1 日 中小企业板指数发布。中小企业板指数由深圳证券交易所编制，简称中小板指，代码为 399101。上市首日，中小企业板指数以 1 436.46 开盘（为当日最高点），最低 1 394.96 点，收报 1 403.15 点，较前日收盘的 1 438 点下跌 2.43%，成交金额为 81 610 万元。50 只样本股中仅有两只股票小幅上涨，其余均以下跌报收。中小企业板指数是以中小企业板正常交易的股票为样本股的综合指数，首批样本股包括已在中小企业板上市的全部 50 只股票。该指数以自由流通股数为权重，采取派氏加权法计算。基日为中小企业板第 50 家上市公司的上市日，即 2005 年 6 月 7 日，基日点位为 1 000 点。中小企业板股票合计流通市值近 183 亿元，总市值 493 亿元，分别占深圳主板市场的 5.47% 和 5.62%。

中小企业板指数首批样本股的 50 只股票已经完成股权分置改革，率先成为证券市场的首个全流通板块。该指数自基准日期 2005 年 6 月 7 日至 11 月 30 日，历时 122 个交易日，累计涨幅高达 43.9%（而同期上证综合指数累计涨幅为 6.63%，深证综合指数累计涨幅为 4.25%），最高达 1444.81 点，最低为 998.66 点，日最高成交金额达 15.625 亿元，最低成交金额为 1.486 亿元。

2 日 国务院发布实施《促进产业结构调整暂行规定》。该暂行规定共有 4 章 21 条，其主要内容为产业结构调整的目标、原则，产业结构调整的方向和重点以及产业结构调整指导目录。产业结构调整的方向和重点是：巩固和加强农业基础地位，加快传统农业向现代农业转变；加强能源、交通、水利和信息等基础设施建设，增强对经济社会发展的保障能力；以振兴装备制造业为重点发展先进制造业，发挥其对经济发展的重要支撑作用；加快发展高技术产业，进一步增强高技术产业对经济增长的带动作用；提高服务业比重，优化服务业结构，促进服务业全面快速发展；大力发展循环经济，建设资源节约和环境友好型社会，实现经济增长与人口资源环境相协调；优化产业组织结构，调整区域产业布局；实施互利共赢的开放战略，提高对外开放水平，促进国内产业结构升级。

产业结构调整指导目录由鼓励、限制和淘汰三类目录组成。不属于鼓励类、限制类和淘汰类，且符合国家有关法律、法规和政策规定的，为允许类。允许类不列入该目录。鼓励类主要是对经济社会发展有重要促进作用，有利于节约资源、保护环境、产业结构优化升级，需要采取政策措施予以鼓励和支持的关键技术、装备及产品；限制类主要是工艺技术落后，不符合行业准入条件和有关规定，不利于产业结构优化升级，需要督促改造和禁止新建的生产能力、工艺技术、装备及产品；淘汰类主要是不符合有关法律、法规规定，严重浪费资源、污染环境、不具备安全生产条件，需要淘汰的落后工艺技术、装备及产品。对鼓励类投资项目，各金融机构应按照信贷原则提供信贷支持；对属于限制类的新建项目禁止投资，各金融机构不得发放贷款，对属于限制类的现有生产能力，允许企业在一定期限内采取措施改造升级，金融机构按信贷原则继续给予支持；对淘汰类项目禁止投资，各金融机构应停止各种形式的授信支持，并采取措施收回已发放的贷款。

3 日 国务院发布《关于完善企业职工基本养老保险制度的决定》。该决定提出，完善企业职工基本养老保险制度的主要任务是：确保基本养老金按时足额发放，保障离退休人员基本生活；逐步做实个人账户，完善社会统筹与个人账户相结合的基本制度；统一城镇个体工商户和灵活就业人员参保缴费政策，扩大覆盖范围；改革基本养老金计发办法，建立参保缴费的激励约束机制；根据经济发展水平和各方面承受能力，合理确定基本养老金水平；建立多层次养老保险体系，划清中央与地方、政府与企业及个人的责任；加强基本养老保险基金征缴和监管，完善多渠道筹资机制；进一步做好退休人员社会化管理工作，提高服务水平。该决定提出：从2006年1月1日起，个人账户的规模统一由本人缴费工资的11%调整为8%。《国务院关于建立统一的企业职工基本养老保险制度的决定》（1997年7月16日发布）实施后参加工作、缴费年限累计满15年的人员，退休后按月发给基本养老金。基本养老金由基础养老金和个人账户养老金组成。退休时的基础养老金月标准以当地上年度在岗职工月平均工资和本人指数化月平均缴费工资的平均值为基数，缴费每满1年发给1%。个人账户养老金月标准为个人账户储存额除以计发月数，计发月数根据职工退休时城镇人口平均预期寿命、本人退休年龄、利息等因素确定。根据国家统计局统计，2005年年末全国参加城镇基本养老保险人数为17 444万人，比上年年末增加1 091万人。

△　中国银监会发布《关于进一步对外开放银行业相关事项的公告》。该公告指出，为履行我国加入世界贸易组织承诺，提高对外开放水平，中国银监会将实施以下进一步对外开放银行业的政策措施：1. 自2005年12月5日起，将外资金融机构经营人民币业务的地域扩大到汕头、宁波。同时为鼓励外资金融机构参与实施我国西部大开发和振兴东北老工业基地战略，经国务院批准，将提前向外资金融机构开放哈尔滨、长春、兰州、银川和南宁五个城市的人民币业务（使开放人民币业务的城市从18个增加到25个）。2. 将外国银行分行对各类客户（包括中国居民个人，下同）人民币业务营运资金最高一档由目前的5亿元人民币降低为4亿元人民币。将外资独资、合资银行在华分行对各类客户人民币业务营运资金由目前的3亿元人民币降低为2亿元人民币。3. 中国银监会将积极研究对中部、西部和东北地区外资银行经营人民币业务实行更加优惠的准入政策，继续支持外资银行在以上地区设立机构、开展业务。4. 中国银监会将在2006年适时调整外资金融机构从中国境内吸收的外汇存款占其境内外汇总资产的比例。

5日　中国银监会主席刘明康在国务院新闻办公室举办的新闻发布会上表示，截至2005年9月末，全部商业银行（包括国有商业银行、股份制商业银行、城市商业银行、农村商业银行和外资银行）不良贷款余额比年初减少了5 502亿元，不良贷款比率下降到8.6%，比年初下降了4.3个百分点，不良贷款余额和比例持续保持了“双下降”。资本充足率达到8%要求的商业银行已达35家，其资产占全部商业银行总资产的68.1%。

△　百瑞信托投资有限责任公司推出“重庆地产集团贷款信托项目集合资金信托计划”。该信托计划由中信信托投资有限责任公司牵头作为信托管理人，联合大连华信信托投资股份有限公司、华宝信托投资股份有限公司、平安信托投资股份有限公司、山东国际信托投资股份有限公司、新华信托投资股份有限公司、云南国际信托投资股份有限公司、陕西国际信托投资股份有限公司、宁波金港信托投资股份有限公司、百瑞信托投资股份有限公司10家信托公司组成信托银团，分别发行信托计划，共同向重庆市地产集团发放贷款。该信托计划总规模为15亿元人民币，预期年收益率为一年期3.6%，两年期4.6%；由国家开发银行提供连带责任保证及账户封闭式管理，中国建设银行进行代理推介和资金结算。2005年12月27日，该信托计划发行工作顺利结束，共募集资金人民币12 616万元，满足信托计划成立条件，并于当日宣布正式成立。该信托计划被称为中国第一单“共同信托”。

△　国家外汇管理局发布《关于农村合作金融机构开办结售汇业务有关问题的通知》。该通知规定：农村合作金融机构申请开办结售汇业务，申请前最近一个会计年度末应同时满足核心资本充足率不低于4%（含4%）、不良贷款率

不高于10%（含10%）两项指标，并向所在地国家外汇管理局分支局提出申请，由外汇局分局审核批准。

8日 中国出口信用保险公司（以下简称中国信保）发布《国家风险分析报告》。中国信保选择了2004年占我国对外经济贸易总量约70%的60个国家，对其基本情况、内政、社会安全、地缘政治、外交关系、经济状况、投资环境和双边贸易等重要方面进行了透彻分析、客观评估及合理预测，并据此对这些国家的国家风险作出了整体评价和评级。该报告还根据全球189个国家和地区的国际政治经济形势状况，将其国家风险划分为9类，分别用数字标识1～9来表示，其风险水平随数字增大依次增高。该报告显示，在189个国家（地区）中，国家风险水平极高或者极低的国家（地区）只是少数，大多数国家（地区）都处于国家风险水平相对较低或者相对较高之列。目前对于中国企业而言，国家风险水平相对较低（即1～4类）的国家（地区）以欧美国家为主，约占国家（地区）总数的25%，国家风险水平最高的第9类国家（地区）仅占5%左右，而国家风险水平较高或显著（即5～8类）的国家（地区）则占近70%，它们以地处亚洲、非洲、拉丁美洲和东欧等地区的新兴市场国家为主。该报告是国内唯一面向政府、金融机构和企业公开发布的国家风险报告。

9～24日 由中国人民银行主办的大型公益金融知识展览在国家博物馆开幕，这是中央银行首次以展览形式向广大社会公众普及金融基础知识。展览划分为“打开金融之门”、“现代金融架构与中央银行职能”、“钱币的历史与文化”三大展区。在展览期间有近2万人次的北京市民参观，日均接待观众超千人。整个展览期间共发放宣传品10多万份，收回调查问卷5 000多份。2006年4月14日，全国范围的金融知识巡回展览首站在上海开幕。

9日 王小石受贿案结案。王小石涉嫌受贿案在北京市第一中级人民法院一审宣判。被告人王小石因犯受贿罪，被判处有期徒刑十三年，并处没收个人财产人民币12万元。与王小石一同受审的另一名被告人林碧，因犯公司人员受贿罪和介绍贿赂罪，数罪并罚，被判处有期徒刑十年，并处没收个人财产人民币10万元。北京市一中院审理认为，被告人王小石身为国家工作人员，利用本人职权或地位形成的便利条件，通过其他国家工作人员职务上的行为，为请托人谋取不正当利益，收受请托人通过他人给予的贿赂款人民币72.6万元，其行为已构成受贿罪。被告人林碧身为东北证券公司工作人员，利用职务上的便利，在为与东北证券公司签订承销协议的企业谋取利益的过程中，向企业索要、收受贿赂款人民币99.2万元，其行为已构成公司人员受贿罪；在凤竹公司申请上市过程中，帮助凤竹公司向王小石介绍贿赂，情节严重，其行为又已构成介绍贿赂罪，应与其所犯公司人员受贿罪并罚。王小石于2004年11月4日被北京西城区检察院以涉嫌受贿罪逮捕，2005年10月26日在北京市一中院被提起公诉。2004年发生的“王小石事件”曾经导致了市场对股票发行制度的质疑。

△ 2005年中信集团公司90亿元企业债券无担保发行。90亿元企业债券将分为二十年期和十年期两只品种，均属于中长期债券。其中，二十年固定利率债券的发行量为40亿元，票面利率为4.6%；十年期浮动利率债券的发行量为50亿元，票面利率为银行间七天回购加148个基点的利差。05中信债的募集资金用于补充中信银行的资本金。2005年，有30家企业共发行企业债券36只，总规模达654亿元，比2004年实际发行总规模268亿元增加了144%。

12日 中国银监会主席刘明康对“国储铜”事件市场风险作出回应。刘明康在出席《财经》杂志年会时承认：“由于缺乏对市场风险的有效控制，‘国储铜’事件代价惨重。”从11月13日开始，外电纷纷披露，中国国家物资储备局交易员刘其兵于2004年8月、9月间在伦敦金属交易所（LME）铜期货市场上通过伦敦金属交易所场内会员SEMPRA，在每吨3 000多美元的价位附近抛空，建立空头头寸15万～20万吨。这批头寸交割日在12月21日，但自9月中旬以来，铜价每吨上涨约600多美元，这些空单造成巨额亏损，交易员刘其兵神秘失踪。11月17日，国家物资储备局表示，中国交易员刘其兵在伦敦市场上所持有20万吨空头头寸属于个人行为，该人也不再是政府雇员。12月21日，在这批头寸交割日之时，国家物资储备局选择了部分交割，即向伦敦交易所交付5万吨现货铜，其余15万吨的空单展期到远期。当天期铜市场没有发生大的波动。

中国企业近几年境外期货市场重大事故一览

年份	事件
1998年	湖南省株洲冶炼厂期锌巨亏事件
2004年	中航油（新加坡）股份有限公司石油期货巨亏事件，相关责任人被拘捕，接受管理部门的调查
2005年	中盛粮油豆油期货巨亏
2005年	河南豫光金铅股份有限公司（股票代码：600531. SH）、江西铜业股份有限公司（股票代码：600362. SH，0538. HK）套期保值造成亏损

资料来源：《2005年中国金融改革评估报告》。

△　中国证监会发布《会员制证券投资咨询业务管理暂行规定》。该暂行规定明确，严禁会员制机构及人员在开展会员制业务时有下列13种行为：通过参与卫星电视等公共媒体栏目，在注册地及分支机构所在地之外招收异地会员；出租、出借公司及执业人员的资格证书，或以租赁、承包方式开展会员制业务；以“黑马推荐”等方式明示或暗示投资者一定获得投资收益，或以“免费赠股”等营销方式招揽业务；以夸大、虚报荐股业绩等方式（包括以推荐的个股市场表现代替推荐的证券组合的市场表现），进行不实、诱导性的广告宣传及营销活动，或传播其他虚假、片面和误导性的信息；直接代客操作，或与客户约定分享投资收益或者分担投资损失；买卖本机构提供服务的上市公司股票；与关联机构及其人员、有关利害关系人达成一致行动，操纵证券价格；在作出评价、预测和推荐之前，为自己或关联方进行交易提供相关信息；为自己、关联方及特定客户的利益，作出有损其他客户和投资者利益的推荐；与相关媒体、通讯服务机构及其他合作方进行咨询服务收入分成；通过未报备的电话、邮箱、传真、短信平台及网址提供咨询服务；通过未报备的银行存款账户向客户收取、存放咨询服务收入；其他违反相关法规要求、有损客户合法利益的行为。该暂行规定要求，会员制投资咨询机构实收资本不得低于500万元，每设立1家分支机构，应追加不低于250万元的实收资本。机构取得的咨询服务费用必须全额进入已报备的收费专用银行账户；每笔咨询服务收入应按10%的比例计提风险准备金，按月归集并存入风险准备金专用银行账户。证监会要求已开展会员制业务的机构，应在该暂行规定发布之日起15个工作日内，提交报备材料，履行报备程序。该暂行规定自2006年1月1日起施行。

中国证券业协会统计数据显示，目前全国共有专业备案的证券投资咨询公司79家，其中绝大多数公司以“会员制”为主要收入来源。这其中的很多公司在全国数十家卫星电视频道或广播电台中的股评栏目中有“黑马推荐”等类似栏目。

13日　中国人民银行发布《公司债券进入银行间债券市场交易流通的有关事项公告》。符合依法公开发行；债权债务关系确立并登记完毕；近两年没有违法和重大违规行为；实际发行额不少于人民币5亿元；单个投资人持有量不超过该期公司债券发行量的30%条件的公司债券可以进入银行间债券市场交易流通。中央结算公司和银行间同业拆借中心对公司债券进行甄选，发行人须在中央结算公司和同业中心安排其发行的债券交易流通时，向中央结算公司提交公司债券募集办法等相关材料，并于交易流通后的3个工作日内通过规定媒体向市场投资者披露。银行间债券市场做市商应至少对1只公司债券进行双边报价，公司债券承销商要积极开展对公司债券的双边报价，促进公司债券交易流通的活跃。中央结算公司应在安排公司债券交易流通后的5个工作日内，向中国人民银行书面报告公司债券交易流通审核情况。在每季度结束后的10个工作日内，向中国人民银行提交该季度公司债券托管结算情况的书面报告。

△　中国证监会发布《关于证券公司借入次级债务有关问题的通知》。该通知所称次级债

务，是指证券公司向股东或其他符合条件的次级债务机构投资者定向借入的、期限在三年以上(含三年)、清偿顺序列于证券公司一般负债之后，先于证券公司股权资本清算而受偿的定期债务。符合条件的次级债务机构投资者是指依法设立的、经审计的净资产在2 000万元以上（含2 000万元）的法人或投资组织。除股东和符合条件的次级债务机构投资者之外，严禁证券公司向其他机构或个人借入次级债务。该通知规定：证券公司借入次级债务应当由董事会制订方案，股东会对次级债务的规模、期限、利率，借入资金的用途，决议有效期及其他与借入次级债务相关的重要事项作出专项决议。在次级债务存续期间，未经次级债务债权人同意，不得向股东分配利润；不得为股东及其关联方提供融资或担保；不得与股东及其关联方进行损害公司利益的关联交易；提高任意盈余公积金和一般风险准备金的提取比例；未经次级债务债权人同意，不得实施重大对外投资、收购兼并等资本性支出项目；未经次级债务债权人同意，不得变更持有5%以上股权的股东、实际控制人。证券公司应为偿付次级债务的本金和利息设立专项偿债账户，并将借入的次级债务按一定比例计入净资本。证券公司在归还到期的次级债务时，必须事先向注册地证监局和中国证监会机构监管部报告。

14日 中国人民银行发布《关于全国银行间债券市场预发行交易有关事项的公告（征求意见稿)》。该征求意见稿主要包括四项内容：预发行及其条件；预发行的管理；预发行中特殊情形的处理；预发行的信息披露与风险控制。该征求意见稿规定：预发行的标准债券应符合以下条件：计划发行数量不少于50亿元人民币；缴款日与起息日相同；发行公告公布日至招标日不少于3个工作日；招标日至缴款日不超过7个工作日等。全国银行间同业拆借中心和中央国债登记结算公司，将按照上述条件确定可在银行间债券市场进行预发行的债券，并在发行公告发布当日向市场投资者公布该期债券预发行的交易要素。预发行的投资者为可在银行间债券市场进行债券远期交易的市场投资者。投资者开展预发行应通过同业中心交易系统进行，预发行的合同构成形式与债券远期交易的合同构成形式相同。发行人不得以自身拟发行的债券为标的进行预发行。预发行是指全国银行间债券市场投资者以即将发行的债券为标的而进行的一种远期交易。预发行从标的债券发行公告发布的次一工作日起，至标的债券招标日前一工作日止。

15日 首批资产证券化产品在北京成功发行。其中一项是国家开发银行作为发起人，委托中诚信托获准发行不超过43亿元的信贷资产支持证券（ Asset-backed Securities，ABS)；另一项是中国建设银行作为发起人，委托中信信托发行不超过31亿元的个人住房抵押贷款支持证券(Mortgage - backed Securities，MBS)。

国家开发银行2005年第一期开元信贷资产支持证券是国内首个ABS项目，发行总量为41.7727亿元，其中优先A档为29.24089亿元，优先B档为10.025448亿元，次级档为2.506362亿元。加权平均期限分别为0.67年、1.15年和1.53年。优先A档和和优先B档通过公开招标的方式发行，优先A档为固定利率，招标确定的票面利率为2.29%，认购倍数为2.48倍；优先B档为浮动利率，招标确定的利差为0.45%（以1年期定期存款利率为基准，票面利率为2.70%)，认购倍数为4.22倍；次级档实际募集的资金为2.656242亿元。本期证券最终实际募集的资金为41.92258亿元。

中国建设银行建元2005 - 1个人住房抵押贷款支持证券为国内首个MBS项目，合计发行30.18亿元。其中优先级证券为2 926 182 500元，S级证券为90 500 638元。优先级证券信用级别分别为AAA、A、BBB级，证券的加权平均年限分别为3.15年、9.24年、9.3年。在首个计息期间的利率分别为2.52%、3.12%、4.22%。中国建设银行选择上海市、江苏省和福建省3家一级分行作为本次项目的试点分行，并按照严密规范的贷款入库标准，从上述3家试点分行筛选出了15 000余笔、金额总计约30亿元的个人住房抵押贷款组成资产池，经筛选进入资产池的个人住房抵押贷款均为建设银行的优质资产。

信贷资产支持证券是指基础资产是信贷资产的资产进行证券化发行的证券。从广义上来讲，信贷资产证券化是指以信贷资产作为基础资产的证券化，包括汽车贷款、消费信贷、信用卡账款、企业贷款等信贷资产的证券化；而狭义的信贷资产证券化是指仅针对企业贷款的证券化。

住房抵押证券是指基础资产是住房抵押贷款的资产进行证券化发行的证券。

△ 中国保监会公布保险中介机构市场退出情况表（见下表）。

保险中介机构市场退出情况（公司性质均为代理法人机构）

机构名称	注册地	批准设立时间	终止时间
山东鲁能英大保险代理有限公司	山东	2001 年 4 月	2003 年 7 月
黑龙江振富保险代理有限公司	黑龙江	2002 年 3 月	2004 年 3 月
上海环亚保险代理有限公司	上海	2002 年 1 月	2004 年 3 月
湖北泰安福保险代理有限公司	湖北	2002 年 1 月	2004 年 5 月
上海国泰保险代理有限公司	上海	2002 年 3 月	2004 年 5 月
河南中大保险代理有限公司	河南	2002 年 4 月	2004 年 5 月
山东通泰保险代理有限责任公司	山东	1999 年 12 月	2004 年 6 月
陕西华龙安泰保险代理有限公司	陕西	2003 年 8 月	2004 年 6 月
江苏信联保险代理有限公司	江苏	2001 年 6 月	2004 年 6 月
大连国安保险代理有限公司	大连	2003 年 8 月	2004 年 6 月
江苏永安保险代理有限公司	江苏	2004 年 1 月	2004 年 6 月
广州美邦保险代理有限公司	广东	2003 年 7 月	2004 年 7 月
陕西安诺保险代理有限公司	陕西	2003 年 6 月	2004 年 9 月
济南鼎诺保险代理有限公司	山东	2003 年 8 月	2004 年 10 月
贵州华邦保险代理有限公司	贵州	1999 年 12 月	2004 年 11 月
山东集天保险代理有限公司	山东	2004 年 6 月	2004 年 11 月
重庆华新保险代理有限公司	重庆	2001 年 6 月	2004 年 12 月
吉林省盛祥保险代理有限公司	吉林	2003 年 4 月	2004 年 12 月
吉林民盛保险代理有限公司	吉林	2003 年 6 月	2004 年 12 月
上海美华保险代理有限公司	上海	2003 年 8 月	2004 年 12 月
安徽吉安保险代理有限公司	安徽	2001 年 9 月	2005 年 1 月
浙江瑞康保险代理有限公司	浙江	2002 年 4 月	2005 年 1 月
河南中州保险代理有限公司	河南	2003 年 8 月	2005 年 1 月
吉林省联安保险代理有限公司	吉林	2002 年 1 月	2005 年 3 月
江西志诚保险代理有限公司	江西	2003 年 5 月	2005 年 3 月
贵州泰和保险代理有限公司	贵州	2001 年 7 月	2005 年 4 月
山东华信保险代理有限公司	山东	2004 年 1 月	2005 年 5 月
北京宏安保险代理有限公司	北京	2003 年 8 月	2005 年 6 月

续表

机构名称	注册地	批准设立时间	终止时间
广州忠诚创展保险代理有限公司	广东	2003年7月	2005年7月
黑龙江竞成保险代理有限公司	黑龙江	2002年2月	2005年8月
黑龙江融宝保险代理有限公司	黑龙江	2002年4月	2005年8月
吉林华通保险代理有限公司	吉林	2003年3月	2005年8月
吉林省金安保险代理有限公司	吉林	2003年8月	2005年8月
湖南湘财保险代理有限公司	湖南	2001年5月	2005年9月
吉林华泰保险代理有限公司	吉林	2003年5月	2005年9月
北京合盟保险代理有限公司	北京	2000年8月	2005年9月
北京康平保险代理有限责任公司	北京	2000年9月	2005年9月
北京铭泰保险代理有限公司	北京	2004年7月	2005年9月
北京厚泽保险代理有限公司	北京	2004年9月	2005年9月
江苏华银保险代理有限公司	江苏	2003年5月	2005年10月
北京普泰保险代理有限公司	北京	2004年1月	2005年10月
青岛力天保险代理有限公司	山东	2004年2月	2005年10月
辽宁好泊保险代理有限公司	辽宁	2003年7月	2005年10月
江西诚益保险代理有限公司	江西	2004年1月	2005年11月
新疆福康保险代理有限公司	新疆	2003年7月	2005年11月
乌鲁木齐怡安保险代理有限公司	新疆	2003年8月	2005年11月
新疆拓保保险代理有限公司	新疆	2005年6月	2005年11月

16日 十届全国人大常委会第四十次委员长会议通过全国人大常委会预算工作委员会《关于实行国债余额管理的意见》（以下简称《意见》）。国务院在《关于实行国债余额管理的报告》中曾经指出，自1981年恢复发行国债以来，我国一直采取逐年审批年度发行额的方式管理国债。这种管理方式存在五个方面的问题：年度国债发行额不能全面反映国债规模及其变化情况；控制年度国债发行额不利于合理安排国债期限结构；不利于促进国债市场平稳发展；不利于财政与货币政策协调配合；不利于提高国债管理效率。

全国人大常委会预算工作委员会的《意见》提出，自2006年起，我国将参照国际通行做法，采取国债余额管理方式管理国债发行活动，并同意了国务院提出的五条建议：一是在每年向全国人民代表大会作预算报告时，报告当年年度预算赤字和年末国债余额限额，全国人民代表大会予以审批；在一般情况下，年度预算赤字即为当年年度新增国债限额。二是在年度预算执行中，如出现特殊情况需要增加年度预算赤字或发行特别国债，由国务院提请全国人大常委会审议批准，相应追加年末国债余额限额。三是当年期末国债余额不得突破年末国债余额限额。四是国债借新还旧部分由国务院授权财政部自行运作。财政部每半年向全国人大有关专门委员会书面报告一次国债发行和兑付等情况。五是每年第一季度在中央预算批准前，由财政部在该季度到期国债还本数额以内合理安排国债发行数额。

19日 劳动和社会保障部发布《关于企业年金方案和基金管理合同备案有关问题的通知》。该通知规定，企业建立企业年金须由集体协商，双方首席代表签字后，形成拟报备案的企业年金方案。中央企业的企业年金方案由集团公司统一建立的报送劳动和社会保障部备案，并抄送子公司所在社会保险统筹地区劳动和社会保障行政部门；由子公司单独建立的报送所在社会保险统筹地区县以上地方人民政府劳动和社会保障行政部门备案。企业可以按企业年金方案的规定，代表集体协商双方作为委托人，或由企业及其职工作为委托人，与法人受托机构或企业年金理事会签订受托管理合同。委托人为中央企业集团公司的，报送劳动和社会保障部备案，并抄送子公司所在省或计划单列市劳动和社会保障行政部门；委托人为其他企业的（包括中央企业子公司），报送企业年金方案备案所在地省级或计划单列市劳动和社会保障行政部门备案。

企业年金（即企业补充养老保险）是指企业在参加国家基本养老保险的基础上，依据国家政策和本企业经济状况建立的、对国家基本养老保险进行重要补充的一种养老保险形式。目的是提高职工退休后的生活水平，可以使退休者在满足基本生活的基础上，生活得更好一些。

△ 中国保监会发布《中国人寿保险业经验生命表（2000—2003）》（China Life Insurance Mortality Table 2000－2003，CL 2000－2003）。该生命表是自1995年以后中国第二张寿险业生命表，其中，非养老金业务表两张，养老金业务表两张，分别是：非养老金业务男表，非养老金业务女表，养老金业务男表，养老金业务女表。此次非养老金业务表男性平均寿命为76.7岁，较原生命表提高了3.1岁；女性平均寿命为80.9岁，较原生命表提高了3.1岁。养老金业务表男性平均寿命为79.7岁，较原生命表提高了4.8岁；女性平均寿命为83.7岁，较原生命表提高了4.7岁。制定生命表的样本数据选自中国人寿保险股份有限公司、平安人寿保险股份有限公司、太平洋人寿保险股份有限公司、新华人寿保险股份有限公司、泰康人寿保险股份有限公司、友邦保险有限公司的上亿条数据，占行业数据量的98%以上，其中基础保单数据42 102 355条，理赔保单数据59 894条。

中国保监会同时下发的《关于修订精算规定中生命表使用有关事项的通知》规定了有关新生命表使用的一些政策问题，主要内容为：保险公司自行决定定价用生命表；保单现金价值计算用生命表采用定价生命表；保险公司进行法定准备金评估，必须采用新生命表；新生命表使用政策于2006年1月1日起生效。

20日 中国人民银行发布《黄金制品进出口管理办法（征求意见稿）》。该征求意见稿规定，黄金制品是指含金量90%以上（含90%）的黄金制首饰、器皿和工业金制品等。黄金制品进出口实行一事一批的审批制度。中国人民银行分支机构是申请黄金制品进出口的受理机构，中国人民银行各分行、营业管理部、省会（首府）城市中心支行以及深圳市中心支行是申请黄金制品进出口的审批机关。申请黄金制品进出口，申请人注册资本金不得低于3 000万元人民币，并提交书面申请报告、营业执照、验资证明、进出口企业资格证书、黄金制品进出口合同等材料以及黄金原料的销售发票、增值税发票。申请人采取隐瞒有关情况或提供虚假材料等不正当手段申请黄金制品进出口的，由审批机关给予警告，并在一年内不再受理其黄金制品进出口申请；已骗取黄金制品进出口准许证进出口黄金制品的，由审批机关进行处罚，并在三年内不再受理其黄金制品进出口申请。

△ 安徽马鞍山农村合作银行开业。安徽马鞍山农村合作银行的前身是马鞍山农村信用联社。组建后的安徽马鞍山农村合作银行改变原集体合作制农民入股、为社员服务的性质，转变为股份制和合作制相结合的股份合作制，由辖区内农民、农经组织、工商户、企业等投资入股，33个企业法人和1 218个自然人募集股份8 858.88万元，设置29家支行、1个营业部、27个分理处，主要任务是为农民、农业、中小企业和地方经济发展提供金融服务。

△ 上海国利货币经纪有限公司在上海浦东

开业。该公司是中国银监会批准筹建的全国首家合资货币经纪公司，由上海国际信托投资有限公司与英国德利万邦有限公司共同发起成立。注册资本金为4 000万元人民币，中方持股67%，英国德利万邦有限公司持股33%。公司获准开办的业务包括：境内外外汇市场交易、境内外货币市场交易、境内外债券市场交易、境内外衍生产品交易等经纪业务。货币经纪公司是在金融市场上为金融产品交易提供信息、促进交易达成的专业化机构。

上海国际信托投资有限公司是上海国际集团公司控股的非银行金融机构，成立于1981年7月24日，注册资本为25亿元人民币。公司总资产为98亿元人民币，居全国地方信托投资机构之首。英国德利万邦有限公司是世界第二大货币经纪商国惠集团下属的一家专业从事货币经纪业务的公司，从事货币经纪业务已有36年。

21日 中国人民银行货币政策委员会2005年第四季度例会在北京召开。例会指出，新的人民币汇率形成机制运行平稳，人民币汇率弹性逐渐增强。会议还提出，将继续贯彻落实利率市场化的政策，引导商业银行和农村信用社提高风险定价和负债管理的能力。会议认为，应继续执行稳健的货币政策，在总量上保持连续性和稳定性的同时，注意加强预调和微调。发挥市场供求在汇率形成中的基础性作用，保持人民币汇率在合理均衡水平上的基本稳定。会议提出，固定资产投资增长反弹的压力较大、国际收支不平衡等问题依然存在。应加强各项宏观政策的协调配合，积极扩大国内消费需求，促进产业结构和国际贸易结构调整，加快经济增长方式的转变，实现经济可持续增长和价格基本稳定。

△ 国家开发银行和国务院台湾事务办公室公布《台资企业国家开发银行贷款暂行办法》。该暂行办法共分7章，对贷款对象、贷款领域、贷款品种和利率、贷款的申请程序和评审办法、信贷合同的签订以及贷款管理等作了具体规定。根据该暂行办法规定，台商在大陆注册的合作经营企业、合资经营企业、独资经营企业（包括大型企业和中小企业），经国务院批准的台商投资区以及经国务院有关部门批准的海峡两岸农业合作试验区、海峡两岸科技工业园区基础设施建设项目都可申请贷款。贷款项目涉及农业、能源、交通、电子、原材料等领域，同时也包括高新技术产业化项目（特别是具有自主知识产权的项目），适应国际市场需要的出口基地建设项目，资源开发与再生资源综合利用、环境保护与循环节能开发项目，以及有利于促进西部大开发、东北等老工业基地振兴、中部崛起等区域经济建设与社会发展的项目等。贷款按期限分为中长期贷款和短期贷款；按币种分为人民币贷款和外币贷款，贷款利率按人民银行公布的利率政策执行。申请程序为：台资企业将包括贷款申请函，贷款项目的可行性研究报告（或项目建议书），有权部门关于项目、土地、环保以及规划的审批文件（核准或备案），企业生产经营项目及财务报表等申请材料，同时报所在地省级台办和国家开发银行分行。大型台资企业集团可将申请材料直接报送国台办，同时报国家开发银行总行营业部。

2005年9月7日，国务院台湾事务办公室和国家开发银行签署了《关于支持台湾同胞投资企业发展开发性金融合作协议》。此次协议合作期限为五年，由国家开发银行向台资企业提供开发性贷款额度共300亿元人民币。

22日 中国人民银行印发《对中国证券投资者保护基金有限责任公司再贷款操作规程》。该操作规程规定，对中国证券投资者保护基金有限责任公司（以下简称保护基金公司）再贷款在国务院批准额度内，由中国人民银行对保护基金公司分批安排发放、垫付，用做证券投资者保护基金初始资金来源。该项贷款分类为金融稳定再贷款。再贷款开立专用账户，单独核算。每笔再贷款期限为一年，保护基金公司应从每笔借款的第三年起归还本金，在最长使用期限不得超过十三年之内还清本息。再贷款利率按一年期流动性再贷款利率优惠165个基点执行，按季度结息，收取复利。保护基金公司董事会对合规使用再贷款和按期偿还本息承担最终责任；中国证监会对保护基金公司承担监督管理责任。

23 日 国务院发布《关于贯彻新〈公司法〉和新〈证券法〉的通知》。该通知规定：依照修订后的《中华人民共和国公司法》、《中华人民共和国证券法》，股份有限公司的设立不再需要经过国务院授权的部门或者省级人民政府批准，但涉及公开发行股票的，须经中国证监会核准。中国证监会除继续正常受理公开发行股票并上市交易的申请外，暂不受理其他公开发行股票的申请，各级工商登记机关也暂不受理相应的登记注册申请。依照修订后的《中华人民共和国证券法》，依法公开发行的证券除在上海证券交易所、深圳证券交易所上市交易外，还可以在经国务院批准的其他证券交易场所转让；基于以往的经验教训，推进多层次资本市场体系建设，必须在国务院统一领导下有组织、有步骤地稳妥推进，未经国务院批准，地方各级人民政府、国务院有关部门不得擅自设立证券交易场所或者利用现有交易平台提供证券转让服务。

△ 中国银监会发布《关于商业银行发行混合资本债券补充附属资本有关问题的通知》。该通知规定，允许符合条件的商业银行发行混合资本债券，并按照规定计入附属资本。该通知规定混合资本债券的主要特征为：债券期限在十五年或十五年以上；银行倒闭或清算时，索偿权列于长期次级债之后，先于股权资本；可用于弥补日常经营损失；可延期支付利息；发行之日起十年后银行可有一次赎回权。计入附属资本的条件为：不得由银行或第三方提供担保；计入附属资本的理论上限可达到核心资本的100%；若未行使赎回权，在债券到期前最后五年，其可计入附属资本的数量每年累计折扣20%。混合资本债券是对于混合债务、股权等资本工具的要求而设计的一种债券形式。商业银行发行混合资本债券应符合下列条件：实行贷款五级分类，贷款五级分类偏差小；核心资本充足率不低于4%；贷款损失准备计提充足；具有良好的公司治理结构和机制；最近三年没有重大违法、违规行为。该通知还规定，商业银行持有的其他银行发行的混合资本债券与长期次级债券之和不得超过核心资本的20%；混合资本债券在银行市场发行和交易；商业银行发行混合资本债券须向中国银监会提出申请，发行和交易须接受中国人民银行的监督管理。

△ 社保基金信托投资项目启动。全国社保基金理事会、中国海洋石油总公司控股的中海信托投资有限责任公司（以下简称中海信托）、铁道部与交通银行在北京举行签约仪式。根据协议，由中海信托定向向全国社保基金理事会发行一年期银信合作结构化信托融资产品，为铁道部募集30亿元低成本资金，该产品由交通银行提供不可撤销连带责任担保。这是全国社保基金首次运用信托方式大规模投资大型基础设施的试点项目。根据国务院审议通过的《中长期铁路网规划》，到2020年，中国铁路建设总投资要超过2万亿元，平均每年投资在1 000亿元以上。中海信托是中国银监会监管的金融信托机构，管理的信托财产规模已逾100亿元。

26 日 平遥县小额贷款有限公司成立。山西省平遥县试点设立的“日升隆”和“晋源泰”两家以明清票号方式命名的小额贷款公司注册资本分别为1 700万元和1 600万元，资金来源全部为发起人自有资金，公司采用抵押、质押、信用、担保等多种形式，按照市场化运作只贷不存。在放款对象和运作上，用于当地农村经济的比例不能低于70%，每户贷款总额不超过10万元人民币。12月28日，山西省平遥县岳壁村村民石生耀和晋源泰小额贷款有限公司签订了7 000元的借款协议，这是平遥县小额贷款试点达成的第一笔交易。

2005年5月，中国人民银行在北京召开了山西、陕西、四川、贵州四个省分行主管行长和金融稳定处、货币信贷处处长联席会议，中央银行要求四省各选一个符合条件的地区进行试点，四省根据实际情况探索出不同模式。平遥的两家小额贷款公司是四家试点中的第一家，被称为“平遥模式”。“平遥模式”是以3～5个发起人为限，组建一个产权明晰、自主经营的商业小额信贷公司，目前公司仅仅是到工商局注册，领取营业执照经营，待公司发展到一定规模后，再申请金融业务许可证。小额信贷公司不良资产超过10%时，停止其办理委托贷款业务。根据平遥县小额信贷试点工作实施小组的要求：1. 小额贷款公司的投资人是自然人，党政机关、金融机构及国家事业单位人员不能参与，发起人的资金必须是自然人的合法现金；每个机构发起人应有3～5人。2. 按照《中华人民共和国公司法》设立有限责任公司，由县工商局为其颁发营业执照。3. 要求“三农”贷款比例不得低于70%，重点以种植业、养殖业、林果业、农副产品加工业、农村流通业、农村中介服务和其他农村社会事业的生产者和经营者为贷款对象，单户贷款金额最多不得超过10万元，其中5万元以下的农户贷款比例不得低于75%。贷款利率在不超过国家利率4倍的幅度内自主浮动定价。4. 资本金不得低于1 500万元，资本充足率不得低于8%。

小额信贷 小额信贷是扶贫开发的一种方式。小额信贷，顾名思义，投入的资金数额较小，资金性质为贷款，实行信用放款。为了确保资金有效使用和返还，在小额信贷的操作中，采取直接到户、小组联保、整贷零还、严格管理等一系列措施。

小额信贷的做法于1976年在孟加拉国首先推行，故也简称为“孟模”，近年来得到国际组织认可，并向发展中国家推荐。我国从1992年开始引进这种模式，先后在云南、陕西等十多个省、自治区进行试点，主要关注为贫困户提供生产性贷款，都取得了比较好的社会效益和经济效益，是国家目前积极倡导和推行的一种扶贫开发方式。小额信贷与现行的其他扶贫方式相比，覆盖面大、到户率高、经济效益好、扶贫效果显著、返贫率低、还贷率高、资金周转快，而且化整为零的放贷有利于化减大额贷款的风险。

28日 中国人民银行决定上调境内商业银行美元、港元小额外币存款利率上限。其中，一年期美元、港元存款利率上限分别提高0.5个和0.25个百分点，调整后的利率上限分别为3%和2.625%。这是2005年5月以来，中央银行第5次上调境内美元、港元小额存款利率（见下表），也是自7月21日人民币汇率形成机制改革以来，中央银行第4次连续上调境内商业银行美元、港元小额外币存款利率上限。

调整后的1年期美元、港元存款利率上限

调整日期	1年期美元存款利率上限	1年期港元存款利率上限
5月20日	1.125%	1%
7月22日	1.625%	1.5%
8月23日	2%	1.875%
10月15日	2.5%	2.375%
12月28日	3%	2.625%

△ 徽商银行股份有限公司挂牌。徽商银行总部设在合肥，注册资本为25亿元，实行“一级法人、二级管理、三级营销”的管理模式。徽商银行的主体是合肥市商业银行，以合并吸收的方式，吸收了蚌埠、淮北、马鞍山、芜湖、安庆5家城市商业银行，以及铜陵、六安、淮南等地的各1家城市信用社和阜阳4家城市信用社入股，因此被称为“6＋7”重组，是首家全国城市商业银行中联合重组的银行。重组后的徽商银行资产总额为458亿元，负债总额为437亿元，可折股净资产总额为21亿元，其中实收资本14亿元。董事会包括15名董事及独立董事、9名监事。

△ 中国保监会加入国际养老金监督官协会（IOPS）。中国保监会宣布：经国务院批准，应国际养老金监督官协会负责人邀请，中国保监会正式加入国际养老金监督官协会（IOPS）并当选其执行委员会成员。国际养老金监督官协会是与国际保险监督官协会（IAIS）并行的专业监管组织，由经济合作与发展组织（OECD）于2004年7月发起设立，总部设在法国巴黎，宗旨是通过制定国际养老金监管规则，促进养老金监管的国际交流与合作，推动全球养老金业务健康发展，迄今已吸纳了47个国家或地区的养老金监管机构和国际组织。

29日 贵州省农民工银行卡特色服务试点在贵阳开通。由中国人民银行组织实施的农民工银行卡特色服务业务，在贵阳市朱昌镇农村信用联社举行试点开通仪式。此项业务是指贵州籍的农民工在打工地利用“银联卡”存入现金后，可以在家乡就近的农村信用社网点柜台提取现金，以解决农民工汇款难的问题。该项业务首先在贵州省试点，试点的发卡行为工商银行、农业银行和贵州省农村信用社，受理行为贵州省县及县以下农村信用社。贵州省试点农村信用社对持卡人的收费标准不分同城异地，按照交易金额的1%收取，最低1元，最高50元；对发卡行、受理行和中国银联之间按照3:6:1分配。各单位在办理贵州省农村信用社特色终端取款业务试点过程中，每卡每日累计提取现金额不得超过5 000元人民币。人民银行将在试点的基础上，逐步在全国组织推广。

△　中国外汇交易中心发布《银行间外汇市场人民币外汇即期交易规则》（以下简称《交易规则》)、《银行间外汇市场人民币外汇即期竞价交易清算规则》（以下简称《清算规则》、《银行间外汇市场人民币外汇即期竞价交易起息日计算规则》和《银行间人民币外汇交易系统应急操作流程》。《交易规则》规定：人民币外汇即期交易指会员以约定的外汇币种、金额、汇率，在成交日后第2个工作日或第2个工作日以内交割的外汇对人民币的交易。银行间外汇市场实行会员制管理，中国外汇交易中心为会员之间的即期交易提供电子交易系统和其他相关服务。具有外汇业务经营资格的银行及其分支机构可向交易中心提出会员资格申请。即期交易分竞价交易和询价交易，竞价交易采取分别报价、撮合成交的方式。询价交易的币种、金额、汇率以及交割与结算均由交易双方协商议定，但不应与相关规定相冲突。《清算规则》则主要适用于即期竞价交易的本外币资金清算，遵循“集中、双向、差额”清算原则。本外币资金清算实行T+2原则。人民币资金清算通过中国现代化支付系统办理，外汇资金清算通过境外清算系统办理。对于违约、逾期等也有相应的罚则。

30日　《中国证券监督管理委员会冻结、查封实施办法》发布。该实施办法规定，中国证监会案件调查部门、案件审理部门及派出机构在对证券违法案件进行调查、审理或者执行时，发现存在下列情形之一的，可以申请冻结、查封：已经转移、隐匿违法资金、证券等涉案财产的；可能转移、隐匿违法资金、证券等涉案财产的；已经隐匿、伪造、毁损重要证据的，可能隐匿、伪造、毁损重要证据的；其他需要及时冻结、查封的情形。有下列情形之一的，视为可能转移或者隐匿违法资金、证券等涉案财产：涉案当事人本人开立的资金账户、证券账户和银行账户或由其实际控制的资金账户、证券账户和银行账户，以及与其有关联的资金账户、证券账户和银行账户中存放的违法资金、证券，部分已经被转移或者隐匿的；被举报的违法资金、证券等涉案财产已经或者将要被转移、隐匿并提供具体的转移或者隐匿线索的；通过与他人签订合同等形式，拟将违法资金、证券等涉案财产作为合同标的物或者以偿还贷款、支付合同价款等名义转移占有的；其他有证据证明有转移或者隐匿违法资金、证券等涉案财产迹象的。该实施办法自2006年1月1日起实施。

31日　中国银监会发布《商业银行风险监管核心指标（试行)》。商业银行风险监管核心指标是对商业银行实施风险监管的基准，是评价、监测和预警商业银行风险的参照体系，适用于在中国境内设立的中资商业银行。商业银行风险监管核心指标分为三个层次，即风险水平、风险迁徙和风险抵补（见下表)。商业银行须将非信贷资产分为正常类资产和不良资产，计量非信贷资产风险，评估非信贷资产质量。商业银行董事会应定期审查各项指标的实际值，并督促管理层采取纠正措施。中国银监会通过非现场监管系统定期采集有关数据，分析商业银行各项监管指标，及时评价和预警其风险水平、风险迁徙和风险抵补。中国银监会组织现场检查核实数据的真实性，根据核心指标实际值有针对性地检查商业银行主要风险点，并进行诫勉谈话和风险提示。该核心指标共有4章23条，自2006年1月1日起试行。农村合作银行、城市信用社、农村信用社、外资独资银行和中外合资银行参照执行。

商业银行风险监管核心指标一览表

指标类别		一级指标	二级指标	指标值
风险水平	流动性风险	1. 流动性比例		≥25%
		2. 核心负债依存度		≥60%
		3. 流动性缺口率		≥ -10%
	信用风险	4. 不良资产率		≤4%
			4.1 不良贷款率	≤5%
		5. 单一集团客户授信集中度		≤15%
			5.1 单一客户贷款集中度	≤10%
		6. 全部关联度		≤50%
	市场风险	7. 累计外汇敞口头寸比例		≤20%
		8. 利率风险敏感度		
	操作风险	9. 操作风险损失率		
风险迁徙	正常类贷款	10. 正常贷款迁徙率	10.1 正常类贷款迁徙率	
			10.2 关注类贷款迁徙率	
	不良贷款	11. 不良贷款迁徙率	11.1 次级贷款迁徙率	
			11.2 可疑贷款迁徙率	
风险抵补	盈利能力	12. 成本收入比		≤35%
		13. 资产利润率		≥0.6%
		14. 资本利润率		≥11%
	准备金充足程度	15. 资产损失准备充足率		>100%
			15.1 贷款准备充足率	>100%
	资本充足程度	16. 资本充足率		≥8%
			16.1 核心资本充足率	≥4%

△　商务部、中国证监会、国家税务总局、国家工商行政管理总局、国家外汇管理局联合发布《外国投资者对上市公司战略投资管理办法》。该办法规定，投资者进行战略投资应符合以下要求：以协议转让、上市公司定向发行新股方式以及国家法律、法规规定的其他方式取得上市公司A股股份；投资可分期进行，首次投资完成后取得的股份比例不低于该公司已发行股份的10%，但特殊行业有特别规定或经相关主管部门批准的除外；取得的A股三年内不得转让；法律、法规对外商投资持股比例有明确规定的行业，投资者持有上述行业股份比例应符合相关规定；涉及上市公司国有股股东的，应符合国有资产管理的相关规定。外国投资者应符合的主要条件是：境外实有资产总额不低于1亿美元或管理的境外实有资产总额不低于5亿美元；或其母公司境外实有资产总额不低于1亿美元或管理的境外实有资产总额不低于5亿美元；近三年内未受到境内外监管机构的重大处罚。

该办法规定，投资者进行战略投资所持A股股份，在其承诺的持股期限届满后可以出售；须以要约方式进行收购的，在要约期间可以收购A股股东出售的股份；在股改前持有的非流通股份，在股改完成且限售期满后可以出售；上市公司首次公开发行前持有的股份，限售期满后可以出售；投资者承诺的持股期限届满前，因其破产、清算、抵押等特殊原因需要转让其股份的，经商务部批准可以转让。若投资者取得单一上市公司25%或以上的股份并承诺在十年内持续持股不低于25%，商务部在颁发的外商投资企业批准证书上加注“外商投资股份公司（A股并购25%或以上）”。该管理办法自发布之日起30日后施行。

△ 中国证监会发布《上市公司股权激励管理办法》。股权激励是指上市公司以本公司股票为标的，对其董事、监事、高级管理人员及其他员工进行的长期性激励。该管理办法规定：上市公司具有最近一个会计年度财务会计报告被注册会计师出具否定意见或者无法表示意见的审计报告；最近一年内因重大违法、违规行为被中国证监会予以行政处罚等情形的，不得实行股权激励计划。股权激励计划的激励对象可以包括上市公司的董事、监事、高级管理人员、核心技术（业务）人员，以及公司认为应当激励的其他员工，但不应当包括独立董事。上市公司全部有效的股权激励计划所涉及的标的股票总数累计不得超过公司股本总额的10%。未经股东大会特别决议批准，任何一名激励对象通过全部有效的股权激励计划获授的本公司股票累计不得超过公司股本总额的1%。上市公司授予激励对象限制性股票，应当在股权激励计划中规定激励对象获授股票的业绩条件、禁售期限。激励对象可以其获授的股票期权在规定的期间内以预先确定的价格和条件购买上市公司一定数量的股份，也可以放弃该种权利。激励对象获授的股票期权不得转让、用于担保或偿还债务。股票期权的有效期从授权日计算不得超过十年。中国证监会自收到完整的股权激励计划备案申请材料之日起20个工作日内未提出异议的，上市公司可以发出召开股东大会的通知，审议并实施股权激励计划。上市公司的财务会计文件有虚假记载的，负有责任的激励对象自该财务会计文件公告之日起12个月内由股权激励计划所获得的全部利益应当返还给公司。同时，对利用股权激励计划虚构业绩、操纵市场或者进行内幕交易，获取不正当利益的行为，监管部门可依法没收其违法所得，并对相关责任人员采取市场禁入等措施。构成犯罪的，移交司法机关依法查处。该管理办法自2006年1月1日起施行。

后 记

客观记录中国金融改革开放30年波澜壮阔的历史进程，为经济、金融理论研究提供翔实的史料，是金融界人士多年的夙愿。在纪念中国金融改革开放30周年之际，我们能将本书奉献给读者，感到十分欣慰。

党的十一届三中全会以来，中国金融的沧桑巨变是180万字难以描述全面的，而这段历史的曲折和复杂更为我们对“大事记”的甄选、把握增加了难度。虽然我们在信息来源、内容取舍等方面进行了严格的审定和推敲，但限于编者的理论水平、政策水平和对史实的把握能力，难免有不当和疏漏，敬请读者批评、指正。

在本书编纂过程中，中国人民银行办公厅刘建英、何国君、高春祥、唐欣语，金融研究所许华生、解向军、帝学军，中国进出口银行龙渺为我们提供了许多宝贵资料和工作便利，金融研究所杨俊霞、陈俊，中国人民银行研究生部康以同、张伟、马肖侠、杨文梅、张晓艳、余亮、喻心、杨亦伟、张怡、朱建明、曾辉、薛洪言、郑欣、尹小兵为本书的校对付出了辛勤的劳动，在此向他们致以衷心的谢意。

中国金融出版社李守荣、李苒、张驰、吕冠华对本书的审校和出版做了大量工作，一并表示谢忱。

作 者

2008年6月